Synonymwörterbuch

WAHRIG

Synonymwörterbuch

Herausgegeben von der
WAHRIG-Redaktion

Bertelsmann
LEXIKON INSTITUT

WAHRIG

Fragen zur Rechtschreibung, Grammatik und Zeichensetzung beantwortet die WAHRIG-Sprachberatung unter
09001 898960
(1,86 Euro pro Minute deutschlandweit)
und unter der Internet-Adresse
www.wahrig-sprachberatung.de

Das **WAHRIG Synonymwörterbuch** erschien erstmals 1982 unter dem Titel »Knaurs Wörterbuch der Synonyme«, herausgegeben vom Lexikographischen Institut München. Verfasst wurde die Originalausgabe von **Siegrid Kroeber** und **Martha Spalier,** die Neubearbeitung erfolgte durch **Horst Leisering**.

Neuausgabe 2006

Die 5. Auflage 2006 wurde vollständig neu bearbeitet und aktualisiert von **Dr. Ulrich Adolphs**.

Projektleitung
Felix Wenzel
Redaktion
omnibooks, Jörn Stegmeier
Layout
Claudia Grotefendt
Datentechnik und Satz
Olaf Braun, omnibooks,
Andreas Ziegelmayer
Herstellung
Hartmut Fichtner
Einbandgestaltung
Groothuis, Lohfert, Consorten/
www.glcons.de
Druck und Bindung
Clausen & Bosse, Leck

Printed in Germany
ISBN-10: 3-577-10189-X
ISBN-13: 978-3-577-10189-9

Zur Einführung

Die Zielsetzung

Wer einen Gedanken in Worten ausdrücken, wer Geschehenes, Gehörtes, Erlebtes schildern, wer an Hörer oder Leser appellieren, zu ihrer Urteilsbildung beitragen möchte, muss darauf bedacht sein, dass er gut und richtig verstanden wird und in seinem Gegenüber genau diejenigen Bilder, Vorstellungen und Emotionen erzeugt, die er hervorrufen möchte. Jeder aber, der sich präzise und abwechslungsreich ausdrücken will, sei es beim Übersetzen, beim Schreiben eines Briefes oder beim Verfassen anderer Texte, kommt in Situationen, in denen er nicht immer das treffende Wort parat hat.

Das **WAHRIG Synonymwörterbuch** begegnet diesem Problem schnell und effektiv: Mit mehr als 200.000 bedeutungsgleichen und bedeutungsähnlichen Synonymen zu mehr als 20.000 Stichwörtern sowie rund 250 Infokästen zu Bedeutungs- und Anwendungsvarianten, Wortfeldern und Redewendungen ist es ein kompetentes, informatives Nachschlagewerk zum abwechslungsreichen, stilsicheren Schreiben in Alltag, Schule, Studium und Beruf.

Was sind Synonyme?

Der strengen Definition nach sind Synonyme Wörter mit absolut gleicher Bedeutung, so dass man sie in einem Text austauschen kann, ohne dass sich die Aussage ändert. Solche bedeutungsgleichen Wörter sind jedoch äußerst selten. In aller Regel bedeuten verschiedene Wörter auch Verschiedenes.

Gleiches lässt sich aber auch verschieden ausdrücken oder anders sagen. So kann man je nach Situation *Gesicht* durch *Visage* ersetzen, *kostbar* durch *teuer* oder *lieben* durch *anhimmeln,* aber jedes dieser Wörter hat eine andere Nuance oder liegt auf einer anderen Stilebene. Desgleichen gibt es viele regionale Varianten eines Wortes, z. B. für *Bonbon* das rheinische *Klümpchen*, das schwäbisch-alemannische *Guts(e)le* oder das österreichische *Zuckerl.* Dass man gleiche Sachverhalte auf unterschiedliche Weise ausdrücken kann, gilt ebenso für Redewendungen: *Mich laust der Affe!, Mich tritt ein Pferd!* oder *Du kriegst die Motten!* sind gleichermaßen gängige umgangssprachliche Ausdrucksweisen, um Überraschung und Verblüffung kundzutun. Welcher Ausdrucksweise sich der Sprecher letztlich bedient, hängt von verschiedensten Faktoren ab – im Wesentlichen von seiner Aussageabsicht, aber auch vom Kontext, in dem der jeweilige Begriff verwendet wird (z. B. im fachsprachlichen Bereich). Desgleichen können das Umfeld, in dem die Kommunikation stattfindet, oder der Grad der Vertrautheit des Sprechenden oder Schreibenden mit dem Adressaten entscheidend für die Wortwahl sein.

Versteht man daher unter »Synonym« nicht mehr absolut bedeutungsgleiche, sondern vielmehr *sinnverwandte* Wörter, eröffnet sich ein großes Feld von Ausdrucksmöglichkeiten, das dem Suchenden Alternativen der Wortwahl und der stilistischen Variation aufzeigt und dazu verhilft, den passiven Sprachschatz zu aktivieren und den aktiven Wortschatz zu erweitern und zu bereichern.

Hinweise zur Benutzung

Stichwortauswahl

Das **WAHRIG Synonymwörterbuch** bietet mehr als 200.000 bedeutungsgleiche und bedeutungsähnliche Begriffe zu über 20.000 Stichwörtern aus den verschiedensten Bereichen der deutschen Gegenwartssprache.
Dies betrifft den standardsprachlichen Wortschatz des Deutschen wie auch die gängigen Dialektvarianten. Aufgeführt werden Synonyme zu allen wichtigen Bedeutungs- und Stilebenen, zu verschiedenen Fachbereichen und Verbreitungsgebieten.

Gliederung

Das Stichwort ist halbfett gesetzt. Die zu ihm gehörenden Synonyme sind wie folgt gegliedert und gekennzeichnet.

Die angebotenen Ausdrücke sind nach verschiedenen Bedeutungsebenen durch halbfette Ziffern getrennt. Wo nötig, wird die jeweilige Bedeutungsebene durch Stilangaben, Verbreitungs- oder Sachgebiete ergänzt. Werden Synonyme nur in einem bestimmten Geltungsbereich benutzt, wird dieser durch ein Hinweiswort (in Klammern) angegeben.

Beispiel: **abfackeln**
1. verbrennen, abbrennen (Gase)
2. *ugs. für:* niederbrennen,
in Brand stecken, anzünden

Verben, die transitiv wie reflexiv vorkommen, werden in eigenen Artikeln behandelt.

Beispiel: **anstecken**
1. anzünden, entzünden, …
2. befestigen, anheften, …
3. infizieren, übertragen, …
4. anstechen, anzapfen, …
anstecken, sich befallen/krank werden,
sich infizieren, sich etwas zuziehen,
bekommen; *ugs.:* sich etwas holen, …

Stichwörter, die durch nachstehende Präpositionen oder Funktionsverben erweitert werden, erhalten ebenfalls einen eigenen Stichwortansatz.

Beispiel: **anstehen**
1. warten, sich anstellen, …
anstehen lassen hinausschieben, warten, …

Stichwörter mit vorangestellten Erweiterungen werden als Unterstichwort behandelt und dem Grundwort zugeordnet.

Beispiel: **abbüßen**
1. büßen, verbüßen, sühnen,
geradestehen für, Buße tun
2. eine Strafe abbüßen
→ einsitzen

Schreibvarianten Alle Schreibungen basieren auf dem aktuellen amtlichen Regelwerk 2006. Jedoch wurden – vor allem im Bereich der Getrennt- und Zusammenschreibung – aus Gründen der Übersichtlichkeit und der Systematik nicht alle möglichen Schreibvarianten angegeben. Bei einigen Wörtern mit zwei möglichen Schreibweisen wird in diesem Buch der Artikel unter der im Schreibgebrauch üblicheren Variante angegeben, von der anderen Variante erfolgt ein Verweis auf diese Schreibung, z. B.
Photographie → Fotografie.

Kennzeichnung Die angegebenen Wörter sind gekennzeichnet durch

- Stilbewertung (z. B. umgangssprachlich, gehoben, veraltet)
- Zuordnung zu Sachgebieten (z. B. Medizin, Jägersprache)
- Verbreitungsgebiet (z. B. österreichisch, schweizerisch)

Verweise Wird von einem Stichwort auf ein anderes verwiesen, so erfolgt dies in der Form: **anspülen** → anschwemmen

Blau markierte Infokästen Zu zahlreichen Stichwörtern sind prägnante, farbig unterlegte Informationskästen in das Wörterverzeichnis eingefügt. Sie informieren über Bedeutungsvarianten, Wortfelder und bedeutungsähnliche Redewendungen und geben hilfreiche Tipps zum treffenden Sprachgebrauch. Die Stichwörter, auf die sich die Infokästen beziehen, sind am Ende des zugehörigen Artikels mit einem ⓘ-Zeichen markiert.

Zeichen und Abkürzungen

Zeichen

/ Zusammenziehen von sich wiederholenden Wörtern, z. B.
bis ins Einzelne/Detail gehend

( ) In Klammern stehen:
Hinweiswörter zur Identifizierung der Geltungsbereiche, z. B.
einzahlen abführen (Geld), abliefern, an eine Kasse zahlen, …

Abkürzungen

Biol.	Biologie	m.	Maskulinum
EDV	elektronische Datenverarbeitung	Med.	Medizin
		Mil.	Militär
f.	Femininum	n.	Neutrum
fachsprachl.	fachsprachlich	österr.	österreichisch
geh.	gehoben	Pl.	Plural
iron.	ironisch	poet.	poetisch
Jägerspr.	Jägersprache	Rechtsw.	Rechtswesen
jmd.	jemand	Sg.	Singular
jmdm.	jemandem	scherzh.	scherzhaft
jmds.	jemandes	schweiz.	schweizerisch
jugendsprachl.	jugendsprachlich	ugs.	umgangssprachlich
Kinderspr.	Kindersprache	volkst.	volkstümlich
landsch.	landschaftlich	Wirtsch.	Wirtschaft

Aa**A**a*A*

abartig: Die Abweichung von der Norm

Das Adjektiv *abartig* wird verwendet, wenn eine Abweichung von dem angezeigt werden soll, was gemeinhin als Normalität empfunden wird. Dies gilt besonders im Zusammenhang mit sexuellen Praktiken oder Neigungen. In ähnlicher Weise werden auch Reaktionen oder Verhaltensweisen als *abartig* bezeichnet.
Die Beschreibung von Personen oder sexuellen Vorlieben als *abartig* ist immer wieder kritisiert worden, da Normalität keine naturgegebene Größe ist, sondern gesellschaftlich hergestellt wird und wandelbar ist. Die Zuschreibung *abartig* bedeutet sowohl eine Ausgrenzung als auch eine Abwertung.
Umgangssprachlich kann *abartig* beschreiben, dass man etwas für *unangemessen* oder *unangebracht* hält. Das ist z.B. der Fall, wenn sich jemand über eine *abartige Farbzusammenstellung* oder *abartig hohe Energiepreise* beschwert.

à zu, je, pro, per

aalen, sich *ugs. für:* sich sonnen, sich rekeln, sich räkeln, sich behaglich ausstrecken, sich dehnen, in der Sonne liegen; *ugs.:* alle viere von sich strecken

aalglatt schmierig, schlüpfrig, glitschig, schleimig, schlangenhaft, undurchschaubar

Aas
1. Kadaver, Tierleiche; *Jägerspr.:* Luder
2. Scheusal, Bestie, Unmensch, Schurke, Unhold, Ekel, Lump, Ungetüm, Monstrum; *ugs.:* Biest, Kanaille, Miststück, Hexe, Luder; *derb:* Schweinekerl, Dreckskerl, Schweinehund, Dreckstück, Vieh

abändern ändern, umarbeiten, umschreiben, umgestalten

abarbeiten, sich sich mühen, sich anstrengen, sich etwas/zu viel abverlangen, nichts unversucht lassen, sich plagen, sich quälen, sich bemühen, sich abmühen

Abart Variante, Spielart, Eigenart, Sonderart, Ausnahme, Abweichung, Besonderheit, Version; *Biol.:* Varietät

abartig anomal, abnorm, abweichend, normwidrig, regelwidrig, unangemessen, unangebracht, pervers, anormal, fremdartig, anders, unüblich, atypisch, absonderlich, unnormal, widernatürlich, unnatürlich, abseitig, abwegig ⓘ

abasten, sich *ugs. für:* sich abplagen, sich anstrengen, sich abmühen, sich abschleppen, sich schinden, sich abkämpfen, kämpfen; *ugs.:* sich placken; *geh.:* sich mühen

Abbau
1. Gewinnung, Förderung
2. Demontage, Abbruch, Zerlegung, Auflösung, Abtragung, Demontierung, Abriss
3. → Kürzung
4. → Rückgang

abbaubar auflösbar, vergänglich, verweslich, zersetzbar, zersetzlich, kompostierbar

abbauen
1. abtragen, abbrechen, demontieren, abmontieren, auseinandernehmen, zerlegen, entfernen, beseitigen, wegnehmen; *ugs.:* abmachen
2. → vermindern
3. fördern (Kohle), gewinnen, ausbeuten
4. nachlassen, ermatten, kraftlos werden, verblühen, absteigen, im Abstieg begriffen sein, nicht Schritt halten, sich verschlechtern; *ugs.:* abschlaffen

abbekommen → bekommen

abberufen zurückbeordern, zurückholen, zurückziehen, zurückrufen, zurückberufen, → entlassen; *ugs.:* zurückpfeifen

abberufen werden → sterben

abbestellen rückgängig machen, annullieren, zurückziehen, abrücken von, absagen, abmelden, zurücktreten von, widerrufen, kündigen; *ugs.:* abblasen

abbezahlen → abzahlen

abbiegen
1. abdrehen, abzweigen, abgehen, abschwenken, einschwenken, um die Ecke biegen/schwenken, einbiegen, einlenken, einen Bogen machen, die Richtung/den Kurs ändern
2. → verhindern

Abbiegung → Biegung

Abbild Ebenbild, Spiegelbild, Abbildung, Wiedergabe, Spiegelung, Verdoppelung, Doublette; *ugs., abwertend:* Abklatsch

abbilden wiedergeben, zeigen, darstellen, nachformen, abformen, kopieren,

A

abmalen, nachzeichnen, nachbilden, fotografieren, illustrieren, einen Abguss machen, abgießen, reproduzieren, nachgestalten, nachschaffen, nachdrucken, vervielfältigen

Abbildung
1. Bild, Darstellung, Lichtbild, Foto, Fotografie
2. → Abbild

abbinden
1. Blutungen stillen, abschnüren, abklemmen, abpressen
2. losbinden (Schürze), abnehmen, ausziehen, aufmachen, abstreifen
3. eindicken, binden

abblasen → absagen

abblättern bröckeln, abbröckeln, sich lösen, sich ablösen, sich loslösen, abfallen, abgehen, absplittern, abschälen, abschuppen, abspringen, abplatzen

abblenden abdunkeln, verdunkeln, abschirmen, die Blende klein stellen

abblitzen
1. *ugs. für:* abgewiesen/abgelehnt/zurückgewiesen/abgefertigt/versetzt werden, einen Korb bekommen, eine Niederlage erleiden, Misserfolg haben, eine Abfuhr erhalten; *ugs.:* abgewimmelt werden, auflaufen, eine Schlappe erleiden, nicht ankommen
2. **jmdn. abblitzen lassen** → abfertigen

abblocken hindern, behindern, hemmen, einschränken, abwehren, abschneiden, abhalten, blockieren, verhindern, versperren, unterbinden, nicht zulassen; *ugs.:* bremsen

abbrausen
1. duschen, abduschen, unter die Dusche gehen, eine Dusche nehmen
2. fahren, abfahren, losfahren, wegfahren, verschwinden; *ugs.:* losbrausen, abzischen

abbrausen, sich unter die Dusche gehen, sich duschen, sich abduschen, eine Dusche nehmen

abbrechen
1. zerstören, niederreißen, abreißen, einreißen, abtragen, abbauen, abtrennen, beseitigen, entfernen; *ugs.:* wegreißen
2. in Stücke brechen, entzweigehen, durchbrechen, wegbrechen, abknicken, abgehen, abfallen, splittern
3. zerstückeln, zerteilen, zerlegen
4. Schluss machen, die Beziehung auflösen, brechen mit, sich lösen, den Rücken kehren, sich abwenden von, die Verbindung lösen
5. → aufgeben
6. → pflücken

abbremsen
1. bremsen, halten, anhalten, Halt machen, stoppen, abstoppen, auf die Bremse treten
2. → hemmen

abbrennen niederbrennen, Feuer legen, in Flammen setzen/aufgehen lassen, in Schutt und Asche legen, einen Brand legen; *ugs.:* abfackeln

abbringen
1. ausreden, verleiden, abraten, abhalten, wegführen von
2. → ablenken

abbröckeln → abblättern

Abbruch
1. Auflösung, Abbau, Demontage, Zerlegung, Abriss, Niederreißung, Zerstörung, Demontierung, Abtragung
2. Einstellung, Aufgabe, Beendigung, Aufhebung, Beseitigung, Außerkraftsetzung, Annullierung, Abschaffung, Aufkündigung, Auflösung

abbrummen → einsitzen

abbuchen abziehen, abheben, wegnehmen, herunternehmen

abbürsten
1. bürsten, säubern, putzen, reinigen, striegeln (Pferd), wienern, wichsen, schrubben
2. → abfertigen

abbüßen
1. büßen, verbüßen, sühnen, geradestehen für, Buße tun
2. **eine Strafe abbüßen** → einsitzen

abchecken → prüfen

Abc-Schütze Schulanfänger; *landsch., schweiz.:* Erstklässler; *österr.:* Taferlklassler

abdämmen dämmen, eindämmen (Wassermassen), abdichten, abschotten, mildern, abmildern, dämpfen, abdämpfen, abschwächen

abdampfen → weggehen

abdämpfen → mildern

abdanken → kündigen

abdecken
1. zudecken, verdecken, bedecken, verhängen
2. schützen, aufpassen auf, abschirmen
3. → abräumen
4. → tilgen

Abdeckung
1. Decke, Bedeckung, Schutz, Deckel, Hülle
2. Absicherung, Tilgung, Ausgleich, Sicherheit(en)

abdichten zustopfen, verstopfen, isolieren, verfugen, abdämmen, dichten, schließen, ausfüllen

abdienen → absolvieren

Abdruck: Über Drucke, Abdrücke und Ausdrücke

Einige Zusammensetzungen, in denen *Druck* das Grundwort bildet, haben unterschiedliche Bedeutungsvarianten, abhängig davon, ob der Plural des Substantivs *Druck* mit oder ohne Umlaut gebildet wird.
Wer von *Abdrucken, Ausdrucken* oder ganz einfach von *Drucken* spricht, bezieht sich damit ausschließlich auf gedruckte Texte oder Bilder. Hingegen bezeichnen *Abdrücke* Spuren, die beispielsweise im Schnee, auf einer Glasscheibe oder auf feuchtem Untergrund hinterlassen wurden. Mit *Ausdrücken* wiederum können sowohl sprachliche Äußerungen als auch mathematische Aussagen gemeint sein.

abdrängen → verdrängen
abdrehen
1. abstellen, ausstellen, abschalten, ausschalten, stoppen, auslöschen, außer Betrieb setzen, ausdrehen
2. Filmaufnahmen beenden, einen Film fertigstellen
3. einen anderen Kurs nehmen, eine andere Richtung einschlagen, wenden, drehen, schwenken
abdriften
1. abschweifen, vom Kurs/Thema abweichen, vom Weg abkommen, abgeleiten, weggetrieben/fortgetrieben werden
2. das Bewusstsein verlieren, abgelenkt werden
abdrosseln
1. → hemmen
2. → drosseln
Abdruck
1. Abguss, Abbildung
2. Veröffentlichung, Druck, Auflage, Publikation, Edition, Ausgabe
3. Fußstapfen, Spur, Fußspur, Fährte ⓘ
abdrucken → publizieren
abdrücken
1. → schießen
2. → liebkosen
abdrücken, sich
1. sich abzeichnen, sich eindrücken, Spuren/einen Abdruck hinterlassen
2. sich abstoßen, sich abstemmen, sich wegdrücken
abdunkeln verdunkeln, dunkel machen, das Tageslicht/die Sonne abschirmen, abblenden
abduschen, sich unter die Dusche gehen, eine Dusche nehmen, duschen, sich abbrausen
abebben → abflauen
Abend Tagesende, Dunkelheit, Nachteinbruch, Dämmerstunde, sinkende Nacht
Abendbrot → Abendessen
Abenddämmerung Abendlicht, Dämmerlicht, Abendrot, Halbdunkel, Zwielicht, Sonnenuntergang, Schummer, Schummerstunde; *poet.:* blaue Stunde, Abendgrauen
Abendessen Abendbrot, Abendmahl, Abendmahlzeit; *österr.:* Nachtmahl; *schweiz., landsch.:* Nachtessen; *geh.:* Abendtafel, Souper, Diner
Abendkleid Robe, Abendrobe, Gesellschaftskleid, Ballkleid, Festkleid, Cocktailkleid, Gala
Abendland Europa, der Westen, Okzident, die Alte Welt; *poet.:* Hesperien
Abendmahl
1. Kommunion, Altarsakrament, Eucharistie, Tisch des Herrn
2. → Abendessen
abends jeden/am Abend; *geh.:* des Abends
Abenteuer
1. Erlebnis, gewagtes Unternehmen/Geschehen, Wagnis, Risiko, Mutprobe, Vabanquespiel
2. → Affäre
abenteuerlich
1. gewagt, waghalsig, tollkühn, gefährlich, riskant, verwegen, halsbrecherisch, fantastisch, selbstmörderisch
2. ereignisreich, bewegt, spektakulär, aufregend
Abenteurer Glücksritter, Glücksjäger, Glücksspieler, Hasardeur
aber doch, jedoch, allerdings, indes, indessen, dagegen, wogegen, hingegen, demgegenüber, dennoch, trotzdem, gleichwohl, nichtsdestoweniger, allein, freilich, sondern, dafür, wiederum, im Gegensatz; *ugs.:* nichtsdestotrotz
Aberglaube Einbildung, Wahnvorstellung, Wunderglaube, Geisterfurcht
aberkennen absprechen, entziehen, abjudizieren, abstreiten, abnehmen, wegnehmen, vorenthalten
abermals wieder, wiederholt, wiederum, noch einmal, nochmals, von neuem, erneut, nochmalig, zum zweiten Mal
abernten ernten, einbringen, einfahren, pflücken, lesen
Aberwitz → Unsinn
aberwitzig wahnsinnig, irrsinnig, unsinnig, absurd, abwegig, verrückt; *ugs.:*

idiotisch, hirnverbrannt, hirnrissig

abfackeln
1. verbrennen, abbrennen (Gase)
2. *ugs. für:* niederbrennen, in Brand stecken, anzünden

abfahren
1. → abreisen
2. → abgehen
3. → fortschaffen
4. abnutzen (Reifen), verschleißen, verbrauchen
5. **jmdn. abfahren lassen** → abfertigen

abfahren auf → sich begeistern für

Abfall
1. Unrat, Dreck, Mist, Müll, Kehricht
2. Rückstand, Rest
3. → Ramsch
4. → Neigung
5. Sinneswandel, Umkehr, Lossagung, Bruch, Treubruch, Preisgabe, Verrat, Loslösung

Abfalleimer Eimer, Ascheneimer, Kuttereimer, Abfalltonne, Mülltonne, Müllcontainer, Papierkorb; *österr.:* Coloniakübel, Mistkübel

abfallen
1. → abblättern
2. abtrünnig/untreu werden, sich lösen, sich loslösen, sich freimachen, brechen mit, sich befreien, abschütteln, sich abwenden, sich abkehren, sich lossagen, die Treue brechen, im Stich lassen, umschwenken, anderen Sinnes werden, sich anders besinnen, einen Wandel durchmachen, verraten, preisgeben; *ugs.:* abspringen, umfallen
3. an Höhe verlieren, abstürzen, fallen, herunterfallen, absinken, einsinken, versinken, zu Boden stürzen; *ugs.:* absacken
4. sich neigen, sich senken, nach unten gehen
5. erlahmen, nachlassen, abbauen, schlechter werden, nicht Schritt halten, zurückbleiben; *ugs.:* abschlaffen

abfallend → abschüssig

abfallen für abbekommen, erhalten, zufallen, übrig bleiben, einbringen, einträglich sein; *ugs.:* abkriegen, herausspringen für

abfällig abschätzig, geringschätzig, abwertend, verächtlich, missbilligend, pejorativ, despektierlich, missfällig, wegwerfend, respektlos, herabsetzend, entwürdigend, schlecht, schlimm, übel, unfreundlich, kritisch, scharf, tadelnd, vernichtend

abfangen
1. anhalten, aufhalten, abpassen, abwarten
2. → auffangen

abfärben
1. sich übertragen auf, beeinflussen, anstecken, einwirken, Einfluss nehmen/haben auf, infizieren
2. Farbe verlieren/abgeben, auslaufen, ausgehen, nicht farbecht sein

abfassen verfassen, schreiben, niederschreiben, anfertigen, formulieren, arbeiten an, (schriftlich) niederlegen, festhalten, aufzeichnen, ausarbeiten; *geh.:* zu Papier bringen

Abfassung Niederschrift, Aufzeichnung, Anfertigung, Formulierung, Konzipierung, Entwurf

abfedern
1. abfangen, auffangen, mildern, abmildern
2. *Sport:* nachfedern, wippen

abfeiern *ugs. für:*
1. durch Freizeit ausgleichen (Überstunden); *ugs.:* abbummeln
2. feiern, sich amüsieren, sich vergnügen; *ugs.:* Party machen, einen draufmachen

abfertigen
1. jmdn. abservieren/abspeisen/ablehnen/abweisen, jmdm. die kalte Schulter zeigen, eine Abfuhr erteilen, einen Korb geben, nicht zulassen, den Laufpass geben; *ugs.:* abwimmeln, abbürsten, abblitzen/auflaufen/abfahren lassen
2. bedienen (Schalter), kontrollieren (Zoll)

abfeuern → schießen

abfinden
1. abgelten, ablösen, entschädigen, zufriedenstellen, vergüten, ersetzen, erstatten, begleichen, ausgleichen, auszahlen
2. **sich abfinden mit** akzeptieren, ertragen, sich zufriedengeben, zufrieden sein mit, vorliebnehmen mit, sich bescheiden, keine Ansprüche mehr stellen, nicht mehr verlangen, dulden, resignieren, kapitulieren, zurückstecken, hinnehmen, sich fügen, sich schicken/ergeben in, sich begnügen, in Kauf nehmen; *ugs.:* in den sauren Apfel beißen

Abfindung → Ersatz

abflachen
1. abschrägen, abkanten, fasen, abfasen
2. sinken, absinken, abfallen, abebben, abflauen, an Niveau/Inhalt/Qualität verlieren, weniger werden, sich abschwächen, sich reduzieren, zurückgehen; *geh.:* nivellieren

abflauen verebben, abebben, im Schwinden/Rückgang begriffen sein, sich verringern, sich vermindern, ermatten, abnehmen, nachlassen, verklingen, abklingen, ausklingen, vergehen, zurückgehen, sinken, absinken, sich beruhigen, sich abschwächen, leiser/schwächer werden, aushallen, verhallen, absterben, sich dem Ende zuneigen, ausgehen, erkalten (Gefühle), endigen, erlöschen, versiegen, abschwellen, einschlafen, sich legen, auspendeln, zur Ruhe kommen, verstummen, erlahmen, versanden, versickern, abflachen, abbauen, schwinden, schrumpfen, auslaufen, zu Ende gehen, aufhören, zum Stillstand/Erliegen kommen

abfliegen wegfliegen, davonfliegen, fortfliegen, abreisen, starten

abfließen
1. ablaufen, abrinnen, absickern, abströmen, ausfließen, wegfließen, sich leeren
2. außer Landes/ins Ausland gehen (Geld)

Abflug Start, Flugbeginn, Departure, Take-off; *ugs. für:* Abfahrt

Abfluss Abwasserkanal, Ablauf, Ausguss, Abguss, Kloake, Gully, Rinnstein, Ablaufrohr, Ablaufrinne, Abzug, Abzugsrinne, Ausfluss, Abflussloch, Abflussrohr, Abflussrinne

Abfolge
1. → Reihenfolge
2. → Ablauf

abfordern → fordern

abfragen abhören, prüfen, überprüfen, testen, examinieren, kontrollieren, aufsagen lassen, Wissen feststellen, auf die Probe stellen, einer Prüfung unterziehen; *ugs.:* abklopfen, unter die Lupe nehmen, auf den Zahn fühlen

abfressen abgrasen, abweiden, abäsen, kahlfressen, leerfressen, abnagen, abknabbern; *ugs.:* ratzekahl fressen

abfrottieren → abreiben

Abfuhr
1. → Ablehnung
2. → Transport

abführen
1. → festnehmen
2. zwangsweise wegbringen/mitnehmen/abholen, auf die Wache bringen
3. → ablenken
4. zahlen, bezahlen, entrichten, überweisen, zuleiten
5. den Darm leeren; *Med.:* purgieren, laxieren
6. Zitat/Gänsefüßchen/Anführungszeichen schließen

abfüllen → füllen

Abgabe
1. Gebühr, Beitrag, Beitragszahlung, Leistung, Geldleistung, Tribut, Steuer, Taxe, Maut
2. → Übergabe
3. Absatz, Vertrieb, Verkauf, Veräußerung
4. Zuspiel, Abspiel, Pass, Flanke (Sport)

Abgang
1. Abtritt, Abzug, Abtreten, Verlassen, Weggang
2. → Austritt
3. Fehlgeburt, Abort(us)
4. Abfahrt, Start, Fahrtbeginn, Aufbruch
5. → Tod ⓘ

Abgang: Zwischen Tod und Theater

Der *Abgang* gehört zur Bühnensprache und bezeichnet in der Dramaturgie den Schluss einer Szene und den vom abgehenden Schauspieler zu erreichenden Effekt: *ein guter/wirkungsvoller Abgang*. Darüber hinaus wird der Begriff im Theater auch für das Ausscheiden eines Schauspielers aus dem Ensemble verwendet. Daraus hat sich die allgemeine redensartliche Bedeutung entwickelt: *Sich einen guten Abgang verschaffen* heißt »beim Abschluss einer Sache einen guten Eindruck hinterlassen«. Ein Politiker, der von seinem Amt zurücktritt, kann damit *einen spektakulären Abgang* haben. Jemand der *einen schlechten Abgang* hat, hat seine Sache nicht gut gemacht oder ist womöglich im Streit ausgeschieden beziehungsweise entlassen worden. Die Wendung hat in diesem Fall also verhüllende Funktion.
Das Gleiche gilt im Zusammenhang mit dem tabuisierten Thema des Sterbens: *Abgang* wird auch als Synonym für *Tod* verwendet. Einer, der *einen würdigen Abgang* hat, stirbt in Würde. Darin schwingt wiederum die Metapher vom Leben als Theaterbühne mit, von der die Menschen *abtreten*. Der Befehl *»Mach einen Abgang«* ist die wenig höfliche Aufforderung, zu verschwinden.
Nichts mit dem Theater zu tun hat der Begriff *Abgang* im Zusammenhang mit Getränken. In der Weinsprache bezeichnet er Aroma und geschmacklichen Eindruck, den ein Schluck Wein oder auch Branntwein bei der Verkostung in der Kehle hinterlässt.

A

abgearbeitet → erschöpft
abgeben
1. → übergeben
2. → zuspielen
3. → verkaufen
4. → wählen
5. verwahren lassen (Garderobe), hinterlegen, deponieren, in Verwahrung geben
6. ausstrahlen (Wärme), ausströmen, verbreiten, spenden
7. → darstellen
8. **sich abgeben mit** sich einlassen auf, verkehren mit, Umgang/Kontakt pflegen mit
9. → sich beschäftigen mit
abgebrannt → zahlungsunfähig
abgebrüht
1. gefühllos, gleichgültig, abgestumpft, ungerührt, hartgesotten
2. → schlau
abgedroschen → phrasenhaft
abgefeimt → schlau
abgegriffen
1. abgenutzt, abgetragen, verschlissen, mitgenommen, verlottert, vernachlässigt, verbraucht
2. → phrasenhaft
abgehackt unzusammenhängend, zusammenhanglos, unterbrochen, abgebrochen, stockend, stückweise, stoßweise, stotternd, stotterig; *ugs.:* brockenweise, kleckerweise
abgehalftert *ugs. für:* ausgedient, abgedankt, abgesetzt, verwahrlost, seiner Stellung beraubt, alt; *ugs.:* abgerissen, mitgenommen; *abwertend:* heruntergekommen, verlottert; *derb:* abgefuckt
abgehärmt verbraucht, abgezehrt, ausgezehrt, von Sorgen gezeichnet, faltig
abgehärtet widerstandsfähig, unempfindlich, zäh, immun, gestählt, nicht anfällig; *ugs.:* stabil
abgehen
1. → abblättern
2. abschreiten, ablaufen, absuchen, entlanggehen, begehen, kontrollieren, besichtigen, patrouillieren; *ugs.:* abklappern, abgrasen, ablatschen, abrennen, belaufen, durchkämmen
3. → fehlen
4. abfahren, wegfahren, abfliegen, wegfliegen, starten, auslaufen (Schiff), in See stechen, ablegen, die Anker lichten, losfahren, verlassen
5. → ablaufen
6. → austreten
abgehen von → aufgeben
abgekämpft → erschöpft
abgekartet heimlich verabredet/vereinbart/ausgemacht/abgestimmt/abgesprochen/beschlossen/ausgeheckt/ausgehandelt/festgelegt; *ugs.:* ausgekocht, ausgeklüngelt
abgeklärt → besonnen
Abgeklärtheit Besonnenheit, Ruhe, Bedacht, Bedachtsamkeit, Umsicht, Gelassenheit, Gefasstheit, Reife, Gleichmut, Gleichgewicht, Beherrschtheit, Unerschütterlichkeit, Selbstbeherrschung; *veraltend:* Contenance
abgelaufen
1. → abgenutzt
2. vorbei, vorüber, herum, vergangen, zu Ende
abgelegen abgeschieden, entlegen, abseitig, fern, weit weg, abgeschnitten, entfernt, einsam, verlassen, gottverlassen, am Ende der Welt, schwer/ungünstig erreichbar, abgeschlossen, isoliert; *ugs.:* weit vom Schuss, jwd, janz weit draußen; *derb:* am Arsch der Welt
abgeleiert → phrasenhaft
abgelten abfinden, abbezahlen, begleichen, erstatten
abgemacht → ausgemacht
abgemagert → dünn
abgeneigt ungern, widerwillig, lustlos, ablehnend, abweisend, negativ, kritisch, verneinend
abgeneigt sein sich sträuben, einer Sache negativ gegenüberstehen, etwas nicht mögen, dagegen sein; *geh.:* einer Sache abhold sein
abgenudelt *ugs. für:* überstrapaziert, abgenutzt, verbraucht, zu häufig verwendet; *ugs.:* abgedroschen, ausgeleiert
abgenutzt
1. abgetragen, abgewetzt, abgeschabt, zerrissen, zerlumpt, mitgenommen, verlottert, vernachlässigt, verbraucht, abgegriffen, ausgedient, schäbig, verschlissen, abgerissen, abgetreten (Sohlen), abgelaufen, ausgefahren, abgefahren (Reifen), abgedroschen (Worte), zerfetzt, zerfleddert, zerlesen (Bücher); *ugs.:* abgelatscht, abgenudelt
2. → phrasenhaft
Abgeordneter Parlamentarier, Parlamentsmitglied, Volksvertreter, Repräsentant, Beauftragter, Gesandter, Abgesandter, Funktionär, Delegierter, Bevollmächtigter, Exponent, Deputierter; *österr.:* Mandatar
abgerechnet → abzüglich
abgerissen
1. → abgenutzt
2. → verwahrlost

Abgesandter Sendbote, Kurier, Emissär, Botschafter, Unterhändler, → Abgeordneter
abgeschabt → abgenutzt
abgeschieden → abgelegen
abgeschlafft → erschöpft
abgeschlossen
1. → geschlossen
2. → fertig
abgeschmackt geistlos, taktlos, geschmacklos, stillos, witzlos, schal, seicht, töricht, flach, gedankenarm, unschön, kitschig, platt, nichtssagend, aus zweiter Hand
abgesehen → außer
abgespact *jugendsprachl. für:*
1. weltfremd, etwas verrückt, verträumt
2. auffallend, eindrucksvoll, ungewöhnlich, krass
abgespannt → erschöpft
abgesperrt → geschlossen
abgestanden → schal
abgestuft hierarchisch, der Rangfolge nach, differenziert, aufgefächert, gegliedert, aufgeteilt, gestaffelt, strukturiert, geordnet, unterteilt
abgestumpft → gefühllos
abgetragen → abgenutzt
abgetreten abgelaufen, abgenutzt, abgetragen, ausgetreten, schäbig, verschlissen; *ugs.:* abgelatscht
abgewetzt → abgenutzt
abgewirtschaftet
1. → erschöpft
2. → verwahrlost
3. → zahlungsunfähig
abgewöhnen entwöhnen, abbringen von, aberziehen, verwehren, nicht zulassen/gestatten, verbieten, versagen, abschlagen, Einhalt gebieten, absetzen; *ugs.:* austreiben
abgewöhnen, sich → aufgeben
abgezehrt → dünn
abgezockt clever, taktisch geschickt/klug, smart, raffiniert
Abglanz → Widerschein
abgleichen
1. vergleichen, gegenüberstellen, prüfen
2. ausgleichen, glätten, ebnen; *geh.:* nivellieren
3. begleichen, ausgleichen, wettmachen, zurückzahlen (Schulden)
4. einstellen, justieren, eichen; *fachsprachl.:* kalibrieren
abgleiten
1. abrutschen, ausrutschen, hinunterrutschen, hinabrutschen, ausgleiten, hinabgleiten, den Halt verlieren, schlittern; *ugs.:* ausglitschen
2. → abschweifen
3. niedergehen, absinken, absteigen, abwärtsgehen, auf Abwege/die schiefe Bahn geraten, verfallen, aus der Art schlagen; *ugs.:* absacken, versacken
Abgott → Idol
abgöttisch übertrieben, überschwänglich, blind, unverhältnismäßig, sehr, über alle Maßen
abgrasen
1. → abfressen
2. absuchen, abgehen (Gebiet), ablaufen, durchkämmen; *ugs.:* abrennen, abklappern, ablatschen, durchstöbern
abgrenzen
1. die Grenzen festlegen, umreißen, abstecken, fixieren, bestimmen, vereinbaren, festsetzen
2. → einzäunen
3. **sich abgrenzen von** sich abheben von, in Gegensatz/Kontrast/Opposition stehen zu, abstechen gegen, kontrastieren, einen Kontrast bilden, sich unterscheiden, differieren, divergieren, abweichen
4. → distanzieren, sich
Abgrenzung → Grenze
Abgrund
1. Schlucht, Tiefe, Schlund, Kluft
2. Untergang, Ende, Ruin, Katastrophe, Sturz
3. → Unglück
abgründig
1. → tief
2. → rätselhaft
abgucken → abschauen
Abguss
1. → Abfluss
2. Abdruck, Nachbildung, Wiedergabe, Reproduktion
abhacken → abschlagen
abhaken zeichnen, abzeichnen, ankreuzen, markieren, anstreichen, kennzeichnen, mit einem Haken kennzeichnen, kenntlich machen, als erledigt betrachten
abhalten
1. auffangen (Lärm), abwehren, nicht durchlassen, dämmen
2. zurückhalten, fernhalten, bewahren, behüten, schützen vor, bremsen, abschrecken, abraten, einschreiten gegen, abbringen von, ausreden
3. → stören
4. → veranstalten
abhandeln
1. feilschen, den Preis drücken, herunterhandeln; *ugs.:* abschachern, abschwätzen
2. → darlegen
Abhandlung → Aufsatz
Abhang Böschung, Abfall, Hang, Halde, Lehne, Bergwand, Bergseite; *österr.:* Leite
abhängen
1. abkoppeln, abkuppeln, abnehmen, herabnehmen,

A

lösen, ablösen, auseinandernehmen
2. ablagern (Fleisch)
3. → überholen

abhängen von
1. angewiesen sein auf, jmdm. unterstehen/untertan sein
2. bedingt/bestimmt sein durch, beruhen auf, gebunden sein an
3. ankommen auf, etwas steht/liegt bei jmdm., etwas obliegt/untersteht jmdm.

abhängig
1. unselbständig, unfrei, untertan, angewiesen auf, gebunden an, untergeordnet
2. süchtig, verfallen

abhängig von → abhängen von

abhärten, sich sich festigen, sich kräftigen, sich stählen, sich stärken, sich widerstandsfähig/resistent/immun/gefühllos machen, sich gewöhnen an

abhauen
1. → abschlagen
2. → fliehen
3. → weggehen

abheben
1. vom Konto Geld entnehmen/holen, sich ausbezahlen lassen, abbuchen
2. abnehmen; *ugs.:* ans Telefon gehen, hingehen
3. → sich begeistern für

abheben, sich
1. sich abzeichnen, Konturen bilden, herausstechen, abstechen
2. sich abheben von sich abgrenzen von, in Gegensatz/Kontrast/Opposition stehen zu, abstechen gegen, kontrastieren, einen Kontrast bilden, sich unterscheiden, differieren, divergieren, abweichen

abheben auf → abzielen auf

abheften ablegen, zu den Akten/ad acta legen, einordnen, in einen Ordner tun

abheilen zuheilen, verheilen, vernarben, verschorfen, heil werden

abhelfen → bereinigen

abhetzen, sich sich abhasten, sich abjagen, sich sputen, sich überstürzen, sich übereilen, schnell machen, sich abmühen, hasten, sich beeilen, hetzen, laufen, rennen

abhobeln → hobeln

abholen
1. → holen
2. mitnehmen, zwangsweise mitnehmen, wegbringen
3. → verhaften

abholzen roden, kahlschlagen, fällen, absägen, entwalden, umschlagen, abschlagen; *ugs.:* umhauen; *österr.:* schlägern

abhören
1. → abfragen
2. heimlich mithören/überwachen/lauschen
3. *Med.:* abhorchen, untersuchen, auskultieren

Abhörgerät
1. Spion, Wanze
2. Hörrohr; *Med.:* Stethoskop

abirren
1. → abkommen
2. → abschweifen

Abitur Reifeprüfung, Gymnasialabschluss, Gymnasialexamen; *österr., schweiz.:* Matura; *ugs.:* Abi

abjagen → nehmen

abjagen, sich → abhetzen, sich

abkämmen → absuchen

abkanzeln → schimpfen

abkapseln, sich sich isolieren, sich abschließen, sich absondern, sich separieren, sich abschotten, sich ausklinken, sich einkapseln, sich verkapseln, sich einsperren, sich einspinnen, sich verbergen, sich verschließen, sich abseitsstellen, sich abseitshalten, Kontakt(e) meiden, sich von der Außenwelt fernhalten/abwenden/abschneiden/abspalten/absperren/abkehren, eine Mauer um sich ziehen, sich einmauern, sich vermauern, sich zumauern, einsam leben, sich zurückziehen, entziehen; *ugs.:* sich verkriechen, sich vergraben, sich verziehen, sich einigeln, sich einpuppen, sich in sein Kämmerchen/Schneckenhaus verkriechen; *geh.:* der Gesellschaft/Welt entsagen, das Leben fliehen, in Klausur gehen

abkarten → abmachen

abkassieren
1. kassieren, einnehmen; *ugs.:* zur Kasse bitten
2. *ugs. für:* sich bereichern, Geld anhäufen, profitieren; *ugs.:* Reibach machen, absahnen, einsacken

abkaufen
1. → kaufen
2. → glauben

abkehren fegen, abfegen, kehren, aufkehren, säubern, saubermachen, reinigen

abkehren, sich
1. → abwenden, sich
2. → abkapseln, sich

abklappern → absuchen

abklären → klären

Abklatsch → Imitation

abklingen → abflauen

abklopfen
1. beklopfen, untersuchen; *Med.:* perkutieren
2. ausklopfen, reinigen, Staub/Schmutz entfernen, säubern, saubermachen

3. → absuchen
4. → abfragen

abknallen → töten

abknicken → abbrechen

abknöpfen
1. abnehmen, lösen, loslösen, aufmachen, losmachen
2. → ablisten

abkommen
1. abweichen, abschweifen, auf Abwege kommen, den Weg/sich verlieren, aus der Bahn/Richtung geraten, abdriften, abgleiten, abirren, abtreiben, den Kurs verlassen, vom Kurs abkommen, sich verlaufen, sich verirren; *ugs.:* abschmieren
2. → aufgeben
3. → abschweifen

Abkommen Vereinbarung, Übereinkommen, Abmachung, Beschluss, Abrede, Vertrag, Übereinkunft, Absprache, Kontrakt, Arrangement, Einvernehmen, Pakt, Fixierung, Einigung, Verpflichtung, Festlegung

abkömmlich → entbehrlich

abkönnen *ugs. für:* aushalten, vertragen, ertragen/leiden können

abkoppeln → abhängen

abkratzen
1. abreiben, abziehen, abschaben, ablösen, abmachen
2. → sterben

abkriegen → bekommen

abkühlen
1. kälter/frischer/kühler werden, erkalten
2. kaltstellen, kaltmachen, kühlen, auskühlen, erkalten lassen, auf Eis legen
3. ernüchtern (Gefühle), → abflauen

Abkühlung
1. Temperaturrückgang, Temperatursenkung, Temperaturabnahme, Wärmeabnahme
2. Ernüchterung, Distanz, Distanzierung, Entfremdung

Abkunft → Herkunft

abkupfern *ugs. für:* nachahmen, nachmachen, imitieren, abschauen, entlehnen; *geh.:* plagiieren

abkuppeln → abhängen

abkürzen
1. abschneiden, einen kürzeren/schnelleren Weg nehmen, eine Abkürzung gehen/fahren, den Weg verkürzen, Zeit sparen
2. Abkürzungen benutzen/machen, vorzeitig beenden/zum Abschluss bringen

Abkürzung
1. Kürzung, Verkürzung
2. Abbreviatur, Kürzel, Kurzwort, Abbreviation, Akronym

abküssen → küssen

abladen
1. entladen, ausladen, leeren, entleeren, löschen (Schiff), ausschiffen, auspacken, ausräumen, herunternehmen
2. abwälzen (Schuld), übertragen, aufbürden, schieben auf; *ugs.:* jmdm. andrehen/unterjubeln

ablagern anschwemmen, antreiben, anströmen, anspülen, absetzen, lagern, an Land/ans Ufer spülen, abhängen, reifen; *landsch.:* abliegen

ablagern, sich sich setzen, sich absetzen, sedimentieren, sich niederschlagen, einen Bodensatz/Rückstand bilden, sich ansammeln, zu Boden sinken

Ablagerung Bodensatz, Sediment, Rückstand, Niederschlag

Ablass → Absolution

ablassen
1. ablaufen/auslaufen lassen, herauslaufen/ausströmen/abfließen/abgehen/entweichen lassen, leeren, entleeren
2. → verkaufen
3. → nachlassen

ablassen von → aufgeben

ablatschen
1. → abgehen
2. → ablaufen

Ablauf
1. Lauf, Verlauf, Hergang, Gang der Handlung, Geschehen, Gang, Vorgang, Prozess, Entwicklung, Abfolge
2. → Abfluss

ablaufen
1. → abfließen
2. → abgehen
3. abnutzen (Schuhe), abtreten, durchtreten, abwetzen; *ugs.:* ablatschen
4. abrollen, abspulen, abspielen
5. vonstattengehen, vor sich gehen, sich abwickeln, sich abspielen, sich ereignen, sich zutragen, sich vollziehen, abgehen, ausgehen, geschehen, erfolgen, stattfinden, verlaufen, hergehen, auslaufen (Frist), fällig werden, verfallen, verjähren, außer Kraft treten, die Gültigkeit verlieren, zu Ende gehen, enden; *ugs.:* über die Bühne gehen
6. vorübergehen, vorbeigehen, unberührt lassen, abprallen

ableben → sterben

Ableben → Tod

ablecken → lecken

ablegen
1. fortlegen, niederlegen, einordnen, abheften, zu den Akten/ad acta legen
2. → ausziehen
3. → aufgeben

A

Ablehnung: Die vielen Arten, Nein zu sagen

Die Ausdrücke für *Ablehnung* geben den unterschiedlichen Grad der Zurückweisung wieder, der auch durch Zusätze wie *glatte Ablehnung, entschiedene Ablehnung, schroffe Ablehnung* oder *einstweilige/endgültige Ablehnung* ausgedrückt werden kann. *Absage* und *Nein* sind ebenso neutrale Formulierungen wie *negative Antwort*. Ein *abschlägiger Bescheid* kommt in der Regel von einer Behörde. Bei der *Abfertigung* schwingen Konnotationen mit wie »kurz und knapp«, »brüsk« oder »unfreundlich«. *Debakel* und *Fiasko* sind in diesem Zusammenhang die stärksten Ausdrücke, die eine völlige *Ablehnung* beziehungsweise totale Niederlage bezeichnen. Das umgangssprachliche Wort *Blamage* steht oft für eine schmachvolle *Ablehnung,* die für den Betroffenen peinlich ist. Die *Pleite* ist der Wirtschaftssprache entlehnt, als Synonym für *Ablehnung* enthält sie die Bedeutung von Ansehensverlust oder Versagen.
Die umgangssprachlichen Redewendungen, die *Ablehnung* ausdrücken, sind allesamt bildhaft. *Jemandem eine Abfuhr erteilen* stammt aus der Welt des studentischen Fechtkampfs, der sogenannten Mensur. Wer verletzt war, wurde von seinem Sekundanten abgeführt: Der Sieger hatte ihm also eine Abfuhr erteilt. Die Konnotation von plötzlicher Ernüchterung gehört zu dem Ausdruck von der *kalten Dusche,* der mit der Hitze-Kälte-Metaphorik spielt. Jemandem, der eine kalte Dusche abbekommt, wird ein *Dämpfer aufgesetzt*. Durch eine *Ablehnung* einen *Schiffbruch erleiden* heißt »scheitern«. Diese Meeresmetapher ist Ausdruck für eine persönliche Niederlage beziehungsweise Notlage.

4. abfahren, wegfahren, auslaufen, absetzen, abstoßen
5. leisten, ableisten (Prüfung), machen, hinter sich bringen, absolvieren, bestehen, Examen machen
6. → ausrangieren

Ableger Spross, Setzling, Schößling, Steckling, Senker, Absenker, Trieb, Steckreis, Keim, Keimling, Pflänzling

ablehnen abweisen, zurückweisen, abschlagen, ausschlagen, negieren, verneinen, verschmähen, verweigern, verwerfen, versagen, von sich weisen, dagegen sein, missbilligen, sich weigern, abschlägig bescheiden, nicht einverstanden sein, absagen, zurückgeben, zurückschicken, Nein sagen, verurteilen, jmdm. einen Korb geben, eine Abfuhr erteilen, die kalte Schulter zeigen, nicht einwilligen/zustimmen/genehmigen/annehmen/zulassen/akzeptieren, abwinken, abspeisen, abservieren, abfertigen, abschmettern; *ugs.:* jmdn. abblitzen/auflaufen/abfahren lassen, abwimmeln

ablehnend → negativ

Ablehnung Absage, Nein, Abweisung, Zurückweisung, abschlägiger Bescheid, negative Antwort, Versagung, Weigerung, Verweigerung, Abfertigung, Niederlage, Debakel, Fiasko, Abfuhr; *ugs.:* Pleite, Blamage, Reinfall, Schlappe, kalte Dusche, Schiffbruch, Korb ⓘ

ableisten → absolvieren

ableiten
1. herleiten, entwickeln aus, folgen, sich ergeben, folgern, schlussfolgern, zurückführen auf, deduzieren, schließen, Folgerungen/einen Schluss ziehen, beziehen auf, hervorgehen aus, sich berufen auf, deduzieren, induzieren; *geh.:* konkludieren
2. ablenken, umleiten, wegführen, verlegen

ableiten, sich → stammen von

ablenken
1. in eine andere Richtung bringen, lenken, sich brechen (Licht), beugen, abfälschen (Sport), abbiegen, umleiten
2. abbringen, wegbringen, auf andere Gedanken bringen, abführen, wegführen, verleiten, stören, zerstreuen

ablenken, sich → vergnügen, sich

ablesen
1. vorlesen, eine Vorlage benutzen, nicht frei reden/vortragen
2. den Stand feststellen/ersehen, registrieren, identifizieren, bestimmen
3. scannen
4. → erraten

ableuchten → absuchen

ableugnen → abstreiten

abliefern
1. → übergeben
2. abführen, zahlen, bezahlen, einzahlen, überweisen

ablisten jmdm. etwas abnötigen/abschwindeln/abjagen/abbetteln/abzwingen/ablocken/abheucheln/rauben/abspenstig machen/entreißen/entlocken/wegnehmen/herauslocken/herausschwindeln, erlisten; *ugs.:* jmdm. etwas abknöpfen/abgaunern/abluchsen/abschwätzen/abzwacken/abzapfen/abhandeln, jmdn. schröpfen/ausnehmen/ausziehen/erleichtern

ablocken → ablisten

ablösen
1. lösen, loslösen, entfernen, abmachen, losmachen, trennen, abtrennen, abkratzen, abschaben
2. an jmds. Stelle treten, jmds. Platz übernehmen, jmdn. ersetzen/freistellen/entlasten/erlösen/entlassen
3. → abfinden

ablösen, sich
1. miteinander wechseln, sich abwechseln, alternieren
2. → abblättern

abluchsen → ablisten

abmachen
1. beschließen, entscheiden, festlegen, festsetzen, festmachen, aushandeln, vereinbaren, verabreden, absprechen, bestimmen, abstimmen, sich einigen, einig werden, übereinkommen, fixieren, sich verpflichten, eine Abmachung/Vereinbarung/Absprache treffen, einen Vertrag abschließen; *ugs.:* abkarten, auskochen, ausmachen
2. abbauen, abmontieren, abnehmen, ablösen, abtrennen, abschrauben, abschnallen, entfernen, beseitigen, wegnehmen

Abmachung → Vereinbarung

abmagern schlank(er)/mager(er)/dünn(er)/schmal/hager/dürr/knochig/hohlwangig werden, abnehmen, hungern, abfallen, einfallen, verfallen, zusammenfallen, auszehren, an Gewicht verlieren, Diät/Schlankheitskur machen; *ugs.:* vom Fleisch fallen, die Pfunde/Kilos abwerfen/loswerden, abspecken

Abmagerungskur Diät, Hungerkur, Schlankheitskur, Fastenkur, Entfettungskur

abmalen abzeichnen, nachmalen, nachzeichnen, kopieren, nachbilden, wiedergeben

Abmarsch → Aufbruch

abmarschieren → weggehen

abmartern, sich → anstrengen, sich

abmelden
1. → abbestellen
2. austreten, kündigen, verlassen, weggehen; *EDV:* ausloggen

abmessen messen, vermessen, bemessen, dimensionieren, berechnen, abzirkeln, feststellen, bestimmen

abmildern
1. → entschärfen
2. → mildern

abmontieren → abmachen

abmühen, sich → anstrengen, sich

abmurksen → töten

abnabeln abbinden, ablösen, loslösen, abklemmen, durchschneiden, durchtrennen

abnabeln, sich sich freimachen, sich selbständig/unabhängig/autonom machen, sich emanzipieren, sich auf eigene Füße/Beine stellen, sich befreien, sich losmachen von; *ugs.:* sich freischwimmen

abnehmen
1. → abmagern
2. prüfen, nachprüfen, überprüfen, untersuchen, nachsehen, inspizieren, begutachten, kritisch betrachten, testen, einer Prüfung unterziehen, einer Kontrolle unterwerfen, checken, abchecken
3. → abflauen
4. → ablisten
5. → nehmen
6. → beschlagnahmen
7. abzapfen (Blut), zur Ader lassen, schröpfen, abschröpfen
8. amputieren (Körperteil), abtrennen
9. → kaufen
10. → glauben

Abnehmer → Kunde

Abneigung Unwille, Widerwille, Antipathie, Ekel, Abscheu, Aversion, Widerstreben, Widerstände, Ressentiment

abnicken *ugs. für:* genehmigen, zustimmen, einverstanden sein, befürworten, stattgeben, gestatten, bewilligen; *geh.:* justifizieren, konzessionieren; *ugs.:* absegnen

abnorm → abartig

abnötigen → abzwingen

abnutzen abnützen, verbrauchen, verschleißen, verscheuern, verwetzen, vertragen, verschaben, verfahren (Reifen), abstumpfen, abstoßen, abreiben, abschürfen, ablaufen (Schuhe), abtreten, ausweiten, ausleiern (Gewinde), ausbeulen, durchsitzen, durchlöchern, durchtragen, durchstoßen, schädigen, im Wert mindern, strapazieren, aufbrauchen

abnutzen, sich
1. verschleißen, unansehnlich/schadhaft/unbrauchbar werden, abstumpfen

A

2. an Wirkung/Bildkraft/Reiz verlieren

Abnutzung Abnützung, Abrieb, Verschleiß, Verbrauch

abonnieren bestellen, beziehen, ordern, beordern, kommen lassen, mieten (Theater), anfordern, halten, ein Abonnement haben

abordnen entsenden, delegieren, deputieren, schicken, beordern, abkommandieren

Abordnung
1. Delegation, Deputation, Vertretung, die Beauftragten/Bevollmächtigten/Vertreter
2. Entsendung, Deputierung, Abkommandierung, Delegierung

Abort Toilette, Klosett, WC, Pissoir; *ugs.:* gewisses Örtchen, Häusl, Lokus, Klo, Thron; *derb:* Scheißhaus, Pinkelbude

Abort(us) Fehlgeburt, Abgang

abpacken → einpacken

abpassen abwarten, erwarten, auflauern, abfangen, im Auge behalten, aufhalten

abpflücken → pflücken

abplagen, sich → anstrengen, sich

abplatzen → abblättern

abprallen
1. zurückspringen, zurückprallen, zurückschnellen, zurückfedern
2. **an jmdm. abprallen** an jmdm. vorbeigehen, jmdn. unberührt/gleichgültig/unbeeindruckt lassen, nicht rühren/berühren/tangieren/beeindrucken, Abstand bewahren, sich nicht anfechten lassen; *ugs.:* kaltlassen, cool bleiben

Abreibung/Abrieb: Von der Materialabnutzung zur Strafpredigt

Abreibung und *Abrieb* sind sogenannte Verbalsubstantive, also von Verben abgeleitete Substantive, die das mit dem Verb ausgedrückte Geschehen bezeichnen. Auch wenn diese Substantive vom selben Verb abgeleitet werden, sind sie nicht immer bedeutungsgleich und daher nicht beliebig gegeneinander austauschbar.
Mit einer *Abreibung* ist im übertragenen Sinn eine *Zurechtweisung* oder *Strafpredigt* gemeint, z. B. wenn *ein Lehrer seinen Schülern eine Abreibung erteilt*. Dagegen kann *jemandem eine Abreibung verpassen* bedeuten, dass er verprügelt wird.
Das Wort *Abrieb* wird als Begriff für durch Reibung erzeugte Abnutzung verwendet: »Ein spezieller Kunststoff soll den *Abrieb* bei Autoreifen minimieren«. *Abrieb* bezeichnet aber auch *abgeriebene* oder *abgebröckelte* Materialpartikel: »Im Feinstaub ist *Abrieb* von Reifen und Bremsbelägen enthalten«.

abpressen
1. → abzwingen
2. → einschnüren

abputzen → saubermachen

abquälen, sich → anstrengen, sich

abrackern, sich → anstrengen, sich

abradieren ausradieren, wegradieren, entfernen, beseitigen, auslöschen, tilgen

abraten abbringen von, abreden, ausreden, warnen, zu bedenken geben, entmutigen; *geh.:* widerraten

abräumen den Tisch abdecken, wegschaffen, wegräumen, abnehmen, wegnehmen, herunternehmen, freimachen, leer machen, entfernen, hinaustragen, abtragen; *geh.:* abservieren

abrauschen → weggehen

abreagieren entladen, auslassen, herauslassen, ablassen, fühlen/merken lassen, zu spüren geben, jmdm. zusetzen

abreagieren, sich sich abregen, sich beruhigen, sich entspannen, sich entkrampfen, sich besänftigen, sich beschwichtigen, sich abkühlen; *ugs.:* Dampf ablassen

abrechnen
1. die Rechnung/Schlussrechnung/Bilanz aufstellen, Kasse machen, Kassensturz machen, Bilanz ziehen, saldieren
2. → abziehen

abrechnen mit eine Quittung erteilen, jmdn. zur Rechenschaft/Verantwortung ziehen/maßregeln/belangen/zur Rede stellen/zurechtweisen, jmdm. etwas heimzahlen, sich rächen, vergelten, Genugtuung fordern, sich revanchieren; *ugs.:* reinen Tisch machen

abregen, sich → beruhigen, sich

abreiben
1. trockenreiben, frottieren, abfrottieren, abtrocknen; *ugs.:* rubbeln, abrubbeln; *landsch.:* ribbeln
2. reinigen, schrubben, scheuern, abkratzen, entfernen
3. → abnutzen

Abreibung
1. Prügel; *ugs.:* Keile, Dresche
2. Zurechtweisung, Tadel, Rüge, Strafpredigt, Lektion, Maßregelung ⓘ

abreisen abfahren, wegfahren, verreisen, sich auf die Reise begeben/machen, auf Reise gehen, aufbrechen, starten, die Reise antreten, sich einschiffen, auslaufen (Schiff), den Hafen verlassen, abfliegen, weggehen

abreißen
1. → abbrechen
2. → pflücken
3. abtrennen, losreißen, herunterreißen, wegreißen, abzupfen, abrupfen
4. abfallen (Knopf), ablösen, loslösen, abgehen

abrichten → dressieren

Abrieb Abnutzung, Verschleiß, Verbrauch ⓘ

abringen → abzwingen

Abriss
1. Übersicht, Zusammenfassung, Zusammenstellung, Überblick, Leitfaden, Darstellung, Auszug, Resümee, Kurzfassung, Querschnitt
2. → Abbruch

abrollen
1. → ablaufen
2. abwickeln (Spule), spulen, abspulen, haspeln, abhaspeln, schnurren, abschnurren

abrücken
1. wegschieben, wegrücken, beiseiteschieben
2. → weggehen
3. → fliehen

abrücken von sich distanzieren von, Abstand nehmen, nichts zu tun haben wollen mit, sich abkehren, sich abgrenzen, sich entfernen, zurücktreten, sich heraushalten, nichts zu schaffen haben wollen mit; *ugs.:* sich drücken

abrunden
1. kürzen, mindern, reduzieren, bringen auf, rundmachen
2. zusammenlegen, vereinheitlichen, vervollständigen, arrondieren (Land)
3. vervollkommnen, ergänzen, perfektionieren, komplettieren; *ugs.:* den letzten Schliff geben

abrupfen
1. → abreißen
2. → pflücken

abrupt → plötzlich

abrüsten demobilisieren, Truppen reduzieren, Streitkräfte verringern, entmilitarisieren, entwaffnen, Entspannungspolitik betreiben, den Rüstungsetat einschränken

abrutschen → abgleiten

absacken → abfallen

Absage → Ablehnung

absagen
1. widerrufen, rückgängig machen, abrücken von, zurücknehmen, zurückziehen, zurücktreten von, abbestellen
2. ausfallen lassen, absetzen, canceln, streichen, aufheben; *ugs.:* abblasen, unter den Tisch fallen lassen, fahren lassen
3. → aufgeben

absägen
1. trennen, abtrennen, abholzen, abschneiden, abhacken, fällen
2. → entlassen
3. → entmachten

absahnen
1. entrahmen, entfetten, Sahne/Rahm/Fett abschöpfen
2. → bereichern, sich

Absatz
1. Abschnitt, Textabschnitt, Passage, Artikel, Passus, Punkt, Kapitel, Teilstück, Stelle
2. Stöckel, Hacken
3. Verkauf, Umsatz, Vertrieb, Umschlag, Warenumschlag, Geschäft, Handel
4. Bodensatz, Rückstand

Absatzgebiet Markt, Absatzmarkt

absaufen → sinken

abschaben → abkratzen

abschachern → abhandeln

abschaffen beseitigen, aufheben, aufgeben, fortgeben, auflösen, auslöschen, zum Verschwinden bringen, entfernen, beheben, aufräumen mit, abstellen, einstellen, für ungültig/nichtig erklären, annullieren, vernichten, liquidieren, Schluss machen mit, außer Kraft setzen, streichen, einziehen, zurückziehen, kassieren, aus der Welt schaffen, auslaufen lassen

abschälen → schälen

abschalten
1. ausstellen, ausmachen, ausschalten, abstellen, abdrehen, löschen; *ugs.:* ausknipsen
2. *ugs. für:* sich nicht mehr beteiligen, Konzentration/Aufmerksamkeit verlieren, zerstreut sein; *ugs.:* wegtreten
3. → ausruhen, sich

abschätzen → einschätzen

abschätzig → abfällig

Abschätzung Beurteilung, Schätzung, Bewertung, Begutachtung; *geh.:* Taxierung

abschauen absehen, abschreiben, abgucken, nachmachen, kopieren, wiederholen, entlehnen, plagiieren; *ugs.:* spicken, abluchsen, abpinseln, abkupfern

A

Abschaum Auswurf, Gesindel, Pöbel, Lumpenpack, Mob, Asoziale; *veraltet:* Abhub; *ugs.:* Asos, Bagage, Pack, Bande, Meute, Gesocks, Gelichter
abschäumen abschöpfen, klären
abscheiden → absondern
Abscheu Ekel, Widerwille, Abneigung, Schauer, Grauen, Gräuel, Horror, Überdruss, Übelkeit, Schauder
abscheuern
1. → abnutzen
2. → saubermachen
Abscheu erregend → ekelhaft
abscheulich widerlich, widerwärtig, scheußlich, garstig, unerträglich, ekelhaft, ekelerregend, grässlich, Abscheu erregend, schauderhaft, hässlich, missgestaltet, verabscheuenswert, verabscheuenswürdig, schändlich, übel, übelriechend, verwerflich, schrecklich, wüst, ruchlos, gemein, niederträchtig, monströs, eklig, abstoßend, wie die Pest; *geh.:* degoutant; *veraltet:* abominabel; *ugs.:* ätzend, fies, zum Brechen; *derb:* zum Kotzen
abschicken versenden, fortsenden, zusenden, absenden, fortschicken, wegschicken, verschicken, abgehen/zugehen lassen, zuleiten, weiterleiten, einwerfen, aufgeben, zur Post bringen, in den Briefkasten stecken, expedieren
abschieben
1. abrücken, wegrücken, wegschieben, beiseiteschieben, beiseiterücken
2. → ausweisen
3. → entmachten
4. → weggehen ⓘ

abschieben: Wegrücken und ausgrenzen

Wer etwas *abschiebt,* rückt es beiseite. Das kann wörtlich gemeint sein, wenn man zum Beispiel einen Tisch von der Wand oder einen Topf von der Herdplatte *abschiebt.* Im übertragenen Sinn bedeutet *abschieben,* etwas *von sich weisen.* So lässt sich Verantwortung beziehungsweise Schuld *abschieben* oder, was das Gleiche bedeutet, der »schwarze Peter« *abschieben.*
Menschen kann man auf unterschiedliche Weise – allmählich, stillschweigend, vorschnell, gewaltsam – *abschieben,* wobei aber stets die Bedeutung mitschwingt, dass die Entfernung aus der jeweiligen Gemeinschaft gegen den Willen der Betroffenen geschieht. So kann die Rede davon sein, dass alte Leute in ein Heim *abgeschoben* werden, wenn sie in ihrer Familie als lästig angesehen werden. Ein Politiker, den man aufs Altenteil *abschiebt, entmachtet* man, indem man ihn aus dem Amt entfernt.
Schließlich kann man Menschen von einem Land in ein anderes *abschieben. Abschieben* in diesem juristischen Sinn bedeutet *ausweisen.* So ist es nach dem Strafrecht möglich, ausländische Straftäter in ihr Heimatland *abzuschieben.* Das Ausländerrecht sieht die Möglichkeit vor, Menschen in ihre Herkunftsländer *abzuschieben.* Abschiebung ist hier die zwangsweise Durchsetzung der Ausreisepflicht eines Ausländers. In der Rechtsprechung gibt es dabei zahlreiche Zusammensetzungen: Wer im Gefängnis auf seine Ausweisung wartet, befindet sich in *Abschiebehaft.* Der *Abschiebegrund* gibt an, warum jemand ausgewiesen wird. Als *Abschiebehindernis* (oder *Abschiebungshindernis*) bezeichnet man Faktoren, die einer solchen Ausweisung entgegenstehen.

abschieben auf → aufbürden
Abschiebung Ausweisung, Verbannung, Vertreibung, Hinauswurf; *Rechtsw.:* Exmission
Abschied Trennung, Scheiden, Weggang, Auseinandergehen, Lebewohl, Aufbruch, Abfahrt, Abreise, Fortgang
abschießen
1. außer Gefecht setzen; *ugs.:* herunterholen, abknallen
2. → schießen
3. → töten
4. wegschießen (Körperteil), loslösen, abtrennen, abreißen
5. → entmachten
abschinden, sich → anstrengen, sich
abschirmen
1. verdunkeln, abdunkeln, verdecken, abdecken
2. → schützen
abschlachten
1. schlachten, abstechen; *landsch.:* metzen, abtun
2. → töten
abschlaffen → nachlassen
Abschlag
1. Abstoß (Tor)
2. Teilzahlung, Ratenzahlung, Abschlagszahlung
3. → Preisnachlass
abschlagen
1. abhacken, abhauen, abtrennen, abstoßen, abmeißeln, abspalten, ablösen

2. → ablehnen
3. → abwehren

abschlägig ablehnend, negativ, verneinend

abschlägig bescheiden ablehnen, abweisen, zurückweisen, abschlagen, ausschlagen, negieren, verneinen, verweigern, verwerfen, missbilligen

abschleifen → glätten

abschleppen
1. ziehen, entfernen, fortschaffen, wegschaffen, fortbringen, wegbringen
2. **jmdn. abschleppen** *ugs. für:* jmdn. mitnehmen/verführen

abschleppen, sich → anstrengen, sich

abschließen
1. zuschließen, verschließen, absperren, zusperren, abriegeln, zuriegeln, verriegeln, abschotten, zumachen, den Riegel/das Schloss vorlegen
2. beenden, fertigstellen, zum Abschluss bringen, vollenden, zu Ende führen; *ugs.:* unter Dach und Fach bringen
3. enden/aufhören/ein Ende haben/ausklingen/schließen mit
4. → abmachen

abschließen, sich → abkapseln, sich

Abschluss
1. → Vereinbarung
2. → Ende

abschmecken kosten, vorkosten, probieren, versuchen, prüfen

abschmettern energisch/heftig abweisen, zurückweisen, ablehnen, nicht annehmen

abschmieren
1. fetten, einfetten, ölen, einölen, einreiben, schmieren
2. → abkommen

abschminken, sich *ugs. für:* (ein Vorhaben) aufgeben, verwerfen, sich aus dem Kopf schlagen, kapitulieren, verzichten, Abstand nehmen von, unterlassen, absehen von; *ugs.:* bleiben/sein/sausen lassen, abschreiben, passen, die Flinte ins Korn/das Handtuch werfen

abschnallen
1. losbinden, losschnallen, loslösen, ablegen, abnehmen; *ugs.:* losmachen, abmachen
2. *jugendsprachl. für:* staunen, überrascht/erstaunt/verwundert/sprachlos/verblüfft sein, große Augen machen; *ugs.:* aus den Latschen kippen, mit den Ohren schlackern
3. *ugs. für:* müde/unaufmerksam werden, abschalten; *ugs.:* wegtreten

abschneiden
1. wegschneiden, kürzen, kürzer machen, scheren, abscheren, verkürzen, verkleinern, abtrennen, abzwicken, kupieren, stutzen; *ugs.:* abschnippeln
2. abkürzen, einen kürzeren/schnelleren Weg nehmen, eine Abkürzung gehen/fahren
3. sich jmdm. entgegenstellen, den Weg versperren, aufhalten, blockieren
4. jmdm. ins Wort fallen/über den Mund fahren/nicht ausreden lassen, dazwischenreden, unterbrechen; *ugs.:* übers Maul fahren, dreinreden
5. isolieren, separieren, abschließen, absondern, absperren, trennen
6. hinter sich bringen, ausführen, durchführen, bestehen, absolvieren, schaffen, ablegen, vollbringen; *ugs.:* bei etwas wegkommen, ausgehen

Abschnitt
1. Teil, Teilstück, Teilbereich, Sektor, Teilstrecke, Segment, Ausschnitt, Bruchteil, Bruchstück
2. Zeitraum, Zeitspanne, Etappe, Phase, Periode, Stadium
3. Absatz, Kapitel, Passus, Passage, Artikel, Stelle
4. Kupon, Talon

abschnüren
1. → abbinden
2. → einschnüren

abschöpfen
1. abschäumen
2. → absahnen

abschotten fest abschließen, zuschließen, abdichten, dichtmachen, undurchlässig/unzugänglich machen, absperren, schützen, fernhalten, trennen

abschotten, sich sich isolieren, sich absondern, sich abkapseln, sich zurückziehen, sich von der Außenwelt fernhalten/abwenden/abschneiden/abspalten/absperren/abkehren, sich einmauern; *geh.:* sich separieren

abschrauben → abmachen

abschrecken
1. → kühlen
2. jmdn. abhalten, zurückhalten von, hindern, ein Exempel/Beispiel statuieren, warnen, hemmen, bekämpfen, entgegentreten, Halt/Einhalt gebieten, Steine in den Weg legen

abschreiben
1. → abschauen
2. kopieren, eine Reinschrift/Zweitschrift anfertigen, ins Reine schreiben
3. im Wert mindern, abziehen, absetzen, tilgen, amortisieren
4. → aufgeben

A

abschreiten
1. → abgehen
2. abmessen, ausschreiten, abschätzen
Abschrift Zweitschrift, Kopie, Doppel, Duplikat, Durchschlag, Durchschrift, Abzug
abschuften, sich → anstrengen, sich
abschürfen, sich sich aufscheuern, sich abstoßen
abschüssig steil, schräg, abfallend, absteigend, mit starkem Gefälle, jäh, schroff; *schweiz.:* stotzig
abschütteln
1. abschlagen, abklopfen, herunterschütteln, entfernen; *ugs.:* runterschütteln
2. → aufgeben
3. → befreien, sich
abschwächen → mildern
abschwächen, sich abflauen, verebben, abebben, sich verringern, sich vermindern, abnehmen, nachlassen, verklingen, abklingen, ausklingen, vergehen, zurückgehen
abschweifen abweichen, abirren, abkommen, den Faden verlieren, abgleiten, auf Abwege kommen, vom Hundertsten ins Tausendste/vom Hölzchen aufs Stöckchen kommen, sich ins Uferlose verlieren, Gedankensprünge machen, vom Thema abgehen
abschwellen
1. → abflauen
2. dünner/wieder normal werden
abschwenken → abbiegen
abschwindeln → ablisten
abschwirren → weggehen
absehbar erkennbar, voraussehbar, übersehbar, überschaubar, vorhersehbar, voraussagbar, vorauszusehen, zu erwarten
absehen
1. → abschauen
2. voraussehen, vorhersehen, überschauen, berechnen, vorausberechnen, prophezeien, überblicken, erkennen, durchschauen, kommen sehen; *ugs.:* sich selbst ausrechnen/zusammenreimen/an den fünf Fingern abzählen können
absehen auf → abzielen auf
absehen von
1. unberücksichtigt/außer Acht/unbeachtet lassen, verzichten auf, ausschließen, auslassen, beiseitelassen, hinwegsehen, abstrahieren von, ausnehmen, außer Betracht lassen, vernachlässigen, übergehen, weglassen, fortlassen, aussparen; *ugs.:* unter den Tisch fallen lassen
2. verzichten, unterlassen, Abstand nehmen von, sich enthalten, nicht tun; *ugs.:* sein/bleiben lassen, sich abschminken
abseilen hinunterlassen, herunterlassen, hinablassen, herablassen
abseilen, sich
1. → weggehen
2. → fliehen
3. → aussteigen
ab sein
1. sich gelöst/losgelöst haben, fehlen, abgegangen/abgetrennt sein
2. *ugs. für:* weg/entfernt/fort sein, abliegen
3. *ugs. für:* mitgenommen/erschöpft/abgearbeitet/gestresst/abgehetzt/angeschlagen/abgeschlafft/abgespannt/angegriffen/urlaubsreif sein, mehr tot als lebendig sein; *ugs.:* fertig/am Ende/ausgepumpt sein, auf dem Zahnfleisch gehen/kriechen; *landsch.:* abgeschafft sein
abseitig
1. → abgelegen
2. → ausgefallen
3. → abartig
abseits
1. fern, außerhalb, entfernt, weitab, fernliegend, in der Ferne, abgelegen; *ugs.:* weit weg, weg/ab vom Schuss
2. seitab, beiseite, neben, nebenan, seitlich
absenden → abschicken
Absender Adressant
abservieren
1. → abräumen
2. → abfertigen
3. → entmachten
absetzen
1. abnehmen, wegnehmen, herunternehmen (Hut), ablegen, abziehen, abtun
2. hinabstellen, herabstellen, zu Boden setzen, niedersetzen, niederlegen, platzieren
3. abrechnen (Steuer), abziehen
4. → absagen
5. verkaufen, abgeben, abstoßen, feilhalten, feilbieten, veräußern, vertreiben
6. → entlassen
7. entmachten, entlassen, entthronen, stürzen, seiner Macht berauben, des Einflusses berauben, verdrängen, abschieben, ausbooten
8. → aufgeben
9. aussetzen, unterbrechen, abbrechen, einen Absatz/eine Pause machen, anhalten, innehalten, verschnaufen
absetzen, sich
1. → ablagern, sich
2. → abkapseln, sich
3. → fliehen
4. → aussteigen
Absetzung Enthebung, Amtsenthebung, Dienst-

enthebung, Abberufung, Ablösung, Entlassung, Kündigung, Entmachtung, Entthronung, Sturz, Entfernung, Suspendierung; *geh.:* Suspension; *ugs.:* Rausschmiss

absichern → schützen

Absicht
1. Plan, Ziel, Bestreben, Wollen, Vorsatz, Vorhaben, Intention, Zweck, Zielsetzung, Zielvorstellung, Sinnen, Trachten, Wunsch, Programm
2. ohne Absicht → unabsichtlich

absichtlich vorsätzlich, willentlich, beabsichtigt, bezweckt, bewusst, intentional, gewollt, wissentlich, geplant, vorbedacht, geflissentlich, absichtsvoll, mit Willen/Bewusstsein/Fleiß/Bedacht, weislich, wohlweislich, mutwillig, ausdrücklich, eigens, extra; *geh.:* ostentativ, intendiert

absichtslos → unabsichtlich

absichtsvoll → absichtlich

absinken
1. sinken, heruntersinken, einsinken, niedersinken, versinken, untergehen; *geh.:* hinabsinken; *ugs.:* absacken, wegsacken; *derb:* absaufen
2. fallen, zurückgehen, abklingen, abnehmen, sich senken, schwinden, sich abschwächen, sich verschlechtern, abgleiten, untergehen, zugrunde gehen, abwärtsgehen, abrutschen, verwahrlosen; *ugs.:* versumpfen, versacken, runterkommen, verlumpen, auf den Hund kommen, unter die Räder kommen, verlottern; *abwertend:* verkommen, in der Gosse enden/landen

absitzen
1. absteigen
2. → einsitzen

absolut
1. allein herrschend, unumschränkt, uneingeschränkt, unbeschränkt, repressiv, allgewaltig, absolutistisch, autoritär, diktatorisch, souverän
2. völlig, vollkommen, vollauf, total, reinweg, schlechtweg, schlechterdings, grundsätzlich, ganz
3. unbedingt, um jeden Preis, durchaus, zweifellos, auf alle Fälle, auf jeden Fall, überhaupt, unter allen Umständen, mit aller Gewalt, auf Biegen und Brechen, so oder so, koste es, was es wolle, partout; *ugs.:* auf Teufel komm raus

Absolution Sündenerlass, Freisprechung, Lossprechung, Vergebung, Ablass, Begnadigung

Absolvent Schulabgänger, Examenskandidat, Prüfling, Entlassungsschüler; *geh.:* Examinand

absolvieren
1. ableisten, durchlaufen, hinter sich bringen, erfolgreich beenden/abschließen, bestehen, ablegen
2. bewältigen (Pensum), erledigen, ausführen, durchführen, erfüllen, aufarbeiten, schaffen, vollbringen, abdienen, fertigwerden mit, bezwingen
3. Absolution erteilen, lossprechen, freisprechen, vergeben, von Sünden befreien

absonderlich → merkwürdig

absondern
1. abscheiden, ausscheiden, von sich geben, ausdünsten, ausschwitzen, aussondern, abstoßen, abgeben; *Med.:* sekretieren
2. isolieren, vereinzeln, abspalten, ausschließen, scheiden, trennen, separieren, sondern, entfernen; *Med.:* sezernieren

absondern, sich → abkapseln, sich

Absonderung
1. Abscheidung, Ausscheidung, Sekret, Sekretion, Exkret, Exkretion, Ausfluss, Ausdünstung, Auswurf
2. → Trennung

absorbieren
1. einsaugen, aufsaugen, in sich aufnehmen, resorbieren, einziehen
2. beanspruchen, in Beschlag nehmen, beschäftigen, strapazieren, in Anspruch nehmen, mit Beschlag belegen, überfordern, in Atem halten; *ugs.:* auffressen

abspalten
1. abschlagen, abhauen, abhacken, abtrennen
2. → absondern
3. → abkapseln, sich

abspalten, sich sich lösen, sich loslösen, sich absplittern, sich lossagen, brechen mit, abfallen, sich trennen; *ugs.:* abspringen, aussteigen

absparen, sich → sparen

abspecken *ugs. für:* abnehmen, Diät halten/machen, an Gewicht/Umfang verlieren, hungern, fasten

abspeichern *EDV:* Daten speichern/einspeichern/ablegen/aufnehmen/eingeben

abspeisen → abfertigen

absperren
1. → abschließen
2. sperren (Straße), blockieren, den Zugang ver-

hindern, eine Blockade errichten, einen Kordon/eine Postenkette aufstellen
Absperrung → Sperre
abspielen
1. vorführen, ablaufen lassen (Tonträger), von Anfang bis Ende spielen
2. → zuspielen
abspielen, sich geschehen, sich ereignen, sich zutragen, vor sich gehen, vorfallen, vorkommen, sich vollziehen, erfolgen, stattfinden, ablaufen, verlaufen, passieren, sich begeben; *ugs.:* los sein, über die Bühne laufen/gehen
absplittern → abblättern
absplittern, sich → abspalten, sich
Absprache Vereinbarung, Verabredung, Beschluss, Abmachung, Abrede
absprechen
1. → abmachen
2. aberkennen, entziehen, abstreiten, bestreiten, wegnehmen, vorenthalten
abspringen
1. → abblättern
2. herabspringen, herunterspringen, hinabspringen; *ugs.:* runterspringen, runterhupfen
3. → aufgeben
4. → abmelden, sich
5. → abspalten, sich
abspulen
1. abwickeln, abrollen, abhaspeln, ablaufen/abschnurren lassen
2. → aufsagen
abspülen → abwaschen
abstammen → stammen von
Abstammung Herkunft, Abkommen, Abkunft, Ursprung, Deszendenz, Geburt, Geschlecht, Familie, Stamm, Stammbaum
Abstand
1. Unterschied, Kluft, Differenz
2. Entfernung, Distanz, Zwischenraum, Strecke, Zwischenzeit, Intervall, Pause
3. Abfindung, Abstandszahlung, Abstandssumme, Abstandsgeld, Abgeltung, Ablösesumme
abstauben
1. Staub wischen/entfernen, entstauben, abwischen
2. → stehlen
abstechen
1. → kontrastieren
2. → töten
Abstecher
1. Ausflug, Tour, Spritztour, Trip, Fahrt, Spritzfahrt
2. Exkurs, Abschweifung
abstecken
1. abgrenzen, begrenzen, umgrenzen, abzäumen, einzäumen, umzäumen, abpfählen, abpflocken, abplanken, einfassen, umschließen, abzirkeln, ausstecken, markieren
2. festlegen, fixieren, verankern, umreißen, bestimmen
Absteige → Unterkunft
absteigen
1. heruntersteigen, herabsteigen, hinuntersteigen, niedersteigen, hinabsteigen, hinabklettern, hinuntergehen, nach unten/bergab gehen, bergabwärts gehen
2. absitzen (Pferd)
3. einkehren, besuchen; *ugs.:* vorbeikommen, hereinschauen
4. → übernachten
5. abgestuft/in die niedrigere Klasse eingestuft werden, abfallen, im Abstieg begriffen sein, abgleiten, abwärtsgehen, nicht Schritt halten können
abstellen
1. → absetzen
2. parken (Auto), halten; *österr.:* garagieren; *schweiz.:* parkieren, lagern (Kisten), unterstellen
3. abschalten, ausschalten, ausmachen, ausdrehen, abdrehen, stoppen, schließen, außer Betrieb setzen; *ugs.:* ausknipsen
4. → aufgeben
abstellen auf
1. → abzielen auf
2. → abstimmen auf
Abstellraum Besenkammer, Rumpelkammer, Vorratskammer, Nebenraum, Speicher, Keller
abstempeln mit einem Stempel/Siegel/Amtssiegel versehen, stempeln
abstempeln als/zu erklären für, bezeichnen, charakterisieren/hinstellen/definieren/darstellen als, kennzeichnen, klassifizieren
absterben
1. einschlafen, taub/fühllos/gefühllos/blutleer werden
2. → untergehen
3. → abflauen
4. vertrocknen, verdorren, verwelken, verblühen, eingehen
Abstieg
1. Abwärtssteigen, Talmarsch, Rückweg, Heimkehr
2. → Niedergang
abstimmen
1. seine Stimme abgeben, stimmen, wählen, seine Wahl treffen, rotieren, plädieren/sich entscheiden für, beschließen, optieren
2. in Einklang bringen, anpassen, einander anpassen, zusammenstellen, koordinieren, einstellen/ab-

stellen auf, kombinieren, angleichen
abstimmen, sich sich besprechen, sich arrangieren, sich verständigen, eine Einigung erzielen, eine Übereinkunft/Vereinbarung treffen, sich einigen, ausmachen, abmachen
Abstimmung → Wahl
abstinent enthaltsam, entsagend, asketisch, zurückhaltend, keusch, verzichtend
Abstinenz → Mäßigkeit
abstoppen
1. mit der Stoppuhr messen
2. → anhalten
abstoßen
1. → verkaufen
2. anwidern, widerstreben, nicht gefallen, wegstoßen, zurückstoßen, ekeln, unangenehm/widerwärtig/unsympathisch sein, missfallen
3. abschlagen, abhacken, abhauen, abspalten, absplittern
4. → abnutzen
abstoßen, sich
1. sich abdrücken, sich abstemmen
2. sich abschürfen, sich aufscheuern
abstoßend
1. → ekelhaft
2. → hässlich
abstottern *ugs. für:* abzahlen, abbezahlen, zurückzahlen, in Raten zahlen, tilgen, mit Teilzahlungen begleichen
abstrahieren verallgemeinern, zum Begriff erheben, generalisieren
abstrahieren von → absehen von
abstrakt begrifflich, unanschaulich, ungegenständlich, ideell, abgezogen, nur gedacht, vorgestellt, theoretisch, nicht greifbar/dinggebunden, vereinzelt, losgelöst, zusammenhanglos, beziehungslos
abstrampeln, sich → anstrengen, sich
abstreifen
1. → ausziehen
2. abstreichen (Schuhe), reinigen, saubermachen, abputzen, abreiben, abtreten
3. häuten, abhäuten, schälen, abschälen, enthäuten, abbalgen; *ugs.:* pellen, abpellen; *österr.:* abhäuteln
4. abpflücken (Beeren), abreißen, abzupfen, abbeeren; *ugs.:* abklauben, abrupfen
5. → absuchen
abstreiten
1. leugnen, ableugnen, verleugnen, zurückweisen, bestreiten, in Abrede stellen, von sich weisen, nicht gelten lassen/stehen zu, sich nicht bekennen zu, verneinen, sich verwahren gegen, als unrichtig/unzutreffend/falsch/unwahr hinstellen, anfechten, negieren, nicht zugeben/wahrhaben wollen, widerrufen, dementieren, verwerfen
2. → aberkennen
Abstrich Einschränkung, Beschränkung, Kürzung, Streichung, Beschneidung, Einsparung, Reduzierung, Abzug, Herabsetzung, Minderung, Verminderung, Verringerung; *geh.:* Dezimierung, Reduktion
abstrus verworren, unverständlich, abwegig, konfus, wirr, ungeordnet, unausgegoren, unklar, kraus, dunkel, chaotisch, diffus
abstufen
1. staffeln, nuancieren, differenzieren, gliedern, unterteilen, graduell unterscheiden, abtreppen, klassifizieren, fächern
2. schattieren, abschattieren, abschatten, tönen, abtönen
abstumpfen
1. gefühllos, teilnahmslos/gleichgültig/stumpf werden, abtöten
2. **geistig abstumpfen** → verdummen
abstürzen herunterstürzen, herabstürzen, herunterfallen, hinunterfallen, hinabfallen, herabfallen, abfallen, niedergehen, niederstürzen, hinuntersausen, heruntersausen, hinabsausen, herabsausen, in die Tiefe fallen/stürzen/sausen/segeln, ins Trudeln kommen, abtrudeln; *ugs.:* herunterpurzeln, runtersausen, runterfliegen
abstützen → stützen
absuchen
1. durchsuchen, durchstreifen, abstreifen, stöbern in, durchwühlen; *ugs.:* filzen, durchschnüffeln
2. abgehen (Gebiet), ablaufen, abschreiten, durchkämmen, abkämmen; *ugs.:* abgrasen, abrennen, abklappern, ablatschen, abstöbern, durchstöbern
3. abtasten, ableuchten, abklopfen
4. scannen
absurd sinnlos, unsinnig, widersinnig, unlogisch, abwegig, abstrus, beziehungslos, aberwitzig, wahnwitzig, irrwitzig, sinnwidrig, unvernünftig, lächerlich, grotesk, albern, dumm, töricht, ohne Sinn

und Verstand; *ugs.:* hirnrissig, hirnverbrannt, witzlos, blödsinnig, verrückt
Abszess → Geschwür
abtasten
1. anfühlen, befühlen, betasten, berühren; *ugs.:* befingern, betatschen, begrapschen
2. absuchen, durchsuchen, abstreichen
3. scannen
abtauchen *ugs. für:* verschwinden, untertauchen, sich verbergen, sich unauffindbar machen, sich entziehen
abtauen → auftauen
Abtei Kloster, Stift
Abteil Zugabteil, Eisenbahnabteil; *österr.:* Kupee
abteilen zerlegen, trennen, abtrennen, aufteilen, unterteilen, aufgliedern, parzellieren, anordnen, sondern, separieren, abspalten, in Stücke schneiden, in Teile teilen
Abteilung
1. Trennung, Abtrennung, Unterteilung
2. Verband, Kommando, Einheit, Trupp(e), Teil, Schar, Kolonne, Zug, Pulk, Haufen, Gruppe, Mannschaft, Belegschaft
3. → Fach
4. Gattung, Klasse, Rubrik
abtörnen → abturnen
abtöten
1. → töten
2. → unterdrücken
Abtötung Tötung, Vernichtung, Zerstörung (Bakterien), Pasteurisierung, Sterilisierung, Desinfektion
abtragen
1. → abräumen
2. → abzahlen
3. → abnutzen
4. gleichmachen, ebnen, einebnen, planieren, einplanieren, glätten, nivellieren, applanieren
5. abbrechen, abbauen, abreißen, einreißen, niederreißen, niederlegen, zerlegen, demontieren, schleifen
abträglich → schädlich
abtreiben
1. von der Bahn/dem Kurs abkommen, aus der Richtung treiben/geraten, wegtreiben, abweichen, abschweifen, abirren
2. die Schwangerschaft abbrechen, eine Fehlgeburt herbeiführen
Abtreibung → Schwangerschaftsabbruch
abtrennen → trennen
Abtrennung
1. Spaltung, Abspaltung, Zerteilung, Aufteilung, Unterteilung; *geh.:* Separation (Gebiet)
2. Sonderung, Absonderung, Loslösung, Abwendung, Isolierung, Amputation, Entfernung, Eliminierung, Vereinzelung
abtreten
1. übergeben, übertragen, überlassen, überschreiben, vererben, vermachen, hinterlassen, zuweisen, anvertrauen
2. → kündigen
3. → abstreifen
4. → ablaufen
abtrocknen abwischen, trockenreiben, abreiben, frottieren, abfrottieren, trocknen; *ugs.:* abrubbeln
abtrotzen → abzwingen
abtrünnig untreu, treulos, verräterisch, abgefallen, ketzerisch, irrgläubig, häretisch, sektiererisch
Abtrünniger Abweichler, Häretiker, Abgefallener, Sektierer, Renegat, Verräter, Irrgläubiger, Schismatiker, Deviationist
abtupfen betupfen, (vorsichtig) abwischen, tupfend säubern/entfernen
abturnen *ugs. für:* die Laune/den Spaß/die Stimmung verderben, lustlos machen, deprimieren, niederdrücken, die Begeisterung nehmen; *ugs.:* runterziehen
aburteilen → verurteilen
abverlangen
1. fordern, abfordern, verlangen, zumuten, ein Ansinnen stellen, eine Forderung erheben/aufstellen/geltend machen/anmelden, wollen, beanspruchen, begehren, bestehen auf
2. **sich etwas abverlangen** → anstrengen, sich
abwägen bedenken, durchdenken, sich durch den Kopf gehen lassen, zu Rate gehen, sich Gedanken machen, sich überlegen, sich fragen, überschlagen, durchrechnen, vergleichen, gegenüberstellen, beurteilen, einschätzen, abmessen, ermessen, in Betracht ziehen, drehen und wenden, von allen Seiten betrachten
Abwägung Überlegung, Erwägung, Gegenüberstellung, Berechnung, Betrachtung, Nachsinnen; *geh.:* Reflexion
abwälzen → aufbürden
abwandeln
1. → ändern
2. beugen, flektieren, biegen
abwandern
1. umziehen, weggehen, wegziehen, fortgehen, fortziehen, einen Bereich/eine Gegend verlassen, den Wohnort wechseln/verlegen, umsiedeln, übersiedeln, emigrieren

2. sich absetzen, davongehen, davonlaufen, sich entfernen, den Rücken kehren, sich abwenden
3. loswandern, abmarschieren, aufbrechen, sich aufmachen, sich auf den Weg machen, gehen, losgehen, wandern, durchwandern, durchqueren, durchstreifen, streichen; *geh.:* schweifen; *ugs.:* sich auf die Socken machen, abdampfen

Abwanderung
1. Wegzug, Auszug, Auswanderung, Abzug, Umsiedlung
2. Flucht, Verschwinden
3. Aufbruch, Abmarsch, Fortgang

abwarten sich gedulden, abpassen, harren, ausharren, ausschauen, zuwarten, zusehen, warten, die Dinge auf sich zukommen lassen, Geduld haben, geduldig sein, sich Zeit lassen, die Hoffnung nicht aufgeben; *ugs.:* abwarten und Tee trinken

abwärts nach unten, herab, hinab, hinunter, nieder, hernieder, bergab, stromab, talab, flussab, talwärts

abwärtsgehen
1. hinuntergehen, herabgehen, heruntergehen, bergab gehen, nach unten gehen
2. sich verschlechtern, schlechter werden, bergab gehen, abrutschen, abnehmen, zurückgehen, abfallen, im Abstieg begriffen sein, abgleiten, nicht Schritt halten können; *geh.:* erlahmen; *ugs.:* den Bach runtergehen, absacken

abwaschen
1. Geschirr spülen, abspülen, aufwaschen
2. säubern, reinigen, saubermachen, putzen, abseifen

abwechseln sich ablösen, miteinander wechseln, die Rollen tauschen, aufeinanderfolgen; *geh.:* alternieren

abwechselnd wechselseitig, wechselweise, alternierend, im Wechsel mit, periodisch, wahlweise, alternativ

Abwechslung
1. Zerstreuung, Wechsel, Zeitvertreib, Veränderung, Ablenkung, Erholung, Wandel
2. Ablösung, Alternation, Alternanz

abwechslungslos → langweilig

abwechslungsreich mannigfaltig, vielfältig, vielgestaltig, vielartig, wechselvoll, kunterbunt, unterhaltend, unterhaltsam, kurzweilig, verschiedenartig, bewegt, wechselnd, gemischt, variabel

abwegig irrig, abseitig, fremd, ungereimt, verfehlt, weithergeholt, unmöglich, unbegründet, unlogisch, unsinnig, unhaltbar, unberechtigt, unrealistisch, unzutreffend, falsch, vernunftwidrig, verstiegen, ausgefallen, entlegen, befremdlich, absonderlich, ohne Sinn und Verstand, unausführbar, absurd; *ugs.:* hirnrissig, hirnverbrannt, blödsinnig, schief, daneben, verrückt, gaga

Abwehr Defensive, Verteidigung, Gegenwehr

abwehren
1. verhindern, vereiteln, abwenden, abweisen, aufhalten, abfangen, auffangen, parieren, standhalten, bewältigen, meistern, fertigwerden mit, zurückweisen, zurückschlagen, abschlagen
2. sich wehren, sich verteidigen, sich erwehren, sich zur Wehr setzen, Widerstand leisten/bieten/entgegenstellen, sich nichts gefallen lassen
3. fernhalten, von sich abhalten, nicht herankommen lassen; *ugs.:* sich vom Halse/vom Leibe halten
4. → ablehnen

abweichen
1. → abkommen
2. den Kurs/die Richtung ändern, abbiegen, abgehen, abschwenken, abdrehen, abzweigen, den Weg verlassen
3. verschieden sein, sich unterscheiden, kontrastieren, variieren, differieren, divergieren, sich abheben von, abstechen gegen, in Gegensatz/Kontrast/Opposition stehen zu; *ugs.:* aus der Rolle/Reihe/dem Rahmen fallen, aus der Reihe tanzen
4. → übertreten

Abweichung
1. Abart, Spielart, Variante, abweichende Form, Sonderart, Sonderfall, Ausnahme, Variation, Abwandlung, Veränderung, Modifikation
2. → Unterschied
3. Richtungsänderung, Abirrung, Aberration, Deviation, Abtrift, Abschweifung
4. Regelverstoß, Irregularität, Normwidrigkeit, Regelwidrigkeit, Anomalie, Anomalität, Abnormität
5. Ketzerei, Irrlehre

abweisen → ablehnen

abweisend unfreundlich, verschlossen, unzugänglich, unnahbar, zugeknöpft, kühl, distanziert, barsch, ungefällig, unwirsch, unhöflich, rüde, abstoßend, ablehnend, reserviert, kurz angebunden

abwenden → abwehren

abwenden, sich

1. sich wegwenden, sich umwenden, sich abkehren, den Rücken kehren/wenden/zuwenden/zeigen/zudrehen, sich zur Seite wenden, sich umdrehen

2. sich abwenden von abrücken von, sich zurückziehen, sich lösen, brechen mit, verlassen, sich lossagen, den Verkehr/Kontakt einstellen; *ugs.:* fallen lassen, abschreiben

Abwendung

1. Abkehr, Absage, Loslösung, Lossagung, Trennung, Scheidung, Zerwürfnis, Distanzierung, Spaltung

2. Verhinderung, Verhütung, Vereitelung, Abwehr

abwerben abspenstig machen, weglocken, überreden, gewinnen für; *ugs.:* ausspannen, loseisen, abziehen, wegschnappen, kapern

abwerfen

1. Gewinn bringen, einträglich sein, einbringen, erbringen, ergeben, eintragen, sich bezahlt machen; *ugs.:* etwas springt heraus/fällt dabei ab

2. herunterwerfen, fallen lassen, absetzen, abschleudern; *ugs.:* abschmeißen

abwerten

1. entwerten, den Kurs/Wert/die Kaufkraft herabsetzen, vermindern

2. herabwürdigen, herabsetzen, diskreditieren, diffamieren, abqualifizieren, verunglimpfen, in ein schlechtes Licht rücken, geringschätzen; *ugs.:* in den Dreck ziehen, madigmachen

abwertend → abfällig

abwesend

1. → fort

2. geistesabwesend, unaufmerksam, zerstreut

abwetzen → abnutzen

abwickeln

1. abspulen, abrollen, abhaspeln, ablaufen/abschnurren lassen

2. ausführen, durchführen, erledigen, bewerkstelligen, besorgen, in die Tat umsetzen, machen, vollbringen, vollenden, vollziehen, verwirklichen, zustande/zuwege bringen; *ugs.:* durchziehen, über die Bühne bringen, etwas schaukeln ⓘ

abwickeln: Abspulen, erledigen oder stilllegen?

Der Begriff *abwickeln* bezieht sich zunächst wörtlich auf das *Abspulen* eines Fadens von einer Rolle. Wer ein Knäuel *abwickelt,* nimmt womöglich nicht nur im Wortsinn einen Faden durch Wickeln ab, sondern kann in übertragenem Sinn auch etwas *entwirren. Abwickeln* ist damit Synonym für *eine schwierige Sache zu Ende bringen.* Im übertragenen Sinn ist damit auch gemeint, etwas zu *erledigen.* So lassen sich allgemein Geschäfte *abwickeln* oder Transaktionen über eine Bank *abwickeln.* In der Versicherungswirtschaft werden Schadenfälle abgewickelt, das heißt, sie werden *finanziell abgegolten.*
Einen negativen Beigeschmack hat das Wort *abwickeln* durch die Treuhandanstalt bekommen. Diese Bundeseinrichtung sollte nach der Vereinigung von Bundesrepublik und DDR Anfang der neunziger Jahre des 20. Jahrhunderts aus den rund 8.000 »volkseigenen« Betrieben der ehemaligen DDR marktgängige Unternehmen machen. Sie verwaltete außerdem etwa 30.000 Einzelhandelsgeschäfte, Hotels und Gaststätten, landwirtschaftliche Nutzflächen und Liegenschaften. Betriebe, die nicht privatisiert werden konnten, wurden meist geschlossen, so dass *abwickeln* zum Synonym für *stilllegen* wurde, was für die betroffenen Mitarbeiter gleichbedeutend damit war, in die Arbeitslosigkeit *entlassen* zu werden.

abwickeln, sich verlaufen, vonstattengehen, sich abspielen, ablaufen, seinen Lauf/Verlauf nehmen, laufen, stattfinden, geschehen

abwiegeln

1. beruhigen, besänftigen, bändigen, beschwichtigen, vermitteln, begütigen, zur Vernunft/Ruhe/Besinnung bringen, versöhnen, ruhig stellen

2. bagatellisieren, verharmlosen, herunterspielen, untertreiben, verniedlichen, verkleinern, als unwichtig/geringfügig/unbedeutend hinstellen, abschwächen, mildern, abmildern, beschönigen

abwiegen → wiegen

abwimmeln

1. → abfertigen

2. → aufbürden

abwinken → ablehnen

abwischen
1. auswischen, wegwischen, abreiben, löschen, ablöschen, auslöschen, beseitigen, entfernen, tilgen
2. abstauben, reinigen, säubern, saubermachen, putzen, abputzen; *ugs.:* wienern

abwürgen
1. → unterdrücken
2. → töten

abzahlen zurückzahlen, abbezahlen, in Raten zahlen/bezahlen, abtragen, tilgen, begleichen, abgelten, amortisieren; *ugs.:* abstottern

abzählen
1. → zählen
2. → abziehen

Abzeichen
1. Ansteckrnadel, Plakette, Emblem, Badge, Sticker, Kokarde (Uniformmützen), Insignien
2. Zeichen (Tiere), Mal, Blesse

abzeichnen
1. nachmalen, nachzeichnen, kopieren, nachbilden, abmalen, wiedergeben
2. sein Zeichen setzen unter, → unterschreiben

abzeichnen, sich
1. Konturen bilden, sich abheben, abstechen, kontrastieren, sichtbar/erkennbar werden, sich zeigen
2. → ankündigen, sich

abziehen
1. abrechnen, subtrahieren, abzählen, abstreichen, mindern, vermindern, verringern, wegnehmen; *österr.:* wegzählen
2. häuten, abhäuten, enthäuten, abbalgen, abstreifen, abpellen
3. abnehmen (Ring), entfernen, wegziehen, herunterziehen
4. vervielfältigen, kopieren, hektographieren, vervielfachen, ablichten
5. das Feld räumen, weggehen, verschwinden
6. abkommandieren, zurückziehen, abstellen, abberufen
7. wegfliegen, fortfliegen, abfliegen (Vögel)
8. → schießen
9. absaugen, abpumpen, abzapfen, abfüllen, entnehmen
10. glätten, abhobeln
11. schärfen, schleifen, abschleifen, feilen, abfeilen, wetzen

abzielen auf abheben/zielen auf, hinzielen/abstellen/anspielen/absehen/aus sein/anlegen/hinauswollen/reflektieren/zusteuern/hinsteuern/gerichtet sein/hinarbeiten auf, anstreben, erstreben, beabsichtigen, bezwecken, planen, vorhaben, wollen, trachten/streben nach, im Sinn haben, sich in den Kopf setzen, sich bemühen um, zu erlangen/erreichen suchen, ins Auge fassen, spekulieren auf, rechnen mit; *geh.:* aspirieren; *ugs.:* ausgehen auf

abzischen → weggehen

abzocken *ugs. für:* (finanziell) betrügen, durch Betrug/Schwindel/Gaunerei verschaffen, erschleichen; *ugs.:* ausnehmen, abgaunern, ergaunern

Abzug
1. Rückzug, Abgang, Abmarsch, Abwanderung, Räumung
2. Luftschacht, Kamin, Entlüfter, Abzugsrohr
3. Abziehen, Abrechnen, Abrechnung, Abstrich, Kürzung, Abschlag, Streichung
4. → Preisnachlass
5. Abdruck, Positiv, Bild, Aufnahme, Fotografie, Foto
6. Kopie, Fotokopie, Vervielfältigung, Reproduktion, Ablichtung
7. Steuern, Abgaben
8. Abzugshebel, Abzugsbügel, Abzugshahn

abzüglich nach Abzug, abgerechnet, abgezogen, ohne, weniger, minus, ungerechnet, uneingerechnet, nicht inbegriffen, exklusive, ausgenommen, vermindert um

abzupfen
1. → abreißen
2. → pflücken

abzweigen
1. abbiegen, abgehen, abschwenken, den Kurs/die Richtung ändern
2. sich gabeln, sich teilen, sich spalten, abgehen, sich trennen
3. einsparen, wegnehmen, entnehmen, zurücklegen, erübrigen; *ugs.:* abzwacken, abknapsen

abzwingen abnötigen, abpressen, abtrotzen, abringen, abgewinnen, entlocken, wegnehmen

abzwitschern → weggehen

Accessoires Zubehör, Utensilien, Requisiten; *österr., schweiz.:* Zugehör; *ugs.:* Drum und Dran, Klimbim, Kinkerlitzchen

achtbar
1. geachtet, ehrenhaft, ehrenwert, ehrbar, ehrsam, angesehen, rechtschaffen, anständig, hochanständig, redlich, gediegen, anerkannt, solide, vertrauenswürdig, lauter; *geh.:* honorabel, reputierlich
2. → beachtlich

Achtbarkeit Ehrbarkeit, Ehrenhaftigkeit, Redlichkeit,

Rechtschaffenheit, Aufrichtigkeit, Anständigkeit
achten schätzen, respektieren, hochachten, hochschätzen, hochhalten, wertachten, ehren, verehren, wertschätzen, aufsehen/aufschauen/aufblicken zu, voller Ehrfurcht sein, werthalten, in Ehren halten, jmdm. die Ehre/Achtung erweisen, würdigen, anerkennen, den Hut ziehen vor, bewundern, eine hohe Meinung haben von, viel geben auf; *geh.:* honorieren, ästimieren, Tribut zollen; *ugs.:* große Stücke halten auf
ächten
1. die Acht verhängen/aussprechen/erklären über, in Acht und Bann tun, bannen, verbannen, in die Verbannung schicken, verfemen, ausschließen, verdammen, verstoßen, ausstoßen, für vogelfrei erklären, fortjagen, boykottieren
2. → brandmarken
achten auf → aufpassen
Acht geben → aufpassen
achtlos
1. unachtsam, gleichgültig, unbedacht, gedankenlos, sorglos, nachlässig, leichtsinnig, leichtfertig, lieblos, unsorgfältig
2. → unaufmerksam
achtsam
1. → schonend
2. → aufmerksam
Achtung
1. Ansehen, Wertschätzung, Autorität, Prestige, Einfluss, Geltung, Ehre, (guter) Ruf, Bedeutung
2. Ehrfurcht, Hochachtung, Pietät, Verehrung, Scheu, Furcht, Respekt, Anerkennung, Wertschätzung, Ergebenheit
3. Aufmerksamkeit, Vorsicht, Umsicht; *landsch.:* Obacht
Ächtung
1. → Bann
2. → Diskriminierung
achtungsvoll → ehrfürchtig
ächzen
1. stöhnen, aufstöhnen, seufzen, aufseufzen, einen Seufzer ausstoßen, krächzen
2. knarren, knarzen, schnarren
3. → klagen
Acker Feld, Ackerland, Ackerboden, Scholle, Flur, Ackerfläche; *landsch.:* Pflugland, Stück; *schweiz.:* Land
Ackerbau Feldwirtschaft, Feldbau, Feldarbeit, Feldbestellung, Agrarwesen, Landbebauung, Landwirtschaft, Landbau; *geh.:* Agrikultur
ackern
1. → pflügen
2. → anstrengen, sich
Act
1. Darbietung, Aufführung, Auftritt, Liveauftritt, Konzert
2. (große) Anstrengung, Kraftakt, Strapaze, Last, Stress, Plackerei
adaptieren → anpassen
adäquat → angemessen
addieren zusammenzählen, dazuzählen, hinzufügen, summieren, zusammenziehen, zusammenrechnen, die Summe bilden
ade → auf Wiedersehen
Adel Aristokratie, Oberschicht, Nobilität, Adelsstand, Adelskaste, Adelsgeschlecht; *veraltet:* Noblesse
adelig → adlig
Ader
1. Arterie, Gefäß, Blutgefäß, Blutbahn
2. → Spürsinn
3. → Fähigkeit
ad hoc
1. zu diesem Zweck, dafür, hierfür
2. spontan, aus dem Augenblick heraus
adieu → auf Wiedersehen
ad infinitum bis ins Unendliche, → dauernd
Adjutant Adjunkt, Gehilfe, Beistand, Helfer, Assistent, Adlatus, Hilfe, Sekundant; *ugs.:* Hiwi
Adler *poet.:* König der Lüfte, Aar
ad libitum nach Belieben/Wunsch/Wahl/Gutdünken, beliebig, wunschgemäß, wie man will
adlig
1. edelmännisch, aristokratisch, von Adel, blaublütig, von blauem Blut, hochgeboren, hochwohlgeboren, von hoher Abkunft, von erlauchter Geburt, erlaucht, feudal, hoffähig, junkerlich, von hohem Rang/Stand, adelig, altadelig
2. edel, vornehm, nobel, erhaben; *geh.:* distinguiert
Administration Verwaltung, Verwaltungsbehörde, Bürokratie, Dienststelle, Amt
Adonis Schönling, schöner Mann; *geh.:* Beau, Paris
adoptieren
1. an Kindes statt annehmen
2. übernehmen, sich aneignen, sich zu Eigen machen
Adressat
1. Empfänger, Briefempfänger
2. Leser, Hörer, Betrachter; *fachsprachl.:* Rezipient
Adressbuch Adressenverzeichnis, Anschriftenverzeichnis, Einwohnerverzeichnis

Adresse
1. Anschrift, Wohnungsangabe, Aufenthaltsort
2. Schreiben, Schrift, Denkschrift, Note

adrett hübsch, nett, sauber, ordentlich, gepflegt, fesch, flott, frisch, proper, schmuck; *ugs.:* wie geleckt/aus dem Ei gepellt, geschleckt, tipptopp

Advokat
1. Anwalt, Rechtsanwalt, Rechtsbeistand, Rechtsberater, Jurist
2. Fürsprecher, Verfechter, Vertreter, Verteidiger, Sachwalter

Affäre
1. Angelegenheit, Fall, Vorfall, Sache, Hergang, Umstand, Begebenheit, Geschehnis, Ereignis, Sensation, Zwischenfall, Vorkommnis; *ugs.:* Geschichte, Chose
2. Liebelei, Abenteuer, Liebesabenteuer, Liebeserlebnis, Liebschaft, Amouren, Verhältnis, Seitensprung, Flirt, Spiel, Episode, Romanze; *ugs.:* Techtelmechtel; *österr.:* Pantscherl

Affe
1. → Dummkopf
2. → Geck

Affekt Erregung, Gemütsbewegung, Aufregung, Erhitzung, Aufruhr, Wallung, Aufwallung, Exaltation, Rausch, Impuls, Taumel, Emotion, Überreizung

affektiert → geziert

Affektiertheit → Gehabe

affig
1. → eitel
2. → geziert

Affigkeit → Gehabe

Affinität Verwandtschaft, Wesensverwandtschaft, Anziehungskraft, Gemeinsamkeit, Ähnlichkeit, Beziehung, Verhältnis

Affirmation Bejahung, Zustimmung, Billigung, Bestätigung, Einverständnis, Akklamation, Einwilligung, Gutheißung, Anerkennung, Bekräftigung, Versicherung

Affront
1. → Beleidigung
2. → Herausforderung

Afrika Schwarzer Erdteil/Kontinent

After Darmausgang, Anus, Gesäß; *derb:* Arsch, Arschloch

Agens → Antrieb

Agent
1. Vertreter, Vermittler, Beauftragter, Makler, Mittelsmann
2. Spion, Kundschafter, Auskundschafter, Sleeper, Späher, Spitzel, Saboteur; *ugs.:* Schnüffler, Lauscher, Zuträger, Maulwurf; *österr.:* Schnoferl

Agentur Vertretung, Geschäftsstelle, Vermittlungsstelle, Zweigstelle, Nebenstelle

aggressiv
1. streitsüchtig, angriffslustig, angreifend, streitbar, offensiv, zanksüchtig, hadersüchtig, zänkisch, kämpferisch, provokativ, eroberungssüchtig, eroberungslustig, unfriedlich, kampflustig, kampfbereit
2. *Mil.:* kriegerisch, kriegslüstern, kriegstreiberisch, kriegshetzerisch

agieren
1. handeln, wirken, tätig sein, operieren, vorgehen, verfahren, tun, machen
2. darstellen, spielen, auftreten, verkörpern, vorstellen, die Rolle übernehmen

agil → lebhaft

agitieren
1. Propaganda machen/treiben für, werben, propagieren, anlocken, ködern, aufwiegeln, überreden
2. aufklären, politisieren, Licht bringen in, orientieren, die Augen öffnen, Aufschluss geben

Agonie
1. Todeskampf, Todesnot, die letzte Stunde
2. Untergang, Zerfall, Verfall, Niedergang

agrarisch landwirtschaftlich, bäuerlich

Ahn(e) Vorfahr, Ahnfrau, Ahnherr, Urahn(e), Stammvater, Stammmutter; *Pl.:* Vorväter, die Alten, Altvorderen

ahnden strafen, bestrafen, züchtigen, mit einer Strafe belegen, maßregeln, rächen, vergelten, Rache üben/nehmen, heimzahlen, abrechnen, belangen, zur Verantwortung ziehen, ins Gericht gehen

ähneln ähnlich sein/sehen/aussehen, erinnern/anklingen an, geraten/schlagen/arten nach, in jmds. Art schlagen, gleichen, gleichsehen, übereinstimmen, etwas gemeinsam haben, gemahnen an, sich entsprechen, verwandt sein, jmdm. nachschlagen

ahnen vermuten, fühlen, im Voraus fühlen, kommen sehen, auf sich zukommen sehen, ein Vorgefühl/eine innere Stimme/einen Verdacht/eine Befürchtung haben, befürchten, vorausahnen, erahnen, vorhersehen, voraussehen, annehmen, spüren, wittern, rechnen mit, erwarten, gefasst sein auf, mutmaßen; *ugs.:* schwanen, tippen, Lunte riechen, einen Riecher haben

Ahnenforschung Familienforschung, Sippenforschung, Stammbaumforschung, Familienkunde, Geschlechterkunde; *fachsprachl.:* Genealogie

Ahnentafel Stammbaum, Stammtafel, Abstammungstafel, Geschlechtsregister

ähnlich verwandt, gleich, gleichartig, entsprechend, etwa wie, vergleichbar, von gleicher/ähnlicher Art, übereinstimmend, wie aus dem Gesicht geschnitten, artgemäß, als ob, gerade so

Ähnlichkeit Affinität, Gleichartigkeit, Vergleichbarkeit, Analogie, Anklang, Verwandtschaft, Gemeinsamkeit, Entsprechung, Übereinstimmung

Ahnung innere Stimme, Vorgefühl, Vorahnung, Vermutung, Gefühl, Intuition; *ugs.:* Animus, sechster Sinn, Riecher

ahnungslos
1. → naiv
2. → unwissend

Aids Immunschwächekrankheit, Immunschwächesyndrom, Immundefektsyndrom, HIV-Krankheit

Airline Fluggesellschaft, Fluglinie, Luftfahrtgesellschaft, Luftverkehrsgesellschaft

Akademie
1. Fachhochschule, Forschungsanstalt, Bildungsstätte
2. Forschergemeinschaft
3. *österr.:* Veranstaltung, Vormittagsveranstaltung

Akademiker Hochschulabsolvent, Gelehrter, Wissenschaftler, Forscher, Akademiemitglied, Intellektueller; *ugs.:* studierter Mann, Studierter, Intelligenzler

akklimatisieren, sich → anpassen, sich

Akkord
1. Zusammenklang, Einklang
2. Akkordarbeit
3. Leistungslohn, Stücklohn

Akkordeon Handharmonika, Ziehharmonika, Bandoneon, Schifferklavier; *scherzh.:* Quetschkommode, Quetschkasten, Quetsche; *österr.:* Maurerklavier

akkreditieren beglaubigen, bestätigen, zulassen, bevollmächtigen, anerkennen

Akkumulator Akku, Stromspeicher, Stromsammler, Kraftspeicher, Batterie, Speicher

akkumulieren → anhäufen

akkurat
1. → genau
2. → gewissenhaft

Akkuratesse → Sorgfalt

Akontozahlung Abschlagszahlung, Anzahlung, Teilzahlung, Ratenzahlung, Vorauszahlung, Abzahlung, Abschlag

Akquisiteur Werber, Kundenwerber, Anzeigenwerber, Vertreter, Handelsvertreter, Werbevertreter; *österr.:* Akquisitor

Akquisition
1. Anschaffung, Erwerb, Erwerbung, Kauf, Einkauf
2. Werbung, Kundenwerbung; *ugs.:* Akquise

Akribie → Sorgfalt

Akrobat Artist, Zirkuskünstler, Varieteekünstler, Gaukler, Schlangenmensch, Kaskadeur

Akt
1. Handlung, Tat, Verhalten, Tun, Vorgang, Handlungsweise, Aktion, Maßnahme
2. Aufzug, Auftritt, Szene, Bild
3. Aktbild, Aktstudie
4. Zeremonie, Zeremoniell, Feierlichkeit
5. → Geschlechtsverkehr

Akte
1. Dossier, Aktenbündel, Aktensammlung, Aktenordner, Aktenmappe, Faszikel, Konvolut
2. Urkunde, Dokument, Schriftstück, Unterlage, Papier
3. *EDV:* Datei

aktenkundig
1. gerichtskundig, gerichtsnotorisch
2. belegbar, urkundlich, nachweisbar, belegt, nachweislich

Akteur
1. → Schauspieler
2. Handelnder, Mitwirkender, Beteiligter, Aktiver, handelnde Person, Teilnehmer

Aktie Wertpapier, Anteilschein, Papier, Industriepapier, Share

Aktion Handlung, Tat, Unternehmung, Maßnahme, Tätigkeit, Unternehmen, Vorgehen, Procedere, Verfahren, Operation, Akt, Coup, Kampagne, Feldzug, Aktivität, Umtriebe, Machenschaften, Eingriff, Handstreich, Bravourstück ⓘ

Aktionär Aktieninhaber, Aktienbesitzer, Wertpapierinhaber, Wertpapierbesitzer, Teilhaber, Gesellschafter, Anteilseigner; *Wirtsch.:* Shareholder

aktiv
1. wirksam, handelnd, tätig, zielstrebig, rührig, lebendig, tüchtig, engagiert,

A

Aktion: Von der Kampagne zum Feldzug

Aktion ist zu einem Allerweltswort für jede Art von *Handlung* oder *Tätigkeit* geworden. Genauso unspezifisch ist das Synonym *Maßnahme*. Auf den *Einsatz* für bestimmte Ziele sind Bezeichnungen wie »*Aktion* Klimabündnis«, »*Aktion* Mensch« oder »*Aktion* Grundgesetz« gerichtet. *Aktion* meint hier positives *Engagement* für eine bestimmte Sache. Wenn sich mehrere Organisationen zusammentun, ist oft von einem *Aktionsbündnis* die Rede.

Eine *Aktion* im Sinne von geregeltem *Vorgehen* oder *Verfahren* mit aufeinander abgestimmten Schritten nennt man *Procedere*. Der Begriff *Operation* steht für eine strategisch geplante militärische Handlung.

Nicht allein militärisch zu verstehen sind *Handstreich* und *Coup*, die das Überraschende einer Handlung hervorheben. Auch Synonyme wie *Feldzug* oder *Kampagne* haben nicht nur militärische Bedeutung: Als *Werbeaktion* kann eine Kampagne dazu dienen, bestimmte Produkte bekanntzumachen. Im Handel wird *Aktion* oft auch im Sinn von *Verkaufsaktion* verwendet, bei der es Waren zum *Aktionspreis* gibt.

Die nur im Plural verwendeten Begriffe *Umtriebe* und *Machenschaften* als Synonyme für *Aktion* haben stets einen negativen Beigeschmack im Sinn von dunklen beziehungsweise üblen Machenschaften. Dagegen bezeichnet man eine besonders gelungene oder erfolgreiche *Aktion* auch als *Bravourstück*. Eine sehr aufwändige oder kräfteraubende *Aktion* nennt man umgangssprachlich einen *Akt*.

energisch, tatkräftig, rege, unternehmend, unternehmungslustig, betriebsam, geschäftig
2. fleißig, arbeitsam, arbeitsfreudig, arbeitswillig, produktiv, leistungsfähig, leistungsorientiert, tätig, strebsam, bestrebt, bemüht

aktivieren beleben, ankurbeln, anregen, anstacheln, antreiben, anspornen, verstärken, in Gang/Schwung bringen, in Bewegung/Tätigkeit setzen, Auftrieb geben, auf Touren bringen, intensivieren, steigern, mobilisieren, aktualisieren, lebendig/wirksam machen, auffrischen, aufrütteln, stimulieren, inspirieren, beflügeln

Aktivierung Belebung, Anregung, Antrieb, Stimulation, Inspiration, Steigerung, Aktualisierung, Auffrischung, Intensivierung, Verstärkung

aktuell
1. zeitnah, zeitgemäß, gegenwartsnah(e), akut, brisant, spruchreif, gegenwärtig, laufend, zur Zeit, mitlebend, derzeitig, neu, jetzig, bedeutsam, dringlich, belangvoll, von Wichtigkeit/Bedeutung/Gewicht/Belang
2. → modern

akustisch klanglich, phonetisch, klangmäßig, auditiv, gehörsmäßig

akut → wichtig

Akzent
1. → Aussprache
2. Betonung, Ton, Gewicht, Hervorhebung, Unterstreichung

akzentuieren betonen, hervorheben, den Ton legen auf, mit Nachdruck aussprechen, herausstellen, herausheben, unterstreichen, pointieren, prononcieren

akzeptabel → annehmbar

akzeptieren annehmen, billigen, zustimmen, beipflichten, beistimmen, seine Zustimmung geben, anerkennen, gutheißen, einwilligen, befürworten, gelten/geschehen lassen, zulassen, respektieren, einverstanden sein, dulden, tolerieren, konzedieren, gestatten, übereinstimmen, ja sagen zu, genehmigen, einiggehen, eingehen auf; *geh.:* goutieren; *ugs.:* mitmachen, nichts dagegen haben

à la nach Art von, im Stil von, in der Art von, so wie

Alarm Warnung, Alarmierung, Warnruf, Warnzeichen, Signal, Gefahrensignal, Ruf, Notruf, SOS

alarmieren
1. zum Einsatz/zu Hilfe rufen, Alarm geben/schlagen, Lärm schlagen, ein Warnsignal abgeben, warnen, aufmerksam machen auf
2. beunruhigen, besorgt machen/stimmen, in Unruhe versetzen, zusammenrufen, aufrütteln

albern
1. einfältig, töricht, kindisch, närrisch, läppisch, hanswurstig, blöd, blödsinnig, infantil, lächerlich, dumm, lachhaft; *ugs.:* quatschig, kalberig, kälberig
2. → scherzen

Alkoholiker: Von Zechern und Trunkenbolden

Für die krankhafte Trinksucht gibt es zahlreiche Synonyme, die diesen Sachverhalt teils (ab)wertend, teils verhüllend umschreiben. Ebenso wie *Alkoholiker* stellen Ausdrücke wie *Alkoholabhängiger* oder *Alkoholkranker* neutrale Beschreibungen dar.
Trinker und *Gewohnheitstrinker* haben dagegen bereits einen negativen Beigeschmack. *Quartalstrinker* oder *Quartalssäufer* sind Ausdrücke für eine Person, die in regelmäßigen Zeitabständen bis zum Vollrausch trinkt. Negative Bedeutung haben auch *Trunkenbold* oder *Trunksüchtiger*. Die Kurzform *Alki* gehört zum Jargon. Ein *Zecher* muss dagegen nicht unbedingt alkoholkrank sein: Das auch dichterisch gebrauchte Wort bezeichnet ursprünglich einen Wirtshausgast, der in größerer Runde Speisen und Getränke verzehrt. Es wird insofern oft in der Zusammensetzung *fröhlicher Zecher* verwendet.
Bezeichnungen wie *Schnapsnase, Schnapsdrossel, Schluckspecht* oder *durstige Seele* sind umgangssprachlich und werden oft freundschaftlich oder ironisch gebraucht. Dagegen sind alle Zusammensetzungen mit »Sauf-« eindeutig abwertend gemeint: *Säufer, Saufbold, Saufbruder, Saufkumpan, Saufloch, Suffkopp* usw. Auch *versoffenes Subjekt* ist eine nicht gerade freundliche Bezeichnung.

Albernheiten → Unsinn
Albtraum Angsttraum, Alb, Albdruck, Albdrücken, Nachtmahr
Album Sammelbuch, Andenkenbuch, Gedenkbuch
Alcopops alkoholhaltige Mixgetränke/Mischgetränke
alias anders/auch genannt, sonst, außerdem, oder, eigentlich, mit anderem Namen
Alibi Abwesenheitsnachweis, Unschuldsbeweis, Rechtfertigung, Ausrede
Alimente Unterhaltszahlung, Unterhaltsbeitrag, Unterhaltsgeld
alkalisch laugenartig, basisch, laugenhaft
alkoholhaltig alkoholisch, berauschend; *scherzh.:* geistig, hochprozentig
Alkoholiker Trinker, Gewohnheitstrinker, Trunkenbold, Zecher, Trunksüchtiger; *ugs.:* Schluckbruder, Schluckspecht, Schnapsnase, Schnapsbruder, Schnapsdrossel, Sumpfhuhn, durstige Seele, Pichler; *derb:* Säufer, Saufbold, Saufbruder, Saufkumpan, Saufloch, Saufsack, Saufgurgel, versoffenes Subjekt; *landsch.:* Schwiemel, Schwiemelkopf, Söffel; *österr.:* Tippler ⓘ
Alkoholismus Trunksucht; *Med.:* Potomanie, Potatorium; *derb:* Suff, Versoffenheit, Sauflust
All Weltall, Universum, Kosmos, Makrokosmos, Himmelsraum, Weltraum, Unendlichkeit, (kosmischer) Raum, Weltenraum, Weltganzes
alle sämtliche, jeder, jedermann, allesamt, jedweder, jeglicher, allerseits, vollzählig, vollständig, geschlossen, alle möglichen, wer auch immer, ausnahmslos, ohne Ausnahme, samt und sonders, alle Welt, die Gesamtheit, Mann für Mann, in voller Zahl, ganz, von A bis Z, total, in vollem Umfang, gesamt, von vorn bis hinten, Groß und Klein, mit Kind und Kegel, Männlein und Weiblein, Jung und Alt, mit Mann und Maus, Reich und Arm, jeder Couleur, bis zum letzten Mann; *ugs.:* durch die Bank, Hinz und Kunz, Krethi und Plethi
Allee Baumstraße, Baumreihe, Promenade
Allegorie → Sinnbild
allegorisch → bildlich
allein
1. von sich aus, im Alleingang, ohne (fremde) Hilfe, ohne Anleitung, aus eigener Kraft, eigenständig, eigenverantwortlich, selbständig, autonom, unbeaufsichtigt
2. → einsam
3. alleinstehend, ehelos, unverheiratet, unvermählt, ungebunden
4. → aber
5. → nur
6. von allein → freiwillig
Alleinerbe Gesamterbe, Universalerbe, (einziger) Erbe
Alleinherrscher Souverän, Autokrat, Absolutist, Diktator, Despot, Tyrann, Unterdrücker, Gewaltherrscher, Schreckensherrscher
Alleinsein → Einsamkeit
alleinstehend
1. ohne Familie/Verwandte, Anhang, ledig, allein, ehelos, unverheiratet, unvermählt, ungebunden; *österr.:* alleinig, einschichtig; *ugs.:* noch zu haben

2. einzelnstehend, für sich, vereinzelt, verwaist, einsam

allemal

1. auf jeden Fall, sowieso, sicher, sehr wohl, gewiss, in der Tat, durchaus, versteht sich, zweifellos, natürlich, selbstverständlich; *ugs.:* dicke

2. → dauernd

allenfalls

1. höchstens, im besten/äußersten/günstigsten Fall, gerade noch, äußerstenfalls, günstigstenfalls, bestenfalls, im Notfall, zur Not

2. möglicherweise, vielleicht, gegebenenfalls, unter Umständen, eventuell, womöglich, möglichenfalls, vermutlich, je nachdem; *österr., schweiz.:* allfällig

allenthalben → überall

allerdings

1. freilich, jedoch, aber, indes, indessen, hingegen

2. aber gewiss, natürlich, selbstverständlich, ja, wohl, ohne Frage, zweifellos, selbstredend, ohne weiteres, sicher; *ugs.:* klar, logisch

allergisch empfindlich, überempfindlich, anfällig, reizbar

allerhand

1. → allerlei

2. → unerhört

allerlei mancherlei, vielerlei, allerhand, manches, alles Mögliche, verschiedenerlei, mehrerlei, dieses und jenes, dies und das, verschiedenes, diverses, einiges, etliches

Allerlei Kunterbunt, Durcheinander, Mischung, Konglomerat, Melange, Gemisch, Gemenge, Mixtur, Pêlemêle; *ugs.:* Mischmasch, Sammelsurium, Kuddelmuddel, Krimskrams

allerorten → überall

alles gesamt, allesamt, insgesamt, total, ganz, samt und sonders, das Ganze/Gesamte, restlos, vollständig, ausnahmslos, von A bis Z, rundweg, alles in Allem

allgemein

1. üblich, gängig, landläufig, verbreitet, bevorzugt, herkömmlich, gewohnt, gebräuchlich, regulär, herrschend

2. universal, universell, allgemeingültig, umfassend, allumfassend, weltumfassend, absolut, allseitig, global, geltend, gemein, weltweit, gesamt

3. durchgängig, durchweg, durchgehend, ausnahmslos, ohne Ausnahme, samt und sonders, schlechthin

4. unbestimmt, leer, unklar, abstrakt, ungenau, nichtssagend, oberflächlich, verschwommen, verwaschen; *ugs.:* schwammig

5. → überall

6. **im Allgemeinen** generell, prinzipiell, grundsätzlich, im Großen und Ganzen, mehr oder weniger, in summa, alles in Allem, weithin, gemeinhin, in aller Regel; *ugs.:* durch die Bank

Allgemeinarzt Allgemeinmediziner, praktischer Arzt, Hausarzt; *ugs.:* Doktor

Allgemeinheit

1. Gesamtheit, Totalität, das Ganze, Ganzheit

2. Gemeinschaft, Öffentlichkeit, Publikum, Leute, Menschen, Menge, Gesellschaft, Umwelt

3. → Gemeinplatz

Allianz Bündnis, Staatenbündnis, Bund, Pakt, Zusammenschluss, Liga, Achse, Entente, Verbindung

Alliierter Verbündeter, Bündnispartner, Bundesgenosse, Föderierter, Konföderierter

allmächtig

1. allgewaltig, uneingeschränkt, unbeschränkt, unumschränkt, absolut, schrankenlos, omnipotent, mächtig

2. göttlich, allsehend, allwissend, übermenschlich, übernatürlich, vollkommen, allgegenwärtig

allmählich langsam, nach und nach, kaum merklich, unmerklich, mit der Zeit, etappenweise, schrittweise, stückweise, stufenweise, gradweise, Schritt für Schritt, Stück für Stück, Stück um Stück, gemach, allgemach, graduell, sukzessive, peu à peu, im Laufe der Zeit, in Etappen, nacheinander, nicht auf einmal

Allrounder Allroundtalent, Multitalent, Alleskönner, Tausendsasa; *österr., schweiz.:* Tausendsassa

Alltag

1. Werktag, Arbeitstag, Wochentag

2. Alltäglichkeit, Regelmäßigkeit, Gewohnheit, Eintönigkeit, Einförmigkeit, Monotonie, Öde, Einerlei; *ugs.:* Tretmühle, immer dasselbe, die alte Leier

alltäglich

1. üblich, durchschnittlich, mäßig, mittelmäßig, gewöhnlich, normal, profan, wohlbekannt, gewohntermaßen, vertraut, allvertraut, bekannt, ge-

läufig, regulär, routinemäßig, ein und dasselbe, immer dasselbe, grau, banal, ordinär, fade, farblos, belanglos, trivial
2. täglich, Tag für Tag, immer, alle Tage, jeden Tag, tagein tagaus, werktäglich, wochentäglich, wiederholt

Allüren Gehabe, Launen, Getue, Grillen, Flausen, Mucken, Marotten, Kapriolen, Kaprizen, Spleen

allzeit → dauernd

Alm
1. Bergwiese, Bergweide, Alp, Almwiese, Alpweide; *österr., schweiz.:* Mahd; *schweiz.:* Matte, Stafel
2. Sennerei, Almwirtschaft, Viehwirtschaft, Milchwirtschaft

Almanach Auswahlband, Brevier, Jahrbuch, Kalender

Almosen milde Gabe, Spende, Gnadengeschenk, Scherflein

Alp → Alm

Alpenrose Almrausch; *volkst.:* Bergröschen, Schneerose

Alphabet Buchstabenfolge, Buchstabenreihe, Abc

alpin bergig, gebirgig, steil, abschüssig, abfallend

Alpinist Bergsteiger, Kletterer, Gipfelstürmer, Bergfex; *ugs.:* Kraxler, Bergkraxler, Gletscherfloh

Alpinistik Alpinismus, Bergsport, sportliches Bergsteigen/Bergwandern

Alptraum → Albtraum

als
1. zu der Zeit, da, nachdem, während, wie, wenn; *ugs.:* wo
2. in Form/Gestalt von, wie wenn, gleichsam, vergleichsweise, gewissermaßen

alsbald bald, binnen kurzem, früh, zeitig, sofort

also
1. folglich, demnach, demzufolge, infolgedessen, danach, ergo, somit, sonach, logischerweise, mithin, jedenfalls, demgemäß, dementsprechend, deshalb, insofern, darum, daher, dadurch, aufgrund dessen
2. schließlich, endlich, zuletzt, kurz und gut

alt
1. bejahrt, hochbejahrt, betagt, hochbetagt, bei Jahren, ältlich, steinalt, uralt, greisenhaft, altersschwach, vergreist, in hohem/gesegnetem/vorgerücktem Alter, ergraut, greis, grau, senil; *schweiz.:* bestanden, verknorzt; *ugs.:* verkalkt, verknöchert, wackelig, schon viele Jahre auf dem Buckel habend, bemoost, verblüht, verbraucht, zum alten Eisen gehörend, klapprig
2. gebraucht (Kleider), getragen, abgenutzt, abgewetzt, ausgeleiert (Gewinde), ausdient, verschlissen
3. vorherig, ehemalig, früher, einstig, vormalig, gewesen, vergangen, verflossen
4. antiquarisch, aus zweiter Hand, antiquiert, altertümlich, archaisch, antik, altehrwürdig, aus alter Zeit stammend
5. → altmodisch
6. althergebracht, überliefert, überkommen, eingeführt, traditionell, bewährt, gewohnt, herkömmlich, konventionell, bekannt, langjährig
7. ungenießbar (Lebensmittel), verdorben, faul, verfault, nicht frisch, verschimmelt, ranzig (Butter), schlecht, sauer (Milch); *ugs.:* hinüber, einen Stich habend
8. überholt (Witz), langweilig; *ugs.:* ein alter Hut/Bart/Zopf, olle Kamellen, kalter/aufgewärmter Kaffee, gruftig

Altar Tisch des Herrn, Gottestisch, Gnadentisch, Opfertisch, Opferstätte

altbacken
1. trocken, hart, nicht mehr frisch, alt; *ugs.:* vergammelt, gammelig
2. → altmodisch

Alteisen Schrott, Altmaterial, Altmetall, Altwaren, Altstoff, Abfall; *ugs.:* Plunder, Schund, Ramsch

Alter
1. Lebensabend, Lebensausklang, Lebensherbst, Ruhestand, die alten Tage, Greisentum, Greisenalter; *geh.:* Lebensneige, Abend/Herbst des Lebens
2. Bejahrtheit, Betagtheit
3. Lebensalter, Lebensjahre
4. Generation, Jahrgang, Altersklasse, Altersstufe
5. *ugs. für:* Greis
6. *ugs. für:* Ehemann
7. *jugendsprachl. für:* Vater

altern alt/älter/grau werden, in die Jahre kommen, ergrauen, vergreisen, alt und grau werden, verfallen, welken, verknöchern; *ugs.:* verkalken, Moos/Patina ansetzen

alternativ
1. abwechselnd, wahlweise, wechselweise, alternierend
2. anders, abweichend, nonkonform, nonkonformistisch, gegenläufig, unkonventionell, subkulturell
3. → grün

Alternativbewegung
1. Alternativkultur, Alternativszene, Subkultur, Gegenkultur, zweite Kultur
2. → die Grünen

Alternative
1. Entscheidung, Wahl, Wahlmöglichkeit, andere Möglichkeit, Entweder-oder
2. Gegenmodell, Gegenentwurf, Gegenvorschlag, das Andere/Neue, Kontrastprogramm, Vorbild

Alternativer
1. Nonkonformist, Abweichler; *ugs.:* Alternativler, Aussteiger, Freak, Biofreak; *abwertend:* Müslifresser, Sandalenträger, Öko
2. → Grüner

Altersheim Altenheim, Pflegeheim, Altenwohnheim, Wohnstift, Seniorenheim, Seniorenhotel, Seniorenresidenz, Seniorenzentrum, Seniorenwohnsitz, Feierabendheim; *landsch.:* Feierabendhaus

altersschwach gebrechlich, abgelebt, hinfällig, kraftlos, pflegebedürftig, abgespannt, abgenutzt, abgezehrt, zittrig, kaduk (Rechtswesen), kachektisch, matt, verschlissen, die Kräfte verschlissen, verfallen; *ugs.:* tap(e)rig, tapprig, klapprig, tatterig; *landsch.:* tüttelig, krachelig; *schweiz.:* bresthaft, schitter

Altersversorgung
1. Altersfürsorge, Rentnerfürsorge, Alterssicherung, Altersversicherung, Altersvorsorge
2. Rente, Pension, Ruhegeld, Ruhegehalt

altertümlich
1. → alt
2. → altmodisch

Älteste(r)
1. älteste Tochter, ältester Sohn, Erstgeborene(r); *ugs.:* Größte(r)
2. Vorsteher, Oberhaupt, Altmeister, Senior, Presbyter (Kirche); *geh.:* Nestor; *scherzh.:* Methusalem

altfränkisch → altmodisch

altjüngferlich gouvernantenhaft, prüde, spröde

altklug frühreif, vorlaut, naseweis, unkindlich, vorwitzig; *ugs.:* neunmalklug, neunmalschlau, siebengescheit

Altlast
1. Umweltgiftdepot, Halde, stillgelegte Müllkippe, Produktionsrückstand
2. ungelöstes Problem, Restschwierigkeit, Erblast, politische Erblast

altmodisch unmodern, unzeitgemäß, ungebräuchlich, veraltet, vergangen, passé, anachronistisch, obsolet, vorbei, gestrig, aus der Mode, abgelebt, nicht mehr gefragt, rückständig, konservativ, zeitwidrig, überholt, überaltert, überlebt, alt, zeitfremd, verstaubt, angestaubt, antiquiert, altfränkisch, altertümlich; *ugs.:* out, vorsintflutlich, aus grauer Vorzeit, von gestern, uncool, aus der Mottenkiste, abgetan, altbacken, hinterm Mond

Altwaren Ramsch, Tand, Tandwerk, Firlefanz

Altwarenhändler Trödler, Gebrauchtwarenhändler, Altstoffhändler, Altmaterialhändler, Schrotthändler, Lumpensammler, Lumpenhändler; *ugs.:* Tandler, Ramschhändler; *landsch.:* Kruschtler

Altweibersommer Spätsommer, Nachsommer; *landsch.:* der fliegende Sommer

Amateur Nichtfachmann, Laie, kein Profi, Liebhaber

amateurhaft unprofessionell, unfachmännisch, laienhaft, sachunkundig; *geh.:* unzulänglich; *abwertend:* dilettantisch, dilettantenhaft, pfuscherhaft, stümperhaft, oberflächlich, kläglich, armselig, schlecht, schäbig

Amazone
1. Reiterin, Turnierreiterin
2. Streiterin, Kämpferin
3. → Feministin

Ambition → Ehrgeiz

ambivalent doppelwertig, mehrdeutig, gespalten, gebrochen, doppelbödig, widersprüchlich, paradox, zwiespältig, unentschieden

Amerika die Vereinigten Staaten, die USA, das Land der unbegrenzten Möglichkeiten, die Neue Welt; *ugs.:* Uncle/Onkel Sam, hinter dem großen Teich

Amme Nährmutter, Kindermädchen, Kinderschwester, Kinderfrau, Kinderfräulein, Säuglingsschwester, Erzieherin

Ammenmärchen Erfindung, unwahre Geschichte/Erzählung/Bericht, Lügengeschichte, Münchhausiade, Fabel, Fiktion, Erdichtung, Ausgedachtes, Legende, Anglerlatein, Jägerlatein, Flunkerei, Hirngespinst

Amnestie → Straferlass

amnestieren → begnadigen

Amoklauf Raserei, Besessenheit, Tobsucht, Tötungssucht, Mordsucht, Wutausbruch, Wutanfall, Tobsuchtsanfall

A

Amor: Die Personifikation der Liebe

Ein häufig verwendetes Synonym für *Liebe* ist *Amor,* der Name des Liebesgottes der römischen Mythologie.
Liebe ist ein abstrakter, nichtgegenständlicher Begriff. Um solche Abstrakta anschaulicher zu gestalten, stützt man sich oft auf bildhafte oder gleichnishafte Darstellungen, die als »Allegorie« bezeichnet werden. Eine mögliche Variante der Versinnbildlichung ist die Personifizierung. *Amor* ist somit ein Synonym, genauer gesagt, eine Allegorie für *Liebe.*
Der Liebesgott findet sich oft als geflügelter Knabe mit Pfeil und Bogen dargestellt. In der poetischen Redewendung *von Amors Pfeil getroffen* werden Erzählungen der römischen Mythologie aufgegriffen, nach denen *Amor* seine Liebespfeile auf ihm hilflos ausgelieferte Opfer abschießt, die daraufhin der Liebe verfallen.
Die *Amor* zugeschriebene Unwiderstehlichkeit kommt auch in dem auf Vergil zurückgehenden Zitat *Omnia vincit Amor* (»die Liebe/Amor besiegt alles«) zum Ausdruck.

Amor
1. Liebe, Verliebtheit, Liebesgefühl, Hingezogenheit
2. von Amors Pfeil getroffen verliebt, vernarrt, verknallt, verschossen ⓘ
amoralisch → anstößig
amorph formlos, gestaltlos, ungeformt, ungestaltet, ungegliedert, unstrukturiert, strukturlos
amortisieren
1. Schuld tilgen, löschen, abdecken, begleichen, ausgleichen, abgelten, abzahlen, abtragen
2. abschreiben
amortisieren, sich sich rentieren, sich rechnen, sich lohnen, sich bezahlt machen, sich auszahlen, sich tragen, Gewinn bringen/abwerfen, profitabel sein
Amouren → Affäre
Ampel
1. Verkehrsampel, Verkehrslicht, Lichtzeichen
2. Hängelampe, Gehänge (Pflanzentopf)
amputieren abtrennen, abnehmen, entfernen; *Med.:* resezieren, absetzen
Amt
1. Behörde, Dienststelle, Verwaltung, Instanz, Obrigkeit, Büro, Geschäftsstelle, Administration; *schweiz.:* Verweserei
2. Posten, Stellung, Funktion, Charge, Arbeitsgebiet, Arbeitsfeld, Arbeitskreis, Tätigkeitsbereich, Wirkungskreis, Beruf, Stelle, Position
3. Aufgabe, Verpflichtung, Pflicht
4. Gottesdienst, Andacht, Messe, Hochamt; *ugs.:* Kirche
amtieren ein Amt innehaben/einnehmen/bekleiden/ausüben, einen Rang/eine Stellung besetzen, tätig sein als, wirken; *geh.:* fungieren; *schweiz.:* amten
amtlich
1. behördlich, dienstlich, offiziell, öffentlich, geltend, maßgeblich, administrativ, amtshalber, von Amts wegen, ex officio, offiziös, verwaltungsmäßig
2. zuverlässig, glaubwürdig, gewiss, urkundlich, beweiskräftig, bestätigt, belegt, beglaubigt, bezeugt, verbrieft, verbürgt, dokumentarisch, notariell
3. → förmlich
Amtseinführung Amtseinsetzung, Vereidigung, Inauguration, Investitur, Ordination, Installation (Kirche)
Amtsenthebung Entlassung, Dienstentlassung, Suspendierung, Kündigung, Absetzung; *geh.:* Suspension; *österr., schweiz.:* Amtsentsetzung
Amtsweg Dienstweg, Instanzenweg, Behördenweg, Geschäftsgang; *österr.:* Instanzenzug
Amtszimmer Amtsstube, Dienstraum, Dienstzimmer, Geschäftszimmer, Geschäftsraum, Büro, Schreibstube
Amulett Talisman, Glücksbringer, Maskottchen, Fetisch, Anhänger
amüsant
1. → kurzweilig
2. → komisch
Amüsement → Kurzweil
amüsieren erheitern, belustigen, vergnügen, ergötzen, unterhalten, zerstreuen, Freude/Vergnügen bereiten, erfreuen, freudig stimmen, entzücken, Heiterkeit erregen, Spaß machen
amüsieren, sich sich vergnügen, sich die Zeit vertreiben, das Leben genießen, sich unterhalten, Spaß haben, sich zerstreuen, sich belustigen, sich verlustieren, fröhlich sein; *landsch.:* lumpen; *ugs.:* abfeiern, einen draufmachen
an bei, zu, bis, nach, neben
anachronistisch → altmodisch
anal rektal, per anum

A

analog entsprechend, ähnlich, vergleichbar, vergleichsweise, parallel, gleich, gleichartig, übereinstimmend, kommensurabel, komparabel, annähernd, verwandt, kongruent, konvergierend, dem Sinne nach, sinngemäß

analysieren
1. untersuchen, durchforschen, ausforschen, durchleuchten, hineinleuchten, auf den Grund gehen, kritisch/genau prüfen, ergründen, erklären
2. zergliedern, zerlegen, zerteilen, auseinanderlegen, auseinandernehmen, entwirren, zerpflücken, in Bestandteile trennen, atomisieren

Anarchie
1. Regellosigkeit, Planlosigkeit, Gesetzlosigkeit, Verwirrung, Desorganisation, Chaos, Unordnung, Wirrnis
2. Herrschaftslosigkeit, Herrschaftsfreiheit, Zwanglosigkeit, Libertinage, Freiheit

anarchisch chaotisch, gesetzlos, ungeordnet, wirr, wild, planlos, regellos, verworren, wüst, ohne feste Ordnung

Anarchist
1. → Terrorist
2. gesetzloser Rebell, Aufständischer, Weltveränderer, Revolutionär, Umstürzler, Radikaler

anarchistisch
1. → terroristisch
2. umstürzlerisch, aufrührerisch, zersetzend, zerstörerisch, subversiv, gewalttätig, radikal, extremistisch

anästhesieren betäuben, narkotisieren, einschläfern, schmerzunempfindlich machen

anbändeln: Kontaktaufnahme in Liebe und Streit

Anbändeln und das gleichbedeutende *anbandeln* stellen sprachlich eine Nebenform von *anbinden* dar. Ausgedrückt wird damit, dass eine Verbindung zwischen zwei Personen hergestellt wird, wobei stets etwas Spielerisches mitschwingt. In der Regel handelt es sich dabei um das *Anknüpfen einer Beziehung*.
Das *Anbahnen einer Verbindung* im Guten wird mit Worten wie *flirten, schäkern, tändeln, turteln* oder Wendungen wie *eine Beziehung aufbauen, einen Annäherungsversuch machen* ausgedrückt. Der Ausdruck *jemandem den Hof machen* ist genauso gehoben wie *schöntun*. Gelegentlich findet sich auch noch das veraltete *poussieren*. Wendungen wie *sich jemanden anlachen* oder *sich jemanden angeln/fischen* sind umgangssprachlich, genau wie *jemanden anbaggern*. Der Begriff *aufreißen* ist derb.
Je nach Zusammenhang kann *anbandeln* oder *anbändeln* gelegentlich auch *Streit anfangen, sich auf Streit einlassen* bedeuten. Synonym dafür ist auch der Ausdruck *Händel anfangen,* der die alte Pluralform von »Handel« im Sinn von Streit enthält. Ein umgangssprachlicher Begriff für solches *Anbandeln* ist *stänkern*.

anbaggern *ugs. für:* flirten, schöne Augen/den Hof machen, anbändeln, umwerben, bezirzen, bezaubern, Avancen machen, kokettieren, scharwenzeln; *geh.:* charmieren; *ugs.:* angraben, aufreißen

anbahnen vorbereiten, anknüpfen, anzetteln, einleiten, einfädeln, anspinnen, anfangen, in die Wege leiten, den Anfang machen, beginnen, Kontakt aufnehmen, Initiative ergreifen

anbahnen, sich sich andeuten, sich zu entwickeln beginnen, entstehen, sich anspinnen, sich ankündigen, sich abzeichnen, sich kundtun, aufkommen, aufkeimen, sich entfalten, sich entspinnen, ausbrechen, erwachsen, sich ergeben; *ugs.:* sich zusammenbrauen

anbändeln
1. *ugs. für:* eine Beziehung anknüpfen, sich jmdn. anlachen, Fühlung nehmen, anbinden mit, sich beigesellen, sich zugesellen, sich aufdrängen, schäkern, flirten, tändeln, auf Fang gehen, schöntun, den Hof machen; *ugs.:* jmdn. anmachen, aufreißen, sich jmdn. angeln/fischen
2. Streit anfangen/suchen/heraufbeschwören/vom Zaun brechen, Unfrieden stiften, Händel suchen; *ugs.:* stänkern (i)

anbauen
1. erweitern, vergrößern, zubauen
2. anpflanzen, setzen, bestellen, kultivieren, säen

anbei beiliegend, anliegend, inliegend, als Anlage/Beilage, beigelegt, beigefügt, beigeschlossen, innen

anbeißen
1. anessen, anknabbern, annagen, anfressen

2. an die Angel/den Köder gehen
3. hereinfallen, auf den Leim/in die Falle/Schlinge gehen, aufsitzen
4. Feuer fangen, annehmen, eingehen auf, Geschmack finden an, sich einlassen auf, zugreifen

anbelangen → betreffen

anberaumen ansetzen, festsetzen (Termin), bestimmen, festlegen, fixieren, auf den Plan/das Programm setzen, vorsehen, einberufen, disponieren

anbeten schwärmen/glühen für, vergöttern, idealisieren, verherrlichen, hochachten, hochschätzen, umschwärmen, verehren, bewundern, lieben, auf Händen tragen, jmdm. zu Füßen liegen, huldigen, aufsehen/aufschauen zu, in den Himmel heben; *ugs.:* anhimmeln, anschmachten

anbetteln → betteln

anbiedern, sich sich einschmeicheln, schöntun, zu Gefallen/nach dem Munde reden; *ugs.:* sich lieb Kind machen, sich an jmdn. heranmachen, herumscharwenzeln um, sich anwanzen; *derb:* in den Hintern/Arsch kriechen

anbieten
1. zur Verfügung stellen, bereitstellen, reichen, hinhalten, bieten, vorsetzen, aufwarten mit, darbieten, kredenzen, auftischen, präsentieren
2. auf den Markt werfen/bringen, zum Kauf vorschlagen, anpreisen, feilbieten, feilhalten, offerieren, ein Angebot machen, andienen, verkaufen
3. antragen, ein Angebot unterbreiten, raten, anraten, empfehlen, nahelegen, vorschlagen (Posten)

anbieten, sich sich erbieten, sich anheischig machen, sich andienen, sich bereiterklären, sich verpflichten, es auf sich nehmen

Anblick
1. Bild, Eindruck, Sicht, Ansicht, Erscheinung, Aussehen, das Äußere
2. Betrachten, Anblicken

anblicken → anschauen

anbrechen
1. → anfangen
2. zu verbrauchen/gebrauchen/verwenden beginnen, anreißen, in Benutzung/Gebrauch/Verwendung nehmen, öffnen, anstechen, anschneiden

anbrennen
1. anzünden, anstecken, anfachen, entzünden, in Brand setzen/stecken; *landsch.:* gokeln, kokeln
2. Feuer fangen, sich entzünden; *ugs.:* angehen
3. schwarz werden, anhängen, anbacken

anbrüllen: Die lautstarke Auseinandersetzung

Für die lautstarke Art der Auseinandersetzung beziehungsweise die scharfe Form des Tadels gibt es zahlreiche umgangssprachliche Ausdrücke und Redensarten, die bildlich auf das Tierreich Bezug nehmen. Dabei geht es um Kampf- oder Angriffslaute: *Anfauchen* verweist auf Raubkatzen, *anzischen* auf Schlangen, *anbellen, anknurren, anblaffen* und *ankläffen* auf Hunde und *anschnauben* auf Bullen. Die Redensart *schimpfen wie ein Rohrspatz* bezieht sich auf den lauten und anhaltenden Ruf des Drosselrohrsängers, der als schrill empfunden wird.
Mit der Wendung *jemanden zur Schnecke machen* verbindet sich das Bild äußerster Erniedrigung, weil Schnecken am Boden kriechen und sich ängstlich in ihr Haus zurückziehen. Der Ausdruck *jemandem die Hammelbeine langziehen* kommt vom Enthäuten eines geschlachteten Hammels. Er ist einst im Soldatenjargon entstanden und wurde für das Zurechtweisen fauler Untergebener verwendet. Auf die Soldatensprache des 19. Jahrhunderts geht auch die veraltete Redensart *jemandem den Marsch blasen* zurück. Sie spielt darauf an, dass Marschsignale durch Blasinstrumente gegeben wurden.
Die Redewendung *jemanden zur Minna machen* ist vermutlich auf die schlechte Behandlung von Hausgehilfen zurückzuführen, die im späten 19. Jahrhundert typischerweise den Namen Wilhelmine führten. Eine andere, mögliche Herleitung ergibt sich aus dem Jiddischen, wo *inus* beziehungsweise *innes* so viel bedeutet wie »Qual/Leiden/Folter«. Derb ist dagegen die Wendung *jemanden zur Sau machen.* Sie nimmt auf ein Tier Bezug, das im Ansehen weit unten steht, zeigt also ebenfalls Erniedrigung an. Das Gleiche gilt für die Ausdrücke *zusammenscheißen* und *anscheißen* als derbe Varianten für *anbrüllen.*
Die Wendung *ein Donnerwetter loslassen* nimmt das Bild der Naturgewalten auf, die über die Menschen hereinbrechen können.

anbringen
1. → befestigen
2. vorbringen, zur Sprache bringen, ins Feld führen, in die Diskussion werfen, vortragen, ansprechen, erwähnen, bemerken, einwerfen; *ugs.:* aufs Tapet bringen
3. → unterbringen
4. → verkaufen
5. → zeigen

anbrüllen anschreien, anfahren, anherrschen, wettern, schelten; *ugs.:* anfauchen, anzischen, anknurren, anschnauben, schimpfen wie ein Rohrspatz, ein Donnerwetter loslassen, Gift und Galle spucken, zusammenstauchen, heruntermachen, runterputzen, zusammenfalten, anpfeifen, anschnauzen, anblaffen, anbellen, andonnern, angiften, ankläffen, jmdm. den Marsch blasen; *derb:* anscheißen, zusammenscheißen ⓘ

Andacht
1. Versunkenheit, Sammlung, Inbrunst, Konzentration, Aufmerksamkeit, Anspannung
2. Gottesdienst, Messe, Amt, Gebet, Betstunde; *ugs.:* Kirche

andächtig versunken, innig, aufmerksam, andachtsvoll, konzentriert, feierlich, ergriffen, gesammelt, angespannt, gerührt, bewegt

andauern anhalten, fortbestehen, sich hinziehen, sich in die Länge ziehen, währen, fortwähren, kein Ende haben/nehmen, sich erstrecken, dauern, fortdauern, weiterbestehen, sich erhalten, bleiben, weitergehen, sich fortsetzen, Bestand haben

andauernd → dauernd

Andenken
1. Erinnerung, Gedächtnis, Gedenken
2. Souvenir, Erinnerungsstück, Erinnerungszeichen, Reminiszenz, Überbleibsel, Mitbringsel, Geschenk, Gabe, Familienstück, Erbstück

ändern
1. umgestalten, abändern, umarbeiten (Kleidungsstück), umschreiben (Text); *EDV:* editieren
2. wechseln (Richtung), abweichen, abschwenken, abbiegen
3. anders machen, wandeln, verwandeln, verändern, umformen, umbilden, umstoßen, umändern, umwandeln, ummodeln, umsetzen, umorganisieren, umfunktionieren, ummünzen, umstürzen, umwälzen, umwerfen, eine neue Situation schaffen, aus den Angeln heben, neu gestalten, novellieren (Gesetz), erneuern, reformieren, revolutionieren, bessern, verbessern, modifizieren, korrigieren, transformieren, variieren, etwas über den Haufen werfen; *ugs.:* umkrempeln

ändern, sich sich wandeln, sich verwandeln, sich verändern, anders werden, sich wenden, sich entwickeln, im Wandel begriffen sein, eine andere Entwicklung nehmen, ein anderes Gesicht bekommen, im Fluss/noch nicht abgeschlossen sein, fortschreiten, umschlagen (Stimmung), anderen Sinnes werden, sein Leben ändern, sich bessern, sich verschlechtern

andernfalls sonst, im anderen Fall, ansonsten, oder, gegebenenfalls, beziehungsweise

anders
1. → verschieden
2. → alternativ

andersartig von anderer Art/Weise, verschiedenartig, unterschiedlich, verschieden, grundverschieden, abweichend, different, heterogen, divergent

Andersartigkeit Verschiedenheit, Ungleichheit, Anderssein, Unterschied, Differenz

andeuten
1. ahnen/durchblicken/anklingen lassen, hinweisen, in Andeutungen reden, anspielen, zu verstehen geben, bedeuten, eine Anspielung machen, einen Fingerzeig/Wink geben; *geh.:* signalisieren; *ugs.:* antippen, stecken, durch die Blume sagen, einblasen
2. erwähnen, streifen, berühren, einfließen lassen, anführen, einflechten, bemerken, ansprechen
3. → umschreiben

andeuten, sich → ankündigen, sich

Andeutung
1. → Hinweis
2. → Anflug

andeutungsweise
1. → indirekt
2. → unklar

andichten → verdächtigen

an die → annähernd

Andrang Zulauf, Zustrom, Sturm, Ansturm, Run, Gedränge, Getriebe, Ansammlung, Wettlauf, Nachfrage

andrehen
1. einschalten, anschalten, anstellen, einstellen, aufdrehen, in Gang setzen;

ugs.: anknipsen, anmachen
2. aufreden, verkaufen, aufdrängen, aufnötigen, aufbürden, überreden; *ugs.:* aufschwatzen, aufhängen, unterjubeln

androhen → drohen

anecken
1. *ugs. für:* Missfallen/Anstoß/Missbilligung/Ärger/Missbehagen erregen, Verärgerung/Unmut hervorrufen, anstoßen
2. sich wehtun; *ugs.:* sich anhauen, sich anrempeln

aneignen, sich
1. in Besitz nehmen/bringen, Besitz ergreifen, zu seinem Eigentum machen, an sich nehmen/bringen, sich zu Eigen machen, nehmen, sich einer Sache bemächtigen, → stehlen; *ugs.:* einstreichen, einstecken, einsacken, einkassieren, grapschen, angeln, sich unter den Nagel reißen
2. erlernen, erwerben, sich anverwandeln, annehmen, sich angewöhnen

Aneignung
1. Lernen, Erlernung, Einübung, Erwerb; *geh.:* Appropriation
2. Einverleibung, Übernahme, Annexion, Annektierung, Besitzergreifung, Inbesitznahme, Diebstahl, Bemächtigung; *Rechtsw.:* Okkupation

aneinanderfügen → verbinden

aneinandergeraten → streiten, sich

anekeln → anwidern

anempfehlen → raten

anerkannt
1. geschätzt, angesehen, geachtet, arriviert, renommiert, respektabel, berühmt, bekannt, namhaft, ausgewiesen, prominent, von Weltgeltung/Weltrang/Weltruf, verdient, populär, einen Namen/guten Ruf habend, gefeiert
2. eingeführt, geltend, gültig, erprobt, bewährt, zuverlässig, unumstritten, gang und gäbe, allgemein, üblich, gebräuchlich

anerkennen
1. achten, schätzen, würdigen, Anerkennung/Tribut/Beifall zollen, gelten lassen, billigen, loben, honorieren, respektieren, bewundern, gutheißen, zulassen, beistimmen, zustimmen, seine Zustimmung geben, eine hohe Meinung haben von, viel geben auf, für gut befinden, akzeptieren, ernst nehmen, beipflichten, sich anschließen
2. bestätigen, für rechtmäßig/gültig erklären, beglaubigen, bevollmächtigen, akkreditieren, (in seiner Funktion) zulassen

anerkennenswert
1. lobenswert, löblich, beifallswürdig, rühmlich, verdienstvoll, achtenswert, rühmenswert
2. beachtlich, achtbar, bemerkenswert, bewundernswert, beachtenswert, Achtung gebietend, beeindruckend, imposant, nennenswert; *ugs.:* anständig, nicht von schlechten Eltern, Hut ab, alle Achtung

Anerkennung
1. → Lob
2. → Ansehen

anfachen
1. entzünden, zum Brennen bringen, anblasen, anzünden, anschüren, anbrennen, in Brand setzen/stecken, entfachen, einheizen, anstecken, Feuer legen; *landsch.:* gokeln, kokeln
2. auslösen, ins Rollen bringen, entfesseln, verursachen, initiieren, antreiben, den Anstoß geben, ins Werk setzen, herbeiführen, hervorrufen, bewirken, heraufbeschwören, erwecken, anstiften, anrichten, anregen, anstacheln, animieren, inspirieren; *ugs.:* anzetteln, aufheizen, böses Blut machen, aufputschen

anfahren
1. sich in Bewegung setzen, starten, anziehen
2. ansteuern, anlaufen, anfliegen, Kurs nehmen/zusteuern auf, sich zum Ziel nehmen
3. heranbringen, heranschaffen, antransportieren, herbeischaffen, anliefern, zustellen
4. → auftischen
5. anreisen, ankommen, vorfahren, angefahren/angereist kommen, eintreffen, anlangen; *ugs.:* einlaufen
6. rammen, streifen, zusammenstoßen, umstoßen, kollidieren, prallen auf
7. → anbrüllen

Anfall
1. Ausbruch, Kollaps, Insult, Attacke, Schock; *Med.:* Paroxysmus
2. Tobsuchtsanfall, Anwandlung, Erguss, Raptus, Erregung, Entladung, Zornausbruch, Wutausbruch, Aufwallung; *ugs.:* Koller, Rappel

anfallen
1. → angreifen
2. sich ergeben, entstehen, abfallen, sich herausstellen
3. → überfallen

anfällig empfindlich, zart, schwächlich, empfänglich, allergisch, labil, disponiert
Anfang → Beginn
anfangen
1. beginnen, anbrechen, einsetzen, starten, anheben, seinen Anfang nehmen, in Gang kommen, anlaufen, anlassen, hereinbrechen, in Funktion treten; *ugs.:* angehen, losgehen, ins Rollen/in Schwung kommen
2. tun, bewerkstelligen, in Angriff nehmen, in die Wege leiten, einleiten, versuchen, angreifen, sich begeben an, einfädeln, schreiten zu, etwas angehen, die Arbeit aufnehmen, anpacken, eröffnen, in Gang setzen, Hand anlegen, anfassen, den ersten Schritt tun, ansetzen, sich anschicken, an die Arbeit gehen, darangehen, sich daransetzen, herangehen an, ans Werk gehen; *ugs.:* einsteigen, loslegen, sich hermachen über, sich daranmachen, sich werfen auf
3. etwas anfangen können mit machen, anstellen, Zugang/Interesse/Sinn/Verständnis haben, zusagen, eine Antenne/ein Ohr haben für
Anfänger Neuling, Debütant, Novize, Greenhorn, Unerfahrener; *abwertend:* Grünschnabel; *ugs.:* Guckindiewelt, Grünling
anfänglich anfangs, zu Beginn, am Anfang, erst, zuerst, als Erstes, zunächst, ursprünglich, erstmalig
anfassen
1. berühren, greifen, angreifen, ergreifen, in die Hand nehmen, anlangen, befühlen, fassen, erfassen, zufassen, packen, an etwas fassen; *ugs.:* anpacken, antatschen, betatschen, befingern, angrapschen, begrapschen
2. → helfen
3. → handhaben
4. → anfangen
anfauchen → anbrüllen
anfechten
1. abstreiten, bestreiten, infrage stellen, beanstanden, Einspruch erheben, Berufung einlegen, verneinen, streitig machen, nicht anerkennen, kritisieren, monieren, missbilligen, angehen gegen
2. beunruhigen, aufregen, mit Sorge erfüllen, bekümmern, in Unruhe versetzen, alarmieren, bedrücken, plagen
Anfechtung
1. Einspruch, Einwand, Widerspruch, Protest, Veto, Ablehnung
2. Versuchung, Verlockung, Verführung, Reiz, Kitzel, Anziehung, Zauber
anfegen → schimpfen
anfeinden bekämpfen, befehden, angehen/vorgehen gegen, angreifen, bekriegen, entgegentreten, entgegenwirken, attackieren, unter Beschuss nehmen, Front machen/zu Felde ziehen gegen
anfertigen
1. herstellen, machen, erzeugen, produzieren, erstellen, bauen, fabrizieren, bereiten, basteln, arbeiten an, hervorbringen, auf die Beine stellen, fertigen, verfertigen, schmieden, formen, gestalten, bilden, zimmern, ausarbeiten, erschaffen, modellieren, Form/Gestalt geben
2. → verfassen
anfeuchten nass/feucht machen, nässen, netzen, benetzen, besprengen, bespritzen, besprühen, einsprengen, einspritzen, besprenkeln, befeuchten
anfeuern
1. anheizen, einheizen, Feuer legen/anzünden, anschüren, anbrennen, anfachen, anmachen, anstecken, in Brand setzen
2. treiben, antreiben, ermutigen, beflügeln, anregen, anstacheln, anspornen, entflammen, begeistern, Auftrieb geben, ermutigen, motivieren zu, inspirieren, animieren; *ugs.:* auf Trab/Touren bringen, einheizen, Dampf machen
anflehen erbitten, beschwören, bedrängen, bestürmen, dringend/kniefällig/inständig bitten, anrufen, betteln; *ugs.:* zu Füßen fallen, anwinseln, jmdm. in den Ohren liegen/auf die Pelle rücken
anfliegen angeflogen/angesegelt kommen, heranfliegen, im Anzug sein, näherkommen, Kurs nehmen auf, ansteuern
Anflug
1. Heranfliegen, Ansteuerung
2. Hauch, Spur, Andeutung, Schimmer, Anklang, Nuance, Touch, Stich, Kleinigkeit, Idee, Ansatz
anfordern verlangen, bestellen, in Auftrag geben, eine Bestellung aufgeben, erbitten, beauftragen, kommen lassen; *Wirtsch.:* ordern
anfragen → fragen
anfreunden, sich → befreunden, sich
anfügen beifügen, hinzufügen, beigeben, anreihen,

A

anheften, beilegen, beiordnen, dazu tun, nachtragen, ansetzen, ergänzen, angliedern, anschließen

anfühlen betasten, berühren, anfassen, fühlen, befühlen, tasten, antasten; *ugs.:* anpacken, angrapschen, begrapschen, antatschen, betatschen, befingern, befummeln; *landsch.:* anlangen, angreifen

anfühlen, sich sich anfassen, sich angreifen, ein Gefühl vermitteln

anführen
1. → führen
2. → zitieren
3. → erwähnen
4. → täuschen

Anführer Anstifter, Hauptführer, Bandenführer, Rädelsführer, Wortführer, Leiter, Chef, Drahtzieher, Initiator, Leader, Hauptperson, Hauptmann, Häuptling, Oberhaupt, Befehlshaber; *ugs.:* Leithammel, Kopf, Boss

anfüllen → füllen

Angabe
1. Angeberei, Prahlerei, Protzerei, Geprahle, Geprotze, Hochstapelei, Aufschneiderei, Wichtigtuerei, Übertreibung, Renommiergehabe, Imponiergehabe, Großspurigkeit, Großmäuligkeit, Aufgeblasenheit, Schaumschlägerei, Effekthascherei; *ugs.:* Windbeutelei, Mache, Sensationsmache
2. Aussage, Nennung, Anführung, Erwähnung, Behauptung, Versicherung

angaffen → anstarren

angeben
1. mitteilen, nennen, anführen, sagen, erwähnen, zeigen, bezeichnen, melden, Angaben machen, wissen lassen
2. anordnen (Takt), bestimmen, festsetzen, anschlagen, anstimmen
3. prahlen, großtun, sich spreizen, sich blähen, sich aufblähen, protzen, prunken, den großen Herrn spielen, auftrumpfen, aufschneiden, renommieren, sich brüsten, sich rühmen, sich aufspielen, sich aufblasen, sich aufplustern, eingebildet sein, seine Vorzüge betonen/herausstellen, sich in die Brust werfen, Aufhebens von sich machen, sich wichtigmachen, sich in Szene setzen, sich in den Vordergrund stellen, übertreiben; *ugs.:* dicketun, dick auftragen, Schaum schlagen, eine Schau/Show/Nummer abziehen, den Mund voll nehmen, Sprüche klopfen, fegen, ein großes Maul haben, auf die Pauke hauen, sich herausstreichen, große Töne spucken, Wind machen, große Reden schwingen, den dicken Mops machen

Angeber Aufschneider, Wichtigtuer, Prahler, Prahlhans, Großtuer, Großsprecher, Sprüchemacher, Sprücheklopfer, Protz, Schaumschläger, Wortheld, Möchtegern, Gernegroß; *ugs.:* Großmaul, Maulheld; *derb:* Großkotz, Großschnauze, Großfresse, Klugscheißer

angeberisch → prahlerisch

angeblich
1. scheinbar, nicht wirklich, vermeintlich, vorgeblich
2. → mutmaßlich

angeboren ererbt, erblich, angestammt, eingeboren, vererbt, vererbbar, von Geburt her, hereditär, kongenital, im Blut liegend, in die Wiege gelegt, von Haus aus, ursprünglich, natürlich, genuin

Angebot
1. Vorschlag, Anerbieten, Offerte, Anregung, Plan, Antrag, Einladung; *österr.:* Anbot, Offert
2. Anzeige, Annonce, Inserat, Ausschreibung
3. Warenangebot, Warenauswahl, Sortiment, Kollektion, Zusammenstellung, Palette

angebracht
1. sinnvoll, ratsam, richtig, zweckmäßig, angezeigt, angemessen, opportun, adäquat, recht, geboten, am Platze, geraten, empfehlenswert
2. passend, schicklich, geziemend, gebührlich, es steht an

angegriffen → erschöpft

angeheitert angetrunken, beschwipst, unter Alkohol, alkoholisiert, feuchtfröhlich; *ugs.:* besäuselt, angesäuselt, angedudelt, angeduselt, angetüdelt, angeschickert, benebelt, schickerig

angehen
1. → anfangen
2. betreffen, gelten, sich beziehen auf, anbelangen, tangieren, Bezug/zu tun haben mit, berühren, sich erstrecken auf, zusammenhängen

angehen um → bitten

angehen gegen → ankämpfen

angehören → gehören zu

Angehörige
1. Familienmitglieder, Verwandte, Anverwandte, Verwandtschaft
2. Mitglieder, Anhänger, Mitarbeiter, Beteiligte, Mitwirkende

Angeklagter Beklagter, Verklagter, Beschuldigter
angelaufen beschlagen, überzogen
Angelegenheit Fall, Vorfall, Sache, Sachverhalt, Punkt, Frage, Affäre, Problem, Problematik, Geschehen, Begebenheit, Tatbestand, Hergang, Vorgang, Vorkommnis, Gegenstand, Thema, Thematik, Sujet, Kasus, Ereignis; *ugs.:* Geschichte, Schose, Ding; *derb:* Mist, Scheiße
angeln
1. fischen, Fische fangen; *ugs.:* den Wurm baden, schnappen
2. **sich jmdn. angeln** auf Fang gehen, anbändeln (mit), den Hof machen, sich jmdn. anlachen, einfangen, kriegen, bekommen, locken; *ugs.:* aufreißen, anbaggern
Angelpunkt Hauptsache, Kernstück, Knackpunkt, Schwerpunkt, A und O, der springende Punkt, Pol, Drehpunkt, Wesen, Essenz, Quintessenz, Clou, Attraktion, Hauptattraktion, Höhepunkt, Mittelpunkt, Zentrum, Mark, Pointe
angemessen angebracht, gebührend, gebührlich, gehörig, geziemend, geziemlich, geeignet, entsprechend, schuldig, gemäß, zustehend, zukommend, wie es sich gehört, gebührendermaßen, gebührenderweise, richtig, ordentlich, in Ordnung, treffend, zutreffend, schicklich, passend, angezeigt, stimmig, adäquat, gemessen, anständig
angenehm
1. wohltuend, erfreulich, willkommen, erquicklich, gut, zusagend, gefällig, annehmlich
2. → sympathisch
3. gemütlich, behaglich, wohlig, recht/gelegen sein, bequem, praktisch
angenommen
1. wenn, gesetzt den Fall, für den Fall, hypothetisch, gedachtermaßen, vorgestellt, vorausgesetzt, fiktiv, imaginär, falls, sofern, fingiert, vorgetäuscht
2. anerzogen, übernommen, erworben, angelernt, äußerlich
angepasst konform, etabliert, gleichgeschaltet, spießig, uniform, uniformiert, eingegliedert, integriert, angeglichen, in Einklang stehend
angeregt
1. → lebhaft
2. → intensiv
angesagt *ugs. für:* modern, zeitgemäß, mit der Zeit, aktuell, en vogue, up to date, im Trend, aufgeschlossen, gefragt; *ugs.:* in, trendy, trendig; *jugendsprachl.:* hip
angeschlagen
1. → erschöpft
2. → defekt
angesehen geachtet, Ansehen genießend, geschätzt, hochgeschätzt, anerkannt, einen guten Namen/Ruf habend, Geltung habend, renommiert, beleumundet, beleumdet, namhaft, einflussreich, ehrwürdig, beliebt, geehrt, bewundert, umschwärmt, populär, respektabel, ehrenhaft; *ugs.:* hoch im Kurs, gut angeschrieben
Angesicht → Gesicht
angesichts im Hinblick auf, bei, in Anbetracht/Ansehung, im Angesicht, unter Berücksichtigung, wegen, beim Anblick, in Gegenwart von, vor, gegenüber, hinsichtlich, mit Rücksicht auf, im Zusammenhang mit
angespannt
1. → kritisch
2. → intensiv
Angestellter Beschäftigter, Bediensteter, Arbeitskraft, Gehaltsempfänger, Arbeitnehmer, Mitarbeiter
angestrengt → intensiv
angetrunken → angeheitert
angewiesen sein auf → abhängen von
angewöhnen erziehen, anerziehen, beibringen, anlernen, lehren
angewöhnen, sich sich zur Gewohnheit/zu Eigen machen, sich aneignen, annehmen, zulegen, sich antrainieren
Angewohnheit → Gewohnheit
angezeigt
1. → angemessen
2. → ratsam
angleichen → anpassen
Angleichung Annäherung, Anpassung, Abstimmung, Einklang, Verschmelzung, Überführung, Übereinstimmung; *geh.:* Assimilation, Nivellierung; *abwertend:* Gleichmacherei; *geh., oft abwertend:* Uniformierung
angliedern
1. hinzufügen, anfügen, anschließen, anstückeln, anhängen, anreihen
2. einverleiben, annektieren, inkorporieren, eingemeinden, verschmelzen, sich aneignen, in Besitz nehmen, Besitz ergreifen
angliedern, sich beitreten, eintreten, Mitglied werden, sich anschließen, sich beteiligen
anglotzen → anstarren

A

angreifen
1. den Kampf beginnen, überfallen, befallen, anfallen, attackieren, losschlagen, zum Angriff übergehen, herfallen über, stürmen, anstürmen, das Feuer/die Feindseligkeiten eröffnen, offensiv werden/vorgehen, den Frieden brechen, anrennen gegen
2. kritisieren, bekämpfen, vorgehen/auftreten/Front machen/ankämpfen/zu Felde ziehen gegen, mit jmdm. (scharf) ins Gericht gehen, jmdn. anfallen/angehen, sich werfen auf, zu Leibe gehen; *ugs.:* jmdn. zerfetzen, jmdm. ans Leder gehen, an den Kragen/die Gurgel fahren
3. schwächen, schaden, die Kräfte beanspruchen, strapazieren, belasten, anstrengen, zehren, aufreiben, zersetzen, beschädigen
4. → anfassen

angrenzen anschließen, anstoßen, anrainen, anliegen, grenzen an, sich berühren mit, zusammenstoßen, in Nachbarschaft/nebenan/Haus an Haus/Tür an Tür/in unmittelbarer Nähe liegen

angrenzend benachbart, anliegend, anstoßend, anschließend, in unmittelbarer Nähe, an der Grenze, nebenan, Haus an Haus, Tür an Tür

Angriff
1. Überfall, Offensive, Sturm, Ansturm, Kampferöffnung, Attacke, Aggression, Gewaltstreich, Anschlag, Einfall, Vorstoß, Überrumpelung, Invasion, Einmarsch, Übergriff
2. Kritik, Vorwurf, Feindseligkeit, Beleidigung, Anfeindung, Ausfall, Anfall
3. in Angriff nehmen → anfangen

Angriffslust Aggressivität, Eroberungslust, Kampfbereitschaft, Zanksucht, Bissigkeit, Keckheit

angriffslustig → aggressiv

angrinsen → anlachen

Angst
1. Furcht, Beklemmung, Bange, Ängstlichkeit, Panik, Scheu, Todesangst, Furchtsamkeit, Horror, Bangigkeit, Grausen, Schreck; *ugs.:* Bammel, Fracksausen, Zähneklappern, Heidenangst, Höllenangst, Herzklopfen; *derb:* Schiss
2. Sorge, Unruhe, Besorgnis, Befürchtung, Kümmernis, Beunruhigung
3. Feigheit, Mutlosigkeit, Kleinmut ⓘ

Angst: Zwischen Horror und Zähneklappern

Die Synonyme für diesen oft unbestimmten, nicht auf einen Gegenstand bezogenen Affekt zeigen unterschiedliche Grade von *Angst* an. *Scheu* und *Bange* oder *Bangigkeit* sind weniger starke Gemütsregungen als *Grausen, Horror, Panik* oder gar *Todesangst.*
Verstärkt wird der Begriff oft auch durch Doppelungen wie *Angst und Schrecken* oder *Furcht und Angst.* Konkretisieren lässt er sich fachsprachlich durch Zusammensetzungen wie *Prüfungsangst, Flugangst* oder *Trennungsangst,* die jeweils einen Gegenstand des Affekts angeben und ihn dadurch eingrenzen.
Wörter wie *Heidenangst* oder *Höllenangst* sind dagegen allgemeine, umgangssprachliche Verstärkungen für *Angst,* wobei *Heidenangst* ursprünglich tatsächlich die Furcht der Christen vor den Heiden bezeichnete, mit denen sich die Vorstellung des Bösen verband.
Zur Umgangssprache gehören auch Ausdrücke wie *Herzklopfen* und *Zähneklappern,* die körperliche Reaktionen auf Angstgefühle wiedergeben, sowie die Begriffe *Fracksausen* und *Muffensausen. Muffe* bedeutet hier *Angst;* das *Muffensausen* gilt als nicht so stark wie das *Fracksausen.* Das ebenfalls umgangssprachliche Wort *Bammel* kommt aus dem Jiddischen, wo *baal emoh* so viel bedeutet wie »Furchtsamer«. Derb ist schließlich der Ausdruck *Schiss* für *Angst.*

Angsthase → Feigling

ängstigen verängstigen, Angst/Furcht/Schrecken einjagen/erregen, bedrohen, schrecken, erschrecken, in Angst/Furcht/Schrecken versetzen, Angst einflößen, den Teufel an die Wand malen, Panik machen, verschüchtern, einschüchtern, Angst und Bange machen, quälen

ängstigen, sich
1. Angst/Furcht haben/empfinden, sich fürchten, zittern, in Angst sein/geraten, bange (zumute) sein, beben, schaudern, erschaudern, Furcht hegen; *ugs.:* kalte Füße bekommen/haben, jmdm. rutscht das Herz in die Hose, eine Heidenangst/einen Horror haben, Blut und Wasser schwitzen,

sich in die Hosen/ins Hemd machen, bibbern; *derb:* Schiss haben, die Hosen gestrichen voll haben, jmdm. geht der Arsch auf Grundeis
2. sich ängstigen um → sorgen, sich

ängstlich
1. furchtsam, scheu, unsicher, angstvoll, bang, bänglich, schreckhaft, verängstigt, angsterfüllt, angstverzerrt, schüchtern, beklommen, eingeschüchtert, verschreckt, zaghaft, aufgeregt, sorgenvoll, besorgt, unruhig, nervös
2. sorgsam, gewissenhaft, sorgfältig, peinlich/übertrieben genau, vorsichtig, penibel, akkurat
3. feige, mutlos, schwachherzig; *ugs.:* zittrig, hasenfüßig, schlottrig

Angsttraum Alb, Albdruck, Albdrücken, Albtraum, Nachtmahr

angucken → anschauen

anhaben
1. → tragen
2. jmdm. etwas anhaben → schaden

anhaften behaftet/belastet sein mit, innewohnen, gehören zu, eigen sein, eignen, zukommen, enthalten, einschließen, aufweisen, besitzen, lasten auf, nachhängen, anhängen, inhärieren

anhalten
1. zum Stehen/Stillstand bringen/kommen, stoppen, abstoppen, halten, stehen bleiben, Halt machen, bremsen, parken, abstellen, stocken, aussetzen, einstellen, einhalten, innehalten
2. → andauern

anhalten, sich → festhalten, sich

anhaltend → dauernd

anhalten um sich bemühen um, den Hof machen, werben/freien um, umwerben, einen Antrag/Heiratsantrag machen, ansuchen, sich bewerben um, Brautschau halten, auf Brautschau gehen, sich eine Frau suchen, heiraten wollen; *ugs.:* auf die Freiersfüßen gehen, nachlaufen

anhalten zu mahnen, ermahnen, veranlassen, dazu bringen, auffordern, einschärfen, einprägen, antreiben, zureden, bewegen, anregen, bestimmen, den Anstoß geben, anordnen, auftragen, befehlen, bitten

Anhalter Tramper, Hitchhiker, Autostopper

Anhaltspunkt Hinweis, Zeichen, Anzeichen, Indiz, Symptom, Anknüpfungspunkt, Orientierungshilfe, Fingerzeig

Anhang
1. Ergänzung, Zusatz, Anfügung, Beilage, Appendix, Anhängsel, Zugabe, Nachtrag
2. Gefolge, Gefolgschaft, Anhängerschaft, Jüngerschaft, Gefolgsmänner, Mitstreiter, Getreue, Begleitung
3. Familie, Sippschaft, Familienkreis, Sippe, Verwandtschaft, Angehörige; *ugs.:* Mischpoke, Clan
4. Freunde, Freundeskreis, Kumpanen, Bekanntschaft, Bekanntenkreis; *ugs.:* Bande
5. Fanclub, Fangemeinde

anhängen
1. befestigen, anbringen, anstecken, anheften, annageln, verankern, ankuppeln, ankoppeln, verbinden, zusammenfügen, aneinanderfügen, zusammenbringen; *ugs.:* anmachen
2. anfügen, hinzufügen, ergänzen, anschließen, beifügen, angliedern, beigeben, nachtragen, anreihen, beiordnen, erweitern
3. → anhaften
4. Anhänger sein von, folgen, ergeben sein, verbunden sein, treuergeben sein, treu verbunden sein, sich verbunden/sich zugehörig fühlen; *ugs.:* Fan sein von
5. → verleumden
6. → verdächtigen

anhängen, sich → anschließen, sich

Anhänger
1. Schild, Aufhänger, Anhängsel, Anhängeschild, Anhängeadresse, Etikett
2. Mitstreiter, Mitläufer, Gefolgsmann, Jünger, Fan, Freak, Zuschauer, Parteigänger, Parteigenosse, Getreuer, Sympathisant, Schüler, Verehrer, Gefolgschaft, Vasall, Groupie (Popstar), Helfer, Fanatiker, Schwärmer, Jasager, Linientreuer, Freund, Kamerad, Kumpan, Fußvolk, Satellit, Trabant
3. Beiwagen, Hänger ⓘ

anhängig schwebend, unerledigt, offen, in der Schwebe, unentschieden, ausstehend, unabgeschlossen, im Raum stehend; *schweiz.:* pendent, hängig

anhänglich treu, ergeben, beständig, folgsam, loyal; *abwertend:* wie eine Klette; *ugs.:* klebrig

anhauen
1. → beschädigen
2. → ansprechen

anhauen, sich → verletzen, sich

anhauen um → bitten

A

Fans und andere Anhänger

Die Synonyme für *Anhänger* geben verschiedene Stufen von Anhänglichkeit an und enthalten auch Wertungen. *Freund, Kamerad, Gefolgsmann* und *Helfer* sind neutrale Begriffe. Auch *Mitstreiter* ist ein neutraler Ausdruck für jemanden, der für eine gemeinsame Sache eintritt. Das Wort *Mitläufer* hat dagegen einen negativen Beigeschmack, denn es suggeriert das Ja-Sagen zu einer Sache, ohne sich über deren Sinn oder Konsequenzen Gedanken zu machen. Prägend ist dafür gewesen, dass es bei der Aufarbeitung der Nazi-Diktatur in Deutschland nach 1945 die Kategorie *Mitläufer* zur Einstufung der Verstrickung in das System gab.
Die aus der Astronomie entlehnten Begriffe *Satellit* und *Trabant* zielen auf Anhängerschaft im Sinn des fremdbestimmten Umkreisens eines (gedanklichen) Zentrums. Auch die Beschreibung *Jasager* enthält ein Moment unüberlegter Zustimmung. Das aus dem mittelalterlichen Lehnsrecht stammende Wort *Vasall* charakterisiert den *Anhänger* negativ als Befehlsempfänger. Ein *Anhänger* im politischen Zusammenhang ist ein *Parteigänger* oder *Parteigenosse,* wobei Letzteres gleichzeitig impliziert, dass der Betreffende auch Mitglied der Partei ist, für die er eintritt.
Ein *Schwärmer* ist jemand, der bei seinem Tun die Wirklichkeit aus den Augen verliert. Das gilt in gesteigertem Maß für den *Fanatiker,* der vollkommen rücksichtslos für etwas eintritt.
Schüler zielt darauf, dass jemand den Lehren eines anderen folgt. Im gleichen Sinn wird das aus der Bibel kommende Wort *Jünger* verwendet, das in der Alltagssprache jedoch meist ironisch gemeint ist.
Aus dem Show- und Sportbereich stammt das Wort *Fan,* das umgangssprachlich allgemein im Zusammenhang mit persönlichen Vorlieben gebraucht wird. *Freak* bezeichnet eine intensivierte Form solcher Anhängerschaft.

anhäufen sammeln, ansammeln, zusammentragen, zusammenbringen, scheffeln, aufhäufen, horten, kumulieren, akkumulieren, sparen, ansparen, ein Konto anlegen, mehren, aufheben, stapeln, speichern, aufspeichern, auftürmen, agglomerieren, zurücklegen, weglegen, beiseitelegen, beiseitebringen, lagern, bewahren, aufbewahren; *ugs.:* hamstern

anhäufen, sich sich ansammeln, immer mehr werden, sich stauen, sich aufstauen, sich anstauen, zusammenkommen, sich aufspeichern, sich ballen, sich zusammenballen, sich stapeln, sich mehren, sich summieren, sich steigern, zunehmen, wachsen, anschwellen, sich vervielfachen

Anhäufung → Ansammlung

anheben
1. lupfen, anlupfen, hochheben, hochwuchten, lüften, emporheben; *ugs.:* lüpfen, anlüpfen
2. → anfangen
3. → steigern
4. → verteuern

anheimelnd vertraut, gemütlich, heimisch, heimelig, traulich, behaglich, wohlig, lauschig; *ugs.:* kuschelig

anheimfallen → zufallen

anheimgeben → anvertrauen

anheimstellen überlassen, freistellen, anheimgeben, in jmds. Ermessen stellen, freie Hand/jmdn. selbst entscheiden lassen, jmdm. etwas vorbehalten

anheizen
1. entzünden, zum Brennen bringen, Feuer legen, schüren, anschüren, anzünden, anbrennen, anstecken, anfeuern, in Brand stecken/setzen, entfachen, einheizen; *landsch.:* gokeln, kokeln
2. zu einem Höhepunkt treiben, steigern, aufwiegeln, ankurbeln, anstacheln, anspornen, aufputschen, fanatisieren, in Schwung bringen; *ugs.:* Dampf machen, Dampf hinter etwas setzen, Öl ins Feuer gießen

anherrschen → anbrüllen

anheuern heuern, anwerben, anmustern, anstellen, einstellen, annehmen, in Arbeit/Dienst nehmen

anhimmeln → anbeten

Anhöhe → Hügel

anhören
1. eingehen auf, sein Ohr/Gehör schenken/leihen, ein offenes Ohr haben für
2. zuhören, hinhören, horchen, lauschen, die Ohren offenhalten/spitzen, an den Lippen hängen, aufmerksam/ganz Ohr sein

anhören, sich klingen, wirken, einen Eindruck machen/hervorrufen, den

Anschein haben, sich ausnehmen

animalisch triebhaft, tierisch, kreatürlich

Animation

1. Unterhaltung, Unterhaltungsprogramm, Freizeitprogramm, Freizeitgestaltung (Urlaub)

2. Computeranimation, computererzeugte Bildsequenz

animieren → anregen

ankämpfen etwas bekämpfen, Widerstand entgegensetzen/leisten, angehen/vorgehen/Maßnahmen ergreifen/Schritte einleiten/Front machen/zu Felde ziehen/anstürmen/anrennen gegen, begegnen, entgegenwirken, entgegentreten, hindern, vereiteln

Ankauf → Kauf

ankaufen → kaufen

ankern → anlegen

Anklage → Klage

anklagen

1. beschuldigen, anschuldigen, bezichtigen, belasten, zur Last legen, Beschuldigungen vorbringen/ausstoßen, Angriffe richten gegen, anprangern, verdächtigen, zeihen, jmdm. die Schuld geben, jmdn. verantwortlich machen für/zur Rechenschaft/Verantwortung ziehen; *ugs.:* jmdm. die Schuld in die Schuhe schieben

2. anzeigen, klagen, verklagen, Anklage erheben, Klage führen gegen, vor Gericht gehen/laden, vor den Richter fordern, in Anklagezustand versetzen, auf die Anklagebank bringen, gerichtlich belangen, den Rechtsweg beschreiten, das Gesetz anrufen, einen Prozess anstrengen/führen gegen, jmdm. den Prozess machen, prozessieren, Anzeige erstatten; *ugs.:* ans Messer liefern, vor Gericht ziehen, einen Prozess an den Hals hängen, vor den Kadi bringen

Ankläger Staatsanwalt, öffentlicher Ankläger; *Rechtsw.:* Anklagevertreter, Prosekutor; *veraltet:* Inkulpant

anklammern festklammern, befestigen, anstecken, anheften, anbringen

anklammern, sich → festhalten, sich

Anklang

1. → Anflug

2. Ähnlichkeit, Verwandtschaft, Parallelität, Entsprechung, Analogie, Affinität

3. Echo, Beifall, Anerkennung, Zustimmung, Resonanz, Gefallen, Wertschätzung, Gunst, Lob, Würdigung, Zuspruch, Aufnahme, Applaus, Bewunderung, Verständnis, Billigung, Geltung

Anklang finden → gefallen

ankleben

1. anleimen, festkleben, aufkleben, befestigen, anbringen, anmachen; *österr.:* anpicken, aufpicken; *ugs.:* anpappen, anklatschen

2. kleben bleiben, anhaften

ankleiden → anziehen

Ankleideraum → Garderobe

anklicken *EDV:* klicken, draufklicken, per/durch Mausklick anwählen, mit der Maus anwählen

anklingeln → anrufen

anklingen hörbar/sichtbar/spürbar sein, sich andeuten, mitschwingen, mitklingen, mit hereinspielen/hereinkommen, durchschimmern, sich ankündigen, sich kundtun, sich abzeichnen

anklingen an erinnern, gemahnen, heraufrufen, gleichen, ähneln, sich berühren, übereinstimmen, sich decken, gemein haben, korrespondieren, sich entsprechen, Erinnerungen wecken

anklingen lassen → andeuten

anklopfen

1. an die Türe pochen/klopfen, anpochen

2. → fragen

anknabbern anbeißen, nagen, annagen, anessen, anfressen, knabbern; *ugs.:* knuspern; *landsch.:* knuppern, knaupeln

anknipsen → einschalten

anknüpfen

1. festbinden, anschnüren, anleinen, anseilen, binden an, festmachen, befestigen; *ugs.:* anmachen

2. sich beziehen auf, anschließen, Bezug nehmen, zurückkommen, aufgreifen, aufnehmen, ausgehen von, eingehen auf, fortsetzen, weiterführen, fortfahren mit

3. beginnen (Beziehungen), aufnehmen, anbahnen, in die Wege leiten, einleiten, einfädeln, anfangen, anspinnen, Fühlung nehmen, Initiative ergreifen, anzetteln

ankommen

1. eintreffen, das Ziel erreichen, anlangen, kommen, sich einfinden, sich einstellen, landen, einlaufen; *ugs.:* anrollen, auftauchen, eintrudeln

2. sich nähern, herankommen, nahen, zukommen auf

3. sich wenden an, befallen, angehen, ansprechen um, herantreten, behelligen, belästigen
4. unterkommen, eine Stelle finden/bekommen/kriegen als, Anstellung finden, aufgenommen werden
5. → gefallen
6. → überfallen
7. **nicht ankommen** kein Gehör/Verständnis finden, Misserfolg haben, durchfallen, Schiffbruch erleiden, erfolglos sein, missfallen, abblitzen

ankommen auf
1. wichtig/von Bedeutung sein, abhängen von, sich handeln/drehen um, etwas steht/liegt bei jmdm.
2. **es ankommen lassen auf** abwarten, auf sich zukommen lassen, wagen, riskieren, das Herz/den Mut haben

ankommen gegen
1. → durchsetzen, sich
2. **nicht ankommen gegen** → unterliegen

ankotzen → anekeln

ankreiden → übelnehmen

ankreuzen anstreichen, zeichnen, abzeichnen, abhaken, markieren, hervorheben, kennzeichnen, kenntlich/ein Zeichen machen, ein Kreuz setzen

ankündigen
1. anmelden, ansagen, ankünden, bekanntgeben, bekanntmachen, mitteilen, kundtun, verlautbaren, verkünden, Kenntnis geben, kundgeben, wissen lassen, Mitteilung machen/erstatten, Nachricht/Bescheid geben, in Umlauf setzen, anschlagen, aufmerksam machen auf, avisieren, annoncieren, unterrichten

ankündigen: Von avisieren bis visualisieren

Für das Wort *ankündigen* gibt es eine Vielzahl fremdsprachlicher Synonyme, die den deutschen Begriff in speziellen Bereichen und Zusammenhängen besonders treffend ersetzen können.
Wird die Ankunft eines Gastes in einem Hotel *avisiert,* bedeutet dies, dass sein Eintreffen dort angekündigt wird. Ebenso kann die Zustellung einer Warenlieferung *avisiert* werden. Zumeist erfolgen diese Ankündigungen in schriftlicher Form. Eine Ankündigung kann auch in Form einer Annonce in einer Zeitung oder Zeitschrift erfolgen. Das bevorstehende Ereignis wie z. B. die Veröffentlichung eines Buches wird dort *annonciert.* In bestimmten Bereichen werden deutliche Signale eingesetzt, um etwas *anzukündigen.* An einem Bahnübergang *signalisieren* z. B. rote Lichter das Kommen eines Zuges. *Signalisiert* dagegen jemand in einem Gespräch etwa Kompromissbereischaft, so ist der Kompromiss für ihn noch nicht gefunden, er deutet jedoch die Möglichkeit einer Kompromissfindung an.

2. anzeigen, Vorbote/Zeichen/Anzeichen sein für, schließen lassen auf, signalisieren, hindeuten auf, bedeuten, vorhersagen, androhen, in Aussicht stellen ⓘ

ankündigen, sich sich abzeichnen, sich andeuten, bevorstehen, sich anbahnen, sich bemerkbar machen, sichtbar werden, aufziehen, herannahen, heraufkommen, sich anmelden; *ugs.:* sich zusammenbrauen, seine Schatten vorauswerfen

Ankunft
1. das Eintreffen/Ankommen/Einlaufen/Kommen, Landung, Anreise, Erscheinen
2. Geburt, Niederkunft, freudiges Ereignis, Entbindung, Partus

ankurbeln beleben, vorantreiben, aktivieren, auffrischen, in Schwung/Gang/Bewegung bringen, anstacheln, verstärken, anregen, anspornen, antreiben, anheizen, intensivieren, forcieren, nachhelfen, fördern; *ugs.:* Dampf machen

anlachen
1. anstrahlen, anlächeln, anschmunzeln, zulachen, zulächeln; *ugs.:* angrinsen
2. **sich jmdn. anlachen** anbändeln, anbinden mit, schäkern, flirten, tändeln

Anlage
1. Plan, Entwurf, Bau, Aufbau, Gliederung, Struktur, Anordnung, Gestaltung, Zusammenstellung, Komposition, Einteilung, Gefüge, Organisation, Konstruktion, Beschaffenheit
2. Einrichtung, Errichtung, das Anlegen
3. Investition, Kapitalanlage, Geldanlage, Investierung
4. Beilage, Inliegendes, Zugabe, Beigefügtes
5. Anpflanzung, Park, Grünfläche, Garten
6. Fabrik, Werk, Betrieb, Unternehmen, Komplex
7. Apparat, Vorrichtung, Apparatur
8. Neigung, Veranlagung,

Gen, Disposition, Empfänglichkeit, Konstitution, Charakter, Anfälligkeit, Art, Artung, Beschaffenheit, Wesen, Wesensart, Temperament, Natur, Naturell, Typ
9. → Fähigkeit

anlangen
1. → anfassen
2. → ankommen
3. betreffen, angehen, anbelangen, sich handeln um, gehen um, sich drehen um, zusammenhängen, berühren, zu tun haben mit, sich beziehen auf, tangieren, Bezug haben auf

Anlass
1. Grund, Ursache, Anstoß, Motiv, Wurzel, Veranlassung, Beweggrund, Hintergrund, Impuls, Antrieb, Warum, Bedingung, Triebfeder, Grundlage, Entstehung, Einstieg, Legitimation, Aufhänger
2. Gelegenheit, besonderes Ereignis
3. aus Anlass → anlässlich

anlassen
1. in Gang/Betrieb/Bewegung setzen, anwerfen, starten, den Motor anlaufen lassen, ankurbeln, flottmachen, anstellen, in Betrieb nehmen, einschalten, anschalten, aufdrehen, einstellen; *ugs.:* anmachen
2. anbehalten (Kleider), nicht ausziehen/ablegen
3. eingeschaltet/brennen lassen

anlassen, sich → anfangen

anlässlich aus Anlass, zu, bei, wegen, gelegentlich, bei Gelegenheit, aufgrund, infolge, ob, dank, weil

anlasten zur Last legen, belasten, aufbürden, aufladen, auflegen, auferlegen, nachtragen, verargen, ankreiden, verübeln, beschuldigen, anschuldigen, die Schuld geben, jmdn. für etwas verantwortlich machen, bezichtigen; *ugs.:* aufbuckeln, aufbrummen, aufpelzen, aufhängen, aufhalsen, die Schuld in die Schuhe schieben, aufs Brot schmieren

anlaufen
1. anspringen, starten, zu laufen beginnen, sich in Bewegung setzen
2. → anfangen
3. einfahren, einlaufen, sich zum Ziel nehmen, ansegeln, ansteuern, zusteuern/Kurs nehmen auf
4. beschlagen, sich beziehen, sich überziehen, seinen Glanz verlieren, feucht werden, schwitzen, belaufen, sich bedecken
5. sich vergrößern (Schulden), sich summieren, zunehmen, anschwellen, sich vermehren, anwachsen, ansteigen, sich erhöhen, sich anhäufen
6. sich verfärben, rot werden, Farbe annehmen

anlegen
1. festmachen (Schiff), landen, ankern, vor Anker gehen, den Anker werfen/auswerfen
2. → anziehen
3. schaffen, einrichten, errichten, gestalten, ausführen, erstellen, aufbauen, erbauen, gründen, bilden, installieren, anordnen
4. investieren, aufwenden, verausgaben, festlegen, platzieren, zur Verfügung stellen; *ugs.:* Geld in etwas stecken/reinstecken
5. bezahlen, ausgeben; *ugs.:* lockermachen, springen lassen, loseisen
6. anlehnen, ansetzen, lehnen/stellen/stützen/legen gegen
7. anheften, annadeln, anstecken, befestigen, umhängen (Kette); *ugs.:* anmachen, antun
8. an die Kette legen, anketten, anbinden, anschließen, anseilen
9. zielen, anvisieren, anschlagen, aufs Korn nehmen, richten auf
10. es anlegen auf → abzielen auf
11. sich anlegen mit zu streiten anfangen, einen Streit vom Zaune brechen, Streit/Händel suchen, anbändeln mit, sich streiten, aneinandergeraten

Anleger
1. Kapitalanleger, Geldanleger, Finanzanleger; *Wirtsch.:* Investor
2. Anlegestelle, Anlegeplatz, Ankerplatz, Kai, Mole, Dock, Pier

anlehnen stützen/lehnen/stellen gegen, anlegen, ansetzen, anstellen

anlehnen, sich
1. sich stützen gegen, sich anschmiegen
2. sich stützen/beziehen/verlassen/berufen auf, sich halten an, folgen, → nachahmen

anlehnungsbedürftig liebebedürftig, anschmiegsam, Schutz suchend, unsicher, hilflos

Anleihe Kredit, Darlehen, Schuldverschreibung, Wertpapier; *schweiz.:* Darleihen

anleimen → ankleben

anleiten unterweisen, anweisen, einweisen, briefen, lehren, leiten, zeigen, einführen, anlernen, beraten, einarbeiten, unterrichten, Anleitung geben, ausbilden, Kenntnisse vermitteln, vertraut machen mit, instruieren, beibringen, schulen, vorbereiten; *ugs.:* an die Hand nehmen

Anleitung → Anweisung

anlernen → anleiten

anliegen

1. anschließen, sich anschmiegen, passen, wie angegossen sitzen, (wie) nach Maß

2. → angrenzen

Anliegen

1. Wunsch, Bitte, Wollen, Bedürfnis, Verlangen, Ersuchen, Ansuchen, Gesuch, Begehren

2. **ein Anliegen haben** etwas auf dem Herzen haben, einen Wunsch hegen, sich wünschen, begehren, etwas wollen, erbitten

anliegend

1. → anbei

2. → angrenzend

Anlieger Anwohner, Anrainer

anlocken

1. anziehen, für sich einnehmen, begeistern, attraktiv sein, heranlocken, reizen, verleiten, verführen, in Versuchung führen

2. ködern, anludern, ankirren

3. → werben

anlügen → lügen

anmachen

1. → befestigen

2. → anhängen

3. einschalten, anknipsen, andrehen, anschalten, in Gang setzen, anlassen

4. zubereiten, anrichten, vorbereiten, zurichten, herrichten, anfertigen

5. → anfeuern

6. anbändeln, flirten, kennenlernen, sich heranmachen

7. → anpöbeln

8. → reizen

anmailen eine E-Mail schicken/schreiben/senden, mailen, e-mailen

anmalen bemalen, übermalen, färben, Farbe geben, bestreichen, anzeichnen, anstreichen, anpinseln, bepinseln, tünchen, mit Farbe versehen

anmalen, sich → schminken, sich

anmaßen, sich in Anspruch nehmen, geltend machen, Anspruch erheben, sich ausbedingen, zur Bedingung machen, sich unterstehen, wagen, sich erkühnen, sich vermessen, sich erdreisten, die Kühnheit/Vermessenheit/Dreistigkeit/Stirn/Frechheit besitzen, sich erlauben, sich nicht scheuen, nicht zurückschrecken, sich herausnehmen, sich die Freiheit nehmen, sich erkecken, sich erfrechen, sich versteigen zu, sich leisten; *ugs.:* sich nicht entblöden

anmaßend überheblich, arrogant, vermessen, unbescheiden, hochmütig, dünkelhaft, süffisant, prätentiös, frech, großspurig, selbstgefällig, selbstherrlich, hoffärtig, herablassend, blasiert; *geh.:* präpotent; *ugs.:* hochnäsig, aufgeblasen

anmelden

1. → ankündigen

2. → beanspruchen

3. *EDV:* einloggen

anmelden, sich

1. sich ansagen, sich ankündigen, sich einschreiben, sich eintragen, sich registrieren lassen, sich melden

2. → ankündigen, sich

anmerken

1. jmdm. etwas ansehen, an jmdm. feststellen/bemerken/spüren/registrieren/erkennen/beobachten/konstatieren/wahrnehmen, ablesen, auffallen; *ugs.:* an der Nasenspitze ablesen, an der Nase ansehen

2. → erwähnen

3. **sich nichts anmerken lassen** → beherrschen, sich

Anmerkung

1. Fußnote, Fußbemerkung, Vermerk, Zusatz, Notiz, Ergänzung, Zwischenbemerkung, Randbemerkung, Glosse, Marginale, Erklärung

2. Bemerkung, Hinweis, Äußerung, Kommentar, Feststellung, Zwischenruf, Einwurf, Auslassung

anmontieren → befestigen

anmotzen → schimpfen

Anmut Liebreiz, Grazie, Charme, Reiz, Zauber, Zartheit, Lieblichkeit, Feinheit

anmuten → ausschauen

anmutig

1. → graziös

2. → charmant

annageln → befestigen

annähern ähnlich machen, anpassen, angleichen, aufeinander abstimmen/einstellen, einen Ausgleich schaffen

annähern, sich sich näherkommen, sich entgegenkommen, zukommen auf, Verbindung/Kontakt/Beziehungen aufnehmen, ins Gespräch kommen, das Eis brechen, Fühlung nehmen

annähernd ungefähr, fast, rund, zirka, ca., gegen, annäherungsweise, schätzungsweise, etwa, beinahe, um, vielleicht, überschlägig, pauschal, sagen wir, an die, nahezu, einigermaßen, bei, ziemlich, nach Augenmaß, abgerundet, bald, eventuell, möglicherweise; *österr.:* beiläufig; *ugs.:* über den Daumen gepeilt, um … herum, so; *geh.:* präterpropter

Annahme
1. Empfang, Entgegennahme, Übernahme, Erhalt
2. Billigung, Zustimmung, Einwilligung, Einverständnis, Befürwortung
3. Vermutung, Ansicht, Meinung, Mutmaßung, Verdacht, Behauptung, Unterstellung, These, Hypothese, Anschauung, Auffassung, Vorstellung, Spekulation, Fiktion
4. Aufnahme, Annahmestelle
5. Anstellung, Einstellung
6. → Voraussetzung

Annalen → Chronik

annehmbar zufriedenstellend, befriedigend, akzeptabel, passabel, ausreichend, leidlich, geeignet, vertretbar, zusagend, vernünftig, tragbar, verwendbar, brauchbar, tauglich, dienlich, passend

annehmen
1. entgegennehmen, empfangen, in Empfang nehmen, sich schenken lassen, an sich nehmen, erhalten
2. → akzeptieren
3. vermuten, glauben, für möglich/wahrscheinlich halten, voraussetzen, unterstellen, den Fall setzen, zugrunde legen, schätzen, ausgehen von, als selbstverständlich ansehen/betrachten, meinen, denken, fingieren, tun als ob, sich vorstellen, der Meinung/Ansicht sein; *ugs.:* tippen
4. aufnehmen, anstellen, einstellen, Aufnahme gewähren, engagieren, verpflichten, in Dienst/Arbeit nehmen
5. an sich ziehen, aufsaugen, eindringen/haften lassen (Geruch)
6. sich angewöhnen, sich eine Gewohnheit zulegen, sich aneignen, sich zu Eigen machen
7. sich jmdm./etwas annehmen sich kümmern um, eintreten für, einer Sache das Wort reden, sich einsetzen für, sich widmen, sich engagieren, plädieren für, Partei ergreifen/sorgen für, jmdm. beispringen, jmdn. in Schutz nehmen, betreuen

annektieren sich (gewaltsam) aneignen, sich einverleiben, in Besitz nehmen/bringen, Besitz ergreifen von, an sich bringen, sich zu Eigen machen, sich bemächtigen, an sich reißen, nehmen, einnehmen, angliedern, anschließen, usurpieren, wegnehmen

Annonce → Anzeige

annoncieren inserieren, eine Anzeige/Annonce/ein Inserat aufgeben, bekanntmachen, bekanntgeben, anzeigen, in die Zeitung setzen, werben, anbieten, eine Anzeige schalten

annullieren für ungültig/nichtig erklären, rückgängig machen, aufheben, auflösen, außer Kraft setzen, absagen, abschaffen, zurücknehmen, zurückziehen, zurücktreten von, sich lossagen, streichen, tilgen

Annullierung Aufhebung, Außerkraftsetzung, Auflösung, Aberkennung, Zurücknahme, Beseitigung, Streichung, Entfernung, Abschaffung; *geh.:* Eliminierung; *Wirtsch.:* Stornierung

anöden langweilen, Überdruss bereiten, ermüden, einschläfern, abstumpfen, lästig fallen; *ugs.:* anlaschen

anomal anormal, abnorm, abartig, abweichend, normwidrig, regelwidrig, pervers, fremdartig, anders, unüblich, atypisch, ungewöhnlich, unnormal, krankhaft, verrückt, absonderlich, irregulär, unnatürlich, naturwidrig, denaturiert; *österr.:* abnormal

anonym
1. ungenannt, ohne Namensnennung, namenlos, ohne Angabe des Namens, unbekannt, inkognito, unter einem Pseudonym/Decknamen, unter falschem/fremdem Namen
2. kalt, unpersönlich, fremd, seelenlos
3. steif, offiziell, amtlich, förmlich
4. → geheim

anordnen
1. verfügen, erlassen, bestimmen, veranlassen, diktieren, anweisen, verordnen, verschreiben, vorschreiben, befehlen, reglementieren, administrieren, festlegen, Auftrag/Anweisung/Befehl/Order/ein Kommando geben, beordern, gebieten, heißen, eine Anordnung/Verfügung treffen, Auflage erteilen, auftragen, auferlegen, aufgeben, kommandieren; *österr.:* anschaffen; *schweiz.:* überbinden
2. aufstellen, aufbauen, komponieren, arrangieren, gruppieren, anlegen,

zusammenstellen, zusammensetzen, in eine bestimmte Ordnung/Reihenfolge bringen, reihen, einteilen, gliedern, ordnen, systematisieren, strukturieren, staffeln, einrichten, gestalten; *ugs.:* aufziehen

Anordnung
1. → Aufstellung
2. Befehl, Anweisung, Auftrag, Verordnung

anormal → anomal

anpacken
1. → anfangen
2. → handhaben
3. → helfen

anpassen abstimmen auf, in Übereinstimmung/Einklang bringen, aufeinander einstellen, einander annähern, angleichen, gleichmachen, gleichschalten, vereinheitlichen, harmonisieren, adaptieren, koordinieren mit, einstellen auf

anpassen, sich sich richten nach, sich assimilieren, sich akklimatisieren, sich gewöhnen an, sich eingewöhnen, sich einfügen, sich einordnen, sich einleben, sich eingliedern, sich integrieren, sich unterordnen, sich angleichen, heimisch/vertraut werden, Fuß fassen, sich befreunden mit, sich umstellen, einschwenken auf, mit dem Strom schwimmen, konformgehen, gleichziehen; *ugs.:* seine Fahne nach dem Wind drehen, die Farbe wechseln, warmwerden mit

anpassungsfähig schmiegsam, anschmiegsam, flexibel, geschmeidig, elastisch, nachgiebig; *abwertend:* rückgratlos, ohne Rückgrat

anpeilen
1. anvisieren, einen Richtpunkt nehmen, zielen auf
2. den Blick richten auf, anschauen, ansehen, anstarren, fixieren, ins Auge fassen, aufs Korn nehmen

Anpfiff
1. Startzeichen, Spielbeginn
2. → Tadel

anpflanzen pflanzen, einpflanzen, anbauen, bebauen, setzen, einsetzen, stecken, säen

anpflaumen
1. → necken
2. → beanstanden

anpinseln → anmalen

anpinseln, sich → schminken, sich

anpöbeln *ugs. für:* belästigen, behelligen, aufdringlich sein/werden, bedrängen, ansprechen, anreden, beleidigen; *ugs.:* anmachen, anhauen, anquatschen

Anprall Stoß, Anstoß, Aufprall, Aufschlag, Zusammenstoß, Zusammenprall, Kollision

anprallen → anstoßen

anprangern tadeln, anklagen, bloßstellen, an den Pranger stellen, brandmarken, geißeln, desavouieren, angreifen, maßregeln, der Kritik aussetzen, zum Gespött machen, blamieren, eine Blöße geben, beschämen, lächerlich machen, verpönen; *ugs.:* verreißen

anpreisen
1. → empfehlen
2. → anbieten

anprobieren eine Anprobe machen, probieren, anpassen

anpumpen
1. → leihen
2. → betteln

anquatschen → ansprechen

Anrainer Anlieger, Anwohner, Nachbar, Grundstücksnachbar, Bewohner, Einwohner; *schweiz.:* Anstößer

anraten → raten

anrechnen
1. berechnen, in Rechnung stellen, veranschlagen, einkalkulieren
2. verrechnen, aufrechnen, mit in Zahlung nehmen, gutschreiben, berücksichtigen, einbeziehen, beachten
3. zugutehalten, bewerten, anerkennen, honorieren, loben, respektieren, achten, würdigen, in Betracht ziehen, nicht vergessen, bedenken

Anrecht
1. Anspruch, Recht, Berechtigung, Forderung
2. **ein Anrecht haben auf** → zustehen

Anrede Titel, Bezeichnung, Titulierung, Betitelung, Benennung

anreden → ansprechen

anregen
1. den Anstoß/Impuls/Ansporn geben zu, eine Anregung geben, empfehlen, anempfehlen, einen Vorschlag machen, vorschlagen, raten, anraten, einen Plan unterbreiten, ermuntern, inspirieren, veranlassen, anspornen, anreizen, antreiben, anstoßen, anfeuern, anstacheln, anfachen, Auftrieb geben, initiieren, animieren, stimulieren, aufpeitschen, nachhelfen, vorwärtstreiben, in Gang bringen, motivieren zu, aufrütteln, entflammen, entzünden, puschen, beflügeln, befruchten, encouragieren, ermutigen, Mut machen, begeistern

für; *ugs.:* einheizen, jmdm. Dampf/Beine machen, Tempo machen
2. verursachen, beeinflussen, verführen, verleiten, überreden
3. beleben, aufmuntern, auffrischen, in Stimmung/Schwung bringen, aktivieren; *ugs.:* aufpulvern, aufmöbeln, aufputschen, auf Trab/Touren/in Fahrt bringen, anturnen

anregend
1. belebend, stimulierend, aufputschend, aufheiternd, erheiternd, erfrischend, aufmunternd
2. beflügelnd, interessant, unterhaltsam, ansprechend, spannungsreich, packend, ergreifend, lehrreich, aufschlussreich, mitreißend, instruktiv, fesselnd, geistreich, geistvoll, einfallsreich, inspirierend

Anregung
1. → Antrieb
2. → Vorschlag

Anreise
1. Hinweg, Anfahrt, Hinfahrt
2. → Ankunft

anreisen → anfahren

anreißen
1. anbrechen, zu verbrauchen/gebrauchen/verwenden beginnen, in Benutzung/Gebrauch/Verwendung nehmen, öffnen
2. anzünden, entzünden, anbrennen; *landsch.:* anreiben
3. → ansprechen

Anreiz Antrieb, Verlockung, Reiz, Zugkraft, Anziehung, Anziehungskraft, Attraktivität, Anregung, Anlass, Anstoß, Ansporn, Stimulus, Kitzel, Stimulierung, Zauber

anreizen → verführen

anrempeln → anstoßen

anrichten
1. bereiten, zubereiten, vorbereiten, zurichten, herrichten, bereitmachen, präparieren; *ugs.:* anmachen, zurechtmachen
2. die Tafel/den Tisch richten/decken, auftischen
3. anstellen, verursachen, herbeiführen, bewirken, auslösen, verschulden, mit sich bringen, Böses tun, eine Dummheit machen, zeitigen; *ugs.:* ausfressen, verbocken, falsch machen, verbrechen, auskochen, sich etwas einbrocken, sich etwas leisten

anrüchig verrufen, berüchtigt, verschrien, übel/schlecht beleumundet, von zweifelhaftem Ruf, suspekt, obskur, zweifelhaft, anstößig, fragwürdig, bedenklich, undurchsichtig, unseriös, zwielichtig, verdächtig, dubios, lichtscheu; *ugs.:* nicht ganz hasenrein/astrein/sauber, halbseiden

anrücken → kommen

anrufen
1. telefonieren, antelefonieren, anläuten, Telefonverbindung aufnehmen, sich per Telefon/Telefonat/Anruf melden; *ugs.:* anklingeln, sich ans Telefon/an die Strippe hängen
2. rufen/verlangen nach, ansuchen, bitten, flehen, anflehen, beten (Gott)

anrühren
1. anfassen, antasten, anlangen, berühren, in die Hand nehmen, angreifen, befühlen, betasten; *ugs.:* hinlangen, befingern, befummeln, betatschen, begrapschen
2. → ansprechen
3. überkommen, ergreifen, bewegen, nahegehen, tangieren, nicht gleichgültig lassen, rühren, zu Herzen gehen; *ugs.:* an die Nieren/unter die Haut gehen
4. anquirlen, einrühren, mischen, vermengen, durchmengen, mixen

ansagen → ankündigen

Ansager Sprecher; *veraltet:* Conférencier

ansammeln → anhäufen

Ansammlung
1. Ballung, Auflauf, Zusammenlauf, Anhäufung, Zusammenrottung, Aufmarsch, Gedränge, Getümmel, Gewühl, Menge, Schar; *ugs.:* Versammlung, Haufen, Horde
2. Häufung, Aufhäufung, Speicherung, Kumulation, Akkumulation, Agglomeration, Fülle, Hortung, Vorrat
3. → Menge

ansässig wohnhaft, beheimatet, sesshaft, einheimisch, eingesessen, verwurzelt, zu Hause, ortsansässig, ortsfest, heimisch, niedergelassen, eingebürgert

Ansatz
1. Versuch, Anlauf, Anfang, Beginn, Auftakt, Start, Vorstoß
2. Keim, Entstehung, Anflug, Spur, Anklang
3. Ausgangspunkt, Idee, Approach

anschaffen käuflich erwerben, kaufen, erstehen, sich zulegen, an sich bringen, sich eindecken/versorgen mit, sich beschaffen

anschaffen gehen → prostituieren, sich

anschalten anstellen, schalten, einschalten; *österr.:* aufdrehen; *ugs.:* anknipsen, anmachen, andrehen

A

anschauen: Die Möglichkeiten, Menschen zu betrachten

Ansehen und *anblicken* haben die gleiche neutrale Bedeutung wie *anschauen*. Die anderen Synonyme differenzieren die Art des Anschauens. *Einen Blick auf etwas werfen* impliziert ebenso beiläufiges *Anschauen* wie die Formulierung *jemandem einen Blick zuwerfen*. *Betrachten* steht dagegen für Aufmerksamkeit. »Zielgerichtetes Ansehen« steckt auch in der gehobenen Wendung *jemandem einen Blick schenken*. Das Gegenteil, bewusstes Nicht-*Anschauen*, bedeutet der Ausdruck *jemanden keines Blickes würdigen*. Das Wort *besichtigen* etwa eines Museums oder eines neuen Hauses drückt zielgerichtetes oder prüfendes *Anschauen* aus.
Mustern, prüfen, begutachten und *studieren* bedeuten ebenso wie die umgangssprachliche Wendung *unter die Lupe nehmen*, dass eine Person oder ein Gegenstand mit den Augen genau untersucht wird. Das gilt auch für die aus der Jägersprache entlehnte Redensart *aufs Korn nehmen*. Sie bezieht sich auf Kimme und Korn, die Zielvorrichtung des Gewehrs.
Besondere Intensität des Betrachtens drücken Wörter aus wie *anstarren* und *fixieren* oder die allerdings abwertend gemeinten umgangssprachlichen Vokabeln *anglotzen* oder *anstieren*.
Umgangssprachlich ist auch die Wendung *Stielaugen machen/bekommen/kriegen*. Wer das tut, ist verblüfft oder überrascht von einem Anblick. Diese Redensart impliziert einen bewundernden oder auch gierigen Augenausdruck. Zur Umgangssprache gehören ebenso die Zusammensetzungen mit »-gucken«, wie zum Beispiel *angucken, begucken, hingucken, nachgucken*.

anschauen sehen, ansehen, zusehen, besehen, betrachten, anblicken, einen Blick werfen auf, beschauen, besichtigen, mustern, prüfen, in Augenschein nehmen, ins Auge fassen, den Blick richten/heften auf, beobachten, blicken auf, anstarren, jmdn. (mit Blicken) messen, jmdm. einen Blick zuwerfen/schenken, begutachten, untersuchen, sich beschäftigen/befassen mit, studieren, fixieren; *ugs.:* begucken, angucken, beäugen, anglotzen, gaffen, aufs Korn nehmen, unter die Lupe nehmen, anstieren, Stielaugen machen ⓘ

anschaulich deutlich, leicht verständlich, bildhaft, lebendig, bildlich, plastisch, sinnfällig, farbig, einprägsam, eingängig, klar, fassbar, sprechend, greifbar, konkret, lebensnah, veranschaulichend

Anschauung → Ansicht

Anschein
1. Schein, Aussehen, Eindruck, Erscheinung, Bild
2. **dem Anschein nach** → anscheinend

anscheinend dem/allem Anschein nach, offenbar, wahrscheinlich, vermutlich, sicherlich, mutmaßlich, es ist denkbar/möglich, wenn nicht alle Zeichen trügen, voraussichtlich, möglicherweise, dem Vernehmen nach, wie man hört, wie behauptet/angegeben/gesagt wird

anscheißen
1. → betrügen
2. → tadeln
3. → schimpfen

anschicken, sich gerade anfangen, im Begriff sein, ansetzen, sich zu etwas rüsten, Anstalten machen, Vorbereitungen treffen, Anlauf nehmen, einen Ansatz machen, darangehen, in Angriff nehmen, ans Werk gehen, zu tun beginnen, vorbereiten, ausholen; *ugs.:* Miene machen

Anschiss → Tadel

Anschlag
1. Anschlagen, Stoß, Aufschlag, Anprall
2. Überfall, Attentat, Attacke, Angriff, Überrumpelung, Handstreich
3. Aushang, Plakat, Bekanntmachung, Mitteilung, Information, Meldung, Bescheid, Nachricht, Benachrichtigung, Notiz, Veröffentlichung, Bekanntgabe

anschlagen
1. angeben, erklingen lassen, anstimmen (Ton)
2. anstoßen, sich verletzen, prallen gegen; *ugs.:* anhauen, anrempeln
3. → beschädigen
4. aushängen, plakatieren, annageln, befestigen, anbringen
5. anstechen, anzapfen
6. wirken, Erfolg haben, erfolgreich/wirksam sein, Wirkung zeigen/zeitigen, zur Geltung kommen, Effekt haben
7. bellen, kläffen, Laut geben

Anschlagsäule Plakatsäule, Litfaßsäule

anschleichen, sich sich unbemerkt nähern, sich anpirschen, beschleichen, sich heranschleichen

anschließen
1. eine Verbindung herstellen, anbringen, anreihen, anbinden, anlegen, angliedern, befestigen, verschmelzen, vereinen
2. angrenzen, anstoßen, anrainen, anliegen, grenzen an, sich berühren mit
3. folgen lassen, anzufügen, hinzufügen, beigeben
4. aufgreifen, aufnehmen, anknüpfen an

anschließen, sich
1. beitreten, Mitglied werden, eintreten
2. Verbindung knüpfen, Beziehung/Kontakt herstellen, sich zugesellen, sich beigesellen, sich anhängen, sich hinzudrängen, sich aufdrängen, mitgehen, begleiten, Gesellschaft leisten, sich befreunden, sich anfreunden, sich verbinden

anschließend darauf, danach, nachher, nachfolgend, nachdem, nachmals, im Anschluss daran, alsdann, dann, sodann, hiernach, hernach, hinterher, später, im Nachhinein, sonach, hieran; *österr.:* hintnach, hintennach

Anschluss
1. Verbindung, Kontakt, Berührung, Annäherung, Kommunikation, Fühlungnahme, Bekanntschaft, Beziehungen
2. Eingliederung, Angliederung, Annexion, Annektierung, Inkorporation, Besitzergreifung, Besitznahme, Einverleibung, Okkupation
3. **im Anschluss an** → nach

anschmiegen, sich
1. sich ankuscheln, sich andrücken, sich anlehnen
2. anliegen, passen, wie angegossen sitzen, (wie) nach Maß

anschmiegsam
1. geschmeidig, biegsam, nachgiebig, flexibel, anpassungsfähig, elastisch, weich
2. zutraulich, zugetan
3. anlehnungsdürftig, liebebedürftig

anschmieren
1. → anstreichen
2. → beschmutzen
3. → betrügen

anschnallen festschnallen, befestigen, anbinden, angurten, anseilen, festbinden

anschnauzen → anbrüllen

anschneiden → ansprechen

anschrauben → befestigen

anschreiben
1. auf Kredit geben, sich leihen, Schulden machen; *ugs.:* auf Pump geben
2. herantreten an, sich (schriftlich) wenden an, kontaktieren

anschreien → anbrüllen

Anschrift Adresse, Wohnungsangabe, Aufenthaltsort, Aufschrift

anschuldigen beschuldigen, zur Last legen, anklagen, verdächtigen, unterstellen, unterschieben, bezichtigen, belasten

Anschuldigung Beschuldigung, Vorwurf, Belastung, Klage, Anklage, Bezichtigung, Verdächtigung

anschüren → anheizen

anschwärzen → verleumden

anschwellen
1. größer/stärker/dicker/höher/umfangreicher/fülliger werden, quellen, aufquellen, sich verdicken, schwellen, aufschwellen, sich ausdehnen, sich ausweiten, sich blähen, sich aufblähen, anwachsen, zunehmen, auftreiben, aufgehen, sich vergrößern
2. steigen, ansteigen (Wassermenge), über die Ufer treten
3. erigieren (Geschlechtsteile)

anschwemmen antreiben, anspülen, anströmen, absetzen, ablagern, an Land/ans Ufer spülen

anschwindeln → lügen

ansehen
1. → anschauen
2. → beurteilen
3. **jmdm. etwas ansehen** → anmerken

Ansehen (hohe) Meinung, Achtung, Wertschätzung, Autorität, Prestige, Einfluss, Gesicht, Geltung, Ehre, (guter) Ruf, Ruhm, Macht, Bedeutung, Rang, Stellung, Leumund, Reputation, (guter) Name, Nimbus, Würde, Größe, Renommee, Gewicht, Profil, Image, Stand, Wichtigkeit, Respekt, Anerkennung

ansehnlich beachtlich, beträchtlich, bedeutend, bemerkenswert, erheblich, stattlich, imposant, repräsentativ, eindrucksvoll, ordentlich, reichlich, nennenswert, auffällig, respektabel, üppig, enorm, groß, eminent, besonders, stark, ungeheuer, kolossal, mächtig, gewaltig, imponierend; *ugs.:* anständig, schön, ganz schön; *schweiz.:* achtenswert, artig, recht

an sein *ugs. für:* angeschaltet/eingeschaltet/angestellt/angedreht/angezündet/in Betrieb sein, brennen, leuchten, laufen, ar-

A

beiten; *ugs.:* angeknipst sein

ansetzen
1. verlängern, anbringen, anlegen, anstückeln, annähen, anfügen, anschließen, anflicken, hinzufügen, beifügen, befestigen
2. → anschicken, sich
3. festsetzen, festlegen, anberaumen, vereinbaren
4. veranschlagen, rechnen, schätzen auf, in Anschlag bringen, in Rechnung stellen, kalkulieren, überschlagen, veranlagen
5. bilden, bekommen, hervorkommen, erhalten, entwickeln, entstehen, erwachsen, aufkommen, entfalten, zeigen
6. → dick werden
7. zubereiten, anrühren, anrichten; *ugs.:* anmachen

ansetzen, sich sich ablagern, sedimentieren, einen Rückstand bilden, sich niederschlagen, sich ansammeln, hängen bleiben

ansetzen auf beauftragen, einsetzen, betrauen

an sich → schlechthin

Ansicht
1. Anschauung, Meinung, Auffassung, Vorstellung, Betrachtungsweise, Standpunkt, Standort, Perspektive, Erachten, Ermessen, Befinden, Überzeugung, Denkweise, Denkart, Sinnesart, Gesinnung, Glaube, Warte, Blickwinkel, Blickpunkt, Haltung, Ort, Urteil, Stellungnahme, Position, Dafürhalten, Schau, Sicht, Gesichtspunkt, Einstellung
2. Bild, Abbildung, Anblick, Darstellung, Illustration, Studie
3. Seite, Front

ansiedeln ansässig machen, einen Ort zuweisen/geben

ansiedeln, sich sich niederlassen, sesshaft/ansässig/heimisch werden, siedeln, sich etablieren, seinen Wohnsitz aufschlagen, Wurzeln schlagen, Fuß fassen, Wohnung nehmen, Heimat finden, wohnen; *ugs.:* sich einnisten, sich festsetzen, seine Zelte aufschlagen

Ansiedlung → Siedlung

Ansinnen Zumutung, Forderung, Verlangen, Vorschlag, Ansuchen, Ersuchen

ansonsten
1. → außerdem
2. andernfalls, widrigenfalls, gegebenenfalls, oder, beziehungsweise, im anderen Fall, sonst

anspannen
1. einschirren, anschirren, spannen, vor den Wagen spannen, einspannen, vorspannen, einjochen, ansträngen
2. straffen (Muskeln), strammen, strammziehen, straffziehen, anziehen
3. → anstrengen, sich

Anspannung
1. → Anstrengung
2. → Aufmerksamkeit

anspielen zuspielen, abspielen, abgeben, passen zu

anspielen auf eine Anspielung/Andeutung machen, einen (versteckten) Hinweis/Wink geben, andeuten, hinweisen, durchblicken/anklingen lassen, Bezug nehmen auf, jmdm. etwas bedeuten/zu verstehen geben, durch die Blume sagen; *ugs.:* antippen, antönen, stecken, mit dem Zaunpfahl winken

Anspielung
1. (versteckter) Hinweis, Fingerzeig, Andeutung, Tipp, Wink, Bemerkung
2. Stichelei, Gestichel, Spitze, Anzüglichkeit, Hieb, Bissigkeit

Ansporn
1. → Antrieb
2. **einen Ansporn geben** → anregen

anspornen → anregen

Ansprache
1. Rede, Vortrag, Referat; *ugs.:* Speech
2. → Antrieb

ansprechen
1. titulieren, mit einem Titel versehen/bezeichnen, betiteln, nennen, benennen, heißen, anreden
2. das Wort richten/herantreten an, ein Gespräch beginnen/anknüpfen, jmdn. adressieren; *ugs.:* anhauen, anquatschen, anquasseln, anschwatzen
3. anschneiden, anreißen, anrühren, anbringen, aufwerfen, aufbringen, erwähnen, zu sprechen kommen auf, das Gespräch/die Rede bringen auf, vorbringen, zur Sprache bringen, vortragen; *ugs.:* aufs Tapet bringen

ansprechen als → auffassen

ansprechen auf Wirkung zeigen, Erfolg/Effekt haben, fruchten, wirken, reagieren, erfolgreich/wirksam sein, zur Geltung kommen; *ugs.:* anschlagen, anspringen auf

ansprechen um → bitten

ansprechend
1. → sympathisch
2. → attraktiv

Anspruch
1. Recht, Anrecht, Befugnis, Berechtigung, Forderung, Anforderung, Anwartschaft
2. Verlangen, Wunsch, Postulat, Sehnsucht, Bedürfnis, Begehren, Wollen, Traum, Ambition,

anspruchsvoll: Von wählerischen Zeitgenossen

Je nach Zusammenhang kann *anspruchsvoll* positive oder negative Bedeutung haben. Einen Menschen als *anspruchsvoll* oder in einer Steigerungsform als *ganz schön anspruchsvoll* zu bezeichnen, heißt, ihn tendenziell negativ zu bewerten. Das Synonym *wählerisch* ist noch eine neutrale Charakterisierung.
Schwer zu befriedigen drückt aus, dass die Anspruchshaltung anderen Schwierigkeiten bereitet.
Anmaßend, unbescheiden und *überheblich* sind eindeutig negative Kennzeichnungen. Das gilt auch für den gehobenen Ausdruck *prätentiös,* der auch implizieren kann, dass Anspruch und Wirklichkeit nicht deckungsgleich sind.
Wird zum Beispiel ein Buch oder ein Film als *prätentiös* bewertet, sind die Ansprüche des Publikums nicht erfüllt. Das Urteil *ambitioniert* ist in diesem Fall positiver.
Eine gute Einschätzung bedeutet *anspruchsvoll,* wenn es mit *kennerhaft* oder *urteilsfähig* beziehungsweise *urteilssicher* gleichgesetzt werden kann: Bezeichnet beispielsweise ein Moderator sein Publikum als *anspruchsvoll,* so ist das als Kompliment in dem Sinn gemeint, dass er ihm die Wertschätzung eines Programms zutraut. Ein anspruchsvoller Gast in einem Restaurant kann mithin sowohl schwer zu befriedigen oder auch Kenner sein – entscheidend ist der jeweilige Kontext.
Bezeichnet man Gegenstände wie etwa eine Einrichtung oder eine Bibliothek als *anspruchsvoll,* so drückt man damit aus, dass sie *von gutem, erlesenem Geschmack* zeugen.

Ehrgeiz, Prämisse, Maßstab

anspruchslos genügsam, bescheiden, bedürfnislos, einfach, schlicht, unprätentiös, eingeschränkt, spartanisch, karg, zurückhaltend, zufrieden, sparsam, ohne Ansprüche, simpel

anspruchsvoll
1. unbescheiden, anmaßend, wählerisch, hochtrabend, heikel, verwöhnt, schwer zu befriedigen, überheblich
2. kennerhaft, geschmackvoll, kritisch, urteilsfähig, urteilssicher, von gutem/erlesenem Geschmack, empfindlich, differenziert, verfeinert; *geh.:* prätentiös, ambitiös ⓘ

anspucken anspeien, bespeien; *ugs.:* bespucken

anspülen → anschwemmen

anstacheln
1. → anregen
2. → aufhetzen

Anstalt Institut, Institution, Einrichtung, Heim, Stätte, Organisation

Anstalten machen → anschicken, sich

Anstand
1. gutes Benehmen, Sitte, Betragen, Umgangsformen, Haltung, Manieren, Art, Etikette, Form, Aufführung, Verhalten, Gebaren, Niveau, Schliff, Schicklichkeit, Takt, Feingefühl, Zartgefühl, Höflichkeit, Kinderstube, Kultur, Lebensart; *ugs.:* Benimm
2. Ansitz, Hochsitz, Kanzel, Hochstand

anständig
1. ordentlich, höflich, dem Anstand/den Vorschriften/der Sitte entsprechend, rechtschaffen, gesittet, sittlich, sittsam, unbescholten, tugendhaft, lauter, angemessen, fair, fein, artig, schicklich, lieb, brav, keusch, gut, gebührend, solide, manierlich, salonfähig, gesellschaftsfähig, ehrenhaft, honorig, wohlerzogen, achtbar, redlich, zuverlässig, korrekt, charaktervoll, sauber, von guter Gesinnung, ehrlich; *ugs.:* astrein, stubenrein
2. zufriedenstellend, genügend, anerkennenswert, annehmbar, akzeptabel, befriedigend, passend
3. viel, beträchtlich, ziemlich groß, beachtlich, sehr, stattlich, bedeutend, erheblich, bemerkenswert, respektabel

anstandshalber (nur) aus Höflichkeit/Anstand, (nur) der Form wegen/halber, die Form wahrend

anstandslos ohne Zögern/Bedenken/Widerspruch/jede Schwierigkeit/weiteres, widerspruchslos, bedenkenlos, unbesehen, ungeprüft, unbedenklich, selbstverständlich, gern, bereitwillig, mit Vergnügen, kurzerhand, natürlich; *ugs.:* mir nichts, dir nichts, rundheraus, einfach so

anstarren mit Blicken durchbohren, starr ansehen/anschauen/anblicken, kein Auge wenden/lassen von, den Blick heften auf, mit den Augen verschlingen, jmdn. scharf

A

ins Auge fassen, den Blick nicht abwenden können, nicht aus den Augen lassen, fixieren; *ugs.:* anglotzen, angaffen, angucken, anglupschen, anstieren

anstatt statt, und nicht, anstelle, dafür, im Austausch, für, stellvertretend, ersatzweise, als Ersatz für, gegen, in Vertretung

anstauen aufhalten, hemmen, stauen, abstauen, absperren, eindämmen

anstauen, sich → anhäufen, sich

anstaunen → bewundern

anstechen anzapfen, anstecken, anschlagen

anstecken
1. anzünden, entzünden, anbrennen, in Brand setzen/stecken, anschüren, Feuer legen, anfachen, zum Brennen bringen; *ugs.:* anreiben, anreißen
2. befestigen, anheften, annadeln, anlegen, feststecken, festheften, festmachen, anbringen; *ugs.:* antun, anmachen; *österr.:* anpicken
3. infizieren, übertragen, verseuchen
4. anstechen, anzapfen, anschlagen

anstecken, sich befallen/krank werden, sich infizieren, sich etwas zuziehen, bekommen; *ugs.:* sich etwas holen, etwas fangen/aufschnappen/aufgabeln/ausbrüten/erwischen

ansteckend infektiös, übertragbar, virulent, krankheitserregend

Anstecknadel Brosche, Spange, Plakette, Abzeichen; *geh.:* Agraffe

anstehen
1. warten, sich anstellen, sich aufreihen, verharren, ausharren, Schlange stehen
2. angemessen sein, passen, sich gehören, sich ziemen, sich geziemen, sich gebühren, sich schicken
3. unerledigt/fällig/unabgeschlossen/unfertig/unvollendet/nicht zu Ende geführt/unausgeführt/anhängig sein, auf Erledigung warten, im Raum stehen

anstehen lassen hinausschieben, warten mit, hinauszögern, hinausziehen, verschleppen, verzögern, verlangsamen, auf die lange Bank schieben, in die Länge ziehen, ausdehnen

ansteigen
1. zunehmen, wachsen, sich vermehren, sich verstärken, sich verdichten, steigen, sich ausdehnen, sich erhöhen, anschwellen, sich ausweiten, eskalieren
2. sich verteuern, teurer werden, hochklettern, in die Höhe gehen, anziehen, hochgehen, sich heben
3. aufwärtsführen (Straße), aufsteigen, bergauf gehen

anstelle → anstatt

anstellen
1. anlehnen, anlegen, ansetzen, stellen/lehnen/stützen gegen
2. einschalten, einstellen, anschalten, aufdrehen; *ugs.:* anknipsen, anmachen, andrehen
3. in Gang/Betrieb setzen, anlassen, anwerfen, starten, flottmachen, ankurbeln
4. beschäftigen, annehmen, engagieren, einsetzen, verpflichten, in Dienst/Arbeit nehmen, betrauen, unterbringen, Arbeit/eine Stelle geben; *österr.:* aufnehmen
5. tun, versuchen, vollführen, anfangen, machen, treiben, unternehmen, verrichten, bewerkstelligen, anfassen, in die Hand nehmen, einrichten, arrangieren, in die Wege leiten, zustande/zuwege bringen; *ugs.:* anpacken, managen, deichseln, hinkriegen, hinbiegen, drehen, schmeißen
6. → anrichten

anstellen, sich
1. sich anreihen, Schlange stehen, anstehen, sich anschließen
2. sich benehmen, sich verhalten, sich aufführen, reagieren, sich betragen, auftreten
3. → zieren, sich

anstellig geschickt, begabt, fingerfertig, handfertig, kundig, gewandt, praktisch, geübt, verwendbar, brauchbar, routiniert

Anstellung
1. Stelle, Stellung, Posten, Arbeit, Arbeitsverhältnis, Arbeitsplatz, Position, Beschäftigung, Engagement, Job, Broterwerb, Betätigung
2. Einstellung, Indienstnahme, Indienststellung, Aufnahme, Annahme

ansteuern
1. Richtung/Kurs nehmen auf, anlaufen, ansegeln, zusteuern/zulaufen/zuhalten/zufahren auf, anpeilen, zielen auf, zum Ziel nehmen, anfliegen
2. → anstreben

Anstieg
1. Ansteigen, Steigung
2. Erhöhung, Zunahme, Verstärkung, Steigerung, Vermehrung, Zuwachs, Intensivierung, Fort-

schreiten, Progression
3. Aufstieg, Hinaufsteigen, Emporsteigen, Aufgang

anstieren → anstarren

anstiften
1. verleiten, überreden, aufhetzen, aufwiegeln, aufreizen, aufputschen, anstacheln, verführen, verlocken, jmdn. zu etwas bringen/bewegen/inspirieren, animieren
2. anzetteln, ins Werk setzen, veranlassen, verursachen, anspornen, bewirken, herbeiführen, auslösen, anrichten, erzeugen, in Gang setzen, ankurbeln, inszenieren, bedingen, hervorrufen, vorbereiten

Anstifter → Rädelsführer

anstimmen zu singen beginnen, anschlagen, den Ton angeben

anstinken
1. → anwidern
2. gegen jmdn./etwas anstinken → konkurrieren

Anstoß
1. Anlass, Veranlassung, Abtrieb, Ermunterung, Anregung
2. Anpfiff, Kick-off

anstoßen
1. anschlagen, anrempeln, prallen gegen, anprallen, aufschlagen, berühren; *ugs.:* schubsen, antippen, stupfen
2. zutrinken, zuprosten, die Gläser erklingen lassen
3. Unwillen hervorrufen, Anstoß/Ärger/Missbilligung/Missfallen/Ärgernis erregen, entgleisen, unangenehm auffallen, seinen Ruf schädigen, von sich reden machen, einen Fauxpas begehen, sich blamieren; *ugs.:* anecken, ins Fettnäpfchen treten
4. → angrenzen
5. → beschädigen
6. → anregen

anstoßen, sich → verletzen, sich

Anstoß erregen → anstoßen

anstößig unanständig, verwerflich, anstoßerregend, Ärgernis erregend, empörend, skandalös, shocking, unsittlich, unmoralisch, unschicklich, ungehörig, unflätig, ungebührlich, ungesittet, unmanierlich, ungehobelt, sittenlos, zuchtlos, amoralisch, zweideutig, ärgerlich, den Anstand/die gute Sitte verletzend, liederlich, verdorben, verderbt, verrucht, verworfen, unzüchtig, anzüglich, anrüchig, pornografisch, lasterhaft, obszön, frech, wüst, gemein, unfein, unziemlich, schlüpfrig, pikant, locker, schmutzig, schlecht, schamlos, lose, gewagt, ordinär, pervers, vulgär, zotig, frivol, nicht salonfähig, lasziv; *ugs.:* nicht stubenrein/jugendfrei; *derb:* dreckig, schweinisch, säuisch

Anstoß nehmen an → beanstanden

anstrahlen → beleuchten

anstreben zu erreichen/verwirklichen suchen, streben/drängen nach, verfolgen (Plan), sich anstrengen, intendieren, ansteuern, erstreben, trachten/eifern nach, beabsichtigen, bezwecken, wollen, zielen auf, sich bemühen um, abzielen/hinzielen/hinsteuern/zusteuern/hinarbeiten/hinauswollen/absehen/anlegen/reflektieren/gerichtet sein auf, vorhaben; *ugs.:* aus sein auf, darauf ausgehen

anstreichen
1. tünchen, übertünchen, anmalen, bemalen, anpinseln, bepinseln, weißen, streichen, kalken, lackieren; *abwertend:* anschmieren; *österr.:* ausmalen
2. kenntlich machen, markieren, anmerken, anzeichnen, anhaken, ankreuzen, kennzeichnen, einzeichnen, hervorheben, betonen, herausstellen

anstreichen, sich → schminken, sich

anstrengen eine Belastung/Strapaze sein, die Kräfte beanspruchen/anspannen, überfordern, überanstrengen, überbeanspruchen, überladen, überlasten, strapazieren, missbrauchen, aufreiben, angreifen, belasten, abverlangen, in Anspruch nehmen, absorbieren, ermüden, erschöpfen, ermatten, erlahmen, aushöhlen, schwächen; *ugs.:* schlauchen, stressen, fertigmachen

anstrengen, sich sich große Mühe geben, alle Kraft aufbieten/einsetzen/aufwenden, alle Kräfte anspannen/mobilisieren, sein Möglichstes tun, sich mühen, sich etwas/zu viel abverlangen, nichts unversucht lassen, alle Hebel in Bewegung setzen, sich plagen, sich quälen, sich bemühen, sich abmühen, sich fordern, sich befleißigen, Anstrengungen machen, sein Bestes tun/geben, sich übernehmen, sich überfordern, sich überladen, sich überarbeiten, sich überanstrengen, sich abarbeiten, bestrebt/fleißig/bemüht sein, das Menschenmögliche tun, versuchen, zusehen, sich schinden, sich strapazieren, sich verschleißen, sich aufreiben, sich erschöpfen, sich verausgaben, schwer arbeiten, Schweiß vergießen, sich martern, sich abmartern, sich müde arbeiten, sich aufzehren, sich zu viel zumuten; *ugs.:* sich ins Zeug legen, sich dahinterklemmen, schuften, ackern, sein Letztes hergeben, rackern, sich dahinterknien, sich dahinterklemmen, aus sich das Letzte/Äußerste herausholen, sich zusammenreißen, sich zusammennehmen, asten, sich abschleppen, sich abschuften, sich abquälen, sich abplagen, sich abrackern, sich abstrampeln, sich abschinden, sich kaputtmachen, wie ein Pferd arbeiten, schanzen, Himmel und Hölle in Bewegung setzen, sich auf den Hosenboden setzen, sich totmachen, sich umbringen, sich herumschlagen, sich herumplagen, sich abasten

anstrengend mühevoll, beschwerlich, ermüdend, erschöpfend, ermattend, aufreibend, belastend, angreifend, kraftraubend, kräftezehrend, schweißtreibend, mühsam, strapaziös, schwer, schwierig; *schweiz.:* streng, strub; *ugs.:* stressig

Anstrengung
1. Kraftaufwand, Arbeitsaufwand, Anspannung, Mühe, Kraftanstrengung, Kraftakt, Strapaze, Mühsal, Belastung, Überbelastung, Beschwerlichkeit, Last, Stress, Beanspruchung, Überbeanspruchung, Überforderung, Druck, Arbeit, Inanspruchnahme, Plage, Plackerei, Act; *schweiz.:* Knorz; *österr.:* G(e)frett; *ugs.:* Heidenarbeit, Sauarbeit, Schufterei, Mordsarbeit, Schlauch, Schinderei, Mordsstrapaze, Pferdearbeit, Knochenarbeit, Hundearbeit
2. Versuch, Vorstoß, Unterfangen, Bemühung

anströmen → anschwemmen

Ansturm
1. Andrang, Zustrom, Zulauf, Zudrang, Run, Sturm
2. Herandrängen, Heranstürmen, Angriff, Attacke, Vorstoß, Offensive, Anfall

Antagonismus Widerstreit, Gegensatz, Kontrast, Kluft, Divergenz, Unterschied, Unterschiedlichkeit

Antagonist → Gegner

antagonistisch → gegensätzlich

antanzen → kommen

antasten
1. berühren, anfassen, anfühlen, befühlen, betasten, anrühren, antippen, antupfen, streifen; *ugs.:* hinlangen, anlangen, befingern, befummeln, antatschen, betatschen, angrapschen, begrapschen
2. angreifen, einschränken, bestreiten, anfechten, leugnen, ableugnen

Anteil
1. Teil, Part, Stück, Portion, Ration, Kontingent, Teilhabe; *schweiz.:* Betreffnis
2. Beitrag, Beteiligung, Mitwirkung
3. → Anteilnahme
4. *Wirtsch.:* Kapitalanteil, Geschäftsanteil, Kapitalbeteiligung

Anteilnahme Teilnahme, Interesse, Mitgefühl, Mitfühlen, Mitempfinden, Aufmerksamkeit, Engagement, Involvement, Beteiligung, Beileid, Anteil

Antenne → Sinn

antesten *ugs. für:* probieren, ausprobieren, durchprobieren, testen, begutachten, kontrollieren, beurteilen; *ugs.:* checken, abchecken, durchchecken

antiautoritär repressionsfrei, repressionsarm, repressionslos, gewaltfrei, herrschaftsfrei, zwanglos, freiheitlich, liberal, aufgeklärt, ohne Zwang, gegen Normen/Autorität/gesellschaftliche Bindungen, nonkonform, unkonventionell

Antibabypille → Pille

Antichrist Teufel, Widerchrist, Luzifer, Satan, Höllenfürst, Dämon, Gottloser, Versucher, Erzfeind, der Gehörnte; *verhüllend:* Leibhaftiger

antik
1. klassisch, griechisch-römisch, alt
2. altertümlich, altehrwürdig, aus alter Zeit stammend, archaisch
3. → altmodisch

Antike das (klassische) Altertum, die Alte Welt, Klassik

Antipathie Abneigung, Widerwille, Widerstreben, Unmut, Aversion, Abscheu, Ressentiment

Antipode → Gegner

antippen
1. → antasten
2. → fragen
3. → andeuten

antiquarisch gebraucht, alt, aus zweiter Hand, nicht mehr neu, secondhand

antiquiert → altmodisch

Antiquitäten Altertümer, Altwaren, Altkunst, antike/wertvolle/alte/altertümliche/antiquarische Gegenstände/Kunstgegenstände

Antisemitismus Judendiskriminierung, Judenhass, Judenfeindlichkeit, Judenverfolgung, Rassismus, Rassenhass

Antithese Gegenbehauptung, Gegenteil, Gegenargument

antithetisch → gegensätzlich

antizipieren vorwegnehmen, vorgreifen, in die Zukunft planen, ein Zukunftsbild entwerfen

Antlitz → Gesicht

antörnen *jugendsprachl. für:* begeistern, berauschen, Feuer fangen, außer sich geraten, entflammen, hinreißen, stimulieren, beflügeln, inspirieren, entzücken, anregen, mitreißen; *geh.:* trunken machen, enthusiasmieren; *ugs.:* anmachen

Antrag
1. Bitte, Gesuch, Eingabe, Bittschrift, Anfrage, Ansuchen, Petition, Fürbitte, Bewerbung, Bittgesuch; *schweiz.:* Anzug; *ugs.:* Bettelbrief
2. Vorschlag, Vorlage, Angebot, Entwurf, Initiativantrag, Offerte; *schweiz.:* Motion

antragen vorschlagen, anbieten, ein Angebot unterbreiten, raten, anraten, empfehlen, nahelegen

antreffen finden, vorfinden, erreichen, begegnen, sehen, vorkommen, stoßen auf, nicht verfehlen

antreiben
1. → anregen
2. in Gang/Bewegung bringen (Maschine), betreiben, bewegen
3. → anschwemmen
4. → aufhetzen

antreten
1. sich aufstellen, Aufstellung nehmen, sich postieren, sich platzieren, sich stellen (Gegner), sich aussetzen, den Kampf aufnehmen, sich einlassen, sich messen, bereit sein
2. → anfangen

Antrieb Impuls, Ansporn, Anreiz, Anlass, Anstoß, Anregung, Ansprache, Aktivierung, Veranlassung, Triebfeder, Triebkraft, Stimulus, Zugkraft, Motor, Grund, Motiv, Beweggrund, Agens, Stachel, Ursache, Dynamik, treibende Kraft, Movens

antriebslos energielos, temperamentlos, antriebsarm, antriebsschwach, passiv, langsam, schwunglos, träge, leidenschaftslos, teilnahmslos, untätig, unbeweglich, müßig, inaktiv, saumselig; *geh.:* phlegmatisch, indolent, lethargisch, apathisch; *ugs.:* pomadig, schlafmützig, schlaff, schlapp, tranig, transusig, tranfunzelig, verschlafen, lahm, trödelig; *derb:* lahmarschig

Antritt → Beginn

antun
1. (Schaden) zufügen, in Mitleidenschaft ziehen, schaden, schädigen, zuleide tun, bereiten, beibringen; *ugs.:* jmdm. eins auswischen
2. erweisen (Ehre, Gutes), zeigen, bezeigen, zuteilwerden lassen, angedeihen lassen, entgegenbringen
3. → anziehen
4. es jmdm. angetan haben → gefallen
5. sich etwas antun → umbringen, sich

anturnen
1. *ugs. für:* anregen, in Stimmung/Schwung bringen; *ugs.:* aufputschen
2. Drogen/Rauschgift nehmen, sich in einen Rausch versetzen, sich mit Drogen betäuben; *ugs.:* auf den Trip/die Reise gehen, sich volldröhnen

Antwort
1. Entgegnung, Auskunft, Echo, Bescheid, Nachricht, Erwiderung, Gegenrede, Gegenbemerkung, Replik, Quittung, Resonanz, Rückäußerung, Beantwortung, Reaktion; *ugs.:* Retourkutsche
2. Lösung, Auflösung, Aufklärung

antworten entgegnen, erwidern, zur Antwort geben, Bescheid/Auskunft/Nachricht/Aufschluss geben, dagegenhalten, zurückgeben, wissen lassen, kundtun, beantworten, eingehen auf, reagieren, entgegenhalten, begegnen, kontern, replizieren, nichts schuldig bleiben; *poet.:* versetzen

anvertrauen übergeben, abgeben, empfehlen, übertragen, in die Hände legen, anheimgeben, aushändigen, überreichen, überbringen, überlassen, überantworten, abliefern, in jmds. Schutz stellen, in Verwahr geben

anvertrauen, sich sich mitteilen, sich aussprechen, reden, sich offenbaren, sich entdecken, gestehen, sich öffnen, sein Herz/seine Seele ausschütten, erzählen, wissen lassen, in Kenntnis/ins Bild setzen, kundtun, informieren, unterrichten, aufklären, jmdn. ins Vertrauen ziehen, seinem Herzen Luft machen, sein Herz erleichtern, sich etwas von der Seele reden, sich erleichtern, sagen, was man auf dem Herzen hat, preisgeben, verraten, offenlegen, enthüllen, einweihen, sich entlasten, bekennen, kein Hehl machen; *ugs.:* reinen Wein einschenken, sich ausquatschen

anvisieren → anpeilen

anwachsen
1. zunehmen, wachsen, sich vermehren, sich steigern, sich vergrößern, sich verstärken, sich verdichten, sich verbreiten, ansteigen, sich erhöhen, sich ausdehnen, sich ausweiten, anschwellen, sich erweitern, auflaufen, anlaufen, sich summieren
2. festwachsen, sich verbinden, Wurzel fassen, anwurzeln

Anwalt
1. Rechtsanwalt, Advokat, Rechtsbeistand, Rechtsberater, Jurist
2. Fürsprecher, Verteidiger, Verfechter, Vertreter, Sachverwalter ⓘ

Anwaltsbüro Kanzlei

anwandeln → überfallen

Anwandlung Anfall, Wallung, Aufwallung, Koller, Ausbruch, Laune, Einfall, Stimmung, Grille, Schrulle, Kaprize, Mucke, Kapriole, Idee

anwärmen wärmen, erwärmen, warmmachen, (leicht) erhitzen, aufheizen

Anwärter Kandidat, Aspirant, Bewerber, Interessent, Bittsteller, Prätendent

Anwartschaft Aussicht, Hoffnung, Anspruch, Berechtigung, Anrecht

Von Anwälten und Advokaten

Anwalt ist zunächst die Bezeichnung für einen *Juristen. Rechtsanwalt, Rechtsbeistand* und *Rechtsberater* sind gleichbedeutende Synonyme. In diesem Zusammenhang wird *Anwalt* oft auch als Oberbegriff für unterschiedliche juristische Funktionen verwendet wie *Staatsanwalt, Verteidiger, Justiziar, Syndicus* oder den auf ein bestimmtes Gebiet spezialisierten *Fachanwalt.*
Das lateinische Fremdwort *Advokat* ist der gehobene Ausdruck für einen *Anwalt.* Bezeichnet man ihn dagegen umgangssprachlich als *Winkeladvokat,* so ist das abschätzig. Der seit dem 18. Jahrhundert belegte Begriff drückte ursprünglich aus, dass ein Rechtsanwalt seine Tätigkeit geheim (im Winkel) ausübt, was jedoch auch die Konnotation von »unbefugt« oder »illegaler Machenschaft« (Winkelzügen) hatte, weshalb die Vokabel zum Schimpfwort wurde.
Derb und abwertend ist das Wort *Rechtsverdreher.* Darüber hinaus wird *Anwalt* aber auch allgemein als Bezeichnung für jemanden verwendet, der als *Beistand* oder *Fürsprecher* für eine Person oder eine Sache eintritt. Für Letzteres wird auch der Ausdruck *Sachwalter* benutzt. In diesem allgemeinen Sprachgebrauch wird *Anwalt* dann auch synonym mit *Verteidiger, Verfechter* oder *Vertreter* verwendet.

anweisen
1. zuteilen (Platz), zuweisen
2. → anordnen
3. beauftragen, betrauen mit, verpflichten
4. → anleiten
5. überweisen, senden, zahlen, zustellen, zukommen lassen

Anweisung
1. Anleitung, Unterweisung, Einweisung, Einführung, Beratung, Belehrung, Wegleitung, Unterricht
2. Gebrauchsanweisung, Benutzungsvorschrift, Bedienungsanleitung, Hinweis, Ratgeber, Führer, Plan, Wegweiser, Verhaltensregel, Verhaltensmaßregel, Leitlinie, Briefing, Direktive, Angabe
3. Weisung, Bestimmung, Aufforderung, Anordnung, Befehl, Vorschrift
4. Überweisung, Zustellung, Zahlung, Geldsendung, Zuweisung

anwendbar → brauchbar

anwenden brauchen, gebrauchen, arbeiten mit, verwenden, nutzen, benutzen, nützen, benützen, sich etwas zunutzemachen, Verwendung haben für, in Anwendung bringen, in Gebrauch/Dienst/Benutzung nehmen, sich bedienen, einsetzen, verwerten, zum Einsatz bringen, handhaben

anwenden auf übertragen, beziehen auf

Anwender Nutzer, Benutzer, User, Verwender, Verbraucher; *österr., schweiz.:* Benützer

anwenderfreundlich nutzerfreundlich, benutzerfreundlich, userfreundlich, verbraucherfreundlich, bedienungsfreundlich, einfach/bequem zu bedienen, leicht zu hand-

haben, einfach anzuwenden; *österr., schweiz.:* benützerfreundlich
anwerben → werben
anwerfen → anlassen
Anwesen Besitz, Besitztum, Haus und Hof, Wohnsitz, Landsitz, Hof, Gut, Gutshof, Gehöft, Grundbesitz, Länderei, Besitzung
anwesend zugegen, zur Stelle, an Ort und Stelle, vorhanden, hier, da, gegenwärtig, präsent, am Platze, greifbar, zu erreichen, zur Hand
anwidern anekeln, Abscheu/Ekel erregen, zuwider/widerlich/überdrüssig sein, abstoßen, zurückstoßen, ekeln, jmdm. widerstehen/widerstreben; *ugs.:* grausen, über haben, zum Hals heraushängen, schütteln, etwas dreht einem den Magen um; *derb:* anstinken, ankotzen
Anwohner Anlieger, Nachbar, Anrainer; *schweiz.:* Anstößer
Anzahl Zahl, Menge, Quantität, Masse, Vielzahl, Vielheit, Unzahl, Unmaß, Mehrzahl, Quantum, Summe, Reihe, Fülle, Flut, Heer, Serie, Schar, Legion, Schwall, Schwarm, Armee; *ugs.:* Haufen, Schwung, Berg, Batzen, Unmasse, Unmenge, Wust, Ladung
anzapfen
1. anstechen, anstecken, anschlagen
2. → betteln
Anzeichen Symptom, Zeichen, Kennzeichen, Beweis, Merkmal, Anhaltspunkt, Bote, Vorbote, Erscheinung, Vorzeichen, Auspizien, Omen, Vorbedeutung, Mahnung, Hinweis, Wink, Signal, Fingerzeig
Anzeige
1. Annonce, Inserat, Zeitungsanzeige, Werbung, Veröffentlichung, Bekanntgabe, Bekanntmachung, Mitteilung, Ankündigung, Nachricht
2. Beschwerde, Beschuldigung, Anschuldigung, Meldung, Klage, Belastung, Bezichtigung; *geh.:* Denunziation
anzeigen
1. → annoncieren
2. → ankündigen
3. Anzeige/Strafanzeige erstatten, melden, zur Polizei gehen, Meldung machen, vor den Richter/vor Gericht gehen, denunzieren, verraten, angeben, klagen, verklagen, anschuldigen, beschuldigen, zur Last legen, zeihen, bezichtigen, einen Prozess anstrengen, zur Rechenschaft ziehen; *ugs.:* verpfeifen, hochgehen lassen
anzetteln → anstiften
anziehen
1. ankleiden, bekleiden, Kleidung anlegen, antun, hineinschlüpfen, (sich) überziehen, sich herrichten, überwerfen, überstreifen, umhängen, einhüllen, umhüllen, aufsetzen, aufstülpen (Hut), umbinden (Schürze, Tuch); *ugs.:* in die Kleider/Sachen schlüpfen/steigen/fahren, einmummeln
2. locken, anlocken, für sich einnehmen, begeistern, fesseln, faszinieren, entflammen, attraktiv sein, reizen, verleiten, verführen, in Versuchung führen, ködern
3. heranziehen, beiziehen (Bein), anwinkeln, anreißen
4. spannen, festziehen, straffen, straffziehen, strammen, anspannen
5. steigen, ansteigen (Preise), hochklettern, sich erhöhen, zunehmen, hinaufschnellen, in die Höhe klettern/gehen, sich verteuern, teurer werden, aufschlagen
6. annehmen (Geruch), aufsaugen, eindringen/haften lassen
7. sich in Bewegung setzen, anlaufen, anfahren, anrollen, starten
8. in Fahrt kommen, das Tempo steigern
anziehend
1. → attraktiv
2. → zugkräftig
Anziehungskraft
1. Zugkraft, Schwerkraft, Adhäsion, Adhäsionskraft, Gravitation
2. Reiz, Attraktion, Faszination
anzüglich
1. spöttisch, boshaft, beißend, bissig, spitz, mokant, höhnisch, ironisch, sarkastisch, verletzend, beleidigend, ausfallend, scharf, scharfzüngig, frech
2. → anstößig
anzünden zünden, entzünden, anbrennen, anfachen, anschüren, zum Brennen bringen, in Brand setzen/stecken, Feuer machen/legen, entfachen, anheizen, einheizen; *landsch.:* kokeln; *ugs.:* abfackeln, anreißen, anreiben (Streichholz), anstecken
anzweifeln → bezweifeln
apart
1. geschmackvoll, reizend, angenehm, ästhetisch, stilvoll, gepflegt, gewählt, anmutig, schön, hübsch, schick, kultiviert, kleidsam, fesch, vornehm, nobel, gefällig

A

2. originell, einzeln, besonders, eigenartig, ungewöhnlich, extra, für sich, separat, gesondert, abgesondert, individuell
Apartheid Rassentrennung
Apartment
1. Zimmerflucht, Suite, Wohnung
2. Kleinwohnung, Einzimmerwohnung, Flat
apathisch teilnahmslos, gleichgültig, träge, interesselos, unbeteiligt, indifferent, ungerührt, unbewegt, unempfindlich, passiv, phlegmatisch, indolent, lethargisch, leidenschaftslos
Apfelsine Orange
Aphorismus → Spruch
apodiktisch unwiderleglich, bestimmt, klar, entschieden, kategorisch, dezidiert, ausdrücklich, fest, unmissverständlich, eindeutig, deutlich
Apologie Verteidigung, Rechtfertigung, Apologetik
Apostel
1. Jünger, Vertreter, Vorkämpfer, Verkünder, Anhänger, Heiliger, Prediger, Missionar
2. Nachbeter, Nachahmer, Epigone, Apologet
Apotheker Arzneikundiger, Pharmazeut; *ugs.:* Pillenverkäufer, Pillendreher
Apparat
1. Gerät, Anlage, Maschine, Maschinerie, Apparatur, Vorrichtung, Instrument, Werk, Getriebe, Mechanismus, Einrichtung, Werkzeug, Gerätschaften
2. Organisation, Verwaltung, Aufbau, Gefüge, Komplex, Verband, System, Gebilde, Anordnung
Appeal → Reiz
Appell → Aufruf
appellieren anrufen, aufrufen, auffordern, zu bewegen suchen, sich wenden an, beschwören, ins Gewissen reden, anhalten, mahnen, zureden, anraten, predigen, ansprechen
Appendix
1. → Anhang
2. Blinddarm, Wurmfortsatz
Appetit Esslust, Hunger, Heißhunger, Verlangen, Bedürfnis, Magenknurren, Gelüst, Gier, Gefräßigkeit; *österr.:* Gusto; *ugs.:* Fresslust, Dampf, Kohldampf, Bock
appetitlich appetitanregend, lecker, schmackhaft, fein, lockend, verlockend, anregend, ansprechend, einladend, geschmackvoll, wohlschmeckend, delikat, köstlich, knusprig, duftend, zum Anbeißen/Fressen
applaudieren klatschen, Beifall spenden/bekunden/zollen, akklamieren, mit Applaus überschütten, Ovationen bereiten, zujubeln, mit Jubel begrüßen, beklatschen, feiern
Applaus → Beifall
Aprikose *österr.:* Marille; *schweiz.:* Barelle, Barille
apropos übrigens, nebenbei bemerkt/gesagt, parenthetisch
äquivalent → gleich
Äquivalent (gleichwertiger) Ersatz, Gegenwert, Gegenleistung, Entschädigung, Ausgleich, Abgeltung, Surrogat
Ära Zeitalter, Zeitabschnitt, Zeitraum, Zeitspanne, Epoche, Zeit, Periode, Phase
Arbeit
1. Tätigkeit, Betätigung, Leistung, Dienstleistung, Beruf, Tun, Beschäftigung, Ausübung, Schaffen, Dienst, Verrichtung, Handwerk
2. Stellung, Anstellung, Broterwerb, Erwerbstätigkeit, Stelle, Arbeitsverhältnis, Arbeitsstelle, Arbeitsplatz, Arbeitsfeld, Arbeitsgebiet, Position, Posten, Metier, Profession, Job, Engagement
3. Aufgabe, Aufgabenbereich, Auftrag, Amt, Dienst, Funktion, Pflicht, Ressort, Mission, Obliegenheit, Bestimmung
4. Werk, Erzeugnis, Produkt, Schöpfung, Opus, Œuvre
5. Abhandlung, Niederschrift, Aufsatz, Beitrag, Dissertation, Untersuchung, Analyse, Studie
6. Gestaltung, Ausführung, Durchführung, Ausarbeitung, Bau
7. → Anstrengung
arbeiten
1. Arbeit leisten/verrichten, dienen, sich betätigen, tätig sein, sich beschäftigen, werken, wirken, schaffen, hantieren, sich regen, treiben, betreiben, werkeln, einer Beschäftigung nachgehen, einen Beruf ausüben, sich befassen/abgeben mit, tun, sich rühren, fungieren, erwerbstätig sein, sich widmen; *ugs.:* herumwirtschaften, pusseln, herumpusseln, schanzen, roboten, malochen; *abwertend:* herumfuhrwerken
2. in Tätigkeit/Betrieb/Funktion/Gang sein (Maschine), laufen, gehen, funktionieren, angestellt/eingeschaltet sein; *ugs.:* an sein, tun

3. gären, aufgehen, treiben
4. → anstrengen, sich

arbeiten an
1. → anfertigen
2. **an sich arbeiten** sich bilden, sich vervollkommnen, sich etwas abverlangen, sich runden, sich schleifen; *ugs.:* sich den letzten Schliff geben

Arbeiter
1. Arbeitskraft, Arbeitnehmer, Lohnabhängiger, Lohnempfänger, Lohnarbeiter, Proletarier, Werktätiger, Betriebsangehöriger
2. Angestellter, Beschäftigter, Bediensteter, Gehaltsempfänger

Arbeiterklasse die Arbeiter, Proletariat, Proletarier, die arbeitende Klasse, Arbeiterschaft, die Werktätigen

Arbeitervertretung Gewerkschaft, Arbeitergewerkschaft, Industriegewerkschaft, Arbeiterorganisation, Arbeitnehmervertretung, Arbeitnehmerorganisation

Arbeitgeber Unternehmer, Vorgesetzter, Chef, Leiter; *ugs.:* Boss, Brötchengeber

Arbeitnehmer Beschäftigter, Angestellter, Betriebsangehöriger, Arbeiter, Kraft, Arbeitskraft, Werktätiger, Bediensteter, Lohnabhängiger, Lohnempfänger, Gehaltsempfänger, Untergebener

arbeitsam fleißig, tüchtig, eifrig, tatkräftig, schaffensfreudig, emsig, strebsam, arbeitsfreudig, rührig, geschäftig, arbeitswillig, betriebsam, ehrgeizig, bienenhaft, unermüdlich, aktiv, beflissen; *schweiz.:* schaffig; *scherzh.:* wie ein Workaholic arbeitend

Arbeitsgebiet Fach, Beruf, Arbeitsfeld, Arbeitsbereich, Arbeitskreis, Tätigkeitsbereich, Tätigkeitsfeld, Wirkungskreis, Wirkungsbereich, Aufgabenbereich, Sachgebiet, Amt, Metier, Gewerbe, Posten, Position, Stelle, Funktion, Sparte, Branche, Zweig, Berufszweig, Beschäftigung, Profession, Betätigung, Betätigungsfeld, Job

Arbeitsgemeinschaft
1. Arbeitsgruppe, Arbeitskreis, Kreis, Team, Gruppe, Fachgruppe, Zirkel, Arbeitszirkel, Kollektiv, Arbeitskollektiv
2. Bund, Bündnis, Verband, Interessenverband, Vereinigung

Arbeitskampf → Streik

arbeitslos stellenlos, unbeschäftigt, stellungslos, ohne Arbeit/Anstellung/Beschäftigung/Arbeitsplatz/Erwerb, beschäftigungslos, erwerbslos, brotlos, Arbeit suchend; *ugs.:* auf der Straße; *meist iron.:* freigesetzt

Arbeitslosengeld Arbeitslosenhilfe; *ugs.:* Stütze; *veraltend:* Arbeitslosenunterstützung

Arbeitsloser Erwerbsloser, Beschäftigungsloser, Stellenloser, Stellungsloser, Stellensuchender, Arbeit Suchender, Unbeschäftigter; *abwertend:* Drückeberger

Arbeitsplatz Stelle, Stellung, Anstellung, Posten, Position, Arbeitsverhältnis, Arbeitsstätte, Beschäftigung; *ugs.:* Job

arbeitsscheu faul, untätig, träge, müßig, bequem, inaktiv, phlegmatisch, tatenlos

Arbeitsspeicher *EDV:* Speicher, Hauptspeicher, Zentralspeicher, RAM, Schreib- und Lesespeicher

arbeitsunfähig erwerbsunfähig, dienstunfähig, indisponiert, invalide, versehrt, krank

archaisch
1. frühzeitlich, vorzeitlich, urzeitlich, geschichtlich, urgeschichtlich, alt, prähistorisch, altertümlich, antik
2. elementar, ursprünglich
3. altmodisch, vorsintflutlich; *ugs.:* überholt, überkommen

Archäologe Altertumsforscher, Altertumswissenschaftler

Archetyp
1. Urbild, Urform, Urgestalt, Urtyp
2. Muster, Vorbild, Leitbild, Ideal, Modell, Grundmodell

Architekt Baufachmann, Baumeister, Baukünstler, Erbauer

Architektur
1. Baukunst, Architektonik
2. Baustil, Bauart, Bauweise, Bautyp, Bauform, Gestaltung

Archiv Dokumentensammlung, Urkundensammlung

Areal Fläche, Bodenfläche, Grundstück, Siedlungsgebiet, Verbreitungsgebiet, → Gebiet

Arena
1. Kampfplatz, Sportplatz, Schauplatz, Szene, Szenerie
2. Zirkusmanege, Bühne
3. *österr.:* Sommerbühne

arg
1. → schlimm
2. → unangenehm
3. → böse
4. → sehr

A

Ärger
1. Verdruss, Unwille, Unmut, Missmut, Missfallen, Missvergnügen, Misslaune, Verstimmung, Verärgerung, schlechte Laune, Gereiztheit, Grimm, Ingrimm, Zorn, Wut, Groll, Erbitterung, Verdrossenheit; *ugs.:* Rage, Stunk, Knatsch, Trouble
2. Unannehmlichkeit(en), Ärgernis, Unbill, Widrigkeit, Unzuträglichkeit, Missgeschick, Unstimmigkeiten; *ugs.:* Schererei, Theater, Krach, Tanz, Schlamassel, Zores

ärgerlich
1. verärgert, aufgebracht, aufgeregt, böse, entrüstet, missmutig, voll Ärger/Verdruss, ungehalten, unwirsch, unwillig, erbost, gereizt, verstimmt, erbittert, zornig, wütend, erzürnt, grantig, zähneknirschend, wutentbrannt, wutschnaubend, außer sich, empört, grimmig, mürrisch, verdrossen, bärbeißig, griesgrämig, missgestimmt, misslaunig, muffig, sauertöpfisch; *schweiz.:* mauserig, hässig, leid; *ugs.:* sauer, geladen, in Fahrt, vergnatzt
2. unerfreulich, unangenehm, ungelegen, verdrießlich, misslich, leidig, schwierig, unerwünscht, lästig, unliebsam, dumm, schlecht, ungünstig, genant, unerquicklich

ärgern Ärger/Verdruss bereiten, erregen, aufregen, erzürnen, ergrimmen, erbosen, quälen, plagen, peinigen, kränken, bedrücken, betrüben, bekümmern, in Missmut versetzen, verstimmen, verdrießen, verärgern, verbittern, verletzen, zusetzen, aufbringen, reizen, brüskieren, provozieren, belästigen, entrüsten, empören, jmdn. zur Weißglut bringen, wütend/rasend machen, aufziehen, necken, foppen, hänseln; *ugs.:* hochbringen, hochnehmen, jmdn. auf die Palme bringen/die Wände hochjagen, auf die Nerven gehen/den Wecker fallen, wurmen, fuchsen ⓘ

ärgern, sich Ärger/Verdruss empfinden, böse werden, toben, wüten, aufbrausen, aus der Haut fahren; *ugs.:* es satthaben, genug haben, vor Ärger platzen, sich giften, schäumen, kochen, sieden, wütend/geladen/sauer sein, wild/giftig werden, die Wände hochgehen, zu viel kriegen, rotieren, einem stinken, den Nerv töten, geladen sein

Von necken bis mobben: Wie man Menschen ärgern kann

Necken und *foppen* sind gutmütige Arten, jemanden zu *ärgern*. *Hänseln* ist dagegen boshaft. *Jemanden aufziehen* heißt, ihn wegen einer Eigenheit oder mit einer bestimmten Sache zu *ärgern*. Das kann je nach Zusammenhang in freundlicher wie in feindlicher Weise geschehen.
Provozieren ist dagegen gezieltes Ärgern in meist böser Absicht; *brüskieren* enthält ebenso die kalkulierte Verletzung des anderen wie *kränken*. Vokabeln wie *bedrücken, betrüben* und *bekümmern* verdeutlichen die durch den Ärger ausgelöste Stimmung der Trauer, während Wörter wie *aufregen, entrüsten* oder *empören* auf Wut hinweisen.
Gehoben sind Ausdrücke wie *erzürnen* oder *Verdruss bereiten*. Die umgangssprachlichen Redewendungen für *ärgern* sind oft bildhafte Beschreibungen für diesen Vorgang. So kann man *jemanden auf die Palme/zur Weißglut bringen/treiben* oder *die Wände hochjagen*. Für den neutralen Ausdruck *auf die Nerven fallen/gehen* gibt es zahlreiche umgangssprachliche Varianten wie *auf den Geist/Keks/Senkel/Zeiger fallen/gehen*. Vulgär sind dagegen Wendungen wie *auf den Sack/die Eier/die Nüsse gehen*, mit denen die männlichen Hoden gemeint sind.
Mobben ist eine besondere Form des Ärgerns, bei welcher der andere als Persönlichkeit systematisch demontiert wird, um ihn aus einer Gemeinschaft, sei es am Arbeitsplatz oder in der Schule, auszugrenzen. Am nächsten kommt diesem Ausdruck das Wort *schikanieren*.

Arglist Tücke, Heimtücke, Hinterlist, Hinterhältigkeit, Hintergedanken, Verschlagenheit, Bosheit, Übelwollen, böser Wille, Intriganz, Gift, Böswilligkeit, Falschheit; *derb:* Hinterfotzigkeit

arglistig hinterlistig, heimtückisch, tückisch, hinterhältig, hinterrücks, versteckt, falsch, unaufrichtig, meuchlings, verschlagen, bösartig, intrigant, boshaft, übelwollend, niederträchtig; *derb:* hinterfotzig

arglos vertrauensselig, zutraulich, gutgläubig, leichtgläubig, naiv, einfältig, treuherzig, kritiklos, sorglos, furchtlos, offen, offenherzig, ohne Arg/Argwohn, ahnungslos, in gutem Glauben, unschuldig, harmlos, unbedacht, unbesonnen, vertrauend, blauäugig

Argument Beweisgrund, Beweisführung, Argumentation, Begründung, Erklärung, Rechtfertigung, Entgegnung, Beweis, Nachweis, Beleg

Argwohn → Verdacht

argwöhnen fürchten, befürchten, vermuten, Argwohn/Verdacht hegen, Verdacht schöpfen, anzweifeln, misstrauen, Bedenken haben, ahnen, verdächtigen; *ugs.:* wittern, dem Frieden nicht trauen, Lunte/den Braten riechen, nicht über den Weg trauen, nur bis zur Tür trauen

argwöhnisch misstrauisch, skeptisch, ängstlich, ungläubig, kleingläubig, vorsichtig, wachsam, kritisch, zweifelnd, unsicher, voller Argwohn, auf der Hut

Aristokratie → Adel

aristokratisch → adlig

arm
1. besitzlos, mittellos, bedürftig, unbemittelt, Not leidend, unvermögend, elend, verelendet, verarmt, minderbemittelt, minderbegütert, vermögenslos, güterlos, in Not, ohne Einkommen, bettelarm, finanzschwach, einkommensschwach, sozial schwach, ärmlich, hilfsbedürftig; *ugs.:* arm wie eine Kirchenmaus, ohne Geld, mausearm, knapp bei Kasse, schwach auf der Brust, pleite, blank, abgebrannt
2. → kläglich

Arm
1. Ärmel
2. Abzweigung (Fluss), Seitenlinie, Zweig, Ausläufer

Armee
1. Heer, Heeresverband, Militär, Streitkräfte, Streitmacht, Truppen, Soldaten
2. → Menge

Armenviertel Slum, Elendsviertel, Glasscherbenviertel

Armer Besitzloser, Mittelloser, Bedürftiger, Notleidender; *ugs.:* armer Schlucker/Teufel, Habenichts, Hungerleider

ärmlich
1. → arm
2. → kläglich

armselig → kläglich

Armut
1. Besitzlosigkeit, Mittellosigkeit, Dürftigkeit, Bedürftigkeit, Kärglichkeit, Spärlichkeit, Ärmlichkeit, Armseligkeit, Knappheit, Unbemitteltheit, Kargheit, Elend, Verarmung, Not, Geldmangel, Geldnot, Bedrängnis, Verelendung, Beschränktheit, Entbehrung, gedrückte Verhältnisse
2. Mangel (Gefühle, Gedanken), Leere, Geistlosigkeit, Vakuum, Hohlheit, Einfallslosigkeit, Stumpfsinn

Aroma Geschmack, Duft, Wohlgeruch, Blume, Bukett, Odeur, Würze, Bouquet

Arrangement
1. → Aufstellung
2. → Einigung

arrangieren
1. → anordnen
2. veranstalten, inszenieren, abhalten, ausrichten, ins Werk setzen, organisieren, in Szene setzen, bereiten, durchführen, unternehmen, machen, abwickeln
3. verwirklichen, realisieren, erledigen, vollziehen, verrichten, in die Tat umsetzen, tätigen, übernehmen, erfüllen, einlösen, leisten, in die Wege leiten, bewerkstelligen, in die Hand nehmen, handhaben

arrangieren, sich sich absprechen, sich besprechen, übereinkommen, sich verständigen, einig werden, sich abstimmen, vereinbaren, ausmachen, abmachen, sich vergleichen, eine Vereinbarung/Übereinkunft treffen, eine Einigung erzielen; *ugs.:* zurechtkommen, klarkommen, sich zusammenraufen

Arrest
1. Freiheitsstrafe, Freiheitsentzug, Freiheitsberaubung, Gewahrsam, Haft, Verwahrung, Gefangenschaft
2. Strafstunde, Nachsitzen

arretieren → festnehmen

arrivieren → avancieren

arrogant dünkelhaft, anmaßend, überheblich, eingebildet, hochmütig, selbstgefällig, selbstgerecht, selbstherrlich, selbstbewusst, herablassend, hochnäsig, stolz, süffisant, blasiert, snobistisch, von oben herab, gnädig, hybrid; *ugs.:* aufgeblasen, aufgeplustert, geschwollen

Arroganz → Dünkel

Arsch
1. → Gesäß
2. → Dummkopf

Arschkriecher → Speichellecker

A

Arsenal
1. Gerätelager, Waffenlager, Zeughaus, Rüstkammer, Waffenkammer, Magazin, Depot
2. Rüstzeug, Mittel, Instrumentarium

Art
1. Wesen, Eigenart, Beschaffenheit, Natur, Naturell, Veranlagung, Disposition, Charakter
2. Manier, Weise, Modus, Gewohnheit, Zuschnitt, Verhalten, Vorgehen, Benehmen, Stil, Form, Auftreten, Betragen, Führung, Aufführung, Gebaren, Habitus, Haltung; *ugs.:* Tour, Masche
3. Sorte, Gattung, Typ, Familie, Spezies, Genre, Schlag, Klasse, Kategorie, Zweig, Rasse, Couleur, Prägung, Gepräge; *ugs.:* Kaliber

Artefakt → Kunstwerk

arten nach → ähneln

Arterie → Ader

artifiziell → künstlich

artig
1. → folgsam
2. höflich, galant, zuvorkommend, entgegenkommend, nett, gefällig, aufmerksam, beflissen, achtungsvoll

Artikel
1. Geschlechtswort
2. Gesetzesabschnitt, Vertragsabschnitt, Absatz, Passus, Punkt, Passage, Kapitel, Teil
3. Aufsatz, Beitrag, Abhandlung, Essay, Arbeit, Bericht
4. Ware, Gegenstand, Erzeugnis, Produkt, Fabrikat, Objekt, Gut, Handelsgut, Gebrauchsgut, Konsumgut

artikulieren
1. Ausdruck verleihen, zum Ausdruck bringen, äußern, formulieren, wiedergeben (Gedanken), mitteilen, vorbringen, ausdrücken, aussprechen, in Worte fassen/kleiden, verbalisieren, auf den Begriff bringen, kundtun
2. modulieren, betonen, Laute erzeugen, akzentuieren, den Ton legen auf, prononcieren

artikulieren, sich
1. sich ausdrücken, sich äußern, sprechen, formulieren
2. sich zeigen, sich spiegeln, sich widerspiegeln, wiedergeben, sich offenbaren, sich darstellen, sich ausprägen; *geh.:* sich manifestieren

Artist → Akrobat

artistisch geschickt, akrobatisch, gewandt, vollendet, perfekt, gekonnt, meisterhaft, erstklassig, mustergültig, virtuos

Arznei Mittel, Heilmittel, Medikament, Medizin, Präparat, Pharmazeutikum, Drogen, Pharmakon, Therapeutikum

Arzt Mediziner, Heilkünstler, Heilkundiger, Doktor, Medikus, Therapeut; *ugs.:* Medizinmann, Gott/Halbgott in Weiß; *abwertend:* Kurpfuscher, Quacksalber

Asche Verbrennungsrückstand, Brandrückstand

äsen fressen, grasen, weiden

Askese → Mäßigkeit

asketisch enthaltsam, abstinent, spartanisch, entsagungsvoll, entsagend, diszipliniert, puritanisch, keusch, zurückhaltend, bedürfnislos

asozial
1. gemeinschaftsschädlich, gemeinschaftsunfähig, gemeinschaftsfeindlich, gemeinschaftsfremd, unsozial, gesellschaftsschädigend, unmenschlich
2. kriminell, verbrecherisch, frevelhaft, schändlich, gemein, ruchlos, böse
3. primitiv; *ugs.:* prollig, proletenhaft ⓘ

Aspekt Betrachtungsweise, Blickwinkel, Gesichtspunkt, Blickpunkt, Auffassung, Perspektive, Hinsicht, Hinblick, Standpunkt, Warte, Blickrichtung, Position, Schau, Stellung, Ort, Beziehung,

asozial: Am Rande der Gesellschaft

Im alltäglichen Sprachgebrauch wird das Adjektiv *asozial* meistens mit abschätzigen Bedeutungen wie *kriminell, böse* oder *primitiv* verwendet. In vielen Fällen steht hinter dieser Wortwahl die Absicht, Personen zu erniedrigen oder zu beschimpfen. Sehr drastisch drückt sich dies in dem abgeleiteten Substantiv *Asi* aus, das besonders in die Jugendsprache Eingang gefunden hat.
Durch diese Bedeutungsdominanz in der gesprochenen Sprache ist in den Hintergrund geraten, dass die Kennzeichnung *asozial* aus der rein soziologischen Perspektive feststellt, dass jemand kein sozialverträgliches Verhalten an den Tag legt beziehungsweise unfähig ist, in der menschlichen Gemeinschaft zu leben. *Unsozial* verhält sich dagegen jemand, der soziales Verhalten gelernt hat, sich dessen Regeln aber bewusst widersetzt.

Zusammenhang, Seite, Punkt
Aspirant → Anwärter
Ass Meister, Könner, Fachmann, Größe, Kapazität, Virtuose, Koryphäe, Experte, Spezialist, Champion, Crack; *ugs.:* Kanone
assimilieren angleichen, anpassen, verschmelzen, einverleiben, einfügen, einordnen, eingliedern, einreihen
assimilieren, sich → anpassen, sich
Assistent → Gehilfe
assistieren beistehen, Hilfe leisten, helfen, beispringen, behilflich sein, an die/zur Hand gehen, (mit) Hand anlegen, sekundieren, entlasten, unterstützen, dienen mit, mitwirken, zur Seite stehen, Handreichungen machen, vertreten
assoziieren
1. verbinden, verknüpfen, vereinigen, zusammenschließen, verschmelzen
2. Gedanken/Ideen spinnen, Gedankenreihen/Gedankenfolgen/Gedankenketten/Gedankenverbindungen aufstellen
assoziieren, sich sich verbünden, sich einen, sich fusionieren, sich zusammentun, Mitglied werden, sich vereinigen, zusammengehen, koalieren
Ast
1. Zweig; *poet.:* Arm; *Pl.:* Geäst, Astwerk
2. *ugs.:* Höcker, Auswuchs, Buckel
asten → anstrengen, sich
ästhetisch schön, stilvoll, geschmackvoll, kunstsinnig, feinsinnig, harmonisch, formvollendet, schöngeistig, wohlgestaltet
astrein → fehlerlos
Astrologe Sterndeuter, Wahrsager, Weissager, Horoskopsteller, Schicksalsdeuter
Astronaut Raumfahrer, Weltraumfahrer, Kosmonaut; *schweiz.:* Lunaut
Asyl
1. Zuflucht, Zufluchtsort, Freistätte, Unterschlupf, Schutz, Refugium, Versteck, Schlupfloch, Schlupwinkel
2. → Wohnung
3. → Unterkunft
asymmetrisch ungleichmäßig, verschoben, unebenmäßig
Atelier Werkstatt, Werkhalle, Werkraum, Werkstätte, Studio
Atem Luft, Hauch; *poet.:* Odem; *ugs.:* Puste
atemberaubend → spannend
atemlos
1. außer Atem; *ugs.:* außer Puste, schnaufend, prustend
2. erschöpft, müde, entkräftet, abgespannt, schlapp, schlaff, abgehetzt, ermattet; *ugs.:* am Ende, halbtot, kaputt, erledigt, erschossen, abgekämpft, schachmatt
3. erwartungsvoll, gespannt, prickelnd, gefesselt, fieberhaft; *ugs.:* gespannt wie ein Regenschirm/Flitzebogen
Atempause → Pause
atheistisch gottlos, glaubenslos, unreligiös, irreligiös, religionslos, freidenkerisch, freigeistig, gottesleugnerisch, ungläubig
Athlet
1. Wettkämpfer, Sportler, Leistungssportler, trainierter/muskulöser/sportlicher Mensch, Crack
2. Kraftmensch, Bodybuilder, Herkules; *ugs.:* Muskelmann, Supermann; *ugs., oft abwertend:* Muskelprotz, Kraftprotz, Kraftmeier
athletisch muskulös, stark, kräftig, herkulisch, kraftstrotzend, sportlich, sehnig, frisch, gutgebaut, gutgewachsen, drahtig, sportiv
Atlas Landkarte, Weltkarte
atmen Luft holen/schöpfen, einatmen, ausatmen, die Luft einziehen, schnaufen, Atem holen/schöpfen, den Atem ausstoßen; *ugs.:* Luft schnappen
Atmosphäre
1. Lufthülle, Luftmeer, Luftozean
2. Umwelt, Umgebung, Milieu, Sphäre, Mitwelt, Rahmen, Lebenskreis, Lebensraum, Umkreis, Lebensumstände, Lebensbedingungen, Peristase
3. Stimmung, Klima, Wirkung, Einfluss, Fluidum, Ausstrahlung, Air, Flair, Kolorit, Ambiente, Dunstkreis
Atomkraft Atomenergie, Kernenergie, Kernkraft
Atomreaktor Kernreaktor, Atommeiler, Atomofen, Kernkraftwerk, AKW, schneller Brüter
Attacke → Angriff
attackieren → angreifen
Attentat → Anschlag
Attest Bescheinigung, ärztliche Bescheinigung, Zeugnis, Nachweis, Beglaubigung, Testat, Beleg, Erklärung, Zertifikat, Schein
Attitüde
1. Einstellung, Haltung
2. Körperhaltung, Pose, Stellung, Positur, Habitus, Kontenance

A

Attraktion
1. Anziehung, Anziehungskraft, Zugkraft, Anreiz
2. Glanznummer, Zugnummer, Galanummer, Zugstück, Glanzstück, Hit, Sensation, Clou, Glanzpunkt, Höhepunkt, Hauptsache, Zugpferd, Schlager, Blickfang, Magnet, Nonplusultra; *ugs.:* Reißer, Knüller, Ding, Highlight, Publikumsköder

attraktiv
1. reizvoll, ansprechend, charmant, gewinnend, interessant, einnehmend, anziehend, anlockend, bestrickend, entwaffnend, betörend, fesselnd, begehrenswert, faszinierend, berückend, magnetisch, begehrt, unwiderstehlich, verführerisch, aufregend, aufreizend, sexy; *ugs.:* toll, klasse, dufte, scharf, gut
2. hübsch, gutaussehend, schön, bildschön, wunderschön, gutgewachsen, fesch, flott, schick; *ugs.:* gutgebaut

Attrappe Nachbildung, Schaupackung, Blindpackung, Leerpackung, Blendwerk, Kulisse, potemkinsche Dörfer, Fassade, Tarnung, Maske

Attribut Merkmal, Kennzeichen, Beigabe, Beifügung, Eigenschaft, Zeichen, Mal, Charakterzug, Symptom, Besonderheit, Statussymbol, Erkennungszeichen

atypisch → ausgefallen

ätzend
1. beißend, scharf, brennend; *fachsprachl.:* kaustisch
2. *ugs. für:* grauenhaft, widerwärtig, äußerst unangenehm, gemein, fürchterlich, abscheulich, entsetzlich, furchtbar, übel, schrecklich, grausig, abstoßend, scheußlich, widerlich, grässlich, ekelhaft; *geh.:* degoutant; *ugs.:* fies, blöd, zum Brechen; *derb:* zum Kotzen

Aubergine Eierfrucht; *österr.:* Melanzane

auch
1. ebenfalls, gleichfalls, genauso, desgleichen, gleichermaßen, in gleicher Weise, ebenso, in demselben Maße, dito, item; *österr.:* detto
2. außerdem, im Übrigen, zudem, darüber hinaus, weiter, zusätzlich, überdies, des Weiteren, sowie, ansonsten, sonst, noch, daneben, ferner, und, zugleich, unter anderem, dazu, obendrein
3. selbst, sogar, schon
4. tatsächlich, wirklich, erwartungsgemäß, in der Tat, natürlich, wahrlich
5. schließlich, denn

Audienz Empfang, Aufnahme, Willkomm, Begrüßung, feierlicher/offizieller Empfang

Auditorium
1. Zuhörer, Zuhörerschaft, Publikum, Hörerschaft, Personenkreis, Zuschauer
2. Hörsaal, Vorlesungssaal, Vorlesungsraum

auf
1. → offen
2. → wach
3. empor, in die Höhe, los, vorwärts

aufarbeiten
1. erledigen, nachholen, nacharbeiten, nachlernen, sich annähern, nicht nachstehen wollen, aufholen, einholen, zu Ende arbeiten/bringen, fertigmachen, nachziehen, einbringen
2. erneuern, überholen, auffrischen, aufpolieren, renovieren, modernisieren, reparieren, ausbessern, wiederherstellen, restaurieren; *ugs.:* aufmöbeln
3. → verarbeiten

aufatmen
1. erleichtert/befreit/erlöst/froh/beruhigt sein, jmdm. fällt ein Stein vom Herzen; *ugs.:* heilfroh sein, drei Kreuze machen
2. Atem schöpfen, tief Luft holen; *ugs.:* aufschnaufen, Luft schnappen

Aufbau
1. Schaffung, Errichtung, Gründung, Erbauung, Aufstellung, Erstellung, Anlage, Bau
2. Erhöhung, Aufsatz
3. Gliederung, Struktur, Einteilung, Anordnung, Aufriss, Gerüst, Grundgerüst, Gerippe, Plan, Organisation, Gruppierung, Zusammensetzung, Gefüge, Arrangement, Komposition, Ordnung

aufbauen
1. aufstellen, fertigstellen, hinstellen, erstellen, errichten, aufrichten, bauen, erbauen, zusammenfügen, verbinden, aufschlagen
2. schaffen, gründen, ins Leben rufen, etablieren, entwickeln; *ugs.:* auf die Beine stellen
3. zusammenstellen, zusammensetzen, arrangieren, anordnen, anlegen, gliedern, komponieren, gruppieren, organisieren, konstruieren
4. jmdn. fördern/managen/lancieren/herausbringen/unterstützen

aufbauen, sich
1. sich hinstellen, sich aufstellen, sich postieren, sich auftürmen; *ugs.:* sich aufpflanzen
2. sich entwickeln, sich entfalten, etwas aus sich machen, reifen

aufbauen auf ausgehen von, zur Grundlage nehmen, sich beziehen auf, anschließen, aufgreifen, zum Ausgangspunkt machen, seine Wurzeln haben in

aufbäumen, sich
1. sich aufrichten, sich aufrecken, sich auf die Hinterbeine stellen
2. → aufbegehren

aufbauschen übersteigern, übertreiben, überziehen, aufblähen, aufblasen, dramatisieren, hochspielen, hochputschen, ausweiten, zu weit gehen, sich hineinsteigern, Aufheben(s)/Wesen(s) machen von, ausschmücken; *ugs.:* aus einer Mücke einen Elefanten machen, dick auftragen, faustdick auftragen, aufplustern, viel Sums/Trara machen, eine Staatsaktion machen von

aufbegehren sich aufbäumen, sich empören, Widerstand leisten, sich auflehnen, sich zur Wehr setzen, trotzen, nein sagen, sich dagegenstellen, sich dagegenstemmen, einen Aufstand machen, opponieren, sich widersetzen, sich entgegenstellen, sich erheben, aufstehen gegen, auftrumpfen, meutern, den Gehorsam verweigern, rebellieren, revoltieren, sich sträuben, sich wehren, protestieren, jmdm. die Stirn bieten/die Zähne zeigen, auf die Barrikaden gehen, Sturm laufen gegen, gegen den Strom schwimmen, wider den Stachel löcken, sich sperren, Paroli/Schach bieten, murren, mucken, sich nichts gefallen lassen, sich stemmen/bäumen gegen; *ugs.:* aufmucken, Zinnober machen, einen Tanz aufführen, Krach schlagen, sich querlegen

aufbehalten nicht abnehmen/abziehen; *ugs.:* anlassen, auflassen

aufbekommen aufbringen, öffnen können; *ugs.:* aufkriegen

aufbereiten
1. vorbereiten
2. → recyclen

aufbessern → steigern

aufbewahren aufheben, verwahren, bewahren, in Verwahrung/Gewahrsam nehmen, zurücklegen, sicherstellen, erhalten, behalten, unter Verschluss halten, an sich nehmen, beiseitelegen, beiseitebringen, lagern, speichern, einschließen, unterbringen, sammeln, horten, hüten; *schweiz.:* versorgen

aufbieten einsetzen, aufwenden, daransetzen, mobilisieren, hineinstecken, sich anstrengen

aufbinden
1. aufknoten, aufknüpfen, aufschnüren, auflösen, aufschlingen, entknoten, öffnen; *ugs.:* aufmachen
2. hochstecken, aufstecken, hochbinden
3. einreden, täuschen, anlügen, belügen, vorgaukeln, vortäuschen

aufblähen
1. fülliger/prall machen, aufblasen, auftreiben, aufschwellen; *ugs.:* aufplustern
2. → aufbauschen

aufblähen, sich → angeben

aufblasen
1. bauschen, aufbauschen, blähen, aufblähen, aufschwellen, ausfüllen, auftreiben, mit Luft/Gas füllen, aufpumpen; *ugs.:* aufpusten, aufplustern
2. → aufbauschen

aufblasen, sich → angeben

aufblättern aufschlagen, aufklappen, aufmachen, öffnen

aufblicken aufschauen, aufsehen, hochschauen, emporsehen, emporblicken, aufgucken, hochgucken, die Augen/den Blick heben

aufblicken zu → verehren

aufblitzen aufleuchten, auftauchen, aufkommen, aufsteigen, aufdämmern, auflodern, aufkeimen, entstehen, bewusstwerden, einfallen, sich auftun, lebendig werden

aufblühen aufgehen, erblühen, aufbrechen, zur Blüte kommen, sich entfalten, sich aufblättern, sich auftun, werden, sich öffnen, wachsen, heranwachsen, aufbersten, aufplatzen, aufspringen, keimen, aufleben, sich entwickeln, sich beleben, gedeihen, florieren, sich mausern, gesunden, zu Kräften kommen, erstarken, erwachen, sich wohlfühlen, Leben versprühen, sich verjüngen; *ugs.:* sich machen, sich hochrappeln, sich pudelwohl fühlen, auf die Beine kommen

aufbrauchen
1. verbrauchen, völlig verbrauchen, aufzehren, verzehren, konsumieren, verwirtschaften, vertun, verprassen, verleben, verschwenden; *ugs.:* verbra-

ten, verbuttern, durchbringen, um die Ecke bringen, auf den Kopf hauen, verjubeln
2. → abnutzen
aufbrausen sich erregen, sich aufregen, auffahren, hochfahren, sich vergessen, sich ärgern, sich erhitzen, sich ereifern, die Beherrschung/Geduld verlieren, aus der Fassung geraten, in Wut/Zorn/Harnisch/Fahrt geraten, außer sich geraten, sich echauffieren, grollen, wüten, toben, sich erzürnen, wütend/zornig/böse/heftig werden, ergrimmen; *ugs.:* explodieren, rotsehen, aus der Haut fahren, in die Luft/an die Decke gehen, schäumen, sieden, kochen, in Rage kommen, wild werden, Zustände kriegen, aufdrehen, platzen, (die Wände) hochgehen
aufbrausend auffahrend, aufschäumend, wütend, rasend, zornig, jähzornig, hitzig, reizbar, cholerisch, unbeherrscht, erregbar, heftig, entzündlich, explosiv, hochgehend, hysterisch, wild, hitzköpfig, ungezügelt, stürmisch
aufbrechen
1. gewaltsam öffnen, aufstoßen, aufreißen, eindrücken, einreißen, einschlagen, durchstoßen, stürmen, sprengen, aufhauen, aufhacken; *ugs.:* knacken, aufknacken
2. → aufblühen
3. → weggehen
aufbrezeln, sich *ugs. für:* sich zurechtmachen, sich schickmachen, sich aufputzen, sich herausputzen, sich auffallend/überladen anziehen, sich stark schminken; *ugs.:* sich stylen; *abwertend:* sich aufdonnern
aufbringen
1. herbeischaffen, beschaffen, besorgen, beibringen, erbringen, haben, flüssigmachen; *ugs.:* auftreiben, zusammenkratzen
2. in Umlauf/die Welt setzen, verbreiten, ausbreiten, unter die Leute bringen, propagieren, erfinden, einführen, ersinnen, sich ausdenken, erdichten; *ugs.:* herumerzählen, herumtragen, aushecken, ausspinnen
3. → aufregen
4. → aufhetzen
5. kapern, entern, erbeuten, Besitz ergreifen
6. aufbekommen, öffnen können; *ugs.:* aufkriegen
Aufbruch
1. Abgang, Abzug, Abfahrt, Abmarsch, Weggang, Fortgehen
2. Start, Erwachen, Beginn, Anfang, Auftakt
aufbrummen → aufbürden
aufbürden übertragen, aufladen, abwälzen/abschieben auf, zuschieben, von sich schieben, beiseiteschieben, sich freimachen von, schieben auf, belasten, verpflichten zu, beladen, auflegen, auferlegen, zumuten, mit Beschlag belegen, aufpacken, auflasten; *schweiz.:* überbürden; *ugs.:* aufhalsen, aufbrummen, aufsacken, aufpelzen, aufhängen, anhängen, unterjubeln, andrehen
aufdecken
1. enthüllen, freilegen, bloßlegen, ans Licht/an den Tag bringen, ausfindig machen, klarlegen, Licht bringen in, finden, erkunden, zutage fördern, aufzeigen, aufrollen, aufspüren, aufklären, aufweisen, auflösen, aufhellen, entblößen, entschleiern, entlarven, offenbaren, offenlegen, durchschauen, nachweisen, den Schleier lüften, dem Geheimnis auf die Spur kommen, demaskieren, dekuvrieren, outen
2. auflegen
3. → decken
aufdonnern, sich *ugs. für:* sich herausputzen, sich aufmachen, sich zurechtmachen, sich auftakeln, sich aufmotzen, sich stylen, sich in Schale schmeißen
aufdrängen aufnötigen, aufzwingen, oktroyieren, anbieten, überreden zu; *ugs.:* andrehen, aufschwatzen, aufs Auge drücken
aufdrängen, sich
1. zudringlich/penetrant/lästig sein, sich anbiedern, sich anbieten, sich nicht abweisen lassen, sich aufzwingen, bedrängen, belästigen; *ugs.:* sich hängen an, jmdm. auf den Pelz rücken, sich jmdm. an den Hals werfen
2. sich (notwendig) ergeben, folgen/hervorgehen aus, entstehen, sich herausschälen
aufdrehen
1. einschalten, einstellen, anschalten, anstellen; *ugs.:* anlassen, anmachen, anknipsen, andrehen
2. → beschleunigen
3. aufziehen (Uhr), in Gang setzen
aufdringlich lästig, zudringlich, unangenehm, frech, anmaßend, unverschämt, taktlos, indezent, nicht feinfühlig, penetrant, wi-

derlich, ekelhaft, plump, indiskret; *österr.:* seckant

aufdrücken
1. aufprägen, aufpressen, aufstempeln
2. zeichnen, beeinflussen, durchsetzen, formen, gestalten, prägen, das Gepräge geben/verleihen, Wirkung ausüben auf
3. öffnen, aufstoßen, aufreißen, aufklinken, aufbrechen

aufeinander
1. übereinander, etwas auf etwas
2. gegenseitig, wechselseitig

Aufeinanderfolge Reihenfolge, Abfolge, Entwicklung, Fortgang, Verlauf

aufeinanderfolgen sich abwechseln, sich ablösen, eins nach dem anderen folgen, miteinander wechseln

aufeinanderprallen → zusammenstoßen

Aufenthalt
1. Sitz, Wohnsitz, Standort, Besuch, Anwesenheit, Verbleib, Stätte
2. Unterbrechung, Halt, Einschnitt, Zäsur, Stopp, Station, Pause, Stockung, Verzögerung

Aufenthaltsort → Wohnsitz

auferlegen
1. → aufbürden
2. → anordnen

aufessen verzehren, aufzehren, verspeisen, vertilgen, verschmausen, verschlingen, leeressen; *ugs.:* auffuttern, verkonsumieren, verkasematuckeln, schaffen, verputzen, verspachteln, verdrücken, verdiekern, ratzekahl leeressen, auffressen

auffädeln aufziehen, einziehen, durchziehen, aufreihen

auffallen: Wie man Aufmerksamkeit erregt

Man kann auf unterschiedliche Arten *Aufmerksamkeit erregen* oder *Beachtung finden.* Mit der Wendung *in die Augen fallen/springen* ist die Konnotation verbunden, dass etwas unmittelbar *auf der Hand liegt,* oder möglicherweise auch plötzlich und überraschend *Aufmerksamkeit auf sich zieht.* Sie wird auch übertragen gebraucht, muss also nicht unbedingt mit physischem Hinsehen einhergehen. *Blicke auf sich ziehen* kann dagegen nur eine Person oder eine Sache, die tatsächlich optisch Aufmerksamkeit auf sich lenkt.
Schlagzeilen machen heißt öffentliche Aufmerksamkeit erregen, die sich in Medienberichten niederschlägt. Angespielt wird hier ursprünglich auf die groß gedruckten Zeitungsüberschriften. *Eindruck machen* und noch stärker *Furore machen* bedeutet, in einem positiven Sinn beachtet zu werden, wobei Furore auch Aufmerksamkeit im Sinn von Aufregung sein kann.
Dagegen enthält die Formulierung *Staub aufwirbeln* die Konnotation, auf unangenehme Weise Beachtung zu finden, die wohl besser vermieden worden wäre. Gehoben ist die aus dem Französischen kommende Vokabel *frappieren,* bei der die Bedeutung von »verblüffen« mitschwingt.
Die umgangssprachlichen Wendungen *aus der Reihe tanzen* oder *aus der Rolle/dem Rahmen fallen* besagen, dass etwas oder jemand durch Abweichen von einer Norm beziehungsweise einer Gewohnheit auffällt. Das ebenfalls umgangssprachliche Wort *aufstoßen* bedeutet unangenehmes Auffallen. Deutlich wird das auch in den oft zur Verstärkung verwendeten Erweiterungen wie *sauer/bitter aufstoßen.*

auffahren
1. aufprallen, zusammenstoßen, kollidieren, anfahren, rammen, fahren/prallen gegen, streifen
2. → auftischen
3. → aufbrausen
4. aufschrecken, hochfahren, hochschnellen, in die Höhe fahren, aufspringen, aufzucken

auffallen Aufmerksamkeit erregen, Beachtung finden, bemerkt/beachtet werden, in die Augen fallen/springen, die Blicke/Aufmerksamkeit auf sich ziehen/lenken, von sich reden/Schlagzeilen machen, frappieren, Aufsehen erregen/verursachen, Staub aufwirbeln, Eindruck/Furore machen, hervortreten, hervorstechen, hervorragen, in Erscheinung treten, klarwerden, bewusstwerden, ins Bewusstsein dringen, sich aufdrängen; *ugs.:* aufstoßen, aus der Reihe tanzen, aus dem Rahmen fallen ⓘ

auffallend auffällig, in die Augen fallend, frappant, krass, augenfällig, markant, schreiend, hervorstechend, außerordentlich, außergewöhnlich, nicht alltäglich, aus dem Rahmen fallend, verblüffend, reißerisch, Aufsehen erregend, ungewöhnlich, unübersehbar, aufdringlich; *ugs.:* knallig, aufgedonnert, aufgetakelt

A

auffangen
1. fangen, abfangen, fassen, greifen, ergreifen; *ugs.:* haschen, aufschnappen, kriegen, erwischen, packen
2. sammeln, stauen, aufhalten, einfangen
3. erhaschen; *ugs.:* mitkriegen, schnappen
4. → abwehren

auffassen
1. auslegen, deuten, glauben, meinen, annehmen, halten/erachten/erklären für, interpretieren, herauslesen, beurteilen/einschätzen/empfinden/ansehen/betrachten/hinstellen/charakterisieren/ansprechen/bezeichnen/verstehen/bewerten/nehmen/kennzeichnen als, denken über
2. begreifen, fassen, klarwerden, einleuchten, durchschauen, erkennen, bewusstwerden, zu Bewusstsein kommen, sich zu Eigen machen, durchdringen, eindringen, ergründen, herausfinden, verarbeiten, klarsehen, übersehen, Bescheid wissen, lernen, verstehen, aufnehmen; *ugs.:* kapieren, dämmern, funken, aufgehen, dahinterkommen, dahintersteigen, intus haben, es fressen, schalten, schnallen, durchsteigen

Auffassung
1. → Ansicht
2. → Auslegung

Auffassungsgabe Fassungsvermögen, Auffassungsvermögen, Fassungskraft, Auffassungskraft, Aufnahmefähigkeit, Fassungsgabe, Kapazität, Begabung, Intelligenz, Lernfähigkeit, Geist, Verstand, Denkkraft, Beobachtungsgabe, Scharfsinn; *ugs.:* Köpfchen

auffegen kehren, aufkehren, fegen, zusammenfegen

auffinden → finden

auffischen → auflesen

aufflackern → aufleuchten

aufflammen → aufleuchten

auffliegen
1. nach oben/in die Höhe fliegen, emporfliegen, hochfliegen, steigen, aufsteigen, sich erheben, aufstieben, aufflattern, sich aufschwingen
2. sich öffnen, sich auftun, aufgehen, aufspringen
3. → scheitern

auffordern bitten, verlangen, ansuchen, nachsuchen, ersuchen, wünschen, nahelegen, aufrufen, einladen, nötigen, zuraten, ermahnen, appellieren, anhalten, auftragen, heißen, gebieten, anordnen, befehlen; *ugs.:* angehen

auffressen
1. → aufessen
2. → erschöpfen

auffrischen
1. erneuern, renovieren, aufbessern, verbessern, reparieren, restaurieren, wiederherstellen, instand setzen, polieren, aufpolieren, aufarbeiten
2. beleben, aktivieren, wecken, sich zurückrufen, zu Bewusstsein bringen, aufmuntern, ankurbeln, erinnern, aufrollen, aufrühren, wiederholen; *ugs.:* aufwärmen, aufmöbeln, aufpulvern
3. verstärken (Wind), anschwellen, aufbrisen, anziehen, zunehmen

aufführen
1. vorführen, zeigen, spielen, darstellen, veranstalten, produzieren, geben, bringen, in Szene setzen, performen, zur Aufführung/Darstellung/auf die Bühne bringen, bieten, darbieten, herausbringen, inszenieren; *ugs.:* über die Bretter gehen lassen
2. → erwähnen
3. in die Höhe bauen (Mauer), errichten, erstellen, hochziehen

aufführen, sich → benehmen, sich

Aufführung
1. Vorstellung, Darbietung, Vorführung, Auftritt, Auftreten, Performance, Veranstaltung, Schau, Schaustellung, Darstellung, Spiel, Nummer, Inszenierung; *jugendsprachl.:* Act
2. → Benehmen
3. Erwähnung, Aufzählung, Nennung, Anführung, Zitierung, Zitat, Wiedergabe, Angabe, Auflistung

auffüllen nachfüllen, nachschütten, ergänzen, anreichern, vollmachen, vollgießen, vollschütten

Aufgabe
1. Verzicht, Preisgabe, Entwöhnung, Einstellung, Auflösung, Abbruch, Räumung, Schließung, Liquidierung, Entäußerung, Überlassung, Entsagung, Hergabe, Abtretung
2. Verpflichtung, Auftrag, Pflicht, Bestimmung, Obliegenheit, Forderung, Anforderung, Amt, Funktion, Schuldigkeit, Mission, Beruf, Arbeit, Posten, Rolle, Sendung
3. Problem, Frage, Rätsel, Schwierigkeit, Angelegenheit, Pensum
4. Aufsage, Widerruf, Annullierung, Abbestellung, Kündigung

5. Schulaufgabe, Hausaufgabe, Schularbeit, Hausarbeit

aufgabeln → auflesen

Aufgabenbereich Arbeitsbereich, Arbeitsgebiet, Aufgabengebiet, Tätigkeitsbereich, Sachbereich, Sachgebiet, Aufgabenkreis

Aufgang
1. Treppe, Treppenaufgang, Treppenhaus, Stiegenhaus
2. Aufstieg, Anstieg, Auffahrt, Zufahrt
3. Einbruch, Anbruch, Aufkommen, Aufgehen, Erscheinen

aufgeben
1. eine Aufgabe stellen/geben, anordnen, auferlegen, heißen, beauftragen, übertragen, diktieren, Auftrag/Weisung/Order/Befehl geben; *österr.:* anschaffen; *ugs.:* aufbrummen, anhängen
2. verzichten, Abstand nehmen von, sich absetzen, aufhören, preisgeben, abstellen, einstellen, unterbinden, ablassen/zurücktreten von, sich abgewöhnen, sich aberziehen, brechen mit, sich abwenden, sich abkehren, abschütteln, hinter sich lassen/bringen, sich befreien von, abstreichen, beenden, sich versagen, absagen, entsagen, sich enthalten, zurückstehen, ablegen, abstreifen, abwerfen, abkommen/abgehen von; *ugs.:* nicht mehr mitmachen, fahren/fallen lassen, abspringen, hinhauen, an den Nagel hängen, den Kram/Laden hinwerfen, hinschmeißen, aussteigen, in den Mond/Wind schießen, pfeifen auf, sich abschminken, sich austreiben, schießen/bleiben/sein lassen
3. resignieren, kapitulieren, über Bord werfen, verlorengeben, sich aus dem Kopf/Sinn schlagen, nicht mehr rechnen mit, zu Grabe tragen, die Hoffnung aufgeben/begraben, abtun; *ugs.:* die Flinte ins Korn/das Handtuch werfen, aufstecken, dreingeben, schlappmachen, die Segel streichen, abschreiben, abbuchen, die Waffen strecken, passen
4. auflösen, liquidieren, schließen, räumen, ausräumen, beseitigen, abschaffen, abbrechen, Schluss machen/aufräumen mit, aus der Welt schaffen
5. zur Post bringen, abliefern, abgeben, einliefern, wegschicken, verladen lassen, verfrachten

aufgeblasen → eingebildet

aufgebracht → ärgerlich

aufgedonnert → elegant

aufgedreht
1. → ausgelassen
2. → aufgewühlt

aufgedunsen geschwollen, aufgeschwollen, aufgeschwemmt, aufgeblasen, aufgetrieben, aufgebläht, aufgeplustert, verquollen, aufgequollen, geschwellt, dick; *Med.:* pastös; *ugs.:* schwammig, schwabbelig, quabbelig, quallig

aufgehen
1. erscheinen, auftauchen, hervorkommen, hochkommen, sich erheben, aufsteigen, sichtbar werden
2. hochgehen (Teig), wachsen, treiben, schwellen, anschwellen, quellen, aufblähen
3. → keimen
4. → aufblühen
5. sich öffnen, sich aufmachen, sich aufschließen/aufsperren/aufmachen lassen
6. stimmen, sich lösen
7. → verstehen

aufgehen in
1. verschmelzen mit, eingehen in, sich vereinigen mit, sich auflösen in, eine Verbindung eingehen mit, aufgesaugt werden, übergehen in
2. sich hingeben, sich widmen, sich einsetzen, sich ergeben, Erfüllung finden in, sich verschreiben

aufgeilen → erregen

aufgeklärt
1. freidenkend, freigeistig, freisinnig, tolerant, vorurteilslos, vorurteilsfrei, liberal
2. eingeweiht, wissend, unterrichtet, informiert, erfahren, instruiert, orientiert, verständig

aufgekratzt
1. → ausgelassen
2. aufgewühlt, ruhelos, irritiert, erregt

aufgelegt
1. gelaunt, sich befindend, gestimmt, disponiert, zumute, in der Lage, in Form
2. **gut aufgelegt** → heiter

aufgelockert → zwanglos

aufgelöst
1. aufgewühlt, aufgeregt, bewegt, ruhelos, erregt, enerviert, nervenschwach, gereizt, fahrig, ängstlich, betroffen, verwundet, außer sich, aus der Fassung, kopflos, ohnmächtig, handlungsunfähig, der Sinne beraubt, echauffiert, nervös; *ugs.:* aus dem Häuschen, fickerig
2. vergangen, zergangen, verflossen, getrennt, ge-

schieden, vorbei, beendet, auseinander

aufgeräumt
1. → heiter
2. → ordentlich

aufgeregt
1. unruhig, nervös, fieberhaft, hastig, zittrig, fiebrig, heftig, erregt, erhitzt, hektisch, echauffiert, enerviert, aufgelöst, exaltiert, ruhelos, gespannt, beunruhigt, besorgt, vibrierend, überreizt, gereizt, aufgewühlt, nervenschwach, ungeduldig, fahrig; *ugs.:* Herzklopfen/Lampenfieber habend, zapplig, kribblig, durchgedreht, auf Kohlen/Nadeln sitzend
2. → ärgerlich

aufgeschlossen
1. zugänglich, interessiert, empfänglich, offen, aufnahmebereit, aufnahmefähig, aufnahmewillig, aufgetan, durchlässig, geneigt, ansprechbar
2. tolerant, verständnisvoll, weitherzig, freizügig, nachsichtig, großmütig, liberal
3. mitteilsam, freimütig, offenherzig, gesprächig, redselig, → gesellig

aufgeschwemmt → aufgedunsen

aufgeschwollen → aufgedunsen

aufgesetzt gekünstelt, geziert, unecht, unnatürlich, theatralisch, gespreizt, gestelzt, geschraubt, gezwungen, geschwollen, künstlich; *geh.:* affektiert, manieriert, preziös

aufgetakelt → elegant

aufgeweckt klug, intelligent, gescheit, wach, geweckt, begabt, geistreich, schlau, lernfähig, scharfsinnig, verständig, aufnahmefähig; *ugs.:* mit Köpfchen, hell(e), blitzgescheit, nicht auf den Kopf gefallen

aufgewühlt bewegt, irritiert, ruhelos, beunruhigt, gereizt, ergriffen, exaltiert, außer sich, unstet, erregt, erschüttert; *ugs.:* aufgedreht, aufgekratzt, kribbelig, durcheinander

aufglänzen → aufleuchten

aufgliedern → einteilen

aufglitzern → aufleuchten

aufgreifen
1. ergreifen, festnehmen, jmds. habhaft werden, erwischen, ertappen, fassen, finden, stellen, dingfest machen, gefangen nehmen; *ugs.:* schnappen, greifen, kriegen, kaschen, packen
2. aufnehmen, eingehen auf, anschließen, anknüpfen an, zurückkommen/sich beziehen auf, fortsetzen, weiterspinnen

aufgrund → wegen

aufhaben
1. → tragen
2. geöffnet/offen haben
3. *ugs.:* Schularbeiten (zu erledigen) haben

aufhacken → aufbrechen

aufhalsen → aufbürden

aufhalten
1. hemmen, zurückhalten, anhalten, abhalten, abfangen, auffangen, eindämmen, bremsen, bannen, zügeln, steuern, bekämpfen, mäßigen, abwehren, verhindern, zurückschlagen, abweisen, zähmen, bändigen, Einhalt gebieten, im Zaum halten, Grenzen setzen, beschränken, zum Stehen/Stillstand bringen, stoppen, abstoppen, stocken
2. stören, hindern, behindern, beeinträchtigen, festhalten, im Wege stehen, ein Handikap sein, ablenken, behelligen, lästig fallen, ungelegen/unpassend/in die Quere kommen, belästigen, blockieren, unterbrechen; *geh.:* inkommodieren

aufhalten, sich
1. verbringen, zubringen, weilen, verweilen, bleiben, sich befinden, leben, sein, anwesend/zugegen/hier/dort sein, dasein, verleben, verharren, wohnen, hausen, sitzen
2. **sich aufhalten mit** → sich beschäftigen mit
3. **sich aufhalten über** sich aufregen/entrüsten/empören über, bereden, hergehen/reden über; *ugs.:* lästern/herziehen/klatschen/tratschen über, durchhecheln, schlechtmachen, sich den Mund zerreißen über

aufhängen
1. aufziehen, anbringen, aufstecken, befestigen
2. hängen, erhängen, an den Galgen bringen, henken, strangulieren, hinrichten, töten; *ugs.:* aufknüpfen, aufbaumeln
3. → aufbürden
4. → einreden

Aufhänger
1. Anhänger; *ugs.:* Hänger, Hängsel
2. → Anlass

aufhäufen
1. aufschütten, aufwerfen, aufschaufeln, aufhäufeln, aufschichten
2. → anhäufen

aufheben
1. aufklauben, auflesen, aufsammeln, aufnehmen, aufgreifen, hochnehmen
2. abschaffen, beseitigen, ungültig/rückgängig machen, außer Kraft setzen,

streichen, für ungültig/nichtig erklären, einziehen, zurückziehen, zurücknehmen, annullieren, auflösen, tilgen, aufräumen mit, kassieren, entfernen, löschen, auslöschen, aus der Welt schaffen, ausmerzen, einstellen, abstellen, zum Verschwinden bringen, beheben, liquidieren, Schluss machen mit
3. beenden, schließen, abschließen, aufhören
4. → aufbewahren
5. ausgleichen, aufwiegen, wettmachen, kompensieren, sich die Waage halten, nivellieren
6. ohne Aufheben(s) ohne Aufsehen, vorsichtig, behutsam, unauffällig, unbemerkt, unbeachtet, heimlich, stillschweigend, in aller Stille; *geh.:* diskret; *ugs.:* sang- und klanglos
7. viel Aufheben(s) machen aufbauschen, übersteigern, übertreiben, überziehen, aufblähen, aufblasen, dramatisieren, hochspielen, hochputschen, sich hineinsteigern, ausschmücken; *ugs.:* aus einer Mücke einen Elefanten machen, dick auftragen, aufplustern, viel Sums/Trara machen, eine Staatsaktion machen
8. wenig Aufheben(s) machen bagatellisieren, herunterspielen, verharmlosen, verniedlichen, verkleinern, als geringfügig/unbedeutend hinstellen, abschwächen, mildern, untertreiben

aufheitern erheitern, aufmuntern, aufrichten, aufhellen, heiter/froher stimmen, ablenken, Stimmung machen, zerstreuen, auf andere Gedanken/in Stimmung bringen, belustigen, amüsieren

aufheitern, sich
1. sich aufhellen, sich aufklären, sich lichten, sich auflichten, aufklaren, sich entwölken, schön/freundlicher/klar/sonnig werden
2. → vergnügen, sich

aufheizen
1. erhitzen, wärmen, aufwärmen, erwärmen, warmmachen, heißmachen
2. *ugs. für:* steigern, aufwiegeln, ankurbeln, anstacheln, anspornen, aufputschen, zu einem Höhepunkt treiben, in Schwung bringen; *geh.:* fanatisieren; *ugs.:* anheizen, Dampf machen

aufhellen
1. blondieren, bleichen, auflichten, heller färben
2. → aufdecken
3. → aufheitern

aufhetzen aufwiegeln, aufreizen, aufrühren, aufstacheln, aufbringen, aufputschen, schüren, anstacheln, anstiften, fanatisieren, anfachen, anheizen, antreiben, Zwietracht säen, animieren, verleiten, verführen, verhetzen, böses Blut stiften, Öl ins Feuer gießen, beeinflussen, überreden zu, Brunnen vergiften, ermuntern, ermutigen, agitieren, jmdn. zu etwas bringen/bewegen/treiben, intrigieren; *ugs.:* scharfmachen, anzetteln, anspitzen, aufpulvern

aufholen ausgleichen, aufarbeiten, nachholen, einholen, einbringen, nachziehen, aufkommen, gutmachen, wettmachen, gleichziehen, vermindern, sich annähern, nachlernen, nicht nachstehen wollen, folgen, nachkommen

aufhorchen → aufmerken

aufhören
1. → abflauen
2. abbrechen, unterlassen, absehen von, unterbrechen, beiseitelegen, abschließen, stoppen, aussetzen, zum Schluss kommen, ein Ende machen, beschließen, einstellen, zu Ende führen, zum Abschluss bringen, einen Schlussstrich ziehen, es bewenden lassen bei, einen Punkt machen
3. → aufgeben

aufkehren → kehren

aufkeimen
1. → keimen
2. → aufkommen

aufklappen öffnen, aufschlagen, aufblättern, aufmachen, auftun

aufklären
1. → informieren
2. → aufdecken

aufklären, sich → aufheitern, sich

aufklärend → informativ

Aufklärer
1. Kundschafter, Auskundschafter, Spion, Agent, Späher, Aushorcher; *ugs.:* Maulwurf, Schnüffler; *abwertend:* Spitzel
2. *Mil.:* Aufklärungsflugzeug, Spionageflugzeug, Spionagesatellit

Aufklärung
1. Aufhellung, Aufdeckung, Lösung, Auflösung, Antwort, Klärung, Erklärung, Schlüssel, Enthüllung, Bloßlegung
2. Aufschluss, Bescheid, Erläuterung, Auskunft, Information, Einweihung, Einführung, Unterrich-

tung, Einblick, Einsicht, Klarheit
3. Wetterbesserung, Aufheiterung
4. Belehrung, Instruktion, Wissensvermittlung, Bewusstmachung

aufklauben auflesen, aufheben, aufsammeln, aufnehmen, aufgreifen

aufkleben ankleben, aufleimen, anbringen, befestigen, festmachen; *österr.:* anpicken; *ugs.:* anpappen, aufpappen, anmachen

Aufkleber Etikett, Aufklebeschild, Sticker

aufknacken → aufbrechen

aufknoten → aufknüpfen

aufknüpfen
1. aufbinden, aufknoten, aufschnüren, auflösen, aufschlingen, entknoten; *ugs.:* aufmachen
2. → aufhängen

aufkommen
1. entstehen, sich entwickeln, lebendig werden, sich auftun, sich entfalten, sich erheben, auftauchen, sich bilden, sich heranbilden, aufsteigen, aufwachen, auflodern, aufbrechen, aufflammen, aufflackern, sich entspinnen, anfangen, beginnen, aufkeimen, werden, sich breitmachen, erscheinen, zum Vorschein kommen, aufblühen, aufblitzen, anheben
2. Mode werden, Verbreitung finden, kreiert werden, in Mode kommen
3. → herumsprechen, sich
4. aufziehen, heraufziehen, sich zusammenziehen, sich zusammenballen, sich zusammenbrauen, herankommen, sich nähern, im Anzug sein, herankommen, herannahen
5. ankommen gegen, sich durchsetzen, gewachsen sein, sich behaupten
6. genesen, gesunden, gesund/geheilt werden, sich erholen, heilen, auf dem Weg der Besserung sein; *ugs.:* wieder auf die Beine kommen, sich aufrappeln, wieder zur Form auflaufen, fit werden

aufkommen für
1. die Kosten tragen, bezahlen, bestreiten, finanzieren, haften, aufwenden, geradestehen/einstehen für, die Folgen tragen, ersetzen, erstatten, abgelten, entschädigen, Schadenersatz leisten, gutmachen, wiedergutmachen, die Verantwortung übernehmen; *ugs.:* bluten/herhalten für, blechen, die Suppe auslöffeln, ausbaden, auf seine Kappe nehmen
2. versorgen, ernähren, unterhalten, aushalten, sorgen für, bestreiten

aufkreuzen → auftauchen

aufkriegen → aufbekommen

aufkündigen
1. → auflösen
2. → kündigen

aufladen
1. laden, beladen, aufpacken, befrachten, vollladen, bepacken, einladen, verladen
2. → aufbürden

Auflage
1. Ausgabe, Druck, Edition
2. Schicht, Überzug, Belag
3. Verpflichtung, Auftrag, Soll, Anordnung, Befehl, Weisung, Direktive, Order, Aufforderung, Bedingung

auflassen
1. → aufbehalten
2. geöffnet/offen lassen, nicht zumachen/schließen

auflasten → aufbürden

auflauern warten auf, belauern, auf der Lauer liegen, abfangen, abpassen, sich heranschleichen, beobachten

Auflauf
1. Tumult, Ansammlung, Menschenansammlung, Getümmel, Menge, Gewühl, Zusammenlauf, Zusammenrottung, Versammlung, Gedränge, Aufmarsch, Anhäufung, Gewimmel, Trubel; *ugs.:* Scharen, Haufen, Horde
2. überbackene Mehlspeise, Soufflé

auflaufen
1. stranden, auffahren, auf Grund geraten, aufsitzen
2. prallen gegen, rammen, anrennen, anstoßen, zusammenstoßen
3. → anwachsen
4. → abblitzen

aufleben
1. wieder zu sich kommen, aufblühen, auferstehen, fröhlich werden, gedeihen, sich verjüngen, aufgehen, zur Blüte kommen, sich öffnen, florieren, sich mausern, sich erholen, zu Kräften kommen, sich regenerieren, sich erneuern, erstarken, erwachen; *ugs.:* sich (wieder) machen, sich hochrappeln, sich fangen, auf die Beine kommen
2. von neuem beginnen/anfangen/erstehen, wiederbeleben, wiederherstellen, auffrischen, sich beleben, wieder aufkommen/auftauchen/auflodern/aufflammen/ausbrechen

auflegen
1. aufhängen (Telefon)
2. → publizieren
3. auflehnen, aufstützen, aufstemmen

A

4. aufdecken, anlegen, auslegen, ausbreiten
auflehnen, sich → aufbegehren
Auflehnung
1. → Widerstand
2. → Aufstand
auflesen
1. aufgreifen, aufheben, aufklauben, aufsammeln, aufnehmen, aufsuchen, aufraffen, zusammenlesen
2. finden, auffinden, stoßen auf, einen Fund machen, in die Hände fallen, entdecken, aufspüren, ausfindig machen, begegnen, sehen; *ugs.:* auffischen, aufgabeln, aufstöbern, auftreiben
aufleuchten aufscheinen, aufglühen, aufblitzen, aufzucken, aufblinken, aufstrahlen, aufflammen, aufglimmen, auffunkeln, aufglänzen, aufflackern, aufschimmern, aufblenden, aufglitzern, erglimmen, erglühen, erglänzen, erstrahlen
auflockern
1. lockern, lösen, nachlassen, erleichtern
2. entspannen, entschärfen, entkrampfen, zwangloser/freundlicher gestalten
auflodern
1. aufflammen, aufsteigen, aufkommen, aufwallen, aufflackern, auflohen, aufzüngeln, in Flammen aufgehen
2. → ausbrechen
auflösen
1. beseitigen, aufgeben, liquidieren, abschaffen, aufräumen mit, preisgeben, einstellen, zurücktreten von, über Bord werfen, ablegen, entfernen, schließen, für ungültig/nichtig erklären, annullieren, Schluss machen mit, außer Kraft setzen, aus der Welt schaffen; *ugs.:* abschreiben, abbuchen, an den Nagel hängen, den Kram/Laden hinwerfen, schließen lassen
2. aufkündigen, aufsagen, zurücktreten von, brechen mit, trennen, scheiden, verlassen, Abschied nehmen, weggehen, jmdm. den Rücken kehren, austreten; *ugs.:* sitzen lassen, aufstecken, aussteigen, jmdm. den Laufpass geben
3. enträtseln, entschlüsseln, entwirren, entziffern, dechiffrieren, dekodieren, lösen, aufdecken, aufklären, aufhellen, finden, erraten, herausbekommen; *ugs.:* dahinterkommen, herausbringen, herauskriegen, knacken
4. zerlegen, aufgliedern, auseinandernehmen, zersetzen, sondern, spalten
5. zerstreuen (Demonstration), sprengen, auseinanderjagen, auseinandertreiben
auflösen, sich zergehen, zerfallen, sich verlaufen, sich lösen, sich verteilen, auseinandergehen, auseinanderfallen, sich verflüssigen, zerbröckeln, in seine Bestandteile zerfallen, schmelzen, sich zersetzen, untergehen, vergehen; *ugs.:* sich verkrümeln
Auflösung
1. Abbruch, Aufhebung, Beseitigung, Einstellung, Aufgabe, Beendigung, Annullierung, Abschaffung, Außerkraftsetzung, Abbau
2. Liquidation, Räumung, Verkauf, Überlassung
3. Aufhellung, Aufklärung, Aufdeckung, Lösung, Antwort, Erklärung, Aufschluss, Schlüssel
4. Zerstörung, Zerfall, Zersetzung, Verfall, Niedergang, Untergang, Abstieg, Einsturz, Verderben
aufmachen
1. → öffnen
2. → aufbinden
3. → eröffnen
aufmachen, sich
1. sich herausputzen; *ugs.:* sich aufmotzen, sich stylen, sich aufdonnern
2. → weggehen
Aufmachung Ausstattung, Äußeres, Gestaltung, Aufzug, Aufputz, Outfit, Styling, Dekor, Dekoration, Design, Ausschmückung, Ausstaffierung, Staffage, Verzierung, Garnierung, Verpackung, Beiwerk, Hülle, Form, Anstrich; *ugs.:* Putz, Drum und Dran, Wichs
Aufmarsch
1. Kundgebung, Versammlung, Massenversammlung, Ansammlung, Demonstration, Manifestation
2. Parade, Umzug, Vorbeimarsch, Truppenvorbeimarsch, Defilee, Heerschau
aufmarschieren
1. paradieren, eine Parade abhalten, defilieren, vorbeimarschieren
2. demonstrieren, sich versammeln, auf die Straße gehen
aufmarschieren lassen
1. antreten/anrücken/aufstellen lassen, postieren
2. → auftischen
aufmerken aufmerksam werden, die Augen aufmachen, aufschauen, aufhorchen, Notiz nehmen von, hellhörig/stutzig werden, aufpassen

aufmerksam
1. höflich, entgegenkommend, zuvorkommend, gefällig, hilfreich, hilfsbereit, freundlich, galant, rücksichtsvoll, huldvoll
2. mit Interesse, interessiert, wachsam, achtsam, mit wachen Sinnen, hellhörig, bei der Sache, vertieft, konzentriert, gesammelt, andächtig, angespannt, mit offenen Augen, geistesgegenwärtig, präsent, atemlos, angestrengt, versunken; *ugs.:* ganz Ohr, dabei

Aufmerksamkeit
1. Konzentration, Interesse, Augenmerk, Spannkraft, Beteiligung, Anspannung, Achtsamkeit, Sammlung, Andacht, Beachtung, Hingabe, Versunkenheit, Anteilnahme, Wachsamkeit, Geistesgegenwart
2. Gefälligkeit, Wohlwollen, Freundlichkeit, Höflichkeit, Entgegenkommen, Kulanz, Hilfsbereitschaft, Liebenswürdigkeit
3. kleines Geschenk, Gabe, Präsent; *ugs.:* Mitbringsel

aufmerksam machen auf → informieren

aufmerksam werden auf → bemerken

aufmöbeln
1. → auffrischen
2. → aufmuntern

aufmucken → aufbegehren

aufmuntern
1. erheitern, heiter/froh stimmen, zerstreuen, ablenken, aufrichten, trösten, auf andere Gedanken/in Stimmung bringen; *ugs.:* aufmöbeln, aufpulvern, aufputschen
2. ermuntern, bestärken, unterstützen

aufmuntern, sich → vergnügen, sich

aufmüpfig → aufsässig

Aufnahme
1. Annahme, Übernahme, Entgegennahme
2. Anmelderaum, Rezeption, Anmeldung, Empfang
3. → Fotografie
4. Anstellung, Indienststellung, Einstellung
5. Unterbringung, Unterkunft, Unterschlupf
6. Willkomm, Begrüßung, Audienz
7. Eintragung, Registrierung, Erfassung, Verzeichnung, Zulassung
8. Resorption (Nahrung), Absorption
9. Herstellung (Kontakte), Anknüpfung, Aufnehmen, Beginn, Inangriffnahme, Eröffnung, Anfang, Auftakt, Entstehung
10. Zugang, Zulass, Zutritt
11. Aufzeichnung, Niederschrift, Übertragung, Darbietung, Sendung, Mitschnitt, Darstellung
12. Echo, Resonanz, Widerhall, Verständnis, Beurteilung, Anklang, Reaktion

aufnahmebereit → aufgeschlossen

Aufnahmefähigkeit Kapazität, Fassungsvermögen, Fassungskraft, Fassungsgabe, Rezeptivität, Volumen

aufnehmen
1. aufheben, heraufholen, auflesen, aufsammeln, aufklauben, aufgreifen
2. Unterkunft/Platz bieten, Aufnahme gewähren, unterbringen, annehmen, zulassen, beherbergen, fassen, willkommen heißen, empfangen
3. → fotografieren
4. einschreiben, eintragen, erfassen, als Mitglied annehmen, registrieren, einreihen, einbeziehen, mit hineinnehmen
5. reagieren/ansprechen/eingehen auf, rezipieren, → auffassen
6. verarbeiten (Nahrung), resorbieren, absorbieren, aufsaugen, einsaugen, einziehen
7. eingliedern, assimilieren, Raum bieten, einverleiben, hineinpassen, hinzuzählen, verschmelzen
8. → anfangen
9. → anknüpfen
10. aufzeichnen, aufschreiben, festhalten, einfangen, notieren, protokollieren
11. filmen, einen Film drehen
12. leihen (Kredit), borgen, eine Anleihe machen, Verbindlichkeiten eingehen, sich entlehnen

aufnötigen aufdrängen, aufzwingen, oktroyieren, überreden zu; *ugs.:* andrehen, aufschwatzen, einwickeln, breitschlagen

aufopfern, sich sich einsetzen, Opfer bringen, sich opfern, sein Herzblut geben, sein Leben einsetzen, sich hingeben, sich darbringen, sich ergeben, sein Leben geben für, sich entäußern, alles tun; *ugs.:* sein letztes Hemd hergeben

aufopfernd entsagungsvoll, entbehrungsreich, selbstlos, opferbereit, uneigennützig, idealistisch, altruistisch

aufpacken
1. → öffnen
2. → aufbürden

aufpäppeln → pflegen

aufpappen → aufkleben

aufpassen
1. aufmerken, Acht/Obacht geben, zuhören, zusehen, folgen, sich konzentrieren, aufmerksam/hellhörig sein, das Augenmerk richten auf, sich sammeln, Acht haben, Beachtung/Aufmerksamkeit schenken/zollen, beachten, ein Auge haben für, beherzigen, befolgen, zur Kenntnis nehmen, Notiz nehmen von, die Augen/Ohren offen halten; *ugs.:* bei der Sache sein, die Ohren spitzen, dabei sein
2. sich vorsehen, sich hüten, Vorsicht üben/walten lassen, achtsam/vorsichtig sein, sich in Acht nehmen, auf der Hut sein; *ugs.:* auf Nummer Sicher gehen
3. Wache/Posten stehen, wachen, die Wacht halten; *ugs.:* Schmiere stehen

aufpassen auf beaufsichtigen, kontrollieren, bewachen, behüten, im Auge behalten, beobachten, überwachen, sehen nach, sich kümmern um

Aufpasser Aufsicht, Aufseher, Aufsichtsperson, Bewacher, Wächter, Wärter, Begleiter, Begleitperson, Begleitung, Leibwächter, Wachmann, Sicherheitsmann; *geh.:* Hüter; *veraltet:* Anstandsdame

aufpeitschen
1. in Aufruhr bringen, aufwühlen
2. dopen, aufputschen
3. → anregen

aufplatzen
1. → platzen
2. Risse bekommen, rissig/rau werden

aufplustern → aufblähen

aufplustern, sich angeben, prahlen, aufschneiden, sich rühmen; *ugs.:* protzen

aufprägen → aufdrücken

Aufprall Aufschlag, Stoß, Zusammenstoß, Kollision, Karambolage, Aufstoß; *ugs.:* Ruck, Staucher

aufprallen aufschlagen, auftreffen, aufstoßen, auffallen, gegen etwas fahren, auffahren, anfahren; *ugs.:* aufknallen, aufklatschen, aufbumsen, aufkrachen

Aufpreis Zuschlag, Aufschlag, Mehrpreis, Erhöhung, Aufgeld, Agio; *österr.:* Aufzahlung

aufpressen → aufdrücken

aufpulvern
1. → aufmuntern
2. → auffrischen
3. → anregen

aufpumpen mit Luft/Gas füllen, aufblasen, aufblähen, aufschwellen, auftreiben; *ugs.:* aufpusten

aufputschen
1. → aufhetzen
2. → anregen
3. dopen, aufpeitschen

Aufputschmittel Stimulans, Dopingmittel, Anabolika

aufquellen
1. aufsteigen (Dampf), aufbrodeln, emporwallen, hochsteigen
2. → anschwellen

aufraffen → auflesen

aufraffen, sich
1. → überwinden, sich
2. sich erheben, aufstehen

aufragen sich erheben, sich auftürmen, sich aufbauen, sich aufrichten, emporragen, gen Himmel/in die Höhe ragen, aufstreben

aufrappeln, sich
1. → überwinden, sich
2. → erholen, sich

aufräumen in Ordnung bringen, richten, säubern, Ordnung schaffen, ordnen, saubermachen, putzen, wegräumen; *ugs.:* ausmisten, in Schuss bringen

aufräumen mit beseitigen, Schluss machen mit, durchgreifen, kurzen Prozess/reinen Tisch machen, aus der Welt schaffen, abschaffen, abstellen, entfernen, aufheben, ein Ende setzen, auslöschen, zum Verschwinden bringen

aufrecht
1. aufgerichtet, gerade, straff, stramm
2. ehrlich, redlich, aufrichtig, echt, rechtschaffen, ehrenhaft, anständig, wacker, charakterfest, standhaft, tapfer, mutvoll

aufrechterhalten beibehalten, wahren, bewahren, konservieren, wachhalten, bleiben bei, festhalten an, erhalten, bestehen lassen, nicht verändern, durchsetzen, fortsetzen, pflegen, warten, einer Sache treu bleiben, nicht weichen/ablassen von/aufgeben/abgehen von, sich nicht abbringen/beirren lassen, weitermachen

aufregen
1. in Erregung/Aufregung versetzen, aufbringen, ärgern, verärgern, erregen, reizen, aufreizen, enervieren, nervös machen, aus der Ruhe/Fassung/dem Gleichgewicht bringen, beunruhigen, empören, aufrühren, aufwühlen, erhitzen, erzürnen, zornig/wütend machen, erbosen, ergrimmen, verstimmen, verdrießen, herausfordern, provozieren, Ärger/Verdruss bereiten, in Missmut/Zorn/Wut versetzen, das Blut in Wallung bringen; *ugs.:* rotsehen, auf die Palme bringen, die Wände hochjagen, auf die Nerven/den Geist gehen, nerven, auf

A

aufregen: Auf die Palme gebracht

Während etwa *nervös machen* ein alltagsprachlicher Ausdruck für *aufregen* ist, gehören *enervieren* und *echauffieren* ebenso zu den gehobenen Synonymen wie *erzürnen* und *verdrießen*. Alle vier bedeuten, dass es sich jeweils um Verärgerung handelt. Die zahlreichen umgangssprachlichen Wendungen verweisen bildhaft darauf, wie Aufregung oder Verärgerung in einem Menschen aufsteigt oder ihn aus der gewohnten Bahn bringt. So kann man *jemanden auf die Palme bringen* oder *die Wände hochjagen*. Auch hier ist der Aspekt der Verärgerung enthalten.
Haus bedeutet ebenso wie *Haut* das »Bergende/Schützende«. Synonyme für *sich aufregen* sind deshalb unter anderem *aus der Haut fahren* oder *(völlig) aus dem Häuschen sein*. Eindeutig negativ sind wiederum Wendungen wie *in Fahrt/in Rage bringen*. *Rage* ist das französische Wort für »Wut«. Körperliche Symptome zum Ausdruck des Gemütszustands nutzen Redensarten wie *in Hitze versetzen* oder das stärkere *jemanden zur Weißglut bringen*. Das gilt auch für *an die Nieren gehen* oder *auf den Magen schlagen*, wobei hier in beiden Fällen die Konnotation »Unwohlsein« oder »krankmachende Belastung« mitschwingt.

den Wecker fallen, in Rage/Fahrt bringen, an die Nieren gehen, zur Weißglut bringen/treiben
2. mitreißen, begeistern, Feuer fangen, außer sich geraten, entflammen, hinreißen, inspirieren, stimulieren, beflügeln, entzücken, anregen, berauschen ⓘ

aufregen, sich sich empören, sich entrüsten, sich ereifern, sich erhitzen, sich erzürnen, aufbrausen, böse/heftig/wütend/zornig werden, sich echauffieren, grollen, toben, die Beherrschung/Geduld verlieren, auffahren, hochfahren, ergrimmen; *ugs.:* vor Ärger platzen, schäumen, kochen, genug haben, hochgehen, explodieren, aus der Haut fahren, an die Decke gehen, wild werden, durchdrehen, sich aufplustern, sich aufführen

aufregend
1. → spannend
2. → attraktiv

Aufregung
1. → Erregung
2. → Aufruhr

aufreiben
1. → zermürben
2. → erschöpfen
3. wundreiben, aufschürfen; *ugs.:* durchscheuern, aufscheuern
4. vernichten, ausrotten, zerstören, vertilgen, austilgen, ausmerzen, verwüsten, zermalmen, ruinieren, schlagen, bezwingen, niederringen, jmdn. außer Gefecht setzen; *ugs.:* fertigmachen, jmdn. zur Strecke bringen/in die Pfanne hauen

aufreiben, sich → anstrengen, sich

aufreibend → anstrengend

aufreihen
1. aufziehen, auffädeln
2. eine Reihe bilden, in einer Reihe aufstellen, postieren, platzieren, hintereinanderstellen

aufreißen
1. → aufbrechen
2. *ugs.:* sich jmdn. anlachen/fischen/angeln, anbinden/anbändeln mit, eine Beziehung anknüpfen, sich aufdrängen, schöntun, den Hof machen

aufreizen
1. erregen, entflammen, jmdn. verrückt machen, betören; *ugs.:* anmachen, jmdn. scharfmachen, anspitzen, aufgeilen
2. → aufhetzen

aufreizend
1. → attraktiv
2. → provokatorisch

aufrichten
1. aufsetzen, emporrichten, hochrichten, aufstellen, aufpflanzen, auf die Beine bringen
2. stärken, trösten, aufheitern, Mut geben, ermutigen, erbauen, Trost zusprechen/spenden; *ugs.:* aufbauen

aufrichten, sich sich erheben, sich aufrecht setzen, sich aufsetzen, sich aufrecken, aufstreben

aufrichtig
1. ohne Bedenken/Zögern/Umschweife/weiteres, klar, rundweg, einfach, direkt, geradewegs, deutlich, freiweg, geradeheraus, freiheraus, unumwunden, unverhüllt, unverhohlen, unverblümt, unverstellt, ungeschminkt, unmissverständlich, ehrlich, offen, offenherzig, freimütig, eindeutig, unzweideutig, frank und frei, rückhaltlos; *ugs.:* rundheraus, glattweg, schlankweg, frisch von der Leber weg, auf gut deutsch, klipp und klar

2. geradlinig, ohne Hintergedanken, gerade, wahr, wahrhaftig, zuverlässig, Vertrauen erweckend, vertrauenswürdig, glaubwürdig, redlich, verlässlich, aufrecht

Aufrichtigkeit → Offenheit

aufrollen
1. aufwickeln, aufspulen, aufhaspeln, aufwinden
2. umschlagen (Ärmel), aufkrempeln, aufstülpen, hochstreifen
3. öffnen, entfalten, auseinanderrollen, auseinanderlegen
4. → aufrühren
5. → aufdecken

aufrücken
1. aufschließen, nachrücken
2. → avancieren
3. → versetzt werden

Aufruf
1. Appell, Aufforderung, Ruf, Mahnung, Proklamation, Memento
2. Anschlag, Mitteilung, Weisung, Aushang, Direktive, Auftrag, Geheiß, Anordnung, Order, Instruktion

aufrufen
1. beim Namen nennen/rufen; *ugs.:* drannehmen
2. auffordern, appellieren, zu bewegen suchen, sich wenden an, anhalten, zureden, ermahnen, anraten

Aufruhr
1. → Aufstand
2. → Ausschreitung
3. Aufregung, Aufsehen, Lärm, Durcheinander, Chaos, Getümmel, Wirrwarr, Gewirr, Wirrnis, Wirbel; *ugs.:* Tohuwabohu

aufrühren
1. erwecken, hervorrufen, bewirken, herbeiführen, auslösen, erregen, anfachen, entfachen, ins Rollen bringen, in Gang setzen, entfesseln
2. erneut erwähnen, aufwickeln, auffrischen, aufrollen, wiederholen, in Erinnerung bringen, ins Gedächtnis zurückrufen, zum Bewusstsein bringen, beleuchten, wieder zur Sprache bringen/zur Diskussion stellen, wiederaufnehmen, nochmals aufgreifen/anschneiden/aufwerfen/ansprechen/behandeln/vorbringen; *ugs.:* aufwärmen, wiederkäuen, aufs Tapet bringen
3. aufwühlen, bewegen, aufregen, aufreizen, aufbringen, erregen, erhitzen, das Blut in Wallung bringen, in Aufregung/Erregung versetzen, aus der Ruhe/Fassung bringen; *ugs.:* durcheinanderbringen, aus dem Häuschen bringen

aufrührerisch → rebellisch

aufrüsten bewaffnen, armieren, rüsten, wappnen, mobilisieren, mobilmachen, Kriegsvorbereitungen treffen, sich verteidigungsfähig/kampfbereit machen, sich militärisch stärken, nachrüsten

aufrütteln
1. wachrütteln, die Augen öffnen, zur Besinnung/Vernunft/Einsicht bringen, aufschrecken, mahnen
2. → aufwecken

aufsacken → aufbürden

aufsagen
1. (auswendig) vortragen, rezitieren, wiedergeben, deklamieren, hersagen; *ugs.:* herunterleiern, herunterschnurren, herunterbeten, herunterrattern, abspulen
2. → kündigen

aufsammeln auflesen, aufheben, aufklauben, aufnehmen, aufsuchen, zusammenraffen

aufsässig
1. widerspenstig, widersetzlich, widerborstig, ungehorsam, renitent, aufmüpfig, respektlos, störrisch, kompromisslos, unbequem, unerbittlich, rechthaberisch
2. aufrührerisch, aufständisch, rebellisch, oppositionell, umstürzlerisch, revoltierend

Aufsatz Abhandlung, Essay, Schrift, Niederschrift, Artikel, Beitrag, Untersuchung, Studie, Arbeit, Traktat, Feuilleton, schriftliche Darlegung, Bericht, Aufzeichnung, Betrachtung, Erörterung

aufsaugen
1. absorbieren, in sich aufnehmen, resorbieren, einziehen
2. eingehen in, verschmelzen mit, einverleiben, aufschlucken, assimilieren, eingliedern

aufschauen aufblicken, aufsehen, hochschauen, emporsehen, aufgucken, hochgucken, die Augen heben

aufschauen zu → verehren

aufschäumen → aufbrausen

aufscheinen → auftauchen

aufscheuchen aufschrecken, hochjagen, aufstören, hochscheuchen, in die Höhe treiben

aufscheuern, sich sich verletzen, sich wundreiben, sich aufreiben, sich aufschürfen, sich schrammen

aufschichten auftürmen, aufstapeln, aufhäufen, aufspeichern, aufeinandersetzen, aufeinanderstellen, übereinanderlegen, übereinanderstellen; *österr.:* aufschlichten, aufrichten, schöbern

aufschieben
1. verschieben, verzögern, verlangsamen, verschleppen, vertagen, verlegen, verziehen, aussetzen, anstehen lassen, auf die lange Bank schieben, hinausziehen, hinausschieben, hinauszögern, hintanstellen, hinschleppen, zurückstellen, in die Länge ziehen, säumen, noch nicht behandeln, hängen lassen; *geh.:* prolongieren, retardieren; *ugs.:* auf Eis legen, einmotten
2. aufmachen, öffnen

aufschießen → heranwachsen

Aufschlag
1. Stoß, Aufstoß, Anprall, Aufprall, Schlag, Service (Tennis); *ugs.:* Staucher, Knall
2. Umschlag, Krempe, Revers, Spiegel, Stulpe
3. Zuschlag, Aufpreis, Aufgeld, Preiserhöhung, Preissteigerung, Zulage, Teuerung, Agio, Mehrpreis; *österr.:* Aufzahlung

aufschlagen
1. aufprallen, auftreffen, aufstoßen, auffallen; *ugs.:* aufknallen, aufklatschen, aufbumsen, aufkrachen
2. → aufbrechen
3. sich verletzen, sich verwunden, aufreißen, sich aufritzen, sich schrammen
4. aufblättern, aufklappen, aufmachen
5. aufrichten, errichten (Zelt), aufstellen, erstellen, aufbauen
6. verteuern, erhöhen, steigern, teurer werden, in die Höhe klettern, zunehmen; *ugs.:* anziehen, hochgehen
7. umstülpen, hochschlagen, hochklappen, umkrempeln

aufschließen
1. öffnen, aufsperren; *ugs.:* aufmachen, auftun
2. aufrücken, nachrücken, anschließen, den Abstand verringern
3. erschließen, zugänglich machen, aufbereiten, eröffnen

Aufschluss → Aufklärung

aufschlüsseln
1. einteilen, aufteilen, gliedern, abtrennen, ordnen, strukturieren, auffächern, staffeln
2. entschlüsseln, lösen, auflösen, enträtseln, entziffern, dekodieren, dechiffrieren, aufdecken, aufhellen, klären, finden, erraten, herausbekommen; *ugs.:* dahinterkommen, herausbringen, herauskriegen

Aufschluss geben → informieren

aufschlussreich → informativ

aufschnappen
1. fangen, auffangen, fassen, greifen, ergreifen; *ugs.:* erwischen, packen, haschen, kriegen
2. aufgreifen, erhaschen, hören, zu Ohren kommen, vernehmen; *ugs.:* schnappen, mitkriegen

aufschneiden
1. durchschneiden, zerteilen, zerlegen, in Stücke/ Scheiben schneiden; *ugs.:* zerschnippeln
2. → angeben

Aufschneider Angeber, Prahler, Prahlhans, Wichtigtuer, Großtuer, Protz, Schaumschläger, Wortheld, Möchtegern, Gernegroß; *ugs.:* Großmaul, Maulheld, Großkotz, Großschnauze, Großfresse, Klugscheißer

aufschnüren aufbinden, auflösen, aufknüpfen, aufknoten, aufschlingen, öffnen; *ugs.:* aufmachen

aufschrauben
1. festschrauben, festmachen, befestigen, anbringen, anschrauben, anmontieren, anmachen
2. öffnen, aufdrehen, lösen, abschrauben, lockern; *ugs.:* aufmachen, abmachen, aufbekommen, aufbringen, aufkriegen

aufschrecken
1. in die Höhe fahren, hochfahren, auffahren, aufschnellen, aufspringen, aufzucken, erschrecken
2. aufbringen, aufscheuchen, verstören, erregen, hochjagen

aufschreiben niederschreiben, schriftlich festhalten, verzeichnen, aufzeichnen, niederlegen, notieren, zu Papier bringen, vermerken, eintragen, vormerken, eine Notiz machen, protokollieren, fixieren, aufnehmen

Aufschrift Beschriftung, Angabe, Aufdruck, Etikett, Bezeichnung

Aufschub
1. Vertagung, Verschiebung, Verzögerung, Verschleppung, Verlangsamung, Retardation, Verzug
2. Verlängerung, Frist, Stundung, Prolongation, Moratorium

aufschürfen, sich sich aufscheuern, sich wundreiben, sich verletzen, sich aufreiben, sich schrammen

aufschütten aufhäufen, aufwerfen, aufschichten, aufschaufeln, aufhäufeln

aufschwatzen → überreden
aufschwellen → anschwellen
aufschwingen, sich
1. sich in die Höhe/nach oben schwingen, sich hochschwingen, sich emporschwingen, sich hinaufschwingen, auffliegen, hochfliegen, emporfliegen, sich erheben
2. → überwinden, sich
Aufschwung Aufstieg, Auftrieb, Entwicklung, Fortschritt, Vorwärtskommen, Verbesserung, Erfolg, Blüte, Boom, Konjunktur, Hausse
aufsehen aufblicken, hochblicken, emporsehen, hochsehen, aufschauen, hochschauen, emporschauen, aufgucken, hochgucken, die Augen heben
Aufsehen Beachtung, Aufregung, Hype, Verwirrung, Furore, Eklat, Skandal, Sensation; *ugs.:* Lärm, Hallo, Tamtam, Trara
Aufsehen erregen → auffallen
Aufsehen erregend → außergewöhnlich
aufsehen zu → verehren
Aufseher Wächter, Bewacher, Wache, Aufsicht, Hüter, Pfleger, Ordner, Wachhabender, Wärter, Kontrolleur, Wachtposten; *ugs.:* Aufpasser, Fuchtel
auf sein → wachen
aufsetzen
1. aufstülpen, überstülpen, anziehen, sich anlegen, antun
2. entwerfen, verfassen, konzipieren, ein Konzept machen, ins Unreine schreiben, skizzieren, abfassen, anfertigen, formulieren, zusammenstellen, umreißen, anlegen, erstellen, erarbeiten
3. landen (Flugzeug), niedergehen
4. auf den Herd/Ofen stellen, aufstellen; *landsch.:* zusetzen
5. aufnähen, anbringen, applizieren, aufflicken, aufsteppen
6. aufschichten, auftragen
aufsetzen, sich sich aufrichten, sich aufrecht setzen, sich erheben, sich aufrecken
Aufsicht
1. Beaufsichtigung, Kontrolle, Überwachung, Beobachtung, Wacht, Zensur
2. → Aufseher
aufsitzen
1. aufrecht sitzen, sich aufrichten, sich emporrichten, sich aufsetzen, sich aufrecken, aufstreben
2. aufbleiben, wachbleiben, wachen
3. besteigen, aufsteigen (Pferd), sich in den Sattel schwingen
4. hereinfallen, in die Falle/jmdm. auf den Leim gehen, betrogen/getäuscht/hintergangen/überlistet werden, irren, irregehen, fehlgehen; *ugs.:* hereinfliegen, hereinsausen, aufs Kreuz gelegt/übers Ohr gehauen/hereingelegt/angeschmiert werden, reinfallen
5. stranden, auflaufen, auffahren, auf Grund laufen
aufspalten durchhacken, trennen, zerteilen, spleißen, zerlegen, aufteilen, zerkleinern, auseinandernehmen, aufgliedern, aufsplittern
aufspannen
1. aufziehen, spannen, anbringen, befestigen
2. öffnen, entfalten, ausbreiten; *ugs.:* aufmachen
aufsparen
1. aufheben, zurücklegen, zurückhalten, zurückstellen, beiseitelegen, beiseitestellen, reservieren, bewahren, aufbewahren, speichern
2. → sparen
aufspeichern → anhäufen
aufsperren
1. aufschließen, öffnen; *ugs.:* aufmachen, auftun
2. aufreißen, weit öffnen
aufspielen Musik machen, musizieren
aufspielen, sich → angeben
aufsprengen → sprengen
aufspringen
1. aufschnellen, auffahren, aufschrecken, in die Höhe fahren, hochfahren, sich erheben
2. aufplatzen, aufbrechen, aufbersten, sich auftun, sich entfalten, sich öffnen, aufblühen, erblühen, sich aufblättern, aufgehen
3. Risse bekommen, rissig/rau werden
aufspulen aufwickeln, aufrollen, aufhaspeln, aufwinden
aufspüren ausfindig machen, finden, auffinden, stoßen auf, entdecken, aufstöbern, sehen, sichten, antreffen, orten, auftun, ausmachen, ermitteln, in Erfahrung bringen, vorfinden, herausfinden, auf die Spur kommen, ertappen, erwischen, zutage fördern/bringen, ans Licht bringen, ergründen, gewahren, erblicken, ausgraben, erkunden, abfassen, auskundschaften; *ugs.:* auftreiben, aufgabeln, auffischen, auflesen, aufklamüsern, herausbringen, herauskriegen, dahinterkommen
aufstacheln → aufhetzen

A

Aufstand: Zwischen Meuterei und Revolution

Aufstand wird umgangssprachlich manchmal ganz allgemein in dem Sinn verwendet, dass irgendwo »viel los« ist oder großes Gedränge herrscht. Der Satz »was für ein *Aufstand*« kann zum Beispiel ausdrücken, dass bei einem Volksfest viele Menschen unterwegs sind. Das Wort kann außerdem bedeuten, dass etwas aufwändige Vorbereitungen erfordert: So ist es möglicherweise ein *Aufstand,* bis eine größere Gruppe von Personen abmarschbereit ist.

Meistens geht es bei *Aufstand* jedoch um *Aufruhr* im Sinn der *Erhebung* gegen eine bestehende Ordnung. *Auflehnung, Krawall, Rebellion, Revolte* und *Meuterei* werden gleichbedeutend gebraucht. Diese Begriffe können, müssen aber nicht automatisch einen politischen Aufstand bezeichnen. So spricht man auch von *Rebellion* der Kinder gegen ihre Eltern, von der *Auflehnung* etwa gegen die kirchliche Ordnung oder von der *Studentenrevolte* von 1968.

Meuterei ist ursprünglich ein Begriff aus der Schifffahrt und bezeichnet dort den *Aufstand* der Mannschaft gegen den Kapitän auf einem Schiff (»Meuterei auf der Bounty«). Er existiert aber auch in einem allgemein militärischen Zusammenhang und ist dort als gemeinschaftlich begangene *Gehorsamsverweigerung* definiert. Auf einen politischen Zusammenhang verweisen die Synonyme *Volkserhebung, Revolution, Putsch* und *Freiheitskampf* sowie das nur im Plural verwendete *Unruhen. Volkserhebung* oder auch *Volksaufstand* suggerieren ebenso eine breite, allgemeine *Empörung* wie der Begriff *Freiheitskampf.*

Im Gegensatz zu der Massenbewegung *Revolution* ist ein *Putsch* der Versuch einer kleineren Gruppe, gewaltsam die Regierung zu stürzen und die Macht in einem Staat diktatorisch zu übernehmen. Geschieht dies durch eine Gruppe, die schon legitim in Ämtern arbeitet, so bezeichnet man diese Art von *Aufstand* als *Staatsstreich.* Der aus dem Lateinischen stammende Ausdruck *Insurrektion* für einen politischen *Aufstand* ist gehoben.

Aufstand Erhebung, Massenerhebung, Volkserhebung, Rebellion, Revolte, Revolution, Empörung, Putsch, Meuterei, Aufruhr, Krawall, Kampf, Freiheitskampf, Auflehnung; *geh.:* Insurrektion ⓘ

aufständisch rebellisch, aufrührerisch, aufsässig, aufbegehrend, umstürzlerisch

Aufständischer Freiheitskämpfer, Widerstandskämpfer, Partisan, Rebell, Meuterer, Putschist

aufstapeln → aufschichten

aufstauen sammeln, ansammeln, stauen, anstauen, aufdämmen, einfangen, zurückhalten, speichern, horten, anhäufen, zusammentragen, kumulieren, akkumulieren, lagern; *ugs.:* in sich hineinfressen

aufstecken
1. hochstecken (Haare), aufbinden
2. → aufgeben

aufstehen sich erheben, sich aufrichten, den Tag beginnen, das Bett verlassen; *ugs.:* aus den Federn kriechen

aufstehen gegen → aufbegehren

aufsteigen
1. hochsteigen, besteigen, aufsitzen, sich in den Sattel schwingen, hinaufklettern, erklimmen
2. sich heben, sich erheben, emporsteigen, aufgehen, sich in die Luft heben, aufstieben, auffliegen, aufflattern, aufschwingen
3. → aufkommen
4. → avancieren

Aufsteiger
1. Arrivierter, Karrieremensch, Selfmademan, Shootingstar; *ugs.:* Konjunkturritter, Wirtschaftswunderknabe, Managertyp, Yuppie; *abwertend:* Emporkömmling, Neureicher, Karrierist, Karrieremacher, Raffke; *veraltet:* Parvenü
2. Neuling, Liganeuling, Klassenneuling

aufstellen
1. errichten, aufrichten, aufschlagen, erstellen, aufbauen
2. hinstellen, abstellen, niederstellen, platzieren, anordnen, unterbringen, postieren, aufreihen
3. zusammenstellen, zusammensetzen, vereinigen, gruppieren, anlegen, formieren, in eine bestimmte Ordnung bringen, einteilen, systematisieren; *ugs.:* auf die Beine bringen
4. nennen, ernennen, vorschlagen, nominieren, auf die Wahlliste setzen, berufen, anbieten
5. formulieren, aufsetzen, fixieren, schaffen, abfas-

sen, verfassen, entwerfen, festhalten, anfertigen, erarbeiten

aufstellen, sich sich postieren, sich formieren, sich gruppieren, sich hinstellen, sich platzieren, antreten, sich aufreihen, Aufstellung nehmen; *ugs.:* sich aufbauen

Aufstellung
1. Formierung, Gruppierung, Bildung, Formation, Zusammenstellung, Reihung, Postierung, Platzierung, Anordnung, Aufbau, Gliederung, Arrangement, Komposition, Einteilung
2. Nominierung, Ernennung, Berufung
3. Liste, Verzeichnis, Tabelle, Übersicht, Register

Aufstieg
1. Ersteigung, Besteigung, Anstieg, Bezwingung, Hochtour
2. Aufwärtsentwicklung, Aufbewegung, Auftrieb, Aufschwung, Fortschritt, Vorwärtskommen, Beförderung, Karriere, Emporkommen, Erfolg, Verbesserung

aufstöbern
1. aufscheuchen, aufschrecken, aufstören, hochscheuchen, hochjagen, vertreiben
2. → aufspüren

aufstocken vergrößern, erhöhen, mehren, vermehren, verstärken, ausdehnen, steigern, erweitern, ausweiten, aufblähen

aufstoßen
1. aufbrechen, öffnen, aufmachen
2. sich verletzen, sich verwunden, aufreißen, sich aufritzen, sich schrammen
3. *Kinderspr.:* Bäuerchen machen; *ugs.:* rülpsen
4. → auffallen

aufstrahlen → aufleuchten

aufstreben
1. aufragen, sich erheben, sich auftürmen, emporragen, gen Himmel/in die Höhe ragen
2. aufstehen, sich aufrichten, sich aufrecken, aufschnellen, aufspringen
3. vorwärtsstreben, wetteifern, Karriere/Erfolg suchen; *ugs.:* hinaufwollen

aufstülpen
1. aufsetzen, überstülpen, anziehen, anlegen
2. schürzen, aufschürzen (Lippen), aufwerfen
3. umstülpen, hochschlagen, hochklappen, umkrempeln, aufkrempeln

aufstützen stützen, abstützen, anlehnen, auflehnen, gegenlehnen, auflegen, stemmen, aufstemmen

aufsuchen
1. sich begeben nach/zu, besuchen, heimsuchen, zu jmdm. gehen, einen Besuch abstatten/machen, seine Aufwartung machen, beehren, hereinschauen, Visite machen; *ugs.:* vorbeikommen, vorschauen, sich blicken lassen, sich zeigen, aufkreuzen, auftauchen, anklopfen, auf einen Sprung kommen, auf die Bude rücken, guten Tag sagen
2. auflesen, aufsammeln, aufheben, aufklauben
3. nachschlagen, durchsehen, nachsehen, nachlesen, nachschauen, nachblättern, suchen, ermitteln, ergründen, etwas nachgehen, ausfindig machen, ausmachen, orten, herausfinden, in Erfahrung bringen, erkunden, auskundschaften; *geh.:* eruieren

auftafeln → auftischen

auftakeln betakeln, mit Takelage/Takelwerk ausstatten/versehen

auftakeln, sich sich herausputzen, sich aufmachen, sich aufmotzen, sich aufdonnern, sich stylen

Auftakt Einleitung, Beginn, Aufklang, Anfang, Anbruch, Einsatz, Eintritt, Start, Anlass, Verursachung, Anbahnung, Debüt, Eröffnung, erster Schritt, Ouvertüre

auftanken
1. tanken, auffüllen, nachfüllen, ergänzen, vollschütten, mit Treibstoff versehen/versorgen
2. *ugs.:* Kräfte sammeln, sich stärken, sich aufrichten, sich kräftigen, sich regenerieren

auftauchen
1. hervorkommen, sichtbar werden, an die Oberfläche kommen, aufscheinen, erscheinen, auftreten, vorkommen, hochkommen, zu finden sein, auf den Plan treten, sich einfinden, sich einstellen, sich melden, in Erscheinung/zutage treten, auf der Bildfläche erscheinen, zum Vorschein kommen; *ugs.:* aufkreuzen, sich blicken lassen, antanzen, anrücken, ankommen, angerückt/angeschneit kommen, hereinschneien
2. → aufkommen

auftauen
1. zum Schmelzen bringen, tauen, abtauen, forttauen, wegtauen, schmelzen, von Eis befreien, enteisen, entfrosten; *österr.:* abeisen
2. sich auflösen, zergehen, zerschmelzen, zerfließen, wegschmelzen, zerrinnen, zerlaufen, flüssig werden

3. aufblühen, sich öffnen, aus sich herausgehen, die Scheu/Hemmungen verlieren, gesprächig werden; *ugs.:* warmwerden

aufteilen
1. einteilen, zerteilen, abteilen, unterteilen, durchgliedern, aufgliedern, aufschlüsseln, ordnen, fächern, parzellieren, klassifizieren, sortieren, entflechten, dividieren, zerlegen, zerstückeln, auseinandernehmen
2. verteilen, zuteilen, austeilen, ausgeben, abgeben, übergeben, zusprechen, zumessen, aushändigen, zuerkennen, verabfolgen

Aufteilung
1. Aufgliederung, Aufschlüsselung, Einteilung, Abteilung, Aufspaltung, Parzellierung, Absonderung, Fächerung, Auffächerung, Gliederung, Sonderung, Staffelung, Trennung; *geh.:* Periodisierung; *fachsprachl.:* Dezentralisation, Klassifikation, Klassifizierung
2. Verteilung, Einteilung, Zuteilung, Ausgabe, Abgabe, Übergabe, Vergabe

auftischen
1. servieren, bewirten, auftragen, kredenzen, traktieren, anrichten, vorsetzen, vorlegen, reichen, bieten, anbieten, offerieren, aufwarten mit, darbieten, darreichen, bedienen, auftafeln, auf den Tisch bringen; *ugs.:* anfahren, auffahren, anschleppen, aufmarschieren lassen, herbeischaffen
2. → einreden
3. → täuschen

Auftrag
1. Bestellung, Anforderung, Order
2. Weisung, Anweisung, Aufgabe, Anordnung, Befehl, Geheiß, Aufforderung, Gebot, Bitte, Kommando, Pflicht
3. Verpflichtung, Ruf, Mission, Berufung, Eingebung, Sendung, Mandat

auftragen
1. → auftischen
2. aufstreichen, auflegen, verstreichen, verreiben, anlegen, anbringen, aufmalen, schminken; *ugs.:* verschmieren, aufschmieren
3. beauftragen, anordnen, bitten, anweisen, auferlegen, diktieren, aufgeben, Auftrag/Anweisung/Befehl/Order erteilen, gebieten, bestimmen, befehlen, vorschreiben; *österr.:* anschaffen; *schweiz.:* überbinden
4. abnutzen, abtragen, abbrauchen, abscheuern, abwetzen, verbrauchen, verschleißen; *ugs.:* abdienen
5. **dick auftragen** → übertreiben

auftreffen → aufprallen

auftreiben
1. → beschaffen
2. → aufspüren
3. → anschwellen

auftrennen zertrennen, zerlegen, aufdröseln, aufmachen, lösen, auseinandertrennen

auftreten
1. den Fuß/die Füße aufsetzen
2. sich benehmen, sich verhalten, sich zeigen, sich geben, sich bewegen, sich betragen, sich gebärden, sich gebaren, sich aufführen, sich gehaben, sich gerieren
3. spielen, die Bühne betreten, Vorstellung geben, sich produzieren, vorführen, eine Rolle spielen, sich in Szene setzen
4. vorkommen, erscheinen, auftauchen, zu finden sein, sich finden, vorhanden sein, sich ergeben, sich herausstellen, sichtbar werden, an die Oberfläche kommen, sich einstellen, in Erscheinung/zutage treten, zum Vorschein kommen; *ugs.:* aufkreuzen

auftreten als fungieren/tätig sein als, darstellen, verkörpern, die Rolle einnehmen, abgeben, agieren; *ugs.:* mimen, sich machen

auftreten gegen → angreifen

Auftrieb
1. Schwung, Aufschwung, Auftriebskraft, Ansporn, Aufwind
2. Mut, Schneid, Ermutigung

Auftritt
1. Auftreten, Start, Einsatz
2. Aufzug, Szene, Nummer, Bild
3. → Streit, Auseinandersetzung

auftrumpfen
1. → angeben
2. → schadenfroh sein

auftun
1. aufschließen, aufsperren, öffnen; *ugs.:* aufmachen
2. → aufspüren

auftun, sich
1. → aufspringen
2. sich erschließen, sich eröffnen, erwachsen, sichtbar/erkennbar werden, sich herausbilden, aufkommen

auftürmen → aufschichten

auftürmen, sich aufragen, emporragen, sich erheben, sich aufbauen, gen Himmel/in die Höhe ragen, aufstreben

aufwachen
1. wach/munter werden, erwachen, zu sich kommen, die Augen aufmachen/aufschlagen
2. → aufkommen

aufwachsen groß werden, heranwachsen, seine Kindheit verbringen, werden, reifen, sich entwickeln

Aufwand
1. Einsatz, Verausgabung, Aufwendung, Aufbietung, Hingabe, Verzehr
2. Kosten, Ausgabe, Auslage, Unkosten
3. Prunk, Aufmachung, Verschwendung, Pracht, Luxus, Apparat, Vergeudung, Ausstattung, Überfluss, Üppigkeit, Repräsentation, Gepränge, Pomp; *ugs.:* Tamtam, Klimbim; *landsch.:* Gedöns; *derb:* Geschiss

aufwändig
1. kostspielig, teuer; *ugs.:* gepfeffert, gesalzen
2. prunkvoll, pompös, üppig, prunkend, prächtig, luxuriös, protzig

aufwärmen
1. erhitzen, wärmen, warmmachen, heißmachen, aufbrühen
2. → aufrühren

aufwärmen, sich sich warmmachen, sich warmlaufen, sich erwärmen

aufwarten
1. → auftischen
2. vorführen, vorweisen, darbringen, bieten, zeigen
3. einen Besuch abstatten, vorsprechen, sich einfinden, besuchen, beehren, aufsuchen

aufwärts nach oben, in die Höhe, hinauf, empor, hoch, herauf, bergauf, bergan, himmelwärts, himmelan

aufwärtsgehen
1. hinaufgehen, nach oben gehen/steigen, ansteigen, aufsteigen, heraufsteigen, hochsteigen, emporsteigen; *ugs.:* hochgehen, hochsteigen, raufsteigen
2. besser gehen/ werden, bergauf/nach oben gehen, sich bessern, sich verbessern

aufwaschen
1. abwaschen, Geschirr spülen, abspülen; *ugs.:* ausputzen
2. säubern, reinigen, saubermachen, putzen

aufwecken wecken, erwecken, wachmachen, munter machen, aus dem Schlaf reißen, aufrütteln, wachrufen, wachrütteln; *ugs.:* aus dem Bett holen

aufweichen
1. durchfeuchten, weichmachen, durchweichen
2. unterhöhlen, untergraben, durchlöchern, unterminieren, zerstören, ins Wanken bringen, zersetzen, erschüttern

aufweisen
1. zeigen, erkennen lassen, aufzeigen, dokumentieren, demonstrieren
2. besitzen, enthalten, haben, in sich tragen, bergen, eignen, eigen/eigentümlich sein, angehören, sich kennzeichnen durch, innehaben, verfügen über, versehen sein mit

aufwenden
1. aufbringen, einsetzen, aufbieten, mobilisieren, anlegen, zur Verfügung stellen, daransetzen, hineinstecken, opfern, investieren; *ugs.:* reinstecken
2. ausgeben, verausgaben, bezahlen; *ugs.:* springen lassen, lockermachen

aufwendig → aufwändig

aufwerfen
1. aufhäufen, aufschütten, aufschaufeln, aufhäufeln, aufschichten
2. aufstülpen, aufschürzen (Lippen)
3. öffnen, aufstoßen, auffliegen lassen
4. zur Sprache bringen, zur Diskussion stellen, zu erwägen geben, ansprechen, vorbringen, aufrollen, anschneiden, anbringen, anreißen, erwähnen, vortragen; *ugs.:* aufs Tapet bringen

aufwerten höher bewerten, eine Aufwertung vornehmen, steigern, anheben

aufwickeln
1. aufspulen, aufrollen, aufhaspeln, aufwinden
2. umschlagen, aufkrempeln, aufstülpen, hochstreifen
3. auseinanderwickeln, auflösen, entfernen, auspacken; *ugs.:* aufmachen
4. → aufrühren

aufwiegeln → aufhetzen

aufwiegen ausgleichen, die Waage halten, kompensieren, egalisieren, Ausgleich schaffen/bewirken, wettmachen, gutmachen, ersetzen; *ugs.:* herausreißen

aufwirbeln
1. aufstieben, aufrühren, hochwirbeln
2. Staub aufwirbeln → auffallen

aufwischen reinigen, säubern, saubermachen, aufscheuern, putzen, aufputzen, trocknen, auftrocknen

aufwühlen erschüttern, ergreifen, beunruhigen, bewegen, berühren, aufregen, irritieren, in Unruhe/Unrast versetzen, außer sich/aus der Ruhe/Fassung bringen, aufbringen, erregen, das Blut in Wallung bringen, zu Herzen gehen; *ugs.:* an die Nieren/unter die Haut gehen, aus dem Häuschen bringen, mitnehmen

aufzählen nacheinander nennen, anführen, aufführen, vorbringen, erwähnen, ins Feld führen

aufzehren
1. verbrauchen, aufbrauchen, aufessen, konsumieren; *ugs.:* verbraten, verbuttern, verputzen
2. zermürben, beanspruchen, die Widerstandskraft brechen, aufreiben, zerrütten, mürbemachen, entkräften, anstrengen, überanstrengen, strapazieren, angreifen, ermüden, erschöpfen, erlahmen, ruinieren, aushöhlen, in Anspruch nehmen, auslaugen, schwächen, ausmergeln; *ugs.:* aussaugen

aufzeichnen
1. → aufschreiben
2. aufnehmen, auf CD/Video/DVD aufnehmen, mitschneiden

Aufzeichnung
1. → Niederschrift
2. → Aufnahme

aufzeigen
1. vor Augen führen, zeigen, aufweisen, dokumentieren, demonstrieren
2. beweisen, nachweisen, den Nachweis führen/erbringen, belegen, bezeugen, sichtbar machen
3. → aufdecken
4. erklären, darlegen, entwickeln, dartun, vorführen, erläutern, veranschaulichen

aufziehen
1. auffädeln, aufreihen, durchziehen
2. heranziehen, großziehen, erziehen, auffüttern, züchten, ziehen, hochbringen, aufbringen; *ugs.:* hochpäppeln, aufpäppeln
3. hochziehen, nach oben/in die Höhe ziehen, hochwinden, aufwinden, aufholen, setzen, hieven, hochhieven, heben, hissen, lüften, aufrollen, öffnen
4. aufdrehen (Uhr), in Gang setzen
5. bespannen, aufspannen, beziehen, befestigen, anbringen
6. → organisieren
7. hänseln, Scherz/Spott treiben, necken, sticheln, foppen, seinen Spaß machen/treiben mit, ärgern, frotzeln, verspotten, jmdn. dem Gelächter preisgeben, höhnen, verhöhnen, anführen, jmdn. an der Nase herumführen/zum Narren halten, einen Streich spielen, sich mokieren, witzeln, lächerlich/sich lustig machen, verlachen; *ugs.:* hochnehmen, verulken, uzen, auf den Arm/die Schippe nehmen, veralbern, durch den Kakao ziehen, flachsen, anpflaumen; *österr.:* pflanzen
8. herankommen, heranziehen, heraufziehen, herannahen, sich nähern, aufkommen, im Anzug sein, sich zusammenbrauen, sich zusammenziehen, sich zusammenballen, sich ankündigen, drohen, sich entwickeln, bevorstehen
9. sich aufstellen, aufmarschieren, sich formieren, antreten, sich postieren

Aufzug
1. Fahrstuhl, Lift, Hebewerk, Paternoster
2. Akt, Auftritt, Szene, Bild
3. Zug, Prozession, Umzug
4. Aufmachung, Ausstattung, Äußeres, Aufputz, Dekor, Ausstaffierung, Dress, Kleidung, Outfit, Toilette, Garderobe, Gewand, Gewandung, Erscheinung, Kluft; *ugs.:* Sachen, Klamotten, Tracht, Zeug, Montur

aufzwingen aufnötigen, aufdrängen, oktroyieren, diktieren; *ugs.:* andrehen

aufzwingen, sich (zwingend) bewusstwerden, sich aufdrängen, sich (notwendig) ergeben, folgen/hervorgehen aus, entstehen

Auge
1. Sehorgan, Augapfel; *ugs.:* Gucker, Seher; *Pl.:* Lichter
2. Blick, Sehvermögen, Scharfsichtigkeit, Gespür, Spürsinn, Instinkt

Augenblick
1. Moment, Weilchen, Weile, Nu, Atemzug, Sekunde, Minute
2. Zeitpunkt, Gelegenheit, Möglichkeit, Chance
3. **im Augenblick** → augenblicklich

augenblicklich
1. → sofort
2. jetzt, gegenwärtig, nun, gerade, im Augenblick, momentan, derzeit, nunmehr, zur Stunde, im Moment, just, aktuell, eben, soeben, justament, zur Zeit
3. vergänglich, für kurze Zeit, vorübergehend, temporär, episodisch, ephemer, zeitweilig, flüchtig, von kurzer Dauer; *geh.:* passager

augenfällig → offenbar

Augengläser → Brille

Augenlicht Sehkraft, Sehvermögen, Sehschärfe, Sicht

Augenmerk → Aufmerksamkeit
Augenschein Wahrnehmung, Anschauung, Ansicht, Erfahrung, Anblick
augenscheinlich → offenbar
Augenweide Vergnügen, Genuss, Wonne, Freude, erfreulicher Anblick, Labsal, Sinnenfreude, Wohlgefühl, Entzücken, Erquickung, Hochgenuss, Lust
Augenzeuge Anwesender, Zuschauer, Betrachter, Beobachter, Teilnehmer, Zeuge
Auktion Versteigerung, Lizitation; *schweiz.:* Steigerung, Gant, Vergantung
Aureole
1. Heiligenschein, Gloriole, Glorienschein, Glorie, Mandorla
2. Erhabenheit, Würde, Feierliches, Weihevolles, Festliches
aus
1. → wegen
2. ausgegangen, außer Haus, auswärts, aushäusig, fort, weg, abwesend, nicht da/daheim
3. vorbei, vorüber, Schluss, zu Ende, erloschen, passee, verschwunden, vergangen, gestorben; *ugs.:* dahin, tot, um
4. heraus, hinaus, von innen nach außen
5. bestehen, beschaffen, zusammengesetzt, von der Beschaffenheit
6. **aus sein auf** → abzielen auf
ausarbeiten entwerfen, festlegen, ausführen, gestalten, verfassen, aufbauen, anlegen, erstellen, erarbeiten, konzipieren, konkretisieren, realisieren, verwirklichen, durchführen, verfertigen, herstellen, austüfteln

ausbaden: Vom Büßen und Ausbügeln

Wer etwas *ausbaden* muss, der muss *die Folgen/Konsequenzen tragen,* die eine bestimmte Handlung nach sich zieht. *Sühnen* und *büßen* sind Vokabeln, die aus dem religiösen Zusammenhang kommen und *ausbaden* im Sinn von »Besserung« bedeuten. Auf diese Konnotation zielt auch die Verwendung von *büßen* im juristischen Sinn, wenn es etwa heißt, jemand muss eine Haftstrafe *verbüßen.*
Das umgangssprachliche Wort *ausbügeln* bedeutet *wiedergutmachen* beziehungsweise *wettmachen.* Für *ausbaden* gibt es auch eine ganze Reihe umgangssprachlicher Redensarten. *Die Zeche zahlen (müssen)* suggeriert, dass man für die Schulden anderer aufkommen muss oder Leidtragender der Handlungen Dritter ist. »Zeche« bedeutete ursprünglich »Gesellschaft, Zunft« und wurde dann zum Ausdruck für den Geldbetrag, der an den Wirt zu zahlen ist. Diese Konnotation enthalten auch die Wendungen *den Kopf hinhalten* und *für etwas bluten müssen.*
Selbstverschuldete Konsequenzen hat dagegen zu tragen, wer *die Suppe auslöffeln* muss. Deutlicher wird das noch in Formulierungen wie *die Suppe auslöffeln, die man sich eingebrockt hat.* Suppe (mit Einlage = Brocken) war einst für weite Teile der Bevölkerung das Hauptnahrungsmittel.
Die neutrale Bedeutung von *Verantwortung übernehmen* hat die Wendung *etwas auf seine Kappe nehmen.* Sie bezieht sich möglicherweise auf die Kappe als Teil der Amtstracht von Richtern und bestimmten Beamten.
Bei *ausbaden* im Sinn von *die Kastanien aus dem Feuer holen* schwingt mit, dass hier etwas Unangenehmes oder Gefährliches zu tun ist. Die Redensart geht auf eine alte orientalische Fabel zurück, in der ein Affe eine Katze überredet, ihm geröstete Kastanien aus dem Feuer zu holen.

Ausarbeitung → Ausführung
ausarten
1. entarten, absinken, absteigen, abgleiten, geraten, sich entfalten, sich entwickeln, aus der Art schlagen, verfallen, degenerieren, auf die schiefe Ebene kommen, abrutschen, herunterkommen
2. überhandnehmen, sich ausweiten zu, überborden, auswachsen, zu weit gehen, überspitzen, überziehen, zu viel werden
ausatmen den Atem/die Luft ausstoßen, aushauchen; *ugs.:* auspusten
ausbaden die Folgen/Konsequenzen tragen, auf sich nehmen, bereinigen, büßen, einstehen/geradestehen für, bezahlen, die Verantwortung übernehmen, stehen zu, aufkommen/haften/bürgen für, sühnen, entgelten, ausgleichen, wettmachen, wiedergutmachen; *ugs.:* herhalten, die Suppe auslöffeln, den Kopf hinhalten, die Zeche zahlen, bluten müssen, auf seine Kappe nehmen, die Kastanien aus dem Feuer holen ⓘ
ausbalancieren ins Gleichgewicht bringen, ausglei-

chen, egalisieren, glätten, neutralisieren, einen Ausgleich schaffen, die Waage halten, ein Gegengewicht bilden, Unterschiede beseitigen, schlichten, beilegen, in Ordnung/ins rechte Gleis bringen, einrenken; *ugs.:* ins Lot bringen, hinbiegen, ausbügeln

ausbaldowern → auskundschaften

Ausbau Erweiterung, Ausdehnung, Vergrößerung, Verbesserung, Entfaltung, Entwicklung, Zunahme, Festigung

ausbauen

1. erweitern, vergrößern, ausdehnen, ausweiten, zubauen, anbauen, verbreitern
2. herausnehmen, entfernen, ausmontieren
3. → weiterentwickeln
4. → festigen

ausbedingen, sich → fordern

ausbessern

1. reparieren, eine Reparatur durchführen, instand setzen, Schäden beheben, wiederherstellen, in Ordnung bringen, richten, überholen, erneuern, wiederherrichten; *ugs.:* wieder ganzmachen/heilmachen
2. stopfen, flicken, zunähen, stückeln

ausbeulen ausweiten, ausdehnen, weiten; *ugs.:* ausleiern, auslatschen

Ausbeute Gewinn, Ertrag, Profit, Nutzen, Effekt, Ernte, Früchte, Wert, Erlös, Rendite, Produkt, Ergebnis, Resultat, Fazit, Geschäft

ausbeuten

1. ausplündern, ausrauben, ausnutzen, aussaugen, auspressen, ausnützen, exploitieren, schröpfen, plündern, zur Ader lassen, armmachen, ruinieren; *ugs.:* das Mark aus den Knochen saugen, melken, ausnehmen, ausräubern, rupfen, lausen, erleichtern, ausziehen, flöhen, auspowern
2. Nutzen ziehen aus, ausschöpfen, auswerten, abbauen, gewinnen, sich zunutzemachen, ausschlachten, nutzbar machen

Ausbeuter Profitmacher, Profiteur, Kapitalist, Wucherer, Unternehmer, die Multis; *ugs.:* Blutsauger, Aasgeier, Bonze

ausbilden

1. anweisen, unterweisen, anleiten, anlernen, instruieren, lehren, schulen, befähigen, erziehen, bilden, unterrichten, Wissen vermitteln, drillen, trainieren, coachen, zeigen, vertraut machen mit, formen, in die Schule nehmen, beibringen, Stunden/Unterricht geben; *ugs.:* hobeln, Schliff geben, vormachen, einpauken, eintrichtern
2. entwickeln, heranbilden, fördern, entfalten, qualifizieren, emporbringen, ausgestalten, realisieren, verwirklichen, vervollkommnen, ausformen, ausbauen, vertiefen

Ausbilder Lehrer, Lehrkraft, Meister, Lehrmeister, Anleiter, Instrukteur, Unterrichtender, Trainer, Kursleiter; *schweiz.:* Ausbildner, Instruktor

Ausbildung

1. Unterweisung, Anleitung, Einführung, Schulung, Unterricht, Instruktion, Belehrung, Lehrjahre, Bildungsgang, Lehre, Erziehung, Vorbereitung, Training, Lehrzeit, Formung
2. Förderung, Entwicklung, Entfaltung, Ausformung, Ausbau, Vertiefung, Festigung

ausbitten, sich

1. bitten, erbitten, ansuchen/ersuchen/nachsuchen um, erbetteln, angehen/anfragen um, vorstellig werden, sich wenden an
2. → fordern

ausblasen löschen, auslöschen, ersticken; *ugs.:* auspusten, ausmachen

ausbleiben fortbleiben, wegbleiben, fernbleiben, ausstehen, aussetzen, fehlen, sich fernhalten, ausfallen, wegfallen, nicht kommen/eintreffen/eintreten/anwesend sein

Ausblick

1. Fernsicht, Übersicht, Aussicht, Panorama, Fernblick, Anblick, Überblick, Rundblick, Blick, Bild, Sicht, Überschau
2. Perspektive, Zukunft, Vorgriff, Blickrichtung

ausbooten *ugs. für:* abdrängen, verdrängen, zurückdrängen, wegdrängen, beiseiteschieben, ausstechen, ausschalten, in den Hintergrund drängen, abspeisen, abservieren, abfertigen, des Einflusses berauben, entmachten, entlassen, aufs Abstellgleis schieben, entthronen, ins Abseits drängen, aus dem Feld schlagen; *ugs.:* abhängen, abschießen, abhalftern, absägen, niedermachen, kaltstellen

ausborgen → leihen

ausborgen, sich → leihen, sich

ausbrechen

1. → fliehen
2. losbrechen, zum Ausbruch kommen, entbren-

nen, entflammen, auflodern, aufflackern, aufflammen, aufkommen, aufwallen, aufsteigen, aufkeimen, hervorkommen, hervordringen, hochgehen, um sich greifen, sich zu regen beginnen, sich entwickeln, sich entladen, sich bilden, sich auftun, sich entspinnen, sich breitmachen, anheben, plötzlich auftreten/einsetzen, zum Vorschein kommen
3. erbrechen, von sich geben, speien, ausspeien, sich übergeben; *ugs.:* brechen, spucken, ausspucken, kotzen

ausbreiten
1. entfalten, ausdehnen, breiten, verbreiten, aufschlagen, verstreuen, auslegen, auseinanderlegen, auseinanderbreiten, auseinanderfalten
2. erweiten, ausweiten, vergrößern
3. in Umlauf setzen, bekanntmachen, ausstreuen, weiterverbreiten, unter die Leute bringen
4. darstellen, darlegen, beleuchten, aufrollen, auseinandersetzen, behandeln, erläutern, schildern, erzählen, betrachten

ausbreiten, sich
1. → ausdehnen, sich
2. sich äußern, seine Meinung abgeben/kundtun, sich auslassen über, sich ergehen in, ausholen, ausladen, Stellung nehmen, referieren; *ugs.:* quatschen, schwatzen, labern, schwafeln

Ausbruch
1. Beginn, Anfang, Auftreten, Anbruch, Eintritt, Einbruch, Entstehung, Einsatz
2. Entladung, Anfall, Anwandlung, Aufwallung, Erregung, Koller
3. Eruption, Explosion, Erguss

ausbrüten
1. sich ausdenken, sich einfallen lassen, sich vorstellen, erdenken, ersinnen
2. *ugs. für:* erste Anzeichen einer Krankheit spüren/entwickeln

ausbuddeln → ausgraben

ausbügeln
1. plätten, glätten, bügeln, glattmachen
2. → bereinigen

ausbuhen → auspfeifen

Ausbund Inbegriff, Muster, Musterbeispiel, Gipfel, Prototyp, Vorbild, Clou, Inkarnation, Verkörperung

ausbürgern ausweisen, aussiedeln, expatriieren, des Landes verweisen, die Staatsangehörigkeit entziehen, verbannen, ausschließen, ausstoßen, vertreiben, verjagen, exilieren; *ugs.:* abschieben, hinauswerfen

ausbüxen → fliehen

auschillen *jugendsprachl. für:* sich ausruhen, sich erholen, ausspannen, abspannen, rasten, pausieren

Ausdauer
1. → Geduld
2. Kondition, Fitness, Kraft
3. → Beständigkeit

ausdauernd beharrlich, zäh, stetig, unermüdlich, geduldig, durchhaltend, hartnäckig, unnachgiebig, zielstrebig, unentwegt, unverdrossen, unbeirrbar, konsequent, verbissen, widerstandsfähig, eigensinnig, erbittert, insistierend, standhaft; *ugs.:* stur

ausdehnen
1. ausweiten, ausbreiten, vergrößern, dehnen, erweitern, entfalten
2. in die Länge ziehen/strecken, auswalzen; *ugs.:* ausleiern, ausbeulen
3. verlängern, hinausziehen, verzögern, hinschleppen, aufschieben

ausdehnen, sich
1. sich verbreiten, sich ausbreiten, übergreifen, überspringen, grassieren, umgehen, an Boden gewinnen, expandieren, sich erstrecken, reichen, sich ausspannen, sich ausweiten, seinen Einflussbereich vergrößern, um sich greifen, zunehmen, sich entfalten, sich vermehren, sich verstärken, sich vergrößern, anwachsen, anschwellen, ansteigen, sich entwickeln, sich erhöhen
2. überhandnehmen, Verbreitung finden, sich einbürgern, durchdringen, sich durchsetzen, Kreise ziehen, üblich/Usus/zur Gewohnheit werden, sich Geltung verschaffen, zum Durchbruch kommen; *ugs.:* einreißen

Ausdehnung
1. Erweiterung, Verbreiterung, Ausweitung, Ausbreitung, Verlängerung, Dehnung, Vermehrung, Zunahme, Vergrößerung, Expansion, Steigerung, Anwachsen, Wachstum, Anschwellung, Zuwachs, Entwicklung, Entfaltung
2. Ausmaß, Dimension, Größe, Umkreis, Größenordnung, Reichweite, Umfang, Breite, Weite, Volumen, Tiefe, Länge

ausdenken, sich ersinnen, sich vorstellen, erdenken, in die Welt setzen, sich einfallen lassen, dichten, erdichten, konstruieren, aussinnen, ausgrübeln, ausklügeln, erklügeln, entwerfen, sich zurechtlegen, annehmen, unterstellen; *ugs.:* austüfteln, ausknobeln, ausklamüsern, ausbrüten, aushecken, spinnen, auskochen

ausdiskutieren klären, bereden, durchsprechen, durchnehmen, besprechen, behandeln, erörtern, debattieren, abhandeln, untersuchen, erschöpfen; *ugs.:* durchkauen, bekakeln, beschwätzen, bequatschen

ausdorren ausdörren, austrocknen, trocken/dürr werden, eintrocknen, vertrocknen

ausdrehen abschalten, ausschalten, abstellen, ausstellen, abdrehen, löschen; *ugs.:* ausknipsen, ausmachen

Ausdruck

1. Wort, Wendung, Begriff, Vokabel, Terminus, Bezeichnung, Figur, Formel, Expression, Benennung
2. Formulierung, Redeweise, Redensart, Sprache, Ausdrucksart, Ausdrucksweise, Ausdrucksform, Ausdrucksstil, Diktion
3. Spiegelung, Zeichen, Kennzeichen, Beweis, Äußerung, Schaustellung, Bekundung, Kundgabe, Demonstration, Hinweis, Erklärung
4. Miene, Gesichtsausdruck, Mimik, Gebärde, Geste, Gestikulation, Mienenspiel, Gebärdenspiel
5. Nachdruck, Betonung, Unterstreichung, Hervorhebung ⓘ

Ausdrucke und Ausdrücke

Ausdruck wird für verbale und nonverbale Kommunikation gleichermaßen verwendet. Zu den nicht gesprochenen Signalen zählen der *Gesichtsausdruck,* die *Mimik* sowie *Gebärde* und *Geste. Mienenspiel* und *Gebärdenspiel* gehören zum *Ausdruck* eines Lebewesens. Die gleiche Differenzierung in *Ausdruck* und *Ausdrucksweise* gibt es bei den Synonymen für gesprochene Sprache: *Wort* und *Vokabel* ebenso wie *Formulierung* und *Redeweise.*

Wenn jemandem der richtige *Ausdruck* fehlt, so sucht er in der Regel nach einem passenden Wort. Einer, der aber mit *Ausdruck* vorliest, macht das mit besonderer *Betonung.*

Mit dem Wort *Ausdruck* wird auf die stilistische Adäquatheit (der schöne *Ausdruck*) oder allgemein die Angemessenheit der *Redensart* (der falsche *Ausdruck*) Bezug genommen. In diesem Sinn ist *Ausdruck* das deutsche Ersatzwort für das französische *Expression,* das nur noch in gehobener Sprache verwendet wird. Ein fachsprachlicher oder wissenschaftlicher *Ausdruck* ist ein *Terminus* oder eine *Formel.*

Im Computerzeitalter ist *Ausdruck* schließlich die Bezeichnung für einen *ausgedruckten Text* geworden und wird in diesem Zusammenhang synonym mit *Exemplar* oder *Kopie* gebraucht. Für den *Computerausdruck* wird auch der englische Begriff *Output* verwendet.

ausdrücken

1. pressen, herausdrücken, auspressen, herausquetschen, entsaften, ausquetschen, auswringen, ausringen, auswinden; *österr.:* ausreiben
2. formulieren, in Worte fassen/kleiden, artikulieren, mitteilen, Ausdruck verleihen, äußern, benennen, aussprechen, sagen, verbalisieren, von sich geben, zum Ausdruck/auf den Begriff/in eine Form bringen
3. erkennen/fühlen/merken lassen, bezeigen, bekunden, bezeugen, beweisen, dartun, zu spüren geben
4. zeigen, spiegeln, widerspiegeln, wiedergeben, offenbaren, besagen, bedeuten, aussagen, verraten, manifestieren, vermitteln, zum Inhalt haben, die Bedeutung/den Sinn haben, verkörpern, heißen, enthalten, charakterisieren, kennzeichnen, darstellen, vorstellen, bilden, repräsentieren, ausmachen, hinweisen
5. löschen, auslöschen, ersticken; *ugs.:* ausmachen

ausdrücklich

1. mit Nachdruck, extra, nachdrücklich, eigens, explizit, expressis verbis, präzis, genau, klar, deutlich, bestimmt, entschieden, fest, kategorisch, apodiktisch, namentlich, eindringlich, drastisch, betont, unmissverständlich, emphatisch
2. besonders

ausdruckslos ohne Ausdruck, ausdrucksleer, inhaltsleer, nichtssagend, farblos, blass, gesichtslos, langweilig, unscheinbar, gleichgültig, leer, unbedeutend, tot, kalt, entseelt, leblos, öde

ausdrucksvoll
1. expressiv, bilderreich, ausdrucksstark, malerisch, mit Ausdruck sprechend, deklamatorisch, lebendig, anschaulich, farbig, plastisch, einprägsam, bildhaft
2. gefühlsbetont, gefühlvoll, salbungsvoll, inhaltsschwer, ausladend, bombastisch, pompös, bedeutungsschwanger, schwülstig, dramatisch, theatralisch, pathetisch

Ausdrucksweise Sprache, Sprechweise, Redeweise, Darstellungsweise, Diktion, Redensart, Ausdrucksart, Stil, Form, Formulierung, Handschrift, Schreibart, Schreibweise

ausdünsten abscheiden, ausscheiden, von sich geben, absondern, aussondern, abgeben, schwitzen, ausschwitzen, transpirieren, sekretieren

Ausdünstung
1. Abscheidung, Ausscheidung, Absonderung, Aussonderung, Ausfluss, Sekretion
2. Schweiß, Transpiration, Schweißabsonderung
3. Dunst, Geruch, Körpergeruch

auseinander getrennt, vereinzelt, gesondert, entzwei, voneinander, entfernt, weg, geteilt, unverbunden, zerstreut

auseinanderbringen → entzweien

auseinanderfallen → zerfallen

auseinanderfalten → auseinanderlegen

auseinandergehen
1. sich trennen, sich lösen, sich loslösen, brechen mit, scheiden, weggehen, Schluss machen, sich den Rücken kehren, sich abwenden von, Abschied nehmen, sich verabschieden, verlassen
2. sich zerstreuen, sich verteilen, sich verlaufen, auseinandersprengen
3. zerfallen, zerbröckeln, in seine Bestandteile zerfallen; *ugs.:* verkrümeln, sich in Wohlgefallen auflösen
4. sich unterscheiden, differieren, verschieden sein, abweichen, kontrastieren, divergieren, sich abheben von, in Gegensatz/Kontrast/Opposition stehen zu
5. → dick werden

auseinanderhalten → unterscheiden

auseinanderjagen → zerstreuen

auseinanderlegen
1. entfalten, aufrollen, ausbreiten, auswickeln, öffnen, auseinanderrollen, auseinanderfalten
2. → auseinandernehmen
3. → auseinandersetzen

auseinandernehmen
1. zerlegen, zergliedern, zerteilen, zerstückeln, zerpflücken, tranchieren, auseinanderlegen, aufteilen, zerschneiden, aufschneiden, in Stücke schneiden, demontieren, abbauen, auflösen
2. → zerpflücken

auseinanderreißen → zerreißen

auseinandersetzen
1. erklären, darlegen, erläutern, erörtern, veranschaulichen, deutlich/begreiflich/verständlich machen, auseinanderlegen, ausführen, klarlegen, klarmachen, begründen, deuten, explizieren, interpretieren, beleuchten, darstellen
2. **sich auseinandersetzen mit** → sich beschäftigen mit
3. diskutieren, debattieren, sich an einen Tisch setzen, sich einlassen auf, sich streiten über, ein Gespräch führen, kommunizieren, Absprache halten, bereden, besprechen, zur Sprache bringen, disputieren

Auseinandersetzung
1. Streitigkeit, (heftige) Debatte, Kontroverse, Konflikt, Hin und Her, Auftritt, Händel, Zwist, Zwistigkeit, Krieg, Gezänk, Fehde, Reibung, Wortgefecht, Meinungsverschiedenheit, Disput, Streitgespräch, Unstimmigkeit, Zwietracht, Kollision, Divergenz, Uneinigkeit, Verstimmung, Spannung, Zerwürfnis, Gefecht, Kampf, Wortwechsel, Tauziehen, Szene, Stichelei, Unzuträglichkeit, Hader, Polemik, Zusammenstoß, Ringen, Streit; *ugs.:* Knatsch, Krach, Trouble, Gezanke, Stunk, Gezerre, Kabbelei, Krakeel, Streiterei, Reiberei
2. Beschäftigung, Arbeit, Befassung, Vertiefung, Zuwendung, Widmung, Konfrontation

auseinandertreiben → zerstreuen

auserkoren → auserlesen

auserlesen
1. auserwählt, ausersehen, auserkoren, ausgesucht, ausgewählt, berufen, elitär
2. kostbar, erlesen, erstklassig, exzellent, edel,

überragend, exquisit, süperb, von bester Qualität, erste Wahl, hervorragend, smart, hochwertig, fein, qualitätsvoll, unübertrefflich, non plus ultra, toll, schön, geschmackvoll, stilvoll, distinguiert, kultiviert, nobel; *ugs.:* erste Sahne

ausersehen → auswählen

auserwählen → auswählen

auserwählt → auserlesen

Ausfahrt
1. Tor, Öffnung
2. Spazierfahrt, Ausflug, Tour, Partie, Trip, Fahrt ins Grüne
3. Abzweigung, Abfahrt

Ausfall
1. Wegfall, Ausbleiben
2. Verlust, Einbuße, Abgang, Schwund, Schaden, Verlustgeschäft, Defizit, Fehlbetrag, Mangel, Nachteil, Lücke, Minus
3. Stich, Hieb, Seitenhieb, Beleidigung, Angriff, Attacke, Kränkung, Affront, Verletzung

ausfallen
1. herausfallen, sich lösen, verlieren, schwinden, ausgehen, kahl werden, die Haare verlieren
2. ausbleiben, ausstehen, wegfallen, nicht stattfinden/geschehen/eintreffen, entfallen, unterbleiben, abgesetzt/hinfällig werden; *ugs.:* ins Wasser/unter den Tisch fallen, flachfallen
3. stillstehen, aussetzen, stehen bleiben, versagen
4. geraten, gelingen, zum Ergebnis haben, ablaufen, vonstattengehen, zustande kommen

ausfallend grob, unverfroren, beleidigend, unverschämt, ungebührlich, ausfällig, verletzend, anzüglich, unflätig, anmaßend, vulgär, ordinär, injuriös, kränkend, gehässig, unsachlich, persönlich, herabsetzend, primitiv, gemein, frech, unhöflich, pöbelhaft, lümmelhaft, ungehobelt

ausfragen: Nachforschen und auf den Zahn fühlen

Die Synonyme für *ausfragen* zeigen, dass man mit unterschiedlicher Intensität und Absicht *Fragen stellen* kann. Neutral sind Ausdrücke wie *befragen, wissen wollen* oder *Informationen beschaffen. Nachforschen* und *auskundschaften* verweisen auf intensivere Erkundigungen.
Ausspionieren ist *Ausfragen* in feindlicher Absicht. *Auspressen* zeigt ebenso wie das umgangssprachliche *ausquetschen* Befragen mittels Druck an.
Polizeiliches *Ausfragen* nennt man *verhören. Abklopfen (auf etwas)* meint prüfendes Befragen. Die umgangssprachliche Redewendung *ein Loch in den Bauch fragen* impliziert nicht nur, dass viele Fragen gestellt werden, sondern auch, dass dem Befragten dies lästig ist. Das gilt auch für die Vokabeln *löchern* und *nachbohren.*
Die Redensart *jemandem auf den Zahn fühlen* verwendet einen Aspekt der medizinischen Diagnose umgangssprachlich für prüfendes Ausfragen. Die Redewendung kommt ursprünglich wohl aus dem Pferdehandel, weil der Zustand eines Pferdes gut an seinem Gebiss zu erkennen ist.
Jemandem *Würmer aus der Nase ziehen* heißt, ihm mühsam etwas zu entlocken. Dahinter steht der auf krankheitsdämonische Vorstellungen des Mittelalters zurückgehende Gedanke von inneren Würmern, die beseitigt werden müssen, um eine Heilung zu befördern.
Jemanden ins Gebet nehmen spielt auf die Beichte an, bei welcher der Beichtvater früher Gebete vorsprach. *Auf den Busch klopfen* kommt aus der Jägersprache: Die Treiber schlagen mit Stöcken auf Büsche und Stämme, um das Wild aufzuscheuchen. Jemanden in diesem Sinne auszufragen, bedeutet, das vorsichtig zu tun, also durch indirekte Fragen etwas zu erfahren versuchen.

ausfechten austragen, durchführen, durchkämpfen, zu Ende führen, zur Entscheidung/Austragung bringen

ausfegen kehren, auskehren, saubermachen, säubern, reinigen, den Boden fegen

ausfeilen → überarbeiten

ausfindig machen → aufspüren

ausfließen auslaufen, ausströmen, ausrinnen, aussickern, austreten, entweichen, entquellen, herauslaufen, sich leeren, leerfließen

ausflippen
1. → sich begeistern für
2. → aussteigen

Ausflucht Ausrede, Entschuldigung, Vorwand, Winkelzug, Scheingrund, Ausweg, Lüge, Notlüge, Schwindel, Behelf, Finte, Rechtfertigung; *ugs.:* Sperenzchen, faule Ausrede, Bluff

Ausflug Tour, Fahrt, Trip, Wanderung, Ausfahrt,

Partie, Landpartie, Reise, Abstecher, Spazierfahrt, Vergnügungsfahrt, Erholungsfahrt, Fahrt ins Grüne, Exkursion, Streifzug; *ugs.:* Spritztour, Spritzfahrt

Ausfluss
1. Abfluss, Ablauf, Auslauf, Ausguss, Ablaufrohr, Ablaufrinne, Abzugsrinne, Ablauföffnung, Ausflussöffnung
2. Absonderung, Ausscheidung, Abscheidung, Auswurf, Schleim, Sekret, Sekretion, Exkret

ausforschen → ausfragen

ausfragen ausforschen, Fragen stellen, zu ermitteln suchen, auskundschaften, aushorchen, auspressen, erfragen, befragen, nachfragen, nachforschen, nachspüren, verhören, sich erkundigen, recherchieren, Informationen beschaffen, Ermittlungen anstellen, sich informieren, interviewen, Erkundigungen einziehen, ausspionieren, wissen wollen, um Aufschluss bitten, sich unterrichten, abklopfen auf, einer Sache auf den Grund gehen/nachgehen; *ugs.:* ausquetschen, auf den Zahn fühlen, herumbohren, nachbohren, ein Loch in den Bauch fragen, löchern, auf den Busch klopfen, Würmer aus der Nase ziehen, ins Gebet nehmen, herausholen, herauslocken, herauskitzeln, herumstochern, nicht lockerlassen, nachhaken ⓘ

ausfressen
1. vertilgen, verschlingen, verschmausen, verzehren, aufzehren, auffressen, leerfressen; *ugs.:* auffuttern, verdrücken, verputzen, ratzekahl fressen, verspachteln
2. → anrichten

Ausfuhr Export, Überseehandel, Außenhandel

ausführen
1. verwirklichen, vollziehen, durchführen, vollführen, in die Tat umsetzen, machen, vollstrecken, zu Ende führen, erstellen, fertigstellen, bewerkstelligen, abschließen, beendigen, zur Durchführung bringen, verrichten, realisieren, ins Werk setzen, konkretisieren, abwickeln, wahr machen, erfüllen, zustande/zuwege bringen, einlösen, erledigen; *ugs.:* durchziehen, schaukeln, auf die Beine stellen
2. exportieren, ins Ausland verkaufen
3. spazieren fahren/führen, umherführen; *ugs.:* lüften, Gassi führen
4. einladen, ausgehen, bitten zu
5. → erklären

ausführlich
1. eingehend, bis ins Einzelne/Detail gehend, (ganz) genau, minuziös, detailliert, gründlich, umfassend, grundlegend, intensiv, erschöpfend, sorgfältig, reiflich, gewissenhaft, tiefschürfend; *ugs.:* lang und breit
2. weitläufig, weitschweifig, ausholend, breit, in extenso, wortreich, episch, umständlich, kompliziert, langatmig

Ausführung
1. Durchführung, Bearbeitung, Ausarbeitung, Vollzug, Bewerkstelligung, Vollstreckung, Fertigstellung, Erstellung, Verrichtung, Realisierung, Abwicklung, Verwirklichung, Erfüllung, Besorgung, Erledigung, Ausfertigung, Organisation, Regelung, Tätigung
2. Darlegung, Erklärung, Explikation, Vortrag, Erläuterung, Darstellung, Demonstration, Aussage, Äußerungen, Überlegung, Betrachtung, Analyse
3. Machart, Herstellungsart

ausfüllen
1. füllen, auffüllen, vollschütten, vollmachen, zuschütten, zumachen, keine Lücke lassen, verstreichen, verschmieren
2. zubringen, überbrücken, hinweghelfen über, hinüberhelfen, hinwegkommen, überwinden
3. erfüllen, befriedigen, zufriedenstellen, gefallen, Genüge tun, Freude machen
4. eintragen, einsetzen, beantworten (Fragebogen), ausstellen
5. ausführen, vollführen, durchführen, bewerkstelligen, machen, tun, ausüben, betreiben, praktizieren, meistern

Ausgabe
1. Verteilung, Zuteilung, Austeilung, Aushändigung, Abgabe, Vergabe, Verabreichung, Zuweisung
2. Kosten, Unkosten, Aufwand, Aufwendungen, Auslagen, Zahlungen, Spesen, Belastungen
3. Druck, Edition, Auflage, Herausgabe, Bearbeitung, Veröffentlichung, Fassung

Ausgang
1. Tür, Öffnung, Ausstieg, Abgang, Tor, Pforte, Portal

2. Ergebnis, Resultat, Ende, Schluss, Abschluss, Ausklang, Finale, Beendigung, Fazit, Bilanz

Ausgangspunkt Beginn, Anfang, Ursprung, Wurzel, Grundlage, Quelle, Basis, Voraussetzung, Plattform, Unterlage, Fundament, Anhaltspunkt, Ansatzpunkt, Nullpunkt, Startpunkt

ausgeben
1. verbrauchen, verausgaben, aufwenden, bezahlen, aufzehren; *ugs.:* verbraten, verbuttern, lockermachen, springen lassen
2. austeilen, verteilen, aufteilen, zuteilen, aushändigen, reichen, übergeben, abgeben, vergeben, verabfolgen, zumessen, zuweisen, zusprechen, ausschütten
3. spendieren, kaufen, einladen, freihalten, spenden
4. sich ausgeben als vorgeben, simulieren, den Anschein erwecken, auftreten/fungieren als, darstellen, verkörpern, die Rolle einnehmen, vortäuschen, sich verstellen, sich bezeichnen/hinstellen als

ausgebeult ausgedehnt, ausgeweitet; *ugs.:* ausgeleiert, verbeult

ausgebildet geschult, gelernt, geübt, sachverständig, sachkundig, vom Fach, gutunterrichtet, erprobt, bewährt, routiniert, qualifiziert, eingearbeitet, versiert, erfahren

ausgebucht
1. besetzt, voll, belegt, okkupiert, reserviert, überlaufen, nicht frei, kein Platz
2. verkauft, ausverkauft, nicht auf Lager
3. → ausgelastet

ausgebufft
1. *ugs. für:* gerissen, erfahren, raffiniert, schlau, gewitzt, geschickt, fintenreich, trickreich, pfiffig, durchtrieben, taktisch klug, findig, listig, clever, scharfsinnig, intelligent, aufgeweckt; *geh.:* alert; *ugs.:* helle, nicht auf den Kopf gefallen, gerissen, gewieft, verschlagen, gefuchst, ausgefuchst, mit allen Wassern gewaschen, nicht von gestern
2. erschöpft, verlebt

ausgedehnt
1. geräumig, großräumig, breit, weit, weitläufig, weiträumig, weitschichtig, langgestreckt, groß, ausgestreckt, endlos, mächtig, riesig, gigantisch, großflächig, weitverzweigt
2. lange, umfassend, umfangreich, ewig, langdauernd, langatmig, langgezogen, Zeit raubend, extensiv, ausgiebig

ausgedient abgenutzt, verbraucht, verschlissen, abgetragen, abgewetzt, abgegriffen, defekt, wertlos, lädiert, ramponiert, funktionslos, unbrauchbar, unnütz, nutzlos, ohne Wert; *ugs.:* abgedankt, ausrangiert, aufs Abstellgleis geschoben

ausgedörrt trocken, ausgetrocknet, vertrocknet, welk, verwelkt

ausgefallen
1. ungewöhnlich, ungewohnt, ungebräuchlich, unüblich, atypisch, selten, nicht alltäglich, extravagant, aus dem Rahmen fallend, anomal, abnorm, irregulär, unkonventionell, ungeläufig, außergewöhnlich, außerordentlich, erstaunlich, extraordinär, überraschend, hervorstechend, auffällig, unvergleichlich, einzigartig, originell, spektakulär, Aufsehen erregend, beispiellos, besonders, auffallend, frappant, frappierend, bemerkenswert; *ugs.:* abgespact, spacig
2. abwegig, abseitig, befremdlich, absonderlich, sonderbar, schockierend, verblüffend, entlegen, verstiegen, weithergeholt, unmöglich; *ugs.:* verrückt

ausgefeilt überlegt, durchdacht, ausgereift, ausgearbeitet, wohlüberlegt, ausgeformt, ausgegoren, perfekt

ausgeflogen → fort

ausgefranst abgerissen, verschlissen, zerfranst, zerlumpt, abgetragen

ausgefuchst → schlau

ausgeglichen harmonisch, in sich ruhend, ausgewogen, mit sich im Frieden/reinen/ausgesöhnt, gleichmäßig, gelassen, zufrieden, glücklich

Ausgeglichenheit → Ruhe

ausgehen
1. das Haus verlassen, fortgehen, weggehen, sich amüsieren/vergnügen/zerstreuen gehen, bummeln/tanzen gehen; *ugs.:* ausschwärmen
2. zurückgehen auf, seinen Ausgang nehmen, entspringen, seine Wurzel/seinen Ursprung haben in, herrühren/stammen/kommen von
3. ausströmen, ausstrahlen, aussenden, verbreiten, verstreuen, hervorbringen
4. enden, endigen, aufhören, ein Ende/zum Ergebnis/als Resultat haben, abschließen mit, seinen

Abschluss finden in, ablaufen, vonstattengehen, vor sich gehen, sich ergeben, sich entwickeln, ausschlagen, erfolgen, zur Folge haben
5. erlöschen, zu brennen/leuchten aufhören, eingehen, verglimmen, verglühen
6. zu Ende gehen/sein, auslaufen, versiegen, zur Neige gehen, sich neigen, aufhören, schwinden, stocken, aufgebraucht werden, sich erschöpfen, abnehmen, sich vermindern
7. ausfallen, herausfallen, verlieren, sich lösen, kahl werden, die Haare verlieren

ausgehen auf → abzielen auf

ausgehen von als Ausgangspunkt nehmen, zur Basis/Voraussetzung/Grundlage/Bedingung machen, voraussetzen, annehmen, zugrunde legen, unterstellen, rechnen mit

ausgehungert → hungrig

ausgeklügelt
1. wohldurchdacht, durchkonstruiert, rationell, sinnvoll, sinnreich, scharfsinnig, raffiniert, kunstvoll
2. übergenau, spitzfindig, haarspalterisch, pedantisch, wortklauberisch, rabulistisch, subtil, kleinlich, pingelig

ausgekocht → schlau

ausgelassen übermütig, überschwänglich, wild, außer Rand und Band, unbändig, ungezügelt, hemmungslos, ungebärdig, ungestüm, lebhaft, lustig; *ugs.:* toll, vom Teufel geritten, über die Stränge schlagend, feuchtfröhlich, vom Hafer gestochen, aufgekratzt, überdreht, aufgedreht

Ausgelassenheit → Übermut

ausgelastet überbeschäftigt, vollbeschäftigt, ohne Zeit, überlastet, beansprucht, in Beschlag/voll in Anspruch genommen, ausgefüllt, ausgebucht, mit Arbeit eingedeckt; *geh.:* absorbiert

ausgelaugt → erschöpft

ausgeleiert
1. ausgebeult, ausgeweitet, ausgedehnt; *ugs.:* verbeult
2. → phrasenhaft

ausgeliefert
1. → schutzlos
2. → hörig

ausgemacht
1. feststehend, beschlossen, entschieden, sicher, abgemacht, abgesprochen, festgelegt, vereinbart, verabredet, fest, verbindlich, verbürgt, fix, geregelt, besiegelt
2. offensichtlich, offenkundig, evident, klar, sichtbar, ersichtlich, deutlich, augenscheinlich, manifest
3. unverbesserlich, vollendet, vollkommen, sehr groß
4. ausgesprochen (Junggeselle), eingefleischt

ausgemergelt → dünn

ausgenommen außer, mit Ausnahme/abgesehen/mit Ausschluss von, bis auf, ohne, exklusive, nicht inbegriffen/einbegriffen, ausschließlich, abzüglich, abgerechnet, vermindert um

ausgepowert → erschöpft

ausgeprägt
1. ausgebildet, hervorstechend, prägnant, ausgesprochen, auffällig, hochgradig, extrem, krass, stark
2. markant, scharf umrissen, profiliert, kennzeichnend, charakteristisch, eigentümlich, typisch, bezeichnend

ausgepumpt → erschöpft

ausgerechnet gerade, unbedingt, eben

ausgereift
1. reif, erntereif, gereift, vollentwickelt, ausgebildet
2. wohlüberlegt, ausgewogen, vollendet, ausgearbeitet, durchdacht, perfekt, einwandfrei, ausgefeilt

ausgeruht → frisch

ausgeschlafen *ugs. für:* pfiffig, klug, aufgeweckt, clever, intelligent, gescheit, wach, begabt, geistreich, schlau, scharfsinnig; *ugs.:* mit Köpfchen, hell(e), blitzgescheit, nicht auf den Kopf gefallen

ausgeschlossen
1. unmöglich, undenkbar, utopisch, unrealistisch, aussichtslos, indiskutabel, unausführbar, undurchführbar, unrealisierbar, unerreichbar, hoffnungslos, undenkbar, nicht daran zu denken
2. keineswegs, nein, niemals, unter keinen Umständen, kommt nicht in Frage, keinesfalls, auf gar keinen Fall, nicht im Entferntesten, Gott behüte, mitnichten, bestimmt/absolut/beileibe nicht, das kann nicht sein, zu keiner Zeit, in keiner Weise, weit entfernt, um keinen Preis; *ugs.:* woher denn, ach woher, nichts zu machen, nimmer, kommt nicht in die Tüte, keine Spur, nur über meine Leiche, Fehlanzeige, Pustekuchen, Nullinger

ausgeschnitten dekolletiert, offen, offenherzig, mit großem/tiefem Ausschnitt

ausgesprochen
1. ausgeprägt, extrem, krass, stark, ausgebildet, entschieden, entschlossen, erklärt, dezidiert, energisch, fest, resolut
2. geradezu, ganz besonders, regelrecht, typisch, sehr, buchstäblich, nachgerade, förmlich, ganz und gar, vollkommen

ausgestorben
1. leer, menschenleer, öde, verlassen, entvölkert, unbevölkert, verödet, tot, unbelebt, geisterhaft, einsam, unbeseelt
2. ohne lebende Nachkommen, ausgerottet, als Art erloschen/untergegangen/vernichtet

ausgesucht
1. → auserlesen
2. besonders, sehr, betont, überaus, ungeheuer, zutiefst, ausnehmend, maßlos, über alle Maßen, äußerst, in höchstem Grad, bemerkenswert, ungemein, umwerfend

ausgewachsen
1. ausgereift, fertig, vollentwickelt, erwachsen, reif, volljährig, mündig, ausgebildet, groß, kein Kind mehr, aus den Kinderschuhen; *geh.:* adoleszent; *ugs.:* flügge
2. vollendet, sehr groß, vollkommen, perfekt, unübertroffen, einwandfrei, unvergleichbar

ausgewählt → auserlesen

ausgewogen
1. ausgeglichen, harmonisch, abgewogen, abgestimmt, gleichgewichtig, ebenmäßig, im Gleichgewicht, proportioniert, symmetrisch, gleichmäßig, wohlproportioniert, entsprechend, zusammenpassend, im richtigen Verhältnis
2. überlegt, durchdacht, ausgereift, wohlüberlegt, ausgearbeitet, ausgegoren; *ugs.:* ausgefeilt, ausgetüftelt

Ausgewogenheit → Harmonie

ausgezehrt → dünn

ausgezeichnet hervorragend, herausragend, sehr gut, exzellent, vorzüglich, vortrefflich, überragend, unübertrefflich, unübertroffen, bestens, herrlich, exquisit, himmlisch, fein, wonnevoll, wonnig, wonniglich, paradiesisch, exquisit, köstlich, außerordentlich, famos, tadellos, vorbildlich, beispiellos, mustergültig, fabelhaft, glänzend, brillant, einmalig, großartig, grandios, genial, wunderbar, fantastisch, überwältigend, bestechend, einzig, einzigartig, erstrangig, meisterhaft, nachahmenswert, virtuos, erstklassig, erlesen, prächtig, bewundernswert, über dem Durchschnitt, überdurchschnittlich, blendend, trefflich; *geh.:* süperb; *jugendsprachl.:* geil, megageil, krass; *ugs.:* göttlich, toll, prima, dufte, klasse, klassisch, bombig, Spitze, super, eine Wucht, eins a; *österr.:* klass

ausgiebig reichlich, ausgedehnt, übergenug, in Hülle und Fülle, viel, massenhaft, lange, umfassend, umfangreich, sattsam; *ugs.:* massig

ausgießen ausschütten, wegschütten, ausleeren, leeren, entleeren, weggießen, fortgießen, leer machen; *ugs.:* auskippen

Ausgleich Versöhnung, Bereinigung, Angleichung, Kompromiss, Beilegung, Schlichtung, Vergleich, Vermittlung, Übereinkommen, Übereinkunft, Entspannung, Einigung, Befriedung

ausgleichen
1. wettmachen, wiedergutmachen, aufheben, begleichen, egalisieren, nivellieren, einen Ausgleich herbeiführen/schaffen/bewirken, ausbalancieren, kompensieren, ersetzen, ergänzen, aufwiegen, einpendeln, glätten, neutralisieren, abhelfen, einrenken, bereinigen, aufholen, regeln, in Ordnung bringen; *ugs.:* hinbiegen, ausbügeln
2. abfinden, erstatten, vergüten, rückvergüten, abgelten, entgelten, entschädigen, Schuld tilgen, zurückzahlen, zurückgeben

ausgleiten ausrutschen, den Halt verlieren, hinfallen, hinschlagen; *ugs.:* ausglitschen

ausglühen
1. niederbrennen, ausbrennen, verbrennen, abbrennen
2. verschwelen, verglimmen, erlöschen, verlöschen, zu brennen/leuchten aufhören, eingehen, ausgehen

ausgraben
1. freilegen, hervorholen, zutage fördern, ausheben, ausschachten, ausschaufeln, sichtbar machen; *ugs.:* auskramen, ausbuddeln
2. ausmachen (Kartoffeln), austun

3. exhumieren (Leichen), ausbetten

Ausguck Warte, Aussichtsturm, Wachtturm, Wartturm, Beobachtungsstation, Beobachtungsstand, Ausblick

Ausguss Abfluss, Ablauf, Abguss, Abflussrohr, Spülstein, Spülbecken, Spültisch, Spüle; *schweiz.:* Schüttstein

aushaken
1. ausklinken, lösen, loslösen, lockern, öffnen; *ugs.:* losmachen, abmachen, aufmachen
2. *ugs. für:* nicht (mehr) funktionieren, die Geduld/den Faden/die Nerven verlieren, nicht begreifen/verstehen, kopflos/verrückt werden, ein Nervenbündel sein, seiner selbst/seiner Sinne nicht mehr mächtig sein, rotieren, überdrehen; *ugs.:* durchdrehen, durchticken, überschnappen

aushalten
1. ertragen, hinnehmen, überstehen, erdulden, erleiden, auf sich nehmen, fertigwerden mit, über sich ergehen lassen, bewältigen, standhalten, durchstehen, genügend widerstandsfähig sein, verkraften, vertragen, verwinden, sich schicken/fügen/ergeben in, durchmachen, bestehen, überleben, tragen, verschmerzen; *ugs.:* verdauen, einstecken, schlucken, abkönnen
2. ausharren, durchhalten, bleiben, ausdauern, nicht von der Stelle weichen, hart/auf dem Posten bleiben, beharrlich/beständig sein, nicht aufgeben/nachgeben/wanken, das Feld behaupten, sich nicht vertreiben lassen, sich durchsetzen, widerstehen, sich widersetzen, sich behaupten; *ugs.:* bei der Stange bleiben, nicht schlappmachen
3. den Lebensunterhalt bezahlen/bestreiten, ernähren, unterhalten, versorgen; *ugs.:* durchfüttern, durchbringen

aushandeln → abmachen

aushändigen übergeben, überreichen, übereignen, verabfolgen, aus der Hand geben, überstellen, übertragen, überlassen, überantworten, sich einer Sache entäußern, zuteilwerden/zukommen lassen, abliefern, abtreten

Aushändigung → Übergabe

Aushang Anschlag, Mitteilung, Bekanntmachung, Meldung, Veröffentlichung, Bekanntgabe, Plakat, Nachricht, Information, Bescheid, Notiz, Benachrichtigung

aushängen
1. anbringen, anschlagen, annageln, befestigen, plakatieren
2. aus den Angeln heben, herausheben

Aushängeschild
1. Anlockung, Anreiz, Anziehungspunkt, Lockmittel, Zugmittel, Köder
2. Tarnung, Vorgabe, Hülle

ausharren
1. warten, zuwarten, sich gedulden, Geduld haben/bewahren, erwarten, abwarten, sich Zeit nehmen, verweilen
2. → aushalten

aushäusig → fort

ausheben
1. ausgraben, ausstechen, ausbaggern, ausschaufeln, ausschachten, freilegen; *ugs.:* ausbuddeln
2. entdecken, aufspüren, aufgreifen, habhaft werden, ausfindig machen, ergreifen, stellen, überwältigen, dingfest machen, gefangen nehmen, aufstöbern, ausmachen, ertappen, fassen, packen, unschädlich machen, das Handwerk legen, erwischen, zu fassen kriegen, finden; *ugs.:* schnappen, kaschen, auffliegen/hochgehen lassen, auftreiben, aufgabeln, kriegen
3. rauben, nehmen, wegnehmen, ausräumen, leeren
4. einziehen, einberufen, mobilmachen, rekrutieren, mobilisieren

aushecken → ausdenken, sich

ausheilen
1. auskurieren, heilen, wiederherstellen, sanieren, gesundmachen; *ugs.:* hochbringen, auf die Beine/über den Berg bringen, wieder hinkriegen
2. fit werden, in Form kommen

aushelfen
1. beispringen, einspringen, behilflich sein, Beistand/Hilfe leisten, dienen mit, beistehen, sich zur Verfügung stellen, zu Hilfe kommen, unter die Arme greifen, mit Hand anlegen, zur Hand gehen, entlasten, unterstützen, assistieren, sekundieren, mitwirken, vertreten, ersetzen, in die Bresche springen
2. leihen, ausleihen, borgen, ausborgen, zur Verfügung stellen; *ugs.:* pumpen, auf Pump/Borg geben

A

ausheulen, sich → ausweinen, sich
Aushilfe Hilfe, Vertretung, Ersatz, Ersatzmann, Vertreter, Hilfskraft, Hiwi
aushöhlen
1. höhlen, ausschaben, ausrunden, hohl machen
2. → auszehren
3. → untergraben
aushorchen → ausfragen
ausixen streichen, ausstreichen, durchstreichen, wegstreichen, auslöschen
auskehren → ausfegen
auskennen, sich (gut) Bescheid wissen, kundig/erfahren/versiert sein, Einblick haben, kennen, wissen, sich zurechtfinden, in etwas zu Hause sein, bekannt/vertraut sein mit, Kenntnis haben von/über, im Bilde/informiert/unterrichtet sein über, überschauen, durchblicken, durchschauen, auf der Höhe/auf dem Laufenden/sattelfest/bewandert/firm/beschlagen sein, einer Sache mächtig sein, beherrschen; *ugs.:* fit sein, den Durchblick haben
ausklammern → auslassen
Ausklang Ende, Schluss, Abschluss, Ausgang, Schlussakkord, Finale, Ergebnis, Resultat
ausklauben → auswählen
auskleiden
1. auslegen, ausfüttern, verkleiden, polstern, wattieren, ausschlagen, beziehen, bespannen, verschalen, täfeln
2. → ausziehen
ausklingen → abflauen
ausklinken aushaken, lösen, loslösen, ablösen, trennen, abtrennen, lostrennen, lockern, öffnen; *ugs.:* losmachen, abmachen, aufmachen
ausklinken, sich sich zurückziehen, sich entfernen, sich fernhalten, sich absondern, sich abkapseln, sich abschließen, sich isolieren, sich ausnehmen, sich abseitsstellen, sich abseitshalten, sich abspalten, sich entziehen; *geh.:* sich separieren
ausklügeln → ausdenken, sich
auskneifen → fliehen
ausknipsen ausschalten, abschalten, ausstellen, abstellen, abdrehen, löschen, auslöschen, ausmachen
ausknobeln → ausdenken, sich
auskochen
1. reinigen, entkeimen, desinfizieren, sterilisieren, keimfrei/steril machen, entseuchen
2. → anrichten
3. → ausdenken, sich
auskommen mit
1. genug/in ausreichendem Maße/sein Auskommen/zur Genüge haben, zurechtkommen, ausreichen, hinreichen, genügen, zufrieden sein, keine Not leiden; *ugs.:* langen, auslangen, hinlangen, hinkommen, fertigwerden
2. sich vertragen, sich verstehen, in Frieden/einträchtig/einig leben, harmonieren; *ugs.:* gutstehen
Auskommen Einkommen, Lebensunterhalt, Existenz, Existenzdeckung, Versorgung, Broterwerb, das tägliche Brot; *ugs.:* was man braucht/zum Leben nötig ist
auskosten genießen, ausleben, Genuss haben, sich sonnen, durchkosten, ausschöpfen, sich ergötzen, sich erfreuen, schwelgen, frönen; *geh.:* delektieren; *ugs.:* auf seine Rechnung/Kosten kommen, sich's wohl sein lassen
auskramen → ausgraben
auskugeln, sich sich ausrenken; *ugs.:* sich ausdrehen
auskühlen
1. erkalten, kühl/kalt werden, abkühlen
2. kaltstellen, kühlen
auskundschaften
1. in Erfahrung bringen, erkunden, erfragen, erforschen, entdecken, finden, sondieren, aufspüren, scouten, nachforschen, suchen, durchsuchen, ermitteln, recherchieren, fahnden nach, ausfindig machen, orten, ausmachen, herausfinden, auf die Spur kommen, zutage fördern; *ugs.:* ausbaldowern, die Lage peilen
2. ausfragen, sich orientieren, spionieren, ausspionieren, beobachten, observieren, sich informieren, zu ermitteln suchen, Erkundigungen einziehen; *ugs.:* aufs Korn nehmen, schnüffeln, herumschnüffeln, nachschnüffeln, herumstochern, herumbohren, seine Nase stecken in
Auskunft
1. Mitteilung, Information, Antwort, Aufschluss, Bescheid, Aufklärung, Angabe, Unterrichtung, Nachricht, Hinweis
2. Informationsschalter, Informationsstelle
auskurieren → ausheilen
auslachen verspotten, sich mokieren/lustig machen über, verhöhnen, verlachen, lächerlich machen, dem Gelächter/dem Spott preisgeben, ironisieren, sich amüsieren über, seinen Spaß treiben mit, witzeln; *ugs.:* verulken, hoch-

nehmen, durch den Kakao ziehen, verhohnepipeln, frotzeln

ausladen abladen, entladen, herausnehmen, leeren, leer machen, räumen, ausräumen, löschen (Schiff), ausschiffen, wegschaffen

ausladend
1. herausragend, vorstehend, vorgewölbt, herausstehend
2. bauchig, gewölbt, gerundet, geschwungen, gebogen, gekrümmt
3. ausschweifend, weit ausholend, überbordend, barock, überladen, blumig

Auslage
1. Schaufenster, Schaukasten, Vitrine
2. Kosten, Unkosten, Ausgabe, Aufwendungen, Aufwand, Spesen, Belastung

Ausland Fremde, Ferne, weite Welt

Ausländer Migrant, Immigrant, Einwanderer, Zuwanderer, Fremder, Unbekannter; *veraltet:* Fremdling

auslassen
1. weglassen, fortlassen, übergehen, überschlagen, überspringen, übersehen, aussparen, ausklammern, ausschließen, vernachlässigen, hintanlassen, absehen von, nicht in Betracht ziehen, beiseitelassen, unberücksichtigt/außer Acht/unbeachtet/sich entgehen lassen, verzichten auf, hinwegsehen, ausnehmen; *ugs.:* unter den Tisch fallen lassen
2. ablaufen/auslaufen lassen, herauslaufen/ausströmen lassen, herausströmen/abfließen/abgehen/entweichen lassen, leeren, entleeren
3. schmelzen, zerlassen, zum Schmelzen bringen, verflüssigen, flüssig machen
4. länger machen (Saum), verlängern

auslassen, sich sich äußern, erörtern, seine Meinung abgeben/zum Ausdruck bringen, von sich geben, erzählen, sprechen/reden über, sich ausbreiten über, erklären, weit ausholen, referieren

auslassen an fühlen/merken lassen, zu spüren/fühlen geben, abreagieren an, entladen, behelligen, jmdm. zusetzen

auslasten
1. voll belasten, beschäftigen, ausnutzen, ausnützen, verwerten, auswerten
2. in Anspruch nehmen, absorbieren, mit Beschlag belegen, mit Arbeit eindecken, ausfüllen, ausbuchen

auslaufen
1. ausströmen, ausfließen, ausrinnen, austreten, aussickern, entweichen, entquellen, herausfließen, entströmen, herauslaufen, sich leeren
2. in See stechen, abgehen, den Hafen verlassen
3. → abflauen

ausleben, sich sich voll entfalten, genießen, sich austoben, auskosten, sich nichts versagen, ausschöpfen, sich austollen; *ugs.:* voll auf seine Kosten kommen, sich's wohl sein lassen, sich keinen Zwang antun

ausleeren
1. leer machen, ausräumen, ausladen, herausnehmen, leeren
2. ausgießen, ausschütten, entleeren, weggießen, fortgießen; *ugs.:* auskippen

auslegen
1. ausstellen, zeigen, zugänglich/sichtbar machen, zur Schau stellen, exponieren
2. bedecken, versehen, bespannen, auskleiden, verschalen, beziehen, ausschlagen
3. leihen, ausleihen, borgen, verauslagen, vorstrecken, bevorschussen, vorlegen; *ugs.:* vorschießen
4. deuten, interpretieren, erklären, herauslesen, deuteln, erläutern, explizieren, erfassen, analysieren, klarmachen, begreiflich/verständlich machen, aufschließen, aufzeigen, erleuchten; *ugs.:* verdeutschen

Auslegung Interpretation, Deutung, Beleuchtung, Erklärung, Lesart, Erläuterung, Kommentar, Definition, Auffassung, Theorie, Annahme, Hypothese; *geh.:* Explikation, Exegese

ausleiern *ugs. für:* ausweiten, ausdehnen, weiten, lockern; *ugs.:* ausbeulen

ausleihen → leihen

ausleihen, sich → leihen, sich

Auslese → Auswahl

auslesen
1. zu Ende lesen, durchlesen, fertiglesen
2. → auswählen
3. → aussondern

ausliefern
1. übergeben, preisgeben, überantworten, ans Messer liefern, in die Hände geben, in die Arme treiben, denunzieren, aussetzen
2. anliefern, beliefern, zustellen, abschicken, verschicken, aushändigen,

A

abgeben, überreichen, weiterleiten, zubringen
ausliefern, sich sich stellen, sich in jmds. Gewalt begeben, sich ergeben, sich fügen, sich aussetzen
Auslieferung
1. → Übergabe
2. → Lieferung
ausliegen bereitliegen, aufliegen, ausgestellt sein
ausloggen abmelden, austragen, abschalten, eine Verbindung abbrechen/beenden
auslöschen
1. ausblasen, ersticken, verlöschen, erlöschen, ausdrücken; *ugs.:* ausmachen, auspusten
2. → ausrotten
auslosen → verlosen
auslösen
1. bewirken, verursachen, hervorbringen, hervorrufen, in Gang setzen, herbeiführen, ins Rollen bringen, evozieren, zur Folge haben, veranlassen, verschulden, entfesseln, erwecken, heraufbeschwören, zeitigen, erzeugen, nach sich ziehen, mit sich bringen, entfachen, provozieren, in Bewegung bringen, erregen, wecken, ins Leben rufen, in die Welt setzen, den Anstoß geben, bedingen, anrichten
2. herauslösen, absondern, herausschälen, trennen
3. freikaufen, loskaufen, befreien, retten
Auslosung Ziehung, Auswahl, Verlosung, Ausspielung, Lotterie
ausloten
1. ausmessen, abmessen, vermessen, bemessen
2. abstecken, abgrenzen, begrenzen, umgrenzen, abzirkeln, orten, loten
auslüften durchlüften, entlüften, belüften, frischmachen, frische Luft zuführen/hereinlassen, die Fenster öffnen; *ugs.:* einen Durchzug machen, durchziehen lassen
ausmachen
1. ernten, ausroden, austun, ausbuddeln, ausgraben
2. → abmachen
3. → ausschalten
4. erkennen, entdecken, erspähen, sichten, erblicken, orten, sehen, wahrnehmen, gewahren, ausfindig machen, aufspüren, finden, den Standort bestimmen, lokalisieren, ermitteln, auf die Spur kommen
5. betragen, sein, ergeben, sich belaufen auf
6. bedeuten, repräsentieren, bilden, verkörpern, charakterisieren, kennzeichnen, darstellen
ausmalen
1. schmücken, ausschmücken, dekorieren, ausgestalten, zieren, verschönen, aufputzen
2. kolorieren, mit Farbe ausfüllen/bedecken
3. streichen, tünchen, weißen
4. schildern, ausspinnen, veranschaulichen, illustrieren, lebendig machen, darstellen, dartun, beschreiben, ausführen, ein Bild zeichnen
ausmalen, sich sich vorstellen, sich vor Augen führen, sich ein Bild/eine Vorstellung/einen Begriff machen von, sich vergegenwärtigen
ausmanövrieren ausschalten, ausspielen, verdrängen, wegdrängen, abdrängen, täuschen, ausstechen, beiseitedrängen, beiseiteschieben, beiseitestoßen; *ugs.:* kaltstellen, ausbooten, austricksen, abhängen
Ausmaß Ausdehnung, Größe, Dimension, Tiefe, Weite, Länge, Umfang, Fassungskraft, Grad, Stärke, Dicke, Höhe, Format, Mächtigkeit, Kaliber, Größenordnung, Maß, Ausbreitung, Reichweite, Bedeutung, Gehalt, Intensität, Folge
ausmerzen → ausrotten
ausmessen messen, abmessen, vermessen, bemessen, dimensionieren, berechnen, abzirkeln, feststellen, bestimmen
ausmisten
1. reinigen, Ordnung schaffen, aufräumen, in Ordnung bringen, saubermachen, wegräumen, klar Schiff machen
2. aussondern, ausräumen, aussortieren, ablegen, wegtun, entfernen, zum alten Eisen werfen, fortschaffen, ausrangieren
ausmustern → aussondern
Ausnahme
1. Einzelerscheinung, Sondererscheinung, Ausnahmeerscheinung, Besonderheit, Seltenheit, Phänomen, Sonderstellung, Einzigkeit, Einmaligkeit
2. Abart, Irregularität, Abweichung, Regelverstoß
Ausnahmezustand Notstand, Kriegsrecht, Belagerungszustand
ausnahmslos
1. → alle
2. → durchweg
ausnehmen
1. herausnehmen, entleeren, ausweiden, ausschlachten
2. eine Ausnahme machen, auslassen, ausspa-

ren, nicht berücksichtigen, unbeachtet lassen
3. → ausbeuten

ausnehmen, sich
1. → ausschauen
2. → ausschließen, sich

ausnehmend besonders, in besonderem Maße, sehr, beträchtlich, stark, äußerst, außerordentlich, außergewöhnlich, überaus, unbändig, ungemein, ungeheuer, unbeschreiblich, unsagbar, auffallend, bemerkenswert, hervorstechend, beispiellos; *ugs.:* wahnsinnig, irrsinnig, arg, mordsmäßig, irre, riesig, kolossal, schrecklich

ausnutzen
1. sich zunutzemachen, die Chance ergreifen, die Gelegenheit wahrnehmen, verwerten, nutzen, verwenden, Gebrauch machen von, Nutzen/Vorteil/Gewinn ziehen aus, sich einer Sache bedienen, profitieren
2. ausbeuten, ausnehmen, auswerten, auslasten, ausschöpfen, ausschlachten, missbrauchen, schröpfen, zur Ader lassen, melken

ausnützen → ausnutzen

auspacken
1. herausnehmen, enthüllen, auswickeln, leeren, entleeren, ausladen
2. *ugs.:* sein Gewissen erleichtern, beichten, eine Beichte ablegen
3. eröffnen, angeben, mitteilen, erzählen, berichten, schildern
4. → ausplaudern

auspfeifen ausbuhen, auszischen, Buh rufen, buhen, ein Pfeifkonzert veranstalten, mit Pfiffen begrüßen, niederschreien; *ugs.:* niedermachen, absägen

ausplappern → ausplaudern

ausplaudern: Zwischen Tratsch und Verrat

Wer etwas *ausplaudert* gibt gesprächsweise Informationen weiter, die nicht für Dritte bestimmt sind. Die Zusammensetzungen mit »weiter-« sind neutrale Ausdrücke für die Weitergabe von Informationen: *weitersagen/weitergeben/weitertragen/weitererzählen.* Die Wendungen *indiskret sein,* das gehobene *eine Indiskretion begehen* und das umgangssprachliche *nicht dichthalten* heben darauf ab, dass die Wiedergabe dieser Informationen einen Vertrauensbruch darstellt. Das gilt auch für *verraten* und *preisgeben.*

Wenn der Wahrheitsgehalt der Nachrichten unsicher ist, spricht man von *Gerüchte verbreiten* und *kolportieren* oder umgangssprachlich von *tratschen. Zutragen* und *zuflüstern* bedeuten ebenso wie umgangssprachlich *jemandem etwas stecken* gezieltes Ausplaudern, denn dabei wird in der Regel diejenige Person genannt, dem etwas mitgeteilt wird. Umgekehrt steht der Sprecher selbst im Blickpunkt bei Wendungen wie *jemanden ins Vertrauen ziehen* oder *seinem Herzen Luft machen.*

Eine Aussage machen wird ebenso wie umgangssprachlich *singen* oder *auspacken* im Zusammenhang mit Verhörsituationen gebraucht. Die umgangssprachliche Redensart *die Katze aus dem Sack lassen* zielt darauf ab, dass bisher unbekannte Hintergründe eines Sachverhalts aufgedeckt werden. Sie geht auf das Volksbuch »Till Eulenspiegel« von 1515 zurück, wo eine Katze im Sack als Hase und damit als angeblicher Braten verkauft wird.

Etwas an die große Glocke hängen geht darauf zurück, dass im Mittelalter die große Glocke der Kirche zu Gerichtsversammlungen rief, bei denen private Streitigkeiten dann öffentlich ausgetragen wurde. Wer also die große Glocke läutet und damit bildlich etwas daranhängt, weiß um die Konsequenzen seines Tuns und nimmt sie gezielt in Kauf. Die Redensart *aus dem Nähkästchen/Nähkorb plaudern* spielt darauf an, dass dies für die Hausfrau einst ein Ort war, an dem sich kleine Geheimnisse aufbewahren ließen.

Kein Blatt vor den Mund nehmen bedeutet *ausplaudern* im Sinn von unverblümtem Aussprechen der Wahrheit. Diese gleichfalls sehr alte Wendung stammt aus dem Theater, wo die Schauspieler einst anstößige Passagen ihrer Rollen durch ein Blatt Papier hindurch, also mit verdecktem Mund, sprechen mussten.

ausplaudern plaudern, reden, sprechen, weitersagen, weitergeben, weitertragen, wiedererzählen, weitererzählen, kolportieren, Gerüchte verbreiten, indiskret sein, eine Indiskretion begehen, zutragen, zubringen, zuflüstern, preisgeben, aussagen, eine Aussage machen, die Karten aufdecken/offenlegen, enthüllen, verraten, hinterbringen, in Umlauf setzen, in aller Mund bringen, das Geheimnis brechen, jmdn. ins Vertrauen ziehen, seinem Herzen Luft machen; *ugs.:* loslegen, auspacken, klatschen, die Katze aus dem Sack lassen, mit der Sprache herausrücken, sich verplappern, singen, ausplappern, ausschwatzen, sich verquatschen, ausposaunen, austrompeten, quatschen, ausquatschen, stecken, vom Stapel lassen, nicht dichthalten, an die große Glocke hängen, aus dem Nähkästchen plaudern, auf die Nase binden, tratschen, kein Blatt vor den Mund nehmen, nicht hinterm Berg halten mit, aus der Schule plaudern ⓘ

ausplündern
1. → ausrauben
2. → ausbeuten

ausposaunen
1. → ausplaudern
2. → verbreiten

auspowern → erschöpfen

ausprägen, sich
1. sich herausbilden, zum Vorschein kommen, entstehen, sich entwickeln, sich formen, erwachsen, hervorkommen, sich auftun, anfangen, beginnen, aufkommen, gedeihen, sich entspinnen, aufkeimen, werden, aufblühen, anheben, sichtbar werden
2. sich zeigen, offenbar werden, sich manifestieren, kennzeichnen, hinweisen, sich äußern in, zum Ausdruck kommen

auspressen
1. ausdrücken, herausdrücken, ausquetschen, entsaften
2. → ausfragen

ausprobieren
1. probieren, testen, auf die Probe stellen, austesten
2. → kosten

auspumpen
1. leeren, entleeren, herausholen, leer machen
2. → erschöpfen

auspusten
1. → ausblasen
2. → ausatmen

ausquartieren heraussetzen, aussiedeln, räumen lassen, umsiedeln, ausweisen, vor die Türe setzen; *österr.:* delogieren

ausquatschen → ausplaudern

ausquatschen, sich → anvertrauen, sich

ausquetschen
1. ausdrücken, herausdrücken, auspressen, entsaften
2. → ausfragen

ausradieren
1. wegradieren, abradieren, wegätzen, tilgen, entfernen, beseitigen
2. vernichten, zerstören, auslöschen, aufräumen mit, ausmerzen, liquidieren, dem Erdboden gleichmachen, Schluss machen mit, in Schutt und Asche legen, verwüsten, zugrunde richten, verheeren, ausrotten, keinen Stein auf dem anderen lassen, niederwalzen

ausrangieren aussondern, ablegen, ausmustern, ausräumen, wegtun, wegwerfen, aussortieren, entfernen, zum alten Eisen werfen, fortschaffen; *ugs.:* ausmisten

ausrasten
1. *ugs. für:* rasen, toben, vor Wut schäumen, wütend sein
2. *österr. für:* sich ausruhen

ausrauben
1. ausplündern, berauben, bestehlen, armmachen, ruinieren, wegnehmen, entwenden, ausräumen; *ugs.:* ausräubern, bis aufs Hemd ausziehen
2. → ausbeuten

ausräuchern ausbrennen, ausschwefeln, desinfizieren, säubern

ausräumen
1. entfernen, herausnehmen, leeren, entleeren, leer machen
2. beseitigen, aus der Welt schaffen, abstellen, abschaffen, zum Verschwinden bringen, aufheben, beheben, auslöschen, eliminieren, zerstreuen, auflösen
3. → ausrauben

ausrechnen berechnen, errechnen, durchrechnen, eine Berechnung anstellen, ermitteln, kalkulieren, überschlagen, einen Überschlag machen, lösen, herausbekommen, herausfinden, erschließen

ausrechnen, sich bemessen, schätzen, bewerten, erwägen, überlegen

Ausrede → Ausflucht

ausreden
1. zu Ende sprechen/reden, aussprechen, ausführen; *ugs.:* ausquatschen
2. abbringen, abraten, verleiden, zu bedenken geben, abhalten, wegführen; *geh.:* widerraten

ausreden, sich
1. → anvertrauen, sich
2. → herausreden, sich

ausreichen genügen, reichen, hinreichen, zureichen, auskommen, genug/zur Genüge haben, den Bedarf decken, in erforderlichem Maß vorhanden sein, zufriedenstellen; *ugs.:* langen, auslangen, hinlangen, hinkommen

ausreichend genügend, genug, hinreichend, zureichend, befriedigend, zufriedenstellend, hinlänglich, annehmbar, zur Genüge; *ugs.:* es reicht/langt

ausreifen → reifen

ausreisen das Land verlassen, ins Ausland gehen, die Grenze passieren, übersiedeln, auswandern, abwandern

ausreißen
1. herausreißen, herausziehen, herausrupfen, auszupfen, ausziehen, entfernen, ausraufen
2. sich loslösen, einreißen
3. → fliehen

ausrenken, sich sich auskugeln; *ugs.:* sich ausdrehen

ausrichten
1. übermitteln, überbringen, bestellen, mitteilen, Bescheid geben, benachrichtigen, in Kenntnis setzen, informieren, hinterlassen, melden, sagen
2. erreichen, Erfolg haben, erwirken, erzielen, vollbringen, zustande/zuwege bringen, bewirken, durchsetzen, bewerkstelligen, schaffen, können, vermögen; *ugs.:* durchkriegen, durchboxen, herausschlagen, fertigbringen, fertigkriegen, fertigbekommen, hinkriegen
3. veranstalten, ins Werk setzen, organisieren, arrangieren, inszenieren, gestalten, Gestalt geben, durchführen, abhalten, machen; *ugs.:* aufziehen
4. in eine Fluchtlinie bringen, abfluchten, richten, geraderichten, eine gerade Linie bilden

ausrichten, sich sich formieren, sich aufstellen, sich aufreihen, sich postieren, sich platzieren, sich gruppieren, sich hinstellen, Aufstellung nehmen

ausrinnen auslaufen, ausfließen, aussickern, ausströmen, austreten, entweichen, entquellen, herauslaufen, sich leeren

ausrollen
1. ausbreiten, auslegen, entfalten, auseinanderlegen, auseinanderfalten, auseinandernehmen
2. rollen, auswalzen, auswalken; *österr.:* austreiben; *schweiz.:* auswallen

ausrotten ausmerzen, austilgen, entfernen, zerstören, beseitigen, (mit Stumpf und Stiel) vernichten, aus der Welt schaffen, auslöschen, ausradieren, aufräumen mit, liquidieren, abschaffen, zum Verschwinden bringen, zermalmen, Schluss machen mit, töten, morden, ermorden, umbringen, zugrunde richten

Ausrottung
1. Auslöschung, Ausmerzung, Vernichtung
2. → Holocaust

ausrücken
1. abmarschieren, ausziehen, den Standort verlassen, abrücken
2. → fliehen

ausrufen
1. bekanntgeben, bekanntmachen, verkünden, verlautbaren, kundtun, kundmachen, kundgeben, mitteilen, Kenntnis geben, melden, anzeigen; *ugs.:* austrommeln, ausklingeln
2. proklamieren

ausruhen, sich sich erholen, ruhen, sich entspannen, ausspannen, eine Pause einlegen/machen, Urlaub/Ferien machen, Atem schöpfen/holen, rasten, sich regenerieren, sich Ruhe gönnen, aussetzen, verschnaufen, pausieren; *jugendsprachl.:* chillen, auschillen, relaxen; *ugs.:* ausschnaufen, verschnaufen, auftanken, abschalten; *österr.:* ausrasten

ausrupfen → ausreißen

ausrüsten
1. ausstatten, versehen/versorgen mit, einrichten, ausstaffieren
2. bewaffnen, armieren

Ausrüstung Rüstzeug, Zubehör, Requisit, Gerät, Einrichtung, Ausstattung, Equipment, Handwerkszeug, Apparatur, Ausstaffierung, Mobiliar

ausrutschen ausgleiten, den Halt verlieren, hinfallen, stürzen; *ugs.:* ausglitschen

Ausrutscher
1. Fall, Sturz
2. Fehltritt, Versagen, Fehler, Vergehen, Verstoß, Verfehlung, Entgleisung, Lapsus, Fauxpas, Delikt

Aussage
1. Angabe, Mitteilung, Erklärung, Geständnis, Darlegung, Schilderung, Bericht, Darstellung, Ausführung, Bekundung, Auslassung
2. Inhalt, Substanz, Gehalt, Kerngedanke, Essenz, Sinn, Bedeutung
3. Äußerung, Meinung, Ansicht, Bemerkung, Feststellung, Anschauung, Auffassung, Vorstellung

aussagekräftig inhaltsreich, inhaltsvoll, ausdrucksstark, geistreich, geistvoll, einfallsreich, substanzhaltig, bedeutungsvoll, vielsagend; *geh.:* substanziell

aussagen
1. erklären, schildern, darstellen, angeben, berichten, mitteilen, melden, ein Bild geben von, vermitteln, informieren über,

bekanntmachen, zur Aussage bringen, veranschaulichen, Bericht erstatten, vortragen, zum Ausdruck bringen, artikulieren, äußern, benennen, formulieren, dartun, aufmerksam machen
2. preisgeben, offenbaren, enthüllen, gestehen, sein Gewissen erleichtern, eine Beichte ablegen, eine Aussage machen; *ugs.:* auspacken, Farbe bekennen, loslegen, singen, mit der Sprache herausrücken
3. besagen, ausdrücken, zum Inhalt haben, bedeuten, vorstellen, repräsentieren, ausmachen, von Belang sein, verkörpern

aussaufen *derb für:* austrinken

aussaugen
1. auslutschen, entfernen, leeren, befreien von, leer machen
2. → ausbeuten

ausschaben herausholen, herauskratzen, leer machen, entfernen, aushöhlen

ausschachten ausgraben, ausheben, ausbaggern, ausschaufeln, ausstechen, freilegen; *ugs.:* ausbuddeln

ausschalten
1. abstellen, ausstellen, auslöschen, außer Betrieb setzen, stoppen, ausdrehen, abdrehen; *ugs.:* ausknipsen, ausmachen
2. verhindern, neutralisieren, ausschließen, unterbinden, eliminieren, entfernen, verweisen, verdrängen, des Einflusses berauben, unwirksam machen, entmachten, entthronen, aufs Abstellgleis schieben, ausbooten, ausstechen, in den Hintergrund/ins Abseits drängen; *ugs.:* abhängen, abschießen, absägen, kaltstellen

Ausschank Schanktisch, Theke, Tresen, Schenke, Büfett, Bar; *schweiz.:* Buffet

ausschauen
1. ausspähen, Ausschau halten, erwarten, abwarten, ausblicken nach, sich umtun nach; *ugs.:* ausgucken nach
2. aussehen, anzusehen sein, einen Anblick bieten, den Eindruck erwecken, das Aussehen/den Anschein/den Effekt haben, sich ansehen, sich ausnehmen, wirken, scheinen, erscheinen, anmuten

ausscheiden
1. → austreten
2. nicht in Frage/Betracht kommen, außer Betracht stehen, fortfallen, nicht zur Diskussion stehen/herangezogen werden
3. von sich geben, abstoßen, abscheiden, absondern, ausdünsten; *Med.:* exkretieren, sekretieren
4. → aussondern
5. → ausschließen

Ausscheidung
1. Absonderung, Sekret, Sekretion, Exkret, Exkretion, Abscheidung, Ausfluss, Auswurf, Ausdünstung
2. Ausscheidungskampf, Ausscheidungswettkampf, Ausscheidungsspiel, Play-off, Play-off-Runde

ausschelten → schimpfen

ausschenken ausgeben, verkaufen, geben, austeilen, verteilen, vertreiben

ausschimpfen → schimpfen

ausschlachten
1. ausweiden, ausnehmen, entleeren, herausnehmen
2. → ausnutzen

ausschlagen
1. stoßen, um sich hauen/schlagen
2. auskleiden, verkleiden, bespannen, bedecken, beziehen, auslegen
3. → ablehnen
4. → keimen

ausschlaggebend maßgebend, maßgeblich, entscheidend, bestimmend, wichtig, grundlegend, richtungsweisend, beherrschend, federführend, bedeutend, gewichtig, wesentlich, einschneidend, relevant, tonangebend

ausschließen ausstoßen, verstoßen, eliminieren, aussperren, ausschalten, ausnehmen, ausscheiden, ausgliedern, disqualifizieren, nicht hereinlassen, fortjagen, entfernen, in die Verbannung schicken, ächten, verbannen, verweisen, verdrängen, vertreiben, aufs Abstellgleis schieben, in den Hintergrund/ins Abseits drängen, den Zutritt/Zugang verwehren, relegieren (Universität), den Eintritt verweigern, isolieren, absondern, nicht in Betracht ziehen, verzichten auf, absehen von, vernachlässigen, unberücksichtigt/außer Acht/unbeachtet lassen, auslassen, beiseitelassen, übergehen; *ugs.:* kaltstellen, hinauswerfen

ausschließen, sich
1. sich fernhalten, sich absondern, sich abkapseln, sich abschließen, sich isolieren, sich ausnehmen, sich abseitsstellen, sich abseitshalten, sich abspalten, sich entziehen, sich separieren
2. nicht zusammenpassen/zusammenstimmen/har-

monieren; *ugs.:* sich beißen, wie die Faust aufs Auge passen

ausschließlich
1. alleinig, einzig, uneingeschränkt, eigens, ausnahmslos, ganz und gar, völlig, vollständig, lediglich, schlechterdings
2. nur, allein, bloß, einzig und allein
3. ohne, außer, ausgenommen, exklusive, nicht inbegriffen/einbegriffen, mit Ausschluss/abgesehen von, bis auf

ausschlüpfen herauskriechen, herauskommen

ausschlürfen → austrinken

Ausschluss Eliminierung, Ausschließung, Ausstoßung, Ausschaltung, Aussperrung, Enthebung, Disqualifizierung, Entfernung, Verbannung, Herausnahme, Entlassung, Aufkündigung, Zutrittsverbot

ausschmücken dekorieren, zieren, verzieren, verschönern, ausgestalten, ausputzen, garnieren, schönmachen, behängen, ausstatten

Ausschnitt
1. Dekolletee
2. Teil, Abschnitt, Bruchstück, Bruchteil, Segment, Sektor, Passage, Auszug

ausschöpfen
1. herausholen, leeren, leer machen, auspumpen
2. → ausnutzen

ausschreiben
1. bieten, anbieten, in Aussicht stellen, ankündigen, festlegen, antragen, offerieren, Angebot machen, ansagen, bekanntgeben, bekanntmachen, ansetzen, veranschlagen
2. ausstellen (Rechnung), ausfertigen, anfertigen

Ausschreitung Gewalttätigkeit, Ausschweifung, Auswüchse, Umtriebe, Unruhen, Wirren, Krawall, Straßenkampf, Tumult, Aufruhr, Übergriff, Exzess, Pogrom, Terror; *ugs.:* Randale

Ausschuss
1. Gremium, Kommission, Komitee, Kreis, Beirat, Sektion, Rat, Kollegium, Kuratorium, Begutachter, Prüfer, Jury
2. Abfall, Schund, Plunder, Schleuderware, Ramsch, Ladenhüter, Pfuschwerk, Flickwerk, Pfuscherei, Stümperei, Stückwerk; *ugs.:* Dreck, Tinnef, Schrott, Mist, Kram, Ramsch, Geschluder

ausschütteln rütteln, ausklopfen, ausschlagen; *landsch.:* ausbeuteln

ausschütten
1. ausgießen, wegschütten, herausschütten, ausleeren, entleeren, weggießen, fortgießen, leer machen; *ugs.:* auskippen
2. zuteilen, verteilen, austeilen, ausgeben, vergeben, aushändigen, zuweisen, zusprechen, zumessen, auszahlen

ausschwärmen
1. ausfliegen, ausströmen
2. → ausgehen
3. sich auseinanderziehen, sich auflösen, sich ausbreiten, sich verteilen, sich zerstreuen

ausschweifend maßlos, unmäßig, zügellos, hemmungslos, ohne Maß, ungezügelt, exzessiv, übertrieben, undiszipliniert, genusssüchtig, unersättlich, wild, wüst

Ausschweifung Orgie, Zügellosigkeit, Übertreibung, Hemmungslosigkeit, Maßlosigkeit, Exzess, Unmäßigkeit, Ausschreitung, Unersättlichkeit

ausschweigen, sich
→ schweigen

aussehen
1. → ausschauen
2. **ähnlich aussehen** → ähneln

Aussehen
1. Äußeres, Anblick, Erscheinung, Erscheinungsbild, Typ
2. Anschein, Eindruck

außen
1. an der äußeren Seite, auf der Außenseite, außerhalb, äußerlich, an der Oberfläche, oberflächlich
2. im Freien, draußen, an der Luft

aussenden
1. ausstrahlen, ausströmen, senden, übertragen, bringen, über Rundfunk/Fernsehen verbreiten
2. entsenden, schicken, beordern, delegieren, verweisen an, abordnen, kommandieren

Außenhandel Überseehandel, Auslandsgeschäft, Außenwirtschaft, Export, Ausfuhr

Außenseiter Sonderling, Outsider, Eigenbrötler, Einzelgänger, Außenstehender, Outcast, Individualist, Nonkonformist, Aussteiger

Außenstände Forderungen, Geldforderung, Guthaben

außer
1. abgesehen von, ausgenommen, neben, mit Ausnahme von, bis auf, es sei denn, ohne, nicht einbegriffen/inbegriffen/mitgerechnet
2. → außerhalb

Außerachtlassung → Missachtung

A

außerdem auch, überdies, dazu, darüber hinaus, sonst (noch), zum Überfluss, obendrein, zudem, weiter, weiterhin, noch (dazu), des Weiteren, ansonsten, ferner, daneben, hinzukommend, ergänzend, unter/neben anderem, im Übrigen, zusätzlich, und, zum andern, plus; *österr.:* ansonst; *schweiz.:* nebst dem, erst noch; *ugs.:* obendrauf

Äußeres Erscheinung, Erscheinungsbild, Aussehen, Anblick, Außenseite, Aufmachung, Oberfläche, Fassade, Schale, Hülle; *geh.:* Exterieur

außergewöhnlich bemerkenswert, ungewöhnlich, hervorstechend, hervorragend, auffallend, besonders, außerordentlich, ungeläufig, exzeptionell, überragend, beeindruckend, eindrucksvoll, nennenswert, unvergleichlich, unverwechselbar, vorbildhaft, mustergültig, exemplarisch, unübertrefflich, unnachahmlich, ohnegleichen, sondergleichen, einzig, einzigartig, beispiellos, extraordinär, ohne Beispiel, epochal, imponierend, imposant, konkurrenzlos, beachtlich, hochinteressant, enorm, grandios, glänzend, prächtig, erstaunlich, verblüffend, umwerfend, bewundernswert, großartig, eminent, stark, äußerst, ungeheuer, aufs Höchste, optimal, phänomenal, wunderbar, formidabel, unsagbar, über alle Maßen, ausgezeichnet, vorzüglich, vortrefflich, ausnehmend, brillant, Aufsehen erregend, sensationell, eklatant, spektakulär, rühmlich, Epoche machend, bahnbrechend, genial, überwältigend, ersten Ranges, erstrangig, fabelhaft, sagenhaft, groß, einmalig; *ugs.:* unheimlich, irrsinnig, mordsmäßig, riesig, unwahrscheinlich, toll, dufte, super, bombig, bestens, pfundig, prima, irre, Klasse, klassisch, Spitze, eins a; *jugendsprachl.:* geil, megageil, krass; *österr.:* klass

außerhalb außen, draußen, jenseits, anderswo, auswärts, nicht am Ort, in der (weiteren) Umgebung

äußerlich
1. nach außen hin, dem Äußeren nach, von außen gesehen
2. anerzogen, angenommen, aufgepfropft, erworben, übergestülpt
3. oberflächlich, flach, vordergründig, desinteressiert, gehaltlos, substanzlos, inhaltslos, geistlos, ohne Tiefgang, nichtssagend
4. vermeintlich, dem Anschein nach, scheinbar

äußern
1. zu erkennen geben, zum Ausdruck bringen, zeigen, vortragen, vorbringen, mitteilen, ausdrücken, dartun, manifestieren, offenlegen, bekunden, bezeugen, vermitteln, verraten, merken/fühlen lassen, kundtun; *ugs.:* an den Tag legen
2. formulieren, artikulieren, in Worte fassen, sprechen, aussprechen, sagen, benennen, reden, erzählen, von sich geben, verlauten lassen, erklären, Ausdruck verleihen, verbalisieren

äußern, sich
1. Stellung nehmen, seine Meinung sagen/abgeben, sprechen/reden über, wissen lassen, sich mitteilen, sich erklären, sich artikulieren, sich auslassen über, Kenntnis geben, vortragen, darstellen
2. **sich äußern in** sich zeigen, sichtbar werden, zum Ausdruck kommen, in Erscheinung treten, sich präsentieren, sich darstellen, sich auftun, zu erkennen sein, sich dartun, sich dokumentieren, sich offenbaren

außerordentlich
1. ungeplant, unvorhergesehen, unerwartet, außerplanmäßig
2. → außergewöhnlich

außer sich entrüstet, außer Fassung, aufgeregt, empört, entsetzt, bestürzt, erregt, aufgelöst, seiner Sinne/selbst nicht mehr Herr, verstört, fassungslos, konsterniert, betreten, betroffen, verwirrt; *ugs.:* aus dem Häuschen, durcheinander

äußerst
1. höchst, hochgradig, erheblich, ganz besonders, größtmöglich, maximal, letztmöglich, enorm, unsagbar
2. in höchstem Maße, extrem, sehr, stark, ungemein, außerordentlich, außergewöhnlich, frappant, ungeheuer, in höchstem Grad, zutiefst

außerstande → unfähig

Äußerung
1. Anmerkung, Bemerkung, Einwurf, Feststellung, Ausspruch, Auslassung
2. Zeichen, Hinweis, Demonstration, Bekundung,

Beweis, Bezeugung, Bekenntnis, Ausdruck, Kundgabe, Spiegelung, Schaustellung
3. Erklärung, Darlegung, Ausführung, Aussage, Vortrag, Erläuterung, Rede, Stellungnahme, Kommentar

aussetzen
1. aufhören, stehen bleiben, ausfallen, stillstehen, stocken, versagen
2. unterbrechen, innehalten, vorübergehend einstellen/aufhören/abbrechen, intermittieren, sich ausruhen
3. im Stich lassen, seinem Schicksal überlassen, ausliefern, auf die Straße setzen
4. anbieten (Belohnung), versprechen, zusagen, zusichern, in Aussicht stellen, offerieren

aussetzen, sich sich preisgeben, sich ausliefern, sich überlassen, sich in die Schusslinie begeben, sich ans Messer liefern, sich in die Hände begeben von, sich stellen, sich in jmds. Gewalt begeben, sich überantworten

aussetzen an → beanstanden

Aussicht
1. Blick, Ausblick, Fernsicht, Überschau, Überblick, Rundblick, Fernblick, Panorama, Bild, Sicht
2. Chance, Möglichkeit, Wahrscheinlichkeit, Hoffnung, Erwartung, Annahme
3. Perspektive, Zukunft

aussichtslos keinen Erfolg versprechend, hoffnungslos, auswegslos, verfahren, ohne Aussicht auf Erfolg, chancenlos, perspektivlos, unmöglich, undurchführbar, unerreichbar, keinerlei Aussicht/Perspektive bietend, vergeblich, illusorisch, in einer Sackgasse, unlösbar, desolat, trostlos, düster, verzweifelt, sehr schwierig, ohne Ausweg, desperat

aussichtsreich viel/Erfolg versprechend, verheißungsvoll, chancenreich, hoffnungsvoll, zukunftsträchtig, mit Aussicht auf Erfolg, günstig, mit Perspektive, voller Chancen/Möglichkeiten, empfehlenswert

aussieben → aussondern

aussiedeln umsiedeln, verlegen, verlagern, evakuieren, verpflanzen, umquartieren

Aussiedler Umsiedler, Auswanderer, Einwanderer, Emigrant, Immigrant, Asylant, Asylbewerber

aussöhnen versöhnen, Frieden stiften, begütigen, beruhigen, bereinigen

aussöhnen, sich sich versöhnen, Frieden schließen, sich einigen, sich die Hand reichen, sich vertragen, sich verständigen, sich vergleichen, schlichten, Feindseligkeiten beenden, Streit/Zwist beilegen/aus der Welt schaffen; *ugs.:* das Kriegsbeil begraben, einrenken, die Friedenspfeife rauchen, in Ordnung bringen, ausbügeln, zurechtbiegen

Aussöhnung → Versöhnung

aussondern auswählen, ausscheiden, aussortieren, auslesen, ausgliedern, aussieben, ausmustern, aussuchen, ausschließen, ausstoßen, absondern, eliminieren, trennen, abtrennen, entfernen, beseitigen, sondern, scheiden, verlesen (Beeren), selektieren, herauslösen, herausnehmen, isolieren, beiseitelegen; *ugs.:* herausfischen, herausklauben

aussortieren → aussondern

ausspannen
1. → ausruhen
2. abspenstig machen, wegnehmen, abwerben, weglocken, ablisten, zum Abfall bewegen, den Rang ablaufen; *ugs.:* abziehen, loseisen, wegschnappen, kapern
3. ausbreiten, entfalten, auslegen, auseinanderlegen, auseinanderfalten, auseinanderwickeln
4. abhalftern, abzäumen, abspannen, absträngen, absatteln, ausschirren

aussparen
1. frei/Platz lassen, offenlassen
2. → auslassen

ausspeien → ausspucken

aussperren → ausschließen

Aussperrung → Ausschluss

Ausspielung Auslosung, Verlosung, Auswahl, Ziehung, Lotterie

ausspinnen weiterführen, weiterverfolgen, fortsetzen, fortführen, zu Ende denken, ausschmücken

ausspionieren → auskundschaften

Aussprache
1. Sprechweise, Diktion, Artikulation, Betonung, Redestil, Akzent, Tonfall
2. (klärendes) Gespräch, Diskussion, Meinungsaustausch, Gedankenaustausch, Erörterung, Zwiesprache, Unterredung, Unterhaltung, Besprechung, Klärung

aussprechen
1. artikulieren, betonen, modulieren, akzentuieren

A

2. → äußern
3. ausreden, zu Ende sprechen/reden, ausführen
4. bekanntmachen (Urteil), verkünden, mitteilen, verlauten lassen, vorbringen, eröffnen, erklären, kundtun, zur Kenntnis bringen

aussprechen, sich → anvertrauen, sich

aussprengen → verbreiten

Ausspruch Satz, Sentenz, Spruch, Äußerung, geflügeltes Wort, Diktum, Aphorismus, Maxime, Lebensregel, Motto, Aperçu, Gedankensplitter

ausspucken ausspeien, ausstoßen, auswerfen, Speichel abgeben, von sich geben

ausspülen waschen, abspülen, säubern, reinigen, putzen, saubermachen, auswaschen

ausstaffieren
1. → ausstatten
2. ausschmücken, aufmachen, herausputzen, schönmachen

ausstaffieren, sich → herausputzen, sich

Ausstaffierung → Ausstattung

Ausstand Streik, Arbeitsniederlegung, Arbeitseinstellung, Arbeitskampf

ausstatten versehen/versorgen mit, ausrüsten, ausstaffieren, einrichten, einordnen, möblieren, einkleiden; *ugs.:* aufmachen

Ausstattung
1. Gestaltung, Ausgestaltung, Aufmachung, Dekor, Dekoration, Aufputz, Outfit, Ausschmückung, Verzierung; *ugs.:* Drum und Dran
2. Einrichtung, Mobiliar, Ausrüstung, Zubehör; *geh.:* Interieur
3. Rüstzeug, Gerät, Handwerkszeug, Apparatur, Ausstaffierung
4. Aussteuer, Mitgift, Heiratsgut, Morgengabe

ausstechen
1. aushöhlen, ausheben, ausgraben, herausholen, herauspulen, freilegen
2. entfernen, beseitigen, herausnehmen, herausholen, herausrupfen
3. übertreffen, abdrängen, verdrängen, überrunden, überflügeln, überholen, übertrumpfen, überragen, überbieten, in den Schatten stellen, jmdm. überlegen sein/den Rang ablaufen/etwas streitig machen, besiegen, jmdn. hinter sich lassen, schlagen, distanzieren, über den Kopf wachsen, in den Hintergrund drängen, aus dem Feld schlagen, ausschalten; *ugs.:* kaltstellen, ausbooten, abhängen, niedermachen, in die Tasche stecken, abschießen, jmdm. die Schau stehlen, austricksen

ausstehen
1. fällig/noch nicht eingetroffen sein, erwartet werden, offenstehen, ausbleiben, fehlen, anstehen, auf Erledigung warten, im Raum stehen, anhängig sein
2. → aushalten

aussteigen
1. absteigen, heraussteigen, herausklettern, ein Fahrzeug verlassen
2. → aufgeben
3. *ugs. für:* sich absetzen, die Zelte/alle Brücken hinter sich abbrechen, Bindungen aufgeben, brechen mit, den Rücken kehren, sich von den Fesseln befreien, seine eigenen Wege gehen, sich verweigern, alles ablehnen/negieren, sich loslösen, hinter sich lassen; *ugs.:* nicht mehr mitmachen, abspringen, den Kram hinwerfen, sich davonmachen, sich aus dem Staub machen, ausflippen, sich abseilen

ausstellen
1. zeigen, zur Ansicht freigeben, auslegen, sichtbar/zugänglich machen, vorführen, zur Schau stellen, präsentieren, Einblick geben
2. ausfüllen, einsetzen, eintragen, beantworten (Formular)

Ausstellung Exposition, Schau, Messe

aussterben untergehen, verschwinden, absterben, zerfallen, verfallen, versinken, in Verfall geraten, niedergehen, sich auflösen, in Auflösung begriffen sein, zusammenbrechen, zu existieren aufhören, ohne Nachkommen bleiben, sich nicht fortpflanzen

Aussteuer Mitgift, Ausstattung, Brautausstattung, Heiratsgut, Morgengabe

Ausstieg Abgang, Ausgang, Tür, Öffnung, Luke

ausstopfen
1. füllen, hineinpressen, vollpacken
2. ausbälgen, präparieren, den Balg füllen, haltbar machen, mumifizieren

ausstoßen
1. hervorstoßen, hervorbringen, hören lassen
2. → ausschließen

ausstrahlen
1. verbreiten, von sich ausgehen lassen, spenden, ausströmen, wirken, reichen

2. senden, aussenden, emittieren, übertragen, bringen, über Rundfunk/Fernsehen verbreiten, geben

Ausstrahlung
1. → Sendung
2. → Reiz

ausstrecken von sich strecken, ausbreiten, abspreizen, wegstrecken, vorstrecken, hervorstrecken

ausstrecken, sich sich rekeln, sich dehnen, sich recken, sich räkeln; *ugs.:* alle viere von sich strecken, sich hinlümmeln

ausstreichen auslöschen, entfernen, tilgen, beseitigen, durchstreichen, durchkreuzen, ausixen

ausstreuen
1. → verbreiten
2. auswerfen, verstreuen

ausströmen
1. → ausstrahlen
2. ausfließen, auslaufen, ausrinnen, austreten, entweichen, entquellen, herauslaufen

aussuchen → auswählen

austauschen wechseln, auswechseln, einen Austausch/Wechsel vornehmen, ersetzen, erneuern, vertauschen, einen Ersatz schaffen, substituieren, kommutieren

austeilen abgeben, übergeben, verteilen, ausgeben, zumessen, zuweisen, ausschütten, reichen, geben

austesten *ugs. für:* testen, probieren, ausprobieren, erproben, versuchen, prüfen, begutachten

austilgen → ausrotten

austoben, sich
1. herumtoben, sich austollen, wüten, die Grenzen überschreiten, über die Stränge schlagen, übermütig sein

austreten: Löschen, aussteigen und »verschwinden«

Austreten kann man im wörtlichen Sinn ein Feuer, dann bedeutet es *löschen* oder *ausmachen,* oder auch Schuhe, dann heißt es *abnutzen, ausleiern, verschleißen.*
Das Partizip *ausgetreten* besagt in übertragenem Sinn in der Wendung *ausgetretene Pfade/Wege,* dass etwas durch langen Gebrauch abgenutzt oder zu einer langweiligen Gewohnheit geworden ist. Ebenfalls übertragen wird *austreten* verwendet, wenn es darum geht, dass eine bestimmte Gemeinschaft oder Position verlassen wird.
Seinen Abschied nehmen deutet ebenso auf »abtreten aus einer militärischen Funktion« wie *den Dienst quittieren* oder der gehobene Ausdruck *demissionieren.* Letzterer kann auch allgemein auf die Aufgabe eines Amtes zielen.
Abspringen und *aussteigen* sind umgangssprachliche Vokabeln dafür. Die Synonyme für *austreten* im Sinn von *zur Toilette gehen* belegen auch die Tabuisierung körperlicher Vorgänge. Während *seine Notdurft verrichten* oder *sich entleeren* derb darauf hinweisen, haben Wendungen wie *sein Geschäft machen/erledigen/verrichten* oder *sich erleichtern* verhüllenden Charakter. Das eigentlich Gemeinte wird hier ebenso wenig ausgesprochen wie in den umgangssprachlichen Redensarten *ein Örtchen aufsuchen* oder *verschwinden müssen.*
Sich die Hände waschen müssen beziehungsweise der scherzhafte Ausdruck (bei Frauen) *sich die Nase pudern müssen* gehören auch in diese Kategorie. Scherzhaft sind Wendungen wie *für kleine Jungs/Mädchen müssen* oder *dorthin gehen, wo auch der Kaiser zu Fuß hingeht.* Eine gewisse Degradierung politischer Macht oder Symbole kommt auch darin zum Ausdruck, dass die Toilette gelegentlich als *Thron* bezeichnet wird und Kinder *aufs Thrönchen* gesetzt werden. Weniger hochgestochen ausgedrückt lässt man Kinder auch *auf den Topf gehen.*

2. das Leben auskosten, sich ausleben, sich nichts versagen, sich amüsieren, ausschweifen

austragen
1. zustellen, verteilen, bringen
2. durchführen, ausfechten, durchkämpfen
3. zu Ende führen, zur Entscheidung/Austragung bringen
4. *EDV:* ausloggen, abmelden

austreiben
1. → abgewöhnen
2. → keimen

austreten
1. zertreten, löschen, ausmachen
2. abnutzen, verschleißen, verbrauchen, abscheuern, abwetzen, abtragen, abreiben, abschürfen, ablaufen, ausweiten, ausleiern
3. ausscheiden, sich trennen von, abgehen, weggehen, seinen Abschied nehmen, abtreten, den Dienst quittieren, aufhören, kündigen, aufkündigen, die Stellung aufgeben, sich abmelden, abdanken, aufsagen, ablas-

sen von, abtreten, zurücktreten, seinen Rücktritt erklären, sein Amt niederlegen, demissionieren, verzichten; *ugs.:* abspringen, gehen, aussteigen
4. → ausströmen
5. die Toilette aufsuchen, auf die Toilette gehen, seine Notdurft verrichten, sich erleichtern, sein Geschäft erledigen, sich entleeren; *ugs.:* laufen/gehen/verschwinden/mal müssen, ein Örtchen aufsuchen, auf den Topf gehen ⓘ

austricksen → ausmanövrieren

austrinken leertrinken, leeren, ausschlürfen, ex trinken; *ugs.:* herunterschütten, herunterkippen; *derb:* aussaufen

Austritt Abgang, Ausscheiden, Abtreten, Abzug, Weggang, Abschied, Demissionierung, Kündigung, Verzicht, Abdankung

austrocknen
1. ausdorren, ausdörren, trocken/dürr werden, eintrocknen, vertrocknen
2. versiegen, versanden, verlanden, versickern, entwässern, trockenlegen

austrompeten
1. → verbreiten
2. → ausplaudern

austüfteln → ausdenken, sich

ausüben
1. ausführen, tätig sein, verrichten, betreiben, nachgehen, versehen, praktizieren, vollführen, bekleiden, sich befassen/beschäftigen mit, leisten, tätigen
2. einwirken, beeinflussen, einen Einfluss/eine Wirkung ausüben, beherrschen, anwenden, arbeiten mit, Gebrauch machen von, in Anwendung bringen, einsetzen

ausufern
1. über die Ufer treten, überfließen, überfluten, überströmen
2. überspitzen, übertreiben, sich ausweiten, anwachsen, sich aufbauschen, sich aufblähen, überziehen, übersteigern, zu weit gehen, sich auswachsen zu, überborden, ausarten, sich zuspitzen, überhandnehmen, sich entwickeln zu, uferlos werden

Ausverkauf Schlussverkauf, Räumung; *österr.:* Abverkauf

ausverkauft
1. nicht auf Lager, vergriffen, leer, nicht vorrätig/vorhanden sein; *ugs.:* aus, weg, alle
2. ausgebucht, kein Platz, voll, belegt

auswachsen, sich → ausufern

Auswahl
1. Auslese, Selektion, Wahl, Ausmusterung, Aussonderung
2. Elite, die Besten, Blüte, Mannschaft, Auswahlmannschaft, Equipe, Besetzung
3. Zusammenstellung, Sortiment, Assortiment, Kollektion, Angebot, Palette
4. Anthologie, Brevier, Almanach

auswählen aussuchen, auslesen, aussondern, ausersehen, bestimmen, eine Wahl/Auswahl treffen, selektieren, eine Wahl vornehmen, heraussuchen, sich absetzen, wählen, auserwählen, erlesen, erküren, ausmustern, nehmen, herausnehmen, sich entscheiden für; *ugs.:* ausklauben, aussieben, herausfischen

auswalzen
1. ausdehnen, ausrollen, ausbreiten, auswalken, in die Länge ziehen, strecken
2. *ugs. für:* ausführlich besprechen/erzählen/behandeln, weitschweifig werden, ausschöpfen, ausladen, kein Ende finden, breittreten, ausschmücken

auswandern das Land/die Heimat verlassen, ins Ausland/außer Landes gehen, emigrieren, weggehen, fortgehen, übersiedeln, umsiedeln

auswärtig
1. ausländisch, fremd
2. von auswärts/außerhalb, nicht vom Ort, aus der Umgebung, ortsfremd, nicht von hier

auswärts
1. außerhalb, draußen, außer Hause, nicht zu Hause
2. nicht am Ort, anderswo, auf Reisen, unterwegs

auswaschen
1. waschen, durchwaschen, abspülen, ausspülen, reinigen, säubern
2. aushöhlen, ausschwemmen, abtragen

auswechseln → austauschen

Ausweg Möglichkeit, Hoffnung, Mittel, Rettung, Vorschlag, Weg, Behelf, Lösung, Hilfe, Hintertür, Hintertreppe; *ugs.:* Dreh

ausweglos → aussichtslos

Ausweglosigkeit → Not

ausweichen
1. zur Seite/aus dem Weg gehen, beiseitegehen, Platz/einen Bogen machen, zurückweichen, herumgehen um

2. vermeiden, zu umgehen/entgehen suchen, sich entziehen, meiden, nicht eingehen auf, Ausflüchte machen, sich nicht stellen, sich winden um; *ugs.:* sich drücken, kneifen, sich drehen und wenden

ausweiden (die Eingeweide) herausnehmen, entfernen, ausnehmen, entleeren, ausschlachten

ausweinen, sich sein Herz ausschütten, sich erleichtern, seinem Herzen Luft machen, sich entlasten, sich befreien, in Tränen zerfließen, sich in Tränen auflösen; *ugs.:* sich ausheulen, flennen, Rotz und Wasser heulen

Ausweis Pass, Papiere, Identifikationskarte, Kennkarte, Beleg, Nachweis, Urkunde, Bescheinigung, Unterlagen, Ermächtigung, Berechtigung, Legitimation, Passeport, Sichtvermerk, Visum

ausweisen
1. des Landes verweisen, ausbürgern, aussiedeln, ausschließen, vertreiben, expatriieren, verstoßen, ausstoßen, verjagen, fortjagen, verbannen, verschicken, den Aufenthalt verbieten, in die Verbannung schicken, exilieren; *ugs.:* abschieben, hinauswerfen
2. beweisen, bestätigen, beglaubigen, den Nachweis erbringen, nachweisen, herausstellen, erweisen, zeigen, erkennen lassen, sichtbar machen, dokumentieren, demonstrieren, belegen

ausweisen, sich sich legitimieren, seine Identität nachweisen, seine Papiere/den Pass vorweisen, seinen Ausweis zeigen

ausweiten → ausdehnen

ausweiten, sich → ausdehnen, sich

Ausweitung Ausdehnung, Erweiterung, Ausbreitung, Vermehrung, Expansion

auswendig
1. aus dem Gedächtnis/Kopf, ohne Vorlage
2. außen, äußerlich, auf der Außenseite, an der Oberfläche

auswerfen
1. ausschleudern, herausschleudern, ausstoßen, ausspucken, ausspeien, abgeben, absondern, von sich geben
2. herstellen (Grube), erzeugen, schaffen, bauen, anfertigen, bilden, ausheben, ausgraben, ausstechen, ausschaufeln, ausschachten, freilegen
3. zuweisen, ausgeben, ausschütten, austeilen, zumessen, verausgaben

auswerten nutzbar machen, ausschöpfen, ausnützen, sich zunutzemachen, ausschlachten, aufbereiten, verarbeiten, ausbeuten, Nutzen/Vorteil ziehen aus, sich einer Sache bedienen, verwenden, Gebrauch machen von, profitieren, evaluieren

auswickeln auspacken, herausnehmen, enthüllen, öffnen, entfalten, aufrollen, ausbreiten

auswinden ausdrücken, ausringen, auswringen

auswirken, sich
1. zur Folge haben, Wirkung erzielen/zeitigen, einen Effekt haben, die Konsequenz nach sich ziehen, ergeben, zum Ergebnis/als Resultat haben, abschließen mit, ausgehen
2. → wirken

Auswirkung → Ergebnis

auswischen
1. abwischen, wegwischen, abreiben, beseitigen, löschen, ablöschen, auslöschen, entfernen, tilgen
2. abstauben, reinigen, säubern, saubermachen, putzen

auswringen → auswinden

Auswuchs Wucherung, Missbildung, Gewächs, Verdickung, Geschwulst, Tumor

Auswüchse
1. → Missstände
2. → Ausschreitung

Auswurf
1. Absonderung, Ausscheidung, Abscheidung, Ausfluss
2. Schleim, Speichel; *ugs.:* Rotz
3. → Abschaum

auszahlen bezahlen, ausbezahlen, entlohnen, abgelten, abfinden, entschädigen, vergüten, erstatten

auszahlen, sich sich lohnen, sich rentieren, der Mühe wert sein, sich bezahlt machen, einträglich sein, einbringen, eintragen, Gewinn/Nutzen/Ertrag abwerfen, fruchten, Frucht/Früchte tragen, erbringen; *ugs.:* herausspringen, herausschauen, bringen

auszehren → erschöpfen

auszeichnen
1. ehren, prämieren, eine Auszeichnung verleihen, mit einem Prädikat versehen, einen Preis geben, preiskrönen, würdigen
2. auspreisen, beschildern, ein Preisschild anbringen

auszeichnen, sich sich hervortun, hervorstechen, hervorragen, auffallen, sich einen Namen machen, sich verdient machen, sich abheben, sich unterscheiden, sich bewähren, glänzen, sich herausheben

Auszeichnung
1. Verleihung, Preisverleihung, Prämierung, Ehrung, Belohnung, Preiskrönung, Würdigung, Huldigung
2. Preis, Medaille, Orden, Trophäe, Pokal, Award, Ehrennadel, Dekoration

ausziehen
1. (sich) entkleiden, auskleiden, sich freimachen, entblößen, die Kleider ablegen/abnehmen/abstreifen/abwerfen, sich der Kleidung entledigen, die Hüllen fallen lassen, sich entblättern, sich abtun, absetzen (Hut), wegnehmen, herunternehmen, entfernen, abbinden (Schürze)
2. → ausreißen
3. ausdehnen, ausbreiten, verlängern, in die Länge ziehen
4. umziehen, die Wohnung wechseln/aufgeben, fortziehen, wegziehen, verziehen, seinen Wohnsitz verlegen, umsiedeln, übersiedeln, sich verändern, räumen, auflösen, weggehen

Auszug
1. Wohnungsaufgabe, Wohnungswechsel, Umzug, Räumung, Umsiedlung, Weggang, Auflösung
2. Auswahl, Ausschnitt, Teil, Passage, Stück, Zitat, Stelle, Exzerpt
3. Essenz, Extrakt, Absud, Destillat
4. Abwanderung, Auswanderung, Abmarsch, Emigration

auszupfen → ausreißen

autark sich selbst versorgend, unabhängig, autonom, selbständig, eigenständig, souverän, eigenverantwortlich, selbstverantwortlich, auf sich gestellt, ungebunden, frei, eigenstaatlich, nach eigenen Gesetzen lebend; *geh.:* independent

Autarkie → Autonomie

authentisch verbürgt, echt, verbindlich, gewiss, unzweifelhaft, wahr, aus erster Hand/Quelle, zuverlässig, glaubwürdig, sicher, dokumentarisch, empirisch, beglaubigt, nachweislich, geschichtlich, belegt

Auto Kraftfahrzeug, Kraftwagen, Personenkraftwagen, PKW, Fahrzeug, Wagen, Automobil; *ugs.:* Kiste, Klapperkasten, Schlitten, Ofen, Karre, Kutsche, Untersatz

Autobahn Fernverkehrsstraße, Schnellstraße

Autobiografie Lebensbericht, Lebensbeschreibung, Lebenserinnerungen, Lebensgeschichte, Lebensbeichte, Selbstbiografie, Selbstdarstellung, Selbstbekenntnisse, Memoiren

Autobiographie → Autobiografie

Autobus Bus, Omnibus; *schweiz.:* Autocar

Autofahrer → Fahrer

Autogramm Unterschrift, Namenszug, Signum, Signatur

Automat Maschine, Apparat, Mechanismus, Roboter

automatisch
1. selbsttätig, von selbst, mechanisch
2. wie ein Automat, unbewusst, gedankenlos, blind, gewohnheitsmäßig, triebhaft, schematisch, immer gleich, schablonenhaft, nach Schema/Schablone, ohne zu denken, stumpfsinnig
3. unwillkürlich, zwangsläufig, selbstverständlich, selbstredend, anstandslos, ohne Umschweife/weiteres, umstandslos, kurzerhand, unweigerlich, notgedrungen

autonom → autark

Autonomie Unabhängigkeit, Selbstbestimmung, Selbstbestimmungsrecht, Eigengesetzlichkeit, Selbstverwaltung, Selbstverwaltungsrecht, Autarkie, Selbständigkeit, Eigenständigkeit, Souveränität, Eigenstaatlichkeit, Freiheit; *geh.:* Independenz

Autor Schriftsteller, Verfasser, Urheber, Schöpfer, Schreiber, Künstler, Erschaffer, Vater, Produzent

autorisieren
1. → befugen
2. genehmigen, bewilligen, gestatten, erlauben, zulassen, sich einverstanden erklären, stattgeben, sein Einverständnis geben, gewähren, gutheißen

autoritär
1. diktatorisch, absolutistisch, uneingeschränkt, repressiv, unumschränkt, willkürlich, totalitär
2. Zwang ausübend, einengend, unterdrückend, herrschsüchtig, tyrannisch, streng, gebieterisch, bestimmend, hemmend, unfreiheitlich, intolerant

Autorität
1. Ansehen, Geltung, Prestige, Wertschätzung, Achtung, Gewicht, Wichtigkeit, Maßgeblichkeit, Einfluss, Macht, Einwirkung, Stärke, Vermögen, Kraft
2. Fachmann, Respektsperson, Experte, Könner,

Kapazität, Fachgröße, Kenner, Spezialist, Sachverständiger, Prominenz, Meister, Mann vom Fach, Kundiger, Koryphäe

autoritativ maßgebend, entscheidend, Ausschlag gebend, richtungsweisend, wegweisend, normativ, bestimmend, eingreifend, tonangebend, wichtig

Autoschlange → Stauung

avancieren aufrücken, befördert werden, aufsteigen, weiterkommen, vorwärtskommen, emporkommen, arrivieren, Erfolg haben, Fortschritte/seinen Weg/Karriere/sein Glück machen, eine höhere Stellung/Position erreichen, populär werden, sich einen Namen machen, sich durchsetzen, erfolgreich sein, sich emporarbeiten, sich heraufarbeiten, sich hocharbeiten, es zu etwas bringen, sein Fortkommen finden; *ugs.:* hinaufklettern, hochkommen, etwas werden, es weit bringen, die Treppe rauffallen, groß herauskommen

Avantgarde Vorhut, Vorkämpfer, Vorreiter, Vortruppe, Spitze, Schrittmacher, Wegbereiter, Bahnbrecher, Neuerer, Pioniere, Protagonisten, Vorbilder

avantgardistisch bahnbrechend, wegweisend, richtungweisend, revolutionär, fortschrittlich, progressiv, vorkämpferisch, zukunftsgerichtet

Aversion Abneigung, Widerwille, Widerstreben, Antipathie, Abscheu, Ekel, Unmut, Ablehnung, Ressentiment; *ugs.:* Aber

avisieren ankündigen, bekanntgeben, bekanntmachen, kundtun, mitteilen, verkünden

Award Auszeichnung, Ehrung, Preis, Preisverleihung, Prämierung, Belohnung, Preiskrönung, Würdigung, Huldigung

Bahre: Der Unterschied zur Trage

Auf einer *Bahre* werden tote Menschen transportiert. Im täglichen Sprachgebrauch wird *Bahre* allerdings oftmals als Synonym für *Trage* verwendet. Dies sollte vermieden werden, denn das Wort *Bahre* verbindet sich nach dem Verständnis vieler Menschen eindeutig mit dem Tod.
So ist etwa die Redewendung *von der Wiege bis zur Bahre* ein Sinnbild für das mit der Geburt beginnende und mit dem Tod endende Leben eines Menschen. Eine Leiche *aufbahren* bedeutet demgemäß, dass diese geschmückt und gekleidet auf eine *Bahre* gelegt wird, damit die Trauernden sich symbolisch verabschieden können. Mit einer *Trage* erfolgt ausschließlich die Beförderung von Kranken und Verletzten.
Vor diesem Hintergrund sollte auch der beide Wörter miteinander verbindende umgangssprachliche Ausdruck *Tragbahre* nicht als Synonym für *Trage* verwendet werden.

babbeln → schwatzen
Baby Säugling, Neugeborenes, Kleinkind, Brustkind, Wickelkind, Kindchen, Kindlein, Nachwuchs
babyleicht → leicht
Backe Wange; *landsch.:* Backen
Bäcker Konditor, Feinbäcker, Kuchenbäcker, Backwarenhersteller; *schweiz.:* Confiseur
Backfisch → Mädchen
Background
1. → Hintergrund
2. geistige Herkunft, Vergangenheit, Lebenslauf
Backofen Herd, Ofen, Röhre, Backrohr, Backröhre, Bratrohr, Bratröhre
Backpfeife → Ohrfeige
Backstein → Ziegel
Backware Gebäck, Backwerk; *ugs.:* Knusperchen, Knabbereien
Bad
1. Badezimmer, Baderaum
2. Badeanstalt, Schwimmbad, Pool
3. Badeort, Kurbad, Heilbad
4. Badewasser
baden
1. (sich) waschen, (sich) reinigen, ein Bad nehmen, ins Bad/in die Wanne gehen/steigen
2. schwimmen, planschen, sich erfrischen
baden gehen → scheitern
baff → überrascht
Bagage
1. → Gesindel
2. → Gepäck
Bagatelle → Kleinigkeit
bagatellisieren
1. verharmlosen, verkleinern, verniedlichen, herunterspielen, als Bagatelle behandeln, als unbedeutend/unwichtig/geringfügig darstellen/ansehen, untertreiben
2. → beschönigen
baggern
1. ausheben, ausgraben, mit einem Bagger ausgraben/ausschachten/auswerfen/ausschaufeln, freilegen; *ugs.:* ausbuddeln
2. → werben
Bahn
1. → Eisenbahn
2. → Straßenbahn
bahnbrechend
1. umwälzend, Epoche machend, wegweisend, wegbereitend, richtungweisend, zukunftsgerichtet, zukunftsweisend, zukunftsorientiert, bedeutungsvoll für die Zukunft, eine neue Entwicklung einleitend, fortschrittlich, avantgardistisch, progressiv, revolutionär, emanzipatorisch
2. → außergewöhnlich
Bahnbrecher → Pionier
Bahnhof
1. Station, Haltestelle
2. **großer Bahnhof** festlicher Empfang, festliche Begrüßung/Aufnahme, feierliches Willkommen; *ugs.:* großes Hallo/Spektakel
Bahnsteig Plattform; *schweiz.:* Perron
Bahre *ugs.:* Tragbahre ⓘ
Bai Bucht, Meerbusen, Golf, Förde, Fjord
Baisse
1. Kurssturz, Preissturz
2. Konjunkturrückgang, Konjunkturniedergang
Bakterie Bakterium, Bazillus, Mikrobe, Krankheitserreger
balancieren
1. (sich) im Gleichgewicht halten, (sich) in der Balance halten
2. → lavieren
bald
1. in Kürze/Bälde, binnen kurzem, alsbald, demnächst, nächstens, in absehbarer/nächster Zeit, dieser Tage
2. → früh
3. → beinahe
4. **bis bald** → auf Wiedersehen
balgen, sich raufen, ringen, miteinander ringen, rin-

gend kämpfen, aus Übermut ringend kämpfen, sich katzbalgen, sich schlagen, sich prügeln, sich hauen; *ugs.:* sich herumschlagen, sich keilen, sich kloppen

Balken
1. Pfosten, Pfeiler, Sparren
2. Strebe, Stütze, Träger

Balkon
1. Vorbau, Altan, Terrasse
2. → Brust
3. erster Rang (Theater)

Ball
1. Spielball, Kugel
2. Tanzveranstaltung, Tanzfest, Tanzabend, Festball; *ugs.:* Tanzerei

Ballast
1. Belastung, Beschwerung, Last, Gewicht, (unnötiges) Gepäck
2. Bürde, Kreuz, Joch, Mühsal, Fessel, Druck, Erschwernis, Plage; *ugs.:* Strapaze, Plackerei, Schlauch

ballen
1. zur Faust ballen, schließen
2. zerknüllen, zusammendrücken, zusammenballen

ballen, sich sich ansammeln, sich verdichten, sich zusammendrängen, sich konzentrieren, sich klumpen, sich häufen; *geh.:* sich agglomerieren

Ballerina Ballettsolistin, Tänzerin, Solotänzerin, Balletttänzerin, Balletteuse; *ugs.:* Ballettratte

ballern
1. *ugs. für:* schießen, losdrücken, abdrücken, feuern, abfeuern, abschießen, beschießen, losschießen, abziehen, einen Schuss abgeben
2. *ugs. für:* schleudern, werfen, hinwerfen, wegschleudern, hinschleudern, schmeißen, katapultieren
3. → klopfen
4. → koitieren

Ballungszentrum Industriegebiet, Ballungsgebiet, Ballungsraum, Industrielandschaft; *geh., bes. schweiz.:* Agglomeration

Balsam
1. Linderungsmittel, schmerzstillendes Mittel
2. → Trost

balsamieren
1. → eincremen
2. → mumifizieren

Balustrade Geländer, Brüstung, Reling (Schiff)

banal geistlos, inhaltslos, ideenlos, einfallslos, gehaltlos, ohne Gehalt/Tiefe/Tiefgang, oberflächlich, dumm, flach, seicht, trivial, hohl, billig, platt, nichtssagend, unbedeutend, belanglos, abgeschmackt, phrasenhaft, alltäglich, gewöhnlich, abgegriffen, verbraucht, witzlos, schal, stereotyp; *ugs.:* abgestanden, abgedroschen, ausgeleiert, ausgelutscht

Banalität Gemeinplatz, Kleinigkeit, Trivialität, Alltäglichkeit, Geistlosigkeit

Banause Spießer, Spießbürger, Ungebildeter, Philister, Kulturbarbar, Kunstbarbar, Hohlkopf, Ignorant, Nichtskönner; *ugs.:* Krämerseele, Hinterwäldler; *derb:* Kaffer

Band
1. *f.:* Musikgruppe, Musikergruppe, Orchester, Kapelle, Combo, Ensemble
2. *m.:* → Buch
3. *n.:* → Schnur
4. Tonband, Kassette
5. Bindung, Verbindung, Bindeglied, Verbindendes, Gemeinschaft, Gemeinsamkeit, innere Verbundenheit, Beziehung, Zusammengehörigkeit, Zusammenhalt

Bandage Stützverband, Schutzverband, Wundverband, Binde, Wickel

bandagieren → verbinden

Bandbreite Vielfalt, Spektrum, Bereich, Palette, Spannweite

Bande
1. → Gruppe
2. → Gesindel

bändigen
1. zähmen, bezähmen, zahm machen, abrichten (Tiere), domestizieren, an den Menschen gewöhnen, dressieren, drillen; *ugs.:* ducken
2. → zügeln
3. unter Kontrolle bekommen, → aufhalten

bändigen, sich → beherrschen, sich

Bandit
1. → Betrüger
2. Räuber, Dieb, Ganove, Betrüger, Einbrecher, Taschendieb, Plünderer, Straßenräuber, Strauchdieb, Strauchritter
3. Verbrecher, Rechtsbrecher, Gesetzesbrecher, Täter, Straftäter, Straffälliger, Krimineller, Schuldiger, Übeltäter, Missetäter, Schwerverbrecher, Gewaltverbrecher, Outlaw

bang(e) → ängstlich

bangen → sorgen, sich

Bank
1. Bankhaus, Kreditanstalt, Kreditinstitut, Geldinstitut, Sparkasse
2. **durch die Bank** alle, allesamt, alle miteinander, ausnahmslos, ohne Ausnahme, übergreifend

Bankett Festmahl, Festessen, Festgelage, Galadiner, Galaessen, Diner,

B

Bann: Verbannt oder gebannt?

Mit *Bann* wird ursprünglich der Ausschluss eines Einzelnen oder einer Minderheit aus einer Gemeinschaft bezeichnet, um die als legitim angesehene Ordnung aufrechtzuerhalten. Die Kirche praktiziert den *Bann* als Buß- und Strafverfahren gegen Häretiker: *Bann* bedeutet hier also *Kirchenausschluss* und *Exkommunikation*.
Im weltlichen Bereich ging dies mit gesellschaftlicher Brandmarkung einher, der *Ächtung*. *Jemanden in Acht und Bann schlagen* bedeutet also, eine Person vollkommen auszugrenzen.
Vor diesem Hintergrund wird *Bann* heute allgemein für *Verdammung, Verwünschung, Verurteilung* gebraucht. Außerdem leiten sich unterschiedliche zusammengesetzte Begriffe von diesem Ausdruck her: *Bannmeile* nennt man den Sperrbezirk um Gebäude von Parlament und Regierung, innerhalb dessen nicht demonstriert werden darf. Dadurch soll die freie Ausübung des Abgeordnetenmandats ohne Druck von außen gewährleistet werden.
Das Wort *Bannwald* bezeichnet Waldstücke, die aus Gründen des Umwelt- und Naturschutzes besonders geschützt sind. Auf die alte germanische Vorstellung von *Bann* als magischem Bann, mit dem Dämonen ausgetrieben wurden, geht die Verwendung des Wortes im übertragenen Sinn von *Zauber* zurück. So können eine Person, eine Sache oder ein Thema *jemanden (ganz) in Bann schlagen*. Ein Mensch kann zum Beispiel *im Bann einer Musik stehen*. Man kann einer Sache *wie gebannt* zuhören oder zuschauen. In allen Fällen wird damit ausgedrückt, dass es um besonders starke und intensive Eindrücke geht.

Gastmahl, Ehrenmahl, Tafel

Banknote Geld, Geldschein, Note, Papiergeld

bankrott → zahlungsunfähig

Bankrott Zahlungsunfähigkeit, Zahlungseinstellung, Konkurs, finanzieller/wirtschaftlicher Zusammenbruch, Geschäftsaufgabe, Ruin, Illiquidität, Insolvenz; *ugs.:* Pleite

Bann
1. Ausschluss, Kirchenausschluss, Verdammung, Exkommunikation, Verwünschung, Verurteilung, Verfluchung, Acht, Ächtung, Verdikt, Bulle, Boykott
2. → Zauber ⓘ

bannen
1. → ächten
2. → fesseln
3. → faszinieren
4. vertreiben, verjagen, verscheuchen, beschwören, besprechen, behexen, bezaubern

Banner Fahne, Flagge, Standarte

bar
1. mit Bargeld; *ugs.:* in klingender Münze, cash
2. → bloß
3. *geh.:* rein (Entsetzen)
4. ohne, frei von, ledig

Bar
1. Schanktisch, Theke, Tresen
2. Lokal, Nachtlokal, Klub, Nachtklub, Nightclub; *abwertend:* Amüsierlokal, Spelunke, Kaschemme; *schweiz.:* Nachtcafé, Spätcafé

Bär *volkst.:* Petz, Meister Petz; *Kinderspr.:* Brummbär, Zottelbär; *schweiz.:* Mutz

Baracke Hütte, Bauhütte, Bau, Baubude, Behelfsunterkunft; *ugs.:* Bretterbude

Barbar → Scheusal

barbarisch → brutal

bärbeißig
1. → mürrisch
2. unfreundlich

Barbier → Friseur

barfuß barfüßig, bloßfüßig, mit/auf bloßen Füßen, ohne Schuhe und Strümpfe, unbeschuht

Bargeld Geld, Barschaft, Barmittel; *Wirtsch.:* flüssiges Kapital; *ugs.:* flüssige Gelder, Cash

bargeldlos nicht bar, per/durch Scheck/Lastschrifteinzugsverfahren, über das Konto/die Bank, mit Karte/EC-Karte/Kreditkarte

barhäuptig barhaupt, ohne Kopfbedeckung/Mütze/Hut; *geh.:* mit entblößtem Haupt

barmherzig
1. → gütig
2. → selbstlos

barock
1. von verschwenderischer Fülle, überladen, ausladend, verschnörkelt, üppig, redundant, schwülstig, bombastisch, pompös
2. im Stil des Barocks, aus der Zeit des Barocks

Barometer Luftdruckmesser, Aerometer, Barograph

Barras → Kriegsdienst

Barriere Wegsperre, Schlagbaum, → Hindernis

barrierefrei hindernisfrei, blockadefrei, ohne Erschwernis erreichbar/zugänglich

Barrikade
1. Befestigung, Befestigungsanlage, Bollwerk, Verschanzung, Schanze, Bastion, Bastei, Verteidigungsanlage, Festung, Festungsbau, Befestigungssystem, Befestigungswerk, Wall, Festungswall
2. Hindernis, Hürde, Barriere, Blockade, Schranke, Sperre, Absperrung, Straßensperre

barsch
1. hart, grob, schroff, brüsk, harsch, ruppig, rüde, roh, rau, raubeinig, herrisch, → unfreundlich; *ugs.:* massiv, raubauzig; *derb:* saugrob
2. kurz angebunden, wortkarg, abweisend, knapp, bündig

Base
1. Kusine
2. Tante; *poet.:* Muhme

Basics Grundbegriffe, Grundausstattung, wichtige Bestandteile, wesentliche/elementare Komponenten, Grundlagen

basieren auf stammen/abstammen von, sich herleiten/ableiten/herstammen/kommen/herkommen von, zurückgehen/fußen/beruhen auf, seinen Ursprung/seine Wurzel/Anfänge haben in, seinen Ausgang nehmen in, rühren/herrühren von, sich stützen auf

Basis Grundlage, Fundament, Ausgangspunkt, Ansatzpunkt, Wurzel, Unterbau, Unterlage, Grundfeste, Grundstock, Sockel, Rahmenbedingung, Voraussetzung, Bedingung, Plattform

Von Bauen und Bauten

Das Wort *Bau* ist Bestandteil einer Vielzahl von Substantiven. Dabei finden sich zwei unterschiedliche Pluralformen, die auf zwei verschiedene Bedeutungen des Grundwortes verweisen.
Baue werden ins Erdreich gegraben. Sie bezeichnen einerseits die von Menschen angelegten Bergwerksanlagen zum Abbau von Rohstoffen, die sogenannten *Tagebaue.* Es können aber auch die von Tieren gegrabenen Wohnhöhlen gemeint sein, wie etwa *Dachs-* oder *Fuchsbaue.*
Bei *Bauten* handelt es sich hingegen stets um errichtete, in die Höhe ragende Gebäude oder Wohnkomplexe wie etwa in den zusammengesetzten Begriffen *Betonbauten* oder *Altbauten.*

Bassin Becken, Schwimmbecken, Wasserbecken, Swimmingpool; *schweiz.:* Schwimmerbecken

Bastard
1. Mischling, Mischblut, Kreuzung, Hybride, Zwitter
2. uneheliches Kind; *derb:* Balg

Bastei → Bollwerk

basteln (handwerkliche Arbeiten) herstellen, machen, produzieren, fabrizieren, bauen, erzeugen, erstellen, fertigen, anfertigen, verfertigen, arbeiten an, formen, gestalten, bilden, zimmern, schmieden, modellieren, Form/Gestalt geben; *ugs.:* bosseln, fummeln, tüfteln

Bastion → Bollwerk

Bataillon Truppeneinheit, Truppenteil, Truppe, Formation, Einheit, Heeresverband

Batzen
1. → Menge
2. → Klumpen

Bau
1. Bauplatz, Baustelle
2. Bauunternehmen, Bauvorhaben, Bauplan, Bauprojekt, Erbauung
3. Gebäude, Haus, Wohnkomplex; *ugs.:* Kasten
4. → Wohnung
5. → Gefängnis
6. Tierbau, Tierbehausung, Höhle, Loch; *Jägerspr.:* Röhre
7. Herstellung, Fertigung, Anfertigung, Fabrikation, Schaffung, Erzeugung, Produktion
8. Aufbau, Form, Struktur, Gliederung, System (i)

Bauart → Architektur

Bauch *Med.:* Abdomen; *ugs.:* Ranzen, Schmerbauch, Bierbauch, Dickbauch, Spitzbauch; *landsch.:* Knödelfriedhof, Mollenfriedhof; *derb:* Wanst, Dickwanst, Fettwanst, Wampe

bauen
1. erbauen, aufbauen, errichten, aufrichten, fertig bauen, aufstellen, hinstellen, aufschlagen, ausführen
2. → anfertigen
3. → anrichten

bauen auf → vertrauen

Bauer
1. Landwirt, Landmann, Bauersmann, Farmer, Agronom; *poet.:* Ackersmann
2. Käfig, Vogelkäfig

bäuerlich
1. agrarisch, landwirtschaftlich

B

2. ländlich, rustikal, dörflich
Bauernfängerei → Betrug
Bauernhof Hof, Gehöft, Bauerngehöft, Wirtschaft, Landwirtschaft, Farm, Gut, Bauerngut, landwirtschaftlicher Betrieb, Anwesen, Hofreite; *österr.:* Ökonomie; *schweiz.:* Heimwesen, Hofstatt
baufällig unstabil, morsch, brüchig, verkommen, verfallen, zerfallen, alt, altersschwach, bröcklig, wackelig
Bauform → Architektur
Baukunst → Architektur
Baumeister Architekt, Baukünstler, Baufachmann, Erbauer
baumeln
1. → hängen
2. → schwingen
3. → schlottern
bäumen, sich
1. sich plötzlich/ruckartig aufrichten/aufstellen, hochschnellen
2. → aufbegehren
Baumkrone Wipfel, Spitze, Blätterdach
bäurisch *abwertend:* plump, grob, roh; *derb:* linkisch, ungesittet, ungebildet, unfein, pomeranzenhaft, tölpelhaft, rüpelhaft
bauschen, sich sich blähen, sich aufblähen, anschwellen, aufschwellen, sich wölben; *ugs.:* sich aufplustern
Baustil → Architektur
Bauwerk Gebäude, Bau, Baulichkeit, Haus; *ugs.:* Kasten
Bazille
1. → Bakterie
2. **linke Bazille** *ugs. für:* unaufrichtige/unehrliche Person, zwielichtiger/hinterlistiger Mensch; *ugs.:* falscher Fuffziger
Bazillus → Bakterie
beabsichtigen vorhaben, vorsehen, wollen, bezwecken, den Zweck haben/verfolgen, sich vornehmen, planen, intendieren, tendieren/neigen zu, denken zu tun, gedenken zu tun, gewillt sein, abzielen, hinzielen, es anlegen auf, sich zum Ziel setzen, sein Absehen haben/richten auf, die Absicht haben/hegen, sich mit der Absicht/dem Gedanken tragen, mit dem Gedanken umgehen, im Sinn/Auge haben, ins Auge fassen, anstreben, zu erreichen suchen, trachten nach, sich bemühen um, zusteuern/hinarbeiten/hinauswollen/es absehen/gerichtet sein auf; *geh.:* sinnen, abheben auf; *ugs.:* schwanger gehen, im Schild führen, schielen nach, sich in den Kopf setzen
beabsichtigt → absichtlich
beachten
1. achten/Acht geben/haben auf, Beachtung/Aufmerksamkeit schenken/zollen, Obacht geben, sein Augenmerk richten auf, zur Kenntnis nehmen; *ugs.:* ein Auge haben auf
2. folgen, befolgen, berücksichtigen, beherzigen, einhalten, sich fügen, sich unterwerfen, sich beugen (Anordnungen)
beachtenswert → beachtlich
beachtlich
1. wichtig, bedeutsam, erstaunlich, bedeutend, groß, großartig, bewundernswert, bemerkenswert, eminent, beeindruckend, beträchtlich, ansehnlich, erheblich, imposant, enorm, auffallend, auffällig, verblüffend, nennenswert, beachtenswert, erwähnenswert, anerkennenswert, lobenswert, Achtung gebietend, achtbar, außergewöhnlich; *ugs.:* nicht von Pappe/von schlechten Eltern
2. ziemlich, sehr, reichlich, unmäßig, übermäßig, hochgradig, beträchtlich, erheblich, äußerst, erstaunlich, überaus, bedeutend, unendlich, unermesslich, ungeheuer, unheimlich, unaussprechlich, ungemein, unsagbar
Beachtung
1. → Aufmerksamkeit
2. → Rücksicht
Beamter Staatsdiener, Behördenangestellter, Hüter der öffentlichen Ordnung; *abwertend:* Bürokrat
beängstigend
1. Furcht erregend/einflößend, Angst hervorrufend, beklemmend, bedrückend, bedrohlich, beunruhigend, bedenklich, nicht geheuer, Besorgnis erregend, gefährlich, kritisch, ernst, zugespitzt
2. → furchtbar
beanspruchen
1. Anspruch erheben/anmelden auf, einen Anspruch geltend machen, in Anspruch nehmen, für sich haben wollen, bestehen auf, fordern, verlangen, sein Recht behaupten
2. mit Beschlag belegen, jmdn. belasten, jmds. Kräfte erfordern/nötig haben, beschäftigen, brauchen, verbrauchen, absorbieren, zusetzen, keine Ruhe lassen, in Atem halten, einspannen; *ugs.:* die Hölle heißmachen, zwiebeln, triezen, in die Mangel/Zange nehmen, hernehmen

Beauftragter: Von Boten und Abgeordneten

Ein *Beauftragter* hat eine bestimmte Aufgabe zur Erledigung übertragen bekommen. Die Synonyme weisen auf die Art des Auftrags hin. Ein *Abgesandter* ist ebenso wie ein *Unterhändler* ein *Bote,* der eine Nachricht überbringt beziehungsweise im Auftrag eines Dritten Verhandlungen führt. Ein *Bevollmächtigter* hat darüber hinaus die Möglichkeit, im Namen eines anderen Abmachungen zu treffen.
Der *Sprecher* hat den Auftrag, Positionen anderer in der Öffentlichkeit oder in einem bestimmten Kreis zu vertreten.
Delegierter ist, wer von den Mitgliedern einer Organisation als *Vertreter* in ein Gremium gewählt ist. So werden beispielsweise in Parteien von der Basis *Delegierte* bestimmt, welche die lokalen Verbände auf Landes- oder Bundesebene vertreten. Zur Politik gehört auch der Begriff *Abgeordneter.* Hier handelt es sich um den von Bürgern in ein Parlament gewählten *Vertreter,* der dort gewissermaßen im Auftrag der Bürger handelt. Meist wird das Wort in der Zusammensetzung *Bundestags-/Landtagsabgeordneter* gebraucht, um das jeweilige Gremium anzugeben.
Als wenig seriös wird ein *Beauftragter* beschrieben, wenn er *Strohmann* genannt wird. Dieser handelt im Auftrag Dritter, die selbst nicht in Erscheinung treten wollen. Mit dem Ausdruck ist meist die Konnotation »dunkle Geschäfte« verbunden.

beanstanden Anstoß nehmen an, bemängeln, kritisieren, Kritik üben, etwas auszusetzen haben, zerpflücken, monieren, anmahnen, reklamieren, missbilligen, sich stoßen an, sich beschweren, sich beklagen, eine Beschwerde einlegen/einreichen/vorbringen, Einspruch erheben, anfechten, nörgeln, angehen gegen, nicht in Ordnung finden, tadeln, rügen, ablehnen, angreifen, attackieren, aussetzen an, nicht zufrieden sein/anerkennen; *ugs.:* kritteln, bekritteln, mäkeln, bemäkeln, meckern, kein gutes Haar an jmdm. lassen, auf jmdm. herumhacken, jmdm. am Zeug flicken, anpflaumen

Beanstandung
1. → Kritik
2. → Reklamation

beantragen einen Antrag stellen/einreichen/unterbreiten/vorlegen, durch Antrag verlangen, ein Gesuch stellen, einreichen, einkommen um

beantworten → antworten

Beantwortung → Antwort

bearbeiten
1. in Arbeit nehmen, zurichten; *ugs.:* beackern
2. abhandeln, behandeln, ausarbeiten, ausführen, gestalten
3. → bewirtschaften
4. → redigieren
5. jmdn. beeinflussen, jmdm. zusetzen, unter Druck setzen, hartnäckig zu überzeugen suchen, bedrängen, überreden; *ugs.:* jmdn. behämmern/weichmachen/kneten/kriegen, in die Zange/Mangel nehmen

beargwöhnen → misstrauen

beaufsichtigen
1. Aufsicht führen über, aufpassen auf, hüten, bewachen, sich kümmern um, sehen nach, betreuen, beschirmen, beschützen
2. überwachen, beobachten, kontrollieren, im Auge behalten, ein wachsames Auge haben auf, Wache stehen, nicht aus den Augen lassen

beauftragen
1. einen Auftrag geben/erteilen/zuweisen, jmdn. betrauen mit/festlegen auf, in die Wege leiten; *geh.:* verpflichten
2. → befehlen
3. → befugen

Beauftragter Abgeordneter, Abgesandter, Bevollmächtigter, Delegierter, Kommissar, Vertreter, Agent, Funktionär, Strohmann, Unterhändler, Sprecher ⓘ

bebauen
1. → bewirtschaften
2. ein Gebäude errichten (auf einem Grundstück)

beben
1. zittern, erzittern, zucken, schlottern, bibbern, schaudern, erschauern; *geh.:* erbeben
2. → ängstigen, sich

bebildern illustrieren, mit Bildern versehen/ausschmücken/auflockern/veranschaulichen, Bilder beigeben

bechern → trinken

bedächtig
1. → besonnen
2. langsam, gemächlich, geruhsam, schleppend, sachte, mit geringer Geschwindigkeit, seelenruhig, in aller Ruhe, im Schritttempo, gemessenen Schrittes, saumselig, gemütlich

bedachtsam
1. → besonnen
2. → schonend
bedanken, sich danken, Dank sagen, seinen Dank zum Ausdruck bringen
Bedarf Bedürfnis, Verlangen, Nachfrage, Interesse, Kaufinteresse
Bedarfsartikel Gebrauchsgegenstand, Gebrauchsgüter, Bedarfsgegenstand, Bedarfsgüter, Konsumgut
bedauerlich
1. schade, jammerschade, unerfreulich, beklagenswert
2. → trostlos
3. → unangenehm
bedauerlicherweise → leider
bedauern
1. mitleiden, bemitleiden, Mitleid/Bedauern äußern/bekunden/ausdrücken, mitfühlen, mitempfinden, mittrauern, beklagen, leidtun, nachempfinden
2. → bereuen
bedauernswert → trostlos
bedecken zudecken, abdecken, bedecken, überdecken, verdecken, verhüllen, verhängen, schützen
bedecken, sich sich eintrüben, sich beziehen, sich bewölken, wolkig/trübe werden, sich verdunkeln, sich verfinstern, sich trüben, sich zuziehen
bedeckt → trübe
bedeckt halten, sich sich zurückhalten, im Hintergrund bleiben, sich nicht (offen) äußern, etwas verbergen
bedenken
1. → denken
2. berücksichtigen, beachten, erwägen, in Erwägung/Betracht ziehen, einbeziehen, einkalkulieren, einberechnen, Rechnung tragen, nicht übersehen, nicht vorübergehen an, verfolgen, wahrnehmen, Acht haben, im Auge behalten
3. → schenken
Bedenken
1. → Sorge
2. → Skepsis
bedenkenlos
1. unbedenklich, ohne Bedenken/weiteres/zu zögern, leichten Herzens, anstandslos, ohne Zögern/Scheu, einfach, glattweg, rundheraus, rundweg; *ugs.:* glatt
2. → rücksichtslos
bedenken, sich nachdenken, sich besinnen, überlegen
bedenklich
1. heikel, diffizil, problematisch, kritisch, neuralgisch, zwiespältig, zweischneidig
2. zweifelhaft, fraglich, fragwürdig, ungewiss, unsicher, unbestimmt, unglaubwürdig, unglaubhaft, unwahrscheinlich, unbewiesen
3. → sorgenvoll
4. → beängstigend
Bedenkzeit → Frist
bedeppert
1. → dumm
2. → verlegen
bedeuten
1. die Bedeutung/den Sinn haben, sagen, besagen, aussagen, ausdrücken, zum Inhalt haben, beinhalten, darstellen, vorstellen, repräsentieren, verkörpern, heißen, meinen
2. von Bedeutung/Wichtigkeit/Wert/Belang sein, wichtig/wert sein, ins Gewicht fallen, Gewicht haben, schwer wiegen, zählen, ausmachen, gelten
3. → andeuten
4. → nahelegen
bedeutend
1. beachtlich, beachtenswert, bedeutsam, wichtig, erstaunlich, groß, großartig, bewundernswert, bemerkenswert, eminent, beeindruckend, beträchtlich, ansehnlich, erheblich, imposant, enorm, auffallend, auffällig, verblüffend, nennenswert
2. → sehr
3. → berühmt
Bedeutung
1. Sinn, Zusammenhang, Essenz, Inhalt, Gehalt, Sinngehalt, Bewandtnis
2. Gewicht, Belang, Geltung, Wert, Wichtigkeit, Bedeutsamkeit, Wirksamkeit, Tragweite, Relevanz, Ernst, Rang, Größe, Schwere, Tiefe, Würde, Zweck, Stellenwert
3. Semantik, Konnotation
bedeutungsgleich synonym, sinngleich, sinnverwandt, gleichbedeutend, sinnähnlich, bedeutungsähnlich, sinnverwandt, bedeutungsverwandt
bedeutungslos
1. → unbedeutend
2. → nichtssagend
Bedeutungslosigkeit Belanglosigkeit, Unwichtigkeit, Geringfügigkeit, Nebensächlichkeit, Einflusslosigkeit; *geh.:* Trivialität
bedeutungsvoll
1. → wichtig
2. → inhaltsreich
bedienen
1. aufwarten, auftragen, auftischen, vorsetzen, vorlegen, servieren, bewirten
2. → handhaben
3. Dienst leisten/erweisen, behilflich sein, Gefallen tun, besorgen, versorgen, gefällig sein, zur Verfügung stehen; *abwertend:* abfertigen

bedienen, sich sich versorgen, sich nehmen, zulangen, zupacken, zugreifen; *ugs.:* zuschlagen

Bediensteter
1. Beamter, Angestellter (im öffentlichen Dienst)
2. Hausangestellter, Diener, Butler, Gehilfe, Haushaltshilfe, Haushälter; *veraltet:* Dienstbote, Lakai, Page; *abwertend:* Domestik

Bedienung
1. *f.:* Kellnerin, Serviererin, Serviermädchen, Stewardess (Schiff, Flugzeug); *ugs., veraltet:* Fräulein; *abwertend:* Saftschubse; *scherzh.:* Mutter/Frau Oberin
2. *m.:* Kellner, Ober, Garçon
3. Service, Betreuung, Bewirtung, Versorgung, Aufwartung, Abfertigung, Behandlung
4. Handhabung (Maschine), Steuerung, Führung, Lenkung, Regulierung, Handling

bedienungsfreundlich → benutzerfreundlich

bedingen
1. → bewirken
2. → erfordern

bedingt vorbehaltlich, mit Vorbehalt/Einschränkung, nicht unbedingt, begrenzt, eingeschränkt, unter Umständen, eventuell, von Fall zu Fall

bedingt durch bestimmt durch, abhängig von

Bedingung
1. Voraussetzung, Vorbedingung, Vorbehalt, Annahme, Kondition, Einschränkung, Beschränkung; *geh.:* Prämisse
2. Verpflichtung, Bestimmung, Festsetzung, Auflage, Maßgabe

bedingungslos uneingeschränkt, vorbehaltlos, unbedingt, auf jeden Fall, unter allen Umständen, voraussetzungslos, unabhängig von, ohne Vorbehalt/Einschränkung/Bedingung/Vorbedingung/Wenn und Aber, rückhaltlos

bedrängen
1. drängen, dringen auf, eindringen auf, bestürmen, jmdm. zusetzen, insistieren, zu bewegen suchen, nötigen, nicht in Ruhe lassen, keine Ruhe geben, nicht nachlassen/aufhören mit, hartnäckig zu überreden versuchen, verfolgen, einstürmen auf, in die Enge treiben, unter Druck setzen, belästigen, behelligen; *ugs.:* benzen, dremmeln, das Haus/die Tür einrennen, auf die Bude/Pelle/den Leib rücken, bohren, die Hölle heißmachen, herfallen über, löchern, beknien, drängeln, quengeln, jmdn. in die Zange/Mangel nehmen
2. → anflehen

Bedrängnis → Not

bedripst
1. → verlegen
2. → niedergeschlagen

bedrohen
1. drohen, Drohungen ausstoßen, die Faust ballen/schütteln, gefährlich werden, schlechtstehen, ans Leben gehen
2. → gefährden
3. → bevorstehen

bedrohlich → gefährlich

bedrücken belasten, beschweren, beklemmen, beengen, beunruhigen, in Unruhe versetzen, plagen, quälen, peinigen, schmerzen, drücken, betrüben, bekümmern, Kummer/Sorge machen, mit Kummer/Sorge erfüllen, traurig/unglücklich machen, deprimieren, das Herz brechen/zerreißen/abschnüren/schwermachen, Kopfzerbrechen bereiten/machen, die Freude verderben, das Vergnügen rauben; *ugs.:* im Magen/auf der Seele liegen, zu schaffen machen, an die Nieren gehen

bedrückend
1. → beängstigend
2. → belastend

bedrückt
1. → niedergeschlagen
2. → sorgenvoll

bedürfen brauchen, benötigen, nötig haben, bedürftig sein, Bedarf haben, nicht entbehren/missen können, verwenden können, haben müssen, nicht auskommen ohne, angewiesen sein auf

Bedürfnis
1. Verlangen, Sehnen, Sehnsucht, Begehren, Begierde, Begehrlichkeit, Drang, Durst, Wunsch, Lust, Gier
2. → Bedarf

bedürfnislos → bescheiden

bedürftig arm, besitzlos, mittellos, unbemittelt, Not leidend, unvermögend, elend, verelendet, verarmt, minderbegütert, vermögenslos, güterlos, ohne Einkommen, finanzschwach, einkommensschwach

bedürftig sein brauchen, benötigen, nötig haben, bedürfen, Bedarf haben, nicht entbehren/missen können, verwenden können, haben müssen, nicht auskommen ohne, angewiesen sein auf

B

beehren
1. *geh.:* → besuchen
2. jmdm. eine Ehre erweisen, auszeichnen

beehren, sich sich die Ehre geben, sich erlauben, sich gestatten

beeilen, sich
1. eilen, schnell/rasch machen, sich sputen, sich keine Zeit lassen, keine Ruhe haben, keinen Augenblick verlieren, sich tummeln, sich abhetzen, nicht zögern; *ugs.:* sich ranhalten, die Beine unter die Arme nehmen, fix machen; *landsch.:* sich eilen
2. → eilen

beeindrucken
1. (großen) Eindruck machen, Bewunderung/Achtung/Anerkennung hervorrufen, imponieren, bestechen, glänzen, Wirkung erzielen, brillieren, zusagen, gefallen, faszinieren
2. → ergreifen

beeindruckend eindrucksvoll, imposant, eindrücklich, einprägsam, imponierend, nachhaltig, unvergesslich, sensationell, faszinierend

beeindruckt → ergriffen

beeinflussen
1. Einfluss nehmen/haben auf, indoktrinieren, suggerieren, bestimmen, bewegen, infizieren, abfärben auf, dirigieren, steuern, lenken, einwirken/einreden auf, prägen, formen, eine Wirkung ausüben auf
2. → überreden ⓘ

beeinträchtigen benachteiligen, behindern, zurücksetzen, schädigen, schaden, in Mitleidenschaft ziehen, Abbruch tun, abträglich sein, schmälern, mindern, erschweren, verschlechtern, trüben, stören, herabsetzen, herabwürdigen

beeinflussen: Verschiedene Formen der Einflussnahme

Wirkung ausüben und *lenken* gehören zu den neutralen Ausdrücken für *beeinflussen.* Die anderen Wörter zeigen eine unterschiedliche Intensität dieses Vorgangs an.
Suggerieren bedeutet »unterschwellig beeinflussen«, also *jemandem etwas einreden. Bestimmen* ist dagegen ein offenes *Einflussnehmen. Einreden, zureden, überreden* sind verbale Arten der Einflussnahme.
Dirigieren, lenken und *steuern* im Sinn von *beeinflussen* haben die Konnotation, dass der Betroffene womöglich auch ohne eigenen Willen geführt wird. *Überzeugen* bedeutet dagegen, dass durch Beeinflussung eine bewusste Zustimmung erreicht wird. *Prägen,* verbunden mit der Assoziation des Prägestempels, heißt »wesentlich gestalten«, also jemanden mit einer bestimmten Eigenart versehen. Die schwächere Vokabel für solchen Einfluss ist *formen.*
Das Wort *infizieren* charakterisiert durch seine Herkunft aus der Medizinsprache den Einfluss als eher negativ, denn man infiziert sich mit Krankheiten.
Vor allem im politischen Zusammenhang wird *indoktrinieren* verwendet. Dieser abwertende Ausdruck bedeutet *ideologisch durchdringen.* Umgangssprachlich wird *jemanden bearbeiten* im Sinn von *beeinflussen* gebraucht.

Beelzebub → Teufel

beenden
1. enden, endigen, Schluss/ein Ende/einen Punkt machen, zu Ende führen/bringen, beendigen, schließen, beschließen, abschließen, einstellen, einen Schlussstrich ziehen, aufhören, aufgeben, ad acta legen, beschließen, über die Bühne bringen; *ugs.:* aufstecken, begraben, aussteigen, unter Dach und Fach bringen, einen Strich darunter setzen
2. vollenden, fertigstellen, erledigen, krönen, vollführen, vollstrecken, letzten Schliff geben, letzte Hand anlegen

Beendigung
1. Einstellung, Aufgabe, Abbruch, Auflösung, Außerkraftsetzung, Abschaffung, Aufhebung
2. → Ende

beengen
1. → einschränken
2. → einschnüren

beerdigen beisetzen, begraben, bestatten, zu Grabe tragen, das letzte Geleit geben; *geh.:* der Erde übergeben/anvertrauen, zur letzten Ruhe betten; *ugs.:* unter die Erde bringen; *abwertend:* verscharren

Beerdigung Bestattung, Begräbnis, Beisetzung, Leichenfeier, Leichenbegängnis, Trauerfeier, Aussegnung, Totenmesse, Totenfeier; *landsch.:* Leich

befähigen
1. die Grundlage/Voraussetzung schaffen zu, in die Lage versetzen, instand setzen, ermöglichen, möglich machen, die Möglichkeit geben, gestatten, erlauben
2. → ausbilden

befähigt → fähig
Befähigung → Fähigkeit
befallen überfallen, anfallen, heimsuchen, verfolgen, beschleichen, ankommen, anwandeln, überkommen, übermannen, überwältigen, ergreifen, erfassen, sich jmds. bemächtigen; *geh.:* anfliegen, ankriechen, anpacken, anwehen
befangen
1. → parteiisch
2. → scheu
befassen, sich sich beschäftigen/abgeben/befassen/konfrontieren/auseinandersetzen/aufhalten/tragen mit, sich überlegen, nachdenken, nachgehen, sich Gedanken machen
befehden → bekämpfen
befehden, sich
1. → bekriegen, sich
2. → streiten, sich
Befehl Anweisung, Anordnung, Verordnung, Bestimmung, Vorschrift, Gebot, Geheiß, Diktat, Order, Kommando, Auftrag, Verfügung, Maßregel, Erlass, Edikt, Dekret, Ukas, Auflage, Aufforderung, Weisung
befehlen
1. verfügen, erlassen, bestimmen, heißen, auftragen, beauftragen, veranlassen, diktieren, anweisen, verordnen, anordnen, verschreiben, vorschreiben, reglementieren, administrieren, festlegen, Auftrag/Anweisung/Befehl/Order geben/erteilen, auferlegen, aufgeben, kommandieren, eine Verfügung treffen; *österr.:* schaffen, anschaffen; *schweiz.:* überbinden
2. → beordern
3. anvertrauen, anheimgeben, in die Hände legen, in jmds. Schutz stellen, überantworten, in Verwahr geben
befehligen → führen
Befehlshaber Kommandeur, Kommandant, Heerführer
befestigen
1. festmachen, anmachen, anbringen, anstecken, anheften, anklammern, ankleben, anschnallen, anketten, anschrauben, anbinden, annageln, anmontieren, aufhängen, verankern, fixieren
2. widerstandsfähig/tragfähig machen, festigen, erhärten, konsolidieren
3. sichern, zur Verteidigung ausbauen
Befestigung → Bollwerk
befeuchten anfeuchten, nass/feucht machen, nässen, netzen, benetzen, besprengen, bespritzen, besprühen, einsprengen, einspritzen
befinden
1. → erachten für
2. → urteilen
befinden, sich
1. sich fühlen, zumute sein, sich vorkommen
2. → sein
Befinden
1. Gesundheit, Gesundheitszustand, Verfassung, Zustand, Ergehen
2. → Ansicht
befleißigen, sich → bemühen, sich
beflissen eifrig, übereifrig, bemüht, bestrebt, strebsam, geschäftig, betriebsam, aktiv, tätig, aufmerksam, pflichtbewusst, versessen, dienstfertig, bemüht
beflügeln anregen, schneller/beschwingter machen, anstacheln, anspornen, ermuntern, inspirieren, beschwingen, beleben, aufrütteln, aktivieren, begeistern, entflammen, entzünden, anfeuern
beflügelnd → anregend
befolgen Folge leisten, sich richten/handeln nach, sich halten an, einhalten, beachten, gehorchen
befördern
1. jmdn. höherstellen/besserstellen, aufrücken/aufsteigen lassen, jmdm. eine höhere Stellung/Position anbieten, Gehalt erhöhen/aufbessern; *geh.:* erheben
2. transportieren, spedieren, expedieren, verfrachten, fortbringen, wegschaffen, bringen, zuleiten, liefern, versenden, abschicken, übermitteln, überführen, überweisen
Beförderung
1. → Transport
2. Rangerhöhung, Erhebung, Avancement
befragen
1. → fragen
2. ausfragen, aushorchen, ausforschen, auskundschaften, sich erkundigen, Auskünfte einholen, eine Umfrage halten/veranstalten, interviewen, ein Interview machen, verhören
Befragung → Umfrage
befreien
1. (seiner Verpflichtung) entbinden, freistellen, zurückstellen, dispensieren, entheben, loslassen, freigeben, beurlauben
2. freikämpfen, freibekommen, erlösen, loskaufen, freipressen, die Freiheit schenken; *ugs.:* losschlagen
3. → retten
befreien, sich
1. sich emanzipieren, sich selbständig machen, die Fesseln/Ketten abschütteln/sprengen/zerreißen/

B

abwerfen/ablegen/abstreifen, die Knechtschaft beenden/abschütteln/hinter sich lassen, sich lösen, sich entledigen, sich losmachen von, sich abnabeln, sich freimachen, sich selbständig/unabhängig/autonom machen, sich auf die eigenen Füße/Beine stellen, sich vom Halse/Leib schaffen; *ugs.:* sich freischwimmen, loswerden
2. sich befreien von → aussteigen

Befreier
1. Erlöser, Retter, Erretter, Helfer
2. Heiland, Christus, Messias

befremden verwundern, eigenartig/seltsam/befremdend anmuten, in Verwunderung/Erstaunen setzen, Staunen erregen, erstaunen, zu denken geben, verwirren, stutzig machen, verblüffen, überraschen

befremdend → merkwürdig

befreunden, sich
1. Freundschaft schließen, sich anfreunden, sich verbrüdern, gut Freund werden, sich näher kennenlernen, sich annähern, eine Beziehung/Verhältnis herstellen, sich näherkommen, eine Verbindung knüpfen
2. → anpassen, sich

befriedigen
1. zufriedenstellen, Freude/zufrieden machen, jmds. Wunsch/Verlangen/Erwartung erfüllen, keinen Wunsch offenlassen; *ugs.:* recht machen
2. (einer Forderung) entsprechen, Genüge tun/leisten
3. löschen (Durst), stillen (Hunger)
4. Anklang finden, Beifall erwecken

befriedigend akzeptabel, zufriedenstellend, genügend, annehmbar, passabel, ausreichend, hinreichend, tauglich, angemessen

befristen eine Frist/ein Ziel setzen, einen Termin festlegen, terminieren, Zeit begrenzen/beschränken

befruchten
1. → zeugen
2. → begatten
3. → anregen

befugen bevollmächtigen, ermächtigen, autorisieren, berechtigen, die Befugnis/Vollmacht/Berechtigung geben/erteilen, beauftragen

Befugnis → Recht

befühlen → betasten

Befund Ergebnis, Resultat, Diagnose, Nachweis, Aussage, Darlegung

befürchten
1. fürchten, Bedenken/Argwohn haben/hegen, Besorgnis hegen, argwöhnen, bangen, sich Gedanken/Sorgen/Kummer machen, sich sorgen; *ugs.:* Gespenster sehen
2. → ahnen

Befürchtung
1. Verdacht, Argwohn, Misstrauen, Zweifel, Vermutung, Bedenken, Unterstellung, Mutmaßung
2. Sorge, Furcht, Angst, Besorgnis, Kummer, Kümmernis, Bedenken, Unruhe, Beunruhigung

befürworten unterstützen, sich einsetzen für, gutheißen, begrüßen, willkommen heißen, dafür sein/stimmen, dahinterstehen, zuraten, anempfehlen, eintreten/sprechen/sich verwenden für, fördern, protegieren

Befürworter Fürsprecher, Unterstützer, Anhänger, Verteidiger, Anwalt; *veraltet:* Fürsprech

begabt → fähig

Begabung
1. → Fähigkeit
2. → Auffassungsgabe

begatten decken, aufreiten, bespringen, besamen, belegen, beschälen (Pferd), beschlagen (Rehbock)

begatten, sich
1. *Tiere:* sich paaren, rammeln (Hase), kopulieren; *Jägerspr.:* brunften, ranzen
2. → koitieren

Begattung
1. → Paarung
2. → Geschlechtsverkehr

begaunern → betrügen

begeben, sich
1. fahren, an einen Ort fahren/gehen/reisen/ziehen/wandern
2. → geschehen

begegnen
1. treffen, aufeinandertreffen, zusammentreffen, zusammenkommen, wiedersehen, den Weg kreuzen; *ugs.:* über den Weg/in die Arme laufen
2. stoßen auf, finden, vorfinden, antreffen, sehen, nicht verfehlen, konfrontiert werden
3. zustoßen, widerfahren, zuteilwerden, geschehen (Unglück), passieren, hereinbrechen
4. *geh.:* jmdn. behandeln, umgehen mit, Maßnahmen treffen gegen, entgegentreten

begegnen, sich → treffen, sich

begehen
1. betreten, beschreiten, als Fußgänger benutzen, gehen/treten auf (Straße)
2. verüben (Sünde), veranstalten, vollführen, an-

richten, anstellen, anstiften, verschulden
3. *geh.:* feiern, festlich/feierlich gestalten

begehren
1. starkes Verlangen haben nach, verlangen/sich sehnen/schmachten/lechzen/hungern/dürsten/fiebern/entbrennen/gelüsten/gieren/drängen nach, vor Sehnsucht vergehen, sich verzehren, versessen sein auf, wollen, wünschen, anstreben, erstreben; *ugs.:* erpicht/scharf/hinterher sein, darauf brennen, sich zerreißen
2. → fordern

Begehren
1. Begierde, Verlangen, Sehnen, Sehnsucht, Gier, Leidenschaft, Begehrlichkeit, Drang, Gelüst, Wunsch, Lust
2. Bedürfnis, Durst, Appetit, Hunger

begehrenswert
1. erstrebenswert, wünschenswert, nachahmenswert
2. → attraktiv

begehrt
1. → beliebt
2. → attraktiv

begeistern
1. in Begeisterung/Enthusiasmus/Taumel versetzen, mit Begeisterung erfüllen, hinreißen, mitreißen, fortreißen, entflammen, entzünden, entzücken, berauschen; *geh.:* trunken machen, enthusiasmieren; *jugendsprachl.:* antörnen
2. sich begeistern für Begeisterung empfinden, in Begeisterung/Erregung/außer sich geraten, in freudige Erregung geraten/ausbrechen, sich erwärmen, entbrennen, Feuer fangen, begeistert sein von, in Begeisterung ausbrechen, hingerissen/erfüllt/entflammt/Feuer und Flamme/angetan/berauscht/außer sich sein von, sich entflammen, schwärmen von; *ugs.:* toll/gut/irre/super finden, abheben, ausflippen, abfahren auf, (vor Begeisterung) durchdrehen, völlig weg sein von, hin und weg sein von, sich nicht mehr kriegen, verrückt sein nach

begeistert entzückt, entflammt, hingerissen, enthusiastisch, enthusiasmiert, ekstatisch, berauscht, erregt, verzückt, selig, fasziniert, eifrig, passioniert, besessen, fanatisch, überwältigt, hochgestimmt, trunken, leidenschaftlich, feurig, glühend, schwärmerisch, inbrünstig; *ugs.:* außer sich, hin und weg

Begeisterung Enthusiasmus, Feuer, Strohfeuer, Leidenschaft, Inbrunst, Überschwang, Gefühlsüberschwang, Eifer, Schwärmerei, Ekstase, Rausch, Verzückung, Glut, Faszination; *geh.:* Passion

Begierde
1. Begehren, Verlangen, Sehnsucht, Gier, Leidenschaft, Begehrlichkeit, Gelüst, Lust; *poet.:* Begehr
2. → Wollust

begierig sinnlich, begehrlich, lüstern, wollüstig, brünstig, lebenshungrig, unersättlich, verlangend, erpicht, neugierig; *ugs.:* geil, heiß, scharf, gierig

begierig sein auf/nach wild/hungrig/versessen sein auf, gieren/gelüsten nach, sich reißen um, haben wollen; *ugs.:* sich die Finger lecken nach, aus sein auf, verrückt sein auf, spitz sein auf, wie der Teufel hinter der armen Seele her sein, stehen auf, spitzen auf

begießen
1. sprengen, befeuchten, bespritzen, benetzen, besprühen, berieseln, bewässern
2. anstoßen/zuprosten auf, zutrinken, die Gläser erklingen lassen

Beginn
1. Anfang, Auftakt, Eintritt, Anbruch, Start, Geburt, Wiege, Quelle, Keim, Ursprung, Ausgangspunkt, Ansatzpunkt, Entstehung; *geh.:* Anbeginn
2. Antritt, Inangriffnahme, Eröffnung
3. Debüt, erstes Auftreten, erster Auftritt, Start/Anfang einer Karriere

beginnen → anfangen

beglaubigen bestätigen, legalisieren, akkreditieren, bescheinigen, bezeugen, attestieren, beurkunden, versichern, amtlich festlegen

beglaubigt → amtlich

begleichen ausgleichen, abgelten, abtragen, abdecken, tilgen, löschen, bereinigen, zahlen, bezahlen, zurückzahlen, abzahlen, entrichten, zurückerstatten, erledigen, eine Schuld aufheben

begleiten
1. geleiten, das Geleit geben, mitkommen, folgen, mitgehen, sich beigesellen, sich anschließen, nach Hause bringen, heimbringen, heimbegleiten
2. zusammen musizieren, mitspielen, untermalen, einstimmen

B

Begleiter Gefährte, Weggefährte, Genosse, Weggenosse, Beistand, Führer, Betreuer; *geh.:* Geleiter; *ugs.:* Schatten
Begleitung Gefolge, Gefolgschaft, Eskorte, Konvoi, Schutz; *geh.:* Geleit, Geleitzug
beglücken
1. → erfreuen
2. beschenken, bescheren, bedenken
beglückwünschen Glück wünschen, Glückwünsche überbringen/darbringen/aussprechen/übermitteln, gratulieren
begnadet
1. erwählt, auserwählt, erkoren, berufen, gesegnet, bevorzugt
2. → fähig
begnadigen Strafe vermindern/erlassen, amnestieren, Amnestie erlassen, Gnade walten lassen, verzeihen, vergeben
Begnadigung → Straferlass
begnügen, sich zufrieden sein, sich zufriedengeben/abfinden mit, vorliebnehmen, sich bescheiden, sich beschränken, keine Ansprüche stellen, nicht mehr verlangen, hinnehmen, sich fügen/schicken/ergeben in, akzeptieren, in Kauf nehmen; *ugs.:* in den sauren Apfel beißen, zurückstecken
begraben
1. → beerdigen
2. → aufgeben
3. vergessen/auslöschen wollen, nicht mehr daran denken, aus dem Sinn verlieren; *ugs.:* Gras wachsen lassen über, einen Strich/Schlussstrich unter etw. ziehen, einen Schlusspunkt setzen
4. → vergangen
Begräbnis → Beerdigung
begreifen verstehen, erfassen, folgen können, erkennen, richtig beurteilen/einschätzen können, bewusstwerden, klarwerden, deutlich/verständlich werden
begreiflich einsichtig, vernünftig, verständig, verständnisvoll, voll Verständnis, verstehend, einfühlend, überlegt, klug, besonnen
begrenzen
1. abgrenzen, abzäunen, abstecken, abschließen, trennen, isolieren
2. → beschränken
3. → festlegen
Begriff
1. Ausdruck, Formulierung, Formel, Benennung, Bezeichnung, Wort, Terminus, Definition
2. Vorstellung, Auffassung, Meinung, Ansicht, Anschauung, Idee, Bild, Einsicht, Einblick
3. Sinngehalt, gedankliche Einheit
begrifflich → abstrakt
begriffsstutzig → beschränkt
begründen
1. Gründe anführen/angeben/nennen für, Argumente vorbringen, argumentieren, motivieren, beweisen, nachweisen, den Nachweis führen, erklären, darlegen
2. → gründen
begründen, sich
1. sich erklären, sich herleiten
2. entspringen, ausgehen von, anfangen, beginnen, seinen Anfang nehmen
begründet
1. überlegt, durchdacht, geformt, methodisch, fundiert, unangreifbar, unanfechtbar, hieb- und stichfest, erklärbar
2. → rechtmäßig
Begründung → Argument
begrüßen
1. willkommen heißen, mit offenen Armen empfangen/aufnehmen, guten Tag sagen, salutieren, die Hand geben/reichen/schütteln; *geh.:* seinen Gruß entbieten, die Honneurs machen
2. billigen, zustimmend aufnehmen, gutheißen, befürworten
begucken → anschauen
begünstigen fördern, favorisieren, protegieren, lancieren, sich verwenden für, befürworten, vorziehen, bevorzugen, herausstellen, lieber mögen, den Vorzug/Vorrang geben, höher einschätzen; *ugs.:* jmdm. in den Sattel helfen, Vetternwirtschaft/Günstlingswirtschaft treiben
begutachten
1. → beurteilen
2. → prüfen
begütert → reich
begütigen → beruhigen
behäbig
1. → träge
2. → dick
behagen zusagen, gefallen, angenehm/sympathisch sein, gelegen kommen, passen, munden, Geschmack abgewinnen; *ugs.:* ankommen, schmecken
behaglich gemütlich, wohnlich, heimelig, komfortabel, angenehm, beschaulich, intim, traulich, wohlig, mit Behagen, bequem, lauschig
behalten
1. nicht hergeben/aus der Hand geben, in Besitz nehmen, sich zu Eigen

machen, beherzigen, festbehalten, zurückbehalten, einbehalten
2. sich merken, sich einprägen, sich erinnern, nicht vergessen, denken an, sich ins Gedächtnis schreiben
3. für sich behalten → bewahren
4. → in sich verschließen

Behälter Behältnis, Gefäß, Container

behände
1. → gewandt
2. → schnell

behandeln
1. → handhaben
2. (ärztlich) betreuen, versorgen, untersuchen, abtasten, abhören, abhorchen, verbinden, bandagieren, spritzen, einspritzen, Spritze geben/injizieren, ein Rezept schreiben/verschreiben, therapieren; *ugs.:* verarzten
3. → heilen
4. → besprechen
5. → erörtern
6. bearbeiten, ausarbeiten, ausführen, gestalten
7. zum Inhalt/Thema/Gegenstand haben, handeln von/über, gehen um, beinhalten, thematisieren, darstellen, darlegen, berichten, erzählen

beharren → bestehen auf

beharrlich unentwegt, unverdrossen, unbeirrt, unbeirrbar, unverbrüchlich, unerschütterlich, ohne Wanken, ausdauernd, hartnäckig, verbissen, durchsetzungsfähig, zielbewusst, zielstrebig, unermüdlich, unaufhörlich, konsequent, stet(ig), fest, eisern, standhaft, zäh, entschlossen, geduldig, unnachgiebig, durchhaltend, eigensinnig, insistierend, erbittert, stur; *ugs.:* verbiestert

Beharrlichkeit → Beständigkeit

behaupten
1. beteuern, bekräftigen, betonen, bestehen/beharren auf, hinstellen/ausgeben als, sagen, eine Behauptung aufstellen, mit Bestimmtheit aussprechen, festbleiben, nicht nachgeben/weichen, die Hand ins Feuer legen, versichern
2. verteidigen (Stellung), halten

behaupten, sich
1. überleben, überstehen, überdauern, ausharren, aushalten, dableiben, standhalten, nicht von der Stelle weichen, auf dem Posten bleiben
2. → durchsetzen, sich
3. → Erfolg haben
4. → festbleiben

Behausung
1. Wohnung, Wohnstätte, Heimstatt, Heimstätte, Quartier, Heim, Logis, Zuhause
2. Unterkunft, Unterbringung, Haus, schützendes Dach

beheben
1. beseitigen, entfernen, wegschaffen, fortbringen, einstellen, abstellen, ausräumen
2. einen Schaden beheben → reparieren

beheimatet
1. ansässig, heimisch, einheimisch, eingeboren, angesessen, eingebürgert, eingegliedert
2. herstammend, gebürtig, geboren

beheizen → heizen

behelfen, sich
1. sich helfen, sich heraushelfen
2. sich begnügen, sich einen notdürftigen Ersatz nehmen, sich einen vorläufigen/provisorischen Ersatz besorgen, zurechtkommen; *ugs.:* klarkommen

behelfsmäßig → notdürftig

behelligen
1. → stören
2. → anpöbeln

beherbergen unterbringen, Unterkunft/Obdach gewähren/bieten, Quartier geben, aufnehmen, einquartieren, einlogieren, einen Schlafplatz zur Verfügung stellen

beherrschen
1. → herrschen
2. meistern, verstehen, sich verstehen auf, können, gut können, sich gut auskennen, gelernt haben, übersehen, überschauen, sachverständig/fachkundig/beschlagen/bewandert sein, Bescheid wissen, im Griff/in der Hand haben

beherrschen, sich sich zähmen, sich bezähmen, sich bezwingen, sich bändigen, sich besiegen, sich zügeln, sich Zügel anlegen, sich mäßigen, sich zusammennehmen, sich Zwang antun, an sich halten, sich in der Hand/Gewalt haben, sich fassen, zu sich kommen, sich nicht aus dem Gleichgewicht/der Ruhe/Fassung bringen lassen, ruhig bleiben, Ruhe bewahren, das Gesicht/die Haltung wahren, sich zurückhalten, sich überwinden, sich in Schranken/im Zaum halten, sich zurücknehmen, Herr seiner selbst bleiben, einen klaren Kopf behalten, keine Miene verziehen, nicht die Nerven

B

verlieren, sich nichts anmerken lassen, nicht zeigen, sich disziplinieren; *geh.:* Contenance wahren; *ugs.:* sich zusammenreißen, sich zusammenraffen, sich am Riemen reißen, nicht durchdrehen

beherrscht ruhig, gefasst, diszipliniert, gesammelt, leidenschaftslos, besonnen, gezügelt, gesetzt, sicher, überlegen, gleichmütig, stoisch, gelassen, bedacht, kaltblütig

Beherrschung
1. → Mäßigung
2. → Ruhe

beherzigen
1. sich zu Herzen nehmen, annehmen
2. → beachten

beherzt → mutig

behilflich sein → helfen

behindern hindern an, hinderlich sein, erschweren, komplizieren, handikapen, aufhalten, obstruieren, bremsen, drosseln, zum Stocken bringen, stoppen, lähmen, hemmen, blockieren, stören, Schwierigkeiten machen/bereiten, Steine/Hindernisse in den Weg legen, beeinträchtigen, trüben, beengen, beschränken, entgegentreten, entgegenarbeiten, in den Arm/Rücken fallen, Grenzen setzen, die Hände binden, abhalten, zurückhalten, sich entgegenstellen, Halt/Einhalt gebieten, einen Strich durch die Rechnung machen; *ugs.:* querschießen, in die Quere kommen, Knüppel zwischen die Beine werfen

behindert
1. eingeschränkt, gehandikapt, krank, schwerbeschädigt

Behinderter: Leben mit Handicap

Als *Behinderter* wird jemand bezeichnet, dessen körperliche, geistige oder seelische Funktionen dauerhaft beeinträchtigt sind.
Der Begriff *Behinderter* wird teilweise von Betroffenen als unpersönlich und aus diesem Grunde als herabsetzend empfunden. Demgegenüber bevorzugte Ausdrücke sind »Menschen mit Behinderungen«, »behinderte Menschen« oder »behinderte Personen«.
Die Bezeichnung von *Behinderten* als *Krüppel* ist eindeutig abwertend und sollte daher nicht verwendet werden.

2. **geistig behindert** *Med.:* imbezil, psychotisch; *abwertend:* geistesgestört, geisteskrank, schwachsinnig, irrsinnig, irre

Behinderter behinderter Mensch, behinderte Person, Körperbehinderter, geistig Behinderter, Invalider, Gehandikapter; *abwertend:* Krüppel ⓘ

Behinderung Hindernis, Hemmnis, Erschwerung, Erschwernis, Handikap

Behörde Dienststelle, Amt, Verwaltung, Administration, Instanz, Institution, Einrichtung, Geschäftsstelle

behördlich amtlich, dienstlich, offiziell, amtshalber, von Amts wegen

behüten
1. schützen, verteidigen, sichern, absichern, abschirmen, beschirmen, abwehren, Schutz gewähren, verteidigen, abhalten, aufpassen auf, beschützen, bewachen
2. hüten, bewahren, beaufsichtigen, betreuen, beschirmen, im Auge behalten, nicht aus den Augen lassen, sehen nach, sich kümmern um

behutsam schonend, vorsichtig, sacht, schonungsvoll, achtsam, sorgfältig, sorgsam, rücksichtsvoll

Behutsamkeit
1. Genauigkeit, Sorgfalt, Gewissenhaftigkeit, Sorgsamkeit, Sorgfältigkeit
2. → Nachsicht

beibehalten → aufrechterhalten

Beiblatt Beiheft, Beilage, Beigabe, Einlage, Anhang, Anlage, Zugabe, Ergänzung

beibringen
1. erklären, zeigen, unterrichten
2. herbeischaffen, herbeiholen, besorgen, vorlegen; *ugs.:* auftreiben
3. *ugs.:* vorsichtig/schonend mitteilen/übermitteln/sagen/melden, zu verstehen geben, eröffnen, wissen lassen, andeuten, durch die Blume sagen
4. **Schaden beibringen** in Mitleidenschaft ziehen, schaden, schädigen, zuleide tun

Beichte → Geständnis

beichten
1. eine Beichte ablegen, Schuld/Sünden bekennen
2. → gestehen

beide alle/die zwei

beiderseits auf/zu beiden Seiten, hüben und/wie drüben

beieinander beisammen, zusammen, vereint, nebeneinander, miteinander, Arm in Arm

Beifall: Verschiedene Arten der Zustimmung

Beifall im Sinn von *Lob* ist der Ausdruck für eine zustimmende Reaktion, ein (positives) *Echo*. Er sagt noch nichts darüber aus, wie diese *Beifallsäußerung/Beifallsbekundung* erfolgt. *Händeklatschen* und *Applaus* sind akustische Arten, *Beifall* auszudrücken. Sie lassen sich durch entsprechende Adjektive weiter differenzieren, beispielsweise als *schwacher, kurzer, knapper, freundlicher, starker, heftiger, lang anhaltender, nicht enden wollender, begeisterter, donnernder* oder *tosender Applaus/Beifall*.
Eine *Ovation* ist ein *Beifallssturm* oder *Beifallsorkan*. Gelegentlich wird im Deutschen die aus dem Englischen stammende Wendung *Standing Ovations* gebraucht. *Ovation* gehört wie *Jubel* und *Begeisterung* zu den stärksten Arten des Beifalls, der durch diese Ausdrücke als außerordentlich positiv charakterisiert wird.
Das Wort *Resonanz* ist dagegen neutral und wird erst durch ein entsprechendes Adjektiv näher bestimmt, etwa als *positive, überwältigende* oder *schwache, dürftige, negative Resonanz*. *Akklamation* ist ein gehobener Ausdruck für *Zustimmung*. Die umgangssprachlichen Wörter *Geklatsche, Getrampel, Beifallsgeschrei* sind abwertende Ausdrücke für die Art und Weise, wie eine Beifallsbekundung erfolgt.

Beifahrer Mitfahrer, Begleiter, Reisebegleiter, Sozius, Mitfahrender, Mitreisender, Insasse
Beifall
1. Applaus, Klatschen, Akklamation, Beifallsäußerung, Beibezeugung, Beikundgebung, Ehrerbietung, Ovation, Echo, Resonanz, Zuruf, Huldigung, Jubel, Begeisterung; *ugs.:* Geklatsche, Getrampel
2. → Lob ⓘ
beifällig bejahend, lobenswert, anerkennend, zustimmend, positiv, optimistisch
Beifallssturm donnernder/tosender Beifall, begeisterter/rauschender Applaus, anhaltende Beifallsbekundung, Jubel, Standing Ovations, Furore, Begeisterungstaumel; *geh.:* Ovation; *ugs.:* Hurra
beifügen → beilegen
beigeben → beilegen
beigesellen, sich → anschließen, sich
beiheften → beilegen
Beihilfe
1. → Unterstützung
2. Hilfeleistung, Hilfestellung; *schweiz.:* Gehilfenschaft
beikommen → bewältigen
Beil Axt; *österr.:* Hacke
Beilage
1. Beiheft, Beiblatt, Beigabe, Einlage, Anhang, Anlage, Zugabe, Ergänzung
2. Zuspeise, Zukost, Zubrot, Beikost
beiläufig
1. nebenbei, nebenher, wie zufällig, durch/per Zufall, am Rande, en passant, übrigens, apropos, leichthin, ohnehin
2. bisweilen, gelegentlich, außer der Zeit/Reihe, unregelmäßig
beilegen
1. beifügen, anfügen, hinzufügen, dazutun, draufschlagen, beigeben, beiordnen, anheften, beiheften; *österr.:* beistellen
2. → bereinigen
beilegen, sich annehmen (Namen), sich zulegen
beileibe → fürwahr
Beileid
1. Anteilnahme, Mitleid, Mitgefühl, Mitempfinden, Kondolenz, Trauer
2. **sein Beileid aussprechen** → kondolieren
beiliegend anbei, als Beilage/Anlage, anliegend, beigelegt, beigefügt, inliegend, innen
beimengen beimischen, beigeben, beifügen, anfügen, zufügen, zugeben, hinzusetzen, hinzufügen, einrühren, unterrühren
beimessen beilegen, zuschreiben, halten/erachten für
beimischen → beimengen
beinahe fast, nahezu, bald, um Haaresbreite/ein Haar, es fehlt(e) nicht viel, praktisch, so gut wie, gerade noch, kaum, knapp; *ugs.:* schier, halb
Beiname → Spitzname
beinhalten
1. → enthalten
2. → behandeln
beipflichten
1. zustimmen, beistimmen, einer Meinung/Ansicht sein, Recht geben, sekundieren, auch richtig/falsch finden; *ugs.:* in dieselbe Kerbe hauen
2. → billigen
Beirat → Ausschuss
beirren irremachen, unsicher machen, verunsichern, verwirren, irritieren, desorientieren, durcheinanderbringen, aus dem Konzept/der Fassung/in Verlegenheit/Verwirrung bringen, ver-

B

legen/kopfscheu/konfus machen, verstören; *ugs.:* drausbringen, den Kopf verdrehen, kirremachen
beisammen → beieinander
Beisammensein Treffen, Begegnung, Runde, Zusammenkunft, Zusammensein, Verabredung, Date, Rendezvous; *veraltend:* Tete-a-Tete; *schweiz.:* Hock
Beischlaf → Geschlechtsverkehr
beiseitelegen
1. → weglegen
2. → sparen
beiseiteschaffen
1. wegschaffen, fortschaffen, entfernen
2. töten, morden, ermorden, umbringen; *ugs.:* killen
beisetzen → beerdigen
Beisetzung → Beerdigung
Beispiel
1. Exempel, Muster, Vorbild, Modell, Beleg, Probe, Einzelfall, Paradebeispiel, Schulbeispiel, Musterbeispiel; *geh.:* Paradigma
2. **zum Beispiel** → beispielsweise
beispielgebend beispielhaft, exemplarisch, vorbildlich, mustergültig, musterhaft, nachahmenswert, nacheifernswert
beispiellos
1. hervorragend, außergewöhnlich, außerordentlich, vorzüglich, vortrefflich, überragend, über alles Lob erhaben, rühmlich, brillant, glänzend, ausgezeichnet, großartig, erstrangig, unübertrefflich, unnachahmlich, meisterhaft; *ugs.:* wie es im Buche steht
2. → unerhört
beispielsweise zum Beispiel/Exempel, z. B., vergleichsweise, nämlich, etwa, wie etwa, etwa so; *landsch., österr.:* beispielshalber
beispringen → helfen
beißen
1. zubeißen, zupacken, zuschnappen, verwunden, verletzen
2. stechen, schmerzen, brennen, wehtun, kribbeln, jucken, kitzeln
beißen, sich nicht zueinanderpassen/miteinander harmonieren, sich ausschließen
beißend
1. scharf, ätzend, brennend
2. quälend, peinigend, bohrend, schmerzhaft, schmerzlich, qualvoll
3. spöttisch, bissig, spitz, sarkastisch, zynisch, höhnisch
Beistand Hilfe, Unterstützung, Assistenz, Zutun, Dazutun, Aushilfe, Beihilfe, Hilfestellung, Mitwirkung, Mitarbeit
beistehen helfen, unterstützen, behilflich sein, assistieren, mithelfen, mitarbeiten, mitwirken, zu Hilfe kommen, zur Seite stehen
beisteuern
1. beitragen, zusteuern, zusetzen, zuschießen, zugeben, zulegen, dazuzahlen, dazutun, unterstützen, sponsern, spenden; *ugs.:* zubuttern, zuschustern, draufzahlen
2. → mitwirken
beistimmen
1. → beipflichten
2. → billigen
Beitrag
1. Teil, Anteil, Portion, Ration, Stück, Abgabe
2. Beistand, Hilfe, Förderung, Unterstützung, Mitwirkung
3. Abhandlung, Aufsatz, Artikel, Versuch, Arbeit
4. Zahlung, Summe, Spende, Scherflein, Obolus; *ugs.:* Almosen
beitragen → beisteuern
beitreten eintreten, Mitglied werden, sich anschließen, sich zugesellen, sich beteiligen; *ugs.:* einsteigen
Beitritt Beitreten, Eintreten, Erwerben der Mitgliedschaft
Beiwerk Zutat, Nebensächlichkeit, Nebensache, schmückende Ergänzung, Dekor
beiwohnen → teilnehmen
beizeiten zeitig, rechtzeitig, früh (genug), in aller Frühe, bald, zur rechten Zeit, pünktlich
bejahen Ja sagen, mit Ja antworten, nicken, einwilligen, einer Meinung/Ansicht sein, affirmieren, begrüßen, billigen
bejahend anerkennend, zustimmend, positiv, optimistisch, beifällig
bejahrt → alt
bejammern → beklagen
bekämpfen
1. befehden, bekriegen, angreifen, attackieren, angehen/ankämpfen/vorgehen gegen, einen Angriff machen, entgegentreten, entgegenwirken, wehren
2. behandeln (Krankheit), heilen, kurieren, zum Erliegen/Verschwinden bringen
bekämpfen, sich sich bekriegen, sich befehden, sich streiten, Krieg führen, Kämpfe austragen, sich anfeinden, in kriegerischer Auseinandersetzung stehen, einen Konflikt austragen

bekannt
1. vertraut, nicht fremd, geläufig, publik, weitverbreitet, in aller Munde, überall zu finden, vielbesprochen, vielgenannt
2. → berühmt

Bekannter Freund, Kamerad, Partner, Lebensgefährte, Vertrauter, Liebhaber, Kumpan; *ugs.:* Kumpel; *scherzh.:* Lebensabschnittsgefährte

Bekanntgabe → Bekanntmachung

bekanntgeben
1. verkünden, → informieren
2. → veröffentlichen

Bekanntheit Berühmtheit, Publicity, Medienpräsenz, Weltruf

bekanntlich → erfahrungsgemäß

bekanntmachen
1. zusammenführen, zusammenbringen, einander vorstellen, jmdn. einführen, die Bekanntschaft/das Zusammensein herbeiführen
2. → informieren
3. → veröffentlichen

Bekanntmachung
1. Mitteilung, Kommuniqué, Kundgabe, Bericht, Verlautbarung, Bekanntgabe, Verkündigung, Publikation, Veröffentlichung, Statement, Erklärung, Eröffnung, Bulletin, Denkschrift; *österr.:* Kundmachung; *schweiz.:* Vernehmlassung
2. Anschlag, Information, Meldung, Bescheid, Nachricht, Rundschreiben, Rundbrief, Notiz

bekannt sein
1. ein Begriff/offenes Geheimnis sein; *ugs.:* herum sein, die Spatzen pfeifen es von allen Dächern
2. bekannt sein mit kennen, kennengelernt haben, vertraut/befreundet sein mit, Bekanntschaft gemacht haben

bekanntwerden
1. → herumsprechen, sich
2. sich einen Namen machen, sich durchsetzen, erfolgreich sein, Karriere machen; *ugs.:* groß herauskommen, im Kommen sein

bekehren
1. eine innere Wandlung bewirken/auslösen, jmdn. ändern, verwandeln, missionieren
2. → überreden

bekennen
1. → gestehen
2. sich bekennen zu → eintreten für

Bekenntnis
1. Geständnis, Beichte, Offenbarung, Coming-out
2. Glaube, Konfession, Religion

bekifft berauscht, benebelt, unter Drogen/Drogeneinfluss; *ugs.:* breit, stoned, zugedröhnt

beklagen klagen/trauern/jammern um, beweinen, betrauern, bejammern, bemitleiden, bedauern, lamentieren

beklagen, sich sich beschweren, vorstellig werden, klagen über, Klage führen, Beschwerde einlegen/führen/vorbringen, Einspruch erheben, bemängeln, beanstanden, etwas auszusetzen haben, kritisieren, Kritik üben, mit jmdm. ins Gericht gehen, missbilligen, reklamieren, monieren, sich stoßen an, Anstoßnehmen, nörgeln, herumnörgeln; *ugs.:* meckern, herumkritteln, nölen, bekritteln, rummäkeln, herummäkeln, ein Haar in der Suppe finden, jmdm. am Zeug flicken, Krach schlagen, Stunk machen

beklatschen
1. Beifall spenden, applaudieren, bejubeln, begrüßen
2. bereden, klatschen, tratschen, übel nachreden; *ugs.:* schwatzen, quatschen, palavern

beklauen → bestehlen

bekleckern beschmutzen, verunreinigen, beschmieren, einschmieren, verschmieren, anschmieren, vollschmieren, beflecken, bespritzen, einschmutzen, verschmutzen, bekleckSen; *österr., ugs.:* anpatzen

bekleiden → innehaben

bekleiden, sich → anziehen

beklemmend beängstigend, bedrückend, bedrohlich, beunruhigend, bedenklich, nicht geheuer, Besorgnis erregend, gefährlich

beklommen → ängstlich

bekloppt → dumm

beknien bitten, flehen, erflehen, anflehen, betteln/anbetteln/angehen/fragen/ersuchen/ansuchen/nachsuchen/ansprechen/einkommen um

bekochen → verpflegen

bekommen
1. erhalten, empfangen, zuteilwerden, zufallen, zufließen, erben, abbekommen; *ugs.:* kriegen, abkriegen
2. anschlagen (Kur), wohltun, guttun, nützen, vertragen, nicht schaden, positive Wirkung zeigen
3. → zuziehen, sich

bekömmlich zuträglich, verträglich, verdaulich, leicht verdaulich, nicht schwer,

nicht belastend, den Magen schonend, gesund, förderlich
beköstigen → verpflegen
bekräftigen
1. bestätigen, beteuern, betonen, Nachdruck verleihen, erhärten
2. → behaupten
3. → ermutigen
4. → besiegeln
bekriegen → bekämpfen
bekriegen, sich
1. → bekämpfen, sich
2. → streiten, sich
bekümmern → betrüben
bekümmern, sich → sorgen, sich
bekunden → äußern
bekunden, sich kundtun, sich äußern, öffentlich aussprechen, zum Vorschein kommen, sich zeigen, deutlich werden
beladen bepacken, befrachten, vollpacken, beschweren, laden, aufladen, einladen, verladen, vollladen, aufbürden, belasten, auflasten
Belag
1. Überzug, Schicht
2. Aufstrich
belagern
1. einkreisen, einschließen, einkesseln, umzingeln, umstellen, abschneiden, abschnüren, abriegeln, blockieren, aushungern
2. sich drängen vor (Kasse), in Beschlag legen, besetzen
Belami → Frauenheld
Belang → Bedeutung
belangen
1. verklagen, zur Rechenschaft/Verantwortung ziehen, verantwortlich machen, zur Rede stellen, bestrafen, stellen, abrechnen mit
2. → anklagen

belanglos oder trivial?

Für den deutschen Begriff *belanglos* gibt es eine Reihe sinnverwandter Fremdwörter. Bei der Verwendung ist darauf zu achten, dass sie nicht beliebig austauschbar sind:
So bezeichnet man etwas als *irrelevant,* wenn es für einen Sachverhalt nicht von Bedeutung ist: »Ihre Einwände waren hinsichtlich des eigentlichen Problems *irrelevant*«. Der Ausdruck *banal* wird hingegen verwendet, wenn man etwas für alltäglich und nicht erwähnenswert hält: »Seine *banalen* Bemerkungen langweilten sie«. Als *trivial* gilt im Allgemeinen etwas, das in geistiger oder künstlerischer Hinsicht keinen wertvollen Gehalt entdecken lässt: »Der Film war unerträglich *trivial*«. Der Ausdruck *marginal* wird oft gebraucht, wenn etwas als nur am Rande von Belang betrachtet und daher vernachlässigt wird: »Die finanzielle Notlage des Unternehmens wurde bisher nur *marginal* behandelt«.

belanglos unbedeutend, banal, trivial, nebensächlich, irrelevant, marginal ⓘ
Belanglosigkeit → Kleinigkeit
belassen auf sich ruhen/so bleiben/es bewenden lassen, nicht wiederaufnehmen; *ugs.:* es (beim Alten) lassen
belastbar belastungsfähig, solide, strapazierbar, strapazierfähig, gebrauchstüchtig
belasten
1. → beladen
2. aufbürden, aufladen, auflegen, auferlegen, übertragen, abwälzen/abschieben auf, zuschieben, von sich schieben, schieben auf
3. → beanspruchen
4. anlasten, zur Last legen, nachtragen, verargen, ankreiden, beschuldigen, verübeln, anschuldigen, die Schuld geben, bezichtigen
5. → bedrücken
belastend bedrückend, beklemmend, quälend, marternd, peinigend, beängstigend, traurig, schwierig, sehr schlecht, schwer, schrecklich, grausam, ungut, unangenehm
belästigen
1. → stören
2. → anpöbeln
Belastung
1. → Anstrengung
2. Last, Zentnerlast, Gewicht, Ballast, Schwere, Bürde, Ladung, Fracht, Beschwernis, Kraft, Stärke
3. → Beschuldigung
belauern → beobachten
belaufen auf, sich betragen, ausmachen, sich beziffern/berechnen auf, angegeben werden mit, zählen, kosten
belauschen → beobachten
beleben
1. → anregen
2. → beseelen
belebend anregend, stimulierend, aufputschend, aufheiternd, erheiternd, erfrischend, aufmunternd
beleben, sich
1. lebhaft werden, lebendig werden, aufleben, in Schwung kommen, stimulieren
2. sich aufhellen, sich aufklaren, sich auffrischen
3. sich füllen, voller werden, sich bevölkern

belebt bevölkert, dichtbesiedelt, verkehrsreich, lebhaft, überfüllt
Beleg
1. Beweis, Grundlage, Unterlage, Quelle
2. → Bescheinigung
belegen
1. → beweisen
2. füllen, ausfüllen, einnehmen (Platz), beanspruchen, verbrauchen
3. reservieren, besetzen, freihalten, frei lassen, offenhalten, einen Platz sichern/besetzen, vorbestellen, vormerken
4. → decken
Belegschaft → Personal
belegt
1. besetzt, nicht frei, okkupiert; *ugs.:* voll
2. reserviert, vergeben, vorbestellt, vorgemerkt, nicht mehr zu haben
3. → heiser
4. → amtlich
belehren
1. informieren, aufklären, einführen, einweihen, briefen, orientieren, instruieren, die Augen öffnen, vertraut machen mit, in Kenntnis/ins Bild setzen, Aufschluss geben, Auskunft erteilen
2. unterrichten, Unterricht erteilen, unterweisen, vertraut machen mit, lehren, beibringen, ausbilden, anleiten, dozieren, Vorlesungen halten
belehrend → lehrreich
beleibt dick, korpulent, stark, massig, fett, üppig, füllig, stattlich, rund, rundlich, voll, rubenshaft, dicklich, stämmig, vollleibig
Beleibtheit → Körperfülle
beleidigen
1. kränken, verletzen, beschimpfen, schmähen, vor den Kopf stoßen, herabsetzen, erniedrigen, demütigen; *geh.:* insultieren; *ugs.:* dissen
2. → anpöbeln
beleidigend → ausfallend
beleidigt gekränkt, verstimmt, verletzt, pikiert, getroffen; *ugs.:* sauer, eingeschnappt, verschnupft, auf den Fuß/Schlips getreten; *landsch.:* muksch, grantig
Beleidigung
1. Verletzung, Ehrverletzung, Kränkung, Ehrenkränkung, Herabsetzung, Affront, Verleumdung, Beschimpfung, Ausfall, Invektive, Schmähung, Tort, Injurie, Angriff; *geh.:* Insultation
2. → Diskriminierung
belesen → bewandert
beleuchten
1. bestrahlen, anstrahlen, erhellen, illuminieren, Licht/hell machen, bescheinen
2. → veranschaulichen
beliebig
1. willkürlich, wahllos, nach Belieben/Gutdünken/Wahl, so oder so, ad libitum
2. irgendein
beliebt
1. geschätzt, gerngesehen, willkommen, gefragt, gesucht, umschwärmt, begehrt, populär, en vogue, in aller Munde, bekannt, eingeführt; *ugs.:* angesagt, hip, in
2. → angesehen
3. frequentiert, besucht, mit großem Zulauf
4. gängig, vielverlangt, gefragt
beliefern → liefern
bellen
1. anschlagen, Laut geben (Hund), kläffen; *landsch.:* bläffen, blaffen; *ugs.:* belfern, bäffen; *schweiz.:* bauzen
2. schnauzen, anfahren, anschreien, schelten, beschimpfen
3. → husten
Belletristik schöne/schöngeistige Literatur, Unterhaltungsliteratur, Fiction
belohnen lohnen, danken, vergelten, entschädigen, sich erkenntlich zeigen, beschenken, sich revanchieren
Belohnung → Lohn
belügen → lügen
belustigen erheitern, erquicken, ergötzen, vergnügen, unterhalten, amüsieren, beleben, zum Lachen bringen
belustigen, sich → vergnügen, sich
belustigend → lustig
bemächtigen, sich
1. sich aneignen, beschlagnahmen, an sich nehmen/reißen, sich zu Eigen machen, in Besitz nehmen, sich vergreifen an; *ugs.:* einstreichen, einkassieren, einstecken, einsacken, sich zu Gemüte führen, sich unter den Nagel reißen
2. erfassen, überkommen, überfallen, beschleichen, ergreifen, überwältigen
bemalen → anstreichen
bemalen, sich → schminken, sich
bemängeln → beanstanden
Bemängelung
1. → Kritik
2. → Reklamation
bemerkbar merklich
bemerken
1. äußern, erwähnen, feststellen, konstatieren, sagen, sprechen, reden, mitteilen, schreiben, kundtun, wissen lassen, von sich geben, in Worte fas-

sen, bezeichnen, formulieren, ausdrücken, einwerfen, einflechten, einfügen, einfließen lassen
2. entdecken, erfassen, auffallen, bewusstwerden, merken, registrieren, zur Kenntnis nehmen, wahrnehmen, beobachten, aufmerksam werden, erkennen, gewahr werden, sichten, sehen, erblicken, fühlen, spüren, empfinden; *geh.:* innewerden; *ugs.:* spitzbekommen, spitzkriegen, Lunte/den Braten riechen, Wind bekommen, auf die Schliche kommen, wittern, riechen, mitbekommen, mitkriegen

bemerkenswert → beachtlich

Bemerkung → Anmerkung

bemitleiden → bedauern

bemitleidenswert → trostlos

bemühen beanspruchen, in Anspruch nehmen, heranziehen, zurate ziehen

bemühen, sich
1. → anstrengen, sich
2. sich bemühen um sich bewerben, ansuchen, anhalten um, kandidieren für, zu bekommen/erhalten suchen, sich interessieren für, Wert legen auf; *ugs.:* buhlen um
3. → sich kümmern um
4. → werben um

Bemühen → Bestreben

bemuttern → sich kümmern um

benachbart umliegend, anliegend, angrenzend, neben, nebenan, gegenüber, um die Ecke, Tür an Tür, Wand an Wand, in der näheren Umgebung, im Umkreis liegend

benachrichtigen → informieren

Benachrichtigung → Nachricht

benachteiligen beeinträchtigen, zurücksetzen, zurückstellen, hintanstellen, vernachlässigen, übergehen, schaden, schädigen, in den Schatten stellen, unterschiedlich/ungerecht behandeln, diskriminieren, nicht gleichstellen; *ugs.:* unterbuttern

benebelt
1. getrübt, wirr, verwirrt
2. → betrunken

benehmen, sich
1. sich verhalten, sich betragen, sich gebärden, sich gebaren, sich geben, sich anstellen, sich bewegen, sich halten, sich zeigen, auftreten; *ugs.:* sich aufführen
2. sich gut benehmen artig/wohlerzogen/manierlich/anständig/brav/gehorsam sein, Lebensart zeigen; *ugs.:* Schliff haben
3. sich schlecht benehmen → entgleisen

Benehmen Verhalten, Betragen, Auftreten, Aufführung, Etikette, Gebaren, Haltung, Habitus, Anstand, Umgangsformen, Manieren, Kinderstube, Erziehung, Disziplin; *ugs.:* Gehabe, Benimm, Getue

beneiden → neiden

benennen
1. heißen, betiteln, mit einem Namen/einer Bezeichnung versehen, einen Namen geben, taufen, bezeichnen, kennzeichnen, titeln, titulieren, etikettieren, namhaft machen; *ugs.:* benamsen; *abwertend:* schimpfen
2. mit Namen nennen, (als Mitglied) anführen

benetzen → anfeuchten

Bengel
1. → Junge
2. → Frechdachs

benommen betäubt, dumpf, taumlig, schwindlig, schwummerig, benebelt, umnebelt; *ugs.:* beduselt, duselig, tranig, rammdösig; *schweiz.:* zwirbelig

benoten eine Note/Zensur geben, bewerten, beurteilen, begutachten, zensieren; *österr.:* zensurieren

benötigen nötig haben, brauchen, bedürfen, Bedarf haben, haben müssen, nicht entbehren/missen können, nicht auskommen ohne, angewiesen sein auf; *geh.:* nicht entraten können; *ugs.:* nötig haben wie das liebe Brot, gebrauchen

benutzen nützen, benützen, nutzen, brauchen, gebrauchen, verwenden, anwenden, sich zunutzemachen, sich nutzbar machen, verwerten, sich bedienen, Gebrauch machen, in Gebrauch/Dienst/Benutzung nehmen, Verwendung haben für, in Anwendung bringen, einsetzen, zum Einsatz bringen, handhaben

Benutzer Anwender, Verbraucher, Endverbraucher, Nutzer, User, Verwender; *österr., schweiz.:* Benützer

benutzerfreundlich anwenderfreundlich, verbraucherfreundlich, bedienungsfreundlich, userfreundlich, einfach/bequem zu bedienen, leicht zu handhaben; *österr., schweiz.:* benützerfreundlich

Benzin Kraftstoff, Treibstoff; *ugs.:* Sprit

beobachten
1. betrachten, zusehen, zuschauen, lauschen, belauschen, untersuchen, nachgehen, erforschen, verfol-

gen, nicht aus den Augen lassen, ins Auge fassen, achten auf, Acht geben, aufpassen
2. überwachen, auflauern, beschatten, bespitzeln, observieren, kontrollieren, ausspionieren, nachspionieren; *ugs.:* jmdm. auf die Finger sehen, jmdn. aufs Korn/unter die Lupe nehmen

Beobachter → Zuschauer

Beobachtung
1. Betrachtung, Untersuchung, Anschauung, Studie, Analyse
2. Beschattung, Bespitzelung, Kontrolle, Überwachung, Observierung, Observation, Späherei, Sichtung
3. Wahrnehmung, Feststellung, Eindruck

beordern
1. berufen, bestellen, bescheiden, laden, vorladen, zitieren, herbeizitieren, delegieren, schicken, entsenden, befehlen, zu sich bitten, kommen lassen, rufen, heranrufen, herbeirufen, zum Erscheinen auffordern
2. → anordnen

bepacken → beladen

bequatschen → erörtern

bequem
1. gemütlich, behaglich, anheimelnd, heimelig, häuslich, wohlig, angenehm, wohnlich, traut, traulich, lauschig
2. → mühelos
3. → träge

bequemen, sich sich herbeilassen, sich herablassen, sich endlich entschließen/entscheiden, geruhen, jmdm. entgegenkommen

beraten
1. → raten
2. → erörtern

beraten, sich sich besprechen, sich bereden, sich unterreden, beratschlagen, verhandeln, Verhandlungen führen, Rat halten, konferieren, sich auseinandersetzen, sich zusammensetzen

Berater → Ratgeber

beratschlagen → besprechen, sich

berauben → bestehlen

berauschen → begeistern

berauschen, sich → betrinken, sich

berechenbar absehbar, erkennbar, voraussehbar, vorauszusehen, vorherzusehen, voraussagbar, vorauszusagen, ersichtlich, zu erwarten, abgegrenzt, umrissen

berechnen
1. ausrechnen, errechnen, kalkulieren, überschlagen, eine Berechnung anstellen, bewerten, bemessen, ermitteln, taxieren
2. anrechnen, in Rechnung stellen, veranschlagen, einkalkulieren

berechnend
1. auf eigenen Gewinn/Vorteil bedacht, eigennützig, kalkulierend, gewinnsüchtig, vorteilsüchtig
2. selbstsüchtig, ichbezogen, selbstbezogen, egoistisch, egozentrisch

berechtigen → befugen

bereden
1. → erörtern
2. → überreden

bereden, sich → besprechen, sich

beredsam → redegewandt

Beredsamkeit Redegewandtheit, Redegabe, Redekunst, Sprachgewalt, Redegewalt, Wortgewandtheit, Eloquenz, Rhetorik, Sprechkunst

beredt → redegewandt

Bereich
1. → Gebiet
2. → Fach

bereichern reicher machen, anreichern, vergrößern (Sammlung), verbessern, ausbauen, auffüllen, füllen mit

bereichern, sich an sich reißen, sich Vorteile/Gewinn verschaffen, in die eigene Tasche wirtschaften, sich aneignen, einstecken, zugreifen, ein Geschäft machen, gewinnen, profitieren, Nutzen/Gewinn haben, Nutznießer sein, Besitz/Reichtümer anhäufen, zusammentragen, zusammenraffen, ergattern; *ugs.:* einheimsen, absahnen, abkassieren, zulangen, sich gesundstoßen, sich etwas unter den Nagel reißen, zuschlagen, einsacken, einstreichen, herausholen, herausschlagen

bereinigen tilgen, schlichten, begraben, beilegen, ausgleichen, begleichen, regeln, in Ordnung/ins Gleichgewicht/Lot/richtige Gleis bringen, aus der Welt schaffen, den Zwist begraben, aussöhnen, versöhnen, vermitteln, beseitigen, den Streit beenden, liquidieren, ausbalancieren, zurechtrücken, wiedergutmachen, klären, richtigstellen, klarstellen, reinen Tisch machen, Frieden schließen, (einer Sache) abhelfen; *ugs.:* (wieder) einrenken, geradebiegen, zurechtbiegen, ausbügeln, hinbiegen, hinbekommen, richten

bereit
1. fertig, parat, verfügbar, soweit, zur Hand/Verfügung; *ugs.:* gestiefelt und gespornt

B

B

2. geneigt, willig, bereitwillig, willens, gewillt, gesonnen, gefügig, entgegenkommend, zuvorkommend, gefällig, bei der Hand

bereiten
1. zubereiten, vorbereiten, fertigmachen, zurechtmachen, bereitmachen, zurichten, herrichten, herstellen, anrichten (Essen); *ugs.:* richten
2. → antun

bereithalten zur Verfügung stellen, bereitstellen, zurechtlegen, in Bereitschaft halten

bereithalten, sich → sich einstellen auf

bereits schon, lange, längst, früher als gedacht

bereitstellen
1. → anbieten
2. → vorbereiten

bereitstellen, sich → sich einstellen auf

bereitwillig → bereit

bereuen bedauern, beklagen, Reue empfinden/hegen, leidtun, untröstlich/betrübt/traurig sein, sich zu Herzen nehmen, in sich gehen, Gewissensbisse haben, sich schämen, sich an die Brust schlagen, sich schuldig bekennen, sich bekehren, büßen, umkehren, etwas rückgängig machen wollen, sich Asche aufs Haupt streuen; *geh.:* gereuen

Berg
1. Höhe, Anhöhe, Hügel, Erhebung, Bergkegel, Bergkuppe, Fels, Gipfel; *Pl.:* Gebirge, Gebirgszug, Gebirgsmassiv, Höhenzug
2. → Menge

bergab abwärts, bergabwärts, hinunter, herab, nach unten, talwärts, zu Tal

berichtigen: Von der Korrektur zur Revision

Für das Wort *berichtigen* gibt es eine Vielzahl von fremdsprachlichen Synonymen, die den deutschen Begriff in speziellen Bereichen und Zusammenhängen besonders treffend ersetzen können. *Korrigiert* werden vor allen Dingen Texte beziehungsweise die in ihnen auftretenden Fehler. Wird ein Text *redigiert,* dann wird er umfassender bearbeitet und so für eine Veröffentlichung vorbereitet. Jemand *revidiert* seine Meinung aufgrund der Erkenntnis, dass er diese nicht mehr vertreten kann. Ein Politiker *dementiert* eine Zeitungsmeldung, die er damit als falsch bezeichnet. Im Finanz- und Wirtschaftsleben werden Buchungen und Aufträge *storniert,* um ihre Ausführung zu stoppen beziehungsweise rückgängig zu machen.

bergab gehen abwärtsgehen, sich verschlechtern, sich verschlimmern, schlechter werden, nachlassen, zurückgehen

bergauf aufwärts, bergaufwärts, (den Berg) hinauf, ansteigend, bergan, nach oben, empor

bergauf gehen aufwärtsgehen, nach oben steigen, sich verbessern, besser werden, sich stabilisieren, gesunden

bergen
1. → retten
2. *geh.:* verwahren, verschließen, behüten, behalten
3. verbergen, verstecken, verhüllen
4. **in sich bergen** fassen, in sich haben, enthalten, einschließen, einbegreifen, umfassen, innewohnen

bergeweise → massenhaft

bergig gebirgig, hügelig, uneben, alpin, steil, abschüssig, abfallend, wellig

Bergsteiger Alpinist, Gipfelstürmer, Kletterer, Hochtourist, Bergfreund; *ugs.:* Kraxler, Bergkraxler, Gletscherfloh, Freeclimber

Bergweide → Alm

Bergwerk Zeche, Grube, Mine

Bericht
1. Report, Reportage, Rapport, Aufzeichnung, Berichterstattung, Feature, Tatsachenbericht, Situationsbericht, Lagebericht
2. → Darstellung
3. → Meldung

berichten
1. referieren, darlegen, auseinandersetzen, beschreiben, etwas vortragen/darstellen/wiedergeben, Bericht erstatten/geben, eine Darstellung liefern, ein Referat/einen Vortrag halten
2. → schildern
3. → informieren

Berichterstatter Reporter, Journalist, Korrespondent, Publizist, Referent

berichtigen verbessern, korrigieren, umändern, umarbeiten, redigieren, richtigstellen, klären, klarstellen, klarlegen, stornieren, revidieren, dementieren, auf einen Fehler/Irrtum aufmerksam machen, ins rechte Licht rücken/setzen, jmdn. (eines Besseren) belehren ⓘ

Berichtigung → Korrektur

berieseln
1. feucht halten, begießen, befeuchten, sprengen

2. *abwertend für:* ständig auf jmdn. einreden/einsprechen/einwirken, jmdn. bearbeiten; *ugs.:* in den Ohren liegen

Berserker Wüterich, Tobsüchtiger, Tobender, Rasender, Amokläufer

bersten
1. springen, zerspringen, platzen, zerplatzen, explodieren, in die Luft gehen, krachen, losgehen, splittern, gesprengt werden; *ugs.:* hochfliegen, hochgehen
2. wild werden, in Rage geraten; *ugs.:* zu viel kriegen, die Wände hochgehen

berüchtigt verrufen, anrüchig, verschrie(e)n, fragwürdig, bedenklich, verdächtig, undurchsichtig, übel beleumdet, halbseiden, zweifelhaft, dubios, notorisch, suspekt, obskur; *ugs.:* nicht ganz astrein

berücken → bezaubern

berückend → bezaubernd

berücksichtigen denken an, bedenken, bedacht sein, beachten, erwägen, in Erwägung/Betracht ziehen, einbeziehen, einkalkulieren, in Rechnung stellen/setzen/ziehen, einberechnen, Rechnung tragen, in Anschlag bringen, nicht übersehen/vorübergehen an, verfolgen, wahrnehmen, Acht haben, im Auge behalten, sich angelegen sein lassen, vertreten (Interessen), Rücksicht nehmen auf, ernst nehmen, sich kümmern/besorgt sein um

Berücksichtigung → Rücksicht

Beruf Beschäftigung, Betätigung, Metier, Gewerbe, Handwerk, Arbeit, Arbeitsfeld, Arbeitsgebiet, Arbeitsbereich, Dienst, Job, Stellung, Stelle, Amt, Posten, Position, Wirkungsbereich, Tätigkeitsbereich, Wirkungskreis, Broterwerb, Anstellung; *geh.:* Profession

berufen
1. einsetzen, in ein Amt einsetzen, eine Stellung anbieten/antragen/übertragen, ernennen zu, nominieren; *geh.:* designieren
2. → beordern
3. → fähig
4. **sich berufen auf** sich beziehen/verweisen/sich stützen auf, Bezug nehmen auf, als Zeugen/Beweis nennen/anführen, rekurrieren/zurückgreifen/zurückgehen auf, ausgehen von

Berufssportler Profi, Professioneller, Nicht-Amateur

berufstätig werktätig, arbeitend, schaffend, erwerbstätig, einen Beruf ausübend

Berufsverkehr Stoßverkehr, Stoßzeit, Rushhour, Hauptverkehrszeit

Berufung
1. Aufforderung, Ruf, Auftrag, Angebot, Aufgabe, Amt, Stelle, Ernennung, Einsetzung; *geh.:* Designation
2. Sendung, Bestimmung, Begabung, Begnadung
3. Bezugnahme, Beziehung
4. Einspruch, Weigerung, Widerspruch, Protest, Einwand, Revision

beruhen auf → stammen von

beruhigen beschwichtigen, besänftigen, zur Ruhe/Besinnung bringen, einschläfern, sedieren, begütigen, bändigen, abwiegeln, die Wogen glätten

beruhigen, sich
1. ruhig werden, zur Ruhe kommen, sich entspannen, sich normalisieren, sich abregen, sich abkühlen, sich fassen; *ugs.:* sich abreagieren
2. → abflauen

Beruhigungsmittel Tranquilizer, Tranquillans, beruhigendes Medikament, Sedativum; *ugs.:* Downer, Tranki

berühmt prominent, V. I. P., bekannt, anerkannt, groß, bedeutend, namhaft, gefeiert, bejubelt, umjubelt, renommiert, angesehen, hochgeschätzt, populär, von Weltruf/Weltrang, geachtet, in aller Munde

berühmt-berüchtigt → berüchtigt

berühren
1. anlangen, anfassen, betasten, befühlen, tippen/streifen/rühren an, in Berührung kommen mit
2. grenzen an, anrainen, heranreichen, anliegen
3. streifen (Thema), erwähnen, nennen, zur Sprache bringen, aufregen, betreffen, tangieren, aufwühlen, ergreifen, erschüttern, erregen, angehen, nahegehen, nicht gleichgültig/kaltlassen, zu Herzen gehen
4. **sich berühren mit** zusammentreffen, zusammenstoßen, angrenzen

besagen → bedeuten

besänftigen → beruhigen

besänftigen, sich sich beruhigen, zur Ruhe kommen, sich abkühlen, sich entspannen, sich legen, sich mäßigen; *ugs.:* sich abregen, runterkommen

B

Besatz Borte, Rüsche, Paspel, Volant, Tresse, Zierband, Litze, Bordüre, Einfassung, Blende; *österr.:* Passepoil, Endel; *schweiz.:* Bord

Besatzung
1. Mannschaft, Crew, Personal
2. Besatzungsmacht, Besatzungsarmee, Besatzungstruppen, Fremdherrschaft, Siegermacht; *ugs.:* Besatzer; *schweiz.:* Okkupationsmacht

besaufen, sich → betrinken, sich

beschädigen Schaden verursachen/anrichten, lädieren, in Mitleidenschaft ziehen, ruinieren, verunstalten, zerstören, zerbrechen, zerkratzen, demolieren, anschlagen, anstoßen, schadhaft/defekt machen, verderben, entwerten; *ugs.:* ramponieren, verschandeln, zurichten, anhauen

beschädigt → defekt

beschaffen
1. besorgen, heranschaffen, versorgen, holen, herbeischaffen, bekommen, herbeiholen, heranholen, bringen, vermitteln, verschaffen, verhelfen zu, zuschieben, zuschanzen, zuspielen, aufbringen; *ugs.:* organisieren, auftreiben, anschleppen
2. geartet, geformt, gebaut, gewachsen, geprägt, veranlagt, disponiert

beschaffen, sich → kaufen

Beschaffenheit
1. Zustand, Eigenschaft, Konsistenz, Form, Art und Weise, Bildung, Qualität, Zustand, Güteklasse
2. Veranlagung, Anlage, Wesensart, Disposition, Kondition

beschäftigen
1. → anstellen
2. belasten, beanspruchen, (innerlich) in Anspruch nehmen, mit Beschlag belegen, absorbieren
3. → bewegen

beschäftigen, sich
1. → arbeiten
2. **sich beschäftigen mit** sich abgeben/befassen/konfrontieren/auseinandersetzen/aufhalten/tragen mit, sich überlegen, nachdenken, nachgehen, sich Gedanken machen, sich konzentrieren/verlegen auf, im Kopf herumgehen, nicht aus dem Sinn wollen, zu denken geben/schaffen machen, umgehen mit, sich einlassen auf, einer Sache frönen, sich widmen, sich hinwenden, sich zuwenden, arbeiten an, sich vertiefen/versenken/vergraben in, begriffen sein in; *geh.:* schwanger gehen mit; *ugs.:* sich hineinknie(e)n in, kauen an

Beschäftigung → Arbeit

beschäftigungslos → arbeitslos

beschämen demütigen, erniedrigen, bloßstellen, schmähen, in Verlegenheit bringen, blamieren, herabsetzen, herabwürdigen, degradieren, diffamieren, diskriminieren, diskreditieren

beschämt betreten, verlegen, schamhaft, betroffen, voller Scham, mit Beschämung, verschämt, kleinlaut, blamiert, peinlich berührt, gedemütigt

Beschämung
1. → Schande
2. → Scham

beschatten → bespitzeln

beschauen → ansehen

beschaulich
1. besinnlich, geruhsam, kontemplativ, versonnen, versunken, versponnen
2. → idyllisch

Bescheid Mitteilung, Nachricht, Benachrichtigung, Kunde, Meldung, Angabe, Information, Botschaft, Auskunft, Antwort, Erklärung, Aufklärung

bescheiden
1. genügsam, anspruchslos, bedürfnislos, unprätentiös, zurückhaltend, zufrieden, (wunschlos) glücklich, sorgenfrei
2. einfach, schlicht, eingeschränkt, mäßig, sparsam, wirtschaftlich, karg, klein (Einkommen)
3. **jmdn. bescheiden** → beordern

bescheiden, sich
1. → begnügen, sich
2. → sparen

bescheinen → beleuchten

bescheinigen bestätigen, bekräftigen, sanktionieren, bezeugen, bekunden, für richtig/zutreffend erklären

Bescheinigung Zeugnis, Attest, Nachweis, Beglaubigung, Bestätigung, Schein, Beleg, Quittung, Testat, Beurkundung, etwas Schriftliches, Schriftstück, Zertifikat, Beweis, Vollmacht, Ermächtigung, Legitimation, Dokument, Urkunde, Richtigkeitserweis ⓘ

bescheißen → betrügen

beschenken → schenken

bescheren → schenken

Bescherung
1. Gabenverteilung, Beschenken, Weihnachtsbescherung
2. → Unglück

bescheuert → dumm

beschießen → schießen

Bescheinigung: Atteste, Belege und Urkunden

Es gibt unterschiedliche Arten der *schriftlichen Beglaubigung/Bestätigung.* Ein *Zeugnis* wird für Leistungen in der Schule oder an einem Arbeitsplatz ausgestellt. Das (polizeiliche) *Führungszeugnis* besagt, dass eine Person sich nichts hat zuschulden kommen lassen. Eine ärztliche Bescheinigung ist ein *Attest.*
Mit der *Quittung* wird eine Zahlung bestätigt. Im übertragenen Sinn ist *Quittung* aber auch eine Art *Bescheinigung* für eine Tat oder ein Verhalten, und zwar stets ein negatives Zeugnis, eine Strafe. Ein *Beleg* kann zwar auch ein *Zahlungsbeleg* sein, wird darüber hinaus aber auch allgemein für jede Art von *Bescheinigung* gebraucht.
Mit einem *Testat* bestätigt ein Wirtschaftsprüfer seine Tätigkeit. *Schein* wird vor allem an Hochschulen als Wort für die *Bescheinigung* des Besuchs bestimmter Lehrveranstaltungen verwendet.
Der *Krankenschein* ist die *Bescheinigung* der Mitgliedschaft in einer bestimmten Krankenkasse. Als *Vollmacht* oder *Ermächtigung* bezeichnet man die *Beglaubigung,* dass jemand im Namen Dritter handeln kann. Eine *Beurkundung* oder *Urkunde* ist eine *amtliche Bescheinigung* »mit Brief und Siegel«. Auch der Begriff *Dokument* bezeichnet ein amtliches *Schriftstück* beziehungsweise eines, das als Beweis dienen kann. Der gehobene Ausdruck für eine *Bescheinigung* lautet *Zertifikat.* Umgangssprachlich ist von *etwas Schriftlichem* die Rede.

Beschießung → Beschuss
beschimpfen
1. schimpfen, schelten, ausschelten, ausschimpfen, zurechtweisen, tadeln, maßregeln, anfahren, die Meinung sagen, rügen, attackieren, herabsetzen, angreifen, zanken, zetern, fluchen
2. beleidigen, kränken, verletzen, schmähen, vor den Kopf stoßen, herabsetzen, erniedrigen, verunglimpfen
Beschimpfung Beleidigung, Verletzung, Ehrverletzung, Kränkung, Ehrenkränkung, Affront, Verleumdung
beschirmen
1. → schützen
2. → hüten
Beschiss → Betrug
beschissen
1. → schlecht
2. → minderwertig
beschlagen
1. anlaufen, sich beziehen, sich überziehen, seinen Glanz verlieren, feucht werden, schwitzen, belaufen, sich bedecken
2. angelaufen, trüb, blind
3. → bewandert
beschlagnahmen einziehen, konfiszieren, sichern, sicherstellen, pfänden, abnehmen, wegnehmen, mit Beschlag belegen, requirieren (Militär); *österr.:* exekutieren
beschleichen überkommen, übermannen, ergreifen, erfassen, befallen, überfallen, ankommen, anwandeln, sich bemächtigen, überwältigen, erfüllen
beschleunigen antreiben, vorantreiben, vorwärtstreiben, aktivieren, forcieren, Tempo steigern, auf Touren bringen, nachhelfen; *ugs.:* aufdrehen, auf die Tube drücken, Beine machen, auf die Sprünge helfen, Dampf/Druck/Feuer dahinter setzen
beschließen
1. → beenden
2. einen Beschluss/Entschluss fassen, vereinbaren, abmachen, übereinkommen, verabreden, festlegen, festsetzen, sich einigen, besiegeln, eine Resolution fassen, resolvieren
beschlossen → ausgemacht
Beschluss → Vereinbarung
beschmieren
1. → beschmutzen
2. → beschreiben
beschmutzen verunreinigen, beschmieren, anschmieren, verschmieren, vollschmieren, beflecken, bespritzen, beklecksen, einschmutzen, verschmutzen, einen Fleck/schmutzig/dreckig machen; *ugs.:* verdrecken, eindrecken, besudeln, besabbern, bekleckern, vollmachen, sich einschmieren, sich verewigen; *derb:* versauen, einsauen
beschmutzt → schmutzig
beschneiden
1. abschneiden, ausschneiden, zurückschneiden, lichten, stutzen, zurechtstutzen, kappen, kürzen, scheren, trimmen, kupieren, entfernen
2. → beschränken
beschnuppern
1. beriechen, beschnüffeln, aneinander riechen
2. kennenlernen, prüfen, beobachten, sich näher-

B

kommen, miteinander bekanntwerden, sich anfreunden

beschönigen
1. → idealisieren
2. bemänteln, verharmlosen, verbrämen, bagatellisieren, vortäuschen, übertreiben, falsch darstellen, verdrehen, verzerren, frisieren

beschränken
1. begrenzen, eingrenzen, beengen, einengen, Grenzen ziehen, Schranken setzen, einkreisen, beschneiden, im Zaume halten, Halt gebieten, eindämmen, limitieren, drosseln, abbauen, reduzieren, vermindern; *geh.:* restringieren; *ugs.:* die Flügel stutzen, zurückschrauben
2. → behindern

beschränken, sich
1. → begnügen, sich
2. → sparen

beschränkt
1. begrenzt, borniert, begriffsstutzig, unbedarft, unbegabt, unverständig, zurückgeblieben, dumm, schwachköpfig, stupid(e), stirnig, engstirnig, verbohrt, verstockt, stumpfsinnig, kurzsichtig, töricht, schwerfällig, einfältig; *ugs.:* vernagelt, hirnverbrannt, unterbelichtet, minderbemittelt, doof, blöd, gaga, schwer von Kapee, Brett vor dem Kopf/lange Leitung habend
2. mit Einschränkung/Vorbehalt, relativ, bedingt
3. → kläglich

Beschränkung
1. Einschränkung, Restriktion, Begrenzung, Einengung Erschwernis, Komplikation, Erschwerung, Sperre, Blockade
2. → Kürzung

beschreiben
1. → schildern
2. beschriften, vollschreiben, bekritzeln, vollkritzeln; *ugs.:* bekrakeln, vollkrakeln, beklieren, beschmieren

Beschreibung → Darstellung

beschriften beschreiben, signieren, beschildern, etikettieren

beschuldigen anschuldigen, zur Last legen, anklagen, verdächtigen, unterstellen, unterschieben, bezichtigen, belasten, vorhalten, vorwerfen, Beschuldigungen vorbringen/ausstoßen, verantwortlich machen, die Schuld aufbürden/schieben auf, ankreiden; *ugs.:* die Schuld in die Schuhe schieben; *geh.:* zeihen

Beschuldigter Angeklagter, Beklagter, Verdächtiger, Verdächtigter, Tatverdächtiger, mutmaßlicher Täter, Verklagter, Delinquent

Beschuldigung Anschuldigung, Vorwurf, Belastung, Klage, Anklage, Bezichtigung, Verdächtigung

beschummeln → betrügen

Beschuss
1. Beschießung, Kanonade, Kugelregen, Kugelhagel, Feuer, Granatfeuer, Geschützfeuer
2. **unter Beschuss nehmen** → schießen

beschützen
1. → schützen
2. hüten, bewahren, beaufsichtigen, betreuen, im Auge behalten, umsorgen

Beschützer Schützer, Bewacher, Bodyguard, Verteidiger, Schirmherr, Schutzherr, Patron, Schutzpatron; *geh.:* Protektor; *abwertend:* Pate

beschwatzen
1. → erörtern
2. → überreden

Beschwerde
1. Klage, Anklage, Beschuldigung, Anschuldigung, Belastung, Anzeige, Bezichtigung
2. Mühe, Mühsal, Mühseligkeit, Plage, Beschwerlichkeit, Beanspruchung, Belastung, Anspannung, Stress, Strapaze, Last

Beschwerde führen → beschweren, sich

beschweren → bedrücken

beschweren, sich sich beklagen, beanstanden, bemängeln, kritisieren, reklamieren, monieren, missbilligen, Anstoß nehmen an, Einspruch erheben, eine Urteilsrevision verlangen, nicht anerkennen/in Ordnung finden/auf sich beruhen lassen, angehen gegen, ablehnen, anfechten, Kritik üben, Klage führen, Beschwerde einlegen/führen, vorstellig werden, mit jmdm. ins Gericht gehen; *fachsprachl.:* rekurrieren; *ugs.:* Krach schlagen, Stunk machen, bemäkeln, kritteln, bekritteln, meckern

beschwerlich mühsam, mühselig, mühevoll, ermüdend, aufreibend, strapaziös, anstrengend, ermattend, lästig

beschwerlich sein etwas greift/strengt/spannt an/bedeutet eine große Anstrengung/Mühe/kostet Nerven; *ugs.:* etwas schlaucht/nimmt mit

Beschwernis → Mühe

beschwichtigen → beruhigen

beschwindeln
1. → lügen
2. → betrügen

beschwingt schwungvoll, voll Schwung, heiter, beflügelt, leichtfüßig, freudig, beseligt, freudestrahlend

beschwipst → angeheitert

beschwören
1. beeiden, durch Eid versichern/bekräftigen
2. bezaubern, bannen, besprechen, behexen
3. → anflehen

beseelen mit Seele/Leben erfüllen, beleben, erwecken, bezaubern, begeistern, berauschen, beflügeln

besehen → anschauen

beseitigen
1. entfernen, wegschaffen, fortschaffen, wegbringen, fortbringen, einstellen, abstellen, ausräumen, ausscheiden, ausmerzen, vernichten, zum Verschwinden bringen, aus der Welt schaffen, aufräumen mit, liquidieren, Schluss machen mit, außer Kraft setzen, aufheben, beheben, auslöschen, eliminieren, ausmustern, beiseitelegen, abschaffen, bannen, auflösen, ausradieren, annullieren, für ungültig/nichtig erklären, streichen; *ugs.:* wegmachen
2. → töten

Besen Feger, Kehrwerkzeug, Kehrbesen

besessen
1. fanatisch, stur, blindgläubig, blindwütig, eifernd, dogmatisch, starrsinnig, starrköpfig, intolerant, verrannt
2. → leidenschaftlich
3. → verrückt

besetzen
1. okkupieren, in Beschlag nehmen, erobern, unterwerfen, entmachten, gefügig machen, einnehmen, sich bemächtigen, sich aneignen, in Besitz nehmen, Besitz ergreifen von, annektieren, an sich bringen/reißen; *ugs.:* in die Knie zwingen
2. → reservieren

besetzt → belegt

besichtigen → anschauen

Besichtigung
1. → Kontrolle
2. → Führung

besiedeln bevölkern, bebauen, bewohnen, sich niederlassen, Siedlungen errichten, erschließen, urbar/nutzbar/zugänglich machen, kolonisieren

Besied(e)lung Ansiedlung, Bebauung, Kolonisierung, Kolonisation, Bevölkerung, Erschließung

besiegeln bekräftigen (Freundschaft), festigen, bestärken, konsolidieren, stabilisieren, stützen, vertiefen, verankern, zementieren, endgültig/unabwendbar machen

besiegen
1. bezwingen, überwältigen, überrollen, überrennen, übermannen, überwinden, niederwerfen, niederringen, schlagen, niederkämpfen, siegen, jmdn. in die Knie zwingen, unterjochen, unterwerfen, vernichten, zur Strecke bringen, außer Gefecht setzen, kampfunfähig machen, ruinieren; *ugs.:* unterkriegen, fertigmachen
2. → gewinnen

besiegt bezwungen, außer Gefecht, erledigt, unterlegen, am Boden liegend, schachmatt, knockout, k. o.

besinnen, sich
1. → denken
2. → erinnern, sich

besinnlich
1. nachdenklich, versonnen, gedankenvoll, tiefsinnig, versunken, in sich gekehrt
2. beschaulich, erbaulich, erhebend; *geh.:* kontemplativ

Besinnung
1. → Vernunft
2. Bewusstsein, Sinne, geistige Verfassung/Klarheit
3. → Überlegung

besinnungslos → ohnmächtig

Besinnungslosigkeit → Bewusstlosigkeit

Besitz
1. Eigentum, Besitztum, Habe, Habseligkeiten, Schätze, Vorrat, das Seine/Seinige, Hab und Gut, Geld und Gut, irdische Güter; *ugs.:* Sachen, Siebensachen
2. Grundbesitz, Haus und Hof, Anwesen
3. Reichtum, Vermögen, Geld, Finanzen, Kapital, Guthaben, Ersparnis, Reserven, Rücklage

besitzen haben, innehaben, sein Eigen/Eigentum nennen, in Händen haben, gehören, verfügen über, aufzuweisen/in seinem Besitz/zur Verfügung haben, gebieten/disponieren über, ausgestattet/versehen sein mit, zu Gebote stehen; *geh.:* eignen

Besitzer Eigentümer, Inhaber, Eigner, Halter

besitzlos → arm

Besitzloser → Armer

Besitzlosigkeit → Armut

besonders
1. insbesondere, hauptsächlich, zumal, in der Hauptsache, vorzugsweise, vorwiegend, vornehmlich, namentlich, eigens,

B

speziell, im Besonderen, vor allem/allen Dingen, in erster Linie, ausdrücklich
2. für sich allein, separat, individuell, gesondert, getrennt; *ugs.:* extra
3. sehr, außerordentlich, ungeheuer, betont

besonnen abgeklärt, gereift, überlegt, umsichtig, vorsichtig, bedächtig, bedachtsam, gelassen, besinnlich, abwägend, ruhig, vernünftig, nachdenklich, gedankenvoll

Besonnenheit → Ruhe

besorgen
1. → beschaffen
2. kaufen, erstehen, erwerben, anschaffen, einkaufen, ankaufen, abkaufen, aufkaufen, abnehmen, einen Kauf tätigen
3. → erledigen
4. es jmdm. besorgen jmdm. gründlich die Meinung sagen, jmdm. den Kopf zurechtrücken; *ugs.:* jmdn. sexuell befriedigen

Besorgnis → Sorge

Besorgnis erregend → beängstigend

besorgt
1. → sorgenvoll
2. ängstlich, unruhig, furchtsam, scheu, unsicher, angstvoll, bang, schreckhaft, verängstigt, angsterfüllt, angstverzerrt
3. fürsorglich, sorgsam, betulich, liebevoll, behutsam, schonungsvoll, hingebungsvoll, hingebend, rührend, mit Bedacht

bespannen überziehen, auskleiden, ausschlagen, auslegen, verkleiden, verschalen, beziehen, aufziehen

bespitzeln beschatten, belauern, belauschen, spionieren, nachspionieren, nachspüren, überwachen, bewachen, aufpassen auf, observieren, im Auge behalten, nicht aus den Augen lassen/verlieren, unter Aufsicht stellen, abhören, aushorchen, jmdn. ständig beobachten/beaufsichtigen, kontrollieren, inspizieren, verfolgen, jmdm. auf die Finger sehen; *ugs.:* beluchsen, jmdn. unter die Lupe/aufs Korn nehmen

bespötteln → spotten

besprechen
1. rezensieren, kritisieren, behandeln, abhandeln (Thema), eine Rezension/Kritik/Besprechung/ein Gutachten schreiben; *ugs.:* sich auslassen über; *abwertend:* verreißen
2. bannen, beschwören, bezaubern
3. → durchnehmen
4. → erörtern

besprechen, sich beraten, beratschlagen, unterhandeln, verhandeln, Verhandlungen führen, sich bereden, sich unterreden, Rat halten, im Gespräch klären, konferieren, sich auseinandersetzen, sich zusammensetzen, sich an einen Tisch setzen, durchsprechen, erörtern, erwägen, untersuchen, diskutieren, debattieren

Besprechung
1. Rezension, Kritik, kritische Würdigung; *abwertend:* Verriss
2. Sitzung, Konferenz, Tagung, Konvent, Verhandlung, Versammlung, Session
3. → Gespräch

besprengen → sprengen

besprenkeln → anfeuchten

bespritzen
1. → sprengen
2. → beschmutzen

besprühen → sprengen

bespucken → anspucken

bessern
1. besser/vorteilhafter/günstiger machen, das Niveau heben/steigern
2. → ändern

bessern, sich
1. ein anderer Mensch werden, umkehren, sich läutern, Einkehr halten, sich bekehren, in sich gehen, ein neues Leben beginnen, sich ändern; *ugs.:* den alten Adam ablegen
2. sich verbessern, schöner werden (Wetter), sich aufklaren, sich aufheitern, sich aufhellen

Besserung
1. Genesung, Heilung, Rekonvaleszenz, Erholung, Wiederherstellung, Gesundung, Kräftigung, Aufschwung
2. Läuterung, positive Wandlung/Verwandlung, Wende, Umschwung, Bekehrung, Umkehr, Veränderung
3. Verbesserung, Hebung, Intensivierung, Verstärkung, positive Entwicklung, Weiterentwicklung, Fortschritt, Steigerung

Besserwisser Rechthaber, Alleswisser, Neunmalkluger, Neunmalschlauer, Sprücheklopfer, Sprüchemacher, Naseweis; *ugs.:* Klugscheißer, Großmaul, Großschnauze, Maulheld, Oberlehrer

Bestand
1. Bestehen, Fortbestehen, Dauer, Fortdauer, Beständigkeit, Fortgang, Stetigkeit, Permanenz, Endlosigkeit, Unendlichkeit; *ugs.:* Ewigkeit
2. Vorrat, Habe, Schatz, Fundus, Bestandsmasse, Inventar, Lager, Güter, Stock, Store, Fonds, Reservoir

beständig
1. → dauernd
2. → haltbar
3. → treu

Beständigkeit Beharrungsvermögen, Durchhaltevermögen, Stehvermögen, Beharrlichkeit, Unbeugsamkeit, Unerschütterlichkeit, Unermüdlichkeit, Stetigkeit, Standhaftigkeit, Festigkeit, Geradlinigkeit, Hartnäckigkeit, Zielstrebigkeit, Zuverlässigkeit, Zähigkeit, Eigensinnigkeit, Unnachgiebigkeit, Unverdrossenheit, Entschiedenheit, Entschlossenheit, Verbissenheit, Zielbewusstsein, Konstanz, Gleichmaß, Geduld, Kontinuität, Energie, Konsequenz; *geh.:* Persistenz; *ugs.:* Sturheit

Bestandsaufnahme Inventur, Lageraufnahme, Jahresabschluss, Inventarisation

Bestandteil Komponente, Element, Ingrediens, Inhaltsstoff, Detail, Einzelheit, Zubehör, Zutat

bestärken → ermutigen

bestätigen
1. für richtig/zutreffend erklären, bekräftigen, sanktionieren, bezeugen, bekunden, bescheinigen, quittieren, unterschreiben, schriftlich geben, attestieren, beglaubigen, versichern, zugeben
2. mitteilen, wissen lassen, Nachricht geben, schreiben
3. jmdn. bestärken/ermutigen/anerkennen/gelten lassen/bejahen/unterstützen; *ugs.:* jmdm. den Rücken stärken
4. → beweisen

bestätigen, sich
1. sich als wahr/richtig erweisen/herausstellen, zutreffen, sich bewahrheiten
2. eintreffen, eintreten, sich erfüllen, in Erfüllung gehen, nicht ausbleiben

bestatten → beerdigen

Bestattung → Beerdigung

bestaunen → bewundern

Beste, der Primus, Führer, Champion, Sieger, Spitzenreiter, der Höchste/Erste/Größte/Oberste

bestechen
1. korrumpieren, jmdn. gefügig machen, jmdm. Geschenke machen, jmdm. Geld/Schweigegeld/Handgeld anbieten; *ugs.:* jmdn. schmieren/kaufen
2. → gefallen
3. → beeindrucken

bestechlich bestechbar, käuflich, korrupt, verführbar, empfänglich, zugänglich; *ugs.:* zu haben

bestehen
1. da sein, sein, vorhanden sein, existieren, herrschen, sich befinden, geben, vorkommen
2. erfolgreich abschließen/abschneiden, durch die Prüfung kommen, ein Examen ablegen, gewachsen sein, durchstehen, durchhalten, den Anforderungen entsprechen; *ugs.:* durchkommen
3. sich behaupten, sich durchsetzen, sich bewähren, die Zügel in der Hand behalten

Bestehen → Existenz

bestehen auf beharren/insistieren/dringen/pochen/sich versteifen auf, sein Recht geltend machen/behaupten, erzwingen, Bedingungen stellen, beanspruchen, Ansprüche erheben, von seinem Recht Gebrauch machen, sich nicht abbringen/beirren lassen, nicht ablassen/nachgeben/wanken, standhaft sein/bleiben, festhalten an, festbleiben, fordern, verlangen; *ugs.:* nicht lockerlassen

bestehen aus sich zusammensetzen/gebildet/gemacht sein aus, enthalten, umfassen, einschließen, sich rekrutieren aus, zerfallen in

bestehen bleiben fortbestehen, fortdauern, andauern, weiterhin existieren, beibehalten, fortleben, weiterbestehen, Bestand haben

bestehen lassen → aufrechterhalten

bestehlen
1. berauben, ausrauben, fleddern, veruntreuen; *ugs.:* ausnehmen, beklauen, begaunern, erleichtern, ausräubern, bis aufs Hemd ausziehen
2. stehlen, wegstehlen, wegnehmen, abnehmen, mitnehmen, entreißen, entwinden, entwenden, plündern, ausplündern

besteigen
1. bezwingen, erstürmen, erklettern, erklimmen, aufsteigen, ersteigen; *ugs.:* hochkraxeln
2. einsteigen, aufsteigen, zusteigen (Auto)
3. steigen auf, sich in den Sattel schwingen
4. → koitieren

bestellen
1. anfordern, verlangen, in Auftrag geben, eine Bestellung aufgeben, beauftragen, erbitten, kommen/reservieren lassen
2. abonnieren, beziehen, sich halten
3. → ausrichten
4. → beordern
5. → bewirtschaften

B

6. sein Haus instand setzen, besorgen, in Ordnung bringen
7. ernennen (Nachfolger), bestimmen, berufen

bestenfalls im besten/günstigsten Falle, äußerstenfalls, höchstens, allenfalls, gerade noch; *ugs.:* wenn's hoch kommt

bestens → hervorragend

bestialisch
1. → brutal
2. *ugs. für:* sehr, äußerst, ungemein, ungeheuer

Bestie
1. Tier; *ugs.:* Vieh, Biest
2. → Scheusal
3. → Xanthippe

bestimmen
1. anordnen, festsetzen, verfügen, verordnen, erlassen, anweisen, diktieren, veranlassen, reglementieren, administrieren, Vorkehrungen treffen, in die Wege leiten, Auftrag/Anweisung geben, Auflage erteilen, auftragen, auferlegen, beauftragen; *ugs.:* schaffen, anschaffen, jmdm. etwas auf die Seele binden
2. befehlen, Befehl erteilen, die Zügel in der Hand haben, den Ton angeben; *ugs.:* das Regiment führen
3. vorsehen, zudenken (Amt), designieren, ausersehen, auswählen; *geh.:* auserwählen
4. → definieren

bestimmend → entscheidend

bestimmt
1. entschieden, fest, energisch, ausdrücklich, nachdrücklich, kategorisch, apodiktisch
2. genau festgelegt, feststehend
3. wirklich, tatsächlich, unbedingt, auf jeden Fall
4. sicher, gewiss, unweigerlich, unfehlbar, zweifelsohne, zweifellos, ohne Zweifel/Frage

bestimmt durch → abhängen von

Bestimmtheit
1. → Nachdruck
2. → Sorgfalt

Bestimmung
1. Anordnung, Vorschrift, Weisung, Anweisung, Direktive, Verfügung, Dekret, Geheiß, Erlass, Gebot, Edikt, Order, Maßregel, Richtlinie, Diktat, Befehl, Auflage, Machtwort
2. Sendung, Berufung, Aufgabe
3. Definition, Determination, Erläuterung, Deutung, Konkretisierung, Klärung, Ermittlung; *Med.:* Diagnose
4. Zweck, Ziel, Absicht
5. → Schicksal

Bestimmungsort → Ziel

bestrafen strafen, eine Strafe auferlegen, maßregeln, züchtigen, sanktionieren, ahnden, ins Gericht gehen mit, rächen, vergelten, Rache/Vergeltung üben, abrechnen, sich revanchieren; *ugs.:* jmdm. heimleuchten, einen Denkzettel geben/verabreichen/verpassen, jmdm. eine Strafe aufbrummen

Bestrafung → Strafe

bestrahlen → beleuchten

Bestreben
1. Bemühen, Streben, Trachten, Bestrebung, Vorsatz, Absicht, Intention, Ziel
2. Verlangen, Wunsch, Anliegen, Hoffnung, Erwartung, Sehnsucht

bestrebt sein sich bemühen, sich anstrengen, eifrig/bemüht sein, streben, trachten

bestreichen
1. schmieren, beschmieren, streichen, aufstreichen, auftragen; *ugs.:* raufschmieren
2. → anmalen

bestreiten
1. → abstreiten
2. → finanzieren
3. → aberkennen

bestricken → bezaubern

Bestseller Verkaufsschlager, Kassenschlager, Hit, Seller, Longseller, Kassenerfolg, Publikumserfolg, Blockbuster; *ugs.:* Renner

bestücken ausstatten, ausrüsten, versehen/versorgen mit

bestürmen
1. → bedrängen
2. → anflehen

bestürzen → nahegehen

bestürzt betroffen, entsetzt, verstört, fassungslos, überrascht, erschreckt, erschrocken, erschüttert, verwirrt, völlig durcheinander, konsterniert, entgeistert, starr, wie vor den Kopf geschlagen, außer sich, aus der Fassung; *ugs.:* verdattert, ganz/völlig aus dem Häuschen

bestürzt sein betroffen sein, die Fassung verlieren, sich erschrecken, sich entsetzen, kopfstehen, wie vor den Kopf geschlagen sein

Besuch
1. Höflichkeitsbesuch, Anstandsbesuch, Antrittsbesuch, Kommen, Aufwartung, Gastspiel; *ugs.:* Stippvisite
2. Krankenbesuch, Arztbesuch, Visite
3. Gäste, Einladung, Gesellschaft
4. Besichtigung

besuchen
1. einen Besuch machen/abstatten, zu Besuch kom-

men, eine Visite/die Aufwartung machen, vorsprechen, aufsuchen, einkehren, gehen, hingehen, absteigen, vorbeikommen, vorbeigehen; *geh.:* beehren; *ugs.:* vorbeischauen, sich blicken lassen, auf einen Sprung kommen, hereinschneien, überfallen
2. besichtigen, ansehen, anschauen, teilnehmen
3. bereisen, durchreisen, fahren durch
4. benutzen, verkehren; *geh.:* frequentieren

Besucher
1. Gast, Gastfreund, Geladener, Tischgast, Besuch, Eingeladener
2. Zuschauer, Teilnehmer, Anwesender, Zuhörer, Zuhörerschaft, Publikum, Auditorium
3. Durchreisender, Passant, Fremder

besudeln → beschmutzen

betagt → alt

betasten befühlen, anfühlen, abtasten, anrühren, anfassen, angreifen, in die Hand nehmen; *ugs.:* anlangen, hinlangen, befingern; *abwertend:* befummeln, betatschen, begrapschen

betätigen → handhaben

betätigen, sich → arbeiten

betäuben
1. narkotisieren, anästhesieren, einschläfern, unter Narkose setzen, eine Narkose geben, schmerzunempfindlich/bewusstlos machen; *Med.:* chloroformieren
2. berauschen, benebeln, benommen machen

betäuben, sich
1. sich abtöten, Gefühle nicht aufkommen lassen/im Keim ersticken/unterdrücken, verdrängen
2. sich betäuben mit sich ablenken, seinen Kummer zu unterdrücken suchen

beteiligen teilhaben/teilnehmen lassen, teilen mit, integrieren, einbeziehen, eingliedern, einschließen

beteiligen, sich → mitwirken

beten ein Gebet sprechen, Gott anrufen/anflehen, sich im Gebet an Gott wenden, die Hände zum Gebet falten, bitten, flehen, preisen, lobpreisen, danken

beteuern
1. → versichern
2. → behaupten

betiteln → benennen

betonen
1. akzentuieren, artikulieren, den Ton legen auf
2. hervorheben, herkehren, nachdrücklich bemerken, unterstreichen, herausstellen, herausheben, pointieren, ausdrücklich erwähnen, Bedeutung/Wichtigkeit beimessen, Gewicht/Wert/den Ton legen auf; *jugendsprachl.:* hypen

betont → nachdrücklich

Betonung
1. Akzent, phonetische Angabe, Schalldruck, Ton, Hervorhebung, Unterstreichung
2. → Nachdruck
3. → Aussprache

betören → bezaubern

betrachten → anschauen

betrachten als ansehen/halten/erachten für, auffassen/verstehen/interpretieren/einschätzen/beurteilen als, eine bestimmte Vorstellung haben von, denken über

beträchtlich sehr, beachtlich, erheblich, ansehnlich, stattlich, bedeutend, bemerkenswert, weitgehend, respektabel, reichlich, üppig, erklecklich, ziemlich groß; *ugs.:* anständig, schön

Betrachtungsweise
1. → Standpunkt
2. → Gesinnung

Betrag Summe, Geldsumme, Preis, Posten, Zahl, Menge, Quantum

betragen ausmachen, sich belaufen/beziffern/berechnen auf, angegeben werden mit, zählen, kosten

betragen, sich → benehmen, sich

Betragen → Benehmen

betrauen mit → beauftragen

betreffen
1. angehen, berühren, tangieren, gelten, sich handeln um, sich beziehen auf, zu tun haben mit, Bezug haben, anbelangen, sich erstrecken
2. zustoßen (Unglück), zuteilwerden, widerfahren, geschehen, passieren

betreffend hinsichtlich, bezüglich, diesbezüglich, in Bezug auf, dazu, darüber, davon, was das angeht/anbetrifft/anbelangt, zu der Frage, betreffs, in puncto

betreiben
1. antreiben, in Bewegung/Gang/auf Touren bringen
2. → handhaben
3. → ausüben

betreten
1. eintreten, gehen/treten in, hereinkommen, hereintreten, hineingehen, hineinkommen, hineingelangen
2. begehen, seinen Fuß setzen/treten auf
3. betroffen, verlegen, peinlich/unangenehm berührt, schamhaft, be-

B

schämt, befangen, verwirrt, kleinlaut, in Verwirrung/Verlegenheit gebracht; *ugs.:* bedeppert, bedripst, wie ein begossener Pudel, mit rotem Kopf

betreuen
1. → behandeln
2. → sich kümmern um
3. → pflegen

Betreuung → Pflege

Betrieb
1. Firma, Unternehmen, Werk, Fabrik, Geschäft, Anlage
2. Verkehr, reges Leben, große Geschäftigkeit, Hochbetrieb, ein Kommen und Gehen/Hin und Her/Auf und Ab, Durcheinander, Wirbel, Strudel, Trubel, Tumult, Unruhe, Aufregung, Aufruhr, Treiben, Umtrieb, Gewimmel, Getümmel, Gedränge, Gewühl, Gewoge, Gemenge, Getriebe; *ugs.:* Rummel, Gewusel, Zirkus, Tamtam, Action

betriebsam
1. geschäftig, rührig, eifrig, aktiv, regsam, beflissen, emsig, rege
2. fleißig, bestrebt, strebsam, bemüht, unermüdlich, unverdrossen, arbeitsam, schaffensfreudig, tatkräftig, ambitioniert; *landsch., schweiz.:* schaffig

betrinken, sich sich einen (Rausch) antrinken, sich berauschen, zu tief ins Glas sehen, einen über den Durst trinken, ein Glas zu viel trinken, dem Alkohol frönen, sich bezechen, trinken; *ugs.:* sich beschwipsen, sich beduseln, sich die Nase begießen, sich einen Affen antrinken, sich den Kanal volllaufen lassen, sich zugießen, sich die Hucke vollsaufen, sich einen ansäuseln; *landsch.:* sich betütern; *derb:* sich einen ansaufen, versoffen sein, sich besaufen, sich volllaufen lassen, sich dem Suff ergeben

betroffen
1. → bestürzt
2. → betreten

Betroffener Leidtragender, Trauernder, Hinterbliebener; *schweiz.:* Hinterlassener

Betroffenheit Bestürzung, Betroffensein, Bekümmertheit, Ergriffenheit, Befremdung, Entsetzen, Fassungslosigkeit, Betretenheit

betroffen sein bestürzt sein, die Fassung verlieren, sich erschrecken, sich entsetzen, kopfstehen, wie vor den Kopf geschlagen sein, (heiß und) kalt über den Rücken laufen; *ugs.:* wie vom Schlag/Donner gerührt sein

betrüben → bedrücken

betrüblich → trostlos

betrübt traurig, trübselig, trist, elegisch, trübsinnig, bedrückt, bekümmert, desolat, freudlos, elend, unglücklich, todunglücklich, schwermütig, wehmütig, melancholisch, depressiv, kummervoll, enttäuscht, geknickt, mutlos

Betrug Hintergehung, Täuschung, Fälschung, Machenschaft, Schiebung, Schwindel, Unterschlagung, Manipulation, Unregelmäßigkeit, Irreführung, Fake, Bauernfängerei, Gaunerei, Gaunerstreich, Durchstecherei; *ugs.:* Nepp, Mogelei, Beschiss, Prellerei, krumme Sache, Schmu, fauler Zauber; *schweiz.:* Abriss

betrügen
1. täuschen, hintergehen, prellen, bluffen, unterschlagen, hinterziehen, gaunern, neppen, übervorteilen, überfahren, bringen um, beschwindeln, falschspielen, schummeln, beschummeln, mogeln, blenden, mit falschen Karten spielen, übertölpeln, überlisten, ein falsches Spiel treiben, aufsitzen lassen, zum Narren halten, foppen, nasführen, für dumm verkaufen, eine Grube graben, in die Falle/Schlinge/ins Netz/Garn locken, jmdn. hinters Licht/aufs Glatteis führen, jmdn. aufs Kreuz legen, jmdm. Sand in die Augen streuen/ein X für ein U vormachen; *ugs.:* hochnehmen, hereinlegen, abzocken, anschmieren, einseifen, leimen, in den Sack stecken, Schmu machen, beschupsen, tricksen, linken, reinlegen, anmeiern, unterbuttern, übers Ohr hauen, verschaukeln, lackieren, lackmeiern, auf den Leim locken, ein Schnippchen schlagen, einwickeln, begaunern, über den Tisch ziehen; *derb:* bescheißen, anscheißen; *österr.:* betakeln, einkochen, übernehmen; *schweiz.:* übernützen
2. ehebrechen, Ehebruch begehen, einen Seitensprung machen, ein Abenteuer haben, untreu sein; *ugs.:* fremdgehen ⓘ

Betrüger Gangster, Gauner, Schwindler, Lügner, Schieber, Spitzbube, Falschspieler, Scharlatan, Filou, Hochstapler, Fälscher, Bandit, Bauernfänger, Hehler, Preller, Beu-

B

betrügen: Verschaukeln und übertölpeln

Die Spannweite von *betrügen* reicht vom eher harmlosen *beschummeln/beschwindeln* bis hin zu Straftaten im juristischen Sinn wie *unterschlagen, hinterziehen, übervorteilen* oder *prellen*.
Übertölpeln bedeutet, jemanden auf plumpe Art zu *überlisten*. Die Redewendung *jemanden aufs Kreuz legen* kommt aus dem Ringsport und bezieht sich darauf, dass der Gegner besiegt ist, wenn man ihn mit dem Rücken so auf den Boden gezwungen hat, dass beide Schulterblätter gleichzeitig die Erde berühren.
Die Wendung *jemandem ein X für ein U vormachen* geht auf die Zeiten zurück, in denen römische Zahlen verwendet wurden: Das X (10) besteht aus zwei V (5), die sich an der Spitze berühren. Die Täuschung besteht darin, die Schenkel des V zu verlängern, so dass ein X daraus wird. Bis ins 17. Jahrhundert hinein wurden V und U unterschiedslos verwendet. Die Festlegung der Redensart auf das U war wohl zufällig.
Jemanden über den Tisch ziehen bedeutet ihn zu *übervorteilen*. Dahinter steht das Bild vom Verhandlungstisch. *Jemanden verschaukeln, einseifen,* und *hochnehmen* werden ebenso umgangssprachlich für *betrügen* gebraucht.
Der Ausdruck *leimen* nimmt wie die Wendungen *jemandem ins Netz gehen* und *jemanden ins Garn/auf den Leim locken* Bezug auf Arten des Vogelfangs: Die Tiere werden mit Netzen aus Garn gefangen oder bleiben an mit Leim bestrichenen Stöckchen hängen.
Bescheißen und *anscheißen* sind derbe, umgangssprachliche Ausdrücke für *betrügen*. Darüber hinaus wird *betrügen* auch als Synonym für *Ehebruch begehen* gebraucht. Die gleichbedeutende Wendung *einen Seitensprung machen* war ursprünglich verhüllender Ausdruck für den Besuch bei einer Prostituierten. Umgangssprachlich ist das Wort *fremdgehen*.

telschneider, Schuft, Erpresser, Schurke, Wucherer, Schmuggler, Schwarzhändler; *österr.:* Fal(l)ott; *ugs.:* Bazi, Bluffer

betrügerisch → unlauter

betrunken berauscht, bezecht, benebelt, trunken, volltrunken, stockbetrunken, nicht nüchtern, unter Alkohol, im Rausch/Tran; *geh.:* voll des süßen Weines; *ugs.:* voll, blau, sternhagelvoll, schwer geladen, angeschlagen, breit, knülle, hinüber, fertig, fett, groggy, blau wie ein Veilchen, voll wie eine Kanone/Haubitze, angesäuselt, besäuselt, beschwipst, beschickert, beduselt, betütert; *österr.:* alkoholisiert; *norddt.:* dun; *derb:* besoffen, stockbesoffen, stinkbesoffen, sturzbesoffen

betrunken sein einen Rausch haben, zu tief ins Glas gesehen haben; *ugs.:* schwer geladen haben, einen intus/sitzen haben, einen weghaben, Schlagseite haben, einen Affen/einen in der Krone haben, den Kanal/Rand voll haben

Bett
1. Lager, Lagerstatt, Schlafstätte, Liegestatt, Schlafgelegenheit; *ugs.:* Koje, Klappe, Falle, Nest, die Federn, Kahn
2. → Unterkunft

betteln
1. anbetteln, anborgen, um Almosen/eine Gabe bitten; *ugs.:* schnorren, anschnorren, die Klinken putzen, fechten, anpumpen, anzapfen, anhauen um
2. → bitten

bettlägerig → krank

Bettler Hausierer; *ugs.:* Bettelbruder, Klinkenputzer, Schnorrer, Fechtbruder

bettreif → müde

Betttuch Laken, Bettlaken; *landsch.:* Leintuch

betucht → reich

betulich
1. gemächlich, bedächtig, umständlich, langsam
2. fürsorglich, mütterlich, besorgt

beugen
1. neigen, abwinkeln, biegen, krümmen, senken, sinken lassen; *ugs.:* krummmachen
2. flektieren, konjugieren, deklinieren

beugen, sich
1. sich niederbeugen, sich biegen, sich bücken, sich neigen, sich ducken, sich lehnen über, sich kleinmachen, sich krummmachen, sich krümmen
2. sich fügen, sich unterordnen, nachgeben, einlenken, zurückweichen, zurückstecken, lockerlassen; *ugs.:* (in den Knien) weichwerden, klein beigeben, einen Rückzieher machen

B

Beule Schwellung; *ugs.:* Horn, Delle; *österr.:* Tippel; *landsch.:* Brausche, Brüsche, Knutsche
beunruhigen
1. unruhig/besorgt machen/stimmen, in Unruhe/Sorge versetzen, aufregen, ängstigen, beängstigen, alarmieren
2. → bedrücken
beunruhigen, sich
1. sich aufregen, sich erregen, unruhig/besorgt/ruhelos werden
2. → sorgen, sich
beunruhigend → beängstigend
Beunruhigung → Sorge
beurkunden → beglaubigen
beurlauben
1. befreien, freigeben, Urlaub geben/gewähren, freistellen, seiner Pflichten entheben
2. suspendieren, entlassen, entbinden, den Abschied geben, verabschieden, dispensieren
beurteilen einschätzen, werten, bewerten, begutachten, taxieren, ein Urteil fällen/abgeben, denken über, ansehen als, halten/erachten für, betrachten/auffassen/sehen/verstehen als, eine bestimmte Einstellung haben zu, einordnen, diagnostizieren, feststellen, meinen, Stellung nehmen, empfinden/nehmen als, stehen zu, befinden über, abwägen
Beute Raub, Raubgut, Diebesbeute, Diebesgut; *ugs.:* Fang, heiße Ware
bevölkern → besiedeln
bevölkern, sich sich füllen, voller werden, sich beleben
bevölkert belebt, besiedelt, dichtbesiedelt, bewohnt, verkehrsreich
Bevölkerung Bewohner, Bewohnerschaft, Einwohner, Einwohnerschaft, Volk, Bürger, Mitbürger, Bürgerschaft, Staatsangehörige, Öffentlichkeit; *geh.:* Population; *ugs.:* Landeskinder
bevollmächtigen → befugen
Bevollmächtigter Beauftragter, Kommissar, Kommissionär, Prokurator, Sachwalter, Sachverwalter, Repräsentant, Vertreter, Anwalt
bevor ehe, früher, als noch nicht, vorher
bevormunden gängeln, jmdn. am Gängelband führen, dirigieren, beeinflussen, vorschreiben, bestimmen über, lenken; *ugs.:* jmdm. das Heft aus der Hand nehmen
bevorstehen bald geschehen, erwartet werden, anstehen, seine Schatten vorauswerfen, vor der Tür stehen, nahen, sich nähern, im Anzug sein, in der Luft liegen, auf jmdn. zukommen, drohen; *ugs.:* ins Haus stehen
bevorzugen → begünstigen
bewachen
1. beaufsichtigen, aufpassen auf, hüten, kontrollieren, im Auge behalten, nicht aus den Augen lassen, überwachen, beobachten, Wache/Posten stehen
2. beschützen, beschirmen, abschirmen, sichern, absichern, Schutz gewähren, behüten, den Rücken decken, die Hand halten über, unter die Fittiche nehmen; *geh.:* in seine Hut nehmen, schirmen
Bewacher → Aufseher
bewaffnen mit Waffen versehen, rüsten, aufrüsten, ausrüsten, wappnen, mobilisieren, mobilmachen, Kriegsvorbereitungen treffen, (sich) verteidigungsfähig/kampfbereit machen, (sich) militärisch stärken
bewahren
1. → schützen
2. aufbewahren, aufheben, behalten, verwahren, verschließen, für sich behalten (Geheimnis), verschweigen; *geh.:* bergen
3. → aufrechterhalten
bewähren, sich
1. sich als brauchbar/geeignet erweisen, eine Probe bestehen, Erwartungen erfüllen
2. sich behaupten, seinen Mann stehen, die Zügel in der Hand behalten, nicht versagen; *ugs.:* sich im Sattel halten
3. → durchsetzen, sich
bewahrheiten, sich → eintreten
bewährt erprobt, altbewährt, anerkannt, zuverlässig, verlässlich, fähig, geeignet, probat, renommiert, eingeführt, geltend, gültig, bekannt, gebräuchlich, gängig
Bewährungsprobe Feuerprobe, Feuertaufe, Prüfstein
bewältigen meistern, vollbringen, vollenden, durchführen, ausführen, richtig umgehen können/fertigwerden mit, erledigen, können, schaffen, erreichen, verwirklichen, bezwingen, beikommen, einer Sache gerecht werden, Herr werden, zurechtkommen/sich zurechtfinden mit, zustande/zuwege bringen, in den Griff bekommen, gewachsen sein, bewerkstelligen, eine Schwierigkeit überwin-

den, Hürden nehmen, sich zu helfen wissen, zurande/ans Ziel kommen; *ugs.:* über die Runden kommen, mit etwas einig werden, den Laden schmeißen, klarkommen, das Ding/Kind schaukeln, managen, hinkriegen, packen, drehen, deichseln, machen

bewandert beschlagen, belesen, gebildet, geschult, gewandt, gescheit, unterrichtet, informiert, wissend, klug, gelehrt, kundig, sachkundig, erfahren, fundiert, versiert, fit, firm, vom Fach; *ugs.:* sattelfest

bewässern → sprengen

bewegen
1. regen, rühren, die Lage/Stellung verändern, nicht ruhig halten
2. aufregen, erregen, (innerlich) beschäftigen, nahegehen, zu Herzen gehen, rühren, berühren, ergreifen, nicht gleichgültig/kaltlassen, aufwühlen, erschüttern, durch Mark und Bein/unter die Haut gehen; *ugs.:* durch und durch gehen, an die Nieren gehen
3. zu denken geben, beschäftigen, im Kopf herumgehen
4. veranlassen, anregen, bestimmen, initiieren, den Anstoß geben, dazu bringen, überreden

bewegen, sich
1. sich rühren, sich regen, eine Bewegung machen, sich Bewegung verschaffen
2. auftreten, sich geben, sich benehmen, sich gebärden, sich verhalten
3. → gehen
4. → fortbewegen, sich

Beweggrund Veranlassung, Anlass, Ursache, Motiv, Grund, Antrieb, Triebfeder, Auslöser

beweglich
1. mobil, transportabel, verrückbar, versetzbar, tragbar, fahrbar, zerlegbar
2. → gewandt
3. lebendig, anpassungsfähig, wandlungsfähig, rege, agil, geschäftig, betriebsam; *geh.:* vif

bewegt
1. beeindruckt, gerührt, betroffen, ergriffen, überwältigt, erschüttert, aufgewühlt, erregt
2. unruhig, rastlos, ruhelos, unstet, ereignisreich, abenteuerlich, abwechslungsreich, bunt, schillernd, aufregend, spektakulär

Bewegungsfreiheit Spielraum, Freizügigkeit, Freiheit, Unabhängigkeit, Entwicklungsmöglichkeit, Spanne, Auslauf

bewegungslos regungslos, reglos, ohne Bewegung, unbeweglich, unbewegt, starr, erstarrt, leblos, ruhig, still, wie angewurzelt, stocksteif

beweinen → beklagen

Beweis
1. Nachweis, Zeugnis, Beleg, Argument, Begründung, Richtigkeitserweis
2. Ausdruck, Zeichen, Probe, Kostprobe, Erweis, Dokumentation, Bestätigung

beweisen
1. nachweisen, einen Beweis liefern/führen/erbringen, den Nachweis führen, aufzeigen, dokumentieren, belegen, die Richtigkeit erweisen, begründen, motivieren, bestätigen
2. erkennen/sichtbar werden lassen, zeigen, unter Beweis stellen, einen Beweis ablegen für, zeugen von

beweiskräftig → amtlich

bewerben, sich
1. sich bemühen um, zu bekommen/erhalten suchen, ansuchen/anhalten/einkommen/werben um, kandidieren/sich interessieren für, sich zur Verfügung stellen, eine Stellung suchen, ein Angebot machen, sich anbieten; *österr.:* aspirieren auf
2. → werben um

Bewerber
1. Anwärter, Kandidat, Aspirant, Interessent, Bittsteller, Postulant, Antragsteller
2. Freier, Freiersmann, Verehrer, Anbeter

Bewerbung → Antrag

bewerfen
1. werfen auf, bombardieren; *ugs.:* beschmeißen
2. verputzen, mit Mörtel bedecken

bewerkstelligen
1. → fertigbringen
2. → bewältigen

bewerten → beurteilen

bewiesen sicher, richtig, treffend, zutreffend, begründet, fundiert, unangreifbar, unwiderlegbar, unbezweifelbar, unbestritten, unumstritten, unzweifelhaft, unstrittig, unanfechtbar, unumstößlich

bewilligen gewähren, genehmigen, zugestehen, einräumen, gestatten, erlauben, zuteilwerden lassen, die Genehmigung/Erlaubnis/Einwilligung geben, stattgeben, sich einverstanden erklären, nichts in den Weg legen, zustimmen, zulassen, beipflichten, billigen, seine Zustimmung geben,

B

nichts dagegen haben; *ugs.:* abnicken, durchgehen lassen

bewirken
1. verursachen, hervorrufen, hervorbringen, zur Folge/Konsequenz/zum Ergebnis/als Resultat haben, herbeiführen, mit sich bringen, auslösen, zeitigen, heraufbeschwören, erwecken, anrichten, anstiften, veranlassen, erregen, erzeugen, bedingen, entfachen, entfesseln, nach sich ziehen, ins Rollen bringen, in Gang/Bewegung setzen, provozieren
2. → fertigbringen

bewirten
1. zu essen und zu trinken geben, auftischen, aufwarten, auftafeln, offerieren, reichen, traktieren, beköstigen, servieren, vorsetzen; *geh.:* darbieten, kredenzen; *ugs.:* auffahren lassen
2. versorgen, verköstigen, in Kost/Verpflegung nehmen

bewirtschaften
1. bestellen, bebauen, beackern, bepflanzen, kultivieren, nutzbar machen, bearbeiten
2. verwalten, leiten, führen, betreuen, besorgen

bewohnen → wohnen

Bewohner
1. → Bürger
2. *Pl.:* → Bevölkerung

bewölken, sich → eintrüben, sich

bewölkt → trübe

bewundern anstaunen, bestaunen, aufsehen/aufschauen zu, anschwärmen, anbeten, verehren, voller Bewunderung sein für, achten, hochachten, hochschätzen, huldigen, vergöttern, zu Füßen liegen, in den Himmel heben; *ugs.:* anhimmeln

bewundernswert → beachtlich

bewundert → angesehen

bewusst
1. absichtlich, beabsichtigt, wissentlich, mit Wissen/Bewusstsein, willentlich, gewollt, mit Absicht/Willen, eigens, nun gerade, bezweckt, extra, mit klarem Verstand
2. bereits erwähnt, bekannt, besagt, betreffend, obig
3. überlegt, vernünftig, reflektiert, wissend, besonnen, logisch, denkrichtig, klarsichtig, gescheit, einleuchtend, klar, geistig wach/hell
4. **sich bewusst sein** klar erkennen, Bescheid wissen, Einblick haben, sicher sein, sich auskennen

bewusstlos ohnmächtig, besinnungslos, ohne Besinnung/Bewusstsein; *Med.:* komatös

Bewusstlosigkeit Koma, Ohnmacht, Besinnungslosigkeit

bewusstlos werden in Ohnmacht fallen, das Bewusstsein/die Besinnung verlieren, zusammenbrechen, ohnmächtig werden

bewusstmachen verdeutlichen, deutlich/verständlich/begreifbar machen, vor Augen führen, veranschaulichen, vergegenwärtigen; *ugs.:* klarmachen

Bewusstsein
1. Besinnung, Sinne, geistige Verfassung/Klarheit
2. persönliche Überzeugung, Gewissheit, Wissen um etwas, Erkenntnis
3. **das Bewusstsein haben** überzeugt/sicher sein
4. **zu Bewusstsein kommen** bewusstwerden, erkennen, erfassen, zu der Erkenntnis kommen/gelangen, klarwerden, deutlich werden, wie Schuppen von den Augen fallen; *ugs.:* jmdm. geht ein Licht auf/dämmert es

bewusstwerden, sich → erkennen

bezahlen
1. zahlen, abführen, überweisen, vergüten, geben für, entrichten, in die Tasche greifen, Geld ausgeben; *österr., schweiz.:* erlegen; *ugs.:* blechen, löhnen, hinblättern, bluten, berappen, den Beutel zücken
2. Gehalt/Lohn/Vergütung zahlen, belohnen, entlohnen, besolden, vergelten, abgelten, honorieren, auszahlen, ausbezahlen, sich erkenntlich zeigen; *schweiz.:* salarieren, entlöhnen
3. Kosten tragen/bestreiten/aufwenden, aufkommen für, Geld hineinstecken, investieren, anlegen, bezuschussen; *ugs.:* etwas springen lassen, Geld lockermachen/loseisen
4. Schulden bereinigen/ausgleichen, sich einer Schuld entledigen, amortisieren, abgelten, abdecken, abtragen, begleichen, tilgen, ablösen, einlösen, abzahlen, abbezahlen, erstatten, nachzahlen, zurückgeben, in Raten zahlen; *ugs.:* abstottern
5. büßen, abbüßen, entgelten, Strafe leisten
6. **jmdn. bezahlen** vorlegen, auslegen, verauslagen; *ugs.:* vorschießen, vorstrecken
7. → einladen

bezahlen müssen eine Zahlungsaufforderung/einen Zahlungsbefehl erhalten, zur Kasse gebeten werden
Bezahlung
1. Entrichtung, Begleichung, Bereinigung, Zahlung, Abzahlung, Tilgung
2. Erstattung, Abfindung
3. → Lohn
bezähmen bändigen, zügeln, bezwingen, im Zaum/in Schranken halten, zurückhalten, Zügel anlegen
bezähmen, sich → beherrschen, sich
bezaubern betören, entzücken, faszinieren, verzaubern, hinreißen, bestricken, begeistern, bezirzen, berauschen, bezwingen, berücken, blenden, umgarnen, bestechen, beeindrucken, verleiten, verlocken, verführen, in sein Netz locken/ziehen, behexen, verhexen, bannen, zu gewinnen suchen; *ugs.:* den Kopf verdrehen
bezaubernd
1. → reizend
2. → schön
bezeichnen
1. → kennzeichnen
2. → benennen
3. näher beschreiben/erläutern, erklären, ausführen, verdeutlichen, konkretisieren, veranschaulichen
bezeichnen als
1. darstellen/schildern/charakterisieren/hinstellen/ansprechen/definieren als, erklären für; *ugs.:* stempeln/abstempeln als
2. **sich bezeichnen als** → sich ausgeben als
bezeichnend → charakteristisch
Bezeichnung
1. Nennung, Benennung, Betitelung
2. Kennzeichnung, Charakterisierung, Markierung, Beschriftung
3. (passendes) Wort, Name, Titel, Ausdruck, Begriff, Terminus
bezeigen erweisen, bekunden, ausdrücken, bezeugen, aussprechen, zeigen, zu erkennen geben
bezeugen bestätigen, bekräftigen, bekunden, als Zeuge aussagen, beglaubigen, bescheinigen, zeugen für, ein Zeugnis ablegen, Zeuge sein, als Zeuge auftreten
bezichtigen → beschuldigen
Bezichtigung → Beschuldigung
beziehen
1. bespannen, überziehen, bedecken, bekleiden, versehen mit
2. erhalten, regelmäßig erhalten, halten, abonniert haben, geschickt/geliefert/gesandt bekommen
3. einziehen, sich niederlassen, eine Wohnung nehmen, sich einquartieren, sich einmieten, mieten, sich einlogieren
beziehen, sich
1. → eintrüben, sich
2. **sich beziehen auf** sich berufen/stützen/verweisen auf, anknüpfen an, Bezug nehmen/zurückkommen auf
3. → betreffen
4. → zusammenhängen
Bezieher Abonnent, Leser, Abnehmer, Kunde, Käufer, Stammkunde
Beziehung
1. Verbindung, Umgang, Verkehr, Berührung, Anschluss, Tuchfühlung, Interaktion, Brückenschlag, Konnex, Kontakt, Kommunikation, Bekanntschaft
2. Bezug, Bezugnahme, Berufung
3. Hinsicht, Zusammenhang, Punkt, Richtung, Hinblick, Aspekt, Blickwinkel, Gesichtspunkt, Perspektive
4. **intime Beziehung** Verhältnis, Liebesbeziehung, Liaison, Liebschaft, Liebelei; *ugs.:* Techtelmechtel
Beziehungen Kontakte, Konnexionen, Verbindungen; *ugs.:* das richtige Parteibuch, Vitamin B
beziehungslos
1. ohne Beziehung/Zusammenhang, zusammenhanglos, unzusammenhängend, ungereimt
2. → isoliert
beziehungsweise respektive, oder, vielmehr, besser/anders gesagt, das heißt, mit anderen Worten
beziffern
1. nummerieren, durchnummerieren, paginieren, mit Ziffern/Zahlen versehen
2. schätzen, die Höhe von etwas angeben, taxieren, zu bestimmen versuchen, überschlagen
beziffern, sich ausmachen, betragen, sich belaufen (auf), angegeben werden mit
Bezirk
1. → Gebiet
2. Kanton, Distrikt, Kreis, Gouvernement, Departement, Landesteil, Sprengel, Provinz; *ugs.:* Beritt
bezirzen → bezaubern
bezogen → trübe
Bezug
1. Bettbezug, Überzug; *österr.:* Zieche
2. Beziehen, (regelmäßiges) Erhalten, Bekommen
3. Zusammenhang, Verbindung, Beziehung, Hin-

B

sicht, Hinblick, Blickwinkel, Aspekt, Gesichtspunkt
4. Berufung, Bezugnahme
5. **mit Bezug auf** → bezüglich

Bezüge → Lohn

bezüglich mit Bezug/in Bezug auf, mit/unter Bezugnahme auf, betreffs, betreffend, was das betrifft/anbelangt, in puncto, hinsichtlich, im Hinblick/in Hinsicht auf, in Anbetracht, wegen

Bezugnahme Bezug, Berufung

Bezug nehmen auf → sich beziehen auf

bezwecken → beabsichtigen

bezweifeln zweifeln, anzweifeln, in Zweifel ziehen, infrage stellen, nicht glauben können, schwanken, unsicher sein, wanken, misstrauen, argwöhnen, Misstrauen/Argwohn hegen

bezwingen
1. → besiegen
2. beherrschen, bezähmen, bändigen, zügeln
3. meistern, bewältigen, beikommen, einer Sache gerecht werden, schaffen, in den Griff bekommen, managen
4. unterdrücken, (im Keim) ersticken, nicht aufkommen lassen, abtöten, betäuben
5. ersteigen, besteigen, erklimmen, erklettern, erstürmen

bezwingen, sich → beherrschen, sich

bezwungen → besiegt

bibbern → zittern

Bibel Heilige Schrift, Wort Gottes, Buch der Bücher

Bibliografie → Literaturnachweis

Bibliographie → Bibliografie

Bibliothek
1. Bücherei
2. Büchersammlung, Bücherbestand, Bücherschatz

bieder
1. rechtschaffen, lauter, vertrauenswürdig, zuverlässig, redlich, ordentlich, integer, solid, brav, anständig, unbescholten, ehrlich
2. → einfältig
3. → kleinbürgerlich

Biedermann → Spießbürger

biegen
1. einbiegen, zurechtbiegen, krümmen, neigen; *ugs.:* krummmachen
2. abbiegen, einbiegen, abzweigen, abdrehen, abschwenken, den Kurs ändern

biegen, sich → beugen, sich

biegsam → elastisch

Biegung Bogen, Kurve, Kehre, Schleife, Wende, Wendung, Windung, Krümmung, Drehung, Knick, Knie, Haken, Abknickung, Serpentine, Abbiegung

Biene
1. Arbeiterin, Drohne, Königin; *poet.:* Imme; *landsch., österr.:* Imp
2. → Mädchen

Bienenzüchter Imker; *veraltet:* Zeidler

Bier Gerstensaft; *scherzh.:* flüssiges Brot, kühles Blondes

Biest
1. Tier, Bestie; *ugs.:* Vieh
2. → Scheusal
3. → Xanthippe

bieten
1. anbieten, geben, zur Verfügung/in Aussicht stellen, ausschreiben, (als Belohnung) aussetzen
2. → anbieten
3. darbieten, vorführen, darbringen, zum Besten geben, zur Darbietung bringen, aufführen, aufwarten mit, darstellen

bieten, sich
1. sich eröffnen, sich zeigen, sich ergeben, sich darbieten, erkennbar/sichtbar werden
2. sich produzieren, sich sehen lassen, sich präsentieren, sich darstellen, sich zur Schau stellen

Bigamie Doppelehe

Big Brother (staatlicher) Überwacher, Beobachter, Lauscher, Spion

bigott frömmlerisch, übertrieben fromm, frömmelnd, scheinfromm, scheinheilig, heuchlerisch

Bike → Fahrrad

Biker
1. Motorradfahrer, Mopedfahrer, Kradfahrer
2. Radfahrer, Fahrradfahrer, Radler, Radwanderer, Mountainbiker

Bilanz
1. Ergebnis, Endergebnis, Resultat, Produkt, Fazit, Summe, Effekt, Frucht, Endstand, Quintessenz
2. Schlussrechnung, Abrechnung

bilateral zweiseitig, zwischenstaatlich, zwei Staaten betreffend

Bild
1. Bildnis, Gemälde, Kunstwerk, Abbild, Abbildung, Darstellung, Wiedergabe, Illustration, Studie, Skizze, Entwurf, Zeichnung, Aquarell
2. → Fotografie
3. Ansicht, Anblick, Erscheinung
4. Vorstellung, Eindruck, Anschauung, Begriff, Einsicht, Einblick, Überblick
5. **im Bilde sein** → kennen
6. **ins Bild setzen** → informieren ⓘ

Bild: Abbildung und Wiedergabe

Im wörtlichen Sinn ist ein *Bild* die *Abbildung* beziehungsweise *Wiedergabe* eines Gegenstands oder einer Person. Dabei wird Bild auch als Oberbegriff für unterschiedliche, künstlerische Arten der *Darstellung* gebraucht, die durch entsprechende Synonyme genauer zu beschreiben sind. Ein *Bild* kann eine *Fotografie* oder ein *Gemälde* sein. Ein *Porträt* zeigt nur das Gesicht einer Person. Eine *Studie* ist die Darstellung eines bestimmten Handlungsmoments oder auch eines Körperteils, kann aber genauso wie die *Skizze* auch Vorstufe eines Gemäldes sein. Nicht jedes *Bild* ist ein *Kunstwerk* von Rang. Als *Ölschinken* bezeichnet man in der Umgangssprache abwertend ein großformatiges *Gemälde.*
In übertragener Bedeutung wird *Bild* im Sinn von »geistiges Bild« verwendet und bezeichnet die *Vorstellung* oder den *Begriff,* den man von einem Gegenstand oder einer Person hat. Dabei geht es um die *Anschauung* von oder die *Einsicht* in etwas.
Auf die wörtliche wie die übertragene Bedeutung von *Bild* nehmen die Redewendungen Bezug, in denen dieser Ausdruck benutzt wird. So kann man *sich ein Bild machen* von einem Sachverhalt oder einem Menschen. Sich *kein Bild machen können* heißt, etwas nicht zu verstehen.
Im Bilde sein besagt, etwas zu kennen oder über etwas informiert zu sein. Jemanden *ins Bild setzen* bedeutet dementsprechend »jemanden informieren«.
Wenn jemand *ein Bild für (die) Götter* abgibt, so bietet diese Person einen komischen Anblick. Der Ausdruck bezieht sich auf die antike Vorstellung, dass die Menschen mit ihren Handlungen ein Schauspiel für die Götter liefern.
Ein besonders gelungenes Exemplar meint, wer eine Person als *Bild von einer Frau/einem Mann* bezeichnet. Der so beschriebene Mensch wird dadurch als *Sinnbild* beziehungsweise *Idealbild* seiner Spezies charakterisiert.

bilden
1. formen, gestalten, modellieren, Form/Gestalt geben, ausarbeiten, in eine Form bringen, erschaffen
2. zusammenstellen, zusammensetzen, zusammenfügen
3. → ausbilden

bilden, sich
1. sich herausbilden, sich entwickeln, entstehen, sich formen, sich formieren, Gestalt annehmen, sich ergeben, sich herauskristallisieren, zustande kommen, erwachsen, aufkommen, hervorkommen, sich auftun
2. sich heranbilden, sich weiterbilden, sich fortbilden, sich qualifizieren, sich unterrichten, sich vervollkommnen, seine Kenntnisse/Bildung/sein Wissen vergrößern/erweitern/ausbauen/vervollständigen, sein Studium/seine Ausbildung vertiefen/fortsetzen, an sich arbeiten

bildhaft anschaulich, ausdrucksvoll, deutlich, leicht verständlich, lebendig, plastisch, bildlich, einprägsam, eingängig, sprechend

bildlich
1. sinnbildlich, übertragen, figürlich, figurativ, metaphorisch, zeichenhaft, allegorisch, symbolisch, gleichnishaft, als Gleichnis
2. anschaulich, ausdrucksvoll, deutlich, bildhaft, leicht verständlich, lebendig, sinnfällig, einprägsam, eingängig

Bildnis Portrait, Porträt, Bild, Abbild, Konterfei, Darstellung

Bildschirm Monitor, Mattscheibe, Computerbildschirm, Display, Screen

Bildung
1. Entwicklung, Entstehung, Zusammenstellung, Form, Formierung
2. Erziehung, Wissen, Kenntnis(se), Gelehrtheit, Gebildetsein, Kultur, geistiger Überblick, Ausbildung, Schulung, Allgemeinwissen; *ugs.:* Horizont

Billett Eintrittskarte, Fahrkarte, Fahrschein, Ticket

billig
1. preiswert, preiswürdig, günstig, preisgünstig, nicht teuer, herabgesetzt, (halb) geschenkt, wohlfeil, fast umsonst, erschwinglich, bezahlbar; *ugs.:* zivil, für ein Butterbrot/einen Pappenstiel
2. nichtssagend, wertlos, dürftig, nichtig, banal, schwach, minderwertig, zweitklassig, geistlos, stumpfsinnig, trivial, schal, platt, abgedroschen, inhaltsleer, hohl
3. recht und billig gerechtfertigt, angebracht, angemessen, adäquat, recht-

mäßig, in Ordnung, richtig, verdient

billigen gutheißen, für richtig/angebracht erklären, beistimmen, zustimmen, Recht geben, sympathisieren mit, beipflichten, seine Zustimmung geben, bejahen, Ja sagen, einverstanden/dafür sein, zulassen, zugeben, etwas richtig/nicht falsch finden, befürworten, annehmen, akzeptieren, sanktionieren, goutieren, anerkennen, für gut befinden, bestätigen, darauf eingehen, nichts dagegen haben, unterstützen, einiggehen, konformgehen, konzedieren, einwilligen, erlauben, die Erlaubnis geben, gestatten, genehmigen, die Genehmigung erteilen, gewähren/geschehen/schalten und walten/gelten lassen, jmdm. einen Freibrief ausstellen, jmdm. freie Hand lassen; *ugs.:* grünes Licht/seinen Segen dazu geben, Ja und Amen sagen; *schweiz.:* bewilligen, belieben

Billigung
1. → Lob
2. → Erlaubnis

bimmeln → läuten

bimsen
1. → drillen
2. → lernen

binden
1. knüpfen, zusammenknüpfen, knoten, zusammenknoten, schnüren, zusammenschnüren, flechten, zusammenflechten; *geh.:* winden
2. abhängig machen, verpflichten, festlegen, festnageln, beim Wort nehmen
3. fesseln, Fesseln/Ketten anlegen, umklammern, unterjochen, versklaven, anketten
4. einbinden, broschieren, lumbecken, holländern
5. andicken, sämig machen, legieren

binden, sich
1. sich verpflichten, sich festlegen, eine Bindung eingehen, Verpflichtung auf sich nehmen, sein Wort geben, sich in Abhängigkeit begeben, sich verlegen auf
2. → heiraten

bindend → verbindlich

Binder → Krawatte

Bindfaden Schnur, Faden, Garn; *landsch., österr.:* Spagat, Strupfe; *ugs.:* Bändel, Strippe, Band

Bindung Beziehung, innere Verbundenheit, Zusammenhalt, Bindung; *ugs.:* Band; *geh.:* Konnex; *abwertend:* Fessel, Kette, Knechtschaft, Sklaverei, Unterdrückung

binnen innerhalb, in, im Verlauf von, in der Zeit von; *schweiz.:* innert

binnen kurzem → bald

binnenländisch kontinental, festländisch

Binsenwahrheit → Gemeinplatz

bio *ugs. für:* unbehandelt, naturbelassen, natürlich, ungespritzt

Biografie Lebensbeschreibung, Lebensbericht, Lebensgeschichte, Lebensbild, Lebenserinnerungen, Lebenslauf, Lebensabriss, Werdegang, Entwicklungsgeschichte, Autobiografie, Memoiren, Aufzeichnungen, Vita, Vorleben

Biographie → Biografie

Birne
1. Baumobst, Kletze (gedörrt)
2. Glühlampe, Glühbirne
3. *ugs. für:* Kopf

bis auf außer, mit Ausnahme von, ausgenommen, abgesehen von; *schweiz.:* bis an

bis auf weiteres vorläufig, auf unbestimmte Zeit, einstweilen, vorübergehend, zunächst, erstmal, auf Widerruf

bisexuell
1. zweigeschlechtig
2. mit beiden Geschlechtern verkehrend

bisher bislang, bis jetzt/heute/dato/zum heutigen Tage/zur jetzigen Stunde, seither

bis jetzt → bisher

bisschen, ein ein wenig, etwas, nicht viel, eine Kleinigkeit, ein Hauch, eine Ahnung/Spur/Idee/Winzigkeit; *landsch.:* ein bisserl

Bissen
1. Brocken, Stück, Mund voll, Stückchen; *ugs.:* Happen
2. → Imbiss

bissig
1. scharf, leicht beißend
2. verletzend, unhöflich, gehässig, boshaft, böswillig, bösartig, übelwollend, übelgesinnt, niederträchtig, infam, beleidigend; *ugs.:* giftig
3. spöttisch, beißend, schnippisch, höhnisch, bitter, gallig, scharfzüngig, kalt, spitz, spitzzüngig, sarkastisch, zynisch, ironisch; *ugs.:* patzig

bisweilen → manchmal

Bitte
1. Wunsch, Ansuchen, Ersuchen, Anliegen
2. Bittschrift, Gesuch, Bittgesuch, Antrag, Eingabe, Anfrage, Petition, Fürbitte, Bewerbung

bitten flehen, erflehen, anflehen, betteln/anbetteln/angehen/fragen/ersuchen/ansuchen/nachsuchen/ansprechen/einkommen um, sich wenden an, vorstellig werden, jmdn. bemühen, jmdm. mit etwas kommen/zusetzen, jmdn. bestürmen/beschwören/beknien/drängen/bedrängen/drängeln, über jmdn. herfallen; *ugs.:* bohren, löchern, anhauen um, dremmeln, quengeln, jmdm. auf der Seele knien/in den Ohren liegen/mit etwas kommen, jmdm. auf die Pelle/Bude rücken, winseln um; *österr.:* benzen, penzen ⓘ

bitten zu bestellen, einladen, auffordern, kommen lassen, beordern, bescheiden

bitter
1. gallig, sehr herb, ohne Süße, streng
2. schmerzlich, schmerzvoll, quälend, traurig, betrüblich
3. → sehr

bitterkalt → kalt

Bitterkeit Groll, Erbitterung, Bitternis, Feindschaft, Verbitterung, Hass, Unmut, Unwille

bitterlich → sehr

Bittschrift → Antrag

bizarr
1. seltsam, eigenwillig, wunderlich, grotesk, befremdend, merkwürdig, eigenartig, absonderlich, verschroben, ausgefallen, ungewöhnlich
2. launenhaft, launisch, unberechenbar, exzentrisch, kapriziös, grillenhaft

Black-out
1. Gedächtnisverlust, Erinnerungsstörung, Gedächtnisstörung, Bewusstseinstrübung; *ugs.:* Filmriss, Mattscheibe
2. Stromausfall, Kurzschluss, Schwarzfall

Die Möglichkeiten, um etwas zu bitten

Die Ausdrücke für das neutrale Wort *bitten* werden in verschiedenen Zusammenhängen gebraucht und geben unterschiedliche Grade der Dringlichkeit wieder.
Vorstellig werden kann man zum Beispiel in einem Amt. *Nachsuchen* und *ersuchen* sind gehobene Ausdrücke. Dies gilt auch für das dichterische und veraltete *(er)heischen*.
Beten heißt »Gott um etwas bitten«. *Fragen* ist ebenso neutral wie *sich wenden an*. *Drängeln, betteln* und *quengeln* sind genauso wie alle Formen von *flehen* intensivere Arten zu *bitten*. Dabei wird *flehen* gleichfalls in religiösem Zusammenhang gebraucht und *quengeln* vor allem in Bezug auf Kinder.
Eine Verstärkung des Ausdrucks wird auch durch die Doppelung *bitten und betteln* erreicht. *Winseln* bezeichnet eine besonders unterwürfige Form des Bittens. *Jemanden bemühen* ist eine gehobene Variante, die besondere Höflichkeit impliziert. *Jemanden bestürmen* heißt, besonders dringlich zu *bitten*.
Bei dem Ausdruck *jemandem zusetzen* schwingt neben der Dringlichkeit mit, dass diese Art und Weise dem Adressaten unangenehm ist. Die umgangssprachliche Redensart *jemandem mit etwas kommen* ist neutral. Die Ausdrücke *bohren* und *löchern* bedeuten dringendes oder sogar aufdringliches Bitten. Gesteigerte Intensität drücken auch Wendungen aus wie *jemandem auf die Pelle/die Bude rücken, jemandem in den Ohren liegen* oder *jemanden überfallen* beziehungsweise *über jemanden herfallen*. Sie enthalten jeweils die Vorstellung von körperlicher Zudringlichkeit.
Jemandem auf der Seele knien bezeichnet wiederum ein Bitten, dessen Form als Belastung empfunden wird.
Scherzhaft ist dagegen in diesem Zusammenhang die umgangssprachliche Formulierung *ein Attentat auf jemanden vorhaben*.

blähen, sich
1. schwellen, anschwellen, sich aufblasen, sich aufblähen
2. sich wichtigmachen, sich aufspielen, angeben, prahlen, protzen, großtun, sich aufblähen, sich brüsten

Blamage → Schande

blamieren bloßstellen, lächerlich/zum Gespött machen, brüskieren, desavouieren, kompromittieren, schlechtmachen, unmöglich machen, diskreditieren, beschämen, verspotten

blamieren, sich sich eine Blöße geben, eine Blöße bieten, einen Fauxpas begehen, zum Gespött/Gelächter werden für, Hohn und Spott ernten, das Gesicht verlieren, keine gute Figur machen, seinen Namen/Ruf aufs Spiel setzen, seinem Namen keine Ehre machen, sich ein Armutszeugnis ausstellen, sich schämen müssen; *ugs.:* in den Fettnapf/ins Fettnäpfchen treten, im Fettnapf landen

blank
1. glänzend, blinkend, strahlend, poliert, spiegelnd, spiegelblank, leuchtend, funkelnd
2. sauber, schmutzfrei, fleckenlos, makellos, säuberlich, proper
3. → bloß
4. → zahlungsunfähig
5. → abgenutzt

blankreiben polieren, auf Hochglanz bringen, Glanz geben, blankputzen, glänzend putzen; *österr.:* politieren; *ugs.:* wienern, wichsen

Blase
1. Hautblase, Bläschen, Eiterbläschen, Pickel; *landsch., österr.:* Wimmerl
2. → Gruppe

blasen
1. hauchen, atmen; *ugs.:* pusten
2. trompeten, schmettern, posaunen; *ugs.:* tuten
3. wehen, sausen, rauschen, rascheln, fächeln, säuseln, brausen, stieben, heulen, johlen, fauchen, stürmen, toben, tosen
4. treiben (Sand ins Gesicht)

blasiert eingebildet, selbstgefällig, eitel, dünkelhaft, überheblich, snobistisch, angeberisch, von sich eingenommen, arrogant, hochmütig, hochnäsig, herablassend, selbstherrlich, großspurig, aufgeblasen, wichtigtuerisch

blass bleich, fahl, blassgesichtig, bleichgesichtig, blässlich, blasswangig, bleichsüchtig, blutarm, blutleer, blutlos, grau, aschgrau, weiß, kalkweiß, kreideweiß, käseweiß, käsebleich, kalkig, kalkfarben, kalkbleich, totenbleich, todbleich, geisterbleich, totenblass, leichenblass, matt, wächsern, ohne Farbe, aschfahl, farblos; *ugs.:* wie ein Gespenst/eine Leiche/Wand, käsig

blass sein wie ein Gespenst/weiß wie die Wand/wie der Tod aussehen; *ugs.:* wie ausgespuckt aussehen

blass werden erblassen, erbleichen, die Farbe verlieren/wechseln

Blatt
1. Stück Papier, Bogen, Zettel, Seite
2. Karte, Spielkarte, Kartenblatt
3. → Zeitung

blättern in flüchtig umwenden/durchsehen/durchblättern, überfliegen, anlesen, querlesen, diagonal lesen, schmökern

blättern von abblättern, sich lösen, sich ablösen, abfallen, abgehen

Blattwerk Laubwerk, Belaubung, Blätter

blau → betrunken

Blaubeere Heidelbeere; *landsch.:* Bickbeere, Waldbeere, Schwarzbeere; *österr.:* Zechbeere

blaublütig → adlig

Blaukraut Rotkraut, Rotkohl; *schweiz.:* Kabis, Rotkabis

blaumachen
1. → faulenzen
2. → fehlen

Blaupapier Kohlepapier, Karbonpapier, Durchschlagpapier, Pauspapier

Blech
1. Backblech, Kuchenblech
2. *ugs. für:* Unsinn, Unfug, Nonsens, Blödsinn

blechen → bezahlen

blechern schnarrend, hohl klingend

Bleibe
1. → Unterkunft
2. → Heim

bleiben
1. weilen, verweilen, verbleiben, verharren, dableiben, dabeibleiben, nicht weggehen, ausdauern, sich häuslich niederlassen
2. → aufhalten, sich
3. → überleben
4. zurückbleiben, übrig bleiben/sein

bleiben bei
1. aushalten, durchhalten, beständig/beharrlich/stark bleiben, nicht nachgeben/wanken/weichen, auf seinem Posten ausharren/aushalten, beharren, standhalten, festbleiben, weitermachen, nicht aufgeben/nachlassen, treu bei einer Sache/standhaft bleiben, sich nicht abbringen/beirren/irritieren lassen; *ugs.:* bei der Stange bleiben
2. → beibehalten

bleibend → dauerhaft

bleiben lassen → unterlassen

bleich → blass

bleichen
1. bleich/heller machen
2. aufhellen, blondieren, blondfärben
3. → verblassen

Bleichsucht → Blutarmut

bleiern bedrückend, (schwer) wie Blei, lastend, wie ein Klotz

blenden
1. blindmachen, am Sehen hindern, das Sehvermögen beeinträchtigen
2. der Sehkraft/des Augenlichts berauben, die Augen ausstechen/ausbrennen/ausbohren

3. → täuschen
4. → bezaubern

blendend
1. hervorragend, glänzend, glanzvoll, ausgezeichnet, eindrucksvoll, prächtig, trefflich, meisterhaft, hinreißend, reizvoll, anziehend, attraktiv, überzeugend, bestechend, großartig, brillant, fantastisch, grandios, famos, exzellent
2. grell, ungedämpft

Blendwerk Bluff, Gaukelspiel, Gaukelei, Vorspiegelung, Täuschung, bloßer Schein, Fata Morgana, potemkinsches Dorf, Trugbild; *abwertend:* fauler Zauber, Scharlatanerie, Kulissenschieberei

Blick
1. Sicht, Aussicht, Ausblick, Überblick, Panorama, Rundblick, Fernblick
2. Augenausdruck
3. Urteil, Urteilsgabe, Urteilsvermögen, Auffassungsgabe; *ugs.:* Auge

blicken
1. schauen, sehen, äugen, spähen, starren; *ugs.:* gucken, luchsen, linsen, peilen, ein Auge riskieren, lugen; *landsch.:* kucken, kieken; *abwertend:* glotzen, stieren, glubschen
2. **sich blicken lassen** → besuchen
3. → einfinden, sich

blicken auf → anschauen

Blickfang Anziehungspunkt, Magnet, Lockmittel

Blickfeld Perspektive, Gesichtsfeld, Blickwinkel, Horizont, Gesichtskreis, Sehkreis, Reichweite

Blickpunkt Anschauung, Meinung, Auffassung, Vorstellung, Blickwinkel, Betrachtungsweise, Standpunkt, Erachten, Ermessen, Befinden, Überzeugung, Denkweise, Gesinnung, Glaube, Warte

Block: Notizblocks und Häuserblöcke

Manche Substantive besitzen unterschiedliche Pluralformen, die in Abhängigkeit von der Bedeutung gewählt werden. Der Begriff *Block* hat die beiden Pluralformen *Blöcke* und *Blocks*. Bezeichnet *Block* ein großes, ungefüges Stück aus Holz, Metall, Stein o. Ä., wird der Plural in der Regel auf *-e* mit Umlaut gebildet: *Betonblöcke, Felsblöcke, Motorblöcke* usw. Sind mit *Block* zusammengeklebte oder -geheftete Papierbögen gemeint, die man abreißen kann, dann lautet der Plural in der Regel *Blocks: Abreißblocks, Notizblocks, Zeichenblocks* usw. Auch die Gesamtheit mehrerer zusammengebauter Gebäude wird als *Block* bezeichnet. In dieser Bedeutung wird ebenfalls der Plural *Blocks* bevorzugt: *Häuserblocks, Wohnblocks* usw. Versteht man unter *Block* eine von mehreren Staaten oder Parteien gebildete Einheit, können beide Pluralformen verwendet werden, doch ist *Blöcke* die geläufigere: *Bündnisblöcke* oder *-blocks, Staatenblöcke* oder *-blocks* usw.

Blickwinkel
1. → Blickpunkt
2. Perspektive, Gesichtsfeld, Blickfeld, Horizont, Gesichtskreis, Sehkreis, Reichweite

blind
1. ohne Augenlicht/Sehvermögen, erblindet, mit Blindheit geschlagen
2. trüb, nicht klar, angelaufen, beschlagen, matt, stumpf, glanzlos, undurchsichtig, schmutzig
3. unüberlegt, ohne Überlegung/Einsicht, gedankenlos, unbedacht, unbesonnen, impulsiv, leichtfertig, leichtsinnig, planlos, ziellos, wahllos, übereilt, blindlings
4. kritiklos, unkritisch, arglos, gutgläubig, leichtgläubig, treuherzig, naiv, bedenkenlos

Blinddarm Wurmfortsatz; *Med.:* Appendix

Blindgänger
1. → Versager
2. nicht explodierter Sprengkörper

blindlings kritiklos, unkritisch, arglos, gutgläubig, leichtgläubig, treuherzig, naiv, bedenkenlos, ohne nachzudenken, blind, blindgläubig

blindmachen → blenden

blind werden erblinden, das Augenlicht/die Sehkraft verlieren

blinken
1. → leuchten
2. signalisieren, Signal/Zeichen geben

blinzeln zwinkern, blinkern; *landsch.:* plinke(r)n, zwinzeln

blitzartig
1. → schnell
2. → plötzlich

blitzen
1. → leuchten
2. aufleuchten, wetterleuchten; *poet.:* flammen
3. **es blitzt** → erkennen

Block
1. Brocken, Klotz, Klumpen, Kloben
2. Wohnblock, Häuserblock, Gebäudekomplex, Häuserviertel
3. Gruppe, Verband, Fraktion, Sektion, Lager ⓘ

B

Blockade
1. Absperrung, Sperre, Abschließung, Abriegelung, Blockierung, Einschließung, Einkesselung, Einkreisung, Umzingelung, Belagerung, Abschnürung, Umklammerung
2. → Mattscheibe

Blockbuster Kassenschlager, Publikumserfolg, Verkaufsschlager, Bestseller, Hit, Knüller, Renner, Reißer, Dauerbrenner

blocken → bohnern

blockfrei neutral, parteilos, unbefangen, objektiv

blockieren
1. sperren, aufhalten, verstellen, besetzen, den Durchgang/Zugang verhindern/unmöglich machen, abriegeln, abschneiden, abblocken
2. außer Kraft/Betrieb setzen, stilllegen, → sabotieren

blockiert ohnmächtig, handlungsunfähig, paralysiert, gehemmt, verkrampft, befangen, verklemmt

blöd → dumm

blödeln → scherzen

Blödsinn → Unsinn

blödsinnig → dumm

blondieren bleichen, blondfärben

bloß
1. nackt, unbedeckt, unbekleidet, unverhüllt, blank, hüllenlos, entblößt, entkleidet; *ugs.:* im Adamskostüm, barfuß bis zum Hals, in natura, wie Gott ihn schuf; *geh.:* bar
2. ausschließlich, nur, lediglich, allein, niemand sonst, alleinig, nichts/niemand als, kein anderer

Blöße
1. Nacktheit, Nudität
2. Schwäche, schwache Stelle, Armutszeugnis, Unzulänglichkeit, Unvollständigkeit, Unvollkommenheit, Achillesferse, Mangel, Manko, Fehler, Makel, wunder Punkt

bloßlegen
1. freilegen, aufdecken, abdecken, ausgraben, ausschaufeln, ausheben, sichtbar machen
2. → aufdecken

bloßstellen anprangern, öffentlich angreifen, blamieren

bloßstellen, sich → blamieren, sich

Bloßstellung → Schande

Bluff → Blendwerk

bluffen → täuschen

blühen
1. in Blüte stehen, Blüten haben/tragen, prangen, aufgeblüht sein
2. gedeihen, florieren, sich entwickeln, Erfolg haben, gutgehen, Fortschritte machen, prosperieren, wachsen, anwachsen, einen Aufstieg/Aufschwung erleben, voranschreiten, sich entfalten, in der Entwicklung begriffen sein, ansteigen, sich steigern, sich ausdehnen, sich erweitern; *ugs.:* flottgehen, hinhauen

blühend
1. gesund, kerngesund, frisch, strotzend, rüstig, stabil, munter
2. jung, jugendlich, taufrisch, unverbraucht

Blume
1. Blüte, blühende Pflanze, Flora, Kelch, Dolde
2. Aroma, Bukett, Duft, Wohlgeruch, Odeur
3. Schwanz (Hase)

Blumenkohl Spargelkohl; *landsch., österr.:* Karfiol

Blumenstrauß Bukett, Strauß, Sträußchen; *landsch.:* Busch(en); *österr.:* Bouquet; *geh.:* Gebinde

Blumentopf
1. Blumenkübel, Blumenschale, Übertopf, Pflanzentopf
2. **keinen Blumentopf gewinnen** *ugs. für:* nichts erreichen/wert sein/erlangen/erringen, keinen Erfolg haben, nichts zustande bringen

blümerant → flau

blumig
1. aromatisch, wohlriechend, duftend, balsamisch, würzig
2. → ausladend

Blut
1. *ugs.:* Lebenssaft; *scherzh.:* roter Saft; *Jägerspr.:* Schweiß
2. Blutsverwandtschaft, Sippe

Blutarmut Anämie, Bleichsucht, Blutmangel

Blutbad Blutvergießen, Gemetzel, Massaker, Metzelei, Hinschlachtung, Abschlachtung, Schlächterei, Massenmord, Morden

blutdürstig blutrünstig, blutgierig, mordsüchtig, mordgierig, mordlustig, bestialisch, unbarmherzig, erbarmungslos, grausam, entmenscht

Blüte
1. Blütezeit, Glanzzeit, Hochblüte, Höhepunkt, Krönung
2. Elite, Oberschicht, Führerschicht, Auslese, Auswahl, die Besten
3. Pustel, Pickel, Eiterbläschen

blutig
1. blutend, bluttriefend, blutverschmiert, mit Blut befleckt/beschmutzt/besudelt, voll Blut
2. → mörderisch

blutleer
1. → blass
2. abgestorben, empfindungslos, gefühllos, eingeschlafen, taub

blutrünstig → blutdürstig

Blutsauger
1. Ausbeuter, Erpresser, Halsabschneider, Wucherer; *ugs.:* Aasgeier, Hyäne, Schinder
2. Vampir

Blutschande Inzest, Inzucht

Blutübertragung Transfusion, Bluttransfusion

Blutung
1. *Med.:* Hämorrhagie, Sanguination
2. **monatliche Blutung** → Menstruation

Blutvergießen → Blutbad

Bö Windstoß

Bock
1. → Fehler
2. → Lust
3. **geiler Bock** → Lüstling
4. **sturer Bock** → Trotzkopf

bocken
1. störrisch/widerspenstig/bockig sein, nicht gehorchen/folgen, trotzen; *landsch.:* den Bock haben
2. → stocken

bockig → widerspenstig

Boden
1. Grund, Erde, Land, Scholle, Ackerboden, Erdboden
2. Grundfläche, Fußboden
3. Dachboden; *landsch.:* Speicher, Estrich

bodenlos
1. → unerhört
2. abgrundtief, abgründig, unergründlich

Bodenlosigkeit → Frechheit

Bodensatz Rückstand, Ablagerung, Sediment, Niederschlag, Satz, Rest

bodenständig
1. alteingesessen, autochthon, am Ort entstanden, heimisch, in der Heimat verwurzelt, heimatverbunden, verankert, verwachsen
2. naturnah, naturverbunden, erdhaft, erdgebunden, elementar, ursprünglich, natürlich

Bodybuilding Muskeltraining, Körperausbildung

Bodyguard Leibwächter, Beschützer, Personenschützer, Geleit, Leibgarde, Wachposten; *abwertend:* Gorilla

Bogen
1. → Biegung
2. Wölbung, Rundung
3. Blatt, Stück Papier

Bohei (großes) Aufsehen, Aufheben, Beachtung, Furore, Eklat, Verwirrung; *ugs.:* Tamtam

Bohle Brett, Balken, Planke

Bohne *volkst.:* Fasel, Fisel; *österr.:* Fisole

Bohnenstange → Riese

bohnern blankmachen, polieren (Fußboden); *ugs.:* wienern; *landsch.:* blocken, bohnen; *schweiz.:* blochen

bohren
1. graben, stochern; *landsch.:* pulen, polken
2. drängen, antreiben, begehren, fordern, zusetzen; *ugs.:* quengeln, löchern, in den Ohren liegen
3. schmerzen, stechen, brennen, durch Mark und Bein gehen

böig → luftig

Boiler Heißwasserbereiter, Warmwasserbereiter, Warmwasserspeicher

Böllerschuss Salut, Salve, Ehrensalve

Bollwerk
1. Hafendamm, Hafenmauer, Wall
2. Befestigung, Befestigungsanlage, Verschanzung, Schanze, Bastion, Bastei, Verteidigungsanlage, Festung, Festungsbau, Befestigungssystem, Befestigungswerk, Wall, Festungswall, Barrikade, Zitadelle, Kastell, Feste, Burg, Fort; *geh.:* Wehr

bombardieren Bomben werfen, mit Bomben angreifen/belegen, beschießen, unter Beschuss nehmen

bombardieren mit überschütten mit (Fragen), bedrängen, überfallen

bombastisch hochtrabend, geschwollen, geschraubt, schwülstig, prahlerisch, pompös, übertrieben, aufgebläht, überladen, überspitzt, überspannt, theatralisch

bombig → großartig

Bon Gutschein, Wertmarke, Kupon, Chip, Jeton, Abschnitt, Kassenzettel, Quittung

Bonbon Zuckerzeug, Drops, Toffee; *landsch.:* Gutsel; *österr.:* Zuckerl; *schweiz.:* Guetzli, Zeltli ⓘ

Bonmot witziger Ausspruch, geistreiche Äußerung/Bemerkung, Sentenz

Bonus Gutschrift, einmalige Sondervergütung, Prämie

Bonvivant → Lebemann

Bonze → Kapitalist

Boom Hochkonjunktur, wirtschaftlicher Aufschwung, Blüte, Hausse

Boot Kahn, kleines Schiff; *landsch.:* Zille; *poet.:* Nachen, Barke; *schweiz.:* Nauen; *ugs.:* Nussschale; *österr.:* Schinakel

Bord Wandbrett, Regal, Gestell; *landsch.:* Etagere; *ugs.:* Stellage

Bordell Etablissement, Eroscenter, Freudenhaus, Dirnenhaus, öffentliches Haus, Massageinstitut; *ugs.:* Hurenhaus, Liebes-

B

Bonbon: Süßigkeit und Parteiabzeichen

Die Bezeichnung für die kleine Süßigkeit ist von dem französischen Adjektiv *bon* = »gut« abgeleitet und wird häufig in der Pluralform *Bonbons* gebraucht. Synonyme sind *Drops* und *Zuckerzeug,* während *Toffee* für eine bestimmte Art von *Bonbon,* nämlich ein karamellisiertes *Weichbonbon,* steht. Darüber hinaus gibt es zahlreiche regionale Varianten für *Bonbon,* die teils auf dessen Form, teils auf den Zucker als wesentlichen Inhaltsstoff Bezug nehmen.
In den niederdeutschen Mundarten finden sich die Ausdrücke *Bonschen, Bollchen* oder *Bönger. Bollchen* wird auch im thüringischen Dialekt verwendet, der außerdem, wie das Sächsische, das Wort *Zuckerle* kennt. *Kamelle, Klümpchen* und *Zuckerchen* sind rheinische Ausdrücke, wobei sich übrigens von dort auch der Ausdruck *olle Kamellen* für »alte/altbekannte Geschichten« herleitet. Im Hessischen finden sich *Klunscher, Klumpen, Knollen* und die das Französische übersetzenden Ausdrücke *Gutsel* und *Gutschen.* Diese beiden sind auch in pfälzischer Mundart geläufig. Mit der schwäbischen Verkleinerungsform »-le« gibt es im schwäbisch-alemannischen Raum das *Guts(e)le.* Dort sagt man auch *Bombo.* Im Fränkischen lauten die Ausdrücke *Gutsele* und *Geschleck,* das Bairische kennt *Gutel* und *Zeltel.* Als *Guetzli* und *Zeltli* werden Bonbons in der Schweiz bezeichnet. In Österreich heißt es wiederum *Zuckerl.*
Nichts mit Süßigkeiten zu tun hatte eine Bedeutung von *Bonbon* in der ehemaligen DDR: Dort stand das Wort auch als Synonym für das Parteiabzeichen der SED.

silo, Liebestempel, Knallhütte, Puff, Eierberg

Bordstein Bordkante, Bordschwelle, Bordsteinkante; *landsch.:* Randstein

Bordüre → Borte

borgen leihen, ausleihen, verleihen, ausborgen, verborgen, (zeitweise) überlassen, zur Verfügung stellen, vorlegen, auslegen, vorstrecken, vorschießen, Anleihe geben, aushelfen; *ugs.:* pumpen, verpumpen

borgen, sich sich leihen, sich entleihen, sich ausleihen, sich erborgen, sich entlehnen, eine Anleihe machen/aufnehmen, Schulden machen, einen Kredit/Geld/ein Darlehen aufnehmen, Verbindlichkeiten eingehen; *ugs.:* anpumpen, anzapfen, anschreiben lassen

Borke
1. Rinde
2. *landsch.:* Schorf, Wundschorf, Grind, Kruste

Born *poet. für:* Brunnen, Quelle

borniert
1. → engstirnig
2. → dumm

Börse
1. → Geldbörse
2. Aktienmarkt, Wertpapiermarkt, Geldmarkt; *ugs.:* Parkett

Börsenmakler Börsenhändler, Aktienhändler, Wertpapierhändler, Wertpapiermakler, Börsianer, Broker; *oft abwertend:* Spekulant, Börsenspekulant

borstig
1. kratzend, stachlig, ruppig, struppig, zottig, bärtig, zottelig, rau
2. unfreundlich, barsch, grob, schroff, brüsk, rüde, raubeinig, kurz angebunden, derb

Borte Bordüre, Blende, Rüsche, Volant, Paspel, Tresse, Litze, Einfassung, Zierband, Besatz; *österr.:* Passepoil, Endel; *schweiz.:* Bord

bösartig
1. destruktiv, gefährlich, schlimm, heimtückisch, verfänglich, kritisch, unheilvoll, gefahrvoll, bedenklich, ernst; *Med.:* maligne
2. hinterhältig, arglistig, verschlagen, intrigant
3. → boshaft
4. → böse

Bösartigkeit → Bosheit

Böschung Abhang, Abfall, Gefälle, Hang, Halde, Absturz; *landsch.:* Leite, Lehne; *schweiz.:* Bord

böse
1. schlecht, schlimm, arg, ungut, unrecht, nicht gut/freundlich, gemein, garstig, nicht würdig, miserabel, schmutzig, erbärmlich, schnöde, schäbig, schuftig, ruchlos, herzlos, perfide, teuflisch, schurkisch, boshaft; *ugs.:* hundsgemein, schofel, mistig, dreckig
2. verärgert, bitterböse, gram, voller Groll, spinnefeind, ärgerlich, gereizt, verstimmt, aufgebracht, empört, entrüstet, erbost, erbittert, ungehalten, unwirsch, geladen, wütend, zornig, wutentbrannt, wutschnaubend, grimmig, furios, zähneknirschend, rasend, tobend

3. streitsüchtig, zänkisch, aggressiv, unverträglich, angriffslustig; *ugs.:* krakeelerisch
4. → bösartig
5. → unangenehm
6. unfolgsam, ungehorsam, unartig, ungezogen, nicht brav

Bösewicht
1. → Schurke
2. → Schelm

boshaft
1. böswillig, arg, argwillig, arglistig, infam, niederträchtig, übelgesinnt, hinterlistig, gehässig, schadenfroh, tückisch, hämisch, odiös, missgünstig, verletzend, kränkend; *geh.:* maliziös
2. → bösartig
3. → böse

Boshaftigkeit → Bosheit

Bosheit Bösartigkeit, Böswilligkeit, Boshaftigkeit, Gemeinheit, Niedertracht, Niederträchtigkeit, Hinterlist, Schadenfreude, Gehässigkeit, Übelwollen, böse Absicht, böser Wille, Tücke, Heimtücke, Arglist, Intriganz, Intrifamie, Garstigkeit, Schlechtigkeit, Teufelei, Gift, Schikane, Schurkerei, Unverschämtheit, Abscheulichkeit, Ruchlosigkeit; *derb:* Sauerei, Schweinerei

Boss → Chef

böswillig → boshaft

Böswilligkeit → Bosheit

Bote Überbringer, Sendbote, Kurier, Laufbursche, Botenjunge, Besorger, Austräger, Ausfahrer, Ausgeher; *schweiz.:* Verträger

Botschaft
1. Mission, Gesandtschaft, diplomatische/ständige Vertretung, Auslandsvertretung
2. → Nachricht

Botschafter: Sendboten und Diplomaten

Ein *Botschafter* ist jemand, der Nachrichten überbringt. Dabei kann das Wort in unterschiedlichsten Zusammenhängen gebraucht werden, etwa auch allgemein für Personen, die sich für eine bestimmte Sache einsetzen.
So werden zum Beispiel Prominente, die sich für das Kinderhilfswerk der Vereinten Nationen engagieren als »Unicef-*Botschafter*« bezeichnet.
Im politischen Sinn ist *Botschafter* dagegen die Bezeichnung für eine konkrete berufliche Position: Sie bezieht sich auf den Leiter der Auslandsvertretung eines Staates, so dass *Auslandsvertreter* oder *diplomatischer Vertreter* gelegentlich auch synonym für *Botschafter* verwendet werden.
Das aus dem Französischen stammende *Ambassadeur* ist veraltet. Ein *Missionsträger* ist dagegen meist ein *Botschafter* im religiös-kirchlichen Sinn. Hierher gehört auch der Begriff *Nuntius,* der für den diplomatischen Vertreter des Papstes in einem Land steht. Er wird deswegen gelegentlich auch als *apostolischer Nuntius* bezeichnet. Der gehobene Ausdruck *Sendbote* hat in der Regel religiöse Konnotationen. So nennt man zum Beispiel Engel auch *Sendboten* beziehungsweise *Botschafter* Gottes. Der Ausdruck *Gesandter* ist wiederum neutral: Das Wort kann im politischen Sinn für einen *Regierungsvertreter* oder einen *kirchlichen Gesandten* stehen und darüber hinaus allgemein für eine Person verwendet werden, die im Auftrag einer anderen als Botschafter Nachrichten überbringt.
Gesandter wird meist mit einem Hinweis auf den Absender gebraucht, also zum Beispiel »der spanische *Gesandte*« oder »der *Gesandte* des amerikanischen Präsidenten«.

Botschafter Diplomat, Gesandter, Regierungsvertreter, Missionär, Missionsträger, Auslandsvertreter, Nuntius ⓘ

Bottich Kübel, Eimer, Zuber; *landsch.:* Bütte, Schaff

Bouillon → Brühe

Boulevard → Straße

Boulevardpresse Sensationspresse, Regenbogenpresse, Skandalpresse, Revolverpresse, Yellow Press

Boulevardzeitung Revolverblatt, Skandalblatt, Hetzblatt, Schmierblatt; *ugs.:* Klatschblatt, Käseblatt

bourgeois
1. bürgerlich, großbürgerlich, zur Bourgeoisie gehörend
2. konservativ, rechts, kapitalistisch, etabliert, zum Establishment gehörend, angepasst

Boutique (kleines) Modegeschäft, Modeladen

Box
1. Verschlag, Abstellraum, Ausstellungsstand
2. Schachtel, Packung

boxen schlagen, mit Fäusten schlagen/hauen/rangeln/raufen, Fausthiebe versetzen, einen Faustkampf machen, kämpfen, fighten

Boxer Faustkämpfer, Boxkämpfer, Fighter, Profiboxer

Boy
1. → Bursche
2. → Diener

B

Boykott
1. Verrufserklärung, Ächtung
2. Warensperre, Liefersperre, Embargo
3. Ausschluss, Disqualifizierung, Aussperrung, Abbruch, Enthebung

boykottieren
1. mit Boykott belegen, sperren, aussperren, verfemen, ausgliedern, kaltstellen, ächten, ausschließen, ausstoßen, disqualifizieren
2. → verhindern

brachliegen
1. unbebaut/nicht bebaut sein
2. ungenutzt/nutzlos bleiben, stillliegen, darniederliegen, ruhen

Brainstorming (spontane) Ideenfindung, Ideenkonferenz, Gedankenspiel

Branche
1. Wirtschaftszweig, Geschäftszweig, Berufszweig
2. → Fach

Brand
1. Feuer, Feuersbrunst, Feuersturm, Feuermeer, Flammenmeer, Flammengezüngel
2. Durst, Riesendurst, trockene Kehle; *ugs.:* Mordsdurst, Höllenbrand
3. Gewebstod; *Med.:* Gangrän
4. **einen Brand stiften** abbrennen, niederbrennen, Feuer legen, in Flammen setzen/aufgehen lassen, in Schutt und Asche legen
5. **in Brand setzen** anzünden, entzünden, anbrennen, anfachen, anschüren, zum Brennen bringen, in Brand stecken

branden
1. fluten, wogen, schlagen, sich brechen, tosend aufprallen
2. ertönen (Beifall), erschallen

brandmarken anprangern, an den Pranger stellen, ächten, verfemen, verpönen, öffentlich tadeln, scharf kritisieren, verdammen, verurteilen, den Stab brechen über, geißeln, in Acht und Bann tun, verspotten, verhöhnen, zum Gespött machen

brandschatzen plündern, ausrauben, räubern, verheeren, vernichten, ausrotten, austilgen, auslöschen, verwüsten, zerstören, dem Erdboden gleichmachen, niederbrennen, in Asche legen, wegnehmen

Brandstifter Brandleger, Feuerleger; *ugs.:* Feuerteufel

Brandung Gischt, Wogenschlag, Wogenprall; *landsch.:* Feim

Branntwein Schnaps; *ugs.:* Feuerwasser, der Klare, Rachenputzer, Stoff, Fusel

braten schmoren, garen, backen, grillen, dünsten, rösten; *landsch.:* brägeln, präkeln; *ugs.:* brutzeln, schmurgeln

Brathähnchen Backhähnchen, Backhuhn; *landsch.:* Broiler; *österr.:* Brathändl, Backhändl; *schweiz.:* Güggeli; *abwertend:* Gummiadler, Gummivogel

Bratrohr → Röhre

Bratrost Grill, Rost

Bratsche Viola, Altgeige

Brauch
1. Sitte, Ritus, Ritual, Regel, Brauchtum, Mode, Konvention, Tradition, Überlieferung, Herkommen, Althergebrachtes
2. Gewohnheit, Usus, Gepflogenheit, Ordnung, Gebrauch; *geh.:* Usance
3. Form, Förmlichkeit, Etikette, Protokoll, Vorschrift, Zeremonie, Zeremoniell, Kult, Norm

brauchbar
1. nützlich, verwendbar, anwendbar, nutzbar, einsetzbar, übertragbar, verwertbar, geeignet, tauglich, dienlich, gute Dienste leistend, praktikabel, praktisch, passend, zweckmäßig, zweckvoll, zweckdienlich, handlich
2. anstellig, gelehrig, geschickt, fingerfertig, geübt, vielseitig, routiniert

Brauchbarkeit
1. → Eignung
2. → Nutzen

brauchen benötigen, nötig haben, bedürfen, Bedarf haben, bedürftig sein, nicht entbehren/missen können, verwenden können, haben müssen, nicht auskommen ohne, angewiesen sein auf; *geh.:* nicht entraten können; *ugs.:* nötig haben wie das tägliche Brot, gebrauchen

bräunen anbräunen, anbraten, anrösten

bräunen, sich
1. Farbe bekommen, braun werden; *landsch.:* einbrennen; *ugs.:* sich färben
2. Sonne abbekommen, sich sonnen, in der Sonne liegen, ein Sonnenbad nehmen

Brause
1. Dusche
2. Limonade, Sprudel; *ugs.:* Limo, Kribbelwasser; *österr.:* Kracherl

brausen
1. duschen, sich abduschen, eine Dusche nehmen, unter die Dusche gehen
2. rauschen (Wind), toben, tosen, sausen, stürmen,

wüten, fegen, fauchen, pfeifen
3. schnell fahren, rasen; *ugs.:* karriolen, dampfen

Braut Verlobte, Zukünftige; *ugs.:* Gespons

Bräutigam Verlobter, Zukünftiger; *veraltet:* Freier; *ugs.:* Gespons

brav
1. gehorsam, artig, folgsam, lieb, nicht frech, wohlerzogen, gut erzogen, gefällig, verbindlich, gesittet, zuvorkommend, manierlich, gefügig, fügsam, willig; *ugs.:* gut zu haben
2. tüchtig, ordentlich, patent, fähig, wacker, tapfer; *ugs.:* auf Draht, pfundig
3. rechtschaffen, redlich, achtbar, ehrenwert, ehrenhaft, ehrbar, aufrecht, tugendhaft, unbescholten, integer, vertrauenswürdig, loyal, solid, anständig
4. bieder, einfältig, treuherzig, simpel, spießig, hausbacken, harmlos, zahm, kleinbürgerlich, prüde (i)

bravo → ausgezeichnet

Bravour → Bravur

Bravur
1. Mut, Furchtlosigkeit, Forschheit, Heldenhaftigkeit, Heldengeist, Heroismus
2. Meisterschaft, Virtuosität, Meisterhaftigkeit, Können, Perfektion, Vollkommenheit, Vollendetheit

brechen
1. durchbrechen, zerbrechen, entzweibrechen, bersten, krachen, knacken, kaputtgehen, platzen, zerplatzen, springen, zerspringen, splittern, zersplittern, in Stücke gehen
2. zerlegen, durch Druck/Gewalt zerlegen, zerschlagen, abtrennen, loslösen
3. abbrechen, pflücken, abpflücken, knicken, abreißen; *ugs.:* abrupfen, abzupfen
4. → falten
5. sich übergeben, sich erbrechen, speien; *ugs.:* reihern; *derb:* kotzen
6. nicht einhalten (Vertrag), verletzen, sich nicht an eine Verpflichtung/Vereinbarung halten
7. abbröckeln, zerbröckeln, bröseln, zerbröseln, krümeln, zerkrümeln

brechen, sich ablenken (Licht), ableiten, in eine andere Richtung bringen

brechen mit
1. → aussteigen
2. mit jmdm. brechen die Freundschaft kündigen/aufkündigen/auflösen, sich zurückziehen, sich lossagen, sich lösen, jmdn. verlassen, jmdn. im Stich lassen, jmdm. den Rücken kehren, sich trennen von, abschließen mit; *ugs.:* mit jmdm. Schluss machen, jmdm. den Laufpass geben, jmdn. sitzen lassen

---

brav: Zwischen Gehorsam und Biederkeit

Brav wird oft in Bezug auf Kinder gebraucht, um auszudrücken, dass sie *gehorsam, artig, wohlerzogen, gut erzogen, lieb* oder umgangssprachlich *gut zu haben* sind. Im Zusammenhang mit Tieren bedeutet es, dass diese *zahm, gut dressiert/erzogen, folgsam* sind.
Auf Erwachsene angewendet, kann diese Beschreibung je nach Kontext jedoch ein zweischneidiges Lob sein. Positiv gemeint sind Konnotationen wie etwa *rechtschaffen, redlich, ehrenwert, unbescholten, loyal, vertrauenswürdig.* In diesem Sinn ist *brav* in früheren Zeiten gebraucht worden, wie auch das Schiller-Zitat »Der brave Mann denkt an sich selbst zuletzt« (»Wilhelm Tell«) belegt. Eher negative Bedeutung hat es dagegen, jemanden als *brav* im Sinn von *bieder, harmlos* oder gar *hausbacken* zu beschreiben.
Treuherzig ist dabei noch die freundlichere Variante von *einfältig* oder *simpel. Kleinbürgerlich* – als Synonym für *brav* nicht im Sinn einer soziologischen Beschreibung gedacht – hat meist den Beigeschmack von *kleinkariert.* Die abwertende Steigerung ist *spießig.*
Gemeinsam ist allen negativen Konnotationen für *brav,* dass hier auch die Vorstellung *langweilig* beziehungsweise *fantasie-/reizlos* im Spiel ist. *Prüde* wird meist im Zusammenhang mit Sexualität verwendet. Die Bedeutung des Wortes *brav* hat sich im Lauf der Zeit von einer einst positiven Kennzeichnung zu einer tendenziell eher negativen Beschreibung entwickelt.
Ursprüngliche Bedeutungen wie *tapfer, mutig,* die noch im englischen *brave* zu erkennen sind, wurden über *folgsam, lieb* zu *langweilig.*
Die uneingeschränkt positive Bedeutung haben heute noch der von *brav* abgeleitete, anerkennende Ausruf *bravo!* sowie die Bezeichnung *Bravourstück* für eine ganz besonders gute Leistung.

B

Brechreiz Übelkeit, Übelbefinden, Unwohlsein; *Med.:* Nausea
Bredouille → Not
Brei Püree, Mus; *landsch.:* Platsch, Kasch; *österr.:* Koch; *schweiz.:* Müesli, Stock; *ugs.:* Papp, Pamp, Pampf, Klitsch
breit
1. ausgedehnt, weit, weitläufig, weiträumig, ausgestreckt, langgestreckt, geräumig, ausführlich, weitschweifig, umständlich, langatmig, wortreich, in extenso, eingehend; *ugs.:* lang und breit, des Langen und Breiten
2. → dick
Breite
1. Ausdehnung, Ausbreitung, Weite, Spannweite, Weitläufigkeit
2. → Körperfülle
breiten
1. → ausbreiten
2. *geh.:* weit ausstrecken (Flügel), ausspannen, weiten
breiten, sich → ausdehnen, sich
Breiten → Gegend
breitmachen, sich
1. *ugs. für:* sich ausbreiten, viel Raum/Platz einnehmen/beanspruchen/in Beschlag legen; *ugs.:* sich dickmachen
2. sich aufdrängen, sich einnisten, sich nicht vertreiben/abweisen lassen, nicht weggehen, zudringlich sein, penetrant sein, lästig sein, bedrängen, belästigen
breitschlagen → überreden
breittreten → zerreden
Bremse
1. Bremsvorrichtung, Hemmvorrichtung
2. Hemmnis, Hemmklotz, Hemmschuh, Hindernis, Handikap; *ugs.:* Klotz am Bein
3. Breme, Viehfliege, Viehbremse, Biesfliege
bremsen
1. abbremsen, auf die Bremse treten, die Bremse betätigen/bedienen, Geschwindigkeit verringern, zum Stillstand bringen, halten, anhalten, Halt machen, stoppen, abstoppen, zum Halten/Stehen kommen
2. → hemmen
3. knapphalten, kurzhalten; *ugs.:* den Daumen draufhalten, den Brotkorb höher hängen
brennbar entflammbar, feuergefährlich, entzündbar, entzündlich
brennen
1. flammen, flackern, züngeln, lodern, in Flammen stehen, knistern, glühen, schwelen, sengen, glimmen, verkohlen, abbrennen, ein Raub der Flammen werden; *geh.:* lohen
2. anbrennen, sich entzünden, Feuer fangen, in Brand geraten, anglimmen
3. leuchten, scheinen, strahlen
4. schmerzen, wehtun, bohren, stechen, ziehen, beißen, kribbeln, reizen, durch Mark und Bein gehen
5. destillieren, Branntwein produzieren/herstellen/erzeugen
brennen, sich sich verbrennen, sich durch Feuer/Hitze verletzen
brennend
1. glühend, heiß, feurig, flammend, kochend, siedend
2. schmerzhaft, schmerzlich, quälend, folternd, marternd, höllisch, unerträglich
3. → wichtig
Brennmaterial → Heizmaterial
Brennpunkt Mittelpunkt, Kern, Herz, Herzstück, Zentrum, Knotenpunkt, Schnittpunkt, Zentralpunkt, Sammelpunkt, Puls, Nabel (der Welt), Drehpunkt, Achse, Pol, Mitte, Hochburg, Tummelplatz, Seele, Herd, Ursprung, Nährboden
brenzlig → gefährlich
Brett
1. Planke, Platte, Latte, Leiste, Bohle, Diele, Bord
2. **Schwarzes Brett** Anschlagtafel, Anbrett, Aushang
Brief
1. Schreiben, Zuschrift, Zeilen, Schriftstück; *ugs.:* Post, Schrieb, Mitteilung, Nachricht, Botschaft; *abwertend:* Wisch; *scherzh.:* Epistel
2. **offener Brief** Sendbrief, Sendschreiben, veröffentlichtes Schreiben
Briefbote → Briefträger
briefen
1. informieren, Auskunft erteilen, einweihen, unterrichten
2. anleiten, instruieren, unterweisen, anweisen, einweisen, informieren, Anleitung/Instruktionen erteilen/geben (i)
Briefing Informationsgespräch, kurze Information/Anweisung, Lagebesprechung, Zusammentreffen; *Mil.:* Strategiebesprechung
Briefkuvert → Briefumschlag
Briefmarke Wertzeichen, Postwertzeichen, Marke, Freimarke

B

briefen: Über das Wesentliche informiert

Das Verb *briefen* ist ein Anglizismus, der sich von *to brief* (»instruieren«) ableitet. Wie das deutsche Substantiv *Brief* lässt sich *briefen* darüber hinaus auf das lateinische Wort *brevis* mit der Bedeutung »kurz« zurückführen. Jemanden zu *briefen* bedeutet entsprechend, ihn kurz und präzise über einen Sachverhalt zu *informieren* und ihm *Anleitungen* und *Instruktionen zu erteilen*. So erfolgt ein *Briefing* beim Militär z. B. in Form einer Lagebesprechung, nach der die dort erteilten Befehle auszuführen sind.
Besonders häufig wird *briefen* in der Werbewirtschaft verwendet. Zur Planung einer Werbekampagne *brieft* ein Unternehmen die beauftragte Werbeagentur, d. h., die Werbeagentur erhält alle wichtigen Angaben zu dem entsprechenden Produkt, zur Zielsetzung und Laufzeit der Kampagne usw.
Aber auch im alltäglichen Sprachgebrauch ist das Wort *briefen* zu finden: *Ich habe ihn schon gebrieft!* kann in einem gewöhnlichen Zusammenhang dann z. B. einfach nur bedeuten, dass bereits alle wesentlichen Informationen weitergeleitet wurden.

Briefträger Postbote, Zusteller, Briefzusteller; *landsch.:* Briefbote, Zubringer
Briefumschlag Kuvert, Briefkuvert, Briefhülle, Umschlag
Briefverkehr
1. → Korrespondenz
2. im Briefverkehr stehen → korrespondieren
brillant → großartig
Brille Gläser, Augengläser, Sehhilfe; *ugs.:* Intelligenzprothese, Nasenfahrrad, Spekuliereisen
brillieren glänzen, sich auszeichnen, herausragen, prunken, sich hervortun, beeindrucken, Eindruck machen, imponieren, Bewunderung hervorrufen, bestechen, wirken, Wirkung haben auf, (glänzend) in Form/in Hochform sein, Erfolg haben
bringen
1. herbringen, heranbringen, hinbringen, herbeibringen, herholen, heranholen, herbeiholen, hertragen, herantragen, hintragen, herbeitragen, herschaffen, heranschaffen, hinschaffen, herbeischaffen, an einen Ort tragen/befördern/bewegen/transportieren/spedieren, zustellen, zuschicken, zuleiten, zusenden, liefern, abliefern, einliefern, ins Haus schaffen; *ugs.:* anbringen, anschleifen, hinschleppen, anschleppen
2. nach Hause bringen, begleiten, heimbringen, heimbegleiten, mitgehen, mitkommen, das Geleit geben
3. → eintragen
4. → aufführen
5. → können
6. mit sich bringen → bewirken
bringen um → betrügen
brisant
1. äußerst explosiv, explodierbar, hochexplosiv, feuergefährlich
2. brennend, sehr aktuell, heikel, kritisch, drängend, akut, ernstlich, konfliktgeladen, hochbedeutend; *ugs.:* heiß
Brise Windhauch, Lüftchen, Lufthauch, Luftzug, leichter Wind
bröckelig krümelig, bröselig, weich, morsch, mürbe, porös
bröckeln → brocken
brocken
1. krümeln, zerkrümeln, bröckeln, zerbröckeln, bröseln, zerbröseln, zerkleinern, abbrechen (Brot)
2. → pflücken
Brocken
1. Stück, Haufen, Masse, Berg, Klumpen, Klotz, Block; *ugs.:* Batzen, Trumm
2. Bissen, Happen, Mund voll
3. → Fettwanst
4. → Wort
brodeln
1. blubbern, Blasen werfen, kochen, aufkochen, wallen, aufwallen, sprudeln
2. → kriseln
Brombeere Kroatzbeere, Ackerbeere
Brosame → Brösel
Brosche Spange, Schmuckspange, Nadel, Anstecknadel, Agraffe, Busennadel
broschieren heften, lumbecken, holländern, leicht/einfach binden
Broschüre kleine Druckschrift, Heft, Taschenbuch, Prospekt, Paperback, Werbeschrift
Brösel Brosame, Krümel, Krume
bröseln → brocken
Brot
1. Laib, Brotlaib
2. Scheibe, Brotscheibe, Schnitte, Brotschnitte; *landsch.:* Stulle, Bemme

B

Brötchen Semmel; *landsch.:* Wecken, Schrippe, Rundstück, Knüppel; *österr.:* Weckerl, Laibchen, Baunzerl, Bosniak; *schweiz.:* Weggen, Weggli ⓘ

Brötchengeber → Arbeitgeber

Broterwerb → Beruf

Brotkanten → Kanten

brotlos
1. → arbeitslos
2. nicht einträglich/Gewinn bringend, nichts einbringend, erfolglos, wertlos, sinnlos, zwecklos, nutzlos

Brotzeit Zwischenmahlzeit, zweites Frühstück, Vesper; *österr.:* Jause, Marende

browsen → surfen

Bruch
1. Brechen, Zerbrechen, Riss, Bruchstelle, Sprung, Spalte, Knacks
2. Bügelfalte, Falz, Knick, Kniff
3. Knochenbruch, Fraktur
4. Einschnitt, Zäsur, Unterbrechung
5. Abkehr, Umkehr, Absage, Abwendung, Zwiespalt, Loslösung, Lossagung, Trennung, Scheidung, Zerwürfnis, Entzweiung, Distanzierung, Spaltung
6. → Sumpf

brüchig morsch, mürbe, verfallen, zerfallen, verkommen, baufällig, alt, altersschwach, schrottreif, fragil, defekt, lädiert, schadhaft, instabil; *ugs.:* ramponiert

Bruchstück
1. Fragment, Torso, unvollendetes Werk, Ruine, Wrack
2. Teil, Bruchteil, Brocken, Stück, Abschnitt, Ausschnitt, Segment, Sektor

Regionale Varianten des Brötchens

Für den standardsprachlichen Begriff *Brötchen* gibt es – ganz abgesehen von zahlreichen, den Inhalt näher bestimmenden Zusammensetzungen wie *Milch-, Sesam-, Vollkornbrötchen* usw. – eine ganze Reihe regional verschiedener Ausdrücke, von denen wohl das aus dem Süddeutschen kommende Wort *Semmel* (von lateinisch *simila* = »Weizenmehl«) den höchsten überregionalen Bekanntheitsgrad besitzt.
In Teilen Norddeutschlands heißt dieses Gebäck auch *Rundstück,* im Berliner Raum *Schrippe.* Der Ausdruck *Weck(e)* findet sich in Variationen im süddeutschen Sprachgebiet: *Weckle* im schwäbisch-alemannischen Raum, *Weggla* in Franken. In der Schweiz gibt es *Weggen* und *Weggli.*
Weckerl sagt man in Österreich ebenso wie *Wecken. Kipf* und *Kipfle* sind im Schwäbischen genauso geläufig wie *Kipfla* im Fränkischen. Zu den landschaftlich eingegrenzten Ausdrücken gehört das oberschwäbische *Knauzen,* der zugleich ein Hinweis auf die Backart mit Dinkel- und Weizenmehl ist. *Roggelchen* wird im Kölner Raum ein Brötchen aus Roggenmehl genannt, in Berlin ist das ein *Schusterjunge.*
Auf die Bedeutung von *Brötchen* als Grundnahrungsmittel zielen der umgangssprachliche Ausdruck *Brötchengeber* für den Arbeitgeber und die Wendung *seine Brötchen verdienen* für »arbeiten«. Die ebenfalls umgangssprachliche Redewendung *kleine/kleinere Brötchen backen* bedeutet dementsprechend »bescheiden werden«, »sich einschränken« und, im übertragenen Sinne, »(nach anfänglicher Prahlerei) kleinlaut werden«.

bruchstückhaft → unvollständig

Brücke
1. Überbrückung, Überführung, Übergang, Steg
2. Verbindung, Beziehung, Verflechtung, Zusammenhang, geistiges Band, Verknüpfung, Bezug

brüderlich freundschaftlich, einträchtig, einig, einmütig, harmonisch, kameradschaftlich, kumpelhaft, partnerschaftlich

Brühe
1. Fleischbrühe, Kraftbrühe, Suppe, Boullion, Konsommee; *ugs.:* Gesöff, Plempe, Plörre
2. → Schlamm

brühwarm → sofort

Brüllaffe → Schreihals

brüllen
1. schreien, laut sprechen/rufen, ein Geschrei erheben, einen Schrei ausstoßen, Krach machen/schlagen, lärmen, grölen, johlen, kreischen; *ugs.:* donnern, plärren, quäken, schnauzen, krakeelen, Zeter und Mordio schreien/rufen, sich die Kehle aus dem Hals schreien, ein Konzert veranstalten
2. → jammern

brummen
1. knurren, murren; *ugs.:* brummeln, grunzen, granteln, gnatzen
2. summen, surren; *österr.:* burren
3. → einsitzen

B

brummig → mürrisch
Brummschädel
1. → Kopfschmerzen
2. → Kater
Brunft → Brunstzeit
brunftig → brünstig
Brunnen Wasserreservoir, Zisterne, Quelle; *poet.:* Born, Bronn(en)
Brunst
1. → Wollust
2. → Brunstzeit
brünstig
1. brunftig, heiß, stierig (Kuh), läufig (Hündin), rossig (Stute), rammelig (Häsin)
2. → begierig
brünstig sein stieren, rossen, rauschen (Schwein), ranzen (Wölfin); *Jägerspr.:* brunften
Brunstzeit Brunst, Paarungszeit, Läufigkeit; *Jägerspr.:* Brunft, Brunftzeit, Ranzzeit, Rauschzeit
brüsk schroff, barsch, rüde, abweisend, unhöflich, unfreundlich, kurz angebunden, kurz und knapp, taktlos, ungeschliffen, ungefällig, muffig, brummig, grob, plump; *ugs.:* ungehobelt, bärbeißig, ruppig; *landsch.:* rass, hantig, gschert
brüskieren schroff/verletzend behandeln, kränken, beleidigen, kompromittieren, bloßstellen, blamieren, schlechtmachen, lächerlich/zum Gespött/unmöglich machen, diskreditieren, ein Leid/Unrecht zufügen, verletzen, wehtun, vor den Kopf stoßen; *geh.:* ins Mark/Herz treffen; *ugs.:* auf die Zehen/den Schlips treten, einen Hieb versetzen
Brust
1. Brustkorb; *Med.:* Thorax; *ugs.:* Brustkasten
2. Busen, Brüste, Büste; *ugs.:* Vorbau, Vorgebirge, Balkon, Veranda, Holz vor der Hütte, weibliche Reize, Kiste, Glocken, Jungs, Möpse; *derb:* Titten, Euter
3. Seele, Herz, das Innere, Innenwelt, Psyche, Gemüt
brüsten, sich → angeben
Brust geben stillen, nähren, säugen, an die Brust nehmen/legen
Brüstung Geländer, Balustrade, Reling (Schiff)
Brut
1. Brüten, Gelege
2. *abwertend:* Nachkommen, Nachkommenschaft, Kinder, Gören, Rangen
3. → Gesindel
brutal roh, verroht, ruchlos, rabiat, rüde, grob, hart, eiskalt, wüst, gewalttätig, gewaltsam, kannibalisch, tierisch, bestialisch, grausam, krude, barbarisch, ungesittet, kaltblütig, kaltschnäuzig, unbarmherzig, erbarmungslos, gnadenlos, mitleidslos, schonungslos, rücksichtslos, ohne Mitleid/Rücksichtnahme, unerbittlich, herzlos, gefühllos, unmenschlich, inhuman, unsozial, entmenscht, ungerührt, rigoros, radikal, fanatisch; *ugs.:* viehisch, ohne Rücksicht auf Verluste
brüten
1. auf den Eiern sitzen, glucken, nisten, horsten
2. → denken
Brüter Reaktor, Atomreaktor, Kernreaktor
brutzeln → braten
BSE Rinderwahn, Rinderwahnsinn, Rinderseuche, Rinderkrankheit, Creutzfeldt-Jakob-Krankheit (beim Menschen)
Bub → Junge
Bube
1. Bauer, Unter (Spielkarte)
2. → Schurke
Bubenstück → Schurkerei
Buch
1. Band, Foliant, Titel, Druckerzeugnis, Druckwerk, Schrift, Werk, Publikation, Veröffentlichung, Abhandlung, Arbeit, Niederschrift, Untersuchung, Studie; *ugs.:* Schwarte, Schinken, Schmöker, Wälzer
2. Lektüre, Lesestoff, Literatur
Buchbesprechung Rezension, Kritik, Buchkritik, Beurteilung
buchen
1. eintragen, einschreiben, verbuchen, Buch führen, verzeichnen, erfassen, registrieren, dokumentieren, archivieren, ergänzen, fortschreiben
2. vorbestellen, reservieren
Bücherbord → Regal
Bücherei
1. Bibliothek
2. Bücherbestand, Büchersammlung, Bücherschatz
3. Apparat, Präsenzbestand, Mediothek
Bücherfreund Bücherliebhaber, Büchermensch, Büchernarr; *geh.:* Bibliophiler, Bibliomane; *ugs.:* Bücherwurm, Leseratte
Bücherregal Bord, Bücherbord, Bücherbrett, Bücherwand, Regal
Buchhandlung Buchladen, Bücherstube
Büchse
1. Dose, Konserve, Konservendose, Blechdose, Box, Behälter
2. Gewehr, Flinte, Karabiner, Stutzen; *ugs.:* Knarre, Schießeisen, Kracheisen,

B

Schießprügel; *Kinderspr.:* Schießgewehr
Buchstabe Schriftzeichen, Letter, Type
Buchstabenfolge Alphabet, Abc
buchstabengetreu buchstäblich, wörtlich, wortwörtlich, wortgetreu, genau
buchstäblich wirklich, in der Tat, im wahrsten Sinne des Wortes, wortwörtlich, tatsächlich, förmlich, regelrecht, geradezu, nachgerade, praktisch
Bucht Bai, Busen, Meerbusen, Golf, Förde, Fjord
Buckel
1. Höcker; *landsch.:* Ranzen; *ugs.:* Ast
2. *ugs.:* Rücken, Kreuz
3. Hügel, Anhöhe
buckeln → kriechen
bücken, sich sich beugen, sich niederbeugen, sich neigen, sich krümmen, einen krummen Rücken machen, sich kleinmachen, sich krummmachen; *ugs.:* einen Buckel machen
bucklig
1. holprig, uneben, hügelig, wellig, bergig
2. krumm, höckerig, verwachsen, gebeugt, verkrüppelt, krüppelig, missgestaltet, hochgekrümmt
Bückling *veraltet für:* Verbeugung, Verneigung; *Kinderspr.:* Diener; *scherzh.:* Kratzfuß
Buddel → Flasche
buddeln → graben
Bude
1. Baracke, Baubaracke, Hütte, Bauhütte
2. Kiosk, Stand, Marktstand
3. → Haus
4. → Zimmer
Budget Etat, Haushaltsplan, Haushalt, Staatshaushalt, Finanzplan, Voranschlag, Kostenaufstellung, Kostenplan, Kalkulation
Büfett
1. Anrichte, Schanktisch, Theke, Ausschank; *landsch.:* Tresen; *österr.:* Imbissstube
2. Geschirrschrank
büffeln → lernen
Bügeleisen Plätteisen; *landsch.:* Plätte; *schweiz.:* Glätteisen
bügeln
1. glätten, plätten
2. mangeln, heißmangeln; *landsch.:* mangen, rollen, durchdrücken
bugsieren
1. → schleppen
2. → manövrieren
buhlen um → werben um
buhlerisch
1. unterwürfig, untertänig, devot, servil, kriecherisch, liebedienerisch
2. *veraltet:* unzüchtig, schamlos, verrucht
Bühne
1. Plattform, Bretterboden, Rampe
2. Theater, Rampenlicht; *ugs.:* Bretter, die die Welt bedeuten; *abwertend:* Schmiere
3. Schauplatz, Kampfplatz, Arena, Szenerie, Szene
4. → Dachboden
Bühnenbild Bühnenausstattung, Bühnendekoration, Kulissen, Szenarium
Bühnenstück → Theaterstück
Bukett
1. Blumenstrauß; *landsch.:* Busch(en); *geh.:* Gebinde
2. Duft (beim Wein), Blume, Geruch, Wohlgeruch, Bouquet
bukolisch → idyllisch
Bulldog Traktor, Trecker, Zugmaschine, Schlepper; *landsch.:* Bulldogger
Bulle
1. männliches Rind, Stier
2. *ugs. für:* Riese, Gigant, Hüne, Goliath, Koloss
3. → Polizist
4. versiegelte Urkunde, päpstlicher Erlass
Bulletin amtlicher Tagesbericht, Berichterstattung, Rapport, öffentliche Bekanntmachung/Mitteilung, Kommuniqué
bullig
1. untersetzt, stämmig, gedrungen, kompakt, massig, plump
2. sehr, übermäßig, außerordentlich
Bummel Gang, Spaziergang, Streifzug, Tour; *geh.:* Promenade
bummeln
1. spazieren, promenieren, schlendern, wandern, einen Bummel/Spaziergang/Streifzug machen, spazieren gehen; *geh.:* flanieren
2. trödeln, herumtrödeln, sich Zeit lassen, langsam arbeiten/sein, säumen; *ugs.:* zotteln, trullern, wursteln; *landsch.:* mären, dammeln; *österr.:* brodeln, herumbrodeln; *schweiz.:* herumtrölen
3. faulenzen, nicht arbeiten, nichts tun, untätig/müßig/träge/arbeitsscheu/faul/saumselig sein; *ugs.:* die Hände in den Schoß legen, auf der faulen Haut liegen, die Daumen drehen
bummlig → langsam
bumsen
1. schlagen, hämmern, ticken, pochen, trommeln, rasseln, prasseln, widerhallen; *ugs.:* ballern, pumpern, bummern, wummern
2. → koitieren

Bund
1. Vereinigung, Verbindung, Bündnis, Zusammenschluss, Genossenschaft, Gesellschaft, Assoziation, Partei, Gemeinschaft, Interessengemeinschaft, Liaison
2. Staatenbund, Föderation, Konföderation, Bundesstaat
3. Körperschaft, Verein, Verband, Klub, Union, Korporation, Ring, Kongregation, Bruderschaft, Organisation
4. Verbündetsein, Pakt, Koalition, Integration, Entente, Liga, Allianz
5. Ballen, Packen, Bündel, Paket, Stapel
6. Büschel, Buschen, Strauß ⓘ

Bund: Ehen, Koalitionen und andere Bündnisse

Ein *Bund* ist zunächst einmal neutral jede Art von *Verbindung, Zusammenschluss, Bündnis* oder *(Interessen-)Gemeinschaft*. Näher bestimmt wird er durch Zusätze – so z. B. der »Bund fürs Leben« als Redewendung für »Ehe« – oder durch die Verwendung von Synonymen.
Genossenschaft bezeichnet einen *Bund,* der durch gemeinsame wirtschaftliche Interessen der Beteiligten gekennzeichnet ist (zum Beispiel landwirtschaftliche *Genossenschaft, Mietergenossenschaft, Genossenschaftsbank*). *Bund* kann als umgangssprachliche Kurzform auch für *Bundeswehr* stehen; wenn es etwa heißt, »jemand ist beim Bund«, so leistet diese Person Militärdienst.
Im politischen Sinn ist mit *Bund* die oberste staatliche Ebene der Bundesrepublik Deutschland im Gegensatz zu Ländern und Gemeinden gemeint. *Partei* ist der Ausdruck für einen *Bund,* der durch gemeinsame politische Ziele bestimmt ist. Als *Koalition* bezeichnet man das *Bündnis* mehrerer Parteien in einer Regierung. In die Politik gehören auch die Begriffe *Bundesstaat* für die innere *Organisation* eines Staates und *Staatenbund* für den übernationalen *Zusammenschluss* selbständiger Staaten.
Achse ist zum einen der historisch belastete Ausdruck für den *Bund* zwischen Deutschland, Italien und Japan im Zweiten Weltkrieg. Zum anderen wird das Wort aber auch allgemein für *Bündnis* verwendet, so zum Beispiel in Begriffen wie »*Achse* des Bösen«, der in der US-amerikanischen Außenpolitik der Bush-Administration Staaten wie Irak, Iran und Nordkorea bezeichnet. Zu den allgemeinen Ausdrücken für *Bund* gehören auch *Verein, Verband, Union* oder *Club*. Hier ist aus den Vokabeln selbst noch nicht erkennbar, ob es sich um politische, wirtschaftliche, religiöse, private oder gesellschaftliche Verbindungen handelt.
Korporation ist der Ausdruck für einen Personenverband, der häufig für studentische Verbindungen gebraucht wird. In der Schweiz steht er auch als politische Bezeichnung für einen Gemeindeverband.

Bündel
1. Ranzen, Tornister
2. → Bund

bündeln zusammenbinden, zusammenschnüren, zusammenfassen, zusammenfügen, zu einem Bund binden, ein Bündel/einen Strauß machen; *schweiz.:* büscheln

Bundestagsabgeordneter Abgeordneter, Parlamentarier, Delegierter, Parlamentsmitglied, Bundestagsmitglied, Volksvertreter

bündig
1. sicher, überzeugend, unwiderlegbar, stichhaltig, zwingend, schlüssig, stringent, unangreifbar, schlagend, triftig, plausibel, einsichtig, einleuchtend
2. passgenau, abschließend (mit)

Bündnis
1. → Bund
2. Vertrag, Kontrakt, Abkommen, Pakt
3. ein Bündnis eingehen → verbünden, sich

Bunker
1. Unterstand, Luftschutzkeller, Luftschutzraum
2. → Gefängnis

bunt
1. farbig, in Farbe, mehrfarbig, vielfarbig, farbenfroh, farbenreich, scheckig, farbenprächtig, lebhaft, schillernd, leuchtend, poppig, satt, grell; *ugs.:* knallig, schreiend
2. → mannigfaltig
3. → durcheinander

Bürde Last, Belastung, Kreuz, Joch, Schwere, Mühsal, Leid, Jammer, Elend, Pein, Schmerz, Qual, Druck, Sorge, Ballast, Kummer; *geh.:* Crux

Burg Festung, Kastell; *geh.:* Feste, Veste

Bürge Gewährsmann, Garant

bürgen haften, Sicherheit/Gewähr leisten, sich verbürgen, die Bürgschaft übernehmen/stellen, einstehen/eintreten für, seine Hand ins Feuer legen für, garantieren, Garantie leisten/übernehmen, verantwortlich sein/die Verantwortung tragen/übernehmen für, Brief und Siegel geben, sich verbriefen, sich verpflichten, die Folgen tragen; *ugs.:* den Kopf hinhalten

Bürger
1. Bewohner, Einwohner, Mitbürger, Citoyen, Staatsbürger, Staatsangehöriger; *veraltet:* Seele
2. *Pl.:* → Bevölkerung

bürgerlich
1. zivil, ordentlich, geordnet, solid, sicher etabliert, zum Establishment gehörend, bourgeois, konservativ, angepasst
2. mittelständisch

Bürgermeister
1. Ortsvorsteher, Gemeindevorsteher, Gemeindeoberhaupt, Schultheiß; *veraltet:* Schulze, Dorfschulze; *landsch.:* Schultes; *schweiz.:* Gemeindepräsident, Gemeindeammann
2. Stadtoberhaupt, Oberbürgermeister, Regierender Bürgermeister (Berlin)

Bürgersteig Gehsteig, Gehweg, Fußgängerweg, Fußweg, Trottoir

Bürgertum bürgerliche Gesellschaft, Mittelklasse, Mittelstand, Mittelschicht, Bourgeoisie

Bürgschaft Garantie, Garantieleistung, Sicherheit, Sicherheitsleistung, Gewähr, Haftung, Pfand, Sicherung, Hinterlegung, Kaution, Deckung, Unterpfand, Faustpfand, Obligo, Verpflichtung, Verantwortung

burlesk → komisch

Büro
1. Geschäftszimmer, Dienstzimmer, Bürostube, Office, Kanzlei, Kontor, Amtsraum, Amtsstube
2. Dienststelle, Dienststätte, Behörde, Geschäftsstelle

Büroklammer Heftklammer, Briefklammer

Bürokrat Aktenmensch, Aktenkrämer, Pedant, Umstandskrämer, Haarspalter, Federfuchser, Buchstabenmensch; *ugs.:* Paragraphenreiter, Prinzipienreiter; *abwertend:* Erbsenzähler

Bürokratie Bürokratismus, Beamtenherrschaft, Pedanterie, Engstirnigkeit

bürokratisch buchstabengetreu, kleinlich, pedantisch, engstirnig, kleinkrämerisch, umständlich, haarspalterisch, wortklauberisch, besserwisserisch, spitzfindig, rechthaberisch, schematisch, schablonenhaft, allzu genau; *ugs.:* pingelig, pinselig

Bursche
1. Jüngling, Jugendlicher, Heranwachsender, Halbwüchsiger, junger Mann/Mensch, Teen, Twen; *scherzh.:* Milchgesicht, Milchbart; *landsch.:* Schwengel; *ugs.:* Boy, junger Kerl/Dachs/Spund; *abwertend:* Halbstarker, Laffe; *österr.:* Schlurf
2. → Junge
3. → Diener

burschikos jungenhaft, keck, kess, flott, leger, ungezwungen, natürlich, lässig

bürsten ausbürsten, abbürsten, säubern, putzen, reinigen, striegeln (Pferd), wienern, wichsen, schrubben

Bus Autobus, Omnibus; *schweiz.:* Autocar

Busch
1. Strauch, Staude
2. Dschungel, Urwald, Wildnis, Steppe, Outback (Australien)
3. Strauß, Blumenstrauß, Bukett; *österr.:* Buschen
4. → Buschwerk

Buschwerk Busch, Gebüsch, Dickicht, Gehölz, Hecke, Gesträuch, Unterholz, Niederwald, Niederholz, Strauchwerk, Reisig

Busen
1. → Brust
2. → Bucht

Business Geschäft, Geschäftsleben, Handel, Gewerbe, Wirtschaftsleben

Buße
1. Strafe, Bestrafung; *österr.:* Pönale
2. Sühne, Reue, Genugtuung, Wiedergutmachung, Ausgleich, Entschädigung, Ersatz

büßen
1. Buße tun, sühnen
2. einstehen, geradestehen für, bezahlen, teuer bezahlen, zahlen, entgelten, wiedergutmachen, ausgleichen, entschädigen, die Folgen tragen, Schadenersatz leisten; *ugs.:* ausbaden, herhalten, die Scharte auswetzen, die Suppe auslöffeln, den Buckel hinhalten, bluten für

Busserl *ugs. für:* Kuss

Buße tun → büßen

bußfertig reumütig, reuevoll, Reue empfindend, schuldbewusst, beschämt, seiner Schuld bewusst, zerknirscht

Büste → Brust

Butler Diener, Bedienter, Bediensteter, Bedienung, Dienstbote

bye-bye → auf Wiedersehen

Café Kaffeehaus, Kaffeestube, Cafeteria, Konditorei, Bistro
Callboy käuflicher Liebhaber, Liebesdiener, Gigolo, männliche Prostituierte
Callgirl Prostituierte, Dirne, Hure, Freudenmädchen, Hostess; *ugs.:* Nutte, Horizontale; *abwertend:* Flittchen
camouflieren
1. abdecken, bedecken, überdecken, schminken
2. täuschen, verhüllen, schützen; *Mil.:* tarnen, verbergen, verhängen
Camp
1. Campinglager, Ferienlager, Zeltlager, Zeltplatz
2. Feldlager, Gefangenenlager
3. Biwak
campen → zelten
Camping das Zelten, Leben/Aufenthalt/Ferien in einem Zelt/Wohnwagen
Campingwagen Wohnanhänger, Wohnwagen, Haus auf Rädern
canceln absagen, ausfallen lassen, abbrechen, absetzen; *geh.:* annullieren; *ugs.:* abblasen
Cape Umhang, Poncho, Pellerine
Caravan Reisewohnwagen, Campinganhänger
caritativ → karitativ
Casanova Frauenheld, Verführer, Don Juan, Schürzenjäger, Charmeur; *abwertend:* Lüstling, Weiberheld, Wüstling
Cashflow *Wirtsch.:* Gewinn, Überschuss, Ertrag, Erlös, Einnahme, Profit
CD Compact Disc; *ugs:* Platte, Scheibe
Chaiselongue → Couch
Champagner Sekt, Schaumwein, Perlwein; *ugs.:* Schampus
Champignon Egerling
Champion Spitzenreiter, Meister, Favorit, Crack, Rekordhalter, Gewinner; *ugs.:* Kanone, Ass
Chance Möglichkeit, (günstige) Gelegenheit, Glück, Glücksfall, Glückswurf, Sprungbrett, günstige Konstellation/Umstände, günstiger Augenblick/Moment, Aussicht (auf Erfolg), Hoffnung, Zukunft; *geh.:* Okkasion, Opportunität
chancenlos → aussichtslos
chancenreich vielversprechend, aussichtsreich, hoffnungsreich, hoffnungsvoll, Erfolg versprechend, voller Chancen
changieren → schillern
Chanson Lied, Song
Chaos
1. Anarchie, Gesetzlosigkeit, Herrschaftslosigkeit, Führungslosigkeit
2. Unordnung, Durcheinander, Konfusion, Schlamperei, Tohuwabohu, Gewirr, Wirrwarr, Wust, Nachlässigkeit, Labyrinth
Chaot Hitzkopf, Wirrkopf, Heißsporn; *ugs.:* Spinner, Konfuser, Durchdreher, Berufsdemonstrant
chaotisch
1. gesetzlos, planlos, regellos, ungeordnet, verworren, wirr, anarchisch, wüst, wild
2. durcheinander, unübersichtlich, unüberschaubar, kunterbunt, unzusammenhängend, unverbunden
Charakter
1. Wesensart, Wesensanlage, Wesenszug, Wesen, Anlage, Natur, Naturell, Gemütsart, Gemütsrichtung, Art, Artung, Veranlagung, Disposition, Eigenart, Individualität, Spezifikum, Temperament
2. Festigkeit, Stetigkeit, Standhaftigkeit, Unbeirrbarkeit, Rückgrat, Gesinnung, Haltung, Stehvermögen
3. Eigenheit, Eigentümlichkeit, Gepräge, Besonderheit, Spezialität, Typ, Eigenschaft, Kennzeichen, Merkmal
4. Persönlichkeit, Charaktermensch, Willensmensch, ganzer/abgerundeter Mensch; *ugs.:* ganzer Kerl
charakterfest charaktervoll, charakterstark, willensstark, entschieden, unerschütterlich, standhaft, treu, unwandelbar, felsenfest, unbeirrbar, unbestechlich, beständig, entschlossen, nicht wankelmütig
charakterfest sein einen starken Charakter haben, Stehvermögen haben/beweisen, nicht schwanken/wanken; *ugs.:* nicht weich werden, nicht klein beigeben, nicht umfallen, Rückgrat haben
charakterisieren (in seiner Eigenheit) darstellen, darlegen, erläutern, treffend schildern, kennzeichnen, beleuchten, durchleuchten, bezeichnen, beschreiben, illustrieren, aufrollen, entwickeln, entfalten, typisieren, behandeln, skizzieren, manifestieren, auseinandersetzen, eine Dar-

stellung geben, ein Bild entwerfen, erzählen, betrachten, ausdrücken, ausbreiten

C

Charakterisierung → Darstellung

Charakteristik Wertung, Bewertung, Beurteilung, Begutachtung, Einschätzung, Charakterisierung, Charakterbeschreibung, Personenbeschreibung, Auffassung, Urteil, Schilderung, Beschreibung, Kennzeichnung

Charakteristikum Merkmal, Kennzeichen, Prüfstein, Besonderheit, Haupteigenschaft, Grundzug, Attribut, Zug, Charakterzug, Zeichen, Eigentümlichkeit, Kriterium, Symptom, Anzeichen; *geh.:* Signum

charakteristisch bezeichnend, kennzeichnend, eigentümlich, typisch, echt, eigenartig, eigen, wesenseigen, artgemäß, wesensgemäß, spezifisch, symptomatisch, unverkennbar, prägnant, signifikant, zugehörig, unverwechselbar, klassisch

charakterlos
1. ehrlos, würdelos, verächtlich, nichtswürdig, ehrvergessen
2. haltlos, willenlos, willensschwach, charakterschwach, haltungslos, ohne jeden Halt, labil, verführbar, ohne Rückgrat; *ugs.:* rückgratlos

charakterschwach → charakterlos

charakterstark → charakterfest

Charakterzug → Charakteristikum

Charge
1. Würde, Rang, Stellung, Stufe, Grad
2. *Mil.:* Dienstgrad, Dienststellung, Dienstrang, Rangstufe
3. Nebenrolle, Chargenrolle, kleine Rolle

charmant reizend, attraktiv, anziehend, bezaubernd, gewinnend, betörend, hübsch, reizvoll

Charme → Reiz

Charmeur → Frauenheld

chartern mieten (Schiff, Flugzeug), sich einmieten, pachten, anheuern

chatten übers Internet kommunizieren/diskutieren/reden/sprechen, plaudern

Chauffeur Fahrer, Autofahrer, Kraftfahrer, Lenker, Wagenlenker, Führer

chauffieren ein Auto fahren/lenken/steuern/führen; *ugs.:* kutschieren

Chaussee Landstraße

Chauvi Männlichkeitsprotz, Männlichkeitsfanatiker, Unterdrücker, Patriarch, Tyrann, Macho, Sexist, Chauvinist; *ugs.:* Macker, Pascha

Chauvinismus
1. übersteigerte Vaterlandsliebe/Heimatliebe, extremer Nationalismus/Patriotismus/Nationalstolz, übertriebenes Nationalgefühl, Fremdenfeindlichkeit
2. Männlichkeitswahn; *geh.:* Machismo

Check → Scheck

checken
1. kontrollieren, überwachen, prüfen, nachprüfen, überprüfen, untersuchen, nachsehen, inspizieren, begutachten, besichtigen, mustern, examinieren, kritisch betrachten, testen
2. verstehen, begreifen, erkennen, realisieren, mitbekommen

Chef Vorgesetzter, Vorsitzender, Vorsteher, Direktor, der Verantwortliche, Meister, Führer, Leiter, Geschäftsführer, Betriebsleiter, Oberhaupt, Kopf, Prinzipal, Anführer, Manager; *ugs.:* Boss, Macker, der Alte, Brötchengeber

chic → schick

Chiffre
1. Ziffer, Zahl, Nummer
2. Geheimzeichen, Geheimschrift, Kode

chiffrieren in Geheimschrift abfassen, verschlüsseln, kodieren

chillen *jugendsprachl. für:* sich ausruhen, sich erholen, ausspannen, abspannen, rasten, pausieren

Chimäre → Schimäre

Chip
1. Bon, Kupon, Jeton, Gutschein, Wertmarke
2. Mikroschaltung

cholerisch aufbrausend, jähzornig, unbeherrscht, hitzig, hitzköpfig, erregbar, hysterisch, reizbar

Chor
1. Singgruppe, Singgemeinschaft, Singverein, Singkreis, Gesangverein, Sängerkreis, Sängerverein, Chorverein, Chorgemeinschaft
2. Altarraum, Altarchor
3. **im Chor** gemeinsam, miteinander, vereint, geschlossen, kollektiv, zusammen, Seite an Seite, Hand in Hand, Arm in Arm, Schulter an Schulter

Choral Kirchenlied, Kirchengesang

Chose → Angelegenheit

Christbaum Weihnachtsbaum, Lichterbaum, Tannenbaum; *ugs.:* Baum

Christrose Weihnachtsrose, Nieswurz; *volkst.:* Schneerose, Schneeblume

Christus Heiland, Jesus, Messias, Erlöser, Retter, Erretter, Heilsbringer, Friedensfürst, Gottessohn, Lamm Gottes, Gekreuzigter, Menschensohn, Schmerzensmann ⓘ

Chronik Annalen, Aufzeichnung (geschichtlicher Ereignisse), Geschichte, (zeitlicher) Ablauf

chronisch
1. langwierig (Krankheit), zäh, schleichend, schleppend, langsam/zögernd verlaufend, unheilbar
2. dauernd, andauernd, permanent, beständig, anhaltend, fortgesetzt, ununterbrochen

Cineast
1. Filmfachmann, Filmschaffender
2. Filmkenner, Filmliebhaber, Kinogänger; *ugs.:* Filmfan, Filmfreak

circa → zirka

City Innenstadt, Stadtmitte, Stadtkern, Stadtzentrum, Zentrum, Geschäftsviertel

Clan Sippe, Familie, Familienverband, Verwandtschaft, Stamm, Großfamilie; *abwertend:* Sippschaft, Mischpoke

clean
1. rein, stubenrein, astrein, sauber, einwandfrei, makellos, lauter, anständig, zuverlässig, schuldlos, untadelig, unverdorben
2. nicht mehr süchtig

clever → schlau

Clinch
1. Umklammerung, Nahkampf (Boxen), Einkreisung, Umzingelung
2. *ugs. für:* Streit, Streitigkeit, Auseinandersetzung, Konflikt, Zwist

Clip
1. Klammer, Klemme
2. Schmuck, Ohrschmuck
3. Video, Videoclip, Videoausschnitt, Videoaufnahme, Musikvideo, kurzer Film

Christus: Anreden für den Gottessohn

Christus wird ebenso wie *Jesus* ohne Artikel als Bezeichnung für den *Gottessohn* beziehungsweise *Sohn Gottes* verwendet. Das Wort ist die lateinische Übersetzung des hebräischen *maschiach* (= *Messias*), was »der Gesalbte Gottes« bedeutet und im Alten Testament auf verschiedene von Gott ausgezeichnete Menschen angewendet wurde wie Hohe Priester oder Könige Israels. Im heutigen Sprachgebrauch ist *Messias* ein Synonym für *Christus*. Die veraltete Form *Christ* findet sich noch in zahlreichen Kirchenliedern. Bei *Erlöser* schwingt die Konnotation mit, dass *Christus* derjenige ist, der die Menschen vom Bösen befreit und dadurch den Weg zum Heil eröffnet. Diese Vorstellung enthalten auch Ausdrücke wie *Heiland,* also *Heilsbringer, Retter* und *Erretter*.
Die auf das Lamm als Opfertier Bezug nehmende Bezeichnung *Lamm Gottes* für *Christus* kommt aus dem Neuen Testament, wo Johannes der Täufer Jesus das *Lamm Gottes* nennt (Joh. 1,29). Die lateinische Übersetzung *Agnus Dei* wird in der kirchlichen Liturgie als Synonym für *Christus* verwendet und bezeichnet dort auch einen bestimmten Teil der Messe: Mit dieser Anrufung beginnt die Litanei, die beim Brechen des eucharistischen Brotes gesprochen wird. Aus der Bibel stammen auch die Bezeichnungen *Menschensohn* und *Friedensfürst*. *Seelenbräutigam* ist ein Ausdruck aus der Mystik, der sich aber auch in der Kirchenmusik, etwa bei Johann Sebastian Bach, häufig findet.
Ein kunstgeschichtlicher Begriff ist dagegen *Schmerzensmann*. Er verweist auf die Darstellungsform des leidenden Christus mit Dornenkrone und Wundmalen, die sich seit dem 12. Jahrhundert nachweisen lässt.

Clique → Gruppe

Cliquenwirtschaft → Vetternwirtschaft

Clochard Vagabund, Stadtstreicher, Obdachloser, Tramp, heimatloser Geselle; *ugs.:* Penner, Walzbruder, Pennbruder, Tippelbruder; *abwertend:* Herumtreiber, Stromer, Gammler; *österr.:* Sandler

Clou
1. Glanzpunkt, Krönung, Attraktion, Höhepunkt, Sensation
2. → Pointe

Clown → Spaßvogel

Clownerie → Scherz

Club → Klub

Coach Trainer, (sportlicher) Betreuer, Sportlehrer, Berater

coachen betreuen, trainieren, beraten, lehren, vorbereiten, anleiten, zur Seite stehen, einüben, unter seine Fittiche nehmen

Cocktail Mischgetränk, Mixgetränk, Drink, Appetizer

Code
1. *EDV:* Passwort, Kennwort, Geheimwort
2. → Kode

Codex → Kodex

Coiffeur → Friseur

Coitus → Koitus

Colt Revolver, Pistole; *ugs.:* Schießeisen, Schießprügel

C

Combo
1. Band, Ensemble, Jazzensemble, Kapelle, Jazzkapelle, Musikkapelle, Gruppe, Besetzung
2. *ugs. für:* Mannschaft, Team, Truppe

Comeback
1. Wiederbelebung, Neubelebung, Auferstehen, Innovation, Wiedergeburt, Aufleben, Erneuerung, Renaissance
2. Wiederauftreten, Rückkehr, Revival

Comedy
1. Komödie, Lustspiel, Schwank; *abwertend:* Klamauk
2. Kabarett, (humoristische) Kleinkunst

Coming-out
1. (öffentliches) Bekenntnis, Enthüllung, Eingeständnis, Offenbarung, Offenlegung, Bekanntmachung, Bekanntgabe, Bloßlegung, Aufdeckung; *geh.:* Demaskierung
2. Entdeckung, Durchbruch, Neuentdeckung ⓘ

Computer Rechner, PC, Personal Computer, elektronische Datenverarbeitungsanlage/Rechenanlage, Notebook, Laptop; *scherzh.:* Elektronengehirn

Conférencier Ansager, Moderator, Showmaster; *ugs.:* Zeremonienmeister

Connection
1. Verbindung, Beziehung, Geschäftsbeziehung, Kontakt
2. Vereinigung, Gruppe, Zusammenschluss, Ring

contra wider, gegen

cool
1. kühl, ruhig, beherrscht, gelassen, lässig, gleichgültig, kalt, kaltblütig, abweisend, unverfroren
2. gut, toll, klasse; *ugs.:* geil, kultig

Copyright Urheberrecht

Corps → Korps

Couch Sofa, Chaiselongue, Diwan, Kanapee, Ottomane, Liege, Liegestatt; *veraltet:* Ruhebett; *österr.:* Bettbank

Couchpotato Langweiler, Stubenhocker, Dauerglotzer, Sofahocker; *scherzh:* Sofakartoffel

Coup
1. Schlag, Hieb
2. Kunstgriff, Kniff, Meisterstück, Meisterstreich
3. kühnes Unternehmen/Vorhaben, Husarenstück, erfolgreiche Aktion/Operation

Coupé Eisenbahngabteil, Zugabteil

Coupon → Kupon

Courage → Mut

Cousin Vetter

Cousine → Kusine

Cover
1. Titel, Titelblatt, Titelseite, Vorderseite, Vorderansicht, Frontseite
2. Umschlag, Buchumschlag, Hülle, Schutzumschlag, Schallplattenhülle, Schutzhülle, Einband, Überzug

Cowboy Rinderhirt, Rinderhüter, Gaucho, Wildwestheld, Revolverheld

Crack → Champion

Crash
1. → Zusammenbruch
2. → Zusammenstoß

Creme
1. Süßspeise, Pudding, Tortenfülle; *schweiz.:* Sahne, Rahm
2. Salbe, Paste; *ugs.:* Schmiere

Crème → High Society

Crew
1. Besatzung, Mannschaft (Flugzeug, Schiff)
2. → Gruppe

Crux
1. Leid, Bürde, Last, Belastung, Mühsal, Kreuz, Sorge, Kummer
2. Schwierigkeit, Not, Notlage, Misere, Zwangslage, Dilemma, Übel
3. Problem, Problematik, Kritikpunkt, Streitpunkt, kritischer/strittiger Punkt; *ugs.:* Haken

Coming-out: Bekenntnis und Neuentdeckung

Der Ausdruck setzt sich aus den englischen Wörtern *to come* (= »kommen«) und *out* (= »aus, heraus«) zusammen und bedeutet eigentlich das *Herauskommen,* welches übertragen als *Bekenntnis* zu verstehen ist.
Wenn jemand sein *Coming-out* hat, dann ist damit in aller Regel das öffentliche Bekenntnis zur eigenen Homosexualität gemeint, unabhängig davon, ob es sich um Männer oder Frauen handelt. Allgemeiner kann mit *Coming-out* auch ein plötzlich gelüftetes, mehr oder weniger unangenehmes Geheimnis oder ein Moment der Offenbarung gemeint sein. Ein Politiker kann beispielsweise ein *Coming-out* bezüglich seiner Rolle in einer Spendenaffäre haben. Der Begriff wird aber auch in der Bedeutung *Durchbruch, Neuentdeckung* verwendet, etwa in einer Wendung wie »ihr *Coming-out* als Charakterdarstellerin«.

D

da
1. dort, ebendort; *geh.:* dortselbst, ebenda; *österr.:* dorten
2. hier, hierselbst; *österr., schweiz.:* dahier
3. zur Stelle, am Platze, anwesend, greifbar, zu erreichen, zur Hand, daheim, zu Hause; *geh.:* zugegen, präsent
4. dann, zu diesem Zeitpunkt
5. weil, zumal
6. während, als; *ugs.:* wie

dabei
1. daneben, nahebei, nebenan, daran
2. darunter, dazwischen, darin
3. während dieser Zeit, unterdessen, indessen
4. obwohl, obgleich, trotzdem
5. anwesend, zugegen, präsent

dabeibleiben bleiben, verweilen, nicht weggehen, dableiben

dabei bleiben festbleiben, durchhalten, ausdauern, standhalten

dabei sein
1. beteiligt/anwesend/hier/dort/da sein, teilnehmen, beiwohnen, dazugehören, teilhaben; *geh.:* zugegen/präsent sein
2. → mitwirken
3. im Begriff sein, beschäftigt sein mit, sich befassen mit

dableiben → dabeibleiben

Dach
1. Überdeckung, Überdachung, Decke, Bedeckung, Dachgiebel, Dachfirst
2. **schützendes Dach** → Unterkunft

Dachboden Speicher; *landsch.:* Estrich, Bühne

Dachfenster Gaube, Dachluke, Bodenluke, Bodenfenster, Giebelfenster

Dachkammer Mansarde, Dachstube, Dachzimmer, Bodenkammer

Dachrinne Regenrinne, Regentraufe; *landsch.:* Kandel, Kännel, Regengosse

Dachs
1. Erdmarder
2. **junger Dachs** → Grünschnabel

Dachzimmer → Dachkammer

dadurch
1. → deshalb
2. davon, durch dieses Mittel, aufgrund dieser Sache, hierdurch, hiermit, damit

dafür
1. hierfür, hierzu, für diesen Zweck, für dieses Ziel
2. stattdessen, anstatt, anstelle, zum Tausch, als Preis, als Entgegnung, als Ersatz, ersatzweise
3. für diese Sache, hinsichtlich dieser Sache, was das betrifft, in diesem Punkt, diesbezüglich, im Hinblick darauf

dafürhalten meinen, der Meinung/Ansicht sein, finden, glauben, denken

Dafürhalten → Ansicht

dafür sein → billigen

dagegen
1. doch, jedoch, freilich, aber, indes, hingegen, wiederum, hiergegen, allein, vielmehr, mindestens, wenigstens, andrerseits, demgegenüber, im Gegensatz dazu
2. im Vergleich/Verhältnis dazu

dagegenhalten → antworten

dagegenreden → einwenden

dagegen sein ablehnen, abschlagen, verweigern, Nein sagen, verurteilen, nicht einwilligen

dagegenstellen, sich → aufbegehren

daheim
1. zu Hause, in seinen vier Wänden, am häuslichen Herd, im Schoß/Kreis der Familie, im trauten Heim
2. in der Heimat, im eigenen Land

Daheim → Heim

daher
1. von dort/da, dorther, aus dieser Richtung
2. deshalb, deswegen, dadurch, darum, folglich, infolgedessen, demzufolge, somit, mithin, so, insofern, daraufhin; *ugs.:* drum

dahergelaufen → unbekannt

daherreden → schwafeln

dahin
1. dorthin, an diese Stelle/diesen Punkt/Ort/Platz
2. → vergangen
3. in diesem Sinne, dahingehend

dahindämmern → dahinleben

dahingestellt unentschieden, offen, fraglich, ungewiss, unbestimmt, ungeklärt, ungesichert, zweifelhaft, umstritten

dahinleben sein Dasein fristen, dahindämmern, einförmig/eintönig seinen Tag verbringen; *abwertend:* gammeln, vegetieren; *ugs.:* dahinwursteln

dahinscheiden → sterben

dahinschwinden vergehen, abnehmen, rinnen, zerrinnen, nachlassen, aussterben, sinken, absinken, sich vermindern, sich verkleinern, sich verringern, schrumpfen, abflauen, erkalten, verebben, einschlafen, zurückgehen, zu Ende/zur Neige gehen

dahin sein verloren/verschwunden/vorbei/vergangen sein, weg/fort/wie weggeblasen sein; *ugs.:* finito, futsch/futschikato/zum Teufel/flöten sein

dahinsiechen → krank sein

dahinter hinten, rückwärts, rückseitig, im Rücken, auf der Kehrseite/Rückseite

dahinterklemmen, sich → anstrengen, sich

dahinterkommen erkennen, erfahren, ergründen, begreifen, durchschauen

dahintersetzen, sich → anstrengen, sich

dahinterstehen befürworten, helfen, unterstützen

damals früher, seinerzeit, in/zu jener Zeit, vor langem, in jenen Tagen, dazumal, einst, einstens, einstmals, vormals, ehemals, ehedem, vordem, einmal, im Jahre; *ugs.:* Anno dazumal/dunnemals

Dame
1. Königin (Schach)
2. *geh.:* gnädige Frau, Madame, Lady

damenhaft ladylike, fraulich, vornehm, fein

damisch → verrückt

damit hiermit, hierdurch, dadurch, auf diese Weise, dass, so/auf dass, um zu

dämlich → dumm

Damm
1. Deich, Wall, Schutzwall, Erdwall, Abdämmung, Eindämmung
2. *landsch.:* Fahrbahn, Straße
3. **auf dem Damm sein** gesund sein, sich wohlfühlen

dämmen
1. eindämmen, zurückdämmen, aufhalten, Halt/Einhalt gebieten, zähmen, bändigen, unter Kontrolle bekommen
2. abdämmen, abschwächen, dämpfen, mildern, abmildern, dimmen, lindern, mäßigen
3. → hemmen

dämmern
1. hell/Tag werden, grauen, tagen, dunkel/Nacht werden, dunkeln, sich verfinstern; *landsch.:* schummern
2. **es dämmert** → erkennen
3. **vor sich hin dämmern** apathisch/lethargisch/benebelt sein, im Halbschlaf liegen, vor sich hin träumen

Dämmerung Halbdunkel, Zwielicht, Dämmerlicht, Dämmerstunde, Morgengrauen, Schummerstunde; *ugs.:* blaue Stunde

Dämmerzustand → Halbschlaf

dämonisch
1. teuflisch, diabolisch, satanisch, mephistophelisch
2. → schauerlich

Dampf Qualm, Wolke, Schwaden, Hauch, Dunst, Atem, Rauch, Brodel, Nebel, Smog; *landsch.:* Wrasen; *poet.:* Brodem ⓘ

Dampf: Volldampf, Kohldampf und Hans Dampf

Der physikalische Begriff bezeichnet den Zustand eines Stoffes beim Übergang vom flüssigen in den gasförmigen Zustand. *Nebel* und *Dunst* sind Synonyme für diese Erscheinung beim Wetter, also für *feuchte Luft*.
Dagegen weisen die Wörter *Rauch* und *Qualm* auf Feuer als Ursache von *Dampf* hin. Der Begriff *Schwaden* impliziert genauso wie *Wolke,* dass *Dampf* durch die Luft zieht. *Smog* ist der Ausdruck für Luftverschmutzung, die sich in Form von *Dunst* zum Beispiel über eine Stadt legt.
Brodel ist wirbelnder oder wallender *Dampf.* Die Zusammensetzung *Kohldampf,* bei der dampfendes Essen assoziiert wird, steht dagegen in der Umgangssprache für »Hunger/Appetit«.
Der Zusammenhang von *Dampf* und Energie beziehungsweise Energiegewinnung schwingt bei zahlreichen umgangssprachlichen Redewendungen mit. *Dampf machen* bedeutet »beschleunigen« oder »Druck ausüben«. Dafür gibt es auch den Ausdruck *Dampf hinter etwas setzen.* Wenn etwas *mit (Voll-)Dampf vorangeht,* kommt diese Sache gut und rasch voran. *Unter Dampf halten* kann man nicht nur einen Kessel, sondern im übertragenen Sinn auch Menschen: Diese werden dann mit einem Thema oder einer Sache in Atem gehalten. Wer *unter Dampf steht,* steckt voller Tatendrang oder hat Stress. *Dampf ablassen* bedeutet dagegen »seinem Ärger Luft machen« beziehungsweise »sich abreagieren«. Die Redensart *der Dampf ist raus* heißt, dass der Schwung erlahmt ist. Als *Hansdampf* (in allen Gassen) bezeichnet man einen vielseitigen und umtriebigen Menschen. Diese Charakterisierung ist allerdings nicht unbedingt positiv gemeint, denn hier schwingt wiederum die Vorstellung von flüchtigem *Dampf* mit. Eine solche Person macht mithin alles Mögliche, aber kaum etwas gründlich.

D

Dampf ablassen → abreagieren, sich
Dampfbad Sauna, Schwitzbad, Heißluftbad
dampfen
1. verdunsten
2. kochen, sieden, brodeln
3. → schwitzen
dämpfen
1. dünsten, garen, in Dampf kochen/gar werden lassen
2. schwächen, abschwächen, vermindern, mildern, reduzieren, dämmen, eindämmen, temperieren, lindern, abschirmen, zurücknehmen
3. → überschatten
Dampfer Dampfboot, Schiff, Dampfschiff
Dampf machen → anregen
danach
1. später, hinterher, hintennach, hiernach, nachher, hierauf, darauf, dann, seit, seitdem, alsdann, sodann, nachdem, nachfolgend, anschließend, im Anschluss daran, nach, hernach, im Nachhinein, in der Folge, infolgedessen, schließlich, endlich; *ugs.:* hinterdrein
2. demnach, folglich, sonach, somit, demzufolge, also, ergo, logischerweise, entsprechend, alsdann, mithin
Dandy Geck, Snob, Fant, Stutzer, Gent, Stenz, Elegant, Schönling; *ugs.:* Fatzke, Affe, Lackaffe, feiner Pinkel, Pomadenhengst, Zieraffe, Schicki; *österr.:* Geschwuf, Gigerl
dandyhaft → eitel
daneben
1. nebenan, nahebei, nahe, nächst, seitlich, seitwärts, neben
2. darüber hinaus, außerdem, ansonsten, zugleich, zudem, obendrein, weiter, überdies, sonst, auch, noch, und
danebenbenehmen, sich sich schlecht benehmen, (negativ) auffallen, sich abreagieren, entgleisen, aus der Rolle fallen
danebengehen → scheitern
danebenhauen → irren, sich
danebenliegen sich irren, sich im Irrtum befinden, sich täuschen, schiefliegen, danebenhauen, sich vertun; *geh.:* sich verkalkulieren
danebenschießen
1. → verfehlen
2. → irren, sich
dank infolge, kraft, durch, wegen, aufgrund, angesichts, halber, um … willen, um … zu, vermittels, zwecks; *geh.:* ob; *ugs.:* von wegen
Dank
1. Dankbarkeit, Dankbarkeitsgefühl, Danksagung, Dankeswort, Erkenntlichkeit, Verbundenheit
2. → Lohn
dankbar
1. dankerfüllt, mit/von Dank erfüllt, verpflichtet, erkenntlich, verbunden
2. dankenswert, lohnend, nützlich, fruchtbar, ergiebig, ersprießlich, gedeihlich, einträglich, rentabel, ertragreich
Dankbarkeit → Dank
danken
1. Dank sagen, sich bedanken, seinen Dank aussprechen/bekunden/äußern/bezeigen/abtragen/abstatten/zum Ausdruck bringen/zollen, dankbar sein, sich dankbar erweisen
2. verdanken, zu danken haben für, schulden, Dank schulden, zu Dank verpflichtet sein, sich zu Dank verpflichtet fühlen, in jmds. Schuld stehen, hoch anrechnen
3. ablehnen, verzichten, ausschlagen, verschmähen, abweisen; *ugs.:* pfeifen/pusten auf
4. vergelten, sich revanchieren
5. sich erkenntlich zeigen, belohnen
dankenswert → lobenswert
Dank sagen → danken
dann
1. → danach
2. zudem, überdies, weiter, weiterhin, ferner, darüber hinaus, hinzu, außerdem, sonst
daran
1. hieran, dabei; *ugs.:* dran
2. nebenan, nahebei, nahe, nächst, seitlich, seitwärts
3. im Hinblick darauf, in Bezug auf, hinsichtlich
darangehen → anfangen
daransetzen, sich → anfangen
darauf
1. → danach
2. hierauf, hieraufhin; *ugs.:* drauf
daraus hieraus; *ugs.:* draus
darben Hunger/Not/Mangel leiden, sein Dasein/Leben fristen, arm sein, hungern, kaum das Leben fristen, in Armut leben, vegetieren, sich so durchschlagen, sich mühsam durchbringen, nichts zu essen/im Magen/im Bauch haben, am Hungertuch nagen, schmachten, fasten, von der Hand in den Mund leben, bessere Tage gesehen haben, ermangeln, missen, entbehren; *ugs.:* nichts zu beißen haben, vor Hunger umkommen, am Daumen lutschen, dahinvegetieren, herumkrebsen

D

darbieten
1. → aufführen
2. → anbieten
3. → geben
darbieten, sich sich bieten, sich zeigen, sich eröffnen, erkennbar/sichtbar werden
Darbietung
1. → Aufführung
2. Vortrag, Rezitation, Deklamation, Ausführung, Wiedergabe, Demonstration, Darstellung
darin
1. hierin, in diesem Punkt
2. dabei, dazwischen; *ugs.:* drin
darlegen
1. → schildern
2. erläutern, skizzieren, manifestieren, auseinandersetzen, erörtern, deuten, thematisieren, diskutieren, untersuchen, deutlich machen, verdeutlichen, auslegen, ausführen, entwickeln, dartun, demonstrieren, charakterisieren, erklären, zeichnen, aufzeichnen, veranschaulichen, illustrieren, definieren, bestimmen, aufrollen, behandeln, abhandeln, ein Bild entwerfen, eine Darstellung geben, wiedergeben, besprechen, beleuchten, betrachten, erzählen, zur Sprache bringen, zur Diskussion stellen, durchnehmen, berichten; *geh.:* entfalten
Darlegung → Darstellung
Darlehen Anleihe, Kredit, Schuldverschreibung; *schweiz.:* Darleihen
Darling Liebling, Schatz, Schätzchen, Herzblatt, Geliebte(r), Ein und Alles
Darmentleerung → Stuhlgang
Darmkatarr(h) → Durchfall

Darsteller: Von Stars und Statisten

Ein *Darsteller* ist jemand, der eine bestimmte Rolle spielt. Jeder *Darsteller* ist also ein *Schauspieler* oder, gehoben ausgedrückt, ein *Mime*. Man kann dessen Arbeit aber auch je nach Ort und Art des Spiels präziser fassen, zum Beispiel mit den Ausdrücken *Theaterschauspieler* oder *Filmschauspieler*. Der Begriff *Leinwandgröße* bezieht sich allein auf den *Darsteller* im Film. Auch *Opernsänger* sind *Darsteller*. In ihrem Fall wird außerdem gelegentlich die Zusammensetzung *Sängerdarsteller* gebraucht, um auszudrücken, dass sie nicht nur gut singen, sondern eine Partie ebenso schauspielerisch gut bewältigen.
Allein auf weibliche Darsteller bezieht sich der Begriff *Diva*, mit diesem italienischen Wort für »die Göttliche« bezeichnet man eine gefeierte Künstlerin in Film, Theater oder Oper. Die Rolle des *Darstellers* wird näher bestimmt in Wörtern wie *Charakterdarsteller, Heldendarsteller, Komödiant* oder *Tragöde*.
Die zentrale Figur eines Stücks oder eines Films spielt der *Hauptdarsteller*, dementsprechend hat der *Nebendarsteller* eine kleine Rolle. Wer, ohne zu sprechen, nur den Hintergrund füllt, ist *Statist*. Ein *Laiendarsteller* ist jemand, der nicht berufsmäßig Rollen spielt. Um den hohen Bekanntheitsgrad eines *Darstellers* auszudrücken, verwendet man schließlich das aus dem Englischen stammende Wort *Star*, wobei hier wiederum nach dem jeweiligen Medium differenziert werden kann: *Filmstar, Fernsehstar, Bühnenstar*. Bezeichnet man einen *Darsteller* als *Starlet* oder ins Deutsche übertragen als *Sternchen*, so wird dadurch ausgedrückt, dass diese Person keine wirklich großen Rollen spielt und es sich eher um einen Möchtegern-Star handelt.

Darmträgheit → Verstopfung
darreichen → geben
darstellen
1. → schildern
2. → aufführen
3. zeigen, abbilden, hinstellen
4. wiedergeben, (eine Rolle) spielen, vorstellen, verkörpern, agieren, figurieren, mimen, chargieren, nachahmen, imitieren
5. bedeuten, sein, bilden, besagen, meinen, heißen, vorstellen, gelten
darstellen, sich sich herausstellen, sich erweisen, sich präsentieren, sich produzieren, sich sehen lassen
Darsteller Schauspieler, Akteur, Filmkünstler, Bühnenkünstler, Leinwandgröße, Leinwandheld, Mitwirkender, Mime, Komödiant ⓘ
Darstellung
1. → Darbietung
2. → Aufführung
3. Beschreibung, Erzählung, Wiedergabe, Veranschaulichung, Darlegung, Illustration, Vortrag, Charakterisierung, Schilderung, Bericht, Erläuterung, Behandlung, Beleuchtung
darüber
1. über, oberhalb; *ugs.:* drüber

2. hierüber, dazu, hiervon, über dies, davon
3. währenddessen, dabei
darüber hinaus außerdem, zudem, daneben, ferner, obendrein, überdies, weiterhin, des Weiteren, zusätzlich; *österr.:* weiters
darum → deshalb
darunter
1. unterhalb, unter; *ugs.:* drunter
2. zwischen, dazwischen, dabei, mittendrin, darin
da sein
1. anwesend/zugegen/zur Stelle/an Ort und Stelle/vorhanden/hier sein, zur Verfügung/zu Diensten stehen, gegenwärtig/präsent/am Platze/greifbar/zu erreichen/verfügbar/zur Hand sein
2. bestehen, existieren, sein, leben, ein Leben/Dasein führen
Dasein
1. Sein, Existenz, Bestehen, Vorhandensein, Gegenwart, Vorkommen, Anwesenheit, Präsenz
2. Wirklichkeit, Realität, Leben
dass damit, um … zu, indem, so dass
dasselbe
1. dasjenige, das, dies, ebendas, soviel wie, ebendies(es), einerlei; *ugs.:* das gleiche
2. **immer dasselbe** *ugs.:* der gleiche Trott, das alte Lied, die abgedroschene Leier, dieselbe Litanei
Date Rendezvous, Stelldichein, Verabredung, Tête-à-tête, Termin, Zusammenkunft, Treffen, Zusammentreffen
Datei → Akte
Daten
1. Größen, Angaben, Werte, Befunde, Zahlen, Maße, Fakten, Einzelheiten, Tatsachen
2. *EDV:* elektronische Aufzeichnungen
Datum Zeitpunkt, Termin, Stichtag, Tag
Dauer
1. Zeit, Zeitdauer, Verlauf, Frist
2. Fortdauer, Fortgang, Fortbestand, Fortbestehen, Bestand, Permanenz, Dauerhaftigkeit, Beständigkeit, Weiterbestehen, Stetigkeit
3. Unendlichkeit, Ewigkeit, Endlosigkeit, Unveränderlichkeit, Unvergänglichkeit, Unwandelbarkeit, Zeitlosigkeit, Unsterblichkeit
dauerhaft
1. bleibend, dauernd, fest, von Dauer/Bestand, beständig, unverbrüchlich, unverrückbar, unveränderlich, unzerstörbar, gleichmäßig, gleichbleibend, konstant, ewig, fest, krisenfest, krisensicher, unauflöslich, unauflösbar, unwandelbar, für immer, für alle Zeiten, bis in alle Ewigkeit, zeitlebens, anhaltend, andauernd, immerwährend; *geh.:* invariabel, invariant
2. wertvoll, wertbeständig, gediegen, haltbar, solid, vortrefflich, vorzüglich, widerstandsfähig, langlebig, strapazierfähig, unverwüstlich, stabil, qualitätvoll, gut, echt, massiv, reell, verlässlich, zuverlässig
dauern
1. währen, fortwähren, anhalten, bleiben, gleichbleiben, sich hinziehen, sich erstrecken, kein Ende haben/nehmen, sich verzögern, weiterbestehen, fortbestehen, fortdauern, andauern, sich erhalten, weitergehen, sich fortsetzen, Bestand haben
2. *geh. für:* Mitleid erregen, leidtun
dauernd fortgesetzt, unausgesetzt, fortwährend, fortlaufend, fortdauernd, anhaltend, durchgehend, andauernd, ununterbrochen, unablässig, unaufhaltsam, unverwandt, unentwegt, unaufhörlich, ständig, beständig, pausenlos, endlos, ohne Pause/Ende/Unterbrechung/Unterlass, alle Augenblicke, das ganze Leben, allemal, konstant, permanent, ewig, beharrlich, ad infinitum, stet(ig), stets, kontinuierlich, immer(zu), immer wieder, jedesmal, all(e)weil, immerfort, allzeit, in einem fort, in steter Folge, täglich, Tag für Tag, Tag und Nacht, tagein tagaus, von früh bis spät, rund um die Uhr, zu jeder Stunde/Zeit, jederzeit, zeitlebens, regelmäßig, gleichbleibend, von Dauer/Bestand, unveränderlich, unverrückbar, unzerstörbar; *ugs.:* in einer Tour, laufend, fortweg, am laufenden Meter/Band, alle naselang, von der Wiege an, seit eh und je/Adam und Eva, hintereinander weg, Schlag auf Schlag; *geh.:* seit Olims Zeiten; *schweiz.:* stetsfort
davon
1. dadurch, hierüber, hiervon, darüber
2. weg, fort, auf und davon; *poet.:* von hinnen/dannen; *ugs.:* über alle Berge, ab durch die Mitte
davoneilen → fortlaufen
davonhasten → fortlaufen

D

D

davonjagen
1. → vertreiben
2. → entlassen
davonkommen entkommen, entwischen, sich retten können, verschont bleiben
davonlaufen → fortlaufen
davonmachen, sich
1. → entfliehen
2. → weggehen
davonrennen → fliehen
davonschleichen fortschleichen, wegschleichen, heimlich fortgehen/weggehen, sich davonstehlen
davonstehlen, sich → wegschleichen, sich
davonstieben → fortlaufen
davontragen
1. sich zuziehen, auf sich ziehen, bekommen; *ugs.:* sich holen, abkriegen
2. *geh.:* erlangen (Sieg), gewinnen, bekommen, empfangen, zuteilwerden, ernten
davor vorher, zuvor, vordem
dazu
1. hierfür, hierzu, dafür
2. überdies, zudem, hinzu, dann, sodann, alsdann, weiter, weiterhin, ferner, fernerhin, darüber hinaus, des Weiteren, außerdem, ansonsten, zusätzlich, daneben, und, auch, noch, zugleich, obendrein, zum Überfluss
3. hierüber, hiervon, davon
dazugeben → zuschießen
dazugehören teilnehmen, teilhaben, sich beteiligen, mitwirken, mitmachen, sich identifizieren, sich solidarisch erklären
dazugehörig dazugehörend, betreffend, entsprechend, einschlägig
dazutun → beilegen
Dazutun → Hilfe
dazwischen
1. darunter, dabei, darin
2. mitten darin; *ugs.:* zwischendrin, mittendrin; *landsch.:* mittenmang
3. mitten hinein; *ugs.:* mittendrein, zwischendrein, zwischenhinein
4. einstweilen, unterdessen, währenddessen, in der Zwischenzeit, mittlerweile, derweil(en), solange
dazwischenfahren → eingreifen
dazwischenreden sich (unhöflich) einschalten, jmdn. unterbrechen, jmdm. ins Wort fallen, jmdm. das Wort abschneiden, jmdn. nicht aussprechen/ausreden lassen, sich einmischen, hineinreden, jmdm. über den Mund fahren; *ugs.:* dreinreden, übers Maul fahren
dazwischentreten → eingreifen
Deadline letztmöglicher Termin/Zeitpunkt, äußerste Frist, Endtermin, Schlusstermin, Ablieferungstermin, Stichtag
dealen mit Rauschgift handeln, Drogen verkaufen; *ugs.:* schieben, pushen
Dealer Rauschgifthändler, Drogenhändler; *ugs.:* Schieber, Pusher
Debakel
1. → Niederlage
2. → Unglück
Debatte Gespräch, Streitgespräch, Diskussion, Auseinandersetzung, Kontroverse
debattieren → erörtern
debil → schwachsinnig
Debüt → Beginn
Debütant Anfänger, Neuling, Novize
dechiffrieren → entschlüsseln
Decke
1. Zimmerdecke; *österr.:* Plafond
2. Tischtuch, Tischdecke, Tafeldecke
3. Pelz, Haardecke, Haarkleid; *Jägerspr.:* Balg
4. Belag, Schicht
Deckel
1. Verschluss, Bedeckung, Abdeckung
2. → Hut
decken
1. aufdecken, auflegen (Geschirr)
2. abdecken, befriedigen, erfüllen (Bedarf)
3. bedecken, zudecken, abdecken, schützen, in Deckung gehen, Deckung geben, schirmen, sichern, in Sicherheit bringen, sich schützend vor jmdn. stellen
4. löschen, tilgen, ausgleichen, Rest überweisen/bezahlen/begleichen
5. im Auge behalten, nicht aus den Augen lassen, hüten, beaufsichtigen, abdecken (Sport)
6. begatten, bespringen, besamen, belegen, beschälen (Tiere); *fachsprachl.:* beschlagen
decken, sich einander gleich sein, übereinstimmen, eins/einig/einer Meinung sein, in Einklang stehen, konformgehen, kongruent sein, zusammenfallen, zusammenstimmen, zusammenpassen, sich gleichen, sich entsprechen, sich ähneln; *geh.:* kongruieren
Deckmantel Beschönigung, Schönfärberei, Verbrämung, Verhüllung, Bemäntelung, Tarnung, Vorwand
Deckname Pseudonym, Tarnname, Scheinname, Künstlername, falscher Name
dedizieren → widmen
de facto → tatsächlich

defätistisch → pessimistisch
defekt beschädigt, schadhaft, lädiert, angeschlagen, angeknackst, angestoßen, abgestoßen, ramponiert, angehauen, zerrissen, zerbrochen, angebrochen, durchlöchert, morsch, wurmstichig, fehlerhaft, mangelhaft, lückenhaft, mitgenommen, brüchig, baufällig, entzwei; *ugs.:* kaputt, kapores, aus dem Leim gegangen
Defekt → Fehler
Defensive Verteidigung, Abwehr, Gegenwehr, Widerstand
defilieren → paradieren
definieren bestimmen, eine Begriffsbestimmung geben, festlegen, erklären, konkretisieren, erläutern, darlegen, darstellen, deuten, klarmachen, auseinandersetzen, auseinanderlegen, klarlegen, klarstellen, entwickeln, vorführen, zeigen
Definition → Bestimmung
definitiv endgültig, unwiderruflich, unabänderlich, unumstößlich, ein für allemal, für immer, besiegelt, verbindlich, feststehend, verpflichtend, obligatorisch
Defizit → Fehlbetrag
deflorieren entjungfern, einem Mädchen/jmdm. die Jungfräulichkeit nehmen/rauben, einem Mädchen/jmdm. die Unschuld nehmen/rauben
Deformation Deformierung, Missbildung, Verstümmelung, Verunstaltung, Missgebilde, Missgeburt, Anomalie, Abnormität
deformieren
1. verformen, aus der Form geraten, die Form verlieren
2. verunstalten, entstellen, verstümmeln, verunzieren, verderben; *ugs.:* verschandeln, verhunzen
deftig
1. nahrhaft, kräftig, gehaltvoll, sättigend, nährend, kalorienreich
2. → derb
degeneriert verfallen, dekadent, missgeraten, ungeraten, zurückgeblieben, zurückgebildet
degradieren
1. Rang/Dienstgrad herabsetzen, auf eine tiefere Rangstufe stellen
2. → demütigen
Degradierung → Diskriminierung
dehnbar
1. vieldeutig, ungenau, unbestimmt, nicht klar umrissen, zweideutig, mehrdeutig
2. → elastisch
dehnen ausdehnen, ausziehen, ausweiten, spannen, strecken, recken, in die Länge/Breite ziehen/strecken, länger/breiter machen
dehnen, sich
1. länger/breiter/größer werden, sich recken, sich strecken, sich ziehen
2. Stretching betreiben, Gymnastik machen; *ugs.:* sich stretchen
3. sich erstrecken, reichen, sich ausspannen, sich ausdehnen, sich ausbreiten
4. sich ausstrecken, sich rekeln; *ugs.:* alle viere von sich strecken, sich aalen
Deich Damm, Wall, Schutzwall, Erdwall, Abdämmung, Eindämmung
deichseln → bewältigen
de jure rechtlich, auf rechtlicher Grundlage, dem Gesetz entsprechend, von Rechts wegen
dekadent krankhaft verfeinert, kraftlos, angekränkelt, verfallen, heruntergekommen, degeneriert, abgelebt, morbid
deklamieren → vortragen
deklarieren
1. erklären, verkünden, eine Erklärung abgeben, kundgeben, kundtun, kundmachen, bekanntgeben, verlautbaren, zur Kenntnis bringen; *geh.:* verkündigen
2. zum Verzollen/Versteuern angeben/anmelden/vorweisen
deklinieren beugen, flektieren, abwandeln (Wort), grammatisch verändern
Dekolleté → Dekolletee
Dekolletee Ausschnitt, Halsausschnitt; *scherzh.:* Schaufenster
dekolletiert → ausgeschnitten
Dekor
1. Verzierung, Muster, Ornament, Dessin, Entwurf, Arabeske, Zier(de), Rankenwerk, Verschnörkelung, Zierrat, Schmuck
2. Ausstattung, Ausschmückung, Aufmachung (Theater)
Dekorateur Raumausstatter, Schaufenstergestalter
Dekoration
1. Deko, Dekorierung, Ausgestaltung, Verzierung, Aufmachung, Verschönerung, Schmuck, Ausschmückung, Ausstattung (Bühne)
2. *Mil.:* Orden, Ehrenzeichen, Auszeichnung
dekorativ → wirkungsvoll
dekorieren
1. schmücken, ausschmücken, zieren, verzieren, verschönern, ausgestalten, herausputzen, herausstaffieren

D

D

2. auszeichnen, prämieren, einen Orden/eine Auszeichnung verleihen

Dekret Verfügung, Erlass, Beschluss, Entscheidung, Verordnung, Edikt, Weisung, Bestimmung, Entscheid, Entscheidung, Befehl, Ukas, Order, Instruktion, Gebot, Geheiß, Diktat, Vorschrift

delegieren
1. abordnen, entsenden, deputieren, schicken, beordern, abkommandieren
2. übertragen, weitergeben an, befugen, ermächtigen, betrauen

Delegierter Delegationsmitglied, Abgeordneter, Deputierter, Abgesandter, Bote, Botschafter, Befugter, Beauftragter, Deputierter, Bevollmächtigter, Unterhändler

delikat
1. fein, wohlschmeckend, schmackhaft, appetitlich, lecker, köstlich, deliziös, auserwählt, erlesen, pikant, raffiniert, exquisit, exzellent
2. → heikel

Delikatesse Leckerbissen, Leckerei, Schleckerei, Gaumenfreude, Gaumenkitzel, Gaumenreiz, Köstlichkeit, Spezialität, Pikanterie, lukullischer Genuss; *landsch.:* Schmankerl; *österr.:* Gustostückerl; *schweiz.:* Schleck

Delikt Vergehen, Straftat, Verstoß, Verfehlung, Unrecht, Fehltritt, Übertretung, Entgleisung, Gesetzesverstoß, ungesetzliche Handlung, Rechtsbruch, Gesetzwidrigkeit, Zuwiderhandlung, Untat, Missetat

Delinquent Verbrecher, Angeklagter, Beschuldigter, Täter, Übeltäter, Missetäter

Delirium
1. Bewusstseinsstörung, Bewusstseinstrübung, Halluzination, Verwirrtheit, Geistesgestörtheit
2. Trunkenheit, Rausch, Alkoholvergiftung; *veraltet:* Säuferwahn

Demagoge Volksverführer, Hetzer, Agitator, Aufrührer, Aufwiegler, Provokateur, Hetzredner; *ugs.:* Scharfmacher

demaskieren die Maske vom Gesicht reißen, aufdecken

demaskieren, sich → entlarven, sich

dementieren
1. widerrufen, zurücknehmen, rückgängig machen, zurückweisen, abrücken von; *geh.:* revozieren
2. → abstreiten
3. richtigstellen, ins richtige Licht setzen, klarlegen, klarstellen

demissionieren → kündigen

demnach → danach

demnächst in nächster Zeit, bald, in Bälde/Kürze, binnen kurzem, alsbald, dieser Tage, über kurz oder lang, später, zukünftig, in naher Zukunft, nächstens

Demokratie Volksherrschaft, Volksmacht, Volkssouveränität

demolieren zerstören, beschädigen, kaputtmachen

Demonstrant Demonstrationsteilnehmer, Kundgeber; *abwertend:* Protestler

Demonstration
1. Massenkundgebung, Umzug, Protest, Protestaktion, Protestmarsch, Massenversammlung, Manifestation, Aufmarsch, Streik, Sitzstreik, Sit-in, Go-in; *ugs.:* Demo
2. Veranschaulichung, Vergegenständlichung, Verbildlichung, Verdeutlichung, Illustrierung, Illustration, anschauliche Beweisführung, Konkretisierung
3. Bekundung, Beteuerung, Darlegung, Bezeugung, Äußerung, sichtbarer Ausdruck

demonstrativ
1. auffällig, betont, prononciert, ostentativ, nachdrucksvoll, pointiert, provokativ, provokatorisch, provozierend, herausfordernd, aufreizend, zugespitzt, ausgeprägt
2. → anschaulich

demonstrieren
1. aufmarschieren, auf die Straße gehen, protestieren, aufbegehren, rebellieren, sich empören, sich auflehnen, sich erheben, sich widersetzen, sich sträuben, sich wehren, sich zur Wehr setzen, opponieren, revoltieren, auf die Barrikaden steigen, Sturm laufen gegen, sich entgegenstellen; *ugs.:* Krach schlagen, aufmucken
2. → veranschaulichen, darlegen

Demontage → Abbruch

demontieren auseinandernehmen, abbauen, zerlegen, zerteilen, zertrennen, auflösen, abbrechen, abreißen, einreißen, niederreißen, abtragen, abschlagen, niederlegen; *ugs.:* wegreißen

demoralisieren
1. zersetzen, entsittlichen, entwerten, jmds. Moral zerstören, jmdm. den moralischen Halt nehmen, jmdn. seiner Standhaftigkeit berauben, entmuti-

gen, niederdrücken, niederschmettern, deprimieren
2. → untergraben
Demoskopie → Meinungsforschung
Demut Ergebenheit, Ergebung, Hingabe, Opfermut, Opferbereitschaft, Nachgiebigkeit, Willfährigkeit, Gefügigkeit
demütig → ergeben
demütigen erniedrigen, herabsetzen, herabwürdigen, beschämen, degradieren, diffamieren, diskriminieren, diskreditieren, abqualifizieren, deklassieren, entwürdigen, verletzen, verleumden, verteufeln, anschwärzen, schmähen, in den Schmutz ziehen, mit Schmutz bewerfen, den Stolz brechen, den Nacken beugen, Schimpf zufügen, lästern, schlechtmachen, verunglimpfen, schmälern, entwerten, verkleinern, jmdm. die Ehre abschneiden, jmdn. in ein schlechtes Licht setzen/rücken/stellen, jmdn. in Verruf/Misskredit bringen, jmdn. verächtlich machen, beleidigen, kränken, die Würde nehmen; *ugs.:* herziehen/herfallen über, jmdn. heruntermachen/herunterputzen/ducken ⓘ
demütigen, sich sich erniedrigen, sich herabsetzen, sich herabwürdigen, sich ergeben, einen Gang nach Canossa antreten, einen Fußfall/Kotau machen; *ugs.:* auf den Knien rutschen, klein beigeben, sich ducken, zu Kreuze kriechen
demütigend beschämend, blamabel, erniedrigend, schmachvoll, entehrend, entwürdigend, verletzend, kränkend
Demütigung → Diskriminierung
Denkart Denkweise, Einstellung, Gesinnung, Weltanschauung, Betrachtungsweise
Denkaufgabe → Rätsel
denkbar
1. möglich, annehmbar, vorstellbar, erreichbar, gangbar, durchführbar, im Bereich des Möglichen, potenziell, nicht ausgeschlossen, wahrscheinlich
2. → sehr
denken
1. überlegen, bedenken, überdenken, nachdenken, durchdenken, sich fragen, sich Gedanken machen, Denkarbeit leisten, den Verstand gebrauchen, in Betracht ziehen, abwägen, erwägen, von allen Seiten betrachten, sich im Kopf zurechtlegen, seinen Gedanken nachhängen, sich besinnen, sich bedenken, sich durch den Kopf gehen lassen, erkennen, erfassen, sich bewusstwerden, zum Bewusstsein kommen

demütigen: Diffamieren und zu Kreuze kriechen

Demütigen heißt jemanden *erniedrigen* oder *beschämen*. Genauso allgemein verwendbar sind Vokabeln wie *herabsetzen, herabwürdigen, verletzen* oder *beleidigen*. Gehoben ist das französische Fremdwort *desavouieren*.
Degradieren wird dagegen meist im Zusammenhang mit Militär verwendet. Die Demütigung besteht hier darin, dass jemandem sein bisheriger Rang aberkannt wird.
Deklassieren gehört in die Welt des Sports: Wer dem Wettkampfgegner eine für diesen blamable Niederlage beibringt, *deklassiert* ihn.
Diskriminieren heißt, jemanden durch Behandlung nach unterschiedlichen Maßstäben zu *demütigen*. *Demütigen* im Sinn von *diffamieren* bedeutet, jemanden durch üble Nachrede *in Verruf zu bringen* oder zu *verunglimpfen*. Dabei will man das Opfer *in ein schlechtes Licht rücken* oder ihm *die Ehre abschneiden*. In diesem Sinn werden auch die bildlichen Ausdrücke *in den Schmutz ziehen* und *mit Schmutz bewerfen* gebraucht sowie die umgangssprachlichen Wendungen *jemanden herunterputzen* oder *über jemanden herziehen*. Wer *sich demütigt*, der *erniedrigt* sich vor anderen. Dafür gibt es in der Umgangssprache Ausdrücke wie *klein beigeben, zu Kreuze kriechen* oder abwertend *liebedienern*.
Der Ausdruck *einen Kotau machen* spielt auf den zeremoniellen Fußfall an, der einst Zeichen tiefster Ehrerbietung gegenüber dem chinesischen Kaiser war.
Nach Canossa gehen als Redewendung für *sich demütigen* bezieht sich auf die historische Auseinandersetzung um das Recht zur Einsetzung von Bischöfen zwischen dem deutschen Kaiser Heinrich IV. und Papst Gregor VII. Der Kaiser suchte den Papst im Winter 1077 barfuß als Büßer in der italienischen Burg Canossa auf und erreichte durch diese Selbstdemütigung die Beilegung des Streits auf politischer Ebene.

D

2. sinnen, nachsinnen, grübeln, nachgrübeln, reflektieren, meditieren, seinen Geist anstrengen, sich den Kopf zerbrechen, philosophieren, hinterfragen, sich das Hirn zermartern, sinnieren, tüfteln, brüten, rätseln, sich vorstellen, spintisieren, sich versenken, sich sammeln, mit sich zu Rate gehen, Überlegungen anstellen, versunken sein; *ugs.:* knobeln, kauen an
3. meinen, glauben, annehmen, vermuten, finden, der Meinung/Ansicht sein, dafürhalten, halten für, erachten, ermessen, auffassen
4. → beabsichtigen

denken an
1. sich erinnern, zurückschauen, zurückblicken, sich zurückerinnern, sich entsinnen, sich besinnen, wieder einfallen, sich wieder erinnern, Rückschau halten, sich ins Gedächtnis zurückrufen, in Gedanken bei jmdm. sein
2. auf jmds. Wohl bedacht sein, Vorsorge treffen/sorgen für, betreuen, sich bemühen/kümmern um, jmds. gedenken
3. (für eine Stelle) vorsehen, einplanen

denken über → beurteilen

Denker
1. Philosoph, Gelehrter, Weiser, Geistesarbeiter, Intellektueller, Theoretiker, Geistesgröße
2. Stratege, Taktiker, Kopf

Denkfähigkeit → Denkvermögen

Denkmal
1. Gedenkstein, Monument, Mahnmal, Ehrenmal, Memorial, Andenken, Gedächtnismal
2. **sich ein Denkmal setzen** sich verewigen, sich ein bleibendes Andenken erwerben, sich ins Buch der Geschichte eintragen, in die Geschichte eingehen, sich unsterblich machen

Denkschrift
1. Memorandum, Note, Kommuniqué, Eingabe, Aufzeichnung, Bekanntmachung, Bekanntgabe, Eröffnung, Verkündigung, Bulletin
2. Gedenkrede, Nachwort, Nachrede, Nekrolog

Denkspiel → Rätsel

Denkvermögen Denkfähigkeit, Denkkraft, Urteilskraft, Urteilsvermögen, Urteilsfähigkeit, Geistesstärke, Geisteskraft, Begriffsvermögen, Abstraktionsvermögen, Unterscheidungsvermögen, Erkenntnisvermögen, Logik, Geist, Intellekt, Klugheit, Scharfsinn, Esprit, Vernunft, Verstand, Begabung; *ugs.:* Köpfchen, Grips, Grütze

Denkweise Denkart, Mentalität, Sinnesart, Einstellung, Gesinnung, Weltanschauung, Weltbild, Ideologie, Lebensanschauung, Geisteshaltung, Betrachtungsweise, Grundhaltung, Zeitgeist

denkwürdig bedeutungsvoll, bedeutend, wichtig, außergewöhnlich, unvergesslich, unauslöschlich

Denkzettel
1. Andenken, Merkzettel, Denkzeichen, Erinnerungszeichen
2. → Lektion
3. **einen Denkzettel verpassen** → bestrafen

denn weil, als, nämlich, bekanntlich, bekanntermaßen, wie man weiß

dennoch trotzdem, gleichwohl, doch, trotz allem, jedenfalls, nichtsdestoweniger, dessen ungeachtet, nun gerade/erst recht; *ugs.:* nichtsdestotrotz

Denunziant Zuträger, Zwischenträger, Verräter, Verleumder; *ugs.:* Petzer, Judas

denunzieren anzeigen, verraten, anschwärzen, preisgeben, ausliefern; *ugs.:* verpfeifen, verklatschen, verpetzen, hochgehen lassen

deplatziert → unangebracht

deponieren hinterlegen, einstellen, sicherstellen, parken, unterbringen, lagern, in Verwahrung geben, abstellen, absetzen, ablegen

Deportation Verschleppung, Aussiedlung, Vertreibung, Zwangsverschiebung, Zwangsverschickung, Verbannung

deportieren verbannen, zwangsverschicken, verschleppen, in die Verbannung schicken, ausweisen

Deportierter Verschleppter, Ausgewiesener, Verbannter, Vertriebener, Heimatvertriebener

Depot → Lager

Depp → Dummkopf

Depression Niedergeschlagenheit, Gedrücktheit, Schwermut, Bedrückung, Verzagtheit, Trübsinn, Tief, Trauer, Verzweiflung, Melancholie, traurige Stimmung, Mutlosigkeit, Freudlosigkeit

depressiv schwermütig, gemütskrank, pessimistisch, nihilistisch, schwarzseherisch, melancholisch, trübsinnig, trübselig, betrübt, elend, unglücklich, todunglücklich, bedrückt, bekümmert, deprimiert

depressiv sein mit der Welt uneins/zerfallen/zerrissen sein, Trübsal blasen, alles durch eine schwarze Brille sehen, Weltschmerz haben, sich in Weltuntergangsstimmung befinden; *ugs.:* den Blues haben
deprimieren → entmutigen
deprimiert mutlos, entmutigt, niedergeschlagen, niedergedrückt, resigniert, depressiv, verzagt, (am Boden) zerstört, verzweifelt, gebrochen, niedergeschmettert, lebensmüde; *ugs.:* down, geknickt, bedripst, flügellahm, gefrustet
Deputierter Deputationsmitglied, Abgeordneter, Delegierter, Bevollmächtigter, Parlamentarier
derart derartig, dermaßen, so, solch, solcherlei, solcherart, dahingehend, folgendermaßen, dementsprechend, demgemäß, dergleichen
derartig
1. solch, solcherlei, dergleichen, ebensolch, dieserlei
2. → so
derb
1. grob, grobschlächtig, drastisch, hart, rau, deftig, unfein, unedel, rüde, rücksichtslos, barsch, ungeschliffen, ungehobelt, schroff, harsch, vulgär, unanständig, unhöflich, nicht salonfähig; *geh.:* krude; *ugs.:* gepfeffert und gesalzen, saftig, handfest
2. kräftig, stark, robust, gesund, drall, stramm, kernig
3. → klobig
dergleichen → derart
dermaßen → so
derselbe der Gleiche/Nämliche, eben der, der Obengenannte, der vorher Genannte, eben dieser
derweil
1. unterdessen, inzwischen, mittlerweile, währenddem, währenddessen, indessen, solange, einstweilen, zwischenher, in der Zwischenzeit
2. während, indem, im Verlauf/Fortgang von
derzeit
1. augenblicklich, gegenwärtig, im Augenblick, zur Stunde, zurzeit, momentan, nun, nunmehr, eben, gerade, jetzt
2. damalig, früher, ehemals, weiland, vormals, einstmals
Desaster → Unglück
desaströs katastrophal, schrecklich, entsetzlich, folgenschwer, verhängnisvoll, dramatisch, fatal, niederschmetternd, verheerend
desavouieren → blamieren
Deserteur Fahnenflüchtiger, Überläufer, Abtrünniger
desertieren fahnenflüchtig/abtrünnig werden, seinen Posten verlassen, überlaufen, zum Feind überlaufen, überwechseln
desgleichen gleichfalls, ebenfalls, auch, gleichermaßen, dito, ebenso
deshalb dadurch, darum, deswegen, infolgedessen, folglich, somit, mithin, daher, demzufolge, so, aus diesem Grunde, aufgrund dessen, insofern, zu diesem Zweck, dieserhalb, sonach, ob, wegen, zwecks, dank
Design Plan, Muster, Form, Formgebung, Entwurf, Modell, Styling, Schnitt, Zuschnitt
designen künstlerisch gestalten/ausgestalten/entwickeln/entwerfen, formen, planen, konzipieren
desillusionieren ernüchtern, enttäuschen, die Illusionen nehmen/rauben, entzaubern, zu Verstand bringen, an die Vernunft appellieren, abkühlen, frustrieren, jmdn. auf den Boden der Wirklichkeit/Tatsachen zurückbringen; *ugs.:* Wasser in den Wein gießen, jmdn. wieder auf den Teppich stellen/bringen, jmdm. einen Dämpfer geben, jmdn. unter die kalte Dusche stellen
desinfizieren keimfrei/steril machen, sterilisieren, entseuchen, entkeimen, pasteurisieren, abkochen, auskochen, ausräuchern
Desinteresse Interesselosigkeit, Gleichgültigkeit, Teilnahmslosigkeit, Unempfindlichkeit, Trägheit, Indolenz, Indifferenz, Apathie, Lethargie
desinteressiert → gleichgültig
deskriptiv beschreibend
desolat trostlos, erbärmlich, deprimierend, furchtbar
despektierlich → abfällig
desperat → aussichtslos
Despot Gewaltherrscher, Tyrann, Unterdrücker
despotisch → herrisch
Despotismus → Gewaltherrschaft
Dessert Nachspeise, Süßspeise, Nachtisch
destruieren → zerstören
deswegen → deshalb
Detail Einzelheit, Ausschnitt, Teilstück
detailgetreu detailtreu, genau, detailgenau, detailliert, ausgearbeitet, detailreich, ausgeschmückt, ausführlich, gründlich, haarklein; *geh.:* differenziert

D

D

detailliert punktweise, speziell, Punkt für Punkt, partikulär, genau, ins Detail gehend, ausführlich, gründlich, eingehend, mit Einzelheiten, einzeln, erschöpfend, ausgearbeitet, ausgefeilt, differenziert
determinieren festlegen, bestimmen, begrenzen, definieren, spezialisieren, klären, ermitteln
detonieren explodieren, springen, zerspringen, platzen, zerplatzen, bersten, zerbersten, losgehen, sich entladen, in die Luft fliegen/gehen
deuten
1. zeigen, hinzeigen, weisen, hinweisen, hindeuten, aufmerksam machen/mit den Fingern zeigen auf, ins Blickfeld rücken, ankündigen, Zeichen geben, signalisieren
2. erklären, auslegen, interpretieren, herauslesen, auffassen, kommentieren, erläutern, klarmachen, explizieren, auseinanderlegen, exemplifizieren, verständlich/begreiflich machen; *ugs.:* deuteln, sich zusammenreimen
deutlich
1. → klar
2. → aufrichtig
deutlich machen → veranschaulichen
Deutung Auslegung, Darlegung, Erläuterung, Interpretation
Devise Losung, Wahlspruch, Motto, Parole, Leitsatz, Leitspruch, Schlagwort, Slogan
Devisen ausländische Zahlungsmittel/Währung, Fremdwährung, Sorte
devot unterwürfig, demütig, ehrerbietig, untertänig, kniefällig, fußfällig, knechtisch, kriecherisch, servil, sklavisch, hündisch, buhlerisch, schmeichlerisch
dezent unaufdringlich, zurückhaltend, unauffällig, schlicht, bescheiden, apart
dezidiert entschieden, bestimmt, ausdrücklich, mit Nachdruck
dezimieren → vermindern
dezimieren, sich → verringern, sich
diabolisch teuflisch, satanisch, infernalisch, dämonisch, luziferisch, mephistophelisch
Diagnose Befund, Krankheitsbefund, Erkennung, Beurteilung, Bestimmung
diagnostizieren → feststellen
Dialekt Mundart, regionale Sprachvariante; *ugs.:* Platt
Dialog Zwiegespräch, Wechselrede, Rede und Gegenrede, Rücksprache, → Gespräch
diametral → gegensätzlich
Diät
1. Schonkost, Krankenkost
2. → Schlankheitskur
Diäten Spesen, Tagegeld, Aufwandsentschädigung, Reisekostenvergütung
dicht
1. undurchdringlich, unzugänglich, unwegsam, buschig
2. undurchlässig, luftdicht, geschlossen, wasserdicht, fest, waterproof
3. unmittelbar, nahe, direkt, nahebei, in unmittelbarer Nähe, unweit, unfern
dichten
1. Verse/Reime schmieden/machen, reimen, schreiben, schriftstellern, fabulieren
2. erdichten, ausdenken, ersinnen, erfinden, sich zurechtlegen; *ugs.:* sich austüfteln, ausknobeln, sich aus den Fingern saugen
3. abdichten, undurchlässig machen, dichtmachen, stopfen, zustopfen, ausbessern
Dichter Schriftsteller, Autor, Literat, Verfasser
dichterisch → poetisch
Dichtung
1. Dichtkunst, Poesie, Wortkunst, Literatur, Schrifttum, Schriftwerk
2. Dichtwerk, Kunstwerk, Roman, Drama, Epos, Erzählung, Poem, Gedicht
3. Lyrik, Versdichtung
4. Epik, epische/erzählende Dichtung
5. Dramatik, Bühnendichtung, dramatische Dichtung
6. Manschette, Zwischenstück, Verbindungsstück
dick
1. korpulent, stark, massig, feist, fett, üppig, füllig, fleischig, beleibt, wohlbeleibt, stattlich, rund, rundlich, voll, rubenshaft, dicklich, wohlgenährt, breit, stramm, stämmig, umfangreich, vollleibig, bullig, wuchtig, monströs, drall, fettleibig, dickleibig, prall, gut genährt, gemästet, behäbig, unförmig, mächtig, kolossal, bauchig, dickbauchig, voluminös, schmerbäuchig, speckig, aufgeschwollen, aufgebläht, plump, schwerfällig, mollig, pausbäckig; *österr.:* blad; *scherzh.:* vollschlank; *ugs.:* pummelig, kugelig, mopsig, schwabbelig, dickwanstig, gut bei Leibe/im Futter, gutgepolstert, vollgefressen
2. geschwollen, angeschwollen, aufgetrieben,

aufgebläht, aufgedunsen, aufgeschwemmt, schwammig
3. dicht, undurchdringlich, unzugänglich, unwegsam
4. stark, in großer Menge, üppig
5. → dickflüssig ⓘ

dick auftragen → angeben

Dicke(r) → Fettwanst

dicketun, sich → angeben

dickfellig dickhäutig, unempfindlich, robust, abgestumpft, unbeteiligt, gleichgültig, indifferent, indolent, träge, phlegmatisch, schwerfällig, lethargisch, apathisch, stumpfsinnig, leidenschaftslos, gelassen

dickfellig sein gute Nerven haben, viel vertragen können, ein dickes Fell/eine Elefantenhaut haben, nicht empfindlich/durch nichts zu erschüttern sein; *ugs.:* hart im Nehmen sein, die Ruhe weghaben, aus hartem Holz geschnitzt sein

dickflüssig zähflüssig, seimig, sämig, dick, dicklich, breiartig, breiig, musartig, schwerflüssig, langsam fließend, zähfließend

Dickicht Gestrüpp, Gebüsch, Buschwerk, Gesträuch, Geäst, Unterholz, Niederwald, Strauchwerk, Reisig

Dickkopf → Trotzkopf

dickköpfig trotzig, eigensinnig, starrköpfig, starrsinnig, halsstarrig, aufsässig, aufmüpfig, störrisch, widerspenstig, kratzbürstig, unnachgiebig, unversöhnlich, unzugänglich, verbockt, verschlossen, renitent, unerbittlich, rechthaberisch, verbohrt, kompromisslos, hart gesotten, unbequem, unbelehrbar, dickschädelig, eisern, stur, verstockt; *ugs.:* bockig, bockbeinig

dick: Gewichtig und beleibt

Der Umfang eines Menschen lässt sich auf unterschiedliche Weise beschreiben. *Korpulent* und *stämmig* sind wie *dick* neutrale Ausdrücke. *Gut genährt* und *wohlbeleibt* sind ebenso freundliche Umschreibungen wie etwa *mollig* oder *pausbäckig*. Auch das gehobene Fremdwort *voluminös* hat verhüllende Funktion. In diese Kategorie gehört auch der oft scherzhaft gebrauchte Ausdruck *vollschlank*.
Plump bedeutet *dick* im Sinn von *unförmig*. Dabei schwingt eine negative Konnotation mit. Das gilt auch für *drall, fett* und *feist,* die Zusammensetzungen *fettleibig* und *dickleibig* sowie für Beschreibungen wie *schmerbäuchig* und erst recht *monströs*. Die umgangssprachlichen Ausdrücke *dickwanstig, vollgefressen* und *schwabbelig* sind negativ gemeint, während *pummelig* oder *gutgepolstert* wiederum eher freundliche Ausdrücke sind. Das gilt ebenfalls für die scherzhafte Bezeichnung *gewichtig,* die als Synonym für *dick* mit dem Doppelsinn von Gewicht als Schwere beziehungsweise großer Bedeutung spielt. *Speck auf den Rippen haben* ist in diesem Sinn eine umgangssprachliche Umschreibung für *dick sein,* ebenso das scherzhafte *einen Schwimmgürtel haben*.
Nichts mit Körpergewicht hat dagegen die umgangssprachliche Redensart *mit jemandem dick sein* zu tun; sie drückt aus, dass man eng mit jemandem befreundet ist, und mit dieser Person *durch dick und dünn gehen* kann. Das Gegenteil ist bei der Wendung *dickhaben/dickehaben* der Fall. Sie besagt, dass jemand einen Menschen oder eine Sache nicht mehr leiden kann. *Sich dickmachen* bedeutet schließlich so viel wie angeben.

Dickköpfigkeit → Trotz

dickköpfig sein einen dicken/harten Schädel haben, sich nichts sagen lassen, sich verschließen, einen Dickkopf haben, einer Sache widerstreben, mit dem Kopf durch die Wand wollen, sich gegen etwas sperren; *ugs.:* stur wie ein Bock, Panzer sein

Dickleibigkeit → Körperfülle

dick sein zu viel wiegen, Übergewicht haben; *ugs.:* aus allen Nähten platzen, gut beieinander sein, gutgepolstert sein, aus den Fugen geraten, Speck auf den Rippen, einen Schwimmgürtel haben

dick werden zunehmen, in die Breite gehen, breiter werden, Speck/Fett/einen Bauch ansetzen; *ugs.:* auseinandergehen, wie ein Pfannkuchen aufgehen, aus dem Leim gehen

didaktisch lehrhaft, erzieherisch, pädagogisch, methodisch, schulmäßig

Dieb → Räuber

Diebstahl Raub, Plünderung, Entwendung, widerrechtliche Aneignung, Wegnahme, Eigentumsdelikt, Eigentumsvergehen, Unterschlagung, Veruntreuung, Hinterziehung; *ugs.:* Mauserei, Dieberei

D

Diele
1. Flur, Vorraum, Korridor, Vorhalle, Hausflur, Gang, Hausgang, Entree, Foyer; *geh.:* Vestibül; *österr.:* Vorzimmer, Vorhaus
2. Brett, Fußbodenbrett, Dielenbrett, Platte, Planke, Bohle
3. Fußboden, Estrich

dienen
1. Dienst tun, in Stellung sein, arbeiten, Arbeit leisten/verrichten, sich betätigen, tätig sein, werken, wirken, schaffen, einer Beschäftigung nachgehen, einen Beruf ausüben, erwerbstätig sein
2. frönen, huldigen, sich hingeben, sich ergeben, gehorchen
3. dienlich sein, nützen, Nutzen bringen, zum Nutzen gereichen, förderlich sein, fruchten, helfen, gute Dienste leisten, zustattenkommen, zugutekommen
4. etwas dient dazu hat den Zweck/die Funktion, erfüllt die Aufgabe, ist dazu da/dafür gedacht

Diener
1. Bedienter, Bediensteter, Bedienung, Page, Boy, Butler, Lakai, Bote, Dienstbote, Domestik, Faktotum, Bursche, Knecht, Untergebener, Kuli, Hilfskraft, Gehilfe
2. Verbeugung, Verneigung; *ugs.:* Bückling, Kratzfuß, Knicks

dienlich nützlich, nutzbringend, förderlich, fördernd, zuträglich, ersprießlich, fruchtbar, fruchtbringend, gut, konstruktiv, aufbauend, hilfreich, dankbar, lohnend, gedeihlich

Dienst
1. Gefälligkeit, Hilfe, Mithilfe, Gefallen, Beistand, Unterstützung, Hilfestellung, Handreichung, Zutun, Förderung, Einsatz
2. → Arbeit
3. → Beruf

Dienstbote → Diener

Dienstgrad Rang, Rangstufe, Grad, Stellung, Stand, Rangbezeichnung; *Mil.:* Charge

Dienstleistung
1. → Hilfe
2. → Arbeit

dienstlich → amtlich

Dienstmädchen → Hausangestellte

Dienstschluss Feierabend, Arbeitsschluss, Büroschluss, Geschäftsschluss, Muße, Freizeit

Dienststelle Amt, Behörde, Geschäftsstelle, Büro, Kanzlei, Verwaltung, Administration, Instanz

dienstunfähig krank, arbeitsunfähig, unbrauchbar, dienstuntauglich, erwerbsunfähig; *geh.:* unpässlich, invalid

Dienstweg Instanzenweg, Behördenweg, Amtsweg, Geschäftsgang

diesbezüglich dazu, darüber, davon, was das angeht, zu diesem Punkt, hierzu, zu, in dieser Beziehung, in Bezug, mit Bezug darauf, hierauf Bezug nehmend

diesig dunstig, neblig, bewölkt, nicht klar, trübe, verhangen, wolkig, bezogen, bedeckt

diesmal jetzt, nun, nunmehr, gegenwärtig, derzeit, im Moment/Augenblick, zur Stunde

diesseitig irdisch, profan, säkular, weltlich, realistisch

Diesseits Erde, Welt, Erdkreis, Erdball; *poet.:* Erdenrund, irdisches Jammertal

Dietrich Nachschlüssel, Diebsschlüssel, Diebshaken; *Gaunerspr.:* Kate, Daltel, Peterchen, Klaus

diffamieren
1. → verleumden
2. → demütigen

Diffamierung
1. → Nachrede
2. → Diskrimimerung

different → verschieden

Differenz
1. Meinungsverschiedenheit, Unstimmigkeit, Nichtübereinstimmung, Dissens, Verstimmung, Auseinandersetzung, Divergenz, Disharmonie, Reiberei, Dissonanz, Spannung, Zerwürfnis, Zwietracht, Zwiespalt, Zwist, Zwistigkeit, Hader, Streit
2. Diskrepanz, Missverhältnis, Unterschied, Verschiedenheit, Abweichung
3. → Fehlbetrag

differenzieren
1. gliedern, zergliedern, detaillieren, zerlegen, zerpflücken, analysieren, entwirren, auseinandernehmen, spezifizieren, spezialisieren
2. unterscheiden, sondern, einen Unterschied machen, auseinanderhalten, trennen, gegeneinander abgrenzen
3. nuancieren, abtönen, abstufen, schattieren, abschatten

differenziert nuanciert, abgestuft, schattiert, detailliert, ins Detail gehend, in sich gestuft/gegliedert, aufgefächert

differieren abweichen, verschieden sein, sich unterscheiden, variieren, divergieren, abstechen, kontrastieren, auseinandergehen, sich widerspre-

chen, sich widerstreiten, zuwiderlaufen, uneins sein
diffizil schwierig, heikel, schwer, kompliziert, problematisch, mühsam, verwickelt, mit Schwierigkeiten verbunden, langwierig, gefährlich, prekär, peinlich, subtil; *ugs.:* kitzlig, knifflig, vertrackt, verzwickt, verwickelt
diffus verschwommen, unklar, undeutlich, nebelhaft, nebulös, schattenhaft, unscharf, ungenau, vage, schemenhaft, verhüllt, undurchsichtig, nicht eindeutig, unbestimmt, ungeordnet
Diktat → Befehl
Diktator → Tyrann
diktatorisch
1. → totalitär
2. → herrisch
Diktatur → Gewaltherrschaft
diktieren
1. ansagen, vorsprechen, vorlesen
2. aufzwingen, aufdrängen, oktroyieren
3. anordnen, angeben, befehlen, anweisen, gebieten, verordnen, bestimmen, erlassen, veranlassen, verfügen, dekretieren, vorschreiben, reglementieren, befinden, zur Auflage machen, eine Order geben, eine Verordnung erlassen, eine Verfügung treffen
Diktion Ausdrucksweise, Sprechweise, Redeweise, Stil, Schreibweise, Darstellungsweise, Sprache
Dilemma → Not
Dilettant
1. Laie, Amateur, Autodidakt, Nichtfachmann, Außenstehender, Anfänger, Nichtkundiger
2. Stümper, Nichtskönner, Analphabet, Pfuscher, Ignorant, Banause, Kurpfuscher, Quacksalber
dilettantisch
1. → laienhaft
2. → schlecht
Dill Gurkenkraut; *österr.:* Dille
Dimension Ausdehnung, Erstreckung, Ausmaß, Weite, Höhe, Tiefe, Größe, Umfang, Grad, Stärke, Umkreis, Reichweite, Spielraum, Dichte, Fülle
dimmen dämpfen, dämmen, mildern, abmildern, abschwächen, vermindern, mäßigen; *geh.:* regulieren
Diner
1. → Abendessen
2. → Festessen
Ding
1. Sache, Gegenstand, Objekt, Etwas, Körper, Gebilde, Gestalt, Element, Wesen, Materie, Stoff, Substanz, Geschöpf, Sein; *ugs.:* Dings(da), Dingsbums
2. Thema, Sujet, Frage, Faktum
3. Angelegenheit, Sache, Affäre, Fall, Kasus, Geschichte
4. → Mädchen (i)

Von krummen und dollen Dingern

Ding ist ein wenig differenziertes Allerweltswort für *Sache* oder *Gegenstand. Objekt* lautet das lateinische Fremdwort für *Gegenstand* und ist mithin, wie die meisten Fremdwörter, ein gehobener Ausdruck. Umgangssprachlich werden *Dings, Dingsda* und *Dingsbums* verwendet.
Die Begriffe *Materie, Substanz* und *Element* werden oft in einem naturwissenschaftlichen oder auch einem philosophischen Zusammenhang gebraucht.
Es gibt eine ganze Reihe von Redensarten mit der Vokabel *Ding*. Verstärkend wird das Wort in der Wendung *ein Ding der Unmöglichkeit* benutzt, das heißt, etwas ist *völlig/ganz und gar unmöglich*. Ausdrücke der Überraschung sind Formulierungen wie *das ist (ja) ein Ding, ist das ein (dickes/dolles) Ding* oder *mach keine Dinger*.
Wer *guter Dinge* ist, strahlt Optimismus oder Freude aus. Wenn man *unverrichteter Dinge* geht, dann hat man *nichts erreicht*. Meist ironisch gemeint ist der Ausdruck *über den Dingen stehen*. Jemand, der so beschrieben wird, kümmert sich nicht um Alltagsfragen oder lebt in einer Phantasiewelt. *Jemandem ein Ding verpassen* ist ein umgangssprachlicher Ausdruck für »jemandem schaden/eins auswischen«. Die ursprüngliche Bedeutung von *Ding* als einem juristischen Begriff, der einen *Fall* bezeichnete, der einst vor das Thing-Gericht kam, ist in einigen Redewendungen auch noch erkennbar.
Ein (krummes) Ding drehen ist die gaunersprachliche Umschreibung für »ein Verbrechen begehen«. Das Gemeinte bleibt dabei ebenso vage wie in der Wendung *nicht mit rechten Dingen zugehen*. Sie besagt, dass etwas auf unrechte Weise geschieht oder aber mit übernatürlichen, unerklärbaren Kräften verknüpft ist. *Jemanden dingfest machen* heißt schließlich eine Person zu verhaften (und sie damit vor Gericht zu bringen).

D

dingfest machen verhaften, festnehmen, ergreifen, fassen, fangen, gefangen nehmen, in Gewahrsam/Haft nehmen, verwahren, einsperren; *geh.:* inhaftieren, internieren
dinieren → essen
Dinner → Abendessen
Diplom Urkunde, Zeugnis, Dokument, Zertifikat, Bescheinigung
Diplomat
1. Botschafter, Gesandter, Regierungsvertreter, Missionär, Missionsträger, Auslandsvertreter, Nuntius
2. Taktiker; *ugs.:* Schlaukopf, Fuchs
diplomatisch schlau, clever, findig, klug, gewandt, geschickt
Directbanking Internetbanking, Homebanking, Telefonbanking, Telebanking, Electronic Banking, E-Banking, elektronischer Geldverkehr
direkt
1. geradezu, geradeaus, geradlinig, spontan, unmittelbar, stracks, umwegslos, geradewegs, ohne Umweg/Unterbrechung/Zwischenstation, durchgehend
2. aus erster Quelle/Hand, ohne Mittelsperson
3. → aufrichtig
4. → sofort
5. ausgesprochen, regelrecht, förmlich, tatsächlich, ausdrücklich
Direktion → Leitung
Direktive → Weisung
Direktor
1. Schulleiter, Rektor; *ugs.:* Direx
2. → Leiter
Direktorium → Leitung
Direktübertragung Direktsendung, Originalübertragung, Livesendung, Liveübertragung
Dirigent Kapellmeister, Orchesterleiter, Chorleiter
dirigieren
1. den Takt schlagen, den Stab führen, musikalisch leiten; *scherzh.:* den Taktstock schwingen
2. leiten, lenken, führen, die Leitung haben, an der Spitze stehen, die Führung innehaben, vorstehen, vorsitzen, die Zügel führen, das Zepter schwingen, die Sache in die Hand nehmen, kommandieren, steuern, lotsen, beeinflussen, taktieren
Dirne → Prostituierte
Dirnenhaus → Bordell
Discothek → Diskothek
Disharmonie
1. → Missklang
2. → Differenz
disharmonisch
1. unmelodisch, misstönend, unrein, dissonant, unsauber, kakophonisch
2. zwiespältig, zerrissen, gespalten, zweifelnd, widerstrebend, widerstreitend, entscheidungsunfähig, unentschieden, unentschlossen, uneins, uneinig, unschlüssig, unausgeglichen, labil, diskrepant
Diskothek Tanzbar, Tanzlokal, Disko, Nachtklub, Nightclub; *ugs.:* Tanzschuppen
diskreditieren
1. → verleumden
2. → demütigen
Diskrepanz
1. Missverhältnis, Disproportion, Unterschied, Verschiedenheit, Abstand, Abweichung, Kontrast, Widerspruch, Ungleichheit, Unähnlichkeit
2. Differenz, Meinungsverschiedenheit, Auseinandersetzung, Reiberei, Dissonanz, Zerwürfnis, Streit
diskret taktvoll, rücksichtsvoll, schonend, vorsichtig, behutsam, unauffällig, distanziert, verschwiegen, vertraulich, dezent, geheim, in aller Stille, unter vier Augen/der Hand, inoffiziell, heimlich, intern, ohne Aufsehen
diskriminieren zurücksetzen, benachteiligen, ungerecht behandeln, → demütigen
Diskriminierung Herabsetzung, Herabwürdigung, ungleiche Behandlung, Demütigung, Erniedrigung, Verächtlichmachung, Verunglimpfung, Degradierung, Diffamierung, soziale/rechtliche Benachteiligung, politische Unterdrückung, Diskreditierung, Ächtung, Schmähung, Verachtung, Beleidigung, Deklassierung, Desavouierung
Diskurs → Diskussion
Diskussion Gespräch, Unterredung, Unterhaltung, Gedankenaustausch, Kontroverse, Debatte, Meinungsaustausch, Zwiesprache, Zwiegespräch, Dialog, Erörterung, Diskurs, Kolloquium, Aussprache
diskutieren erörtern, besprechen, durchsprechen, bereden, beraten, debattieren, disputieren, sich auseinandersetzen, erwägen, behandeln, verhandeln
Dispens Befreiung (Verpflichtung), Ausnahmeerlaubnis
dispensieren entbinden (Verpflichtung), freistellen, zurückstellen, entheben, loslassen, frei-

geben, beurlauben; *geh.:* entpflichten

disponieren
1. einteilen, planen, zuteilen, zuweisen, ordnen, zusprechen, dosieren, zumessen
2. verfügen über, anberaumen, festsetzen, festlegen, anordnen

Disposition
1. Einteilung, Aufteilung, Gliederung, Anordnung
2. Verfügung
3. Veranlagung, Beschaffenheit, Wesensart, Anlage, Natur, Charakter, Naturell, Wesen, Art

Disput → Gespräch

disputieren → erörtern

disqualifizieren ausschließen, aussperren, ausstoßen, ausscheiden, ausschalten, eliminieren

disqualifizieren, sich sich ausschließen, sich aussperren, sich als unfähig/ungeeignet/unwürdig erweisen; *geh.:* sich diskreditieren

Disqualifizierung → Ausschluss

dissen beleidigen, herabsetzen, niedermachen, beschimpfen, schmähen, verachten, provozieren

Dissens → Dissonanz

Dissident Andersdenkender, Abweichler, Neinsager, Widerständler, Rebell, Gegner, Protestierender, Opponent

Dissonanz
1. Differenz, Meinungsverschiedenheit, Unstimmigkeit, Dissens, Verstimmung, Auseinandersetzung, Divergenz, Disharmonie, Reiberei, Spannung, Zwietracht, Zwiespalt, Zwist, Zwistigkeit, Hader, Streit
2. → Missklang

Distanz
1. Entfernung, Abstand, Zwischenraum, Intervall, Zwischenzeit, Weite, Pause, Kluft, Ferne
2. Distanziertheit, Reserve, Reserviertheit, Zurückhaltung
3. *Sport:* Strecke, Etappe, Weglänge

distanzieren, sich abrücken von, sich zurückziehen, Abstand nehmen von, sich innerlich entfernen, sich abgrenzen von, nichts zu tun haben wollen mit, sich heraushalten, sich entziehen, zurücktreten; *ugs.:* sich drücken

distanziert reserviert, kühl, unzugänglich, verschlossen

Distrikt → Gebiet

Disziplin
1. Ordnung, Drill, Zucht, Selbstbeherrschung
2. → Fach

diszipliniert → beherrscht

disziplinlos → hemmungslos

divergent verschieden, verschiedenartig, unterschiedlich, abweichend

Divergenz
1. Nichtübereinstimmung, Verschiedenheit, Verschiedenartigkeit, Ungleichheit, Unähnlichkeit, Ungleichmäßigkeit, Unterschiedlichkeit, Inkongruenz
2. → Auseinandersetzung

divergieren sich unterscheiden, kontrastieren, differieren, abweichen, variieren, in Gegensatz/Opposition stehen, einen Kontrast bilden zu, auseinandergehen, sich widersprechen; *ugs.:* aus dem Rahmen fallen

Dividende Gewinnanteil, Gewinnausschüttung, Tantieme

dividieren → teilen

Diwan → Couch

doch
1. jedoch, dagegen, freilich, aber, indes, hingegen, hiergegen, wiederum, dawider, allein, vielmehr, mindestens, wenigstens, andrerseits, demgegenüber, im Gegensatz dazu
2. dennoch, nun gerade, dessen ungeachtet, gleichwohl, nichtsdestoweniger, trotzdem, nun erst recht, trotz allem; *ugs.:* nichtsdestotrotz
3. ja, jawohl, oja, einverstanden
4. bestimmt, wirklich, tatsächlich, im wahrsten Sinne des Wortes, buchstäblich

Dogma
1. Lehre, Lehrsatz, Glaubenssatz, Doktrin, Lehrmeinung, Schulmeinung, Theorie
2. Behauptung, These, Gedankengebäude, Lehrgebäude

dogmatisch doktrinär, starr, starrköpfig, starrsinnig, orthodox, unbeweglich, unzugänglich, unbelehrbar, unbekehrbar, unnachgiebig, unbeugsam, uneinsichtig, unerbittlich, unflexibel, einseitig, engstirnig, apodiktisch, kompromisslos, radikal, festgefahren, störrisch, eigensinnig, stur, halsstarrig, rechthaberisch; *ugs.:* päpstlich

Doktor
1. Arzt, Mediziner, Medikus, Heilkundiger, Heilkünstler
2. Promovierter

Doktrin
1. → Lehre
2. → Grundsatz

doktrinär → dogmatisch

D

Dokument Urkunde, Akte, Unterlage, Schriftstück, Schreiben, Papier, Aktenstück, Zeugnis, Attest, Diplom, Bestätigung, Bescheinigung, Beglaubigung, Ausweis; *ugs., abwertend:* Wisch ⓘ

D

dokumentieren
1. beweisen, nachweisen, den Nachweis führen, einen Beweis liefern/führen/erbringen, aufzeigen, belegen, die Richtigkeit erweisen, begründen, bestätigen, motivieren
2. zeigen, bekunden, erkennen lassen, zum Ausdruck bringen, dartun, offenbaren, kundgeben

dokumentieren, sich sich ausdrücken, sich zum Ausdruck bringen, sich zeigen, sich beweisen, offenkundig/sichtbar/augenfällig werden, sich widerspiegeln; *geh.:* sich manifestieren

dolmetschen mündlich übersetzen/übertragen, als Dolmetscher tätig sein; *ugs.:* den Dolmetscher spielen/machen

Dom
1. Bischofskirche, Hauptkirche, Münster, Kathedrale
2. → Jahrmarkt

Domäne
1. → Fach
2. Herrschaftsgebiet Staatsgut, Staatsbesitz, Landgut, Gut, Gutshof

dominant → überlegen

Dominanz → Übermacht

dominieren vorherrschen, hervortreten, überwiegen, vorwalten, das Feld beherrschen/überragen, die Oberhand haben, den Ton angeben, ausstechen, überbieten, in den Schatten stellen, an die Wand spielen; *ugs.:* Oberwasser haben, Hahn im Korb sein

Domizil Wohnsitz, Behausung, Zuhause, Heim, Wohnung, die (eigenen) vier Wände, Häuslichkeit; *ugs.:* Daheim

Dompteur Tierbändiger, Raubtierbändiger, Dresseur, Bändiger, Abrichter

Don Juan → Frauenheld

donnern
1. gewittern, wettern, grollen; *landsch.:* rumpeln, grummeln; *ugs.:* krachen
2. dröhnen, krachen, lärmen, poltern, grollen, knallen
3. → schimpfen

Donnerwetter → Lektion

doof → dumm

doppeldeutig zweideutig, mehrdeutig, doppelsinnig, doppelbödig, vieldeutig, schillernd, ambivalent, äquivok, strittig, problematisch, rätselhaft, vielsagend, zweifelhaft

Doppelgänger → Double

doppelsinnig → doppeldeutig

doppelt zwiefach, zweifach, zweimal, noch einmal, paarweise, zu zweit, gepaart, zweiteilig, beidseitig, doppelseitig, verdoppelt

doppelzüngig unaufrichtig, heuchlerisch, falsch, scheinheilig, schmeichlerisch, hinterlistig, hinterhältig, tückisch, vielzüngig, glattzüngig, arglistig, hinterrücks

Dorado → Eldorado

Dorf
1. Bauerndorf, Flecken, Weiler; *abwertend:* Kaff,

Dokument: Viele Arten von Schriftstücken

Dokument ist der gehobene Ausdruck für ein *Schriftstück.* Dabei schwingt die Bedeutung mit, dass es sich um einen *amtlichen Beleg* handelt, eine *Unterlage* oder *Beglaubigung* also, mit der beispielsweise ein *Nachweis* erbracht oder ein *Beweis* geführt werden kann. Begriffe wie *Akte* oder *Aktenstück* werden im Zusammenhang mit Behörden verwendet. Das Synonym *Zeugnis* bezeichnet die *Bestätigung* von Leistungen etwa in der Schule oder bei einem Arbeitgeber.
Ein *Diplom* ist das *Zeugnis* einer bestimmten Berufsausbildung. *Attest* wird in der Regel für eine ärztliche *Bescheinigung* verwendet. Schließlich wird *Dokument* auch synonym für *Ausweis* gebraucht. Der Plural *Dokumente* kann in diesem Zusammenhang auch Sammelbegriff für Personalausweis, Reisepass oder Führerschein sein, also *Papiere,* durch welche die Identität einer Person amtlich nachzuweisen ist. Der umgangssprachliche Ausdruck *Wisch* ist dagegen abwertend gemeint.
Ein *Zeitdokument* ist ein Beleg, der eine ganze Epoche charakterisiert. Als *Dokumentation* bezeichnet man eine Sammlung von Nachweisen, durch die zum Beispiel die *Chronik* eines Vorgangs deutlich wird. Ein *Dokumentarbericht* stellt einen Sachverhalt realistisch und beweiskräftig dar und verzichtet auf persönliche Wertungen des Autors. Etwas *dokumentieren* bedeutet mithin, durch *Urkunden belegen/beweisen.* Das Adjektiv *dokumentarisch* heißt *urkundlich, mit Hilfe von Dokumenten.*

Kuhdorf, Nest, Drecksnest, Quetsche
2. vom Dorf aus der Provinz, vom Land
dörflich ländlich, rustikal, bäuerlich, provinziell; *abwertend:* hinterwäldlerisch
Dorn Stachel, Spitze, Stift, starres Gebilde; *ugs.:* Piker
dörren ausdörren, trocknen, austrocknen, darren; *landsch.:* selchen
dort
1. da, ebendort, dortselbst, ebenda, allda; *österr.:* dorten
2. zugegen, präsent, zur Stelle, am Platze, anwesend, greifbar, zu erreichen, zur Hand
Dose Büchse, Kapsel, Behälter, Schachtel
dösen
1. → schlummern
2. (wachend) träumen, unaufmerksam/gedankenlos/geistesabwesend sein, seinen Gedanken nachhängen, nicht da sein, seine Gedanken woanders haben, mit offenen Augen schlafen/träumen; *ugs.:* weggetreten sein
dosieren zuteilen, einteilen, zumessen, abmessen, rationieren, zuweisen, kontingentieren
Dosis Quantum, Quantität, Menge; *ugs.:* Dose
Dotter Eidotter, Eigelb; *landsch.:* Gelbei
Double Doppelgänger, Stuntman, Ersatzmann; *scherzh.:* Zwilling
down
1. deprimiert, traurig, bedrückt, niedergeschlagen
2. → erschöpft
Downsyndrom Trisomie 21; *veraltet:* Mongolismus
Dozent Lehrer, Hochschullehrer, Lehrbeauftragter, Vortragender, Ausbilder, Kursleiter
dozieren
1. lehren, unterrichten, Vorlesungen halten, lesen, Unterricht erteilen/geben, vertraut machen mit, unterweisen, Wissen vermitteln/erschließen, instruieren
2. belehren, schulmeistern, in lehrhaftem Ton reden
drahtig gelenkig, trainiert, elastisch, sportlich, athletisch
Drahtzieher Hintermann, graue Eminenz, Obskurant, Intrigant, Anführer, Rädelsführer; *ugs.:* Strippenzieher
drakonisch → streng
drall → dick
Drama
1. Schauspiel, Theaterstück, Bühnenstück, Bühnendichtung, Bühnenwerk, Spiel
2. Unglück, Katastrophe, Tragödie
Dramatiker Bühnenautor, Bühnendichter, Dramendichter, Dramenautor, Theaterautor, Theaterdichter, Stückeschreiber
dramatisch → spannend
dramatisieren → aufbauschen
Drang Antrieb, Bedürfnis, Trieb, Verlangen, Begehren, Begierde, Gelüst, Hunger, Durst, Appetit, Sucht, Sehnsucht, Wunsch
drängeln → drängen
drängeln, sich → drängen, sich
drängen
1. schieben, stoßen, zwängen, drücken, quetschen, pressen; *ugs.:* drängeln, rammeln
2. bedrängen, belästigen, nicht in Ruhe lassen, keine Ruhe geben, behelligen, zu bewegen suchen, bohren, treiben, zusetzen, eifern, dringen auf; *geh.:* insistieren; *ugs.:* in den Ohren liegen, auf den Füßen stehen, quengeln
3. eilen, dringlich sein, keinen Aufschub dulden/vertragen, unaufschiebbar/notwendig sein; *ugs.:* auf den Nägeln brennen, pressieren
drängen, sich
1. sich zusammendrängen, sich zusammenpferchen, sich quetschen, sich zwängen, sich drängeln, (eingeengt) stehen
2. sich bedrängen, sich antreiben, sich anspornen, sich ermutigen, sich animieren, sich hetzen
Drangsal → Not
drangsalieren → quälen
drastisch
1. einschneidend, durchschlagend, durchgreifend, effektiv, wirksam, nachdrücklich, massiv, streng, strikt, rigoros, entschieden, hart, scharf, unerbittlich, gravierend, energisch, deutlich, unmissverständlich
2. → derb
Draufgänger Teufelskerl, Tausendsassa, Haudegen, Held, Heißsporn, Kampfhahn, Kämpfer, Desperado; *ugs.:* toller Hecht, Hansdampf in allen Gassen, Allerweltskerl
draufgängerisch verwegen, kühn, wagemutig, waghalsig, unerschrocken, tollkühn, halsbrecherisch, couragiert, heldenhaft, furchtlos, heroisch
drauflegen dazulegen, dazugeben, beisteuern, zuzahlen, zuschießen, draufzahlen

D

D

draufschlagen
1. erhöhen, anheben, aufstocken, heraufsetzen, verteuern
2. einschlagen, zerschlagen, einhauen, beschädigen, demolieren, zerstören, zertrümmern, niederprasseln lassen

draufzahlen
1. zuzahlen, zuschießen, bezuschussen, beisteuern
2. zu viel zahlen, Verlust machen/erleiden

draußen außen, im Freien, unter freiem Himmel

Dreck
1. Schmutz, Unrat, Staub
2. → Ramsch

dreckig
1. → schmutzig
2. → anstößig

Dreh
1. → Trick
2. → Ausweg

Drehbuch Filmmanuskript, Filmszenarium, Treatment

drehen
1. kurbeln; *ugs.:* leiern
2. wickeln, aufwickeln, winden, aufwinden, aufrollen, aufspulen, zwirbeln, haspeln
3. aufdrehen, eindrehen, locken, wellen, ringeln
4. umkehren, umdrehen, wenden, kehrtmachen, zurückgehen
5. filmen, einen Film machen; *ugs.:* kurbeln
6. → bewältigen

drehen, sich
1. zirkulieren, rotieren, kreisen, wirbeln, umlaufen
2. rollen, kugeln, laufen, sich wälzen; *ugs.:* kullern, kollern, trudeln

drehen um → gehen um

Drehorgel Leierkasten; *landsch.:* Leier, Werkel, Nudelkasten

Drehpunkt Pol, Angelpunkt, Achse, Nabel, Schwerpunkt, Brennpunkt, Mittelpunkt

Dreieinigkeit Trinität, Dreifaltigkeit, Vater, Sohn und Heiliger Geist

dreist frech, unverfroren, zudringlich, keck, respektlos, ungeniert, kess, vorlaut, unbefangen, ohne Scheu, vorwitzig, naseweis, unartig, ungesittet, unverschämt, unmanierlich, frivol, schamlos, unbescheiden, ungezogen, unerzogen, schlecht erzogen, lümmelhaft, ungehobelt, ausfallend; *geh.:* impertinent; *derb:* rotzfrech

dreschen → schlagen

Dresseur → Dompteur

dressieren
1. abrichten, Kunststücke beibringen, erziehen, schulen, lehren (Tier)
2. hübsch anrichten, garnieren (Speisen)

Dressing
1. Salatdressing, Salatsoße, Würzsoße, Vinaigrette, Marinade, Tunke
2. Füllung, Bratfüllung, Verzierung, Formgebung

Drift → Strömung

drillen
1. → ausbilden
2. *Mil.:* trimmen, schinden, stählen, schleifen; *ugs.:* bimsen, zwiebeln

dringen gelangen, sich einen Weg bahnen, kommen, eindringen

dringen auf insistieren/bestehen/beharren/sich versteifen/pochen auf; *ugs.:* nicht lockerlassen

dringend
1. dringlich, vordringlich, wichtig, gewichtig, wesentlich, ernst, ernstlich, notwendig, unumgänglich, unerlässlich, akut, entscheidend, ausschlaggebend, drängend, bedeutend, relevant, brennend
2. eilig, höchste Zeit, keinen Aufschub duldend, unaufschiebbar; *ugs.:* pressant, höchste Eisenbahn

dringen in einzuwirken versuchen, zu bewegen suchen, bedrängen, nicht in Ruhe lassen, keine Ruhe geben, behelligen

dringlich
1. → nachdrücklich
2. → dringend

Dringlichkeit → Nachdruck

Drink (alkoholisches) Getränk, Trunk, Trank, Mixgetränk, Mischgetränk, Cocktail; *ugs.:* Trinkbares

drinnen innen, im Inneren, inwendig, innerlich, drin, hierdrin, darin; *landsch.:* herinnen

drin sein *ugs. für:*
1. machbar/realisierbar/vorstellbar/möglich sein
2. innen/innerlich/im Innern sein

Drive → Schwung

Droge
1. Medikament, Arznei, Arzneimittel, Medizin, Heilmittel, Präparat, Pharmakon
2. Rauschgift, Betäubungsmittel, Suchtmittel; *ugs.:* Stoff
3. **unter Drogen** high, im Rausch; *ugs.:* abgefahren, stoned, angedröhnt ⓘ

Drogenhändler Rauschgifthändler, Dealer, Drogendealer, Pusher

Drogensucht Abhängigkeit, Drogenabhängigkeit, Drogenproblem, Rauschgiftsucht, Rauschmittelsucht, Rauschgiftabhängigkeit; *Med.:* Narkomanie

Drogensüchtiger Abhängiger, Drogenabhängiger, Rauschgiftsüchtiger,

Droge: Über Rausch- und Suchtmittel

Droge ist ursprünglich der Ausdruck für getrocknete pflanzliche oder tierische Stoffe, aus denen *Arznei(mittel)* hergestellt werden. Diese Bedeutung ist noch in dem Wort *Drogerie* erkennbar, mit dem der Laden bezeichnet wird, in dem man solche *Medikamente* kauft.
Heute wird *Droge* jedoch in der Regel als Vokabel für chemische Stoffe verwendet, die durch ihre Wirkung auf das Zentralnervensystem einen Erregungs- oder Rauschzustand herbeiführen. Vorherrschend ist also die Bedeutung als Synonym für Begriffe wie *Rauschmittel, Rauschgift, Suchtmittel, Betäubungsmittel*. Die einschlägigen juristischen Bestimmungen dazu sind beispielsweise im Betäubungsmittelgesetz festgelegt.
Umgangssprachlich verwendet man das Wort *Stoff,* zum einschlägigen Jargon gehört das englische Wort *Dope*. Beide sind genauso wie *Droge* Oberbegriffe für alle Sorten solcher Rauschgifte von *Crack* und *Haschisch* bis zu *Kokain* oder *Heroin*. *Unter Drogen stehen* bedeutet *high sein,* also Rauschmittel genommen zu haben. Jemanden *unter Drogen setzen* heißt *Rauschmittel verabreichen*. Umgangssprachlich wird *Droge* darüber hinaus allerdings manchmal auch allgemein im Sinn von *Suchtmittel* gebraucht, ohne dass damit konkret *Rauschgift* gemeint wäre. So sagt man zum Beispiel, dass Arbeit für bestimmte Menschen eine *Droge* sei. Wer spielsüchtig ist, für den kann entsprechend Roulette zur *Droge* werden.
Auch bestimmte Arten von Musik, so zum Beispiel die Musik Richard Wagners oder die stark rhythmisierte Technomusik, werden gelegentlich wegen ihrer Wirkung scherzhaft als *Droge* bezeichnet.

Rauschgiftabhängiger; *ugs.:* Drogi, Freak, Zombie

drohen
1. bedrohen, Drohungen ausstoßen, die Faust ballen/schütteln, gefährlich werden, schlechtstehen, ans Leben gehen
2. androhen, einschüchtern, erpressen, terrorisieren, unter Druck setzen; *ugs.:* die Hölle heißmachen, die Pistole auf die Brust setzen, einheizen
3. warnen, verwarnen, mahnen, Wink geben, abraten
4. bevorstehen, heraufziehen, sich zusammenziehen, sich zusammenbrauen, sich zusammenballen, in der Luft liegen, seine Schatten vorauswerfen, im Anzug/zu erwarten sein, ins Haus stehen, sich zuspitzen, sich verschärfen; *poet.:* dräuen

dröhnen
1. hallen, schallen, donnern
2. hämmern, trommeln, prasseln, rasseln, pochen, widerhallen; *ugs.:* bummern, wummern
3. brüllen, lärmen

drollig spaßig, witzig, ulkig, komisch, lustig, possierlich, putzig, erheiternd

Droschke Wagen, Kutsche, Mietfahrzeug, Mietwagen, Taxi, Kalesche; *österr.:* Fiaker

drosseln
1. abdrosseln, zudrehen, Gas wegnehmen, Zufuhr behindern
2. einschränken, verringern, eindämmen, mäßigen, zügeln, dezimieren, reduzieren, verkleinern, begrenzen, herabsetzen, herabdrücken, herunterschrauben, mindern, bremsen

Drosselung Kürzung, Abbau, Beschränkung, Herabsetzung, Minderung, Verminderung, Einschränkung, Verringerung, Reduzierung, Dezimierung, Hemmung

drüben jenseits, auf der anderen Seite, gegenüber, gegenüberliegend

Druck
1. Gewicht, Last, Schwere; *fachsprachl.:* Tension
2. Kraft, Wucht, Stärke, Gewalt, Härte, Heftigkeit, Vehemenz
3. Zwang, Nötigung, Muss, Fessel, Kette, Gewalt, Vergewaltigung, Unterdrückung, Unfreiheit, Knechtschaft, Sklaverei
4. Not, Bedrängnis, Bedrohung, Zwangslage; *geh.:* Pression, Drangsal
5. Anstrengung
6. Druckerzeugnis, Druckwerk, Ausdruck, Schrift, Druckschrift, Reproduktion, Vervielfältigung
7. Edition, Veröffentlichung, Publikation, Herausgabe, Abdruck

Drückeberger
1. → Feigling
2. → Faulenzer

drucken
1. abdrucken, reproduzieren, vervielfältigen
2. → publizieren

D

drücken
1. pressen, auspressen, zusammenpressen, quetschen, zusammenquetschen, stemmen, kneten, ausdrücken, plattdrücken
2. einschnüren, einzwängen, einengen, beengen, die Luft abdrücken
3. → drängen
4. → bedrücken
5. → umarmen

drücken, sich → entziehen, sich

drückend
1. lastend, schwer wie Blei, bleiern, bleischwer, gewaltig; *ugs.:* massig, wuchtig, wie ein Klotz
2. schwül, stickig, feuchtwarm, gewittrig, erstickend

Druckerzeugnis → Druck

Druckmittel Repressalie, Vergeltungsmaßnahme, Gegenmaßnahme, Pression, Zwangsmaßnahme

Druckwerk → Druck

Dschungel Urwald, Wildnis, Busch

Dualismus
1. Duplizität, Zweiheit, Zweimaligkeit
2. Gegensatz, rivalisierendes Nebeneinander, Polarität, Verschiedenheit, Verschiedenartigkeit, Kontrast, Kluft, Unterschied, Antagonismus, Ungleichheit

dualistisch → gegensätzlich

dubios
1. → zweifelhaft
2. anrüchig, halbseiden, verrufen, verschrien, berüchtigt, undurchsichtig, verdächtig, bedenklich, übel beleumdet, lichtscheu, unheimlich, ominös, obskur, suspekt, nebulös

dublieren → verdoppeln

ducken → demütigen

ducken, sich
1. sich beugen, sich bücken, sich neigen, sich krummmachen, sich kleinmachen, sich krümmen, in Deckung gehen, Deckung nehmen
2. → demütigen, sich
3. → fügen, sich

Duckmäuser Feigling, Angsthase, Memme, Hasenfuß, Hasenherz, Kriecher, Schleicher, Leisetreter; *ugs.:* Flasche, Schlappschwanz, Drückeberger, Krummbuckel, Radfahrer, Speichellecker

Duell Zweikampf

Duett Wechselgesang, Zwiegesang

Duft Geruch, Wohlgeruch, Parfüm, Aroma, Blume, Hauch, Bukett (Wein); *geh.:* Odeur; *ugs.:* Mief; *abwertend:* Gestank

dufte
1. → großartig
2. → attraktiv

duften gut riechen, angenehmen Geruch/Wohlgeruch ausströmen, Duft aussenden, Duftwogen verbreiten; *geh.:* die Luft mit Duft schwängern; *ugs.:* miefen; *abwertend:* stinken

duftig zart, hauchzart, fein, hauchfein, ätherisch, blumenhaft, leicht wie ein Hauch, locker, spinnwebfein, schleierdünn, durchsichtig, durchlässig, durchscheinend

Duftwasser Parfüm, Riechwasser, Duftessenz, Duftstoff

dulden
1. erdulden, ertragen, erleiden, durchmachen, mitmachen, auf sich nehmen, sich in etwas fügen/schicken/ergeben, überstehen, überleben, überwinden, hinnehmen, verschmerzen, fertigwerden/sich abfinden mit, aushalten, sich etwas gefallen/bieten lassen, sich abfinden, sich in seine Rolle finden; *ugs.:* über sich ergehen lassen, einstecken, einen breiten Rücken haben/machen
2. zulassen, zugeben, leiden, geschehen lassen, erlauben, billigen, tolerieren, respektieren, gestatten, jmdn. gewähren/schalten und walten lassen, akzeptieren, anerkennen; *geh.:* konzedieren

duldsam → tolerant

Duldsamkeit Nachsicht, Verständnis, Geduld, Rücksicht

dumm
1. blöd, blödsinnig, unintelligent, unverständig, unbegabt, unerfahren, unwissend, töricht, begriffsstutzig, borniert, stupide, hohlköpfig, zurückgeblieben, ohne Verstand, mit Dummheit geschlagen, dümmlich, schwachköpfig; *ugs.:* dämlich, doof, dusslig, unbedarft, bescheuert, behämmert, unterbelichtet, saublöd, stockdumm, mordsdumm, kreuzdumm, erzdumm, strohdumm, (geistig) minderbemittelt, auf den Kopf gefallen, verblödet, idiotisch, beschränkt; *landsch.:* bedeppert, bekloppt, damisch, tappert, tappich(t)
2. naiv, vertrauensselig, gutgläubig, unklug, gedankenlos, kritiklos, einfältig, arglos, leichtgläubig, unüberlegt, unvernünftig
3. → verrückt
4. → unangenehm

dummerweise → leider

Dummheiten → Unsinn

Dummkopf Schwachkopf, Ignorant, Hohlkopf, Nichtskönner, Nichtswisser, Stümper, Tölpel, Idiot, Kretin, Strohkopf, Narr, Hanswurst, Tropf, Tor; *ugs.:* Dummerjan, Dummian, Dummbartel, Flachkopf, Spatzengehirn, Wasserkopf, Holzkopf, Nulpe, Dummlack, Schafskopf, Kindskopf, Kohlkopf, Einfaltspinsel, Depp, Pflaume, Karnickel, Ross, Esel, Hammel, Stiesel, Kamel, Schaf, Ochse, Affe, dumme Ziege/Kuh/Gans, dummes Huhn, Pfeifenkopf, Blödian, Blödmann, Trottel, Pinsel, Armleuchter, Simpel, Dussel, Gipskopf, Ochsenkopf, Quatschkopf, trübe Tasse, doofe/hohle/taube Nuss, blöder Heini; *derb:* Rindvieh, Arsch, Arschloch, Saftsack, Hornochse, Piesepampel, dummer Sack, dummes Luder, Mondkalb, Rhinozeros; *landsch.:* Dämel, Dämlack, Doofkopp, Döskopp, Döspaddel, Tepp, Dodel, Klas; *österr.:* Dalk, Karpf, Tocker, Chineser, Hirnöderl, Fetzenschädel; *schweiz.:* Löli ⓘ

Tölpel, Hornochsen und andere Dummköpfe

Um auszudrücken, dass jemand wenig oder gar nichts kann beziehungsweise weiß, gibt es zahlreiche mehr oder weniger freundliche Ausdrücke. Dass ein *dummer Mensch* wenig Verstand hat, drücken Vokabeln wie *Strohkopf, Hohlkopf* oder *Schwachkopf* aus. *Ignorant* enthält die Konnotation *Nichtwisser. Tölpel* hat die abwertende Bedeutung von »tollpatschig«. *Idiot* und das gehobene *Kretin* sind starke Worte für *Dummkopf.* Auch manche umgangssprachliche Ausdrücke spielen darauf an, dass ein *Dummkopf* wenig im Kopf hat. Dazu zählen *Flachkopf, Holzkopf, Wasserkopf, Quatschkopf, Gipskopf* sowie *Schafskopf, Ochsenkopf* oder *Spatzengehirn.*

Die drei letzten Begriffe beziehen sich allesamt auf Tiere, die als wenig intelligent oder lernfähig gelten. So auch *Hammel, Esel, Schaf, Ochse* oder *Kamel.* Mit den Tiernamen *Gans, Ziege, Pute* oder *Kuh* werden darüber hinaus ausschließlich Frauen bezeichnet, deren Dummheit und Unkenntnis herausgestellt werden soll. »Steigerungsformen« sind für alle Tiernamen adjektivische Zusätze wie *dumm, blöd* oder *groß.*

Zusammensetzungen wie *Rindvieh, Hornochse* oder *Mondkalb* sind derb und meist unfreundlich/abwertend gemeint. Der Ausdruck *Affe* spielt weniger auf die Intelligenz dieser Tiere an als vielmehr auf deren komische Verhaltensweisen. Der umgangssprachliche Ausdruck *Blödian* setzt sich zusammen aus *blöd* und *Dummerjan.*

Zu den regionalen Varianten gehören Bezeichnungen wie das süddeutsche *Simpel* oder die in Norddeutschland verwendeten Vokabeln *Döskopp* oder *Döspaddel.*

dumm sein nicht mit Intelligenz ausgestattet sein; *ugs.:* die Weisheit nicht mit Löffeln gefressen haben, nicht bis drei zählen können, ein Brett vor dem Kopf/Stroh im Kopf/ein Spatzenhirn haben, zu heiß gebadet worden sein

dumpf

1. dumpf tönend, hohl (klingend), gedämpft, ersterbend, erstickt, klanglos, matt

2. muffig, mod(e)rig, dumpfig, feucht, kellerhaft, stockig, schimmelig, ungelüftet, schwül; *ugs.:* vermieft

3. benommen, betäubt, gefühllos, apathisch, taumlig, schwindlig, lethargisch; *ugs.:* umnebelt, duselig, im Dusel/Tran; *landsch.:* rammdösig, schwumm(e)rig

4. stumpf, stumpfsinnig, stupide, abgestumpft, unempfindlich, untätig, teilnahmslos

5. unbewusst, instinktiv, instinktmäßig, selbstverborgen, unklar, triebhaft, tierisch, unterbewusst

Dünger Dung, Mist, Kompost, Guano, Jauche; *landsch.:* Pfuhl, Gülle

dunkel

1. dunkelfarben, dunkelfarbig

2. schwarz, düster, stockdunkel, lichtlos, trübe, schumm(e)rig, schattig, beschattet, umschattet, finster, pechfinster, pechschwarz, rabenschwarz, kohlrabenschwarz, rabenfinster, dämmerig, zwielichtig; *landsch.:* duster, zappenduster; *geh.:* nächtig

3. unbestimmt, unklar, ungewiss, ungenau, unscharf, vage, verschwommen, undeutlich, unsicher, unpräzis, ungeklärt, unentschieden, zweifelhaft, nebulös, nebelhaft,

D

fraglich, unverständlich, in Dunkel gehüllt, verworren, unzugänglich, abstrus
4. rätselhaft, geheimnisvoll, orakelhaft, doppeldeutig, doppelsinnig, pythisch, delphisch, sibyllinisch, mystisch, magisch, geheimnisumwittert, unergründlich, unerforschlich, hintergründig, abgründig, okkult, undurchdringlich, dämonisch
5. verdächtig, suspekt, ominös, obskur, nicht geheuer, undurchsichtig, undurchschaubar, bedenklich, heikel, kritisch

Dunkel Düsternis, Düsterkeit, Finsternis, Finsterkeit, Dunkelheit, Halbdunkel, Schwärze, Nacht

Dünkel Überheblichkeit, Hochmut, Hochmütigkeit, Arroganz, Einbildung, Eingebildetheit, Stolz, Eitelkeit, Hoffart, Selbstgefälligkeit, Selbstherrlichkeit, Selbstgerechtigkeit, Selbstzufriedenheit, Selbstüberhebung, Blasiertheit, Herablassung, Anmaßung, Vermessenheit, Aufgeblasenheit, Angabe, Gespreiztheit, Geziertheit, Affektiertheit, Prahlerei; *ugs.:* Wichtigtuerei, Geschwollenheit, Getue

dünkelhaft → überheblich

dunkel werden dämmern, sich verdunkeln, dunkeln, Nacht werden; *poet.:* nachten; *schweiz.:* eindunkeln, eindämmern, einnachten

dünken scheinen, erscheinen, den Anschein haben, anmuten, vorkommen, vermuten, den Eindruck machen, aussehen nach, wirken; *landsch.:* ausschauen

dünn
1. fein, schwach, fadendünn, hauchdünn, haarfein
2. mager, dürr, schmächtig, schmal, grazil, zart, feingliedrig, hager, rank, schlank, gertenschlank, schlankwüchsig, spitz, hohlwangig, verfallen, eingefallen, knochig, eckig, abgemagert, ausgezehrt, abgezehrt, elend, geschwächt, ausgehungert, krank, zerbrechlich; *ugs.:* klapperdürr, knochendürr, spindeldürr, wie eine Bohnenstange/ein Hering, wie ein Strich (in der Landschaft), nur Haut und Knochen, ein Schatten seiner selbst, auf den Hund gekommen, ausgemergelt, vom Fleisch gefallen, heruntergekommen; *landsch.:* spillerig
3. durchsichtig, durchscheinend, transparent, lichtdurchlässig, glasklar
4. dünnflüssig, wässrig, wenig gehaltvoll
5. spärlich, sparsam, licht, schütter, dürftig, karg, kümmerlich, mickrig, knapp
6. abgetragen, abgeschabt, abgewetzt, abgestoßen, abgenutzt, verschlissen, schäbig, blank, altersblank

dünnhäutig → empfindsam

Dunst Nebel, Trübung, Dampf, Smog, Rauch, Qualm, Diesigkeit; *poet.:* Duft, Brodem; *landsch.:* Wrasen, Dust

dünsten
1. dämpfen, schmoren, weichwerden lassen, gar werden lassen
2. ausdünsten, schwitzen, übel/schlecht riechen

Dunstglocke Dunstschicht, Dunstschleier, Smog, Luftverschmutzung, Luftverpestung

dunstig diesig, dampfig, trübe, neb(e)lig, verhangen, wolkig, getrübt

Dunstkreis → Atmosphäre

Dünung Seegang, Wellengang, Wellen, Wellenschlag, Gewoge, Wellenbewegung

duplieren → verdoppeln

Duplikat Doppel, Dublette, Abschrift, Zweitschrift, Durchschrift, Durchschlag, Kopie

durch
1. hindurch, querdurch, mittendurch, querfeldein
2. wegen, dank, infolge, angesichts, kraft, mittels, vermöge, vermittels, aufgrund, mit Hilfe von, anhand, mit, per; *poet.:* ob

durchackern → durcharbeiten

durcharbeiten
1. durchstudieren, durchlesen, durchnehmen, lernen, vorbereiten, sich beschäftigen mit, präparieren, durchforschen, bearbeiten, ergründen; *ugs.:* durchackern, durchpauken, durchforsten, durchpflügen
2. pausenlos/rund um die Uhr/ohne Pause/Unterbrechung arbeiten
3. durchwalken, kneten

durcharbeiten, sich sich durchdrängen, sich durchzwängen, sich einen Weg bahnen, sich Platz verschaffen; *ugs.:* sich durchdrängeln, sich durchquetschen

durchaus
1. unbedingt, unter allen Umständen, ganz und gar, so oder so, auf jeden Fall, absolut, auf Biegen und Brechen, um jeden Preis; *ugs.:* partout

2. völlig, ganz, gänzlich, vollkommen, vollauf, restlos, total, geradezu, nachgerade
durchblättern durchsehen, durchschauen, durchgehen, durchfliegen, durchmustern, sichten
durchblicken → verstehen
durchblicken lassen → andeuten
durchblinken → durchscheinen
durchblitzen → durchfahren
durchbohren
1. durchlöchern, durchstoßen, durchstechen, durchspießen, piercen (Körperteile), lochen, perforieren
2. erstechen, erdolchen
durchboxen → erzielen
durchboxen, sich
1. → durchsetzen, sich
2. → durchschlagen, sich
durchbrechen
1. durchklopfen, durchhauen, durchschlagen
2. zerbrechen, entzweien, entzweibrechen; *ugs.:* kaputtmachen
3. entzweigehen, in Stücke brechen, zersplittern, zerspellen, krachen, bersten, zerspringen, zerschellen, in die Brüche gehen
4. einbrechen; *ugs.:* durchkrachen, einkrachen, einknacken
5. → durchdringen
durchbrennen
1. durchglühen, durchschmoren, durchschmelzen
2. → fliehen
durchbringen
1. → erzielen
2. verbrauchen, aufbrauchen, verbringen, verwirtschaften, vertun, verschwenden, verprassen; *ugs.:* verplempern, verjubeln, verjuxen, verpulvern, das Geld auf den Kopf hauen/zum Fenster hinauswerfen
3. → ernähren
4. → heilen
durchbringen, sich → durchschlagen, sich
Durchbruch
1. Durchstoß, Sieg, Eroberung, Errungenschaft, Anerkennung, Erfolg, Aufstieg, Triumph, Glück, Gelingen, Erfüllung, Gedeihen; *ugs.:* Coming-out
2. Öffnung, Loch, Durchgang, Durchstich, Durchlass, Engpass, Einschnitt
3. *Med.:* Perforation
durchbummeln → durchfeiern
durchdacht überlegt, begründet, bedacht, berechnet, wohlüberlegt, rational, systematisch, planmäßig, planvoll, methodisch, gezielt, konsequent, folgerichtig, fertig, vollendet, klug, sinnvoll, taktisch, ausgewogen, ausgearbeitet, ausgereift; *ugs.:* ausgetüftelt, ausgeklügelt, wasserdicht
durchdenken → denken
durchdrängen, sich → durcharbeiten, sich
durchdrehen
1. durchmahlen, durchtreiben, durch den Wolf drehen, faschieren; *ugs.:* durchleiern
2. *ugs. für:* kopflos/verrückt werden, die Nerven/den Verstand verlieren, um den Verstand kommen, außer sich geraten, ganz aus dem Häuschen/ein Nervenbündel sein, seiner selbst/seiner Sinne nicht mehr mächtig sein, rotieren, überdrehen; *ugs.:* überschnappen, durchticken, aushaken
durchdringen
1. durchkommen, durchgehen, durchbrechen, durchschlagen, durchnässen, durchfeuchten, durchweichen, durchsickern, durchlaufen, durchfließen, durchströmen, durchrinnen, durchrieseln, durchtropfen, lecken, einströmen, sich durchfressen
2. → durchsetzen, sich
3. → herumsprechen, sich
4. durchströmen, durchfluten, durchpulsen, durchziehen, durchrieseln, durchschauern, durchglühen, durchbeben, überfluten, beseelen, beleben
5. verstehen, begreifen
durchdringend
1. → laut
2. beißend, streng, scharf, penetrant, stechend, stark, intensiv, unerträglich
durchdrücken
1. durchsetzen, erreichen, erzwingen, ertrotzen, durchkämpfen, durchfechten
2. → durchstreichen
durcheinander
1. ungeordnet, unübersichtlich, unüberschaubar, chaotisch, wirr, wild, wüst, bunt, kunterbunt, planlos, unzusammenhängend, unverbunden, unordentlich, vermengt, gemischt, zusammengewürfelt, abstrus, unklar; *ugs.:* kraus, wie Kraut und Rüben, drunter und drüber, kreuz und quer
2. verwirrt, konfus, desorientiert, konsterniert, verstört, fahrig, zerfahren, unkonzentriert, verdreht, kopflos, kopfscheu, diffus; *ugs.:* durchgedreht, verdattert
3. wahllos, willkürlich, beliebig

D

Durcheinander
1. Unordnung, Chaos, Konfusion, Lotterwirtschaft, Schlamperei, Tohuwabohu, Wirrwarr; *ugs.:* Sammelsurium, Kuddelmuddel, Zirkus
2. Tumult, Trubel, Unruhe, Betrieb (i)

durcheinanderbringen
1. in Unordnung bringen/versetzen, durcheinanderwerfen, vermischen, verquicken; *ugs.:* in einen Topf werfen, auf den Kopf stellen
2. → verwechseln
3. → irremachen

durchessen, sich → schmarotzen

durchfahren
1. → durchqueren
2. durchzucken, durchblitzen, durchschießen

Durchfahrt
1. Passage, Meerenge, Straße, Durchlass, Durchgang, Öffnung, Tor
2. Durchreise, Transit, Durchfuhr

Durchfall
1. Darmkatarr(h), Diarrhö, beschleunigte Verdauung; *ugs.:* flotter Heinrich/Otto, schnelle Kathrin, Renneritis, Dünnpfiff, Durchmarsch; *derb:* Dünnschiss, Scheißerei, Scheißeritis
2. → Fehlschlag

durchfallen nicht bestehen (Prüfung), versagen, nicht versetzt werden, sitzen bleiben, nicht in die nächste Klasse aufrücken, das Klassenziel nicht erreichen, die Klasse nicht bestehen, übertroffen werden, sich nicht bewähren, Misserfolg haben, erfolglos sein, nicht ankommen, den Ansprüchen nicht genügen, den Wünschen nicht gerecht werden, nicht gut abschneiden, unterliegen, fehlschlagen, missglücken; *ugs.:* durchfliegen, durchkrachen, durchrasseln, durchrauschen, durchsausen, durchplumpsen, einen Schwanz machen, Schiffbruch erleiden, schiefgehen, danebengehen, kleben/hocken/hängen bleiben

Durcheinander: Von Tohuwabohu zu Chaos

Für das Wort *Durcheinander* gibt es eine Vielzahl fremdsprachlicher Synonyme, die den deutschen Begriff in speziellen Bereichen und Zusammenhängen besonders treffend ersetzen können.
Das Wort *Chaos* zeigt insbesondere an, dass ein Zustand sehr großer Unordnung vorliegt. Auch das aus dem Hebräischen stammende *Tohuwabohu* steht für die Auflösung jeder ordnenden Struktur. Eine *Konfusion* kann dagegen auch eine nur kurzzeitige Verwirrung bezeichnen.
Ein Sachverhalt stellt sich als ein *Labyrinth* dar, wenn sich sein inhaltlicher *Wirrwarr* trotz großer Bemühungen nicht sinnvoll auflösen und verstehen lässt. Versammeln sich aufgeregte Menschenmassen zu einem lärmenden Aufruhr, spricht man von einem *Tumult*. Mit umgangssprachlichen Wendungen wie *da haben wir den Salat* oder *was für ein Zirkus* werden ungeordnete Zustände zumeist humorvoll kommentiert.

durchfechten erzielen, erreichen, durchsetzen

durchfechten, sich → durchschlagen, sich

durchfeiern durchzechen, durchtrinken; *ugs.:* durchmachen, durchsumpfen, durchbummeln, sich die Nacht um die Ohren schlagen, die Nacht zum Tage machen, eine lange Nacht machen

durchfinden, sich → zurechtfinden, sich

durchfliegen
1. → durchfallen
2. → überfliegen

durchfließen → durchdringen

durchfluten → durchdringen

durchforschen
1. erforschen, (wissenschaftlich) untersuchen, ergründen, erkunden, bearbeiten, durcharbeiten, durchleuchten, ausloten, auf den Grund gehen, einer Sache nachgehen, analysieren; *ugs.:* durchackern
2. → durchsuchen

durchfressen, sich
1. → durchdringen
2. → schmarotzen

durchführbar möglich, nicht ausgeschlossen, ausführbar, erreichbar, realisierbar, machbar, gangbar, gehbar

durchführen
1. verwirklichen, realisieren, ausführen, vollziehen, vollstrecken, vollbringen, vollführen, erledigen, absolvieren, bewerkstelligen, abwickeln, besorgen, fertigmachen, erfüllen, beenden, vollenden, bewältigen, schaffen, meistern, lösen, in die Tat umsetzen, ins Werk/in Szene setzen, tätigen, verrichten, einlösen, zustande bringen; *geh.:* ins Werk setzen; *ugs.:*

auf die Beine stellen, tun, machen, durchziehen, etwas schaukeln
2. veranstalten, stattfinden lassen, abhalten, unternehmen, arrangieren, inszenieren, ausrichten, organisieren, halten, geben, machen, über die Bühne gehen lassen; *ugs.:* aufziehen ⓘ
durchfunken → durchgeben
durchfüttern → ernähren
Durchgang
1. Durchlass, Durchfahrt, Durchschlupf, Gasse, Passage, Öffnung, Tor, Straße
2. Durchgehen, Durchlaufen; *fachsprachl.:* Durchlauf
durchgängig → durchweg
durchgeben
1. durchsagen, durchfunken, übermitteln, senden, mitteilen, melden
2. durchreichen, durchlangen, weitergeben, weiterleiten
durchgehen
1. durchschreiten, durchlaufen; *ugs.:* durchmarschieren
2. angenommen/genehmigt/gebilligt/bewilligt/akzeptiert werden, Zustimmung finden; *ugs.:* mit etwas durchkommen
3. → durchdringen
4. → durchsehen
5. übersehen, verpassen
6. scheu/wild werden, davonjagen, davonstürmen (Tiere)
7. → fliehen
durchgehend
1. direkt (Zug), geradlinig, stracks, geradewegs, umweglos
2. → durchweg
3. → dauernd
durchgehen lassen unbeanstandet/hingehen lassen, nachsehen, Nachsicht

durchführen: Zwischen erledigen und deichseln

Durchführen ist zu einem Allerweltswort geworden, das sich in der Regel ohne Schwierigkeiten durch einen anderen Ausdruck ersetzen lässt. Eine Wendung wie *eine Veranstaltung durchführen* ist zum Beispiel einfach durch das Verb *veranstalten* auszudrücken oder durch eine *Veranstaltung ausrichten/organisieren*. Durch die Präzisierung der Art der Veranstaltung eröffnen sich weitere Möglichkeiten. Eine Tagung, Sitzung oder Pressekonferenz kann man ebenso *ausrichten/organisieren* oder etwa *abhalten* oder *stattfinden lassen*. Ein Fest oder eine Party lässt sich genauso *ausrichten/organisieren*, aber beispielsweise auch *arrangieren* oder *geben*. In allen Fällen kann man umgangssprachlich auch *aufziehen* verwenden. *Über die Bühne gehen lassen* hat die Konnotation von *inszenieren*.
Auch für *durchführen* im Sinne von *tun* gibt es zahlreiche sinnverwandte Wörter. Eine Arbeit beispielsweise kann man *erledigen, ausführen, schaffen, verrichten* oder *vollenden*. Eine Aufgabe lässt sich ebenfalls *erledigen* oder *lösen;* bei einer Vokabel wie *bewältigen* schwingt mit, dass diese Aufgabe nicht leicht zu *erfüllen* ist.
Im Geschäftsleben kann man einen Auftrag *abwickeln* und ein bestimmtes Geschäft *tätigen*. Im Zusammenhang mit Projekten ist *durchführen* durch *verwirklichen* oder gehoben durch *realisieren* ersetzbar. *Vollenden* enthält die Konnotation, dass ein Vorhaben »abgeschlossen« beziehungsweise »fertiggestellt« wird. Umgangssprachlich sind Wendungen wie *durchziehen* oder *auf die Beine stellen*. Bei *etwas schaukeln* entsteht die Assoziation, dass man die mit einer Sache verbundenen Schwierigkeiten *meistern* wird. *Deichseln* legt die Betonung auf die Geschicklichkeit bei der Ausführung.

üben; *ugs.:* die Augen zudrücken, durch die Finger sehen
durchgeknallt *ugs. für:* verrückt, irre, seltsam, merkwürdig, komisch, absonderlich, sonderbar, ungewöhnlich, skurril, absurd, abwegig, übergeschnappt, närrisch, überspannt, überkandidelt, übertrieben, schrullig; *geh.:* exzentrisch, extravagant, exaltiert
durchglühen → durchdringen
durchgreifen → eingreifen
durchgreifend einschneidend, drastisch, effektiv, wirksam, durchschlagend, nachhaltig, spürbar, merklich, erfolgreich, scharf, streng, empfindlich
durchhalten aushalten, standhalten, nicht nachgeben/aufgeben, ausharren, nicht wanken (und weichen), das Feld behaupten, sich nicht vertreiben lassen, hart bleiben; *ugs.:* nicht schlappmachen, die Ohren steifhalten
Durchhaltevermögen → Beständigkeit
durchhauen
1. → schlagen
2. → durchbrechen
durchhauen, sich durchkommen, sich durchsetzen,

sich durchbringen, sich durchkämpfen, sich durchfechten, sich durchbeißen, sich durchquälen, sich durchschlagen, sich durchboxen

durchkämmen
1. die Haare machen, frisieren; *schweiz.:* strählen
2. → durchsuchen

durchkämpfen → durchsetzen

durchkämpfen, sich → durchschlagen, sich

durchkneten kneten, massieren, durchwalken

durchkommen
1. vorüberkommen, vorbeikommen, durchfahren, durchziehen
2. durchschlüpfen, durchgelangen, sich durchwinden, sich durchschlängeln, sich durchlavieren, durchkriechen, hindurchkriechen; *ugs.:* durchwitschen
3. → durchgehen
4. → durchdringen
5. *ugs.:* (mit heiler Haut) davonkommen, am Leben bleiben, überleben, überstehen

durchkrachen
1. → durchbrechen
2. → durchfallen

durchkreuzen
1. → vereiteln
2. → durchstreichen
3. → durchqueren

durchkriechen → durchkommen

Durchlass → Durchgang

durchlassen
1. dulden, billigen, gewähren lassen, nachsehen
2. eindringen lassen, undicht/leck sein

durchlässig undicht, leck, porös, löcherig

durchlaufen
1. → durchdringen
2. absolvieren, erfolgreich beenden/abschließen, hinter sich bringen, erledigen; *ugs.:* durchmachen

durchlavieren, sich → durchkommen

durchlesen
1. fertiglesen, auslesen, zu Ende lesen
2. → durcharbeiten

durchleuchten
1. röntgen
2. aufklären, (kritisch) untersuchen, analysieren, auf den Grund gehen, durchsichtig machen, ergründen, durchforschen, erforschen
3. durchscheinen, durchstrahlen, durchdringen, durchschimmern, durchbrechen, durchblinken

durchlüften → lüften

Durchlüfter Ventilator, Lüfter, Entlüfter

durchmachen
1. → durchfeiern
2. durchhalten, durchstehen, dulden, erdulden, ertragen

Durchmesser Diameter

durchnässen → durchdringen

durchnehmen behandeln, durchsprechen, besprechen, durcharbeiten, arbeiten an, sich befassen/sich beschäftigen/sich auseinandersetzen mit

durchpauken
1. → durchsetzen
2. → durcharbeiten

durchpausen durchzeichnen, nachzeichnen, abpausen, durchschreiben, vervielfältigen

durchpeitschen
1. geißeln, flagellieren
2. → erzielen
3. → peitschen

durchpressen → durchstreichen

durchprügeln → schlagen

durchpulsen → durchdringen

durchquälen, sich → durchschlagen, sich

durchqueren durchkreuzen, durchschreiten, durchstreifen, durchdringen, durchreisen, durchziehen, durchfahren, passieren; *geh.:* durchmessen

durchrasseln → durchfallen

durchrauschen → durchfallen

durchreisen durchfahren, durchqueren, reisen, besuchen

durchreißen → zerreißen

durchrieseln → durchdringen

durchringen, sich
1. → entschließen, sich
2. → überwinden, sich

durchrinnen → durchdringen

durchrühren → rühren

Durchsage Ansage, Nachricht, Übermittlung, Mitteilung, Botschaft, Kunde, Meldung, Auskunft, Information, Ankündigung, Benachrichtigung

durchsagen → durchgeben

durchsausen → durchfallen

durchschaubar durchsichtig, vordergründig, verständlich, klar, plausibel, eingängig

durchschauen
1. erkennen, Klarheit gewinnen, hinter die Kulissen sehen, aufdecken, entschleiern, entlarven, ergründen, herausfinden, enträtseln; *ugs.:* dahinterkommen, auf die Schliche kommen, wie Schuppen von den Augen fallen; *scherzh.:* wie Schuppen aus den Haaren fallen
2. → durchsehen

durchschauern → durchdringen

durchscheinen durchschimmern, durchstrahlen, durchleuchten, durchdrin-

gen, durchbrechen, durchblinken
durchscheuern verschleißen, verbrauchen, abnutzen, durchwetzen, abtragen
durchschimmern → durchscheinen
Durchschlag Durchschrift, Kopie, Duplikat, Doppel, Dublette, Zweitschrift, Abschrift
durchschlagen → durchdringen
durchschlagen, sich sich durchkämpfen, sich durchsetzen, sich durchfechten, sich durchquälen, sich durchbringen, sich durchs Leben schlagen; *ugs.:* sich durchboxen, sich durchbeißen, sich durchwursteln; *österr.:* sich durchfretten
durchschlagend → durchgreifend
durchschleusen
1. lotsen, lenken, durchziehen, ins Schlepptau nehmen
2. einschmuggeln
durchschlüpfen → durchkommen
durchschmelzen → durchbrennen
durchschneiden zerschneiden, trennen, halbieren, teilen; *ugs.:* durchsäbeln
Durchschnitt Querschnitt, Mittelwert, Mittelmaß, Regel, Medianwert, mittleres Ergebnis; *ugs.:* Schnitt, goldene Mitte
durchschnittlich → mittelmäßig
durchschnüffeln → durchsuchen
Durchschrift → Durchschlag
durchsehen durchschauen, durchblicken, mustern, sichten, prüfen, kontrollieren, nachsehen, checken, durchgehen, durchblättern, durchfliegen, wälzen (Buch), inspizieren, absuchen, untersuchen; *ugs.:* durchforsten, durchgucken, durchstöbern, durchkämmen
durchsetzen erreichen, erzwingen, durchkämpfen, ertrotzen, durchfechten, durchbringen, zur Geltung/zum Durchbruch bringen, zum Sieg verhelfen; *ugs.:* durchpauken, durchboxen, durchdrücken, durchpeitschen, powern
durchsetzen, sich
1. sich behaupten, sich bewähren, durchdringen, ans Ziel kommen, sich Bahn brechen, Hindernisse überwinden, gegen etwas ankommen, das Spiel gewinnen, hochkommen, bewältigen, meistern, schaffen, siegen, etwas erreichen, beikommen, einer Sache Herr werden, es aufnehmen können/fertigwerden mit, die Probe bestehen; *ugs.:* sich durchboxen
2. → Erfolg haben
3. → festbleiben
durchsetzungsfähig durchsetzungsstark, überzeugt, unnachgiebig, standhaft, kämpferisch, charakterstark, dickköpfig, kompromisslos, konsequent, unbeirrbar, hartnäckig
Durchsicht → Kontrolle
durchsichtig
1. transparent, durchscheinend, glasklar, gläsern, lichtdurchlässig, dünn
2. durchschaubar, fadenscheinig, vordergründig, offenkundig, unglaubwürdig, plump
durchsickern
1. → durchdringen
2. → herumsprechen, sich
durchsieben → filtern
durchspießen → durchbohren
durchsprechen besprechen, erörtern, durchgehen
durchstechen → durchbohren
durchstecken → durchziehen
durchstehen bestehen, überstehen, durchhalten, aushalten, ertragen, verkraften, standhalten, überleben, überwinden, vertragen, verarbeiten, hinwegkommen über, fertigwerden mit, erleiden, auf sich nehmen; *ugs.:* verdauen, einstecken, schlucken, über sich ergehen lassen
durchstöbern → durchsuchen
durchstoßen → durchbohren
durchstreichen
1. tilgen, radieren, ausradieren, ausixen, ausstreichen, durchkreuzen
2. passieren, durchfahren, durchlaufen, durchwandern, durchstreifen
durchstreifen → durchwandern
durchströmen → durchdringen
durchsuchen nachsuchen, absuchen, abtasten, mustern, stöbern in, durchwühlen, durchkämmen, durchforschen; *ugs.:* filzen, durchschnüffeln, durchkramen, flöhen
durchtrieben → schlau
durchtropfen → durchdringen
durchwachsen
1. durchwuchert, durchzogen, durchsetzt
2. → mittelmäßig
durchwandern durchstreifen, durchziehen, durchschweifen, aufsuchen; *ugs.:* ablaufen, abgrasen, abklappern

D

durchweg durchgängig, durchgehend, größtenteils, meist, meistens, allgemein, im Allgemeinen, fast immer, meistenteils, in der Regel, ausnahmslos, ohne Ausnahme, rundweg, samt und sonders, zumeist, im Großen und Ganzen, generell, weitgehend, gemeinhin, mehr oder minder; *ugs.:* durch die Bank
durchweichen → durchdringen
durchwinden, sich → durchkommen
durchwühlen → durchsuchen
durchzechen → durchfeiern
durchziehen
1. vorüberkommen, vorbeikommen, durchkommen, durchfahren
2. durchstecken, durchführen, einfädeln, einziehen
3. durchfliegen, durchqueren, durchkreuzen
4. durchwandern, durchstreifen, durchschweifen, aufsuchen; *ugs.:* ablaufen, abgrasen, abklappern
5. sich erstrecken, sich ausdehnen, reichen, sich ausbreiten
6. → durchführen
7. → durchschleusen
durchzucken → durchfahren
Durchzug
1. Durchmarsch, Durchquerung, Überquerung
2. Luftzug, Zugluft, Zug, Zugwind
durchzwängen, sich → durcharbeiten, sich
dürfen berechtigt/befugt/erlaubt/ermächtigt sein, mögen, die Erlaubnis/die Macht/das Recht/die Genehmigung/Möglichkeit/Einwilligung haben, können, jmdm. gestattet sein, sollen
dürftig
1. → kläglich
2. → mangelhaft
dürr
1. → dünn
2. trocken, ausgetrocknet, vertrocknet, unfruchtbar, verdorrt
Durst
1. Durstgefühl, trockene Kehle; *ugs.:* Brand, Riesendurst, Mordsdurst
2. Verlangen, Lust, Sehnsucht, Bedürfnis, Begierde, Begehren, Gier, Appetit, Hunger, Trieb, Sucht, Hang
dursten dürsten, durstig sein, Durst haben/verspüren; *ugs.:* eine trockene Kehle haben
dursten nach → lechzen
Dusche
1. Brause
2. *ugs.:* Ernüchterung, Enttäuschung, Dämpfer, Desillusionierung, Entzauberung
3. *ugs.:* Regenguss, Regenschauer, Platzregen, Wolkenbruch
duschen → brausen
Dusel
1. → Glück
2. → Schwindel
3. → Rausch
duselig → schwindlig
duseln → schlafen
duss(e)lig
1. dumm, ungeschickt, blöd, töricht, tollpatschig, umständlich, unbeholfen, ungeübt, untalentiert
2. unaufmerksam, abgelenkt, geistesabwesend, zerstreut
3. benommen, vernebelt, schwindlig; *ugs.:* schwummerig
düster
1. → dunkel
2. → grauenhaft
3. → trostlos
Düsternis → Dunkel
dutzendfach oft, immer wieder, massenhaft, massenweise, dutzendweise, dutzendmal
dutzendweise → dutzendfach
duzen du sagen zu, mit du anreden, per du sein
duzen, sich auf Du und Du stehen, einander/sich mit du anreden, sich nicht mehr siezen, mit jmdm. Brüderschaft getrunken haben; *ugs.:* auf dem Duzfuß stehen
Dynamik
1. → Schwung
2. → Antrieb
dynamisch temperamentvoll, energiegeladen, bewegt, schwungvoll, agil, kraftvoll, lebhaft, vital, feurig, mobil, alert, vehement, rege, beweglich, wach, auf der Höhe, up to date; *ugs.:* fit, topfit, auf Draht, fix, kregel, vif
Dynastie Herrscherhaus, Herrscherfamilie, Herrschergeschlecht

E e E e E

E-Banking Directbanking, Homebanking, Internetbanking, Onlinebanking, Electronic Banking, elektronischer Geldverkehr
Ebbe
1. Tiefwasser, Niedrigwasser
2. Tiefstand, Notlage, Zwangslage, Misslichkeit, Kalamität, Ungemach, Manko, Verlust, Minus, Flaute, Ausfall, Einbuße
Ebbe und Flut Gezeiten, Gezeitenwechsel, Tide
eben
1. soeben, gerade (jetzt), vor einem/in diesem Augenblick, gerade vorhin/noch
2. einfach, nun einmal, ja; *ugs.:* halt
3. flach, platt, glatt, plan, horizontal, waagerecht
Ebenbild Abbild, Spiegelbild, Spiegelung, Entsprechung, Analogie, Verwandtschaft, Gegenstück, Pendant, Verdoppelung, Doppelgänger
ebenbürtig gleichwertig, gleichrangig, gleichstehend, ranggleich, von gleichem Stand, artverwandt, wesensgleich, geistesverwandt, auf gleicher Höhe/Stufe, gleichberechtigt, genauso gut; *geh.:* kongenial
Ebene Flachland, Niederung, Tiefland, Tiefebene, Tafel, Tafelland, Platte, Fläche, Plateau, Ausdehnung
ebenerdig parterre, zu ebener Erde, im Erdgeschoss
ebenfalls auch, gleichfalls, genauso, desgleichen, gleichermaßen, dito; *österr.:* detto
Ebenmaß → Gleichmaß
ebenmäßig regelmäßig, gleichmäßig, harmonisch, ausgewogen, proportioniert, stimmig, symmetrisch, wohlgeformt, wohlgestaltet, wohlgegliedert, abgestimmt, abgerundet, ausgeglichen, im richtigen Verhältnis
ebenso ebenfalls, geradeso, genauso, in demselben Maße, in gleicher Weise, gleicherweise, gleichermaßen, so, auch so, item, dito; *österr.:* detto
Eber → Schwein
ebnen
1. glätten, glattmachen, glattstreichen, walzen, planieren, nivellieren, begradigen, einebnen, egalisieren, ausgleichen, dem Erdboden gleichmachen
2. bahnen, eröffnen, vorbereiten, erleichtern, fördern, begünstigen
E-Business Electronic Business, elektronische Geschäftsabwicklung
echauffieren, sich → aufregen, sich
echauffiert → aufgeregt
Echo
1. Widerhall, Nachhall, Widerschall, Rückschall, Widerklang; *schweiz.:* Widerruf
2. Resonanz, Rückwirkung, Antwort, Reaktion, Zustimmung, Beifall, Anklang, Applaus, Anerkennung, Billigung, Bewunderung, Huldigung, Ovation, freundliche Aufnahme, Lob
echt
1. rein, original, unverfälscht, richtig, ursprünglich, genuin, authentisch, nicht künstlich/imitiert
2. tatsächlich, wirklich, wahr, real, existent
3. natürlich, ungekünstelt, unverbildet, ungeziert, ungezwungen, urwüchsig
4. beständig, gediegen, qualitätsvoll, solid(e), reell, haltbar, stabil
5. → fürwahr
Eckball Eckstoß, Ecke
Ecke
1. Winkel, Rand, Kante, Schnittpunkt, Knick, Kreuzung
2. Vorsprung, Spitze, Nase, Zacke, Zipfel
3. → Eckball
4. → Gebiet
eckig
1. kantig, spitz, scharf
2. → ungeschickt
3. → dünn
Eckpfeiler
1. Grundpfeiler, Endpfeiler, Pfeiler, Stütze, Tragstütze, Pfahl, Säule
2. (starke) Stütze, Grundlage, Grundsatz, Fundament, Halt, Rückhalt, Standbein
E-Commerce Internethandel, Internetvertrieb, Electronic Commerce, elektronischer Handel
edel
1. wertvoll, kostbar, erlesen, exquisit, rar, teuer, erstklassig, viel wert, ausgesucht, hochwertig, qualitätsvoll, de luxe, von bester Qualität, exzellent, vorzüglich; *geh.:* süperb
2. nobel, hochherzig, gut, großmütig, ritterlich, vortrefflich, selbstlos, von hoher Gesinnung, gentlemanlike, altruistisch, uneigennützig
3. schön geformt/gestaltet, klassisch
Edelmann Adliger, Aristokrat
edelmännisch → adlig

E

Edelmut → Großmut
edelmütig → hochherzig
Edelstein Stein, Schmuckstein, Juwel, Brillant, Diamant, Kristall
Eden Paradies, Elysium, Garten Eden/Gottes, Gefilde der Seligen
edieren → publizieren
Edikt Erlass, Anordnung, Verordnung, Bulle, Dekret, Bestimmung
Edition → Ausgabe
Effekt
1. Ergebnis, Fazit, Resultat, Folgerung, Schlussfolgerung
2. Wirksamkeit, Wirkung, Durchschlagskraft
Effekten Wertpapiere; *schweiz.:* Wertschriften
Effekthascherei → Angabe
effektiv
1. tatsächlich, wirklich, bestimmt, absolut, faktisch, in der Tat, sicher, gewiss, unbestreitbar, wahrlich, wahrhaftig, de facto, realiter, in praxi, praktisch
2. wirksam, nachhaltig, effizient, eindrucksvoll, außerordentlich, durchschlagend, durchgreifend, erfolgreich, entscheidend, lohnend
Effektivität Wirkung, Wirksamkeit, Wirkungskraft, Wirtschaftlichkeit, Effizienz, Durchschlagskraft
effektvoll → eindrucksvoll
egal
1. gleichwie, einerlei, gleichgültig, wie dem auch sei, wie auch immer
2. gleich, identisch, unterschiedslos, übereinstimmend, kongruent, nicht unterscheidbar, analog, genauso, ebenso
egalisieren ausgleichen, einen Ausgleich schaffen/erreichen/bewirken/herbeiführen, ausbalancieren, ins Gleichgewicht bringen, glätten, gleichmäßig machen, nivellieren, entzerren, kompensieren
Egoismus → Selbstsucht
Egoist selbstsüchtiger/eigennütziger Mensch, egoistische/ichbezogene Person, Egomane, Egozentriker, Ichmensch
egoistisch selbstsüchtig, eigennützig, ichsüchtig, eigensüchtig, rücksichtslos, selbstisch, nur an sich denkend; *ugs.:* über Leichen gehend
egoman krankhaft selbstbezogen, selbstsüchtig, egozentrisch, eigensüchtig
Egomanie krankhafte Selbstbezogenheit, übersteigerter Egoismus, Ichsucht
Egozentrik Ichbezogenheit, Selbstsucht, Egoismus, Egozentrismus, Egozentrizität, Narzissmus
egozentrisch → ichbezogen
eh → sowieso
ehe bevor, vorher, früher, als noch nicht
Ehe Ehebund, Ehestand, Eheband, Ehejoch, Verbindung, Partie, Heirat, Lebensgemeinschaft; *geh.:* Bund fürs Leben, ewiger Bund ⓘ
ehebrechen Ehebruch begehen, einen Seitensprung machen, untreu sein; *ugs:* fremdgehen
ehebrecherisch → untreu
Ehebruch Seitensprung, Abenteuer, Untreue, Affäre
ehedem → früher

Ehe: Rund um den Lebensbund

Ehe ist das Wort für die gesetzlich anerkannte und vielfach auch durch die Kirche beglaubigte *Lebensgemeinschaft* von Mann und Frau. *Heirat* bezeichnet wie der bürokratische Ausdruck *Verehelichung* den Vorgang der Eheschließung, ebenso die gehobenen Wendungen *eine Ehe eingehen* oder *in den Stand der Ehe treten*. Die Variante *in den heiligen Stand der Ehe treten* bezieht sich auf die kirchliche *Heirat*. Die *Ehe vollziehen* ist ein veralteter Ausdruck für den Geschlechtsakt in der Hochzeitsnacht, welcher früher die erste intime Begegnung des Brautpaars darstellte. Eine *Ehe führen* bezieht sich auf das *Eheleben*. Die *Ehe brechen* heißt dem Partner untreu sein. Die *Ehe auflösen* oder gehoben *die Ehe annullieren* bedeutet, sie zu scheiden oder (kirchlich) für ungültig zu erklären.
Für den dichterisch auch *Eheband* genannten *Bund fürs Leben* gibt es auch scherzhafte Ausdrücke wie *Ehehafen/Hafen der Ehe, Ehejoch* oder die humoristische Herleitung von *Ehe* als Akronym für den lateinischen Satz *errare humanum est* (»irren ist menschlich«).
Die Wendung *in wilder Ehe leben* bedeutet, dass ein Paar ohne Trauschein zusammenlebt. Die Tatsache, dass dieser Begriff veraltet, weist auf die Veränderung gesellschaftlicher Wertvorstellungen hin. Solcher Wandel spiegelt sich auch in dem Ausdruck *Homo-Ehe,* der für die *eingetragene Partnerschaft* gleichgeschlechtlicher Paare steht. In diesem Zusammenhang wird für *Heirat* auch der neu entstandene, bürokratische Ausdruck *Verpartnerung* verwendet.

Ehefrau Frau, Gattin, Ehegattin, Gemahlin, Lebensgefährtin, Lebenskameradin, Lebensgenossin, Ehepartnerin, Angetraute, Weggefährtin; *ugs.:* bessere Hälfte; *veraltet:* Ehehälfte, Eheweib, Hauszierde; *poet.:* Gespons; *abwertend:* Weib, Alte, Olle, Xanthippe, Drachen
Ehegatte → Ehemann
ehelichen → heiraten
ehelos ledig, unverheiratet, gattenlos, unbeweibt, unbemannt, ungebunden, unvermählt, unverehelicht; *ugs.:* noch zu haben, noch frei
ehemalig → früher
ehemals → früher
Ehemann Mann, Gatte, Ehegatte, Gemahl, Lebensgefährte, Lebensgenosse, Lebenskamerad, Ehepartner, Angetrauter, Weggefährte; *ugs., scherzh.:* Ehegespons, Herr und Gebieter/Meister, Göttergatte, Alter, Oller, Gatterich; *abwertend:* Pantoffelheld, Tyrann; *österr.:* Simandl
Ehepaar Eheleute, Mann und Frau, Vermählte, Verheiratete, (verheiratetes) Paar, Lebensgefährten; *ugs.:* Ehegespann
eher
1. früher, zeitiger
2. lieber, leichter, mehr, vielmehr, im Gegenteil
ehern
1. eisern, stählern
2. felsenfest, standhaft, unbeugsam, wie ein Fels
ehrbar → ehrenhaft
Ehre
1. Ehrgefühl, Wertgefühl, Stolz, Würde, Wert, Ansehen, Anstand, Selbstachtung
2. Geltung, Achtung, Ruf, Prestige, Bedeutung, Einfluss, Gewicht, Renommee, Reputation, Rang, Leumund, Größe, Profil, Image, Format
3. Lob, Ruhm, Ehrung, Auszeichnung, Ehrenbezeigung, Ovation, Huldigung, Anerkennung, Referenz, Wertschätzung, Nimbus, Prestige, Hochschätzung, Respekt, Ehrerbietung, Hochachtung, Würdigung ⓘ
ehren
1. verehren, achten, in Ehren halten, anerkennen, schätzen, bewundern, würdigen, respektieren, honorieren, anbeten, vergöttern
2. feiern, huldigen, loben, preisen, rühmen, auszeichnen, bejubeln, verherrlichen, verklären, vergöttern, idealisieren, Lob erteilen/spenden

Ehre: Vom Ehrgefühl zur Ehrenrunde

Ehre bezeichnet *Ehr-* und *Wertgefühl, Würde* und *Selbstachtung* eines Menschen. Der Begriff kann aber auch für das *Ansehen* stehen, das eine Person bei anderen genießt. In diesem Fall sind *Ruf* oder *Image* Synonyme oder auch die gehobenen Vokabeln *Reputation, Renommee, Prestige.*
Wenn jemandem *Ehre* zuteilwird, erntet er *Anerkennung* oder erfährt eine *Auszeichnung*. Mit diesen Bedeutungen spielen auch zahlreiche gehobene Redewendungen: Wer *in Ehren ergraut* ist, ist in hohem Ansehen alt geworden. Etwas *in Ehren halten* heißt, eine Sache zu achten und zu bewahren. Dementsprechend bedeutet *(wieder) zu Ehren kommen* so viel wie »(wieder) geachtet/genutzt werden«.
Sich die Ehre geben ist eine sehr förmliche und steife Höflichkeitsfloskel für »sich erlauben«. Das Gleiche gilt etwa für die Frage *Mit wem habe ich die Ehre?*, die einfach bedeutet, »Mit wem spreche ich?«. Die Wendung *der Wahrheit die Ehre geben* heißt »aufrichtig sein«, »die Wahrheit sagen«. Jemand, der mit etwas *Ehre einlegen* will, möchte durch eine besondere Leistung seine Fähigkeiten beweisen. *Jemandem Ehre machen* bedeutet ihm Anerkennung einbringen. Scherzhaft ist die Redensart *(zu viel) Ehre antun* gemeint, die darauf zielt, dass etwas übertrieben wird.
Verhüllende Funktion hat die Wendung *jemandem die letzte Ehre erweisen*. Sie ist im Zusammenhang mit dem Tabuthema Tod Ausdruck für »jemanden zu Grabe tragen«. Ablehnung wird auf freundliche Weise etwa in dem Satz formuliert *deine/Ihre Meinung in Ehren, aber ich sehe das anders.* Jemanden *bei seiner Ehre packen* heißt, *an Ehrgefühl/Stolz zu appellieren.*
Sagt man von einer Person, sie habe *keine Ehre im Leib,* so charakterisiert man sie als ohne Anstand. Das *Feld der Ehre* schließlich ist ein veralteter, glorifizierender Ausdruck für das Schlachtfeld. Eine *Ehrenrunde drehen* beispielsweise die Sieger eines Wettkampfs in einem Stadion, um den Beifall des Publikums entgegenzunehmen. Diese Wendung wird auch scherzhaft verwendet, um auszudrücken, dass ein Schüler eine Klasse wiederholen muss.

E

3. Ehre machen, Anerkennung/Lob verdienen, anerkennenswert sein; *geh.:* zur Ehre gereichen

ehrenamtlich unentgeltlich, freiwillig, unbezahlt, ehrenhalber

ehrenhaft ehrenwert, achtbar, rühmenswert, ehrbar, ehrsam, würdig, redlich, rechtschaffen, loyal, reputabel, reputierlich, gentlemanlike, fair, charakterfest, ehrenfest, anständig, hochanständig, untadelig, ordentlich, lauter, sauber, unbestechlich, vertrauenswürdig, honorabel, honorig, integer, unbescholten

Ehrenmahl Festessen, Tafel, Bankett, Festbankett, Mahl, Festmahl, Schmaus, Festschmaus, Diner, Galadiner, Galaessen, Gastmahl

Ehrenmal Denkmal, Gedenkstein, Monument, Mahnmal, Memorial, Andenken, Gedächtnismal

ehrenrührig beleidigend, verletzend, gehässig, kränkend, verleumderisch, diffamierend

ehrenvoll anerkennenswert, lobenswert, verdienstvoll, verdienstlich, ruhmvoll, ruhmreich, rühmlich, glorreich, glorios, löblich, ehrend, schmeichelhaft, achtbar

Ehrenvorsitz Ehrenpräsidium, Schutzherrschaft, Schirmherrschaft, Patronat, Protektorat

ehrenwert ehrenhaft, achtbar, rühmenswert, ehrbar, ehrsam, würdig, redlich, rechtschaffen, loyal, reputabel, reputierlich, gentlemanlike, charakterfest, ehrenfest, untadelig, anständig, hochanständig, ordentlich, lauter, unbestechlich, vertrauenswürdig, fair, sauber, honorabel, honorig, integer, unbescholten ⓘ

Ein gar nicht ehrenwertes Haus

Ein *ehrenwerter* Mensch ist *anständig, untadelig* und *rechtschaffen.* Sein *ehrenwertes* Verhalten wird geschätzt und bei besonders *ehrenwerten* Verdiensten wird dieser Charakterzug möglicherweise sogar offiziell gewürdigt. Ein *ehrenwerter* Beruf ist selten mit einem überdurchschnittlichen Verdienst verbunden, wird aber als wichtiger und unersetzbarer Bestandteil einer Gesellschaft besonders anerkannt. Ist allerdings von einem *ehrenwerten Haus* die Rede, so kann diese Wendung auch abfällig gemeint sein. In dieser ironischen Verwendung wird einem *ehrenwerten Haus* also keinerlei Achtung und Respekt entgegengebracht.

Ehrenwort (feierliche) Bekräftigung, festes Versprechen, Zusicherung, Gelöbnis, Beteuerung, Wort, Manneswort, Schwur, Eid

ehrerbietig
1. → ehrfürchtig
2. → unterwürfig

Ehrfurcht Achtung, Hochachtung, Pietät, Scheu, Verehrung, Furcht, Anerkennung, Respekt, Ergebenheit, Wertschätzung

ehrfürchtig ehrfurchtsvoll, respektvoll, pietätvoll, achtungsvoll, ehrerbietig

Ehrgefühl → Ehre

Ehrgeiz
1. Fleiß, Eifer, Strebsamkeit, Betriebsamkeit, Streben nach Erfolg/Anerkennung/Geltung, Ambition
2. Ruhmsucht, Geltungsdrang, Machtgier, Ehrsucht; *ugs., abwertend:* Profilneurose

ehrgeizig
1. fleißig, eifrig, strebsam, betriebsam, aktiv, leistungsorientiert, leistungswillig
2. ruhmsüchtig, ehrsüchtig, selbstsüchtig, streberhaft, geltungsbedürftig, machtgierig

ehrlich zuverlässig, aufrichtig, offen, wahrhaftig, vertrauenswürdig, verlässlich, reell, redlich, aufrecht, anständig, glaubwürdig, offen, offenherzig, freimütig, unverhüllt, geradlinig, gerade, fair, loyal, rechtschaffen, sauber, lauter

Ehrlichkeit Offenheit, Aufrichtigkeit, Geradheit, Lauterkeit, Freimut, Offenherzigkeit, Rechtschaffenheit

ehrlos verächtlich, nichtswürdig, charakterlos, verabscheuungswürdig, würdelos, unwürdig, erniedrigend, gemein, niederträchtig, unfair, unredlich, unreell, unehrenhaft, unlauter, unsauber

ehrsam → ehrenhaft

Ehrung Auszeichnung, Huldigung, Lob, Anerkennung, Ovation, Ruhm, Ehre, Preis, Award; *geh.:* Honneurs

ehrwürdig erlaucht, erhaben, honorig, Achtung gebietend, feierlich, festlich, altehrwürdig, altväterlich, patriarchalisch; *geh.:* solenn

Ei Eizelle, Ovum, Ovulum

Eichhörnchen Eichkätzchen; *ugs.:* Eichkater, Eichhase, Baumfuchs, Eichert; *landsch., österr.:* Eichkatzl

Eid Gelöbnis, Schwur, Gelübde, eidesstattliche Versicherung, Versprechen an Eides statt, Wort, Ehrenwort

Eidgenosse Schweizer; *ugs.:* Schwyzer

Eidotter Eigelb, Dotter; *landsch.:* Gelbei

Eierkuchen → Pfannkuchen

Eifer
1. Streben, Bestreben, Ehrgeiz, Eifrigkeit, Aktivität, Tatendrang, Regsamkeit, Betriebsamkeit, Geschäftigkeit, Rührigkeit, Energie, Emsigkeit, Beflissenheit, Hingabe, Bereitwilligkeit, Dienstwilligkeit, Enthusiasmus, Ernst, Anspannung, Mühe
2. Bemühen, Fleiß, Strebsamkeit, Arbeitsfreude, Arbeitslust

Eiferer Fanatiker, Kämpfer, Streiter, Verfechter, Zelot, Schwärmer, Schwarmgeist

eifern für → eintreten für

eifern nach → anstreben

Eifersucht Eifersüchtelei, Neid, Missgunst, Argwohn, Misstrauen, Besitzanspruch

eifersüchtig neidisch, missgünstig, misstrauisch, argwöhnisch, besitzergreifend

eiförmig oval, eirund, länglich rund, ellipsenförmig

eifrig
1. aktiv, rege, rührig, regsam, betriebsam, beflissen, emsig, ehrgeizig, hingebungsvoll, begeistert, leidenschaftlich, enthusiastisch, pflichtbewusst, dienstfertig, geschäftig
2. fleißig, bestrebt, strebsam, bemüht, unermüdlich, unverdrossen, arbeitsam, schaffensfreudig, tatkräftig, ambitioniert; *schweiz.:* schaffig

Eigelb Dotter, Eidotter; *landsch.:* Gelbei

eigen
1. persönlich, privat, zugehörig, jmdm. selbst gehörend
2. selbstständig, eigenständig, autonom, autark, unabhängig
3. → merkwürdig
4. → eigensinnig
5. → charakteristisch
6. **sein Eigen nennen** → besitzen
7. **sich zu Eigen machen** sich angewöhnen, sich aneignen, sich zulegen, annehmen

Eigenart
1. Eigenheit, Eigentümlichkeit, Besonderheit, Spezialität, Spezifikum, Typ, Manier, Charakter, Gepräge, Wesen, Wesensart, Natur, Anlage Eigenschaft, Wesensmerkmal, Wesenszug, Charakteristikum, Qualität, Note, Seite
2. Eigenartigkeit, Seltsamkeit, Sonderbarkeit, Merkwürdigkeit, Befremdlichkeit, Verschrobenheit, Schrulligkeit, Wunderlichkeit, Kauzigkeit, Ausgefallenheit, Eigenbrötelei

eigenartig → merkwürdig

Eigenbrötler → Sonderling

eigenbrötlerisch sonderbar, eigenartig, merkwürdig, befremdend, seltsam, komisch, verschroben, skurril, kauzig

eigenhändig selbst, persönlich, privat(im), in persona, personaliter; *scherzh.:* höchstpersönlich, höchstselbst; *ugs.:* selber

Eigenheit → Eigenart

Eigenliebe → Selbstsucht

Eigenlob Selbstlob, Selbstgefälligkeit, Selbstvergötterung, Selbstverherrlichung

eigenmächtig unbefugt, unberechtigt, unerlaubt, ohne Auftrag/Befugnis/Erlaubnis, angemaßt, selbstherrlich, willkürlich, nach eigenem Gutdünken/Ermessen, auf eigene Faust, selbständig

Eigenname Familienname, Zuname, Nachname, Vorname, Patronymikon, Ehename

eigennützig berechnend, auf eigenen Nutzen/Vorteil bedacht, selbstsüchtig, ichsüchtig, selbstbezogen, ichbezogen, egoistisch, egozentrisch

eigens
1. speziell, besonders, in jedem Einzelfall, von Fall zu Fall, extra, gesondert, ausdrücklich
2. hauptsächlich, vorwiegend, insbesondere, vor allem, vorzugsweise, in erster Linie

Eigenschaft Merkmal, Wesenszug, Kennzeichen, Qualität, Seite, Note, Attribut, Beschaffenheit, Daseinsform, Charakteristikum, Kriterium, Besonderheit, Eigenheit, Eigentümlichkeit, Spezifikum, Wesensmerkmal

Eigensinn → Trotz

eigensinnig starrköpfig, dickköpfig, verstockt, hartnäckig, halsstarrig, stur, steifnackig, rechthaberisch, unbelehrbar, störrisch, unnachgiebig, trotzig, aufsässig, aufmüpfig, widerspenstig, unlenksam, eigen, eigenwillig, verbohrt, uneinsichtig, widerborstig, kratzbürstig, unerbittlich, knorrig, eigenbrötlerisch; *geh.:* renitent, obstinat; *ugs.:* bockig, bockbeinig, dickschädelig

E

Eigensinnigkeit → Trotz
eigenständig selbständig, selbstbestimmt, eigenverantwortlich, autonom, unabhängig, souverän
Eigenständigkeit Selbständigkeit, Autonomie, Unabhängigkeit, Ungebundenheit, Souveränität
eigentlich
1. im Grunde, genau, streng genommen, überhaupt, rechtens, von Rechts wegen, an (und für) sich, bei Lichte besehen, in Wirklichkeit, tatsächlich, wirklich, gewissermaßen, sozusagen, so gut wie
2. anders, alias, mit anderem Namen, auch/sonst … genannt, außerdem
3. ursprünglich, primär, von Haus aus, original, originär, anfangs, anfänglich, zuerst, zunächst
Eigentum → Besitz
Eigentümer Besitzer, Inhaber, Eigner, Herr
eigentümlich
1. → merkwürdig
2. → charakteristisch
eigenwillig → eigensinnig
Eigenwilligkeit Trotz, Eigensinnigkeit, Starrköpfigkeit, Dickköpfigkeit, Unbelehrbarkeit, Starrsinn, Sturheit
eignen → besitzen
eignen, sich passen, geeignet/befähigt sein für, in Betracht/Frage kommen, sich gut verwenden lassen für, taugen
Eigner → Eigentümer
Eignung Qualifikation, Befähigung, Fähigkeit, Anlage, Voraussetzung, Können, Vermögen, Begabung, Talent, Gabe, Brauchbarkeit, Verwendbarkeit, Tauglichkeit; *ugs.:* das Zeug dazu
Eiland → Insel
Eile
1. Hast, Unruhe, Hektik, Unrast, Eiligkeit, Ruhelosigkeit, Rastlosigkeit, Getriebe, Wirbel, Geschäftigkeit, Betriebsamkeit, Jagd, Gejagtheit, Zeitmangel; *ugs.:* Hetze, Hetzerei, Gehetze, Hatz, Gejage
2. Tempo, Geschwindigkeit, Schnelligkeit, Behändigkeit, Galopp, Rasanz, Flinkheit, Raschheit, Zügigkeit
3. Wichtigkeit, Notwendigkeit, Dringlichkeit, Unaufschiebbarkeit
eilen
1. hasten, stürmen, stürzen, preschen, rasen, laufen, rennen, sausen, fliegen, hetzen, jagen, spurten, sprinten, stieben, huschen, rüstig gehen, ausschreiten; *ugs.:* düsen, flitzen, pesen, wetzen, schesen, spritzen, wieseln, schwirren, traben, galoppieren, fegen; *österr.:* pledern, blädern
2. drängen, keinen Aufschub dulden, dringlich/notwendig/unaufschiebbar sein; *ugs.:* pressieren, auf den Nägeln brennen
3. übereilen, überstürzen, vorschnell/unbedacht handeln; *ugs.:* sich vergaloppieren
eilen, sich sich beeilen, sich hetzen, sich abhetzen, sich sputen
eilig
1. hastig, in großer/fliegender/rasender Eile, in fliegender/wilder Hast, überstürzt, Hals über Kopf, schnell, sofort, auf schnellstem Wege, fluchtartig, eilends, express, fix, hurtig, rasant, rasch, im Nu, geschwind, flugs, zügig, wie der Blitz/Wind; *ugs.:* wie von der Tarantel gestochen/die Feuerwehr, mit einem Affentempo/Affenzahn, wie ein geölter Blitz, in Null Komma nichts, ruck-zuck
2. dringend, dringlich, drängend, unaufschiebbar, höchste Zeit; *ugs.:* pressant, höchste Eisenbahn
Eilschrift Kurzschrift, Stenografie, Schnellschrift
Eimer *landsch.:* Kübel
einander einer dem anderen, gegenseitig, wechselseitig
einarbeiten
1. → anleiten
2. → einfügen
einäschern → verbrennen
Einäscherung
1. Verbrennung, Leichenverbrennung, Feuerbestattung, Kremation, Kremierung
2. Trauerfeier, Beisetzung, Leichenbegängnis, Totenfeier
einatmen Luft einziehen, Atem holen, inhalieren, einsaugen
einbalsamieren
1. → mumifizieren
2. → eincremen
Einband Buchrücken, Buchdeckel, Bucheinband, Einbanddecke(1), Deckel, Hülle
einbauen
1. einmontieren, einsetzen, installieren
2. → einfügen
einbehalten zurückbehalten, nicht auszahlen, nicht zurückgeben, nicht aushändigen, beschlagnahmen; *geh.:* konfiszieren
einberufen
1. zusammenrufen, anberaumen, (ein Gremium) versammeln
2. → einziehen

einbetonieren einmauern, im Mauerwerk befestigen, vermauern
einbeulen → verbeulen
einbeziehen eingliedern, einschließen, einkalkulieren, einrechnen, dazurechnen, hinzurechnen, mitrechnen, dazunehmen, hinzunehmen, dazuzählen, hinzuzählen, mitzählen, erfassen, implizieren, integrieren, einordnen, einplanen, berücksichtigen, teilnehmen/teilhaben lassen, beteiligen
einbiegen abbiegen, abdrehen, abzweigen, abgehen, abschwenken
einbilden, sich
1. sich einreden, sich etwas vormachen, sich vorstellen, sich vorspiegeln, sich vorgaukeln, sich Illusionen machen, mutmaßen, meinen, glauben, vermuten, wähnen, ahnen, wittern, irrtümlich der Meinung sein, zu spüren glauben, erträumen, erhoffen, spekulieren, annehmen, sich etwas zusammenreimen, fantasieren
2. sich etwas einbilden eingebildet sein, sich dünken, sich anmaßen, sich überheben, sich überschätzen, sich aufspielen, aufschneiden, angeben, hochmütig/hochnäsig sein, an Selbstüberschätzung leiden, sich für etwas Besonderes halten, ohne rechten Grund stolz sein; *ugs.:* sich für weiß was/wen halten, sich großtun, erhaben tun, hoch hinauswollen, Rosinen im Kopf haben
Einbildung
1. Illusion, Irrealität, Imagination, Kopfgeburt, Fantasie, Fantasiegebilde, Fiktion, Vorstellung, Erfindung, Wunschvorstellung, Luftschloss, Luftblase, Theorie, Spekulation, Vision, Fata Morgana, Utopie, Phantom, Traum, Traumgebilde, Traumgesicht, fixe Idee, Phantasma, Wunschtraum, Phantasmagorie, Wunschbild, Täuschung, Sinnestäuschung, Erscheinung, Vorspiegelung, Gesicht, Trugbild, Blendwerk, Halluzination, Schimäre, Wahn, Wahnvorstellung, Wahngebilde, Obsession, Gaukelei, Gaukelbild, Hirngespinst; *ugs.:* Wolkenkuckucksheim, Seifenblase
2. Überheblichkeit, Dünkel, Hochmut, Arroganz, Stolz, Selbstgefälligkeit, Blasiertheit, Herablassung, Hybris, Anmaßung, Eitelkeit, Angabe, Affektiertheit, Gespreiztheit, Prahlerei, Geziertheit; *ugs.:* Getue, Wichtigtuerei, Geschwollenheit ⓘ
Einbildungskraft Erfindungsgabe, Imagination, Vorstellungsvermögen, Vorstellungskraft, Inspiration, Eingebung, Fantasie
einbinden
1. einschnüren, einknoten, einflechten, einknüpfen, verhüllen, umkleiden, einpacken, einschlagen

Einbildung: Von der Fantasie und Fiktion zur Arroganz

Die Synonyme für *Einbildung* im Sinn von *Fantasie* enthalten unterschiedliche Bewertungen. *Fantasie* zielt ebenso wie das gehobene *Imagination* positiv auf Vorstellungen wie Ideenreichtum oder schöpferisches Denken. Der Ausdruck *blühende Fantasie* ist allerdings ironisch, *schmutzige Fantasie* negativ gemeint. *Wunschvorstellung* und *Wunschtraum* sind neutrale Begriffe für *Einbildung.* Auch die Zusammensetzungen *Einbildungskraft* und *Einbildungsvermögen* bezeichnen neutral die Fähigkeit, sich etwas vorstellen zu können. *Wahnvorstellung* – bei diesem Wort schwingt die Vorstellung von krankhafter Einbildung mit – ist dagegen genauso negativ wie beispielsweise *fixe Idee* oder *Hirngespinst.* Das Gleiche gilt für *Trugbild* und die gehobenen Vokabeln *Gaukelbild, Gaukelei* und *Blendwerk.*
Der gehobene Ausdruck *Fiktion* wird meist im Zusammenhang mit dichterischer Einbildung gebraucht und grenzt Erfundenes von Tatsachenberichten ab. *Illusion* und *Schimäre* heben das Irreale einer Einbildung hervor. Umgangssprachlich verwendet man in diesem Sinn Ausdrücke wie *Wolkenkuckucksheim, Seifenblase* oder *Luftschloss.* Auf den Aspekt der Sinnestäuschung zielt auch *Fata Morgana.*
Die Synonyme für *Einbildung* als menschlichen Charakterzug sind durchweg negativ gemeint: *Überheblichkeit, Hochmut, Selbstgefälligkeit, Herablassung, Anmaßung.* Gehobene Ausdrücke dafür sind *Dünkelhaftigkeit* und die Fremdwörter *Arroganz, Blasiertheit, Affektiertheit.* Umgangssprachlich verwendet man *Getue, Wichtigtuerei, Geschwollenheit* oder *Hochnäsigkeit.* Die ebenfalls umgangssprachliche Redensart *Einbildung ist auch eine Bildung* drückt auf ironische Weise aus, dass jemand arrogant ist.

E

2. binden, mit einem Einband versehen, heften, broschieren
3. → einfügen

einbläuen → einprägen

einblenden → einfügen

Einblick Eindruck, Einsicht, Überblick, Aufschluss, Vorstellung, Anschauung, Bild, Bescheid, Kenntnis, Wissen, Kunde, Aufklärung

einbrechen
1. einen Einbruch verüben/begehen/ausführen, unbemerkt eindringen, einsteigen, sich einschleichen, sich einschmuggeln, sich einstehlen, → stehlen
2. durchbrechen, einkrachen, einknacken
3. zusammenbrechen, zusammenstürzen, zusammenfallen, zusammenkrachen, einstürzen, einfallen

einbrechen in sich Zutritt verschaffen, Hausfriedensbruch begehen, überfallen, überrumpeln

Einbrecher Dieb, Räuber, Plünderer, Ganove, Bandit; *ugs.:* Langfinger

Einbrenne Schwitze, Mehlschwitze

einbringen
1. ernten, abernten, einfahren, einholen, hineinschaffen, hereinbringen, bergen
2. → eintragen
3. vorlegen, vorbringen, vorschlagen, unterbreiten, präsentieren, einreichen

einbrocken *ugs. für:* verschulden, verursachen, sich in eine unangenehme Situation bringen; *ugs.:* ins Fettnäpfchen treten, sich ins Fettnäpfchen setzen, sich in die Nesseln setzen

Einbruch
1. Diebstahl, Raub, Plünderung
2. Durchbruch, Eindringen
3. Einsturz, Zusammensturz, Zusammenbruch
4. Überfall, Angriff, Anschlag, Einfall, Invasion, Einmarsch, Gewaltstreich
5. Herannahen, Beginn, Eintritt, Anbruch

einbuchten → einsperren

einbuddeln *ugs. für:* eingraben, vergraben, verscharren

einbüffeln → einprägen

einbunkern → einsperren

einbürgern die Staatsbürgerschaft geben, die Staatsangehörigkeit verleihen, naturalisieren

einbürgern, sich heimisch/zur Gewohnheit/üblich/Usus/Sitte werden, sich durchsetzen, sich ausbreiten, sich Geltung verschaffen, alltäglich/gewöhnlich/gebräuchlich/landläufig/zur Selbstverständlichkeit werden, sich einspielen; *ugs.:* gang und gäbe sein

Einbuße Verlust, Abnahme, Verringerung, Ausfall, Schaden, Ebbe, Minus, Flaute, Nachteil, Wegfall, Schwund, Ausbleiben, Defizit

einbüßen → verlieren

eincremen einsalben, einreiben, einmassieren, einfetten, einölen, balsamieren, einbalsamieren; *ugs.:* einschmieren

eindämmen aufhalten, begrenzen, zügeln, zähmen, bändigen, einschränken, Halt/Einhalt gebieten, unter Kontrolle bekommen, bremsen, drosseln, mäßigen, abschwächen, dämpfen

eindämmern → einschlafen

eindecken beschäftigen, überbeschäftigen, vollbeschäftigen, keine Zeit lassen/gewähren, absorbieren, beanspruchen, in Beschlag/voll in Anspruch nehmen, ausfüllen, ausbuchen, belasten

eindecken, sich sich versorgen, sich mit Vorräten versehen, horten, aufstapeln, aufspeichern, einlagern, einkellern, hamstern, vorsorgen, → kaufen

eindellen → eindrücken

eindeutig
1. klar, genau, unmissverständlich, unzweideutig, einleuchtend, deutlich
2. → aufrichtig

eindimensional → einseitig

eindösen *ugs. für:* einschlafen, in den Schlaf fallen/sinken, entschlummern, einnicken

eindrängen bestürmen, einstürmen, überfallen, bedrängen, in Unruhe versetzen, durch Drängen/Gewalt sich jmdm. nähern

eindrängen, sich sich einmischen, sich einmengen, dazwischenreden, sich durch Drängen Zutritt verschaffen, in fremder Sache aktiv werden, stören, belästigen; *geh.:* intervenieren; *ugs.:* dreinreden, dazwischenpfuschen, seine Nase in alles stecken

eindringen
1. → einbrechen
2. hineindringen, gelangen in, hereinkommen
3. einmarschieren, einziehen, einrücken
4. sich einschleichen, unbemerkt hineinkommen/hineingelangen

eindringen auf → bedrängen

eindringen in
1. sich Zutritt verschaffen, Hausfriedensbruch begehen, überfallen, überrumpeln

2. erforschen, ergründen, sich vertiefen, sich hineinversenken, sich intensiv beschäftigen/befassen/auseinandersetzen mit, der Sache auf den Grund gehen, erkunden, eruieren

eindringlich nachdrücklich, dringend, mit Nachdruck/Gewicht, ausdrücklich, in aller Deutlichkeit

Eindringlichkeit → Nachdruck

Eindringling → Störenfried

Eindruck

1. Vorstellung, Einwirkung, Empfindung, Anschauung, Wahrnehmung; *geh.:* Apperzeption, Impression
2. → Einblick
3. Vertiefung, Druckspur, Delle, Einkerbung, Einprägung
4. Schein, Anschein
5. Wirkung, Effekt, Ausstrahlungskraft, Anziehung

eindrücken

1. zerdrücken, beschädigen, zerbrechen, verbeulen, eindellen
2. prägen, einprägen, pressen, einpressen, stanzen, einstanzen
3. → aufbrechen

eindrucksvoll

1. imposant, eindrücklich, beeindruckend, einprägsam, imponierend, tiefgehend, nachhaltig, unvergesslich, einschneidend, sensationell, wirkungsvoll, effektvoll, triumphal
2. → außergewöhnlich

einduseln → einschlafen

einebnen

1. ebnen, glätten, glattmachen, planieren, begradigen, dem Erdboden gleichmachen
2. → zerstören

einen → vereinigen

einengen

1. abschnüren, einschnüren, zusammendrücken, einzwängen
2. einschränken, begrenzen, beengen, beschränken

einerlei

1. gleich, gleichgültig, egal, unwichtig, bedeutungslos, unbedeutend, belanglos, unwesentlich, unerheblich; *ugs.:* das ist Jacke wie Hose/gehupft wie gesprungen
2. gleichviel, wie dem auch sei/auch immer

Einerlei → Alltag

einfach

1. schlicht, anspruchslos, bescheiden, kunstlos, ohne großen Aufwand, ungekünstelt, prunklos, primitiv, schmucklos, simpel, schnörkellos, genügsam, bedürfnislos, karg, eingeschränkt, spartanisch, puritanisch, natürlich, unauffällig, unscheinbar, farblos; *ugs.:* ohne viel Brimborium
2. mühelos, unproblematisch, unkompliziert, bequem, spielend, leicht, simpel, ohne Schwierigkeit/Mühe, unschwer, mit Leichtigkeit; *ugs.:* idiotensicher, narrensicher; *österr.:* kommod
3. → einfältig
4. eben, (nun) einmal, überhaupt, völlig, ganz und gar, geradezu, ohne weiteres; *ugs.:* halt

einfädeln

1. durchziehen, durchstecken, durchführen
2. ins Werk setzen, in die Wege leiten, vorbereiten, anknüpfen, anzetteln, einleiten, anspinnen, anfangen, beginnen, Kontakt aufnehmen, Initiative ergreifen

einfädeln, sich sich einreihen, sich einordnen

einfahren

1. ernten, einholen, einbringen, hineinschaffen, hereinbringen, bergen, in die Scheune fahren
2. einlaufen (Zug), eintreffen, ankommen
3. in Schwung/auf Touren bringen (Auto), voll leistungsfähig machen

einfahren, sich *ugs. für:* zur Gewohnheit/Routine/üblich werden, Sitte/Usus werden, sich durchsetzen, sich ausbreiten, sich Geltung verschaffen, alltäglich/gewöhnlich/landläufig/gebräuchlich werden; *ugs.:* gang und gäbe sein, in Fleisch und Blut übergehen

Einfahrt

1. Toreinfahrt, Hauseinfahrt, Torweg, Einfahrtsweg, Zugang, Auffahrt, Zufahrt
2. Ankunft (Zug), Einlaufen, Eintreffen

Einfall

1. Idee, Gedanke, Eingebung, Intuition, Inspiration, Erleuchtung, Geistesblitz, Funke, Gag
2. Laune, Grille, Mucke, Kapriole; *geh.:* Kaprize, Anwandlung; *ugs., abwertend:* Flausen
3. Überfall, Offensive, Angriff, Ansturm, Attacke, Kampferöffnung, Anschlag, Aggression, Vorstoß, Gewaltstreich

einfallen

1. auf den Gedanken/jmdm. in den Sinn kommen, eine Idee/einen Gedanken haben, erfinderisch sein, schöpferisch denken, anwandeln, auf-

E

blitzen, dämmern, sich erinnern, sich entsinnen
2. einstürzen, zusammenbrechen, zusammenkrachen, zusammensinken
3. → abmagern
einfallen in eindringen, einmarschieren, angreifen, den Kampf beginnen/eröffnen, überfallen, attackieren, losschlagen, zum Angriff übergehen, herfallen über, anstürmen, das Feuer/die Feindseligkeiten eröffnen, offensiv werden/vorgehen, den Frieden brechen, anrennen gegen
einfallslos geistlos, ideenlos, gehaltlos, witzlos, fantasielos, nichtssagend, hohl, banal, schal, billig, platt, seicht, abgenutzt, abgedroschen, abgegriffen, oberflächlich, unoriginell, unschöpferisch, trivial; *ugs.:* ausgeleiert, durchgenudelt
einfallsreich ideenreich, erfindungsreich, fantasievoll, fantasiebegabt, gedankenreich, geistreich, schöpferisch, spritzig, witzig, genial, erfinderisch, kreativ, originell, produktiv, konstruktiv, findig
einfältig
1. naiv, kindlich, arglos, harmlos, treuherzig, kritiklos, unkritisch, urteilslos, undifferenziert, bieder, schlicht, beschränkt, gutläubig, leichtgläubig, simpel, einfach, tumb
2. töricht, tölpelhaft, unklug, unvernünftig, ungeschickt, schwerfällig; *ugs.:* unbedarft, stieselig, blöde, doof, einfach/schlicht gestrickt
einfangen
1. auffangen, fassen, erhaschen, ergreifen
2. festhalten (Stimmung), zum Ausdruck bringen, ausdrücken, fixieren, wiedergeben
einfangen, sich sich anstecken, sich etwas zuziehen, sich infizieren, sich einhandeln; *ugs.:* sich etwas holen
einfarbig uni, nicht bunt, monochrom
einfassen umfassen, umgeben, säumen, einsäumen, eingrenzen, rahmen
einfetten
1. fetten, ölen, schmieren; *fachsprachl.:* abschmieren
2. → eincremen
einfinden, sich erscheinen, in Erscheinung treten, auftauchen, sich einstellen, auf den Plan treten, eintreffen, kommen, ankommen, landen; *ugs.:* anrücken, antanzen, anrollen, aufkreuzen, einlaufen, eintrudeln, anmarschiert kommen, sich blicken lassen, hereinschneien
einflechten
1. einbinden, einschnüren, einknoten, einknüpfen
2. einfließen lassen, beiläufig bemerken/erwähnen, streifen, berühren, andeuten
3. → einfügen
einfließen lassen einwerfen, nebenbei erwähnen, beiläufig äußern, einflechten, andeuten
einflößen
1. einträufeln, eintröpfeln, eingeben, eintrichtern, einfüllen, infiltrieren
2. einjagen (Angst), hervorrufen, auslösen, verursachen, erwecken, erregen, heraufbeschwören, bewirken
Einfluss
1. Macht, Machtstellung, Machtposition, Geltung, Gewicht, Wichtigkeit, Führungsrolle, Autorität, Prestige, Meinung, Bedeutung, Name, Nimbus, Würde, Größe, Renommee, Ruf, Ansehen, Achtung, Wertschätzung, Stärke, Kraft, Vermögen, Profil, Image, Rang, Stand
2. Wirkung, Einwirkung, Beeinflussung, Einflussnahme, Suggestion, Willenslenkung, Überredung; *ugs.:* Berieselung, Bearbeitung, Seelenmassage
einflusslos ohne Einfluss/Macht/Beziehungen, machtlos, ohnmächtig, schwach, hilflos, begrenzt
einflussreich mächtig, allmächtig, stark, vermögend, wirkungsvoll, wirksam, gewaltig, wichtig, maßgebend, angesehen, tonangebend, Achtung gebietend, machtvoll, potent
einflüstern
1. vorsagen, einsagen, zuflüstern, vorsprechen
2. einreden, eingeben, suggerieren, Glauben machen
einfordern eintreiben, einziehen, einmahnen, einklagen, verlangen, erheben, einkassieren
einförmig → langweilig
einfrieren
1. einfrosten, gefrieren, tiefkühlen, konservieren, haltbar machen
2. erstarren, erfrieren
3. ruhen lassen, nicht weiterführen/fortsetzen, lahmlegen, erkalten lassen (Beziehungen), auf Eis legen, abbrechen
einfrosten → einfrieren
einfügen einarbeiten, einbauen, eingliedern, einreihen, einheften, einsetzen, einpassen, einordnen, ein-

gruppieren, einrangieren, einrücken, einstreuen, einschalten, einschieben, einblenden, einlegen, einflechten, dazwischenschieben, hineinschieben, integrieren, vervollständigen, ergänzen, abrunden, hinzufügen, nachtragen

einfügen, sich → anpassen, sich

Einfügung → Einschub

einfühlen, sich sich hineinversetzen, sich hineindenken, nachvollziehen, nachempfinden, sich einleben, sich in jmds. Lage/Rolle/Situation versetzen

einfühlsam einfühlend, empfindsam, taktvoll

Einfühlungsvermögen Einfühlungsgabe, Feingefühl, Verständnis, Anteilnahme, Fingerspitzengefühl, Zartgefühl; *ugs.:* Antenne

einführen
1. importieren, aus dem Ausland beziehen
2. vorstellen, bekanntmachen, in Verbindung bringen, zusammenbringen
3. hineinschieben, hineinstecken; *ugs.:* hineintun
4. → anleiten
5. verbreiten, propagieren, auf den Markt bringen, den Weg bereiten, lancieren, launchen

Einführung
1. Einleitung, Vorbemerkung, Vorwort, Vorrede, einleitende/vorangestellte/einführende Worte
2. Anleitung, Einarbeitung, Einweisung, Unterweisung, Anweisung
3. Import, Einfuhr, Wareneinfuhr

einfüllen
1. → eingießen
2. → einlassen
3. → eingeben

Eingabe/Eingebung: Von der Bittschrift zum Geistesblitz

Eingabe und *Eingebung* sind sogenannte Verbalsubstantive, also von Verben abgeleitete Substantive, die das mit dem Verb ausgedrückte Geschehen bezeichnen. Auch wenn diese Substantive vom selben Verb abgeleitet werden, sind sie nicht immer bedeutungsgleich und daher nicht beliebig gegeneinander austauschbar.

Der Ausdruck *Eingabe* bezieht sich in der Regel auf konkrete Handlungen, wie z. B. das Verabreichen von Medizin oder das *Eingeben* von Daten in den Computer: »Die *Eingabe* der Korrekturen soll morgen abgeschlossen sein«. Mit einer *Eingabe* kann aber auch ein Schriftstück gemeint sein, ein sogenanntes *Gesuch* oder eine *Bittschrift:* »Sie reichte eine *Eingabe* bei der Behörde ein«.

Eine *Eingebung* ist hingegen ein inneres, emotionales oder geistiges Ereignis, das jemandem unwillkürlich widerfährt. Wer einer plötzlichen *Eingebung* folgt oder eine *Eingebung* hat, der verlässt sich auf eine innere Regung, die man auch als *Idee, Inspiration* oder *Einfall* bezeichnen kann. Eine solche *Eingebung* ist im Ablauf eines bestimmten Geschehens zwar nicht geplant, kann aber das weitere Handeln entscheidend beeinflussen.

Eingabe
1. Gesuch, Bittschrift, Antrag, Petition, Bittschreiben; *österr.:* Ansuchen
2. Dateneingabe, Einspeisung, Einspeicherung (i)

Eingang
1. Tür, Tor, Pforte, Portal, Zutritt, Zugang, Eintritt, Entree, Einlass
2. Einlauf (Post), Posteingang

eingängig leicht fassbar/verständlich/verstehbar, allgemein fassbar/verstehbar, allgemeinverständlich, plausibel, begreiflich, nachvollziehbar, auf der Hand liegend, durchschaubar, durchsichtig, einfach, unkompliziert, nicht schwer/schwierig, greifbar, zugänglich

eingangs zu Beginn/Anfang, anfangs, anfänglich, zuerst, einleitend

eingeben
1. einflößen, einträufeln, einfüllen, eintröpfeln, eintrichtern, infiltrieren, geben, verabreichen, zuführen
2. (bei einer Behörde) einreichen, ersuchen, beantragen, eine Bittschrift schreiben/vorlegen
3. speichern, einspeisen (Daten), eintippen, programmieren, füttern
4. einreden, einflüstern, suggerieren, Glauben machen; *ugs.:* weismachen, aufschwatzen, einen Floh ins Ohr setzen

eingebildet
1. eitel, überheblich, stolz, arrogant, selbstherrlich, selbstgefällig, anmaßend, dünkelhaft, hochmütig, von sich eingenommen, snobistisch, versnobt, blasiert, angeberisch, wichtigtuerisch, hoffärtig, hochnäsig, aufgeblasen, affektiert, gespreizt, prahlerisch, süffisant, großspurig, herablassend, von oben herab; *geh.:* hybrid;

ugs.: aufgeblasen, aufgeplustert
2. unwirklich, irreal, imaginär, illusorisch, täuschend, scheinbar

eingebildet sein angeben, prahlen, großtun, sich aufspielen, Aufhebens von sich machen, protzen, prunken, sich rühmen, sich in die Brust werfen, seine Vorzüge betonen/herausstellen, sich wichtigmachen, sich wichtig nehmen

Eingeborener Ureinwohner, Urbewohner, Einheimischer, Eingesessener ⓘ

Eingebung Idee, Gedanke, Intuition, Einfall, Erleuchtung, Inspiration, Geistesblitz, Funke ⓘ

eingebürgert → einheimisch

eingedenk erinnernd, beherzigend

eingedenk sein → erinnern, sich

eingefahren herkömmlich, üblich, altgewohnt, konventionell, hergebracht, alltäglich, allgemein, gewohnt, monoton; *ugs.:* gang und gäbe

eingefallen → dünn

eingefleischt unverbesserlich, unbekehrbar, unveränderbar, überzeugt, ausgemacht, ausgesprochen, uneingeschränkt, absolut, vollkommen, eingewurzelt, gewohnheitsmäßig, hoffnungslos, bewusst

eingeführt anerkannt, gültig, geltend, bewährt, gängig, angesehen, geschätzt, geachtet

eingehen
1. → eintreffen
2. schließen, abschließen (Vertrag), eine (vertragliche) Festlegung treffen, festmachen, vereinbaren, sich einlassen auf
3. welken, verwelken, verblühen, abblühen, dorren, verdorren, absterben, vergilben, vertrocknen, verkümmern, veröden
4. einschrumpfen, zusammenschrumpfen, sich zusammenziehen, kürzer/enger/kleiner werden
5. → sterben

eingehen auf
1. anhören, ein Ohr haben für, sein Ohr/Gehör schenken/leihen
2. → akzeptieren
3. aufgreifen, aufnehmen, zurückkommen/sich beziehen auf, fortsetzen, weiterführen, anschließen/anknüpfen an, weiterspinnen

eingehend → ausführlich

eingeklemmt → eingepfercht

Eingemachtes Eingewecktes, Eingekochtes, Konserviertes

eingenommen sein von
1. begeistert/fasziniert/berauscht/entzückt/entflammt/erfüllt sein von, jmdm. nahestehen, vertraut sein mit, jmdm. gewogen/zugetan/geneigt/gutgesinnt sein, jmdn. mögen, viel übrighaben für, Geschmack/Gefallen finden an, nicht abgeneigt sein, ein Freund sein von, sympathisieren mit
2. von sich eingenommen sein eingebildet sein, sich etwas einbilden, angeben, prahlen; *ugs.:* aufschneiden, sich dicktun, hoch hinauswollen

eingepfercht dichtgedrängt, eng zusammengedrängt, eingeschlossen, eingekeilt, eingezwängt, eingeengt, eingepresst, eingesperrt, einklemmt

eingerechnet → einschließlich

eingerostet
1. rostig, verrostet, mit Rost überzogen, vom Rost zerfressen
2. → unsportlich

eingeschlafen abgestorben, blutleer, taub, ohne Gefühl/Empfindung, empfindungslos, gefühllos

eingeschlossen
1. → eingepfercht
2. → einschließlich

Eingeborener: Aus dem Wortschatz des Kolonialismus

Der Begriff *Eingeborener* ist vor allem durch seine Verwendung im Kolonialismus historisch belastet. Die europäischen Kolonialmächte drangen zum Zweck der Landnahme aus wirtschafts- und handelspolitischem Interesse gewaltsam in fremde, in der Regel militärisch unterlegene außereuropäische Gebiete ein. Sie bezeichneten die dort heimische Bevölkerung als *Eingeborene.* Die sogenannten »Kolonialvölker« wurden infolge eines kulturellen Überlegenheitsgefühls der Besatzungsmächte ihrer eigenen Kultur oft vollständig beraubt und den alleinigen Interessen der Invasoren unterworfen.
Die früher übliche Bezeichnung *Eingeborener* für einen Angehörigen der Urbevölkerung eines nichteuropäischen Landes wird daher heute als diskriminierend empfunden und sollte nicht mehr verwendet werden. Besser sind Begriffe wie *Ureinwohner, Urbewohner, Einheimischer* beziehungsweise *indigene* oder *einheimische Bevölkerung.*

---

eingeschnappt beleidigt, gekränkt, verletzt, pikiert, verstimmt, getroffen
eingeschneit → verschneit
eingesessen → einheimisch
Eingeständnis Geständnis, Beichte, Offenbarung, Schuldbekenntnis
eingestehen → gestehen
Eingeweide Gedärm(e), Gekröse, Gescheide, Innereien; *Jägerspr.:* Aufbruch; *ugs.:* Därme, Geschlinge, Kaldaunen
eingewöhnen, sich → einleben, sich
eingewurzelt gewohnt, altgewohnt, gebräuchlich, landläufig, verbreitet, tief verwurzelt, herkömmlich, eingefleischt, festsitzend, tiefsitzend, eingebürgert, angestammt
eingezwängt → eingepfercht
eingießen einschenken, einschütten, einfüllen, auffüllen, vollgießen
eingittern
1. → einzäunen
2. → einsperren
eingleisig
1. einspurig, einsträngig, mit/in nur einer Spur
2. einseitig, eindimensional, tendenziös, parteiisch, voreingenommen, subjektiv, engstirnig
eingliedern
1. eingruppieren, integrieren, einverleiben, angleichen, anpassen, assimilieren
2. → einfügen
3. → einordnen
eingliedern, sich → anpassen, sich
eingraben
1. vergraben, versenken, stecken in, verscharren, einscharren; *ugs.:* einbuddeln, verbuddeln
2. → einprägen
eingraben, sich sich verschanzen, sich einschanzen, eine Schanze bauen
eingravieren → einkerben
eingreifen einschreiten, sich einschalten, sich einmengen, dazwischentreten, dazwischenfahren, durchgreifen, sich einmischen, intervenieren, hereinreden, andere Saiten aufziehen, Ordnung schaffen, reinen Tisch/Tabula rasa machen, sich dazwischenschalten, andere Maßnahmen ergreifen, ein Machtwort sprechen, aufräumen mit, kurzen Prozess machen, ausgleichen, vermitteln, verhindern; *ugs.:* einhaken, mit der Faust auf den Tisch hauen, nicht lange fackeln, dreinreden, dazwischenfunken, seine Nase in alles stecken
eingrenzen
1. → einzäunen
2. → beschränken
Eingriff
1. Eingreifen, Einmischung, Einmengung, Intervention
2. **chirurgischer Eingriff** Operation, operative Öffnung, Schnitt, Inzision, Einschnitt
eingruppieren
1. → eingliedern
2. → einordnen
3. → einteilen
einhaken
1. einklinken, einrasten, festhaken, durch einen Haken verbinden
2. → eingreifen
einhaken, sich sich unterhaken, sich einhängen, Arm in Arm gehen, jmds. Arm nehmen, unterfassen
einhalten
1. sich halten an, befolgen, sich richten nach, beherzigen, beachten, sich fügen, sich beugen, sich unterordnen, sich unterwerfen, Folge leisten, gehorchen, nicht verletzen/übertreten
2. unterbrechen, abbrechen, aufhören, innehalten, pausieren, rasten, ausruhen, einstellen, aussetzen, stillstehen, stoppen
3. festhalten, nicht abweichen, den Kurs nicht ändern/wechseln
4. erfüllen, einlösen, befriedigen, Genüge tun, zufriedenstellen
einhämmern beibringen, einprügeln, einschärfen, eintrichtern, einpauken, einschleifen, einimpfen, einbläuen
einhandeln eintauschen, einkaufen, erhandeln, käuflich erwerben, erstehen, einen Kauf tätigen; *abwertend:* einsacken, erschachern
einhandeln, sich hinnehmen/in Kauf nehmen/einstecken müssen, sich zuziehen
einhändigen (persönlich) übergeben, abgeben, überstellen, überreichen, überbringen, abliefern, zukommen lassen, anvertrauen, überantworten, überlassen
einhängen auflegen, abhängen, das Gespräch abbrechen/beenden
einhängen, sich → einhaken, sich
einheften → einfügen
einheimisch ansässig, ortsansässig, heimisch, hiesig, beheimatet, eingeboren, einbürgert, eingesessen, niedergelassen, zu Hause, wohnhaft, sesshaft, verwurzelt, verwachsen; *geh.:* indigen; *ugs.:* von hier
einheimsen → bereichern, sich

E

E

Einheit
1. Ganzes, Ganzheit, Unität, Totalität, Einheitlichkeit, Vollständigkeit, Geschlossenheit, Gesamtheit, Unteilbarkeit, Verbundenheit, Zusammengehörigkeit, System, Einigkeit
2. Größe, Messgröße, Maßeinheit
3. *Mil.:* Verband, Gruppe, Abteilung, Kolonne, Kommando, Zug, Schar, Formation, Geschwader, Truppe

einheitlich
1. zusammenhängend, gewachsen, geschlossen, natürlich, organisch, unteilbar, aus einem Guss
2. übereinstimmend, einhellig, gleich, gleichartig, kongruent, homogen, identisch, konvergent, analog, konform, parallel, harmonisch, in Einklang stehend
3. unterschiedslos, gleichförmig, einförmig, gleichmäßig, gleichartig, monoton, fade, ausdruckslos, uniform, ohne Abwechslung/Unterbrechung, schablonenhaft

einheizen
1. feuern, anfeuern, schüren, Feuer anzünden/machen, den Ofen anmachen, die Heizung andrehen/einstellen, wärmen, erwärmen, warmmachen
2. → anregen
3. → trinken
4. → drohen

einhellig einstimmig, einmütig, einträchtig, einheitlich, konform, einig, im Einvernehmen mit, in gegenseitigem Einverständnis, übereinstimmend, gleichgesinnt, gleichgestimmt, gemeinschaftlich, gemeinsam, geschlossen, vereint, solidarisch, einer Meinung; *österr.:* einvernehmlich

einholen
1. erreichen, ereilen, erfassen, treffen
2. hingelangen, fangen, gelangen/kommen zu
3. aufholen, nachholen, nachziehen, einbringen, wettmachen, ausgleichen, gleichziehen, nacharbeiten, einarbeiten, gleichkommen, das Gleichgewicht herstellen, nachlernen, ergänzen
4. einziehen (Rat), sich geben lassen, annehmen, entgegennehmen, begrüßen, willkommen heißen
5. → einkaufen

einhüllen einwickeln, einpacken, hüllen, umhüllen, vermummen, einmummeln, umgeben, verhüllen, bedecken, zudecken

einhüllen, sich sich gut zudecken, sich warm anziehen; *ugs.:* sich verpacken, sich einmummeln

einig
1. → einhellig
2. **sich einig werden** → einigen, sich

einige
1. manche, wenige, mehrere, ein paar, etliche, Einzelne, Verschiedene, diverse, eine Anzahl/Reihe, der eine und der andere, dieser und jener
2. beträchtlich, ziemlich viel, nicht wenig

einigeln, sich → abkapseln, sich

einigemal → wiederholt

einigen
1. einen, vereinen, vereinigen, zu einer Einheit machen, sammeln
2. versöhnen, aussöhnen, zur Ruhe/Vernunft bringen, beruhigen, Frieden stiften, schlichten, vermitteln, ausgleichen, in Einklang bringen

einigen, sich
1. sich einig werden, handelseinig/handelseins werden, übereinkommen, sich vergleichen, einen Vergleich schließen, sich verständigen, ins Reine kommen, eine gemeinsame Basis finden, einen Kompromiss schließen, sich arrangieren, eine Übereinkunft/Vereinbarung treffen, sich entgegenkommen; *ugs.:* klarkommen
2. sich versöhnen, sich wieder vertragen, sich die Hand reichen, einen Schritt zur Versöhnung tun, Frieden finden, sich entspannen, wieder gut sein, Missverständnisse ausräumen; *ugs.:* das Kriegsbeil begraben

einigermaßen annähernd, ziemlich, ungefähr, hinlänglich, leidlich, passabel, in etwa, bis zu einem gewissen Grade; *ugs.:* halbwegs, präter propter

einiggehen → übereinstimmen

Einigkeit Übereinstimmung, Einmütigkeit, Einhelligkeit, Einigung, Konsens, Einvernehmen, Einklang, Gleichklang, Gleichtakt, Gleichgesinntheit, Einheit, Eintracht, Einverständnis, Zustimmung, Bejahung, Harmonie, Friede, Brüderlichkeit, Zufriedenheit

einig sein → zusammengehören

Einigung
1. Übereinkunft, Übereinkommen, Verständigung, Kompromiss, Absprache,

Verabredung, Abkommen, Abmachung, Vereinbarung, Vergleich, Arrangement, Beschluss, Entgegenkommen
2. Versöhnung, Schlichtung, Beilegung
3. → Einigkeit
einimpfen
1. spritzen, einspritzen; *Med.:* injizieren
2. → einprägen
einkalkulieren → einplanen
einkapseln, sich → abkapseln, sich
einkassieren
1. kassieren, abkassieren, vereinnahmen, einnehmen, eintreiben, einziehen, einstecken, einfordern, erheben, einheimsen, einsammeln; *ugs.:* jmdn. zur Kasse bitten, einstreichen
2. → aneignen, sich
3. → einsperren
Einkauf Kauf, Erwerb, Ankauf, Anschaffung, Besorgung, Erledigung
einkaufen
1. Einkäufe/Shopping/Besorgungen machen, besorgen, beschaffen, erstehen, erwerben, einen Kauf tätigen, kaufen, anschaffen, sich zulegen; *ugs.:* shoppen; *landsch.:* einholen; *schweiz.:* posten
2. einhandeln, erhandeln, eintauschen; *abwertend:* einsacken, erschachern
Einkehr
1. Besinnung, Selbstbesinnung, (innere) Sammlung, Kontemplation, Versenkung, Meditation, Nachdenklichkeit
2. Rast, Ruhepause, Halt, Erholungspause, Pause, Verschnaufpause, Unterbrechung
einkehren (unterwegs) eine Gaststätte besuchen, Einkehr halten, absteigen, Rast/Pause machen, rasten, ruhen
einkellern lagern, einlagern, speichern, einspeichern, einwintern, einmieten, als Vorrat anlegen, vorsorgen, aufbewahren
einkerben einritzen, einschneiden, einschnitzen, eingravieren, einmeißeln, einkratzen, ziselieren; *ugs.:* sich verewigen
einkerkern → einsperren
einkesseln einkreisen, umstellen, umzingeln, umschließen, umkreisen, umringen, belagern
einklagen → prozessieren
Einklang
1. Einigkeit, Eintracht, Einverständnis, Zustimmung, Bejahung, Harmonie, Einigung, Einvernehmen, Gleichgesinntheit, Einheit, Zufriedenheit
2. in Einklang bringen → abstimmen
3. in Einklang stehen übereinstimmen, harmonieren, sich decken, zusammenfallen, zusammenstimmen, zusammenpassen, stimmen, sich gleichen, sich entsprechen
einkleiden ausstatten, ausstaffieren, ausrüsten, mit neuer Kleidung versehen; *Mil.:* Uniform aushändigen
einklemmen einkeilen, einquetschen, einzwängen, einschnüren, festklemmen, dazwischenklemmen, festspannen, dazwischenpressen
einklinken
1. schließen, zumachen, ins Schloss fallen
2. → einhaken
einknicken umknicken, umkippen, zusammensacken, zusammenklappen
einkochen → einmachen
einkommen überwiesen/zugestellt werden (Geld), eingehen, einlaufen, eintreffen, eingenommen werden; *ugs.:* eintrudeln
Einkommen Einkünfte, Einnahmen, Bezüge, Verdienst, Lohn, Gehalt, Entgelt, Vergütung, Bezahlung, Besoldung, Honorar, Fixum, Gage, Lebenserwerb; *schweiz.:* Salär ⓘ
einkommensschwach finanzschwach, sozial schwächer, nicht vermögend, schlechter gestellt, minderbemittelt
einkommen um
1. → bewerben, sich
2. → bitten
3. → beantragen
einkreisen
1. einkesseln, umstellen, umzingeln, umschließen, umkreisen, umringen, abschneiden, belagern
2. umranden, einranden; *ugs.:* einkästeln, einkasteln
einkremen → eincremen
Einkünfte → Einkommen
einladen
1. laden, beladen, aufladen, verladen, vollladen, befrachten, aufpacken, einpacken, aufbürden, auflasten
2. zu Gast laden, zu sich bitten, zum Kommen auffordern
3. freihalten, für jmdn. bezahlen, spendieren; *ugs.:* einen ausgeben, etwas springen lassen, seinen sozialen Tag haben, Spendierhosen anhaben
einladend
1. lockend, verlockend, verführerisch, anregend, ansprechend, bestrickend, bestechlich, verleitend, faszinierend, reizvoll
2. → appetitlich

Einkommen: Von Lohn, Gage und Honorar

Einkommen bezeichnet regelmäßige und jeweils für einen bestimmten Zeitraum gezahlte *Einkünfte* beziehungsweise *Einnahmen* zur Finanzierung des Lebensunterhalts. Der gehobene Begriff lautet *Fixum*. Die verschiedenen Ausdrücke dafür enthalten Hinweise auf den Zusammenhang, in dem eine *Vergütung* gezahlt wird. *Lohn* wird in der Regel bei Arbeitern verwendet, *Gehalt* bei Angestellten. Beamte bekommen eine *Besoldung*. *Sold* heißen die *Einnahmen* von Angehörigen des Militärs. Das Wort *Honorar* bezeichnet die *Bezüge* von freiberuflich Tätigen oder auch eine einmalige *Entlohnung* für eine bestimmte Tätigkeit. Außerdem ist *Honorar* wie *Gage* der Ausdruck für das *Entgelt* von Künstlern; wird es für einen Auftritt gezahlt, so spricht man auch von *Abendgage*. *Apanage* ist die Zuwendung für Angehörige eines regierenden Fürstenhauses. Regional wird im süddeutschen Raum sowie in der Schweiz und in Österreich auch der Ausdruck *Salär* gebraucht.
Wer *ein sicheres Einkommen* hat oder *über ein sicheres Einkommen verfügen* kann, muss sich um den Lebensunterhalt wenig Sorgen machen. Die Höhe wird durch entsprechende Zusätze beschrieben: *geringes/mäßiges/gutes/hohes Einkommen*. Das gilt auch für die Herkunft wie etwa *Einkommen aus Grundbesitz* oder *Einkommen aus Geldanlagen*. Unterschieden werden *Bruttoeinkommen* (Einnahmen vor Steuern) und *Nettoeinkommen* nach Abzug aller Abgaben.
Nebeneinkommen nennt man den *Verdienst* aus nicht hauptberuflichen Tätigkeiten. *Jahreseinkommen* bezeichnet die Summe aller *Einkünfte* innerhalb eines Kalenderjahres. Wirtschaftliche Fachbegriffe sind *Realeinkommen*, womit das *Einkommen* unter Berücksichtigung der Kaufkraft des Geldes gemeint ist, und der Gegensatz *Nominaleinkommen*, bei dem die Kaufkraft nicht berücksichtigt ist.
Als *Volkseinkommen* oder *Nationaleinkommen* bezeichnet man schließlich das Sozialprodukt, also die Summe aller produzierten Güter in einem Land.

Einlage
1. → Einschub
2. Füllung, Füllsel, Füllmasse
3. Investierung, Einsatz, Anlage, Kapitalanlage
4. Zwischenspiel, Zwischenakt, Zugabe, Beilage, Zulage; *ugs.:* Draufgabe, Dreingabe

einlagern
1. lagern, ablagern, speichern, einspeichern, einmieten, ablegen, auf Lager legen, ein Lager anlegen, magazinieren, deponieren
2. → einkellern

Einlass
1. Zutritt, Eintritt, Zugang
2. Eingang, Tür, Tor, Pforte, Portal, Entree

einlassen
1. Einlass gewähren, jmdn. eintreten/hereinkommen lassen, hereinlassen, jmdm. öffnen, die Tür aufmachen/aufschließen/aufsperren
2. einlaufen lassen, füllen, einfüllen, vollmachen
3. sich einlassen auf mitmachen, teilnehmen, dabei sein, mitwirken, sich beteiligen, mitspielen, sich überreden/bearbeiten/erweichen lassen, eingehen auf, ein Angebot annehmen/akzeptieren; *ugs.:* mithalten, mitziehen, mit von der Partie sein, sich breitschlagen/beschwatzen lassen
4. sich einlassen mit verkehren/zusammenkommen mit, Umgang/Kontakt haben mit

Einlauf
1. Spülung, Darmspülung, Klistier; *Med.:* Irrigation, Klysma
2. Ankunft, Eintreffen

einlaufen
1. hineinfließen, hineinströmen
2. → eintreffen
3. einkommen (Geld), eingehen, überwiesen werden
4. einfahren (Schiff), anlegen, festmachen, vor Anker gehen
5. eintragen (Schuhe), eintreten, durch Tragen bequemer machen
6. schrumpfen, zusammenschrumpfen, kleiner/kürzer/enger werden, sich zusammenziehen; *ugs.:* zusammenschnurren, zusammenlaufen, schrumpeln, verschrumpeln

einleben, sich
1. sich eingewöhnen, sich assimilieren, sich gewöhnen an, hineinwachsen, sich adaptieren, sich akklimatisieren, sich einfügen, sich integrieren, vertraut werden, (festen) Fuß fassen, sich einordnen, sich einstellen auf, heimisch werden, sich anpassen, sich unterordnen; *ugs.:* warmwerden mit

2. sich einleben in sich einfühlen, sich hineinversetzen, sich hineindenken, nachvollziehen, nachempfinden, sich in jmds. Rolle versetzen

einlegen
1. einfügen, einschieben, einblenden, einflechten, einstreuen, einbauen
2. einmachen, konservieren, marinieren, haltbar machen, einsäuern, einpökeln
3. hineinbringen, hineintun, einsetzen, legen in

einleiten
1. in die Wege leiten, anbahnen, vorbereiten, anknüpfen, anzetteln, anspinnen, einfädeln, Kontakt aufnehmen, Initiative ergreifen
2. → anfangen

Einleitung
1. Einführung, Vorbemerkung, Vorwort, Vorrede, Geleitwort, einleitende/vorangestellte/einführende Worte
2. Vorspiel, Prolog, Vorspruch
3. Präludium, Ouvertüre, Introduktion
4. Erklärung, Erläuterung
5. Beginn, Eröffnung, Antritt, Start

einlenken
1. → nachgeben
2. → abbiegen

einleuchtend verständlich, begreiflich, plausibel, offenkundig, überzeugend, offensichtlich, offenbar, augenfällig, glaubhaft, glaubwürdig, einsichtig, fasslich, fassbar, schlagend, treffend, triftig, zwingend, stichhaltig, unzweideutig, klar, deutlich, überlegt, besonnen, vernünftig, bestechend; *geh.:* evident

einliefern
1. einweisen, ins Krankenhaus bringen, zur Behandlung übergeben, einquartieren; *schweiz.:* hospitalisieren
2. aufgeben, abgeben, abliefern, hinschaffen, hinbringen, zur Post bringen

einlochen → einsperren

einloggen anmelden, anschalten, eintragen, eine Verbindung herstellen/aufbauen

einlogieren, sich → einquartieren, sich

einlösen
1. sich auszahlen/übergeben lassen, ankaufen, zurückkaufen
2. erfüllen, halten, einhalten, entsprechen, wahr machen, verwirklichen, realisieren, in die Tat umsetzen, ausführen

einmachen einkochen, einwecken, eindosen, einlegen, haltbar machen, konservieren

einmal
1. ein einziges Mal, nicht zweimal/mehrmals
2. irgendwann, eines (schönen) Tages, gleichgültig wann, früher oder später, irgendeinmal
3. künftig, später, folgend, nachfolgend, kommend, zukünftig, weiter, nächst, darauffolgend
4. früher, ehemals, vormals, vorher, einst, zuvor, damals, in/zu jener Zeit,
5. auf einmal → plötzlich
6. → gleichzeitig
7. nicht einmal selbst/sogar/auch nicht
8. noch einmal doppelt, zwiefach, zweifach
9. wieder, abermals, nochmals, erneut, aufs Neue, von vorn/neuem, zum x-ten Mal, wiederholt

einmalig
1. unersetzlich, unentbehrlich, kostbar, einzig, einzigartig
2. → beispiellos

einmarschieren einziehen, einrücken, Einzug halten

einmarschieren in eindringen, einfallen, überfallen, überrumpeln, einbrechen

einmauern einbetonieren, im Mauerwerk befestigen

einmauern, sich → abkapseln, sich

einmeißeln eingravieren, einkerben, einkratzen, ziselieren, einhauen, einschlagen

einmengen, sich → einmischen, sich

einmieten → einkellern

einmieten, sich → einquartieren, sich

einmischen, sich eingreifen, einschreiten, sich einschalten, dazwischenfahren, durchgreifen, intervenieren, hereinreden, Ordnung schaffen, sich dazwischenschalten, ein Machtwort sprechen, aufräumen mit, kurzen Prozess machen; *ugs.:* dreinreden, dazwischenfunken, seine Nase in alles stecken

einmontieren → einbauen

einmummeln, sich *ugs. für:* sich einhüllen, sich gut zudecken, sich warm anziehen

einmütig → einhellig

Einmütigkeit → Einigkeit

Einnahme
1. Eroberung, Besetzung, Okkupation, Unterwerfung, Bemächtigung, Besitznahme, Beschlagnahme, Aneignung, Annexion
2. Einnehmen, Zusichnehmen (Pillen)
3. Gewinn, Erlös, Reinerlös, Ertrag, Nettoertrag, Ausbeute

E

Einnahmen → Einkommen

einnehmen

1. in Empfang nehmen (Geld), erhalten, verdienen, bezahlt bekommen, Einnahmen haben, Einkommen/Einkünfte/Lohn/Gehalt beziehen, Gewinn erzielen, kassieren; *ugs.:* kriegen, herausbekommen, einstreichen

2. zu sich nehmen (Pillen), essen, trinken; *ugs.:* schlucken, futtern

3. ausfüllen, in Anspruch nehmen (Platz)

4. innehaben (Amt), bekleiden, ausüben, versehen, einen Rang/eine Stelle haben/besitzen

5. erobern, besetzen, in Besitz nehmen, Besitz ergreifen von, okkupieren, stürmen, sich bemächtigen, beschlagnahmen, sich aneignen, annektieren

6. **für sich einnehmen** für sich gewinnen/erobern/interessieren, Anklang/Beifall/gute Aufnahme finden, zusagen, behagen, gefallen, ansprechen, beliebt sein, jmds. Geschmack entsprechen

einnehmend

1. sympathisch, angenehm, gewinnend, charmant, reizend

2. attraktiv, ansprechend, anziehend, anlockend, entwaffnend, faszinierend, magnetisch

einnicken → einschlafen

einnisten, sich

1. → einquartieren, sich

2. sich festsetzen, sich breitmachen, sich nicht vertreiben lassen, nicht weggehen/den Platz räumen, sich unerwünscht lange aufhalten, unerwünscht lange bleiben/wohnen

Einöde

1. Öde, Ödland, Wüste, Wüstenei

2. einsame/unbewohnte Gegend, Einsamkeit, Abgeschiedenheit; *ugs.:* jwd, Ende der Welt, wo Fuchs und Hase sich gute Nacht sagen; *derb:* Arsch der Welt

einordnen eingliedern, einreihen, einsortieren, eingruppieren, einstufen, positionieren, hineinlegen, hineinstellen, an seinen Platz stellen, zuordnen, ablegen, einheften, einfügen, einrangieren; *geh.:* rubrifizieren

einordnen, sich sich anpassen, sich einklinken, sich einreihen

einpacken verpacken, zusammenpacken, unterbringen, wegpacken, verstauen, einwickeln, einschlagen, einrollen, in Papier wickeln/schlagen/rollen/hüllen, zuschnüren, verschnüren, zubinden, versandfertig machen, abpacken

einpauken

1. → einprägen

2. → unterrichten

einpendeln, sich sich ausgleichen, ins Gleichgewicht/Lot kommen

einpennen → einschlafen

einpflanzen

1. in die Erde pflanzen, setzen, einsetzen

2. *Med.:* implantieren (Organ)

einplanen einkalkulieren, bedenken, vorbedenken, vorsehen, einbeziehen, berücksichtigen, Rechnung tragen, in Betracht/Erwägung ziehen, mitrechnen

einprägen

1. einschärfen, einhämmern, eingraben, beibringen, im Gedächtnis fest verankern, lehren; *ugs.:* einbläuen, einimpfen, einpauken, einprügeln, einpeitschen, eindrillen, eintrichtern, einbüffeln

2. prägen, eindrücken, eingraben, eingravieren, einpressen, einstanzen, ziselieren

einprägen, sich

1. sich merken, nicht vergessen, behalten, sich ins Gedächtnis schreiben, sich zu Eigen machen, lernen, zur Kenntnis nehmen, aufnehmen; *ugs.:* sich hinter die Ohren/Löffel schreiben

2. sich abdrücken, sich eindrücken, sich abzeichnen

einprägsam

1. → eindrucksvoll

2. → anschaulich

einprügeln → einprägen

einprügeln auf → schlagen

einquartieren jmdn. einweisen, Quartier geben/zuweisen, Unterkunft/Obdach gewähren, unterbringen, beherbergen, aufnehmen

einquartieren, sich sich einmieten, sich einlogieren, eine Wohnung nehmen/mieten, sich niederlassen, wohnen, sich einnisten, einziehen; *ugs.:* seine Zelte aufschlagen

einquetschen → einklemmen

einrahmen einfassen, umrahmen, umranden, umgeben, rahmen, fassen

einrammen → einschlagen

einrangieren → einordnen

einräumen

1. stellen/legen/bringen in, einordnen, ausstatten, mit Gegenständen ausstatten/versehen, an seinen Platz stellen

2. zugestehen, gewähren, zubilligen, erlauben, überlassen, gestatten, zulassen, einwilligen; *geh.:* konzedieren

einrechnen → einbeziehen

einreden einflüstern, eingeben, erzählen, suggerieren, glauben machen; *ugs.:* weismachen, aufhängen, aufbinden, auftischen, aufschwatzen, einen Floh ins Ohr setzen

einreden, sich → einbilden, sich

einreden auf
1. → beeinflussen
2. → überreden

einreiben → eincremen

einreichen
1. vorlegen, überreichen, präsentieren, übergeben, abgeben
2. → beantragen

einreihen → einordnen

einreihen, sich sich einordnen, sich anschließen, sich einklinken, sich an etwas beteiligen

einreißen
1. niederreißen, abreißen, abbrechen, niederschlagen, abbauen, abtragen, demontieren, demolieren, zerstören
2. einen Riss machen/bekommen
3. → ausdehnen, sich

einrenken
1. einkugeln (Glied), wieder in die richtige Lage bringen
2. bereinigen, tilgen, schlichten, beilegen, regeln, in Ordnung/ins Gleichgewicht/Lot/richtige Gleis bringen, aus der Welt schaffen, aussöhnen, versöhnen, beseitigen, den Streit beenden, wiedergutmachen, klären, reinen Tisch machen, Frieden schließen

Einrichtung: Zwischen Mobiliar und Institution

Als zählbarer Begriff bezeichnet *Einrichtung* die Summe aller beweglichen Gegenstände, mit denen etwas eingerichtet ist, also die *bewegliche Habe, Hausrat* beziehungsweise *Möbel* oder *Mobiliar*. Das französische Wort *Meublement* ist gehoben. Auch *Inventar* steht für die Gesamtheit einer *Möblierung*. Unterscheiden lassen sich dabei *Wohnungseinrichtung* und *Geschäfts-/Büroeinrichtung*.
Als unzählbarer Begriff bezeichnet *Einrichtung* die *Schaffung*, den *Aufbau* oder die *Gründung* beispielsweise einer *Institution* oder eines *Gremiums*. Gehobene Ausdrücke dafür sind *Installation* oder *Konstituierung*. Darüber hinaus kann *Einrichtung* synonym für *Unternehmen, Organisation* oder *Anstalt* verwendet werden. Durch Zusätze wird in diesem Zusammenhang die jeweilige Trägerschaft gekennzeichnet: eine *staatliche/städtische Einrichtung*, eine *Einrichtung des Landes*, eine *Einrichtung der XY-Stiftung*. Außerdem wird *Einrichtung* auch als Ausdruck für *Anlage, Apparat, Gerät* oder *Vorrichtung* benutzt.
Als *Einrichtung* bezeichnet man schließlich auch einen *Brauch* oder eine *feste Gewohnheit*. Synonym sind in diesem Zusammenhang *Tradition* und *Sitte*. Der Ausdruck *Gepflogenheit(en)* ist gehoben, ebenso wie das aus der Kaufmannssprache stammende Wort *Usancen*. Umgangssprachlich gebraucht wird *Übung*.

einrenken, sich sich regeln, sich klären, sich von selbst bereinigen; *ugs.:* zurechtbiegen, in die Reihe kommen

einrennen
1. einstoßen, einschlagen, eintreten, zertrümmern, zerschlagen, zerschmettern
2. **die Tür einrennen** → bedrängen

einrennen, sich sich verletzen, sich stoßen/schlagen an

einrichten
1. ausstatten, gestalten, ausgestalten, ausstaffieren, möblieren, einräumen, Möbel aufstellen/arrangieren, sich installieren, es sich gemütlich/behaglich machen
2. gründen, eröffnen, etablieren, errichten, ins Leben rufen, neu schaffen, aufbauen, organisieren; *geh.:* konstituieren; *ugs.:* auf die Beine stellen
3. **sich einrichten auf** → sich einstellen auf
4. **sich einrichten müssen** sich einschränken/sich behelfen/sich anpassen/sich fügen müssen, haushalten/sparen/rechnen/vorliebnehmen müssen; *ugs.:* sich nach der Decke strecken müssen

Einrichtung
1. Ausstattung, Ausgestaltung
2. Ausrüstung, Inventar, Möbel, Mobiliar, Wohnungseinrichtung, Meublement, bewegliche Habe, Möblierung, Hausrat
3. Institution, Anstalt, Unternehmen, Organisation
4. Anlage, Apparatur ⓘ

einritzen → einkerben

einrollen → einpacken

E

einrollen, sich sich zusammenrollen, sich aufrollen, sich aufwickeln
einrosten → rosten
einrücken
1. einmarschieren, einziehen, Einzug halten, eindringen, einfallen, einbrechen
2. Soldat werden, seinen Wehrdienst/Militärdienst antreten, zur Armee/zum Kommiss gehen, zu den Waffen/Fahnen eilen
3. mehr zur Mitte hin beginnen lassen (Zeilen)
einrühren beimischen, vermischen, verquirlen, beigeben, beimengen, beifügen, zusetzen
eins
1. einerlei, gleichbedeutend, dasselbe, unterschiedslos, identisch, analog, täuschend ähnlich, zum Verwechseln; *ugs.:* gehüpft wie gesprungen, wie ein Ei dem anderen gleich, Jacke wie Hose
2. egal, gleichgültig, bedeutungslos, unwichtig, unbedeutend, belanglos, unwesentlich, unerheblich
3. zusammen, zusammengehörig, vereinigt, verbunden, verbrüdert, unzertrennlich, unlösbar
einsacken → bereichern, sich
einsagen → vorsagen
einsalben → eincremen
einsalzen pökeln, einpökeln, in Salz legen; *österr.:* einsuren
einsam
1. allein, verlassen, zurückgezogen, ungesellig, vereinsamt, verwaist, abgeschieden, abgesondert, abgeschlossen, isoliert, im stillen Kämmerchen, mutterseelenallein, allein auf weiter Flur, abgetrennt, separat, ohne Freunde/Gesellschaft/Kontakt, ausgestoßen, beziehungslos, einsiedlerisch, klösterlich, eremitenhaft, weltverloren, für sich, einzeln, solo, ohne Begleitung
2. abgelegen, entlegen, entfernt, gottverlassen, abseitig, öde, leer, menschenleer, unbelebt, unberührt, unbevölkert, unbeseelt, unbewohnt, unwirtlich, entvölkert, geisterhaft, ausgestorben, tot; *ugs.:* jwd, am Ende der Welt, weit vom Schuss; *derb:* am Arsch der Welt
Einsamkeit
1. → Einöde
2. Alleinsein, Verlassenheit, Zurückgezogenheit, Vereinsamung, Vereinzelung, Isolation, Abkapselung, Verschlossenheit, Menschenscheu, Beziehungslosigkeit, Kontaktarmut, Ungeselligkeit, Einsiedlerleben
einsammeln → einkassieren
Einsatz
1. Aufwendung, Aufbietung, Aufwand, Aufgebot
2. Anwendung, Verwendung, Gebrauch
3. Pfand, Einlage, Anlage, Kapitalanlage, Investierung
4. Einsetzen, Beginn, Anfang, Auftakt, Eintritt
5. Hingabe, Bereitschaft, Anstrengung, Eifer, Bemühung
einsatzbereit einsatzfähig, betriebsfähig, dienstbereit, betriebsbereit, startbereit, startklar, gebrauchsfertig, aktionswillig
einsaugen
1. einziehen, einschlürfen, saugen
2. → einatmen
einsäumen einfassen, umfassen, umsäumen, umnähen
einschalten
1. anschalten, anstellen; *österr.:* aufdrehen; *ugs.:* anknipsen, anmachen, andrehen
2. → einfügen
einschalten, sich → eingreifen
einschanzen, sich → verschanzen, sich
einschärfen
1. → einprägen
2. dringend ermahnen/anhalten/erinnern/ins Gedächtnis rufen, ans Herz legen; *ugs.:* auf die Seele binden
einscharren → eingraben
einschätzen beurteilen, werten, bewerten, begutachten, taxieren, ein Urteil fällen/abgeben, denken über, ansehen als, halten/erachten für, betrachten, auffassen, sehen, verstehen als, eine bestimmte Einstellung haben zu, diagnostizieren, abschätzen
einschenken → eingießen
einschieben → einfügen
einschiffen verschiffen, auf ein Schiff/an Bord bringen, aufs Schiff verladen
einschiffen, sich an Bord gehen, eine Schiffsreise antreten
einschlafen
1. in Schlaf fallen/sinken, einschlummern, entschlummern, eindämmern, einnicken, vom Schlaf übermannt werden; *ugs.:* eindösen, eindruseln, einpennen, einduseln
2. absterben, taub/gefühllos werden
3. → sterben
4. nachlassen, aufhören, enden, endigen, zu Ende gehen, zum Abschluss kommen, in Vergessenheit

geraten, auslaufen, erkalten, erlöschen, ausklingen, versiegen, verebben, abbrechen, abschließen, auflösen, einschlummern

einschläfern
1. betäuben, narkotisieren, anästhesieren, eine Narkose geben, schmerzunempfindlich/bewusstlos machen; *Med.:* chloroformieren
2. einwiegen, einlullen; *ugs.:* einsäuseln

einschläfernd → langweilig

einschlagen
1. schlagen in, hineinschlagen, eintreiben, einstoßen, einklopfen, einrammen; *ugs.:* einhauen
2. zerstören, zertrümmern, zerschmettern, entzweischlagen, beschädigen, demolieren; *ugs.:* kurz und klein schlagen, zusammenhauen, einschmeißen
3. → einpacken
4. umschlagen, kürzer machen (Kleidung)
5. gehen, in eine bestimmte Richtung gehen, die Route nehmen
6. zustimmen, per Handschlag zustimmen, einwilligen, beipflichten, einverstanden sein, Ja sagen
7. wirken, Wirkung erzielen, Aufsehen erregen, seinen Weg/sein Glück/Eindruck machen, Erfolg haben, von Erfolg gekrönt sein; *ugs.:* ankommen

einschlagen auf → schlagen

einschlägig betreffend, entsprechend, diesbezüglich, dazugehörend, dazugehörig, hingehörig, in Frage kommend

einschleichen, sich
1. unbemerkt hineinkommen/hineingelangen, einbrechen, einsteigen
2. nicht bemerkt werden (Fehler), unterlaufen, unbemerkt geschehen/passieren, versehentlich vorkommen, sich einschmuggeln

einschleusen
1. → einschmuggeln
2. unterwandern, (ideologisch) durchsetzen

einschließen
1. einsperren, wegschließen, verwahren, sicherstellen, einriegeln, versperren, unter Verschluss bringen, aufheben, aufbewahren
2. umstellen, umklammern, umkreisen, umzingeln, einkreisen, einkesseln, belagern
3. gefangen halten, internieren, abschließen, absperren, abtrennen, ausschließen, abseitsstellen, im Hintergrund/verborgen halten
4. einbeziehen, einbegreifen, umfassen, beinhalten, implizieren, mit berücksichtigen/erfassen, einkalkulieren, einrechnen

einschließlich inklusive, einbegriffen, inbegriffen, eingeschlossen, eingerechnet, implizit, samt, mit, plus, zuzüglich, bis auf

einschlummern
1. → einschlafen
2. → sterben

einschlürfen → einsaugen

einschmeicheln, sich sich durch Schmeicheln beliebt/angenehm machen, sich anbiedern, schönreden, schöntun, hofieren, den Hof/Kotau machen, Sand in die Augen streuen, zu Gefallen reden, heucheln, kriechen, jmdm. nach dem Mund reden, sich bei jmdm. lieb Kind machen, Süßholz raspeln, lobhudeln, einwickeln; *ugs.:* einseifen, liebedienern, katzbuckeln; *derb:* in den Arsch kriechen

einschmieren
1. → eincremen
2. → beschmutzen

einschmuggeln einschleusen, heimlich einführen, unbemerkt hineinbringen/über die Grenze bringen

einschmuggeln, sich
1. → einschleichen, sich
2. unbemerkt hineinkommen/hineingelangen, einbrechen, einsteigen

einschnappen
1. einklinken, zuklinken, zufallen, ins Schloss fallen, zuklappen; *ugs.:* zufliegen
2. sich beleidigt/zurückgesetzt fühlen, verübeln, verargen, verdenken, übelnehmen

einschneiden → einkerben

einschneidend durchgreifend, tiefgreifend, gravierend, entscheidend, bedeutend, fühlbar, spürbar, nachhaltig, empfindlich, sich stark auswirkend, ernstlich, wirksam, existenziell, schwerwiegend, ausschlaggebend, grundlegend, maßgeblich, bestimmend, wichtig, folgenschwer, weitreichend, richtungweisend, wegweisend, ins Gewicht fallend, unvergesslich, durchdringend, intensiv, tiefgehend, merklich, einprägsam, eindrucksvoll

Einschnitt
1. Kerbe, Schnitt, Einkerbung, Spalte, Öffnung
2. Tal, Schlucht
3. Unterbrechung, Pause, Zäsur, Neubeginn, bedeutende Änderung/Neuerung

einschnitzen → einkerben

E

E

einschnüren
1. einengen, beengen, abschnüren, abpressen, zusammendrücken, zusammenziehen, die Luft abdrücken, einzwängen
2. verschnüren, zubinden, zuknoten, zuknüpfen

einschränken beschränken, begrenzen, hemmen, einengen, restringieren, Schranken setzen, Grenzen ziehen, drosseln, abbauen, reduzieren, vermindern, dezimieren; *ugs.:* die Flügel stutzen, zurückschrauben

einschränken, sich
1. → begnügen, sich
2. → sparen

Einschränkung
1. → Kürzung
2. Beschränkung, Restriktion, Einengung
3. Klausel, Auflage, Vorbehalt, Nebenbestimmung, Nebenbedingung, Kautel

einschreiben eintragen, verzeichnen, verbuchen, anmelden; *geh.:* inskribieren

einschreiben, sich → eintragen, sich

einschreiten → eingreifen

Einschub Einschiebung, Einfügung, Einlage, Einschaltung, Einschiebsel, Ergänzung, Zusatz, Nachtrag, Nachtragung, Vervollständigung, Vervollkommnung, Abrundung, Aufrundung

einschüchtern in Angst versetzen, entmutigen, den Mut nehmen, die Hoffnung rauben/zunichtemachen, unter Druck setzen, verwirren, irritieren, beunruhigen, in Unruhe setzen, aus dem Gleichgewicht/aus der Fassung bringen, verunsichern, verschrecken, unsicher/kopfscheu/konfus machen, ängstigen, verängstigen, verschüchtern, bedrohen, erschrecken; *ugs.:* jmdn. ins Bockshorn jagen, die Hölle heißmachen, die Pistole auf die Brust setzen

einschütten → eingießen

einschwenken → abbiegen

Einsegnung Konfirmation

einsehen
1. begreifen, verstehen, zur Einsicht kommen, Verständnis aufbringen, ein Einsehen haben, sich bewusstwerden, merken, feststellen, sehen, sich gesagt sein lassen, eine Lehre ziehen aus, sich zu Herzen nehmen
2. prüfen, Einsicht nehmen, kontrollieren, durchsehen, checken, nachsehen, inspizieren, testen, austesten

Einsehen → Sinn

einseifen
1. säubern, abwaschen, mit Seife einreiben/einschmieren
2. → betrügen

einseitig
1. eingleisig, eindimensional, tendenziös, parteiisch, voreingenommen, subjektiv, engstirnig, verzerrt, schief, verdreht, entstellt, unsachlich, festgefahren
2. nur auf einer Seite, auf eine Seite beschränkt, nicht vielseitig
3. → unerwidert

einsetzen
1. hineinbringen, einfügen, einordnen, einbauen, einpassen
2. einpflanzen, in die Erde pflanzen
3. ernennen, bestimmen, berufen, designieren, einstellen
4. einspannen, arbeiten/in Aktion treten lassen
5. einschieben, einschalten, zusätzlich heranziehen/in Anspruch nehmen, verwenden, anwenden, Gebrauch machen von, zum Einsatz bringen, verwerten, dienstbar machen, nutzen, benutzen
6. → anfangen
7. **sein Leben einsetzen** → riskieren

einsetzen, sich sich bemühen, sich Mühe geben, sich einer Sache annehmen, sich kümmern um, eintreten für

Einsicht
1. → Einblick
2. → Erfahrung

einsichtig
1. vernünftig, verständig, verständnisvoll, voll Verständnis, verstehend, einfühlend, überlegt, klug, besonnen, Vernunftgründen zugänglich
2. verständlich, begreiflich, erklärlich, einleuchtend, überzeugend, plausibel, evident, augenfällig, glaubhaft, fasslich, fassbar, schlagend, treffend, triftig, zwingend, stichhaltig, unzweideutig, klar, deutlich

einsickern
1. eindringen, durchsickern, durchdringen, durchfeuchten; *ugs.:* durchkommen
2. → versickern

Einsiedler
1. Eremit, Klausner; *geh.:* Anachoret
2. Einzelgänger, Sonderling, Außenseiter

einsiedlerisch → einsam

einsilbig wortkarg, wortlos, verschwiegen, schweigsam, stumm, sprachlos, verschlossen, zurückhaltend, reserviert, still, nicht mitteilsam, lakonisch; *ugs.:* mundfaul, maulfaul, muffig, zugeknöpft

einsinken in sich zusammensinken/zusammenfallen, sich senken, einfallen; *ugs.:* zusammensacken

einsitzen in Haft/im Gefängnis/hinter Schloss und Riegel/hinter Gittern/im Arrest sitzen, inhaftiert/gefangen/eingesperrt sein, eine Strafe verbüßen/abbüßen; *ugs.:* sitzen, absitzen, Knast schieben, hinter schwedischen Gardinen/bei Brot und Wasser sitzen, brummen, abbrummen, Tüten kleben

einsortieren → einordnen

einspannen
1. anspannen, anschirren, Zaum anlegen, zäumen, aufzäumen
2. einsetzen, einziehen, in etwas befestigen
3. heranziehen, hinzuholen, zurate ziehen, arbeiten/in Aktion treten lassen, beanspruchen, beschäftigen, mit Beschlag belegen

einsparen → sparen

einsperren einkerkern, gefangen nehmen/setzen, ins Gefängnis werfen, in Arrest/Haft setzen, inhaftieren, verhaften, internieren, arretieren, in Gewahrsam/Haft nehmen, hinter Schloss und Riegel/Gitter bringen, sperren in; *ugs.:* eingittern, einlochen, einbunkern, einkassieren, einbuchten, einkasteln, hoppnehmen, hinter schwedische Gardinen setzen

einspielen Ausgaben wieder einbringen (Film), sich bezahlt machen, sich auszahlen, einträglich sein

einspielen, sich
1. zur Gewohnheit/Routine werden, keine Schwierigkeiten mehr machen, zur Selbstverständlichkeit werden, sich durchsetzen, sich einbürgern, reibungslos ablaufen
2. sich warm spielen/machen, sich einlaufen, sich fit machen

einsprengen → anfeuchten

einspringen
1. aushelfen, (kurzfristig) zur Verfügung stehen, Beistand leisten, Hilfestellung geben, sich nützlich machen, überbrücken, in die Bresche springen
2. vertreten, Vertretung übernehmen, stellvertretend arbeiten, auftreten/erscheinen für, ersetzen, an die Stelle treten, Lücke ausfüllen

einspritzen
1. eine Spritze/Injektion geben, spritzen, einimpfen, injizieren; *ugs.:* reinjagen
2. → sprengen

Einspruch
1. Berufung, Rekurs; *österr.:* Einsprache
2. → Einwand

einspurig eingleisig, einsträngig, mit/in nur einer Spur

eins sein → übereinstimmen

einst
1. einmal, früher, damals, einstmals, seinerzeit, in/zu jener Zeit, vor langem, in jenen Tagen, dazumal, vordem, vormals, ehemals, ehedem, im Jahre; *geh.:* vor/zu Olims Zeiten; *ugs.:* Anno dazumal/dunnemals
2. eines Tages, in ferner Zukunft, irgendwann, später, in weiter Ferne, künftig; *ugs.:* dermaleinst

einstecken
1. → einwerfen
2. sich aneignen, in Besitz nehmen/bringen, zu seinem Eigentum machen, an sich nehmen/bringen, stehlen
3. in die Tasche stecken, mitnehmen, mit sich führen
4. → hinnehmen
5. *ugs. für:* übertreffen, überbieten, überflügeln, übertrumpfen, überragen, überrunden, überholen, distanzieren

einstehen für
1. → bürgen
2. verantworten, die Verantwortung tragen/übernehmen, geradestehen für, sich verantwortlich zeichnen, sich verantwortlich fühlen, die Folgen tragen, wettmachen, wiedergutmachen; *ugs.:* herhalten müssen, auf seine Kappe nehmen, ausbaden, die Suppe/den Brei auslöffeln, den Kopf/Buckel hinhalten, die Zeche zahlen/bezahlen, den Sündenbock machen

einstehlen, sich unbemerkt hineinkommen/hineingelangen, einbrechen, einsteigen

einsteigen
1. hineinsteigen, besteigen, zusteigen, betreten, aufspringen, hineinklettern
2. → einbrechen
3. → eintreten

einstellen
1. einordnen, einfügen, eingruppieren, hineinstellen, hineinlegen, an seinen Platz stellen, unterstellen, abstellen, aufbewahren
2. Arbeit/eine Stelle geben, anstellen, engagieren, verpflichten, beschäftigen,

E

in Dienst nehmen, anwerben, einsetzen, chartern, mit einer Arbeit betrauen, anheuern; *ugs.:* in Lohn und Brot nehmen
3. aufhören, beenden, beendigen, abbrechen, Halt machen, innehalten, Schluss machen, abschließen, ein Ende machen, einen Schlussstrich ziehen
4. einrichten, regulieren, justieren

einstellen, sich
1. → einfinden, sich
2. zutage treten, zum Vorschein kommen, geschehen, sich ereignen, sich zutragen, vorfallen, sich abspielen, passieren
3. sich einstellen auf sich (innerlich) vorbereiten, sich präparieren, sich einrichten/einstimmen/gefasst machen auf, sich wappnen, sich fertigmachen, sich bereitstellen, sich bereithalten, rechnen mit
4. abstimmen, sich richten nach, sich anpassen, sich angleichen, sich fügen, sich einfügen, sich eingewöhnen, sich akklimatisieren, sich assimilieren

Einstellung
1. Meinung, Gesinnung, Ansicht, Standpunkt, Verhalten, Sinnesart, Denkweise, Anschauung, Weltanschauung, Ideologie, Mentalität, Grundhaltung, Überzeugung, Auffassung, Weltbild, Geisteshaltung
2. Anstellung, Ernennung, Dienstantritt, Einsetzung
3. Schließung, Abbruch, Beendigung, Aufhebung, Abschaffung, Beseitigung, Annullierung, Außerkraftsetzung, Aufgabe, Auflösung

Einstieg
1. Öffnung, Einlass, Eingang, Zutritt, Eintritt, Zugang
2. Tür, Luke

einstig früher, ehemalig, einstmalig, vormalig, alt, bisherig, sonstig

einstimmen
1. sich beteiligen, teilnehmen, teilhaben, mitspielen, mitwirken, mitmachen, mithalten, sich einlassen auf; *ugs.:* mitziehen, mit von der Partie sein
2. sich einstimmen auf sich (innerlich) vorbereiten, sich präparieren, sich wappnen, sich fertigmachen, sich bereitstellen, sich bereithalten, sich einstellen auf

einstimmig
1. → einhellig
2. gleichstimmig, homophon

einstmals → einst

einstoßen
1. → einschlagen
2. zerstören, zerschlagen, zertrümmern, zerschmettern, entzweischlagen, demolieren, beschädigen; *ugs.:* zusammenhauen

einstreichen
1. → aneignen, sich
2. → einnehmen

einstreuen → einfügen

einstudieren
1. proben, üben, einüben, vorbereiten, lernen, durchproben, probieren, ausprobieren, durchprobieren
2. lernen, sich Kenntnisse/Wissen/Fähigkeiten aneignen, studieren, über Büchern sitzen, sich etwas einprägen/beibringen, erlernen, sich anlesen

einstufen
1. → einteilen
2. → einordnen

einstürmen auf → bedrängen

einstürzen zusammenstürzen, zusammenfallen, zusammenbrechen, einfallen, einbrechen, in Trümmer zerfallen; *ugs.:* zusammenkrachen, zusammensacken, zusammenklappen, einplumpsen

einstweilen
1. inzwischen, währenddessen, unterdessen, zwischenzeitlich, in der Zwischenzeit, dieweil, derweil, mittlerweile
2. vorläufig, fürs Erste, zunächst (einmal), vorerst, vorderhand, bis auf weiteres, einstweilig, provisorisch, vorübergehend

eintauchen
1. einsenken, eintunken, tunken in; *ugs.:* einstippen, eintitschen
2. untertauchen, unter Wasser/in die Tiefe gehen

eintauschen einhandeln, erwerben, einwechseln; *ugs.:* einsacken, erschachern

einteilen
1. teilen, unterteilen, in Teile zerlegen, (in Abschnitte) gliedern, gruppieren, rubrizieren, klassifizieren, fächern, auffächern, aufgliedern, untergliedern, systematisieren, periodizieren, differenzieren, segmentieren, staffeln, einstufen, einordnen, eingliedern, einrangieren
2. zuteilen, aufteilen, zumessen, bemessen, rationieren, zuweisen, zusprechen, dosieren, Haus halten, rationell wirtschaften, sparen, planen

Einteilung
1. → Aufbau
2. → Gliederung

eintönig → langweilig
Eintracht → Einigkeit
einträchtig
1. harmonisch, friedlich, friedfertig, friedliebend, verträglich, brüderlich
2. → einhellig
eintragen
1. einschreiben, einzeichnen, verzeichnen, verbuchen, registrieren; *geh.:* inskribieren
2. → einlaufen
3. erbringen, einbringen, ergeben, erreichen, erzielen, tragen, abwerfen, sich bezahlt machen, sich auszahlen, sich lohnen, sich rentieren, Früchte tragen, Gewinn/Nutzen/Ertrag bringen; *ugs.:* bringen, dabei herausspringen/herausschauen
eintragen, sich sich einschreiben, sich melden, sich anmelden, sich registrieren lassen
einträglich lohnend, rentabel, Gewinn bringend, ertragreich, lukrativ, Profit bringend, profitabel, günstig, vorteilhaft, ergiebig, nutzbringend, nutzbar, zugkräftig, dankbar, interessant, segensreich, nützlich; *ugs.:* fett
eintreffen
1. eingehen (Post), einlaufen, zugestellt/geschickt bekommen, ankommen
2. → einfinden, sich
3. → eintreten
eintreiben
1. → einschlagen
2. einziehen, einfordern, einmahnen, einkassieren, einsammeln, erheben
eintreten
1. betreten, gehen/treten in, hereinkommen, hereintreten, hineingehen, hineinkommen, hineingelangen
2. ein neues Stadium erreichen (Verhandlungen), beginnen/anfangen mit (Krieg)
3. sich bestätigen, wahr werden, sich als wahr erweisen/herausstellen, sich als richtig erweisen/herausstellen, sich bewahrheiten, sich erfüllen, nicht ausbleiben, geschehen, sich verwirklichen, sich realisieren, erfolgen, zutage treten, zum Vorschein kommen, sich ereignen, sich zutragen, vorfallen, sich abspielen, passieren, eintreffen
4. → einschlagen
5. → einlaufen
6. beitreten, Mitglied/Teilhaber werden, sich beteiligen, partizipieren, sich anschließen, sich einkaufen; *ugs.:* einsteigen
eintreten für sich einsetzen/sich verwenden/sich öffentlich aussprechen/sich erklären/einstehen/Partei ergreifen/sich starkmachen/eine Lanze brechen/kämpfen/sich engagieren/eifern/plädieren/Stellung beziehen für, ringen um, sich bekennen/stehen/halten zu, etwas vertreten/verteidigen/verfechten, sich bemühen um, sich vor jmdn. stellen, jmdm. den Rücken stärken/beispringen, jmdn. fördern; *ugs.:* sich zerreißen für, jmdm. die Stange halten
eintrichtern
1. → einprägen
2. → unterrichten
3. → eingeben
Eintritt
1. Zulass, Einlass, Zutritt, Zugang, Eingang, Entree
2. Eintreten, Beitritt, Beitreten, Erwerben der Mitgliedschaft
3. Anfang, Beginn, Auftakt, Anbruch, Start, Entstehung, Antritt, Eröffnung, Inangriffnahme
4. Eintrittsgeld, Eintrittspreis, Eintrittsgebühr
eintrocknen
1. → vertrocknen
2. → schrumpfen
eintrüben, sich sich beziehen, sich bedecken, sich bewölken, wolkig/trübe werden, sich verdunkeln, sich verfinstern, sich verdüstern, sich trüben, finster werden, sich zuziehen, sich umwölken
eintrudeln → einfinden, sich
eintunken → eintauchen
einüben
1. proben, üben, einstudieren, vorbereiten, lernen, durchproben, probieren, ausprobieren, durchprobieren
2. lernen, sich Kenntnisse/Wissen/Fähigkeiten aneignen, studieren, einstudieren, über Büchern sitzen, sich etwas einprägen/beibringen, erlernen, sich anlesen
einverleiben einfügen, eingliedern, einreihen, inkorporieren, aufnehmen, einschließen, verschmelzen, vereinen, hineinnehmen
einverleiben, sich
1. sich aneignen, in Besitz nehmen, annektieren, beschlagnahmen, usurpieren, gewaltsam nehmen, erobern, einnehmen, erringen; *ugs.:* schlucken
2. → essen
Einvernehmen → Einigkeit
einverstanden sein billigen, gutheißen, für richtig/angebracht erklären, beistimmen, zustimmen, sympathisieren mit, beipflichten, bejahen, dafür sein

Einverständnis
1. Zustimmung, Übereinstimmung, Einverstandensein, Einwilligung, Bejahung, Konsens, Billigung, Anerkennung, Erlaubnis, Genehmigung, Bestätigung, Plazet, Bekräftigung, Freibrief; *geh.:* Affirmation; *ugs.:* Segen
2. → Einigkeit

einwachsen → wachsen

Einwand Einspruch, Klage, Beschwerde, Protest, Einwendung, Veto, Reklamation, Einwurf, Beanstandung, Widerspruch, Entgegnung, Widerrede, Anfechtung, Zweifel, Gegenargument, Gegenmeinung, Gegenstimme, Hinderungsgrund ⓘ

Einwand: Die vielen Arten, »aber« zu sagen

Vokabeln wie *Beschwerde, Gegenargument* oder *Gegenmeinung* sind neutrale Synonyme für *Einwand.* Das gilt auch für *Aber* sowie *Kritik.* Auch wer einen *Vorbehalt* macht, erhebt damit einen *Einwand.* Als *Protest* bezeichnet man meist öffentlich vorgeführten *Einwand* (»unter Protest den Saal verlassen«). Die anderen Wörter enthalten unterschiedliche Grade des *Widerspruchs* oder deuten auf verschiedene Zusammenhänge, in denen ein *Einwand* erhoben wird. *Reklamation* nennt man im Geschäftsleben die *Beanstandung* einer fehlerhaften Ware oder Dienstleistung. Bei Behörden oder in Verwaltungsverfahren kann man eine *Einwendung* machen oder vorbringen. Im juristischen Zusammenhang werden *Klage, Einspruch* und *Anfechtung* verwendet. Letztere bezeichnet den *Einwand,* der zum Beispiel gegen ein Gerichtsurteil erhoben wird.
Ein juristischer Fachbegriff ist *Remonstration,* dabei handelt es sich um eine formlose *Gegenvorstellung,* mit der sich ein Betroffener an eine Behörde wendet, um diese zur Überprüfung einer Entscheidung zu bewegen.
Die stärkste Form des *Einwands* ist das *Veto,* also das Verbot. Die damit verbundene Tätigkeit nennt man *Veto einlegen.* Auch ein *Hinderungsgrund* steht der Verwirklichung eines Vorhabens entgegen. Eine *Entgegnung* kann ein schriftlicher wie mündlicher *Einwand* sein; *Widerrede* und *Gegenstimme* sind mündliche Formen.

Einwanderer Immigrant, Asylant, Zugezogener, Zuwanderer

einwandern immigrieren, einreisen, sich ansiedeln, sich niederlassen, ansässig werden, zuziehen, zuwandern

einwandfrei
1. makellos, fehlerlos, fehlerfrei, tadellos, top, untadelig, richtig, vollkommen, vollendet, perfekt, lupenrein, meisterhaft, mustergültig
2. → fließend

einwärts nach innen, hinein

einwechseln → wechseln

einwecken → einmachen

einweihen
1. seiner Bestimmung/der Öffentlichkeit übergeben, in Betrieb nehmen, aus der Taufe heben, taufen, weihen, enthüllen, eröffnen
2. → informieren
3. → anvertrauen, sich

einweisen
1. einliefern, ins Krankenhaus bringen, zur Behandlung übergeben, einquartieren
2. → anleiten

einwenden entgegnen, zu bedenken geben, entgegenhalten, dawiderreden, dagegenreden, einen Einwand/Bedenken geltend machen, einwerfen, erwidern, kontern, protestieren, widersprechen, widerlegen, dagegenhalten, entkräften, Veto einlegen, Kontra geben, vorbringen, dazwischenwerfen, dazwischenrufen; *ugs.:* meckern

Einwendung → Einwand

einwerfen
1. einstecken, zum Briefkasten tragen, absenden, versenden, abschicken, wegschicken, aufgeben
2. einschmeißen, einschlagen, zertrümmern
3. → einwenden

einwickeln
1. → einpacken
2. überreden, bereden, bearbeiten, erweichen, einnehmen für, gewinnen, überzeugen, bekehren, weismachen, veranlassen, verführen
3. betrügen, täuschen, hintergehen, prellen, übervorteilen, bringen um, beschwindeln, beschummeln
4. → einschmeicheln, sich

einwilligen → billigen

Einwilligung → Einverständnis

einwintern → einkellern

einwirken → beeinflussen

Einwohner
1. Bewohner, Ansässiger, Bürger, Mitbürger, Staatsbürger, Staatsangehöriger, Citoyen
2. → Bevölkerung

Einwohnerschaft → Bevölkerung
einwölken, sich → eintrüben, sich
Einwurf
1. → Einwand
2. Zwischenruf, Zwischenbemerkung, Zwischenfrage
einzahlen abführen (Geld), abliefern, an eine Kasse zahlen, aufs Konto überweisen
einzäunen umzäunen, abzäunen, mit einem Zaun versehen, eingrenzen, eingittern, umfrieden, einfrieden, umgeben, einhegen, einfassen, abstecken, vergattern, abschließen, begrenzen, abgrenzen
einzeichnen → eintragen
Einzelfall Ausnahmefall, Sonderfall, Extremfall, Notfall, Einzelerscheinung, Ausnahmeerscheinung
Einzelgänger Außenseiter, Außenstehender, Individualist, Outsider, Outcast, Sonderling, Nonkonformist, Eigenbrötler
Einzelhandel Kleinhandel, Detailhandel, Kleinverkauf, Ladenverkauf, offenes Geschäft
Einzelheit → Detail
einzeln
1. für sich, separat, extra, apart, isoliert, gesondert, abgesondert, getrennt, abgetrennt, vereinzelt
2. im Einzelnen, punktweise, Punkt für Punkt, detailliert, ganz genau, en détail, speziell, partikulär, präzis, prägnant, exakt
3. → einsam
Einzelne manche, einige, ein paar, dieser und jener, etliche, mehrere, wenige, Verschiedene, diverse, eine Anzahl/Reihe
Einzelstück Unikat, Einzelexemplar, Sonderstück, Einzelerscheinung, Urschrift
einziehen
1. zurückziehen, nach innen ziehen (Kopf)
2. einrücken, verschieben (Zeile)
3. einspannen, einlegen (Seite)
4. → eintreiben
5. beschlagnahmen, konfiszieren, sichern, sicherstellen, pfänden, abnehmen, wegnehmen, mit Beschlag belegen
6. ausheben (Soldaten), einberufen (Wehrdienst), mobilmachen, mobilisieren, zu den Waffen/Fahnen rufen, Gestellungsbefehl schicken; *veraltet:* rekrutieren
7. niederholen, einholen (Segel), bergen, reffen
8. einrücken, Soldat werden, den Wehrdienst antreten
9. → einquartieren, sich
10. einatmen, einsaugen, Atem holen, inhalieren
11. durchziehen, durchstecken, durchführen, einfädeln
einziehen, sich sich eintreten, einreißen, unter die Haut bekommen
einzig
1. allein, ausschließlich, ausnahmslos, nur, bloß, lediglich
2. → außergewöhnlich
einzigartig → außergewöhnlich
einzwängen → einschnüren
Eis Speiseeis, Eiscreme, Gefrorenes; *schweiz.:* Glace
Eisbein *landsch.:* Schweinsfüße, Schweinebein, Schweinshaxe; *bayr.:* Surhaxe; *österr.:* Schweinsstelze; *schweiz.:* Wädli
Eisen Bügeleisen, Fangeisen, Hufeisen; *poet:* Fessel, Ketten, Schwert
Eisenbahn Zug, Reisezug, Bahn
eisern
1. ehern, stählern, stahlhart, eisenhart, knochenhart, steinhart
2. streng, unnachsichtig, unerbittlich, schonungslos, unbarmherzig, erbarmungslos, gnadenlos, hart, rigoros, rücksichtslos
3. unerschütterlich, unbeirrt, stark, willensstark, standhaft, steinern, beherrscht, fest, charakterfest, unbeugsam
eisig → eiskalt
eiskalt
1. sehr kalt, bitterkalt, eisig, frostig, frostklirrend; *ugs.:* saukalt, hundekalt, lausig kalt
2. gefühlskalt, abgestumpft, herzlos, hartherzig, eisig, gefühllos, lieblos, seelenlos, mitleidslos, erbarmungslos, unzugänglich, ungerührt, unbeeindruckt, gleichgültig, kaltschnäuzig, nicht zu erweichen/ansprechbar, keinen Bitten zugänglich, roh, brutal
Eislauf Schlittschuhlauf, Eiskunstlauf, Eistanz
Eisschrank Kühlschrank, Frigidaire, Gefrierschrank, Kühlbox, Kühltruhe; *österr.:* Eiskasten
eitel
1. putzsüchtig, gefallsüchtig, kokett, geckenhaft, stutzerhaft, selbstgefällig, dandyhaft, geziert; *ugs.:* affig
2. eingebildet, überheblich, stolz, arrogant, selbstherrlich, anmaßend, dünkelhaft, hochmütig, von sich eingenommen,

E

snobistisch, blasiert, angeberisch, wichtigtuerisch, hochnäsig, gespreizt, prahlerisch, großspurig, herablassend, von oben herab
3. *geh.:* rein, pur, unverfälscht, lauter

Eitelkeit
1. → Gefallsucht
2. → Dünkel

eitern Eiter absondern/ausscheiden, schwären

Eiweiß
1. Eiklar; *österr.:* Eierklar
2. Protein

Ejakulation Erguss, Samenerguss; *Med.:* Pollution

ejakulieren eine Ejakulation haben, Samen ausspritzen; *derb:* abspritzen

Ekel
1. Abscheu, Abneigung, Widerwille, Überdruss, Übersättigung, Übelkeit, Antipathie; *veraltet:* Degout
2. Scheusal, Bestie, Unmensch, Schurke, Unhold

ekelhaft
1. eklig, Ekel erregend, widerlich, abscheulich, widerwärtig, unappetitlich, schmierig, schleimig, quallig, abstoßend, unerträglich, unausstehlich, unleidlich, widrig, unsympathisch, unbeliebt, unliebsam, antipathisch, verhasst, übel, unangenehm, grässlich, scheußlich, grauenhaft, abschreckend, gräulich, schauderhaft, Abscheu erregend, verabscheuenswert, verabscheuenswürdig; *veraltet:* abominabel, degoutant
2. schändlich, verwerflich, schrecklich, wüst, ruchlos, gemein, niederträchtig; *ugs.:* fies, mies, schofel; *derb:* zum Kotzen

ekeln → anwidern

ekeln, sich Abscheu/Ekel empfinden, jmdm. widerstreben, widerstehen, sich schütteln, sich entsetzen, zurückschaudern, jmdm. zuwider sein; *ugs.:* zum Halse heraushängen, über haben, den Magen umdrehen

Eklat Aufsehen, Sensation, Skandal, Aufsehen erregendes Ereignis

eklatant
1. offenbar, offensichtlich, evident, einleuchtend, deutlich, offenkundig, unmissverständlich, unverkennbar, unübersehbar, auffallend, markant, auf der Hand liegend
2. außergewöhnlich, ungewöhnlich, bemerkenswert, hervorstechend, auffallend, frappant, außerordentlich, exzeptionell, nennenswert

eklig → ekelhaft

Ekstase Begeisterung, Entzücken, Verzückung, Enthusiasmus, Rausch, Euphorie

ekstatisch → begeistert

Elan → Schwung

elastisch
1. biegsam, dehnbar, flexibel, beweglich, geschmeidig, gelenkig, wendig, federnd, weich
2. → flexibel

Elch Elk, Elen, Schaufler

Eldorado Paradies, Dorado, Traumland, Zauberland, Märchenland, Wunderland, Schlaraffenland, Arkadien, Elysium

Electronic Banking → E-Banking

Electronic Business → E-Business

Electronic Commerce → E-Commerce

Electronic Mail → E-Mail

Electronic Post → E-Post

Elefant Rüsseltier; *ugs.:* Dickhäuter, grauer Riese, Jumbo

elegant
1. schick, vornehm, nobel, gut angezogen/zurechtgemacht, in großer Toilette, sehr schön, modisch, fesch, geschmackvoll, apart, kultiviert, gewählt, erlesen, auserlesen, ausgesucht, fein, stilvoll, smart, schmuck, fashionable, mondän; *ugs.:* todschick, piekfein, herausgeputzt, in Schale geworfen, schnieke, geschniegelt, ausstaffiert, aufgetakelt, aufgedonnert, wie geleckt/aus dem Ei gepellt, tipptopp, geschniegelt und gestriegelt
2. → gewandt

elegisch → traurig

elektrisieren → aufregen

Elektrizität Strom, Elektroenergie

Elektrizitätswerk E-Werk, Kraftwerk

Element
1. Naturgewalt, Elementarkraft
2. Bestandteil, Stoff, Grundstoff, Ingrediens, Komponente, Wesenszug
3. Fahrwasser, Lieblingsbeschäftigung, Hobby, Passion, Steckenpferd, Leidenschaft
4. → Mensch

elementar
1. naturhaft, urwüchsig, ursprünglich, archaisch, erdhaft, erdverbunden, bodenständig
2. grundlegend, fundamental, konstitutiv, grundsätzlich, prinzipiell, entscheidend, bestimmend, maßgebend, maßgeblich, schwerwiegend, ausschlaggebend, wichtig, bedeutend

Emanze: Feminismus im 21. Jahrhundert

Wurde in den 1970er Jahren eine Frau als *Emanze* bezeichnet, so war dies eine eindeutige Beleidigung ihrer Person und zugleich eine Verurteilung ihres Bestrebens, die rechtliche und soziale Gleichstellung von Frauen und Männern zu erstreiten. *Emanze* leitet sich von *Emanzipation* (von lat. *emancipatio* »Freilassung«) ab, dem Begriff, der seit den 1960er Jahren nahezu ausschließlich für den Wunsch nach Befreiung des weiblichen Geschlechts von Abhängigkeit und Bevormundung verwendet wird.
Auch im 21. Jahrhundert verbindet sich mit *Emanze* keine positive Bewertung. Zwar mag ein Satz wie »Sie ist eine ziemliche Emanze!« nur ironisch zum Ausdruck bringen wollen, dass eine Frau sich gut durchsetzen kann, aber der Begriff *Emanze* ist zu stark negativ besetzt und sollte auch nicht ironisch verwendet werden.
Eine Frau, die aktiv für die Rechte ihres Geschlechts eintritt, sollte als *Feministin* bezeichnet werden. Eine selbstbewusst auftretende Frau kann ohne negative Wertung z. B. als *emanzipierte Frau* beschrieben werden.

Elemente Grundzüge, Anfangskenntnisse, Anfangsgründe

elend
1. jämmerlich, miserabel, schwach, schwächlich, schlecht, kränklich, erbärmlich, kläglich, übel, unwohl, unpässlich, indisponiert, angegriffen, mitgenommen, hilfsbedürftig, erbarmungswürdig; *ugs.:* schlapp, wie ein Haufen Elend, wie das Leiden Christi
2. verächtlich, verwerflich, verworfen, unwürdig, gemein, niedrig, ehrlos, ruchlos, ekelhaft, scheußlich, hässlich, verabscheuenswert, schandbar, verdammenswert, schändlich, abscheulich, erbärmlich; *ugs.:* schuftig
3. → arm
4. → dünn

Elend
1. Leid, Bürde, Last, Belastung, Mühsal, Kreuz, Sorge, Kummer
2. Schwierigkeit, Not, Notlage, Misere, Zwangslage, Dilemma, Übel
3. Unglück, Katastrophe, Schicksalsschlag, (harter) Schlag, Verhängnis, Tragödie, Tragik, Unheil, Desaster, Heimsuchung, Fiasko

Elendsviertel Armenviertel, Slums

Elfmeter Elfer, Strafstoß; *österr., schweiz.:* Penalty

eliminieren
1. ausschließen, ausschalten, beseitigen, entfernen, aus dem Weg räumen, ausnehmen, ausscheiden, disqualifizieren (Sport), relegieren (Schule), verstoßen
2. aussondern, herauslösen, ausgliedern, aussortieren, auslesen, trennen, gesondert/isoliert behandeln

Eliminierung
1. Beseitigung, Aussonderung, Entfernung, Ausschluss, Selektion
2. Ermordung, Tötung, Vollstreckung, Ausrottung, Liquidierung

elitär
1. auserwählt, auserlesen, ausersehen, ausgesucht, ausgewählt, berufen
2. → überheblich

Elite
1. Auslese, die Besten, die Blüte
2. → High Society

Eloge → Lob

eloquent beredt, beredsam, redegewandt, wortgewandt, sprachgewandt, zungenfertig, sprachgewaltig, schlagfertig; *ugs.:* nicht auf den Mund gefallen

Elster Atzel; *landsch.:* Hester, Häster, Ekster, Hetze

Eltern Vater und Mutter; *ugs.:* die Alten

E-Mail elektronische Post, elektronischer Brief, Mail, Electronic Mail, E-Post; *scherzh.:* Elektropost

e-mailen mailen, eine E-Mail schicken/schreiben, per E-Mail kommunizieren

Emanze → Feministin ⓘ

Emanzenbewegung → Frauenbewegung

Emanzipation
1. Befreiung, Selbstbefreiung, Selbstbestimmung, Freimachung, Loslösung
2. Gleichstellung, Gleichberechtigung, Gleichrangigkeit, Chancengleichheit, Gleichheitsstreben, Gleichheitsanspruch

emanzipieren, sich sich befreien, sich abnabeln, sich freimachen, sich unabhängig/autonom machen, sich losmachen von; *ugs.:* sich freischwimmen

emanzipiert selbständig, eigenständig, eigenverantwortlich, selbstverantwortlich, souverän, autonom, frei

Embargo
1. Handelsembargo, Handelsblockade, Boykott, Ausfuhrverbot, Aussperre **2.** Konfiszierung, Sicherung, Beschlagnahme (Schiff), Sicherstellung

Emblem
1. Kennzeichen, Wappen, Abzeichen, Hoheitszeichen **2.** Sinnbild, Symbol, Zeichen

Embryo ungeborenes Lebewesen, Keimling, Leibesfrucht; *Med.:* Fetus, Fötus (nach 3. Monat)

emeritieren pensionieren (Hochschullehrer), entpflichten, in den Ruhestand versetzen, ausscheiden

Emigrant Auswanderer, Aussiedler, Flüchtling, Asylbewerber, Vertriebener, Heimatvertriebener, Verbannter, Umsiedler

Emigration
1. Auswanderung, Emigrieren **2.** Exil, Verbannungsort, Zufluchtsort

emigrieren → auswandern

eminent → außergewöhnlich

Emotion Gefühl, Gemütsbewegung, Empfindung, Empfinden, Stimmung

emotional gefühlsbetont, gefühlsmäßig, emotionell, irrational, affektiv, expressiv, gefühlvoll

emotionslos ohne Emotionen, emotionsfrei, gefühllos, herzlos, empfindungslos, kühl, rational, verstandesbetont, sachlich, leidenschaftslos, unbewegt, ungerührt

Empfang
1. Annahme, Entgegennahme, Erhalt, Eintreffen, Ankunft **2.** Aufnahme, Begrüßung, Willkomm **3.** Einladung, Audienz, Fest, Festlichkeit, Feier, Party, Gesellschaft **4.** Hören/Sehen einer Sendung **5.** Anmelderaum, Anmeldebüro, Empfangsbüro, Empfangsraum, Rezeption, Anmeldung

empfangen
1. annehmen, bekommen, entgegennehmen, erhalten, in Empfang nehmen, verabreicht bekommen **2.** aufnehmen, begrüßen, willkommen heißen **3.** eine Sendung sehen/hören; *ugs.:* hereinbekommen **4.** schwanger/befruchtet werden, ein Kind erwarten, in andere Umstände kommen

Empfänger Adressat

empfänglich
1. rezeptiv, Sinneseindrücke aufnehmend/wahrnehmend **2.** → aufgeschlossen **3.** → anfällig

Empfängnisverhütung
1. Kontrazeption **2.** Geburtenregelung, Gekontrolle

empfehlen
1. raten, anraten, zuraten, einen Rat erteilen/geben, vorschlagen, einen Vorschlag machen, anregen, nahelegen, eine Anregung geben, etwas ans Herz legen **2.** anbieten, anpreisen, auffordern/einladen zu, animieren, hinweisen auf, werben, Reklame machen für

empfehlen, sich
1. sich verabschieden, Abschied nehmen, Lebewohl/auf Wiedersehen sagen, scheiden, verlassen, weggehen, jmdm. den Rücken kehren, sich trennen **2.** ratsam erscheinen/sein, zweckmäßig/anzuraten sein, zu erwägen sein, gut passen

empfehlenswert
1. ratsam, rätlich, indiziert **2.** brauchbar, nützlich, verwendbar, geeignet, verwertbar, zweckmäßig, sinnvoll, vernünftig, geeignet

empfinden → fühlen

Empfinden → Gefühl

empfindlich
1. anfällig, von zarter Gesundheit, zerbrechlich, allergisch, nicht abgehärtet, ohne Abwehrkräfte, schwächlich, nicht immun **2.** wehleidig, weichlich, verweichlicht, zimperlich, mimosenhaft, überempfindlich; *ugs.:* pimpelig **3.** reizbar, nervös, labil, schwierig **4.** einschneidend, entscheidend, spürbar, fühlbar, merklich, tiefgreifend, gravierend, schwerwiegend, nachhaltig **5.** → empfindsam

empfindsam
1. feinfühlend, zartfühlend, feinfühlig, feinsinnig, zartbesaitet, feinbesaitet, sensibel, sensitiv, zart, empfindlich, reizempfindlich, überempfindlich, dünnhäutig, feinnervig, mimosenhaft, weich, gemütvoll, gefühlvoll, einfühlsam, taktvoll, gefühlsbetont, innerlich, verinnerlicht, beseelt, romantisch **2.** verletzlich, verletzbar, verwundbar, leicht zu kränken

Empfindsamkeit → Zartgefühl

Empfindung
1. → Gefühl
2. Sinneseindruck, Gefühlseindruck, Wahrnehmung, Sinneswahrnehmung; *geh.:* Apperzeption, Impression
empfindungslos
1. → unempfindlich
2. → blutleer
Emphase → Nachdruck
emphatisch
1. → nachdrücklich
2. → inständig
Empirie → Erfahrung
empirisch erfahren, erfahrungsgemäß, erprobt, pragmatisch, auf Erfahrung beruhend
empor hinauf, in die Höhe, aufwärts, herauf; *geh.:* himmelwärts; *ugs.:* hoch
emporarbeiten, sich → avancieren
Empore Galerie, Rang; *scherzh.:* Olymp; *österr.:* Juchhe
empören, sich
1. → aufbegehren
2. → entrüsten, sich
empörend unerhört, unglaublich, ungeheuerlich, unfassbar, unmöglich, unbeschreiblich, haarsträubend, himmelschreiend, bodenlos
emporkommen → avancieren
Emporkömmling Aufsteiger, Arrivierter, Neureicher, Selfmademan; *abwertend:* Parvenü, Konjunkturritter; *ugs.:* Raffke, Karrieremacher
emporragen → aufragen
empört entrüstet, aufgebracht, schockiert, ärgerlich, böse, verärgert, erbost, erzürnt, erbittert, zornig, wütend, wutentbrannt, rabiat, wutentschäumend, grimmig, unwillig, indigniert, unwirsch, ungehalten, außer sich; *ugs.:* wutschnaubend, fuchtig
Empörung
1. → Aufstand
2. → Wut
emsig fleißig, tätig, eifrig, arbeitsam, arbeitsfreudig, unermüdlich, strebsam, rastlos, unverdrossen, tüchtig, geschäftig, nimmermüde, regsam, rührig, bienenhaft; *schweiz.:* schaffig
Ende
1. Schluss, Schlusspunkt, Abschluss, Ausgang, Beendigung, Finale, Ausklang, Schlussakt, Torschluss, Endpunkt, Abbruch; *poet.:* Neige, Rüste, Abend aller Tage
2. → Tod ⓘ
enden
1. endigen, aufhören, schließen, abschließen, zu Ende gehen, ein Ende haben/nehmen, ausgehen, zum Abschluss gelangen/kommen, ablaufen, auslaufen, ausklingen, versiegen, verebben, erlöschen, abreißen, zur Neige gehen, stillstehen, zur Ruhe/zum Erliegen kommen
2. beenden, beendigen, Schluss/ein Ende machen, zu Ende führen/bringen, einstellen, einen Schlussstrich ziehen, aufgeben, ad acta legen, beschließen, über die Bühne bringen; *ugs.:* aufstecken, begraben, aussteigen, unter Dach und Fach bringen, einen Strich darunter setzen

Vom dicken, langen und falschen Ende

Das *Ende* ist der *Abschluss* oder *Schlusspunkt* einer Sache, die damit fertig ist. *Abbruch* oder *Aus* bedeutet dagegen, dass sie nicht vollendet wird. Als *Finale* bezeichnet man den *Ausklang* einer Veranstaltung, eines Theaterstücks oder einer Oper. Beim Theater ist auch von *Schlussakt* die Rede; dieser Begriff wird allerdings auch allgemein gebraucht, um den letzten Abschnitt eines Vorgangs zu beschreiben. *Neige* sowie das veraltete *Rüste* werden meist in dichterischer Sprache verwendet. Als *Neige* wird darüber hinaus auch der Rest eines Getränks bezeichnet, das zu Ende geht.
Der Begriff *Ende* kann ferner verhüllend für *Tod* stehen: Wenn es *mit jemandem zu Ende geht,* heißt das, diese Person stirbt. *Ende* kommt auch in zahlreichen Redensarten vor. *Das Ende vom Lied* ist der unerfreuliche *Ausgang* einer Angelegenheit. Die Wendung *das dicke Ende kommt noch* besagt, dass noch eine böse Überraschung folgen wird. Wer etwas *am falschen Ende anpackt/anfasst/aufzäumt,* stellt sich ungeschickt an beziehungsweise vertauscht die Reihenfolge. Wenn einer weitschweifig redet oder eine Tätigkeit über Gebühr ausdehnt, kann er *kein Ende finden.*
Das *Ende mit Schrecken* ist ein Zitat aus der Bibel (Psalm 73,19) und beschreibt eine Katastrophe, die am Ende einer schlimmen Zeit liegt. Daher kommt auch das Sprichwort *Besser ein Ende mit Schrecken als ein Schrecken ohne Ende.* Der umgangssprachliche Ausdruck *am Ende der Welt* ist eine Umschreibung für Einsamkeit und Abgelegenheit. Ein Ort *am Ende der Welt* ist von aller Zivilisation weit entfernt.

E

3. vollenden, fertigstellen, erledigen
en detail
1. sehr genau, detailliert, präzise, im Einzelnen, in allen Details/Einzelheiten, ausführlich, haargenau, haarklein
2. im Kleinen, in kleinen Mengen, in Einzelstücken, im Einzelhandel
endgültig unabänderlich, unwiderruflich, unumstößlich, unwiederbringlich, irreversibel, entschieden, definitiv, beschlossen, besiegelt, für immer, ein für allemal, feststehend, bindend, verbindlich, obligatorisch, abgemacht
endigen → enden
Endkampf Endspurt, Endrunde, Endspiel, Finale, Schlusskampf, Finish, letzte Runde
endlich
1. schließlich, zuletzt, nach längerer Zeit/längerem Warten, am Ende, zum Schluss, letzten Endes, zu guter Letzt
2. vergänglich, sterblich, zeitlich, zeitgebunden, von kurzer Dauer, ohne Bestand, begrenzt, kurzlebig, vorübergehend, irdisch
endlos
1. unendlich, ohne Ende, unbegrenzt, grenzenlos, unermesslich, unzählbar, unbeschränkt, unabsehbar, uferlos, weit
2. → dauernd
Endlösung → Holocaust
Energie
1. Kraft
2. Tatkraft, Lebenskraft, Willenskraft, Spannkraft, Stoßkraft, Tatendrang, Tatendurst, Schaffensdrang, Aktivität, Wille, Tatwille, Willensstärke, Entschlossenheit, Entschiedenheit, Arbeitslust, Unternehmungslust, Unternehmungsgeist, Triebkraft, Initiative, Dynamik, Schwung, Ausdauer, Feuer, Vehemenz, Eifer, Regsamkeit, Betriebsamkeit, Geschäftigkeit, Betätigungsdrang, Rührigkeit, Emsigkeit, Leistungsfähigkeit, Reserven, Vitalität, Temperament, Ehrgeiz, Fleiß, Hingabe
3. Nachdruck, Bestimmtheit, Dringlichkeit, Eindringlichkeit; *geh.:* Emphase
energiegeladen dynamisch, kraftvoll, schwungvoll, agil, unternehmungslustig, temperamentvoll, lebhaft, vital
Energiekrise Ölschock, Ölkrise, Energiemangel, Energieknappheit, Versorgungskrise, Rohstoffverknappung, Rohstoffmangel, Rohstoffknappheit
energielos willenlos, kraftlos, antriebslos, antriebsschwach, geschwächt, schwächlich, schlapp, schlaff, matt, lasch, lahm, entschlusslos, willensschwach, initiativlos; *ugs.:* flügellahm
energisch
1. entschlossen, entschieden, zielbewusst, zielsicher, zielstrebig, willensstark, fest, resolut, aktiv, tatkräftig, vehement, zupackend, tätig, rührig, tüchtig, betriebsam, schwungvoll, dynamisch
2. nachdrücklich, bestimmt, eindringlich, intensiv, ernsthaft, streng, strikt, rigoros, massiv, scharf, entschieden, emphatisch, ultimativ
enervieren → aufregen
eng
1. schmal, begrenzt, beengt, eingeengt
2. dicht, gedrängt, zusammengepresst, zusammengedrückt, eingeklemmt, eingekeilt
3. enganliegend, stramm, hauteng, knappsitzend, körpernah; *ugs.:* knalleng
4. nah (Beziehung), intim, intensiv, innig, herzlich, freundschaftlich, vertraut, fest, dauerhaft
5. → engstirnig
Engagement
1. Anstellung, Verpflichtung, Arbeitsplatz, Arbeitsstelle, Posten, Position, Beruf, Job, Beschäftigung
2. innere Verpflichtung, Bindung, Kampf, tatkräftige Unterstützung, (persönlicher) Einsatz, Verbundenheit, Involvement, Beteiligung, Interesse, Teilnahme, Anteilnahme, Aktivität, Mitwirkung, Hingabe, Eifer, Enthusiasmus, Begeisterung
engagieren
1. anstellen, einstellen, verpflichten (Künstler), beschäftigen, Arbeit/eine Stelle geben, in Dienst nehmen, mit einer Arbeit betrauen
2. (zum Tanz) auffordern, um den nächsten Tanz bitten
engagieren, sich sich binden, sich einlassen auf, eintreten für
engagiert aktiv, interessiert, beteiligt, begeistert, enthusiastisch, eintretend/sich einsetzend für, beschäftigt mit
Enge
1. Beengtheit, Gedrängtheit, Knappheit, Platz-

mangel, Raummangel, Raumnot
2. Gedränge, Gewühl, Gewoge
3. Beengung, Beklemmung, Beklommenheit
4. Hohlweg, Engpass, Klemme, Klamm
5. Engherzigkeit, Engstirnigkeit, Borniertheit, Beschränktheit, Kurzsichtigkeit, Kleinlichkeit, Voreingenommenheit, Unduldsamkeit, Intoleranz, Spießigkeit, Provinzialismus

Engel Cherub, Seraph, Paradieswächter, Himmelswächter, Himmelsbote, himmlisches/überirdisches Wesen, Bote Gottes; *Pl.:* himmlische Heerscharen ⓘ

engherzig
1. → kleinlich
2. kleingläubig, misstrauisch, zweifelnd, skeptisch, vorsichtig, zaghaft

Engpass
1. Enge, Hohlweg, Durchbruch, schmale Stelle/Durchgang, enge Durchfahrt
2. Mangelerscheinung, Erschwernis, Erschwerung, Behinderung, Hemmung, Barriere, Hindernis
3. → Not

en gros in großen Mengen, im Großen, im Großhandel

engstirnig beschränkt, einfältig, borniert, schmalspurig, stupid, stumpfsinnig, zurückgeblieben, kurzsichtig, verblendet, voreingenommen, unduldsam, intolerant, spießig, spießbürgerlich, kleinbürgerlich, philiströs, dogmatisch, unbelehrbar, unbekehrbar, unverbesserlich, kleinlich, provinziell; *ugs.:* vernagelt, verbohrt, kleinkariert, geistig minderbemittelt, doof, eindimensional, dumm

Von guten, gelben und anderen Engeln

Die meisten Umschreibungen für dieses Wort, wie *Cherub(im)* und *Seraph(im)* oder *Wächter des Paradieses,* stammen aus der Bibel. Dort findet sich auch der im Plural gebrauchte Begriff *himmlische Heerscharen.* Menschen bezeichnet man in der Umgangssprache als *Engel,* um ihre Hilfsbereitschaft hervorzuheben. Ein *wahrer Engel* kann also ebenso ein guter, hilfsbereiter Mensch sein wie ein *rettender Engel.* Hier schwingt mit, dass die Hilfe unerwartet kommt. Dagegen ist *ein Engel mit einem B davor* der scherzhafte Ausdruck für ein freches Kind (*Bengel*). Wer so wie ein *Posaunenengel* aussieht, hat ein pausbäckiges Gesicht.
Ein *gefallener Engel* ist jemand, der sich schuldiggemacht hat. *Ahnungsloser Engel* ist ein Ausdruck für einen naiven, gutgläubigen Menschen. Hat jemand eine gute Idee, so heißt es auch, *das hat ihm ein guter Engel eingegeben. Einen guten Engel haben* bedeutet, Glück haben oder knapp an einer Katastrophe vorbeikommen. Wer dagegen *die Engel im Himmel singen hören* kann, der hat starke Schmerzen. Jemand, der *(wie) mit Engelszungen redet*, will den anderen zu etwas überreden oder von etwas überzeugen, das heißt, er spricht eindringlich. Von einem besonders langmütigen Menschen heißt es gelegentlich, er habe eine *Engelsgeduld.*
Die Redensart *ein Engel geht/fliegt durchs Zimmer* besagt, dass in einer sich vorher lebhaft unterhaltenden Gesellschaft plötzlich Schweigen eintritt. Der Satz geht auf die antike Vorstellung zurück, dass das Auftreten des Götterboten Hermes plötzliches Schweigen hervorruft.
Die Darstellung des *Engels* als Helfer macht sich auch ein Automobilclub werblich zunutze, dessen in gelbe Overalls gekleidete Pannenhelfer als *Gelbe Engel* bezeichnet werden. Der *Blaue Engel* hingegen ist ein Schutzzeichen, das auf umweltfreundliche Produkte und Dienstleistungen von Handel und Industrie hinweist.

Enkel Enkelkind, Kindeskind

en masse massenhaft, in Massen, massenweise, herdenweise, reihenweise, scharenweise

enorm
1. → außergewöhnlich
2. → gewaltig

en passant beiläufig, nebenbei, am Rande, wie zufällig, nebenher

Ensemble Künstlergruppe, Theatergruppe Team, Mannschaft, Kollegium, Kollektiv, kleines Orchester, Truppe (Theater)

entäußern, sich sich trennen von, aufgeben, preisgeben, abtreten, weggeben, verzichten, überlassen, verschenken, entsagen

entbehren
1. ermangeln, Mangel haben an, fehlen, nicht haben, missen, vermissen; *geh.:* entraten, gebrechen; *ugs.:* hapern

E

2. arm sein, in Armut leben, Mangel/Not/Hunger leiden, hungern, nichts zu essen haben, kaum das Leben fristen, schmachten, dürsten, verschmachten, darben, vegetieren, sich durchschlagen; *ugs.:* sich (mühsam) durchbringen, bessere Tage gesehen haben, von der Hand in den Mund leben

entbehrlich überflüssig, überzählig, übrig, zu viel, unnötig, abkömmlich, nutzlos, unnütz

Entbehrung → Not

entbinden
1. gebären, zur Welt bringen, niederkommen, ein Kind/Baby bekommen, einem Kind das Leben schenken, Mutter werden; *Med.:* kreißen; *ugs.:* ein Kind kriegen
2. befreien, freistellen, zurückstellen, freigeben, loslassen, entheben, entbürden, erlösen, dispensieren, beurlauben, erlassen

Entbindung → Geburt

entblättern entlauben, abblättern, das Laub/die Blätter abwerfen, die Blätter fallen lassen/verlieren

entblättern, sich → entblößen, sich

entblößen → aufdecken

entblößen, sich sich ausziehen, sich entkleiden, sich auskleiden, die Kleider ablegen/abnehmen/abstreifen/abwerfen, sich der Kleider entledigen, die Hüllen fallen lassen, sich entblättern, sich enthüllen, sich freimachen

entblößt → nackt

entbrennen
1. heftig/leidenschaftlich ergriffen werden, entflammen, erglühen, Feuer fangen, den Kopf verlieren, ein Faible haben für, sich verlieben, sich begeistern
2. → ausbrechen

entdecken
1. finden, auffinden, ausfindig machen, ans Licht bringen, aufspüren, zutage fördern, ermitteln, auskundschaften, ergründen, erforschen, in Erfahrung bringen, herausfinden, herausbekommen, eruieren, auf den Grund gehen; *ugs.:* aufstöbern, herauskriegen
2. bemerken, erblicken, sichten, stoßen auf, wahrnehmen, auf die Spur kommen, gewahren, aufmerksam werden auf

Entdecker Erfinder, Schaffer, Entwickler, Schöpfer, Gründer, Begründer, Urheber

entehren
1. die Ehre rauben/nehmen, entwürdigen, schänden, beschmutzen, beflecken, entheiligen, entweihen, degradieren
2. → vergewaltigen

Entehrung Schande, Unehre, Schmach, Entehrung, Bloßstellung, Kompromittierung, Kränkung, Demütigung

enteignen beschlagnahmen, vergesellschaften, verstaatlichen, in Volkseigentum überführen, kollektivieren, sozialisieren, nationalisieren; *geh.:* expropriieren

enteilen
1. weglaufen, sich rasch entfernen, fortrennen, wegrennen, fortstürmen, davonhasten, davonjagen, davonrasen, davonstieben; *ugs.:* rasch abhauen/abschwirren
2. vergehen (Zeit), verrinnen, verfliegen, vorübergehen, entschwinden, verwehen

enterben vom Erbe/von der Erbschaft ausschließen; *ugs.:* um das Erbe bringen

Entertainer Unterhalter, Showmaster

Entertainment Unterhaltung, Freizeitgestaltung, Zeitvertreib, Amüsement

entfachen
1. → hervorrufen
2. anzünden, zünden, entzünden, anbrennen, anstecken, anschüren, zum Brennen bringen, in Brand setzen/stecken, Feuer legen, einheizen

entfahren entschlüpfen, unbeabsichtigt aussprechen, den Mund nicht halten, nicht für sich behalten, sich versprechen, sich verplaudern, verraten, ausplaudern; *ugs.:* herausfahren, herausplatzen, nicht dichthalten, verplappern, ausplappern, jmdm. herausrutschen

entfallen
1. vergessen, aus dem Gedächtnis kommen/verlieren/schwinden, nicht im Kopf behalten, sich nicht erinnern können, nicht mehr wissen, keine Erinnerung haben an; *ugs.:* einen Filmriss haben, ein Gedächtnis wie ein Sieb haben, verschwitzen, versieben
2. herunterfallen, aus der Hand fallen, entgleiten
3. wegfallen, fortfallen, ausfallen, sich erübrigen, unterbleiben

entfallen auf zufallen, zufließen, zugutekommen, zugesprochen/zugeteilt werden, in jmds. Besitz übergehen

entfalten
1. auseinanderfalten, aus-

einanderlegen, öffnen, entrollen, ausbreiten
2. → darlegen
3. entwickeln, zeigen, an den Tag legen
entfalten, sich sich entwickeln, heranwachsen, reifen, reif/erwachsen werden, aufblühen, gedeihen, in der Entwicklung begriffen sein, erwachen; *ugs.:* sich mausern, sich herausmachen
entfärben, sich
1. erbleichen, erblassen, blass/bleich werden, die Farbe verlieren
2. sich verfärben, ausgehen, verschießen
entfernen beseitigen, wegschaffen, fortschaffen, wegbringen, fortbringen, ausräumen, aus dem Weg räumen, abtransportieren, beiseiteschaffen, entsorgen, ausscheiden, ausmerzen, auslöschen, eliminieren, ausradieren, annullieren, zum Verschwinden bringen
entfernen, sich → weggehen
entfernt
1. fern, weit fort/weg, entlegen, unerreichbar, abgelegen, abseits, am Ende der Welt; *ugs.:* weitab vom Schuss, jwd
2. weitläufig (Verwandte); *ugs.:* um mehrere Ecken
3. gering (Ähnlichkeit), schwach, undeutlich, nicht ausgeprägt
Entfernung
1. Abstand, Distanz, Zwischenraum, Weite, Ferne, Raumabstand, Kluft
2. Beseitigung, Abschaffung, Aufhebung, Tilgung, Annullierung, Streichung, Säuberung, Behebung, Abtransport
entfesseln hervorrufen, verursachen, bewirken, bedingen, auslösen, herbeiführen, hervorbringen, heraufbeschwören, entfachen
entfetten → entrahmen
entflammen entbrennen, heftig/leidenschaftlich ergriffen werden, erglühen, Feuer fangen
entflechten entwirren, lösen, auflösen, zergliedern, zerpflücken
entfliehen → fliehen
entfremden
1. veräußern, in fremde Hände geben/fremde Gewalt bringen
2. → entzweien
entfremden, sich sich auseinanderleben, sich fremd werden, nebeneinanderher leben, sich lösen, sich loslösen, sich nichts mehr zu sagen haben, sich zurückziehen, sich entzweien
entfrosten auftauen, zum Schmelzen bringen, tauen, abtauen, schmelzen, von Eis befreien, enteisen
entführen
1. verschleppen, wegschleppen, gewaltsam fortbringen/fortschaffen, kidnappen, rauben
2. → stehlen
Entführer Kidnapper, Geiselnehmer, Erpresser, Kindesentführer, Menschenräuber, Kindesräuber, Flugzeugentführer, Luftpirat, Hijacker
entgegen gegen, wider, kontra, im Widerspruch/Gegensatz zu
entgegenarbeiten → sabotieren
entgegenbringen erweisen, zeigen, erzeigen, bezeigen, bekunden, leisten, zuteilwerden lassen
entgegengesetzt gegensätzlich, widersprüchlich, widerspruchsvoll, widersinnig, widerstimmig, einander ausschließend, gegenteilig
entgegenhalten → einwenden
entgegenhandeln → zuwiderhandeln
entgegenkommen
1. entgegengehen, zukommen auf
2. Verständnis zeigen für, auf jmds. Wünsche eingehen, jmdm. etwas ermöglichen/erleichtern, mit sich reden lassen, verhandlungsbereit sein, Konzessionen machen, gefällig/gern bereit sein, sich bereitfinden, hilfsbereit sein, Gefälligkeit erweisen, beispringen, einen Gefallen tun, es ermöglichen, goldene Brücken bauen; *ugs.:* kein Unmensch sein
3. sich herablassen, sich bequemen, nachgeben, klein beigeben, gelten lassen, weichwerden; *ugs.:* sich breitschlagen lassen
entgegenkommend zuvorkommend, hilfsbereit, gefällig, aufmerksam, beflissen, erbötig, kulant, großzügig, großmütig, konziliant, anständig, höflich, dienstwillig, bereitwillig, wohlwollend, liebenswürdig, freundlich, verbindlich, jovial
entgegennehmen annehmen, in Empfang nehmen, empfangen, erhalten, bekommen
entgegensehen erwarten, ersehnen, erhoffen, herbeiwünschen, sich in der Hoffnung wiegen, harren, rechnen mit, zählen auf
entgegenstehen zuwiderlaufen, unangenehm sein, un-

gelegen kommen, in Widerspruch/Gegensatz stehen zu, widersprechen

entgegenstellen, sich
1. entgegentreten, hindern, Halt/Einhalt gebieten, sich dagegenstellen, in den Arm fallen, sich in den Weg stellen
2. sich absetzen/abheben von, nicht mitmachen, nicht der herrschenden Meinung sein, aufbegehren

entgegentreten
1. → ankämpfen
2. verhindern, eindämmen, verhüten, unterbinden, im Keim ersticken, drosseln, Einhalt gebieten, zu Fall bringen, einen Riegel vorschieben, durchkreuzen, hintertreiben, zunichtemachen, unmöglich machen, vereiteln, einen Strich durch die Rechnung machen

entgegenwirken
1. → ankämpfen
2. → sabotieren

entgegnen
1. antworten, erwidern, versetzen, zurückgeben, zur Antwort geben, Nachricht/Auskunft geben, reagieren, bestätigen, das Wort ergreifen; *geh.:* replizieren
2. → einwenden

entgehen
1. → entkommen
2. übersehen, überhören, nicht bemerken/beachten, ignorieren
3. **sich entgehen lassen** versäumen, verpassen, verfehlen, ungenutzt vorübergehen lassen; *ugs.:* sich durch die Finger/Lappen gehen lassen

entgeistert verblüfft, fassungslos, überrascht, betroffen, bestürzt, entsetzt, verwirrt, erschrocken, konsterniert, sprachlos, perplex, erstarrt, verstört; *ugs.:* wie vor den Kopf geschlagen, verdattert, platt, baff

Entgelt Vergütung, Provision, Entschädigung, Gehalt, Lohn, Verdienst, Bezahlung, Honorar, Fixum, Einkommen, Einnahmen, Einkünfte, Bezüge; *schweiz.:* Salär

entgelten → entschädigen

entgiften entschärfen, entspannen, beschwichtigen, beruhigen, den Stachel nehmen, mildern, abmildern

entgleisen
1. aus den Schienen/dem Gleis springen
2. sich taktlos/unanständig/unhöflich/schlecht benehmen, keine gute Kinderstube haben, aus der Rolle/Reihe fallen, den Rahmen sprengen, einen Fauxpas begehen, sich im Ton/Ausdruck vergreifen, den Ton verfehlen, sich unpassend/inadäquat verhalten, schlecht erzogen sein; *ugs.:* sich vorbeibenehmen, sich danebenbenehmen

Entgleisung → Fehler

entgleiten
1. → entfallen
2. → entziehen, sich

enthalten umfassen, zum Inhalt haben, beinhalten, einschließen, bergen, umspannen, umschließen, umgreifen, in sich fassen/haben, bestehen aus, darin sein, einbegreifen, sich zusammensetzen aus, innewohnen

enthalten, sich verzichten, entsagen, sich versagen, Abstand nehmen von, ablassen/zurücktreten von, aufgeben, sich befreien/freimachen/trennen von, zurückstehen, sich etwas verweigern

enthaltsam mäßig, maßvoll, gemäßigt, entsagend, anspruchslos, abstinent, asketisch, bedürfnislos, zurückhaltend, bescheiden, genügsam, beschränkt, sparsam

Enthaltsamkeit → Mäßigkeit

enthaupten köpfen, guillotinieren, durch das Beil hinrichten, den Kopf abschlagen, töten

enthäuten abhäuten, abziehen, abschälen, abbalgen, abstreifen; *landsch.:* pellen

entheben
1. → befreien
2. **eines Amtes entheben** entlassen, kündigen, suspendieren, den Abschied geben, verabschieden, von seiner Funktion/seinem Amt suspendieren, seinen Posten nehmen

entheiligen → entweihen

enthemmen Hemmungen nehmen, von Hemmungen befreien, lockern, lösen, entspannen

enthemmt
1. ungehemmt, ohne Hemmung, locker, gelöst, entspannt, frei, ungeniert, zwanglos, zutraulich
2. hemmungslos, ungestüm, wild, impulsiv, vehement, zügellos, maßlos, ausschweifend

enthüllen
1. aufdecken, freilegen, bloßlegen, ans Licht/an den Tag bringen, ausfindig machen, klarlegen, Licht bringen in
2. → gestehen
3. sich anvertrauen, sich mitteilen, sich aussprechen, reden, sich offen-

baren, gestehen, sich öffnen, sein Herz ausschütten, wissen lassen, kundtun, informieren, unterrichten, aufklären, jmdn. ins Vertrauen ziehen

enthüllen, sich → entblößen, sich

Enthusiasmus Begeisterung, Glut, Feuer, Leidenschaft, Inbrunst, Überschwang, Gefühlsüberschwang, Eifer, Schwärmerei, Elan, Schwung, Temperament, Dynamik, Verve, Ekstase

enthusiastisch → begeistert

entjungfern deflorieren, die Jungfräulichkeit nehmen/rauben, die Unschuld nehmen/rauben

entkeimen sterilisieren, steril/keimfrei machen, abkochen, pasteurisieren, desinfizieren, Krankheitserreger abtöten

entkernen entsteinen, vom Kern befreien, den Kern entfernen

entkleiden → ausziehen

entkommen

1. entrinnen, entwischen, entgehen, entschlüpfen, sich entziehen, ausweichen, davonkommen, vermeiden, sich retten können, noch einmal Glück haben, verschont bleiben; *ugs.:* durch die Maschen schlüpfen, durch die Lappen gehen
2. → fliehen

entkräften

1. → erschöpfen
2. → widerlegen

entkräftet → erschöpft

entkrampfen lockern, lösen, entspannen, abmildern

entkrampfen, sich sich auflockern, sich entschärfen, sich normalisieren, zur Ruhe kommen

entladen abladen, ausladen, leeren, entleeren, auspacken, ausräumen, wegschaffen, ausschiffen, an Land setzen

entladen, sich

1. explodieren, platzen, bersten, zerspringen, knallen, detonieren, hochgehen, in die Luft fliegen
2. aufbrausen, toben, rasen, wüten, zornig/ärgerlich/wild werden, die Beherrschung/Geduld verlieren, in Harnisch geraten; *ugs.:* in die Luft/an die Decke gehen, in Rage geraten, die Wände hochgehen, Zustände kriegen

entlang an der Seite/am Rand hin, längs, seitlich, seitwärts, neben

entlarven → aufdecken

entlarven, sich sein wahres Gesicht zeigen, seinen eigentlichen Charakter erkennen lassen, die Maske abwerfen/fallen lassen, sich entpuppen, sich demaskieren

entlassen

1. frei lassen, freisetzen, freigeben, die Freiheit schenken, in Freiheit/auf freien Fuß setzen, freies Geleit gewähren, gehen/laufen lassen
2. kündigen, suspendieren, den Abschied geben, verabschieden, von seiner Funktion/seinem Amt suspendieren, seinen Pos-

entlassen: Vor die Tür gesetzt

Entlassen heißt zunächst einmal ganz allgemein, jemanden aus einer Situation *fortlassen* oder *gehen lassen*. Im Hinblick auf den Arbeitsmarkt bedeuten Entlassungen den Verlust von Arbeitsplätzen. Für *kündigen* werden auch verhüllende Umschreibungen gebraucht wie *freisetzen, freistellen* oder *auf Kurzarbeit null setzen*. Die Begriffe *feuern, schassen, (hochkant) rausschmeißen/rauswerfen* gehören genau wie *abservieren* zu zahlreichen umgangssprachlichen Ausdrücken. Bei der Wendung *zum alten Eisen werfen* schwingt mit, dass es sich um ältere Arbeitnehmer handelt, die *entlassen* werden. Bildliche Redensarten sind *an die Luft/vor die Tür/auf die Straße setzen* oder *über die Klinge springen lassen*. Auch *in die Wüste schicken* enthält die Konnotation des Verlusts von Sicherheit. Aus der Militärsprache stammt *ausmustern*, aus der Seemannssprache *abheuern* (nach der Heuer, dem Lohn eines Matrosen).

Wenn es sich bei dem Arbeitsplatz um einen Posten oder ein Amt handelt, kann man über die genannten Synonyme hinaus auch Formulierungen verwenden wie *eines Amtes entheben* oder gehoben *von einem Amt suspendieren*. Außerdem kann man jemanden von einer Position *abberufen* oder, wenn mit dieser entsprechende Befugnisse verbunden sind, auch ihn *entmachten*.

Ausbooten enthält die Konnotation, dass die Entlassung durch eine Intrige befördert wurde. Im Zusammenhang mit Haftstrafen bedeutet *entlassen* so viel wie *frei lassen, auf freien Fuß setzen*. Die Wendung *laufen lassen* kann ebenfalls dafür verwendet werden, bezeichnet darüber hinaus aber auch allgemein die Entlassung aus einer Gefangenschaft oder Haft. Das Gleiche gilt für *die Freiheit schenken/geben*.

E

ten nehmen, von einem Posten entheben/entbinden, von einem Amt entheben/entbinden, jmdn. seines Amtes entkleiden, absetzen, stürzen, abberufen, entmachten, davonjagen, fortschicken, hinauswerfen, vor die Tür/auf die Straße setzen, ausschalten, abmustern (Seeleute), abheuern; *ugs.:* den Laufpass geben, hinaussetzen, in die Wüste schicken, hinauswerfen, hinausschmeißen, feuern, zum Teufel jagen, abschieben, abhängen, absägen, hinauskatapultieren, ausbooten, abschießen, zum alten Eisen werfen, schassen, rausschmeißen, über die Klinge springen lassen, an die Luft setzen, niedermachen, kaltstellen
3. Stellen streichen/abbauen, Arbeitsplätze/Personal einsparen, wegrationalisieren ⓘ

entlasten
1. Arbeit abnehmen, erleichtern, Beanspruchung mindern/verringern, unterstützen, helfen, beispringen, befreien
2. teilweise freisprechen/lossprechen/rehabilitieren, entschuldigen, rechtfertigen

entlasten, sich → anvertrauen, sich

entlauben entblättern, abblättern, das Laub/die Blätter abwerfen, die Blätter fallen lassen, die Blätter verlieren

entlaufen → fliehen

entledigen, sich sich befreien/freikommen/loskommen von, sich freimachen, abschütteln, die Fesseln abstreifen, loswerden, ablegen, abtun; *ugs.:* sich vom Halse schaffen, von sich tun

entleeren
1. abladen, ausladen, auspacken, ausräumen, ausschütten, wegschaffen, löschen (Schiff), leer machen
2. des Inhalts/Sinnes berauben, hohl werden lassen

entleeren, sich → austreten

entlegen abgelegen, abgeschieden, abseitig, einsam, verlassen, weit fort/weg, fern, unerreichbar ausgefallen, abwegig, abseitig, befremdlich, absonderlich, sonderbar, verstiegen, weithergeholt, unmöglich

entlehnen
1. → plagiieren
2. → leihen

entleihen leihen, verleihen, ausleihen, borgen, verborgen, ausborgen, (leihweise) zur Verfügung stellen, (zeitweise) überlassen, aushelfen, vorlegen, vorstrecken, auslegen

entloben die Verlobung lösen/rückgängig machen

entlocken herauslocken, hervorlocken, abringen, ablisten, abschmeicheln; *ugs.:* abluchsen, abgaunern

entlohnen → bezahlen

Entlohnung → Lohn

entmachten seiner Macht berauben, entlassen, entthronen, stürzen, aufs Abstellgleis schieben, des Einflusses berauben, verdrängen, abschieben, ausbooten, beiseiteschieben, ausstechen, ausschalten, in den Hintergrund/ins Abseits drängen, abservieren, abfertigen, abspeisen, absetzen; *ugs.:* abhängen, abschießen, absägen, kaltstellen, niedermachen

entmannen kastrieren, sterilisieren, unfruchtbar/zeugungsunfähig machen, verschneiden, die Zeugungsfähigkeit nehmen

Entmilitarisierung Abrüstung, Demobilisation

entmündigen für unmündig/unzurechnungsfähig erklären, unter Vormundschaft/Kuratel/Aufsicht stellen, entrechten

entmutigen den Mut/das Selbstvertrauen nehmen, die Hoffnung zunichtemachen/rauben, deprimieren, einschüchtern, verängstigen, mutlos machen; *ugs.:* jmdn. ins Bockshorn jagen

entmutigt mutlos, verzagt, niedergeschlagen, deprimiert, resigniert, gedrückt, gebrochen, verzweifelt; *ugs.:* down, geknickt, angeschlagen

entnehmen herausnehmen, herausholen, wegnehmen

entnehmen aus ersehen, erkennen, ableiten, feststellen, folgern, Schluss ziehen

entnervt erschöpft, abgespannt, zerschlagen, ausgelaugt, gereizt, zermürbt

entpuppen, sich
1. → erweisen, sich
2. → entlarven, sich

entrahmen absahnen, entsahnen, die Sahne/den Rahm abschöpfen, entfetten

enträtseln entschlüsseln, entschleiern, das Geheimnis lüften, lösen, auflösen, aufdecken, ermitteln, erforschen, durchschauen, ergründen, erschließen, herausfinden

entrechten → entmündigen

Entree
1. → Vorspeise
2. → Eingang

entreißen
1. → nehmen
2. → stehlen
entrichten zahlen, bezahlen, begleichen, abgelten, geben für, vergüten, in die Tasche greifen; *österr., schweiz.:* erlegen
entrinnen
1. → entkommen
2. → fliehen
entrollen ausbreiten, entfalten, öffnen, auseinanderfalten, auseinanderlegen, auspacken, auswickeln
entrückt → geistesabwesend
entrüsten zornig/wütend machen, schockieren, empören, verärgern, erregen, brüskieren, vor den Kopf stoßen; *ugs.:* auf die Palme/aus dem Häuschen bringen
entrüsten, sich sich empören, sich erregen, sich erbittern, sich erbosen, sich erzürnen, sich ereifern, seinen Unwillen äußern, aufbrausen, böse/heftig/wild werden; *ugs.:* schäumen, kochen, rasen, hochgehen, aus der Haut fahren, zu viel kriegen
entrüstet → empört
Entrüstung Wut, Empörung, Zorn, Ärger, Raserei, Aufgebrachtheit, Erbitterung
entsaften auspressen, ausdrücken, ausquetschen, Saft gewinnen
Entsafter Fruchtpresse, Obstpresse, Saftpresse, Moster, Entmoster, Presse; *ugs.:* Obstquetsche
entsagen → verzichten
entschädigen
1. wiedergutmachen, abfinden, ersetzen, rückvergüten, entgelten, Schuld tilgen, Schadenersatz leisten, erstatten, abgelten, sühnen, wettmachen
2. → bezahlen
Entschädigung → Ersatz
entschärfen mildern, abmildern, entspannen, entgiften, beschwichtigen, beruhigen, den Stachel nehmen, die Spitze abbrechen; *ugs.:* Öl auf die Wogen gießen
entscheiden
1. eine Entscheidung treffen, verfügen, festsetzen, bestimmen, ein Urteil fällen, zu einem abschließenden Urteil kommen, festlegen, Stellung nehmen, seine Wahl treffen, wählen, durchgreifen, kurzen Prozess machen, ein Machtwort sprechen
2. den Ausschlag geben, bestimmend/entscheidend/ausschlaggebend werden, in einer bestimmten Richtung festlegen
entscheiden, sich
1. → entschließen, sich
2. **sich entscheiden für** → auswählen
entscheidend grundlegend, maßgeblich, bestimmend, lebenswichtig, fundamental, einschneidend, tiefgreifend, schwerwiegend, gravierend, nachhaltig, folgenschwer, weitreichend, richtungweisend, wegweisend, essenziell
Entscheidung
1. Alternative, Wahl, Entschluss, Ermessen, Entweder-oder
2. Urteil, Entschließung, Machtwort
entschieden
1. → entschlossen
2. → nachdrücklich
3. beschlossen, abgemacht, ausgemacht, vereinbart, geregelt, perfekt, besiegelt, gebilligt, akzeptiert, anerkannt, angenommen, vollzogen
4. eindeutig, klar ersichtlich, bei weitem, in jedem Falle, ausgesprochen
Entschiedenheit → Nachdruck
entschlafen → sterben
entschleiern
1. → aufdecken
2. → entschlüsseln
entschließen, sich
1. beschließen, zum Entschluss kommen, einen Beschluss fassen, sich entscheiden, eine Entscheidung treffen/fällen, seine Wahl treffen, sich vornehmen, sich durchringen
2. sich überwinden, sich bezwingen, sich zwingen zu, sich ein Herz fassen, seinem Herzen/sich einen Stoß geben, es übers Herz bringen, über seinen eigenen Schatten springen
entschlossen
1. entschieden, fest, aktiv, resolut, zielbewusst, zielstrebig, zielsicher, bestimmt, willensstark, charakterfest, unbeirrt, konsequent
2. → nachdrücklich
3. willig, willens, gewillt, gesonnen
entschlummern
1. einschlafen, in Schlaf fallen/sinken, einschlummern, eindämmern, einnicken, vom Schlaf übermannt werden; *ugs.:* eindösen, eindruseln, einpennen, einduseln
2. → sterben
entschlüpfen
1. entkommen, entrinnen, entwischen, entgehen, sich entziehen, davonkommen, ausweichen, vermeiden, sich retten können
2. entfahren, unbeabsichtigt aussprechen, den Mund nicht halten, nicht für sich behalten, sich ver-

E

sprechen, sich verplaudern, verraten, ausplaudern

Entschluss Entschließung, Beschluss, Resolution, Willenserklärung, Vorsatz, Absicht, Vorhaben, Entscheid, Entscheidung ⓘ

E

entschlüsseln
1. dechiffrieren, entziffern, dekodieren
2. enträtseln, entschleiern, das Geheimnis lüften, lösen, auflösen, aufdecken, ermitteln, durchschauen, verstehen, erforschen, ergründen, erschließen, herausfinden, entdecken; *geh.:* eruieren

entschlusslos → unentschieden

entschuldigen
1. jmdn. entlasten, rehabilitieren, rechtfertigen, verteidigen, sich einsetzen für, in Schutz nehmen, eine Lanze brechen für
2. verzeihen, Verzeihung gewähren, vergeben, nachsehen, von Schuld befreien, freisprechen, lossprechen; *ugs.:* ein Auge zudrücken, durchgehen lassen
3. eine Entschuldigung schreiben (Schule), abmelden

entschuldigen, sich
1. um Entschuldigung/Verzeihung bitten, Abbitte leisten/tun, zurücknehmen, abbitten, widerrufen; *ugs.:* zu Kreuze kriechen
2. Ausflüchte machen, Ausreden benutzen, sich ausreden auf; *ugs.:* sich reinwaschen

Entschuldigung
1. Rehabilitierung, Rechtfertigung, Entlastung, Verteidigung; *geh.:* Exkulpation
2. Plädoyer, Fürsprache, Ehrenrettung
3. → Verzeihung
4. Ausflucht, Alibi, Ausrede, Vorwand, Notlüge, Vorspiegelung

entschwinden
1. verschwinden, entweichen, sich entziehen, untertauchen
2. vergessen, entfallen, aus dem Gedächtnis kommen/verlieren/schwinden, nicht im Kopf behalten, sich nicht erinnern können, nicht mehr wissen, keine Erinnerung haben an
3. *geh. für:* vergehen, verrinnen, enteilen, verfliegen

entschwunden → vergangen

entsenden abordnen, delegieren, deputieren, schicken, beordern, abkommandieren

entsetzen in Schrecken/Angst/Panik versetzen, aus der Fassung bringen

entsetzen, sich erschrecken, erzittern, erbeben, erbleichen, sich ängstigen, sich fürchten, sich grausen, bangen, schaudern, außer Fassung geraten

Entsetzen Schreck, Schock, Grauen, Angst, Furcht, Schauder, Horror, Bestürzung, Panik

entsetzlich
1. grauenhaft, grauenvoll, Grauen erregend, gräulich, grausig, grässlich, ängstigend, beängstigend, fürchterlich, furchtbar, horrend, schrecklich, schauderhaft, schau(d)ervoll, schaurig, schauerlich, gespenstig, unheimlich, katastrophal, verheerend, desaströs
2. → sehr

Entschluss: Die klare Entscheidung

Wenn man einen *Entschluss* fasst, hat man in einem Willensakt eine *Entscheidung* getroffen, eine bestimmte Sache zu tun oder in einer bestimmten Weise zu handeln. Auch bei einer *Entschließung,* einem *Beschluss* oder einer *Willenserklärung* ist zuvor eine Entscheidung gefallen. In diesen Fällen ist sie meist auch schriftlich dokumentiert, wie etwa der *Beschluss* oder die *Entschließung* – das gehobene Fremdwort dafür lautet *Resolution* – eines Parlaments beziehungsweise eines anderen Gremiums oder die *Willenserklärung/Festlegung des Willens* zum Beispiel in einem Vertrag oder einem Testament. *Entscheid* nennt man einen *Entschluss,* der in einem formalen Verfahren zustande gekommen ist, etwa durch Richter (»Gerichtsentscheid«) oder eine Volksabstimmung (»Volksentscheid«).
Dagegen handelt es sich bei einem *Vorsatz,* einer *Absicht* oder einem *Vorhaben* um Pläne, die bisher nur in den Gedanken der jeweiligen Person existieren, also um *Entschlüsse,* die erst noch in die Tat umgesetzt werden müssen. Näher bestimmen lässt sich ein Entschluss durch Adjektive wie *fester, rascher, leichter, schwerer, unabänderlicher, unumstößlicher, endgültiger, wichtiger Entschluss.*
Wer sich nicht leicht entscheiden kann, ist *schwer von Entschluss.* Jemand der viele Entscheidungen trifft, ist von *großer Entschlusskraft.*

entsetzt betroffen, bestürzt, erschrocken, entgeistert, starr, fassungslos, verwirrt, erstarrt, traumatisiert, verstört, erschüttert, außer sich; *ugs.:* wie vor den Kopf geschlagen, verdattert, ganz/völlig aus dem Häuschen, (vollkommen) platt

entsinnen, sich → erinnern, sich

entsorgen beseitigen, entfernen, wegbringen, abtransportieren, von Abfall befreien, vernichten, aufräumen

Entsorgung Beseitigung, Entfernung, Abtransport, Abwässerbeseitigung, Müllbeseitigung, Atommüllbeseitigung ⓘ

entspannen
1. lockern, auflockern, lösen, entkrampfen, lockermachen
2. → entschärfen

entspannen, sich → ausruhen

entspannt gelöst, ruhig, entkrampft, leger, zwanglos, locker, aufgelockert; *jugendsprachl.:* easy, cool

entspinnen, sich → entstehen

entsprechen
1. übereinstimmen, gleichkommen, gleichen, ähneln, korrespondieren, angemessen sein, genügen, gemäß sein, zusammenpassen, zusammenstimmen, infrage kommen, abgestimmt/zugeschnitten sein auf; *geh.:* kongruieren
2. willfahren, entgegenkommen, nachkommen, erfüllen (Wunsch), stattgeben, gehorchen, zusagen, genehmigen, gerecht werden (Verpflichtung), halten, einlösen

Entsorgung: Die geschönte Abfallbeseitigung

Als *Entsorgung* wird in erster Linie die Beseitigung von Abfällen bezeichnet. Ein großer Teil dieser Abfälle, insbesondere Sondermüll und atomare Rückstände aus Kernkraftwerken, kann aber nur selten ganz unschädlich gemacht werden. Versteht man *Entsorgung* wortwörtlich als *Entledigung* oder *Befreiung* von Sorgen und Problemen, so stellt sich dieses Wort in Bezug auf die Müllbeseitung als Euphemismus dar, eine Stilfigur, die einen unangenehmen Sachverhalt mit einem vorteilhaft verschleiernden Begriff beschreibt. Eine noch weitreichendere Form dieser beschönigenden Ausdrucksweise findet sich in dem Wort *Entsorgungspark* für den Ort, an dem gefährliche Abfälle endgelagert werden.

entsprechend
1. gemäß, angemessen, gebührend, gebührlich, angebracht, angezeigt, konform, korrespondierend, passend; *geh.:* kongruent, adäquat, opportun, analog
2. vergleichbar, (zum Verwechseln) ähnlich, verwandt, gleich; *ugs.:* wie aus dem Gesicht geschnitten
3. diesbezüglich, dazugehörig, zusammengehörig, einschlägig, betreffend
4. gemäß, zufolge, nach, laut, nach Maßgabe, auf … hin

Entsprechung
1. → Gleichheit
2. → Gegenstück

entspringen → entstammen

entstammen stammen von, abstammen, entspringen, hervorgehen, sich herleiten/sich ableiten/herstammen/herkommen von, wurzeln in

entstehen sich entwickeln, sich bilden, sich herausbilden, erwachsen, werden, sich entfalten, zum Vorschein kommen, sich entspinnen, sich zeigen, aufkommen, auftauchen, sich formen, anfangen, beginnen, seinen Anfang nehmen, an der Oberfläche erscheinen, ins Dasein treten, Gestalt/Form annehmen, sich herauskristallisieren, zustande kommen, sich anbahnen

Entstehung Bildung, Entwicklung, Beginn, Anfang, Aufkommen, Genese, Geburt

entstellen
1. verdrehen, verfälschen, verzerren, verzeichnen, verkehren, verschleiern, unrichtig wiedergeben, ins Gegenteil verwandeln, umkehren, ummünzen, auf den Kopf stellen, entstellt/falsch darstellen/auslegen, ein falsches Bild geben, missdeuten; *geh.:* defigurieren; *ugs.:* verballhornen
2. verunstalten, deformieren, verstümmeln, hässlich machen, verunzieren, entwerten; *ugs.:* verschandeln, verhunzen

entströmen ausfließen, auslaufen, aussickern, ausrinnen, austreten, entweichen, entquellen, herauslaufen, sich leeren, leerfließen

enttäuschen
1. frustrieren, desillusionieren, die Illusionen rau-

E

ben, Hoffnungen/Erwartungen nicht erfüllen, ernüchtern, verbittern, vor den Kopf stoßen; *ugs.:* Wasser in den Wein gießen, kalte Dusche verpassen
2. sich nicht bewähren, nicht entsprechen/genügen, unbrauchbar sein, versagen

E

Enttäuschung
1. Frustration, Frust, Desillusion, Desillusionierung, Ernüchterung, gescheiterte Hoffnung, Dämpfer; *ugs.:* kalte Dusche, Schlag, Pleite, Reinfall, Strich durch die Rechnung, Schuss in den Ofen, Schlag ins Wasser, Fehlanzeige
2. → Fehlschlag

entthronen → entmachten

entvölkert menschenleer, verlassen, einsam, ausgestorben, öde, unbelebt, tot

entwaffnen
1. die Waffen abnehmen, wehrlos machen, demobilisieren
2. in Erstaunen versetzen, besiegen, für sich gewinnen, Überraschung auslösen, verblüffen; *ugs.:* jmdm. den Wind aus den Segeln nehmen

entwaffnend → attraktiv

entwässern trockenlegen, entsumpfen, trocknen; *fachsprachl.:* dränieren

entweichen
1. entströmen, ausfließen, auslaufen, aussickern, austreten
2. → fliehen
3. → entschwinden

entweihen entheiligen, entwürdigen, die Heiligkeit verletzen, schänden, ins Profane ziehen/Alltägliche herabsetzen

entwenden
1. → nehmen
2. → stehlen

entwerfen
1. skizzieren, konzipieren, projektieren, planen, einen Plan machen, umreißen, konstruieren, entwickeln, ausarbeiten, erarbeiten, sich ausdenken, sich zurechtlegen
2. aufsetzen, ein Konzept/einen Entwurf machen, ins Unreine schreiben, eine vorläufige Fassung anfertigen; *ugs.:* in Kladde schreiben

entwerten
1. ungültig/wertlos machen, stempeln (Fahrschein), lochen; *ugs.:* knipsen
2. den Kurs/Wert/die Kaufkraft herabsetzen, abwerten, im Wert mindern/verkleinern
3. herabwürdigen, herabsetzen, diskreditieren, diffamieren, abqualifizieren, verunglimpfen, in ein schlechtes Licht rücken, geringschätzen; *ugs.:* in den Dreck ziehen

entwickeln
1. ausbilden, heranbilden, fortbilden, qualifizieren
2. weiterentwickeln, konstruieren, erfinden, hervorbringen, schaffen, entwerfen, projektieren, planen, konstruieren, ausarbeiten, ausbauen
3. entfalten (Geschmack), erkennen lassen, zeigen, an den Tag legen, beweisen
4. → darlegen

entwickeln, sich
1. sich entfalten, in der Entwicklung begriffen sein, im Fluss sein
2. werden, aufblühen, erblühen, gedeihen, geraten, aufleben, erwachen, reifen, ausreifen, reif werden, sich erweitern, sich steigern, florieren, anwachsen, ansteigen, sich vermehren, sich fortsetzen, sich fortpflanzen, fortschreiten, Fortschritte machen
3. → entstehen
4. heranwachsen, groß/flügge werden, die Kinderschuhe abstreifen, den Kinderschuhen entwachsen, sich (zu seinem Vorteil) verändern, heranreifen; *ugs.:* sich mausern, sich machen, sich herausmachen

entwickeln aus ableiten, herleiten, folgern, zurückführen auf, schließen, den Schluss ziehen aus, sich berufen auf; *geh.:* deduzieren

Entwickler Entwerfer, Erfinder, Konstrukteur, Designer, Schöpfer, Erschaffer, Gestalter, Urheber, Baumeister

Entwicklung
1. Entfaltung, Reife, Wachstum, Werden, Entstehung, Fortschritt, Gedeihen
2. Werdegang, Biografie, Geschichte
3. → Reifezeit

entwinden
1. → nehmen
2. → stehlen

entwinden, sich → entziehen, sich

entwirren
1. lösen, auflösen, auseinanderbekommen, entflechten, zergliedern, zerpflücken; *ugs.:* aufdröseln
2. → klarstellen

entwischen entkommen, entrinnen, entgehen, entschlüpfen, sich entziehen, ausweichen, davonkommen, vermeiden, sich retten können

entwöhnen
1. nicht mehr stillen, abstillen, absetzen (Tier); *österr.:* abspänen (Tier)
2. abgewöhnen, abbringen von, ablegen, abstreifen, aberziehen; *ugs.:* austreiben

entwürdigen entweihen, entheiligen, entehren, schänden, beschmutzen, beflecken, die Würde verletzen, demütigen, schmähen

Entwurf Skizze, Konzept, Konzeption, Konstruktion, Plan, Projektierung, Modell, vorläufige Aufzeichnung, Muster, Exposee, Überblick

entwurzeln
1. mit der Wurzel ausreißen
2. aus der Heimat vertreiben, der Heimat entfremden

entwurzelt → heimatlos

entziehen
1. wegziehen (Hand)
2. verweigern, versagen, vorenthalten, wegnehmen, nicht mehr geben/gewähren/zuteilwerden lassen, untersagen, fortnehmen, nicht länger lassen
3. (vor Wut) bewahren, schützen, (gegen Zugriff) abschirmen, nicht ausliefern

entziehen, sich
1. sich lösen, sich befreien, sich losmachen, sich entwinden, abschütteln, entgleiten
2. → abkapseln, sich
3. → entkommen
4. Pflichten nicht erfüllen/erledigen/ausführen, ausweichen, vermeiden, nicht eingehen auf, sich nicht stellen, Ausflüchte machen, zu umgehen/entgehen suchen, nicht teilnehmen/mitmachen, aus dem Weg gehen, fliehen; *ugs.:* sich französisch empfehlen, sich drücken, kneifen, ausbüxen, sich drehen und wenden
5. → entschwinden

entziffern → entschlüsseln

entzücken
1. begeistern, hinreißen, mitreißen, fortreißen, entflammen, entzünden, berauschen, bezaubern, in Begeisterung/Taumel versetzen
2. erfreuen, beglücken, glücklich machen, Vergnügen bereiten, gefallen

entzückend → reizend

entzückt → begeistert

Entzug
1. Entziehung, Entwöhnung, Suchtbehandlung, Entziehungskur, Entwöhnungskur
2. Aberkennung, Absprechung

entzünden
1. anzünden, anbrennen, anstecken, anfachen, anschüren, zum Brennen bringen, in Brand setzen/stecken, abfackeln, Feuer legen/entfachen, einheizen
2. → entzücken

entzünden, sich
1. anschwellen, sich röten; *Med.:* inflammieren
2. entstehen, entfachen, sich entwickeln, sich erregen

entzwei auseinandergefallen, defekt, dahin; *ugs.:* kaputt, hin, zum Teufel, im Eimer

entzweien trennen, verfeinden, entfremden, auseinanderbringen, gegeneinander aufbringen, uneins machen, spalten, Zwietracht säen, die Verbindung stören, einen Keil treiben zwischen

entzweien, sich sich verfeinden, sich überwerfen, sich zerstreiten, sich verzanken, uneins werden, auseinandergeraten, sich trennen, sich entfremden; *ugs.:* sich verkrachen

entzweit zerstritten, zerfallen, verfeindet, verzankt, gespalten, uneinig, getrennt, uneins

Entzweiung → Trennung

en vogue
1. → modern
2. → populär

Enzyklopädie (umfangreiches) Nachschlagewerk, Lexikon

Epidemie Infektionskrankheit, Seuche, ansteckende Massenerkrankung

Epigone Nachahmer, Imitator, Plagiator; *ugs.:* Nachbeter

Epik erzählende/epische Dichtung, Erzählkunst, erzählende Literatur, Prosa

Epilog Nachwort, Nachtrag, Schlusswort, Nachspiel (Theater)

Episode
1. nebensächliches Ereignis/Geschehnis/Vorkommnis
2. flüchtiges Erlebnis, Affäre, Schauspiel, Liebelei, Geschichte, Flirt, Abenteuer, Liebesabenteuer, Romanze, Zwischenfall, Intermezzo

epochal → außergewöhnlich

Epoche Zeitraum, Zeitalter, Zeitabschnitt, Zeitspanne, Zeit, Ära, Periode, Phase

epochemachend eine Epoche begründend, bahnbrechend, umwälzend, wegbereitend, richtungwei-

E

send, zukunftsgerichtet, wegweisend, zukunftsweisend
E-Post elektronische Post, Electronic Post, E-Mail, elektronischer Schriftverkehr
Equipe Mannschaft (Sport), Team, Crew, Gruppe, Gemeinschaft, Ensemble
Equipment (technische) Ausrüstung, Ausstattung, Gerät, Arbeitsgerät
Erachten → Ansicht
erachten für halten für, bewerten/beurteilen/begutachten/einschätzen als, denken über, ansehen/betrachten/auffassen/verstehen als; *geh.:* befinden
erahnen → ahnen
erarbeiten
1. erzielen, erreichen, erwerben, erlangen, erwirken, zustande bringen, leisten, schaffen, fertigstellen, vollbringen, sich (geistig) aneignen, für sich gewinnen
2. ausarbeiten, entwerfen, entwickeln, konzipieren
erbarmen leidtun, dauern, mitempfinden, in der Seele wehtun, mitfühlen, mitleiden, Teilnahme/Mitgefühl zeigen, Anteil nehmen
Erbarmen → Mitleid
erbärmlich
1. kläglich, miserabel, jammervoll, bedauernswert, bemitleidenswert, arm, armselig
2. gemein, niederträchtig, infam, garstig, hässlich, boshaft, hinterlistig, gehässig
erbarmungslos ohne Erbarmen/Rücksicht, rücksichtslos, mitleidslos, gefühllos, schonungslos, gnadenlos, herzlos, brutal, roh, kaltblütig, unbarmherzig, hart, hartherzig, eisig, vor nichts zurückschreckend, radikal, rigoros, barbarisch, grausam, unmenschlich, nicht zu erweichen, unerbittlich
erbauen
1. bauen, aufbauen, errichten, aufrichten, fertigstellen
2. → aufrichten
Erbauer
1. Architekt, Baumeister
2. Gründer, Schöpfer, Urheber, Stammvater, Erzeuger
erbaulich
1. erhebend, bewegend, beschaulich, besinnlich
2. salbungsvoll, getragen, feierlich, eindringlich, pathetisch, gewichtig, nachdrücklich
Erbe
1. *n.:* Hinterlassenschaft, Erbschaft, Erbteil, Erbgut, ererbter Besitz, ererbtes Vermögen, Nachlass, Vermächtnis; *österr.:* Verlassenschaft; *schweiz.:* Vergabung
2. *n.:* Überlieferung, Hinterlassenschaft, Tradition
3. *m.:* Nachkomme, Hinterbliebener, Überlebender, Nachfolger, Erbberechtigter
erbeben zittern, erzittern, schaudern, erschaudern, schlottern, zucken, aufzucken, vibrieren; *ugs.:* bibbern
erben als Mitgift/Erbe erhalten, mitbekommen, eine Erbschaft antreten/machen, eine Hinterlassenschaft antreten/machen; *ugs.:* abkriegen
erbetteln
1. durch Betteln erwerben; *ugs.:* sich zusammenbetteln
2. → erbitten
erbeuten erkämpfen, erobern, erringen, erzwingen, abringen, abzwingen, abgewinnen, wegnehmen, ergattern, kapern, an sich reißen, sich bereichern, profitieren; *ugs.:* wegschnappen, einsacken, erraffen, einstecken
erbitten bitten/ansuchen/ersuchen/nachsuchen um, erbetteln, angehen/anfragen um, vorstellig werden, sich wenden an, sich ausbitten
erbittert
1. hartnäckig, unbeirrt, unnachgiebig, standhaft, eisern, mit äußerstem Einsatz
2. → ärgerlich
erblassen erbleichen, blass/bleich/fahl werden, die Farbe verlieren/wechseln, sich verfärben
erbleichen → erblassen
erblich → angeboren
erblicken
1. wahrnehmen, sehen, bemerken, sichten, zu Gesicht bekommen, erspähen; *geh., poet.:* ansichtig werden
2. zu erkennen glauben, vermuten
erblinden blind werden, das Augenlicht/die Sehkraft verlieren
erblühen aufblühen, aufgehen, zur Blüte kommen, werden, wachsen, sich öffnen
erbosen → aufregen
erbosen, sich → ärgern
erbost ärgerlich, verärgert, aufgebracht, böse, voll Ärger,/Verdruss, wütend, empört, missgestimmt; *ugs.:* sauer, geladen
erbrechen aufbrechen, aufstoßen, gewaltsam öffnen, eindrücken, einreißen, einschlagen

erbrechen, sich sich übergeben, speien; *Med.:* vomieren; *ugs.:* spucken, reihern; *österr.:* speiben; *derb:* kotzen

erbringen
1. → eintragen
2. herbeischaffen, aufbringen, beschaffen, vorlegen; *ugs.:* auftreiben, erschwingen

Erbschaft → Erbe

Erbstück → Andenken

Erbsubstanz Erbmaterial, Erbinformation, Erbgut, Erbanlage, Genmaterial, genetischer Code, DNS

Erdapfel Kartoffel, Erdbirne; *volkst.:* Grundbirne

Erdball → Erde

Erdbeben Beben, Erdstoß, Erschütterung

Erde
1. Erdreich, Boden, Erdboden, Scholle, Erdscholle, Ackerboden
2. Boden, Fußboden, Grund
3. Erdball, Erdkugel, Erdkreis, Planet, Globus, Welt, Diesseits ⓘ

erdenken sich ausdenken, ersinnen, sich vorstellen, sich einfallen lassen, erdichten, konstruieren, aussinnen, ausklügeln, entwerfen, sich zurechtlegen, annehmen, unterstellen; *ugs.:* austüfteln, ausbrüten, spinnen

erdenklich möglich, denkbar, vorstellbar, potenziell, machbar, nicht ausgeschlossen/unmöglich, im Bereich des Möglichen, nach Möglichkeit, wahrscheinlich, durchführbar, realisierbar, ausführbar, diskutabel, zu erwägen, erwägenswert, erreichbar, angängig

Erdgeschoss Parterre; *veraltet:* Rez-de-Chaussée

Erde: Erdboden, Globus und Heimat

Erde bezeichnet zum einen konkret das *Erdreich,* also den *Erdboden.* Mit dem Ausdruck *Erdscholle* verbindet sich die Vorstellung von *Ackerboden.* Die Redensart *an der Scholle kleben* bedeutet *die Heimat nicht verlassen wollen.* Zum anderen ist *Erde* auch die Bezeichnung für die *Welt* als Ganzes. *Erdball* und *Erdkugel* verweisen dabei ebenso auf die Form der *Erde* wie *Erdkreis* und *Erdenrund.* Der Ausdruck *Erdkreis* erscheint auch in der Bezeichnung für den päpstlichen Weihnachts- und Ostersegen »urbi et orbi«: »der Stadt (Rom) und dem *Erdkreis*«.
Bei einem *Globus* handelt es sich um eine Nachbildung der *Erdkugel. Planet* lautet die wissenschaftliche Bezeichnung für unseren *Himmelskörper.* Der Ausdruck *Blauer Planet* verdankt sich der Raumfahrt, denn vom Raumschiff aus erscheint die *Erde* wegen ihrer Atmosphäre und der riesigen Wassermassen als bläulich schimmernder *Planet.* Der Begriff *Diesseits* ist ein philosophischer Ausdruck für die *Erde* im Gegensatz zum Jenseits als überirdischem Reich.
Dichterischer Ausdruck für die *Erde* als Heimat der Menschheit ist *Mutter Erde.* Auch zahlreiche Redewendungen spielen mit der Bedeutung von Erde als »Erdboden« oder »Welt als Ganzes«. Wer *in den Erdboden versinken möchte,* dem ist etwas sehr unangenehm oder peinlich. *Vom Erdboden verschwinden* hat dreierlei Bedeutung: »sich entfernen«, »aufhören zu existieren« und »ausgerottet werden«. *Etwas aus der Erde stampfen* heißt, ein Projekt (von Null an) zu beginnen. *Erde* erscheint auch in einer Reihe von verhüllenden Wendungen zum Thema Tod. *Jemanden unter die Erde bringen* bedeutet, zum Tod bzw. zur Beerdigung dieser Person beizutragen. *Ihn deckt die kühle Erde* heißt »er ist begraben«.
Der umgangssprachliche Ausdruck *mit beiden Füßen (fest) auf der Erde stehen* heißt dagegen »solide, tüchtig und erfolgreich sein«. *Auf der Erde bleiben* ist ein anderes Wort für *realistisch bleiben.* Wer *die Hölle auf Erden* hat, befindet sich in einer unerträglichen Situation. Wer *den Himmel auf Erden erlebt,* ist sehr glücklich. *Himmel und Erde* (auch: *Himmel und Hölle) in Bewegung setzen,* bedeutet alles tun, um ein bestimmtes Ziel zu erreichen.

erdichten sich ausdenken, ersinnen, erdenken, sich einfallen lassen, konstruieren

Erdkugel → Erde

Erdkunde Länderkunde, Geographie

Erdöl Petrol, Petroleum, Naphtha, Öl, Rohöl

erdolchen mit einem Dolch töten, erstechen, durchbohren, niederstechen, töten

erdolchen, sich → umbringen, sich

erdreisten, sich sich unterstehen, sich erkühnen, sich vermessen, sich erfrechen, wagen, sich erlauben, sich anmaßen, sich nicht scheuen, nicht zurückschrecken/zurückscheuen, die Stirn besitzen, sich unterfangen; *ugs.:* sich nicht entblöden

erdrosseln erwürgen, strangulieren, ersticken, die Kehle abschnüren, töten; *ugs.:* den Hals umdrehen, die Gurgel umdrehen/zudrehen

E

erdrücken
1. totdrücken, totquetschen
2. belasten (Schulden), beschweren, einengen, hemmen, beeinträchtigen, benachteiligen, quälen, überwältigen
3. in den Schatten stellen, an die Wand drücken

Erdteil Kontinent, Weltteil

erdulden dulden, ertragen, auf sich nehmen, durchmachen, sich etwas gefallen/sich etwas bieten lassen

ereifern, sich sich aufregen, sich empören, sich entrüsten, sich erhitzen, sich erzürnen, aufbrausen, böse/heftig/wütend/zornig werden, sich echauffieren, auffahren, hochfahren; *ugs.:* kochen, genug haben, hochgehen, explodieren, aus der Haut fahren, an die Decke gehen, wild werden, durchdrehen

ereignen, sich geschehen, sich zutragen, verlaufen, sein, sich abspielen, vorkommen, vorfallen, erfolgen, passieren, ablaufen, sich begeben, vonstatten/vor sich gehen, vorgehen, zustande kommen, stattfinden, zugehen, eintreten, sich vollziehen; *ugs.:* über die Bühne gehen, sich tun, los sein

Ereignis
1. Geschehen, Geschehnis, Vorkommnis, Vorfall, Vorgang, Erlebnis, Erfahrung, Begegnung, Episode, Bekanntschaft, Zwischenfall, Zwischenspiel, Geschichte, Begebenheit, Schauspiel, Phänomen, Kuriosum, Besonderheit, Event, Intermezzo, Abenteuer, Sensation
2. → Happening ⓘ

Ereignis: Von Begebenheiten und Geschehnissen

Als *Ereignis* bezeichnet man ein *Geschehen* beziehungsweise ein *Vorkommnis. Erlebnis* und *Erfahrung* betonen die Perspektive des von einer *Begebenheit* Betroffenen. Mit *Kuriosum* wird ein komisches oder ungewöhnliches *Ereignis* bezeichnet, also eine *Besonderheit.* Ein nicht alltägliches, gefährliches *Ereignis* ist ein *Abenteuer.*
Mit den Vokabeln *Episode* und *Intermezzo* wird ein nebensächliches *Ereignis* oder ein (heiterer) *Zwischenfall* beschrieben. Beide Begriffe stammen aus der Welt des Theaters und bezeichnen dort eingeschobene Nebenhandlungen innerhalb eines Stücks.
Schauspiel als Synonym für *Ereignis* zielt auf den Anblick eines *Vorgangs. Sensation* ist der Ausdruck für ein *Ereignis,* das allgemeines Aufsehen erregt. Als *Phänomen* bezeichnet man ein ungewöhnliches *Ereignis.* Eine besondere *Veranstaltung* kann man ebenfalls als Ereignis beschreiben, heute spricht man auch vielfach von *Event.* Dieser Begriff wird allerdings keineswegs nur für ein außergewöhnliches *Geschehnis* verwendet, sondern für jede Art von *Veranstaltung.* Umgangssprachlich gebraucht werden die Vokabeln *Geschichte* oder *Ding.*
Unter einem *freudigen Ereignis* versteht man die *Geburt* eines Kindes, dementsprechend bezeichnet man einen Todesfall als *trauriges Ereignis.* Ein *Naturereignis* ist ein nicht von Menschen zu beeinflussender *Vorgang* in der Natur, also beispielsweise Polarlicht oder der Ausbruch eines Vulkans. Eine Naturkatastrophe wird auch *Elementarereignis* genannt. Als *Tagesereignis* bezeichnet man schließlich das wichtigste *Vorkommnis* eines Tages.

ereilen treffen, schnell/überraschend erreichen, einholen, erfassen, bekommen

Erektion geschlechtliche Erregung, Aufrichtung, Versteifung, Anschwellung, Verhärtung; *ugs.:* Ständer, Latte, Aufstand, Stein

Eremit Einsiedler, Klausner, Anachoret, Einzelgänger

ererbt → angeboren

erfahren
1. in Erfahrung bringen, Kenntnis erhalten, hören, vernehmen, ermitteln, zu Ohren kommen, herausbekommen; *ugs.:* Wind bekommen von, aufschnappen, mitkriegen, läuten hören
2. erleben, erleiden, erdulden, kennenlernen, Erfahrungen machen/sammeln, selbst sehen, durchleben, am eigenen Leibe spüren; *ugs.:* sich die Hörner abstoßen, sich den Wind um die Nase wehen lassen
3. weise, versiert, klug, abgeklärt, kundig, bewandert, beschlagen, geschult, geübt, gewandt, sachver-

ständig, erprobt, routiniert, qualifiziert, orientiert, aufgeklärt, wissend, unterrichtet, verständig, sicher, firm, fit, gelernt

Erfahrung
1. Kenntnis, Erkenntnis, Einsicht, Wissen, Bildung, Weisheit, Überblick, Vertrautheit, Weitblick, Beschlagenheit, Überlegenheit, Übung, Schulung, Menschenkenntnis, Weltkenntnis, Praxis, Lebenserfahrung, Klugheit, Reife, Know-how, Routine; *geh.:* Empirie
2. Geschehen, Geschehnis, Vorkommnis, Vorfall, Vorgang, Erlebnis, Ereignis, Begegnung

erfahrungsgemäß bekanntermaßen, erwiesenermaßen, der Erfahrung nach, bekanntlich; *ugs.:* wie man weiß, nach Adam Riese

erfassen
1. erreichen, ergreifen, packen
2. überkommen, überfallen, überwältigen, Besitz ergreifen, beschleichen, anwandeln, sich bemächtigen
3. begreifen, verstehen, nachvollziehen, folgen können, durchschauen, durchblicken, klarsehen; *ugs.:* kapieren, mitbekommen, mitkriegen, durchsteigen
4. aufführen, festhalten, registrieren, buchen, eintragen, verzeichnen
5. einbeziehen, berücksichtigen, einkalkulieren, einplanen, mitrechnen

erfinden
1. eine Erfindung machen, ersinnen, erdenken, entwickeln, Neues schaffen, entwerfen, konstruieren, ausgrübeln, ausklügeln; *ugs.:* austüfteln, ausknobeln, ausbrüten
2. erdichten, erlügen, erschwindeln, fantasieren, sich ausdenken; *ugs.:* aushecken, ausspinnen, auskochen

Erfinder Entdecker, Gründer, Begründer, Urheber, Schöpfer, Entwickler, Erschaffer, Schrittmacher

erfinderisch einfallsreich, schöpferisch, kreativ, ideenreich, produktiv, genial, originell, gestalterisch, künstlerisch, begabt, phantasievoll, innovativ

Erfindung
1. schöpferischer Einfall, Innovation, Novität, Neuerung
2. Fiktion, Erdichtung, Entdeckung
3. Lüge, Lügengeschichte, Unwahrheit, Schwindel, Märchen; *ugs.:* Hirngespinst
4. → Einbildung

Erfolg
1. Triumph, Sieg, Gelingen, Errungenschaft, Glück, Gedeihen, Durchbruch, Fortschritt, Wirksamkeit, Treffer, Volltreffer, Gewinn, Trumpf
2. Auswirkung, Folge, Effekt, Fazit, Resultat, Ergebnis, Summe, Endsumme, Bilanz
3. Zulauf, Zustrom, Zuspruch, Anerkennung
4. Publikumserfolg, Schlager, Verkaufsschlager, Hit, Kassenschlager

erfolgen → geschehen

Erfolg haben erfolgreich sein, Karriere/sein Glück/seinen Weg machen, Fortschritte erzielen, vorwärtskommen, vorankommen, weiterkommen, fortkommen, aufrücken, aufsteigen, sich verbessern, brillieren, glänzen, sich behaupten, ein positives Ergebnis erzielen, weit kommen, sich emporarbeiten, sich heraufarbeiten, sich hocharbeiten, sich durchsetzen, von Erfolg gekrönt sein, avancieren, befördert werden, es schaffen; *geh.:* arrivieren; *ugs.:* ankommen, hochkommen, die Treppe rauffallen, sich durchboxen, auf einen grünen Zweig kommen, groß herauskommen, es weit bringen

erfolglos ohne Erfolg/positives Ergebnis/Resultat, unverrichteterdinge, ergebnislos, wirkungslos, unwirksam, zwecklos, vergeblich, vergebens, umsonst, nutzlos, unnütz, fruchtlos, missglückt, misslungen, verfehlt, negativ

erfolgreich siegreich, sieghaft, preisgekrönt, erfolggekrönt, begünstigt, gesegnet, aussichtsreich, vielversprechend, glücklich

erfolgreich sein → Erfolg haben

Erfolg versprechend mit Aussicht auf Erfolg, aussichtsreich, vielversprechend, verheißungsvoll, hoffnungsvoll, zukunftsträchtig, mit Perspektive, chancenreich, voller Chancen/Möglichkeiten; *ugs.:* heiß

erforderlich notwendig, nötig, unerlässlich, unentbehrlich, unumgänglich, unausweichlich, unvermeidlich, zwingend, geboten, dringend, wesentlich, wichtig, lebenswichtig; *geh.:* obligat

erfordern verlangen, beanspruchen, in Anspruch

E

nehmen, voraussetzen, gebieten, bedingen, kosten; *geh.:* erheischen

Erfordernis Voraussetzung, Bedingung, Notwendigkeit, notwendiges Übel, Unerlässlichkeit, Unumgänglichkeit, Unentbehrlichkeit, Unabwendbarkeit, Pflicht, Gebot, Zwang, unverzichtbarer Bestandteil; *ugs.:* Muss

erforschen forschen, nachforschen, ergründen, erkunden, eruieren, studieren, explorieren, ermitteln, feststellen, herausfinden, herausbekommen, entdecken, entschlüsseln, enträtseln, entschleiern, untersuchen, analysieren, nachgehen, nachspüren, ausfindig machen, auf die Spur kommen; *ugs.:* dahinterkommen, dahintersteigen, herauskriegen

erfragen → auskundschaften

erfreuen Freude bereiten/machen/spenden, beglücken, beseligen, glücklich/froh machen, gefallen, seligmachen, entzücken, erbauen, erheitern, belustigen, Spaß machen, ergötzen, amüsieren

erfreuen, sich
1. → freuen, sich
2. genießen, im Besitz sein von

erfreulich
1. angenehm, wohltuend, erquicklich, gut, willkommen
2. glücklich, vorteilhaft, günstig

erfreulicherweise → glücklicherweise

erfreut → freudig

erfrieren erstarren, durch Frost sterben

erfrischen erquicken, stärken, laben, belebend/anregend wirken, anregen, beleben

erfrischen, sich sich frischmachen, sich kräftigen, sich stärken, sich erquicken

erfrischend
1. anregend, belebend, stimulierend, aufmunternd, aufputschend
2. wohltuend, labend, erquicklich, angenehm, erfreulich

erfüllen
1. sich ausbreiten (Lärm), sich ausdehnen, sich entfalten, ausfüllen
2. entsprechen (Verpflichtung), halten, einlösen, befriedigen, Genüge tun, zufriedenstellen
3. ausfüllen, beschäftigen, in Anspruch nehmen, beherrschen
4. beseelen, durchströmen, durchfluten, durchpulsen, durchrieseln, durchbeben, durchglühen, durchziehen, durchdringen

erfüllen, sich → eintreten

ergänzen vervollständigen, vervollkommnen, vollenden, zur Vollendung bringen, abrunden, hinzufügen, nachtragen, auffüllen, erweitern, komplettieren, ausbauen, hinzutun, perfektionieren; *ugs.:* den letzten Schliff geben, adden

ergänzend supplementär, zusätzlich, darüber hinaus, hinzukommend, außerdem

ergattern
1. → erlangen
2. → erbeuten

ergaunern → erschleichen

ergeben
1. demütig, hingebungsvoll, anhänglich, treu, beständig, geduldig
2. folgsam, gehorsam, fügsam, gefügig, Gott ergeben, lenkbar
3. resigniert, fatalistisch, unterwürfig, devot, untertänig, servil, knechtisch, sklavisch, kriecherisch
4. erbringen, einbringen, eintragen, betragen, abwerfen, zur Folge haben, ausmachen, sich belaufen auf, kosten

ergeben, sich
1. als Folge entstehen, zustande kommen, resultieren/hervorgehen/folgen aus, sich herausschälen, sich abzeichnen
2. sich hingeben, sich aufopfern, sich in die Arme werfen
3. nachgeben, sich widerstandslos fügen, sich beugen, sich unterwerfen, Zugeständnisse machen, sich unterordnen, sich unterwerfen, sich schicken, gehorchen, resignieren, aufgeben, kapitulieren, die Waffen strecken/niederlegen, sich besiegen lassen, die Segel streichen, die weiße Fahne hissen, passen, die Flinte ins Korn werfen, den Rückzug antreten; *ugs.:* klein beigeben, in die Knie gehen
4. **sich ergeben in** akzeptieren, sich zufriedengeben, ertragen, sich abfinden mit, hinnehmen, sich begnügen, in Kauf nehmen

Ergebenheit → Demut

Ergebnis Resultat, Fazit, Schlussfolgerung, Resümee, Summe, Endsumme, Quintessenz, Bilanz, Befund, Wirkung, Auswirkung, Folge, Effekt, Konsequenz, Frucht, Produkt, Ertrag, Ausbeute, Gewinn, Endstand

ergebnislos ohne Ergebnis/Resultat, erfolglos, wirkungslos, unwirksam, zwecklos, vergeblich, vergebens, umsonst, nutzlos, unnütz, fruchtlos, missglückt, misslungen, verfehlt, negativ
Ergebung → Demut
ergehen erlassen/verfügt/vorgeschrieben/befohlen/verordnet werden
ergehen, sich
1. sich langatmig äußern/mitteilen/erklären, umständlich vortragen/darstellen, sich auslassen über
2. **über sich ergehen lassen** dulden, erdulden, ertragen, erleiden, auf sich nehmen, durchmachen, mitmachen, sich in etwas fügen
Ergehen Wohlergehen, Wohlerbefinden, Verfassung, Zustand, Allgemeinbefinden, Gesundheitszustand
ergiebig
1. → fruchtbar
2. → einträglich
ergießen, sich → fließen
erglühen
1. erröten, rot werden, sich röten, schamrot werden,
2. aufleuchten, erstrahlen, erglänzen, aufflammen
3. → entbrennen
ergo → also
ergötzen erfreuen, belustigen, erbauen, Freude bereiten/machen, erheitern, amüsieren
ergötzen, sich → freuen, sich
Ergötzen → Freude
ergötzlich → lustig
ergrauen altern, älter/alt/grau/weiß werden, graue/weiße Haare bekommen, in die Jahre kommen, vergreisen; *abwertend:* verfallen
ergreifen
1. fassen, erfassen, packen, nehmen, an sich reißen, zugreifen; *ugs.:* grapschen nach
2. aufgreifen, erwischen, fangen, habhaft werden; *ugs.:* kriegen, beim Schopf fassen, beim Wickel/am Schlafittchen nehmen, schnappen, kaschen, hoppnehmen
3. nahegehen, im Innersten bewegen/rühren/berühren, aufwühlen, betroffen machen, erregen, beeindrucken, Eindruck machen, fesseln, innere Erregung/Anteilnahme bewirken, erschüttern, zu Herzen gehen, schockieren, durch Mark und Bein/unter die Haut gehen; *ugs.:* durch und durch gehen, an die Nieren gehen, umwerfen
4. beschleichen, befallen, sich bemächtigen, überwältigen, überkommen, Besitz ergreifen, anwandeln
ergreifend
1. → rührend
2. → spannend
ergriffen gerührt, bewegt, betroffen, überwältigt, aufgewühlt, erschüttert, (tief) beeindruckt, erregt
Ergriffenheit Erschütterung, Rührung, Bewegung, Bewegtheit, Erregung, Betroffenheit
ergründen → erforschen
Erguss
1. Schwall, Redeschwall, Wortschwall, Tirade, Sermon; *geh.:* Suade, Suada
2. Ausbruch (Gefühle), Entladung, Anfall, Explosion, Eruption
erhaben
1. feierlich, festlich, würdig, ehrwürdig, erlaucht, solenn, erhebend, würdevoll, gravitätisch, majestätisch, Achtung gebietend
2. unberührbar, überlegen, souverän
erhalten
1. bekommen, empfangen, zuteilwerden; *ugs.:* kriegen
2. gewinnen, erreichen, erlangen, erzielen
3. → pflegen
4. unterhalten, versorgen, sorgen für, ernähren, am Leben halten; *ugs.:* durchfüttern, durchbringen
5. → aufrechterhalten
erhalten, sich → fortbestehen
erhältlich → feil
erhängen hängen, aufhängen, hinrichten, an den Galgen bringen, strangulieren, henken, → töten; *ugs.:* aufknüpfen
erhängen, sich → umbringen, sich
erhärten festigen, bekräftigen, untermauern, konsolidieren, stabilisieren, zementieren, bestätigen, stützen, unterstützen, vertiefen
erhaschen abfangen, auffangen, fassen; *ugs.:* mitkriegen, aufschnappen, erwischen
erheben
1. (in die Höhe) heben, aufheben, hochheben, lüften
2. erhöhen, auszeichnen, befördern
3. aufrichten, aufheitern, erbauen, erfreuen, stärken, trösten
4. eintreiben (Geld), kassieren, einsammeln, einziehen, einfordern, einen Betrag verlangen
erheben, sich
1. aufstehen, aufspringen, aufschnellen, sich aufrichten, sich aufsetzen

E

2. sich aufschwingen, sich heben, aufsteigen, sich in die Luft heben, aufstieben, wegfliegen, davonfliegen; *ugs.:* abschwirren in die Höhe/den Himmel ragen, aufragen, emporragen, aufstreben, sich auftürmen
3. → aufbegehren

erhebend → erhaben

erheblich beachtlich, sehr, beträchtlich, stattlich, ansehnlich, bedeutend, bemerkenswert, respektabel, reichlich, üppig, erklecklich, ziemlich, groß; *ugs.:* anständig

Erhebung
1. Höhe, Anhöhe, Hügel, Berg, Steigung
2. Einziehung, Eintreibung, Forderung, Postulat
3. Feststellung, Erkundung, Ermittlung, Recherche, Sondierung, Nachforschung, (demoskopische) Untersuchung, Überprüfung, Umfrage, Befragung, Demoskopie
4. → Aufstand

erheischen → erfordern

erheitern aufheitern, aufrichten, aufhellen, aufmuntern, ermuntern, heiter/lustig/froh stimmen, ablenken, zerstreuen, Stimmung machen, erfreuen, belustigen, amüsieren, Freude/Vergnügen bereiten, auf andere Gedanken/in Stimmung bringen, für Zerstreuung/Zeitvertreib sorgen, (das Leben) verschönern

erheiternd → lustig

erhellen
1. hell/Licht machen, beleuchten, bestrahlen, anstrahlen, illuminieren, bescheinen
2. verdeutlichen, aufklären, aufhellen, aufdecken, aufzeigen, Licht bringen in, klarlegen, offenlegen, zutage fördern, entschleiern, enthüllen, enträtseln, entschlüsseln, bewusstmachen
3. verklären, aufheitern, schönmachen, strahlend/glücklich machen

erhellend → informativ

erhellen, sich sich aufhellen, aufklaren, sich aufklären, sich erheitern, freundlicher/sonniger werden

erhitzen heißmachen, warmmachen, aufwärmen, erwärmen, aufheizen, großer Hitze aussetzen

erhitzen, sich → aufregen, sich

erhitzt → aufgeregt

erhoffen
1. ersehnen, erwarten, entgegensehen, entgegenblicken, Hoffnungen hegen, den Mut nicht sinken lassen, träumen von, wünschen
2. sich ausrechnen, sich errechnen, sich versprechen von, bauen/setzen/vertrauen auf

erhöhen
1. höher machen, aufstocken
2. → steigern
3. auszeichnen, befördern, erheben, einen höheren Rang geben, in eine höhere Stellung versetzen, aufrücken lassen
4. → verteuern

erhöhen, sich sich vergrößern, sich verstärken, zunehmen, sich steigern, anwachsen, hochgehen

erholen, sich
1. wieder zu Kräften kommen, sich regenerieren, aufleben, erstarken, sich kräftigen, gesunden, genesen; *ugs.:* sich hochrappeln, sich aufrappeln, chillen, auschillen, auf die Beine/den Damm kommen
2. → ausruhen
3. seine Fassung zurückgewinnen, wieder zu sich kommen/ein Mensch werden/hochkommen

erholt → frisch

Erholung Entspannung, Atempause, Regeneration, Ruhe, Genesung, Urlaub, Ferien

erholungsbedürftig → erschöpft

erhören erfüllen, nachgeben, befriedigen, gewähren

Erika Heide, Heidekraut; *volkst.:* Besenheide

erinnern ins Gedächtnis rufen, in Erinnerung bringen, mahnen, gemahnen, auffrischen

erinnern, sich sich entsinnen, sich besinnen auf, gedenken, die Gedanken auf Vergangenes richten, sich wiedererinnern, zurückdenken, zurückblicken, zurückschauen, sich zurückrufen, Rückblick/Rückschau halten, jmdm. wieder in den Sinn kommen/einfallen, noch wissen, wiedererkennen, wiedererwachen, sich merken, nicht vergessen, im Kopf/Gedächtnis haben, Vergangenes heraufholen/zurückholen/wieder lebendig machen/beleben/aktivieren/auffrischen/wecken/zu Bewusstsein bringen, sich zurückversetzen, sich zurückerinnern, nacherleben, in der Erinnerung nacherleben/nachempfinden, gegenwärtig/präsent sein, lebendig/unvergesslich sein, erinnerlich/eingedenk sein

erinnern an ähneln, ähnlich sein/sehen/aussehen, anklingen an, geraten/schlagen/arten nach, in jmds. Art schlagen, gleichen, gleichsehen, übereinstimmen, etwas gemeinsam haben, gemahnen an, sich entsprechen, verwandt sein, jmdm. nachschlagen

Erinnerung
1. Rückschau, Rückblick, Rückblende, Retrospektive, Reminiszenz, Blick in die Vergangenheit
2. Andenken, Gedächtnis, Gedenken
3. Erinnerungsvermögen, Merkfähigkeit, Gedächtniskraft

Erinnerungen Lebensbeschreibung, Lebensgeschichte, Lebensbild, Lebensabriss, Biografie, Memoiren, Aufzeichnungen, Tagebuch, Diarium, Autobiografie

erkalten
1. kühl/kalt werden, auskühlen, abkühlen
2. → abflauen

erkälten, sich sich verkühlen, sich eine Erkältung zuziehen/bekommen; *landsch.:* sich verkälten

Erkältung Verkühlung, Husten, Schnupfen, Grippe

erkämpfen
1. erfechten, erringen, erkaufen, erarbeiten, mühsam für sich gewinnen/erreichen/erlangen/erwerben
2. erobern, besiegen, bezwingen, besetzen, (in Besitz) nehmen, Besitz ergreifen von, einnehmen, okkupieren, beschlagnahmen, stürmen, erstürmen, unterwerfen

erkaufen
1. → erkämpfen
2. durch Bestechung erringen/sich verschaffen, bestechen, korrumpieren; *ugs.:* schmieren

erkennbar
1. wahrnehmbar, sichtbar, aufnehmbar, sehbar, lesbar, entzifferbar, zu sehen, in Sicht, kenntlich
2. → offenbar
3. voraussehbar, absehbar, vorauszusehen, zu erwarten, voraussagbar, vorhersagbar

erkennen
1. (deutlich) sehen, wahrnehmen, erfassen, entdecken, sichten, gewahr werden, gewahren, merken, bemerken, erblicken, erspähen; *geh.:* schauen; *österr.:* ausnehmen
2. feststellen, konstatieren, lokalisieren, nachweisen, identifizieren, näher bestimmen, registrieren, ausfindig machen
3. zu der Erkenntnis kommen/gelangen, Klarheit gewinnen, sich bewusstwerden, jmdm. zum Bewusstsein kommen, hinter die Kulissen sehen, herausfinden, durchschauen; *ugs.:* dahinterkommen, es dämmert/blitzt/funkt, ein Licht geht auf, wie Schuppen von den Augen fallen, kapieren

erkenntlich
1. dankbar, dankerfüllt, mit/von Dank erfüllt, verbunden
2. klar, verständlich, unmissverständlich, eindeutig, unzweideutig, präzise, einleuchtend, anschaulich, exakt, genau, durchschaubar, greifbar, erkennbar, fassbar, sichtbar, augenfällig, bestimmt, handgreiflich, prägnant, verstehbar, eingängig, artikuliert, gut wahrnehmbar, deutlich
3. **sich erkenntlich zeigen** belohnen, danken, entschädigen, sich revanchieren

Erkenntnis
1. Erleuchtung, Einsicht, Erfahrung; *geh.:* Kognition
2. Lehre
3. wissenschaftliche/philosophische Theorie

Erkenntnisvermögen
→ Denkvermögen

erklären
1. erläutern, auseinandersetzen, auseinanderlegen, klarmachen, deutlich/verständlich/begreiflich machen, klarlegen, darlegen, ausführen, entwickeln, zeigen, aufzeigen, verdeutlichen, konkretisieren, veranschaulichen; *geh.:* explizieren, exemplifizieren; *ugs.:* rüberbringen, verdeutschen, auseinanderklabastern, auseinanderklamüsern
2. deuten, begründen, interpretieren, kommentieren, auslegen, motivieren
3. äußern, verbalisieren, (offiziell) mitteilen, formulieren, artikulieren, in Worte fassen, aussprechen, sagen, reden, von sich geben, erzählen, verlauten lassen, Ausdruck verleihen, deklarieren, verkündigen
4. unterrichten, aufklären, einweihen, einführen, orientieren, ins Bild setzen, eröffnen

erklären für
1. bezeichnen/hinstellen/charakterisieren/darstellen/definieren als, jmdn. stempeln zu
2. **sich erklären für** sich bezeichnen/hinstellen/charakterisieren/darstellen/definieren als
3. → eintreten für

E

erklärlich → einsichtig
Erklärung
1. Erläuterung, Auslegung, Kommentar, Deutung, Explikation, Definition, Interpretation, Verdeutlichung, Beleuchtung, Bestimmung, Begriffsbestimmung, Darlegung, Stellungnahme, Offenbarung, Illustrierung
2. Aufklärung, Unterrichtung, Information, Einführung
3. Begründung, Argument, Rechtfertigung, Nachweis, Beleg, Beweisgrund, Beführung
4. Deklaration, Manifest, Verkündigung, Verlautbarung ⓘ

Erklärung: Zwischen Erläuterung und Manifest

Eine *Erklärung* ist die *Erläuterung* oder gehoben die *Explikation* eines Vorgangs oder einer Sache. Es handelt sich dabei mithin um eine *Deutung* beziehungsweise *Verdeutlichung. Definition* ist der Ausdruck für eine wissenschaftliche *Erklärung* oder *Begriffsbestimmung*. Auch ein *Kommentar* kann eine wissenschaftliche *Erläuterung* sein, dann handelt es sich in der Regel um eine schriftliche Aufzeichnung. Das Wort wird aber auch allgemein im Sinn von »nähere Erläuterung« gebraucht.
Der Begriff *Interpretation* enthält ebenso wie *Lesart* die Konnotation, dass es sich um eine mögliche unter verschiedenen anderen *Erklärungen* handelt. Als *Stellungnahme* bezeichnet man die *Darlegung* einer Person oder eines Gremiums zu einem bestimmten Vorgang. Hierfür wird auch das englische Wort *Statement* gebraucht. Eine *Stellungnahme* hat oft den Charakter des Offiziellen oder Amtlichen. Eine *Erklärung* in diesem Sinn ist auch eine *Verlautbarung*. In einem juristischen Verfahren wird eine *Erklärung* auch *Einlassung* genannt. Darüber hinaus bezeichnen die Begriffe *Manifest* und *Deklaration* öffentliche oder offizielle *Erklärungen*.
Kommen diese von einem Arzt und betreffen den Gesundheitszustand einer bekannten Persönlichkeit, werden sie *Bulletin* genannt. Von einer *Offenbarung* spricht man bei einer plötzlichen Erkenntnis, die einer erschöpfenden *Erklärung* gleichkommt. *Illustrierung* nennt man *Erklärung* mittels Beispielen. Die Darlegung des Programms einer Regierung ist eine *Regierungserklärung*. Eine *Erklärung abgeben* heißt zu einem Thema *Stellung beziehen*.
Eine *Erklärung machen* wird gelegentlich im Sinn von eine *Liebeserklärung machen* verwendet. Unter einer *eidesstattlichen Erklärung* versteht man wiederum eine *jederzeit beschwörbare Darlegung*.

erklecklich → beträchtlich
erklimmen
1. besteigen, ersteigen, (mühsam) klettern auf, bezwingen, hinaufsteigen, hochsteigen; *ugs.:* hinaufkraxeln, hochklettern
2. erlangen, erreichen, erzielen, erarbeiten; *ugs.:* schaffen
erklingen schallen, erschallen, tönen, ertönen, anklingen, hallen, ans Ohr dringen, sich vernehmen lassen, hörbar werden; *geh.:* aufbranden, aufsteigen, ertosen
erklügeln → ausdenken, sich
erkranken krank werden, sich anstecken, sich infizieren, unpässlich sein, sich eine Krankheit/etwas zuziehen; *ugs.:* etwas fangen/abkriegen/erwischen/aufschnappen/aufgabeln/ausbrüten
Erkrankung → Krankheit
erkühnen, sich → anmaßen, sich
erkunden
1. sondieren, aufklären, auf Patrouille gehen
2. auskundschaften, in Erfahrung bringen, erfragen, erforschen, ermitteln, recherchieren
erkundigen, sich → fragen nach
erküren → auswählen
erlahmen
1. → erschöpfen
2. abflauen, abebben, sich verringern, sich mindern, an Kraft/Stärke verlieren
3. → festfahren
erlangen erreichen, gewinnen, bekommen, erwerben, erzielen, erarbeiten, sich beschaffen, sich aneignen, gelangen zu; *ugs.:* erwischen, ergattern
Erlass
1. Anordnung, Verordnung, Edikt, Verfügung, Dekret, Bestimmung, Weisung, Gebot, Order, Diktat, Gesetz, Befehl, Vorschrift, Geheiß, Ukas
2. Nachlass, Befreiung, Schenkung, Entbindung
erlassen
1. → anordnen
2. befreien/entbinden von, aufheben, freistellen, schenken
3. (Preis) nachlassen

erlauben
1. die Erlaubnis geben/gewähren, gestatten, stattgeben, genehmigen, sein Einverständnis/seine Einwilligung geben, gewähren, bewilligen, einwilligen, sich einverstanden erklären, sich gefallen lassen, einräumen, freie Hand/den Willen/die Freiheit/freien Lauf lassen, nichts in den Weg legen, zulassen, zustimmen, beipflichten, billigen, zubilligen, seine Zustimmung geben, zugestehen, nichts dagegen haben; *geh.:* konzedieren; *ugs.:* durchgehen/laufen lassen
2. ermöglichen, die Möglichkeit geben, die Gelegenheit bieten, in die Lage versetzen, instand setzen
3. berechtigen, ermächtigen, befugen, bevollmächtigen, autorisieren

erlauben, sich
1. sich die Freiheit nehmen, sich gestatten, sich herausnehmen
2. sich beehren, sich die Ehre geben
3. → anmaßen, sich

Erlaubnis
1. Genehmigung, Zustimmung, Billigung, Zusage, Einwilligung, Jawort, Einverständnis, Plazet, Gewährung, Einvernehmen, Konsens, Freibrief
2. Berechtigung, Ermächtigung, Vollmacht, Bevollmächtigung, Autorisation, Recht

erlaubt statthaft, gestattet, zulässig, bejaht, bewilligt, genehmigt, rechtmäßig, rechtens, berechtigt, zugestanden

erlaucht würdig, erhaben, würdevoll, respektabel, renommiert, angesehen, anerkannt, geschätzt, geachtet

erläutern → erklären

Erläuterung → Darstellung

erleben
1. (an sich) erfahren, erleiden, erdulden, am eigenen Leib spüren, durchleben, jmdm. widerfahren, zustoßen
2. kennenlernen, Erfahrungen machen/sammeln, selbst sehen, mitmachen, dabei sein, teilnehmen; *ugs.:* sich die Hörner abstoßen, sich den Wind um die Nase wehen lassen

Erlebnis → Ereignis

erledigen
1. ausführen, durchführen, zu Ende führen, abfertigen, abwickeln, besorgen, bewerkstelligen, tätigen, verrichten, vollführen, vollziehen, vollstrecken, zustande/zuwege bringen, in die Tat umsetzen, fertigmachen, beenden, beendigen, vollbringen, abschließen, absolvieren, tun, machen
2. ruinieren, besiegen, vernichten, zugrunde richten, ins Unglück bringen, eine Niederlage bereiten, das Rückgrat brechen, stürzen, die Schlinge um den Hals legen, das Wasser abgraben, ans Messer liefern, → töten; *ugs.:* jmdn. liefern, abschießen, auf den Hund bringen, verheizen

erledigt
1. fertig, abgeschlossen, geregelt, ausgeführt, beendet, abgetan, perfekt, vollzogen, entschieden, besiegelt, gebilligt, akzeptiert, angenommen; *ugs.:* unter Dach und Fach
2. → erschöpft
3. zerrüttet, vernichtet, verloren, gebrochen, gescheitert, ruiniert, am Ende, bankrott, ausgeschlossen, ausgestoßen, in Ungnade/Misskredit, verfemt, verpönt, verurteilt, besiegt, bloßgestellt, kompromittiert, boykottiert; *ugs.:* unten durch, knock out, geliefert, gestorben, ein toter Mann

Erledigung
1. Durchführung, Ausführung, Besorgung, Realisierung, Verwirklichung, Erfüllung, Vollziehung
2. Beseitigung, Ermordung, Tötung, Vollstreckung, Eliminierung, Liquidierung

erlegen erschießen (Wild), töten, zur Strecke bringen; *ugs.:* abknallen

erleichtern
1. leichter/bequemer machen, vereinfachen, ebnen, bahnen
2. entlasten, Arbeit abnehmen, Beanspruchung mindern/verringern, unterstützen, helfen, beispringen, befreien, lindern, mildern, bessern, erträglicher machen
3. → bestehlen

erleichtern, sich → anvertrauen, sich

erleichtert
1. beruhigt, befreit, erlöst, entlastet, entbunden, enthoben
2. froh, freudig, glücklich

erleiden
1. erleben, erfahren, durchleben, widerfahren, zustoßen, zugefügt bekommen
2. leiden, dulden, erdulden, ertragen, auf sich nehmen, sich fügen, durchstehen, überstehen, aushalten, fertigwerden/sich abfinden mit, über sich ergehen lassen, sein

E

E

Kreuz tragen, einbüßen; *ugs.:* durchmachen, einstecken/schlucken müssen
erlernen → lernen
erlesen
1. erwählen, auswählen, aussuchen, ausersehen, auslesen
2. ausgezeichnet, hervorragend, sehr gut, vorzüglich, überragend, bestens
3. → fein
erleuchten → erhellen
Erleuchtung
1. Einfall, Idee, Gedanke, Offenbarung, Eingebung, Intuition, Inspiration, Geistesblitz, Funke
2. Erkenntnis, Einsicht, Einblick, Kognition
erliegen unterliegen, besiegt werden, verlieren, scheitern, Niederlage/Schiffbruch/Fiasko erleiden, ins Unglück kommen
erlogen gelogen, falsch, unwahr, unrichtig, entstellt, erfunden, verlogen, den Tatsachen nicht entsprechend, aus der Luft gegriffen, lügnerisch, lügenhaft, unwahrhaftig; *ugs.:* erstunken und erlogen
Erlös → Gewinn
erlöschen
1. auslöschen, verlöschen, ausgehen, zu brennen/leuchten aufhören, verglimmen, verglühen, verkohlen, schwinden
2. → abflauen
erlösen
1. → befreien
2. → retten
3. *geh.:* einnehmen, verdienen, Gewinn erzielen, kassieren
Erlöser
1. Retter, Befreier, Erretter
2. → Christus
erlügen → erfinden
ermächtigen → befugen
Ermächtigung Erlaubnis, Berechtigung, Vollmacht, Recht, Genehmigung, Gewährung
ermahnen mahnen, vermahnen, gemahnen, rügen, eindringlich erinnern/ins Gedächtnis rufen/in Erinnerung bringen, tadeln, zur Ordnung rufen, predigen, auffordern, zu bedenken geben, zureden, beschwören, zusetzen, anraten, ins Gewissen reden, warnen, verwarnen, zurechtweisen
ermangeln entbehren, Mangel haben an, fehlen, nicht haben, missen, vermissen; *geh.:* entraten, gebrechen; *ugs.:* abgehen, hapern
ermannen, sich → überwinden, sich
ermäßigen herabsetzen, senken, verringern, verbilligen, nachlassen, billiger verkaufen/geben, Vergünstigungen gewähren, Rabatt/Prozente geben, Preis drücken, unterbieten, heruntergehen, reduzieren
Ermäßigung → Preisnachlass
ermatten
1. → erschöpfen
2. → abflauen
ermattet → erschöpft
ermessen einschätzen, werten, bewerten, prüfen, abwägen, begutachten, beurteilen, erachten, halten für, taxieren, veranschlagen, verstehen, überblicken, übersehen, überschauen
Ermessen → Ansicht
ermitteln finden, orten, den Standort bestimmen, aufspüren, feststellen, herausfinden, herausbekommen, entdecken, entschlüsseln, enträtseln, entschleiern, untersuchen, analysieren, nachgehen, ausfindig machen, auf die Spur kommen, ergründen, erforschen, erkunden, eruieren, erfragen, recherchieren, fahnden nach, zutage fördern, auskundschaften, nachforschen, Nachforschungen anstellen
ermöglichen
1. möglich machen, befähigen, die Möglichkeit geben/Gelegenheit bieten/Voraussetzung schaffen, in die Lage versetzen, instand setzen, gestatten, erlauben, zulassen, den Weg ebnen, verhelfen zu, helfen, unterstützen; *geh.:* protegieren
2. → fertigbringen
ermorden → töten
ermorden, sich → umbringen, sich
ermüden
1. → erschöpfen
2. jmdn. müde/erschöpft machen, jmdm. zu viel zumuten, jmdn. zu sehr beanspruchen, überanstrengen, überfordern, abhetzen, abjagen, aufreiben, zermürben; *ugs.:* schinden
ermüdend
1. → langweilig
2. mühevoll, beschwerlich, anstrengend, erschöpfend, ermattend, aufreibend, belastend, angreifend, kräftezehrend, mühsam, schwer, schwierig, strapaziös; *schweiz.:* streng; *ugs.:* stressig, nervtötend, anödend
ermuntern
1. → erheitern
2. → ermutigen
3. → überreden
ermutigen
1. ermuntern, Mut machen/verleihen, bestärken, bestätigen, bekräftigen,

aufrütteln, aufrichten, aktivieren, zustimmen, anspornen, begeistern, beflügeln, unterstützen, helfen
2. → überreden

ernähren
1. mit Nahrung versorgen, zu essen geben, verköstigen, verpflegen, füttern, sättigen, sattmachen, den Hunger stillen, abspeisen; *ugs.:* bekochen, herausfüttern, abfüttern, durchfüttern
2. aushalten, unterhalten, erhalten, für den Lebensunterhalt aufkommen/sorgen, für jmdn. sorgen; *ugs.:* jmdn. durchfüttern/durchbringen

ernähren, sich sich nähren, verzehren, essen, zu sich nehmen, sich am Leben erhalten mit, leben von

Ernährung
1. Nahrung, Verpflegung, Proviant, Kost, Essen und Trinken, Speis und Trank, Mundvorrat, Verköstigung, Wegzehrung
2. Unterhalt, Lebensunterhalt, Existenz, Erhaltung, Versorgung, tägliches Brot

ernennen nominieren, berufen, ein Amt anvertrauen, eine Stellung anbieten/antragen/übertragen, wählen, erwählen, küren, erküren, beauftragen, abordnen, ausersehen; *geh.:* designieren; *veraltet, poet.:* erkiesen

erneuern
1. neu machen, ausbessern, auffrischen, renovieren, wiederherstellen, reparieren, instand setzen, restaurieren, modernisieren, reformieren, regenerieren, auswechseln, überholen, ersetzen, ändern, verbessern, umarbeiten, neu gestalten, wiederbeleben; *ugs.:* aufmöbeln, aufpolieren
2. verlängern (Pass), für gültig erklären
3. wiederholen, bekräftigen, neu schließen, nochmals tun, wiedertun ⓘ

erneuern: Zwischen Reform und Reparatur

Für den deutschen Begriff *erneuern* gibt es eine Reihe sinnverwandter Fremdwörter, die einen treffenderen Ausdruck ermöglichen: Etwas *reformieren* heißt, es neu zu gestalten beziehungsweise es umzugestalten: »das Schulwesen *reformieren*«. Wer davon spricht, dass er *regenerieren* muss, meint damit, dass er sich erholen oder zu Kräften kommen will. Der Ausdruck kann auch anzeigen, dass sich etwas neu bildet: »Die reduzierten Wildbestände *regenerieren* sich kaum«.
Wer etwas *modernisiert,* bringt es auf den neuesten Stand. Von *renovieren* spricht man, wenn verwohnte Räume oder baufällige Gebäude neu hergerichtet werden. Wer etwas *repariert,* der behebt einen Schaden und stellt einen intakten Zustand wieder her. *Restaurieren* bezieht sich vor allem auf das Ausbessern und Wiederherrichten von Kunstwerken.

erneut wieder, abermals, nochmals, noch einmal, aufs Neue, von neuem/vorn, wiederum

erniedrigen demütigen, herabsetzen, herabwürdigen, diskriminieren, diffamieren, entwürdigen, in den Schmutz ziehen

erniedrigen, sich → demütigen, sich

Erniedrigung Diskriminierung, Herabsetzung, Herabwürdigung, Diffamierung, Demütigung, Beleidigung

ernst
1. seriös, ernsthaft, entschieden, gemessen, würdevoll, feierlich, gesetzt, nicht lustig/fröhlich/heiter
2. trocken, humorlos, todernst, gestreng, unnachsichtig, unerbittlich, unnachgiebig, hart, eisern
3. eindringlich, gewichtig, bedeutungsvoll, ernstlich, gravierend, nachdrücklich, energisch, fest, intensiv, ultimativ, ernsthaft, einschneidend, tiefgehend, fühlbar, merklich, spürbar, schwer, schwerwiegend, akut, dringend, bedeutend, beachtlich, relevant, von Wichtigkeit/Bedeutung, folgenreich, entscheidend, brennend
4. kritisch, bedrohlich, gefährlich, gefahrvoll, bedenklich, heikel, Besorgnis erregend, beunruhigend, angespannt
5. → ernstlich

Ernst
1. Seriosität, Ernsthaftigkeit, Entschiedenheit, Würde, Feierlichkeit
2. Humorlosigkeit, Strenge, Härte; *ugs.:* Bierernst, tierischer Ernst
3. → Bedeutung
4. → Eifer
5. Gefahr, Gefährdung, Gefährlichkeit, Bedrohung, Bedrängnis, heikle/bedrohliche Situation

ernsthaft
1. → ernst
2. → ernstlich

ernstlich
1. so/wirklich/wörtlich gemeint, ernst, ehrlich, aufrichtig, ohne Scherz/Spaß, ernsthaft, im Ernst, wie ich sage
2. → ernst

ernten
1. abernten, einbringen, einfahren, sammeln, einsammeln, pflücken (Obst), schütteln (Obst), lesen (Wein), mähen (Heu)
2. gewinnen, bekommen, erhalten, erzielen, erreichen, erlangen, jmdm. zuteilwerden

ernüchtern
1. nüchtern machen, ausnüchtern
2. → desillusionieren

erobern
1. besiegen, bezwingen, besetzen, (in Besitz) nehmen, Besitz ergreifen von, einnehmen, eindringen, einverleiben, okkupieren, beschlagnahmen, stürmen, erstürmen, unterwerfen, sich bemächtigen, sich aneignen, annektieren, erkämpfen, erbeuten, erringen, abgewinnen, wegnehmen, ergattern, kapern, an sich reißen/bringen
2. (für sich) gewinnen, auf Gegenliebe/Sympathie stoßen

eröffnen
1. ins Leben rufen, der Öffentlichkeit/dem Publikum zugänglich machen/übergeben, einweihen, in Betrieb nehmen, aus der Taufe heben, gründen (Geschäft), einrichten, etablieren, sich niederlassen; *ugs.:* aufmachen (Laden), aufziehen, starten
2. → anfangen
3. → informieren
4. → gestehen

eröffnen, sich sich bieten, sich zeigen, sich ergeben, sich darbieten, erkennbar/sichtbar werden

erörtern besprechen, durchsprechen, bereden, beraten, diskutieren, debattieren, disputieren, sich auseinandersetzen, erwägen, behandeln, verhandeln, zur Sprache bringen, zur Diskussion/Debatte stellen; *ugs.:* beschwatzen, bequatschen, bekakeln, durchkauen, durchhecheln, durchnehmen

Erotik sinnliche Liebe, Sinnenlust, Sinnenfreude, Sinnlichkeit, Eros, Liebeskunst

erotisch → sinnlich

erpicht → begierig

erpressen
1. nötigen, zwingen, Druck/Zwang ausüben, unter Druck setzen, bedrohen, nicht in Ruhe lassen, drängen, bedrängen, das Messer an die Kehle setzen, belästigen, jmdm. zusetzen, Gewalt antun, gefügig machen, terrorisieren, tyrannisieren, keine (andere) Wahl lassen; *ugs.:* die Pistole auf die Brust setzen, Daumenschrauben ansetzen
2. freipressen; *ugs.:* losschlagen

erproben prüfen, testen, examinieren, einer Probe/Prüfung unterziehen, auf die Probe stellen; *ugs.:* unter die Lupe nehmen

erprobt
1. bewährt, altbewährt, anerkannt, zuverlässig, verlässlich, fähig, geeignet, probat, renommiert, eingeführt, bekannt, gebräuchlich, gängig, geltend, gültig
2. → erfahren

erquicken erfrischen, beleben, stärken, belebend/anregend wirken, anregen; *geh.:* laben

erquicklich erfrischend, anregend, belebend, stimulierend, aufmunternd, wohltuend, angenehm, erfreulich; *geh.:* labend

erraten raten, herausfinden, herausbekommen, enträtseln, vom Gesicht/den Augen ablesen, auflösen, ein Rätsel lösen; *ugs.:* dahinterkommen, dahintersteigen, herauskriegen, knacken

errechnen ausrechnen, berechnen, kalkulieren, überschlagen, eine Berechnung anstellen, ermitteln, taxieren

errechnen, sich sich ausrechnen, (sich) erwarten, sich versprechen von

erregbar jähzornig, hitzig, reizbar, aufbrausend, auffahrend, aufschäumend, cholerisch, unbeherrscht, heftig, explosiv, hochgehend, hysterisch, hitzköpfig, ungezügelt, stürmisch

erregen
1. → aufregen
2. → ergreifen
3. reizen, aufreizen, anziehen, entflammen, bezaubern, bezirzen, berücken, betören, faszinieren, umgarnen, den Kopf verdrehen; *ugs.:* scharfmachen, verrückt machen, aufgeilen
4. hervorrufen

erregen, sich → aufregen, sich

erregend
1. spannend, mitreißend, aufregend, prickelnd, atemberaubend, aufwühlend, bewegend, nervenzerreißend

2. scharfmachend, verrückt machend, aufreizend, triebsteigernd
erregt → aufgeregt
Erregung
1. Aufregung, Aufgeregtheit, Erregtheit, Nervosität, Unruhe, Hektik, Ruhelosigkeit, Rastlosigkeit, Zappeligkeit, Anspannung, Hochspannung
2. Affekt, Taumel, Rausch, Fieber, Feuer, Glut, Passion, Leidenschaft, Aufruhr, Aufwallung, Enthusiasmus, Begeisterung, Exaltiertheit, Ekstase, Überschwang, Hochstimmung
3. Entrüstung, Empörung, Unwille, Zorn, Wut, Ärger
erreichbar
1. vorstellbar, ausführbar, durchführbar, möglich, verfügbar, zugänglich, denkbar, nicht ausgeschlossen
2. nah, nahebei, in der Nähe, nicht weit, um die Ecke; *ugs.:* ein Katzensprung
erreichen
1. einholen, ereilen, hingelangen, fangen, gelangen/kommen zu, ankommen, eintreffen, sich einfinden
2. in Verbindung treten (telefonisch), antreffen, vorfinden
3. durchsetzen, verwirklichen, realisieren, ausrichten, vermögen, schaffen, bewerkstelligen, zustande/zuwege bringen, bewirken, vollbringen, erzielen, erwirken, erlangen, zur Geltung/zum Durchbruch bringen, durchfechten, durchkämpfen, ertrotzen, erringen, erzwingen; *ugs.:* managen, drehen, deichseln, hinkriegen, hinbiegen, fertigkriegen, fertigbringen, durchdrücken, durchpeitschen, durchboxen, durchbringen, es packen
erretten → retten
errichten aufstellen, aufschlagen, aufrichten, erbauen, aufbauen, fertigstellen, aufstellen, hinstellen
erringen
1. → erkämpfen
2. → erobern
erröten sich röten, rot werden, erglühen, sich schämen, sich genieren, verlegen sein, schamrot werden, vor Scham vergehen, im Erdboden versinken, sich in Grund und Boden schämen, sich verfärben
Errungenschaft
1. Erfolg, Triumph, Sieg, Gelingen, Glück, Gewinn, Trumpf, Treffer, Volltreffer, Durchbruch, Fortschritt, Wirksamkeit
2. Kauf, Erwerb, Erwerbung, Anschaffung
Ersatz
1. Surrogat, Ersatzmittel, Ersatzstoff, Äquivalent, Behelf
2. Entschädigung, Gegenwert, Gegenleistung, Wiedergutmachung, Abfindung, Abgeltung, Abstand, Ausgleich, Schadenersatz, Abfindungssumme, Abstandssumme, Vergütung, Rückerstattung, Rückzahlung, Kompensation, Schmerzensgeld
Ersatzmann
1. Aushilfe, Aushilfskraft, Vertreter, Stellvertreter, Vertretung, zweite Hand, Substitut, Ersatz, zweiter Mann; *ugs.:* zweite Garnitur
2. → Double
ersatzpflichtig haftbar, haftpflichtig, schadenersatzpflichtig, verantwortlich
ersatzweise statt, anstatt, anstelle, dafür, im Austausch, stellvertretend
ersaufen *ugs. für:* ertrinken
ersäufen *ugs. für:* ertränken
erschaffen schaffen, entstehen lassen, hervorbringen, hervorrufen, erzeugen, ins Leben rufen, in die Welt setzen, schöpfen, kreieren, entwickeln
erschallen → erklingen
erschauern → schaudern
erscheinen
1. in Erscheinung/zutage treten, zum Vorschein kommen, auftreten, auftauchen, vorkommen, zu finden sein, sich finden, an die Oberfläche kommen
2. sich einfinden, sich einstellen, auf den Plan treten, eintreffen, ankommen, eintreten, ins Blickfeld treten; *ugs.:* antanzen, anrücken, anrollen, aufkreuzen, einlaufen, eintrudeln, anmarschiert kommen
3. herauskommen (Buch), gedruckt vorliegen, publiziert/veröffentlicht/herausgebracht werden
4. scheinen, den Anschein haben/erwecken, den Eindruck machen, sich darstellen, anmuten, vorkommen, dünken, so tun als ob, aussehen nach, wirken, sich gebärden, sich geben, sich gehaben
Erscheinung
1. → Einbildung
2. Aussehen, Äußeres, Habitus, Gestalt, Figur, Statur, Wuchs, Körperbau
3. Druckerzeugnis, Druckwerk, Publikation, Veröffentlichung, Schrift

4. → Phänomen
5. → Gespenst
erschießen niederschießen, totschießen, niederstrecken, an die Wand stellen, → töten; *ugs.:* abknallen, umlegen, über den Haufen schießen

erschießen, sich → umbringen, sich
erschlaffen → erschöpfen
erschlagen
1. totprügeln, totschlagen, → töten
2. → erschöpft
erschleichen sich durch Betrug/Schwindel verschaffen, heimlich erwerben, erschwindeln, ergattern; *ugs.:* ergaunern
erschließen
1. urbar/nutzbar/zugänglich machen, kultivieren, kolonisieren, bevölkern, besiedeln
2. ermitteln, logisch folgern, entziffern, entschlüsseln, dechiffrieren, dekodieren, enträtseln, herausfinden, eruieren
erschließen, sich verständlich/verstehbar/lesbar/deutlich werden, klarwerden (Text)
erschöpfen
1. müde/matt/schwach/kraftlos werden, ermüden, erlahmen, ermatten, erschlaffen, aushöhlen, schwächen, jmdm. zusetzen; *ugs.:* schlappmachen, fertigmachen
2. entkräften, zehren, auszehren, verzehren, aufzehren, verschleißen, abnützen, abnutzen, beeinträchtigen, schmälern, auslaugen, Kräfte kosten, anstrengen, aufreiben, strapazieren, in Anspruch nehmen, mitnehmen, beanspruchen, schaden, lahmlegen, Abbruch tun, völlig aufbrauchen/verbrauchen, angreifen; *ugs.:* auspumpen, aussaugen, auffressen, auspowern
3. bis zum Ende behandeln (Thema), gründlich erörtern/durchsprechen/bereden/beraten/diskutieren/sich auseinandersetzen, ausschöpfen, ausloten
erschöpfen, sich
1. sich verzehren, sich zermürben, sich verausgaben, sich aufreiben, sich abmühen, sich abhetzen, sich übernehmen, sich überanstrengen, sich überfordern, sich zu viel zumuten; *ugs.:* sich abschinden, sich abrackern
2. nicht aufhören/enden/abbrechen, ständig wiederholen/von vorn anfangen
3. lediglich bestehen/existieren in (Aufgabe), nichts anderes tun als
erschöpfend
1. → ausführlich
2. → anstrengend
erschöpft
1. entkräftet, kraftlos, schwach, abgespannt, zerschlagen, erschlagen, angeschlagen, angegriffen, entnervt, malade, ausgelaugt, atemlos, mitgenommen, marode, müde, matt, ermattet, abgewirtschaftet, verbraucht, überlastet, überanstrengt, überfordert, aufgerieben, am Ende, überarbeitet, abgearbeitet, abgehetzt, zermürbt, mürbe, ruhebedürftig, erholungsbedürftig, urlaubsreif, schlapp, schlaff; *ugs.:* geschafft, erledigt, k. o., abgekämpft, ausgepowert, schachmatt, groggy, abgeschlafft, down, ausgebufft, ausgepumpt, erschossen, (fix und) fertig, halbtot, mit den Nerven runter, gestresst, kaputt, (wie) gerädert
2. versiegt, versandet, aufgebraucht, aufgezehrt, ausgegangen, zu Ende, leer
Erschöpfung → Schwäche
erschrecken
1. einen Schrecken/Angst/Furcht bekommen, zusammenschrecken, zusammenzucken, zusammenfahren, beben, erbeben, zittern, erzittern, schaudern, erschaudern
2. einen Schrecken einflößen, in Angst versetzen, Furcht einjagen/erregen, Panik machen/auslösen, jmdn. ängstigen, angst und bange machen, verschüchtern, einschüchtern
Erschrecken → Schreck
erschreckend
1. → trostlos
2. → furchtbar
erschüttern
1. ins Wanken bringen, wankend machen
2. einen Schock versetzen, schockieren, im Innersten bewegen/rühren/aufwühlen/aufregen, zu Herzen/durch Mark und Bein/an die Nieren gehen, aufrütteln, ergreifen, nahegehen, niederschmettern, entmutigen, den Mut nehmen, zermürben; *ugs.:* knicken, umwerfen
erschütternd
1. trostlos, bemitleidenswert, beklagenswert, bedauernswert, bejammernswert, bedauerlich
2. ergreifend, rührend, zu Herzen gehend, herzbewegend, herzergreifend; *scherzh., iron.:* herzzerreißend

erschüttert
1. → fassungslos
2. → ergriffen
Erschütterung → Ergriffenheit
erschweren schwierig machen, komplizieren, behindern, aufhalten, hemmen, blockieren, stören, Schwierigkeiten bereiten, Steine/Hindernisse in den Weg legen, entgegentreten, entgegenarbeiten, in den Arm/Rücken fallen, Grenzen setzen, die Hände binden, beengen, beschränken; *ugs.:* querschießen, Knüppel zwischen die Beine werfen
Erschwernis
1. Erschwerung, Schwierigkeit, Komplikation, Problem, Hindernis, Fessel, Hemmschuh, Barriere, Handikap, Behinderung, Blockierung
2. Mühsal, Plage, Plackerei, Mühe, Anstrengung, Strapaze, Kraftaufwand
Erschwerung → Erschwernis
erschwindeln
1. → erfinden
2. → erschleichen
erschwinglich → billig
ersehen
1. erkennen, entnehmen, feststellen, → folgern
2. *veraltet:* wählen, auserwählen, ausersehen, erküren
ersehnen erhoffen, erwarten, erträumen, wünschen, wollen, begehren; *ugs.:* darauf brennen
ersetzen
1. austauschen, auswechseln, einen Austausch vornehmen, einen Ersatz schaffen, erneuern, substituieren
2. → ausgleichen
ersichtlich offenbar, offensichtlich, sichtbar, evident, einleuchtend, glaubhaft, fasslich, klar, plausibel, einsichtig, erkennbar
ersinnen → erfinden
erspähen wahrnehmen, sehen, bemerken, ausmachen, sichten, ansichtig werden, zu Gesicht bekommen, erblicken, erkennen, entdecken; *ugs.:* erluchsen
ersparen
1. → sparen
2. fernhalten, abwenden von, beschützen/behüten/bewahren/beschirmen vor, abwehren, nicht herankommen lassen
ersparen, sich unterlassen, vermeiden, absehen/Abstand nehmen von, beiseitelassen, nicht tun/machen, sich schenken; *ugs.:* sich verkneifen, (sein) lassen
Ersparnis Erspartes, Spargroschen, Spargeld, Sparguthaben, Rücklage, Ersparnisse, Vorrat, eiserne Reserve, Bankguthaben, Bankeinlage; *ugs.:* Notgroschen, Sparstrumpf
ersprießlich → nützlich
erst zuerst, erst einmal, an erster Stelle, vor allem, zunächst, voraus, zuvor
erstarken sich kräftigen, kräftig/stark werden, an Stärke zunehmen, Kraft bekommen, strotzen, gedeihen
erstarren
1. steif/unbeweglich/starr werden, sich versteifen, zufrieren, gefrieren, einfrieren, erfrieren
2. eine starre Haltung annehmen; *ugs.:* zur Salzsäule erstarren
3. leblos/unlebendig sein
4. sich verhärten, hart/unflexibel werden, versteinern
erstatten → ausgleichen
Erstaufführung Premiere, Uraufführung
erstaunen
1. in Erstaunen setzen/versetzen, verwundern, Staunen erregen, eigenartig/seltsam/befremdend anmuten, zu denken geben, verwirren, verdutzen, stutzig machen, in Verwunderung setzen/versetzen, befremden, bestürzen, verblüffen, überraschen, frappieren; *veraltet:* wundernehmen
2. staunen, überrascht/verwundert/verblüfft/sprachlos sein, sich verwundern, seinen Augen nicht trauen, nicht fassen können; *ugs.:* aus allen Wolken fallen, sein blaues Wunder erleben, Mund und Nase aufsperren
erstaunlich
1. auffallend, verblüffend, bewundernswert, staunenswert, verwirrend, bestürzend, überraschend, frappant, außergewöhnlich
2. → merkwürdig
3. → sehr
erstechen niederstechen, erdolchen, durchbohren, töten
erstehen → kaufen
ersteigen besteigen, aufsteigen, erklettern, erklimmen, bezwingen; *ugs.:* hochkraxeln
ersteigern auf einer Auktion erstehen/erwerben/kaufen
erstellen
1. bauen, errichten, aufstellen
2. → anfertigen
erstens als Erstes, zuerst, zum ersten Mal, erst einmal, an erster Stelle, vor allem

E

Erster Primus, Führer, Champion, Spitzenreiter, Sieger, der Beste/Höchste/Größte/Oberste

ersticken
1. erwürgen, erdrosseln, strangulieren, die Kehle abschnüren, töten
2. → sterben
3. → unterdrücken

erstklassig → auserlesen

Erstklässler Abc-Schütze, Schulanfänger, Erstklässer; *österr.:* Taferlklassler

erstmals zum ersten Mal, das erste Mal, erstmalig

erstrahlen aufstrahlen, aufleuchten, aufscheinen, aufglühen, aufblitzen, aufblinken, aufflammen, auffunkeln, aufglänzen, aufschimmern, aufblenden

erstrangig
1. bedeutend, bedeutsam, bedeutungsvoll, wichtig, gewichtig, vielsagend, wertvoll, groß, epochal, wesentlich, grandios, beachtlich, enorm, beachtenswert, bemerkenswert, → außergewöhnlich
2. vorrangig, vordringlich

erstreben streben nach, anstreben, zu erreichen/erhalten suchen, wollen, trachten nach, reflektieren, zielen auf, sich bemühen um, abzielen/hinzielen/hinsteuern/zusteuern/hinarbeiten/hinauswollen/absehen/anlegen/gerichtet sein auf, vorhaben, beabsichtigen, bezwecken; *ugs.:* aus sein auf, darauf ausgehen

erstrebenswert begehrenswert, wünschenswert, nachahmenswert

erstrecken, sich
1. sich hinziehen, langziehen, sich in die Länge ziehen, sich ausdehnen, sich spannen, sich ausspannen, sich strecken, sich ausbreiten, reichen, verlaufen; *ugs.:* gehen
2. → dauern
3. → betreffen

erstürmen
1. → erobern
2. rasch besteigen/ersteigen/erklettern/erklimmen/bezwingen

ersuchen → bitten

Ersuchen → Bitte

ertappen → erwischen

erteilen
1. zuteilwerden/zukommen lassen, geben
2. **Auftrag erteilen** beauftragen, einen Auftrag geben/zuweisen, jmdn. betrauen mit/festlegen auf, in die Wege leiten
3. **Auskunft erteilen** mitteilen, aufklären, briefen, orientieren, vertraut machen mit, Aufschluss geben, in Kenntnis setzen, belehren, instruieren
4. **Befugnis erteilen** ermächtigen, befugen, bevollmächtigen, autorisieren, berechtigen
5. **Order erteilen** befehlen, verfügen, erlassen, bestimmen, beauftragen, veranlassen, diktieren, anweisen, verordnen, anordnen
6. **Rat erteilen** anraten, beraten, zuraten, nahelegen, empfehlen, anempfehlen, ans Herz legen, vorschlagen
7. **Unterricht erteilen** unterrichten, unterweisen, vertraut machen mit, lehren, belehren, beibringen, ausbilden, anleiten, dozieren, Vorlesungen halten

ertönen → erklingen

Ertrag Erlös, Gewinn, Nutzen, Verdienst, Cashflow, Profit, Ausbeute, Einnahme

ertragbar → erträglich

ertragen erdulden, erleiden, auf sich nehmen, durchmachen, mitmachen, sich in etwas fügen/schicken/ergeben, genügend widerstandsfähig sein, überstehen, überleben, überwinden, durchstehen, standhalten, vertragen, verkraften, verschmerzen, hinnehmen, wegstecken, fertigwerden/sich abfinden mit, aushalten, sich etwas gefallen/bieten lassen, sich in seine Rolle finden, über sich ergehen lassen, bewältigen, bestehen, tragen; *ugs.:* schlucken, einstecken, verdauen, einen breiten Rücken haben, hart im Nehmen sein

erträglich tragbar, ertragbar, passabel, leidlich, den Verhältnissen entsprechend, mittelmäßig, annehmbar, vertretbar, brauchbar, tauglich, genießbar, dienlich, akzeptabel, einigermaßen befriedigend/zufriedenstellend

ertragreich
1. → fruchtbar
2. → einträglich

ertragsarm → unfruchtbar

ertränken töten, umbringen, zum Ertrinken bringen; *ugs.:* ersäufen

ertränken, sich → umbringen, sich

erträumen
1. erhoffen, ersehnen, erwarten, wünschen, wollen, begehren
2. sich Illusionen machen, sich etwas vormachen/vorgaukeln

ertrinken
1. im Wasser untergehen/umkommen/sterben, in den Fluten untergehen/umkommen/sterben, auf See untergehen/umkom-

men/sterben, den Tod in den Wellen finden; *ugs.:* auf See bleiben; *derb:* ersaufen, absaufen, versaufen
2. → sterben

ertrotzen → durchsetzen

ertüchtigen, sich sich starkmachen, sich kräftig/tüchtig/fähig machen, sich stählen, sich kräftigen, sich körperlich fit machen

erübrigen einsparen, ersparen, absparen, durch Sparsamkeit gewinnen/übrig behalten, sich abdarben; *ugs.:* abzwacken, abknapsen

erübrigen, sich überflüssig/unnötig sein, hinfällig werden; *ugs.:* flachfallen

eruieren → erforschen

Eruption → Ausbruch

erwachen
1. aufwachen, wach/munter werden, zu sich kommen, die Augen aufmachen/aufschlagen
2. aufkommen (Gefühl), aufsteigen, auftauchen, auflodern, aufbrechen, aufblitzen, aufblühen, aufkeimen, sich regen, anwachsen, anheben, entstehen, sich entwickeln, sich heranbilden, sich entspinnen, sich entfalten, reifen, heranreifen, zum Vorschein kommen, erscheinen

erwachsen
1. herangewachsen, flügge, volljährig, selbständig, reif, mündig, aus den Kinderschuhen, kein Kind mehr, vollentwickelt, wie ein Erwachsener; *ugs.:* groß, fertig, alt genug
2. → entstehen

erwägen in Erwägung/Betracht ziehen, bedenken, überdenken, durchdenken, sich durch den Kopf gehen lassen, überlegen, ventilieren, sich fragen, überrechnen, überschlagen, vergleichen, gegenüberstellen, beurteilen, abwägen, einschätzen, abmessen, ermessen, ins Auge fassen, mit sich zurate gehen, prüfen, überprüfen, von allen Seiten betrachten; *ugs.:* drehen und wenden, überschlafen

Erwägung → Überlegung

erwählen wählen, auswählen, auslesen, aussondern, ausersehen, bestimmen, sich entscheiden für, eine Wahl/Auswahl treffen, selektieren, aussuchen, heraussuchen, erlesen, erküren, ausmustern, herausnehmen

erwähnen beiläufig nennen, nebenbei sagen, kurz sprechen von/über, streifen, berühren, einfließen lassen, fallen lassen, einflechten, andeuten, anschneiden, anführen, anbringen, angeben, ansprechen, aufführen, aufzählen, vorbringen, zu sprechen kommen auf, zur Sprache bringen, ins Feld führen, zitieren; *ugs.:* antippen

erwähnenswert → beachtlich

erwärmen wärmen, warmmachen, erhitzen, heizen

erwärmen, sich sich interessieren, aufmerksam beachten/zuhören, Beachtung schenken, aufhorchen, sich begeistern

erwarten
1. warten/spekulieren/reflektieren/zählen auf, rechnen mit, harren, entgegensehen, entgegenblicken, für wahrscheinlich halten, nicht zweifeln, setzen/bauen/vertrauen auf, sich versprechen von
2. ersehnen, erhoffen, erträumen, herbeiwünschen, herbeisehnen, wollen, Hoffnungen hegen, sich in der Hoffnung wiegen, sich sehnen/schmachten nach
3. **zu erwarten** → absehbar

Erwartung → Hoffnung

erwartungsvoll gespannt, in atemloser Erwartung, gefesselt, begierig, neugierig, fragend, ungeduldig, fiebrig, aufmerksam, interessiert

erwecken
1. wecken, aufwecken, wachmachen, munter machen, aus dem Schlaf reißen, wachrufen, wachrütteln; *ugs.:* aus dem Bett/den Federn holen
2. → hervorrufen

erwehren, sich → abwehren

erweichen
1. weichmachen, mild stimmen, rühren, innerlich bewegen
2. umstimmen, überreden, bereden, bearbeiten, bekehren, überzeugen; *ugs.:* beschwatzen, bequatschen, breitschlagen, herumkriegen

erweisen
1. zeigen, erzeigen, bezeigen, bekunden, entgegenbringen, leisten, zuteilwerden lassen
2. **sich erweisen als** sich herausstellen/sich zeigen/sich entpuppen/erscheinen/sich dartun/sich abzeichnen als, zu erkennen sein, klarwerden, zutage treten

erweitern
1. ausdehnen, ausbauen, ausweiten, vergrößern, verbreitern, entfalten
2. ergänzen, vervollständigen, vervollkommnen, vollenden, abrunden, hinzufügen, nachtragen, auf-

E

füllen, komplettieren, hinzutun, perfektionieren
erweitern, sich → ausdehnen, sich
Erwerb
1. Arbeit, Stellung, Anstellung, Broterwerb, Lebensunterhalt, Erwerbstätigkeit
2. Erwerbung, Anschaffung, Errungenschaft, Kauf, Ankauf, Akquisition
erwerben
1. → erlangen
2. → kaufen
erwerbslos → arbeitslos
Erwerbsloser Arbeitsloser, Beschäftigungsloser, Unbeschäftigter, Stellenloser
erwerbstätig berufstätig, werktätig, beschäftigt, arbeitend, schaffend
erwerbsunfähig → invalid
Erwerbung → Erwerb
erwidern
1. antworten, entgegnen, versetzen, zurückgeben, zur Antwort geben, Nachricht/Auskunft geben, replizieren, das Wort ergreifen, bestätigen, reagieren
2. → einwenden
Erwiderung → Antwort
erwiesen sicher, zutreffend, stichhaltig, unangreifbar, unwiderlegbar, unbezweifelbar, unbestreitbar, unumstritten, unleugbar
erwiesenermaßen → erfahrungsgemäß
erwirken → erzielen
erwischen
1. gerade noch fassen/fangen/ergreifen/packen, greifen, aufgreifen, habhaft werden; *ugs.:* kriegen, beim Schopf fassen, beim Wickel/am Schlafittchen nehmen, schnappen, kaschen, hoppnehmen
2. ertappen, überraschen, überführen, abfangen; *ugs.:* überrumpeln
3. gerade noch erreichen (Zug), hingelangen, gelangen/kommen zu, rechtzeitig eintreffen/ankommen
erwünscht
1. willkommen, gelegen, lieb, gerngesehen, passend, genehm, richtig, das trifft sich gut, recht, angebracht
2. gewünscht, begehrt, gefragt, gesucht, geschätzt, beliebt, wünschenswert, erstrebenswert, begehrenswert
erwürgen erdrosseln, ersticken, strangulieren, die Kehle abschnüren, → töten; *ugs.:* den Hals umdrehen, die Gurgel umdrehen/zudrehen
erzählen
1. miteinander reden/sprechen, plaudern, sich unterhalten; *geh.:* Konversation machen; *ugs.:* schwatzen, plauschen; *landsch.:* schnacken, klönen, ratschen
2. → schildern
3. → informieren
Erzählung
1. Darstellung, Beschreibung, Wiedergabe, Veranschaulichung, Darlegung, Illustration, Vortrag, Charakterisierung, Schilderung, Bericht, Erläuterung, Behandlung, Beleuchtung
2. Geschichte, Fabel, Novelle, Kurzgeschichte, Short Story, Legende ⓘ
erzeigen → erweisen
erzeugen
1. anfertigen, herstellen, machen, produzieren, erstellen, bauen, fabrizieren,

Erzählung: Vom Bericht zur Story

Allgemein ist jeder mündliche *Bericht* eine *Erzählung*. Es handelt sich dabei um die *Beschreibung* einer bestimmten *Geschichte*. Im engeren, literarischen Sinn versteht man unter einer *Erzählung* die dichterische *Schilderung* wirklicher oder erfundener Ereignisse. Es handelt sich dabei um eine besondere Form der *Darstellung*, die sich im Unterschied zum Roman durch die Begrenzung des Stoffes, zur Novelle durch die weniger straffe Form und zum Märchen durch die größere Wirklichkeitsnähe auszeichnet.
Jenseits solcher literaturwissenschaftlicher Abgrenzungen werden synonym für *Erzählung* durchaus auch die Begriffe *Fabel, Kurzgeschichte, Short Story* und *Novelle* verwendet. Zu den literarischen Arten der Erzählung gehört die *Ich-Erzählung*, also die in der Ichform verfasste *Darstellung*. Eine *Verserzählung* ist in Versen abgefasst, und eine *Rahmenerzählung* umschließt eine oder mehrere andere *Geschichten* wie ein Rahmen. Als *Nacherzählung* bezeichnet man die Zusammenfassung einer *Geschichte* mit eigenen Worten. Umgangssprachlich wird für Erzählung auch das englische Wort *Story* gebraucht. Eine *Legende* ist ursprünglich eine *Heiligenerzählung*, das Wort wird aber oft auch im Sinn von *unglaubwürdige Geschichte* benutzt. Bei dem gehobenen Ausdruck *Mär* schwingt ebenfalls mit, dass dem Inhalt einer derart charakterisierten *Erzählung* nicht ganz zu trauen ist. Das Wort hat insofern oft auch einen ironischen Unterton.

bereiten, hervorbringen, auf die Beine stellen, fertigen, bilden, erschaffen
2. → hervorrufen

Erzeuger
1. Hersteller, Fabrikant, Produzent, Fertiger, Unternehmer
2. Vater

Erzeugnis Produkt, Ware, Fabrikat, Artikel, Schöpfung, Ergebnis

erziehen
1. schulen, bilden, ausbilden, heranbilden, formen, großziehen, heranziehen, lehren, unterrichten, befähigen, anweisen, unterweisen, anleiten, anlernen, instruieren, Wissen vermitteln, drillen, trainieren, vertraut machen mit, in die Schule nehmen, beibringen, Stunden/Unterricht geben; *ugs.:* hobeln, schleifen, Schliff geben
2. abrichten, dressieren (Tier)

Erzieher Pädagoge, Lehrer, Lehrmeister, Mentor, Berater, Instrukteur, Ausbilder, Trainer; *ugs.:* Schulmeister; *abwertend:* Pauker

Erzieherin
1. Vorschulpädagogin, Kindergärtnerin
2. → Gouvernante

erzieherisch
1. pädagogisch, schulisch, didaktisch, lehrhaft
2. lehrreich, belehrend, aufklärerisch, aufschlussreich, fördernd, bildend, formend, instruktiv

Erziehung
1. Unterweisung, Anleitung, Ausbildung, Schulung, Einführung, Unterricht, Instruktion, Belehrung, Lehre, Lehrjahre, Lehrzeit, Vorbereitung, Formung, Bildung
2. Förderung, Entwicklung, Entfaltung, Ausformung, Vertiefung, Festigung
3. Kinderstube, Zucht; *ugs.:* Schliff, Politur
4. → Benehmen

erzielen erreichen, erwirken, durchsetzen, durchfechten, bewirken, bewerkstelligen, erlangen, erringen, ausrichten, vermögen, verwirklichen, realisieren, zustande/zuwege bringen, zur Geltung/zum Durchbruch bringen, durchkämpfen, erzwingen, ertrotzen; *ugs.:* managen, drehen, deichseln, hinkriegen, hinbiegen, fertigkriegen, fertigbringen, durchboxen, durchdrücken, durchbringen, durchpeitschen

erzittern → erbeben

erzürnen aufregen, aufbringen, ärgern, verärgern, erregen, reizen, aufreizen, enervieren, nervös machen, aus der Ruhe/Fassung/dem Gleichgewicht bringen, beunruhigen, empören, aufrühren, aufwühlen, zornig/wütend machen, verstimmen, verdrießen, herausfordern, provozieren; *ugs.:* auf die Palme bringen, die Wände hochjagen, in Fahrt/Rage bringen

erzürnen, sich → aufregen, sich

erzürnt ärgerlich, erbost, gereizt, verstimmt, erbittert, zornig, wütend, grantig, zähneknirschend, wutentbrannt, wutschnaubend, entrüstet, aufgebracht, empört

erzwingen → durchsetzen

Esel Grautier; *ugs.:* Langohr

Eselsbrücke *ugs. für:* Gedächtnishilfe, Gedächtnisstütze, Hilfe, Trick, Anhaltspunkt

eskalieren stufenweise/schrittweise steigern, erhöhen, intensivieren, aktivieren, anheben, verstärken

Eskapade Seitensprung, Streich, Abenteuer, Unternehmung, Narrheit, Tollheit, Verrücktheit, Torheit; *ugs.:* Eselei

Eskimo → Inuk ⓘ

Eskorte Geleit, Gefolge, Begleitung, Gefolgschaft, Anhang, Gefolgsleute, Gefolgsmänner

Esprit Geist und Witz, Scharfsinn, Schlagfertigkeit, Geist, Intellekt, Klugheit, Intelligenz, Gewandtheit

Essay → Aufsatz

Eskimo oder Inuk?

Der Name *Eskimo* für die Ureinwohner Grönlands und Nordamerikas leitet sich vermutlich aus dem indianischen Wort *ayaskimew* ab. Dies bedeutet so viel wie »Schneeschuhflechter« oder »Schneeschuhmacher«. Die verbreitete Übersetzung »Rohfleischesser« wird zum Teil als nicht gesichert angesehen, ist aber insbesondere der Grund dafür, dass das Wort *Eskimo* als abwertend empfunden wird.
In der Sprache der betreffenden Volksgruppen findet *Eskimo* keine Verwendung. Sie bezeichnen sich selbst als *Inuit,* was *Menschen* bedeutet. Der Singular zu diesem eskimoischen Wort lautet *Inuk.* Eine zwar umgangssprachliche, aber neutrale Bezeichnung ist *Eisbewohner*.

E

essbar genießbar, bekömmlich, einwandfrei, makellos

Esse Kamin, Schornstein, Schlot

essen das Essen einnehmen/zu sich nehmen, Nahrung aufnehmen, speisen, tafeln, dinieren, die Mahlzeit/ein Diner einnehmen, Tafel halten, beim Mahle sitzen, verzehren, sich nähren, sich ernähren, zugreifen, zulangen, zusprechen, sich einverleiben, sich bedienen, sich stärken, sich laben, schmausen, sich nicht nötigen lassen, sich zuführen, schwelgen, schlemmen, prassen, sich zu Gemüte führen, den Hunger stillen, genießen; *ugs.:* futtern, spachteln, schlingen, mampfen, knabbern, picken, schnabulieren, präpeln, verdrücken, verputzen; *österr.:* pampfen, habern; *derb:* fressen, sich vollfressen, reinhauen, herfallen über, sich den Bauch/Wanst vollschlagen, stopfen ⓘ

Essen

1. Mahl, Mahlzeit, Speise, Menü, Gericht, Schmaus, Imbiss, Snack, Kleinigkeit; *derb:* Fraß, Fressen

2. Nahrung, Ernährung, Kost, Speise und Trank, Proviant, Mundvorrat, Wegzehrung

3. Festessen, Festmahl, Festschmaus, Bankett, Gastmahl, Gelage, Festgelage, Diner, Galadiner, Tafel

Essenz

1. Wesen, Sinn, Inhalt, Hauptsache, Quintessenz, Grundgedanke

2. Extrakt, Destillat, Auszug, Absud

essen: Zwischen genießen und fressen

Die verschiedenen Synonyme für *Nahrung aufnehmen* bezeichnen unterschiedliche Formen des Essens und sagen dabei zugleich etwas über die Manieren des Essenden. *Zugreifen* und *zulangen* sind ebenso neutrale Ausdrücke wie *sich bedienen, den Hunger stillen* und Formulierungen wie *eine Mahlzeit einnehmen* oder gehobene Ausdrücke wie *zusprechen* oder *verzehren*.

Die ebenfalls gehobenen Verben *speisen, tafeln* und *dinieren* beschreiben ein festliches und vornehmes Essen. Während *dinieren* und *soupieren* in der Regel ein abendliches Essen bezeichnen, bezieht sich *frühstücken* auf das Essen am Morgen. *Sich stärken* steht für *essen* nach einer kräftezehrenden Anstrengung. *Genießen* ist genauso wie das dichterische *sich laben* eine kultivierte Form des Essens. *Schlemmen* bedeutet gut und reichlich *essen*, während bei *prassen* das Gute in ein Zuviel umschlägt.

Wie *naschen* steht das umgangssprachliche Wort *picken* für wenig und ausgewählt *essen; knabbern* bedeutet in kleinen Bissen *essen* und impliziert ebenfalls, dass es sich um eine geringe Menge handelt. *Schnabulieren* ist ein veralteter Ausdruck für genussvoll *essen* (das Wort ist eine latinisierte Form von »Schnabel«). *Spachteln* heißt kräftig und mit Appetit *essen*. *Verdrücken* weist zusätzlich darauf hin, dass viel gegessen wird. *Verputzen* bedeutet »restlos aufessen«. Das lautmalende Wort *mampfen* bezieht sich auf *essen* mit vollen Backen und verrät ebenso schlechte Tischmanieren wie das Wort *schlingen*, das gieriges *Essen* bedeutet.

Scherzhafte Ausdrücke für viel *essen* sind *futtern* und *vertilgen*. Zu den derben Bezeichnungen gehört *fressen*. Die Vokabel, welche die Nahrungsaufnahme von Tieren beschreibt, bedeutet auf Menschen gemünzt, dass diese viel, gierig und unfein *essen*. Das gilt auch für die Wendungen *sich den Bauch/Wanst vollhauen/vollschlagen* und *sich vollstopfen*.

Die Wendung *essen gehen* bedeutet, *zum Essen in eine Gaststätte gehen*. Die umgangssprachliche Redensart *selber essen macht fett* besagt: Wenn man nichts hergibt, wird man reich.

essenziell → wichtig

Establishment

1. etablierte/bürgerliche Gesellschaft, (etabliertes) Bürgertum, Bourgeoisie

2. → High Society

etablieren einrichten, gründen, eröffnen, errichten, konstituieren, ins Leben rufen, neu schaffen, aufbauen, organisieren; *ugs.:* auf die Beine stellen

etablieren, sich

1. sich niederlassen, sich festsetzen, sesshaft/ansässig werden, Fuß fassen, Wurzel schlagen, sich ansiedeln, eine Existenz aufbauen, Wohnung/Quartier/Aufenthalt nehmen, seine Zelte aufschlagen, sich eingewöhnen

2. sich anpassen, bürgerlich werden

etabliert
1. zum Bürgertum gehörend, verbürgerlicht, angepasst
2. herkömmlich, überkommen, traditionell, konventionell, überliefert

Etablissement
1. Bordell, Eroscenter, Freudenhaus, Dirnenhaus, öffentliches Haus, Massageinstitut, Massagesalon; *veraltet:* Frauenhaus; *ugs.:* Hurenhaus, Liebessilo, Liebestempel, Knallhütte, Puff
2. *veraltet:* gepflegtes Hotel/Restaurant
3. Niederlassung, Unternehmen, Geschäft, Firma

Etage Stock, Stockwerk, Geschoss, Obergeschoss

Etappe
1. Teilstrecke, Teilstück, Abschnitt, Weglänge
2. Zeitabschnitt, Zeitspanne, Zeitraum, Periode, Phase, Stufe, Stadium

Etat
1. Haushaltsplan, Finanzplan, Budget, Kalkulation, Voranschlag, Kostenvoranschlag, Kostenplan, Kostenaufstellung
2. Geldmittel, Finanzen, Kapital

ethisch sittlich, moralisch

Ethos moralische Gesinnung/Einstellung/Grundhaltung/Sinnesart, sittliche Gesinnung/Einstellung/Grundhaltung/Sinnesart, Pflichtbewusstsein, Verantwortungsbewusstsein, Verantwortungsgefühl, Moral, Sittlichkeit

Etikett Aufklebezettel, Aufklebeschild, Label, Preisschild; *ugs.:* Aufkleber; *österr.:* Wapperl, Bapperl

Etikette gesellschaftliche Umgangsformen, feine Sitte/Art/Form, Benehmen, Betragen, Auftreten, Haltung, Anstand, Manieren; *geh.:* Gebaren

etikettieren
1. beschriften, beschildern, signieren, mit einem Etikett versehen
2. → benennen

etliche einige, Einzelne, mehrere, ein paar, Verschiedene, diverse, eine Anzahl/Reihe

Etui Behälter, Hülle, Futteral

etwa
1. → annähernd
2. zum Beispiel, beispielsweise, um ein Beispiel zu nennen, zum Exempel
3. womöglich, möglicherweise, unter Umständen, gegebenenfalls, gar

etwas
1. ein wenig/bisschen/Quäntchen/Hauch/Schuss/Deut, eine Kleinigkeit/Prise/Spur/Winzigkeit/Idee/Nuance, nicht viel/nennenswert; *landsch.:* ein bisserl
2. **das gewisse Etwas** Reiz, Zauber, Charme, Anmut, Schönheit, Ausstrahlung, Flair

euphorisch überbetont heiter/zuversichtlich, in heiterer Gemütsverfassung, hochgestimmt, in Hochstimmung, im Zustand der Euphorie, trunken, begeistert, hingerissen, enthusiastisch, ekstatisch, berauscht, entzückt; *ugs.:* high

Europa → Abendland

evakuieren aussiedeln, umsiedeln, umquatieren, räumen, verpflanzen, verlagern, verlegen

Event (besondere) Veranstaltung, Ereignis, Erlebnis, Wettkampf

eventuell → möglicherweise

evident
1. → einleuchtend
2. → offenbar

Evolution allmählich fortschreitende Entwicklung, Entwicklungsverlauf, Entwicklungsgang, Entwicklungsprozess, Fortentwicklung, Reifung

evozieren → hervorrufen

ewig
1. nie endend, ohne Ende, unendlich, unveränderlich, unaufhörlich, unauslöschlich, unausrottbar, unzerstörbar, ad infinitum, bis ins Unendliche/in alle Ewigkeit, für immer, fortwirkend, immerwährend, allezeit, für alle Zeit, bleibend, zeitlos, unsterblich, unvergänglich
2. → dauernd

Ewigkeit
1. → Dauer
2. Jenseits, Himmel, himmlisches Paradies, Reich Gottes

exakt genau, präzise, akkurat, treffend, treffsicher, haargenau, gezielt, eindeutig

Exaktheit → Sorgfalt

exaltiert
1. → überspannt
2. → aufgeregt

Examen Prüfung, Befragung, Probe, Test

examinieren → prüfen

Exegese → Auslegung

exekutieren
1. hinrichten, die Todesstrafe vollstrecken/vollziehen, → töten
2. *österr.:* pfänden, beschlagnahmen, konfiszieren, einziehen

Exekutive vollziehende/ausführende Gewalt, Regierung, Verwaltung

Exempel Beispiel, Paradebeispiel, Musterbeispiel, Schulbeispiel, Paradigma

E

Exemplar Stück, Einzelstück, Muster, Probe, Ausfertigung, Nummer, Band

exemplarisch
1. als Beispiel/Muster dienend, beispielhaft
2. beispiellos, vorbildlich, mustergültig, hervorragend, außergewöhnlich, außerordentlich, vorzüglich, vortrefflich, überragend, über alles Lob erhaben, rühmlich, brillant, glänzend, ausgezeichnet, großartig, erstrangig, unübertrefflich, unnachahmlich, meisterhaft
3. warnend, abschreckend, hemmend, Einhalt gebietend

exemplifizieren → erklären

exerzieren
1. militärische Übungen machen, Truppen ausbilden
2. *ugs.:* mit jmdm. üben, jmdn. schulen

Exfreund → Verflossener

Exil Emigration, Verbannung, Vertreibung, Ausstoßung, Ausweisung, Aussiedlung, Ausbürgerung, Expatriierung, Entwurzelung

existent real, wirklich, tatsächlich, vorhanden, existierend, greifbar, echt, konkret, bestehend, faktisch

Existenz
1. Dasein, Sein, Bestehen, Vorhandensein, Gegenwart, Anwesenheit, Präsenz, Vorkommen
2. Leben, Wirklichkeit, Realität
3. Lebensunterhalt, Auskommen, Ernährung, täglich Brot, Versorgung

existenziell
1. lebenswichtig, lebensnotwendig, gravierend, tief, einschneidend, bedeutend, fühlbar, spürbar, empfindlich, stark, wirksam, ernstlich
2. das Leben/Dasein/die Existenz betreffend

existieren
1. → sein
2. → leben

Exitus → Tod

exklusiv
1. abgesondert, gesellschaftlich abgesondert, beschränkt, außenstehend, nur wenigen zugänglich
2. vornehm, nobel, herrschaftlich, fein, außergewöhnlich, ungewöhnlich; *geh.:* distinguiert
3. eigens

exklusiv(e) ohne, außer, ausgenommen, abgesehen/mit Ausnahme/mit Ausschluss von, bis auf, nicht inbegriffen/einbegriffen, ausschließlich, abzüglich, abgerechnet, vermindert um

Exkrement → Kot

Exkurs
1. Abschweifung, Abstecher, Abschwenkung, Unterbrechung
2. kurze Ausarbeitung, Einfügung, Anhang

Exkursion Forschungsreise, Lehrausflug, Lehrausfahrt, Studienfahrt, Expedition

exmatrikulieren, sich sich abmelden (Universität), ausscheiden, austreten, abgehen, weggehen

Exorzist Beschwörer, Geisterbeschwörer, Teufelsaustreiber, Teufelsbeschwörer

exotisch fremd, fremdartig, fremdländisch, ausländisch, ungewohnt, ungewöhnlich, ausgefallen, unbekannt, aus fernen Ländern stammend

expandieren sich ausdehnen, sich ausweiten, sich ausbreiten, seinen Einflussbereich erweitern/vergrößern, zunehmen, übergreifen, an Boden gewinnen, sich entfalten, sich vermehren, sich verstärken, anwachsen, anschwellen, ansteigen, sich entwickeln, sich erhöhen

Expedition
1. Forschungsreise, Forschungsfahrt, Entdeckungsreise
2. Versand, Warenversand, Transport, Versenden, Warentransport
3. Versenden, Abschicken, Befördern, Expedierung

Experiment Versuch, Test, Probe, Wagnis, Abenteuer, Risiko, Unterfangen

experimentieren Versuche/Experimente anstellen, forschen, probieren, ausprobieren, testen, laborieren, versuchen

Experte → Fachmann

explizieren → erklären

explizit → ausdrücklich

explodieren
1. bersten, zerbersten, springen, zerspringen, platzen, zerplatzen, in die Luft fliegen, detonieren, sich entladen, auffliegen, krachen, splittern, sprengen, krepieren, implodieren; *ugs.:* losgehen, knallen, hochgehen, hochfliegen
2. → aufbrausen

Explosion
1. Detonation, Entladung, Ausbruch, Eruption
2. Anfall, Anwandlung, Aufwallung, Erregung, Koller, Wutausbruch, Zornesausbruch, Wutanfall

explosiv
1. explodierbar, feuergefährlich, brisant

2. spannungsgeladen, gespannt, kritisch, dramatisch
3. → aufbrausend

Exponent
1. Hochzahl, hochgestellte Zahl
2. Repräsentant, (herausgehobener) Vertreter, Abgeordneter

exponieren, sich sich aussetzen (Kritik), sich stellen, sich in den Vordergrund schieben, ins Rampenlicht treten, die Aufmerksamkeit auf sich ziehen, hervortreten, sich hervorwagen, die Stirn bieten

Export Ausfuhr, Außenhandel, Überseehandel

exportieren ausführen, ins Ausland verkaufen

Exposee Entwurf, Skizze, Konzeption, Plan, vorläufige Aufzeichnung, Überblick, Übersicht

express → eilig

expressiv → ausdrucksvoll

exquisit kostbar, erstklassig, erlesen, exzellent, edel, von bester Qualität, erste Wahl, hervorragend, fein, hochwertig, qualitätsvoll, unübertrefflich, überragend, ausgezeichnet, Nonplusultra; *geh.:* süperb

extra
1. gesondert, für sich, allein, separat, getrennt
2. eigens, besonders, ausschließlich, gerade
3. über das Übliche hinaus, mehr

Extra Zugabe, Sonderleistung, Sonderzubehör, Beigabe, Beilage, Besonderheit ⓘ

Extrakt
1. Destillat, Auszug, Essenz, Absud, Tinktur
2. das Wesentliche/Wichtigste, Quintessenz, Kernstück, Hauptgehalt, Substanz, Wesen

extraordinär → außergewöhnlich

extravagant
1. → überspannt
2. → ausgefallen

extravertiert offen, weltoffen, gesellig, kontaktfreudig, kommunikationsfähig, aufgeschlossen, extrovertiert

extrem
1. übertrieben, übermäßig, exzessiv, maßlos, allzu, äußerst, nicht mehr normal, ohne Maß und Ziel, in höchstem Maße, ungemein, sehr, stark, außerordentlich, außergewöhnlich, frappant, ungeheuer, krass, hochgradig, auffällig, ausgeprägt
2. radikal, kompromisslos, unnachgiebig, bedingungslos, rücksichtslos, stur, starr, übersteigert, extremistisch
3. → überspannt

Extremist → Terrorist

extremistisch
1. → extrem
2. → anarchistisch

exzellent ausgezeichnet, hervorragend, herausragend, sehr gut, vorzüglich, vortrefflich, überragend, unübertrefflich, unübertroffen, bestens, exquisit

exzentrisch
1. launisch, launenhaft, wetterwendisch, unberechenbar, unbeständig, unzuverlässig, voller Launen, bizarr, kapriziös, unausgeglichen, flatterhaft, unstet, wankelmütig, wechselnd, grillenhaft
2. → überspannt

exzeptionell → außergewöhnlich

Exzerpt Auszug, Buchauszug, Auswahl, Ausschnitt, Buchausschnitt

Exzess Ausschweifung, Ausschreitung, Zügellosigkeit, Übertreibung, Maßlosigkeit, Unmäßigkeit, Unersättlichkeit, Hemmungslosigkeit, Orgie, Rausch

exzessiv maßlos, unmäßig, ohne Maß, zügellos, ungezügelt, undiszipliniert, übertrieben, genusssüchtig, wild, unersättlich, hemmungslos

Vor »besonderen Extras« wird gewarnt

Fremdwörter werden oft fälschlicherweise mit deutschen Beiwörtern verwendet, die lediglich die Aussage des Fremdwortes verdoppeln.
Bei einem *Extra* handelt es sich entweder um ein Sonderzubehör oder um eine Sonderleistung, die nicht in einem Pauschalpreis inbegriffen ist. Das Adjektiv *extra* bedeutet im Lateinischen »außerhalb« und in seiner Übertragung ins Deutsche »besonders«, »außergewöhnlich«. Werden z. B. in einem Angebot *viele besondere Extras* versprochen, dann handelt es sich bei dieser Formulierung um eine Doppelung, denn das Wort *Extra* beinhaltet bereits die Bedeutung, dass es sich hierbei um etwas *Besonderes* handelt.

Fabel
1. Tierdichtung, kleine Erzählung
2. → Handlung

fabelhaft
1. → großartig
2. → fantastisch

F

Fabrik Werk, Industriebetrieb, Produktionsbetrieb, Unternehmen, Firma, Fabrikationsstätte, Betrieb, Anlage, Werkstatt

Fabrikant Unternehmer, Industrieller, Erzeuger, Hersteller, Produzent

Fabrikat Erzeugnis, Ware, Artikel, Produkt, Handelsgut, Marke

Fabrikation Erzeugung, Herstellung, Produktion, Fertigung, Anfertigung, Fertigstellung, Schaffung

fabrizieren → anfertigen

fabulieren → fantasieren

facettenreich → fassettenreich

Fach
1. Lade, Bord, Regal, Gefach, Kasten
2. Fachgebiet, Stoffgebiet, Sachgebiet, Wissensgebiet, Arbeitsgebiet, Sparte, Zweig, Branche, Richtung, Fachrichtung, Disziplin, Abteilung, Bereich, Fachbereich, Sektor, Fakultät, Feld; *geh.:* Metier, Sektion, Ressort
3. Spezialgebiet, Sondergebiet, Domäne, Spezialität

Fachausdruck Fachbegriff, Fachwort, Fachterminus, Fachbezeichnung, Terminus (technicus), Spezialwort

fächeln wedeln, wehen

Fachgebiet → Fach

Fachmann: Experten und andere Fachleute

Ein *Fachmann* ist jemand, der auf einem bestimmten Gebiet ausgebildet und erfahren ist, also ein *Spezialist* beziehungsweise ein *Experte*. Häufig wird dies durch die Zusammensetzung mit dem jeweiligen Wissensgebiet präzisiert, zum Beispiel *Computerfachmann* oder *Werbefachmann*. Bezeichnet man diese Person als *Routinier*, bedeutet das darüber hinaus, dass sie Übung in einer Sache hat. *Autorität* nennt man einen Fachmann, dessen Können allgemein anerkannt ist und der auf seinem Gebiet Maßstäbe setzt.

Der Begriff *Koryphäe* stammt aus dem griechischen Drama, wo er ursprünglich den Chorführer bezeichnete; heute steht er für einen *Meister seines Fachs*, wobei der Ausdruck meist für einen führenden Wissenschaftler verwendet wird. Ebenfalls im Zusammenhang mit Wissenschaft wird die Bezeichnung *Kapazität* verwendet. Ein *Meister* ist ebenso wie ein *Sachverständiger* Kenner auf einem Gebiet. Die beiden Vokabeln werden häufig im Zusammenhang mit dem Handwerk gebraucht, wobei der Meister geprüfter *Fachmann* in seinem Beruf ist und der *Sachverständige* zum Beispiel in Streitfällen als neutraler *Fachkundiger* auftritt.

Ganz allgemein nennt man einen *Fachmann* auch einen *Könner*. Das Gleiche gilt für die umgangssprachlichen Ausdrücke *Kanone* oder *Ass*.

Auch das im schwäbischen Raum gebräuchliche, oft scherzhaft gemeinte *Käpsele* ist ein neutraler Begriff. Die Redewendung *Da staunt der Fachmann und der Laie wundert sich* besagt, dass etwas vollkommen verblüffend oder überraschend ist.

fachgemäß → fachmännisch

fachgerecht → fachmännisch

Fachmann Sachverständiger, Sachkenner, Sachkundiger, Meister, Experte, Spezialist, Autorität, Fachkraft, Professioneller, Kapazität, Routinier, Mann vom Fach, Könner, Koryphäe, Fachgröße; *ugs.:* Kanone, Ass; *landsch.:* Käpsele; *österr.:* Professionist ⓘ

fachmännisch sachkundig, fachgemäß, sachgemäß, fachgerecht, sachgerecht, kunstgerecht, werkgerecht, sachverständig, fachmäßig, richtig, gekonnt, routiniert, meisterhaft, qualifiziert, professionell

Fachrichtung → Fach

Fachwort → Fachausdruck

fackeln → zögern

fad(e)
1. → schal
2. → langweilig

Faden
1. Garn, Faser, Fädchen, Zwirn
2. Leitlinie, Leitgedanke, Plan, Gerüst, Richtschnur, Orientierung, Weg

fadenscheinig unglaubwürdig, durchschaubar, vordergründig, schwach, dünn, schäbig, durchsichtig, transparent, plump

fähig begabt, hochbegabt, tüchtig, geeignet, geschickt, talentiert, tauglich, patent, befähigt, gelehrig, genial, begnadet,

qualifiziert, berufen, prädestiniert, vermögend, gewandt, brauchbar, verwendbar
Fähigkeit Begabung, Talent, Befähigung, Gabe, Anlage, Eignung, Veranlagung, Kraft, Macht, Vermögen, Stärke, Können, Qualifikation, Geschick, Fertigkeit, Potenz, Voraussetzung, Potenzial, Leistungsfähigkeit, Möglichkeiten, starke Seite; *ugs.:* Ader, Zeug
fähig sein in der Lage/imstande/gewachsen/mächtig sein, beherrschen, vermögen, können, taugen zu; *ugs.:* bringen
fahl → blass
fahnden → suchen
Fahne
1. Flagge, Dienstflagge, Banner, Wimpel, Stander, Standarte
2. Probedruck, Probesatz, erster Abzug
Fahnenflüchtiger Deserteur, Überläufer, Abtrünniger
Fahrausweis
1. → Fahrkarte
2. → Führerschein
Fahrbahn Bahn, Spur, Fahrspur, Fahrweg, Straße, Fahrdamm
Fähre Fährboot, Fährschiff, Fährkahn, Rollfähre
fahren
1. sich fortbewegen
2. lenken, steuern, chauffieren, kutschieren, bedienen, führen
3. reisen, auf der Reise sein, eine Reise/Tour machen, sich begeben nach; *ugs.:* gondeln, brausen, kariolen, dampfen, tuckern, zuckeln
fahren lassen → aufgeben
Fahrer Führer, Chauffeur, Lenker, Autofahrer, Kraftfahrer
Fahrerlaubnis → Führerschein
Fahrgast Reisender, Passagier, Mitfahrender, Reisegast, Insasse
Fahrgestell Rahmen, Fahrwerk, Chassis
fahrig unruhig, nervös, hastig, hektisch, zerfahren, zerstreut, konfus, schusselig, unstet, zappelig, flatterig, unkonzentriert, unaufmerksam; *ugs.:* quirlig, fickrig, kribblig
Fahrkarte Fahr(t)ausweis, Fahrschein, Fahrberechtigung, Ticket; *veraltet:* Billett
fahrlässig nachlässig, unvorsichtig, unachtsam, leichtsinnig, unbesonnen, verantwortungslos, leichtfertig, unverantwortlich, pflichtvergessen, unüberlegt, gedankenlos
Fahrplan Kursbuch, Zeitplan, Verkehrsverbindungen
fahrplanmäßig zeitgerecht, geplant, pünktlich, zur rechten Zeit, ohne Verspätung, auf die Minute, fristgemäß, genau, exakt, ordnungsgemäß
Fahrrad Bike, Rad, Citybike, Mountainbike, Tourenrad, Rennrad; *scherzh.:* Drahtesel; *veraltet:* Veloziped; *schweiz.:* Velo
Fahrschein → Fahrkarte
Fahrstuhl Aufzug, Lift, Personenaufzug, Paternoster
Fahrt Reise, Tour, Trip, Ausflug, Exkursion, Abstecher
Fährte Spur, Fußstapfen, Abdruck, Fußabdruck, Tritt, Witterung, Stapfen; *Jägerspr.:* Geläuf
Fahrweg → Fahrbahn
Fahrzeug
1. Verkehrsmittel, Kraftfahrzeug, Gespann, Gefährt, Fuhrwerk; *ugs.:* Vehikel, Kiste, Klitsche
2. → Auto
Faible Vorliebe, Neigung, Schwäche, Hang, Zug, besonderes Interesse
fair gerecht, ehrenhaft, anständig, ehrlich, aufrecht, lauter, gebührlich, rechtschaffen, sauber, redlich, ritterlich, sportlich, solidarisch, zuverlässig
Fäkalien → Kot
Fake Betrug, Irreführung, (bewusste) Täuschung, Schein, Schwindel, Fälschung, Falschdarstellung, Gaukelei, Trick, List, Manipulation, Gaunerei
Fakir
1. Asket, Büßer, Bettelmönch
2. → Gaukler
Faksimile Nachbildung, Nachahmung, Reproduktion, Wiedergabe, Kopie, Nachdruck
Fakt → Tatsache
faktisch tatsächlich, in Wirklichkeit, wirklich, realiter, in der Tat, de facto, praktisch, in praxi, konkret, real
Faktor
1. Umstand, Ursache, Kraft, Element, Bestandteil, Größe, Moment, Erscheinung
2. Multiplikand, Multiplikator, Zahl
Faktotum → Diener
Faktum → Tatsache
Fakultät → Fach
fakultativ wahlfrei, freiwillig, aus eigenem Antrieb/Willen, freigestellt, optional, von sich aus, ungeheißen, unaufgefordert, dem eigenen Ermessen/Belieben anheim gestellt
Fall
1. Sturz, Zusammenbruch, Ausgleiten

2. Sache, Angelegenheit, Problem, Problematik, Begebenheit, Vorkommnis, Hergang, Vorgang, Ereignis, Thema, Thematik, Sachverhalt, Affäre, Kasus, Gegenstand, Punkt, Frage; *geh.:* Sujet; *ugs.:* Geschichte, Chose, Ding
3. → Niedergang

Fallbeil Guillotine

F

Falle
1. Hinterhalt, Hinterlist, Trick, Fangvorrichtung, Fanggerät
2. → Bett

fallen
1. stürzen, zu Fall kommen, ausgleiten, hinfallen, hingleiten, hinschlagen, zu Boden gehen, den Halt verlieren, niedergehen, niederstürzen; *ugs.:* hinfliegen, hinknallen, hinsegeln, hinpurzeln, hinsausen, auf die Nase fliegen, plumpsen, hinplumpsen, sich auf den Allerwertesten setzen
2. sinken (Temperatur), niedriger werden, heruntergehen, abnehmen, sich senken, an Höhe verlieren, nachlassen, abklingen, schwinden, zurückgehen, nachgeben, abflauen, abebben
3. sterben, nicht aus dem Krieg heimkehren, im Feld bleiben, den Heldentod sterben, nicht wiederkommen; *ugs.:* draußenbleiben
4. niederfallen, herabfallen, umfallen, herunterfallen, umkippen

fällen
1. umhauen, umschlagen, abhauen, abholzen, absägen
2. entscheiden (Urteil), eine Entscheidung fällen/treffen, urteilen

fallen lassen
1. → aufgeben
2. → sich abwenden von
3. → erwähnen

fällig
1. zahlbar, zu zahlen/leisten, offenstehend, nicht beglichen
2. nötig, an der Zeit, notwendig, erforderlich, unerlässlich, geboten, vonnöten, am Platze, angebracht, angezeigt

falls für den Fall, wenn, gesetzt den Fall, im Falle, angenommen, sofern, wofern, vorausgesetzt, gegebenenfalls

Fallstrick Hinterhalt, Falle, Arglist, Tücke, Heimtücke; *landsch.:* Hinterfotzigkeit

falsch
1. verkehrt, unrichtig, fehlerhaft, unzutreffend, irrtümlich, verfehlt, unrecht, unkorrekt, inkorrekt, widersprüchlich, widersinnig, widerspruchsvoll, unlogisch, sinnwidrig, regelwidrig, unhaltbar, irrig, schief
2. unecht, künstlich, gefälscht, nachgebildet, nachgemacht, imitiert, getürkt
3. unaufrichtig, tückisch, heuchlerisch, verlogen, arglistig, hinterlistig, scheinheilig, verstellt, unwahr, unehrlich, unredlich, unlauter, lügnerisch, erlogen, der Wahrheit/den Tatsachen nicht entsprechend, entstellt; *derb:* hinterfotzig, erstunken und erlogen

fälschen nachbilden, nachmachen, imitieren, eine Fälschung herstellen, verfälschen, manipulieren, nachahmen; *veraltet:* falsifizieren

fälschlich fälschlicherweise, irrtümlich, unabsichtlich, unbeabsichtigt

falsch machen → anrichten

Falschmeldung *ugs.:* Ente, Zeitungsente

Fälschung Falsifikat, Falsum, Nachbildung, Nachahmung, Kopie, Plagiat, Falsifikation, Falschmünzerei, Betrug

falsifizieren
1. als falsch nachweisen/bestätigen, auf die Unrichtigkeit hin überprüfen, widerlegen
2. → fälschen

Falte
1. Knick, Falz, Kante, Kniff, Bruch
2. Runzel, Furche, Krähenfüße, Kerbe; *landsch.:* Schrumpel

falten zusammenlegen, falzen, knicken, umknicken, kniffen, brechen, umbiegen, umschlagen, in Falten legen, fälteln

faltenlos
1. glatt, eben, poliert, gleichmäßig
2. anliegend, wie angegossen, passend

Falter Schmetterling, Schuppenflügler, Motte; *poet.:* Sommervogel

faltig runzlig, zerknittert, zerklüftet, knittrig, kraus, gekerbt, zerfurcht, gefurcht, durchfurcht, verrunzelt, verhutzelt, nicht glatt, schlaff, hutzelig, zerschründet, welk, furchig, faltenreich; *ugs.:* zerknautscht, schrumpelig, verschrumpelt

Falz → Falte

falzen
1. → falten
2. zusammenpressen (Blech), verbinden, verquicken, zusammenfügen, aneinanderfügen

Fama Gerücht, Klatsch, Sage, Flüsterpropaganda, Gerede, Getuschel, Geflüster, Ruf; *geh.:* Ondit

familiär
1. vertraut, vertraulich, intim, heimisch, privatim, bekannt, befreundet, warm, persönlich
2. ungezwungen, zwanglos, formlos, leger, frei, locker, unverkrampft, lässig, ungehemmt, salopp

Familie
1. Sippe, Verwandtschaft, die Meinen/Verwandten, Anhang, Angehörige, Familienkreis; *ugs.:* Mischpoke, Sippschaft, Clan
2. Geschlecht, Gattung, Spezies, Rasse

Familienname Nachname, Zuname, Vater(s)name, Beiname

Famulus → Gehilfe

Fan → Anhänger

Fanatiker Eiferer, Ideologe, Dogmatiker, Zelot, Streiter, Kämpfer, Verfechter; *abwertend:* Hitzkopf

fanatisch
1. besessen, stur, blindgläubig, blindwütig, engstirnig, eifernd, dogmatisch, starrsinnig, starrköpfig, intolerant, eisern, verrannt, unbeugsam, unbekehrbar, unbelehrbar, uneinsichtig, verbohrt; *ugs.:* vernagelt
2. feurig, entflammt, begeistert, glühend, leidenschaftlich, eifrig

Fang
1. Beute, Raubgut, Eroberung, Prise, Treffer, Coup, Schlag, Griff
2. Kralle, Klaue

fangen
1. auffangen, einfangen, haschen, fassen
2. → angeln

fangen, sich → fassen, sich

Fantasie: Zwischen Imagination und Hirngespinst

Als *Fantasie* bezeichnet man die Fähigkeit, sich etwas auszudenken, das heißt *Einbildungs- oder Vorstellungskraft.* Im Sinne von »schöpferisches Denken« ist der Begriff positiv gemeint.
Solche Konnotationen haben auch die Synonyme *Einfallsreichtum, Ideenreichtum, Kreativität, Originalität* oder *Imagination.* Der Ausdruck *Fiktion* wird für die Darstellung von etwas nicht Wirklichem verwendet. Es handelt sich damit um eine *Erdichtung.*
Dichterische Fantasie bringt beispielsweise *Fiktionen* hervor, also erdachte Ereignisse, die etwa in Romanform dargestellt werden. Auch der Begriff *Spekulation* zielt auf gedankliche, nicht reale Vorgänge.
Während *Utopie* als Ausdruck für ein in der *Fantasie* geschaffenes Ideal auch positiv gemeint ist, charakterisieren die Vokabeln *Luftschloss* und *Seifenblase* oder die abwertenden Wörter *Hirngespinst* oder *Wahnbild* das Ergebnis der *Fantasie* als negativ.
Dies gilt darüber hinaus auch für den umgangssprachlich gebrauchten Ausdruck *Wolkenkuckucksheim.* Sagt man von einem Menschen, er habe *viel Fantasie,* drückt das Anerkennung aus. Dagegen ist die Aussage, er habe eine *blühende Fantasie,* ironisch gemeint.
Wem eine *schmutzige Fantasie* bescheinigt wird, der denkt wohl meist an Sex. In der Musik schließlich steht der Begriff *Fantasie* für ein Stück in freier Form.

Fantasie
1. Einbildungskraft, Einbildungsvermögen, Vorstellungskraft, Vorstellungsvermögen
2. Imagination, Fiktion, Einbildung, Spekulation, Erdichtung, Unwirklichkeit, Irrealität, Vision, Phantom, Utopie, Luftschloss, Wunschtraum; *ugs.:* Wolkenkuckucksheim, Seifenblase; *abwertend:* Hirngespinst
3. Schöpferkraft, Erfindungsgabe, Einfallsreichtum, Ideenreichtum, Ingeniosität, Kreativität, Originalität
4. kleines Musikstück (i)

fantasiebegabt → fantasievoll

fantasielos einfallslos, unschöpferisch, ideenarm, nüchtern, ohne Fantasie/Einfälle, trocken, prosaisch, einförmig, fade, grau, schal, langweilig, amusisch, unoriginell

fantasieren
1. wirr reden, fiebern; *Med.:* delirieren
2. sich vorstellen, träumen, einen Traum haben, schwärmen, sich ausmalen, ausdenken, erfinden, erdichten, fabeln, fabulieren, spintisieren, Traumgebilde schaffen, Gedanken spinnen, Luftschlösser bauen, dichten, mit dem Gedanken spielen, in den Wolken schweben, sich Illusionen machen
3. improvisieren, aus dem Stegreif spielen (Musik)

fantasievoll voll(er) Fantasie, einfallsreich, ideenreich, erfindungsreich, fantasiebegabt, fantasiereich, findig, schöpferisch, erfinderisch, geistreich, genial, ingeniös, produktiv, originell, kreativ, spielerisch, lebendig, spritzig

Fantast → Schwärmer

fantastisch
1. → großartig
2. unglaublich, unwahrscheinlich, ungeheuerlich, unerhört, unbeschreiblich, beispiellos, himmelschreiend, haarsträubend, noch nicht dagewesen; *ugs.:* nicht mehr feierlich
3. unwirklich, unheimlich, seltsam, gespenstig, bizarr, fabelhaft, märchenhaft, traumhaft, irreal, wunderlich, skurril, grotesk, ausgefallen, absonderlich, erstaunlich; *ugs.:* verrückt, irre

Farbe Couleur, Färbung, Kolorit, Anstrich, Tönung, Ton, Nuance, Kolorierung, Schimmer, Schattierung, Bemalung

Farbe bekennen → gestehen

farbecht waschecht, lichtecht, kochfest, indanthren, wetterfest

färben tönen, anmalen, anstreichen, einfärben, bemalen, mit Farbe versehen, farbig machen, kolorieren, die Farbe verändern

färben, sich Farbe bekommen, farbig/bunt werden (Blätter)

farbenfroh → bunt

farbenprächtig → bunt

farbig
1. bemalt, koloriert, angestrichen, angemalt
2. → bunt
3. lebendig, anschaulich, dekorativ, bilderreich, illustrativ, sprechend, malerisch, plastisch

Farbiger: Ein problematischer Begriff

Der Begriff *Farbiger* bezieht sich im weiteren Sinn auf einen Angehörigen einer Bevölkerungsgruppe, deren Hautfarbe, anders als beim europiden Menschentyp, eine starke Pigmentierung aufweist. Von manchen Schwarzen wird *Farbiger* als positive Selbstbezeichnung empfunden. Als Fremdbezeichnung ist der Begriff jedoch problematisch, da er rassistisches Gedankengut der Apartheidspolitik transportiert. *Farbige,* Nachkommen aus verbotenen Verbindungen von Weißen und Schwarzen, waren eine der vier Bevölkerungsklassen Südafrikas. Sie verfügten über mehr Rechte als Schwarze, standen hierarchisch aber unter den Weißen und wurden auch diskriminiert.
Man spricht daher besser von *Schwarzen, Afrikanern* oder *Schwarzafrikanern.* Generell sollte nicht die Hautfarbe, sondern die Staatszugehörigkeit zur Beschreibung einer Person herangezogen werden, also etwa *Afrodeutscher* oder *Afroamerikaner.* Herabsetzende Begriffe wie *Neger, Nigger, Bimbo* oder *Mohr* sollten auf keinen Fall verwendet werden.

Farbiger → Schwarzer ⓘ

farblos
1. ungefärbt, unbemalt, naturfarben
2. blass, matt, fahl, fad(e), reizlos, grau, langweilig, unscheinbar, monoton, nichtssagend, einförmig, ausdruckslos, uninteressant

Farbstift Buntstift, Zeichenstift, Malstift

Färbung
1. → Farbe
2. Richtung, Trend, Tendenz, Prägung, Strömung, Einschlag, Zug, Drift

Farce
1. Posse, Schwank, Burleske, Komödie, Lustspiel, Klamotte, Slapstick
2. Füllung, Fülle, Füllsel, Füllmasse, Einlage
3. nichtssagendes/leeres Getue

Farm Landgut, Bauerngut, Landwirtschaft, landwirtschaftlicher Betrieb, Ranch; *österr.:* Ökonomie

Farmer Landwirt, Rancher, Siedler, Bauer, Pflanzer

Färse → Kuh

faschieren → durchdrehen

Fasching Karneval, Fastnacht, die närrische Zeit, die tollen Tage, Fastnachtzeit, Faschingszeit

Faselei → Gerede

faseln → schwafeln

Faser Fädchen, Faden, Strang, Fiber, Fluse, Fussel; *Med.:* Fibrille

Fass
1. Tonne, Bottich
2. → Fettwanst

Fassade
1. Vorderseite, Vorderansicht, Schauseite, Stirnseite, Straßenseite, Front, Hauptansicht
2. → Täuschung

fassbar fasslich, begreiflich, auf der Hand liegend, durchschaubar, durchsichtig, eingängig, verständlich, einfach, greifbar, zugänglich, einsichtig, verstehbar, unkompliziert

fassen
1. greifen, ergreifen, fangen, packen, erwischen, stellen, dingfest machen, habhaft werden, nehmen, überführen, aufgreifen, er-

tappen; *ugs.:* schnappen, kriegen, kaschen
2. aufnehmen (als Inhalt), hineinpassen, hineingehen
fassen, sich sich beruhigen, die Fassung wiedergewinnen, zu sich kommen, wieder ins Gleichgewicht kommen, sich erholen
fassettenreich bunt, mehrdimensional, mehrteilig, vielfältig, vielschichtig, komplex, wechselvoll, variationsreich, mannigfaltig, vielgestaltig
fasslich → fassbar
Fasson
1. Schnitt, Zuschnitt, Form, Passform, Machart
2. Art, Weise, Lebensform, Daseinsweise, Stil, Manier
3. Revers, Aufschlag
Fassung
1. Einfassung, Rahmen, Umrahmung, Einrahmung, Umrandung
2. Beherrschung, Selbstbeherrschung, innere Haltung, Besonnenheit, Gefasstheit, Abgeklärtheit, Gelassenheit, Umsicht, Ruhe, Gleichmut, Contenance, Gleichgewicht
3. Bearbeitung, Form, Auflage, Ausgabe, Text, Gestaltung, Ausführung, Darstellung, Formulierung
4. Version, Interpretation, Auffassung, Lesart, Deutung, Erklärung
fassungslos erschüttert, verwirrt, sprachlos, wortlos, starr, bestürzt, erstarrt, verstört, versteinert, perplex, entgeistert, verblüfft, erstaunt, entsetzt, betroffen, konsterniert, außer sich/Fassung, betreten, wie vor den Kopf gestoßen, reglos; *ugs.:* verdattert, durcheinander, baff, platt, völlig aus dem Häuschen
Fassungsvermögen Aufnahmefähigkeit, Fassungskraft, Kapazität, Volumen, Rauminhalt
fast
1. beinahe, nahezu, um Haaresbreite/ein Haar, bald, es fehlt(e) nicht viel, um ein Kleines, halb, praktisch, gerade noch, kaum, knapp; *ugs.:* so gut wie, schier
2. → annähernd
fasten hungern, nichts essen, abmagern, sich kasteien, eine Schlankheitskur/Diät machen, abnehmen; *ugs.:* abspecken, die Pfunde/Kilos abwerfen/loswerden
Fastenkur Schlankheitskur, Diät, Abmagerungskur, Entfettungskur, Hungerkur
Fastfood *ugs. für:* Imbiss, Schnellgericht, Zwischenmahlzeit; *ugs.:* Happen, Happenpappen, Bissen, Snack
Fastnacht → Fasching
faszinieren fesseln, bezaubern, blenden, reizen, hinreißen, betören, umgarnen, beeindrucken, anziehen, berücken, bestricken, begeistern, für sich einnehmen, entzücken, eine Faszination ausüben, bannen, nicht mehr loslassen
faszinierend
1. attraktiv, reizvoll, ansprechend, charmant, gewinnend, interessant, anziehend, anlockend, entwaffnend, betörend, fesselnd, begehrenswert, magnetisch, begehrt, unwiderstehlich, verführerisch, aufregend, aufreizend, sexy; *ugs.:* klasse, dufte, scharf
2. → spannend
fatal
1. katastrophal, verhängnisvoll, fürchterlich, furchtbar, entsetzlich, schrecklich, desaströs, fatal, unheilvoll, folgenschwer, tragisch, schicksalhaft, unglücklich, schlimm, unselig, unglückselig, erschütternd, bestürzend, schauderhaft, erschreckend, grässlich, Grauen erregend, beängstigend, Besorgnis erregend, sehr schlecht, übel, gefährlich, bedenklich
2. → unangenehm
fatalistisch schicksalsergeben, schicksalsgläubig, resignativ, pessimistisch, gottergeben
Fata Morgana
1. Luftspiegelung
2. → Einbildung
Fatum → Schicksal
fauchen zischen, zischeln, schnauben, schnobern, blasen, prusten; *österr.:* pfauchen
faul
1. verdorben, ungenießbar, verfault, verwest, verrottet, schlecht, verkommen, faulig, alt, nicht frisch/mehr gut; *ugs.:* gammelig, vergammelt, hinüber
2. träge, arbeitsscheu, untätig, müßig, bequem, passiv, inaktiv, phlegmatisch, faulenzerisch; *ugs.:* stinkfaul
faulen verderben, verfaulen, verwesen, verrotten, vermodern, sich zersetzen, in Fäulnis übergehen, verkommen, umkommen, schimmeln, schlecht/ungenießbar werden; *ugs.:* vergammeln

F

faulenzen nicht arbeiten, nichts tun, die Hände in den Schoß legen, die Zeit totschlagen, sich einen schönen Tag/ein paar schöne Stunden machen, sich die Zeit vertreiben, es sich gutgehen lassen, untätig/arbeitsscheu/faul/müßig sein; *ugs.:* bummeln, sich auf die faule Haut legen, dem lieben Gott die Zeit stehlen, den Herrgott einen guten Mann sein lassen, den lieben Gott einen frommen Mann sein lassen, Däumchen drehen, blaumachen, schwänzen, keinen Finger rühren, feiern, krankfeiern, rumfreaken, rumhängen ⓘ

Faulenzer Nichtstuer, Faulpelz, Faultier, Müßiggänger, Tagedieb, Nichtsnutz, Taugenichts, Flaneur, Drückeberger, Drohne; *ugs.:* fauler Strick/Sack/Hund

Faulheit Trägheit, Müßiggang, Untätigkeit, Müßigkeit, Bequemlichkeit, Arbeitsscheu, Passivität, Phlegma, Faulenzerei; *schweiz.:* Flohn

faulig → faul

Fäulnis
1. Verwesung, Verfall, Zerfall, Zersetzung, Auflösung
2. Schimmel, Moder

Faulpelz → Faulenzer

Fauna Tierwelt, Tierreich

Fausthieb Boxhieb, Kinnhaken, Faustschlag, Schwinger

Faustkampf Boxkampf, Boxen, Fight

Faustrecht Selbstjustiz, Selbsthilfe

Fauteuil Lehnsessel, Armsessel, Polstersessel

Fauxpas → Fehler

faulenzen: Zwischen Müßiggang und Zeitvertreib

Für die Ausdrücke *faul sein, nichts tun, müßiggehen* gibt es eine ganze Reihe von Redensarten. Ein Anklang an die Herkunft von *faulenzen* aus dem mittelhochdeutschen *vulezen* (= »faulig schmecken«) findet sich in den groben und negativ gemeinten Wendungen *vor Faulheit stinken* oder *stinkend faul sein.* Die negative Bewertung von *faulenzen* mag aus dem christlich-abendländischen Arbeitsethos herrühren. Dagegen haben Redensarten wie *sich einen schönen Tag/ein paar schöne Stunden machen* positive Konnotationen.
Sich die Zeit vertreiben ist ein neutraler Ausdruck, während *die Zeit totschlagen* ebenso die Assoziation von »Langeweile« beziehungsweise »sinnlosem Tun« hat wie das umgangssprachliche *Däumchen drehen.* Wer *die Hände in den Schoß legt,* arbeitet nicht. Die Redensart *sich auf die faule Haut legen* für »sich dem Müßiggang hingeben« geht auf den irrtümlichen Glauben des 18. Jahrhunderts zurück, dass sich die alten Germanen untätig auf Bärenhäuten gerǟkelt hätten. Dies gilt auch für den Ausdruck *auf der faulen Haut liegen.* Umgangssprachlich wird die Redewendung *den lieben Gott einen guten/frommen Mann sein lassen* verwendet, um auszudrücken, dass jemand unbekümmert seine Zeit verbringt. *Dem lieben Gott die Zeit stehlen* bedeutet *faulenzen* im Sinn von *auf Kosten anderer leben.*
Die umgangssprachlichen Vokabeln *blaumachen* und *krankfeiern* werden im Zusammenhang mit dem Arbeits- und Berufsleben, aber auch mit der Schule gebraucht. Sie besagen, dass jemand grundlos und unentschuldigt nicht erscheint. Der Ausdruck *blaumachen* hat dabei seine Wurzeln in der Arbeit der Blaufärber im Mittelalter: Sie konnten *faulenzen,* während die frisch gefärbten Stoffe an der Luft trockneten und sich dabei die blaue Farbe entwickelte.

favorisieren begünstigen, bevorzugen, fördern, bevorrechten, Vorrechte einräumen, voranstellen, den Vorzug geben, vorziehen, über andere setzen, herausstellen

Favorit
1. Günstling, Liebling, Protegé, Schützling
2. wahrscheinlicher Sieger

Fax
1. Telefax, Fernkopie, Nachricht, Sendung
2. Faxgerät, Telefaxgerät, Fernkopierer

faxen telefaxen, als/per Fax senden, fernkopieren, zufaxen, durchfaxen

Faxen *ugs. für:* Unsinn, Dummheiten, Verrücktheit, Narrheit, Albernheit, Kinderei(en), törichte Einfälle, Torheiten, Späße, Possen; *ugs.:* Fez, Flausen, Firlefanz, Heckmeck, Kinkerlitzchen, Larifari, Zinnober,Schnickschnack

Fazit Ergebnis, Resultat, Schlussfolgerung, Resümee, Summe, Bilanz, Quintessenz, Folge, Effekt, Konsequenz, Produkt, Ertrag, Ausbeute, Gewinn, Endstand

Feature
1. *Musik:* Hörbild, Hörfolge, Hörspiel

2. Bericht, Reportage, Dokumentarbericht, Fernsehbericht
fechten die Klingen kreuzen, sich schlagen, kämpfen
Feder
1. Springfeder, Sprungfeder
2. Daune, Flaum; *landsch.:* Dune
3. Schreibfeder, Zeichenfeder
Federball Badminton
Federbett Plumeau, Deckbett, Oberbett, Bettdecke, Daunendecke; *landsch.:* Zudeck(e), Federdecke; *österr.:* Tuchent; *schweiz.:* Flaumdecke
Federfuchser → Pedant
federführend verantwortlich, maßgebend, zuständig, bestimmend, tonangebend, entscheidend, autoritativ
Federhalter Füllfederhalter, Füllfeder; *österr.:* Feder; *ugs.:* Füller
federn schwingen, schnellen, wippen
federnd elastisch, biegsam, dehnbar, flexibel, beweglich, geschmeidig, gelenkig, wendig, weich
Federvieh Geflügel, Nutzvögel
federweich → weich
Fegefeuer Vorhölle, Purgatorium
fegen
1. kehren, aufkehren, säubern, saubermachen, reinigen
2. sausen, brausen, rauschen, toben, tosen, stürmen, wüten, wehen
3. *ugs für:* angeben, prahlen, großtun, protzen, prunken, den großen Herrn spielen, auftrumpfen, aufschneiden, renommieren, sich brüsten, sich rühmen, sich aufspielen, sich aufblasen, sich aufplustern, eingebildet sein, seine Vorzüge betonen/herausstellen, sich in die Brust werfen, sich wichtigmachen
Fehde Streit, Feindschaft, Zwist, Kampf, Auseinandersetzung, Kontroverse, Konflikt, Zank, Händel, Hader, Feindseligkeit, Konfrontation, Gefecht, Reiberei, Unfriede, Zerwürfnis; *ugs.:* Krach, Stunk, Krieg
Fehlbetrag Defizit, Verlust, Minus, Manko, Unterschuss, Unterbilanz, Ausfall, Einbuße, Differenzbetrag
fehlen
1. abwesend/fort/fern/ausgeblieben/abgängig/absent sein, nicht anwesend/zugegen/da sein, abgehen, vermisst werden, fernbleiben, wegbleiben, sich fernhalten, durch Abwesenheit glänzen, ausfallen, nicht teilnehmen/kommen; *ugs.:* schwänzen, blaumachen
2. mangeln, knapp sein, vermissen, benötigen, brauchen, nicht genug haben, abgehen; *geh.:* gebrechen; *ugs.:* hapern
3. entbehren, Sehnsucht haben
4. → sündigen
Fehler
1. Inkorrektheit, Missgriff, Irrtum, Unstimmigkeit, Unrichtigkeit, Versehen, Fehlleistung, Fehlgriff, Lapsus, Fehlschluss, Verrechnung; *ugs.:* Schnitzer, Bock, Patzer
2. Fehltritt, Verstoß, Vergehen, Verfehlung, Taktlosigkeit, Zuwiderhandlung, Übertretung, Entgleisung, Fauxpas, Ungeschick; *ugs.:* Dummheit
3. Schwäche, Gebrechen, Mängel, Laster, Defekt, schwache Stelle, Nachteil, Unzulänglichkeit, Makel, wunder Punkt; *ugs.:* Macke
fehlerfrei → fehlerlos
fehlerhaft nicht einwandfrei, unvollkommen, den Anforderungen nicht entsprechend, voller Fehler, schadhaft, unzulänglich, mangelhaft, defekt, beschädigt, minderwertig, schlecht, ungenügend, halbwertig, zweitklassig, billig, miserabel; *ugs.:* dünn, nichts dran, mies, schäbig, lausig, unter aller Kanone/Kritik
fehlerlos fehlerfrei, vollkommen, vollendet, zutreffend, richtig, korrekt, tadellos, ohne Fehl, einwandfrei, ideal, makellos, untadelig, in Ordnung, genau, vorbildlich, perfekt, komplett, meisterhaft, lupenrein, mustergültig; *ugs.:* tipptopp, astrein
Fehlgeburt Abort(us), Abgang
fehlgehen
1. das Ziel verfehlen, einen falschen Weg einschlagen, sich verirren, die Orientierung verlieren, vom Weg abkommen, irregehen, sich verlaufen
2. sich irren, fehlschlagen, Fehler machen, sich täuschen, sich im Irrtum befinden, sich verrechnen, sich versehen, sich verkalkulieren, verkennen, danebenliegen, auf der falschen Fährte sein, einen falschen Weg einschlagen, irregehen, verblendet/im Irrtum sein; *ugs.:* sich vertun, auf dem Holzweg

sein, sich vergaloppieren, auf dem falschen Dampfer sitzen, schiefgewickelt sein, schiefliegen

Fehlgriff → Fehler

Fehlschlag
1. Fehlpass, Fehlschuss
2. Misserfolg, Versagen, Rückschlag, Katastrophe, Enttäuschung, Flop, Debakel, Durchfall, Niederlage, Fiasko, Misslingen, Ruin, Abfuhr, Bankrott, Pech, Niete; *ugs.:* Reinfall, Pleite, Schlappe, Panne, Blamage, kalte Dusche, Schlag ins Wasser, Schiffbruch; *derb:* Scheiße

fehlschlagen scheitern, misslingen, ohne Erfolg bleiben, Schiffbruch erleiden, stranden, straucheln, zerbrechen an, zugrunde gehen, missglücken, sich zerschlagen, schlecht ausgehen, zum Schlechten ausschlagen, keine Wirkung tun, nicht ankommen/wirken, ins Wasser fallen, das Ziel verfehlen; *ugs.:* baden gehen, auffliegen, platzen, danebengehen, in die Hose gehen, schiefgehen, nicht durchkommen, schieflaufen, quergehen

Fehltritt → Fehler

Fehlurteil Justizirrtum, Fehlentscheidung

Feier
1. Fest, Festlichkeit, Festveranstaltung, Festakt, Festsitzung, Feierstunde, Feierlichkeit, Ehrung, Empfang
2. Party, Festivität, Vergnügen, Lustbarkeit, geselliges/festliches Beisammensein, Gesellschaft, Geselligkeit, Hausball, bunter Abend, Veranstaltung, Ball, Gelage; *ugs.:* Fete, Budenzauber

feige: Von Angsthasen und Waschlappen

Wird jemand als *feige* bezeichnet, so hält man ihn für *ängstlich, furchtsam, übervorsichtig* und *schreckhaft*. Begriffe wie *Angsthase, Drückeberger, Memme, Waschlappen* oder *Duckmäuser* bringen das geringe Ansehen eines *Feiglings* sehr direkt zum Ausdruck.
Soll die geringe Wertschätzung dieses Charakterzuges allerdings nicht direkt und unmittelbar geäußert werden, kann man die rhetorische Stilfigur der »Litotes« verwenden. Bei der Litotes wird ein Begriff durch Verneinung seines Gegenteils besonders hervorgehoben. Ein *feiger* Mensch kann so als »nicht gerade einer der Tapfersten« oder als »nicht eben ein Held« umschrieben werden.

Feierabend
1. Dienstschluss, Arbeitsschluss, Büroschluss, Geschäftsschluss, Arbeitsruhe
2. Freizeit, Muße

feierlich festlich, würdevoll, weihevoll, solenn, erhaben, pathetisch, gehoben, getragen, andächtig, majestätisch, gravitätisch, zeremoniell, stimmungsvoll, galamäßig, glanzvoll

Feierlichkeit
1. Festlichkeit, festliche Atmosphäre, Erhabenheit, Würde, heiliger Ernst
2. → Feier

feiern
1. festlich begehen, zelebrieren; *schweiz.:* festen
2. ehren, verherrlichen, rühmen, bejubeln, loben, glorifizieren, Kult treiben mit, hochhalten, preisen, Beifall spenden
3. eine Gesellschaft/ein Fest geben, eine Feier veranstalten, sich belustigen, sich amüsieren, sich vergnügen; *ugs.:* abfeiern, zechen, durchmachen, eine Fete/Party machen, das Haus auf den Kopf stellen, eine Orgie veranstalten, es krachen lassen
4. → faulenzen

Feiertag Festtag

feige mutlos, ängstlich, furchtsam, übervorsichtig, kleinherzig, schwachherzig, angstvoll, schreckhaft, zaghaft; *ugs.:* hasenfüßig, zittrig, memmenhaft, schlottrig ⓘ

Feigling Angsthase, Drückeberger, Memme, Hasenfuß, Hasenherz, Schwächling, Weichling; *ugs.:* Flasche, Waschlappen, Duckmäuser, Schlappschwanz, Angstpeter, Angstmeier, Hosenscheißer, Kneifer, Schisser; *landsch.:* Bangbüx

feil
1. erhältlich, käuflich, verkäuflich, zu haben, vorrätig, auf Lager, vorliegend, verfügbar, parat
2. absetzbar, zu verkaufen, veräußerlich

feilbieten anbieten, anpreisen, ein Angebot machen, feilhalten, andienen, antragen, empfehlen, zum Kauf vorschlagen; *geh.:* offerieren

feilen an verbessern, bearbeiten, überarbeiten, vervollkommnen, korrigieren, schleifen an, ausfeilen, vervollständigen, perfektionieren; *ugs.:* den letzten Schliff geben, letzte Hand anlegen

feilhalten → feilbieten
feilschen handeln, herunterhandeln, abhandeln, handeln um, schachern, abdingen, den Preis drücken
fein
1. dünn, durchsichtig, durchscheinend, duftig, hauchfein, hauchzart, zart, zierlich, subtil, zerbrechlich, weich, fragil, grazil, wie aus Porzellan
2. → ausgezeichnet
3. von bester Qualität, erste Wahl, qualitätsvoll, edel, exquisit, erlesen, köstlich, schmackhaft, appetitlich, kulinarisch, lecker, pikant, delikat, aromatisch; *geh.:* süperb, deliziös; *österr.:* gustiös
4. empfindlich, exakt, genau, präzise, scharf, treffend, akkurat
5. feinsinnig, feinfühlig, gebildet, vornehm, kultiviert, stilvoll, nobel, distinguiert, solide, manierlich, gesittet, honorig
6. → elegant ⓘ
Feind Gegner, Widerpart, Widersacher, Gegenspieler, Gegenpart, Antipode, Rivale, Kontrahent, Opponent, Gegenseite, Antagonist, Konkurrent, Todfeind, Erzfeind
feindlich gegnerisch, feindselig, feindschaftlich, hasserfüllt, übelwollend, abgeneigt, böse, aggressiv, gehässig, erbittert, bissig, ablehnend
Feindschaft Gegnerschaft, Feindlichkeit, Feindseligkeit, Streit, Hass, Kampf, Unfrieden, Unversöhnlichkeit, Verbitterung, Krieg, Fehde, Zank, Bitterkeit, Zwist, Abneigung, Antipathie, Aversion, Unzuträglichkeit, Hader, Zerwürfnis, Zwietracht, Spannung, Konflikt, Kontroverse, Animosität, Rankünе

fein: Mit feiner Ironie

Die Aussagen »das ist ja eine *feine* Gesellschaft« oder »das sind ja *feine* Manieren« bringen meist keine aufrichtige Bewunderung zum Ausdruck, sondern sollen Verärgerung anzeigen.
Häufig wird so ironisch zum Ausdruck gebracht, dass der Sprecher weder die Gesellschaft noch die Manieren für *fein*, sondern vielmehr für *unhöflich* oder *grob* hält.

feindselig → feindlich
Feindseligkeit → Feindschaft
feinfühlig empfindsam, sensibel, zartfühlend, einfühlsam, empfindlich, zartbesaitet, feinsinnig, feinnervig, mimosenhaft, verletzlich, verletzbar, sensitiv, hellhörig
Feingefühl → Zartgefühl
feingliedrig → zart
Feinheit
1. Zartheit, Subtilität, Qualität, Raffinesse, Feine, Kostbarkeit, Anmut, Raffinement, Finesse, Erlesenheit, Exklusivität
2. Nuance, Differenziertheit, Verfeinerung, Einzelheit, Unterschied
3. Vornehmheit, Distinktion, Noblesse, Erhabenheit
Feinkost Genussmittel, Leckerbissen, Delikatessen, Köstlichkeiten, Gaumenfreuden, Lebensmittel; *österr.:* Gustostückerl; *schweiz.:* Schleck; *landsch.:* Schmankerl
feinmachen, sich → herausputzen, sich
feinnervig → feinfühlig
Feinschmecker Gourmet, Schlemmer, Schwelger, Genießer, Kulinarier, Lukullus, feine Zunge, feiner Gaumen, Kenner
feinsinnig → feinfühlig
feist dick, fett, fest, stark, korpulent, beleibt, drall, fleischig, wohlgenährt, speckig, üppig, mächtig, massig, mollig, füllig, rund, voluminös, voll; *ugs.:* prall, mopsig, kugelig
feixen *ugs. für:* grinsen, grienen, hohnlachen, kichern, die Zähne blecken, belächeln, in Gelächter ausbrechen, auslachen, sich lustig machen/mokieren über, verlachen, verspotten; *ugs.:* sich totlachen/kranklachen/schieflachen über, sich einen Ast lachen
Feld
1. Acker, Flur, Land, Pflugland, Ackerboden, Ackerland, landwirtschaftliche Nutzfläche, Grund und Boden, Erde
2. → Gebiet
3. → Fach
4. Kampfplatz, Schlachtfeld, Front, Kriegsschauplatz, Kampfzone
Feldherr Führer, Heerführer, Befehlshaber, Imperator
Feldsalat Ackersalat, Rebensalat; *volkst.:* Rapunzel, Nüsschen, Nisselsalat, Schafmäulchen, Mausöhrchen; *österr.:* Vogerlsalat
Feldstecher → Fernglas
Feldzug
1. Kriegszug, Heereszug, Militäraktion, Militäroperation, Krieg
2. Kampagne, Vorstoß, Aktion, Maßnahme
Felge Radkranz

F

F

Fell Haut, Pelz, Schwarte, Haardecke, Haarkleid, Balg, Vlies
Fels Felsblock, Felsbrocken, Felsgestein, Felsen; *geh.:* Gefels
felsenfest ganz fest, sehr stark, unerschütterlich, gewiss, unbeirrt, eisern, hart, stählern, standhaft, willensstark, unbeugsam, unnachgiebig, wie ein Fels
felsig steinig, voller Steine/Felsen
feminin weiblich, fraulich, frauenhaft; *abwertend:* weibisch
Feministin Frauenrechtlerin, Frauenkämpferin, Emanzipierte, emanzipierte Frau; *hist.:* Suffragette, Amazone; *abwertend:* Emanze
Fensterbrett Fensterbank, Fenstersims, Fensterbord
Ferien Urlaub, Erholungszeit, Reisezeit, Pause
Ferkel → Schwein
fern
1. weit, entfernt, entlegen, in der Ferne, fernab, weitab, abseits, fernliegend, abgelegen, unbekannt, fremd, abgeschieden, unzugänglich, unerreichbar; *ugs.:* jwd, weit weg/vom Schuss, am Ende der Welt; *derb:* am Arsch der Welt
2. vergangen, der Vergangenheit angehörig, überlebt, gewesen, aus früheren/verflossenen Tagen, vorbei
fernbleiben → fehlen
Fernblick → Ausblick
Ferne
1. Weite, Abstand, Entfernung, Distanz, Zukunft, Vergangenheit, Gestern
2. Ausland, Übersee, die weite Welt
ferner außerdem, ebenfalls, weiterhin, dazu, überdies, weiter(s), zudem, des Weiteren, daneben, ansonsten, sonst, zusätzlich, zum andern, auch, obendrein, darüber hinaus, und, alsdann
Fernglas Fernrohr, Feldstecher, Teleskop, Sehrohr, Opernglas; *ugs.:* Gucker
fernhalten zurückhalten, aufhalten, abhalten, Halt gebieten, nicht herankommen/in die Nähe lassen, den Zugang versperren/verhindern, schützen vor, abschirmen, abwehren, abschrecken, nicht zulassen; *ugs.:* vom Leibe/Hals halten
fernhalten, sich wegbleiben, fortbleiben, ausbleiben, fernbleiben, nicht teilnehmen/kommen, sich absondern, sich ausschließen
fernliegen nicht in den Sinn kommen, nicht in Erwägung ziehen, nicht im Traum daran denken/darauf kommen, nicht in Frage kommen, nicht auf die Idee/den Gedanken kommen, nicht erwägen/einfallen/beabsichtigen/vorhaben/wollen/planen/bezwecken, nicht zu tun gedenken, nicht abzielen auf, nicht im Schilde führen, nicht im Auge haben, sich nicht einfallen lassen, sich nicht mit dem Gedanken tragen
Fernrohr → Fernglas
Fernsehapparat → Fernsehgerät
fernsehen im Fernsehen ansehen/verfolgen, vor dem Fernseher sitzen; *ugs.:* in die Röhre schauen/gucken/glotzen, Fernsehen gucken/schauen, zappen, durch die Kanäle zappen
Fernsehgerät Fernsehapparat, Fernsehempfänger, Bildfunk, Bildschirm, Fernseher, Television, TV; *ugs.:* Glotze, Glotzofon, Glotzkasten, Glotzkiste, Glotzkommode, Apparat, Kiste, Flimmerkiste, Mattscheibe, Kasten, Röhre, Pantoffelkino, Showfenster
Fernsicht → Ausblick
Fernsprechbuch Telefonbuch, Fernsprechverzeichnis, Teilnehmerverzeichnis
Fernsprecher Telefon, Apparat, Fernsprechapparat; *ugs.:* Strippe
fernstehen jmdm. fremd/nicht vertraut sein, zu jmdm. ohne Beziehung sein/keine Beziehung haben
Fernstraße Fernverkehrsstraße, Schnellstraße, Überlandstraße, Autobahn, Highway
Fernweh Reiselust, Wanderlust, Fernlust, Sehnsucht nach der Ferne
Ferse Hacke(n)
fertig
1. abgeschlossen, vollendet, ausgeführt, fertiggestellt, beendet, erledigt; *ugs.:* fix und fertig
2. zu Ende, geschafft, unter Dach und Fach, aus sein, getan, vom Tisch sein, zum Abschluss gekommen/gelangt
3. bereit, startbereit, vorbereitet, so weit, gerüstet, gerichtet, zur Verfügung/Disposition/Hand, disponibel, verfügbar, in Bereitschaft
4. angezogen, gestiefelt und gespornt
5. reisefertig, abmarschbereit, abfahrbereit
6. beziehbar (Haus), bezugsfertig, komplett
7. zubereitet (Essen),

tischfertig, angerichtet, gar, gekocht
8. → erschöpft

fertigbekommen → fertigbringen

fertigbringen erreichen, zustande/zuwege bringen, können, in die Tat umsetzen, lösen, einlösen, ermöglichen, bewirken, geschickt anstellen, in die Wege leiten, arrangieren, in die Hand nehmen, vermögen, vollbringen, meistern, bewerkstelligen, ausrichten, verwirklichen, erzielen, leisten, realisieren, durchführen, wahr machen; *ugs.:* deichseln, machen, schaffen, durchziehen, schaukeln, drehen, fertigbekommen, fertigkriegen, auf die Beine stellen, hinbiegen, hinbekommen, hinkriegen

fertigen → anfertigen

Fertigkeit
1. Geschicklichkeit, Fähigkeit, Gewandtheit, Wendigkeit, Geschick, Fingerfertigkeit, Kunstfertigkeit
2. Erfahrung, Routine, Übung, Praxis, Technik

fertigkriegen → fertigbringen

fertiglesen zu Ende lesen, durchlesen, auslesen

fertigmachen
1. fertigstellen, vollenden, zu Ende führen, zum Abschluss bringen, abschließen, beenden, verrichten, vollstrecken, durchführen, erledigen, beendigen, abwickeln, leisten, ableisten, aufarbeiten, letzten Schliff geben, letzte Hand anlegen; *ugs.:* unter Dach und Fach bringen
2. zurechtmachen, bereitmachen, vorbereiten, präparieren, richten
3. → erschöpfen
4. → schimpfen
5. → quälen
6. ruinieren, zugrunde richten, ins Unglück stürzen, zunichtemachen, in den Abgrund stürzen, ans Messer liefern
7. → besiegen

fertigmachen, sich → sich einstellen auf

fertigstellen → fertigmachen

fertigwerden mit
1. bewältigen, meistern, vollbringen, schaffen, einer Sache gerecht werden, zurechtkommen mit, in den Griff bekommen, gewachsen sein, zurande kommen; *ugs.:* managen, hinkriegen, deichseln
2. → durchsetzen, sich
3. → überstehen

fesch
1. → elegant
2. → attraktiv

Fessel Zwang, Behinderung, Hemmnis, Einschränkung, Zwangsjacke, Abhängigkeit, Hemmschuh, Kette, Eisen, Einengung, Unfreiheit, Druck, Ballast, Handikap, Erschwernis, Hindernis ⓘ

fesseln
1. an Händen/Füßen binden, Ketten/Fesseln anlegen, anketten, anbinden, festbinden, knebeln
2. Interesse/Aufmerksamkeit/Spannung hervorrufen, in Atem halten, gefangen nehmen, in seinen Bann ziehen, bannen, absorbieren, mitreißen
3. → faszinieren

Fessel: Stricke, Handikaps und andere Hindernisse

Eine *Fessel* ist im wörtlichen Sinn etwas, das jemandem um Arme oder Beine angelegt wird, um die Bewegungsfreiheit einzuschränken. Je nach Material kann es sich um eine *Leine,* einen *Strick* oder eine *Kette* handeln. Im übertragenen Sinn dient das Wort aber auch dazu, Bedeutungen im Sinn von »Lenkung, Einfluss« oder »Kontrolle« zu vermitteln. Eine *Fessel* kann also einerseits ganz real das *Band* sein, das jemandem umgelegt wird, oder andererseits bildlich die *Bande* bezeichnen, die für einen Menschen *Einengung, Abhängigkeit* und *Unfreiheit* bedeuten. Die Vokabel kann mithin gleichermaßen physischen wie psychischen *Zwang* ausdrücken, in jedem Fall geht es um *Unfreiheit.* Synonym dafür gebraucht man auch *Hemmnis, Erschwernis* und den englischen Ausdruck *Handikap,* der ursprünglich einen Wettbewerbsnachteil beim Sport bezeichnet.
Auch die bildlich benutzten Synonyme *Hemmschuh* und *Zwangsjacke* haben einen realen Ursprung. Ein *Hemmschuh* (oder auch *Bremsschuh*) ist zunächst die keilförmige Platte, die vor das Hinterrad gelegt wird, um geparkte Fahrzeuge am Wegrollen zu hindern. Bei der *Zwangsjacke* handelt es sich um eine Jacke aus Segeltuch mit besonders langen Ärmeln ohne Öffnung, deren Enden auf dem Rücken zusammengebunden sind. Diese Art der *Fessel* wird in der Psychiatrie verwendet. Wenn man jemandem auf diese Weise im übertragenen Sinne *Fesseln anlegt* beziehungsweise ihn *in Fesseln schlägt,* steckt man ihn in eine *Zwangsjacke* oder legt ihm einen *Hemmschuh* in den Weg.

F

fesselnd
1. → spannend
2. → attraktiv
fest
1. hart, stählern, steinern, dick, steif, trocken, erstarrt, starr, eisern
2. haltbar, stabil, strapazierfähig, massiv, solid(e), widerstandsfähig, unverwüstlich, unzerbrechlich, bruchfest, kompakt
3. sicher, dauerhaft, verbindlich, feststehend, unlösbar, beständig, langlebig, bleibend, unverbrüchlich, dauernd, von Dauer/Bestand, bindend, für immer, unzerstörbar, stetig, zuverlässig, unerschütterlich, untrennbar, unauflöslich
4. standhaft, unnachgiebig, unbeugsam, beharrlich, hartnäckig, willensstark, aufrecht
Fest
1. → Festtag
2. → Feier
3. Ereignis, Spektakel, Happening, Show, Event
Festakt → Feier
Festbankett → Festessen
festbeißen, sich → verbeißen, sich
festbinden
1. zusammenbinden, anbinden, zuschnüren, verknüpfen, befestigen, anschnallen, festmachen; *ugs.:* anmachen
2. → fesseln
festbleiben durchhalten, ausharren, ausdauern, aushalten, standhalten, auf dem Posten bleiben, dabeibleiben, einer Sache treu bleiben, nicht weichen/wanken/nachlassen/nachgeben/aufgeben, nicht ablassen/abgehen von, sich nicht abbringen/beirren lassen, unbeirrt fortführen, weitermachen, beharren, sich behaupten, bestehen auf, sich durchsetzen, sich bewähren, hart bleiben, sich nicht vertreiben lassen, beharrlich/beständig sein, widerstehen, sich widersetzen; *ugs.:* dranbleiben, durchziehen, bei der Stange bleiben, das Feld behaupten, nicht schlappmachen, die Ohren steifhalten
Festessen Tafel, Bankett, Festbankett, Mahl, Festmahl, Schmaus, Festschmaus, Diner, Galadiner, Galaessen, Gastmahl, Ehrenmahl, Festgelage; *ugs.:* Göttermahl; *derb:* großes Fressen
festfahren stecken bleiben, in eine Sackgasse geraten, auf der Strecke bleiben, festlaufen, festsitzen, festliegen, stocken, ins Stocken geraten, erlahmen, stagnieren, sich verrennen; *ugs.:* nicht ein noch aus wissen
festhalten fixieren, konservieren, einfangen, registrieren, → aufschreiben
festhalten an
1. → aufrechterhalten
2. → bestehen auf
festhalten, sich sich klammern an, nicht loslassen, sich anhalten, sich anklammern, umklammern, sich anhängen
festigen stärken, kräftigen, stabilisieren, stützen, abstützen, befestigen, verankern, konsolidieren, erhärten, zementieren, ausbauen, erstarken, sichern, vertiefen, fundieren, untermauern, verdichten
Festigkeit
1. Härte, Dichte, Stabilität, Zähigkeit, Widerstandsfähigkeit, Resistenz, Haltbarkeit
2. → Beständigkeit
Festigung Stärkung, Stabilisierung, Stützung, Befestigung, Konsolidierung, Ausbau, Kräftigung, Zementierung, Sicherung, Vertiefung, Verdichtung, Verankerung
Festival Festspiele, Festwoche, Veranstaltungsreihe
Festivität → Feier
festkleben
1. → ankleben
2. haften, festsitzen, fest sein, halten, kleben; *ugs.:* pappen, zusammenpappen; *österr.:* picken
Festland Kontinent
festlegen
1. → anberaumen
2. → abmachen
3. beim Wort nehmen, nötigen; *ugs.:* festnageln
festlegen, sich sich binden, sich verpflichten, sein Wort geben, eine Bindung eingehen, eine Verpflichtung auf sich nehmen, ganz fest/verbindlich zusagen, fest versprechen
Festlichkeit
1. → Feier
2. → Feierlichkeit
festliegen
1. festsitzen, festgelaufen/festgefahren/aufgelaufen/auf Grund gelaufen/stecken geblieben sein
2. → feststehen
festmachen
1. → befestigen
2. → abmachen
3. anlegen, vor Anker gehen, ankern
Festmahl → Festessen
festnageln → festlegen
Festnahme Inhaftierung, Verhaftung, Gefangennahme, Ergreifung
festnehmen verhaften, gefangen nehmen/setzen,

ins Gefängnis stecken, unschädlich/dingfest machen, inhaftieren, in Haft/Gewahrsam/Verwahrung nehmen, einsperren, in Arrest bringen/stecken, internieren, arretieren, festsetzen, festhalten, abführen, aufgreifen, ergreifen, abholen, jmds. habhaft werden, fangen, erwischen, fassen; *ugs.:* hinter Schloss und Riegel/schwedische Gardinen bringen, einlochen, schnappen, kriegen, wegbringen, kaschen, kassieren, einbunkern, einbuchten, eingittern, einkasteln

Festplatte *EDV:* Speicher, Festspeicher, Festplattenspeicher, Magnetplattenspeicher

festschnallen → anschnallen

festsetzen

1. → anberaumen
2. → abmachen
3. → festnehmen

festsetzen, sich → einnisten, sich

festsitzen → festliegen

Festspiele → Festival

feststehen sicher/endgültig/gewiss/verbindlich/festgesetzt/abgemacht/fixiert/beschlossen/ausgemacht/vereinbart/abgesprochen/bestimmt/verabredet/anberaumt sein, außer Zweifel stehen, keinem Zweifel unterliegen

feststellen

1. ermitteln, ausfindig machen, in Erfahrung bringen, ergründen, herausfinden, herausbekommen, erforschen, diagnostizieren, eruieren, klären, lokalisieren, auskundschaften, ans Licht bringen, identifizieren, ersehen; *ugs.:* dahinterkommen, herauskriegen
2. merken, bemerken, wahrnehmen, innewerden, lokalisieren, gewahren, registrieren, gewahr werden; *ugs.:* spannen, mitkriegen
3. zum Ausdruck bringen, konstatieren, sagen, äußern, betonen, niederlegen, hervorheben, herausstellen, hinweisen auf, unterstreichen, ausdrücklich erwähnen; *geh.:* postulieren
4. erkennen, sehen, einsehen, die Erfahrung machen, zu der Erkenntnis kommen ⓘ

Die vielen Arten, etwas festzustellen

Für das Wort *feststellen* gibt es eine Vielzahl fremdsprachlicher Synonyme, die den deutschen Begriff in speziellen Bereichen und Zusammenhängen besonders treffend ersetzen können.
Erkennt ein Arzt, worunter ein Patient leidet, dann *diagnostiziert* er dessen Krankheit. Stellt er zudem fest, wo sich der Krankheitsherd befindet, so *lokalisiert* er diesen. Außerhalb der Medizin bezeichnet das Wort *lokalisieren* das Auffinden und genaue Bestimmen von Orten. Begibt sich jemand auf die Suche nach bestimmten Informationen, dann versucht er diese zu *eruieren*. Eine Person *identifizieren* bedeutet, ihre Identität aufzudecken. Nimmt man etwas zur Kenntnis, *registriert* man es, stellt man aber z. B. eine Veränderung ganz explizit fest, so *konstatiert* man diese.

Feststellung

1. Aussage, Äußerung, Bemerkung, Statement, Behauptung, Darlegung, Konstatierung
2. Befund, Diagnose, Erkenntnis, Beurteilung, Ergebnis, Resultat

Festtag Feiertag, Ehrentag, Fest

Festung

1. Befestigungsanlage, Verteidigungsanlage, Bollwerk, Fort, Befestigung, Bastion, Zitadelle, Festungsbau, Burg, Wall, Feste, Kastell, Schanze, Bastei, Wehr
2. Festungshaft, Festungsarrest, Freiheitsentzug, Gewahrsam

Festwoche → Festival

Festzug Umzug, Prozession

Fete → Feier

fett

1. üppig, kräftig, fruchtbar, gehaltvoll, gehaltreich
2. → einträglich
3. fettig, ölig, speckig, fetthaltig, fetttriefend, schmalzig, schmierig, tranig
4. → dick
5. *jugendsprachl. für:* großartig, hervorragend, genial; *jugendsprachl.:* geil, cool, derbe

Fett Speck, Schmalz, Fettpolster, Fettgewebe, Fettmasse, Schmer, Flom(en)

fettfrei fettlos, mager, kalorienarm

fettig → fett

fettleibig → dick

Fettleibigkeit → Körperfülle

fettreduziert fettarm, kalorienarm, gesundheitsbewusst, mager, leicht, light

Fettwanst

1. *ugs. für:* Dicke(r); *ugs.:* Kloß, Dickerchen, Pummel, Pummelchen, Mops,

Bulle, Koloss, Kugel, Fettsack, Brocken, Fass, Tonne, Nudel
2. Schmerbauch; *ugs.:* Wampe, Dickbauch, Fettbauch, Ranzen

fetzen
1. *jugendsprachl. für:* mitreißen, begeistern, anregen, berauschen, entzücken
2. *ugs. für:* rasen, rennen, laufen, stürmen, eilen, sprinten, jagen, hasten, hetzen
3. reißen, wegreißen, herunterreißen, abreißen, abrupfen

Fetzen
1. Lumpen, Lappen, Plunder
2. Streifen, Schnitzel, Schnipsel, Stück(e); *ugs.:* Schnippel

fetzen, sich *jugendsprachl. für:* sich streiten, sich anfeinden, sich zanken, aneinandergeraten; *ugs.:* sich zoffen

feucht
1. nass, klamm, nässlich, humid
2. verregnet, regnerisch, tröpfelnd
3. benetzt, begossen, bewässert, beträuft
4. angelaufen, überzogen, beschlagen

feuchtfröhlich beschwingt, heiter, weinselig, bierselig, fidel, angeheitert, alkoholisiert, vergnüglich, ausgelassen, berauscht, angetrunken; *ugs.:* bezecht, angesoffen, angesäuselt, bedudelt, beschwipst, benebelt, beduselt, angetüdelt

Feuchtigkeit Nässe, Nass, Humidität

feudal
1. ritterlich, höfisch, adlig, aristokratisch, edelmännisch, junkerlich
2. prunkvoll, vornehm, fürstlich, prachtvoll, nobel, fein, distinguiert, erlaucht, herrschaftlich, kultiviert
3. luxuriös, verschwenderisch, prassend, überladen, üppig, strotzend

Feuer
1. Brand, Flammen, Feuersbrunst, Feuersnot, Schadenfeuer, Flammenmeer, Flammensäule
2. Kugelfeuer, Beschuss, Schusswechsel, Feuerwechsel, Feuergefecht, Kugelhagel, Bombardement, Trommelfeuer
3. → Leidenschaft

Feuerleger → Brandstifter

feuern
1. → schießen
2. *ugs. für:* schleudern, werfen, hinwerfen; *ugs.:* schmeißen, hinschmeißen, hinpfeffern, hinschmettern
3. → entlassen

Feuerprobe Feuertaufe, Prüfstein, Bewährungsprobe

Feuerwechsel → Schusswechsel

Feuerwehr Löschzug, Feuerwehrauto

Feuilleton
1. Kulturteil, Kulturbeilage, Unterhaltungsteil, Unterhaltungsbeilage
2. → Aufsatz

feurig
1. feuerrot, feuerfarben
2. → leidenschaftlich

Fez → Unsinn

Fiasko Fehlschlag, Rückschlag, Misserfolg, Enttäuschung, Debakel, Niederlage; *ugs.:* Reinfall, Pleite, Katastrophe, Schiffbruch

Fiber Faser, Fibrille

ficken → koitieren

fickrig → nervös

fidel → lustig

Fieber
1. erhöhte Temperatur
2. Erregung, Rausch, Eifer, Betriebsamkeit, Überschwang

fieberhaft
1. fiebrig, fieberkrank; *Med.:* febril
2. eifrig, ungeduldig, krampfhaft, hastig, angespannt, aufgeregt, emsig, geschäftig, beflissen, ehrgeizig, stürmisch, eilfertig, überstürzt, in rasender Eile, Hals über Kopf
3. unruhig, erwartungsvoll, gespannt, bebend, zitternd, nervös; *ugs.:* auf Kohlen sitzend, mit Herzklopfen

fiebern
1. Fieber/Temperatur haben, fiebrig sein
2. erwarten, aufgeregt/aufgewühlt/gespannt/erwartungsvoll/nervös sein, zittern; *ugs.:* auf heißen/glühenden Kohlen sitzen, Herzklopfen haben

fiebern nach ersehnen, sich sehnen/verlangen/gieren/lechzen/schmachten/dürsten/hungern nach, begehren; *ugs.:* darauf brennen, versessen sein auf, haben wollen, toll sein nach

fiebrig → fieberhaft

Fi(e)del *ugs. für:* Violine, Geige

fies → ekelhaft

fighten → kämpfen

Figur
1. Wuchs, Gestalt, Körper, Körperbau, Körperform, Statur, Konstitution, Erscheinung, Bau, Typ
2. Plastik, Statue, Skulptur, Standbild

figurativ
1. figürlich, bildlich, gleichnishaft, übertragen,

metaphorisch, sinnbildlich
2. darstellend, konkret, als Beispiel dienend, gegenständlich, plastisch, anschaulich

figurieren erscheinen/auftreten/fungieren/agieren als, darstellen, spielen, die Rolle einnehmen, verkörpern, mimen, vorstellen

figürlich → figurativ

Fiktion
1. Erfindung, Erdichtung, Ausgedachtes, Fantasie, Einbildung, Illusion, Imagination, Vorstellung, Utopie, Traum, Wunschtraum, Luftschloss, Vision; *ugs.:* Hirngespinst, Seifenblase
2. Unterstellung, Annahme, Falschannahme, Vermutung, Konstruktion, Hypothese, Idee

fiktional → fiktiv

fiktiv erdacht, erfunden, erdichtet, fiktional, gedacht, ausgedacht, angenommen, unwirklich, vorgestellt, ideell, fingiert, hypothetisch, vorgetäuscht; *geh.:* irreal, imaginär, illusorisch

Filiale Zweigniederlassung, Zweiggeschäft, Zweigstelle, Nebenstelle, Tochterfirma, Tochterunternehmen, Außenstelle, Niederlassung, Agentur, Vertretung; *österr.:* Expositur; *schweiz.:* Ablage

Filius → Sohn

Film
1. Bildstreifen, Bildfolge, Filmwerk
2. Filmrolle, Filmband
3. Überzug, Schicht, dünne Schicht, Belag, Lage, Bedeckung

filmen (einen Film) drehen, verfilmen, mit der Kamera aufnehmen; *ugs.:* kurbeln

Filmfan → Cineast

Filmtheater Kino, Lichtspielhaus, Lichttheater, Filmpalast, Filmbühne; *ugs.:* Kintopp

Filou
1. Spitzbube, Schelm, Schlaukopf, schlauer Fuchs; *ugs.:* Schlitzohr, Schlauberger, Schlaumeier, Luder, Schlawiner
2. → Betrüger

filtern filtrieren, sieben, durchsieben, klären, durch den Filter/das Sieb laufen lassen, seihen, durchseihen

filzen
1. durchsuchen, nachsuchen, absuchen, abtasten, inspizieren
2. → stehlen

Fimmel → Marotte

Finale
1. Endrunde, Endspiel, Endkampf, Spurt, Endspurt, Entscheidungsphase, Finish, Schlussrunde, Schlusskampf
2. Ende, Ausgang, Ausklang, Schlussakt, Schlussteil, Schluss, Abschluss, Auslauf

Finanzen
1. Geld, Geldmittel, Vermögen, Kapital, Kapitalien, Barschaft, Guthaben
2. Geldverhältnisse, Vermögensverhältnisse, Finanzlage, Kapitallage, Finanzkraft
3. Staatshaushalt, Staatsetat, Staatseinkünfte, Budget

finanziell geldlich, geldmäßig, pekuniär, wirtschaftlich

finanzieren die Kosten tragen/bestreiten/übernehmen, aufkommen für, die Geldmittel zur Verfügung stellen, subventionieren, bezuschussen, bezahlen

finanzschwach → zahlungsunfähig

finanzstark → reich

finden
1. entdecken, vorfinden, auffinden, antreffen, ausfindig machen, stoßen auf, aufspüren, gewahren, erblicken, sichten, sehen, erkennen, orten, ermitteln, feststellen, herausfinden, herausbekommen, auf die Spur kommen, aufstöbern, ausmachen, einen Fund machen, in die Hände fallen, zutage fördern/bringen, ans Licht bringen; *ugs.:* auftreiben, aufgabeln, auflesen, auffischen, herauskriegen, herausbringen
2. halten für, meinen, glauben, der Meinung/Ansicht sein

finden, sich
1. zum Vorschein/an die Oberfläche kommen, auftauchen, sich zeigen, aufkreuzen
2. sich gegenübersehen, sich vorfinden
3. zusammenfinden, zusammenkommen, ein Paar werden
4. zu sich kommen, in sich gehen
5. sich herausstellen, sich ergeben, sich erweisen
6. vorkommen, in Erscheinung treten, auftreten, vorhanden sein

findig → schlau

Finesse
1. Kniff, Trick, Kunstgriff, Praktik, Schliche; *ugs.:* Dreh, Masche
2. Feinheit, Raffinesse, Raffinement, Einzelheit, Spitzfindigkeit, Detail

Finetuning Feinabstimmung, Feinjustierung, Endanpassung, Feinsteuerung

F

F

fingerfertig praktisch, geschickt, gewandt, handfertig, anstellig, gelenkig, wendig, beweglich, kunstfertig
Fingerfertigkeit → Fertigkeit
Fingerspitzengefühl Einfühlungsvermögen, Einfühlungskraft, Einfühlungsgabe, Zartgefühl, Feingefühl, Verständnis, Einsicht, Gespür, Behutsamkeit, Sensibilität, Takt, Empfinden; *ugs.:* Antenne, Draht
Fingerzeig Hinweis, Wink, Zeichen, Andeutung, Tipp, Anspielung
fingieren vortäuschen, erdichten, vorgeben, vorspiegeln, vormachen, vorgaukeln, so tun als ob, sich verstellen, heucheln, Theater spielen, simulieren, vorschützen, mimen, bluffen, sich den Anschein geben
Finish → Finale
finster
1. dunkel, düster, schwarz, stockdunkel, schummrig; *ugs.:* duster, zappenduster, rabenschwarz, pechschwarz
2. mürrisch, unfreundlich, unwirsch, unleidlich, verdrossen, missmutig, verstimmt, übelgelaunt, verdrießlich, misslaunig, missgestimmt, missgelaunt; *ugs.:* grantig, sauer, muffig
3. unheimlich, unheilvoll, obskur, ominös, suspekt, nicht geheuer, vage, nebulös, rätselhaft, zweideutig, halbseiden, undurchsichtig, zweifelhaft
Finsternis → Dunkel
Finte Vorwand, List, Falle, Täuschungsmanöver, Kniff, falsche Fährte, Irreführung, Bluff, Behelf; *ugs.:* Dreh
fipsig dünn, dürr
Firlefanz
1. Beiwerk, Tand, Tandwerk, Flitter, Flitterkram, Ramsch, Zierrat, Kinkerlitzchen, Talmi, Plunder, Schund, Kram, Kitsch, Zeug; *ugs.:* Klimbim, Schnickschnack, Krempel, Krimskrams
2. → Unsinn
firm beschlagen, sicher, geübt, erfahren, bewandert, versiert, sachverständig, sachkundig, sattelfest, geschult, gebildet, qualifiziert, kenntnisreich; *ugs.:* fit, in Form, auf der Höhe
Firma Geschäft, Betrieb, Unternehmen, Werk, Fabrik, Anlage, Konzern, Gesellschaft, Haus, Werkstatt
Firmament Himmelsgewölbe, Himmelszelt, Himmelsdach, Himmelsdom, Sternenzelt, Sternenhimmel, Äther
firmen einsegnen, konfirmieren, Sakrament spenden
Firnis
1. Politur, Anstrich, Überzug, Film
2. Schein, Fassade, Tünche, Bluff, Täuschung, Trug
First
1. Mauerkrone, Giebel, Dachfirst
2. Gebirgskamm, Kuppe, Spitze, Höhe, Scheitel
fischen angeln, Fische fangen; *ugs.:* den Wurm baden
Fischzug
1. Fischfang, Fischerei, Fang
2. *ugs.:* Beute, Treffer, Coup, Gewinn, Erfolg, Wurf, Gelingen
Fiskus Staatskasse, Staatsvermögen, Staatsschatz, Staatsgelder, Finanzen, öffentliche Mittel, Finanzamt, Finanzverwaltung
fit
1. leistungsfähig, trainiert, in Form, topfit, vorbereitet, qualifiziert, in guter körperlicher Verfassung, sich wohlfühlend, Kondition habend; *ugs.:* auf der Höhe
2. gesund, kraftvoll, rüstig, frisch, kräftig
Fitness
1. Leistungsfähigkeit, Leistungspotenzial, Leistungsvermögen, Kondition, Ausdauer, Kraft, Energie, Wellness
2. Fitnesstraining, Körpertraining, Krafttraining, Muskeltraining, Ausdauertraining, Bodybuilding
Fitnesscenter Fitnessklub, Fitnessstudio, Gym; *ugs.:* Muckischmiede, Muckibude; *veraltend:* Kraftraum
Fittich Flügel, Schwinge
fix
1. fest, feststehend (Kosten)
2. → gewandt
3. schnell, blitzschnell, flink, eilig, flott, zügig, rasant
fixen Heroin spritzen/einspritzen; *ugs.:* sich einen Schuss setzen, schießen, an der Nadel hängen, knallen, drücken, drauf sein
Fixer Drogensüchtiger, Drogenabhängiger; *ugs.:* Junkie, Freak
fixieren
1. festhalten, protokollieren, niederlegen, niederschreiben, aufzeichnen, registrieren, vermerken, notieren

2. → abmachen
3. → befestigen
4. beständig/haltbar machen, konservieren, festigen, härten, stabilisieren
5. → anstarren
6. **sich fixieren auf** sich konzentrieren/versteifen/festlegen auf, sich binden an, angewiesen sein auf, abhängig sein von

Fixum festes Gehalt/Einkommen, Festlohn

fix und fertig → erschöpft

Fjord Meeresbucht, Meeresarm, Meeresbusen, Bai, Bucht, Golf, Förde

flach
1. eben, glatt, waagerecht, platt, plan, gerade, breitgedrückt, ausgedehnt, ausgestreckt
2. niedrig, von geringer Höhe, klein, fußhoch, untief, seicht
3. fad(e), abgedroschen, oberflächlich, nichtssagend, banal, unbedeutend, verwässert, ohne Gehalt, abgeschmackt, trivial, geistlos, phrasenhaft, hohl, gewöhnlich, schal, inhaltsleer, vordergründig; *ugs.:* ausgeleiert

Fläche
1. Ebene, Tafel, Platte, Flachland, Plateau, Plattform
2. → Gebiet

Flachland → Ebene

flachsen → scherzen

flackern züngeln, zucken, flacken, wabern, unruhig brennen, lodern

Flagge → Fahne

flaggen die Flagge/Fahne hissen/aufziehen/setzen/hochziehen

flagrant → offenbar

Flair → Reiz

Flamme
1. Feuer, Lohe, Brand
2. → Geliebte

Flaschen in vielerlei Gestalt

Für das meist gläserne Gefäß zur Aufbewahrung von Flüssigkeiten werden besonders im niederdeutschen Sprachraum umgangssprachlich auch die Wörter *Pulle* (lateinisch *ampulla* = »kleine Flasche«) und *Buddel* (vom gleichbedeutenden französischen *bouteille*) gebraucht. Durch Zusammensetzungen lässt sich der Begriff präzisieren, zum Beispiel nach Inhalt (*Weinflasche, Milchflasche*), Material (*Glasflasche, Plastikflasche*) oder Verwendungszweck (*Wärmflasche, Tropfflasche*). Das Wort *Flaschenhals,* das den schmalen Teil zwischen Öffnung und Bauch bezeichnet, wird übertragen auch im Sinn von *Engpass* gebraucht.
In verschiedenen umgangssprachlichen Redensarten wird *Flasche* auch als Tabuwort für übertriebenen Alkoholgenuss verwendet: *Oft zur Flasche greifen* sowie *zu tief in die Flasche schauen* bedeuten beide »zu viel Alkohol trinken«. Ebenso umgangssprachlich ist die Redensart *eine Flasche köpfen* für das Öffnen einer Flasche Wein oder Sekt.
Nichts mit Alkohol zu tun hat dagegen die Redewendung *einem Kind die Flasche geben,* wenn man einen Säugling mit dem Fläschchen füttert. *Flaschenkind* nennt man einen Säugling, der im Gegensatz zum Brustkind mit Milch aus der Flasche ernährt wird.
Darüber hinaus hat *Flasche* umgangssprachlich auch die Bedeutung von Versager. Wer als *Flasche* tituliert wird, hat möglicherweise nicht nur etwas nicht geschafft, sondern auch wenig Mut. Insofern kann das Wort auch im Sinn von *Angsthase, Drückeberger, Feigling* oder *Schwächling* gebraucht werden. Dafür gibt es zudem eine ganze Reihe von Synonymen, die ebenfalls umgangssprachlich sind, zum Beispiel *Niete, Null, Pfeife* oder *Waschlappen.* Sehr derb sind die Ausdrücke *Hosenscheißer, Schisser* und *Schlappschwanz.*

flammen
1. brennen, flackern, lohen, lodern, züngeln, wabern, in Flammen stehen, glimmen
2. glühen, blitzen, leuchten, aufleuchten, glänzen, strahlen, funkeln

flammend
1. lohend, lodernd, lichterloh, wabernd, wallend, flackernd
2. → leidenschaftlich

Flammenmeer Brand, Flammensäule, Feuersbrunst, Schadenfeuer, Feuer

flanieren schlendern, wandeln, spazieren (gehen), lustwandeln, umhergehen, umherschlendern, promenieren, sich ergehen, bummeln, einen Spaziergang/Bummel machen

Flanke
1. Seite, Flügel, Seitenteil
2. Weiche
3. Vorlage, Abgabe, Pass, Abspiel, Zuspiel

Flasche
1. *ugs.:* Pulle, Buddel, Bottel
2. *ugs. für:* Versager, Feigling, Angsthase, Drückeberger, Schwächling; *ugs.:* Niete, Waschlappen, Hosenscheißer, Kneifer, Schlappschwanz, Schisser, Null, Nulpe, Pfeife ⓘ

Flatrate (niedriger) Pauschaltarif, Pauschalpreis, Pauschalgebühr
Flatscreen Flachbildschirm, Computerbildschirm, Monitor
flatterhaft unbeständig, leichtfertig, leichtlebig, wankelmütig, unzuverlässig, launenhaft, unstet, unberechenbar, veränderlich, wechselnd, wandelbar, schwankend, sprunghaft, wechselhaft, wetterwendisch, unsolide, inkonsequent
flattern
1. fliegen, schwirren, durch die Luft schießen, segeln, schwingen
2. wehen, baumeln, sich bewegen; *ugs.:* bammeln, schlackern
flau
1. schwach, leicht übel, schwächlich, schlecht, matt, unpässlich, indisponiert, schlaff, schlapp, kraftlos, weichlich, unwohl, hungrig; *ugs.:* blümerant, verkatert, mau, mies
2. → schal
3. → langweilig
Flaum
1. Federn, Daune; *landsch.:* Dune
2. Milchbart
flauschig weich, flockig, flaumig, zart, wollig, flaumweich; *ugs.:* puschelig
Flausen
1. → Unsinn
2. → Allüren
Flaute
1. Windstille, Kalme
2. Baisse, Konjunkturrückgang, Konjunkturniedergang, Rezession, Tiefstand, Tiefpunkt, Krise, Depression; *ugs.:* Ebbe
Fläz → Flegel

flechten ineinander schlingen, binden, zusammenflechten, zusammenknüpfen
Flechtwerk → Geflecht
Fleck(en)
1. Schmutzstelle, Klecks, Spritzer; *ugs.:* Klecker, Dreckfleck
2. Ort, Ortschaft, Landstrich, Siedlung, Winkel, Stelle, Platz
3. Flicken, Lappen
fleckig
1. beschmutzt, schmutzig, verschmutzt, unsauber, unrein, verunreinigt, befleckt, mit Flecken; *ugs.:* dreckig, speckig, versaut, vollgesaut
2. gefleckt, scheckig, gescheckt
Flegel Lümmel, Rüpel, Grobian, Rohling, Rowdy, Rabauke, Frechdachs, Lausejunge, Lausebengel, Lausebube; *ugs.:* Fläz, Schnösel, Lackel, Bauer, Klotz, Strolch, Stoffel
flegelhaft ungezogen, lümmelhaft, pöbelhaft, rüpelhaft, rüpelig, frech, unhöflich, ungehobelt, plump, ruppig, ohne Benehmen, ungebührlich, unerzogen, unmanierlich, rüde, derb; *ugs.:* fläzig, schnöselig
flegeln, sich *ugs. für:* sich lümmeln, sich hinlümmeln; *ugs.:* sich fläzen
flehen
1. erbitten, ersuchen, bestürmen, beschwören, erflehen, betteln, anbetteln, ansuchen, bedrängen, keine Ruhe geben, inständig/kniefällig bitten; *ugs.:* winseln, löchern, bohren, in den Ohren liegen, quengeln, die Hölle heißmachen, zu Füßen fallen, zusetzen
2. beten, anrufen

flehentlich inständig, kniefällig, fußfällig, demütig, demutsvoll, eindringlich, inbrünstig, innig, fest, sehnlich, stürmisch, intensiv, nachdrücklich, emphatisch, ernsthaft, von ganzem Herzen, beschwörend
Fleischbrühe Brühe, Kraftbrühe, Suppe, Bouillon, Konsommee
Fleischer Metzger, Schlachter; *österr.:* Fleischhauer, Selcher, Fleischhacker
Fleischerei Schlachterei, Metzgerei, Fleischerladen; *österr.:* Selcherei, Fleischhauerei
fleischig → dick
Fleischkloß Frikadelle, Klops, Fleischklops, Bulette
Fleiß
1. Arbeitsamkeit, Eifer, Arbeitsdrang, Arbeitseifer, Emsigkeit, Schaffensfreude, Arbeitsfreude, Tatendrang, Strebsamkeit, Aktivität, Beflissenheit, Mühe, Bereitwilligkeit, Arbeitsfreude
2. **mit Fleiß** → absichtlich
fleißig arbeitsam, arbeitsfreudig, arbeitswillig, aktiv, produktiv, leistungsfähig, leistungsorientiert, tätig, strebsam, bestrebt, bemüht, ehrgeizig, eifrig, tatkräftig, schaffensfreudig, schaffenslustig, nimmermüde, unermüdlich, rastlos, tüchtig, emsig; *österr.:* ambitioniert; *schweiz., landsch.:* schaffig
flektieren beugen, konjugieren, deklinieren
flennen → weinen
flexibel
1. → gewandt
2. → elastisch
3. anpassungsfähig, formbar, empfänglich, undog-

matisch, beeinflussbar, aufnahmefähig, elastisch

flicken stopfen, nähen, ausbessern, instand setzen, reparieren, richten

Flicken Fleck(en), Stück, Flicklappen; *ugs.:* Schnippel

Flickwerk Stümperei, Pfuscherei, Geschluder, Pfuscharbeit, Schluderarbeit, Stoppelwerk, Hudelei, Murkserei, Sudelei, schlechte Arbeit, Halbheit, Ausschuss; *ugs.:* Geschlampe, Murks, Bruch, Schrott

fliegen

1. flattern, schweben, schwingen, gleiten, segeln, schwirren, flirren, (Kreise) ziehen, durch die Luft schießen; *ugs.:* trudeln, kurven

2. mit dem Flugzeug reisen; *ugs.:* jetten

3. wirbeln, wehen, baumeln, stieben

4. → eilen

5. *ugs. für:* entlassen werden, gehen/seinen Hut nehmen/zurücktreten müssen, herausgeschmissen/herausgeworfen werden, den Abschied bekommen; *ugs.:* gegangen werden

fliegen auf eine Schwäche/ein Faible haben für, in Liebe entbrennen, sein Herz verlieren; *ugs.:* Feuer fangen, stehen auf, scharf/wild/versessen sein auf, verrückt sein nach

Flieger

1. → Pilot

2. → Flugzeug

fliehen

1. flüchten, entlaufen, entfliehen, ausbrechen, sich absetzen, fortlaufen, weglaufen, davonlaufen, die Flucht ergreifen, entkommen, davonrennen, das Weite suchen, Reißaus nehmen, entweichen, entwischen, entrinnen, wegschleichen, sich befreien, sich retten, sich in Sicherheit bringen; *ugs.:* abhauen, ausrücken, sich abseilen, durchbrennen, ausbüxen, sich aus dem Staub machen, türmen, sich verpfeifen, ausreißen, verduften, sich verdünnisieren, stiften gehen, durchgehen, auskneifen, Fersengeld geben, verschwinden, sich davonmachen, die Mücke machen

2. desertieren, fahnenflüchtig/abtrünnig werden, seinen Posten verlassen

3. meiden, aus dem Wege gehen, sich entziehen, ausweichen, umgehen, scheuen, einen Bogen machen um; *ugs.:* sich drücken vor, kneifen

Fliehkraft Zentrifugalkraft

Fliese Kachel, Platte

Fließblatt Fließpapier, Löschblatt, Löschpapier

fließen

1. strömen, rinnen, sprudeln, quellen, fluten, wallen, laufen, rieseln, plätschern, sickern, wogen, sich ergießen, rauschen, branden, treiben

2. herausströmen, herausrinnen, herausschießen, herausquellen, heraussprudeln, heraustropfen, ausfließen, auslaufen ⓘ

fließen: Von Worten, Stoffen und Spenden

Auf die Fortbewegung von Flüssigkeiten bezogen, ist *fließen* ein neutraler Ausdruck, der noch nichts über die Geschwindigkeit dieser Bewegung sagt. Diese lässt sich durch die Synonyme für *fließen* näher bestimmen. *Quellen* weist auf den Ursprung der Flüssigkeit. *Rinnen, rieseln* und *sickern* bezeichnen eine langsame Bewegung, während *fluten* und *strömen* für die schnelle Bewegung, zum Beispiel großer Wassermengen, gebraucht wird. *Rauschen* bezeichnet deutlich hörbares Fließen. *Wogen* kennzeichnet die Bewegung als Hin und Her oder Auf und Ab. Wenn sich Meereswellen brechen, *branden* sie.

Darüber hinaus wird *fließen* in unterschiedlichen Zusammenhängen auch im übertragenen Sinn gebraucht. Wem etwa die Worte leicht aus der Feder *fließen,* der hat keine Schwierigkeiten damit, etwas schriftlich zu formulieren. Wenn Spenden *reichlich fließen,* wird viel gespendet. Sagt etwa ein Historiker über ein bestimmtes Thema, dass dabei die Quellen *spärlich fließen,* meint er, dass es darüber nur wenige Unterlagen gibt. Schließlich bestehen manche Kleider aus *fließendem Stoff,* was heißt, dass sie aus weich fallendem Material gemacht sind.

Wer eine Fremdsprache *fließend sprechen* kann, beherrscht sie perfekt. Bei älteren Gasthäusern weist die Wendung *Zimmer mit fließendem Wasser* darauf hin, dass sich in diesem Zimmer ein Waschbecken befindet. Schließlich bezeichnet man auch etwas, das nicht ganz exakt festzulegen ist, als *fließend:* So kann zum Beispiel die Grenze zwischen Humor und Spott gelegentlich *fließend* sein.

F

fließend
1. flüssig, perfekt, mühelos, zügig, geläufig, ohne stecken zu bleiben/zu stocken, ununterbrochen, ohne Stocken/Schwierigkeiten, in einem Zuge, schnell und stetig, tadellos, einwandfrei, fehlerlos, sicher; *ugs.:* hintereinander weg
2. ohne feste Abgrenzung, offen, ineinander übergehend, gleitend, ohne Übergang, unbestimmt

Flimmerkiste → Fernsehgerät

flimmern
1. → leuchten
2. vibrieren, zucken, zittern, flattern, flackern, flirren, wackeln

flink schnell, geschwind, hurtig, gewandt, blitzartig, geschmeidig, beweglich, wendig,

Flinte Gewehr, Büchse, Karabiner, Waffe, Schusswaffe, Drilling; *ugs.:* Knarre, Eisen, Ballermann

flippig ausgeflippt, locker, sprunghaft, auffällig, auffallend, unkonventionell, ausgefallen; *geh.:* extravagant

flirren
1. → flimmern
2. → leuchten

Flirt Liebelei, Geschäker, Tändelei, Getändel, Schäkerei, Gekose, Abenteuer, Liebesabenteuer, Erlebnis, Amouren, Amoureske, Affäre, Romanze, Episode; *ugs.:* Techtelmechtel, Geplänkel; *österr.:* Gspusi

flirten turteln, schäkern, schöntun, schöne Augen/den Hof machen, tändeln, anbändeln, aufreizen, werben, umwerben, bezirzen, bezaubern, Avancen machen, umgarnen, umschmeicheln, kokettieren, plänkeln; *geh.:* charmieren; *ugs.:* anbaggern, angraben, poussieren

Flittchen leichtes Mädchen, Betthase, Betthäschen; *landsch.:* Flitscherl; *derb:* Schlampe

Flitter Pailletten, Zierrat, Schmuck, Tand, Tandwerk, Flitterkram, Kinkerlitzchen, Talmi, Kram, Kitsch, Firlefanz, Zeug; *ugs.:* Klimbim, Schnickschnack, Krempel, Krimskrams

Flitterwochen Honigmonat, Honigmond, Honeymoon, Hochzeitsreise

flitzen → sausen

flöhen
1. → durchsuchen
2. → ausbeuten

Flop Misserfolg, Reinfall, Enttäuschung, Fehlschlag, Fiasko, Niederlage, Pleite, Rückschlag

Flor
1. Blüte, Hochstand, Konjunktur, Boom, Hausse, Wohlstand, Gedeihen, Prosperität
2. Gewebe, Tuch, Seidenstoff
3. Schleier

Flora Pflanzenwelt, Pflanzenreich, Pflanzenwuchs, Vegetation

florieren blühen, gedeihen, gutgehen, gut vorangehen, prosperieren, Erfolg haben, vorwärtskommen, in Schwung sein, einen Aufschwung erleben, erstarken, sich entfalten, voranschreiten, sich entwickeln, Fortschritte machen

Floskel → Phrase

flöten gehen → verlorengehen

flott
1. schick, adrett, schmuck, hübsch, alert, kess, kleidsam, gefällig, fesch; *ugs.:* zackig
2. schwungvoll, peppig, flink, schneidig, schmissig, wendig, aufgeweckt, rasant, geschickt, beweglich
3. → schnell

Flotte Seestreitkräfte, Marine, Armada, Flottenverband, Seemacht

flottmachen fahrbereit machen, in Schwung bringen, in Gang setzen, in Betrieb setzen, leistungsfähig machen, funktionabel machen

Fluch
1. Verwünschung, Schmähung, Verdammung, Lästerung, Verfemung, Gotteslästerung, Drohwort, Fluchwort
2. Unheil, Verderben, Verhängnis, Heimsuchung, Unsegen, Gottesstrafe, schlechter Stern

fluchen
1. verwünschen, verdammen, lästern, einen Fluch ausstoßen; *ugs.:* zum Teufel schicken
2. schimpfen, beschimpfen, schelten, zetern, wettern, poltern, keifen, geifern, giften; *ugs.:* sich Luft machen, kläffen, fauchen, Gift und Galle spucken, ein Donnerwetter loslassen

Flucht Ausbruch, Entkommen

fluchtartig in großer Eile, hastig, eilig, sehr schnell, geschwind, schleunigst, augenblicklich, eilends, blitzartig, sofort, ungesäumt, überstürzt, auf schnellstem Wege, Hals über Kopf, in Windeseile, unverzüglich, prompt, auf der Stelle, im Nu

flüchten → fliehen

flüchtig
1. fliehend, entflohen, verschwunden, entwichen, entlaufen, ausgebrochen
2. → nachlässig
3. vergänglich, von kurzer Dauer, begrenzt, kurzlebig, endlich, vorübergehend, zeitweilig, kurzfristig, passager

Flüchtling Umsiedler, Aussiedler, Vertriebener, Heimatvertriebener, Ausgebürgerter, Ausgewiesener, Verbannter

fluchwürdig → schändlich

Flug Flugreise, Flugstrecke, Luftreise

Flugblatt Handzettel, Flugschrift, Hand-out, Flyer

Flügel
1. Schwinge, Fittiche
2. Tragfläche
3. Seitentrakt, Seitenbau
4. Klavier, Piano, Pianoforte

Fluggast Passagier, Luftpassagier, Flugreisender

flügge
1. flugfähig
2. selbständig, erwachsen, groß, entwickelt, reif, mündig, eigenständig, dem Elternhaus entwachsen

Flughafen Flugplatz, Airport, Lufthafen, Landeplatz

flugs schnell, alsbald, dringend, gleich, sofort, so schnell wie möglich, kurzerhand, auf der Stelle, augenblicklich, unverzüglich

Flugzeug Luftfahrzeug, Maschine, Aeroplan, Jet; *ugs.:* Kiste, Mühle, Flieger

Flugzeugführer → Pilot

Fluidum → Reiz

fluktuieren → schwanken

flunkern → lügen

Flur
1. Gang, Diele, Korridor, Halle, Entree, Eingang
2. Feld, Gefilde, Ackerland, Grund und Boden

Fluse Fussel, Faser, Fädchen, Staubflocke

Fluss
1. Wasserlauf, Wasserstraße, Wasserader, Strom, Gewässer, Fließgewässer
2. Gang, Lauf, Bewegung, Schwung

flüssig
1. verflüssigt, geschmolzen, zerflossen, aufgetaut
2. → fließend
3. liquid, zahlungsfähig, solvent, verfügbar; *ugs.:* bei Kasse

flüstern hauchen, tuscheln, wispern, säuseln, fispern, zischeln, raunen, murmeln, leise reden, jmdm. etwas ins Ohr/heimlich sagen, mit gedämpfter Stimme sprechen

Flut
1. Hochwasser, auflaufendes/ansteigendes Wasser
2. → Menge

fluten
1. strömen, fließen, sich ergießen, rinnen, quellen, wogen, branden, laufen
2. eindringen, einfallen, hereinkommen

Flutlicht Scheinwerferlicht, Schlaglicht

Flyer Flugblatt, Flugschrift, Faltblatt, Informationsblatt, Handzettel, Reklamezettel, Werbeprospekt, Broschüre

Föderation Bündnis, Staatenbund, Bundesstaat, Verband, Vereinigung, Verbindung, Konföderation, Zusammenschluss

Fohlen Jungpferd, Füllen

Föhn
1. Fallwind
2. Haartrockner, Haartrockengerät, Heißlufttrockner

föhnen die Haare trocknen

Föhre *landsch.:* Kiefer

Folge
1. Wirkung, Auswirkung, Konsequenz, Ergebnis, Resultat, Erfolg, Frucht, Antwort, Strafe, Reichweite, Tragweite, Effekt, Lohn, Dank, Fazit, Produkt, Endprodukt, Summe, Nachwirkung, Nachspiel, Nachwehen; *ugs.:* das Ende vom Lied, die Bescherung/Quittung, Salat
2. Reihe, Fortsetzung, Serie, Reihenfolge, Sequenz, Aufeinanderfolge, Abfolge, Reihung, Turnus, Zyklus

folgen
1. hinterhergehen, nachgehen, sich anschließen, nachfolgen, nachkommen, mitgehen, hinterdreinkommen
2. zuhören, aufpassen, sich anhören, lauschen, sich konzentrieren auf, aufmerksam/hellhörig sein, verfolgen, das Augenmerk richten auf, Beachtung/Aufmerksamkeit schenken, beachten; *ugs.:* bei der Sache/ganz Ohr sein, dabei sein
3. sich leiten lassen von, gehen nach, sich richten nach, sich halten an
4. gehorchen, hören auf, Folge/Gehorsam leisten, gehorsam sein, Gefolgschaft leisten, befolgen; *ugs.:* parieren, spuren
5. die Nachfolge antreten, ein Amt übernehmen; *ugs.:* in jmds. Fußstapfen treten

folgen aus sich zeigen, resultieren aus, sich ergeben, hervorgehen, deutlich/sichtbar/erkennbar werden, zur Konsequenz haben, herauskommen, sich

F

herausstellen, sich erweisen, sich entpuppen, sich erhellen, sich herausschälen

folgend
1. künftig, zukünftig, später, nachfolgend, darauffolgend, kommend, weiter, nächst, hinterher
2. nachstehend, weiter unten, an späterer Stelle

F

folgendermaßen auf folgende/diese Art und Weise, in dieser Weise, derart, so, folgenderweise, dergestalt, solchermaßen, dermaßen, wie folgt; *österr.:* dieserart; *schweiz.:* derweise

folgen können verstehen, begreifen, erfassen, Schritt halten, nachvollziehen, durchblicken, sich vorstellen; *ugs.:* kapieren, schalten, fressen

folgenreich → folgenschwer

folgenschwer wesentlich, einschneidend, weittragend, weitreichend, ausschlaggebend, bedeutend, entscheidend, beträchtlich, erheblich, außerordentlich, gravierend, schwerwiegend, gewichtig, bestimmend, folgenreich, ernst, essenziell, zentral, relevant, fatal, bedrohlich, gefährlich, verhängnisvoll, unglückselig, katastrophal, unheilvoll

folgerichtig konsequent, logisch, folgerecht, schlüssig, systematisch, stringent

folgern schließen, den Schluss/eine Folgerung ziehen, ableiten, herleiten, urteilen, ersehen, schlussfolgern, deduzieren, entnehmen, zu dem Schluss kommen, induzieren, entwickeln; *geh.:* konkludieren

Folgerung Schluss, Konsequenz, Konklusion, Schlussfolgerung, Folge, Ableitung, Herleitung, Deduktion, Lehre, Induktion

folgewidrig unlogisch, inkonsequent, widersinnig, widerspruchsvoll, unvorschriftsmäßig, paradox

folglich darum, aus diesem Grund, deswegen, deshalb, demnach, daher, also, mithin, somit, infolgedessen, demgemäß, danach, logischerweise, ergo, demzufolge, sonach, aufgrund dessen, dementsprechend, insofern

folgsam gehorsam, fügsam, ergeben, artig, brav, anständig, lieb, gefügig, zahm, botmäßig, gutwillig, willfährig, wohlerzogen, lenkbar, willig, manierlich

Folgsamkeit → Gehorsam

Folie Hintergrund, Rahmen, Fond, Tiefe, Background

folkloristisch volkstümlich, volksverbunden, populär

Folter
1. → Qual
2. → Misshandlung

foltern → quälen

Fond
1. Hintersitz, Rücksitz
2. Grund, Hintergrund, Folie, Background
3. Brühe, Fleischsaft

Fonds → Fundus

Fontäne Springbrunnen; *schweiz.:* Spritzbrunnen

foppen ärgern, narren, necken, täuschen, irreführen, hereinlegen, zum Narren halten, foppen, an der Nase herumführen; *derb:* verarschen

forcieren vorantreiben, beschleunigen, verstärken, nachhelfen, intensivieren, ankurbeln, das Tempo steigern; *ugs.:* einen Zahn zulegen, Dampf/Druck dahinter setzen, auf Touren bringen, Beine machen, den Hahn aufdrehen, einen Gang zulegen, auf die Spitze treiben

Förderer Mäzen, Sponsor, Gönner, Geldgeber, Wohltäter; *ugs.:* edler Spender

förderlich → fruchtbar

fordern verlangen, geltend machen, sich ausbitten, sich ausbedingen, bestehen auf, abfordern, beanspruchen, den Anspruch erheben, postulieren, eine Forderung anmelden/erheben/stellen/aufstellen, wünschen, wollen, zur Bedingung machen, begehren, dringen auf, heischen, ansinnen, beharren/pochen/insistieren auf

fordern, sich → anstrengen, sich

fördern
1. unterstützen, lancieren, helfen, vorwärtsbringen, emporbringen, Förderung angedeihen lassen, die Bahn ebnen, begünstigen, favorisieren, aufbauen, in den Sattel helfen, sich verwenden für; *geh.:* protegieren; *ugs.:* auf die Sprünge helfen, unter seine Fittiche nehmen, hochbringen
2. → sponsern
3. gewinnen (Erz, Kohle), ausbeuten, abbauen

Förderung
1. Gewinnung, Abbau
2. Protektion, Unterstützung, Hilfe, Beihilfe, Gönnerschaft, Fürsprache, Beistand, Subvention

Form
1. Gestalt, Fasson, Formung, Zuschnitt, Kontur, Machart, Bauweise, Design, Styling

2. Art, Manieren, Benehmen, Anstand, Etikette, Anstandsregeln, Haltung, Anstandsvorschriften
3. **in Form** → fit

formal äußerlich, dem Buchstaben nach, der Form nach, vorschriftsmäßig ⓘ

Formalität Formsache, Formvorschrift, Formalie, Äußerlichkeit, Vorschrift, Förmlichkeit; *ugs.:* Bürokram, Papierkram

Format
1. Maß, Ausmaß, Größe, Form, Umfang, Stärke, Nummer, Kaliber
2. Haltung, Niveau, Bedeutung, Rang, Qualität, Geltung, Profil, Persönlichkeit, Charakter

formatieren vorbereiten, ausrichten, in eine Form bringen; *geh.:* initialisieren; *EDV:* (neu) einteilen

Formation
1. Truppenverband, Truppeneinheit, Truppenteil, Gliederung, Aufstellung, Zusammensetzung
2. Bildung, Gestaltung, Struktur, Gefüge, Beschaffenheit, Aufbau, Gepräge

Formblatt Formular, Vordruck

Formel
1. → Redewendung
2. mathematischer Satz, Kurzform
3. → Phrase

formelhaft
1. → schematisch
2. → phrasenhaft

formell förmlich, offiziell, unpersönlich, steif ⓘ

formen
1. bilden, gestalten, modellieren, Form/Gestalt geben, ausarbeiten, in eine Form bringen, anfertigen, erschaffen
2. → beeinflussen

formal/formell: Von Form und Förmlichkeit

Adjektive, die sich nur in ihrer Bildung auf *-al* und *-ell* unterscheiden, haben im Allgemeinen verschiedene Bedeutungen. Nur in wenigen Fällen können sie sinnverwandt gebraucht werden.
Formal und *formell* sind keine Synonyme, obwohl sie oft als solche verwendet werden. *Formal* bedeutet *die Form betreffend, auf einer Form beruhend.* So können Wörter *formal,* d. h. bezogen auf die Schreibung, gleich sein, aber unterschiedliche Bedeutungen haben. *Formell* ist in diesem Sinn nicht verwendbar. Dieses Adjektiv bedeutet u. a. *förmlich, die äußeren Formen, die Umgangsformen (genau) beachtend* und *offiziell.* Korrekt spricht man von *formellen* Umgangsformen und von einer *formellen* Bestätigung, nicht von *formalen* Umgangsformen und einer *formalen* Bestätigung. Auch die Gegensatzbegriffe *informal* und *informell* können nicht als Synonyme benutzt werden.

formidabel → außergewöhnlich

formieren aufstellen, gruppieren, in eine bestimmte Ordnung bringen, zusammenstellen, zusammensetzen, gliedern, anordnen, einteilen

formieren, sich sich bilden, sich herausbilden, sich entwickeln, entstehen, sich formen, Gestalt annehmen, sich ergeben, sich herauskristallisieren

förmlich
1. steif, unpersönlich, äußerlich, der Form nach, formell, konventionell, zeremoniell, in aller Form
2. regelrecht, ausgesprochen, buchstäblich, geradezu, direkt, nachgerade
3. amtlich, offiziell, dienstlich, nach Vorschrift
4. zum Schein, nach außen hin, pro forma, nur der Form halber

formlos
1. ungestaltet, ungegliedert, ungeformt, unstrukturiert, unförmig, strukturlos, gestaltlos, amorph
2. → zwanglos

Formsache → Formalität

Formular Vordruck, Formblatt, Antrag

Formulierung
1. Ausdruck, Wortlaut, Fassung, Abfassung, Text
2. → Redewendung

forsch frisch, schneidig, unternehmend, schwungvoll, flott, schmissig, wendig, rasant, munter, energisch, dynamisch, stramm, entschlossen, zielbewusst, resolut, kühn, beherzt, furchtlos, dezidiert, selbstbewusst, tatkräftig

forschen eruieren, zu erkennen/finden/entdecken suchen, recherchieren, ermitteln, suchen, untersuchen, auskundschaften, ergründen, fahnden nach, nachforschen, erforschen, in Erfahrung bringen/ausfindig machen/auf die Spur kommen wollen, durchleuchten, nachspüren, nachgehen, studieren, explorieren, analysieren, sich befassen mit, sich auseinandersetzen mit, sich beschäftigen mit, auf den Grund gehen

Forscher Gelehrter, Wissenschaftler, Akademiker,

Studierter, Intellektueller, Denker, Geistesarbeiter
Forst Wald, Holz, Waldung, Gehölz
fort
1. weg, nicht zu Hause/da, nicht daheim/anwesend/zugegen, anderswo, von dannen, dahin, abwesend, unterwegs, absent, auswärts, aushäusig, ausgegangen, fortgegangen, unerreichbar, fern, auf Reisen, verreist; *ugs.:* aus, auf der Achse, ausgeflogen
2. → verschwunden
3. → verloren
4. **in einem fort** → dauernd
Fort → Festung
fortan → künftig
fortbegeben, sich → weggehen
Fortbestand → Dauer
fortbestehen dauern, andauern, weiterbestehen, sich erhalten, bleiben, fortdauern, weitergehen, bestehen bleiben, sich fortsetzen, währen, fortwähren, anhalten, überleben, weiterwirken, Bestand haben, von Dauer sein, sich hinziehen, kein Ende haben/nehmen, sich erstrecken über, überdauern, fortleben
fortbewegen von der Stelle bringen/entfernen/rücken, wegrücken, wegschieben, beiseiteschieben
fortbewegen, sich gehen, weggehen, laufen, fahren, wegfahren, zu Fuß gehen
fortbilden, sich sich weiterbilden, sich weiterentwickeln, weiterlernen, sein Studium/seine Ausbildung fortsetzen, seine Kenntnisse ausbauen/vervollständigen/erweitern/vergrößern, sein Wissen ausbauen/vervollständigen/erweitern/vergrößern, sich qualifizieren, sich vervollkommnen, an sich arbeiten
fortbleiben wegbleiben, fernbleiben, ausbleiben, fehlen, sich fernhalten, nicht kommen/eintreffen, nicht da sein/anwesend sein
fortbringen → wegräumen
Fortdauer → Dauer
fortdauern → fortbestehen
Fortentwicklung → Fortschritt
fortfahren
1. abreisen, abfahren, sich auf die Reise begeben/machen, verreisen, wegfahren, auf Reisen gehen, Ferien/Urlaub machen, aufbrechen
2. fortsetzen, fortschreiten, weiterführen, fortführen, weitermachen, weitergehen, wiederaufnehmen, wieder beginnen, weiterspinnen, weiterverfolgen; *ugs.:* den Faden wiederaufnehmen
fortfallen wegfallen, entfallen, ausfallen, unterbleiben, nicht in Betracht/in Frage kommen, ausscheiden, nicht zur Diskussion stehen; *ugs.:* ins Wasser/unter den Tisch fallen, flachfallen
fortführen → fortfahren
Fortgang Ablauf, Fortlauf, Verlauf, Entwicklung, Weitergang, Folge, Fortsetzung, Lauf, Prozess, Gang, Hergang, Werdegang; *geh.:* Progress
fortgehen → weggehen
fortgesetzt → dauernd
fortjagen vertreiben, hinauswerfen, verstoßen, verbannen, verscheuchen, davon jagen, verjagen, wegjagen, in die Flucht schlagen, vergrämen, ausstoßen, die Tür weisen, den Laufpass geben; *ugs.:* hinausbefördern, vor die Tür setzen, hinausschmeißen, hinausfeuern, schassen, zum Teufel jagen
fortkommen
1. → verlorengehen
2. → Erfolg haben
Fortkommen
1. Vorwärtskommen, Emporkommen, Erfolg, Fortschritt, Aufschwung
2. Auskommen, Lebensführung, Dasein, Existenz
fortlassen → auslassen
Fortlauf → Fortgang
fortlaufen
1. fortrennen, wegrennen, davonrennen, davonsausen, davonlaufen, davonhasten, davonstieben, fortsausen, forteilen, fortstürzen, fortstürmen
2. → fliehen
fortlaufend
1. kontinuierlich, kursorisch, in stetigem Fortgang, anschließend, hintereinander, ohne Unterbrechung
2. → dauernd
fortleben → fortbestehen
fortmachen, sich → weggehen
fortpflanzen, sich
1. sich mehren, sich vermehren, Nachkommen hervorbringen/zeugen, die Art erhalten
2. sich verbreiten, sich ausbreiten
forträumen → wegräumen
fortschaffen → wegräumen
fortschicken wegschicken, zum Gehen auffordern, zum Weggehen veranlassen, die Tür weisen, den Laufpass geben, hinauswerfen, abweisen, abwimmeln; *ugs.:* hinausbefördern, vor die Tür setzen

fortschleichen, sich → fortstehlen, sich
fortschreiten
1. Fortschritte machen, sich weiterentwickeln, vorankommen, weitergehen, vorwärtskommen, gedeihen, sich entfalten, reifen, florieren, Erfolg haben, blühen
2. → fortfahren
Fortschritt Weiterentwicklung, Fortentwicklung, Aufwärtsentwicklung, Erfolg, Zunahme, Neuerung, Wachstum, Entfaltung, Aufschwung, Aufstieg, Steigerung, Weiterkommen, Verbesserung; *geh.:* Progress
fortschrittlich progressiv, revolutionär, entwickelt, avantgardistisch, zukunftsweisend, zukunftsgerichtet, zukunftsorientiert, vorkämpferisch, zeitgemäß, mit der Zeit, modern, en vogue, innovativ
fortschrittsfeindlich → reaktionär
fortsetzen → fortfahren
fortsetzen, sich dauern, andauern, fortbestehen, anhalten, währen, weiterbestehen, sich hinziehen, sich ausdehnen
Fortsetzung
1. Fortlauf, Fortgang, Fortführung, Weitergang, Weiterführung
2. Sequel (TV), Folge
fortstehlen, sich sich fortschleichen, sich wegschleichen, sich davonstehlen, sich heimlich entfernen/wegbegeben, davonschleichen; *ugs.:* sich verdrücken, sich verdünnisieren, verduften, sich aus dem Staub machen, verschwinden, sich verkrümeln, ausrücken, sich

Fortuna: Das personifizierte Glück

Ein verbreitetes Synonym für *Glück* ist *Fortuna*, der Name der Göttin von Glück und Unglück, Schicksal und Fügung in der römischen Mythologie.
Um abstrakte Begriffe anschaulicher zu gestalten, stützt man sich oft auf bildhafte oder gleichnishafte Darstellungen, die als »Allegorie« bezeichnet werden. Eine mögliche Variante der Versinnbildlichung ist die Personifizierung. *Fortuna* ist damit ein Synonym, genauer gesagt, eine Allegorie für *Glück*.
Auf Abbildungen wird sie oft mit einem Füllhorn oder Pokal dargestellt, in denen sie ihre Gaben, gute wie schlechte, trägt. Wem *Fortuna hold ist* oder wem *Fortuna lächelt/lacht*, der kommt in den Genuss ihrer Gunst und hat Glück.

auf französisch empfehlen, sich heimlich davonmachen, stiften gehen
Fortuna Glück, Erfolg, Segen, Wohl, Heil, Gunst, Gelingen ⓘ
Fortune Glück, Erfolg
fortwähren → fortbestehen
fortwährend → dauernd
fortwerfen → wegwerfen
fortziehen umziehen, wegziehen, verziehen, ausziehen, umsiedeln, übersiedeln, den Wohnsitz/Aufenthaltsort verlegen, weggehen, den Ort verlassen, seine Zelte abbrechen, seine Wohnung aufgeben/wechseln/auflösen/räumen, sich verändern
Forum
1. Gremium, Kreis, Runde, Zirkel, Ausschuss, Kommission
2. öffentliche Diskussion, Aussprache, Debatte, Meinungsaustausch
3. Versammlungsort, Öffentlichkeit, Plattform
Fossil
1. Versteinerung, Petrefakt
2. Relikt, Überbleibsel, Rest, Überrest
Foto → Fotografie
fotogen bildwirksam, zum Fotografieren geeignet
Fotografie Bild, Lichtbild, Foto, Aufnahme, Abbild, Abbildung, Diapositiv, Wiedergabe, Schnappschuss, Momentaufnahme, Passfoto, Porträt
fotografieren ein Foto/Bild/eine Fotografie/Aufnahme machen, aufnehmen, auf dem Film festhalten; *ugs.:* knipsen, ein Foto schießen
Fotokopie Lichtpause, Vervielfältigung, Wiedergabe, Kopie, Reproduktion, Hektografie, Xerokopie, Dublette
fotokopieren eine Fotokopie/Ablichtung/Lichtpause machen, ablichten, vervielfältigen, kopieren, lichtpausen, xerokopieren, reproduzieren, hektografieren
Fotomodell Model, Modell; *f.:* Mannequin, Vorführdame; *m.:* Dressman
Fötus Leibesfrucht, Embryo, Fetus, Ungeborenes
Foul Verstoß, Regelwidrigkeit, Unsauberkeit, Unsportlichkeit
Foyer Vorraum, Wandelhalle, Wandelgang, Vestibül, Aufenthaltsraum
Fracht Ladung, Versandgut, Frachtgut, Fuhre, Stück-

gut, Transport, Sendung, Schub, Lieferung, Warenmenge, Posten, Last

Frage
1. Anfrage, Nachfrage, Erkundung, Ermittlung
2. Thema, Problem, Angelegenheit, Fragestellung, Problematik, Aufgabe, Schwierigkeit, Sache, Fall, Punkt

F

fragen eine Frage stellen/aufwerfen, um Auskunft bitten, eine Auskunft erbitten, eine Frage richten/anbringen/vorbringen, befragen, anfragen, sich wenden an, wissen wollen, um Aufschluss bitten, zurate ziehen, konsultieren, ermitteln, anklopfen, antippen

fragen nach sich kümmern um, sich erkundigen, Erkundigungen einziehen, nachfragen, zu ermitteln suchen, sich umhören, sich umtun, sich informieren, sich orientieren, auskundschaften; *ugs.:* die Ohren offenhalten, herumhorchen

fragen, sich sich die Frage stellen, sich beschäftigen, sich Gedanken machen, nachdenken

fragen um → bitten

fragil zart, zerbrechlich, fein, durchsichtig, leicht, duftig, zierlich, grazil, feingliedrig, gläsern, delikat, dünn, hauchdünn

fraglich
1. zweifelhaft, fragwürdig, ungewiss, unsicher, unwahrscheinlich, unbewiesen
2. betreffend, genannt, in Rede stehend, besagt, vorerwähnt

fraglos ohne Frage, sicher, bestimmt, zweifellos, unbestritten, unstreitig, unwiderlegbar, unzweifelhaft, unbezweifelbar, zweifelsfrei, außer Zweifel, auf jeden Fall, absolut, uneingeschränkt, gewiss

Fragment Bruchstück, Rest, Überrest, Torso, Teil, unvollständiges Werk

fragmentarisch → unvollständig

fragwürdig
1. zweifelhaft, fraglich, ungewiss, unsicher, unwahrscheinlich, unbewiesen, unbestimmt, unglaubwürdig, unglaubhaft
2. → anrüchig

Fraktion Lager, Gruppe, Sektion, Block, Partei

frankieren → freimachen

frappant überraschend, auffallend, ins Auge springend, verwunderlich, bemerkenswert, verblüffend, unerwartet, außergewöhnlich, außerordentlich, erstaunlich, groß, eindrucksvoll, erheblich, beachtlich, imposant, schlagend, unvermutet, markant, hervorstechend; *ugs.:* krass

frappieren → überraschen

Fraß
1. Fressen, Tiernahrung, Futter
2. (schlechtes) Essen; *derb:* Saufraß, Hundefraß, Schlangenfraß, Schweinefraß

Frau: Von der Gattin zur Xanthippe

Frau ist das Wort für einen erwachsenen Menschen weiblichen Geschlechts. Die Synonyme *weibliches Wesen* oder *Sie* sind eher umgangssprachlich, aber ebenso neutral. Dagegen sind *Weib* und die Zusammensetzungen *Weibsbild* oder *Weibsperson* abwertend gemeint. Darin spiegelt sich sprachlicher Bedeutungswandel: Im Mittelalter war *Weib* der neutrale Ausdruck, während *Frau* eine einst auch den sozialen Stand spiegelnde gehobene Bezeichnung war, die der heutigen Höflichkeitsform *Dame* entspricht. Ausdrücke wie *Schrulle, (alte) Schachtel* oder *Zicke/Zimtzicke* sind derb und gleichfalls abwertend. Dies gilt auch für Tiernamen wie *Ziege, Gans, Pute* oder *Kuh.* Bezeichnet man eine *Frau* als *Xanthippe,* so ist damit (in – wohl fälschlicher – Anspielung auf die Frau des griechischen Philosophen Sokrates) eine streitbare, zänkische Frau gemeint.
Darüber hinaus wird *Frau* auch als Anredeform verwendet (*Frau* Müller, *Frau* Doktor). Schließlich kann es Bezeichnung für eine *verheiratete Frau* und damit Kurzform von *Ehefrau* sein. In diesem Fall gibt es die Synonyme *Gattin* und *Gemahlin,* die beide allerdings sehr förmlich sind und ebenso steif klingen wie die veraltende Anrede *gnädige Frau.* Scherzhaft sind hier die Ausdrücke *Gemahlsgattin* oder *bessere Hälfte;* veraltet ist das Wort *Gespons.* Von der Bedeutung *Frau = Ehefrau* leiten sich verschiedene Redensarten her. *Eine Frau nehmen* bedeutet heiraten, *eine Frau haben* heißt auch »verheiratet sein«. Sagt man von einem Mann *er sucht eine Frau,* heißt das, er möchte gerne heiraten. Der meist großgeschriebene Ausdruck *Unsere Liebe Frau* steht dagegen in der katholischen Kirche für die Gottesmutter Maria.

fraternisieren → verbrüdern, sich

Fratze
1. → Gesicht
2. Fratzenspiel, Grimasse
3. Zerrbild, Zerrspiegel, Entstellung, Verzerrung, Verfälschung

Frau
1. Dame, weibliches Wesen, Sie; *scherzh.:* Krone der Schöpfung; *veraltet:* Frauenzimmer, Eva; *abwertend:* Weib, Weibsbild, Weibsperson, Weibsstück, Weibchen, Frauensperson; *derb:* Schrulle, Schachtel, Zicke
2. → Ehefrau ⓘ

Frauen das schwache Geschlecht, Frauenwelt, die Weiblichkeit, Frauenvolk

Frauenarzt Gynäkologe

Frauenbewegung Feminismus, Kampf um die Rechte der Frau/die Gleichberechtigung/die Gleichstellung, Emanzipationsbewegung; *abwertend:* Emanzenbewegung

Frauenheld Casanova, Don Juan, Herzensbrecher, Womanizer, Schürzenjäger, Belami, Frauenliebling, Frauenjäger, Playboy, Charmeur, Verführer, Schwerenöter; *ugs.:* Weiberheld, Wüstling, Ladykiller, Lüstling, Wollüstling

Frauenrechtlerin → Feministin

Fräulein
1. *veraltet:* Jungfer, Jungfrau, Unverheiratete
2. Kellnerin, Serviererin, Bedienung; *schweiz.:* Saaltochter ⓘ

fraulich weiblich, feminin, frauenhaft

Freak
1. → Anhänger
2. Aussteiger, Nichtstuer
3. *jugendsprachl., abwertend:* Nerd

Fräulein: Die veraltete weibliche Anrede

Mit *Fräulein* bezeichnete man in früheren Zeiten ein adeliges, unverheiratetes Mädchen. Später wurde der Begriff auch für unverheiratete Mädchen und Frauen bürgerlichen Standes und als Anredeform derselben in Verbindung mit dem Nachnamen verwendet. Umgangssprachlich nutzte man die Bezeichnung auch als Möglichkeit zur unpersönlichen Anrede z. B. für Kellnerinnen, Verkäuferinnen oder Kindermädchen.
Heute hat sich mit der Gleichstellung von Mann und Frau die Anredeform *Frau* auch für unverheiratete weibliche Personen jeden Alters durchgesetzt: Die Bezeichnung *Fräulein* wurde zunehmend als diskriminierend empfunden und sollte heute nur noch auf ausdrücklichen Wunsch der Angesprochenen gewählt werden.

frech ungezogen, unverschämt, unverfroren, ungebührlich, unmanierlich, unartig, ungehobelt, anmaßend, schamlos, dreist, schnippisch, vorlaut, gemein, impertinent, flegelhaft, keck, grob, beleidigend, ausfallend, frivol, unhöflich, lausbübisch, angriffslustig, patzig, derb; *österr.:* präpotent; *ugs.:* rotzig, nassforsch, schnodderig, pampig, geschert

Frechdachs Bengel, Lausebengel, Schlingel, Strolch, Range, Wildfang, Springinsfeld, Lausbub(e), Flegel, Frechling, Schelm, Lausejunge, Lauser, Spitzbube; *ugs.:* Strick, freches Stück, Luder, Rotzjunge, Rotzbub, Rotznase, Rotzlöffel, freche Schnauze, Lümmel, Früchtchen

Frechheit Unverschämtheit, Unverfrorenheit, Ungezogenheit, Schamlosigkeit, Beleidigung, Zumutung, Dreistigkeit, Chuzpe, Impertinenz, Bodenlosigkeit, Unart; *ugs.:* ein starkes Stück, starker Tobak

frei
1. unabhängig, ungebunden, selbständig, autark, autonom, auf sich gestellt, unbeschränkt, unbehindert, sein eigener Herr, emanzipiert, auf eigenen Füßen stehend, fessellos, souverän, selbstverantwortlich, ohne Zwang, unbelastet, unkontrolliert, unbeaufsichtigt, für sich allein, uneingeschränkt
2. ledig, unverheiratet, unvermählt, allein, alleinstehend; *ugs.:* noch zu haben
3. verfügbar, disponibel, zur Verfügung, unbesetzt, zu haben, leer, vakant, offen
4. entlassen, wieder in Freiheit, befreit, erlöst
5. aus dem Stegreif, unvorbereitet, improvisiert, ohne Vorbereitung; *ugs.:* freihändig
6. kostenlos, gratis, umsonst, gebührenfrei, unentgeltlich, ohne Geld
7. → zwanglos
8. nackt, unbedeckt, unbekleidet, entkleidet, entblößt

freibekommen → befreien

Freibrief Rechtfertigung, Erlaubnis, Recht, Plazet,

F

Freistellung, Gewährung, Billigung, Zustimmung, Lizenz, Ermächtigung, Berechtigung, Konzession, Befugnis; *ugs.:* Persilschein, Blankoscheck

Freidenker → Freigeist

Freie Natur, Feld und Wald, Landschaft, die frische Luft; *ugs.:* das Grüne

F

freien anhalten um, einen Heiratsantrag machen, werben/sich bemühen um, heiraten wollen, den Hof machen, um jmds. Hand bitten, die Ehe antragen; *ugs.:* buhlen um, nachlaufen, auf die Freite gehen

Freier → Bewerber

freigeben
1. → frei lassen
2. zulassen, übergeben
3. beurlauben, Urlaub geben/gewähren, befreien, suspendieren, freistellen, entbinden

freigebig großzügig, gebefreudig, schenkfreudig, generös, hochherzig, weitherzig, freigiebig, nobel, eine offene Hand habend; *ugs.:* spendabel; *schweiz.:* large

Freigeist Freidenker, Glaubensloser, Atheist, Gottloser, Ungläubiger, Religionsloser, Konfessionsloser, Liberaler, Aufgeklärter

freigeistig → freisinnig

freigiebig → freigebig

freihalten einladen, bezahlen, spendieren; *ugs.:* einen ausgeben, Spendierhosen anhaben, in Geberlaune/Spendierlaune sein, seinen sozialen Tag haben, zum Besten geben, eine Runde geben/stiften, etwas springen lassen

frei halten reservieren, belegen, besetzen

Freiheit
1. Unabhängigkeit, Selbständigkeit, Selbstbestimmung, Eigenständigkeit, Freizügigkeit, Autarkie, Ungebundenheit, Libertät, Zwanglosigkeit, Autonomie
2. Recht, Vorrecht, Privileg, Vergünstigung

freiheitlich liberal, repressionsfrei, ohne Zwang, demokratisch, freiheitsliebend

Freiheitsentzug Gefangenschaft, Arrest, Freiheitsstrafe, Freiheitsberaubung, Haft, Gewahrsam, Gefängnis; *veraltet:* Zuchthaus; *ugs.:* Knast

Freiheitskampf Befreiungskampf, Widerstandskampf, Partisanenkampf, Guerillakrieg

Freiheitskämpfer → Freischärler

Freiheitsstrafe → Freiheitsentzug

freiheraus → aufrichtig

freikämpfen → befreien

freikaufen loskaufen, Lösegeld bezahlen, retten; *österr.:* auslösen

Freikörperkultur Nacktkultur, FKK, Nudismus

frei lassen
1. entlassen, herauslassen, auf freien Fuß/in Freiheit setzen, freigeben, die Freiheit wiedergeben/schenken, freisetzen, gehen/laufen lassen
2. → reservieren

freilegen aufdecken, ausgraben, ausschaufeln, ausheben, bloßlegen, sichtbar machen, an die Oberfläche bringen

freilich
1. allerdings, aber, doch, jedoch, indes, allein
2. ja, natürlich, gewiss, selbstverständlich, sicher, sicherlich, zwar, wohl, auf jeden Fall, ohne Frage, zweifellos, allemal; *ugs.:* klar, klarer Fall

freimachen frankieren, mit Briefmarken versehen, Marken aufkleben, postfertig machen

freimachen, sich → ausziehen, sich

Freimarke Marke, Briefmarke, Wertzeichen, Postwertzeichen

freimütig → aufrichtig

freischaffend freiberuflich, nicht angestellt, selbständig, unabhängig, eigenständig; *geh.:* extern

Freischärler Guerilla, Guerillero, Partisan, Widerstandskämpfer, Freiheitskämpfer, Untergrundkämpfer, Aufständischer, Rebell

freisetzen
1. frei lassen, befreien, freibekommen, erlösen, die Freiheit schenken
2. entlassen, beurlauben, suspendieren, freistellen, entbinden

freisinnig freigeistig, liberal, aufgeklärt, freidenkend, tolerant, freigesinnt, undogmatisch, offen

freisprechen lossprechen, absolvieren, entsühnen, von Sünden/einer Schuld befreien, vergeben, Absolution erteilen, verzeihen, für unschuldig erklären, exkulpieren, etwas erlassen

freistehen überlassen/anheim gestellt/unbenommen/erlaubt/gestattet sein, dürfen, können, offenstehen

freistellen anheimstellen, anheimgeben, überlassen, zubilligen, einräumen, freie Hand lassen, gestatten, in jmds. Ermessen stellen, jmdn. selbst entscheiden lassen, jmdm. etwas vorbehalten; *geh.:* konzedieren

Freitod
1. Selbstmord, Selbsttötung, Selbstentleibung, Suizid
2. den Freitod wählen → umbringen, sich

freiweg → aufrichtig

freiwillig aus eigenem Willen/Antrieb, aus freien Stücken, ungefragt, ungeheißen, unaufgefordert, ungezwungen, spontan, nach eigenem Belieben, ohne Zwang/Druck, aus sich heraus, von selbst/selber, ohne Aufforderung, gutwillig, automatisch, selbstverständlich; *ugs.:* von allein

Freizeit Muße, Feierabend, nach Dienstschluss/der Arbeit, Mußestunden

freizügig
1. → tolerant
2. → freigebig

fremd
1. unbekannt, nicht vertraut, fremdartig, fern, fernstehend, ungewohnt, verschieden
2. fremdländisch, ortsfremd, exotisch, ausländisch, wildfremd, auswärtig, nicht von hier, von außerhalb
3. nicht geläufig/zugänglich/gegenwärtig, ungeläufig

fremdartig → fremd

Fremde
1. Ferne, Ausland, Übersee, die weite Welt
2. Gäste, Reisende, Touristen, Urlauber
3. Ausländer, Fremdlinge, Unbekannte

Fremdenfeindlichkeit Ausländerfeindlichkeit, Fremdenhass, Ausländerhass, Nationalismus, Chauvinismus; *geh.:* Xenophobie

Fremdenführer
1. Reiseführer, Reisebegleiter, Reiseleiter
2. *f.:* Hostess

Fremder Unbekannter, Ausländer, Fremdling, ein fremder Mann

fremdgehen *ugs. für:* ehebrechen, Ehebruch begehen, untreu sein, betrügen, einen Seitensprung machen; *ugs.:* Hörner aufsetzen

Fremdherrschaft Besatzung, Besatzungsmacht, Besatzungstruppen, Okkupationsmacht; *ugs.:* Besatzer

Fremdkörper Einsprengsel, Störenfried, Eindringling, Ruhestörer

fremdländisch → fremd

Fremdling → Fremder

fremdsprachig nicht in der Landessprache/Muttersprache; *ugs., scherzh.:* ausländisch ⓘ

fremdsprachig/fremdsprachlich: Über Fremdsprachen und in fremden Sprachen

Adjektive, die sich nur in ihrer Bildung auf *-sprachig* und *-sprachlich* unterscheiden, werden fälschlicherweise oft als Syonyme verwendet, haben aber unterschiedliche Bedeutungen. Die Zusammensetzungen mit *-sprachig* deuten auf den konkreten Gebrauch von Sprachen hin, während die Zusammensetzungen mit *-sprachlich* die Bezugnahme auf eine Sprache anzeigen.
Diese inhaltliche Unterscheidung trifft auch auf die Begriffe *fremdsprachig* und *fremdsprachlich* zu. *Fremdsprachig* bedeutet *in einer fremden Sprache,* wogegen *eine fremde Sprache betreffend* mit *fremdsprachlich* bezeichnet wird. Liest jemand ein *fremdsprachiges* Buch, so ist dies in einer fremden Sprache verfasst. Befasst sich dagegen jemand mit einem *fremdsprachlichen* Buch, dann handelt es sich dabei um ein Buch über eine fremde Sprache, z. B. um ein Lehrbuch.

frenetisch rasend, tobend, leidenschaftlich, wild, stürmisch, toll, ungestüm, enthusiastisch, begeistert, heftig, tosend

frequentieren besuchen, benutzen, verkehren mit, ein und ausgehen, häufig vorbeikommen

Fressalien Lebensmittel, Nahrung, Nahrungsmittel, Verpflegung, Esswaren, Essbares, Beköstigung

Fresse *derb für:*
1. Gesicht, Angesicht, Gesichtszüge, Visage, Fratze; *geh.:* Antlitz, Physiognomie
2. Mund, Maul, Schnauze, Mundwerk, Klappe, Schnute

fressen
1. grasen, weiden, äsen, schlingen, futtern
2. *derb für:* essen
3. *ugs. für:* brauchen, verbrauchen, schlingen, verschlingen, schlucken
4. angreifen, zerstören, zersetzen (Rost)
5. es fressen verstehen, begreifen, kapieren, klarwerden, sich erschließen, herausfinden, nachvollziehen; *ugs.:* es schlucken, checken, schnallen

Fressgier Gefräßigkeit, Essgier, Esssucht, Fresssucht, Unersättlichkeit, Unmäßigkeit; *ugs.:* Verfressenheit

Freude
1. Frohsein, Fröhlichkeit, Entzücken, Glück, Frohsinn, Wonne, Beglückung, Glückseligkeit, Hochgefühl, Jubel, Triumph, Vergnügen, Begeisterung, Stimmung, Wohlgefallen, Zufriedenheit, Behagen
2. Genuss, Vergnüglichkeit, Lust, Spaß, Befriedigung; *geh.:* Ergötzen; *veraltet.:* Pläsier ⓘ

Freudenausbruch → Jubel

Freudenhaus Bordell, Dirnenhaus, öffentliches Haus, Etablissement, Eroscenter; *derb:* Puff, Hurenhaus

Freudenmädchen → Prostituierte

Freudentaumel → Jubel

freudestrahlend → freudig

freudig
1. voll Freude, froh, freudestrahlend, freudevoll, glücklich, frohmütig, frohgemut, erfreut, munter, fröhlich, zufrieden, sonnig, beschwingt, ungetrübt, wohlgemut, wohlgefällig, heiter, selig, glückselig, optimistisch, fidel, vergnügt
2. gut, erfreulich, vergnüglich, wohltuend, günstig, vorteilhaft, angenehm, freudenreich, erquicklich

freudlos ohne Freude, traurig, trostlos, betrübt, unglücklich, leidvoll, gebrochen, elend, schwermütig, freudenarm, freudenleer, desolat, trist, düster, dunkel, öde, pessimistisch, bedrückt, unfroh, bekümmert, mutlos, lustlos

freuen erfreuen, Freude bereiten/machen, beglücken, froh machen/stimmen, erbauen, entzücken, glücklich/Spaß machen, zufriedenstellen, behagen, gefallen, ergötzen

freuen, sich Freude haben/empfinden, sich erfreuen, sich ergötzen, sich weiden an, sich vergnügen, froh/glücklich/begeistert/heiter sein, jubilieren, frohlocken, jubeln, Gefallen haben an, Wohlgefallen finden an, strahlen, guter Dinge sein, jmdm. hüpft das Herz/lacht das Herz im Leibe; *ugs.:* sich freuen wie ein Schneekönig, Hurra schreien, vor Freude an die Decke springen

Freund
1. Kamerad, Herzensbruder, Vertrauter, Gefährte, Intimus, Genosse, Verbündeter, Getreuer; *ugs.:* Kumpel, Kumpan, Spezi; *veraltend:* Gespiele
2. Geliebter, Liebhaber, Liebster, Bekannter, der Erklärte, Schatz, Partner, Galan, (ständiger) Begleiter, Liebling, Kavalier; *ugs.:* Verhältnis, Macker, zweite Hälfte, Herzblatt, Amigo, Lover; *scherzh.:* Lebensabschnittsgefährte

Freundeskreis die Freunde, Bekannte, Bekanntenkreis, Anhängerschaft, Bekanntschaft, Anhang, Clique, Zirkel, Kreis; *ugs.:* Blase, Clan; *österr.:* Haberer

Freundin
1. Vertraute, Kameradin, Gefährtin, Verbündete, Vertraute; *ugs.:* Kumpa-

Freude: Begeisterung und Jubel

Die Synonyme für *Freude* geben die unterschiedliche Intensität dieser Gefühlsregung an. *Zufriedenheit* und (innere) *Befriedigung* sind wie *Frohsein* oder *Vergnügen* eher stille Varianten der *Hochstimmung*. Dagegen wird bei *Begeisterung* und *Jubel* das *Glück* auch der Umwelt gelegentlich lautstark mitgeteilt. *Wonne* ist ein meist dichterisch gebrauchter Ausdruck für *Freude*. Er wird aber manchmal wie *Entzücken* oder das französische Fremdwort *Pläsier* auch in gehobener Sprache verwendet.
Wer seine *helle Freude* an etwas hat, ist darüber außerordentlich glücklich oder vielleicht sogar *vor Freude außer sich*. Jemand, der *diebische Freude* empfindet, freut sich ebenfalls sehr über etwas, wobei hier gelegentlich auch die Konnotation *Schadenfreude* mitschwingt.
Als Höflichkeitsfloskel wird oft der Satz verwendet *Es ist mir eine (besondere/große) Freude, …* (Sie kennenzulernen, hier zu sein, Sie zu begrüßen usw.). Wer etwas *mit Freuden* macht, tut das gern.
Sagt man von einer Sache oder einem Vorgang, das sei *nicht die wahre/reine Freude,* so hat man daran einiges auszusetzen. Wer *in Freuden leben* kann, dem geht es gut. Ein *Freudenfest* ist eine Feier aus Freude über ein Ereignis und unter einem *Freudentag* versteht man einen Tag, der Anlass zu besonderer Freude gibt. Als *Lebensfreude* bezeichnet man die Freude am Dasein. *Sinnenfreude* nennt man die mit jedem Sinn erlebbare Freude, was nicht zuletzt für erotische Freude gilt. Ein *Freudenhaus* schließlich ist die veraltende Bezeichnung für ein Bordell.

nin, Kumpel; *veraltend:* Gespielin
2. Geliebte, Liebste, Liebling, Liebhaberin, Schatz, Partnerin, (ständige) Begleiterin, Holde, Herzensdame, Traute, Liebchen, Herz, Herzblatt, Auserwählte; *ugs.:* Flamme, Verhältnis, die andere Hälfte, Schnecke; *scherzh.:* Lebensabschnittsgefährtin

freundlich
1. liebenswürdig, entgegenkommend, zuvorkommend, freundschaftlich, jovial, gutgemeint, nett, herzlich, wohlwollend, wohlmeinend, wohlgesinnt, gefällig, gütig, gutgelaunt, heiter, höflich, zugetan, einnehmend, warm, lieb, sympathisch, annehmlich
2. angenehm, sonnig, schön, hell, strahlend, klar (Wetter)

Freundlichkeit → Güte

Freundschaft Verhältnis, Kameradschaft, Brüderschaft, Verbundenheit, Verbindung, Beziehung, Bund, Geistesverwandtschaft, Zusammengehörigkeit, Gemeinschaft, Eintracht; *ugs.:* Kumpanei

freundschaftlich → brüderlich

Frevel Entgleisung, Verstoß, Vergehen, Verbrechen, Verfehlung, Schurkerei, Zuwiderhandlung, Missetat, Untat, Delikt, Sünde, Übertretung, Sakrileg, Lästerung, Schandtat, Freveltat, Straftat, Übeltat

frevelhaft → lästerlich

freveln sündigen, verstoßen, sich vergehen, übertreten, fehlen, eine Sünde/einen Fehltritt/Frevel begehen, Unrecht tun, abirren, vom Wege abkommen

Friseuse/Friseurin: Berufsbezeichnungen im Wandel

Aus männlichen Berufsbezeichnungen, die auf *-eur* enden, können die entsprechenden weiblichen Formen durch Anhängen der Endung *-in* gebildet werden. Nur noch in wenigen Ausnahmefällen sind die vor allem früher gebräuchlichen Ableitungen auf *-euse* üblich. Letztere werden heute zunehmend als veraltet empfunden. So wird die mittlerweile altmodische Variante *Friseuse* ausschließlich umgangssprachlich verwendet. Die korrekte Berufsbezeichnung ist *Friseurin*. Der Begriff *Friseuse* sollte in der Schriftsprache nicht mehr verwendet werden.

Friede(n) Ruhe, Eintracht, Einklang, Einvernehmen, Einigkeit, Harmonie, Stille, Entspannung, Verständigung, Friedenszustand, Friedenszeit

friedfertig → friedlich

Friedhof Kirchhof, Begräbnisstätte, Gottesacker, Totenacker, Gräberfeld

friedlich
1. friedfertig, friedsam, friedliebend, friedvoll, friedselig, versöhnlich, verträglich, gütlich, einträchtig, harmonisch
2. still, ruhig, beschaulich, idyllisch
3. pazifistisch, gewaltfrei, gewaltlos

frieren
1. frösteln, Kälte empfinden, schauern, zittern, kalt sein, unter Kälte leiden, schaudern, schlottern, mit den Zähnen klappern; *ugs.:* bibbern, Gänsehaut bekommen, schnattern
2. gefrieren, zu Eis werden, erstarren, unter den Gefrierpunkt sinken, vereisen, zufrieren

frigide kühl, gefühlskalt, gefühlsarm, leidenschaftslos, unempfindlich, unempfänglich, impotent, nicht hingabefähig

Frikadelle Fleischkloß, Bulette, Hackfleischklößchen, Klops; *österr.:* Fleischlaberl; *landsch.:* Fleischpflanzerl

frisch
1. von heute, frischbacken, neubacken, taufrisch, jung
2. sauber, unbenutzt, neu, ungebraucht
3. kühl, frostig, eisig, kalt, schattig
4. gesund, munter, blühend, unverbraucht, knackig, ausgeruht, erholt, rüstig, lebendig, fit, leistungsfähig, in Form, kraftvoll, kräftig; *ugs.:* auf der Höhe

frischweg → sofort

Friseur Coiffeur, Frisör, Barbier, Haarschneider, Haarkünstler, Hairstylist, Haircutter; *scherzh.:* Figaro, Bader

Friseuse *ugs., veraltend für:* Friseurin ⓘ

frisieren
1. kämmen, die Haare machen, bürsten, das Haar ordnen, sich die Haare/Frisur richten
2. *ugs. für:* verändern, beschönigen, zurechtmachen, aufmöbeln, ausschmücken, verbrämen; *ugs.:* auf Touren bringen

Frisör → Friseur

Frist Zeit, Zeitraum, Bedenkzeit, Zeitspanne, Zeitpunkt, Aufschub, Stundung, Atempause, Stichtag, Termin

fristen darben, dahinleben, vegetieren, Hunger/Mangel/Not leiden, in Armut leben, sich mühsam durchbringen; *ugs.:* herumkrebsen, dahinvegetieren, sich durchschlagen
fristgemäß rechtzeitig, pünktlich, zur rechten/richtigen Zeit, fahrplanmäßig, wie geplant, exakt, genau, ohne Verspätung, fristgerecht, wie vereinbart, ordnungsgemäß
fristlos ohne Frist, sofort, ab sofort, augenblicklich, im Nu, auf der Stelle, ungesäumt, unverzüglich
Frisur Haarschnitt, Haartracht, Haarpracht, Haarputz
frivol kess, → anstößig
froh
1. glücklich, dankbar, erleichtert, erlöst, befreit, heilfroh, beruhigt, erfreut, entlastet
2. → fröhlich
fröhlich vergnügt, in froher Stimmung, gutgelaunt, frohmütig, frohgestimmt, freudig, sonnig, guter Dinge/Laune, heiter, beschwingt, beflügelt, happy, lustig, zufrieden, munter, unkompliziert, stimmungsvoll, lebhaft, frisch, lebendig, schwungvoll, froh, frohgemut, frohen Mutes, freudenvoll, ungetrübt, fidel, optimistisch
frohlocken
1. → jubeln
2. schadenfroh sein, sich die Hände reiben, sich weiden, sich heimlich freuen, lachen/spotten über, sich ins Fäustchen lachen
Frohsinn Fröhlichkeit, gute Laune, Heiterkeit, heitere Stimmung, Humor, Geselligkeit, Frohmut, Munterkeit, Vergnügen, Freude, Lebensfreude, Wonne
fromm religiös, gläubig, gottergeben, gottergefällig, glaubensstark, gottesfürchtig, heilsgewiss, orthodox, kirchlich, geistlich, demütig, andächtig, gottselig
frömmlerisch bigott, frömmelnd, scheinheilig, scheinfromm, heuchlerisch
Fron Härte, Mühe, Plage, Mühsal, Knechtschaft, Last, Plackerei, Anstrengung, Sklaverei; *ugs.:* Rackerei, Schinderei, Knochenarbeit, Hundearbeit
frönen sich hingeben, aufgehen in, sich ergeben, auskosten, genießen, sich ausleben, sich erbauen, sich ergötzen, huldigen, verfallen sein, sich überlassen
Front
1. Fassade, Vorderseite, Vorderansicht, Schauseite, Stirnseite, Straßenseite, Hauptansicht
2. Kampflinie, Gefechtslinie, Feuerlinie, Hauptkampflinie, Feld, Kriegsschauplatz, Kampfplatz, Kampfzone, Schlachtfeld
frontal von vorn, frontseitig, vorn befindlich, an der Vorderseite
Frosch Lurch, Unke, Kröte; *landsch.:* Krott(n), Padde, Pogg(e), Hütsch(ke), Gecke, Ütze, Lork(e); *ugs.:* Hüpfer, Quaker
Frost Frostwetter, Kälte, Eiseskälte, Winterkälte, Temperatur unter Null/dem Gefrierpunkt
frösteln → frieren
frostig
1. kühl, kalt, bitterkalt, frisch, eisig, winterlich, unterkühlt, frostklirrend; *ugs.:* saukalt, hundekalt, lausekalt
2. unfreundlich, abweisend, unzugänglich, distanziert, unnahbar, spröde, herb, reserviert
frottieren abreiben, abtrocknen, trockenreiben; *ugs.:* abrubbeln, ribbeln
frotzeln → necken
Frucht
1. Obst
2. → Ergebnis
fruchtbar
1. ertragreich, Frucht bringend, ergiebig, fett, üppig, tragend, einbringlich, trächtig
2. nützlich, effektiv, produktiv, ersprießlich, gedeihlich, erfolgreich, nutzbringend, förderlich, dienlich, wirksam, konstruktiv, aufbauend, positiv, wegweisend, gut, sinnvoll, hilfreich, programmatisch, von Nutzen, interessant, lohnend, schöpferisch
3. zeugungsfähig, fortpflanzungsfähig, vermehrungsfähig, geschlechtsreif, fertil, potent
Früchtchen Schelm, Schlingel, Strolch, Schlitzohr, Bürschchen, Lausbub, Tunichtgut
Früchtebrot *landsch.:* Hutzelbrot; *österr.:* Kletzenbrot
fruchten nutzen, helfen, Erfolg haben, wirken, Wirkung zeigen/zeitigen/erzielen, nützen, von Nutzen sein, Nutzen bringen, seine Wirkung tun, einschlagen, zur Geltung kommen, sich auszahlen, Gewinn bringen, Früchte tragen, dienen, sich bezahlt machen, äußerst dienlich sein
fruchtlos → nutzlos

Fruchtpresse Entsafter, Saftpresse, Obstpresse, Moster, Entmoster, Presse; *ugs.:* Obstquetsche
frugal mäßig, einfach, bescheiden, schlicht, kärglich, anspruchslos, genügsam, simpel, spartanisch, prunklos
früh zeitig, frühzeitig, bald, am Morgen, morgens, frühmorgens, in der/aller Frühe, rechtzeitig, zur (rechten) Zeit, bei Tagesanbruch, beizeiten, beim ersten Hahnenschrei; *ugs.:* in aller Herrgottsfrühe
Frühe → Tagesanbruch
früher
1. ehedem, ehemals, vormals, vordem, vorher, vorzeiten, einst, einmal, davor, zuvor, damals, Anno dazumal, seinerzeit, in/zu jener Zeit, einstens, einstmals, vor Zeiten/alters, dereinst, in fernen Tagen, es ist vorbei/lange her/vergangen, vorig, alt, gewesen, damalig; *ugs.:* verflossen, Anno dunnemals
2. einstig, bisherig, ehemalig, bis dato/jetzt
3. eher, davor, vorher, sonst, wie immer
Frühgeschichte Urgeschichte, Vorgeschichte, Prähistorie
Frühling Frühjahr, Nachwinter, Vorsommer; *poet.:* Maienzeit, Lenz
frühzeitig → früh
Frust → Frustration
Frustration Ernüchterung, Missbehagen, Unbehagen, Frustrierung, Langeweile, Unbefriedigtsein, Überdruss, Unlust, Desillusionierung, Enttäuschung, Unzufriedenheit, Missmut, Verdrossenheit, Ärger; *ugs.:* Frust, kalte Dusche
frustrieren enttäuschen, unbefriedigt lassen, vor den Kopf stoßen, verdrießen, ärgern, Unbehagen/Missbehagen auslösen; *ugs.:* frusten, gegen den Strich gehen
frustriert → unzufrieden
Fuchs
1. *f.:* Füchsin; *volkst.:* Reineke Fuchs
2. Schlaukopf, Schlitzohr, Filou; *ugs.:* Schlaumeier, Schlauberger, Pfiffikus, Schlawiner, ein ganz Schlauer, Luder
fuchsen → ärgern
fuchteln *ugs. für:* gestikulieren
fuchtig → wütend
Fuge Spalt(e), Nahtstelle, Verbindungsstelle, Einschnitt, Schlitz, Ritze, Lücke, Riss, Sprung, Furche, Loch, Leck, Rille
fügen verbinden, anschließen, verknüpfen, verflechten, vereinigen, verquicken, zusammenfügen, koppeln, anreihen
fügen, sich
1. sich anpassen, nachgeben, Ja sagen, gehorchen, sich beugen, einlenken, sich unterwerfen, sich unterordnen, zurückstecken, kapitulieren, parieren, Wünschen entsprechen/entgegenkommen, sich richten nach, konformgehen, zurückweichen; *ugs.:* klein beigeben, die Segel streichen, spuren, kuschen, sich ducken, nach der Pfeife tanzen, weichwerden, in die Knie gehen, zu Kreuze kriechen, einen Rückzieher machen, kneifen, den Schwanz einziehen
2. sich fügen in hinnehmen, sich abfinden mit, sich ergeben/schicken in, akzeptieren, ertragen, sich zufriedengeben, sich begnügen, in Kauf nehmen; *ugs.:* in den sauren Apfel beißen
fügsam → folgsam
Fügung Schicksal, Bestimmung, Schickung, Vorsehung, Prädestination, höhere Gewalt, Los
fühlbar merklich, spürbar, sichtlich, wahrnehmbar, sichtbar, wirklich, erkennbar, deutlich, greifbar, einschneidend, auffallend, gravierend, tiefgehend, offenbar, markant
fühlen
1. feststellen, merken, wahrnehmen, spüren, verspüren, erleben, hegen, empfinden, tasten, bemerken, gewahr werden, gewahren, ergriffen/bewegt werden von
2. ahnen, vorhersehen, erspüren, auf sich zukommen sehen, ein Vorgefühl/eine Befürchtung/eine innere Stimme haben, einen Verdacht hegen/haben, annehmen, rechnen mit; *ugs.:* schwanen, tippen, Lunte riechen
fühlen, sich
1. sich befinden, gehen, zumute sein, sich vorkommen
2. sich halten für, sich finden, der Meinung/Ansicht sein
Fühlung Kontakt, Verbindung, Beziehung, Berührung, Tuchfühlung
Fuhre
1. Ladung, Wagenladung, Fuder
2. → Fracht
führen
1. geleiten, begleiten, gehen mit
2. leiten, verwalten, an der Spitze stehen, befehligen,

F

den Vorsitz führen, die Fäden in der Hand haben/halten, lenken, die Leitung innehaben, vorstehen, herrschen, beherrschen, regieren, gebieten, formen, beeinflussen, bearbeiten, einwirken auf, dirigieren, kommandieren; *ugs.:* die Hauptrolle/erste Geige spielen
3. anführen, führend/maßgeblich sein, den ersten Platz belegen, dominieren, überlegen sein, die Oberhand haben, die Spitze halten, Spitzenreiter/Favorit sein
4. wegweisen, vorangehen, bahnbrechend sein, vorstoßen, Neuland betreten, die Richtung angeben, den Weg weisen/zeigen, vorzeichnen
5. steuern, fahren, bedienen, betätigen, chauffieren, lotsen, kutschieren handhaben; *ugs.:* bugsieren
6. vorrätig/auf Lager/zur Verfügung haben

führen, sich sich betragen, sich benehmen, sich verhalten

führend tonangebend, wegweisend, bahnbrechend, vorherrschend, bestimmend, dominant, richtungweisend, maßgebend, überlegen, revolutionär, avantgardistisch, entscheidend, maßgeblich

führen zu zur Folge/Konsequenz/zum Ergebnis/Resultat haben, mit sich bringen, nach sich ziehen, entstehen, herauskommen

Führer
1. Leiter, Begleiter, Betreuer, Lenker, Vorsteher, Kapitän (Sport), Chef, Direktor, Oberhaupt, Kopf, Steuermann, Spiritus Rector, Führungskraft, Haupt, Anführer, Leader, Hauptmann, Hauptperson, Häuptling, Befehlshaber, Vorgesetzter, Reiseführer; *geh.:* Cicerone; *ugs.:* Boss, Leithammel, Macher, Kopf
2. Herrscher, Gewalthaber, Regent, Machthaber, Potentat, Diktator, Tyrann, Alleinherrscher, Despot
3. Fahrer, Chauffeur, Wagenlenker, Kraftwagenführer
4. Wegweiser, Ratgeber, Anleitung, Plan, Handbuch, Reiseführer

Führerschein Fahrerlaubnis, Fahrausweis, Fahrberechtigung

Führung
1. Leitung, Herrschaft, Regie, Verwaltung, Weisung, Vorsitz, Direktion, Vorstand, Spitze, Macht, Gewalt, Regiment, Lenkung, Ägide, Stab, Management, Oberaufsicht, Kontrolle, Direktorium, Chefetage, Kommando
2. Besichtigung, Rundgang, Rundfahrt
3. Benehmen, Verhalten, Betragen, Aufführung, Auftreten

Führungsposition Führungsrolle, Führungsposten, Unternehmensleitung, Spitzenstellung, Spitzenposition

Führungsstärke Führungskraft, Entschlusskraft, Entschlussfreudigkeit, Entscheidungsfähigkeit, Initiative

Fuhrunternehmen Spedition, Fuhrgeschäft, Transportunternehmen, Fuhrbetrieb, Transportfirma, Rollunternehmen; *schweiz.:* Camionnage

fuhrwerken
1. *ugs. für:* gestikulieren
2. → arbeiten

Fülle
1. Vielfalt, Auswahl, Reichtum, Reichhaltigkeit, große Auswahl, Palette
2. → Überfluss
3. → Menge
4. Füllung, Füllsel, Füllmasse, Einlage, Farce
5. → Körperfülle

füllen
1. anfüllen, auffüllen, abfüllen, vollmachen, vollschütten, vollgießen, vollstopfen, einschenken, hineinpressen
2. einnehmen (Platz), beanspruchen, ausfüllen, fordern, belegen, mit Beschlag belegen, nötig haben, brauchen, verbrauchen, verlangen

füllen, sich voll werden

Füllen Fohlen, Jungpferd

Füller Füllfederhalter; *ugs.:* Füllhalter

füllig → dick

Füllung
1. → Fülle
2. Einlage, Plombe, Inlay

fulminant → außergewöhnlich

fummeln
1. *ugs. für:* anrühren, berühren, anlangen, antasten, betasten, nesteln, anfassen, sich zu schaffen machen an; *ugs.:* hinlangen, befingern, befummeln, betatschen, angrapschen
2. basteln, herumbasteln, bearbeiten, hantieren; *ugs.:* pusseln, herummodeln, herummurksen, herumstochern

Fund Fundsache, Entdeckung, Ausgrabung, Freilegung, Ausbeute, Enthüllung

Fundament
1. Grundmauer, Grundfeste, Grundstein, Sockel, Unterbau, Unterteil, Untersatz, Fuß, Piedestal, Postament
2. Basis, Grundlage, Unterlage, Grundstock, Voraussetzung, Ansatzpunkt, Ausgangspunkt, Vorbedingung, Plattform, Substrat
3. → Fundus

fundamental grundlegend, grundsätzlich, schwerwiegend, prinzipiell, elementar, absolut, von Grund auf, entscheidend, maßgebend, maßgeblich, wichtig, einschneidend, bedeutend, ausschlaggebend, bestimmend

fundieren gründen, begründen, belegen, untermauern, erhärten, einen Untergrund geben, das Fundament legen zu, konstituieren, errichten, stiften, etablieren

fundiert
1. bewandert, kundig, gebildet, gelehrt, geschult, informiert, wissend, sicher, unterrichtet; *ugs.:* sattelfest, gescheit
2. hieb- und stichfest, gesichert, begründet, zuverlässig, unangreifbar, unwiderlegbar, verbürgt, untermauert

Fundus
1. Grundlage, Grundstock, Bestand, Basis, Fundament, Inventar, Vorrat, Mittel, Quelle
2. Reserve, Vermögensreserve, Stock, Rücklage, Fonds, Geldvorrat; *ugs.:* Topf

fungieren tätig/wirksam sein, amtieren/wirken/figurieren/auftreten/agieren/dienen als

Funk Rundfunk, Hörfunk, Rundfunksender, Radio, Radiosender; *schweiz.:* Rundspruch

funkeln → leuchten

funkelnagelneu → neu

funken
1. morsen, einen Funkspruch durchgeben, drahtlos/durch Funk übermitteln, ausstrahlen, senden, übertragen, kabeln, telegrafieren
2. → verstehen

Funktion
1. Stellung, Anstellung, Stelle, Amt, Posten, Position, Beruf
2. Aufgabe, Auftrag, Bestimmung, Rolle, Arbeit, Pflicht, Obliegenheit
3. Tätigkeit, Betätigung, Verrichtung, Beschäftigung, Wirksamkeit, Geschäft, Leistung, Dienst, Handwerk

Funktionär Beauftragter, Parteiarbeiter, Repräsentant, Delegierter, Bevollmächtigter, Vertreter, Agent

funktionieren ordnungsgemäß/richtig/reibungslos ablaufen, gehen, arbeiten, laufen, in Betrieb/in Gang/auf Touren sein, von der Hand gehen, glattgehen, vorschriftsmäßig/wie geplant erfolgen, nach Wunsch gehen; *ugs.:* klappen, in Ordnung sein, in Schuss sein, wie am Schnürchen/geschmiert gehen, gut abgehen, flutschen

für
1. auf, zugunsten, pro, zuliebe, um, zu, an
2. statt, anstatt, anstelle von, im Austausch, stellvertretend, ersatzweise, gegen, im Tausch gegen, dafür

Fürbitte
1. → Gebet
2. → Fürsprache

Furche
1. Vertiefung, Einbuchtung, Mulde, Höhlung, Kerbe, Riss, Rille, Fuge, Schlitz, Ritz, Spalte
2. Falte, Runzel, Krähenfüße; *ugs.:* Schrumpel

Furcht → Angst

furchtbar
1. schrecklich, entsetzlich, fürchterlich, erschreckend, abscheulich, Abscheu/Furcht/Entsetzen/Grauen erregend, grausig, scheußlich, abstoßend, widerlich, ekelhaft, grässlich, gräulich, widerwärtig, schauderhaft, verabscheuenswert, schlimm, schändlich, übel, verwerflich, wüst, ruchlos, gemein, bestürzend, horrend, grauenhaft, grauenvoll, horribel, beängstigend, schaurig, schauerlich, unheimlich
2. → sehr

fürchten befürchten, ahnen, bangen, Bedenken/Argwohn haben/hegen, argwöhnen, sich Gedanken/Sorgen/Kummer machen, sich sorgen

fürchten, sich → ängstigen, sich

fürchterlich → furchtbar

furchtlos furchtfrei, frei von Furcht/Angst, ohne Furcht, → mutig

Furchtlosigkeit → Mut

furchtsam → ängstlich

Furie
1. Rachegöttin, Erinnye, Eumenide, Nemesis
2. → Xanthippe

furios
1. → wütend
2. leidenschaftlich, wild, stürmisch, kämpferisch, rasend, ungezügelt, streit-

F

bar, aggressiv, offensiv, mitreißend, hitzig

für mich meinetwegen, meinethalben, um meinetwillen, mir zuliebe

Furore → Aufsehen

Furore machen → auffallen

Fürsorge
1. Pflege, Betreuung, Hilfe, Behandlung, Wartung, Versorgung, Fürsorglichkeit, Obsorge
2. Sozialfürsorge, Sozialhilfe, Diakonie

fürsorglich sorgsam, besorgt, umsichtig, betulich, liebevoll, behutsam, schonungsvoll, hingebungsvoll, hingebend, rührend, mit Bedacht, rücksichtsvoll, schonend, achtsam, mütterlich, väterlich

Fürsprache
1. Fürbitte, Fürspruch, Bitte, Befürwortung, Einsatz, Intervention
2. Empfehlung, Protektion, Gönnerschaft

Fürsprecher
1. → Anwalt
2. Befürworter, Unterstützer

fürstlich üppig, reichlich, prächtig, stattlich, königlich, pompös, aufwändig, herrlich, glanzvoll, schön, märchenhaft, prunkvoll, glänzend, luxuriös, prangend, hervorragend, bestechend, feudal, reich, opulent, großartig, ausgezeichnet, exzellent, erstklassig, fantastisch, wundervoll; *geh.:* splendid; *ugs.:* toll, fabelhaft, prima, dufte, famos, klasse

Furunkel Eitergeschwür, Abszess, eitrige Haarwurzelentzündung

fürwahr tatsächlich, wahrhaftig, wirklich, effektiv, wahrlich, beileibe, bei/weiß Gott, in der Tat, ohne Übertreibung, ungelogen, bestimmt, nicht übertrieben; *ugs.:* ehrlich, ohne Schmarrn/Flachs, echt

furzen *derb für:* Darmwind/Blähungen abgehen lassen; *ugs.:* einen fahren/gehen/ziehen/fliegen/sausen lassen, pupsen

Fusel → Schnaps

Fusion Zusammenschluss, Zusammenlegung, Vereinigung, Verschmelzung, Verflechtung, Verbindung, Merger, Liaison

Fuß Sockel, Grundlage, Postament, Piedestal, Gestell, Unterbau

Fußabstreifer Türvorleger, Fußmatte, Fußabtreter, Fußstreicher

Fußball *ugs.:* Leder, Lederkugel, Kugel, Pille, Nülle, Ei, Kirsche

Fußball spielen *ugs.:* kicken, knödeln, lappen, holzen, bolzen, hacken, klotzen

Fußballspieler Fußballer, Kicker, Balltreter, Ballkünstler, Dribbler, Fußballprofi, Profifußballer, Profikicker

Fussel Fluse, Faser, Fädchen, Staubflocke

fußen auf → stammen von

fußfällig → flehentlich

Fuß fassen → einleben, sich

Fußgänger Passant; *österr.:* Fußgeher

Fußgängerübergang Zebrastreifen, Fußgängerüberweg, Fußgängerschutzweg, Fußgängerstreifen

Fußgängerweg Gehweg, Gehsteig, Fußweg, Bürgersteig, Trottoir

Fußmatte → Fußabstreifer

Fußnote Anmerkung, Fußbemerkung, Zusatz, Ergänzung

Fußpflege Pediküre

Fußsoldat Infanterist, Infanteriesoldat, Grenadier; *ugs.:* Landser, Muschkote, Sandhase

Fuß(s)tapfen Fußspur, Fußabdruck, Fährte, Tritt

Fußvolk → Anhänger

Fußweg → Fußgängerweg

futsch → verschwunden

Futter
1. Tiernahrung, Fraß, Fressen
2. Auskleidung, Fütterung

Futteral Etui, Hülle, Schutzhülle, Behälter, Schoner, Überzug

füttern
1. Futter/zu fressen geben, atzen, mästen
2. Nahrung geben, Essen reichen, nähren, ernähren, beköstigen, verköstigen, verpflegen, sättigen, sattmachen, den Hunger stillen, eingeben; *ugs.:* päppeln
3. mit Futter versehen, ausfüttern, auslegen, auspolstern

G

Gabe
1. Geschenk, Präsent, Aufmerksamkeit, Zueignung; *ugs.:* Mitbringsel
2. Almosen, milde Gabe, Spende, Scherflein, Obolus, Beitrag
3. Begabung, Talent, Fähigkeit, Befähigung, Veranlagung, Berufung

gabeln, sich sich verzweigen, abzweigen, auseinandergehen, abgehen, sich teilen, sich spalten, sich trennen

gackern → lachen

gaffen neugierig starren/anstarren, aufdringlich zusehen/zuschauen, anstaunen, bestaunen, stieren; *ugs.:* Stielaugen machen, glotzen; *derb:* Maulaffen feilhalten

Gaffer → Zuschauer

Gag witziger Einfall/Gedanke, geistreiche Idee, Geistesblitz, Spaß, Clou

Gage → Lohn

gähnen klaffen, offen sein, aufstehen, offenstehen; *ugs.:* auf sein

Gala
1. Festkleidung, Festgewand, große Aufmachung; *ugs.:* Staat, Wichs
2. Fest, Festveranstaltung, Festabend

Galadiner → Festessen

galant höflich, liebenswürdig, ritterlich, kavaliersmäßig, aufmerksam, zuvorkommend, gentlemanlike, charmant; *geh.:* chevaleresk

Galaxis Galaxie, galaktisches System, Milchstraße, Sternenhaufen, Sternsystem

Galerie
1. Ausstellung, Sammlung, Bildersammlung, Gemäldesammlung
2. oberster Rang (Theater), Empore; *ugs.:* Olymp

Galgenfrist Bewährungsfrist, Gnadenfrist, Bedenkzeit, Strafaufschub, Prüfungszeit, Wartezeit, Verzögerung

gallig
1. bitter, gallenbitter
2. böse, unfreundlich, ungehalten, erbittert, verärgert, beißend, bissig, sarkastisch, ätzend

galoppieren
1. Galopp reiten
2. → eilen

gammelig → faul

Gammler
1. Aussteiger, Nichtstuer, Müßiggänger, Tramp, Freak, Dropout
2. → Clochard

Gämse Gams; *f.:* Geiß; *m.:* Bock, Gämsbock, Gamsbock; *jung:* Kitz, Geraffel (Rudel)

Gang
1. Gangart, Fortbewegungsart, Schritt, Tritt; *ugs.:* Trott
2. Spaziergang, Spazierweg, Promenade, Marsch; *ugs.:* Bummel, Runde, Trip
3. Verlauf, Ablauf, Fortgang, Prozess, Hergang, Entwicklung, Vorgang, Lauf
4. Korridor, Flur, Diele
5. Speisenfolge, Menüfolge, Einzelgericht
6. Weg, Besorgung, Verrichtung, Erledigung
7. → Gruppe

gangbar → möglich

gängeln am Gängelband führen, bevormunden, dirigieren, lenken, vorschreiben, bestimmen über; *ugs.:* jmdm. das Heft aus der Hand nehmen

gängig
1. allgemein bekannt, gewohnt, üblich, gebräuchlich, geläufig, vertraut, landläufig, normal, regulär, alltäglich, eingefahren, eingespielt, verbreitet, eingewurzelt, herkömmlich, eingeführt, gang und gäbe, sprichwörtlich
2. verkäuflich, gesucht, gefragt, beliebt, empfohlen, vielverlangt, begehrt, gern gekauft, gut zu verkaufen

Gangster Betrüger, Schwindler, Lügner, Scharlatan, Schieber, Spitzbube, Falschspieler, Fälscher, Hehler, Preller, Beutelschneider, Bauernfänger, Erpresser, Wucherer, Schuft, Schurke, Gauner, Bandit, Verbrecher, Krimineller, Gewalttäter, Übeltäter, Dieb, Taschendieb, Ganove, Hochstapler, Filou, Lump, Strolch, Halunke, Kanaille, Wicht; *geh.:* Defraudant; *österr.:* Fal(l)ott; *derb:* Dreckskerl, Schweinehund; *veraltet:* Malefizbube ⓘ

Gangway Laufsteg (Flugzeug), Treppe

Ganove → Gangster

Gans
1. *m.:* Gänserich; *ugs.:* Ganter, Ganser, Gänsehahn; *österr.:* Ganauser
2. **dumme Gans** Dummkopf, dummes Huhn

Gänseblümchen Maßliebchen, Tausendschön; *volkst.:* Monatsblümchen

ganz
1. total, gesamt, insgesamt, in vollem Umfang/Maße, gänzlich, ganz und gar, in jeder Hinsicht/

G

G

Gangster: Von Schurken und Kriminellen

Der englische Ausdruck, der ursprünglich das Mitglied einer kriminellen Bande bezeichnet, kann sowohl für einen *Kriminellen* stehen, der gegen Recht und Gesetz verstößt, als auch umgangssprachlich für einen *Gauner* gebraucht werden, der »krumme Touren« macht, die nicht unbedingt auch justiziabel sein müssen. Die Synonyme für *Gangster* geben dabei gleichzeitig Aufschluss über die Art des Vergehens. Ein *Hehler* ist der Helfer von Dieben, ein *Schieber* macht dunkle Geschäfte unter Umgehung der Wirtschaftsgesetze. Ein *Wucherer* leiht Geld gegen überhöhte Zinsen aus. Auch ein *Beutelschneider* verlangt überhöhte Preise. Jemand, der Betrug begeht, ist ein *Betrüger,* geschieht das unter Vortäuschen einer gehobenen gesellschaftlichen Stellung, ist er ein *Hochstapler*.
Ein *Erpresser* verlangt etwas unter Androhung von Gewalt. Wer beim Spiel betrügt, ist ein *Falschspieler*. Dieser Ausdruck kann freilich auch allgemein für eine Person verwendet werden, die nicht ehrlich ist beziehungsweise andere über ihre wahren Absichten täuscht. *Gangster* in diesem Sinn nennt man auch *Ganove, Gauner, Halunke, Lump, Schurke, Spitzbube, Strolch* oder schlicht *Lügner*.
Als *Scharlatan* bezeichnet man einen *Schwindler,* der nichts von seinem Fach versteht. Ist das konkret auf einen Arzt bezogen, spricht man auch von einem *Kurpfuscher*. *Malefizbube* (aus dem Lateinischen *malus* + *facere* = »böse« + »tun«) ist ein veralteter Ausdruck für *Übeltäter*.
Nicht unbedingt negativ ist der Ausdruck *Filou:* Je nach Zusammenhang kann er einen *Spitzbuben* oder einen gerissenen beziehungsweise leichtsinnigen Menschen bezeichnen.

Beziehung, von oben bis unten, von A bis Z, von innen und außen, von Kopf bis Fuß, von vorn bis hinten, bis auf den Grund/zur Neige, voll und ganz, überhaupt, schlechterdings, schlechtweg, hundertprozentig, wirklich, genau, absolut, grundlegend, von Anfang bis Ende, ohne Ausnahme, lückenlos, voll, völlig, vollkommen, vollständig, vollauf, vollends, komplett, restlos, mit Haut und Haar, vom Scheitel bis zur Sohle, auf Gedeih und Verderb, durch und durch, über und über, sämtlich, alles

2. heil, intakt, unversehrt, unbeschädigt, unberührt, gesund, wohlbehalten, nicht entzwei/kaputt; *ugs.:* in Schuss, auf dem Damm, reinweg; *geh.:* in toto/extenso

Ganzheit Gesamtheit, Allgemeinheit, das Ganze, Totalität, Vollständigkeit, Einheit; *landsch.:* Gänze

gänzlich → ganz

gar
1. fertig, genügend gekocht/gebraten/gebacken, weich; *ugs.:* durch
2. etwa, vielleicht, womöglich, ja wirklich

Garant → Bürge

Garantie Gewähr, Bürgschaft, Sicherheit, Haftung, Gewährleistung, Sicherheit

garantieren
1. → bürgen
2. versichern, versprechen, zusagen, zusichern, sein Wort geben, geloben

Garbe
1. Bund, Bündel
2. Feuergarbe, Feuerstoß

Garçon → Kellner

Garde
1. Leibwache, Leibgarde, Wachmannschaft, Wachposten
2. Kerntruppe, Elitetruppe

Garderobe
1. Ablage, Kleiderablage, Kleiderständer
2. Umkleideraum, Ankleideraum, Umkleidekabine
3. Kleidung, Aufmachung, Ausstattung, Outfit

Gardine Vorhang, Store, Schal

garen
1. → braten
2. → kochen

gären
1. in Gärung übergehen, sauer werden, moussieren, schäumen, sich zersetzen, säuern
2. → kriseln

Garn Faden, Nähfaden, Zwirn

Garnelen Krabben, Shrimps

garnieren verzieren, schmücken, verschönern, dekorieren, hübsch anrichten (Speisen), dressieren; *ugs.:* reichlich ausschmücken

Garnison
1. → Truppe
2. Truppenstandort, Truppenunterkunft

Garnitur Satz, Serie, Reihe, Set, Gruppe, Zusammenstellung

garstig
1. → böse
2. unfreundlich (Wetter), unschön, hässlich, scheuß-

lich, schauerlich, widerlich, ekelhaft, fürchterlich
Garten → Park
Gasse schmale Straße, schmaler Weg/Durchgang
Gassenhauer → Schlager
Gast
1. Besucher, Geladener, Eingeladener, Fremder
2. Stammgast, Pensionär
Gastarbeiter ausländischer Arbeitnehmer, Fremdarbeiter, Arbeitsimmigrant; *abwertend:* Ausländer
gastfreundlich gastlich, gastfrei, großzügig, wirtlich
gastfreundlich sein ein offenes Haus führen/haben
Gastgeber Hausherr, Herr des Hauses
Gasthaus → Gaststätte
Gasthof
1. → Gaststätte
2. Herberge, Hospiz, Hotel, Pension
Gastronomie
1. Gaststättengewerbe, Gaststättenbranche
2. Kochkunst, gute/feine Küche, Schlemmerküche
Gaststätte Gasthaus, Gasthof, Wirtschaft, Gastwirtschaft, Wirtshaus, Lokal, Restaurant, Restauration, Krug, Schenke; *ugs.:* Kneipe, Schwemme, Pinte; *landsch.:* Besenwirtschaft, Straußenwirtschaft; *österr.:* Beisel, Tschecherl; *abwertend:* Spelunke, Kaschemme
Gastwirt Wirt, Schenkwirt, Schankwirt; *landsch.:* Krüger; *ugs.:* Kneipier
Gastwirtschaft → Gaststätte
Gatte → Ehemann
Gatter Gitter, Zaun
Gattin → Ehefrau
Gattung Art, Sorte, Typ, Spezies, Genre, Schlag, Klasse, Kategorie, Zweig, Rasse, Familie
GAU
1. Umweltkatastrophe; *abmildernd:* Störfall
2. → Unglück
Gaube Dachfenster, Dachluke, Giebelfenster, Bodenfenster
Gaukelei Täuschung, Irreführung, Gauklerei, Vorspiegelung, Einbildung, Vortäuschung
gaukeln fliegen, flattern, schweben, segeln, schwirren
Gaukler Zauberkünstler, Zirkuskünstler, Varieteekünstler, Artist, Taschenspieler, Fakir
Gaul altes Pferd/Ross, Klepper, Mähre; *abwertend:* Schindmähre, Bock
Gauner → Gangster
Gaunerei Betrug, Schwindel, Gaunerstreich, Bauernfängerei, Täuschung, Hintergehung; *ugs.:* Mogelei, Prellerei, krumme Sache
gaunerhaft → unlauter
gaunern → betrügen
gay *ugs. für:* homosexuell
Gazette → Zeitung
geachtet → angesehen
geächtet verfemt, vogelfrei, rechtlos, entrechtet, ausgeschlossen, ausgestoßen, verworfen, schutzlos
geartet veranlagt, beschaffen, geprägt, geformt; *ugs.:* gebaut
Geäst Gezweig, Astwerk, Gesträuch
Gebabbel → Gerede
Gebäck Backware, Backwerk, Kuchen, Kekse, Plätzchen; *ugs.:* Knusperchen, Knabbereien
Gebälk Balkenwerk, Strebewerk, Verstrebung
Gebärde Geste, Bewegung, Kopfbewegung, Handbewegung, Wink, Zeichen
gebärden, sich → benehmen, sich
gebaren, sich → benehmen, sich
Gebaren Auftreten, Benehmen, Betragen, Habitus, Verhalten, Handlungsweise, Art, Führung; *ugs.:* Allüren
gebären
1. ein Kind/Baby bekommen/zur Welt bringen, entbinden, niederkommen, einem Kind das Leben schenken, Mutter werden, kreißen; *ugs.:* ein Kind kriegen; *geh.:* eines Kindes genesen
2. → werfen
Gebäude Bau, Bauwerk, Baulichkeit, Haus; *ugs.:* Kasten, Schuppen
gebefreudig → freigebig
Gebein(e) Skelett, Gerippe, Knochen, Knochengerüst
geben
1. reichen, darreichen, überreichen, aushändigen, darbieten, präsentieren, versehen/versorgen/ausstatten mit, übergeben, übereignen, überstellen, übertragen, überlassen, überantworten, sich einer Sache entäußern, zuteilwerden/zukommen lassen, abliefern, abtreten, verabfolgen, verabreichen, in die Hand drücken; *ugs.:* langen
2. schenken, beschenken, verehren, zueignen, stiften, mitgeben, mitbringen, angedeihen lassen, bedenken/beglücken mit, bescheren, spendieren, zuteilen, weggeben, vermachen, teilen, austeilen; *ugs.:* zustecken
3. vorkommen, auftreten, erscheinen, vorhanden/da sein, existieren, bestehen, sich befinden
4. → aufführen
5. → veranstalten

G

geben, sich → benehmen, sich
Gebet Fürbitte, Anrufung, Bitten, Flehen, Versenkung, Andacht
Gebiet
1. Region, Land, Bezirk, Bereich, Areal, Fläche, Feld, Komplex, Flur, Terrain, Territorium, Zone, Revier, Gemarkung, Raum, Sphäre, Reich, Gegend, Landstrich, Gefilde, Breiten, Gelände, Land, Landschaft, Kreis, Umkreis, Landesteil, Sektor, Distrikt; *ugs.:* Ecke, Winkel
2. → Fach
gebieten
1. befehlen, verfügen, bestimmen, veranlassen, verordnen, anweisen, vorschreiben, administrieren, Auftrag/Anweisung/Befehl/Order geben/erteilen
2. → herrschen
3. → erfordern
Gebieter → Herrscher
gebieterisch → herrisch
Gebilde Gestalt, Form, Gegenstand, Ding, Objekt, Fabrikat; *geh.:* Elaborat; *abwertend:* Machwerk
gebildet gelehrt, geschult, kultiviert, niveauvoll, studiert, kenntnisreich, qualifiziert, akademisch, belesen, beschlagen, bewandert, firm, fit, erfahren, weise, klug, kundig, verständig, sachverständig, wissend, intellektuell, versiert, gescheit
Gebirge Gebirgszug, Gebirgskette, Felsmassiv, Gebirgsmassiv, Höhenzug, Berge
gebirgig → bergig
Gebiss
1. Zähne, Kauwerkzeuge
2. Zahnersatz, künstliche/falsche Zähne, Prothese, Zahnprothese; *ugs.:* Beißer
Geblüt → Geschlecht
gebogen krumm, nicht gerade, geschwungen, halbrund, geschweift, gewölbt, gekrümmt, verkrümmt, wie ein Fragezeichen
geboren gebürtig, stammend aus
geboren werden das Licht der Welt erblicken, zur/auf die Welt kommen; *ugs.:* ankommen
geborgen sicher, geschützt, behütet, gut aufgehoben, in sicheren Händen, zu Hause, beschirmt, daheim, wohl
Geborgenheit → Sicherheit
Gebot
1. Angebot, Vorschlag, Antrag
2. Befehl, Weisung, Vorschrift, Geheiß, Anordnung, Bestimmung, Diktat, Order, Kommando, Auftrag, Verfügung, Maßregel, Richtlinie, Erlass, Edikt
3. Gesetz, Moralgesetz, Sittengesetz, Glaubenssatz, Postulat, Forderung, Maxime, kategorischer Imperativ
geboten nötig, erforderlich, notwendig, unerlässlich
gebrauchen
1. nutzen, benutzen, nützen, benützen, Gebrauch machen, in Gebrauch nehmen, sich bedienen, sich zunutzemachen, sich nutzbar/dienstbar machen, verwenden, anwenden, Verwendung haben für, in Anwendung/zum Einsatz bringen, einsetzen, verwerten, verarbeiten, handhaben; *ugs.:* brauchen
2. brauchen, benötigen, nötig haben, bedürfen, Bedarf haben, verwenden können
gebräuchlich üblich, gewohnt, bekannt, gängig, geläufig, vertraut, landläufig, alltäglich, eingefahren, eingespielt, eingewurzelt, eingeführt, verbreitet, herkömmlich, normal, regulär, gang und gäbe
Gebrauchsanweisung Anleitung, Gebrauchsanleitung, Ratgeber, Leitlinie, Hinweis, Wegweiser, Verhaltensmaßregel, Benutzungsvorschrift, Bedienungsvorschrift
gebrauchsfertig einsatzbereit, betriebsbereit, einsatzfertig, betriebsfertig, einsatzfähig, betriebsfähig, anwendungsbereit
Gebrauchsgüter Konsumgüter, Bedarfsgüter, Bedarfsartikel, Bedarfsgegenstände
gebraucht nicht mehr neu, benutzt, aus zweiter Hand, alt, secondhand, antiquarisch
gebrechen → fehlen
Gebrechen
1. → Krankheit
2. Mangel, Nachteil, Manko, Fehler, Defekt, Makel, Schaden, Minderwertigkeit, Unzulänglichkeit
gebrechlich schwach, altersschwach, dünn, kränklich, wackelig, hinfällig, zittrig, alt, abgelebt, abgespannt, abgenutzt, verschlissen, verfallen, kraftlos, schwächlich, schlapp, matt, abgezehrt; *ugs.:* klapprig, angeknackst, tapprig, tatterig; *landsch.:* tuttelig, krachelig; *schweiz.:* bresthaft, schitter
gebrochen
1. deprimiert, mutlos, entmutigt, niedergeschlagen,

niedergedrückt, resigniert, demoralisiert, verzagt, (am Boden) zerstört, verzweifelt; *ugs.:* geknickt
2. holprig, nicht fließend/flüssig, stockend, stammelnd, abgehackt
Gebrüll Geschrei, Geheul, Gejohle, Geplärr, Gekreisch, Getöse, Lärm; *ugs.:* Gegröle
Gebühr Abgabe, Beitrag, Beitragszahlung, Leistung, Geldleistung, Tribut, Unkosten, Betrag, Taxe, Preis; *geh.:* Obulus; *österr.:* Maut
gebühren zustehen, zukommen, angemessen sein, verdienen, wert sein
gebühren, sich sich gehören, sich ziemen, sich schicken
gebührend
1. → angemessen
2. → anständig
gebührenfrei kostenlos, gratis, unentgeltlich, ohne Geld, umsonst, geschenkt, frei, kostenfrei
gebunden
1. unfrei, unselbständig, abhängig, untertan, angewiesen auf
2. liiert (sein); *ugs.:* in festen Händen (sein)
Geburt
1. Entbindung, Niederkunft, Ankunft, freudiges Ereignis, schwere Stunde, Lebensbeginn; *Med.:* Partus
2. Abstammung, Abkunft, Herkunft, Herkommen
3. Anfang, Beginn, Auftakt, Anbruch, Start, Wiege, Quelle, Keim, Ursprung, Ausgangspunkt, Entstehung; *geh.:* Anbeginn
Geburtenregelung Geburtenbeschränkung, Geburtenkontrolle, Familienplanung
gebürtig geboren, stammend aus
Geburtshelferin Hebamme
Geburtsname Familienname, Eigenname, Nachname, Zuname, Mädchenname
Geburtsort Geburtsstätte, Heimatort
Geburtstag Ehrentag, Wiegenfest, Jahrestag, Jubiläum
Gebüsch Buschwerk, Gesträuch, Gestrüpp, Strauchwerk, Dickicht
Geck Snob, Dandy, Stenz, Fant, Stutzer, Schönling, Zieraffe, eitler Mensch; *veraltet:* Elegant; *abwertend:* Fatzke, feiner Pinkel, Laffe, Affe, Lackaffe; *österr.:* Gigerl
gedacht imaginär, ideell, fiktiv, vorgestellt, gedanklich, angenommen, theoretisch, immateriell, begrifflich
Gedächtnis
1. Erinnerung, Gedenken, Andenken
2. Gedächtniskraft, Erinnerungsvermögen, Merkfähigkeit
Gedächtnisrede → Nachruf
Gedächtnisschwäche Gedächtnisschwund, Gedächtnislücke, Gedächtnisstörung, Erinnerungslücke, Vergesslichkeit, Black-out; *Med.:* Amnesie
Gedächtnisstütze Gedächtnisbrücke, Gedächtnishilfe, Anhaltspunkt, Orientierungshilfe, Lernhilfe, Merkhilfe; *ugs.:* Eselsbrücke
gedämpft halblaut, mit verhaltener Stimme, leise, ruhig, still, piano, dumpf, tonlos, lautlos, klanglos
Gedanke
1. Idee, Vorstellung, Überlegung
2. Einfall, Intuition, Eingebung, Inspiration, Geistesblitz, Gedankenblitz, Flash
Gedankenaustausch → Gespräch
Gedankenblitz → Gedanke
Gedankengang Gedankenfolge, Gedankenkette, Gedankenreihe, Gedankenfaden, Ideenfolge, Ideenkette, Ideengang, Denkvorgang, Überlegung, Gedankenverbindung, Gedankenverknüpfung, Assoziation, Reflexion, Vorstellungsablauf, Argumentation
gedankenlos
1. unbedacht, unüberlegt, unachtsam, achtlos, impulsiv, ohne Überlegung/Bedacht, unbesonnen
2. mechanisch, automatisch, blind, teilnahmslos
3. zerfahren, zerstreut, abwesend, geistesabwesend, fahrig, kopflos, unkonzentriert, konfus, unaufmerksam, gedankenverloren
Gedankenübertragung Telepathie
Gedankenverbindung → Gedankengang
gedankenverloren → geistesabwesend
gedankenvoll nachdenklich, besinnlich, versonnen, tiefsinnig, grüblerisch, grübelnd, in sich gekehrt, (in Gedanken) versunken
gedanklich → gedacht
Gedärm Eingeweide, Gekröse, Gescheide, Innereien; *ugs.:* Därme, Geschlinge, Kaldaunen
gedeihen
1. blühen, aufblühen, erblühen, florieren, (gut) wachsen, sich (gut) entwickeln, gutgehen, prosperieren, Fortschritte ma-

chen, ansteigen, sich steigern, Erfolg haben, einen Aufstieg/Aufschwung erleben, anwachsen, ansteigen, voranschreiten, sich entfalten, geraten; *ugs.:* flottgehen, hinhauen
2. erstarken, stärker/kräftiger werden, strotzen
gedenken
1. → beabsichtigen
2. → erinnern, sich
Gedenken Erinnerung, Andenken, Gedächtnis
Gedenkrede → Nachruf
Gedenkstein → Denkmal
Gedicht Verse, Spruch; *geh.:* Poem
gediegen solid(e), wertbeständig, reell, ordentlich, verlässlich, zuverlässig, vertrauenswürdig, haltbar, qualitätvoll, stabil, gut, echt, massiv, pur, lauter, rein, unverfälscht
Gedränge Getriebe, Gewühl, Gewimmel, Gemenge, Gewoge, Getümmel, drängelnde Menschenmenge, Auflauf, Enge, Tumult, Ansammlung, Menschenansammlung, Zusammenlauf, Zusammenrottung, Durcheinander, Aufruhr; *ugs.:* Geschiebe, Rammelei, Geschubse
gedrängt
1. dicht an dicht, Kopf an Kopf, Schulter an Schulter, zusammengedrückt, zusammengepresst, eingeklemmt, eingekeilt, beengt; *ugs.:* auf Tuchfühlung
2. → kurz
gedrückt → niedergeschlagen
gedrungen untersetzt, stämmig, massiv, kompakt, bullig, pyknisch
Geduld
1. Ausdauer, Langmut, Nachsicht, Gelassenheit, Gleichmut, Abgeklärtheit, Toleranz, Friedfertigkeit, Milde, Ruhe, Sanftmut
2. → Beständigkeit
gedulden, sich geduldig sein, Geduld haben/üben, harren, ausharren, abwarten, zuwarten, sich Zeit lassen, die Dinge auf sich zukommen lassen; *ugs.:* abwarten und Tee trinken
geduldig
1. mit/voller Geduld, langmütig, nachsichtig, gleichmütig, gelassen, tolerant, friedfertig, ruhig
2. → ausdauernd
geehrt
1. verehrt, wert, geschätzt, teuer, gnädig, lieb
2. → angesehen
geeignet
1. passend, richtig, recht, ideal, gelegen, gegeben, wie geschaffen für
2. befähigt, fähig, tauglich, qualifiziert, berufen, prädestiniert, talentiert, begabt; *ugs.:* fit
3. verwendbar, brauchbar, nützlich, praktikabel, praktisch, dienlich, zweckmäßig
geeignet sein sich eignen, seinen Zweck erfüllen, infrage kommen, passen, taugen
Gefahr Gefährlichkeit, Gefährdung, Bedrohung, Krise, Risiko, Unsicherheit; *poet.:* Fährnis
Gefahr bringend → gefährlich
gefährden in Gefahr bringen, einer Gefahr aussetzen, aufs Spiel setzen, bedrohen, gefährlich werden; *ugs.:* schlechtstehen, ans Leben/Leder gehen
gefährden, sich Gefahr laufen, sich einer Gefahr aussetzen, sich in Gefahr begeben
gefährlich
1. gefahrvoll, Gefahr bringend, bedrohlich, beunruhigend, beängstigend, unheilvoll, Unheil bringend, nicht geheuer, bedenklich, ernst, kritisch, brenzlig, zugespitzt
2. riskant, abenteuerlich, gewagt, verwegen, tollkühn, heikel, zweischneidig, halsbrecherisch, selbstmörderisch, lebensgefährlich
3. ansteckend (Krankheit), infektiös, übertragbar, heimtückisch, bösartig
gefahrlos ungefährlich, ungefährdet, risikolos, harmlos, unschädlich, unverfänglich, sicher
Gefährt → Fahrzeug
Gefährte Freund, Kamerad, Genosse, Sozius, Vertrauter, Begleiter, Getreuer, Bruder, Intimus, Verbündeter; *ugs.:* Spezi, Kumpan, Kumpel
gefahrvoll → gefährlich
Gefälle Abfall, Neigung, Senkung, Höhenunterschied, Abschüssigkeit, Schräge, Steile
gefallen
1. Anklang/Beifall/gute Aufnahme finden, es jmdm. angetan haben, für sich einnehmen, ansprechen, zusagen, behagen, bestechen, imponieren, beliebt sein, Gefallen/Geschmack/schön finden, entsprechen, passen, sympathisch/genehm/angenehm/recht sein, gelegen kommen, zupasskommen, sich großer Beliebtheit erfreuen, Zuspruch/Widerhall finden, mögen, Eindruck machen, hinreißen, Erfolg haben, zufriedenstellen, belieben, anziehen, wirken, Geschmack

G

abgewinnen, den Geschmack treffen, beeindrucken; *geh.:* konvenieren; *ugs.:* ankommen, in die Augen stechen, schmecken, etwas geht glatt herunter, einschlagen
2. Chancen haben bei, jmds. Typ sein, nach jmds. Herzen sein; *ugs.:* auf jmdn. stehen

Gefallen
1. Gefälligkeit, Entgegenkommen, Dienst, Liebesdienst, Freundesdienst, Freundlichkeit, Hilfeleistung, Hilfestellung
2. → Anklang
3. Zuneigung, Sympathie, Interesse, Wohlwollen, Geschmack

gefällig
1. hilfsbereit, entgegenkommend, zuvorkommend, diensteifrig, bereitwillig, aufmerksam, beflissen, kulant, konziliant, freundlich, höflich
2. → sympathisch
3. → reizend

Gefälligkeit → Gefallen

gefälligst → tunlichst

Gefallsucht Eitelkeit, Hoffart, Selbstgefälligkeit, Selbstherrlichkeit, Putzsucht, Koketterie, Geckenhaftigkeit, Stutzerhaftigkeit, Dandytum; *ugs.:* Affigkeit

gefälscht unecht, nachgeahmt, nachgemacht, künstlich, imitiert, falsch

gefangen
1. gefesselt, gepackt, ergriffen, begeistert, fasziniert
2. inhaftiert, festgenommen, arretiert, hinter Schloss und Riegel gebracht; *ugs.:* einbuchtet

Gefangener Häftling, Inhaftierter, Gefängnisinsasse, Arrestant, Zuchthäusler, Sträfling; *ugs.:* Knastologe

gefangen nehmen
1. beeindrucken, begeistern, fesseln, in den Bann ziehen, faszinieren, erregen, erschüttern, ergreifen
2. gefangen setzen, inhaftieren, einsperren, festnehmen, verhaften, arretieren, in Haft/Gewahrsam nehmen, aufgreifen, abführen, internieren, hinter Stacheldraht/Gitter/Schloss und Riegel bringen, in Ketten legen, dingfest machen; *ugs.:* einlochen, einbuchten, hoppnehmen, schnappen, kaschen, hinter schwedische Gardinen setzen, einbunkern, einkasteln

Gefangenschaft → Haft

gefangen sein in Haft sitzen, inhaftiert/arretiert/interniert/festgesetzt sein, im Gefängnis sitzen, im Kerker/hinter Stacheldraht/Gittern sein, einsitzen; *ugs.:* sitzen, eingelocht/eingebuchtet sein, brummen, Arrest schieben, Tüten kleben, Knastologie studieren

gefangen setzen → gefangen nehmen

Gefängnis Strafanstalt, Strafvollzugsanstalt, JVA, Haftanstalt, Zuchthaus, Verlies, Kerker, Karzer, Bagno; *ugs.:* Arrestlokal, Bau, Bunker, Loch, Knast, Kittchen; *österr.:* Gefangenenhaus, Häfen ⓘ

Gefängnis: Von Karzer, Kerker und Knast

Das Wort für *Straf(vollzugs)anstalt* lässt sich durch Zusätze präzisieren. Ein *Untersuchungsgefängnis* ist eine *Haftanstalt,* in der noch nicht verurteilte Beschuldigte während einer Ermittlung sitzen. Ein *Militärgefängnis* ist ein Gefängnis, das vom Militär geführt wird. In einem *Frauengefängnis* sitzen nur weibliche Häftlinge. Statt *Gefängnis* findet man auch die Abkürzung *JVA,* die für *Justizvollzuganstalt* steht. Der Begriff *Zuchthaus* bezeichnete früher den *Haftort* für Verbrecher, die zu einer besonders schweren Freiheitsstrafe verurteilt waren.
Ein *Arrestlokal* war der Raum für jemanden, der mit einer leichten Freiheitsstrafe belegt wurde. Einen solchen Ort für Arrestanten in Hochschulen oder Schulen nannte man früher *Karzer.* Unter einem *Verlies* versteht man ein unterirdisches *Gefängnis,* das einst vor allem in Burgen üblich war. Meist unter der Erde lag dort auch der *Kerker* (in Frankreich und Italien auch *Bagno* genannt). Umgangssprachlich nennt man ein *Gefängnis* auch *Bau, Bunker, Kittchen, Knast.* Der Begriff *Käfig* charakterisiert hier das *Gefängnis* als einen besonders kleinen oder engen Raum. Das gilt auch für den Ausdruck *Loch,* bei dem zusätzlich Konnotationen wie »düster« und »schmuddelig« mitschwingen.
Zur Umgangssprache gehört darüber hinaus die Redensart *hinter schwedischen Gardinen* für *im Gefängnis.* Die Vokabel *Gefängnis* kann schließlich nicht nur für den Ort stehen, sondern auch die Strafe selbst ausdrücken: Eine Person wird zum Beispiel zu drei Jahren *Gefängnis* verurteilt, also zu drei Jahren *Freiheitsentzug* oder *Freiheitsstrafe.*

G

Gefängnisstrafe Freiheitsstrafe, Freiheitsentzug, Haft, Arrest, (polizeilicher) Gewahrsam, Verwahrung, Gefangenschaft, Kerkerstrafe; *ugs.:* Knast, Kittchen
gefärbt → parteiisch
Gefasel → Gerede
Gefäß Behälter, Behältnis
gefasst ruhig, beherrscht, diszipliniert, gesammelt, gesetzt, gezügelt, gelassen, besonnen, leidenschaftslos, sicher, überlegen, gleichmütig, stoisch, kaltblütig
Gefasstheit → Ruhe
Gefecht Kampf, Schlacht, Schießerei, Schusswechsel, Feuerwechsel, Kugelwechsel, Treffen, Geplänkel; *veraltet:* Scharmützel; *ugs.:* Geschieße
gefeiert → berühmt
gefeit widerstandsfähig, geschützt, immun, unempfänglich, resistent, nicht anfällig
gefesselt → gefangen
Gefieder Federn, Federkleid
Gefilde → Gebiet
Geflecht Flechtwerk, Maschenwerk, Netzwerk, Verflechtung, Gewebe
gefleckt → scheckig
geflissentlich → absichtlich
Geflügel Federvieh, Nutzvögel
Geflunker → Lüge
Geflüster Flüstern, Gewisper, leises Sprechen, Gezischel, Geraune
Gefolge Gefolgschaft, Anhang, Anhängerschaft, Jüngerschaft, Gefolgsleute, Gefolgsmänner, Mitstreiter, Getreue, Begleitung, Geleit; *geh.:* Suite, Entourage
Gefolgschaft → Gefolge
Gefolgsmann → Anhänger
gefragt → beliebt
gefräßig esslustig, unstillbar, unersättlich, unmäßig, nicht satt zu bekommen, nimmersatt; *derb:* fressgierig, fresssüchtig, verfressen
Gefräßigkeit Esslust, Essgier, Esssucht; *derb:* Verfressenheit, Fresssucht, Fressgier
gefrieren
1. einfrieren, einfrosten, tiefkühlen
2. erstarren, steif/starr/unbeweglich werden, vereisen, zufrieren
Gefrierpunkt Nullpunkt, null Grad
Gefrorenes Sorbet, Eis, Speiseeis, Eiscreme; *schweiz.:* Glace
gefuchst → schlau
Gefüge Struktur, Aufbau, Zusammensetzung, Gliederung, Einteilung, Fächerung, Konstruktion, Anlage, Bau, Gerüst
gefügig willig, gewillt, geneigt, gesonnen, willfährig, fügsam, gehorsam, lenkbar, folgsam, ergeben, nachgiebig, zahm, brav, untertan; *abwertend:* hörig
gefügig machen → zwingen
Gefühl
1. Gefühlsbewegung, Gemütsbewegung, Empfindung, Emotion, Empfinden, Stimmung, seelische Regung, Spürsinn, Organ, Gespür, Instinkt, Witterung
2. Tastsinn, Tastempfindung
3. Innenwelt, Inneres, Innenleben, Seele, Psyche
4. Ahnung, Vorgefühl, Vermutung, innere Stimme, Spürnase; *ugs.:* sechster Sinn, Riecher
gefühllos
1. → unempfindlich
2. → blutleer
3. roh, ohne Gefühl/Mitgefühl/Wärme, gefühlsarm, gefühlskalt, gemütsarm, unverletzbar, dumpf, teilnahmslos, kalt, eiskalt, kaltherzig, hartherzig, herzlos, seelenlos, stumpf, abgestumpft, lieblos, frigid, rau, verhärtet, ungerührt, unbeeindruckt, unzugänglich, eisig, leidenschaftslos, abgebrüht; *ugs.:* dickfellig, hart gesotten, wurstig
Gefühllosigkeit Kälte, Hartherzigkeit, Gefühlskälte, Ungerührtheit, Frostigkeit, Nüchternheit
gefühlsarm → gefühllos
gefühlsbetont → gefühlvoll
Gefühlsduselei → Rührseligkeit
gefühlsduselig → sentimental
gefühlskalt → gefühllos
Gefühlskälte → Gefühllosigkeit
gefühlsmäßig instinktiv, intuitiv, unbewusst, emotional, emotionell
gefühlvoll empfindsam, gefühlsbetont, emotional, emotionell, sensibel, sensitiv, gemütvoll, gemütsreich, innerlich, beseelt, feinfühlend, zartfühlend, feinfühlig, einfühlsam
gefüllt → voll
gegebenenfalls
1. → möglicherweise
2. andernfalls, im anderen Fall, wenn der Fall eintritt, wenn es notwendig/passend ist
Gegebenheit Tatsache, Realität, Fakt(um), Umstand, Sachlage, Sachverhalt, Tatbestand, Wirklichkeit, Gewissheit
gegen
1. kontra, wider, entgegen
2. gegenüber, im Gegensatz zu, versus, verglichen

mit, im Vergleich/Verhältnis zu
3. → annähernd
Gegenangriff → Vergeltung
Gegenargument → Einwand
Gegenbeweis Widerlegung, Entkräftung, Gegenerklärung, Berichtigung
Gegend
1. → Gebiet
2. → Umgebung
gegeneinander zueinander, einer gegen den anderen
Gegengewicht Gegenpol, Gegensatz, Kontrast, Unterschied, Divergenz
Gegenkultur → Alternativbewegung
Gegenleistung Entschädigung, Ersatz, Äquivalent, Gegenwert, Gegendienst, Wiedergutmachung, Abfindung, Abgeltung, Abstand, Ausgleich, Preis, Erkenntlichkeit, Belohnung, Vergeltung, Entgelt, Dank, Lohn
Gegenliebe Zustimmung, Beifall, Anklang, Echo, Anerkennung, Resonanz, Gefallen, Wertschätzung, Gunst, Würdigung, Zuspruch
Gegenmaßnahme Gegenstoß, Vergeltungsmaßnahme, Repressalie, Druckmittel, Mittel und Wege
Gegenmeinung Einwand, Einwurf, Veto, Entgegnung, Gegenstimme
Gegenmodell Gegenvorschlag, Gegenentwurf, Alternative
Gegenpart Gegner, Gegenspieler, Rivale, Widersacher, Widerpart, Kontrahent, Gegenseite, Konkurrent
Gegenpartei → Gegner
Gegenrede → Antwort
Gegensatz Gegensätzlichkeit, Widerspruch, Kontrast, Kehrseite, Gegenpol, Antithese, Gegenteil, Gegenstück, Unterschied, Verschiedenheit, Ungleichheit, Abweichung, Divergenz, Diskrepanz, Kluft, Trennung, Differenz; *geh.:* Antagonismus
gegensätzlich widersprüchlich, widerspruchsvoll, widersinnig, widerstimmig, einander ausschließend, gegenteilig, entgegengesetzt, konträr, disparat, inkompatibel, unverträglich, unvereinbar, diametral, dualistisch, oppositionell, antagonistisch, antithetisch, polar, umgekehrt, kontradiktorisch, entgegenstellend, extrem, nicht vereinbar/übereinstimmend, → verschieden
Gegenschlag Vergeltung, Vergeltungsmaßnahme, Gegenstoß, Revanche, Rache, Reaktion
Gegenseite → Gegner
gegenseitig wechselseitig, wechselweise, abwechselnd, beiderseits, alternierend, umschichtig, einer für den anderen
Gegenspieler → Gegner
Gegenstand
1. Körper, Ding, Sache, Objekt, Gebilde
2. Thema, Thematik, Sujet, Stoff, Aufgabenstellung, Materie, Inhalt, Frage, Punkt, Problem
gegenständlich konkret, dinglich, bildlich, figurativ, wirklichkeitsnah, bildhaft, anschaulich, greifbar
gegenstandslos
1. grundlos, haltlos, hinfällig, unbegründet, ohne Grund, aus der Luft gegriffen, unmotiviert
2. überflüssig, nicht mehr notwendig, null und nichtig, ungültig, unnütz, unnötig, nutzlos, sinnlos, zwecklos, wertlos
Gegenstimme → Einwand
Gegenstoß → Gegenschlag
Gegenstück
1. Pendant, Entsprechung, Korrelat
2. → Gegensatz
Gegenteil → Gegensatz
gegenteilig → gegensätzlich
gegenüber
1. auf der anderen Seite, vis-a-vis, jenseits
2. gegen, im Gegensatz zu, verglichen mit, im Vergleich/Verhältnis zu
gegenüberstellen
1. konfrontieren, zusammenbringen
2. vergleichen, dagegenhalten, nebeneinanderstellen, nebeneinanderhalten, vergleichsweise beurteilen/abwägen/prüfen, zum Vergleich heranziehen, eine Parallele ziehen, einen Vergleich anstellen
Gegenüberstellung → Vergleich
Gegenwart
1. das Jetzt/Heute, Jetztzeit, die gegenwärtige Zeit, das Hier und Jetzt, Augenblick
2. Anwesenheit, Zugegensein, Dabeisein, Präsenz, Teilnahme, Beteiligung
gegenwärtig
1. heute, heutzutage, zur Zeit, jetzt(ig), augenblicklich, momentan, im Augenblick/Moment, zur Stunde, derzeit(ig), gerade
2. aktuell, zeitnah, zeitgemäß
3. → anwesend
4. → zeitgenössisch
gegenwartsnah → aktuell
Gegenwehr
1. → Widerstand
2. → Verteidigung
Gegenwert → Gegenleistung

G

Gegner
1. Gegenspieler, Rivale, Widersacher, Widerpart, Feind, Kontrahent, Opponent, Antipode, Antagonist, Gegenpart, Gegenseite, Gegenpartei, Konkurrent, Mitbewerber, Nebenbuhler, die andere Seite, Konkurrenz, Opposition
2. → Dissident ⓘ

gegnerisch feindlich, feindselig, feinschaftlich, abgeneigt, böse, gehässig

Gegnerschaft
1. → Feindschaft
2. Konkurrenz, Rivalität, Nebenbuhlerschaft, Wettstreit, Wettbewerb

Gegröle → Geschrei

Gehabe(n)
1. Auftreten, Gebaren, Benehmen, Betragen, Verhalten, Art, Handlungsweise
2. Ziererei, Gespreiztheit, Affektiertheit, Gekünsteltheit; *ugs.:* Geziere, Mache, Getue, Affigkeit, Mätzchen
3. → Zirkus

Gehacktes → Hackfleisch

Gehalt
1. *n.:* → Einkommen
2. *m.:* Gedankenhalt, Ideengehalt, Inhalt, Substanz, Essenz, Wesen, Sinn, Bedeutung

gehaltlos → geistlos

Gehaltsstufe Tarif, Besoldungsgruppe, Besoldungsstufe, Gehaltsklasse

gehaltvoll
1. inhaltsreich, inhaltsvoll, substanziell, aussagekräftig, ausdrucksstark, geistreich, geistvoll, einfallsreich, substanzhaltig, bedeutungsvoll, vielsagend
2. nahrhaft, kräftig, kalorienreich, sättigend, deftig, reichhaltig

Gegner: Von Rivalen und Kontrahenten

Für den deutschen Begriff *Gegner* gibt es viele sinnverwandte Fremdwörter. Häufig geben sie genauere Auskunft darüber, in welchem Zusammenhang man sich einem *Gegner* stellen muss. Ein *Rivale* beispielsweise ist meistens der Mitbewerber um ein Amt oder um die Gunst einer Person. Einem *Kontrahenten* begegnet man bei einer kämpferischen Auseinandersetzung, bei einem geistigen Wettstreit oder einem sportlichen Wettkampf. Der *Opponent* vertritt in einem Redestreit eine entgegengesetzte Meinung. Zwei Menschen, die gegensätzliche Standpunkte vertreten oder von gegensätzlicher Natur sind, werden als *Antipoden* bezeichnet.
Allgemein als ein *Widersacher* ist der *Antagonist* zu betrachten. Der *Dissident* stellt sich gegen eine offizielle, allgemein anerkannte Meinung.

gehandikapt eingeschränkt, behindert, gehemmt, benachteiligt, gefesselt

gehässig hasserfüllt, bissig, giftig, schadenfroh, hämisch, odiös, maliziös, infam, niederträchtig, übelgesinnt, übelwollend, böse, bösartig, boshaft

Gehässigkeit → Bosheit

Gehege
1. Einfriedung, Einzäunung, Umzäunung
2. **ins Gehege kommen** → stören

geheim
1. verborgen, verdeckt, verschleiert, verhüllt, nicht öffentlich/bekannt, intern, konspirativ, im Geheimen, hinter verschlossenen Türen, intra muros, heimlich; *veraltet:* sekret
2. unbemerkt, unerkannt, verstohlen, unter der Hand, unauffällig, inoffiziell, insgeheim, intern, ohne Aufsehen, still, diskret, verschwiegen
3. geheimnisvoll, inkognito, undurchdringlich, anonym, unter vier Augen, intim, vertraulich, unter dem Siegel der Verschwiegenheit, illegal; *geh.:* klandestin; *ugs.:* hintenherum, unter der Hand, abgekartet

geheimbündlerisch → konspirativ

Geheimdienst Abwehrdienst, Nachrichtendienst

geheim halten
1. verheimlichen, verbergen, verhehlen, verschweigen, für sich behalten, vorenthalten, totschweigen, unterschlagen, tarnen, kaschieren, verhüllen, verschleiern, vertuschen, nicht verraten
2. → schweigen

Geheimnis Heimlichkeit, Rätsel, Dunkel, Unerklärliches, Unerforschliches, Mysterium

Geheimniskrämerei Heimlichtuerei, Geheimhaltung, Verheimlichung

geheimnisvoll undurchdringlich, ungreifbar, unerkennbar, undurchsichtig, undurchschaubar, doppelbödig, unbestimmt, hintergründig, abgründig, rätselhaft, nebulös, vieldeutig, orakelhaft, dunkel, mystisch, magisch, delphisch, sibyllinisch, mys-

teriös, schwer zu verstehen, nicht zu begreifen; *ugs.:* schleierhaft
Geheiß → Befehl
gehemmt
1. gefesselt, gebunden, angebunden, behindert, verpflichtet, unfrei, angewiesen auf
2. verkrampft, blockiert, befangen, verklemmt, gezwungen, scheu, schüchtern, ängstlich, unsicher, ohne Selbstbewusstsein, steif
Gehemmtheit → Hemmung
gehen
1. sich bewegen, sich fortbewegen, sich begeben, einen Fuß vor den anderen setzen, schreiten, marschieren, wandeln, lustwandeln, spazieren, flanieren, wandern, schlendern, bummeln, stolzieren, stelzen, stöckeln, tänzeln, trotten, trippeln, tappen, stapfen, stiefeln, staksen, schlurfen, schleichen, trödeln; *ugs.:* latschen, hatschen, watscheln, trampeln, tapsen, tippeln, zotteln, zuckeln, zockeln
2. abfahren (Zug), abgehen, starten
3. → arbeiten
4. möglich/gangbar/ausführbar/denkbar sein, im Bereich des Möglichen liegen
5. regelmäßig besuchen (Schule), frequentieren
6. sich fühlen, sich befinden, zumute sein
7. → verlaufen
8. → weggehen
9. kündigen, sein Arbeitsverhältnis lösen, zurücktreten von, seine Funktion/Stellung aufgeben, abtreten, die Arbeit /sein Amt niederlegen, verlassen; *ugs.:* den Kram hinwerfen/hinschmeißen, den Krempel hinhauen
10. → anfangen
11. sich erstrecken, sich hinziehen, sich in die Länge ziehen, sich ausbreiten, verlaufen
gehen in eintreten, betreten, hineingehen, hineinkommen, hineintreten
gehen lassen → frei lassen
gehen lassen, sich sich nicht zusammennehmen/zusammenreißen, mutlos/deprimiert/niedergeschlagen sein, keine Energie/Antriebskraft besitzen/aufbringen; *ugs.:* sich hängen lassen, durchhängen
gehen um sich handeln um, die Rede sein von, betreffen, berühren, sich beziehen auf, zu tun haben mit, anbelangen; *ugs.:* sich drehen um
Geheul
1. → Geschrei
2. → Gejammer
Gehilfe
1. Mitarbeiter, Hilfskraft, Assistent, rechte Hand, Helfer, Beistand, Stütze; *geh.:* Adlatus, Famulus; *ugs.:* Assi, Hiwi
2. → Diener
Gehirn Hirn, Zerebrum; *ugs.:* Verstand, Kopf
Gehirnschlag → Schlaganfall
gehoben → feierlich
Gehöft Bauernhof, Hof, Gut, Anwesen; *schweiz.:* Heimwesen, Hofstatt, Hofreite
Gehölz Wäldchen, kleiner Wald, Horst; *poet.:* Hain, Tann
Gehör Gehörsinn, Hörvermögen
gehorchen hören auf, folgen, befolgen, Gehorsam/Folge leisten, gehorsam/artig/brav sein, willfahren, Wünschen entsprechen/nachkommen, beherzigen, Ja sagen, nachgeben, einlenken, sich beugen, sich fügen, sich anpassen, sich unterordnen, sich unterwerfen, klein beigeben; *ugs.:* parieren, kuschen, spuren, sich ducken, nach jmds. Pfeife tanzen, die Segel streichen
gehören jmds. Eigentum sein, in jmds. Besitz sein, besitzen, sein Eigen nennen, innehaben, in Händen haben, verfügen über, eignen
gehören, sich angebracht/angemessen sein, sich schicken, sich ziemen, sich geziemen, sich gebühren, anstehen
gehören zu zählen zu, zugeordnet/zugerechnet werden, integriert/eingegliedert sein, angehören
gehörig
1. → angemessen
2. *ugs.:* gründlich, tüchtig, ordentlich, nicht zu knapp, ausreichend, nach Strich und Faden, dem Anlass entsprechend, zünftig, feste, kräftig, weidlich, anständig, groß, reichlich, viel, prächtig, ungeheuer, wacker, gewaltig, immens, enorm
gehörlos taub, schwerhörig; *ugs.:* stocktaub
gehorsam → folgsam
Gehorsam Folgsamkeit, Fügsamkeit, Gehorsamkeit, Gefügigkeit, Willfährigkeit, Gutwilligkeit, Artigkeit, Bravheit, Unterordnung, Unterwürfigkeit, Subordination, Nachgiebigkeit, Servilität
Gehorsamkeit → Gehorsam
Gehsteig Gehweg, Fußweg, Fußgängerweg, Bürgersteig, Trottoir
Gehweg → Gehsteig

Geifer → Speichel
geifern
1. speicheln; *ugs.:* sabbern, sabbeln
2. mit Schaum vorm Mund reden
3. → schimpfen
Geige Violine; *ugs.:* Fi(e)del
geil
1. lüstern, begehrlich, triebhaft, triebgesteuert, liebestoll, wollüstig, mit/voll Gier
2. *jugendsprachl. für:* hervorragend, ausgezeichnet, fantastisch, erstklassig, sehr schön, großartig, spitze; *jugendsprachl.:* super, cool, spitze, fett
Geilheit → Wollust
Geisel Unterpfand, Faustpfand, Gekidnappter, Gefangener
Geiß → Ziege
Geißel
1. Peitsche, Knute, Zuchtrute
2. → Plage
geißeln
1. peitschen, mit der Peitsche schlagen/hauen; *ugs.:* eins mit der Peitsche überziehen
2. heftig kritisieren, anprangern, an den Pranger stellen, anklagen, bloßstellen, brandmarken, angreifen, desavouieren, maßregeln, verpönen; *ugs.:* verreißen
Geist
1. Verstand, Bewusstsein, Vernunft, Intellekt, Denkfähigkeit, Denkvermögen, Auffassungsgabe, Klugheit, Esprit, Scharfsinn, Verstandeskraft; *ugs.:* Hirn, Köpfchen, Grütze, Grips
2. Gesinnung, Sinn, geistige Haltung, Einstellung, Grundhaltung, Denkweise, Denkart

geistig/geistlich: Zwischen Geist und Geistlichkeit

Von einem Substantiv abgeleitete Adjektive werden in den meisten Fällen entweder auf die Endung *-ig* oder auf die Endung *-lich* gebildet. Wie im Fall von *geistig* und *geistlich* gibt es jedoch auch Ausnahmen, bei denen beide Formen der Ableitung von demselben Substantiv möglich sind. Die Bedeutungen der Adjektive unterscheiden sich dann für gewöhnlich, sie können nicht synonym verwendet werden.
So wird *geistig* im Sinne von *den Geist betreffend* verwendet. *Geistlich* hingegen meint *religiös, fromm* beziehungsweise *die Kirche betreffend.* Dementsprechend bezeichnet z. B. eine *geistige Auseinandersetzung* ganz allgemein, dass man sich intellektuell mit etwas befasst. Eine *geistliche Auseinandersetzung* hingegen beschäftig sich speziell mit kirchlichen oder religiösen Fragen.

3. Genie, Genius, Begabung, Koryphäe, Phänomen, Kapazität
4. Gespenst, Spuk, Spukgestalt, Phantom, Erscheinung
Geisterfahrer Falschfahrer, Gespensterfahrer
Geistergeschichte → Schauergeschichte
geisterhaft schauerlich, schaurig, gespensterhaft, gruselig, zum Fürchten, beängstigend
geistern → spuken
geistesabwesend abwesend, gedankenverloren, versunken, verträumt, traumverloren, träumerisch, vertieft, entrückt, selbstvergessen, zerstreut, abgelenkt, nicht bei der Sache, unaufmerksam, unansprechbar, unerreichbar, nachdenklich, grübelnd, in Gedanken; *ugs.:* weit weg, weggetreten, in den Wolken
Geistesblitz → Einfall
Geistesgegenwart Reaktionsfähigkeit, Reaktionsvermögen, schnelles Reagieren/Handeln, Entschlusskraft, Schlagfertigkeit
geisteskrank → wahnsinnig
Geisteskranker → Wahnsinniger
Geisteskrankheit → Wahnsinn
geistesverwandt ebenbürtig, gleichgesinnt, wesensgleich, innerlich verwandt, auf gleicher Stufe
geistig
1. begrifflich, abstrakt, unwirklich, ideell, imaginär, irreal
2. unkörperlich, immateriell, unsinnlich, metaphysisch, platonisch ⓘ
geistlich sakral, nicht weltlich, theologisch, kirchlich, religiös, klerikal, fromm ⓘ
Geistlicher Pfarrer, Prediger, Pastor, Theologe, Seelsorger, Seelenhirte, Pfarrherr, geistlicher Herr, Kirchenmann, Gottesmann, Pater, Priester, Kleriker, Gottesdiener; *abwertend:* Pfaffe, Schwarzrock
geistlos leer, inhaltsleer, ideenlos, substanzlos, gehaltlos, stumpfsinnig, geisttötend, mechanisch, dumpf, stupid(e), stereotyp, ohne Gehalt/Tiefe, einfallslos, oberflächlich, flach, seicht, trivial, hohl, billig, platt, banal, nichts-

sagend, unbedeutend, abgeschmackt, phrasenhaft, alltäglich, gewöhnlich, abgegriffen, verbraucht, witzlos, epigonenhaft, schal; *ugs.:* abgestanden, abgedroschen, ausgeleiert, saftlos

geistreich
1. geistvoll, einfallsreich, sprühend, spritzig, witzig, unterhaltsam, anregend, ideenreich, erfindungsreich, erfinderisch, genial, kreativ, originell, produktiv
2. → intelligent

geistvoll → geistreich

Geiz Sparsamkeit, Habgier, Habsucht, Raffgier, Geldgier, Gewinngier, Profitgier, Besitzgier, Kleinlichkeit; *ugs.:* Knauserei, Schäbigkeit, Knickerei, Pfennigfuchserei

geizen übertrieben sparen/Haus halten, geizig sein, das Geld zusammenhalten, kargen, sparsam leben; *ugs.:* knausern, knapsen, knickern, filzen, nichts rausrücken, die Hand auf den Beutel halten, am Geld hängen, auf seinem Geld sitzen, den Pfennig/Cent dreimal herumdrehen, knorzen

Geizhals → Geizkragen

geizig übertrieben sparsam, geldgierig, raffgierig, gewinnsüchtig, profitsüchtig, habsüchtig, schäbig, kleinlich, berechnend; *ugs.:* knauserig, popelig, knick(e)rig, mickrig, schofel

geizig sein → geizen

Geizkragen Geizhals, Harpagon; *ugs.:* Pfennigfuchser, Filz, Knauser, Knicker, Nimmersatt

Gejammer Wehklagen, Lamentieren, Gewimmer, Geheul, Gezeter, Geschrei, Wehgeschrei, Stöhnen

Gejohle → Geschrei

Gekicher Gelächter, Lachen, Lachsalve; *ugs.:* Gelache, Gewieher

geknebelt → unfrei

geknechtet unfrei, unterdrückt, unterjocht, versklavt, abhängig, entmachtet

geknickt → niedergeschlagen

gekonnt → fachmännisch

gekränkt beleidigt, verstimmt, verletzt, pikiert, getroffen; *ugs.:* sauer, eingeschnappt, verschnupft, auf den Fuß/Schlips getreten

gekräuselt → lockig

Gekreisch → Geschrei

Gekröse → Eingeweide

gekrümmt gebogen, krumm, nicht gerade, gewölbt, verkrümmt

gekünstelt manieriert, geziert, unecht, unnatürlich, theatralisch, affektiert, gespreizt, gestelzt, geschraubt, gezwungen, gesucht, geschwollen, preziös, künstlich

Gelaber → Gerede

Gelächter Lachen, Lachsalve, Gekicher; *ugs.:* Gelache, Gewieher

geladen
1. wütend, wutentbrannt, zornig, jähzornig, zürnend, rasend, erzürnt, empört, entrüstet, erbost, grimmig, gereizt, aufgebracht, aggressiv, ärgerlich, verärgert, böse
2. eingeladen, (herzlich) willkommen, gerngesehen, einbestellt

geladen sein
1. wütend sein, sich ärgern, böse werden, toben, wüten, aufbrausen, aus der Haut fahren, außer sich/cholerisch sein
2. eingeladen/(herzlich) willkommen/gerngesehen/einbestellt sein

Gelage Orgie, Schwelgerei, Völlerei, Zecherei, Bacchanal; *ugs.:* Besäufnis, feuchter Abend; *derb:* Fresserei, Sauferei

gelähmt
1. lahm, gebrechlich, hinfällig, gehbehindert, nicht gehfähig
2. ohnmächtig, blockiert, handlungsunfähig, paralysiert

Gelände
1. → Gebiet
2. Grund, Grundstück, Anwesen

Geländer Brüstung, Balustrade, Reling (Schiff)

gelangen kommen zu, hinkommen, ankommen, erreichen, eintreffen

gelangen zu → erlangen

Gelärme
1. → Geschrei
2. → Lärm

gelassen beherrscht, gefasst, ruhig, gleichmütig, gemütlich, stoisch, überlegen, diszipliniert, gesammelt, leidenschaftslos, unerschütterlich, gesetzt, sicher, besonnen, bedacht, in aller Ruhe, entspannt, ausgeglichen; *ugs.:* lässig

Gelassenheit → Ruhe

Geläster → Kritik

Gelatine Gallert(e), Gelee, Stärke, Stärkemittel; *landsch.:* Glibber

geläufig
1. → fließend
2. vertraut, bekannt, wohlbekannt, gewohnt, nicht fremd, alltäglich

gelaunt gestimmt, gesonnen, aufgelegt, disponiert, zumute, in der Lage, in Form

G

Geld
1. Bargeld, Mittel, Geldmittel, Zahlungsmittel, Münzen, Banknoten, Währung; *ugs.:* Moneten, Mammon, Zechinen, Marie, Groschen, Steine, Kies, Moos, Mäuse, Zaster, Zunder, Knete, Pinkepinke, Kröten, Pulver, Lappen, Eier, Kohle(n), Piepen, Koks, Schotter, Taler, Pekunien
2. Vermögen, Kapital, Finanzen, Besitz, Reichtum, Aktiva ⓘ

Geldanlage → Investition
Geldbeutel → Geldbörse
Geldbörse Geldbeutel, Geldtasche, Brieftasche, Portmonee, Beutel, Börse
Geldentwertung Inflation, Abwertung, Preissteigerung, Kaufkraftminderung, Währungsverfall
Geldgeber
1. Mäzen, Gönner, Sponsor, Förderer, Protektor
2. Arbeitgeber, Chef
3. → Gläubiger
Geldgier → Geiz
Geldinstitut Bank, Bankhaus, Kreditinstitut, Kreditanstalt, Sparkasse
Geldmann → Kapitalist
Geldschein Note, Banknote, Papiergeld
Geldschrank → Safe
Geldstück Münze, Kleingeld, Hartgeld, Silbergeld; *ugs.:* Groschen, Taler, Kreuzer
gelegen passend, günstig, willkommen, erwünscht, geeignet, opportun, gerngesehen, lieb, bequem, genehm
Gelegenheit
1. Anlass, besonderes Ereignis
2. Möglichkeit, Chance, günstiger Augenblick/Moment, günstige Umstände/Konstellation, Okkasion, Aussicht; *ugs.:* Schnäppchen

Geld: Von Knete und Moneten

Geld ist der Oberbegriff für *Zahlungsmittel,* also *Münzen/Geldstücke* und *Banknoten/Geldscheine. Hartgeld* und *Papiergeld* werden wiederum auch als *Bargeld* bezeichnet. Das in einem Land benutzte *Geld* ist dessen *Währung.* Für *Geld* gibt es zahllose umgangssprachliche Ausdrücke. Aus der Bibel kommt der abwertend gemeinte Begriff *(schnöder) Mammon. Zechinen* war Bezeichnung für die früheren venezianischen Goldmünzen.
Groschen und *Taler* sind die Bezeichnungen alter deutscher Währungen. *Zaster* stammt aus der Gaunersprache, wie vermutlich auch *Moos* (in der Redewendung *Ohne Moos nichts los!*). Nur im Plural wird *Kröten* oder *Mäuse* verwendet. Zur Umgangssprache gehören außerdem Bezeichnungen wie *Kies, Knete, Kohle, Koks, Piepen, Pulver, Schotter.* Besonders im mittel- und norddeutschen Sprachraum findet sich das Wort *Pinke(pinke).*
Um *Geld* drehen sich auch viele, zumeist umgangssprachliche Redensarten. Wenn jemand *etwas nicht für Geld und gute Worte tun* will, so will er es unter gar keinen Umständen machen. *Geld aus etwas herausschlagen* bedeutet, finanzielle Vorteile aus einer Sache zu ziehen. *Auf dem Geld sitzen* heißt geizig sein. *Geld auf den Kopf hauen* besagt dagegen, es mit vollen Händen auszugeben. *Geld wie Heu haben* oder *im Geld schwimmen* bedeutet, sehr reich zu sein.
Wenn etwas *mit Geld nicht zu bezahlen/haben* ist, dann ist es einmalig, von ideellem Wert oder so kostbar, dass es nicht zu kaufen ist. Eine Sache, die kostspielig ist oder teurer wird als gedacht, *geht/läuft ins Geld.* Für *Geld verdienen* gibt es auch die Wendung *Geld machen. Jemandem den Geldhahn zudrehen* heißt, ihm keine *(finanziellen) Mittel* mehr zur Verfügung zu stellen. Besitz *zu Geld machen* bedeutet »verkaufen«. Als *hinaus-/herausgeworfenes Geld* bezeichnet man eine unnötige Ausgabe.
Der Satz *das Geld liegt auf der Straße* drückt aus, dass man leicht Geld verdienen beziehungsweise reich werden kann. Die Verneinung *das Geld liegt nicht auf der Straße* bedeutet dagegen, man muss sparsam sein.

gelegentlich
1. bei Gelegenheit, zur passenden Zeit, bald, irgendwann, demnächst, nächstens, in absehbarer Zeit, alsbald
2. manchmal, zeitweise, von Zeit zu Zeit, ab und zu, nicht immer, stellenweise, zuweilen
3. → anlässlich
gelehrig
1. gelehrsam, lernfähig, wach, verständig, intelligent, aufgeweckt, hell, aufnahmefähig
2. → fähig
Gelehrsamkeit → Wissen
gelehrt gebildet, geschult, studiert, akademisch, qualifiziert, kenntnisreich, belesen, beschlagen, bewandert, erfahren, weise, wissend, klug, kundig,

verständig, sachverständig, versiert, gescheit
Gelehrter Wissenschaftler, Forscher, Akademiker, Studierter, Intellektueller, Denker, Geistesarbeiter; *scherzh.:* gelehrtes Haus; *abwertend:* Intelligenzler, Intelligenzbestie
Gelehrtheit
1. → Wissen
2. → Klugheit
Geleit Gefolge, Gefolgschaft, Begleitung, Geleitzug, Eskorte, Konvoi, Schutz
geleiten → begleiten
gelenkig → elastisch
gelernt ausgebildet, geschult, sachverständig, sachkundig, vom Fach, geübt, gutunterrichtet, erprobt, bewährt, routiniert, qualifiziert, eingearbeitet, versiert, erfahren
Gelichter → Gesindel
Geliebte Liebhaberin, Liebste, Freundin, Herzensfreundin, Angebetete, Auserwählte, Liebling, Mätresse, Herzensdame, Favoritin, Erklärte; *poet.:* Buhle, Buhlerin; *ugs.:* Herzchen, Nebenfrau, Liebe, Bettgenossin, Schatz, Holde, Flamme, Verhältnis, Gspusi, Puppe, Zahn; *geh., scherzh.:* Konkubine, Kurtisane, Gespielin, Dulzinea
Geliebter Liebhaber, Liebster, Freund, Herzensfreund, Angebeteter, Auserwählter, Verehrer, Erklärter, Gespiele, Kavalier, Favorit, Galan, Romeo; *ugs.:* Liebe, Bettgenosse, Schatz, Holder, Verhältnis, ständiger Begleiter, Gspusi, Macker, Lover
gelinde
1. sanft, mild, nicht stark, leicht (Strafe)
2. vorsichtig, behutsam, schonend, rücksichtsvoll, sacht, sorgsam
gelingen
1. glücken, glücklich vonstattengehen, gut ablaufen/ausgehen, wunschgemäß verlaufen, nach Wunsch gehen, zum Guten ausschlagen, zustande kommen, in Ordnung gehen, auf fruchtbaren Boden fallen, funktionieren, fertigbringen, von der Hand gehen, glattgehen, geraten, werden; *ugs.:* klappen, klargehen, hinhauen
2. Glück/Erfolg haben, fortkommen, weiterkommen, emporkommen, siegen, das Ziel erreichen, seinen Weg/Karriere machen, sich durchsetzen, es schaffen, die Probe bestehen; *ugs.:* Dusel/Schwein haben
Gelingen → Erfolg
gellen laut/durchdringend ertönen/hallen/schallen
gellend → laut
geloben feierlich versprechen/zusichern/zusagen, sein Wort geben, sich verbürgen, sich verpflichten, schwören, beeiden, beeidigen, auf seinen Eid nehmen, garantieren, verbriefen, beteuern
Gelöbnis → Versprechen
gelockert
1. → gelöst
2. → zwanglos
gelöst
1. entspannt, entkrampft, ruhig, gelockert
2. → zwanglos
gelten
1. herrschen, vorherrschen, walten, sich durchgesetzt haben, gültig sein, Gültigkeit haben, verbindlich sein
2. bedeuten, wert sein, zählen, ins Gewicht fallen, schwer wiegen, Gewicht haben, ausmachen
3. betreffen, berühren, tangieren, sich beziehen auf, zu tun haben mit, Bezug haben, anbelangen
gelten als angesehen/betrachtet/erkannt werden, einen Namen/Ruf haben/beachtet werden als, darstellen, vorstellen, Achtung genießen, gehalten werden für, jemand sein
gelten lassen → anerkennen
geltend → gültig
Geltung
1. Gültigkeit, Verbindlichkeit, Durchsetzungskraft, Durchsetzungsvermögen
2. → Einfluss
3. → Ansehen
Geltungsbereich Einflussbereich, Wirkungsbereich, Geltungsgebiet, Machtbereich, Bannkreis
Gelübde → Versprechen
Gelump → Ramsch
gelüsten
1. begehren, starkes Verlangen haben, verlangen/sich sehnen/schmachten/lechzen/hungern/dürsten/fiebern/entbrennen/gieren/drängen nach, sich verzehren
2. → begierig
gemach geruhsam, gemächlich, langsam, bedächtig, mit geringer Geschwindigkeit, schleppend
Gemach → Zimmer
gemächlich → langsam
Gemahl → Ehemann
Gemahlin → Ehefrau
gemahnen erinnern, ins Gedächtnis rufen, in Erinnerung bringen, mahnen, auffrischen
Gemälde Bild, Bildnis, Kunstwerk, Studie, Abbild, Abbildung, Darstel-

lung, Wiedergabe, Porträt; *abwertend:* Schinken, Ölschinken

gemäß
1. laut, zufolge, nach, entsprechend, nach Maßgabe
2. → angemessen

gemäßigt
1. ausgeglichen (Klima), nicht extrem
2. → mäßig

Gemecker → Kritik

gemein
1. niederträchtig, infam, nichtswürdig, erbärmlich, miserabel, garstig, hässlich, boshaft, hinterlistig, gehässig, widerwärtig, widerlich, ekelhaft, schlecht, schmutzig, schäbig, niedrig, schändlich, schnöde, schmählich, scheußlich, schmachvoll, übel, verwerflich, abscheulich, schrecklich, wüst, schuftig, ruchlos, verrucht, perfide, teuflisch, schurkisch; *ugs.:* schofel, dreckig
2. → anstößig

Gemeinde
1. Gemeinwesen, Kommune, Ort, Dorf
2. Gemeinschaft, Gesamtheit, die Angehörigen/Anhänger/Anhängerschaft, Gesellschaft, Gruppe, Schar, Kreis, Kollektiv, Zirkel
3. Kirchengemeinde, Pfarrei, Sprengel

Gemeinheit Bosheit, Bösartigkeit, Böswilligkeit, Boshaftigkeit, Niedertracht, Niedrigkeit, Häme, Niederträchtigkeit, Hinterlist, Schadenfreude, Gehässigkeit, Übelwollen, böse Absicht, böser Wille, Tücke, Heimtücke, Arglist, Intriganz, Infamie, Garstigkeit, Schlechtigkeit, Teufelei, Gift, Schikane, Schurkerei, Unverschämtheit, Abscheulichkeit, Ruchlosigkeit; *derb:* Sauerei, Schweinerei

gemeinhin → generell

gemeinnützig sozial, wohltätig, menschlich, mitmenschlich, uneigennützig

Gemeinplatz Binsenwahrheit, Binsenweisheit, nichtssagende/allgemeine Redensart, Plattheit, Plattitüde, Selbstverständlichkeit, Trivialität, hohle/leere/große Worte, Geschwätz, Formel, Banalität, Allgemeinheit(en), Allgemeinplatz, Floskel, Schlagwort, Phrase; *ugs.:* alter Zopf/Hut, olle/alte Kamellen, kalter Kaffee

gemeinsam gemeinschaftlich, zusammen, miteinander, vereint, geschlossen, kollektiv, kooperativ, kollegial, allesamt, Seite an Seite, Hand in Hand, Arm in Arm, in Zusammenarbeit/im Verein mit, im Chor, alle; *ugs.:* mitsammen

Gemeinsamkeit
1. Gemeinschaft, Gemeinschaftlichkeit, Miteinander, Zusammenhalt, Zusammengehörigkeit, Zusammenarbeit, Verbundenheit, Solidarität, Partnerschaft
2. Verwandtschaft, Geistesverwandtschaft, Ähnlichkeit, Affinität, Berührungspunkt, Verbindung, geistiges Band

Gemeinschaft
1. → Gemeinde
2. → Gemeinsamkeit

gemeinschaftlich gemeinsam, zusammen, miteinander, vereint, kollektiv, kooperativ, Hand in Hand, in Zusammenarbeit mit, alle; *ugs.:* mitsammen

Gemeinschaftlichkeit → Gemeinsamkeit

Gemeinwohl Allgemeinwohl, Gemeinnutz, Gemeinnützigkeit, allgemeines Interesse

Gemenge
1. Gemisch, Mischung, Mixtur, Verbindung, Konglomarat, Komposition, Mengung, Melange
2. → Gedränge

gemessen
1. majestätisch, würdevoll, hoheitsvoll, gravitätisch, gesetzt, würdig, feierlich
2. angemessen (Abstand), gebührend, gebührlich, gehörig, geziemend, schicklich, passend, angezeigt, adäquat

Gemetzel Metzelei, Massaker, Blutbad, Blutvergießen, Abschlachtung, Schlächterei, Massenmord, Morden

Gemisch → Gemenge

gemischt
1. bunt, kunterbunt, zusammengewürfelt, zusammengesetzt, komplex, abwechslungsreich, variabel, mannigfaltig, vielfältig, verschieden, verschiedenartig, schillernd, Mädchen und Jungen (Schule)
2. unbestimmt (Gefühle), undefiniert, unklar, undeutlich, nicht eindeutig, widersprüchlich, widersprechend, vage, verschwommen

Gemunkel → Gerede

Gemüt (seelische) Empfindung, (fühlendes) Herz, Innerlichkeit, Innenwelt, Innenleben, Seelenleben, Seele, Psyche, Inneres, innere Verfassung/Befindlichkeit

gemütlich
1. behaglich, anheimelnd, heimelig, häuslich, woh-

lig, angenehm, wohnlich, bequem, traut, traulich, lauschig, intim, harmonisch, beschaulich, friedlich; *ugs.:* kommod
2. ruhig, freundlich, umgänglich, gemächlich, gelassen, geruhsam

gemütsarm gefühllos, gefühlsarm, gefühlskalt, herzlos, seelenlos, eiskalt, kaltherzig, hartherzig, stumpf, abgestumpft, lieblos, verhärtet

Gemütsart → Wesensart

gemütskrank nervenkrank, psychopathisch, neurotisch, depressiv, schwermütig, niedergeschlagen

Gemütslage Gemütszustand, Gemütsverfassung, Stimmung, Laune, Seelenlage, Seelenzustand, Seelenverfassung, Gefühlslage, Grundgefühl, Aufgelegtsein, Disposition, Disponiertheit

Gemütsruhe → Ruhe

Gemütsverfassung → Gemütslage

Gemütszustand → Gemütslage

genau
1. exakt, präzise, akkurat, treffend, scharf, treffsicher, haarscharf, haargenau, haarklein, prägnant, klar, deutlich, säuberlich, bestimmt, wohlgezielt, eindeutig, tadellos, sauber, reinlich, speziell, unmissverständlich
2. gründlich, profund, tief, intensiv, umfassend, ausführlich, eingehend, detailliert, grundlegend, erschöpfend, vollständig
3. buchstäblich, getreu, wörtlich, wortwörtlich, buchstabengetreu, wortgetreu
4. sorgfältig, sorgsam, ordentlich, gewissenhaft, richtig, korrekt, fehlerlos, minuziös, zuverlässig, fein, penibel, pedantisch
5. rechtzeitig, pünktlich, auf die Minute/Sekunde
6. gerade, eben (noch), unbedingt

genau genommen im Grunde (genommen), letztendlich, eigentlich, grundsätzlich, an (und für) sich, am Ende

Genauigkeit → Sorgfalt

genauso
1. ebenso, geradeso, in demselben Maße, in gleicher Weise, gleicherweise, gleichermaßen
2. auch so, item, dito; *österr.:* detto

Gendarm Polizist, Polizeibeamter, Gesetzeshüter

genehm → gelegen

genehmigen
1. erlauben, zustimmen, billigen, zusagen, einwilligen, sich einverstanden erklären; *ugs.:* abnicken
2. sich einen genehmigen → trinken

Genehmigung Erlaubnis, Zustimmung, Billigung, Zusage, Einwilligung, Konzession, Einverständnis, Lizenz; *geh.:* Autorisation, Approbation ⓘ

Genehmigung: Konzession, Approbation oder Lizenz?

Für den deutschen Begriff *Genehmigung* gibt es eine Reihe sinnverwandter Fremdwörter, die den deutschen Begriff besonders treffend ersetzen können.
Mit einer *Konzession* ist in erster Linie die zur Ausübung eines Gewerbes notwendige behördliche Genehmigung gemeint. Als *Approbation* bezeichnet man vor allem die staatliche Zulassung für die Berufsausübung von Ärzten und Apothekern. In der katholischen Kirche ist unter *Approbation* die Anerkennung oder Bestätigung durch kirchliche Vorgesetzte zu verstehen. Eine *Lizenz* ist in der Regel eine kostenpflichtige Erlaubnis z. B. zur Ausübung eines Gewerbes oder zur Nutzung von Patent- oder Urheberrechten.

geneigt
1. willig, willens, gewillt, gesonnen, erbötig, gefügig, gefällig, entgegenkommend, zuvorkommend, bei der Hand
2. wohlwollend, wohlmeinend, wohlgesinnt, huldvoll, hold, freundlich, gnädig
3. schief, schräg, abfallend, absteigend, aufsteigend

Geneigtheit → Wohlwollen

generalisieren verallgemeinern, abstrahieren, objektivieren; *abwertend:* schablonisieren

Generation
1. Menschenalter, Zeitraum von etwa 25 Jahren
2. Altersklasse, Altersstufe, Altersgruppe, Jahrgang, Geburtsjahr
3. Geschlecht, Geschlechterfolge

generell im Allgemeinen, weithin, gemeinhin, weitgehend, grundsätzlich, prinzipiell, im Großen und Ganzen, mehr oder weniger/minder, in summa, summa summarum, alles in Allem, in aller Regel, für gewöhnlich, durchgängig, fast immer, vielfach, oft; *österr.:* durchwegs; *ugs.:* durch die Bank

generös → freigebig

Genese Entstehung, Entwicklung, Bildung, Beginn, Anfang, Aufkommen, Geburt, Genesis
genesen gesunden, geheilt/wiederhergestellt werden, seiner Genesung entgegengehen, auf dem Wege der Besserung sein; *ugs.:* wieder auf dem Damm sein/die Beine kommen
Genesung Gesundung, Heilung, Wiederherstellung, Besserung, Erholung, Kräftigung, Stärkung, Aufschwung, Neubelebung; *Med.:* Rekonvaleszenz
genial
1. genialisch, schöpferisch, kreativ, geistreich, geistvoll, einfallsreich, ideenreich, erfinderisch, originell, produktiv, hochbegabt, hochtalentiert, überdurchschnittlich, bahnbrechend, begnadet
2. → großartig
Genialität → Genie
Genick Nacken; *ugs.:* Hals
Genie
1. Genius, Schöpfergeist, schöpferische Persönlichkeit, Geistesgröße, Kapazität, Phänomen, Koryphäe, Meister
2. Genialität, Schöpfertum, Kreativität, Einfallsreichtum, Ideenreichtum, Talent, Begabung, Produktivität, Auserwähltheit
genieren → stören
genieren, sich → schämen, sich
genießbar
1. essbar, trinkbar, einwandfrei, bekömmlich
2. erträglich, passabel, leidlich, vertretbar, akzeptabel, annehmbar
genießen
1. schwelgen, durchkosten, auskosten, ausschöpfen, Genuss empfinden, zu schätzen wissen, frönen, sich's wohl sein lassen, sich nichts abgehen lassen, zu leben verstehen, etwas vom Leben haben, sich ergötzen, sich erfreuen, sich delektieren
2. erhalten (Ausbildung), bekommen, empfangen, zuteilwerden
Genießer Genussmensch, Lebenskünstler, Kenner, Epikuräer, Phäake, Feinschmecker, Gourmet; *ugs.:* Leckermaul
genießerisch genüsslich, genussfreudig, genusssüchtig, schwelgerisch, hedonistisch, kulinarisch, lukullisch, schlemmerhaft, lustvoll, sinnenfreudig
Genitalbereich Intimbereich, Scham, Schambereich, Schamgegend, Schritt; *ugs.:* Weichteile (Mann)
Genitale Geschlechtsorgan, Geschlechtsteil, Sexualorgan, Vulva, Penis
Genius → Genie
Genörgel Kritik, Beanstandung, Bemängelung, Vorwurf
Genosse
1. Gesinnungsfreund, Gesinnungsbruder, Verbündeter, Getreuer, Gefährte, Kamerad, Freund; *ugs.:* Kumpel, Spezi
2. Parteifreund, Parteimitglied
Genre Gattung, Art, Wesen, Typ, Spezies, Typ, Zweig, Klasse
Gentleman Ehrenmann, Kavalier, Gentilhomme, Grandseigneur, Mann von Bildung/guter Erziehung
gentlemanlike kultiviert, ritterlich, vornehm, höflich, kavaliersmäßig, fein, nobel, hochherzig, großmütig, aufmerksam, zuvorkommend, gefällig, hilfsbereit
genug
1. genügend, ausreichend, hinreichend, zureichend, hinlänglich, zur Genüge, sattsam
2. es ist genug das Maß ist voll, Schluss, Punktum; *ugs.:* es reicht/langt
genug haben
1. angewidert/angeekelt/überdrüssig sein, Abscheu/Ekel empfinden, jmdm. widerstehen; *ugs.:* zum Hals heraushängen, es über haben, es satthaben, bedient/eine Sache leid sein; *derb:* ankotzen, anstinken, jmdm. stinkt etwas, die Nase/Schnauze voll haben, jmdm. steht es bis oben/bis an den Hals
2. → ausreichen
genügen → ausreichen
genügend → genug
genügsam bescheiden, anspruchslos, zurückhaltend, zufrieden, bedürfnislos
Genugtuung
1. Befriedigung, Zufriedenheit, Wohlgefallen, Behagen
2. Wiedergutmachung, Sühne, Ausgleich; *geh.:* Satisfaktion
genuin
1. → echt
2. → angeboren
Genuss
1. Freude, Sinnenfreude, Vergnügen, Wonne, Wohlbehagen, Hochgenuss, Entzücken, Ergötzen, Lust, Wollust
2. Labsal, Erquickung, Annehmlichkeit, Augenweide, Ohrenschmaus, Gaumenkitzel
3. Schwelgerei, Schlemmerei
genussfreudig → genießerisch

genüsslich genussfreudig, genießerisch, sinnenfreudig, kulinarisch, schlemmerhaft, schwelgerisch, lukullisch
Genussmensch → Genießer
genusssüchtig → genießerisch
geöffnet → offen
Geografie Erdkunde, Länderkunde
Geographie → Geografie
geordnet → ordentlich
Gepäck
1. Reisegepäck, Ausrüstung, Traglast, Habe, Habseligkeiten; *ugs.:* Sack und Pack, Siebensachen; *veraltet:* Bagage
2. Ballast, Bürde, Ladung, Last, Gewicht, Fracht; *ugs.:* Packen
gepackt → gefangen
Gepäckträger
1. Dienstmann
2. Träger (Fahrrad), Gepäckhalter
gepfeffert
1. scharf, gewürzt; *landsch.:* rass; *schweiz.:* räss
2. *ugs. für:* geharnischt, übertrieben, überhöht, übermäßig, teuer, kostspielig, unbezahlbar, unerschwinglich, horrend, happig, unverschämt
3. → derb
gepflegt
1. gewählt, kultiviert, vornehm, soigniert, distinguiert, geschmackvoll, nobel
2. elegant, schick, apart, schmuck, adrett, gefällig, kleidsam, gut angezogen
3. ordentlich, sauber, sorgfältig, überlegt, ausgewogen; *ugs.:* geleckt, geschniegelt, proper
Gepflogenheit → Brauch
Geplapper Gerede, Klatsch, Gerücht, Geschwätz, Stadtgespräch, Gemunkel, Tuschelei; *ugs.:* Gequassel, Gequatsche, Quatscherei, Getratsche
Geplärr Geschrei, Gebrüll, Lärm, Krach, Gekreisch, Gezeter, Geheul, Gelärme
Geplätscher → Gerede
Geplauder
1. Plausch, Small Talk, Plauderei; *ugs.:* Geschwafel, Geplätscher, Gelaber
2. → Gespräch
Gepolter → Lärm
Gepräge → Eigenart
Geprahle → Geprotze
Geprotze Angabe, Angeberei, Protzerei, Prahlerei, Geprahle, Aufschneiderei, Großspurigkeit, Imponiergehabe, Übertreibung,
Gequake → Gequatsche
Gequassel → Gequatsche
Gequatsche Gerede, Klatsch, Gerücht, Geschwätz, Stadtgespräch, Gemunkel, Tuschelei; *ugs.:* Geplapper, Gequassel, Quatscherei, Getratsche Gequake
gerade
1. → aufrichtig
2. eben, jetzt, vor einem/in diesem Augenblick, just, vorhin, unmittelbar vorher
3. genau, eben noch, ausgerechnet
4. (jetzt) erst recht, überhaupt, sowieso
5. → geradlinig
Gerade gerade Linie/Zeile, gerader Strich/Zug
geradebiegen → bereinigen
geradeheraus → aufrichtig
gerädert erschöpft, kraftlos, abgespannt, erschlagen, überanstrengt, überarbeitet, müde, matt, schlapp, mürbe, urlaubsreif
geradeso → genauso
gerade stehen aufrecht stehen, straffstehen, strammstehen
geradestehen für verantworten, einstehen für, die Verantwortung tragen/übernehmen, sich verantwortlich fühlen, die Folgen tragen; *ugs.:* herhalten müssen, auf seine Kappe nehmen, den Kopf hinhalten, ausbaden
geradestellen → zurechtrücken
geradewegs
1. direkt, ohne Umweg/Umschweife, stracks, schnurstracks, geradlinig, zielgerichtet
2. → aufrichtig
geradezu direkt, ausgesprochen, regelrecht, richtiggehend, schlechterdings, schlechthin, schlechtweg, förmlich, praktisch, nahezu, beinahe, fast, rein, ganz besonders, wirklich, tatsächlich, sehr, typisch, buchstäblich, nachgerade, ganz und gar, vollkommen, völlig; *ugs.:* rundweg, glattweg
geradlinig
1. gerade, schnurgerade, linear, in einer Linie, nicht krumm
2. → aufrichtig
Geradlinigkeit → Beständigkeit
Geraffel → Ramsch
gerafft → kurz
Gerassel → Lärm
Gerät
1. Apparat(ur), Instrument, Anlage, Maschine, Maschinerie, Werk, Getriebe, Vorrichtung, Einrichtung, Mechanismus, Automat
2. Werkzeug, Gerätschaften
geraten
1. → gelingen
2. → gedeihen
geraten nach → ähneln
Geratter → Lärm

geräuchert *landsch., österr.:* geselcht
geräumig groß, weit, breit, ausgedehnt, viel Platz/Raum bietend, großräumig, weiträumig, großflächig, riesig
Geraune → Gerede
Geräusch
1. Ton, Laut
2. Rascheln, Geraschel, Knistern, Geknister, Brummen, Gebrumm, Summen, Gesumm
3. → Lärm
geräuschlos
1. lautlos, leise, still, kaum hörbar/vernehmbar, auf Zehen/Fußspitzen; *ugs.:* mäuschenstill, auf Samtpfoten/Katzenpfoten
2. ohne Aufhebens, unauffällig
geräuschvoll laut, überlaut, hörbar, unüberhörbar, vernehmbar, lärmend, lautstark, dröhnend, polternd, schallend, ohrenbetäubend, schrill, grell
gerecht
1. rechtdenkend, unparteiisch, unvoreingenommen, sachlich, objektiv, vorurteilslos, vorurteilsfrei, unbestechlich, fair, loyal, redlich
2. billig, gerechtfertigt, verdient, rechtmäßig, angemessen, adäquat, richtig, gebührend, in Ordnung
Gerede
1. Klatsch, Gerücht, Stadtgespräch, Gemunkel, Munkelei, Geraune, Tuschelei, Getuschel, Nachrede, Geflüster; *ugs.:* Rederei, Geplapper, Klatscherei, Gequassel, Quatscherei, Gerüchteküche, Getratsche, Tratsch, Tratscherei, Geschnatter, Kakelei
2. Unsinn, Small Talk, Phrasen, Banalitäten; *ugs.:* (dummes) Geschwätz, Palaver, Gefasel, Blabla, Gewäsch, Geschwafel, Blödsinn, Gequatsche, dummes Zeug, Gelaber, Papperlapapp, Gebabbel, Faselei, Gequake, Sermon, Geplätscher, Larifari ⓘ

Gerede: Klatsch und Tratsch

Gerede kann einerseits neutral *(belanglose) Plauderei* beziehungsweise *Small Talk* bezeichnen, wofür auch umgangssprachlich *Blabla, Geplätscher* und *Gequatsche* verwendet wird.
In diesen Fällen bezeichnet das Wort *(leeres) Geschwätz* oder bildlich gesprochen *heiße Luft* beziehungsweise *(leeres) Stroh*. Die Variante *Dampfplauderei* ist ebenfalls abwertend. *Palaver* nennt man überflüssiges beziehungsweise nutzloses Gerede, an dem meistens mehrere Personen beteiligt sind.
Andererseits steht der Ausdruck auch für das, was meist hinter vorgehaltener Hand über Dritte erzählt wird, also *Gemunkel, Getuschel* oder *(üble) Nachrede*.
Ist von *Stadtgespräch* die Rede, so ist der Inhalt solcher *Munkelei* allgemein bekannt. Begriffe wie *Gerücht* und die umgangssprachliche *Gerüchteküche* zeigen an, dass der Wahrheitsgehalt einer *Tuschelei* nicht gesichert ist.
Scherzhaft ist der im Sinn von *das neueste Gerede* verwendete Ausdruck *das jüngste Gerücht*. Um solchen *Klatsch* als unwahr zu charakterisieren, bezeichnet man ihn auch als *leeres Gerede*. *Jemanden ins Gerede bringen* bedeutet, diese Person zu *verunglimpfen*. Sie wird dabei zum Gegenstand eines (für sie nachteiligen) *Gerüchts* oder *böser Nachrede* gemacht. *Ins Gerede kommen/geraten* heißt, anderen *Anlass zu Tratsch/Getuschel geben*. Die Redensart *von/um etwas viel Gerede machen* besagt dagegen, *viel Aufhebens um eine Sache machen*.

gereift → reif
gereizt → ärgerlich
gereuen → bereuen
Gericht
1. Gerichtshof, Gerichtsbehörde, Tribunal
2. Essen, Speise, Mahl, Mahlzeit, Schmaus, Kost, Imbiss, Snack; *derb:* Fraß, Futter
Gerichtsbarkeit Rechtswesen, Rechtsprechung, Justiz, Rechtsspflege, Jurisdiktion
Gerichtshof → Gericht
Gerichtsverfahren Strafprozess, Strafverfahren, Gerichtsverhandlung, Rechtsstreit
gering
1. → minimal
2. → kläglich
3. von niederer Herkunft, gewöhnlich, sozial niedriggestellt, niedrigstehend, nieder, einfach
geringachten → verachten
Geringachtung → Missachtung
geringfügig gering, unbedeutend, von geringem Ausmaß, leicht, lächerlich, klein, verschwindend, minimal
geringschätzen → verachten
geringschätzig → abfällig
Geringschätzung Geringachtung, Missachtung, Nicht-

beachtung, Respektlosigkeit, Verachtung
gerinnen flockig/klumpig/sauer werden (Milch), stocken; *landsch.:* zusammengehen, zusammenlaufen, zusammenfahren; *ugs.:* krisselig werden
Gerippe Gebein(e), Skelett, Knochen, Knochengerüst
gerissen → schlau
gern(e)
1. bereitwillig, anstandslos, mit Vergnügen/Freude/Vorliebe, freudig
2. natürlich, ohne weiteres, selbstverständlich, selbstredend
gernhaben mögen, schätzen, eine Vorliebe/Schwäche/ein Faible/viel übrighaben für, lieben; *ugs.:* einen Bären gefressen haben
gern(e) gesehen beliebt, begehrt, geschätzt, willkommen, erwünscht, erbeten, umschwärmt, angesehen, verehrt
Geröll Felsschutt, Gesteinsschutt, Kies
Gerte Peitsche, Rute
gertenschlank → dünn
Geruch
1. Duft, Odeur, Aroma, Parfum, Blume (Wein), Bukett (Wein), Ruch, Ausdünstung, Witterung
2. Verdacht
3. **schlechter Geruch** Gestank; *ugs.:* Mief, Smell
Gerücht Fama, Sage, Legende, Flüsterpropaganda, Gerede, Klatsch, Klatschgeschichte; *ugs.:* Flurfunk; *geh.:* Ondit; *derb:* Latrinenparole
gerüchtweise dem Vernehmen nach, vom Hörensagen, wie man hört
geruhen bereit/geneigt/gewogen/gesonnen/gnädig/huldreich sein, sich herablassen, sich bequemen
gerührt ergriffen, bewegt, betroffen, überwältigt, aufgewühlt, erschüttert, (tief) beeindruckt, erregt
geruhsam ruhig, ruhevoll, gemächlich, gemach, ohne Hast/Eile/Überstürzung, gemütlich, beschaulich, behaglich, friedlich
Gerümpel → Ramsch
Gerüst
1. Stützwerk, Gestell
2. Grundstruktur, Grundplan, Anlage, Leitfaden, Abriss, roter Faden, Modell, Skelett, Rohfassung; *ugs.:* Gerippe
gerüstet bereit, startbereit, in Bereitschaft, fertig, soweit, vorbereitet, verfügbar
gesalzen
1. salzig, versalzen
2. *ugs. für:* geharnischt, übertrieben, überhöht, übermäßig, teuer, kostspielig, unbezahlbar, horrend, unerschwinglich, unverschämt; *ugs.:* happig, gepfeffert
3. → derb
gesamt → ganz
Gesamtheit das Ganze, Ganzheit, Totalität, Allgemeinheit, Vollständigkeit, Einheit; *landsch.:* Gänze
Gesandter Diplomat, Konsul, Legat, Staatsvertreter; *landsch., österr.:* Missionär
Gesandtschaft Botschaft, Konsulat, diplomatische Vertretung, Auslandsvertretung, ständige Vertretung, Mission
Gesang
1. Singen, Melodie; *ugs.:* Getriller, Geträller, Geschmetter, Singsang; *abwertend:* Gekrächze; *geh.:* Canto
2. Lied, Song, Chanson, Arie, Kanzone, Kanon, Hymne, Psalm, Choral, Schlager
Gesangverein → Chor
Gesäß *Med.:* Nates; *ugs.:* Hinterteil, Hinterbacken, Hintern, verlängerter Rücken, Popo, Po, Podex, Pöker, Sterz, Allerwertester, jmds. vier Buchstaben; *derb:* Arsch
gesättigt → satt
geschafft → erschöpft
Geschäft
1. Unternehmen, Handelsunternehmen, Firma, Gesellschaft, Betrieb
2. Laden, Verkaufsstelle, Verkaufsstätte, Kaufhaus, Kaufhalle, Store, Warenhaus, Boutique, Kaufladen, Großmarkt, Supermarkt
3. Geschäftsabschluss, Handel, Transaktion
4. Aufgabe, Tätigkeit, Verrichtung, Auftrag, Verpflichtung, Arbeit
5. Gewinn, Profit, Überschuss, Ausbeute; *ugs.:* guter Schnitt
geschäftig betriebsam, rührig, regsam, rege, eifrig, aktiv, beflissen, emsig, fleißig, bestrebt, strebsam, bemüht, unermüdlich, unverdrossen, arbeitsam, schaffensfreudig, tatkräftig ⓘ
Geschäftigkeit → Eifer
geschäftlich
1. dienstlich, amtlich, von Amts wegen, offiziell, behördlich, formell, unpersönlich
2. finanziell, pekuniär, geldlich, merkantil, kommerziell, wirtschaftlich, ökonomisch, kaufmännisch, gewerblich ⓘ
Geschäftsmann Kaufmann, Händler, Businessman; *ugs.:* Geschäftemacher, Pfeffersack

G

geschäftig/geschäftlich: Betriebsam oder dienstlich?

Von einem Substantiv abgeleitete Adjektive werden in den meisten Fällen entweder auf die Endung *-ig* oder auf die Endung *-lich* gebildet. Wie im Fall von *geschäftig* und *geschäftlich* gibt es jedoch auch Ausnahmen, bei denen zwei Ableitungen von demselben Substantiv möglich sind, jeweils eine auf *-ig* und eine auf *-lich*. Die Bedeutungen der Adjektive unterscheiden sich dann für gewöhnlich, sie können nicht synonym verwendet werden.
So wird *geschäftig* im Sinn von *betriebsam, rührig* verwendet. *Geschäftlich* hingegen wird im Sinn von *offiziell, unpersönlich* oder allgemein *das Geschäft betreffend* gebraucht. Wenn sich jemand *geschäftig* gibt, dann gibt er vor, viel zu tun zu haben. *Sich geschäftlich geben* bedeutet, bewusst eine persönliche Ebene zu vermeiden und den Geschäftscharakter eines Treffens hervorzuheben.

G

geschäftstüchtig schlau, gewitzt, geschickt, fintenreich, trickreich, wendig, taktisch klug, findig, listig, verschmitzt, smart
Geschäftsviertel Einkaufszentrum, Geschäftszentrum, Shoppingcenter
Geschäker → Flirt
geschätzt
1. → angesehen
2. → beliebt
geschehen
1. sich ereignen, sich zutragen, verlaufen, sein, sich abspielen, vorkommen, vorfallen, erfolgen, passieren, ablaufen, sich begeben, sich einstellen, vonstatten/vor sich gehen, vorgehen, zustande kommen, stattfinden, zugehen, eintreten, sich vollziehen; *ugs.:* abrollen, über die Bühne gehen, sich tun, los sein
2. → zustoßen
geschehen lassen → billigen
Geschehen → Geschehnis
Geschehnis Vorkommnis, Ereignis, Geschehen, Vorfall, Erlebnis, Zwischenfall
gescheit klug, intelligent, vernünftig, geweckt, geistreich, besonnen, weitblickend; *ugs.:* helle, nicht auf den Kopf gefallen
Gescheitheit → Klugheit
Geschenk
1. Gabe, Präsent, Aufmerksamkeit, Zueignung; *ugs.:* Mitbringsel
2. Schenkung, Spende, Stiftung
geschert → frech
Geschichte
1. Vergangenheit, Historie, das Gestern/Frühere/Gewesene, Vorzeit, Vorwelt, Tradition, Überlieferung
2. Entwicklung, Entwicklungsgang, Prozess, Entfaltung, Fortentwicklung, Werdegang
3. Lebenslauf, Vorleben, Biografie
4. Ereignis, Geschehnis, Erlebnis, Vorfall, Vorgang, Episode, Zwischenfall, Zwischenspiel, Schauspiel, Phänomen, Intermezzo, Abenteuer, Kuriosum, Sensation
5. Bericht, Story, Erzählung, Roman, Darstellung, Beschreibung
6. → Angelegenheit
geschichtlich → historisch
Geschick
1. → Schicksal
2. Gewandtheit, Fertigkeit, Kunstfertigkeit, Fingerfertigkeit, Geschicklichkeit, Wendigkeit, Beweglichkeit, Flinkheit, Talent, Routine, Technik
geschicklich → geschickt
Geschicklichkeit → Geschick
geschickt
1. geschicklich, kunstfertig, fingerfertig, praktisch, anstellig, vielseitig, routiniert, fix, flink, geübt, clever
2. → gewandt
3. → fähig
geschieden nicht mehr verheiratet, getrennt, gerichtlich gelöst, aufgelöst
Geschlecht
1. Generation
2. Familie, Stamm, Geblüt, Haus, Sippe, Verwandtschaft, Anverwandte, Angehörige, Clan, Sippschaft, Anhang, Gattung
3. Geschlechtswort, Artikel, Genus
geschlechtlich sexuell, erotisch
Geschlechtsakt → Geschlechtsverkehr
Geschlechtsorgan Geschlechtsteil, Genital(e)
Geschlechtsteil → Geschlechtsorgan
Geschlechtsverkehr Beischlaf, Akt, Geschlechtsakt, Begattung, Vereinigung, Liebesvereinigung, Verkehr, Intimverkehr, intime Beziehung, Liebesvollzug, Liebesspiel, Schäferstündchen; *geh.:* Koitus, Kohabitation, Kopulation; *ugs.:* GV, Vögeln, Nummer; *derb:* Fick
geschliffen
1. → gewandt
2. → scharf

geschlossen
1. → einheitlich
2. → gemeinsam
3. vergeschlossen, zugeschlossen, abgeschlossen, zugesperrt, abgesperrt, verriegelt, nicht offen/geöffnet, zu, nicht zugänglich, unbetretbar, dicht

Geschmack
1. Aroma, Würze
2. Stil, Stilempfinden, Stilgefühl, Schönheitssinn, ästhetisches/künstlerisches Empfinden, Kunstverständnis, Formgefühl, Qualitätsgefühl, Kultur; *geh.:* Gout
3. Zuneigung, Anklang, Gefallen, Echo, Resonanz, Sympathie, Interesse, Wohlwollen

geschmacklos
1. → schal
2. stillos, stilwidrig, unschön, formlos, kitschig, hässlich, trashig, überladen
3. → taktlos

geschmackvoll stilvoll, apart, passend, hübsch, schön, ästhetisch, kultiviert, künstlerisch, vornehm, nobel, elegant, schick, stilbewusst, kleidsam, gewählt, auserlesen, fein, smart, distinguiert

Geschmeide Schmuck, Juwelen, Preziosen, Bijouterie, Zierrat, Kostbarkeiten

geschmeidig weich, wendig, elastisch, biegsam, beweglich

Geschöpf
1. Wesen, Lebewesen, Kreatur
2. Person, Figur, Mensch, Subjekt, Individuum, Gestalt, Persönlichkeit

Geschoss
1. Kugel, Projektil, Granate, Schrapnell
2. Stock, Stockwerk, Etage

geschraubt → geziert

Geschrei
1. Gebrüll, Brüllen, Lärm, Krach, Johlen; *ugs.:* Gekreisch, Geheul, Gejohle, Gezeter, Geplärr, Gelärme, Gegröle, Konzert, Krakeel
2. → Gejammer

geschult → gebildet

Geschütz Kanone, Haubitze

geschützt
1. → sicher
2. windgeschützt, windstill, nicht zugig

Geschwätz
1. → Gerede
2. → Gemeinplatz

geschwätzig schwatzhaft, klatschhaft, klatschsüchtig, viel/aufdringlich redend, redselig; *ugs.:* tratschsüchtig, salbaderisch

geschweift → gebogen

geschwind → schnell

Geschwindigkeit Schnelligkeit, Schnelle, Hast, Tempo, Eile, Behändigkeit; *ugs.:* Rasanz, Galopp, Karacho, Speed, Zahn

geschwollen
1. dick, aufgetrieben, aufgebläht, aufgedunsen
2. → geziert
3. → überheblich

Geschworener Schöffe, Laienrichter

Geschwulst Auswuchs, Wucherung, Tumor, Gewächs, Schwellung, Knoten, Verdickung, Wulst, Verhärtung, Geschwür

geschwungen → gebogen

Geschwür Eiterbeule, Geschwulst, Abszess, Karbunkel, Furunkel, Fistel, Schwellung

Geselchtes Geräuchertes, Rauchfleisch; *landsch.:* Selchfleisch

gesellen, sich → anschließen, sich

gesellig
1. kontaktfreudig, kontaktfähig, menschenfreundlich, aufgeschlossen, umgänglich, kommunikationsfreudig, extravertiert
2. unterhaltsam, unterhaltend, vergnügt, amüsant, angenehm, anregend, kurzweilig, ungezwungen, zwanglos, ergötzlich, lustig, lebenslustig, fidel, fröhlich
3. gastfreundlich, gastlich, gastfrei, großzügig, freigebig, spendabel

Geselligkeit
1. → Gesellschaft
2. gesellschaftlicher Umgang/Verkehr, Soziabilität

Gesellschaft
1. geselliges/festliches Beisammensein, Zusammenkunft, Zusammensein, Geselligkeit, Fest, Festivität
2. Begleitung, Umgang, Verkehr
3. → Gruppe
4. Vereinigung, Unternehmen, Firma, Betrieb
5. Allgemeinheit, Öffentlichkeit

Gesellschafter
1. Teilhaber, Mitinhaber, Partner, Kompagnon, Komplementär, Sozius, Kommanditist, Kommanditär
2. Unterhalter, unterhaltsamer Redner, Plauderer; *geh.:* Causeur

gesellschaftlich
1. sozial, politisch, öffentlich, allgemein, kollektiv
2. bedeutend (Ereignis), bedeutsam, bedeutungsvoll, wichtig, groß, spektakulär

gesellschaftsfähig
1. → salonfähig
2. → anständig

G

Gesellschaftsschicht Schicht, Gruppe, Klasse, Stand
Gesetz
1. Recht, Lex, Verfassung
2. Verordnung, Verfügung, Vorschrift, Bestimmung, Statut, Paragraph, Weisung, Diktat, Order, Erlass, Edikt, Gebot, Geheiß, Maßnahme, Richtlinie, Regel, Regelung, Ukas
3. Gesetzkeit, Regel, Regelmäßigkeit, Norm, Ordnung, Grundsatz, Standard, Prinzip
Gesetzgebung Legislative, Legislatur, Legislation, gesetzgebende Gewalt
gesetzlich → rechtmäßig
gesetzlos planlos, regellos, ungeordnet, ohne feste Ordnung, chaotisch, verworren, wirr, anarchisch, wild
Gesetzlosigkeit Anarchie, Regellosigkeit, Unordnung, Chaos
gesetzmäßig
1. → rechtmäßig
2. vorschriftsmäßig, regelmäßig, erwartungsgemäß, ordnungsgemäß, naturgemäß, natürlich, buchstäblich immer so, tatsächlich/wirklich so, regelrecht
3. angeordnet, verordnet, vorgeschrieben, verbindlich, verpflichtend, obligatorisch
Gesetzmäßigkeit → Gesetz
gesetzt ruhig, besonnen, gelassen, gefasst, gemessen, ausgeglichen, gleichmütig, reif, überlegt
gesetzwidrig rechtswidrig, verfassungswidrig, ordnungswidrig, widerrechtlich, unrechtmäßig, unrechtlich, ungesetzlich, ohne Recht, gegen das Gesetz, gegen das Gesetz/die Vorschrift verstoßend, strafbar, sträflich, kriminell, illegal, außerhalb der Legalität, auf ungesetzlichem Weg, verboten, verpönt, unstatthaft, unerlaubt, unzulässig, tabu, untersagt, ohne gesetzliche Grundlage, unbefugt, irregulär, nicht erlaubt
Gesicht
1. Angesicht, Physiognomie, Züge, Gesichtszüge; *poet.:* Antlitz; *ugs.:* Fassade; *abwertend:* Visage, Fratze; *landsch.:* Gefrieß; *derb:* Fresse, Schnauze
2. → Miene
3. → Ansehen
4. → Einbildung
Gesichtsausdruck → Miene
Gesichtsfeld → Gesichtskreis
Gesichtskreis Horizont, Gesichtsfeld, Blickfeld, Umkreis, Umfeld, Sehkreis, Reichweite, Gedankenwelt, Weltbild, Verständnis; *ugs.:* Radius
Gesichtspunkt → Standpunkt
Gesichtszug → Miene
Gesinde → Personal
Gesindel das gemeine Volk, Lumpenpack, Pöbel, Brut, Gelichter, Abschaum, Mob, verkommene Gesellschaft, Gezücht, Asoziale, Sippschaft, Plebs; *ugs.:* Bagage, Bande, Pack, Meute, Gesocks, Horde, Teufelsbrut, Geschmeiß
Gesinnung Denkart, Denkweise, Sinnesart, Einstellung, Haltung, Grundhaltung, Weltanschauung, Weltbild, Lebensanschauung, Ideologie, Geisteshaltung, Betrachtungsweise
gesinnungslos opportunistisch, verführbar, beeinflussbar, korrupt, käuflich, bestechlich
Gesinnungslosigkeit → Opportunismus
gesittet → anständig
Gesöff → Getränk
gesondert extra, separat, individuell, apart, getrennt, abgetrennt, einzeln, für sich (allein), isoliert, speziell
gesonnen
1. willens, gewillt, geneigt, entschlossen, bereit
2. eingestellt, gelaunt, gestimmt, aufgelegt, disponiert
gespalten zerrissen, zwiespältig, zweifelnd, unentschlossen, entscheidungsunfähig, unausgegoren
gespannt
1. → erwartungsvoll
2. straff, stramm, nicht locker
3. spannungsgeladen, explosiv, dramatisch, kritisch, gereizt, verhärtet, feindselig
Gespanntheit → Spannung
Gespenst Geist, Dämon, Spuk, Spukgestalt, Phantom, Erscheinung
Gespenstergeschichte → Geistergeschichte
gespensterhaft → schauerlich
gespenstisch grauenhaft, grauenvoll, grausig, düster, Grauen erregend, schrecklich, schaurig, schauervoll, schauerlich, horrend, unheimlich, gruselig, zum Fürchten, beängstigend
Gespiele
1. → Freund
2. → Geliebter
Gespielin
1. → Freundin
2. → Geliebte
Gespinst → Gewebe
Gespött Spott, Verspottung, Spöttelei, Hohn, Sarkasmus, Ironie

Gespräch
1. Unterredung, Unterhaltung, Gedankenaustausch, Meinungsaustausch, Konversation, Plauderei, Geplauder, Small Talk, Zwiesprache, Zwiegespräch, Dialog, Erörterung, Diskurs, Kolloquium, Diskussion, Aussprache, Besprechung, Beratung, Verhandlung, Befragung, Interview; *ugs.:* Plausch, Schwatz
2. Debatte, Auseinandersetzung, Meinungsverschiedenheit, Kontroverse, Disput, Streitgespräch, Wortwechsel, Wortgefecht ⓘ

gesprächig redelustig, redefreudig, mitteilsam, redselig, kommunikativ; *abwertend:* schwatzhaft, geschwätzig, klatschsüchtig

gespreizt → geziert

Gespreiztheit → Gehabe

gesprenkelt getüpfelt, gepunktet, gemustert

Gespür Spürsinn, Spürnase, Gefühl, Instinkt, Empfindung, Organ; *ugs.:* Riecher, Ader, sechster Sinn

Gestade Ufer, Küste, Strand

Gestalt
1. Figur, Wuchs, Körperbau, Körperform, Statur, Erscheinung, Bau, Typ
2. Form, Fasson, Formung, Gebilde
3. Person, Persönlichkeit, Charakter, Mensch, Wesen, Frau, Mann, Kopf

gestalten
1. formen, bilden, Form/Gestalt geben, in eine Form bringen, modellieren, ausarbeiten, anfertigen, erschaffen, ausführen, designen
2. arrangieren, anordnen, einrichten, zusammenstellen; *ugs.:* aufziehen

Gespräch: Vom Plausch zum Disput

Ein *Gespräch* ist eine *Unterhaltung* oder eine *Unterredung,* die sich durch die Wahl eines Synonyms näher charakterisieren lässt. Der gehobene Begriff *Konversation* bezeichnet ein geselliges, manchmal auch etwas *förmliches Gespräch. Konversation machen* heißt, ein solches Gespräch zu führen. Eine zwanglose, *leichte Unterhaltung* ist dagegen eine *Plauderei* oder *Small Talk.* Umgangssprachliche Ausdrücke hierfür sind *Plausch* und *Schwatz/Schwätzchen.* Die Begriffe *Gedankenaustausch* und *Meinungsaustausch* werden vorwiegend in der Nachrichtensprache verwendet, wenn es um *Verhandlungen,* etwa von Politikern, geht.
Die Vokabeln *Zwiegespräch, Zwiesprache* oder das gehobene *Dialog* besagen, dass es sich um die *Unterhaltung* von zwei Personen handelt. Ein *Selbstgespräch* ist dagegen ein *Monolog.* Als *Zwiegespräch/Zwiesprache mit Gott* bezeichnet man auch ein *Gebet.* Zwei Partner sind auch bei einem *Interview* im Spiel, das zu Deutsch eine *Befragung* ist.
Ein *Gespräch unter vier Augen* ist die *vertrauliche Unterhaltung* zweier Personen. Als *Besprechung* oder *Beratung* wird ein geschäftliches *Gespräch* bezeichnet. Der gehobene Begriff *Diskurs* wird für ein *wissenschaftliches Gespräch* beziehungsweise die wissenschaftliche *Erörterung* eines Themas gebraucht. In diesem Zusammenhang wird für eine *Gesprächsrunde* auch der Ausdruck *Kolloquium* verwendet.
Will man ein *Gespräch* als kontrovers charakterisieren, bezeichnet man es auch als *Streitgespräch, Wortgefecht, Auseinandersetzung* oder gehoben als *Disput.* Die Begriffe *Stadtgespräch* oder *Tagesgespräch* stehen für öffentliches Gerede über ein Thema. *Das Gespräch auf etwas bringen* bedeutet, es auf einen bestimmten Gegenstand zu lenken.

gestalten, sich sich entwickeln, sich herausbilden, sich formen

gestalterisch → schöpferisch

gestaltlos formlos, ungestaltet, ungeformt, amorph

Geständnis Eingeständnis, Beichte, Offenbarung, Schuldbekenntnis, Sündenbekenntnis

Gestank schlechter/übler Geruch, verbrauchte Luft, Ausdünstung; *ugs.:* Mief

gestatten → erlauben

gestattet → zulässig

Geste Gebärde, Bewegung, Kopfbewegung, Handbewegung, Wink, Zeichen

gestehen zugeben, bekennen, geständig sein, eingestehen, einräumen, ein Bekenntnis/Geständnis ablegen, etwas entdecken, die Wahrheit sagen, enthüllen, aussagen, eine Aussage/ein Geständnis machen, sich outen, offenbaren, beichten, sein Gewissen erleichtern, eröffnen; *ugs.:* die Karten auf den Tisch legen, auspacken, mit der Sprache herausrücken, Farbe bekennen, die Katze aus dem Sack lassen

Gestein Fels(en), Felsbrocken, Felsblock, Felsgestein; *poet.:* Gefels

Gestell Stellage, Regal, Bord, Ablage, Gerüst

gestelzt → geziert
Gestern, das → Vergangenheit
Gestichel
1. → Anspielung
2. → Kritik
gestikulieren Gesten machen, mit Gesten ausdrücken, mit den Händen reden; *ugs.:* fuchteln, herumfuchteln, fuhrwerken, herumfuhrwerken
gestimmt → gelaunt
Gestirn Stern, Himmelskörper, Planet
gestorben
1. → tot
2. *ugs. für:* erledigt, verloren, gescheitert, vernichtet, ausgeschlossen, ausgestoßen, verurteilt, bloßgestellt
Gesträuch Gebüsch, Buschwerk, Gestrüpp, Strauchwerk, Dickicht, Hecke, Unterholz
gestresst → erschöpft
gestrig → altmodisch
Gestrüpp
1. → Gesträuch
2. → Unordnung
Gesuch Bitte, Bittschrift, Antrag, Eingabe, Anfrage, Ansuchen, Petition, Fürbitte, Bittgesuch, Bewerbung
gesucht
1. unnatürlich, gezwungen, gekünstelt, gewollt, weithergeholt; *ugs.:* an den Haaren herbeigezogen
2. → beliebt
gesund
1. wohl, wohlauf, nicht krank, blühend, kerngesund, → kräftig
2. intakt, heil, unversehrt, unverletzt; *ugs.:* noch ganz
3. gesundheitsfördernd, kräftigend, nahrhaft, bekömmlich, zuträglich, aufbauend
4. arbeitsfähig, erwerbsfähig
5. natürlich (Anschauungen), normal, einsichtig, vernünftig, verständig
gesunden genesen, gesund/geheilt/wiederhergestellt werden, seiner Genesung entgegengehen, auf dem Wege der Besserung sein; *ugs.:* wieder auf den Damm/die Beine kommen
Gesundheit Wohlbefinden, Wohlergehen, Wohlsein, Wohl, Wellness, gutes Befinden, Rüstigkeit, Frische, gute Verfassung, langes Leben
Gesundheitszustand Befinden, Allgemeinbefinden, Wohlbefinden, Verfassung, Konstitution, Zustand, Leistungsvermögen
gesundmachen → heilen
gesund sein wohlauf/fit/in guter körperlicher Verfassung sein; *ugs.:* mobil/in Form/auf der Höhe/auf dem Posten/auf dem Damm sein
gesundstoßen, sich → bereichern, sich
Gesundung → Genesung
gesund werden → gesunden
Getöse → Lärm
Getränk Trank, Trunk, Trinkbares, Drink; *abwertend:* Gesöff, Plempe, Gebräu, Brühe, Plörre; *österr.:* Gschlader
Getratsche → Gerede
getrauen, sich → riskieren
Getreide Korn, Halmfrucht, Körnerfrucht, Feldfrucht
getrennt
1. geteilt, unverbunden
2. für sich, separat, isoliert, einzeln, vereinzelt, gesondert
getreu
1. → treu
2. → genau
Getreuer
1. → Freund
2. → Anhänger
getreulich → treu
Getriebe
1. Maschinerie, Räderwerk
2. → Gedränge
getrost zuversichtlich, vertrauensvoll, ruhig, guten Mutes, unverzagt, bedenkenlos
Getue
1. Gehabe, Ziererei, Gespreiztheit, Affektiertheit, Gekünsteltheit
2. → Zirkus
Getümmel
1. Tumult, Auflauf, Menschenansammlung, Gewühl, Gewimmel
2. → Betrieb
Getuschel → Gerede
Gewächs
1. Pflanze
2. Geschwür, Geschwulst, Auswuchs, Wucherung
Gewächshaus Treibhaus, Glashaus
gewagt waghalsig, abenteuerlich, riskant, gefährlich, verwegen, tollkühn, heikel, zweischneidig, mutig, halsbrecherisch, selbstmörderisch
gewählt
1. vornehm (Sprache), gehoben, gepflegt, nobel; *geh.:* distinguiert
2. → elegant
Gewähr Garantie, Sicherheit, Bürgschaft, Haftung, Gewährleistung
gewahren bemerken, wahrnehmen, gewahr/aufmerksam werden, entdecken, erblicken, erkennen, sehen, sichten; *geh.:* innewerden
gewähren → bewilligen
gewähren lassen nicht stören/hindern, den Willen lassen, die Freiheit geben, freies Spiel/freien Lauf

lassen, schalten und walten lassen
gewährleisten → bürgen
Gewährleistung → Gewähr
Gewahrsam
1. Verwahrung, Aufbewahrung, Verschluss, Sicherheit
2. Haft, Arrest, Gefangenschaft
3. **in Gewahrsam nehmen** → gefangen nehmen
4. verwahren, aufbewahren, sicherstellen, an sich nehmen
Gewährsmann Bürge, Garant
Gewalt
1. → Herrschaft
2. Gewaltsamkeit, Zwang, Druck, Pression
3. Stärke, Kraft, Wucht, Heftigkeit, Vehemenz
gewaltfrei gewaltlos, pazifistisch, friedliebend, friedlich, friedfertig, ohne Gewalt, harmonisch
Gewalthaber → Herrscher
Gewaltherrschaft Tyrannei, Despotie, Despotismus, Diktatur, Schreckensherrschaft, Terror, Terrorismus, totalitäres System, absolutistische Herrschaft
gewaltig
1. riesig, massig, mächtig, übermächtig, wuchtig, gigantisch, monströs, unermesslich, kolossal, riesengroß, riesenhaft, immens, überdimensional, sehr groß, voluminös, monumental, übergroß, enorm, titanisch, außerordentlich, exorbitant; *ugs.:* mordsmäßig
2. heftig, stark, wild, vehement, → sehr
gewaltsam
1. mit/unter Anwendung von Gewalt, unter Zwang, wider Willen
2. → brutal
Gewaltsamkeit → Gewalt
Gewalttat Gewaltakt, Gewalthandlung, Gewaltverbrechen, Gewaltstreich
gewalttätig
1. → brutal
2. handgreiflich, tätlich
3. → anarchistisch
Gewand
1. → Kleid
2. Aufmachung, Ausstattung, Gestaltung, Äußeres, Aufzug, Form
gewandt
1. elastisch, gelenkig, geschmeidig, beweglich, wendig, flink, leichtfüßig, behände, rasch, agil; *ugs.:* fix
2. geschliffen, routiniert, flexibel, taktisch, diplomatisch, sicher, erfahren, elegant, weltläufig, weltmännisch, geschickt, aufgeweckt
3. → fähig
Gewandtheit → Geschick
gewärtigen
1. gefasst/vorbereitet/gewärtig sein
2. *veraltet:* erwarten, entgegensehen
Gewäsch → Gerede
Gewässer Meer, See, Ozean, (das große) Wasser, Strom, Fluss, Kanal, Wasserader, Wasserlauf, Wasserweg, Bach, Rinnsal, Teich, Tümpel, Weiher, Becken, Bassin
Gewebe Stoff, Tuch, Gewirk, Gespinst, Geflecht
Gewehr Flinte, Büchse, Karabiner, Drilling, Waffe, Schusswaffe; *ugs.:* Knarre, Schießeisen, Ballermann, Kanone
Geweih Gehörn, Gestänge, Schaufeln (Hirsch), Hörner (Gämse); *Jägerspr.:* Stangen
gewellt lockig, wellig, gelockt, gekräuselt
Gewerbe
1. Handwerk, Handarbeit
2. Tätigkeit, Beschäftigung, Geschäft, Verrichtung, Arbeit, Beruf, Metier, Job
gewerbsmäßig berufsmäßig, beruflich, professionell
Gewerkschaft Arbeitervertretung, Arbeitnehmervertretung, Arbeitnehmerorganisation
gewesen → vergangen
Gewicht
1. Schwere, Masse, Last
2. Druck, Kraft, Stärke, Gewalt, Wucht, Härte, Heftigkeit, Vehemenz
3. Wichtigkeit, Bedeutung, Bedeutsamkeit, Wirksamkeit, Tragweite, Relevanz, Geltung, Wert, Rang, Größe, Einfluss
4. → Akzent
gewichtig → wichtig
gewieft schlau, gewitzt, trickreich, raffiniert, durchtrieben, clever, geschickt
gewiegt → schlau
Gewieher → Gelächter
gewillt willens, geneigt, gesonnen, entschlossen, bereit
Gewimmel → Gedränge
Gewimmer → Gejammer
Gewinn
1. Profit, Einnahme, Nettoeinnahme, Erlös, Reinerlös, Ausbeute, Cashflow, Ertrag, Nettoertrag, Reinertrag, Verdienst, Reinverdienst, Einnahmen, Nettoeinnahmen, Gewinnspanne, Handelsspanne, Überschuss, Mehr, Mehrwert, Plus, gutes Geschäft, guter Handel, Vorteil, Nutzen
2. Treffer, das große Los, Glückslos
gewinnbringend → einträglich

G

gewinnen
1. siegen, als Sieger hervorgehen, Sieger sein, den Sieg erringen/davontragen/erlangen, triumphieren, üjmdn. schlagen, den Preis davontragen, berlegen sein, als erster ans Ziel kommen, den Kampf für sich/zu seinen Gunsten entscheiden; *ugs.:* das Rennen machen
2. → besiegen
3. profitieren, Gewinn haben/erzielen/ziehen aus, Nutzen haben/ziehen, ernten; *ugs.:* Geschäfte/einen guten Schnitt machen, einheimsen, herausholen, herausschlagen
4. erwerben, erreichen, erlangen, bekommen, kommen/gelangen zu
5. fördern (Kohle), abbauen
6. für sich gewinnen → einnehmen, für sich
gewinnend
1. → sympathisch
2. → attraktiv
gewinnen für überreden, überzeugen, interessieren/werben für; *ugs.:* breitschlagen, herumkriegen, einwickeln, bequatschen
Gewinner Siger, Champion, Triumphator
Gewinnsucht → Geiz
gewinnsüchtig → habgierig
Gewirr → Unordnung
Gewisper → Geflüster
gewiss
1. sicher, sicherlich, zweifellos, unstreitig, ohne Zweifel/Frage, zweifelsohne, fraglos, auf jeden Fall, selbstverständlich, bestimmt, allemal, schon; *ugs.:* klar, klaro, klarer Fall, logisch, logo
2. gesichert, wahr, wirklich, authentisch, unwiderlegbar, unbestritten
3. ganz gewiss, natürlich, freilich, aber ja
4. nicht genauer bestimmt/näher bezeichnet
Gewissen innere Stimme, inneres Gebot, sittliches/ethisches Bewusstsein, Ethos, Moral, Verantwortung, Verantwortungsbewusstsein
gewissenhaft gründlich, genau, exakt, peinlich, penibel, präzis, akkurat, sorgfältig, ordentlich, sorgsam, pflichtbewusst, pflichtgetreu, verantwortungsbewusst, ausdauernd, stetig, beständig, beharrlich, pünktlich, zuverlässig, verlässlich, vertrauenswürdig, Vertrauen erweckend
Gewissenhaftigkeit → Sorgfalt
gewissenlos skrupellos, rücksichtslos, verantwortungslos, bedenkenlos, hemmungslos, ruchlos, pflichtvergessen, leichtfertig, nachlässig, fahrlässig, ohne Skrupel
Gewissensbisse Schuldbewusstsein, Schuldgefühl, schlechtes Gewissen, Skrupel, Gewissensnot, Gewissensqual, Gewissensangst, moralische Bedenken, Zerknirschung; *ugs.:* Gewissenswurm
gewissermaßen sozusagen, gleichsam, mehr oder minder/weniger, so gut wie, an und für sich, wie wenn, quasi, gleichwie
Gewissheit Sicherheit, Überzeugung, sichere Kenntnis, Klarheit
Gewitter → Unwetter
gewittrig schwül, drückend, stickig, gewitterschwer
gewitzt → schlau
gewogen zugetan, wohlwollend, wohlmeinend, wohlgesinnt, freundlich gesinnt, geneigt, hold
gewöhnen
1. vertrautmachen mit, bekanntmachen mit
2. sich gewöhnen an sich einfügen, sich anpassen, sich akklimatisieren, sich einstellen auf, sich angleichen, sich assimilieren, sich eingewöhnen, sich einleben, heimisch/vertraut werden, Fuß fassen; *ugs.:* warmwerden
3. zur Gewohnheit machen, sich angewöhnen, sich zu Eigen machen, sich aneignen, annehmen
Gewohnheit
1. Brauch, Sitte, Gepflogenheit, Usus, Regel, Herkommen, Tradition, Konvention
2. Angewohnheit, Gepflogenheit, Eigenart
gewohnheitsmäßig → gewöhnlich
Gewohnheit werden → einbürgern, sich
gewöhnlich
1. alltäglich, üblich, gewohntermaßen, normal, geläufig, gebräuchlich, gewohnt, herkömmlich, allgemein, gewohnheitsmäßig, eingewurzelt, eingebürgert, eingefahren, eingespielt, regulär, regelmäßig, gängig
2. niveaulos, unfein, gemein, ordinär, nichtssagend, unbedeutend, banal, nieder, vulgär, primitiv; *ugs.:* prolo
3. meist, meistens, im Allgemeinen, in der Regel, normalerweise
gewohnt
1. bekannt, vertraut, geläufig, nicht fremd
2. → gewöhnlich
gewohntermaßen → gewöhnlich

gewölbt gebogen, halbrund, geschwungen, bauchig
Gewühl → Gedränge
gewürzt würzig, kräftig, pikant, scharf, aromatisch, verfeinert
gezähmt → zahm
Gezänk → Streit
Gezeiten Ebbe und Flut, Tide
Gezeter
1. Schimpfen, Keifen; *ugs.:* Gekeife, Gekreische, Krakeel
2. Geschrei, Gebrüll, Brüllen, Lärm, Krach, Johlen
3. Gejammer, Wehklagen, Lamentieren, Gewimmer
gezielt zielbewusst, geplant, planmäßig, planvoll, überlegt, durchdacht, konsequent, methodisch, systematisch
geziemen, sich sich gehören, sich schicken, sich gebühren, angebracht/angemessen sein, anstehen
geziemend → angemessen
Geziere → Gehabe
geziert unnatürlich, affektiert, künstlich, stilisiert, manieriert, hochtrabend, schwülstig, unecht, gespreizt, gestelzt, gezwungen, geschraubt, gestellt, gesucht, geschwollen, gekünstelt, preziös; *ugs.:* affig, etepetete, gemacht
Gezücht → Gesindel
gezwungenermaßen notgedrungen, unfreiwillig, zwangsweise, der Not gehorchend, schweren Herzens, wider Willen, widerwillig, widerstrebend, wohl oder übel, nolens volens
Giebel First, Dachfirst
Gier
1. Begierde, Verlangen, heftiges Verlangen/Begehren, Begehrlichkeit, Unersättlichkeit, Sucht, Habsucht; *landsch.:* Gieper, Jieper
2. → Wollust
gieren, nach begierig/hungrig/versessen sein auf, sich reißen um; *ugs.:* sich die Finger lecken nach, aus sein/spitzen auf, verrückt sein auf/nach, wie der Teufel hinter der armen Seele her sein
gierig begierig, lüstern, unersättlich, hungrig, verlangend, versessen, süchtig, erpicht, wild, dürstend, lechzend, nimmersatt; *ugs.:* heiß, scharf, geil, spitz
gießen
1. schütten, eingießen, füllen, einfüllen
2. begießen, sprengen, besprengen, mit Wasser versorgen
3. → regnen
Gift
1. Giftstoff; *Med.:* Toxikum
2. → Bosheit
giften, sich → ärgern, sich
gifthaltig → giftig
giftig
1. gifthaltig, schädlich, gefährlich, tödlich; *Med.:* toxisch, virulent
2. gehässig, hasserfüllt, bissig, garstig, böse, bösartig, boshaft; *geh.:* odiös
Gigant → Riese
gigantisch → gewaltig
Gilde
1. Zunft, Innung
2. Gruppe Schar, Interessengruppe, Partei, Gesellschaft, Kreis
Gipfel
1. Spitze, Bergspitze, Kuppe, Bergkuppe, Scheitel
2. Krone, Baumkrone, Wipfel
3. → Krönung
gipfeln kulminieren, den Höhepunkt/Gipfelpunkt/Kulminationspunkt erreichen, die Krönung finden
Gipfelpunkt → Krönung
Gipfelstürmer → Bergsteiger
Gischt Schaum
Gitarre *ugs.:* Klampfe
Gitter Gatter, Umzäunung
Gladiole *volkst.:* Schwertel
Glamour Glanz, Pracht, Prunk, Pomp, Gepränge; *abwertend:* Blendwerk
Glanz
1. Licht, Schimmer, Schein, Leuchten, Gefunkel, Geflimmer, Geglitzer; *poet.:* Glast
2. Ruhm, Glorie, Pracht, Prunk, Herrlichkeit, Größe, Nimbus
glänzen
1. schimmern, schillern, leuchten, strahlen, glitzern, funkeln
2. brillieren, sich auszeichnen, hervorragen, sich hervortun, beeindrucken
glänzend
1. blinkend, funkelnd, blitzend, glitzernd, leuchtend, strahlend, schimmernd, schillernd, gleißend, opalisierend
2. blank, spiegelblank, poliert, spiegelnd
3. glanzvoll, brillant, hervorragend, ausgezeichnet, hinreißend, bestechend, berückend, großartig, fantastisch, prächtig, herrlich, trefflich, meisterhaft, vorbildlich, grandios, genial, überwältigend, einmalig, einzigartig, erstklassig, wundervoll, famos, exzellent, vorzüglich, ruhmvoll, ruhmreich, glorreich, glorios, triumphal; *ugs.:* toll, ganz groß, Klasse, dufte, prima
Glanzleistung → Krönung
glanzlos matt, stumpf, blind
Glanznummer → Glanzpunkt

G

Das getrunkene Glas

Wenn jemand sagt, dass er noch ein *Glas* trinken möchte, so heißt dies natürlich nicht, dass er das *Glas* im gegenständlichen Sinn zu trinken beabsichtigt. Getrunken wird der Inhalt des *Glases,* das Getränk. In dem Satz »Ich trinke noch ein *Glas*« steht demnach die Bezeichnung des Gefäßes für dessen Inhalt. Das eigentlich Gemeinte wird in diesem Fall durch ein Wort ersetzt, das zu ihm in einer realen Beziehung steht. Diese rhetorische Stilfigur heißt »Metonymie«.
In ebendieser Form findet sich die Metonymie auch in den Wendungen *zu tief ins Glas schauen* und *ein Glas über den Durst trinken* jeweils im Sinn von *sich betrinken*. Auch die Synonyme *Humpen* oder *Kelch* können in der Wendung *einen Humpen/Kelch trinken* metonymisch gebraucht werden.

Glanzpunkt
1. → Krönung
2. Sensation, Attraktion, Hauptattraktion, Clou, Schlager, Zugnummer, Paradenummer, Zugpferd, Zugstück, Galanummer, Glanznummer, Glanzstück, Glanzlicht

Glanzstück
1. Prachtstück, Prunkstück, Schaustück, Kabinettstück, Prachtexemplar
2. *ugs.:* Prachtmensch, Prachtkerl, feiner Kerl, Perle
3. → Krönung
4. → Glanzpunkt

glanzvoll → glänzend

Glas
1. Trinkgefäß, Trinkglas, Kelch
2. Fernglas, Opernglas, Feldstecher
3. zu tief ins Glas schauen sich betrinken, sich einen antrinken, einen über den Durst trinken; *ugs.:* sich volllaufen lassen, sich zugießen, sich einen ansäuseln; *derb:* sich besaufen, sich die Hucke vollsaufen, sich einen ansaufen ⓘ

gläsern
1. durchsichtig, transparent, glasklar
2. → glasig

glasig gläsern, verglast, stier, starr, trüb/feucht schimmernd

glasklar → durchsichtig

Glasur Lasur, Guss, Überzug

glatt
1. ganz eben/flach, platt, plan, faltenlos, poliert, gleichmäßig
2. spiegelglatt, eisglatt, glitschig, rutschig, schlüpfrig
3. mühelos, reibungslos, einfach, ohne Komplikationen/Hindernisse/Zwischenfälle, ruhig, ungehindert, zügig, perfekt, einwandfrei
4. aalglatt, schlangenartig, allzu gewandt/höflich, raffiniert, schlau
5. *ugs.:* glattweg, schlankweg, geradewegs, ohne Umschweife, freiweg, direkt, rundheraus, eindeutig

glätten
1. glattmachen, glattstreichen, glattziehen
2. ebnen, einebnen, nivellieren, ausgleichen, gleichmachen, egalisieren, begradigen, planieren, walzen, schleifen, abschleifen, abziehen, hobeln, glatthobeln, schmirgeln, abschmirgeln, glattfeilen, glattschleifen, abfeilen, polieren
3. → ausgleichen
4. *landsch.:* bügeln, plätten

glattgehen
1. → gelingen
2. → funktionieren

glattmachen → glätten

glattweg
1. kurzerhand, ohne langes Überlegen/weiteres/Umschweife/große Umstände, kurz entschlossen, ohne lange zu überlegen
2. → aufrichtig

Glatze Kahlkopf, Glatzkopf; *ugs.:* Platte, Spielwiese, Landeplatz

glatzköpfig → kahl

Glaube(n)
1. Gläubigkeit, Frömmigkeit, Gottvertrauen, Religiosität
2. Religion, Konfession, Bekenntnis, Glaubensbekenntnis, Glaubensrichtung
3. (gefühlsmäßige) Überzeugung, Gewissheit
4. Zuversicht, Erwartung, Hoffnung, Vertrauen

glauben
1. für wahr halten, überzeugt sein, Glauben schenken, für bare Münze nehmen; *ugs.:* abkaufen, abnehmen
2. bauen/vertrauen auf, Vertrauen schenken, rechnen mit
3. meinen, vermuten, denken, für richtig erachten, annehmen, schätzen, wähnen, finden, für möglich halten; *ugs.:* schwanen

glaubhaft → einleuchtend

gläubig
1. → fromm
2. vertrauensvoll, vertrauensselig, gutgläubig, in gutem Glauben, ergeben,

nicht zweifelnd/fragend, unkritisch, naiv, arglos
Gläubiger Geldgeber, Kreditgeber, Kreditor
glaubwürdig
1. zuverlässig, vertrauenswürdig, Vertrauen erweckend, verlässlich, ehrlich, aufrichtig, wahr, wahrhaftig
2. → einleuchtend
gleich
1. übereinstimmend, identisch, kongruent, konform, analog, ähnlich, homogen, einheitlich, unterschiedslos, ohne Unterschied, genauso
2. gleichbedeutend, eins, einerlei
3. vollwertig, gleichwertig, äquivalent, gleichrangig, gleichberechtigt, gleichgestellt, paritätisch, ebenbürtig
4. → gleichgültig
5. entsprechend, gemäß, adäquat, vergleichbar
6. → sofort
gleichartig analog, übereinstimmend, vergleichbar, konform
gleichbedeutend synonym, bedeutungsgleich, bedeutungsähnlich, sinnverwandt
gleichberechtigt → gleich
Gleichberechtigung Gleichheit, Gleichstellung, Gleichwertigkeit, Gleichrangigkeit, Parität, Ebenbürtigkeit, Emanzipation
gleichbleiben unverändert/konstant bleiben, sich nicht ändern, von Dauer/Bestand sein, sich halten, sich erhalten
gleichen
1. gleich/gleichwertig/gleichrangig/ebenbürtig sein, übereinstimmen, kongruieren, korrespondieren, (sich) entsprechen, sich decken, gleichkommen
2. → ähneln
gleichermaßen → ebenso
gleichfalls → ebenfalls
gleichförmig
1. → langweilig
2. schablonenhaft, uniform, schematisch
3. gleichartig, verwandt, vergleichbar
gleichgeschlechtlich → homosexuell
gleichgesinnt wesensgleich, geistesverwandt, einig, übereinstimmend, einhellig, einmütig, einträchtig, einer Meinung, solidarisch, verbündet, verschworen
gleichgestellt → gleich
Gleichgewicht Balance, Ausgewogenheit, Ausgeglichenheit
gleichgültig
1. interesselos, ohne Interesse, desinteressiert, uninteressiert, indifferent, unbeteiligt, teilnahmslos, achtlos, leidenschaftslos, ungerührt, kühl, passiv, nicht betroffen, apathisch, lässig, nachlässig
2. → unbedeutend
3. einerlei, egal; *ugs.:* gleich, schnuppe, wurscht, schnurz, wurstegal, piepegal, Jacke wie Hose, gehupft wie gesprungen; *derb:* scheißegal
Gleichgültigkeit → Desinteresse
Gleichheit
1. Übereinstimmung, Identität, Kongruenz, Homogenität, Konformität, Analogie, Harmonie, Einklang, Entsprechung
2. → Gleichberechtigung
gleichkommen → gleichen
gleichlautend gleich klingend, gleichnamig, homonym, lautlich identisch
gleichmachen
1. → anpassen
2. → glätten
Gleichmaß
1. Ebenmaß, Gleichmäßigkeit, Ebenmäßigkeit, Regelmäßigkeit, Symmetrie, Harmonie, Ausgewogenheit, Ausgeglichenheit, ausgewogenes Verhältnis, gleichmäßiger Ablauf, periodischer Wechsel, zyklische Wiederkehr/Wiederholung
2. → Beständigkeit
3. → Ruhe
gleichmäßig
1. → ebenmäßig
2. → einheitlich
3. zu gleichen Teilen, halb und halb; *ugs.:* fifty-fifty
Gleichmut → Ruhe
gleichmütig gelassen, ruhig, gefasst, gemütlich, gesammelt, gesetzt, sicher, besonnen, ausgeglichen; *ugs.:* lässig
Gleichnis Parabel, Analogie, Vergleich, Sinnbild, Lehrstück
gleichrangig → gleich
gleichsam gewissermaßen, sozusagen, gleichwie, soviel wie
gleichschalten → anpassen
gleichsehen → ähneln
gleichsetzen gleichstellen, gleich behandeln, auf eine Stufe stellen, als dasselbe betrachten/identifizieren, nicht unterscheiden; *ugs.:* zusammenwerfen, mit der gleichen Elle messen
gleichstellen → gleichsetzen
gleichtun
1. → gleichziehen
2. → nachahmen
gleichviel einerlei, wie dem auch sei, wie auch immer, ohne Rücksicht darauf, egal
gleichwertig → gleich

gleichwie → gewissermaßen
gleichwohl trotzdem, dennoch, trotz allem, dessen ungeachtet
gleichzeitig
1. zur selben/gleichen Zeit, im selben Augenblick, synchron, simultan, gleichlaufend, zusammen, auf einmal
2. zugleich, in einer Person
gleichziehen
1. gleichtun, mitziehen, dasselbe leisten; *ugs.:* an demselben Strang ziehen
2. → anpassen, sich
gleißen → leuchten
gleißend → glänzend
gleiten → rutschen
Gletscher Firn; *landsch.:* Ferner
Glied
1. Teile, Bestandteil, Komponente, Element, Zweig
2. → Mitglied
3. → Penis
gliedern → einteilen
gliedern, sich zerfallen in, sich unterteilen, sich zusammensetzen aus, sich verästeln
Gliederung Aufgliederung, Durchgliederung, Untergliederung, Einteilung, Aufteilung, Unterteilung, Fächerung, Auffächerung, Staffelung, Klassifikation, Stufung, Aufschlüsselung, Systematisierung, Differenzierung, Struktur, Strukturplan, Aufbau
Gliedmaße(n) Extremitäten, Glieder, Körperteile
glimmen schwach glühen/brennen, schwelen; *landsch.:* glosen; *schweiz.:* glosten
glimpflich
1. leidlich, schlecht und recht, passabel, erträglich, halbwegs, einigermaßen, ertragbar
2. behutsam, nachsichtig, rücksichtsvoll, gnädig, sanft, mild, schonend, vorsichtig, sorgsam, sorgfältig, pfleglich
glitschen → schlittern
glitschig glatt, rutschig, schlüpfrig, matschig
glitzern → leuchten
glitzernd → glänzend
global
1. universal, universell, weltweit, weltumspannend, weltfassend, international; *geh.:* mondial
2. allgemein, allgemeingültig, total, gesamt, umfassend, allseitig, generell, absolut, erschöpfend, enzyklopädisch
globalisieren
1. weltweit verbreiten, internationalisieren, weltumfassend ausdehnen
2. umfassend betrachten, im Ganzen beurteilen, pauschalisieren, verallgemeinern
Globetrotter Weltenbummler, Weltreisender, Abenteurer
Globus Erdball, Erdkugel, Erde, Weltkugel
Glocke Klingel; *landsch.:* Schelle, Bimmel
Glorie
1. Ruhm, Glanz, Herrlichkeit, Größe
2. → Gloriole
glorifizieren → verherrlichen
Gloriole Heiligenschein, Glorienschein, Glorie, Aureole, Nimbus
glorios → rühmlich
glorreich → rühmlich
Glosse
1. Marginalie, Randbemerkung
2. spöttischer Kommentar, → Anmerkung
Glotze → Fernsehgerät
glotzen → starren
Glück
1. Glückssache, Glücksfall, Segen, Wohl, Heil, Gelingen, günstige Umstände, guter Verlauf, Erfolg, Gunst des Schicksals, Güte des Geschicks, Fortuna, (guter) Stern, Füllhorn, Freudenbecher; *ugs.:* Dussel, Massel, Schwein
2. Beglückung, Beseligung, Seligkeit, Glückseligkeit, Wonne, Entzücken, Freude, Sonnenschein, Hochgefühl, Jubel, Begeisterung; *ugs.:* mein Ein und Alles
Glück haben ein Glückskind sein, unter einem günstigen Stern geboren sein, den Himmel auf Erden haben; *ugs.:* das große Los ziehen, fein heraus sein, Schwein haben
Glucke Gluckhenne, Bruthenne
glucken → brüten
glücken → gelingen
gluckern glucksen; *landsch.:* blubbern
glücklich
1. selig, glückselig, glückstrahlend, beglückt, erfüllt, freudestrahlend, überglücklich, überselig, freudig, beseligt, beflügelt, beschwingt, begeistert, happy, froh, frohgemut, fröhlich; *ugs.:* high
2. erfolgreich, günstig, vorteilhaft, gesegnet, gedeihlich, sorgenlos, wolkenlos, ungetrübt, vom Glück begünstigt
glücklicherweise zum Glück, gottlob, Gott/dem Himmel sei Dank, erfreulicherweise
glücklich sein → freuen, sich
Glücksbringer Talisman, Amulett, Maskottchen
glückselig → glücklich
Glückseligkeit → Glück

glucksen → gluckern
Glücksfall → Glück
Glückskind Sonntagskind, Glückspilz, Liebling der Götter, Hans im Glück
Glückspilz → Glückskind
Glücksritter Abenteurer, Glücksjäger, Glücksspieler, Waghals, Hasardeur; *ugs.:* Zocker
Glückssache → Glück
Glücksspiel Hasardspiel, Vabanquespiel, Roulett, Spekulation, Spiel, Lotterie, Klassenlotterie
Glücksspieler → Glücksritter
glückstrahlend → glücklich
Glückwunsch Gratulation, Segenswünsche
glühend
1. brütend, brennend, siedend, heiß
2. strahlend, leuchtend, feurig, leidenschaftlich, begeistert, entzückt, entflammt, enthusiastisch, hingerissen, passioniert
Glühlampe Birne, Glühbirne
Glühwürmchen Leuchtkäfer; *ugs.:* Johanniskäfer, Johanniswürmchen, Johannisfünkchen; *österr.:* Sonnenwendkäfer
Glut
1. Hitze, Gluthitze, Wärme, Schwüle; *ugs.:* Bruthitze, Bullenhitze, Ofenhitze, Affenhitze
2. → Leidenschaft
Gnade
1. Wohlwollen, Güte, Gunst, Huld, Jovialität, Freundlichkeit
2. Entgegenkommen, Kulanz
3. Milde, Nachsicht, Verzeihung, Vergebung, Erbarmen, Schonung, Barmherzigkeit
4. → Straferlass
Gnadenfrist Aufschub, Galgenfrist, Bewährungsfrist, Bedenkzeit
gnadenlos
1. → hart
2. → brutal
gnädig
1. wohlwollend, wohlmeinend, entgegenkommend, kulant, gutgesinnt, gütig, liebenswürdig, freundlich
2. mild, nachsichtig, schonungsvoll, rücksichtsvoll, behutsam, sanft, vorsichtig, glimpflich
3. jovial, gönnerhaft, herablassend; *ugs.:* von oben herab
gnatzig → mürrisch
Gnom Zwerg, Kobold, Wichtel, Wichtelmann
Goalkeeper Torwart, Torhüter, Keeper, Schlussmann
Gockel Hahn; *landsch.:* Gickel; *schweiz.:* Güggel; *Kinderspr.:* Kikeriki; *kastriert:* Kapaun
Go-in → Demonstration
golden
1. aus Gold; *poet.:* gülden
2. goldfarben
goldig → reizend
Goldkind → Liebling
Golf Bucht, Meeresbucht, Meerbusen, Bai, Förde, Fjord
gondeln
1. → schlendern
2. → fahren
gönnen vergönnen, (neidlos) zugestehen, zubilligen, gewähren, einräumen, bewilligen
gönnen, sich sich genehmigen, sich erlauben, sich gestatten, sich leisten, an sich selbst denken, sich zugutetun, sich nicht versagen, sich's wohl sein/gutgehen lassen; *ugs.:* sich nichts abgehen lassen
Gönner Wohltäter, Förderer, Mäzen, Geber, Geldgeber, Sponsor, (edler) Spender, Protektor
gönnerhaft → jovial
Gör(e) *ugs. für:* vorlautes/ungezogenes Kind, Wildfang, Krabbe, Frechdachs, Frechling, Schlingel; *ugs.:* Fratz, Strick, Racker, Rübe, Balg, Satansbraten, Rotznase, freches Stück
Gosse
1. Abflussrinne, Rinnstein, Bordstein
2. **in der Gosse landen** → verwahrlosen
Gott Herr, Herrgott, Gottvater, himmlischer Vater, Allvater, Er, der Höchste/Allmächtige/Allwissende/Ewige/höchste Richter, Schöpfer, Erhalter, Weltenlenker, Jahwe, Jehova, der Herr Zebaoth, Göttlichkeit, Gottheit, der liebe Gott ⓘ
gottergeben
1. → fromm
2. → ergeben
Göttermahl → Festessen
Gottesacker → Friedhof
Gottesdiener → Geistlicher
Gottesdienst Messe, Amt, Andacht
gottesfürchtig → fromm
Gotteshaus → Kirche
Gottessohn → Christus
gottgefällig → fromm
göttlich
1. gottähnlich, gottgleich, götterhaft
2. heilig, himmlisch, sakrosankt, numinos
3. allmächtig, omnipotent, allwissend, barmherzig, gnädig
4. vollkommen, vollendet, unübertroffen, unerreicht, perfekt, einzigartig, vortrefflich
5. → ausgezeichnet
gottlob → glücklicherweise
gottlos ungläubig, atheistisch, unreligiös, irreligiös, religionslos, glaubenslos, freidenkerisch, freidengeistig, gottesleugnerisch

Gott und die Welt

Das Wort *Gott* wird in der Regel ohne Artikel gebraucht. Mit Artikel benutzt man es zur Unterscheidung, also etwa der *Gott der Christen* im Gegensatz zu *heidnischen Göttern*. Die Begriffe *Jahwe, Jehova,* und *Zebaoth* stammen aus dem Alten Testament. Die weiteren Synonyme kommen neben dem Alten auch aus dem Neuen Testament.
Gott kommt darüber hinaus in zahlreichen, meist umgangssprachlichen Redensarten vor. *Gott sei Dank* wird als Ausdruck der Erleichterung oder auch der Freude verwendet. *Weiß Gott* drückt Gewissheit im Sinn von »ganz sicher« aus. In Wendungen wie *Gott weiß wer/wie/wo/woher/wohin* kommt ebenso Unbestimmtheit zum Ausdruck wie in der Redensart *das wissen die Götter. Gott und die Welt* ist eine Redensart im Sinn von *jedermann* oder *alles Mögliche. Wie Gott ihn/sie geschaffen hat* ist eine Umschreibung für *nackt*. In der Wendung *wie ein junger Gott* wird Anerkennung deutlich: Jemand, der beispielsweise *wie ein junger Gott* Klavier spielt, beherrscht das Instrument sehr gut.
Wer *für/um Gottes Lohn arbeitet/etwas tut,* macht das ohne Gegenleistung oder Entgelt. *Den lieben Gott einen guten Mann sein lassen* bedeutet »sorglos leben«. Auch die Redewendung *wie Gott in Frankreich leben* drückt angenehmes, luxuriöses Leben aus. *Dem lieben Gott den Tag/die Zeit stehlen* heißt »faul sein«. Als Zusatz, mit welchem der Inhalt eines Schwurs bekräftigt wird, verwendet man *so wahr mir Gott helfe*. Mit der Wendung *dein/Ihr Wort in Gottes Ohr* drückt man Hoffnung aus. Das gehobene *in Gottes Hand liegen/stehen* besagt, dass etwas nicht von Menschen zu beeinflussen ist.

G

Gottvertrauen → Glaube
Götze Götzenbild, Abgott, Idol, Fetisch
Götzenbild → Götze
Gourmand Vielfraß, maßloser Schwelger, Schlemmer, Genüssling; *ugs.:* Leckermaul, Prasser; *österr.:* Genussspecht
Gourmet Feinschmecker, Genießer
goutieren → billigen
Gouvernante
1. Kindermädchen, Amme, Bonne
2. Lehrerin, Erzieherin, Lehrmeisterin, Ausbilderin
Grab Grabplatz, Grabstelle, Grabstätte, Ruhestatt, Ruhestätte, Begräbnisstätte, Gruft, Totengruft; *poet.:* Grube
graben
1. ausheben, ausschachten, aushöhlen, (in der Erde) wühlen, schürfen, scharren, schaufeln; *landsch.:* schippen; *ugs.:* buddeln
2. → stöbern
Graben Vertiefung, Mulde, Grube, Furche, Rinne, Schacht, Stollen, Gang
Grabmal Monument, Grabstein
Grabstätte → Grab
Grad
1. Intensität, Stärke, Größe, Maß, Ausmaß, Dimension, Format
2. Rang, Stufe, Abstufung, Stellung, Dienstgrad
graduell → allmählich
Gram → Leid
grämen, sich sich sorgen, in Sorge/bekümmert/besorgt sein, sich härmen, schwernehmen, schlaflose Nächte/Kummer haben
gramerfüllt → sorgenvoll
grämisch → mürrisch
Grammatik Sprachlehre
Grammofonplatte → Schallplatte
gramvoll → sorgenvoll
Gran Körnchen, Stäubchen, Prise, eine Spur, ein wenig/bisschen, etwas, eine Kleinigkeit; *ugs.:* eine Idee, ein Deut
Granate Geschoss, Brandgeschoss, Projektil, Sprengkörper
grandios → großartig
granteln → murren
grantig mürrisch, verdrossen, brummig, ärgerlich, unwillig, unwirsch, missgestimmt, übellaunig, griesgrämig, verärgert; *ugs.:* schlecht drauf, miesepetrig, muffelig
Grapefruit Pampelmuse
Gras
1. → Wiese
2. → Marihuana
grasen weiden, Gras fressen, äsen
Grasfläche → Wiese
Grashüpfer → Heuschrecke
grassieren → ausdehnen, sich
grässlich
1. → ekelhaft
2. → entsetzlich
Grat Rücken, Bergrücken, Kamm, Bergkamm, Gebirgskamm, Kante
Gratifikation Vergütung, freiwillige Entschädigung/Zuwendung, Zulage, Sonderzulage, Prämie, finanzielle Mehrleistung, Zuschlag
grätig → mürrisch

gratis frei, kostenlos, umsonst, unentgeltlich, gebührenfrei, ohne Geld, geschenkt; *ugs.:* für nichts, so

grätschen spreizen, auseinander strecken, wegstrecken

Gratulation → Glückwunsch

gratulieren beglückwünschen, Glück wünschen, Glückwünsche überbringen/darbringen/aussprechen/übermitteln

grau
1. grauhaarig, graumeliert, ergraut, altersgrau, weiß, weißhaarig, schlohweiß, alt, greisenhaft, bejahrt, betagt, ältlich, in vorgerücktem Alter
2. → langweilig

Gräuel
1. Grausamkeit, Abscheulichkeit, Schrecken, Gräueltat, Scheußlichkeit, Brutalität, Unmenschlichkeit, Schlechtigkeit, Aversion, Bestialität, Unbarmherzigkeit, Grauen erregende Tat
2. Ekel, Abscheu, Widerwille, Abneigung, Grauen, Horror, Schauder, Degout

grauen hell/Tag werden, dämmern, tagen

grauen, sich sich grausen, sich graulen, sich gruseln, schaudern, einen Horror/Furcht/Angst haben, Unbehagen empfinden, sich ängstigen, sich fürchten, sich entsetzen, Gänsehaut bekommen

Grauen Entsetzen, schreckliche Angst/Furcht, Grausen, Schauder, Panik, Horror; *ugs.:* Zähneklappern, Heidenangst, Höllenangst

Grauen erregend → grauenhaft

grauenhaft grauenvoll, Grauen erregend, grausig, gräulich, grässlich, düster, entsetzlich, schrecklich, schauderhaft, schauervoll, schaurig, schauerlich, ängstigend, beängstigend, fürchterlich, furchtbar, horrend, katastrophal, gespenstisch, unheimlich, gruselig

grauenvoll → grauenhaft

grauhaarig → grau

graulen, sich → grausen, sich

gräulich
1. scheußlich, abscheulich, grässlich, widerwertig, ekelhaft, verabscheuenswert
2. → grauenhaft

graupeln hageln, schauern, kieseln

grausam
1. brutal, roh, herzlos, gefühllos, unbarmherzig, erbarmungslos, schonungslos, rücksichtslos, gnadenlos, gewalttätig, bestialisch, tierisch, kaltblütig, kaltschnäuzig, krude, verroht, entmenscht, inhuman, unmenschlich, barbarisch, unerbittlich, ungerührt, rigoros; *ugs.:* viehisch
2. hart, schlimm, böse, entsetzlich, streng

Grausamkeit → Gräuel

grausen, sich sich grauen, sich graulen, sich gruseln, Unbehagen empfinden, sich ängstigen, sich fürchten, Gänsehaut bekommen

Grausen → Grauen

grausig → grauenhaft

gravieren ritzen, einritzen, kerben, einkerben, kratzen, einkratzen, stechen; *ugs.:* sich verewigen

gravierend schwerwiegend, erschwerend, belastend, ins Gewicht fallend, durchgreifend, tiefgreifend, entscheidend, bedeutend, fühlbar, spürbar, nachhaltig, sich stark auswirkend, ernstlich, existenziell

gravitätisch würdevoll, ernst, gemessen, gewichtig, hoheitsvoll, erhaben, gesetzt, feierlich, majestätisch

Grazie → Anmut

grazil
1. zierlich, schlank, zartgliedrig, feingliedrig, zart gebaut, gazellenhaft, rank, schmächtig, schmal, zerbrechlich, fragil, durchsichtig, wie aus Porzellan
2. → graziös

graziös anmutig, anmutsvoll, gefällig, lieblich, reizend, liebreizend, liebenswert, zauberhaft, berauschend, leichtfüßig, grazil, geschmeidig, bezaubernd, zierlich, gazellenhaft, mit Grazie

greifbar
1. ganz nah, zum Greifen nahe, nahebei, in Reichweite
2. verfügbar, parat, präsent, anwesend
3. → offenbar
4. → real

greifen
1. zugreifen, ergreifen, fassen, erfassen, packen, nehmen, auffangen, festhalten
2. fangen, einfangen, aufgreifen, erwischen, habhaft werden, ertappen; *ugs.:* schnappen, kriegen, kaschen, beim Schopf packen, beim Wickel/am Schlafittchen nehmen, hoppnehmen
3. **um sich greifen** → ausdehnen, sich

greifen nach langen nach; *ugs.:* grapschen nach

greinen → weinen

G

Greis alter Mann/Herr, der Alte; *ugs.:* Opa, Alter, Großvater, Mummelgreis, Tattergreis, alter Knabe/Knacker, altes Semester, Gruftspion, Asbacher ⓘ
greisenhaft → alt
Greisin alte Frau/Dame, die Alte; *ugs.:* Oma, Großmutter, alte Tante
grell
1. blendend, ungedämpft
2. grellfarben, kontrastierend, unangenehm auffallend/hervorstechend, leuchtend, in die Augen fallend/stechend, reißerisch, aufdringlich, knallig, scheckig, kunterbunt, schreiend
3. → laut
Gremium → Ausschuss
Grenze
1. Grenzlinie, Trennungslinie, Demarkationslinie, Grenzziehung, Abgrenzung, Begrenzung, Schlagbaum, Landesgrenze, Staatsgrenze
2. Grenzscheide, Markscheide, Gemarkung, Scheide, Scheidelinie, Scheidewand, Rand
3. Trennwand, Hürde, Sperre, Barriere, Graben, Abgrund, Schranke, Kluft
grenzen an
1. anschließen, anstoßen, anliegen, anrainen, sich berühren mit
2. nahekommen, fast gleichkommen, gleichen, entsprechen, ähneln, erreichen
grenzenlos
1. unbegrenzt, unendlich, überaus groß, unübersehbar, immens, schrankenlos, unbeschränkt, unerschöpflich, endlos
2. → sehr
Grenzlinie → Grenze

Greis: Das Sinnbild des Alters

Als *Greis* wird für gewöhnlich ein alter, gebrechlicher Mann bezeichnet. In dem Ausdruck »alter *Greis*« ist das Adjektiv eine überflüssige Ergänzung des Substantivs, da »alt« bereits in der Bedeutung von *Greis* verankert ist. Einen inhaltlich überflüssigen Zusatz dieser Art bezeichnet man als Pleonasmus.
Der *Greis* kann darüber hinaus noch im Zusammenhang mit einer weiteren rhetorischen Stilfigur verwendet werden. Um den abstrakten, nichtgegenständlichen Begriff »Alter« im Sinn von »späterer Teil des Lebens, Lebensabend« anschaulicher zu gestalten, wird der *Greis* oftmals als Personifikation des »Alters« herangezogen. Eine derartige bild- und gleichnishafte Darstellung eines abstrakten Begriffs heißt »Allegorie«.

Griesgram *ugs.:* Miesepeter, Muffel, Murrkopf, Sauertopf, Brummbär, Brummbart, Nieselprim, Knasterer, Krauterer, Trauerkloß, Stoffel; *österr.:* Fadian
griesgrämig → mürrisch
Griff Henkel, Bügel, Schaft, Heft, Knauf, Stiel, Halter, Klinke, Knopf, Anfasser
griffbereit → parat
griffig → handlich
Grill Rost, Bratrost
Grille
1. *volkst.:* Heimchen
2. Laune, Eigenart, Eigenheit
grillen auf dem Grill braten/rösten; *ugs.:* brutzeln
grillenhaft → launisch
Grimasse Fratze, Faxe
grimmig
1. zornig, wütend, wild, erzürnt, böse, aufgebracht, ärgerlich, verärgert, entrüstet, unwirsch, wutentbrannt, wutschnaubend, empört, martialisch; *ugs.:* fuchtig
2. heftig, schneidend (Kälte), übermäßig, stark (Schmerzen), schlimm, unerträglich
Grind Schorf, Hautschorf; *landsch.:* Kruste, Schuppenkruste, Borke, Räude
grinsen den Mund verziehen, lächeln, schadenfroh/dumm lächeln; *ugs.:* grienen, feixen, sich eins in den Bart lachen
Grippe Erkältung, fiebrige Erkältung; *Med.:* Influenza
Grips → Verstand
grob
1. grobgemahlen, nicht fein, großkörnig
2. taktlos, sehr unhöflich/unfreundlich, abweisend, barsch, schroff, rüde, unwirsch, ruppig, roh, brüsk, rau, rüpelhaft; *landsch.:* g(e)schert
3. → grobschlächtig
4. schlimm, arg, übel, unangenehm, böse, schrecklich, groß, stark, gröblich
Grobian Rohling, Rüpel, Flegel, grober Klotz, Raubein, Flegel, Lümmel, Wüstling, Unmensch, Barbar, Scheusal, ungehobelter Kerl; *ugs.:* Büffel, Lackel, Bauer, Holzkopf
grobschlächtig
1. grob, grobschrötig, derb, unfein, roh, ungeschlacht, drastisch, unkultiviert, unmanierlich, ungeschliffen, ungehobelt, unzivilisiert, ungesittet,

ohne Manieren/Benehmen/Kultur/Stil; *ugs.:* unpoliert
2. → klobig
groggy → erschöpft
grölen
1. *ugs. für:* aufdringlich/laut und falsch singen
2. schreien; *ugs.:* plärren, kreischen, johlen, krakeelen
Groll Bitterkeit, Bitternis, Erbitterung, Verbitterung, Ärger, Verärgerung, Unmut, Unwille, Verstimmung, (unterdrückter) Hass
grollen
1. Groll empfinden/hegen, zürnen, böse/gram/spinnefeind sein, sich ärgern, schmollen, hadern, übelnehmen, verargen, verübeln; *ugs.:* krummnehmen, ankreiden, grummeln
2. donnern, gewittern; *ugs.:* krachen
Gros Mehrheit, Überzahl, Mehrzahl, Hauptmasse, Majorität, Großteil
groß
1. riesig, riesengroß, riesenhaft, unermesslich, tief, außerordentlich, gewaltig, mächtig, enorm, gigantisch, ungeheuer, immens, von beachtlichem Ausmaß/Umfang, voluminös, ausgedehnt, geräumig, großräumig, weiträumig, umfangreich, umfassend
2. hochgewachsen, hochaufgeschossen, von hohem Wuchs, hünenhaft, lang; *ugs.:* baumlang, baumgroß, wie eine Bohnenstange
3. erwachsen, reif, mündig, flügge, aus den Kinderschuhen, kein Kind mehr
4. stark, intensiv, kräftig (Hunger), hochgradig, nicht gering/schwach
5. → außergewöhnlich
6. → berühmt
großartig schön, wunderschön, prachtvoll, prächtig, grandios, genial, famos, wunderbar, wundervoll, himmlisch, hervorragend, ausgezeichnet, fantastisch, märchenhaft, traumhaft, sagenhaft, klassisch, überwältigend, fabelhaft, fulminant, erstklassig, sehr gut, exzellent, vorzüglich, vortrefflich, überragend, außerordentlich, triumphal, tadellos, vorbildlich, beispiellos, mustergültig, musterhaft, umwerfend, glänzend, brillant, bestechend, einzigartig, meisterhaft, einmalig, virtuos, erstrangig, herrlich, phänomenal; *geh.:* exzeptionell; *ugs.:* toll, pfundig, prima, dufte, Klasse, bombig, irre, picobello, super, total super, lässig; *jugendsprachl.:* geil, fett, cool
Größe
1. Körpermaß, Höhe, Länge, Stattlichkeit, Statur
2. Ausmaß, Ausdehnung, Tiefe, Weite, Geräumigkeit, Unermesslichkeit, Mächtigkeit, Dimension, Umfang, Reichweite
3. Kapazität, Star, Meister, Berühmtheit, Koryphäe, Könner, Virtuose; *ugs.:* Kanone, Ass
4. → Bedeutung
Größenwahn Hybris, Megalomanie
Großhändler Grossist
großherzig → großzügig
großjährig → mündig
großkotzig → prahlerisch
Großmacht Weltmacht, Supermacht
Großmama → Großmutter
Großmaul → Angeber
großmäulig → prahlerisch
Großmut Großherzigkeit, Hochherzigkeit, Großzügigkeit, nobles Verhalten, Edelmut, Selbstlosigkeit, Toleranz, Duldsamkeit, Generosität, Freigebigkeit
großmütig → großzügig
Großmutter Ahne; *ugs.:* Großmama, Oma, Omi, Ömchen, Nonna
Großpapa → Großvater
großsprecherisch → prahlerisch
großspurig
1. überheblich, anmaßend, arrogant, hochmütig, hochnäsig, dünkelhaft, unbescheiden
2. → prahlerisch
Großstadt Millionenstadt, Weltstadt, Metropole
Großteil → Mehrheit
größtenteils → meist
großtun → angeben
Großvater Ahn(e); *ugs.:* Großpapa, Opa, Opi, Nonno; *österr.:* Ahn(d)l
großziehen
1. aufzüchten
2. heranziehen, aufziehen, erziehen; *ugs.:* auffüttern, hochpäppeln, aufpäppeln
großzügig
1. freigebig, gebefreudig, schenkfreudig, generös, hochherzig, weitherzig, großherzig, großgesinnt, großmütig, edel, selbstlos, nobel, splendid; *ugs.:* spendabel; *schweiz.:* large
2. tolerant, nicht engherzig/kleinlich, freizügig, nachsichtig, verständnisvoll, duldsam
grotesk absurd, unsinnig, abstrus, lachhaft, lächerlich, komisch, skurril, makaber; *geh.:* ridikül
Grotte Höhle, Felshöhle

G

G

Groupie → Anhänger
Grube
1. Loch, Vertiefung, Mulde, Graben; *landsch.:* Kuhle
2. Zeche, Mine, Stollen, Bergwerk
3. Grab, Gruft, Totengruft
grübeln → denken
grüblerisch → nachdenklich
Gruft Totengruft, Grabgewölbe, Grabkammer, Grab, Grabstätte, Krypta
grün
1. unreif (Obst), sauer
2. → kindlich
3. → unwissend
4. umweltbewusst, umweltschützend, gegen Atomkraft, ökologisch, naturbewusst, alternativ
Grünanlage → Park
Grund
1. Boden, Land, Grundstück, Gelände, Terrain, Anwesen, Acker, Scholle, Erde
2. Anlass, Veranlassung, Motiv, Ursache, Anstoß, Ansporn, Beweggrund, Hintergrund, Impuls, Antrieb, Triebfeder, Bedingung, Aufhänger
3. Grundlage, Basis, Fundament, Unterlage, Unterbau
4. Begründung, Erklärung, Argument
Grundbesitz Bodenbesitz, Landbesitz, Grund und Boden, Länderei, Grundeigentum, Liegenschaften, Immobilien; *geh.:* Latifundien
Grundeigentum → Grundbesitz
gründen
1. begründen, errichten, etablieren, konstituieren, ins Leben rufen, aus der Taufe heben, schaffen, einrichten, stiften, eröffnen, anfangen, beginnen, das Fundament legen zu; *ugs.:* aufmachen, aufziehen
2. **sich gründen auf** → stammen von
Gründer Erbauer, Erzeuger, Urheber, Schöpfer, Stammvater, Stifter
Grundgedanke → Leitgedanke
Grundgesetz → Verfassung
Grundhaltung → Gesinnung
Grundlage
1. Grund, Basis, Unterbau, Fundament, Unterlage, Untergrund, Sockel
2. Grundstock, Fundus, Fonds, Bestand, Reserve, Rücklage
3. Voraussetzung, Bedingung, Vorbedingung, Prämisse, Ausgangspunkt, Nährboden, Substrat
grundlegend elementar, fundamental, grundsätzlich, prinzipiell, von Grund auf, entscheidend, bestimmend, wesentlich, radikal, durchgreifend, einschneidend, durch und durch, ausschlaggebend, maßgebend, maßgeblich, konstitutiv, schwerwiegend, wichtig, bedeutend, gründlich, bis in die Wurzel/ins Kleinste/ins Letzte
gründlich
1. sorgfältig, ordentlich, sorgsam, gewissenhaft, korrekt, fehlerlos, akkurat, präzis(e), genau, exakt, minuziös, penibel, pedantisch, pflichtbewusst, verantwortungsbewusst
2. profund, intensiv, umfassend, ausführlich, eindringlich, eingehend, tief, tiefschürfend, grundlegend, erschöpfend, detailliert, vollständig
3. gehörig, tüchtig, gewaltig, sehr, überaus; *ugs.:* feste, nach Strich und Faden, von A bis Z, zünftig, weidlich
4. radikal, von Grund auf, bis ins Letzte, total, völlig, vollkommen
Gründlichkeit → Sorgfalt
grundlos
1. ohne Begründung/Erklärung/Grund/Motiv/Anlass, unbegründet, unmotiviert, unberechtigt, ungerechtfertigt, beliebig, haltlos, gegenstandslos, hinfällig, aus der Luft gegriffen
2. abgrundtief, abgründig, bodenlos
Grundmauer → Fundament
Grundmotiv → Leitgedanke
Grundriss
1. Aufriss, Plan, Bauplan, Entwurf, Konzept
2. Leitfaden, Auszug, Zusammenfassung, Abriss, Kompendium, Einführung
Grundsatz Prinzip, feste Regel, Richtlinie, Richtschnur, Maxime, Maßstab, Leitlinie, Lebensregel, Motto, moralisches Gebot, Moralprinzip, leitender Gedanke, Devise, Doktrin
grundsätzlich grundlegend, elementar, fundamental, prinzipiell, von Grund auf, entscheidend, durch und durch, maßgebend, bedeutend
Grundstein → Fundament
Grundstock → Grundlage
Grundstück
1. Boden, Grund und Boden, Land, Gelände, Terrain, Areal, Anwesen
2. → Grundbesitz
grundverschieden → verschieden
Grundvorstellung → Leitgedanke
Grundzug → Charakteristikum

grünen grün werden, sprießen, treiben, keimen; *ugs.:* ausschlagen
Grünfläche
1. → Rasen
2. → Park
Grünkohl Winterkohl, Blattkohl; *volkst.:* Krauskohl
Grünschnabel Anfänger, Neuling, Greenhorn, Unerfahrener, Grünling, junger Dachs, Gimpel, Naseweis, Tor; *ugs.:* Tropf, Einfaltspinsel, Guck-in-die-Welt, Harzer, Youngster
Grünstreifen → Rasen
Gruppe
1. Team, Clique, Clan, Gemeinschaft, Kollektiv, Gesellschaft, Schar, Kreis, Zirkel, Runde, Ring, Korona, Gang; *ugs.:* Bande, Blase, Klüngel, Verein; *abwertend:* Sippe, Sippschaft, Meute, Rotte, Bagage
2. Kolonne, Pulk, Zug, Trupp(e), Reihe; *ugs.:* Schwarm, Schub, Herde, Horde, Haufen
3. Verband, Einheit, Abteilung, Kommando, Geschwader, Mannschaft, Belegschaft
4. Fraktion, Sektion, Lager, Block
5. Schicht, Klasse, Kaste, Stand
gruppieren
1. → einteilen
2. → anordnen
gruppieren, sich sich formieren, sich anordnen, sich aufstellen, sich zusammenschließen
Gruselgeschichte → Schauergeschichte
gruselig
1. → schauerlich
2. grauenhaft, grausig, düster, Grauen erregend, schrecklich, schaurig, schauervoll, unheimlich, zum Fürchten, beängstigend
gruseln, sich → grauen, sich
grüßen
1. begrüßen, einen Gruß zurufen/ausrichten/zunicken, guten Tag sagen, den Hut lüften/ziehen, die Hand geben/schütteln/reichen, willkommen heißen, sich verbeugen, sich verneigen, nicken; *veraltet:* einen Diener machen, seine Reverenz erweisen; *Mil.:* salutieren, Ehrenbezeigung erweisen
2. Grüße senden/übermitteln/weitergeben
Grütze → Verstand
Gspusi → Geliebte, Geliebter
gucken → blicken
Guerilla → Partisan
Guerillakampf Guerillakrieg, Kleinkrieg, Widerstandskampf, Freiheitskampf, Untergrundkampf
Guerillero → Partisan
Guillotine Fallbeil
guillotinieren → enthaupten
Gülle → Jauche
Gully Abwasserkanal, Abfluss, Senkloch
gültig geltend, beglaubigt, amtlich/behördlich bescheinigt, gesetzmäßig, unanfechtbar, verbindlich, unbestreitbar, unbezweifelbar, authentisch; *geh.:* valid
Gummiknüppel Schlagstock
Gunst
1. Gewogenheit, Geneigtheit, Freundlichkeit, Liebenswürdigkeit, Wohlwollen, Güte, Aufmerksamkeit, Zuwendung, Herzlichkeit, Liebe
2. Gnade, Huld, Auszeichnung, Ehre
günstig
1. aussichtsreich, vorteilhaft, vielversprechend, Erfolg versprechend, verheißungsvoll, hoffnungsvoll, mit Perspektive/Aussicht auf Erfolg, voller Chancen/Möglichkeiten
2. glücklich, erfreulich, angenehm, gut
3. positiv, optimistisch, wohlwollend, wohlmeinend, wohlgesinnt, huldvoll, freundlich, hold, gnädig
4. → billig
Günstling Schützling, Liebling, Favorit, Protegé
Günstlingswirtschaft → Vetternwirtschaft
Gurgel *ugs. für:* Kehle, Kragen, Hals
gurgeln
1. spülen, (den Mund) ausspülen
2. glucksen, gluckern
Gurke Kukumer; *landsch.:* Gummer, Kümmerling, Kukumber, Umurke
Gurkenkraut Dill
Gurt → Gürtel
Gürtel
1. Gurt, Riemen, Koppel
2. Ring, Zone
Guss
1. Glasur, Lasur, Überzug
2. Schauer, Platzregen, Wolkenbruch
3. Schwall, Flut, Suade
Gusto
1. → Appetit
2. → Neigung
gut
1. vortrefflich, nicht übel/schlecht, ausgezeichnet, vorzüglich, vorbildlich, tadellos, lobenswert
2. → anständig
3. edel, nobel, selbstlos, uneigennützig, human, gütig, herzensgut, liebenswert, wertvoll, hilfsbereit, gutartig, gutherzig, gutmütig, mitfühlend
4. freundlich, vertraut, wohlwollend, wohlmei-

G

nend, wohlgesinnt, herzlich
5. günstig, erfreulich, schön, wohltuend, angenehm, willkommen, glücklich, vorteilhaft
6. → fruchtbar ⓘ

Gut
1. Besitz, Ware, Eigentum
2. Gutshof, Landgut, Landsitz, landwirtschaftlicher Betrieb, Landwirtschaft, Bauernhof, Farm

G

Gutachten (fachmännisches) Urteil, Zeugnis, Stellungnahme, Kritik, Diagnose, Beurteilung, Bewertung, Untersuchung, Expertise, Studie, Prüfbericht

gutartig → harmlos

gutaussehend schön, wunderschön, hübsch, attraktiv, ansehnlich, schick; *ugs.:* gutgebaut, sexy, fesch

gutbezahlt einträglich, rentabel, profitabel, Gewinn bringend, lohnend, lukrativ

Güte
1. Freundlichkeit, Herzlichkeit, Herzensgüte, Wärme, Warmherzigkeit, Liebenswürdigkeit, Wohlwollen, Entgegenkommen, Nächstenliebe, Hilfsbereitschaft, Selbstlosigkeit, Gutmütigkeit, Innigkeit, Anteilnahme, Aufmerksamkeit, Aufgeschlossenheit, Zuwendung, Zuneigung
2. → Qualität

Güterverkehr → Handel

gutgehend florierend, blühend, erfolgreich

gutgelaunt heiter, froh, beschwingt, fröhlich, aufgeräumt, vergnügt, wohlgelaunt; *ugs.:* gut drauf

gutgemeint → freundlich

gutgläubig → arglos

Gutes redensartlich

Das Adjektiv *gut* ist ebenso wie seine Substantivierung Bestandteil zahlreicher Redewendungen. *Es gut mit jemandem meinen* bedeutet, »jemandem freundlich gesonnen sein«. Das gilt auch, wenn man einem Menschen *etwas im Guten sagen* will. Dann geschieht dies mit freundlichen Worten und ohne Vorwürfe. *Es gut haben* oder *gut gestellt sein* heißt in glücklichen Umständen leben beziehungsweise gut versorgt sein. Wer *gut dran* ist, der hat ebenso Glück wie jemand, der *es gut trifft*. Wer *gut drauf* ist, hat genauso gute Laune wie einer, der *guter Dinge* ist. Ein Ausdruck der Missbilligung ist dagegen die Redensart *nicht gut auf jemanden zu sprechen sein*. Will man jemanden beruhigen, verwendet man den Satz *lass (es) gut sein!*
Einwände werden oft mit der umgangssprachlichen Formulierung eingeleitet *das ist (alles) gut und schön, aber …* Eine Bitte beginnt gelegentlich mit der Formel *sei so gut und …* Zweckmäßigkeit drücken die Formulierungen aus *gut daran tun* oder *es hat sein Gutes, dass …* Jemand, der von einem Vorgang nicht betroffen ist, hat *gut lachen/reden*. Ablehnung lässt sich umgangssprachlich in die ironische Frage kleiden *Aber sonst geht es dir (noch) gut?*
Ebenfalls ironisch ist die Charakterisierung eines Menschen als *jenseits von Gut und Böse*. Das heißt entweder, diese Person ist so alt, dass sie keine Bedürfnisse mehr hat, oder aber sie ist weltfremd und naiv. Die Wendung *so gut wie* bedeutet »fast«. Die umgangssprachliche Formel *gut und gern* drückt eine Schätzung aus, und zwar im Sinn von »mindestens«. Eine Zusammenfassung lässt sich schließlich mit der Wendung *kurz und gut* einleiten.

Guthaben Ersparnis, erspartes Geld, Aktiva, Aktivposten, Positivsaldo

gutheißen → billigen

gütig herzlich, seelengut, herzensgut, gutherzig, weichherzig, gutmütig, sanftmütig, hilfsbereit, mildtätig, wohltätig, tolerant, mitfühlend, entgegenkommend, mild, sanft, barmherzig, erbarmungsvoll, verzeihend, wohlwollend, gnädig, nachsichtig, Verständnis habend, geduldig, duldsam, schonend, behutsam, freundlich, liebevoll, fürsorglich

gütlich ohne Streit, friedfertig, versöhnlich, friedlich, einträchtig, harmonisch

gutmütig → gütig

Gutmütigkeit → Güte

Gutschein Gutschrift, Wertmarke, Bon

gutschreiben anrechnen, als Guthaben eintragen

Gutshof → Gut

guttun wohltun, helfen, angenehm sein, eine gute Wirkung haben, gefallen; *österr.:* taugen

gutwillig
1. gewillt, geneigt, gesonnen, willfährig, bereit, gefügig, willens
2. → freiwillig

Hh: hH

Haar(e)
1. *ugs.:* Mähne, Fell, Pelz, Zotteln, Wolle, Strähnen
2. um ein Haar → fast
haargenau (ganz) genau, exakt, punktgenau, haarklein, zielgerecht, zentimetergenau, auf den Punkt genau
haarig → heikel
haarklein → haargenau
Haarknoten Nest, Knoten, Dutt, Chignon
Haarkünstler → Friseur
Haarlocke → Locke
haarlos kahl, kahlköpfig, glatzköpfig, ohne Haare
haarscharf
1. sehr dicht/nah/knapp, hauchdünn, eben noch
2. → genau
Haarschneider → Friseur
Haarschnitt Frisur, Haartracht, Haarputz
Haarspalter Wortklauber, Pedant, Besserwisser, Kleingeist, Sophist, Rabulist; *ugs.:* Pingelfritze, Erbsenzähler; *derb, abwertend:* Korinthenkacker, Klugscheißer
Haarspalterei Spitzfindigkeit, Wortklauberei, Pedanterie, Besserwisserei, Klügelei, Rabulistik, Kasuistik, Sophistik, Sophisterei, Sophismus; *ugs.:* Pingeligkeit, Erbsenzählerei; *derb, abwertend:* Korinthenkackerei
haarspalterisch → spitzfindig
haarsträubend unerhört, furchtbar, entsetzlich, unglaublich, skandalös, empörend
Haartracht → Haarschnitt
Haartrockner → Fön

Habe Besitz, Eigentum, Habseligkeiten, Schätze, Vorrat, das Seine/Seinige, Hab und Gut, Geld und Gut, irdische Güter; *ugs.:* Siebensachen
haben
1. innehaben, besitzen, sein Eigen/Eigentum nennen, gehören, verfügen über, aufzuweisen/aufzuzeigen/in seinem Besitz/zur Verfügung haben, gebieten/disponieren über, ausgestattet/versehen sein mit, auf Lager haben, zu Gebote stehen; *geh.:* eignen
2. viel haben reich sein, im Überfluss leben, mit Glücksgütern gesegnet sein; *abwertend:* im Fett sitzen/schwimmen
Habenichts → Armer
haben, sich *ugs. für:* sich zieren, sich genieren, sich anstellen, sich spreizen, Theater machen, zimperlich/prüde sein
haben wollen
1. begierig/wild/hungrig/versessen sein auf, sich reißen um, gelüsten nach; *ugs.:* sich die Finger lecken nach, verrückt/aus sein/spitzen auf
2. wünschen, ersehnen, erträumen, erhoffen, begehren, anstreben, erstreben
Habgier → Geiz
habgierig habsüchtig, gewinnsüchtig, geldgierig, raffgierig, besitzgierig, geizig, übertrieben sparsam, profitsüchtig, berechnend, materialistisch; *ugs.:* knausrig
Habitus
1. (äußere) Erscheinung, Aussehen, Gestalt, Äußeres, Anblick
2. Haltung, Auftreten, Gebaren, Benehmen

Habseligkeiten → Habe
Habsucht → Geiz
habsüchtig → habgierig
Hacke(n)
1. Ferse
2. Absatz, Schuhabsatz
hacken zerstückeln, zerkleinern, spalten, zerspalten, kleinschlagen; *ugs.:* kleinmachen
Hackfleisch Tatar (ohne Fett); *landsch.:* Mett; *ugs.:* Gehacktes, Hackepeter; *österr.:* Faschiertes
Hader → Streit
hadern
1. unzufrieden/verbittert/enttäuscht/verhärmt/vergrämt sein, sich verletzt/betrogen fühlen, mit sich und der Welt zerfallen sein; *ugs.:* sich in seiner Haut nicht wohlfühlen
2. → streiten
3. → grollen
hadersüchtig streitsüchtig, zänkisch, zanksüchtig
Hades Unterwelt, Totenreich, Schattenreich, Orkus
Hafen
1. Ankerplatz, Port, Anlegestelle
2. *landsch.:* Topf
Hafendamm Kai, Pier, Hafenmauer, Mole
Haft Gewahrsam, Verwahrung, Gefangenschaft, Arrest, Freiheitsentzug, Freiheitsstrafe; *ugs.:* Knast, Kittchen
Haftanstalt Strafanstalt, Strafvollzugsanstalt, Gefängnis, Zuchthaus, Kerker, Karzer, Bagno, Verließ; *ugs.:* Arrestlokal, Bau, Bunker, Loch, Knast, Käfig, Kittchen; *österr.:* Gefangenenhaus
haftbar ersatzpflichtig, schadenersatzpflichtig, haftpflichtig, verantwortlich, zuständig

haften
1. kleben, festkleben, festsitzen, festhängen, halten; *ugs.:* pappen; *landsch.:* backen, festbacken
2. bürgen, Sicherheit/Gewähr leisten, einstehen/eintreten für, seine Hand ins Feuer legen für, garantieren, Garantie leisten/übernehmen, die Verantwortung tragen/übernehmen, verantwortlich sein für, Brief und Siegel geben, sich verbriefen, sich verpflichten, die Folgen tragen; *ugs.:* den Kopf hinhalten

haften bleiben → hängen bleiben

Häftling Gefangener, Strafgefangener, Inhaftierter, Arrestant, Gefängnisinsasse, Zuchthäusler, Sträfling, Straffälliger, Einsitzender; *ugs.:* Knastologe, Knacki, JVAler, Knastbruder

haftpflichtig → haftbar

Haftschale → Kontaktlinse

Haftung
1. → Sicherheit
2. → Verantwortung

Hagelkorn Eiskorn, Schloße, Graupel

hageln
1. graupeln; *landsch.:* kieseln, schloßen, schauern
2. niederprasseln (Proteste), herunterprasseln, sich häufen, einstürmen; *ugs.:* wimmeln

hager → dünn

Hagestolz → Junggeselle

Hahn *ugs.:* Gockel, Gockelhahn; *landsch.:* Gickel, Gickelhahn, Gigerl; *schweiz.:* Güggel; *kastriert:* Kapaun; *Kinderspr.:* Kikeriki

Hain Wäldchen, Gehölz, Horst; *poet.:* Hag, Tannicht

Haken → Schwierigkeit

halb
1. zur Hälfte, zweigeteilt
2. → unvollständig
3. → fast

Halbblut Mischling; *abwertend:* Bastard

Halbbruder Stiefbruder

Halbdunkel Dämmerung, Zwielicht, Dämmerlicht, Dämmerstunde, Morgengrauen, Schummerstunde; *ugs.:* blaue Stunde

halbieren zweiteilen, in zwei Hälften trennen/schneiden/teilen/zerlegen, brüderlich teilen

Halbschlaf Halbschlummer, Dämmerschlaf, Dämmerzustand

Halbschwester Stiefschwester

halbseiden anrüchig, anstößig, übel/schlecht beleumundet, von zweifelhaftem Ruf, zweifelhaft, dunkel, obskur, zwielichtig, suspekt, fragwürdig, bedenklich, undurchsichtig, dubios, verrufen

Halbstarker Halbwüchsiger, Rocker, Protestler, Schlägertype; *ugs.:* Rowdy, Feger

halbtot → erschöpft

halbwegs
1. → einigermaßen
2. → mäßig

Halbwelt Demimonde

Halbzeit → Pause

Halde Hang, Abhang, Böschung, Gefälle, Lehne; *österr.:* Leite

Hälfte
1. halber Teil, das Halbe, halbes Stück, halbe Portion/Ration; *ugs.:* halbehalbe, fifty-fifty
2. Mitte, halber Weg, halbe Strecke
3. Halbzeit

Halle großer Raum, Saal, Vorraum, Foyer, Entree, Eingang, Diele

hallen schallen, erschallen, gellen, weithin tönen, dröhnen, erdröhnen

Hallo → Lärm

Hallodri → Leichtfuß

Halluzination → Einbildung

Halm Stiel, Stängel, Rohr, Schaft

Hals Rachen, Kehle, Gurgel, Kragen, Schlund

Halsabschneider Wucherer, Ausbeuter, Betrüger, Gangster, Gauner, Scharlatan, Schuft, Schurke, Geldschneider, Beutelschneider, Blutsauger, Hyäne, Profitmacher

Halsbinde → Krawatte

halsbrecherisch gefährlich, lebensgefährlich, waghalsig, gewagt, riskant, abenteuerlich, verwegen, selbstmörderisch, heikel, tollkühn, → mutig

halsstarrig → eigensinnig

Halsstarrigkeit → Trotz

halt
1. *ugs. für:* eben, einfach, nun einmal
2. **halt!** stopp!, Schluss!, aufhören!, genug!, kein Wort mehr!, keinen Schritt weiter!

Halt
1. Stütze, Rückhalt, Beistand, Hilfe; *ugs.:* rettender Anker
2. Stillstand, Stockung, Anhalten, Unterbrechung, Pause, Rast, Aufenthalt
3. → Haltestelle

haltbar
1. beständig, strapazierfähig, widerstandsfähig, unverwüstlich, langlebig, dauerhaft, resistent, stabil, solide, massiv, fest
2. unverderblich, unverweslich

halten
1. festhalten, nicht loslassen; *ugs.:* nicht aus den Fingern lassen

2. anhalten, zum Stehen/Stillstand kommen/bringen, stoppen, abstoppen, stehen bleiben, Halt machen, bremsen, abstellen, stocken, aussetzen, einstellen, einhalten, innehalten, unterbrechen, bleiben, weilen, verweilen, sich niederlassen, ausruhen, Atem schöpfen, rasten
3. veranstalten, abhalten, durchführen, stattfinden lassen, geben, über die Bühne gehen lassen
4. einhalten, erfüllen, einlösen, befriedigen, Genüge tun, zufriedenstellen
5. zurückhalten, dabehalten, nicht fortlassen, nicht hergeben
6. bewahren, beibehalten, bleiben bei, nicht verändern/abgehen von (Richtung)
7. angestellt/angeschafft haben, unterhalten, beziehen, abonniert haben
8. sich behaupten, sich durchsetzen, überleben, überstehen, ausharren, aushalten, standhalten, auf dem Posten bleiben

halten, sich
1. genießbar/essbar bleiben, haltbar sein, nicht schnell verderben/verkommen, nicht schlecht werden, nicht schnell verwelken/verblühen/verdorren; *ugs.:* nicht vergammeln
2. sich halten an befolgen, beherzigen, handeln/sich richten nach, berücksichtigen, einhalten, sich fügen, sich bewegen, Folge leisten, gehorchen

halten auf achten auf (Ordnung), Acht geben, aufpassen, sein Augenmerk richten auf, Beachtung/Aufmerksamkeit schenken, beachten

halten für ansehen/erachten für, auffassen/verstehen/betrachten/beurteilen/interpretieren/einschätzen/bewerten als, zählen zu, eine bestimmte Vorstellung haben von, denken über; *geh.:* befinden

halten zu unterstützen, dahinterstehen, Rückhalt geben, das Rückgrat stärken, helfen, einstehen/sich einsetzen/sich erklären/sich engagieren für, → eintreten für

Haltepunkt → Haltestelle

Halter
1. Griff, Handgriff, Henkel, Bügel, Stiel
2. Besitzer, Eigentümer, Eigner, Inhaber
3. *österr.:* Hirt, Hüter

Haltestelle Halt, Station, Haltepunkt, Bahnhof

haltlos
1. → charakterlos
2. unbegründet, gegenstandslos, aus der Luft gegriffen, grundlos, unmotiviert, hinfällig, erfunden

Halt machen → halten

Haltung
1. Auftreten, Verhalten, Betragen, Habitus, Benehmen, Gebaren, Art, Lebensart, Lebensweise
2. Positur, Stellung, Pose, Attitüde
3. → Ruhe

Halunke → Gangster

hämisch schadenfroh, gehässig, höhnisch, spöttisch, verschlagen, hinterhältig, intrigant, maliziös, missgünstig, boshaft, bösartig, böswillig, übelgesinnt, übelwollend

Hammel
1. → Schaf
2. → Dummkopf

Hammer Fäustel, Schlägel

hämmern schlagen, klopfen, pochen, trommeln; *ugs.:* ballern

Hampelmann *ugs. für:* Versager, Weichling, Blindgänger, Schwächling, Jammerlappen; *derb:* Niete, Flasche

hampeln zappeln, nicht still sitzen, hin und her wippen, strampeln, schlenkern

hamstern → anhäufen

Hand *ugs.:* Pfote, Pranke, Pratze, Patsche, Tatze, Flosse, Klaue

Handbesen Handfeger

Handbuch Lehrbuch, Kompendium, Leitfaden, Ratgeber, Grundriss, Einführung, Zusammenfassung, Nachschlagewerk, Lexikon; *geh.:* Vademekum

Handel
1. Geschäft, Geschäftsabschluss, Tausch, Transaktion
2. Abkommen, Handelsabkommen, Vereinbarung, Pakt, Übereinkommen, Übereinkunft, Abmachung, Vertrag, Kontrakt
3. Kauf und Verkauf, Warenverkehr, Warenaustausch, Güterverkehr, Güteraustausch, Geschäftsleben, Wirtschaftsleben, Handelsbeziehungen, Geschäftsbeziehungen, Wirtschaftsbeziehungen

Händel → Streit

handeln
1. herunterhandeln, den Preis drücken, feilschen; *ugs.:* schachern
2. vorgehen, verfahren, agieren, wirken, tätig sein, operieren, zur Tat schreiten, aktiv/initiativ werden, Initiative ergreifen/entwickeln; *ugs.:* tun, machen

3. sich handeln um betreffen, anbelangen, zu tun haben mit, sich beziehen auf, die Rede sein von; *ugs.:* sich drehen um

handeln mit kaufen und verkaufen, Handel treiben, Geschäfte machen, anbieten, offerieren; *abwertend:* schieben

handeln von/über behandeln, zum Thema/Inhalt/Gegenstand haben, gehen um, beinhalten, thematisieren, darstellen, berichten, erzählen

H

Handelsabkommen → Handel

Handelsbeziehungen → Handel

Handelsembargo → Embargo

Handelspartner Geschäftspartner, Kooperationspartner, Händler, Kaufmann, Unternehmer

Handelsvertreter Vertreter, Generalvertreter, Akquisiteur, Reisender, Handlungsreisender, Agent; *abwertend:* Klinkenputzer

händeringend verzweifelt, in größter/höchster Not, klagend, wehklagend, jammernd, lamentierend; *ugs.:* nicht ein noch aus wissend

handfest
1. kräftig, derb, kraftvoll, kraftstrotzend, markig, kernig, rüstig, zäh, unempfindlich, widerstandsfähig, standfest, robust, hart, rau
2. unwiderlegbar, klar, eindeutig, unzweideutig, genau, exakt, deutlich, augenfällig, anschaulich, bestechend, prägnant, unmissverständlich, unzweifelhaft, überzeugend; *ugs.:* glasklar, sonnenklar

Handgemenge Schlägerei, Rauferei, Handgreiflichkeit, Tätlichkeit, Krawall, handgreiflicher Zank/Streit, Prügelei, Boxerei, Balgerei; *ugs.:* Keilerei, Geraufe, Gebalge

handgreiflich
1. tätlich, gewalttätig
2. → offenbar

handgreiflich werden → schlagen

Handhabe Anlass, Beweisgrund, Beweggrund, Hintergrund, Ursache, Veranlassung, Grundlage, Möglichkeit, Motiv, Argument, Rüstzeug, Mittel (und Wege)

handhaben richtig gebrauchen, bedienen, benutzen, betätigen, praktizieren, anwenden, ausüben, hantieren/umgehen mit, führen, lenken, steuern, bewerkstelligen, zustande/zuwege bringen, anstellen, behandeln, traktieren, verfügen über, anfassen, verfahren mit; *ugs.:* anpacken, managen, schmeißen, deichseln, drehen, hinkriegen, umspringen, handeln

Handikap → Hindernis

Handlanger
1. Aushilfe, Hilfskraft, Aushilfskraft, Hilfsarbeiter, Zuarbeiter
2. → Komplize

Händler Ankäufer, Verkäufer, Kaufmann, Geschäftsmann

handlich leicht handhabbar, bequem benutzbar, handgerecht, praktisch, zweckmäßig, griffig

Handlung
1. Tat, Tun, Aktion, Akt
2. Geschehen, Inhalt, Stoff, Vorgang, Hergang, Geschichte, Plot, Fabel, Handlungsablauf, Handlungsgerüst, Ablauf, Abfolge

Handlungsreisender → Handelsvertreter

Handlungsweise Vorgehensweise, Verfahrensweise, Verhaltensweise, Handeln, Tun

Hand-out
1. Thesenpapier, Arbeitspapier, Informationsblatt, Schriftstück, Dokument, Skript, Manuskript, Paper, schriftliche Ausarbeitung
2. Flugblatt, Handzettel, Flyer, Flugzettel

Handschrift
1. Schreibart, Schreibweise, Duktus; *abwertend:* Gekritzel, Gekrakel, Geschmiere, Klaue, Pfote; *derb:* Sauklaue, Saupfote
2. Ausdrucksweise, Ausdrucksart, Darstellungsweise, Stil, Diktion, Sprache, Feder; *ugs.:* Schreibe, Stempel

Handstreich Überfall, plötzlicher Überfall, Angriff, Einfall, Attacke, Überrumpelung, Gewaltstreich, Anschlag

handwarm → lau

Handwerk
1. Gewerbe, Handarbeit
2. Tätigkeit, Beschäftigung, Geschäft, Verrichtung, Arbeit, Beruf, Metier, Job

Handwerkszeug → Werkzeug

Handy Mobiltelefon, Funktelefon; *schweiz.:* Natel

Handzettel Flugblatt, Flugschrift, Flugzettel, Reklamezettel, Werbezettel, Prospekt; *ugs.:* Waschzettel

hanebüchen derb, grob, unerhört

Hang
1. Abhang, Abfall, Böschung, Lehne; *österr.:* Leite
2. → Neigung

hängen
1. schweben, pendeln; *landsch.:* hangen; *ugs.:* baumeln, bammeln
2. hinhängen, aufhängen, (in der Höhe) befestigen, oben befestigen, festmachen, anbringen, aufstecken, aufziehen
3. → erhängen

hängen an
1. → lieben
2. **sich hängen an** → aufdrängen, sich

hängen bleiben
1. haften/stecken bleiben, festsitzen, feststecken, nicht wegkommen; *ugs.:* festhaken
2. *ugs. für:* zu lange bleiben, den Absprung nicht finden, sich festreden, den Weg nach Hause nicht finden; *ugs.:* sich festhocken, hocken bleiben, versumpfen, versacken
3. → durchfallen

hängen lassen
1. vergessen mitzunehmen, dalassen (Hut)
2. **etwas hängen lassen** vernachlässigen, zurückstellen, benachteiligen; *ugs.:* außen vor lassen
3. **jmdn. hängen lassen** *ugs. für:* im Stich lassen, sitzen lassen, dem Schicksal überlassen, nicht mehr helfen/unterstützen, sich nicht mehr kümmern um

hängen lassen, sich → gehen lassen, sich

Hansdampf → Draufgänger

hänseln → aufziehen

Hanswurst
1. → Spaßvogel
2. Dummkopf, Tollpatsch, Tölpel, Tor, Depp

hantieren
1. herumwirtschaften
2. → arbeiten

hantieren mit → handhaben

hapern → fehlen

Happen
1. *ugs. für:* Bissen, Brocken, Stück, Stückchen, Mund voll
2. Imbiss, kleine Mahlzeit, Stärkung, Snack, Kleinigkeit (zu essen)

Happening Ereignis, Spektakel, Überraschung, Veranstaltung, Aktion, Fest, Schau, Show, Demonstration, Orgie

happig *ugs. für:* übertrieben, zu hoch/teuer, gesalzen, geharnischt, gepfeffert, haarig, horrend, unverschämt

happy fröhlich, glücklich, zufrieden, gutgelaunt, heiter, froh, beschwingt, beflügelt

Happy End glückliches Ende, guter Schluss/Abschluss/Ausgang/Schlusspunkt

Hardware Gerät, Peripheriegerät, Ausstattung, Zubehör

Häretiker → Ketzer

häretisch → ketzerisch

Harke Rechen; *landsch.:* Forke

harken rechen

Harlekin → Spaßvogel

härmen, sich → sorgen, sich

harmlos
1. ungefährlich, unschädlich, unverfänglich, gutartig (Krankheit), nicht ansteckend, heilbar
2. friedlich, treuherzig, zutraulich, offenherzig, vertrauensselig, gutgläubig, leichtgläubig, unschuldig, naiv, einfältig, kindlich, arglos, ohne Arg/Argwohn, unkritisch, ahnungslos, undifferenziert, bieder, schlicht, unbedarft, simpel, einfach

Harmonie
1. Wohlklang, Zusammenklang
2. Übereinstimmung, Ausgewogenheit, Ausgeglichenheit, Gleichmaß, Gleichgewicht, Ebenmaß
3. Eintracht, Einklang, Gleichklang, Gleichgesinntheit, Einigkeit, Einheit, Einvernehmen, Einhelligkeit, Einverständnis, Friede, gegenseitige Zustimmung/Bejahung/Anerkennung, Brüderlichkeit, Zufriedenheit

harmonieren übereinstimmen, in Einklang stehen, passen, zusammenpassen, stimmen, zusammenstimmen, sich vertragen, sich verstehen, miteinander auskommen/zurechtkommen, harmonisch/einträchtig/einig/in Frieden leben, sich zu nehmen wissen, einander ergänzen, sich schätzen; *ugs.:* gutstehen

harmonisch
1. wohlklingend, wohllautend, wohltönend, abgewogen, zusammenstimmend, stimmig, melodisch
2. einträchtig, übereinstimmend, friedlich, friedfertig, verträglich, brüderlich, ausgeglichen, mit sich im Frieden/Reinen/ausgesöhnt, abgeklärt
3. ausgewogen, abgewogen, abgestimmt, ebenmäßig, gleichmäßig, im Gleichgewicht, symmetrisch, wohlproportioniert, passend, zusammenpassend, im richtigen Verhältnis

harmonisieren aufeinander abstimmen, in Einklang/Übereinstimmung bringen, einander annähern/angleichen, anpassen, koordinieren mit, vereinen, vereinheitlichen, einen;

H

ugs.: unter einen Hut bringen

Harn Urin, Wasser; *Kinderspr.:* Pipi; *derb:* Pisse, Seiche, Schiffe

harnen → urinieren

Harnisch → Panzer

harren

1. (sehnsüchtig) warten, zuwarten, abwarten, sich gedulden
2. hoffen, die Hoffnung haben, sich in der Hoffnung wiegen, sich der Hoffnung hingeben

H

hart

1. fest, knochenhart, eisenhart, stahlhart, steinhart, steinern, stählern, steif, starr
2. streng, grausam, böse, unnachsichtig, unnachgiebig, unerbittlich, grob, schonungslos, rücksichtslos, gnadenlos, mitleidslos, rigoros, unbarmherzig, erbarmungslos, brutal, kalt, lieblos, gefühllos, herzlos, ungerührt, hartherzig, unsanft, drakonisch, unzugänglich, rigide, eisig, nicht zu erweichen, ohne Erbarmen/Rücksicht, ohne Rücksichtnahme/Mitleid, keinen Bitten zugänglich, radikal, spartanisch, vor nichts zurückschreckend
3. heftig, stark, scharf, kräftig (Aufprall)
4. schwer, schmerzlich, bitter, schwierig, traurig, betrüblich (Schicksal)
5. ausgetrocknet, ausgedörrt, trocken, altbacken (Brot)
6. zäh, robust, tough, ausdauernd, unverwüstlich (i)

Härte

1. Stabilität, Festigkeit, Widerstandsfähigkeit, Zähigkeit, Unverwüstlichkeit, Robustheit
2. Strenge, Grausamkeit, Unerbittlichkeit, Kompromisslosigkeit, Schonungslosigkeit, Rücksichtslosigkeit, Brutalität, Kälte, Gefühlskälte, Ungerührtheit, Verhärtung
3. Benachteiligung, Ungerechtigkeit, Vernachlässigung, Zurücksetzung
4. Schärfe, Anstrengung, Gewalt (Kampf)

härten hart machen, erhärten, festigen, stählen

Hartgeld Münze(n), Geldstück(e), Metallgeld, Kleingeld; *ugs.:* ein paar Zerquetschte

hartgesotten → gefühllos

hartherzig → hart

Hartherzigkeit

1. → Kälte
2. → Schärfe

hartnäckig

1. → eigensinnig
2. → beharrlich

Hartnäckigkeit → Beständigkeit

Haruspex → Wahrsager

Hasardeur

1. Glücksspieler, Hasardspieler
2. Abenteurer, Waghals

haschen

1. fangen, greifen, ergreifen, fassen, packen, zu fassen bekommen, schnappen, Fangen spielen
2. → kiffen

haschen nach jagen nach, nachhetzen, nachlaufen, nachstellen, nachspringen

Häscher *poet. für:* Verfolger, Scherge

Haschisch weiche Droge; *ugs.:* Stoff, Shit, Hasch, Kiff

Haschischzigarette → Joint

Hase

1. *f.:* Häsin
2. *m.:* Rammler
3. *volkst.:* Meister Lampe, Mümmelmann, Langohr

Hasenfuß → Feigling

haspeln

1. aufrollen, aufspulen, aufwickeln, aufwinden
2. *ugs.:* hastig sprechen/reden, sich verhaspeln, sich verheddern, sich versprechen

Hass Feindseligkeit, Feindschaft, Hassgefühl, Groll, Missgunst, Animosität, Rachsucht, Rachgier, Verbitterung; *geh.:* Odium

hart: Von brutal bis tough

Für das Wort *hart* gibt es eine Vielzahl fremdsprachlicher Synonyme, die den deutschen Begriff in speziellen Bereichen und Zusammenhängen besonders treffend ersetzen können.
Von einem *brutalen* Vorgehen ist die Rede, wenn etwas mit Gewalt durchgesetzt werden soll. Besondere Härte und Strenge sind die Kennzeichen *drakonischer* Maßnahmen. Eine *radikale* Veränderung kann nur stattfinden, wenn der bisherige Zustand äußerst gründlich umgestaltet wird. Werden Veränderungen ohne jede Rücksichtnahme vollzogen, dann erfolgen sie *rigoros.* Ein *rigides* Verbot duldet keinerlei Missachtung. *Spartanisch* kann die Erziehung sein, wenn Strenge und Härte die obersten pädagogischen Prinzipien sind, aber auch ein entbehrungsreiches und genügsames Leben wird als *spartanisch* bezeichnet. Zeigt sich jemand solchen Lebensumständen gewachsen, dann ist er umgangssprachlich ein *tougher* Mensch.

hassen Hass empfinden, feindselig gesinnt sein, nicht leiden können, verachten, Zorn hegen, anfeinden, verabscheuen, zürnen, grollen; *ugs.:* nicht sehen/riechen/ausstehen/verputzen/verknusen können, spinnefeind/nicht grün sein, dickhaben, gefressen haben, satthaben

hasserfüllt gehässig, bissig, giftig, schadenfroh, hämisch, maliziös, infam, niederträchtig, übelgelaunt, übelwollend, böse, bösartig, boshaft; *geh.:* odiös

Hassgefühl → Hass

hässlich
1. nicht schön, unästhetisch, scheußlich, schauerlich, abscheulich, unansehnlich, abstoßend, abschreckend, widerlich, widerwärtig, ekelhaft, missgestaltet, verunstaltet, geschmacklos, stillos, unvorteilhaft
2. unfreundlich, unschön, garstig, fürchterlich, grauenhaft (Wetter)
3. gemein, niederträchtig, infam, nichtswürdig, garstig, boshaft, hinterlistig, gehässig, widerwärtig, widerlich, ekelhaft, schäbig, niedrig, scheußlich, hinterhältig, übel, verwerflich, schmachvoll, ruchlos, abscheulich, schrecklich, schuftig, perfide, unfair, teuflisch ⓘ

Hast Eile, Hektik, Unruhe, Unrast, Ruhelosigkeit, Rastlosigkeit, Jagd, Gejagtheit, Getriebe, Wirbel, Geschäftigkeit, Betriebsamkeit, Zeitmangel; *ugs.:* Hetze, Hetzerei, Gehetze, Hatz, Gejage

hasten eilen, hetzen, jagen, stürmen, stürzen, spurten, sprinten, rasen, sausen, rennen, laufen, preschen, huschen, stieben; *ugs.:* pesen, wetzen, schesen, schwirren, fegen, flitzen, fliegen, spritzen; *österr.:* pledern, blädern

hässlich: Die geschönte Hässlichkeit

Wird jemand als *hässlich* bezeichnet, so wertet man damit in drastischer Weise sein Äußeres als *unansehnlich, abstoßend* oder sogar *missgestaltet* ab.
Soll diese abschätzige Wertung des Erscheinungsbildes einer Person nicht direkt geäußert werden, kann man die rhetorische Stilfigur der »Litotes« verwenden. Bei der Litotes wird ein Begriff durch Verneinung seines Gegenteils besonders hervorgehoben. Ein *hässlicher* Mensch kann so als »nicht unbedingt der Schönste« umschrieben werden.
Da diese Stilfigur meist ironisch verwendet wird, sollte sie mit Vorsicht gebraucht werden.

hastig eilig, überstürzt, Hals über Kopf, schnell, sofort, auf schnellstem Wege, fluchtartig, eilends, express, fix, hurtig, rasant, rasch, im Nu, geschwind, flugs, zügig, wie der Blitz/Wind; *ugs.:* wie von der Tarantel gestochen/die Feuerwehr, mit einem Affentempo/Affenzahn, ruck-zuck

hätscheln liebkosen, herzen, zärtlich sein, kraulen, tätscheln, streicheln, schmusen mit, abdrücken; *ugs.:* abknutschen

Hauch
1. Atem, Luft; *ugs.:* Puste; *poet.:* Odem
2. Zug, Luftzug, Luftstrom, Lufthauch, Durchzug, Lüftchen, sanfter Wind
3. Anflug, Andeutung, Anklang, Ansatz, Schimmer, Schatten, Spur, Nuance, Touch, Stich, Idee, Kleinigkeit, ein wenig

hauchen
1. Hauch ausstoßen, ausatmen, blasen; *ugs.:* pusten
2. flüstern, säuseln, wispern, tuscheln; *landsch.:* fispern

Haudegen → Draufgänger

hauen → schlagen

Haufen
1. *ugs. für:* Kolonne, Pulk, Zug, Trupp(e), Reihe
2. → Menge
3. *ugs.:* Kot, Dreck, Fladen; *derb:* Scheiße

häufen sammeln, ansammeln, zusammentragen, zusammenbringen, aufhäufen, anhäufen, speichern, aufspeichern, stapeln, aufstapeln, horten, kumulieren, akkumulieren, agglomerieren, zurücklegen, weglegen, beiseitelegen, beiseitebringen, lagern, aufbewahren

häufen, sich
1. sich ansammeln, immer mehr werden, sich anstauen, sich aufstauen, sich ballen, zusammenkommen
2. zunehmen, überhandnehmen, sich ausweiten, anwachsen, anschwellen, sich summieren, zu viel werden; *ugs.:* über den Kopf wachsen

haufenweise → massenhaft

häufig oft, viele Male, immer wieder, öfter(s), des Öfteren, oftmals, mehrmals, mehrfach, ein paarmal, vielmals, vielfach, in vielen Fällen, nicht selten, wiederholt, etliche Mal; *ugs.:* hundertmal, dutzendmal, dutzendfach, x-mal, x-fach, zigmal, doppelt und dreifach, alle naselang, noch und noch, noch und nöcher

Häufung
1. Anhäufung, Sammlung, Ansammlung, Ballung, Kumulation, Akkumulation, Haufen, Stoß, Stapel, Menge, Masse, Berg; *ugs.:* Wust, Batzen, Ladung
2. häufigeres Vorkommen/Auftreten, Wiederholung

Haupt
1. Kopf, Schädel; *ugs.:* Dach, Rübe, Birne, Kürbis, Melone, Ballon, Dez
2. Führer, Anführer, Anstifter, Rädelsführer, Bandenführer, Boss, Leiter, Chef, Leader, Hauptperson, Hauptmann, wichtigste Person, Häuptling, Oberhaupt, Befehlshaber; *ugs.:* Leithammel ⓘ

Haupt: Die leitende Position

Der Satz »Die Mutter ist das *Haupt* der Familie« besagt, dass die Mutter die wichtigste Person in der Familie ist. *Haupt* bedeutet in diesem übertragenen Sinn also *Anführerin*. Mit *Haupt* wird dieses eigentlich gemeinte Wort durch einen bildlichen Ausdruck ersetzt – die rhetorische Stilfigur der »Metapher«.
In dem sprachlichen Bild werden die zentralen Eigenschaften eines *Hauptes* (im Sinn von *Kopf*) der Mutter zugesprochen: Wie das *Haupt* der oberste Teil des Körpers ist, so steht die Mutter an der Spitze der Familie, und so wie das *Haupt* der denkende Teil des Körpers ist, übernimmt die Mutter diese lenkende Funktion für ihre Familie.
Obwohl das gewählte Bild *(Haupt)* keine reale Beziehung zum Gemeinten *(Anführerin)* hat, veranschaulicht diese Metapher die Rolle der Mutter. Auch das Synonym *Kopf* kann in diesem Kontext als Metapher verwendet werden.

Haupteigenschaft → Charakteristikum
Hauptfigur → Hauptperson
Hauptgedanke → Leitgedanke
Hauptgehalt → Wesen
Hauptgewinn Treffer, Volltreffer, Großes Los, Gewinn, Glückslos, erster Preis

Häuptling
1. Stammesoberhaupt
2. → Haupt

häuptlings → kopfüber
Hauptmann → Haupt

Hauptperson
1. Hauptfigur, Hauptdarsteller, Hauptrolle, Hauptakteur, Titelrolle, tragende Figur/Rolle, Schlüsselfigur, Protagonist, Held, Heros
2. Mittelpunktfigur, Berühmtheit, Stern, Star, Anführer; *ugs.:* große Nummer
3. → Haupt

Hauptreisezeit Saison, Hauptsaison, Hochsaison
Hauptrolle → Hauptperson
Hauptsache Kern, Kernpunkt, Kardinalpunkt, Quintessenz, Inbegriff, das Wesentliche/Wichtige/Entscheidende, zentraler Punkt, Schwergewicht, Schwerpunkt, Grundgedanke, springender Punkt, das A und O

hauptsächlich
1. → besonders
2. wesentlich, wichtig, gewichtig, zentral, relevant, signifikant, substanziell, entscheidend, maßgebend, maßgeblich, Ausschlag gebend, vorherrschend

Hauptstadt Metropole, Residenz, Regierungssitz
Hauptverkehrszeit Rushhour, Stoßzeit, Berufsverkehr

Haus
1. Bau, Bauwerk, Anwesen, Gebäude, Wohnhaus; *ugs.:* Bude, Kasten, Schuppen, Hütte; *österr.:* Objekt
2. Heim, Zuhause, Domizil, Unterkunft
3. Geschlecht, Dynastie, Familie, Sippe, Stamm, Clan, Herrscherhaus

Hausangestellte(r)
1. *f.:* Hausgehilfin, Haushälterin, Wirtschafterin, Mädchen, Dienstmädchen, Hilfe, Haushaltshilfe, Kraft, Arbeitskraft; *österr.:* Bedienerin; *ugs.:* Stütze, Perle, Faktotum, dienstbarer Geist, Mädchen für alles, Minna
2. *m.:* → Diener
3. *Pl.:* Personal, Gesinde, Bedienstete, Dienerschaft

Hausaufgabe Heimarbeit, Hausarbeit, Übungsarbeit, Schulaufgabe, Schularbeit
hausbacken bieder, harmlos, langweilig, fad(e), reizlos, uninteressant, ohne (jeden) Reiz, spießig
Hausbesitzer Eigentümer, Hauseigentümer, Hausherr, Wirt, Hauswirt, Vermieter, Inhaber; *veraltend:* Eigner
Hausbewohner Bewohner, Mieter, Einwohner, Par-

tei, Mietpartei, Mitbewohner, Wohnungseigentümer
Hausdiener → Diener
Hausdrachen → Xanthippe
hausen
1. → wohnen
2. wüten, toben (Sturm)
Haushalt
1. Haushaltung, Hausstand, Hausarbeit, Hauswesen, Wirtschaft, Hauswirtschaft, Haushaltsführung; *schweiz.:* Heimwesen
2. → Haushaltsplan
haushalten → sparen
Haushälterin → Hausangestellte
haushälterisch → sparsam
Haushaltsplan Etat, Budget, Staatshaushalt, Finanzplan, Finanzierungsplan
Hausherr
1. Hauswirt, Hauseigentümer, Hausbesitzer, Wohnungseigner, Vermieter; *schweiz.:* Hausmeister
2. Gastgeber, Herr des Hauses
3. Familienoberhaupt, Familienvorstand, Familienvater, Haushaltsvorstand, Haushaltungsvorstand
hausieren an der Tür verkaufen/anbieten/anpreisen/feilhalten/feilbieten/handeln mit, werben, betteln; *ugs.:* an den Mann bringen, Klinken putzen
häuslich
1. → gemütlich
2. → sparsam
Hausmeister
1. Hausverwalter, Hauswart, Concierge; *österr.:* Hausbesorger; *schweiz.:* Abwart
2. Schuldiener; *veraltet:* Pedell
Hausrat Mobiliar, Inventar, Haushalt, Einrichtung, Wohnungseinrichtung, Einrichtungsgegenstände, Meublement, bewegliche Habe; *ugs.:* Kram
Hausschuhe Pantoffeln, Filzschuhe; *ugs.:* Schlappen, Latschen, Babuschen, Pampuschen, Puschen, Schluffen; *österr.:* Schlapfen, Patschen
Hausstand → Haushalt
Hausverwalter → Hausmeister
Hauswart → Hausmeister
Haut
1. *Med.:* Epidermis, Cutis
2. → Schale
3. Teint ⓘ
häuten abhäuten, enthäuten, abziehen, abstreifen, schälen, abschälen; *fachsprachl.:* abbalgen; *österr.:* abhäuteln; *ugs.:* pellen, abpellen
häuten, sich sich schälen, sich schuppen, sich lösen
hauteng → eng
Hautevolee → High Society
Headline → Überschrift
Hebamme Geburtshelferin, Geburtshilfe
heben
1. aufheben, anheben, hochheben, hochnehmen, hochbringen, hochziehen, aufnehmen, emporheben, erheben, lüften; *landsch.:* lüpfen, lupfen
2. ausgraben, zutage fördern, ans Licht bringen
3. steigern, verbessern, vergrößern, stärken, erhöhen, aufwerten

Haut: Die verletzliche Hülle

Die *Haut* als *Hülle* des Menschen schließt den Körper von der Außenwelt ab und schützt ihn, verbindet ihn aber gleichzeitig auch mit ihr. Umgangssprachlich ist *Haut* denn auch ein Synonym für *Mensch,* etwa in der Formulierung jemand ist *eine brave/ehrliche Haut.* Dementsprechend steht der Stabreim *mit Haut und Haar* für »ganz und gar«. Darüber hinaus wird *Haut* aber auch in vielen, oftmals umgangssprachlichen Redensarten gebraucht. *Nicht aus seiner Haut (heraus) können* bedeutet »unbelehrbar sein« oder »bestimmte Angewohnheiten nicht ablegen können«. Einer, der sehr ärgerlich ist, möchte/könnte (fast) *aus der Haut fahren.*
Wenn jemandem etwas *unter die Haut geht,* dann betrifft es ihn in hohem Maß. Behaglichkeit (beziehungsweise Unwohlsein) lassen sich in der Formulierung *sich in seiner Haut (nicht) wohlfühlen* ausdrücken. *Sich seiner Haut wehren* bedeutet, sich nicht alles gefallen zu lassen oder sich in einem Kampf energisch zur Wehr zu setzen. Die Formulierung *mit heiler Haut davonkommen* kann entweder heißen »unverletzt bleiben« oder »unbestraft bleiben«. Wer einer existenziellen Gefahr entronnen ist, konnte womöglich nur *die nackte Haut retten.* Dagegen steht die Formulierung *seine Haut zu Markte tragen* für »sich Gefahren aussetzen«. Sie kann gleichzeitig aber auch auf *Prostitution* verweisen. Eine umgangssprachliche Umschreibung für *verprügeln* ist die Wendung *jemandem die Haut gerben. Jemandem die Haut abziehen* heißt, ihn übervorteilen oder ausnutzen. Wenn einer *nichts als/nur noch Haut und Knochen* ist, dann ist er sehr mager.

H

heben, sich ansteigen, aufsteigen, hochsteigen, emporsteigen, hochgehen, sich erheben, sich aufrichten, sich nach oben bewegen, sich bessern (Stimmung)
Hebung → Zunahme
hechten → springen
Hecke Einfriedung, Einzäunung, Buschwerk; *poet.:* Hag
Heckenrose Hundsrose, Hagebutte, Wildrose
Heer
1. Truppe, Truppenverband, Armee, Streitkraft, Landstreitkraft, Landmacht, Streitmacht, Bodentruppen
2. → Menge
Heereszug → Feldzug
Heerführer Befehlshaber, Kommandant, Kommandeur, Anführer; *hist.:* Feldherr, Imperator
Heft
1. Broschüre, Schrift; *ugs.:* Kladde
2. Nummer, Faszikel
3. Griff, Schaft, Stiel
heften
1. anheften, zusammenheften, klammern, anklammern, befestigen, festmachen, festknipsen
2. broschieren
3. lose nähen; *landsch.:* reihen
Hefter → Ordner
heftig
1. stark, kräftig, kraftvoll, vehement, ungestüm, intensiv, toll, massiv, gewaltig, maßlos, wuchtig, gewaltsam, scharf, wild, stürmisch
2. → leidenschaftlich
3. ungeduldig, unsanft, unbeherrscht, hitzig, hitzköpfig, heißblütig, cholerisch, aufbrausend, aufgeregt, aufgebracht, außer sich, ärgerlich, erbost, erzürnt, erbittert, ergrimmt, gereizt, geladen, empört, entrüstet, reizbar, böse, hochgehend, wütend, wutentbrannt, wutschnaubend, rasend, frenetisch, furios, tobend, fanatisch, hysterisch, jäh, jähzornig
4. grob, roh, schroff, derb, rüde, brutal, barsch, ruppig
5. grimmig, schneidend, scharf (Kälte)
Heftigkeit → Wucht
Hegemonie Vorherrschaft, Vormacht, Vorrangstellung, Überlegenheit, führende Rolle
hegen
1. pflegen, umsorgen, betreuen, fürsorglich/schonend/pfleglich behandeln, hüten, schützen, kultivieren, warten; *abwertend:* hätscheln, verpäppeln, verhätscheln
2. aufziehen, heranziehen, großziehen
3. empfinden, fühlen, spüren, verspüren, erleben
Heide
1. Atheist, Ungläubiger, Gottloser, Nichtchrist, Gottesleugner, Ungetaufter
2. → Heidekraut
3. Heideland
Heidekraut Heide, Erika; *volkst.:* Besenheide
Heidelbeere Blaubeere; *landsch.:* Schwarzbeere, Bickbeere, Waldbeere, Mollbeere; *österr.:* Zechbeere
heikel
1. delikat, prekär, diffizil, problematisch, kritisch, neuralgisch, zwiespältig, zweischneidig, verfänglich, nicht geheuer, bedenklich, Besorgnis erregend, gewagt, ernst, kompliziert, schwierig, peinlich, unangenehm; *ugs.:* kitzlig, knifflig, brenzlig, mulmig, verzwickt, haarig, vertrackt
2. wählerisch, verwöhnt, schwer zu befriedigen, differenziert, anspruchsvoll, eigen; *österr.:* extra; *ugs.:* mäklig, schleckig
heil
1. gesund, wohl, wohlbehalten, unverletzt, unversehrt; *ugs.:* wohlauf, auf dem Damm
2. ganz, intakt, unbeschädigt, nicht entzwei; *ugs.:* in Schuss, nicht kaputt
Heil
1. Glück, Wohl, Wohlbefinden, Wohlergehen, Rettung, Segen
2. Gnade, Seligkeit, Seelenheil
Heiland → Christus
heilen
1. gesundmachen, kurieren, auskurieren, helfen, wiederherstellen, ausheilen, abheilen, sanieren, retten, (erfolgreich) behandeln; *ugs.:* durchbringen, hochbringen, aufpäppeln, wieder auf die Beine bringen/helfen, über den Berg bringen
2. genesen, gesunden, vergehen, verschwinden, zurückgehen, sich bessern, abklingen, wieder aufleben, sich erholen, auf dem Weg der Besserung sein
heilend → heilsam
heilig
1. geheiligt, geweiht, gesegnet, sakral, sakrosankt, selig, gnadenreich, göttlich, himmlisch
2. unantastbar, ernst, tabu; *geh.:* sakrosankt
Heiligabend → Weihnachten

heiligen
1. weihen, segnen, die Weihe erteilen; *geh.:* konsekrieren
2. heilighalten, heilig erachten, ehren

Heiligenschein Glorie, Glorienschein, Gloriole, Korona, Strahlenkranz, Aureole, Mandorla, Nimbus

Heiliger Schutzheiliger, Patron, Schutzpatron, Legende, Mythos, Fürsprecher, Fürbitter, Auserwählter, Frommer, Gerechter

heiligsprechen kanonisieren

Heiligtum
1. Gotteshaus, Weihestätte, Kultstätte, Opferstätte; *scherzh.:* das Allerheiligste
2. Kostbarkeit, größter Schatz, höchster Wert, Kleinod, Juwel; *ugs.:* Augapfel

heillos furchtbar, fürchterlich, schlimm, arg, übel, entsetzlich, beträchtlich, beachtlich, ungeheuer, unbeschreiblich, unvorstellbar, unerhört, unsagbar, außerordentlich, außergewöhnlich, kolossal, horrend; *ugs.:* riesig, irrsinnig, toll, verflixt, grässlich

Heilmittel → Medikament

heilsam
1. nützlich, nutzbringend, hilfreich, fruchtbar, förderlich, wirksam, wertvoll; *schweiz.:* nutzig
2. heilend, heilkräftig, gesundheitsfördernd

Heilstätte Sanatorium, Genesungsheim, Pflegeheim, Erholungsheim, Krankenhaus, Kurklinik

Heiltrank Elixier, Zaubertrank

Heilung Genesung, Gesundung, Gesundungsprozess, Heilungsprozess, Wiederherstellung, Besserung, Rekonvaleszenz, Erholung, Regeneration

heim nach Hause, heimwärts, gen/Richtung Heimat, zurück

Heim
1. Zuhause, Daheim, (eigene) vier Wände, Elternhaus, Vaterhaus
2. Behausung, Heimstatt, Heimstätte, Wohnung, Wohnsitz, Domizil, Haus; *ugs.:* Bleibe

Heimat Heimatland, Vaterland, Geburtsort, Geburtsland, Ursprungsland, Herkunftsland, Zuhause; *ugs.:* Bleibe

Heimatliebe Patriotismus, Vaterlandsliebe, Nationalgefühl, Nationalstolz, Nationalbewusstsein, Heimatverbundenheit; *übersteigert:* Nationalismus, Chauvinismus

heimatlos ohne Heimat, wurzellos, entwurzelt, ungeborgen; *ugs.:* umgetrieben

Heimatort → Wohnsitz

heimatverbunden heimatliebend, heimattreu, ortsverbunden, ortstreu, bodenständig, alteingesessen, verwurzelt

heimbegeben, sich → heimgehen

heimbegleiten → begleiten

heimbringen → begleiten

heimelig anheimelnd, behaglich, gemütlich, wohlig, traut

Heimfahrt → Rückfahrt

heimführen → heiraten

Heimgang → Tod

heimgehen
1. nach Hause gehen, sich heimbegeben, heimkehren, sich nach Hause/auf den Heimweg/Rückweg begeben, zurückgehen, sich zurückbegeben, zurückkehren; *ugs.:* sich auf den Heimweg machen, heimwärts ziehen
2. → sterben

heimisch
1. vertraut, nicht fremd, wohlbekannt, wie daheim
2. → einheimisch
3. **sich heimisch fühlen** sich wohlfühlen, sich behaglich/heimelig/zu Hause fühlen

heimisch werden → einleben, sich

Heimkehr → Rückkehr

heimkehren heimkommen, zurückkommen, wiederkommen, umkehren, zurückkehren, wiederkehren, nach Hause kommen/finden, heimfinden, zurückfinden, heimgehen, heimfahren, heimreisen, heimfliegen

heimkommen → zurückkommen

heimlich
1. geheim, verborgen, unbemerkt, ungesehen, unbeachtet, unerkannt, unbeobachtet, ohne viel Aufhebens zu machen, sang- und klanglos, unauffällig, verstohlen, verschwiegen, stillschweigend, diskret
2. im Geheimen, insgeheim, im Stillen/Verborgenen, in aller Heimlichkeit/Stille, ohne Aufsehen, still und leise, hinter jmds. Rücken, unter der Hand, unerlaubt, unstatthaft, verboten, verbotenerweise, illegal, hinter verschlossenen Türen, hinter den Kulissen, bei Nacht und Nebel, klandestin; *ugs.:* klammheimlich, hintenherum, schwarz

Heimlichkeit
1. Geheimnis, Verschleierung, dunkle Machenschaften

H

2. Heimlichtuerei, Geheimniskrämerei, Versteckspiel
Heimlichtuerei → Heimlichkeit
Heimreise → Rückfahrt
Heimstatt → Heim
Heimstätte → Heim
heimsuchen sich jmds. bemächtigen, befallen, beschleichen, verfolgen, ergreifen, überfallen, überkommen, übermannen, erfassen, treffen, schlagen, plagen
Heimsuchung → Unglück
Heimtücke → Arglist
heimtückisch tückisch, hinterhältig, versteckt, unehrlich, unaufrichtig, hinterlistig, verschlagen, arglistig, meuchlings, gefährlich, bösartig, teuflisch, diabolisch, satanisch, niederträchtig, infam, intrigant, falsch, perfide; *ugs.:* link, hinterrücks, hintertückisch; *derb:* hinterfotzig
heimwärts → heim
Heimweg → Rückweg
heimzahlen → rächen
Heimzahlung → Vergeltung
Heirat → Hochzeit
heiraten eine Ehe schließen/eingehen, ehelichen, sich vermählen, sich verheiraten, sich verehelichen, sich binden, sich verbinden, hochzeiten, Hochzeit feiern/machen/halten, in den Ehestand treten, den Bund fürs Leben schließen, die Hand fürs Leben reichen, das Jawort geben, zum Altar gehen/führen, sich eine Frau/einen Mann nehmen, einen Hausstand/eine Familie gründen, heimführen, sich trauen lassen, Ringe tauschen/wechseln; *ugs.:* unter die Haube kommen, in den Hafen der Ehe einlaufen, sich kriegen; *veraltet:* freien
Heiratsvermittlung Ehevermittlung, Partnervermittlung, Eheanbahnung
heischen → fordern
heiser rau, belegt, krächzend, kratzig, rauchig, stimmlos, tonlos, klanglos; *ugs.:* stockheiser
heiß
1. sehr warm, glühend, siedend, kochend (heiß), sommerlich, schwül, drückend, tropisch
2. *ugs. für:* brenzlig, heikel, explosiv, hochaktuell, brisant, brennend, spannend, drängend
3. → leidenschaftlich
4. → Erfolg versprechend
5. → brünstig
heißblütig → leidenschaftlich
heißen
1. → benennen
2. genannt werden, sich nennen, sich schreiben, den Namen tragen/haben, lauten, den Titel tragen
3. → bedeuten
4. → befehlen
heiter
1. froh, frohgemut, frohgestimmt, fröhlich, lebenslustig, lebensfroh, vergnügt, vergnüglich, gutgelaunt, unbeschwert, gut aufgelegt, beschwingt, munter, fidel, strahlend, sorgenfrei, sorgenlos, erheiternd; *ugs.:* quietschvergnügt, aufgekratzt, aufgeräumt
2. sonnig, wolkenlos, freundlich, schön, klar, hell, aufgeheitert, sommerlich (Wetter)
heizen Feuer machen, beheizen, anheizen, einheizen, warmmachen, wärmen, durchwärmen, erwärmen, den Ofen anmachen, die Heizung aufdrehen/anstellen
Heizgerät → Ofen
Heizmaterial Brennstoff, Brennmaterial, Heizstoff, Feuerung
Heizung → Ofen
Hektik
1. → Eile
2. → Erregung
hektisch gehetzt, hastig, fieberhaft, fiebrig, flatterig, ruhelos, unruhig, unstet, fahrig, nervös, erregt, aufgeregt, aufgelöst, turbulent; *ugs.:* zappelig, kribbelig, fickrig
hektographieren → kopieren
Held
1. Heros, Heroe, Recke, Kämpe, Matador, Sieger, Gewinner, Gigant, Draufgänger
2. Hauptperson, Hauptdarsteller, Hauptfigur, Titelrolle, Hauptrolle, Protagonist, tragende Figur/Rolle
3. Berühmtheit, Star, Stern, Mittelpunkt, Publikumsliebling ⓘ
heldenhaft → mutig
Heldentum Heldenhaftigkeit, Tapferkeit, Kühnheit, Mut, Unerschrockenheit, Beherztheit, Furchtlosigkeit, Verwegenheit, Courage, Wagemut, Waghalsigkeit, Tollkühnheit; *ugs.:* Schneid
helfen
1. unterstützen, behilflich sein, assistieren, beistehen, Beistand/Hilfe leisten, zu Hilfe kommen, zur Seite stehen, zur Hand gehen, Handreichungen machen, zufassen, anfassen, zugreifen, zupacken, zulangen, Hand anlegen, mithelfen, mitarbeiten,

Held: Die strahlende Hauptfigur

Jemand, der Hervorragendes leistet oder sich vorbildlich für etwas einsetzt, wird in gehobener Sprache auch mit dem griechischen Fremdwort *Heros/Heroe* bezeichnet. *Recke* und *Kämpe* sind nur noch selten gebrauchte Vokabeln, die aus dem Mittelhochdeutschen stammen. Ein so bezeichneter *Held* ist ein *Kämpfer,* wie es auch der *Matador* ist. In der Umgangssprache nennt man die wichtigste Person am Ort auch *Lokalmatador,* wobei oft leichte Ironie im Spiel ist.
Bei dem Synonym *Draufgänger* schwingt die Konnotation von Wagemut und Risikobereitschaft mit. In Literatur und darstellender Kunst ist der *Held* einer Geschichte oder eines Films die *Hauptfigur* oder gehoben ausgedrückt der *Protagonist.* Der *Held* des Romans, der Oper, des Dramas, des Films ist also dessen *Hauptperson.*
Jugendlicher Held ist die Bezeichnung des entsprechenden Rollenfachs auf der Bühne oder im Film. Durch eine *tragende Rolle* kann ein *Held* zur *Berühmtheit* und damit zum *Publikumsliebling* werden. Der *Held des Tages* ist die *Hauptperson* einer bestimmten Begebenheit, zum Beispiel jemand, der einen Menschen aus einer Notlage rettet.
Die umgangssprachliche Redensart *kein Held (in etwas) sein* ist dagegen eine ironische Umschreibung für »etwas nicht gut können«. Ironisch ist auch die Aussage *Du bist mir (so) ein (rechter/schöner) Held!* zu verstehen. *Den Helden spielen* bedeutet »sich brüsten«. Schließlich gab es in den sozialistischen Staaten einst für besondere Leistungen den Ehrentitel *Held der Arbeit,* der heute nurmehr scherzhaft gebraucht wird.

mitwirken, sich nützlich machen, sich zur Verfügung stellen, einen Gefallen tun, beispringen, einspringen, sekundieren, entlasten, aushelfen, heraushelfen, retten; *ugs.:* in die Bresche springen, unter die Arme greifen, die Stange halten
2. nützen, Nutzen bringen, hilfreich/förderlich sein, dienen, guttun, gute Dienste leisten/tun, zugutekommen, zustattenkommen, fruchten, zweckmäßig sein

Helfer → Hilfe
Helfershelfer → Komplize
Helikopter Hubschrauber
hell
1. licht, lichterfüllt, leuchtend, strahlend, hellicht, freundlich, sonnig, glänzend, lichtdurchflutet, beleuchtet, erleuchtet
2. hohe (Stimme), klar, glasklar, rein, glockenrein, silbern
3. sehr, ganz, hellauf, völlig

helle → klug
Helle → Licht
hellhörig
1. schalldurchlässig, schlecht isoliert, laut, nicht schalldicht
2. → aufmerksam

hellicht → hell
Helligkeit → Licht
hellsehen Gedanken lesen/raten/erraten, (in) die Zukunft sehen, die Zukunft deuten, prognostizieren, vorhersagen, vorsehen, weissagen, voraussehen, vorausschauen, voraussagen, vorausahnen, prophezeien, wahrsagen, etwas kommen sehen; *ugs.:* das Gras wachsen hören, einen sechsten Sinn haben
Hellseher → Wahrsager
hellseherisch vorausschauend, voraussehend, hellsichtig, weitsichtig, ahnungsvoll, feinfühlig, weissagend, prophetisch; *geh.:* antizipatorisch
hemdsärmlig → ungezwungen
hemmen aufhalten, hindern, behindern, hinderlich sein, blockieren, beeinträchtigen, einschränken, einengen, Schranken setzen, Fesseln anlegen, handlungsunfähig/ohnmächtig machen, lähmen, drosseln, abdrosseln, verzögern, bremsen, abbremsen, dämmen, eindämmen, zügeln, Zügel anlegen, sabotieren, entgegenwirken, entgegenarbeiten, stören, ein Handikap sein, im Wege stehen, erschweren, Steine in den Weg legen, Sand ins Getriebe streuen; *ugs.:* Knüppel zwischen die Beine werfen, lahmlegen, querschießen, abwürgen, die Flügel stutzen
hemmend → hinderlich
Hemmnis → Hindernis
Hemmschuh → Hindernis
Hemmung
1. Verlegenheit, Befangenheit, Unsicherheit, Schüchternheit, Scheu, Gehemmtheit, Gehemmtsein, Komplex, Minderwertigkeitskomplex, Verkrampfung; *ugs.:* Verklemmtheit, Sperre
2. → Hindernis

3. *Pl.:* Skrupel, Gewissensbisse, Bedenken
hemmungslos
1. ohne Hemmung, enthemmt, ungehemmt, frei, zwanglos, ungeniert
2. bedenkenlos, verantwortungslos, unbedenklich, gewissenlos, rücksichtslos, skrupellos
3. zügellos, ungezügelt, unkontrolliert, ausschweifend, liederlich, disziplinlos, undiszipliniert, zuchtlos, unbeherrscht, maßlos, leidenschaftlich, wild, exzessiv, triebhaft, gierig, unersättlich, unstillbar, schrankenlos
Henkel
1. Griff, Handgriff, Halter
2. Aufhänger, Anhänger
henken → erhängen
Henker Scharfrichter, Henkersknecht
Henne Huhn; *brütend:* Glucke
herab hinter, herunter, hinab, nieder, hernieder, abwärts, nach unten, in die Tiefe; *ugs.:* runter
herabblicken → herabsehen
herablassen, sich geruhen, sich bequemen, sich herbeilassen, gnädig sein; *ugs.:* nicht so sein, mit sich reden lassen
herablassend überheblich, arrogant, eingebildet, gönnerhaft, gnädig
Herablassung → Dünkel
herabschauen → herabsehen
herabsehen herabblicken, herabschauen, hinunterblicken
herabsehen auf verachten, geringschätzen, geringachten, gering denken von, von oben herab ansehen/behandeln, die Nase rümpfen über, nichts halten von, nicht für voll ansehen, nicht ernst nehmen; *ugs.:* scheel ansehen
herabsetzen
1. senken, heruntersetzen, heruntergehen mit, reduzieren, vermindern, verringern, drücken, herunterschrauben, kürzen, verkürzen, einschränken, beschränken, nachlassen, ermäßigen, abbauen, verbilligen, verlangsamen, drosseln, dezimieren; *schweiz.:* absenken; *ugs.:* Abstriche machen
2. → demütigen
herabsetzen, sich → demütigen, sich
herabsetzend → abfällig
Herabsetzung
1. → Preisnachlass
2. → Diskriminierung
3. → Kürzung
herabstürzen → abstürzen
herabwürdigen erniedrigen, demütigen, entwürdigen, herabsetzen, heruntersetzen, diskriminieren
Herabwürdigung → Diskriminierung
heranbilden → erziehen
heranbilden, sich sich entwickeln, sich bilden, entstehen, reifen, heranreifen, sich entfalten, erwachsen, heranwachsen, gedeihen, geraten, erblühen, aufblühen, sich qualifizieren; *ugs.:* sich mausern, sich machen, sich herausmachen
heranbringen → bringen
herangehen
1. sich nähern, zugehen auf, nahen, herantreten, lossteuern auf; *ugs.:* sich heranmachen
2. → anfangen
herangewachsen → erwachsen
heranholen
1. → beschaffen
2. → bringen
herankommen
1. sich nähern, näherkommen, sich annähern, nahekommen, zukommen auf, herkommen, daherkommen; *ugs.:* anrücken, anrollen, antanzen, im Anzug sein, anmarschieren, aufkreuzen, eintrudeln
2. erreichen, heranreichen, gleichkommen, ebenbürtig sein, nicht nachstehen, es aufnehmen können mit
3. **an sich herankommen lassen** abwarten, geduldig sein, sich in Geduld üben/fassen, auf sich zukommen lassen
heranmachen, sich *ugs. für:* sich nähern, nahekommen, umwerben, sich einschmeicheln, sich anbiedern; *ugs.:* sich lieb Kind machen bei, sich einschleimen
herannahen heranrücken, bevorstehen, heraufziehen, drohen, in der Luft liegen, sich andeuten, im Anzug sein, Schatten vorauswerfen, aufkommen, sich zusammenbrauen; *ugs.:* ins Haus stehen
heranreifen → heranwachsen
heranrufen
1. → zitieren
2. → zusammenrufen
heranschaffen
1. → beschaffen
2. → bringen
heranschleichen, sich → anschleichen, sich
herantragen → bringen
herantragen an in Kenntnis/ins Bild setzen, informieren, wissen lassen, kundtun, verständigen, übermitteln
herantreten → herangehen
herantreten an sich wenden an, jmdn. ansprechen/an-

schreiben/anrufen/angehen, vorsprechen bei; *ugs.:* jmdm. kommen mit; *schweiz.:* gelangen an

heranwachsen im Wachstum begriffen sein, in die Höhe schießen, aufschießen, größer/groß/erwachsen/flügge werden, aufwachsen, reifen, heranreifen, sich entwickeln, sich entfalten, sich verändern, sich zu seinem Vorteil/Nachteil verändern, den Kinderschuhen entwachsen, die Kinderschuhe abstreifen; *ugs.:* sich mausern, sich machen, sich herausmachen

heranziehen
1. hinziehen, herbeiziehen, zuziehen, hinzuziehen, zurate ziehen, bemühen, heranholen, herbeiholen, hinzuholen, zu Hilfe holen, einsetzen; *österr., schweiz.:* beiziehen; *ugs.:* einspannen
2. in Betracht ziehen, erwägen, berücksichtigen, verwerten, auswerten, sich zunutzemachen, sich nutzbar machen, nutzen, benutzen
3. zum Gedeihen bringen, aufziehen, großziehen, aufzüchten, hochbringen
4. aufziehen, heraufziehen, nahen, sich nähern, herankommen, im Anzug sein, sich zusammenbrauen, drohen, dräuen (Unwetter)

herauf aufwärts, nach oben, auf, hinauf, empor, von unten her, in die Höhe; *poet.:* hinan; *ugs.:* hoch, rauf

heraufarbeiten, sich → avancieren

heraufbeschwören
1. verursachen, veranlassen, evozieren, herbeiführen, hervorrufen, hervorbringen, bewirken, bedingen, mit sich bringen, nach sich ziehen, ins Rollen bringen, in Bewegung/in Gang setzen, auslösen, provozieren, zur Folge haben, entfesseln; *ugs.:* einbrocken
2. in Erinnerung bringen, ins Gedächtnis zurückrufen

heraufsetzen anheben, erhöhen, steigern, aufbessern, in die Höhe schrauben, hochtreiben, aufschlagen, teurer machen, aufwerten, verteuern

heraufziehen → heranziehen

herausangeln → herausholen

herausarbeiten
1. verdeutlichen, deutlich/sichtbar machen, klarlegen, klarmachen, darlegen, darstellen, erhellen, aufdecken, zeigen, aufzeigen, herausstellen, herauskristallisieren, herausschälen, herausholen, demonstrieren, betonen, dartun; *geh.:* pointieren
2. aufholen, nachholen, einholen, einbringen, nacharbeiten, aufarbeiten, ausgleichen; *österr.:* einarbeiten; *ugs.:* wettmachen

herausbekommen
1. ausfindig machen, in Erfahrung bringen, ergründen, auf den Grund gehen/kommen, eruieren, feststellen, klären, lösen, auflösen, die Lösung finden, enträtseln, entschlüsseln, zutage fördern, auf die Spur kommen, herausfinden, herausbringen; *ugs.:* rauskriegen, herauskriegen, dahinterkommen, ausklamüsern
2. zurückerhalten, zurückbekommen, die Differenz erhalten, wiederbekommen; *ugs.:* zurückkriegen, wiederkriegen, rauskriegen, herauskriegen

herausbilden, sich → entstehen

herausbringen
1. von sich geben, hervorbringen, sagen, reden, sprechen
2. herausschaffen, hinausschaffen, hinausbringen, nach draußen bringen
3. entlocken, abringen, abtrotzen, ablisten, herausbekommen
4. → publizieren
5. zur Aufführung/auf die Bühne bringen, aufführen, zeigen, spielen

herausfinden finden, entdecken, stoßen auf, sehen, auffinden, vorfinden, aufspüren, orten, ausmachen, herausbekommen; *ugs.:* aufstöbern, auftreiben, aufgabeln, auflesen, auffischen

herausfischen → herausholen

herausfordern → reizen

herausfordernd aggressiv, angriffslustig, provokativ, streitsüchtig

Herausforderung
1. Provokation, Affront, Reizung, Aufreizung, Kampfansage, Brüskierung, Kriegserklärung
2. (schwierige) Aufgabe

Herausgabe → Publikation

herausgeben
1. zurückgeben, wiedergeben, zurückbringen, wiederbringen, ausliefern, freigeben, preisgeben, übergeben; *ugs.:* rausrücken, herausrücken, abdrücken
2. → publizieren

Herausgeber Editor

H

herausgehen
1. nach draußen gehen, hinausgehen, das Haus/Zimmer verlassen; *ugs.:* rausgehen, weggehen
2. sich beseitigen/sich entfernen lassen (Flecken); *ugs.:* rausgehen, weggehen
3. aus sich herausgehen auftauen, warmwerden, munter werden, die Scheu/Hemmungen verlieren/ablegen, sich entspannen, sich lockern

herausgeputzt → elegant
heraushalten, sich die Finger lassen von, sich nicht die Finger schmutzig machen/verbrennen, nichts zu tun haben wollen mit, sich distanzieren, nicht teilnehmen, sich nicht beteiligen
herausheben → betonen
heraushelfen → retten
herausholen
1. herausnehmen; *ugs.:* herauspulen, herausfingern, herausfischen, herausangeln, herausklauben
2. retten, erretten, aus einer Gefahr befreien, in Sicherheit bringen, erlösen, heraushelfen
3. → ausfragen
4. → profitieren
5. → herausarbeiten
herauskehren → betonen
herauskommen
1. heraustreten, nach draußen kommen, verlassen
2. nach außen dringen, ins Freie gelangen
3. → herumsprechen, sich
4. erscheinen, zum Vorschein kommen, veröffentlicht/publiziert werden
5. sich ergeben, zu einem Ende/Ergebnis kommen, sich zeigen, entstehen, sich entfalten, sich entwickeln, wachsen, erwachsen, hinauslaufen, ausgehen, enden, endigen
6. → lohnen, sich
7. *ugs.:* zum Ausdruck kommen, formuliert/vorgebracht werden
8. → avancieren
herauskriegen → herausbekommen
herauskristallisieren
1. zusammenfassen, zusammenziehen, kurz und präzise darstellen
2. → herausarbeiten
herauskristallisieren, sich sich herausstellen, sich abzeichnen, in Erscheinung treten, ans Tageslicht kommen
herauslassen → frei lassen
herausmachen entfernen, beseitigen (Fleck); *ugs.:* wegmachen, abmachen
herausmachen, sich
1. *ugs. für:* sich entwickeln, sich entfalten, gedeihen, sich (zu seinem Vorteil) verändern, aufblühen, aufleben, heranreifen
2. sich erholen, zu Kräften/auf die Beine/auf den Damm kommen; *ugs.:* sich mausern, sich hochrappeln, sich aufrappeln
herausnehmen, sich → anmaßen, sich
herausplatzen entfahren, entschlüpfen, ausplaudern; *ugs.:* ausplappern, verplappern, herausrutschen
herausputzen, sich sich schmücken, sich schönmachen, sich zurechtmachen, sich feinmachen, sich putzen, sich mit Schmuck behängen, sich verschönern; *geh.:* Toilette machen; *ugs.:* sich ausstaffieren, sich herausstaffieren, sich schniegeln, sich stylen, sich in Schale/Gala/Staat werfen/schmeißen, sich auftakeln; *abwertend:* sich aufdonnern, sich aufmachen
herausragen
1. → hervortun, sich
2. → vorspringen
herausragend erstklassig, hervorragend, ausgezeichnet, grandios, großartig, bedeutend, außerordentlich, außergewöhnlich, vorspringend, vorstehend, überragend
herausreden, sich Ausflüchte machen, eine Ausrede gebrauchen, etwas vorschieben, sich herauslügen, sich herausschwindeln, sich herauswinden; *österr., schweiz.:* sich ausreden auf
herausreißen → ausreißen
herausrücken
1. → herausgeben
2. → ausplaudern
herausrupfen → ausreißen
herausrutschen → herausplatzen
herausschaffen → herausbringen
herausschälen
1. auslösen, herauslösen
2. → herausarbeiten
herausschälen, sich → herausstellen, sich
herausschlagen → profitieren
herausschwindeln, sich → herausreden, sich
herausspringen → lohnen, sich
herausstaffieren, sich → herausputzen, sich
herausstellen
1. → betonen
2. herausbringen, emporbringen, lancieren, fördern, aufbauen, ins Geschäft bringen
3. → angeben
herausstellen, sich sich ergeben, sich zeigen, sich erweisen, sich entpuppen,

sich herauskristallisieren, sich abzeichnen, zu erkennen sein, klarwerden, offenbar/sichtbar/deutlich werden, ans Licht kommen, ins Auge springen, zutage treten, sich dartun, hervorgehen aus, sich finden

herausstreichen
1. tilgen, eliminieren, wegstreichen, ausstreichen (Wörter)
2. → loben

herausstreichen, sich → angeben

herauswinden, sich → herausreden, sich

herausziehen → ausreißen

herb
1. bitter, scharf, streng, sauer (Wein), trocken
2. hart, schwer, schmerzlich (Schicksal)
3. spröde, kühl, unaufgeschlossen, unzugänglich, verschlossen, reserviert (Mensch); *ugs.:* zugeknöpft, vermauert

herbeieilen herbeilaufen, herbeistürmen, herbeijagen, herbeihasten, herbeistürzen, herbeirennen, hereilen, entgegeneilen, herankommen, lossteuern auf, im Anzug sein, zusammenlaufen, zusammenströmen

herbeiführen → bewirken

herbeiholen
1. → beschaffen
2. → bringen

herbeilaufen → herbeieilen

herbeirufen rufen, zusammenrufen, zitieren, herbeizitieren, kommen lassen, herbitten, herbestellen; *ugs.:* zusammentrommeln

herbeischaffen
1. → beschaffen
2. → bringen

herbeisehnen → erwarten

herbeizitieren → herbeirufen

herbemühen, sich → kommen

Herberge Unterkunft, Bleibe, Pension, Jugendherberge, Quartier, Nachtquartier, Übernachtungsmöglichkeit, Schlafplatz, Schlafgelegenheit

herbestellen → herbeirufen

herbitten → herbeirufen

herbringen → bringen

Herd
1. Kochgelegenheit, Kochstelle, Ofen
2. → Brennpunkt

Herde
1. → Gruppe
2. Meute, Rudel, Horde, Schwarm, Kolonne, Zug, Kompanie

herdenweise → massenhaft

hereinbekommen *ugs. für:* bekommen, geliefert bekommen, erhalten, empfangen; *ugs.:* hereinkriegen

hereinbrechen zum Ausbruch kommen, plötzlich einsetzen/anheben/beginnen/anfangen, unerwartet einsetzen/anheben/beginnen/anfangen; *ugs.:* losgehen, ins Rollen kommen

hereinfallen betrogen/überlistet/getäuscht/hintergangen werden, in die Falle/Schlinge/ins Netz gehen; *ugs.:* der Dumme/Lackierte sein, angeschmiert/übers Ohr gehauen/aufs Kreuz gelegt werden, aufsitzen, auf den Leim gehen/kriechen, hereinsausen, hineinsausen, hereinfliegen, hineinfliegen

hereinfliegen → hereinfallen

hereinkommen eintreten, hereintreten, betreten, hereinspazieren, hereinmarschieren, hineingelangen, hineingehen, hineinkommen, Einzug halten

hereinlassen → einlassen

hereinlegen → betrügen

hereinplatzen *ugs. für:* überfallen, überrumpeln, überraschen, unangemeldet/unerwartet erscheinen/kommen; *ugs.:* hereinschneien, ins Haus/in die Tür fallen

hereinsausen → hereinfallen

hereinschauen → besuchen

hereinschneien → hereinplatzen

hereinspielen, mit → anklingen

hereintreten → hereinkommen

herfallen über
1. angreifen, anspringen, anfallen, überfallen, überraschen, überrumpeln, sich stürzen auf, zu Leibe rücken, attackieren; *ugs.:* sich hermachen über, losschlagen, dreinschlagen
2. → bedrängen
3. → demütigen
4. *ugs. für:* hastig essen, hinunterschlingen, verschlingen; *ugs.:* reinhauen, spachteln, stopfen

Hergang Lauf, Verlauf, Ablauf, Abfolge, Gang, Vorgang, Entwicklung, Fortgang, Prozess, Geschehen, Gang/Fluss der Handlung

hergeben
1. geben, reichen, zuschieben, aushändigen, einhändigen
2. → schenken
3. *ugs. für:* ergiebig/lohnend sein; *ugs.:* etwas bringen

hergebracht → herkömmlich

herhalten → einstehen für

herholen
1. → bringen
2. → holen

herkommen
1. → kommen
2. → stammen von

Herkommen
1. Brauch, Tradition, Sitte, Überlieferung
2. Herkunft, Abstammung, Ursprung

herkömmlich hergebracht, althergebracht, gewohnt, gewöhnlich, gewohnheitsmäßig, geläufig, traditionell, gebräuchlich, konventionell, eingeführt, erprobt, klassisch, normal, regulär, gängig, gang und gäbe, nach (alter) Väter Sitte, bewährt, alltäglich, landläufig, verbreitet, weitverbreitet, anerkannt, angestammt, eingefahren, eingespielt, eingebürgert, überkommen, überliefert, bekannt, vertraut, tradiert

Herkunft Herkommen, Abkommen, Abstammung, Abkunft, Ursprung, Provenienz, Deszendenz, Geburt, Geschlecht, Familie, Stamm, Stammbaum; *scherzh.:* Stall

herleiten folgern, schlussfolgern, schließen, ableiten, entwickeln aus, zurückführen, einen Schluss/Folgerungen ziehen, nachweisen; *geh.:* konkludieren, deduzieren, induzieren

herleiten, sich → stammen von

Herleitung Ableitung, Beweisführung, Folgerung, Schlussfolgerung, Zurückführung; *geh.:* Reduktion, Konklusion

hermachen
1. → wirken
2. → herfallen
3. → anfangen

hermetisch dicht verschlossen, undurchlässig, undurchdringlich

Herr: Zwischen Anrede und Titel

Herr war ursprünglich ein Standestitel für Adlige nach Grafen, bezeichnete also allgemein ausgedrückt den Höhergestellten gegenüber einem Untergebenen. Heute wird es als höfliche Anrede für Männer gebraucht, die vor den Namen gesetzt wird. *Meine Herren!* ist also eine Anrede für eine Versammlung von Männern; es kann allerdings auch ein Ausruf des Erstaunens sein, wie das umgangssprachliche *mein lieber Herr Gesangverein.*
Dagegen ist *die Herren der Schöpfung* ein scherzhafter Ausdruck für *Männer.* Die Konnotation *Herrscher* erscheint zum Beispiel in der Redewendung *aus aller Herren Länder,* die *von überall her/aus allen Teilen der Welt* bedeutet.
Wer *Herr seiner Zeit* ist, kann darüber selbst verfügen. Umgangssprachlich sagt man *den (großen) Herrn* spielen für »aufschneiden« oder »vornehm tun«. Die Redensart *den Herrn herauskehren* heißt, zu zeigen, dass man Chef ist. Einen *Vorgesetzten* nennt man im Scherz auch *Herr, Meister/Gebieter* oder *hoher Herr.* Umgangssprachlich ist auch der Ausdruck *mein alter Herr* für *mein Vater.* Darüber hinaus ist *alter Herr* auch Bezeichnung für das Mitglied einer Studentenverbindung nach dem Studium. Wer *nicht Diener zweier Herren sein* kann, muss sich für eine Sache entscheiden.

hernach → danach

hernehmen → beanspruchen

Heroin *ugs.:* Junk, Snief, Smack, Horse, H, Stoff

Heroin spritzen → fixen

heroisch → mutig

Heroismus Mut, Heldenmut, Heldentum, Heldenhaftigkeit, Tapferkeit

Heros → Held

Herr
1. Mann, Er, männliches Wesen, Ehrenmann, Kavalier, Weltmann, Gentleman, Grandseigneur
2. Besitzer, Eigentümer, Inhaber, Eigner, Halter
3. → Herrscher
4. → Gott ⓘ

herrichten instand setzen, ausbessern, in Ordnung bringen, bereiten, vorbereiten, richten, fertigmachen, bereitmachen, zurechtmachen, zurechtstellen, zurechtlegen, anordnen, arrangieren

herrichten, sich sich ankleiden, sich feinmachen, sich fertigmachen, sich schickmachen, sich gut anziehen, sich frisieren, sich schminken, sich zurechtmachen, sich stylen; *ugs.:* sich in Schale schmeißen, sich aufdonnern

herrisch tyrannisch, diktatorisch, despotisch, gebieterisch, gebietend, machthaberisch, herrschsüchtig, autoritär, unerbittlich, unnachsichtig, unnachgiebig, unbarmherzig, erbarmungslos, gnadenlos, autokratisch, selbstherrlich, apodiktisch, rechthaberisch, rigoros, energisch, streng, gestreng, entschieden, bestimmt, drastisch, barsch, hart, grob, schroff, brüsk, obrigkeitlich, repressiv, patriarchalisch, drakonisch, scharf

herrlich großartig, wunderschön, bildschön, fantastisch, wie gemalt, strahlend, glanzvoll, vollendet, unübertrefflich, unübertroffen, unnachahmlich, unvergleichlich, zauberhaft, köstlich, wonnig, wonniglich, wonnevoll, himmlisch, göttlich, paradiesisch, elysisch, elysäisch, vollkommen, großartig; *geh.:* fulminant; *ugs.:* hinreißend, umwerfend, irre, bombig, picobello; *jugendsprachl.:* geil, cool, fett

Herrlichkeit
1. → Schönheit
2. → Prunk

Herrschaft Macht, Regierung, Gewalt, Regentschaft, Regime(nt), Befehl, Befehlsgewalt, Führung, Führerschaft, Autorität, Leitung, Lenkung, Obrigkeit, Verwaltung

herrschaftlich → prächtig

herrschaftsfrei → antiautoritär

herrschen
1. gebieten, regieren, beherrschen, befehligen, schalten, walten über, verwalten, die politische Führung haben, vorstehen, vorsitzen, leiten, lenken, führen, die Herrschaft ausüben/besitzen/haben/innehaben, die Gewalt ausüben/besitzen/haben/innehaben, die Macht ausüben/besitzen/haben/innehaben, die Geschicke des Landes bestimmen, an der Spitze stehen; *ugs.:* am Ruder sein, das Ruder/Regiment führen, das Steuer/Heft/die Zügel/Fäden in der Hand haben, das Zepter schwingen
2. sein, bestehen, walten, obwalten, vorhanden sein, vorherrschen, wirken

Herrscher Gebieter, Regent, Herr, Haupt, Oberhaupt, Kopf, Befehlshaber, Machthaber, Gewalthaber, Landesvater, Landesherr, Führer, Anführer, Chef, Potentat, Häuptling, Kommandeur, Imperator; *ugs.:* Boss; *abwertend:* Diktator, Tyrann, Despot, Usurpator, Unterdrücker

herrschsüchtig → herrisch

herrühren → stammen von

hersagen → aufsagen

herschaffen → bringen

herschenken → schenken

herstammen → stammen von

herstellen anfertigen, erzeugen, produzieren, erstellen, bauen, fabrizieren, hervorbringen, fertigen

Hersteller Produzent, Fabrikant, Erzeuger, Unternehmer

Herstellung → Fabrikation

hertragen → bringen

herum
1. ringsum, rundum, rundumher, ringsumher, ringsherum, rundherum, reihum, umher, allseitig, im Kreise, in jeder Richtung, an allen Seiten; *landsch.:* umma; *ugs.:* rum
2. **um … herum** → annähernd

herumalbern → scherzen

herumbasteln *ugs.:* herummurksen, herumfummeln, herumdoktern, herummodeln, pusseln

herumdrücken, sich
1. *ugs. für:* umgehen, ausweichen, sich entziehen, meiden, vermeiden, fliehen, einen Bogen machen, aus dem Weg gehen; *ugs.:* kneifen, sich drücken, sich winden
2. → herumtreiben, sich

herumerzählen → verbreiten

herumfuchteln → gestikulieren

herumgehen → kursieren

herumgeistern → spuken

herumhorchen → fragen nach

herumkommen *ugs. für:* viel reisen/sehen/erleben, herumreisen, sich umtreiben, umherziehen, etwas von der Welt sehen; *ugs.:* sich den Wind um die Nase wehen lassen

herumkommen um davonkommen, entgehen; *ugs.:* drum'rumkommen, so wegkommen

herumkriegen → überreden

herumkritteln → nörgeln

herumlaufen
1. *ugs. für:* sich schlecht kleiden/anziehen, verlottert/verschlampt/verwahrlost angezogen sein
2. → herumtreiben, sich

herumlottern → herumtreiben, sich

herumlungern
1. *ugs. für:* faul herumstehen/herumliegen, untätig herumstehen/herumliegen; *ugs.:* sich rumfläzen, sich herumfläzen, sich rumlümmeln, sich gehen lassen
2. → herumtreiben, sich

herummeckern bemängeln, nörgeln, meckern, mäkeln, herummosern, herumnörgeln

herummosern → herummeckern

herummurksen → herumbasteln

herumnörgeln → herummeckern

herumplagen, sich → anstrengen, sich

herumschlagen, sich → anstrengen, sich

herumschnüffeln → auskundschaften

herum sein vorbei/vorüber/vergangen/zu Ende/passee sein

H

H

herumsprechen, sich lautwerden, bekanntwerden, kundwerden, publik/öffentlich/offenbar/offensichtlich/ruchbar/entdeckt werden, ans Tageslicht/an den Tag kommen, an die Öffentlichkeit dringen/treten, von Mund zu Mund gehen, umgehen, in Umlauf/aller Munde sein, kursieren, sich (wie ein Lauffeuer) verbreiten, durchsickern, durchdringen, Schlagzeilen machen, aufkommen, unter die Leute kommen, zutage treten, zur Kenntnis gelangen; *ugs.:* herumkommen, herauskommen
herumstehen faul/untätig/unnütz sein; *ugs.:* herumlungern, Maulaffen feilhalten
herumstromern → herumtreiben, sich
herumsuchen → kramen
herumtragen → verbreiten
herumtreiben, sich herumziehen, herumlaufen, herumkommen, sich umhertreiben, sich treiben lassen, ohne festen Wohnsitz sein, stromern, herumstromern, von Ort zu Ort ziehen, auf der Straße leben, streunen, vagabundieren, strolchen, umherziehen, umherstreifen, umherlaufen, umherstreichen, umherstreunen, umherschweifen, umherschwirren, umherirren, sich herumdrücken; *ugs.:* rumlungern, herumlungern, herumlottern, rumtigern, herumtigern
herumziehen → herumtreiben, sich
herunter herab, hernieder, hinunter, hinab, abwärts, nach unten, in die Tiefe, nieder; *ugs.:* runter
herunterbeten → aufsagen
herunterfallen fallen, hinunterfallen, herabfallen, herunterstürzen, abstürzen, entfallen, entgleiten; *ugs.:* runterfallen
herunterfliegen → abstürzen
heruntergehen → fallen
heruntergehen mit → senken
heruntergekommen
1. → verwahrlost
2. → dünn
herunterhandeln → feilschen
herunterhauen → ohrfeigen
herunterkommen → verwahrlosen
herunterkommen lassen → vernachlässigen
herunterleiern → aufsagen
heruntermachen
1. schelten, beschimpfen, zurechtweisen, herunterputzen, tadeln, schimpfen
2. → demütigen
herunterputzen → heruntermachen
herunterrattern → aufsagen
heruntersausen → abstürzen
herunterschnurren → aufsagen
heruntersetzen → senken
herunterspielen bagatellisieren, verharmlosen, verniedlichen, verkleinern, als geringfügig/unbedeutend hinstellen, abschwächen, abwiegeln, mildern, beschönigen, schönfärben, untertreiben, unterbewerten, gering machen
herunterspringen → abspringen
heruntersteigen → absteigen
herunterstürzen → abstürzen
herunterwirtschaften zugrunde richten, Bankrott gehen lassen, ruinieren, schädigen, zerstören
hervorbringen
1. → hervorrufen
2. anfertigen, herstellen, erzeugen, produzieren, schaffen
hervorgehen
1. → stammen von
2. → ergeben, sich
hervorheben betonen, herausheben, unterstreichen, in den Vordergrund rücken, hervorkehren, ausdrücklich erwähnen
hervorholen → ausgraben
hervorkehren → hervorheben
hervorkommen → hervortreten
hervorragend großartig, unübertrefflich, unübertroffen, unnachahmlich, überdurchschnittlich, überragend, herausragend, fein, blendend, bestens, fulminant; *ugs.:* bombig, knorke, eins a, klasse; *jugendsprachl.:* geil, cool, fett
hervorrufen verursachen, bewirken, bedingen, auslösen, zeitigen, herbeiführen, hervorbringen, heraufbeschwören, heraufrufen, entfachen, entfesseln, veranlassen, verschulden, zur Folge haben, nach sich ziehen, mit sich/ins Rollen bringen, in Bewegung/Gang setzen, anrichten, provozieren, erregen, erzeugen, wecken, erwecken, ins Leben rufen, in die Welt setzen, zum Vorschein/Ausbruch bringen; *geh.:* evozieren
hervorstechen → auffallen
hervorstechend → auffallend
hervortreten
1. hervorkommen, zutage treten, zum Vorschein/ans Licht kommen, sich zeigen, sich herausstellen,

offenbar/sichtbar/erkennbar werden, sich enthüllen, sich entpuppen
2. → hervortun, sich

hervortun, sich hervortreten, hervorstechen, hervorragen, herausragen, auffallen, sich exponieren, von sich reden machen, sich einen Namen machen, sich auszeichnen, sich verdient machen, Staub aufwirbeln, beeindrucken, Eindruck/Furore/Schlagzeilen machen, Aufsehen erregen/verursachen, Beachtung finden, die Aufmerksamkeit auf sich ziehen, in Erscheinung/ins Rampenlicht/Scheinwerferlicht/ins Licht der Öffentlichkeit treten

Herz
1. *Med.:* Cor, Kardia; *ugs.:* Pumpe
2. Gemüt, Gefühl, Mitgefühl, Einfühlungsvermögen, Einfühlungsgabe, Innerlichkeit, Inneres, Innerstes, Innigkeit, Zärtlichkeit, Innenleben, Seelenleben, Seele, Psyche, Verständnis, Empfindung, Empfinden, Emotion, Emotionalität
3. → Herzblatt
4. → Mittelpunkt

Herzblatt Liebling, Darling, Chérie, Schatz, Schätzchen, Herz, Herzchen, Liebchen, Geliebte(r), Liebste(r), Herzallerliebste(r), Augapfel, Einzige(r), Auserwählte(r); *ugs.:* Flamme, Puppe, Zahn, Macker; *landsch.:* Gspusi, Spezi

herzen → liebkosen

Herzensbrecher → Frauenheld

herzhaft
1. nach Herzenslust, kräftig, ordentlich, tüchtig, anständig, fest, gehörig, gediegen
2. würzig, gut gewürzt, pikant

herziehen schlecht/abfällig/gehässig reden über, lästern, schlechtmachen, verunglimpfen, demütigen; *ugs.:* klatschen/ratschen/tratschen über, durchhecheln, heruntermachen, sich das Maul zerreißen

herzig reizend, bezaubernd, entzückend, zauberhaft, zu Herzen gehend (i)

Herzklopfen Aufregung, Erregung, Nervosität, Beklemmung, Beklommenheit, Beunruhigung, Beengung, Bangigkeit, Unruhe, Lampenfieber, Angst, Prüfungsangst, Zittern, Zähneklappern

Herzklopfen haben → aufgeregt sein

herzlich
1. liebenswürdig, liebevoll, freundlich, warm, warmherzig, innig, nett, vom Herzen kommend
2. dringend, eindringlich, inbrünstig, inständig, nachdrücklich, flehentlich, kniefällig, von ganzem Herzen
3. → sehr (i)

Herzlichkeit → Güte

herzlos gefühllos, kalt, gefühlskalt, roh, kaltherzig, hartherzig, lieblos, ohne Gefühl/Mitgefühl, emotionslos, mitleid(s)los, erbarmungslos, schonungslos, rücksichtslos, eisig, unbarmherzig, grausam, barbarisch, unmenschlich, inhuman, bösartig, brutal; *ugs.:* abgebrüht, hart gesotten

Herzlosigkeit → Kälte

herzzerreißend herzbewegend, herzergreifend, herzbrechend, steinerweichend, kläglich, erbärmlich, jämmerlich, jammervoll, bejammernswert, beklagenswert, beklagenswürdig, Mitleid erregend, bemitleidenswert, bemitleidenswürdig

heterogen → verschieden

Hetze
1. → Verleumdung
2. → Eile

hetzen
1. nachstellen, nachsetzen, vorwärtstreiben, treiben, antreiben, jagen, nachjagen, verfolgen, bedrängen, hinter jmdm. her sein, sich jmdm. an die Fersen heften, jmdm. auf den Fersen bleiben, jmdn. in die Enge treiben; *ugs.:*

> **herzig/herzlich: Zu Herzen gehend oder von Herzen kommend?**
>
> Von einem Substantiv abgeleitete Adjektive werden in den meisten Fällen entweder auf die Endung *-ig* oder auf die Endung *-lich* gebildet. Wie im Fall von *herzig* und *herzlich* gibt es jedoch auch Ausnahmen, bei denen beide Ableitungen von demselben Substantiv möglich sind. Die Bedeutungen der Adjektive unterscheiden sich dann für gewöhnlich, sie können nicht synonym verwendet werden.
> *Herzig* wird im Sinn von »zu Herzen gehend«, »Gefallen erregend« gebraucht und bedeutet u. a. *reizend, bezaubernd, entzückend. Herzlich* hingegen wird mit der Bedeutung »von Herzen kommend« verwendet und steht u. a. für *liebenswürdig, freundlich, warmherzig.*

H

jmdm. Beine machen, auf Trab/in Schwung bringen, scheuchen
2. → eilen
3. Zwietracht/Hass säen, aufhetzen, aufpeitschen, aufputschen, aufwiegeln, aufrühren, aufreizen, anstacheln, aufstacheln, böses Blut machen, Öl ins Feuer gießen, sticheln, lästern, angreifen, fanatisieren; *ugs.:* stänkern, scharfmachen, quertreiben

hetzen, sich sich beeilen, sich abhetzen, sich abhasten, sich sputen, sich scheuchen, schnell machen

Hetzjagd → Jagd

heucheln vortäuschen, vorgeben, vorgaukeln, vormachen, vorspiegeln, vorschützen, blenden, bluffen, sich verstellen, sich stellen als ob, den Schein wahren, sich den Anstrich geben, seine Gesinnung verbergen, schauspielern, mimen, markieren, weismachen, Komödie/Theater spielen, so tun als ob, fingieren, simulieren, sich anders geben/zeigen

Heuchler Scheinheiliger, Leisetreter, Schleicher, Frömmler, Biedermann, Pharisäer, Tartüff, Lügner, Schmeichler; *ugs.:* Mucker, falscher Fuffziger/Hund, falsche Schlange/Katze

heuchlerisch → scheinheilig

heuer *landsch. für:* in diesem/dieses Jahr

heulen → weinen

Heuschrecke Grashüpfer, Graspferd, Heupferdchen, Grille, Zikade, Heupferdbock, Heupferdgumper, Heupferdhüpfer, Heupferdspringer, Springhahn, Springbock

Heustadel Scheune, Scheuer, Heuboden, Heuspeicher; *landsch.:* Schober, Schauer; *schweiz.:* Heubühne

heute
1. am heutigen Tag, an diesem Tag
2. heutzutage, heutigentags, derzeit(ig), gegenwärtig, zurzeit, jetzt, nunmehrig, heutig, neuerdings

Heute, das → Gegenwart

heutig
1. → zeitgenössisch
2. → heute

heutzutage
1. → gegenwärtig
2. → heute

Hexe
1. Zauberin, böse Frau/Fee, Drude
2. → Xanthippe

hexen zaubern, Hokuspokus machen/treiben, Zauberei betreiben, den Zauberstab schwingen, beschwören, besprechen, verwünschen

Hexer → Zauberer

Hieb
1. Schlag, Stoß, Klaps, Puff; *ugs.:* Schubs, Stumper, Stups, Knuff; *österr.:* Stupfer; *schweiz.:* Putsch
2. Spitze, Bosheit, Anspielung, Stich, Stichelei, Gestichel, Spott

Hiebe → Prügel

hier
1. an/auf dieser Stelle, an diesem Ort, diesseits, bei uns, hierzulande, an Ort und Stelle, an/auf dieser Seite; *landsch.:* hierselbst, dahier; *poet.:* allhier
2. von hier → einheimisch

Hierarchie Rangordnung, Stufenleiter, Rangfolge, Stufenfolge, Stufenordnung, Hackordnung,Ranggliederung, Stufengliederung; *ugs., scherzh.:* Hühnerleiter

hierbei bei dieser Gelegenheit, an dieser Stelle, dabei, hieran; *landsch.:* hiebei

hierfür dafür, (eigens) zu diesem Zweck, ad hoc; *landsch.:* hiefür

hierin in diesem Punkt, dabei, darin, in dieser Beziehung, in Bezug darauf, bezüglich, diesbezüglich

hiermit
1. damit, mit der betreffenden Sache, dadurch, hierdurch; *landsch.:* hiemit
2. auf diese Weise, so

hierüber über, darüber, dazu, davon, hiervon, in Bezug auf; *ugs.:* drüber

hierunter darunter; *ugs.:* drunter

hierzu dazu, zu/in diesem Punkt, diesbezüglich, in Bezug auf, in dieser Beziehung, im Hinblick auf

hiesig hier befindlich, ortsansässig, eingesessen, einheimisch

high
1. *ugs. für:* unter Drogen, im Rausch, in Euphorie, euphorisch; *ugs.:* auf dem Trip, abgefahren, angeturnt, stoned, weggepfiffen, weggeblasen, drauf, angeknallt, voll, vollgeknallt, vollgepumpt, vollgedröhnt
2. → glücklich

Highlight Höhepunkt, Attraktion, Sensation, Glanzleistung, Glanzlicht, Glanznummer

High Society Oberschicht, Hautevolee, die oberen Zehntausend, Crème de la Crème, Establishment, Elite, vornehme/gute Gesellschaft, die reichen Leute, Geldadel, die führenden Kreise, die führende Schicht, große Welt, alles was Rang und Namen hat, die Spitzen/Stützen der Gesellschaft, Schickeria; *ugs.:* Highsnobiety, die Großkopfe(r)ten

Hightech
1. Technologie, Spitzentechnologie, moderne Ausstattung
2. → Technik

Hilfe
1. Unterstützung, Assistenz, Beistand, Zutun, Dazutun, Abhilfe, Aushilfe, Beihilfe, Hilfestellung, Dienst, Dienstleistung, Mitwirkung, Mitarbeit, Beitrag, Zuschuss
2. Stütze, Halt, Rückhalt, rechte Hand, Helfer, Hilfskraft, Gehilfe, Mitarbeiter, Assistent, Hausangestellte
3. → Schutz

Hilferuf Notruf, Notsignal, SOS, SOS-Ruf, Alarm, Appell, Aufruf

hilflos
1. hilfsbedürftig, auf Hilfe angewiesen, ohnmächtig, machtlos, schwach, kraftlos, unselbständig, unsicher, abhängig, in Not/Verlegenheit
2. unbeholfen, verwirrt, ratlos, verlegen, in einer Sackgasse; *ugs.:* aufgeschmissen, bedeppert
3. → schutzlos

hilflos sein nicht weiter/keinen Rat/nicht ein noch aus wissen, festsitzen, feststecken, mit seiner Weisheit am Ende sein, die Hände gebunden haben; *ugs.:* in der Klemme/Patsche stecken

hilfreich
1. hilfsbereit, gefällig, zuvorkommend, entgegenkommend, dienstbeflissen, dienstfertig, dienstwillig, diensteifrig
2. → nützlich

Himmel: Zwischen Wolken und Jenseits

Für das *Himmelsgewölbe,* die scheinbare Halbkugel über der Erde mit den Sternen, gibt es auch die poetischen Ausdrücke *Himmelszelt* und *Sternenzelt* sowie die gehobenen Vokabeln *Äther* und *Firmament.*

Unter einem *Thronhimmel* versteht man das *Tragedach* über dem Sitz des Monarchen; ein *Betthimmel* ist der *Baldachin* über der Schlafgelegenheit. Über diese konkreten Bedeutungen hinaus steht *Himmel* im übertragenen Sinn für das *Jenseits,* das *Reich Gottes.* Dafür werden auch die entsprechenden Ausdrücke verschiedener Kulturkreise gebraucht: *Olymp* war der Sitz der Götter im antiken Griechenland, *Walhalla* in der germanischen Mythologie. In der christlich-abendländischen Tradition ist das *Paradies* der Ort der *ewigen Seligkeit. Nirwana* bezeichnet im Buddhismus die Ruhe nach dem Tod. Das griechische *Elysium* wird poetisch für das *Jenseits* gebraucht. Der aus der indianischen Welt stammende Ausdruck *in die ewigen Jagdgründe eingehen* wird umgangssprachlich verwendet. Der Satz *Er ist nun im Himmel* ist eine verhüllende Umschreibung für »Er ist tot«.

Wer dagegen *den Himmel auf Erden* hat, lebt ohne (materielle) Sorgen und Nöte. *Im siebten Himmel* lebt oder schwebt, wer höchstes Glück empfindet; für den *hängt auch der Himmel voller Geigen.* Wer allerdings *das Blaue vom Himmel herunterlügt,* sagt hemmungslos und unverschämt die Unwahrheit. *Unter freiem Himmel* heißt »im Freien/ohne ein Dach über dem Kopf«. Wenn sich *die Schleusen des Himmels öffnen,* dann regnet es.

Was *wie ein Blitz aus heiterem Himmel* oder *wie vom Himmel gefallen* kommt, ist völlig überraschend. In der Umgangssprache wird *Himmel* in verschiedenen Redensarten eingesetzt: *Etwas schreit zum Himmel* (derb: *stinkt zum Himmel*), wenn ein Missstand unerträglich geworden ist. Der Ausruf *Dich schickt der Himmel!* besagt, »Du kommst gerade recht«. *Himmel und Hölle in Bewegung setzen* bedeutet, alle Möglichkeiten auszuschöpfen, um etwas zu erreichen. Wem *himmelangst* wird, der bekommt *große Angst.* Etwas *in den Himmel heben* heißt, es überschwänglich zu loben. *Um Himmels willen!* ist ein Ausdruck der Bestürzung.

hilfsbereit → hilfreich

Hilfskraft
1. Assistent, Mitarbeiter, Helfer, Gehilfe; *geh.:* Famulus, Adlatus; *ugs.:* Hiwi
2. Hilfsarbeiter, Zuarbeiter, Gelegenheitsarbeiter, Aushilfe, Handlanger
3. → Diener

Hilfsmittel → Mittel

Himmel
1. Firmament, Himmelsgewölbe, Himmelskuppel, Himmelszelt, Himmelsdach, Äther, Sternenzelt
2. Jenseits, Überwelt, Insel der Seligen, Elysium, Olymp, Nirwana, Walhalla, Reich Gottes, Ewigkeit, ewige Seligkeit, Paradies; *ugs.:* die ewigen Jagdgründe (i)

himmelschreiend → unerhört

H

himmlisch
1. göttlich, überirdisch, wie aus einer anderen Welt, jenseitig, übersinnlich, heilig, ewig, unsterblich, unendlich
2. → herrlich
hin
1. hinzu, dorthin
2. → tot
3. → entzwei
hinab → herab
hinauf → herauf
hinaufgehen nach oben/aufwärtsgehen, aufwärtssteigen, ansteigen, aufsteigen, heraufsteigen, hochsteigen, emporsteigen; *ugs.:* hochgehen, hochsteigen, raufsteigen
hinaufklettern → avancieren
hinaufziehen → hochziehen
hinaus weg, fort
hinausbefördern → hinauswerfen
hinausbringen → herausbringen
hinausgehen
1. nach draußen gehen, ins Freie treten, hinaustreten, verlassen (Raum), gehen, rausgehen
2. spazieren gehen, einen Gang/Spaziergang machen; *ugs.:* frische Luft schnappen, sich die Beine vertreten
hinausgehen über
1. → übertreffen
2. überschreiten, überborden, den Rahmen sprengen, über das Ziel schießen
hinausjagen → hinauswerfen
hinausschaffen → herausbringen
hinausscheuchen → hinauswerfen
hinausschieben → aufschieben
hinausschieben, sich → hinausziehen, sich
hinauswachsen → übertreffen
hinausweisen → hinauswerfen
hinauswerfen
1. hinausjagen, hinausweisen, fortjagen, die Tür weisen, aus dem Haus werfen/jagen/weisen, abschieben, ausquartieren; *ugs.:* vor die Tür setzen, hinausbefördern, hinausfeuern, hinausschmeißen, hinausscheuchen, an die (frische) Luft setzen, ins Freie befördern, schassen
2. → entlassen
hinauswollen → beabsichtigen
hinausziehen → aufschieben
hinausziehen, sich sich verzögern, sich aufschieben, sich in die Länge ziehen, sich hinziehen, sich hinauszögern, sich vertagen, sich verschieben
hinauszögern → aufschieben
hinbekommen → fertigbringen
hinbiegen
1. → bereinigen
2. → fertigbringen
Hinblick
1. → Aspekt
2. **im Hinblick auf** → hinsichtlich
hinbringen
1. → bringen
2. → hinführen
hinderlich störend, hemmend, hindernd, behindernd, lästig, belastend, nachteilig, erschwerend, im Wege, unbequem, ungünstig, ungelegen, unangenehm, unvorteilhaft, zeitraubend
hinderlich sein störend/hemmend/ungünstig/ungelegen sein, im Wege stehen, Schwierigkeiten bereiten
hindern
1. → behindern
2. → verhindern
Hindernis
1. Hürde, Barriere, Barrikade, Blockade, Sperre, Absperrung, Schranke
2. Hemmnis, Behinderung, Erschwerung, Erschwernis, Handikap, Fessel, Hemmung, Hemmschuh, Schwierigkeit, Widerstand; *ugs.:* Bremsklotz, Hemmklotz, Klotz am Bein
hindeuten → hinweisen
hineindenken, sich sich versetzen, sich hineinversetzen, sich in jmds. Rolle versetzen/hineinversetzen, sich einfühlen, sich einleben, etwas nachvollziehen/nachempfinden, jmdm./einer Situation gerecht werden
hineindeuten hineinlegen, hineininterpretieren, falsch auslegen/herauslesen/deuten; *ugs.:* hineingeheimnissen
hineinfliegen hereinfallen, betrogen/überlistet/getäuscht/hintergangen werden, in die Falle/Schlinge/ins Netz gehen
hineingehen
1. betreten, eintreten, gehen/treten in, hineinspazieren, hineingelangen
2. aufnehmen, fassen, hineinpassen
hineingeraten
1. dazwischengeraten, hineingezogen/verwickelt werden; *ugs.:* hineinschlittern
2. dazukommen, hinzukommen, hinzutreten
hineinknien, sich → sich beschäftigen mit
hineinlegen → hineindeuten
hineinmanövrieren → hineinziehen

H

hineinreden
1. unterbrechen, dazwischenreden, dazwischenrufen, ins Wort fallen, das Wort abschneiden, nicht ausreden lassen, alles besser wissen; *ugs.:* über den Mund fahren
2. sich einmischen, sich einmengen, eingreifen, intervenieren, ein Machtwort sprechen; *ugs.:* dazwischenfunken, dazwischenpfuschen, ins Handwerk pfuschen, dreinreden, seine Nase in alles stecken

hineinreiten → hineinziehen

hineinriechen *ugs. für:* etwas kennenlernen, sich vertraut machen mit; *ugs.:* reinschnuppern

hineinsausen → hereinfallen

hineinschlüpfen → anziehen

hineinstecken
1. einführen, eingeben; *ugs.:* hineintun
2. investieren, aufwenden, aufbieten, daransetzen, einsetzen, anlegen, unterbringen; *ugs.:* reinstecken, dransetzen

hineinsteigern, sich sich echauffieren, sich aufregen, sich erregen, sich erhitzen, übertreiben, entbrennen, entflammen, Feuer fangen, hochspielen; *ugs.:* (richtig) in Fahrt kommen

hineinversetzen, sich → hineindenken, sich

hineinwachsen sich einleben, sich gewöhnen, sich eingewöhnen, vertraut werden, Fuß fassen, sich anfreunden, sich einfügen, sich einordnen, akklimatisieren, assimilieren; *ugs.:* warmwerden

hineinziehen hineinmanövrieren, hineinreiten, gefährden, verwickeln, verstricken, in eine unangenehme Lage/Situation bringen; *ugs.:* reinreißen, eine Suppe einbrocken

hinfallen stürzen, niederstürzen, hinschlagen, fallen, zu Boden fallen; *ugs.:* hinfliegen, hinsegeln, hinsausen, hinhauen, hinknallen, hinplumpsen, hinpurzeln, auf die Nase fliegen, sich auf den Allerwertesten setzen

hinfällig
1. → gebrechlich
2. gegenstandslos, wesenlos, grundlos, haltlos, unbegründet, ohne Grund, ungerechtfertigt, unmotiviert, aus der Luft gegriffen
3. überflüssig, ungültig, nicht mehr notwendig, nichtig, null und nichtig, unnütz, unnötig, nutzlos, sinnlos, zwecklos, wertlos; *ugs.:* witzlos

hinfällig werden sich erübrigen, nicht mehr notwendig sein, wegfallen, nicht stattfinden/geschehen/eintreffen

hinfliegen → hinfallen

hinfort → künftig

hinführen hinbringen, hinbegleiten, hinlenken; *ugs.:* hinschaffen, hinlotsen, hinschleifen

Hingabe
1. Hingebung, Einsatz, Einsatzbereitschaft, Eifer, Feuereifer, Idealismus, Engagement, Leidenschaft, Nächstenliebe
2. Aufopferung, Selbstaufopferung, Opferbereitschaft, Entsagung
3. → Eifer
4. Entäußerung, Preisgabe, Weggabe, Abtretung, Verzicht, Überlassung, Auslieferung

hingeben opfern, Opfer bringen, abtreten, weggeben, fortgeben, hergeben, preisgeben, vergeben, schenken, wegschenken, herschenken, verschenken, zum Geschenk machen; *ugs.:* dreingeben

hingeben, sich
1. sich widmen, sich ergeben, sich opfern, sich aufopfern, sich darbringen, sein Herzblut geben, sich schenken, jmdm. zu Willen sein
2. frönen, verfallen sein, huldigen, sich überlassen (Laster)

hingebungsvoll
1. → eifrig
2. → liebevoll

hingegen dagegen, doch, jedoch, freilich, aber, indes, wiederum

hingehören passen, entsprechen, sich eignen, geeignet sein, in Betracht/Frage kommen, angebracht sein

hingelangen → hinkommen

hingerissen begeistert, ekstatisch, leidenschaftlich, fanatisch, mitgerissen, entzückt

hingeschieden → tot

hinhalten
1. bieten, anbieten, anreichen, hinreichen, entgegenstrecken
2. warten lassen, vertrösten, Zeit gewinnen wollen; *ugs.:* zappeln/ hängen lassen, aufschieben, Katz und Maus spielen
3. aufhalten, hemmen, hinziehen, verzögern, verschleppen, verlangsamen

hinhauen
1. → hinfallen
2. → aufgeben
3. → gelingen
4. passen, zusammenpassen, stimmen, richtig sein

H

hinhauen, sich → hinlegen, sich
hinhören → zuhören
hinken
1. humpeln, lahmen, am Stock/an Krücken gehen; *landsch.:* hatschen
2. nicht passen/zutreffen/stimmen, einen Haken haben, schräg sein
hinknallen
1. → hinfliegen
2. → hinwerfen
hinkommen
1. gelangen, hingelangen, kommen, herankommen, näherkommen, sich nähern, nahen, sich einfinden, sich einstellen, anlangen, eintreffen, erscheinen, erreichen; *ugs.:* aufkreuzen, antanzen, anrücken, auftauchen
2. → passen
3. → ausreichen
hinkriegen → fertigbringen
hinlänglich genug, ausreichend, genügend, hinreichend, zureichend, zur Genüge, sattsam
hinlegen ablegen, absetzen, abstellen, weglegen, niederlegen, niedersetzen, platzieren, deponieren; *ugs.:* hintun
hinlegen, sich sich legen, sich niederlegen, sich hinstrecken, sich zur Ruhe begeben, ruhen, sich schlafen legen, schlafen/ins/zu Bett gehen; *ugs.:* sich hinhauen, sich aufs Ohr legen/hauen, in die Federn/Falle/Klappe/Heia gehen, alle viere von sich strecken, zum Federball/Kissenball gehen
hinlenken → hinführen
hinlotsen → hinführen
hinnehmen
1. → annehmen
2. sich abfinden mit, sich etwas gefallen/bieten lassen, dulden, erdulden, sich fügen/schicken/ergeben in, über sich ergehen lassen, akzeptieren, tragen, ertragen, mit Geduld ertragen, mit Fassung tragen, in Kauf nehmen, auf sich nehmen; *ugs.:* einstecken, schlucken, hinunterschlucken
hinplumpsen → hinfallen
hinpurzeln → hinfallen
hinreichen
1. → ausreichen
2. hinstrecken, entgegenstrecken, anbieten, hinhalten, geben, reichen, anreichen, darreichen, darbieten, einhändigen, aushändigen, hinschieben, zuschieben
hinreichend → hinlänglich
hinreißen → begeistern
hinreißend → reizend
hinrichten exekutieren, die Todesstrafe/das Todesurteil vollstrecken/vollziehen, guillotinieren, köpfen, enthaupten, den Kopf abschlagen, henken, töten
hinsausen → hinfallen
hinschaffen
1. → bringen
2. → hinführen
hinscheiden sterben, verscheiden, vom Tod ereilt werden, aus dem Leben gehen/scheiden/treten ⓘ
Hinscheiden → Tod
hinschlachten → töten
hinschlagen → hinfallen
hinschleifen → hinführen
hinschleppen → bringen
hinschleppen, sich → hinziehen, sich
hinschleudern → hinwerfen
hinschmeißen
1. → hinwerfen
2. → aufgeben
hinschwinden → vergehen
hinsegeln → hinfallen
hinsetzen → setzen
hinsetzen, sich → setzen, sich
Hinsicht
1. → Aspekt
2. in Hinsicht auf → hinsichtlich
hinsichtlich bezüglich, in Bezug auf, betreffs, in puncto, in Hinsicht/im Hinblick auf, was das betrifft/angeht/anbelangt, mit Rücksicht/Bezugnahme auf, in Anbetracht, betreffend, zu der Frage, dazu
hinstellen
1. absetzen, abstellen, ab-

hinscheiden: Verhüllende Bezeichnungen für den Tod

Der poetische Ausdruck *hinscheiden* ist eine von zahlreichen verhüllenden Bezeichnungen für *sterben*. Die Vorsilbe *hin-* dient im Allgemeinen zur Bezeichnung des Ausgangspunktes »von hier« und zeigt an, dass eine Bewegung vom Sprecher weg stattfindet. Sterbende gehen im übertragenen Sinn »von hier«, der Gemeinschaft der Lebenden, fort.
Häufig werden Tod und Sterben als gesellschaftliche Tabuthemen sprachlich umgangen und nicht konkret, sondern mit beschönigenden oder mildernden Begriffen benannt.
Sachverhalte, die als anstößig oder unangenehm empfunden werden, durch Umschreibungen abzumildern, ist eine rhetorische Stilfigur, die als »Euphemismus« bezeichnet wird. So spricht man auch »euphemistisch« von *Hingeschiedenen* anstatt von *Toten* und vom *Hinscheiden* oder vom *Aus-dem-Leben-Treten* anstatt vom *Tod*.

legen, hinsetzen, niedersetzen, deponieren; *ugs.:* hintun
2. postieren, aufstellen, platzieren, einen Platz zuweisen/anweisen/geben; *ugs.:* aufbauen, aufpflanzen
3. darstellen/wiedergeben/bezeichnen/beschreiben/ausgeben/charakterisieren als; *ugs.:* stempeln

hinsteuern → abzielen

hinstrecken → hinreichen

hinstrecken, sich → hinlegen, sich

hintansetzen → vernachlässigen

hintanstellen → vernachlässigen

hinten am Schluss/Ende, im Rücken/Hintergrund, auf der Rückseite/Kehrseite, rückseitig, an letzter Stelle, im hinteren Teil, zuhinterst, achtern (Schiff); *österr.:* rückwärts; *ugs.:* hintendran

hintenherum
1. indirekt, auf Umwegen, mittelbar
2. → heimlich

Hinterbliebener Erbe, Erbberechtigter, Nachkomme, Nachfolger, Angehöriger

hinterbringen → ausplaudern

hintereinander
1. eins/einer nach dem anderen, in Reih und Glied, der Reihe/Ordnung nach, aufeinander, nacheinander, in Aufeinanderfolge, folgend, aufeinanderfolgend, ununterbrochen, zusammenhängend; *ugs.:* im Gänsemarsch
2. → dauernd

hintergehen → betrügen

Hintergehung Betrug, Täuschung, Schwindel, Manipulation

Hintergrund
1. Background, Fond, Tiefe, Folie, Rückseite, Rückwand
2. Grund, das Warum, Zusammenhang, Voraussetzung, Bezug, Ursache

hintergründig → geheimnisvoll

Hinterhalt
1. Schlupfwinkel, Versteck
2. Falle, Grube, Fallgrube, Schlinge, Netz

hinterhältig tückisch, heimtückisch, verschlagen, unaufrichtig, unehrlich, versteckt, hinterlistig, arglistig, meuchlings, gefährlich, bösartig, niederträchtig, infam, perfide, intrigant, falsch, teuflisch, satanisch, diabolisch; *ugs.:* link, hinterrücks; *derb:* hinterfotzig

hinterher
1. hintendrein, nach, hintennach; *ugs.:* als Schlusslicht
2. → danach

hinterhergehen → folgen

hinterherhinken → zurückbleiben

hinterherjagen → hinterherlaufen

hinterherlaufen
1. folgen, nachfolgen, nachlaufen, nachjagen, nachsetzen, nachrennen, nacheilen, hinterherkommen, hinterherjagen, hinterherrennen, auf dem Fuß folgen, sich an jmds. Fersen heften/hängen, auf den Fersen/der Fährte/der Spur sein/bleiben
2. nachgehen, nachstellen; *ugs.:* hinter jmdm. her sein, nachsteigen

hinterherrennen → hinterherlaufen

hinterlassen
1. → vererben
2. → zurücklassen

Hinterlassenschaft → Erbe

hinterlegen deponieren, in Verwahr/Verwahrung geben, sicherstellen, lagern, unterbringen, aufbewahren lassen

Hinterlegung → Bürgschaft

Hinterlist Arglist, Tücke, Heimtücke, Hinterhältigkeit, Verschlagenheit

hinterlistig → hinterhältig

Hintermann Auftraggeber, Anstifter, Boss, Chef, Schlüsselfigur, Hauptperson, Hauptfigur, graue Eminenz, Dunkelmann, Drahtzieher; *geh.:* Obskurant

Hintern → Gesäß

hinterrücks
1. von hinten, meuchlings, überraschend, unvermutet, unversehens
2. → hinterhältig

Hinterseite Rückseite, Kehrseite, Abseite, Schattenseite, Hoffront, Hinterfront, Rückfront, Hofseite, Rücken

Hinterteil
1. → Gesäß
2. Schluss, Abschluss, Ende, Rückteil, hinterer Teil, Schwanz, Heck (Schiff)

hintertreiben → vereiteln

Hintertür Weg, Ausweg, Möglichkeit, Rückzugsmöglichkeit, Schlupfloch, Lösung, Mittel, Hoffnung, Hilfe

hinterwäldlerisch
1. → rückständig
2. → reaktionär

hinterziehen unterschlagen, veruntreuen, in die eigene Tasche stecken, nicht bezahlen, betrügen; *ugs.:* prellen

hintragen → bringen

hinüber
1. nach drüben, dahin, dorthin
2. → vergangen

hinunter hinab, abwärts, in die Tiefe, nieder, niederwärts, herunter, herab, hernieder, nach unten, zu Boden; *ugs.:* runter

hinunterblicken nach unten/zu Boden sehen, herabschauen, herabsehen, herabblicken

hinunterschlingen → hinunterschlucken

hinunterschlucken
1. schlucken, verschlucken, hinunterstürzen, hastig trinken/essen; *ugs.:* schlingen, verschlingen, in sich hineinfressen, reinhauen, hinunterschlingen, hinunterwürgen
2. nicht aufkommen lassen, nicht hochkommen lassen, unterdrücken, niederhalten, bezwingen, ersticken
3. → hinnehmen

hinunterstürzen
1. fallen, in die Tiefe fallen/stürzen, zu Fall kommen, den Halt verlieren, niederfallen, herabfallen, herunterfallen, niederstürzen, herabstürzen, abstürzen, hinabstürzen; *ugs.:* runterfallen, runterstürzen, runtersausen, runterfliegen, runtersegeln, runterpurzeln, runterplumpsen, runterrasseln
2. → hinunterschlucken

hinwegkommen über fertigwerden mit, verwinden, verkraften, verschmerzen, verarbeiten, überwinden, überstehen, überleben, durchstehen, aushalten, ertragen, sich in etwas schicken/finden/fügen/ergeben, sich aussöhnen mit; *ugs.:* verdauen

hinwegsehen über ignorieren, außer Acht lassen, übersehen, übergehen, die Augen verschließen vor, nicht beachten/eingehen auf, keine Beachtung schenken, keine Notiz nehmen von, hinweggehen/sich hinwegsetzen über

hinwegsetzen, sich
1. → übertreten
2. → hinwegsehen

hinwegtäuschen über, sich sich etwas vormachen/vorgaukeln/vorspiegeln, nicht sehen wollen, blind sein für, hinwegsehen über, ignorieren, die Augen verschließen vor

Hinweis Tipp, Wink, Zeichen, Verweis, Fingerzeig, Andeutung, Anspielung, Bemerkung, Empfehlung, Rat, Ratschlag, Mitteilung, Bekanntmachung, Ankündigung

hinweisen
1. aufzeigen, verweisen/hindeuten/hinzeigen auf, ins Blickfeld rücken, aufmerksam machen, Schlaglichter werfen auf; *ugs.:* draufstoßen, mit der Nase stoßen auf
2. → andeuten

hinweisen auf → informieren

hinwenden, sich → zuwenden, sich

hinwerfen
1. werfen, zuwerfen, hinschleudern, fallen lassen; *ugs.:* hinschmeißen, hinfeuern, hinpfeffern, hinknallen
2. → aufgeben

hinwerfen, sich sich fallen lassen, sich zu Boden werfen; *ugs.:* sich hinschmeißen, sich hinknallen, sich hinhauen

hinzeigen → hinweisen

hinziehen hinauszögern, hinausschieben, hinausziehen, verlangsamen, retardieren, anstehen lassen, aufschieben, auf die lange Bank schieben

hinziehen, sich
1. dauern, lange dauern/anhalten/währen, sich verzögern, sich in die Länge ziehen, in Verzug kommen/geraten; *ugs.:* sich hinschleppen
2. sich erstrecken, sich ausdehnen, reichen; *ugs.:* gehen

hinzielen → abzielen auf

hinzufügen ergänzen, erweitern, vervollständigen, komplettieren, nachtragen, aufrunden, beifügen, anfügen, zufügen, zusetzen, hinzusetzen, zugeben, dazutun, beigeben, beilegen, beimengen, beimischen, anschließen, anreihen

hinzukommen dazukommen, hinzutreten, hineingeraten, sich anschließen, sich beigesellen, sich hinzugesellen

hinzusetzen → hinzufügen

hinzutreten → hinzukommen

hinzuziehen → heranziehen

hip zeitgemäß, aktuell, modern, im Tend sein, modisch, trendy, in

Hippie
1. Blumenkind, Pazifist
2. → Gammler

Hirn
1. Gehirn, Zerebrum
2. → Verstand

Hirngespinst
1. Schnapsidee, Spinnerei, Verrücktheit
2. → Einbildung

Hirnschlag → Schlaganfall

hirnverbrannt → verrückt

Hirte
1. Hüter, Hütejunge, Schäfer
2. Beschützer, Protektor, Schirmherr, Schutzherr, Schutzpatron

hissen in die Höhe ziehen, hochziehen, hochwinden, flaggen, hieven
Historie → Geschichte
historisch
1. geschichtlich, überliefert, bezeugt, verbürgt, authentisch
2. geschichtsträchtig, zukunftsweisend, bedeutsam, bedeutungsvoll, bedeutungsschwer, einmalig (Augenblick)
Hit
1. Glanzstück, Glanznummer, Zugstück, Zugnummer, Erfolg, Publikumserfolg, Blockbuster, Spitzenreiter, Gassenhauer, Evergreen, Treffer; *ugs.:* Renner, Knüller; *abwertend:* Schnulze, Schmachtfetzen
2. Schlager, Verkaufsschlager, Kassenmagnet, Bestseller, Longseller; *ugs.:* Reißer, Topding
3. Suchergebnis, Treffer (Internet)
hitchhiken trampen, per Anhalter/Autostop fahren, mitfahren
Hitze Glut, Schwüle, (große) Wärme, Bruthitze; *ugs.:* Affenhitze, Bullenhitze, Knallhitze
hitzig
1. → leidenschaftlich
2. → aufbrausend
Hitzkopf
1. Fanatiker, Choleriker, Heißsporn, Enthusiast
2. → Chaot
hitzköpfig → aufbrausend
Hobby Liebhaberei, Steckenpferd, Lieblingsbeschäftigung, Freizeitbeschäftigung, Passion, Leidenschaft, Privatvergnügen, Privatinteresse, (liebster) Zeitvertreib, Spezialität, Spielerei; *ugs.:* Sport
hobeln
1. glätten, schleifen, abschleifen, abhobeln, glattschleifen, glatthobeln, glattschaben, abziehen
2. → erziehen
hoch
1. emporragend, aufragend, von hohem Wuchs, groß, stattlich, hochgewachsen, hochaufgeschossen, lang, nicht niedrig
2. herauf, hinauf, nach oben, aufwärts, in die Höhe, von unten her
3. → hochgestellt
4. hell, rein, glockenrein, glasklar
5. → sehr
Hoch
1. Schönwetterzone, Hochdruckzone, Hochdruckgebiet
2. Toast, Hochruf, Vivat
hochachten achten, verehren, respektieren, hochschätzen, Respekt/Achtung entgegenbringen
Hochachtung Achtung, Respekt, Verehrung, Ehrfurcht, Ehrerbietung, Wertschätzung, Hochschätzung, Bewunderung, Anerkennung, Tribut, Gruß
hochachtungsvoll mit (vorzüglicher) Hochachtung, voll(er) Ehrfurcht/Respekt/Hochachtung, ergebenst, untertänigst, mit Verehrung, mit (dem Ausdruck) tiefster Verehrung
hocharbeiten, sich → avancieren
hochbegabt → fähig
Hochbetrieb Betrieb, Betriebsamkeit, Andrang, Ansturm, Trubel, Hektik
hochblicken → aufsehen
Hochblüte → Blüte
hochbringen
1. → ärgern
2. heilen
hochbringen → fördern
Hochburg Mittelpunkt, Zentrum, Knotenpunkt, Metropole
Hochdeutsch
1. Schriftdeutsch, Schriftsprache, Hochsprache, Literatursprache, Bühnensprache, siebsche Hochlautung, Standardsprache, Standarddeutsch
2. Oberdeutsch
Hochdruck *ugs. für:* Intensität, Macht, Kraftaufwand, Arbeitsaufwand, Verve, Schwung, Elan, Anstrengung, Angespanntheit, Dynamik
hochexplosiv → spannungsgeladen
hochfahren
1. in die Höhe fahren, auffahren, aufschrecken, aufspringen, aufzucken, hochschnellen
2. → aufbrausen
hochfahrend → hochmütig
Hochgefühl Freude, Glück, Glückseligkeit, Begeisterung, Hochstimmung, Euphorie
hochgehen
1. hinaufgehen, emporgehen, nach oben gehen/steigen, aufwärtsgehen, aufwärtssteigen, heraufsteigen, aufsteigen, hinaufsteigen, hochsteigen, emporsteigen, ansteigen
2. aufbrausen, auffahren, explodieren, die Beherrschung verlieren
3. → aufgehen
4. → scheitern
hochgehen lassen
1. → verraten
2. erwischen, ertappen, ergreifen, fassen, ausheben, hochnehmen; *ugs.:* kriegen, schnappen, hoppnehmen, auffliegen lassen
Hochgenuss
1. Freude, Genuss, Ergöt-

H

zen, Erquickung, Augenweide, Ohrenschmaus; *geh.:* Labsal
2. Köstlichkeit, Leckerbissen, Leckerei, Delikatesse, Gaumenfreude, Gaumenkitzel, Schleckerei
hochgeschätzt hochangesehen, verehrt, respektabel, hochgeachtet
hochgestellt hochstehend, gehoben, führend, von hohem Rang, in leitender Stellung/Position, vorgesetzt, übergeordnet, wichtig, bedeutend, angesehen, prominent
hochgestochen → schwülstig
hochgradig stark, groß, intensiv, extrem, krass, ausgeprägt, → sehr
hochhalten ehren, achten, in Ehren halten, pflegen, Achtung erweisen/zollen, werthalten, wertachten, respektieren, schätzen, anerkennen
Hochhaus Wolkenkratzer, Skyscraper
hochherzig großzügig, großmütig, großherzig, großdenkend, großgesinnt, edel, edelmütig, edelherzig, edelsinnig, hochsinnig, nobel, selbstlos, uneigennützig, altruistisch, freigebig, weitherzig; *geh.:* splendid
hochjagen
1. → aufscheuchen
2. → verteuern
hochkommen
1. → avancieren
2. → auftauchen
3. → erholen, sich
Hochmut Überheblichkeit, Stolz, Anmaßung, Eitelkeit, Arroganz, Dünkel
hochmütig → eingebildet
hochnäsig → eingebildet
hochnehmen
1. → betrügen
2. → verspotten
3. heben, aufheben, anheben, hochbringen, auflesen, aufsammeln
hochprozentig → konzentriert
hochreißen → hochziehen
hochschätzen hochachten, verehren, respektieren, würdigen; *veraltend:* wertschätzen
hochschauen → aufsehen
hochscheuchen → aufscheuchen
hochschlagen
1. aufflammen, aufbrennen, aufflackern, auflodern; *ugs.:* aufprasseln
2. aufschlagen, aufklappen, aufstülpen, aufstellen, hochklappen
hochschnellen → hochfahren
hochschrauben → verteuern
hochschrauben, sich
1. sich hochwinden, sich anheben, sich in die Höhe schrauben
2. sich erhöhen, sich verteuern, sich steigern
Hochschule Universität, Alma Mater, Akademie, College, Lehranstalt, Forschungsanstalt; *ugs.:* Uni
hochsehen → aufsehen
Hochsitz Hochstand, Kanzel, Jagdkanzel, Anstand, Ansitz, Wildkanzel
Hochspannung → Spannung
hochspielen → aufbauschen
Hochsprache Schriftsprache, Literatursprache, Bühnensprache
höchst → sehr
Hochstand → Hochsitz
Hochstapelei Angabe, Aufschneiderei, Prahlerei, Protzerei
Hochstapler Betrüger, Angeber, Prahler, Gauner; *ugs.:* Wichtigtuer, Schaumschläger
hochstehend → hochgestellt
hochsteigen → aufsteigen
höchstens
1. maximal, längstens, nicht mehr als, im äußersten Fall, allenfalls, bestenfalls, äußerstenfalls
2. außer, ausgenommen, mit Ausnahme von, bis auf, abgesehen von, es sei denn
Hochstimmung Begeisterung, Glücksgefühl, Glückstaumel, Hochgefühl, Euphorie, Freude
Höchstleistung Bestleistung, Spitzenleistung, Meisterleistung, Glanzleistung, Gipfelleistung, Krönung, Glanzstück, Rekord, Nonplusultra, Höhepunkt, Optimum, Clou, Spitze, Meisterstück, Spitzenklasse
Höchstmaß Maximum, Optimum, das Höchste/Äußerste, Höchstwert, Höhepunkt, Höchststand, Gipfel
höchstwahrscheinlich → wahrscheinlich
hochtönend → hochtrabend
hochtrabend prahlerisch, gespreizt, geziert, theatralisch, hochtönend, geschraubt, schwülstig, geschwollen
hochtreiben → verteuern
hochverehrt → verehrt
Hochwasser Überschwemmung, Überflutung, Flut, ansteigendes/auflaufendes Wasser
hochwertig wertvoll, kostbar, edel, erstklassig, erstrangig, exquisit, auserlesen, ausgesucht, ausgewählt, von bester Qualität, erste Wahl, exzellent, hervorragend, vortrefflich, vorzüglich, ausgezeichnet, großartig, süperb, qualitätsvoll, fein, gediegen; *ugs.:* prima

Hof: Von Höfen und bei Hofe

Unter einem *Hof* versteht man einen zum Haus gehörenden, umschlossenen Platz, der etwa durch Zusätze näher zu beschreiben ist: *Schulhof, Kasernenhof, Schlosshof, Hinterhof.* Die Zusammensetzungen *Bahnhof* oder *Schlachthof* bezeichnen die jeweiligen Gebäude samt dem dazugehörigen Betriebsgelände.
Unter einem *Betriebshof* versteht man ein Werkstattareal, zum Beispiel den *Betriebshof der Stadtwerke.* Mit *Hof* kann aber auch ein landwirtschaftlicher Betrieb gemeint sein, es ist in diesem Fall die Kurzform für *Bauernhof* und umfasst Wohnhaus, Ställe und Ländereien. Bei entsprechenden Ausmaßen spricht man auch von *Gut* oder *Gutshof.* Der Ausdruck *Pachthof* bezeichnet die Rechtsform eines bäuerlichen Betriebs. *Erbhof* ist der Ausdruck für einen ungeteilt und unbelastet auf den Sohn übergehenden Landwirtschaftsbetrieb. Das Wort wird im übertragenen Sinn aber auch für etwas gebraucht, das man wie selbstverständlich als eigene Zuständigkeit oder eigenen Besitz betrachtet.
Als *Hof* bezeichnet man schließlich auch den *Wohnsitz/Haushalt eines Fürsten.* Das Wort wird in diesem Sinn auch als Sammelbegriff für sein *Gefolge,* den *Hofstaat,* verwendet. *Bei Hofe* bedeutet also »im fürstlichen Haushalt«. Aus diesem Zusammenhang stammt auch die Redensart *einer Frau den Hof machen.* Es ist ursprünglich die Übersetzung des Französischen *faire la cour à quelqu'un,* also »sein Hofamt versehen«. Die dabei erforderliche eifrige Aufmerksamkeit wurde dann auf das werbende Verhalten eines Mannes gegenüber einer geliebten Frau übertragen.

Hochzeit Heirat, Eheschließung, Vermählung, Verheiratung, Verehelichung, Verbindung, Trauung, Ringwechsel

hochzerren → hochziehen

hochziehen
1. hinaufziehen, emporziehen, in die Höhe/nach oben ziehen, heben, hieven, hochhieven, hissen
2. hochzerren, hochreißen, aufrichten; *ugs.:* auf die Beine helfen

hocken kauern, dahocken, niederhocken, sitzen, sich aufhalten; *ugs.:* herumhocken

hocken bleiben → durchfallen

hocken, sich sich niederhocken, kauern, sich hinsetzen, Platz nehmen, in die Hocke gehen

Höcker
1. Buckel, krummer Rücken, Auswuchs, Wölbung; *ugs.:* Ranzen
2. → Hügel

höckerig → bucklig

Hof
1. Bauernhof, Bauerngut, Gehöft, Bauerngehöft, Gut, Gutshof, landwirtschaftlicher Betrieb, Anwesen, Besitz; *landsch.:* Ansitz; *österr.:* Ökonomie; *schweiz.:* Heimwesen, Hofstatt; *ugs.:* Klitsche, Quetsche
2. Residenz, Gefolge; *geh.:* Entourage, Hofstaat
3. den Hof machen → werben um ⓘ

Hoffart → Dünkel

hoffen die Hoffnung haben/hegen, sich in der Hoffnung wiegen, sich Hoffnungen/Illusionen machen, der Hoffnung sein, sich der Hoffnung hingeben, den Mut nicht sinken lassen, erwarten, harren, träumen, erträumen, wünschen, sich ausmalen, fantasieren, mit dem Gedanken spielen

Hoffnung Zuversicht, Glaube, Zukunftsglaube, Erwartung, Optimismus, Vertrauen, Zutrauen, Aussicht, Zuversichtlichkeit, positive Perspektive, Silberstreifen, Lichtblick, Ausweg, Chance, Möglichkeit

hoffnungsfroh → optimistisch

hoffnungslos
1. aussichtslos, ausweglos, sinnlos, ohne Hoffnung, ohne Aussicht auf Erfolg, verfahren, verwickelt, verzweifelt, düster, unrettbar, unheilbar, unverbesserlich, unglücklich, niedergeschlagen, eingefleischt; *ugs.:* witzlos
2. → pessimistisch

hoffnungsvoll
1. aussichtsreich, Erfolg versprechend/verheißend, vielversprechend, Glück verheißend, verheißungsvoll, zukunftsträchtig
2. → zuversichtlich

hofieren → schmeicheln

höflich galant, ritterlich, artig, formgewandt, kavaliersmäßig, geschliffen, aufmerksam, zuvorkommend, entgegenkommend, rücksichtsvoll, taktvoll, gentlemanlike, wohlerzogen, manierlich, voll Anstand, anständig, freundlich, liebenswürdig,

gefällig, verbindlich, umgänglich
Höflichkeit Anstand, Takt, Feingefühl, Aufmerksamkeit, gutes Benehmen, gute Manieren/Umgangsformen, Galanterie, Ritterlichkeit, Entgegenkommen, Freundlichkeit, Liebenswürdigkeit; *geh.:* Courtoisie
Hofnarr → Spaßvogel
Höhe
1. → Hügel
2. Abmessung, Ausmaß, Ausdehnung, Größe, Dimension, Reichweite
Hoheit
1. → Würde
2. Schirmherrschaft, Patronat, Schutz, Protektorat, Vorsitz, Ehrenvorsitz
hoheitsvoll → majestätisch
Höhenunterschied → Gefälle
Höhepunkt
1. Glanzpunkt, Krönung, Vollendung, Hauptattraktion, Optimum, Maximum; *ugs.:* Knüller, Highlight
2. → Orgasmus
hohl
1. ausgehöhlt, eingebogen, konkav
2. → dumpf
3. → geistlos
Höhle
1. Grotte, Felsgrotte
2. → Wohnung
hohl klingend → dumpf
Hohlkopf → Dummkopf
hohlköpfig → dumm
Hohlweg Enge, Engpass
Hohn Spott, Spötterei, Verhöhnung, Verspottung, Häme, Zynismus, Sarkasmus
höhnisch spöttisch, voller Verachtung/Hohn, hämisch, boshaft, spitz, scharf, beißend, bissig, gallig, ätzend, verletzend, maliziös, schadenfroh, zynisch, kaustisch, sarkastisch, mokant, ironisch, verächtlich
hohnsprechen → widersprechen
Hokuspokus
1. → Zauberei
2. → Unsinn
hold
1. lieblich, reizend, holdselig, anmutig, anmutsvoll, graziös, voll/mit Grazie, bezaubernd, anziehend, entzückend
2. wohlgesinnt, wohlmeinend, wohlwollend, geneigt, gewogen, zugetan, gutgesinnt, günstig, gnädig, freundlich, huldreich, huldvoll
holen abholen, herholen, heranholen, herbeiholen, fortholen, wegholen, beschaffen, heranschaffen, herschaffen, herbeischaffen, herbringen, nehmen, besorgen, verhelfen zu; *landsch.:* beibringen; *ugs.:* auftreiben, anschleppen
holen, sich sich zuziehen, davontragen, (eine Krankheit) bekommen, krank werden, sich anstecken, sich infizieren; *ugs.:* wegbekommen, sich etwas einfangen
Hölle
1. Inferno, Ort der Finsternis/Verdammnis, ewige Finsternis, Unterwelt, Hades, Schattenreich, Orkus
2. → Qual
Höllenfürst → Teufel
Höllenqual → Qual
höllisch → sehr
Holocaust
1. Auslöschung, Ausrottung, Ausmerzung, Ausbrennung
2. Judenverfolgung, Judenvernichtung, Judenvergasung, Massenmord, Massenvernichtung, Naziverbrechen, Völkermord, Shoah; *im nationalsoz. Sprachgebrauch:* Endlösung
holp(e)rig
1. uneben, ungleichmäßig, nicht glatt, rumpelig, höckerig, steinig, felsig
2. stockend, stammelnd, stottrig, abgehackt, nicht fließend
holpern stoßen, rumpeln, rattern; *landsch.:* stuckern
holzen
1. fällen, schlagen, abhauen, umhauen, absägen, roden
2. klotzen, hacken, bolzen (Fußballspiel)
hölzern steif, linkisch, wie ein Stock/Stück Holz, eckig, ungeschickt, unbeholfen, ungewandt, ungelenkig, unsportlich, lahm
Holzkopf Dummkopf, Schwachkopf, Ignorant, Hohlkopf, Nichtskönner, Nichtswisser, Stümper
Homebanking Directbanking, Onlinebanking, E-Banking, Internetbanking, Telebanking, Telefonbanking
Homepage
1. Internetsite, Website, Site, Internetauftritt, Webpräsenz, Page, Webadresse, Internetadresse
2. Startseite, Leitseite, Heimseite
Homeshopping Internetshopping, Onlineshopping, Teleshopping
Homo → Homosexueller
homogen gleich, gleichartig, übereinstimmend, einheitlich, in Einklang stehend, kongruent, konvergent, homolog, konform
homophil → homosexuell
homosexuell gleichgeschlechtlich empfindend,

zum eigenen Geschlecht neigend, homoerotisch, homophil, gay, invertiert, queer; *ugs.:* schwul, warm, andersherum, verkehrtherum, von der anderen Fakultät, vom anderen Ufer; *Frauen:* lesbisch, sapphisch
Homosexuelle → Lesbierin
Homosexueller Homophiler; *ugs.:* Schwuler; *abwertend:* Homo, Warmer; *derb, abwertend:* Schwuli, Hinterlader, Schwuchtel, Tunte, Fummeltrine, Tucke
Honorar → Lohn
honorieren
1. würdigen, belohnen, anerkennen, Anerkennung/Tribut zollen, jmdm. etwas danken
2. → bezahlen
honorig → ehrenhaft
Hooligan Randalierer, Raufbold, Rabauke, Schläger, Schlägertyp; *ugs.:* Rowdy
hoppeln → hüpfen
hopsen → hüpfen
Hopser → Sprung
hörbar vernehmbar, vernehmlich, laut, unüberhörbar, deutlich, mit lauter Stimme, lauthals, lautstark, geräuschvoll
Hörbuch Audiobuch, Audiobook
horchen → lauschen
Horde
1. Herde, Rudel, Haufen, Menge, Gruppe
2. → Gesindel
3. Steige, Obststeige, Lattengestell, Lattenrost; *landsch.:* Hürde
hören
1. (klar) vernehmen, akustisch aufnehmen
2. wahrnehmen, anhören, zuhören, hinhören, sich anhören, aufmerksam sein; *ugs.:* aufschnappen, mitkriegen
3. erfahren, in Erfahrung bringen, Kenntnis erhalten/bekommen, sich sagen lassen, zu Ohren kommen; *ugs.:* läuten hören, Wind bekommen
hören auf
1. → gehorchen
2. achten, beachten, Beachtung/Aufmerksamkeit schenken/zollen, berücksichtigen, bedenken, sich zu Herzen nehmen, annehmen
Hörer
1. Zuhörer, Lauscher, Mithörer
2. Student, Vorlesungsbesucher
Hörfunk Funk, Rundfunk, Radio
hörig verfallen, abhängig, süchtig, gefügig, untertan, willfährig, ausgeliefert
Horizont
1. Sichtgrenze, Kimm, Kimmung
2. Gesichtsfeld, Blickfeld, Gesichtskreis, Sehkreis, Blickwinkel, Reichweite
3. Auffassungsvermögen, Gedankenwelt, Bildungsstand, Bildungsgrad, Niveau, Wissen, Kenntnis
horizontal waagerecht, gerade
Horoskop Voraussage, Vorhersage, Prognose, Prophezeiung, Weissagung
horrend
1. → furchtbar
2. → übertrieben
Horror
1. Abscheu, Ekel, Grauen, Gräuel, Abneigung, Aversion, Widerwille, Entsetzen
2. → Angst
Horsd'œuvre Vorspeise, Vorgericht, Entree, Antipasto
Hort
1. Kinderheim, Kindertagesstätte, Kindergarten, Kinderladen, Krippe, Kinderkrippe
2. Schatz
3. Schutz, Hut, Obhut, Zuflucht, (sicherer) Hafen, Dach, Obdach
4. *geh.:* Mittelpunkt, Zentrum
horten → anhäufen
Hosenscheißer → Feigling
Hospital → Krankenhaus
Hostess
1. Fremdenführerin, Betreuerin
2. → Prostituierte
Hotel Gasthaus, Gasthof, Pension, Fremdenheim, Gästehaus, Inn, Motel, Unterkunft, Herberge, Hospiz; *abwertend:* Absteige (i)
hübsch
1. → reizend
2. → attraktiv
Hubschrauber Helikopter
Hügel Höhe, Anhöhe, Erhebung, Bodenerhebung, Höhenrücken, Höhenzug, Höhe, Höcker, Buckel, Steigung; *landsch.:* Hubbel
hügelig → bergig
Huhn
1. *f.:* Henne; *ugs.:* Hinkel; *brütend:* Glucke
2. *m.:* Hahn; *ugs.:* Gickel, Gickelhahn, Gockel, Gockelhahn; *landsch.:* Gigerl; *kastriert:* Kapaun; *jung:* Küken; *ugs.:* Gummiadler; *Kinderspr.:* Kikeriki
3. **dummes Huhn** Dummkopf, dumme Gans
Huld Wohlwollen, Gewogenheit, Geneigtheit, Gunst, Gnade, Güte, Liebenswürdigkeit, Sympathie, Zuwendung
huldigen
1. frönen, sich hingeben, verfallen sein, sich überlassen, sich widmen, genießen, sich verschreiben, sich ergeben

Hotel: Von Absteigen und Herbergen

Ein *Hotel* ist ein größerer Betrieb für *Unterkunft* und Verpflegung von Gästen. Beschränkt sich die Verpflegung auf das Frühstück, spricht man von einem *Hotel garni.* Aus dem angelsächsischen Sprachraum kommt der Begriff *Motel,* der ein Hotel an Autostraßen (aus: *motorists' hotel*) bezeichnet, das über kleine Apartments und dazugehörige Garagen/Stellplätze verfügt. In einem *Kurhotel* sind Kurgäste während ihrer Heilbehandlung untergebracht. Der Begriff *Luxushotel* beschreibt den Standard des Quartiers. Eine eher einfache Unterkunft bezeichnet man als *Gasthaus* oder *Gasthof.* Hier kennzeichnet der Zusatz die Lage: *Landgasthaus/-hof.* Eher den Charakter eines Unterkunftsheims hat die *Herberge,* wobei dieser Begriff auch ganz allgemein als Synonym für *Unterkunft* oder *Bleibe* gebraucht wird.
Dient die *Herberge* als Quartier für Jugendliche auf Wanderungen oder Reisen nennt man sie *Jugendherberge.* Als *Hospiz* bezeichnet man ein ursprünglich von Mönchen eingerichtetes Übernachtungsheim vorwiegend in den Alpen; dieser Begriff wird allerdings auch für eine Sterbeklinik gebraucht.
Eher zweifelhaften Ruf hat ein *Stundenhotel,* hier werden die Zimmer nämlich stundenweise für Paare zum Geschlechtsverkehr oder zur Prostitution vermietet. Abwertend ist die Bezeichnung eines *Hotels* als *(billige) Absteige* oder *Schuppen.* Während das aus der ursprünglich neutralen Langform *Absteigequartier* entstandene Wort *Absteige* eine negative Beschreibung darstellt, ist der metaphorische Ausdruck *(in einem Hotel) absteigen* wiederum eine völlig neutrale Umschreibung für die Einquartierung. Er erinnert an die einstige Art des Reisens mit der Kutsche oder zu Pferd, wobei man tatsächlich an einer Station abstieg.

2. ehren, verehren, preisen, rühmen, würdigen, feiern, hochachten, hochschätzen, vergöttern, zu Füßen liegen, aufsehen/aufschauen/aufblicken zu

Hülle
1. Schoner, Überzug, Schutzhülle
2. Behälter, Futteral, Etui, Behältnis
3. Verpackung, Einband, Umschlag, Hülse, Schale

hüllen → einhüllen

Hülse Schale, Schote, Hülle; *landsch.:* Pelle, Schluse, Schlaube

human → menschlich

humanitär → menschlich

Humanität Menschlichkeit, Menschenliebe, Humanitas, Menschenfreundlichkeit, humane Gesinnung, Philanthropie

Humbug → Unsinn

Humor
1. Witz, Witzigkeit, Spaß
2. fröhliche Laune/Stimmung, Heiterkeit, Frohsinn, Vergnügtheit

humoristisch → lustig

humorlos
1. ohne Humor, trocken, ernst, todernst, ernsthaft; *ugs.:* tierisch ernst
2. empfindlich, mimosenhaft, reizbar

humorvoll → lustig

humpeln → hinken

Hund
1. Vierbeiner; *ugs.:* Kläffer, Köter; *Kinderspr.:* Wauwau
2. *f.:* Hündin; *ugs.:* Töle; *landsch.:* Zohe, Zauke
3. *m.:* Rüde

hundertmal → oft

hundertprozentig völlig, ausnahmslos, vollständig, ausschließlich, ganz sicher, zuverlässig

hündisch
1. → unterwürfig
2. → gemein

hundsgemein böse, bösartig, schlimm, ungut, schuftig, infam, niederträchtig, abstoßend, schurkisch

Hüne Riese, Gigant, Hünengestalt, Koloss, Baum, Goliath, Titan; *ugs.:* Kleiderschrank

hünenhaft → groß

Hunger
1. Not, Hungersnot, Mangel, Nahrungsmangel
2. Appetit, Esslust; *ugs.:* Heißhunger, Riesenhunger, Bärenhunger, Kohldampf, Mordshunger; *österr.:* Gusto
3. Gier, Lust, Verlangen, Bedürfnis, Sehnsucht, Begier, Begehrlichkeit, Gelüste, Begehr(en)

hungern nichts zu essen haben, Hunger leiden/haben, darben, Not/Mangel leiden, fasten, arm sein; *ugs.:* nichts zu beißen/knabbern haben, Kohldampf haben, am Hungertuch nagen

hungern nach
1. → sehnen, sich
2. → gieren, nach

hungrig ausgehungert, ungesättigt; *ugs.:* mit knurrendem Magen

hupen tuten, ein Signal/Warnsignal geben

hüpfen springen, kleine Sprünge machen; *ugs.:* hupfen, hoppeln, hopsen, Hopser machen
Hüpfer → Sprung
Hürde → Hindernis
Hure → Prostituierte ⓘ
hurtig schnell, flink, wieselflink, rasch, behände, geschwind
huschen auf leisen Sohlen eilen, sich vorsichtig/behutsam/leise bewegen
husten hüsteln; *ugs.:* krächzen
husten auf
1. → übertreten
2. → verzichten
Hut
1. Kopfbedeckung; *ugs.:* Kappe, Deckel
2. → Schutz
hüten
1. bewahren, beaufsichtigen, beschützen, bewachen, betreuen, beschirmen, im Auge behalten, nicht aus den Augen lassen, sehen nach, sich kümmern um, unter die Fittiche nehmen, die Hand halten über, Schutz gewähren, in seine Hut/Obhut nehmen, umsorgen
2. warten, hegen, Fürsorge/Pflege angedeihen lassen, pflegen, schonen, sorgsam behandeln/umgehen mit, wie seinen Augapfel hüten
3. **sich hüten vor** sich in Acht nehmen, vorsichtig sein, sich vorsehen, aufpassen, Acht geben, auf der Hut/Wacht sein
Hüter
1. → Hirte
2. → Aufseher

Hure oder Prostituierte?

Sprachgeschichtlich geht der Ausdruck *Hure* auf das althochdeutsche feminine Substantiv *huora* und dieses auf *huor* für »Unzucht, Ehebruch« zurück.
Der Begriff wurde lange Zeit als ausschließlich abwertendes Synonym für *Prostituierte* verwendet, aber auch als Schimpfwort für vermeintlich untreue Ehefrauen oder allgemein zur Herabsetzung weiblicher Personen.
Eine leichte Aufwertung des Wortes, allerdings nur im Zusammenhang mit der Prostitution, entwickelte sich erst zum Ausgang der 1980er Jahre. Im Zuge des Kampfes um die gesellschaftliche Anerkennung ihres Gewerbes als Beruf begannen Prostituierte, den Begriff als positive Selbstbezeichnung zu verwenden. Als wertneutrale Fremdbezeichnung sollte jedoch weiterhin der Ausdruck *Prostituierte* verwendet werden.

Hütte Baracke, Bude, Verschlag, Bretterverschlag, Blockhaus, Schuppen, Häuschen; *landsch.:* Kate
hutz(e)lig
1. runzelig, zerfurcht, zerschründet, verhutzelt, welk, faltig, knittrig, verschrumpelt, schrumpelig, zerknittert; *ugs.:* zerknautscht
2. alt, bucklig
Hyäne
1. → Xanthippe
2. → Halsabschneider
hybrid → eingebildet
Hybris → Dünkel
Hygiene
1. Körperpflege, Gesundheitspflege
2. Sauberkeit, Reinlichkeit
hygienisch
1. sauber, rein, reinlich
2. steril, keimfrei, gesundheitsfördernd
Hymne Festgesang, Lobgesang, Weihelied, Kirchenlied
Hype Trubel, Tumult, Aufruhr, Aufsehen, Wirbel
hypen hochjubeln, puschen, groß herausbringen, betonen; *geh.:* propagieren; *ugs,:* über den grünen Klee loben, Wirbel machen/betreiben
Hyperlink Link, (elektronischer) Verweis, Querverweis
hypnotisieren in Hypnose versetzen, in Trance versetzen, willenlos/widerstandslos machen
Hypothek Grundschuld, Anleihe, Grundstücksbelastung, Verschuldung, Belastung
Hypothese (wissenschaftliche) Annahme, Voraussetzung, Unterstellung, Feststellung, Behauptung, Präsumtion, Supposition, These, Vermutung, Mutmaßung
hysterisch nervenschwach, neurasthenisch, gereizt, hektisch, fiebrig, leicht erregbar/reizbar, cholerisch, aufbrausend, übernervös, aufgeregt, überreizt

ich die eigene Person, das Ego/Selbst, mein Inneres, ich für meinen Teil, was mich angeht/betrifft, meine Wenigkeit
ichbezogen egozentrisch, selbstbezogen, selbstsüchtig, selbstisch, ichsüchtig, egoistisch, eigennützig, geltungsbedürftig, nur an sich denkend, ichbefangen
Ichsucht → Selbstsucht
ideal
1. vollkommen, den höchsten Vorstellungen entsprechend, mustergültig, vorbildlich, beispiellos, erstklassig, einwandfrei, trefflich, vollendet, perfekt, göttlich, unvergleichbar, hervorragend, unerreicht, klassisch, unübertroffen, untadelig, makellos, das Beste, traumhaft, fantastisch, mit allen Vorzügen, bestmöglich, wie im Bilderbuch, sehr gut, vorzüglich, herrlich, exzellent, blendend, glänzend, prächtig, ausgezeichnet, grandios, wunderbar; *ugs.:* prima, toll, klasse, fabelhaft, dufte
2. wie geschaffen für, geeignet, passend, gegeben, berufen, richtig; *ugs.:* goldrichtig
Ideal Vorbild, Leitbild, Traumbild, höchstes Ziel, Richtschnur, Leitstern, Leitfigur, Wunschbild, Muster, Musterbild, Modell, Idol, Abgott, Inbegriff, Maßstab, Idee
idealisieren verklären, verschöne(r)n, verherrlichen, beschönigen, schönfärben, glorifizieren, vergolden, als angenehm/glücklich erscheinen lassen, schwärmen von, in höchsten Tönen reden; *ugs.:* in den Himmel heben
Idealismus
1. Begeisterung, Schwärmerei, Enthusiasmus, Überzeugung, Inbrunst, Feuer, Eifer, Schwung, Elan, Überschwang, Passion, Romantik; *geh.:* Engagement
2. Nächstenliebe, Hingebung, Hingabe, Aufopferung, Einsatzbereitschaft
Idealist Schwarmgeist, Schwärmer, Träumer, Fantast, Illusionist, Weltverbesserer, Utopist, Romantiker, Fanatiker, Himmelsstürmer, Eiferer, Mystiker
idealistisch
1. träumerisch, schwärmerisch, hochfliegend, wirklichkeitsfern, lebensfremd, weltfremd, weltverloren, weltentrückt, unrealistisch
2. selbstlos, altruistisch, edelmütig, aufopferungsvoll, hingebungsvoll, uneigennützig, engagiert, leidenschaftlich
Idee
1. Gedanke, Einfall, Vorstellung, Impuls, Eingebung, Geistesblitz, Funke, Intuition, Erleuchtung, Gag, Inspiration
2. Urform, Urbild, Leitgedanke, Leitmotiv, Grundvorstellung, Grundgedanke, Grundgerüst, Gehalt, Gedankengut, Abstraktion, Begriff, Substanz, Essenz, Bedeutung
3. eine Idee ein wenig/bisschen/Quäntchen/Hauch/Schuss, etwas, eine Kleinigkeit/Prise/Spur/Winzigkeit, nicht viel
4. fixe Idee Einbildung, Imagination, Kopfgeburt, Fantasiegebilde, Fiktion, Vorstellung, Wunschvorstellung; *ugs.:* Marotte, Schrulle, Spleen, Tick, Verrücktheit, Fimmel; *Med.:* Zwangsvorstellung, Wahnvorstellung, Manie, Komplex, Neurose
ideell nur gedacht, geistig, vorgestellt, begrifflich, gedanklich, abstrakt, ungegenständlich, unkörperlich, metaphysisch, irreal, theoretisch, imaginär, angenommen, fiktiv, immateriell, abgezogen, hypothetisch
ideenarm → fantasielos
ideenreich einfallsreich, erfindungsreich, fantasievoll, gedankenreich, geistreich, schöpferisch, spritzig, witzig, genial, erfinderisch, kreativ, originell, produktiv, konstruktiv, findig
identifzieren
1. erkennen, wiedererkennen, feststellen, bestimmen, festhalten, vermerken
2. sich identifzieren mit etwas zu seiner eigenen Sache machen, sich gleichsetzen mit, auf eine Stufe stellen, sich hineinversetzen, Parallelen ziehen, sich einfühlen in, voll übereinstimmen mit
identisch völlig gleich, ein und dasselbe, eins, übereinstimmend, gleichartig, kongruent, unterschiedslos, deckungsgleich, konvergierend, ununterscheidbar, gleichbedeutend, sich deckend, zusammenfallend, homogen, wesensgleich

Identität
1. Gleichheit, Übereinstimmung, Wesenseinheit, Deckung, Kongruenz, Konformität, Analogie
2. Personalien, Personalangaben, Personaldaten

Ideologie Auffassung, Wertauffassung, Weltanschauung, Denkweise, Denkart, Grundeinstellung, Sinnesart, Weltbild, Gesinnung, Lebensansicht, Philosophie, Anschauungsweise, Meinung, weltanschauliche Konzeption

Idiom Redewendung, Formel, feststehender Ausdruck, feste Wendung/Formulierung/Wortfügung/Wortverbindung, Redensart

Idiot
1. → Wahnsinniger
2. *ugs. für:* Dummkopf, Schwachkopf, Ignorant, Hohlkopf, Nichtskönner, Nichtswisser, Stümper, Tölpel, Kretin, Narr, Hanswurst, Tropf, Tor; *ugs.:* Dummerjan, Flachkopf, Spatzengehirn, Wasserkopf, Holzkopf, Nulpe, Schafskopf, Kindskopf, Kohlkopf, Einfaltspinsel, Depp, Pflaume, Esel, Hammel, Stiesel, Kamel, Schaf, Ochse, Affe, dumme Ziege/Kuh/Gans, dummes Huhn, Pfeifenkopf, Blödian, Blödmann, Trottel, Pinsel, Armleuchter, Dussel, Gipskopf, Quatschkopf, trübe Tasse, doofe/hohle/taube Nuss; *derb:* Rindvieh, Arsch, Arschloch, Saftsack, Hornochse, dummer Sack

idiotensicher *ugs. für:* leicht, nicht schwierig, ohne Schwierigkeiten/Mühe, mühelos, (sehr) einfach, spielend, babyleicht, kinderleicht, ein Kinderspiel, problemlos, mit Leichtigkeit, unproblematisch, unkompliziert, simpel, ohne Komplikationen; *ugs.:* aus dem Handgelenk, mit einem Griff/dem kleinen Finger, mit links, ein Klacks, im Schlaf, kein Kunststück

Idiotie
1. → Wahnsinn
2. Unsinn, Nonsens, Unding, Quatsch, Wahnwitz; *ugs.:* Blödsinn, Schmarren, Humbug, Kappeskram, wirres/sinnloses/dummes Zeug

idiotisch
1. geisteskrank, (geistig) umnachtet, wahnsinnig, schwachsinnig, irrsinnig, debil, irre, unzurechnungsfähig; *geh.:* imbezil; *Med.:* phrenetisch; *ugs.:* verrückt, verblödet, närrisch, meschugge, plemplem, damisch, mall, nicht dicht, gaga
2. dumm, blöd, blödsinnig, töricht, ohne Verstand

Idol Götzenbild, Gott, Abgott, Halbgott, Götze, Ideal, Angebeteter, Leitbild, Vorbild, Trendsetter, Leitstern, Schwarm, Liebling, Publikumsliebling, Kultfigur, Kultstar, Heros, Held

Idyll Beschaulichkeit, Harmonie, Ruhe, Idylle (i)

Idylle
1. Hirtendichtung, Schäferdichtung
2. → Idyll (i)

idyllisch harmonisch, friedvoll, malerisch, paradiesisch, romantisch, schön, beschaulich, friedlich, heimelig, lauschig, still gelegen, verträumt, abgeschieden, ländlich, pastoral; *geh.:* bukolisch

Ignorant
1. Unwissender, Dummkopf, Nichtwisser, Nichtskönner, Stümper, Hohlkopf, Schwachkopf, Einfaltspinsel
2. Desinteressierter, Teilnahmsloser

Ignoranz Unwissenheit, Unkenntnis, Ignorantentum, Nichtwissen, Unerfahrenheit, Ahnungslosigkeit, Desinformiertheit, Uninformiertheit, Dummheit, Einfältigkeit

Idyll und Idylle

Das Wort *Idyll* (von griech. *eidyllion* »Bildchen, Darstellung aus dem Leben der Hirten«) steht vor allen Dingen für das Bild eines beschaulich-friedlichen Lebens, das zumeist mit einer ländlichen oder dörflichen Umgebung in Verbindung gebracht wird. Darüber hinaus steht der Begriff für diese Art des Lebens selbst. In einer scherzhaften Verwendung kann *Idyll* auch komisch-beschauliche Bilder oder Szenen beschreiben.
Der Begriff *Idylle* besitzt fachsprachlich eine andere Bedeutung. Er bezeichnet eine lyrisch-dramatische oder lyrisch-epische Dichtung, die den ländlichen Frieden und das beschauliche Leben einfacher, natürlicher Menschen schildert. Die *Idylle* ist also eine literarische Gattungsform, die ein *Idyll* beschreibt. Trotz dieses Bedeutungsunterschieds kann *Idylle* auch als Synonym für *Idyll* verwendet werden.

ignorieren nicht beachten/zur Kenntnis nehmen/ansehen, unbeachtet lassen, überhören, übersehen, keine Notiz nehmen von, missachten, keine Beachtung schenken, hinwegsehen/hinweggehen über, die Augen verschließen vor, nicht wissen wollen, außer Acht lassen, keines Blickes würdigen, wie Luft behandeln, vernachlässigen, mit Nichtachtung strafen, meiden, umgehen, übergehen, die kalte Schulter zeigen, jmdn. nicht sehen wollen, nicht mehr kennen, abrücken/sich abwenden von, sich hinwegsetzen über, nicht eingehen auf; *ugs.:* schneiden, links liegen lassen ⓘ

ignorieren: Die Formen der Missachtung

Jemanden oder etwas *ignorieren* bedeutet *nicht beachten* beziehungsweise *nicht zur Kenntnis nehmen,* wobei dies stets absichtlich geschieht. Das lateinische Fremdwort wird in gehobener Sprache gebraucht. Der Aspekt der Willkür kommt auch in den Redewendungen *mit Nichtachtung strafen, keines Blickes würdigen* oder *wie Luft behandeln* zum Ausdruck sowie dem eher umgangssprachlichen *die kalte Schulter zeigen.* Die Verben *überhören* und *übersehen* weisen auf das jeweils involvierte Sinnesorgan. *Die Augen verschließen* impliziert auch, etwas womöglich Unangenehmes *nicht wissen wollen.* Dagegen kann *hinwegsehen über* auch bedeuten, einen Fehler oder ein Missgeschick entschuldigend zu *übersehen.*
Ist *ignorieren* damit verbunden, dass man es an notwendiger Sorgfalt fehlen lässt, kann man als Synonym *vernachlässigen* einsetzen. *Sich hinwegsetzen über* bedeutet bestimmte Regeln oder Abmachungen *übergehen.* Der Ausdruck *abrücken von* ist *ignorieren* im Sinn von *missachten* bisheriger Verabredungen oder Positionen. In der Umgangssprache verwendet man für *jemanden ignorieren* auch den Ausdruck *schneiden* oder die Redensart *links liegen lassen.* In beiden Fällen geht es bildlich gesprochen darum, absichtlich zu verletzen. *Jemanden links liegen lassen* heißt, sich nicht um eine Person zu kümmern, sie nicht (mehr) kennen zu (wollen) oder nicht zu grüßen.

illegal → gesetzwidrig

illegitim
1. unrechtmäßig, unredlich, unmoralisch, unzulässig, nicht vertretbar, unkorrekt
2. außerehelich, nichtehelich, vorehelich, unehelich; *ugs.:* ledig (Kind)

illiquid → zahlungsunfähig

illoyal untreu, treulos, unredlich, unsolidarisch, falsch, vertragsbrüchig

illuminieren erleuchten, festlich erleuchten, beleuchten

Illusion Selbsttäuschung, trügerische/falsche Hoffnung, Einbildung, Imagination, Fantasiegebilde, Vorstellung, Erfindung, Traumgebilde, Trugbild

illusorisch
1. trügerisch, scheinbar, unrealistisch, irreal, illusionär, schimärisch, unwirklich, falsch, nur in der Illusion bestehend, irreführend, fantastisch
2. → aussichtslos

Illustration
1. Abbildung, Bebilderung, Bildbeigabe, Bildschmuck, Illustrierung, Bild
2. Veranschaulichung, Erläuterung, Demonstration, Verdeutlichung

illustrativ anschaulich, bildhaft, leicht verständlich, eingängig, sprechend, deutlich, veranschaulichend, lebensnah

illustrieren
1. bebildern, mit Bildern versehen/ausschmücken/auflockern
2. → veranschaulichen

Illustrierte Zeitschrift, Journal, Magazin; *abwertend:* buntes Blatt/Blättchen

Image Bild, Charakterbild, Ruf, Ansehen, Nimbus, Prestige, Namen, Renommee, Reputation

imaginär eingebildet, unwirklich, vorgestellt, fiktiv, theoretisch, gedacht, angenommen, hypothetisch, abgezogen, erdacht, erfunden, irreal

imbezil
1. → idiotisch
2. → dumm

Imbiss
1. Zwischenmahlzeit, Stärkung, Erfrischung, Kleinigkeit; *ugs.:* Happen, Happenpappen, Bissen, Fast Food, Snack; *landsch.:* Brotzeit; *österr.:* Jause
2. Imbissbude, Imbissstube, Imbissstand, Schnellrestaurant; *ugs.:* Pommesbude, Frittenschmiede

Imitation Nachahmung, Reproduktion, Nachbildung, Kopie, Abguss, Wiedergabe, Abklatsch, Plagiat, Fälschung, Doublette,

Anleihe, Falsifikat, Verdoppelung
imitieren → nachahmen
imitiert unecht, gefälscht, nachgemacht, kopiert, nachgeahmt, nachgebildet, plagiiert, künstlich, falsch
Imker Bienenzüchter
immanent innewohnend, darin enthalten, eigen; *geh.:* inhärent
immateriell unkörperlich, unstofflich, → übersinnlich
immatrikulieren, sich sich an der Hochschule/Universität anmelden/einschreiben/eintragen; *österr.:* sich inskribieren
immens
1. unermesslich, sehr groß, riesig, beträchtlich, mächtig, ungeheuer, gigantisch, riesengroß, enorm, gewaltig, kolossal, überdimensional
2. → sehr
immer dauernd, anhaltend, ununterbrochen, unablässig, ständig, endlos, ohne Pause/Ende/Unterbrechung, immerfort, stets, Tag für Tag, Tag und Nacht, rund um die Uhr
immerfort → immer
immerhin
1. wenigstens, auf jeden Fall, jedenfalls, jedoch, aber, freilich, allerdings, wohl, zwar, schließlich
2. trotz allem
immerwährend konstant, ewig, fest, krisenfest, krisensicher, für alle Zeiten, dauerhaft, zeitlebens, anhaltend, andauernd, nie endend, unendlich, unaufhörlich, unauslöschlich, unzerstörbar, bis in alle Ewigkeit, immerdar, unsterblich, unvergänglich; *geh.:* ad infinitum
immerzu → dauernd
Immigrant Einwanderer, Zuwanderer, Übersiedler, Umsiedler, Einsiedler, Asylbewerber, Migrant, Flüchtling
immigrieren einwandern, zuwandern, ansässig werden, zuziehen, einreisen, sich ansiedeln
Immobilien Grundbesitz, Grundstücke, Häuser, unbewegliches Vermögen, Grundeigentum, Liegenschaften, Grund und Boden; *geh.:* Latifundien; *österr.:* Realitäten
immun
1. unempfindlich, widerstandsfähig, geschützt, gefeit, resistent, nicht anfällig, abwehrfähig, geimpft
2. unantastbar, rechtlich unantastbar, vor Strafverfolgung geschützt/sicher, unter Immunität stehend
Imperialismus Großmachtstreben, Hegemoniestreben, Weltmachtstreben, Expansionsstreben, Expansionsdrang, Unterwerfung, Annektionismus
impertinent unverschämt, frech, ungehörig, dreist, unverfroren, ungezogen, ungebührlich, ungehobelt, schamlos, anmaßend, gemein, grob, beleidigend, ausfallend, patzig, unhöflich; *ugs.:* nassforsch
Impetus Antrieb, Drang, Schwung, Verve, Dynamik, Elan, Temperament, Stoßkraft, Triebkraft, Begeisterung, Drift, Drive; *ugs.:* Schmiss, Zug, Fahrt
impfen
1. schutzimpfen, eine Impfung vornehmen, immunisieren, immun machen, vorbeugen
2. *ugs. für:* jmdn. auf etwas vorbereiten
implantieren → transplantieren
implizieren einbeziehen, einschließen, erfassen, nach sich ziehen, enthalten, umfassen, umgreifen, in sich fassen, bergen, beinhalten, hineinziehen, verwickeln, in Zusammenhang/Verbindung bringen, in sich schließen, mit sich bringen, zur Folge haben
implizit inbegriffen, mit einbezogen/eingeschlossen, einschließlich, eingerechnet, innewohnend, anhaftend
imponieren großen Eindruck machen, Bewunderung/Achtung/Anerkennung hervorrufen, beeindrucken, bestechen, gefallen, zusagen, faszinieren, Wirkung haben auf
importieren einführen, aus dem Ausland beziehen/einführen
imposant
1. imponierend, eindrucksvoll, stattlich, einprägsam, tiefgehend, nachhaltig, unvergesslich, einschneidend, sensationell, wirkungsvoll, effektvoll
2. → außergewöhnlich
impotent
1. zeugungsunfähig, unfruchtbar, infertil, steril
2. *ugs.:* unvermögend, untüchtig, unbegabt, unproduktiv, untauglich, ungeeignet, unschöpferisch, schwach, kraftlos, einfallslos, außerstande
Impotenz
1. Zeugungsunfähigkeit, Erektionsschwäche, Manneschwäche; *ugs.:* Dauerhänger
2. → Unfähigkeit

imprägnieren wasserdicht/wasserundurchlässig machen, tränken, sättigen, vor Wasser/Zerfall schützen
Impression Eindruck, Sinneseindruck, Empfindung, Gefühlseindruck, Wahrnehmung, Sinneswahrnehmung
Improvisation
1. Stegreiferfindung, Stegreifdarbietung, Stegreifspiel, Extempore, Einfall
2. Impromptu, Fantasie
improvisieren fantasieren (Musik), aus dem Stegreif/unvorbereitet ausführen, aus dem Boden stampfen, rasch herstellen; *ugs.:* aus dem Handgelenk schütteln
improvisiert unvorbereitet, frei, aus dem Stegreif/Handgelenk, ohne Vorbereitung/Probe/Übung, auf Anhieb
Impuls → Antrieb
impulsiv
1. rasch, lebhaft, heftig, leidenschaftlich, leicht erregbar, triebhaft, vehement, hitzig, jäh, ungestüm
2. spontan, einem plötzlichen Antrieb folgend, unbesonnen, unüberlegt, unbedacht, blindlings, ohne Überlegung, übereilt, leichtfertig, leichtsinnig, vorschnell
imstande sein in der Lage/gewachsen/mächtig/fähig sein, vermögen, sich verstehen auf, beherrschen, können; *ugs.:* bringen
in
1. innerhalb, innermitten, im Bereich, zwischen, unter, mittendrin
2. binnen, während, im Laufe/in der Zeit/im Verlauf von
3. modern, aktuell, zeitgemäß, im Trend liegend, modisch; *ugs.:* trendy, hip
inadäquat → unangebracht
Inbegriff Verkörperung, Inbild, Urbild, Prototyp, Inkarnation, Ausbund, Musterfall, Archetyp, Personifikation, Gipfel
inbegriffen eingeschlossen, einschließlich, einbegriffen, inklusive, mitgerechnet, eingerechnet, zuzüglich, samt, mit, plus
Inbrunst → Leidenschaft
inbrünstig voller Inbrunst, leidenschaftlich, inständig, aus tiefster Seele, von ganzem Herzen, intensiv, glühend, flammend, innig, passioniert, eifrig, nachdrücklich, eindringlich, sehnlich, flehentlich
indem
1. während, solange, dieweil, indes, als, derweil, währenddessen, indessen, unterdessen
2. dadurch/damit dass
indes, indessen
1. unterdessen, inzwischen, mittlerweile, währenddessen, währenddem, derweilen, in der Zwischenzeit, dazwischen, dabei, zwischenzeitlich
2. während, indem, solange, dieweil, derweil, als
3. doch, jedoch, aber, wogegen, hingegen, demgegenüber, dagegen, freilich, allein, trotzdem
Index
1. Verzeichnis, Stichwortverzeichnis, Tabelle, Liste, Register, Katalog, Nomenklatur, Zusammenstellung, Aufstellung, Sachweiser
2. Kennziffer, Unterscheidungsziffer (Mathematik), Messzahl (Statistik), Vergleichszahl, Messziffer
indezent → indiskret
Indianer Rothaut, Uramerikaner, Indio
indifferent
1. unbestimmt, undifferenziert, unscharf, ungeklärt
2. → gleichgültig
indigen eingeboren, einheimisch
indigniert unwillig, empört, peinlich berührt, entrüstet, aufgebracht über, ungehalten, schockiert, böse, verärgert, erbost, wütend, grimmig, erbittert, außer sich, erzürnt, verdrossen, missgestimmt, grantig
indirekt mittelbar, auf Umwegen, nicht direkt/unmittelbar, unausgesprochen, unartikuliert, ungesagt, verblümt, andeutungsweise, in Andeutungen, verschleiert, verhüllt, verkappt, verklausuliert, durch Vermittlung; *ugs.:* hintenherum, durch die Blume
indiskret neugierig, nicht verschwiegen, gesprächig, taktlos, unsensibel, unhöflich, unangemessen, indezent, ohne Taktgefühl/Feingefühl
indiskutabel nicht der Erörterung/Diskussion/Rede wert, keinesfalls in Frage kommend, nicht zur Debatte stehend, ausgeschlossen, unmöglich, unausführbar
indisponiert unpässlich, elend, unwohl, nicht gesund, in schlechter Verfassung, nicht in Form; *ugs.:* nicht fit/auf der Höhe
Individualist Einzelgänger, Sonderling, Nonkonformist, Außenseiter, Eigenbrötler, Original; *ugs.:* Subjektivist; *scherzh.:* Marke

Individualität
1. Eigenart, Originalität, Wesensart, Exklusivität, Besonderheit, Eigenständigkeit, Eigenheit, Charakter, Charakteristikum, Einmaligkeit, Spezifikum, Einzigartigkeit, Natur, Wesen, Eigenschaften
2. Persönlichkeit, Mensch, Geschöpf, Charaktergestalt, Person, Subjekt

individuell
1. persönlich, auf die Person bezogen, von der Person abhängig, eigen, subjektiv, mich betreffend
2. spezifisch, verschieden, jedesmal anders
3. einzigartig, besonders, mit besonderer Note, in besonderer Weise, originell, speziell, einmalig

Individuum Einzelmensch, Einzelperson, Einzelwesen, Subjekt, Geschöpf, Wesen, Gestalt, Figur, Erdenbürger, Erdensohn

Indiz Hinweis, Zeichen, Anzeichen, Anhaltspunkt, Beweis, Verdachtsgrund, Verdachtsmoment

indoktrinieren manipulieren, beeinflussen, Einfluss nehmen, umerziehen, lenken, agitieren, politisieren, ideologisch durchdringen

Industrie
1. Massenherstellung, Massenfabrikation, Massenproduktion, maschinelle Produktion
2. Großtechnologie
3. Wirtschaft, Unternehmerschaft

Industrieller → Fabrikant

in extenso → ausführlich

infam niederträchtig, unverschämt, gemein, schändlich, ehrlos, niedrig, schäbig, schmutzig, schuftig, ruchlos, erbärmlich, böse, boshaft, schimpflich, schmählich, feige; *abwertend:* schurkisch, hundsföttisch, hundsgemein; *ugs.:* schofel(ig), dreckig, mies

Infanterist Fußsoldat; *ugs.:* Landser, Muschkote, Sandhase

infantil kindisch, zurückgeblieben, kindlich, unentwickelt, unterentwickelt, unreif; *ugs.:* zurück, blöd

Infektion Ansteckung, Übertragung, ansteckende Krankheit, Infizierung, Infekt, Entzündung

infernalisch höllisch, teuflisch, diabolisch, satanisch, dämonisch, Entsetzen erregend, schrecklich, grauenvoll, scheußlich, grässlich, schauerlich, furchtbar, zum Fürchten, horrend, abscheulich, grauslich, widerlich

Inferno
1. Hölle, Schattenreich, Ort der Finsternis/Verdammnis, Hades Orkus
2. Katastrophe, Unglück, Tragödie, Fiasko, Verhängnis

infertil → unfruchtbar

infiltrieren
1. eingeben, einflößen, einträufeln, einfüllen
2. unterwandern, durchsetzen, eindringen, einschleusen
3. einsickern, durchtränken

infizieren anstecken, verseuchen, übertragen

infizieren, sich befallen/krank werden, sich anstecken, sich etwas zuziehen, bekommen; *ugs.:* sich etwas holen, etwas fangen/schnappen/aufschnappen/aufgabeln, sich etwas einfangen

in flagranti auf frischer Tat, dabei, überraschend, unvorbereitet, unerwartet

Inflation Geldentwertung, Preissteigerung, Abwertung, Kaufkraftminderung

infolge wegen, aufgrund, anlässlich, zwecks, dank, weil, bedingt durch, kraft, aus

infolgedessen folglich, also, deshalb, deswegen, darum, somit, daher, aus diesem Grunde, aufgrund dessen, sonach, demgemäß, ergo

Information Unterrichtung, Benachrichtigung, Aufklärung, Mitteilung, Nachricht, Bekanntmachung, Bekanntgabe, Bulletin, Meldung, Äußerung, Bescheid, Angabe, Bericht, Erklärung, Auskunft, Antwort, Aufschluss, Hinweis, Belehrung

informativ belehrend, aufschlussreich, lehrreich, vielsagend, erhellend, wissenswert, interessant, aufklärend, fördernd, Aufklärung/Einblicke bietend, lesenswert, sehenswert, hörenswert, erwähnenswert, erzählenswert, sehenswürdig, bildend; *geh.:* instruktiv

informieren
1. aufklären, einführen, einweihen, briefen, orientieren, die Augen öffnen, vertraut machen mit, Aufschluss geben, in Kenntnis/ins Bild setzen, belehren, instruieren, Auskunft erteilen; *ugs.:* jmdm. reinen Wein einschenken
2. Nachricht/Auskunft/Bescheid geben, unterrichten, verständigen, benachrichtigen, wissen lassen, unterbreiten, eröffnen, eine Mitteilung/Mel-

dung machen, mitteilen, sagen, melden, kundgeben, kundtun, kundmachen, bekanntmachen, bekanntgeben, Bericht erstatten/geben, berichten, erzählen, vermitteln, übermitteln, hinweisen/aufmerksam machen auf, auf dem Laufenden halten
3. → anvertrauen, sich

informieren, sich sich Einblick/Kenntnis/Klarheit/einen Überblick verschaffen, wissen wollen, um Aufschluss/Auskunft bitten, zu ermitteln suchen, sich umhören, sich unterrichten, fragen, nachfragen, Erkundigungen einziehen, sich Informationen beschaffen, auskundschaften

informiert sein → kennen

infrage kommen beachtet/berücksichtigt/in Betracht gezogen werden, relevant/geeignet sein, passen, entsprechen

infrage stellen zweifeln, anzweifeln, bezweifeln, in Zweifel ziehen, skeptisch sein, misstrauen, schwanken, unsicher sein, wanken, argwöhnen, beargwöhnen, Argwohn hegen

Ingredienzien Zutaten, Bestandteile, Elemente, Komponenten, Zubehör, Beimengungen, Beimischungen, Beiwerk

Ingrimm Ärger, Zorn, Grimm, Raserei, Entrüstung, Aufgebrachtheit, Furor, Verdrossenheit, Wut, Erbitterung, Aufwallung; *ugs.:* Rage, Stinkwut

Inhaber Eigentümer, Besitzer, Eigner, Herr, Wirt, Halter

inhaftieren festnehmen, verhaften, arretieren, unschädlich/dingfest machen, einsperren, in Haft/Verwahrung/Gewahrsam nehmen

Inhalt: Volumen, Essenz und Substanz

Für den deutschen Begriff *Inhalt* gibt es eine Reihe sinnverwandter Fremdwörter, die das deutsche Wort besonders treffend ersetzen können.
In der Physik bezieht man sich mit dem Ausdruck *Volumen* auf den Rauminhalt. Im Sinne eines Endergebnisses oder einer Schlussfolgerung wird der wesentliche Inhalt einer Sache als *Essenz* beziehungsweise *Quintessenz* bezeichnet. Mit dem Wort *Tenor* meint man im übertragenen Sinn eine inhaltliche Grundstimmung. Der Begriff *Content* bezieht sich besonders auf Inhalte, die im Internet, bei Onlinediensten oder in Datenbanken verfügbar sind. Der Ausdruck *Substanz* wird im übertragenen Sinn vor allem mit Bezug auf das innerste Wesen oder den Kern einer Sache gebraucht.

Inhaftierter → Gefangener

Inhaftierung → Verhaftung

inhalieren Dämpfe/Rauch einziehen/einatmen/einsaugen, Lungenzüge machen; *ugs.:* auf Lunge rauchen

Inhalt
1. Füllung, das Verpackte
2. Gehalt, Kern, Substanz, Content, Gedankengut, Essenz, Quintessenz, Sinn, Bedeutung, das Mitgeteilte/Ausgedrückte, Botschaft, Mitteilung, Gedankenhalt, Ideengehalt, Wesen ⓘ

Inhaltsangabe Zusammenfassung, Kurzfassung, Übersicht, Resümee

inhaltsleer → geistlos

inhaltsreich gehaltvoll, inhaltsvoll, substanzhaltig, substanziell, geistreich, aussagekräftig, bedeutungsvoll, vielsagend, ausdrucksvoll, ausdrucksstark, geistreich, ideenreich

Inhaltsstoff Bestandteil, Zutat, Element, Komponente, Zubehör, Beiwerk; *geh.:* Ingredienz

Inhaltsverzeichnis Register, Verzeichnis, Sachverzeichnis, Übersicht, Zusammenstellung

inhärent anhaftend, innewohnend, eigen, immanent, darin enthalten

inhuman unmenschlich, unbarmherzig, rücksichtslos, brutal, barbarisch, bestialisch, roh, grausam, unsozial, kaltblütig, erbarmungslos, schonungslos, herzlos, seelenlos, entmenscht

Initiative
1. Entschlusskraft, Unternehmungsgeist, Entschlossenheit, Tatkraft, Aktivität, Energie, Willensstärke, Stoßkraft, Schwung
2. Aktionsgruppe, Arbeitskreis, Interessengemeinschaft
3. Antrieb, Anregung, Anstoß, Impuls

Initiator Urheber, Gründer, Begründer, Schöpfer, Anstifter, Vater, Anreger, Motor; *geh.:* Spiritus Rector

initiieren → anregen

injizieren spritzen, einspritzen, eine Spritze/Injektion geben

Inkarnation
1. Fleischwerdung, Verleiblichung, Menschwerdung
2. → Inbegriff
inklusive → inbegriffen
inkognito anonym, unerkannt, unter falschem Namen/einem Pseudonym/einem Decknamen/anderem Namen, unbekannt, ohne Angabe des Namens/Namensnennung, ungenannt
inkommodieren → stören
inkompetent
1. unbefugt, unberechtigt, nicht zuständig/verantwortlich/maßgebend/bevollmächtigt/autorisiert
2. unfähig, außerstande, einfallslos, unvermögend, untauglich, ungeeignet, nicht gewachsen
inkonsequent
1. unbeständig, wankelmütig, schwankend, unstet, flatterhaft, wetterwendisch, wechselhaft, sprunghaft
2. folgewidrig, unlogisch, widerspruchsvoll, widersprüchlich
inkorrekt → falsch
inländisch einheimisch, hiesig, von hier
inliegend → beiliegend
inmitten
1. im Zentrum/Herzen von, in der Mitte von, zentral, im Mittelpunkt/Kern, mitten in
2. während, bei
innehaben bekleiden, verwalten, ausüben, einnehmen, besitzen, versehen sein mit, amtieren, tätig sein als, verfügen über, in Händen haben
innehalten aufhören, unterbrechen, aussetzen, einhalten, stoppen, einstellen, stehen bleiben, stocken, eine Pause einlegen, zögern
innen
1. im Innern, inwendig, drinnen, darin, innerhalb
2. → anbei
Innenleben → das Innere
Innenstadt Zentrum, Stadtmitte, Stadtkern, Stadtzentrum, City, das Stadtinnere; *schweiz.:* Innerstadt
Innere, das
1. das Innerste, Mitte, Tiefe, Zentrum, Kern, Herz, Seele, Wesen, Psyche, Seelenleben, Gefühlsleben, Innenleben, Innenwelt; *scherzh.:* Innereien
2. Interieur, Innenraum, Inneneinrichtung, Innenausstattung, Zubehör
Innereien Eingeweide, Gedärme, Kaldaunen, Gekröse, Kutteln, Geschlinge
innerhalb
1. im Bereich, in, inmitten
2. binnen, während, im Laufe/in der Zeit/im Verlauf von
innerlich
1. im Innern, drinnen, inwendig
2. → empfindsam
innewerden bemerken, feststellen, gewahren, erkennen, wahrnehmen, aufmerksam werden, sehen, einsehen, entdecken, spüren, herausfinden, gewahr werden
innewohnen enthalten/immanent/inhärent/eigen/darin sein, in sich fassen, bergen, einschließen
innig
1. herzlich, tiefempfunden, sehr nah, warmherzig, eng
2. → inständig
Innovation → Neuerung
innovativ neu, einfallsreich, schöpferisch, kreativ, ideenreich, produktiv, originell, gestalterisch, fantasievoll
Innung Zunft, Gilde, Handwerkerverein
inoffiziell vertraulich, nicht amtlich/öffentlich, außerdienstlich, inoffiziös, intern
in puncto hinsichtlich, betreffend, in Bezug auf, bezüglich, was das betrifft/angeht/anbelangt, zu der Frage, betreffs
Insasse
1. Fahrgast, Mitfahrender, Beifahrer, Passagier
2. Hausbewohner, Heimbewohner, Mieter
3. → Gefangener
insbesondere → besonders
Inschrift Aufschrift, Text, Beschriftung
in sein modern/en vogue/aktuell/up to date/in Mode/der letzte Schrei/der Dernier cri/neu sein, tonangebend, führend, bestimmend, avantgardistisch, maßgebend; *ugs.:* angsagt, hip, trendy, trendig
Insel Eiland, Atoll, Sandbank, Schäre
Inserat → Anzeige
inserieren annoncieren, eine Anzeige/Annonce/ein Inserat aufgeben, anzeigen, bekanntmachen, bekanntgeben, werben, anbieten, in die Zeitung setzen
insgeheim im Stillen/Geheimen, still und leise, im Verborgenen, heimlich, in aller Heimlichkeit; *ugs.:* hintenherum
insgesamt im Ganzen, zusammen, alles in allem, pauschal, summa summarum, gesamt, alles eingerechnet, vollends, total, ganz; *ugs.:* unter dem Strich

I

Insider Kenner, Eingeweihter, Vertrauter, Geheimnisträger, Sachkenner, Wissender
insistieren → bestehen auf
insofern
1. in dieser Hinsicht, deshalb, deswegen, aufgrund dessen, aus diesem Grund, demzufolge, mithin, somit, sonach, darum, diesbezüglich, hinsichtlich, in Bezug auf, was das betrifft/angeht/anbelangt
2. falls, wenn, für/gesetzt den Fall, vorausgesetzt
in spe künftig, zukünftig, hinfort, kommend, später, in Zukunft
Inspektion → Kontrolle
Inspiration Einfall, Idee, Gedanke, Eingebung, Erleuchtung
inspirieren → anregen
inspizieren kontrollieren, prüfen, nachprüfen, überwachen, abnehmen, begutachten, sich vergewissern; *ugs.:* unter die Lupe nehmen
Inspizierung → Kontrolle
installieren anbringen, anschließen, einbauen, einsetzen, montieren, befestigen, festmachen, anmachen
installieren, sich → einrichten
instand funktionierend, funktionstüchtig, intakt, unbeschädigt, ganz, heil, unversehrt, in Ordnung, mangelfrei
instand halten in Ordnung halten, pflegen, warten, schonen, hüten, umsorgen, betreuen, konservieren, schützen, erhalten
Instandhaltung Erhaltung, Fürsorge, Pflege, Unterhaltung, Konservierung, Wartung, Hege, Schutz, Aufrechterhaltung
inständig flehend, flehentlich, inbrünstig, innig, eindringlich, fest, sehnlich, intensiv, nachdrücklich, emphatisch, von ganzem Herzen, beschwörend, kniefällig, fußfällig, demütig, stürmisch, ernsthaft, aus tiefster Seele
instand setzen → reparieren
Instanz zuständige Behörde/Stelle, Obrigkeit, Amt, Dienststelle, verhandelndes Gericht, Amtsweg, Dienstweg
Instanzenweg → Dienstweg
Instinkt
1. → Trieb
2. Gespür, Spürsinn, Scharfsinn, Gefühl, Empfindung
instinktiv
1. gefühlsmäßig, unbewusst, intuitiv, emotional, emotionell, sicher, nachtwandlerisch
2. triebmäßig, instinktbedingt, über den Instinkt, durch den Instinkt geleitet, instinktsicher
Institution (öffentliche) Einrichtung, Anstalt, Organisation
instruieren
1. anleiten, unterweisen, anweisen, lehren, leiten, anlernen
2. → informieren
instruktiv → informativ
Instrument Gerät, (feines) Werkzeug, Apparat, Gerätschaft, → Mittel
insuffizient ungenügend, mangelhaft, leistungsunfähig, schwach, unzulänglich, ungeeignet, unvermögend, unzureichend, unbefriedigend, dürftig
inszenieren
1. in Szene setzen, eine Aufführung vorbereiten/gestalten, ausrichten, organisieren, arrangieren, ins Werk setzen, einstudieren, zur Durchführung bringen; *ugs.:* machen, aufziehen, auf die Beine stellen, über die Bretter/Bühne gehen lassen
2. → anstiften
intakt in Ordnung, funktionierend, unbeschädigt, ganz, instand, heil, unversehrt, unverletzt, wohlbehalten, einwandfrei, rund, solide; *ugs.:* in Schuss
integer charakterfest, redlich, makellos, sauber, rechtschaffen, ordentlich, achtbar, anständig, unbescholten, vertrauenswürdig, korrekt, einwandfrei, untadelig, solide, in Ordnung, ohne Makel, unbestechlich
integrieren zusammenschließen, zusammenfassen, eingliedern, einfügen, einflechten, einbetten, einpassen, vereinigen, vereinen, verbinden, einverleiben; *ugs.:* unter einen Hut bringen, zusammenbringen
Intellekt Verstand, Geist, Denkfähigkeit, Erkenntnisfähigkeit, Geisteskraft, Scharfsinn, Urteilskraft, Denkvermögen
intellektuell geistig, verstandesmäßig, wissend, reflektiert, gebildet, kritikfähig, urteilsfähig, begrifflich
Intellektueller Verstandesmensch, Geistesarbeiter, Kopfarbeiter, Wissenschaftler, Gelehrter, Geistesschaffender, Akademiker, Denker; *abwertend:* Bildungsphilister, Intelligenzler, Eierkopf
intelligent klug, einsichtig, gescheit, scharfsinnig, gelehrig, begabt, vernunft-

begabt, aufgeweckt, umsichtig, lernfähig, kombinationsfähig, denkfähig, verständig, geistreich, geistvoll; *ugs.:* helle, nicht auf den Kopf gefallen, mit Köpfchen, fix im Kopf
Intelligenz → Klugheit
intendieren → beabsichtigen
intensiv
1. angespannt, angestrengt, konzentriert, gesammelt, mit größter Anstrengung/Kraft, unter Aufgebot aller Kräfte, angeregt, aufmerksam
2. heftig, stark, fest, ernsthaft, tief, erschöpfend, umfassend, groß, hochgradig, eindringlich, nachdrücklich, nachhaltig, gründlich, durchdringend, massiv
intensivieren steigern, verstärken, erhöhen, erweitern, ausbauen, vertiefen, vorantreiben, ankurbeln, aktivieren, verdoppeln, vervielfachen, forcieren; *ugs.:* Druck/Dampf dahintersetzen, in die Höhe bringen, anheizen
Intention → Absicht
intentional zweckbestimmt, zielgerichtet, absichtlich, vorsätzlich, beabsichtigt, bewusst, gewollt, wohlweislich
Interaktion Wechselbeziehung, Verhältnis, Kommunikation, Zusammenhang, Interdependenz
interaktiv wechselwirkend, wechselweise, korrelierend, verknüpfend, verbindend
interessant
1. informativ, aufschlussreich, lehrreich, erhellend, vielsagend, Aufklärung/Einblicke bietend
2. → außergewöhnlich

Interesse: Über Vorliebe, Nachfrage und Einfluss

Das lateinische Fremdwort *Interesse* bezeichnet die *Anteilnahme* oder die *Aufmerksamkeit,* die man einem Gegenstand oder einer Person entgegenbringt. Es geht also um *Neugier, Wissbegierde* und *Achtsamkeit.* Einem Thema, dem man besondere *Beachtung* schenkt, gilt mithin auch die *Sympathie.* In diesem Sinn werden *Neigung/Zuneigung* und *Vorliebe* als Synonyme für *Interesse* gebraucht.
Umgangssprachlich ist der Ausdruck *Hang,* gehoben *Faible. Gemeinsame Interessen* sind also *gleiche Vorlieben.* Schließlich ist *Interesse* auch ein Ausdruck für *Belange* und *Angelegenheiten,* es steht mithin für *Vorteil* oder *Nutzen. Jemandes Interessen vertreten* heißt, *seine Belange wahrnehmen.*
In der Kaufmannsprache wird das Wort auch im Sinn von *Nachfrage* gebraucht. Die Frage zum Beispiel *Haben Sie Interesse an einem Fernsehgerät?* bedeutet hier »Wollen Sie ein Fernsehgerät kaufen?«. Ein *Interessent* ist in diesem Zusammenhang also ein Kunde. Was für einen Menschen *von Interesse* ist, ist für ihn *von Wichtigkeit.* Durch Zusätze lässt sich der Begriff *Interesse* weiter präzisieren.
Als *Privatinteresse* bezeichnet man *persönliche Vorlieben/Belange.* Der soziologische Begriff *Klasseninteresse* steht für das Interesse einer bestimmten Gesellschaftsklasse, das durch deren Bedürfnisse definiert ist. Unter *Sonderinteresse* versteht man das Interesse eines Einzelnen oder einer Gruppe, das sich mit dem der Gemeinschaft nicht in Einklang befindet. *Interessengemeinschaft* oder *Interessengruppe* nennt man besonders in der Wirtschaft einen Zusammenschluss zur Wahrung gemeinsamer *Belange. Interessensphäre* steht in der Politik für den *Einflussbereich* eines Staates.

3. einträglich, lohnend, günstig, vorteilhaft, Gewinn bringend, nutzbringend
4. → fruchtbar
5. anregend, beflügelnd, unterhaltsam, ansprechend, anziehend, reizvoll, attraktiv
6. spannend, fesselnd, mitreißend, packend, faszinierend
Interesse
1. Anteil, Anteilnahme, Aufmerksamkeit, Beachtung, Augenmerk, Beteiligung, Neugier, Gespanntheit, Eifer, Achtsamkeit, Hingabe, Lerneifer, Wissbegier(de), Teilnahme, Wissensdurst
2. Neigung, Vorliebe, Hang, Tendenz, Sympathie, Faible, Zuneigung, Zug
3. Vorteil, Nutzen, Belange, Angelegenheiten
4. Gewicht, Wichtigkeit, Belang, Wert, Bedeutung, Rang (i)
interesselos → gleichgültig
Interessent
1. → Bewerber
2. kauflustiger Kunde, Käufer
interessieren
1. Interesse/Aufmerksamkeit/Neugierde/Anteil/Anteilnahme wecken, fesseln, in seinen Bann ziehen, anregen, jmdn. gewinnen für

2. sich interessieren für Interesse haben/sich erwärmen/begeistern/sein Herz entdecken für, Wert legen auf, sich interessiert zeigen, interessiert sein an, Beachtung schenken, teilnehmen

Interieur Inneneinrichtung, Innenausstattung, Zubehör, das Innere, Innenraum

Intermezzo Zwischenspiel, Zwischenfall, Begebenheit, Interludium, Vorfall, Episode, Ereignis, Vorkommnis

intern nicht öffentlich, vertraulich, untet dem Siegel der Verschwiegenheit, inoffiziell; *ugs.:* unter uns, im kleinen Kreis

international überstaatlich, zwischenstaatlich, weltweit, weltumfassend, Staaten verbindend, völkerumfassend, global, nicht national begrenzt

Internet Netz, Net, (World Wide) Web; *ugs.:* Datenautobahn

Internetanbieter → Internetprovider

Internetauftritt Homepage, Website, Webpräsenz, Internetsite, Onlineauftritt, Webadresse, Internetadresse

Internetfirma Dot-Com-Firma, Dot-Com-Unternehmen, Internetunternehmen

Internetprovider Provider, Onlineprovider, Internetanbieter

Internetseite Webseite, Page, Seite

Internetsite → Internetauftritt

internieren hinter Stacheldraht/Gitter bringen, in ein Konzentrationslager sperren, → festnehmen

Interpretation
1. → Auslegung
2. künstlerische Wiedergabe, Darstellung, Präsentation, Aufführung, Verständnis

interpretieren deuten, auslegen, erklären, herauslesen, deuteln, erläutern, explizieren, klarmachen, begreiflich/verständlich machen, aufschließen, aufzeigen, erleuchten; *ugs.:* verdeutschen

Intervall Zwischenzeit, Zwischenraum, Lücke, Zeitabstand, Zeitspanne, Pause, Distanz

intervenieren eingreifen, dazwischentreten, sich einmischen, sich einschalten, Einspruch erheben, protestieren, vermitteln, ein Wort einlegen für, sich ins Mittel legen, sich verwenden für; *ugs.:* dazwischenfahren, dazwischenfunken

Interview Fragegespräch, Befragung, Umfrage, Unterredung

interviewen ein Interview machen, ausfragen, befragen, Fragen stellen, verhören, aushorchen, ausforschen, eine Umfrage halten; *ugs.:* bohren

intim
1. vertraut, innig, eng, liiert, freundschaftlich, familiär, wohlbekannt, gewohnt, heimisch, warm, tief, sehr nah
2. sehr genau, fundiert, sicher, gesichert, begründet, zuverlässig, verbürgt
3. gemütlich, heimelig, behaglich, traulich
4. persönlich, verborgen, geheim, privat, nicht für fremde Ohren bestimmt

Intimus → Freund

intolerant unduldsam, engstirnig, dogmatisch, unaufgeschlossen, starr, unflexibel, doktrinär, borniert, eng, engherzig, voreingenommen, voller Vorurteile; *ugs.:* kleinkariert, zu, versperrt, vernagelt, verbohrt

Intoleranz → Vorurteil

intrigant arglistig, hinterlistig, heimtückisch, hinterhältig, hinterrücks, falsch, unaufrichtig, doppelzüngig, bösartig, boshaft, böswillig, niederträchtig, verschlagen, verlogen, link, missgünstig; *geh.:* perfide, maliziös; *derb:* hinterfotzig

Intrigant Quertreiber, Ränkeschmied, Denunziant, Drahtzieher, Hintermann, Hetzer, Rädelsführer; *ugs.:* Strippenzieher; *veraltend:* Kolporteur

Intrige Verwicklung, Machenschaft, Ränke, Arglist, Hinterlist, Intrigenspiel, Ränkespiel, Hinterhältigkeit, Verschlagenheit, Schliche, Winkelzug, Doppelspiel, Manöver, Quertreiberei; *poet.:* Kabale

intrigieren Ränke spinnen/schmieden, einen gegen den anderen ausspielen, Verwicklungen inszenieren; *ugs.:* kungeln

introvertiert nach innen gerichtet/gekehrt/gewendet, verschlossen, unzugänglich, zugeknöpft, undurchdringlich, zurückhaltend, schweigsam, verschwiegen, still

Intuition Eingebung, Erleuchtung, Inspiration, Geistesblitz, Funke, Ahnung, Instinkt, Spürsinn; *ugs.:* Riecher

intuitiv gefühlsmäßig, instinktiv, unbewusst, nachtwandlerisch

Das ist ja irre!

Das Adjektiv *irre* leitet sich von dem lateinischen Wort *errare* (= »irren«) ab. Das althochdeutsche *irri* heißt so viel wie *verirrt, verwirrt* und *erzürnt,* das mittelhochdeutsche *irre* oder *erre* fügt die Bedeutung »vom rechten Weg abgekommen« hinzu. Entsprechend dieser Entwicklung wurden vor allem geistig erkrankte Menschen als *irre* bezeichnet. Diese Verwendungsweise sollte heute allerdings vermieden werden, da *irre* in diesem Bezug nahezu ausschließlich als negativ und herabsetzend angesehen wird.
Ebenso sollten Begriffe wie *geistesgestört* und *geisteskrank* umgangen werden. Der Ausdruck *geistig behindert* ist dagegen wertneutral. Unproblematisch ist allerdings der umgangssprachliche Gebrauch des Wortes *irre* in Ausrufen wie »Das ist ja irre!« oder »Du fährst irre schnell!«.

Inuk *ugs.:* Eisbewohner, Polarbewohner, Eskimo
invalid(e) schwerbeschädigt, arbeitsunfähig, erwerbsunfähig, dienstunfähig, körperbehindert, versehrt; *abwertend:* verkrüppelt
Invalide → Körperbehinderter
invariant → dauerhaft
Invasion Einfall, Eindringen, Einmarsch, Überfall, Überrumpelung, Besetzung, Angriff
Inventar Bestand, Bestandsverzeichnis, Besitzstand, Fundus, Mobiliar, Einrichtung, Einrichtungsgegenstände, Vermögenswerte, Ausrüstung, Ausstattung, Lager, Lagerbestand, Hausrat, Hab und Gut; *ugs.:* Klamotten, Siebensachen
Inventur Bestandsaufnahme, Jahresabschluss
investieren
1. anlegen, aufwenden, zur Verfügung stellen, ausgeben, verausgaben; *ugs.:* Geld in etwas stecken/reinstecken
2. anwenden, aufbieten, einsetzen, hineinstecken, mobilisieren, daransetzen, opfern
Investition Geldanlage, Kapitalanlage, Investierung
Investor Anleger, Kapitalanleger, Geldanleger
Involvement Engagement, Verbundenheit, Teilnahme, Anteilnahme, Beteiligung
involvieren einschließen, enthalten, einbegreifen, in sich schließen/fassen/begreifen, mit sich bringen, nach sich ziehen, bergen, implizieren, beinhalten
involviert sein in eine Sache verwickelt/hineingezogen sein
inwendig im Innern, innen, drinnen, innerlich, innerhalb
inwiefern → warum
Inzucht Inzest, Blutschande
inzwischen unterdessen, mittlerweile, währenddessen, derweil(en), solange, in der Zwischenzeit, währenddem, dazwischen, zwischenzeitlich, einstweilen, zwischendurch
irdisch
1. diesseitig, vergänglich, erdgebunden, eitel, weltlich, zeitgebunden, endlich, begrenzt, profan, säkular, fleischlich, leiblich
2. terrestrisch
irgendeiner irgendwer, irgendwelcher, jemand, gleichgültig wer, eine Person, ein x-Beliebiger, jeder
irgendwann einmal, eines (schönen) Tages, gleichgültig wann, früher oder später, irgendeinmal, über kurz oder lang
irgendwer → irgendeiner
irgendwie so oder so, gleichgültig wie, auf die eine oder andere Weise
irgendwo an irgendeiner Stelle/irgendeinem Ort/Platz, gleichgültig/egal wo
Ironie → Spott
ironisch spöttisch, voll Ironie, beißend, mokant, mit feinem Spott, sarkastisch, zynisch, höhnisch, spitz, bissig, anzüglich, scharfzüngig, spitzzüngig, boshaft, verletzend; *ugs.:* frotzelnd
irre
1. *abwertend für:* (geistig) behindert
2. → sehr
3. → großartig ⓘ
irreal unreal, unwirklich, traumhaft, fantastisch, illusorisch, eingebildet, utopisch, imaginär, wirklichkeitsfremd, unrealistisch, hoffnungslos, vergeblich, aussichtslos
irreführen → täuschen
Irreführung → Täuschung
irregehen
1. → irren, sich
2. sich verirren, einen falschen Weg einschlagen, den Weg verfehlen, fehlgehen, die Orientierung/Richtung verlieren, vom Weg abkommen/abirren, sich verlieren, sich verlaufen
irregulär
1. → gesetzwidrig
2. außerplanmäßig, regel-

widrig, ungewöhnlich, unüblich, unregelmäßig, anormal, atypisch, abnorm
irreleiten → täuschen
irrelevant unbedeutend, unwichtig, unwesentlich, unerheblich, belanglos, nebensächlich
irreligiös → ungläubig
irremachen verunsichern, beirren, in Zweifel stürzen, unsicher machen, verwirren, durcheinanderbringen, aus dem Konzept/in Verwirrung/aus der Fassung bringen, verlegen/kopfscheu/konfus machen, konsternieren, irritieren, verstören; *ugs.:* drausbringen, den Kopf verdrehen
irren, sich fehlgehen, fehlschlagen, Fehler machen, sich täuschen, sich im Irrtum befinden, sich verrechnen, sich versehen, sich verkalkulieren, verkennen, danebenliegen, auf der falschen Fährte sein, einen falschen Weg einschlagen, irregehen, verblendet/im Irrtum sein, in die Irre gehen; *ugs.:* sich zwicken, sich vertun, sich verhauen, auf dem Holzweg sein, danebenhauen, danebenschießen, sich schneiden, sich brennen, sich vergaloppieren, auf dem falschen Dampfer sitzen, schiefgewickelt sein, schiefliegen, sich verbiestern
Irrenanstalt *abwertend für:* Nervenklinik
Irrer *abwertend für:* (geistig) Behinderter
Irrgarten Labyrinth, Irrgang
irrig
1. → falsch
2. abwegig, fremd, weithergeholt, unlogisch, unsinnig, ohne Sinn und Verstand, unzutreffend, irrtümlich
irritieren → irremachen
Irrsinn
1. → Wahnsinn
2. → Unsinn
irrsinnig
1. → wahnsinnig
2. → sehr
Irrtum Versehen, Fehlgriff, Fehler, Denkfehler, Inkorrektheit, Lapsus, Fehlschluss, Trugschluss, Missgriff, Schnitzer, Unrichtigkeit, Täuschung, Fehlurteil, Verkennung, Fehleinschätzung, Verrechnung; *ugs.:* Bock, Patzer
irrtümlich fälschlich, fälschlicherweise, → unabsichtlich
Irrweg Abweg, Abirrung; *ugs.:* Holzweg
Isolation → Einsamkeit
isolieren
1. absondern, aussondern, vereinzeln, abspalten, ausschließen, scheiden, trennen, separieren, sondern, entfernen, ausstoßen, eliminieren, aussperren, ausnehmen, verbannen, aufs Abstellgleis schieben, in den Hintergrund/ins Abseits drängen
2. abdichten, abdämmen
isolieren, sich → abkapseln, sich
isoliert abgesondert, vereinzelt, getrennt, abgetrennt, separat, für sich, apart, extra, allein, einsam, beziehungslos, kontaktlos, ohne Freunde/Beziehung/Gesellschaft/Andere, abgeschnitten, mutterseelenallein, verlassen, zurückgezogen, abgeschlossen, ausgeschlossen, vereinsamt

J

ja
1. sicher, natürlich, jawohl, aber ja, selbstverständlich, gewiss, freilich, bestimmt, auf jeden Fall, jedenfalls, gut, einverstanden; *ugs.:* okay, in Ordnung, geht in Ordnung, klar, ist geritzt, abgemacht, gebongt, o. k.
2. nur, bloß, auf keinen Fall
3. doch, einmal, nun einmal, eben, einfach
4. sogar, selbst, geradezu, mehr noch, auch, darüber hinaus, dazu, überdies, zugleich

Jacke Jackett, Joppe, Sakko; *landsch.:* Rock; *österr.:* Janker

Jackett → Jacke

Jagd
1. Jägerei, Pirsch, Weidwerk, Hatz, Treibjagd, Hetzjagd
2. Suche, Verfolgung, Hetze, Fahndung, Kesseltreiben, Nachstellung

Jagdfrevler Wilderer, Wilddieb, Wildschütz

Jagdgebiet Revier, Jagdrevier, Gehege

jagen
1. auf die Jagd/Pirsch gehen, Jagd machen auf, pirschen, nachstellen, treiben, Wild erlegen/zur Strecke bringen
2. suchen (Verbrecher), verfolgen, zu fangen suchen, fahnden nach, hetzen, jmdm. nachsetzen/nachjagen, hinterher sein, hinterherjagen, sich an jmds. Fersen heften
3. rasen, rennen, stürmen, stürzen, preschen, hasten, sausen; *ugs.:* fegen, flitzen, schwirren, stieben, wetzen, pesen

Jäger Weidmann, Jägersmann

Jägerlatein → Lügenmärchen

jäh
1. plötzlich, unerwartet, unvermutet, unversehens, unvermittelt, unvorhergesehen, ungeahnt, unverhofft, überraschend, auf einmal, mit einem Mal, schlagartig
2. steil, abfallend, abschüssig, schroff, schräg, absteigend

jahrelang viele Jahre, mehrjährig, langjährig, seit Jahren, lange

jähren, sich nach einem Jahr wiederkehren/sich wiederholen

Jahresbeginn Neujahr, Jahresanfang, 1. Januar

Jahrestag Gedenktag, Jubiläum, Ehrentag

Jahreswende Silvester, Jahresende, Jahresausklang, 31. Dezember, Jahreswechsel; *landsch.:* Altjahrestag

Jahrgang Altersgruppe, Altersstufe, Altersklasse, Geburtsjahr, Generation

jährlich in jedem Jahr, jedes Jahr, alljährlich, alle Jahre wieder, Jahr für Jahr, jahraus jahrein, pro Jahr, von Jahr zu Jahr

Jahrmarkt Volksfest, Dult, Kirmes, Kirchweih; *landsch.:* Dom, Wasen, Messe; *ugs.:* Rummel; *österr.:* Kirtag

jähzornig aufbrausend, auffahrend, aufschäumend, wütend, rasend, zornig, hitzig, reizbar, cholerisch, unbeherrscht

Jalousie Rolllade, Rouleau, Rollo, Fensterschutz, Jalousette, Fensterladen, Sonnenblende

Jammer
1. Klagen, Wehklagen, Wehgeschrei, Gejammer, Lamentation; *ugs.:* Gejammere, Lamento
2. Leid, Unglück, Kummer, (tiefer) Schmerz, Last, Qual, Bürde, Marter, Pein, Martyrium, Gram, Sorge, Drangsal, Kümmernis

jämmerlich
1. kläglich, gering, dürftig, knapp, kümmerlich, nicht viel, kaum genug, schäbig, lumpig, schmal, mager, spärlich, karg
2. schauderhaft, schauerlich, erbärmlich, schrecklich, abscheulich, bitter, bitterlich, furchtbar, horrend, heillos, abgründig, verzweifelt, entsetzlich

jammern
1. wimmern, winseln, klagen, wehklagen, weinen, quäken, lamentieren, schluchzen, stöhnen, ächzen, sich beschweren, Schmerz/Trauer/Unzufriedenheit äußern, in Klagen ausbrechen, ein Jammergeschrei erheben, die Hände ringen; *ugs.:* jaulen, heulen, flennen, plärren, greinen, brüllen, quengeln, ein Klagelied anstimmen; *landsch.:* maunzen, zatschen
2. beklagen, beweinen, betrauern, trauern um/über, untröstlich sein ⓘ

jammerschade sehr schade, ein Jammer, unerfreulich, beklagenswert, bedauerlich

jammervoll kläglich, elend, erbärmlich, miserabel, bedauernswert, bemitleidenswert, arm, armselig, ärmlich, Mitleid erregend,

jammern: Von wimmern bis plärren

Jammern und *(weh)klagen* kann sich in unterschiedlicher Lautstärke und Intensität abspielen. *Wimmern* und *winseln* bedeutet leise *jammern* oder kläglich *weinen*. *Schluchzen* heißt dagegen stoßweise und laut *weinen*. Auch *lamentieren* impliziert lautes Klagen. *Quäken* ist ein jammerndes Schreien. In der Formulierung *ein Jammergeschrei erheben* ist die Lautstärke bereits enthalten. *Die Hände ringen* bezeichnet die Geste des Jammerns. Bei den Wendungen *Schmerz/Trauer/Unzufriedenheit äußern* steht nicht die Art, sondern der Grund des Jammerns im Mittelpunkt.
Umgangssprachliche Ausdrücke wie *jaulen* und *heulen* übertragen Tierlaute in die menschliche Sphäre. *Flennen* ist ein abwertendes Wort für *jammern*. *Quengeln* bedeutet *weinerlich nörgeln* und wird meist im Zusammenhang mit Kindern verwendet. Dies gilt auch für den schwäbischen Ausdruck *maunzen*, der auch für das Miauen von Katzen gebraucht wird. Wenn Kinder laut und *eindringlich jammern* spricht man auch von *plärren*. In poetischer Sprache steht *greinen* für *jammern*. *Etwas bejammern* bedeutet, es *sehr bedauern/beklagen*. *Jemandem etwas vorjammern*, heißt *jammernd etwas erzählen*.
Katzenjammern ist eine ganz bestimmte Art des Jammerns: Wer das tut, hat nach durchzechter Nacht einen Kater. Er bietet möglicherweise auch ein *Bild des Jammers*, also einen traurigen Anblick. Der Ausdruck *jammerschade* steht für sehr/besonders schade.

herzzerreißend, herzbewegend, herzergreifend, herzzerbrechend

japsen *ugs. für:* nach Luft/Atem ringen, keuchen, schnaufen, pusten, schnauben

Jasager *abwertend für:* Mitläufer, Heuchler, Kriecher, Schmeichler, Opportunist, Linientreuer, Wendehals, Abnicker; *derb:* Speichellecker, Arschkriecher

jäten Unkraut entfernen/rupfen/ausrupfen, von Unkraut befreien; *landsch.:* krauten

Jauche *landsch.:* Gülle, Odel, Pfuhl, Pudel; *österr.:* Adel

jauchzen → jubeln

jaulen heulen, wimmern, winseln

Jause → Imbiss

jawohl → ja

Jawort Zustimmung, Zusage, Einwilligung, Einverständnis, Billigung

je
1. jemals, irgendwann
2. jeweils, pro, von jedem, à, jedesmal

Jeans Bluejeans, Jeanshose, Baumwollhose

jeck → verrückt

jedenfalls jedoch, freilich, allerdings, in jedem Fall, immerhin, schließlich, wenigstens, wie auch immer, auf jeden Fall

jeder alle, sämtliche, jedermann, jedweder, allesamt, alle möglichen

jedermann → jeder

jederzeit → dauernd

jedesmal immer wenn, in jedem Fall, dauernd

jedoch doch, aber, dagegen, indessen, trotzdem, dennoch, gleichwohl, allein, nichtsdestoweniger

jemals überhaupt einmal, irgendwann, je

jemand irgendeiner, irgendwer, eine Person, sonst einer, irgendjemand

jener der da/dort, dieser, derjenige

jenseits auf der anderen Seite, drüben, am anderen Ende/Ufer, gegenüber, entgegengesetzt

Jenseits Himmelreich, Gottesreich, Paradies, Ewigkeit, ewige Seligkeit

Jesus Christus, Heiland, Messias, Erlöser, Retter, Erretter, Gottessohn, Lamm Gottes, Gekreuzigter, Menschensohn, Schmerzensmann, der gute Hirte; *poet.:* Seelenbräutigam

Jet Düsenflugzeug, Düsenjet, Düsenmaschine, Düsenjäger

Jetset → High Society

jetzig augenblicklich, gegenwärtig, derzeitig, heutig, momentan, aktuell, gegeben

jetzt nun, augenblicklich, momentan, im Augenblick/Moment, zur Zeit/Stunde, gerade (eben), gegenwärtig, derzeit, just, aktuell, heute

Jetzt → Gegenwart

jeweils immer, jedes Mal, je

Job → Arbeit

Joch
1. Last, Bürde, Kreuz, Belastung, Schwere, Gewicht, Bedrückung
2. Knechtschaft, Repression, Sklaverei, Drangsalierung, Unterdrückung, Unterjochung, Unfreiheit, Versklavung, Knebelung, Zwang, Fessel

joggen dauerlaufen, langlaufen, rennen

Jogging Fitnesslauf, Geländelauf, Waldlauf, Dauerlauf
Johannisbeere Johannestraube; *österr.:* Ribisel; *landsch.:* Träub(e)le
johlen grölen, lärmen, schreien, kreischen, brüllen; *ugs.:* Krach/Konzert machen, röhren, quäken, krakeelen
Joint
1. Zigarette, Haschischzigarette; *ugs.:* Doobie, Torpedo, Trompete, Tüte, Rohr
2. **einen Joint rauchen** → kiffen
Joint Venture Gemeinschaftsunternehmen, Gemeinschaftsarbeit, Zusammenschluss, Zusammenarbeit
Jokus → Scherz
jonglieren
1. im Gelichgewicht/in der Balance halten
2. lavieren, taktieren, diplomatisch/geschickt/vorsichtig vorgehen
Joppe → Jacke
Journal Zeitschrift, Illustrierte, Magazin, Gazette
Journalist Reporter, Redakteur, Publizist, Pressemann, Zeitungsmann, Berichterstatter, Korrespondent, Zeitungsschreiber; *abwertend:* Lohnschreiber
jovial wohlwollend, gönnerhaft, leutselig, freundschaftlich, gnädig, entgegenkommend, gutgesinnt, wohlmeinend, kulant
Jubel
1. Freude, Begeisterung, Enthusiasmus, Freudentaumel, Freudenausbruch, Freudengeheul, Freudensturm, Gejubel, Jauchzen, Gejauchze, Frohlocken
2. → Beifall
jubeln jubilieren, jauchzen, frohlocken, juchzen, Freudenschreie ausstoßen, triumphieren, strahlen, glücklich sein, sich freuen, Luftsprünge machen, einen Freudentanz aufführen, jmdm. hüpft das Herz vor Freude/lacht das Herz; *ugs.:* sich freuen wie ein Schneekönig, juhuen, vor Freude an die Decke springen, Hurra schreien
Jubiläum Jahrestag, Ehrentag, Gedenktag
jubilieren → jubeln
juchzen → jubeln
jucken kribbeln, prickeln, krabbeln, kitzeln, beißen, kratzen; *ugs.:* pieken
Jude Hebräer, Israelit, Bar-Mizwa
Judendiskriminierung → Antisemitismus
Judenvernichtung → Holocaust
Jugend
1. Jugendzeit, Jugendalter, Entwicklungsjahre, Reifejahre, Blütezeit, Adoleszenz; *poet.:* Lenz des Lebens
2. die jungen Leute/Jugendlichen, das Jungvolk; *ugs.:* junges Gemüse, die Kids
jugendlich → jung
Jugendlicher Teenager, Teenie, Heranwachsender, Halbwüchsiger, junge Frau, junger Mann, Jüngling; *veraltet:* Backfisch
Julikäfer Grüner Maikäfer
jung
1. jugendlich, halbwüchsig, klein, heranwachsend, unreif, kindlich, jung an Jahren, unfertig, unerfahren; *ugs.:* grün hinter den Ohren
2. frisch, neu, jungfräulich, unverbraucht, unberührt
Junge
1. Knabe, der Kleine, Bub, Sohn, Kind, Jüngling; *ugs.:* Bursche, Hüpfer, Bengel, Kerl, Knirps, Bürschchen, Wicht, Steppke, Dreikäsehoch
2. → Jüngling
jungen → werfen
Jünger Anhänger, Gefolgsmann, Verehrer, Getreuer, Sympathisant
Jungfrau Jungfer
jungfräulich
1. unschuldig, unbefleckt, unberührt, unverdorben, rein, keusch
2. unbetreten (Land), unerforscht, unentdeckt, unerschlossen
Jungfräulichkeit → Reinheit
Junggeselle Hagestolz, Einspänner, Unverheirateter, Single, Alleinstehender
Jüngling Halbwüchsiger, Bursche, Heranwachsender, Jugendlicher, Teen, Teenager, junger Mann, Junge, Twen, Knabe; *ugs.:* Spund
jüngst → kürzlich
Jüngste(r) Kleinste(r), Nesthäkchen, Küken; *m.:* Benjamin
Junior
1. der Jüngere, Sohn, Juniorchef
2. Youngster, Jungsportler
Junk
1. → Rauschgift
2. → Heroin
Junkie *ugs. für:* Rauschgiftsüchtiger, Drogenabhängiger, Drogensüchtiger, Fixer, Schießer
Jurist Rechtswissenschaftler, Rechtsgelehrter, Anwalt, Rechtsanwalt, Advokat, Rechtsbeistand, Verteidiger
juristisch rechtlich, gesetzlich, de jure, nach dem Recht/Gesetz, rechtswis-

senschaftlich; *österr.:* juridisch

Jury Preisrichter, Preisrichterkollegium, Preisgericht, Schiedsgericht, Kampfgericht (Sport)

just jetzt, nun, augenblicklich, momentan, im Augenblick/Moment, zur Zeit/Stunde, gerade (eben), gegenwärtig, derzeit, aktuell, heute

justieren einstellen, einrichten, regulieren, ausrichten

Justiz Rechtsprechung, Rechtswesen, Rechtspflege, Gerichtsbarkeit, Gerichtswesen, Jurisdiktion, rechtsprechende Gewalt

Justizirrtum Fehlurteil, Fehlentscheidung

Juwel

1. Edelstein, Schmuck, Schmuckstück

2. Kostbarkeit, Schatz, Kleinod, Prachtstück, Prachtexemplar; *ugs.:* wertvoller/tüchtiger Mensch ⓘ

Juwel: Kleinode aller Arten

Das Substantiv *Juwel* gibt es als Maskulinum und als Neutrum. In Abhängigkeit vom Genus ändern sich die Bedeutung und die Pluralform des Wortes.
Mit neutralem oder maskulinem Genus kann *Juwel* einen Edelstein bezeichnen: »Der/das Juwel war wundervoll geschliffen«. Der Plural lautet in diesem Fall *Juwelen:* »Die Juwelen waren mehrere Jahrhunderte alt«. Hingegen bezeichnet nur *das Juwel,* mit neutralem Genus, einen *wertvollen, tüchtigen Menschen* oder auch ein *Kleinod:* »Der Hausmeister erwies sich in jeder Hinsicht als echtes *Juwel*«. In diesem Fall lautet der Plural *Juwele:* »Die klassizistischen Bauten sind *Juwele* der Altstadt«.

Jux Scherz, Schabernack, Spaß, Ulk, Witz, Witzelei, Neckerei, Streich, Spielerei, Clownerie, Unsinn, Humor, Unfug, Eulenspiegelei, Narretei

juxen scherzen, Scherze/Spaß/Ulk/Unsinn/Witze/Dummheiten machen, albern, herumalbern, spaßen, kaspern, witzeln, ulken, narren, Schabernack treiben

K

Kabale → Intrige
kabbeln, sich → streiten, sich
Kabel
1. (elektrische) Leitung, Zuleitung, Draht, Seil
2. *ugs. für:* Kabelanschluss
Kabine
1. Umkleideraum (Bad)
2. Kajüte, Logis, Wohnraum, Schlafraum (Schiff)
Kabinett
1. → Zimmer
2. Rat, Ministerrat, Regierung
Kachel Platte, Tonplatte, Fliese
Kacke → Kot
kacken → Stuhlgang haben
Kadaver Tierleiche, Aas; *Jägerspr.:* Luder
Kader Kerngruppe, Führungsstamm, Leitung; *ugs.:* Macher
Kaff
1. → Dorf
2. → Städtchen
Kaffee Bohnenkaffee, Filterkaffee, Espresso, Mokka; *österr.:* Mocca
Kaffeehaus Café, Kaffeestube, Cafeteria
Kaffeeklatsch Kaffeekränzchen, Kaffeestündchen, Plauderstündchen
Käfig
1. Zwinger
2. Bauer, Vogelbauer, Vogelhaus, Vogelkäfig, Voliere
kahl
1. frei, leer, entblößt; *ugs.:* ratzekahl
2. entlaubt, entblättert
3. unbewachsen, baumlos, versteppt
4. kahlköpfig, glatzköpfig, haarlos; *ugs.:* glatzert
kahlfressen leerfressen, abfressen, abäsen, abweiden, abgrasen, abnagen
kahlköpfig → kahl
Kai
1. Anlegestelle, Hafendamm, Pier, Mole
2. Uferstraße
Kajüte → Kabine
Kakelei → Gerede
Kalamität → Not
Kalauer albernes Wortspiel, Witzelei, dummer/fauler Witz
Kaldaunen Innereien, Eingeweide, Gedärm(e), Gekröse
Kalender Zeitrechnung, Almanach, Jahresweiser, Terminplan
Kalesche → Kutsche
Kaliber
1. Durchmesser, lichte Weite, Stärke
2. Format, Größe, Niveau, Rang, Qualität, Profil, Persönlichkeit, Art
Kalkül
1. Rechnung, Berechnung, Überschlag, Überlegung, Schätzung, Planung, Kalkulation, Voranschlag, Kostenaufstellung
2. Spekulation, Taktik, Politik
Kalkulation Kostenvoranschlag, Kostenplan, Kostenaufstellung, Berechnung, Vorausberechnung, Schätzung
kalkulieren
1. berechnen, errechnen, veranschlagen, festsetzen, ansetzen, überschlagen, taxieren, bemessen, planen
2. überlegen, erwägen, abschätzen, vermuten, spekulieren, annehmen, mutmaßen, ahnen, rechnen mit, erwarten, gefasst sein auf; *ugs.:* tippen, riechen, sich zusammenreimen
kalt
1. kühl, frostig, winterlich, frisch, eisigkalt, eiskalt, bitterkalt, unterkühlt, frostklirrend, abgekühlt, ausgekühlt; *ugs.:* saukalt, hundekalt, lausekalt, schattig
2. gefühlskalt, gefühllos, kaltherzig, hartherzig, herzlos, ohne Gefühl/Mitgefühl/Wärme, lieblos, ungerührt, mitleidlos, seelenlos, erbarmungslos, unfreundlich, distanziert, leidenschaftslos; *ugs.:* fischblütig ⓘ
kaltblütig
1. beherrscht, geistesgegenwärtig, bedacht, gelassen, ruhig, kühl, gefasst, gesetzt, unerschütterlich, besonnen, diszipliniert; *ugs.:* ohne mit der Wimper zu zucken, lässig, cool
2. ungerührt, kaltherzig, unbarmherzig, gnadenlos, brutal, mitleidslos, roh, schonungslos, barbarisch, gefühllos, grausam
Kälte
1. Kühle, Frost, Frische, kalte Jahreszeit, niedrige Temperatur
2. Herzlosigkeit, Gefühllosigkeit, Seelenlosigkeit, Nüchternheit, Frostigkeit, Steifheit, Ungerührtheit, Kaltkeit, Hartherzigkeit
kaltherzig → kalt
kaltlassen uninteressant finden, unbeeindruckt/gleichgültig lassen, an jmdm. abprallen, nichts ausmachen; *geh.:* nicht tangieren
kaltmachen → töten
kaltschnäuzig
1. herzlos, rücksichtslos, frech, kalt, schnöde, kaltlächelnd, unbewegt, ungerührt, schonungslos, er-

kalt: Eine kühle Atmosphäre

Das Adjektiv *kalt* beschreibt einen äußeren Zustand im Sinn von *fühlbar arm an Wärme* und zum anderen bildlich eine innere Befindlichkeit im Sinn von *gefühlskalt*. Die Angabe der Temperatur lässt sich durch die Synonyme dafür differenzieren. *Frisch* und *kühl* bezeichnen einen geringeren Grad von Kälte als *frostig* und *eisig* oder gar die Zusammensetzungen *bitterkalt, eiskalt* und *frostklirrend*.
Umgangssprachlich sind die Ausdrücke *saukalt, lausekalt, hundekalt* sowie das untertreibende *schattig*. Ein anderer Ausdruck für *Winter* ist *die kalte Jahreszeit*. Auch für *kalt* im Sinn von *gefühllos* gibt es Abstufungen. Jemand kann *distanziert* sein, ohne dabei gleich *unfreundlich* zu werden.
Die Synonyme *ohne Mitgefühl/Wärme* oder *leidenschaftslos* beschreiben diese Eigenschaft eher neutral. Begriffe wie *lieblos, herzlos* und *kaltherzig/hartherzig* sind dagegen eindeutig negativ. In stärkerem Maß gilt das noch für *erbarmungslos*. In der Umgangssprache werden die Ausdrücke *jemanden kaltmachen* für »töten« und *jemanden kaltstellen* für »entmachten« gebraucht.
Eine *kalte Dusche* kann wörtlich ein kühles, erfrischendes Brausebad sein, aber auch im übertragenen Sinn für »Ernüchterung« oder »Dämpfer« stehen. *Kalte Füße bekommen* muss nicht unbedingt im Wortsinn heißen, an den Füßen zu frieren, sondern kann bildlich gesprochen bedeuten, dass jemand in eine unangenehme Lage gerät.
Im Wohnungswesen spricht man von *kalter Miete* oder *Kaltmiete,* wenn die Kosten für ein Quartier ohne die Aufwendungen für Heizung, Wasser und Elektrizität gemeint sind. In der Gastronomie versteht man unter *kalte Küche* nicht gekochte Speisen. Aus der Jägersprache kommt der Begriff *kalte Spur/Fährte* für eine Fährte, die mehr als zwei Stunden alt ist und mithin wenig mehr über den Aufenthaltsort eines Tieres verrät.

barmungslos, mitleidslos, unbeeindruckt
2. → brutal

kaltstellen *ugs. für:* seiner Macht berauben, entmachten, entlassen, entthronen, stürzen, des Einflusses berauben, verdrängen, ausbooten, ausstechen, ausschalten, abservieren, abfertigen, absetzen; *ugs.:* abschießen, absägen

Kamel
1. Trampeltier, Wüstenschiff
2. → Dummkopf

Kamera Fotoapparat, Box

Kamerad Freund, Spielgefährte, Schulgefährte, Intimus, Kollege, Genosse, Verbündeter, Vertrauter, Getreuer; *ugs.:* Kumpan, Kumpel, Spezi

Kameradin Gefährtin, Freundin, Verbündete, Vertraute; *ugs.:* Kumpanin, Kumpel

Kameradschaft Freundschaft, Verhältnis, Brüderschaft, Verbundenheit, Verbindung, Beziehung, Bund, Geistesverwandtschaft, Zusammengehörigkeit, Gemeinschaft, Eintracht; *ugs.:* Kumpanei

Kamin
1. Schornstein, Esse, Schlot, Rauchfang
2. offene Feuerstelle; *schweiz.:* Cheminee

Kaminkehrer Schornsteinfeger, Schlotfeger; *österr.:* Rauchfangkehrer; *Kinderspr.:* der schwarze Mann

Kamm
1. Bergrücken, Grat, Scheitel
2. *ugs.:* Läuserechen

kämmen frisieren, die Haare machen, bürsten, das Haar ordnen, sich die Haare/Frisur richten, durchkämmen

Kammer (kleines) Zimmer, Kabäuschen, Mansarde, Gelass, Kabinett; *ugs.:* Kabuff, Bude; *derb:* Loch

Kampagne Feldzug, Aktion, Vorstoß, Unternehmung, Operation, Maßnahme, Wahlkampf

Kampf
1. Gefecht, Schlacht, Krieg, Waffengang, Feindseligkeiten, Fehde, Blutvergießen, Blutbad, Kugelwechsel, Schusswechsel, kriegerische Handlung, Kampfhandlung, Streit, Auseinandersetzung, Schießerei, Plänkelei, Geplänkel
2. Ringen, Streben, Tauziehen, Mühe, Eintreten, Engagement, Hin und Her, Bemühen, Einsatz
3. Bekämpfung, Abwehr, Widerstand, Behauptung
4. Konkurrenz, Rivalität, Wettstreit, Gegnerschaft

kämpfen
1. Krieg führen, ins Feld ziehen, sich schlagen, fechten, streiten, die Schwerter kreuzen, Blut

vergießen, Kugeln wechseln, schießen
2. konkurrieren, rivalisieren, wetteifern
3. mit sich kämpfen unschlüssig/unentschlossen sein, zaudern, zögern, schwanken, zagen, mit sich zu Rate gehen

kämpfen für sich einsetzen, fighten, ringen um, sich engagieren, eintreten/sich starkmachen/Partei ergreifen/Stellung beziehen/einstehen/plädieren für, sich bekennen zu, sich bemühen um, streben nach

kämpfen gegen befehden, bekämpfen, bekriegen, angreifen, attackieren, ankämpfen/vorgehen gegen, entgegentreten, entgegenwirken, anfeinden, zu bezwingen/Herr zu werden suchen, sich zur Wehr setzen, abwehren

Kämpfer
1. Streiter, Verfechter, Pionier, Vorkämpfer, Verteidiger, Schrittmacher, Avantgardist
2. Soldat, Waffenträger, Fechter, Krieger
3. → Draufgänger

kämpferisch
1. kampflustig, kampfmutig, kriegerisch, streitbar, streitsüchtig, angriffslustig, streitlustig, kampfesfreudig, kombattant, militant, aggressiv, martialisch, herausfordernd, provokant, provokativ, offensiv, unfriedlich, händelsüchtig, zänkisch
2. engagiert, eifernd, unverzagt, kühn, stark, heldenmütig, beherzt, wagemutig, draufgängerisch, couragiert, mutig, hitzig

Kampflinie → Kriegsschauplatz

kampflos ohne Widerstand/Gegenwehr, widerstandslos, ohne sich zu wehren

Kampfplatz → Kriegsschauplatz

Kampfrichter Schiedsrichter, Unparteiischer, Referee, Ringrichter (Boxen), Punktrichter, Juror

kampfunfähig besiegt, überwunden, unterworfen, außer Gefecht, überwältigt, erledigt, k. o., schachmatt

kampieren im Freien übernachten, notdürftig/provisorisch wohnen, zelten, lagern, campen, sein Lager/Zelt aufschlagen, absteigen; *österr., schweiz.:* campieren

Kanaille
1. Schurke, Schuft, Lump, Gauner, Halunke, Tunichtgut, Strolch, Schelm, Gangster, Spitzbube, Ganove; *ugs.:* Lumpenkerl, Biest; *derb:* Luder, Dreckstück, Aas, Schweinehund
2. *ugs.:* Biest, Luder, Weibsstück, Hexe; *derb:* Aas, Miststück

Kanal
1. künstlicher Wasserlauf, Wasserstraße, Wasserweg, Meeresstreifen, Wassergraben, Durchgang
2. Frequenzbereich

Kanalisation Abwässersystem, Abflussgraben, Kanalisierung, Regulierung, Entwässerungsgraben, Entwässerungsrinne, Dränierung, Dränage

Kanapee → Sofa

Kandelaber Kerzenleuchter, Kerzenhalter, Kerzenständer, Kerzenträger

Kandidat
1. Anwärter, Bewerber, Aspirant, Bittsteller, Reflektant, Prätendent, Exspektant, Postulant, Antragsteller
2. Prüfling, Examenskandidat, Examinand, Absolvent

kandidieren sich (um ein Amt) bewerben, sich zur Wahl stellen, als Kandidat aufgestellt sein/werden

Kaninchen *ugs.:* Karnickel, Hase, Stallhase

Kannibale
1. Menschenfresser, Wilder
2. → Scheusal

kannibalisch → brutal

Kanon Regel, Richtschnur, Richtlinie, Richtmaß, Leitfaden, Norm, Direktive, Prinzip, Grundsatz, Faustregel, Vorschrift, Rechtsbestimmung, Statut

Kanonade Beschuss, Kugelregen, Kugelhagel, Geschützfeuer, Beschießung

Kanone
1. schweres Geschütz, Flak, Haubitze
2. → Fachmann
3. → Pistole
4. → Champion

Kante Schnittlinie, Nahtstelle, Rand, Ecke

Kanten Brotende, Brotkanten; *landsch.:* Knust, Ranft, Knörzel, Knaus, Käppchen, Kappe; *österr.:* Scherz(el)

kantig eckig, spitz, scharf

Kanzel
1. Cockpit
2. Hochsitz, Ansitz, Hochstand, Anstand

Kanzlei Büro, Anwaltsbüro, Dienststelle, Amtsräume, Office, Behörde

Kapazität
1. Fassungskraft, Fassungsvermögen
2. Aufnahmefähigkeit, Aufnahmevermögen
3. Umfang, Ausmaß, Volumen, Größenordnung, Stärke
4. → Fachmann

Kapelle
1. Orchester, Band, Ensemble, Truppe
2. Gotteshaus, Bethaus, kleine Kirche

Kapellmeister Dirigent, Orchesterleiter

kapern
1. erbeuten, aufbringen, entern, Besitz ergreifen von, in Besitz bringen
2. *ugs. für:* gewinnen für, einfangen, bekommen, locken, erobern, angeln; *ugs.:* breitschlagen, einwickeln, kriegen, herumkriegen

kapieren *ugs. für:* verstehen, erfassen, begreifen, folgen können, erkennen, richtig beurteilen/einschätzen können; *ugs.:* checken, schnallen, raffen, intus kriegen, schalten, dämmern, dahinterkommen, jmdm. geht ein Licht auf, funken; *derb:* es fressen

K

Kapital Geldbesitz, Vermögen, Barschaft, Barvermögen, Finanzen, Geld, Mittel, Guthaben, Ersparnisse, Schatz, Vorrat, Substanz, Bestand

Kapitalanlage Investition, Investierung, Geldanlage

Kapitalertrag Ertrag, Gewinn, Rendite, Zinsen, Dividende

Kapitalist Geldmann, Geldmagnat, Finanzmann, Besitzender, Bankier, Unternehmer, Fabrikant, reicher Mann, Finanzier, Bourgeois, Aktionär, Krösus, Finanzgröße; *ugs.:* Banker; *abwertend:* Geldaristokrat, Bonze, Ausbeuter, Geldsack, Finanzhyäne, Geldhai

Kapitän
1. Spielführer, Mannschaftsführer
2. Flugzeugführer, Pilot

Kapitel Hauptabschnitt, Passus, Stück, Passage, Absatz, Teil, Hauptteil

kapitulieren
1. sich (dem Feind) ergeben, die Waffen strecken/niederlegen, sich geschlagen geben, den Kampf aufgeben, die Flagge/Segel streichen, die Hände heben, sich beugen, zurückstecken, die weiße Fahne hissen, passen; *ugs.:* klein beigeben, in die Knie gehen, die Flinte ins Korn werfen, den Schwanz einziehen, das Handtuch werfen, aufstecken
2. → aufgeben

Kappe
1. Mütze, Barett, Käppi
2. → Kanten

kappen
1. wegschneiden, abschneiden, beschneiden, abstutzen, zurechtstutzen, scheren, kürzen; *ugs.:* beschnippeln, abzwacken
2. durchschneiden, zerschneiden, trennen, durchtrennen

Kaprice Laune, Grille, Kapriole, Schrulle, Mucke, Anwandlung, Einfall, Allüre, Gehabe, Marotte, Getue; *österr.:* Kaprize; *ugs.:* Flausen

kapriziös launenhaft, eigenwillig, eigensinnig, launisch, grillenhaft, bizarr, wetterwendisch, unlenksam; *ugs.:* schrullig

Kapsel
1. Hülse, Gehäuse
2. Tablette, Pastille; *ugs.:* Pille

kaputt
1. defekt, beschädigt, schadhaft, lädiert, angeschlagen, angeknackst, angestoßen, abgestoßen, ramponiert, angehauen, zerrissen, zerbrochen; *ugs.:* aus dem Leim gegangen
2. *ugs. für:* erschöpft, entkräftet, kraftlos, schwach, abgespannt, erschlagen, angeschlagen, angegriffen, entnervt, ausgelaugt, mitgenommen, müde, matt, schlapp, schlaff; *ugs.:* geschafft, erledigt, k. o., abgekämpft, ausgepowert, schachmatt, groggy, fix und fertig

kaputtgehen *ugs. für:* zerbrechen, zersplittern, zerschellen, zerreißen, zerplatzen, zerspringen, zerbersten, entzweien, auseinanderbrechen, zusammenfallen, verderben, aus den Fugen gehen/geraten, eingehen, dorren, verdorren, vertrocknen, abreißen, einreißen, einstürzen, einfallen, zugrunde gehen, sich verbiegen, sich verformen, defekt/unbrauchbar werden; *ugs.:* aus dem Leim/in die Binsen gehen, sich in Wohlgefallen auflösen

kaputtlachen, sich → lachen

kaputtmachen *ugs. für:* zerstören, zerschlagen, zerrütten, zertreten, zertrümmern, zerschmettern, zerreißen, zerdrücken, zerhauen, zerstampfen, zugrunde richten, ruinieren, demolieren, verwüsten, verheeren, herunterwirtschaften, zuschanden/zunichtemachen, untergraben, einwerfen, entzweien, lädieren, in Stücke brechen, beschädigen, unbrauchbar machen, entzweischlagen, einschlagen; *geh.:* destruieren; *ugs.:* ramponieren, zerteppern, zerschmeißen, zertrampeln, kleinkriegen, hinmachen, zusammenschlagen,

zusammenhauen, kurz und klein hauen/schlagen, Kleinholz machen
kaputtmachen, sich *ugs. für:* sich ruinieren, sich zugrunde richten, abwirtschaften, sich zerstören, sich aufzehren, sich verschleißen; *ugs.:* sich umbringen, sich totmachen
Karacho → Geschwindigkeit
Karambolage Zusammenstoß, Zusammenprall, Kollision, Aufprall, Auffahrunfall
karg
1. ertragsarm, unergiebig, dürr, trocken, unfruchtbar
2. → kläglich
kargen → geizen
kärglich → kläglich
kariert gewürfelt, mit Karos gemustert, gekästelt, schachbrettartig
Karikatur Spottbild, Zerrbild, Scherzzeichnung, Scherzdarstellung, Verzerrung, Verhöhnung, Fratze, Entstellung, Persiflage
karikieren ins Lächerliche ziehen, lächerlich machen, verzerren, verhöhnen, verspotten, ironisieren, persiflieren, zur Karikatur machen
karitativ mildtätig, wohltätig, barmherzig, humanitär
Karneval Fasching, Fastnacht, Faschingszeit, Fastnachtszeit, die tollen Tage, die närrische Zeit, die fünfte Jahreszeit
Karnickel → Kaninchen
Karosse Prachtkutsche, Staatskutsche, Equipage, Kalesche, Kremser
Karosserie Wagenaufbau, Wagenoberbau
Karotte Mohrrübe, gelbe Rübe, Möhre; *landsch.:* Gelbrübe, Würzelchen
Karre → Auto

Tickets und andere Karten

Karte kann als Kurzform ganz unterschiedliche Dinge bezeichnen. Eine *Karte* zur Benutzung öffentlicher Verkehrsmittel ist eine *Fahrkarte.* Synonyme sind hier *Fahrschein* und die eher bürokratisch klingenden Bezeichnungen *Fahrausweis* oder *Fahrberechtigung.*
Der französische Begriff *Billett* wird allenfalls noch in gehobener Sprache gebraucht. Das englische *Ticket* ist dagegen zu einem Modewort geworden. *Billett* und *Ticket* können im Zusammenhang mit Veranstaltungen ebenso auch *Karte* im Sinn von *Eintrittskarte* beziehungsweise *Einlasskarte* sein. Eine besondere Form ist dabei die *Kurkarte,* die Zugang zu Angeboten in einem Kurort bietet.
Dient die *Karte* der räumlichen Orientierung, handelt es sich um eine *Landkarte.* Je nach Verwendungszweck sind Differenzierungen möglich: *Wanderkarte, Fahrrad-/Radwegekarte* oder *Straßenkarte.* Im Tourismus ist die *Ansichtskarte* oder *Postkarte* bekannt.
Im Geschäftsleben nutzt man die *Visitenkarte,* auf der Name und Anschrift stehen. *Speisekarte* und *Getränkekarte* verzeichnen ein gastronomisches Angebot, wobei Ausdrücke wie *Dessertkarte* oder *Weinkarte* der Präzisierung dienen. *Menükarte* ist ein gehobener Ausdruck für *Speisekarte.*
Schließlich versteht man unter *Karte* auch eine *Spielkarte,* wobei die Summe der von einem Teilnehmer während eines Spiels gehaltenen *Karten* auch *Blatt* genannt wird. Aus dem Bereich des Spiels kommen auch eine Reihe von teilweise umgangssprachlichen Redewendungen. *Mit offenen Karten spielen* heißt geradeheraus, ehrlich sein. Dementsprechend bedeutet *die Karten offen auf den Tisch legen* seine Absichten deutlich zu erkennen zu geben. Wer *mit verdeckten Karten* spielt, hält seine Absichten geheim. *Mit gezinkten Karten* spielen bedeutet »betrügen«.
Ein Ausdruck für größtes Risiko ist die Redensart *alles auf eine Karte setzen.* Die Wendung *auf die falsche Karte setzen* besagt dagegen »Pech haben«. Ein anderer Ausdruck für »das letzte Mittel einsetzen« ist *die letzte Karte ausspielen.*

Karree Viereck, Quadrat, Rhombus, Karo
Karriere Werdegang, Laufbahn, Lebenslauf, Lebensweg, Fortkommen, Aufstieg, Erfolg, Entwicklung
Karriere machen avancieren, aufrücken, befördert werden, aufsteigen, weiterkommen, vorwärtskommen, emporkommen, Erfolg haben, Fortschritte/seinen Weg/sein Glück machen; *ugs.:* etwas werden, es weit bringen, die Treppe rauffallen
Karte
1. Fahrkarte, Fahrschein, Fahr(t)ausweis, Fahrberechtigung, Ticket; *geh.:* Billett
2. Ansichtskarte, Postkarte
3. Eintrittskarte, Einlasskarte
4. Speisekarte, Speisezettel, Menükarte
5. Spielkarte, Blatt (i)

Kartei Zettelkasten, Zettelkatalog, Kartothek, Verzeichnis
Kartoffel
1. Erdapfel, Erdbirne; *volkst.:* Grundbirne
2. → Nase
Kartoffelpuffer *landsch.:* Reibekuchen, Reibeplätzchen, Kartoffelpfannkuchen, Reiberdatschi
Kartoffelpüree Kartoffelbrei, Kartoffelmus; *landsch.:* Quetschkartoffeln, Kartoffelstampf, Stampfkartoffeln; *österr.:* Erdäpfelkoch, Erdpüree; *schweiz.:* Kartoffelstock
Karton
1. Pappe, Pappendeckel, Steifpapier
2. Schachtel, Pappschachtel, Box
K
Karussell Ringelspiel; *landsch.:* Reitschule; *österr.:* Ringelbahn; *schweiz.:* Rösslibahn
Karzinom Krebs, Krebsgeschwulst, Neoplasma, maligner/bösartiger Tumor, Knoten
Kaschemme (üble) Kneipe, Spelunke; *ugs.:* Pinte, Beisel, Schuppen, Destille, Schwemme
kaschieren verbergen, verdecken, überspielen (Fehler), verschleiern, verdunkeln, verwischen, vernebeln, tarnen, unkenntlich machen
Käse → Unsinn
Käseblatt *abwertend für:* Zeitung
käseweiß → blass
käsig → blass
Kasino
1. Spielbank, Spielhölle
2. Klubraum, Unterhaltungsraum, Gesellschaftsraum
Kaskade Wasserfall, Wassersturz, Katarakt
Kasper(l) → Spaßvogel
Kasperletheater Puppenspiel, Puppentheater, Marionettentheater
Kasse
1. Geldkasten, Geldkassette, Geldschatulle
2. Schalter, Kassenschalter, Zahlstelle, Zahlschalter
3. Geldvorrat, Geldbestand, Finanzen, Barschaft, Geldhaushalt
4. Krankenkasse, Krankenversicherung
Kassenschlager → Bestseller
Kassenzettel Quittung, Rechnung, Kassenbeleg, Bon, Kassenbon
Kassette Kästchen, Schatulle
Kassettenrekorder
1. Taperecorder
2. Walkman
kassieren
1. einnehmen, einziehen, einkassieren, einsammeln, eintreiben, vereinnahmen, abkassierenm, an sich nehmen; *ugs.:* zur Kasse bitten, einstreichen
2. für ungültig/nichtig erklären, außer Kraft/Kurs setzen, aufheben, einziehen, zurückziehen, annullieren, einstellen, abstellen, auflösen, abschaffen, rückgängig machen, streichen
3. → verhaften
Kaste Schicht, Gesellschaftsschicht, Gruppe, Stand, Klasse
kasteien, sich enthaltsam leben, sich Entbehrungen/Bußübungen auferlegen, sich geißeln, sich enthalten, sich entschlagen, fasten, hungern
Kastell Burg, Befestigung, Verteidigungsanlage, Bollwerk, Fort, Bastion, Festungsbau, Wall, Feste, Veste, Bastei, Wehr, befestigtes Truppenlager, Schanzlager
Kasten
1. Kiste, Truhe
2. Fach, Lade, Regal, Bord
3. → Haus
Kastrat Entmannter, Eunuch, Verschnittener
kastrieren verschneiden, entmannen, zeugungsunfähig/unfruchtbar machen, sterilisieren, der Manneskraft/Potenz berauben
Kasus
1. Fall, Beugungsfall
2. → Fall
Katalog Verzeichnis, Sachverzeichnis, Aufstellung, Zusammenstellung, Handbuch, Liste, Konspekt, Index, Übersicht, Aufzählung
Katarakt
1. *m.:* Stromschnelle, Wasserfall, Wassersturz, Kaskade
2. *f.:* grauer Star
Katarr(h) Schnupfen, Nasenschleimhautentzündung, Rhinitis, Erkältung, Atemserkrankung
katastrophal verhängnisvoll, fürchterlich, furchtbar, entsetzlich, schrecklich, fatal, desaströs, unheilvoll, folgenschwer, tragisch, schicksalhaft, unglücklich, schlimm, unselig, unglückselig, erschütternd, bestürzend, schauderhaft, erschreckend, grässlich, Grauen erregend, beängstigend, horrend, desolat, verderblich, Besorgnis erregend, sehr schlecht, übel, gefährlich, bedenklich
Katastrophe Unglück, GAU, Störfall, (harter) Schlag, Verhängnis, Tragödie, Tragik, Unheil, Ruin, Desaster, Fiasko; *ugs.:* Drama

Kate → Hütte
Kategorie
1. Begriff, Grundbegriff, Größe, Verstandesbegriff, Aussageart, Erkenntnisform
2. Art, Klasse, Gattung, Typ, Genre, Familie, Stamm, Rubrik, Gruppe, Sorte, Schlag
kategorisch keinen Widerspruch zulassend/duldend, unbedingt gültig/geltend, behauptend, nachdrücklich, entschieden, bestimmt, ausdrücklich, dezidiert; *geh.:* apodiktisch
Kater
1. → Katze
2. Kopfschmerzen, Katerstimmung, Unwohlsein, Missbehagen, Ernüchterung, Niedergeschlagenheit, Tiefstand, Depression; *ugs.:* Katzenjammer, Brummschädel, Moralischer, dicker Schädel/Kopf; *jugendsprachl.:* Hang-over
Katheder Pult, Kanzel, Predigtstuhl, Lehrstuhl, Podium
Kathedrale Dom, Domkirche, Münster, bischöfliche Hauptkirche
katzbuckeln → kriechen
Katze
1. *f.:* Kätzin
2. *m.:* Kater
3. *Kinderspr.:* Mieze, Miezekatze, Muschi; *schweiz.:* Büsi
Katzenauge Rückstrahler, Rückleuchte, Schlusslicht
Katzenjammer → Kater
kauen beißen, zerbeißen; *ugs.:* mampfen, malmen, mahlen, mümmeln, mantschen
kauen an
1. → denken
2. → sich beschäftigen mit
kauern dahocken, zusammengekrümmt dahocken/dasitzen; *landsch.:* hucken
kauern, sich sich hinhocken, sich hinkauern, sich zusammenkauern, in die Hocke gehen, sich bücken
Kauf Erwerb, Ankauf, Einkauf, Bezug, Abnahme, Anschaffung, Besorgung, Erledigung; *scherzh.:* Errungenschaft; *ugs.:* Geschäft, Handel
kaufen
1. erstehen, erwerben, anschaffen, einkaufen, ankaufen, abkaufen, aufkaufen, abnehmen, einen Kauf tätigen, besorgen, Besorgungen/Einkäufe machen, sich etwas beschaffen/zulegen, an sich bringen, sich eindecken/versorgen mit, beziehen, übernehmen, ersteigern, zugreifen; *ugs.:* shoppen, ein Schnäppchen machen, holen, nehmen, mitnehmen; *schweiz.:* posten, zutun
2. **jmdn. kaufen** → bestechen
3. **sich jmdn. kaufen** → sich jmdn. vornehmen
Käufer Abnehmer, Kunde, Verbraucher, Konsument, Bezieher, Auftraggeber, Kundschaft, Interessent
Kaufhaus Geschäft, Laden, Verkaufsstelle, Verkaufsstätte, Kaufhalle, Store, Warenhaus, Boutique, Kaufladen, Großmarkt, Supermarkt
Kaufinteresse → Nachfrage
käuflich
1. erwerbbar, vorrätig, lieferbar, zu haben, vorhanden, feil, erhältlich, auf Lager
2. → bestechlich
Kaufmann Händler, Geschäftsmann, Handelsmann, Ladenbesitzer, Ladeninhaber, Geschäftsbesitzer, Businessman; *österr.:* Greißler; *ugs.:* Krämer
kaufmännisch → geschäftlich
Kaufpreis → Preis
kaum
1. wahrscheinlich/vermutlich/wohl nicht, schwerlich
2. beinahe/fast nicht, nur mit Mühe, mit Müh und Not, mit letzter Anstrengung, schlecht und recht; *ugs.:* mit Ach und Krach, mit Hängen und Würgen
3. wenig, fast gar nichts, gerade noch, knapp, unmerklich, so gut wie nie, selten, ab und zu, vereinzelt
4. gerade, eben, soeben, im Augenblick/Moment, zur Stunde
kausal ursächlich, bewirkend, begründend, dem Kausalgesetz entsprechend
Kaution Bürgschaft, Sicherheit, Sicherheitsleistung, Hinterlegungssumme, Garantie, Pfand
Kauz → Sonderling
kauzig → schrullig
Kavalier
1. Gentleman, Ehrenmann, Gentilhomme, Mann von Welt
2. → Freund
keck munter, forsch, dreist, kess, ungeniert, beherzt, draufgängerisch, frech, unbefangen, vorlaut, kühn, furchtlos, unverfroren, selbstsicher, burschikos
Kehle Luft- und Speiseröhre; *ugs.:* Hals, Gurgel, Kragen
Kehre Biegung, Kurve, Wende, Bogen, Schleife, Knie,

Krümmung, Knick, Windung, Abknickung, Abbiegung, Haken, Schlinge, Schwenkung, Wendung, Serpentine

kehren
1. fegen, auffegen, aufkehren, säubern, saubermachen, reinigen
2. wenden, die andere Seite zeigen, umdrehen, umkrempeln, umstülpen

kehren, sich
1. sich drehen, sich umdrehen, sich herumdrehen, sich wenden
2. **sich nicht kehren** sich nicht kümmern, etwas nicht befolgen, sich nicht interessiert zeigen

Kehricht Abfall, Schutt, Müll, Schmutz, Unrat, Rückstände; *ugs.:* Dreck, Mist

Kehrseite
1. Rückseite, Hinterseite, Schattenseite, Hinterfront
2. Nachteil, Mangel, Fehler, Schwäche, Manko, Makel, Minus; *ugs.:* Haken, Macke

kehrtmachen (sich) umdrehen, umkehren, sich umwenden, sich abwenden, sich abkehren, sich wegwenden, den Rücken kehren, wegtreten

keifen → schimpfen

keilen
1. spalten, durchhacken
2. *ugs. für:* werben, anwerben, locken, einfangen, angeln, bekommen; *ugs.:* aufreißen, fischen, kriegen

keilen, sich
1. sich durchzwängen, sich durchschieben, sich durcharbeiten, sich hindurchdrängen, sich einen Weg bahnen; *ugs.:* sich durchquetschen, sich durchdrängeln
2. → schlagen, sich

Keilerei → Schlägerei

Keim
1. Trieb, Knospe, Keimling, Schössling, Sämling, Spross, Auge, Ableger
2. Kern, Ursprung, Erreger, Krankheitserreger, Wurzel, Ursache, Ansatz, Herd, Quelle, Anfang, Beginn, Geburt

keimen sich entwickeln, zu wachsen/blühen beginnen, sprießen, aufkeimen, treiben, austreiben, sprossen, knospen, ausschlagen, wachsen, sich heranbilden, sich auftun, werden, aufblühen, zum Vorschein kommen, hervorbrechen, grünen, aufgehen, grün werden, sich entfalten, emporkommen

keimfrei steril, antiseptisch, aseptisch, sterilisiert

Keimzelle Geschlechtszelle, Gamet; *f.:* Ei, Eizelle, Ovum, Ovulum; *m.:* Samen, Samenzelle, Samenfädchen, Spermium

keiner (gar) niemand, kein (einziger) Mensch, keine Seele/Menschenseele, nicht einer; *derb:* kein Schwanz/Aas/Teufel/Schwein, keine Sau

keinesfalls
1. gewiss/bestimmt/sicher nicht, niemals, auf keinen Fall, mitnichten, nie und nimmer, unter keinen Umständen, nicht um alles in der Welt, keineswegs
2. → nein

keineswegs
1. durchaus nicht, nicht im Geringsten/Entferntesten, keinesfalls, auf keinen Fall, unter keinen Umständen, unmöglich, in keiner Weise, ganz und gar nicht, nicht entfernt, weit gefehlt, mitnichten
2. → nein

Kelle Schöpflöffel, Schöpfkelle, Schöpfer

Kellner Bedienung, Ober, Garçon, Steward (Schiff)

Kellnerin Bedienung, Fräulein, Serviererin, Serviermädchen, Stewardess (Flugzeug); *schweiz.:* Saaltochter

kennen
1. wissen, übersehen, überschauen, Kenntnis haben von, unterrichtet/sich bewusst/orientiert/firm/informiert/auf dem Laufenden/kundig/sachkundig/aufgeklärt/im Bilde/versiert/einer Sache mächtig/in etwas zu Hause/bewandert/gebildet/beschlagen sein, beherrschen, sich auskennen, sich zurechtfinden, Bescheid wissen, über Wissen verfügen, gehört/erfahren/gelesen haben von, studiert/Einblick haben; *ugs.:* fit sein, intus/den Durchblick haben
2. Bekanntschaft gemacht haben, bekannt/vertraut/befreundet sein mit, kennengelernt haben

kennenlernen mit jmdm. bekanntwerden/warmwerden, mit jmdm.vertraut werden, jmds. Bekanntschaft machen, sich näherkommen, Bekanntschaft schließen, in Beziehung treten, sich anfreunden, sich befreunden, sich begegnen, aufeinandertreffen

Kenner
1. Fachmann, Experte, Spezialist, Autorität, Fachkraft
2. Eingeweihter, Insider, Geheimnisträger, Wissender
3. → Feinschmecker

Kennkarte → Ausweis

K

kenntlich erkennbar, ersichtlich, wahrnehmbar, sichtbar
kenntlich machen → kennzeichnen
Kenntnis
1. Wissen, Erfahrung, Praxis, Überblick, Einsicht, Einblick, Beschlagenheit, Bildung, Vertrautheit, Know-how, Verständnis, Sachverstand
2. **in Kenntnis setzen** → informieren
3. **zur Kenntnis nehmen** aufnehmen, registrieren, beachten, Notiz nehmen von
kenntnisreich kundig, sachkundig, sachverständig, kompetent, gutunterrichtet, gebildet, wissend, gut informiert
Kennwort Chiffre, Parole, Losung, Losungswort, Passwort, Stichwort, Zeichen, Erkennungszeichen, Kennziffer, Kennzahl; *geh.:* Schibboleth
Kennzeichen Merkmal, Zeichen, Kriterium, Attribut, Charakteristikum, Zug, Charakterzug, Symptom, Eigentümlichkeit, Prüfstein, Besonderheit, Signum
kennzeichnen markieren, ankreuzen, kenntlich/ein Zeichen/erkennbar machen, einzeichnen, anstreichen, bezeichnen, benennen, beschriften, beschildern, mit einem Kennzeichen versehen, abstecken
kennzeichnend typisch, charakteristisch, auszeichnend, bezeichnend, eigentümlich, wesenseigen, artgemäß, wesensgemäß, spezifisch, unverkennbar, zugehörig, symptomatisch, eigen, signifikant
Kennzeichnung → Bezeichnung
kentern umkippen, umfallen, umschlagen, untergehen, sinken; *ugs.:* absaufen, absacken, Schlagseite bekommen
Keramik Töpferware, Tonware, Steingut
Kerbe Einschnitt, Einkerbung, Furche, Schnitt, Scharte, Ritze, Schlitz
Kerker → Gefängnis
Kerl
1. → Mann
2. → Bursche
Kern
1. Samenkern, Obstkern, Stein
2. Herz, Herzstück, Zentrum, Hauptsache, Wesen, Mittelpunkt, Brennpunkt, Angelpunkt, Kernpunkt, Schwerpunkt, das A und O, das Wesentliche, Sinn, Hauptgehalt, Schwergewicht, Akzent, Pointe, Nerv, Grundgedanke; *ugs.:* des Pudels Kern, Witz der Sache, der Hase im Pfeffer, der springende Punkt
Kernenergie Atomkraft, Kernkraft, Atomenergie
Kerngebiet Mittelpunkt, Stadtkern, Zentrum, zentraler Bezirk, Mitte, innerer Bezirk
kerngesund → gesund
kernig urwüchsig, kräftig, kraftvoll, stählern, stark, markig, robust, rüstig, stramm; *fachsprachl.:* sthenisch
Kernkraftwerk Kernreaktor, Atomreaktor, Atommeiler, Atomofen
Kernpunkt → Kern
Kernwaffen Atomwaffen, Nuklearwaffen, atomare/nukleare Waffen
kess
1. dreist, draufgängerisch, keck, frech, forsch, beherzt, unverfroren, selbstsicher, ungeniert, kühn
2. → flott
Kesseltreiben Hetze, Jagd, Hetzjagd, Verfolgung, Nachstellung
Kette
1. Halsband, Kollier
2. Reihe, Linie
3. Fessel, Eisen
Ketzer Abweichler, Häretiker, Abtrünniger, Sektierer, Abgefallener, Renegat, Verräter, Irrgläubiger, Schismatiker, Deviationist
ketzerisch abtrünnig, sektiererisch, abgefallen, treulos, verräterisch, irrgläubig, häretisch
keuchen schnaufen, nach Luft/Atem ringen, hecheln, schnauben, röcheln
Keule Schenkel, Schlägel
keusch enthaltsam, rein, züchtig, sittsam, unschuldig, jungfräulich, unberührt, unverdorben, unbefleckt
Keuschheit → Reinheit
kichern lachen, gickeln; *ugs.:* glucksen, kickern, gibbeln
kicken → Fußball spielen
kidnappen entführen, rauben, wegschleppen, verschleppen
Kidnapping Menschenraub, Entführung, Kindesentführung, Luftpiraterie, Geiselnahme
Kids Kinder, Jugendliche, Teenies; *ugs.:* Kiddies
kiebitzen *ugs. für:* zuschauen, zusehen; *ugs.:* zugucken, gaffen, hineinschielen
Kies
1. Kiesel, Kieselsteine, Splitt
2. → Geld
Kiff
1. → Haschisch
2. → Marihuana

K

kiffen Rauschgift nehmen, Haschisch/Marihuana/einen Joint rauchen; *ugs.:* einen durchziehen, sich anturnen, haschen

killen → töten

Killer Mörder, Auftragsmörder, Meuchelmörder, Totschläger; *ugs.:* Gunman, Cleaner

Kind
1. Nachkomme, Sprössling, Spross, Abkömmling, Nachwuchs, Nachfahr, Erbe, Ehesegen; *ugs.:* Wurm, Matz, Spatz, Bams, Blag, Balg, Dreikäsehoch, Wicht
2. → Kleinkind
3. Sohn, männlicher Nachwuchs/Nachkomme, Junior, Filius, der Kleine, sein eigen Fleisch und Blut, Junge
4. Tochter, weiblicher Nachwuchs/Nachkomme, Filia, sein eigen Fleisch und Blut, die Kleine, Mädchen

Kindbett Wochenbett

Kinderei → Unsinn

Kindergarten Kinderhort, Kinderkrippe, Kindertagesstätte, Kinderladen

Kindermädchen Kinderschwester, Kinderfrau, Kinderpflegerin, Erzieherin, Gouvernante; *veraltet:* Bonne

Kinderspiel Kleinigkeit, Nebensache, Belanglosigkeit, Lappalie, Bagatelle, Lächerlichkeit

Kinderstube Umgangsformen, Erziehung, Benehmen, Manieren, Verhalten, Schliff, Anstand, Betragen

Kindesentführung → Kidnapping

Kindheit Kinderjahre, Kinderzeit, Kindesalter, Jugend

kindisch/kindlich: Ähnliche Wörter, unterschiedliche Bedeutungen

Von einigen Substantiven lassen sich Adjektive sowohl mit der Endung *-isch* als auch mit der Endung *-lich* ableiten. Dabei haben die Bildungen auf *-isch* oft eine abwertende Bedeutung, während die Bildungen auf *-lich* Zugehörigkeit ausdrücken.
Diese inhaltliche Differenz trifft auch auf die Begriffe *kindisch* und *kindlich* zu. Legt ein Erwachsener ein *kindisches* Verhalten an den Tag, dann wirkt er albern und lächerlich, er benimmt sich wie ein Kind. Hat dagegen jemand *kindliche* Charakterzüge, so entsprechen diese zwar denen eines Kindes, das heißt, sie sind unschuldig und naiv, damit wird aber keine negative Wertung ausgedrückt.

kindisch albern, lächerlich, närrisch, einfältig, töricht, läppisch, blöd, infantil, dumm, lachhaft ⓘ

kindlich unreif, naiv, jung, unfertig, kindhaft, unerfahren, ahnungslos, unschuldig, unmündig, unentwickelt; *ugs.:* grün, feucht/nicht trocken hinter den Ohren ⓘ

Kindskopf → Dummkopf

Kinkerlitzchen
1. → Firlefanz
2. → Unsinn

Kinnhaken Fausthieb, Faustschlag, Schwinger, Haken

Kino Filmtheater, Filmpalast, Filmbühne, Lichttheater, Lichtspielhaus, Lichtspiele; *ugs.:* Kintopp, Traumfabrik

Kiosk Stand, Bude, Trinkhalle; *österr.:* Trafik

Kippe *ugs. für:* Zigarette, Stummel, Zigarettenstummel; *österr.:* Tschik

kippen
1. ausschütten, herausschütten, ausleeren, entleeren, ausgießen
2. umkippen, umfallen, umsinken, umschlagen
3. schrägstellen, umschlagen, schräg hinstellen
4. *ugs. für:* stürzen, streichen

Kirche
1. Bethaus, Gotteshaus, Dom, Kathedrale, Münster
2. Gottesdienst, Messe, Andacht, Amt

Kirchendiener Messner, Küster, Sakristan; *schweiz.:* Messmer

Kirchenlied Choral, Hymne, Kantate, Psalm, geistliches Lied, Kirchengesang, Lobgesang

Kirchhof Friedhof, Gottesacker, Totenacker, Begräbnisstätte, Gräberfeld

kirchlich christlich, klerikal, geistlich, sakral

kirre
1. → zahm
2. *ugs. für:* nervös, verwirrt, unruhig

kirremachen aufregen, in Erregung/Aufregung versetzen, aufbringen, ärgern, verärgern, reizen, aufreizen, enervieren, nervös machen, aus der Ruhe/Fassung/dem Gleichgewicht bringen, aufrühren, aufwühlen, erhitzen, erzürnen, zornig/wütend machen, provozieren

Kismet → Schicksal

Kiste
1. Kasten, Karton
2. → Fahrzeug

3. → Auto
4. → Flugzeug

Kitsch
1. Geschmacklosigkeit, Schund
2. Tand, Kinkerlitzchen, Plunder, Ramsch, Kram, Flitterkram, Zeug, Firlefanz; *ugs.:* Klimbim, Mist, Schnickschnack, Krimskrams, Krempel, Schmarren

kitschig geschmacklos, überladen, schmalzig, schnulzig, sentimental, süßlich, abgeschmackt

Kitt → Klebstoff

Kittchen → Gefängnis

kitten
1. leimen, kleistern, kleben; *ugs.:* pappen, zusammenpappen
2. *ugs. für:* in Ordnung bringen (Ehe), instand setzen, auffrischen, wiederherstellen; *ugs.:* ganzmachen, heilmachen

Kitzel Reiz, Antrieb, Zauber, Verlockung, Anziehung, Verlangen, Verführung; *geh.:* Stimulus

kitzeln
1. kraulen, krabbeln, zum Lachen bringen; *Kinderspr.:* killekille machen
2. jucken, kribbeln, prickeln, beißen, kratzen; *ugs.:* pieken

kitzlig → heikel

Klacks → Kleinigkeit

klaffen aufstehen, offenstehen, offen sein, gähnen; *ugs.:* auf sein

kläffen
1. bellen, anschlagen; *landsch.:* bläffen, blaffen; *ugs.:* belfern, bäffen; *schweiz.:* bauzen
2. → schimpfen

Kläffer → Hund

Klage
1. Beschwerde, Anklage, Beschuldigung, Anschuldigung, Belastung, Anzeige, Bezichtigung
2. Wehklage(n), Elegie, Jammer, Händeringen, Geschrei, Gewimmer, Geheul, Gezeter, Stöhnen, Lamentation, Jeremiade, Klagelied, Klagegesang; *ugs.:* Gejammere, Lamento, Wimmern, Gequake

klagen
1. → anklagen
2. jammern, wimmern, wehklagen, winseln, lamentieren, in Klagen ausbrechen, ein Jammergeschrei erheben, die Hände ringen, schluchzen, Unzufriedenheit/Trauer/Schmerz äußern, ächzen, stöhnen, sich beschweren, krächzen; *ugs.:* jaulen, ein Klagelied anstimmen; *landsch.:* maunzen, zatschen

klagen um beweinen, beklagen, betrauern, trauern um/über, untröstlich sein

Kläger Ankläger, Staatsanwalt, Anklagevertreter

kläglich
1. gering, dürftig, knapp, kümmerlich, nicht viel, kaum genug, jämmerlich, schäbig, lumpig, schmal, mager, spärlich, karg, kärglich, schmählich, schmachvoll, unrühmlich, geringwertig, niedrig, unergiebig, wenig, sparsam, bescheiden, beschränkt, unzureichend, ungenügend, unzulänglich, unbefriedigend, mangelhaft, amateurhaft; *ugs.:* dünn (gesät), mick(e)rig, popelig, lächerlich, für den hohlen Zahn
2. elend, erbärmlich, miserabel, jammervoll, bedauernswert, bemitleidenswert, arm, armselig, ärmlich, Mitleid erregend, herzzerreißend, herzbewegend, herzergreifend, herzzerbrechend, elendiglich, beklagenswert, beklagenswürdig, unselig, unglückselig, betrüblich; *geh.:* deplorabel
3. in beschämender Weise, beschämend, völlig, total, ganz und gar, vollständig, in vollem Umfang, durch und durch, komplett, auf der ganzen Linie

Klamauk *ugs. für:* Tumult, lautes Treiben, Trubel, Lärm, Unsinn, Krach, Aufruhr, Gepolter, Radau, Getöse, Spektakel, Geschrei, Aufsehen, Wirbel, Unruhe, Durcheinander, Schabernack, Ulk; *ugs.:* Wirrwarr, Zirkus, Krawall, Heidenlärm, Mordslärm, Rabatz, Tamtam, Krakeel, Trara, Höllenspektakel, Rummel

klamm
1. (leicht) feucht, kalt, feuchtkalt, nässlich
2. steif (Finger), starr, gefroren

Klamm Schlucht, Felsenschlucht, Tiefe, Abgrund, Kluft, Schrund, Schlund, Klause, Felsspalte; *schweiz.:* Krachen, Klus

Klammer Klemme, Spange, Clip; *landsch.:* Kluppe(rl)

klammern
1. verbinden, zusammenhalten, zusammenfügen, befestigen
2. **sich klammern an** sich halten an, sich festhalten an, nicht loslassen, sich anklammern, sich anhängen, umklammern, nicht ablassen von, eingeschworen sein auf

Klamotte
1. Steinbrocken, Ziegelbrocken
2. → Kleidung

K

3. → Mobiliar
4. → Komödie

Klampfe *ugs. für:* Gitarre

Klan → Clan

Klang
1. Ton, Schall, Hall, Laut
2. Klangart, Klangfarbe, Tonfall, Tonfarbe, Kolorit, Timbre, Farbton, Sound
3. *Pl.:* Melodie, Musik, Tonfolge

klanglos
1. unmerklich, unbemerkt, unauffällig, ungesehen, unhörbar, heimlich, still und leise, verstohlen, ohne viel Aufhebens, sang- und klanglos
2. matt, hohl, stumpf, heiser, belegt

klangvoll klingend, wohlklingend, tönend, wohllautend, tragend, melodisch

K

Klappe
1. Deckel, Verschluss, Absperrvorrichtung, Verschlussvorrichtung
2. → Bett
3. → Mund

klappen → gelingen

klapperdürr → dünn

klappern scheppern, klappen, klirren, klimpern, krachen, rasseln, raffeln, rappeln, lärmen, rumpeln, knallen; *ugs.:* bullern, bumpern

klapprig → gebrechlich

Klaps → Hieb

Klapsmühle *abwertend für:* Nervenklinik

klar
1. durchsichtig, sauber, ungetrübt, rein, hell, kristallklar, glasklar, durchscheinend, gläsern, transparent
2. wolkenlos, unbewölkt, aufgeklärt, sonnig, strahlend, heiter, schön
3. verständlich, unmissverständlich, eindeutig, unzweideutig, einleuchtend, anschaulich, exakt, präzise, genau, erkennbar, durchschaubar, greifbar, fassbar, sichtbar, augenfällig, handgreiflich, festumrissen, prägnant, bestimmt, verstehbar, eingängig, artikuliert, gut wahrnehmbar, deutlich, erkenntlich; *geh.:* manifest
4. evident, logisch, offensichtlich, selbstverständlich, gewiss, unbestreitbar, unleugbar, unbezweifelbar, erwiesen, sicher; *ugs.:* klarer Fall, todsicher, klaro, logo
5. → aufrichtig

klären
1. (sich) Klarheit verschaffen, abklären, aufklären, aufhellen, aufdecken, klarlegen, offenlegen, entschleiern, enthüllen, Licht bringen in, bereinigen, ordnen, richtigstellen, klarstellen, enträtseln, ins rechte Licht rücken/setzen, in Ordnung bringen, einer Klärung zuführen; *ugs.:* reinen Tisch machen, klare/freie Bahn schaffen
2. filtern, reinigen, läutern, sieben
3. → klarstellen

klargehen → gelingen

klarkommen
1. → bewältigen
2. → einigen, sich

klarlegen erläutern, erklären, klarmachen, deutlich/verständlich/begreiflich machen, darlegen, auseinandersetzen, auseinanderlegen, veranschaulichen, dartun, konkretisieren, verdeutlichen, zeigen, aufzeigen, ins Bild setzen, umreißen, darstellen, ausdeuten, berichtigen, entwirren; *geh.:* explizieren

klarmachen → klarlegen

klarsehen durchblicken, Bescheid wissen, sich auskennen, überschauen, einen Überblick/Einblick haben, sich zurechtfinden, im Bilde/informiert/orientiert sein, auf der Höhe/dem Laufenden sein, einer Sache mächtig sein, etwas beherrschen; *ugs.:* den Durchblick haben, fit sein

klarstellen richtigstellen, klären, berichtigen, entwirren, erhellen, beleuchten, korrigieren, revidieren, verbessern, klarlegen, dementieren, ins rechte Licht rücken/setzen, jmdn. eines Besseren belehren, verdeutlichen, lösen, auflösen, aufdecken

Klärung → Aufklärung

klarwerden, sich einsehen, sich bewusstmachen, erkennen, sich Rechenschaft ablegen über, herausfinden, durchschauen, ins Bewusstsein dringen, zum Bewusstsein kommen, begreifen, verstehen, erfassen, jmdm. gehen die Augen auf, zu der Erkenntnis kommen; *ugs.:* dahinterkommen, dämmern, funken, kapieren, es fressen, jmdm. geht ein Licht auf

klasse *ugs. für:* ausgezeichnet, hervorragend, herausragend, sehr gut, exzellent, vorzüglich, vortrefflich, überragend, unübertrefflich, unübertroffen, bestens, meisterhaft, genial; *geh.:* süperb; *ugs.:* göttlich, toll, pfundig, prima, dufte, bombig, spitze, super, eine Wucht; *jugendsprachl.:* geil, fett, cool, krass; *österr.:* klass

Klasse
1. Rubrik, Gattung, Art, Kategorie, Typ, Genre, Ordnung, Abteilung,

Familie, Stamm, Sorte, Schlag
2. Klassenzimmer, Klassenraum
3. Schicht, Gesellschaftsschicht, Gruppe, Stand

Klassenzimmer Klassenraum, Schulzimmer, Schulraum, Unterrichtsraum, Unterrichtszimmer

klassifizieren
1. in Klassen einteilen, nach Klassen ordnen, gliedern, gruppieren, fächern, einstufen, systematisieren, rubrizieren, einreihen, staffeln
2. → abstempeln als

klassisch
1. musterhaft, mustergültig, vorbildlich, beispielhaft, beispielgebend, nachahmenswert, vollkommen, vollendet, beispiellos, exemplarisch, ausgewogen, ausgereift, Maßstäbe setzend, perfekt, ideal, unerreicht, unübertroffen
2. zeitlos, allgemeingültig, nicht der Zeit/Mode unterworfen, nicht zeitgebunden
3. herkömmlich, traditionell, konventionell, üblich, hergebracht, althergebracht, überkommen, altbewährt, gewohnt
4. typisch, bezeichnend, charakteristisch, kennzeichnend, spezifisch, unverkennbar, symptomatisch
5. alt, antik
6. → ausgezeichnet

Klatsch → Gerede

Klatschbase → Schwätzerin

klatschen
1. prasseln, trommeln, schlagen
2. applaudieren, Beifall spenden/klatschen/bekunden/zollen, akklamieren, mit Applaus überschütten, Ovationen bereiten
3. → ausplaudern
4. → unterhalten, sich

klatschen über jmdn. reden über, herziehen/herfallen/sich aufhalten über, durchhecheln, lästern, schlechtmachen, etwas nachsagen/nachreden, in Verruf bringen, in ein schlechtes Licht rücken/setzen/stellen, verächtlich machen, mit dem Finger zeigen auf, nichts Gutes sagen über, ins Gerede bringen; *ugs.:* sich den Mund zerreißen über, in den Schmutz ziehen, tratschen

Klatscherei → Gerede

klatschnass → nass

klatschsüchtig sehr geschwätzig, schwatzhaft, klatschhaft, viel/aufdringlich redend, redselig; *ugs.:* tratschsüchtig, salbaderisch

Klatschtante → Schwätzerin

klauben auflesen, aufsammeln, zusammenlesen, zusammenklauben, zusammennehmen, pflücken, abbeeren; *österr.:* brocken

Klaue
1. Kralle, Fang, Pfote, Pranke, Tatze
2. → Hand
3. → Handschrift
4. *ugs. für:* Gewalt, Macht, Herrschaft, Herrschaftsbereich, Knute

klauen *ugs. für:* stehlen, bestehlen, wegnehmen, mitnehmen, entwenden, ausrauben, berauben, ausräubern, plündern, ausplündern, einen Diebstahl begehen/verüben; *scherzh.:* erleichtern; *ugs.:* abstauben, mitgehen/verschwinden lassen, lange Finger machen, mopsen, stibitzen, besorgen, klemmen

Klause
1. Zelle, Einsiedelei, Eremitei, Eremitage
2. → Zimmer

Klausel Nebenbestimmung, Nebenbedingung, Vorbehalt, Einschränkung, Auflage, Sonderabmachung, Sondervereinbarung, Kautel

Klausur
1. Einsamkeit, Abgeschlossenheit, Zurückgezogenheit, Abgeschiedenheit, Verborgenheit, Isolation
2. Prüfungsarbeit, Klassenarbeit, Testat

Klavier Piano, Pianoforte, Flügel, Pianino; *ugs.:* Klimperkiste, Drahtkommode, Klapperkasten

kleben
1. leimen, kleistern, kitten, zusammenkleben, zusammenfügen, befestigen; *ugs.:* anmachen, pappen
2. haften, festkleben, festsitzen, halten, fest sein; *ugs.:* pappen, heben; *landsch.:* backen; *österr.:* picken

klebrig pappig, leimig, harzig, haftend; *landsch.:* backig

Klebstoff Kleister, Leim, Bindemittel, Kitt, Kleber; *ugs.:* Klebe, Papp; *österr.:* Pick

kleckern → beschmutzen

Klecks Fleck(en), Spritzer, Schmutzstelle; *ugs.:* Klecker, Dreckfleck

Kleid Gewand, Dress, Robe; *ugs.:* Fähnchen, Kleidchen, Fummel

kleiden zu jmdm. passen, jmdm. stehen/schmeicheln

kleiden, sich sich ankleiden, sich bekleiden, Kleidung

K

anlegen/antun, hineinschlüpfen; *ugs.:* in die Kleider/Sachen schlüpfen/steigen/fahren

Kleidung Bekleidung, Kleidungsstücke, Kleider, Tracht, Garderobe, Kluft, Outfit, Gewandung; *ugs.:* Klamotten, Sachen, Aufzug, Montur, Zeug

klein

1. von geringem Ausmaß, winzig, wenig, zierlich, kleingewachsen, kleinformatig, kurz, zwergenhaft, knapp; *ugs.:* fipsig, kurz geraten, klitzeklein; *landsch.:* lütt

2. jung, unreif, kindlich, unfertig, heranwachsend, jung an Jahren; *ugs.:* grün hinter den Ohren

3. → unbedeutend ⓘ

Kleinbürger → Spießbürger

kleinbürgerlich spießbürgerlich, engstirnig, engherzig, bieder, spießig, hinterwäldlerisch, provinziell, philiströs, intolerant, spießerhaft, ohne Horizont, eng, kleinleutemäßig, philisterhaft, banausenhaft; *ugs.:* kleinkariert, begrenzt

Kleingeld Münzen, Wechselgeld, kleines Geld, Hartgeld, Geldstücke; *ugs.:* Groschen, Pfennige, Cents, ein paar Zerquetschte

kleingläubig zweifelnd, misstrauisch, skeptisch, vorsichtig, ängstlich, argwöhnisch, zaghaft, engherzig, verzagt

Kleinhandel Einzelhandel, Detailhandel, Kleinverkauf, Ladenverkauf, offenes Geschäft

Kleinigkeit

1. Nebensache, Belanglosigkeit, Lappalie, Bagatelle, Lächerlichkeit, Kinderspiel, Spiel, Spielerei, Nichtigkeit, Leichtigkeit, Nichts, Nebensächlichkeit, Geringfügigkeit, Unwichtigkeit, Bedeutungslosigkeit; *geh.:* Quisquilien; *ugs.:* Kleinkram, kleiner Fisch, Pappenstiel, Kinkerlitzchen, Läpperei, Klacks

2. Imbiss, Kostprobe, Mund voll, Stückchen; *ugs.:* Happen, Bissen, Snack

3. eine Kleinigkeit ein wenig/bisschen/Quäntchen/Hauch/Schuss, nicht viel/nennenswert, eine Spur/Winzigkeit/Prise/Idee

kleinkariert *ugs. für:* krämerhaft, pedantisch, kleinkrämerisch, engherzig, engstirnig, spießbürgerlich, kleinbürgerlich, bieder, spießig, hinterwäldlerisch, provinziell, philiströs, intolerant, spießerhaft, eng, ohne Horizont, kleinleutemäßig, spitzfindig, bürokratisch, kleindenkend, krähwinklig, eindimensional, banausisch, haarspalterisch

Kleinkind

1. Kind, Kleines, Schoßkind, Spross, Sprössling; *ugs.:* Fratz, Bams, Balg,

klein: Kleine Menschen und Verhältnisse

Klein bedeutet »von geringem Ausmaß/geringer Größe«. Auf Lebewesen bezogen ist dabei *kleingewachsen* ein neutraler Ausdruck, während *zierlich* positive Konnotationen hat. *Winzig* bedeutet besonders klein. Umgangssprachlich verwendet man Ausdrücke wie *fipsig, klitzeklein* oder *kurz geraten; lütt* wird im niederdeutschen Sprachraum gebraucht. Ebenfalls in Bezug auf Lebewesen kann *klein* auch *jung* im Sinn von *kindlich, heranwachsend* oder *unreif* heißen. Dafür gibt es auch die umgangssprachlichen Redewendungen *grün/nicht trocken hinter den Ohren.* Die Redensart *von klein an/auf* heißt entsprechend »von Kindheit an«. Schließlich kann *klein* auch »unbedeutend, geringfügig« heißen.

Unter *kleine Leute* versteht man Angehörige niederer Gesellschaftsschichten. Von dort kommt, wer *aus kleinen Verhältnissen* stammt, also aus einem bescheidenen, engen Umfeld. Für den beruflichen Anfang auf der untersten Stufe, mit wenig Geld, gibt es den Ausdruck *klein anfangen.* Umgangssprachlich gebraucht man die Redensart *klein, aber fein* für »nicht sehr groß, aber von guter Qualität« und *klein, aber oho* für »von kleiner Gestalt, aber sehr tüchtig/klug«. Scherzhaft ist die Wendung *ganz klein (und hässlich) werden* gemeint, die »kleinlaut/verlegen werden« bedeutet. *Klein beigeben* heißt »nachgeben, den Widerstand aufgeben«. Das umgangssprachliche *kleinkriegen* bedeutet »entmutigen, gefügig machen«. Wer *nicht kleinzukriegen* ist, lässt sich trotz schwieriger Umstände nicht entmutigen. *Kleinmachen* kann man Geld, indem man es *wechselt,* oder auch Personen, indem man sie *demütigt.*

Wer *sich kleinmacht,* bückt sich entweder oder setzt die eigenen Fähigkeiten herab. Die Redewendung *einen Kleinen sitzen haben* schließlich heißt »angetrunken sein«.

Spatz, Knirps, Dreikäsehoch, Zwerg, Bengel, Göre, Wurm, Matz, Pusselchen, Racker, Blag, Wicht, Steppke, Knopp
2. → Säugling

Kleinkram
1. Kleinigkeit, Nebensache, Belanglosigkeit, Lappalie, Bagatelle, Lächerlichkeit, Nichtigkeit, Leichtigkeit, Nichts, Nebensächlichkeit
2. *ugs. für:* Einzelheiten, Feinheiten, Details

kleinkriegen
1. *ugs. für:* bezwingen, jmds. Widerstandskraft brechen, zermürben, mürbemachen, gefügig machen, jmdm. beikommen, in den Griff bekommen, niederwerfen, in die Knie zwingen; *ugs.:* weichmachen, unterkriegen, unterbekommen
2. zerkleinern, zerstückeln, zerteilen, zertrennen, zerlegen, auseinandernehmen/auseinanderlegen/auseinanderschneiden können; *ugs.:* kleinmachen können
3. → kaputtmachen
4. verbrauchen, aufbrauchen, verwirtschaften, aufzehren, konsumieren, vertun, verprassen, verschwenden, ausgeben; *ugs.:* verbraten, verbuttern, durchbringen, auf den Kopf hauen

kleinlaut verschämt, beschämt, gedrückt, niedergedrückt, verschüchtert, eingeschüchtert, still, verstummt, gesenkten Hauptes, betreten, verlegen, befangen, schuldbewusst; *ugs.:* klein, blamiert, geknickt, flügellahm, wie ein begossener Pudel, gedämpft

kleinlich
1. krämerhaft, kleinkrämerisch, engherzig, kleinmütig, kleindenkend, eindimensional, haarspalterisch, banausisch, pedantisch, übergenau, kleinkariert, schulmeisterlich, päpstlicher als der Papst, spitzfindig, grundsätzlich, wortklauberisch, eng; *ugs.:* begrenzt, unlässig, pingelig, superklug, übergescheit
2. berechnend, geizig, sparsam, karg; *ugs.:* knausrig, knickerig, knorzig, mickerig, schäbig, poplig, gnietschig

kleinmütig mutlos, kleingläubig, kleinherzig, zaghaft, übervorsichtig, verzagt, schwachherzig, ängstlich, bange

Kleinod Kostbarkeit, Wertstück, Zierstück, Wertgegenstand, Wertsache, Wertobjekt, Schatz, Juwel, Preziosen, Schmuckstück, Prachtstück, Rarität, Zierrat, Bijouterie, Heiligtum

Kleinstadt Städtchen, Provinzstadt, Kreisstadt, Ortschaft, Siedlung, Winkel; *ugs.:* Nest, Dorf, Kuhdorf, Kaff

kleinstädtisch provinziell, eng, ländlich, hinterwäldlerisch, bieder, spießbürgerlich, spießig, kleinbürgerlich, krähwinklig

Kleister → Klebstoff

kleistern → kleben

Klemme
1. Klammer, Spange, Clip
2. → Not

klemmen
1. zwängen, halten, tragen
2. blockieren, sperren
3. quetschen, einzwängen, einschnüren, eindrücken

Kleptomanie Stehltrieb, Stehlzwang

klerikal geistlich, kirchlich, nicht weltlich, theologisch, sakral

Klerus Priesterschaft, Priesterstand, Geistlichkeit; *abwertend:* Pfaffentum

klettern steigen, aufsteigen, erklimmen, bergauf gehen, emporklettern; *ugs.:* kraxeln, hochsteigen, krabbeln

Kletterpflanze Spaliergewächs, Rankengewächs, Schlingpflanze, Schlinggewächs

Klient Kunde, Auftraggeber, Mandant

Klientel Kundenkreis, Kundenstamm, Mandanten, Klienten

Klima
1. Wetterlage, Witterungslage, Wetter
2. Stimmung, Atmosphäre, Fluidum, Air, Flair, Dunstkreis, Ambiente, Kolorit, Ausstrahlung

Klimakterium Wechseljahre, kritische Jahre, kritisches Alter; *Med.:* Klimax

Klimbim → Firlefanz

klimpern
1. scheppern, klappern, klirren, krachen, rasseln, lärmen
2. *ugs. für:* spielen, musizieren, Musik machen; *ugs.:* wursteln, herumstümpern

Klingel Glocke, Schelle, Bimmel, Gong

klingeln läuten, gongen, die Glocke ziehen; *ugs.:* bimmeln; *landsch.:* schellen

klingen
1. tönen, ertönen, lauten, schallen, erschallen, hallen, dröhnen, erdröhnen, erklingen, schwingen
2. sich anhören, wirken, den Eindruck machen/hervorrufen, den Anschein haben, sich ausnehmen

K

Klinik Krankenhaus, Hospital, Anstalt, Heilstätte, Krankenanstalt; *schweiz.:* Spital ⓘ
Klinikum Großkrankenhaus, Klinikkomplex ⓘ
Klinke Griff, Türgriff, Drücker, Türdrücker, Türklinke; *österr.:* Schnalle, Türschnalle; *schweiz.:* Türfalle
Klippe
1. Riff, Felsklippe
2. Hindernis, Pferdefuß, Gefahr, Schwierigkeit, Hürde, Barriere, Handikap; *ugs.:* eine harte Nuss, Haken, dicker Brocken
klirren klappern, rasseln, surren, sirren, scheppern, klimpern, krachen, poltern
Klischee
1. Abklatsch, Nachbildung, Nachahmung, Kopie, Wiedergabe, Nachguss, Aufguss, Abguss, Reproduktion, Imitation
2. Schablone, Gemeinplatz, Stereotyp
klitschnass → nass
Klo → Klosett
Kloake
1. Senkgrube, Sickergrube, Mistgrube
2. Abwasserkanal, Ablaufrohr, Abrinne, Abzugsrinne, Gully
klobig unförmig, plump, massig, grob, grobschlächtig, ungeschlacht, derb, unzierlich, schwerfällig, ungefüge, klotzig, ungraziös, vierschrötig, ungelenk, breit
klönen → plaudern
klopfen schlagen, hämmern, ticken, pochen, trommeln; *ugs.:* bumsen, ballern, pumpern
Klops Fleischkloß, Fleischklößchen, Frikadelle, Bulette; *österr.:* Fleischlaberl; *landsch.:* Fleischpflanzerl

Klinik/Klinikum: Rund ums Krankenhaus

Als *Klinik* bezeichnet man im Allgemeinen ein Krankenhaus. Darüber hinaus steht der Begriff auch für den Unterricht von Medizinstudenten am Krankenbett.
Oftmals wird das Wort *Klinikum* fälschlicherweise als Synonym für *Klinik* verwendet. Der Bedeutungsunterschied liegt in der Besonderheit, dass nur ein Großkrankenhaus, das zumeist aus dem Zusammenschluss mehrerer *Kliniken* entsteht, *Klinikum* genannt wird. Auch der Hauptteil der medizinischen Ausbildung im Krankenhaus wird als *Klinikum* bezeichnet. Eine synonyme Verwendung von *Klinik* und *Klinikum* sollte aufgrund dieser inhaltlichen Differenzen vermieden werden.
Des Weiteren ist die unterschiedliche Pluralbildung der beiden Begriffe zu beachten. *Klinik* bildet nur den Plural *Kliniken,* bei *Klinikum* sind die Pluralformen aber bedeutungsabhängig. Während bei der Verwendung im Sinn von *Großkrankenhaus* nur der Plural *Klinika* üblich ist, können im Bereich der medizinischen Ausbildung die Formen *Klinika* und *Kliniken* benutzt werden.

Klosett Toilette, Abort, WC, Pissoir (Männer); *ugs.:* Klo, gewisses Örtchen, Häusl, Lokus, Thron; *derb:* Scheißhaus, Pinkelbude
Kloß
1. Knödel, Krokette
2. → Fettwanst
3. Klumpen, Brocken; *ugs.:* Frosch, Trumm, Flatschen
Kloster Stift, Konvent, Abtei
Klosterbruder → Mönch
Klosterschwester → Nonne
Klotz
1. Kloben, Block, Brocken
2. → Grobian
klotzig
1. → klobig
2. → sehr
Klub
1. Verein, Organisation, Vereinigung, Bund, Ring, Verband, Zusammenschluss, Liga, Interessengemeinschaft, Union
2. Klubhaus, Kasino, Kulturhaus, Heim
Kluft
1. Riss, Spalt, Abgrund, Tiefe, Schlucht, Krater, Klamm, Schlund, Schrund; *schweiz.:* Klus, Krachen
2. Ferne, Abstand, Distanz, Gegensatz, Kontrast, Unterschied, Verschiedenheit, Antagonismus, Divergenz, Differenz, Diskrepanz, Wand, Mauer, Schranke, Barriere, Sperre
3. → Kleidung
klug
1. intelligent, begabt, gescheit, vernünftig, verständig, umsichtig, scharfsinnig, geweckt, aufgeweckt, weitblickend, gelehrig, wach, klardenkend, vernunftbegabt, geistreich, lernfähig, denkfähig, philosophisch, besonnen, überlegt, weise, mit Geist; *ugs.:* helle, ausgeschlafen, nicht auf den Kopf gefallen, mit Köpfchen
2. → schlau
3. → erfahren
Klugheit
1. Intelligenz, Gescheitheit, Gelehrtheit, Weisheit, Schlauheit, Scharf-

sinn, gesunder Menschenverstand, Gewitztheit, Verstand
2. → Erfahrung

Klugscheißer → Besserwisser

Klumpen Brocken, Block; *ugs.:* Batzen, Trumm, Flatschen

Klüngel → Gruppe

knabbern
1. nagen, herumbeißen, mümmeln; *landsch.:* knuppern
2. knacken

Knabe Junge, Bub(e), Jüngling, der Kleine, Kind, Sohn; *ugs.:* Bursche, Bengel, Bürschchen, Hüpfer, Pimpf, Kerl, Steppke, Knirps, Wicht, Dreikäsehoch, halbe Portion

knacken
1. aufbrechen, aufknacken, aufbeißen, aufmachen, zerdrücken
2. → aufbrechen
3. krachen, knirschen, rascheln, rumoren, rattern
4. → lösen

knackig fest, straff, frisch, knusprig, kross

Knackpunkt Lösung, Schlüssel, Angelpunkt, Kernpunkt, Hauptsache

Knacks
1. *ugs. für:* Sprung, Riss, Knick, Ritz(e)
2. Schaden, Beeinträchtigung, Misserfolg, Bruch, Entzweiung, Lähmung, Einbuße, Schädigung
3. Defekt, Gebrechen, Störung, Makel; *ugs.:* Schlag, Knick in der Optik, Dachschaden, Knall, Fimmel, Macke, Tick; *derb:* Hirnriss

Knall
1. Schlag, Donnerschlag; *ugs.:* Bums, Polterer, Krach
2. → Knacks

knallen
1. krachen, donnern, grollen, knattern, poltern, böllern; *ugs.:* scheppern, bullern
2. → schießen
3. → koitieren
4. **jmdm. eine knallen** → ohrfeigen

knalleng → eng

knallig *ugs. für:* grell, schreiend, leuchtend, auffallend, in die Augen fallend/stechend, reißerisch, aufdringlich; *ugs.:* aufgedonnert

knapp
1. rar, selten, kaum zur Verfügung, nicht vorrätig/da/vorhanden
2. kläglich, gering, dürftig, kümmerlich, nicht viel, jämmerlich, schmal, mager, spärlich; *ugs.:* popelig, mick(e)rig, für den hohlen Zahn
3. kurz, von geringer Länge/Ausdehnung, klein
4. kaum, wenig, fast gar nichts, gerade noch
5. eng, enganliegend, stramm, hauteng, körpernah, knappsitzend; *ugs.:* knalleng

knapphalten → kurzhalten

Knappheit
1. Mangel, Verknappung, Beschränktheit, Not, Bedürftigkeit, Kargheit, Bedrängnis, Entbehrung
2. Enge

Knarre
1. → Gewehr
2. Rassel, Klapper; *landsch.:* Ratsche

knarren ächzen, schnarren, knattern, krachen

Knast → Gefängnis

Knatsch → Streit

knattern knarren, krachen, poltern, knallen, donnern, böllern; *ugs.:* scheppern, bullern, ötteln

Knäuel
1. Bündel, Paket, Packen, Ballen, Stoß, Durcheinander, Fülle, Wirrsal, Chaos, Gewirr, Wirrwarr, Wust, Komplex, Ansammlung; *ugs.:* Mischmasch, Kuddelmuddel, Sammelsurium
2. Bausch; *landsch.:* Knaul

Knauf Griff, Knopf, Henkel, Heft, Schaft

Knauser → Geizkragen

knauserig → geizig

knausern → geizen

knautschen → knittern

knebeln
1. fesseln, an Händen/Füßen binden, Ketten/Fesseln anlegen, anbinden, festbinden
2. → knechten

Knecht
1. Arbeitskraft, Feldarbeiter, Landarbeiter
2. Untergebener, Diener, Abhängiger, Sklave, Ausgebeuteter
3. Bursche, Stallbursche

knechten niederhalten, beherrschen, unterdrücken, versklaven, knebeln, ducken, tyrannisieren, unterjochen, ins Joch spannen, in Schach halten, paralysieren, nicht aufkommen/hochkommen lassen, terrorisieren, bedrängen, jmdm. das Rückgrat brechen, drangsalieren, in Unfreiheit halten, jmdm. seinen Willen aufzwingen, jmdn. kurzhalten; *ugs.:* klein halten

knechtisch unterwürfig, untertänig, kriecherisch, ergeben, sklavisch, hündisch, buhlerisch, duckmäuserisch, liebedienerisch, speichelleckerisch, fügsam, ohne Stolz, submiss, fußfällig; *geh.:* servil, devot; *ugs.:* ohne Rückgrat

Knechtschaft Unterdrückung, Unfreiheit, Joch, Repression, Sklaverei, Unterjochung, Versklavung, Knebelung, Terror, Bedrückung, Zwang, Freiheitsberaubung, Einschränkung, Fessel, Drangsalierung, Last, Kreuz, Bürde, Abhängigkeit, Hörigkeit

kneifen
1. zwicken, zwacken; *landsch.:* kneipen, petzen
2. → entziehen, sich

Kneipe *ugs. für:* Gaststätte, Gasthaus, Gasthof, Wirtschaft, Gastwirtschaft, Wirtshaus, Lokal, Restaurant, Restauration, Krug, Schenke; *ugs.:* Pinte; *abwertend:* Spelunke, Kaschemme

K

Knete → Geld

kneten
1. walken, durchwalken, durchkneten, durcharbeiten, quetschen, drücken, vermengen; *landsch.:* durchwirken
2. massieren, durchreiben

Knick
1. Falte, Falz, Kante, Bruch, Kniff
2. Sprung, Riss, Ritz(e); *ugs.:* Knacks
3. → Kurve

knicken einknicken, umknicken, kniffen, falten, brechen, anbrechen, umbiegen, umschlagen; *ugs.:* knacksen

knickrig → geizig

Knie
1. → Biegung
2. **übers Knie legen** → schlagen

kniefällig → flehentlich

knien auf den Knien liegen, niederknien, sich hinknien, auf die Knie fallen

Kniff
1. Falte, Knick, Falz, Kante, Bruch

Knochen: Zwischen Mumm und Müdigkeit

Knochen sind die Stützsubstanz im *Skelett* der Wirbeltiere. Als Synonyme werden *Gebein* und *Gerippe* verwendet. In einer ganzen Reihe umgangssprachlicher Redewendungen dient das Wort *Knochen* dazu, Härte und gleichzeitig das Innerste zu symbolisieren. Wer *nur noch Haut und Knochen* ist, ist sehr dünn/abgemagert. Wem *alle Knochen wehtun,* der ist völlig erschöpft. Einen energielosen Menschen bezeichnet man auch als *müden Knochen. Seine müden Knochen ausruhen* heißt »sich ausruhen«. Im Sinn von »ganz und gar, durch und durch« wird die Wendung *bis auf die Knochen* gebraucht. *Sich bis auf die Knochen blamieren* bedeutet »sich außerordentlich blamieren«. Was jemandem *(tief) in den Knochen steckt,* ist zu einem Bestandteil seines Wesens geworden. Wem *alle Knochen (im Leib) wehtun,* der hat große Schmerzen. Wer *keinen Mumm in den Knochen* hat, hat keinen Mut.
Die Redensart *der Schreck fährt jemandem in die Knochen* oder *der Schreck sitzt/liegt jemandem in den Knochen* drückt große Angst beziehungsweise tiefes Erschrecken aus. *Seine Knochen für etwas/jemanden hinhalten* heißt »den Sündenbock spielen«. Als Warnung vor Prügel ist die Aufforderung zu verstehen *Du kannst dir die Knochen nummerieren lassen!/Lass' dir die Knochen nummerieren!* Dementsprechend bedeutet *jemandem die Knochen im Leib zusammenschlagen* so viel wie *jemanden heftig verprügeln.*
Der umgangssprachliche Satz *Das ist ein harter Knochen!* besagt auf Personen bezogen »jemand ist hart im Nehmen« und auf Gegenstände »das ist eine schwere Arbeit/eine schwierige Aufgabe«. Für Letzteres gibt es auch den Ausdruck *Knochenarbeit/Knochenjob.* Scherzhaft wird die Anrede *alter Knochen!* für »alter Kerl/Bursche« gebraucht.

2. Trick, Kunstgriff, Winkelzug, Schachzug, Finesse, Raffinesse, List; *ugs.:* Schliche, Dreh, Masche

knifflig → heikel

knipsen *ugs. für:*
1. lochen, entwerten (Fahrschein), stempeln; *geh.:* perforieren; *ugs.:* zwicken
2. → fotografieren

Knirps
1. → Knabe
2. → Zwerg

knirschen knistern, ratschen, knacken

knistern rascheln, knirschen, prasseln, zischen, knacken, krachen

knittern Falten werfen, zerknittern, knüllen, zerknüllen, sich zusammendrücken; *ugs.:* knautschen, zerknautschen, verknautschen, verkrumpeln, verkrunkeln

knobeln → denken

Knochen Bein, Gebein, Skelett, Gerippe ⓘ

Knochenarbeit *ugs. für:* Mühe, Mühsal, Mühseligkeit, Plage, Beschwerlichkeit, Strapaze, Last, Fron; *ugs.:* Plackerei, Schinderei, Schufterei, Geacker, Rackerei, Mordsarbeit, Drecksarbeit; *derb:* Scheißarbeit, Sauarbeit

knochendürr → dünn
knochenhart → hart
knochig dünn, mager, dürr, eckig, abgemagert, ausgezehrt, abgezehrt; *ugs.:* knochendürr, nur Haut und Knochen, ausgemergelt
knockout → k. o.
Knödel Kloß, Krokette
Knopflochchirurgie minimalinvasive Chirurgie, Schlüssellochchirurgie
knorrig
1. knorzig, knollig, klumpig; *landsch.:* knubbelig
2. → eigensinnig
knospen → keimen
knoten einen Knoten machen, zusammenbinden, zusammenknüpfen, zusammenschnüren
Knoten
1. Verschlingung, Verknüpfung, Verwicklung
2. Dutt, Chignon, Nest, Haarknoten
3. Geschwulst, Verdickung, Wulst, Verhärtung, Auswuchs; *Med.:* Tumor; *ugs.:* Knubbel
Knotenpunkt Mittelpunkt, Schnittpunkt, Kreuzungspunkt, Drehpunkt, Konvergenzpunkt, Sammelpunkt, Brennpunkt, Kern, Schwerpunkt, Mitte, Zentrum, Herz, Herzstück, Nabel (der Welt), Tummelplatz, Center, Hochburg, Achse, Pol, Puls, Seele, Scheitel
Know-how Erfahrung, Kenntnis, Wissen, Bildung, Überblick, Beschlagenheit, Übung, Praxis, Routine
Knuff → Stoß
knuffen → stoßen
knüllen → knittern
Knüller → Attraktion
knüpfen binden, knoten, zusammenknoten, schnüren, zusammenschnüren, flechten, zusammenflechten; *geh.:* winden
Knüppel Schlagstock, Knüttel, Prügel, Stecken, Rohrstock, spanisches Rohr
knurren
1. brummen, murren; *ugs.:* brummeln, granteln, gnatzen, schnauzen
2. → nörgeln
knurrig → mürrisch
knusprig
1. rösch, kross; *landsch.:* krosch; *österr.:* resch
2. jung, frisch, blühend, anziehend, lecker; *ugs.:* knackig
Knust → Kanten
Knute
1. Peitsche, Gerte, Rute, Karbatsche, Kantschu, Geißel, Ziemer, neunschwänzige Katze
2. Macht, Gewalt, Herrschaft
knutschen → küssen
k. o.
1. → erschöpft
2. knockout, schachmatt, besiegt, am Boden liegend, außer Gefecht, bezwungen, kampfunfähig, unterlegen
koalieren sich verbinden, sich zusammenschließen, sich zusammentun, ein Bündnis eingehen, einen Pakt schließen, paktieren, konföderieren, sich alliieren, eine Koalition eingehen, sich verbinden, sich vereinigen
Koalition Bündnis, Bund, Vereinigung, Zusammenschluss, Verbindung, Interessengemeinschaft, Pakt, Allianz
Kobold → Zwerg
kochen
1. das Essen bereiten/zubereiten/machen/richten; *ugs.:* zusammenbrauen
2. sieden, garen, weichmachen, weichkochen, garmachen; *landsch.:* wellen
3. erhitzen, brühen, aufbrühen, zum Kochen bringen, aufkochen, brodeln, aufwallen
4. → ärgern, sich
5. → kriseln
kochend heiß → heiß
kochfest → waschecht
Kode
1. Schlüssel (einer Geheimschrift), Chiffre, Geheimzeichen
2. Telegrafenschlüssel, Depeschenkode
Köder Lockvogel, Lockmittel, Lockspeise, Reizmittel, Anziehungspunkt, Zugmittel, Magnet
ködern → anlocken
Kodex
1. Handschrift, Handschriftensammlung
2. Gesetzbuch, Gesetzessammlung
3. Verhaltensregeln, Verhaltensvorschriften
Kohl
1. Kraut; *landsch.:* Kappes; *schweiz.:* Kabis
2. → Unsinn
Kohldampf → Hunger
Kohle → Geld
Kohlepapier Karbonpapier, Blaupapier, Durchschlagpapier
Kohlrübe Steckrübe, Runkelrübe; *landsch.:* Wruke
Koinzidenz Zusammentreffen, Zusammenfall
koitieren Verkehr haben, Geschlechtsverkehr/intime Beziehungen haben, sich lieben, sich begatten, kopulieren, mit jmdm. schlafen/ins Bett gehen/zusammen sein/intim werden/ein Abenteuer haben, den Akt/Beischlaf vollziehen, (eine Frau) beschlafen, sich verbinden,

sich vereinigen, beiwohnen, beiliegen, sich hingeben, eins werden, sich schenken, jmdm. zu Willen sein, die ehelichen Pflichten erfüllen, einander gehören/befriedigen, verschmelzen, zeugen, schwängern, sich mit jmdm. einlassen/abgeben, sündigen; *biblisch:* erkennen; *ugs.:* sich paaren, es mit jmdm. haben/treiben/machen, mit jmdm. ins Bett steigen, jmdn. vernaschen, mit jmdm. spielen; *derb:* bumsen, ficken, rammeln, pimpern, knöpern, nageln, rupfen, rüpfen, jmdn. ranlassen/rauflassen, bespringen, eine Nummer schieben, bürsten, stoßen, aufs Kreuz legen, umlegen, orgeln, hopsen, vögeln, mausen, besteigen, knallen, pudern, stopfen, schnackseln, ballern

Koitus → Geschlechtsverkehr

Koje
1. Schiffsbett
2. → Bett
3. Ausstellungsstand, Ausstellungsraum

Kokain *ugs.:* Coke, White Stuff, Schnee, Snow, Coco, C, Charley, Koks, Caesar

kokett gefallsüchtig, putzsüchtig, eitel, geziert, selbstgefällig, eingebildet, stutzerhaft, geckenhaft

kokettieren
1. sich interessant machen, seine Reize spielen lassen, jmdn. zu reizen versuchen, Gefallen zu erregen suchen, sich gefallen in, aufreizen, herausfordern, charmieren, sich aufspielen, sich aufblasen, sich aufplustern, sich wichtigmachen, großtun, sich brüsten, sich in Szene setzen, sich in den Vordergrund stellen; *ugs.:* dick auftragen, eine Schau abziehen, sich herausstreichen
2. → flirten

Kokolores → Unsinn

Kokotte → Prostituierte

Koks
1. → Kokain
2. → Geld
3. → Unsinn

Kolik Leibschmerzen, Krampf

kollabieren einen Kollaps/Zusammenbruch/Schwächeanfall erleiden, zusammenbrechen, ohnmächtig werden, in Ohnmacht fallen, umfallen; *ugs.:* alle viere von sich strecken, schlappmachen, umkippen, zusammenklappen, Sterne sehen

kollaborieren mit dem Feind zusammenarbeiten/zusammenwirken, Hand in Hand arbeiten, kooperieren, am gleichen Strang ziehen

Kolleg
1. Hochschulvorlesung
2. Fernunterricht, Fernstudium

Kollege Mitarbeiter, Arbeitskamerad, Amtsbruder, Fachgenosse, Betriebsgenosse, Berufsgenosse, Kumpel

kollegial kameradschaftlich, wie unter Kollegen, hilfsbereit, gefällig, partnerschaftlich, solidarisch, loyal, freundschaftlich

Kollegium Ausschuss, Körperschaft, Gremium, Beirat, Komitee, Rat, Kreis, Kommission, Team, Kollektiv, Kollegenschaft

Kollekte (kirchliche) Geldsammlung, Spendensammlung, Spendenaktion

Kollektion Auswahl, Sortiment, Sammlung, Mustersammlung, Zusammenstellung

kollektiv → gemeinsam

Kollektiv Gruppe, Team, Aktiv, Arbeitsgemeinschaft, Produktionsgemeinschaft, Gespann, Brigade, Ensemble, Stab, Arbeitsgruppe

kollektivieren in Kollektiveigentum/Volkseigentum überführen, vergesellschaften, vergemeinschaften, verstaatlichen, sozialisieren, nationalisieren, enteignen, expropriieren

Koller → Wutausbruch

kollidieren
1. aufeinanderprallen, zusammenstoßen, zusammenprallen, karambolieren, sich ineinanderverkeilen, rammen; *ugs.:* zusammenkrachen, zusammenknallen, zusammenrumpeln, zusammenrumsen, zusammenrauschen, zusammenrasseln
2. sich überschneiden, sich überlappen, sich überkreuzen, zusammenfallen, zusammenlaufen, zusammentreffen, konvergieren
3. → streiten, sich

Kollision
1. Zusammenstoß, Zusammenprall, Aufprall, Karambolage, Massenkarambolage, Unfall, Auffahrunfall, Crash
2. → Streit

Kolloquium Fachgespräch, Gedankenaustausch, Meinungsaustausch, Beratschlagung, Diskurs, Erörterung, Diskussion, Besprechung, Konsultation, Beratung, Aussprache, Debatte, Konsilium, Sit-

K

zung, Tagung, Konferenz, Symposion, Symposium, Versammlung

Kolonie
1. Siedlung, Ansiedlung, Niederlassung, Ort, Gemeinde, Gründung, Standort, Flecken
2. Lager, Ferienlager
3. Tierverband, Tiergruppe
4. Überseebesitz, Auslandsterritorium

kolonisieren urbar/nutzbar machen, (wirtschaftlich) erschließen, entwickeln, kultivieren, besiedeln, bevölkern, Siedlungen/Besitzungen gründen

Kolonne
1. Schar, Zug, Pulk, Reihe, Trupp(e), Treck; *ugs.:* Schwarm, Schub, Haufen, Herde, Horde
2. Verband, Einheit, Abteilung, Gruppe, Kommando, Geschwader, Mannschaft, Belegschaft

Kolorit
1. Farbgebung, Farbwirkung, farbliche Gestaltung, Kolorierung
2. Klangfarbe, Klangwirkung, Timbre, Tonfarbe, Klang, Klangart, Farbton, Sound
3. Stimmung, Atmosphäre, Ausstrahlung, Flair, Fluidum, Ambiente, Besonderheit

Koloss
1. Hüne, Riese, Gigant, Goliath; *ugs.:* Bulle, Turm, Schlagetot, Lulatsch, Schlaks
2. → Fettwanst

kolossal
1. gewltig, riesig, massig, mächtig, übermächtig, wuchtig, gigantisch, monströs, riesengroß, immens, überdimensional, sehr groß, von beachtlichem/ungeheurem Ausmaß, voluminös, monumental, übergroß, titanisch
2. → sehr

kolportieren → ausplaudern

Kolumne
1. Spalte, Zeitungsspalte, Rubrik, Abschnitt
2. Zahlenreihe

Koma tiefe Bewusstlosigkeit, Ohnmacht, Besinnungslosigkeit

Kombination
1. Zusammenstellung, Zusammenfügung, Zusammenspiel, Verknüpfung, Verbindung, Verschmelzung, Arrangement
2. Arbeitsanzug, Schutzanzug, Overall
3. Ziffernfolge (Tresor), Schlüssel, Kode, Chiffre
4. Gedankenspiel, Folgerung, Ableitung, Hypothese, Assoziation, Gedankenverbindung, Synthese, Schluss
5. Hose und Sakko

kombinieren (gedanklich) verbinden, verknüpfen, verschmelzen, zusammenfügen, zusammenschmieden, zusammenstellen, aneinanderfügen, koppeln, folgern, schlussfolgern, schließen

Komet Schweifstern, Haarstern, Irrstern

kometenhaft → schnell

komfortabel bequem, behaglich, wohnlich, angenehm, mit Komfort, gemütlich, wohlig, heimelig

Komiker Humorist, Comedian, Spaßvogel, Spaßmacher, Possenreißer

komisch
1. erheiternd, drollig, spaßig, putzig, köstlich, possenhaft, ulkig, närrisch, burlesk, witzig, skurril, kauzig, originell, amüsant, zum Lachen, trocken, humorvoll, belustigend, lustig, vergnüglich; *ugs.:* zum Schießen/Brüllen, urkomisch, gelungen, spleenig
2. → merkwürdig

Komitee → Ausschuss

Kommandeur Befehlshaber, Kommandant, Heerführer

kommandieren
1. befehligen, den Befehl haben über, Befehle/Anweisungen erteilen, Befehlsgewalt besitzen, führen, Befehl/Order geben
2. → anordnen

Kommando
1. Befehl, Anordnung, Weisung, Bestimmung, Auftrag, Order, Aufforderung, Gebot, Direktive, Diktat, Verordnung, Erlass, Edikt, Verfügung
2. Verband, Einheit, Truppe, Kolonne, Gruppe, Abteilung, Teil

kommen
1. gelangen, sich einfinden, eintreffen, herbeikommen, ankommen, daherkommen, herankommen, herkommen, hinkommen, entgegenkommen, sich nähern, sich nahen, sich herbemühen, erreichen, anlangen, landen, einlaufen, zukommen auf, näherkommen, des Weges/gegangen kommen, anrücken, anmarschieren, anrollen, (auf der Bildfläche) erscheinen, im Anmarsch/Anzug sein, sich einstellen; *ugs.:* aufkreuzen, auftauchen, eintrudeln, anspaziert/angestiefelt/angewackelt kommen, antanzen, sich blicken lassen, hereinschneien, anzittern
2. bevorstehen, sich ankündigen, zu erwarten sein, sich bemerkbar ma-

K

chen, sich abzeichnen, sich andeuten, sich anbahnen; *ugs.:* sich zusammenbrauen, seine Schatten vorauswerfen
3. in Erscheinung treten, hervorkommen, sichtbar werden, an die Oberfläche kommen, auftreten, auftauchen, sich zeigen, eintreten, auf den Plan treten, zum Vorschein kommen, Wirklichkeit werden, sich erfüllen, sich bestätigen
4. **hinter etwas kommen** → aufspüren
5. **zu sich kommen** → erholen, sich

kommen aus → stammen

kommen von → stammen von

Kommentar Erklärung, Erläuterung, Auslegung, Deutung, Definition, Interpretation, Verdeutlichung, Beleuchtung, Darlegung, Stellungnahme, Illustrierung; *geh.:* Explikation

kommentieren erkären, erläutern, deuten, begründen, interpretieren, auslegen

kommerziell geschäftlich, ökonomisch, gewerblich, kaufmännisch, merkantil, auf Gewinn/Profit bedacht

Kommilitone Mitstudent, Studiengenosse, Studienkollege, Studienfreund

Kommiss → Kriegsdienst

Kommissar Bevollmächtigter, Kommissär, Beauftragter, Agent, Sachverwalter

Kommission Ausschuss, Gremium, Komitee, Kreis, Beirat, Sektion, Rat, Kollegium, Kuratorium, Begutachter, Prüfer, Jury, Expertenrunde

kommod → gemütlich

Kommune
1. Gemeinde, Ort, Gemeinwesen, Dorf
2. Wohngemeinschaft, Interessengemeinschaft, Wirtschaftsgemeinschaft, WG, Wohngruppe

Kommunikation
1. Bindung, Verbindung, Zusammenhang, Band, Bezug, Relation, Beziehung, Verhältnis; *geh.:* Konnex, Nexus
2. Verständigung, Kontakt, Verkehr, Interaktion, Informationsübermittlung, Brückenschlag

kommunikativ gesprächig, mitteilbar, mitteilsam, verbindend

Kommunikee Bekanntmachung, Mitteilung, Kundgabe, Bericht, Verlautbarung, Bekanntgabe, Verkündigung, Publikation, Veröffentlichung, Statement, Erklärung, Eröffnung, Bulletin, Denkschrift

Kommunion → Abendmahl

Kommuniqué → Kommunikee

kommunistisch links, linksorientiert, linksgerichtet, sozialistisch, marxistisch

kommunizieren
1. Verbindung/Kontakt haben, in Beziehung/Interaktion/Verkehr stehen mit, sich unterhalten, sich verständigen
2. die Kommunion empfangen, das Abendmahl nehmen, zur Kommunion/zum Abendmahl gehen

Komödie Lustspiel, Possenspiel, Posse, Schwank, Farce, Burleske; *ugs.:* Klamotte, Gaudistück

Kompagnon Teilhaber, Mitinhaber, Partner, Gesellschafter, Sozius, Associé

kompakt
1. dicht, massiv, fest, eng, gedrängt, festgefügt, gepresst, zusammengepresst
2. gedrungen, stämmig, untersetzt, bullig; *Med.:* pyknisch

Kompanie
1. Truppeneinheit, Truppenteil, Truppe, Garnison, Bataillon, Regiment, Formation, Heeresverband
2. → Herde
3. Unternehmen, Gesellschaft, Handelsgesellschaft, Firma, Konzern; *veraltet:* Compagnie

Komparse Statist, stumme Rolle, Figurant

Kompendium Lehrbuch, Handbuch, Abriss, Leitfaden, Ratgeber, Einführung, Führer, Nachschlagewerk, Vademekum

Kompensation
1. Ausgleich, Aufwiegung, Angleichung, Ersatz, Abhilfe
2. Erstattung, Vergütung, Entschädigung, Verrechnung, Abfindung, Wiedergutmachung, Abgeltung

kompensieren ausgleichen, wettmachen, egalisieren, nivellieren, einen Ausgleich herbeiführen/bewirken/schaffen, ausbalancieren, aufwiegen, neutralisieren

kompetent
1. zuständig, maßgebend, urteilsfähig, maßgeblich, ausschlaggebend
2. befugt, verantwortlich, berechtigt, ermächtigt, autorisiert

komplett
1. vollständig, geschlossen, abgeschlossen, fertig, vollendet, ausgeführt, fertiggestellt, vollkommen, umfassend, vervollständigt, vollzählig, total, lücken-

los, ausgereift, perfekt, rund, aus einem Guss, tadellos
2. → ganz
komplettieren → ergänzen
komplex kompliziert, vielschichtig, zusammengesetzt, zusammenhängend, beziehungsreich, verwickelt, verflochten, verzweigt, verschlungen, verstrebt, verworren, mehrteilig, unübersichtlich, schwerzugänglich, schwer fassbar, schwerverständlich; *ugs.:* vertrackt, verzwickt
Komplex
1. Einheit, Gesamtheit, Gruppe, Gebiet, Trakt, Block, Gefüge, Anlage, Gebilde, Bereich, Feld
2. → Minderwertigkeitskomplex
Komplice → Komplize
Komplikation
1. Schwierigkeit, Verwicklung, Erschwernis
2. → Not
Kompliment Höflichkeitsbekundung, Schmeichelei, schöne Worte, Artigkeit, Aufmerksamkeit, Bewunderung; *ugs.:* Lobhudelei, Schöntuerei, Schönrederei, Honig
Komplize Mittäter, Mitbeteiligter, Mitschuldiger, Konsorte, Helfer, Helfershelfer, Sympathisant, Kumpan, Handlanger, Mitwissender, Spießgeselle; *österr.:* Komplice
kompliziert schwierig, diffizil, mit Schwierigkeiten verbunden, heikel, problematisch, prekär, verwickelt, schwerzugänglich, unübersichtlich, verflochten, schwerverständlich, schwer zu fassen, dornig, komplex, verschlungen, mühsam, schwer, subtil; *ugs.:* knifflig, vertrackt, verzwickt, eine harte Nuss
Komplott Verschwörung, Anschlag, Intrige, Konspiration, Geheimbündelei, Unterwanderung, Attentat, Überfall, Angriff
Komponente Bestandteil, Teilkraft, Element, Seite, Ingrediens, Zubehör
komponieren
1. kunstvoll zusammensetzen, anordnen, aufbauen, aufeinander abstimmen, arrangieren, zusammenstellen, in eine bestimmte Ordnung/Reihenfolge bringen
2. vertonen, in Töne setzen, ein Musikstück verfassen
Komponist Tonkünstler, Tonsetzer, Tonschöpfer, Tondichter
Komposition
1. Zusammensetzung, Zusammenstellung, Aufbau, Arrangement, Anordnung, Gliederung, Mischung
2. Musikwerk, Musikstück, Tondichtung, Tonstück
Kompost Naturdünger, Dung, Mist
Kompresse (feuchter) Umschlag, Wickel, Packung, Mullverband
komprimieren zusammendrücken, zusammendrängen, zusammenziehen, verdichten, kürzen, straffen, konzentrieren; *EDV:* zippen
komprimiert kurz, (kurz und) bündig, gedrängt, straff, konzis, summarisch, bestimmt, verdichtet, konzentriert, verkürzt, abgekürzt, umrisshaft, zusammengefasst, zusammengezogen, gerafft, gestrafft
Kompromiss Ausgleich, Verständigung, Übereinkunft, Vergleich, Einigung, Abmachung, Zugeständnis, Entgegenkommen, Konzession, Einräumung, Lösung, Zwischenlösung, Mittelweg
kompromittieren → blamieren
kondensieren
1. verflüssigen, verdichten, komprimieren
2. verkochen, verdampfen, verdicken, eindampfen, eindicken; *fachsprachl.:* evaporieren
Kondition
1. körperliche Verfassung, Beschaffenheit, Fitness, Zustand, Leistungsfähigkeit, Form
2. Bedingung, Zahlungsbedingung, Voraussetzung, Vorbedingung, Vorbehalt, Annahme, Einschränkung, Beschränkung; *geh.:* Prämisse
Konditor Zuckerbäcker, Feinbäcker, Kuchenbäcker; *schweiz.:* Confiseur
Konditorei Feinbäckerei; *landsch.:* Zuckerbäckerei; *schweiz.:* Konfiserie, Patisserie
kondolieren sein Beileid aussprechen/bezeigen/bekunden/ausdrücken, seine Teilnahme bezeigen
Kondom Präservativ, Gummischutzmittel, Verhütungsmittel; *ugs.:* Pariser, Überzieher, Flopp, Präser, Gummi; *schweiz.:* Verhüterli
Konfekt Süßigkeiten, Pralinen, Naschwerk, Zuckerwerk, Fondant, Süßwaren, Schleckereien, Näschereien, Leckereien
Konfektion Fertigbekleidung, Serienbekleidung;

ugs.: Kleidung von der Stange

Konferenz Beratung, Sitzung, Besprechung, Unterredung, Session, Symposion, Symposium, Verhandlung, Tagung, Treffen, Gipfeltreffen, Versammlung, Konvent

konferieren ratschlagen, beratschlagen, Rat halten, sich beraten, sich besprechen, sich bereden, erörtern, tagen, sich zusammensetzen, zusammentreten, verhandeln, diskutieren, Verhandlungen führen, eine Sitzung/Konferenz/Tagung abhalten, sich austauschen

Konfession
1. Bekenntnis, Glaubensbekenntnis, Religion, Glaube
2. Bekenntnisschrift, Offenbarung, Geständnis, Eingeständnis, Beichte

Konfirmation Einsegnung

konfiszieren → beschlagnahmen

Konfitüre Marmelade, Fruchtaufstrich, Jam; *schwäb.:* Gsälz

Konflikt
1. Auseinandersetzung, Streitigkeit, (heftige) Debatte, Kontroverse, Zwist, Zwistigkeit, Krieg, Fehde, Reibung, Wortgefecht, Meinungsverschiedenheit, Disput, Streitgespräch; *ugs.:* Knatsch, Krach, Kabbelei, Trouble, Streiterei, Reiberei
2. Zwiespalt, Zerrissenheit, Unentschiedenheit, Widerstreit, Unschlüssigkeit, Schwierigkeit, Bedrängnis, Kalamität, Ratlosigkeit, Engpass, Notlage, Bredouille, Dilemma; *ugs.:* Klemme, Zwickmühle, Patsche

Konföderation Bündnis, Staatenbund, Zusammenschluss, Vereinigung, Föderation, Bundesstaat, Verband

konföderieren → verbünden, sich

konform übereinstimmend, einig, gleichgesinnt, gleichgerichtet, einheitlich, unterschiedslos, uniform, einhellig, entsprechend, gleichgeordnet, korrespondierend

konformgehen sich anpassen, sich richten nach, entsprechen, eines Sinnes/einer Meinung sein, im Einklang stehen mit, billigen, zustimmen, befürworten, übereinstimmen, jmdm. beipflichten/Recht geben

Konfrontation
1. Auseinandersetzung, Kampf, Konflikt, Krieg, Kollision, Zusammenstoß, Streit
2. Gegenüberstellung, Vergleich

konfrontieren
1. → gegenüberstellen
2. **sich konfrontieren mit** → sich beschäftigen mit

konfus
1. verwirrt, verworren, verstört, verdutzt, verdreht, kopflos, durcheinander, fahrig, wirr, desorientiert, zerfahren, kopfscheu, konsterniert; *ugs.:* durchgedreht, verdattert, kirre
2. ungeordnet, chaotisch, wirr, diffus, bunt, kunterbunt, zusammenhanglos, ohne Zusammenhang, beziehungslos, planlos, sinnlos, undurchsichtig, unausgegoren, unverständlich, unzusammenhängend, unverbunden, ungereimt, unklar, unübersichtlich, abstrus, kraus, abgerissen; *ugs.:* wie Kraut und Rüben

Konfusion
1. → Verwirrung
2. → Unordnung

kongenial geistesverwandt, geistig ebenbürtig, gleichgesinnt, wesensgleich, gleichrangig, gleichwertig

Konglomerat Gemenge, Zusammengewürfeltes, Zusammensetzung, Zusammengetragenes, Zusammenballung, Gemisch, Mischung, Mixtur, Durcheinander, Mengung, Vielerlei, Mixtum compositum, Kunterbunt, Sammlung; *ugs.:* Sammelsurium, Klitterung, Ragout

Kongress → Tagung

kongruent übereinstimmend, deckungsgleich, gleich, identisch, sich deckend, zusammenfallend, sich genau entsprechend, konvergent, unterschiedslos, gleichartig, konform, dasselbe, eins, konvergierend

königlich
1. majestätisch, erhaben, würdevoll, hoheitsvoll, gravitätisch, Achtung gebietend, ehrwürdig
2. → fürstlich

konjugieren beugen, flektieren, deklinieren, abwandeln

Konjunktur Wirtschaftslage, wirtschaftliche Entwicklung

Konklusion → Folgerung

konkret wirklich, gegenständlich, anschaulich, sinnlich wahrnehmbar, greifbar, festumrissen, dinglich, faktisch, tatsächlich, vorhanden, real, existent, bestehend, körperlich, dinghaft, stofflich, fassbar, im Zusammenhang, deutlich

K

konkretisieren veranschaulichen, anschaulich/deutlich/verständlich/begreifbar/lebendig/plastisch machen, präzisieren, vor Augen führen, erläutern, erklären; *ugs.:* rüberbringen

Konkubine → Geliebte

Konkurrent Gegner, Gegenspieler, Rivale, Widersacher, Widerpart, Kontrahent, Gegenseite, Gegenpartei, Mitbewerber, Nebenbuhler

Konkurrenz
1. Wettstreit, Wettbewerb, Wettkampf, Rivalität, Gegnerschaft, Nebenbuhlerschaft, Wirtschaftskampf, Erwerbskampf
2. Spiel, Wettspiel, Turnier, Kampfspiel, Rennen, Wettlauf, Begegnung
3. → Konkurrent

konkurrenzfähig wettbewerbsfähig, auf gleicher Höhe/Stufe, wettbewerbsorientiert, der Konkurrenz gewachsen

konkurrenzlos einzigartig, unvergleichlich, unüberbietbar, unübertrefflich, überragend

konkurrieren jmdm. Konkurrenz machen, mit jmdm. im Wettbewerb stehen, in Wettbewerb treten, wettstreiten, wetteifern, rivalisieren, ankämpfen/angehen gegen; *ugs.:* anstinken gegen

Konkurs Zahlungsunfähigkeit, Zahlungseinstellung, Bankrott, finanzieller/wirtschaftlicher Zusammenbruch, Ruin, Geschäftsaufgabe, Illiquidität, Nonvalenz, Insolvenz; *ugs.:* Pleite

können
1. fähig/in der Lage/imstande/gewachsen/mächtig sein, beherrschen, sich verstehen auf, im Griff/in der Hand haben, Bescheid wissen, meistern, vermögen, nicht schwerfallen, taugen zu; *ugs.:* bringen, sich leichttun, aus dem Ärmel schütteln
2. berechtigt/erlaubt/befugt/gestattet/ermächtigt sein, die Genehmigung/Möglichkeit/Einwilligung/Macht/Erlaubnis/das Recht haben
3. denkbar sein, im Bereich des Möglichen liegen, nicht von der Hand zu weisen sein; *ugs.:* drin sein

Können → Fähigkeit

Könner → Fachmann

Konnex Zusammenhang, Bezug, Bindung, Verbindung, Relation, Nexus, Kommunikation, Beziehung, Verhältnis, Kontakt

Konsens
1. → Erlaubnis
2. Einverständnis, Übereinkommen, Anerkennung, Einvernehmen, Einigkeit, Eintracht, Gleichsinn, Einhelligkeit, Einmütigkeit, Gemeinsamkeit

konsequent
1. folgerichtig, logisch, folgerecht, schlüssig
2. beständig, beharrlich, zielstrebig, streng, planmäßig, stetig, fest, standhaft, zäh, unbeirrt, systematisch, eisern, entschlossen, energisch, resolut, willensstark, charakterfest, ausdauernd, hartnäckig, geradlinig, unerschütterlich

Konsequenz
1. → Folge
2. Folgerichtigkeit, Logik, Systematik, Strenge
3. → Beständigkeit

konservativ reaktionär, fortschrittsfeindlich, den Fortschritt blockierend/behindernd, rückschrittlich, rückständig, rechts, am Bestehenden/Überlieferten festhaltend

Konservativer Bürgerlicher, Rechter; *abwertend:* Reaktionär, Ewiggestriger

Konservatorium → Musikhochschule

Konserve Konservendose, Konservenbüchse, Blechdose, Blechbüchse

konservieren
1. haltbar machen, einkochen, einlegen, einmachen, einwecken, eindicken, einfrieren, einpökeln, eindosen, marinieren, tiefkühlen, kandieren
2. erhalten, aufbewahren, pflegen, instand halten, hüten, schonen, schützen, warten, umsorgen, in Ordnung halten

Konsistenz
1. Beschaffenheit, Zustand, Eigenschaft, Art und Weise, Form
2. Dichte, Dickflüssigkeit, Zähigkeit, Dichtheit, Festigkeit

Konsole
1. Mauervorsprung, Träger, Stützbalken
2. Wandbrett, Wandgestell, Regal, Bord

konsolidieren → festigen

Konsorte → Komplize

Konspiration → Komplott

konspirativ
1. verschwörerisch, geheimbündlerisch, im Untergrund arbeitend; *geh.:* klandestin
2. → geheim

konspirieren → verschwören, sich

konstant dauernd, fortgesetzt, unausgesetzt,

K

fortwährend, fortlaufend, fortdauernd, anhaltend, andauernd, durchgehend, ununterbrochen, beständig, permanent, kontinuierlich, unveränderlich

Konstanz → Beständigkeit

konstatieren feststellen, zum Ausdruck bringen, sagen, äußern, betonen, niederlegen, hervorheben, herausstellen, hinweisen auf, unterstreichen, ausdrücklich erwähnen; *geh.:* postulieren

Konstellation Lage, Situation, Zusammentreffen von Umständen, Verhältnisse, Umstände, Sachlage, Status, Stellung (Sterne), Gruppierung, Stand, Gegebenheiten

konsterniert betroffen, bestürzt, entsetzt, verstört, verwirrt, verdutzt, durcheinander, konfus, überrascht, entgeistert, fassungslos, wie vor den Kopf geschlagen, außer Fassung, betreten, verblüfft, perplex, sprachlos; *ugs.:* verdattert, platt

konstituieren bilden, gründen, begründen, errichten, schaffen, aufbauen, stiften, ins Leben rufen, herbeiführen, etablieren, bewirken, aus der Taufe heben, hervorbringen

konstituieren, sich zusammentreten, sich bilden, sich zusammensetzen

Konstitution
1. Körperverfassung, Körperbeschaffenheit, Körperzustand, Form
2. Zusammensetzung (Chemie), Struktur, Anordnung, Gliederung, Aufbau, Gefüge
3. Verfassung, Grundgesetz, Rechtsbestimmung, Satzung
4. Konzilbeschluss, päpstlicher Erlass

konstruieren entwerfen, skizzieren, konzipieren, projektieren, planen, einen Plan machen, umreißen, entwickeln, ausarbeiten, erarbeiten, sich ausdenken, sich zurechtlegen, anordnen, zusammenstellen, zusammensetzen

Konstruktion
1. Entwurf, Konzept, Konzeption, Skizze, Plan, Projektierung
2. Bauwerk, Baulichkeit, Komplex, Anlage, Gebilde
3. Entwicklung, Bau, Herstellung, Anfertigung, Erschaffung, Montage, Zusammenbau
4. Bauart, Gefüge, Aufbau, Struktur, Zusammensetzung
5. → Fiktion

konstruktiv
1. fruchtbar, nützlich, effektiv, produktiv, erfolgreich, nutzbringend, förderlich, dienlich, wirksam
2. schöpferisch, kreativ, fantasievoll, ideenreich, einfallsreich, erfinderisch, künstlerisch, gestalterisch, originell

Konsulat → Gesandtschaft

Konsultation Beratung, Unterredung, Konsilium, Aussprache, Erörterung, Fachgespräch, Befragung, Orientierung

konsultieren jmds. Rat einholen, um ein Urteil bitten, fragen, befragen, zurate ziehen

Konsum Verbrauch, Konsumption, Verzehr, Konsumierung

Konsument Verbraucher, Käufer, Kunde, Abnehmer, Bedarfsträger

Konsumgesellschaft Wohlstandsgesellschaft, Überflussgesellschaft, Wegwerfgesellschaft

Konsumgüter Gebrauchsgüter, Gebrauchswaren, Bedarfsgüter, Bedarfsartikel, Bedarfsgegenstände

konsumieren brauchen, verbrauchen, aufbrauchen, verzehren, essen

Kontakt Berührung, Verbindung, Beziehung, Umgang, Anschluss, Verhältnis, Kommunikation, Tuchfühlung, Verkehr, Interaktion, Brückenschlag; *geh.:* Konnex

Kontakt aufnehmen Verbindung/Beziehung aufnehmen, ins Gespräch kommen, Fühlung nehmen, sich annähern, zukommen auf, das Eis brechen; *ugs.:* sich heranmachen

kontaktarm kontaktscheu, verschlossen, ungesellig, zurückhaltend, menschenscheu, unzugänglich, zugeknöpft, verhalten, introvertiert

kontaktfreudig → gesellig

Kontaktlinse Kontaktschale, Haftschale, Haftglas, Kontaktglas

Kontaktmann Verbindungsmann, Mittelsmann, Gewährsmann, Vermittler, Bindeglied

kontemplativ beschaulich, anschauend, betrachtend, erbaulich, betrachtsam, innerlich, besinnlich

kontemporär gleichzeitig, zeitgenössisch, gegenwärtig, zur Zeit, jetzig, heutigentags

Konterfei → Bildnis

kontern zurückschlagen, einen Gegenschlag versetzen, antworten, entgegnen, dagegenhalten, begegnen, Kontra geben, abwehren, sich zur Wehr setzen, erwidern

Kontext Zusammenhang, Bezugsrahmen, Text, Umgebung
Kontinent
1. Erdteil, Weltteil
2. Festland
Kontingent
1. Teil, Anteil, Menge, Quote, Teilhabe, Dosis, Rate
2. Pflichtbeitrag, Abgabe
3. Truppenstärke
kontinuierlich stetig, dauernd, fortgesetzt, unausgesetzt, fortwährend, fortlaufend, fortdauernd, anhaltend, andauernd, durchgehend, ununterbrochen, unablässig, permanent, konstant, ewig, beharrlich, stets; *ugs.:* in einer Tour, laufend, fortweg, am laufenden Meter/Band, alle Nase lang
Kontinuität → Beständigkeit
kontra wider, gegen
kontradiktorisch → gegensätzlich
Kontrahent
1. Vertragspartner
2. → Gegner
Kontrakt Vertrag, Vereinbarung, Abkommen, Abmachung, Übereinkunft, Pakt, Abschluss, Übereinkommen
konträr gegensätzlich, widersprüchlich, widerspruchsvoll, widersinnig, widerstimmig, einander ausschließend, gegenteilig, entgegengesetzt, disparat, inkompatibel
Kontrast Gegensatz, Gegensätzlichkeit, Widerspruch, Gegenpol, Gegenteil, Gegenstück, Divergenz, Diskrepanz, Differenz, Unterschied, Verschiedenheit, Abweichung, Ungleichheit, Unähnlichkeit, Andersartigkeit, Unstimmigkeit; *geh.:* Antagonismus
kontrastieren
1. sich abheben/abgrenzen von, in Gegensatz/Kontrast/Opposition stehen zu, abstechen gegen, einen Kontrast bilden, sich unterscheiden, differieren, divergieren, abweichen; *ugs.:* aus der Reihe/dem Rahmen fallen
2. → gegenüberstellen
Kontrolle
1. Überwachung, Aufsicht, Beaufsichtigung, Beobachtung, Wacht, Zensur
2. Überprüfung, Nachprüfung, Besichtigung, Probe, Durchsicht, Stichprobe, Untersuchung, Revision, Visitation, Musterung, Inspektion, Test, Inspizierung; *ugs.:* Probe aufs Exempel
3. Beherrschung, Gewalt, Herrschaft, Macht, Übersicht, Regiment
Kontrolleur Prüfer, Inspekteur, Aufsichtsbeamter, Inspizient; *ugs.:* Aufpasser; *österr.:* Kontrollor
kontrollieren überwachen, prüfen, nachprüfen, überprüfen, untersuchen, einsehen, nachsehen, inspizieren, begutachten, abnehmen, besichtigen, mustern, examinieren, kritisch betrachten, testen, sich überzeugen, durchsehen, durchgehen, durchsuchen, sich vergewissern, nach dem Rechten sehen/schauen, einer Revision/Prüfung unterziehen, einer Kontrolle unterwerfen, nachzählen, nachrechnen, visitieren, checken, abchecken, nachschauen, revidieren, ein wachsames Auge haben auf; *ugs.:* unter die Lupe nehmen, auf die Finger schauen
Kontroverse → Auseinandersetzung
Kontur Umriss, Umrisslinie, Silhouette, Schattenriss, Linie
konturieren → umreißen
Konvent
1. Kloster, Stift, Abtei
2. Versammlung, Zusammenkunft, Konzil, Tagung, Synode, Treffen, Zusammentreffen, Konventikel
Konvention
1. Vertrag, Abmachung, Vereinbarung, Abkommen, Handelsabkommen, Kontrakt, Übereinkunft, Übereinkommen, Pakt, Absprache, Agreement, Abschluss
2. Brauch, Sitte, Ritus, Ritual, Regel, Brauchtum, Mode, Tradition, Überlieferung, Althergebrachtes
konventionell
1. herkömmlich, üblich, gebräuchlich, traditionell, hergebracht, überliefert, gewohnt, nach Brauch/Sitte, klassisch
2. formell, steif, förmlich, in aller Form, zeremoniell
konvergieren aufeinanderzustreben, sich annähern, sich nahekommen, sich fast gleichen, übereinstimmen, sich überschneiden, sich kreuzen, sich überkreuzen, zusammenlaufen, zusammenfallen
Konversation
1. Geplauder, Plauderei, Small Talk, Gerede; *ugs.:* Geplätscher, Geschwafel, Larifari, Blabla
2. → Gespräch
konvertieren die Konfession/Religion/den Glauben wechseln, übertreten, überwechseln, sich bekehren, einen anderen Glauben annehmen, sich einer

K

anderen Konfession anschließen

Konvoi Geleitzug, Eskorte, Gefolge

konzedieren zugestehen, einräumen, erlauben, zulassen, zubilligen, gewähren, Zugeständnisse machen, gestatten, die Einwilligung geben, einwilligen

Konzentration
1. Zusammendrängung, Zusammenballung, Zusammenlegung, Zusammenfassung, Zusammenziehung, Konzentrierung, Zentralisierung, Zentralisation
2. Sammlung, Anspannung, höchste Aufmerksamkeit, Andacht, Hingabe, Interesse, Anteilnahme, Beteiligung, Achtsamkeit

Konzentrationslager Vernichtungslager, Massenvernichtungslager, KZ, Deportationslager, Internierungslager

konzentrieren
1. zusammenballen, zusammenziehen, zusammendrängen, zusammenfassen, zusammenlegen, zusammenschließen, zusammennehmen, sammeln, ansammeln, zentralisieren, straffen, vereinigen, komprimieren
2. anreichern, sättigen, verdichten

konzentrieren, sich
1. sich sammeln, seine Aufmerksamkeit anspannen, seine Gedanken richten/hinwenden auf, seinen Verstand/seine fünf Sinne zusammennehmen, Acht geben, aufpassen, aufmerksam sein, sein Augenmerk richten auf, sich versenken, sich vertiefen
2. **sich konzentrieren auf** → sich beschäftigen mit

konzentriert
1. aufmerksam, mit Interesse, interessiert, wachsam, achtsam, mit wachen Sinnen, hellhörig, bei der Sache, vertieft
2. gehäuft, geballt, intensiv, hochprozentig, gesättigt, angereichert, stark
3. → kurz

Konzept
1. erste Fassung, Entwurf, Skizze
2. Plan, Vorstellung, Exposee, Vorhaben, Projekt, Layout, Treatment, Programm

Konzeption
1. Einfall, Idee, Grundgedanke, Konzept
2. Empfängnis, Befruchtung, Schwängerung

Konzern Unternehmen, Betrieb, Werk, Anlage, Fabrik, Gesellschaft, Handelsgesellschaft, Aktiengesellschaft, Kommanditgesellschaft, Geschäft

Konzession
1. Zugeständnis, Kompromiss, Entgegenkommen, Einräumung
2. Genehmigung, Erlaubnis, Bewilligung, Einwilligung, Billigung, Lizenz, Recht, Zulassung, Ermächtigung, Vollmacht, Befugnis, Autorisation, Berechtigung

Konzil → Konvent

konziliant umgänglich, versöhnlich, entgegenkommend, zu Zugeständnissen bereit, kulant, verbindlich, großzügig, wohlwollend, freundlich

konzipieren entwerfen, skizzieren, projektieren, planen, einen Plan machen, konstruieren, entwickeln, ausarbeiten, erarbeiten, sich ausdenken, sich zurechtlegen

konzis → kurz

Kooperation Gruppenarbeit, Zusammenarbeit, Gemeinschaftsarbeit, Kollektivarbeit, Teamwork, Koproduktion, Erfahrungsaustausch, Arbeitsteilung

kooperieren zusammenarbeiten, zusammenwirken, gemeinsam/an der gleichen Sache/auf demselben Gebiet arbeiten, Hand in Hand arbeiten, am selben Strang ziehen

koordinieren aufeinander abstimmen, abstellen, einstellen auf, anpassen, angleichen, in Einklang bringen mit, zusammenstellen, verzahnen, verbinden, verknüpfen, beiordnen

Kopf
1. Haupt, Schädel; *ugs.:* Birne, Hirnkasten, Rübe, Dez, Kürbis, Dach, Ballon, Oberstübchen, Melone, Kolben, Nischel
2. Überschrift, Aufschrift, Titel
3. → Anführer
4. → Führer
5. **aus dem Kopf** → auswendig ⓘ

Kopfarbeiter → Intellektueller

Kopfbedeckung
1. → Hut
2. Tuch
3. → Mütze

köpfen
1. den Kopf abschlagen, enthaupten, guillotinieren, durch das Beil hinrichten
2. *österr.:* köpfeln (Fußball)

kopflos
1. unüberlegt, gedankenlos, unbedacht, zu schnell, ohne Überlegung, flüch-

Von Köpfen und Köpfchen

Synonyme für *Kopf* sind *Schädel* und das gehobene Wort *Haupt*. Derb umgangssprachlich benutzt man Ausdrücke wie *Rübe, Dez, Birne, Kürbis, Dach* oder *Ballon*. Bei *Oberstübchen* wird *Kopf* mit der Konnotation »geistige Fähigkeiten« verbunden. Die zentrale Bedeutung des *Kopfs* als Träger der wichtigsten Sinnesorgane des Menschen spiegelt sich in zahlreichen Redensarten, in denen der *Kopf* als Körperteil oder im Sinn der mit ihm verknüpften Funktionen erscheint. Von der Vorstellung des Organismus ist die Bedeutung von *Kopf* als *Anführer* oder *Chef* einer Gruppe abgeleitet. Auf das geistige Potenzial zielt der Ausdruck *die besten Köpfe des Landes*.

Den Kopf voll haben heißt »an viel denken müssen« oder »sich große Sorgen machen«. Über etwas sorgfältig nachdenken bedeutet *sich etwas durch den Kopf gehen lassen* oder *sich über etwas den Kopf zerbrechen*. Davon kann einem dann auch *der Kopf rauchen*. Von einem gescheiten Menschen sagt man auch, er sei ein *heller/kluger Kopf, nicht auf den Kopf gefallen* oder ein *helles/kluges Köpfchen*. Wer etwas *aus dem Kopf* weiß, kann es auswendig. Die *Tatsachen auf den Kopf stellen* heißt »etwas verdrehen«; *ein Zimmer auf den Kopf stellen* bedeutet, es gründlich zu durchsuchen. Formulierungen wie *jemandem den Kopf waschen/den Kopf zurechtsetzen/den Kopf zwischen die Ohren setzen* besagen ihm »die Meinung sagen« oder »scharf zurechtweisen«; jemanden *vor den Kopf stoßen* bedeutet im übertragenen Sinn ihn »verletzen/beleidigen«.

Ist einer *wie vor den Kopf gestoßen/geschlagen*, so kann er etwas nicht fassen. Auf die mittelalterliche Hinrichtungspraxis der Enthauptung geht die Redensart zurück *den Kopf verlieren*, die im übertragenen Sinn bedeutet »ganz konfus werden« beziehungsweise »den Überblick verlieren«. Das gilt auch für die Formulierung *Kopf und Kragen riskieren*, also »Leben/wirtschaftliche Existenz aufs Spiel setzen«.

tig, oberflächlich, blind, übereilt, vorschnell, voreilig, überstürzt, ohne zu überlegen, Hals über Kopf; *ugs.:* holterdiepolter, hopplahopp
2. außer Fassung, verwirrt, konfus, aufgelöst, verstört, durcheinander, desorientiert, konsterniert; *ugs.:* durchgedreht

Kopfschmerzen Kopfweh, Migräne; *ugs.:* Brummschädel

kopfüber häuptlings, mit dem Kopf voran/zuerst

Kopie
1. Abschrift, Wiedergabe, Durchschlag, Duplikat, Zweitschrift, Abzug, Doppel, Doppelausfertigung, Pause, Duplum
2. Nachahmung, Nachbildung, Nachformung, Reproduktion, Imitation, Abklatsch, Abguss, Attrappe, Plagiat, Fälschung, Dublette
3. Fotokopie, Ablichtung, Vervielfältigung, Hektografie, Xerokopie, Lichtpause, Reprint

kopieren
1. wiedergeben, abschreiben, eine Zweitschrift anfertigen, abmalen, abzeichnen
2. → nachahmen
3. covern (Musiktitel)
4. einen Abzug/eine Kopie herstellen, abziehen, reproduzieren, hektografieren, ablichten, pausen, lichtpausen, fotokopieren, xerokopieren, vervielfältigen

Koppel
1. Gurt, Gürtel, Hüftriemen
2. Weide, Trift, Weideplatz

koppeln miteinander verbinden, kuppeln, verkuppeln, vereinigen, verknüpfen, verquicken, verketten, zusammenfügen, zusammenbringen, zusammensetzen, aneinanderfügen, ankuppeln, anhängen

Koppelung → Verbindung

kopulieren
1. → koitieren
2. → verbinden

Korb
1. *landsch.:* Kiepe; *österr.:* Schwinge
2. einen Korb geben → ablehnen

Kordel Schnur, Strick, Band, Bändel, Faden, Bindfaden, Garn

kordial → freundlich

Korken Kork, Stöpsel, Propf, Pfropfen, Spund, Stopfen, Zapf(en); *österr.:* Stoppel

Korn
1. Getreide, Halmfrucht, Körnerfrucht, Feldfrucht
2. Branntwein, Schnaps; *ugs.:* Klarer, Feuerwasser, Fusel, Rachenputzer, Kurzer

körnig granulös, gekörnt

Korona
1. Strahlenkranz (Sonne)

K

2. Heiligenschein, Glorienschein, Gloriole, Aureole
3. → Gruppe
Körper
1. Leib, Fleisch (und Blut), Physis, Gestalt, Konstitution, Figur, Wuchs, Statur, Organismus; *scherzh.:* Astralleib, Korpus
2. → Gegenstand
Körperbau → Figur
körperbehindert invalid, schwerbeschädigt, versehrt; *abwertend:* verkrüppelt
Körperbehinderter Invalide, Versehrter, Beschädigter, Schwerbeschädigter; *abwertend:* Krüppel
Körpererziehung → Sport
Körperfülle Korpulenz, Fettleibigkeit, Dickleibigkeit, Beleibtheit, Leibesfülle, Ausmaß, Massigkeit, Stärke, Umfang, Breite, Übergewicht, Feistheit, Wohlbeleibtheit, Wohlgenährtheit; *geh.:* Embonpoint; *ugs.:* Volumen
körperlich leiblich, physisch, somatisch
Körperschaft Zweckgemeinschaft, Vereinigung, Organisation, Union, Verband, Bund, Liga, Korporation, Verein
Körperverletzung Misshandlung, Quälerei, Peinigung, Schinderei, Folter
Korporation → Körperschaft
Korps
1. Verbindung, Studentenverbindung, Verband, Gemeinschaft, Bund, Verein, Organisation, Union, Liga, Klub
2. Truppenverband, Truppeneinheit, Truppenteil, Kompanie, Truppe, Heeresverband, Formation
korpulent dick, stark, massig, feist, fett, üppig, füllig, fleischig, beleibt, wohlbeleibt, stattlich, rund, rundlich; *scherzh.:* vollschlank; *ugs.:* kugelig, pummelig, schwabbelig, mopsig, gut im Futter
Korpulenz → Körperfülle
Korpus → Körper
korrekt
1. fehlerlos, fehlerfrei, zutreffend, richtig, tadellos, ohne Fehl, einwandfrei, untadelig, in Ordnung, vorschriftsmäßig, vorbildlich, perfekt; *ugs.:* tipptopp, astrein
2. anständig, höflich, tugendhaft, dem Anstand/den Vorschriften/der Sitte entsprechend, rechtschaffen; *ugs.:* stubenrein
3. gründlich, sorgfältig, ordentlich, sorgsam, gewissenhaft, fehlerlos, akkurat, präzis(e), genau, exakt, penibel, pedantisch, pflichtbewusst
Korrektur Verbesserung, Berichtigung, Korrektion, Richtigstellung, Revision, Veränderung, Abänderung, Umarbeitung, Klarstellung, Klärung, Dementi, Widerruf, Gegendarstellung (Presse); *geh.:* Emendation
Korrelation Wechselbeziehung, Wechselverhältnis, Wechselwirkung, Aufeinanderbezogensein, Verbindung, Wechselseitigkeit, Gegenseitigkeit
korrelieren in Wechselwirkung/Wechselbeziehung stehen, sich bedingen
Korrespondent Berichterstatter, Auslandsberichterstatter, Berichter, Reporter, Journalist
Korrespondenz
1. Briefwechsel, Schriftwechsel, Briefverkehr, Briefaustausch
2. Übereinstimmung, Kongruenz, Deckung, Parallelismus, Gleichheit, Konformität, Identität, Einigkeit, Parallelität, Analogie
korrespondieren
1. Briefe schreiben/wechseln, im Briefverkehr/Schriftverkehr/Briefwechsel/in Korrespondenz stehen, brieflich/schriftlich verkehren mit, brieflich umgehen, sich schriftlich austauschen, mit jmdm. brieflich in Verbindung stehen, Briefkontakt haben, jmdn. brieflich auf dem Laufenden halten, Bericht erstatten, (sich) schreiben
2. übereinstimmen, sich einig/einer Meinung/eins/in Einklang sein, kongruieren, sich entsprechen, sich decken, konformgehen
Korridor Flur, Gang, Diele, Eingang
korrigieren berichtigen, verbessern, redigieren, richtigstellen, klären, klarstellen, revidieren, auf einen Fehler/Irrtum aufmerksam machen
korrumpieren → bestechen
korrupt bestechlich, käuflich, bestechbar, verführbar, empfänglich, zugänglich
Korsar Seeräuber, Freibeuter, Pirat
Korsett
1. Mieder, Body, Hüftgürtel, Korsage, Korselett, Schnürleib
2. *ugs. für:* Zwang, Verpflichtung, Regelwerk
Koryphäe → Fachmann
kosen Zärtlichkeiten austauschen, liebkosen, herzen, zärteln; *ugs.:* schmusen, turteln

Kosmetik Schönheitspflege, Make-up, Hautpflege
Kosmonaut Raumfahrer, Weltraumfahrer, Astronaut; *schweiz.:* Lunaut
Kosmopolit Weltbürger, Weltreisender
Kosmos Weltraum, Weltall, Universum, kosmischer Raum, Unendlichkeit, Weltenraum, Himmel, Himmelsraum, das Weltganze, Weltordnung
Kost Ernährung, Verpflegung, Nahrung, Essen, Lebensmittel
kostbar wertvoll, von guter Qualität, qualitätsvoll, erlesen, hochwertig, edel, fein, teuer, exquisit, viel wert, rar, erstklassig, kostspielig, unbezahlbar, unschätzbar, unersetzbar, selten, einmalig
kosten
1. probieren, eine Probe/Kostprobe nehmen, versuchen, verkosten, schmecken, abschmecken, vorkosten, begutachten, beurteilen, sein Urteil abgeben; *österr.:* gustieren
2. einen Preis haben von, betragen, ausmachen, sich belaufen, sich beziffern auf; *ugs.:* verschlingen, verschlucken, machen
3. erfordern, verlangen, in Anspruch nehmen, beanspruchen, nötig haben
Kosten Ausgaben, Preis, Betrag, Summe, Unkosten, Aufwand, Auslagen, Aufwendungen, Spesen, Zahlungen, Belastungen
kostenintensiv kostenträchtig, teuer, hohe Kosten verursachend/erzeugend
kostenlos frei, kostenfrei, gratis, umsonst, gebührenfrei, ohne Geld, geschenkt, unentgeltlich; *ugs.:* für nichts, so
kostenpflichtig entgeltpflichtig, gegen Entgelt/Bezahlung, nicht kostenlos, entgeltlich
Kostenvoranschlag Kostenanschlag, Kostenplan, Kostenaufstellung, Berechnung, Vorausberechnung, Schätzung, Überschlag, Kalkulation
köstlich
1. → schmackhaft
2. → ausgezeichnet
Kostprobe Beispiel, Beweis, Muster, Probe, Zeichen, Erweis, Nachweis, Dokumentation
kostspielig → teuer
Kostüm
1. Faschingsanzug, Maskenanzug, Bühnenkleidung, Verkleidung, Kostümierung, Maske, Maskierung
2. Ensemble, Komplet
kostümieren, sich sich verkleiden, ein Kostüm anziehen, sich vermummen, sich unkenntlich machen, sich tarnen
Kot Fäkalien, Stuhl, Stuhlgang, Exkrement, Darmausscheidung, Fäzes, Losung (bei Tieren); *ugs.:* Häuflein; *derb:* Scheiße, Kacke, Schiet; *Kinderspr.:* Aa
Köter → Hund
kotzen → übergeben, sich
krabbeln
1. kriechen, robben; *landsch.:* krauchen
2. kitzeln, kribbeln, prickeln, beißen, jucken, kratzen; *ugs.:* pieken
Krabben Shrimps, Garnelen
Krach
1. Lärm, Trubel, Gepolter, Ruhestörung, Getöse, Krachen, Gerassel, Dröhnen, Radau, Spektakel, Knall, Geschrei, Aufruhr, Donnerschlag; *ugs.:* Krawall, Krakeel, Heidenlärm, Höllenlärm, Rabatz
2. → Auseinandersetzung
Krach haben → streiten, sich
krachen poltern, donnern, knallen, böllern, knattern, dröhnen, grollen, lärmen, rumoren, rattern, knacken; *ugs.:* Krach machen, scheppern, bullern
krachen, sich → streiten, sich
krächzen eine heisere/raue Stimme haben, heiser sein, knarzen, kehlig sprechen, schnarren
kraft aufgrund, vermittels, wegen, durch, dank, vermöge, anhand/mit Hilfe von, über, mit, infolge, ob, aufgrund, angesichts, aus
Kraft
1. Stärke, Power, Körperkräfte, Potenz
2. Fähigkeit, Leistungsfähigkeit, Können, Arbeitsvermögen, Potenzial, Spannkraft, Tatkraft, Lebenskraft, Energie, Reserven, Vitalität
3. Arbeitskraft, Mitarbeiter, Stütze, Hilfe
4. Gewalt, Macht, Heftigkeit, Vehemenz, Wucht, Härte, Druck
5. → Hausangestellte
Kraftaufwand → Anstrengung
Kraftbrühe → Brühe
kräftezehrend → kraftraubend
Kraftfahrer Autofahrer, Führer, Chauffeur, Lenker
Kraftfahrzeug Kfz, Gefährt, Auto, Verkehrsmittel, Fuhrwerk, Kraftwagen, Fahrzeug, Wagen, Automobil; *ugs.:* Vehikel, Kiste, Karre, Klitsche, Schlitten, Kasten, Rostlaube
kräftig
1. stark, stabil, fest, kraftvoll, kraftstrotzend, rüstig,

K

stramm, robust, zäh, hart, sthenisch, muskulös, athletisch, riesenstark, bärenstark, baumstark, kernig, stämmig, sportlich, nervig, drahtig, sehnig, markig, abgehärtet, widerstandsfähig, unempfindlich, immun, gefeit, nicht anfällig, wehrhaft, standfest, resistent, kompakt, dick, gesund, breitschultrig
2. nahrhaft, gehaltvoll, gehaltreich, kräftigend, füllend, nährend, kalorienreich, sättigend, mächtig, deftig, aufbauend, herzhaft
3. derb, rau, unfein, grob, unedel, ungeschliffen, vulgär, ungehobelt
4. leuchtend, intensiv, lebhaft, satt, grell, farbig, bunt, buntscheckig, saftig, voll; *ugs.:* knallig, schreiend
5. wuchtig, gewaltig, heftig, vehement
6. → gehörig
7. → sehr

kräftigen stärken, Kraft geben, aufrichten, erfrischen, ermuntern, stabilisieren, stählen, ertüchtigen

kräftigen, sich zu Kräften kommen, Kraft gewinnen, gesunden, erstarken, kräftig/stark werden; *ugs.:* sich machen

kraftlos
1. entkräftet, geschwächt, schwach, energielos, matt, schlapp, ermattet, marklos, schlaff, widerstandslos, müde; *ugs.:* lasch, lahm, flügellahm
2. → erschöpft

Kraftlosigkeit → Schwäche

Kraftmensch Herkules, Muskelmann, Athlet, Supermann, Tarzan, Bär, Riese, Bodybuilder; *ugs.:* Kraftmeier, Kraftprotz, Muskelpaket, Muskelprotz, Kraftlackel

Kraftprobe Kräftemessen, Machtprobe, Zerreißprobe, Nervenkrieg

Kraftprotz → Kraftmensch

Kraftrad Motorrad, Moped, Maschine, Motorroller, Mofa; *ugs.:* Feuerstuhl

kraftraubend anstrengend, ermüdend, mühsam, strapaziös, kräfteraubend, kräftezehrend

Kraftstoff Benzin, Treibstoff; *ugs.:* Sprit

kraftstrotzend → kräftig

kraftvoll → kräftig

Kraftwagen → Kraftfahrzeug

Kraftwerk Elektrizitätswerk

Kraftwort Kraftausdruck, Schimpfwort, Schmähwort, Beleidigung; *geh.:* Invektive

Kragen → Hals

krähen schreien, krächzen, knarzen

Krähenfüße
1. Augenfalten, Runzel, Furche; *landsch.:* Schrumpel
2. → Kritzelei

Krakeel
1. → Geschrei
2. → Auseinandersetzung

krakeelen → lärmen

krallen → kratzen

Kram → Ramsch

kramen suchen, herumsuchen, stöbern, wühlen, durchsuchen, durchkämmen; *ugs.:* graben, das Haus auf den Kopf stellen

Krämer → Kaufmann

Krämerseele → Pedant

Krampf Kolik, Konvulsion, Kontraktion; *Med.:* Spasmus

krampfartig krampfhaft, konvulsiv, konvulsivisch, zuckend; *Med.:* spasmisch

krampfhaft
1. verbissen, gewaltsam, beharrlich, bis zum Letzten, mit aller Kraft, hartnäckig, zäh, verzweifelt
2. → krampfartig

krank
1. nicht gesund, bettlägerig, leidend, malade, erkrankt an, angegriffen, siech, kränklich, fiebrig, pflegebedürftig, unpässlich, ungesund, unwohl, morbid, indisponiert, kränkelnd, todkrank, sterbenskrank, schwerkrank, todgeweiht, auf den Tod krank, erkältet, elend, befallen von, arbeitsunfähig, dienstunfähig; *ugs.:* marod, nicht auf der Höhe/dem Posten
2. *ugs. für:* unsinnig, nicht nachvollziehbar, verrückt

kränkeln → krank sein

kranken leiden unter, fehlen, Mangel haben an, mangeln

kränken verletzen, verbittern, beleidigen, vor den Kopf stoßen, verwunden, Leid/Schmerz/Unrecht zufügen, jmdn. ins Herz treffen, einen Stich versetzen, wehtun, schmerzen, brüskieren, demütigen, schmähen; *ugs.:* einen Hieb versetzen

Krankenhaus Hospital, Klinik, Krankenanstalt, Heilstätte; *Mil.:* Lazarett; *schweiz.:* Spital

Krankenkasse Krankenversicherung

Krankenkost Schonkost, Diät

Krankenwagen Rettungswagen, Ambulanzwagen, Notarztwagen, Sanitätswagen, Unfallwagen, Rotkreuzwagen, Rettungsauto, Sanitätsauto, Krankenauto; *veraltet:* Ambu-

lanz; *österr.:* Rettung; *schweiz.:* Sanität
krankfeiern → krankmachen
krankhaft anormal, pathologisch, zwanghaft, abnorm, pervers, unnatürlich, übertrieben, extrem, übermäßig, maßlos
Krankheit Leiden, Beschwerden, Gebrechen, Erkrankung, Übel, Siechtum, Unwohlsein, Bettlägerigkeit, Unpässlichkeit, Seuche, Störung; *schweiz.:* Gebresten; *ugs.:* Wehwehchen
Krankheitserreger Bakterie, Bakterium, Bazillus, Virus, Erreger, Keim, Krankheitskeim; *ugs.:* Bazille
kranklachen, sich → lachen
kränklich
1. → krank
2. anfällig, schwächlich, empfindlich, zart, empfänglich, labil
krankmachen *ugs. für:* nicht arbeiten, nichts tun, faulenzen, sich einen schönen Tag machen, es sich gutgehen lassen; *ugs.:* krankfeiern, blaumachen, schwänzen, sich auf die faule Haut legen
krank sein ans Bett gefesselt sein, im Bett liegen, das Bett hüten, darniederliegen, leiden, bettlägerig sein, kränkeln, jmdm. fehlt etwas, kranken, liegen müssen, dahinsiechen, klagen über, sich nicht wohlfühlen, schlechtgehen, schlecht ergehen; *ugs.:* auf der Nase/Schnauze liegen, sich nicht auf der Höhe/dem Damm fühlen, nicht in Ordnung/auf dem Posten sein, es zu tun haben mit, angeknackst sein
Kränkung Beleidigung, Verletzung, Ehrverletzung, Affront, Verleumdung, Beschimpfung, Ausfall, Schmähung, Angriff; *geh.:* Insultation
krank werden → erkranken
krass
1. schroff, sehr stark, extrem, augenfällig, markant, schreiend, ausgeprägt, drastisch, hochgradig, auffällig
2. *jugendsprachl. für:* großartig, genial, hervorragend; *jugendsprachl.:* abgespact, cool, fett, geil, endgeil
Krater Trichter, Vulkantrichter, Vertiefung, Tiefe, Schlucht, Abgrund
Kratzbürste → Xanthippe
kratzbürstig widerspenstig, spröde, störrisch, widerborstig, renitent, frostig, trotzköpfig, finster, bockig, bockbeinig; *ugs.:* igelig, stachelig
kratzen
1. ritzen, zerkratzen, schrammen, schürfen, schaben, scharren; *ugs.:* krallen; *landsch.:* schrappen, schruppen, schubben
2. jucken, kribbeln, beißen, kitzeln; *ugs.:* pieken
kratzen, sich sich reiben, sich scheuern; *ugs.:* sich rubbeln
Kratzer Schramme, Schürfung, Hautabschürfung, Ritz(e), Riss, Kratzwunde, Scharte; *ugs.:* Ritzer
kraulen streicheln, liebkosen, tätscheln
kraus
1. gekräuselt, wuschelig, gewellt, nicht glatt, geringelt
2. → faltig
3. → konfus
kräuseln, sich sich in Krause/Wellen legen, sich wellen, sich locken, sich ringeln, sich kringeln
Kraut
1. Kohl; *landsch.:* Kappes; *schweiz.:* Kabis
2. Blätter
3. → Tabak
Krawall
1. Ausschreitung, Gewalttätigkeit, Ausschweifung, Auswüchse, Umtriebe, Unruhen, Wirren, Aufstand, Straßenkampf, Tumult, Aufruhr, Übergriff, Exzess, Pogrom, Terror; *ugs.:* Randale
2. *ugs. für:* Krach, Lärm, Trubel, Gepolter, Ruhestörung, Getöse, Krachen, Gerassel, Dröhnen, Radau, Spektakel, Geschrei, Aufruhr, Knall, Donnerschlag; *ugs.:* Krakeel, Heidenlärm, Höllenlärm, Rabatz, Rummel
Krawatte Binde, Halsbinde, Binder, Schlips
kraxeln → klettern
Kreation Modeschöpfung, Modell, Modellkleid
kreativ schöpferisch, fantasievoll, ideenreich, einfallsreich, produktiv, erfinderisch, künstlerisch, konstruktiv, fruchtbar, gestalterisch, originell; *geh.:* ingeniös
Kreatur Geschöpf, Wesen, Lebewesen, Organismus
Krebs Geschwulst, Tumor, Wucherung, Gewächs, Karzinom, Neoplasma
kredenzen → auftischen
Kredit
1. Anleihe, Darlehen; *ugs.:* Dispo
2. Guthaben, Haben, Habenseite
Kreditinstitut Bank, Sparkasse, Kreditanstalt, Geldinstitut, Finanzinstitut
kregel → lebhaft
kreideweiß → blass
kreieren entwerfen, entwickeln, schaffen, gestal-

K

ten, schöpfen, ins Leben rufen, eine neue Mode entwickeln

Kreis
1. Forum, Gremium, Runde, Zirkel, Ausschuss, Kommission
2. Gruppe, Team, Gemeinschaft, Kollektiv, Gesellschaft, Schar, Zirkel, Runde; *ugs.:* Bande, Klüngel, Verein

kreischen schreien, brüllen, schrillen, rufen, grölen, johlen; *ugs.:* plärren, quäken

kreisen
1. sich im Kreis bewegen/drehen, rotieren, sich drehen
2. → kursieren

Kreislauf
1. Zirkulation, Blutzirkulation
2. Zyklus, Folge, Reihenfolge, Aufeinanderfolge, Ablauf

kreißen → gebären

Krem(e) → Creme

Krempe Hutrand

Krempel → Ramsch

krepieren
1. → sterben
2. platzen, explodieren, bersten (Sprengkörper), zerspringen, sich entladen, detonieren, auffliegen, losgehen, zerknallen; *ugs.:* in die Luft gehen, hochgehen, blindgehen

Kretin
1. → Wahnsinniger
2. → Dummkopf

Kreuz
1. → Rücken
2. → Plage
3. Kruzifix

kreuzen
1. schräg übereinanderlegen, übereinanderschlagen (Beine)
2. paaren, züchten, hybridisieren, bastardisieren, domestizieren, okulieren, ziehen

kreuzen, sich sich schneiden, sich überschneiden, lappen, überlappen, zusammenlaufen, zusammenfallen, zusammentreffen, kollidieren, sich begegnen

kreuzigen ans Kreuz schlagen

Kreuzung
1. Schnittpunkt, Gabelung, Abzweigung, Scheideweg, Einmündung, Kreuzungspunkt
2. Paarung, Bastardierung, Hybridation, Züchtung, Vermischung
3. Verbindung, Mischling, Hybride, Vereinigung, Bastard; *ugs.:* Mittelding, Zwischending

kribbelig → unruhig

kribbeln prickeln, jucken, stechen, beißen, kratzen, krabbeln, kitzeln; *ugs.:* pieken

kriechen
1. krabbeln, robben, sich schlängeln; *landsch.:* krauchen
2. sich unterwürfig zeigen, buckeln, katzbuckeln, dienern, liebedienern, herumschwänzeln um, antichambrieren, schöntun, schönreden, sich einschmeicheln; *ugs.:* Rad fahren, einen Buckel machen; *derb:* Staub/Speichel lecken, in den Arsch/Hintern kriechen
3. **auf den Leim kriechen** → hereinfallen
4. **zu Kreuze kriechen** → demütigen, sich

Kriecher → Speichellecker

kriecherisch → unterwürfig

Krieg
1. militärische Auseinandersetzung, Feldzug, bewaffneter Konflikt, Kampf
2. → Auseinandersetzung

Krieg führen → bekämpfen, sich

kriegen *ugs. für:*
1. bekommen, erhalten, empfangen, zuteilwerden, zufallen, zufließen, abbekommen; *ugs.:* abkriegen
2. ergreifen, aufgreifen, erwischen, fangen, habhaft werden; *ugs.:* beim Schopf fassen, beim Wickel/am Schlafittchen nehmen, schnappen, kaschen

kriegerisch → kämpferisch

Kriegsdienst Wehrdienst, Heeresdienst, Militärdienst, Militär, Rekrutenzeit; *österr.:* Präsenzdienst; *schweiz.:* Wiederholungsdienst; *ugs.:* Barras, Kommiss

Kriegsgegner Pazifist, Wehrdienstverweigerer, Kriegsdienstverweigerer

Kriegsrecht Ausnahmezustand, Notstand

Kriegsschauplatz Kampfplatz, Kriegsgebiet, Schlachtfeld, Kampfzone, Kampfgebiet, Kampflinie, Hauptkampflinie, Gefechtslinie, Feld, Feuerlinie, Front

Kriegszug → Feldzug

kriminell
1. verbrecherisch, böse, schändlich, frevelhaft, asozial
2. → gesetzwidrig

Krimineller Verbrecher, Rechtsbrecher, Gesetzesbrecher, Täter, Straftäter, Straffälliger, Übeltäter, Missetäter, Schwerverbrecher, Gewaltverbrecher, Outlaw

Krimskrams → Ramsch

Krippe
1. Raufe, Futterraufe
2. Krabbelstube, Kindertagesstätte, Hort, Kinderhort, Kita

Kritik: Rezension und Beckmesserei

Als zählbares Substantiv versteht man unter *Kritik* eine *Beurteilung* oder *Bewertung,* zum Beispiel die *Besprechung* eines Buchs oder eines Films. Der gehobene Ausdruck dafür lautet *Rezension.* Ebenfalls gehoben ist das Wort *Eloge* für eine ausgesprochen positive *Würdigung.*
Fällt ein solches *Urteil* negativ aus, spricht man umgangssprachlich auch von einem *Verriss.* Die Formulierung *unter aller Kritik* bedeutet »sehr schlecht«. Durch Zusammensetzungen wird auf den Gegenstand der *Beurteilung* hingewiesen: *Kunstkritik/Literaturkritik/Musikkritik/Filmkritik.*
Jemand, der beruflich solche *Besprechungen* verfasst, ist ein *Kritiker.* Scherzhaft nennt man ihn einen *Kritikus.* Der Ausdruck *Kritikaster* ist dagegen abwertend und bezeichnet einen kleinlichen *Kritiker.* Die unzählbare Form *die Kritik* wird auch als Sammelbegriff für die *Gesamtheit der Kritiker* gebraucht. Darüber hinaus bedeutet *Kritiker* auch allgemein einen Menschen der etwas kritisiert. *Kritik* in diesem Sinn ist *Tadel, Beanstandung* oder *Missbilligung.*
Auch *Vorwurf* ist ein neutraler Ausdruck für eine derartige *Bemängelung,* stärker ist *Angriff* oder gar *Anfeindung.* Die Begriffe *Mäkelei* und *Nörgelei* stehen für eine unwesentliche oder manchmal auch ungerechtfertigte *Kritik.* Bei dem Ausdruck *Stichelei* schwingt die Absicht bewusster *Provokation* mit. Der gehobene Ausdruck *Beckmesserei* enthält die Konnotation kleinlicher *Kritik.* Er geht zurück auf die Figur des Sixtus Beckmesser in Richard Wagners Oper »Die Meistersinger von Nürnberg« (1868).

Krise
1. Höhepunkt (Krankheit), Krisis, Entscheidung, Wende, Wendepunkt, Gipfel
2. Tiefstand, Tiefpunkt, Störung, Not, kritische Situation

kriseln sich zuspitzen, ernst sein, sich zusammenbrauen, vor einer Krise stehen, gestört/kompliziert/schwierig sein, brodeln, gären, kochen, rumoren, schwelen, sieden, nicht in Ordnung sein, gefährlich werden, ein Krisenherd/angespannt sein, es bestehen Spannungen/Unstimmigkeiten/Probleme

Krisenherd Gefahrenzone, Gefahrenherd, Krisengebiet, Krisenregion

krisensicher krisenfest, sicher, beständig, wertbeständig, krisengeschützt

Kriterium Unterscheidungsmerkmal, Moment, Kennzeichen, Charakteristikum, Prüfstein

Kritik
1. Wertung, Bewertung, Beurteilung, Würdigung, Besprechung, Stellungnahme, Rezension, Gutachten, Urteil; *abwertend:* Verriss
2. Tadel, Beanstandung, Missbilligung, Bemängelung, Anfeindung, Aburteil, Angriff, Vorwurf, Ablehnung
3. Tadelsucht, Beckmesserei, Nörgelei, Gestichel, Mäkelei; *ugs.:* Gemecker, Meckerei, Krittelei, Genörgel, Geläster ⓘ

Kritiker
1. Rezensent, Beurteiler, Begutachter, Bewerter, Kunstrichter, Literaturkritiker, Theaterkritiker; *abwertend:* Kritikaster
2. Meckerer, Skeptiker, Nörgler, Räsoneur, Zweifler, Gegner, Widersacher, Mäkler, Beckmesser, Querulant; *ugs.:* Krittler

kritiklos unkritisch, arglos, gutgläubig, leichtgläubig, treuherzig, naiv, bedenkenlos, ohne Bedenken, blind, blindgläubig, vertrauensselig, vertrauensvoll, bequem, blindlings, wahllos, denkfaul, urteilslos, ohne Problembewusstsein

kritisch
1. beurteilend, prüfend, unterscheidend, differenziert, argwöhnisch, wachsam, urteilsfähig, urteilssicher
2. gefährlich, bedenklich, schwierig, heikel, ernst, bedrohlich, folgenschwer, brenzlig, gefahrvoll, verfänglich, prekär, nicht geheuer, diffizil, problematisch, zweischneidig, Besorgnis erregend, delikat; *ugs.:* knifflig, verzwickt, vertrackt, kitzlig, mulmig
3. tadelnd, missbilligend, ablehnend, abfällig, abschätzig, vernichtend, abwertend, verächtlich, herabsetzend, geringschätzig, schlecht

kritisieren
1. beurteilen, werten, besprechen, rezensieren, abhandeln, eine Rezension/Kritik/Besprechung/ein Gutachten schreiben, Stellung nehmen; *ugs.:* sich auslassen über; *abwertend:* verreißen

2. → beanstanden
3. → angreifen
4. → zerpflücken

kritteln → beanstanden

Kritzelei Gekritzel, Schmiererei, Krähenfüße; *abwertend:* Geschmier, Kleckserei, Sudelei; *ugs.:* Gekrakel

kritzeln krakeln, schmieren, schlecht/unleserlich schreiben, klieren, klecken; *derb:* sudeln, eine Sauklaue haben

Krone
1. Baumspitze, Wipfel
2. Herrschaftszeichen
3. *ugs. für:* Vollendung

krönen
1. die Krone aufsetzen
2. → beenden

Kronleuchter Lüster, Leuchter; *österr.:* Luster

Krönung Höhepunkt, Vollendung, Glanzpunkt, Kulmination, Gipfel, Gipfelpunkt, Sternstunde, Nonplusultra, das Höchste/Schönste/Beste, Maximum, Optimum, Zenit, Glanzleistung, Spitzenleistung, Meisterleistung, Clou, Glanzstück, i-Punkt, Tüpfelchen auf dem i; *ugs.:* Spitze

kross → knusprig

Krösus → Kapitalist

Kröte *ugs.:* Ütze, Krott(e), Hütsch(k)e; *landsch.:* Protz, Höppsi, Breitling

Kröten → Geld

Krücke
1. Krückstock
2. → Versager

Krume → Krümel

Krümel Brösel, Brosame, Krume

krumm
1. verbogen, gebogen, nicht gerade, geschweift, verkrümmt, geschwungen, halbrund, gewölbt, wie ein Fragezeichen
2. missgestaltet, gebeugt, verwachsen, höckrig, bucklig, schief

krümmen biegen, beugen, winden, schlängeln, anwinkeln; *ugs.:* krummmachen

krummnehmen → übelnehmen

Krümmung Biegung, Bogen, Kurve, Kehre, Schleife, Wende, Wendung, Windung, Knick, Knie, Haken, Abknickung

Krüppel *abwertend für:* Körperbehinderter

Kruscht → Ramsch

Kruste
1. Rinde, Schale, Haut, Borke
2. Belag, Schicht, Überzug
3. Schorf, Hautschorf, Schuppe, Grind

Krux
1. → Not
2. → Leid

Kruzifix Kreuz

Krypta
1. Gruft, Grabkammer, Grabgewölbe
2. Unterkirche

Kübel Eimer

Kugel
1. Patrone, Projektil, Geschoss, Schuss, Munition; *ugs.:* blaue Bohne
2. → Fettwanst

kugelig → dick

kugeln, sich rollen, sich wälzen, drehen, kullern, trudeln

kugelrund → rund

Kugelwechsel Feuerwechsel, Schusswechsel, Schießerei, Feuergefecht, Schießen; *ugs.:* Knallerei, Ballerei

Kuh
1. Starke; *vor Abkalben:* Färse, Kalbin, Sterke, Kuhkalb
2. **dumme Kuh** → Dummkopf

kühl kalt, frostig, winterlich, frisch, unterkühlt, abgekühlt, ausgekühlt; *ugs.:* schattig

Kuhle → Grube

Kühle → Kälte

kühlen
1. kaltstellen, kaltmachen, abkühlen, auskühlen, abschrecken, erkalten lassen, auf Eis legen
2. fächern, fächeln, wedeln, erfrischen

Kühlschrank Eisschrank, Gefrierschrank, Kühlbox, Kühltruhe; *geh.:* Frigidaire; *österr.:* Eiskasten

kühn mutig, beherzt, gewagt, verwegen, unerschrocken, wagemutig, waghalsig, tollkühn, tolldreist, halsbrecherisch, riskant, gefährlich, abenteuerlich, forsch, draufgängerisch, tapfer, furchtlos, couragiert, unverzagt, vermessen, unbesonnen

Kühnheit Mut, Furchtlosigkeit, Beherztheit, Tapferkeit

Küken → Huhn

kulant entgegenkommend, zuvorkommend, hilfsbereit, gefällig, aufmerksam, beflissen, erbötig, großzügig, großmütig, konziliant, anständig, höflich, dienstwillig, bereitwillig, wohlwollend

Kulinarier → Feinschmecker

kulinarisch erlesen, feinschmeckerisch, fein, köstlich, lukullisch, schmackhaft, opulent, lecker; *geh.:* deliziös; *österr.:* gustiös

Kulisse
1. Bühnenbild, Bühnendekoration, Bühnenausstattung, Szenerie, Hintergrund
2. → Täuschung

kullern → kugeln

Kulmination → Krönung

kulminieren gipfeln, den Höhepunkt/Gipfelpunkt/Kulminationspunkt erreichen, die Krönung finden
Kult Verehrung, Hochachtung, Pflege, Anbetung, Vergötterung, Vergötzung, Fetischismus
Kultfigur Star, Kultstar, Ikone, Idol, Legende, Abgott, Leitfigur, Lichtgestalt, Heilsbringer
kultig *jugendsprachl. für:*
1. dem Zeitgeist entsprechend, modern, modisch, im Trend liegend; *ugs.:* in
2. sehr gut, toll, klasse; *jugendsprachl.:* geil, cool, fett
kultivieren
1. urbar/zugänglich/ertragreich/nutzbar machen, erschließen, bebauen, Pionierarbeit leisten, besiedeln, kolonisieren, roden, bewässern, bearbeiten
2. verfeinern, veredeln, vervollkommnen, verbessern, verschönern, zivilisieren, erhöhen
kultiviert
1. gebildet, niveauvoll, qualitätsvoll, erstklassig, wertvoll, zivilisiert, vornehm, gesittet
2. → gepflegt
Kultur
1. Zivilisation, Bildung
2. Lebensweise, Lebensart, Lebensstil
3. Bebauung, Anbau, Aufzucht, Bestellung
4. Zucht, Züchtung
Kulturteil Feuilleton, Kulturbeilage
Kummer Leid, Unglück, (tiefer) Schmerz, Last, Qual, Bürde, Marter, Pein, Martyrium, Gram, Sorge; *poet.:* Herzeleid, Weh, Herzweh, Harm
kümmerlich → kläglich
kümmern
1. sorgen, angehen, betreffen, tangieren, gelten, sich beziehen auf, berühren
2. **sich kümmern um** sorgen für, betreuen, pflegen, sich annehmen, umsorgen, versorgen, nach dem Rechten sehen, helfen, nach jmdm. schauen/sehen, bemuttern, behüten, unter seine Fittiche nehmen, sich bemühen um, sich interessiert zeigen, Beachtung/Anteilnahme schenken; *ugs.:* sich scheren um, herum sein um
Kümmernis → Leid
kummervoll → betrübt
Kumpan
1. → Komplize
2. → Kamerad
Kumpel → Kamerad
kumpelhaft freundschaftlich, kameradschaftlich, brüderlich, jovial, kollegial, vertraut, vertraulich
Kumulation → Ansammlung
kumulieren → anhäufen
Kunde
1. Käufer, Abnehmer, Verbraucher, Bezieher, Konsument, Interessent, Auftraggeber, Kundschaft
2. → Nachricht
Kundendienst Dienst am Kunden, Service, Bedienung
Kundenkreis → Kundschaft
kundenorientiert bedarfsgerecht, kundenfreundlich, kundengerecht, kundenbezogen, kundenspezifisch, kundennah, verkaufsfördernd, serviceorientiert
Kundgabe → Bekanntmachung
kundgeben informieren, Nachricht/Auskunft/Bescheid geben, unterrichten, verständigen, benachrichtigen, mitteilen, veröffentlichen, bekanntgeben, bekanntmachen, kundtun, kundmachen, publikmachen, verkünden, verlautbaren, verlauten lassen
Kundgebung Protest, Demonstration, Massenversammlung, Protestaktion, Aufmarsch, Umzug, Manifestation
kundig erfahren, orientiert, informiert, versiert, bewandert, beschlagen, geschult, geübt, sachverständig, qualifiziert, wissend, unterrichtet, belesen, kenntnisreich
kündigen
1. → entlassen
2. sein Arbeitsverhältnis lösen, den Dienst quittieren, aufkündigen, aufsagen, zurücktreten von, abtreten, den Abschied nehmen, weggehen, den Rücken kehren, sich verändern, seine Funktion/Stellung aufgeben, die Arbeit/sein Amt niederlegen, abdanken, seinen Rücktritt erklären/nehmen, sich zurückziehen, scheiden, ausscheiden, aufhören, sich zur Ruhe setzen, einen Schlussstrich ziehen, brechen mit, verlassen, sein Amt zur Verfügung stellen, seinen Posten abgeben; *geh.:* demissionieren; *ugs.:* gehen, den Kram hinwerfen/hinschmeißen, den Krempel hinhauen
kundmachen → kundgeben
Kundschaft Kundenkreis, Stammkunden, → Kunde
Kundschafter Agent, Späher, Spion, Spitzel, Schnüffler, Detektiv
kundtun
1. → kundgeben
2. → äußern

K

künftig
1. später, folgend, nachfolgend, kommend, zukünftig, weiter, nächst, daraufolgend, angehend
2. in Zukunft, von heute/jetzt/nun an, in spe, forthin, fortan, fortab, hinfort, fürder, fürderhin, weiterhin, demnächst, in Bälde, des Weiteren, fernerhin, nach wie vor, einst, eines Tages, früher oder später, über kurz oder lang, einmal, dereinst; *schweiz.:* anhin, nächsthin

Kunst Können, Geschick, Fertigkeit, Vermögen, Gewandtheit, Meisterschaft, Fähigkeit

kunstfertig → geschickt

Kunstfertigkeit → Fertigkeit

kunstgerecht → fachmännisch

Kunstgriff Trick, Handgriff, Praktik, List, Manöver, Winkelzug, Manipulation, Kniff, Finesse, Raffinesse; *ugs.:* Dreh, Masche; *österr.:* Schmäh

Künstler Kunstschaffender, Kunstschöpfer, Maler, Zeichner

künstlerisch
1. schöpferisch, kreativ, fantasievoll, ideenreich, einfallsreich, erfinderisch, originell
2. stilvoll, kunstvoll, kunstreich, ästhetisch, schön, formvollendet

Künstlername Pseudonym, falscher Name, Deckname, Tarnname

künstlich
1. unnatürlich, auf künstlichem Weg, synthetisch, chemisch, artifiziell, aus der Retorte, unecht, falsch, aufgesetzt, nachgemacht, imitiert, virtuell
2. → geziert ⓘ

K

künstlich: Zwischen artifiziell und virtuell

Für das Wort *künstlich* gibt es eine Vielzahl fremdsprachlicher Synonyme, die den deutschen Begriff in speziellen Bereichen und Zusammenhängen besonders treffend ersetzen können.
Wird ein Kunstwerk als *artifiziell* bezeichnet, bringt dies zum Ausdruck, dass es realitätsfremd und konstruiert wirkt. Ein *imitiertes* Verhalten wirkt *unecht* und *aufgesetzt,* da es jemand anderem nachempfunden ist. Nur dem Original nachempfunden sind z.B. auch *imitierte* Perlen, die nur scheinbar echt sind. Eine *synthetische* Substanz erhält diese Bezeichnung aufgrund ihrer *künstlichen, unnatürlichen* Herstellungsweise. So ist Süßstoff im Gegensatz zu Zucker ein *synthetisches* Erzeugnis. Die z.B. bei Computerspielen inszenierte *virtuelle* Realität erscheint zwar wie die Wirklichkeit, ist jedoch *künstlich* erzeugt.

kunstlos → einfach

kunstreich → künstlerisch

Kunstrichtung Stil, Schule

Kunststück Glanznummer, Glanzleistung, Bravourstück, Meisterstück, Schaustück, Attraktion

kunstvoll → künstlerisch

Kunstwerk Opus, Schöpfung, Œuvre, Artefakt, Kunsterzeugnis, Meisterstück, Meisterleistung, Arbeit, Produkt, Werk

kunterbunt gemischt, durcheinander, zusammengewürfelt, wirr, ungeordnet, wild, wüst, chaotisch, planlos, unordentlich, vermengt; *ugs.:* wie Kraut und Rüben, drunter und drüber

Kupon Abschnitt, Talon

Kuppe Spitze, Bergspitze, Horn, Bergkoppe, Gipfel

Kuppel Wölbung, Gewölbe, Haube, Dom

kuppeln
1. → koppeln
2. verkuppeln, vermitteln, eine Ehe/Freundschaft stiften; *ugs.:* an den Mann/die Frau bringen

Kur
1. Heilbehandlung, Heilverfahren
2. Kuraufenthalt, Kurverschickung

Kuratorium Aufsichtsgremium, Aufsichtsbehörde, Ausschuss, Komitee, Kommission, Beirat, Sektion, Rat

kurbeln
1. drehen, rollen; *ugs.:* leiern, nudeln
2. → filmen

küren → auswählen

Kurier → Bote

kurieren heilen, gesundmachen, auskurieren, helfen, wiederherstellen, ausheilen, abheilen, sanieren, retten; *ugs.:* durchbringen, hochbringen, aufpäppeln, wieder auf die Beine bringen/helfen

kurios merkwürdig, seltsam, eigenartig, eigentümlich, sonderbar, wunderlich, verwunderlich, sonderlich, absonderlich, ominös, komisch, drollig, bizarr, befremdend, skurril

Kurort Kurbad, Heilbad, Bad, Badeort

Kurpfuscher
1. Scharlatan, Quacksalber, Medikaster, Stümper, Nichtskönner
2. → Arzt

Kurs
1. Richtung, Fahrtrichtung, Flugrichtung, Verlauf, Route, Direktion, Weg
2. Tendenz, Strömung, Trend
3. Preis (Währung), Wert
4. Lehrgang, Kursus, Unterricht, Schulung

kursieren
1. umlaufen, in Umlauf sein, die Runde machen, kreisen, zirkulieren, umgehen, herumgehen, von Hand zu Hand gehen
2. → herumsprechen, sich

kursorisch
1. fortlaufend, in stetigem Fortgang, hintereinander, ununterbrochen, anschließend, ohne Unterbrechung
2. rasch, flüchtig, ungenau, kurz, mit wenigen Worten, knapp, schnell, oberflächlich, nachlässig, ungründlich

Kursus → Kurs

Kurtisane → Geliebte

Kurve Biegung, Abbiegung, Krümmung, Wegkrümmung, Kehre, Bogen, Schleife, Wende, Wendung, Windung, Knick, Abknickung, Schwenkung, Knie, Haken, Schlinge, Serpentine

kurz
1. von geringer Länge/Ausdehnung, klein, knapp
2. vorübergehend, kurzzeitig, kurzlebig, kurzfristig, flüchtig, schnell (vorbei), (für) kurze Zeit, nicht lange/für immer/dauernd, eine Weile/Zeitlang, auf einen Augenblick/ein Stündchen, zeitweise, passager, zeitweilig, auf Zeit; *ugs.:* auf einen Sprung
3. (kurz und) bündig, gedrängt, straff, konzis, in wenigen Worten, kursorisch, summarisch, lapidar, bestimmt, komprimiert, in groben Zügen, verdichtet, konzentriert, lakonisch, verkürzt, abgekürzt, umrisshaft, nicht ausführlich, im Telegrammstil, zusammengefasst, zusammengezogen, gerafft, gestrafft

kurz angebunden → barsch

Kürzel Abkürzung, Kurzwort, Abbreviation, Abbreviatur, Sigel

kürzen
1. abschneiden, wegschneiden, kürzer machen, abscheren, verkürzen, verkleinern, abtrennen, abzwicken, abhacken, abschlagen, kupieren, beschneiden, stutzen, kürzer machen, wegstreichen
2. → vermindern

kurzerhand ohne weiteres/Umschweife/große Umstände/viel Federlesens, ohne lange zu überlegen/zu zögern, schlankweg, kurz entschlossen, rasch, schnell, plötzlich, einfach; *ugs.:* ohne mit der Wimper zu zucken, glatt, glattweg, mir nichts, dir nichts

kurzfristig → kurz

kurzhalten *ugs.:* knapphalten, jmdm. den Brotkorb höher hängen, den Hahn zudrehen, jmdn. bremsen

kurzlebig → kurz

kürzlich
1. unlängst, letzthin, vor kurzem, jüngst, neulich, vor nicht langer Zeit, vor kurzer Zeit, letztens, dieser Tage, noch nicht lange her, vor einer Weile, eben noch, just, jüngst vergangen, vorhin, eben, gerade
2. neuerdings, in letzter Zeit, seit kurzem, jüngstens

Kurzschluss Mattscheibe, Black-out, Gedächtnisstörung, Blockade, Sperre, Bewusstseinslücke, Ausfall, Filmriss

Kurzschrift Stenografie, Schnellschrift, Eilschrift

kurzsichtig
1. schwachsichtig, sehbehindert, schlecht sehend
2. nicht weitblickend, nicht vorausschauend, beschränkt, eng, engstirnig, borniert; *ugs.:* vernagelt

kurztreten einschränken, beschränken, sparen, sich zurückhalten, sich bescheiden, sich begnügen, haushalten

kurzum um es kurz zu machen, mit einem Wort, kurz und gut, der langen Rede kurzer Sinn

kurz und bündig straff, konzis, in wenigen Worten, summarisch, komprimiert, verdichtet, konzentriert, umrisshaft, im Telegrammstil, zusammengefasst, zusammengezogen, gerafft, gestrafft

kurz und gut → also

Kürzung Verminderung, Verringerung, Drosselung, Reduzierung, Herabsetzung, Begrenzung, Beschränkung, Einschränkung, Streichung, Einsparung, Schmälerung, Abbau, Minderung, Dezimierung, Beschneidung, Abstrich, Reduktion

Kurzweil → Unterhaltung

kurzweilig vergnüglich, gesellig, unterhaltsam, anregend, amüsant, spaßig, ergötzlich, unterhaltend, erheiternd, abwechslungsreich, interessant, erfrischend, zerstreuend, angenehm, ergötzend, belebend

K

kurzzeitig → kurz
kuscheln, sich sich schmiegen an, sich anschmiegen, sich andrücken
kuschen
1. sich niederlegen, sich niedersetzen
2. gehorchen, hören auf, folgen, befolgen, Gehorsam/Folge leisten, gehorsam/artig/brav sein, willfahren, Wünschen entsprechen/nachkommen, beherzigen, Ja sagen, nachgeben, einlenken, sich beugen, sich fügen, sich anpassen, sich unterordnen, sich unterwerfen, klein beigeben; *ugs.:* parieren, spuren, sich ducken, nach jmds. Pfeife tanzen, die Segel streichen
Kusine Base
Kuss *ugs.:* Schmatz, Bussi, Busse(r)l, Küsschen; *landsch.:* Mäulchen, Guschel, Schnuss, Schnuckes, Bäss
küssen einen Kuss geben, abküssen; *ugs.:* bussieren, schnäbeln, einen aufdrücken, knutschen, abschmatzen; *landsch.:* busseln, bützen
Küste Strand, Ufer, Meeresufer, Gestade
Küster Kirchendiener, Messner, Sakristan
Kutsche
1. Droschke, Karosse, Kalesche, Fiaker, Equipage, Kremser, Diligence
2. *ugs., abwertend für:* Auto
kutschieren → fahren
Kutteln Innereien, Gedärme, Eingeweide, Kaldaunen, Gekröse, Geschlinge
Kuvert Briefumschlag, Briefhülle
KZ → Konzentrationslager

labberig
1. → schwabbelig
2. → schal

Label
1. Etikett, Klebeetikett, Schallplattenetikett, Marke, Schild(chen), Aufklebeschild, Aufkleber; *ugs.:* Sticker
2. Marke, Markenname, Markenzeichen, Markenbezeichnung, Firmenname, Firmenbezeichnung
3. Plattenfirma

laben erfrischen, erquicken, genießen, beleben

laben, sich sich erfrischen, sich erquicken, sich gütlich tun, sich stärken, sich ergötzen, sich erfreuen, sich (genüsslich) einverleiben

labern → schwafeln

labil
1. anfällig, schwach, schwächlich, nicht stabil/widerstandsfähig, leicht aus dem Gleichgewicht zu bringen
2. unausgeglichen, unstet, schwankend, beeinflussbar, ohne jeden Halt, unentschlossen, ratlos, unschlüssig, mit sich uneins, zerrissen, gespalten, unentschieden, unsicher, unzuverlässig, sich untreu

laborieren sich abmühen (mit einer Krankheit), sich plagen, sich herumplagen; *ugs.:* nicht loswerden

Labsal
1. Erfrischung, Erquickung, Stärkung, Augenweide, Ohrenschmaus, Genuss, Hochgenuss, Wohltat, Annehmlichkeit
2. → Trost

lachen: Von lächeln bis sich kugeln

Die Synonyme für *lachen* beschreiben unterschiedliche Intensitätsgrade von Heiterkeit. *Lächeln* bedeutet »lautlos lachen«, *kichern* ist ein leises Lachen, während *hell auflachen* schon größere Lautstärke signalisiert. *In Gelächter/Lachen ausbrechen* heißt ebenfalls »laut lachen«. *Lautstark lacht,* wer dies aus vollem Hals oder schallend tut. *Einen Lachanfall* oder gar *Lachkrampf bekommen* heißt »unbeherrscht lachen«. Sämtliche umgangssprachlichen Ausdrücke beschreiben lautes *Lachen,* wobei *(los)prusten, -platzen, -brüllen* gleichfalls das Moment des Unbeherrschten enthalten.
Viele Synonyme der Umgangssprache beschreiben die gekrümmte Haltung des Lachenden wie zum Beispiel *sich schieflachen, kugeln/kringeln/biegen vor Lachen.* Darin spiegelt sich ebenso der alte Aberglaube, dass am Lachen Kobolde schuld sind, wie in *sich totlachen/kaputtlachen/kranklachen.* Wer *gut lachen hat,* dem geht es gut beziehungsweise der ist im Vorteil. Als *lachenden Dritten* bezeichnet man den Nutznießer einer Sache oder einer Situation. Dementsprechend versteht man unter den *lachenden Erben* diejenigen, die Nutznießer eines Nachlasses sind.
Wenn jemand *nichts zu lachen hat,* bedeutet dies dagegen, dass es der betreffenden Person schlechtgeht. Mit der umgangssprachlichen Floskel *Sie werden lachen, aber …* wird häufig etwas Überraschendes eingeleitet, das von der normalen Erwartungshaltung abweicht. Ähnlich funktioniert die Redensart *Dass ich nicht lache!,* durch die eine Weigerung (»Das mache ich doch nicht!«) oder ein Irrtum (»Das ist doch absurd!«) ausgedrückt wird. Will man dagegen sagen, dass etwas ganz bestimmt eintritt, also eine Aussage verstärken, gebraucht man die gleichfalls umgangssprachliche Wendung *Das wäre (ja) doch gelacht!* Eine positive Wirkung erzielt, wer *die Lacher auf seiner Seite hat:* Ein solcher Redner hat sein Publikum für sich gewonnen.

Labyrinth
1. Irrgarten, Irrgang
2. → Unordnung

Lache
1. *ugs. für:* Lachen
2. Pfütze, Pfuhl; *österr.:* Lacke

lächeln
1. schmunzeln, lautlos lachen, strahlen, grinsen; *ugs.:* grienen, feixen
2. günstig/geneigt/gewogen sein (Glück), sich von der freundlichen Seite zeigen

lachen in ein Gelächter/Lachen ausbrechen, ein Gelächter anstimmen, hell auflachen, aus vollem Halse lachen, Tränen/schallend lachen, sich vor Lachen ausschütten, kichern, einen Lachanfall/Lachkrampf bekommen; *ugs.:* prusten, losprusten, platzen, losplatzen, brüllen, losbrüllen, sich totlachen, kaputtlachen, kranklachen, schieflachen, wiehern, sich kugeln/kringeln/biegen vor Lachen, sich krumm und schief/scheckig/einen Ast lachen, gackern, quietschen ⓘ

L

lächerlich lachhaft, grotesk, absurd, läppisch, töricht, albern, komisch, verrückt, kindisch, närrisch, ulkig, spaßig, unsinnig, belanglos; *geh.:* ridikül
Lachs Salm
Lackaffe Snob, Dandy, Geck, Stenz, Fant, Stutzer, eitler Mensch, Schönling
Lacke → Lache
lackieren
1. streichen, anstreichen, malen, anmalen, lacken, Lack auftragen
2. → betrügen
Lade
1. Schublade, Schubfach, Schieblade, Schiebfach, Kasten, Schubkasten
2. Truhe, Kommode, Kasten
laden
1. aufladen (Strom), speichern
2. mit Munition versehen (Schusswaffe), schussbereit machen, durchladen
3. beladen, bepacken, befrachten, vollladen, aufladen, einladen, verladen, aufbürden, belasten, auflasten
4. einladen, zu sich bitten, zum Kommen auffordern
5. vorladen, zu sich bescheiden, beordern, bestellen, kommen lassen, evozieren (Gericht); *ugs.:* herbeizitieren, vor den Kadi rufen
Laden Geschäft, Verkaufsstelle, Verkaufsstätte, Kaufhaus, Store, Kaufhalle, Warenhaus, Boutique, Kaufladen, Großmarkt, Supermarkt
Ladenbesitzer → Kaufmann
Ladenhüter Schleuderware, Ausschuss, Ausschussware, Schund, Altware, Ramsch, schlechte Ware, Plunder, Tand
lädieren
1. beschädigen, Schaden verursachen/anrichten, ruinieren, verunstalten, zerstören, zerbrechen, zerkratzen, demolieren, anschlagen, anstoßen; *ugs.:* kaputtmachen, ramponieren, verschandeln, zurichten, anhauen
2. verwunden, verletzen; *geh.:* jmdm. eine Wunde/Verletzung beibringen
lädiert defekt, beschädigt, schadhaft, angeschlagen, angeknackst, angestoßen, abgestoßen, angehauen, zerrissen, zerbrochen; *ugs.:* ramponiert, kaputt, aus dem Leim gegangen
Ladung
1. Fracht, Last, Wagenladung, Frachtgut, Versandgut, Fuhre, Transport
2. Vorladung, Aufforderung, Beorderung
3. → Menge
Ladykiller → Frauenheld
ladylike damenhaft, fraulich, vornehm, fein, wie eine Lady/große Dame
Laffe → Geck
Lage
1. Situation, Konstellation, Zustand, Status, Umstände, Verhältnisse, Bewandtnis, Gegebenheiten, Stand (der Dinge), Tatbestand, Stadium, Sachlage, Sachverhalt
2. Haltung, Stellung, Position
3. Schicht
4. Standort, Standpunkt, Umgebung
5. Runde (Bier)
Lager
1. Magazin, Vorratsraum, Depot, Lagerraum, Lagerhaus, Lagerhalle, Warenlager, Store, Aufbewahrungsort, Abstellraum, Speicher
2. → Vorrat
3. → Bett
4. Lagerstelle, Nachtlager, Campingplatz, Zeltplatz, Camp
5. Notunterkunft, Baracken
lagern
1. einlagern, speichern, magazinieren, deponieren, ablegen, aufbewahren, aufstapeln, horten, türmen, schichten, stauen
2. → rasten
lahm
1. gehbehindert, gehunfähig, gelähmt
2. *ugs. für:* träge, langsam, faul, temperamentlos, schwunglos, kraftlos, energielos, matt, bequem, behäbig, schwerfällig, phlegmatisch, schlaff, müßig; *ugs.:* schlafmützig, schläfrig, tranig, transusig, tranfunzelig
3. *ugs. für:* langweilig, eintönig, ohne Abwechslung, öde, ermüdend, ereignislos, reizlos; *ugs.:* stinklangweilig, uncool, zäh
lahmen hinken, lahm gehen, humpeln
lähmen
1. *Med.:* paralysieren
2. → hemmen
lahmlegen
1. stilllegen, zum Stillstand/Erliegen bringen, stoppen, außer Betrieb setzen
2. → sabotieren
3. → hemmen
Lähmung *Med.:* Paralyse
Laie Nichtfachmann, Amateur, Unkundiger, Dilettant, Anfänger, Nichtskönner
laienhaft dilettantisch, dilettantenhaft, nicht fachmännisch/fachgerecht, amateurhaft, stümperhaft, unzulänglich, unzurei-

L

chend, ungenügend, unbefriedigend, unvollständig, mangelhaft, lückenhaft
Lakai
1. Diener, herrschaftlicher Diener, Kammerdiener, Hausdiener, Bedienter, Bediensteter, Butler
2. → Speichellecker
Lake Salzlösung, Salzlake, Salzbrühe, Sole, Lauge
Laken Betttuch, Bettlaken, Leintuch
lakonisch
1. → kurz
2. → treffend
lallen unverständlich/unartikuliert sprechen, stammeln; *ugs.:* brabbeln
lamentieren → jammern
Lamento → Jammer
Lamm Jungschaf
Lampe Beleuchtungskörper, Leuchte, Lichtquelle
Lampenfieber Herzklopfen, Prüfungsangst, Nervosität, Erregung, Aufregung, Spannung, Beunruhigung
Lampion Laterne, Papierlaterne
lancieren begünstigen, protegieren, fördern, managen, favorisieren, ins Geschäft bringen, sich verwenden für, weiterhelfen, vorwärtsbringen, weiterbringen, den Weg bahnen/ebnen, in den Sattel heben, zu einem Erfolg verhelfen, propagieren, groß herausbringen, aufbauen
Land
1. Staat, Nation
2. Gebiet, Provinz, Bezirk, Region, Distrikt
3. Vaterland, Geburtsland, Heimat
4. Erde, Erdreich, Grund, Boden, Acker, Scholle, Feld, Flur, Gelände, Terrain, Areal
5. Grundstück, Landbesitz, Grundbesitz, Bodenbesitz
6. vom Land vom Dorf, aus der Provinz
Landebahn → Piste
landen aufsetzen (Flugzeug), niedergehen, (auf dem Land) ankommen, an Land setzen (Truppen)
landläufig → normal
ländlich
1. fern/außerhalb der Stadt, bäuerlich, dörflich, rustikal
2. provinziell; *ugs.:* hinterwäldlerisch
Landpartie → Ausflug
Landschaft Landstrich, Gegend, Gebiet, Zone, Landesteil, Gefilde, Revier, Ecke, Winkel, Terrain, Territorium, Gelände, Natur, das Freie/Grüne, Szenarium
Landsitz Gut, Gutshof, Landgut, Bauernhof, Farm, Ferienhaus
Landstreicher Vagabund, Tramp, heimatloser Geselle, Heimatloser, Nichtsesshafter, Obdachloser, Clochard; *ugs.:* Tippelbruder, Pendler, Walzbruder, Herumtreiber, Stromer; *abwertend:* Penner, Pennbruder; *österr.:* Strabanzer; *veraltet:* Wanderbursche, Vagant, Scholar
Landstreitkräfte Landtruppen, Bodentruppen, Militär
Landstrich → Landschaft
Landung Ankunft, Arrival, Eintreffen, Ankommen
Landwirt → Bauer
Landwirtschaft
1. Agrarwesen, Agrikultur, Ackerbau, Bodenkultur, Feldbau, Landbau, Feldarbeit, Feldbestellung, Pflanzenzucht, Viehzucht, Tierzucht, Viehwirtschaft
2. Bauernhof, bäuerlicher Betrieb, kleines Gut, Farm, Hof, Bauerngehöft; *österr.:* Ökonomie; *schweiz.:* Heimwesen, Hofstatt, Hofreite
landwirtschaftlich bäuerlich, agrarisch
lang
1. gedehnt, ausgedehnt, langgezogen, ellenlang, nicht kurz
2. groß, hochaufgeschossen, von hohem Wuchs; *ugs.:* riesig, wie eine Bohnenstange
3. lange, langfristig, langwierig, unabsehbar, jahrelang, tagelang, stundenlang, wochenlang, endlos, ewig, unendlich, Wochen, Monate, Jahre, geraume Weile, ohne Ende
4. ausführlich (Brief), ausgiebig, umfassend, eingehend
5. → langjährig
langatmig weitschweifig, umständlich, ausholend, lang und breit, zeitraubend, weitläufig, wortreich, ausführlich, eingehend, in extenso
lange → lang
Länge
1. Ausdehnung, Ausmaß, Erstreckung, Abmessung, Tiefe, Breite, Weite, Umfang, Reichweite, Größenordnung, Dimension, Strecke
2. Dauer, Zeitdauer, Verlauf, Weile
3. Größe, Körpergröße, hoher Wuchs
4. *Pl.:* langatmige Stellen/Abschnitte
langen
1. → ausreichen
2. → geben
3. jmdm. eine langen → ohrfeigen
langen nach → greifen nach

L

Langeweile Eintönigkeit, Einförmigkeit, Gleichförmigkeit, Einerlei, Fadheit, Öde, Ödnis, Monotonie, Alltäglichkeit, Mangel an Abwechslung, innere Leere, Trostlosigkeit, Überdruss, Tristesse, Stumpfsinn, Reizlosigkeit, Spannungslosigkeit, Schwunglosigkeit, Temperamentlosigkeit, Unlust; *ugs.:* Tretmühle, Trott

Langfinger → Dieb

langfristig
1. auf lange/längere Zeit, für lange/längere Dauer, dauerhaft, bleibend, geraume Weile, auf lange/längere Sicht
2. langwierig, unabsehbar

langgestreckt → ausgedehnt

langjährig lang, anhaltend, andauernd, fortgesetzt, ununterbrochen, kontinuierlich, fortwährend, beständig, stetig, mehrjährig, jahrelang, über Jahre

L

langlebig → dauerhaft

Langmut → Geduld

langmütig → geduldig

längs der Länge nach, von oben nach unten, an der Seite, am Rand, entlang, seitlich, seitwärts, neben

langsam
1. allmählich, nach und nach, kaum merklich, etappenweise, schrittweise, stückweise, stufenweise, gradweise, unmerklich, zögerlich, zögernd
2. gemächlich, geruhsam, bedächtig, schleppend, sachte, mit geringer Geschwindigkeit, im Schritttempo, gemessenen Schrittes, saumselig, säumig, gemütlich, stockend, zögernd, betulich, kriechend, nicht übereilt/überstürzt; *Musik:* adagio; *veraltet:* gemach; *ugs.:* im Schneckentempo, bummlig, trödelig, tranig, nölig
3. umständlich, schwerfällig, unbeholfen, ungeschickt, begriffsstutzig, träge; *ugs.:* lahm, schwer von Begriff/Kapee

längst seit langer/längerer Zeit, bereits, von langer Hand, seit langem/längerem, lange (vorher), nicht erst

längst nicht bei weitem/beileibe nicht, keineswegs, keinesfalls, in keiner Weise, auf keinen Fall, durchaus/absolut/ganz und gar nicht, nicht im Geringsten/Mindesten, mitnichten; *ugs.:* keine Spur

Langweile → Langeweile

langweilen anöden, Überdruss bereiten, ermüden, einschläfern, abstumpfen, entleeren; *geh.:* ennuyieren

langweilen, sich vor Langeweile umkommen, Langeweile haben, die Zeit totschlagen, nichts mit sich anfangen können, sich nichts zu sagen haben; *ugs.:* Däumchen drehen

langweilig eintönig, ohne Abwechslung, öde, leer, trocken, fade, uninteressant, geisttötend, schal, monoton, gleichförmig, einförmig, ermüdend, ereignislos, reizlos, grau, trostlos, trist, ohne jeden Reiz, einschläfernd, unlebendig, stupid(e), stumpfsinnig, spannungslos, abwechslungslos, ohne Spannung/Schwung, stimmungslos, schwerfällig, langsam, witzlos, ausdruckslos, farblos, temperamentlos, langatmig, sterbenslangweilig, müde; *geh.:* ennuyant; *ugs.:* uncool, stinklangweilig, lahm, flau, nicht viel los, doof, stieselig, transusig, tranfunzelig, ledern, zäh, abgeschlafft, nichts los

langwierig zeitraubend, viel Zeit in Anspruch nehmend/kostend, lang, geraume Zeit dauernd, chronisch, schleppend, schleichend, schwierig, anhaltend, andauernd, sich in die Länge ziehend

lapidar → kurz

Lappalie → Kleinigkeit

Lappen Stück (Stoff), Lumpen, Flicken; *ugs.:* Fetzen; *landsch.:* Hader, Klunker

läppisch → albern

Lapsus
1. → Fehler
2. Fehlleistung, Versprecher, Sichversprechen, Lapsus Linguae, freudsche Fehlleistung, freudscher Versprecher

Laptop Notebook, → Computer

Larifari
1. → Unsinn
2. → Gerede

Lärm Krach, (lautes) Krachen, Geräusch, Dröhnen, Gedröhn, Radau, Tumult, Donnern, Gedonner, Gepolter, Gerassel, Geratter, Geklapper, Gerumpel, Geklirr, Getöse, Aufsehen, Trubel, Aufruhr, Spektakel, Ruhestörung, Unruhe, Geschrei, Skandal, Gekreische; *ugs.:* Rabatz, Hallo, Heidenlärm, Mordslärm, Höllenspektakel, Tamtam, Trara, Klamauk, Krakeel, Gelärme, Rummel, Krawall, Gekrache, Rambazamba; *österr.:* Bahöl, Ramasuri

lärmen Lärm/Krawall machen, randalieren, rumoren, krachen, klappern, rasseln, schreien, brüllen, johlen, kreischen, poltern, rumpeln, toben, tosen, donnern, dröhnen; *ugs.:* Radau/Krach machen, bumsen, spektakeln, krakeelen, Rabatz machen

larmoyant weinerlich, rührselig, tränenselig, gefühlsselig, weich, wehleidig, empfindsam, sentimental; *ugs.:* gefühlsduselig

Larve
1. Made, Raupe, Puppe, Engerling
2. Maske, Gesichtsmaske

lasch
1. kraftlos, entkräftet, geschwächt, schwach, energielos, matt, schlapp, ermattet, marklos, schlaff, widerstandslos, müde; *ugs.:* lahm, flügellahm
2. nachlässig, unordentlich, oberflächlich, ungenau, schlampig, unkorrekt, unaufmerksam, lässig, salopp; *ugs.:* schludrig, lotterig, larifari
3. ungewürzt, ohne Geschmack/Aroma, schlecht gewürzt, würzlos, schal, fad(e), geschmacklos, ungepfeffert, ungesalzen, salzlos, nach nichts schmeckend

lassen
1. erlauben, die Erlaubnis geben/gewähren, gestatten, sein Einverständnis/seine Einwilligung geben, gewähren, einwilligen, sich einverstanden erklären, sich gefallen lassen, einräumen, nichts dagegen haben
2. belassen, auf sich ruhen/so bleiben/es bewenden lassen, nicht wieder aufnehmen
3. übergeben, übertragen, überlassen, übermachen, überschreiben, vererben, vermachen, hinterlassen, abtreten
4. unterlassen, Abstand nehmen von, absehen von, vermeiden, sich sparen, sich ersparen, verzichten, bleiben lassen; *ugs.:* sich verkneifen

lässig
1. → nachlässig
2. → zwanglos
3. → großartig

Lasso Fangleine, Fangseil, Wurfleine, Wurfschlinge

Last
1. Belastung, Schwere, Gewicht, Zentnerlast, Ballast, Ladung, Fracht, Frachtgut
2. Mühsal, Beschwerlichkeit, Druck, Plage, Bürde, Joch, Unannehmlichkeit, Mühe, Anstrengung, Fron; *ugs.:* Schlauch, Plackerei, Strapaze
3. → Leid
4. **zur Last fallen** lästig/hinderlich/im Wege sein; *ugs.:* ein Klotz am Bein sein, jmdm. auf der Tasche liegen
5. → stören
6. **zur Last legen** → beschuldigen

lasten (auf) aufhängen, nachhängen, anhängen, anhaften, belasten, liegen/ruhen auf, drücken, niederdrücken, bedrücken, beschweren, schwer wiegen, plagen, quälen, peinigen, betrüben, einengen, traurig/unglücklich machen

Laster
1. Untugend, Unsitte, schlechte Angewohnheit, Ausschweifung, Verirrung, Übel, Schwäche, schwache/wunde Stelle, wunder Punkt, Sünde
2. → Lastkraftwagen

lasterhaft
1. verkommen, verdorben, verworfen, heruntergekommen, verderbt, unsittlich, untugendhaft, tugendlos, sittenlos, zweifelhaft, haltlos, unmoralisch, unkeusch, unzüchtig, liederlich, lose, locker, zügellos, lotterhaft, einem Laster verfallen, unziemlich, ausschweifend, unschicklich, ungehörig, ungebührlich, unanständig, sündhaft, anstößig, wüst, schmutzig, zuchtlos, verrucht, ruchlos, unsolide, hemmungslos
2. → lästerlich

lästerlich abscheulich, frevelhaft, widerwärtig, gräulich, Abscheu erregend, gemein, lasterhaft, unverzeihlich, frevlerisch, verbrecherisch, sündig, sündhaft, gottlos, fluchwürdig, böse, gotteslästerlich, blasphemisch, schändlich, ruchlos

lästern
1. abfällig reden/sprechen, schlechtreden, spotten, sich mokieren, schmähen, beschimpfen, fluchen, verfluchen, verunglimpfen, diffamieren, angreifen, mit Schmutz bewerfen, verleumden, schlechtmachen, diskreditieren, in ein schlechtes Licht setzen, in Misskredit bringen, jmdn. verächtlich machen
2. → klatschen

lästig
1. aufdringlich, zudringlich, penetrant, frech, unverschämt, unangenehm, taktlos, widerlich, ekelhaft, plump, indiskret
2. unbequem, unliebsam, störend, beschwerlich, mühsam, mühselig, mühevoll, unpassend, unangebracht, unwillkommen, unerwünscht, hinderlich,

L

hemmend, belastend, ungelegen, widrig
lästig sein → stören
Lastkraftwagen Lastwagen, Lastauto, Transporter, Lieferwagen, Lieferauto, LKW; *ugs.:* Laster; *schweiz.:* Camion
Lasur Glasur, Guss, Überzug
laszi**v** → anstößig
latent verborgen, versteckt, verhüllt, verkappt, verdeckt, verschleiert, unterschwellig, unter der Oberfläche, schlummernd, unmerklich, unbemerkt, unerkannt, unsichtbar, nicht offenkundig, dem Auge entzogen
Laterne
1. Leuchte, Straßenleuchte, Lampe, Straßenlampe, Beleuchtung, Straßenbeleuchtung, Beleuchtungskörper; *ugs.:* Latüchte
2. Lampion, Papierlaterne
latschen → gehen
Latschen
1. → Hausschuhe
2. → Schuhe
Latte
1. Planke, Leiste, Brett
2. → Riese
3. → Erektion
lau
1. lauwarm, mäßig warm, verschlagen, überschlagen, mild, lind, handwarm, leicht temperiert
2. ohne Begeisterung, halbherzig, mit halbem Herzen, lustlos, gleichgültig, teilnahmslos, kühl, interesselos, desinteressiert, uninteressiert, ungerührt; *ugs.:* so lala
Laub Blätter, Blattwerk, Laubwerk, Belaubung
Lauch Porree
Laudatio → Lobrede
lauern im Hinterhalt liegen/warten, auf der Lauer liegen, Ausschau halten, harren, warten, abpassen, belauern, auflauern, sich auf die Lauer legen, nachspüren, nachspionieren
Lauf
1. Schritt, Gang, Tritt
2. Rennen, Wettrennen, Wettlauf
3. Verlauf, Ablauf, Entwicklung, Hergang, Fortgang, Nacheinander, Folge, Aufeinanderfolge, Prozess, Weg, Fluss, Strom
Laufbahn Werdegang, Karriere, Aufstieg, Entwicklungsgeschichte, Lebensweg, Lebenslauf, Vorwärtskommen
Laufbursche → Bote
laufen
1. hasten, eilen, sich beeilen, rennen, rasen, stürmen, stürzen, sausen, preschen, spurten, sprinten, galoppieren, traben, huschen, die Beine in die Hand nehmen; *ugs.:* wetzen, pesen, spritzen, wieseln, fegen, flitzen, stieben, schwirren, sputen, jagen, hetzen
2. (zu Fuß) gehen, sich fortbewegen, spazieren (gehen), wandern, eine Runde drehen; *ugs.:* marschieren, sich die Beine vertreten
3. → fließen
4. → arbeiten
5. gelten, gültig sein, Gültigkeit/Laufzeit haben, verbindlich sein
6. → lecken
laufend → dauernd
laufen lassen → frei lassen
läufig → brünstig
Laufzeit Geltung, Geltungsdauer, Gültigkeit
Launch *Wirtsch.:* (erstmalige) Produkteinführung, Markteinführung, Marktauftritt, Bekanntmachung, Einführung
launchen *Wirtsch.:* einführen, auf den Markt bringen, verbreiten; *geh.:* lancieren, propagieren; *ugs.:* unter die Leute bringen
Laune
1. Stimmung, Aufgelegtsein, Gemütsverfassung, Gemütszustand, Gemütslage, Disponiertheit
2. → Lust
3. Einfall, Anwandlung, Schrulle, Grille, Kapriole, Kaprize, Exzentrizität; *ugs.:* Flausen, Allüren, Mucke, Marotte
4. *Pl.:* schlechte Laune, Launenhaftigkeit, Übellaunigkeit, Misslaune, Verstimmung, gereizte Stimme, Gereiztheit,

launig/launisch: Heitere und schwankende Stimmung

In einigen Fällen werden Adjektive als Ableitung von einem Substantiv sowohl auf die Endung *-ig* als auch auf die Endung *-isch* gebildet. Die im alltäglichen Sprachgebrauch manchmal als Synonyme verwendeten Wörter *launig* und *launisch* haben jedoch unterschiedliche Bedeutungen und können nicht synonym verwendet werden.
Eine *launige* Idee ist *humorvoll, witzig* und *geistreich-heiter*. Diese Begriffe können auch als Synonyme für *launig* eingesetzt werden. Im Gegensatz dazu wechselt bei einer *launischen* Person rasch und grundlos die Stimmung, sie ist Launen unterworfen. Als Synonyme für *launisch* können Ausdrücke wie *launenhaft, voller Launen* oder *wankelmütig* benutzt werden.

Reizbarkeit, Missgestimmtheit
launenhaft → launisch
launig humorig, humorvoll, witzig, neckisch, scherzhaft, geistreich-heiter ⓘ
launisch launenhaft, wetterwendisch, unberechenbar, unbeständig, unzuverlässig, voller Launen, exzentrisch, bizarr, kapriziös, unausgeglichen, flatterhaft, unstet, wankelmütig, wechselnd, grillenhaft ⓘ
Lausbub → Frechdachs
Lausbüberei → Streich
lauschen
1. horchen auf, hinhören, zuhören, sich anhören, ganz Ohr sein, an jmds. Lippen hängen, jmdm. Gehör schenken/sein Ohr leihen; *ugs.:* die Ohren/Löffel spitzen/aufsperren, lange Ohren machen
2. → beobachten
lauschig → gemütlich
Lausebengel → Frechdachs
lausen → ausbeuten
lausig
1. → übel
2. → sehr
laut
1. geräuschvoll, voller Lärm, nicht ruhig/leise, betäubend, ohrenbetäubend, lautstark, lauthals, durchdringend, mit erhobener Stimme, aus vollem Hals, vernehmlich, vernehmbar, hörbar, markerschütternd, durch Mark und Bein gehend, ohrenzerreißend, gellend, schrill, grell, aus voller Kehle, aus Leibeskräften, unüberhörbar, lärmend, dröhnend, mit voller Lautstärke, fortissimo, schallend
2. gemäß, entsprechend, nach Maßgabe von, zufolge, auf … hin
Laut Ton, Schall, Geräusch, Klang, Hall, Stimme
lauten
1. heißen, den Titel/Namen haben/tragen, genannt werden, sich nennen, sich schreiben
2. klingen, sich anhören
läuten
1. klingeln, die Glocke ziehen/drücken, gongen; *ugs.:* bimmeln; *landsch.:* schellen
2. klingen, tönen, ertönen, schallen, erschallen, dröhnen, schwingen, hallen; *ugs.:* scheppern
läuten hören → erfahren
lauter
1. rein, sauber, makellos, unverdorben, ungetrübt, durch nichts beeinträchtigt/entstellt/vergiftet, unverfälscht, pur
2. anständig, aufrichtig, geradlinig, offen, redlich, ohne Hintergedanken, bloß, (einzig und) allein, ausschließlich, lediglich, nichts (anderes) als
läutern klären, reinigen, sublimieren
läutern, sich sich wandeln, sich bessern, ein anderer Mensch werden, in sich gehen, umkehren, reifen, reif werden, sich bekehren, Reue hegen/empfinden, zur Lehre dienen, Einkehr halten
lauthals → laut
lautlos leise, nicht laut, gedämpft, flüsternd, piano, geräuschlos, still, auf Zehenspitzen, ruhig, verhalten
lautstark → laut
lauwarm lau, mäßig warm, verschlagen, überschlagen, mild, lind, handwarm, leicht temperiert
lavieren diplomatisch/geschickt/vorsichtig/klug vorgehen, taktieren, Taktik anwenden, jonglieren, balancieren, Schwierigkeiten umgehen, sich taktisch/diplomatisch verhalten; *ugs.:* sich hindurchwinden, sich durchschlängeln
Lawine
1. Schneerutsch; *landsch., österr.:* Lahn; *schweiz.:* Lähne
2. → Menge
lax → nachlässig
Lazarett Militärkrankenhaus, Militärhospital
Leader → Führer
Lebemann → Playboy
leben
1. am Leben/lebendig/nicht tot/auf der Welt sein, existieren, da sein, vorhanden sein, atmen; *geh.:* unter den Lebenden/uns weilen
2. sein Leben verbringen, ein Leben führen/haben, ein Dasein führen
3. sich ernähren, seinen Lebensunterhalt bestreiten, sich erhalten, zehren von
4. wohnen, zu Hause/daheim/wohnhaft/ansässig/angesiedelt/beheimatet sein, seinen Wohnsitz haben, registriert sein, residieren, weilen, sitzen, sich aufhalten, sich befinden, seine Tage verbringen/zubringen/verleben, sich häuslich niederlassen, hausen, verschlagen worden sein
5. sich widmen (Aufgabe), aufgehen in, sich ganz verschreiben/hingeben
6. **gut leben** ein Wohlleben führen, auf großem Fuß/in Saus und Braus leben, sich des Lebens freuen, schwelgen, sich nichts versagen/abgehen lassen,

L

Leben: Das menschliche Dasein im Bild

Das Wort *Leben* hat in zahlreiche Redensarten Eingang gefunden. Um die *Existenz* als solche geht es in der Formulierung *das Leben aufs Spiel setzen,* also ein großes Risiko eingehen. Wer *sein Leben teuer verkauft,* wehrt sich bis zum Letzten. *Das nackte Leben retten* heißt, alles andere zu verlieren und nur *mit dem Leben davonzukommen.*
Auf die *Lebensart* zielen Wendungen wie *sein Leben fristen* oder *sich durchs Leben schlagen,* die auf Armut hinweisen. Gleiches gilt für die Redensart *zum Leben zu wenig, zum Sterben zu viel haben.* Wer sich dagegen *seines Lebens freuen* kann, der lebt ohne Sorgen.
Ein großes/süßes Leben führt, wer einen aufwendigen *Lebensstil* pflegt. Etwas *für sein Leben gern* tun heißt »etwas sehr gerne tun«. *Zu leben verstehen* bedeutet »ein Lebenskünstler sein«. Liberalität und Toleranz drückt die Redewendung *leben und leben lassen* aus. Jemandem *das Leben sauer machen* heißt dagegen »jemandem Schwierigkeiten bereiten«. Eine Verstärkung dessen drückt die Wendung *jemandem das Leben zur Hölle machen* aus. Auf *Leben* im Sinn von *Betriebsamkeit* und *Aktivität* zielen Redensarten wie *Leben in die Bude bringen, hier herrscht Leben* oder das *Leben (und Treiben) auf der Straße.*
Hierher gehört auch die Wendung *aus dem Leben gegriffen,* die Authentizität ausdrückt, und etwas als *wie im wirklichen Leben* beschreibt. *Leben* im Sinn von *Lebenszeit* ist gemeint, wenn vom *Frühling des Lebens,* der Jugend, oder vom *Herbst des Lebens,* dem Alter, die Rede ist. *Sein Leben hinter sich haben* ist eine Umschreibung für »alt sein«. Wer *zwischen Leben und Tod schwebt,* ist todkrank oder befindet sich in Lebensgefahr. Das gilt auch für jemanden, dessen *Leben an einem seidenen Faden* hängt oder bei dem es *auf Leben und Tod* geht.
Im übertragenen Sinn wird der Ausdruck *ins Leben rufen* gebraucht. Er bedeutet »etwas gründen oder neu schaffen«. Übertragene Bedeutung hat auch die Wendung vom *Ernst des Lebens,* mit der die Zeit nach der Einschulung gemeint ist (»Jetzt beginnt der *Ernst des Lebens*«). Unter der *Schule des Lebens* versteht man dagegen Erfahrungen, die man im Lauf des Lebens macht.

es sich gutgehen lassen, in sicheren/wohlhabenden Verhältnissen leben, weich gebettet sein, wie Gott in Frankreich/ein Fürst/die Made im Speck leben, auf der Sonnenseite des Lebens stehen, in Freuden/Glück leben
7. schlecht leben vegetieren, vom Leben benachteiligt sein, sich durchs Leben schlagen, sein Leben/Dasein fristen, sich über Wasser halten, nicht auf Rosen gebettet sein, nicht leben und nicht sterben können, zum Leben zu wenig und zum Sterben zu viel haben, darben; *ugs.:* ein Hundeleben führen, wie ein Hund leben

Leben
1. Sein, Dasein, Existenz, Bestehen, Fleisch und Blut, Atem
2. → Lebensart
3. Lebensdauer, Lebenszeit, Lebensgang, Lebensweg, Lebensbahn, Lebenstage, Lebenslauf, Werdegang, Biografie; *geh.:* Vita; *poet.:* Erdentage, Erdenleben, Erdenweg, Lebensschiff, Lebensreise
4. Wirklichkeit, Realität
5. Betriebsamkeit, Regsamkeit, Treiben, Trubel, Aktivität, pulsierendes Leben ⓘ

lebendig
1. lebend, am Leben, mit Leben erfüllt, nicht tot
2. → lebhaft
3. → anschaulich

Lebendigkeit → Schwung

Lebensabend Alter, die alten Tage, Ruhestand, Lebensausklang, Lebensherbst, die hohen/letzten Jahre, Lebensende; *poet.:* Lebensneige, Herbst des Lebens

Lebensart
1. Lebensform, Lebensweise, Lebensstil, Lebensführung, Lebensgestaltung, Lebenswandel, Daseinsweise, Daseinsform, Stil, Lebensgewohnheit, Leben; *ugs.:* Fasson
2. Benehmen, Manieren, Betragen, Auftreten, Verhalten, Anstand, Kinderstube, Umgangsformen, Haltung, Erziehung; *ugs.:* Benimm

lebensbejahend → optimistisch

Lebensende → Tod

Lebenserinnerungen → Memoiren

lebensfremd ohne Lebenserfahrung, lebensfern, wirklichkeitsfern, theoretisch, akademisch, weltfremd, weltfern, weltentrückt, weltverloren, weltabgewandt, unrealistisch, idealistisch, versponnen, verträumt, verstiegen

lebensgefährlich
1. → gefährlich
2. mutig, wagemutig, todesmutig, waghalsig, halsbrecherisch, riskant, abenteuerlich, gewagt, mutvoll, kühn, tollkühn, unerschrocken, verwegen, löwenherzig, nicht feige, vor nichts zurückschreckend

Lebensgefährte Ehemann, Lebensgenosse, Lebenskamerad, Gatte, Ehegatte, Gemahl, Ehepartner, Angetrauter, Weggefährte

Lebensgefährtin Ehefrau, Lebensgenossin, Lebenskameradin, Gattin, Ehegattin, Gemahlin, Ehepartnerin, Angetraute, Weggefährtin

Lebensgeister Frische, Munterkeit, Lebenskraft, Vitalität, Spannkraft, Elan, Schwung, Feuer, Temperament, Tatkraft, Energie, Dynamik

Lebensgemeinschaft Ehe, Ehebund, Lebensverbindung, Partnerschaft, Lebenspartnerschaft

Lebensgeschichte Biografie, Autobiografie, Lebensbeschreibung, Lebenserinnerungen, Lebensbild, Lebensabriss, Lebenslauf, Entwicklungsgeschichte, Entwicklungsgang, Werdegang

lebenshungrig abenteuerlustig, lebensgierig, lebensdurstig, erlebnisorientiert, neugierig, genussfreudig, lebenslustig; *abwertend:* vergnügungssüchtig

Lebenskraft → Lebensgeister

Lebenskreis → Lebensraum

Lebenslauf
1. Vita, Laufbahn, Karriere
2. → Lebensgeschichte

Lebensmittel Nahrungsmittel, Nahrungsgüter, Nahrung, Esswaren, Nährmittel, Nährstoffe, Essbares, Naturalien; *ugs.:* Fressalien, Futter

lebensmüde lebensüberdrüssig, lebenssatt, daseinsmüde, ohne Lebenswillen/Freude am Leben, gebrochen, verzweifelt, depressiv, deprimiert, mutlos, niedergedrückt, niedergeschlagen, am Ende, schwermütig; *ugs.:* todunglücklich, kreuzunglücklich

lebensnah lebensecht, wirklichkeitsnah, praxisnah, realistisch

Lebensraum Wirkungsbereich, Lebensbereich, Umwelt, Umgebung, Milieu, Sphäre, Mitwelt, Rahmen, Lebenskreis, Umkreis, Lebensumstände, Lebensbedingungen, Element, Gefilde, Revier, Reservat; *Biol.:* Biotop

Lebensunterhalt Lebenshaltung, Lebenshaltungskosten, Unterhalt, das tägliche Brot, Ernährung, Existenz, Erhaltung, Versorgung, Haushaltungskosten, Alimentation, Einkommen, Auskommen

lebensverneinend pessimistisch, lebensunfroh, dem Leben gegenüber negativ, schwarzseherisch, mutlos, defätistisch, schwermütig, trübsinnig, depressiv, niedergedrückt, verzagt, ohne Hoffnung, hoffnungslos, düster, resignativ, melancholisch

Lebenswandel → Lebensart

Lebensweg → Leben

Lebensweise → Lebensart

lebenswichtig → wichtig

Lebewesen Wesen, Kreatur, Geschöpf, Organismus, Leben

Lebewohl Abschied, Trennung, Scheiden, Weggang, Auseinandergehen, Aufbruch, Abfahrt, Abreise, Fortgang

lebe wohl → auf Wiedersehen

lebhaft
1. lebendig, springlebendig, temperamentvoll, munter, beweglich, nicht langweilig, anregend, agil, quirlig, flink, behände, wendig, vital, vif, betriebsam, geschäftig, frisch, rege, mit Elan/Schwung, schwungvoll, beschwingt, dynamisch, feurig, vollblütig, heißblütig, leidenschaftlich, sanguinisch, unruhig, alert, wild, ungestüm, heftig, stürmisch, unternehmungslustig; *ugs.:* kregel, quicklebendig, sprudelnd, quecksilbrig, quick, in Fahrt, wie aufgezogen/aufgedreht, zappelig, rappelig
2. kräftig (Farbe), auffällig, leuchtend, farbenfreudig, farbenfroh, farbenprächtig, satt, grell, bunt, farbig; *ugs.:* poppig, knallig, schreiend

Lebkuchen *landsch.:* Pfefferkuchen, Honigkuchen, Lebzelten, braune Kuchen

leblos
1. (wie) tot, unbelebt, entseelt, ohne Leben, hingestreckt, starr, kalt, abgestorben, ausgestorben, regungslos, reglos, bewegungslos, ohne Bewegung, unbewegt, erstarrt; *ugs.:* mausetot
2. anorganisch, nicht organisch

L

lechzen sich sehnen/schmachten/dürsten/hungern nach, vor Sehnsucht vergehen, begehren, Verlangen haben, begierig sein, fiebern/gieren nach, gelüsten, versessen sein, sich verzehren, vergehen vor, drängen nach; *ugs.:* sich alle zehn Finger lecken, hinterher/scharf/erpicht sein, sich zerreißen

leck
1. undicht, löcherig, durchlässig, wasserdurchlässig, porös
2. defekt, schadhaft, angeschlagen, mitgenommen, lädiert; *ugs.:* ramponiert

Leck Loch, schadhafte/undichte Stelle, Bruchstelle, Riss

lecken
1. ein Leck/Loch haben, leck/löcherig/undicht sein, tropfen, auslaufen, ausfließen, ausströmen, sich leeren, sich entleeren, tröpfeln
2. schlecken, abschlecken, ablecken, lutschen; *ugs.:* labbern, suckeln; *landsch.:* schlotzen; *österr.:* abzuzeln

L

lecker schmackhaft, köstlich, wohlschmeckend, würzig, geschmackvoll, pikant, appetitlich, delikat; *geh.:* deliziös

Leckerbissen Delikatesse, Spezialität, Köstlichkeit, Leckerei, Gaumenfreude, Gaumenkitzel, Gaumenreiz, Hochgenuss, Schleckerei, Götterspeise, lukullischer Genuss; *österr.:* Gustostückerl; *landsch.:* Schmankerl; *schweiz.:* Schleck

Leckermaul *ugs. für:* Feinschmecker, Genießer, Schlemmer, Schwelger, Gourmet, Gourmand, Schlecker, Kulinarier, Lukullus; *ugs.:* Naschkatze, Schleckermaul; *österr.:* Genussspecht, Feinspitz

ledern
1. aus Leder, lederartig, ledrig, zäh, sehnig, hart, wie Leder; *landsch.:* zach
2. → langweilig

ledig
1. unverheiratet, unvermählt, unverehelicht, ungebunden, unabhängig, ehelos, frei, alleinstehend, für sich allein, auf sich gestellt, fessellos, single; *geh.:* gattenlos; *scherzh.:* unbemannt, unbeweibt, einspännig; *ugs.:* noch zu haben, solo; *österr.:* alleinig
2. unbelastet, unbehindert, befreit, erlöst

lediglich nur, bloß, ausschließlich, (einzig und) allein, alleinig, uneingeschränkt, nichts/nicht mehr als; *veraltet:* just

ledrig → ledern

leer
1. ohne Inhalt, nichts enthaltend, leerstehend, unbesetzt, unbewohnt, entleert, kahl
2. unbedruckt, unbeschrieben, frei, vakant
3. ausgetrunken, ausgegossen
4. öde, verlassen, einsam, menschenleer, unbevölkert, verödet, vereinsamt, abgelegen, entlegen, (wie) ausgestorben, tot; *ugs.:* gottverlassen
5. → geistlos

leer ausgehen zurückstehen, benachteiligt werden, beiseite stehen, das Nachsehen haben, ins Hintertreffen geraten, übergangen/vergessen/nicht bedacht werden, nichts bekommen; *ugs.:* schlecht wegkommen, nichts abkriegen, in den Mond/die Röhre/Luft gucken, in den Kamin schreiben

Leere
1. Nichts, Vakuum, luftleerer Raum
2. Öde, Einöde, Einsamkeit, Verlassenheit, Unbelebtheit, Ausgestorbenheit
3. Geistlosigkeit, Einfallslosigkeit, Geistesarmut, Armut, Gedankenarmut, Gedankenleere, Hohlheit, Banalität, Trivialität, Stumpfsinn, Beschränktheit, Plattheit, Inhaltslosigkeit, Seichtheit, Gehaltlosigkeit

leeren
1. entleeren, ausleeren, leer machen/werden, herausnehmen, räumen, ausgießen, ausschütten, ausladen, entladen, auspacken, sich entleeren; *ugs.:* auskippen
2. trinken, austrinken, schlürfen, ausschlürfen, bis zur Neige trinken/leeren; *ugs.:* aussaufen, hinunterkippen, hinunterstürzen

Leerlauf Nutzlosigkeit, Vergeblichkeit, unrationelle/unnötige/sinnlose/nutzlose Arbeitsgänge/Tätigkeit, Verlustgeschäft, Stillstand

leerstehend → leer

legal rechtmäßig, gesetzmäßig, rechtlich, gesetzlich, amtlich, zu Recht, nach Recht und Gesetz, de jure, statthaft, zulässig, berechtigt, erlaubt, gestattet, nach den Paragrafen, vorschriftsmäßig, von Rechts wegen, mit Fug und Recht, anerkannt ⓘ

legalisieren amtlich bestätigen, beglaubigen, billigen, genehmigen, gutheißen, zum Gesetz erheben, Gesetzeskraft verleihen, ratifizieren, als Gesetz erlassen, anerkennen, sanktionieren, die Genehmigung/Zustimmung geben/erteilen; *geh.:* konsignieren

Legalität Rechtmäßigkeit, Gesetzmäßigkeit, Berechtigung, Legitimität, Gesetzlichkeit

legen hinlegen, hinstellen, betten, platzieren, absetzen, ablegen, niederlegen, unterbringen, deponieren; *ugs.:* hintun

legen, sich
1. → abflauen
2. → hinlegen, sich

legendär sagenhaft, sagenumwoben, mythisch, legendenumwoben

leger → zwanglos

legiert gebunden, abgebunden, angedickt, samig

Legion → Menge

Legislative Gesetzgebung, gesetzgebende Gewalt/Versammlung, Gesetzgeber, Legislatur, Legislation

legitim begründet, begreiflich, vertretbar, verständlich, berechtigt, vernünftig, gültig, allgemein anerkannt ⓘ

Nur legitim oder auch legal?

Die Wörter *legal* und *legitim* bedeuten beide *gesetzmäßig* und *rechtmäßig,* sie beziehen sich aber auf unterschiedliche Arten von Gesetzen und Rechten. *Legal* ist z. B. ein Sachverhalt, der gegen kein geschriebenes Gesetz oder Recht verstößt. Entspricht dagegen etwas moralischen und sittlichen Gesetzen und Rechten, so wird es als *legitim* anerkannt. Demnach kann eine bestimmte Verhaltensweise durchaus als *legitim* betrachtet werden, sie muss deswegen aber noch nicht *legal* sein. Umgekehrt kann jedoch auch der Fall eintreten, dass etwas *legal* ist, es aber nicht für *legitim* gehalten wird. Das Gleiche trifft entsprechend für die gegenteiligen Begriffe *illegal* und *illegitim* zu.
Im alltäglichen Sprachgebrauch werden diese Begriffe häufig als Synonyme verwendet. Dies sollte aufgrund der nicht unerheblichen Bedeutungsunterschiede vermieden werden.

legitimieren
1. beglaubigen, bestätigen, als legitim anerkennen, zulassen
2. befugen, bevollmächtigen, ermächtigen, autorisieren, berechtigen, die Befugnis/Vollmacht/Berechtigung geben/erteilen, beauftragen

legitimieren, sich sich ausweisen, seine Identität nachweisen, seine Papiere/den Pass vorweisen, seinen Ausweis zeigen

lehmig schlammig, breiig, schmutzig, dreckig, schmierig; *ugs.:* matschig

Lehne
1. Rücken, Stütze, Rückenstütze, Armstütze, Halt
2. Hang, Abhang, Böschung, Halde, Abfall; *österr.:* Leite

lehnen
1. anlehnen, anstellen, gegenlehnen, gegenstellen
2. **sich lehnen gegen** sich stützen, sich abstützen, sich aufstützen, sich anlehnen, sich zurücklehnen, sich auflehnen, sich gegenlehnen, sich stellen gegen, sich anschmiegen, Halt suchen, sich festhalten, sich aufstemmen
3. **sich lehnen über** sich beugen, sich niederbeugen, sich neigen, sich überneigen, sich krümmen, sich biegen

Lehnsmann Gefolgsmann, Vasall, Abhängiger

Lehranstalt Schule, Bildungsanstalt, Unterrichtsanstalt, Bildungsstätte, Ausbildungsstätte, Erziehungsstätte

Lehrbeauftragter Honorarkraft, Dozent, Honorardozent, Gastdozent, Honorarprofessor, Lehrkraft

Lehrbuch Kompendium, Handbuch, Abriss, Leitfaden, Ratgeber, Einführung, Fibel, Schulbuch

Lehre
1. Lehrzeit, Lehrjahre, Ausbildung, Berufsausbildung
2. heilsame Erkenntnis, Belehrung, Lektion, bittere Arznei, Erfahrung, Mahnung, Denkzettel, Warnung
3. Theorie, Theorem, These, Schulmeinung, Lehrmeinung, Satz, Lehrsatz, Dogma, Doktrin, Behauptung, Ansicht, Gedankengebäude, Lehrgebäude, Überzeugung, Glaubenssatz, Glaubenssystem, System, Gedankensystem, Wissenschaft, Anschauung, Bekenntnis, Weltanschauung, Konfession ⓘ

lehren unterrichten, Unterricht erteilen, Stunden geben, Kenntnisse vermitteln, unterweisen, zeigen, beibringen, ausbilden, dozieren, Vorlesungen halten; *geh.:* instruieren; *ugs.:* einpauken, eintrichtern

Lehre: Ausbildung, Erfahrung und Dogma

Unter *Lehre* versteht man zunächst einmal konkret die Berufsausbildung. Darüber hinaus steht das Wort aber auch übertragen für eine *Erfahrung,* aus der man lernt, also eine *Erkenntnis.* Dabei kann es sich um eine *gute Lehre,* eine *heilsame Lektion,* aber auch um eine *bittere Arznei* handeln. Die Wendung *Das soll mir/dir eine Lehre sein!* bedeutet dementsprechend, dass aus einer Erfahrung Konsequenzen für die Zukunft gezogen werden. Die Aufforderung *Lass' dir das eine Lehre sein!* heißt mithin »Lerne daraus!«. In diesen Zusammenhang gehört auch die Wendung *Lehrgeld zahlen,* also »durch Schaden klug werden« beziehungsweise aus Fehlern lernen. Wer sich *sein Lehrgeld wiedergeben lassen* kann, der hat nichts gelernt.
Daneben ist *Lehre* auch Ausdruck für ein wissenschaftliches System beziehungsweise die Anschauung einer Persönlichkeit über ein Problem der Wissenschaft, der Philosophie oder der Kunst. In diesem Sinn handelt es sich bei *Lehre* um eine *Lehrmeinung* oder gehoben ausgedrückt eine *Theorie.* Unter einer *Doktrin* versteht man einen starren *Lehrsatz.* Das Wort wird häufig im politischen Zusammenhang gebraucht, wo es die Überzeugung eines bestimmten Staatsmanns oder einer Regierung bezeichnet (so besagte z. B. die nach dem damaligen Bundesaußenminister benannte Hallstein-Doktrin, dass die Bundesrepublik Deutschland keine diplomatischen Beziehungen zu Staaten haben könne, welche die DDR anerkannten). Ein *Dogma* ist ein *Glaubenssatz.* Die Vokabel wird vorwiegend in religiösem Kontext verwendet, wo sie auf einen bestimmten *Lehrinhalt* zielt. *Konfession* ist dagegen allgemein eine Glaubenslehre, wie zum Beispiel evangelische oder katholische Konfession.

Lehrer Lehrkraft, Lehrmeister, Pädagoge, Erzieher, Ausbilder, Schullehrer, Dozent, Mentor, Magister, Professor, Studienrat; *abwertend:* Schulmeister; *ugs.:* Pauker

Lehrgang Kurs(us), Unterricht, Unterrichtsreihe, Seminar, Schulung

lehrhaft schulmäßig, schulmeisterlich, belehrend, professorenhaft, professoral, dozierend, doktrinär, dogmatisch, didaktisch, pädagogisch, erzieherisch, mit erhobenem Zeigefinger; *abwertend:* paukerhaft

Lehrjahre → Lehre

Lehrling Auszubildender, Azubi, Lehrmädchen, Lehrjunge, Trainee, Volontär, Praktikant; *geh.:* Eleve; *landsch.:* Lehrbub, Bursche; *ugs.:* Stift

Lehrmeister
1. Meister, Lehrherr, Lehrer, Lehrkraft; *veraltet:* Prinzipal
2. Vorbild, Ideal, Leitstern, Leitfigur, Leitbild

Lehrplan Curriculum, Studienplan, Studienprogramm, Lehrstoff, Lernstoff, Pensum

lehrreich instruktiv, informativ, aufschlussreich, wissenswert, belehrend, interessant, konstruktiv, bemerkenswert, beachtenswert, lesenswert, hörenswert, nützlich, nutzbringend, hilfreich, lohnend, fruchtbar, bildend, erhellend, erleuchtend

Lehrstuhl Professorenstelle, Professur, Ordinariat; *österr.:* Lehrkanzel

Leib → Körper

leibeigen unfrei, abhängig, gebunden, unterdrückt, geknechtet, versklavt, unter der Knute, sklavisch, untertan, unterworfen

Leibeserziehung → Sport

Leibesfrucht → Embryo

Leibesfülle → Körperfülle

Leibgericht Lieblingsspeise, Lieblingsessen, Lieblingsgericht, Leibspeise, Leib- und Magengericht/Magenspeise

leibhaftig in eigener Person/Gestalt, wirklich (und wahrhaftig), selbst, selber, direkt, persönlich, tatsächlich, real, fassbar, greifbar, lebendig, körperlich

Leibhaftiger → Teufel

leiblich
1. körperlich, physisch
2. unmittelbar verwandt, blutsverwandt

Leibwäsche → Unterwäsche

Leiche → Leichnam

Leichenbegängnis → Beerdigung

leichenblass → blass

Leichenöffnung → Obduktion

Leichenschmaus Totenmahl; *österr.:* Kondukt; *schweiz.:* Traueressen

Leichnam Leiche, der Tote/Verstorbene/Entschlafene/Verschiedene/Abgeschiedene/Hingeschiedene, Verblichener, die Gebeine, toter Körper; *geh.:* der Heimgegangene/Entseelte/Verewigte, die sterbliche/irdische Hülle, die sterblichen Reste/Überreste; *abwertend:* Kadaver

leicht

1. nicht schwer/massiv, von geringem Gewicht, gewichtlos, ohne Gewicht, federleicht, wie eine Feder, tragbar

2. nicht schwierig, ohne Schwierigkeiten/Mühe, mühelos, problemlos, (sehr) einfach, spielend, babyleicht, kinderleicht, ein Kinderspiel, problemlos, bequem, mit Leichtigkeit, unschwer, unproblematisch, unkompliziert, simpel; *ugs.:* aus dem Handgelenk, mit einem Griff/dem kleinen Finger, mit links, im Schlaf, ein Klacks, kein Kunststück, wie geschmiert, idiotensicher, am Schnürchen, puppenleicht

3. → unbedeutend

4. bekömmlich, zuträglich, verträglich, gut/leicht verdaulich, gesund, mager

5. von geringem Gehalt, nicht anspruchsvoll, unterhaltend, unterhaltsam, entspannend, erbaulich, angenehm, oberflächlich, seicht, trivial; *geh.:* boulevardesk (Theater)

6. → leichtlebig

7. beim geringsten Anlass, schnell, unversehens, unvermittelt, unvermutet, schlagartig, ohne Weiteres, überraschend; *ugs.:* ehe man sich's versieht, wie (ein Blitz) aus heiterem Himmel, mir nichts dir nichts, Knall und Fall

8. gut, durchaus, unbedingt, absolut, auf jeden Fall, unter allen Umständen

leichtfallen keine Mühe/Schwierigkeiten machen, mühelos/mit Leichtigkeit gehen, mit leichter Hand schaffen; *ugs.:* wie geölt/geschmiert/am Schnürchen gehen

leichtfertig → leichtsinnig

Leichtfuß Luftikus, Bruder Leichtfuß/Leichtsinn, lockerer/leichter/loser Vogel, windiger Bursche, Liederjan, Tunichtgut, Taugenichts; *ugs.:* Windhund, Windbeutel; *geh.:* Libertin; *landsch.:* Hallodri; *österr.:* Haderlump

leichtfüßig → gewandt

leichtgläubig → arglos

leichtherzig

1. sorglos, unbesorgt, unbeschwert, unbekümmert, leicht, mit leichtem/frohem Herzen, frei von/ohne Sorgen

2. → leichthin

leichthin ohne zu überlegen, ohne sich (viele) Gedanken zu machen, am Rande, en passant, leichtfertig, leichtherzig, obenhin, vorschnell, nebenbei, beiläufig, wie zufällig, oberflächlich, flüchtig, unbedenklich, gedankenlos, unüberlegt, unbedacht, unbesonnen, übereilt, ohne Bedacht/Überlegung; *ugs.:* blindlings

Leichtigkeit → Kleinigkeit

leichtlebig lebenslustig, flott, leicht, flatterhaft, unsolide, freizügig, unbekümmert, sorglos, ausschweifend, lose, locker, munter, vergnügungssüchtig, lebensfroh, unbedenklich, unkompliziert, leichtherzig, unseriös, liederlich; *ugs.:* windig

leichtnehmen sich keine Sorgen/Gedanken machen, den nötigen Ernst vermissen lassen, ohne den erwarteten Ernst reagieren; *ugs.:* sich keine grauen Haare wachsen lassen, etwas auf die leichte Schulter nehmen

leichtsinnig verantwortungslos, unverantwortlich, fahrlässig, leichtfertig, pflichtvergessen, unvorsichtig, unentschuldbar, unvertretbar, oberflächlich, sorglos, unbekümmert, unbedacht, unüberlegt, unbesonnen, ohne Ernst/Sinn und Verstand, gedankenlos, nachlässig, unachtsam, unbedenklich, flatterhaft, bedenkenlos, skrupellos, sträflich

Leid Unglück, Kummer, (tiefer) Schmerz, Last, Qual, Bürde, Marter, Pein, Martyrium, Gram, Sorge, Drangsal, Kümmernis, Jammer, Not, Misere, Trauer, Trübsal, Crux, Elend, Kreuz, Leiden, Seelenschmerz, Düsterkeit, Verzweiflung, Trostlosigkeit; *poet.:* Herzeleid, Weh, Herzweh, Harm

leiden an etwas erkrankt sein, Schmerzen dulden/erdulden/ertragen/aushalten, sich quälen, viel/Schlimmes durchmachen/mitmachen, krank sein, etwas durchstehen/ausstehen, über sich ergehen lassen, nichts erspart bleiben, Schmerzen fühlen/empfinden, zu klagen haben, erleiden, befallen sein von, schlechtgehen, nicht wohl/in Ordnung sein, bedrückt sein; *ugs.:* herumkrebsen, herumlaborieren, angeknackst sein

Leiden

1. → Leid

2. → Krankheit

leiden können → mögen

L

Leidenschaft
1. Feuer, Feurigkeit, Glut, Inbrunst, Sturm, Begeisterung, Faszination, Rausch, Ekstase, Elan, Schwung, Enthusiasmus, Passion, Temperament, Überschwang, Schwärmerei, Eifer, Manie, Fanatismus
2. Verlangen, Begierde, Gier, Lust, Gefühlserregung, Affekt, Fieber, Aufwallung, Taumel, Trunkenheit, Liebe, Liebesglut
3. → Hobby ⓘ

leidenschaftlich glühend, passioniert, feurig, voller Leidenschaft, mit innerem Feuer, heftig, eifrig, inbrünstig, besessen, fanatisch, begeistert, schwärmerisch, abgöttisch, lebhaft, temperamentvoll, impulsiv, ungestüm, unbändig, stürmisch, intensiv, maßlos, wild, heißblütig, rassig, hitzig, flammend, dynamisch, vulkanisch, entflammt, heiß, brennend; *geh.:* sanguinisch

leidenschaftslos → gleichgültig

Leidensweg
1. → Passion
2. → Qual

leider unglücklicherweise, bedauerlicherweise, fatalerweise, zu meinem Bedauern/Leidwesen, mit Bedauern, es tut mir leid, es ist schade/jammerschade, Gott sei's geklagt; *ugs.:* dummerweise, leider Gottes

leidgeprüft vom Schicksal geschlagen, (schwer) geprüft, heimgesucht, vom Pech/Unglück verfolgt, gequält, geplagt, gepeinigt

leidig → unangenehm

leidlich erträglich, ertragbar, passabel, den Verhältnissen/Umständen entsprechend, hinlänglich, mäßig, mittelmäßig, annehmbar, akzeptabel, zufriedenstellend, befriedigend, ausreichend, notdürftig, in etwa, schlecht und recht, genügend, einigermaßen, halbwegs, mit Müh und Not; *ugs.:* gerade so eben, ganz nett, mit Ach und Krach, mau, mittel, so mittel/lala, soso, mittelprächtig, durchwachsen, nicht besonders/sonderlich/berühmt/rosig/berauschend/weit her

leid sein *ugs. für:* nicht mehr mögen, einer Sache überdrüssig/müde sein, ablehnen, missbilligen, missfallen, nicht leiden/ausstehen können, zuwider sein, eine Abneigung/Aversion haben, verabscheuen, lästig sein, unangenehm finden; *ugs.:* genug/über haben, satthaben, bedient sein, dickhaben, nicht sehen/riechen können, bis oben an den Hals stehen, die Nase/Schnauze voll haben, auf die Nerven/den Wecker gehen/fallen, zum Halse heraushängen, die Faxen dickehaben

Leidtragender
1. Trauernder, Hinterbliebener; *schweiz.:* Hinterlassener; *Pl.:* Trauergemeinde
2. → Opfer

leidtun
1. erbarmen, dauern, mitleiden, bemitleiden, in der Seele wehtun, Mitleid erregen, mitfühlen, mitempfinden, Mitleid/Bedauern äußern/ausdrücken/bekunden, nachempfinden
2. → bereuen

Leierkasten Drehorgel; *landsch.:* Leier, Werkel, Nudelkasten

leihen verleihen, ausleihen, borgen, verborgen, ausborgen, (leihweise) zur Verfügung stellen, (zeitweise) überlassen, aushelfen, vorlegen, vorstrecken, auslegen; *ugs.:* pumpen, verpumpen, auf Pump geben, herleihen, vorschießen

leihen, sich sich borgen, sich ausborgen, sich erborgen, sich entleihen, sich ausleihen, Schulden machen, einen Kredit/ein Darlehen aufnehmen, entlehnen, eine Anleihe machen, sich

Leidenschaft: Die intensive Hingabe

Für den deutschen Begriff *Leidenschaft* gibt es eine Reihe sinnverwandter Fremdwörter, die das deutsche Wort in bestimmten Zusammenhängen besonders treffend ersetzen können.
Als *Manie* wird eine als krankhaft übersteigert empfundene Leidenschaft bezeichnet, die an Besessenheit grenzt. Unter *Passion* ist in der Regel eher eine stark ausgeprägte Vorliebe oder Liebhaberei zu verstehen. In einem Zustand rauschhafter Verzückung oder *Begeisterung* befindet sich jemand, der in *Ekstase* ist. Wer bei einer Sache mit *Enthusiamus* dabei ist, der betreibt diese mit großer Begeisterung. Stark negativ besetzt ist hingegen der Begriff *Fanatismus,* der u. a. die rigorose Verfolgung politischer oder religiöser Ziele beschreibt.

L

in Schulden stürzen, Verbindlichkeiten eingehen, versetzen, verpfänden, beleihen; *ugs.:* anpumpen, anzapfen, anschreiben lassen

Leihhaus Pfandleihe, Pfandhaus, Versatzamt, Leihanstalt

leihweise auf Kredit/Borg, als Leihgabe, geliehen; *ugs.:* auf Pump

Leim Klebstoff, Kleister, Bindemittel, Kitt, Kleber; *ugs.:* Klebe, Papp; *österr.:* Pick

leimen
1. kleistern, zusammenkleben, aneinanderkleben, reparieren, (wieder) instand setzen/bringen, richten, den Schaden beheben, in Ordnung bringen; *ugs.:* kitten, pappen, ganzmachen, heilmachen
2. → betrügen

Leine
1. Zügel
2. Schnur, Tau, Strick, Seil, Strang; *fachsprachl.:* Reep, Trosse

Leinen Leinengewebe, Leinenzeug, Leinwand; *poet.:* Linnen

Leine ziehen → weggehen

Leintuch Laken, Bettlaken, Betttuch; *landsch.:* Leilach, Leilak(en)

leise nicht laut, gedämpft, flüsternd, piano, lautlos, geräuschlos, still, auf Zehenspitzen, ruhig, verhalten, im Flüsterton, kaum hörbar/vernehmbar/vernehmlich, tonlos, nicht störend, auf leisen Sohlen, heimlich

leisten vollbringen, vollführen, bewerkstelligen, ausrichten, verrichten, tun, arbeiten, eine Aufgabe lösen/erfüllen, zustande/zuwege bringen, durchführen, ausführen, erledigen, abwickeln, schaffen, erreichen, erzielen, erwirken, erbringen, fertigbekommen, tüchtig sein; *ugs.:* fertigkriegen, fertigbringen, powern

leisten, sich
1. sich gönnen, sich zugutetun, sich etwas genehmigen, sich finanziell ermöglichen, zu sich selbst gut sein, an sich selbst denken, sich nichts abgehen lassen, sich gestatten, sich gütlich tun
2. → anmaßen, sich
3. → anrichten

Leistung
1. Kraft, Power, Leistungsfähigkeit, Leistungsvermögen, Arbeitskraft, Spannkraft, Arbeitsvermögen, Arbeitspotenzial, Können, Funktionieren
2. Tat, Großtat, Werk, Meisterwerk, Arbeit, Verdienst, Meriten, Schöpfung, Produkt, Ergebnis, Erfolg, Kunststück
3. Aufwendung, Zahlung

leistungsfähig tüchtig, fähig, arbeitsfähig, patent, fit, in Form/guter Verfassung, stark, gesund, kräftig, strapazierbar, sehr gut; *ugs.:* topfit

leistungsfördernd motivierend, stimulierend, anspornend, mobilisierend, antreibend, animierend, inspirierend, verbessernd

leistungsorientiert
1. auf Leistung ausgerichtet, nach Leistung strebend, ehrgeizig, leistungswillig, fleißig, tüchtig, eifrig, tatkräftig, schaffensfreudig, emsig, strebsam, arbeitsfreudig, geschäftig, arbeitsam, arbeitswillig, betriebsam, bienenhaft, bienenfleißig, beflissen
2. leistungsabhängig, leistungsgerecht, leistungsbezogen

Leitbild Vorbild, Ideal, höchstes Ziel, Richtschnur, Leitstern, Leitfigur, Muster, Musterbild, Modell, Idol, Abgott, Wunschbild, Inbegriff, Inbild

leiten
1. führen, lenken, verwalten, an der Spitze stehen, maßgeblich sein, befehligen, kommandieren, die Zügel führen, die Sache in die Hand nehmen, die Fäden in der Hand haben/halten, die Leitung/Führung innehaben, vorstehen, den Vorsitz führen, vorsitzen, präsidieren, herrschen, beherrschen, anführen; *ugs.:* den Ton angeben, die erste Geige spielen, die Strippen ziehen
2. dirigieren, lotsen, den Weg weisen/zeigen/vorzeichnen, manövrieren, steuern, bugsieren, einweisen
3. weiterführen, fortführen, weiterleiten, hindurchgehen lassen, übertragen (Elektrizität)

Leiter
1. *m.:* Chef, leitende/führende/verantwortliche Person/Persönlichkeit, Verantwortlicher, Hauptperson, Hauptfigur, Mann an der Spitze, Vorsteher, Direktor, Führer, Geschäftsführer, Führungskraft, Manager, Entscheidungsträger, Präsident, Kommandant, Dirigent, Lenker, Anführer, Oberhaupt, Kopf, Prinzipal, Leader; *ugs.:* Boss, Macher, Leithammel, der Alte

L

2. *f.:* Treppenleiter, Anstellleiter, Tritt, Trittleiter, Stiege, Staffel, Fallreep

Leitfaden Einführung, Handbuch, Lehrbuch, Kompendium, Ratgeber, Abriss, Grundriss, Führer, Wegweiser, Guide, Gebrauchsanweisung; *geh.:* Vademekum

Leitfigur Vorbild, Leitbild, Leitwolf, Anführer, Idol, Galionsfigur, Richtschnur, Leitstern, Muster, Musterbild, Modell, Inbegriff, Maßstab, Idee

Leitgedanke Hauptgedanke, Grundgedanke, Leitmotiv, Grundmotiv, Idee, Grundidee, roter Faden, Grundvorstellung, das Wesentliche/Wichtigste

Leithammel → Leiter

Leitmotiv → Leitgedanke

L

Leitsatz Grundsatz, Regel, Faustregel, Richtschnur, Leitschnur, Prinzip, Gesetz, Motto, Wahlspruch, Leitgedanke, Leitspruch, Devise, Maxime, Losung, Slogan

Leitung

1. Aufsicht, Oberaufsicht, Management, Direktion, Regie, Führung, Vorsitz, Kommando, Regiment, Lenkung

2. Führungsgruppe, Führungsstab, Direktorat, Führerschaft, Vorstand, Verwaltung, Spitze, Direktorium, Präsidium

3. Draht, Kabel, Zuleitung, Verbindungsschnur, Verbindung, Telefonverbindung, Rohr, Rohrleitung

Lektion

1. Kurs(us), Stunde, Unterrichtsstunde, Pensum, Schulung, Unterweisung, Anleitung, Instruktion, Anweisung, Aufgabe, Lehrstunde, Lernstunde

2. Strafpredigt, Zurechtweisung, Maßregelung, Warnung, Mahnung, bittere Arznei, Belehrung, Lehre, Denkzettel, heilsame Erkenntnis/Erfahrung; *ugs.:* Standpauke, Abreibung, Moralpredigt, Gardinenpredigt, Donnerwetter

Lektüre Lesestoff, Literatur, Buch, etwas zum Lesen

lenken

1. → leiten

2. fahren, steuern, manövrieren, dirigieren, lotsen, chauffieren, kutschieren; *ugs.:* bugsieren

3. erziehen, schulen, formen, bändigen, beeinflussen, bearbeiten, einwirken auf

4. → beeinflussen

Lenker

1. → Fahrer

2. Lenkstange

Lenkrad Steuer, Steuerrad, Steuerung; *veraltet:* Volant

Lenz

1. Frühjahr, Frühling, Maienzeit

2. Jugend, Jugendzeit, Jugendalter, Entwicklungsjahre, Reifejahre, Blüte, Blütezeit

3. *Pl.:* Jahre, Lebensjahre

lernbegierig → wissbegierig

lernen

1. sich Kenntnisse/Wissen/Fähigkeiten aneignen, studieren, einstudieren, üben, einüben, über Büchern sitzen, sich etwas einprägen/beibringen, erlernen, sich anlesen, Kenntnisse/Fähigkeiten/Wissen erwerben, auswendig lernen, memorieren, aufnehmen, sich zu Eigen machen, sich präparieren, exerzieren, durchexerzieren, trainieren, Schulaufgaben machen, sich bilden, sich fortbilden, sich ausbilden; *ugs.:* büffeln, pauken, einpauken, ochsen, bimsen, sich einhämmern, sich einbläuen, die Nase ins Buch stecken, durchkauen, sich auf den Hosenboden setzen

2. in die Lehre gehen, sich ausbilden lassen, eine Berufsausbildung machen/durchmachen, einen Beruf erlernen; *ugs.:* von der Pike auf lernen

lernfähig aufgeweckt, gelehrsam, gelehrig, aufnahmefähig, intelligent, begabt, wach, verständig, hell, einsichtig, aufgeschlossen

Lernfähigkeit Auffassungsgabe, Aufnahmefähigkeit, Lernvermögen, Gelehrigkeit, Fassungsvermögen, Auffassungsvermögen, Fassungskraft, Auffassungskraft, Begabung, Geist, Intelligenz, Klugheit, Verstand, Denkkraft, Scharfsinn, Wachheit, Beobachtungsgabe, Verständigkeit; *ugs.:* Köpfchen

Lesart → Version

lesbar leserlich, gut/leicht zu lesen/zu entziffern/zu verstehen, übersichtlich, sauber, deutlich, klar, verständlich, entzifferbar

Lesbierin Lesbe, Homosexuelle, Homophile

lesbisch homosexuell, gleichgeschlechtlich, invertiert, sapphisch

Lese → Weinlese

lesen

1. ein Buch in die Hand/zur Hand nehmen, studieren, buchstabieren, entziffern, sich vertiefen/versenken in, durchlesen,

auslesen, durcharbeiten, durchgehen, sich in ein Buch vergraben; *ugs.:* schmökern, verschlingen, stöbern in
2. vorlesen, vortragen, etwas zum Besten geben, etwas zu Gehör bringen, rezitieren, deklamieren, ablesen, verlesen, zur Verlesung bringen, vorbringen, wiedergeben
3. dozieren, Vorlesungen halten, unterrichten, Unterricht geben/erteilen
4. ernten, sammeln, einsammeln, aufsammeln, einbringen, pflücken

Leseratte *ugs. für:* Büchernarr, Bücherfreund, Bücherliebhaber, Büchermensch, Vielleser, Bibliomane; *ugs.:* Bücherwurm

Lesung
1. parlamentarische Beratung/Aussprache/Sitzung/Besprechung/Erörterung
2. Dichterlesung, Vortragsabend

letal tödlich, todbringend, zum Tode führend

Lethargie → Trägheit

Letter Type, Drucktype, Druckbuchstabe, Druckletter, Schriftzeichen

letzt...
1. vorig, vergangen, verflossen; *schweiz.:* abhin
2. letztmöglich, äußerst, allerletzt
3. restlich, übrig, überschüssig, noch vorhanden, verbleibend, übriggeblieben, übrig gelassen

letztendlich schließlich, am Ende/Schluss, zu guter Letzt, nach längerer Zeit/längerem Warten, letztens, zuletzt, schließlich und endlich, letztlich, eigentlich; *ugs.:* schlussendlich

letztens
1. → kürzlich
2. → letztendlich

letzthin → kürzlich

letztlich → letztendlich

Leuchte
1. Lampe, Licht, Lichtquelle, Beleuchtungskörper
2. *ugs. für:* großer Geist, heller/kluger Kopf, Talent, Genie, Kapazität, Koryphäe, Könner, Größe, Meister, Fachmann, Berühmtheit; *ugs.:* Ass, Kanone, Kirchenlicht, großes Licht

leuchten
1. glänzen, strahlen, funkeln, glitzern, gleißen, schimmern, flimmern, glimmern, flirren, blinken, blitzen, spiegeln, schillern; *geh.:* opaleszieren, opalisieren, szintillieren
2. Licht/Helligkeit verbreiten/aussenden/ausstrahlen/fallen lassen, erhellen, blenden, etwas beleuchten, anstrahlen, anleuchten, hell machen, ausleuchten

leuchtend
1. → glänzend
2. → grell

Leuchter
1. Kerzenleuchter, Kandelaber, Leuchte, Armleuchter, Flambeau
2. Kronleuchter, Lüster; *österr.:* Luster

Leuchtkäfer → Glühwürmchen

leugnen → abstreiten

Leumund → Ansehen

Leute
1. Menschen, die breite Masse, Öffentlichkeit, Allgemeinheit, (das breite) Publikum, Volk, Personen, Wesen, Geschöpfe, Individuen, Bevölkerung, Umwelt, Umgebung, Gesellschaft
2. Gesinde, Personal, Dienstpersonal, Dienerschaft, Dienerschar, Dienstleute, Belegschaft, Untergebene, Arbeitskräfte, Angestellte, Mitarbeiter

leutselig jovial, wohlwollend, gönnerhaft, freundlich, gütig, wohlgesinnt, gutgesinnt, huldvoll, huldreich, konziliant, umgänglich, wohlmeinend, entgegenkommend, kulant

Level Stufe, Schwierigkeitsstufe, Stand, Leistungsstand, Ebene, Niveau, Höhe, Rang, Rangstufe

Lex → Gesetz

Lexikon
1. Nachschlagewerk, Enzyklopädie, Handbuch, Kompendium
2. Wörterbuch, Wörterverzeichnis, Vokabular, Vokabularium, Diktionär

Liaison
1. → Liebschaft
2. → Bund

Libelle Wasserjungfer; *volkst.:* Schillerbold

liberal freiheitlich, vorurteilsfrei, tolerant, aufgeklärt, frei, freisinnig, freigeistig, ohne Zwang, repressionsfrei, vorurteilslos

liberalisieren freiheitlich/großzügig gestalten, von Einschränkungen befreien/freimachen

Libido
1. Geschlechtstrieb, Fortpflanzungstrieb
2. Sinnenlust, Wollust, Sinnlichkeit, Begierde

licht
1. → hell
2. dünn bewachsen, gelichtet, spärlich

L

Licht
1. Helligkeit, Schein, Leuchten, Helle, Lichtstrom, Lichtstrahl, Lichtfülle, Lichtflut, Lichtkegel, Strahlenkegel, Glanz, Schimmer
2. Lichtquelle, Beleuchtung, Beleuchtungskörper, Lampe, Leuchte
3. Kerze, Talglicht ⓘ

Lichtbild → Fotografie

Lichtblick Lichtpunkt, erfreuliche Aussicht, (gute) Perspektive, Hoffnung, Hoffnungsschimmer, Trost, Labsal, Silberstreifen, Erquickung, Freude, freudiger Moment, Hoffnungsfunke

lichten (Anker) aufholen, heraufziehen, hochziehen, schneiden, beschneiden, ausschneiden, zurückschneiden, stutzen, zurechtstutzen, kürzen, abholzen, roden

lichten, sich
1. sich aufhellen, sich klären, sich aufklären, Licht kommen in, zutage kommen, sich aufheitern, aufklaren, sich entwölken, schön/freundlicher/hell/klar/sonnig werden
2. sich verringern, weniger/dünner/durchsichtiger/schütter werden, abnehmen, schwinden

Lichtpause → Fotokopie

lichtscheu zwielichtig, berüchtigt, anrüchig, übel beleumdet, verrufen, verschrien, fragwürdig, undurchsichtig, zweifelhaft, dubios, ominös, obskur, suspekt, dunkel, finster, abenteuerlich, gemein, charakterlos; *ugs.:* nicht astrein/hasenrein

Lichtspiele → Kino

Lichtung Waldlichtung, Blöße, Rodung, Schlag, Kahlschlag, Schneise, Waldschlag; *fachsprachl.:* Durchhieb, Schwende

Lid *ugs.:* Augendeckel

lieb
1. teuer, wert, unersetzlich, unentbehrlich, ans Herz gewachsen, verehrt, vergöttert, angebetet, geliebt, kostbar, heißgeliebt, geschätzt, hochgeschätzt
2. genehm, angenehm, willkommen, hochwillkommen, erwünscht, recht, erfreulich, gerngesehen, wie gerufen
3. folgsam, gehorsam, fügsam, ergeben, artig, brav, anständig, gefügig, zahm, wohlerzogen
4. sympathisch, einnehmend, ansprechend, gefällig, angenehm, gewinnend, liebenswürdig, liebenswert, freundlich, nett, charmant, reizend
5. gut, edel, nobel, selbstlos, uneigennützig, gütig, human, herzensgut, wertvoll, hilfsbereit, gutherzig, gutmütig, mitfühlend
6. → liebevoll

Licht: Beleuchtet und erleuchtet

Licht kann zunächst einmal ganz konkret eine *Lichtquelle* sein, d. h., in *natürliches Licht* (= Tageslicht, Sonnenlicht) und *künstliches Licht* (= Lampe, Kerze) unterschieden werden beziehungsweise *Helligkeit* bezeichnen. Darüber hinaus wird das Wort auch im metaphorischen Sinn von *Erkenntnis* oder *Wahrheit* gebraucht und in diesem Sinn in zahlreichen Redensarten verwendet. So kann man zum Beispiel im Wortsinn *ein Licht anzünden,* wem aber umgangssprachlich *ein Licht aufgeht,* der versteht etwas.
Dagegen wird in die Dunkelheit des Unwissens geleitet, wer *hinters Licht geführt* wird. *Licht* im Sinn von *Beleuchtung* erscheint auch in bildlich gemeinten Wendungen wie jemanden oder etwas *in günstigem/gutem/rechtem Licht erscheinen lassen,* also diese Person oder Sache möglichst positiv darstellen. Eine Klarstellung kommt in der Wendung zum Ausdruck, *etwas ins rechte Licht rücken.* Wer etwas *in neuem/einem anderen Licht* sieht, ändert seine Meinung.
Als Optimist oder Phantast wird ein Mensch charakterisiert, von dem es heißt er sehe alles *in rosigem/rosarotem Licht.* Wer *Licht am Ende des Tunnels* sieht, hat Hoffnung. Eine Person oder Sache wird treffend dargestellt, wenn sie *in einem bezeichnenden Licht erscheint* oder etwas *ein bezeichnendes Licht auf sie wirft.* Wen man dazu auffordert, *sein Licht nicht unter den Scheffel zu stellen,* den fordert man auf, seine Talente nicht zu verbergen. Wenn es über jemanden heißt, er oder sie sei *kein großes Licht,* dann will man damit ausdrücken, dass diese Person nicht besonders begabt ist. *Sein Licht leuchten lassen* bedeutet, seine Kenntnisse zur Geltung zu bringen.
Durch inflationären Gebrauch abgegriffen ist mittlerweile die Redewendung *grünes Licht geben* für »zustimmen«. Schließlich ist *das Licht der Welt erblicken* eine Umschreibung für »geboren werden«, während *jemandem das (Lebens-)Licht auspusten* »töten« bedeutet.

L

liebäugeln
1. gern haben wollen, sich wünschen, mit dem Gedanken spielen, sich mit dem Gedanken tragen, erpicht/versessen/wild/verrückt sein auf/nach; *ugs.:* scharf sein/aus sein auf, sich spitzen auf, sich die Finger lecken nach, hinterher sein
2. → flirten

Liebchen → Liebling

Liebe
1. Neigung, Zuneigung, Hinneigung, Verliebtheit, Hingabe, Hingebung, Hingezogenheit, Amor, Anhänglichkeit, Gefühl, Liebesgefühl, Schwäche für, Leidenschaft, Verbundenheit, Zärtlichkeit, Innigkeit, Herzlichkeit, Herzenswärme; *poet.:* Minne, Liebesverlangen; *ugs.:* Affenliebe
2. → Liebesdienst
3. → Geliebte
4. → Geliebter

liebebedürftig → anlehnungsbedürftig

Liebediener → Speichellecker

liebedienerisch → unterwürfig

liebedienern → kriechen

Liebelei → Affäre

lieben zärtliche Gefühle hegen, hängen an, begehren, ins Herz geschlossen haben, sein Herz verschenken/verlieren an, liebhaben, eine Liebschaft haben mit, ein Auge geworfen haben auf, verliebt sein, vergöttern, verehren, schmachten nach, entbrannt sein, eine Neigung/Schwäche haben für, anbeten, zu Füßen liegen, schwärmen/glühen für, auf Händen tragen; *ugs.:* anhimmeln

lieben, sich Verkehr/Geschlechtsverkehr/intime Beziehungen haben, sich begatten, kopulieren, koitieren, mit jmdm. schlafen/ins Bett gehen/zusammen sein/intim werden/ein Abenteuer haben, den Akt/Beischlaf vollziehen, sich verbinden, sich vereinigen, sich hingeben, eins werden, sich schenken; *ugs.:* sich paaren, es mit jmdm. haben/treiben/machen, mit jmdm. ins Bett steigen, jmdn. vernaschen; *derb:* bumsen, ficken, rammeln, pimpern

liebenswert
1. gut, edel, nobel, selbstlos, uneigennützig, human, gütig, herzensgut, lieb, wertvoll, hilfsbereit, gutartig, gutherzig, gutmütig, mitfühlend
2. sympathisch, einnehmend, ansprechend, gefällig, angenehm, gewinnend, liebenswürdig, lieb, freundlich, nett
3. reizend, bezaubernd, reizvoll, entzückend, zauberhaft, hold, anmutig, apart, lieblich, allerliebst, niedlich, liebenswürdig, süß, goldig, herzig, warm, voller Liebreiz, charmant, gefällig, hinreißend

liebenswürdig
1. entgegenkommend, zuvorkommend, lieb, gefällig, großzügig, großmütig, wohlwollend, wohlgesinnt, wohlmeinend, höflich, hilfsbereit, aufmerksam, gütig, warmherzig, freundschaftlich, gutgemeint
2. → liebenswert

lieber
1. eher, mehr, vielmehr, vorzugsweise, im Gegenteil
2. besser, tunlichst, klugerweise, nach Möglichkeit, möglichst, wenn möglich, gefälligst

Liebesabenteuer → Affäre

Liebesdienst Gefälligkeit, Nettigkeit, Freundschaftsdienst, Freundesdienst, Gefallen, Liebesbeweis, Liebesbezeigung, Liebe, Freundlichkeit, Liebenswürdigkeit

Liebesgeschichte → Romanze

Liebespaar Paar, Pärchen, Liebespärchen, Liebesleute, Liebende, Ehepaar, Brautpaar

liebevoll zärtlich (besorgt), von Liebe erfüllt, lieb, mit (viel) Mühe und Sorgfalt, fürsorglich, rührend, hingebungsvoll, hingebend, mit Hingebung/Liebe, voller Hingebung/Liebe, zart, liebend, innig, aufopfernd, gefühlvoll, empfindsam, sensibel, weich, sanft

liebgewinnen sich hingezogen fühlen, ins Herz schließen, sich verlieben, sich erwärmen für, entbrannt sein für, sich anfreunden, sich befreunden, Freundschaft schließen, Freund werden mit, gut Freund werden mit, sich jmdm. anschließen

liebhaben → lieben

Liebhaber
1. Sammler, Interessent, Freund, Bewunderer
2. → Geliebter

Liebhaberei → Hobby

Liebhaberin → Geliebte

liebkosen herzen, kosen, umarmen, umhalsen, umfangen, abdrücken, um den Hals fallen, ans Herz drücken, zärtlich sein, sich anschmiegen, streicheln, küssen; *ugs.:* hätscheln,

L

tätscheln, schmusen, turteln, knud(d)eln, schnäbeln

lieblich → reizend

Lieblichkeit → Anmut

Liebling der/die Liebste, Liebchen, Schatz, Darling, Honey, Herz, Herzblatt, Herzchen, Schwarm, Augapfel, Ein und Alles, Abgott, Angebetete(r), Favorit, Günstling, Geliebte(r), Chéri(e), Herzenskind, Herzensfreund(in), Herzensdame, Sonnenschein, Goldkind, Goldstück, Schätzchen, Herzallerliebste(r), Einzige(r); *landsch.:* Herzbinkerl

Lieblingsbeschäftigung → Hobby

Lieblingsspeise → Leibgericht

lieblos unliebenswürdig, unfreundlich, ohne Wärme/Gefühl/Mitgefühl, gefühllos, abweisend, stiefmütterlich, stiefväterlich, herzlos, hartherzig, kühl, frostig, eisig, kalt, eiskalt, grob, rüde, barsch, verletzend, kränkend

Liebschaft Affäre, Liaison, intime Beziehung, Liebesverhältnis, Liebesverbindung

Liebste(r) → Liebling

Liebstöckl Maggikraut

Lied Melodie, Weise, Song, Gesangstück, Chanson, Vokalstück, Choral, Arie, Hymne; *landsch.:* Gstanzl; *abwertend:* Geträller

liederlich

1. nachlässig, unordentlich, oberflächlich, ungenau, schlampig, flüchtig, unkorrekt, unaufmerksam, lässig, salopp, leichtfertig, unsorgfältig, lax, leichthin, sorglos, pflichtvergessen, schludrig; *ugs.:* schlampert, husch(e)lig, lasch, schludrig, lotterig, larifari, holterdipolter, hopplahopp

2. anstößig, unanständig, verwerflich, anstoßerregend, Ärgernis erregend, empörend, skandalös, shocking, unsittlich, unmoralisch, ungesittet, unmanierlich, sittenlos, verdorben, zuchtlos, amoralisch, verrucht, verworfen, unzüchtig, anzüglich, anrüchig, lasterhaft, obszön, frech, wüst, gemein, unfein, schlüpfrig, pikant, locker, lose, frivol, unseriös

lieferbar vorrätig, verfügbar, vorhanden, (jederzeit) zu haben, am/auf Lager, erhältlich, feil, parat; *geh.:* disponibel

liefern zustellen, ausliefern, anliefern, beliefern, mit Waren versorgen, herbeischaffen, schicken, zuschicken, senden, zusenden, zukommen/zugehen lassen, bringen, zum Versand bringen, versenden, übermitteln, übergeben, austragen, ausfahren, zuleiten, spedieren, ins Haus schaffen, verkaufen, hergeben, beibringen, bieten

Lieferung

1. Auslieferung, Belieferung, Anlieferung, Ablieferung, Zustellung, Zuführung, Zuleitung, Zusendung, Zufuhr, Übergabe, Abgabe, Überstellung, Überweisung, Übermittlung, Weiterleitung, Versand, Verschickung, Expedition

2. Fracht, Ladung, Versandgut, Frachtgut, Fuhre

Liege Couch, Liegebett, Liegestuhl, Diwan, Chaiselongue, Ottomane, Sofa, Kanapee

liegen

1. ruhen, daliegen, ausgestreckt sein; *ugs.:* langliegen, sich aalen, alle viere von sich strecken

2. sich befinden, sein, anwesend/zu finden/gelegen sein, sich aufhalten; *geh.:* weilen

3. ausgebreitet sein, sich erstrecken, sich breiten, sich ausbreiten, sich dehnen, sich ausdehnen, sich hinziehen, sich erheben

4. sich verhalten, stehen, bestellt sein, eine Bewandtnis haben

5. rangieren, einen Platz/eine Stelle/Position einnehmen, kommen

6. genehm/angenehm/gelegen sein, schön finden, entsprechen, behagen, zusagen, gefallen, Anklang/Geschmack/Gefallen finden, mögen; *ugs.:* angetan sein, sein Fall/Ding sein

liegen an

1. obliegen, abhängen von, bedingt sein durch, unterliegen, unterstehen, ankommen/fußen/sich gründen/basieren/beruhen auf, kommen von, zusammenhängen mit, herrühren

2. interessiert sein, Interesse haben, sich interessieren, Wert legen auf, am Herzen liegen, viel bedeuten, von Wert/Bedeutung/Wichtigkeit/Belang sein, eine (große) Rolle spielen, wichtig sein, ein Anliegen sein, schätzen

liegen bleiben *ugs. für:*

1. übrig bleiben, zu viel/übrig/überzählig sein

2. nicht aufstehen, im Bett bleiben, ausschlafen, weiterschlafen

3. eine Panne haben, nicht weiterkommen

liegen lassen
1. vergessen, belassen, zurücklassen
2. in Ruhe/unbeachtet lassen (Arbeit), nicht anrühren/bewegen/in Angriff nehmen, übersehen; *ugs.:* verbummeln, verschusseln, verschwitzen
3. links liegen lassen → ignorieren

Liegenschaften → Grundbesitz

Lift Fahrstuhl, Paternoster, Aufzug; *geh.:* Ascenseur

Liga
1. Bund, Bündnis, Vereinigung, Verbindung, Zusammenschluss, Interessengemeinschaft, Ring, Verein, Verband, Föderation, Konföderation, Körperschaft, Organisation, Korporation, Assoziation, Bruderschaft
2. Allianz, Pakt, Koalition, Entente, Verbündetsein, Achse

light
1. leicht, reduziert, kalorienreduziert, bekömmlich, verträglicher, reizarm, schadstoffarm, alkoholfrei, koffeinfrei
2. *ugs. für:* simpel, einfach, schlicht ⓘ

liieren, sich
1. sich verbinden, eine Verbindung eingehen, zusammengehen, sich vereinigen, sich zusammenschließen, sich zusammentun, sich assoziieren, eine Beziehung herstellen
2. eine Liaison/Liebesbeziehung/Liebschaft/ein Verhältnis eingehen/haben, sich an einen Mann/eine Frau binden

Limit
1. (äußerste) Grenze, Grenzwert, Begrenzung, Obergrenze, Untergrenze, Rahmen, Preisgrenze, Extrem, Äußerstes, äußerster Preis/Umfang
2. Leistungsgrenze, Maximalleistung, Minimalleistung, Mindestleistung

light: Mehr als nur kalorienreduziert

Der aus dem Englischen stammende Neologismus *light,* für das deutsche Wort *leicht,* fand in dieser Bedeutung Anfang der 1990er Jahre Eingang in die deutsche Sprache.
Als *light* werden vornehmlich Nahrungs- oder Genussmittel bezeichnet, die weniger von einem die Gesundheit gefährdenden Stoff enthalten, also *kalorienreduziert, reiz-* oder *schadstoffarm* und in diesem Sinn »leichter« sind. Häufig wird mit diesen Produkten Künstlichkeit assoziiert, da für den reduzierten Grundstoff meist ein synthetischer Ersatz verwendet wird.
Auch in übertragener Verwendung kennzeichnet *light* in Zusammensetzungen oft den Umstand, dass es sich um eine »reduzierte«, im Sinne von nicht ernst zu nehmende, vereinfachte oder simple Variante handelt. Dies bringen beispielsweise Wendungen zum Ausdruck wie »Wertediskussion *light*« oder »Bildung *light*«.

limitieren → beschränken

Limonade Brause, Brauselimonade; *ugs.:* Limo, Krabbelwasser, Bizzelwasser; *österr.:* Kracherl

Limone Zitrone

lind
1. → mild
2. → schonend

lindern mildern, erträglich machen, schwächen, abschwächen, dämpfen, bessern, erleichtern, trösten, helfen bei, heilen, mäßigen, (den Schmerz) stillen

linear gerade, geradlinig, linienförmig, in einer Linie, nicht krumm

Linie
1. Strich, Gerade
2. Reihe, Riege, Zeile, Kette, Flucht, Front
3. Bahnlinie, Verkehrslinie, Verkehrsverbindung, Strecke, Nummer
4. Schattenriss, Umriss, Kontur, Profil, Silhouette, Riss, Grenzlinie
5. Verwandtschaft, Verwandtschaftszweig, Abstammung
6. in erster Linie zuerst, zunächst, vor allem, zuvor, am Anfang, anfänglich

Linienführung
1. Duktus, Schriftzug, Formgebung
2. Trasse, Trassenführung, Strecke, Streckenführung, Streckenverlauf

linientreu ergeben, treuergeben, hundertprozentig, überzeugt, loyal, geradlinig, auf Parteilinie, konform, zuverlässig, angepasst

link → hinterhältig

Link (elektronischer) Verweis, (elektronischer) Querverweis, Verbindung, Verknüpfung, Hyperlink

linkisch wie ein Stock/Stück Holz, → ungeschickt

links
1. auf der linken Seite, zur Linken, linker Hand, linksseitig, linksseits, backbord(s) (Schifffahrt), an der Herzseite; *ugs.:* wo der Daumen rechts ist
2. innen, auf der Innenseite/Unterseite/Rückseite

3. sozialistisch, kommunistisch, linksorientiert, linksgerichtet
4. progressiv, zukunftsorientiert, fortschrittlich, gesellschaftskritisch, gesellschaftsverändernd, revolutionär
5. **mit links** mühelos, problemlos, (sehr) einfach, spielend, babyleicht, kinderleicht, bequem, mit Leichtigkeit; *ugs.:* aus dem Handgelenk, mit dem kleinen Finger, im Schlaf

linsen → blicken

liquid
1. zahlungsfähig, solvent, verfügbar
2. flüssig, geschmolzen, zerflossen, aufgetaut

liquidieren
1. auflösen, aufgeben, einstellen, nicht weiterführen, schließen, verkaufen, ausverkaufen, veräußern, bankrott gehen, Konkurs anmelden
2. → abschaffen
3. → töten
4. → bereinigen
5. in Rechnung stellen, berechnen, anrechnen, veranschlagen (i)

lispeln
1. mit der Zunge anstoßen
2. flüstern, hauchen, tuscheln, wispern, säuseln, fispern

List Manöver, Trick, Winkelzug, Schachzug, Kunstgriff, Geschick, Schläue, Gewitztheit, Pfiffigkeit, Bauernschläue, Durchtriebenheit, Verschlagenheit, Gerissenheit, Tücke, Intrige, Ränke, Ränkespiel, Täuschung, Übertölpelung, Irreführung, falsches Spiel, Überlistung, Arglist; *ugs.:* Dreh, Kniff, Schlich

Liste Verzeichnis, Index, Tabelle, Aufstellung, Zusammenstellung, Übersicht, Nachweis, Aufzählung

listen
1. aufführen, auflisten, zusammenstellen, ordnen, koordinieren, gruppieren, anlegen, zusammensetzen, in eine bestimmte Ordnung/Reihenfolge bringen, reihen, einteilen, gliedern, systematisieren, strukturieren, staffeln
2. handeln, bestellen, führen, anfordern, ordern, kaufen

listig schlau, durchtrieben, geschickt, täuschend, listenreich, fintenreich, verschmitzt, wissend, pfiffig, clever, gewitzt, raffiniert, schlau, bauernschlau, hinterlistig; *ugs.:* gerissen, verschlagen, abgefeimt, ausgepicht, ausgekocht, ausgefuchst, schlitzohrig, mit allen Wassern gewaschen

Litanei
1. (langes) Gebet, Wechselgebet
2. *ugs.:* endlose Aufzählung, eintöniges Gerede, Vorbeten

Literat → Schriftsteller

Literatur
1. Dichtung, Dichtkunst, Wortkunst, Schrifttum, Schriftwerk, Schriftgut, Poesie
2. → Lektüre

Literaturnachweis Literaturangabe, Literaturverzeichnis, Literaturhinweis, Literatur, Quellen, Quellenangabe, Schrifttum, Schrifttumsnachweis, Bibliografie, Titelangabe, Titelverzeichnis

Litfaßsäule Anschlagsäule, Plakatsäule

Litze Borte, Bordüre, Blende, Rüsche, Volant, Paspel, Tresse, Einfassung, Besatz, Zierband; *österr.:* Passepoil, Endel; *schweiz.:* Bord

Livemitschnitt Mitschnitt, Direktmitschnitt, Originalmitschnitt, Konzertmitschnitt, Direktaufnahme, Liveaufnahme, Originalaufnahme, Bootleg

Livesendung Direktsendung, Direktübertragung, Originalübertragung, Liveübertragung

Livree Uniform, Dienstkleidung, Dienstanzug

liquidieren: Formen der Bereinigung

Das Wort *liquidieren* leitet sich aus dem lateinischen *liquidare* mit der Bedeutung »flüssigmachen« ab. Ist jemand *liquid* oder *liquide,* dann ist er *flüssig:* Er hat Geld und ist zahlungsfähig. *Liquidiert* jemand einen Betrag z. B. für eine Dienstleistung, dann stellt er diesen Betrag in Rechnung, woraufhin Geld »fließen« sollte. Laufen die Geschäfte nicht mehr, wird ein Unternehmen *liquidiert,* es wird *aufgelöst,* die verbliebenen Werte des Unternehmens werden in *liquides* Kapital verwandelt.

Außerhalb des Wirtschafts- und Finanzbereiches ist *liquidieren* ein Wort des gehobenen Sprachstils. Der Satz »Das Problem wurde *liquidiert*« besagt, dass das Problem aus dem Weg geräumt, dass es bereinigt wurde. Einen stark verhüllenden und beschönigenden Charakter nimmt *liquidieren* an, wenn damit das Töten eines Menschen ausgedrückt wird.

L

Lizenz Genehmigung, Konzession, Erlaubnis, Ermächtigung, Zulassung, Befugnis, Recht
LKW → Lastkraftwagen
Lob anerkennende Worte, (ermunternder) Zuspruch, Belobigung, Huldigung, Anerkennung, Beifall, Wertschätzung, Billigung, Zustimmung, positive Beurteilung, Auszeichnung, Ehrung, Würdigung; *poet.:* Lobpreisung, Preis; *geh.:* Eloge
Lobby politische/parlamentarische Interessengemeinschaft, Aktionsgruppe, Initiative, Pressuregroup
loben Lob spenden/zollen, ein Lob erteilen, mit Lob bedenken/überschütten/überhäufen, des Lobes voll sein, belobigen, rühmen, nachrühmen, preisen, lobpreisen, herausstellen, herausheben, würdigen, auszeichnen, sich anerkennend äußern, voll Anerkennung sein, Anerkennung/Beifall zollen, jmds. Ruhm verbreiten, sich in Lobesworten/Lobreden ergehen, schwärmen von, in den höchsten Tönen reden, empfehlen, Gutes nachsagen; *ugs.:* ein Loblied anstimmen/singen, in den Himmel heben, über den grünen Klee loben, herausstreichen, beweihräuchern
lobenswert ein Lob verdienend, löblich, anerkennenswert, rühmenswert, rühmlich, beifallswürdig, verdienstvoll, achtenswert, dankenswert, achtbar, hoch anzurechnen, beachtlich, gut, untadelig, tadellos, musterhaft; *geh.:* preiswürdig
Lobgesang → Hymne
lobhudeln → schmeicheln
Loblied → Lobrede
lobpreisen verherrlichen, verklären, glorifizieren, feiern, ehren, → loben
Lobrede hohes Lob, Huldigung, Loblied, Lobgesang, Preis, Preislied, Lobeshymne, Lobpreisung, Lobspruch, Würdigung, Verherrlichung, Glorifizierung; *geh.:* Laudatio, Eloge
Location *ugs. für:* Ort, Drehort, Örtlichkeit (Veranstaltung), Lokalität, Platz, Stelle, Standort
Loch
1. Öffnung, schadhafte Stelle, Bruchstelle, Leck, Riss, Spalt(e), Ritz(e), Schlitz, Lücke, Einschnitt
2. Vertiefung, Kerbe, Grube, Mulde, Kuhle, Höhle, Höhlung, Graben, Schacht
3. → Gefängnis
4. → Zimmer
lochen
1. perforieren, durchlöchern, durchbohren, mit Löchern versehen, durchstoßen, durchstechen
2. entwerten, wertlos machen; *österr.:* zwicken; *ugs.:* knipsen
löcherig durchlöchert, durchlässig, porös, leck, undicht
löchern → ausfragen
Locke Haarlocke, Haarbüschel, Welle; *scherzh.:* Schmachtlocke, Damenwinker, Herrenwinker
locken
1. anlocken, heranlocken, anziehen, ködern, rufen, heranrufen
2. reizen, anziehen, interessieren, den Mund wässerig machen, verlocken, faszinieren, begeistern
locken, sich sich wellen, sich kräuseln, sich ringeln, sich drehen
locker
1. lose, wackelig, unbefestigt, nicht fest, losgelöst, abgelöst, gelockert
2. weich, durchlässig, mürbe, bröckelig, zart, leicht zerfallend, krümelig, (auf der Zunge) zergehend, fein
3. → zwanglos
4. → leichtlebig
lockern lockermachen, locker werden, lösen, sich ablösen, abgehen, losgehen, auflockern, aufmachen, freimachen
lockern, sich sich entspannen, sich lösen, sich entkrampfen
lockig gelockt, gewellt, gekräuselt, wellig, wuschelig, kraus, ondoliert, nicht glatt, geringelt
Lockvogel Lockmittel, Köder, Magnet, Anziehungspunkt, Blickfang, Anreiz
lodern brennen, flackern, flammen, lohen, in Flammen stehen, knistern, leuchten
lodernd → flammend
logieren → übernachten
Logis
1. → Unterkunft
2. → Wohnung
3. Kajüte, Kabine
logisch
1. folgerichtig, folgemäß, konsequent, schlüssig, systematisch, methodisch, planvoll, durchdacht, denkrichtig, überlegt, widerspruchsfrei, vernünftig, einleuchtend, stichhaltig; *ugs.:* hat Hand und Fuß
2. → klar
logischerweise → folglich
logo → klar
lohen → lodern

L

Lohn
1. Bezahlung, Verdienst, Arbeitsverdienst, Einkommen, Festeinkommen, Einkünfte, Einnahme(n), Gehalt, Entlohnung, Bezüge, Entgelt, Vergütung, Honorar, Fixum, Gage (Künstler), Heuer (Matrosen), Sold, Besoldung (Soldaten, Beamte); *schweiz.:* Salär
2. Belohnung, Dank, Abgeltung, Vergeltung, Anerkennung, Entschädigung, Ausgleich, Gegenleistung, Gegenwert ⓘ

lohnen → belohnen

lohnen, sich sich auszahlen, Nutzen bringen, sich rentieren, wert sein, sich rechnen, der Mühe wert sein, sich bezahlt machen, lohnend/einträglich sein, etwas einbringen/abwerfen/erbringen/eintragen, Früchte tragen, Gewinn bringen, sich tragen; *ugs.:* es bringen, herauskommen, herausspringen

löhnen → bezahlen

lohnend einträglich, lohnenswert, rentabel, Gewinn bringend, ertragreich, lukrativ, Profit bringend, profitabel, günstig, vorteilhaft, ergiebig, nutzbringend

Lohnkampf Arbeitskampf, Tarifverhandlung, Tarifgespräch, Streik

Lok → Lokomotive

lokal örtlich, räumlich, regional, beschränkt, begrenzt, heimisch, einheimisch

Lokal
1. → Gaststätte
2. → Bar

lokalisieren
1. abgrenzen, eingrenzen, begrenzen, abstecken, beschränken, behindern, Schranken/Grenzen setzen, eindämmen, isolieren
2. (näher) bestimmen, finden, entdecken, orten, aufspüren, ausfindig machen, den Standort bestimmen, ermitteln, in Erfahrung bringen, feststellen, festlegen, herausfinden, herausbekommen, auf die Spur kommen, (genauer) bezeichnen, identifizieren, zuordnen; *geh.:* eruieren

Lokalität
1. Raum, Räumlichkeit, Zimmer, Stube, Gemach, Lokal
2. Ort, Platz, Örtlichkeit, Stätte, Stelle

Lokomotive Maschine, Lok, Dampfwagen; *scherzh.:* Dampfross; *ugs.:* Loksche

Lokus → Toilette

Look
1. Aussehen, Äußeres, Erscheinung, Erscheinungsbild

Lohn: Gage, Einkommen und andere Löhne

Das *Entgelt* beziehungsweise die *Bezahlung* für eine geleistete Arbeit nennt man den *Lohn* oder den *Verdienst* (»das Verdienst« ist eine Tat zum Wohl anderer). Die verschiedenen Synonyme für *Lohn* zeigen dabei den Zusammenhang an, in dem solche *Bezüge* gezahlt werden. *Gage* bekommen Künstler, *Heuer* Matrosen; Soldaten erhalten *Sold*, und *Besoldung* nennt man die *Einkünfte* von Beamten im öffentlichen Dienst. *Honorar* ist die Bezeichnung für die *Vergütung* von Leistungen bei freien Berufen. Mit dem gehobenen Ausdruck *Fixum* bezeichnet man allgemein ein der Höhe nach feststehendes, regelmäßiges *Einkommen*.
Das schweizerische *Salär* wird in gehobener Umgangssprache auch in Deutschland für *Gehalt* gebraucht. Durch Zusammensetzungen lässt sich näher bestimmen, für welchen Zeitraum *Arbeitslohn* gezahlt wird, also etwa *Stundenlohn, Tageslohn, Wochenlohn, Monatslohn* oder *Jahreslohn*. Die Wendung *in Lohn (und Brot) stehen* bedeutet »in einem festen Arbeitsverhältnis stehen«. Dementsprechend heißt *jemanden in Lohn und Brot bringen*, »ihm einen Arbeitsplatz zu verschaffen« beziehungsweise *jemanden um Lohn und Brot bringen* »ihm seine Arbeit nehmen«. Darüber hinaus wird *Lohn* aber auch allgemein im Sinn von *Gegenwert, Ausgleich* oder *Dank* gebraucht. Wer *seinen Lohn bekommt*, kann also, je nach Zusammenhang, sein Gehalt ausbezahlt bekommen oder aber – bildlich gesprochen und meist ironisch gemeint – seine (gerechte) Strafe empfangen.
Das Sprichwort *Undank ist der Welt Lohn* besagt, dass einem nichts gedankt wird. Der Ausdruck *Gotteslohn* bezeichnet Belohnung durch Gott. Etwas *um/für einen Gotteslohn tun* heißt »es unentgeltlich machen«. *Judaslohn* nennt man die Belohnung für einen Verrat. Das Wort geht auf den Verrat Jesu durch Judas für 30 Silberlinge zurück. Wer, umgangssprachlich ausgedrückt, für einen *Hungerlohn* arbeitet, wird ausgebeutet. Die Bezeichnung *Billiglohn* für geringe Bezahlung wird vor allem in Zusammensetzungen gebraucht wie *Billiglohnländer* oder *Billiglohnjobs*.

2. Modetrend, Moderichtung, Modetendenz, Modeerscheinung, Modestil, Mode

los
1. abgetrennt, abgerissen, gelöst, losgelöst, locker, nicht fest, nicht (fest) verbunden, unbefestigt, frei
2. weg, fort, schnell, vorwärts, voran, marsch, weiter, Tempo, Beeilung, avanti; *poet.:* wohlan, wohlauf; *ugs.:* hopp, hopp hopp, dalli, auf geht's

los sein → geschehen

Los
1. Schicksal, Bestimmung, Kismet, Schickung, Fatum, Geschick, Fügung, Vorsehung, höhere Gewalt, Prädestination
2. Lotterielos, Gewinnlos, Glückslos, Anleihschein
3. **das Große Los** Gewinn, Hauptgewinn, Treffer, Haupttreffer, Volltreffer, erster Preis, Erfolg
4. **das Große Los ziehen** Glück haben, ein Glückskind sein, den Himmel auf Erden haben, unter einem günstigen Stern geboren sein; *ugs.:* Schwein haben, fein heraus sein

losbrechen
1. → abbrechen
2. → ausbrechen

löschen
1. auslöschen, ersticken, mit Erfolg bekämpfen, austreten, ausdrücken, ausblasen, ausschalten, abschalten, zum Erlöschen bringen, stillen; *ugs.:* ausmachen, ausdrehen, auspusten, ausknipsen
2. beseitigen, aus der Welt schaffen, aufheben, tilgen
3. → entladen

Löschpapier Saugpapier, Fließpapier, Löschblatt, Fließblatt, Saugblatt

lose
1. → los
2. unverpackt, ohne Verpackung, einzeln, nicht abgepackt, offen
3. *ugs. für:* mutwillig, frech, keck
4. locker, leichtfertig, leichtsinnig, leichtlebig, flott, lotterhaft, flatterhaft, unsolide, ausschweifend, freizügig, munter, vergnügungssüchtig, lebenslustig, liederlich, anrüchig, unseriös, bedenkenlos, skrupellos, frivol, ausgelassen, ungezügelt, zügellos, charakterlos

loseisen *ugs. für:* freibekommen, befreien, abwerben, abspenstig machen, weglocken; *ugs.:* ausspannen, losbekommen, herausbekommen

loseisen, sich → lösen, sich

losen das Los ziehen/entscheiden lassen, auslosen, verlosen, wetten; *ugs.:* knobeln

lösen
1. aufmachen, aufbinden, aufknoten, aufhaken, aufknöpfen, aufschrauben, lockern, abtrennen, lostrennen, losbinden, losknüpfen, entwirren, auseinanderbekommen, aushaken, ausklinken; *ugs.:* losmachen, abmachen
2. auflösen, klären, enträtseln, entschlüsseln, raten, erraten, ausrechnen, herausfinden, herausbekommen, meistern, bewältigen, bestehen; *ugs.:* herauskriegen, herausbringen, dahinterkommen, knacken, aufdröseln
3. zerfallen, zergehen, zerfallen/zergehen lassen, flüssig werden/machen, (sich) fein verteilen, (sich) verflüssigen

lösen, sich
1. sich lockern, losbrechen, sich ablösen, abgehen, abfallen, abplatzen, abbröckeln, abspringen, abblättern, absplittern, sich abschälen, abschuppen; *ugs.:* losgehen
2. sich loslösen, sich freimachen, sich trennen, weggehen, verlassen, sich verabschieden, Abschied nehmen, auf Wiedersehen sagen, sich reißen von, brechen mit, sich scheiden lassen, sich befreien, freikommen, entkommen, abschütteln, sich abnabeln, loskommen von, sich abwenden, sich abkehren, abfallen, sich absondern, sich herauswinden, selbständig werden, sich selbständig/unabhängig/autonom machen, sich lossagen; *ugs.:* sich losmachen, sich losreißen, sich loseisen, abspringen, sich freischwimmen
3. sich entspannen, sich lockern, sich entkrampfen

losfahren wegfahren, abfahren, fortfahren, starten, sich in Bewegung setzen, abgehen, anfahren; *ugs.:* abbrausen, losbrausen, abzischen

losfahren auf → losgehen auf

losgehen
1. → lösen, sich
2. → anfangen
3. → weggehen
4. **auf jmdn. losgehen** losfahren/losstürzen/losschlagen auf, angreifen, attackieren, herfallen über, überfallen, zum Angriff übergehen, aggressiv werden, anfallen, sich werfen auf, zu Leibe gehen/rücken
5. → explodieren

L

loskaufen freikaufen, Lösegeld zahlen, retten, befreien, erlösen; *landsch.:* auslösen
losknallen → schießen
loskommen freikommen, abkommen, entkommen, wegkommen, fortkommen, entwischen, abschütteln, sich entledigen, sich lösen; *ugs.:* loswerden, sich vom Halse schaffen
loslassen frei lassen, nicht mehr festhalten, freigeben, freisetzen, gehen/laufen/springen lassen, die Freiheit geben/schenken; *ugs.:* fahren lassen; *landsch.:* auslassen
loslegen *ugs. für:*
1. seinem Ärger Luft machen, offen seine Meinung sagen, → schimpfen; *ugs.:* kein Blatt vor den Mund nehmen, die Katze aus dem Sack lassen, aus seinem Herz keine Mördergrube machen, nicht hinterm Berg halten, auspacken, wie ein Wasserfall reden
2. → anfangen
loslösen, sich → lösen, sich
losmachen → lösen
losmarschieren → weggehen
losreißen abreißen, wegreißen, herausreißen, abbrechen; *ugs.:* abrupfen
losreißen, sich → lösen, sich
lossagen, sich aufgeben, abschwören, verstoßen, ausstoßen, verbannen, sich lösen
losschießen → starten
losschlagen
1. → verprügeln
2. → angreifen
3. → verkaufen
lossprechen Absolution erteilen, freisprechen, vergeben, verzeihen, von einer Schuld befreien, entbinden, entheben, etwas erlassen; *geh.:* absolvieren, exkulpieren
lossteuern *ugs. für:* direkt/geradlinig auf jmdn. zugehen, zusteuern auf, jmdn. ansteuern, Kurs nehmen auf
Losung
1. Parole, Losungswort, Kennwort, Passwort, Erkennungswort, Stichwort, Geheimzeichen, Erkennungszeichen
2. Wahlspruch, Motto, Leitspruch, Devise, Leitsatz, Leitgedanke, Schlagwort, Slogan, Maxime
3. → Kot
Lösung
1. Schlüssel, Ausweg, Ergebnis, Resultat, Ei des Kolumbus, Auflösung, Antwort, Mittel und Wege, Patentrezept, Patentlösung, Aufklärung, Erklärung, Aufschluss, Bewältigung; *geh.:* Deus ex Machina
2. Lauge, Tinktur
3. Trennung, Loslösung, Auflösung, Spaltung, Scheidung, Aufgabe, Bruch, Auseinandergehen
Losungswort → Losung
loswerden
1. → loskommen
2. → verkaufen
3. → verlieren
losziehen → weggehen
losziehen gegen → lästern
Lot
1. Blei, Senkblei, Senklot, Grundlot, Grundblei
2. im Lot ordungsgemäß, der Vorschrift entsprechend, in Ordnung, geordnet, laut/nach Vorschrift, vorschriftsmäßig, vorschriftsgemäß, nach der Regel, ordentlich, richtig, wie vorgeschrieben; *ugs.:* wie es sich gehört, okay, in Schuss
3. ins Lot bringen bereinigen, schlichten, begraben, beilegen, ausgleichen, begleichen, regeln, in Ordnung/ins Gleichgewicht bringen, vermitteln, den Streit beenden, ausbalancieren, zurechtrücken, wiedergutmachen, klären, richtigstellen, klarstellen, reinen Tisch machen; *ugs.:* (wieder) einrenken, geradebiegen, zurechtbiegen, ausbügeln, hinbiegen
löten verlöten, anlöten, zusammenlöten, schweißen, verschweißen, anschweißen, zusammenschweißen
lotrecht senkrecht, vertikal, fallrecht
lotsen
1. den (richtigen) Weg zeigen, einweisen, leiten, lenken, dirigieren, manövrieren; *ugs.:* bugsieren
2. schleppen, ins Schlepptau nehmen, hinter sich herziehen, bugsieren
lotterhaft → lose
Lotterie Glücksspiel, Tombola, Verlosung, Lotteriespiel; *österr.:* Glückshafen
lotterig → nachlässig
Lotterwirtschaft → Unordnung
Löwe *volkst.:* Wüstenkönig, König der Tiere; *poet.:* Leu
Löwenzahn Kuhblume, Butterblume, Kettenblume, Ringelblume; *Kinderspr.:* Pusteblume; *volkst.:* Hundeblume, Wucherblume, Saublume, Lichterblume, Hundskamille
loyal
1. gesetzestreu, regierungstreu, verfassungstreu, getreu, ergeben
2. anständig, redlich, fair, ehrenhaft, zuverlässig, charaktervoll, sauber, von guter Gesinnung, wie er-

L

wartet, rechtschaffen, aufrecht, lauter, solidarisch
3. → treu

Lücke
1. Zwischenraum, Spalt, Loch, Leere, Kluft, Abstand, Blöße
2. → Mangel

Lückenbüßer
1. Ersatz, Ersatzmann, Aushilfe, Aushilfskraft, Behelf; *ugs.:* Notnagel, Reservemann
2. → Prügelknabe

lückenhaft → unvollständig

lückenlos komplett, vollständig, erschöpfend, vollkommen, umfassend, vervollständigt, vollzählig, ganz, total, gesamt, in vollem Umfang/Maße, gänzlich

Luder
1. Aas, Kadaver, Tierleiche
2. *ugs. für:* Person, Wesen, Mensch, Geschöpf, Subjekt
3. → Kanaille
4. → Frechdachs

Luft
1. Atmosphäre, Erdatmosphäre, Lufthülle, Luftmeer, Luftschicht, Luftozean, Hauch, Lufthauch, Äther, Ozon
2. Atem, Atemluft; *poet.:* Odem; *ugs.:* Puste

Luftangriff Fliegerangriff, Bombenangriff, Bombardement, Bombardierung

lüften
1. entlüften, durchlüften, auslüften, belüften, ventilieren, frische Luft hereinlassen, die Fenster öffnen, die Luft erneuern, Durchzug machen; *ugs.:* die Fenster aufreißen
2. aufheben, anheben, hochheben, hochnehmen, hochbringen, hochziehen, heben, aufnehmen; *landsch.:* lüpfen, lupfen

Luftfahrt Fliegerei, Luftverkehr, Flugwesen; *veraltet:* Aeronautik

luftig
1. zugig, windig, böig, auffrischend, stürmisch, frisch, bewegt, dem Wind ausgesetzt, hochgelegen, kühl
2. luftdurchlässig, leicht

Luftikus → Leichtfuß

Luftpirat Flugzeugentführer, Hijacker, Skyjacker

Luftschiff Zeppelin, Ballon, Fesselballon, Freiballon

Luftschloss → Einbildung

Lüftung Luftzufuhr, Frischluftzufuhr, Ventilation, Entlüftung, Belüftung, Luftschacht, Abzug, Klimaanlage

Luftverkehr → Luftfahrt

Luftzug Luftstrom, Lufthauch, Zug, Hauch, Wind, Windhauch, Lüftchen, Windstoß, Brise, Zugluft, Durchzug

Lüge
1. Unwahrheit, Schwindel, falsche Aussage/Behauptung, Unwahres, Lug und Trug, Entstellung, Verdrehung, Erfindung, Ausrede, Ausflucht, Fake, Irreführung, Vorwand; *ugs.:* Lügerei, Schwindelei, Flunkerei, Geflunker, blauer Dunst, Ammenmärchen; *österr.:* Pflanz
2. → Märchen

lugen → blicken

lügen schwindeln, beschwindeln, anschwindeln, vorschwindeln, nicht bei der Wahrheit bleiben, die Unwahrheit sagen, erlügen, belügen, anlügen, verdrehen, verfälschen, verzerren, falsch darstellen, ein falsches Bild geben, entstellen, Ausflüchte machen, unaufrichtig sein, es mit der Wahrheit nicht genau nehmen, Lügen auftischen, sich etwas aus den Fingern saugen, täuschen, erfinden, erdichten, Romane erzählen; *ugs.:* das Blaue vom Himmel herunterlügen, lügen wie gedruckt, blauen Dunst vormachen, zusammenfantasieren, flunkern, anflunkern, verkohlen, ankohlen, einen Bären aufbinden, anschummeln; *derb:* verscheißern

Lügenmärchen Lüge, Lügengeschichte, Märchen, Ammenmärchen, Münchhausiade, Jägerlatein, Seemannsgarn, Legende, Räuberpistole

Lügner Schwindler, Heuchler, Fabulant, Münchhausen, Scheinheiliger; *ugs.:* Schwindelgeist, Schwindelhuber, Schwindelmeier, Flunkerer, Fabelhaus, Lügenpeter, Lügenbeutel, Lügensack, Lügenmaul, Lügenhansel

Luke
1. Fenster, Fensterluke, Fensteröffnung, Dachfenster, Dachluke, Dachgaube, Bodenfenster, Bodenluke, Luftloch, Oberlicht, Bullauge (Schiff); *landsch.:* Gaupe, Gauke; *ugs.:* Guckfenster, Guckloch
2. Öffnung, Einstieg, Auslass, Zugang

lukrativ einträglich, lohnend, rentabel, Gewinn bringend, ertragreich, Profit bringend, profitabel, günstig, vorteilhaft, ergiebig, nutzbringend; *ugs.:* fett

lukullisch kulinarisch, gastronomisch, üppig, feudal, reich, feinschmeckerisch, schlemmerhaft, schwelgerisch, fürstlich, überreich,

luxuriös, verschwenderisch, opulent
Lukullus → Feinschmecker
Lulatsch → Riese
Lümmel → Flegel
lümmelhaft → flegelhaft
lümmeln, sich *ugs. für:* sich flegeln, sich räkeln, sich gehen lassen; *ugs.:* sich fläzen, sich hinlümmeln, alle viere von sich strecken
Lump
1. Strolch, Schurke, Halunke, Bösewicht, Gauner, Bandit, Gangster, Ganove, Kanaille, Verbrecher; *ugs.:* Tunichtgut, Schuft, Lumpenkerl, Hund, Lumpenhund, Strick, Lumpenstrick, Malefizbube; *landsch.:* Kujon, Schubiak; *österr.:* Falott; *derb:* Arschloch, Dreckskerl, Drecksstück, Schwein, Scheißkerl, Schweinekerl, Schweinehund
2. → Schelm
lumpen *ugs. für:*
1. sich amüsieren, sich vergnügen, sich zerstreuen, sich verlustieren, sich die Zeit vertreiben, das Leben genießen, durchzechen, durchfeiern, durchtrinken, sich herumtreiben, bummeln, lottern; *ugs.:* durchmachen, durchsumpfen, eine lange Nacht machen, auf die Pauke hauen, auf der Achse sein, sich die Nacht um die Ohren schlagen
2. **sich nicht lumpen lassen** freigebig/großzügig/generös/nobel/splendid/gebefreudig/schenkfreudig sein, eine offene Hand haben; *ugs.:* spendabel sein, die Spendierhosen anhaben
Lumpen Lappen, Flicken; *ugs.:* Fetzen; *landsch.:* Hader, Klunker
Lumpenpack → Gesindel
Lumpensammler Althändler, Altstoffhändler, Altwarenhändler, Lumpenhändler, Altmaterialhändler, Gebrauchtwarenhändler, Trödler; *landsch.:* Krempler; *österr.:* Tandler
lumpig
1. → gemein
2. → kläglich
lungern → herumtreiben, sich
Lupe Vergrößerungsglas, Sehhilfe
lupfen → lüften
Lust
1. Freude, Vergnügen, Entzücken, Frohlocken, Fröhlichkeit, Frohsinn, Wonne, Lebenslust, Lebensfreude, Daseinsfreude, Lustgefühl, Hochgefühl, Begeisterung, Wohlgefallen, Vergnügtheit, Spaß, Genuss
2. Neigung, Geneigtheit, Bereitwilligkeit, Laune, Stimmung
3. Begierde, Begehren, Verlangen, Sehnsucht, Leidenschaft, Gier, heißer Wunsch, Begehrlichkeit, Gelüste, Hunger, Durst; *poet.:* Begehr; *ugs.:* Bock
Lustbarkeit
1. → Feier
2. → Vergnügen
Lüster Leuchter, Kronleuchter, Krone; *österr.:* Luster
lüstern gierig, begehrlich, mit/voll Gier, giererfüllt, wollüstig, hungrig, sinnlich, triebhaft, liebestoll, brünstig; *poet.:* verbuhlt, buhlerisch; *ugs.:* scharf, geil, gieprig, mannsstoll, weibstoll, spitz, tierisch
Lüsternheit → Begierde
lustig fröhlich, munter, aufgeräumt, heiter, froh, fidel, vergnügt, vergnüglich, in gehobener/vergnügter/fröhlicher Stimmung, frohgemut, froh gestimmt, guter Dinge/Laune, beschwingt, frohen Mutes, spaßig, ulkig, witzig, humorvoll, unterhaltsam, amüsant, ergötzlich, lebenslustig, lebensfroh, leichtlebig, leichtblütig, gutgelaunt, gut aufgelegt, freudig, daseinsfreudig, sonnig, ungetrübt, zum Lachen, humorig, humoristisch, kurzweilig, unterhaltend, köstlich, belustigend, erheiternd, zerstreuend, wohlgemut, unbeschwert; *ugs.:* aufgekratzt, quietschfidel, quietschvergnügt, kreuzfidel, obenauf, puppenlustig, urkomisch; *landsch.:* glatt
Lüstling Wüstling, Wollüstling, Blaubart, Faun; *ugs.:* Lustmolch, Weiberheld, Weiberhengst, (geiler) Bock/Hengst; *derb:* Hurenbock
lustlos ohne Lust/Freude, unlustig, gleichgültig, ohne (rechten) Schwung, widerwillig, unwillig, ungern, widerstrebend, mit Widerwillen/Unlust, notgedrungen, wohl oder übel, gezwungenermaßen, übellaunig, missgelaunt, missmutig, verdrossen, mürrisch, schlechtgelaunt, griesgrämig; *ugs.:* sauertöpfisch, miesepeterig, muff(l)ig, grantig
Lustlosigkeit Unlust, Widerwillen, Abneigung, Scheu, Abscheu, Missstimmung, Missmut, Unmut, Verdrossenheit, Verdrießlichkeit; *ugs.:* null Bock
Lustspiel Komödie, heiteres Schauspiel, Schwank, Burleske, Posse, Possenspiel, Farce; *abwertend:* Klamotte

lutschen saugen, im Mund/auf der Zunge zergehen lassen, lecken; *landsch.:* zuzeln, schlecken; *ugs.:* nuckeln, suckeln

luxuriös (sehr) komfortabel, edel, kostbar, wertvoll, teuer, von bester Qualität, exzellent, hochwertig, erstklassig, prunkvoll, feudal, prunkhaft, pomphaft, pompös, bombastisch, prächtig, prunkend, funkelnd, fürstlich, erlesen, auserlesen, ausgesucht, exquisit, de luxe, verschwenderisch, üppig, aufwändig, reich, überreich, teuer; *ugs.:* mit allen Schikanen; *scherzh.:* mit allem Komfort und zurück; *abwertend:* protzig

Luxus Prunk, Pomp, Pracht, Prachtentfaltung, Aufwand, Verschwendung, Staat, Reichtum, Überfluss, Wohlstand, Wohlleben, Gepränge, Vergeudung; *ugs.:* Prasserei

Luxuslimousine luxuriöser Personenkraftwagen, Luxusauto, Luxuswagen; *ugs.:* Luxusschlitten, Karosse, Nobelkarosse, Luxuskarosse

luzid
1. klar, einleuchtend
2. durchsichtig, licht, hell

Luzidität Durchsichtigkeit, Klarheit, Glanz, Leuchten

Luzifer → Teufel

lynchen
1. Rache üben/nehmen, Vergeltung üben, Lynchjustiz betreiben, sich rächen, es jmdm. heimzahlen, abrechnen mit, misshandeln, foltern; *ugs.:* fertigmachen, drangsalieren
2. → töten

Lyrics *Musik:* Text, Liedtext, Musiktext, Schlagertext

Lyrik Poesie, (lyrische) Dichtung, Dichtkunst, Wortkunst

Lyriker → Schriftsteller

lyrisch → poetisch

L

Machart Ausführung, Art, Herstellungsart, Fasson, Form, Passform, Verarbeitung, Modell, Schnitt, Beschaffenheit

machbar ausführbar, durchführbar, realisierbar, möglich, praktikabel, zu machen, zu verwirklichen, vorstellbar

Mache
1. → Gehabe
2. → Angabe

machen
1. fertigen, anfertigen, erzeugen, herstellen, produzieren, erstellen, bauen, fabrizieren, bereiten, erschaffen
2. → zubereiten
3. → bewältigen
4. → fertigbringen
5. → handeln
6. → veranstalten
7. → kosten ⓘ

machen: Zwischen Tätigkeit und Notdurft

Machen ist ein Allerweltswort, das für jede Art von praktischer Verrichtung gebraucht werden kann, also im Sinn von *anfertigen, zubereiten, veranstalten, handeln, fertigbringen, bewältigen*. Das gilt auch für die umgangssprachliche Substantivierung *Mache: Etwas in der Mache haben* bedeutet »an etwas arbeiten, etwas bearbeiten«.
Jemanden in der Mache haben heißt dagegen je nach Zusammenhang, jemanden »ermahnen« oder »verprügeln«. In zahlreichen Redensarten zeigt *machen* ein Geschehen an, so zum Beispiel *(große) Augen machen* oder *sich lustig/bemerkbar/verständlich machen*, oder es verweist auf eine Wirkung, wie etwa *sich gut machen. Etwas aus sich machen* heißt also »sich entfalten« beziehungsweise »gut zur Geltung bringen«. Gleichgültigkeit oder Abneigung drückt dagegen die Formulierung aus *sich nichts/nicht viel/wenig aus jemandem/etwas machen*. Darüber hinaus wird *machen* in einer Reihe von Gesprächsfloskeln verwendet, beispielsweise in der Abschiedsformel *Mach's gut!* oder der Erwiderung auf eine Entschuldigung *(Das) macht nichts!*.
Die Floskel *Mach dir nichts draus!* soll trösten. *Nun mach schon!* ist ebenso eine Aufforderung zur Eile wie der Befehl *Mach, dass …! (du fertig wirst/fortkommst). Mach halblang!* ist die Mahnung, nicht zu übertreiben. Die Formel *Mit mir kann man's ja machen!* heißt »ich lasse mir viel gefallen« (wenn man geneckt wird). *Wie man's macht, macht man's falsch!* bedeutet, es ist schwer, es ihm/ihr/allen recht zu machen. Schließlich wird *machen* umgangssprachlich auch in verhüllender Funktion verwendet. Dies gilt für Redensarten wie *etwas machen,* also »seine Notdurft verrichten«, oder *in die Hose/ins Bett machen*. Die Aufforderung *Mach dir nicht ins Hemd/in die Hose!* ist die derb vorgetragene Bitte, keine Angst zu haben.

machen, sich → heranwachsen

Machenschaften
1. Intrige, Intrigenspiel, Intrigenstück, Ränke, Ränkespiel, Quertreibereien, Komplott, Unterwanderung, Umtriebe; *poet.:* Kabale
2. → Betrug
3. Manipulation, Schiebung, Winkelzug, Schachzug, Manöver, Praktik, Trick, Kunstgriff; *ugs.:* Schliche, Masche, Dreh, Kniff

Macho Sexist, Sexprotz, Tyrann, Macher, Pascha, Chauvi, Chauvinist

Macht
1. Herrschaft, Gewalt, Regentschaft, Regiment, Regierung, Obrigkeit, Führung, Befehlsgewalt, Führerschaft
2. Einfluss, Einflussnahme, Geltung, Gewicht, Autorität, Prestige, Ansehen, Machtstellung, Kraft, Machtposition, Stärke, Power, Vermögen, Können, Maßgeblichkeit, Einwirkung, Achtung, Wichtigkeit

Machtgier → Machtstreben

Machthaber → Herrscher

Machthunger → Machtstreben

mächtig
1. → gewaltig
2. einflussreich, (viel) vermögend, allmächtig, übermächtig, machtvoll, stark, potent, wirkungsvoll, wichtig, wirksam, maßgebend, tonangebend, angesehen, Achtung gebietend
3. → sehr
4. → dick

machtlos entmachtet, einflusslos, ohnmächtig, hilflos, schwach, wehrlos, schutzlos, ausgeliefert

Machtmensch Herrscher, Alleinherrscher, Diktator, Machthaber, Tyrann, Despot, Unterdrücker; *geh.:* Autokrat, Machiavellist;

ugs.: Drahtzieher, Strippenzieher
Machtprobe Kraftprobe, Zerreißprobe, Belastungsprobe, Kräftemessen
Machtstellung → Einfluss
Machtstreben Machtgier, Machtbesessenheit, Machtanspruch, Machthunger, Machtwahn, Herrschaftsanspruch, Machtdrang, Geltungsdrang, Ehrgeiz, Ruhmsucht; *ugs.:* Profilneurose
Machwerk → Gebilde
Macke → Knacks
Macker
1. → Geliebter
2. Anführer Anstifter, Macher, Chef
3. → Chauvi
Mädchen
1. Kleine, Kind; *ugs.:* Küken, Göre, Ding
2. junges Geschöpf, junge Frau, Teenager, Backfisch; *poet.:* Maid, Mägd(e)lein; *veraltet:* Fräulein, Jungfrau, Jungfer; *landsch.:* Dirn(dl), Mädel, Mädle; *ugs.:* Gänschen, Häschen, Pflänzchen, Käfer, Puppe, Puppchen, Girl, Fratz, Motte, (dufte) Biene, Katze, Mieze, Zahn, steiler Zahn
3. → Hausangestellte
Mädchenname Geburtsname, früherer Familienname
Made Larve, Insektenlarve, Engerling
madig wurmig, wurmstichig, von Maden zerfressen, verdorben, ungenießbar; *landsch.:* wurmfräßig
madigmachen
1. → verderben
2. → verleumden
Madonna Mutter Gottes, (Jungfrau) Maria, Gottesmutter, Gnadenmutter, Himmelskönigin, Unsere liebe Frau, die Heilige Jungfrau, Meerstern, Mater dolorosa, Schmerzensmutter
Mafia
1. Camorra, terroristischer Geheimbund, Gangstertum, Unterwelt, Syndikat, Ring, Verbrechertum
2. *ugs. für:* Lobby, Gruppe, Organisation, Interessengemeinschaft, Clique, Clan, Gang, Bande; *ugs.:* Klüngel
Magazin
1. Lager, Lagerraum, Lagerhaus, Lagerhalle, Vorratsraum, Depot, Warenlager, Speicher
2. → Periodikum
magazinieren → lagern
mager
1. → dünn
2. fettreduziert, kalorienarm, gesundheitsbewusst, leicht, light
3. → unfruchtbar
4. → kläglich
Maggikraut Liebstöck(e)l
Magie Zauberei, Zauber, Zauberkunst, Hexerei, schwarze Kunst, Teufelskunst, Höllenkunst, Hexenwerk, geheimnisvolle Kraft, Psi-Phänomen
Magier → Zauberer
magisch zauberisch, okkult, okkultistisch, spiritistisch, übersinnlich, übernatürlich, überirdisch, rätselhaft, geheimnisvoll, dämonisch, mystisch, unerklärlich
Magister → Lehrer
Magistrat
1. Verwaltung, Stadtverwaltung, Administration, Senat, Obrigkeit
2. hoher Beamter, Konsul, Praetor (Antike); *schweiz.:* Minister, Bundesrat, Vorsteher (eines Departements)
Magnat Großindustrieller, Finanzgröße, Finanzmann, Finanzkönig, Finanzgewaltiger, Geldmann, Kapitalist, Großkapitalist, Industriekapitän; *österr.:* Financier; *abwertend:* Geldhai, Geldsack, Finanzhyäne
Magnet Anziehungspunkt, Attraktion, Blickfang, Schlager, Zugstück, Zugnummer
magnetisch → attraktiv
mähen sensen, schneiden, abschneiden, sicheln, absicheln
Mahl
1. Essen, Mahlzeit, Speise, Kost, Gericht, Schmaus, Imbiss, Snack; *derb:* Fraß, Fressen
2. Festmahl, Festessen, Festschmaus, Bankett, Gastmahl, Gelage, Festgelage, Diner, Galadiner, Tafel, Dinner, Brunch
mahlen
1. zerkleinern, zermahlen, schroten, zerschroten, zerstoßen, zerklopfen, zerreiben, zerstückeln, zerkrümeln, zerbröseln, zerstampfen, kleinhacken, mörsern, pulverisieren, granulieren, zu Mehl verarbeiten; *ugs.:* kleinmachen
2. → kauen
Mahlzeit → Mahl
mahnen
1. ermahnen, zurückfordern, zurückverlangen, zurückbitten, ansuchen, nachsuchen, ersuchen
2. → appellieren
3. vermahnen, gemahnen, eindringlich erinnern/ins Gedächtnis rufen/in Erinnerung bringen, rügen, tadeln, zur Ordnung rufen, predigen, zu bedenken geben, beschwören, zureden,

M

zusetzen, anraten, ins Gewissen reden, warnen, verwarnen
Mahnmal Denkmal, Monument, Ehrenmal, Memorial, Mal, Gedenkstein
Maid → Mädchen
Mail E-Mail, Electronic Mail, elektronische Post, elektronischer Brief, E-Post
mailen e-mailen, anmailen, eine E-Mail schicken/schreiben, per E-Mail kommunizieren
Mais *österr.:* Kukuruz, Welschkorn, Türkischer Weizen
Maitresse → Mätresse
Majestät → Würde
majestätisch erhaben, erlaucht, hoheitsvoll, gemessen, gesetzt, gravitätisch, ehrwürdig, würdevoll, Achtung gebietend, imposant, imponierend, gebieterisch, fürstlich, königlich, eindrucksvoll, ernst, gewichtig
Majorität → Mehrheit
makaber
1. unheimlich, schaurig, schauerlich, gespenstisch, grauenhaft, grauenvoll, gruselig
2. → grotesk
Makel
1. → Schandfleck
2. → Mangel
3. Verunzierung, Verunstaltung, Missbildung; *ugs.:* Schönheitsfehler
Mäkelei → Kritik
makellos ohne Makel/Fehl, einwandfrei, fehlerfrei, fehlerlos, untadelig, tadellos, meisterhaft, mustergültig, perfekt, vollkommen, vollendet, lupenrein, richtig, korrekt, ideal
mäkeln
1. → nörgeln
2. → beanstanden

Mal: Mahnmale oder Denkmäler?

Das Substantiv *Mal* hat als einfaches Wort den Plural *Male*. Es kommt jedoch vorwiegend als Bestandteil von Zusammensetzungen vor, wo es zwei Pluralformen, *-male* und *-mäler*, haben kann. Sie zeigen teilweise eine andere Bedeutung an.
In der Regel steht mit der Bedeutung *(Haut-)Fleck* der Plural *-male,* so etwa bei *Brandmale, Muttermale, Wundmale.* Hingegen sind beide Pluralformen in Zusammensetzungen möglich, in denen *Mal* mit der Bedeutung *Gedenkstein, Monument* steht, so etwa bei *Denkmale* oder *Denkmäler, Mahnmale* oder *Mahnmäler.*
Die Zusammensetzungen mit der Pluralform *-mäler* sind heute die gängigeren, die mit der Pluralform *-male* gelten als gehoben.

Make-up
1. Kosmetik, Gesichtskosmetik, Puder, Rouge, Schminke, Schönheitsmittel
2. Schönheitspflege, Verschönerung, Aufmachung
Makler Mittler, Vermittler, Mittelsmann, Mittelsperson, Bevollmächtigter, Beauftragter, Agent, Immobilienhändler, Realitätenhändler; *österr.:* Sensal; *schweiz.:* Mäkler
Mäkler → Nörgler
Makrokosmos → All
Mal
1. Merkmal, Zeichen, Kennzeichen, Attribut, Symptom
2. Narbe, Wundnarbe, Muttermal, Fleck, Leberfleck
3. Denkmal, Mahnmal, Ehrenmal, Monument, Gedenkstein ⓘ
malade
1. → krank
2. → erschöpft
malen
1. darstellen, abbilden, wiedergeben, künstlerisch umsetzen, zeichnen, skizzieren, bildnerisch gestalten, aquarellieren, porträtieren
2. anmalen, ausmalen, streichen, anstreichen, pinseln, anpinseln, tünchen, tönen, kolorieren, weißen, lackieren, färben
Maler
1. Künstler, Kunstmaler, Landschaftsmaler, Portraitmaler, Zeichner, Illustrator
2. Anstreicher, Tüncher, Lackierer; *landsch.:* Weißbinder
malerisch
1. pittoresk, malenswert, idyllisch
2. → schön
Malheur
1. Missgeschick, Ungeschick, Pech, Misserfolg; *ugs.:* (schöne) Bescherung, Drama, Panne
2. → Unglück
maligne
1. böse, bösartig
2. → boshaft
maliziös
1. niederträchtig, gehässig, schadenfroh, hämisch, kränkend
2. → boshaft
mall *landsch.:*
1. *ugs.:* meschugge, bescheuert, plemplem, behämmert
2. → verrückt

malmen
1. mampfen, mahlen, mümmeln
2. → kauen

malnehmen vervielfachen, multiplizieren

malochen schuften, ackern, rackern, arbeiten

malträtieren schlecht behandeln, schikanieren, drangsalieren, tyrannisieren

Mama Mutter, Mutti, Mami, Muttchen; *abwertend:* Alte; *landsch.:* Mutsch

Mammon
1. Moneten, Kies, Zaster, Knete
2. → Geld

mampfen
1. futtern, spachteln, verdrücken, verputzen
2. → kauen
3. → essen

Management → Leitung

managen
1. groß herausbringen, lancieren, aufbauen, protegieren, vermarkten, promoten, fördern, favorisieren, ins Geschäft bringen, sich verwenden für, weiterhelfen, vorwärtsbringen, den Weg bahnen/ebnen, in den Sattel heben
2. → organisieren
3. → fertigbringen

Manager
1. Interessenvertreter, Betreuer, Bevollmächtigter, Vermittler, Agent, Sachverwalter, Impresario (Musik)
2. → Leiter
3. Boss, Wirtschaftskapitän, Wirtschaftsführer, Industriekapitän, Marketingmann

manche einige, Einzelne, mehrere, ein paar, eine Anzahl/Reihe, Verschiedene, diverse, etliche, wenige, der eine und der andere, dieser und jener

mancherlei → allerlei

manchmal gelegentlich, verschiedentlich, zuweilen, bisweilen, mitunter, zeitweise, zeitweilig, von Zeit zu Zeit, zuzeiten, ab und zu, nicht immer, hin und wieder, ab und an, hie(r) und da, sporadisch, stoßweise, vereinzelt, dann und wann, stellenweise, streckenweise

Mandant Klient, Auftraggeber, Kunde

Mandat
1. Vollmacht, Vertretungsvollmacht, Auftrag, Weisung, Ermächtigung, Befugnis, Bevollmächtigung, Autorisation
2. Abgeordnetensitz, Abgeordnetenamt

Mangel
1. Fehler, Defekt, Unzulänglichkeit, Unvollkommenheit, Schwäche, Schaden, Lücke, Makel, Manko, Nachteil, schwache Stelle, wunder Punkt; *ugs.:* Macke, Knacks, Schönheitsfehler
2. Knappheit, Verknappung, Beschränkung, Ausfall, Fehlen, Entbehrung
3. → Armut
4. Bügelmaschine, Wäschemangel, Wäscherolle; *ugs.:* Mange

mangelhaft schlecht, unzureichend, unzulänglich, unbefriedigend, ungenügend, unvollkommen, halbwertig, den Anforderungen nicht entsprechend, primitiv, kümmerlich, knapp, dürftig, notdürftig, miserabel, erbärmlich, nicht ausreichend, stümperhaft, dilettantisch, minderwertig, fehlerhaft, lückenhaft; *österr.:* unzukömmlich; *schweiz.:* halbbacken; *ugs.:* mies, unter aller Kritik/Kanone; *derb:* unter aller Sau, hundsmiserabel, beschissen

mangeln
1. → fehlen
2. bügeln; *landsch.:* glätten, plätten, rollen, mangen

Manie
1. Sucht, Besessenheit, Leidenschaft, Passion, Drang, Gier, Verlangen, Gierigkeit, Begierigkeit, Trieb, Zwang, Komplex, fixe Idee
2. Schwäche, Vorliebe, Faible, Hang, Neigung; *ugs.:* Tick

Manier → Art

Manieren → Benehmen

manieriert gekünstelt, unecht, gespreizt, gestelzt, übertrieben, theatralisch, geziert, affektiert, unnatürlich, geschraubt, geschwollen, gestellt, gesucht, hochtrabend, pathetisch, preziös, steif; *ugs.:* gemacht, affig

manierlich → anständig

manifest → offenbar

Manifest öffentliche Erklärung/Verkündung, Deklaration, Grundsatzerklärung, Aufruf, Grundsatzprogramm, Proklamation, Bekanntmachung, Verlautbarung

manifestieren
1. → darlegen
2. kundtun, kundgeben, erkennen lassen, dokumentieren, offenbaren, an den Tag/ans Licht bringen, vor Augen führen, Zeugnis ablegen

manifestieren, sich sich zeigen, deutlich/sichtbar/offenbar werden, Zeugnis/Zeichen/Beweis sein, sich präsentieren, sich ausdrücken, sich artikulieren

M

Maniküre Handpflege, Nagelpflege
Manipulation
1. → Machenschaften
2. Beeinflussung, Bearbeitung, Verführung, Verhetzung, Indoktrination, Demagogie
3. → Betrug
manipulieren
1. geschickt handhaben, kunstgerecht umgehen/hantieren mit
2. beeinflussen, bewusst steuern/dirigieren, gezielt einwirken auf/dirigieren, bearbeiten, suggerieren, einreden, überreden, indoktrinieren; *ugs.:* einwickeln
3. verfälschen, falsch/ungenau wiedergeben, verkehren, verdrehen, entstellen, verschleiern
4. verführen, verhetzen, betrügen, korrumpieren
Manko
1. → Mangel
2. → Fehlbetrag
Mann
1. männliches Wesen, Er, Herr (der Schöpfung), das starke Geschlecht, Maskulinum; *ugs.:* Mannsbild, Mannsstück, Mannsperson, Scheich; *abwertend:* Kerl, Typ
2. → Ehemann
Mannequin
1. *f.:* Modell, Model, Vorführdame, Topgirl, Spitzenmodell, Topmodell
2. *m.:* Dressman
mannhaft
1. couragiert, heldenhaft, wacker, männlich; *ugs.:* schneidig
2. → mutig
mannigfach → mannigfaltig
mannigfaltig vielfältig, vielgestaltig, vielseitig, polymorph, fassettenreich, abwechslungsreich, mannigfach, reichhaltig, bunt, kunterbunt, vielförmig, verschieden, verschiedenartig, allerhand, allerlei, vielerlei, verschiedenerlei, mancherlei, mehrere, diverse
Mannigfaltigkeit → Vielfalt
männlich maskulin, viril, mannhaft
Mannschaft
1. Team, Auswahl, Besetzung, Gruppe, Gemeinschaft, Ensemble, Kollektiv; *geh.:* Equipe
2. Brigade, Korps, Abteilung, Trupp(e), Einheit, Zug, Schar, Kolonne, Haufen
3. Gespann, Bemannung, Belegschaft, Crew, Stab
Manöver
1. Gefechtsübung, Heeresübung, Geländeübung, (militärische) Übung, Kriegsspiele
2. → Machenschaften
manövrieren
1. geschickt lenken/steuern/lotsen/chauffieren; *ugs.:* kutschieren, bugsieren
2. → schleppen
Mansarde Dachwohnung, Dachkammer, Dachstube, Dachzimmer, Giebelzimmer, Giebelstube, Mansardenwohnung, Mansardenzimmer, ausgebauter Dachstuhl
manuell mit der/per/von Hand, händisch
Manuskript
1. Niederschrift, Aufzeichnung, Textvorlage, Satzvorlage, Druckvorlage, Skript(um), Konzept, Exposee
2. Handschrift, Urschrift, Erstschrift
Mappe Aktentasche, Schultasche, Schulranzen, Kollegmappe
Märchen
1. Geschichte, Erzählung, Fabel; *poet.:* Mär
2. Lüge, Lügengeschichte, Lügenmärchen, Ammenmärchen, Anglerlatein, Jägerlatein, Seemannsgarn, Räubergeschichte, Roman, Legende, Fiktion, Erfindung, Erdichtung, Unwahrheit; *ugs.:* Geflunker, Flunkerei, Ente, Finte, Räuberpistole ⓘ
märchenhaft traumhaft, zauberhaft, schön, ungewöhnlich, außergewöhnlich, ausgefallen, umwerfend, bewundernswert, bewundernswürdig, eindrucksvoll, beeindruckend, einzigartig, ohnegleichen, unvorstellbar, sagenhaft, unwirklich, unglaublich, hinreißend, berauschend, → großartig; *ugs.:* ein wahrer Traum; *geh.:* formidabel
mären → bummeln
Margerite *volkst.:* Wucherblume
marginal nebensächlich, am Rand stehend/befindlich, unbedeutend, belanglos, unwichtig, unwesentlich, unerheblich, unmaßgeblich
Marginal(i)e Zwischenbemerkung, Randbemerkung, Kurzkommentar, Vermerk, Anmerkung, Fußnote, Notiz, Zusatz, Glosse
Marienkäfer *ugs.:* Marienwürmchen, Herrgottskäfer, Muttergotteskäfer, Johanniskäfer, Siebenpunktkäfer, Glückskäfer, Sonnenkälbchen, Muhkälbchen; *österr.:* Jungfernkäfer
Marihuana *ugs.:* Gras, Pot, Mary Jane, Dope, Kiff, Stuff, Tea, Kraut

Märchen: Von Lügen und Wundern

Ein *Märchen* ist eine fantasievolle *Erzählung* ohne räumliche und zeitliche Bindung, eine *Geschichte,* in der die Naturgesetze aufgehoben sind und Wunder vorherrschen, durch die die moralisch Guten belohnt, die Schlechten bestraft werden. Die Vokabel selbst ist die Verkleinerungsform des poetisch gebrauchten *Mär.* Obwohl durch »Lügensignale« klar als *Fiktion* gekennzeichnet, sind *Märchen* redensartlich zum Inbegriff von *Lüge* und *Lügengeschichten* geworden.
Die umgangssprachliche Aufforderung *Erzähl (doch) keine Märchen* heißt also im Klartext »Lüg nicht so, sag die Wahrheit«. Dementsprechend besagt ein Satz wie *Ich lasse mir von dir keine Märchen erzählen/auftischen* so viel wie »Ich lasse mich von dir nicht belügen«. Der Ausdruck *Ammenmärchen* für eine unglaubwürdige Geschichte bezog sich ursprünglich auf die Erzählungen, die Kinderfrauen ihren Schützlingen vortrugen.
Unwahre Nachrichten über Gräueltaten nennt man *Gräuelmärchen.* Umgangssprachlich ist *Zeitungsente* für eine unverbürgte Nachricht oder eine Falschmeldung. Bei *Finte* schwingt die Konnotation bewusster Täuschung mit. *Flunkern* und *Geflunker* suggerieren dagegen (harmloses) Schwindeln.
Die positive Konnotation von »wunderbar« erscheint dagegen in der Redewendung (das/es ist) *wie im Märchen,* die ausdrückt, dass etwas großartig oder überraschend ist. Als *Märchenhochzeit* bezeichnet man eine besonders aufwändige Hochzeitsfeier oder auch eine Heirat, durch die, wie oft im *Märchen,* soziale Schranken überwunden werden. Für ein luxuriöses Haus wird auch die Bezeichnung *Märchenschloss* verwendet. Meist ironisch wird in der Umgangssprache der Ausdruck *Märchenprinz* für den (ersehnten) Traummann beziehungsweise *Märchenprinzessin* für die (ersehnte) Traumfrau gebraucht.
Zur Literaturgeschichte gehört die Bezeichnung *Kunstmärchen* für ein *Märchen,* das von einem Autor ohne Rückgriff auf überlieferte Erzählungen verfasst worden ist. Im Gegensatz dazu steht das aus mündlicher Überlieferung stammende *Volksmärchen.* Unter einer *Märchenoper* schließlich versteht man ein vertontes Märchen beziehungsweise eine Oper mit märchenhaftem Inhalt.

Marille *österr. für:* Aprikose
Marine → Flotte
marinieren einlegen, einsäuern (Fisch, Fleisch)
Marionette
1. Gliederpuppe, Gelenkpuppe, Drahtpuppe
2. Werkzeug, Spielzeug, willenloses Geschöpf, willensschwacher Mensch, Spielfigur, Schachfigur, Strohmann, Strohpuppe
markant
1. → auffallend
2. interessant, ausgeprägt, charakteristisch, scharf geschnitten, einprägsam, klar, deutlich
Marke
1. Fabrikat, Sorte, Klasse, Art, Wertstufe, Spezies; *ugs.:* Preislage
2. Merkmal, Kennzeichen, Erkennungszeichen, Erkennungsmarke, Prägung, Aufdruck, Stempel, Herkunftszeichen, Gütezeichen, Handelszeichen, Warenzeichen, Handelsmarke, Fabrikmarke, Herstellermarke, Schutzmarke
3. Briefmarke, Freimarke, Wertzeichen, Postwertzeichen, Porto
4. Bon, Chip, Jeton
5. → Spaßvogel
Markenzeichen Logo, Firmenlogo, Marke, Label, Handelsmarke, Warenzeichen, Trademark
markerschütternd → laut
markieren
1. → kennzeichnen
2. → heucheln
markig → kräftig
Markstein Meilenstein, Wende, Wendepunkt, Umbruch, Umkehr, Höhepunkt, Tiefpunkt, entscheidendes/bedeutendes Ereignis
Markt
1. Marktplatz, Forum
2. Warenhandel, Warenverkauf, Handelsplatz, Umschlagplatz
3. Absatz, Absatzmarkt, Absatzgebiet, Wirtschaftslage
Marktforschung Marketing Research, Marktbeobachtung, Marktuntersuchung, Marktanalyse, Absatzforschung, Bedarfsermittlung, Bedarfsforschung, Bedarfsanalyse, Käuferbefragung, Käuferanalyse
marktgerecht absatzfähig, marktfähig, verkäuflich, verkaufsfähig, marktgängig, marktorientiert, marktkonform

M

marktschreierisch → reißerisch
Marmelade Konfitüre, Jam, Gelee; *landsch.:* G(e)sälz
marode
1. → erschöpft
2. ruiniert, abgewirtschaftet, am Boden, zerrüttet; *ugs.:* am Ende, heruntergekommen, auf den Hund gekommen
Marone Kastanie, Röstkastanie, Esskastanie, Edelkastanie, Maroni
Marotte wunderliche Gewohnheit/Angewohnheit, Spleen, Tick, Schrulle, Mucke, Absonderlichkeit, fixe Idee, Wunderlichkeit, Verrücktheit, Grille, Laune; *ugs.:* Fimmel, Zicke, Flitz, Macke, Hau
Marsch
1. Fußmarsch, Fußreise, Tour, Wanderung; *ugs.:* Trip
2. Schwemmland, Binnengroden, Marschland; *landsch.:* Polder, Koog
marschieren
1. in Reih und Glied/im Gleichschritt gehen
2. → wandern
Marter → Qual
martern → quälen
martervoll → qualvoll
martialisch
1. kriegerisch, kämpferisch, streitbar, streitsüchtig, militant, kampfesmutig, kampfeslustig
2. grimmig, wild, verwegen
Martyrium
1. Kreuzweg, Leiden, Leidensweg, Passion, Leidensgeschichte
2. Opfertod
3. → Qual
Masche
1. Schlinge, Schleife, Schlaufe; *österr.:* Bandschleife
2. Art, Manier, Weise, Modus, Gewohnheit
3. → Trick
Maschine
1. Apparat(ur), Gerät, Automat, Maschinerie
2. → Flugzeug
3. Motorrad, Kraftrad
maschinell
1. mit Maschinenkraft, mechanisch, automatisch, von selbst
2. fabrikmäßig, serienmäßig, maschinenmäßig, seriell
Maschinerie Getriebe, Räderwerk, Mechanismus, Maschine, Apparat(ur), Anlage
Maschine schreiben Schreibmaschine schreiben; *ugs.:* tippen
Maske
1. Larve, Gesicht, Fastnachtsgesicht
2. → Maskerade
Maskenball → Maskerade
Maskerade
1. Kostüm, Kostümierung, Maskierung, Maske, Verkleidung, Vermummung
2. Maskenball, Maskenfest, Kostümball, Kostümfest, Faschingsball, Faschingsfest, Mummenschanz, Kappenabend; *österr.:* Redoute, Fetzenball, Gschnas, Gschnasfest
3. Heuchelei, Verstellung, Verstellungskunst, Vortäuschung, Lippenbekenntnis; *ugs.:* Theater, Komödie, Schauspielerei
maskieren, sich
1. sich kostümieren, sich verkleiden, sich vermummen, sich eine Maske/ein Kostüm anlegen
2. sich unkenntlich machen, sich tarnen, sich verhüllen, verstecken, das Gesicht verstecken/verdecken/verbergen
Maskierung → Maskerade
Maskottchen Talisman, Glücksbringer, Fetisch, Amulett
maskulin männlich, viril
masochistisch
1. quälerisch, selbstquälerisch, zerstörerisch, selbstzerstörerisch, sich selbst ruinierend
2. pervers, abartig, abnorm
Maß Quantum, Abmessung, Ausmaß, Menge, Dosis, Größe, Größenordnung, Dimension, Ausdehnung, Ausbreitung, Grad, Spielraum, Reichweite
Massaker → Blutbad
massakrieren
1. niedermetzeln, niedermachen, abschlachten, hinschlachten, hinstrecken, hinmorden, töten
2. → quälen
Masse
1. → Materie
2. → Menge
Massel Dusel, Schwein (haben), Glück
massenhaft in Massen, en masse, massenweise, herdenweise, reihenweise, scharenweise, bergeweise, scheffelweise, dutzendweise, reichlich, üppig, eine Menge/Masse, übergenug, mehr als genug, in Hülle und Fülle, ausgiebig, sehr viel, in großer Zahl, wie Sand am Meer, in Scharen/Herden/Reihen, allerhand, unzählig, zahllos; *ugs.:* massig, haufenweise, ein Haufen, in rauen Mengen, knüppeldick
Massenmord → Blutbad
Massenvernichtungslager → Konzentrationslager
Massenversammlung → Kundgebung
massenweise → massenhaft

Masseuse → Prostituierte ⓘ
maßgebend → maßgeblich
maßgeblich maßgebend, richtungweisend, normativ, autoritativ, wegweisend, entscheidend, ausschlaggebend, bestimmend, tonangebend, beherrschend, federführend, verantwortlich, kompetent, einflussreich, gewichtig, programmatisch
Maß halten mäßig/maßvoll sein, das rechte Maß einhalten, sparen, haushalten, sich zurückhalten, sich einschränken, bescheiden leben, Konsumverzicht betreiben/üben, sich mäßigen, sich zügeln; *ugs.:* kürzertreten, den Gürtel/Riemen enger schnallen
massieren
1. kneten, durchkneten, reiben, abreiben, die Haut streichen/bürsten; *ugs.:* rubbeln
2. sammeln, konzentrieren, zusammenziehen
massig
1. → massenhaft
2. → dick
mäßig
1. maßvoll, gemäßigt, mit Maßen, in Grenzen, gezügelt, beherrscht, zurückhaltend, enthaltsam, abstinent
2. mittelmäßig, dürftig, durchschnittlich, nicht besonders, schwach; *ugs.:* mittel, mittelprächtig, mickrig, mau, soso, nicht rosig/berühmt/berauschend/doll, durchwachsen, halbwegs
mäßigen
1. schwächen, abschwächen, mildern, abmildern, ins rechte Maß bringen, lindern, entschärfen, dämpfen, bremsen, zügeln, drosseln, herabmindern, zur Vernunft bringen, einen Dämpfer aufsetzen, herabsetzen, bändigen
2. → sparen
mäßigen, sich → beherrschen, sich
Mäßigkeit Enthaltsamkeit, Entsagung, Askese, Abstinenz, Mäßigung, Zurückhaltung, Beherrschung, Disziplin, Sparsamkeit, Genügsamkeit, Beschränkung, Bescheidenheit, Anspruchslosigkeit, Bedürfnislosigkeit
Mäßigung Beherrschung, Selbstbeherrschung, Mäßigkeit, Besonnenheit, Gelassenheit, Ruhe, Beruhigung, Besänftigung, Beschwichtigung, Umsicht
massiv
1. fest, stabil, strapazierfähig, haltbar, beständig, solide, unverwüstlich, widerstandsfähig, unzerstörbar, kräftig, stark
2. gewaltig, außerordentlich, heftig, ungeheuer, drastisch, scharf, rigoros, hart, energisch, bestimmt, entschieden, strikt, schwer, grob
Massiv Gebirgszug, Gebirgskette, Gebirge
maßlos
1. unmäßig, ausschweifend, ungezügelt, zügellos, unkontrolliert, unbändig, unbeherrscht, ohne Maß (und Ziel), exzessiv, schrankenlos, unbezähmbar, übertrieben, überspitzt, übersteigert, extrem, unersättlich, unstillbar, undiszipliniert, genusssüchtig, hemmungslos, heftig, stark, gewaltig, massiv, orgiastisch
2. → sehr
Maßnahme Regelung, Maßregel, Schritt, Handlung, Handlungsweise, Vorgehen, Aktion, Entscheidung, Bestimmung, Anordnung, Richtlinie, Anweisung, Mittel, Anstalten, Vorhaben, Projekt
Maßregel → Maßnahme
maßregeln
1. rügen, tadeln, zurechtweisen, schimpfen, ausschimpfen, heruntermachen; *ugs.:* den Marsch blasen, die Leviten lesen, jmdm. am Zeug flicken
2. → bestrafen
Maßregelung → Tadel
Maßstab
1. Metermaß, Zollstock, Elle, Lineal, Messplatte; *schweiz.:* Klappmeter
2. → Norm
maßvoll → mäßig
Mast
1. Mastbaum, Pfahl, Pfosten, Pfeiler, Pflock, Träger, Säule

Masseuse oder Masseurin?

Aus männlichen Berufsbezeichnungen, die auf *-eur* enden, können die entsprechenden weiblichen Formen durch Anhängen der Endung *-in* gebildet werden. Nur noch in wenigen Ausnahmefällen sind die vor allem früher gebräuchlichen Ableitungen auf *-euse* üblich. Letztere werden heute zunehmend als veraltet empfunden und teilweise auch abwertend verwendet. Aus diesem Grund ist bei der Bezeichnung *Masseuse* Vorsicht geboten, denn dahinter verbirgt sich heute meist die Bedeutung *Callgirl, Prostituierte.* Korrekt ist die Bezeichnung *Masseurin.*

2. Mästung, Mastkur; *ugs.:* Nudeln
mästen stopfen, vollstopfen, nudeln; *ugs.:* fettfüttern, herausfüttern, überfüttern, dick machen
Masturbation → Selbstbefriedigung
masturbieren onanieren, sich selbst befriedigen; *ugs.:* wichsen, sich einen runterholen/runterschütteln, reiben, von der Palme locken, selber machen
Matador
1. Stierkämpfer, Torero, Espada
2. Held, Meister, Favorit, Champion, Berühmtheit, Star, Stern, Publikumsliebling, Anführer
Match → Wettkampf
Material
1. Stoff, Werkstoff, Rohstoff, Grundstoff, Rohprodukt, Naturprodukt, Element, Materie, Substanz
2. Ausrüstung, Rüstzeug, Equipment, Arbeitsgerät, Hilfsmittel, Werkzeug
3. Unterlagen, Quellen, Dokumente, Belege
Materie
1. Substanz, Masse, Stoff, Material
2. Thema, Thematik, Gegenstand, Sujet, Gebiet, Bereich, Fach, Sache, Angelegenheit
Matinee Vormittagsvorstellung, Vormittagsveranstaltung
Mätresse
1. Konkubine, Kurtisane
2. → Geliebte
Matrose Seemann, Seefahrer, Mariner; *fachsprachl.:* Fahrensmann; *ugs.:* Blaujacke, Teerjacke, Seebär; *Pl.:* die blauen Jungs
Matsch
1. → Schlamm
2. *österr.:* Gatsch
matt
1. glanzlos, fahl, blind, stumpf, beschlagen
2. klanglos, belegt, gedämpft (Stimme)
3. → erschöpft
4. → schwach
Matte
1. Fußabtreter, Vorleger, Fußabstreicher, Türvorleger, Unterlage; *schweiz.:* Türvorlage
2. Teppich, Läufer
3. Bergwiese, Bergweide, Alpweide; *schweiz., österr.:* Mahd
4. *ugs.:* Frisur
Mattscheibe
1. → Fernsehgerät
2. *ugs. für:* Black-out, Gedächtnisstörung, Kurzschluss, Blockade, Sperre, Bewusstseinslücke, Ausfall; *ugs.:* Brett vorm Kopf, Filmriss
Matur(a) → Abitur
Mätzchen → Unsinn
mau
1. → mäßig
2. → flau
Mauer
1. Wand, Wall, Eingrenzung, Einfassung, Umschließung, Umfassung
2. → Kluft
Mauerblümchen Aschenbrödel, graue Maus, Blaustrumpf
Maul → Mund
maulen
1. → murren
2. → nörgeln
maulfaul → einsilbig
Maulheld Angeber, Aufschneider, Prahler, Prahlhans, Sprücheklopfer, Wichtigtuer, Schaumschläger
Maulschelle → Ohrfeige
Maultier
1. Muli
2. Packesel, Lasttier, Saumtier, Tragtier
Maulwerk → Mund
Maulwurf
1. Moll; *landsch.:* Mul(l), Multwurm, Multwarp, Wind, Winnewurm, Winnewurp; *österr.:* Scher
2. *ugs. für:* Agent, Spion, Sleeper
mausen → stehlen
mausern, sich
1. → entwickeln, sich
2. die Federn wechseln
Mausoleum Grabmonument, Grabmal, Grabstätte, Begräbnisstätte
Maxime
1. → Grundsatz
2. → Spruch
3. → Losung
Maximum Höchstmaß, Höchstwert, Höchststand, Höchstleistung, Höhepunkt, Optimum, Spitzenleistung, Meisterleistung, das Größte/Beste, Nonplusultra
Mäzen Gönner, Förderer, Wohltäter, Geber, Geldgeber, Sponsor, (edler) Spender, Protektor
mechanisch
1. gedankenlos, unwillkürlich, unüberlegt, automatisch, von selbst, unbewusst, wie ein Automat, selbsttätig, zwangsläufig
2. stumpfsinnig, geisttötend, stupid, gewohnheitsmäßig; *ugs.:* blindlings, von selber
3. maschinell, mit Maschinenkraft, maschinenmäßig, fabrikmäßig, serienmäßig, seriell
Meckerei → Kritik
Meckerer → Nörgler
meckern → nörgeln
Medaille Orden, Ehrenzeichen, Auszeichnung, Andenken, Gedenkmünze, Plakette
Medikament Arznei, Arzneimittel, Heilmittel, Droge,

Präparat, Medizin, Mittel, Hausmittel, Therapeutikum, Remedium, Pharmakon, Pharmazeutikum

meditieren Meditation ausüben, sich in einen anderen Bewusstseinszustand versetzen, sich nach innen wenden, in sich kehren/gehen, sich sammeln, sich vertiefen, sich versenken, sich konzentrieren, sich nicht ablenken lassen, denken

Medium
1. Mittel, Mittelglied, Vermittlung, Hilfsmittel, Werkzeug, Mittler(in), vermittelndes Element, Bindeglied
2. Kommunikationsträger, Informationsträger, Nachrichtenträger

Medizin
1. Heilkunst, Heilkunde, ärztliche Wissenschaft, Gesundheitslehre
2. → Medikament

Mediziner Arzt, Doktor, Heilkundiger, Therapeut; *ugs.:* Medikus; *veraltet:* Bader; *abwertend:* Kurpfuscher, Quacksalber

Medley Potpourri, Melodienfolge, Melodienverschnitt

Meer Ozean, Weltmeer, die See, Hochsee; *ugs.:* großer Teich, großes Wasser ⓘ

Meerbusen Bucht, Meeresbucht, Bai, Golf, Förde, Fjord, Meeresarm

Meerjungfrau Nixe, Seejungfer, Meerweib, Undine, Melusine, Nereide, Wasserjungfrau, Nymphe

Meerrettich *landsch.:* Kren

Meeting
1. Zusammenkunft, Treffen, Begegnung, Beisammensein
2. Versammlung, Sitzung, Veranstaltung
3. Verabredung, Date, Termin

Megäre → Xanthippe

mehlig
1. pulvrig, pulverisiert, pulverförmig, staubig, zerrieben, zerstoßen, zerschrotet, zermahlen
2. breiig, zerquetscht, zermatscht
3. saftlos, geschmacklos

Mehlschwitze Schwitze; *landsch.:* Einbrenn(e), Einmache

mehrdeutig
1. vieldeutig, doppeldeutig, zweideutig, doppelsinnig, doppelbödig, missverständlich, dehnbar, schillernd, ambivalent, unklar, vage, verschwommen, undurchsichtig, unbestimmt, nebulös, vielsagend, strittig; *fachsprachl.:* polysemantisch; *geh.:* homonym, äquivok
2. sibyllinisch, rätselhaft, geheimnisvoll, hintergründig

mehren vergrößern, steigern, erhöhen, wachsen/zunehmen lassen

mehren, sich
1. sich vermehren, sich fortpflanzen, sich reproduzieren
2. sich verstärken, zunehmen, ansteigen, anwachsen, sich verbreiten

mehrere
1. → einige
2. → mannigfaltig

mehrfach → oft

mehrfarbig → bunt

Mehrheit Mehrzahl, Majorität, Vielzahl, Überzahl, Gros, Großteil, Masse, der überwiegende Teil, die meisten, mehr als/über die Hälfte

mehrmals → oft

mehrsprachig vielsprachig, polyglott, mehrere Sprachen sprechend/beherrschend

Mehrzahl → Mehrheit

meiden
1. fernbleiben, sich fernhalten, einen großen Bogen machen, fliehen, aus dem Weg gehen, umgehen, ausweichen, scheuen, vermeiden, sich entziehen, sich zurückhalten; *ugs.:* kneifen, sich drücken, sich herumdrücken
2. jmdn. übergehen/ignorieren/schneiden/nicht sehen wollen/nicht mehr kennen, abrücken/sich abwenden von; *ugs.:* jmdm. die kalte Schulter zeigen

Meilenstein Markstein, Wende, Wendepunkt, Milestone, Höhepunkt, Tiefpunkt, Umbruch, Umkehr, bedeutendes/entscheidendes Ereignis

Meer: Ein Symbol für Unendlichkeit

Häufig wird zur Beschreibung eines Gegenstands oder einer Eigenschaft ein übertreibender Ausdruck gewählt, wenn man dem Gesagten besonderen Nachdruck verleihen will. Hierbei handelt es sich um die rhetorische Stilfigur der »Hyperbel«. Hyperbeln werden mit dem Ziel einer Vergrößerung oder einer Verkleinerung verwendet. Das Wort *Meer* dient in einem solchen Zusammenhang oft als Bild für Unendlichkeit oder Unüberschaubarkeit. Ein Satz wie »Der Krieg tauchte das Land *in ein Meer von Blut*« bringt drastisch zum Ausdruck, dass zahllose Menschen ihr Leben verloren.

M

Meineid falscher Eid, Eidbruch, Wortbruch, falsche Aussage, Falschschwur
meinen
1. der Meinung/Ansicht sein, denken, glauben, finden, dafürhalten
2. vermuten, die Vermutung haben/aufstellen/hegen, mutmaßen, für möglich halten, wähnen, annehmen, schätzen, dünken; *ugs.:* tippen auf
3. abzielen/anspielen auf, im Sinne haben, etwas ansprechen
meinetwegen
1. was mich betrifft, meinethalben, um meinetwillen, für mich, mir zuliebe
2. in Gottes Namen, ja, gut, ich habe nichts dagegen/keine Einwände, es soll mir recht sein, wie du willst/meinst; *ugs.:* von mir aus, genehmigt, wenn's denn sein muss, wegen mir
Meinung → Ansicht
Meinungsaustausch → Gespräch
Meinungsforschung Demoskopie, Umfrage, Meinungsumfrage, Rundfrage, Erhebung, Repräsentativerhebung, Enquete, Feldforschung
Meinungsumfrage → Meinungsforschung
Meinungsverschiedenheit → Auseinandersetzung
meißeln formen, bilden, gestalten, behauen, schlagen, herausarbeiten
meist(ens) gewöhnlich, für gewöhnlich, fast immer/regelmäßig, meistenteils, zumeist, in der Regel/Mehrzahl, normalerweise, erfahrungsgemäß, überwiegend, vorwiegend, größtenteils, zum größten Teil, im Allgemeinen/Großen und Ganzen, durchweg, weitgehend, häufig, sehr häufig
Meister
1. → Fachmann
2. Spitzensportler, Champion, Crack, Sieger, Gewinner
3. Lehrherr, Lehrmeister; *veraltet:* Prinzipal
meisterhaft
1. großartig, fehlerlos, ausgezeichnet, erstklassig, hervorragend, mustergültig, tadellos
2. → fachmännisch
Meisterleistung → Höchstleistung
meistern → bewältigen
Meisterschaft
1. Championat
2. Virtuosität, Meisterhaftigkeit, Können, Vollkommenheit, Perfektion, Vollendetheit, Bravur, Fulminanz, Vollendung, Kunstfertigkeit
Meisterwerk Glanzstück, Meisterleistung, Spitzenleistung, Meisterstück, Prunkstück, Prachtstück, Kabinettstück, Prachtexemplar, Kunstwerk
Melancholie → Trauer
melancholisch schwermütig, trübsinnig, trübselig, wehmütig, elegisch, trist, traurig, freudlos, betrübt, bedrückt, bekümmert, unfroh, gedrückt, niedergeschlagen, depressiv, deprimiert, hypochondrisch; *schweiz.:* hintersinnig, wehselig; *ugs.:* down, geknickt, blue
melden
1. → informieren
2. ankündigen, anmelden, ansagen, signalisieren, avisieren, annoncieren
3. anzeigen, angeben, anklagen, verklagen, Anzeige erstatten, zur Anzeige bringen, sich beklagen, sich beschweren, verraten, denunzieren; *ugs.:* verpetzen, verpfeifen, hochgehen lassen, ans Messer liefern
melden, sich sich bemerkbar machen, die Hand/den Finger heben, um das Wort bitten, von sich hören lassen
Meldung
1. Mitteilung, Bescheid, Benachrichtigung, Nachricht, Information, Bericht, Berichterstattung, Neuigkeit, Botschaft, Eröffnung, Angabe, Übermittlung, Bekanntgabe, Bekanntmachung, Ankündigung, Verkündigung, Kundgabe, Report, Rapport; *poet.:* Kunde
2. Anmeldung, Bereiterklärung, Bereitschaftserklärung, Teilnahmeerklärung
3. Anzeige, Denunziation
melken
1. strippen; *fachsprachl.:* fausten
2. → ausbeuten
Melodie Tonfolge, Tonweise, Weise, Lied, musikalische Passage, musikalisches Thema/Motiv
melodisch melodiös, wohltönend, wohlklingend, wohllautend, klangvoll, harmonisch, sonor, euphonisch, musikalisch, klangrein
Memme → Feigling
memmenhaft → feige
Memoiren Biografie, Autobiografie, Lebensbild, Lebensgeschichte, Lebensbeschreibung, Erinnerungen, Lebenserinnerungen, Aufzeichnungen
Memorandum Denkschrift, Note, Kommuniqué, Eingabe, Aufzeichnung

Menge
1. Masse, Anzahl, Unzahl, Mehrzahl, Vielzahl, Vielheit, Reihe, Serie, große Zahl, Schar, Schwarm, Strom, Heer, Legion, Armee, Übermaß, Unmaß, Schub, Lawine, Stoß, Stapel, Turm, Schwall, Flut, Anhäufung, Ansammlung, Ballung, Fülle; *ugs.:* Haufen, Berg, Unmenge, Unmasse, Schwung, Wucht, Brocken, Wust, Ladung, Batzen
2. Gedränge, Gewühl, Gewoge, Gewimmel, Getümmel, Trubel, Auflauf, Menschenauflauf
3. die breite Masse, das breite Publikum, Volk, Öffentlichkeit, Allgemeinheit, die schweigende Mehrheit
4. Dosis, Quantum

mengen
1. → mischen
2. sich mengen in → eingreifen

Mensch
1. Erdenbürger, Erdengast, menschliches Wesen/Geschöpf, Homo sapiens, Person, Persönlichkeit, Charakter, Individuum, Seele, Wesen, Lebewesen, Kreatur, Gestalt, Jemand, Kopf, Sterblicher; *geh.:* Erdensohn, Staubgeborener, Ebenbild Gottes, Krone der Schöpfung, Erdenwurm; *ugs.:* Subjekt, Figur, Type; *abwertend:* Element
2. *Pl.:* Menschheit, Menschengeschlecht, Leute ⓘ

Menschenfeind Misanthrop, Menschenhasser, Menschenverächter

Menschenfresser Kannibale, Kopfjäger

Menschenfreund Philanthrop, Humanist

Wie Menschen sich sehen und fühlen

Der Mensch ist die geschlechtsneutrale Bezeichnung für jedes *menschliche Wesen.* Der wissenschaftliche Ausdruck lautet *homo sapiens.* Die Begriffe *Person* und *Persönlichkeit* zielen auf den Menschen in seiner jeweils besonderen Eigenart; das gilt auch für *Charakter* und das gehobene *Individuum.* Umgangssprachlich kann Individuum allerdings auch verächtlich im Sinn von *unbekannte Person* oder *Kerl* gebraucht werden. Eine *Type* ist ebenso ein ulkiger, komischer *Mensch* wie eine *Nummer* oder eine *Marke.* Gleichfalls umgangssprachlich ist der neutrale Ausdruck *Figur.* Abwertend sind dagegen die Bezeichnungen *Subjekt* und *Element.*
Die Floskel *Ich bin auch nur ein Mensch,* die besagt, »Ich tue alles, was in meinen Kräften steht«, stellt die menschliche Fehlbarkeit der Vollkommenheit Gottes gegenüber. Die umgangssprachliche Redensart *Ich bin kein Mensch mehr* drückt Erschöpfung aus, wie auch die Formulierung *(Ich bin nur noch) ein halber Mensch.* Hier wird Menschsein ebenso mit einer Balance des Daseins gleichgesetzt wie in der Redewendung *Jetzt bin ich wieder ein Mensch,* die so viel sagt wie »Jetzt bin ich wieder erholt oder ausgeruht«.
Die Formel *von Mensch zu Mensch* steht für Offenheit und Gleichberechtigung über gesellschaftliche Grenzen und Konventionen hinweg. *Mensch (Meier)!* ist umgangssprachlich ein Ausruf des Erstaunens. Wer als *eine Seele von Mensch/einem Menschen* beschrieben wird, ist gutmütig. Jemand, der gern *unter Menschen* ist, befindet sich gern in Gesellschaft. Die Redensart einer ist *ein (ganz) anderer/neuer Mensch geworden,* besagt, dass sich die Person (sehr) verändert hat.

Menschengeschlecht → Menschheit

menschenleer
1. unbevölkert, verödet, entvölkert, unbewohnt, unbelebt, unzivilisiert, unkultiviert
2. → einsam

Menschenraub Entführung, Verschleppung, Kidnapping, Geiselnahme

menschenverachtend menschenfeindlich, unmenschlich, menschenunwürdig, inhuman

menschenwürdig menschlich, human, sozial, menschenfreundlich

Menschheit Menschengeschlecht, die Menschen, menschliche Gesellschaft, Menschentum, Erdbevölkerung, Weltbevölkerung, Nationen, Völker der Erde; *veraltet:* menschliche Rasse

menschlich human, humanitär, menschenfreundlich, philanthropisch, sozial, mitfühlend, wohltätig, wohlwollend, menschenwürdig, gütig, freundlich, tolerant, entgegenkommend, mild, barmherzig, hilfsbereit, gutherzig

Menschlichkeit → Humanität

Menstruation Periode, monatliche Blutung, Monatsblutung, Monatsfluss, Regel, Regelblutung, die (kritischen) Tage, Zyklus-

blutung, Unwohlsein, Menses; *Med.:* Menorrhö, Katamenien, Menarche
Mentalität → Denkweise
Mentor Berater, Ratgeber, Anleiter, Tutor, Lehrer, Erzieher, Beistand
Menü Speisenfolge, Gedeck, Gang, Mahl, Mahlzeit, Essen
merkantil → geschäftlich
merkbar → merklich
merken → bemerken
merken, sich sich einprägen, behalten, sich ins Gedächtnis schreiben, nicht vergessen, sich zu Eigen machen, lernen, aufnehmen, zur Kenntnis nehmen
merklich spürbar, fühlbar, sichtlich, sichtbar, merkbar, bemerkbar, deutlich, erkennbar, zusehends, auffallend, beträchtlich, beachtlich, erheblich, einschneidend
Merkmal Zeichen, Kennzeichen, Mal, Zug, Charakterzug, Wesenszug, Eigenschaft, Attribut, Kriterium, Charakteristikum, Besonderheit, Signum, Erkennungszeichen, Eigentümlichkeit
merkwürdig seltsam, eigenartig, eigentümlich, sonderbar, wunderlich, verwunderlich, sonderlich, absonderlich, kurios, ominös, komisch, drollig, närrisch, befremdend, befremdlich, verschroben, schrullig, skurril, eigen, eigenbrötlerisch, kauzig, fremd anmutend, bizarr, abstrus, barock, spaßig, ungewöhnlich, ungewohnt, erstaunlich, ungereimt, unnatürlich, anders, abwegig, abseitig, abweichend, anomal, abnorm, unüblich, ausgefallen, atypisch; *ugs.:* spleenig
meschugge → verrückt
Messe
1. Ausstellung, Schau, Musterschau, Exposition
2. Gottesdienst, Amt, Andacht, Messfeier, Abendmahl, Abendmahlsfeier
3. Schiffskantine
messen
1. abmessen, ausmessen, vermessen, das Maß feststellen, dosieren, abzirkeln, berechnen, eine Berechnung anstellen, bewerten, ermitteln
2. betragen, ausmachen, sich belaufen, (ein bestimmtes) Maß haben, angegeben werden mit
3. **sich messen mit** sich vergleichen, wettstreiten, kämpfen, einen Wettkampf austragen
messen an → vergleichen
Messias → Christus
Messner Kirchendiener, Sakristan, Küster; *schweiz.:* Messmer
Metamorphose Umgestaltung, Verwandlung, Umformung
Metapher bildlicher Ausdruck, Bild, Übertragung, Vergleich
metaphorisch → bildlich
metaphysisch übersinnlich, übernatürlich, überirdisch, transzendent, spiritual, spirituell, jenseitig
Metermaß Zollstock, Lineal, Elle, Zentimetermaß, Maßstab, Maßband, Bandmaß, Messlatte; *schweiz.:* Klappmeter
Methode Art der Durchführung, Verfahren, Verfahrensweise, Vorgehen, Vorgehensweise, Arbeitsweise, Behandlungsweise, Technik, Verfahrenstechnik, Handhabung, Praktik, Praxis, System, Weg, Strategie, Stil, Taktik
methodisch planmäßig, plangemäß, planvoll, nach Plan, programmmäßig, programgemäß, systematisch, überlegt, durchdacht, gezielt, bedacht, konsequent, zielbewusst, taktisch, wissenschaftlich
Metier
1. → Beruf
2. → Fach
Metropole
1. Hauptstadt, Weltstadt, Residenz, Regierungssitz
2. → Mittelpunkt
Metzger Fleischer, Schlächter, Fleischhauer; *landsch.:* Schlachter, Wurst(l)er, Selcher, Fleischhacker
meucheln hinterhältig morden, töten
meuchlings → hinterrücks
Meute
1. → Herde
2. → Gruppe
3. → Gesindel
Meuterei Verschwörung, Aufstand, Aufruhr, Rebellion, Revolte, Putsch, Erhebung, Krawall
meutern
1. → aufbegehren
2. → schimpfen
mickrig
1. pop(e)lig, dünn (gesät), für den hohlen Zahn
2. → kläglich
3. geizig, knauserig, knickrig
Mieder Korsett, Korsage, Korselett, Hüftgürtel, Hüfthalter, Schnürleib
Mief → Gestank
Miene Ausdruck, Gesichtsausdruck, Mienenspiel, Gebärdenspiel, Mimik, Gesicht, Gesichtszüge
Mienenspiel → Miene
mies
1. → schlecht
2. → minderwertig

M

Missachtung
1. Geringschätzung, Geringachtung, Verachtung, Nichtbeachtung, Herabsetzung, Zurücksetzung, Respektlosigkeit, Demütigung, Herabwürdigung, Entwürdigung, Despektierlichkeit, Naserümpfen, Verächtlichmachtung; *geh.:* Pejoration
2. Überschreitung, Außerachtlassung, Verletzung, Zuwiderhandlung, Übertretung, Nichteinhaltung

Missbehagen unangenehmes Gefühl, Widerwillen, Beklommenheit, Beklemmung, Missfallen, Lustlosigkeit, Missstimmung; *ugs.:* Aber

Missbildung Deformierung, Deformation, Missgebilde, Missgeburt, Missform, Misswuchs, Missartung, Verunstaltung, Anomalie, Abnormität, Abweichung, Abirrung, Irregularität, Normfehler, Fehler, Körperfehler, Entstellung

missbilligen
1. → beanstanden
2. → ablehnen

Missbilligung → Tadel

missbrauchen
1. Missbrauch treiben/begehen, ausnutzen, ausbeuten, ausnehmen; *ugs.:* Schindluder treiben/betreiben, verschleißen
2. → vergewaltigen

missdeuten → missverstehen

missen → entbehren

Misserfolg Fehlschlag, Rückschlag, Katastrophe, Enttäuschung, Flop, Debakel, Niederlage, Fiasko, Misslingen; *ugs.:* Reinfall, Pleite, Schlappe, Schlag ins Wasser

Missetat böse/üble Tat, Übeltat, Untat, Schandtat, Vergehen, Übertretung, Straftat, Verbrechen, Verfehlung, Unrecht, Delikt, Verstoß, Zuwiderhandlung, Fehltritt, Frevel, Freveltat, Sünde, Schlechtigkeit; *ugs.:* Bubenstück

Missetäter
1. → Schurke
2. → Verbrecher

missfallen
1. Missfallen erregen, ein Dorn im Auge sein, nicht zusagen/behagen, stören, verdrießen, anwidern, widerstreben, unangenehm berühren, abstoßen, einen schlechten Eindruck machen, nicht erbaut sein; *ugs.:* gegen/wider den Strich gehen, nicht (in den Kram) passen, nicht schmecken
2. nicht gefallen/ansprechen/ankommen, keinen Gefallen/Zuspruch/keine Gnade finden, nichts abgewinnen können; *ugs.:* nichts finden an, kaltlassen, sich nichts machen aus

Missfallen → Missbehagen

missfällig → abfällig

Missgebilde
1. → Missgeburt
2. → Missbildung

missgebildet → missgestaltet

Missgeburt
1. Missgebilde, Missgestalt, Monstrum
2. → Fehlschlag

missgelaunt → mürrisch

Missgeschick Unglück, Ungeschick, Malheur, Ungemach, Pech, Panne, Unglücksfall, Unfall, Fiasko, Peinlichkeit

missgestaltet missgebildet, missförmig, ungestalt, monströs, verkrüppelt, verwachsen, verbildet, krüppelig, krumm, bucklig, schief, deformiert, entstellt, fehlerhaft

missgestimmt → mürrisch

missglücken → misslingen

missgönnen nicht gönnen, neiden, beneiden, missgünstig/neidisch/eifersüchtig sein, ein missgünstiges Auge werfen auf, schielen nach; *ugs.:* scheel sehen, vor Neid platzen

Missgriff → Fehler

Missgunst → Neid

missgünstig neidisch, neiderfüllt, eifersüchtig, scheel

misshandeln
1. → quälen
2. → vergewaltigen

Misshandlung Quälerei, Körperverletzung, Peinigung, Schinderei, Folter

Misshelligkeit → Streit

Mission Aufgabe, Auftrag, Funktion, Amt, Obliegenheit, Pflicht, Sendung, Berufung, Bestimmung

Missklang
1. Dissonanz, Misslaut, Misston, Disharmonie, Kakophonie, Diskordanz, Paraphonie
2. → Streit

Misslaune → Missstimmung

misslaunig → mürrisch

Misslaut → Missklang

misslich
1. prekär, widrig, beschwerlich, lästig
2. → unangenehm

missliebig → unbeliebt

misslingen fehlschlagen, Schiffbruch erleiden, missglücken, missraten, → scheitern

misslungen → missraten

Missmut → Missstimmung

missmutig → mürrisch

missmutig sein → muffeln

missraten
1. → misslingen
2. ungezogen, unartig, ungeraten, frech, flegelhaft, lümmelhaft, schlecht er-

zogen, ungesittet, unmanierlich
3. verfehlt, aus der Art geschlagen, fehlgeschlagen, nicht gelungen, misslungen, falsch, nicht richtig; *ugs.:* verkehrt

Missstand schlimmer Zustand, unerträgliche/katastrophale Situation, Übel, Übelstand, Elend, Misere, Ungerechtigkeit, Unrechtmäßigkeit, Unordnung, Auswüchse, Mängel

Missstimmung Missmut, Unmut, Verdrossenheit, Verdrießlichkeit, Verstimmung, Verstimmtheit, Verdruss, Ärger, Übellaunigkeit, schlechte Laune, Misslaune, Unzufriedenheit, Unlust, Lustlosigkeit, Unwille, Groll, Bitterkeit, Verbitterung, Bitternis, Missbehagen, Unbehagen, Erbitterung, Spannung, Missvergnügen, Trübsinn, Überdruss; *ugs.:* Katzenjammer

M

Misston → Missklang

misstönend dissonant, unmelodisch, unrein, unsauber, falsch, disharmonisch, kakophonisch, verzerrt

misstrauen Argwohn hegen/schöpfen, Bedenken/kein Vertrauen haben, argwöhnen, beargwöhnen, argwöhnisch/skeptisch sein, zweifeln, infrage stellen, nicht glauben, das Vertrauen versagen, verdächtigen; *ugs.:* nicht über den Weg/um die Ecke/dem Frieden trauen, etwas kommt einem spanisch vor

Misstrauen Skepsis, Argwohn, Zweifel, Bedenken, Unglaube, Verdacht

misstrauisch argwöhnisch, zweifelnd, kleingläubig, ungläubig, vorsichtig, kritisch, skeptisch, zweiflerisch

Missvergnügen → Missstimmung

missvergnügt → mürrisch

Missverhältnis Diskrepanz, Disproportion, Disproportionalität, Ungleichheit, Widerspruch, Gegensatz, Kontrast

missverständlich → mehrdeutig

Missverständnis
1. Irrtum, Missdeutung, Fehldeutung, Fehlschluss, falsche Auslegung, Verkennung, Verwechslung
2. → Streit

missverstehen
1. sich verhören, falsch hören
2. falsch verstehen/beurteilen/deuten/auffassen/auslegen/interpretieren, missdeuten, verkennen, nicht richtig erfassen, sich irren, sich täuschen; *ugs.:* in den falschen Hals/die falsche Kehle/die falsche Tröte kriegen/bekommen

Misswirtschaft → Unordnung

Mist
1. Dung, Dünger, Kompost
2. → Unsinn
3. Ramsch, Müll, Tand, Schund, Plunder, wertloser Kram, Zeug, Gerümpel, Abfall, Unrat; *derb:* Scheiße, Scheißdreck
4. → verflucht

Mistfink → Schmutzfink

mistig
1. → schmutzig
2. → gemein

Miststück
1. → Xanthippe
2. → Scheusal

mit
1. → samt
2. → mittels
3. im Verein mit → gemeinsam

mitarbeiten → mitwirken

Mitarbeiter Arbeitskollege, Berufskollege, Assistent, Stütze, rechte Hand, Gehilfe, Helfer, Arbeitskamerad, Hilfskraft; *ugs.:* Kumpel

mitbekommen
1. → verstehen
2. → erben

Mitbestimmung Mitsprache, Mitspracherecht

Mitbringsel → Geschenk

Mitbürger
1. → Bürger
2. *Pl.:* → Bevölkerung

miteinander
1. gemeinsam, gemeinschaftlich, zusammen, geschlossen, kollektiv, kooperativ, Arm in Arm, Seite an Seite, Hand in Hand, mit vereinten Kräften, vereint, mitsammen
2. untereinander, gegenseitig, einer mit dem anderen

Mitfahrer Beifahrer, Mitreisender, Begleiter, Reisebegleiter, Sozius, Insasse, Passagier

mitfühlen Mitleid empfinden, Verständnis haben, Anteil nehmen, Teilnahme zeigen/bezeigen, Mitgefühl zeigen/bezeigen, nachempfinden, mitempfinden, teilnehmen an, den Schmerz teilen, mitleiden, leidtun, bedauern

mitfühlend → mitleidig

mitführen bei sich haben/tragen, mitnehmen; *ugs.:* mitschleppen, mitschleifen

mitgeben → geben

Mitgefühl → Mitleid

mitgehen
1. begleiten, mitkommen, sich anschließen, sich beigesellen, geleiten

2. → folgen
3. begeistert/hingerissen/entzückt/entflammt/enthusiastisch sein
mitgehen lassen → stehlen
mitgenommen
1. krank, kränklich, schlapp, erschöpft, ermattet, angeschlagen
2. beschädigt, ramponiert, defekt, lädiert, abgenutzt, zerschlissen
Mitgift Aussteuer, Ausstattung, Heiratsgut, das Eingebrachte, Dotation, Brautausstattung
Mitglied Angehöriger, Beteiligter, Mitwirkender, Mitarbeiter, Kollege, Teilnehmer, Genosse
Mitglied werden beitreten, eintreten, sich anschließen, sich zugesellen
mithalten → mitwirken
mithalten können konkurrieren/sich messen können, ebenbürtig sein, nicht nachstehen, heranreichen, es aufnehmen können mit
mithelfen → helfen
Mithilfe Unterstützung, Hilfe, Dienst, Gefälligkeit, Assistenz, Beistand, Zutun, Hilfestellung, Hilfeleistung, Handreichung
mithören horchen, abhorchen, hören, abhören, belauschen, überwachen
Mitinhaber → Teilhaber
mitkommen
1. → nachkommen
2. → mitgehen
3. → verstehen
mitkriegen
1. *ugs. für:* mitbekommen, kapieren, schnallen
2. → verstehen
Mitläufer Opportunist, Jasager; *ugs.:* Wendehals, Wetterfahne; *abwertend:* Gesinnungslump
Mitleid Mitgefühl, Erbarmen, Barmherzigkeit, Teilnahme, Anteilnahme, Mitfühlen, Mitempfinden, Menschlichkeit, Verständnis, Nächstenliebe
mitleiden → mitfühlen
Mitleid erregend → kläglich
mitleidig voller Mitleid, mitfühlend, von Mitleid erfüllt, teilnahmsvoll, teilnehmend, bedauernd
mitleid(s)los → rücksichtslos
mitmachen
1. → mitwirken
2. → dulden
Mitmensch Zeitgenosse, Mitlebender, der Nächste/andere, Nachbar, Bruder, Mitbürger, Hausgenosse, Landsmann
mitmischen → mitwirken
mitnehmen
1. → mitführen
2. → stehlen
3. → erschöpfen
mitnichten → keineswegs
mitrechnen → einbeziehen
mitreden mitsprechen, mitdiskutieren, sich am Gespräch beteiligen, seine Meinung äußern, ein Wörtchen mitzureden haben, sich einmischen; *ugs.:* seinen Senf dazugeben
mitreißen → begeistern
mitreißend begeisternd, bewegend, spannend, fesselnd, interessant, aufregend, packend, atemberaubend, faszinierend, aufwühlend, ergreifend
mitsammen → miteinander
mitsamt → samt
mitschreiben protokollieren, zu Protokoll nehmen, ein Protokoll aufnehmen
Mitschuldiger Mittäter, Mitwisser, Komplize, Spießgeselle, Helfershelfer, Mitbeteiligter, Mitverantwortlicher
Mitschüler Klassenkamerad, Schulkamerad
mitschwingen → anklingen
mitspielen
1. → mitwirken
2. **übel mitspielen** → quälen
mitsprechen → mitreden
Mitstreiter → Anhänger
Mittag
1. Mittagsstunde, Mittagszeit, zwölf (Uhr mittags); *scherzh.:* High Noon; *poet.:* Höhe des Tages, Stunde des Pan
2. Mittagspause, Mittagsruhe, Siesta
Mittagessen Mittagsmahl, Mittagsbrot, Mittagstisch, Diner, Lunch; *landsch.:* Mittag
Mittäter → Mitschuldiger
Mitte
1. → Mittelpunkt
2. → Mittelweg
3. **in der Mitte von** → inmitten
mitteilen äußern, benachrichtigen, berichten, ausrichten, informieren, erzählen, schildern, weitergeben, erklären, melden
mitteilen, sich → anvertrauen, sich
mitteilsam → gesprächig
Mitteilung → Nachricht
Mittel
1. Hilfsmittel, Hilfsquelle, Mittel zum Zweck, Vorwand, Methode, Trick, Instrument, Werkzeug, Waffe, Vehikel, Möglichkeit, Mittel und Wege, Handhabe
2. → Medikament
3. Durchschnitt, Durchschnittswert, Mittelwert, goldene Mitte; *ugs.:* Schnitt
4. → Geld
mittelbar → indirekt
mittellos → arm
Mittellosigkeit → Armut
mittelmäßig durchschnittlich, gewöhnlich, alltäg-

M

lich, mäßig, erträglich, leidlich, passabel, hinlänglich, genügend, ausreichend, einigermaßen, mit Mühe und Not, nicht überwältigend/besonders, bescheiden, schlecht und recht, ganz nett; *geh.:* mediokerr; *ugs.:* mittel, so mittel/lala, mittelprächtig, nicht berauschend/berühmt/weit her, soso, mau, gerade eben, durchwachsen, mit Ach und Krach

mittelprächtig → mittelmäßig

Mittelpunkt Zentrum, Herz, Kern, Mitte, Herzstück, Center, Hochburg, Nabel, Achse, Dreh- und Angelpunkt, Brennpunkt, Knotenpunkt, Schnittpunkt, Sammelpunkt, Schwerpunkt, Zentralpunkt, Zentrale, Seele, Kerngebiet, Scheitel, Kreuzung, Kreuzungspunkt, Sammelbecken ⓘ

Mittelpunkt sein Hahn im Korb sein, die Szene beherrschen, die Hauptperson/der Held des Tages sein, im Zentrum des Interesses stehen, besonders beliebt sein, Dreh- und Angelpunkt sein

mittels mit (Hilfe von), unter Verwendung/an Hand von, durch, per, vermittels, vermöge, kraft, unter, dank

Mittelschicht Mittelstand, Bürgertum, Kleinbürgertum; *veraltet:* Bourgeoisie

Mittelsmann → Vermittler

Mittelsperson → Vermittler

Mittelweg (goldene) Mitte, gangbarer Weg, Kompromiss, Vergleich, Ausgleich, das rechte Maß

mitten → inmitten

mittendrin → dazwischen

M

Schnittstellen, Hochburgen und andere Mittelpunkte

Mathematisch ist der *Mittelpunkt* der Punkt, von dem alle Punkte des Umfangs oder der Oberfläche gleich weit entfernt sind. Im übertragenen Sinn ist es der *Brennpunkt,* auf den sich alle Gedanken richten oder aber ein Mensch, für den sich alle interessieren oder über den alle sprechen. Eine Stadt kann *Mittelpunkt* einer Region sein, also ihr *Zentrum* oder ihr *Herz.* Sie kann auch geistiger oder künstlerischer *Mittelpunkt* sein, also ein *Zentrum* auf diesen Gebieten.

Die *Schnittstelle* beziehungsweise den *Kreuzungspunkt* etwa von Verkehrswegen nennt man auch *Knotenpunkt.* Als *Schwerpunkt* bezeichnet man den wichtigsten Teil eines Problems oder einer Fragestellung. Die Stelle, auf welche die allgemeine Aufmerksamkeit gerichtet ist, bezeichnet man auch als *Brennpunkt.* Die Synonyme *Sammelbecken* und *Hochburg* verwendet man im Zusammenhang mit Menschen: Als *Hochburg* bezeichnet man zum Beispiel das Gebiet, in dem eine Partei den größten Stimmenanteil erzielt hat. Ein *Sammelbecken* ist ein *Anziehungspunkt* für eine Personengruppe. Auch *Seele* wird in der Regel auf Menschen bezogen. Die *Seele* eines Unternehmens zum Beispiel ist die Person, die hier den lebensgebenden *Mittelpunkt* bildet und mit ihrer Energie alles in Gang hält.

Wer im *Mittelpunkt* des Abends oder einer Veranstaltung steht, der oder die ist die *Hauptperson* beziehungsweise *beherrscht die Szene.* Der scherzhafte Ausdruck *Hahn im Korb* wird nur auf Männer bezogen: Hier handelt es sich um den einzigen Mann unter Frauen in einer Gesellschaft, der dadurch gewissermaßen einen *Mittelpunkt* bildet. *Nabel* als Synonym für *Mittelpunkt* ist scherzhaft und wird meist in der Wendung *Nabel der Welt* gebraucht.

Mitternacht vierundzwanzig/null Uhr, zwölf (Uhr nachts), Tageswechsel, mitternachts, Geisterstunde

Mittler
1. → Vermittler
2. → Medium

mittlerweile inzwischen, unterdessen, währenddessen, in der Zwischenzeit, derweil(en), dazwischen, zwischenzeitlich, zwischendurch, solange, indessen

mittun → mitwirken

mitunter → manchmal

Mitwelt Umgebung, Umwelt, Lebenskreis, Mitmenschen, Nachbarn, die anderen, Mitbürger, Landsleute, Zeitgenossen, Mitlebende

mitwirken mitarbeiten, mitmachen, mittun, sich beteiligen, teilnehmen, teilhaben, Anteil haben, dabei sein, dazugehören, partizipieren, beisteuern, assistieren, an die Hand gehen, behilflich sein; *ugs.:* mit von der Partie sein, die Hand im Spiel haben, mitspielen, mitmischen, mithalten, mitziehen

Mitwisser → Mitschuldiger

mitzählen → einbeziehen

mitziehen
1. mitgehen, mitkommen, sich anschließen, mitrei-

sen, mitmarschieren, mitlaufen
2. → mitwirken
mixen
1. mischen, vermischen, durchmischen, zusammenschütten, mengen, vermengen, durchmengen, untermengen, versetzen mit, anrühren, verrühren, durcheinanderwirken, verquirlen
2. sampeln, neu einspielen/zusammenstellen, mischen
Mixgetränk Cocktail, Flip, Mischgetränk, Mixed Drink, Fizz, Longdrink, Shake
Mixtur
1. → Mischung
2. Tinktur, Lösung, Arznei
Mob Pöbel, Gesindel, (asoziales) Pack, Lumpenpack, Abschaum
Möbel → Mobiliar
mobil → beweglich
Mobiliar Möbel, Möbelstücke, Wohnungseinrichtung, Wohnungsausstattung, Inventar, Meublement, bewegliche Habe, Einrichtungsgegenstände, Hausrat; *ugs.:* Klamotten, Siebensachen, Kram
mobilmachen einberufen, einziehen, zu den Fahnen/Waffen rufen, ausheben, mobilisieren, anwerben, rüsten, sich bewaffnen, kampfbereit machen
mobilisieren
1. aufbieten, einsetzen, in Bewegung/Tätigkeit setzen, aufwenden, daransetzen, aktivieren, lebendig machen, anstacheln, anspornen, antreiben, beflügeln, in Gang bringen, bewegen zu; *ugs.:* dransetzen, in Schwung/auf Trab/Touren bringen, reinstecken, Dampf machen, einheizen
2. → mobilmachen
Mobiltelefon → Handy
möblieren einrichten, ausstatten, ausgestalten, ausstaffieren, Möbel aufstellen, wohnlich machen
Modder → Schlamm
Mode
1. Geschmack, Tagesgeschmack, Zeitgeschmack, Zeitstil, Zeiterscheinung, das Moderne/Modische/Allerneueste, der letzte Schrei, Novität, Neuheit, Fashion, Look; *ugs.:* was man trägt
2. *EDV:* Modus, Zustand, Betriebsart, Erscheinungsform
Model
1. → Modell
2. Schablone, Backform, Holzform, Wachsmodel
Modell
1. Kreation, Modeschöpfung
2. *f.:* Mannequin, Vorführdame, Topgirl, Model
3. *m.:* Dressman, Model
4. Typ, Art, Type, Bauart, Machart, Ausführung, Schnitt, Fasson
5. Muster, Vorbild, Urbild, Archetyp, Urform, Vorlage, Schablone, Original, Raster
6. Nachbildung, Nachahmung, Imitation, Attrappe, Musterstück, Kopie, Abguss; *ugs.:* Abklatsch
7. → Entwurf
modellieren formen, ausformen, gestalten, bilden, prägen, Form/Gestalt geben/verleihen, anfertigen, arbeiten, herstellen, erschaffen, kneten, modeln
Moder Fäulnis, Fäule, Schimmel, Zerfall, Zersetzung, Verwesung
Moderator Gesprächsleiter, Diskussionsleiter, Talkmaster, Ansager; *veraltet:* Conférencier
modern
1. faulen, verfaulen, verwesen, verrotten, vermodern, verderben, verkommen, verschimmeln, in Fäulnis übergehen, Schimmel ansetzen, sich zersetzen, umkommen, den Weg alles Irdischen gehen; *ugs.:* vergammeln, gammelig werden
2. zeitgemäß, neuzeitlich, modisch, neumodisch, mit der Zeit, à la mode, in Mode, up to date, auf dem neuesten Stand, der Mode unterworfen, nach der neuesten Mode, neuartig, modegerecht, modebewusst, neu, super, hyper, hochmodern, fashionable, en vogue, soeben aufgekommen, an der Tagesordnung, zeitgenössisch, fortschrittlich, progressiv, aktuell, aufgeschlossen; *ugs.:* trendy, angesagt, trendig, kultig, von heute, heutig, im Schwang, gang und gäbe, in, der letzte Schrei
modernisieren erneuern, überholen, renovieren, modern gestalten, restaurieren, auffrischen, aufarbeiten, aufpolieren, verbessern, neu gestalten, umgestalten, umarbeiten, ändern; *ugs.:* aufmöbeln
Modifikation Abwandlung, Spielart, Änderung, Abänderung, Modifizierung, Umgestaltung, Variation, Variierung, Variante, Veränderung, Umformung, Umbildung
modifizieren → ändern
modisch → modern
Modus → Art

Mohammedaner und Muslime: Die Gläubigen im Islam

Anhänger des islamischen Glaubens werden oft *Mohammedaner* genannt. Diese Bezeichnung leitet sich von dem Propheten *Mohammed* ab, der diese Religion zu Beginn des 7. Jahrhunderts in Mekka stiftete. *Mohammedaner* ist allerdings ein umgangssprachlicher Begriff, der den Eindruck erweckt, dass *Mohammed* im Islam eine wichtigere Stellung einnehme als die alleinige Gottheit Allah.
Ebenfalls unangemessen sind die Bezeichnungen *Muselman, Muselmane* und besonders die entstellte Form *Muselmann,* die als abschätzig empfunden werden. Korrekte Bezeichnungen sind *Muslim* oder *Moslem.* Das veraltete Wort *Islamit* wird nur noch sehr selten gebraucht.

Mogelei Betrug, Täuschung, Schiebung, Irreführung, Fake, Schwindel, Gaunerei, Bauernfängerei, Nepp, Schummelei

mogeln → betrügen

mögen eingenommen/angetan sein, viel übrighaben, nicht abgeneigt sein, Geschmack finden/gewinnen, Gefallen haben/finden, Reiz abgewinnen, sympathisch finden, sympathisieren mit, gernhaben, zugeneigt/zugetan/gewogen/gut sein, liebhaben, hängen an, ins Herz schließen, im Herzen tragen, lieben, verliebt sein, schätzen, leiden können, eine Schwäche/Vorliebe/ein Faible haben, sich hingezogen fühlen, gut finden, Lust haben, bevorzugen; *ugs.:* vernarrt/verrückt sein, einen Narren gefressen haben

möglich
1. denkbar, erdenklich, vorstellbar, machbar, potenziell, nach Möglichkeit, nicht ausgeschlossen/unmöglich, im Bereich/Rahmen des Möglichen, wahrscheinlich, durchführbar, realisierbar, gangbar, ausführbar, diskutabel, erwägenswert, gehbar, erreichbar
2. **für möglich halten** → vermuten

möglicherweise vielleicht, eventuell, gegebenenfalls, womöglich, allenfalls, unter Umständen, vermutlich, je nachdem, möglichenfalls, wenn es geht, es ist möglich/denkbar, es besteht die Möglichkeit, es kann sein, es ist nicht auszuschließen, wohl, es liegt im Bereich des Möglichen

möglich machen → ermöglichen

Möglichkeit
1. Weg, Mittel (und Wege)
2. → Chance
3. Fall, Eventualität

möglichst → tunlichst

Mohammedaner *ugs. für:* Muslim ⓘ

Möhre → Mohrrübe

Mohrrübe Möhre, Karotte; *landsch.:* Wurzel, gelbe Rübe, Gelbrübe; *schweiz.:* Rübli

mokant spöttisch, höhnisch, ironisch, anzüglich, sarkastisch, zynisch, bissig, beißend, voller Verachtung/Hohn, hämisch, boshaft, spitz, scharf, gallig, ätzend, verletzend, schadenfroh, verächtlich

mokieren, sich spotten, spötteln, bespötteln, sich lustig machen, verspotten, auslachen, verlachen, verhöhnen, mit Spott/Hohn überschütten, sein Gespött treiben, jmdn. necken/hänseln/foppen

Mole Hafenmauer, Hafendamm, Kai, Kaimauer, Pier

Molkerei Meierei, Milchwirtschaft, Milch verarbeitender Betrieb

mollig
1. → dick
2. warm, behaglich, gemütlich, heimelig, anheimelnd, traut, traulich

Moloch Monstrum, Ungeheuer, Bestie, Scheusal, unersättliche Macht, tiefer Abgrund

Moment
1. *m.:* → Augenblick
2. *n.:* → Umstand

momentan
1. augenblicklich, im Moment/Augenblick, zur Zeit/Stunde, gegenwärtig, jetzt, jetzig, nun, gerade (eben), just, justament, derzeit(ig), heute
2. → vorübergehend

Monarch Souverän, Herrscher, Alleinherrscher, Landesvater, Oberhaupt

Mönch
1. Ordensmann, Ordensgeistlicher, Ordensbruder, Klosterbruder, Bruder, Laienbruder, Pater, Fra, Frater; *abwertend:* Kuttenträger
2. Einsiedler, Eremit, Klausner

mondän modisch, schick, extravagant, von Welt, weltläufig, weltmännisch, exklusiv, elegant

Moneten
1. *ugs. für:* Mammon, Kies, Moos, Zaster, Knete
2. → Geld

Mongolismus *veraltet für:* Downsyndrom ⓘ
monieren → beanstanden
Monolog Selbstgespräch
Monopol Alleinrecht, Alleinanspruch, alleiniges Vorrecht
monoton → langweilig
Monotonie Langeweile, Eintönigkeit, Einförmigkeit, Gleichförmigkeit, Einerlei, Fadheit, Trostlosigkeit, Tristesse, Stumpfsinn
monströs
1. → gewaltig
2. → abscheulich
Monstrum
1. Ungeheuer, Ungetüm, Untier, Scheusal, Bestie, Moloch, Drache
2. Gigant, Riese, Koloss, Hüne, Goliath
montieren
1. zusammenbauen, zusammenfügen, zusammensetzen, installieren
2. anbringen, festmachen, befestigen, anmontieren, aufmontieren, legen; *ugs.:* anmachen
Montur
1. Uniform, Arbeitsanzug, Dienstkleidung, Dienstanzug, Einheitskleidung
2. Garderobe, Bekleidung, Kleider, Aufmachung; *ugs.:* Klamotten, Zeug, Kluft, Aufzug, Outfit
Monument Gedenkstein, Mahnmal, Ehrenmal, Memorial, Denkmal
monumental → gewaltig
Moor Sumpf, Sumpfland, Ried, Bruch; *landsch.:* Fenn, Luch, Moos
Mops
1. Kloß, Pummel, Fettsack
2. → Fettwanst
mopsen
1. *ugs. für:* klauen, filzen, stibitzen, klemmen, mitgehen lassen
2. → stehlen

Mongolismus: Ein diskriminierender Begriff

Als *Mongolismus* bezeichnete man früher eine angeborene, mit Verzögerungen und Einschränkungen der geistigen und körperlichen Entwicklung einhergehende Behinderung, der eine chromosomale Störung zugrunde liegt. Die Gesichtszüge der Betroffenen wurden u. a. wegen einer leichten Schrägstellung der Lidspalten und einer flachen Nasenwurzel mit der für mongolische Völker typischen Physiognomie verglichen.
Der veraltete Begriff *Mongolismus* wird von den Betroffenen und ihren Angehörigen als diskriminierend abgelehnt. Es empfiehlt sich, auf den zeitgemäßen Begriff *Downsyndrom*, nach dem Arzt J. L. H. *Down*, der das Phänomen erstmals beschrieb, auszuweichen. Auch der fachsprachliche Ausdruck *Trisomie 21* kann verwendet werden.

mopsig → dick
Moral
1. Wertvorstellungen, Wertmaßstäbe, Sinnvorstellungen, Handlungsregeln, Sittlichkeit, Gesittung, Sitte, moralische/ethische Gesinnung, sittliche Einstellung/Grundhaltung, Verantwortungsgefühl, Verantwortungsbewusstsein
2. Disziplin, Zucht, Ordnung, Selbstvertrauen, innere Kraft, Kampfgeist
moralisch → sittlich
Moralpredigt (eindringliche) Ermahnung, Lektion, Predigt, Epistel, Strafpredigt, Zurechtweisung; *ugs.:* Gardinenpredigt, Standpauke, Donnerwetter
Morast
1. Modder
2. → Schlamm
morbid
1. von Krankheit/Zerfall gekennzeichnet, im Verfall begriffen, angekränkelt, krank, krankhaft, marode
2. morsch, brüchig
Mord Ermordung, Mordtat, Bluttat, Meuchelei, Totschlag, (vorsätzliche) Tötung, Kapitalverbrechen, Vernichtung, Abschlachtung, Blutvergießen
morden → töten
Mörder Killer, Cleaner, Meuchelmörder, Verbrecher
mörderisch
1. furchtbar, grausam, brutal, entsetzlich, widerlich, schrecklich, grässlich, gräulich, schauderhaft, abscheulich, ekelhaft, unmenschlich, unbarmherzig, blutig
2. → sehr
mordsmäßig
1. → sehr
2. → gewaltig
Morgen Morgenstunde, Frühe, Vormittag, Tagesbeginn, Tagesanbruch; *poet.:* der junge Tag
Morgendämmerung → Morgengrauen
Morgengrauen Morgendämmerung, Tagesanbruch, Tagesschimmer, Tagesgrauen, Tagesbeginn, Sonnenaufgang, Morgenröte, Morgenrot, Frühlicht, der frühe Morgen
Morgenland → Orient
morgens
1. am Morgen, in der Frühe, am Vormittag, vormittags, früh, des Morgens,

bei Tagesanbruch, in aller Frühe/Herrgottsfrühe, beim Morgengrauen/ersten Hahnenschrei, mit der Sonne, vor Tau und Tag, zeitig, frühzeitig, beizeiten
2. jeden/alle Morgen, Morgen für Morgen, immer morgens/am Morgen, allmorgendlich, immer vormittags
3. am Vormittag

Moritat Bänkelsang, Bänkellied

morsch
1. brüchig, mürbe, vermodert, verrottet, verkommen, faul, verfallen, zerfallen, baufällig, schrottreif, bröcklig
2. → morbid

morsen → funken

Möse → Vulva

mosern
1. *ugs. für:* mäkeln, herummäkeln, motzen
2. → nörgeln

Moskito → Mücke

Most Saft, Fruchtsaft, Süßmost, Obstwein

Motiv
1. Anlass, Veranlassung, Grund, Beweggrund, Ursache, Triebfeder, Anstoß
2. Thema, Leitgedanke
3. Tonfigur, musikalisches Thema

motivieren
1. → begründen
2. motivieren zu → anregen

Motor
1. Maschine, Antriebsmaschine, Triebwerk, Kraftquelle
2. Antrieb, Triebkraft, treibende Kraft, Impuls, Ansporn, Anreiz, Anlass
3. → Initiator

Motorrad Kraftrad, Krad, Maschine, Bike; *ugs.:* Feuerstuhl, heißer Ofen

Motto Wahlspruch, Leitsatz, Leitgedanke, Leitspruch, Devise, Parole, Losung, Slogan, Schlagwort, Maxime

motzen
1. *ugs. für:* mosern, mäkeln, herummäkeln
2. → nörgeln

moussieren perlen, prickeln, schäumen, sprudeln

Mücke Stechmücke, Moskito; *landsch.:* Schnake, Stanze; *österr.:* Gelse

mucken
1. *ugs. für:* Krach schlagen, einen Tanz aufführen
2. → aufbegehren

Muckibude *ugs. für:* Fitnesscenter

müde
1. schläfrig, ruhebedürftig, schlafbedürftig, ermüdet, schlaftrunken, zum Umsinken/Umfallen müde, dösig, übernächtigt, todmüde, übermüdet, verschlafen, unausgeschlafen; *landsch.:* marode; *ugs.:* bettreif, hundemüde; *österr.:* tramhapert; *derb:* saumüde
2. → erschöpft

müde sein
1. Müdigkeit verspüren, mit dem/gegen den Schlaf kämpfen; *ugs.:* mit offenen Augen schlafen, vor Müdigkeit umfallen, einen toten Punkt haben, sich nicht mehr auf den Beinen halten können, im Tran sein, nach dem Bettzipfel schielen, die nötige Bettschwere haben, die Augen fallen zu
2. einer Sache müde sein gelangweilt/überdrüssig sein, genug/es satthaben; *ugs.:* etwas über haben, etwas dickhaben, etwas leid sein, bedient sein, etwas reicht/stinkt jmdm., bis zum Hals stehen, zum Hals heraushängen, die Nase voll haben; *derb:* die Schnauze/den Kanal voll haben, das große Kotzen kriegen

Muffel
1. *ugs.:* Miesepeter, Nieselpriem, Sauertopf
2. → Griesgram

muffelig
1. *ugs. für:* grantig
2. → mürrisch

muffeln
1. *ugs. für:* beleidigt/mürrisch/missmutig/missgelaunt/misslaunig/missgestimmt/missvergnügt/verdrossen/verdrießlich/bärbeißig/griesgrämig/brummig/übellaunig/unleidlich/in schlechter Stimmung sein, mit sich und der Welt zerfallen sein; *ugs.:* mit dem linken Fuß aufgestanden sein, jmdm. ist eine Laus über die Leber gelaufen, ungenießbar/sauertöpfisch/muffig/miesepetrig sein
2. schlecht/dumpf riechen, einen üblen/merkwürdigen/unangenehmen Geruch haben/ausströmen/ausdünsten, stinken; *ugs.:* miefen

muffig
1. dumpf/moderig riechend, schlechtriechend, übelriechend, ungelüftet, schlechte Luft; *ugs.:* stinkig, vermieft, miefig
2. → einsilbig
3. → missmutig

Mühe
1. Bemühung, Anstrengung, Arbeit, Kraftaufwand, Arbeitsaufwand, Aktivität
2. Mühsal, Mühseligkeit, Plage, Beschwerlichkeit, Beschwerde, Beschwernis, Beanspruchung, Belas-

M

tung, Anspannung, Stress, Strapaze, Last, Fron, Kärrnerarbeit; *geh.:* Mühewaltung; *ugs.:* Plackerei, Geacker, Schinderei, Schufterei, Rackerei, Schlauch, Schweiß, Knochenarbeit, Heidenarbeit, Mordsarbeit, Mistarbeit, Drecksarbeit; *derb:* Scheißarbeit, Sauarbeit
3. mit Mühe gerade/eben noch, knapp, kaum, unter Schwierigkeiten, schlecht und recht, mühsam, mit Mühe und Not/knapper Not/letzter Anstrengung; *ugs.:* mit Ach und Krach/Hängen und Würgen

mühelos
1. ohne Mühe, leicht, kinderleicht, einfach, unkompliziert, mit Leichtigkeit, spielend, unschwer, unproblematisch, bequem, ohne Schwierigkeiten, kein Kunststück, ein Kinderspiel, mit dem kleinen Finger, eine Kleinigkeit; *österr.:* kommod; *ugs.:* aus dem Handgelenk, mit einem Griff/links, kleine Fische, ein Klacks, wie im Schlaf/Traum
2. → fließend
3. → reibungslos

mühen, sich → anstrengen, sich

mühevoll → mühsam

Muhme Tante, Base

Mühsal → Mühe

mühsam mühevoll, mühselig, beschwerlich, anstrengend, schweißtreibend, aufreibend, ermüdend, strapaziös, kräftezehrend, langwierig, zeitraubend, unbequem, dornig, steinig, lästig; *ugs.:* sauer

mühselig → mühsam

Mühseligkeit → Mühe

Mulde Senke, Bodensenke, Vertiefung, Bodenvertiefung, flaches Tal, Geländesenkung, Talsenke, Becken, Gesenke, Graben, Grube; *landsch.:* Delle

Muli → Maultier

Müll
1. Abfall, Kehricht, Rückstände, Schmutz, Schrott, Schutt, Unrat; *landsch.:* Mist, Dreck
2. → Ramsch

Mülleimer → Mülltonne

Müllhalde Müllabladeplatz, Müllkippe, Deponie, Mülldeponie, Schuttplatz, Schutthaufen, Schutthalde, Müllgrube, Müllhaufen, Abfallgrube

Mülltonne Abfalleimer, Abfalltonne, Mülleimer, Ascheimer, Ascheneimer, Müllkübel, Müllcontainer; *ugs.:* Dreckeimer, Mistkübel

mulmig
1. → unwohl
2. → heikel

multilateral mehrseitig, mehrere Seiten betreffend, zwischen mehreren Staaten

multiplizieren vervielfachen, malnehmen

mumifizieren balsamieren, einbalsamieren, ausstopfen, konservieren, präparieren, haltbar machen, erhalten

Mumm
1. *ugs. für:* Traute, Schneid
2. → Mut

Mumpitz
1. *ugs.:* Stuss, Quatsch, Quark, Humbug
2. → Unsinn

Mund *ugs.:* Klappe, Schnute, Schnabel, Rand, Gosch, Mundwerk; *landsch.:* Futterluke, Babbel; *derb:* Fresse, Maul, Schandmaul, Schnauze, Dreckschleuder, Kodderschnauze, Maulwerk ⓘ

Mundart Dialekt, regionale Sprachvariante

munden → schmecken

münden fließen in, einmünden, hineinfließen, zusammenströmen, zusammenfließen, enden

mundfaul → einsilbig

mündig volljährig, großjährig, erwachsen; *veraltet:* majorenn

mündlich verbal, im/per Gespräch, mit Worten, gesprochen, gesprächsweise, nicht schriftlich, persönlich

Mündung
1. Ende, Endpunkt, Eintritt, Auslauf, Zusammenfluss
2. Einmündung, Flussmündung, Delta

Mundwerk → Mund

munkeln tuscheln, raunen, Gerüchte/Vermutungen verbreiten, im Geheimen erzählen, flüstern, zuflüstern

Münster Dom, Kathedrale

munter
1. wach, hellwach, ausgeschlafen; *ugs.:* auf
2. lebhaft, lebendig, rege, springlebendig, regsam, frisch, agil, vif, temperamentvoll, quecksilbrig; *landsch.:* kregel; *ugs.:* wie ein Fisch im Wasser, putzmunter, quicklebendig, wie aufgezogen/aufgedreht/aufgekratzt
3. → fröhlich

Münze Geldstück; *Pl.:* Hartgeld, Kleingeld, Silbergeld; *veraltet, ugs.:* Groschen

mürbe
1. locker, weich, leicht zerfallend, (auf der Zunge) zergehend, krümelig, zart, butterweich
2. spröde, bröckelnd, morsch, brüchig, bröcklig,

Mund: Zwischen Schnabel und Schnauze

Es gibt zahlreiche umgangssprachliche Synonyme für *Mund,* die teilweise auch in Redensarten eingegangen sind. Wer geradeheraus redet, spricht, wie ihm der *Schnabel gewachsen ist,* beziehungsweise nimmt *kein Blatt vor den Mund.* Jemand, der schweigt, hält die *Klappe* oder den *Rand.* Einen mürrischen Gesichtsausdruck hat, wer eine *Schnute* zieht. Mit dem Ausdruck *Mundwerk* verbindet sich das Bedürfnis, viel zu reden. Das wird oft durch Zusätze näher bestimmt, wie etwa ein *flinkes/freches/großes/grobes/loses Mundwerk.* Derbe Varianten für *Mundwerk* sind *Schnauze, Maul* und *Fresse,* wobei *Fresse* etwa in der Wendung *jemandem die Fresse polieren* auch als Pars pro Toto für *Gesicht* stehen kann. Als *Schandmaul/Dreckschleuder/Kodderschnauze* bezeichnet man derb eine Person, die unverschämte Reden führt oder über andere lästert.
Wer *sich den Mund verbrennt,* sagt etwas unbedacht und schadet sich dadurch selbst. Auf bewusste Wortwahl eines Sprechers verweist die Wendung *ein Wort (nicht) in den Mund nehmen. Jemandem nach dem Mund reden* bedeutet, dieser Person zu schmeicheln oder opportunistisch das zu sagen, was sie gerne hören würde.
Jemandem eins über den Mund geben heißt, ihn auf den Mund zu schlagen. Eine Nachricht, die *von Mund zu Mund geht,* verbreitet sich rasch, und zwar durch *Mundpropaganda.* Sie ist dadurch *in aller Munde.* Menschen, die *von der Hand in den Mund leben,* verbrauchen aus Armut oder aus Sorglosigkeit ihr ganzes Einkommen zum Leben, ohne Rücklagen zu bilden. Wer sich dagegen *etwas vom Munde abspart,* nimmt Entbehrungen in Kauf, um Geld zu sparen. *Viele Münder zu stopfen haben,* heißt »eine große Familie haben«. *Jemandem etwas in den Mund legen* bedeutet, ihm eine bestimmte Äußerung nahezulegen oder zuzuschreiben. Kommt eine Mitteilung von jemandem, der es genau wissen muss, so kommt sie, gehoben ausgedrückt, *aus berufenem Munde.*

gebrechlich, morbid, rissig, wackelig
3. demoralisiert, entnervt, widerstandslos, ohne Widerstand/Widerstandskraft, schwach, nachgiebig, → erschöpft

mürbemachen → zermürben

murksen
1. schlecht arbeiten, trödeln
2. → pfuschen

Murmel Glaskugel; *landsch.:* Marmel, Marbel, Mermel, Klicker, Letsch, Bickel, Katzedonier, Schießer, Schusser, Knicker, Schneller, Bugger, Picker, Alabaster, Steinnuss; *schweiz.:* Klucker

murmeln
1. vor sich hinsagen/hinreden, brumme(l)n; *ugs.:* brabbeln
2. gluckern, glucksen, gurgeln, blubbern (Wasser)
3. Murmel spielen; *landsch.:* marmeln, schussern, Klicker spielen, klickern

murren
1. schmollen, brummen, maulen, knurren, mucken, bocken, ein Gesicht/einen Schmollmund machen/ziehen, nicht gerade begeistert sein, trotzen, klagen; *landsch.:* granteln, gnatzen; *ugs.:* muckschen, kiebig werden
2. → aufbegehren

mürrisch griesgrämig, verdrossen, verdrießlich, grämisch, brummig, knurrig, bärbeißig, ärgerlich, verärgert, böse, unwillig, ungehalten, unwirsch, verbittert, zähneknirschend, grimmig, missmutig, missgelaunt, misslaunig, erbittert, missgestimmt, missvergnügt, schlechtgelaunt, unmutig, unzufrieden, übellaunig, übelgelaunt, unbefriedigt, unlustig, unleidlich, in schlechter Stimmung, mit sich und der Welt zerfallen; *ugs.:* schlecht drauf, ungenießbar, sauertöpfisch, miesepetrig, murrköpfig, muff(e)lig, grantig, grätig, muffig, mit dem linken Fuß aufgestanden; *landsch.:* fünsch, leidig, gnatzig

mürrisch sein jmdm. böse sein, auf jmdn. nicht gut zu sprechen sein, sich fuchsen, sich giften, muffeln

Mus Brei, Püree; *landsch.:* Platsch, Kasch; *ugs.:* Papp, Pamp(s), Pampf, Klitsch; *österr.:* Koch; *schweiz.:* Stock

Museum Galerie, Kunstgalerie, Kunsthalle, Gemäldegalerie, Sammlung, Pinakothek, Kunstsammlung

Musik
1. Tonkunst
2. Klänge; *ugs.:* Mucke

Musiker Musikant, Tonkünstler, Musikinterpret, Instrumentalist, Spieler
Musikgruppe Popgruppe, Band, Popband, Rockband, Kapelle, Combo, Orchester
Musikwerk Musikstück, Komposition, Tondichtung, Tonstück
musisch künstlerisch (begabt), kunstsinnig, Kunst liebend, kunstverständig, kunstempfänglich, schöpferisch, feinsinnig
musizieren Musik machen, aufspielen, konzertieren, ein Konzert geben, (ein Instrument) spielen; *ugs.:* klimpern, dudeln, fiedeln
muskulös → athletisch
Muslim Moslem; *veraltet:* Islamit, Sarazene; *ugs., oft abwertend:* Mohammedaner, Muselman
Muße
1. Zeit, Freizeit, Ruhe, Ruhepause, Stille, Beschaulichkeit, Mußestunde, Mußezeit, (süßes) Nichtstun, Dolcefarniente
2. Atempause, Rast, Feiertag, Feierabend, Ferien, Urlaub, Arbeitsschluss
müssen verpflichtet/gezwungen/auferlegt/gehalten/genötigt sein, sich gezwungen/genötigt sehen, nicht umhin können, keine (andere) Wahl haben, sich nicht enthalten können, verurteilt sein zu, sollen, brauchen, nötig sein, jmdm. bleibt nichts anderes übrig, nicht anders können, unter Druck stehen, keinen anderen Weg sehen, für nötig/erforderlich halten, sich verpflichtet/bemüßigt fühlen, unfrei sein, unter Zwang handeln, in der Zwangslage handeln, die Pflicht/Verpflichtung haben, obliegen
müßig
1. → faul
2. überflüssig, unnötig, unnütz, zwecklos, nutzlos, grundlos, sinnlos
Müßiggang → Faulheit
Muster
1. Vorlage, Vorbild, Schema, Schablone, Musterstück, Leitbild, Urbild, Archetyp, Entwurf, Plan, Schnitt, Form
2. Zeichnung, Musterung, Dessin, Dekor, Verzierung, Ornament, Aufdruck
3. Probe, Warenprobe, Ansichtssendung, Mustersendung
4. Kostprobe, Exemplar, Beispiel, Auswahl, Vorschlag
5. → Musterfall
Musterfall Muster, Schulbeispiel, Musterbeispiel, Präzedenzfall, Paradebeispiel, Inbegriff, Ausbund, Gipfel, Clou, Prototyp, Inkarnation
mustergültig → musterhaft
musterhaft beispielhaft, beispielgebend, beispiellos, nachahmenswert, nacheifernswert, unnachahmlich, exemplarisch, comme il faut, richtungweisend, vorbildlich, mustergültig, vollkommen, vollendet, unübertroffen, unerreicht, untadelig, ideal, fehlerlos, makellos, einwandfrei, perfekt, großartig
mustern
1. anschauen, anstarren, betrachten, ansehen; *ugs.:* angucken
2. → durchsehen
3. auf Wehrtauglichkeit untersuchen
Mut Furchtlosigkeit, Beherztheit, Forschheit, Heldenhaftigkeit, Mannesmut, Mannhaftigkeit, Löwenmut, Heldengeist, Heroismus, Tapferkeit, Unverzagtheit, Kühnheit, Unerschrockenheit, Verwegenheit, Wagemut, Bravur, Zivilcourage, Heldentum, Heldenmut; *ugs.:* Courage, Herz, Schneid, Mumm, Traute
Mutation
1. Änderung, Veränderung, Wandlung, Umschwung, Wechsel
2. Stimmwechsel, Stimmbruch
mutig beherzt, couragiert, heldenhaft, heroisch, forsch, mannhaft, wagemutig, todesmutig, waghalsig, stark, halsbrecherisch, riskant, vermessen, abenteuerlich, gewagt, mutvoll, standhaft, entschlossen, fest, kühn, tollkühn, unerschrocken, verwegen, draufgängerisch, tapfer, unverzagt, furchtlos, frei von/ohne Furcht, herzhaft, kämpferisch, wacker, stramm, löwenherzig, nicht feige, vor nichts zurückschreckend, gefährlich, lebensgefährlich, selbstmörderisch; *ugs.:* schneidig
mutlos
1. verzagt, zaghaft, entmutigt, kleinmütig, niedergeschlagen, deprimiert, niedergedrückt, depressiv, niedergebeugt, niedergeschmettert, verzweifelt, gebrochen, ohne Mut/Zuversicht, resigniert, lebensmüde, pessimistisch; *ugs.:* geknickt, flügellahm, down, groggy, bedrippst
2. → pessimistisch
3. → feige
mutmaßen vermuten, annehmen, glauben, wähnen

M

mutmaßlich verdächtigt, unter Verdacht stehend, angeblich, vermutet, möglich, eventuell, wahrscheinlich, vermeintlich

Mutter Mama, Mutti, Mami, Muttchen, alte Dame, Alte

mütterlich fürsorglich, besorgt, lieb, liebevoll, mit Hingebung, hingebungsvoll, rührend, zärtlich, uneigennützig, selbstlos, gütig, aufopfernd

Muttermal Leberfleck, Linsenfleck, Gefäßmal, Geburtsmal, Pigmentmal; *Med.:* Lentigo, Naevus

mutterseelenallein → einsam

Muttersöhnchen Weichling, Zärtling, Schürzenkind, Schwächling, Herzenssöhnchen, Mutterknabe; *ugs.:* Waschlappen, Jammerlappen, Pimpelhans, Memme

Mutterwitz → Witz

Mutti → Mutter

mutwillig absichtlich, absichtsvoll, mit/in böser Absicht, böswillig, vorsätzlich, aus Übermut, bewusst, gewollt, willentlich, wissentlich, mit Bedacht, mit Willen, mit Bewusstsein, geflissentlich, beabsichtigt, ausdrücklich, geplant, vorbedacht, intentional, wohlweislich, eigens; *ugs.:* extra

Mütze Kopfbedeckung, Kappe, Käppi

mysteriös undurchdringlich, ungreifbar, unerkennbar, undurchsichtig, undurchschaubar, doppelbödig, unbestimmt, hintergründig, abgründig, rätselhaft, nebulös, vieldeutig, orakelhaft, dunkel, geheimnisvoll, mystisch

Mysterium
1. Geheimnis, Dunkel, Rätsel
2. Unerklärliches, Unerforschliches, Übersinnliches, Metaphysisches, Wunder, Phänomen; *geh.:* Mirakel

Mystifikation Mystifizierung, Täuschung, Vorspiegelung, Irreführung, Verschleierung, Überhöhung

mystisch
1. (religiös) enthoben
2. → mysteriös

M

N

nach
1. in Richtung, gen
2. danach, später, im Anschluss an, hinterher, nachher, darauf, nachdem, dann, anschließend, hiernach, hernach, nachfolgend, in der Folge, endlich, schließlich, hierauf; *ugs.:* hinterdrein
3. entsprechend, gemäß, zufolge, laut, nach Maßgabe
4. **nach und nach** → allmählich
5. **nach wie vor** → weiterhin

nachäffen *ugs. für:* nachahmen

nachahmen nachbilden, nachmachen, nachformen, nacheifern, nachfolgen, nachstreben, gleichtun, wiedergeben, imitieren, reproduzieren, sich ein Beispiel nehmen an, sich zum Vorbild nehmen, absehen, abschauen, in jmds. Spuren wandeln, wiederholen, entlehnen, sich anlehnen an, lernen von, kopieren, sich richten nach, sich anzugleichen suchen, covern; *ugs.:* abkupfern, nachäffen, nachtun

nachahmenswert
1. → beispiellos
2. → ausgezeichnet

Nachahmer Imitator, Kopist, Plagiator; *geh.:* Epigone; *ugs.:* Nachäffer, Nachbeter, Nachmacher, Abschreiber; *abwertend:* Trittbrettfahrer

Nachahmung Imitation, Reproduktion, Nachbildung, Kopie, Plagiat, Fälschung

nacharbeiten → nachholen

Nachbar
1. Anwohner, Anrainer; *schweiz.:* Anstößer
2. Nebenmann

Nachbarschaft Umwelt, Umkreis, Umgebung, Umgegend, Umland, Nähe, Gegenüber, Lebenskreis

nachbeten → nachreden

nachbilden
1. → abbilden
2. → nachahmen

Nachbildung → Imitation

nachblicken → nachschauen

nachbohren
1. *ugs. für:* ein Loch in den Bauch fragen, auf den Busch klopfen, nicht lockerlassen, nachhaken
2. → ausfragen

nachdem
1. als
2. → nach
3. da, weil, zumal

nachdenken → denken

nachdenklich versonnen, (in Gedanken) versunken, gedankenvoll, besinnlich, überlegt, besonnen, grübelnd, grüblerisch, tiefsinnig, in sich gekehrt, abwägend, gedankenverloren, abwesend

Nachdruck
1. Dringlichkeit, Eindringlichkeit, Betonung, Bestimmtheit, Ernst, Schärfe, Entschiedenheit, Unterstreichung, Ausdrücklichkeit, Gewichtigkeit, Drastik, Deutlichkeit, Hervorhebung, Inständigkeit, Emphase, Unmissverständlichkeit, Kraft, Intensität
2. Bedeutung, Gewicht, Wert, Belang, Geltung, Wichtigkeit, Tragweite, Wirksamkeit, Relevanz, Größe, Bedeutsamkeit, Würde, Rang
3. Abdruck, Veröffentlichung, Neuauflage, Herausgabe, Reprint, Neufassung

nachdrücklich
1. dringlich, eindringlich, mit Nachdruck/Gewicht, betont, entschieden, entschlossen, ausdrücklich, deutlich, unmissverständlich, energisch, emphatisch, ernst, ernstlich, intensiv, akzentuiert, drastisch, ultimativ, bestimmt, eindeutig, dezidiert, ostentativ, unüberhörbar, demonstrativ, gewichtig, prononciert, klar, extra, eigens, explizit, expressis verbis, kategorisch
2. → inständig

nacheifern
1. nachstreben, sich ein Beispiel nehmen an, sich zum Vorbild machen
2. → nachahmen

nacheilen → nachrennen

nacheinander einer/eines nach dem anderen, in kurzen Abständen, der Reihe nach, hintereinander, in Aufeinanderfolge, folgend, aufeinanderfolgend, der Ordnung nach; *ugs.:* im Gänsemarsch, in Reih und Glied

nachempfinden nachfühlen, mitfühlen, sich einfühlen, nachvollziehen, sich hineinversetzen, sich hineindenken, sich einleben in, verstehen, nacherleben

Nachen → Boot

nacherleben → nachempfinden

nacherzählen wiedergeben, wiedererzählen, wiederholen, referieren

Nachfahr(e) Nachkomme, Abkömmling, Verwandter, Angehöriger, Spross, Nachwuchs; *geh.:* Deszendent

Nachfolge Übernahme, Amtsübernahme, Erbe

nachfolgen
1. die Nachfolge antreten, folgen, ein Amt übernehmen; *ugs.:* in jmds. Fußstapfen treten
2. hinterhergehen, nachgehen, sich anschließen, nachkommen, hinterdreinkommen
3. → nachahmen

Nachfolger → Nachfahr

nachforschen ermitteln, sich Informationen/Kenntnisse verschaffen, zu erkennen/finden/entdecken suchen, recherchieren, suchen, auskundschaften, ergründen, fahnden nach, in Erfahrung bringen/ausfindig machen/auf die Spur kommen wollen, untersuchen, nachspüren, nachgehen, nachsuchen, Recherchen/Nachforschungen/Ermittlungen anstellen, abklopfen auf, prüfen; *geh.:* eruieren; *österr.:* erheben

Nachforschung → Untersuchung

Nachfrage Verlangen, Bedarf, Kaufinteresse, Kauflust, Wunsch, Bedürfnis

nachfragen
1. sich erkundigen, fragen nach, um Auskunft bitten
2. → ausfragen

nachfühlen → nachempfinden

nachfüllen auffüllen, nachschütten, nachschenken, ergänzen, vollmachen, vollschütten, vollgießen

nachgeben
1. einlenken, sich überreden lassen, sich fügen, sich beugen, sich unterwerfen, sich unterordnen, zurückstecken, zurückweichen, zurückgehen, sich zurückziehen, weichen, lockerlassen, sich anpassen, gehorchen, kapitulieren, parieren, Wünschen entgegenkommen, konformgehen, sich richten nach, Zugeständnisse machen, den Rückzug antreten, resignieren, aufgeben, die Waffen strecken, sich erweichen lassen, schwachwerden, willfahren, sich gefallen lassen, sich ergeben; *ugs.:* klein beigeben, spuren, kuschen, weichwerden, in die Knie gehen, einen Rückzieher machen, passen, die Segel streichen, das Feld räumen, kneifen, den Schwanz einziehen
2. nicht standhalten, sich biegen, sich dehnen
3. erhören, gewähren, zulassen

nachgehen
1. nachfolgen, verfolgen, hinterhergehen, nachstellen, nachschleichen, nachsetzen, sich an jmds. Sohlen/Fersen heften, auf der Spur/Fährte bleiben, hinter jmdm. her sein; *ugs.:* nachsteigen
2. → nachforschen
3. → sich beschäftigen mit

nachgemacht
1. abgeschaut; *ugs.:* abgeguckt, abgekupfert
2. → imitiert

nachgeordnet
1. nebensächlich, sekundär, an zweiter Stelle
2. → unbedeutend

nachgeraten → ähneln

Nachgeschmack Nachklang, Nachhall, Erinnerung, Andenken

nachgiebig
1. weich, weichlich, schwach, willig, beugsam, widerstandslos, ohne Widerstand, gutmütig, willensschwach, willenlos, gütig, sanft, sanftmütig, zart, gutherzig; *ugs.:* verweichlicht, wie ein Waschlappen
2. geschmeidig, elastisch, schmiegsam, formbar, biegsam

nachgrübeln
1. seinen Geist anstrengen, sich das Hirn zermartern, tüfteln, brüten, rätseln
2. → denken

nachgucken → nachschauen

nachhaken *ugs. für:* sich erkundigen, nachfragen, Fragen stellen, zu ermitteln suchen, auskundschaften, aushorchen, erfragen, befragen, sich informieren, sich unterrichten; *ugs.:* ausquetschen, auf den Zahn fühlen, nachbohren, auf den Busch klopfen, herumstochern, nicht lockerlassen

Nachhall Widerhall, Rückhall, Nachklang, Nachklingen, Echo, Resonanz, Schall

nachhaltig
1. → einschneidend
2. anhaltend, dauernd, für längere Zeit, während

nachhängen
1. → denken
2. → nachwirken

nachhelfen
1. Hilfe/Unterstützung gewähren, Hilfestellung geben, Beistand leisten, unterstützen, behilflich sein, beistehen
2. → anregen

nachher → danach

nachhinken im Rückstand/Verzug sein, zurückbleiben, hintanbleiben, nachstehen, die Zeit überschreiten, unpünktlich sein; *ugs.:* nachzotteln, nicht mitkommen

nachholen nacharbeiten, aufarbeiten, einholen, nachlernen, später erledigen, gutmachen, wett-

N

machen, nachziehen, gleichziehen
Nachhut Nachzügler, die Letzten, Schlusslicht, Nachkömmlinge
nachjagen → nachrennen
Nachklang → Nachhall
Nachkomme → Nachfahr
nachkommen
1. folgen, nachfolgen, später kommen, hinterherkommen, sich anschließen
2. Schritt halten, mitkommen, folgen können, den Anforderungen gewachsen sein, auf dem Laufenden bleiben
3. erfüllen, vollziehen, entsprechen, einlösen, Genüge tun, befriedigen, zufriedenstellen
Nachkömmling Nachzügler, Spätling
Nachlass
1. Hinterlassenschaft, Erbe, Erbschaft, Erbteil, Erbgut, Vermächtnis, Besitz, Vermögen; *österr.:* Verlassenschaft; *schweiz.:* Vergabung
2. → Preisnachlass
nachlassen
1. → abflauen
2. erlassen, herabsetzen, ermäßigen, heruntergehen mit, heruntersetzen, den Preis senken, verbilligen, ablassen, einen Rabatt/Preisnachlass gewähren, Prozente/billiger geben
3. vererben, vermachen, hinterlassen, überlassen, weitergeben, weiterreichen
4. abbauen, absteigen, kraftlos werden, verblühen, im Abstieg begriffen sein, nicht Schritt halten, zurückfallen, rückwärtsgehen, sich verschlechtern, sich verschlimmern; *geh.:* regredieren; *ugs.:* abschlaffen, absacken
nachlässig
1. unordentlich, oberflächlich, ungenau, schlampig, flüchtig, unkorrekt, unaufmerksam, lässig, salopp, leichtfertig, unsorgfältig, liederlich, lax, leichthin, obenhin, sorglos, pflichtvergessen, schludrig, so nebenher, beiläufig, übereilt, nicht gewissenhaft/gründlich/sorgfältig; *ugs.:* schlampert, lasch, husch(e)lig, schludrig, lotterig, larifari, holterdipolter, hopplahopp
2. unachtsam, lieblos, achtlos, gleichgültig, gedankenlos, indifferent; *ugs.:* wurschtig
nachlaufen → nachrennen
nachlesen → nachschauen
nachmachen
1. gleichtun
2. → nachahmen
Nachname Familienname, Zuname, Personenname, Vatername
nachplappern
1. nachschwatzen
2. → nachreden
nachprüfen → kontrollieren
Nachprüfung → Kontrolle
nachrangig nachfolgend, untergeordnet, unwichtig, zweitrangig, nebensächlich, unbedeutend; *geh.:* sekundär, peripher
nachrechnen → kontrollieren
Nachrede
1. Diffamierung, Verunglimpfung, Verleumdung, Herabwürdigung, Schmähung, böswillige Unterstellung, Beleidigung, Diskreditierung, Bezichtigung, Anschwärzung, Diffamie, Rufmord; *ugs.:* Schlechtmacherei
2. → Gerede
3. → Nachruf
nachreden
1. nachsagen, nachsprechen, nachbeten, wiederholen, eine Meinung übernehmen; *ugs.:* nachschwatzen, nachschwätzen, nachplappern
2. **jmdm. etwas nachreden** verleumden, diffamieren, verunglimpfen, diskreditieren, anschwärzen, verketzern, verlästern, die Ehre abschneiden, verschreien, verteufeln
nachrennen
1. nacheilen, nachstürzen, nachjagen, nachsetzen, nachstellen, hinterhergehen, nachgehen, hinterherjagen, hinterherrennen, verfolgen, jmdm. auf der Spur bleiben, hinterherlaufen, nachlaufen, folgen, zu fangen suchen, sich an jmds. Fersen/Sohlen heften, hinter jmdm. her sein
2. den Hof machen, umwerben; *ugs.:* scharwenzeln, nachsteigen, hinterhersausen
Nachricht Meldung, Neuigkeit, Mitteilung, Botschaft, Information, Kunde, Bescheid, Benachrichtigung, Eröffnung, Übermittlung, Äußerung, Lebenszeichen, Unterrichtung, Auskunft, Schreiben, Post, Newsletter, Gruß
Nachrichten Aktuelles, Tagesmeldungen (Radio, Fernsehen), Themen des Tages
Nachrichtendienst Geheimdienst, Abwehr, Abwehrdienst, Spionage, Spionagedienst
Nachricht geben → informieren
nachrücken aufrücken, aufschließen, folgen, nachfol-

N

gen, den Abstand/die Lücke schließen

Nachruf Gedenkrede, Gedächtnisrede, Nachrede, Grabrede, Totenrede, Nekrolog, Würdigung, Denkschrift

nachrüsten → aufrüsten

nachsagen
1. → nachreden
2. zuschreiben, beilegen, andichten, behaupten, annehmen, halten für, stempeln zu
3. **jmdm. etwas nachsagen** verleumden, diffamieren, verunglimpfen, diskreditieren, anschwärzen, verketzern, verlästern, die Ehre abschneiden, verschreien, verteufeln

nachschauen
1. nachblicken, nachgucken, nachsehen, mit den Blicken folgen, mit Blicken verfolgen, hinterhersehen, hinterherblicken, hinterherschauen; *ugs.:* nachgaffen
2. Auskunft holen, nachschlagen, nachlesen, nachblättern, in etwas suchen, feststellen, heraussuchen
3. → kontrollieren

nachschicken nachsenden, nachliefern, hinterhersenden, hinterherliefern

nachschlagen
1. → nachschauen
2. **jmdm. nachschlagen** ähneln, erinnern/anklingen an, gleichen, gleichsehen, übereinstimmen, etwas gemeinsam haben

Nachschlagewerk Handbuch, Lexikon, Enzyklopädie, Kompendium, Fachbuch, Leitfaden, Wörterbuch, Fibel

nachschleichen
1. nachstellen, nachsetzen, sich an jmds. Sohlen/Fersen heften, auf der Spur/Fährte bleiben, hinter jmdm. her sein
2. → bespitzeln
3. → nachgehen

Nachschlüssel Dietrich, Diebsschlüssel, Diebshaken; *Gaunerspr.:* Kate, Taltel, Daltel, Peterchen, Klaus, König David

nachschnüffeln *ugs. für:* auskundschaften

nachsehen
1. → nachschauen
2. → kontrollieren
3. verzeihen, nachsichtig sein, Nachsicht üben, durchgehen/geschehen lassen, zulassen, mit ansehen, erlauben, verschonen; *ugs.:* beide Augen/ein Auge zudrücken, fünf gerade sein lassen, durchlassen, durch die Finger sehen

nachsenden nachschicken, an die neue Adresse senden

nachsetzen
1. → nachrennen
2. → nachgehen

Nachsicht
1. Verständnis, Geduld, Schonung, Milde, Rücksicht, Gnade, Duldsamkeit, Behutsamkeit, Toleranz, Großherzigkeit, Großzügigkeit, Liberalität, Hochherzigkeit
2. Verzeihung, Vergebung, Entschuldigung; *geh.:* Indulgenz

nachsichtig → schonend

nachsinnen
1. reflektieren, überlegen, sinnieren
2. → denken

Nachsommer → Altweibersommer

Nachspeise Nachtisch, Dessert, Süßspeise

Nachspiel
1. → Folge
2. Epilog, Nachtrag, Nachwort, Schlusswort

nachspionieren
1. bespitzeln, nachgehen
2. → nachschleichen

nachsprechen → nachreden

nachspüren
1. bespitzeln, nachgehen
2. → nachforschen

nächst
1. ganz in der Nähe, nahe, neben, unmittelbar, zu Seiten, direkt/dicht bei, in Reichweite
2. folgend, darauffolgend, nachfolgend, kommend

nachstehen hinter jmdm. zurückstehen, zurückgesetzt/unterlegen/benachteiligt/nachgeordnet sein, jmdm. das Wasser nicht reichen können, hintanbleiben, zurückbleiben, das Nachsehen haben; *ugs.:* nicht mitkommen, zu kurz kommen, ein Waisenknabe sein

nachstehend folgend, nachfolgend, darauffolgend, kommend, weiter unten, an späterer Stelle

nachstellen
1. → nachrennen
2. neu einstellen (Bremsen), → regulieren

Nächstenliebe Karitas, Menschenfreundlichkeit, Menschlichkeit, Philanthropie, Humanität, Wohltätigkeit, Mildtätigkeit, Barmherzigkeit, Mitgefühl

nächstens in nächster Zeit/naher Zukunft, nächsthin, bald, alsbald, demnächst, in Bälde/Kürze, binnen kurzem, dieser Tage

nachsuchen
1. durchsuchen, durchwühlen, durchkämmen, absuchen, stöbern in, untersuchen, nachschauen, abklopfen auf; *geh.:* recherchieren; *ugs.:* filzen, durchschnüffeln

N

2. bitten, ansuchen/ersuchen/fragen/ansprechen um, einen Antrag stellen/einreichen, beantragen, sich etwas ausbitten, vorstellig werden, jmdm. mit etwas kommen; *ugs.:* anhauen um, jmdm. in den Ohren liegen/auf die Pelle rücken

Nacht
1. Dunkel, Dunkelheit, Schwärze, Finsternis
2. **bei Nacht** → nachts
3. **über Nacht** plötzlich, unerwartet, unverhofft, aus heiterem Himmel, unversehens ⓘ

Nachtdienst Bereitschaftsdienst, Nachtschicht

Nachteil Mangel, ungünstiger Umstand, Ungunst, Manko, schwache/wunde Stelle, schwacher Punkt, Verlust, Schaden, Schattenseite, Kehrseite, Makel, Minus

nachteilig ungünstig, schädlich, Nachteile bringend, hinderlich, verderblich, nachträglich, abträglich, verlustreich, negativ, schlecht, unzweckmäßig, unvorteilhaft, unwirtschaftlich, unratsam, von Übel, hemmend, widrig, misslich, unerfreulich, ungut

Nachtessen → Abendessen

nächtigen → übernachten

Nachtisch Nachspeise, Süßspeise, Dessert

Nachtlokal Bar, Lokal, Nachtklub, Nightclub; *abwertend:* Amüsierlokal; *schweiz.:* Nachtcafé, Spätcafé

Nachtmahl → Abendessen

Nachtmahr
1. *geh. für:* Alptraum, Alpdrücken
2. → Angsttraum

Nachtquartier → Unterkunft

Nacht: Was im Dunkeln bleibt

Der Zeitraum zwischen Ende der Abend- und Beginn der Morgendämmerung wird sinnbildlich für *Dunkelheit, tiefen Frieden* und *Todesruhe* verwendet. *Nacht* steht aber auch für *Finsternis* und *Schwärze* im Sinn von »Hässlichkeit« und, vom Aberglauben her, »böse Zeit«. Dies kommt in einer ganzen Reihe von Redensarten zum Ausdruck. Die Paarformel *bei Nacht und Nebel* zeigt ebenso Heimlichkeit an wie die Wendung *im Schutz der Nacht*. Die Redensart *Bei Nacht sind alle Katzen grau* bezieht sich konkret auf die optische Nivellierung aufgrund der Dunkelheit.
Im übertragenen Sinn wird damit umgangssprachlich auf die Grauzone zwischen rechtens und verboten angespielt. Bildlich spricht man zum Beispiel auch von der *Nacht der Barbarei/des Faschismus/der Diktatur/des Wahnsinns,* um eine Periode zu kennzeichnen, in der bestimmte allgemeine Werte verkehrt sind. Diesem Muster der »verkehrten Welt« folgt auch die Formulierung *die Nacht zum Tag machen* für »durchfeiern« oder »durcharbeiten«; die umgangssprachliche Variante lautet *sich die Nacht um die Ohren schlagen/hauen*. Wer dagegen *schlaflose Nächte* hat, ist beunruhigt. Der umgangssprachliche Ausruf *Na, dann gute Nacht!* zeigt Befürchtungen, Enttäuschung oder Pech an.
Was besonders hässlich ist, nennt man auch *hässlich wie die Nacht*. Was *über Nacht* geschieht, kommt unerwartet oder ganz plötzlich. Wenn es *jemandem Nacht vor Augen wird,* verliert er das Bewusstsein. *Ewige Nacht* ist eine verhüllende Umschreibung für den Tod.
Sagt man von zwei Menschen, sie seien *wie Tag und Nacht,* so charakterisiert man sie als grundverschieden.

Nachtrag Ergänzung, Nachwort, Erweiterung, Hinzufügung, Anhang, Zugabe, Zusatz, Nachtragung, Epilog, Schlusswort

nachtragen
1. → übelnehmen
2. hinzufügen, hinzutun, erweitern, ergänzen, hinzusetzen, vervollständigen, vervollkommnen, komplettieren, ausbauen, dazutun

nachtragend unversöhnlich, grollend, zürnend, rachsüchtig, hart, verbittert

nachträglich
1. später, hinterher, nachher, danach, dann, nachfolgend, anschließend, im Anschluss, hintennach, im Nachhinein, darauf, verspätet
2. → nachteilig

nachtrauern beweinen, nachweinen, beklagen, wehklagen, nachjammern

nachts bei Nacht, nachtsüber, des Nachts, in/während/inmitten der Nacht, zur Nachtzeit, bei Dunkelheit, im Dunkeln, nächtens, zu nächtlicher Stunde/nachtschlafender Zeit

Nachttisch Nachtschränkchen, Nachtkästchen; *österr.:* Nachtkastel

Nachttopf Nachtgeschirr, Topf; *ugs.:* Mitternachtsvase; *derb:* Pisspott; *Kindersp r.:* Töpfchen; *bayr.:* Potschamperl

N

nachtun → nachahmen
nachtwandeln schlafwandeln, umgehen; *ugs.:* herumgeistern
Nachtwandler Mondsüchtiger, Somnambuler, Traumwandler, Schlafwandler
Nacht werden → dämmern
nachvollziehbar verständlich, fasslich, begreiflich, auf der Hand liegend, fassbar, greifbar, konkret, lebensnah, veranschaulichend, durchschaubar, eingängig, zugänglich, einsichtig, verstehbar, unkompliziert
nachvollziehen nachfühlen, nachempfinden, sich einfühlen, sich hineinversetzen, sich hineindenken, verstehen, ermessen, einsehen, Verständnis haben für, begreifen, fassen, erfassen, mitfühlen, sich einleben in, nacherleben, sich in jmds. Rolle versetzen, sich versetzen in, jmdm. gerecht werden, folgen können; *ugs.:* kapieren, schnallen
Nachwehen
1. Konsequenz, Auswirkungen
2. → Folge
Nachweis
1. → Bescheinigung
2. Richtigkeitserweis, Begründung, Argument, Rechtfertigung
nachweisen
1. → beweisen
2. → aufdecken
Nachwelt nachfolgende Generationen/Geschlechter, die Folgezeit, kommende Zeiten/Generationen, Nachkommen, Zukunft
nachwirken nachhängen, eine Wirkung ausüben, nicht verblassen, nachklingen, nicht vergessen werden, unvergessen bleiben, nicht in Vergessenheit geraten, Einfluss haben
Nachwirkung → Folge
Nachwort Nachtrag, Epilog, Schlusswort
Nachwuchs
1. Kind(er), Nachkommen, Nachkommenschaft, Kindersegen, Nachfolger
2. → Säugling
nachzählen
1. nachprüfen, nachrechnen
2. → kontrollieren
nachziehen
1. anziehen, festziehen, spannen
2. → aufholen
Nachzügler
1. Nachkömmling, Spätling
2. die Letzten, Schlusslicht, Nachhut
Nacken Genick, Hals
nackt ohne Bekleidung, unbekleidet, hüllenlos, frei, unverhüllt, bloß, entblößt, pudelnackt, fasernackt, splitternackt, splitterfasernackt, ausgezogen, enthüllt, kleidungslos, entkleidet, unbedeckt, blank; *geh.:* bar; *ugs.:* im Adamskostüm/Evakostüm, nackend, barfuß bis an den Hals, wie Gott sie/ihn schuf, entblättert, im Naturzustand, in natura
Nacktbadestrand Nacktbadeplatz, FKK-Strand, Nudistenstrand, Naturistenstrand, FKK-Gelände; *scherzh.:* Nackedonien
Nadel Spange, Schmuckspange, Agraffe, Anstecknadel, Brosche, Abzeichen, Busennadel
Nagel Stift, Metallstift
nagelneu → neu
Nagelpflege Maniküre, Handpflege
nagen
1. knabbern, herumbeißen, abbeißen; *ugs.:* happen; *landsch.:* knaufeln
2. zehren, angreifen, quälen, schwächen, strapazieren, belasten, aufreiben, schaden, zersetzen, beschädigen
nah(e)
1. in der/nächster Nähe, dicht/direkt bei, nicht weit (entfernt), unweit, nahebei, benachbart, zunächst, daneben, in Reichweite, nur ein Katzensprung/einen Steinwurf von hier, zum Greifen nahe, neben, nebenan, um die Ecke, leicht erreichbar; *ugs.:* vor der Nase
2. nahestehend, eng, vertraut, innig, intim, gut befreundet
Nähe
1. Reichweite, kurze Entfernung, Nachbarschaft, Umkreis, Hörweite, Sichtweite, Rufweite
2. Berührung, Anwesenheit, Umgebung, Kontakt
nahebringen Verständnis erwecken für, schmackhaft machen, jmdn. interessieren/erwärmen für, zu begeistern suchen, etwas greifbar machen, verlebendigen
nahegehen von Bedeutung sein, innerlich bewegen, berühren, treffen, betreffen, ergreifen, zu Herzen gehen, aufwühlen, erschüttern, bestürzen, schockieren, durch Mark und Bein/unter die Haut gehen, anrühren, erregen, aufregen, nicht gleichgültig/kaltlassen; *geh.:* tangieren; *ugs.:* in die Knochen fahren, durch und durch/an die Nieren gehen

nahekommen
1. erreichen, heranreichen, sich nähern, sich annähern, herankommen
2. vertraut/intim werden, bekanntwerden, in Kontakt/Beziehung/Verbindung treten, Fühlung nehmen, ins Gespräch kommen, Bekanntschaft schließen, sich anfreunden, kennenlernen, sich näherkommen
nahelegen auffordern, raten, zuraten, vorschlagen, bedeuten, empfehlen, ans Herz legen, zu verstehen geben, anraten; *ugs.:* beibringen, stecken, einen Wink geben
naheliegend auf der Hand liegend, einleuchtend, offenbar, offenkundig, verständlich, einsehbar, begreiflich, eingängig, fassbar, offensichtlich, augenscheinlich
nahen → kommen
nahen, sich → nähern, sich
nähen
1. schneidern, anfertigen
2. sticheln, flicken, zunähen, zusammennähen
näher genauer, tiefer, intensiver, gründlich, ausführlich, detailliert, umfassend, eingehend
näherkommen, sich → nahekommen
nähern, sich
1. zugehen/zusteuern auf, herantreten, sich zubewegen, nahen, sich annähern, herankommen, näherkommen, herannahen, anrücken
2. → kommen
nahestehen gut bekannt/vertraut/befreundet/verbunden sein, zusammengehören
nahezu fast, schier, beinahe, knapp, annähernd, um ein Haar, um Haaresbreite, um ein Kleines
Nährboden → Grundlage
nähren
1. säugen, stillen, die Brust geben, an die Brust nehmen
2. steigern, vergrößern, schüren, verstärken, eskalieren, vorantreiben, vermehren, fördern
3. nahrhaft/kräftigend/gehaltvoll/nährend/kalorienreich/sättigend sein
nähren, sich sich ernähren, verzehren, essen, zu sich nehmen, sich am Leben erhalten mit, leben von
nahrhaft kräftig, kräftigend, nährend, kalorienreich, sättigend, nährstoffreich, gehaltvoll, substanziell, füllend, aufbauend, gesund, mächtig, Kraft spendend, deftig, herzhaft; *geh.:* nutritiv
Nahrung
1. Speise, Kost, Essen, Ernährung, Gerichte, Verpflegung, Nahrungszufuhr, Mahlzeiten
2. Futter, Fraß, Fressen
Nahrungsmittel Esswaren, Nährmittel, Lebensmittel, Nahrungsgüter, Konsumgüter, Naturalien; *landsch., österr.:* Viktualien; *ugs.:* Fressalien
nahtlos
1. ohne Naht
2. einwandfrei, fugenlos, wie aus einem Guss, ohne Bruch, fließend
naiv kindlich, treuherzig, gutgläubig, leichtgläubig, unbefangen, arglos, vertrauensselig, unerfahren, einfältig, kritiklos, unbekümmert, unfertig, unkritisch, unschuldig, unvorbereitet, nichtsahnend, ahnungslos, ohne Hintergedanken, natürlich, jung, unbedarft, infantil, unreif, harmlos; *ugs.:* grün, noch feucht/noch nicht trocken hinter den Ohren
Name
1. Benennung, Begriff, Titel, Terminus, Nomen
2. → Bezeichnung
3. Ansehen, Prestige, Ruf, Leumund, Reputation, Nimbus, Renommé, Status, Profil, Image
4. → Ansehen
namenlos
1. ohne Namen/Namensnennung, ungenannt, inkognito, unbekannt, fremd, anonym
2. unsagbar, unsäglich, unbeschreiblich, unaussprechlich, unglaublich, horrend, heillos, sehr groß, beträchtlich, unermesslich, unendlich, maßlos, über alle/die Maßen, grenzenlos
Namenszug → Unterschrift
namentlich
1. mit Namen, ausdrücklich, im Einzelnen; *geh.:* explizit, expressis verbis
2. → besonders
namhaft → berühmt
nämlich
1. weil, denn, bekanntlich, wie man weiß, bekanntermaßen
2. und zwar, als da sind, wie
3. das heißt/ist/bedeutet, genau gesagt, damit ist gemeint, mit anderen/in kurzen Worten, zum Beispiel, gewissermaßen
Napf Schälchen, Terrine, Schüsselchen
Napfkuchen Aschkuchen, Topfkuchen; *landsch.:* Gugelhupf, Bäbe; *schweiz.:* Gugelhopf
Narbe Mal, Wundmal, Schramme, Schmarre, Schmitz; *ugs.:* Schmiss

N

narkotisieren → betäuben

Narr

1. → Dummkopf

2. Possenreißer, Hofnarr, Hofzwerg, Hanswurst, Spaßmacher, lustige Person/Figur, Schelm, Schalk; *ugs.:* Faxenmacher

narren irreführen, anführen, nasführen, täuschen, trügen, hereinlegen, zum Besten/Narren halten, foppen, an der Nase herumführen, aufsitzen lassen, für dumm verkaufen, prellen, jmdn. aufs Kreuz legen, ein falsches Spiel treiben, jmdn. hinters Licht/aufs Glatteis führen; *ugs.:* anschmieren, verkohlen, verhohnepipeln, vergackeiern, veräppeln, veralbern, auf den Arm/die Schippe nehmen, ein Schnippchen schlagen, einen Bären aufbinden, reinlegen, verschaukeln; *derb:* verarschen

närrisch

1. → albern

2. übertrieben, verstiegen, ausgefallen, überspannt, toll, verschroben, fantastisch, überspitzt, skurril, wunderlich, komisch, ulkig, witzig, lustig, kurios, schrullig, amüsant; *ugs.:* verdreht, übergeschnappt, spinnig, verrückt, spleenig, durchgedreht

naschen

1. schlecken; *landsch.:* leckern

2. schnabulieren, kosten, heimlich essen, probieren

naschhaft genäschig, vernascht, leckermäulig; *landsch.:* verleckert; *ugs.:* schleck(r)ig

Naschkatze → Leckermaul

Naschwerk Süßigkeiten, Zuckerwerk, Naschwaren, Konfekt, Schleckereien

Nase: Mit Spürsinn und Charakter

Nase ist nicht nur die Bezeichnung für das *Geruchs- oder Riechorgan,* sondern steht bildlich gesprochen auch für *Spürsinn.* Wer *eine gute/richtige Nase für etwas* hat, der hat ein gutes Empfinden beziehungsweise eine Vorahnung. Die zahlreichen umgangssprachlichen Ausdrücke für *Nase* sind oft unfeine Anspielungen auf deren Form wie etwa *Kartoffel, Gurke, Rüssel, Kolben* oder *Knolle.* Das Wort *Gesichtserker* ist dagegen scherzhaft.
Von dem Volksglauben, vom Äußeren eines Menschen lasse sich auf Charakter und Veranlagungen schließen, rührt die umgangssprachliche Redewendung her, *seine/ihre Nase gefällt mir nicht,* mit der Abneigung ausgedrückt wird. Zur Umgangssprache gehören eine ganze Reihe von Redensarten: *Jemandem eine (lange) Nase drehen/machen* heißt »diese Person überlisten und dann verspotten«. *Jemanden an der Nase (herum)führen* bedeutet »ihn hereinlegen«.
Wer *die Nase (von etwas/jemandem) voll hat,* ist dieser Sache oder Person überdrüssig. Erfolg hat, wer *die Nase vorn hat.* Ist er *um eine Nasenlänge voraus/vorn,* gewinnt er ganz knapp. *Auf die Nase fallen* ist dagegen ein Ausdruck von Misserfolg. *Auf der Nase liegen* heißt »gescheitert oder krank sein«. *Jemandem auf der Nase herumtanzen* ist ein Ausdruck von Ungehorsam oder besagt, dass jemand ausgenutzt wird. Wenn man einer Person *etwas auf die Nase bindet,* teilt man es ungefragt und oft auch ohne Berechtigung dazu mit. *Jemanden mit der Nase auf etwas stoßen* bedeutet »ganz deutlich auf etwas hinweisen«. Wenn man *jemandem Würmer aus der Nase ziehen* muss, so muss man es durch hartnäckiges und gezieltes Fragen zu erfahren suchen.
Die/seine Nase in etwas stecken heißt »sich einmischen«. Wer *die Nase in ein Buch steckt,* liest oder lernt etwas. Wer aber *die Nase zu tief ins Glas gesteckt* hat, hat zu viel getrunken. *Die Nase (über etwas/jemanden) rümpfen* ist ein Ausdruck für »verächtlich ansehen«. Wer eingebildet ist, *trägt die Nase hoch* oder ist *hochnäsig. Jemandem etwas an der Nasenspitze ansehen* bedeutet, etwas auf den ersten Blick erkennen. Kann einer *nicht über seine Nasenspitze hinaussehen,* so hat er einen engen Horizont.

Nase

1. Geruchsorgan, Riechorgan; *derb:* Kartoffel, Zinken, Zacken, Riecher, Gurke, Rüssel, Knolle, Kolben, Riechkolben, Schnarchzapfen, Gummel; *scherzh.:* Gesichtserker

2. Wildfang (Rotwild), Winder

3. Spürsinn, Ahnung, Gespür, Instinkt ⓘ

naseweis vorlaut, vorwitzig, altklug, frech, keck, kess, dreist; *ugs.:* neunmalklug

nass

1. feucht, durchnässt, durchweicht, triefend, tropfnass, triefnass, regennass, klamm, nässlich, nass bis auf die Haut; *ugs.:* klatschnass, pudelnass, patschnass, klitschnass, pitschnass

2. verregnet, regnerisch, tröpfelnd
3. beschlagen, angelaufen, überzogen
4. benetzt, begossen, bewässert, beträuft

nassauern
1. jmdn. ausnehmen, auf Kosten anderer leben, schnorren
2. → schmarotzen

Nässe Wasser, Nass, Feuchtigkeit, Humidität

nässen
1. Nässe/Feuchtigkeit/Wasser abgeben
2. → anfeuchten

Nation Volk, Staat, Staatswesen, Völkerschaft, Volksgemeinschaft

national
1. vaterländisch, einheimisch, patriotisch, vaterlandsliebend, volksbewusst; *übersteigert:* rechtsradikal, neonazistisch, nationalistisch
2. → staatlich

nationalisieren → kollektivieren

Nationalist Chauvinist, Patriot

nationalistisch übersteigert vaterlandsliebend/heimatliebend, chauvinistisch

Nationalität
1. Staatsangehörigkeit, Volkszugehörigkeit
2. nationale Minderheit/Gruppe

Nationalsozialismus Hitlerfaschismus, Nazismus, Rechtsextremismus, Rechtsradikalismus

Nationalsozialist Faschist, Hitlerfaschist, Nazi

Natur
1. unberührte Landschaft, Naturreich, Tier- und Pflanzenwelt, Feld und Wald, Mutter Erde, die Flur; *ugs.:* das Freie/Grüne
2. Art, Wesen, Charakter, Naturell, Eigenart, Persönlichkeit, Beschaffenheit, Veranlagung, Disposition, Typ, Temperament, Wesensart, Gemütsart

Naturalien Waren, Naturprodukte, Rohstoffe, Nahrungsmittel, Esswaren

naturalisieren einbürgern, die Staatsbürgerschaft geben, die Staatsangehörigkeit verleihen

naturalistisch → naturgetreu

Naturell → Natur

naturgemäß der Natur/dem Charakter entsprechend, erwartungsgemäß, verständlicherweise, gesetzmäßig, natürlich

naturgetreu dem Vorbild entsprechend, naturalistisch, wirklichkeitsgetreu, genau nachgebildet, realistisch

natürlich
1. echt, rein, original, unverfälscht, ursprünglich, unmittelbar, spontan, urtümlich, genuin, authentisch, nicht künstlich/imitiert, urwüchsig, unverbildet, naturhaft, naturgemäß, naturgetreu, ungekünstelt, organisch, unverdorben, der Natur entsprechend
2. ungezwungen, schlicht, ungeziert, bodenständig, einfach, zwanglos, ungeniert, schmucklos
3. wie zu erwarten, erwartungsgemäß, zweifelsohne, selbstverständlich, selbstredend, freilich, zweifellos, ja, ganz gewiss, ohne (jede) Frage, sicher, sicherlich, mit Sicherheit, bestimmt, auf jeden Fall, ohne (jeden) Zweifel, gern, ohne Weiteres; *ugs.:* klarer Fall, klar, klaro

naturrein pur, echt, unvermischt, ohne Zusätze, unverfälscht, rein, naturbelassen, natürlich, sauber, unversetzt

Naturschützer Umweltschützer, Grüner, Alternativer, Naturmensch, Naturfreund; *ugs., oft abwertend:* Öko, Ökofreak

naturverbunden naturnah, bodenständig, erdhaft, erdgebunden, elementar, ursprünglich, natürlich

Nebel Dampf, Wasserdampf, Nebelschleier, Smog, Fog, Dunst, Trübung; *poet.:* Brodem; *ugs.:* Brühe, Suppe; *landsch.:* Wrasen, Dust

nebelhaft → unklar

nebelig → neblig

neben
1. an der Seite, seitlich von, bei, zu Seiten, nächst, daneben, seitlich (angrenzend)
2. → nahe
3. außer, abgesehen von, ausgenommen, bis auf, mit Ausnahme von, ohne, nicht einbegriffen/inbegriffen/mitgerechnet
4. verglichen, gegenüber, im Vergleich/Gegensatz/Verhältnis zu

nebenan → nahe

nebenbei
1. beiläufig, wie zufällig, nebenher, am Rande, en passant, übrigens, apropos, leichthin, ohnehin
2. gelegentlich, bisweilen, unregelmäßig, außer der Zeit/Reihe

Nebenbuhler → Gegner

nebeneinander einer neben dem anderen, beieinander, beisammen, zusammen

nebeneinanderhalten → gegenüberstellen

nebeneinanderstellen → gegenüberstellen

N

nebenher → nebenbei

Nebenmann
1. Nachbar, Nebenstehender
2. Mitbewerber, Konkurrent, Mitkonkurrent, Gegner, Rivale

Nebensache
1. → Kleinigkeit
2. → Beiwerk

nebensächlich sekundär, an zweiter Stelle, unbedeutend, belanglos, unwichtig; *geh.:* ephemer, irrelevant

Nebenstelle → Filiale

Nebenumstände Begleitumstände, Kontext, Zusammenhang; *ugs.:* das Drumherum/Drum und Dran

neblig getrübt, dunstig, diesig, dampfig, verhangen, nebelig, grau

nebst
1. einschließlich, mit eingeschlossen, zusammen mit, inklusive
2. → samt

nebulös
1. anstößig, suspekt, dubios, obskur, mysteriös
2. → anrüchig
3. → unklar

necken foppen, aufziehen, hänseln, Scherz/Spott treiben, sticheln, seinen Spaß machen/treiben mit, ärgern, frotzeln, verspotten, vexieren, zum Besten haben/halten, reizen, höhnen, verhöhnen, witzeln, sich mokieren, schäkern, lächerlich/sich lustig machen, verlachen; *ugs.:* hochnehmen, verulken, uzen, auf den Arm/die Schippe nehmen, veralbern, schrauben, flachsen, pflanzen, anpflaumen

neckisch affig, kess, keck, albern, lächerlich, läppisch, töricht, flott, kindisch

Neger: Ein Begriff der Sklavenhändler

Der Ausdruck *Neger* (von lat. *niger* für »schwarz«) kam in Zeiten von Kolonialismus und Sklavenhandel auf. Kolonisatoren und Sklavenhändler sahen in den *Schwarzen* primitive, den Weißen unterlegene, minderwertige Menschen. Die abschätzige Wertung des Begriffs *Neger* setzte sich auch in dem in Nordamerika aufgekommenen Schimpfwort *Nigger* für schwarze Sklaven fort.
Generell sollte nicht die Hautfarbe, sondern die Herkunft zur primären Beschreibung einer Person herangezogen werden, also etwa *Afro-* oder *Schwarzamerikaner.* Begriffe wie *Neger, Nigger, Bimbo* oder *Mohr* sind herabsetzend.

Neckname → Spitzname

negativ
1. verneinend, ablehnend, abschlägig
2. ergebnislos, ohne Ergebnis/Resultat/Erfolg, erfolglos, umsonst, fruchtlos, unwirksam, wirkungslos, vergeblich, vergebens, nutzlos, unnütz, zwecklos, missglückt, misslungen
3. → nachteilig

Neger *abwertend für:* Schwarzer ⓘ

negieren
1. mit nein beantworten, nein sagen
2. abstreiten, leugnen, ableugnen, verleugnen, zurückweisen, bestreiten, in Abrede stellen, von sich weisen
3. → ablehnen

nehmen
1. annehmen, entgegennehmen, in Empfang nehmen, an sich nehmen, sich schenken lassen
2. zugreifen, ergreifen, fassen, erfassen, packen, in die Hand nehmen, zur Hand nehmen; *ugs.:* schnappen
3. sich einer Sache bedienen, benutzen, Gebrauch machen von, gebrauchen, sich zunutzemachen
4. einnehmen (Pillen), sich einverleiben, zu sich nehmen, essen; *ugs.:* futtern, schlucken, einschmeißen (Pillen)
5. wegnehmen, fortnehmen, abnehmen, entreißen, entwinden, entwenden, abjagen, in Besitz nehmen/bringen, Besitz ergreifen, zu seinem Eigentum machen, sich aneignen, sich zu Eigen machen, sich einer Sache bemächtigen, an sich reißen; *ugs.:* einstreichen, einstecken, einsacken, einkassieren, angeln, sich unter den Nagel reißen
6. auffassen, aufnehmen, deuten, auslegen, verstehen, halten für, beurteilen, einschätzen, herauslesen, interpretieren, empfinden als, denken über
7. → erobern
8. → stehlen
9. → kaufen

Neid Missgunst, böser Wille, Scheelsucht, Eifersucht

neiden nicht(s) gönnen, missgönnen, beneiden, eifersüchtig sein, vor Neid erblassen/platzen/bersten, scheel sehen, neidisch/missgünstig sein, gelb sein vor Neid, scheele Augen machen; *ugs.:* schielen nach

neidisch neiderfüllt, missgünstig, eifersüchtig,

scheel, scheelsüchtig; *schweiz.:* neidhaft
neidisch sein → neiden
Neige
1. Rest, Übriggebliebenes, Übriges, Überbleibsel, Rückstand
2. → Ende
3. bis zur Neige → ganz
4. zur Neige gehen → abflauen
neigen senken, zur Seite drehen/bewegen, sinken lassen, beugen, nach unten biegen
neigen, sich sich beugen, sich bücken, sich ducken, sich biegen, sich lehnen über, sich krümmen
neigen zu tendieren/hinneigen zu, anfällig sein für, sich hingezogen fühlen zu, streben nach, den Hang haben
Neigung
1. Gefälle, Schräge, Senkung, Höhenunterschied, Abfall, Abschüssigkeit
2. Vorliebe, Interesse, Talent, Hang, Zuneigung, Hinneigung, Inklination, Disposition, Veranlagung, Faible, Schwäche, Zug, Sympathie, Bedürfnis, Sehnsucht; *österr.:* Gusto
3. → Strömung
nein nicht, keineswegs, keinesfalls, durchaus/ganz und gar/absolut/gewiss/bestimmt/sicher/beileibe nicht, auf keinen Fall, mitnichten, nie und nimmer, unter keinen Umständen, nicht um alles in der Welt, in keiner Weise, nicht im Geringsten/Entferntesten, weit gefehlt, kein Gedanke daran, nie, kommt nicht in Frage, unmöglich, ausgeschlossen, undenkbar, Gott behüte, niemals, das kann nicht sein, um keinen Preis, nicht um alles in der Welt, daran ist nicht zu denken; *ugs.:* nee, woher denn, ach woher, nichts zu machen, nimmer, kommt nicht in die Tüte, Pustekuchen, keine Spur, Fehlanzeige, Nullinger, nichts da, denkste, um Himmels willen, nicht geschenkt, das wär noch schöner, nicht die Bohne/ums Verrecken, nicht im Schlaf, mein Lebtag nicht; *landsch.:* na, awa, noi, nö, iwo
Nekrolog → Nachruf
Nelke *volkst.:* Nägelein, Nägelchen
nennen
1. einen Namen geben, taufen, etikettieren, heißen, titeln, betiteln, benennen, kennzeichnen, bezeichnen, titulieren, rufen, anreden, ansprechen; *ugs.:* benamsen, schimpfen
2. anführen, sagen, aufzählen, angeben, ins Feld führen, erwähnen, zitieren, wiedergeben
3. bezeichnen als, charakterisieren, darstellen, bestimmen, schildern, hinstellen als, erklären für; *ugs.:* stempeln zu
nennenswert → beachtlich
Neonazi Rechtsextremer, Rechtsradikaler, Neofaschist; *iron.:* Hitler-Verehrer, Hitler-Fan, Führer-Fan ⓘ

Neonazis und andere Radikale

Der Begriff *Neonazi* ist aus der Vorsilbe *Neo...* (griech., »neu...«) und *Nazi,* der abwertenden Kurzform für »Nationalsozialist«, gebildet. *Neonazis* sind Anhänger des *Neonazismus,* einer politischen Bewegung, die nach dem Ende des 2. Weltkrieges entstand und eine Wiederbelebung des Nationalsozialismus anstrebt.
Häufig werden synonym zu *Neonazi* die Begriffe *Rechtsradikaler, Rechtsextremer* und *Neofaschist* verwendet. Der *Neonazismus* ist eine radikale Variante des *Rechtsextremismus,* der selbst keiner einheitlichen Ideologie folgt, sondern aus vielen Splittergruppen besteht.
Ein *Rechtsextremer* ist, trotz ideologischer Überschneidungen, nicht per se ein *Neonazi.* Auch der *Neofaschismus* gehört in das rechtsextremistische Spektrum, knüpft aber spezifisch an den Faschismus Benito Mussolinis an. Ein *Rechtsradikaler* will zwar gesellschaftliche Probleme »von der Wurzel (lat. *radix*) her anpacken«, wendet sich aber nicht unbedingt wie ein *Rechtsextremist* gegen die demokratische Verfassung.

Nepp
1. *ugs. für:* Ausbeutung, Übervorteilung, Preisschwindel; *österr.:* Wurzerei
2. Wucher, Geldschneiderei, Betrug
neppen übervorteilen, prellen, begaunern, ausbeuten, schröpfen, ablisten, plündern, zur Ader lassen, betrügen; *ugs.:* ausnehmen, ausziehen, ausräubern, aussaugen, erleichtern, rupfen, melken, übers Ohr hauen, abkochen, abziehen
nerven
1. → aufregen
2. → stören

Nervenarzt → Psychiater
Nervenklinik Nervenheilanstalt, psychiatrische Klinik, Heil- und Pflegeanstalt; *ugs., abwertend:* Klapsmühle, Klapse, Irrenhaus, Irrenanstalt
nervenkrank psychopathisch, neurotisch, gemütskrank, seelenkrank, depressiv, neuropathisch, nervenleidend, hysterisch, schizoid
Nervensäge Plagegeist, Quälgeist, Störenfried, Ruhestörer; *ugs.:* Nervling, Nerd, Nervtöter, Quengler, Langweiler
nervenzerreißend spannend, nervenaufreibend, fesselnd, mitreißend, aufregend, prickelnd, packend, dramatisch, atemberaubend, faszinierend, aufwühlend
nervös unruhig, gereizt, überreizt, fahrig, reizbar, nervenschwach, rastlos, ruhelos, hektisch, aufgeregt, überanstrengt, zerfahren, schusslig, unstet, zappelig, flatterig; *ugs.:* hibbelig, quirlig, fickrig, kribbelig, fipsig
Nest
1. Brutstätte, Brutstelle, Horst, Nistplatz
2. → Bett
3. → Dorf
4. → Städtchen
5. Knoten, Haarknoten, Dutt, Chignon
Nesthäkchen Benjamin, Zärtling, Schoßkind, Schürzenkind, Jüngstes, Nestküken, Kleinstes, Nachkömmling
Nestwärme Geborgenheit, Zuwendung, Behütetsein, Liebe
nett
1. freundlich, liebenswürdig, sympathisch, einnehmend, reizend, warm, lieb, herzlich, gefällig, entgegenkommend, höflich, ansprechend
2. angenehm, wohltuend, erquicklich, zusagend, annehmlich, gemütlich, wohlig, behaglich
3. → hübsch
Netz
1. Flechtwerk, Maschenwerk, Netzwerk, Geflecht, Verflechtung, Gewebe, Verknotung, Verschlingung
2. *ugs. für:* Internet, World Wide Web
netzen
1. benetzen, besprengen, berieseln
2. → anfeuchten
Netzwerk → Netz
neu
1. unbenutzt, unberührt, ungebraucht, ungetragen, nicht verwendet, neuwertig, fabrikneu, frisch, neugebacken, taufrisch, jung; *ugs.:* brandneu, niegelneu, nagelneu, funkelnagelneu, funkelniegelnagelneu
2. unbekannt, fremd, fern, verschieden, anders, ungewohnt, erstmalig, neuartig, noch nie dagewesen/gehört/gesehen, originell
3. nochmals, abermals, noch einmal, erneut, wieder, von neuem/vorn, aufs Neue, wiederum
4. erneuert, wiederhergestellt, neu gemacht, renoviert, repariert, restauriert, saniert
neuartig → neu
Neubeginn Neuanfang, Neustart, Wechsel, Wandlung, Umwandlung, Wende, Übergang, Umstellung, Umgestaltung, Umbruch, Umschwung, Umkehr, Umwälzung, Erneuerung, Neuorientierung, Neuordnung, Neuregelung, Neubelebung, Reform
neuerdings seit kurzer Zeit/kurzem/neuem, in letzter Zeit, nun, jetzt, letztens
neuerlich → wieder
Neuerung Neugestaltung, Umgestaltung, Erneuerung, Reform, Besserung, Verbesserung, Wandel, Umwandlung, Umbildung, Veränderung, Neuordnung, Reorganisation, Neuregelung, Umstellung, Umänderung, Innovation
Neugeborenes → Säugling
Neugier(de) Wissensdurst, Interesse, Ungeduld, Forschertrieb, Vorwitz, Indiskretion, Sensationslust; *abwertend:* Schnüffelei, Fragerei
neugierig von Neugier erfüllt, indiskret, schaulustig, sensationslüstern, vorwitzig, wissensdurstig, wissbegierig; *geh.:* faustisch
neugierig machen auf die Folter spannen, in Spannung versetzen, gespannt machen auf, jmds. Interesse wecken; *ugs.:* jmdn. zappeln lassen
neugierig sein vor Neugier platzen, wissen wollen; *ugs.:* seine Nase in alles stecken, vor Neugier sterben, sich um alles kümmern
Neuheit Neuerscheinung, Neubearbeitung, Novität, Novum, Neuerfindung, Neuland; *ugs.:* der letzte Schrei
Neuigkeit → Nachricht
Neujahr
1. Jahresbeginn, Jahresanfang, 1. Januar
2. Jahreswechsel
Neuland → Neuheit
neulich → kürzlich

Neuling Novize, Anfänger, Neuzugang, Unerfahrener, Debütant, Greenhorn; *ugs.:* Grünschnabel, Grünling, unbeschriebenes Blatt
neumodisch → modern
neunmalklug → überklug
neuralgisch → heikel
Neureicher → Emporkömmling
neurotisch → nervenkrank
neutral parteilos, unparteiisch, blockfrei, unbefangen, wertfrei, objektiv, unvoreingenommen, indifferent, unabhängig, sachlich, gerecht, vorurteilslos, vorurteilsfrei, nüchtern, ohne Ansehen der Person, fair, nicht festgelegt
neutralisieren
1. → ausschalten
2. → ausgleichen
Neuwert Anschaffungspreis, Anschaffungswert
neuwertig → neu
Neuzeit
1. Moderne
2. modernes Weltbild, New Age
neuzeitlich → modern
Newsletter Rundschreiben, Rundbrief, Mitteilung, Mitteilungsblatt, Nachricht, Nachrichtenbrief, Informationsschreiben, Informationsblatt, Informationsheft
nicht → nein
Nichtachtung → Missachtung
nichtehelich außerehelich, unehelich, vorehelich; *veraltet:* illegitim
Nichtfachmann → Laie
nichtig wertlos, ungültig, außer Kraft, hinfällig, unwirksam, verfallen, gegenstandslos, wesenlos, haltlos, grundlos, zwecklos, überflüssig, unbrauchbar
Nichtigkeit → Kleinigkeit
nichts nicht das Mindeste/Geringste, gar/überhaupt nichts; *ugs.:* kein bisschen/Funke/Stück, keine Spur/Silbe, nicht die Bohne/ein Deut, nix, null, nullkommanichts
Nichts
1. Leere, Vakuum
2. → Kleinigkeit
nichtsahnend → naiv
nichtsdestotrotz → dennoch
nichtsdestoweniger → dennoch
Nichtsesshafter Obdachloser, Vagabund, Stadtstreicher, Clochard, Tramp; *ugs.:* Walzbruder, Tippelbruder; *abwertend:* Penner, Pennbruder, Herumtreiber, Stromer, Gammler; *österr.:* Sandler
Nichtskönner
1. → Laie
2. → Stümper
Nichtsnutz → Taugenichts
nichtssagend
1. bedeutungslos, unbedeutend, wesenlos, klein, unwesentlich, belanglos, ohne Ausdruck, leer, ausdruckslos, ausdrucksleer, farblos, fade
2. → geistlos
3. → phrasenhaft
Nichtstuer → Faulenzer
Nichtswisser → Dummkopf
nichtswürdig → gemein
nicken
1. → bejahen
2. → grüßen
nie → nein
nieder
1. von geringer Höhe, bodennah, niedrig, flach, ebenerdig, nicht hoch, klein, fußhoch, kniehoch
2. nach unten, zu Boden, herunter, hinunter, in die Tiefe, hinab, abwärts; *ugs.:* runter
niederbeugen, sich → bücken, sich
niederbrennen
1. in Brand stecken, abbrennen lassen, verbrennen, einäschern, in Schutt und Asche legen, in Flammen aufgehen lassen; *ugs.:* abfackeln
2. ausbrennen, ausglühen, zerstört werden
Niedergang Untergang, Zerfall, Verfall, Abstieg, Zerrüttung, Rückwärtsentwicklung, Zusammenbruch, Fall, Verschlechterung, Vernichtung, Sinken des Niveaus
niedergehen
1. sich auf die Erde senken, landen, aufsetzen, (auf dem Land) ankommen, an Land setzen, zur Landung ansetzen
2. sich senken, fallen, zu Boden gehen
3. auftreffen, aufschlagen, abstürzen, herunterstürzen, herabfallen, abfallen, niedergehen
4. → untergehen
niedergeschlagen unglücklich, mutlos, deprimiert, depressiv, schwermütig, niedergedrückt, niedergeschmettert, entmutigt, resigniert, (am Boden) zerstört, verzagt, verzweifelt, gebrochen, betrübt, bedrückt, traurig, tiefbetrübt, gedrückt, trübsinnig, bekümmert, wehmütig; *ugs.:* down, geknickt, flügellahm, bedripst, mau, blue
Niedergeschlagenheit → Depression
niederhalten → unterdrücken
niederkämpfen → besiegen
niederknien sich hinknien, auf die Knie fallen/gehen, knien
niederkommen → gebären
Niederkunft → Geburt

N

Niederlage Misserfolg, Abfuhr, Debakel, Desaster, Versagen, Enttäuschung, Misslingen, Fiasko, Zusammenbruch, Bankrott, Pech, Ruin; *ugs.:* Packung, Reinfall, Pleite, Schlappe, Panne, Blamage, kalte Dusche, Schiffbruch, Schlag ins Wasser ⓘ

niederlassen herunterlassen, herablassen, hinunterlassen, hinablassen, senken, absenken

niederlassen, sich
1. sich setzen, sich hinsetzen, Platz nehmen, sich niedersetzen, es sich bequem machen, seinen Sitz einnehmen; *ugs.:* sich hinhocken, sich auf seine vier Buchstaben/seinen Allerwertesten setzen, sich hinpflanzen
2. sich ansiedeln, sesshaft/ansässig/heimisch werden, siedeln, sich etablieren, seinen Wohnsitz aufschlagen, Fuß fassen, Wurzeln schlagen
3. ein Geschäft/eine Praxis eröffnen/gründen
4. bleiben, weilen, verweilen, verbleiben, verharren, dableiben, dabeibleiben, nicht weggehen, ausdauern

Niederlassung
1. Filiale, Zweigniederlassung, Zweiggeschäft, Zweigstelle, Nebenstelle, Tochterfirma, Tochterunternehmen, Außenstelle, Agentur, Vertretung
2. Siedlung, Ansiedlung, Ort, Kolonie, Gründung, Standort

niederlegen
1. hinlegen, ablegen, absetzen, abstellen, niedersetzen, platzieren, deponieren; *ugs.:* hintun
2. aufschreiben, schriftlich festhalten, verzeichnen, aufzeichnen, notieren, zu Papier bringen, vermerken, eintragen, eine Notiz machen, protokollieren, fixieren, aufnehmen
3. kündigen, den Dienst quittieren, zurücktreten von, abtreten, den Abschied nehmen, weggehen, den Rücken kehren, seine Funktion/Stellung aufgeben,, seinen Rücktritt erklären/nehmen, sich zurückziehen, scheiden, ausscheiden, aufhören, sich zur Ruhe setzen, einen Schlussstrich ziehen, brechen mit, verlassen, seinen Posten abgeben; *ugs.:* gehen, den Kram hinwerfen/hinschmeißen, den Krempel hinhauen

niederlegen, sich sich hinlegen, sich legen, sich zur Ruhe begeben, ruhen, sich schlafen legen, schlafen/ins/zu Bett gehen; *ugs.:* sich hinhauen, sich aufs Ohr legen/hauen, in die Federn/Falle/Heia gehen

niedermachen
1. schimpfen, schelten, ausschelten, ausschimpfen, beschimpfen, zurechtweisen, tadeln, maßregeln, anfahren, rügen, einen Verweis/eine Lektion/Rüge erteilen, attackieren, herabsetzen, angreifen, zanken, zetern, fluchen
2. → töten

Reinfall, Desaster und andere Niederlagen

Die Synonyme für *Niederlage* deuten jeweils ein unterschiedliches Ausmaß des *Misserfolgs* beziehungsweise des *Misslingens* an. Wie diese Ausdrücke ist *Fehlschlag* ein neutrales Wort. *Abfuhr* nennt man die Zurückweisung eines Wunsches oder einer Forderung. Daraus kann eine *Enttäuschung* folgen, weil bestimmte Hoffnungen nicht erfüllt wurden. *Pech* hat die Konnotation einer durch unglücklichen Zufall erlittenen *Niederlage.*
Beim *Versagen* schwingen nicht erfüllte Erwartungen oder Leistungen mit. *Ruin* wird vor allem für einen finanziellen beziehungsweise geschäftlichen *Zusammenbruch* verwendet. Das gilt auch für *Bankrott,* wobei dieses Wort auch ein moralisches *Scheitern* bezeichnen kann. Die beiden französischen Fremdwörter *Debakel* und *Desaster* sind starke Ausdrücke im Sinn einer katastrophalen und vernichtenden Niederlage. *Fiasko* steht ursprünglich für das Durchfallen eines Theaterstücks oder Künstlers, wird aber auch allgemein für *Misserfolg* gebraucht. Umgangssprachlich sind Ausdrücke wie die neutralen Begriffe *Reinfall* oder *Panne,* die eine Niederlage im Sinn eines *Missgeschicks* oder einer Störung im Ablauf bezeichnen. Bei *Blamage* schwingt mit, dass es sich um eine demütigende oder schmähliche *Niederlage* handelt. Auch *Schlappe* hat die Konnotation von peinlichem *Misserfolg.* Der bildliche Ausdruck *Schiffbruch* bezeichnet eine schwere *Niederlage.*
Eine *kalte Dusche* nennt man eine *Niederlage,* die überraschend kommt. Ein *Schlag ins Wasser* ist wiederum eine neutrale Bezeichnung für einen *Misserfolg.*

N

Niederschlag: Zwischen Fall-out und Knock-out

Für den Begriff *Niederschlag* gibt es eine Reihe sinnverwandter Fremdwörter, die das deutsche Wort besonders treffend ersetzen können.
Fall-out nennt man den radioaktiven Niederschlag nach einem Reaktorunfall oder nach der Explosion einer Atombombe. Die Flüssigkeit, die sich beim Übergang eines Stoffes aus dem gas- oder dampfförmigen in den flüssigen Zustand niederschlägt, bezeichnet man als *Kondensat* (z. B. Kondenswasser). Beim Boxen hingegen ist mit dem *Knock-down* der Schlag gemeint, mit dem der Gegner niedergestreckt wird. Der *Knock-out* macht den Gegner dagegen kampfunfähig und beendet den Kampf.

niedermetzeln
1. massakrieren, hinschlachten, abschlachten, ein Blutbad/Gemetzel anrichten
2. → töten

niederprasseln hageln, graupeln, schauern, prasselnd herunterkommen, trommelnd herabstürzen, niedergehen, herunterprasseln, einstürmen, einschlagen

niederreißen zerstören, beseitigen, abreißen, einreißen, abbrechen, abtragen, entfernen, schleifen, dem Erdboden gleichmachen, demontieren

niederringen besiegen, bezwingen, überwältigen, überrollen, überrennen, übermannen, überwinden, niederwerfen, niederkämpfen, schlagen, siegen, jmdn. in die Knie zwingen

niederschießen
1. abschießen, erschießen, füsilieren, (mit einem Schuss) niederstrecken, abknallen, über den Haufen schießen
2. → töten

Niederschlag
1. Knock-out, Knockdown, K.-o.-Schlag, Knock-down-Schlag
2. Regen, Regenschauer, Schnee, Schneeregen, Schneefall, Hagel, Hagelschauer, Gewitter
3. Fall-out
4. Ablagerung, Kondensat, Satz, Bodensatz, Rückstand; *geh.:* Sediment ⓘ

niederschlagen
1. zu Boden werfen/schlagen, niederstrecken, niederstoßen, niederschmettern, zusammenschlagen, verprügeln, k. o./knockout schlagen
2. beenden, niederwerfen, unterbinden, im Keim ersticken, ein Ende machen, vereiteln, lahmlegen, unterdrücken

niederschlagen, sich sich ablagern, sich absetzen, sich schlagen, einen Bodensatz bilden, sich ansammeln; *geh.:* sedimentieren

niederschmettern
1. → niederschlagen
2. → erschüttern

niederschreiben → aufschreiben

Niederschrift
1. Aufzeichnung, Protokoll, Notiz, Vermerk
2. Abfassung, Anfertigung, Formulierung, Manuskript, Aufsatz, Bericht

niedersetzen abstellen, hinabstellen, herabstellen, niederlegen, niederstellen, absetzen, hinstellen, platzieren, deponieren; *ugs.:* hintun

niedersetzen, sich → setzen, sich

niederstechen
1. erdolchen, erstechen; *derb:* abstechen, über die Klinge springen lassen
2. → töten

niederstoßen
1. umstoßen, umwerfen, umreißen, umstürzen, zu Fall bringen; *ugs.:* umkippen
2. → niederschlagen

niederstrecken
1. → niederschlagen
2. → töten

Niedertracht → Bosheit

niederträchtig
1. hinterhältig, hinterlistig; *ugs.:* hintenrum, auf die linke Tour, link
2. → gemein

Niederung Ebene, Tafel, Tiefebene, Tafelland, Platte, Plateau, Fläche, Flachland, Senke

niederwalzen → zerstören

niederwerfen
1. → niederschlagen
2. → besiegen

niederwerfen, sich auf die Knie fallen, sich auf die Knie/den Boden/die Erde/jmdm. zu Füßen werfen

niedlich
1. herzig, putzig, hübsch, allerliebst
2. → reizend

niedrig
1. von niederer Herkunft, gewöhnlich, niedrigstehend, gering, einfach
2. schlecht, gemein, unfein, ordinär, gewöhnlich, niveaulos, primitiv, pöbelhaft
3. → kläglich

N

Niedrigkeit → Gemeinheit
niemals
1. keinen Augenblick, keine Sekunde, nie im Leben, zu keinem Zeitpunkt, zu keiner Zeit, nimmermehr
2. → nein
niemand keiner, kein Mensch/Einziger, keine Seele/Menschenseele, nicht einer; *derb:* kein Schwanz/Aas/Teufel/Schwein, keine Sau
nieseln tröpfeln, rieseln, sprühen, schwach regnen, tropfen; *ugs.:* fisseln; *landsch.:* drippeln
Niete
1. Metallbolzen
2. → Versager
3. Fehllos
Nigger *abwertend für:* Schwarzer
Nilpferd Flusspferd, Hippopotamus
Nimbus
1. → Heiligenschein
2. → Ansehen
3. → Name
nimmermüde → fleißig
nimmersatt
1. → gefräßig
2. → gierig
nippen einen kleinen Schluck nehmen, kosten, schlürfen, probieren, einen Tropfen versuchen
nirgends an keinem Ort/Platz/keiner Stelle, nirgendwo, auf keinem Fleck der Erde
nisten sich einnisten, horten, wohnen, ein Nest bewohnen/bauen
Niveau
1. Höhe, Höhenlage, Höhenstufe, Stand
2. Bildungsgrad, Bildungsstand, (geistiger) Rang, Level, (kulturelle) Stufe, Standard, Klasse, Horizont, Qualität, Format, Anspruch, Gesichtskreis, Profil, Blickfeld; *geh.:* Dignität
niveauvoll kultiviert, (geistig) anspruchsvoll, gebildet, wertvoll, erlesen, exquisit, erstklassig, qualitätsvoll, von bester Qualität, mit Niveau, exzellent, vorzüglich; *geh.:* ambitiös
nivellieren gleichmachen, einebnen, auf gleiche Höhe bringen, auf eine Ebene stellen, glätten, egalisieren, planieren, ausgleichen, glattmachen, Unterschiede beseitigen
Nixe
1. Meerjungfrau, Wasserjungfrau, Seejungfer, Nymphe, Najade, Nereide, Undine, Meerweib
2. Badende, Schwimmende, Schwimmerin
nobel
1. edel, vornehm, fein, adlig, distinguiert, exklusiv, kultiviert, feinsinnig, feinfühlend, stilvoll, mondän, manierlich, honorig, gentlemanlike; *ugs., scherzh.:* fürnehm
2. → elegant
3. → großzügig
noch
1. bis jetzt/zu diesem Zeitpunkt, momentan, augenblicklich, zur Zeit, derzeit
2. weiterhin, nach wie vor, für die nächste Zeit, für kurz
3. → außerdem
4. **gerade noch** → kaum
noch einmal → nochmals
nochmals wieder, erneut, abermals, noch einmal, aufs Neue, von neuem/vorn, wiederum, neuerlich, zum zweiten Male, wiederholt, mehrfach, vielfach, abermalig, wiederkehrend, nochmalig
Nomade Wanderhirt, Umherziehender, Umherirrender, Ruheloser, Wanderer, Vagabund
nominell nur dem Namen nach, nicht wirklich, vorgeblich
nominieren ernennen, vorschlagen, namhaft machen, auf die Wahlliste setzen, berufen, ein Amt anvertrauen, eine Stellung anbieten; *geh.:* designieren
Nominierung Aufstellung, Ernennung, Berufung
nonchalant → zwanglos
Nonkonformist
1. → Außenseiter
2. → Alternativer
nonkonformistisch
1. individualistisch, unangepasst, eigenständig, selbständig, souverän, eigenwillig
2. → alternativ
Nonne Ordensfrau, Schwester, Ordensschwester, Klosterfrau, Klosterschwester; *geh.:* Braut Christi, Gottesbraut, Himmelsbraut
Nonplusultra
1. das Höchste/Schönste/Beste, Maximum, Optimum, i-Tüpfelchen
2. → Krönung
Nonsens
1. Widersinn, Unfug; *ugs.:* Blödsinn, Schmarren, dummes Zeug, Quatsch, Dada, Schwachsinn
2. → Unsinn
Nörgelei
1. Mäkelei, Gestichel, Tadelsucht
2. → Kritik
nörgeln mäkeln, bemäkeln, sticheln, tadeln, querulieren, beanstanden, mit nichts zufrieden sein, aussetzen an, bemängeln, schimpfen, seiner Unzufriedenheit Luft machen, kritisieren, Kritik üben, monieren, missbilligen,

N

Anstoß nehmen, sich beschweren/beklagen über, zurechtweisen, nicht anerkennen, sich stoßen an, angehen gegen, nicht in Ordnung finden, verurteilen, angreifen; *ugs.:* herummäkeln, herumnörgeln, herumkritteln, herummeckern, herumquengeln, herummosern, motzen, kein gutes Haar an jmdm. lassen, ein Haar in der Suppe finden, auf jmdm. herumhacken, am Zeug flicken, knurren, raunzen, maulen, stänkern, zerpflücken, wettern, meckern; *landsch.:* bruddeln

Nörgler Miesmacher, Beckmesser, Mäkler, Querulant, Tadelsüchtiger; *ugs.:* Quengler, Krittler, Kritikaster, Knurrhahn, Nörgelfritze, Meckerer, Stänkerer; *landsch.:* Bruddler

Norm
1. Richtschnur, Richtlinie, Richtmaß, Richtsatz, Regel, Direktive, Maßstab, Regelung, Reglement, Satzung, Mussbestimmung, Standard, Gesetz, Gesetzmäßigkeit, Prinzip, Faustregel, Grundsatz, Ordnung, Regelmäßigkeit
2. Arbeitsnorm, Soll, Leistungssoll, Leistungsnorm, Auflage, Planaufgabe, Pflicht
3. Durchschnitt, Mittelmaß, Mittelmäßigkeit, das Übliche/Herkömmliche

normal
1. vorschriftsmäßig, regelrecht, üblich, landläufig, herkömmlich, der Norm/Regel/Gewohnheit entsprechend, gewohnt, gewöhnlich, gebräuchlich, obligat, alltäglich, eingewurzelt, gängig, regulär, verbreitet, gang und gäbe, nach Väter Sitte/Brauch, anerkannt, vertraut, bekannt, konventionell, selbstverständlich, im Rahmen, mainstream
2. (geistig) gesund, mit gesundem Menschenverstand, zurechnungsfähig, rüstig, stabil

normalisieren in Ordnung/ins rechte Gleis bringen, regulieren, regeln, beruhigen, normal gestalten, auf ein normales Maß zurückführen, der Norm angleichen, ins Gleichgewicht bringen, eine Lösung finden

normalisieren, sich → beruhigen, sich

normativ verpflichtend, maßgebend, maßgeblich, ausschlaggebend, bestimmend, richtungweisend, entscheidend, autoritativ, wegweisend, verbindlich, bindend, obligatorisch, geltend, als Richtschnur dienend

normen → normieren

normieren einheitlich festlegen, normen, regeln, typisieren, vereinheitlichen, standardisieren, eichen, regulieren, kanonisieren, festsetzen, als Norm festsetzen, auf eine Formel/einen Nenner bringen

normwidrig abweichend, regelwidrig, gesetzwidrig, ano(r)mal, atypisch, irregulär, unüblich, die Norm verletzend

Not
1. Armut, Elend, Notstand, Notfall, schwere Zeit, Krise, missliche Umstände, Unglück, Drangsal, Armseligkeit, Ärmlichkeit, Mittellosigkeit, Bedürftigkeit, Mangel, Geldmangel, Geldnot, Entbehrung, Verelendung, Beschränkung, Knappheit, Kargheit, Besitzlosigkeit
2. unangenehme Lage, peinliche/schwierige Situation, Bedrängnis, Schwierigkeit, Verlegenheit, Kalamität, Bredouille, Druck, Misere, Notlage, Zwangslage, Dilemma, Übel, Crux, Engpass, Komplikation, Debakel, Desaster, Missstand, Übelstand; *ugs.:* Schwulität, Klemme, Patsche, Tinte, Zwickmühle, Schlamassel
3. Ratlosigkeit, Hilflosigkeit, Schutzlosigkeit, Ausweglosigkeit, Trostlosigkeit, Hoffnungslosigkeit, Sackgasse

Notbehelf Ersatz, Ersatzmittel, Hilfe, Notlösung, Zwischenlösung, Provisorium, Flickwerk

notdürftig provisorisch, vorläufig, behelfsmäßig, zur Not, vorübergehend, mangelhaft, unzureichend, schlecht und recht, als Aushilfe, zeitweilig, primitiv, ungenügend, kümmerlich, unzulänglich; *ugs.:* auf die Schnelle

Note
1. Banknote, Papiergeld, Geldschein
2. Bewertung, Zensur, Prädikat, Benotung
3. → Denkschrift
4. → Eigenart

Notfall → Not

notfalls erforderlichenfalls, schlimmstenfalls, nötigenfalls, wenn es sein muss, wenn es nicht anders geht; *ugs.:* im Fall der Fälle

notgedrungen zwangsläufig, gezwungen, gezwungenermaßen, unfreiwillig, wohl oder übel, schweren

Herzens, zwangsweise, notwendigerweise, der Not gehorchend, unter Druck, unweigerlich, in Ermangelung eines Besseren, unwillkürlich, automatisch

Notgroschen → Ersparnis

nötig erforderlich, notwendig, unerlässlich, unentbehrlich, unumgänglich, unausweichlich, unvermeidlich, unersetzlich, unverzichtbar, geboten, obligat, obligatorisch, dringend, wesentlich, wichtig, lebenswichtig, zwingend, unbedingt

nötigen drängen, zwingen, Zwang/Druck ausüben, bedrohen, erpressen, jmdn. unter Druck setzen, Gewalt anwenden, vergewaltigen, Zwang antun, keine (andere) Wahl lassen, nicht in Ruhe lassen, belästigen, jmdm. zusetzen, jmdn. bedrängen, gefügig machen, terrorisieren, tyrannisieren; *ugs.:* die Pistole auf die Brust setzen, jmdm. das Messer an die Kehle setzen, Daumenschrauben ansetzen, die Folterwerkzeuge zeigen

nötigenfalls → notfalls

Nötigung
1. Bedrängnis, Vergewaltigung, Gewalt, Druck
2. → Zwang

Notiz Vermerk, Eintrag, Erinnerung, Aufzeichnung, Eintragung, Anmerkung

Notiz nehmen von
1. → aufpassen
2. **keine Notiz nehmen von** → ignorieren

Notlage
1. Bedrängnis, Verlegenheit, Misere, Zwangslage, Engpass
2. → Not

Not leiden → darben

Not leidend → arm

Notlösung → Notbehelf

Notlüge Ausflucht, Vorwand, Ausrede, Unwahrheit; *ugs.:* faule Ausrede

notorisch gewohnheitsmäßig, aus Gewohnheit, regelmäßig, süchtig

Notruf Hilferuf, Notschrei, Notsignal, SOS-Ruf, Alarm, Appell

Notstand
1. Krisensituation
2. → Not
3. Ausnahmezustand, Kriegsrecht

Notwehr Gegenwehr, Verteidigung, Defensive

notwendig → nötig

Notwendigkeit → Erfordernis

Notzucht Vergewaltigung, Schändung

notzüchtigen → vergewaltigen

Novelle
1. Gesetzesergänzung, Nachtragsgesetz
2. → Erzählung

Novität
1. Novum
2. → Neuheit
3. → Erfindung

Novize → Neuling

Novum → Neuheit

Nuance
1. Tönung, Schattierung, Abschattung, feiner Übergang, Ton, Feinheit, Abstufung
2. Spur, Kleinigkeit, Hauch, Schimmer, Stich, Touch, Anflug, Idee, Schatten, Schuss, Quäntchen, Prise, Winzigkeit
3. **eine Nuance** → etwas

nuancieren (fein) abstufen, schattieren, abschattieren, tönen, abtönen, differenzieren, staffeln, fächern, feine Unterschiede machen, ein wenig verändern

nüchtern
1. nichts gegessen/getrunken habend, mit leerem/auf leeren Magen, ohne zu essen/Essen/Frühstück
2. ohne Gefühl/Emotion/Fantasie, trocken, unpersönlich, rational, realistisch, verstandesmäßig, leidenschaftslos, klar, unpoetisch, unromantisch, prosaisch, sachlich, logisch, fantasielos, amusisch
3. reizlos, dürr, fade, schal, schmucklos, einförmig, grau, langweilig, öde, leer, spannungslos, schnörkellos, schlicht
4. → neutral

nuckeln
1. *ugs.:* schlecken, dudeln, suckeln
2. → saugen

Nudel
1. Teigware
2. Dickerchen, Mops, Fettwanst

Nudelholz Teigrolle; *landsch.:* Wellholz; *österr.:* Nudelwalker; *schweiz.:* Wallholz

nudeln → mästen

Nudismus Freikörperkultur, FKK, Nacktkultur, Naturismus

null kein, nichts

Null
1. Zero, Nichts
2. → Versager

Nullpunkt
1. Gefrierpunkt, null Grad
2. Endpunkt, Ende, Tiefpunkt, Talsohle, Tiefstand, Ruin, Bankrott

Nulpe *ugs. für:* Niete, Versager

numinos → göttlich

Nummer
1. Zahl, Ziffer, Chiffre
2. → Auftritt
3. → Spaßvogel
4. → Geschlechtsverkehr

nummerieren beziffern, mit Nummern/Zahlen versehen, durchnummerieren, paginieren, benummern
nun
1. → jetzt
2. **von nun an** → künftig
nun einmal → eben
nur bloß, lediglich, nichts als, ausschließlich, allein, niemand sonst, alleinig, kein anderer, einzig (und allein)
nuscheln *ugs. für:* durch die Nase/undeutlich sprechen; *ugs.:* einen Kloß im Mund haben, näseln
Nutte *abwertend für:* Prostituierte
nutzbar → nützlich
nutzbringend → nützlich
nutzen
1. nützen, benützen, verwerten, verwenden, anwenden, einsetzen, sich zunutzemachen, sich dienstbar/nutzbar machen, gebrauchen, Gebrauch machen, in Anwendung/zum Einsatz bringen, ausbeuten, wahrnehmen, Nutzen ziehen
2. nützlich/förderlich/von Nutzen/dienlich/zweckmäßig/hilfreich sein, zugutekommen, zustattenkommen, gute Dienste leisten/tun, Nutzen/Gewinn/Ertrag bringen, Früchte tragen, sich bezahlt machen, dienen, helfen, zum Nutzen gereichen, fruchten, sich als nützlich erweisen, frommen, sich auszahlen, Wert haben, sich lohnen, wirken
Nutzen
1. Vorteil, Gewinn, Profit, Ertrag, Wert, Ausbeute, Frucht, Verdienst, Einnahme, Erlös
2. Nützlichkeit, Hilfe, Brauchbarkeit, Zweckmäßigkeit, Zweckdienlichkeit, Verwendbarkeit
nützen → nutzen
Nutzer → Benutzer
nutzerfreundlich → benutzerfreundlich
nützlich
1. hilfreich, dienlich, sachdienlich, zweckdienlich, brauchbar, förderlich, anwendbar, verwendbar, geeignet, verwertbar, tauglich, gute Dienste leistend, praktisch, praktikabel, zweckmäßig, zweckvoll, zu gebrauchen, fruchtbar, wirksam, konstruktiv, ersprießlich, heilsam, gedeihlich, gut, sinnvoll, segensreich, von Nutzen/Wert, wertvoll, behilflich, handlich, nütze
2. vorteilhaft, lohnend, nutzbar, nutzbringend, einträglich, einbringlich, ertragreich, Gewinn bringend, rentabel, günstig, dankbar, lukrativ, Profit bringend, profitabel, ergiebig
nutzlos wertlos, sinnlos, überflüssig, unnütz, wirkungslos, unwirksam, fruchtlos, unbrauchbar, zwecklos, unfruchtbar, ergebnislos, unersprießlich, vergebens, vergeblich, unnötig, entbehrlich, müßig, verfehlt, abkömmlich, hat keinen Sinn, ohne Erfolg/Sinn und Zweck, keinen Erfolg versprechend, erfolglos, aussichtslos, ungeeignet, unzweckmäßig, umsonst; *ugs.:* für die Katz, nichts wert, verlorene Liebesmühe
Nymphe → Nixe
nymphoman mannstoll, verrückt nach Männern, lüstern, liebestoll

Oase
1. Wüsteninsel, Grüninsel, Wasserstelle, fruchtbare Stelle, Wasserplatz
2. Ort der Erholung, Ort der Erbauung, Ruhepunkt, Ruheplatz, Insel

ob
1. wegen, aufgrund, kraft, dank, durch, infolge, vermöge, zwecks, angesichts, aus, vor, halber, auf … hin, von … her, um … willen; *ugs.:* von wegen
2. **als ob** gleichsam, gewissermaßen, sozusagen, als sei, wie wenn

Obdach → Unterkunft

obdachlos ohne Obdach/Bleibe/Wohnung/Unterkunft, wohnungslos, heimatlos; *ugs.:* ohne Dach über dem Kopf; *österr.:* unterstandslos

Obduktion Leichenöffnung, Sektion, Autopsie, Nekropsie

obduzieren sezieren, eine Obduktion vornehmen, zerlegen (Leichnam), anatomisch untersuchen

oben in der Höhe, droben, auf dem Gipfel, an der Spitze, hoch, auf, obenauf; *landsch.:* heroben

obenauf
1. darauf, oben darauf, zuoberst, darüber; *ugs.:* obendrauf
2. → fröhlich

obendrein außerdem, auch, überdies, darüber hinaus, zudem, dazu, zum Überfluss

obenhin → leichthin

Ober Kellner, Bedienung, Garçon

Oberaufsicht → Leitung

Oberfläche Außenseite, Oberseite, das Äußere, Fassade, Hülle, Schale, Überzug

oberflächlich
1. flach, verflacht, seicht, äußerlich, ohne Tiefgang, nichtssagend, geistlos, inhaltslos, gehaltlos, banal, trivial, vordergründig
2. nachlässig, ungenau, flüchtig, leichtfertig, schlampig, so nebenher, so nebenbei
3. → leichtsinnig
4. äußerlich, peripher

oberhalb über, höher als; *landsch.:* überhalb; *österr.:* ober

Oberhaupt Landesvater, Landesherr, → Führer

Oberschicht
1. High Society, vornehme/gute Gesellschaft, die oberen Zehntausend, Crème de la Crème, Establishment, Geldadel
2. → Adel

oberschlau → überklug

obgleich obwohl, obschon, obzwar, wennschon, wiewohl, wenngleich, wenn auch, trotzdem, auch/und/selbst wenn, ungeachtet, gleichwohl; *schweiz.:* einenweg

obig weiter obenstehend, obengenannt, vorgenannt, obenerwähnt, vorstehend, bewusst, besagt, in Rede stehend

Objekt Gegenstand, Körper, Ding, Sache, Gebilde, Etwas, Artikel

objektiv sachlich, vorurteilsfrei, vorurteilslos, unvoreingenommen, unbefangen, nüchtern, unparteiisch, parteilos, frei von Emotionen/Vorurteilen, wertneutral, wertfrei, unbeeinflusst, unverblendet, gerecht, sachdienlich

obligat
1. nötig, notwendig, unerlässlich, erforderlich, unverzichtbar
2. → normal

obligatorisch verbindlich, verpflichtend, fest, bindend, vorgeschrieben, endgültig, definitiv, feststehend, unwiderruflich, unabänderlich, unumstößlich, bestimmt, festgelegt, vergeordnet, angeordnet, pflichtmäßig, nicht freiwillig

Obolus Spende, Gabe, Beitrag, Betrag, Summe, Opfer, Scherflein

Obrigkeit Regierung, Vorstand, Behörde, obere Instanz, Verwaltung, Staat, Gewalt, Macht, Herrschaft, Oberhoheit

obschon → obgleich

Observatorium Sternwarte, Wetterwarte, astronomische/meteorologische Beobachtungsstation

observieren → beobachten

Obsession Zwangsvorstellung, Zwangshandlung, (starke) Fixierung, Fanatismus, Leidenschaft, fixe Idee, Heimsuchung, Einbildung, Wahn, Wahnvorstellung, Sinnestäuschung, Trugbild, Manie; *geh.:* Idée fixe; *ugs.:* Fimmel, Tick

obskur
1. dunkel, finster, schattenhaft
2. → unklar
3. dubios, nebulös, zweifelhaft, zwielichtig, fragwürdig
4. → verdächtig

obsolet → altmodisch

Obst Früchte

obstinat eigensinnig, starrköpfig, stur, eigenwillig, eigen; *ugs:* bockig, dickschädelig

O

Obstruktion → Widerstand
Obstwein Most, Süßmost; *gärend:* Federweißer; *landsch.:* Suser, Rauscher, Sauser; *österr.:* Heuriger
obszön
1. vulgär, verrucht
2. anstößig, unanständig, verwerflich, anstoßerregend, skandalös
3. pornografisch, schamlos; *ugs.:* dreckig, schweinisch, schmutzig, säuisch, versaut
obwohl → obgleich
obzwar → obgleich
Ochse
1. → Rind
2. → Dummkopf
ochsen *ugs. für:* lernen, studieren, Kenntnisse/Wissen/Fähigkeiten aneignen, üben, über den Büchern sitzen, exerzieren, büffeln, pauken, auf den Hosenboden setzen
Ochsenauge
1. Setzei, Spiegelei; *schweiz.:* Stierenauge
2. Rundfenster, Radfenster, Rose, Fensterrose, Rosette
öde
1. unfruchtbar, unbebaut, wüst, wild, trostlos, trist, kahl, karg, steinig, felsig, brach, ungenutzt, unergiebig, verwildert
2. verlassen, einsam, menschenleer, entvölkert, unbevölkert, verödet, vereinsamt, abgelegen, entlegen, (wie) ausgestorben, tot, unbelebt; *ugs.:* gottverlassen
3. → langweilig
Odel *landsch. für:* Jauche; *landsch.:* Pfuhl, Gülle, Mistgülle, Adel, Pud(d)el, Sut(t)er
Odem → Atem
oder oder auch, (oder) vielmehr, besser gesagt, beziehungsweise, respektive, mit anderen Worten, das heißt, andernfalls, im anderen Fall, sonst, je nachdem, entweder … oder
oder auch alias, mit anderem Namen, anders, eigentlich, auch/außerdem/sonst … genannt
Odeur → Duft
Odium
1. → Hass
2. → Schandfleck
Œuvre
1. Opus, Werk, Gesamtwerk, das Schaffen, Arbeit, Lebenswerk
2. → Kunstwerk
Ofen Heizgerät, Heizkörper, Heizofen, Heizapparat, Heizung, Raumheizer, Wärmequelle; *schweiz.:* Wärmeofen
offen
1. nicht geschlossen, nicht zugeschlossen, (frei) zugänglich, geöffnet, unverschlossen, aufgeschlossen, aufgesperrt, offenstehend
2. freigegeben, erschlossen, begehbar, betretbar, befahrbar, erreichbar, wegsam; *ugs.:* auf
3. → aufrichtig
4. → aufgeschlossen
5. frei, nicht besetzt, (noch) zu vergeben
6. licht, hell, weit, nicht begrenzt, groß, geräumig
7. unerledigt, unentschieden, ungelöst, unbewältigt, nicht zu Ende geführt, unfertig, unvollendet, unabgeschlossen, ausstehend, ungewiss, ungeklärt, unsicher, unbestimmt, umstritten
8. lose, einzeln, nicht verpackt, ohne Verpackung
offenbar
1. handgreiflich, offensichtlich, sichtbar, evident, einleuchtend, glaubhaft, bestechend, fasslich, klar, plausibel, einsichtig, erkennbar, greifbar, wahrnehmbar, fassbar, augenscheinlich, augenfällig, manifest, erwiesen, eindeutig, keinem Zweifel unterliegend, eklatant, deutlich, offenkundig, unmissverständlich, unverkennbar, unübersehbar, in die Augen fallend, auffallend, markant, auf der Hand liegend, mit den Händen zu greifen, anschaulich, nicht zu übersehen, sichtlich, ersichtlich; *geh.:* flagrant; *ugs.:* klipp und klar
2. → anscheinend
offenbaren → gestehen
offenbaren, sich
1. sich zeigen, sichtbar werden, sich äußern in, zum Ausdruck kommen, sich auftun, in Erscheinung treten
2. → anvertrauen, sich
offenhalten, sich sich vorbehalten, sich ausbedingen, sich etwas ausbitten, etwas zur Bedingung machen, sich eine Möglichkeit freihalten; *ugs.:* sich eine Hintertüre offenhalten, sich eine Hintertreppe freihalten
offen halten geöffnet halten; *ugs.:* aufhalten
Offenheit Ehrlichkeit, Geradlinigkeit, Aufrichtigkeit, Offenherzigkeit, Lauterkeit, Freimütigkeit, Wahrhaftigkeit, Freimut, Geradheit
offenherzig
1. → aufrichtig
2. *ugs. für:* (tief) ausgeschnitten, (stark) dekolletiert, frei, freizügig
offenkundig → offenbar
offenlassen noch nicht entscheiden, in der Schwebe

O

lassen, sich vorbehalten, sich nicht festlegen, dahingestellt sein lassen, unentschlossen/unschlüssig sein, schwanken, zaudern, zögern, sich nicht entschließen, abwarten, auf sich beruhen lassen

offen lassen nicht schließen, geöffnet lassen

offen reden → sprechen

offensichtlich → offenbar

offensiv angreifend, kämpferisch, angriffslustig, kampfesfreudig, die Initiative ergreifend, aktiv, zum Angriff übergehend

Offensive → Angriff

offen sprechen seine Meinung sagen, offen reden/sagen, keinen Hehl machen aus, seinem Herzen Luft machen; *ugs.:* nicht hinter dem Berg halten mit, kein Blatt vor den Mund nehmen, frei/frisch von der Leber weg reden, aus seinem Herzen keine Mördergrube machen, reden wie einem der Schnabel gewachsen ist

offenstehen
1. unbezahlt/noch nicht beglichen sein, ausstehen
2. → freistehen

offen stehen geöffnet/nicht geschlossen sein, gähnen, klaffen, aufklaffen

öffentlich vor allen Leuten, coram publico, auf offener Straße/offenem Markt, für die Öffentlichkeit bestimmt, allen zugänglich, für alle hörbar/sichtbar, vor aller Welt, in/vor aller Öffentlichkeit, vor aller Augen, im Forum, allgemein(gültig), amtlich, desoffiziell, behördlich

Öffentlichkeit Allgemeinheit, Leute, (das breite) Publikum, Bevölkerung, Gesellschaft, Gesamtheit, Volk, alle Welt, Menschheit, Menge, breite Masse

offerieren → anbieten

Offerte
1. Angebot, Anerbieten, Vorschlag, Antrag, Einladung; *österr.:* Anbot, Offert
2. Annonce, Anzeige, Inserat, Ausschreibung

offiziell
1. amtlich, behördlich, dienstlich, von Amts wegen
2. → öffentlich
3. → förmlich

öffnen
1. aufschließen, aufsperren, Einlass gewähren, zugänglich machen
2. aufbrechen, aufreißen, aufschneiden, aufziehen, aufstoßen; *veraltet:* erbrechen (Siegel); *ugs.:* aufmachen, auftun, knacken, aufbekommen, aufbringen, aufkriegen
3. aufpacken, auspacken, auswickeln

öffnen, sich
1. aufgehen, sich auftun, sich entfalten, sich entrollen, aufspringen, sich erschließen
2. → anvertrauen, sich

oft viele Male, immer wieder, öfter(s), des Öfteren, oftmals, oftmalig, häufig, mehrmals, mehrfach, ein paarmal, vielmals, vielfach, in vielen Fällen, nicht selten, wiederholt, ungezählt, etliche Mal, mehrmalig; *österr.:* mehrenteils; *ugs.:* hundertmal, dutzendmal, dutzendfach, x-mal, x-fach, zigmal, doppelt und dreifach, alle naselang, noch und noch

Oheim → Onkel

ohne
1. bar, frei von
2. außer, abgesehen von, ausgenommen, abzüglich, abgerechnet, bis auf, mit Ausnahme von, exklusive, nicht inbegriffen/einbegriffen

ohnedies → ohnehin

ohnegleichen → außergewöhnlich

ohnehin sowieso, ohnedies, ohnedem, überhaupt, auf alle Fälle/jeden Fall

Ohnmacht Bewusstlosigkeit, Koma, Besinnungslosigkeit

ohnmächtig
1. bewusstlos, ohne Bewusstsein/Besinnung, besinnungslos, nicht da/bei sich
2. machtlos, hilflos, gelähmt, handlungsunfähig, paralysiert, schwach, einflusslos, wehrlos, schutzlos, ausgeliefert

ohne Weiteres anstandslos, ohne Zögern/Bedenken/Widerspruch, bedenkenlos, widerspruchslos, unbesehen, ungeprüft, ohne jede Schwierigkeit, unbedenklich, selbstverständlich, gern, bereitwillig, mit Vergnügen, kurzerhand, natürlich; *ugs.:* mir nichts, dir nichts, rundheraus, einfach so

ohnmächtig werden bewusstlos/besinnungslos werden, das Bewusstsein/die Besinnung verlieren, in Ohnmacht fallen/sinken, zu Boden sinken, umfallen, umsinken, zusammenbrechen, kollabieren, jmdm. wird schwarz vor Augen/schwinden die Sinne; *ugs.:* umkippen, umklappen, Sterne sehen, aus den Pantinen kippen, schlappmachen, zusammensacken, wegsacken, zusammenklappen, zusammenkrachen

Ohr Hörorgan; *ugs.:* Lauscher, Löffel, Horcher, Luser; *landsch.:* Ohrwaschel ⓘ
ohrenbetäubend → laut
Ohrfeige Backenstreich; *ugs.:* Schelle, Maulschelle, Backpfeife; *landsch.:* Watsche(n), Fotze, Detsche
ohrfeigen schlagen, zuschlagen, eine Ohrfeige geben/verabreichen; *ugs.:* eine Maulschelle/Backpfeife geben, eine herunterhauen/kleben/knallen/scheuern/verpassen/schmieren/langen/pfeffern/wienern/schallern/latschen/pflastern/wischen, ein paar hinter die Ohren/Löffel geben; *derb:* eine in die Schnauze/Fresse hauen
okay
1. o. k., in Ordnung, geht/ist in Ordnung, einverstanden, ja, jawohl, gut, geht klar(o); *ugs.:* (ist) geritzt, abgemacht, klar, gecheckt, in Butter, gebongt, alles paletti
2. → ordnungsgemäß
Okkasion
1. → Chance
2. günstiger Kauf, gutes Geschäft, Gelegenheitskauf
okkult okkultistisch, spiritistisch, übersinnlich, übernatürlich, magisch, geheim, geheimnisvoll, verborgen, dunkel, unergründlich, mystisch
okkupieren → besetzen
Öko *ugs. für:* Alternativer, Grüner, Umweltschützer, Naturschützer; *ugs., oft abwertend:* Müsli, Ökofreak
ökonomisch
1. wirtschaftlich, kaufmännisch, kommerziell, geschäftlich
2. sparsam, genau, haushälterisch, knapp, eingeschränkt, vorsichtig, rationell, achtsam, sorgfältig, überlegt, kalkuliert, optimal
oktroyieren aufzwingen, aufnötigen, auferlegen, diktieren
Okzident → Abendland
Ölbaum Olivenbaum
ölen
1. schmieren, abschmieren, einölen, fetten, einfetten
2. einreiben, eincremen, einsalben, einfetten; *ugs.:* einschmieren
ölig
1. fettig, fetttriefend, tranig, pomadig, schmierig, schmutzig, glatt, rutschig, schlüpfrig
2. → salbungsvoll
Olivenbaum Ölbaum
Ölschock
1. Ölkrise
2. → Energiekrise

Ohr: Vom Hin- und Weghören

Das *Hörorgan* erscheint in vielen Redensarten, in denen es um Hören/Nicht-Hören oder um Aufmerksamkeit geht. *Auf den Ohren sitzen* bedeutet, (absichtlich) schlecht zu hören. Wer *auf einem/dem Ohr schlecht hört* oder *taub ist,* will von einer Sache nichts wissen. Was *nicht für fremde Ohren bestimmt* ist, soll nicht jeder mitbekommen. Vor Lauschern wird gewarnt, wenn es heißt *die Wände haben Ohren.* Deswegen wird man womöglich flüstern, also dem anderen *etwas ins Ohr sagen.* Was einem *zu Ohren gekommen* ist, davon hat man gehört. *Zum einem Ohr hinein und zum anderen hinaus* signalisiert Unbelehrbarkeit, man hört etwas, beachtet es aber nicht. Wenn jemand Zustimmung oder Aufmerksamkeit erhält, findet er *ein offenes/geneigtes Ohr.* Das Gleiche ist der Fall, wenn man, scherzhaft gesprochen, *jemandem sein Ohr leiht.* Dagegen findet einer kein Interesse, der *auf taube Ohren stößt/trifft. Jemandem in den Ohren liegen* bedeutet, ständig auf ihn einzureden oder ihn mit Bitten zu bestürmen.
Der Volksglaube, dass sowohl das Gedächtnis als auch der Sinn der Verschlagenheit hinter den Ohren sitzt, kommt in Wendungen zum Ausdruck wie *sich etwas hinter die Ohren schreiben* (»sich merken«) – umgangssprachlich heißt es auch *sich etwas hinter die Löffel schreiben* – und *es faustdick/knüppeldick hinter den Ohren haben* (»gerissen sein«). Was *leicht/gut ins Ohr geht,* lässt sich gut merken. Wer dagegen *seinen Ohren nicht trauen* mag, hört etwas, das er kaum glauben kann. Darüber hinaus werden die *Ohren* in der Umgangssprache auch als körpersprachliche Ausdrucksmöglichkeit verwendet, wobei Analogien zum Tierreich hergestellt werden. So heißt *mit den Ohren schlackern* »überfordert/erschreckt/ratlos sein«. Wer *die Ohren steifhält,* lässt sich nicht unterkriegen.
Besonders aufmerksam hört zu, wer *die Ohren spitzt. Die Ohren hängen lassen* bedeutet niedergeschlagen sein. Sagt man von einem Menschen, er habe *noch Eierschalen hinter den Ohren,* beschreibt man ihn als noch unreif. *Sich hinter den Ohren kratzen* gilt als Zeichen der Ratlosigkeit.

O

Olympiade Olympische Spiele, die Spiele
Oma
1. → Großmutter
2. → Greisin
Omelett(e) → Pfannkuchen
Omen Zeichen, Anzeichen, Vorbote, Vorzeichen Vorbedeutung, Merkmal, Signal
ominös
1. suspekt, nicht geheuer
2. → verdächtig
3. Schlimmes verheißend, unheilschwanger, Unheil bringend
4. → unheilvoll
Omnibus Bus, Autobus; *schweiz.:* Autocar
omnipotent → allmächtig
Onanie → Selbstbefriedigung
onanieren sich selbst befriedigen, masturbieren; *ugs.:* wichsen, sich einen runterholen/runterschütteln, selber machen
Ondit → Gerücht
Onkel *veraltet:* Oheim
Onlinebanking E-Banking, Directbanking, Homebanking, Internetbanking, Telebanking, elektronischer Geldverkehr
Onlineshopping Internetshopping, Homeshopping
Opa
1. → Großvater
2. → Greis
Open-Air-... Freilicht..., Freiluft... (Festival, Konzert)
operieren
1. einen (ärztlichen) Eingriff vornehmen, eine Operation durchführen, sezieren (Leichnam); *ugs.:* schneiden, aufschneiden, unters Messer nehmen
2. → handeln
Opfer
1. Opfergabe, Opferung, Kollekte, Sammlung, Beitrag, Spende, Spendenaktion, milde Gabe, Obolus, Scherflein, Almosen
2. Verunglückter, Betroffener, Geschädigter, Leidtragender, Benachteiligter, Betrogener, Unfalltoter; *ugs.:* Pechvogel, Unglücksvogel, Unglücksrabe
3. Aufopferung, Hingabe, Entsagung, Entbehrung, Verzicht, Aufgabe, Aufwendungen, Unkosten
opfern Opfer bringen, weihen, etwas geben, etwas stiften, einen Beitrag leisten, seinen Obolus entrichten, spenden, als Gabe/Spende überreichen, darbringen
opfern, sich
1. auf sich nehmen, sich zur Verfügung stellen, etwas übernehmen, sich einer Sache annehmen, einstehen für; *ugs.:* sich hergeben für, herhalten, auf seine Kappe nehmen, den Kopf hinhalten
2. → aufopfern, sich
Opferstätte Altar, Opferstein, Opfertisch, Kultstätte, Heiligtum, Tempel, Weihestätte
Opponent
1. Gegner, Gegenspieler, Kontrahent, Widerpart, Rivale
2. Andersdenkender, Abweichler, Dissident, Rebell
opponieren → aufbegehren
opportun zweckmäßig, vernünftig, sinnvoll, nützlich, angebracht, angemessen, gegeben, gelegen, geeignet, tauglich, zweckentsprechend, zweckdienlich, sachdienlich, brauchbar, angezeigt, ratsam, klug, passend, von Vorteil
Opportunismus (bereitwillige) Anpassung, Einordnung, Unterordnung, Prinzipienlosigkeit, Gesinnungslosigkeit; *ugs.:* Gesinnungslumperei
opportunistisch auf den eigenen Vorteil bedacht, karrieristisch, angepasst, mit dem Strom schwimmend, seine Gesinnung wie sein Hemd wechselnd, die Fahne nach dem Wind wechselnd/hängend, prinzipienlos
Opposition
1. Gegenpartei, Gegenseite, Gegner, Kontrahenten, Opponenten, Widerpart, Widersacher
2. Widerstand, Gegensatz, Widerspruch, Einspruch, Weigerung, Protest, Auflehnung, Aufstand, Rebellion, Gegendruck, Gegenwehr
oppositionell → gegensätzlich
optieren seine Stimme geben, stimmen/abstimmen/votieren für, jmdn. wählen/erwählen, eine Wahl treffen, sich frei entscheiden für, seine Ansicht kundgeben
optimal
1. bestmöglich, größtmöglich, höchst, beste, sehr gut, allerbeste, spitzenmäßig
2. → außergewöhnlich
optimieren verbessern, vervollkommnen, perfektionieren, bestmöglich gestalten, zur Vervollkommnung bringen; *ugs.:* den letzten Schliff geben
Optimismus Zuversicht, Zuversichtlichkeit, Vertrauen in die Zukunft, Zukunftsglaube, Fortschrittsglaube, Daseinsfreude, Lebensfreude, Hoffnung, Lebensbejahung, Lebensmut, Lebensvertrauen, Glaube an

das Gute, Heiterkeit, Zufriedenheit, positive Lebenseinstellung

optimistisch zuversichtlich, voller Zuversicht, lebensbejahend, guten Mutes, hoffnungsfroh, getrost, hoffnungsfreudig, hoffnungsvoll, unverzagt, unverdrossen, siegessicher, siegesgewiss, siegesbewusst, sicher, positiv, vertrauensvoll, ohne Furcht

Optimum
1. → Krönung
2. Höchstleistung, Bestleistung, Spitzenleistung, Rekord, Nonplusultra, Höhepunkt

optional wahlfrei, nicht zwingend, freigestellt, freiwillig, nach eigener Wahl/eigenem Ermessen, aus eigenem Antrieb/Willen; *geh.:* fakultativ

optisch visuell, vom äußeren Eindruck her

opulent üppig, schwelgerisch, reichlich, reichhaltig, ausgiebig, fürstlich, feudal, lukullisch, luxuriös, ausgedehnt

Opus Werk, Kunstwerk, Schöpfung, Arbeit, Produkt, Œuvre, Erzeugnis, Meisterleistung

Orakel Weissagung, Prophezeiung, Zukunftsdeutung, Voraussage, Vorhersage, Wahrsagung

orakelhaft → rätselhaft

Orange Apfelsine

Orchester Kapelle, Musikergruppe, Ensemble, Band; *geh.:* Klangkörper

Orden
1. Ehrenzeichen, Auszeichnung, Medaille, Abzeichen, Ehrennadel, Ehrenplakette
2. Ordensgemeinschaft, Bruderschaft, Kongregation

Ordensbruder → Mönch

Ordensschwester → Nonne

ordentlich
1. geordnet, wohlgeordnet, aufgeräumt, tadellos, untadelig, sauber, adrett, akkurat, ordnungsliebend, auf Ordnung bedacht/haltend/achtend, präzis, penibel, sorgfältig, sorgsam, mit Sorgfalt, gepflegt, genau, in Ordnung, korrekt, diszipliniert
2. nach Vorschrift/der Regel, planmäßig, regelgemäß, vorschriftsmäßig, ordnungsgemäß, regulär, regelrecht
3. → anständig
4. gehörig, ausreichend, richtig, herzhaft, kräftig, weidlich, nicht zu knapp, nach Herzenslust; *ugs.:* tüchtig, anständig, gründlich, feste, nach Strich und Faden

Order
1. Auftrag, Bestellung, Anforderung
2. → Befehl

ordinär
1. anstößig, unanständig, verwerflich, empörend, unsittlich, unschicklich, unmanierlich, anzüglich, unfein, vulgär, nicht salonfähig
2. → alltäglich

Ordinarius
1. Hochschullehrer, Lehrstuhlinhaber, Professor, Universitätsprofessor; *österr.:* Lehrkanzelinhaber
2. *veraltet:* Klassenlehrer, Klassenleiter; *landsch.:* Klasslehrer

ordnen
1. zusammenstellen, anordnen, in die richtige Ordnung/Reihenfolge bringen, sortieren, listen, auflisten, gruppieren, sich formieren, gliedern, aufgliedern, einteilen, aufteilen, unterteilen, arrangieren, rubrizieren, katalogisieren, systematisieren, in ein System bringen, strukturieren, in Reih und Glied stellen, einreihen, eingliedern, ausrichten, aufstellen
2. aufräumen, wegräumen, in Ordnung bringen, Ordnung machen/schaffen, richten, zurechtrücken, geraderücken, geradestellen; *ugs.:* in Schuss bringen

Ordner
1. Hefter, Schnellhefter, Ablegemappe, Sammelmappe, Aktenordner, Briefordner, Aktendeckel
2. Aufseher, Wärter, Bewacher, Ordnungshüter, Saalhüter, Aufsicht, Aufsichtsführer, Wächter; *ugs.:* Aufpasser

Ordnung
1. geregelter Zustand/Gang/Tagesablauf, Zucht, Disziplin, Drill, Korrektheit, Genauigkeit, Regelung, Regel, Regelmäßigkeit, Gleichmaß, Planmäßigkeit, Richtigkeit, Wohlanständigkeit
2. Anordnung, Gruppierung, Reihenfolge, Gliederung, Schema, Systematik, Stufung, Abstufung, Arrangement, Zuordnung, Folge
3. Klasse, Kategorie, Gattung, Abteilung, Reihe, Rubrik
4. **in Ordnung** → ordnungsgemäß
5. okay, o. k., einverstanden, ja, jawohl, gut; *ugs.:* ist geritzt, gemacht, abgemacht, gebon(g)t, in Butter
6. **in Ordnung bringen** aufräumern, säubern, sau-

O

bermachen, putzen, wegräumen
7. aus der Welt schaffen, bereinigen, beilegen, schlichten, beseitigen, wiedergutmachen; *ugs.:* zurechtbiegen, einrenken

ordnungsgemäß der Vorschrift entsprechend, in Ordnung, geordnet, laut/nach Vorschrift, vorschriftsmäßig, vorschriftsgemäß, nach der Regel, ordentlich, richtig, wie vorgeschrieben; *ugs.:* wie es sich gehört, im Lot, o. k., okay, in Schuss

ordnungsliebend → ordentlich

ordnungswidrig gesetzeswidrig, verfassungswidrig, rechtswidrig, ohne Recht, illegal, gegen das Gesetz/die Vorschrift verstoßend, nicht erlaubt, verboten, untersagt

Organ
1. Körperteil, Körperorgan, Sinnesorgan
2. Sprechorgan, Stimme
3. Institution, Amt, Behörde, Dienststelle
4. Zeitung, Zeitschrift, Blatt
5. → Sinn

Organisation
1. Organisierung, Veranstaltung, Planung, Abhaltung, Abwicklung, Ausrichtung, Durchführung, Inszenierung, Arrangierung
2. Aufbau, Gliederung, Einteilung, Struktur, Anlage, Zusammensetzung, Gefüge, Ordnung, Anordnung, Disposition, Organismus, Komplex, Apparat
3. Verband, Gruppe, Bund, Bündnis, Partei, Verein, Vereinigung, Zusammenschluss, Genossenschaft, Gesellschaft, Korporation, Union, Körperschaft

organisch
1. gewachsen, geschlossen, einheitlich, zusammenhängend, naturgemäß, natürlich, unteilbar, eine Einheit bildend, homogen, aus einem Guss
2. belebt, lebend, beseelt
3. anatomisch

organisieren
1. ausrichten, einrichten, ausgestalten, Gestalt geben, leiten, vorbereiten, aufbauen, abhalten, abwickeln, veranstalten, arrangieren, durchführen, inszenieren, zustande/zuwege bringen, ins Werk/in Szene setzen, zur Durchführung bringen, geben, halten; *ugs.:* auf die Beine stellen, über die Bühne bringen, aufziehen, durchziehen, machen, managen
2. beschaffen, besorgen, herbeiholen, heranholen, bringen, verschaffen, verhelfen, vermitteln, aufbringen, zuschieben, zuschanzen, zuspielen; *ugs.:* auftreiben
3. → stehlen

organisieren, sich sich zusammenschließen, sich vereinigen, sich verbinden, sich sammeln, sich assoziieren, sich zusammentun, eine Partei bilden

Organismus
1. → Körper
2. Gefüge, Ganzheit, Ganzes, Apparat, Komplex, Bau, Aufbau, Gebilde, Gesamtheit, Einheit, Organisation
3. Wesen, Lebewesen, Geschöpf, Kreatur

Orgasmus
1. sexueller Höhepunkt
2. Samenerguss, Ejakulation

Orgie Gelage, Trinkgelage, Zechgelage, Schwelgerei, Völlerei, Bacchanal, Zecherei, Ausschweifung, Exzess, Zügellosigkeit; *ugs.:* Besäufnis, feuchter Abend; *derb:* Fresserei, Sauferei, Saufgelage, großes Fressen

Orient Morgenland, (Naher) Osten, Nahost, Mittlerer/Ferner Osten

orientieren → informieren

orientieren, sich sich zurechtfinden, die Richtung suchen, den richtigen Weg finden, sich durchfinden, den Standort bestimmen

original
1. urschriftlich, → originär
2. → originell

Original
1. Urfassung, Urschrift, Quelle, Urbild, Urtext, Grundtext, erste Fassung, Grundlage, Vorlage, Handschrift, Erstschrift, echtes Stück, Originalausgabe
2. Sonderling, Eigenbrötler, Kauz, Wunderling, Außenseiter, Outsider, Einzelgänger, besonderes Exemplar; *ugs.:* Unikum, Type, seltsamer/schräger Vogel, Krauter, wunderliche Haut
3. → Spaßvogel ⓘ

originär ursprünglich, original, eigentlich, primär, von Hause aus, genuin, unverfälscht, nicht abgeleitet

originell
1. schöpferisch, erfinderisch, produktiv, gestalterisch, einfallsreich, erfindungsreich, ideenreich, fantasiereich, fantasiebegabt, fantasievoll, geistreich, geistvoll, original, genial, kreativ, findig; *geh.:* ingeniös

Original: Urfassung und Unikum

Bezeichnet man einen Gegenstand als *Original,* so handelt es sich um ein echtes Stück. Das Wort, das auf Authentizität hinweist, wird meistens im Zusammenhang mit Kunstwerken verwendet. So spricht man von der *Urfassung* beziehungsweise der *ersten Fassung* etwa eines Gemäldes oder eines Theaterstücks, die eventuell auch auf eine bestimmte *Vorlage* zurückgehen.
Um Texte geht es bei *Urschrift, Erstschrift* und *Urtext. Handschrift* wird als Synonym für *Original* gebraucht, weil die *Ursprungsversion* eines Textes einst von Hand geschrieben wurde, bevor sie in den Druck ging. Eine *Quelle* muss nicht unbedingt etwas Schriftliches sein, in der Archäologie werden beispielsweise die Bodenfunde als *Quellen* bezeichnet. *Urbild* nennt man häufig auch außerliterarische *Quellen:* So war die Frankfurter Kindsmörderin Susanna Margaretha Brandt das *Urbild* der Gretchen-Figur in Goethes »Faust«, und die mondsüchtige Heilbronner Bürgermeistertochter Lisette Kornacher gilt als *Vorbild* für Kleists »Käthchen von Heilbronn«.
Auch in Bezug auf Menschen suggeriert der Ausdruck *Original* eine Art von Authentizität, und zwar in dem Sinn, dass sie unverwechselbare Eigenarten haben, die sie von der Masse abheben. Das umgangssprachliche *Unikum* charakterisiert diese Person noch freundlich, zum Beispiel als *Spaßvogel;* die anderen Synonyme stellen ein menschliches *Original* dagegen als *Außenseiter, Einzelgänger* oder *Sonderling* dar. So gilt ein *Eigenbrötler* beziehungsweise *Kauz* als verschrobener Mensch mit ausgeprägt sonderbaren Eigenschaften, die nicht mit den allgemeinen Regeln konformgehen. Dies spiegelt sich ganz ausdrücklich auch in Vokabeln wie *Wunderling* und *Sonderling* oder Formulierungen wie *sonderbarer Vogel* oder *komischer/seltsamer Heiliger.*

2. eigenartig, eigentümlich, ungewöhnlich, spezifisch, eigen, besonders, eigenständig, selbständig, urwüchsig, ursprünglich, neu, nicht alltäglich, ausgefallen, noch nicht dagewesen, einmalig, überdurchschnittlich
3. → komisch

Orkan Sturm, Wirbelsturm, Unwetter, Aufruhr der Elemente, Sturmwind, Zyklon, Taifun, Tornado, Hurrikan

Ornament Verzierung, Zier, Dekor, Schmuck, Arabeske, Schmuckwerk, Rankenwerk, Schnörkel, Verschnörkelung, Muster, Musterung

Ort
1. Platz, Stelle, Örtlichkeit, Stätte, Fleck, Punkt, Standort; *ugs.:* Location, Winkel, Ecke, Kante
2. Ortschaft, Siedlung, Ansiedlung, Städtchen, Stadt, Kleinstadt, Gemeinwesen, Gemeinde, Kommune, Flecken, Marktflecken, Dorf, Niederlassung; *ugs.:* Quetsche, Nest, Kaff, Krähwinkel, Kiez

Örtchen → Toilette

orten aufspüren, ausfindig machen, sehen, sichten, entdecken, erkunden

orthodox
1. gläubig, strenggläubig, rechtgläubig, kirchlich, gottesfürchtig, gottergeben, gottergefällig, tief religiös, heilsgewiss, glaubensstark, fromm
2. halsstarrig, stur, unbelehrbar, unnachgiebig, uneinsichtig, verbohrt, doktrinär, einseitig, kompromisslos, unzugänglich, dogmatisch, engstirnig; *geh.:* obstinat

örtlich lokal, räumlich, regional, nicht überall, begrenzt, eingeschränkt

ortsfremd → fremd

Öse Drahtschlinge, Drahtring, Öhr, Loch, Schlaufe; *landsch.:* Schluppe

Osten
1. → Orient
2. Ostblock, sozialistisches Lager, sozialistische Länder, Oststaaten, frühere Ostblockstaaten, Länder hinter dem Eisernen Vorhang, Warschauer-Pakt-Staaten

ostentativ nachdrücklich, eindringlich, mit Nachdruck/Gewicht, ausdrücklich, unmissverständlich, ernst

Osterglocke (gelbe) Narzisse, Osterblume

Ostern Osterfest, Auferstehungsfest, die Ostertage, Fest der Auferstehung Christi

Otter Giftschlange, Viper

outen öffentlich machen/bloßstellen/nennen, anprangern, brandmarken, verurteilen, angreifen, blamieren, lächerlich machen; *geh.:* desavouieren, kompromittieren; *ugs.:* verreißen

outen, sich (öffentlich) bekanntmachen, sich bekennen, sich offenbaren, gestehen, zugeben, eingestehen, in Kenntnis/ins Bild setzen, kundtun

Outfit Kleidung, Aufmachung, Ausstattung, Aufzug, Garderobe; *ugs.:* Ausstaffierung, Dress, Kluft, Montur

Outlaw Gesetzloser, Ausgestoßener, Geächteter, Verfemter, Gesetzesbrecher, Verbrecher

outsourcen *Wirtsch.:* auslagern, ausgliedern, verlegen, (nach außen) verlagern, umsiedeln, aussiedeln, ausquartieren ⓘ

outsourcen: Die Auslagerung der Produktion

Der betriebswirtschaftliche Begriff *outsourcen* ist ein Kunstwort, das sich aus den englischen Wörtern *out* (»außen, heraus«) und *source* (»Quelle, Ursprung«) zusammensetzt. *Outsourcen* bezeichnet die unternehmerische Tätigkeit, bestimmte Arbeitsgänge außerhalb der eigenen Firma durchführen zu lassen oder sogar komplette Teile der Produktion ins Ausland zu verlegen. Mit der Strategie des *Outsourcings* werden in den meisten Fällen Ziele wie Kosteneinsparung, Effizienzsteigerung und die Konzentration auf das Kerngeschäft des eigenen Unternehmens verfolgt.
Hinter diesem Wort verbirgt sich allerdings auch eine unschöne Kehrseite, da durch *Outsourcing*-Maßnahmen mitunter viele Arbeitsplätze verlorengehen können.

Ouvertüre
1. Vorspiel, Präludium, musikalische Einleitung/Einführung, Introduktion, Intrada
2. Auftakt, Beginn, Start, Einsatz, Anfang

oval eiförmig, eirund, länglich rund, ellipsenförmig

Ovation
1. Standing Ovations
2. Applaus, Beifall, Klatschen, Jubel, Zuruf, Ehrerbietung, Resonanz

oxidieren sich mit Sauerstoff verbinden, mit Sauerstoff reagieren, Sauerstoff aufnehmen, zersetzen, zerfallen, verwittern, rosten

Ozean Meer, die See, Atlantik, Weltmeer, Pazifik; *ugs.:* der große Teich, das große Wasser

O

P

Paar
1. → Ehepaar
2. Liebespaar, Pärchen, Liebespärchen
3. zwei
paaren
1. verbinden, vereinen, verknüpfen, verketten, verflechten, verkoppeln, zusammenstellen
2. → kreuzen
paaren, sich → koitieren
Paarung
1. Begattung, Kopulation, Beischlaf, (geschlechtliche) Vereinigung, Akt, Zeugungsakt
2. → Kreuzung
paarweise zu zweit/zweien, als Paar, gepaart, zusammen
pachten in Pacht nehmen, mieten
Pack
1. → Paket
2. → Pöbel
packen
1. einpacken, zusammenpacken, einwickeln
2. → ergreifen
3. **es packen** → bewältigen
4. → erreichen
5. → weggehen
Packen → Paket
packend → spannend
Packung
1. Schachtel, Box, Karton, Päckchen
2. Kompresse, Wickel, Umschlag
Pädagoge → Lehrer
pädagogisch → erzieherisch
paddeln
1. Boot fahren, Paddelboot fahren, rudern
2. *ugs. für:* schwimmen, planschen, baden; *ugs.:* p(l)atschen
paffen → rauchen
Page
1. Edelknabe, Knappe
2. → Diener
Paket
1. Bündel, Pack(en), Ballen, Stapel, Stoß
2. Postsendung, Warensendung, Gütersendung, Frachtgut, Postgut
Pakt
1. Abmachung, Absprache, Verabredung, Übereinkunft, Übereinkommen, Abschluss, Abkommen, Vereinbarung, Arrangement, Vertrag, Kontrakt, Agreement, Bündnis, Bund, Handel, Konkordat
2. **einen Pakt schließen** → verbünden, sich
paktieren → verbünden, sich
Palais → Palast
Palast Palais, Schloss, Château, Castle, Palazzo, Besitz, Herrschaftshaus, Besitztum, Herrschaftssitz, Prachtbau
Palatschinken → Pfannkuchen
Palaver Geschwätz, Gerede, Small Talk, Diskussion, Wortstreit, endloses Verhandeln
palavern
1. sich angeregt unterhalten, laut/unsachlich streiten, endlos reden
2. → schwatzen
Palette Auswahl, Zusammenstellung, Sortiment, Kollektion, Angebot, Fülle, Vielfalt, Reihe, große Anzahl, Bandbreite, Spektrum
Palmkätzchen Weidenkätzchen
Pampelmuse Grapefruit
Pampf *ugs. für:* Brei, Mus, Müsli, Porridge, Junkfood; *ugs.:* Papp, Pamps(e)
Pamphlet Schmähschrift, Streitschrift, verunglimpfende Flugschrift
pampig
1. → frech
2. → schlammig
Paniermehl Brösel, Semmelbrösel, Semmelmehl
Panik Schreck(en), Entsetzen, Erschrecken, Verwirrung, Lähmung, Angst, Angstzustand, Kopflosigkeit, Konfusion, Aufregung, Bestürzung, Auflösung, Schock, Furcht, Horror, Grausen, Unruhe, Sorge, Befürchtung, Besorgnis; *ugs.:* Bammel, Heidenangst, Höllenangst
panisch heftig, stark, intensiv, massiv, gewaltig, maßlos, wild, stürmisch, lebhaft, leidenschaftlich, unbändig, rasend, von Panik bestimmt/ergriffen, angsterfüllt
Panne
1. Defekt, Schaden, Zwischenfall, Störfall, technische Störung
2. → Unglück
Panorama → Aussicht
panschen
1. verfälschen, verwässern, verlängern, strecken, versetzen, (mit Wasser) verdünnen, mischen, zusammenschütten
2. *ugs. für:* planschen, spritzen, plätschern, aufs Wasser schlagen; *ugs.:* platschen, plempern
Pant(h)er Leopard
Pantoffeln Hausschuhe, Filzschuhe; *ugs.:* Schlappen, Latschen, Pantinen
Pantomime
1. Mimiker, Verwandlungskünstler
2. Gebärdenspiel, Gebärdensprache, Mienenspiel, Mienensprache, Mimik, Gestenspiel

Panzer
1. Kampffahrzeug, Kettenfahrzeug, Panzerwagen; *veraltet:* Tank
2. Rüstung, Panzerung, Harnisch, Kürass, Kettenhemd
3. Schale, Schutzhülle, Schutzkleid

panzern, sich sich decken, sich schützen, sich rüsten, sich wappnen, sich in Acht nehmen

Panzerschrank Geldschrank, Stahlschrank, Tresor, Safe, Bankschrank, Kassenschrank

Papa, Papi → Vater

Paper Arbeitspapier, Thesenpapier, Schriftstück, Dokument, Skript, Handout, Denkschrift

Papier
1. Dokument, Akte, Schriftstück, Schreiben, Urkunde, Niederschrift
2. → Zettel

Papiere Ausweis, Personalausweis, Pass, Reisepass, Führerschein, Fahrzeugschein

Papp
1. → Klebstoff
2. → Pampf

P

Pappe Pappdeckel, Karton, Pappkarton, Pappmaschee

pappen → kleben

Pappenstiel Kleinigkeit, Randerscheinung(en), (unwichtige) Details

Paprika Spanischer Pfeffer, Beißbeere

Parabel
1. Lehrstück, lehrhafte Erzählung, Gleichnis, Bild, Sinnbild, Vergleich
2. *Math.:* Kegelschnitt

Parade
1. Aufmarsch, Aufzug, Vorbeimarsch, Heerschau, Defilee
2. Abwehr, Gegenstoß, Verteidigung (Sport)

paradieren vorbeimarschieren, aufmarschieren, (parademäßig) vorbeischreiten, vorbeiziehen, defilieren

Paradies
1. Dorado, Eldorado, Schlaraffenland, Traumland, Zauberland, Märchenland, goldenes Zeitalter; *poet.:* Arkadien; *ugs.:* Land, wo Milch und Honig fließt
2. Garten Eden/Gottes, Insel/Gefilde der Seligen, Elysium, Jenseits, Himmelreich

paradiesisch
1. → herrlich
2. → idyllisch
3. sorgenlos, schattenlos, ungetrübt, beglückend, beseligend, himmlisch, elysäisch, elysisch

Paradigma
1. Muster, (sprachwissenschaftl.) Flexionsschema
2. → Beispiel

paradox widersinnig, unsinnig, absurd, unlogisch, vernunftwidrig, folgewidrig, einander ausschließend, unvereinbar, widersprüchlich, widersprechend, abstrus; *ugs.:* verrückt

Paragraf → Paragraph

Paragraph Abschnitt, Absatz, Artikel, Passus, Passage, Bestimmung, Ziffer, Teil eines Gesetzes/einer Verordnung/Verfügung

parallel
1. gleichzeitig, gleichlaufend, synchron, simultan, zur selben/gleichen Zeit, zeitgleich, zugleich, zusammenfallend, nebeneinander, Seite an Seite, in gleicher Richtung, gleichgerichtet, gleichgeschaltet, nebeneinanderliegend, nebeneinanderlaufend, nebeneinandergeschaltet
2. → analog

paralysieren
1. lähmen, lahmlegen, schwächen
2. unwirksam machen, aufheben, ersticken, entkräften

paraphieren unterschreiben, zeichnen, unterzeichnen, seine Unterschrift geben, ratifizieren, abzeichnen, gegenzeichnen; *geh.:* signieren

Parasit Schmarotzer, Schädling, Nutznießer; *ugs.:* Nassauer, Schnorrer

parat
1. bereit, griffbereit, zur Verfügung habend/stehend, verfügbar, greifbar, präsent, fertig, gerüstet, vorbereitet, soweit, gegenwärtig, zur Hand/Disposition, disponibel, in Bereitschaft
2. *ugs. für:* abmarschbereit, angezogen, gestiefelt und gespornt, reisefertig; *ugs.:* fix und fertig

Pardon → Verzeihung

par excellence → schlechthin

Parfüm
1. Duftwasser, Riechwasser
2. Duft, Geruch, Wohlgeruch, Aroma

parieren
1. → gehorchen
2. → abwehren

paritätisch gleich, gleichgestellt, gleichwertig, gleichberechtigt, gleichrangig, äquivalent

Park Parkanlage, Grünanlage, Anlagen, (englischer) Garten, grüne Lunge, Grünfläche, Anpflanzung

parken abstellen, hinstellen, halten; *schweiz.:* parkieren, garagieren

Parlament Volksvertretung, Abgeordnetenhaus
Parlamentarier → Abgeordneter
parodieren spöttisch nachahmen/nachmachen/imitieren/wiedergeben, verspotten; *ugs.:* nachäffen
Parole
1. Losung, Losungswort, Kennwort, Stichwort, Erkennungszeichen, Geheimzeichen
2. Motto, Wahlspruch, Devise, Slogan, Maxime, Schlagwort, Leitsatz, Leitgedanke, Leitspruch
Partei (politische) Organisation/Vereinigung/Gruppe/Gruppierung, Fraktion
Partei ergreifen sich einsetzen, eintreten für, sich verwenden, Stellung beziehen, Farbe bekennen, halten zu, zustimmen
parteiisch parteilich, parteigebunden, befangen, subjektiv, einseitig, eingleisig, voreingenommen, vorurteilsvoll, von einem Vorurteil bestimmt, tendenziös, nicht objektiv, unsachlich, gefärbt
Parterre Erdgeschoss; *veraltet:* Rez-de-Chaussée
Partie
1. Teil, Stück, Abschnitt, Ausschnitt
2. Runde, Spiel, Match
3. Rolle, Figur, Person
4. Ausflug, Tour, Trip, Landpartie, Fahrt ins Grüne/Blaue, Vergnügungsfahrt, Lustfahrt, Streifzug
partiell teilweise, zum Teil, teils, nicht uneingeschränkt/ganz/unbedingt, halb und halb, unter Umständen, in einigen Fällen, in mancher Hinsicht
partikular nur als Teil, einzeln, partikulär, für sich, separat, extra, isoliert, gesondert, abgesondert, getrennt, abgetrennt
Partisan Freiheitskämpfer, Widerstandskämpfer, Untergrundkämpfer, Guerilla, Guerillero, Freischärler, Aufständischer, Putschist, Rebell
partizipieren teilnehmen, teilhaben an, sich beteiligen, involviert sein, beitragen; *ugs.:* mitmachen
Partner
1. Teilhaber, Sozius, Mitinhaber, Kompagnon, Gesellschafter, Beteiligter; *veraltet:* Associé
2. Mitspieler
3. → Ehemann
partnerschaftlich freundschaftlich, kameradschaftlich, kollegial, brüderlich, gemeinschaftlich, einträchtig
partout → durchaus
Party Fest, Festivität, Feier, Geselligkeit, Gesellschaft, Vergnügung, bunter Abend, Ball, geselliges Beisammensein; *ugs.:* Fete, Budenzauber
Parvenü Emporkömmling, Neureicher, Arrivierter, Moneymaker, Konjunkturritter, Karrieremacher, Aufsteiger; *ugs.:* Managertype, Yuppie
parzellieren in Parzellen zerlegen, aufteilen, abteilen, einteilen, unterteilen
Pascha
1. Macho
2. → Chauvi
Pass
1. Ausweis, Ausweiskarte, Papiere, Ausweispapiere, Legitimation, Reisepass, Passeport, Identifikationskarte
2. Joch, Bergsattel, Bergübergang, Gebirgssattel, Gebirgsübergang, Col; *österr.:* Törl
3. Zuspiel, Abspiel, Abgabe, Vorlage (Sport)
passabel erträglich, leidlich, annehmbar, akzeptabel, einigermaßen zufriedenstellend/befriedigend, mittelmäßig, vertretbar, brauchbar, tauglich, den Verhältnissen entsprechend
Passage
1. Durchgang, Durchlass, Durchfahrt, Gasse, Torweg, Verbindungsweg
2. Überfahrt, Überquerung, Flugreise, Seereise, Schiffsreise
3. Abschnitt, Absatz, Artikel, Passus, Rubrik, Kapitel, Teil, Stück, Spalte, Stelle
4. Tonfolge, Lauf
passager → flüchtig
Passagier Reisender, Insasse, Mitfahrender, Fahrgast, Reisegast, Fluggast
Passant Fußgänger, Vorübergehender; *österr.:* Fußgeher
passee vergangen, vorbei, altmodisch, unmodern, abgetan; *ugs.:* out
passen
1. richtig/geeignet/abgestimmt/zugeschnitten/maßgeschneidert/nach Maß gearbeitet sein; *ugs.:* sitzen
2. stimmen, zusammenstimmen, treffen, zusammentreffen, zusammenpassen, entsprechen, hinkommen, ausgehen, in Betracht/infrage kommen, harmonieren, zu gebrauchen sein, sich eignen, wie geschaffen sein für, nichts ändern müssen, nichts auszusetzen haben; *ugs.:* hinhauen
3. recht/genehm/angenehm/nicht unlieb sein, gelegen sein/kommen,

P

wie gerufen kommen, zupasskommen, behagen, zusagen, jmds. Vorstellung entsprechen; *veraltet:* konvenieren
4. ein Spiel auslassen (müssen), aufgeben, aufhören, zurücktreten, kapitulieren; *ugs.:* das Handtuch werfen, aufstecken, hinwerfen

passend
1. angebracht, angezeigt, angemessen, schicklich, geboten, zustehend, adäquat, entsprechend, recht, richtig, ideal, geeignet, wie geschaffen für, gegeben, gelegen, zweckmäßig, dienlich, tauglich, akzeptabel, annehmbar, vernünftig, sinnvoll
2. stimmig, zusammenstimmend, harmonisch, stilgerecht
3. bequem, sitzend, gutsitzend, formgerecht; *ugs.:* wie angegossen
4. abgezählt

Passform Fasson, Machart, Schnitt, Zuschnitt

passieren
1. überschreiten, überqueren, hinüberwechseln, durchreisen, durchqueren, vorübergehen, vorbeifahren, vorbeigehen, vorbeiziehen, überfliegen, durchgehen, durchkommen
2. → geschehen
3. durchsieben, durchseihen, durchdrehen, durchdrücken, durchs Sieb treiben, zerdrücken

Passion
1. Dornenweg, Leiden Christi, Leidensgeschichte, Martyrium
2. → Leidenschaft
3. → Hobby

passioniert → leidenschaftlich

passiv untätig, tatenlos, inaktiv, ohne Beteiligung/Interesse, zurückhaltend, reserviert, teilnahmslos, gleichgültig, unbeteiligt, desinteressiert, uninteressiert, interesselos, unbewegt, apathisch, träge, widerstandslos, hinnehmend, abwartend

Passus → Passage

Passwort Losung, Losungswort, Kennung, Kennwort, Geheimwort, Parole, Password

Paste Pasta, Creme, Balsam; *ugs.:* Schmiere

pasteurisieren → entkeimen

Pastor → Geistlicher

pastoral
1. pathetisch, frömmelnd
2. → salbungsvoll

Pate Taufpate, Taufzeuge, Firmpate, Patenonkel; *veraltet:* Gevatter, Gevattersmann; *landsch.:* Göd; *schweiz.:* Götti

Patenonkel → Pate

patent → tüchtig

Patentante → Patin

Pater → Mönch

pathetisch
1. ausdrucksvoll, salbungsvoll, übertrieben feierlich
2. → feierlich

pathologisch krankhaft, anormal, abnorm, unnatürlich

Pathos Inbrunst, Leidenschaft, Glut, Feuer, Ausdrucksfülle, Feierlichkeit, Gefühlserregung, Intensität, inneres Engagement, Eindringlichkeit, Kraft, Nachdruck; *geh.:* Emphase

Patient Kranker, Leidender, Bettlägeriger, Pflegebedürftiger

Patin Taufpatin, Taufzeugin, Firmpatin, Patentante; *veraltet:* Gevatterin; *landsch.:* Godl, Goden; *schweiz.:* Gotte

Patina Grünspan, Belag, Überzug, Rost, Ablagerung

Patina ansetzen reifen, zur Antiquität werden, altern und an Wert gewinnen

Patriarch → Chauvi

patriarchalisch
1. vaterrechtlich, vom Vater/Mann beherrscht/bestimmt, absolutistisch, selbstherrlich, bevormundend, autoritär, unumschränkt, autokratisch, obrigkeitlich
2. ehrwürdig, altehrwürdig, altväterlich, nach alter Väter Sitte, erhaben

Patriot Nationalist, Vaterlandsfreund; *übersteigert:* Chauvinist

patriotisch vaterlandsliebend, national, heimatbegeistert, vaterländisch; *übersteigert:* chauvinistisch, nationalistisch

Patriotismus Nationalgefühl, Nationalstolz, Nationalbewusstsein, Vaterlandsliebe, Heimatliebe; *übersteigert:* Nationalismus, Chauvinismus ⓘ

Patron
1. Schutzherr, Schutzpatron, Schutzheiliger, Nothelfer
2. Gönner, Förderer, Wohltäter, Mäzen, Geldgeber; *ugs.:* edler Spender

Patronage → Vetternwirtschaft

Patronat → Hoheit

Patrone
1. Munition, Ladung, Schuss, Kugel, Geschoss, Projektil; *ugs.:* blaue Bohne
2. Filmhülse

patrouillieren auf Patrouille/Streife gehen, kundschaften, erkunden, bewachen, beaufsichtigen, überwachen, beobachten, auf-

P

Patriotismus: Vaterlandsliebe oder Nationalismus?

Patriotismus bezeichnet eine emotionale, oft unkritische, tiefempfundene Bindung an das eigene Heimatland und Volk beziehungsweise die kulturhistorischen Leistungen, Traditionen und Werte. Ein *Patriot* ist zwar stolz auf seine nationale Herkunft, betrachtet aber nicht zwangsläufig andere Nationen als minderwertig oder unterlegen. Der dennoch vorhandene negative Beigeschmack erklärt sich vor allem aus der Zeit des Nationalsozialismus, als die sogenannte *Vaterlandsliebe* massiv in aggressiven *Nationalismus* umschlug. Dieser ist als übersteigerter *Patriotismus* durch irrationale Überlegenheitsgefühle gegenüber anderen Nationen bestimmt.
Vor allem aus diesem Grund wurde der Begriff *Patriotismus* immer wieder kritisiert; als Gegenentwurf wurde die Bezeichnung *Verfassungspatriotismus* entwickelt. Der Fokus soll sich dadurch nicht länger auf die nationale Zugehörigkeit richten, sondern auf die durch den jeweiligen Staat gewährten Freiheiten und Menschenrechte.

passen auf, im Auge behalten, Wache halten/stehen, auf und ab gehen
Patsche
1. → Hand
2. → Not
3. → Schlamm
patt unentschieden, punktgleich, remis, zugunfähig
Patzer
1. Fehler, Lapsus
2. *ugs. für:* Fehltritt, Fauxpas, Zuwiderhandlung, Ausrutscher
patzig frech, vorlaut, ungezogen, unverschämt, beleidigend, schnippisch; *geh.:* impertinent
pauken → lernen
Pauker → Lehrer
pauschal
1. gesamt, insgesamt, im Ganzen, alles in Allem, zusammen, en bloc, ganz, gänzlich, total, in toto, komplett, alles umfassend/berücksichtigend/eingeschlossen
2. → annähernd
pauschalisieren verallgemeinern, generalisieren, schablonisieren
Pause
1. Rast, Unterbrechung, Halt, Ruhepause, Atempause, Erholungspause, Verschnaufpause; *ugs.:* Halbzeit
2. Ferien, Urlaub
3. Einkehr, Mußestunde
4. Abzug, Kopie, Durchschlag, Durchzeichnung
pausenlos dauernd, andauernd, permanent, kontinuierlich, durchgehend, ununterbrochen, unablässig; *ugs.:* ohne Punkt und Komma
pausieren
1. Atem schöpfen, eine Pause/Atempause einlegen, rasten
2. → aussetzen
3. → erholen, sich
Pazifismus Kriegsgegnerschaft, Gewaltverzicht, Gewaltlosigkeit, Kriegsablehnung, Friedensbestrebung, Friedensliebe
Pazifist Kriegsgegner, Friedensfreund
pazifistisch gewaltfrei, gewaltlos, friedlich, friedliebend, friedfertig
PC → Computer
Pech
1. Unglück, Unglücksfall, Missgeschick, Verhängnis, Malheur
2. → Fehlschlag
Pechvogel Unglücksrabe, Unglücksmensch, Unglückswurm, Pechmarie; *ugs.:* armes Hascherl
Pedal Fußhebel, Tretkurbel
Pedant Umstandskrämer, Kleinlichkeitskrämer, Schulmeister, Bürokrat, Haarspalter, Federfuchser, Buchstabenmensch, Wortklauber, Kleingeist, kleinlicher Mensch; *landsch.:* Mückenseiher; *ugs.:* Prinzipienreiter, Paragraphenreiter, Kümmelspalter, Krämerseele, Schreiberseele; *derb:* Korinthenkacker
Pedanterie
1. Spitzfindigkeit, Sophisterei, Besserwisserei; *geh.:* Sophistik; *ugs.:* Pingeligkeit, Kleinlichkeit
2. → Haarspalterei
pedantisch → kleinlich
Pedell Hausmeister, Schuldiener, Hauswart; *landsch.:* Schulmeister
Pediküre
1. Fußpflege, Fußnagelpflege
2. Fußpflegerin
peilen
1. anpeilen, anvisieren, einen Richtpunkt nehmen, zielen auf
2. *ugs. für:* verstehen, erfassen, begreifen
3. **die Lage peilen** → auskundschaften
4. **über den Daumen peilen** → schätzen
Pein
1. Leid, Schmerz(en), Qual, Beschwerden
2. Strapaze, Marter, Folter, Plage

peinigen
1. quälen, grausam sein, terrorisieren, traktieren, malträtieren, massakrieren, schinden, misshandeln, schikanieren, tyrannisieren
2. → bedrücken ⓘ
peinigend → qualvoll
Peiniger
1. Schinder, Gewaltherrscher, Tyrann, Despot, Diktator
2. → Unterdrücker
Peinigung → Misshandlung
peinlich
1. unangenehm, beschämend, in Verlegenheit bringend, genierlich, genant, heikel, unerfreulich, unerquicklich, fatal, prekär, misslich, ungut, blamabel, unangebracht, fehl am Platz; *ugs.:* blöd, dumm
2. → gewissenhaft
Peinlichkeit
1. Verlegenheit, Unannehmlichkeit
2. → Sorgfalt
Peitsche Knute, Karbatsche, Gerte, Ziemer, Rute, Geißel; *landsch.:* Schwippe
peitschen
1. mit der Peitsche hauen/schlagen, karbatschen, geißeln, durchpeitschen, auspeitschen, züchtigen; *ugs.:* eins überziehen/aufbrennen
2. knallen, donnern, krachen (Schüsse)
3. klatschen, schlagen gegen, trommeln, prasseln (Regen)
pekuniär geldlich, finanziell, geldmäßig, materiell
Pelle → Schale
pellen → schälen
Pelz Fell, Haardecke, Haarkleid, Balg, Behaarung
Pendant Gegenstück, Entsprechung; *geh.:* Korrelat

peinigen: Von der Schikane zur Misshandlung

Für das Wort *peinigen* gibt es eine Vielzahl fremdsprachlicher Synonyme, die den deutschen Begriff in speziellen Bereichen und Zusammenhängen besonders treffend ersetzen können.
Die Art und Weise, wie jemand gepeinigt wird, kann sehr unterschiedlich sein. Werden jemandem immer wieder die gleichen Vorwürfe gemacht, so wird er mit diesen *traktiert.* Nimmt dies ein extremes Ausmaß an, fühlt sich der Betroffene durch die entstehende Bedrängnis *tyrannisiert* oder *terrorisiert.*
Allerdings kann mit den Begriffen *traktieren, tyrannisieren* und besonders *terrorisieren* auch körperliche Gewalt gemeint sein. Ebenso steht *malträtieren* generell für eine schlechte Behandlung, das Wort zeigt aber zudem Aspekte der Misshandlung an. Die schlimmste, zum Tode führende Ausformung der Misshandlung drückt sich in dem Begriff *massakrieren* aus. Jemanden zu *schikanieren* bezieht sich nicht auf einen körperlichen Übergriff, sondern bedeutet, dass man jemandem absichtlich Schwierigkeiten bereitet, ihm Steine in den Weg legt.

pendeln
1. schwingen, schaukeln, sich wiegen, schlenkern, wackeln, schwanken, schweben, wogen; *ugs.:* baumeln, bammeln, kippeln
2. hin und her fahren
penetrant
1. aufdringlich, zudringlich, lästig, unangenehm, plump, indiskret, unverschämt, frech, taktlos; *österr.:* sekkant
2. durchdringend, beißend, streng, scharf, stechend, stark, intensiv, unerträglich
penibel ordentlich, gewissenhaft, sauber, ordnungsliebend, auf Ordnung haltend, eigen, kleinlich, übergenau, akkurat; *ugs.:* geleckt, geschleckt
Penis Glied, Phallus, männliches Genitale, Gemächt, Linga(m), Membrum Virile; *ugs.:* Pimmel, der kleine Mann, Schwanz, das dritte Bein, Hörnchen, Apparat, Flöte, Schwengel, Pinsel, Pistole, Kolben, Schnippi, Schniedelwutz, Riemen, Lümmel, Prügel, Rute, Zipfel; *Kinderspr.:* Piller, Pillermann, Pillhahn, Piephahn
Penne Schule
pennen → schlafen
Penner → Clochard
Pension
1. Ruhegeld, Ruhegehalt, Altersrente, Altersversorgung, Ruhestand; *österr.:* Ruhegenuss
2. Hotel, Gasthaus, Gasthof, Gästehaus, Fremdenheim, Inn, Motel, Unterkunft, Herberge, Hospiz
3. Verpflegung, Essen (und Trinken), Kost, Mahlzeiten
Pensionär
1. → Rentner
2. Stammgast
pensionieren
1. in den Ruhestand versetzen, auf Rente setzen, seiner Amtspflicht entbinden

2. sich pensionieren lassen pensioniert werden, sich zur Ruhe setzen, in Pension gehen, sich aufs Altenteil zurückziehen, zu arbeiten aufhören

Pensum Aufgabe, Arbeit, Lektion, Lehrstoff, Lernstoff, Quantum, Teil, Anteil

Pep Schwung, Elan, Verve, Dynamik, Power; *ugs.:* Drive

peppig schwungvoll, flott, munter, temperamentvoll

per → mittels

perfekt
1. vollkommen, vollendet, unerreicht, unübertroffen, einwandfrei, tadellos, fehlerfrei, fehlerlos, untadelig, makellos, mustergültig, vorbildlich, virtuos, meisterhaft, lupenrein, glänzend, unfehlbar, unangreifbar, ausgereift, druckreif, aus einem Guss, routiniert, erstklassig, korrekt; *ugs.:* tipptopp
2. abgeschlossen, abgemacht, gültig, erledigt, vollzogen
3. → fließend

Perfektion → Meisterschaft

perfektionieren vervollkommnen, vervollständigen, zur Vollendung bringen, vollenden, abschließen, ergänzen, abrunden; *ugs.:* den letzten Schliff geben

perfide
1. → hinterhältig
2. → gemein

perforieren durchlöchern, durchbohren, lochen, mit Löchern versehen

Performance Vorstellung, Aufführung, Happening, Spektakel, Schau, Show, Darbietung

performen vorführen, aufführen, darstellen

Periode
1. Zeitraum, Zeitspanne, Zeitabschnitt, Phase
2. → Menstruation

periodisch regelmäßig auftretend/wiederkehrend, in regelmäßiger/bestimmter Folge, in regelmäßigen/bestimmten/gleichen/gleichmäßigen Abständen/Intervallen, zyklisch

peripher
1. am Rande liegend/befindlich, oberflächlich, äußerlich
2. → unbedeutend

Peripherie Rand, Randgebiet, Randbezirk, Stadtrand, Außenbezirk

Perle Prachtstück, Goldstück, Schmuckstück, Kostbarkeit, Juwel

perlen
1. sprudeln, prickeln, schäumen, spritzen
2. → tropfen

permanent dauernd, andauernd, pausenlos, fortgesetzt, unausgesetzt, fortwährend, fortlaufend, fortdauernd, anhaltend, durchgehend, ununterbrochen, unablässig, unentwegt, ständig, stets, kontinuierlich

Permanenz → Dauer

perplex → überrascht

per se an/für/durch sich, von sich aus, von selbst/alleine; *geh.:* per definitionem

persiflieren
1. satirisch darstellen; *ugs.:* aufs Korn nehmen
2. → karikieren

persistent → beharrlich

Person
1. Mensch, Individuum, Wesen, Lebewesen, Kreatur, Jemand, Kopf, Geschöpf, Gestalt; *abwertend:* Subjekt, Element
2. Figur, Dramenfigur, Rolle, Charakter, Partie, Charge

Personal
1. Belegschaft, Mitarbeiterstab, Betriebsangehörige, Arbeiterschaft, Mitarbeiter, Team, Crew
2. Dienerschaft, Dienstpersonal, Dienstleute, Dienstboten, Hausangestellte, Bedienstete, Bedienung; *veraltet:* Dienerschar, Gesinde; *abwertend:* Domestiken

Personalabbau Stellenabbau, Stellenreduzierung, Stellenstreichung, Beschäftigungsabbau, Rationalisierung; *verhüllend:* Freisetzung, Arbeitskräftefreisetzung

Personalien Angaben zur Person, persönliche Daten

Personenaufzug Aufzug, Fahrstuhl, Lift, Paternoster

Personenname Familienname, Nachname, Zuname, Vatersname

Personifikation
1. → Inbegriff
2. → Sinnbild

persönlich
1. in (eigener) Person, in persona, selbst, eigenhändig, höchstpersönlich, leibhaftig, direkt, unmittelbar, von Mensch zu Mensch, von Angesicht zu Angesicht, mündlich, Auge in Auge; *veraltet:* personaliter, höchsteigen, höchstselbst; *ugs.:* selber
2. privat(im), eigen, ureigen, subjektiv, individuell, außerdienstlich, nicht amtlich/öffentlich, familiär, im Vertrauen
3. an die Person gebunden, nicht übertragbar
4. beleidigend, ausfallend, ausfällig, verletzend, an-

P

züglich, kränkend, gehässig, unsachlich, herabsetzend, gemein

Persönlichkeit
1. Charakter, Charakterfigur, Charaktergestalt, Respektsperson, Willensmensch, ganzer/abgerundeter Mensch; *ugs.:* ganzer Kerl
2. Art, Eigenart, Natur, Naturell, Wesen, Wesensart, Veranlagung, Individualität, Eigenheit, Eigentümlichkeit, persönliche Note, Gepräge, Besonderheit
3. Prominenter, Hochgestellter, bedeutender Mensch; *ugs.:* VIP

Perspektive
1. → Standpunkt
2. Aussicht, Zukunftsaussicht, Aspekt, Erwartung, Hoffnung

perspektivlos aussichtslos, chancenlos, hoffnungslos, ohne Ausweg/Perspektive/Aussicht, gescheitert, resigniert

Perücke falsche Haare, Haarersatz, Haaraufsatz, Kunsthaare, Zweitfrisur

P

pervers
1. widernatürlich, unnatürlich, abnorm, abartig, ano(r)mal, unnormal, andersgeartet, krankhaft veranlagt
2. *ugs. für:* überdurchschnittlich, sehr, übermäßig, extrem

Pessimist Schwarzmaler, Schwarzseher, Negativdenker, Skeptiker, Zweifler

pessimistisch von Pessimismus erfüllt, lebensunfroh, dem Leben gegenüber negativ, lebensverneinend, schwarzseherisch, Unheil verkündend, mutlos, defätistisch, schwermütig, trübsinnig, depressiv, niedergedrückt, verzagt, ohne Hoffnung, hoffnungslos, düster, melancholisch

Pest
1. Pestilenz, der schwarze Tod, Seuche, Fäulnis
2. **wie die Pest** → sehr

Petersilie *landsch.:* Peterchen, Peterle, Peterling

Petition Bittschrift, Eingabe, Gesuch, Antrag, Bittschreiben; *österr.:* Ansuchen; *ugs.:* Bettelbrief

petzen → verraten

peu à peu → allmählich

Pfad Weg, Fußweg, Fußpfad, Fußsteig, Feldweg, Waldweg, Saumpfad, Steig, Treidelpfad

Pfaffe → Geistlicher

Pfahl → Pfosten

Pfand
1. Einsatz, Einlage, Hinterlegung, Kaution
2. Garantie, Sicherheit, Sicherung, Gewähr, Haftung, Bürgschaft

pfänden einziehen, sichern, beschlagnahmen, sicherstellen, konfiszieren, abnehmen, wegnehmen

Pfannkuchen Eierkuchen, Eierfladen, Eierspeise, Omelett(e), Crêpe; *landsch.:* Plinze, Plinse, Flinse; *österr.:* Palatschinken; *schweiz.:* Eiertätsch

Pfarrer → Geistlicher

pfeffern
1. würzen, schärfen
2. *ugs. für:* werfen, schleudern; *ugs.:* schmettern, schmeißen, feuern
3. **eine pfeffern** → ohrfeigen

pfeifen
1. flöten, fiepen
2. auspfeifen, ein Pfeifkonzert anstimmen/veranstalten, seinen Unwillen durch Pfeifen kundtun, auszischen, buhen
3. blasen, stürmen, fegen, toben, tosen, brausen (Wind)

pfeifen auf
1. → übertreten
2. → verzichten

Pfeil
1. Bogengeschoss, Wurfgeschoss
2. Richtungsweiser, Orientierungszeichen
3. Hieb, Seitenhieb, Spitze, Stich, Stichelei, Anspielung, Anzüglichkeit, boshafte/bissige/spitze/anzügliche Bemerkung, Bissigkeit

Pfeiler
1. Säule, Pfahl, Pilaster, Strebe, Ständer, Pfosten, Stützpfosten, Stützwerk, Abstützung, Träger
2. Stütze, Halt, Rückgrat, Rückhalt, Anker, Eckstein, Basis, Fundament

Pfennigfuchser → Geizkragen

pferchen drängen, zusammendrängen, pressen, zusammenpressen, zwängen, zusammenzwängen; *ugs.:* quetschen, zusammenquetschen, drängeln, zusammendrängeln

Pferd Ross; *f.:* Stute; *m.:* Hengst; *kastriert:* Wallach; *jung:* Jungpferd, Fohlen, Füllen; *scherzh.:* Hafermotor, Haferlokomotive, Rosinante; *Kinderspr.:* Hottehü, Hotto; *abwertend:* Gaul, Ackergaul, Klepper, Schinder, Mähre, Schindmähre, Schandmähre ⓘ

Pfifferling Eierschwamm, Gelbschwamm, Gelbschwammerl; *volkst.:* Gelbling, Gehling, Rehgeiß; *österr.:* Re(c)hling, Recherl

pfiffig → schlau

Pfiffikus → Schlaukopf

Pferd: Edles Ross und alter Gaul

Die Synonyme für *Pferd* bestimmen dieses Tier näher und zwar als männlich (*Hengst*), kastriert (*Wallach*), weiblich (*Stute*) oder jung (*Fohlen, Füllen*). Mit dem Ausdruck *Ross* verbindet sich die Vorstellung eines edlen *Pferdes*. Er geht zurück auf den mittelalterlichen Zusammenhang von gesellschaftlicher Stellung des Besitzers und Verwendung des Pferdes im Kampf, was auch noch in Zusammensetzungen wie *Schlachtross* oder *Streitross* deutlich wird.
In den abwertenden Bezeichnungen spiegelt sich dagegen die einstige Funktion von *Pferden* als Arbeitstieren: So gibt es neben dem *Gaul* den *Ackergaul*. Die Ausdrücke *Klepper* und *Mähre* stehen für alte und verbrauchte Pferde, wobei *Mähre* noch durch die Zusammensetzung *Schindmähre* gesteigert wird. Die genannten Zusammenhänge kommen auch in umgangssprachlichen Redewendungen zum Ausdruck. So nennt man den besten Mitarbeiter gelegentlich auch *das beste Pferd im Stall. Arbeiten wie ein Pferd* heißt hart arbeiten. Einen Menschen, der sich unermüdlich für etwas einsetzt, bezeichnet man scherzhaft auch als (altes) *Schlachtross*.
Wer *auf dem hohen Ross sitzt,* ist eingebildet und arrogant. Einer, der *auf das falsche Pferd setzt,* irrt sich oder hat Pech. *Das Pferd am/beim Schwanz aufzäumen* bedeutet, eine Sache falsch anzufangen. Heißt es, *jemandem gehen die Pferde durch,* dann verliert diese Person die Beherrschung. *Die Pferde scheumachen* bedeutet, andere unnötig zu ängstigen. Unbedingtes Vertrauen zu einer Person beschreibt die Wendung *mit jemandem Pferde stehlen können*. Ein Ausdruck der Weigerung ist die Redensart *keine zehn Pferde bringen mich dazu*. Überraschung zeigt der Satz an *Ich denk'/glaub', mich tritt ein Pferd.*
Mit der derben Formulierung *Man hat schon Pferde (vor der Apotheke) kotzen sehen* warnt man vor einer unliebsamen Überraschung. In der Redewendung *Das hält (ja) kein Pferd aus!* steht *kein Pferd* für »niemand«.

Pfingstrose Bauernrose, Gichtrose, Pfingstblume
Pflanze Gewächs, Kraut
pflanzen
1. einpflanzen, anpflanzen, stecken, anbauen, bebauen, setzen, einsetzen
2. → spotten
Pflanzenreich → Pflanzenwelt
Pflanzenwelt Flora, Pflanzenreich, Pflanzenwuchs, Vegetation
Pflaume Zwetschge; *österr.:* Zwetschke
Pflege Fürsorge, Betreuung, Hilfe, Behandlung, Wartung, Versorgung, Fürsorglichkeit, Obsorge, Hege, Schonung, Schutz, Erhaltung, Aufrechterhaltung, Instandhaltung, Unterhaltung, Konservierung
pflegen
1. betreuen, umhegen, umsorgen, hüten, Pflege/Fürsorge angedeihen lassen, sich kümmern um, nichts abgehen lassen; *ugs.:* aufpäppeln
2. gut/sorgsam/schonend/pfleglich umgehen mit, gut behandeln, warten, erhalten, unterhalten, instand/in Ordnung halten, sauber halten, schonen
3. kultivieren, konservieren, fördern
4. die Gewohnheit haben, gewohnt/üblich sein, immer/gewöhnlich/meistens/im Allgemeinen tun, gewöhnlich geschehen
5. sich beschäftigen mit, sich widmen, sich befassen, nachgehen, sich abgeben, betreiben, sich angelegen sein lassen, sich hingeben, sich einer Sache annehmen
pflegen, sich sich schonen, viel auf seine Gesundheit/sein Äußeres geben, sich jung halten, sich verschönern, sich feinmachen, sich schönmachen; *ugs.:* sich ständig herausputzen
pfleglich → schonend
Pflicht
1. Verpflichtung, Verbindlichkeit, Schuldigkeit, Aufgabe, Auftrag, Mission, Norm, Arbeitsnorm, Soll, Plan, Verantwortung, (sittliche) Forderung; *geh.:* Obliegenheit; *ugs.:* Muss, Leistungssoll, Arbeitssoll
2. Zwang, Erfordernis, Unerlässlichkeit, Gebot, Unabwendbarkeit, (zwingende) Notwendigkeit
pflichtbewusst pflichtgetreu, pflichteifrig, pflichterfüllt, pflichtschuldig, pflichtgemäß, verantwortungsbewusst, verantwortungsvoll, verantwortungsfreudig, verantwortlich, zuverlässig, verlässlich, gewissenhaft, vertrauenswürdig, pünktlich, motiviert

P

Pflichtgefühl Pflichteifer, Pflichtbewusstsein, Verantwortungsgefühl, Verantwortungsbewusstsein, Pflichttreue, Verantwortlichkeit, Gewissenhaftigkeit, Zuverlässigkeit, Arbeitsethos

pflichtgemäß → pflichtbewusst

pflichtvergessen unzuverlässig, ohne Pflichtgefühl, verantwortungslos, nachlässig, säumig, leichtfertig, sorglos, pflichtwidrig, saumselig; *ugs.:* windig

Pflock
1. Zapfen, Bolzen, Holzstift
2. → Pfosten

pflücken abbrechen, abreißen, abknicken, abpflücken, abzupfen, ernten, lesen, herunterholen; *landsch.:* rebeln, abrebeln; *ugs.:* rupfen, abrupfen, ausrupfen, abklauben, brocken

pflügen umpflügen, umbrechen, ackern, durchfurchen, umackern, umgraben, unter den Pflug nehmen, unterpflügen

Pforte Tür, Eingang, Durchlass

Pförtner Portier

Pfosten Pfahl, Pflock, Pfeiler, Balken, Mast, Träger, Rammstange; *fachsprachl.:* Poller; *österr.:* Steher

Pfote
1. Klaue, Tatze, Pranke
2. → Hand
3. → Handschrift

Pfropf Pfropfen, Kork(en), Stöpsel, Zapf(en), Verschluss, Spund, Stopfen; *landsch.:* Proppen; *österr.:* Stoppel

pfropfen
1. veredeln, okulieren, impfen, pelzen, verbessern, kultivieren; *fachsprachl.:* schäften; *österr.:* pfelzen
2. zukorken, verkorken, zupfropfen, zustöpseln, verstöpseln, abstöpseln
3. pressen, stopfen, zwängen, quetschen, zusammendrücken

Pfuhl Sumpf, Schmutzlache, Tümpel, Schlick, Pfütze, Schlamm, Morast

pfundig großartig, hervorragend, toll

pfuschen *ugs. für:* schlechte Arbeit/Fehler machen, schlecht/dilettantisch arbeiten; *ugs.:* stümpern, schludern, murksen, schlampen, huscheln, hudeln, sudeln, patzen, hinpatzen, zusammenschustern, herumdoktern, wursteln, hinhauen, zusammenhauen, zusammenstoppeln

Pfuscherei
1. Stümperei, Dilettantismus
2. → Flickwerk

Pfütze Lache, Wasserlache, Pfuhl; *landsch.:* Gumpe; *österr.:* Lacke

Phallus → Penis

Phänomen
1. Erscheinung, Ereignis, Naturereignis, Kuriosum, Besonderheit, Erlebnis, Seltenheit, Einmaligkeit, Kuriosität, Sehenswürdigkeit, Wunder
2. Genie, Genius, (schöpferische) Persönlichkeit, Kapazität, Koryphäe, Größe, Könner, Meister; *ugs.:* Kanone; *landsch.:* Käpsele

phänomenal
1. großartig, bahnbrechend, hervorragend, fantastisch
2. → außergewöhnlich

Phantasie → Fantasie

phantasiebegabt → fantasievoll

phantasielos → fantasielos

phantasieren → fantasieren

phantasievoll → fantasievoll

Phantast → Schwärmer

phantastisch → fantastisch

Phantom
1. → Gespenst
2. → Einbildung

Pharisäer
1. Scheinheiliger; *geh.:* Hypokrit
2. → Heuchler

Phase Entwicklungsstufe, Stadium, Entwicklungsstadium, Entwicklungsstand, Entwicklungsperiode, Entwicklungsphase, Entwicklungsepoche, Etappe, Entwicklungsetappe, Entwicklungsabschnitt, Zeitraum, Zeitabschnitt, Zeitspanne

Philanthrop Menschenfreund, Humanist, Wohltäter, Gönner

Philister Spießbürger, Biedermann, Kleinbürger; *ugs.:* Spießer

philosophieren
1. Philosophie betreiben, sich mit philosophischen Problemen beschäftigen/auseinandersetzen
2. → denken

philosophisch → weise

Phlegma Trägheit, Passivität, Bequemlichkeit, Teilnahmslosigkeit, Apathie, Lethargie

phlegmatisch → träge

Phobie krankhafte Furcht/Angst, Objektangst, Situationsangst, Erwartungsangst, Angstneurose, Zwangsbefürchtung

Photo → Fotografie

Photographie → Fotografie

photographieren → fotografieren

Photokopie → Fotokopie

photokopieren → fotokopieren

Photomodell → Fotomodell

P

Phrase
1. nichtssagende/hohle/schöne Worte, leere/bloße Redensart, Formel, Floskel, Gerede, Schlagwort, abgegriffene Wendung/Redewendung, Gemeinplatz, Geschwätz, Sprüche, Tirade, Wortgeklingel, Plattheit, Plattitüde, Gewäsch; *ugs.:* alter Zopf/Hut, leeres Stroh, Sums, Gefasel, Blech, Blabla
2. *Musik:* Tongruppe

Phrasen dreschen sich (nichtssagend) auslassen/ergehen; *ugs.:* schwatzen, schwätzen; *abwertend:* dummes Zeug reden, nichtssagend daherreden, labern, schwafeln, schwallen

Phrasendrescher → Schwätzer

phrasenhaft
1. leer, hohl, banal, trivial, nichtssagend, inhaltlos, stereotyp, oberflächlich, abgenutzt, abgeschmackt, ausdruckslos, formelhaft, schablonenhaft
2. schematisch, geistlos, gehaltlos, abgegriffen, verbraucht, billig, platt, dumm; *ugs.:* abgedroschen, ausgeleiert, abgeleiert, abgeklappert, durchgenudelt

physisch körperlich, leiblich, somatisch

Piano Klavier, Flügel, Tasteninstrument; *ugs.:* Klimperkiste, Klapperkasten, Drahtkommode

picheln → trinken

Pichler → Alkoholiker

Pickel
1. Pustel, Eiterbläschen, Akne, Furunkel; *Med.:* Papel, Vesikel; *landsch.:* Wimmerl
2. Spitzhacke, Spitzhaue, Picke; *österr.:* Krampen

picken
1. → essen
2. → kleben

pieken *ugs. für:* stechen, beißen, kneifen, kribbeln, zwicken, zwacken, wehtun, schmerzen; *ugs.:* pieksen

piekfein (zu) elegant, (übertrieben) gut gekleidet, overstyled, overdressed, exquisit, stilvoll, ausgesucht

pieksen → pieken

piepen → piepsen

piepsen piepen, ziepen, zirpen, schilpen, zwitschern, pfeifen, flöten, quieken

piercen durchbohren, durchstechen, einstechen, durchstoßen

piesacken
1. → quälen
2. → zusetzen

Pietät Ehrfurcht, Achtung, Hochachtung, Respekt, Verehrung, Ehrerbietung, Rücksicht, Rücksichtnahme, Ehrfürchtigkeit, Scheu

pietätlos ohne Pietät/Ehrfurcht/Scheu, gottlos, verwerflich, schändlich, ketzerisch

pietätvoll → ehrfürchtig

pikant
1. gut gewürzt, scharf, würzig, schmackhaft, herzhaft, aromatisch, feurig
2. → anstößig

pikiert beleidigt, verletzt, gekränkt, verstimmt, getroffen; *landsch.:* muksch, grantig; *ugs.:* verschnupft, eingeschnappt, sauer, auf den Fuß/Schlips getreten

Pilger Wallfahrer, Wanderer, Pilgersmann; *veraltet:* Pilgrim

pilgern
1. wallfahr(t)en, eine Pilgerfahrt unternehmen, einen Bittgang machen, zu einem Wallfahrtsort gehen; *poet.:* wallen
2. → wandern

Pille
1. Tablette, Dragee, Pastille, Kapsel, Medikament, Arznei, Arzneimittel
2. Antibabypille, Verhütungsmittel, Ovulationshemmer, Empfängnisverhütungsmittel

Pilot Flugzeugkapitän, Flugzeugführer, Flieger

Pilz *landsch.:* Schwamm, Schwammerl, Pilzling, Pülz, Poggenstuhl

Pimmel → Penis

pingelig
1. pedantisch, penibel, spitzfindig, übergenau; *geh.:* sophistisch
2. → kleinlich

Pingpong Tischtennis

pinkeln → urinieren

pinseln
1. malen; *abwertend:* schmieren, klecksen
2. anmalen, anstreichen, anpinseln
3. schreiben, schönschreiben

Pinte Gaststätte, uriges Lokal, Kneipe, Spelunke, Schänke, Wirtschaft

Pionier Wegbereiter, Bahnbrecher, Schrittmacher, Vorläufer, Vorkämpfer, Vorbereiter, Vorreiter, Protagonist, Neuerer, Avantgardist

Pipeline Ölleitung, Erdölleitung, Leitung, Rohrleitung, Rohr

Pipi → Urin

Pipi machen urinieren, Wasser lassen, austreten; *ugs.:* pinkeln, pieseln, strullen, pullern, pipilieren, toilettieren; *derb:* pissen, brunzen, schiffen

Pirat Seeräuber, Korsar, Freibeuter

P

Pirsch Jagd, Jägerei, Weidwerk, Hatz
pirschen → jagen
Pisse → Urin
pissen → urinieren
Piste
1. Startbahn, Landebahn, Rollbahn
2. Abfahrtsstrecke, Abfahrtshang, Skipiste, Skiwiese; *scherzh.:* Idiotenhügel
3. Rennstrecke, Rennbahn, Bahn
Pistole Revolver, Colt, Browning, Waffe, Schusswaffe, Handfeuerwaffe, Tesching, Terzerol; *ugs.:* Kanone, Schießeisen, Schießprügel, Ballermann, Knarre
pittoresk malerisch, idyllisch, → schön
placken, sich → anstrengen, sich
Plackerei → Plage
pladdern → regnen
plädieren → eintreten für
Plafond Decke, Zimmerdecke
Plage Belästigung, Qual, Quälerei, Mühsal, Geißel, Mühe, Leid, Fron, Kreuz, Kärrnerarbeit, Sklavenarbeit, Riesenarbeit, Sklaverei, Knechtschaft, Härte, Beschwer, Beschwernis, Beschwerlichkeit, Anstrengung, Übel, Bürde, Last, Belastung, Joch; *geh.:* Ungemach; *ugs.:* Plackerei, Schinderei, Rackerei, Knochenarbeit; *österr.:* Sekkatur, Sekkiererei
plagen
1. quälen, Schmerz zufügen, grausam sein, Qual/Pein/Schmerz bereiten, martern, peinigen, terrorisieren, malträtieren, schinden, schikanieren
2. → bedrücken
3. → stören
plagen, sich → anstrengen, sich
Plagiat → Imitation
plagiieren entlehnen, übernehmen, sich mit fremden Federn schmücken, einen geistigen Diebstahl begehen, kopieren, nachahmen, nachmachen; *landsch.:* abfeilen; *ugs.:* abschreiben, abkupfern
Plakat Anschlag, Aushang, Poster, Aufruf, Bekanntmachung
plakativ plakathaft, plakatmäßig, demonstrativ, auffallend, aufdringlich, stark betont, stark pointiert, stark akzentuiert, schlagwortartig
Plakatsäule Anschlagsäule, Litfaßsäule
plan eben, flach, gerade, platt, ausgestreckt
Plan
1. Vorhaben, Vorsatz, Planung, Programm, Zielsetzung, Projekt, Pilotprojekt, Vorausstudie, Absicht; *ugs.:* Fahrplan, Schlachtplan
2. Aufzeichnung, Entwurf, Skizze, Bauriss, Aufriss, Grundriss, Vorschlag, Konzept, Konzeption, Konstruktion, Exposee
3. Karte, Übersicht, Überblick
Plane Verdeck, Wagendecke, Wagenplane
planen
1. Pläne machen, einen Plan/Entwurf ausarbeiten/aufstellen, etwas in Aussicht nehmen, vorbereiten, im Voraus festlegen, die Weichen stellen, projektieren, entwerfen, skizzieren, konzipieren, umreißen, erstellen, ein Konzept machen
2. beabsichtigen, vorhaben, vorsehen, bezwecken, den Zweck verfolgen, sich vornehmen
Planet Himmelskörper, Stern, Wandelstern, Gestirn, Planetoid
plangemäß → planmäßig
planieren ebnen, einebnen, glätten, glattmachen, gleichmachen, nivellieren, abtragen, ausgleichen, walzen, begradigen
Planke Brett, Bohle, Latte
plänkeln
1. → streiten
2. → flirten
planlos ohne Plan/Überlegung/Methode/System/Sinn und Verstand, unüberlegt, unbesonnen, unbedacht, ziellos, wahllos, gedankenlos, impulsiv, chaotisch, unorganisiert, unmethodisch, unsystematisch, improvisiert, aus dem Stegreif; *ugs.:* drauflos
planmäßig nach Plan, planvoll, plangemäß, wie vorgesehen, programmgemäß, programmmäßig, systematisch, methodisch, folgerichtig, gezielt, konsequent, überlegt, durchdacht, wie geplant, nach Fahrplan, zielbewusst; *abwertend:* stur
planschen sich im Wasser tummeln, baden, spritzen, plantschen, plätschern; *ugs.:* p(l)atschen, plempern, panschen
plappern schwatzen, plaudern, schwadronieren, salbadern; *ugs.:* palavern, kakeln, sabbern, quasseln, quatschen, schnattern, schwätzen, klönen, ratschen, plauschen, klatschen, labern, babbeln, faseln, tratschen
plärren
1. → weinen
2. → schreien

Pläsier Vergnügen, Freude, Lust, Spaß, Gefallen, Wohlgefallen

Plastik
1. Skulptur, Figur, plastisches Bildwerk, Statue, Statuette, Standbild, Relief
2. Kunststoff, Synthetikmaterial; *landsch.:* Plast(e); *abwertend:* Billigmaterial, Plastikmaterial

plastisch
1. anschaulich, deutlich, bildhaft, bildlich, lebendig, leicht verständlich, farbig, sinnfällig, einprägsam, eingängig, illustrativ, klar, fassbar, sprechend, demonstrativ
2. dreidimensional, körperhaft, räumlich
3. modellierbar, formbar, knetbar

Plateau Hochebene, Hochfläche, Hochplateau, Hochland

plätschern
1. gluckern, rieseln, rinnen, fließen
2. → planschen

platt
1. flach, eben, glatt, waagerecht, plan, gerade, ausgedehnt, ausgestreckt
2. überrascht, verwundert, erstaunt, sprachlos, fassungslos, perplex
3. geistlos, leer, inhaltsleer, ideenlos, gehaltlos, substanzlos, dumpf, stupid(e), stereotyp, ohne Gehalt/Tiefe, oberflächlich, flach, seicht, trivial, hohl, billig, banal, abgeschmackt, gewöhnlich, abgegriffen, phrasenhaft; *ugs.:* abgestanden, abgedroschen

Platte → Schallplatte

Plätteisen → Bügeleisen

plätten *landsch. für:* bügeln, glätten

Winkel, Rang und andere Plätze

Ein *Platz* kann eine *Stelle* sein, die einem bestimmten Zweck dient. Dieser wird durch die entsprechende Zusammensetzung angezeigt, wie beispielsweise *Bauplatz, Sitzplatz* oder *Stehplatz*. Das gilt auch, wenn *Platz* ein abgegrenztes Gelände bezeichnet, das für bestimmte Zwecke hergerichtet wurde, wie *Sportplatz, Golfplatz* oder *Spielplatz*. Schließlich ist *Platz* auch Ausdruck für eine freie *Stelle* innerhalb eines bebauten Geländes, wie etwa *Marktplatz* und *Forum*, oder für eine *Unterbringungsmöglichkeit*.
Über solche konkreten Bestimmungen hinaus kann *Platz* auch allgemein für einen nicht näher bestimmten *Ort* stehen, der auch *Fleck* oder umgangssprachlich *Winkel* oder *Ecke* genannt wird. Eine schöne *Gegend* bezeichnet man auch als schönes *Plätzchen*. Im übertragenen Sinn kann *Platz* auch *Rang, Stellung* oder *Position* zum Beispiel in einem Wettkampf, in der Gesellschaft oder auch im Beruf bedeuten.
Der bildliche Ausdruck *fehl am Platz* bedeutet auf Personen oder deren Verhalten bezogen, »ungeeignet« beziehungsweise »unangemessen sein«. Ist jemand dagegen für eine Aufgabe besonders gut geeignet, sagt man auch, diese Person ist *der rechte Mann/die rechte Frau am rechten Platz*. Wer *einen Platz an der Sonne* hat, der ist im Leben erfolgreich und glücklich. *Platz da!* ist die unhöfliche Aufforderung, beiseitezugehen. *Bitte, nehmen sie Platz* ist dagegen die freundliche Einladung, sich hinzusetzen. Der Ausdruck *auf die Plätze verweisen* gehört ursprünglich in die Welt des Sports und bedeutet, Sieger in einem Wettkampf zu sein. Er wird aber auch allgemein im Sinn von »die Konkurrenz schlagen« gebraucht.

Plattenspieler Phonogerät, Turntable; *veraltet:* Grammophon

Plattform
1. Aussichtsterrasse, Aussichtsgalerie, Aussichtskanzel, Tribüne
2. Ebene, Basis, Fundament, Grundlage, Ausgangspunkt, Voraussetzung
3. Schauplatz, Bühne, Forum

Plattheit → Plattitüde

Plattitüde Banalität, Trivialität, Plattheit, Phrase, Gemeinplatz, Binsenweisheit, Albernheit, Geistlosigkeit, Abgedroschenheit, Floskel, Redensart

Platz
1. Markt, Marktplatz, Forum
2. Sitz, Sitzplatz, Sitzgelegenheit, Stuhl
3. Rang, Position, Rang, Funktion, Stellung, Platzierung
4. Spielfeld, Spielfläche, Sportplatz, Sportfeld, Rasen, Feld
5. Stelle, Ort, Standort, Örtlichkeit, Punkt, Fleck; *ugs.:* Winkel, Ecke
6. freie Stelle, Unterbringungsmöglichkeit, Aufnahmemöglichkeit
7. Weite, Auslauf, Bewegungsfreiheit, freie Bahn, Raum, Spielraum (i)

Platzangst Agoraphobie, Beklemmung, Scheu/Angst vor Plätzen ⓘ

platzen
1. in Stücke fliegen, explodieren, bersten, zerbersten, krachen, splittern, zerplatzen, zerspringen, zerknallen, aufplatzen, aufspringen, aufbrechen, sich entladen, entzweigehen, auseinanderreißen; *ugs.:* kaputtgehen, losgehen, in die Luft fliegen/gehen
2. → scheitern
3. **vor Ärger platzen** → ärgern, sich

platzieren
1. stellen, hinstellen, setzen, hinsetzen, legen, hinlegen, bringen, hinbringen, aufstellen, postieren, einen Platz anweisen/zuweisen/geben; *ugs.:* aufbauen, aufpflanzen
2. unterbringen, investieren, anlegen, festlegen

platzieren, sich
1. → setzen, sich
2. einen guten Platz/Rang erreichen/erringen/belegen

Platzregen → Regenschauer

Plauderei
1. Geplauder, Small Talk, Gerede; *ugs.:* Geplätscher, Gelaber, Geschwafel
2. → Gespräch

plaudern
1. sich unterhalten, miteinander reden/sprechen, eine Unterhaltung/ein Gespräch führen, Worte wechseln, Konversation machen/betreiben, sich etwas erzählen/berichten, Gedanken austauschen, parlieren, schwadronieren; *landsch.:* schnacken, klönen, ratschen; *ugs.:* chatten, schwatzen, plauschen, einen Plausch/Schwatz/ein Plauderstündchen halten, quatschen
2. → ausplaudern

Platzangst oder Klaustrophobie?

Als *Platzangst* wird die krankhafte Furcht, einen freien *Platz* zu überqueren, bezeichnet. Der Fachbegriff für diese Erscheinung ist *Agoraphobie* (von griech. *agora* »öffentlicher Platz« und *phobos* »Furcht«).
Umgangssprachlich wird das Wort *Platzangst* aber oft für das genau gegenteilige Furchtempfinden, die krankhafte Angst vor dem Aufenthalt in geschlossenen Räumen, verwendet. Der korrekte Fachbegriff hierfür lautet jedoch *Klaustrophobie* (von lat. *claustrum* »geschlossener Raum« und griech. *phobos* »Furcht«). Ein deutsches Synonym hierfür ist der Begriff *Raumangst,* der den Unterschied zwischen den beiden Phänomenen sehr augenfällig darstellt.

plausibel → einleuchtend

Playboy
1. Lebemann, Bonvivant; *ugs.:* Gesellschaftshengst, Partyhengst, Salonlöwe
2. → Frauenheld

Play-off → Ausscheidung

Plazet → Einverständnis

pleite zahlungsunfähig, bankrott, in Konkurs; *geh.:* illiquid, insolvent; *ugs.:* nicht flüssig, abgebrannt

Pleite
1. → Bankrott
2. Enttäuschung, Fehlschlag, Niederlage, Misserfolg, Fiasko, Reinfall, Rückschlag, Katastrophe, Debakel

Plenum Vollversammlung

plombieren
1. siegeln, versiegeln, verplomben, mit einer Plombe sichern/schließen
2. mit einer Plombe füllen, ausbessern, instand setzen (Zähne)

Plot Handlung, Handlungsablauf, Handlungsgerüst, Inhalt, Geschehen, Fabel

plötzlich unerwartet, unvermutet, unversehens, unvermittelt, unvorhergesehen, ungeahnt, unverhofft, überraschend, jäh, jählings, auf einmal, mit einem Mal, schlagartig, mit einem Schlag/Ruck, abrupt, schroff, zufällig, schnell, urplötzlich, (wie ein Blitz) aus heiterem Himmel, ehe man sich's versieht, über Nacht, wie aus dem Boden gewachsen, sprunghaft, blitzschnell, blitzartig, von heute auf morgen, miteins, überstürzt, stürmisch, ruckartig, von einem Augenblick zum anderen, ohne Übergang, übergangslos; *ugs.:* mir nichts dir nichts, Knall auf Fall, Hals über Kopf, von jetzt auf gleich

Plumeau Federbett, Deckbett, Oberbett, Überbett, Bettdecke; *landsch.:* Zudeck(e), Federdecke; *schweiz.:* Flaumdecke, Duvet; *österr.:* Tuchent

plump
1. → klobig
2. → ungeschickt
3. taktlos, schamlos, unsensibel, unhöflich, ungehörig, unangemessen, grob, geschmacklos unpassend, unangebracht
4. → fadenscheinig

Plunder
1. Tinnef, Secondhand
2. → Ramsch

plündern ausrauben, ausplündern, ausräumen, rauben, berauben, stehlen, bestehlen, wegnehmen, entwenden; *ugs.:* ausräubern
Plünderung → Diebstahl
plus
1. → und
2. → inbegriffen
Plus
1. → Gewinn
2. → Vorteil
Po → Gesäß
Pöbel → Gesindel
pöbelhaft → flegelhaft
pochen klopfen, schlagen, hämmern, trommeln, pulsieren (Herz); *ugs.:* bumsen, ballern, bubbern, pumpern
pochen auf → bestehen auf
Pocken Blattern; *Med.:* Variola
Podest → Podium
Podium Podest, Erhöhung, Tritt, Tribüne, Bühne
Poesie → Dichtung
Poet
1. Dichter, Lyriker, Schriftsteller
2. Songpoet, Liedermacher
poetisch
1. dichterisch, schöpferisch, lyrisch, literarisch
2. stimmungsvoll, ausdrucksvoll, bilderreich, ausdrucksstark
Pogrom Ausschreitung, Terror, Hetze, Gewalttätigkeit, Jagd, Verfolgung, Kesseltreiben, Übergriff, Handgreiflichkeit
Pointe Schlusseffekt, Höhepunkt, das Entscheidende/Wesentliche, Hauptsache, Witz (einer Sache), Clou; *ugs.:* Knalleffekt
pointieren
1. auf den Punkt bringen, überspitzen
2. → betonen
Pokal
1. Kelch, Humpen
2. Trophäe, Cup, Preis, Siegespreis
pökeln in Salz legen, einsalzen, einpökeln, durchsalzen, konservieren, einlegen; *österr.:* emsuren
Pol
1. Nordpol, Südpol
2. Drehpunkt, Mittelpunkt, Angelpunkt, Knotenpunkt, Brennpunkt, Schnittpunkt, Zentralpunkt, Sammelpunkt, Nabel, Achse, Zentrum, Herzstück, Kern, Mitte
3. *Pl.:* Extreme, Gegensätze
polar
1. → gegensätzlich
2. arktisch
Polemik
1. → Gespräch
2. → Auseinandersetzung
polemisch spitz, scharf, bissig, überspitzt, böse, gehässig, unsachlich, aggressiv, streitbar, streitsüchtig, angreifend, provokativ, feindselig, herausfordernd
polemisieren scharf/unsachlich kritisieren, Kritik üben, jmdn. angreifen, sich streiten, sich hart auseinandersetzen, die Klingen kreuzen
polieren blankreiben, blankputzen, blankmachen, glänzend reiben/putzen/machen, auf Hochglanz bringen, Glanz geben; *österr.:* politieren; *ugs.:* wienern, wichsen
Politik
1. Staatsführung, Staatskunst, politisches Handeln
2. → Taktik
Politur
1. Poliermittel
2. Glanz, Hochglanz, Glätte, Schimmer, Lack, Lackierung, Lasur
Polizist Polizeibeamter, Wachtmeister, Gesetzeshüter, Ordnungshüter, Schutzmann, Verkehrspolizist, Gendarm; *veraltet:* Konstabler; *scherzh.:* Auge des Gesetzes; *ugs.:* Schupo, Polente, Polyp, Bulle, Cop; *österr.:* Wachmann
polstern federn, mit einem Polster versehen/ausstatten, auspolstern, bepolstern, wattieren, unterlegen, auskleiden, füttern, füllen
poltern
1. lärmen, krachen, rumoren, klappern, scheppern, rumpeln, donnern, rattern, rütteln, dröhnen; *ugs.:* rummeln, bumsen, Krach machen, pumpern
2. → schimpfen
polyfon → polyphon
polyglott mehrsprachig, vielsprachig, mehrere Sprachen sprechend/beherrschend
Polyp
1. Nesseltier, Seeanemone, Tintenfisch, Krake
2. Nasenwucherung
3. → Polizist
polyphon vielstimmig, mehrstimmig, vielgestaltig
pomadig
1. ölig, fettig, fettglänzend, eingeschmiert
2. → träge
Pomp Pracht, Glanz, Prunk; *ugs.:* Gedöns
pompös
1. prunkvoll, glanzvoll, prächtig
2. angeberisch, anmaßend, prätentiös; *ugs.:* showy
Pony
1. Kleinpferd
2. Fransen, Haarfransen
Popband → Musikgruppe

P

popelig
1. → geizig
2. → kläglich
popeln *ugs. für:* in der Nase bohren/stochern; *landsch.:* pulen, polken
Popo → Gesäß
populär
1. verständlich, allgemeinverständlich, leicht verstehbar/fassbar/fasslich, eingängig
2. volkstümlich, volksverbunden, jedermann geläufig, namhaft, (weithin) bekannt, berühmt, begehrt, im/beim Volk beliebt, geschätzt, geachtet, gefeiert, en vogue, angesehen, angebetet, vergöttert, vielgenannt, in aller Munde
3. willkommen (Maßnahmen), gewünscht, gerngesehen, genehm
popularisieren
1. verbreiten, propagieren, in Umlauf setzen, unter die Leute bringen, populär machen, bekanntmachen
2. → vereinfachen
Population
1. Tierbestand, Artbestand, Individuenbestand
2. → Bevölkerung
pornografisch → anstößig
pornographisch → pornografisch
porös durchlässig, durchlöchert, löcherig, undicht, leck
Porree Lauch
Portal Tor, Pforte, Eingangstor
Portemonnaie → Portmonee
Portier Pförtner
Portion
1. Ration, Teil, Anteil, Stück, Quantum, Zuteilung; *ugs.:* Brocken, Fuhre
2. **halbe Portion** → Zwerg
Portmonee Geldbörse, Geldbeutel, Geldtasche, Brieftasche, Beutel, Börse; *ugs.:* Portjuchhe
Porto Postgebühr
portofrei freigemacht, franko
Porträt Abbild, Bildnis, Brustbild, Konterfei
Pose Haltung, Körperhaltung, Stellung, Position, Positur, Attitüde
Position
1. Stellung, Anstellung, Stelle, Posten, Amt, Funktion, Wirkungsbereich, Betätigungsfeld
2. Ort, Standort, Lage, Platz, Rang
3. → Standpunkt
4. Einzelposten, Betrag, Summe
positionieren einordnen, zuordnen, in Stellung bringen, einreihen
positiv
1. bejahend, zustimmend, beifällig, anerkennend, affirmativ
2. erfolgreich, erfreulich, günstig, gut, vorteilhaft, aussichtsreich, Erfolg versprechend, vielversprechend, verheißungsvoll, voller Chancen/Möglichkeiten, mit Aussicht auf Erfolg
3. → optimistisch
Positur → Pose
Posse
1. Lustspiel, Komödie, Schwank, Burleske, Farce, Possenspiel; *abwertend:* Klamotte
2. *Pl.:* → Scherz
possenhaft → spaßig
Possenreißer → Spaßvogel
possierlich
1. niedlich, putzig
2. → spaßig
Post
1. Postamt, Poststelle
2. Postsendung, Postgut, Sendung, Nachricht, Benachrichtigung, Bescheid, Botschaft, Mitteilung, Brief, Karte, Postkarte
Postbote Briefträger, Briefbote, Zusteller, Briefzusteller; *landsch.:* Zubringer
Posten
1. → Position
2. Warenmenge, Stoß, Lieferung
3. Wache, Wach(t)posten, Schildwache, Aufseher, Wächter, Torhüter; *ugs.:* Aufpasser
4. **auf dem Posten sein** → gesund sein
Poster Plakat, Wandfoto
postieren → aufstellen
postieren, sich → aufstellen, sich
postulieren → fordern
postwendend → sofort
potent
1. zeugungsfähig, geschlechtsreif, fruchtbar, fortpflanzungsfähig
2. mächtig, einflussreich, machtvoll, wichtig, maßgebend, tonangebend, angesehen, Achtung gebietend
3. vermögend, reich, finanzkräftig, zahlungskräftig, begütert, wohlhabend, bemittelt, gutsituiert; *ugs.:* betucht
Potentat → Herrscher
Potential → Potenzial
potentiell → potenziell
Potenz
1. Zeugungsfähigkeit, Fortpflanzungsfähigkeit, Mannbarkeit, Manneskraft, Fruchtbarkeit, Geschlechtsreife
2. → Potenzial
Potenzial Leistung, Leistungsfähigkeit, Leistungsvermögen, Kraft, Spannkraft, Arbeitskraft, Arbeitsvermögen, Kraftreserve, Reservoir, Potenz
potenziell → möglich

potenzieren
1. in die Potenz/ins Quadrat erheben (Mathematik)
2. → steigern
potenzieren, sich sich vervielfachen, wachsen, sich steigern, sich vermehren, sich erhöhen, sich verschärfen
Potpourri
1. Melodienstrauß, Medley
2. bunte Mischung/Vielfalt, Kunterbunt, Allerlei, Durcheinander, Vielerlei, Gemisch, Gemenge, Konglomerat, Mixtur, Sammlung, Mosaik; *ugs.:* Mischmasch, Sammelsurium, Kuddelmuddel
poussieren
1. → flirten
2. eine feste/intime Freundschaft haben mit jmdm., befreundet sein mit; *ugs.:* gehen mit, zusammen sein mit
Power Schwung, Energie, Dynamik, Kraft, Stärke, Leistung, Macht, Durchsetzungsvermögen
powern sich durchsetzen, durchboxen, Macht zeigen, etw. leisten
Pracht → Prunk
Prachtexemplar → Prachtstück
prächtig
1. prachtvoll, prunkvoll, glanzvoll, glänzend, fürstlich, königlich, majestätisch, herrschaftlich, brillant, illuster, pompös, luxuriös, prangend, prunkend, aufwendig, bombastisch, kolossal, blendend, strahlend, grandios, imposant, imponierend, üppig, repräsentativ, erhaben, unübertrefflich, unvergleichlich, stattlich, eindrucksvoll, wirkungsvoll, gewaltig, sondergleichen; *abwertend:* protzig, übertrieben; *ugs.:* mit allen Schikanen, auf großem Fuß, bombig, hinreißend, umwerfend, famos, ungeheuer
2. → großartig
3. → gehörig
Prachtkerl → Prachtstück
Prachtmensch → Prachtstück
Prachtstück
1. wertvolles/prächtiges/sehr schönes Stück, Glanzstück, Kabinettstück, Prunkstück, Meisterstück, Schaustück, Prachtexemplar, Glanzpunkt, Glanzlicht, Attraktion, Juwel, Kleinod, Zierstück, Schmuckstück, Zierde
2. liebenswerter/umgänglicher/anständiger Mensch, Prachtmensch, Schatz, Perle; *ugs.:* Prachtkerl, Prachtweib; *landsch.:* Pfundskerl
prachtvoll → prächtig
prädestiniert geeignet, geschaffen, fähig, befähigt, tauglich, qualifiziert, berufen, begabt, talentiert, ideal, genau richtig
Prädikat
1. Note, Beurteilung, Bewertung, Benotung, Zensur
2. Auszeichnung, Titel, Prämierung
Präferenz Vorrang, Vergünstigung, Vorzug
prägen
1. Münzen herstellen, stanzen, pressen
2. formen, gestalten, Form/Gestalt/ein Gepräge geben/verleihen, beeinflussen, einwirken, eine Wirkung ausüben, zeichnen, den Stempel aufdrücken
3. formulieren, in die Welt setzen, in eine Form bringen, Ausdruck verleihen, zum Ausdruck/auf den Begriff bringen
pragmatisch sachlich, auf Tatsachen beruhend, den Erfahrungen entsprechend, anwendungsbezogen, handlungsbezogen, sachbezogen
prägnant treffend, genau, (kurz und) bündig, lakonisch, lapidar, treffsicher, schlagend, klar, unmissverständlich, eindeutig, deutlich, präzis, komprimiert, in gedrängter Form; *ugs.:* klipp und klar
Prägnanz
1. Pointierheit, Exaktheit, Genauigkeit, Eindringlichkeit, Einprägsamkeit
2. → Sorgfalt
prahlen → angeben
Prahler → Angeber
Prahlerei → Angabe
prahlerisch großsprecherisch, großspurig, hochtönend, hochtrabend, prahlsüchtig, angeberisch, aufschneiderisch, wichtigtuerisch, protzig, eingebildet, überheblich, von sich eingenommen, aufgeblasen, selbstgefällig; *ugs.:* aufgeplustert, großmäulig, großschnäuzig, großtuerisch, showy; *derb:* großkotzig
Prahlhans → Angeber
Praktik
1. Methode, Verfahren, Verfahrensweise, Vorgehensweise, Arbeitsweise, Behandlungsweise, Verfahrenstechnik, Handhabung, Praxis
2. Trick, Kniff, Kunstgriff, Dreh, List, Winkelzug, Schachzug, Finesse, Raffinesse
praktikabel → praktisch

P

praktisch
1. auf die Wirklichkeit/Praxis bezogen, in der Wirklichkeit/Realität auftretend
2. geschickt, begabt, anstellig, fingerfertig
3. zweckmäßig, zweckgemäß, zweckdienlich, zweckentsprechend, handlich, gut zu gebrauchen/handhaben, griffig, sinnvoll, vernünftig, verwendbar, anwendbar, brauchbar, nützlich, praktikabel, tauglich, geeignet
4. so gut wie, in der Tat, in Wirklichkeit, tatsächlich, wirklich
5. beinahe, nahezu, fast, buchstäblich, regelrecht, förmlich, nachgerade, geradezu
praktizieren
1. als Arzt arbeiten/tätig sein, eine (ärztliche) Praxis führen, Patienten empfangen, ordinieren, Sprechstunde halten
2. → handhaben
Praline Praliné, Konfekt, Naschwerk, Süßigkeit; *österr., schweiz.:* Pralinee
prall
1. → dick
2. straff, stramm, eng
3. voll, randvoll; *ugs.:* proppenvoll
prallen
1. prallen gegen, anprallen, anschlagen, anstoßen
2. → aufprallen
3. → zusammenstoßen
Prämie
1. Versicherungsgebühr, Versicherungsbeitrag, Versicherungsprämie
2. Belohnung, Vergütung, Sondervergütung, Zulage, Sonderzulage, Zuwendung, Gratifikation, Auszeichnung, Preis, Geldprämie, Leistungsprämie, Jahresprämie, Treueprämie, Geld, Geldbetrag
prämi(i)eren auszeichnen, belohnen, eine Auszeichnung/einen Orden verleihen, dekorieren, ehren, preiskrönen, würdigen
Prämisse Bedingung, Vorbedingung, Voraussetzung
prangen → prunken
Pranke → Hand
Präparat → Medikament
präparieren
1. haltbar machen, konservieren (tote Körper), mumifizieren, balsamieren, ausstopfen
2. zu Studienzwecken zerlegen/ausstopfen/zerschneiden, sezieren
3. vorbereiten, fertigmachen, richten, herrichten
präparieren, sich
1. sich vorbereiten, vorarbeiten, vorsorgen, Vorkehrungen treffen, sich einstellen/einrichten auf
2. → lernen
präsent
1. → anwesend
2. → parat
Präsent Geschenk, Gabe, Aufmerksamkeit, Zueignung; *ugs.:* Mitbringsel
präsentieren geben, übergeben, reichen, überreichen, darreichen, darbieten, anbieten, vorlegen, unterbreiten, offerieren, vorführen, vorzeigen, bringen
präsentieren, sich sich zeigen, sich vorstellen, sich sehen lassen, sich einführen, sich produzieren
Präservativ Kondom, Verhütungsmittel, Gummischutz; *ugs.:* Gummi, Pariser, Überzieher, Präser, Flopp; *scherzh.:* Verhüterli
Präsident
1. Staatsoberhaupt
2. Vorsitzender, Leiter, Direktor
präsidieren
1. vorsitzen, den Vorsitz haben
2. → leiten
Präsidium
1. Vorsitz, Leitung, Führung, Präsidentschaft, Führerschaft, Direktion
2. Vorstand, leitendes Gremium
prasseln
1. → regnen
2. knistern, zischen, lodern (Feuer); *ugs.:* bullern
prassen
1. schwelgen, schlemmen, wie im Himmel/in Saus und Braus/verschwenderisch leben, aus dem Vollen schöpfen, leben wie ein Fürst; *ugs.:* im Fett schwimmen/sitzen, leben wie Gott in Frankreich
2. → verschwenden
prätentiös → anmaßend
Pratze → Hand
Prävalenz Überlegenheit, Dominanz, Übergewicht, Prädomination, Übermacht, Vorherrschaft, Vorrangstellung, Vorrangigkeit, Primat, führende Rolle; *geh.:* Superiorität
prävalieren → überwiegen
präventiv vorbeugend, vorsorgend, prophylaktisch
Praxis
1. Ausübung, Berufsausübung, Erfahrung, Berufserfahrung, Kenntnis, Vertrautheit, Routine, berufliche Tätigkeit
2. Wirklichkeit, Realität, Leben, Fakten, Tatsachen
3. → Praktik
4. Büro, Anwaltsbüro, Kanzlei, Anwaltskanzlei, Kontor
5. Sprechzimmer, Untersuchungszimmer, Behandlungsräume, Ordination, Sprechstunde; *österr.:* Ordinationszimmer

praxisnah lebensnah, praxisorientiert, wirklichkeitsnah, praxisgerecht, praxistauglich
Präzedenzfall Muster, Musterfall, Schulbeispiel, Schulfall
präzise → genau
präzisieren verdeutlichen, konkretisieren, näher/genauer angeben/bestimmen/bezeichnen/ausdrücken, deutlich machen, erläutern, lokalisieren, eindeutiger beschreiben, eingrenzen (Sachverhalt)
Präzision → Sorgfalt
predigen
1. eine Predigt halten, von der Kanzel reden, das Wort Gottes verkünden
2. → ermahnen
Prediger → Geistlicher
Preis
1. Kaufpreis, Verkaufspreis, Betrag, Wertbetrag, Wert, Geldwert, Gegenwert, Marktwert, Preislage, Kosten, Kostenaufwand, Kostenpunkt, Summe, Kurs, Tarif
2. Gewinn, Hauptgewinn, Treffer, Haupttreffer, das große Los, Siegespreis, Trophäe, Pokal, Cup, Prämie, Auszeichnung, Belohnung, Medaille
3. → Lob
Preisanstieg Preiserhöhung, Preissteigerung, Teuerung, Verteuerung, Kostenexplosion, Preislawine, Preisspirale, Aufschlag, Preisaufschlag, Inflation, Inflationsrate
Preiselbeere Kronsbeere; *volkst.:* Kranbeere, Riffelbeere
preisen rühmen, ehren, feiern, hochhalten, in Ehren halten, ein Hoch ausbringen, verherrlichen, glorifizieren, loben
Preiserhöhung → Preisanstieg
preisgeben
1. → aufgeben
2. → ausliefern
3. → abfallen
4. → ausplaudern
preisgeben, sich → aussetzen, sich
preisgekrönt → erfolgreich
Preisgericht Jury, Juroren, Jurorenkomitee, Preisrichter, Schiedsrichter, Punktrichter, Kampfgericht, Kampfrichter, Unparteiische
preisgünstig → billig
Preislage → Preis
Preislied → Lobrede
Preisnachlass Rabatt, Prozente, Nachlass, Skonto, Abrechnung, Abzug, Ermäßigung, Verbilligung, Vergünstigung, Preisminderung, Senkung, Preissenkung, Diskont, Herabsetzung, günstiges Angebot, Entgegenkommen; *schweiz.:* Abschlag
Preissenkung → Preisnachlass
Preissteigerung → Preisanstieg
Preisträger Gewinner, Hauptgewinner, Sieger
Preistreiberei Wucher, Geldschneiderei, Beutelschneiderei, Überteuerung, Übervorteilung
preiswert → billig
prekär → heikel
prellen → betrügen
prellen, sich quetschen, stoßen, anstoßen, anschlagen, sich verletzen
Prellerei → Betrug
Premiere Erstaufführung, Uraufführung
preschen → eilen
pressant → eilig
Presse
1. Fruchtpresse, Obstpresse, Saftpresse, Entsafter, Entmoster; *ugs.:* Fruchtquetsche
2. Druckmaschine, Druckpresse
3. Zeitung, Zeitungswesen, Pressewesen; *ugs.:* Blätterwald; *abwertend:* Journaille
4. Presseecho, Kritik, Beurteilung, Besprechung, Rezension
pressen
1. drücken, Druck ausüben, quetschen
2. drücken, zusammendrücken, drängen, zusammendrängen, pferchen, zusammenpferchen, zwängen, einzwängen, schnüren, einschnüren, klemmen, einklemmen
3. → stopfen
4. ausdrücken, herausdrücken, herauspressen, ausquetschen, entsaften
5. → zwingen
6. **an sich pressen** → umarmen
pressieren → eilen
Pression → Zwang
Pressuregroup
1. politische, parlamentarische Interessengemeinschaft, Initiative, Aktionsgruppe
2. → Lobby
Prestige
1. Image, Ruf, Profil, Reputation, Gesicht
2. → Ansehen
prickeln → sprudeln
prickelnd
1. perlend, sprudelnd, moussierend
2. → spannend
Priester → Geistlicher
prima → großartig
Primaballerina Solotänzerin, erste/beste Tänzerin
primär ursprünglich, original, originär, eigentlich, von Haus aus, in erster Linie, vor allem, zuvörderst,

als Wichtigstes, vorab, wesentlich, ursächlich, zuerst
Primat → Vorrang
primitiv
1. → einfach
2. → notdürftig
3. → unwissend
4. → gewöhnlich
Primus Klassenbester, Klassenerster
Prinzip
1. Grundsatz, (feste) Regel, Maxime, Richtlinie, Richtschnur, Maßstab, Leitlinie, Lebensregel, Motto, moralisches Gebot
2. Grundlage, System, Arbeitsweise, Methode, Verfahren, Verfahrensweise
prinzipiell → grundlegend
Prinzipienreiter → Pedant
Priorität
1. → Primat
2. → Vorrecht
Prise
1. → Gran
2. gekapertes/aufgebrachtes Handelsschiff
3. **eine Prise** → etwas
privat
1. persönlich, höchstpersönlich, eigen, ureigen, einem selbst zugehörig, individuell
2. häuslich, familiär, vertraut, heimisch
3. daheim, zu Hause, im Privatleben, außerdienstlich; *ugs.:* in seinen vier Wänden, am häuslichen Herd
4. vertraulich, im Vertrauen, privatim, intern, unter vier Augen/dem Siegel der Verschwiegenheit
5. nicht öffentlich/staatlich
Privileg → Vorrecht
privilegiert bevorzugt, bevorrechtet, Vorrechte genießend, mit Privilegien ausgestattet, in einer Sonderstellung

P

Probe: Verschiedene Arten von Versuchen

Eine *Probe* ist jede Art von *Versuch*. Dagegen wird *Experiment* meist für einen wissenschaftlichen *Versuch* gebraucht oder bildlich für ein gewagtes Unternehmen. Umgangssprachlich spricht man auch von einem *Versuchsballon*. Dieses Wort bezeichnet ursprünglich einen Luftballon zur Untersuchung der Atmosphäre. Einen *Versuch* unternehmen heißt dabei mithin *einen Versuchsballon starten/steigen lassen*. Im Sinn von *Test* wird *Probe* meist durch Zusammensetzungen präzisiert, die angeben, was geprüft wird: *Kraftprobe, Mutprobe, Machtprobe, Geduldsprobe*.
Die Eignung von Personen für bestimmte Aufgaben wird oft in einer *Bewährungsprobe* festgestellt. Einen Mitarbeiter *auf Probe nehmen,* bedeutet, ihn versuchsweise einzustellen. Unter einer *Stichprobe* versteht man die Prüfung eines einzelnen Teils, von dem man auf das Ganze schließen kann. Der Ausdruck kommt aus der Stahlindustrie, wo der Schmelzmasse in den auch »Stichöfen« genannten Hochöfen mit einem Probelöffel die *Stichprobe* entnommen wurde. Eine umfassende und gründliche Prüfung vornehmen heißt dagegen *die Probe aufs Exempel machen*. Diese Redewendung geht auf die Alchimie zurück, die jedes Exempel, also jeden Versuch, durch eine Gegenprobe prüfte, um zufällige Ergebnisse auszuschließen. Im Theater ist eine *Probe* die Übung vor der Aufführung. Von dort kommt der Ausdruck *Generalprobe,* der auch allgemein für einen umfassenden *Testlauf* vor einem Ereignis gebraucht wird. Im Theater bezeichnet *Generalprobe* oder das gleichbedeutende *Hauptprobe* die letzte *Probe* vor der Premiere.
Kostprobe hingegen bezeichnet im Wortsinn ein kleines Stück zur Prüfung des Geschmacks, zum Kosten. Der Ausdruck wird darüber hinaus auch allgemein im Sinn von *Beispiel* verwendet, also etwa *eine Kostprobe seines Könnens geben*. Schließlich ist *Probe* auch eine Teilmenge eines zu untersuchenden Stoffs, wie beispielsweise *Mineralprobe* oder *Gewebsprobe*. Unter einer *Stuhlprobe* versteht man eine kleine Menge Stuhlgang für mikrobiologische und chemische Untersuchungen.

pro
1. → für
2. → je
probat → erprobt
Probe
1. Übung, Vorübung, Versuch, Experiment; *ugs.:* Versuchsballon
2. Prüfung, Überprüfung, Kontrolle, Test, Stichprobe, Belastungsprobe, Machtprobe, Kraftprobe; *ugs.:* Probe aufs Exempel
3. Beweis, Erweis, Nachweis, Exempel, Bestätigung
4. Musterstück, Warenprobe, Kostprobe, Versuchsstück, Versuchsexemplar (i)
proben
1. zur Probe aufführen, üben, einüben, einstudieren, vorbereiten, lernen, durchproben, probieren, ausprobieren, durchpro-

bieren, (sich) versuchen, einen Versuch machen/anstellen
2. → prüfen
probeweise zur/auf Probe, als Versuch, versuchsweise, vorläufig, provisorisch, unter Vorbehalt, vorübergehend
Probezeit Bewährung, Bewährungsfrist, Prüfungszeit, Anstellung auf Probe/unter Vorbehalt
probieren
1. → proben
2. kosten, verkosten, eine Kostprobe nehmen, schmecken, abschmecken, begutachten, beurteilen, sein Urteil abgeben, ausprobieren; *österr.:* gustieren
3. testen, versuchen, prüfen, nachprüfen, überprüfen, untersuchen, erproben, einen Versuch starten, ein Experiment durchführen, kontrollieren, die Probe (aufs Exempel) machen; *ugs.:* antesten, austesten, herumdoktern, einen Versuchsballon steigen lassen/loslassen
Problem → Schwierigkeit
Problematik → Schwierigkeit
problematisch
1. → heikel
2. → schwierig
3. → zweifelhaft
problemlos → leicht
Produkt
1. Erzeugnis, Ware, Fabrikat, Artikel, Ergebnis, Schöpfung, Hervorbringung, Gegenstand, Werk, Gebilde; *abwertend:* Ausgeburt
2. Ergebnis, Resultat, Frucht
Produktion
1. Herstellung, Fertigung
2. → Fabrikation
produktiv
1. → fruchtbar
2. → schöpferisch
3. → fleißig
Produzent → Fabrikant
produzieren → anfertigen
produzieren, sich sich zeigen, sich präsentieren, sich sehen lassen, sich auffällig verhalten/benehmen, sich herausstellen, unangenehm in Erscheinung treten, sich in Szene setzen
profan
1. weltlich, säkular, diesseitig, irdisch, nicht sakral, unheilig, ungeweiht, nicht kirchlich
2. → alltäglich
Profession → Beruf
professionell berufsmäßig, professionsmäßig, professioniert, beruflich; *ugs.:* als Profi
Professor Hochschullehrer, Universitätslehrer, Dozent, Gelehrter, Lehrstuhlinhaber
Profi
1. Berufssportler, Professional
2. Experte, Fachmann, Spezialist
Profil
1. Seitenansicht, Seitenbild, Seitenriss, Aufriss, Umriss, Schattenriss, Kontur, Silhouette
2. Längsschnitt, Querschnitt
Profil gewinnen
1. sich abzeichnen, sich abheben, abstechen, kontrastieren, sichtbar/erkennbar werden, sich zeigen
2. → profilieren, sich
profilieren, sich Profil gewinnen, an Ansehen/Kontur gewinnen, ein Gesicht bekommen, sich entwickeln, sich hervortun, Fortschritte machen, Anerkennung finden, sich einen Namen machen; *ugs.:* sich mausern, sich herausmachen
Profit → Gewinn
profitabel → rentabel
Profit bringend → einträglich
profitieren für jmdn. einträglich/Gewinn bringend/rentabel sein, für jmdn. viel eintragen, etwas ausnutzen, gewinnen, verdienen, Nutznießer sein, Profit/Gewinn/Nutzen/Vorteil haben/erzielen/ziehen/schlagen aus, seinen Vorteil wahrnehmen; *ugs.:* einen Gewinn einstreichen/einheimsen, ein Geschäft/einen guten Schnitt machen, gut wegkommen, den Rahm abschöpfen, sich gesundstoßen, etwas herausholen/herausschlagen/herausschinden
profitorientiert gewinnorientiert, ertragsorientiert, auf Gewinn/Profit ausgerichtet; *abwertend:* materialistisch
pro forma nicht wirklich/eigentlich, (nur) zum Schein, der Form halber/wegen, dem Namen/Schein nach
profund gründlich, umfassend, tief, intensiv, grundlegend, eingehend, erschöpfend, detailliert, ausführlich, vollständig, differenziert
Prognose Vorhersage, Voraussage, Vorausbestimmung
prognostizieren vorhersagen, vorhererkennen, voraussagen, vorausbestimmen
Programm
1. → Plan

2. Manifest, Grundsatzerklärung
3. Ablauf, Folge, Sendefolge, Spielfolge, Vortragsfolge, Spielplan, Repertoire, Darbietungen
4. Tagesablauf, Einteilung
5. Programmheft, Programmzettel, Theaterzettel, Übersicht, Liste, Verzeichnis
6. Einsatzanweisung, Software (Computer)

programmatisch wegweisend, richtungweisend, richtunggebend, zielsetzend, vorbildlich, bahnbrechend

programmmäßig → planmäßig

Progress → Fortschritt

Progression → Zunahme

progressiv
1. fortschrittlich, avantgardistisch, kämpferisch, emanzipatorisch, zeitgemäß, modern, richtungweisend, wegweisend, zukunftsweisend, zukunftsorientiert, zukunftsgerichtet
2. fortschreitend, sich (allmählich) steigernd, sich entwickelnd

P

Projekt → Plan

projektieren → planen

Projektor Projektionsgerät, Projektionsapparat, Bildwerfer, Vorführgerät, Filmvorführgerät

projizieren
1. wiedergeben, abbilden; *ugs.:* an die Wand werfen
2. übertragen, zuschreiben, abzielen

Proletariat Arbeiterklasse, die Arbeiter/arbeitende Klasse/Schicht, die Proletarier/Werktätigen, Arbeiterschaft, Industriearbeiter

Proletarier Arbeiter, Lohnempfänger, Lohnabhängiger, Werktätiger, Industriearbeiter

Propaganda: Mittel der Manipulation

Wer *Propaganda* macht, betreibt vor allem in der Politik systematisch *Werbung* für bestimmte Theorien, Meinungen oder Ideen mit der Absicht, gezielt Einfluss auf die öffentliche Meinung zu nehmen. Selten kommt der Ausdruck *Propaganda* im wirtschaftlichen Bereich zur Anwendung. Hier bezieht er sich auf die *Werbung* für ein neues Produkt.
Zumeist verbindet sich mit der Verwendung des Begriffs bereits eine Abwertung, ein wertneutraler Gebrauch kommt fast nicht vor.
Besonders im politischen Bereich unterstellt man denen, die *Propaganda* machen, oft unseriöse Beweggründe, Täuschungs- und Verschleierungsabsichten. *Propaganda* wird in dieser Hinsicht häufig als Mittel zur Manipulation eingesetzt.
Mit der Aussage »Das ist doch alles nur *Propaganda!*« wird unabhängig davon, ob es sich um einen politischen oder anderweitigen Kontext handelt, deutlich gemacht, dass man Behauptungen oder Versprechungen keinen Glauben schenkt.

Prolog Einleitung, Einführung, Vorbemerkung, Vorrede, Vorspruch, Vorspiel, einführende/vorangestellte Worte, Introduktion

prolongieren → stunden

promenieren → spazieren gehen

prominent → berühmt

promoten managen, fördern, vermarkten, Werbung/Reklame machen

promovieren den Doktortitel/Doktorgrad erwerben, die Doktorwürde erlangen, dissertieren, eine Dissertation/Doktorarbeit schreiben; *ugs.:* den Doktor machen

prompt
1. → sofort
2. natürlich, wie zu erwarten, erwartungsgemäß, selbstverständlich

prononciert
1. deutlich ausgesprochen, scharf betont
2. → nachdrücklich

Propaganda
1. Agitation, Indoktrination; *ugs.:* Stimmungsmache
2. Demagogie
3. → Werbung (i)

propagieren → werben

proper → sauber

Prophet Weissager, Wahrsager, Seher, Hellseher, Mahner, Deuter, Künder, Warner, Rufer, Prophezeier, Erleuchteter, Zeichendeuter

prophezeien
1. voraussagen, vorhersagen, weissagen, hellsehen, wahrsagen, orakeln, Gedanken lesen/erraten, in die Zukunft sehen, die Zukunft deuten, etwas kommen sehen, sehen, absehen, voraussehen, vorhersehen, ahnen, vorausahnen, bedeuten, ankündigen, offenbaren, verheißen, verkünden, prognostizieren
2. Negatives prophezeien schwarzsehen, den Teufel an die Wand malen, die

Kassandra spielen; *ugs.:* unken
Prophezeiung → Voraussage
prophylaktisch vorbeugend, verhütend, krankheitsverhütend, verhindernd, krankheitsverhindernd, präventiv, schützend; *ugs.:* auf Verdacht
proportioniert
1. im gleichen Verhältnis, verhältnisgleich
2. → ausgewogen
prosaisch
1. nüchtern, sachlich, trocken, fantasielos, ohne Fantasie, poesielos, amusisch, unpoetisch
2. in Prosa
Prospekt Werbeschrift, Werbeblatt, Preisliste, Preisverzeichnis, Katalog, Reklameschrift, Handzettel, Werbezettel
prosperieren → gedeihen
prosten zutrinken, zuprosten, einen Trinkspruch/Toast/ein Hoch ausbringen, auf jmds. Wohl trinken/anstoßen, jmdn. hochleben lassen
prostituieren, sich
1. seinen Körper verkaufen, sich für Geld anbieten, als Prostituierte/Callboy arbeiten, käuflich sein, Prostitution betreiben; *ugs.:* auf den Strich gehen, anschaffen (gehen), eine Hure/ein Strichjunge sein, huren
2. sich hergeben für, sich verkaufen, seine Haut zu Markte tragen, seine Würde verlieren, sich erniedrigen
Prostituierte Dirne, Hure, Straßenmädchen, Freudenmädchen, käufliches Mädchen, Callgirl, Hostess, Masseuse; *geh.:* Gefallene, Hetäre; *veraltet:* Kokotte, Kurtisane, Metze; *scherzh.:* Gunstgewerblerin, Liebesdienerin, Bordsteinschwalbe; *ugs.:* Strichmädchen, Strichbiene, leichtes Mädchen, Pferdchen, Nutte, Edelnutte; *abwertend:* Flittchen
Protagonist
1. → Pionier
2. → Hauptperson
protegieren
1. → fördern
2. → lancieren
Protektion
1. → Förderung
2. → Vetternwirtschaft
Protektor
1. Schützer
2. → Mäzen
Protektorat → Hoheit
Protest Einwand, Einwendung, Beschwerde, Klage, Einwurf, Veto, Reklamation, Einspruch, Widerspruch, Widerstand, Widerrede, Gegenargument, Gegenmeinung, Gegenstimme
protestieren
1. Protest/Einspruch erheben/einlegen, widersprechen, sich verwahren gegen, einen Einwand geltend machen, Veto einlegen, zurückweisen
2. → aufbegehren
Protokollant Schriftführer, Protokollführer, Sekretär; *schweiz.:* Aktuar
protokollieren in einem Protokoll festhalten, zu Protokoll nehmen, ein Protokoll schreiben/aufnehmen, mitschreiben, nachschreiben, notieren, Buch führen, aufzeichnen, Notizen machen
Prototyp Inbegriff, Verkörperung, Muster, Musterfall, Inkarnation, Ausbund, Urbild, Inbild
Protz → Angeber
protzen → angeben
Protzerei → Angabe
protzig → prahlerisch
Proviant Wegzehrung, Reiseproviant, Verpflegung, Marschverpflegung, eiserne Ration, Mundvorrat; *ugs.:* Futter
Provider Anbieter, Internetprovider, Serviceprovider, Onlineprovider, Internetanbieter
Provinz
1. Land, Landesteil, Verwaltungsgebiet
2. Hinterland, ländliches Gebiet
3. **aus der Provinz** vom Dorf/Land
provinziell
1. rückständig, dörflich, kleinstädtisch, ländlich, unterentwickelt, zurückgeblieben, spießig
2. hinterwäldlerisch, muffig, kleinkariert; *ugs.:* hinterm Mond, von gestern
3. → engstirnig
Provision
1. (prozentuale) Beteiligung, Vergütung, Gewinnbeteiligung, Prozente
2. Vermittlungsgebühr, Maklergebühr
provisorisch
1. vorläufig, behelfsmäßig, behelfsweise, zur Not, vorübergehend, mangelhaft, unzureichend, schlecht und recht, als Aushilfe, zeitweilig, primitiv, ungenügend, kümmerlich, unzulänglich; *ugs.:* auf die Schnelle
2. → probeweise
3. → einstweilen
Provokation Herausforderung, Affront, Reizung, Aufreizung, Kampfansage, Brüskierung, Kriegserklärung
provokativ provokatorisch, provokant, provozierend,

P

herausfordernd, aufreizend, aggressiv
provokatorisch → provokativ
provozieren
1. → reizen
2. → hervorrufen
provozierend → provokativ
Prozedur Behandlung, Verfahren, Operation, Manöver
Prozent vom Hundert, v. H., Hundertstel, pro centum, p. c.; *österr.:* Perzent
Prozente → Preisnachlass
Prozess
1. gerichtliche Auseinandersetzung/Untersuchung, Verfahren, Gerichtsverfahren, Verhandlung, Gerichtsverhandlung, Rechtsstreit, Rechtsverfahren, Strafprozess, Gerichtstermin; *ugs.:* Rechtshandel
2. Entwicklung, Gang, Hergang, Fortgang, Lauf, Ablauf, Verlauf, Vorgang
prozessieren einen Prozess führen/anstrengen, jmdm. einen Prozess machen, Klage/Anklage erheben, eine Klage anstrengen/anhängig machen, sein Recht suchen, den Rechtsweg beschreiten, vor Gericht bringen/stellen, sich an das Gericht wenden, das Gericht anrufen, klagen, verklagen, anklagen, einklagen, jmdn. zur Rechenschaft ziehen, Klage führen, jmdn. auf die Anklagebank bringen, beschuldigen; *ugs.:* vors Gericht/vor den Kadi gehen, jmdm. einen Prozess anhängen/an den Hals hängen
prüde zimperlich, jüngferlich, altjüngferlich, verschämt, schamhaft, genierlich, zurückhaltend, züchtig, spröde, abweisend, unzugänglich, herb, kühl, tantenhaft; *landsch.:* gschamig, genant
prüfen
1. untersuchen, testen, kontrollieren, proben, erproben, einer Prüfung unterziehen/unterwerfen, überprüfen, durchprüfen, nachprüfen, begutachten, inspizieren, nachsehen, sich überzeugen wollen, visitieren, durchgehen, durchsehen, checken, abchecken, etwas einer Revision unterziehen, erkunden, einer Sache auf den Grund gehen, feststellen, sich vergewissern, recherchieren, nachforschen, nachgehen, mustern, abgleichen, besichtigen, kritisch betrachten, sondieren; *ugs.:* abklopfen, unter die Lupe nehmen, auf den Zahn fühlen
2. Wissen/Fähigkeiten feststellen, befragen, abfragen, abhören, examinieren, auf die Probe stellen; *ugs.:* in die Zange/ins Gebet nehmen, auf den Busch klopfen
3. → erwägen
4. → versuchen
Prüfer Kontrolleur, Inspektor, Inspekteur, Prüfender, Begutachter, Wirtschaftsprüfer, Buchprüfer, Examinator
Prüfstein Bewährungsprobe, Feuerprobe, Feuertaufe
Prüfung
1. Examen, Befragung, Probe, Test
2. → Kontrolle
Prügel
1. Stock, Prügelstock, Knüppel, Knüttel; *landsch.:* Stecken
2. *Pl.:* Schläge; *ugs.:* Abreibung, Keile, Hiebe, Haue, Dresche, Wichse, eine Tracht Prügel, Senge, Kloppe, Zunder, Bimse
Prügelei → Schlägerei
Prügelknabe Prügeljunge, schwarzes/räudiges Schaf, schwarzer Peter, der Dumme, Zielscheibe, Schuldiger, Schuldtragender, Sündenbock, Prellbock, Lückenbüßer, Puffer; *ugs.:* Blitzableiter; *österr.:* Watschenmann
prügeln → schlagen
prügeln, sich → schlagen, sich
Prunk glanzvolle Ausstattung, Pracht, Prachtentfaltung, Pomp, Gepränge, Glanz, Herrlichkeit, Schönheit, Luxus, Kostbarkeit, Staat, Aufwand, Reichtum, Fülle, Üppigkeit, Überfluss, Gala, große Aufmachung; *ugs.:* Brimborium, Tamtam, Putz, Trara
prunken
1. prangen, glänzen, strahlen, leuchten, gleißen, funkeln, glitzern, schillern, prächtig/prunkvoll sein, Pracht/Prunk entfalten
2. Aufwand treiben, Eindruck machen; *ugs.:* Staat machen, strotzen
3. → brillieren
4. → angeben
prunklos → einfach
Prunkstück → Prachtstück
prunkvoll → prächtig
prusten
1. schnauben, schnaufen, pusten, laut atmen, Luft ausstoßen
2. → lachen
Pseudonym Deckname, Tarnname, Scheinname, Künstlername, angenommener/falscher Name; *geh.:* Nom de plume, Nom de guerre

P

Psyche Seele, Seelenleben, Innenleben, Innenwelt, das Innerste, Herz, Gemüt, Inneres, Gefühlsleben
psychedelisch bewusstseinserweiternd, euphorisch, tranceartig, in einen Rauschzustand versetzend
Psychiater Nervenarzt, Psychiatriefacharzt; *ugs.:* Seelenarzt, Seelenklempner
psychisch seelisch, emotional, gefühlsmäßig, die Seele/das Gemüt betreffend, auf die Psyche bezogen, nervlich
Psychologe
1. Therapeut, Psychotherapeut, Analytiker, Psychoanalytiker
2. Menschenkenner
Psychopath → Wahnsinniger
psychopathisch → nervenkrank
Pubertät Geschlechtsreife, Entwicklungsjahre, Reifezeit
Publicity
1. Publizität, (allgemeine) Bekanntheit, Berühmtheit, Öffentlichkeit
2. → Reklame
Public Relations Werbung, öffentliche Meinungspflege, Öffentlichkeitsarbeit, Kontaktpflege, PR
publik → bekannt
Publikation
1. Veröffentlichung, Abdruck, Druck, Drucklegung, Herausgabe, Neuerscheinung
2. Druckwerk, Druckerzeugnis, Werk, Buch, Schrift, Arbeit
publikmachen → veröffentlichen
Publikum
1. Zuhörer, Zuhörerschaft, Auditorium, Zuschauer, Besucher, Teilnehmer, Zeugen, Augenzeugen, Beobachter, Betrachter, Zaungäste, Schaulustige, Umstehende, Anwesende; *ugs.:* Gaffer
2. **das breite Publikum** → Öffentlichkeit
Publikumserfolg → Hit
publik werden → herumsprechen, sich
publizieren veröffentlichen, herausgeben, herausbringen, drucken, abdrucken, erscheinen lassen, verlegen, in Umlauf setzen/bringen, an die Öffentlichkeit bringen, verbreiten, vertreiben, auf den Markt bringen, auflegen; *geh.:* edieren; *ugs.:* unter die Leute bringen
Publizist Journalist, Zeitungsschreiber, Zeitungsmann, Pressemann, Berichterstatter, Reporter, Korrespondent, Schriftsteller
pudern
1. einpudern, bepudern, Puder auflegen
2. mit Puder bestreuen, einstäuben; *österr.:* einstauben, einstuppen
Puff
1. → Bordell
2. Wäschepuff, Wäschekorb, Wäschebehälter
3. → Stoß
puffen → stoßen
pulen → popeln
Pulk
1. Ansammlung, Haufen, Menge, Menschenmenge, Masse
2. → Kolonne
Pulle *ugs. für:* Flasche; *ugs.:* Buddel, Bottel
pulsen → pulsieren
pulsieren
1. pulsen, sich lebhaft regen, fließen, lebhaft strömen, wogen, sich ergießen, branden, fluten
2. pochen, klopfen, hämmern; *landsch.:* bumpern
Pult Katheder, Kanzel
Pulver
1. Staub, Puder, Mehl; *österr.:* Stupp
2. Schießpulver, Schwarzpulver, Munition
3. → Geld
pulverisieren mahlen, zerkleinern, zermahlen, zerklopfen, schroten, zerschroten, zerstoßen, zerreiben, zerstückeln, zerkrümeln, zerbröseln
Pummel → Fettwanst
pummelig → dick
pumpen
1. auspumpen, leerpumpen, hochpumpen, heraufpumpen, befördern, ableiten
2. leihen, verleihen, ausleihen, borgen, verborgen, ausborgen, aushelfen, vorlegen, vorstrecken
Punkt
1. runder Fleck(en), Tupfen, Sprenkel, Tüpfel, Tüpfchen
2. Bewertungseinheit, Bewertungspunkt, Pluspunkt
3. Stelle, Ort, Standort, Platz, Ort; *ugs.:* Winkel, Ecke
4. Abschnitt, Absatz, Artikel, Passus, Passage, Paragraph, Teil
5. Sache, Fall, Frage, Angelegenheit, (zu behandelnder) Gegenstand, Thema, Thematik, Problem, Problematik
6. → pünktlich
7. **einen Punkt machen** beenden, aufhören, Schluss/ein Ende machen, einen Schlussstrich ziehen
8. **kritischer Punkt** Schwierigkeit, Problem, schwierige Frage, strittiger Punkt, Streitfrage, Streitgegenstand

9. springender Punkt Hauptsache, Kernpunkt, Krönung, Pointe, Essenz; *ugs.:* Knackpunkt, Clou
10. toter Punkt Stillstand, Stagnation, Stockung, Lähmung, Sackgasse, Deadlock
11. wunder Punkt Mangel, Fehler, Schwäche, unangenehme Angelegenheit
12. zu diesem Punkt diesbezüglich, was das angeht, mit Bezug darauf ⓘ

punktgleich remis, patt, unentschieden

pünktlich auf die Minute/Sekunde, zum festgesetzten Zeitpunkt, zur richtigen/rechten/vereinbarten Zeit, ohne Verspätung, fristgerecht, fristgemäß, fahrplanmäßig, zeitig, rechtzeitig, beizeiten, mit dem Glockenschlag, nicht zu früh und nicht zu spät, zurecht, wie vereinbart; *ugs.:* pünktlich wie ein Maurer; *österr., schweiz.:* zeitgerecht

pünktlich um präzise, exakt, genau, akkurat, minuziös, zur angegebenen Zeit, Punkt (beim Glockenschlag); *landsch.:* Glock; *ugs.:* Schlag, haargenau

punkto → hinsichtlich

Punktrichter → Schiedsrichter

punktuell Punkt für Punkt, punktweise, im Einzelnen, einzeln, gesondert

punktweise → punktuell

Puppenspiel Puppentheater, Marionettentheater, Kasperletheater

pur rein, unvermischt, unversetzt, unverfälscht, naturrein, echt, klar, ohne fremde Bestandteile, natürlich; *ugs.:* waschecht, nicht gepanscht, in Reinkultur

Punkt: Der Kern der Sache

Der springende Punkt ist das wesentliche Merkmal einer Sache. Als solches haben die Humanisten den »punctum saliens« bezeichnet. Der Ausdruck geht zurück auf den griechischen Philosophen und Naturforscher Aristoteles, der über die Entstehung des Lebens im Ei schreibt, ein Blutfleck im Eiweiß sei die Keimzelle des werdenden Vogels. Und dieser Punkt springe schon wie ein Lebewesen hin und her. Analog zum *springenden Punkt* sind eine Reihe von Redensarten entstanden, die mit dem jeweils näher bestimmten *Punkt* verschiedene Sachverhalte charakterisieren.
Eine Argumentation enthält manchmal einen *schwachen Punkt,* an dem sie nicht stimmig und damit angreifbar ist. Das ist dann meist auch ein *empfindlicher/wunder Punkt.* Dieser Ausdruck wird auch als Synonym für eine unangenehme Angelegenheit gebraucht. *Einen/den wunden Punkt treffen* heißt, diese anzusprechen. Ein *strittiger Punkt* ist ein Sachverhalt, über den die Beteiligten uneins sind. Den Zeitpunkt, an dem man glaubt, nicht mehr weiterzukönnen, nennt man *toter Punkt.* Wem es gelingt, darüber hinwegzukommen, kann *den toten Punkt überwinden.* In der Luftfahrt schließlich bezeichnet *Punktlandung* die präzise Landung eines Luftfahrzeugs innerhalb eines vorgegebenen Bereichs.
Darüber hinaus wird dieser Ausdruck bildlich gebraucht, um allgemein etwa die exakte Erfüllung einer Aufgabe zu bezeichnen. Der *Punkt* als Satzzeichen ist gemeint, wenn man von einer Person scherzhaft sagt, sie könne *ohne Punkt und Komma reden.* Das heißt, sie redet pausenlos oder eintönig daher, der Rede fehlt also sowohl Gliederung als auch Ende. Die umgangssprachliche Redewendung *(Jetzt) mach' (aber) mal einen Punkt* kann in diesem Sinn eine Aufforderung zum Schweigen oder Aufhören sein.

Püree Brei, Kartoffelbrei, Mus; *landsch.:* Platsch, Kasch; *ugs.:* Pamp(s), Pampf, Klitsch; *österr.:* Koch; *schweiz.:* Stock

puritanisch
1. sittenstreng, sittlich, nach strengen Prinzipien, mit Strenge; *abwertend:* moralinsauer
2. → einfach

Purzelbaum *ugs. für:* Rolle (vorwärts), Überschlag; *landsch.:* Purzelbock, Purzelbank

purzeln fallen, hinfallen, zu Fall kommen, stürzen, ausgleiten, den Halt verlieren; *ugs.:* hinfliegen, hinknallen, hinplumpsen, hinsausen

pusseln → herumbasteln

Puste
1. → Atem
2. außer Puste → atemlos

Pustel → Pickel

pusten
1. → blasen
2. → keuchen

Pute Truthuhn, Truthenne

Puter Truthahn

Putsch Staatsstreich, Umsturz, Verschwörung, Aufruhr, Aufstand, Meuterei, Konterrevolution, Erhebung

P

Putschist Verschwörer, Aufständischer, Aufrührer, Umstürzler, Rädelsführer, Verräter, Hochverräter, Rebell, Meuterer, Revolutionär, Partisan; *abwertend:* Revoluzzer

putzen → saubermachen

putzen, sich → herausputzen, sich

Putzfrau Reinigungskraft, Raumpflegerin, Aufwartefrau, Rein(e)machefrau, Hilfe, Haushaltshilfe; *landsch.:* Zugehfrau, Zugeherin; *österr.:* Bedienerin, Bedienung; *abwertend:* Putzdrachen, Putzteufel, Putze ⓘ

Putzfrau: Bezeichnungen für die Reinigungskraft

Der im alltäglichen Sprachgebrauch noch immer gängige Begriff *Putzfrau* für Frauen, die beruflich Wohn- und Geschäftsräume reinigen, wird heute vielfach als herabsetzende Bezeichnung empfunden.
Der aufwertende Begriff *Reinigungskraft* wird oft als bloßes Synonym für *Putzfrau* verstanden, obwohl es sich dabei um eine geschlechtsneutrale Bezeichnung handelt. Im Zuge dieser Aufwertungstendenz kann eine Frau, die als *Reinigungskraft* arbeitet, auch als *Raumpflegerin* bezeichnet werden. Titulierungen wie *Putzdrachen, Putzteufel* oder *Putze* sind hingegen abwertende Ausdrücke.

putzig
1. komisch, erheiternd, drollig, spaßig, köstlich, possenhaft, ulkig, närrisch, witzig, skurril, kauzig, originell, amüsant, zum Lachen
2. reizend, bezaubernd, reizvoll, entzückend, zauberhaft, lieblich, allerliebst, niedlich, liebenswürdig, liebenswert, süß, goldig, herzig, warm, nett, voller Liebreiz, charmant

Putzlappen Aufnehmer, Wischlappen, Aufwischlappen, Scheuerlappen, Putzlumpen, Putztuch, Scheuertuch; *landsch.:* Feudel; *österr.:* Putzfetzen, Aufreibfetzen

Putzmittel Reinigungsmittel, Haushaltsreiniger, Fleckenmittel, Fleckentferner; *ugs.:* Putzzeug

Putzsucht
1. Putzwahn, Putzdrang, Putzmanie, Putzfimmel
2. Gefallsucht, Eitelkeit, Selbstherrlichkeit, Koketterie, Dünkel

putzsüchtig
1. putzversessen, putzverrückt
2. eitel, gefallsüchtig, kokett, geckenhaft, stutzerhaft, selbstgefällig, dandyhaft

Pyjama Schlafanzug, Nachtgewand, Nachtanzug

Quacksalber → Kurpfuscher
quäken → jammern
Qual
1. Schmerz(en), Leid(en), Pein, Höllenqual, Höllenpein, Beschwerden, Seelenschmerz, Jammer, Not, Misere, Trauer, Trübsal, Crux, Elend
2. Marter, Tortur, Martyrium, Leidensweg, Strapaze, Folter, Plage, Hölle, Mühsal, Beschwernis; *ugs.:* Schinderei, Quälerei, Plackerei
quälen
1. Schmerz zufügen, grausam sein, Qual/Schmerz/Pein bereiten, martern, peinigen, wehtun, terrorisieren, schlecht behandeln, böse/übel mitspielen, traktieren, malträtieren, massakrieren, schinden, misshandeln, schikanieren, drangsalieren, plagen, das Leben zur Hölle/Qual machen, foltern, tyrannisieren, keine Ruhe geben, nicht in Ruhe lassen; *landsch.:* kuranzen; *ugs.:* bearbeiten, fertigmachen, zwiebeln, schurigeln, kujonieren, triezen, treten, piesacken, herumhacken auf, jmdm. das Leben sauermachen/schwermachen/die Hölle heißmachen, einhacken auf, erledigen; *österr.:* sekkieren
2. bedrücken, lasten, belasten, beschweren, beklemmen, bekümmern, beengen, beunruhigen, in Unruhe versetzen, plagen, schmerzen, drücken, peinigen, betrüben
quälen, sich
1. → anstrengen, sich
2. → leiden
quälend → qualvoll
Quälerei Misshandlung, Körperverletzung, Peinigung, Schinderei, Folter, Qual
Quälgeist → Störenfried
Qualifikation
1. Eignung, Fähigkeit, Befähigung, Gabe, Begabung, Talent, Vermögen, Können, Voraussetzung, Anlage; *ugs.:* das Zeug dazu
2. Berechtigung, Teilnahmeberechtigung (Sport), Qualifizierung
qualifizieren befähigen, fähig/geeignet machen, ausbilden, schulen
qualifizieren, sich sich als geeignet/fähig/talentiert/begabt erweisen, eine (geforderte) Leistung vorweisen, eine (notwendige) Leistung erbringen, sich bilden, sich fortbilden, sich weiterbilden, sich mehr Bildung aneignen, sich bewähren, Erfahrung gewinnen
qualifiziert
1. → gebildet
2. → fachmännisch
Qualität
1. Beschaffenheit, Eigenschaft, Güte, Güteklasse, Brauchbarkeit, Zustand, Wert, Wertbeständigkeit, Niveau
2. **von bester Qualität** auserlesen, auserwählt, ausersehen, auserkoren, ausgesucht, ausgewählt, berufen
Qualitäten gute Eigenschaften/Wesenzüge, Anlagen, Tugenden, Vorzüge, Stärken, Fähigkeiten, Talente, Begabung, Befähigung
quallig → schleimig
Qualm Rauch, Schwaden, Rauchschwaden, Dampf, Dunst, Trübung, Rauchfahne, Rauchwolken; *landsch.:* Schmauch, Schmok; *ugs.:* Hecht, blauer Dunst
qualmen → rauchen
qualmig → rauchig
qualvoll
1. quälend, quälerisch, marternd, martervoll, peinigend, bohrend, nagend, zehrend, schmerzvoll, schmerzhaft, schmerzlich
2. bitter, bitterlich, leidvoll, dornenvoll, dornenreich, dornig, schlimm, beklagenswert, bejammernswert, voller Leid, voller Qualen, grausam, herzzerreißend, schwer
Quäntchen kleine Menge, ein wenig/bisschen, Hauch, Deut, Kleinigkeit, Prise, Spur, Winzigkeit, Idee, Nuance, nicht viel/nennenswert
Quantität Zahl, Anzahl, Menge, Masse, Quantum, Vielzahl, Vielheit, Mehrzahl, Fülle; *ugs.:* Haufen, Schwung, Berg, Ladung, Batzen
Quark
1. Weißkäse; *landsch.:* weißer Käse, Topfen
2. → Unsinn
Quartal Vierteljahr, drei Monate, Trimester
Quartier
1. → Unterkunft
2. → Wohnung
3. Ortsteil, Stadtteil, Stadtbezirk, Viertel, Stadtviertel
quasi gewissermaßen, sozusagen, soviel wie, gleichsam, mehr oder minder/weniger, so gut wie, an und für sich
Quasselkopf → Schwätzer
quasseln → schwatzen

Quasselstrippe → Schwätzer
Quaste Troddel, Bommel, Klunker, Puschel; *ugs.:* Bummel; *landsch.:* Püschel
Quatsch Unsinn, Unfug, Nonsens, Aberwitz, Wahnwitz, Unding, Irrsinn, Widersinn, Torheit, Schwachsinn
quatschen
1. labern, plaudern, klönen, austauschen
2. dummes Zeug reden
3. ausplaudern, verraten
4. nach Nässe klingen, klatschen
Quatschkopf → Schwätzer
quecksilbrig lebhaft, lebendig, springlebendig, temperamentvoll, munter, beweglich, anregend, agil, quirlig, flink
Quelle
1. Quell, Brunnen; *poet.:* Born, Bronn(en), Brunn
2. → Ursprung
3. Bezugsquelle, Kaufgelegenheit, Einkaufsmöglichkeit; *ugs.:* Fundgrube
4. Informationsquelle, Informant
5. Original, Urfassung, Urschrift, Grundtext, Vorlage, Sekundärliteratur (i)

Brunnen, Urkunden und andere Quellen

Die *Quelle* ist der *Ursprung* eines Gewässers. Das Wort hat durch die Luther-Bibel die ältere Bezeichnung *Born* aus dem allgemeinen Sprachgebrauch verdrängt. *Born* wird fast nur noch dichterisch gebraucht. Auch *Bronn* und *Bronnen* sind poetische Ausdrücke. *Brunnen* als Synonym für *Quelle* bezeichnet das Wasser einer natürlichen *Quelle.* Darüber hinaus wird *Quelle* als Metapher für Ursprung und Beschaffung benutzt. Dabei kann *Quelle* gleichermaßen die Person, die Stelle oder das Medium bezeichnen, woher man eine Information oder eine Ware bekommen hat.
Der Plural *Quellen* wird als Synonym für *Urkunden* und *schriftliche Zeugnisse/Werke* verwendet, die der historischen oder literarischen Forschung dienen. In diesem Zusammenhang werden auch die einzelnen Tätigkeiten entsprechend bezeichnet: *Quellenforschung, Quellenstudium, Quellenkritik, Quellennachweis/Quellenangabe.* Eine günstige Einkaufsmöglichkeit nennt man auch *Bezugsquelle.* Nachrichten erhält man aus einer *Informationsquelle.* Wenn der *Informant* allerdings unzuverlässig ist, spricht man auch von einer *trüben Quelle.* Unterscheiden kann man je nach Bedeutung der Nachrichten auch zwischen einer *sicheren/unsicheren/heißen/kalten/warmen Quelle.* Brandaktuelles kommt *frisch/direkt von der Quelle.*
An der Quelle sitzen bedeutet, Informationen aus erster Hand zu bekommen oder Waren direkt zu beziehen, mithin »gute Verbindungen haben«. *Neue Quellen erschließen* heißt »neue Bezugsmöglichkeiten schaffen«.

quellen
1. aufquellen, aufgehen, auftreiben, schwellen, anschwellen, aufschwellen, dick/größer werden, sich verdicken, sich vergrößern, an Ausdehnung/Größe gewinnen, sich ausdehnen, sich vollsaugen
2. herausquellen, strömen, herausströmen, fließen, herausfließen, sich ergießen, herausdringen, herauskommen, heraustreten, sich verbreiten
Quellenangabe → Literaturnachweis
quengeln
1. → nörgeln
2. → bitten
3. → jammern
quer
1. der Quere/Breite nach, schräg, schief, überquer, übereck; *landsch.:* zwerch, überzwerch
2. **kreuz und quer** planlos, ziellos, richtungslos, ohne (festes) Ziel, aufs Geratewohl, unsystematisch, unmethodisch, hin und her, desorientiert
quer durch feldein, querfeldein, mittendurch; *ugs.:* querbeet
Querelen Gezänk, Meinungsverschiedenheiten, Differenzen, Unstimmigkeiten; *ugs.:* Hickhack
quergehen *ugs. für:*
1. misslingen, missraten, missglücken, ohne Erfolg bleiben, fehlschlagen, scheitern, schlecht ausgehen/ablaufen/ausfallen, Misserfolg haben, das Ziel verfehlen, nicht zustande bringen; *ugs.:* baden gehen, danebengehen, in die Hose gehen, schiefgehen, schieflaufen
2. Missfallen erregen, ein Dorn im Auge sein, nicht zusagen/behagen, stören, verdrießen, anwidern, widerstreben; *ugs.:* gegen den Strich gehen, nicht (in den Kram) passen, nicht schmecken
Querkopf → Trotzkopf
querköpfig → widerspenstig
querlegen, sich → aufbegehren
querlesen flüchtig/diagonal lesen, überfliegen, durch-

Q

blättern, durchfliegen; *geh.:* kursorisch lesen; *ugs.:* drüberlesen

querschießen *ugs. für:* ins Gehege/in die Quere kommen, stören, sabotieren, entgegenwirken, entgegenarbeiten, Sand ins Getriebe streuen, hemmen, hindern, behindern, sich entgegenstellen, hinderlich sein, beeinträchtigen; *ugs.:* in die Parade fahren, verquerkommen, durchkreuzen, dazwischenfunken

Querschnitt → Überblick

quertreiben vereiteln, hintertreiben, zunichtemachen, durchkreuzen, torpedieren, zu Fall bringen, untergraben

Querulant Nörgler, Zankteufel, Widerspruchsgeist, Mäkler, Kritikaster, Beckmesser; *ugs.:* Krittler, Meckerer, Meckerfritze, Nörgelfritze, Quengler, Streithammel, Kampfhahn, Streithahn, Stänkerer; *landsch.:* Raunzer, Streithansl, Krakeeler

Quertreiber Intrigant, Ränkeschmieder, Denunziant, Drahtzieher, Hetzer; *ugs.:* Strippenzieher; *veraltend:* Kolporteur

quetschen
1. zerdrücken, zermalmen, zermatschen, zerquetschen, pressen, kneten, walzen, zu Brei/Mus machen
2. drängen, zusammendrängen, drücken, zusammendrücken, pressen, zusammenpressen, pferchen, zusammenpferchen, schieben, zusammenschieben, ziehen, zusammenziehen, schnüren, einschnüren, zwängen, einzwängen, beengen, drängeln; *ugs.:* plattdrücken, stopfen
3. klemmen, einklemmen, prellen, einkeilen

quick
1. munter, lebhaft, lebendig, springlebendig, agil, quicklebendig, temperamentvoll, beweglich, anregend, quirlig, behände, vital
2. flink, schnell, hurtig, geschwind, blitzartig, gewandt, wendig

quicklebendig munter, lebhaft, lebendig, springlebendig, temperamentvoll, beweglich, anregend, agil, quirlig, quick, behände, vital

quietschen
1. quieken, piepen, ziepen, zirpen, schilpen, zwitschern, pfeifen, piepsen, flöten
2. → lachen

quietschfidel
1. gutgelaunt, positiv eingestellt, optimistisch
2. → lustig

quietschvergnügt → lustig

Quintessenz
1. Wesen, Sinn, Inhalt, Hauptsache, Essenz, Grundgedanke
2. Ergebnis, Resultat, Fazit, Schlussfolgerung, Resümee, Summe, Endsumme, Bilanz, Befund, Wirkung, Auswirkung

quinkelieren
1. trällern, trillern, (vor sich hin) singen
2. Ausreden/Ausflüchte machen/erfinden

quirlen
1. rühren, umrühren, verrühren, durchrühren, zusammenrühren, verquirlen; *österr.:* sprudeln, versprudeln, abtreiben
2. wirbeln, strudeln, kreiseln, sich wirbelnd bewegen/drehen, rotieren; *landsch.:* schwirren

quirlig
1. → lebhaft
2. → nervös

quittieren
1. bescheinigen, beglaubigen, schriftlich geben, testieren, attestieren, bestätigen, abzeichnen, Unterschrift geben, anerkennen, Quittung erteilen, gegenzeichnen
2. den Dienst quittieren kündigen, aufkündigen, aufsagen, zurücktreten von, abtreten, sein Arbeitsverhältnis lösen, den Abschied nehmen, weggehen, den Rücken kehren

Quittung
1. Beleg, Bestätigung, Empfangsbestätigung, Bescheinigung, Empfangsbescheinigung, Empfangsschein, Einzahlungsschein; *ugs.:* etwas Schriftliches
2. → Folge

Quiz Denkaufgabe, Denkspiel, Denksportaufgabe, Preisfrage, Preisaufgabe, Preisausschreiben, Rätselspiel, Frage-und-Antwort-Spiel, Ratespiel

Quote Teil, Anteil, Kontingent, Zahl, Anzahl, Rate, Menge

Q

R

Rabatt Nachlass, Preisnachlass, Skonto, Zahlungsabzug, Ermäßigung, Vergünstigung, Preisminderung, Preissenkung
Rabatz
1. Radau, Krach; *ugs.:* Ramba-Zamba
2. → Lärm
Rabauke → Raufbold
rabiat
1. → brutal
2. → wütend
Rache
1. Revanche, Aufrechnung, Ausgleichung, Begleichung, Repressalie, Vendetta
2. Vergeltung, Vergeltungsmaßnahme, Sanktionen, Gegenstoß, Gegenmaßnahme, Gegenschlag, Gegenangriff, Heimzahlung
Rachen Rachenhöhle, Schlund; *ugs.:* Hals, Kehle, Gurgel; *Med.:* Pharynx
rächen heimzahlen, ahnden, Rache nehmen/üben, Vergeltung üben, sich Genugtuung verschaffen, sich revanchieren, vergelten, Gleiches mit Gleichem vergelten, fühlen lassen, mit gleicher Münze zahlen, abrechnen, die Folgen tragen lassen, zur Rechenschaft ziehen, zu fühlen geben, zurückgeben, auf Rache sinnen, seine Rachgier stillen; *poet.:* gelten; *landsch.:* heimgeben; *ugs.:* es jmdm. besorgen, den Spieß umdrehen, einen Denkzettel verpassen, die Quittung erteilen, beim Kanthaken nehmen, ein Hühnchen rupfen
rächen, sich (unangenehme) Folgen nach sich ziehen, Konsequenzen haben, sich als falsch herausstellen, zurückfallen auf, sich kehren gegen, ein Nachspiel haben; *ugs.:* jmdm. auf die Füße fallen
Rachenputzer *ugs. für:* Schnaps
Rackerei Mühe, Mühsal, Beschwerlichkeit, Beschwerde, Beschwernis, Beanspruchung, Belastung
rackern sich anstrengen, sich große Mühe geben, alle Kraft aufbieten/einsetzen/aufwenden, sein Möglichstes tun, sich mühen, sich viel abverlangen, nichts unversucht lassen, alle Hebel in Bewegung setzen, alle Kräfte mobilisieren, sich plagen, sich quälen, sich bemühen, sich abmühen, sich fordern, sich befleißigen, Anstrengungen machen, sein Bestes tun
Radau → Lärm
Radaubruder → Störenfried
radebrechen nur ein paar Worte/Brocken sprechen/können, kauderwelschen, verballhornen, eine Sprache schlecht/kaum/ungenügend beherrschen, sich fehlerhaft ausdrücken
radeln → Rad fahren
Rädelsführer Führer, Anführer, Anstifter, Hauptperson, Hauptmann, Häuptling, Bandenführer, Bandenchef, Gangleader, Kopf, Initiator, Drahtzieher; *ugs.:* Räuberhauptmann, Boss, Chef
Räderwerk Getriebe, Maschine, Maschinerie, Mechanismus, Apparatur
Rad fahren
1. mit dem Fahrrad fahren; *ugs.:* radeln, strampeln; *schweiz.:* pedalen, Velo fahren
2. → kriechen
Radfahrer
1. Biker, Radler
2. Speichellecker, Liebediener, Schmeichler, Pharisäer, Heuchler, Lakai, Kriecher, Duckmäuser
radieren ausradieren, wegradieren, abradieren, mit einem Radiergummi entfernen, durch Radieren beseitigen/tilgen
Radiergummi Radierer, Gummi; *ugs.:* Ratzefummel
radikal
1. bis zum Äußersten gehend, extrem, extremistisch, übersteigert, maßlos, scharf, kompromisslos
2. anarchistisch, umstürzlerisch, aufrührerisch, zerstörerisch, subversiv, gewalttätig
3. → brutal
4. grundlegend, elementar, fundamental, grundsätzlich, prinzipiell, von Grund auf, entscheidend, bestimmend, wesentlich, durchgreifend, einschneidend
radikalisieren
1. aufstacheln, aufhetzen, aufwiegeln, aufputschen, aufrühren, fanatisieren
2. die Fronten verschärfen, einem Höhepunkt zutreiben, bis zum Äußersten treiben, zuspitzen, verschärfen, eskalieren, extreme Verhältnisse schaffen
Radio
1. Funk, Rundfunk, Hörfunk, Sender, Radiosender, Rundfunksender, Rundfunkanstalt; *schweiz.:* Rundspruch
2. Empfänger, Rundfunkempfänger, Radioempfänger, Rundfunkgerät, Emp-

fangsgerät, Apparat, Radioapparat, Transistor; *ugs.:* Kasten, Kiste; *schweiz.:* Rundspruchgerät

Radius
1. Halbmesser, halber Durchmesser
2. Reichweite, Aktionsradius, Spielraum, Horizont

raffen
1. habgierig/raffgierig sein, etwas gierig/schnell an sich reißen/an sich nehmen/an sich ziehen, sich bereichern, Besitz/Reichtümer anhäufen, sich bemächtigen, horten, zusammentragen, zusammenraffen, zusammenscharren, sich aneignen, packen; *ugs.:* sich unter den Nagel reißen, den Hals nicht vollkriegen, vom Stamme Nimm sein, einkassieren, einsacken, einheimsen, ergattern
2. in Falten legen, hochnehmen, aufnehmen, schürzen, aufschürzen

Raffinesse
1. Raffinement, Feinheit, (höchste) Verfeinerung, Finesse, erlesener Geschmack, erlesene Beschaffenheit, Erlesenheit, Auserlesenheit, Ausgesuchtheit, Ausgewähltheit
2. Gerissenheit, Gewitztheit, Gewieftheit, Schlauheit, Pfiffigkeit, Findigkeit, Schläue
3. → Trick

Raffinessen Extras, Zubehör, Besonderheiten, luxuriöse/besondere Ausstattung; *ugs.:* Drum und Dran

raffiniert → schlau

Rage
1. Wut, Zorn, Grimm, Entrüstung, Empörung, Erregung, Raserei, Aufgebrachtheit, Erbitterung, Ärger
2. in Rage bringen aufregen, in Erregung/Aufregung versetzen, aufbringen, ärgern, verärgern, erregen, reizen, aufreizen, enervieren, nervös machen, aus der Ruhe/Fassung/dem Gleichgewicht bringen, beunruhigen, empören, aufrühren, aufwühlen, erhitzen, erzürnen, zornig/wütend machen, erbosen, ergrimmen, verstimmen, verdrießen, herausfordern, provozieren, Ärger/Verdruss bereiten, in Zorn/Wut versetzen

ragen hochragen, aufragen, überragen, hinausragen, emporragen, sich erheben, aufsteigen, sich auftürmen, sich aufbauen, hoch sein, überstehen, hervortreten, sich hervorheben; *geh.:* aufstreben, sich gen Himmel strecken

Rahm Sahne; *landsch.:* Flott, Schmant, Schmetten; *österr.:* Obers; *schweiz.:* Nidel, Creme

Rahm abschöpfen → absahnen

rahmen einrahmen, einfassen, umrahmen, umranden, umgeben, fassen

Rahmen
1. Fassung, Einfassung, Rand, Einrahmung, Einfassleiste, Umgrenzung, Umrandung, Umrahmung, Begrenzung
2. Umgebung, Schauplatz, Milieu, Lebenskreis, Sphäre, Atmosphäre, Bereich, Umkreis, Umwelt, Grenzen
3. Fahrgestell, Chassis
4. aus dem Rahmen fallen abweichen, verschieden sein, sich unterscheiden, kontrastieren, variieren, differieren, divergieren, sich abheben von, abstechen gegen, in Gegensatz/Kontrast/ Opposition stehen zu

Rahmenbedingung (allgemeine) Voraussetzung, (grundlegende) Bedingung, Grundlage, Ausgangspunkt, Basis, Fundament

Rain Ackergrenze, Feldrain; *schweiz.:* Bord

räkeln, sich sich flegeln, sich aalen, sich strecken, sich recken; *ugs.:* sich lümmeln, sich hinlümmeln, sich fläzen, alle viere von sich strecken

Rallye Rennen, Autorennen, Sternfahrt, Automobilwettbewerb

Rambo → Raufbold

Rammelei
1. Gedränge, Getriebe, Gewühl, Gewimmel, Gemenge, Gewoge, Getümmel, Auflauf, Enge, Tumult
2. *derb für:* Geschlechtsverkehr

rammeln
1. stoßen, anstoßen, rempeln, puffen, einen Hieb versetzen, einen Schlag geben
2. *derb für:* koitieren

rammelvoll überfüllt, überbesetzt, übervoll, zum Platzen/Überlaufen/Bersten voll, brechend voll, dichtbesetzt, rappelvoll

rammen → zusammenstoßen

Rampe
1. Verladerampe, Laderampe, Verladebühne, Ladebühne
2. Auffahrt, Zufahrt, Aufgang, Zugang
3. Bühnenrand

R

Rampenlicht
1. Scheinwerfer, Scheinwerferlicht, Lichtstrahl, Lichtkegel, Licht, Spot, Spotlicht
2. im Rampenlicht stehen die Aufmerksamkeit/das Interesse auf sich ziehen, in der Öffentlichkeit/im Mittelpunkt/Vordergrund stehen, sich (der Kritik) aussetzen, sich exponieren, hervortreten, herausragen, bekannt sein, gesehen werden; *ugs.:* auf der Lichtung stehen
ramponieren → beschädigen
Ramsch Tand, Tandwerk, Firlefanz, Flitter, Kitsch, Schund, Plunder, (wertloser) Kram, Zeug, Schleuderware, Ramschware, Schundware, Ausschuss, Trödel, Bettel, Gerümpel, Abfall, Unrat, Müll, schlechte/minderwertige Ware, Altwaren, Ladenhüter; *ugs.:* Schrott, Mist, Dreck, Dreckszeug, Krempel, Klimbim, Krimskrams, Schnickschnack, Siebensachen, Tinnef, Trash, Gesums, Klumpatsch, Zimt, Zinnober; *landsch.:* Geraffel, Gelump, Gelerch, Klumpert, Kruscht; *österr.:* Kramuri, Graffelwerk; *derb:* Scheiße, Scheißdreck, Scheißkram
Rancher → Farmer
Rand
1. Begrenzung, Umgrenzung, Saum, Grenzstreifen, Bord, Abschluss, Kante, Einfassung, Ecke, Umrahmung, Einrahmung, Ufer; *geh.:* Peripherie
2. → Mund
3. am Rande beiläufig, nebenbei, nebenher, leichthin, wie zufällig, übrigens; *geh.:* en passant
4. außer Rand und Band → ausgelassen
randalieren lärmen, Lärm/Spektakel machen, laut sein, brüllen, grölen, poltern, toben, johlen, gewalttätig sein; *ugs.:* Radau/Krach/Rabatz/Krawall machen, krawallen, spektakeln, krakeelen
Randalierer → Rowdy
Randbemerkung Anmerkung, Vermerk, Randvermerk, Zusatz, Glosse, Fußnote, Fußbemerkung, Notiz, Kommentar, Randnote, Erläuterung, Ergänzung, Nachtrag; *geh.:* Marginalie
Ranft
1. → Kanten
2. Brotrinde, Brotkruste; *landsch.:* Kürste, Knust, Knäppchen
Rang
1. berufliche/gesellschaftliche Stellung, Stufe, Rangstufe, Grad, Stand, Amt, Niveau, Klasse, Schicht, Qualität
2. (große) Bedeutung, Besonderheit, (hohes) Ansehen, Reputation, Prestige, Ruf, Einfluss, Autorität, Geltung, Bedeutsamkeit, Wichtigkeit, Gewicht, Relevanz, Belang, Wert, Größe, Tragweite, Format; *geh.:* Renommee
3. Platzierung, Platz, Stelle, Rangfolge, Position
4. Rangstufe, Level, Klasse, Kategorie
5. Galerie, Balkon, Empore, Tribüne; *ugs.:* Olymp, Heuboden
Range *ugs. für:* vorlautes/ungezogenes Kind, Wildfang, Krabbe, Frechdachs, Göre, Bengel, Lausebengel, Lauser, Schlingel, Lümmel; *ugs.:* Fratz, Strick, Racker, Rübe, Balg, Satansbraten, Blag, Rotznase, Rotzlöffel, freches Stück
rangeln *ugs. für:* raufen, sich balgen, miteinander kämpfen, ringen, handgreiflich/handgemein werden
Rangfolge
1. → Rangordnung
2. → Reihenfolge
rangieren einen (bestimmten) Rang einnehmen/innehaben, einen Platz/eine Stelle/Position einnehmen/innehaben, sich einordnen, platziert sein
Rangordnung Rangfolge, Anordnung, Gliederung, Hierarchie, Stufenleiter, Stufenfolge, Stufenordnung, Ranking, Klassifikation, Klassifizierung
Rangstufe → Rang
rank → dünn
Ränke → Intrige
ranken aufranken, emporranken, klettern, sich winden, sich schlingen, sich schlängeln, sich ringeln
Ränkespiel → Intrige
Ranking Rangliste, Rangfolge, Rangordnung, Wertung, Bewertung, Eingruppierung, Vergleich, Begutachtung, Einschätzung; *geh.:* Evaluation
ranzen *Jägerspr.:* sich begatten
Ranzen
1. Schultasche, Schulranzen, Schulmappe; *landsch.:* Tornister; *schweiz.:* Schulsack
2. Bündel, Pack(en), Päckchen, Ränzel, Rucksack; *veraltet:* Felleisen
3. → Bauch
ranzig verdorben, schlecht (geworden), angegangen, ungenießbar, alt, nicht frisch/mehr gut; *ugs.:* gammelig, vergammelt,

hinüber, einen Stich habend
rapid(e) → schnell
Rappel → Wutausbruch
rappelvoll → überfüllt
Rapport Bericht, Berichterstattung, dienstliche Meldung, Schilderung, Bescheid, Mitteilung, Benachrichtigung, Unterrichtung, Nachricht
rar → selten
rasant
1. → schnell
2. schnittig, rassig, sportlich, schneidig, flott, schwungvoll, schmissig, wendig, beweglich, zackig; *landsch.:* resch
Rasanz → Geschwindigkeit
rasch → schnell
rascheln rauschen, säuseln, knistern
rasen
1. fahren, mit hoher Geschwindigkeit fahren; *ugs.:* brausen, dampfen, fetzen, einen guten/flotten/ganz schönen Zahn draufhaben
2. → laufen
3. toben, schäumen, schnauben, wüten, wütend sein, heftig werden, sich aufregen, außer sich sein, aus der Fassung sein, wild werden, explodieren, nicht mehr Herr seiner Sinne sein, sich wie wild gebärden, wettern, zetern, berserkern; *ugs.:* rotieren, kochen, überkochen, vor Ärger platzen, den wilden Mann spielen, ausrasten, ausflippen, auf die Palme/Akazie gehen, hochgehen
Rasen
1. Rasenfläche, Grünfläche, Grasfläche, Rasenplatz, Grasstück, Grasplatz, Grünstreifen, Wiese, Wiesenfläche, Rasendecke, Grasdecke, Wiesenstück
2. Spielfeld, Spielfläche, Spielplatz, Sportfeld, Sportplatz, Feld, Platz
rasend → heftig
Raserei → Wut
rasieren Barthaare/Bartwuchs entfernen, von Haaren befreien, scheren, den Bart scheren/schaben, barbieren
Räson
1. *veraltet:* Vernunft, Einsicht
2. **zur Räson bringen** zur Vernunft bringen, zurechtweisen, zur Ordnung rufen, zur Besinnung bringen, maßregeln, eine Lehre/Lektion erteilen; *ugs.:* zurechtstauchen
3. **zur Räson kommen** etwas einsehen, zur besseren Einsicht gelangen, Vernunft/Räson annehmen, vernünftig werden, zur Vernunft kommen; *ugs.:* keine Geschichten/Faxen mehr machen
raspeln
1. zerkleinern, zerhacken, zerstückeln, zerhauen, zerschlagen, zerstoßen, zersplittern, zerspalten, zerlegen, zerbröckeln, raffeln
2. **Süßholz raspeln** schmeicheln, lobhudeln, umschmeicheln, hofieren, Komplimente machen, umwerben
Rasse Unterart, Gattung, Spezies, Ordnung; *ugs.:* Schlag, Sorte ⓘ

Rasse: Die verunglückte Typisierung

Mit der Anwendung des Begriffes *Rasse* auf den Menschen verbindet sich der Versuch, Menschengruppen nach systematischen, an äußeren Merkmalen orientierten Klassifikationsschemata zu ordnen. Die Zugehörigkeit zu einer spezifischen Gruppe z. B. anhand von Körperbau, Schädelform oder Hautfarbe bestimmen zu wollen, stellte sich aber als problematisch heraus. Der Ansatz, alle Menschen einer sogenannten *Rasse* entsprächen einem bestimmten Typus, erwies sich als falsch, denn ein Großteil der Individuen innerhalb einer Bevölkerung wich davon ab. Diese Unterscheidungskriterien wurden daher als nicht trennscharf und willkürlich verworfen.
Die Anwendung des Begriffes *Rasse* auf den Menschen ist aber insbesondere deshalb immer wieder kritisiert worden, weil er in Politik und Gesellschaft eine ideologische Funktion hatte und zur Legitimierung von Herrschaftsansprüchen, Diskriminierung und Völkermord diente.

rasseln
1. klirren, scheppern, klappern
2. **mit dem Säbel rasseln** drohen, bedrohen, Drohungen ausstoßen, einschüchtern, unter Druck setzen; *ugs.:* die Hölle heißmachen, die Pistole auf die Brust setzen, einheizen
Rassentrennung Apartheid
rassig
1. von edler Zucht/Art/Rasse, vollblütig, aus einem guten Stall
2. rasant, schnittig, sportlich, schneidig, flott, schwungvoll, schmissig, wendig, beweglich, zackig
3. → leidenschaftlich
Rast Pause, Unterbrechung, Halt, Ruhepause, Atem-

R

pause, Erholungspause, Verschnaufpause, Unterbrechung

Rast machen → rasten

rasten pausieren, Rast halten/machen, eine Pause/Ruhepause machen/einlegen/einschieben, Halt machen, ruhen, sich ausruhen, verschnaufen, sich setzen, sich niedersetzen, Atem holen/schöpfen, innehalten, aussetzen, unterbrechen, Station machen, still liegen, sich Ruhe gönnen, sich (zur Ruhe) hinlegen, lagern, sich entspannen, verweilen; *landsch.:* ausrasten, verschnaufen; *ugs.:* verpusten

Raster Muster, Schema, Schablone, Vorlage, Modell

rastlos

1. unermüdlich, unablässig, ohne Rast/Ruhe, nimmermüde, emsig, eifrig, hektisch, getrieben, umhergetrieben, geschäftig, betriebsam; *ugs.:* immer auf dem Sprung, ohne Sitzfleisch, Hummeln im Hintern

2. → unruhig

Rastlosigkeit → Unruhe

Raststätte Rasthaus, Rasthof, Motel

Rat

1. Ratschlag, Empfehlung, Hinweis, Vorschlag, Tipp, Beistand, Hilfe, Hilfestellung, Fingerzeig, Wink

2. Ratsversammlung, Körperschaft, Gremium, Ausschuss, Komitee, Kommission, Beirat, Kuratorium, Kollegium ⓘ

Rate

1. Zahl, Anzahl, Menge, Quote, Kontingent, Teil, Anteil

2. Teilzahlung, Teilbetrag, Anzahlung, Abzahlung, Abschlagszahlung, Abschlag, Ratenzahlung

raten

1. einen Rat/erteilen, anraten, beraten, zuraten, nahelegen, empfehlen, anempfehlen, Ratschläge geben/erteilen, zureden, einschärfen, ermahnen, ans Herz legen, vorschlagen, einen Vorschlag machen, jmdm. mit Rat (und Tat) beistehen, bestärken, ermuntern, befürworten

2. erraten, herausfinden, herausbekommen, herausbringen, enträtseln, lösen, auflösen; *ugs.:* dahinterkommen, herauskriegen, knacken

Ratgeber

1. Berater, Mentor, Tutor, Anleiter, Helfer, Beistand, Lehrer

2. Wegweiser, Leitfaden, Lehrbuch, Handbuch, Vademekum, Führer, Guide, Kompendium, Nachschlagewerk

3. → Anweisung

ratifizieren bestätigen, bekräftigen, in Kraft setzen,

Rat: Hausrat, Ratschlag und Beratung

Unter *Rat* verstand man einst alles, was ein Familien- oder Stammesoberhaupt zur Versorgung seiner Angehörigen beziehungsweise der von ihm Abhängigen zu besorgen hatte. Daher kommen Ausdrücke wie *Hausrat, Vorrat, Unrat* oder *Gerät*. Auch das Wort *Heirat* gehört hierher, denn es bedeutete ursprünglich »Hausbesorgung«.

Rat stand früher gleichzeitig auch für *Fürsorge* und *Anweisung,* die das Oberhaupt gab. Von dort sind die heutigen Bedeutungen wie *Vorschlag (etwas zu tun), Ratschlag, Empfehlung* oder *Fingerzeig, Wink* und *Tipp* abgeleitet. Deutlich wird diese Wurzel auch in der Paarformel *jemandem mit Rat und Tat zur Seite stehen* (»mit allem helfen, was möglich ist«) und in der Redewendung *da/nun/jetzt ist guter Rat teuer* (»es ist schwierig, einen *Ratschlag* zu geben«).

Auch das dritte Bedeutungsfeld geht auf diesen Ursprung zurück: Um *Hilfe(stellung) zu geben,* wurde oft eine *Beratung* erforderlich, zu der die Beteiligten sich im Kreis zusammensetzen. Dies wird noch in dem Ausdruck *Beratungsrunde* deutlich.

Rat bezeichnet also auch das *Gremium,* in dem öffentliche Angelegenheiten geregelt werden. Dabei kann es sich um eine *Ratsversammlung* handeln (*Bundesrat, Staatsrat,* oder, je nach Größe einer Kommune, *Stadtrat* oder *Gemeinderat*) oder einen *Beirat,* also eine beratende *Körperschaft* (zum Beispiel den *Elternbeirat* an Schulen). Jede *Organisation* kann einen *Ausschuss,* eine *Kommission* oder ein *Komitee* für bestimmte Einzelthemen bilden. *Kuratorium* nennt man eine Aufsichtsbehörde, die öffentliche Körperschaften oder private Einrichtungen überwacht. Schließlich bezeichnet das Wort *Rat* nicht nur das *Gremium,* sondern auch die ihm angehörenden Personen. Mittels Zusammensetzungen wird dabei das jeweilige Tätigkeitsfeld angegeben, wobei die Bezeichnungen auch als Titel geführt werden, so zum Beispiel *Stadtrat, Kirchenrat, Ministerialrat, Studienrat.*

unterzeichnen, paraphieren, annehmen, anerkennen, genehmigen

Ratio
1. → Vernunft
2. → Verstand

Ration Teil, Anteil, Portion, Stück, Hälfte, Zuteilung, Quantum, Kontingent, Dosis, Maß, Menge

rational
1. vernunftmäßig, vernunftgemäß, der Vernunft entsprechend, mit dem Verstand
2. denkend, vernünftig, überlegt, sachlich, klar besonnen, analytisch ⓘ

rationalisieren
1. dem Verstand/der Vernunft unterordnen, nur den Verstand sprechen lassen, nachträglich begründen
2. → verdrängen
3. vereinfachen, vereinheitlichen, straffen, rationell organisieren, zweckmäßig/ökonomisch einteilen, technisieren, modernisieren, auf Maschinen umstellen, umstrukturieren, umorganisieren

rationell zweckmäßig, zweckgemäß, zweckdienlich, zweckentsprechend, sinnvoll, wirtschaftlich, sparsam, vernünftig, planvoll, durchdacht, ökonomisch ⓘ

rationieren einteilen, einschränken, in Rationen zuteilen/zumessen, abmessen, kontingentieren, dosieren

ratlos
1. hilflos, verwirrt, verzweifelt, hoffnungslos, in Nöten, nicht weiter/keinen Rat wissend, ohne Ausweg, mit seiner Weisheit/seinem Latein am Ende, nicht mehr aus noch ein wissend; *ugs.:* aufgeschmissen, in der Klemme/Patsche/einer Sackgasse, festgefahren
2. → unentschieden

ratsam empfehlenswert, angezeigt, geraten, klug, opportun, zweckmäßig, vernünftig, sinnvoll, richtig, vorteilhaft

ratschen → unterhalten, sich

Ratschlag → Rat

Rätsel
1. Geheimnis, Unerklärliches, Unerforschliches, Mysterium, Dunkel
2. Aufgabe, Rateaufgabe, Denkaufgabe, Denksportaufgabe, Denkspiel, Quiz, Preisaufgabe, Preisfrage, Preisrätsel, Frage, Rätselfrage, Preisausschreiben, Problem; *ugs.:* Nuss, Kopfnuss

rätselhaft unbegreiflich, unbegreifbar, unerklärlich, unerklärbar, unverständlich, unfassbar, unerfindlich, unergründlich, unerforschlich, ein Rätsel/Geheimnis, geheimnisvoll, abgründig, orakelhaft, pythisch, delphisch, sibyllinisch, dunkel, mysteriös, nebulös, undurchsichtig, undurchschaubar, undurchdringlich, unklar, vage, geheimnisumwittert, vieldeutig, mehrdeutig, zweideutig, doppeldeutig, missverständlich; *ugs.:* schleierhaft

rätseln → denken

Ratte *landsch.:* Ratz

rattern holpern, rumpeln, stoßen, lärmen, poltern, dröhnen, krachen; *landsch.:* tuckern

ratzen → schlafen

rau
1. nicht glatt, uneben, spröde, aufgesprungen, rissig, zerrissen, zerklüftet, narbig, schrundig, stoppelig, borstig, schuppig, struppig, holprig, kraus; *landsch.:* rubbelig
2. scharf (Klima), ungesund, unangenehm, kalt, schneidend, beißend, streng, harsch, heftig, stürmisch, frisch
3. raubeinig, unfreundlich, unwirsch, ungehobelt, ungeschliffen, flegelhaft, rüpelhaft, rüpelig, rüde, ruppig, barsch, herrisch,

Rational oder rationell?

Adjektive, die sich nur in ihrer Bildung auf *-al* und *-ell* unterscheiden, haben im Allgemeinen verschiedene Bedeutungen. Nur in wenigen Fällen können sie sinnverwandt gebraucht werden.
Rational und *rationell* sind keine Synonyme, obwohl sie oft als solche angewendet werden. *Rational* bedeutet *auf der Vernunft beruhend, vernunftgemäß, vernünftig*. Wer *überlegt* und *vernünftig* handelt, der handelt demnach *rational*. Der Begriff *rationell* kann nicht in diesem Sinn verwendet werden. Dieses Adjektiv bedeutet *zweckmäßig, wirtschaftlich, sparsam, haushälterisch*.
Korrekt spricht man von *rationeller* Energienutzung oder einer *rationellen* Arbeitsweise, nicht von *rationaler* Energienutzung und einer *rationalen* Arbeitsweise. Auch die Gegensatzbegriffe *irrational* und *irrationell* können nicht als Synonyme benutzt werden.

schroff, brüsk, hart, drastisch, deftig, kernig, grob, grobschlächtig, ohne Gefühl/Takt; *ugs.:* borstig, rauborstig, raubauzig, bärbeißig, schnauzig, handfest, massiv; *scherzh.:* rustikal
4. → heiser

Raub
1. Diebstahl, Entwendung, widerrechtliche Aneignung, Plünderung, Erbeutung, Wegnahme, Raubzug, Einbruch, Einverleibung, Eigentumsdelikt, Eigentumsvergehen; *ugs.:* Dieberei
2. Beute, Raubgut, Diebesgut, Gestohlenes, Fang; *ugs.:* heiße Ware

rauben → stehlen

Räuber Dieb, Ganove, Betrüger, Stehler, Einbrecher, Bandit, Taschendieb, Plünderer, Straßenräuber, Strauchdieb, Wegelagerer, Strauchritter; *ugs.:* Langfinger, Gauner, Schurke

Raubzug Überfall, Raubüberfall, Handreich, Gewaltstreich, Einfall, Plünderung, Beraubung, Beutezug

Rauch Qualm, Schwaden, Rauchschwaden, Rauchwolke, Rauchfahne; *landsch.:* Schmok, Smog; *ugs.:* Hecht, blauer Dunst, dicke Luft, Schmauch

rauchen
1. Raucher sein, sich eine Zigarette/Zigarre/Pfeife anzünden; *ugs.:* qualmen, schmauchen, paffen, sich eine anstecken
2. Rauch entwickeln/bilden/ausstoßen, schwelen, dampfen, räuchern, rußen, schwärzen; *landsch.:* schmoken, schmöken
3. → kiffen

räuchern durchräuchern, anräuchern, haltbar machen; *landsch.:* selchen

Rauchfang Schornstein, Kamin, Rauchabzug, Schlot, Esse

rauchig
1. verraucht, raucherfüllt, qualmig, verqualmt, trübe, stickig, beißend, vernebelt, eingenebelt; *ugs.:* verräuchert
2. → heiser

Rauchschwaden → Rauch

Rauchwaren
1. Tabakwaren; *schweiz.:* Rauchzeug
2. Pelzwaren, Pelzwerk, Pelze

Raufbold Raufbruder, Grobian, Rowdy, Rohling, Schläger, Schlägertyp, Schlagetot, Streitsüchtiger, Unruhestifter, Stänker, Hitzkopf, Hooligan, Rambo, Streithahn, Rabauke, Kampfhahn, Streithammel

raufen → boxen

raufen, sich → schlagen, sich

Raum
1. Zimmer, Stube, Kammer, Kabinett, Räumlichkeit, Lokalität, Wohnraum, Innenraum; *geh.:* Gemach, Gelass; *ugs.:* Bude, Loch, Kabuff, Klause, Kemenate, Zelle
2. Platz, Ort, Stelle, Unterbringungsmöglichkeit
3. Spielraum, Freiheit, Bewegungsfreiheit, Entwicklungsmöglichkeit, freies Feld, freie Bahn, Auslauf, Weite, Unabhängigkeit; *ugs.:* Luft, Winkel, Ecke
4. → Gebiet
5. → All
6. Wirkungsfeld, Wirkungskreis, Reich, Sektor, Bereich, Sphäre, Ressort, Sparte

räumen
1. umziehen, ausziehen, fortziehen, wegziehen, verlassen, die Wohnung wechseln/freimachen, aussiedeln, evakuieren
2. umräumen, ausräumen, aufräumen, abräumen, leeren, entleeren, ordnen, in Ordnung bringen, verlagern, verlegen, herausnehmen; *ugs.:* leer machen, auskramen
3. beseitigen, entfernen, wegräumen, forträumen, wegschaffen, fortschaffen, wegbringen, fortbringen, beiseiteräumen, beiseiteschaffen, auf die Seite/aus dem Weg räumen/schaffen, abtransportieren; *ugs.:* wegpacken, wegschleppen
4. **aus dem Weg räumen** → töten
5. **das Feld räumen** weggehen, fortgehen, losgehen, sich auf den Weg machen, sich entfernen, sich aufmachen, aufbrechen, sich absetzen, verschwinden, seiner Wege gehen; *ugs.:* einen Abgang machen, sich verpissen

Raumfahrer Astronaut, Kosmonaut, Weltraumfahrer; *schweiz.:* Lunaut

Raumgestaltung Innenarchitektur, Innendekoration, Raumausstattung, Raumkunst

Rauminhalt Volumen, Fassungskraft, Fassungsvermögen

räumlich örtlich, lokal, regional

Raumpflegerin → Putzfrau

Raumschiff Raumfahrzeug, Raumkapsel, Raumsonde, Shuttle, Spaceshuttle, Erdsatellit

raunen flüstern, tuscheln, wispern, säuseln, fispern, hauchen, zischeln, mur-

R

meln, brummeln, leise/gedämpft reden

Rausch
1. Trunkenheit, Betrunkenheit, Berauschtheit, trunkener Zustand, Weinseligkeit, Bierseligkeit, Delirium; *österr.:* Alkoholisierung, Fetzen, Dulliäh; *ugs.:* Suff, Besoffenheit, Affe, Schwips; *landsch.:* Dusel, Hieb
2. Taumel, Begeisterungstaumel, Sinnestaumel, Ekstase, Euphorie, Erregung, Erregungszustand, Verzückung, Wollust, Leidenschaft, Überschwang, Hochstimmung, Fieber, Feuer, Höhepunkt

rauschen brausen, sausen, tosen, branden, brodeln, wispern, wispeln, rascheln

Rauschgift Suchtmittel, Betäubungsmittel, Droge, Rauschmittel, Aufputschmittel; *ugs.:* Stuff, Stoff, Junk

räuspern, sich (verlegen) hüsteln, leicht husten

rausschmeißen → entlassen

Razzia Durchsuchung, Fahndung, polizeiliche Aushebung/Überrumpelungsaktion, polizeilicher Überraschungsangriff, (plötzliche) Hausdurchsuchung/Wohnungsdurchsuchung

reagieren eine Reaktion/Wirkung zeigen, sich verhalten, ansprechen, eingehen, antworten, erwidern, begegnen, kontern, entgegnen, dagegenhalten, zurückgeben; *ugs.:* anspringen, zurückschlagen

Reaktion
1. Reagieren, Verhalten, Verhaltensweise, Handlungsweise, Wirkung, Gegenwirkung, Rückwirkung, Gegenbewegung, Antwort, Beantwortung, Erwiderung, Entgegnung, Reflex, Gegenschlag, Gegenstoß
2. Fortschrittsfeindlichkeit, konservative Kräfte, Restauration

reaktionär fortschrittsfeindlich, den Fortschritt blockierend/behindernd, rückschrittlich, rückständig, restaurativ, rückwärtsgewandt, rückwärtsgerichtet, vergangenheitsorientiert, unzeitgemäß, rechts, konservativ, illiberal, schwarz, am Bestehenden/Überlieferten festhaltend, auf dem Alten beharrend; *ugs.:* von gestern, hinterm Mond, verzopft, hinterwäldlerisch, stehen geblieben

real
1. gegenständlich, stofflich, dinglich, dinghaft, konkret, existent, sachlich, greifbar, fassbar, materiell, seiend, substanziell, körperhaft, körperlich, bestehend
2. wirklich, tatsächlich, faktisch, effektiv, wahr, echt, unbestreitbar

realisierbar → durchführbar

realisieren
1. verwirklichen, in die Tat umsetzen, wahr/wirklich machen, ausführen, durchführen, zur Durchführung bringen, erfüllen
2. begreifen, kapieren, verstehen, erfassen, erkennen

realisieren, sich → eintreten

realistisch
1. der Wirklichkeit entsprechend, wirklichkeitsgetreu, wirklichkeitsnah, wahrheitsgetreu, lebensnah
2. nüchtern, sachlich, objektiv, ohne Illusion/Emotion, illusionslos, rational, verstandesmäßig, leidenschaftslos, klar, kühl, den Tatsachen ins Gesicht sehend; *ugs.:* mit beiden Beinen auf der Erde/im Leben stehend

Realität Wirklichkeit, tatsächliche Lage, Gegebenheit, Tatsache, Sachlage, Sachverhalt

Realitäten → Immobilien

realitätsfern wirklichkeitsfern, wirklichkeitsfremd, nicht realistisch, unrealistisch, realitätsfremd, utopisch, lebensfremd, träumerisch, weltfremd, weltverloren, weltentrückt; *geh.:* eskapistisch

Rebe Weinrebe, Weinstock, Rebstock

Rebell
1. Aufrührer, Umstürzler, Empörer, Meuterer, Aufständischer; *geh.:* Insurgent
2. → Dissident

rebellieren aufbegehren, sich aufbäumen, sich empören, Widerstand leisten, sich auflehnen, trotzen, sich dagegenstellen, sich dagegenstemmen, einen Aufstand machen, opponieren

Rebellion → Aufstand

rebellisch aufständisch, aufrührerisch, aufsässig, aufbegehrend, subversiv, umstürzlerisch, zersetzend, zerstörerisch, revoltierend

Rechen Harke; *landsch.:* Forke

recherchieren → nachforschen

rechnen
1. berechnen, errechnen, ausrechnen, zusammenrechnen, zusammenzählen, eine Rechnung ausführen, eine Rechenauf-

R

gabe lösen, eine Zahl/ein Ergebnis ermitteln
2. mitrechnen, einrechnen, dazurechnen, zählen, mitzählen
3. gehören, gerechnet werden, zugeordnet werden/sein
4. haushalten, wirtschaften, sparsam umgehen mit, sparen, bescheiden/sparsam leben, sich einschränken, sparsam sein mit, maßhalten, das Geld einteilen/zusammenhalten, sich zurückhalten, auf den Pfennig/Cent sehen, Konsumverzicht leisten; *ugs.:* kurztreten

rechnen, sich sich lohnen, sich rentieren, sich amortisieren, der Mühe wert sein, sich bezahlt machen, einträglich sein, einbringen, eintragen, Gewinn bringen, Nutzen/Ertrag abwerfen, Früchte tragen, fruchten, erbringen; *ugs.:* herausspringen, bringen

rechnen mit
1. sich verlassen auf, vertrauen/setzen/bauen auf, Vertrauen haben/entgegenbringen/schenken, sicher/überzeugt sein, nicht zweifeln, erwarten, einkalkulieren
2. kommen sehen, absehen, voraussehen, vorausahnen, vermuten, sich einstellen auf, sich wappnen, sich gefasst machen, in seine Überlegungen/Pläne einbeziehen, sich etwas ausrechnen/an zehn Fingern abzählen können, reflektieren/spekulieren auf, sich vorbereiten auf, sich bereitmachen

Rechner → Computer

Rechnung
1. Rechenaufgabe, Zahlenaufgabe, Rechenexempel
2. Berechnung, Kalkulation, Überschlag
3. Kostenrechnung, Kostenaufstellung
4. Forderung, Geldforderung, Belastung, Liquidation, Zeche

Rechnung tragen → berücksichtigen

recht
1. passend, geeignet, gegeben, richtig, wie es sein soll, entsprechend, angebracht, angemessen, wie geschaffen, ideal, in Ordnung, zutreffend, genau, stimmt, gut, billig, gerechtfertigt, ordnungsgemäß, rechtmäßig; *ugs.:* goldrichtig
2. ziemlich, ganz, sehr, relativ, verhältnismäßig, vergleichsweise, denkbar, besonders, höchst, äußerst, außerordentlich, außergewöhnlich, ausnehmend, ungemein, beeindruckend

Recht
1. Anspruch, Anrecht, Berechtigung, Befugnis, Vollmacht, Ermächtigung, Erlaubnis, Genehmigung, Zustimmung, Freiheit, Freibrief; *geh.:* Autorisation
2. Rechtsordnung, sittliche Norm, Gesetz, Rechtswesen, Rechtsprechung
3. Rechtswissenschaft, Rechtsgelehrtheit, Rechtsgelehrsamkeit, Jurisprudenz, Jura, Gesetzeskunde, Rechtslehre, Rechtskunde; *ugs.:* Juristerei; *österr.:* Jus
4. im Recht sein Recht haben/behalten, sich nicht irren, nicht fehlgehen; *ugs.:* richtigliegen, ins Schwarze treffen, den Nagel auf den Kopf treffen

rechtfertigen verteidigen, entschuldigen, freisprechen, von einer Schuld freisprechen/befreien, in Schutz nehmen, ein Recht verfechten, einen Verdacht entkräften/zerstreuen, sich einsetzen für, fürsprechen, den Fürsprecher machen, eine Sache verfechten, goldene Brücken bauen, etwas als berechtigt erscheinen lassen, rehabilitieren, plädieren für, die Unschuld beweisen, entlasten; *ugs.:* eine Lanze brechen für

rechtfertigen, sich Rechenschaft ablegen, Rede und Antwort stehen, sich verantworten, sich verteidigen, Gründe anführen, sich wehren; *ugs.:* sich seiner Haut wehren, sich reinwaschen

Recht geben
1. zustimmen, beistimmen, einer Meinung/Ansicht sein, entsprechen, übereinstimmen, einiggehen, konformgehen
2. billigen, gutheißen, für richtig/angebracht erklären, zustimmen, sympathisieren mit, beipflichten, befürworten

rechtgläubig orthodox, strenggläubig, religiös, fromm, überzeugt, dogmatisch

Rechthaber → Besserwisser

rechthaberisch
1. besserwisserisch, streitsüchtig, händelsüchtig, zänkisch
2. → eigensinnig

rechtlich → rechtmäßig

rechtlos entrechtet, ausgestoßen, ausschlossen, schutzlos, vogelfrei, geächtet, verfemt, unfrei, unterdrückt, unterjocht, versklavt, geknechtet, geknebelt, ohne Recht/Gesetz

recht machen zufriedenstellen, entsprechen, Genüge tun/leisten, jmds. Erwartung/Verlangen erfüllen

rechtmäßig nach Recht und Gesetz, dem Recht/Gesetz entsprechend, mit/zu Recht, juristisch, legal, gesetzlich, gemäßig, rechtlich, de jure, rechtskräftig, nicht gesetzwidrig, begründet, ordnungsgemäß, recht und billig, nach dem Gesetz/den Paragraphen, vorschriftsmäßig, von Rechts wegen, mit Fug und Recht, vorgeschrieben

rechts
1. an/auf der rechten Seite, zur Rechten, rechter Hand, rechtsseitig, rechterseits, steuerbord(s) (Schiffahrt); *scherzh.:* wo der Daumen links ist
2. reaktionär, konservativ; *ugs.:* schwarz

Rechtsanwalt Anwalt, Advokat, Sachwalter, Verteidiger, Rechtsbeistand, Rechtsberater, Rechtsvertreter; *abwertend:* Rechtsverdreher; *schweiz.:* Fürsprech(er)

rechtschaffen
1. redlich, ehrlich, integer, brav, untadelig, solide, unbescholten, vertrauenswürdig, anständig, lauter, sauber, aufrecht, aufrichtig, wahrheitsliebend, ohne Falsch, tüchtig, patent, ordentlich, honorig, ehrenhaft, charakterfest, zuverlässig, verlässlich; *veraltet:* wacker
2. → sehr

Rechtschreibung Orthografie, richtige Schreibung/Schreibweise

recht sein behagen, passen, gefallen, zusagen, Geschmack abgewinnen, gelegen kommen, genehm/angenehm/sympathisch/lieb sein; *landsch.:* schmecken

Rechtsprechung Gerichtsbarkeit, Jurisdiktion, Rechtspflege, Rechtswesen, Judikatur, Justiz, Gerichtswesen

rechtsradikal
1. national, nationalistisch, rechtsextrem, rechtsgerichtet, rechtsnational, neonazistisch; *ugs.:* fascho
2. patriotisch

Rechtsradikaler Rechtsextremer, Rechtsextremist, Nationalsozialist, Faschist, Neofaschist, Rechtsnationaler, Ultrarechter; *ugs., abwertend:* Fascho, Nazi, Neonazi

Rechtsradikalismus Rechtsextremismus, Rechtsnationalismus, Nationalsozialismus, Faschismus, Neofaschismus

Rechtsspruch Urteil, Urteilsspruch, Richterspruch, Gerichtsentscheid, Gerichtsentscheidung; *geh.:* Verdikt

rechtswidrig → gesetzwidrig

rechtzeitig zeitig, frühzeitig, früh genug, pünktlich, fristgerecht

recken strecken, ausstrecken, dehnen; *ugs.:* langmachen

recken, sich sich strecken, sich hoch aufrichten, sich ausstrecken, sich dehnen; *ugs.:* sich langmachen

recycelbar wiederverwertbar, wiederverwendbar, recycelfähig, regenerativ, regenerierbar

recyceln aufbereiten, wieder aufarbeiten, ökologisch verwerten, erneut als Rohstoff einsetzen

Rede
1. Ansprache, Vortrag, Referat, Rezitation; *schweiz.:* Anrede; *ugs.:* Predigt, Speech
2. Reden, Sprechen, Gespräch, Sprechakt, Äußerungen, Worte, Unterredung, Unterhaltung, Konversation, Dialog; *geh.:* Diskurs
3. die Rede sein von sich handeln um, betreffen, anbelangen, zu tun haben mit, sich beziehen auf; *ugs.:* sich drehen um
4. nicht der Rede wert unbedeutend, unwichtig, nicht erwähnenswert ⓘ

Redefluss Schwall, Redeschwall, Wortschwall, Tirade, Suade, Suada, Erguss; *ugs.:* Sermon

redegewandt beredt, beredsam, zungenfertig, sprachgewandt, wortgewandt, redegewaltig, schlagfertig; *geh.:* eloquent; *ugs.:* nicht auf den Mund gefallen

Redekunst Rhetorik, Beredsamkeit, Sprechkunst, Redegabe, Redegewandtheit, Wortgewandtheit, Eloquenz, Redegewalt, Sprachgewalt, Sprachfähigkeit, Zungenfertigkeit, Rednergabe

reden
1. sich äußern, Ausdruck geben/verleihen, zum Ausdruck bringen, sich artikulieren, etwas von sich geben, verlauten/lautwerden lassen; *ugs.:* daherreden, laut denken, den Mund aufmachen; *landsch.:* schwätzen
2. sich verbreiten/auslassen über, formulieren, vortragen, vorbringen, seine Meinung kundtun
3. das Wort ergreifen, eine Rede/Ansprache/einen

R

Rede: Zwischen Predigt und Unterhaltung

Eine öffentliche, sprachliche *Äußerung* nennt man *Rede,* sofern sie aus sinnvoll zusammenhängenden *Worten* besteht. Eine *Ansprache* ist eine *förmliche Rede.* Unter einem *Referat* versteht man eine Fachbericht über ein bestimmtes Thema. Eine *Rezitation* ist der künstlerisch gesprochene *Vortrag* eines literarischen Werks. Die meist von der Kanzel gesprochene *Ansprache* eines Geistlichen über einen Bibeltext im Gottesdienst ist eine *Predigt.* Dieser Ausdruck wird umgangssprachlich auch für eine *ermahnende Rede* gebraucht, deren verschärfte Form dann auch *Strafpredigt* genannt wird.
Darüber hinaus wird *Rede* allgemein im Sinn von *das Sprechen* beziehungsweise *Äußerung* verwendet. Der gehobene Ausdruck *Konversation* bezeichnet die gesellige *Unterhaltung,* die auch einen gewissen intellektuellen Anspruch hat. Ein *Dialog* ist das *Gespräch* von zwei oder mehreren Partnern, also eine *Wechselrede,* die *Rede und Gegenrede* umfasst. Jemandem *Rede und Antwort stehen* bedeutet »Auskunft geben« oder »sich für sein Verhalten verantworten«.
Eine Person *zur Rede stellen* heißt, sie zur Rechtfertigung ihres Verhaltens zwingen. Angeberei kommt in Formulierungen wie *große/hochtrabende Reden schwingen/führen* zum Ausdruck. Mit der Redensart *Davon kann (gar) keine Rede sein* wird das Vorangegangene entweder abgelehnt oder als Lüge qualifiziert. *Davon ist nicht die Rede* bedeutet »das hat keiner gesagt/gemeint«. Wenn etwas *nicht der Rede wert* genannt wird, stuft man es als Kleinigkeit ein. Der Ausruf *(das ist doch schon lange) meine Rede!* heißt so viel wie »das habe ich doch schon immer (vorher)gesagt«. Das Resümee eines *Vortrags* lässt sich mit der gehobenen Formulierung *langer Rede kurzer Sinn* ankündigen.

Vortrag halten, etwas sagen, sprechen; *ugs.:* kein Blatt vor den Mund nehmen, wie ein Buch/ohne Punkt und Komma reden, eine Rede schwingen/vom Stapel lassen, labern
4. → unterhalten, sich
5. → ausplaudern
6. → anvertrauen, sich

Redensart
1. → Redewendung
2. → Phrase

Rederei → Gerede

Redeschwall → Redefluss

reden über → klatschen über jmdn.

Redewendung
1. Formel, feststehender Ausdruck, Redensart, feste Wendung/Formulierung/Wortfügung/Wortverbindung; *geh.:* Idiom
2. → Phrase

redigieren durcharbeiten, bearbeiten, überarbeiten (Text), verbessern, feilen/schleifen an, sprachlich in die endgültige Form bringen/abrunden, korrigieren, satzreif lesen; *ugs.:* den letzten Schliff geben

redlich → rechtschaffen

Redner
1. Vortragender, Vortragskünstler, Redekünstler, Referent, Sprecher
2. Rhetoriker; *geh.:* Orator

redselig redefreudig, redelustig, sehr gesprächig/mitteilsam, gerne redend/erzählend; *abwertend:* schwatzhaft, geschwätzig

reduzieren
1. → vermindern
2. → ermäßigen

reduzieren, sich → verringern, sich

Reduzierung → Kürzung

Reeder Schiffsherr, Schiffseigner

reell
1. → ehrlich
2. wirklich, echt, tatsächlich, real, greifbar, konkret
3. → gediegen

Referat Vortrag, Bericht, Rede, Kurzbesprechung

Referendum Volksabstimmung, Volksentscheid, Volksbeschluss, Volksbefragung, Volksbegehren; *geh.:* Plebiszit

Referent
1. Sachbearbeiter, Dezernent
2. Redner, Vortragender, Sprecher, Berichterstatter

Referenzen Empfehlung, Empfehlungsschreiben, Befähigungsnachweis, Fürsprache, gutes Zeugnis, positive/lobende Beurteilung

referieren berichten, zusammenfassend berichten, ein Referat/einen Vortrag halten, etwas vortragen/darstellen/wiedergeben, schildern, Bericht erstatten/geben, eine Darstellung geben/liefern, darlegen, auseinandersetzen, beschreiben

reflektieren
1. spiegeln, widerspiegeln, zurückwerfen, zurückstrahlen, wiedergeben, projizieren
2. → denken
3. → abzielen auf

Reflex
1. Reflexion, Spiegelung, Rückstrahlung, Widerschein, Abglanz
2. Reflexbewegung, Reaktion, Wirkung, Rückwirkung, Antwort, Effekt

Reform Neuerung, Neugestaltung, Umgestaltung, Änderung, Erneuerung, Wandel, Umwandlung, Umbildung, Veränderung, Neuordnung, Reorganisation, Neuregelung

reformieren ändern, verbessern, erneuern, umgestalten, umbilden, neu gestalten

Refugium Zuflucht, Zufluchtsort, Zufluchtsstätte, Versteck, Schlupfwinkel, Schlupfloch, Unterschlupf, ruhiger/sicherer Hafen

Regal Bücherregal, Bord, Bücherbord, Gestell, Büchergestell, Warengestell, Wandbücher, Ablage, Bücherbrett, Bücherwand, Stellage, Fach; *österr.:* Bücherkasten; *schweiz.:* Bücherschaft; *landsch.:* Etagere

Regatta Bootsrennen, Bootswettkampf, Bootswettfahrt

rege → aktiv

Regel
1. Richtschnur, Richtlinie, Richtmaß, Richtsatz, Vorschrift, Übereinkunft, Prinzip, Norm, Satzung, Statut, Regelung, Spielregel, Faustregel, Bestimmung, Reglement, Standard, Leitsatz, Leitlinie, Grundsatz, Maxime
2. Gesetz, Gesetzmäßigkeit, Regelmäßigkeit, Regularität
3. → Brauch
4. → Menstruation
5. **in der Regel** → meist

regelmäßig
1. periodisch, immer wieder, immer wiederkehrend, sich wiederholend, in bestimmter Folge, in gleichen Abständen/Intervallen, rhythmisch, zyklisch
2. ebenmäßig, gleichmäßig, ausgewogen, proportioniert, wohlproportioniert, harmonisch, symmetrisch, wohlgeformt, wohlgestaltet, wohlgegliedert
3. gewöhnlich, gewohnt, gewohntermaßen, alltäglich, üblich, normal
4. ständig, dauernd, laufend, konstant, in steter Folge, gewohnheitsmäßig, immer zur selben Zeit, geordnet, geregelt, vorschriftsmäßig, wie vorgeschrieben, ordnungsgemäß

regeln
1. ordnen, in Ordnung bringen, geregelte/geordnete/klare Verhältnisse schaffen, erledigen, dirigieren
2. einrenken, wieder einrenken, bereinigen, beilegen, ins Lot/Reine/rechte Gleis bringen, regulieren; *ugs.:* hinbiegen, geradebiegen, zurechtbiegen, ausbügeln, das Kind schon schaukeln, den Karren aus dem Dreck ziehen

regelrecht
1. ganz und gar, gänzlich, voll und ganz, vollkommen, völlig, vollständig, restlos, absolut, total, komplett, richtig, gründlich, von Grund auf, in vollem Maße, ausgesprochen; *ugs.:* rein
2. buchstäblich, geradezu, förmlich, praktisch, direkt, nachgerade

regelwidrig gegen die Regel (verstoßend), falsch, verkehrt, ano(r)mal, nicht richtig, abnorm(al), unnormal, normwidrig, unüblich, ungewöhnlich, unkonventionell, abweichend, aus dem Rahmen fallend

regen bewegen, rühren, die Lage/Stellung verändern

regenerieren
1. auffrischen, verjüngen, wiederbeleben, erneuern
2. neu bilden, nachwachsen, zurückgewinnen, wiederherstellen

regenerieren, sich
1. sich auffrischen, sich verjüngen, sich wiederbeleben, sich erneuern
2. sich erholen, aufleben, (wieder) zu Kräften kommen, ausspannen, Urlaub/Ferien machen, gesund werden, auf dem Wege der Besserung sein; *ugs.:* sich aufrappeln, sich hochrappeln, auftanken, auf die Beine kommen, sich fangen
3. sich neu bilden, nachwachsen, zurückgewinnen, sich wiederherstellen

Regenschauer Schauer, Guss, Regenguss, Wolkenbruch, Platzregen, Sturzregen, Gewitterregen; *ugs.:* Dusche, Husche

regen, sich
1. sich nicht ruhig halten, sich rühren, sich bewegen
2. → arbeiten
3. → aufkommen

Regent → Herrscher

Regentschaft → Herrschaft

Regenwurm Ringelwurm, Pielwurm

Regie
1. Spielleitung, künstlerische Leitung, Inszenierung
2. → Leitung

regieren → herrschen

Regierung
1. Staatsmacht, Kabinett
2. → Herrschaft

Regierungsform Staatsform, Regime, System, Staatssystem, Regierungssystem

Regiment
1. → Herrschaft
2. Heeresverband, Truppenverband, Truppeneinheit
3. → Leitung

Region
1. Gegend, Bereich, Landesteil, Umland, Vororte
2. → Gebiet

regional
1. gebietsweise, örtlich, räumlich, lokal, begrenzt, strichweise
2. mundartlich, landschaftlich

Regisseur Spielleiter, künstlerischer Leiter, Inszenator

Register Verzeichnis, Index, Inhaltsverzeichnis

registrieren
1. erfassen, verzeichnen, vermerken, festhalten, in ein Register/eine Kartei/Liste aufnehmen/eintragen, buchen, Buch führen, aufzeichnen
2. → bemerken

Reglement → Regel

reglementieren behördlich anordnen, durch Vorschriften regeln, bestimmen, verfügen, verordnen, eine Verfügung/Verordnung/ein Gesetz erlassen, diktieren, eine Verfügung treffen, vorschreiben, festlegen, eine Auflage erteilen, streng organisieren, administrieren, einer Behörde unterstellen

reglos → regungslos

regnen gießen, schauern, nieseln, tröpfeln, sprühen, stark/in Strömen regnen; *ugs.:* schütten, pladdern, prasseln, trommeln/klatschen gegen, Bindfäden regnen, wie aus Kübeln/Eimern gießen, schiffen, duschen

regredieren → zurückbilden, sich

regsam aktiv, rührig, tätig, rege, tatkräftig, unternehmungslustig, munter, betriebsam, geschäftig, eifrig, emsig, fleißig, arbeitsam, beflissen, beweglich, unermüdlich, rastlos; *ugs.:* immer dabei

regulär vorschriftsmäßig, vorschriftsgemäß, ordnungsmäßig, regelmäßig, nach Vorschrift/der Regel, richtig, zutreffend, zulässig, üblich, normal, gebräuchlich, gewohnt, gewöhnlich, alltäglich, gängig

regulieren
1. begradigen, kanalisieren, einstellen, einrichten
2. → regeln

Regung Gefühlsregung, Gefühlsäußerung, Gefühlsausdruck, Empfindung, Gemütsbewegung, Anwandlung

regungslos bewegungslos, unbewegt, unbeweglich, reglos, erstarrt, starr, wie angewurzelt, wie in Erz gegossen, wie ein Stein, leblos, ruhig, still, wie tot, ohne Bewegung

Reh
1. *f.:* Geiß, Rehgeiß, Ricke, Schmaltier
2. *m.:* Bock, Rehbock
3. *jung:* Kitz, Rehkitz, Rehkalb

rehabilitieren
1. revidieren, ein Urteil revidieren/korrigieren, die Ehre/den guten Ruf wiederherstellen, richtigstellen, rechtfertigen, jmdn. wieder in seine alten Rechte einsetzen, die Unschuld beweisen
2. wieder in die Gesellschaft eingliedern

Reibekuchen → Kartoffelpuffer

reiben
1. scheuern, schaben, wetzen, abreiben, schrubben, fahren über, scharren; *österr.:* ribbeln; *landsch.:* rubbeln, abrubbeln
2. zerkleinern, raspeln, hobeln; *landsch.:* raffeln

reiben, sich → streiten, sich

Reibung
1. → Streit
2. Widerstand, Gegendruck, Gegenkraft, Widerdruck

reibungslos ohne Störung/Schwierigkeit/Hindernisse/Zwischenfall/Komplikationen, mühelos, ruhig, zügig, einwandfrei, glatt, gut, wie geölt/am Schnürchen, in Ruhe, ungehindert, ungestört; *ugs.:* wie geschmiert, ohne Pannen

reich
1. vermögend, wohlhabend, wohlsituiert, gutsituiert, begütert, bemittelt, besitzend, nicht arm, mit Gütern/Glücksgütern gesegnet, finanzkräftig, finanzstark, zahlungskräftig; *ugs.:* stinkreich, steinreich, (gut) betucht; *geh.:* potent; *österr.:* bestbemittelt, bestsituiert; *schweiz.:* behäbig, hablich, vermöglich
2. ergiebig, ertragreich, fruchtbar, einträglich, üppig; *ugs.:* fett
3. vielfältig, vielförmig, ausgiebig, mannigfaltig, mannigfach, reichhaltig, reichlich, verschiedenartig, bunt, abwechslungsreich; *geh.:* opulent

4. umfangreich, umfassend, groß, ansehnlich, beträchtlich, enorm, ausgedehnt, unerschöpflich, unermesslich, universell
5. → luxuriös

Reich
1. Staat, Staatswesen, Land, Imperium
2. → Gebiet

reichen
1. anbieten, hinhalten, hinreichen, hinstrecken, entgegenstrecken, entgegenhalten
2. → geben
3. → auftischen
4. → ausreichen
5. → erstrecken, sich

reichhaltig mannigfaltig, mannigfach, reichlich, vielfältig, vielförmig, verschiedenartig, bunt, abwechslungsreich

Reichhaltigkeit → Vielfalt

reichlich
1. in großer Menge, in reichem Maße, genügend, viel, eine Menge/Masse, in Hülle und Fülle, in großer Zahl, mehr als genug, unzählig, ungezählt, unerschöpflich, nicht wenig, ein gerüttelt Maß, üppig, übergenug, überreichlich, verschwenderisch, zahllos, wie Sand am Meer, sattsam, gut (gemessen), zur Genüge, ausreichend, nicht zu knapp; *ugs.:* massenhaft, massenweise, en masse, in rauen Mengen, in Massen, haufenweise, scharenweise
2. → sehr

reich sein Geld haben, viel Geld haben/besitzen, begütert sein, gutstehen, keine Not leiden, aus dem Vollen schöpfen können; *ugs.:* mit einem silbernen Löffel im Mund geboren sein, im Geld schwimmen/wühlen, nach Geld stinken, das nötige Kleingeld haben, bei Geld/Kasse sein, Geld wie Mist/Dreck/Heu haben, im Fett/in der Wolle sitzen, es haben, Krösus sein

Reichtum
1. Vermögen, Besitz, Besitztum, Wohlstand, Geld, Kapital, Güter, Mittel, Schätze
2. → Vielfalt
3. → Überfluss

Reichweite
1. Aktionsradius, Ausbreitung, Ausdehnung, Umkreis
2. Einflussgebiet, Einflusssphäre, Machtbereich
3. **in Reichweite** nah, unweit, nahebei, benachbart, in der/nächster Nähe, dicht/direkt bei, nicht weit (entfernt), daneben

reif
1. erntereif, ausgereift, saftig, genießbar
2. erwachsen, ausgewachsen, herangewachsen, kein Kind mehr, aus den Kinderschuhen, großjährig, volljährig, mündig, vollentwickelt, (im Wachstum) vollendet; *ugs.:* groß, flügge, fertig
3. erfahren, gereift, gefestigt, geformt, lebenskundig, lebensklug, abgeklärt, ausgeglichen
4. durchdacht, ausgearbeitet, überlegt, hohen Ansprüchen genügend, genügend vorbereitet; *ugs.:* ausgefeilt, ausgetüftelt

Reif Raureif, gefrorener Tau; *landsch.:* Raufrost

reifen
1. reif/groß werden, ausreifen, heranreifen, zur vollen Entwicklung/Reife kommen/gelangen, heranwachsen
2. sich entwickeln, sich entfalten, Gestalt annehmen, gedeihen, erwachen, erblühen, aufblühen, an Erfahrung gewinnen, den Kinderschuhen entwachsen; *ugs.:* sich mausern, sich machen

Reifen Bereifung, Radbereifung, Autoreifen, Gummireifen

Reifeprüfung → Abitur

Reifezeit Entwicklung, Entwicklungsjahre, Entwicklungsalter, Entwicklungszeit, Entwicklungsphase, Entwicklungsperiode, Wachstum, Jugend, Jugendjahre, Jugendalter, Jugendzeit, Pubertät, Reifejahre, Flegeljahre, Werden und Wachsen, Reife, Reifungsprozess; *geh.:* Adoleszenz

reiflich → ausführlich

Reihe
1. Linie, Kette, Riege, Spalier, Front
2. Kolonne, Schlange; *ugs.:* Schwanz
3. Serie, Zyklus, Folge, Abfolge, Sequenz
4. → Menge
5. **der Reihe nach** → nacheinander ⓘ

Reihenfolge Folge, Abfolge, Aufeinanderfolge, Hintereinander, Nacheinander, Reihung, Aneinanderreihung, Ablauf, Ordnung, Stufenleiter, Rangfolge, Programm; *geh.:* Sequenz

reihenweise → massenhaft

reihern *derb für:* sich übergeben

reimen → dichten

rein
1. → sauber
2. unvermischt, unversetzt, unverfälscht, ohne fremde Bestandteile, naturrein, pur, echt, klar, ohne Beimischung, natür-

R

Reihe: Kolonnen, Sequenzen und andere Reihen

Für den deutschen Begriff *Reihe* gibt es verschiedene sinnverwandte Fremdwörter, die das deutsche Wort besonders treffend ersetzen können.
Als *Kolonne* bezeichnet man eine reihenförmig geordnete Schar von Personen oder eine Gruppe von Fahrzeugen, aber auch in Spalten untereinandergeschriebene Wörter oder Zahlen. Personen, die sich in doppelter *Reihe* aufgestellt haben und dabei eine Gasse in der Mitte bilden, stehen *Spalier*. Den Ausdruck *Sequenz* verwendet man im Allgemeinen für eine unmittelbare Abfolge gleichartiger Dinge, z. B. in der Musik für eine Tonfolge oder in der EDV für eine Abfolge von Befehlen. Von einer *Serie* spricht man vor allem bei einer Aufeinanderfolge ähnlicher Ereignisse, z. B. bei vielen Unfällen in einem bestimmten Zeitraum (*Unfallserie*). Eine Serie kann sich aber auch aus mehreren gleichartigen und zusammengehörigen Dingen und Teilen bilden: *Geschirrserie, Bilderserie* oder *Fernsehserie.*

lich; *ugs.:* in Reinkultur, nicht gepanscht, astrein, waschecht, hasenrein
3. ohne Schuld/Sünde/Arg, frei von Schuld/Sünde, schuldlos, unschuldig, unverdorben, unberührt, untadelig, keusch, lauter, anständig, makellos, einwandfrei
4. geradezu, regelrecht, buchstäblich, förmlich, überhaupt, ganz (und gar), praktisch, schlechthin, schlechterdings, schlechtweg, schlankweg, ausgesprochen
5. vollständig, total, völlig, vollkommen, richtig, komplett, absolut, durch und durch, pur

Reinerlös → Gewinn

Reinfall
1. → Fehlschlag
2. → Enttäuschung

Reinheit
1. Sauberkeit, Reinlichkeit, Ordnung, Gepflegtheit
2. Echtheit, Unverfälschtheit, Unverbrauchtheit, Natürlichkeit, Ursprünglichkeit
3. Lauterkeit, Untadeligkeit, Vorbildlichkeit, Aufrichtigkeit, Unfehlbarkeit, Makellosigkeit
4. Unschuld, Unberührtheit, Unbeflecktheit, Keuschheit, Jungfräulichkeit; *geh.:* Virginität

reinigen → saubermachen

reinigen, sich sich waschen, sich säubern, sich abseifen, sich erfrischen, baden, duschen, sich brausen, sich abbrausen

Reinigungsmittel Putzmittel, Haushaltsreiniger, Fleckenmittel, Fleckenentferner; *ugs.:* Putzzeug

reinlegen täuschen, hinters Licht führen, betrügen, hintergehen, prellen, bluffen, neppen, übervorteilen, überfahren, bringen um, beschwindeln, blenden, mit falschen Karten spielen, schummeln, beschummeln, übertölpeln, überlisten, aufsitzen lassen, zum Narren halten, foppen

reinlich
1. adrett, ordentlich, sauber
2. genau, gründlich, sorgfältig

Reinmachefrau → Putzfrau

reinstecken
1. sponsern, subventionieren, unterstützen
2. → investieren

Reise
1. Fahrt, Trip, Tour, Ausflug, Abstecher, Streifzug, Weg; *geh.:* Exkursion; *ugs.:* Rutsch(er), Spritztour, Spritzfahrt
2. Rausch, Trip
3. auf der Reise unterwegs, auf dem Weg, aushäusig, verreist, auf den Beinen, auf Achse

reisen eine Reise machen, auf (der) Reise sein, auf Reisen gehen, durchreisen, verreisen, umherreisen, sich begeben nach, ein Land bereisen, unterwegs sein, sich die Welt ansehen, von Ort zu Ort fahren/ziehen, fortreisen, wegreisen, abreisen, abfahren, aufbrechen; *ugs.:* eine Tour/einen Trip/Rutsch machen, auf Tour gehen, herumkommen

Reisender
1. Fahrgast, Reisegast, Passagier, Insasse
2. Urlauber, Tourist, Ausflügler
3. Vertreter, Handelsvertreter, Reisevertreter, Geschäftsreisender, Handlungsreisender

reißen
1. einen Riss/Risse geben, auseinandergehen, auseinanderbrechen, entzweigehen, durchbrechen, zerbrechen, zerbersten, zerspringen; *ugs.:* kaputtgehen, in die Brüche/aus dem Leim gehen
2. zerren, heftig/mit Gewalt ziehen, schleppen, mitschleppen

3. → zerreißen
4. → ausreißen
5. → nehmen

reißen, sich
1. → aufreißen
2. **sich reißen um** Wert legen auf, sich bemühen um, begehren, sich drängen nach, versessen/begierig sein auf, streben/trachten nach, zu erreichen suchen, besitzen wollen; *ugs.:* erpicht/hinterher sein, scharf/verrückt/spitz sein auf, sich die Finger lecken nach

reißend wild, heftig, rasch, rege, ungestüm, vehement, stark, kräftig, gewaltig, rasend, rasant

Reißer
1. Renner, Verkaufsschlager, Kassenschlager, Straßenfeger
2. → Hit

reißerisch aufdringlich, aufreizend, auffallend, schreiend, marktschreierisch, werbewirksam, reklamehaft, magnetisch, zugkräftig, schlagkräftig, durchschlagend, verführerisch, verleitend, verlockend; *ugs.:* knallig, überzogen

Reißzwecke Reißnagel, Reißstift, Reißbrettstift, Reißbrettzwecke, Zwecke; *landsch.:* Wanze, Pinne

reiten zu Pferde/im Sattel sitzen, galoppieren, traben, Reitsport treiben

Reiz
1. Stimulus, Reizung, Kitzel
2. Zauber, Charme, Anmut, Schönheit, Ausstrahlung, Flair, Air, Fluidum, persönliche Note, Appeal, Sexappeal, Liebreiz, das gewisse Etwas, Attraktivität, Ausdruckskraft; *ugs.:* Pfiff

reizen: Zwischen stimulieren und provozieren

Für das Wort *reizen* gibt es eine Vielzahl fremdsprachlicher Synonyme, die den deutschen Begriff in speziellen Bereichen und Zusammenhängen besonders treffend ersetzen können.
Jemanden zu *provozieren* bedeutet, ihn mit einer Aussage o. Ä. zu *reizen,* d. h., ihn herauszufordern und so zu einer Reaktion zu veranlassen. Kleidet man sich im Winter nicht warm genug, *provoziert* man eine Erkältung, man ruft also durch sein Handeln eine absehbare Wirkung hervor.
Ein zurückhaltender Mensch muss hingegen oftmals erst ermuntert und in Stimmung gebracht werden, bevor er z. B. unbeschwert an einer Feier teilnehmen kann. Er muss dazu *animiert* werden.
Zuschauerapplaus kann einen Sportler dazu *stimulieren,* noch bessere Leistungen zu bringen. Entsprechend kann aber auch die sportliche Betätigung selbst *stimulierend* auf Körper und Geist wirken.

3. Wirkung, Anreiz, Anziehung, Anziehungskraft, Unwiderstehlichkeit, Verlockung, Magnetismus, Versuchung, Verführung, Verzauberung, Betörung, Bann, Anfechtung

reizbar leicht erregbar/zu ärgern, ungeduldig, heftig, hitzig, aufbrausend, unbeherrscht, hochgehend, cholerisch, jähzornig, hitzköpfig, explosiv, leicht die Fassung verlierend, nervös, überreizt, nervenschwach, überempfindlich, schwierig, allergisch, mimosenhaft, humorlos

reizen
1. ärgern, verärgern, Unwillen hervorrufen, erzürnen, zornig/wütend/rasend machen, aufreizen, aufbringen, in Zorn/Wut versetzen, aufziehen, necken, foppen, hänseln, sticheln, Spitzen austeilen, fordern, herausfordern, provozieren, erregen, aufregen, das Blut in Wallung bringen, ein rotes Tuch sein, den Kampf ansagen; *geh.:* den Fehdehandschuh hinwerfen; *ugs.:* zur Weißglut bringen/treiben, auf die Palme/in Rage bringen, aufstacheln, hochbringen
2. verzaubern, bezaubern, locken, anlocken, verlocken, faszinieren, interessieren, entzücken, entflammen, bestricken, betören, blenden, umgarnen, anreizen, stimulieren, animieren, ködern, verführen, versuchen, in Versuchung führen, Aufmerksamkeit erregen, fesseln, beeindrucken; *ugs.:* anmachen, scharfmachen, verrückt/den Mund wässrig machen, bezirzen, aufgeilen, packen
3. Wirkung/Einfluss ausüben (auf ein Organ), einwirken, angreifen, schädigen; *ugs.:* Gift sein ⓘ

reizend
1. bezaubernd, reizvoll, entzückend, zauberhaft, hold, anmutig, apart, lieblich, allerliebst, niedlich, liebenswürdig, liebenswert, süß, goldig, herzig,

warm, nett, voller Liebreiz, charmant, freundlich, gefällig, wohlgefällig, hinreißend, hübsch; *ugs.:* zum Fressen/Anbeißen, putzig
2. → sympathisch
reizlos → langweilig
reizvoll
1. → reizend
2. → attraktiv
rekapitulieren → wiederholen
rekeln, sich sich (behaglich) strecken/dehnen; *ugs.:* sich aalen, sich räkeln, alle viere von sich strecken
Reklamation Beanstandung, Bemängelung, Beschwerde, Protest, Klage, Rüge; *geh.:* Monitum; *landsch.:* Anstand
Reklame → Werbung
reklamieren
1. → beanstanden
2. zurückfordern, zurückverlangen, für sich beanspruchen
rekonstruieren wiederherstellen, wiederaufbauen, nachbilden, nachkonstruieren, nachbauen, zurückverfolgen, genau wiedergeben, nachvollziehen, vergegenwärtigen, sich vor Augen führen
Rekonvaleszenz Genesung, Heilung, Gesundung, Wiederherstellung, Besserung
Rekord Höchstleistung, Spitzenleistung, Bestleistung, Meisterleistung, Gipfelleistung, Glanzleistung, Höchstwert, Spitzenklasse, Rekordzeit, Rekordmarke
rekrutieren
1. *veraltet für:* einziehen
2. zusammenstellen, zusammenziehen, versammeln, kombinieren
3. sich rekrutieren aus sich zusammensetzen aus, bestehen aus, gebildet/gemacht sein aus, enthalten, umfassen, einschließen
Rekrutierung
1. Einberufung, Einziehung, Mobilisierung, Mobilmachung, Musterung; *veraltet:* Aushebung
2. Heranziehung, Werbung, Einstellung, Sichtung
rektal anal, per rectum/anum
Rektor Schulleiter, Universitätsleiter, Präsident, Magnifizenz; *ugs.:* Direx, der Alte
rekurrieren sich berufen/sich beziehen/sich stützen/verweisen/Bezug nehmen auf
Rekurs → Rückgang
Relation Verhältnis, Beziehung, Wechselbeziehung, Verbindung, Bezug, Zusammenhang, Abhängigkeit, Verknüpfung; *geh.:* Konnex
relativ
1. verhältnismäßig, je nach Standpunkt, bezogen auf, vergleichsweise, im Vergleich zu, verglichen mit, gemessen an, gegenüber
2. bedingt, nicht absolut/unbedingt gültig, begrenzt, eingeschränkt, vorbehaltlich, mit Vorbehalt/Einschränkung
relativieren einschränken, in seiner Gültigkeit einschränken, abmindern, abschwächen, als bedingt ansehen, die Absolutheit absprechen
Relaunch erneute Produkteinführung/Markteinführung, Neueinführung, Neugestaltung, Neulancierung
relaunchen wieder/erneut einführen/verbreiten, neu platzieren/lancieren
relaxen *ugs. für:* sich erholen, ruhen, sich entspannen, ausspannen, eine Pause einlegen/machen, Atem schöpfen/holen, rasten, sich regenerieren, sich Ruhe gönnen, aussetzen, verschnaufen, pausieren; *ugs.:* ausschnaufen, verschnaufen, auftanken, abschalten, die Beine hochlegen, die Seele baumeln lassen
relevant
1. von Belang, in Frage kommend
2. → wichtig
Relevanz → Bedeutung
Religion Glaube, Glaubensbekenntnis, Konfession, Bekenntnis, Ansicht, Glaubensrichtung, Glaubenslehre, religiöse Weltanschauung, Überzeugung, Frömmigkeit, Kirche
religionslos glaubenslos, gottlos, konfessionslos, freidenkerisch, freigeistig, atheistisch, unreligiös, ungläubig, ohne Glauben, vom Glauben abgefallen, gottesleugnerisch, heidnisch
religiös fromm, gläubig, glaubensstark, gottergeben, gottergefällig, gottesfürchtig, heilsgewiss, orthodox, geistlich, kirchlich
Relikt Überbleibsel, Überrest, Rest, Spur, Übriggebliebenes, Fragment, Bruchstück, Restbestand; *geh.:* Rudiment
Reling Schiffsgeländer
Reminiszenz → Erinnerung
remis unentschieden, punktgleich, patt
rempeln → stoßen
Rendezvous Verabredung, Stelldichein, Treffen, Blinddate, Zusammen-

R

treffen, Tête-à-tête, Begegnung, Meeting; *ugs.:* Treff, Date

Rendite Gewinn, Profit, Ertrag, Zinsertrag

renitent → widerspenstig

rennen
1. → laufen
2. **über den Haufen rennen** *ugs. für:* umwerfen, umlaufen, umstoßen, zu Fall bringen; *ugs.:* umrennen, überrennen

Rennen
1. Wettkampf, Wettrennen, Wettfahrt, Lauf, Wettlauf; *ugs.:* Jagd, Hatz
2. **das Rennen machen** gewinnen, siegen, als Sieger hervorgehen, den Sieg erringen/davontragen, jmdn. schlagen, triumphieren, überlegen sein, das Feld beherrschen

rennen gegen sich stoßen, anrennen, anschlagen, rammen, prallen/prellen gegen, anecken

Renner → Hit

Renommee → Ansehen

renommieren → angeben

renommiert
1. → berühmt
2. → angesehen

renovieren erneuern, ausbessern, verbessern, modernisieren, überholen, umbauen, restaurieren, wiederherstellen, instand setzen; *ugs.:* aufmöbeln, aufpolieren

rentabel wirtschaftlich, ökonomisch, einträglich, lohnend, Gewinn/Profit bringend, lukrativ, sich rentierend, profitabel, ertragreich, vorteilhaft, reiche Früchte tragend, sich auszahlend; *ugs.:* fett, viel abwerfend

Rente Pension, Ruhegehalt, Ruhegeld, Altersversorgung, Alterssicherung, Altersversicherung; *österr.:* Ruhegenuss

rentieren, sich → lohnen, sich

Rentner Rentenempfänger, Ruheständler, Rentier, Pensionär, Privatier, Privatmann; *veraltet:* Partikülier; *österr.:* Pensionist, Privater; *schweiz.:* Partikular

reparieren ausbessern, einen Schaden beheben/beseitigen, eine Reparatur ausführen, wieder instand setzen, richten, in Ordnung bringen, wiederherstellen, wiederherrichten, flicken, ausflicken; *landsch.:* richten; *ugs.:* ganzmachen, heilmachen

Repertoire Vorrat, Bestand, Programm

repetieren → wiederholen

Replik
1. Nachbildung, Kunstkopie
2. → Antwort

Reportage (aktueller) Bericht, Report, Rapport, Aufzeichnung, Berichterstattung, Feature, Tatsachenbericht, Situationsbericht, Lagebericht

Reporter Journalist, Berichterstatter, Pressemann, Zeitungsmann, Korrespondent, Publizist

reportieren berichten, Bericht erstatten, schildern, darstellen, mitteilen, melden, ein Bild geben von, informieren über, bekanntmachen, vortragen

Repräsentant
1. → Bevollmächtigter
2. → Abgeordneter

repräsentativ
1. repräsentabel, würdig, ansehnlich, stattlich, imposant, imponierend, wirkungsvoll, eindrucksvoll, etwas darstellend
2. maßgeblich, maßgebend, entscheidend, wichtig, gewichtig, wesentlich, relevant, bedeutsam, bestimmend, beherrschend, tonangebend, ausschlaggebend, federführend
3. stellvertretend, in Vertretung, charakteristisch, typisch, kennzeichnend

repräsentieren
1. vertreten, Vertreter sein, an die Stelle treten, auftreten/erscheinen für, verkörpern, stellvertretend tätig/anwesend sein
2. vorstellen, darstellen, wert sein, einen Wert haben von, stehen für, bilden, ausmachen, ergeben, bedeuten
3. in der Öffentlichkeit/mit Würde auftreten, Lebensart zeigen, glänzen, etwas darstellen; *ugs.:* etwas hermachen, eine gute Figur machen

Repressalie
1. → Druckmittel
2. → Vergeltung

repressionsfrei → antiautoritär

repressiv → autoritär

Reproduktion → Kopie

reproduzieren
1. eine Reproduktion herstellen, nachbilden, nachschaffen, wiedergeben, abbilden; *ugs.:* abklatschen, abkupfern
2. vervielfältigen, kopieren, hektografieren, abziehen, durchschlagen, nachdrucken

Reputation Ansehen, Wertschätzung, Anerkennung, Hochachtung

Requiem → Totenmesse

Requisit
1. → Zubehör
2. → Ausrüstung

resch → knusprig

Reserve
1. → Vorrat
2. → Ersparnis
3. Ersatzmannschaft, Ersatzleute, Ersatztruppe
4. Zurückhaltung, Distanz, Distanziertheit, Reserviertheit, Vorbehalt, Verhaltenheit, Verschlossenheit, Einsilbigkeit, Schweigsamkeit, Unnahbarkeit, Wortkargheit, Unzulänglichkeit

reservieren
1. zurücklegen, bereitlegen, aufheben, aufbewahren, zurückstellen, verwahren, beiseitelegen
2. belegen, besetzen, freihalten, frei lassen, offenhalten, offenlassen, einen Platz sichern/sicherstellen/besetzen, vorbestellen, vormerken

reserviert
1. besetzt, belegt, nicht frei, vergeben, vorbestellt, vorgemerkt
2. zurückhaltend, verhalten, distanziert, verschlossen, unnahbar, unzugänglich, abweisend, zugeknöpft, kühl, unterkühlt, schweigsam, wortkarg, kontaktarm, introvertiert

Residenz Hauptstadt, Regierungssitz, Metropole, Kapitale, Residenzstadt

residieren
1. hofhalten, seinen Regierungssitz/Amtssitz haben
2. → wohnen

resignieren sich (in sein Schicksal) fügen, den Dingen ihren Lauf lassen, seine Hoffnung begraben, die Hände sinken lassen/in den Schoß legen, verzagen, den Mut verlieren, entmutigt sein, verzichten, aufgeben, sich abfinden mit, kapitulieren, verlorengeben, abschreiben, nicht mehr rechnen mit, einer Sache entsagen, zurückstecken, die Waffen strecken, passen, sich besiegen lassen, sich beugen, sich unterordnen, über sich ergehen lassen, sich gefallen lassen; *ugs.:* die Segel streichen, schlucken, hinnehmen, das Handtuch werfen/schmeißen, die Flinte ins Korn werfen, klein beigeben, in die Knie gehen, den Kram/Laden hinschmeißen/hinwerfen

resistent widerstandsfähig, stabil, voll Widerstandskraft, zäh, immun, unempfindlich, unverwüstlich, langlebig, robust

resolut entschlossen, entschieden, energisch, zielbewusst, zielstrebig, zielsicher, tatkräftig, willensstark, zupackend, beherzt, unbeirrt, nachdrücklich, bestimmt, konsequent, forsch; *ugs.:* ohne viel Federlesens

Resolution Beschluss, Entschließung, Ratschluss, (gemeinsame) Willenserklärung/Willensäußerung, Entschluss, Absichtserklärung

Resonanz
1. Mittönen, Mitschwingen, Nachhall, Nachklang, Widerhall, Echo, Rückhall, Gegenhall
2. → Anklang

resozialisieren (wieder in die Gesellschaft) eingliedern, einordnen, einfügen, eingewöhnen, einbeziehen, angleichen, anpassen, integrieren

Respekt
1. → Ansehen
2. → Autorität

respektabel
1. → ansehnlich
2. → angesehen

respektieren
1. → achten
2. → akzeptieren

respektive beziehungsweise, oder, besser/anders gesagt, das heißt, (oder) vielmehr, mit anderen Worten

respektlos → abfällig

respektvoll → ehrfürchtig

Ressentiment Abneigung, Antipathie, Aversion, Vorurteil, Voreingenommenheit, Feindschaft, Feindseligkeit, Animosität, Unversöhnlichkeit, Hass, Groll

Ressort
1. Geschäftsbereich, Amtsbereich, Arbeitsbereich, Aufgabenbereich, Tätigkeitsfeld, Dezernat, Arbeitsgebiet
2. → Fach

Rest Überrest, Überbleibsel, Rückstand, Satz, Bodensatz, Neige, Spur, Restbestand, Restposten, Restbetrag, Übriggebliebenes, Übriges, Residuum, Fragment, Bruchstück; *geh.:* Relikt, Rudiment ⓘ

Restaurant Gaststätte, Lokal, Speiselokal, Gasthaus, Wirtschaft, Gastwirtschaft, Wirtshaus, Restauration, Krug

restaurieren → renovieren

restaurieren, sich → erholen, sich

restlich übrig bleibend, zurückbleibend, noch vorhanden, verbleibend, geblieben, übriggeblieben, übrig, übrig gelassen, überschüssig, überflüssig, überzählig, zu viel, unverwendet

restlos
1. gesamt, ohne Ausnahme, vollständig, völlig, komplett
2. → ganz

R

Rückstand, Fragment und andere Reste

Der *Rest* ist zunächst in der Kaufmannssprache das, was zurückbleibt, also *Überbleibsel, Übriggebliebenes* oder *Übrigbleibendes*. Der *Restbestand* oder *Restposten* einer Ware wird meist verbilligt abgegeben. Als *Restwert* bezeichnet man in einer Bilanz den Wert eines Gegenstands, der der Abschreibung unterliegt. *Rückstand* oder gehoben *Residuum* nennt man den unbezahlten *Restbetrag* einer Rechnung oder auch den Stoff, der beim Filtern zurückbleibt, das heißt, den *Bodensatz*. *Neige* ist der *Rest* Flüssigkeit in einer Flasche oder einem Glas. Unter einem *Fragment* versteht man den übriggebliebenen Teil eines Ganzen, so zum Beispiel das *Bruchstück* eines Kunstwerks.
Rudiment wird ebenfalls in diesem Sinn gebraucht und steht darüber hinaus in der Biologie für ein verkümmertes Organ. Die Konnotation von qualitativ Minderwertigem oder Elendem, die häufig bei *Rest* mitschwingt, wird besonders in der umgangssprachlichen Wendung *jemandem den Rest geben* deutlich. Sie bedeutet je nach Zusammenhang »jemanden ruinieren«, »jemanden ans Ende seiner Nervenkraft bringen« oder »jemandem den Gnadenstoß geben«. *Sich den Rest holen* bedeutet, einen leichten Krankheitszustand so zu verschlimmern, dass die Krankheit voll zum Ausbruch kommt. *Der Rest vom Schützenfest* ist eine Umschreibung für den allerletzten Rest. Um den negativen Beigeschmack von *Rest* zu vermeiden, spricht man auch von *Überresten*. Die *irdischen/sterblichen Überreste* ist eine verhüllende Bezeichnung für eine Leiche. Die letzten Worte von Shakespeares Hamlet, *Der Rest ist Schweigen,* werden auch als gehobener Ausdruck im Sinn von »Darüber spricht man besser nicht« gebraucht.

Restriktion → Beschränkung
restriktiv beschränkend, einschränkend, einengend, begrenzend, eingrenzend, Schranken setzend
Resultat → Ergebnis
resultieren
1. → stammen von
2. → ergeben, sich
Resümee
1. Zusammenfassung, Zusammenschau, Überblick, Übersicht, Querschnitt, Aufriss, Abriss, Kurzfassung, Inhaltsangabe, Extrakt, gekürzte Fassung/Ausgabe/Form, Auszug, Komprimierung, Quintessenz, Schlusswort
2. → Ergebnis
resümieren → zusammenfassen
retardieren *geh. für:* verzögern, verlangsamen, innehalten, hinausschieben, aufschieben, hinziehen, aufhalten, hemmen, hinhalten, bremsen
retirieren → zurückziehen, sich
Retortenbaby Laborbaby, Reagenzglaskind
retour *ugs. für:* zurück, rückwärts, nach hinten, in umgekehrter Richtung
retrospektiv rückblickend, zurückblickend, rückschauend, zurückschauend, rückwärts sehend, rückwärtsgerichtet, im Nachhinein, nachträglich, hinterher, nachher
Retrospektive → Rückblick
retten erretten, Rettung bringen, aus einer Gefahr befreien, der Gefahr/dem Untergang entreißen, in Sicherheit bringen, vor Schaden/Verlust bewahren, erlösen, die Lösung bringen, Unheil verhindern, helfen, heraushelfen, bergen, Leben erhalten, Gefahr abwenden; *ugs.:* heraushauen, herausholen, herausreißen, aus der Patsche ziehen/helfen, aus der Klemme helfen, aus dem Dreck ziehen
retten, sich
1. der Gefahr entgehen, dem Tod entrinnen, am Leben bleiben, sich schützen; *ugs.:* durchkommen, davonkommen, den Kopf aus der Schlinge ziehen
2. fliehen, flüchten, entlaufen, entfliehen, ausbrechen, sich absetzen, fortlaufen, weglaufen, davonlaufen, die Flucht ergreifen, entkommen, davonrennen
3. **sich nicht retten können vor** überhäuft/überschüttet werden, zu viel/Überfluss haben, sich nicht zu helfen wissen; *ugs.:* in rauen Mengen haben, eingedeckt werden mit
Retter
1. Befreier, Erlöser, Erretter, Helfer, Heilsbringer; *geh.:* Deus ex Machina
2. Heiland, Messias
Rettich *landsch.:* Rettig; *österr.:* Radi
Rettungswagen Krankenwagen, Ambulanzwagen, Notarztwagen, Sanitätswagen, Unfallwagen, Rotkreuzwagen, Klinomobil,

Rettungsauto, Sanitätsauto, Krankenauto; *veraltet:* Ambulanz; *österr.:* Rettung; *schweiz.:* Sanität

Reue Reumütigkeit, Bedauern, Zerknirschung, Zerknirschtheit, Bußbereitschaft, Bußfertigkeit, Reuegefühl, Reueempfindung, Selbstanklage, Selbstvorwurf, Selbstverurteilung, Selbstverdammung, schlechtes Gewissen, Gewissensbisse, Schuldgefühl, Schuldbewusstsein, Einkehr, Umkehr, Bekehrung, Besserung; *ugs.:* Gewissenswurm

reuen → bereuen

reuevoll → reumütig

reuig → reumütig

reumütig Reue empfindend, reuevoll, reuig, seiner Schuld bewusst, schuldbewusst, beschämt, zerknirscht, bußfertig; *ugs.:* zerknittert, windelweich

Reumütigkeit → Reue

reüssieren → Erfolg haben

Revanche
1. Vergeltung, Gegenmaßnahme, Gegenschlag, Gegenangriff, Rache, Abrechnung, Heimzahlung, Sühne
2. Rückspiel, Gegenspiel

revanchieren, sich
1. erwidern, lohnen, belohnen, danken, eine Gegenleistung erbringen, wiedergutmachen, sich erkenntlich/dankbar zeigen/erweisen, ausgleichen; *ugs.:* wettmachen
2. → rächen

Reverenz
1. Achtung, Hochachtung, Ehrfurcht, Respekt, Verehrung, Bewunderung, Anerkennung, Ehrerbietung, Wertschätzung, Verbeugung, Hochschätzung
2. **seine Reverenz erweisen** sich verbeugen, sich verneigen, dienern, einen Diener machen, grüßen, begrüßen, die Hand geben/schütteln/reichen, willkommen heißen

Revers
1. Aufschlag, Jackenaufschlag, Rockaufschlag, Mantelaufschlag, Umschlag, Spiegel, Besatz
2. Rückseite, Wappenseite, Kehrseite (Münze)

revidieren
1. berichtigen, widerrufen, verbessern, korrigieren, umändern, umarbeiten, richtigstellen, klären, klarstellen, klarlegen
2. → kontrollieren

Revier
1. Polizeiwache, Polizeidienststelle, Polizeirevier, Polizeistation, Wache, Polizeibüro; *österr.:* Kommissariat, Polizeikommissariat, Gendarmerieposten
2. Jagdrevier, Jagdgebiet, Gehege
3. → Gebiet

Revision
1. → Kontrolle
2. → Korrektur
3. → Berufung

Revolte
1. Rebellion, Umsturz, Staatsstreich
2. → Aufstand

revoltieren
1. → aufbegehren
2. an einer Revolte/Erhebung/Empörung/einem Aufruhr/Aufstand/Putsch teilnehmen, umstürzen, umwälzen

Revolution
1. Umsturz, Umwälzung, Umbruch, Umschwung
2. Bürgerkrieg, Freiheitskampf, Innovation, Veränderung, Umbildung, Umstellung, Umwandlung, Erneuerung, Wandel, Fortschritt, Wende, Wandlung, Wechsel, Verbesserung, Neuorientierung, Neuordnung, Neuregelung, Neubeginn, Neubelebung, Reform

revolutionär
1. umwälzend, einschneidend, bahnbrechend, Epoche machend, wegweisend, richtungweisend
2. fortschrittlich, avantgardistisch, zukunftsweisend, zukunftsgerichtet, zukunftsorientiert, kämpferisch, progressiv

Revolver Schusswaffe, Handfeuerwaffe, Pistole, Colt, Browning; *ugs.:* Kanone, Knarre, Schießprügel, Schießeisen, Ballermann

Revue
1. Bühnendarbietung, Show, Schau, Varieté; *ugs.:* Tingeltangel
2. *veraltet:* Truppenschau

Revue passieren lassen an sich/seinem geistigen Auge vorüberziehen lassen, sich etwas vorstellen, sich ins Bewusstsein rufen, sich vergegenwärtigen

rezensieren besprechen, kritisch besprechen/würdigen, eine Rezension/Besprechung/Kritik schreiben, kritisieren, beurteilen, bewerten, schreiben über, sich auseinandersetzen mit; *ugs.:* sich auslassen über; *abwertend:* auseinandernehmen, verreißen

Rezension
1. kritische Nachlese, Beurteilung, Verriss
2. Buchbesprechung
3. → Kritik

Rezept
1. Arzneiverordnung, Arzneimittelverordnung,

R

ärztliche Verordnung/Anweisung, Verschreibung, Medikamentenverschreibung
2. Kochrezept, Kochanleitung, Kochanweisung, Kochvorschrift, Backrezept
3. Möglichkeit, Methode, Trick, Mittel

Rezeption Anmeldung, Empfang, Aufnahme, Anmelderaum, Empfangsraum, Empfangsbüro, Empfangshalle, Empfangsschalter

Rezession Rückgang/Verminderung/Stagnation/Stockung des wirtschaftlichen Wachstums, Konjunkturrückgang

rezipieren → aufnehmen

reziprok wechselseitig, wechselweise, abwechselnd, im Wechsel, gegenseitig, aufeinander bezogen

rezitieren → vortragen

Rhetorik Redekunst, Redegewandtheit, Sprachgewandtheit

rhythmisch → regelmäßig

richten
1. bereiten, zubereiten, vorbereiten, zurichten, herrichten, bereitlegen, bereitstellen; *ugs.:* zurechtmachen
2. → aufräumen
3. → anrichten
4. → reparieren
5. → bereinigen

richten, sich
1. → umbringen, sich
2. **sich richten nach** → befolgen

richten über ein negatives Urteil abgeben/fällen, verurteilen, befinden über, kritisieren, negativ bewerten/begutachten/beurteilen

Richterspruch → Urteil

richtig
1. fehlerlos, fehlerfrei, zutreffend, korrekt, wahr, vollkommen, tadellos, ohne Fehl, einwandfrei, untadelig, in Ordnung, perfekt, komplett, genau, vorschriftsmäßig, mustergültig; *ugs.:* tipptopp, astrein
2. wirklich, echt, wahrhaftig, wahrlich, fürwahr, weiß/bei Gott, in der Tat, tatsächlich
3. geeignet, passend, gegeben, wie es sein soll, wie geschaffen, ideal, entsprechend, angemessen, zutreffend, günstig

richtiggehend
1. → geradezu
2. genau, exakt, stimmend, präzise, akkurat, pünktlich

richtig sein → stimmen

richtigstellen berichtigen, korrigieren, klären, klarstellen, klarlegen, stornieren, revidieren, dementieren, auf einen Fehler/Irrtum aufmerksam machen, ins rechte Licht rücken/setzen

Richtlinie → Regel

Richtschnur → Regel

Richtung
1. Fahrtrichtung, Wegrichtung, Kurs, Verlauf, Route, Weg
2. Strömung, Entwicklung, Trend, Tendenz, Schule, Lehre, Stil, Seite, Bewegung, Schattierung, Prägung

richtungweisend
1. richtunggebend, wegweisend, zielsetzend, programmatisch, vorbildlich
2. maßgeblich, maßgebend, entscheidend, ausschlaggebend, bestimmend, beherrschend, tonangebend
3. → progressiv

richtungweisend sein neue Wege beschreiten/einschlagen, neue Akzente/Signale setzen, einen Trend setzen

riechen
1. Geruch wahrnehmen, wittern (Tier); *ugs.:* schnüffeln, schnuppern
2. **gut riechen** duften, einen Wohlgeruch ausströmen
3. **nicht riechen können** *ugs. für:* hassen, Hass empfinden, feindselig gesinnt sein, nicht leiden können, verachten, anfeinden, verabscheuen; *ugs.:* nicht ausstehen können, spinnefeind/nicht grün sein, dickhaben, satthaben, gefressen haben
4. **übel riechen** → stinken

Riecher → Spürsinn

Riege Turnmannschaft

Riegel
1. Sperre, Verschluss, Schieber; *österr.:* Schuber
2. **einen Riegel vorschieben** → sperren

Riemen
1. Gürtel, Gurt
2. Ruder

Riese Gigant, Hüne, Koloss, Titan, Goliath, großer Mensch; *ugs.:* langes Elend, Lulatsch, Schlaks, Kleiderschrank, Bohnenstange, (lange) Latte, Baum, Turm, Monstrum

rieseln
1. fließen, rinnen, laufen, plätschern
2. nieseln, herabfallen, tröpfeln

riesengroß → riesig

riesenhaft → riesig

riesig
1. gewaltig, massig, mächtig, übermächtig, wuchtig, gigantisch, monströs, kolossal, riesengroß, riesenhaft, immens, überdimen-

sional, sehr groß, von beachtlichem/ungeheurem Ausmaß, voluminös, monumental; *ugs.:* bestialisch, mordsmäßig
2. sehr, in großem/hohem Maße, über alle/die Maßen, reichlich, unmäßig, übermäßig, hochgradig, beträchtlich, erheblich, beachtlich, erstaunlich, unermesslich, unsäglich, unglaublich; *ugs.:* wahnsinnig, irrsinnig, irre, unwahrscheinlich

Riff Fels(en), Klippe, Felsenklippe; *österr.:* Schrof(f)en

rigoros
1. streng, scharf, drastisch, massiv, energisch, entschieden, hart, strikt, schroff, gebieterisch, diktatorisch, apodiktisch, unerbittlich
2. → rücksichtslos

Rille Vertiefung, Furche, Kerbe

Rind
1. *f.:* Färse, Kalbin, Sterke (vor Abkalben), Kuh, Starke (nach Abkalben)
2. *m.:* Stier; *zuchtfähig:* Bulle, Farren, Fasel; *kastriert:* Ochs(e)
3. *jung:* Kalb, Kuhkalb

Rinde Borke, Schorf, Kruste

Rinderwahnsinn BSE, Rinderwahn, Rinderseuche, Rinderkrankheit

Rindvieh → Dummkopf

Ring
1. Reif(en), Fingerring
2. → Gruppe
3. → Klub
4. Kampfplatz (Boxen), Ringplatz

ringeln, sich sich ranken, sich winden, sich schlingen, sich schlängeln, sich drehen

ringen
1. sich raufen, sich balgen; *ugs.:* sich rangeln
2. kämpfen, fechten, streiten, boxen, fighten, catchen

ringen um sich einsetzen, streben nach, kämpfen für, sich bemühen um, sich starkmachen für

Ringen → Kampf

rings(um) rundherum, rundum, rundumher, ringsumher, reihum, im Kreise, in jeder Richtung, überall, an allen Seiten

Rinne
1. Vertiefung, Graben, Furche
2. Abfluss, Ableitung
3. Regenrinne, Dachrinne, Traufe, Regentraufe, Dachtraufe
4. Rinnstein, Gosse

rinnen
1. → fließen
2. → vergehen

Rinnsal Bächlein, Wässerchen

Rinnstein Rinne, Gosse, Gehsteigrand, Bordstein

Risiko
1. gewagtes Unterfangen, Abenteuer, kühnes Experiment
2. → Wagnis

risikolos gefahrlos, ungefährlich, risikofrei, ungefährdet, harmlos, unschädlich, unverfänglich, sicher

riskant
1. → mutig
2. risikoreich, gefährlich, risikobehaftet, abenteuerlich, gewagt, verwegen, heikel, zweischneidig, halsbrecherisch, selbstmörderisch, lebensgefährlich

riskieren wagen, aufs Spiel setzen, sich trauen, sich getrauen, ein Risiko eingehen, den Mut/die Stirn haben, es ankommen lassen auf, sich unterstehen, sich erkühnen, sich erdreisten, sich vorwagen, sich unterfangen, alles auf eine Karte setzen, einsetzen, va banque spielen, sein Leben einsetzen; *ugs.:* aufs Ganze gehen

Riss
1. Einriss, Spalt, Sprung, Loch, Ritze, Fuge, Schlitz, Loch
2. Schramme, Wunde, Kratzer, Schürfung; *ugs.:* Ritzer
3. Bruch, Spaltung, Entzweiung, Kluft, Diskrepanz, Differenz, Entfremdung; *ugs.:* Knacks, Knick

rissig aufgesprungen, rau, spröde, schrundig

ritterlich
1. chevaleresk
2. → höflich
3. → fair

Ritual
1. Sitte, Gewohnheit, Usus, Gepflogenheit
2. Etikette, Kodex
3. → Brauch

Ritus
1. Konvention, Regel, Tradition, Ordnung, Form, Protokoll
2. religiöse Handlung, Zeremonie, Kult
3. → Brauch

Ritz(e) → Riss

ritzen einritzen, einkerben, eingravieren, einschneiden, einzeichnen, kratzen

ritzen, sich sich reißen, sich schrammen, sich aufschürfen, sich leicht verletzen

Rivale Feind, Widersacher, Opponent, Antagonist, Konkurrent, Mitbewerber, Wettbewerber, Nebenbuhler, Gegner

rivalisieren konkurrieren, jmdm. Konkurrenz machen, mit jmdm. im Wettbewerb stehen, in Wett-

R

bewerb treten, wettstreiten, wetteifern, ankämpfen/angehen gegen; *ugs.:* anstinken gegen

Rivalität → Konkurrenz

robben → kriechen

Robe
1. elegantes Kleid, Festkleid, Festgewand, Galakleid, Abendkleid
2. Amtskleidung, Amtstracht, Talar, Habit, Ornat

Roboter
1. Automat, menschliche Maschine, Maschinenmensch, Apparat
2. *ugs.:* Arbeitsmaschine, Arbeitspferd, Arbeitstier

robust → kräftig

röcheln nach Luft/Atem ringen, keuchend atmen, hecheln, keuchen, schnaufen, schnauben

Rocker
1. Protestler, Halbstarker
2. Rockmusiker

rodeln Schlitten fahren

roden urbar machen, Bäume fällen/absägen, abholzen, kahlschlagen

Rogen Fischeier, Kaviar, Laich

roh
1. ungekocht, ungebraten, nicht zubereitet
2. unbearbeitet, in natürlichem Zustand, natürlich
3. → grob
4. → grobschlächtig
5. → brutal

Rohling
1. → Grobian
2. Leer-CD, Leer-DVD

Rohr
1. Röhre, Schlauch, Zylinder
2. Schilfrohr, Binse
3. Schaft, Halm
4. Stock, Rohrstock, spanisches Rohr, Prügelstock
5. Rohrdickicht, Schilf, Schilfbestand
6. → Röhre

Rolle: Von Haupt- und Nebenrollen

Im Theater ist die *Rolle* die darzustellende *Figur*. Deren Bedeutung wird durch Zusätze präzisiert, etwa *Hauptrolle, Nebenrolle* oder *Charakterrolle*. Eine *Charge* ist eine kleine, aber ausgeprägte *Charakterrolle,* die übertreibend dargestellt wird. Gelingt das nicht gut, spricht man abwertend von einer *Knallcharge*. Unter *Partie* versteht man eine Gesangsrolle in einem Musikstück, während *Part* wiederum allgemein für Rolle in einem Bühnenstück steht. Darüber hinaus bezeichnet *Rolle* auch den *Rollentext,* den eine Person auf der Bühne hat. Diese Bedeutung rührt daher, dass diese Texte einst auf zusammengerollten Papierstreifen aufgeschrieben waren. Als Metapher wird *Rolle* schließlich allgemein für die unterschiedlichsten Lebenslagen gebraucht. Wer *seine Rolle gelernt* hat, weiß sich richtig zu verhalten.

Aus der Rolle fallen bedeutet dagegen, »sich schlecht benehmen« (im Theater bezeichnet die Wendung das Steckenbleiben des Schauspielers). *Sich in seine Rolle finden* heißt mit einer Aufgabe fertigwerden. *Seine Rolle gut spielen* heißt, die Aufgabe gut zu erfüllen. Wer sich *mit der Rolle des Zuschauers begnügen* will oder muss, der beteiligt sich nicht. Wenn *alle/die Rollen verteilt* sind, dann sind die Aufgaben gestellt. *Sich in seiner Rolle gefallen* bedeutet eingebildet sein. Wer immer *eine große/die wichtigste Rolle spielen* will, möchte stets die Hauptperson sein. *Sich in jemandes Rolle versetzen* bedeutet, sich vorzustellen, wie schwer es ein anderer hat. Wer *seine Rolle ausgespielt hat,* der hat nichts mehr zu sagen, ist gescheitert oder entlarvt. *Es spielt keine Rolle* heißt, dass etwas nicht wichtig ist. Das Gegenteil wird mit der Wendung *eine (große) Rolle spielen* beschrieben. Über einen reichen Menschen sagt man auch, für ihn *spielt Geld keine Rolle*.

Röhre
1. Rohr, Bratrohr, Backröhre, Backrohr, Backofen
2. → Fernsehgerät
3. **in die Röhre gucken** das Nachsehen haben, Pech haben, nichts bekommen

röhren brüllen (Hirsch); *Jägerspr.:* orgeln

Rohstoff Rohmaterial, Naturstoff, Naturprodukt, Werkstoff, Grundstoff

Rollbahn Rollfeld, Startbahn, Landebahn, Piste

Rolle
1. Spule, Walze
2. Purzelbaum, Überschlag
3. Partie, Figur, Person, Part, Charge
4. Text, Rollentext
5. Wäschemangel
6. **aus der Rolle fallen** entgleisen, einen Fauxpas begehen, sich schlecht/taktlos benehmen, sich im Ton/Ausdruck vergreifen; *ugs.:* sich vorbeibenehmen, sich danebenbenehmen
7. **eine Rolle spielen** → darstellen
8. wichtig/entscheidend sein, Gewicht/Bedeutung haben, ins Gewicht fallen, tonangebend sein ⓘ

rollen
1. (sich) drehen, (sich) wälzen, laufen, kugeln, kreiseln, zirkulieren, rotieren, wirbeln; *ugs.:* kullern, kollern, trudeln
2. → ausrollen
3. fahren (Auto), sich fortbewegen
4. → mangeln
5. **ins Rollen kommen** → anfangen

rollen in → einpacken
Rolllade(n) Jalousie, Rouleau, Rollo, Fensterschutz, Jalousette, Fensterladen
Rollo → Rolllade(n)
romantisch
1. schwärmerisch, verträumt, träumerisch, unrealistisch, fantasievoll, weltfremd, idealistisch, wirklichkeitsfern, lebensfremd, weltentrückt
2. empfindsam, feinfühlend, zartfühlend, feinfühlig, feinsinnig, zartbesaitet, feinbesaitet, sensibel, sensitiv, zart
3. idyllisch, harmonisch, friedvoll, malerisch, paradiesisch, schön, beschaulich, friedlich

Romanze
1. (romantisches) Liebeserlebnis, Liebesabenteuer, Liebesgeschichte, Liebesverhältnis, Liebesbeziehung, Liebschaft, Lovestory
2. → Affäre

röntgen durchleuchten, eine Aufnahme machen
rösch → knusprig
Rosenkohl Brüsseler Kohl; *österr.:* Sprossenkohl, Kohlsprossen
rosig
1. rosa, rosafarbig, rosafarben, pink
2. angenehm, bestmöglich, optimal, optimistisch, golden

Rosine Sultanine, Weinbeere; *landsch.:* Zibebe
Ross
1. → Pferd
2. → Dummkopf

rosten Rost ansetzen/bilden, einrosten, verrosten, durch Rost defekt/unbrauchbar werden; *ugs.:* kaputtgehen
rösten dörren, backen, braten, schmoren, bräunen
rostig → eingerostet
röten rot färben
röten, sich → erröten
rotieren
1. sich (um die eigene Achse) drehen, kreisen, zirkulieren, wirbeln, laufen um
2. → ärgern, sich
3. → durchdrehen

Rotkohl Rotkraut, Blaukraut; *schweiz.:* Kabis, Rotkabis
rotsehen *ugs. für:* die Beherrschung/Geduld verlieren, aus der Fassung geraten, in Wut/Zorn geraten, sich erregen, sich aufregen, auffahren, hochfahren, sich vergessen, sich ärgern, aufschäumen, sich erhitzen, sich ereifern, außer sich geraten, grollen, wüten, toben, sich erzürnen, wütend/zornig/böse/heftig werden, ergrimmen; *geh.:* sich echauffieren; *veraltet:* die Contenance verlieren, sich enragieren; *ugs.:* explodieren, durchdrehen, aus der Haut fahren, in die Luft/an die Decke gehen, schäumen, sieden, kochen, in Rage kommen, wild werden, Zustände kriegen, aufdrehen, platzen, hochgehen, die Wände hochgehen
Rotte
1. → Herde
2. → Gruppe

Rotz
1. *derb für:* Nasenschleim, Nasensekret; *landsch.:* Schnodder
2. *Med.:* Malleus (Infektionskrankheit)

rotzig
1. *derb für:* frech, rotzfrech, pöbelhaft, rüpelhaft, rüpelig, ungehobelt, ruppig, ohne jedes Benehmen, unerzogen, rüde, derb
2. → schleimig

Rotzjunge → Frechdachs
Rouleau → Rolllade(n)
Route
1. Reiseweg, Wegstrecke, Marschstrecke, Flugstrecke
2. → Kurs

Routine Übung, Praxis, Technik, Erfahrung, Fertigkeit, Geschicklichkeit, praktisches Wissen
routinemäßig gewohnheitsmäßig, regelmäßig, üblich, alltäglich, ohne besonderen Anlass, gewohntermaßen, normal, geläufig, gebräuchlich, gewohnt, herkömmlich, allgemein, regulär, gängig
routiniert sachkundig, fachgemäß, fachmännisch, gekonnt, geschickt, kunstfertig, fingerfertig, praktisch, gewandt, qualifiziert, sicher
Rowdy *ugs. für:* Radaubruder, Randalierer, gewalttätiger Bursche, Rocker, Messerheld, Raufbold, Schläger, Schlägertyp, Rohling; *ugs.:* Rabauke
rubbeln → reiben
Rübe
1. Runkelrübe; *landsch.:* Dickwurz(el), Dickrübe; *österr.:* Runkel
2. → Kopf
3. **wie Kraut und Rüben** → durcheinander

rüberbringen *ugs. für:* verdeutlichen, (erfolgreich) vermitteln, veranschaulichen, bewusstmachen, anschaulich/deutlich/verständlich/begreifbar machen, demonstrieren, konkretisieren, genauer bestimmen, eindeutiger beschreiben, ausführen, präzisieren, vor Augen führen, erläutern, erklären, beleuchten, zeigen, dokumentieren

Rubrik
1. Spalte, Abschnitt, Kolumne
2. Titel, Überschrift

ruchbar werden → herumsprechen, sich

ruchlos
1. → gemein
2. → brutal

Ruchlosigkeit → Gemeinheit

Ruck
1. Stoß, plötzlicher/heftiger Stoß, plötzliches Ziehen/Reißen, Schlag; *ugs.:* Rucker, Stups, Schubs
2. Schwenk, Schwenkung, Wendung, Wende, Änderung
3. **mit einem Ruck** → plötzlich
4. **sich einen Ruck geben** sich überwinden, sich bezwingen, sich besiegen, sich zwingen zu, sich ein Herz fassen; *ugs.:* sich aufrappeln, sich zusammenreißen, sich am Riemen reißen

ruckartig → plötzlich

Rückblick Rückschau, Rückblende, Retrospektive, Erinnerung, Blick in die Vergangenheit, Flashback; *geh.:* Reminiszenz

Rückblick halten → erinnern, sich

rückblickend → retrospektiv

rücken schieben, drücken, bewegen, verrücken, umstellen, verstellen, an einen anderen Platz stellen

Rücken
1. *ugs.:* Kreuz, Buckel; *landsch.:* Puckel, Hucke
2. **jmdm. den Rücken kehren** sich abwenden, sich wegwenden, sich umwenden, sich abkehren, sich zur Seite wenden, sich umdrehen
3. **jmdm. den Rücken stärken** eintreten/sich einsetzen/sich verwenden/sich starkmachen für, sich bemühen um, sich vor jmdn. stellen, jmdn. fördern; *ugs.:* sich zerreißen für, jmdm. die Stange halten
4. **jmdm. in den Rücken fallen** verraten, Verrat üben/begehen, ein Vertrauensverhältnis zerstören, abtrünnig werden, abfallen von, (die Treue) brechen, im Stich lassen, sich abkehren

Rückendeckung → Unterstützung

Rückerstattung → Rückzahlung

Rückfahrt Rückreise, Heimreise, Heimkehr, Rückkehr, Heimfahrt, Rückweg, Nachhauseweg, Rückmarsch, Retourfahrt

Rückfall
1. erneutes Vorkommen/Auftreten, Wiederholung, Rückschlag; *Med.:* Relaps, Rezidiv
2. → Rückgang

Rückgang
1. Rückfall, Rückschritt, Rücklauf, Rückschlag, Abnahme, Schwund, Nachlassen, Verringerung, Verminderung, Abbau, Dezimierung, Reduktion
2. Rückbildung, rückläufige Entwicklung, Rückwärtsentwicklung, Niedergang
3. Einbuße, Verlust
4. Rekurs, Bezug, Bezugnahme, Rückgriff, Anlehnung

rückgängig machen annullieren, stornieren, zurückziehen, zurücknehmen, abrücken von, absagen, abmelden, abbestellen, zurücktreten von, widerrufen, kündigen, für ungültig/nichtig erklären; *ugs.:* abblasen

Rückgrat
1. Wirbelsäule
2. **ohne Rückgrat** charakterlos, unehrenhaft, ehrlos, würdelos

Rückhalt
1. Beistand, Hilfe, Unterstützung, Rückendeckung, Verstärkung
2. → Stütze

rückhaltlos
1. ohne Vorbehalt/Einschränkung/Bedingung/Vorbedingung, vorbehaltlos, bedingungslos
2. → aufrichtig

Rückkehr Heimkehr, Wiederkehr, Rückkunft, Zurückkommen

Rückkunft → Rückkehr

Rücklage
1. → Vorrat
2. → Ersparnis

rückläufig nachlassend, zurückgehend, schwindend, sinkend, abflauend, regressiv

Rücklicht Rückleuchte, Rückstrahler, Katzenauge

rücklings nach/von hinten, nach/von rückwärts

Rückprall → Rückschlag

Rückreise → Rückfahrt

Rucksack Ranzen, Reisesack; *veraltet:* Felleisen; *ugs.:* Ränzel

Rückschau → Rückblick

Rückschau halten
1. Revue passieren lassen
2. → erinnern, sich

Rückschlag
1. Rückprall, Rückstoß, Gegenprall
2. → Rückfall
3. → Fehlschlag
Rückschritt → Rückgang
rückschrittlich → reaktionär
Rückseite rückwärtige Seite, Hinterseite, Kehrseite, Gegenseite, die andere/linke Seite, Abseite, Schattenseite
Rücksicht
1. Rücksichtnahme
2. Berücksichtigung, Anrechnung, Beachtung
3. → Nachsicht
4. mit Rücksicht auf → hinsichtlich
5. ohne Rücksicht → rücksichtslos
Rücksicht nehmen auf berücksichtigen, denken an, bedenken, bedacht sein, beachten, erwägen, in Erwägung/Betracht ziehen, einbeziehen, in Anschlag bringen, nicht übersehen, Acht haben, im Auge behalten
rücksichtslos ohne Rücksicht/Bedenken, keine Nachsicht zeigend, unerbittlich, bedenkenlos, erbarmungslos, schonungslos, gnadenlos, mitleidslos, unbarmherzig, rigoros, radikal, gewissenlos, skrupellos, rabiat, roh, grob, hart, streng, herzlos, gefühllos, hemmungslos, kaltschnäuzig, kaltblütig, selbstsüchtig, egoistisch; *ugs.:* ohne Rücksicht auf Verluste, wie eine Dampfwalze
rücksichtslos sein über Leichen gehen, seine Ellbogen gebrauchen, ohne Skrupel/Hemmungen sein, jedes Mittel einsetzen
rücksichtsvoll → schonend
Rückstand
1. Rest, zurückbleibender Stoff, Altlast, Bodensatz
2. Verzögerung, Verzug, Ausstand, Verspätung
3. *Pl.:* Schuld, Geldverpflichtung, Verbindlichkeiten; *geh.:* Obligation
rückständig
1. zurückgeblieben, unterentwickelt; *ugs.:* hinterwäldlerisch
2. → altmodisch
Rückstoß → Rückschlag
Rücktritt Amtsniederlegung, Amtsaufgabe, Amtsabtretung, Abdankung, Ausscheiden, Abschied, Kündigung; *geh.:* Demission
rückvergüten zurückzahlen, zurückerstatten, zurückgeben, die Verbindlichkeiten erfüllen, Schuld ausgleichen/tilgen, entschädigen, entgelten, wiedergutmachen, ersetzen, abgelten, wettmachen
Rückvergütung → Rückzahlung
rückversichern, sich sich absichern, sich vergewissern, sich überzeugen, sich erkundigen, sichergehen, sich versichern, sich Gewissheit verschaffen, nachfragen
rückwärts nach hinten, hintenüber, zurück, gegenläufig, rückläufig, in umgekehrter Richtung, retour
Rückweg Rückmarsch, Heimweg, Nachhauseweg
ruckweise ruckartig, stoßweise
Rückzahlung Rückvergütung, Rückerstattung, Wiedererstattung
Rückzieher
1. Einschränkung, Zurücknahme, Distanzierung, Absage
2. einen Rückzieher machen → nachgeben
Rückzug
1. Aufgabe, Abzug, Räumung, Zurückweichen
2. den Rückzug antreten → nachgeben
rüde barsch, unfreundlich, grob, ruppig, roh, rau, flegelhaft, ungezogen, rüpelig, frech, unhöflich, ungehobelt
1. → barsch
2. → flegelhaft
Rudel
1. → Schar
2. → Herde
Ruder
1. Riemen, Paddel
2. Steuer, Steuerung
3. am Ruder sein gebieten, herrschen, regieren, befehligen, walten über
rudern
1. Ruderboot/Paddelboot fahren, paddeln, sich in die Riemen legen
2. hin und her schwingen, pendeln, schlenkern, schlackern, schwenken
Rudiment → Rest
rudimentär verkümmert, nicht ausgebildet, zurückgeblieben
Ruf
1. Schrei, Notruf, Signal
2. innere Stimme, inneres Gebot, Gewissen
3. Berufung, Auftrag, Aufforderung, Angebot, Amt, Stelle, Ernennung
4. → Ansehen
rufen
1. schreien, Schreie ausstoßen, kreischen, brüllen, lärmen, johlen, grölen; *ugs.:* plärren, blöken, quäken, krakeelen, sich die Lunge aus dem Hals schreien, Zeter und Mordio schreien
2. anrufen, aufrufen, zurufen, herbeirufen, um Hilfe rufen, alarmieren, Alarm/Lärm schlagen

3. nennen, heißen, anreden, ansprechen
4. **ins Gedächtnis rufen** erinnern, in Erinnerung bringen, mahnen, gemahnen, auffrischen
5. **ins Leben rufen** eröffnen, der Öffentlichkeit/dem Publikum zugänglich machen/übergeben, einweihen, in Betrieb nehmen, aus der Taufe heben; *ugs.:* aufziehen, starten
6. **zur Ordnung rufen** ermahnen, mahnen, gemahnen, eindringlich erinnern, rügen, tadeln, predigen, auffordern, zu bedenken geben

rufen nach verlangen nach, zu kommen bitten, begehren, beordern, kommen lassen

Rüffel → Tadel

Rufmord → Verleumdung

Rufname Vorname

Rufnummer Telefonnummer, Fernsprechnummer

Rufweite Nähe, Hörweite, Sichtweite, Reichweite

Rüge
1. Abmahnung; *ugs.:* Rüffel
2. → Tadel

rügen
1. → schimpfen
2. → tadeln

Ruhe
1. Stillstand
2. Entspannung, Sichausruhen, Muße, Erholung, Pause, Ruhepause, Atempause, Ferien, Urlaub, Zurückgezogenheit
3. Stille, Lautlosigkeit, Schweigen, Stillschweigen, Ungestörtsein, Nichtgestörtwerden, Friede(n)
4. Schlaf, Nachtruhe
5. Ausgeglichenheit, Beschaulichkeit, Gelassenheit, Besonnenheit, Abgeklärtheit, Gleichgewicht, Gleichmaß, Gleichmut, Fassung, Gefasstheit, Beherrschung, Haltung, Seelenruhe, Gemütsruhe, Stoizismus, Unerschütterlichkeit; *geh.:* Contenance
6. Präsenz, Geistesgegenwart, Kaltblütigkeit
7. Sesshaftigkeit, Sitzfleisch, Phlegma, Lässigkeit, Laxheit, Trägheit, Passivität, Lethargie, Gleichgültigkeit, Apathie, Untätigkeit, Inaktivität, Teilnahmslosigkeit

Ruhegehalt Ruhegeld, Altersversorgung, Rente, Pension; *österr.:* Ruhegenuss

ruhelos → unruhig

Ruhelosigkeit
1. Rastlosigkeit, Nervosität
2. → Unruhe

ruhen
1. → schlafen
2. → ausruhen, sich
3. stillstehen, stagnieren, nicht in Gang/Bewegung/Tätigkeit sein, nicht arbeiten/aktiv sein, stocken, aussetzen, brachliegen, lahm liegen
4. begraben/beerdigt/bestattet/beigesetzt sein

ruhen auf fußen/fest stehen auf, getragen werden von, sich stützen auf

Ruhepause → Pause

Ruhestand → Lebensabend

Ruheständler Rentner, Rentenempfänger, Rentier, Pensionär, Privatmann; *veraltet:* Partikülier, Privatier; *österr.:* Pensionist, Privater; *schweiz.:* Partikular

Ruhestätte Ruhestatt, Grab, Grabstätte, Grabplatz, Begräbnisstätte, Gruft, Totengruft

Ruhestörer → Störenfried

Ruhestörung → Lärm

ruhig
1. leise, nicht laut, gedämpft, flüsternd, piano, lautlos, geräuschlos, still, verhalten, im Flüsterton, kaum hörbar/vernehmbar/vernehmlich
2. gelassen, beherrscht, gefasst, gleichmütig, stoisch, überlegen, ausgeglichen, kaltblütig, geistesgegenwärtig, bedacht, kühl, gesetzt; *ugs.:* lässig, ohne mit der Wimper zu zucken, cool
3. besonnen, abgeklärt, gereift, überlegt, umsichtig, vorsichtig, bedächtig
4. schweigsam, wortkarg, nicht gesprächig, redescheu, verschwiegen, zurückhaltend, verschlossen, einsilbig; *ugs.:* mundfaul

ruhig bleiben → beherrschen, sich

ruhig werden → beruhigen, sich

Ruhm
1. hohes Ansehen, große Ehre, Lob und Preis, Weltruf, Weltgeltung, Weltruhm, Glorie, Glanz
2. → Ansehen

rühmen → loben

rühmen, sich → angeben

rühmlich
1. rühmenswert, anerkennenswert, lobenswert, dankenswert, löblich, beifallswürdig, verdienstvoll, verdienstlich, achtenswert, beachtlich, achtbar, hoch anzurechnen
2. ruhmvoll, glanzvoll, ehrenvoll, ruhmreich, glorios, glorreich, glänzend, triumphal, herrlich, beeindruckend

ruhmreich → rühmlich

rühren
1. bewegen, regen
2. umrühren, verrühren, anrühren, durchrühren,

R

quirlen, verquirlen, mischen, vermischen, mengen, vermengen, unterarbeiten
3. berühren, im Innersten bewegen, nahegehen, ergreifen, erschüttern, zu Herzen gehen, erregen, betroffen machen, innere Erregung/Anteilnahme bewirken, unter die Haut gehen; *ugs.:* durch und durch gehen, umwerfen

rühren, sich
1. sich regen, sich bewegen, sich nicht ruhig halten
2. → arbeiten

rühren von → stammen von

rührend
1. ergreifend, erschütternd, zu Herzen gehend, herzbewegend; *scherzh., iron.:* herzzerreißend
2. → liebevoll

rührig → aktiv

rührselig → sentimental

Rührseligkeit Sentimentalität, Gefühlsseligkeit, Gefühlsüberschwang, Empfindsamkeit, Tränenseligkeit; *ugs.:* Gefühlsduselei; *geh.:* Larmoyanz; *abwertend:* Schmalz

Rührung → Ergriffenheit

Ruin
1. → Unglück
2. → Verderben
3. → Bankrott

Ruine Trümmer, Reste, Überreste, Überbleibsel, Wrack, Torso

ruinieren
1. zerstören, zerrütten, zugrunde richten, vernichten, verderben, ins Unglück stürzen/bringen, zunichtemachen, zuschanden machen, bankrott richten, eine Niederlage bereiten, das Rückgrat brechen, in den Abgrund stürzen, an den Bettelstab bringen, die Schlinge um den Hals legen, das Wasser abgraben, ans Messer liefern, den Todesstoß versetzen; *ugs.:* fertigmachen, den Rest geben, auf den Hund bringen, jmdn. liefern, abschießen, verheizen, erledigen
2. → kaputtmachen
3. → zerstören

ruiniert
1. erledigt, zerrüttet, vernichtet, verloren, gebrochen, gescheitert, am Ende, ausgeschlossen, ausgestoßen; *ugs.:* geliefert, gestorben
2. zahlungsunfähig, illiquid, insolvent, bankrott, finanzschwach, abgewirtschaftet; *ugs.:* abgebrannt, knapp bei Kasse, pleite, blank

rülpsen laut aufstoßen; *Kinderspr.:* Bäuerchen machen

Rummel
1. → Betrieb
2. → Jahrmarkt

rumoren
1. kollern, in den Gedärmen kollern, rumpeln; *landsch.:* rummeln
2. → lärmen
3. → kriseln

Rumpelkammer Abstellraum, Nebenraum, Besenkammer, Abstellkammer, Vorratskammer, Speicher

rumpeln
1. polternd/rüttelnd fahren, holpern, rattern
2. → lärmen
3. → rumoren

Run Andrang, Sturm, Ansturm, Zulauf, Zustrom, Gedränge, Getriebe, Wettlauf

rund
1. kreisförmig, ringförmig, mondförmig, kreisrund, kugelrund, kugelig, ringartig, in der Form eines Kreises; *Med.:* orbikular; *ugs.:* rundlich, ringelig
2. → dick
3. → annähernd

Rundblick
1. Panorama
2. → Aussicht

Runde
1. → Gruppe
2. → Forum
3. Lage (Getränke)
4. Kontrollgang, Rundgang (Wächter), Inspektion, Kontrolle, Inspizierung, Überprüfung, Nachprüfung
5. Durchgang, Durchlauf (Sport) ⓘ

runden, sich
1. sich wölben, schwellen, anschwellen, hervortreten, sich heben, zunehmen, dick werden, aufquellen, aufblähen
2. sich vervollkommnen, sich abrunden, sich vollenden, zum Abschluss/Ende kommen, perfekt werden, gedeihen, wachsen

Rundfrage → Umfrage

Rundfunk Radio, Funk, Hörfunk, Sender, Radiosender, Rundfunksender, Rundfunkanstalt; *schweiz.:* Rundspruch

rundheraus direkt, geradlinig, ohne Umschweife, rundweg, freimütig, aufrichtig; *ugs.:* ohne ein Blatt vorm Mund, ungeschminkt

rundherum → ringsum

rundlich → dick

Rundschreiben Rundbrief, Umlauf, Bekanntgabe, Bekanntmachung, Ankündigung, Mitteilung, Newsletter, Meldung; *veraltet:* Zirkular; *ugs.:* Info

Rundung runde Form, Bogen, Wölbung, Ausbuch-

R

Runden bilden oder drehen

Eine *Runde* kann eine *Gruppe* von Menschen sein. Diese Bedeutung leitet sich von alten germanischen Versammlungsgewohnheiten her: Die Teilnehmer bildeten dabei einen Kreis. Dies spiegelt sich noch heute in Begriffen wie *Tafelrunde, Stammtischrunde, Diskussionsrunde* und *Talkrunde* oder in der umgangssprachlichen Redensart *eine Runde ausgeben/schmeißen,* also allen Anwesenden ein Getränk bezahlen. Dabei sitzt man in der Regel *in fröhlicher Runde* beisammen. *Etwas in die Runde werfen/schmeißen* heißt etwas zur Diskussion stellen. Auch die Redewendung *die Runde machen* im Sinn von »überall bekanntwerden« geht auf die Vorstellung zurück, dass die Nachricht in der Sitzrunde von Mund zu Mund geht. Diese Formulierung kann freilich auch die Bedeutung haben »einen *Kontrollgang/Rundgang* machen«, also einen festgelegten Bezirk abzuschreiten und wieder zum Ausgangspunkt zurückzukehren.
Auch Sportler drehen auf der Wettkampfbahn ihre *Runden.* Im Boxsport bezeichnet *Runde* den zeitlich begrenzten Abschnitt des Kampfs. Darauf geht die Redensart *(heil) über die Runden kommen* zurück, die im übertragenen Sinn bedeutet »eine schwierige Situation meistern«. Das wird oft auch im Zusammenhang mit Geld verwendet: Wer in diesem Sinn *über die Runden kommt,* schafft es, mit dem zur Verfügung stehenden Geld auch auszukommen. Jemanden finanziell unterstützen heißt dementsprechend *jemandem über die Runden helfen.* Etwas *über die Runden bringen* heißt, eine Sache zu Ende zu bringen.

tung, Bauch, Schwellung, Einbuchtung

rundweg
1. → aufrichtig
2. → durchweg

runz(e)lig zerfurcht, zerklüftet, zerknittert, faltig, knitt(e)rig, nicht glatt, kraus, schlaff, welk, schrump(e)lig, hutz(e)lig, zerschründet, schrundig

runzeln in Falten legen/ziehen, krausen, furchen, zusammenziehen

Rüpel → Flegel

rüpelhaft → flegelhaft

rupfen
1. ausreißen, ziehen, ausziehen, entfernen, auszupfen, ausrupfen, ausraufen, herauszerren
2. → pflücken
3. → ausbeuten

ruppig
1. barsch, unfreundlich, grob, frech, unhöflich, kurz angebunden, brüsk, harsch, rüde, roh, rau, raubeinig
2. → flegelhaft

rußen Ruß bilden/absondern/entwickeln; *landsch.:* qualmen, blaken

rüsten bewaffnen, aufrüsten, armieren, mobilisieren, mobilmachen, Kriegsvorbereitungen treffen, sich militärisch stärken, sich verteidigungsfähig/kampfbereit machen

rüsten, sich → anschicken, sich

rüstig beweglich, leistungsfähig, strapazierbar, fit, kräftig; *ugs.:* gut zuwege

rustikal ländlich, bäuerlich

Rüstung
1. Aufrüstung, Bewaffnung, Mobilmachung, Mobilisierung
2. Harnisch, Panzer, Panzerkleid, Eisenrüstung

Rüstzeug Ausstattung, Ausrüstung, Hilfsmittel, Werkzeug, Handwerkszeug

Rute
1. Gerte, Peitsche
2. → Penis

Rutsch → Abstecher

rutschen nicht feststehen/festsitzen/festhaften, gleiten, ausrutschen, schlittern, den Halt verlieren, hinfallen; *ugs.:* schliddern, ausglitschen

rutschig glatt, spiegelglatt, eisglatt, schlüpfrig, glitschig

rütteln
1. schütteln, ruckartig/kräftig/schnell hin und her bewegen
2. stoßen, poltern, rattern, donnern; *ugs.:* pumpern

S

Saal (großer) Raum, Halle, Lokalität
Saat Samen, Saatgut, Aussaat
sabbern
1. *ugs. für:* speicheln, geifern; *ugs.:* sabbeln
2. → schwatzen
sabotieren planmäßig stören, behindern, verhindern, hintertreiben, Sabotage treiben, entgegenarbeiten, entgegenwirken, hemmen, blockieren, Pläne durchkreuzen, Sand ins Getriebe streuen, lahmlegen, zu Fall bringen, vereiteln, zunichte/unmöglich/einen Strich durch die Rechnung machen; *ugs.:* querschießen, quertreiben
sachdienlich zuträglich, förderlich, gute Dienste leistend, konstruktiv, nützlich
Sache
1. Ding, Gegenstand, Objekt, Etwas, Körper, Artikel, Gebilde, Materie, Stoff, Gestalt, Substanz, Element, Geschöpf, Sein; *ugs.:* Dings, Dingsda, Dingsbums
2. Angelegenheit, Fall, Vorfall, Sachverhalt, Punkt, Frage, Affäre, Geschehen, Begebenheit, Hergang, Vorgang, Thema, Kasus, Ereignis, Vorkommnis; *geh.:* Sujet; *ugs.:* Geschichte, Schose, Schote
Sachen
1. Besitz, Eigentum, Besitztum, Habe, Habseligkeiten, Schätze
2. Kleidung, Bekleidung, Kleidungsstücke, Tracht, Garderobe, Kluft, Outfit; *ugs.:* Klamotten, Montur
sachfremd nicht sachgemäß/entsprechend/zugehörig, zweckentfremdet
Sachgebiet
1. Sparte, Branche, Richtung, Fachrichtung, Metier, Ressort, Domäne
2. → Fach
sachgemäß fachmännisch, fachmäßig, fachgerecht, werkgerecht, richtig, kunstgerecht, sachgerecht, angemessen, sachkundig, sachverständig, gekonnt, zutreffend
Sachkenner
1. Spezialist, Sachverständiger, Experte, Kapazität; *ugs.:* Größe, Freak
2. → Fachmann
Sachkenntnis Kennerschaft, Wissen, Erfahrung, Überblick, Bildung, Praxis
sachkundig sachverständig, fachkundig, erfahren, qualifiziert, versiert, geschult, ausgebildet, bewährt, vom Fach, gelernt, routiniert, bewandert, gutunterrichtet, beschlagen, wissend
Sachkundiger → Fachmann
Sachlage Sachverhalt, Tatbestand, Lage, Situation, der Stand der Dinge, Gegebenheit, der aktuelle Stand, Zustand, Bewandtnis(se), Stadium, Umstände, Zusammenhänge, Konstellation, Fall, Status, Faktum, Verhältnisse; *ugs.:* Drum und Dran
sachlich nüchtern, objektiv, frei von Emotionen, leidenschaftslos, trocken, verstandesbetont, verstandesmäßig, rational, real, logisch, klar, unpersönlich, emotionslos, unparteiisch, unvoreingenommen, vorurteilslos, vorurteilsfrei
sacht(e)
1. behutsam, sanft, vorsichtig, schonend, schonungsvoll, achtsam, rücksichtsvoll, sorgsam, fürsorglich, liebevoll, zart, mit Bedacht, weich, gelinde, lind, mild, zahm
2. leise, unmerklich, still, leicht, unhörbar, ruhig, bedächtig, lau
Sachverhalt → Sachlage
sachverständig → sachkundig
Sachverständiger → Fachmann
Sachwalter → Bevollmächtigter
Sack Beutel; *landsch.:* Säckel
Sackgasse
1. Ausweglosigkeit, Ratlosigkeit, Hoffnungslosigkeit; *ugs.:* verrannte Lage
2. → Not
sadistisch quälend, quälerisch, peinigend
säen
1. aussäen, streuen, ausstreuen, pflanzen, anbauen, legen, bestellen, stecken
2. stiften, erzeugen, den Keim legen zu, schaffen, hervorrufen, verursachen, bewirken, entfachen, herbeiführen, anrichten, auslösen, entfesseln, in Gang setzen; *geh.:* evozieren
Safe Sicherheitsfach, Schließfach, Bankfach, Geldschrank, Panzerschrank, Tresor
saftig
1. saftvoll, reich an Saft, voller Saft
2. → derb
saftlos
1. → geistlos
2. ohne Saft, → trocken
Saftpresse Entsafter, Fruchtpresse, Obstpresse, Moster, Entmoster, Presse; *ugs.:* Obstquetsche

Sage → Gerücht

sagen

1. äußern, artikulieren, in Worte fassen, sprechen, erzählen, formulieren
2. → informieren
3. → behaupten
4. bedeuten, heißen, meinen, besagen, aussagen, beinhalten, wichtig/wert sein, Gewicht haben, repräsentieren, zählen, zum Inhalt haben, vorstellen, von Belang sein, verkörpern ⓘ

sägen

1. spalten, zerschneiden, zerlegen, zerteilen, zerkleinern
2. *ugs. für:* schnarchen

sagenhaft

1. legendär, sagenumwoben, mythisch
2. unvorstellbar, unglaublich, unerhört, ungeheuer, unbeschreiblich, beispiellos, skandalös, hanebüchen, haarsträubend, himmelschreiend
3. märchenhaft, zauberhaft, traumhaft, wunderbar
4. → außergewöhnlich

Sahne

1. Rahm; *landsch.:* Schmant, Schmetten, Flott; *österr.:* Obers; *schweiz.:* Nidel, Creme
2. Schlagsahne, Schlagrahm; *österr.:* Schlag, Schlagobers

Saison

1. Hauptbetriebszeit, Hauptgeschäftszeit, Hauptreisezeit
2. Theaterspielzeit

Sakko Jacke, Jackett

sakral → heilig

säkularisieren verweltlichen, in weltlichen Besitz überführen

Salär → Einkommen

salbadern → schwatzen

sagen: Die vielen Arten zu sprechen

Zahlreiche Redensarten, die das Verb *sagen* enthalten, treffen Aussagen über das Sprechen selbst: Sie dienen zur Erläuterung, Ergänzung, Verstärkung oder Kommentierung dessen, was geäußert wird. Die Floskel *Das kann/will ich dir (nur) sagen* soll einer Aussage ebenso Nachdruck verleihen wie *Lass' dir das gesagt sein* oder *Ich will dir mal was sagen*. Mit *Wem sagst du das!* drückt man Zustimmung aus. *Was Sie nicht sagen!* und *Nun sag bloß!* sind Zeichen der Überraschung. Unsicherheit steht hinter der Formulierung *Es ist (noch) nicht gesagt, dass .../ob...*
Distanzieren kann man sich von seinem Gesprächspartner durch die Formel *Das sagen Sie/sagst du, aber* ... Vertraulichkeit spricht dagegen aus der Wendung *unter uns gesagt*. Auf den Wahrheitsgehalt pocht, wer seiner Äußerung hinzufügt *das/es ist nicht zu viel gesagt* oder *ehrlich gesagt*.... Auch die Paarformel *sage und schreibe* soll Glaubwürdigkeit hervorheben.
Ein Ausdruck der Anerkennung ist die Floskel *Das will schon etwas sagen!* Fragen werden oft eingeleitet mit der Formel *Sagen Sie mal/sag mal*.... Die Redensart *Sag das nicht* drückt aus, dass man etwas nicht für unmöglich hält. *Das sagt man nicht* heißt »es ist ungehörig, das zu sagen«. *Zu allem ja und amen sagen* bedeutet »resignieren«. Sich widersprüchlich verhalten wird umschrieben mit dem Ausdruck *mal hü und mal hott sagen*. Etwas Unwichtiges beschreibt man mit dem Ausdruck *Das hat nichts zu sagen*. Mit der Wendung *Ich will nichts gesagt haben* nimmt man eine Äußerung zurück. *Dagegen ist nichts zu sagen* heißt »es gibt keine Einwände«.

Salbe Creme, Paste

salbungsvoll priesterlich, pastoral, feierlich, würdevoll, betont würdevoll, hochtrabend, gewichtig, pathetisch, mit (falschem) Pathos, hochgestochen, ölig, schwülstig

Saldo Differenz, Unterschiedsbetrag

Salm Lachs, Edelfisch, Wanderfisch

Salon Empfangszimmer, Besuchszimmer, Repräsentationsraum; *ugs.:* gute Stube

salonfähig

1. gesellschaftsfähig, gewandt, weltgewandt, geschliffen, erfahren, welterfahren
2. anständig, wohlerzogen, manierlich, gesittet

salopp → zwanglos

Salto Überschlag

salutieren militärisch grüßen, eine Ehrenbezeigung machen/erweisen

salzlos → ungewürzt

Same(n)

1. Samenkorn, Keim
2. Sperma, Keimzelle, Samenfaden
3. Saat, Saatgut, Aussaat

Samenerguss Ejakulation, Samenentleerung, Pollution

sämig zähflüssig, dickflüssig, schwerflüssig, breiig, viskös, seimig

Sammelbecken Sammelstelle, Auffangbecken,

S

Schmelztiegel, Tummelplatz, Dorado, Eldorado
sammeln
1. zusammentragen, zusammenscharren, anhäufen, ansammeln, horten, stapeln, lagern, aufbewahren, aufheben
2. vereinigen, versammeln, um sich scharen
3. einsammeln, eintreiben
4. zusammenziehen, zusammenfassen, zentralisieren, konzentrieren
sammeln, sich
1. sich treffen, zusammenkommen, zusammentreffen, zusammenströmen, sich versammeln
2. sich konzentrieren, sich fassen, seine Aufmerksamkeit anspannen, seine Gedanken richten auf, sich vertiefen
Sammelpunkt
1. Sammelstelle, Sammelort, Sammelbecken, Treffpunkt, Zentrale
2. → Mittelpunkt
Sammelsurium
1. → Unordnung
2. → Mischung
Sammlung
1. → Aufmerksamkeit
2. Aufhäufung, Anhäufung, Ansammlung, Schatz, Vorrat, Menge, Fülle, Arsenal, Haufen, Stapel, Stoß, Masse, große Zahl, Anzahl, Vielzahl, Reihe, Serie; *ugs.:* Berg, Ladung, Unmenge
3. Registrierung, Erfassung, Kodifizierung, Aufnahme, Zählung
4. Zusammenstellung, Anthologie, Sammelwerk, Almanach, Album, Auswahl, Auslese
5. → Mischung
sampeln mixen, remixen, mischen, neu zusammenstellen/einspielen
Samstag Sonnabend
samt einbegriffen, inbegriffen, mit, einschließlich, nebst, zusätzlich, und, inklusive, im Verein, eingeschlossen, eingerechnet, plus, zuzüglich, alles in Allem, mitsammen, mitsamt, zusammen mit
samt und sonders
1. → alle
2. → durchweg
samtig → weich
sämtlich
1. → alle
2. → ganz
Sanatorium Heilstätte, Genesungsheim, Pflegeheim, Erholungsheim, Kurheim, Krankenhaus, Klinik, Rehabilitationszentrum
Sandpapier Glaspapier, Schmirgelpapier
Sandwich belegtes Brötchen/Brot, Schnitte; *sächs.:* Bemme; *landsch.:* Stulle
sanft
1. → sachte
2. → gütig
sanftmütig → gütig
sanguinisch → lebhaft
sanieren
1. → heilen
2. in Ordnung bringen, aufbessern, erneuern, modernisieren, überholen, renovieren, neu gestalten, wiederherstellen
sanieren, sich wirtschaftlich gesunden, sich bereichern, Profit/Gewinn ziehen aus, ein gutes Geschäft machen; *ugs.:* sich gesundstoßen, einen guten Schnitt machen
Sanitäter Krankenpfleger, Krankenwärter
Sanktion
1. Bestätigung, Billigung, Anerkennung, Erteilung, Genehmigung, Plazet, Zustimmung, Einwilligung
2. *Pl.:* Zwangsmaßnahmen, Vergeltungsmaßnahmen, Gegenmaßnahmen, Repressalien, Pressionen, Boykott, Druckmittel
sanktionieren
1. → billigen
2. → bestrafen
Sarg Totenschrein, Totenlade; *schweiz.:* Totenbaum; *ugs.:* Kiste, Totenkiste
Sarkasmus → Spott
Sarkast → Spötter
sarkastisch
1. beißend ironisch, zynisch
2. → spöttisch
Sarkophag Steinsarg
Satan
1. → Teufel
2. → Scheusal
satanisch teuflisch, diabolisch, dämonisch, luziferisch, mephistophelisch
Satanismus Satanskult, Teufelsverehrung, Teufelsanbetung, Dämonismus
Satellit
1. Trabant, Sputnik, Himmelskörper, (künstlicher) Raumkörper
2. → Anhänger
Satire Persiflage, Parodie, Travestie, Karikatur, Spottgedicht, Verhöhnung, Stichelei, heiterer Spott, Gewitzel, Übertreibung, Kritik, Entlarvung, Verspottung
Satisfaktion Genugtuung, Wiedergutmachung, Zufriedenstellung, Befriedigung
satt
1. gesättigt, zufrieden, nicht mehr hungrig; *ugs.:* (bis oben hin) voll, pappsatt, genudelt, gemästet, (gut) abgefüllt; *derb:* vollgefressen
2. leuchtend, lebhaft, tief, kräftig, intensiv, grell,

saftig, voll; *ugs.:* knallig, schreiend
3. **es satthaben** → genug haben
sattelfest → bewandert
sättigen sattmachen, füttern, den Hunger stillen, nähren, zu essen geben, ernähren; *ugs.:* stopfen, vollstopfen, abfüttern
sattsam zur Genüge, genügend, hinreichend, zureichend, ausreichend, befriedigend, hinlänglich, genug, reichlich
satt sein genug haben, gestärkt sein, nichts mehr mögen; *ugs.:* nicht mehr können/papp sagen können
saturiert selbstzufrieden, satt, etabliert
Satz
1. Satzgefüge, Satzverbindung
2. Behauptung, These, Lehrsatz, Theorem
3. Serie, Reihe, Zyklus, Garnitur, Gruppe, Zusammenstellung, Set
4. Bodensatz, Rückstand, Rest, Neige, Sediment, Ablagerung
5. Sentenz, Ausspruch, Wort
6. Sprung, Hüpfer; *ugs.:* Hops(er), Hupfer
Satzung Statut, Vorschrift, Bestimmung, Weisung, Regel, Richtlinie, Direktive, Reglement, Anordnung
Sau
1. → Schwein
2. → Schmutzfink
sauber
1. rein, reinlich, proper, blitzsauber, blitzblank, frischgewaschen, säuberlich, schmutzfrei, makellos, gereinigt, fleckenlos, unbeschmutzt, unbenutzt, schmuck, adrett, hygienisch; *ugs.:* wie geleckt, picobello, wie aus dem Ei gepellt, tipptopp
2. ordentlich, sorgfältig, akkurat, gewissenhaft, penibel
3. aufgeräumt, wohlgeordnet, in Ordnung, tadellos, einwandfrei
4. → anständig
5. → fair
säuberlich
1. → sauber
2. → genau
saubermachen säubern, den Schmutz entfernen, reinigen, reinmachen, putzen, abputzen, waschen, aufwaschen, scheuern, abscheuern, abreiben, abwischen, abseifen, abspülen, abbürsten, abkehren, abstauben, wischen, aufwischen, auswischen, Staub saugen/wischen, wegräumen, aufräumen, in Ordnung bringen, Hausputz halten; *ugs.:* in Schuss bringen, reinemachen, wienern, schrubben; *landsch.:* feudeln; *österr.:* reiben
säubern
1. → saubermachen
2. *derb, verhüllend für:* töten, liquidieren, ausmerzen, ausrotten (i)
sauer
1. säuerlich, durchsäuert, gesäuert, essigsauer, unreif, herb
2. stichig (Milch), ranzig, einen Stich habend, räss, vergoren, gegoren
3. → mühsam
Sauerei
1. → Gemeinheit
2. → Schmutz
3. → Zote
Sauerkraut Sauerkohl, Kraut
sauer sein verärgert/missmutig/verstimmt sein, sich ärgern, grollen, voll Verdruss sein, Zorn hegen, mürrisch/grantig sein; *ugs.:* kochen, in Fahrt sein
sauertöpfisch → mürrisch
Säufer → Alkoholiker
saugen
1. ziehen, einziehen, einsaugen
2. lutschen, lecken; *ugs.:* nuckeln, schlecken, suckeln

säubern: Wenn ein neutrales Wort missbraucht wird

Wird etwas *gesäubert,* dann wird es *saubergemacht,* es wird *vom Schmutz befreit* und *gereinigt.* Das in diesem Zusammenhang harmlos erscheinende Verb erhält im übertragenen Wortgebrauch einen inhumanen Charakter. In der Geschichte wurden politische Parteien, Organisationen und ganze Staaten durch herrschende Regimes *gesäubert.* Diese beschönigende Ausdrucksweise besagt nichts anderes, als dass man missliebige Personen oder unerwünschte Rassen und Religionsgruppen, die im übertragenen Sinne als »Schmutz« betrachtet wurden, ermordete oder vertrieb.
Zu Beginn der 1990er Jahre bezeichneten verschiedene Bürgerkriegsparteien im damaligen Jugoslawien ihre Gräueltaten gegen Andersstämmige als *ethnische Säuberung.* Diese bewusste sprachliche Verharmlosung zeigte ihren unrühmlichen Erfolg darin, dass sie z. B. in deutschen Medien sehr häufig unreflektiert und ohne Distanz wiedergegeben wurde. Mit der Wahl zum »Unwort des Jahres 1992« erfolgte eine massive Ablehnung des Ausdrucks.

säugen nähren, stillen, die Brust/zu trinken geben, an die Brust nehmen

Säugling Neugeborenes, Kleinkind, Brustkind, Wiegenkind, Wickelkind, Baby, Kindchen, Kindlein, Nachwuchs

Säule
1. Pfeiler, Stütze, Tragstütze, Pilaster
2. → Stütze

Saum
1. Rand, Einfassung
2. Bord, Umgrenzung, Kante

säumen
1. umfassen, einfassen, einen Saum nähen; *landsch.:* endeln; *österr.:* schlingen
2. begrenzen, umgeben, umzäunen, rahmen
3. warten, zögern, sich Zeit lassen, Zeit vergeuden, schwanken, unschlüssig sein, zagen, trödeln; *ugs.:* bummeln, zotteln, trendeln

säumig unpünktlich, langsam, nachlässig, saumselig, nicht zur rechten/vereinbarten Zeit, im Verzug, mit Verspätung, im Rückstand, zu spät; *ugs.:* hinterher

Sauna Schwitzbad, Dampfbad, Heißluftbad

säuseln
1. leicht wehen, leise rauschen, fächeln, rascheln
2. flüstern, leise sprechen, wispern, tuscheln
3. flöten, Süßholz raspeln, schmeicheln, schönreden, süßreden

sausen
1. brausen, rauschen, toben, tosen, stürmen, wüten, fegen, fauchen, pfeifen, wehen, stieben
2. laufen, rasen, hasten, eilen, rennen, preschen, schnell fahren, sprinten, jagen, flitzen; *ugs.:* dampfen, karriolen, spritzen, stürzen, fegen, die Beine unter den Arm nehmen, schießen, fliegen; *landsch.:* wetzen, pesen

Savanne Buschsteppe

scannen abtasten, mit dem Scanner abtasten, absuchen, ablesen

Scene Milieu, Kreis, Gesellschaftskreis

schaben
1. schuppen, abreiben, kratzen, scharren, entfernen, scheuern; *ugs.:* rubbeln, schrappen
2. zerkleinern, raspeln, raffeln, hobeln

Schabernack
1. → Scherz
2. → Streich

schäbig
1. → abgenutzt
2. → kläglich
3. → gemein
4. → geizig

Schablone Vorlage, Muster, Musterstück, Schnitt, Vorbild, Schema, Form, Leitbild, Modell

schablonenhaft
1. → schematisch
2. → phrasenhaft

schachern feilschen, handeln, herunterhandeln, abdingen, handeln um, markten, den Preis drücken

schachmatt
1. → erschöpft
2. k. o., besiegt, am Boden, außer Gefecht, am Ende, bezwungen, kampfunfähig; *ugs.:* stehend k. o., am Boden zerstört, ausgeknockt

Schachtel
1. Karton, Box, Packung, Kassette, Päckchen
2. → Frau

Schachzug Trick, List, Winkelzug, Manöver, Schlauheit, kluge Maßnahme, Vorgehen, Schritt, Handlungsweise, Aktion, Strategie

schade
1. ein Jammer, jammerschade, unerfreulich, beklagenswert, bedauerlich
2. zu meinem Bedauern/Leidwesen, unglücklicherweise, bedauerlicherweise; *ugs.:* dummerweise
3. leider (Gottes), es tut mir leid, Gott sei's geklagt

Schädel → Kopf

schaden
1. Verluste/Schaden/Böses/Nachteile zufügen, schädigen, einen schlechten Dienst/keinen guten Dienst/einen Bärendienst erweisen, Unheil anrichten/stiften, benachteiligen, übelwollen, jmdm. etwas anhaben, Abbruch tun, jmdm. etwas antun/zuleide tun/in Mitleidenschaft ziehen, verderben (Augen), ruinieren, beeinträchtigen; *ugs.:* jmdm. eins auswischen, das Wasser abgraben, herunterbringen
2. Nachteile bringen, sich ungünstig auswirken, von Schaden sein, zum Schaden gereichen; *ugs.:* Gift sein

schaden, sich sich schädigen, sich Schaden zufügen, zu Schaden kommen, sich unbeliebt machen, in Ungnade fallen; *ugs.:* sich sein eigenes Grab schaufeln, sich ins eigene Fleisch/in den Finger schneiden, sich die Finger/die Pfoten/den Mund verbrennen, sich in ein Wespennest setzen, sich hineinreiten, sich in die Nesseln setzen, sich selbst im Weg stehen

Schaden
1. Wertminderung, Schädigung, Beschädigung, Zerstörung, Beeinträchtigung, Abwertung
2. Nachteil, Ungunst, Manko, Misserfolg, Einbuße, Ausfall, Verlust, Verlustgeschäft, Reinfall, Defizit, Benachteiligung
3. Defekt, Schadhaftigkeit, Schwäche, Fehler, Minus, Bruch, Störung; *ugs.:* Panne
4. Makel, Verletzung, Gebrechen, Deformierung, Entstellung, Verstümmelung, Verunstaltung; *ugs.:* Knacks, Knick in der Optik, Dachschaden, Knall, Fimmel, Macke, Tick, Schuss

Schadenersatz Rückerstattung, Ausgleich, Gegenleistung, Schmerzensgeld, Abfindung, Wiedergutmachung, Abgeltung, Erkenntlichkeit, Rückzahlung; *geh.:* Äquivalent; *ugs.:* Trostpflaster

schadenersatzpflichtig haftbar, haftpflichtig, verantwortlich, ersatzpflichtig

schadenfroh hämisch, gehässig, rachsüchtig, höhnisch, boshaft, übelwollend, gemein; *geh.:* maliziös

schadenfroh sein sich weiden an, sich die Hände reiben, verhöhnen, auslachen, einen Sieg davontragen, triumphieren, auftrumpfen, frohlocken; *ugs.:* sich ins Fäustchen lachen

S

schadhaft → defekt

schädigen → schaden

schädlich
1. ungünstig, nachteilig, nachträglich, verderblich, Verderben/Nachteile bringend, hinderlich, abträglich, negativ, schlimm, schlecht, hemmend, unvorteilhaft, verlustreich, misslich, unheilvoll, Unheil bringend, ruinös
2. unzuträglich, ungesund, unbekömmlich, schadhaft, gesundheitsschädlich, gesundheitsschädigend, gefährlich

Schaf
1. *f.:* Zibbe, Muttertier; *m.:* Schafbock, Widder; *ugs.:* Ramm(el); *kastriert:* Hammel, Schöps, Kastraun; *jung:* Lamm
2. → Dummkopf
3. **schwarzes Schaf** → Prügelknabe

Schäfer Hirt(e), Hütejunge

schaffen
1. hervorbringen, erschaffen, bilden, machen, (schöpferisch) gestalten, formen, Form geben, erwecken, entwickeln, ins Leben rufen, in die Welt setzen, produzieren, erzeugen, anfertigen, herstellen; *geh.:* kreieren
2. → bewältigen
3. → arbeiten
4. → erreichen
5. befördern, transportieren, bringen, fortbringen, wegschaffen, verfrachten, liefern, abliefern, expedieren

Schaffensfreude → Fleiß

Schaffner Zugbegleiter; *österr., schweiz.:* Kondukteur; *schweiz.:* Trämler

Schaffung
1. Gründung, Begründung, Grundlegung, Stiftung
2. Errichtung, Bau, Erschaffung, Produktion, Hervorbringung, Erzeugung, Herstellung
3. Kreation, Schöpfung

Schafott Blutgerüst, Guillotine, Hinrichtungsstätte

Schafskopf → Dummkopf

Schaft → Griff

schäkern
1. → flirten
2. → necken

schal
1. ohne Geschmack/Würze/Aroma, schlecht gewürzt, würzlos, abgestanden, wässrig, dünn, fad(e), geschmacklos, lau, ungewürzt; *ugs.:* lasch, flau, mau, labbrig
2. → langweilig
3. → geistlos

Schale
1. Hülse, Haut, Pelle, Hülle, Schote; *landsch.:* Schlaube
2. Platte, Becken, Schüssel

schälen die Schale entfernen, abschälen, abziehen, enthäuten; *ugs.:* pellen, abpellen

schälen, sich die Haut verlieren, sich häuten, sich abschuppen, schilfern, abschilfern, sich ablösen, seine Haut abstoßen

Schalk → Schelm

schalkhaft → schelmisch

Schall Ton, Hall, Echo, Klang, Laut

schalldämpfend schalldicht, schallschluckend, schallisoliert

schallen tönen, hallen, dröhnen, klingen, nachklingen, gellen, lärmen, krachen, erschallen, schmettern

schallend → laut

Schallplatte Platte, Langspielplatte, LP, Single, Maxisingle; *veraltet:* Grammophonplatte, Schellakplatte; *ugs.:* (heiße) Scheibe

schalten
1. einschalten, anschalten; *österr.:* aufdrehen; *ugs.:* anknipsen, anmachen, andrehen
2. den Gang einlegen

3. → herrschen
4. → verstehen
5. **schalten und walten lassen** gewähren lassen, nicht stören, den Willen/freies Spiel/freien Lauf lassen

Scham
1. Schamhaftigkeit, Beschämung, Schamgefühl, Schüchternheit, Scheu, Befangenheit, Unsicherheit
2. → Vulva

schämen, sich Scham empfinden, vor Scham vergehen, rot werden, schamrot werden, (vor Scham) erröten, sich in Grund und Boden schämen, im Erdboden versinken, sich genieren, die Augen niederschlagen, verlegen sein, sich scheuen; *ugs.:* sich anstellen, sich am liebsten (in ein Mauseloch) verkriechen wollen, sich haben

schamhaft genant, voll Scham, verschämt, schüchtern, zurückhaltend; *ugs.:* genierlich; *landsch.:* gschamig

schamlos
1. obszön, vulgär, pornografisch, unmoralisch, anstößig
2. → frech

schandbar → schändlich

Schande Unehre, Schmach, Entehrung, Bloßstellung, Kompromittierung, Kränkung, Demütigung, Schimpf, Blamage, Skandal, Verruf, Erniedrigung, Beschämung; *geh.:* Desavouierung; *ugs.:* Affenschande

schänden
1. entehren, entweihen, entwürdigen, entheiligen, beschmutzen, beflecken, die Ehre rauben/nehmen
2. → vergewaltigen

Schandfleck Schandmal, Fleck, Makel, dunkler Punkt, Verunzierung; *geh.:* Odium

schändlich schandbar, gemein, niederträchtig, verwerflich, verächtlich, abscheulich, nichtswürdig, würdelos, schmählich, ehrlos, schlecht, schandlos, skandalös, schimpflich, elend, verabscheuenswert, verabscheuenswürdig, schauderhaft, Abscheu/Ekel erregend, ekelhaft, widerlich, widerwärtig, verbrecherisch, verdammenswert, verdammenswürdig, verfluchenswert, scheußlich, grässlich, gräulich, niedrig, ehrenrührig, ruchlos, böse, charakterlos, übel; *ugs.:* schuftig, schofel, dreckig, lumpig

Schandtat Übeltat, Missetat, Untat, Schurkerei, Bosheit, Bubenstück, Büberei, Vergehen, Straftat, Übertretung, Delikt

Schänke → Schankstube

Schankstube, Schänkstube Schenkstube, Schenke, Schankwirtschaft, Gaststätte

Schanktisch, Schänktisch Theke, Schenktisch, Tresen, Ausschank, Büfett; *landsch.:* Tonbank, Zapf

Schanze
1. → Festung
2. Sprungschanze, Backen

Schar
1. Zahl, Anzahl, Vielzahl, Menge, Menschenmenge, Reihe, Masse; *ugs.:* Haufen
2. Gruppe, Kreis, Runde, Gesellschaft, Gemeinschaft
3. Schwarm, Heer, Legion, Herde, Rudel, Zug, Pulk, Trupp; *ugs.:* Kolonne, Horde
4. Einheit, Abteilung, Verband, Kommando, Truppe, Kolonne

scharen, sich sich sammeln, sich versammeln, zusammenströmen, zusammenkommen, sich zusammenfinden, sich vereinigen

scharenweise → massenhaft

scharf
1. (gut) geschliffen, schneidend, spitz, gewetzt, scharfkantig, geschärft, rau (Wind), harsch, stark, kalt
2. beißend, stark gewürzt, kratzig, pikant, brennend, gepfeffert; *landsch.:* rass; *schweiz.:* räss
3. ätzend (Säure), zerstörend
4. stechend (Geruch), durchdringend, intensiv, penetrant, herb
5. hitzig (Gefecht), heftig, gewaltig, kraftvoll, impulsiv, vehement, ungestüm, wild
6. hart (Kritik), schonungslos, streng, rigoros, unerbittlich, strikt, unnachsichtig, gnadenlos, massiv, rücksichtslos, bissig
7. klar (Verstand), wach; *ugs.:* hell
8. deutlich, erkennbar, genau, präzise, augenfällig, festumrissen, prägnant, sichtbar, plastisch, merklich
9. fühlbar, nachhaltig, gravierend, spürbar, einschneidend, gewichtig, empfindlich, merklich
10. → begierig

Scharfblick Weitblick, Scharfsichtigkeit, Scharfsinn, Scharfsinnigkeit, Beobachtungsgabe, Geist, Geistesgegenwart, Gewecktheit, Auffassungsgabe

S

Schärfe
1. Härte, Heftigkeit, Gewalt, Hitzigkeit
2. Strenge, Gnadenlosigkeit, Unerbittlichkeit, Rigorosität, Unnachsichtigkeit, Kompromisslosigkeit, Schonungslosigkeit, Rücksichtslosigkeit, Ungerührtheit, Hartherzigkeit, Schroffheit, Striktheit, Massivität
3. Deutlichkeit, Klarheit, Genauigkeit, Prägnanz
4. → Nachdruck
schärfen
1. schleifen, scharfmachen, wetzen, abziehen, feilen, zufeilen, spitzen
2. ausbilden, verbessern, verfeinern, vervollkommnen, ausformen, entfalten, entwickeln, ausgestalten
scharfmachen
1. aufreizen; *ugs.:* antörnen
2. → aufhetzen
Scharfrichter Henker, Henkersknecht
Scharfsinn
1. → Scharfblick
2. Verstand, Denkkraft, Geist, Intellekt, Klugheit, Intelligenz, Schlauheit; *ugs.:* Köpfchen, Grips
scharfsinnig gescheit, klug, geweckt, intelligent, sinnreich, hellsichtig, scharfblickend, scharfsichtig, klarblickend, klardenkend, wach; *ugs.:* hell, clever, nicht auf den Kopf gefallen
scharfzüngig boshaft, spöttisch, bitter, bissig, kränkend, zynisch, spitzzüngig
Scharlatan
1. Schwindler, Betrüger, Gangster, Gauner, Lügner; *ugs.:* Bluffer
2. → Kurpfuscher
scharmant → charmant
Scharme → Charme
Scharmützel → Gefecht

Vorzeichen, Dämmerung und andere Schatten

Physikalisch gesehen ist der *Schatten* der dunkle Raum hinter einem undurchsichtigen Körper, der vom Licht nicht getroffen wird und den gleichen Umriss hat wie der Körper. Gleichbedeutend ist das Wort *Schlagschatten*. Unter *Kernschatten* versteht man den Teil des Schattens, der überhaupt kein Licht enthält, im Gegensatz zu dem vom Licht durchbrochenen *Halbschatten*. Auch die *Dämmerung* wird gelegentlich als *Schattenlicht* bezeichnet, weil in ihr *Halbdunkel* herrscht. Der körperlose Schatten gilt auch als Sinnbild von Vergänglichkeit, Tod und Kraftlosigkeit.
Das *Reich der Schatten* etwa ist ein jahrtausendealtes literarisches Motiv für den Tod. Wer *nur noch ein Schatten seiner selbst* ist, der ist schwerkrank, sehr geschwächt oder völlig abgemagert. Jemand, der übermüdet ist, hat dunkle Ringe, also *Schatten* unter den Augen. Als Umschreibung dafür, dass jemand in Armut lebt oder vom Schicksal benachteiligt ist, gebraucht man Wendungen wie *auf der Schattenseite (des Lebens) stehen* oder *ein Schattendasein fristen. Jemandem wie ein Schatten folgen* bedeutet, ihm überallhin zu folgen. Wer *in jemandes Schatten steht,* kann seine eigenen Leistungen nicht recht zur Geltung bringen. Die Redensart *jemanden/etwas/alles bisher Dagewesene in den Schatten stellen* heißt, ihn oder es (bei Weitem) zu übertreffen.
Ein Ausdruck der Selbstüberwindung ist die Formulierung *über den/seinen eigenen Schatten springen,* also etwas tun, was dem eigenen Wesen, der eigenen Position eigentlich widerspricht. *Einen Schatten haben* ist ein umgangssprachlicher Ausdruck für »etwas verrückt/nicht ganz normal sein«. *Schatten nachjagen* besagt, unerreichbare Ziele zu verfolgen. *Schatten* wird schließlich auch im Sinn von »Vorzeichen« oder »Anschein« verwendet. Ein Ereignis, das sich durch bestimmte Vorzeichen ankündigt, *wirft seine Schatten voraus*. Auf einem Sterbenskranken liegt der *Schatten des Todes*. Wenn es dagegen für eine Sache nicht den geringsten Anhaltspunkt gibt, dann besteht *nicht der Schatten eines Beweises/Verdachts/Zweifels*.

Scharnier Drehgelenk
scharren reiben, kratzen, graben, schaben, buddeln
Scharte Kerbe, Schnitt, Einschnitt, Riss, Ritz
scharwenzeln *ugs. für:* liebedienern, den Hof machen, kriechen, nachlaufen, schöntun, sich einschmeicheln, umschmeicheln, nach dem Munde reden; *ugs.:* schwänzeln, Honig um den Bart schmieren/streichen, Rad fahren, einen Buckel machen, katzbuckeln, schweifwedeln, schleimen, umschleimen
schassen
1. → entlassen
2. → hinauswerfen
Schatten
1. Kernschatten, Schlagschatten
2. Schattenlicht, Dämmerung, Dunkel, Halbdunkel, Dunkelheit
3. Ringe (Augen) ⓘ
Schattenbild → Schattenriss

schattenhaft undeutlich, verschwommen, unklar, vage, unscharf, diffus, ungenau, nebelhaft, unbestimmt, schemenhaft, dunkel, andeutungsweise

Schattenriss
1. Schattenbild, Silhouette, Scherenschnitt
2. Kontur, Umriss, Profil

Schattenseite
1. Nachtseite, Dunkel
2. Kehrseite (der Medaille)
3. → Nachteil

schattieren abtönen, abschatten, abstufen, nuancieren

Schattierung
1. Abtönung, Abschattung, Abstufung, Nuancierung, Tönung, Färbung
2. Richtung, Strömung, Bewegung, Schule, Prägung

schattig beschattet, umschattet, schattenreich, kühl, sonnenlos

Schatulle Kästchen, Schmuckkästchen, Geldkasten, Etui, Kassette

Schatz
1. Reichtümer, Kostbarkeiten, Besitz, Gut, Pretiosen, Wertgegenstände, Vermögen
2. → Geliebte
3. → Geliebter
4. → Liebling

schätzen
1. überschlagen, veranschlagen, taxieren, beziffern, rechnen, einschätzen, abschätzen, ansetzen, halten für, erwägen, hochrechnen, erachten; *ugs.:* über den Daumen peilen
2. eine hohe Meinung haben von, achten, großen Wert legen auf, ehren, verehren, lieben, hochhalten, mögen, gernhaben, zu würdigen wissen, hochachten, wertachten, wertschätzen, anerkennen, Tribut zollen, viel geben auf; *ugs.:* große Stücke halten auf
3. für wahrscheinlich/möglich halten, annehmen, meinen, vermuten, glauben, mutmaßen, eine Vermutung haben/hegen, wähnen, kalkulieren; *ugs.:* tippen

schätzungsweise → annähernd

Schau
1. Aufführung, Vorführung, Darbietung, Vorstellung, Veranstaltung, Auftritt, Spiel, Nummer, Revue, Varietee, Show
2. Ausstellung, Messe, Exposition
3. → Standpunkt
4. **eine Schau abziehen** → angeben
5. **zur Schau stellen** → ausstellen
6. **zur Schau tragen** → zeigen

Schauder
1. Grausen, Abscheu, Ekel, Grauen, Gräuel, Horror, Entsetzen, Bestürzung; *ugs.:* Gänsehaut, Zähneklappern, Gruseln
2. Zittern, Beben, Frösteln

schauderhaft
1. → furchtbar
2. → sehr

schaudern
1. Schauder empfinden, grausen, die Haare zu Berge stehen, es läuft jmdm. eiskalt/heiß über den Rücken herunter, erschauern, sich ängstigen; *ugs.:* gruseln, Blut (und Wasser) schwitzen; *geh.:* erschaudern
2. zittern, frösteln, frieren, schütteln, schauern, schlottern, mit den Zähnen klappern; *ugs.:* bibbern, Gänsehaut bekommen

schaudervoll → entsetzlich

schauen
1. blicken, sehen, beobachten, spähen, gucken; *ugs.:* kucken, linsen; *landsch.:* kieken
2. wahrnehmen, erblicken, erkennen, gewahr werden, sichten; *geh.:* ansichtig werden

schauen nach → sich kümmern um

Schauer
1. → Schauder
2. Regenguss, Wolkenbruch, Sturzregen, Platzregen, Gewitterregen; *ugs.:* Dusche

Schauergeschichte Spukgeschichte, Gespenstergeschichte, Gruselgeschichte, Geistergeschichte, Schauerroman; *ugs.:* Schauermärchen

schauerlich
1. schaurig, schauervoll, gruselig, gräulich, gespenstig, unheimlich, makaber, nicht geheuer, Furcht/Entsetzen/Grauen erregend, gespenstisch, spukhaft, zum Fürchten, geisterhaft, gespensterhaft, beklemmend, dämonisch, beängstigend
2. → furchtbar
3. → sehr

schauern → schaudern

Schaufel Schippe, Spaten

schaufeln
1. graben, ausheben, schippen, ausschachten, aushöhlen; *ugs.:* buddeln
2. **sich sein eigenes Grab schaufeln** → schaden, sich

Schaufenster Vitrine, Auslage

schaukeln
1. hin und her schwingen, wippen, wogen, (sich) wiegen; *landsch.:* schun-

S

keln; *österr.:* hutschen; *schweiz.:* gigampfen
2. pendeln, bammeln
3. → bewältigen

schaulustig neugierig, sensationslüstern, sensationsgeil, wissbegierig, indiskret

Schaum
1. Gischt, Schaumkrone
2. Schnee

Schaum schlagen → angeben

schäumen
1. Schaum bilden, wallen, perlen, gären, sprudeln, moussieren, gischten, branden
2. → rasen

Schaumschläger
1. Schneebesen; *österr.:* Schneerute
2. → Angeber

Schaumwein Champagner, Sekt, Perlwein, Prosecco; *ugs.:* Schampus

Schauplatz Ort des Geschehens, Arena, Szene, Tatort, Forum, Bühne, Szenerie

schaurig → schauerlich

Schauspiel
1. Theaterstück, Bühnenstück, Spiel, Bühnenspiel, Werk, Drama
2. Anblick, Vorgang, Ereignis, Aufführung, Vorstellung, Spektakel, Darbietung, Vorfall

Schauspieler Darsteller, Filmkünstler, Bühnenkünstler, Akteur, Leinwandgröße, Star; *geh.:* Mime

schauspielern vormachen, so tun als ob, simulieren, eine Rolle spielen, heucheln

Scheck Überweisungsträger, Überweisungsmittel, Zahlungsanweisung

scheckig fleckig, gefleckt, (bunt) gescheckt, mehrfarbig

Nur scheinbar bedeutungsgleiche Wörter

Die beiden Wörter *scheinbar* und *anscheinend* werden im alltäglichen Sprachgebrauch häufig synonym verwendet. Sie haben jedoch unterschiedliche Bedeutungen.
Mit *scheinbar* wird zum Ausdruck gebracht, dass ein Sachverhalt nicht so ist, wie es den Anschein hat, das äußere Bild also nicht den tatsächlichen Verhältnissen entspricht: »Sie blieb bei der Auseinandersetzung *scheinbar* ruhig, kochte innerlich aber vor Wut«. Mit *anscheinend* wird dagegen zum Ausdruck gebracht, dass ein Sachverhalt dem beobachtbaren Bild entspricht: »*Anscheinend* hat er abgenommen, seine Hosen sind ihm viel zu weit«.
Aufgrund des Bedeutungsunterschiedes können *scheinbar* und *anscheinend* nicht synonym verwendet werden.

scheel
1. schielend, schlecht sehend
2. → neidisch

scheffeln → anhäufen

Scheibe
1. Fenster, Glas
2. Schnitte, Brotscheibe, Stück; *landsch.:* Stulle, Bemme
3. CD, DVD, Schallplatte

Scheide
1. → Grenze
2. → Vagina

scheiden
1. trennen, sondern, absondern, separieren, aussortieren
2. unterscheiden, differenzieren, auseinanderhalten, abheben, einen Unterschied machen, gegeneinander abgrenzen
3. Abschied nehmen, fortgehen, sich empfehlen, sich verabschieden, sich beurlauben, das Amt aufgeben
4. → sterben
5. sich scheiden lassen sich trennen, die Ehe auflösen, auseinandergehen

Scheideweg → Kreuzung

Schein
1. Licht, Helligkeit, Schimmer, Strahlenkegel, Glanz, Helle, Strahl, Aura
2. Anschein, Aussehen, Eindruck
3. → Bescheinigung
4. Banknote, Papiergeld, Geld, Geldschein
5. zum Schein nur der Form halber, nicht wirklich/eigentlich, pro forma, dem Schein nach, nach außen hin, äußerlich, nur so (als ob)

scheinbar
1. nicht wirklich/eigentlich, dem Schein nach, angeblich, vermeintlich, vorgeblich
2. fiktiv, imaginär, illusorisch, hypothetisch, gedacht, eingebildet
3. täuschend, falsch, trügerisch, irreführend ⓘ

scheinen
1. leuchten, (Licht) ausstrahlen, Helligkeit von sich geben
2. den Eindruck machen, den Anschein erwecken/haben, vorkommen, anmuten, erscheinen, aussehen nach, dünken, wirken, sich geben, so tun als ob, sich darstellen

scheinheilig heuchlerisch, hinterhältig, frömmelnd, scheinfromm, hinterlistig, unaufrichtig, falsch, doppelzüngig, verstellt

Scheinwerferlicht Rampenlicht, Flutlicht, Schlaglicht
Scheiße
1. → Kot
2. → Ramsch
3. → Unsinn
4. → Fehlschlag
5. → verflucht
scheißen → Stuhlgang haben
Scheißhaus → Abort
Scheitel Kamm, Kuppe, Gipfel, Oberkante
scheitern misslingen, ohne Erfolg bleiben, fehlschlagen, Schiffbruch erleiden, stranden, straucheln, zerbrechen an, zugrunde gehen, missglücken, missraten, sich zerschlagen, schlecht ausgehen/ablaufen/ausfallen, keine Wirkung tun, zum Schlechten ausschlagen, nicht ankommen/wirken, ins Wasser fallen, zusammenbrechen, Misserfolg haben, das Ziel verfehlen, nicht zustande bringen; *ugs.:* baden gehen, auffliegen, platzen, danebengehen, in die Hose gehen, schiefgehen, in den Eimer gehen, eine Panne/Pleite/Schlappe erleiden, hochgehen, nicht durchkommen, schieflaufen, in die Brüche/zu Bruch gehen, verunglücken, quergehen
Schelle *landsch. für:* Glocke, Klingel, Bimmel
schellen → klingeln
Schelm
1. Schalk, Spaßvogel, Witzbold, Clown, Original, Münchhausen, Eulenspiegel; *ugs.:* Nummer, Unikum, Schäker, Marke, lustiges Huhn/Haus, lustiger Kauz
2. Schlingel, Kerlchen, Lausbub, Frechdachs, Bengel, Lausebengel, Strolch, Spitzbube; *ugs.:* Strick, freches Stück, Rotzlöffel, Rotznase, Rotzbub, Lümmel, Luder, Früchtchen, Schlitzohr, Schlawiner, Striezel, Bösewicht, Lump
Schelmenstreich → Streich
schelmisch schalkhaft, spitzbübisch, neckisch, drollig, scherzhaft, putzig, ulkig, spaßhaft
schelten → schimpfen
Schema
1. Darstellung, Zeichendarstellung, Abbildung, Skizze
2. Muster, Vorlage, Vorbild, Schablone, Entwurf, Plan, Schnitt, Paradigma
3. Ordnung, Gesetzmäßigkeit, Planmäßigkeit, System, Systematik, Methode, Verfahren
schematisch
1. vereinfacht, anschaulich, übersichtlich, bildlich, einprägsam, eingängig, verständlich, plastisch
2. einförmig, gleichförmig, automatisch, schemenhaft, schablonenhaft, stereotyp, nach Schema F, uniform, stets auf dieselbe Art, regelmäßig, eintönig, monoton, formelhaft, sich wiederholend, immer wiederkehrend, gewohnheitsmäßig, gängig, eingefahren, klischeehaft, stehend, feststehend, unveränderlich, erstarrt, immer wieder gleich, → phrasenhaft
schematisieren → vereinfachen
Schemel
1. Hocker, Sitz; *österr.:* Stockerl
2. Fußbank, Fußbänkchen
schemenhaft schattenhaft, undeutlich, verschwommen, vage, unscharf, diffus, ungenau, nebelhaft, unbestimmt, dunkel, andeutungsweise
Schenk Wirt, Gastwirt, Schankwirt, Schenkwirt; *landsch.:* Krüger; *ugs.:* Kneipier
Schenke → Gaststätte
schenken verschenken, herschenken, wegschenken, beschenken, verteilen, bescheren, ein/zum Geschenk/Präsent machen, hergeben, weggeben, hingeben, fortgeben, spenden, spendieren, stiften, abtreten, opfern, zukommen lassen, zur Verfügung stellen, übergeben, überlassen, übertragen, bedenken/beglücken mit, als Gabe überreichen, darbringen, verehren; *österr.:* beteilen; *schweiz.:* vergaben; *ugs.:* vermachen
schenken, sich *ugs. für:* unterlassen, sich ersparen, absehen/Abstand nehmen von, beiseitelassen, nicht tun/machen; *ugs.:* sein/bleiben lassen
schenkfreudig
1. großzügig, die Spendierhosen anhabend, in Spendierlaune
2. → freigebig
Schenktisch → Schanktisch
Schenkung Zuwendung, Stiftung, Gabe, Dotierung, Geschenk, Spende, Dedikation, Zueignung; *geh.:* Donation
scheppern klappern, klappen, krachen, lärmen, rasseln, knallen, rumpeln; *ugs.:* bullern, bumpern
Scherbe Splitter, Glasstück, Bruchstück; *landsch.:* Scherbel
scheren abschneiden, beschneiden, wegschneiden, kurzschneiden, stutzen, rasieren, kürzen, kürzer machen, trimmen, absche-

S

ren, kupieren; *ugs.:* abschnipseln, abschnippeln

scheren, sich
1. → weggehen
2. **sich scheren um** → sich kümmern um

Schererei → Ärger

Scherflein Beitrag, Spende, Zahlung, Leistung, Obolus, Summe, Abgabe

Scherge Henkersknecht, Büttel, Verfolger; *poet.:* Häscher

Scherz Schabernack, Spaß, Ulk, Witz, Witzelei, Jux, Possen, Possenspiel, Neckerei, Streich, Jokus, Spiel, Spielerei, Ausgelassenheit, Clownerie, Harlekinade, Eulenspiegelei, Narretei, Unsinn, Humor, Unfug, Schelmerei, Hanswursterei, Komik, witzige Bemerkung; *ugs.:* Fez, Gaudi, Klamauk, Faxen; *österr.:* Spaßetteln, Spompanadeln

scherzen einen Scherz/Ulk/Spaß machen, Scherze/Unsinn/Witze/Dummheiten machen, albern, spaßen, herumalbern, kaspern, witzeln, Possen treiben/reißen, tollen, ulken, schäkern, necken, narren, nicht ernst meinen, Schabernack treiben; *ugs.:* blödeln, flachsen, dalbern, dödeln, herumdödeln, juxen, herumdummen, Jux/Schmäh/Flachs machen, schmarren, frotzeln

scherzhaft nicht ernst, im Spaß/Scherz, neckend, frotzelnd, scherzend, spaßig, lustig, humorvoll, witzig

Scherzname → Spitzname

scheu gehemmt, schüchtern, voller Scheu, nicht zutraulich, befangen, ängstlich, unsicher, zaghaft, verschüchtert, verschämt, schamhaft, genierlich, zurückhaltend; *landsch.:* gschamig

Scheu Zurückhaltung, Hemmung, Ängstlichkeit, Schüchternheit, Zaghaftigkeit, Befangenheit, Verklemmtheit, Unsicherheit, Scham

scheuchen aufscheuchen, verjagen, wegjagen, fortjagen, schrecken, vertreiben, forttreiben, in die Flucht schlagen/treiben

scheuen
1. Scheu/Hemmung/Angst haben vor, fliehen, fürchten, umgehen, meiden, zurückschrecken, sich entziehen, sich fernhalten, aus dem Wege gehen, ausweichen; *ugs.:* sich drücken vor, einen Bogen machen um, kneifen
2. scheu/wild werden

Scheuer → Scheune

scheuern
1. saubermachen, reiben, abreiben, schrubben, reinigen, abkratzen, abbürsten, wischen, waschen, putzen, Schmutz entfernen; *österr.:* ausreiben, rubbeln
2. wetzen, schaben, aufreiben, wundreiben, aufschürfen

Scheuertuch → Putzlappen

Scheune Scheuer, Heuboden, Heuspeicher, Silo; *landsch.:* Stadel, Schauer, Schober; *schweiz.:* Heubühne

Scheusal Bestie, Teufel, Unmensch, Schurke, Unhold, Satan, Ungeheuer, Übeltäter, Verbrecher, Ekel, Lump, Rohling, Barbar, Grobian, Wüterich, Menschenschinder, Leuteschinder, Berserker, Widerling, Aas, Ungetüm, Monstrum, Wandale, Bluthund, Kannibale; *ugs.:* Tier, Untier, Biest, Miststück, Ekelstück, mieser Typ, fieser Kerl, Fiesling, Lumpenkerl; *derb:* Vieh, Dreckskerl, Schweinekerl, Schweinehund, Dreckstück

scheußlich
1. → schändlich
2. → hässlich
3. → gemein

Schi → Ski

Schicht
1. Lage; *österr.:* Schichte
2. Decke, Belag, Überzug, Film, Ablagerung
3. Arbeit, Arbeitszeit, Turnus
4. Gesellschaftsschicht, Gruppe, Klasse, Stand; *abwertend:* Kaste

schichten in Schichten übereinanderlegen, übereinanderstellen, aufschichten, aufhäufen, aufstellen, aufsetzen, türmen, stapeln; *österr.:* aufschlichten, aufrichten, schöbern

schick → elegant

Schick Eleganz, Feinheit, Pfiff, Geschmack, Kultur

schicken
1. senden, übersenden, zuschicken, verschicken, abschicken, zukommen/zugehen lassen, übermitteln, zuleiten, zustellen, überweisen, liefern, abliefern, bringen, transportieren, befördern, einwerfen, zur Post bringen, in den Briefkasten stecken
2. entsenden, delegieren, beauftragen, weisen, verweisen, bescheiden, kommandieren zu, beordern

schicken, sich
1. sich gehören, sich ziemen, angebracht/angemessen sein, sich gebühren, anstehen, passen
2. *ugs. für:* sich beeilen

3. sich schicken in sich abfinden mit, sich zufriedengeben, akzeptieren, ertragen, sich fügen, sich ergeben in, sich begnügen, hinnehmen, in Kauf nehmen, resignieren, sich dem Schicksal überlassen/ergeben; *ugs.:* in den sauren Apfel beißen
Schickeria → High Society
Schickimicki *ugs., abwertend für:*
1. übertriebener Glamour, modischer Kleinkram, unnützes/überflüssiges Beiwerk
2. (oberflächlicher) Modemensch
schicklich angemessen, angebracht, gebührend, gebührlich, gehörig, geziemend, geeignet, gemäß, entsprechend, wie es sich gehört, gebührendermaßen, richtig, ordentlich, passend, adäquat, angezeigt, anständig
Schicksal Bestimmung, Kismet, Los, Schickung, Fatum, Geschick, Vorsehung, Fügung, höhere Gewalt, Prädestination, die Gestirne, Gegebenheit, Gottes Wille
schicksalhaft
1. unabwendbar, vom Schicksal bestimmt, vorbestimmt, unabweislich, beschlossen, gewollt, unvermeidlich, schicksalsmäßig, schicksalsschwer, unentrinnbar, verfügt, notwendig
2. → katastrophal
Schicksalsschlag → Unglück
schieben
1. drücken, rücken, bewegen, stoßen, rollen
2. *ugs. für:* unsaubere Geschäfte machen, schmuggeln, hehlen; *ugs.:* schachern
schieben auf
1. → aufbürden
2. → beschuldigen
Schieber → Betrüger
Schiebung → Betrug
Schiedsrichter Unparteiischer, Kampfrichter, Referee, Ringrichter, Punktrichter; *ugs.:* Schiri, Pfeifenmann, Schwarzkittel
schief
1. geneigt, schräg, nicht gerade, krumm, windschief, abfallend, abschüssig, sich senkend
2. → falsch
schiefgehen → scheitern
schiefgewickelt
1. *ugs.:* auf dem falschen Dampfer, daneben liegend, auf dem Holzweg, nicht auf die Rolle gekriegt
2. → irren, sich
schieflachen, sich
1. sich einen ablachen
2. → lachen
schieflaufen → scheitern
schiefliegen → irren, sich
schielen
1. *ugs.:* quer/schräg gucken, einen Silberblick/einen Knick im Auge/in der Optik haben
2. verstohlen schauen, spähen, sich umsehen, lugen
schielen nach → neiden
Schiene
1. Gleis, Geleise
2. Stütze
schier
1. rein, pur, lauter, bloß, nur, genuin
2. → fast
Schießeisen
1. → Gewehr
2. → Pistole
schießen
1. abdrücken, feuern, abfeuern, abschießen, beschießen, losschießen, abziehen, einen Schuss abgehen lassen/auslösen, unter Beschuss nehmen, Feuer geben, böllern; *ugs.:* ballern, losballern, knallen, losknallen, pulvern, bullern, paffen
2. erlegen (Wild), töten, zur Strecke bringen, treffen; *ugs.:* abknallen
3. → sausen
4. erzielen (Tor), werfen, stoßen; *ugs.:* schmettern, pfeffern
5. wuchern, üppig werden, schnell wachsen, emporschießen, in die Höhe/ins Kraut/wie Pilze aus dem Boden schießen
Schießerei Gefecht, Schusswechsel, Feuerwechsel, Kugelwechsel, Schießen; *ugs.:* Ballerei, Knallerei, Geschieße
Schiff Wasserfahrzeug, Dampfer
Schiffbruch → Fehlschlag
Schiffbruch erleiden → scheitern
schiffen
1. → urinieren
2. → regnen
Schiffer Seemann, Schiffsmann, Seefahrer, Matrose
Schifffahrt Wasserverkehr, Seefahrt
schikanieren
1. drangsalieren, tyrannisieren, piesacken, herumhacken auf
2. → quälen
Schild
1. Etikett, Aufklebezettel, Aufklebeschildchen, Preisschild, Aushängeschild, Plättchen; *ugs.:* Aufkleber
2. Wegweiser, Richtungsanzeiger
3. Verkehrszeichen, Beschilderung
Schildbürger → Spießbürger
schildern beschreiben, erzählen, berichten, repor-

tieren, wiedergeben, darstellen, ausmalen, ausführen, nachzeichnen, veranschaulichen, darlegen, lebendig machen, illustrieren, zum Besten geben, mit Worten ausmalen, ein Bild entwerfen, vortragen, charakterisieren, Bericht erstatten

Schilderung → Darstellung

Schilf Schilfrohr, Teichrohr, Ried, Schilfgras, Röhricht, das Rohr

schillern irisieren, changieren, leuchten, flimmern, funkeln, glänzen

schillernd
1. zwiespältig, undurchsichtig, mehrdeutig, unbestimmt, wechselhaft, wechselnd, wandelbar, ambivalent, nebulös, schleierhaft
2. glänzend, leuchtend, irisierend, changierend, funkelnd, glitzernd, schimmernd

Schimäre
1. Fantasiewesen, Fabelwesen
2. → Einbildung

Schimmel
1. Pilze, Pilzüberzug, Schwamm, Moder, Fäulnis
2. weißes Pferd

schimmeln Schimmel ansetzen, faulen, verderben, verwesen, verschimmeln, schlecht werden; *ugs.:* vergammeln

Schimmer
1. Glanz, Schein, Gefunkel, Flimmer, Leuchten; *poet.:* Glast
2. → Nuance

schimmern irisieren, changieren, → leuchten

Schimpf → Schande

schimpfen
1. schelten, ausschelten, ausschimpfen, beschimpfen, jmdm. Vorwürfe machen/etwas vorwerfen, zurechtweisen, tadeln, maßregeln, anfahren, die Meinung sagen, rügen, einen Verweis/Rüffel/eine Lektion/Rüge erteilen, attackieren, herabsetzen, angreifen, zanken, zetern, fluchen, eine Szene machen, anherrschen, anschreien, anbrüllen, toben, eine Abfuhr/Lehre erteilen; *ugs.:* wettern, herunterputzen, heruntermachen, abkanzeln, zur Minna/Schnecke machen, den Marsch blasen, den Kopf waschen, jmdn. zurechtstutzen, eine Strafpredigt/Standpauke halten, die Leviten lesen, zusammenstauchen, poltern, anfauchen, anfegen, anzischen, anknurren, anschnauben, niedermachen, fertigmachen, eine Abreibung erteilen, sich Luft machen, kläffen, keifen, bellen, loslegen, gewittern, ein Donnerwetter loslassen, anschnauzen, anmotzen, anpfeifen, ins Gebet nehmen, vom Leder ziehen, Gift und Galle spucken, jmdm. den Kopf zurechtrücken/seinen Standpunkt klarmachen/etwas flüstern/aufs Dach steigen, mit jmdm. ein Hühnchen rupfen/Klartext sprechen, abkapiteln, eins auf den Deckel geben, sich jmdn. vornehmen/vorknöpfen, anblaffen, Bescheid sagen, Theater machen; *derb:* anscheißen, zusammenscheißen, zur Sau machen
2. → benennen

schimpflich → schändlich

schinden
1. → schikanieren
2. → drillen

schinden, sich → anstrengen, sich

Schinderei
1. → Misshandlung
2. → Qual
3. → Mühe

Schippe Schaufel, Spaten

schippen → schaufeln

Schirm
1. Regenschirm; *scherzh.:* Parapluie, Regendach
2. Hutrand, Krempe

Schirmherr Schutzherr, Patron, Schutzpatron, Protektor, Sponsor

Schirmherrschaft → Hoheit

Schiss → Angst

Schizophrenie Bewusstseinsspaltung, Geisteskrankheit

schlabberig → schwabbelig

schlabbern
1. *ugs. für:* schlürfen
2. kleckern, umschütten, vergießen
3. → schwatzen

Schlacht → Kampf

schlachten abschlachten, abstechen, töten; *landsch.:* metzgen, metzen, abtun

Schlachtenbummler Zuschauer; *abwertend:* Krawallmacher, Hooligan, Radaubruder

Schlachter → Metzger

Schlachtfeld → Kampfplatz

schlackern → schlottern

Schlaf Ruhe, Nachtruhe; *ugs.:* Nickerchen

Schlafanzug Nachtanzug, Nachtgewand, Pyjama

schlafen
1. im Schlaf liegen, ein Schläfchen machen, ruhen, den Schlaf des Gerechten schlafen, im tiefsten/in tiefem Schlaf liegen; *geh.:* in Morpheus Armen liegen; *ugs.:* pennen, knacken, filzen, pofen, ratzen, duseln, wie ein Toter/Sack/Murmeltier/Stein schlafen

2. unaufmerksam/nicht bei der Sache/versunken/geistesabwesend/in Gedanken verloren/vertieft/ganz in Gedanken sein, seine Gedanken woanders haben, träumen; *ugs.:* mit offenen Augen schlafen, weggetreten sein
3. → übernachten

schlafen gehen sich zur Ruhe begeben, ins/zu Bett gehen, sich zu Bett legen, sich zurückziehen, sich hinlegen, sich niederlegen, sich schlafen legen; *ugs.:* sich aufs Ohr legen, in die Falle/Federn/Klappe/ins Nest gehen; *Kinderspr.:* in die Heia gehen

schlaff
1. → erschöpft
2. → schwach
3. locker, lose, nicht gespannt/straff, schlaksig, lasch, schlapp; *landsch.:* bommelig

Schlaffi Weichling, Versager

Schlafgelegenheit → Unterkunft

Schlafmütze
1. Schlafhaube
2. *ugs. für:* Phlegmatiker, Träumer; *ugs.:* langweiliger Peter, lahme Ente, Langweiler, Schlafmittel, Schlaftablette, Döskopf, Transuse, Trantüte, Tranfunzel, Schnecke, Hansguckindieluft, Tränentier; *landsch.:* Döspaddel

schläfrig → müde

Schlafstelle → Unterkunft

Schlaftablette
1. Schlafmittel, Einschlafmittel, Hypnotikum, Schlafpille
2. Langweiler, langsamer/schwerfälliger Mensch; *ugs.:* Schlafmütze, Trantüte, Tranfunzel, Transuse, Schnarchnase; *derb:* Lahmarsch

Schlag auf Schlag

Ein *Schlag* ist eine kurze, heftige Berührung. Die Synonyme zeigen die unterschiedliche Intensität an. Während *Hieb* und *Stoß* durchaus heftig sein können, versteht man unter *Klaps* oder *Puff* ebenso eine eher freundschaftliche Berührung wie unter den umgangssprachlichen Ausdrücken *Stups, Stumper* und *Knuff.* Aus dem Boxsport stammen die Begriffe *Schwinger* (*Schlag* mit gestrecktem Arm) und *Kinnhaken* (*Schlag* gegen die Kinnspitze). Hierher gehört auch der *Faustschlag.*
Dagegen ist der *Handschlag* ein Händedruck, wie er seit alters Brauch zwischen Partnern von Geschäftsabschlüssen ist. In zahlreichen Zusammensetzungen bezeichnet *Schlag* auch die Folgen eines *Hiebs,* zum Beispiel den dadurch hervorgerufenen Ton (*Glockenschlag, Hammerschlag, Hufschlag, Trommelschlag*) oder die dadurch entstehende Bewegung (*Herzschlag, Pendelschlag, Pulsschlag, Ruderschlag, Wellenschlag*). Die umgangssprachliche Wendung *keinen Schlag arbeiten/tun* für Nichtstun ist daraus entstanden, dass viele Arbeiten mit dem Einsatz von Werkzeugen verbunden sind und das Ausbleiben entsprechender Geräusche zum Sinnbild für Nichtstun wurde. Wenn dagegen etwas *Schlag auf Schlag* geschieht, passieren die Dinge in rascher Folge und ohne Unterbrechung. Was *mit einem Schlag* geschieht, kommt plötzlich und unerwartet.
Wer (wie) *vom Schlag getroffen/gerührt* ist, steht unter Schock oder ist vollkommen überrascht. Auch die Redensart *mich/ihn/sie hat (fast) der Schlag getroffen, als …* kann Überraschung, aber auch Entsetzen ausdrücken. Einen Stromstoß bekommt, wer *einen Schlag kriegt/bekommt.* Die derbe Redewendung *du hast/er/sie hat (ja/doch) einen Schlag weg!* bedeutet »du/er/sie spinnt«. *Einen Schlag weghaben* wird umgangssprachlich auch für »beschränkt sein, dumm sein« verwendet.

schlaftrunken → müde

schlafwandeln nachtwandeln, umgehen; *ugs.:* herumgeistern

Schlafwandler Nachtwandler, Traumwandler, Somnambuler, Mondsüchtiger

Schlafzimmer Schlafraum, Schlafstube, Schlafkammer, Schlafgemach

Schlag
1. Hieb, Stoß, Klaps, Puff, Haken, Kinnhaken, Niederschlag, Knock-out, Schwinger, Ruck; *ugs.:* Schubs, Stups, Stumper, Knuff, Patsch, Klatsch; *österr.:* Schupfer, Stupfer; *schweiz.:* Putsch
2. Beleidigung, Kränkung, Verletzung, Stich, Brüskierung
3. → Unglück
4. → Schlaganfall
5. → Art
6. Schlagsahne, Schlagrahm; *österr.:* Schlagobers
7. Schneise, Lichtung, Waldschlag; *fachsprachl.:* Schwende
8. mit einem Schlag → plötzlich ⓘ

Schlagader Aorta, Arterie, Ader

S

Schlaganfall Hirnschlag, Gehirnschlag; *Med.:* Insult, Apoplexie; *ugs.:* Schlag
schlagartig → plötzlich
Schlagbaum Schranke, Barriere, Absperrung, Grenzpfahl; *landsch.:* Fallbaum
Schläge → Prügel
Schlägel Hammer
schlagen
1. prügeln, verprügeln, Prügel/Schläge austeilen, einschlagen/einprügeln auf, einen Schlag/Schläge versetzen, Prügel verabreichen, wehtun, tätlich werden, zu Leibe gehen, ohrfeigen, züchtigen, zuschlagen, losschlagen, zuhauen, verhauen, handgreiflich/handgemein werden, durchprügeln, jmdm. eine Ohrfeige geben; *ugs.:* dreschen, verdreschen, verkloppen, vermöbeln, verbläuen, versohlen, vertrimmen, knüppeln, verwichsen, eins versetzen/verpassen, jmdm. rutscht die Hand aus, eins/ein paar überziehen, eins draufgeben/draufhauen, eine knallen/langen/schmieren/schallern/überbraten, es jmdm. (ordentlich) geben, es jmdm. feste geben, das Fell gerben, überlegen, die Hosen strammziehen, übers Knie legen, eine herunterhauen, zusammenschlagen, ein paar hinter die Ohren/die Löffel/eine Maulschelle geben; *derb:* die Fresse/Eier polieren, jmdn. zu Brei/Mus schlagen, jmdn. zu Hackfleisch machen/verarbeiten, jmdm. den Hosenboden/Hintern versohlen, jmdm. einen vor den Latz knallen, jmdm. eins in die Schnauze hauen, jmdm. eine in die Fresse knallen, jmdm. den Frack vollschlagen, verwamsen, verbimsen, durchbläuen, verkeilen, durchwalken, jmdm. eine scheuern/wienern/verpassen, eins aufbrennen, jmdm. Saures geben; *landsch.:* watschen, dachteln, reiben
2. → besiegen
3. pulsieren, hämmern, pochen, klopfen, sich hin und her bewegen; *ugs.:* pumpern, bubbern
4. trommeln, schmettern; *ugs.:* bumsen, ballern
5. fallen, hinschlagen, stürzen, aufschlagen; *ugs.:* hinknallen, hinplumpsen
6. → singen
7. ansagen (Uhr), tönen, anzeigen
8. fällen, abholzen, absägen, umhauen, abhauen, abschlagen, umschlagen
9. → übertreffen
10. prägen (Münzen), herstellen, machen, erzeugen, hervorbringen, produzieren, bilden
11. → branden
12. umlegen, überlegen, einwickeln, einpacken, verpacken, wickeln in, einschlagen
schlagen, sich
1. sich prügeln, sich raufen, sich hauen, sich balgen, miteinander ringen; *ugs.:* sich keilen, sich kloppen, sich herumschlagen
2. → kämpfen
schlagend zwingend, bestechend, überzeugend, stichhaltig, unwiderlegbar, triftig, treffend, einleuchtend, plausibel, beweiskräftig, schlagkräftig, glaubwürdig, drastisch, frappant, hieb- und stichfest, erdrückend, schlüssig, durchschlagend; *geh.:* evident
schlagen in einschlagen, einrammen, klopfen/hauen/hämmern in, hineintreiben
schlagen nach → ähneln
Schlager Knüller, Kassenschlager, Verkaufsschlager, Hit, Kassenmagnet, Zugstück, Zugnummer, Glanzstück, Glanznummer, Reißer, Publikumserfolg, Bestseller, Evergreen, Gassenhauer, Renner, Spitzenreiter, Tabellenführer, Treffer; *abwertend:* Schnulze, Schmachtfetzen
Schläger
1. Stock (Hockey)
2. → Raufbold
Schlägerei Rauferei, Prügelei, Handgemenge, Faustkampf, Tätlichkeiten, Balgerei; *ugs.:* Keilerei, Geraufe, Holzerei
schlagfertig mundfertig, zungenfertig, redegewandt, sprühend, spritzig, geistesgegenwärtig, flinkzüngig, nicht auf den Mund gefallen
schlagkräftig
1. → schlagend
2. gut ausgerüstet, ausgebildet, vorbereitet, kampffähig, einsatzbereit
Schlagsahne Schlagrahm; *österr.:* Schlag, Schlagobers
Schlagstock Gummiknüppel
Schlagwort
1. Devise, Motto, Leitwort, Losung, stehender Ausdruck, Parole, Slogan, Approach, Wahlspruch, Redensart
2. → Phrase
Schlagzeile Überschrift, Balkenüberschrift, Hauptüberschrift, Titel, Headline
Schlagzeilen machen
1. → auffallen
2. → herumsprechen, sich

S

schlaksig
1. → schlaff
2. hochaufgeschossen, hochgewachsen, lang; *ugs.:* eine Bohnenstange, ein Strich in der Landschaft
Schlamassel → Not
Schlamm Morast, Schlick, aufgeweichter Boden, Sumpf; *ugs.:* Matsch, Patsche, Brei, Soße, Brühe, Suppe, Mansch, Pampe; *landsch.:* Modder, Schmodder, Mud; *schweiz.:* Plotsch
Schlampe *ugs. für:* liederliches Frauenzimmer; *ugs.:* Schlumpe, Schmutzliese, Ruschel; *derb:* Vettel
schlampen → pfuschen
Schlamperei → Unordnung
schlampig → unordentlich
Schlange
1. Reihe; *ugs.:* Schwanz
2. Verkehrsstauung, Stau, Autoschlange
Schlange stehen → anstehen
schlängeln, sich sich wie eine Schlange bewegen, sich winden, kurven, sich ringeln, sich krümmen
schlank → dünn
Schlankheitskur Diät, Abmagerungskur, Entfettungskur, Hungerkur, Fastenkur
schlankweg
1. → aufrichtig
2. → kurzerhand
schlapp
1. → erschöpft
2. → schwach
3. → schlaff
Schlappe → Fehlschlag
schlappen
1. → schlürfen
2. → schlottern
schlappmachen
1. → erschöpfen
2. → aufgeben
Schlappschwanz → Feigling
Schlaraffenland → Paradies
schlau gewiegt, gewitzt, geschickt, fintenreich, trickreich, pfiffig, durchtrieben, taktisch klug, wendig, findig, listig, smart, verschmitzt, raffiniert, geschäftstüchtig, lebenstüchtig, wach, diplomatisch, clever, abgefeimt, scharfsinnig, intelligent, aufgeweckt, abgebrüht; *geh.:* alert; *ugs.:* gerissen, gewieft, gerieben, ausgefuchst, verschlagen, ausgebufft, abgezockt, helle, nicht auf den Kopf gefallen, mit allen Wassern gewaschen, bauernschlau, ausgekocht, ausgepicht, vertrickst, tricksi, nicht von gestern; *landsch.:* anschlägig, gnitz, vigilant; *österr.:* gefinkelt
Schlauberger → Schlaukopf
schlauchen → anstrengen
Schlaufe Schlinge, Schleife; *landsch.:* Schluppe; *österr.:* Masche
Schlaukopf schlauer Fuchs, Schlauer; *ugs.:* Pfiffikus, Schlaumeier, Schlauberger, Filou, Schlitzohr, Cleverle; *abwertend:* Neunmalschlauer, Neunmalkluger, Besserwisser; *schweiz.:* Schläuling
Schlawiner
1. → Schelm
2. → Taugenichts
schlecht
1. nicht gut, fürchterlich, elend, erbärmlich, misslungen, missraten, missglückt, miserabel, mangelhaft, kläglich, armselig, kümmerlich, kärglich, schäbig, stümperhaft, dilettantisch, → minderwertig; *ugs.:* beschissen, mies
2. → faul
3. → elend
4. unleserlich, unsauber, unordentlich, undeutlich
5. unratsam, unzweckmäßig, unzuträglich, Verlust bringend, von Übel, schädlich
6. → unangenehm
7. unwohl, übel, speiübel; *ugs.:* kodderig, lausig, blümerant
8. → gemein
9. **nicht schlecht** → gut
schlechterdings
1. → ganz
2. → geradezu
schlecht ergehen sich in Schwierigkeiten befinden, miserabel gehen; *ugs.:* mies dran sein, mies/bescheiden/dreckig gehen; *derb:* beschissen/schweinemäßig gehen, im Dreck stecken, das Wasser steht bis an die Gurgel/den Hals
schlechtgelaunt → missmutig
schlecht und recht → mittelmäßig
schlecht werden → faulen
schlechthin
1. → geradezu
2. an sich, in reinster Ausprägung, überhaupt, im eigentlichen Sinn, im wahrsten Sinne des Wortes, ganz allgemein, par excellence; *ugs.:* in Reinkultur
Schlechtigkeit → Gemeinheit
schlechtmachen → verleumden
schlechtweg
1. → ganz
2. → geradezu
schlecken
1. → lecken
2. naschen; *landsch.:* leckern
Schleckerei
1. → Leckerbissen
2. *Pl.:* → Süßigkeiten
Schleckermaul → Leckermaul

S

Schlegel Schenkel
schleichen leise/vorsichtig/behutsam/heimlich/unbemerkt gehen, auf Zehen/Zehenspitzen/Fußspitzen gehen
schleichen, sich → weggehen
Schleichhandel → Schwarzhandel
schleierhaft → rätselhaft
Schleife
1. Schlinge, Schlaufe; *landsch.:* Schluppe; *österr.:* Masche
2. → Biegung
schleifen
1. → drillen
2. → schärfen
3. schleppen, ziehen, zerren, bugsieren
4. → niederreißen
5. → glätten
schleifen lassen vor sich herschieben, aufschieben, vernachlässigen, hinausschieben, außer Acht lassen, nachlässig sein, sich nicht kümmern; *ugs.:* auf die lange Bank schieben, auf Eis legen
Schleim
1. Brei
2. → Auswurf
schleimig
1. feucht, glitschig, quallig, schmierig, schlüpfrig; *ugs.:* glibberig, glibberartig; *derb:* rotzig
2. → unterwürfig
3. → ekelhaft
Schleimscheißer → Speichellecker
schlemmen es sich schmecken lassen, schwelgen, prassen, genießen, sich gütlich tun an, frönen, zu leben wissen, sich's wohl sein lassen, in Saus und Braus/luxuriös leben, aus dem Vollen schöpfen; *ugs.:* essen/leben wie Gott in Frankreich
Schlemmer → Feinschmecker
schlendern gemächlich gehen, umherschlendern, flanieren, spazieren (gehen), wandeln, lustwandeln, bummeln, promenieren; *ugs.:* trudeln; *landsch.:* schlenzen
Schlendrian Trott, Hudelei, Schlamperei, Nachlässigkeit, Wirtschaft; *ugs.:* Lotterei, Schluderei
schlenkern hin und her bewegen/schwingen, schlackern, pendeln, rudern, schwenken
schleppen
1. ins Schlepptau nehmen, hinter sich herziehen, schleifen, bugsieren, ziehen, dirigieren, lotsen, manövrieren
2. tragen, transportieren, befördern
schleppend → langsam
Schlepper
1. Schleppschiff, Schleppdampfer
2. Traktor, Trecker, Bulldozer, Zugmaschine
3. Kuppler, Zubringer
Schleuder
1. Katapult
2. Wäscheschleuder, Zentrifuge
schleudern
1. werfen, hinwerfen, wegschleudern, hinschleudern, schmeißen, katapultieren; *ugs.:* pfeffern, hinpfeffern, feuern, hinfeuern, ballern, schmettern
2. ins Schwimmen kommen, schlingern, ins Schleudern geraten, aus der Kurve getragen werden, schwanken, schaukeln; *ugs.:* schwimmen
Schleuderware Ausschuss, Ausschussware, Schund, Ladenhüter, Altware, Ramsch, schlechte Ware, Plunder, Tand; *ugs.:* Schrott, Tinnef, Kram, Mist, Schofel; *derb:* der letzte Dreck
schleunig(st)
1. → sofort
2. → schnell
Schlich
1. → List
2. *Pl.:* → Intrige
schlicht → einfach
schlichten → bereinigen
Schlick → Schlamm
Schließe Schnalle, Koppelschloss, Verschluss
schließen
1. zumachen, absperren, zusperren, abschließen, zuschließen, verschließen, einklinken, zuklappen, die Tür ins Schloss fallen lassen, zuschlagen, zuwerfen, zustoßen, zuschmettern, den Riegel vorschieben, abriegeln, zuriegeln; *ugs.:* zuballern, zuschmeißen, dichtmachen
2. zuknöpfen, zukorken, zuschnallen, zuschrauben, zuhaken, zukleben, zubinden, verstopfen
3. den Betrieb einstellen, den Laden schließen, Feierabend machen, die Geschäftszeit beenden; *ugs.:* Schluss machen
4. → aufgeben
5. verwahren, sichern, sicherstellen, in Verwahrung/Gewahrsam nehmen, unter Verschluss halten, beiseitelegen, beiseitebringen, einschließen, wegschließen, versperren
6. → befestigen
7. → beenden
8. → enden
9. anfügen, folgen (lassen), sich anschließen, anreihen, angliedern
10. füllen, ausfüllen, einfügen, zuschütten, zugießen, zustopfen

11. abschließen (Vertrag), festlegen, vereinbaren, ausmachen, festmachen, abmachen, übereinkommen, eine Abmachung/Vereinbarung treffen, einen Vertrag eingehen
12. → folgern
13. zuwachsen (Wunde), zusammengehen
14. **Ehe schließen** → heiraten
15. **Freundschaft schließen** → befreunden, sich

schließen, sich ins Schloss fallen/schnappen, einschnappen, zugehen; *ugs.:* zufliegen

Schließfach Box, Tresor, Safe, Aufbewahrungsort

schließlich
1. am Ende/Schluss, zu guter Letzt, nach längerer Zeit/längerem Warten, letztens, letztendlich, zuletzt, schließlich und endlich, letztlich, eigentlich; *ugs.:* schlussendlich
2. letzten Endes, im Grunde genommen, genau/streng genommen, an und für sich, von Rechts wegen, im Endeffekt

Schliff
1. Politur, Glätte
2. Ausformung, Haltung, Lebensart, Kinderstube, Zucht, Disziplin, Manieren, Umgangsformen, Weltläufigkeit

schlimm
1. arg, grob, gravierend, schwerwiegend, ernsthaft, tiefgreifend, grundsätzlich, entscheidend, bedeutend, stark, existenziell, gewichtig, folgenreich, wesentlich
2. → katastrophal
3. → gefährlich
4. → unangenehm
5. → böse

schlimmstenfalls → notfalls

Schlinge Schlaufe, Schleife; *landsch.:* Schluppe; *österr.:* Masche

Schlingel → Schelm

schlingen
1. winden, binden, umwickeln
2. ineinander binden, zusammenbinden (Haare), verknoten
3. → essen
4. → schlucken

schlingen, sich ranken/winden/schlängeln/legen/wickeln/ringeln um

schlingern hin und her schwanken, schaukeln, schütteln, schleudern, rudern, wackeln

Schlingpflanze Kletterpflanze, Rankengewächs, Schlinggewächs

Schlips Krawatte, Binde, Halsbinde, Binder, Selbstbinder, Plastron

Schlitten
1. *österr.:* Rodel
2. → Auto

Schlitten fahren rodeln

schlittern gleiten, rutschen; *landsch.:* schleifen, schliddern, schleißen, glennen, schliffern, glitschen, schusseln

Schlittschuhlauf Eislauf, Eiskunstlauf, Eistanz, Eisschnelllauf

Schlitz Spalt, (schmale) Öffnung, Ritze, Loch, Einschnitt, Klinse, Fuge, Zwischenraum, Lücke

Schlitzohr
1. → Schelm
2. → Schlaukopf

Schloss
1. Palast, Herrschaftsgebäude, Herrenhaus, Burg; *geh.:* Palais, Chateau
2. Verschluss, Absperrvorrichtung, Schließe
3. **hinter Schloss und Riegel bringen** einsperren, einkerkern, gefangen nehmen/setzen, ins Gefängnis werfen, in Arrest/Haft setzen, inhaftieren, verhaften, in Gewahrsam/Haft nehmen, hinter Gitter bringen; *ugs.:* einlochen, einbunkern, einkassieren, einbuchten, hoppnehmen, hinter schwedische Gardinen setzen

Schlot → Schornstein

Schlotfeger → Schornsteinfeger

schlottern
1. zu weit sein/locker sitzen, schlappen, schlackern, am Leibe hängen, flattern; *ugs.:* baumeln, bammeln
2. zittern, frieren, beben, vibrieren, frösteln, mit den Zähnen klappern, schauern; *ugs.:* bibbern, Gänsehaut bekommen, schnattern

Schlucht Tiefe, Kluft, Tal, Klamm, Spalte, Schrunde, Schlund, Abgrund, Canon, Klause; *schweiz.:* Klus, Krachen

schluchzen → weinen

Schluck Mund voll, Zug

Schluckauf *Med.:* Singulation, Singultus; *ugs.:* Hicksen, Hickser; *landsch.:* Schluckser, Schlucken, Häcker; *österr.:* Schnaggler, Schnackerl

schlucken
1. hinunterschlucken, einnehmen, zu sich nehmen, essen; *ugs.:* schlingen, hinunterschlingen, futtern, würgen, hinunterwürgen
2. → trinken
3. → hinnehmen

schludern → pfuschen

schludrig → nachlässig

Schlummer Halbschlaf, leichter Schlaf, Dämmerschlaf, Dämmerzustand, Schläfchen; *ugs.:* Nickerchen

S

schlummern ein Schläfchen machen, im Halbschlaf liegen, Siesta halten; *ugs.:* ein Nickerchen halten, dösen, dämmern, duseln, einnicken
schlummernd → latent
Schlund
1. → Schlucht
2. → Rachen
schlüpfen
1. gleiten, sich durchschlängeln, kriechen
2. ausschlüpfen, herauskriechen, herauskommen
3. → anziehen
4. → entkommen
Schlupfloch → Zuflucht
schlüpfrig
1. glitschig, glatt, spiegelglatt, rutschig, feucht
2. → anstößig
Schlupfwinkel → Zuflucht
schlürfen
1. schlappen, schlurfen, schleichen, schleifen, sich schleppen; *ugs.:* schlurren
2. → trinken
Schluss
1. → Ende
2. → Folgerung
3. → genug
Schlüssel → Lösung
Schlüsselblume Primel, Himmelschlüssel
Schlüsselfigur → Hauptperson
Schlüsselrolle Hauptrolle, Schlüsselstellung, Schlüsselposition, beherrschende Position, entscheidende Stellung
Schlussfolgerung → Folgerung
schlüssig überzeugend, zwingend, folgerichtig, stichhaltig, beweiskräftig, triftig, logisch, systematisch; *geh.:* stringent
Schlusslicht
1. Rücklicht, Rückstrahler, Katzenauge
2. Letzter, Nachhut
Schlussmann → Torwart
Schlusspunkt → Ende
Schlussstrich
1. Beendigung, Schluss, Schlusspunkt, Abschluss
2. **einen Schlussstrich ziehen** eine Angelegenheit beenden/endgültig abschließen/zu den Akten legen
Schmach → Schande
schmachten
1. → darben
2. → lechzen
schmächtig → dünn
schmachvoll
1. erniedrigend, demütigend, entehrend, entwürdigend, verletzend
2. → gemein
schmackhaft
1. köstlich, wohlschmeckend, lecker, würzig, geschmackvoll, pikant, appetitlich, delikat, fein, gut, vorzüglich, gut zubereitet/gewürzt, aromatisch; *geh.:* deliziös, süperb, exquisit
2. verlockend, reizvoll, einladend, verführerisch
schmähen → demütigen
schmählich
1. → schändlich
2. → kläglich
Schmähung
1. → Diskriminierung
2. → Beleidigung
schmal
1. → dünn
2. → eng
3. → kläglich
schmälern → vermindern
Schmälerung Verminderung, Einschränkung, Abnahme, Kürzung, Reduzierung
schmalspurig → engstirnig
Schmalz
1. → Fett
2. → Rührseligkeit
schmalzig
1. → fett
2. → sentimental
Schmankerl → Leckerbissen
schmarotzen sich durchessen, sich durchbetteln, auf Kosten anderer leben, ausnutzen; *ugs.:* ausnehmen, nassauern, schnorren; *derb:* melken, sich durchfressen
Schmarotzer Parasit, Schädling, Nutznießer; *ugs.:* Nassauer, Schnorrer
schmarren → scherzen
Schmarren Blödsinn, Quatsch, dummes Zeug, → Unsinn
Schmatz → Kuss
schmauchen → rauchen
Schmaus Essen, Festmahl, Gelage; *derb:* Fressorgie, Fressfest
schmausen → essen
schmecken
1. zusagen, munden, eine Gaumenfreude sein, dem Gaumen schmeicheln, nach jmds. Geschmack sein, den Gaumen kitzeln, etwas für den verwöhnten Gaumen sein
2. → gefallen
3. → kosten
schmeichelhaft → ehrenvoll
schmeicheln
1. lobhudeln, jmds. Vorzüge hervorheben, umschmeicheln, hofieren, den Hof/Komplimente machen, schöntun, huldigen, umwerben, Süßholz raspeln, sich anbiedern, beweihräuchern, schönreden, nach dem Munde/zu Gefallen reden, schöne Worte machen, schweifwedeln, vor Liebenswürdigkeit überfließen; *geh.:* flattieren; *ugs.:* scharwenzeln, einseifen, Brei/Honig um den Mund schmieren, schwänzeln, um den Bart gehen, sich einschleimen
2. → kriechen

3. jmds. Selbstbewusstsein heben, angenehm berühren, gefallen, zusagen, zufriedenstellen
4. passen, kleiden, sitzen, stehen ⓘ

Schmeichler
1. → Heuchler
2. → Speichellecker

schmeißen
1. → werfen
2. **den Laden schmeißen** → bewältigen

Schmelz Glasur, Emaille, Glanz, Lasur, Überzug

schmelzen
1. flüssig werden, zerfließen, zergehen, zerschmelzen, zerrinnen, zerlaufen, auftauen, sich auflösen
2. flüssig machen, zum Tauen/Schmelzen bringen, zerlassen, auslassen, verflüssigen

Schmelztiegel → Sammelbecken

Schmerz
1. → Qual
2. → Leid

schmerzen
1. Schmerzen bereiten/verursachen/haben, wehtun, brennen, bohren, stechen, ziehen, durch Mark und Bein gehen
2. → kränken
3. → bedrücken

schmerzhaft schmerzvoll, schmerzend, schmerzlich, quälend, peinigend, qualvoll, nagend, stechend, brennend, bohrend

schmerzlich
1. bitterlich, betrüblich, quälend, peinigend, traurig, grausam, herzzerreißend, gramvoll, martervoll, kummervoll; *scherzh.:* herzzerfetzend
2. → schmerzhaft

Schmetterling Falter, Schuppenflügler, Motte; *poet.:* Sommervogel

schmeicheln: Von Werbern und Schleimern

Jemandem *schmeicheln* heißt, jemandem etwas Angenehmes zu sagen, und dabei schwingt häufig die Bedeutung von »übertrieben loben« mit. Die Synonyme lassen dennoch eine Abstufung erkennen. *Komplimente machen* ist eine neutrale Umschreibung. *Den Hof machen* gebraucht man, wenn ein Mann dabei ist, eine Frau zu *umwerben.* Nicht nur bei dieser Gelegenheit kann jemand *Süßholz raspeln;* dieser Ausdruck ist allerdings stets abwertend gemeint. *Hofieren* bedeutet, einer Person *schmeicheln,* um sich ihre Gunst zu erwerben. Geschieht dies in aufdringlicher Weise, spricht man von *anbiedern. Beweihräuchern* heißt stark übertreibend loben. *Sand in die Augen streuen* ist *schmeicheln* in der Absicht, den anderen zu täuschen. *Schleimen* oder *sich einschleimen* benutzt man als derben Ausdruck vor allem für *schmeicheln* gegenüber Vorgesetzten.
Abwertend ist in diesem Zusammenhang auch *liebedienern.* Ein veraltetes Wort dafür ist *schweifwedeln,* das auf das Verhalten von Hunden anspielt. Zur Umgangssprache gehören die Redensarten *jemandem Honig um den Bart/Mund/ums Maul schmieren* oder *jemandem um den Bart gehen.* Der ebenfalls umgangssprachliche Ausdruck *scharwenzeln* beziehungsweise *um jemanden herumscharwenzeln* bedeutet *schmeicheln* im Sinn von »sich übereifrig oder diensteifrig um jemanden bemühen«. Heißt es dagegen zum Beispiel von einer Farbe oder einem Stoff, *sie/er schmeichelt jemandem,* bedeutet dies so viel wie »gut passen/kleiden/stehen«. Wer *sich geschmeichelt fühlen* kann, der sieht sein Selbstwertgefühl auf angenehme Weise gestärkt.

schmettern
1. schleudern, hinschleudern, werfen, hinwerfen, schlagen; *ugs.:* schmeißen, pfeffern, hinpfeffern, knallen, donnern, feuern, hinfeuern
2. → schallen
3. → singen

schmieden
1. → anfertigen
2. **Pläne schmieden** → planen
3. **Ränke schmieden** → intrigieren

schmiegen, sich → anschmiegen, sich

schmiegsam weich, biegsam, sich anpassend, geschmeidig, anpassungsfähig, elastisch, nachgiebig, dehnbar, flexibel

schmieren
1. streichen, aufstreichen, bestreichen, beschmieren; *ugs.:* raufschmieren
2. einölen, einfetten, ölen, einreiben; *fachsprachl.:* abschmieren
3. → kritzeln
4. → bestechen
5. **eine schmieren** → ohrfeigen

schmierig
1. klebrig, schmutzig, ölig, fett, speckig, verschmutzt, fleckig; *ugs.:* schmuddelig
2. → ekelhaft

Schminke Make-up, Rouge, Schönheitsmittel; *ugs.:* Farbe; *scherzh.:* Kriegsbemalung

Schminke auflegen → schminken

S

schminken Schminke auftragen/auflegen, Rouge/Farbe/Make-up auflegen, schönmachen, herausputzen, verschönern, zurechtmachen, pudern, die Lippen nachziehen, sich die Augen tuschen, sich anmalen; *ugs.:* färben, sich anschmieren, bemalen, anpinseln, anstreichen
schmirgeln → glätten
Schmirgelpapier Sandpapier, Glaspapier
Schmiss
1. Schramme, Schmarre, Narbe, Wundmal, Kratzer, Ritz, Schrunde
2. Power, Elan, Drive
3. → Schwung
schmissig → rasant
Schmöker
1. → Buch
2. Trivialliteratur, Unterhaltungsroman, Schundliteratur, Groschenheft, Groschenroman
schmökern → lesen
schmollen einen Schmollmund/ein Gesicht machen/ziehen, beleidigt/böse/trotzig sein, den Beleidigten spielen, sich in den Schmollwinkel zurückziehen, nicht wollen, die Lippen hängen lassen/aufwerfen, murren, bocken, trotzen, zürnen, grollen; *ugs.:* eine Schnute/Schippe machen/ziehen, die beleidigte Leberwurst spielen, das Maul hängen lassen, eine Flunsch/Flappe ziehen, maulen
schmoren
1. → braten
2. → bräunen
Schmu → Betrug
Schmu machen → betrügen
schmuck
1. → elegant
2. → sauber
Schmuck
1. Schmuckstück(e), Juwelen, Schmucksachen, Goldwaren, Silberwaren, Juwelierwaren, Geschmeide, Zierrat, Kostbarkeiten, Kleinod, Wertstück, Accessoires; *geh.:* Preziosen, Bijouterie; *ugs.:* Behang
2. → Verzierung
schmücken zieren, verzieren, ausstatten, dekorieren, ausstaffieren, behängen, verschöne(r)n, ausgestalten, herausputzen, garnieren, schönmachen, stylen; *österr.:* staffieren
schmücken, sich → herausputzen, sich
schmucklos → einfach
schmuddelig → schmutzig
Schmuggel → Schwarzhandel
schmuggeln Schwarzhandel/Schmuggel/Schleichhandel treiben; *ugs.:* schieben
Schmuggler Schleichhändler, Schwarzhändler; *ugs.:* Pascher
schmunzeln lächeln, vor sich hinlächeln, (lautlos) lachen, grinsen; *ugs.:* grienen
schmusen liebkosen, streicheln, umarmen, knuddeln, zärtlich sein
Schmutz
1. Dreck, Unrat, Sudelei, Unflat, Kot, Staub, Matsch
2. Unordnung, Verunreinigung, Unsauberkeit, Verschmutzung, Unreinlichkeit, Flecken, Mist, Abfall, Müll; *ugs.:* Schweinerei, Heidendreck; *derb:* Sauerei
Schmutzfink Schmierfink; *ugs.:* Ferkel, Dreckspatz, Schwein, Schweinigel, Mistfink; *derb:* Dreckschwein, Dreckstück, Dreckkerl, Sau, Pottsau
schmutzig
1. dreckig, unrein, unsauber, ungewaschen, beschmutzt, verschmutzt, befleckt, mit Flecken übersät, fleckig, speckig, kotig, klebrig, malproper, verunreinigt, schmierig, verstaubt, staubig, trübe, ölig, fett(ig), unansehnlich, in unbeschreiblichem Zustand, voller Schmutz, verschmiert; *ugs.:* verdreckt, schwarz, sudelig, mit Dreck und Speck, schmuddelig; *derb:* versaut, mistig, säuisch, ekelig, saumäßig, schweinemäßig
2. → gemein
3. → anstößig
schmutzig machen → beschmutzen
Schnabel → Mund
schnäbeln → küssen
schnabulieren → essen
Schnake Mücke, Stechmücke, Moskito; *österr.:* Gelse
Schnalle
1. Schließe, Verschluss, Koppelschloss
2. → Klinke
schnalzen knallen, schnallen, schmatzen, schnippen, schnipsen
schnappen
1. → ergreifen
2. → beißen
3. → nehmen
Schnappschuss
1. Momentaufnahme
2. → Fotografie
Schnaps Branntwein; *ugs.:* Feuerwasser, der Klare, Rachenputzer, Stoff, Fusel
schnarchen *ugs.:* sägen
schnarren
1. → knarren
2. → krächzen
schnattern
1. → frieren
2. → schwatzen

S

schnauben
1. fauchen, blasen, prusten, schnoben, atmen, keuchen
2. → rasen
schnauben, sich → schnäuzen, sich
schnaufen → atmen
Schnauze → Mund
schnauzen → brüllen
schnäuzen, sich sich schnauben, sich die Nase putzen, sich ausschnäuzen; *ugs.:* trompeten; *derb:* rotzen
Schnee
1. Firn; *geh.:* das Weiß
2. Schaum
3. → Kokain
Schneebesen Schaumschläger; *österr.:* Schneerute
Schneid → Mut
schneiden
1. zerteilen, zerkleinern, zerlegen, zerstückeln, zerschneiden, auseinanderschneiden, in Stücke schneiden
2. abschneiden, wegschneiden, beschneiden, kürzen, kürzer machen, kappen, stutzen, zurechtstutzen, kupieren, scheren, abscheren, trimmen, abtrennen, abzwicken; *ugs.:* schnipseln, abschnipseln, schnippeln
3. mähen, sicheln, sensen, absicheln
4. → operieren
5. → ignorieren
6. schnitzen, schnitzeln
7. scharf/geschärft sein
schneiden, sich
1. → verletzen, sich
2. sich kreuzen, sich überschneiden, überlappen, zusammenlaufen, zusammentreffen, kollidieren, sich begegnen
schneidend
1. bissig, sarkastisch, zynisch
2. → scharf
schneidern nähen, anfertigen; *ugs.:* machen
schneidig
1. mutig, verwegen, wagemutig, energisch
2. → forsch
3. → rasant
Schneise → Lichtung
schnell
1. schleunig(st), hurtig, geschwind, blitzartig, blitzschnell, kometenhaft, rapid(e), wie ein Blitz/der Wind/ein Pfeil, rasch, in Windeseile, im Flug/Nu, flink, eilig, flott, zügig, behänd, eilends, flink wie ein Hirsch/Wiesel, leichtfüßig, schnellstens, fix, flugs, rasant, in größter/höchster Eile, mit fliegender Hast, auf Windesflügeln, mit Siebenmeilenstiefeln, unter Zeitdruck, auf dem schnellsten Wege, mit hoher Geschwindigkeit, pfeilschnell; *ugs.:* wie ein Lauffeuer/die Feuerwehr/der Teufel, in Null Komma nichts, mit einem Affenzahn/Affentempo, mit Karacho, ruckzuck, wie ein geölter Blitz/eine Rakete, mit affenartiger Geschwindigkeit, in einem Saus, wie von der Tarantel gestochen, mit Dampf, im Handumdrehen
2. in kurzer Zeit/Kürze/Bälde, binnen kurzem, bald, alsbald, dringend, gleich, sofort, so schnell wie möglich, kurzerhand, auf der Stelle, unverweilt, unverzüglich, ungesäumt
3. *ugs.:* Tempo, dalli dalli, ein bisschen plötzlich/zügig, zack zack, hopplahopp, avanti, marsch marsch
4. → kurz
5. **zu schnell** → kopflos
schnellen schießen, springen, federn; *ugs.:* schippen, schnipsen, knipsen
schnell machen → beeilen, sich
Schnellschrift Kurzschrift, Eilschrift, Steno, Stenografie
schnellstens → schnell
schnetzeln → zerkleinern
Schnickschnack
1. → Unsinn
2. → Firlefanz
schniegeln, sich → herausputzen, sich
schnieke
1. piekfein, overdressed, aufgetakelt
2. → elegant
Schnippel → Fetzen
schnippen → schnalzen
schnippisch frech, spitz, kurz angebunden, kess, dreist, bissig, spöttisch, scharf, forsch, lausbübisch; *ugs.:* schnodderig, nassforsch, patzig
Schnipsel → Fetzen
Schnitt
1. → Einschnitt
2. → Durchschnitt
3. Schnittmuster, Vorlage
4. Ernte
5. Form, Fasson, Art, Zuschnitt, Machart, Design, Styling, Stil
6. **einen guten Schnitt machen** → profitieren
Schnitte Scheibe, Brotscheibe, Stück; *landsch.:* Stulle, Bemme
schnittig sportlich, attraktiv, rasant, rassig, elegant, flott, schmissig, schwungvoll, schneidig
Schnittpunkt → Mittelpunkt
Schnitzel → Fetzen
schnitzeln → zerkleinern
schnitzen schneiden, formen, kerben
Schnitzer
1. *schweiz.:* Schnitzler
2. → Fehler

schnodd(e)rig → schnippisch
schnöde → gemein
Schnörkel → Verzierung
schnörkellos nüchtern, schlicht, sachlich, schmucklos, prosaisch
schnorren → betteln
Schnorrer → Bettler
Schnösel → Flegel
schnuckelig → zierlich
schnüffeln
1. schnuppern, riechen, wittern; *Jägerspr.:* winden; *landsch.:* schnobern; *österr.:* schnofeln
2. → auskundschaften
Schnüffler → Spion
Schnuller Sauger, Gummisauger; *ugs.:* Nuckel, Lutscher; *landsch.:* Nuddel, Nuppel, Luller, Schlotzer, Zuzel; *österr.:* Fopper; *schweiz.:* Nuggi
Schnulze → Schlager
schnulzig sentimental, rührselig, kitschig, schmalzig
Schnupfen Katarr(h), Nasenschleimhautentzündung, Rhinitis, Erkältung; *landsch.:* Schnuppen
schnuppern → schnüffeln
Schnur Bindfaden, Bändel, Band, Strick, Kordel; *ugs.:* Strippe; *landsch.:* Spagat, Strupfe; *österr.:* Schnürl
schnüren zuschnüren, verschnüren, zusammenknüpfen, zusammenbinden, zusammenknoten, zusammenziehen, zubinden, festbinden
Schnurrbart Schnauzbart, Oberlippenbart, Knebelbart, Fliege, Schnauzer; *ugs.:* Bürste
schnurren surren, brummen, schnarren
Schnürsenkel Schuhband, Schnürband, Senkel, Schuhriemen
schnurstracks
1. direkt, ohne Umweg/Umschweife, geradlinig, geradewegs, zielgerichtet, umweglos
2. → sofort
Schnute → Mund
Schober Heuhaufen, Strohhaufen, Feim(en), Hocke, Dieme; *landsch.:* Triste, Heutriste; *schweiz.:* Stock, Schochen
Schock
1. Nervenerschütterung, Nervenzusammenbruch, Nervenkrise, Kreislaufversagen, Kollaps
2. → Schreck
3. 60 Stück
schockieren
1. bei jmdm. Anstoß erregen, Bestürzung hervorrufen/auslösen, jmdn. vor den Kopf stoßen, schocken, in Entrüstung versetzen, empören, erregen, erschüttern, einen Schock versetzen, im Innersten treffen/aufregen; *ugs.:* aus dem Häuschen bringen
2. durch Mark und Bein gehen, niederschmettern, entrüsten
schofel
1. → gemein
2. → geizig
Schöffe Laienrichter, Geschworener, Beisitzer
schon
1. bereits, früher als gedacht, lange, längst, seit längerer/langer Zeit, seit langem/längerem
2. allein, nur, bloß, einzig, lediglich sowieso, ohnehin, ohnedem, ohnedies; *landsch.:* eh
3. → gewiss
schön
1. formvollendet, wunderschön, bildschön, wunderbar, wundervoll, wohlgestaltet, wohlgeformt, ästhetisch, klassisch, makellos
2. → attraktiv
3. malerisch, pittoresk, malenswert, idyllisch
4. angenehm, herrlich, ungetrübt, wie gemalt, strahlend, glanzvoll, bezaubernd, wonnevoll, traumhaft, wonniglich, göttlich, paradiesisch, vollkommen, sagenhaft, erfreulich, wohltuend, unvergleichlich, berückend, → großartig
5. → heiter
6. → geschmackvoll
7. → ansehnlich
8. → sehr
schonen
1. pflegen, sorgfältig/vorsichtig/behutsam/gut behandeln, hegen, sorgsam umgehen mit, nicht strapazieren/abnützen, Rücksicht nehmen auf/üben mit, warten; *ugs.:* wie ein rohes Ei behandeln/anfassen, mit Samthandschuhen anfassen
2. Milde walten lassen, Nachsicht üben, wegsehen, nachsehen, verschonen, nachsichtig sein, durchgehen/geschehen lassen; *ugs.:* ein Auge zudrücken
schonen, sich viel auf seine Gesundheit geben, sich pflegen, auf seine Gesundheit achten, Anstrengungen vermeiden
schonend
1. vorsichtig, sacht, schonungsvoll, behutsam, achtsam, sorgfältig, sorgsam, rücksichtsvoll, fürsorglich, zart, liebevoll, mit Sorgfalt/Bedacht, gelinde, lind, gewissenhaft, bedacht, bedachtsam, pfleglich, umsichtig, verantwortungsbewusst, pflichtbewusst, aufmerksam

S

2. nachsichtig, mild, zahm, gemäßigt, duldsam, tolerant, freizügig, großzügig, weitherzig, verständnisvoll, geduldig, mit Fingerspitzengefühl

Schoner
1. Überzug, Hülle, Schutzhülle, Bedeckung
2. Segelschiff

schönfärben → idealisieren

Schönheit
1. Pracht, Erlesenheit, Anmut, Herrlichkeit, Reiz, Ebenmaß, Kostbarkeit, Wohlgestalt, Harmonie, Formvollendung, Liebreiz, Grazie, Glanz, Erhabenheit
2. schöne Helena, Venus; *geh.:* Beauty, Beauté; *ugs.:* Klassefrau ⓘ

Schönheitspflege Kosmetik, Hautpflege, Körperpflege

Schonkost Diät, Krankenkost, Heilkost

Schönling → Adonis

schön machen, sich
1. → herausputzen, sich
2. → schminken, sich

schönreden
1. → schmeicheln
2. → idealisieren

schöntun
1. → schmeicheln
2. → flirten

Schonung
1. Gehege, Zuchtbetrieb, Schule
2. Schonwald, Hegewald
3. Milde, Rücksicht, Nachsicht, Sanftmut, Weichheit, Zartheit, Toleranz, Verständnis, Geduld, Behutsamkeit, Großzügigkeit, Gnade
4. Sorgfalt, Pflege, Fürsorge, Rücksichtnahme

schonungslos → hart

schonungsvoll → schonend

schöpfen → erschaffen

Schöpfer
1. → Gott
2. → Initiator
3. → Autor
4. Schöpfkelle, Schöpflöffel

schöpferisch kreativ, fantasievoll, ideenreich, einfallsreich, produktiv, erfinderisch, künstlerisch, konstruktiv, fruchtbar, gestalterisch, originell; *geh.:* ingeniös

Schöpflöffel → Schöpfer

Schöpfung
1. → Schaffung
2. Werk, Kunstwerk, Erzeugnis, Meisterstück, Meisterleistung, Arbeit, Produkt; *geh.:* Opus, Œuvre, Artefakt

Schorf Kruste, Grind, Wundschorf, Rinde; *landsch.:* Borke, Räude

Schornstein Schlot, Rauchabzug, Esse, Kamin; *österr.:* Rauchfang

Schornsteinfeger Schlotfeger, Kaminkehrer; *landsch.:* Essenkehrer, Essenfeger; *österr.:* Rauchfangkehrer; *Kinderspr.:* der schwarze Mann

Schössling Spross, Ableger, Trieb, Schoss, Keim, Keimling, Reis, Pflänzling, Senker, Setzling, Steckling, Senker, Absenker

Schote Hülse, Schale, Kapsel, Hülle; *landsch.:* Schlaube

Schotter
1. Splitt, Kies, Geröll
2. → Geld

schräg
1. geneigt, abfallend, ab-

Schönheit: Über das gute Aussehen

Schönheit im Sinn von *schönem Aussehen* oder *Schönsein* ist nicht zählbar. Bei *Anmut* schwingt *Eleganz* beziehungsweise *Liebreiz* mit. Auch *Grazie* bezieht sich auf *Schönheit* der Bewegung oder der Form, also *Formvollendung*. *Attraktivität* ist *Schönheit,* die auf den Betrachter besondere Anziehungskraft ausübt. *Harmonie* und *Ebenmaß* haben die Konnotation von »vollkommenem Gleichmaß«. *Pracht* und *Glanz* bedeuten strahlende Schönheit; dabei schwingt bei *Pracht* auch die Vorstellung von Aufwand und prunkvoller Ausstattung mit. *Erhabenheit* ist eine feierliche, großartige *Schönheit*. Unter *Eleganz* versteht man feine, stilsichere *Schönheit,* die auch auf modische Wirkung zielt. Synonym hierfür ist *Schick*. Zählbar ist *Schönheit,* wenn der Ausdruck auf Personen bezogen wird: *Eine Schönheit* ist ein gutaussehender Mensch. Auf Frauen bezogen spricht man gehoben auch von einer *Beauté* oder einer *Beauty*. Der Begriff *schöne Helena* bezieht sich auf die griechische Mythologie: Die wegen ihres guten Aussehens berühmte Ehefrau des Menelaos wurde von Paris, dem Sohn des Königs von Troja entführt, was den Trojanischen Krieg auslöste.
Auch der Name der griechischen Göttin der Liebe, *Venus,* wird als Synonym für eine schöne Frau verwendet. Eher ironisch ist dagegen der Ausdruck *eine Schöne* gemeint. Eine *Schöne der Nacht* kann eine Prostituierte sein. Einen schönen Mann bezeichnet man übrigens ebenfalls im Rückgriff auf die griechische Mythologie als *Adonis*. Bei dieser Figur handelt es sich um einen schönen Jüngling, der Geliebter der Venus war. Ein anderer Ausdruck ist *Beau*.

S

steigend, schief, windschief, nicht gerade, abschüssig, sich senkend
2. diagonal, kursiv; *ugs.:* überquer, zwerch
3. *ugs., abwertend:* überdreht, überkandidelt, schrill

Schramme Kratzer, Riss, Ritz(e), Schürfwunde, Kratzwunde, Schrunde, Hautverletzung, Hautabschürfung, Scharte; *ugs.:* Ritzer, Schmiss

Schranke
1. Barriere, Absperrung, Sperre, Schlagbaum; *landsch.:* Fallbaum
2. → Grenze
3. → Hindernis
4. → Kluft

schrankenlos
1. unbegrenzt, ohne Einschränkung, absolut, uneingeschränkt, total, unbeschränkt, vollkommen
2. maßlos, ausschweifend, ungezügelt, zügellos, unkontrolliert, unbändig

Schreck(en) Erschrecken, Entsetzen, Schock, Angst, Todesangst, Panik, Bestürzung, Furcht, Bangen, Horror, Beklemmung, Grau(s)en; *ugs.:* Bammel, Schiss, Herzkasperl, Heidenangst, Höllenangst, Zähneklappern

Schreckensherrschaft → Gewaltherrschaft

Schreckgespenst Schreckgestalt, Phantom, Schimäre, Alptraum, Kobold, Kinderschreck, Klabautermann, Scheuche, Popanz, der schwarze Mann, Dämon; *ugs.:* Buhmann

schreckhaft → ängstlich

schrecklich
1. → furchtbar
2. → sehr

Schrei Aufschrei, Ruf, Notruf

schreiben
1. aufschreiben, niederschreiben, zu Papier bringen, schriftlich festhalten, verzeichnen, aufzeichnen, niederlegen, notieren, vermerken, eine Notiz machen, abfassen, verfassen, anfertigen, formulieren
2. zur Feder greifen; *ugs.:* malen, pinseln, kritzeln, krakeln, schmieren, klieren, hinhauen, sudeln; *österr.:* fuzeln
3. kopieren, abschreiben, eine Reinschrift/Zweitschrift anfertigen, ins Reine schreiben
4. anschreiben, sich (schriftlich) wenden an, (schriftlich) herantreten an, schicken, senden, übermitteln
5. verfassen, abfassen, formulieren, anfertigen, arbeiten an, darstellen, darlegen, behandeln
6. → dichten
7. → mitteilen

schreiben, sich → korrespondieren

Schreiben Mitteilung, Schriftstück, Nachricht, Brief, Zuschrift, Zeilen, Benachrichtigung, Skript, Paper, Antwort, Skriptum, Papier, Dokument, Unterlage, Urkunde, Akt(e); *ugs.:* Schrieb, Post, Botschaft; *abwertend:* Wisch; *scherzh.:* Epistel

Schreiberling *abwertend für:*
1. Schriftsteller
2. Journalist

Schreibkraft Schreiberin, Maschinenschreiberin, Stenotypistin, Schreibdame, Bürokraft; *ugs.:* Tippmamsell, Tippfräulein, Tippse

Schreibtisch Sekretär

schreien Schreie ausstoßen, kreischen, brüllen, lärmen, rufen, johlen, grölen, ein Geschrei erheben, sich die Seele aus dem Leib schreien, laut sprechen, gellen; *ugs.:* plärren, blöken, röhren, donnern, quäken, krakeelen, schnauzen, schmettern, sich die Lunge aus dem Hals schreien, Zeter und Mordio schreien

schreiend
1. grell, grellfarben, knallig, scheckig, kunterbunt, blendend
2. → laut
3. → auffallend

Schreihals Radaumacher, Krawallmacher, Schreier, Unruhestifter; *ugs.:* Radaubruder, Brüllaffe

Schrein
1. Sarg, Totenlade; *schweiz.:* Totenbaum; *ugs.:* Kiste, Totenkiste
2. Spind, Schränkchen
3. Truhe, Lade, Kasten

Schreiner Tischler; *ugs.:* Möbelmacher

schreiten langsamen/gemessenen/feierlichen Schrittes gehen, stolzieren, einen Fuß vor den anderen setzen

schreiten zu → anfangen

Schrift
1. Handschrift, Schreibart, Schreibweise; *geh.:* Duktus; *ugs.:* Klaue, Pfote, Gekrakel, Gekritzel, Geschmiere
2. Arbeit, Abhandlung, Druckwerk, Studie, Aufsatz, Beitrag, Untersuchung, Buch, Broschüre, Veröffentlichung, Band, Publikation
3. → Denkschrift

Schriftführer Protokollant, Protokollführer, Sekretär; *schweiz.:* Aktuar

schriftlich in geschriebener Form, brieflich, hand-

schriftlich, schwarz auf weiß, niedergeschrieben
Schriftsprache Hochsprache, Literatursprache, Bühnensprache
Schriftsteller
1. Dichter, Schreiber, Literat, Mann der Feder, Verfasser, Autor; *scherzh.:* Musensohn; *abwertend:* Schreiberling
2. Lyriker, Poet, Verseschmied, Reimschmied, Versemacher; *poet.:* Sänger; *abwertend:* Dichterling, Reimling
3. Prosaist, Erzähler, Essayist, Romancier, Feuilletonist, Publizist, Romanschreiber, Prosaschreiber
4. Bühnenautor, Dramatiker, Stückeschreiber, Drehbuchautor
Schriftstück
1. → Schreiben
2. → Dokument
Schrifttum → Literatur
Schriftwechsel Briefwechsel, Briefverkehr, Briefaustausch, Korrespondenz, Schriftverkehr
schrill hell, scharf, laut
Schritt
1. Tritt, Gang, Gangart, Lauf
2. → Maßnahme
Schrittmacher
1. Trendsetter, Idol
2. → Pionier
schrittweise → allmählich
schroff
1. → brüsk
2. → steil
3. → plötzlich
schröpfen
1. Blut abnehmen/abzapfen/absaugen, zur Ader lassen
2. → ausbeuten
schroten zermahlen, zermalmen, zerstoßen, zerreiben, zerkleinern, zerstückeln, zerschneiden
Schrott
1. Alteisen, Altmaterial, Altwaren, Altmetall, Altstoff, Abfall
2. → Ramsch
schrubben → scheuern
Schrulle
1. → Marotte
2. → Frau
schrullig kauzig, verschroben, sonderbar, grillenhaft, schrullenhaft, verstiegen, abwegig, seltsam, verrückt, wunderlich, eigen, eigentümlich, merkwürdig, eigenartig, absonderlich, komisch, bizarr, skurril, spleenig, kurios, befremdlich, schnurrig, grillig, närrisch; *ugs.:* durchgeknallt
Schrumpel → Falte
schrumpelig → faltig
schrumpfen
1. zusammenschrumpfen, einschrumpfen, sich zusammenziehen, zusammenfallen, zusammenlaufen, kleiner/leichter werden, sich verkleinern, eintrocknen, verdorren, verkümmern, einfallen; *ugs.:* verhutzeln, schrumpeln, einschrumpeln
2. → verringern, sich
Schrunde
1. → Schramme
2. → Schlucht
Schub
1. → Stoß
2. → Gruppe
3. → Menge
Schublade Lade, Schieblade, Schubkasten, Schubfach, Tischkasten
Schubs → Stoß
schubsen → stoßen
schüchtern
1. scheu, zurückhaltend, befangen, voller Scheu, gehemmt, nicht zutraulich, ängstlich, unsicher, zaghaft, verschüchtert, verschämt, schamhaft; *ugs.:* genierlich; *jugendsprachl.:* uncool; *landsch.:* gschamig
2. vorsichtig (Versuch), achtsam, ängstlich, zart, behutsam
Schuft → Schurke
schuften → anstrengen, sich
schuftig → gemein
Schuhband Schnürsenkel, Schnürband, Senkel, Schuhriemen, Bändel
Schuhe Schuhwerk, Fußbekleidung; *ugs.:* Latschen, Quadratlatschen, Treter, Hatscher
Schuhmacher Schuster; *abwertend:* Flickschuster; *scherzh.:* Meister Pfriem
Schulanfänger Abc-Schütze; *landsch., schweiz.:* Erstklässler; *österr.:* Taferlklassler
Schuld
1. Verantwortung, Haftung
2. Versagen, Verschulden, Fehler, Fehltritt, Verstoß, Entgleisung
3. *Pl.:* → Verbindlichkeiten
schuldbewusst bußfertig, reuig, beschämt, seiner Schuld bewusst, reumütig, reuevoll, Reue empfindend, zerknirscht, kleinlaut; *ugs.:* zerknittert, windelweich
schulden
1. schuldig/verschuldet/in Rückstand sein, zu zahlen haben, Schulden/Rückstände haben, das Wasser steht jmdm. bis zum Hals; *ugs.:* bis über die Ohren in Schulden stecken, den Buckel voll Schulden haben, in der Kreide stehen
2. verpflichtet sein, zu danken haben, verdanken, Dank schulden, sich zu Dank verpflichtet fühlen

Schuldgefühl
1. → Gewissensbisse
2. → Reue
schuldig
1. schuldbeladen, schuldvoll, schuldhaft, in Schuld verstrickt, sündig, verantwortlich, haftbar
2. → angemessen
schuldig sein
1. die Schuld tragen, etwas verschuldet haben, schuld haben, verantwortlich/haftbar sein, zu verantworten haben; *ugs.:* es gewesen sein/getan haben
2. → schulden
schuldigsprechen → verurteilen
Schuldigkeit → Pflicht
schuldlos → unschuldig
Schuldspruch → Verurteilung
Schule
1. Lehranstalt, Bildungsanstalt, Unterrichtsanstalt, Bildungsstätte, Ausbildungsstätte, Erziehungsstätte; *ugs.:* Penne
2. Schulgebäude, Schulhaus
3. → Unterricht
4. → Richtung
schulen → ausbilden
Schüler
1. Schulkind, Eleve, Schuljunge; *landsch.:* Schulbub; *f.:* Schulmädchen, Elevin; *veraltet:* Zögling
2. → Anhänger
schulmeisterlich → lehrhaft
Schulung
1. Fortbildung, Weiterbildung
2. → Ausbildung
schummeln → betrügen
schummrig → dunkel
Schund → Ramsch
schunkeln → schaukeln
schuppen Schuppen entfernen, schaben, abschaben, kratzen, abkratzen, säubern
schuppen, sich sich schälen, sich abschälen, sich häuten, sich ablösen, abgehen, abfallen, abschilfern, abschelfern
Schuppen
1. Unterstell, Remise; *landsch.:* Schauer
2. → Haus
schüren → anheizen
schürfen
1. graben, schaufeln, suchen, ausheben; *landsch.:* schippen; *ugs.:* buddeln
2. sich verletzen, sich aufkratzen, sich aufritzen, sich aufreißen, sich aufschrammen; *ugs.:* sich aufscheuern
schurigeln → quälen
Schurke Schuft, Gauner, Lump, Bösewicht, Ganove, Tunichtgut, Missetäter, Übeltäter, Bandit, Gangster, Verbrecher, Unmensch, Gewalttäter, Halunke, Erzhalunke, Krimineller, Kanaille; *ugs.:* Bube, Spitzbube, Strolch; *derb:* Dreckskerl, Schweinehund, Schweinekerl, Aas, Hundsfott
Schurkerei Bubenstück, Bubenstreich, Büberei, Schurkenstreich, Schurkentat, Lumperei, Gemeinheit, Bosheit, Bösartigkeit, Böswilligkeit
schurkisch → gemein
schürzen hochheben, anheben, raffen, lüften
Schürzenjäger
1. Westentaschencasanova
2. → Frauenheld
schusslig → nervös
Schusswechsel Feuerwechsel, Kugelwechsel, Schießerei, Schießen, Feuergefecht; *ugs.:* Knallerei, Ballerei, Geschieße
Schuster → Schuhmacher
Schutt
1. Geröll, Ruine, Trümmer
2. Kehricht, Abfall, Rückstand, Baurückstand
Schuttabladeplatz Müllhalde, Müllgrube, Müllkippe, Müllhaufen, Mülldeponie, Müllabladeplatz, Schutthaufen, Schutthalde, Abfallgrube, Schrottplatz
schütteln rütteln, hin und her bewegen, durchschütteln, durchmischen; *ugs.:* beuteln
schütteln, sich → ekeln, sich
schütten
1. fließen/strömen lassen, eingießen, einfüllen, einschenken
2. *ugs. für:* stark/in Strömen regnen, gießen; *ugs.:* pladdern, prasseln
schütter dünn (bewachsen), spärlich (vorhanden), licht, dürftig, gelichtet; *ugs.:* dünn gesät
Schutthaufen → Schuttabladeplatz
Schutz
1. Sicherheit, Sicherung, Hut, Obhut, Beistand, Bewachung, Abschirmung, Deckung, Bedeckung, Beschützung, Schutz und Schirm, Hilfe; *geh.:* Ägide
2. Geleit, Begleitung, Gefolge, Eskorte
3. Wahrung, Bewahrung, Verteidigung, Erhaltung
4. → Zuflucht
schützen
1. verteidigen, sichern, absichern, abschirmen, beschirmen, abwehren, Böses fernhalten, bewahren, Schutz gewähren, garantieren, verteidigen, abhalten, aufpassen auf, beschützen, bewachen, behüten, seine Hand über jmdm. halten, jmdm. den Rücken decken, jmdn. in Schutz/unter seine Fittiche nehmen, decken, abdecken

S

2. wahren, in Sicherheit bringen, in Deckung nehmen, erhalten, schonen, retten; *ugs.:* unter Dach bringen

schützen, sich
1. in Deckung gehen, sich feien, sich unterstellen, sich einigeln, sich verschanzen
2. sich impfen lassen, vorbeugen, vorbauen

Schutzengel Schutzpatron, Schutzheiliger

Schutzherr Schirmherr, Schutzpatron, Protektor, Beschützer, Sponsor, Gönner

schutzimpfen eine Impfung/Schutzimpfung vornehmen, impfen, immunisieren, immun machen, vorbeugen

Schützling
1. Favorit, Günstling, Liebling; *geh.:* Protegé
2. Schutzbefohlener, Pflegebefohlener, Mündel

schutzlos
1. ohne Schutz, ungeschützt, unbehütet, ungesichert, unbeschützt, hilflos, ohnmächtig, wehrlos, machtlos, ausgeliefert, preisgegeben, schwach, ungeborgen, unbeschirmt; *ugs.:* verraten und verkauft
2. → rechtlos

Schutzmann → Polizist

Schutzpatron
1. Schutzengel, Schutzheiliger
2. Schutzherr, Schirmherr, Protektor, Beschützer

schwabbelig *ugs. für:* weich, wackelnd, schwammig, wabbelig, quabbelig, teigig; *ugs.:* schlabberig, labberig

schwach
1. schlaff, schlapp, ohne Kraft, kraftlos, schwächlich, flau, widerstandslos, nicht widerstandsfähig, müde, matt, entkräftet, energielos, ermattet, geschwächt, marklos, anfällig, gebrechlich, zart, kränklich, hinfällig; *ugs.:* lahm, flügellahm, klapprig
2. dünn, zerbrechlich, fein, dürftig
3. → erschöpft
4. gering, mäßig, wenig, begrenzt, minimal, karg, spärlich, kümmerlich, schmal, dürftig, kärglich
5. hilflos, ohnmächtig, wehrlos, schutzlos, machtlos, einflusslos
6. minder, minderwertig, gehaltlos, schlecht, oberflächlich, niveaulos, langweilig, zweitklassig, schäbig, kläglich, erbärmlich
7. → nachgiebig
8. haltlos, charakterschwach, charakterlos, labil, ohne Rückgrat/jeden Halt, verführbar, entschlusslos, energielos, willensschwach, willenlos, gefährdet

Schwäche
1. Schlappheit, Schlaffheit, Schwachheit, Flauheit, Mattheit, Abgespanntheit, Ermattung, Schwächezustand, Erschöpfungszustand, Ermüdung, Übermüdung, Mattigkeit, Entkräftung, Kraftlosigkeit, Unwohlsein, Kräfteverfall, Abspannung, Zerschlagenheit, Schwunglosigkeit, Schwächlichkeit
2. Machtlosigkeit, Autoritätslosigkeit, Einflusslosigkeit, Hilflosigkeit, Ohnmacht, Impotenz
3. → Mangel
4. Weichheit, Willenlosigkeit, Unentschlossenheit, Verführbarkeit, Nachgiebigkeit, Unentschiedenheit, Willensschwäche, Haltlosigkeit
5. → Unfähigkeit
6. → Neigung

schwächen → erschöpfen

Schwachkopf → Dummkopf

schwachköpfig → dumm

schwächlich → schwach

Schwächling
1. Weichling, Zärtling, Pantoffelheld, Muttersöhnchen; *ugs.:* Waschlappen, Schlappschwanz, Niete, Flasche, Nulpe, Schwachmat(ikus)
2. → Feigling

schwachsinnig
1. schwachköpfig, dämlich, mall, unterbelichtet
2. → wahnsinnig

Schwachsinniger → Wahnsinniger

schwafeln
1. *ugs. für:* dummes Zeug/unüberlegt reden, einherreden, daherreden, schwatzen, schwadronieren; *ugs.:* faseln, quasseln, plappern, palavern, daherschwätzen, quatschen, drauflosreden, babbeln
2. labern, Phrasen dreschen, leeres Stroh/Käse reden, einen Stuss zusammenreden, seihern; *landsch.:* schwätzen

Schwall → Menge

Schwamm
1. → Pilz
2. → Schimmel

schwammig
1. → aufgedunsen
2. → schwabbelig

schwanen
1. es läuten hören
2. → ahnen

schwanger *Med.:* gravid; *derb:* dick, trächtig

schwanger sein in anderen Umständen/in Hoffnung sein, ein Kind/Kleines/Baby bekommen/erwarten, Mutter werden, ein Kind

S

unter dem Herzen tragen, Zuwachs bekommen/erwarten, Mutterfreuden entgegensehen, schwanger gehen, es ist etwas unterwegs; *geh.:* schweren/gesegneten Leibes sein; *ugs.:* ein Kind kriegen; *derb:* dick sein

schwängern → zeugen

Schwangerschaftsabbruch Abtreibung; *verhüllend:* Schwangerschaftsunterbrechung; *Med.:* Interruptio (graviditatis); *ugs.:* Eingriff

Schwank → Komödie

schwanken
1. sich hin und her bewegen, wanken, torkeln, taumeln, wackeln, schaukeln, schwingen, zittern, schlenkern, schlingern
2. wechseln, sich verändern, sich wandeln, fluktuieren, nicht fest/stabil sein
3. → zögern

schwankend
1. zögernd, zaghaft, wankelmütig, entschlusslos, unschlüssig, unstet, unausgeglichen, labil, unentschlossen, mit sich uneins, zerrissen, unentschieden
2. wacklig, lose, wankend, torkelnd
3. → unbeständig

Schwanz
1. Schweif, Wedel (Wild), Sterz (Vögel), Blume (Hase), Fahne, Standarte (Fuchs), Rute (Wolf), Bürzel (Ente); *landsch.:* Zagel
2. → Reihe
3. → Penis

schwänzeln
1. mit dem Schwanz wedeln/wackeln
2. → schmeicheln

schwänzen
1. → fehlen
2. → faulenzen

Schwarm
1. → Menge
2. → Liebling
3. → Gruppe

schwärmen
1. sich begeistern für, träumen von, verehren, fantasieren, preisen, in den höchsten Tönen sprechen von, des Lobes voll sein über, loben, glorifizieren, rühmen, hingerissen/berauscht/außer sich/begeistert/ganz erfüllt/entflammt/Feuer und Flamme/angetan sein, anhimmeln, hochschätzen, bewundern, anbeten, in den Himmel heben
2. ausschwärmen, ausfliegen, sich ausbreiten

Schwärmer
1. Idealist, Romantiker, Träumer, Traumtänzer, Eiferer, Schwarmgeist, Fantast, Illusionist, Fanatiker, Utopist, Himmelsstürmer, Mystiker, Enthusiast, Weltverbesserer
2. Feuerwerkskörper, Rakete, Frosch, Heuler

Schwärmerei Träumerei, Fantasterei, Romantik, Begeisterung, Überschwang, Gefühlsüberschwang, Glut, Feuer, Leidenschaft, Passion, Enthusiasmus, Inbrunst, Eifer, Ekstase, Rausch, Verzückung, Faszination

schwärmerisch
1. verträumt, träumerisch, unrealistisch, romantisch, fantasievoll, weltfremd, idealistisch, hochfliegend, wirklichkeitsfern, lebensfremd, weltverloren, weltentrückt, fantastisch, lebensfern
2. → begeistert

Schwarte
1. Haut
2. → Buch

schwarz
1. pechschwarz, rabenschwarz, kohlrabenschwarz, tiefschwarz, nachtschwarz, schwarz wie die Nacht, schwärzlich, nachtfarben, rußfarben
2. → dunkel
3. → heimlich
4. → reaktionär
5. → schmutzig (i)

schwarz auf weiß schriftlich, handschriftlich, in geschriebener Form, niedergeschrieben

Schwarzer Afrikaner, Schwarzafrikaner, Farbiger; *abwertend:* Neger, Nigger, Bimbo, Mohr

Schwarzhandel Schleichhandel, Schmuggel, Schwarzmarkt, schwarzer Markt

Schwarzhandel treiben → schmuggeln

Schwarzhändler Schmuggler, Schleichhändler; *ugs.:* Pascher

schwarzmalen → schwarzsehen

Schwarzmaler Schwarzseher, Schwarzfärber, Nihilist, Pessimist, Defätist, Unheilsprophet, Fatalist; *ugs.:* Miesmacher, Miesepeter, Unke, Griesgram

Schwarzmarkt Schwarzhandel, Schleichhandel, schwarzer/illegaler Markt, Schattenwirtschaft

schwarzsehen den Teufel an die Wand malen, pessimistisch/defätistisch/ohne Hoffnung/von Pessimismus erfüllt/lebensverneinend/schwermütig/niedergedrückt/melancholisch sein; *ugs.:* schwarzmalen, unken, miesmachen, durch die schwarze Brille sehen

schwarzseherisch → pessimistisch

schwarz: Von illegal bis konservativ

Schwarz war ursprünglich nur der Gegensatz zu weiß oder hell. Daraus erklärt sich, dass es sich durch eine Vielzahl von Zusammensetzungen noch verstärken lässt, wie zum Beispiel *tiefschwarz, nachtschwarz, pechschwarz, kohlrabenschwarz* und sogar die dichterische Zusammenstellung *kohlpechrabenschwarz.* Metaphorisch steht *schwarz* als Gegensatz zu »hell« für Blindheit und die Abwesenheit von Erkenntnis; in der Farbsymbolik bezeichnet es als Gegensatz zu »weiß« das Böse, den Zorn, aber auch das Illegale (etwa in *Schwarzarbeiter, Schwarzgeld* oder *Schwarzmarkt*). Daraus wiederum ergeben sich eine Reihe von Redensarten. Wer *schwarze Gedanken* hat, hegt böse Gedanken oder ist traurig.

Eine *schwarze Liste* verzeichnet Verbotenes oder Missliebiges. Eine *schwarze Tat* ist eine böse Tat, und einem bösen Menschen wird eine *schwarze Seele* zugeschrieben. Einen Unglückstag bezeichnet man auch als *schwarzen Tag. Schwarzmalen* oder *etwas in schwarzen Farben malen/schildern/darstellen* heißt es schlimmer beschreiben, als es ist. *Schwarzsehen* ist ein Ausdruck von Hoffnungslosigkeit oder Pessimismus. Etwas *schwarzkaufen* heißt es auf dem *schwarzen Markt* kaufen. Dabei steht *schwarz* für Illegalität. Wer *schwarz über die Grenze* geht, passiert sie heimlich und womöglich ohne Papiere. *Sich schwarzärgern* wird sich jemand, der sich sehr ärgert. Jemand, dem *schwarz vor Augen* wird, fällt in Ohnmacht. Die umgangssprachliche Redensart *Du kannst warten, bis du schwarz wirst!* bedeutet »Da kannst du lange (und vergeblich) warten«. *Jemandem das Schwarze unter den Nägeln nicht gönnen* bedeutet, ihm vor Neid und Missgunst nicht das Geringste zukommen zu lassen. Als *schwarze Kunst* bezeichnet man wegen des Umgangs mit Druckerschwärze die Buchdruckerkunst; *schwarze Magie* ist Zauberei.

Schließlich kann es auch einen politischen Hintersinn haben, wenn jemand umgangssprachlich als *schwarz* oder *Schwarzer* bezeichnet wird: Dann wird er einer konservativen Partei zugeordnet.

schwatzen viel sprechen/reden/erzählen, plappern, schwadronieren, parlieren, plaudern, salbadern; *ugs.:* palavern, kakeln, sabbern, schlabbern, quasseln, quatschen, schnattern, schwätzen, klönen, ratschen, plauschen, klatschen, wie ein Buch/Wasserfall reden, labern, babbeln, faseln, pappeln, quakeln, tratschen

schwätzen → schwatzen

Schwätzer Salbader, Schwadroneur; *ugs.:* Quatschkopf, Plapperer, Plapperhans, Schnattermaul, Plappermaul, Phrasendrescher, Schwafler, Plaudertasche, Faselhans, Quasselkopf, Quasselstrippe, Quackelfritze

Schwätzerin Klatschbase; *ugs.:* Klatschtante, Waschfrau, Plapperliese, Plappertasche, Schwatzbase, Schnattertasche, Schnatterliesel, Schnattermaul, Schnatterente, Klatsche; *derb:* Waschweib, Klatschmaul, Quatschliese, Quakelsuse, Klatschweib, Schnattergans

schwatzhaft klatschhaft, klatschsüchtig, geschwätzig, redselig; *ugs.:* tratschsüchtig, salbaderisch

schweben
1. → fliegen
2. hängen, pendeln; *ugs.:* baumeln, bammeln
3. schwebend/noch unentschieden/ungewiss/in der Schwebe/offen/ungeklärt/fraglich/anhängig/ungelöst sein

schwebend → schweben

Schweif → Schwanz

schweifen → wandern

schweigen nichts sagen/reden/erzählen/entgegnen/erwidern, keine Antwort geben, sich in Schweigen hüllen, den Mund halten, kein Sterbenswort sagen, geheim halten, stillschweigen, still/stumm/ruhig sein, den Mund nicht auftun, verstummen, keinen Ton von sich geben/verlauten lassen, verschweigen, verheimlichen, verhehlen, verbergen, nicht sprechen, stumm bleiben, sich ausschweigen, es auf sich beruhen lassen, Schweigen bewahren, für sich behalten, sich nicht in die Karten gucken lassen, kein Wort verlieren, totschweigen, keine Silbe verraten, die Zunge hüten/im Zaume halten, verschwiegen (wie ein Grab) sein, eine Antwort schuldig bleiben; *ugs.:* den Schnabel/die Klappe halten, nicht piep sagen, keinen Pieps/Mucks/Laut/Ton von sich geben, kein Sterbenswörtchen sagen, dichthalten, Sendepause haben; *derb:* das Maul halten, den Rand halten, die Schnauze/Fresse halten

Schweigen → Stille

schweigend schweigsam, stumm(wie ein Fisch), wortlos, tonlos, sprachlos, still

Schweigepflicht
1. Amtsgeheimnis, Dienstgeheimnis, Geheimhaltung, Amtsverschwiegenheit
2. Schweigegelöbnis

schweigsam wortkarg, nicht gesprächig, redescheu, verschwiegen, zurückhaltend, verschlossen, einsilbig, nicht mitteilsam, ruhig, still, stumm, reserviert, lakonisch; *ugs.:* mundfaul

Schwein
1. *f.:* Bache, Sau; *landsch.:* Mocke, Docke, Kosel, Mor, Laus, Dausch; *österr.:* Fadlsau, Faklsau; *m.:* Eber, Keiler, Hauer; *landsch.:* Bär, Kämpe, Watz, Hegel, Hacksch, Kunz(e), Bark, Borch, Beier; *jung:* Ferkel, Frischling; *landsch.:* Farken, Kunschel
2. *abwertend für:* unanständiger/gemeiner/niederträchtiger/hinterhältiger Kerl/Mensch, Schurke, Halunke, Charakterschwein; *ugs.:* Dreckskerl; *derb:* Arschloch, Arschgeige
3. Schmutzfink, Drecksfink, schmutziger/unreiner Mensch

Schweinekerl → Schurke

Schweinerei
1. → Schmutz
2. → Gemeinheit
3. → Zote

schweinisch
1. anrüchig, obszön, pornografisch, unanständig, verdorben, unzüchtig
2. → anstößig

Schweiß
1. Schweißabsonderung, Hautausdünstung, Schweißsekretion, Transpiration; *ugs.:* Wasser
2. → Mühe

schweißen verschmelzen, verbinden, verlöten, anlöten, zusammenlöten

Schweizer Eidgenosse; *ugs.:* Schwyzer

schwelen
1. glimmen, schwach glühen/brennen; *landsch.:* glosen; *schweiz.:* glosten
2. → kriseln

schwelgen
1. → genießen
2. → schlemmen

schwelgerisch
1. → üppig
2. → genießerisch

schwellen sich ausdehnen, sich ausweiten, größer/stärker/dick werden, quellen, aufquellen, sich verdicken, aufschwellen, anschwellen, sich blähen, auftreiben, zunehmen, sich vergrößern, aufgehen, anwachsen, ansteigen, sich wölben

Schwellung Anschwellung, geschwollene Stelle, Beule; *ugs.:* Horn, Delle

Schwemme → Gaststätte

schwemmen → spülen

schwenken
1. wedeln, schwingen, schlenkern, hin und her bewegen, schlackern
2. die Richtung ändern, abbiegen, abzweigen, drehen, wenden, umlenken
3. → spülen

schwer
1. massig, lastend, nicht leicht, bleiern, gewichtig, drückend, bleischwer, schwer wie Blei, wie ein Klotz, wuchtig, viel Gewicht habend, kaum zu heben/tragen/bewegen
2. → schwierig
3. anstrengend, mühevoll, ermattend, ermüdend, kräftezehrend, schweißtreibend
4. → streng
5. → ernst
6. beklemmend, schlimm, belastend, quälend, traurig, marternd, bedrückend, peinigend, grausam, sehr schlecht, schrecklich, ungut, beängstigend, unangenehm
7. → schwerfällig
8. → sehr

schwerbeschädigt körperbehindert, versehrt, verkrüppelt, invalid

Schwerbeschädigter → Körperbehinderter

Schwerenöter → Frauenheld

schwerfallen große Mühe/Schwierigkeiten machen, sich schwertun; *ugs.:* schwer/sauer ankommen

schwerfällig
1. unbeholfen, umständlich, langsam, plump, ungeschickt, tölpelhaft, ungelenk
2. → träge
3. → beschränkt

Schwerkraft Anziehungskraft, Zugkraft, Schwere, Gravitation, Erdanziehung; *geh.:* Adhäsion, Adhäsionskraft

schwerkrank → krank

schwerlich kaum, wohl/wahrscheinlich/vermutlich nicht

Schwermut → Trauer

schwermütig freudlos, trist, traurig, melancholisch, niedergeschlagen, wehmütig, elegisch, tiefbetrübt, unfroh, gedrückt,

S

deprimiert, (am Boden) zerstört, niedergeschmettert, verzweifelt, gebrochen, hypochondrisch, depressiv; *ugs.:* down, geknickt sein

schwernehmen ernst nehmen, sich zu Herzen nehmen, sich sorgen, sich Gedanken machen, als belastend/bedrückend empfinden

Schwerpunkt
1. → Hauptsache
2. → Mittelpunkt

schwertun, sich sich abmühen, Schwierigkeiten haben, große Mühe/Schwierigkeiten machen, schwerfallen

schwerwiegend ins Gewicht fallend, durchgreifend, tiefgreifend, gravierend, gewaltig, entscheidend, bedeutend, fühlbar, spürbar, sich stark auswirkend, ernst, ernstlich, existenziell, beachtlich, relevant, gewichtig, von Belang/Bedeutung/Gewicht, bedeutsam, folgenschwer, folgenreich, wesentlich, einschneidend, weittragend, weitreichend, ausschlaggebend, bestimmend, essenziell, zentral, kolossal, inhaltsschwer

Schwester
1. *ugs.:* Schwesterherz
2. → Nonne

Schwiele Hornhaut, Hautschwiele

schwierig
1. schwer, nicht einfach/leicht, mühsam, kompliziert, problematisch, mit Schwierigkeiten verbunden, schwer zu fassen, schwerverständlich, schwerzugänglich, komplex, verwickelt, unübersichtlich, langwierig, verflochten, steinig, dornig, subtil; *geh.:* diffizil; *ugs.:* verzwickt, heavy, tricky, vertrackt
2. → heikel

Schwierigkeit
1. Problem, Problematik, schwierige Frage, kritischer/strittiger Punkt, Streitfrage, Hauptfrage, Zentralfrage, Kernfrage, Streitgegenstand, ungelöste Aufgabe, Kompliziertheit, Komplexität, Verwicklung; *ugs.:* Haken, Klippe, harte Nuss, Crux, Pferdefuß
2. → Not

schwimmen
1. baden, planschen; *ugs.:* paddeln
2. unsicher sein, auf schwachen Beinen stehen
3. treiben, driften

Schwindel
1. Gleichgewichtsstörung, Taumel, Schwindelgefühl, Schwindelanfall, Benommenheit; *ugs.:* Dusel, Torkel
2. → Lüge
3. → Betrug

schwindeln
1. von Schwindel befallen werden, schwindlig sein, taumeln, schwanken, torkeln
2. → lügen

schwinden
1. → abflauen
2. weggehen, unsichtbar werden, (von der Bildfläche) verschwinden, entweichen

Schwindler
1. → Betrüger
2. → Lügner

schwindlig taumelig, schwummerig, benommen, nebelig; *ugs.:* schwarz vor den Augen, duselig

Schwindsucht Tuberkulose, Tb(c), Auszehrung

schwindsüchtig tuberkulös, lungenkrank, tuberkulosekrank, mit Tuberkeln behaftet

Schwinge Flügel, Fittiche

schwingen
1. hin und her schwenken/bewegen, wedeln
2. pendeln, wippen, schlenkern, wackeln, schaukeln, ausschlagen, sich wiegen, wogen; *ugs.:* baumeln, bammeln, kippeln, schuckeln
3. federn, vibrieren, schnellen

schwingen, sich
1. sich aufschwingen, sich in die Höhe/nach oben schwingen, sich hochschwingen, sich emporschwingen, sich hinaufschwingen
2. → weggehen

Schwips → Rausch

schwirren
1. → fliegen
2. → eilen

schwitzen
1. Schweiß absondern, in Schweiß geraten/gebadet sein, erhitzt/schweißgebadet sein, nassgeschwitzt sein, nass von Schweiß sein; *geh.:* transpirieren; *ugs.:* dampfen, abdampfen; *derb:* schwitzen wie ein Schwein
2. anlaufen, beschlagen, sich beziehen, feucht werden, sich bedecken

schwören einen Eid/Schwur leisten/ablegen, beschwören, durch Eid versichern/bekräftigen, versprechen, geloben, sein Wort/Ehrenwort geben, verheißen, beeiden, garantieren, an Eides statt erklären, die Hand darauf geben, zusichern; *ugs.:* hoch und heilig versprechen, Stein und Bein schwören

S

schwul → homosexuell ⓘ
schwül feuchtwarm, drückend heiß, gewitterschwer, gewittrig, stickig, föhnig, tropisch, stechend; *landsch.:* brütig
Schwuler → Homosexueller
Schwulität → Not
Schwulst Schwülstigkeit, Bombast, Überladenheit
schwülstig übertrieben, überladen, geschwollen, bombastisch, verschnörkelt, geschraubt, hochtönend, hochtrabend, blumig, gekünstelt, barock, pathetisch, theatralisch, pompös, hochgestochen
schwummerig → schwindlig
Schwund
1. Minderung, Verminderung, Nachlassen, Verringerung, Rückgang, Reduzierung, Reduktion, Abnahme, Schmälerung, Regression, Schrumpfung, Verkleinerung
2. → Verlust
Schwung
1. Schnelligkeit, Elan, Verve, Dynamik, Power, Temperament, Begeisterung, Vitalität, Feuer, Spannkraft, Fitness, Lebendigkeit, Aktivität, Initiative, Vehemenz, Energie, Impetus, Leidenschaft, Lebhaftigkeit; *ugs.:* Schmiss, Zug, Drive, Speed, Pep
2. → Menge
schwunglos → träge
schwungvoll
1. → lebhaft
2. rasant, flott, schneidig, schmissig, wendig, beweglich, zackig; *ugs.:* peppig
3. → energisch
Schwur Eid, Gelöbnis, eidesstattliche Versicherung, Versprechen an Eides statt, Wort, Ehrenwort, Gelübde

Die Wandlung des Wortes schwul

Das Adjektiv *schwul* beschrieb ursprünglich eine Wetterlage und bedeutete »drückend warm«, »heiß«. Später setzte sich die umgelautete Form *schwül* analog zu dem Gegenbegriff *kühl* durch. Die weiterhin bestehende Form *schwul* erschien um 1900 in der umgangssprachlichen Bedeutung *homosexuell.* Diese Bedeutungsübertragung hat die spätere Wendung »warmer Bruder« beeinflusst. Lange Zeit war mit der Bezeichnung eines homosexuellen Mannes als *Schwuler* eine deutliche Abwertung verbunden.
Seit den 1980er Jahren findet jedoch eine Umgewichtung des Begriffes statt. Da das Wort von Homosexuellen zunehmend als Selbstbezeichnung gebraucht wird, tritt der negative Beigeschmack zunehmend in den Hintergrund.

scoren punkten, Treffer/Tore/Punkte erzielen, Tore schießen; *bes. österr., schweiz.:* skoren
scouten auskundschaften, erkunden, ausspähen, sichten, ausfindig machen
scrollen *EDV:* blättern, weiterblättern, durchblättern, verschieben
sedieren → beruhigen
Sediment
1. Rückstand, Bodensatz, Ablagerung, Niederschlag
2. Schichtgestein, Absatzgestein
See
1. Meer, Ozean; *ugs.:* großer Teich, großes Wasser
2. Teich, Weiher, Gewässer; *abwertend:* Tümpel, Pfuhl
Seegang Wellen, Wellengang, Wellenschlag, Dünung, Gewoge
Seele
1. Gemüt, (seelische) Empfindung, Herz, Innerlichkeit, Innenleben, Innenwelt, das Innerste, Inneres, Seelenleben, Psyche, innere Verfassung, Brust
2. → Bürger
3. → Mensch
Seelenhirte → Geistlicher
Seelenleben → Seele
seelenlos → gefühllos
Seelenmesse → Totenmesse
seelisch → psychisch
Seelsorger → Geistlicher
Seemann Seefahrer, Mariner, Matrose, Fahrensmann; *ugs.:* Blaujacke, Seebär
Seeräuber Pirat, Freibeuter, Korsar
Seerose Wasserrose, Seeanemone
segeln
1. mit einem Segelboot fahren
2. → fliegen
Segen
1. Gnade, Gunst, Hilfe; *geh.:* Benediktion
2. → Glück
segensreich → nützlich
Segment Abschnitt, Kreisabschnitt, Kugelabschnitt, Glied, Teilstück, Ausschnitt
segnen
1. den Segen spenden/erteilen/geben/sprechen, weihen; *veraltet:* benedeien
2. begaben, beschenken, beglücken, begnaden, auszeichnen
sehen
1. wahrnehmen, erfassen, sichten, erblicken, bemerken, ansichtig werden, zu

Gesicht bekommen, erspähen, gewahren, beobachten, ausmachen, erkennen, unterscheiden, entdecken, finden
2. → anschauen
3. registrieren, gewahr werden, erleben, erfahren
4. → beurteilen
5. → blicken
6. einsehen, zur Einsicht kommen, begreifen, ein Einsehen haben, verstehen, bewusstwerden, merken, feststellen
7. → prüfen
8. → erkennen
9. **kommen sehen** → absehen
10. → prophezeien

sehen nach → sich kümmern um
sehenswert → informativ
Seher → Prophet
Sehhilfe Brille, Lupe, Vergrößerungsglas, Linse, Kontaktlinsen, Monokel, Fernglas, Feldstecher
sehnen, sich starkes Verlangen haben/schmachten/dürsten/verlangen/lechzen/hungern/fiebern/gieren nach, Sehnsucht haben, von Sehnsucht erfüllt sein, vor Sehnsucht vergehen, begehren, jmdn. vermissen, versessen sein, sich verzehren, sich wünschen; *ugs.:* sich alle zehn Finger lecken, hinterher/scharf/erpicht sein, darauf brennen, sich zerreißen
sehnig drahtig, schlank, rank, → kräftig
Sehnsucht starkes Verlangen, Sehnen, Drang, Fernweh, Heimweh, Begierde, Lust, Gelüste, Gier, Bedürfnis, Durst, Wunsch, Wunschtraum
sehr in großem/hohem Maße, besonders, vielmals, über alle/die Maßen, reichlich, unmäßig, übermäßig, hochgradig, beträchtlich, erheblich, höchst, recht, äußerst, denkbar, arg, beachtlich, erstaunlich, überaus, bedeutend, unendlich, unermesslich, ungeheuer, unheimlich, unsterblich, unaussprechlich, ungemein, unsagbar, unsäglich, unglaublich, unbeschreiblich, ungewöhnlich, unbändig, ausnehmend, stark, immens, sonderlich, betont, groß, außerordentlich, außergewöhnlich, hervorragend, gewaltig, kräftig, grenzenlos, weit, riesig, zutiefst, in hohem/höchstem Grade, bemerkenswert, haushoch, ziemlich, merklich, nicht wenig, tüchtig, viel, mächtig, abgöttisch, heftig, maßlos, fürchterlich, aus tiefster Seele, enorm, diebisch, fühlbar, närrisch, ohne Grenzen, herzlich, schauderhaft, schauerlich, erbärmlich, schrecklich, jämmerlich, abscheulich, bitter, bitterlich, furchtbar, horrend, wie die Pest, heillos, abgründig, verzweifelt, umwerfend, entsetzlich, nach Strich und Faden/allen Regeln der Kunst, rechtschaffen; *ugs.:* bestialisch, mordsmäßig, schwer, schön, namenlos, kolossal, höllisch, mörderisch, rasend, verdammt, verteufelt, verflixt, verflucht, sündhaft, aasig, schändlich, wahnsinnig, irrsinnig, unsinnig, irre, eklig, sauber, faustdick, klotzig, lausig, happig, auf Teufel komm raus, was das Zeug hält, unwahrscheinlich; *landsch.:* sakrisch

seicht
1. niedrig, flach, untief, nicht tief, von geringer Höhe, klein, fußhoch; *landsch.:* nieder
2. banal, geistlos, inhaltslos, ideenlos, einfallslos, gehaltlos

Seifenblase → Einbildung
seihen filtern, durchseihen, durchsieben, klären, durch den Filter laufen lassen, filtrieren, durchgießen; *fachsprachl.:* kolieren
Seil Tau, Strick, Leine, Strang, Trosse, Kabel, Schnur; *fachsprachl.:* Reep
Seilbahn Drahtseilbahn, Schwebebahn, Gondelbahn, Sessellift, Sesselbahn
sein
1. sich befinden, sich aufhalten, existieren, weilen, sitzen, stehen, liegen, leben, verbringen, zubringen, wohnen, hausen, zugegen/zu finden sein
2. ergehen, sich fühlen, zumute sein, sich befinden
3. da sein, vorhanden/Wirklichkeit/wirklich/real sein, vorkommen, geben, herrschen, bestehen, auf der Welt sein
4. → leben
5. → geschehen
6. darstellen, abgeben, bilden, sich erweisen/zeigen/herausstellen/entpuppen als, bedeuten, heißen, besagen, vorstellen, gelten, repräsentieren
7. auftreten/fungieren/agieren/erscheinen/figurieren als, verkörpern, die Rolle spielen, den Platz einnehmen

Sein → Dasein
seinerzeit → damals
seinetwegen jmdm. zuliebe, um jmds. willen, seinethalben, um seinetwillen

seit
1. von da an, seit damals/dem Zeitpunkt/dieser Zeit, seitdem, seither, von dem Zeitpunkt/Augenblick an
2. → danach

seitdem
1. → seit
2. → danach

Seite
1. Grenzfläche, Grenzlinie, Begrenzung, Seitenteil, Flanke, Flügel
2. Bogen, Blatt; *veraltet:* Pagina
3. → Eigenschaft
4. → Richtung
5. Veranlagung, Gabe, Begabung, Talent, Fähigkeit, Wesenszug, Wesensmerkmal
6. → Standpunkt
7. auf die Seite legen sparen, einsparen, ersparen
8. zur Seite stehen → helfen ⓘ

Seite an Seite → gemeinsam
Seitenhieb → Spitze
Seitensprung Ehebruch, Abenteuer, Eskapade, Untreue, Treulosigkeit, Amouren, Affäre; *ugs.:* Techtelmechtel
Seitenstraße Nebenstraße
seitenverkehrt spiegelbildlich, verkehrt, verkehrtherum, verdreht, umgedreht, umgekehrt; *ugs.:* verkehrtrum

seither
1. → seit
2. bisher, bislang, bis jetzt/heute/dato/zum heutigen Tage/zur jetzigen Stunde

seitlich
1. an/auf der Seite, seitwärts, zur Seite hin, nach der Seite
2. von der Seite
3. neben, bei, zu Seiten, nächst, daneben

Seite: Von Positionen und Talenten

Die Bedeutung von *Seite* als *Eigenart* oder *Begabung* eines Menschen bezieht sich auf dessen sogenannte Händigkeit, also die Frage ob er die rechte oder linke Hand bevorzugt. Dabei handelt es sich dann um seine *starke* oder *schwache Seite,* die jeweils bezeichnet, was man besonders gut oder schlecht kann. Daraus wurden Wendungen abgeleitet, in denen *Seite* im Sinn von *Charakterzug, Eigenschaft* oder *Talent* gebraucht wird. *An jemandem ganz neue Seiten entdecken,* heißt also, bisher unbekannte *Fähigkeiten* oder *Verhaltensweisen* an einer Person zu bemerken. Wer *sich von der besten Seite zeigen* will, möchte seine positiven *Züge* zur Geltung bringen. *Seine schwache Seite* beschreibt im Übrigen nicht nur die Schwachstelle eines Menschen, sondern kann auch seine Vorlieben bezeichnen.
Redewendungen wie *an jemandes Seite stehen, sich auf jemandes Seite stellen* oder *jemandem zur Seite springen* haben ihren Ursprung in dem alten Rechtsbrauch, dass jemand, der eine Person vor Gericht unterstützte, sich an deren *Seite* stellen musste und damit gewissermaßen auf deren *Flanke.* Dazu gehört auch der bildliche Ausdruck *das Recht auf seiner Seite haben.* Wer *jemanden auf seine Seite ziehen* kann, dem gelingt es, ihn für sich und seine Interessen zu gewinnen. Die Aussage *ich habe ihn/sie auf meiner Seite* bedeutet »er/sie hält zu mir«. Dagegen heißt *jemanden (scheel) von der Seite ansehen,* ihn misstrauisch oder missgünstig beobachten. *Jemanden (dumm) von der Seite anreden/anquatschen* ist ein umgangssprachlicher Ausdruck für Belästigung oder Aufdringlichkeit.
Als entlegener Ort erscheint die *Seite* in Redensarten wie *etwas auf die Seite legen/auf der Seite haben,* die »sparen« beziehungsweise »Erspartes haben« bedeutet.

sekkieren → quälen
Sekret Ausscheidung, Abscheidung, Absonderung, Sekretion, Exkret, Exkretion, Ausfluss, Auswurf

Sekretär
1. Protokollant, Schriftführer, Protokollführer; *schweiz.:* Aktuar
2. Schreibtisch

Sekretariat Vorzimmer, Anmeldung, Anmelderaum
Sekt Schaumwein, Perlwein, Champagner; *ugs.:* Schampus
Sekte Splittergruppe, Fraktion, Sektiererbund, Konventikel, Gesinnungsgemeinschaft
Sektierer → Abtrünniger
sektiererisch → abtrünnig

Sektion
1. Abteilung, Gruppe, Bereich, Sparte, Ressort, Teilbereich, Fachgebiet, Team, Lager, Block, Flügel, Abschnitt
2. → Obduktion

Sektor
1. → Fach
2. Ausschnitt, Abschnitt, Bruchstück, Bruchteil, Segment, Passage, Auszug, Teil
3. → Gebiet

sekundär zweitrangig, nachrangig, nebensächlich, unbedeutend, unwichtig

S

selber
1. → persönlich
2. **von selber** → mechanisch
3. → freiwillig

selbst
1. → persönlich
2. sogar, schon, auch
3. **von selbst** → freiwillig
4. → mechanisch

selbständig
1. eigenständig, eigenverantwortlich, für sich alleine, selbstverantwortlich, souverän, ohne Hilfe/Anleitung, autonom, unbeaufsichtigt
2. → frei
3. freiberuflich, nicht angestellt, freischaffend
4. **sich selbständig machen** → lösen, sich

Selbstbedienungsladen Kaufhaus, Supermarkt, Großmarkt

Selbstbefriedigung Onanie, Masturbation

Selbstbeherrschung Selbstdisziplin, Selbstkontrolle, Selbstüberwindung, Beherrschtheit, Selbsterziehung, Haltung, Gefasstheit, Charakterstärke; *geh.:* Contenance

Selbstbesinnung Einkehr, Selbstreflexion, innere Sammlung

selbstbestimmt eigenverantwortlich, eigenständig, autonom, selbständig; *geh.:* autark

Selbstbestimmungsrecht Souveränität, Autonomie, Selbstbestimmung, Unabhängigkeit, Selbstverwaltung

selbstbewusst
1. sicher, selbstsicher, ichbewusst, stolz, erhobenen Hauptes, von sich überzeugt, siegessicher, erfolgssicher
2. → arrogant

Selbstbewusstsein Selbstsicherheit, Selbstvertrauen, Selbstgefühl, Selbstwertgefühl, Selbstachtung, Sicherheit, Stolz

selbstbezogen → ichbezogen

Selbsterhaltungstrieb Lebenswille, Überlebenswille, Lebensdrang, Lebenslust, Selbstschutz

selbstgefällig
1. → arrogant
2. → eitel

selbstgerecht → arrogant

Selbstgespräch Monolog

selbstherrlich
1. → arrogant
2. → herrisch

Selbstliebe → Selbstsucht

selbstlos uneigennützig, entsagungsvoll, opferbereit, altruistisch, aufopfernd, edelmütig, hochherzig, großherzig, selbstverleugnend, hingebend, hilfsbereit, sozial, karitativ, mildtätig, wohltätig, gemeinnützig, unegoistisch, barmherzig

Selbstmord Selbsttötung, Selbstentleibung, Selbstvernichtung, Suizid, Freitod, Harakiri

Selbstmord begehen → umbringen, sich

selbstsicher → selbstbewusst

selbstständig → selbständig

Selbstsucht Egoismus, Eigenliebe, Selbstliebe, Eigennutz, Eigennützigkeit, Ichsucht, Eigensucht, Egomanie, Egozentrik, Rücksichtslosigkeit, Ichbezogenheit, Selbstischkeit, Selbstbesessenheit, Selbstverliebtheit, Narzissmus

selbstsüchtig → egoistisch

selbsttätig → mechanisch

selbstvergessen → geistesabwesend

selbstverständlich → natürlich

Selbstverständlichkeit → Gemeinplatz

Selbstverständnis Selbstinterpretation, Selbsteinschätzung, Selbstbewusstsein, Selbstdarstellung

Selbstvertrauen → Selbstbewusstsein

Selbstverwaltung → Selbstbestimmungsrecht

selchen → räuchern

selektieren → auswählen

Selektion → Auswahl

selig
1. → glücklich
2. → heilig
3. → tot

Sellerie Eppich; *österr.:* Zeller

selten
1. fast nie, rar, spärlich, dünn gesät, knapp, beschränkt, manchmal, vereinzelt, verstreut, sporadisch, nicht oft, singulär, hin und wieder, gelegentlich; *ugs.:* alle Jubeljahre
2. nicht alltäglich, ausgefallen, außergewöhnlich, ungewöhnlich, kostbar, wertvoll, gesucht, geschätzt, einmalig, erlesen

Selterswasser → Mineralwasser

seltsam
1. → schrullig
2. → merkwürdig

Seminar
1. Hochschulinstitut, Bildungsstätte, Ausbildungsstätte, Studienanstalt, Forschungsinstitut
2. (wissenschaftlicher) Übungskurs, Kolloquium, Lehrgang, Kurs(us)

Semmel → Brötchen

Semmelbrösel Paniermehl, Semmelmehl, Brösel

senden
1. aussenden, ausstrahlen, durch Rundfunk/Fern-

S

sehen verbreiten, übertragen; *ugs.:* bringen
2. → schicken

Sender Funkstation, Sendestation, Rundfunkstation, Sendeanlage

Sendung
1. Berufung, Auftrag, Bestimmung, Amt
2. Rundfunksendung, Übertragung, Ausstrahlung, Aufzeichnung, Aufnahme
3. Warensendung, Postsendung, Postgut, Lieferung, Zulieferung, Zustellung, Ladung, Fracht, Fuhre, Schub

Senf Mostrich, Mustard; *landsch.:* Möstrich, Mostert

sengen
1. anbrennen
2. absengen, abbrennen

senil → alt

Senior
1. der Ältere, Vater
2. Nestor, Altmeister
3. Vorsitzender, Alterspräsident

Seniorenheim → Altersheim

Senkblei Lot, Grundlot, Senklot, Grundblei

Senke → Mulde

senken
1. neigen, sinken lassen, abwärtsbewegen, beugen, nach unten biegen
2. hinabgleiten lassen, hinablassen, herunterlassen, versenken, in die Tiefe senken, niederlassen
3. heruntersetzen, herabsetzen, ermäßigen, niedriger machen, heruntergehen mit, ablassen, nachlassen, verbilligen, verringern, billiger verkaufen/abgeben, den Preis drücken

senken, sich sich beugen, sich krümmen, niedriger werden, sich setzen, absinken, einsinken, zusammensinken; *ugs.:* zusammensacken, absacken, durchhängen

Senker → Schössling

Senkgrube Sickergrube, Mistgrube, Jauche(n)grube, Kloake; *landsch.:* Pfuhl, Pfuhlloch

senkrecht vertikal, lotrecht

Senkung
1. Verringerung, Verminderung, Schmälerung, Abnahme
2. → Preisnachlass
3. → Gefälle

Senner Senn(e), Almhirt, Alpenhirt; *österr.:* Schwaiger, Almer

Sennerin Sennin, Almhirtin

Sensation
1. Aufsehen, Ereignis, Überraschung, Aufregung, Spektakel, Tagesgespräch, Stadtgespräch, Eklat, Aufheben(s), Skandal, Begebenheit, Schauspiel, Geschichte, Erlebnis, Highlight, Geschehen, Vorfall, Affäre, Phänomen, Besonderheit, Abenteuer; *ugs.:* Lärm, Hallo
2. → Attraktion

sensationell → außergewöhnlich

Sense Sichel

Sensenmann → Tod ⓘ

sensibel → empfindsam

sensitiv → empfindsam

Sentenz Ausspruch, Sinnspruch, Satz, Äußerung, Denkspruch, Redensart, Phrase; *geh.:* Diktum, Aphorismus

sentimental gefühlvoll, gefühlsselig, rührselig, gefühlsduselig, tränenselig, schmalzig, gemütsreich

Sentimentalität → Rührseligkeit

separat gesondert, abgesondert, einzeln, getrennt, abgetrennt, für sich, extra, apart, isoliert, vereinzelt

separieren → isolieren

separieren, sich → abkapseln, sich

Sequenz → Folge

Serenade Ständchen, Abendmusik, Nachtmusik

Serie Garnitur, Satz, Set, Gruppe, Reihe

seriös → ernst

Sermon
1. → Gerede
2. → Redefluss

Sensenmann: Das verhüllende Wort

Der *Sensenmann* bezeichnet als eines von zahlreichen Synonymen den *Tod,* der als abstrakter Begriff nur schwer vorzustellen ist. Um sich eine besser fassbare Vorstellung von Nichtgegenständlichem, wie etwa auch Liebe oder Hoffnung, zu verschaffen, greift man auf Sinnbilder zurück. Diese bildhaften oder auch gleichnishaften Darstellungen abstrakter Begriffe oder Vorgänge stützen sich zur Veranschaulichung häufig auf eine Personifizierung und werden als »Allegorie« bezeichnet. Der *Sensenmann* ist also nicht nur ein Synonym, sondern auch eine Allegorie für den Tod. Auf Abbildungen ist der *Sensenmann* häufig als mit Kutte und Kapuze oder breitkrempigem Hut bekleidetes Skelett dargestellt. Er trägt eine Sense, mit der er wie ein Schnitter seine »Ernte«, die Menschenleben, einbringt. Die poetische Redewendung »Der Sensenmann hielt reiche Ernte« besagt dementsprechend, dass viele Menschen starben.

Serpentine Zickzackweg, Schlangenlinie, Kehre, Kehrschleife, Kehrwende
Serum
1. Impfstoff
2. Blutserum, Blutplasma, Blutwasser
Service
1. Kundendienst, Bedienung, Dienst am Kunden, Behandlung, Abfertigung, Versorgung, Bewirtung, Aufwartung, Betreuung
2. Tafelgeschirr, Essgeschirr, Gedeck
servieren → auftischen
Serviererin Kellnerin, Bedienung, Fräulein, Serviermädchen; *schweiz.:* Saaltochter
Serviette Mundtuch
servil → unterwürfig
servus → auf Wiedersehen
Sessel
1. Lehnsessel, Armsessel, Polstersessel; *geh.:* Fauteuil
2. *österr.:* Stuhl
Sessellift → Seilbahn
sesshaft → ansässig
sesshaft werden → ansiedeln, sich
Session
1. Sitzung, Sitzungsperiode, Tagung, Konferenz, Versammlung, Meeting
2. Jamsession, Aufnahmesession, Einspielung, Studiotermin
Set
1. → Garnitur
2. Tischdeckchen, Platzdeckchen, Gedeckunterlage
setzen
1. pflanzen, anpflanzen, einpflanzen, anbauen, bebauen, einsetzen, stecken
2. legen, platzieren, stellen, hinstellen, postieren, hinsetzen, einen Platz geben; *ugs.:* hintun
3. → aufziehen
4. eine Wette abschließen, wetten, tippen
5. **aufs Spiel setzen** → wagen
6. **außer Gefecht setzen** → besiegen
7. **in Brand setzen** → anzünden
setzen, sich
1. sich hinsetzen, Platz nehmen, sich niedersetzen, sich niederlassen, es sich bequem machen, seinen Sitz einnehmen; *ugs.:* sich hinhocken, sich auf seine vier Buchstaben/seinen Allerwertesten setzen, sich platzieren, sich pflanzen, sich hinpflanzen
2. zu Boden sinken, sich absetzen, sich niederschlagen, sich ablagern, sedimentieren, einen Bodensatz bilden
3. → senken, sich
4. → abflauen
5. **sich in den Kopf setzen** → wollen
6. **sich zur Ruhe setzen** → abdanken
7. **sich zur Wehr setzen** → wehren, sich
setzen über → springen
Setzling → Schössling
Seuche Epidemie, Verseuchung, Infektionskrankheit, Erkrankung, ansteckende Krankheit
seufzen aufstöhnen, einen Seufzer ausstoßen, aufseufzen, ächzen, tief/schwer ausatmen
Sex
1. Sexus, Geschlecht
2. Geschlechtlichkeit, Sexualität, Sexualleben, Triebleben, Geschlechtsleben, das Erotische
3. Sexappeal, Attraktivität, Magnetismus, Reiz
4. Geschlechtsverkehr, Geschlechtsakt, Sexualverkehr, Koitus, Beischlaf; *ugs.:* GV, Nummer; *derb:* Fick, Vögelei, Bumsen
Sexappeal erotische Anziehungskraft/Ausstrahlung, Charme, das gewisse Etwas, Zauber, Attraktivität, Magnetismus, Reiz, Wirkung, Fluidum; *geh.:* Liebreiz; *ugs.:* Sex
Sexsymbol Sexidol, Sexgott, Sexgöttin, Lustobjekt; *ugs.:* Sexbombe
Sexualität → Sex
sexuell geschlechtlich, erotisch, libidinös, triebhaft
sexy erotisch anziehend, mit Sexappeal, attraktiv
sezieren obduzieren, eine Obduktion vornehmen, zerlegen (Leichnam), öffnen, anatomisch untersuchen
Shampoo Haarwaschmittel; *ugs.:* Kopfwaschmittel
Shit
1. → Haschisch
2. → verflucht
Shoah → Holocaust
shocking → anstößig
shoppen (zum Vergnügen) einkaufen, einen Einkaufsbummel/Besorgungen machen; *landsch.:* einholen
Show → Schau
Showbusiness Showgeschäft, Unterhaltungsbranche, Unterhaltungsindustrie, Vergnügungsbranche, Schaugeschäft, Vergnügungsindustrie; *ugs.:* Showbiz
Showgeschäft → Showbusiness
sibyllinisch → geheimnisvoll
Sichel Sense
sicher
1. gefahrlos, ungefährdet, gesichert, gefeit, geborgen, geschützt, in Sicherheit, außer Gefahr, risikolos, unbedroht, ungefährdet, gut untergebracht,

S

behütet, beschirmt, keiner Gefahr ausgesetzt, gerettet
2. zuverlässig, verbürgt, gesichert, fest, gut, untrüglich, echt, garantiert, authentisch, unfehlbar, verlässlich
3. richtig, treffend, zutreffend, stichhaltig, begründet, prägnant, fehlerfrei, fundiert, unangreifbar, unwiderlegbar, unbezweifelbar, unbestreitbar, unbestritten, unumstritten, unleugbar, unzweifelhaft, unstrittig, unanfechtbar, unwiderleglich, unwidersprechlich, unumstößlich, bewiesen, erwiesen, wahr, gewiss, zweifelsfrei, hieb- und stichfest, beurkundet, hundertprozentig, dokumentiert, beglaubigt, besiegelt, belegt, bestätigt, offiziell, amtlich, niet- und nagelfest; *ugs.:* todsicher, bombensicher, hundertpro
4. → natürlich
5. → selbstbewusst
6. → fließend

sichergehen → vergewissern, sich

Sicherheit
1. Schutz, Geborgenheit, Geborgensein, Sekurität, Sicherung, Obhut, Behütetsein, Abschirmung, Gesichertheit
2. Gewissheit, sichere Kenntnis, Klarheit, Überzeugung, Zuverlässigkeit, Stichhaltigkeit, Fehlerfreiheit, Richtigkeit, Prägnanz, Festigkeit, Unangreifbarkeit, Unwiderlegbarkeit
3. Deckung, Bürgschaft, Garantie, Haftung, Gewähr, Kaution, Faustpfand
4. → Selbstbewusstsein
5. **in Sicherheit** → sicher
6. **in Sicherheit bringen** → retten

sicherheitshalber zur Sicherheit, um sicher zu sein/gehen, vorsichtshalber

Sicherheitsvorkehrung Sicherheitsmaßnahme, Sicherung, Schutzmaßnahme

sicherlich → gewiss

sichern
1. → schützen
2. sicherstellen, in Verwahrung/Gewahrsam/Sicherheit bringen
3. Sicherheitsvorkehrungen/Sicherheitsmaßnahmen/Vorsorge treffen, absichern
4. → festigen
5. → beschlagnahmen

sicher sein → feststehen

sicherstellen
1. → sichern
2. → aufbewahren
3. → beschlagnahmen

Sicht
1. Sichtverhältnisse
2. → Aussicht
3. → Standpunkt

sichtbar
1. wahrnehmbar, erkennbar, aufnehmbar, sehbar, erkenntlich, zu sehen
2. → offenbar
3. spürbar, fühlbar, sichtlich, merklich, bemerkbar, deutlich, zusehends, auffallend, beträchtlich, erheblich, beachtlich, einschneidend, nachhaltig

sichten
1. → sehen
2. → durchsehen

sichtlich
1. → sichtbar
2. → offenbar

sickern → fließen

sieben
1. durch das Sieb schütten, durchsieben, seihen, durchseihen, passieren
2. → aussondern

siebengescheit → überklug

Siebenschläfer Bilch, Schlafmaus

siech → krank

Siechtum → Krankheit

siedeln → ansiedeln, sich

sieden → kochen

Siedlung Ansiedlung, Ort, Kolonie, Gründung, Standort, Gemeinde

Sieg Erfolg, Triumph, Gewinn, Errungenschaft

Siegel Stempel

siegen
1. → gewinnen
2. → besiegen

Sieger Gewinner, Bezwinger, Triumphator, Matador, Überwinder, Meister, Champion

siegreich → erfolgreich

Siesta Mittagspause, Mittagsruhe

siezen mit »Sie« anreden

Signal
1. Zeichen, Hinweis, Anhaltspunkt, Wink, Erkennungszeichen; *geh.:* Indiz, Indikator
2. → Alarm

signalisieren anzeigen, ankündigen, zu verstehen geben, ein Signal/Zeichen geben, sich bemerkbar machen, hindeuten, Anzeichen/Vorbote sein für, bedeuten, winken, blinken

Signatur → Unterschrift

signieren → unterschreiben

signifikant
1. → charakteristisch
2. → wesentlich

silbrig silbern, silberfarben, silberfarbig

Silhouette
1. Schattenriss, Schattenbild
2. Kontur, Umriss, Profil, Linie, Skyline (Stadt)

Silo Speicher, Speicheranlage, Lager, Lagerhaus, Depot, Getreideboden, Getreidekammer

Silvester Jahresende, Jahresausklang, Jahreswechsel, Jahreswende, 31. Dezember; *landsch.:* Altjahrestag
simpel → leicht
Simpel → Dummkopf
simplifizieren → vereinfachen
simsen eine SMS verschicken, per SMS mitteilen, Kurznachrichten senden
simulieren → heucheln
simultan gleichzeitig, gleichlaufend, zur selben/gleichen Zeit, im selben Augenblick, gemeinsam, synchron, zugleich
singen
1. trällern, summen, ein Lied vortragen/anstimmen, zu Gehör bringen, ertönen/hören lassen, schmettern, trillern, jodeln; *abwertend:* grölen, plärren; *ugs.:* dudeln
2. zwitschern (Vögel), schlagen, tirilieren, flöten, quirilieren, pfeifen, schilpen, zirpen, piep(s)en, quinkelieren, ziepen, rufen
3. → ausplaudern
single → ledig
Single
1. → Schallplatte
2. Einzel (Tennis), Einzelspiel (Tennis), Partie, Match
3. Alleinstehende(r), Junggesellin, Junggeselle, Unverheiratete(r)
Singsang → Gesang
singulär
1. → selten
2. → vereinzelt
sinken
1. versinken, absinken, hinabsinken, hinuntersinken, niedersinken, in die Tiefe/zu Boden/nach unten sinken, untergehen, niedergehen, sich abwärtsbewegen, in den Wellen/Fluten verschwinden, wegsacken, absacken, versacken; *derb:* absaufen
2. → fallen
3. → abflauen
4. an Wert verlieren, geringer/billiger werden, weniger kosten, im Preis sinken
Sinn
1. → Bedeutung
2. Gefühl, Neigung, Organ, Verständnis, Zugang, Affinität, Einsehen, Empfänglichkeit, Empfindung, Gespür, Spürsinn; *ugs.:* Ader, Antenne, Draht, Riecher
3. **dem Sinn nach** → sinngemäß
4. **im Sinn haben** → beabsichtigen
5. **in den Sinn kommen** → einfallen
Sinnbild
1. Symbol, Zeichen, Wahrzeichen, Personifikation, Personifizierung
2. bildhafter Ausdruck, Metapher, Parabel, Vergleich, Gleichnis, Allegorie, Bild, Emblem, Tropus
sinnbildlich → bildlich
sinnen
1. → denken
2. → beabsichtigen
Sinnesart → Denkweise
Sinnestäuschung → Einbildung
sinnfällig → anschaulich
Sinngehalt → Bedeutung
sinngemäß dem Sinn nach/entsprechend, analog, sinnhaft, nicht wörtlich
sinngleich → synonym
sinnhaft → sinngemäß
sinnieren → denken
sinnig → sinnvoll
sinnlich
1. mit den Sinnen erfahrbar, wahrnehmbar, spürbar, fühlbar, sichtbar, hörbar
2. geschlechtlich, triebhaft, fleischlich, erotisch, sexuell, wollüstig, genussfreudig, genussfähig, sinnenhaft, sinnenfreudig, kreatürlich, körperlich
3. → lüstern
Sinnlichkeit → Wollust
sinnlos
1. widersinnig, unsinnig, absurd, ohne Sinn und Verstand, unverständlich, lächerlich, töricht, ungereimt, vernunftwidrig, unlogisch, paradox; *ugs.:* verrückt, blödsinnig, hirnverbrannt, hirnrissig, stussig, witzlos
2. wertlos, nuztlos, überflüssig, unnütz, wirkungslos, unwirksam, fruchtlos, unbrauchbar, zwecklos, ergebnislos, vergebens, vergeblich, unnötig, entbehrlich, ohne Sinn und Zweck, keinen Erfolg versprechend, erfolglos, aussichtslos; *ugs.:* für die Katz, verlorene Liebesmühe
sinnreich
1. → scharfsinnig
2. → sinnvoll
Sinnspruch → Sentenz
sinnverwandt → synonym
sinnvoll sinnig, sinnreich, vernünftig, zweckvoll, mit Verstand, wohlüberlegt, zweckmäßig, sinnreich, vernünftig, nützlich, nütze, von Nutzen/Wert, wertvoll, behilflich, hilfreich, brauchbar, geeignet, verwendbar, anwendbar, verwertbar, tauglich, praktisch, praktikabel
sinnwidrig widersinnig, folgewidrig, widersprüchlich, vernunftwidrig, absurd, ohne Sinn und Verstand, unverständlich, unlogisch, unsinnig, paradox, abwegig, ungereimt,

töricht; *ugs.:* blödsinnig, hirnverbrannt, hirnrissig, stussig, verrückt, gaga

Sippe Familie, Verwandtschaft, Anhang, Angehörige, Familienkreis; *ugs.:* Mischpoke, Sippschaft, Clan

Sippschaft
1. → Familie
2. → Gesindel
3. → Gruppe

Site → Website

Sit-in → Demonstration

Sitte
1. Brauch, Ritus, Ritual, Regel, Brauchtum, Mode, Konvention, Tradition, Überlieferung, Herkommen, Althergebrachtes, Gewohnheit, Usus, Gepflogenheit
2. → Moral
3. gutes Benehmen, Anstand, Betragen, Umgangsformen, Haltung, Manieren, Art, Etikette, Form, Aufführung, Verhalten, Gebaren, Niveau, Schliff, Schicklichkeit, Höflichkeit, Kinderstube
4. *ugs. für:* Sittendezernat

sittenlos → anstößig

sittlich tugendhaft, tugendsam, tugendreich, tugendrein, züchtig, sittenrein, sittenfest, sittenstreng, puritanisch, moralisch, ethisch, wohlerzogen, korrekt, → anständig

sittsam → sittlich

Situation → Sachlage

Sitz
1. Sitzplatz, Sitzgelegenheit, Stuhl, Platz
2. Ort, Standort, Stätte, Punkt, Residenz, Stelle, Aufenthaltsort
3. Schemel, Hocker; *österr.:* Stockerl
4. Mandat, Abgeordnetensitz, Abgeordnetenamt
5. Passform

Sleeper: Ein Wort, mehrere Bedeutungen

Der Begriff *Sleeper,* von englisch *to sleep,* also *schlafen,* bezeichnet nicht nur den zurückklappbaren Schlafsitz im Flugzeug. *Sleeper* war ursprünglich nur die Bezeichnung für einen *Geheimagenten,* der sich zu Spionagezwecken für lange Zeit in einem ausgewählten Umfeld aufhält, wo er, eingebunden in soziale und berufliche Zusammenhänge, so lange ein unauffälliges Leben führt, bis er zum Einsatz kommt. Im Zusammenhang mit den Anschlägen vom 11. September 2001 in den USA hat der Begriff eine Ausweitung auf Terroristen erfahren.

In der Werbebranche bezeichnet man als *Sleeper* solche Kundengruppen, die zwar finanzkräftig, gleichzeitig aber nicht konsumfreudig sind und die aus diesem Grund in besonderer Weise angesprochen werden müssen, um Anreize für Neuerwerbungen zu schaffen. Die Konsummüdigkeit dieser potenziellen Kunden erklärt sich aus einer gewissen Übersättigung, da diese Käuferschicht bereits mit hochwertigen Produkten voll ausgestattet ist. So gesehen *schläft* die Kauflust gewissermaßen.

sitzen
1. hocken, dahocken, kauern, thronen, dasitzen, seinen Platz haben
2. → passen
3. sich befinden, angebracht/befestigt/angesteckt/angenäht sein
4. → aufhalten, sich
5. → einsitzen

sitzen bleiben
1. → durchfallen
2. *ugs. für:* ledig bleiben, keine Frau/keinen Mann finden, nicht geheiratet werden, ein Junggeselle bleiben, eine alte Jungfer werden; *ugs.:* den Anschluss verpassen

sitzen lassen
1. → verlassen
2. *ugs.:* im Stich lassen, versetzen, vergeblich warten lassen, die Verabredung nicht einhalten, hängen lassen
3. → brechen mit

Sitzplatz → Sitz

Sitzung Beratung, Konferenz, Besprechung, Unterredung, Symposium, Tagung, Treffen, Versammlung, Gespräch, Konvent

Skala
1. Maßeinteilung
2. Reihe, Stufenleiter

Skandal
1. Unehre, Schmach, Entehrung, Bloßstellung, Kompromittierung, Kränkung, Demütigung, Blamage, Schimpf, Schande, Verruf, Erniedrigung, Beschämung; *geh.:* Desavouierung
2. → Sensation
3. → Lärm

skandalös → unerhört

Skelett Gerippe, Knochengerüst, Knochenbau, Gebeine, Knochen

Skepsis Misstrauen, Argwohn, Zweifel, Bedenken, Ungläubigkeit, Zurückhaltung, Reserve, Vorbehalt

Skeptiker Zweifler, Bedenkenträger, Warner, Mahner, Pessimist, Kritiker; *geh.:* Aporetiker; *ugs.:* Schwarzmaler, Schwarzseher; *abwertend:* Kleingläubiger

skeptisch zweifelnd, ungläubig, misstrauisch, argwöhnisch, kleingläubig, vorsichtig, kritisch, zweiflerisch
Ski Schneeschuh; *Pl.:* Bretter; *ugs.:* Brettel
Skifahrer Skiläufer; *derb:* Pistensau, Skihaserl
Skiläufer → Skifahrer
Skizze
1. Rohzeichnung
2. → Entwurf
3. Studie, Aufzeichnung, Notizen
skizzieren
1. umreißen, eine Skizze anfertigen, in großen Zügen darstellen, anzeichnen
2. → entwerfen
Sklave Leibeigener, Abhängiger, Untergebener, Untertan, Knecht, Arbeitskraft, Ausgebeuteter
sklavisch → unterwürfig
Skonto → Preisnachlass
skoren → scoren
Skript(um) → Schriftstück
Skrupel
1. Gewissensbisse, Schuldbewusstsein, Gewissensnot, Schuldgefühl, Gewissensqual, schlechtes Gewissen, Bedenken
2. **ohne Skrupel** → skrupellos
skrupellos gewissenlos, rücksichtslos, verantwortungslos, bedenkenlos, hemmungslos, ruchlos, pflichtvergessen, leichtfertig, nachlässig, fahrlässig, ohne Skrupel
Skulptur → Plastik
skurril
1. → komisch
2. → merkwürdig
Slang Argot, Umgangssprache, Jargon
Sleeper
1. Agent, Geheimagent, Spion
2. Terrorist ⓘ

Small Talk: Zwischen Geplauder und Blablabla

Das englische *Small Talk* heißt wörtlich übersetzt »kleines Gespräch«. Damit ist eine *leichte Unterhaltung* gemeint, wobei vielfach die Konnotation von »oberflächlich« mitschwingt. Auch das gehobene *Konversation* bezeichnet ein *geselliges Gespräch*, das aber insofern etwas förmlicher ist, als es bestimmten Regeln etwa der Themenauswahl folgt. Eine solche *Unterhaltung* führen heißt *Konversation betreiben*. Je nach Inhaltsschwere handelt es sich dabei um einen *Gedankenaustausch* oder einen *Austausch von Banalitäten*.
Auch eine *Plauderei* ist eine *gepflegte* beziehungsweise *amüsante Unterhaltung*. Die Grenze zwischen *Geplauder* und *seichter Unterhaltung* ist fließend. Eindeutig abwertend sind dagegen einige sinnverwandte umgangssprachliche Ausdrücke. So steht *Dampfgeplauder* ebenso für nichtssagendes *Gerede* wie *Blabla*. *Geschwafel* bezeichnet dummes *Geschwätz*. Und auch *Gelaber* ist inhaltsloses Daherreden. Durchaus freundlich gemeint sind dagegen Bezeichnungen wie *Schwatz* oder dessen Verkleinerungsform *Schwätzchen*. *Einen Schwatz/ein Schwätzchen halten* heißt ein gemütliches Gespräch führen. In Norden Deutschlands ist dafür auch der Ausdruck *Schnack* gebräuchlich, der auch in der Variante *Klönschnack* vorkommt.
Small Talk ist übrigens auch der Name einer in den siebziger Jahren des 20. Jahrhunderts entwickelten, typisierten Programmiersprache.

Slip Unterhose, Höschen, Schlüpfer, Tanga, Stringtanga, G-String; *scherzh.:* Liebestöter, Schlüpferchen
Slogan
1. Schlagwort, Werbespruch, Werbetext, Werbespot
2. Motto, Wahlspruch, Leitsatz, Leitgedanke, Leitspruch, Devise, Losung, Parole, Maxime
Slum Elendsviertel, Armenviertel, Elendsgegend, Armengegend
Small Talk Konversation, Unterhaltung, Geplauder, Seichtgeplauder, Plauderei, Gerede, Banalitätenaustausch; *ugs.:* Geschwafel, Geplätscher, Gelaber, Laberei, Blabla, Schwatz, Schwätzchen; *landsch.:* Schnack, Plausch ⓘ
smart
1. → elegant
2. → schlau
Smog → Dunstglocke
SMS Nachricht, Kurznachricht, Textnachricht, Mitteilung, Kurzmitteilung
Snack Imbiss, Happen, (kleine) Mahlzeit, Zwischenmahlzeit, Kleinigkeit, Stärkung
Snackbar Imbissstube, Schnellgaststätte, Schnellbüfett
Snob → Geck
snobistisch → eingebildet
so
1. wirklich, ernsthaft, tatsächlich, echt
2. in dieser (Art und) Weise, derart(ig), dergestalt, in einer Art, in der Weise, dahingehend, auf folgende Weise, folgendermaßen, solchermaßen, der-

maßen, dementsprechend, demgemäß, solcherart, solcherweise, solchergestalt, wie folgt; *österr.:* dieserart; *schweiz.:* derweise; *ugs.:* solch
3. in solchem Grade/Ausmaß/Umfang/Maße
4. → sehr
5. → annähernd
6. nun, also, jetzt
7. → ebenso
8. → deshalb
9. → kostenlos

Soap Soapopera, Seifenoper, Dailysoap, tägliche Fernsehserie
sobald sofort/direkt/sogleich wenn, kaum dass, sowie
Socke Strumpf, Söckchen; *landsch.:* Socken
Sockel → Fundament
sodann → danach
Sodawasser → Mineralwasser
soeben eben, gerade jetzt/eben/vorhin/noch, vor einem/in diesem Augenblick, gerade, just
Sofa Couch, Diwan, Ottomane, Kanapee
sofern wenn, falls, für den Fall, gesetzt den Fall, im Falle, angenommen, wofern, vorausgesetzt, gegebenenfalls, unter der Voraussetzung
sofort
1. gleich, sogleich, auf der Stelle, prompt, postwendend, unverzüglich, augenblicklich, im Nu, schleunig(st), alsbald, direkt, flugs, unmittelbar, ohne Verzug/Aufschub/Verzögerung, kurzerhand, unvermittelt, fristlos, unverweilt, stracks, schnurstracks, umgehend, flink, schnellstens, auf Anhieb, so schnell wie möglich, auf dem schnellsten Wege, vom Fleck weg, wie aus der Pistole geschossen, geradewegs; *geh.:* stante pede; *ugs.:* Knall auf Fall, frischweg, brühwarm, gesagt, getan
2. → schnell
soft weich, sanft, empfindsam, gefühlsbetont, flexibel, geschmeidig
Sog
1. Strömung, Drift, Strom, Trift, Strudel, Wirbel
2. Einflussbereich, Wirkungsbereich, Einwirkung, Anziehung, Anziehungskraft, Reiz
sogar → auch
sogenannt allgemein so bezeichnet/benannt, geheißen, genannt
sogleich → sofort
Sohn Stammhalter, männlicher Nachwuchs/Nachkomme, Junge, Kind, Junior, Filius, Sprössling, Bube, Knabe, Jüngling, mein Kleiner, mein eigen Fleisch und Blut
Soiree Abendgesellschaft, Abendveranstaltung, Fest, Festabend
solange während, für die Dauer, in der Zeit, im Verlauf von, währenddessen, bis
solch
1. diese, jene, derlei, solcherlei, von dieser Art, so geartet, dementsprechend, dergleichen, ebensolch
2. → so
solchermaßen → so
Sold
1. Soldatenlohn, Wehrsold, Löhnung, Entlohnung, Bezahlung
2. Handgeld, Lohn
Soldat Wehrpflichtiger, Militärpflichtiger, Waffenträger, Uniformierter, Streiter, Kämpfer, Wehrdienstleistender, Militärdienstleistender, Bürger in Uniform, Uniformträger, Krieger, Armeeangehöriger; *ugs.:* Kommisskopf
Soldat sein den Wehrdienst/Heeresdienst/Militärdienst leisten/ableisten, dem Vaterland dienen, unter der Fahne stehen, bei der Armee sein; *ugs.:* Soldat spielen, bei den Soldaten/beim Militär/Kommiss/Barras sein
Soldat werden → einrücken
solenn → feierlich
solid
1. → fest
2. → gediegen
3. → rechtschaffen
solidarisch gemeinsam, eng, verbunden, übereinstimmend, füreinander einstehend, zusammenhaltend, geschlossen, vereint, in Zusammenarbeit, zuverlässig, vertrauensvoll, verbündet; *ugs.:* an einem Strang ziehend
solidarisieren, sich sich solidarisch erklären, Solidarität üben, sich mit jmdm. verbünden/verbinden/verbrüdern/zusammentun/zusammenschließen, paktieren, zu jmdm. stehen, mit jmdm. arbeiten, sich anschließen, fraternisieren; *ugs.:* gemeinsame Sache machen, am gleichen Strang ziehen
Solidarität Zusammengehörigkeit, Zusammengehörigkeitsgefühl, Kameradschaftsgeist, Übereinstimmung, Verbundenheit, Zusammenhalt, Gemeinsamkeit, Gemeinschaftsgeist, Gemeinschaftssinn, Gemeinsinn
Soll
1. Debet, Passiva
2. → Pflicht

sollen
1. beauftragt/genötigt/gezwungen/verpflichtet/verantwortlich/gehalten sein, müssen, die Pflicht/Verpflichtung haben
2. → dürfen

solo → allein
somit → also
Sommerfrischler → Urlauber
sommerlich wie im Sommer, heiß, hochsommerlich, schön, südlich, tropisch, sonnig, warm, heiter; *geh.:* mediterran; *ugs.:* mollig
sonach
1. → also
2. → danach

sonderbar
1. → schrullig
2. → merkwürdig

Sonderfall → Ausnahme
sondergleichen → außergewöhnlich
sonderlich
1. → sehr
2. → merkwürdig

Sonderling Eigenbrötler, Einzelgänger, Außenseiter, Individualist, Nonkonformist, Wunderling, Original, besonderes Exemplar; *ugs.:* Unikum, (schräge) Type, seltsamer Vogel, Krauter, Kauz, Blüte, wunderliche Haut, Knopf, Gurke, Wunderhaufen, komischer Heiliger
sondern
1. vielmehr, aber, dementgegen, hingegen, dagegen, doch, jedoch, allerdings, demgegenüber, im Gegensatz dazu
2. → isolieren
3. → unterscheiden

sondieren → auskundschaften
Sonnabend Samstag
Sonne
1. Helios
2. → Sonnenschein

sonnen, sich
1. ein Sonnenbad nehmen, sich in die Sonne legen, sonnenbaden, in der Sonne liegen, sich (in der Sonne) bräunen; *ugs.:* sich (in der Sonne) aalen, sich die Sonne auf den Bauch/Pelz brennen lassen, in der Sonne braten
2. → auskosten

Sonnenschein
1. Sonnenstrahlen, Sonnenlicht, Sonne; *poet.:* Sonnenglast, Sonnenglanz
2. → Glück

sonnig sonnendurchflutet, sonnenhell, durchsonnt, → heiter
Sonntagskind → Glückskind
sonst
1. andernfalls, im anderen Falle, ansonsten, oder, beziehungsweise, gegebenenfalls
2. → außerdem
3. → früher
4. anderes, anderweitig, anderswo

so oder so
1. → unbedingt
2. gleichgültig wie, auf die eine oder andere Weise, irgendwie, nach Belieben/Gutdünken/Wahl, wunschgemäß, beliebig

sooft immer/jedesmal wenn, wann auch immer
Sophist → Wortklauber
Sophistik → Haarspalterei
sophistisch → spitzfindig
Sorge
1. Furcht, Angst, Besorgnis, Kummer, Befürchtung, Kümmernis, Bedenken, Unruhe, Beunruhigung; *ugs.:* Bammel, Schiss
2. Pflege, Betreuung, Fürsorge, Hilfe, Versorgung

sorgen
1. → sich kümmern um
2. → ernähren

sorgen, sich sich ängstigen um, sich grämen, sich abgrämen, sich Sorgen/Gedanken machen, fürchten, befürchten, in Sorge sein, bekümmert/besorgt sein um, sich bekümmern, sich härmen, sich abhärmen, sich verzehren, schwernehmen, bangen um, in Ängsten schweben, sich beunruhigen, schlaflose Nächte/Kummer haben, um den Schlaf gebracht sein; *ugs.:* Gespenster sehen, sich Kopfschmerzen machen
sorgenfrei → sorgenlos
sorgenlos sorgenfrei, frei von/ohne Sorgen, sorglos, leicht, unbesorgt, arglos, ruhig, unbeschwert, unbekümmert, unkompliziert, ungetrübt, freudig, glücklich, leichtlebig, → heiter
sorgenvoll von Sorgen erfüllt, bedrückt, sorgenschwer, sorgenbeladen, kummervoll, verhärmt, vergrämt, gramvoll, gramerfüllt, gramgebeugt, zentnerschwer, besorgt, bekümmert, bangend, angsterfüllt, ängstlich, bedenklich, unruhig
Sorgfalt
1. Genauigkeit, Behutsamkeit, Gewissenhaftigkeit, Sorgsamkeit, Sorgfältigkeit, Peinlichkeit, Ausführlichkeit, Gründlichkeit, Akribie, Akkuratesse, Präzision, Schärfe, Exaktheit, Bestimmtheit, Genauheit, Prägnanz, Pflichtbewusstsein, Verantwortungsbewusstsein, Pflichtgefühl, Zuverlässigkeit
2. Pflege, Schonung, Fürsorge, Vorsicht, Umsicht, Fürsorglichkeit, Achtsamkeit, Obacht

S

sorgfältig
1. → schonend
2. → sorgsam
sorglos
1. → sorgenlos
2. unachtsam, ohne Sorgfalt, leichtfertig, leichtsinnig, achtlos, gedankenlos, unbedacht, nachlässig, fahrlässig, lieblos, unvorsichtig, unüberlegt, unbedenklich, bedenkenlos, unsorgfältig, gleichgültig
sorgsam
1. → schonend
2. gewissenhaft, gründlich, genau, exakt, penibel, präzis, akkurat, sorgfältig, ordentlich, pflichtgetreu, ausdauernd, beständig, beharrlich, zuverlässig
Sorte Art, Gattung, Typ, Spezies, Genre, Schlag, Zweig, Kategorie, Qualität, Klasse, Güteklasse, Marke, Exemplar, Rasse, Couleur; *ugs.:* Kaliber
sortieren → ordnen
Sortiment
1. Angebot, Warenangebot, Auswahl, Warenauswahl, Kollektion, Musterkollektion, Zusammenstellung, Palette
2. Buchhandel
soso → mittelmäßig
Soße
1. Tunke, Dip; *landsch.:* Stippe
2. → Schlamm
soufflieren → vorsagen
Souffragette → Feministin
Sound → Klang
Souper → Abendessen
Souvenir → Andenken
souverän überlegen, über den Dingen stehend, erhaben über, unabhängig, der Sache gewachsen, autark, autonom, selbstständig, eigenständig; *ugs.:* mit Durchblick/Überblick, cool, lässig
Souverän → Alleinherrscher
so viel
1. in welchem Maß/Umfang/wie viel auch immer
2. in demselben Maße, nicht weniger, gleich, ebenso viel
so viel wie dasselbe, gleichviel, ebenso viel; *ugs.:* das Gleiche
soweit insoweit, bis jetzt/dahin, im Allgemeinen/Grunde, im Großen und Ganzen, allgemein, generell, mehr oder weniger, in summa, alles in Allem, gemeinhin
so weit → fertig
sowie
1. → sobald
2. → auch
sowieso ohnehin, ohnedies, ohnedem, auf alle Fälle/jeden Fall, überhaupt; *landsch.:* eh
soziabel → gesellig
Sozialarbeiter Streetworker, Psychagoge
Sozialhilfe
1. Fürsorge, Sozialfürsorge, Diakonie, Streetwork
2. *ugs.:* Stütze
Sozialisation Einordnungsprozess, Integrationsprozess, Eingliederungsprozess, Bildungsprozess, Anpassungsprozess
sozialisieren → kollektivieren
sozialistisch → links
Sozius
1. Teilhaber, Kompagnon, Partner, Mitinhaber, Gesellschafter, Associé
2. Beifahrer, Motorradbeifahrer, Mitfahrer
sozusagen → gewissermaßen
Spaceshuttle Raumtransporter, Raumfähre, Raumschiff, Raumfahrzeug
spachteln → essen
spacig *ugs. für:* futuristisch, außergewöhnlich, ausgefallen, eindrucksvoll; *geh.:* hypermodern; *ugs.:* abgefahren, abgespact
spähen ausschauen, äugen, Ausschau halten, blicken, ausblicken, lugen, luchsen, starren, sehen, im Auge behalten; *landsch.:* illern, peilen, glotzen, stieren
Spalt(e)
1. (schmale) Öffnung, Zwischenraum, Schlitz, Ritz(e), Einschnitt, Loch, Klinse, Fuge, Lücke
2. Riss, Sprung, Bruch
3. → Rubrik
spalten zerteilen, entzweihacken, durchhacken, zerhacken, entzweihauen, zerhauen, durchspalten, zerspalten, aufspalten; *landsch.:* klieben, klüften, spleißen; *ugs.:* splitten
spalten, sich → trennen, sich
Spam Spammail, (unerwünschte) Werbemail, Junkmail, Datenmüll, (elektronischer) Werbemüll
Span Splitter, Spleiß; *landsch.:* Schiefer
Spange
1. Klammer, Klemme
2. → Brosche
Spann Rist, Fußrücken; *landsch.:* Reihen
Spanne
1. Zeitraum, Phase, Zeitabschnitt, Zeit, Periode, Weile, Dauer
2. Abstand, Unterschied, Differenz
spannen
1. einspannen, befestigen, anbringen, anmachen
2. → anspannen
3. → dehnen
4. → bemerken
5. sehr eng sein, eng anliegen; *ugs.:* knapp sitzen

spannen, sich → erstrecken, sich
spannend fesselnd, interessant, mitreißend, erregend, aufregend, prickelnd, packend, atemberaubend, faszinierend, aufwühlend, aufpeitschend, spannungsreich, dramatisch, bewegend, ergreifend, aufrüttelnd; *ugs.:* nervenzerreißend
Spannkraft → Energie
Spannung
1. gespannte Erwartung, Ungeduld, Dramatik, Nervosität, Vorfreude, Neugier, Unruhe, Gespanntheit, Anspannung, Hochspannung, Nervenkitzel, Thrill
2. Überreiztheit, Nervenschwäche, Verstimmung, Aufregung, Erregung, Aufgeregtheit, Hektik, Ruhelosigkeit, Erregtheit
3. Missstimmung, Feindseligkeit, Unstimmigkeit, Missbehagen, Unbehagen
spannungsgeladen gereizt, erregt, explosiv, hochexplosiv, gespannt, verhärtet, feindselig, dramatisch, kritisch
spannungslos → langweilig
Sparbüchse Sparschwein, Sparkasse, Spartopf
sparen
1. einsparen, aufsparen, ersparen, auf die Seite legen, beiseitelegen, Geld zurücklegen, bewahren, aufbewahren, Ersparnisse machen, (sein Geld) auf die hohe Kante legen, sich einschränken, sich beschränken, maßhalten, haushalten, sich bescheiden, sparsam/bescheiden leben, Konsumverzicht betreiben/üben, sich mäßigen, sich zügeln, sich zurückhalten, das Geld zusammenhalten, geizen, Rücklagen machen, aufheben, weglegen, sich absparen, wirtschaften, rationieren, einteilen, sich nicht viel leisten, sparsam sein/umgehen, Abstriche machen, sich Entbehrungen auferlegen, rechnen, mit jedem Pfennig/Cent rechnen; *ugs.:* kürzertreten, kurztreten, den Gürtel/Riemen enger schnallen, keine großen Sprünge machen, wegtun, in den Strumpf stecken, knausern, knapsen, knickern, geizen, abzweigen, sich abzwacken, sich abknappen, filzen, den Daumen draufhalten, sich nach der Decke strecken
2. → anhäufen
3. → unterlassen
Spargroschen → Ersparnis
spärlich
1. → kläglich
2. dünn (bewachsen), licht, gelichtet
sparsam
1. haushälterisch, ökonomisch, wirtschaftlich, genau, häuslich, rationell, knapp, vorsichtig, achtsam, sorgfältig, überlegt, kalkuliert, eingeschränkt
2. → kläglich
3. → geizig
sparsam sein → sparen
Sparsamkeit
1. Wirtschaftlichkeit, Einteilung, genaues Rechnen
2. → Geiz
spartanisch
1. hart, streng, genügsam, eisern, strikt, diszipliniert, unerbittlich
2. → einfach
Sparte → Fach
Spaß
1. → Scherz
2. → Freude
spaßen → scherzen
spaßeshalber rein aus Vergnügen, nur zum Spaß; *ugs.:* aus Jux (und Dollerei); *österr.:* hetzhalber
spaßig
1. witzig, ulkig, spaßhaft, scherzhaft, schalkhaft, possenhaft, possierlich, drollig, herzig, putzig, geistreich, neckisch, lustig
2. → merkwürdig
Spaßmacher → Spaßvogel
Spaßvogel Spaßmacher, Possenreißer, dummer August, Clown, Harlekin, Bajazzo, Komiker, Schalk, Humorist, Hanswurst, Kasper(l), Geck, Schelm, Nummer, Original, Eulenspiegel, Witzbold, Narr, Hofnarr, Skaramuz; *ugs.:* Faxenmacher, Marke, Unikum, lustiger Vogel, Scherzkeks
spät
1. zu vorgerückter Stunde
2. zu spät, spätabends, nachts, in der Nacht, zu später Stunde, zur Nachtzeit
3. verspätet, höchste Zeit, keine Zeit zu verlieren, endlich, in letzter Minute, im letzten Augenblick, schließlich, zuletzt, am Ende, zu guter Letzt, zur rechten Zeit; *ugs.:* fünf vor zwölf, höchste Eisenbahn, kurz vor Schluss, kurz vor Toreschluss
4. → unpünktlich
später
1. künftig, zukünftig, kommend, folgend, in spe, angehend, weiter, nächst, darauffolgend
2. in Zukunft, eines Tages, einst, in Bälde, früher oder später, späterhin, demnächst, über kurz oder lang, einmal, dereinst, irgendwann, in weiter Ferne

3. weiterhin, fernerhin, des Weiteren, nach wie vor, forthin, fortan, hinfort, fürder, fürderhin
4. → danach

Spatz
1. Sperling, Passer; *norddt.:* Lüning, Lünk; *rheinisch:* Mösch
2. → Kind

spazieren gehen umhergehen, umherschlendern, flanieren, spazieren, bummeln, einen Spaziergang/Bummel machen, sich ergehen, sich die Beine/Füße vertreten, einen Schritt vors Haus tun, frische Luft schnappen/schöpfen gehen, sich bewegen; *geh.:* wandeln, lustwandeln, promenieren; *schweiz.:* lädelen

Spaziergang
1. Bummel, Streifzug, Tour, Gang; *geh.:* Promenade
2. Wanderung, Landpartie

Speck Fett, Schmalz, Fettpolster, Fettgewebe, Fettmasse, Schmer

speckig
1. → schmutzig
2. → dick

Spedition Fuhrunternehmen, Transportunternehmen, Rollunternehmen, Speditionsbetrieb, Speditionsgeschäft, Transportfirma, Fuhrgeschäft; *schweiz.:* Camionnage

Speech → Rede

Speed
1. → Rauschgift
2. → Geschwindigkeit
3. → Schwung

Speichel Spucke, Wasser, Geifer; *derb:* Sabber

Speichellecker Schmeichler, Liebediener, Heuchler, Pharisäer, Lakai, Kriecher, Duckmäuser; *ugs.:* Radfahrer, Krummbuckel, Süßholzraspler; *derb:* Arschkriecher, Arschlecker, Schleimer, Steigbügelhalter, Schleimscheißer

speichelleckerisch → unterwürfig

Speicher
1. Silo, Speicheranlage, Lager, Lagerhaus, Depot, Getreideboden, Getreidekammer; *EDV:* Arbeitsspeicher, Festplatte
2. Dachboden; *landsch.:* Estrich, Bühne, Boden

Speichermedium *EDV:* Speicherträger, (externer) Speicherplatz, Festplatte, Datenträger, Diskette, CD-ROM, DVD, USB-Stick, Memorystick, Speicherkarte, Magnetband

speichern lagern, einlagern, magazinieren, deponieren, ablegen, unter Verschluss halten, an sich nehmen, zurückbehalten, anhäufen; *EDV:* abspeichern, saven

Speicherplatz Fassungsvermögen, Speichervolumen; *EDV:* Speicher, Speicherkapazität, Speichergröße, Festplattenspeicher

speien
1. spucken, ausspucken, ausspeien; *derb:* sabbern, rotzen
2. → übergeben, sich

Speise Gericht, Essen, Mahl, Schmaus, Imbiss, Kost, Snack; *derb:* Fraß, Futter

Speisekammer Vorratskammer; *landsch.:* Speis, Speiskammer

speisen → essen

Spektakel
1. → Lärm
2. → Sensation
3. → Schauspiel

spektakulär ungewöhnlich, bemerkenswert, hervorstechend, hervorragend, auffallend, besonders, außerordentlich, exzeptionell, überragend, beeindruckend, eindrucksvoll, unvergleichlich, unverwechselbar, unübertrefflich, unnachahmlich, ohnegleichen, sondergleichen, einzig, einzigartig, beispiellos, extraordinär, epochal, imponierend, imposant, konkurrenzlos, hochinteressant, enorm, grandios, phänomenal, unsagbar, brillant, sensationell, Epoche machend, bahnbrechend, genial, fabelhaft, sagenhaft, einmalig; *ugs.:* riesig, spektogal, bombig, ganz groß

Spektrum Bandbreite, Streuweite, Vielfalt, Palette, Reichtum

Spekulation
1. → Annahme
2. → Einbildung
3. → Kalkül
4. Transaktion, Geschäft, Unternehmung

spekulativ
1. gedanklich, vorgestellt, nach Vermutungen
2. → theoretisch

spekulieren
1. Spekulation betreiben, Börsenspekulation betreiben, Aktienspekulation betreiben, Wertpapiere ein- und verkaufen, Handel treiben, Geschäfte machen
2. → abzielen auf
3. → rechnen mit

Spelunke → Gaststätte

spendabel → freigebig

Spende
1. → Gabe
2. → Unterstützung

spenden
1. stiften, geben, übergeben, schenken, opfern, spendieren, zukommen lassen, zur Verfügung stellen, überlassen, bedenken

S

mit, darbringen, als Gabe/Spende überreichen, verehren, zeichnen, dotieren, sein Scherflein beitragen, seinen Obolus entrichten, zuwenden, verteilen
2. Beifall spenden → klatschen
3. Freude spenden → erfreuen
4. Lob spenden → loben
5. Trost spenden → trösten
spendieren → freihalten
Sperenzchen *ugs. für:* Sperenzien, Ausflüchte, Schwierigkeiten, Getue, Theater, Zirkus, Faxen, Mätzchen; *ugs.:* Trara
Sperling Spatz, Passer; *ugs.:* Lüning, Lünk
Sperma Samenzellen, Samenflüssigkeit, Ejakulat, Keimzellen, Samen, Spermium
Sperre
1. Absperrung, Schranke, Wegsperre, Schlagbaum, Barriere, Blockade, Hindernis, Hürde, Riegel, Hemmnis, Gitter
2. Verbot, Einschränkung, Untersagung
3. Sperrfrist, Sperrzeit
4. → Mattscheibe
sperren
1. den Zugang verbieten/verhindern, unzugänglich machen, absperren, versperren, abriegeln, abschließen, blockieren, verbauen, verrammeln, zumachen, den Riegel vorschieben, das Schloss vorlegen, den Durchgang unmöglich machen, abschneiden
2. unterbinden, ausschalten, lahmlegen, stoppen, außer Betrieb setzen, abstellen, ausdrehen, abdrehen, unterbrechen
3. → einsperren
4. untersagen, verbieten, nicht gestatten, verwehren, die Lizenz/Erlaubnis entziehen, aus der Hand nehmen, verweigern
5. klemmen
sperren, sich sich verschließen, nicht an sich heranlassen, unzugänglich sein, sich widersetzen, sich entgegenstellen, sich sträuben, sich stemmen gegen; *ugs.:* dichtmachen, zumachen, zu sein
Spesen Dienstausgaben, Unkosten, Auslagen, Aufwendungen, Diäten, Tagegeld, Reisespesen, Zahlungen
Spezi → Freund
Spezialgebiet
1. → Fach
2. → Hobby
spezialisieren, sich sich festlegen, sich verlegen auf, sich beschränken
Spezialist → Fachmann
Spezialität
1. → Fach
2. → Hobby
3. → Eigenart
4. → Leckerbissen
speziell
1. → besonders
2. → einzeln
Spezies → Art
Spezifikum → Eigenart
spezifisch → charakteristisch
Sphäre
1. Himmelskugel, Himmelsgewölbe
2. Gesichtskreis, Gesellschaftskreis, Wirkungskreis, Machtbereich, Einflussbereich, Reichweite
3. → Gebiet
spicken → abschauen
spicken mit versehen/ausstatten mit, schmücken
Spiegelbild Gegenbild, Abbild, Verdoppelung, Spiegelung
spiegelbildlich seitenverkehrt, verkehrt, verkehrtherum, umgedreht, umgekehrt; *ugs.:* verkehrtrum
spiegelblank → glänzend
Spiegelei Ochsenauge; *landsch.:* Setzei; *schweiz.:* Stierenauge
Spiegelfechterei → Täuschung
spiegelglatt eisglatt, glitschig, rutschig
spiegeln
1. → leuchten
2. → ausdrücken
spiegeln, sich widerscheinen, sich widerspiegeln, reflektieren, zurückwerfen, zurückstrahlen, Abbild zeigen, wiedergeben
Spiegelung Widerschein, Abglanz, Reflex, Lichtreflex, Reflexion, Rückstrahlung; *poet.:* Abschein
Spiel
1. Partie, Runde, Match
2. → Wettkampf
3. Glücksspiel, Vabanquespiel, Spekulation, Roulett, Hasardspiel, Lotterie, Klassenlotterie
4. → Schauspiel
5. → Aufführung
6. Kleinigkeit, Nebensache, Belanglosigkeit, Lappalie, Bagatelle, Kinderspiel, Nichtigkeit
7. → Scherz
8. Flirt, Liebelei, Geschäker, Tändelei, Getändel, Gekose, Abenteuer, Liebesabenteuer ⓘ
Spielart Abart, Eigenart, Sonderart, Ausnahme, Abweichung, Variante, Erscheinungsform
Spielbank Kasino, Spielkasino, Spielhölle
spielen
1. sich die Zeit mit Spielen vertreiben, ein Spiel machen, sich mit Spielen beschäftigen

Im Spiel des Lebens

In zahlreichen Redewendungen wird *Spiel* als Metapher für *Leben* verwendet, wobei die Konnotationen zwischen *Glücksspiel, Wettkampf,* und *Schauspiel* schwanken. *Etwas aufs Spiel setzen* bedeutet »etwas wagen«. *Auf dem Spiel stehen* heißt »in Gefahr sein«.
Wer ein *falsches/doppeltes Spiel* treibt, betrügt; ehrlich ist dagegen, wer ein *offenes Spiel* spielt. *(Ein) freies Spiel haben* ist ein Ausdruck von Unabhängigkeit. Die Redensart *ein leichtes Spiel haben* besagt, dass man ohne Schwierigkeiten mit jemandem/etwas fertig wird. *Abgekartetes Spiel* nennt man eine heimliche Verabredung zu Lasten Dritter. Ein *gewagtes Spiel* treibt einer, der gefährliche Mittel einsetzt. Wer *das Spiel zu weit treibt,* überschreitet die Grenzen des Zulässigen oder des Vernünftigen. *Gewonnenes Spiel* hat derjenige, der sein Ziel erreicht hat. *Jemandes Spiel durchschauen* bedeutet, böse Absichten zu entlarven. *Das Spiel ist aus* heißt, eine Sache wird als aussichtslos angesehen. Als *Spiel mit dem Feuer* bezeichnet man den leichtfertigen Umgang mit einem Risiko.
Etwas (nur) *als Spiel ansehen/betrachten/auffassen* bedeutet, es nicht ernst zu nehmen. *Seine Hand im Spiel haben* heißt »beteiligt sein«. Wer in Ruhe gelassen werden oder mit einer Sache nichts zu tun haben will, sagt *Lassen Sie mich aus dem Spiel!* Einer, der wider Willen mitmacht beziehungsweise sich etwas Unangenehmes gefallen lassen muss, macht *gute Miene zum bösen Spiel.* Wie die Bilder aus dem Glückspiel verweisen auch Wendungen wie *Spiel des Schicksals/Zufalls* auf die Vorstellung, dass das Leben nicht vollständig kontrollierbar ist. Um *Spiel* im Sinn von musikalischer Darbietung geht es in der Wendung *mit klingendem Spiel* (einziehen). Sie bezieht sich auf den Aufmarsch einer spielenden Militärmusikkapelle.

2. sich dem Glücksspiel hingeben, hasardieren, in die Spielbank/ins Kasino gehen, setzen, tippen; *ugs.:* zocken
3. *ugs.:* daddeln
4. einen Wettkampf austragen/durchführen
5. → musizieren
6. mimen, verkörpern, wiedergeben, darstellen, vorstellen, agieren/figurieren/erscheinen/auftreten als, nachahmen, imitieren, abbilden, sich in Szene setzen, sich produzieren, kopieren
7. → aufführen

spielend → leicht
Spieler Glücksspieler, Glücksritter; *ugs.:* Zocker
Spielerei
1. → Kleinigkeit
2. → Scherz
spielerisch
1. leicht, einfach, unkompliziert, unbeschwert, unbelastet, unverkrampft, locker, frei, entspannt, sorglos
2. → fantasievoll
Spielfeld Spielfläche, Spielplatz, Rasen, Platz, Sportplatz, Feld
Spielplan → Programm
Spielplatz → Spielfeld
Spielraum
1. → Raum
2. Zwischenraum, Spanne, Abstand
Spielzeit Saison, Spielsaison, Theatersaison
Spielzeug Spielsachen, Spielwaren
Spießbürger Philister, Spießer, kleinbürgerliche Seele, Krämerseele, Beamtenseele, Kleingeist, Kleinbürger, Schildbürger, Banause, Biedermann, Biedermeier, Krämer; *österr.:* Sumper
spießbürgerlich → kleinbürgerlich
Spießer → Spießbürger
Spießgeselle → Komplize
spießig → kleinbürgerlich
spindeldürr → dünn
spinnen → verrückt sein
spintisieren
1. → denken
2. → fantasieren
Spion
1. Agent, Spitzel, Schnüffler, Horcher, Späher, Sleeper, Lauscher, Kundschafter, Auskundschafter, Verräter, Zuträger, Saboteur; *österr.:* Schnoferl; *DDR, noch iron.:* IM, inoffizieller Mitarbeiter
2. Guckloch
3. Abhörgerät, Wanze
Spionage Agententätigkeit, Agentendienst, Staatsverrat, Landesverrat
spionieren
1. Spionage betreiben, als Agent/Spion arbeiten, Spitzeldienste leisten
2. → bespitzeln
3. → auskundschaften
Spirale Schraubenlinie, Schnecke, Windungen
Spiritismus Geisterglaube, Geisterbeschwörung, Okkultismus
spiritistisch → okkult
spirituell → übersinnlich

Spirituosen alkoholische Getränke, Alkoholika; *ugs.:* Sprit
Spiritus Alkohol, Weingeist, Äthanol; *ugs.:* Sprit
Spital → Krankenhaus
spitz
1. nadelspitz, spitzig, zugespitzt, mit einer Spitze, stechend, scharfkantig, geschliffen
2. → lüstern
3. → begierig sein
4. → bissig
5. → dünn
Spitzbube
1. → Betrüger
2. → Schelm
spitzbübisch verschmitzt, pfiffig, schelmisch, schalkhaft; *ugs.:* schlitzohrig
spitze → großartig
Spitze
1. Dorn, Stachel; *derb:* Piker
2. Führung, erste Stelle, Kopf, Leitung, Vorsitz, Direktion, Führerschaft
3. Anspielung, Hieb, Seitenhieb, Stich, Stichelei, bissige/spitze Bemerkung, Zweideutigkeit, Bissigkeit, Anzüglichkeit, Pfeil, Gestichel
4. → Krönung
5. → Höchstleistung
Spitzel → Spion
spitzen
1. spitz machen, anspitzen, zuspitzen, schärfen, wetzen, schleifen
2. → begierig sein
3. **die Ohren spitzen** → aufpassen
4. → lauschen
Spitzenleistung → Höchstleistung
Spitzenreiter Tabellenerster, Tabellenführer, Führender
spitzen, sich erhoffen, begehren, (freudig) erwarten, herbeisehnen, ersehnen, herbeiwünschen, sich wünschen, entgegenblicken
Spitzensportler Leistungssportler, Crack, Meister, Favorit, Champion; *ugs.:* Kanone, Sportskanone, Ass
spitzfindig kleinlich, wortklauberisch, haarspalterisch, überspitzt, ausgeklügelt, pedantisch, übergenau, kleinkrämerisch; *geh.:* kasuistisch, sophistisch, rabulistisch; *ugs.:* pingelig
Spitzfindigkeit → Haarspalterei
Spitzhacke Picke(l), Spitzhaue; *österr.:* Krampen
Spitzname Scherzname, Spottname, Neckname, Schimpfname, Übername, Beiname; *landsch.:* Ekelname, Uzname
spitzzüngig → bissig
Spleen → Marotte
splittern → zerbrechen
sponsern beisteuern, unterstützen, subventionieren, zuschießen, Geld zuwenden, finanziell helfen; *ugs.:* unter die Arme greifen
Sponsor Mäzen, Gönner, Förderer, Geldgeber, Stifter, Protektor
spontan von innen heraus/selbst, impulsiv, unbesonnen, unüberlegt, → freiwillig
sporadisch
1. ab und an, ab und zu, hin und wieder, manchmal, gelegentlich
2. → selten
Sport
1. Körpererziehung, Leibeserziehung, Körperertüchtigung, Körperkultur, Leibesübungen, Turnen
2. → Hobby
Sportler Athlet, Aktiver, Sporttreibender, Wettkämpfer, Sportsmann
sportlich
1. muskulös, athletisch, behände, sportiv, schlank, drahtig, sehnig, stark, kräftig, frisch, gutgebaut, gutgewachsen
2. nicht elegant, zweckmäßig, jugendlich, flott, schneidig, rasant
Sportplatz Spielfeld, Sportfeld, Platz, Übungsplatz, Wettkampfstätte, Wettkampfplatz, Stadion, Kampfbahn, Rasen
Spot
1. Werbespot, Werbefilm, Reklamefilm, Werbesendung, Werbetext, Werbeslogan, Werbeeinblendung (Funk und Fernsehen)
2. Scheinwerfer, Spotlight, Scheinwerferlicht, Lichtkegel
Spott Verhöhnung, Verspottung, Gespött, Spöttelei, Hohn, Hohngelächter, Sarkasmus, Stichelei, Anzüglichkeit, Ironie, Zynismus, Neckerei, Bosheit
Spottbild → Karikatur
spotten sich mokieren über, spötteln, bespötteln, sich lustig machen, verspotten, auslachen, verlachen, verhöhnen, mit Spott/Hohn überschütten, sein Gespött treiben, sich abfällig äußern, witzeln, lächerlich/Witze machen, necken, hänseln, foppen, seinen Spaß machen/treiben, aufziehen, ins Lächerliche ziehen, der Lächerlichkeit preisgeben; *österr.:* pflanzen; *ugs.:* hochnehmen, verulken, verhohnepipeln, durch den Kakao ziehen, frotzeln, auf den Arm nehmen

Spötter Sarkast, Ironiker, Verächter, Zyniker, Spottvogel
spöttisch höhnisch, ironisch, anzüglich, sarkastisch, zynisch, bissig, beißend, mokant, voller Verachtung/Hohn, hämisch, boshaft, spitz, scharf, gallig, ätzend, verletzend, schadenfroh, verächtlich
Spottname → Spitzname
Sprache
1. Sprachvermögen, Sprechfähigkeit
2. → Ausdrucksweise
sprachlos
1. stumm, wortlos, tonlos, still, schweigend
2. → überrascht
sprayen → sprühen
sprechen
1. → reden
2. → unterhalten, sich
3. → ausplaudern
4. → erörtern
Sprecher Ansager, Redner, Conférencier, Wortführer, Vortragender, Vertreter, Anchorman, Anchorwoman (Fernsehen)
spreizen auseinander strecken, wegstrecken, grätschen
spreizen, sich
1. → zieren, sich
2. → angeben
sprengen
1. zerstören, destruieren, zertrümmern; *ugs.:* in die Luft jagen
2. auseinanderreißen, gewaltsam öffnen, aufbrechen, aufsprengen; *ugs.:* knacken, aufknacken
3. auflösen (Versammlung), auseinanderjagen, auseinandertreiben
4. über etwas hinausgehen, den Rahmen sprengen, überschreiten, das Maß nicht einhalten, über das Ziel schießen
5. begießen, befeuchten, bespritzen, benetzen, besprühen, berieseln, bewässern, mit Wasser versorgen, nass machen, anfeuchten, besprengen, einsprengen, spritzen, einspritzen, wässern
Sprengstoff → Zündstoff
Sprichwort → Spruch
sprichwörtlich → gängig
sprießen → keimen
Springbrunnen Fontäne; *schweiz.:* Spritzbrunnen
springen
1. setzen über, hechten, einen Sprung machen, hüpfen, hoppeln, hopsen, einen Satz machen
2. hervorschießen (Funken), herauskommen, heraussprühen
3. zerspringen, Risse bekommen, reißen, platzen, zerbrechen, zerbersten, zersplittern, in die Brüche/in Scherben gehen, entzweigehen, entbrechen
springender Punkt Hauptsache, Kern, Kernpunkt, Quintessenz, Inbegriff
springen lassen → freihalten
Sprint Kurzstreckenlauf, Wettrennen
sprinten → laufen
Sprit
1. → Spiritus
2. *ugs. für:* Benzin, Kraftstoff, Treibstoff
3. *ugs. für:* Spirituosen, alkoholische Getränke
spritzen
1. → sprengen
2. hervorschießen, herausströmen, heraussprühen, herauskommen
3. → laufen
4. eine Spritze/Injektion geben, einspritzen, injizieren
Spritzer
1. → Fleck
2. Tropfen, Schuss
spritzig
1. sportlich, schnell, rasant, flott, schneidig, beweglich, schwungvoll, wendig, lebendig, aufgeweckt
2. → geistreich
Spritztour Ausflug, Abstecher, Tour, Trip, Fahrt, Spritzfahrt
spröd(e)
1. brüchig, zerbrechlich, splitterig, strohig, rissig, unelastisch, bröckelig, mürbe, ausgetrocknet, rau, trocken, rubbelig
2. → prüde
Spross
1. → Nachkomme
2. → Schössling
Sprosse Stufe, Tritt
Sprössling → Kind
Spruch Ausspruch, Satz, Sentenz, geflügeltes Wort, Aphorismus, Lebensregel, Lebensweisheit, Grundwahrheit, Maxime, Sprichwort, Leitsatz
Spruchband Transparent, Banderole
Sprüch(e)macher
1. → Besserwisser
2. → Angeber
spruchreif → aktuell
Sprudel → Mineralwasser
sprudeln
1. quellen, hervorquellen, überschäumen, herausströmen, herausschießen, herausrinnen, wallen, sich ergießen, fließen
2. perlen, prickeln, moussieren, spritzen, brodeln, bitzeln, schäumen
sprühen
1. stieben, spritzen, ausströmen, herausschießen, davonfliegen
2. zerstäuben, besprühen, versprühen, sprayen, versprengen, beträufeln, bespritzen, befeuchten
sprühend → geistreich

Sprung
1. Satz, Hüpfer; *ugs.:* Hupfer, Hops
2. *ugs.:* kurze Entfernung/Wegstrecke, nicht weit, ganz nah, in nächster Nähe/Reichweite, nebenan, um die Ecke, ein Katzensprung, leicht erreichbar
3. → Riss
sprunghaft
1. → plötzlich
2. → unbeständig
Spucke → Speichel
spucken
1. Speichel von sich geben, speien, ausspeien; *derb:* sabbern, rotzen
2. → übergeben, sich
3. große Töne spucken → angeben
Spuk → Gespenst
spuken geistern, herumgeistern, sein Unwesen treiben, gespenstern, nicht geheuer sein/mit rechten Dingen zugehen, umgehen, irrlichtern, rumoren
spukhaft → schauerlich
Spule Rolle, Walze
spulen wickeln, aufwickeln, aufrollen, aufhaspeln
spülen
1. reinigen, durchspülen, klarspülen, ausspülen, waschen, auswaschen, säubern, putzen, saubermachen; *landsch.:* schwenken
2. an Land/ans Ufer spülen, antreiben, schwemmen, anschwemmen, absetzen, ablagern
Spund
1. → Stöpsel
2. → Bursche
Spur
1. Fußstapfen, Fußspur, Fußabdruck, Fährte, Tritt
2. Zeichen, Beweis, Anhaltspunkt, Beleg
3. → Nuance
4. Bahn, Fahrbahn
5. eine Spur → etwas

Stachel: Eine Metapher für den Schmerz

In der Aussage »Du bist der *Stachel* in meinem Fleisch« wird eine Person als *Stachel* bezeichnet, obwohl Person und Gegenstand in keiner logischen, realen Verbindung zueinanderstehen. Genau genommen handelt es sich sogar um eine Gleichsetzung, denn die Aussage lautet nicht wie bei einem einfachen Vergleich »Du bist wie ein *Stachel* in meinem Fleisch«. Die Verbindung wird durch eine bestimmte Vorstellung hergestellt, nämlich die, dass ein *Stachel* Schmerzen verursacht. Diese Ebene vermischt sich in dem sprachlichen Bild mit dem eigentlich Gemeinten: der Eigenschaft der Person, Schmerzen zu verursachen.
Das Gemeinte durch eine Vorstellung beziehungsweise ein Bild zu ersetzen, ist die rhetorische Stilfigur der »Metapher«.

spürbar → merklich
spuren → gehorchen
spüren
1. → fühlen
2. → bemerken
Spürsinn Instinkt, Gespür, Spürnase, Scharfsinn, Gefühl, Organ, Witterung, Empfindung; *ugs.:* Riecher, sechster Sinn, Ader, Nase
Spurt → Finale
spurten einen Spurt einlegen, das Tempo/die Geschwindigkeit steigern, sprinten, forcieren
sputen, sich → beeilen, sich
Staat
1. Land, Reich, Staatswesen
2. Regierung, Obrigkeit, Staatsmacht, Staatsgewalt
3. → Prunk
Staatengemeinschaft Bund, Staatenbund, Bündnis, Staatenbündnis, Konföderation, Union, Vereinigung, Zusammenschluss
staatlich national, gemeineigen, gesellschaftlich, volkseigen
Staatsangehöriger → Bürger
Staatsanwalt öffentlicher Kläger/Ankläger, Anklagevertreter
Staatsbürger → Bürger
Staatsform Regierungsform, System, Regierungssystem, Herrschaftsform, Herrschaftssystem; *abwertend:* Regime
Staatsgrenze Grenze, Landesgrenze, Grenzlinie; *geh.:* Demarkation, Demarkationslinie
Staatsmacht Staatsgewalt, Regierungsgewalt, Herrschaft, Regentschaft, Hoheit; *abwertend:* Regime
Staatsmann Politiker, Staatsoberhaupt, Präsident, Herrscher, Regent, Landesherr, Staatschef
Staatsstreich Putsch, Umsturz
Stab
1. Stock, Stange, Stecken
2. die Mitarbeiter, Team, Arbeitsgruppe
3. → Führung
stabil
1. → fest
2. → kräftig
stabilisieren → festigen
Stabilität → Festigkeit
Stachel
1. Spitze, Dorn, Sporn; *derb:* Piker
2. → Antrieb ⓘ
Stachelbeere Heckenbeere; *landsch.:* Stickelbeere,

S

Krausbeere, Kräuselbeere, Agrasel

stach(e)lig
1. voller Stacheln, kratzend, stechend, dornig, borstig, ruppig, kratzig, stoppelig
2. → widerspenstig

Stadel → Scheune

Stadion → Sportplatz

Stadium Stand, Entwicklungsstand, Stufe, Entwicklungsstufe, Zustand, Phase, Abschnitt, Etappe, Periode, Zeitraum, Zeitspanne

Städtchen Kleinstadt, Provinzstadt, Kreisstadt, Ortschaft, Siedlung, Winkel; *ugs.:* Nest, Kuhdorf, Kaff

Städter Stadtmensch, Stadtbewohner, Kind der Stadt

Stadtgespräch
1. → Gerede
2. → Sensation

Stadtmitte Stadtkern, Stadtzentrum, Innenstadt, das Stadtinnere, Zentrum, Geschäftsviertel, City; *schweiz.:* Innerstadt

Stadtrand Vorort, Vorstadt, Trabantenstadt, Satellitenstadt, Außenbezirk, Einzugsgebiet

Stadtstreicher → Clochard

Stadtviertel Stadtteil, Stadtbezirk, Ortsteil, Gegend; *veraltet:* Quartier

Staffage Beiwerk, Ausstattung, Nebensächliches, Nebensache, Dekoration, Ausschmückung, Putz, schmückende Ergänzung

staffeln fächern, auffächern, nach Stufen festsetzen, gliedern, aufgliedern, differenzieren, unterteilen, einteilen, graduell unterscheiden, abtreppen, klassifizieren, einstufen, einordnen

staffieren → schmücken

Stagnation → Stillstand

stagnieren → stocken

stählen abhärten, widerstandsfähig/resistent/immun machen, immunisieren, festigen, kräftigen, stärken

stählern → eisern

Stamm
1. Volksstamm, Völkerschaft, Geschlecht, Geblüt, Sippe
2. Kern, Kerngruppe, Führungsstamm, fester Bestand, Kader
3. → Herkunft

Stammbaum
1. Ahnentafel, Abstammungstafel, Stammtafel, Geschlechtsregister
2. → Herkunft

stammeln stottern, stockend sprechen, radebrechen, nur in Brocken/abgehackt reden

stammen kommen aus, geboren/zu Hause sein in

stammen von
1. abstammen, entstammen, sich herleiten/ableiten/herstammen/kommen/herkommen von, zurückgehen/fußen/basieren/beruhen auf, entspringen, entstehen, seinen Ursprung/seine Quelle/Wurzel/Anfänge haben in, seinen Ausgang nehmen in, hervorgehen, rühren von, herrühren von, sich stützen/gründen auf, zurückzuführen sein auf, zugrunde liegen, sich herausbilden, sich ergeben aus, resultieren
2. datieren von

Stammhalter → Sohn

stämmig
1. → kräftig
2. → untersetzt

stampfen
1. heftig treten, trampeln, stapfen; *landsch.:* trapsen
2. → zerdrücken

Stand
1. → Lage
2. Schicht, Gruppe, Klasse; *abwertend:* Kaste
3. Verkaufsstand, Marktstand, Warenstand, Bude, Kiosk, Verkaufshäuschen; *landsch.:* Standel, Wasserhäuschen, Trinkhalle
4. → Standort
5. → Rang

Standard
1. Richtmaß, Eichmaß, Norm, Regel, Prinzip, Maßstab, Qualität, Skala, Durchschnittsbeschaffenheit, Normalmaß
2. → Niveau

standardisieren → normieren

Standarte → Fahne

Standbild → Statue

Ständer
1. Gestell, Stativ, Untersatz
2. → Erektion

standhaft
1. fest, festbleibend, unbeugsam, eisern, beharrlich, eisenfest, nicht nachgebend, steinern, wie ein Fels, felsenfest, unerschütterlich, charakterfest, stark, willensstark, durchsetzungsfähig, stetig, konsequent, persistent, zäh, hart, hartnäckig, durchhaltend, unnachgiebig, unbeirrt, unbeirrbar, rigoros, aufrecht, beinhart
2. → mutig
3. → planmäßig

Standhaftigkeit → Beständigkeit

standhalten
1. → aushalten
2. → festbleiben

ständig → dauernd

Standing Ovations stehende Ovationen, tosendes Beifallsklatschen (im Stehen), Beifallssturm, donnernder/tosender Beifall

S

Standort
1. Stand, Lage, Punkt, Standpunkt, Position, Ort, Platz, Stellung, Sitz, Umgebung
2. → Ansicht
Standpauke → Lektion
Standpunkt
1. Betrachtungsweise, Blickwinkel, Gesichtswinkel, Gesichtspunkt, Blickpunkt, Schau, Perspektive, Sicht, Hinsicht, Aspekt, Seite, Stellung, Warte, Blickrichtung, Position, Ort
2. Vorstellung, Meinung, Ansicht, Grundsatz, Maxime, Anschauung, Haltung, Auffassung, Überzeugung, Denkweise, Sinnesart, Gesinnung, Glaube, Einstellung
3. → Standort
Stange Stock, Stab, Stecken
Stängel Stiel, Stamm, Halm, Rohr
stänkern → nörgeln
Stanniolpapier Silberfolie, Zinnfolie; *ugs.:* Aluminiumfolie, Alufolie
Stapel → Menge
stapeln
1. → schichten
2. → anhäufen
stapfen stampfen, staken, trappen, stiefeln, mit schweren Schritten gehen
Star
1. Größe, Berühmtheit, Stern, Topstar, Kultfigur, Kultstar, Held, Diva, Starlet, Sternchen
2. *ugs.:* Sprehe (Vogel) ⓘ
stark
1. kräftig, kraftvoll, bärenstark, robust, widerstandsfähig, muskulös, athletisch
2. → mächtig
3. → sehr
4. → dick
5. → intensiv

Prominente, Diven und andere Stars

Der Ausdruck *Star* für eine berühmte und erfolgreiche Persönlichkeit kommt aus dem Englischen und bedeutet wie das deutsche *Stern* eigentlich »das am Himmel Ausgebreitete«.
Ursprünglich nur für Theaterschauspieler gebraucht, wurde *Star* auch für *Prominente* aus Film, Fernsehen und Showgeschäft geläufig. Mittlerweile wird die Bezeichnung allerdings so inflationär für jede und jeden auf allen Gebieten gebraucht, dass das Wort beinahe zu einer Leerformel geworden ist. So gibt es den *Staranwalt* ebenso wie den *Stararchitekten,* den *Startenor* und den *Starkoch* wie den *Starfußballer* oder *Starreporter,* den *Politstar* und den *Pornostar.* Ein weiblicher Star, vor allem auf der Bühne oder im Film, ist eine *Diva.* Dieser italienische Ausdruck für eine gefeierte Künstlerin bedeutet wörtlich übersetzt »die Göttliche«. Der *angehende Star* ist entweder ein *Starlet* (= *Sternchen*) oder ein *Nachwuchsstar.* Um unter den vielen *Stars* besondere *Größen* herauszuheben, werden steigernde Zusammensetzungen verwendet wie *Spitzenstar, Topstar, Megastar* oder *Superstar.* Filme oder Bühnenstücke werden gelegentlich in *Starbesetzung,* also mit prominenten Darstellern, präsentiert, wofür dann besonders hohe Honorare, *Stargagen,* gezahlt werden. Fans und Medien betreiben *Starrummel* beziehungsweise *Starkult,* bringen den Prominenten mithin oft übertriebene Aufmerksamkeit oder Bewunderung entgegen.

Stärke
1. Energie, Dynamik, Leistung, Macht, Vermögen, Kraft, Power
2. → Fähigkeit
3. → Ausmaß
4. Stärkemittel
stärken
1. → festigen
2. → aufrichten
3. steifen, steifmachen, härten
stärken, sich → essen
Stärkung
1. → Festigung
2. → Imbiss
Starlet → Star
starr
1. → regungslos
2. steif, ungelenkig
3. stier, gläsern, glasig, verglast; *ugs.:* glotzig
4. → fassungslos
5. → dogmatisch

starren starr blicken/schauen/gucken, spähen; *ugs.:* stieren, glotzen, gaffen, Stielaugen/Glupschaugen machen, glupschen
Starrkopf → Trotzkopf
starrköpfig → dickköpfig
Starrköpfigkeit → Trotz
Starrsinn → Trotz
starrsinnig → dickköpfig
Start
1. → Beginn
2. Aufbruch, Abfahrt, Abmarsch, Abflug, Weggang, Flugbeginn, Take-off, Departure
3. Startplatz, Startbahn
startbereit → fertig
starten
1. → anfangen
2. → anlassen
3. sich in Bewegung setzen, zu fahren/laufen beginnen, losstürzen, los-

eilen; *ugs.:* loslaufen, losflitzen, lossausen, losrasen, losrennen, losspurten, lospreschen, losschießen, davonschießen
4. abfliegen, wegfliegen, davonfliegen, fortfliegen, wegfahren, abfahren, abziehen, wegziehen
5. → eröffnen

Startseite Homepage, Internetseite, Webseite, Leitseite, Anfangsseite, Ausgangsseite

Statement
1. → Feststellung
2. → Bekanntmachung

Station
1. Haltestelle, Haltepunkt, Bahnhof
2. Fahrtunterbrechung, Aufenthalt, Stop, Pause, Halt
3. → Stadium

stationär
1. ortsfest, ortsgebunden, standörtlich, stillstehend, bleibend, unveränderlich
2. im Krankenhaus, mit Krankenhausaufenthalt, klinisch

stationieren an einen Standort stellen, jmdm. einen Standort zuweisen, Truppen verlegen, an einem Platz/Ort aufstellen

statisch stillstehend, ruhig, unbewegt, ruhend, unbeweglich, feststehend, träge, starr

Statist stumme Person, Komparse, Figurant, Nebenfigur, Kleindarsteller

statt anstatt, anstelle, dafür, in Vertretung, als Ersatz für, stellvertretend, gegen, im Austausch, und nicht

Stätte → Ort

stattfinden → geschehen

stattgeben → erlauben

statthaft zulässig, gestattet, erlaubt, genehmigt, bewilligt, rechtmäßig, rechtens

stattlich
1. → ansehnlich
2. von kräftiger Statur, hochgewachsen, hochaufgeschossen, groß, von hohem Wuchs, hünenhaft, stämmig, voluminös

Statue Standbild, Plastik, Figur, Skulptur, Statuette

Statur → Gestalt

Status → Lage

Status quo jetziger/aktueller Status, gegenwärtiger Zustand, aktuelle Lage, momentane Situation

Statut
1. → Regel
2. → Satzung

Stau
1. → Stauung
2. → Stop-and-go-Verkehr

Staub
1. Fusseln, Staubflocken, Staubflusen, Schmutz; *landsch.:* Dust, Wollmäuse; *österr.:* Fuzeln, Gfrast
2. Pulver, Puder
3. **sich aus dem Staub machen** → fliehen
4. → weggehen

Staub aufwirbeln → auffallen

staubig voll Staub, mit Staub bedeckt, verstaubt, angestaubt, schmutzig

Staudamm Staumauer, Stauwerk, Stauanlage, Wehr, Talsperre; *schweiz.:* Stau

Staude Busch, Strauch

stauen absperren, eindämmen, abdämmen, hemmen, zurückhalten, stoppen, aufhalten, abstauen, anstauen

stauen, sich → anhäufen, sich

staunen erstaunen, sich wundern, sich verwundern, überrascht/erstaunt/verwundert/sprachlos/verblüfft sein, große Augen machen, seinen Augen/Ohren nicht trauen, in Staunen geraten, keine Worte finden, nicht fassen können; *ugs.:* aus allen Wolken fallen, Bauklötze staunen, mit den Ohren schlackern, aus den Latschen/Pantinen kippen, Mund und Augen aufsperren, kopfstehen, ganz baff/platt/von den Socken/perplex sein, dumm aus der Wäsche gucken, jmdm. die Sprache verschlagen, etwas wirft/haut jmdn. um, jmdm. bleibt die Spucke weg, jmdn. laust der Affe, jmdn. tritt ein Pferd; *jugendsprachl.:* abschnallen

staunenswert → erstaunlich

Stauung
1. Ansammlung, Stau, Stockung, Verkehrschaos, Verkehrsstörung, Schlange, Autoschlange, Stop-and-go-Verkehr
2. → Stillstand

stechen
1. stoßen, stanzen; *ugs.:* piek(s)en
2. → schmerzen
3. → verletzen

stechend
1. → schmerzhaft
2. → scharf

Stechmücke Schnake, Mücke, Moskito; *österr.:* Gelse

Stechuhr → Stempeluhr

Steckdose Dose, Anschlussdose, Buchse, Anschlussbuchse, Steckkontakt

stecken
1. heften, hineinstoßen, hineinschieben, stopfen, drücken
2. → pflanzen
3. festsitzen, haften, sich befinden, sein, kleben, festhängen
4. → ausplaudern
5. → andeuten

S

stecken in
1. → vergraben
2. Geld in etwas stecken → investieren
3. **in Brand stecken** → anzünden
Stecken Stock, Stab, Stange, Knotenstock, Spazierstock, Wanderstock
stecken bleiben
1. festsitzen, festliegen, festhängen, festgefahren sein, auf der Strecke bleiben, haften, nicht loskommen/weiterkommen/vorwärtskommen, stehen bleiben
2. → stocken
Steckenpferd → Hobby
Steckling → Schössling
Steg
1. Anlegebrücke, Anlegestelle, Landungsbrücke, Landesteg
2. schmale Brücke, Übergang, Überführung, Überweg
stehen
1. aufgerichtet sein, sich in aufrechter Haltung befinden
2. → sein
3. zu jmdm. passen, jmdn. kleiden, jmdm. schmeicheln
4. → steif sein
stehen auf → begierig sein auf
stehen bleiben
1. → halten
2. → aussetzen
3. → stocken
stehen lassen → verlassen
stehen zu
1. → eintreten für
2. → halten zu
stehlen wegstehlen, bestehlen, wegnehmen, abnehmen, mitnehmen, entreißen, entwinden, entwenden, entführen, ausrauben, berauben, ausräubern, plündern, ausplündern, einen Diebstahl begehen/verüben, ausräumen, beiseitebringen, beiseiteschaffen, sich an fremdem Eigentum vergreifen/vergehen, einbrechen, einen Einbruch verüben, erbeuten, sich aneignen, sich bemächtigen, einstecken, an sich bringen, unterschlagen, veruntreuen, einsacken, betrügen; *scherzh.:* erleichtern; *ugs.:* abstauben, klauen, filzen, mausen, mitgehen/verschwinden lassen, Mein und Dein verwechseln, krallen, wegschleppen, lange Finger machen, organisieren, mopsen, stibitzen, besorgen, grapschen, klemmen, wegschnappen; *landsch.:* fringsen
Stehvermögen → Beständigkeit
steif
1. ungelenkig, hart, fest, starr, unbiegsam; *ugs.:* stocksteif, bocksteif, eingerostet
2. verkrampft, verspannt, hölzern, eckig, ungelenk, wie ein Stück Holz, ungraziös, gezwungen, knöchern, gehemmt, ungeschickt
3. eisig, vereist, gefroren, erstarrt
4. → förmlich
steifen stärken, härten, steifmachen
steif sein stehen, fest geworden sein
steif werden
1. erstarren, unbeweglich/starr werden
2. erigieren (Penis), sich versteifen
Steig → Weg
Steige Horde, Hürde, Obststeige, Obstgestell, Obstkiste, Stiege
steigen
1. klettern, hinaufklettern, emporklettern, aufsteigen, ersteigen, hinaufsteigen, erklimmen, bergauf gehen; *ugs.:* kraxeln, krabbeln, hochsteigen
2. → anschwellen
3. → zunehmen
steigern
1. verstärken, verschärfen, vergrößern, mehren, vermehren, erhöhen, in die Höhe treiben, potenzieren, aufbessern, aufwerten, vervielfachen, verhundertfachen, anheben, intensivieren, heraufsetzen, eskalieren; *ugs.:* zulegen
2. → verteuern
3. verbessern, vertiefen, aktivieren, vorantreiben, ausbauen, ankurbeln; *ugs.:* Druck/Dampf dahintersetzen, anheizen
steigern, sich
1. → zunehmen
2. → verteuern, sich
Steigerung → Zunahme
Steigung
1. Höhenunterschied, Ansteigen, Anstieg
2. ansteigendes Gelände, Schräge, schiefe Ebene, Steile
steil
1. stark ansteigend, fast senkrecht, aufragend
2. abfallend, abschüssig, schroff, jäh, schräg, absteigend; *schweiz.:* stotzig
Stein
1. Kern, Obstkern
2. → Edelstein
3. Felstrümmer, Gestein, Felsgestein
4. Spielfigur
steinalt → alt
steinern → hart
steinhart → hart
steinig
1. felsig, voller Steine
2. → schwierig

steinigen → töten
Steinpilz Herrenpilz, Edelpilz, Eichpilz
steinreich → reich
Stellage → Regal
Stelldichein → Rendezvous
Stelle
1. Ort, Platz, Stätte, Standort, Fleck
2. → Rang
3. → Arbeit
4. Textstelle, Abschnitt, Ausschnitt, Absatz, Passage, Passus, Teil
stellen
1. → platzieren
2. abstellen, niederstellen, absetzen, zu Boden setzen
3. → fassen
stellen, sich
1. → heucheln
2. sich ergeben, sich melden, sich bezichtigen, sich in jmds. Gewalt begeben, sich ausliefern, sich aussetzen
stellenlos → arbeitslos
stellenweise an manchen Stellen, gebietsweise, strichweise, streckenweise, gelegentlich, verstreut, hier und da, mancherorts, regional, vereinzelt
Stellenwert → Bedeutung
Stellung
1. Haltung, Pose, Positur, Attitüde, Lage
2. → Arbeit
3. → Rang
Stellung beziehen sich bekennen, sich einsetzen, fürsprechen, befürworten, eintreten, Partei ergreifen, einen Standpunkt vertreten, dahinterstehen, unterstützen, streiten, kämpfen; *geh.:* plädieren
Stellungnahme
1. → Äußerung
2. → Erklärung
3. → Ansicht
stellungslos → arbeitslos
stellvertretend → anstatt

Die Steppe und andere Einöden

Für den deutschen Begriff *Steppe* gibt es eine Reihe verschiedener sinnverwandter Fremdwörter, die den Anwendungsbereich des Wortes spezifizieren.
Die *Pampa* ist eine spezielle in Grasland und Strauchsteppe gegliederte Landschaft Südamerikas. Das Wort *Puszta* bezieht sich auf das steppenartige Grasland der ungarischen Tiefebene. Bei der *Savanne* handelt es sich um das Grasland tropischer Gebiete Afrikas mit vereinzelt stehenden Büschen, Bäumen oder Baumgruppen, das besonders langen Trockenperioden unterworfen ist. Mit dem Begriff *Prärie* benennt man das ebene Grasland im mittleren Westen Nordamerikas.

Stellvertreter Ersatzmann, Ersatzperson, Vertreter, Substitut
stemmen
1. stoßen, drücken, reißen, heben, hochheben; *ugs.:* wuchten
2. **einen stemmen** → trinken
3. **sich stemmen gegen** → aufbegehren
Stempel
1. Siegel; *österr.:* Stampiglie
2. Prägung, Gepräge, Zeichen, Aufdruck, Signum
stempeln
1. mit einem Stempel versehen, für gültig erklären, amtlich bestätigen, beurkunden, abstempeln, siegeln, ein Siegel aufdrücken
2. **jmdn. stempeln zu** → erklären für
stempeln gehen → arbeitslos
Stempeluhr
1. Stechuhr, Kontrolluhr
2. Entwerter, Fahrscheinentwerter
Stenografie Kurzschrift, Eilschrift, Schnellschrift
Stenographie → Stenografie
Stenotypistin Schreibdame, Schreibkraft, Bürokraft, Maschinenschreiberin, Sekretärin, Schreiberin; *abwertend:* Tippse, Tippmamsell, Tippfräulein
Stenz
1. → Zuhälter
2. → Geck
Steppe Öde, Einöde, Ödland, Savanne, Wüste, Pampa, Puszta, Wildnis, Wüstenei, Grasland, Prärie ⓘ
sterben
1. gehen von, absterben, versterben, verscheiden, vom Tode ereilt werden, aus dem Leben gehen/scheiden, der Tod holt jmdn. heim, dahinscheiden, sein Leben/Dasein beenden, den Geist aufgeben/aushauchen, zu Staub werden, aus dem Leben/unserer Mitte gerissen werden, dahingehen, hinübergehen, davongehen, erlöst/abberufen/dahingerafft werden, verlöschen, seine sterbliche Hülle ablegen, enden, endigen, den Tod erleiden, im Sterben liegen, tot hinsinken, wieder zu Erde werden, in die Grube/zu Grabe fahren, sein Leben lassen/verlieren, zugrunde/von jmdm. gehen, erlöschen, von hinnen scheiden, ausatmen, in den letzten Zügen lie-

gen, nicht mehr aufstehen, mit dem Tode ringen, den letzten Hauch von sich geben, seine Tage beschließen; *geh.:* ableben, das Zeitliche segnen, sein Leben/die Seele/den letzten Atem/Seufzer aushauchen, ins Grab sinken, aus/von dieser Welt gehen, den Weg allen Fleisches gehen; *verhüllend:* entschlafen, einschlafen, einschlummern, entschlummern, hinüberschlummern, heimgehen, die Augen für immer schließen, jmds. letztes Stündlein hat geschlagen, jmds. letzte Stunde ist gekommen, von der Bühne/dem Schauplatz abtreten, seinen letzten Gang/seine letzte Reise antreten, in die Ewigkeit eingehen, jmdn. zu früh verlassen, erblassen, die Welt verlassen; *ugs.:* abtreten, totgehen, in die ewigen Jagdgründe eingehen, dran glauben müssen, sich davonmachen; *derb:* abkratzen, krepieren, ins Gras beißen, abschnappen, abgehen, abschieben, abnibbeln, draufgehen, hopsgehen, flöten gehen, zum Teufel/vor die Hunde gehen, zur Hölle fahren, den Löffel abgeben, verrecken, den Arsch zukneifen, ausröcheln

2. tödlich verunglücken, seinen Verletzungen erliegen, ums Leben/zu Tode kommen, umkommen, den Tod finden, verbluten, sich den Hals/das Genick brechen, ertrinken, überfahren werden, verhungern, Hungers/an Hunger sterben, den Hungertod erleiden, verdursten, verschmachten, ersticken, verbrennen, durch Feuer sterben, in den Flammen umkommen, den Flammentod sterben

3. im Krieg sterben, fallen

4. verenden, eingehen, verrecken, krepieren (Tier)

Sterbender Todgeweihter, Todeskandidat, Moribundus; *geh.:* Anwärter des Todes

sterbenskrank → krank

sterblich vergänglich, endlich, zeitlich, zeitgebunden, von kurzer Dauer, kurzlebig, begrenzt, irdisch

stereotyp

1. → phrasenhaft

2. → schematisch

steril

1. keimfrei, antiseptisch, aseptisch, sterilisiert

2. → unfruchtbar

3. kühl, gefühllos, kalt

sterilisieren

1. steril/keimfrei machen, entkeimen, desinfizieren, abkochen, Krankheitserreger abtöten

2. unfruchtbar/zeugungsunfähig machen, entmannen, kastrieren, verschneiden, die Manneskraft nehmen

Stern

1. Gestirn, Himmelskörper, Planet, Planetoid, Asteroid, Sonne

2. → Glück

3. → Star

Sternchen → Star

Sternenhimmel → Firmament

Sternschnuppe Meteor, Feuerkugel

Sternstunde Schicksalsstunde, Glücksstunde, → Krönung

Sternwarte Planetarium, Observatorium

stet

1. → beharrlich

2. → dauernd

Stethoskop Abhörgerät, Hörrohr

stetig

1. → beharrlich

2. → dauernd

Stetigkeit → Beständigkeit

stets → dauernd

Steuer

1. Steuerrad, Lenkrad, Volant, Steuerung

2. Schiffsteuer, Ruder

3. Steuerknüppel, Steuerhebel (Flugzeug)

4. Besteuerung, Veranlagung, Steuerauflage, Pflichtabführung, Beitrag, Abgabe, Abzüge

5. Staatseinnahmen

steuern

1. → führen

2. → beeinflussen

Steward Flugbetreuer, Flugbegleiter, Reisebetreuer, Bedienung; *abwertend:* Saftschubser

Stewardess Flugbetreuerin, Flugbegleiterin, Reisebetreuerin, Bedienung; *abwertend:* Saftschubse

stibitzen → stehlen

Stich

1. Einstich, Verletzung, Verwundung, Stoß

2. Schmerz

3. → Nuance

4. → Spitze

5. Gravüre

6. im Stich lassen → verlassen

Stichelei

1. → Spitze

2. → Spott

sticheln

1. nähen, sticken

2. Spitzen austeilen, Anspielungen/bissige Bemerkungen machen, Giftpfeile abschießen, spötteln, reizen, hänseln, provozieren, fordern

S

stichhaltig beweiskräftig, zwingend, triftig, schlagend, hieb- und stichfest, überzeugend, bestechend, einleuchtend, einsichtig, bündig, unangreifbar, unwiderlegbar, glaubwürdig, logisch, schlüssig, stringent, plausibel; *österr.:* stichhältig
Stichprobe → Kontrolle
Stichtag Termin, Fälligkeitsdatum, Deadline, Zeit, Zeitpunkt, Frist
Stichwort
1. Lemma, Schlagwort, Leitwort
2. Merkwort, Gedächtnisstütze
3. → Losung
sticken nähen, sticheln, handarbeiten
stickig dumpf, schlecht, beißend, rauchig, verräuchert, dunstig, ungelüftet, drückend
stieben
1. → sprühen
2. → eilen
Stiefbruder Halbbruder
stiefeln → stapfen
stiefmütterlich → lieblos
Stiefschwester Halbschwester
stiefväterlich → lieblos
Stiege Treppe, Stufe
Stiel
1. Griff, Stange, Stecken, Schaft
2. → Stängel
stier unbeweglich, starr, glasig, gläsern, verglast; *ugs.:* glotzig
Stier → Bulle
stieren
1. → starren
2. → brünstig sein
Stierkämpfer Torero, Matador, Toreador, Espada
Stiesel → Dummkopf
Stift
1. Schreibstift, Bleistift, Buntstift, Farbstift
2. Nagel, Metallstift
3. → Lehrling
4. Kloster, Abtei, Konvent
stiften
1. → schenken
2. → spenden
3. → freihalten
4. → gründen
stiften gehen → fliehen
Stifter
1. Erbauer, Gründer, Begründer, Schöpfer, Urheber, Gründungsvater, Erschaffer, Ahnherr; *geh.:* Initiator
2. Geber, Geldgeber, Finanzier, Förderer, Gönner, Spender, Sponsor; *geh.:* Mäzen, Donator
Stil
1. → Ausdrucksweise
2. Kunstrichtung, Gepräge
3. → Art
4. → Methode
stilbewusst stilgerecht, stilvoll, modebewusst, modisch, formvollendet, abgestimmt, passend, geschmackvoll, harmonisch, auserlesen, schick; *geh.:* elegant, exquisit, kultiviert, ästhetisch
stilgerecht → stilvoll
still
1. lautlos, totenstill, mäuschenstill, mucksmäuschenstill, unhörbar, tonlos, nicht vernehmbar, ruhig, leise
2. → schweigsam
3. → idyllisch
Stille Schweigen, Stillschweigen, Friede, Ruhe, Geräuschkeit, Lautlosigkeit, Stummheit, Totenstille, Grabesstille
stillen
1. säugen, nähren, die Brust/zu trinken geben, an die Brust nehmen
2. → befriedigen
3. den Hunger stillen → essen
4. den Schmerz stillen → lindern
stilllegen den Betrieb einstellen, außer Betrieb setzen, schließen, zum Erliegen bringen, lahmlegen, stoppen, abschaffen; *österr.:* auflassen
stillos → geschmacklos
stillschweigend ohne darüber zu reden/etwas zu sagen, wortlos, → heimlich
Stillstand Stagnation, Stockung, Stauung, Pause, Unterbrechung, toter Punkt, Nachlassen, Halt, Einhalt, Stopp, Nullpunkt, Flaute
stillstehen
1. stagnieren, stehen bleiben, auf der Stelle treten
2. → aussetzen
stilvoll stilgerecht, geschmackvoll, stilbewusst, harmonisch, abgestimmt, stilgemäß, formvollendet, passend, einwandfrei, schön, auserlesen; *geh.:* kultiviert
stimmberechtigt abstimmungsberechtigt, wahlberechtigt; *schweiz.:* stimmfähig
Stimmbruch Stimmwechsel; *Med.:* Mutation
Stimme
1. → Laut
2. → Urteil
3. innere Stimme → Gewissen
4. → Ahnung
stimmen
1. richtig/wahr/zutreffend/der Fall/in Ordnung sein, sich bestätigen, sich bewahrheiten, zutreffen; *ugs.:* hinkommen, aufgehen
2. einstellen (Instrument), regulieren, einstimmen
3. → passen
4. → wählen
stimmig → harmonisch

Stimmrecht Wahlrecht
Stimmung
1. Gemütszustand, Gemütslage, Gemütsverfassung, Zustand, Laune, Seelenlage, Gestimmtheit, Gefühl, Grundgefühl
2. Atmosphäre, Klima
stimmungslos → langweilig
stimmungsvoll
1. → fröhlich
2. → feierlich
Stimmwechsel Stimmbruch; *Med.:* Mutation
Stimulans Anregungsmittel, Aufputschmittel, Reizmittel, Dopingmittel, Elixier; *Med.:* Analeptikum; *ugs.:* Fitmacher, Muntermacher, Upper
stimulieren → anregen
Stimulierung Anregung, Aktivierung, Animierung, Reiz, Anreiz, Reizung, Ansporn, Impuls, Anstachelung, Aufmunterung, Inspiration, Motivation, Mobilisierung
stinken
1. von üblem Geruch sein, übel/schlecht riechen, die Luft verpesten; *ugs.:* muffeln, drei Meilen gegen den Wind stinken; *scherzh.:* duften
2. **jmdm. stinkt etwas** → genug haben
3. → ärgern, sich
stinkfaul → faul
stinklangweilig → langweilig
Stinkwut → Wut
Stipendium Studienförderung, Studienzuschuss, Studienbeihilfe, finanzielle Unterstützung
Stippe
1. Dip, Tunke
2. → Soße
stöbern wühlen, herumwühlen, kämmen, durchkämmen, kramen, absuchen, durchsuchen, herumsuchen; *ugs.:* graben, das Haus auf den Kopf stellen
stochern bohren, einstechen; *landsch.:* pulen, polken
Stock
1. Stab, Stecken, Prügel, Prügelstock, Rohr, Rohrstock, Knüppel, Knüttel, spanisches Rohr
2. → Fundament
3. Krücke, Stütze
4. → Vorrat
5. → Stockwerk
stockbesoffen → betrunken
stockdumm → dumm
stockdunkel → dunkel
Stöckel Absatz, Hacken
stocken
1. stehen, stillstehen, stagnieren, nicht vorangehen, auf der Stelle treten, stecken/stehen/auf der Strecke bleiben, nicht vorwärtskommen/weiterkommen, erlahmen, ins Stocken geraten, stoppen, aufhören, innehalten, anhalten, versanden, versiegen, ruhen, nachlassen, abbrechen, aussetzen, ausfallen, versagen, sich nicht weiterentwickeln; *ugs.:* bocken
2. stottern, stammeln, den Faden verlieren, nicht weiterwissen; *ugs.:* hängen bleiben, drucksen, schwimmen
3. → gerinnen
stockend → stotterig
stocksteif → steif
Stockung
1. → Stillstand
2. → Stauung
Stockwerk Etage, Stock, Geschoss
Stoff
1. → Material
2. → Gegenstand
3. Gewebe, Tuch
4. → Rauschgift, Haschisch, Marihuana
Stoffel
1. → Flegel
2. → Griesgram
Stoffgebiet → Fach
stöhnen
1. aufstöhnen, aufseufzen, ächzen, einen Seufzer ausstoßen, krächzen
2. → klagen
stoisch → gelassen
Stoizismus → Ruhe
stolpern straucheln, holpern, taumeln, umknicken; *ugs.:* hängen bleiben
stolz
1. mit erhobenem Haupt, selbstbewusst, selbstsicher, erhobenen Hauptes, von sich überzeugt, mit viel Ehrgefühl, majestätisch, unbeugsam, herrisch, von seinem Wert überzeugt, seines Wertes sicher, hoheitsvoll, aufrecht; *ugs.:* hoch zu Ross
2. → eingebildet
Stolz
1. Würde, Ehrgefühl, Selbstgefühl, Selbstwertgefühl, Selbstachtung, Selbstvertrauen, Selbstbewusstsein, Selbstsicherheit, Adel, Erhabenheit, Vornehmheit, Noblesse, Größe, Unbeugsamkeit
2. → Einbildung
stolzieren stelzen, schreiten, erhobenen Hauptes gehen
Stop-and-go zähfließender Verkehr, Stau, Autoschlange, Verkehrschaos, Verkehrsstörung
stopfen
1. pressen, hineinpressen, füllen, pfropfen, vollpacken, vollstecken, vollmachen, drücken, quetschen, hineinquetschen, zwängen, einzwängen; *ugs.:* hineintun
2. → ausbessern
3. → essen
4. → mästen

5. Verstopfung bewirken, obstipieren
stopp → halt
stoppelig von Stoppeln bedeckt, stoppelbärtig, unrasiert, borstig, rau, stachelig, kratzend, kratzig, stechend, struppig, strubbelig
stoppen
1. → halten
2. → aufhören
Stöpsel
1. Pfropf(en), Spund, Stopfen, Kork(en), Zapfen; *landsch.:* Proppen; *österr.:* Stoppel
2. → Zwerg
Storch Weißstorch; *volkst.:* (Meister) Adebar, Segensbringer; *ugs.:* Knäpper; *Kinderspr.:* Klapperstorch
Store
1. Vorhang, Fenstervorhang, Markise, Gardine, Scheibengardine, Übergardine
2. Geschäft, Laden, Lager, Warenhaus, Vorrat
stören
1. nicht in Ruhe lassen, zur Last fallen, plagen, belästigen, behelligen, behindern, beeinträchtigen, bedrängen, hindern an, hinderlich/lästig sein, aufhalten, abhalten, unterbrechen, ablenken, in die Quere/ins Gehege/ungelegen/zu unpassender Zeit kommen, blockieren, lähmen, bremsen, im Weg stehen, genieren; *veraltet:* inkommodieren; *ugs.:* auf die Nerven gehen, nerven, auf den Wecker fallen; *landsch.:* belämmern; *österr.:* sekkieren
2. → sabotieren
3. ins Wort fallen, sich einmischen, dazwischentreten, dazwischenreden, dazwischenrufen, nicht ausreden lassen, das Wort abschneiden, über den Mund fahren; *ugs.:* dazwischenfunken, dreinreden
4. → missfallen
5. → unerträglich sein
störend
1. → hinderlich
2. → lästig
Störenfried
1. Unruhestifter, Eindringling, Plagegeist, Quälgeist, Provokateur, Streitsüchtiger, Ruhestörer, Randalierer, Landplage; *ugs.:* Nervensäge, Quengler, Radaumacher, Krachmacher, Krawallmacher, Krawallschachtel, Krakeeler, Radaubruder, Krawallbruder, Schreier, Schreihals, Nervtöter
2. Friedensstörer, Aggressor, Säbelrassler, Kriegstreiber, Kriegshetzer, Angreifer
stornieren ungültig/rückgängig machen, ausgleichen, per Gegenbuchung ausgleichen, löschen, tilgen, außer Kraft setzen, berichtigen, für ungültig erklären, zurücknehmen, canceln, zurücktreten von
Stornierung Absage, Aufhebung, Auflösung, Löschung, Widerruf, Berichtigung, Tilgung, Zurücknahme, Ungültigkeitserklärung; *geh.:* Annullierung
störrisch
1. → unzugänglich
2. → widerspenstig
störrisch sein → bocken
Störung
1. Unterbrechung, Behinderung, Ablenkung, Belästigung, Beeinträchtigung, Behelligung, Einschnitt, Stockung
2. Panne, Schaden, Defekt, Problem
Story → Geschichte
Stoß
1. → Menge
2. Ruck, Schlag, Schub, Hieb, Rippenstoß, Stups, Tritt; *ugs.:* Rucker, Schubs, Puff, Knuff, Stupser
3. Erschütterung, Gerüttel, Vibration
stoßen
1. einen Stoß/Puff versetzen/geben, anstoßen, rempeln, rammeln, puffen, einen Hieb/Schlag geben; *ugs.:* knuffen, schubsen, stupsen, kicken, eins in die Rippen/einen Schubs geben; *landsch.:* stupfen
2. stechen, stanzen, stecken
3. → stemmen
4. → prallen
5. **vor den Kopf stoßen** → kränken
Stoßkraft → Wirksamkeit
stoßen, sich
1. sich verletzen, sich anstoßen, sich anhauen, sich wehtun, anecken
2. **sich stoßen an** → beanstanden
stoßen auf → finden
stoßweise
1. ruckweise, ruckartig, in Stößen/Schüben
2. → massenhaft
Stoßzeit Hauptverkehrszeit, Rushhour
stotterig stockend, abgehackt, unzusammenhängend, zusammenhanglos, stammelnd, holp(e)rig, stotternd, stückweise, stoßweise; *ugs.:* brockenweise, kleckerweise
stottern stockend sprechen, nur in Brocken/abgehackt reden, stammeln, radebrechen, sich verhaspeln; *landsch.:* stammern
stotternd → stotterig

S

stracks
1. → direkt
2. → sofort
Strafanstalt → Gefängnis
strafbar
1. → gesetzwidrig
2. **sich strafbar machen** → vergehen, sich
Strafe Vergeltung, Sühne, Buße, Bestrafung, Strafaktion, Abrechnung, Heimzahlung, Denkzettel, Lehre
strafen → bestrafen
Straferlass Begnadigung, Straffreiheit, Strafnachlass, Amnestie, Amnestierung, Gnade, Absolution, Vergebung, Verzeihung; *veraltet:* Pardon
straff
1. gespannt, stramm, straff gezogen
2. prall (Haut), gestrafft, faltenlos
3. streng, soldatisch, (gut) durchorganisiert, rigoros, militärisch, eisern, strikt
4. aufrecht, aufgerichtet, gerade
straffen spannen, anspannen, strammziehen, straffziehen, anziehen
straffen, sich
1. straff/glatt werden, sich glätten
2. sich strecken, sich recken, sich dehnen; *ugs.:* sich langmachen
Straffreiheit → Straferlass
Strafgefangener → Häftling
sträflich
1. → gesetzwidrig
2. unverzeihlich, unentschuldbar, unvertretbar, unverantwortlich, verantwortungslos
Sträfling → Häftling
Strafpredigt Lektion, Zurechtweisung, Maßregelung, Warnung, Mahnung; *ugs.:* Standpauke, Abreibung, Moralpredigt
Strafprozess → Prozess
Straftat
1. → Vergehen
2. → Verbrechen
Strafzettel (gebührenpflichtige) Verwarnung, Strafmandat; *landsch.:* Knollen, Knüllchen; *österr.:* Organmandat; *schweiz.:* Bußenzettel
Strahl
1. → Schein
2. Wasserstrahl
3. *Pl.:* → Sonnenschein
strahlen
1. → leuchten
2. → freuen, sich
strahlend
1. sonnig, sonnendurchflutet, sonnenhell, durchsonnt, → heiter
2. → glänzend
Strähne Strang, Haarbüschel
stramm
1. → kräftig
2. → straff
3. → eng
4. → angespannt
strampeln
1. → zappeln
2. → Rad fahren
Strand Küste, Ufer, Meeresufer, Seeufer, Badestrand; *poet.:* Gestade; *schweiz.:* Bord
stranden
1. → scheitern
2. auflaufen, auffahren, auf Grund kommen, aufsitzen, festsitzen
Strang → Seil
strangulieren → erdrosseln
Strapaze → Anstrengung
strapazieren → anstrengen
strapazieren, sich → anstrengen, sich
strapazierfähig fest, belastbar, belastungsfähig, robust, solide, unempfindlich, gebrauchstüchtig, strapazierbar
strapaziös → anstrengend
Straps → Strumpfhalter
Straße
1. Fahrweg, Fahrbahn, Fahrspur, Fahrdamm, Chaussee
2. Gasse, Allee, Weg, Promenade, Avenue, Achse, Ring, Boulevard ⓘ
Straßenbahn Trambahn, Elektrische, Bahn; *ugs.:* Tram; *österr.:* Tramway
Straßenmädchen → Prostituierte
Strategie Kriegskunst, Kampfplanung, Taktik, Politik, Berechnung, Kalkül, plangemäßes Vorgehen, Vorgehensweise, Methode
sträuben, sich
1. sich aufrichten, sich aufstellen; *ugs.:* zu Berge stehen, hochstehen
2. → aufbegehren
Strauch Staude, Busch
Strauchdieb → Räuber
straucheln
1. → stolpern
2. → scheitern
Strauchwerk → Buschwerk
Strauß → Blumenstrauß
streben → abzielen auf
Streben Trachten, Eifer, Wetteifer, Ehrgeiz, Bestreben, Absicht, Wille, Strebsamkeit, Sinnen, Wunsch, Vorhaben, Plan, Ziel, Zweck, Verlangen; *geh.:* Ambition, Intention
Streber Ehrgeizling, Karrierist, Karrieremacher, Opportunist
strebsam aufstrebend, hochstrebend, leistungswillig, betriebsam, fleißig, leistungsorientiert
Strecke
1. Entfernung, Distanz, Abstand, Wegstrecke, Weglänge, Etappe, Spanne, Weite, Stück
2. **auf der Strecke bleiben** → stecken bleiben
3. → verlieren

S

Straße: Verschiedenste Wege

Die Synonyme für *Straße* bestimmen die Beschaffenheit des jeweiligen *Wegs* näher. Eine *Gasse* ist eine kleine, enge *Straße* innerhalb einer Ortschaft. Unter *Promenade* versteht man einen meist mit Grünanlagen verbundenen *Spazierweg*. Eine *Allee* ist ein von Bäumen eingefasster Weg. Die französischen Ausdrücke *Avenue* und *Boulevard* stehen für breite *Prachtstraßen*. Als *Ring* bezeichnet man kreisförmige Straßen um einen Stadtkern herum. Präzisieren lässt sich *Straße* auch durch Zusammensetzungen. Außerhalb geschlossener Ortschaften spricht man beispielsweise von *Landstraße* oder *Fernstraße*. Eine *Passstraße* führt durch ein Gebirge. Unter *Wasserstraße* versteht man einen schiffbaren Wasserlauf, der als *Verkehrsweg* genutzt wird. Eine *Spielstraße* ist eine besonders bezeichnete *Straße*, die zum Spielen für Kinder freigegeben ist. *Waschstraße* nennt man eine Anlage, in der Fahrzeuge gereinigt werden. Als *Produktionsstraße* bezeichnet man den mechanisierten Ablauf eines Fertigungsprozesses in Industriebetrieben. Weil sie als matt erleuchtetes Band am Himmel zu erkennen ist, wird unsere Galaxis auch als *Milchstraße* bezeichnet.

In einer ganzen Reihe von Redewendungen wird *Straße* schließlich als Ausdruck für Öffentlichkeit, Sinnbild des Ungeschützten oder auch bildlich etwa für »Niedrigkeit« gebraucht. Was *auf offener Straße* geschieht, passiert vor aller Augen. *Auf die Straße gehen* heißt öffentlich demonstrieren, kann aber auch bedeuten »Prostituierte werden«.

Auf der Straße leben bedeutet im Zusammenhang mit Menschen, dass jemand keine Arbeit oder keine Wohnung hat. Geld oder Erfolg, die *auf der Straße liegen*, sind leicht zu haben. *Geld auf die Straße werfen* heißt so viel wie es leichtfertig ausgeben. Der *Mann auf der Straße* ist ein Topos für den Durchschnittsmenschen, den einfachen Bürger. Ein *Mädchen von der Straße* ist eine Prostituierte. Werden Speisen und Getränke für den Verzehr außerhalb eines Lokals angeboten, spricht man auch von *Verkauf über die Straße*.

strecken
1. → dehnen
2. → verdünnen

strecken, sich
1. → dehnen, sich
2. *Sport:* sich stretchen, Stretching betreiben/machen

streckenweise → stellenweise

Streich
1. Schelmenstreich, Schelmenstück, Schelmerei, Eulenspiegelei, Scherz, Ulk, Spaß, Schabernack, Bubenstreich, Jungenstreich, Dummejungenstreich, Spitzbubenstreich, Dummheit, Hanswursterei, Lausbüberei, Jux; *ugs.:* Klamauk
2. einen Streich spielen → aufziehen

streicheln liebkosen, tätscheln, kraulen, herzen, schmusen, zärtlich sein

streichen
1. → anstreichen
2. bestreichen, beschmieren, auftragen
3. streicheln, streifen, fahren/hinfahren über, wischen über
4. durchstreichen, ausstreichen, ausixen, durchkreuzen
5. herausnehmen, tilgen, auslassen, weglassen, fortlassen, beseitigen, entfernen, kürzen, ausklammern, aussparen, ausschließen, beiseitelassen; *ugs.:* unter den Tisch fallen lassen
6. → vermindern
7. die Segel streichen → aufgeben

Streichholz → Zündholz

Streichung → Kürzung

streifen
1. → streichen
2. anklingen/fallen lassen, nebenbei behandeln, berühren, anschneiden, anreißen, kurz zu sprechen kommen auf, zur Sprache bringen, ansprechen, andeuten
3. durchstreifen, wandern, ziehen

Streifen
1. Striemen
2. Linie, Band, Bahn
3. → Film

Streifzug Bummel, Gang, Spaziergang, Tour, Promenade

Streik Arbeitsniederlegung, Arbeitseinstellung, Arbeitsverweigerung, Arbeitskampf, Ausstand, Kampfmaßnahme

streiken einen Streik durchführen, die Arbeit niederlegen/einstellen, in den Ausstand/Streik treten, im Ausstand stehen, bestreiken, nicht mehr mitmachen

Streit Zank, Zerwürfnis, Zusammenstoß, Zusammenprall, Kollision, Hader, Händel, Gezänk, Querelen, Reibung, Streitigkeit, Scharmützel, Widerstreit, Unfriede, Hakelei, Unzuträglichkeit, Entzweiung, Differenzen, Szene, Krawall, Gegensätzlichkeit, Disharmonie, Missklang, Misshelligkeit, Missverständnis, Auseinandersetzung, (heftige) Debatte, Kontroverse; *ugs.:* Clinch, Knatsch, Knies, Mord und Totschlag, Stunk, Stänkerei

streitbar
1. → kämpferisch
2. → zänkisch

streiten
1. zanken, plänkeln, in Streit geraten/liegen, zusammenstoßen, zusammenprallen, kollidieren, rechten, debattieren, heftig/hitzig erörtern, polemisieren, hadern, bekriegen, schimpfen; *geh.:* disputieren, divergieren, differieren; *ugs.:* zusammenrumpeln, zusammenkrachen, Stunk machen, herumzanken, Krach haben, einen Tanz aufführen
2. prozessieren, sich engagieren, kämpfen, ringen, protestieren, eintreten für, sich zur Wehr setzen, Partei ergreifen

streiten, sich sich zanken, aneinandergeraten, in Streit geraten/liegen, einen Auftritt haben mit, eine Szene haben, sich anlegen mit, Meinungsverschiedenheiten austragen, sich auseinandersetzen, sich befehden, sich entzweien, sich häkeln, sich überwerfen, sich verfeinden, sich bekriegen, sich anbinden mit, sich zerstreiten, sich verzanken, nicht übereinstimmen/übereinkommen, voneinander abweichen, verschiedener Meinung sein, sich nicht einigen können, eine Sache verschieden sehen, sich widersprechen; *geh.:* sich befehden; *ugs.:* sich krachen, sich verkrachen, sich fetzen, sich kabbeln, sich in den Haaren liegen, sich in die Wolle kriegen, schweres Geschütz aufbieten/auffahren, sich reiben, sich herumzanken, sich herumbeißen

Streitfrage → Schwierigkeit
Streitgespräch → Gespräch
Streithammel → Streitsüchtiger

Streitigkeit
1. → Auseinandersetzung
2. → Streit

Streitkräfte → Militär
Streitobjekt → Zankapfel
streitsüchtig → zänkisch
Streitsüchtiger Zankteufel, Zänker, Geiferer, Geiferling, Widerspruchsgeist, Streitmacher; *ugs.:* Streithahn, Kampfhahn, Streithammel, Stänker(er); *landsch.:* Streithansl, Krakeeler

streng scharf, schwer, strikt, ernst, straff, rigoros, soldatisch, hart, disziplinarisch, drastisch, eisern, drakonisch, rücksichtslos, unbarmherzig, unerbittlich, unnachsichtig, spartanisch, massiv, fest, entschieden, bestimmt, konsequent, bündig, unwidersprechlich, mit erhobenem Zeigefinger, gebieterisch, herrisch, diktatorisch, barsch, schroff; *geh.:* apodiktisch

Strenge → Schärfe
streng genommen → eigentlich
strenggläubig → orthodox
Stress → Anstrengung
stressen → anstrengen
stressig → anstrengend
streuen ausstreuen, umherstreuen, verstreuen, verteilen, zerwehen, säen
streunen → herumtreiben, sich

Strich
1. Linie, Streifen, Zug, Federzug, Zeile
2. → Gegend
3. **auf den Strich gehen** → prostituieren, sich
4. **nach Strich und Faden** → gehörig

Stricher *ugs. für:* Strichjunge
Strichjunge (homosexueller) Prostituierter, Liebesdiener; *ugs.:* Stricher
Strichmädchen → Prostituierte
strichweise → stellenweise

Strick
1. → Seil
2. → Frechdachs
3. **fauler Strick** → Faulenzer

strikt → streng
stringent → stichhaltig

Strippe
1. → Schnur
2. → Fernsprecher

Striptease Nackttanz, Entkleidungsvorführung, Entkleidungstanz, Entkleidungsnummer, Peepshow; *ugs.:* Strip
strittig → umstritten

Strizzi
1. → Zuhälter
2. → Schelm

Stroh → Gerede
Strohfeuer → Begeisterung
strohig → spröde

Strohmann
1. → Marionette
2. → Vogelscheuche
3. → Beauftragter

Strolch
1. → Schelm
2. → Lump

strolchen → herumtreiben, sich

Strom
1. → Fluss
2. Elektrizität, Elektroenergie
3. → Menge ⓘ

strömen → fließen

Stromer → Landstreicher

Stromschnelle → Katarakt

Stromspeicher → Akkumulator

Strömung
1. Tendenz, Richtung, Schule, Mode, Einschlag, Neigung, Schattierung, Bewegung, Entwicklung, Trend, Welle, Stil
2. Drift, Sog, Brandung, Trift, Zug ⓘ

strotzen starren vor, überlaufen, platzen, prangen, blühen, angefüllt sein mit, voll sein von

strubbelig → struppig

Strudel Wirbel, Sog, Drift

strudeln → perlen

Struktur
1. → Aufbau
2. → Gliederung

strukturieren → anordnen

strukturlos → formlos

Strumpf
1. Nylons
2. Socke; *landsch.:* Socken

Strumpfhalter Hüfthalter, Strumpfgürtel, Strumpfband; *ugs.:* Straps

Strunk Stamm, Stängel, Stumpf, Stummel, Stubben

struppig zerzaust, strubbelig, unordentlich, zottig, strähnig, unfrisiert, ungekämmt, strobelig

Stube → Zimmer

stubenrein
1. sauber, rein, reinlich, erzogen, abgerichtet, trocken
2. → anständig

Stück
1. Teil, Bruchteil, Bruchstück
2. → Schnitte
3. Bissen, Stückchen, Mund voll; *ugs.:* Happen
4. → Strecke
5. → Fetzen
6. → Brocken
7. Exemplar, Einzelstück, Muster, Probe
8. → Theaterstück
9. **freches Stück** → Frechdachs

stückeln Stücke einsetzen, aus Stücken zusammensetzen, ausbessern

Stück für Stück → allmählich

stückweise nach und nach, in einzelnen Stücken/Etappen/Brocken, brockenweise

Stückwerk Flickwerk, Stümperei, Stoppelwerk, Murkserei, Hudelei

Student → Studierender

Studie → Untersuchung

Studienkollege Kommilitone, Mitstudent, Studiengenosse, Studienfreund

studieren
1. eine Hochschule besuchen, die Universität besuchen, Student/Studierender/auf der Hochschule/immatrikuliert sein, Vorlesungen hören, hören bei; *ugs.:* auf der Uni sein
2. → lernen
3. → forschen
4. → lesen

Studierender Student, Hochschüler, Hörer, Lernender; *veraltet:* Studiosus; *ugs.:* Studiker

studiert → gelehrt

Studio
1. Senderaum, Aufnahmeraum, Atelier, Filmatelier
2. Werkstatt, Werkraum, Werkhalle, Werkstätte

Stufe
1. Treppe, Treppenstufe, Stiege, Tritt
2. Leiterstufe, Sprosse; *österr.:* Sprießel
3. → Rang
4. → Stadium

Stufenleiter → Rangordnung

stufenweise → allmählich

Stuff
1. → Marihuana
2. → Rauschgift

Stuhl
1. → Sitz
2. → Kot

Von Strom und Strömung

Strom und *Strömung* sind Verbalsubstantive, also von Verben abgeleitete Substantive, die das mit dem Verb ausgedrückte Geschehen bezeichnen. Auch wenn diese Substantive vom selben Verb abgeleitet wurden, sind sie nicht immer bedeutungsgleich.
So bezeichnet man mit *Strom* einen großen Fluss beziehungsweise auch eine Sache oder Substanz, die strömt – auch in übertragener Bedeutung. Man kann mit dem Floß einen *Strom,* nicht aber eine *Strömung* überqueren. Desgleichen kann sich ein *Strom,* nicht aber eine *Strömung* von Menschen, Tränen oder Worten ergießen. Der Begriff *Strömung* bezieht sich eher auf einen dynamischen Aspekt, auf den Vorgang des Strömens. Damit kann eine gegenständliche oder in übertragenem Sinn auch eine geistige Bewegung gemeint sein. So gibt es eine neue *Strömung* in der Literatur oder Politik, nicht aber einen neuen *Strom.* In gleicher Weise gibt es die *Strömung,* nicht aber den *Strom* eines Flusses.

S

Stuhlgang Darmentleerung, Darmausscheidung, Kot, Stuhl
Stuhlgang haben Kot ausscheiden, sich entleeren, defäkieren, seine Notdurft verrichten, sich erleichtern, sein Geschäft erledigen, abführen; *ugs.:* groß machen, auf der Toilette sitzen; *derb:* kacken, scheißen, einen Berg hinsetzen, ein Ei legen, abprotzen; *Kinderspr.:* Aa machen
Stulle → Schnitte
Stulpe → Aufschlag
stumm wortlos, tonlos, sprachlos, schweigend, schweigsam, still, stumm wie ein Fisch
Stummel Zigarettenstummel, Zigarettenrest; *ugs.:* Kippe; *österr.:* Tschik
Stümper Nichtskönner, Nichtswisser, Pfuscher, Kurpfuscher, Dilettant, (blutiger) Laie, Nichtfachmann, Halbgebildeter, Hudler, Sudler, Quacksalber, Banause, Pfuscher
Stümperei → Flickwerk
stümperhaft
1. → schlecht
2. → minderwertig
stümpern → pfuschen
stumpf
1. nicht scharf/spitz, unscharf, ungeschärft, ungespitzt, ungeschliffen, abgebraucht, verbraucht
2. matt, glanzlos, dumpf, fahl, beschlagen, blind
3. → gefühllos
4. → phlegmatisch
Stumpf → Strunk
stumpfsinnig
1. → beschränkt
2. → geistlos
3. → träge
4. → langweilig
stunden Aufschub gewähren, Zeit/anstehen lassen, verlängern, aufschieben, verschieben, hinausschieben, vertagen, hinauszögern, verzögern, hinausziehen, ausdehnen, auf die lange Bank schieben, verlegen, in die Länge ziehen; *geh.:* prolongieren; *österr.:* (eine Frist) erstrecken
stundenlang → lang
Stunk
1. → Streit
2. → Auseinandersetzung
Stuntman → Double
stupend → außergewöhnlich
stupid(e)
1. dumm, blöd, unintelligent, begriffsstutzig, ohne Verstand
2. → beschränkt
3. → langweilig
4. → geistlos
Stups → Stoß
stupsen → stoßen
stur
1. → dogmatisch
2. eigensinnig, starrköpfig, dickköpfig, störrisch, unbelehrbar
3. → planmäßig
Sturheit → Trotz
Sturm
1. heftiger/starker Wind, Wirbelsturm, Orkan, Sturmwind, Blizzard, Unwetter, Hurrikan, Bö, Tornado
2. → Angriff
3. → Leidenschaft
4. → Andrang
stürmen
1. heftig wehen, toben, tosen, brausen, wüten, pfeifen, fauchen, rauschen, sausen, dröhnen, blasen, heulen, winden, johlen
2. → angreifen
3. → erobern
4. → eilen
5. vorstürmen, als Stürmer spielen, angreifen, offensiv spielen, auf das gegnerische Tor spielen
stürmisch
1. bewegt, vom Sturm bewegt, windig, böig
2. → heftig
3. → leidenschaftlich
Sturz
1. Fall, Absturz, Ausgleiten
2. Amtsenthebung, Entlassung, Dienstentlassung, Entfernung, Entthronung, Entmachtung, Absetzung, Kaltstellung, Suspendierung; *ugs.:* Abschiebung, Rausschmiss; *schweiz.:* Entsetzung
stürzen
1. → fallen
2. → eilen
3. entmachten, entthronen, jmdm. seinen Einfluss nehmen, jmdn. seiner Macht berauben, verdrängen, ausschalten, ins Abseits/in den Hintergrund drängen, entlassen, seines Amtes entheben
stürzen, sich
1. sich einsetzen, sich einarbeiten, sich reinknien, sich hingeben, sich verschreiben, sich widmen, Erfüllung finden/aufgehen/versinken in
2. angreifen, anfallen, attackieren, bestürmen, angehen, überfallen, losgehen auf
Sturzregen → Regenschauer
Stuss → Unsinn
Stute → Pferd
Stütze
1. Rückhalt, Hilfe, Beistand, Halt, Hoffnung, Fundament, Pfeiler, Eckpfeiler, Rückgrat, Säule, Basis, Anker
2. Lehne, Halter, Rücken
3. Träger, Pfahl, Pilaster, Strebe, Pfosten, Stützpfosten, Abstützung, Pflock, Mast, Ständer, Stützwerk, Balken, Tragbalken

S

4. → Hilfe
5. → Hausangestellte
6. → Diener
7. *ugs. für:* Sozialhilfe

stutzen
1. → abschneiden
2. stutzig/aufmerksam werden, einhalten, innehalten

stützen
1. abstützen, festigen, Halt geben/bieten, verstreben, unterstützen, unterbauen, unterstellen, pfählen, stabilisieren, sichern, absteifen, versteifen, abfangen; *österr.:* pölzen
2. helfen, den Arm reichen, beispringen, beistehen
3. untermauern (Behauptung), erhärten, fundieren, beweisen, belegen

stützen, sich
1. sich anlehnen, sich gegenlehnen, sich abstützen
2. **sich stützen auf** sich halten an, sich richten nach, sich anlehnen an, sich beziehen/berufen/verlassen auf, sich zum Vorbild nehmen, folgen
3. → stammen von

Stützpunkt Ausgangspunkt, Standort, Basis

stylen, sich sich herausputzen, sich aufmachen, sich aufdonnern, sich auftakeln, sich aufmotzen, sich aufbrezeln, sich zurechtmachen

Styling Gestalt, (modische) Gestaltung, Form, Formgebung, Design, Ausstattung, Entwurf, Zuschnitt, Kreation

Suade → Redefluss

subaltern
1. untergeordnet, untertan, unterstehend, unterstellt, untergeben, unselbständig, abhängig
2. → unterwürfig

Subjekt
1. Satzgegenstand
2. das denkende Ich, Kreatur, Mensch, Lebewesen

subjektiv
1. persönlich, auf die Person bezogen, von der Person abhängig, individuell, privat, eigen
2. unsachlich, einseitig, tendenziös, verzerrt, parteiisch, voreingenommen, nicht vorurteilslos

Subkultur Gruppenkultur, Underground, Szene, Alternativszene, Gegenkultur, Nebenkultur, Protestbewegung, zweite Kultur

sublim verfeinert, erhaben, hehr, erlaucht, kultiviert, raffiniert, differenziert, fein, subtil, kostbar, edel, sensibel, ausgeklügelt

sublimieren verfeinern, ins Erhabene steigern, vergeistigen, erhöhen, veredeln, ins Geistige erheben, entmaterialisieren, spiritualisieren; *ugs.:* hochstilisieren

substantiell → substanziell

Substanz
1. Wesen aller Dinge, Urgrund alles Seins
2. → Wesen
3. → Materie
4. → Kapital

substanziell
1. stofflich, materiell, körperlich, dinghaft, leibhaftig, gegeben, faktisch
2. → wesentlich

substanzlos
1. → gehaltlos
2. unkörperlich, körperlos, immateriell

substituieren → ersetzen

Substitut
1. Ersatzmittel, Ersatzstoff, Austauschstoff
2. Ersatzmann, Ersatzperson, Vertreter, Stellvertreter
3. Verkaufsleiter, Sachverwalter

Substrat → Grundlage

subsumieren → unterordnen

subtil
1. → schwierig
2. → sublim

subtrahieren → abziehen

Subvention → Unterstützung

subventionieren
1. fördern, sponsern, Geldmittel zuschießen, finanzielle Hilfe leisten
2. → unterstützen

subversiv → anarchistisch

Suche Fahndung, Ermittlung, Forschung, Nachforschung, Erkundung, Erkundigung

suchen
1. auf der Suche sein/die Suche gehen, Ausschau halten, fahnden, nachsuchen, durchsuchen, absuchen, zu finden/entdecken trachten, sich umsehen/umschauen/umtun nach, stöbern, durchstöbern, wühlen, forschen, durchkämmen, durchforsten, nachgehen, abklopfen auf; *ugs.:* sich die Schuhsohlen/Absätze/Hacken/Beine ablaufen nach, filzen, durchschnüffeln, das Haus auf den Kopf stellen, graben, sich umgucken nach
2. sich bemühen um, zu bekommen suchen, sich interessieren für, nachjagen; *ugs.:* hinterher sein

Sucht
1. Abhängigkeit, Manie, Verfallenheit, Gewöhnung, Süchtigkeit
2. Drang, Verlangen, Begierde, Durst, Hunger, Besessenheit, Fieber, Gier, Hang, Schwäche, Lust

süchtig verfallen, abhängig, angewiesen auf

S

Sudelei
1. → Schmutz
2. → Flickwerk
sudeln
1. → kritzeln
2. → pfuschen
südlich → sommerlich
Suff → Rausch
süffeln → trinken
süffisant → überheblich
Suffragette → Frauenrechtlerin
suggerieren → einreden
suhlen sich (im Schlamm) wälzen, sich rollen, sich herumdrehen, sich herumwerfen; *ugs.:* sich sielen
Sühne → Buße
sühnen → büßen
Suite
1. Zimmerflucht
2. → Gefolge
Suizid → Selbstmord
Sujet → Gegenstand
sukzessiv(e) → allmählich
summarisch → kurz
Summe
1. → Ergebnis
2. → Betrag
summen
1. → singen
2. surren, brummen
summieren → zusammenzählen
summieren, sich → anwachsen
Sumpf Moor, Pfuhl, Morast, Schlamm, Bruch, Fenn, Moorland, Sumpfland, Ried
Sund Meerenge, Meeresstraße, Durchfahrt
Sünde
1. → Verstoß
2. → Verbrechen
Sündenbock → Prügelknabe
sündhaft
1. → lasterhaft
2. → lästerlich
3. → sehr
sündigen (ein Gebot) übertreten, eine Sünde begehen, sich vergehen, freveln, sich versündigen, einen Fehltritt tun, fehlen, sich zuschulden kommen lassen, Schuld auf sich laden, zuwiderhandeln, etwas verbrechen, das Gesetz verletzen/brechen, schuldig werden, gegen ein Gebot verstoßen, ungehorsam sein, Böses tun; *schweiz.:* delinquieren
super → ausgezeichnet
süperb → auserlesen
Super-GAU *ugs. für:* GAU, Störfall, Katastrophe, Reaktorkatastrophe, Atomkatastrophe, Atomunfall
Superlativ Höchststufe, Meiststufe
Supermacht Großmacht, Weltmacht
Supermarkt Selbstbedienungsladen, Discountladen, → Geschäft
superschlau → überklug
Suppe
1. → Brühe
2. → Schlamm
3. → Nebel
Suppengemüse Suppengrün, Suppenkraut, Wurzelwerk; *landsch.:* Grünzeug, Grünes
supplementär ergänzend
surfen
1. windsurfen, wellenreiten, Surfing betreiben
2. netsurfen, internetsurfen, websurfen
Surfer
1. Windsurfer, Wellenreiter, Wassersportler
2. Netzsurfer, Internetsurfer, Internetbesucher, Internetbenutzer
surreal traumhaft, unwirklich, übernatürlich, fantastisch, wundersam, imaginär
surren summen, brummen, sirren, schnarren, schnurren, schwirren
Surrogat → Ersatz
suspekt → verdächtig
suspendieren
1. → beurlauben
2. → entlassen
Suspendierung Enthebung, Amtsenthebung, Absetzung, Ablösung, Beurlaubung, Freistellung, Entlassung, Kündigung, Entmachtung, Verabschiedung, Abberufung, Entbindung; *ugs.:* Rausschmiss, Rauswurf, Abschuss, Abservierung
süß
1. gezuckert, zuck(e)rig, gesüßt, süßlich, honigsüß, zuckersüß
2. → reizend
süßen → zuckern
Süßigkeiten Konfekt, Süßwaren, Naschwerk, Zuckerwerk, Schleckereien, Näschereien, Leckereien
Sweatshirt Pulli, Pullover, Baumwollpullover, Sportshirt
Swimmingpool → Bassin
switchen umschalten, durchschalten, hin und her schalten, das Programm/den Kanal wechseln, zappen
Symbol → Sinnbild
symbolisch → bildlich
Symmetrie
1. Spiegelungsgleichheit, Spiegelgleichheit, Spiegelbildlichkeit
2. → Gleichmaß
symmetrisch
1. spiegelungsgleich, spiegelbildlich, spiegelgleich
2. → ebenmäßig
Sympathie Neigung, Zuneigung, Vorliebe, Wohlgefallen, Wohlwollen, Hang, Faible, Gefühl, Interesse, Schwäche
Sympathisant
1. → Anhänger
2. Mitläufer, Komplize

sympathisch einnehmend, ansprechend, gefällig, angenehm, gewinnend, liebenswürdig, liebenswert, lieb, freundlich, nett, charmant, reizend
sympathisieren
1. → mögen
2. → billigen
Symposium → Tagung
Symptom → Zeichen
symptomatisch → charakteristisch
synchron → gleichzeitig
Synode Kirchenversammlung, Konvent, Konzil, Tagung, Synode, Treffen, Zusammentreffen
synonym sinngleich, sinnähnlich, sinnverwandt, bedeutungsähnlich, bedeutungsgleich, bedeutungsverwandt, gleichbedeutend
Synthese
1. → Verbindung
2. → Einheit
synthetisch → künstlich
System
1. → Methode
2. → Einheit
3. Regierungsform, Staatsform, Regime
4. Lehrgebäude, Gedankengebäude, Lehrweise, Lehre, Weltanschauung
5. Ordnung, Anordnung, Prinzip, Plan, Zusammenhang, Organisation, Einteilung
6. Verfahren
systematisch nach einem System/Plan, planmäßig, planvoll, plangemäß, methodisch, folgerichtig
systematisieren → ordnen

Szene: Zwischen Bühne und Milieu

Szene ist ein Begriff aus dem Theater, der ursprünglich die hölzerne Kulisse bezeichnete, die als Abschluss der Bühne diente und vor der die Schauspieler auftraten. Von dem Gebäude wurde es auf den Schauplatz des Dramas übertragen und stand schließlich auch für die kleinste dramaturgische Einheit des Stücks. Es kann also gleichermaßen *Schauplatz* und *Bühne* bedeuten. Daraus entstanden eine ganze Reihe von Redensarten. *Die Szene betreten* heißt am Ort des Geschehens eintreffen. Wer *sich in Szene setzt,* benimmt sich auffällig. *Etwas in Szene setzen* bedeutet etwas effektvoll ablaufen lassen. Eine Person, die dominierend wirkt, kann *die Szene beherrschen.*
Eine *Auseinandersetzung* im täglichen Leben wird im übertragenen Sinn auch als *Szene* bezeichnet. »Mit jemandem in aller Öffentlichkeit streiten« wird auch mit der Wendung beschrieben *jemandem eine Szene machen.* Einen unangenehmen oder peinlichen Vorfall nennt man eine *hässliche/ärgerliche Szene.* Umgangssprachlich wird *Szene* auch im Sinn einer *Gruppe* von Menschen in einem bestimmten gesellschaftlichen Umfeld verwendet. *Szene* bezeichnet dabei insgesamt die Strömungen, die in einem bestimmten Milieu auftreten. So spricht man beispielsweise von der *alternativen Szene,* die sich von der bürgerlichen Gesellschaft absetzen möchte. Dazu zählen beispielsweise die *Ökoszene* oder die *Anti-Atomkraft-Szene.*
Darüber hinaus steht *Szene* auch für *Treffpunkt* bestimmter Gruppen. So haben viele Städte Schwierigkeiten mit der *Drogenszene,* während die *Kulturszene* eher zu den tragenden Gesellschaftsschichten zählt. Die *Musikszene* kann lebendig, die *Theaterszene* anregend sein. Neueste Trends erfährt man in der *Partyszene. Szenegänger* treffen sich in *Szenekneipen,* die gerade »in« sind, und sprechen gelegentlich *Szenejargon,* die in einer Gruppe übliche Sondersprache.

Szene
1. Schauplatz, Bühne, Ort des Geschehens, Szenerie, Tatort
2. Auftritt, Aufzug, Nummer, Bild
3. Streit, Zank, Zerwürfnis, Gezänk, Querelen, Hakelei, Entzweiung, Differenzen
4. **sich in Szene setzen** angeben, aufschneiden, renommieren, sich brüsten, sich rühmen, sich aufspielen ⓘ
Szenerie
1. → Bühnenbild
2. → Szene
3. Landschaft, Gegend, Gebiet, Landstrich, Natur

Tabak Kraut, Priem, Knaster
Tabakwaren Rauchwaren; *schweiz.:* Rauchzeug
Tabelle Übersicht, Zahlentafel, Liste, Verzeichnis, Aufstellung
Tabellenführer Spitzenreiter, Führender, Erster, Tabellenerster
Tabellenspitze Spitzenplatz, Spitzenposition, erster Platz/Rang; *ugs.:* Platz an der Sonne
Tablett Servierbrett, Auftragebrett, Speisenbrett; *österr.:* Tasse, Serviertasse
Tablette Pille, Dragee, Pastille, Kapsel, Medikament, Mittel, Arzneimittel
tabu unantastbar, heilig, verboten, unverletzlich, unaussprechlich, unberührbar
tabuisieren mit einem Tabu belegen, für tabu erklären, tabuieren, totschweigen
Tachometer Geschwindigkeitsmesser; *ugs.:* Tacho
Tadel Rüge, Verweis, Zurechtweisung, Maßregelung, Vorwurf, Anwurf, Kritik, Missbilligung, Beanstandung, Vorhaltung, Abreibung, ein kräftiges Wort, Strafpredigt, Ermahnung, Lektion; *ugs.:* Rüffel, Anpfiff, Anschnauzer, Anranzer, Staucher; *derb:* Anschiss
tadellos
1. → ordentlich
2. fehlerlos, einwandfrei, makellos, top, untadelig, richtig, vollkommen, vollendet, perfekt
tadeln einen Tadel erteilen, verweisen, schmähen, schulmeistern, rügen, jmdm. etwas vorwerfen/vorhalten, jmdm. Vorhaltungen/Vorwürfe machen, jmdm. ins Gewissen reden, jmdn. in die Schranken weisen, maßregeln, Anstoß nehmen an, korrigieren, beanstanden, bemängeln, missbilligen, aussetzen, auszusetzen haben, nicht in Ordnung finden, einwenden, verurteilen, brandmarken, reklamieren, kritisieren, angehen gegen, nicht anerkennen, zurechtweisen, schimpfen; *geh.:* monieren; *ugs.:* kein gutes Haar lassen an, jmdm. am Zeug flicken, kritteln, bekritteln, meckern, mäkeln, bemäkeln, auf jmdm. herumhacken; *derb:* einen Rüffel verpassen, anscheißen
Tafel
1. → Festessen
2. Platte, Tischplatte, Brett
3. → Ebene
tafeln → essen
Täfelung Vertäfelung, Getäfel, Holzverkleidung; *schweiz.:* Täfer, Täferung
Tag
1. Datum, vierundzwanzig Stunden, Kalendertag
2. **die Tage** → Menstruation
3. **eines Tages** → irgendwann
Tagebuch Diarium, Journal, Memorial
Tagedieb → Faulenzer
Tagegeld → Spesen
Tagelöhner → Hilfskraft
tagen
1. → konferieren
2. der Tag bricht an, Tag/hell werden, dämmern, aufdämmern, grauen
Tagesanbruch Morgendämmerung, Morgengrauen, Morgenfrühe, Dämmerlicht, Zwielicht, Tagesbeginn, Tagesanfang, Tagesgrauen, Frühe; *poet.:* der junge/frühe Tag
Tagesgespräch → Sensation
Tagesordnung Geschäftsordnung, Tagungsprogramm, Sitzungsprogramm
Tageszeitung → Zeitung
Tag für Tag → dauernd, täglich
täglich tagaus tagein, Tag für/um Tag, alltäglich, jeden Tag, von Tag zu Tag, → dauernd
tagsüber (mitten) am Tage, während des Tages, am hellichten Tag; *landsch.:* untertags
Tagung Sitzung, Konferenz, Symposium, Kongress, Zusammenkunft, Treffen, Gipfeltreffen, Marathon, Versammlung, Vollversammlung, Plenum, Parteitag, Meeting, Besprechung, Unterredung, Beratung, Kolloquium, Konvent, Konzil (Kirche)
Taille Gürtellinie, Körpermitte
Take-off → Abflug
Takt
1. Rhythmus, Versmaß, Gleichmaß, Metrum
2. → Zartgefühl
Taktgefühl → Zartgefühl
taktieren → lavieren
Taktik
1. → Strategie
2. Politik, planmäßiges Vorgehen, berechnendes Verhalten, Berechnung, Gerissenheit, Spekulation, Kalkül
taktisch → schlau
taktlos verletzend, unsensibel, unhöflich, ungehörig, unangemessen, ungalant, unschicklich, unpassend, unangebracht, indiskret, indezent, zudringlich, auf-

dringlich, verfehlt, deplatziert, ohne Taktgefühl/Feingefühl/Zartgefühl, grob, geschmacklos, plump, unverschämt, ungebührlich, ungeschliffen; *ugs.:* unmöglich

Tal Talkessel, Talgrund, Bergeinschnitt, Becken, Mulde, Senke

Talent
1. großer Geist, fähiger/heller Kopf, Begabung, Wunderkind, Genie; *geh.:* Koryphäe
2. → Fähigkeit

talentiert → fähig

Talisman Glücksbringer, Amulett, Maskottchen

Talk Gespräch, Unterhaltung, Plauderei, Diskussion, Meinungsaustausch, Interview; *abwertend:* Gerede, Gelaber

Talkmaster Gesprächsleiter, Moderator; *ugs.:* Conférencier

Talkrunde Gesprächsrunde, Diskussionsrunde, Gesprächskreis

Talkshow Unterhaltungssendung, Gesprächssendung, Interviewsendung

Talmi → Flitter

Talsperre → Staudamm

Tamtam
1. Lärm, Krach, (lautes) Krachen, Dröhnen, Radau, Tumult, Donnern, Gepolter, Aufsehen, Trubel, Aufruhr, Spektakel, Ruhestörung, Unruhe, Gelärme, Skandal; *ugs.:* Rabatz, Hallo, Heidenlärm, Mordslärm, Trara
2. → Zirkus
3. → Aufwand

Tand → Ramsch

Tändelei → Flirt

tändeln → flirten

Tanga
1. Höschen, Slip, Minislip
2. → Unterhose

tangieren → nahegehen

Tank
1. → Panzer
2. Behälter, Behältnis

tanken
1. Treibstoff einfüllen/aufnehmen, auftanken, vollschütten, mit Treibstoff versehen/versorgen, auffüllen, nachfüllen
2. → trinken

Tanksäule Zapfsäule, Benzinpumpe, Tankpumpe, Tankstelle

Tankstelle Zapfstelle, Tanksäule; *ugs.:* Tanke

Tann, Tannicht → Wald

Tante *veraltet:* Muhme

Tantieme Gewinnanteil, Dividende

tänzeln trippeln, gleiten, stöckeln; *ugs.:* tippeln, tappeln

tanzen das Tanzbein schwingen, sich im Tanze drehen, ein Tänzchen machen/wagen; *ugs.:* zappeln, abzappeln, schwofen, eine kesse/heiße Sohle aufs Parkett legen, einen Tanz hinlegen

Taperecorder
1. Kassettenrekorder, Tonbandgerät
2. Walkman

tapfer → mutig

Tapferkeit Mut, Furchtlosigkeit, Beherztheit, Forschheit, Heldenhaftigkeit, Mannhaftigkeit, Löwenmut, Heldengeist, Heroismus, Unverzagtheit, Verwegenheit, Kühnheit, Unerschrockenheit, Wagemut, Waghalsigkeit, Bravur, Zivilcourage, Heldenmut

tappen sich vorwärts tasten, tapsen, schleichen, im Dunkeln gehen

tappig → tapsig

täppisch → tapsig

tapsen → tappen

tapsig ungeschickt, unbeholfen, ungelenk, unbeweglich, unpraktisch, umständlich, tolpatschig, tölpelhaft, eckig, steif, hilflos; *ugs.:* tappig, täppisch, wie ein Elefant im Porzellanladen, mit zwei linken Händen

Tarif
1. Besoldungsgruppe, Gehaltsstufe
2. Preisverzeichnis, Gehaltsliste, Gebührenliste

Tarifpartner Sozialpartner, Arbeitgeber, Arbeitnehmer

tarnen → verbergen

Tarnname → Deckname

Tarnung Tarnanstrich, Maskierung, Verkleidung, Verhüllung, Verschleierung, Verheimlichung, Verbergung, Vermummung, Täuschung; *veraltet:* Camouflage

Tasche Mappe, Beutel

Taschendieb Dieb, Ganove, Räuber, Straßenräuber; *ugs.:* Langfinger; *veraltet:* Beutelschneider

Taschenspieler → Zauberer

Taschentuch Schnupftuch; *landsch.:* Schnäuztuch, Sacktuch, Nastuch; *derb:* Rotzfahne, Popelfahne, Rotzlappen

tasten befühlen, betasten, berühren, befingern, abgreifen, anfassen, fühlen nach; *ugs.:* befummeln, befingern, betatschen

Tat
1. Leistung, Werk, Meisterwerk, Arbeit, Verdienst, Tun, Handlung, Aktion, Akt, Großtat, Mannestat, Unternehmung, Maßnahme, Tätigkeit, Unternehmen, Operation, Coup
2. **in der Tat** → tatsächlich

Tatbestand → Sachlage

Tatendrang
1. → Energie
2. → Fleiß
Täter
1. → Übeltäter
2. → Verbrecher
tätig
1. → aktiv
2. → fleißig
3. berufstätig, werktätig
Tätigkeit → Arbeit
Tätigkeitsbereich → Arbeitsgebiet
tätig sein → arbeiten
Tatkraft → Energie
tatkräftig → energisch
Tätlichkeiten → Schlägerei
Tätowierung → Tattoo
Tatsache Fakt(um), Faktizität, Realität, Wirklichkeit, Gegebenheit, Grundwahrheit, Gewissheit, Tatbestand, Sosein, Sachlage, Sachverhalt, Tatsächlichkeit, Umstand; *geh.:* Fait accompli
tatsächlich
1. in der Tat, den Tatsachen entsprechend/gemäß, wirklich, de facto, in Wirklichkeit/praxi, praktisch, faktisch, konkret, effektiv, realiter
2. → fürwahr
3. → eigentlich
4. → real
tätscheln → streicheln
Tattergreis → Greis
tatt(e)rig → gebrechlich
Tattoo Tätowierung, Hautbemalung, Körperbemalung
Tatze
1. → Hand
2. Klaue, Kralle, Pranke, Fang, Pfote
Tatzeuge → Zeuge
Tau → Seil
taub
1. gehörlos, schwerhörig; *ugs.:* stocktaub
2. → unempfindlich
3. → blutleer
tauchen unter Wasser schwimmen/gehen, untertauchen, in die Tiefe gehen
tauchen in einsenken, eintunken, eintauchen; *ugs.:* einstippen, eintitschen
tauen → auftauen
taufen
1. die Taufe spenden/vollziehen, in die christliche Gemeinschaft aufnehmen
2. → einweihen
3. → nennen
Taufkapelle Baptisterium, Taufkirche
Taufname Name, Vorname, Rufname
Taufzeuge → Pate
taugen brauchbar/wert/nützlich/dienlich/verwendbar/befähigt/geeignet sein, sich eignen, in Betracht/Frage kommen, sich verwenden lassen, Erwartungen erfüllen
Taugenichts
1. Nichtsnutz, Versager, Herumtreiber, Galgenstrick, Tunichtgut, verkrachte Existenz, Enttäuschung, Strolch, Gammler; *ugs.:* Früchtchen, Stromer, Herumlungerer, Niete, Null, Flasche, Pflaume; *landsch.:* Haderlump, Tagdieb; *österr.:* Schlawiner, Sandler
2. → Faulenzer
taugen zu → fähig sein
tauglich
1. → nützlich
2. → fähig
Taumel
1. Schwindel, Gleichgewichtsstörung, Schwindelgefühl, Schwindelanfall, Benommenheit; *ugs.:* Dusel, Torkel
2. → Rausch
taumelig → schwindlig
taumeln → schwanken
Tausch → Handel
tauschen
1. einen Tausch/Handel/Tauschgeschäfte machen, austauschen, umtauschen, eiseln
2. jmds. Platz einnehmen/Rolle spielen, an die Stelle treten von, wechseln, einen Wechsel vornehmen
täuschen trügen, irreführen, irreleiten, nasführen, hereinlegen, vom rechten Weg abbringen, auf die falsche Fährte locken, narren, blenden, betrügen, belügen, Sand in die Augen streuen, etwas vorspiegeln/vormachen/vortäuschen/vorgaukeln/vorgeben/vorschützen, bluffen, beschwindeln, mogeln, ein falsches Spiel treiben, an der Nase herumführen, jmdn. hinters Licht/aufs Glatteis führen, jmdm. Sand in die Augen streuen, zum Besten/Narren halten, für dumm verkaufen, hintergehen, sich verstellen, ein X für ein U vormachen; *geh.:* camouflieren, düpieren; *ugs.:* anschmieren, tricksen, türken, linken, reinlegen, verschaukeln, einseifen, anführen, foppen, aufziehen, verkohlen, verarschen, verhohnepipeln, vergackeiern, veräppeln, auf den Arm nehmen, ein Schnippchen schlagen, einen Bären aufbinden, ein Märchen auftischen
täuschen, sich → irren, sich
Täuschung
1. Trug, Irreführung, Spiegelfechterei, Kulisse, Tünche, Fassade, Attrappe, Schein, Farce, Finte, Trick, Bluff, Betrug, Hintergehung, Schwindel, List, Täuschungsmanöver,

Lüge; *ugs.:* Flunkerei, krumme Sache/Tour
2. → Einbildung
3. → Irrtum
Tausendsasa
1. Allroundtalent, Allrounder, Alleskönner, Teufelskerl, toller Hecht
2. → Draufgänger
Tauziehen Bemühen, Einsatz, Kampf, Ringen
Taxe
1. → Taxi
2. → Gebühr
Taxi Mietauto, Mietwagen, Taxe
taxieren → schätzen
Teach-in → Zusammenkunft
Team Arbeitsgruppe, Produktionsgemeinschaft, Arbeitsgemeinschaft, Aktiv, Mitarbeiter, Personal, Aufgebot, Crew, Mannschaft
Teamwork → Zusammenarbeit
Technik
1. Fertigkeit, Handhabung, Stil
2. → Technologie
3. → Methode
Technologie Technik, Herstellungsverfahren, Herstellungsart
Teenager
1. → Mädchen
2. → Jüngling
Teich Weiher, Tümpel, Pfuhl, See
Teil
1. Stück, Teilstück, Bruchstück, Partie, Bereich, Abschnitt, Ausschnitt, Passage, Absatz, Segment
2. Bestandteil, Einzelheit, Komponente, Detail, Element, Glied, Arm, Zweig
3. Fragment, Rest, Torso
4. → Anteil ⓘ
teilen
1. in Teile zerlegen, dividieren, zerteilen, zergliedern, zerlegen

Elemente, Segmente und andere Teile

Für das Wort *Teil* gibt es eine Vielzahl fremdsprachlicher Synonyme, die den deutschen Begriff in speziellen Bereichen und Zusammenhängen besonders treffend ersetzen können.
Als *Partie* bezeichnet man einen Ab- oder Ausschnitt aus einem größeren Ganzen, das Kinn bildet z. B. die untere *Partie* des Gesichts. Unter einer *Passage* versteht man in erster Linie einen Abschnitt in einem Schriftstück, etwa in einem Buch. Das Wort *Segment* bezieht sich zumeist auf einen klar abgrenzbaren Teil einer komplexeren Einheit. Ein Unternehmen, das nur eine bestimmte Art von Produkten verkauft, ist z. B. auf ein bestimmtes *Marktsegment* spezialisiert. Wichtige Grundbestandteile einer Einheit werden oft als deren *Elemente* bezeichnet. Die Buchführung ist z. B. ein wesentliches Element kaufmännischer Berufe. Mit dem Begriff *Komponente* können auch kleinere Teile eines Ganzen besonders hervorgehoben werden: *Majoran ist eine wichtige Komponente dieses Gerichts.* Ein *Fragment* ist ein Bruchstück von etwas, das nicht (mehr) als Gesamtheit existiert.

2. in Stücke schneiden, aufteilen, zerstückeln, zerschneiden, auseinandernehmen, parzellieren, tranchieren, sezieren, spalten, trennen, halbieren, halb und halb/halbpart machen, dritteln, vierteilen, durchschneiden; *ugs.:* fifty-fifty machen
3. abgeben, abtreten, geben
teilen, sich → gabeln, sich
teilhaben
1. Anteil haben, beteiligt sein; *geh.:* partizipieren
2. → teilnehmen
Teilhaber Kompagnon, Mitinhaber, Partner, Gesellschafter, Aktionär, Sozius; *veraltet:* Associé
Teilnahme
1. → Interesse
2. → Mitleid
3. Mitwirkung, Engagement, Beteiligung, Einsatz, Anstellung, Verpflichtung, Aktivität, Unterstützung
teilnahmslos → apathisch
teilnehmen
1. sich beteiligen, mitwirken, mitmachen, mittun, mitarbeiten, beiwohnen, dabei sein, dazugehören, teilhaben, beteiligt/anwesend sein, zuhören, miterleben; *geh.:* partizipieren; *ugs.:* mit von der Partie sein, die Hand im Spiel haben, mitmischen, mitspielen, mitziehen
2. → mitfühlen
3. → sich interessieren für
Teilnehmer Besucher, Anwesender, Mitwirkender, Aktiver, Beteiligter, Beiwohner, Zuschauer, Zuhörer, Publikum, Mitspieler, Hörerschaft, Zuhörerschaft
Teilstrecke Etappe, Teilstück, Abschnitt, Weglänge
Teilstück
1. → Teilstrecke
2. → Teil
Teilung
1. Spaltung, Trennung, Zerteilung, Aufteilung, Zweiteilung, Loslösung
2. Division

teilweise zum Teil, in einigen Fällen, partiell, teils, nicht ganz, in mancher Hinsicht, halb und halb, nicht unter allen Umständen/uneingeschränkt
Teilzahlung Rate, Ratenzahlung, Abschlagszahlung, Abzahlung, Tilgung, Schuldentilgung
Telebanking Homebanking, Directbanking, Onlinebanking, E-Banking, Internetbanking, Telefonbanking
Telefax Fax, Fernkopierer
Telefon Fernsprecher, Fernsprechapparat; *ugs.:* Strippe
Telefonat → Telefongespräch
Telefonbuch Fernsprechbuch, Teilnehmerverzeichnis
Telefongespräch Gespräch, Anruf, Telefonat
telefonieren fernsprechen, ein Gespräch/Telefongespräch/Telefonat führen, anrufen
Telefonnummer Rufnummer, Fernsprechnummer
Telefonzelle Fernsprechzelle, Telefonhäuschen, öffentlicher Fernsprecher, Kabine
telegrafieren ein Telegramm schicken, kabeln, drahten, telegrafisch übermitteln; *veraltet:* depeschieren
Telegramm Funkspruch, Kabel, Fernschreiben, Nachricht per Draht/Funk; *veraltet:* Depesche
Telepathie Gedankenübertragung
Telephon → Telefon
Teleshopping Homeshopping, Onlineshopping, Internetshopping, Fernsehshopping
Television → Fernsehgerät
Temperament → Schwung
temperamentlos → langweilig
temperamentvoll → lebhaft
Temperatur
1. Wärmegrad, Wärmezustand, Luftwärme
2. Fieber
Tempo
1. → Geschwindigkeit
2. → Eile
temporär → vorübergehend
Tendenz → Strömung
tendenziös → parteiisch
tendieren → neigen
Termin → Zeitpunkt
Terminologie Fachsprache, Fachausdrücke, Begrifflichkeit, Fachwortschatz; *fachsprachl.:* Nomenklatur
Terminus → Fachausdruck
Terrain
1. Grund, Grundstück, Anwesen
2. → Gebiet
Terrasse
1. Stufe, Geländestufe, Absatz, Treppe
2. Veranda
Territorium → Gebiet
Terror
1. → Gewaltherrschaft
2. → Ausschreitung
3. Furcht und Schrecken, Horror, Entsetzen, Gewalt, Einschüchterung
terrorisieren in Schrecken/Furcht versetzen, einschüchtern, bedrohen, bedrängen, bedrücken, drangsalieren, knebeln, Gewalt antun, tyrannisieren, Terror ausüben, Schrecken verbreiten; *ugs.:* die Pistole an/auf die Brust setzen
Terrorismus
1. → Gewaltherrschaft
2. Extremismus, Radikalismus, Anarchismus, Untergrundkampf; *ugs.:* Anarchoszene
Terrorist Anarchist, Extremist, Radikaler, Untergrundkämpfer, Aktivist, Stadtguerilla, Aufrührer, Umstürzler; *ugs.:* Bombenleger, Revoluzzer, Radikalinski
terroristisch anarchistisch, extremistisch, gewalttätig, umstürzlerisch
Terrornetzwerk Terrororganisation, Terroristenverbund, Terroristenzusammenschluss
Test
1. Erprobung, Experiment, Versuch, Probe
2. Prüfung, Eignungsprüfung, Untersuchung, Kontrolle, Stichprobe
Testament letztwillige Verfügung, letzter Wille
Testat → Bescheinigung
testen → prüfen
testieren → bescheinigen
Tête-à-tête trautes Beisammensein, Liebesstündchen, Schäferstündchen, → Rendezvous
teuer
1. nicht billig, aufwändig, kostspielig, kostenintensiv, unbezahlbar, unerschwinglich, nicht zu bezahlen, im Preis sehr hoch, überteuert; *ugs.:* gesalzen, gepfeffert
2. → lieb
3. → kostbar
teuer sein viel kosten, ein stolzer Preis sein; *ugs.:* ins Geld gehen/laufen, eine schöne Stange Geld/viel Geld schlucken, teuer kommen, ein Heidengeld/Vermögen kosten
Teufel
1. Satan, Leibhaftiger, Luzifer, Diabolus, Höllenfürst, Fürst der Finsternis, Bösewicht, Mephisto, Mephistopheles, Beelzebub, Pferdefuß, Gottseibeiuns, Antichrist, Verderber, Verführer, Versucher,

Erbfeind, Erzfeind, Widersacher, Urian, das Böse; *ugs.:* Teifel, Deiwel, Deibel
2. → Scheusal
Teufelsanbetung Satanismus, Satanskult, Teufelsverehrung, Dämonismus
Teufelsbrut → Abschaum
Teufelskerl → Draufgänger
Teufelskreis Ausweglosigkeit, Aussichtslosigkeit, Hoffnungslosigkeit, Unmöglichkeit, Unlösbarkeit, Irrkreis; *geh.:* Circulus vitiosus
teuflisch
1. diabolisch, satanisch, infernalisch, dämonisch, mephistophelisch, luziferisch
2. → böse
Text Inhalt, Wortlaut, Textmaterial, Manuskript, Geschriebenes, Formulierung, Abfassung
Textilien Gewebe, Spinnwaren, Textilwaren, Webwaren, Wirkwaren, Gewirke, Bekleidung, Trikotagen
Theater
1. Schauspielhaus, Opernhaus, Bühne, Theatergebäude
2. *ugs.:* Bretter, die die Welt bedeuten; *abwertend:* Schmiere
3. Vorstellung, Darbietung, Theaterabend, Vorführung, Darstellung, Inszenierung
4. → Zirkus
Theaterstück Bühnenwerk, Bühnendichtung, Bühnenspiel, Bühnenstück, Schauspiel, Drama, Stück
theatralisch affektiert, pathetisch, geschwollen, voller Pathos, unnatürlich, gespreizt, gekünstelt, unecht, schwülstig, manieriert, gemacht
Theke
1. Schanktisch, Schenktisch, Tresen, Ausschank, Büfett; *landsch.:* Zapf
2. Ladentisch, Verkaufstisch
Thema Gegenstand, Thematik, Stoff, Sujet, Aufgabenstellung, Materie, Inhalt, Frage, Punkt, Problem
Theologe → Geistlicher
theologisch → geistlich
theoretisch
1. gedanklich, gedacht, abstrakt, begrifflich, vorgestellt, spekulativ
2. praxisfern, nicht praktisch
3. wissenschaftlich, hypothetisch
Theorie
1. → Lehre
2. → Einbildung
Therapie Behandlung, Heilbehandlung, Betreuung, Methode, Heilmethode
Thermometer Temperaturmesser, Wärmemesser
These
1. → Hypothese
2. → Lehre
Thrill Nervenkitzel, Hochspannung, Erregung, Reiz, Sensation
Thron Herrschersessel, Königssessel, Kaiserstuhl
Tick → Marotte
Ticket Flugschein, Fahrkarte, Fahrschein, Billett, Eintrittskarte
tief
1. abgründig, bodenlos, grundlos, abgrundtief, klaftertief
2. tiefliegend, in der Tiefe, auf dem Boden, ganz unten
3. → tiefsinnig
Tief
1. Tiefdruckzone, Tiefdruckgebiet, Schlechtwetter, Schlechtwetterfront
2. *ugs. für:* Depression, Niedergeschlagenheit, schlechte Laune, Schwermut, Gedrücktheit, Mutlosigkeit, Freudlosigkeit, Verzagtheit
tiefbetrübt schwermütig, niedergeschlagen, traurig, depressiv, bedrückt, melancholisch, bekümmert, schlechtgelaunt, unfroh; *ugs.:* down, geknickt
Tiefe
1. → Schlucht
2. Bedeutung, Gewicht, Belang, Geltung, Wert, Wichtigkeit, Bedeutsamkeit, Wirksamkeit, Tragweite, Relevanz, Ernst, Rang, Größe, Schwere, Zweck, Stellenwert
3. → Ausmaß
Tiefgang → Tiefsinn
tiefgehend → tiefsinnig
tiefgekühlt gefroren, eingefroren, tiefgefroren, gefrostet, konserviert
tiefgreifend → einschneidend
tiefgründig → tiefsinnig
tiefkühlen einfrieren, einfrosten, gefrieren, konservieren
Tiefpunkt Krise, Tief, Störung, Talsohle
Tiefschlag Fausthieb, Faustschlag, Schwinger, Boxer, Boxhieb, Schlag unter die Gürtellinie
tiefschürfend
1. → gründlich
2. → tiefsinnig
Tiefsinn Gedankenfülle, Gedankentiefe, Gedankenreichtum, Tiefgründigkeit, Tiefsinnigkeit, Gehalt, Essenz, Substanz
tiefsinnig gehaltvoll, tief, vielsagend, tiefgehend, tiefgründig, tiefschürfend, überlegt, durchdacht, gedankenvoll, gedankenreich, feinsinnig, bedeut-

T

sam, gewichtig, bedeutungsvoll, bedeutungsschwer
Tiefstand → Flaute
Tier
1. Lebewesen, Geschöpf, Kreatur, Bestie; *ugs.:* Vieh, Biest
2. → Scheusal
Tierarzt Veterinär, Tiermediziner; *ugs.:* Viehdoktor, Vieharzt
Tierbändiger Dompteur, Bändiger, Dresseur, Abrichter
Tiergarten zoologischer Garten, Zoo, Tierpark, Menagerie
tierisch
1. animalisch, tierhaft, triebhaft, libidinös
2. → brutal
3. *ugs. für:* extrem, gewaltig, sehr, enorm, ungemein
Tierleiche Aas, Kadaver; *Jägerspr.:* Luder
Tierpark → Tiergarten
Tierreich Tierwelt, Fauna
tilgen
1. löschen, auslöschen, beseitigen, aus der Welt schaffen, ausmerzen, ausrotten, zum Verschwinden bringen, liquidieren, vernichten, entfernen, eliminieren, ausradieren, auswischen, abwaschen, streichen
2. abzahlen, abtragen, abgelten, abdecken, zurückbezahlen, abbezahlen, amortisieren, ausgleichen, begleichen, eine Schuld aufheben/bereinigen, entrichten, zurückerstatten, erledigen
Timbre → Klang
timen
1. den richtigen Zeitpunkt wählen, den Einsatz festlegen/bestimmen, die Zeit festsetzen für
2. zeitlich (aufeinander) abstimmen, nach Plan einrichten, in zeitlichen Einklang bringen mit, zeitlich regeln
3. mit der Stoppuhr messen
Timing Zeitabstimmung, Zeitplanung, Zeiteinteilung, zeitliche Koordinierung
Tinktur → Extrakt
Tinnef
1. → Unsinn
2. → Ramsch
Tintenfisch Kalmar, Krake, Sepia, Oktopus
Tipp Hinweis, Wink, Zeichen, Verweis, Fingerzeig, Andeutung, Anspielung, Bemerkung, Rat, Ratschlag, Empfehlung, Mitteilung, Bekanntmachung, Ankündigung
Tippelbruder → Clochard
tippeln
1. → tänzeln
2. → wandern
tippen
1. → berühren
2. eingeben, Maschine schreiben; *ugs.:* einhacken, einhämmern
3. vermuten, die Vermutung haben, Vermutungen anstellen/aufstellen/hegen, annehmen, glauben, wähnen, schätzen, meinen, denken, spekulieren
4. → wetten
Tippse → Schreibkraft
tipptopp
1. korrekt, einwandfrei, fehlerlos
2. adrett, modisch, elegant
Tirade → Redefluss
tirilieren → singen
Tisch Tafel
Tischdecke Tischtuch, Tafeltuch, Decke
tischfertig zubereitet, angerichtet, gar, gekocht, fertig, küchenfertig
Tischler Schreiner; *ugs.:* Möbelmacher
Tischtennis Pingpong
Tischtuch → Tischdecke
titanisch titanenhaft, prometheisch, übermenschlich, → gewaltig
Titel
1. Aufschrift, Überschrift, Kopf, Name
2. Anrede, Titulierung, Betitelung, Prädikat, Rang, Bezeichnung, Amtsbezeichnung, Dienstbezeichnung
3. Schlagzeile, Headline, Hauptüberschrift, Balkenüberschrift
4. → Buch
titeln bezeichnen, betiteln, benennen, mit einem Titel/einem Namen/einer Bezeichnung versehen, titulieren, namhaft machen; *ugs.:* benamsen; *abwertend:* schimpfen
titulieren → benennen
Toast
1. (geröstete) Weißbrotscheibe, Weißbrotschnitte
2. Trinkspruch
toasten
1. rösten, bräunen
2. einen Trinkspruch/Toast ausbringen, sich zuprosten, sich anprosten, sich zutrinken
toben
1. → stürmen
2. → rasen
3. sich tummeln, umherlaufen, sich austoben, tollen, herumtollen, umherspringen, herumspringen, sich austollen, über die Stränge schlagen, übermütig sein, sich ausleben, die Grenzen überschreiten; *ugs.:* herumrennen, rumtoben, die Bude auf den Kopf stellen
tobsüchtig → wütend
Tochter → Kind

Tod
1. Ende, Lebensende, Ableben, Hingang, Heimgang, Sterben, Absterben, Hinscheiden, Verscheiden, Erlösung, Abberufung, Todesschlaf, der ewige Schlaf, Erblassen, Entschlafen, Abschied; *Med.:* Exitus; *schweiz.:* Abgang, Hinschied, Sterbet
2. Gevatter/Schnitter Tod, Knochenmann, Sensenmann, Freund Hein ⓘ
todernst → ernst
Todesangst → Angst
Todesfall Trauerfall, Sterbefall, Verlust
Todeskampf die letzte Stunde, Todespein, Todesnot, Agonie
todesmutig → mutig
Todfeind → Feind
Todgeweihter Sterbender, Todeskandidat, Moribundus; *geh.:* Anwärter des Todes
todkrank → krank
todkrank sein mit einem Fuß/Bein im Grabe stehen, nicht mehr lange zu leben haben, am Rande des Grabes stehen, bald sterben müssen
tödlich lebensgefährlich, todbringend, unheilbar, verderblich
todmüde → müde
todschick → elegant
todsicher → sicher
todunglücklich → traurig
Tohuwabohu → Unordnung
Toilette
1. Abort, Klosett, WC, Pissoir (Männer); *ugs.:* Klo, gewisses Örtchen, Häusl, Lokus, Thron; *derb:* Pinkelbude, Scheißhaus
2. Frisiertisch, Spiegeltisch, Kosmetiktisch, Ankleidetisch
3. festliche Kleidung, Garderobe, Outfit, Ornat

Tod: Bilder für das Lebensende

Das *Lebensende* gehört zu den am stärksten tabuisierten Themen. So sind im Lauf der Zeit zahllose verhüllende oder beschönigende Umschreibungen für das *Sterben* geprägt worden. Zu den gehobenen Formulierungen für den medizinisch *Exitus* genannten Moment gehören Bilder des Abschieds, wie etwa *Heimgang* oder *Abberufung,* und des Endes der Lebensreise wie *letzter Weg/letzte Reise/Fahrt.* Auch Bilder des Schlafs wie *ewiger Schlaf* oder der verbale Ausdruck *(sanft) entschlafen* oder auch *(ruhig) einschlafen.* Die Rede ist zuweilen auch vom *Verlöschen des Lebenslichts.* Aus der Bibel stammt der Satz *den Weg allen Fleisches gehen* (1. Mose 6,12-13).
Der *Tod* wird vor allem in der bildenden Kunst und in Redensarten seit jeher personifiziert. So kennt das Mittelalter den *Knochenmann* und *Sensenmann* oder den *Schnitter.* Die Sense als Attribut des Todes stammt schon aus der Antike. Die Rede ist auch von *Gevatter Tod.* Aus der biblischen Apokalypse stammt die Vorstellung vom *Tod* als *Apokalyptischem Reiter;* aus der jüdischen Tradition kommt der *Todesengel.* Da dieser in weiße Gewänder gehüllt ist, wird er auch der *weiße Tod* genannt. Dieser Ausdruck wird heute für den *Tod* im Schnee oder durch Lawinen verwendet. Der *schwarze Tod* war im Mittelalter eine Umschreibung für die Beulenpest.
In zahlreichen umgangssprachlichen Redensarten wird *Tod* zur Verstärkung der Aussage gebraucht: *sich zu Tode arbeiten/ärgern/erschrecken/lachen/langweilen.* Überdruss durch (allzu) häufige Wiederholung drückt die Redensart aus *ein Beispiel/Thema/einen Witz zu Tode reiten. Wie der Tod (auf Latschen) aussehen* bedeutet, ganz blass sein beziehungsweise sehr krank aussehen. *Sich den Tod holen* heißt schwerkrank werden. Was man *auf den Tod nicht leiden/ausstehen kann,* das mag man überhaupt nicht. Um auszudrücken, dass man etwas nicht ertragen könnte, sagt man auch *das wäre mein Tod.*

Toilette machen → herausputzen, sich
tolerant duldsam, einsichtig, nachsichtig, verständnisvoll, offenherzig, weitherzig, entgegenkommend, freizügig, großzügig, aufgeschlossen, versöhnlich, großmütig, geduldig, offen, aufgeklärt, liberal, vorurteilslos, vorurteilsfrei, human, freiheitlich
Toleranz → Nachsicht
tolerieren → dulden
toll außergewöhnlich, bemerkenswert, hervorragend, auffallend, besonders, außerordentlich, beeindruckend, eindrucksvoll, nennenswert, unvergleichlich, vorbildhaft, mustergültig, exemplarisch, unübertrefflich, unnachahmlich, sondergleichen, einzig, einzigartig, beispiellos, extraordinär, imponierend, imposant, beachtlich, enorm, grandios, glänzend, prächtig,

erstaunlich, umwerfend, bewundernswert, großartig, stark, äußerst, optimal, phänomenal, wunderbar, formidabel, vorzüglich, vortrefflich, brillant, sensationell, spektakulär, rühmlich, bahnbrechend, genial, überwältigend, erstrangig, fabelhaft, sagenhaft, groß, einmalig; *ugs.:* unheimlich, irrsinnig, mordsmäßig, riesig, super, bombig, bestens, prima, irre, Spitze, eins a; *jugendsprachl.:* geil, megageil, krass

tolldreist → kühn

tollen → toben

tollkühn → kühn

Tollpatsch → Tölpel

tollpatschig → ungeschickt

Tölpel
1. Tollpatsch, Stoffel; *abwertend:* Bauer; *ugs.:* Trampel, Trampeltier
2. → Dummkopf

tölpelhaft
1. → ungeschickt
2. → einfältig

Tomate *veraltet:* Paradiesapfel, Liebesapfel; *österr.:* Paradeiser

Tombola Verlosung, Warenlotterie, Glückshafen

Ton
1. → Klang
2. → Farbe
3. Betonung, Akzent, Gewicht, Hervorhebung, Unterstreichung
4. Tonerde, Kaolin

tonangebend → führend

Tondichter Tonkünstler, Tonsetzer, Tonschöpfer, Komponist

tönen
1. schallen, hallen, klingen, schwingen, dröhnen
2. schattieren, Farbe geben, aufhellen, nachdunkeln

Tonfolge → Melodie

Tonkunst Musik

tonlos → schweigend

Tonne
1. Fass, Bottich
2. → Fettwanst
3. 1000 kg

Tönung → Farbe

Tool Werkzeug, Hilfsprogramm, Hilfsmittel

top sehr gut, einwandfrei, tadellos, ausgezeichnet, vorbildlich, meisterhaft, erstklassig, unübertroffen, genial

Topf
1. Kessel, Kasserolle; *landsch.:* Pott, Hafen
2. → Nachttopf

Topfen → Quark

Töpferware Keramik, Tonware

toppen übertreffen, überbieten, steigern, verbessern, besser/stärker sein, Besseres leisten, bezwingen, besiegen

Tor
1. Torweg, Durchlass, Einfahrt, Ausfahrt, Portal, Pforte, Zugang, Eingang
2. Fußballtor, Gehäuse, Kasten
3. Treffer; *österr.:* Goal
4. → Dummkopf

Torero → Stierkämpfer

Torheit Unvernunft, Narrheit, Unverstand, Vernunftlosigkeit, Einfalt, Einfältigkeit, Dummheit, Gedankenlosigkeit, Fehler, Leichtsinn

Torhüter → Torwart

töricht einfältig, dumm, albern, unklug, unvernünftig, ungeschickt, lächerlich, ohne Verstand, leichtgläubig, kindisch, blöd, blödsinnig, dümmlich; *ugs.:* dämlich, doof, bescheuert, idiotisch

Torjäger Stürmerstar, Rekordtorschütze, (erfolgreicher) Stürmer, Goalgetter, Topscorer, Torschützenkönig; *ugs.:* Vollstrecker, Knipser, Killer; *scherzh.:* Torfabrik, Tormaschine

torkeln → schwanken

Tornister Ranzen

torpedieren
1. mit Torpedos versenken/beschießen
2. → vereiteln

Torso → Bruchstück

Tortur → Qual

Torwart Torhüter, Torsteher, Tormann, Torwächter, Schlussmann; *österr.:* Keeper, Goalkeeper; *ugs.:* Nummer eins, Mann zwischen den Pfosten

tosen → stürmen

tot
1. gestorben, verstorben, hingeschieden, verschieden, leblos, unbelebt, verblichen, hingestreckt, erloschen; *geh.:* heimgegangen, entseelt, selig; *ugs.:* hin, hinüber, mausetot, dahin, hops; *derb:* krepiert
2. öde, verlassen, menschenleer, entvölkert, unbevölkert, verödet, unbelebt, geisterhaft, einsam, unbeseelt, unbewohnt

total → ganz

totalitär diktatorisch, autoritär, autokratisch, allein herrschend, unumschränkt, unbeschränkt, uneingeschränkt, allgewaltig, absolut, absolutistisch, repressiv, tyrannisch, despotisch

Totalität → Ganzheit

töten
1. umbringen, aus der Welt schaffen, ums Leben bringen, aus dem Weg räumen, jmdn. beseitigen, liquidieren, morden, ermorden, einen Mord begehen/verüben, unter die Erde bringen, lynchen, abtöten, niedermachen, nie-

T

dermetzeln, massakrieren, erschlagen, totschlagen, ausrotten, ein Blutbad/Gemetzel anrichten, abtöten, ausmerzen, vernichten, niederstechen, erstechen, hinschlachten, ersticken, jmdn. stumm machen, erdrosseln, erwürgen, die Kehle/Gurgel zudrücken/abschnüren, strangulieren, enthaupten, köpfen, den Kopf abschlagen, guillotinieren, hinrichten, erdolchen, meucheln, an die Wand stellen, hängen, erhängen, aufhängen, die Todesstrafe vollstrecken, exekutieren, vergasen, ertränken, steinigen, vergiften, niederschießen, totschießen, erschießen, den Genickschuss geben, füsilieren, niederstrecken, verbrennen, auf den Scheiterhaufen bringen, kreuzigen, ans Kreuz schlagen; *ugs.:* hinmachen, kaltmachen, fertigmachen, erledigen, ins Jenseits befördern, den Garaus machen, den Rest geben, aufknüpfen, das Lebenslicht ausblasen/auspusten, abmurksen, aus dem Weg räumen, um die Ecke bringen, beiseiteschaffen, einen Kopf kürzer machen, über die Klinge springen lassen, umlegen, killen, zusammenschießen, abknallen, über den Haufen schießen
2. erlegen (Tiere), totmachen, zur Strecke bringen, schächten, schlachten, abschlachten, den Gnadenstoß/Todesstoß versetzen, den Fang geben, den Genickfang/Fangschuss geben, abstechen, abfangen, schießen, abschießen, ersäufen

töten, sich → umbringen, sich
totenblass → blass
Totenlade → Sarg
Totenmesse Seelenamt, Seelenmesse, Totenamt, Totengedenkmesse, Requiem, Trauerfeier, Leichenfeier; *geh.:* Exequien
Totenreich → Unterwelt
Totenschrein → Sarg
totenstill still, lautlos, mucksmäuschenstill, unhörbar, tonlos
Toter → Leichnam
totlachen, sich → lachen
totschießen → töten
Totschlag
1. → Mord
2. Mord und Totschlag → Streit
totschlagen
1. → töten
2. die Zeit totschlagen → faulenzen
totschweigen → verschweigen
Tötung → Mord
Touch → Nuance
Toupet Haarersatz, Haarteil, Teilperücke, falsche Haare; *ugs.:* Mütze
Tour
1. Ausflug, Fahrt, Trip, Wanderung, Ausfahrt, Partie, Landpartie, Reise, Abstecher, Spazierfahrt, Vergnügungsfahrt, Erholungsfahrt, Fahrt ins Grüne, Exkursion, Streifzug
2. → Art
3. Drehung, Umdrehung, Umlauf, Rotation
4. in einer Tour → dauernd
Tourismus Fremdenverkehrswesen, Reisen, Reiseverkehrswesen, Fremdenverkehr
Tourist → Urlauber
Tournee Gastspielreise, Rundreise
toxisch → giftig

Trabant
1. → Satellit
2. → Anhänger
Trabantenstadt → Vorort
traben
1. → reiten
2. → laufen
Tracht
1. → Kleidung
2. eine Tracht Prügel → Prügel
trachten → abzielen auf
trächtig
1. tragend; *Jägerspr.:* beschlagen
2. → fruchtbar
tradieren → überliefern
Tradition
1. Überlieferung, Erbe, Geschichte, Herkommen, Historie, → Brauch
2. Tradierung, Weitergabe, Weiterführung
traditionell → herkömmlich
Tragbahre *ugs. für:* Bahre
tragbar
1. transportabel, beweglich, mobil, beförderbar, fahrbar
2. leicht, nicht schwer
3. → erträglich
Trage Traggestell
träge
1. langsam, faul, temperamentlos, schwunglos, energielos, bequem, behäbig, schwerfällig, phlegmatisch, stumpf, stumpfsinnig, viskös (Flüssigkeit), lethargisch, apathisch, leidenschaftslos, teilnahmslos, langweilig, passiv, untätig, unbeweglich, müßig, inaktiv, saumselig; *geh.:* indolent; *ugs.:* pomadig, schlafmützig, schläfrig, tranig, transusig, tranfunzelig, verschlafen, lahm, trödelig
2. denkfaul, gedankenträge, einfallslos, begriffsstutzig; *ugs.:* schwer von Begriff/Kapee

T

transpirieren: Schwitzen elegant umschrieben

Menschen, Tiere und Pflanzen *transpirieren*. Dieser fachsprachliche Begriff ist im Bezug auf Pflanzen immer die korrekte Wortwahl. Bei Menschen wird im täglichen Sprachgebrauch viel häufiger das Wort *schwitzen* benutzt. Möchte man die Verwendung dieses Wortes vermeiden, weil mit *schwitzen* oftmals mangelnde Sauberkeit assoziiert wird, kann das fachsprachliche Wort *transpirieren* als gehobenes Synonym verwenden werden. Die Stilfigur, einen unangenehmen oder anstößigen Sachverhalt mit einem gemäßigten Ausdruck zu umschreiben, heißt »Euphemismus«.

tragen
1. schleppen, mit sich führen, befördern, transportieren
2. huckepack tragen/nehmen, auf den Rücken nehmen; *ugs.:* buckeln
3. bekleidet sein, aufhaben, anhaben, auf dem Leibe/dem Kopf tragen
4. → ertragen
5. → eintragen

tragen, sich
1. sich lohnen, sich rentieren, sich bezahlt machen, sich auszahlen
2. sich tragen mit → befassen, sich

Träger
1. → Stütze
2. Lastenträger, Gepäckträger, Dienstmann

träge sein schwerfällig sein, schläfrig sein, faul sein, langsam sein, phlegmatisch sein, temperamentlos sein

Trägheit
1. → Faulheit
2. Passivität, Phlegma, Bequemlichkeit, Schläfrigkeit, Teilnahmslosigkeit, Apathie, Stumpfheit, Lethargie

Tragik → Unglück

tragisch
1. → trostlos
2. katastrophal, verhängnisvoll, fürchterlich, fatal, furchtbar, entsetzlich, schrecklich, desaströs, unheilvoll, folgenschwer, schicksalhaft, unglücklich, schlimm, unglückselig, erschütternd, bestürzend, schauderhaft, erschreckend, grässlich, Grauen erregend, verderblich, Besorgnis erregend, sehr schlecht, übel

Tragödie
1. Trauerspiel, Drama
2. → Unglück

Tragweite
1. → Folge
2. → Bedeutung

Trainer Ausbilder, Sportlehrer, Coach, Übungsleiter

trainieren
1. etwas einüben, auf einen Wettkampf vorbereiten, coachen, ausbilden, schulen, drillen
2. üben, sich trimmen, im Training sein, in Form bleiben, sich fit halten

Trakt
1. Seitentrakt, Seitenbau, Flügel, Zimmerflucht
2. Komplex, Gebäudekomplex, Häuserblock
3. Zug, Strang, Länge, Gesamtlänge, Strecke

Traktat → Aufsatz

traktieren
1. → bewirten
2. → quälen

Traktor Trecker, Schlepper, Bulldog, Zugmaschine, Schleppfahrzeug

trällern → singen

Trambahn → Straßenbahn

Tramp → Landstreicher

Trampel → Tölpel

trampeln stampfen, heftig treten, stapfen

trampen sich mitnehmen lassen, Autos anhalten, per Autostop/Anhalter fahren, hitchhiken, den Daumen raushalten

Trance Dämmerzustand, Entrückung, Abwesenheit

tranchieren → zerlegen

Träne Wasser, Augenwasser; *poet.:* Zähre

tränenselig → sentimental

Tränenseligkeit → Rührseligkeit

tranig
1. → fett
2. → träge

Trank → Getränk

tränken
1. zu trinken geben, trinken lassen, einflößen
2. durchfeuchten, durchdringen/vollsaugen lassen

Tranquilizer → Beruhigungsmittel

Transaktion Geschäft, Geldgeschäft, Bankgeschäft, Transitgeschäft, Handel, Geschäftsabschluss

transchieren → tranchieren

Transfer
1. Weitertransport, Überführung, Beförderung
2. Zahlung, Transferierung
3. Wechsel, Austausch

transformieren → ändern

Transfusion Blutübertragung

Transit Durchgang, Durchfuhr, Durchfahrt

transparent
1. → durchsichtig
2. → klar

Transparent Spruchband, Banderole

Transpiration → Schweiß

transpirieren schwitzen, in Schweiß geraten ⓘ

Transplantation Verpflanzung, Gewebsverpflanzung, Organverpflanzung, Übertragung, Überpflanzung
transplantieren verpflanzen, einpflanzen, überpflanzen, übertragen, eine Transplantation/Implantation vornehmen, implantieren
Transport
1. Beförderung, Überführung, Versendung, Verschickung, Verfrachtung, Verladung, Versand, Abtransport, Zuleitung, Zustellung, Lieferung; *geh.:* Expedierung
2. → Fracht
transportabel → tragbar
transportieren → befördern
Transportunternehmen → Spedition
Transuse → Schlafmütze
transzendent → übersinnlich
transzendieren übergehen, hinübergehen, übersteigen, überschreiten
trapsen → stampfen
Trara → Lärm
Trash geschmacklose/minderwertige Ware, Ramsch, Schund, Kitsch, Kram, Krempel, Plunder, Trödel
trashig geschmacklos, billig, minderwertig, kitschig, stillos
Tratsch Klatsch, Geläster, Tuschelei, Getuschel, Gerede, Geschwätz, Getratsche, Tratscherei
tratschen
1. → klatschen
2. → ausplaudern
Traube Weintraube, Weinbeere
Traubenlese → Weinlese
Traubensaft → Wein
trauen
1. ehelich verbinden, vermählen, verheiraten, zur Ehe zusammengeben, einsegnen
2. → vertrauen
trauen, sich
1. → riskieren
2. **sich trauen lassen** → heiraten
Trauer Melancholie, Schwermut, Verdüsterung, Trübsinn, Schmerz, Leid, Weltschmerz, Wehmut, Wehmütigkeit, Traurigkeit, Niedergeschlagenheit, Kummer, Gram, Betrübtheit, Verzweiflung, Betrübnis, Düsterkeit; *ugs.:* Depri
Trauerfeier → Totenmesse
trauern traurig/untröstlich sein, Schmerz/Leid empfinden, klagen über/um, beweinen, sich grämen, sich bekümmern, weinen/jammern um, Leid tragen, wehklagen
Trauerspiel Tragödie, Drama
träufeln tröpfeln, tropfen lassen
traulich → gemütlich
Traum → Wunsch
Trauma
1. seelische Erschütterung, Schock
2. → Verletzung
traumatisiert verstört, seelisch erschüttert, entsetzt, geschockt, fassungslos, sprachlos, konsterniert, bestürzt
träumen
1. einen Traum haben
2. seine Gedanken schweifen lassen, in den Wolken schweben, Gedanken nachhängen, abwesend sein, geistesabwesend/unaufmerksam/nicht bei der Sache/ganz in Gedanken/mit den Gedanken weit weg sein, in Gedanken versunken/verloren sein, nicht aufpassen; *ugs.:* mit offenen Augen schlafen, seine Gedanken woanders/nicht beisammen haben, geistig weggetreten sein, pennen
3. → hoffen
Träumer
1. → Schwärmer
2. → Schlafmütze
träumerisch
1. → schwärmerisch
2. → geistesabwesend
Traumfabrik
1. Scheinwelt, Luftschloss, Illusionsproduktion, Wunschgebilde, Fiktion
2. → Kino
traumhaft
1. wie im Traum, unbewusst, blind, mechanisch, automatisch
2. → irreal
3. → großartig
traumverloren → geistesabwesend
Traumwandler → Schlafwandler
traurig
1. von Trauer erfüllt, bekümmert, betrübt, bedrückt, untröstlich, schmerzerfüllt, trübselig, weh, wehmütig, trist, unglücklich, todunglücklich, trüb(e), kummervoll, elegisch, leidend, melancholisch, trübsinnig, verzweifelt, betroffen, schwermütig, freudlos, gedrückt, unfroh, deprimiert, am Boden zerstört, niedergeschlagen, gebrochen; *ugs.:* down, geknickt
2. → trostlos
traurig sein Weltschmerz haben, mit dem Schicksal hadern, mit der Welt zerfallen sein, trauern; *ugs.:* Trübsal blasen, alles schwarzsehen, den Blues haben
traut → gemütlich
Trauung → Hochzeit
Trecker → Traktor

treffen
1. das Ziel erreichen, ins Schwarze treffen, nicht danebenschießen
2. das Richtige treffen, erfassen, finden, herausfinden; *ugs.:* richtigliegen, den Nagel auf den Kopf treffen
3. → nahegehen
4. sich als wahr/richtig/zutreffend erweisen/herausstellen, passen, stimmen, entsprechen; *ugs.:* hinhauen
5. antreffen, erreichen, vorfinden, stoßen auf, auffinden, entdecken

treffen, sich zusammentreffen, zusammenkommen, zusammenstoßen, zusammentreten, zusammenprallen, aufeinandertreffen, sich begegnen, sich sehen, sich wiedersehen, aufeinanderstoßen, den Weg kreuzen, sich zusammensetzen, sich zusammenfinden, sich versammeln, sich ein Stelldichein geben; *ugs.:* sich in die Arme/über den Weg laufen

Treffen → Zusammenkunft

treffend genau richtig, der Sache entsprechend, adäquat, passend, prägnant, akkurat, präzise, exakt, haarscharf, haargenau, zutreffend, wohlgezielt, konkret, eindeutig, unzweideutig, lakonisch

Treffer
1. Tor; *österr.:* Goal
2. Gewinn, Hauptgewinn, großes Los, Glückslos, Volltreffer, erster Preis, Glücksgriff
3. → Hit

trefflich → ausgezeichnet

Treffpunkt Versammlungsort, Ort der Begegnung, Sammelstelle, Sammelpunkt

trennen: Von differenzieren bis isolieren

Für den deutschen Begriff *trennen* gibt es eine Reihe verschiedener sinnverwandter Fremdwörter. In einigen Fällen spezifizieren sie den Anwendungsbereich des Wortes und geben genauere Auskunft über die jeweilige Bedeutungsebene.
In Bezug auf Sachverhalte oder Personen zu *differenzieren* heißt, in detaillierter Weise auf einzelne Gesichtspunkte einzugehen und Unterschiede hervorzuheben. Jemanden zu *isolieren* bedeutet, ihn von anderen abzusondern und fernzuhalten. Auf Personen bezogen kann in gleichem Sinn auch der Ausdruck *separieren* verwendet werden. Stoffgemische zu *separieren* bedeutet hingegen, die einzelnen stofflichen Bestandteile voneinander zu trennen. In der Psychologie spricht man von *dissoziieren* wenn sich Bewusstseinszusammenhänge auflösen und in diesem Sinn voneinander trennen. In der Chemie verwendet man den Ausdruck *dissoziieren,* wenn Stoffe chemisch aufgespalten werden.

treiben
1. → jagen
2. driften, schwimmen
3. laufen lassen, in Gang halten, bewegen, antreiben
4. → aufhetzen
5. → drängen
6. sich beschäftigen mit, praktizieren, verrichten, führen, vollführen, machen, ausüben, nachgehen
7. → keimen
8. hochgehen, aufgehen, wachsen, quellen, aufblähen, anschwellen

Treiben → Betrieb

Treibhaus Gewächshaus, Glashaus

Treibjagd → Jagd

Treibstoff Kraftstoff, Benzin; *ugs.:* Sprit

Trend → Strömung

trendig → trendy

Trendsetter
1. Vorreiter, Pionier, Pacemaker, Vorbild
2. → Idol

trendy zeitgemäß, modern, aktuell, im Trend sein, trendig, modisch, angesagt, in; *ugs.:* hip

trennen
1. entzweien, spalten, aufspalten, aufteilen, zerteilen, auftrennen, abtrennen, zertrennen, durchtrennen, zerschneiden, durchschneiden, auseinanderschneiden, aufschneiden, zerlegen, zergliedern, durchhacken, durchhauen, kappen, unterbrechen
2. isolieren, separieren, vereinzeln
3. auflösen, dissoziieren
4. → entzweien
5. unterscheiden, differenzieren, untergliedern, spezifizieren ⓘ

trennen, sich
1. weggehen, auseinandergehen, sich lösen, sich loslösen, brechen mit, scheiden, sich scheiden lassen, die Ehe auflösen, sich lossagen, Schluss machen, sich den Rücken kehren, sich abwenden von, verlassen, Abschied nehmen, sich losreißen, sich verabschieden, die Verbindung lösen

T

2. sich spalten, sich abspalten, abfallen, austreten, sich absplittern; *ugs.:* abspringen, aussteigen

Trennung
1. Spaltung, Aufspaltung, Abspaltung, Zerteilung, Aufteilung, Unterteilung, Zweiteilung, Abtrennung, Zerlegung
2. Scheiden, Weggang, Abschied, Auseinandergehen, Lebewohl
3. Sonderung, Absonderung, Scheidung, Loslösung, Separation, Abwendung, Distanzierung, Isolierung, Entfernung, Eliminierung, Vereinzelung, Ausschluss
4. Entzweiung, Bruch, Lösung, Auflösung, Abbruch, Ehescheidung, Lockerung

Treppe
1. Stufe, Stiege, Tritt, Aufgang
2. Geländestufe, Absatz, Terrasse

Tresen → Theke

Tresor Stahlschrank, Panzerschrank, Geldschrank, Sicherheitsfach, Schließfach, Bankfach, Safe

treten
1. den Fuß setzen, einen Schritt/Tritt machen, vor sich herstoßen, vortreten, zurücktreten, herantreten
2. → stampfen
3. → quälen

treten in → betreten

Tretmühle → Langeweile

treu treugesinnt, ergeben, anhänglich, zuverlässig, getreu, getreulich, loyal, fest, beständig, treu und brav

Treuhänder Vermögensverwalter, Treuhandverwalter, Kurator, Trustee

treuherzig → arglos

treulos → untreu

Tribunal Gericht, Gerichtshof, Gerichtsbehörde

Tribut
1. → Gebühr
2. → Hochachtung

Trick Kunstgriff, Kniff, Praktik, Winkelzug, Schachzug, Finesse, Raffinesse, List, Manöver, Manipulation, Handgriff; *ugs.:* Schliche, Dreh, Masche; *österr.:* Schmäh

trickreich voller Tricks, gewitzt, schlau, fintenreich

Trieb
1. Instinkt, Impuls, natürliche Regung; *geh.:* Stimme der Natur; *scherzh:* innere Stimme
2. → Drang
3. → Schössling

Triebfeder → Antrieb

triebhaft
1. tierisch, animalisch, libidinös
2. → sinnlich

Triebkraft → Antrieb

Triebwerk Maschine, Antrieb, Antriebsmaschine, Motor, Kraftquelle

triefen tropfen, perlen, fließen, rieseln

triezen → quälen

triftig
1. stichhaltig, beweiskräftig, zwingend, schlagend, hieb- und stichfest, überzeugend, einleuchtend, einsichtig, unangreifbar, unwiderlegbar, glaubwürdig, logisch, schlüssig, stringent, plausibel
2. → wichtig

trillern → singen

trimmen → scheren

trimmen, sich
1. sich fit halten
2. → trainieren

Trinität → Dreieinigkeit

trinken
1. den Durst stillen/löschen, Flüssigkeit/eine Erfrischung zu sich nehmen, ein Glas leeren, sich erfrischen, einen Schluck nehmen, nippen, schlürfen, hinunterstürzen, hinuntertrinken; *ugs.:* hinuntergießen, hinunterspülen, hinunterschütten, die Kehle anfeuchten; *derb:* saufen
2. sich betrinken, zechen; *ugs.:* sich einen zu Gemüte führen, bechern, kneipen, sich einen genehmigen, sich einen hinter die Binde gießen, einen stemmen/heben/zwitschern/zur Brust nehmen/zischen/kippen/durch die Kehle jagen, picheln, sich die Kehle nass machen/ölen/schmieren, schlucken, süffeln, in die Kanne steigen, kümmeln, einheizen, tanken, schnapsen, pietschen, die Pfropfen knallen lassen, kübeln, ein Glas kippen, die Gurgel spülen, einen auf die Lampe gießen/unter das Jackett brausen; *derb:* einen saufen/abbeißen/schmettern; *landsch.:* dudeln, schnapseln

Trinker → Alkoholiker

Trinkgelage → Orgie

Trinkspruch Toast

Trip
1. → Ausflug
2. Rausch, Reise
3. **auf dem Trip** → high

trippeln → tänzeln

trist traurig, trostlos, öde, grau in grau, monoton, freudlos, deprimierend

Tritt
1. → Schritt
2. → Stufe
3. → Stoß

Triumph
1. Erfolg, Sieg, Gelingen, Errungenschaft, Glück, Gedeihen, Durchbruch, Fortschritt, Wirksamkeit,

T

Treffer, Volltreffer, Gewinn
2. → Freude
triumphal → großartig
triumphieren
1. → jubeln
2. → gewinnen
3. → schadenfroh sein
trivial geistlos, leer, inhaltsleer, ideenlos, gehaltlos, substanzlos, stumpfsinnig, mechanisch, dumpf, stupid(e), stereotyp, ohne Gehalt/Tiefe, einfallslos, oberflächlich, flach, hohl, seicht, platt, banal, nichtssagend, unbedeutend, abgeschmackt, phrasenhaft, alltäglich, gewöhnlich, abgegriffen, öde; *ugs.:* abgestanden, abgedroschen
Trivialität → Gemeinplatz
trocken
1. nicht nass/feucht
2. vertrocknet, ausgetrocknet, entwässert, ausgedörrt, verdorrt, dürr, saftlos, verwelkt, welk, abgestorben, trocken/hart geworden; *ugs.:* furztrocken; *landsch.:* staubtrocken, knochentrocken, rappeltrocken
3. alt, altbacken, nicht mehr frisch; *ugs.:* vergammelt, gammelig, steinhart (Brot)
4. regenarm, wasserarm, niederschlagsarm, wüstenhaft, versteppt
5. → nüchtern
6. → langweilig
7. → herb
8. → stubenrein
9. → komisch
Trockenheit Dürre, Wasserarmut, Wassernot, Wassermangel; *schweiz.:* Tröckne
trockenlegen
1. die Windel wechseln, wickeln
2. entwässern, entsumpfen, trocknen; *fachsprachl.:* dränieren
trockenreiben → trocknen
trocknen
1. trocken werden lassen/machen, abtrocknen, abwischen, abreiben, trockenreiben, frottieren, abfrottieren, föhnen (Haare); *ugs.:* abrubbeln
2. dörren, ausdörren, austrocknen, darren; *landsch.:* selchen
3. trocken werden, durchtrocknen, eintrocknen, vertrocknen, versiegen, verwelken, verdorren, eingehen
4. → trockenlegen
Troddel Quaste, Bommel, Klunker, Puschel; *ugs.:* Bummel; *landsch.:* Püschel
Trödel → Ramsch
trödeln spazieren, schlendern, flanieren, promenieren, bummeln, trollen; *ugs.:* latschen
Trödler → Altwarenhändler
trollen spazieren, schlendern, flanieren, promenieren, bummeln, trödeln; *ugs.:* latschen
trollen, sich gehen, losgehen, sich auf den Weg machen/begeben, sich aufmachen, aufbrechen, sich absetzen, sich davonmachen, verschwinden
Trommel Schlagzeug, Percussion
trommeln
1. die Trommel schlagen/rühren
2. → klopfen
3. → regnen
trompeten
1. die Trompete blasen/spielen
2. sich schnäuzen, sich schnauben, sich die Nase putzen, sich ausschnäuzen
Tropf → Dummkopf
tröpfeln
1. → nieseln
2. träufeln, fließen lassen
3. → tropfen
tropfen
1. in Tropfen fallen, tröpfeln, triefen, sickern, rieseln, heraustropfen, perlen
2. → nieseln
tropfnass → nass
tropisch → heiß
Trosse Tau, Schiffstau, Seil, Drahtseil, Leine, Strang
Trost Hoffnung, Hoffnungsschimmer, Lichtblick, Stärkung, Aufrichtung, Aufheiterung, Ermunterung, Zuspruch, Erleichterung, Linderung, Herzenstrost, Seelentrost, Milderung, Besänftigung, Labsal, Tröstung, Zusprache, Beruhigung, Wohltat, Balsam
trösten Trost spenden/zusprechen, Mut geben, aufrichten, aufheitern, aufmuntern, aufbauen, ermutigen, stärken, beruhigen, beschwichtigen, den Schmerz stillen, wieder hoffen/Mut schöpfen lassen
trösten, sich → verschmerzen
trostlos
1. bemitleidenswert, beklagenswert, bedauernswert, bejammernswert, herzbewegend, herzergreifend, herzbrechend, bedauerlich, Mitleid erregend, erbarmungswürdig, unglücklich, unfroh, kläglich, erbärmlich, jämmerlich, betrüblich, jammervoll, unselig, unglückselig, erschreckend, freudlos, qualvoll, leidvoll, erschütternd, tragisch, ergreifend, leiderfüllt, traurig, hart, freudenarm, freudenleer, düster, trist, hoffnungslos,

unerfreulich, desolat, entmutigend, elend
2. unfruchtbar, unbebaut, wüst, wild, trist, kahl, öde, karg, steinig, felsig, brach, ungenutzt, unergiebig, verwildert

Trott
1. → Langeweile
2. → Schlendrian
3. Gang, Gangart

Trottel → Dummkopf

trotten → gehen

Trottoir Fußweg, Fußgängerweg, Bürgersteig, Gehweg, Gehsteig

trotz ungeachtet, entgegen, obschon, obgleich, obwohl, wenngleich, wenn auch

Trotz Eigensinn, Eigensinnigkeit, Starrköpfigkeit, Hartköpfigkeit, Dickköpfigkeit, Sturheit, Starrsinn, Starrsinnigkeit, Eigenwille, Eigenwilligkeit, Widerspenstigkeit, Widerborstigkeit, Halsstarrigkeit, Steifnackigkeit, Rechthaberei, Verbohrtheit, Hartgesottenheit, Unbelehrbarkeit, Widerspruchsgeist, Aufsässigkeit, Protesthaltung, Kratzbürstigkeit, Hartnäckigkeit, Uneinsichtigkeit; *geh.:* Renitenz; *ugs.:* Bockigkeit, Bockbeinigkeit, Dickschädeligkeit

trotzdem
1. dennoch, dessen ungeachtet, nichtsdestoweniger, doch, trotz allem, nun gerade/erst recht, jedenfalls, gleichwohl
2. obwohl, obgleich, obschon, obzwar, wenngleich, wennschon, wenn auch, wiewohl, auch/und/selbst wenn, ungeachtet, gleichwohl

trotzen → aufbegehren

trotzig → widerspenstig

Trotzkopf Dickkopf, Starrkopf, Querkopf, Rechthaber; *ugs.:* Dickschädel, Quadratschädel; *derb:* sturer Bock/Hund; *österr.:* Kaprizenschädel

trotzköpfig widerspenstig, widerborstig, störrisch, bockig, bockbeinig, trotzig, trotzköpfig, starrköpfig, dickköpfig, verstockt, unzugänglich, eigensinnig, eigenwillig, starrsinnig, halsstarrig, verbockt, verbohrt, stur

trüb(e)
1. grau, dunkel, düster, lichtlos, schumm(e)rig, bewölkt, dunstig, verhangen, diesig, wolkig, bedeckt, bezogen, regnerisch, getrübt, unfreundlich, nebelig
2. unklar, schmutzig, unsauber, verschmutzt
3. → traurig

Trubel Betrieb, Aufruhr, Hype, Aufsehen, Wirbel

trüben
1. verschmutzen, verunreinigen, schmutzig/dreckig machen
2. überschatten, verfinstern, verdunkeln, dämpfen, abschwächen, beeinträchtigen, reduzieren, schmälern, stören, dämmen, eindämmen

trüben, sich → eintrüben, sich

Trübsal → Leid

trübselig → traurig

Trübsinn → Trauer

trübsinnig → traurig

trudeln wirbeln, rotieren, sich um die Achse drehen, kullern, kreiseln

Trug → Täuschung

Trugbild → Einbildung

trügen → täuschen

trügerisch unecht, unwirklich, täuschend, irreführend, → illusorisch

Trugschluss → Irrtum

Truhe Kasten, Schrein, Kommode, Lade, Kiste

Trümmer Rest(e), Bruchstücke, Überrest(e), Schutt, Ruine, Wrack, Torso, Überbleibsel, Scherben, Trümmerhaufen

Trumpf gute Karte/Waffe, Faustpfand, Vorteil, Möglichkeit

Trunk → Getränk

trunken
1. → betrunken
2. → begeistert

Trunkenbold → Alkoholiker

Trunksucht → Alkoholismus

trunksüchtig *derb:* versoffen, saufgierig

trunksüchtig sein dem Alkohol verfallen/Alkoholiker sein, trinken, dem Alkohol frönen; *derb:* dem Suff ergeben sein, versoffen sein, saufen (wie ein Loch); *ugs.:* ein Schluckspecht sein

Trupp → Schar

Truppe
1. → Ensemble
2. → Kompanie

Truthuhn
1. *f.:* Truthenne, Pute; *ugs.:* Kurrhenne; *schweiz.:* Trute; *österr.:* Indian
2. *m.:* Truthahn, Puter; *ugs.:* Kurrhahn

tschüs → auf Wiedersehen

tuberkulös → schwindsüchtig

Tuberkulose Schwindsucht, Tb(c), Auszehrung; *Med.:* Phthise

Tuch
1. Stoff, Gewebe
2. Kopfbedeckung

Tuchfühlung → Kontakt

tüchtig
1. geschickt, fähig, patent, begabt, befähigt, erfahren, gewandt, qualifiziert
2. → gehörig
3. → fleißig

T

tüchtig sein sich bewähren, sich behaupten, seinen Mann stehen, sein Handwerk verstehen, den Anforderungen gewachsen sein, etwas leisten, sich sehen lassen können

Tücke
1. Arglist, Heimtücke, Hinterlist, Hinterhältigkeit, Hintergedanken, Verschlagenheit, Bosheit
2. List, Manöver, Trick, Winkelzug, Schachzug, Kunstgriff, Geschick, Schläue, Gewitztheit, Pfiffigkeit, Bauernschläue, Durchtriebenheit, Verschlagenheit

tückisch → heimtückisch

tüfteln
1. → denken
2. basteln, (handwerkliche Arbeiten) herstellen, produzieren, fabrizieren, bauen, erzeugen, erstellen, hervorbringen, fertigen, verfertigen, arbeiten an, formen, gestalten, bilden, zimmern, schmieden, modellieren; *ugs.:* bosseln, fummeln

tugendhaft anständig, gesittet, sittsam, sittlich, moralisch, untadelig, tugendsam

tummeln, sich
1. → toben
2. → beeilen, sich

Tumor → Geschwulst

Tümpel Teich, Weiher, Pfuhl

Tumult
1. Betrieb, Trubel, Hype, Aufsehen, Wirbel
2. → Ausschreitung

tun
1. handeln, vorgehen, verfahren, agieren, wirken, tätig sein, operieren, zur Tat schreiten, aktiv/initiativ werden, Initiative ergreifen/entwickeln; *ugs.:* machen
2. → arbeiten
3. antun, (Schaden) zufügen, in Mitleidenschaft ziehen, schaden, schädigen, zuleide tun, bereiten, beibringen

tun als ob heucheln, vortäuschen, vorgeben, vorgaukeln, vormachen, vorspiegeln, vorschützen, blenden, bluffen, sich verstellen, sich stellen als ob, den Schein wahren, sich den Anstrich geben, seine Gesinnung verbergen, schauspielern, mimen, markieren, weismachen

Tünche Täuschung, Trug, Irreführung, Spiegelfechterei, Kulisse, Fassade, Finte, Schein, Farce, Trick

tünchen → weißen

Tunichtgut → Taugenichts

Tunke Soße; *landsch.:* Stippe

tunken eintauchen, eintunken; *ugs.:* einstippen, eintitschen

tunlichst so weit wie möglich, möglichst, nach Möglichkeit, wenn möglich, liebenswürdigerweise, freundlicherweise, freundlichst, gütigst, gefälligst

Tunnel Unterführung, unterirdischer Gang/Weg

Tunte → Homosexueller

Tupfen Punkt, Sprenkel, Tüpfel

Tür Eingang, Ausgang, Tor, Pforte, Portal, Öffnung, Einstieg, Schlag, Wagenschlag, Zugang ⓘ

turbulent tumultartig, heftig, hektisch, wild, chaotisch, erregt, bewegt, aufgeregt, hitzig, bunt, lebhaft, stürmisch, impulsiv, wirbelnd, ungestüm

Tür: Zwischen einlassen und aussperren

Die Vorrichtung zum Verschließen eines Durchgangs wird meist durch Zusätze näher beschrieben, wie beispielsweise *Haustür, Wohnungstür, Gartentür, Ofentür, Schranktür, Zimmertür, Wagentür*. Eine *Pforte* ist eine kleine Tür, ein *Tor* dagegen eine große. Unter *Portal* versteht man einen architektonisch verzierten Eingang, wie etwa *Schlossportal, Kirchenportal*. Da *Tür* die Grenze zwischen Innen und Außen markiert, erscheint sie auch in Redewendungen, die Kommunikation oder Kontaktaufnahme zum Gegenstand haben. Ein *Haus der offenen Tür* ist stets für Gäste offen. Analog steht *Tag der offenen Tür* für die Möglichkeit, ein bestimmtes Gebäude oder eine Einrichtung zwanglos besichtigen zu können. *Überall eine offene Tür/offene Türen finden* bedeutet, stets willkommen sein. Wem *alle Türen offen stehen,* der hat alle Möglichkeiten. Wenn jemand *offene Türen einrennt,* ist dies eine willkommene Bestätigung für etwas ohnehin bereits Geplantes.
Tür an Tür wohnt man mit den Nachbarn. *Von Tür zu Tür gehen* heißt von Haus zu Haus oder Wohnung zu Wohnung gehen. Die Paarformel *Tür und Tor öffnen* verwendet man im Sinne von »den Weg ebnen« oder »fördern«.
Mit der Aufforderung, jemand soll *vor der eigenen Tür kehren,* bedeutet man dieser Person, sie soll sich um ihre eigenen Angelegenheiten kümmern. *Etwas steht vor der Tür* ist ein Ausdruck für ein bevorstehendes Ereignis.

T

türken vortäuschen, verfälschen, fingieren ⓘ
Türklinke → Klinke
türmen
1. schichten, aufschichten, stapeln, aufhäufen, aufstellen
2. fliehen, abhauen, entfliehen, die Flucht ergreifen, davonrennen, das Weite suchen, Reißaus nehmen; *ugs.:* sich abseilen, durchbrennen, verduften, sich verdünnisieren, stiften gehen
turnen körperliche Übungen ausführen/machen, Sport treiben, sich sportlich betätigen, sich ertüchtigen, Gymnastik machen, trainieren
Turnier Wettkampf, Wettstreit, Wettbewerb, Wettspiel, Endkampf, Konkurrenz
Turnus regelmäßiger Ablauf/Wechsel, Folge, Abfolge, Reihenfolge, Aufeinanderfolge, Ordnung, Zyklus, Reihung, Nacheinander, Sequenz
Türrahmen Türstock, Türpfosten, Türeinfassung
turteln Zärtlichkeiten austauschen, liebkosen, herzen, zärteln, anbändeln, flirten, liebäugeln, kokettieren, schäkern; *ugs.:* schmusen
Türvorleger Fußabstreifer, Fußmatte, Fußabtreter, Fußstreicher
Tuschelei Gerede, Klatsch, Gerücht, Gemunkel, Munkelei, Geraune, Getuschel, Geflüster; *ugs.:* Klatscherei, Gerüchteküche, Tratsch, Tratscherei
tuscheln flüstern, wispern, säuseln, fispern, zischeln, raunen, leise reden, jmdm. etwas ins Ohr/heimlich sagen, mit gedämpfter Stimme sprechen

Fingieren statt türken

Etwas zu *türken* bedeutet, es zu *verfälschen,* zu *fingieren* oder *vorzutäuschen.* In der Annahme, dass sich dieser umgangssprachliche Begriff aus der klischeehaften Kennzeichnung eines negativen türkischen Wesenszugs ableitet, wird *türken* oft als diskriminierend aufgefasst. Jedoch basiert die Herkunft des Verbs nicht auf dieser falschen Charakterzuweisung und ist somit »eigentlich« kein abwertendes Wort. Es gibt eine große Anzahl verschiedener Ansätze, die die Entstehung des Wortes *türken* erklären. Einer der interessantesten bezieht sich auf einen im Jahr 1769 von Wolfgang von Kempelen konstruierten Schachautomaten. Dabei befand sich eine Puppe in *türkischer* Tracht vor dem Schachbrett und spielte scheinbar völlig selbständig gegen jeden beliebigen Gegner. Tatsächlich saß aber ein kleinwüchsiger Schachspieler unter dem Brett und lenkte unsichtbar die geschickten Züge der Puppe.

tuten
1. blasen, trompeten, dudeln
2. hupen, ein Signal/Warnsignal geben
Tycoon
1. (mächtiger) Geschäftsmann, Wirtschaftsmagnat, Wirtschaftsführer, Großkapitalist, Industrieriese, Multimillionär
2. (eigenmächtiger) Parteiführer/Parteifunktionär
Typ
1. Modell, Art, Bauart, Machart, Ausführung
2. Mann; *ugs.:* Mannsbild, Kerl
3. Wunschbild, Traum, Geschmack; *ugs.:* Fall
4. Art, Sorte, Gattung, Familie, Spezies, Genre
Type
1. Modell, Art, Bauart, Machart, Ausführung
2. Schriftzeichen, Letter, Druckbuchstabe
3. Sonderling, Eigenbrötler, Einzelgänger, Individualist, Original, Wunderling; *ugs.:* Unikum, seltsamer Vogel, Kauz, komischer Heiliger
typisch charakteristisch, bezeichnend, kennzeichnend, eigentümlich, eigen, wesenseigen, artgemäß, wesensgemäß, spezifisch, symptomatisch, unverkennbar, prägnant, unverwechselbar, klassisch
typisieren nach Typen einteilen, normen, regeln, vereinheitlichen, standardisieren, kanonisieren, (als Norm) festsetzen
Tyrann Gewaltherrscher, Alleinherrscher, uneingeschränkter Herrscher, Despot, Diktator, Machtmensch, Unterdrücker
Tyrannei → Gewaltherrschaft
tyrannisch → herrisch
tyrannisieren
1. quälen, grausam sein, Qual/Pein/Schmerz bereiten, martern, peinigen, terrorisieren, traktieren, malträtieren, schinden, misshandeln, foltern
2. knechten, niederhalten, beherrschen, unterdrücken, versklaven, knebeln

U

übel
1. → katastrophal
2. schlecht, elend, unwohl, speiübel; *ugs.:* kodderig, lausig, blümerant
3. → unangenehm

Übel
1. Missstand, Übelstand, Unheil, Plage, Schaden, Unsegen, Verhängnis, Misere, Leid, Not, Verderb, Unglück, Katastrophe; *ugs.:* Kreuz
2. → Krankheit

übelgelaunt → mürrisch
übelgesinnt → boshaft
Übelkeit Unwohlsein, Übelbefinden, Brechreiz
übelnehmen verargen, verübeln, verdenken, nachtragen, anlasten, nicht verzeihen/vergessen können, zürnen, übel vermerken, zur Last legen; *ugs.:* ankreiden, krummnehmen, in den falschen Hals/die falsche Kehle bekommen

Übeltat
1. Schurkerei, Bubenstück, Büberei, Bosheit
2. → Verbrechen

Übeltäter
1. → Schurke
2. → Verbrecher

übelwollend → boshaft
üben einüben, einstudieren, proben, durchproben, vorbereiten, lernen, erlernen, sich einprägen, sich beibringen, sich zu Eigen machen, wiederholen, trainieren, durchexerzieren; *ugs.:* bimsen, einpauken, sich einhämmern, sich einbläuen
über oberhalb, höher als, darüber; *landsch.:* überhalb; *österr.:* ober
überall allerorten, allerorts, allerseits, allerenden, allenthalben, allgemein, an allen Orten/Ecken und Enden, weit und breit, im ganzen Land, auf Schritt und Tritt, nah und fern, wo man hintritt/hinkommt/hinsieht/geht und steht, da und dort, vielenorts, vielerorts, passim, ringsum, so weit das Auge reicht, auf der ganzen Welt, kreuz und quer, wo auch immer an allen Seiten; *schweiz.:* meistenorts

Überangebot
1. Übermaß
2. → Überfluss

überanstrengen → anstrengen
überanstrengen, sich → anstrengen, sich
überanstrengt → erschöpft

überantworten
1. jmdm. die Verantwortung übertragen/überlassen; *österr.:* einantworten
2. → ausliefern

überarbeiten bearbeiten, durcharbeiten, verbessern, schleifen/feilen an, vervollkommnen, korrigieren, ändern, ausfeilen, vervollständigen, redigieren; *ugs.:* den letzten Schliff geben, durchackern, letzte Hand anlegen
überarbeiten, sich → anstrengen, sich
überarbeitet → erschöpft
überaus → sehr
überbekommen überdrüssig/übersättigt werden, nicht mehr sehen können; *ugs.:* genug haben, satthaben, überkriegen
überbewerten überbetonen, überschätzen, zu hoch einschätzen/bewerten, eine zu hohe Meinung/einen zu hohen Begriff haben von, falsch einschätzen/sehen, beschönigen, glorifizieren, idealisieren, verzerren, zu viel Wichtigkeit beilegen; *ugs.:* in den Himmel heben

überbieten
1. mehr bieten als, höher gehen, übersteigern
2. → übertreffen

überbleiben → übrig bleiben
Überbleibsel → Rest

Überblick
1. Zusammenfassung, Zusammenschau, Aufriss, Abriss, Kurzfassung, Resümee, Querschnitt, Übersicht, Überschau, Auszug
2. → Aussicht
3. Kontrolle, Einsicht, Umsicht, Verständnis, Souveränität, Verstand, Bedacht, Ruhe, Erfahrung

überblicken einen Überblick/unter Kontrolle haben, übersehen, überschauen, klarsehen, Bescheid wissen, erkennen, im Bilde sein, erfassen, beherrschen, begreifen, durchschauen, sich zurechtfinden, zurechtkommen; *ugs.:* im Griff haben, wissen wie der Hase läuft
überbringen → übergeben
Überbringer → Bote

überbrücken
1. hinweghelfen, hinüberhelfen, ausfüllen, überwinden, hinwegkommen
2. eine Brücke bauen/schlagen, einen Übergang schaffen

überdachen ein Dach bauen, bedachen, schützen, mit einem Dach versehen
Überdachung → Dach

überdauern
1. von Bestand/Dauer sein, bleiben
2. → überleben

überdecken
1. überlagern, unsichtbar

machen, dem Blick entziehen, übertünchen
2. → verdecken
überdenken
1. → denken
2. → revidieren
überdies
1. → außerdem
2. ohnehin, ohnedies, ohnedem, sowieso; *landsch.:* eh
überdimensional
1. mächtig, übermächtig, riesig, immens, kolossal, titanisch
2. → gewaltig
überdrehen → durchdrehen
Überdruss Widerwille, Abneigung, Unlust, Übersättigung, Übersättigt sein, Ekel, Abscheu
überdrüssig
1. Abscheu/Ekel empfindend
2. → genug haben
überdurchschnittlich
1. hervorragend, überragend, exzellent
2. → ausgezeichnet
übereifrig → beflissen
übereilen → überstürzen
übereilt → überstürzt
übereinander aufeinander, etwas auf etwas, eines über dem anderen
übereinkommen
1. → einigen, sich
2. → abmachen
Übereinkunft → Einigung
übereinstimmen
1. einer Meinung/eines Sinnes/eins/sich einig sein, einiggehen, die Auffassung teilen, konformgehen, korrespondieren; *ugs.:* gleichliegen, in die gleiche Kerbe schlagen, in dasselbe Horn blasen, auf der gleichen Wellenlänge liegen/sein
2. in Einklang stehen, harmonieren, sich decken, zusammenfallen, zusammenstimmen, zusammenpassen, sich treffen, stimmen, sich gleichen, sich entsprechen; *geh.:* kongruieren
übereinstimmend
1. einhellig, einstimmig, einmütig, einträchtig, gemeinschaftlich, kameradschaftlich, konform, solidarisch
2. identisch, gleichartig, unterschiedslos, kongruent, konvergierend, konvergent, analog, synchron, homogen ⓘ
Übereinstimmung
1. → Einigkeit
2. → Identität
überempfindlich
1. → empfindsam
2. → empfindlich
überfahren umfahren, überrollen; *ugs.:* zusammenfahren; *derb:* über den Haufen fahren
Überfall
1. Anschlag, Gewaltstreich, Handstreich, Raubzug, Attentat
2. → Angriff
überfallen
1. einfallen/eindringen/einbrechen/einmarschieren in, angreifen
2. herfallen über, überrumpeln, bestürmen, bedrängen, behelligen; *ugs.:* auf die Pelle/den Leib/die Bude/den Pelz rücken, bohren, die Hölle heißmachen, löchern, jmdn. in die Mangel nehmen
3. überkommen, übermannen, überwältigen, überfluten, beschleichen, befallen, anfallen, sich bemächtigen, heimsuchen, ankommen, anwandeln, ergreifen, erfassen, treffen; *geh.:* ankriechen, anpacken, anwehen
4. → überraschen
überfällig → unpünktlich
überfliegen
1. flüchtig lesen, durchblättern, anblättern, überlesen, anlesen, querlesen, diagonal lesen, in etwas blättern, durchschauen, durchsehen, durchfliegen; *geh.:* kursorisch lesen; *ugs.:* hineinschauen
2. überqueren, durchziehen, passieren, durchqueren

übereinstimmend: Von analog bis identisch

Für das Wort *übereinstimmend* gibt es eine Vielzahl fremdsprachlicher Synonyme, die den deutschen Begriff in speziellen Bereichen und Zusammenhängen besonders treffend ersetzen können.
Gehen Menschen miteinander *konform,* dann sind sie einer Meinung. Erklären sie sich darüber hinaus sogar *solidarisch,* so sind sie durch ihre gemeinsame Meinung eng miteinander verbunden und stehen füreinander ein. Die Begriffe *identisch, kongruent* und *konvergent* zeigen an, dass sich etwas völlig entspricht. Zwei *identische* Nachrichten haben demnach den genau gleichen Wortlaut, ein Ergebnis ist *kongruent* mit der Zielsetzung, wenn diese komplett erreicht wurde, und *konvergente* Entwicklungen vollziehen sich in gleicher Art und Weise. *Analoge* Entwicklungen sind dagegen nicht absolut deckungsgleich, sie sind sich aber sehr ähnlich. Zeitlich parallel erfolgende Prozesse finden *synchron* statt.

überfließen überlaufen, übergehen, überquellen, überschwappen, überströmen, überfluten, übersprudeln, überschäumen, überborden, überschwemmen, über den Rand/die Ufer treten; *landsch.:* schwabbern

überflügeln → übertreffen

Überfluss Reichtum, Fülle, Überfülle, Üppigkeit, Überschuss, Überangebot, Überproduktion, Übermaß, Überreichlichkeit, Menge, Masse, Anhäufung, Ansammlung, Opulenz, Redundanz, Zuviel, Unmaß, Überschwang, Luxus, Reizüberflutung

Überflussgesellschaft Wohlstandsgesellschaft, Konsumgesellschaft, Wegwerfgesellschaft

überflüssig
1. überzählig, überschüssig, zu viel, übrig
2. → nutzlos

überfluten
1. überspülen, überströmen, überschwemmen, unter Wasser setzen, überfließen
2. → überfallen

überfordern → anstrengen

überfordern, sich → anstrengen, sich

überführen
1. ertappen, erwischen, stellen; *ugs.:* schnappen, kriegen
2. → befördern

Überführung
1. Brücke, Überbrückung, Übergang
2. → Transport

Überfülle → Überfluss

überfüllt besetzt, überbesetzt, voll, übervoll, zum Brechen/Platzen/Überlaufen/Bersten voll, brechend voll, dichtbesetzt, dichtgedrängt, belegt; *ugs.:* gerammelt/gesteckt/gerappelt voll, vollgestopft, vollgepfropft, rappelvoll, rammelvoll, proppenvoll

Übergabe
1. Überbringung, Überantwortung, Überreichung, Übereignung, Übertragung, Überlassung, Aushändigung, Abgabe, Ablieferung, Abtretung
2. Auslieferung, Aussetzung, Preisgabe
3. → Lieferung

Übergang
1. Überschreiten, Überqueren, Überfahrt, Durchquerung, Passieren
2. Weg, Verbindungsweg, → Überführung
3. Überleitung, Wechsel, Wandel, Umstellung
4. Übergangszeit, Überbrückungszeit, Karenzzeit; *ugs.:* Durststrecke

übergeben
1. überbringen, übermitteln, überreichen, überantworten, ausrichten, aushändigen, abgeben, abliefern, zukommen lassen, bringen, bestellen, zustellen, in die Hände/Hand geben, verabfolgen, zugänglich machen, weitergeben, weiterleiten, weiterreichen, einhändigen
2. übertragen, überlassen, übermachen, überschreiben, vererben, vermachen, hinterlassen, zum Erben einsetzen, zuweisen, anvertrauen, in jmds. Schutz stellen, in Verwahr/Obhut geben, abtreten
3. → ausliefern

übergeben, sich sich erbrechen, speien, Nahrung von sich geben, brechen; *Med.:* vomieren; *ugs.:* reihern, spucken; *österr.:* speiben; *derb:* kotzen

übergehen
1. überwechseln, überleiten, überspringen, sich mit etwas anderem befassen, sich anderem zuwenden
2. umschlagen, wechseln, sich wandeln, sich verwandeln, sich transformieren
3. → auslassen
4. → ignorieren

übergenau pedantisch, penibel, spitzfindig, haarspalterisch, kleinlich

übergenug → reichlich

übergescheit → überklug

Übergewicht
1. → Körperfülle
2. → Übermacht

überglücklich
1. selig, glückstrahlend
2. → glücklich

übergreifen → ausdehnen, sich

Übergriff
1. → Angriff
2. Eingriff, Eingreifen, Einmischung, Einmengung, Intervention

übergroß
1. riesenhaft, riesengroß, überdimensional
2. → gewaltig

überhaben → genug haben

überhandnehmen zu viel werden, sich häufen, über den Kopf wachsen, sich ausweiten, sich ausdehnen, anwachsen, ansteigen, sich vermehren, sich verstärken, an Boden gewinnen, Verbreitung finden, um sich greifen, ins Kraut schießen, sich einschleichen, sich einbürgern, grassieren, ausarten, überborden, wuchern, zu einer Landplage werden, wüten, zunehmen, wimmeln von, Kreise ziehen

überhängen
1. über die Schultern le-

gen, überstreifen, überwerfen, überlegen, umhängen, umlegen; *ugs.:* umtun
2. überstehen, vorstehen, herausstehen, vorspringen, vorragen, hervorragen, herausragen
überhasten → überstürzen
überhastet → überstürzt
überhäufen überschütten, überfüllen, überladen, überborden, des Guten zu viel tun; *ugs.:* vollstopfen
überhaupt
1. sowieso, ohnehin, ohnedies, auf alle Fälle/jeden Fall, ohnedem; *landsch.:* eh
2. eigentlich, im Grunde, genau, streng genommen, rechtens, von Rechts wegen, an (und für) sich, bei Lichte besehen, in Wirklichkeit, tatsächlich, wirklich, gewissermaßen, sozusagen, so gut wie
3. ganz, total, gesamt, insgesamt, gänzlich, ganz und gar, in jeder Hinsicht/Beziehung, von oben bis unten, von A bis Z, von innen und außen, von Kopf bis Fuß, von vorn bis hinten, bis auf den Grund/zur Neige, voll und ganz
überheben, sich
1. sich überschätzen, sich etwas einbilden, sich anmaßen, überheblich/vermessen sein, dünkelhaft/stolz werden
2. sich verheben, sich einen Bruch heben, sich verletzen
überheblich herablassend, hochmütig, hochnäsig, arrogant, süffisant, dünkelhaft, selbstgefällig, selbstherrlich, selbstgerecht, selbstbewusst, snobistisch, von oben herab, elitär, hoffärtig, gnädig, blasiert, eingebildet, stolz, anmaßend; *geh.:* hybrid; *ugs.:* aufgeplustert, aufgeblasen, geschwollen
Überheblichkeit → Dünkel
überholen
1. einholen, hinter sich lassen, jmdn. zurücklassen, an jmdm. vorbeifahren/vorbeilaufen, überrunden; *ugs.:* abhängen
2. → erneuern, ausbessern
3. → übertreffen
überholt
1. out, passee
2. → altmodisch
überhören
1. → ignorieren
2. entgehen, nicht hören/verstehen/bemerken, verpassen, verfehlen
überirdisch
1. jenseitig, himmlisch, übernatürlich, engelhaft, engelgleich; *poet.:* wundersam
2. → übersinnlich
überkandidelt → überspannt
überkleben → verdecken
überklug übergescheit; *ugs.:* oberschlau, neunmalgescheit, neunmalklug, superklug, supergescheit, superschlau, hyperklug, siebengescheit, hyperschlau
überkochen
1. überlaufen, überwallen, übergehen, überschäumen
2. → rasen
überkommen
1. → überfallen
2. → herkömmlich
überkreuzen, sich → überschneiden, sich
überkriegen → überbekommen
überladen
1. überfüllen, überlasten, überhäufen; *ugs.:* vollstopfen
2. voll, übervoll, pompös, verschnörkelt, zu viel, üppig, erdrückend, bombastisch, barock, kitschig, aufgebläht, schwülstig
überlagern → verdecken
überlagern, sich → überschneiden, sich
überlassen
1. → übergeben
2. → anvertrauen
3. → verkaufen
4. anheimstellen, freistellen, anheimgeben, in jmds. Ermessen stellen, freie Hand/jmdn. selbst entscheiden lassen, jmdm. etwas vorbehalten, einräumen
5. → leihen
überlassen, sich sich hingeben, sich widmen, sich verlieren, erliegen
überlasten
1. → überladen
2. → anstrengen
überlastet
1. → erschöpft
2. überbeschäftigt, ausgelastet, vollbeschäftigt, ohne Zeit, überlastet, beansprucht, in Beschlag/voll in Anspruch genommen, ausgefüllt, ausgebucht, mit Arbeit eingedeckt; *geh.:* absorbiert
überlastet sein alle Hände voll zu tun haben, in Arbeit ersticken; *ugs.:* zu viel am Hals haben, bis über die Ohren in Arbeit stecken
überlaufen
1. → überfließen
2. → desertieren
3. → ausgebucht
Überläufer Deserteur, Fahnenflüchtiger
überleben sich halten, sich erhalten, durchhalten, standhalten, überstehen, überdauern, von Bestand/Dauer sein, bleiben, verkraften
überlebt → altmodisch

überlegen
1. → denken
2. besser, dominant, dominierend, vorherrschend, beherrschend, prävalent, souverän, erhaben, überragend, leistungsfähiger, führend, tonangebend, bestimmend
3. → überhängen
Überlegenheit → Übermacht
überlegt
1. besonnen, abgeklärt, umsichtig, vorsichtig, bedächtig, bedachtsam, gelassen, besinnlich, abwägend, ruhig, vernünftig, nachdenklich, gedankenvoll
2. → durchdacht
Überlegung
1. Erwägung, Abwägung, Reflexion, Nachdenken, Besinnung, Sinnen, Grübeln, Überlegen, Berechnung, Plan, Kalkül, Kopfzerbrechen, Umsicht, Besonnenheit, Sammlung, Bedacht
2. Gedankengang, Gedankenkette, Gedankenfolge, Gedankenarbeit, Gedankenreihe, Ideengang, Ideenkette, Denkvorgang, Denkarbeit, Denkakt, Untersuchung
überleiten einen Übergang herstellen, hinüberführen, den Anschluss schaffen, verbinden, eine Brücke schlagen, übergehen; *geh.:* transferieren
überlesen
1. → überfliegen
2. → übersehen
überliefern tradieren, weitergeben, weiterreichen, weiterleiten, weiterführen, übergeben, überkommen, vererben, vermachen
überliefert herkömmlich, hergebracht, althergebracht, gewohnt, gewöhnlich, gewohnheitsmäßig, geläufig, gebräuchlich, traditionell, konventionell, eingeführt, erprobt, klassisch, normal, regulär, gängig, gang und gäbe, nach alter Väter Sitte, bewährt, alltäglich, landläufig, verbreitet, weitverbreitet, anerkannt, angestammt, eingefahren, eingespielt, eingebürgert, überkommen, bekannt, vertraut, tradiert
Überlieferung
1. Tradition, Erbe, Geschichte, Herkommen, Brauch
2. Tradierung, Weitergabe, Weiterführung
überlisten betrügen, täuschen, hintergehen, gaunern, neppen, übervorteilen, beschwindeln, bringen um, falschspielen, schummeln, beschummeln, mogeln, blenden, übertölpeln, ein falsches Spiel treiben, aufsitzen lassen, zum Narren halten, foppen, nasführen, für dumm verkaufen, jmdn. hinters Licht führen, jmdn. aufs Kreuz legen, jmdm. Sand in die Augen streuen; *ugs.:* abzocken, anschmieren, leimen, tricksen, linken, ablinken, reinlegen, übers Ohr hauen, verschaukeln, ein Schnippchen schlagen, einwickeln, über den Tisch ziehen; *derb:* bescheißen, anscheißen
Übermacht Übergewicht, Überlegenheit, Überzahl, Vorrangstellung, Hegemonie, Mehrheit, Mehrzahl, Majorität, Dominanz, die meisten, führende Rolle, Superiorität, Primat, Prävalenz
übermalen
1. übertünchen, zudecken
2. → verdecken
übermannen → überfallen
Übermaß → Überfluss
übermäßig
1. zu stark/groß, enorm, ungeheuer, immens, außerordentlich, gewaltig, massiv, äußerst
2. allzu sehr, zu viel, maßlos, übertrieben, hemmungslos, ungezügelt, unverhältnismäßig, unmäßig, extrem, exzessiv, über Gebühr, ohne Maß (und Ziel), ungebührlich, unkontrolliert, unbeherrscht
übermenschlich gewaltig, titanenhaft, prometheisch, übernatürlich, gigantisch, titanisch, ungeheuer
übermitteln
1. ausrichten, weiterleiten, weitergeben, mitteilen, informieren
2. → schicken
Übermittlung
1. → Meldung
2. → Lieferung
übermüdet → müde
Übermüdung Erschöpfung, Schwäche
Übermut Ausgelassenheit, Mutwille, Überschwänglichkeit, Leichtsinn
übermütig ausgelassen, überschwänglich, wild, außer Rand und Band, unbändig, ungezügelt, hemmungslos, ungebärdig, ungestüm, lebhaft, lustig; *ugs.:* toll, vom Hafer gestochen, aufgekratzt, aufgedreht, überdreht
übernachten nächtigen, schlafen, die Nacht verbringen, sich für die Nacht einrichten, Quartier nehmen, sein Lager aufschlagen, absteigen, logieren; *ugs.:* campieren, bleiben, sich einnisten

übernächtigt → müde
übernatürlich
1. supranatural, supranaturalistisch
2. → überirdisch
3. → übersinnlich
4. → übermenschlich
übernehmen
1. in Besitz/Empfang nehmen, bekommen, erhalten, empfangen, entgegennehmen, abnehmen, an sich nehmen, sich schenken/geben lassen
2. → kaufen
3. → plagiieren
übernehmen, sich → anstrengen, sich
überprüfen
1. → prüfen
2. → erwägen
Überprüfung → Kontrolle
überquellen → überfließen
überqueren → passieren
überragen
1. → übertreffen
2. hinausragen, herausragen, größer/höher sein als, herausstehen, sich hervortun, sich deutlich abheben, hervorstechen
überragend → außergewöhnlich, ausgezeichnet
überraschen
1. in Erstaunen versetzen, frappieren, verblüffen, eine Überraschung bereiten, aus der Fassung bringen, verwirren, verwundern, stutzig machen, erstaunen, verdutzen; *ugs.:* umhauen, umwerfen, vom Stuhl kippen, aus den Socken heben
2. unerwartet kommen, unangemeldet erscheinen; *ugs.:* überfallen, überrumpeln, ins Haus fallen/schneien, hereinplatzen, hereinschneien, auftauchen
3. auf frischer Tat/in flagranti ertappen, erwischen, überführen, abfangen, abfassen; *ugs.:* schnappen
überraschend plötzlich, unerwartet, unvermutet, unversehens, unvermittelt, unverhofft, auf einmal, mit einem Mal, schlagartig, abrupt, schroff, zufällig, schnell, urplötzlich, aus heiterem Himmel, von heute auf morgen, überstürzt, stürmisch, ruckartig, von einem Augenblick zum anderen, jäh; *ugs.:* mir nichts dir nichts, Knall auf Fall, Hals über Kopf
überrascht perplex, sprachlos, fassungslos, bewegungslos, reglos, verwirrt, verblüfft, verwundert, verstört, versteinert, verdutzt, entgeistert, erstaunt, konsterniert, wie vor den Kopf gestoßen/geschlagen, betreten; *ugs.:* verdattert, durcheinander, baff, platt, von den Socken, wie vom Donner gerührt, aus den Latschen gekippt ⓘ
überrascht sein → staunen
überreden bereden, bearbeiten, umstimmen, erweichen, einnehmen für, gewinnen, überzeugen, bekehren, weismachen, veranlassen, verführen, beeinflussen, zu bewegen suchen, aufdrängen, aufnötigen, einwirken auf, ermuntern, ermutigen, bestärken, einreden auf, anstiften, zureden, zuraten; *ugs.:* breitschlagen, weichmachen, weichklopfen, herumbekommen, rumkriegen, beschwatzen, bequatschen, belatschern, andrehen, aufhängen, aufschwatzen, einwickeln, um den Finger wickeln ⓘ
überreichen → geben
überreizt rastlos, ruhelos, überanstrengt, gestresst, → nervös
überrennen
1. → besiegen
2. zu Fall bringen, umlaufen; *ugs.:* umrennen, über den Haufen rennen
Überrest
1. → Rest
2. → Trümmer

überrascht: Das unerwartete Ereignis

Ausrufe der Überraschung, Verblüffung, des Verdattertseins (häufig verbunden mit Bestürzung, Ratlosigkeit, ja sogar Empörung oder Entrüstung) haben in Vergangenheit und Gegenwart immer wieder zu Redensarten angeregt, die das Absurde dieser Situation bildhaft überzeichnend illustrieren.
Der Ausruf *Mich laust der Affe!* geht dabei auf historische Wurzeln zurück: In der Vergangenheit führten umherziehende Schausteller zur Belustigung der Zuschauer häufig Affen mit sich, die nicht selten den völlig verdutzten Zuschauern blitzschnell auf die Schulter sprangen und sie zu lausen begannen. Die Redewendung existierte zunächst in zahlreichen mundartlichen Varianten, bevor sie vermutlich im 19. Jahrhundert in die Standardsprache überging. Sie hat zur Bildung zahlreicher Abwandlungen angeregt: *Ich glaub, mich tritt ein Pferd! Ich glaub, ich steh' im Wald!* Vergleichbare Redewendungen sind z. B. *Mir bleibt die Spucke weg! Jetzt brat' mir einer einen Storch! Du kriegst die Motten!*

U

überrollen
1. bezwingen, überwältigen, niederwerfen, überrennen
2. → besiegen
überrumpeln
1. → überraschen
2. → überfallen
überrunden
1. → übertreffen
2. → überholen
übersät voll von, dicht bedeckt, gespickt (mit)
überschatten beschatten, verfinstern, verdunkeln, dämpfen, abschwächen, beeinträchtigen, reduzieren, trüben, schmälern, stören, dämmen, eindämmen
überschätzen → überbewerten
überschätzen, sich an Selbstüberschätzung leiden, sich für unwiderstehlich/etwas Besonderes halten, sich etwas einbilden, sich erheben über, sich etwas Besseres dünken, sich potent fühlen, eingebildet/größenwahnsinnig sein; *ugs.:* großtun, sich für weiß Gott wen halten
Überschau → Überblick
überschaubar
1. verstehbar, erfassbar, berechenbar, kalkulierbar, erkennbar, entzifferbar, zugänglich, klar, übersichtlich, ersichtlich, übersehbar
2. → absehbar
überschauen → überblicken
überschäumen
1. → überfließen
2. bersten, zerspringen, platzen, zerplatzen
überschlafen → erwägen
Überschlag
1. Rechnung, Berechnung, Überlegung, Kalkulation, Voranschlag, Schätzung, Kostenaufstellung

Die Kunst, jemanden zu überreden

Die ursprüngliche Bedeutung von *überreden* ist »durch Reden überwinden«, also jemanden durch Worte zu etwas veranlassen beziehungsweise ihm so lange zureden, bis er etwas tut. Das kann auf unterschiedliche Weise geschehen. *Ermuntern* hat die Konnotation einer freundlichen Aufforderung; *ermutigen* bedeutet jemandem »Mut zusprechen«. Auch bei *bestärken* schwingt der positive Unterton von Ermutigung oder Unterstützung mit.
Eine freundliche Art der Überredung wird auch mit *einnehmen* ausgedrückt, was so viel heißt wie »günstig stimmen für etwas/jemanden«. Bei *weismachen* geht es dagegen um Vortäuschen. *Aufdrängen* und *aufnötigen* (umgangssprachlich: *andrehen*) bedeuten »jemandem etwas gegen dessen Willen zuschieben«. *Bekehren* hat religiöse beziehungsweise weltanschauliche Untertöne im Sinn von »jemanden dazu bringen, etwas zu glauben«. Wenn der andere am Ende tatsächlich dem zustimmt, wozu man ihn *überredet* hat, spricht man von *überzeugen. Bearbeiten* ist ein bildlicher Ausdruck für *überreden* und bedeutet, jemanden »beeinflussen wollen«. Jemanden *erweichen* heißt, ihn so zu *überreden,* dass er nachgibt.
Die umgangssprachliche Variante von *erweichen* ist jemanden *weichmachen/weichklopfen/weichkriegen.* Zur Umgangssprache gehören auch *beschwatzen, bequatschen* und *belatschern.* Bei *einwickeln* schwingt die Bedeutung von »überlisten« und »übervorteilen« mit. Die umgangssprachliche Redewendung *jemanden um den (kleinen) Finger wickeln (können)* bedeutet, einen Menschen beeinflussen beziehungsweise unter Kontrolle haben.

2. Flickflack, Salto, Purzelbaum, Rolle
überschlagen
1. → auslassen
2. → schätzen
überschlagen, sich
1. einen Salto machen/schlagen, kopfüber stürzen
2. → überstürzen, sich
überschnappen → durchdrehen
überschneiden, sich sich überkreuzen, sich überlagern, sich überlappen, sich schneiden, sich kreuzen, zusammenlaufen, zusammentreffen, zusammenfallen, sich begegnen, sich berühren; *geh.:* kollidieren, konvergieren
überschreiben
1. als Überschrift geben, betiteln, mit einer Headline versehen
2. → übergeben
überschreiten
1. → passieren
2. → übertreten
3. → übertreffen
Überschrift
1. Titel, Titelzeile, Aufschrift, Kopf; *geh.:* Rubrum
2. Schlagzeile, Headline, Balkenüberschrift
Überschuss
1. → Überfluss
2. → Gewinn
überschüssig überzählig, überflüssig, zu viel, übrig, restlich, unerwünscht

U

überschütten → überhäufen
Überschwang Ausgelassenheit, Überschwänglichkeit, Überschwall, Begeisterung
überschwänglich übertrieben, übersteigert, überspitzt, überspannt, übersprudelnd, überschäumend, übermäßig, verstiegen, fantastisch, schwärmerisch, über Gebühr, extrem, maßlos, exaltiert, exzessiv, ausgelassen
überschwappen → überfließen
überschwemmen → überfluten
Überschwemmung Überflutung, Sintflut, Hochwasser
übersehbar
1. → überschaubar
2. → absehbar
übersehen
1. nicht bemerken, überlesen, etwas entgeht jmdm.
2. → ignorieren
3. → auslassen
4. → überblicken
überselig → glücklich
übersenden
1. zukommen lassen
2. → schicken
übersetzen
1. übertragen, dolmetschen, als Dolmetscher tätig sein; *ugs.:* den Dolmetscher spielen/machen, verdeutschen
2. ans andere Ufer fahren, hinüberfahren, durchschiffen, durchfahren
Übersicht
1. → Überblick
2. → Liste
übersichtlich → überschaubar
übersiedeln → umziehen
Übersiedelung → Umzug
übersinnlich geistig, metaphysisch, transzendent, spiritistisch, übernatürlich, überirdisch, immateriell, jenseitig, mysteriös, okkult
überspannt übersteigert, überspitzt, übertrieben, überzogen, exzentrisch, verstiegen, fantastisch, extravagant, ausgefallen, ungewöhnlich, extrem, exaltiert, affektiert; *ugs.:* überkandidelt, durchgeknallt, verdreht, verrückt, flippig, spleenig
überspielen
1. kaschieren, verschleiern, vertuschen
2. → verbergen
überspitzt
1. → überspannt
2. → übertrieben
überspringen
1. → ausdehnen, sich
2. auslassen, übergehen, nicht berücksichtigen, wegfallen lassen
übersprudeln → überfließen
überstehen hinter sich bringen, überwinden, überleben, hinwegkommen über, verschmerzen, verkraften, verarbeiten, verwinden, ertragen, durchstehen, durchkommen, aushalten, auffangen, fertigwerden mit; *ugs.:* verdauen, sich über Wasser halten, mit heiler Haut davonkommen, wegkommen über
übersteigen → übertreffen
übersteigern → übertreiben
überstimmen an Zahl übertreffen, besiegen, mehr Stimmen erhalten, überrunden, übertönen, zum Schweigen bringen, mundtot machen, sich als überlegen erweisen, die Mehrheit stellen; *ugs.:* abhängen, in die Tasche stecken
überstreifen → überhängen
überströmen
1. → überfluten
2. → überfließen
überstülpen aufsetzen, aufstülpen, anlegen, antun
überstürzen übereilen, überhasten, übers Knie brechen, unüberlegt/vorschnell/unbedacht handeln
überstürzen, sich sich überschlagen, rasch aufeinanderfolgen, sich jagen, sich ablösen, Schlag auf Schlag folgen
überstürzt übereilt, überhastet, hastig, eilfertig, Hals über Kopf, kopflos, unüberlegt, blind, voreilig, vorschnell, in wilder Hast/großer Eile, unbedacht, zu schnell, leichtfertig, ohne Überlegung
übertölpeln
1. überlisten, übervorteilen
2. → betrügen
übertragbar
1. → brauchbar
2. ansteckend, infektiös, virulent
übertragen
1. → übersetzen
2. → anwenden
3. senden, ausstrahlen, wiedergeben
4. anstecken, infizieren, verseuchen
5. → übergeben
6. → delegieren
7. bildlich, sinnbildlich, symbolisch, nicht wörtlich
übertreffen
1. überbieten, überflügeln, übertrumpfen, überragen, überrunden, überholen, distanzieren, über den Kopf wachsen, in den Schatten stellen, den Rang ablaufen, schlagen, toppen, ausstechen, hinauswachsen über, Besseres leisten, bezwingen, besie-

U

gen, hinter sich lassen, jmdm. überlegen sein, abdrängen, verdrängen, in den Hintergrund drängen, aus dem Feld schlagen, etwas besser können, größer sein; *ugs.:* in die Tasche/den Sack stecken, abhängen, jmdm. die Schau stehlen, niedermachen, alle Rekorde schlagen
2. überschreiten, übersteigen, die Vorstellung/den Rahmen sprengen, über das Ziel schießen, hinausgehen über, über dem Erwarteten liegen

übertreiben hochspielen, übersteigern, überspannen, überspitzen, überziehen, auf die Spitze treiben, aufbauschen, dramatisieren, ausweiten, zu weit gehen, Aufheben(s) machen von, ausschmücken, sich hineinsteigern; *ugs.:* aus einer Mücke einen Elefanten machen, dick/faustdick auftragen, viel Sums/Trara machen, eine Staatsaktion machen von, Bohei machen

übertreten
1. überschreiten, sich hinwegsetzen über, sich nicht halten an, missachten, nicht befolgen/einhalten/beachten, verstoßen gegen, zuwiderhandeln, entgegenhandeln, sich nicht kümmern um, eigenmächtig/widerrechtlich handeln, Unrecht tun, sich etwas zuschulden kommen lassen, ein Gesetz brechen/verletzen, sich vergehen an, abweichen; *ugs.:* sich nicht scheren um, husten/pfeifen auf
2. → konvertieren

übertrieben
1. → überspannt
2. überspitzt, übermäßig, exzessiv, zu stark/hoch, allzu, über Gebühr, unverhältnismäßig, massiv, immens, maßlos, horrend

übertrumpfen → übertreffen

übervölkert dichtbesiedelt, dichtbevölkert, überbevölkert, volkreich, dichtbewohnt

übervorteilen betrügen, übertölpeln, überlisten, benachteiligen, hintergehen

überwachen
1. → kontrollieren
2. → bespitzeln

Überwachung → Kontrolle

überwältigen
1. → besiegen
2. → überfallen

überwältigend unvergesslich, ergreifend, mitreißend, packend, unauslöschlich, bewegend, dramatisch, außergewöhnlich

überwechseln
1. → desertieren
2. → konvertieren

überweisen
1. auf jmds. Konto einzahlen
2. schicken (Arzt)

überwerfen → überhängen

überwerfen, sich → entzweien, sich

überwiegen die Mehrheit bilden, vorherrschen, vorwalten, dominieren, (das Bild) bestimmen, stärker/zahlreicher/überlegen sein, herrschen, regieren, das Übergewicht/die Oberhand haben, den Ton angeben, das Wort führen, das Feld beherrschen; *geh.:* prävalieren; *ugs.:* die erste Geige spielen, die Hosen anhaben, Oberwasser haben

überwiegend
1. → meist
2. die Mehrheit/Mehrzahl, hauptsächlich, in erster Linie, besonders, vornehmlich, vorherrschend, mehr als die Hälfte, in der Hauptsache, vor allem, insbesondere, zum größten Teil

überwinden
1. → besiegen
2. → überstehen
3. hinweghelfen, hinüberhelfen, überbrücken, ausfüllen mit

überwinden, sich sich bezwingen, sich zwingen zu, sich ein Herz fassen, seinem Herzen/sich einen Stoß geben, es übers Herz bringen, über seinen eigenen Schatten springen, sich entschließen, sich aufraffen, sich aufschwingen, sich durchringen, sich Mühe geben, sich anstrengen, sich zusammennehmen, sich zusammenraffen, sich ermannen, es über sich bringen; *ugs.:* sich einen Ruck geben, sich aufrappeln, sich zusammenreißen, sich am Riemen reißen

überwuchern
1. überwachsen
2. → überhandnehmen

Überzahl → Mehrheit

überzählig → überschüssig

überzeugen → überreden

überzeugen, sich → vergewissern, sich

überzeugend einleuchtend, verständlich, begreiflich, plausibel, offenkundig, glaubwürdig, einsichtig, fassbar

überzeugt → eingefleischt

Überzeugung
1. → Ansicht
2. Gewissheit, Sicherheit, Glaube, Dogma; *geh.:* Credo

überziehen
1. → übertreiben
2. mit einem Überzug ver-

U

sehen, überkleiden, den Bezug wechseln, die Bettwäsche erneuern
3. zu viel vom Konto abheben, Schulden machen, sich verschulden, Minus auf dem Konto haben, in die roten Zahlen kommen; *ugs.:* Miese haben

überziehen, sich
1. → anziehen
2. ein paar überziehen → schlagen

Überzug
1. → Hülle
2. Film, Schicht, Belag, Guss, Bedeckung, Glasur, Lasur

üblich gewöhnlich, herkömmlich, gebräuchlich, gemeinhin, normal, alltäglich, gängig

übrig → restlich

übrig behalten → übrig lassen

übrig bleiben zurückbleiben, überbleiben, liegen bleiben, übrig/überflüssig/überschüssig/überzählig/zu viel sein, als Rest bleiben, abfallen

übrigens nebenbei bemerkt/gesagt, apropos, im Übrigen, was ich noch sagen wollte, nicht zu vergessen, am Rande; *geh.:* notabene

übrig lassen als Rest lassen, übrig behalten, zurücklassen, nicht aufessen, aufheben, beiseitebringen

Übung
1. Training, Schulung, Wiederholung, Schliff, Probe
2. Fertigkeit, Erfahrung, Gewandtheit, Routine, Praxis
3. → Unterricht
4. → Manöver

Ufer Strand, Küste; *poet.:* Gestade; *schweiz.:* Bord

uferlos endlos, grenzenlos, unendlich, unüberschaubar, unermesslich, unabsehbar, ohne Ende, unbeschränkt

Uhr Zeitmessgerät, Zeitmesser; *geh.:* Chronometer; *ugs., scherzh.:* Wecker ⓘ

Uhu *landsch.:* Auf; *ugs.:* Schuhu

Ulk Scherz, Spaß, Witz, Witzelei, Jux, Schabernack, Streich

ulken → scherzen

ulkig
1. → spaßig, lustig
2. → komisch

ultimativ in Form eines Ultimatums, nachdrücklich

Ultimatum letzte/befristete Aufforderung, letzter Aufruf, letzte Frist

um
1. → annähernd
2. → aus

umändern → ändern

umarbeiten → ändern

umarmen die Arme schlingen/legen um, umschlingen, umhalsen, umfangen, umfassen, umschließen, umklammern, in die Arme nehmen/schließen, (ans Herz) drücken, um den Hals fallen, an sich ziehen/pressen

Uhr: Die gemessene Zeit

Jede Art von *Zeitmesser* ist eine *Uhr*. Genauer beschreiben lässt er sich durch Zusätze wie etwa *Armbanduhr, Sanduhr, Sonnenuhr, Taschenuhr* oder *Wanduhr*. Eine *Stoppuhr* braucht man zur Zeitmessung bei sportlichen Wettbewerben. Mittels *Uhr* lassen sich aber auch Abnahmemengen ermitteln, nämlich von Wasser durch eine *Wasseruhr* und von Gas durch eine *Gasuhr*. Das griechische Fremdwort *Chronometer* ist die gehobene Bezeichnung für eine *Uhr*. Der kindersprachliche Ausdruck ist das lautmalende Wort *Ticktack*. Als *chemische Uhr* bezeichnet man eine in Stufen verlaufende chemische Reaktion, deren Eintritt nach bestimmten Zeitabständen erfolgt.
Die Begriffe *innere Uhr* oder *physiologische Uhr* bezeichnen in der Biorhythmik die periodische Schwankung von Lebensvorgängen. Bildlich wird die Uhr in einer ganzen Reihe von Redewendungen benutzt. Jemandem *sagen, was die Uhr geschlagen hat* heißt, ihm den Ernst einer Lage klarzumachen oder, salopp formuliert, Tacheles zu reden. *Seine Uhr ist abgelaufen* bedeutet »sein Leben geht zu Ende«. Mit der Redensart *Hier gehen die Uhren anders* wird ein Unterschied markiert. Von einem ungenauen Zeitmesser heißt es auch *die Uhr geht nach dem Mond.* Sagt man über einen Menschen *Nach ihm kann man die Uhr stellen,* so heißt das, er ist stets besonders pünktlich und zuverlässig. Mittelbar durch ihr Ticken oder Schlagen erscheint die *Uhr* außerdem in Redensarten wie *nicht richtig ticken.* Sagt man das über einen Menschen, bedeutet dies, er spinnt, ist verrückt oder benimmt sich absonderlich.
Der ebenso umgangssprachliche Ausruf *Jetzt schlägt's dreizehn!* will so viel sagen wie »das geht zu weit« oder »jetzt ist Schluss«. Aus Friedrich Schillers Drama »Wallenstein« stammt das geflügelte Wort *Dem Glücklichen schlägt keine Stunde,* das heißt, »wer glücklich ist, vergisst die Zeit«.

umbauen → renovieren
umbiegen → falten
umbilden → ändern
umbinden umschlingen, umwickeln, anlegen, anziehen
umblättern umschlagen, die nächste Seite aufschlagen, die Seite wenden, umwenden
umblicken, sich → umsehen, sich
umbringen → töten
umbringen, sich sich das Leben nehmen, seinem Leben ein Ende setzen, sich töten, sich entleiben, Selbstmord/Suizid verüben/begehen, Hand an sich legen, sich richten, sich etwas antun, den Freitod wählen, freiwillig aus dem Leben/der Welt scheiden/gehen, sich ertränken, ins Wasser gehen, sich vergiften, Gift/Schlaftabletten/eine Überdosis nehmen, sich vergasen, den Gashahn aufdrehen, sich eine Kugel durch den Kopf jagen, sich erschießen, sich aufhängen, sich erhängen, sich verbrennen, sich die Pulsadern aufschneiden, aus dem Fenster/von der Brücke springen; *ugs.:* Ende/Schluss machen
Umbruch Revolte, Rebellion, Revolution, Reform, Wandel
umbuchen → verlegen
umdenken → umlernen
umdirigieren → umleiten
umdisponieren → verlegen
umdrehen
1. auf die andere Seite drehen, umschlagen, umlegen, umkrempeln, umstülpen, umklappen, umwenden
2. wenden, umkehren, umschwenken, umbiegen, kehrtmachen, zurückgehen, zurückfahren, den Weg zurückgehen
umdrehen, sich
1. → abwenden, sich
2. → umsehen, sich
umfallen
1. umstürzen, umschlagen, umsinken, umkippen, zu Boden stürzen/gehen, den Halt verlieren, niedergehen, fallen; *ugs.:* umfliegen
2. → ohnmächtig werden
3. → umschwenken
Umfang → Ausmaß
umfangen → umarmen
umfangreich
1. umfassend, eingehend, ausgedehnt, weitläufig, umfänglich, gründlich, intensiv, gewissenhaft, erschöpfend, ausführlich
2. → dick
3. → groß
umfassen
1. → umarmen
2. → enthalten
umfassend → umfangreich
umformen → ändern
Umfrage Befragung, Meinungsumfrage, Meinungsforschung, Rundfrage, Interviews, demoskopische Untersuchung, Erhebung, Repräsentativerhebung, Exploration, Enquete, Feldforschung
umfrieden → einzäunen
umfunktionieren eine andere Funktion geben, ändern, verändern
Umgang gesellschaftlicher Verkehr, Gesellschaft, Verbindung, Kontakt, Einfluss; *ugs.:* Connection
umgänglich
1. → gesellig
2. → höflich
Umgangsformen Manieren, Benehmen, Betragen, Auftreten, Anstandsregeln; *ugs.:* Benimm
Umgangssprache Alltagssprache, Gemeinsprache, Gebrauchssprache
umgarnen → bezaubern
umgeben
1. einfassen, umfassen, säumen, einsäumen, eingrenzen, umgrenzen, einzäunen, umzäunen, umrahmen, umschließen, umhüllen
2. einschließen, einkesseln, umzingeln, umstellen, umringen, einkreisen, umkreisen, belagern
3. die Umgebung bilden, um etwas herum sein
Umgebung
1. Umland, Gegend, Umkreis, Landschaft, Umgegend, Nachbarschaft, Nähe
2. → Umwelt
umgehen
1. → ausdehnen, sich
2. in Umlauf sein, umlaufen, kursieren, die Runde machen, kreisen, zirkulieren, sich herumsprechen
3. → spuken
4. → meiden
umgehend → sofort
umgekehrt
1. → gegensätzlich
2. umgedreht, verkehrt, seitenverkehrt, spiegelbildlich, verkehrtherum
3. im Gegenteil, anders
umgestalten → ändern
Umgestaltung
1. Neuprofilierung, Umprofilierung
2. → Neuerung
umgraben → pflügen
umgreifen → enthalten
umgrenzen → einzäunen
umgruppieren anders gruppieren/ordnen/anordnen/aufbauen/aufstellen/zusammensetzen/einteilen/strukturieren/gliedern, verlagern, umschichten, umstrukturieren

umgucken, sich
1. → umsehen, sich
2. **sich umgucken nach** → suchen
umhalsen → umarmen
Umhang Pelerine, Cape, Poncho, Plaid, Mantille, Stola
umhängen → überhängen
umhauen
1. zu Boden schlagen, umschlagen, abhauen, abholzen, absägen, fällen
2. → überraschen
umhegen → pflegen
umher herum, rings(um), nach allen Seiten, bald hier, bald dort, rundum
umherirren → umherlaufen
umherlaufen herumlaufen, sich herumtreiben, herumirren, umherirren, umherziehen, umherstreunen, umherstrolchen, umherschwirren
umherschwirren → umherlaufen
umherstreunen → umherlaufen
umherstrolchen → umherlaufen
umherziehen → umherlaufen
umhören, sich → fragen
umhüllen
1. einhüllen, einwickeln, einpacken, einmummen, bedecken, zudecken
2. → verbergen
umjubelt bejubelt, gefeiert, beklatscht
Umkehr
1. Rückzug, Abzug, Zurückweichen, Aufgabe, Räumung
2. Besserung, Wandlung, Neubeginn, Bekehrung, Läuterung
umkehren → umdrehen
umkippen
1. umfallen, ohnmächtig werden, in Ohnmacht fallen
2. kentern, untergehen, sinken, Übergewicht bekommen, umschlagen, kippen
3. → umwerfen
umklammern
1. sich klammern an, festhalten, umfassen, sich anklammern, sich anhalten, festkrallen
2. → einschließen
umkleiden, sich → umziehen
Umkleideraum Ankleideraum, Umkleidekabine, Garderobe
umknicken
1. → falten
2. sich den Fuß vertreten; *ugs.:* umschnackeln
umkommen
1. → sterben
2. → faulen
Umkreis
1. Weite, Reichweite, Blickfeld, Gesichtsfeld, Gesichtskreis, Horizont
2. → Umgebung
umkreisen
1. sich drehen/in einer Bahn bewegen um, umlaufen, umrunden
2. einkreisen
3. → umgeben
umkrempeln
1. → ändern
2. → umdrehen
umlagern
1. sich drängen/scharen um, herumstehen um, belagern, umringen, umzingeln, einkreisen
2. anders lagern, in ein anderes Lager bringen, umstellen
Umland → Umgebung
Umlauf
1. Drehung, Umdrehung, das Kreisen, Rotation
2. → Rundschreiben
3. **in Umlauf sein** kursieren, sich herumsprechen, die Runde machen
4. **in Umlauf setzen** → verbreiten
5. → publizieren
umlaufen
1. → umkreisen
2. überrennen, zu Fall bringen; *ugs.:* umrennen, über den Haufen rennen
3. → kursieren
umlegen
1. → überhängen
2. an einen anderen Ort bringen/Platz stellen
3. → verteilen
4. → verlegen
5. → töten
umleiten umdirigieren, verlegen, wegführen
umlernen
1. seine Auffassungen revidieren/Ansichten ändern, umdenken, sich in einen Lernprozess begeben, sich verändern, sich offen zeigen für, sich umgewöhnen, anders werden, sich entwickeln
2. einen anderen Beruf erlernen, umschulen, umsatteln, (sich) beruflich umstellen
umliegend → benachbart
umnachtet → wahnsinnig
umnebelt → benommen
umpflanzen umtopfen, umsetzen, auspflanzen, verpflanzen
umpflügen → pflügen
umrahmen
1. → umgeben
2. begleiten, untermalen, abrunden
umranden rändern, umrändern, einrändern, anzeichnen, anstreichen, kennzeichnen; *ugs.:* umringeln
umreißen
1. skizzieren, in großen Zügen/knapp darstellen, konturieren, einen kurzen Überblick geben
2. → entwerfen
3. → umwerfen

U

umrennen → umlaufen
umringen → umlagern
Umriss Silhouette, Schattenriss, Kontur, Linie
umrühren → rühren
umsatteln den Beruf wechseln, einen anderen Beruf ergreifen, sich verändern; *ugs.:* umsteigen
Umsatz
1. Verkauf, Absatz, Geschäft, Umschlag, Warenumschlag
2. Verkaufserlös, Bruttoeinnahmen
umschalten
1. wechseln, umstellen, anders einstellen/schalten; *ugs.:* switchen, zappen
2. sich umstellen, sich (auf etwas anderes) einstellen, sich anpassen
umschauen, sich
1. → umsehen, sich
2. **sich umschauen nach** → suchen
umschichtig → abwechselnd
Umschlag
1. Wickel, Kompresse, Packung, Verband
2. Hülle, Einband, Cover
3. → Umsatz
4. Kuvert, Briefkuvert, Briefhülle
5. → Aufschlag
umschlagen
1. → umhauen
2. → umblättern
3. umstülpen, hochschlagen, hochklappen, aufschlagen, umkrempeln, aufkrempeln
4. → umkippen
5. → ändern, sich
umschließen
1. → umgeben
2. → enthalten
umschlingen
1. → umarmen
2. sich schlingen/sich winden/sich schlängeln/sich legen/sich wickeln/sich ringeln um, umranken
umschmeicheln → schmeicheln
umschmeißen → umwerfen
umschreiben
1. andeuten, einen Überblick geben, umreißen, knapp darstellen/darlegen, skizzieren, illustrieren, lebendig machen, beschreiben, schildern, nachzeichnen, wiedergeben, vermitteln
2. → ändern
umschulen
1. einen anderen Beruf erlernen, umlernen, umsatteln
2. auf eine andere Schule schicken
umschütten
1. ausschütten, verschütten, vergießen
2. → umwerfen
umschwärmen hofieren, den Hof machen, umwerben, → anbeten
umschwärmt → beliebt
umschwenken seine Meinung/Absicht/den Sinn ändern, anderen Sinnes werden, seine Gesinnung wechseln, seinen Standpunkt aufgeben, sich anders besinnen, zum anderen Lager übergehen, mit wehenden Fahnen zum Gegner überlaufen, einen Gesinnungswandel/Sinneswandel durchmachen; *ugs.:* umkippen, umfallen, einknicken
Umschwung → Revolution
umsehen, sich
1. sich umwenden, sich umdrehen, sich umblicken, sich umschauen, sich umgucken, hinter sich sehen, zurückblicken, zurückschauen, zurücksehen, hinterhersehen, hinterherblicken, hinterherschauen, mit Blicken verfolgen
2. *ugs. für:* sich wundern
3. **sich umsehen nach** → suchen
umseitig auf der Rückseite, rückseitig, auf der nächsten/anderen Seite
umsetzen
1. → verkaufen
2. → umpflanzen
3. → verwirklichen
Umsicht
1. → Überblick
2. → Sorgfalt
umsichtig
1. mit Umsicht/Überlegung/Vorsicht/Besonnenheit, weitblickend, besonnen
2. → schonend
umsiedeln
1. aussiedeln, evakuieren, verlagern, verlegen, verpflanzen
2. → umziehen
umsinken
1. → umfallen
2. → ohnmächtig werden
umsonst
1. kostenlos, kostenfrei, gratis, frei, gebührenfrei, ohne Geld, geschenkt, unentgeltlich; *ugs.:* für nichts/lau, so
2. → nutzlos
umsorgen → pflegen
umspringen → handhaben
Umstand
1. Begleiterscheinung, Faktor, Moment, Besonderheit, Einzelheit, Kraft, Element
2. → Tatsache
3. → Sachlage
4. *Pl.:* Aufwand, Aufhebens, Schwierigkeiten, Mühe, Vorbereitungen; *ugs.:* Scherereien, Zirkus
5. **in anderen Umständen sein** → schwanger sein
6. **unter allen Umständen** → unbedingt
7. **unter Umständen** → möglicherweise

umständlich
1. → ungeschickt
2. zu ausführlich, langatmig, zeitraubend, weitschweifig, weitläufig
umsteigen
1. den Zug/Bus wechseln, seine Fahrt fortsetzen mit, ein anderes Verkehrsmittel nehmen
2. → umsatteln
umstellen
1. an einen anderen Ort/Platz stellen, verrücken
2. → umgeben
3. umschalten, wechseln (Programm); *ugs.:* zappen
umstellen, sich → umlernen
umstimmen → überreden
umstoßen → umwerfen
umstritten strittig, bestreitbar, problematisch, zweifelhaft, fraglich, fragwürdig, bedenklich, ungewiss, undurchschaubar, unsicher, ungeklärt, offen
umstülpen
1. → umschlagen
2. → umdrehen
Umsturz → Revolution
umstürzen
1. → umfallen
2. → ändern
umstürzlerisch anarchistisch, rebellisch, revolutionär, aufständisch, aufrührerisch
Umtausch Rückgabe, Tausch
umtauschen → tauschen
umtopfen → umpflanzen
Umtriebe
1. → Aktion
2. → Machenschaften
3. → Ausschreitung
umtun
1. → überhängen
2. **sich umtun nach** → suchen
umwälzen → ändern
umwälzend → bahnbrechend
umwandeln ändern, verändern, umändern, umformen, umfunktionieren, umgestalten
Umwandlung → Wandel
umwechseln → tauschen
Umweg
1. Abschweifung, Abstecher; *ugs.:* Schlenker
2. **auf Umwegen** → indirekt
Umwelt Lebenskreis, Lebensbereich, Lebensraum, Lebensbedingungen, Lebensumstände, Sphäre, Atmosphäre, Mitwelt, Wirkungskreis, Umgebung, Milieu
umweltfreundlich biologisch, ökologisch, natürlich, alternativ, naturverträglich, schadstoffreduziert, giftfrei, rückstandfrei, wiederverwendbar, recycelfähig; *ugs.:* ohne Chemie, aus Müll hergestellt
Umweltverschmutzung Umweltzerstörung, Umweltvergiftung, Umweltbelastung, Umweltverpestung, Naturzerstörung
umwenden → umblättern
umwenden, sich → abwenden, sich
umwerben → werben um
umwerfen
1. umkippen, umstoßen, umschütten, zu Fall bringen, niederstoßen, umreißen, umstürzen; *ugs.:* umschmeißen
2. ändern, verändern, modifizieren, wandeln, über den Haufen werfen, eine neue Situation schaffen, umstellen
3. → überraschen
4. → erschüttern
umwerfend → außergewöhnlich
umwickeln umschlingen, einbinden, verbinden, umbinden, einen Verband anlegen, bandagieren
umwölken, sich → eintrüben, sich
umzäunen → einzäunen
umziehen wegziehen, verziehen, fortziehen, ausziehen, seine Wohnung aufgeben, seinen Wohnsitz verlegen/Haushalt auflösen, übersiedeln, umsiedeln, an einen anderen Ort ziehen, einen Wohnungswechsel vornehmen, sich verändern
umziehen, sich sich umkleiden, die Kleidung wechseln, andere Kleider anziehen
umzingeln → umgeben
Umzug
1. Wohnungswechsel, Übersiedlung, Auszug, Wohnortverlegung
2. Zug, Aufzug, Festzug, Prozession
3. → Demonstration
unabänderlich → endgültig
unabdingbar unaufgebbar, unentbehrlich, unverzichtbar, unumgänglich, unveräußerlich, unerlässlich, unvermeidlich, unabweisbar, zwingend, notwendig, nötig, wichtig, erforderlich, wesentlich
unabgeschlossen
1. offen, fraglich, open end
2. → unvollständig
unabhängig eigenständig, eigenverantwortlich, frei; *geh.:* independent
unabhängig von abgesehen von, gleichgültig
unabkömmlich unentbehrlich, unersetzbar, unerlässlich, ausschlaggebend, wichtig, lebenswichtig, vonnöten, entscheidend, wesentlich, erforderlich
unablässig → dauernd
unabsehbar
1. → endlos
2. → unberechenbar

unabsichtlich nicht absichtlich/willentlich/extra, nicht vorsätzlich, unbeabsichtigt, unbewusst, ungewollt, ungeplant, unwillkürlich, aus Versehen, irrtümlich, ohne Absicht, versehentlich, absichtslos, ohne es zu wollen
unabweisbar → unabdingbar
unabwendbar unvermeidbar, unausweichlich, unumgänglich, unaufhaltsam, unausbleiblich, unabänderlich, unentrinnbar, unvermeidlich, unweigerlich, zwangsläufig, schicksalhaft, beschlossen, vorbestimmt, mit Sicherheit eintretend, zwingend, sicher
unachtsam
1. gedankenlos, sorglos, achtlos, nachlässig, leichtsinnig, leichtfertig, unsorgfältig, lieblos, ohne Sorgfalt, unvorsichtig
2. → unaufmerksam
unähnlich → verschieden
unanfechtbar → sicher
unangebracht unpassend, ungehörig, unqualifiziert, unwillkommen, unangemessen, unschicklich, ungeziemend, ungebührlich, ungeeignet, deplatziert, fehl am Platz/Ort, störend, nicht gerngesehen, peinlich, verfehlt, taktlos, geschmacklos, ohne Feingefühl; *geh.:* inadäquat; *ugs.:* unmöglich
unangemeldet nicht angemeldet, unangekündigt, unerwartet, überraschend, unaufgefordert, ungeladen
unangemessen → unangebracht
unangenehm
1. unerfreulich, unwillkommen, unerquicklich, ungut, unliebsam, unerwünscht, ungünstig, ungelegen, unbequem, unbefriedigend, schlecht, schlimm, widrig, prekär, misslich, peinlich, ärgerlich, fatal, böse, dumm, verdrießlich, leidig, beschwerlich, betrüblich, lästig, störend, übel, traurig, bedauerlich, arg, skandalös, schrecklich; *derb:* blöd, saublöd, beschissen, belämmert
2. → heikel
3. → ekelhaft
4. ungemütlich, unbehaglich, unwirtlich, unfreundlich, unschön, kühl, kalt
unangreifbar
1. unwiderlegbar, hieb- und stichfest, unantastbar, sakrosankt
2. → sicher
unannehmbar indiskutabel, unakzeptabel, unvertretbar, unbrauchbar, untauglich, unmöglich, uneinlösbar, übertrieben
Unannehmlichkeit → Ärger
unansehnlich → häßlich
unanständig → anstößig
unantastbar → tabu
unappetitlich → ekelhaft
Unart schlechte Angewohnheit, Unsitte, schlechtes Benehmen, Ungezogenheit, Fehler, Untugend, Laster, Schwäche
unartig
1. → frech
2. → ungehorsam
unästhetisch → hässlich
unaufdringlich → dezent
unauffällig
1. dezent, einfach, blass, schlicht, unscheinbar, nicht auffällig
2. → heimlich
unauffindbar → verschwunden
unaufgefordert → freiwillig
unaufgeräumt → unordentlich
unaufgeschlossen
1. → unzugänglich
2. → intolerant
unaufhaltsam
1. → unabwendbar
2. → dauernd
unaufhörlich → dauernd
unaufmerksam nicht bei der Sache, unkonzentriert, unachtsam, abwesend, geistesabwesend, zerstreut, desinteressiert, abgelenkt, verträumt, verspielt, zerfahren, unbeteiligt, fahrig, achtlos
unaufrichtig → falsch
unaufrichtig sein → lügen
unausbleiblich → unabwendbar
unausführbar → undurchführbar
unausgeglichen mit sich selber uneins, zerrissen, labil, unbeständig, wechselhaft, flatterhaft, wankelmütig, launisch, unausgewogen, nicht im Gleichgewicht, rastlos, mit sich nicht im Frieden/Reinen, unharmonisch, disharmonisch, gespalten, unstet, schwankend; *ugs.:* daneben
unausgegoren unreif, unausgewogen, unfertig, unausgereift, undurchdacht, unentwickelt, ungenügend
unausgeschlafen → müde
unausgesetzt → dauernd
unausgesprochen → indirekt
unausgewogen ungleichmäßig, unausgeglichen, unharmonisch, nicht im Gleichgewicht
unauslöschlich → unvergesslich
unaussprechlich
1. → unglaublich
2. → sehr
unausstehlich → unerträglich
unausweichlich → unabwendbar

U

unbändig
1. unbezähmbar, wild
2. → maßlos
3. → sehr

unbarmherzig
1. mitleidlos, kaltblütig, entmenscht
2. → hart
3. → brutal

unbeabsichtigt → unabsichtlich

unbeachtet → heimlich

unbeantwortet → unerwidert

unbeaufsichtigt → unbewacht

unbebaut unbearbeitet, unbestellt, brach, brachliegend, unerschlossen, frei (Grundstück)

unbedacht → unüberlegt

unbedarft naiv, unerfahren, unreif, kindlich, unwissend, unbewandert, unkundig, unkritisch, einfältig, einfach, gutgläubig, grün

unbedenklich ohne Bedenken/weiteres/zu zögern/Zögern/Scheu, leichten Herzens, bedenkenlos, anstandslos, einfach, glattweg; *ugs.:* glatt

unbedeutend
1. unwichtig, unwesentlich, unerheblich, unmaßgeblich, unscheinbar, nichtssagend, wertlos, belanglos, wesenlos, farblos, einflusslos, folgenlos, bedeutungslos, marginal, banal, trivial, untergeordnet, nachgeordnet, nebensächlich, zweitrangig, uninteressant, nicht von Interesse/der Rede wert, nichtig, ohne Relevanz/Belang/Einfluss, egal, gleichgültig, nicht erwähnenswert; *geh.:* peripher, irrelevant, akzidentiell
2. gering, geringfügig, unbeträchtlich, leicht, nicht nennenswert/ins Gewicht fallend, verschwindend, minimal, lächerlich, klein, sehr klein/wenig, von geringem Ausmaß, kaum sichtbar/spürbar
3. → unbekannt ⓘ

unbedeutend: Von geringem Wert

Es gibt unterschiedliche Arten, um auszudrücken, dass eine Sache, ein Vorgang oder ein Mensch *unwichtig* ist. *Unmaßgeblich* hebt darauf ab, dass etwas oder jemand nicht als Maßstab dienen kann, also keinen bestimmenden Einfluss hat. *Unscheinbar* heißt *unauffällig* beziehungsweise »so beschaffen, dass man es/ihn leicht übersehen kann«. Der aus dem Griechischen stammende gehobene Ausdruck *peripher* bedeutend wörtlich »am Rand liegend«, im übertragenen Sinn also »nicht so wichtig«. Die lateinische Variante lautet *marginal.* Diese Bedeutung hat auch das ebenso gehobene und gleichfalls lateinische *irrelevant. Unbedeutend* im Sinn von »ohne wertvollen Gehalt/Inhalt« oder »abgedroschen« ist *trivial.* Das bildungssprachlich gebrauchte *akzidentiell* (auch: *akzidentell*) ist *unbedeutend* im Sinn von »zufällig hinzukommend«.
Bezeichnet man zum Beispiel eine Schilderung oder einen Stil als *farblos,* dann ist er unanschaulich oder eintönig. Ein als *farblos* beschriebener Mensch, wird dadurch als »ohne eigenes Profil« charakterisiert. Die Synonyme *untergeordnet, nachgeordnet, nachrangig* und *zweitrangig* suggerieren eine Reihenfolge, in der eine als *unbedeutend* eingestufte Sache auf hinteren Plätzen rangiert. Die Verneinung bewirkt bei einigen dieser Synonyme eine Steigerung der gegenteiligen Aussage: *Nicht unbedeutend, nicht unwichtig* oder *nicht unerheblich* ist eine rhetorische Umschreibung für »sehr (wohl)/ziemlich bedeutend/wichtig/erheblich«.

unbedingt
1. auf jeden Fall/alle Fälle, jedenfalls, um jeden Preis, so oder so, unter allen Umständen, auf Biegen und Brechen, auf Gedeih und Verderb, absolut, mit aller Gewalt, wie auch immer, unabhängig von, koste es, was es wolle; *ugs.:* partout, auf Teufel komm raus
2. uneingeschränkt, unverbrüchlich, unabdingbar, unfehlbar, vorbehaltlos, vollkommen
3. ausgerechnet, gerade

unbeeindruckt gleichgültig, unberührt, kaltschnäuzig, uninteressiert, teilnahmslos, überheblich, ungerührt, desinteressiert

unbeeinflusst
1. sachlich, neutral, souverän, unabhängig, erhaben
2. → objektiv

unbeendet → unvollständig

unbefangen
1. unbelastet, unbeschwert, unbekümmert, ungehemmt, unverkrampft, ungeniert, gelassen, ohne Scheu, nicht vorbelastet, leicht, sorglos, frei, arglos
2. → objektiv

unbefleckt → unschuldig

unbefriedigend → mangelhaft

unbefriedigt → unzufrieden

unbefugt → eigenmächtig

unbegabt untalentiert, unfähig, ungeschickt, talentlos, nicht geschaffen/geeignet für, minderbegabt, schwach, ohne Geschick für
unbegreiflich
1. unfassbar, unbegreifbar, unerklärbar, undurchschaubar, unerklärlich, unerfindlich, unverständlich, unergründlich, unfasslich, nicht zu begreifen/fassen, ein Rätsel/Geheimnis, geheimnisvoll, dunkel, mysteriös, nebulös, undurchsichtig, undurchdringlich, unklar, unerforschlich, geheimnisumwittert; *ugs.:* schleierhaft
2. → unglaublich
unbegrenzt
1. uneingeschränkt, unbeschränkt, ohne Einschränkung, beliebig, schrankenlos, total, vollkommen
2. → unendlich
unbegründet
1. → grundlos
2. → abwegig
Unbehagen unangenehmes Gefühl, Widerwillen, Beklommenheit, Beklemmung, Missfallen, Lustlosigkeit, Missstimmung
unbehaglich
1. unwohnlich, ungemütlich, unbequem, unwirtlich, unfreundlich, kühl
2. → unwohl
unbehandelt naturbelassen, natürlich, ungespritzt; *ugs.:* bio
unbehelligt → unbehindert
unbeherrscht aufbrausend, hemmungslos, cholerisch, explosiv, hitzköpfig, ungestüm, unkontrolliert
unbehindert unbehelligt, ungehindert, ungeschoren, ungestört, unbeschränkt, unkontrolliert, unbelästigt, frei, in Ruhe, ohne Hindernis(se)/Schwierigkeiten/Zwischenfälle/Störung, leicht, reibungslos, ruhig, glatt
unbeholfen → ungeschickt
unbehütet → schutzlos
unbeirrbar beharrlich, standhaft, unbeugsam, unbeirrt, unerschütterlich, ausdauernd, hartnäckig, verbissen, konsequent
unbeirrt → unbeirrbar
unbekannt
1. unbedeutend, unbeachtet, unentdeckt, nicht berühmt/populär, namenlos, ruhmlos, ohne Namen, anonym, vernachlässigt; *ugs.:* ein unbeschriebenes Blatt, dahergelaufen
2. fremd, ungeläufig, nicht vertraut/gegenwärtig/zugänglich
Unbekannter → Fremder
unbekehrbar → dogmatisch
unbekleidet → nackt
unbekömmlich unverdaulich, schwerverdaulich, ungenießbar, schädlich, ungesund, gefährlich, unverträglich, schlecht
unbekümmert → sorgenlos
unbelastet → unbefangen
unbelebt → einsam
unbelehrbar → dogmatisch
unbeliebt nicht gerngesehen, unerwünscht, unpopulär, unsympathisch, unausstehlich, verhasst, antipathisch, missliebig; *ugs.:* unten durch
unbeliebt sein es sich verdorben/sich jmds. Unwillen zugezogen/bei jmdm. verspielt/sich jmds. Gunst verscherzt haben, in Ungnade gefallen/jmdm. zuwider/nicht gerngesehen/jmdm. ein Dorn im Auge/bei jmdm. schlecht angesehen/in Misskredit geraten sein, jmdm. nicht liegen; *geh.:* Persona ingrata/non grata sein; *derb:* es verschissen haben
unbemerkt → heimlich
unbemittelt → arm
unbenutzt → neu
unbeobachtet → heimlich
unbequem
1. → ungemütlich
2. → lästig
unberechenbar
1. unkalkulierbar, unabsehbar, unüberschaubar, unvorhersehbar, unwägbar, unbestimmbar, unmessbar, nicht voraussagbar/einzuschätzen/prognostizierbar/zu planen; *geh.:* imponderabel
2. → unbeständig
3. → unzuverlässig
unberechtigt
1. → eigenmächtig
2. → grundlos
3. → abwegig
unberührt
1. → unschuldig
2. → neu
unbeschädigt → heil
unbeschäftigt → arbeitslos
unbescheiden anspruchsvoll, anmaßend, elitär, überheblich, dreist, verwöhnt
unbescholten → anständig
unbeschränkt
1. → unbegrenzt
2. → unendlich
3. → frei
unbeschreiblich
1. → sehr
2. → unglaublich
unbeschützt → schutzlos
unbeschwert → sorgenlos
unbesehen → anstandslos
unbesetzt leer, offen, frei, verfügbar, zur Verfügung, zu haben, disponibel; *geh.:* vakant
unbesiegbar unschlagbar, unbezwingbar, uneinnehmbar, unüberwindbar, unüberwindlich, unbezwinglich, unübertrefflich

unbesonnen → unüberlegt
unbesorgt guten Gewissens, leichten Herzens, beruhigt, ruhig, sorglos, sorgenlos
unbeständig schwankend, sprunghaft, veränderlich, flatterhaft, flatterig, unstet, wechselhaft, wechselnd, launenhaft, launisch, wetterwendisch, unausgeglichen, wankelmütig, voller Launen, unzuverlässig, wandelbar, inkonsequent
Unbeständigkeit → Wankelmut
unbestechlich redlich, ehrenhaft, unbeeinflussbar, charakterfest, rechtschaffen, unkorrumpierbar, ordentlich, anständig, ehrlich, vertrauenswürdig, unerschütterlich, integer, korrekt, solide
unbestimmt
1. → ungewiss
2. → unklar
Unbestimmtheit Unentschiedenheit, Unsicherheit, Ungewissheit, Wankelmut, Zweifelhaftigkeit, Unklarheit
unbestreitbar → sicher
unbestritten → sicher
unbeteiligt
1. phlegmatisch, träge, in sich gekehrt
2. → apathisch
unbeträchtlich → klein
unbeugsam → standhaft
unbewacht unkontrolliert, unbeaufsichtigt, unbehütet, ungesichert, herrenlos, ohne Aufsicht, aufsichtslos
unbewältigt unverarbeitet, ungelöst, verdrängt, offen
unbewandert → unwissend
unbeweglich
1. → regungslos
2. unflexibel, eng, engstirnig, schwerfällig, dogmatisch, festgefahren, einseitig, uneinsichtig, träge
unbewegt → regungslos
unbewiesen → zweifelhaft
unbewohnt
1. leer, leerstehend, unbesetzt
2. → einsam
unbewölkt → wolkenlos
unbewusst
1. → instinktiv
2. → unabsichtlich
3. selbstverborgen, unterbewusst, nicht bewusst, im Unterbewusstsein, ohne Bewusstheit, unterschwellig
unbezahlbar → teuer
unbezahlt
1. unentgeltlich, kostenlos, umsonst, ehrenamtlich, freiwillig
2. unbeglichen, unerledigt, ausstehend, (noch) nicht bezahlt
unbezähmbar
1. unbändig, wild
2. → maßlos
unbezweifelbar → sicher
unbezwingbar → unbesiegbar
Unbill Unrecht, Härte, Kränkung
unbrauchbar untauglich, ungeeignet, unpraktisch, unzweckmäßig, nichts wert, zu nichts zu gebrauchen, nutzlos
unbrauchbar machen zerstören, vernichten, beschädigen, ruinieren, entwerten, zunichtemachen, demolieren
uncool
1. angespannt, steif, schüchtern, nicht gelassen
2. geistlos, langweilig, öde
3. unmodern, unzeitgemäß, nicht en vogue; *ugs.:* nicht angesagt
und
1. plus, sowie, wie, auch, zugleich, gleichzeitig
2. → außerdem
3. aber, doch, jedoch, wogegen, hingegen, indes, indessen
undankbar ohne Dankbarkeit, schnöde, ungerecht, nicht dankbar
undefinierbar → unklar
undenkbar unvorstellbar, unmöglich, ausgeschlossen, nicht zu glauben/denken, kaum denkbar
Underground → Subkultur
Understatement → Untertreibung
undeutlich → unklar
undicht
1. leck, durchlässig, luftdurchlässig, wasserdurchlässig, löcherig, porös
2. defekt, schadhaft, lädiert
undifferenziert zu grob/allgemein/ungenau/unbestimmt, nicht nuanciert/detailliert genug
Unding → Unsinn
undiplomatisch → unklug
undiszipliniert → hemmungslos
unduldsam → intolerant
undurchdringlich
1. unwegsam, unzugänglich, undurchlässig, dicht, verwachsen; *geh.:* impermeabel
2. → geheimnisvoll
undurchführbar unausführbar, undenkbar, unrealisierbar, unerreichbar, utopisch, unmöglich, nicht praktikabel, indiskutabel, aussichtslos, hoffnungslos, nicht zu machen/möglich, ausgeschlossen
undurchlässig dicht, luftdicht, wasserdicht, fest, geschlossen, water-proof
undurchschaubar → zweifelhaft
undurchsichtig
1. dunkel, trübe, opak, milchig

2. undurchschaubar, obskur, zwielichtig, suspekt, zweifelhaft, unheimlich, ominös, nebulös; *geh.:* dubios; *abwertend:* halbseiden
3. → unklar

uneben
1. hügelig, wellig, bergig; *ugs.:* bucklig
2. holperig, rumpelig, höckerig, ungleichmäßig, nicht glatt

unecht
1. gefälscht, falsch, nachgemacht, nachgeahmt, nachgebildet, kopiert, imitiert
2. → künstlich

unehelich vorehelich, nichtehelich, außerehelich, illegitim

unehrenhaft → ehrlos

unehrlich → falsch

uneigennützig → selbstlos

uneingeschränkt
1. → unbegrenzt
2. bedingungslos, vorbehaltlos, unbedingt, vollständig, ohne Vorbehalt, völlig

uneinheitlich ungleichmäßig, unterschiedlich, ungleichartig, verschieden, verschiedenartig, mannigfaltig, vielfältig, variierend, variabel; *geh.:* heterogen

uneinig verschiedener Meinung/Ansicht, uneins, gespalten, zerstritten, zerfallen

uneinnehmbar → unbesiegbar

uneins → uneinig

uneinsichtig verblendet, lernunfähig, unzugänglich, unverbesserlich, schwerfällig, unflexibel, unbeweglich, unbelehrbar, verständnislos

unempfänglich → unzugänglich

unempfindlich
1. empfindungslos, gefühllos, ohne Gefühl, ungerührt, taub, stumpf, unsensibel, abgestumpft, gleichgültig; *ugs.:* dickfellig, wurstig, abgebrüht
2. → immun

unendlich
1. endlos, unabsehbar, ohne Grenze/Ende, grenzenlos, unermesslich, unbegrenzt, unversiegbar, unmessbar, unübersehbar, unbeschränkt, weit, unzählbar, unerschöpflich, zahllos
2. → ewig
3. → sehr

unentbehrlich unersetzbar, unbezahlbar, unersetzlich, nötig, einzig, einmalig

unentgeltlich unbezahlt, ehrenamtlich, ehrenhalber, ohne Bezahlung, umsonst, freiwillig

unentrinnbar → unabwendbar

unentschieden
1. punktgleich, remis, patt
2. → ungewiss
3. entschlusslos, unentschlossen, unschlüssig, zuwartend, zögernd, zaudernd, wankelmütig, vorsichtig, zaghaft, schwankend, zweifelnd, unsicher, ratlos

unentschlossen → unentschieden

Unentschlossenheit Unentschiedenheit, Unsicherheit, Ungewissheit, Wankelmut, Unklarheit

unentschuldbar → unverzeihlich

unentwegt
1. → dauernd
2. → beharrlich

unerbittlich hart, streng, unnachsichtig, unnachgiebig, schonungslos, mitleidslos, unbarmherzig, erbarmungslos, ungerührt, hartherzig, nicht zu erweichen, ohne Erbarmen

unerfahren
1. → kindlich
2. ungeübt, neu
3. → unwissend

unerfindlich → unbegreiflich

unerforscht unbekannt, neu, unbetreten, jungfräulich, fremd

unerfreulich → unangenehm

unergiebig → unfruchtbar

unergründlich → unbegreiflich

unerheblich
1. → unbedeutend
2. → geringfügig

unerhört unglaublich, ungeheuerlich, unfassbar, unmöglich, unbeschreiblich, haarsträubend, himmelschreiend, hanebüchen, beispiellos, bodenlos, skandalös, empörend, allerhand, noch nie dagewesen, eine Frechheit/Zumutung; *ugs.:* toll, doll, ein dicker Hund/starkes Stück, ein dickes/dolles Ding, das schreit/stinkt zum Himmel, da hört sich alles auf, das geht auf keine Kuhhaut, nicht mehr feierlich, der Gipfel, die Höhe, das Letzte, das schlägt dem Fass den Boden aus

unerklärlich → unbegreiflich

unerlässlich → nötig

unerlaubt
1. ohne Erlaubnis, verboten
2. → gesetzwidrig
3. → eigenmächtig

unerledigt unabgeschlossen, unausgeführt, unfertig, anstehend, anhängig, liegen geblieben

unermesslich
1. → unendlich
2. → sehr

unermüdlich ausdauernd, hartnäckig, beharrlich, fleißig, unbeirrt, unverdrossen
unerquicklich → unangenehm
unerreichbar
1. → undurchführbar
2. → geistesabwesend
unerreicht meisterhaft, perfekt, unübertroffen, unbesiegt, vollkommen, makellos, mustergültig
unersättlich
1. gierig, maßlos, unmäßig, nicht zu befriedigen, ausschweifend; *geh.:* exzessiv
2. → gefräßig
unerschöpflich → unendlich, reichlich
unerschrocken → mutig
unerschütterlich beharrlich, standhaft, felsenfest, unbeirrbar, eisern, entschlossen, unermüdlich
unerschwinglich → teuer
unersetzlich Gold wert, nicht mit Gold aufwiegbar/bezahlbar, → unentbehrlich
unersprießlich unbefriedigend, mager, dürftig, nutzlos, unfruchtbar, ergebnislos
unerträglich unausstehlich, unsympathisch, ungenießbar, widerwärtig, unleidlich, unlieb, intolerabel, zuwider, unerwünscht, abstoßend, unbeliebt, unliebsam, ein Dorn im Auge; *ugs.:* ein rotes Tuch
unerträglich sein nicht auszuhalten/zu ertragen, etwas stört; *ugs.:* zum Davonlaufen/die Wände hochgehen, zum Kotzen/Heulen
unerwartet → plötzlich
unerwidert
1. ohne Reaktion/Antwort/Stellungnahme/Echo, unbeantwortet, unbeachtet, ignoriert, außer Acht gelassen, unvergolten
2. einseitig, nicht erhört, unerfüllt, unglücklich (Liebe)
unerwünscht
1. nicht geduldet/gerngesehen
2. → unangenehm
unerzogen → frech
unfähig nicht imstande/in der Lage, unvermögend, ungeeignet, unqualifiziert, untüchtig, unbegabt, untauglich, impotent, nicht geeignet für, außerstande, inkompetent
unfähig sein → versagen
Unfähigkeit Schwäche, Unvermögen, Untüchtigkeit, Untauglichkeit, Ungenügen, Unzulänglichkeit, Impotenz, Versagen, Ohnmacht, Kraftlosigkeit; *fachsprachl.:* Insuffzienz
unfair nicht ehrlich/anständig/den Regeln entsprechend, regelwidrig, gegen die Regel, unkameradschaftlich, unkollegial, unsportlich, unlauter, unredlich, unsauber, unschön
Unfall
1. Zusammenstoß, Unglück, Unglücksfall, Karambolage
2. Missgeschick, Fehler, Zwischenfall
Unfallwagen → Rettungswagen
unfassbar
1. → unbegreiflich
2. → unglaublich
unfehlbar → sicher
unfein gewöhnlich, ordinär, nieder, vulgär, niveaulos, grobschlächtig, ungebührlich
unfertig
1. → unvollständig
2. → unausgegoren
Unflat → Schmutz
unflätig → anstößig
unfolgsam → ungehorsam
unförmig ungestalt, ungeschlacht, ungefüge, ungeformt, formlos, missgestaltet, plump, gestaltlos; *geh.:* amorph ⓘ
unförmlich ungezwungen, zwanglos, nicht förmlich, unbefangen, unzeremoniell ⓘ
unfrei
1. unselbständig, gebunden, abhängig, untertan, untergeordnet, unterworfen, unterdrückt, unterjocht, geknebelt, geknechtet, versklavt, entmachtet, entrechtet, rechtlos, unter der Knute; *scherzh.:* unter dem Pantoffel
2. → gehemmt

unförmig/unförmlich: Ähnliche Wörter mit unterschiedlichen Bedeutungen

Von einem Substantiv abgeleitete Adjektive werden in den meisten Fällen entweder auf die Endung *-ig* oder auf die Endung *-lich* gebildet. Wie im Fall von *unförmig* und *unförmlich* gibt es jedoch auch Ausnahmen, bei denen beide Ableitungen von demselben Substantiv möglich sind. Die Bedeutungen der Adjektive unterscheiden sich dann für gewöhnlich.
So wird *unförmig* im Sinn von *ohne rechte* bzw. *ohne schöne Form* verwendet. *Unförmlich* meint hingegen *nicht förmlich, ungezwungen*. Eine synonyme Verwendung der beiden Adjektive ist nicht möglich.

Unfreiheit Knechtschaft, Unterdrückung, Versklavung, Abhängigkeit, Hörigkeit, Unterjochung, Zwang
unfreiwillig widerwillig, widerstrebend, wider Willen, gezwungen, gezwungenermaßen, zwangsweise, notgedrungen
unfreundlich
1. abweisend, unhöflich, unzugänglich, unwirsch, unsympathisch, ungnädig, unleidlich, ungefällig, ungesellig, ungastlich, unnahbar, unliebenswürdig, rüde, barsch, kühl, distanziert, bärbeißig, mürrisch, schroff, brüsk, kurz angebunden
2. → trüb
Unfriede → Streit
unfrisiert → struppig
unfroh → freudlos
unfruchtbar
1. dürftig, kümmerlich, armselig, karg, erbärmlich, mager, inhaltsleer, unbefriedigend, oberflächlich, nichtssagend, ohne Tiefe/Gehalt, flach, wertlos, sinnlos, nutzlos, zwecklos, ergebnislos, fruchtlos, ineffektiv, ineffizient, unnötig, unersprießlich, unoriginell, unproduktiv, unschöpferisch, unerfreulich, ohne Einfälle, überflüssig
2. ertragsarm, unergiebig, dürr, trocken, mager, wüstenhaft, ausgelaugt, erschöpft, öde, unrentabel; *fachsprachl.:* arid
3. zeugungsunfähig, steril, impotent; *Med.:* infertil
Unfug → Unsinn
ungalant → unhöflich
ungeachtet → trotz
ungebärdig wild, ungestüm, ungezügelt, ungebändigt, ausgelassen
ungebeten ungeladen, unerwünscht, unwillkommen, unaufgefordert, ungefragt, ungelegen, unangemeldet
ungebildet → unwissend
ungeborgen entwurzelt, heimatlos, ungeschützt, ohne Heimat/Wärme, nicht zu Hause, fremd, unbehaglich, unwohl
ungebräuchlich unüblich, ungewohnt, ungewöhnlich, unkonventionell, ungeläufig, nicht üblich/alltäglich, ausgefallen, außergewöhnlich, unorthodox, eine Ausnahme, selten; *geh.:* rar
ungebraucht → neu
ungebührlich unfein, unziemlich, unschicklich, unmöglich, ungebührend, ungeziemend, ungehörig, unzumutbar, ohne den nötigen Respekt, respektlos, despektierlich, taktlos
ungebunden → frei
Ungeduld Rastlosigkeit, Ruhelosigkeit, Getriebensein, Unrast, Spannung, Anspannung, Erwartung, Nervosität
ungeduldig erwartungsvoll, gespannt, angespannt, von Ungeduld erfüllt, aufgeregt
ungeeignet unbrauchbar, untauglich, sinnlos, nutzlos, unangemessen
ungefähr
1. → annähernd
2. von ungefähr zufällig, durch/per Zufall, wahllos, beliebig, beiläufig, nebenbei, nebenher
ungefährlich
1. harmlos, unschädlich, unverfänglich, gutartig, nicht ansteckend, heilbar
2. → sicher
ungefällig → unfreundlich
ungeformt → unförmig
ungefragt → freiwillig
ungehalten ärgerlich, aufgebracht, empört, entrüstet, erbost, wütend, verärgert
ungeheißen → freiwillig
ungehemmt
1. grenzenlos, hemmungslos, maßlos, schrankenlos, zügellos, ungehindert
2. → unbefangen
ungeheuer
1. → sehr
2. → groß
3. → gewaltig
Ungeheuer
1. Monster, Monstrum, Drache, Bestie, Ungetier, Ungetüm
2. → Scheusal
ungeheuerlich → unerhört
ungehindert → unbehindert
ungehobelt
1. → grobschlächtig
2. → frech
ungehörig ungebührlich, taktlos, unangemessen, respektlos, unziemlich, unschicklich, unangebracht
ungehorsam unartig, unfolgsam, ungezogen, unbotmäßig, aufsässig, widersetzlich, widerspenstig, unfügsam, nicht brav, verzogen
ungekämmt → struppig
ungeklärt → ungewiss
ungekocht → roh
ungekürzt vollständig, vollzählig, in vollem Umfang, komplett, lückenlos
ungeladen → ungebeten
ungeläufig → ungebräuchlich
ungelegen zur Unzeit, zu einem ungünstigen Zeitpunkt, unpassend, unzeitig, außer der Zeit, unangenehm, unerwünscht, unwillkommen, ungünstig, im falschen Augenblick
ungelenk → ungeschickt

U

ungelenkig → steif
ungelogen → fürwahr
ungelöst ungeklärt, unerledigt, offen, strittig, klärungsbedürftig
Ungemach → Unglück
ungemein → sehr
ungemütlich → unbehaglich
ungenannt anonym, namenlos, unbekannt, inkognito, unter einem Pseudonym
ungenau
1. → nachlässig
2. → unklar
ungeniert → zwanglos
ungenießbar
1. → unerträglich
2. nicht genießbar/essbar/trinkbar, unverdaulich, unverträglich, vergällt, unbekömmlich, denaturiert, schädlich, giftig, faul
ungenügend → mangelhaft
ungenutzt
1. unbenutzt, brachliegend, ungebraucht, nicht genutzt/gebraucht, neu
2. nicht ausgenutzt/wahrgenommen/verwertet
ungeordnet → durcheinander
ungepflegt → unordentlich
ungeraten → missraten
ungerecht unbillig, undankbar, unsachlich, unrecht, stiefmütterlich, gemein, unobjektiv, diskriminierend, rechtswidrig, einseitig, parteiisch; *ugs.:* auf einem Auge blind
ungereimt zusammenhanglos, unzusammenhängend, sinnlos, widersinnig, unsinnig, absurd, töricht, paradox, vernunftwidrig
ungern → widerwillig
ungerührt gleichgültig, stumpfsinnig, hart, teilnahmslos, leidenschaftslos, kühl, passiv, kalt, apathisch
ungesalzen → ungewürzt
Ungeschick → Fehler
ungeschickt
1. unbeholfen, ungewandt, ungelenk, unbeweglich, unpraktisch, umständlich, schwerfällig, plump, linkisch, tolpatschig, tölpelhaft, eckig, steif, hilflos, hölzern; *ugs.:* tappig, täppisch, tapsig, wie ein Elefant im Porzellanladen, mit zwei linken Händen
2. → unklug
ungeschlacht
1. klobig, plump, unförmig
2. unhöflich, unfreundlich, grob, grobschlächtig, ungehobelt, derb
ungeschlagen unbesiegt, unbezwungen, ohne Niederlage, unerreicht, unübertroffen
ungeschliffen → grobschlächtig
ungeschminkt
1. nicht geschminkt, natürlich, ohne Schminke/Make-up; *scherzh.:* ohne Bemalung
2. → aufrichtig
3. → klar
ungeschoren → unbehindert
ungeschützt → schutzlos
ungesehen → heimlich
ungesellig
1. → unfreundlich
2. → unzugänglich
ungesetzlich → gesetzwidrig
ungesichert
1. nicht abgesichert, ungeschützt, schutzlos
2. nicht sichergestellt/belegt, unbelegt, ungewiss, unbestimmt, zweifelhaft
ungesittet → anstößig
ungestört → unbehindert
ungestüm heftig, leidenschaftlich, unbändig, zügellos, temperamentvoll, impulsiv, stürmisch, lebhaft
ungesühnt unbestraft, straffrei, straflos, ungeschoren
ungesund
1. → schädlich
2. → krank
Ungetier → Ungeheuer
ungetrübt
1. → klar
2. durch nichts getrübt/beeinträchtigt/vergiftet/belastet, rein, glücklich, sorgenlos, dornenlos, schattenlos, unbeschwert, sorgenfrei, fröhlich
Ungetüm → Ungeheuer
ungewandt → ungeschickt
ungewaschen → schmutzig
ungewiss
1. unbestimmt, ungeklärt, unentschieden, unbestätigt, ungesichert, unsicher, unverbürgt, noch nicht entschieden, nicht erwiesen, offen, fraglich, nicht festgelegt/sicher/geklärt, zweifelhaft, problematisch, unstritten
2. → unklar
ungewöhnlich
1. → außergewöhnlich
2. atypisch, irregulär, absonderlich, unregelmäßig, ano(r)mal, abnorm(al)
3. → ungebräuchlich
ungewohnt → ungebräuchlich
ungewollt → unabsichtlich
ungewürzt würzlos, ohne Geschmack/Aroma, schlecht gewürzt, schal, fad(e), geschmacklos, ungepfeffert, ungesalzen, salzlos, nach nichts schmeckend; *ugs.:* lasch
ungezählt unzählbar, zahllos, oft, zahlreich, massenhaft
ungezähmt → wild
ungeziemend → ungebührlich
ungezogen ungehorsam, frech, unartig, böse, aufsässig, widersetzlich, widerspenstig, unfügsam, nicht brav, verzogen

U

ungezügelt
1. → hemmungslos
2. → maßlos

ungezwungen → zwanglos

unglaubhaft → unglaubwürdig

ungläubig
1. gottlos, religionslos, glaubenslos, unreligiös, freidenkerisch, freigeistig, atheistisch, heidnisch
2. argwöhnisch, skeptisch, misstrauisch, zweifelnd, kritisch

unglaublich
1. unbegreiflich, unerhört, unfassbar, unbeschreiblich, unermesslich, ungeheuerlich, unvorstellbar, unaussprechlich, unsäglich, unsagbar, bodenlos, beispiellos, namenlos, maßlos, grenzenlos, himmelschreiend, empörend
2. → sehr

unglaubwürdig unglaubhaft, unwahrscheinlich, unvorstellbar, kaum zu glauben, fantastisch, unwirklich, nicht zuverlässig/vertrauenswürdig, fragwürdig, falsch, verlogen

ungleich
1. → verschieden
2. sehr viel, bei weitem, weitaus

ungleichmäßig
1. unregelmäßig, unsymmetrisch, asymmetrisch, uneinheitlich
2. unausgewogen, unausgeglichen, unharmonisch
3. → verschieden

Unglück: Von Pleiten, Pech und Pannen

Durch die Wahl des Synonyms lässt sich ein *Unglück* nach Ausmaß und Schwere näher bestimmen. *Missgeschick* oder *Ungeschick* werden im Sinn von *Pech* oder (ärgerlicher) *Missgriff* verwendet. Auch ein *Malheur* ist nur ein geringfügiger *Unfall. Misserfolg* bezeichnet ebenso wie *Niederlage* den *Fehlschlag* eines selbst unternommenen Versuchs, während *Unheil* oder die stärkeren Varianten *Tragik* und *Tragödie* die Konnotation von unausweichlichem, herzzerreißendem *Unglück* haben, auf das ein Mensch wenig Einfluss hat.
Die gehobenen Ausdrücke *Fiasko* und *Desaster* stehen für (völligen) *Zusammenbruch* oder (schweres) *Unheil.* Auch eine *Katastrophe* ist ein großes *Unglück.* Der Ausdruck wird häufig für eine durch Naturgewalten ausgelöste *Not(lage)* verwendet, wie beispielsweise *Flutkatastrophe.* Als *Störfall* bezeichnet man ein *Unglück,* das in einem Produktionsablauf eintritt. So spricht man von einem *Störfall* etwa in einem Chemiebetrieb oder einem Atomkraftwerk.
Der nach dem Buch »Hiob« des Alten Testaments gebildete Ausdruck *Hiobsbotschaft* steht für eine Schreckensnachricht. Das umgangssprachliche Wort *Bescherung,* oft als Ausruf *Eine schöne Bescherung!*, wird als Allerweltswort für *Unglück* verwendet und lässt insofern kaum Rückschlüsse auf dessen Ausmaß zu, zumal es auch als ironische Verstärkung gebraucht werden kann. Ein *Drama* ist ein großes *Unglück,* bei dem die Vorstellung von aufregendem oder traurigem Geschehen mitschwingt. *Panne* ist ein kleiner Betriebsunfall, *Pleite* ist das umgangssprachliche Synonym für *Fehlschlag* und *(wirtschaftlichen) Misserfolg.* Einer, der oft Pech hat, wird auch als *Unglücksrabe* bezeichnet.
Wer *Glück im Unglück* hat, hat trotz einer schlechten Lage noch Glück, weil es hätte schlimmer kommen können. *(Sehenden Auges) in sein Unglück rennen* bedeutet »sich wider besseres Wissen selbst schaden«. Mit der Formulierung *Das ist kein (großes) Unglück* drückt man aus, dass etwas nicht so schlimm ist. Die Redewendung *zu allem Unglück* gebraucht man im Sinn von »obendrein«, »noch dazu« bei der Aufzählung unliebsamer Ereignisse.

Unglück Missgeschick, Ungeschick, Malheur, Katastrophe, GAU, Störfall, Ungemach, Schicksalsschlag, (harter) Schlag, Verhängnis, Tragödie, Tragik, Pech, Unheil, Ruin, Desaster, Heimsuchung, Unglücksfall, Unfall, Fiasko, Misserfolg, Abgrund, Verderb(en), Unstern, Debakel, Leid, Schrecknis, Elend, Not, Notlage, Hiobsbotschaft, Martyrium; *ugs.:* Bescherung, Drama, Pleite, Panne; *derb:* Scheiße, Scheißdreck, Kacke ⓘ

unglücklich
1. → traurig
2. → trostlos
3. → katastrophal

unglücklicherweise → leider

unglückselig
1. bedauerlich, beklagenswert, trostlos, bemitleidenswert, arm, erbärmlich, erschütternd
2. → katastrophal

Unglücksfall → Unglück

Unglücksrabe Pechvogel, Unglücksmensch, Unglückswurm, Pechmarie; *ugs.:* armes Hascherl

Unglückstag schwarzer Tag, Freitag der Dreizehnte

ungnädig → unfreundlich
ungültig verfallen, unwirksam, wertlos, hinfällig, (null und) nichtig, unbrauchbar, nichts wert, entwertet
ungültig machen → aufheben
ungültig werden verfallen, verjähren, außer Kraft treten, die Gültigkeit verlieren, ablaufen, auslaufen
ungünstig nachteilig, unangenehm, unerfreulich, unvorteilhaft, schlecht, negativ, schädlich
ungut → böse
unhaltbar
1. unerträglich, unzumutbar, ungenießbar, unmöglich, schlimm, katastrophal, verheerend, horrend, fürchterlich, grauenhaft, entsetzlich
2. nicht zu verteidigen/halten, einnehmbar, eroberbar
3. → falsch
unhandlich unpraktisch, unbeweglich, umständlich, sperrig, unzweckmäßig, unbequem, ungeeignet, schwer handhabbar/benutzbar
unharmonisch
1. → unausgeglichen
2. unverträglich, gestört, chaotisch, schwierig, problematisch, kompliziert
Unheil → Unglück
unheilbar verloren, nicht heilbar/zu heilen/zu retten, tödlich, hoffnungslos, unrettbar, bösartig
Unheil bringend verhängnisvoll, unheilvoll, unheilschwanger, katastrophal, gefahrvoll
unheilvoll voller Gefahr/Unheil, unheildrohend, unheilschwanger, Unheil bringend, Schlimmes verheißend, ominös, von schlimmer Vorbedeutung, gefährlich, katastrophal
unheimlich
1. → schauerlich
2. → sehr
unhöflich
1. unritterlich, ungalant, unkultiviert, taktlos, unfreundlich
2. → flegelhaft
Unhold → Scheusal
unhörbar lautlos, tonlos, geräuschlos, still, unmerklich, nicht vernehmbar, klanglos
uni einfarbig, monochrom, nicht bunt
Uni → Universität
uniformiert
1. in Uniform
2. → angepasst
Unikat Einzelstück, Einzelanfertigung, Urschrift, Einzelexemplar, einziges Exemplar
Unikum
1. → Sonderling
2. → Spaßvogel
uninteressant unwichtig, unbedeutend, belanglos, langweilig, eintönig, nicht erwähnenswert, reizlos, ohne Pep
Union → Bund
universal
1. allgemein, universell, umfassend, allumfassend, weltumfassend, absolut, allseitig, global, weltweit, allgemeingültig
2. → vielseitig
Universität Hochschule, Fachhochschule, Akademie, College, Lehranstalt, Forschungsanstalt; *geh.:* Alma Mater; *ugs.:* Uni
Universum All, Weltall, Weltraum, Kosmos, Unendlichkeit, (kosmischer) Raum
unkameradschaftlich → unsolidarisch
unken → schwarzsehen
Unkenntnis Unwissenheit, Nichtwissen, Mangel an Wissen, Bildungslücke, Wissensmangel, Ignoranz, Ignorantentum, Unverständnis, Verständnislosigkeit, Desinformiertheit, Ahnungslosigkeit, Unbelesenheit, Dummheit, Unerfahrenheit
unkeusch → anstößig
unklar
1. verschwommen, undeutlich, unscharf, trüb, unverständlich, unbestimmt, undefinierbar, unartikuliert, ungenau, unsicher, undurchschaubar, unentschieden, unpräzis, nicht zu definieren/eindeutig/verständlich/deutlich, vage, andeutungsweise, verworren, wirr, abstrus, unübersichtlich, ein Buch mit sieben Siegeln, zweifelhaft, fraglich, in Dunkel gehüllt, nebulös, schlecht zu verstehen/zu entziffern, zusammenhanglos, unausgegoren, missverständlich
2. undurchsichtig, ungewiss, ungeklärt, unbestimmbar, unzugänglich, unvorhersehbar, fraglich
3. diffus, dunkel, schattenhaft, schemenhaft, nebelhaft, verwaschen, nur in Umrissen/flüchtig, obskur
unklug undiplomatisch, ungeschickt, unvorsichtig, unvernünftig, unüberlegt, unbesonnen, töricht, nicht schlau, dumm, gedankenlos, ohne Verstand
unkompliziert
1. → leicht
2. eingängig, geläufig, anspruchslos, durchschaubar, überschaubar, gut verständlich
3. liebenswürdig, freundlich, entgegenkommend,

U

umgänglich, pflegeleicht, verträglich

unkontrolliert
1. hemmungslos, zügellos, disziplinlos, undiszipliniert, unbeherrscht
2. → unbewacht

unkonventionell → ungebräuchlich

unkonzentriert → unaufmerksam

unkorrekt
1. → falsch
2. nachlässig, liederlich, schlampig, unordentlich, nicht gewissenhaft

Unkosten Auslagen, Ausgaben, Aufwand, Aufwendungen, Kosten, Belastungen, Spesen, Zahlungen

unkritisch → kritiklos

unkultiviert
1. ohne Stil, ungehobelt, barbarisch
2. → grobschlächtig

unkundig → unwissend

unlängst → kürzlich

unlauter unehrlich, unredlich, unfair, unsolide, unaufrichtig, unkorrekt, unreell, unzulässig, betrügerisch, illoyal, gaunerhaft

unlebendig → langweilig

unleidlich → unfreundlich

unleidlich sein → muffeln

unleserlich unlesbar, nicht zu entziffern

unleugbar → sicher

unliebsam → unangenehm

unlogisch widersinnig, widersprüchlich, nicht folgerichtig/logisch, absurd; *geh.:* irrational, paradox

unlösbar nicht zu bewältigen/lösen/enträtseln/meistern; *ugs.:* nicht zu knacken

Unlust
1. Lustlosigkeit, Unwilligkeit, Widerwillen, Abneigung, Ekelgefühl, Scheu, Abscheu; *ugs.:* null Bock
2. → Missstimmung

unmanierlich → grobschlächtig

unmäßig
1. → maßlos
2. → sehr

Unmenge Menge, Masse, Vielzahl, große Zahl, Unzahl, Übermaß, Anhäufung, Fülle

Unmensch → Scheusal

unmenschlich → brutal

unmerklich
1. nicht vernehmbar, hörbar, unsichtbar, unauffällig, sacht, leise, still, latent
2. → allmählich

unmissverständlich
1. → klar
2. → nachdrücklich
3. → aufrichtig

unmittelbar
1. → direkt
2. → natürlich
3. → sofort

unmodern → altmodisch

unmöglich
1. → undurchführbar
2. → ungebührlich
3. → keineswegs

unmöglich machen → verhindern

unmoralisch unanständig, verwerflich, anstößig, empörend, unschicklich, ungehörig, amoralisch, verrucht, unzüchtig, lasterhaft, obszön, unziemlich, schamlos

unmotiviert → grundlos

unmündig → minderjährig

Unmut → Missstimmung

unmutig → mürrisch

unnachahmlich → außergewöhnlich

unnachgiebig standhaft, unbeugsam, beharrlich, unnachgiebig, eigensinnig, hart, kompromisslos, konsequent

unnachsichtig → streng

unnahbar kühl, distanziert, unzugänglich, abweisend, spröde, verhalten, verschlossen, herb, zurückhaltend, zugeknöpft, stolz

unnatürlich
1. → geziert
2. → künstlich
3. → anomal

unnormal → anomal

unnötig nutzlos, wertlos, sinnlos, überflüssig, fruchtlos, zwecklos, unnütz

unnütz → unnötig

unordentlich
1. schlampig, schludrig, lotterig, unsorgsam, unsorgfältig, nachlässig, liederlich, sorglos
2. ungeordnet, unaufgeräumt, durcheinander, chaotisch, wild, wüst, ungepflegt, verwahrlost, kunterbunt

Unordnung
1. Durcheinander, Chaos, Konfusion, Misswirtschaft, Lotterwirtschaft, Schlamperei, Tohuwabohu, Liederlichkeit, Schlendrian, Gewirr, Wirrnis, Gestrüpp, Wirrwarr, Wust, Pelemele, Knäuel, Nachlässigkeit, Vernachlässigung, Hexenkessel, Labyrinth; *ugs.:* Mischmasch, Verhau, Sammelsurium, Kuddelmuddel, Lotterei, Schluderei, Lumpenwirtschaft; *derb:* Sauwirtschaft, Saustall, Schweinewirtschaft; *landsch.:* Menkenke, Gedöns, Klumpatsch
2. → Anarchie

unorthodox ungewöhnlich, außergewöhnlich, unangepasst, unkonventionell, eigenwillig

unparteiisch → neutral

Unparteiischer → Schiedsrichter

unpassend
1. → unangebracht
2. → ungelegen

unpässlich → krank
unpersönlich
1. → förmlich
2. → nüchtern
unpopulär → unbeliebt
unpraktisch
1. → ungeschickt
2. → unhandlich
unprätentiös anspruchslos, bescheiden, sachlich, uneitel, schlicht, dezent
unpräzis → unklar
unproblematisch → mühelos
unproduktiv ergebnislos, erfolglos, unbefriedigend, fruchtlos, unfruchtbar, vergebens; *geh.:* ineffektiv, ineffizient
unprofessionell nicht fachmännisch/fachgerecht, amateurhaft, sachunkundig, unsachgemäß, laienhaft
unpünktlich (zu) spät, verspätet, säumig, im Verzug, nicht planmäßig/fahrplanmäßig, saumselig, mit Verspätung, nicht zur rechten/vereinbarten Zeit, überfällig, längst fällig, noch nicht eingetroffen
unpünktlich sein → verspäten, sich
unqualifiziert
1. → unfähig
2. → unangebracht
Unrast → Unruhe
Unrat Schmutz, Müll, Dreck, Abfall
unratsam → nachteilig
unrealisierbar → undurchführbar
unrealistisch weltfremd, wirklichkeitsfremd, lebensfremd, idealistisch, illusorisch, verträumt, abwegig
unrecht
1. → falsch
2. → böse
Unrecht → Vergehen
unrechtmäßig → gesetzwidrig
unredlich → unlauter
unreell → unlauter
unregelmäßig ungleichmäßig, keiner festen Regel folgend, ungleich, unsymmetrisch, asymmetrisch
Unregelmäßigkeit → Betrug
unreif
1. → unausgegoren
2. → kindlich
unrein
1. → schmutzig
2. ungenau, unpräzise, unsauber, dissonant, falsch, misstönend
unreligiös → ungläubig
unrentabel unwirtschaftlich, unrationell, unfruchtbar, nicht lohnend, sich nicht rechnend
unrichtig → falsch
unromantisch → nüchtern
Unruhe
1. Unrast, Ruhelosigkeit, Rastlosigkeit, innere Erregung, Nervosität, Ungeduld, Getriebensein, Erregtheit, Beunruhigung, Spannung, Anspannung, Aufgeregtheit
2. → Lärm
Unruhen → Ausschreitung
Unruhestifter → Störenfried
unruhig
1. rastlos, ruhelos, lebhaft, ungeduldig, nervös, aufgewühlt, angespannt, aufgeregt, flatterig, fahrig, hektisch, friedlos; *ugs.:* zapplig, kribbelig, quirlig, fipsig, fickrig
2. → sorgenvoll
unrühmlich → kläglich
unsachlich
1. sachfremd, nicht zur Sache gehörend
2. → parteiisch
unsagbar
1. unbeschreiblich, unfassbar, unglaublich, unvorstellbar, außerordentlich, unsäglich
2. → sehr
unsäglich → unsagbar
unsanft → hart
unsauber
1. schmutzig, beschmutzt, unrein, schmierig, verunreinigt, ungewaschen
2. ungenau, unpräzise, unsorgfältig, misstönend
unschädlich → ungefährlich
unscharf verwackelt, verzittert, verschwommen, undeutlich, verwischt, unklar
unschätzbar → kostbar
unscheinbar unauffällig, farblos, ausdruckslos, nichtssagend, schlicht, einfach, blass, grau
unschicklich
1. → ungebührlich
2. → anstößig
unschlagbar → unbesiegbar
unschlüssig → unentschieden
unschön
1. → hässlich
2. → unfair
unschöpferisch unkünstlerisch, amusisch, nicht kreativ, fantasielos, unfruchtbar; *geh.:* eklektisch
Unschuld → Reinheit
unschuldig
1. schuldlos, schuldfrei, ohne eigenes Verschulden, frei von Schuld, nicht schuldig, von aller Schuld rein, unverschuldet, unangreifbar, untadelig, tadellos, makellos, einwandfrei
2. rein, engelsrein, lauter, frei von Sünde, anständig, ahnungslos, unerfahren, naiv, unberührt, unbefleckt, unverdorben, keusch
unschwer → mühelos
unselbständig angestellt, im Angestelltenverhältnis, abhängig, angewiesen, hilflos, unsicher, ohne Selbstvertrauen, hilfsbedürftig, anlehnungsbedürftig, gebunden

U

unselig
1. → katastrophal
2. → trostlos
unsensibel
1. unpassend, unangemessen, respektlos, taktlos, ohne Feingefühl/Fingerspitzengefühl
2. unempfindlich, unempfänglich, robust
unseriös undurchsichtig, zwielichtig, anrüchig, verdächtig, unanständig, leichtlebig, nicht ernsthaft/seriös
unsicher
1. gefährlich, gefährdet, bedroht, riskant, schutzlos
2. → ungewiss
3. unentschieden, schwankend, schwach, wankend, wack(e)lig
4. → gehemmt
unsichtbar verborgen, versteckt, verdeckt, dem Auge entzogen
Unsinn
1. Unfug, Nonsens, Aberwitz, Wahnwitz, Unding, Irrsinn, Widersinn, Wahnsinn, Idiotie, Schwachsinn, Torheit; *ugs.:* Käse, Blödsinn, Schmarren, Humbug, wirres/sinnloses/dummes Zeug, Stuss, Quatsch, Quark, Mumpitz, Krampf, Kohl, Tinnef, Koks, Blech, Kokolores, Kappeskram; *derb:* Bockmist, Scheiße
2. Dummheiten, Verrücktheit, Narrheit, Albernheit, Kinderei(en), törichte Einfälle, Torheiten, Späße, Possen; *ugs.:* Fez, Flausen, Firlefanz, Heckmeck, Kinkerlitzchen, Larifari, Hokuspokus, Faxen, Schnickschnack
3. → Gerede
unsinnig
1. → sinnlos
2. → sehr

unsolidarisch unkameradschaftlich, unkollegial, unfair, unzuverlässig, unkooperativ
unsolide → leichtlebig
unsorgfältig
1. → unachtsam
2. → unordentlich
unsozial menschenfeindlich, unmenschlich, hartherzig, brutal, asozial
unspektakulär unauffällig, dezent, zurückhaltend, nicht außergewöhnlich, unaufdringlich, unscheinbar; *ugs.:* unspektogal
unsportlich
1. → unfair
2. steif, unbeweglich, ungelenk, hölzern, eckig, schwerfällig, träge; *ugs.:* eingerostet, wie ein Stück Holz
unstatthaft → gesetzwidrig
unsterblich
1. → ewig
2. → sehr
unstet → unbeständig
unstillbar unersättlich, maßlos, sehr groß, immens, gewaltig, stark
unstimmig → gegensätzlich
Unstimmigkeit
1. → Fehler
2. → Auseinandersetzung
unstreitig → unstrittig
unstrittig unbestritten, unumstritten, unstreitig, erwiesen, sicher, gesichert, gewiss, unzweifelhaft, unwiderlegbar
unstrukturiert → formlos
Unsumme sehr viel Geld, einen hohen Betrag, Menge; *ugs.:* Haufen, Unmenge, Unmasse, Batzen
unsymmetrisch → ungleichmäßig
Unsympath *ugs.:* Ekel, Widerling, mieser Typ, fieser Kerl, Fiesling
unsympathisch → unerträglich

unsystematisch → planlos
untadelig tadellos, fehlerlos, einwandfrei, ordentlich, ehrenwert, solide
untalentiert → unbegabt
Untat → Verbrechen
untauglich
1. → unfähig
2. → unbrauchbar
unten tiefgelegen, in der Tiefe, unterhalb; *ugs.:* drunten; *landsch.:* herunten
unter
1. unterhalb, weiter unten, tiefer, abwärts, darunter
2. → mittels
3. → zwischen
unter anderem → außerdem
Unterbau → Fundament
unterbewerten herabsetzen, gering machen, bagatellisieren, verharmlosen, geringschätzen, verkennen
unterbewusst → unbewusst
unterbieten den Preis herunterdrücken, billiger abgeben/verkaufen
unterbinden → verhindern
unterbleiben wegfallen, fortfallen, entfallen, aufhören, ein Ende nehmen, ausfallen
unterbrechen
1. vorübergehend einstellen/aufhören/abbrechen, rasten, pausieren
2. → stören
Unterbrechung
1. → Störung
2. → Pause
unterbreiten
1. vorlegen, zur Einsichtnahme geben, präsentieren, überreichen
2. → informieren
3. **einen Vorschlag unterbreiten** → vorschlagen
unterbringen
1. Platz finden für, eine Unterkunft beschaffen, beherbergen, einquartieren

U

2. einen Posten verschaffen, zu einer Arbeitsstelle verhelfen; *ugs.:* anbringen
3. verstauen, einpacken, wegpacken; *ugs.:* unterkriegen, verfrachten

Unterbringung → Unterkunft

unterbuttern
1. → benachteiligen
2. → betrügen

unter der Hand ohne großes Aufheben, unbemerkt, still und leise, nebenbei, nebenher, beiläufig

unterdessen → inzwischen

unterdrücken
1. verdrängen, zurückdrängen, nicht aufkommen lassen, sich zusammennehmen, dämpfen, hindern, zum Stillstand/Erliegen bringen, sich beherrschen, zurückhalten, niederhalten, abwehren, (im Keim) ersticken, verbergen, unterlassen, betäuben, abtöten, sich nichts anmerken lassen, sich etwas verbeißen, auslöschen, besiegen, bezwingen; *ugs.:* hinunterschlucken, abwürgen, sich etwas verkneifen, die Zähne zusammenbeißen
2. → knechten
3. → niederschlagen

Unterdrücker Gewaltherrscher, Tyrann, Despot, Diktator, Peiniger, Schinder

unterdrückt → unfrei

Unterdrückung → Knechtschaft

untereinander → miteinander

unterentwickelt
1. zurückgeblieben, kindisch, unreif, infantil
2. → rückständig

unterernährt unterversorgt, ausgehungert, abgezehrt, untergewichtig, knochig, eingefallen; *ugs.:* nur noch Haut und Knochen

unterfangen, sich → riskieren

Unterfangen Wagnis, Risiko, Unternehmen, Vorhaben, Abenteuer

unterfassen → unterhaken

Unterführung Tunnel, unterirdischer Gang/Weg

Untergang
1. → Niedergang
2. → Verderben

untergehen
1. → sinken
2. nicht zur Geltung kommen/gehört werden, keine Wirkung tun, nicht wirken/ankommen, übertönt werden, keinen Erfolg haben
3. hinter dem Horizont verschwinden, niedergehen, versinken
4. aussterben, absterben, verfallen, zerfallen, dahinschwinden, zugrunde gehen, sich auflösen, zusammenbrechen, zu existieren aufhören, verlorengehen, in Verfall geraten, dem Untergang entgegengehen, verrotten, allmählich zerstört werden, in Auflösung begriffen sein, zu Ende gehen mit

untergeordnet
1. → unbedeutend
2. → subaltern

untergliedern → einteilen

untergraben
1. erschüttern, schwächen, ins Wanken bringen, beeinträchtigen, durchlöchern, schädigen, schmälern, in Mitleidenschaft ziehen, ruinieren
2. zersetzen, zerrütten, unterhöhlen, unterminieren, aufweichen, vereiteln, zunichtemachen, hintertreiben, zu Fall bringen, demoralisieren, aushöhlen

Untergrenze Mindestwert, Mindestmaß, Minimum, das Mindeste/Wenigste, Minimalwert, Limit

Untergrund
1. → Grundlage
2. Illegalität, Anonymität

Untergrundkämpfer Freiheitskämpfer, Widerstandskämpfer, Freischärler, Partisan, Aufständischer, Rebell, Terrorist

unterhaken unter den Arm fassen, Arm in Arm gehen, unterfassen, jmds. Arm nehmen, sich einhängen, sich einhaken

unterhalb am Fuß des/von, unter, unterwärts, tiefer, weiter unten

Unterhalt → Lebensunterhalt

unterhalten
1. → ernähren
2. → pflegen
3. haben, führen, betreiben, leiten, sich abgeben/beschäftigen mit
4. → erheitern

unterhalten, sich
1. → vergnügen, sich
2. miteinander reden/sprechen, eine Unterhaltung/ein Gespräch führen, Worte wechseln, Gedanken austauschen, Konversation machen/betreiben, diskutieren, debattieren, plaudern, parlieren, kommunizieren, Zwiesprache/ein Plauderstündchen halten; *landsch.:* babbeln, klönen, ratschen, schnacken, tratschen; *ugs.:* einen Schwatz/Plausch/ein Schwätzchen halten, schwätzen, schwatzen, klatschen, quatschen, quasseln, palavern, plappern, schnattern

Unterhalter Entertainer, Conférencier, Ansager; *ugs.:* Stimmungskanone

unterhaltsam
1. → kurzweilig
2. → anregend

Unterhaltszahlung → Alimente

Unterhaltung
1. Gespräch, Plauderei, Gedankenaustausch, Meinungsaustausch, Konversation, Talk, Interview
2. Spaß, Freude, Kurzweil, Vergnügen, Ergötzen, Belustigung, Amüsement, Entertainment, Zeitvertreib, Zerstreuung, Lustbarkeit, Abwechslung, Geselligkeit, Ablenkung; *ugs.:* Gaudi; *veraltet:* Gaudium; *österr.:* Ramasuri
3. Pflege, Versorgung, Instandhaltung, Erhaltung, Wartung

unterhandeln → besprechen, sich

Unterhändler Parlamentär, Emissär, Beauftragter, Bevollmächtigter, Bote, Abgesandter

unterhöhlen → untergraben

Unterholz → Buschwerk

Unterhose Schlüpfer, Slip, Höschen, Tanga; *scherzh.:* Liebestöter, heißes Höschen

unterjochen
1. → unterwerfen
2. → knechten

unterjubeln → aufbürden

unterkommen
1. Unterkunft/Herberge/Quartier/Unterschlupf finden, aufgenommen/untergebracht/beherbergt werden, unterschlüpfen; *ugs.:* unterkriechen
2. *ugs. für:* begegnen, vorkommen, zustoßen, widerfahren, passieren, geschehen
3. eine Anstellung finden, angenommen werden

unterkriegen → besiegen

unterkühlt → frostig

Unterkunft: Das Dach über dem Kopf

Die Qualität einer vorübergehenden *Wohnung* lässt sich schon durch das für *Unterkunft* gewählte Synonym anzeigen. *Herberge* ist ursprünglich ein *Wirtshaus,* in dem man übernachten kann, wird heute aber meist nur noch in der Zusammensetzung *Jugendherberge* gebraucht, in der es ein Unterkunftsheim für Jugendliche bezeichnet. *Pension* ist ein (kleineres/einfaches) Gästehaus; *Hotel* ist ein Betrieb für Unterkunft und Verpflegung für gehobene Ansprüche. Mit *Absteige(quartier)* oder *Spelunke* charakterisiert man eine *Unterkunft* als heruntergekommen, schlecht oder auch zweifelhaft. *Obdach* enthält wie *Asyl* die Konnotation von Zufluchtsort, also einer *Unterkunft,* die Schutz bietet. Dies gilt genauso für *Unterschlupf* oder die explizite Formulierung *schützendes Dach* (über dem Kopf). Eine *Zufluchtsstätte,* an die man sich zurückziehen kann, bezeichnet man gehoben auch als *Refugium.* Ein solcher behaglicher *Wohnsitz* wird bildungssprachlich auch nach der gleichnamigen, vor den Toren Roms gelegenen Stadt *Tusculum* genannt, wo Cicero seinen Landsitz hatte. Meist scherzhaft wird für *Wohnung* auch *Domizil* verwendet. Schließlich kann *Unterkunft* auch einfach die *Unterbringung* beziehungsweise *Bleibe* für die Nacht sein, also *Schlafplatz, Schlafstelle, Nachtquartier* oder *Übernachtungsquartier.* Die Vokabel *Quartier* bezeichnet häufig eine militärische *Unterkunft.*

Unterkunft
1. Unterbringung, Wohnung, Haus, Behausung, schützendes Dach
2. Herberge, Obdach, Asyl, Logis, Zuflucht, Quartier, Nachtquartier, Übernachtungsmöglichkeit, Schlafplatz, Schlafstelle, Schlafgelegenheit, Schlafstätte, Lager, Lagerstatt, Schlaflager, Nachtlager, Unterschlupf, Absteige, Absteigequartier, Zimmer, Hotel, Pension, Bett; *ugs.:* etwas zum Schlafen, Bleibe, Penne, Dach über dem Kopf; *österr.:* Unterstand ⓘ

Unterlage
1. → Grundlage
2. → Dokument

unterlassen
1. Abstand nehmen von, absehen von, vermeiden, sich sparen, sich ersparen, verzichten, lassen, bleiben lassen, beiseitelassen, sich enthalten, unterdrücken, sich verbeißen, nicht tun; *ugs.:* sich verkneifen, sein lassen
2. → vernachlässigen

unterlaufen versehentlich vorkommen, unbemerkt geschehen, passieren, zustoßen, widerfahren, sich einschleichen; *ugs.:* einen Bock schießen

unterlegen
1. darunterlegen, mit einer Unterlage versehen, unterschieben
2. schwächer, unebenbürtig, unbegabter, nicht gleichwertig

unterlegen sein nicht heranreichen an, jmdm. das Wasser nicht reichen können, jmds. Leistung nicht erreichen, sich nicht messen können mit, nicht

U

ebenbürtig/gleichwertig sein; *ugs.:* ein Waisenknabe sein

unterliegen
1. besiegt/bezwungen werden, verlieren, den Vergleich nicht bestehen, nicht ankommen gegen, den Kürzeren ziehen, eine Niederlage einstecken müssen/erleiden, schwächer sein, weichen müssen, verspielen, Schiffbruch erleiden; *ugs.:* eine Schlappe erleiden
2. unterworfen/ausgesetzt/preisgegeben/abhängig sein

untermalen begleiten, umrahmen, abrunden

untermauern erhärten, fundieren, stützen, begründen, belegen, beweisen

untermengen → mischen

unterminieren → untergraben

unternehmen → veranstalten

Unternehmen
1. Betrieb, Werk, Anlage, Konzern, Fabrik, Gesellschaft, Handelsgesellschaft, Aktiengesellschaft, Kommanditgesellschaft, Geschäft
2. Tat, Vorhaben, Unternehmung, Unterfangen, Aktion, Operation, Coup, Leistung, Handlung, Bravourstück, Kunststück, Heldenstück, Akt

Unternehmer Industrieller, Erzeuger, Fertiger, Hersteller, Produzent, Fabrikbesitzer, Arbeitgeber, Geschäftsmann, Wirtschaftsführer; *abwertend:* Kapitalist, Ausbeuter, Bonze, Industriekapitän; *veraltet:* Schlotbaron, Fabrikant; *ugs.:* Brötchengeber

Unternehmung → Unternehmen

Unternehmungslust → Energie

unternehmungslustig aktiv, lebendig, tüchtig, engagiert, energisch, tatkräftig, rege, unternehmend

unterordnen
1. subsumieren, unterstellen, unterwerfen
2. hintanstellen, zurückstellen

unterordnen, sich → fügen, sich

Unterpfand Zeichen, Beweis, Gewähr, Garantie, Zeugnis, Ausdruck, Bestätigung

unterprivilegiert benachteiligt, vernachlässigt, unterdrückt, diskriminiert, entrechtet, rechtlos, unfrei

Unterredung
1. → Gespräch
2. → Sitzung

Unterricht
1. Schulung, Schule, Unterrichtsstunde, Kurs(us), Lehrgang, Übung, Lektion
2. → Ausbildung

unterrichten
1. Unterricht erteilen, Stunden geben, Kenntnisse vermitteln, Schule halten, unterweisen, zeigen, vertraut machen mit, lehren, belehren, beibringen, ausbilden, anleiten, dozieren, Vorlesungen halten; *geh.:* instruieren; *ugs.:* einpauken, eintrichtern
2. aufklären, informieren, erläutern

unterrichten, sich → informieren, sich

Unterrichtung → Information

untersagen → verbieten

unterschätzen unterbewerten, nicht ernst/auf die leichte Schulter nehmen, nicht für voll ansehen, verharmlosen, herabsetzen, verkennen

unterscheiden einen Unterschied machen zwischen, differenzieren, auseinanderhalten, trennen, sondern, gegeneinander abgrenzen, die Verschiedenheit erkennen, eine Einteilung vornehmen, nuancieren, voneinander abheben

unterscheiden, sich → kontrastieren

unterschieben
1. → unterlegen
2. → verdächtigen

Unterschied Verschiedenheit, Differenz, Divergenz, Kontrast, Abweichung, Ungleichheit, Unähnlichkeit, Abstand, Diskrepanz, Andersartigkeit, Gefälle, Kluft, Gegensatz, Gegensätzlichkeit, Unstimmigkeit, Missverhältnis ⓘ

unterschiedlich → verschieden

unterschiedslos → gleich

unterschlagen
1. → verschweigen
2. veruntreuen, in die eigene Tasche stecken, hinterziehen, unrechtmäßig ausgeben/behalten, betrügen

Unterschlupf
1. → Zuflucht
2. → Unterkunft

unterschreiben
1. zeichnen, unterzeichnen, seine Unterschrift geben, seinen Namen setzen unter, paraphieren, ratifizieren, abzeichnen, gegenzeichnen; *geh.:* signieren; *veraltet:* unterfertigen; *ugs.:* seinen Kaiser Wilhelm/Friedrich Wilhelm unter etwas setzen, ein/sein Kreuz machen
2. → bestätigen

Unterschrift Namenszug, Namenszeichen, Signatur,

Unterschied: Die vielen Arten der Verschiedenheit

Für den deutschen Begriff *Unterschied* gibt es eine Reihe sinnverwandter Fremdwörter, mit denen sich das Gemeinte noch genauer ausdrücken lässt.
Als *Differenz* bezeichnet man in der Regel ganz allgemein eine Nichtübereinstimmung von Personen oder Dingen, die sich z.B. auf Meinungen oder Eigenschaften beziehen kann. Das Wort *Kontrast* wird häufig gebraucht, um einen auffälligen Gegensatz anzuzeigen. In der Fotografie oder Malerei bezeichnet man den Wechsel von Hell und Dunkel als *Kontrast*. Als *Nuance* kennzeichnet man hingegen einen sehr feinen *Unterschied*. Von *Divergenzen* spricht man vor allem mit Blick auf das Auseinanderstreben von Meinungen und Anschauungen. Das Wort *Diskrepanz* verwendet man, wenn ausgedrückt werden soll, dass zwischen zwei Dingen ein Missverhältnis oder ein Widerspruch besteht.

Signum, Autogramm, Paraphe; *ugs.:* Kaiser Wilhelm, Friedrich Wilhelm
unterschwellig
1. → unbewusst
2. → latent
untersetzt stämmig, gedrungen, bullig, pyknisch, dick, kompakt, kräftig, massiv, breit
Unterstand
1. Bunker, Schutzraum, Luftschutzraum
2. → Unterkunft
unterstehen untergeordnet/unterstellt/untergeben sein, unter Aufsicht/Kontrolle stehen von, jmdn. zum Vorgesetzten haben, unter jmdm. arbeiten
unterstehen, sich → anmaßen, sich
unterstellen
1. abstellen, unterbringen
2. → annehmen
3. → verdächtigen
unterstellen, sich sich flüchten in/unter, Zuflucht/Schutz suchen
unterstreichen → betonen
unterstützen
1. Beistand/Hilfe gewähren, eintreten für, dahinterstehen, Rückhalt geben, weiterhelfen, behilflich sein, beistehen, zur Seite stehen, halten zu, Hilfestellung geben; *ugs.:* die Stange halten
2. zuschießen, subventionieren, zusteuern, beisteuern, Geld zuwenden, finanziell helfen, fördern; *ugs.:* unter die Arme greifen
Unterstützung
1. Rückendeckung, Rückenstärkung, Rückhalt, Stütze, Beistand, Hilfe
2. Beihilfe, Zuschuss, Subvention, Förderung, Zuwendung, Spende
untersuchen
1. eine Untersuchung vornehmen, abtasten, abhören, abhorchen
2. → nachforschen
3. → kontrollieren
Untersuchung
1. Studie, Betrachtung, wissenschaftliche Arbeit, Nachforschung, Analyse, Beobachtung, Projektstudie, Erforschung, Vorausstudie, Studie, Pilotprojekt, Recherche, Ermittlung, Umfrage
2. → Kontrolle
untertags → tagsüber
untertan → subaltern
Untertan
1. Bürger, Staatsbürger, Staatsangehöriger
2. Leibeigener, Sklave, Höriger, Untergebener
untertänig → unterwürfig
untertauchen
1. sinken, unter Wasser drücken, tauchen
2. → verschwinden
unterteilen → einteilen
Unterton Beiklang, Nebenklang, Nuance, Zwischenton
untertreiben maßvoll ausdrücken, bescheiden sein, herunterspielen
Untertreibung Understatement, Zurücknahme, Bescheidenheit, Abschwächung, Unterbewertung, Herabminderung
unterwandern untergraben, infiltrieren, durchsetzen, einschleusen
Unterwäsche Leibwäsche, Trikotagen, Dessous, Reizwäsche; *ugs.:* Untersachen, Unterzeug
unterwegs
1. auf/während der Reise, auf dem Weg, auf den Beinen; *ugs.:* auf Achse/Tour, on the road
2. → fort
unterweisen → anleiten
Unterweisung → Anweisung
Unterwelt
1. Hades, Totenreich, Schattenreich, Geisterwelt, Schattenwelt, Orkus, Ort der Finsternis, Hölle
2. Verbrechertum, Verbrecherwelt, Gangstertum, Syndikat, Mafia
unterwerfen unterjochen, ins Joch spannen, bezwingen, besiegen, unterordnen, sich untertan machen, beugen, in die Knie zwingen, unterdrücken
unterwerfen, sich → ergeben, sich

unterwürfig untertänig, ergeben, servil, schmeichlerisch, duckmäuserisch, buhlerisch, hörig, kriecherisch, kniefällig, fußfällig, demütig, ehrerbietig, knechtisch, sklavisch, hündisch, liebedienerisch, speichelleckerisch, ohne Stolz; *geh.:* subaltern, devot; *ugs.:* ohne Rückgrat; *veraltet:* submiss
unterzeichnen → unterschreiben
unterziehen, sich
1. sich unterwerfen, auf sich nehmen
2. **einem Verhör unterziehen** → verhören
3. **einer Prüfung unterziehen** → prüfen
untief → flach
Untier
1. → Monstrum
2. → Scheusal
untragbar unzumutbar, unannehmbar, unhaltbar, intolerabel, unerträglich, widerwärtig, unerhört, unmöglich
untrennbar → unzertrennlich
untreu treulos, illoyal, treubrüchig, wortbrüchig, abtrünnig, verräterisch, unsolidarisch, unzuverlässig, unstet, ehebrecherisch
untröstlich → traurig
untrüglich → sicher
untüchtig → unfähig
Untugend → Unart
unüberbrückbar unüberwindbar, unüberwindlich, unversöhnlich, unvereinbar, unlösbar
unüberlegt unbedacht, unbesonnen, unvorsichtig, kopflos, ohne Überlegung/Bedacht, blind, blindlings, impulsiv, unvernünftig, leichtfertig, leichtsinnig, ohne Sinn und Verstand, planlos, ziellos, wahllos, gedankenlos, fahrlässig, nachlässig, übereilt
unübersehbar
1. → offenbar
2. → unendlich
unübersichtlich ungeordnet, konfus, labyrinthisch, chaotisch, unzusammenhängend, planlos, kraus, durcheinander, unklar
unübertrefflich → ausgezeichnet
unübertroffen
1. unerreicht, ungeschlagen, unbesiegt
2. → ausgezeichnet
unüberwindbar
1. → unbesiegbar
2. → unüberbrückbar
unüblich → ungebräuchlich
unumgänglich
1. → unabwendbar
2. → nötig
unumschränkt absolut, uneingeschränkt, allein herrschend, allgewaltig, souverän
unumstößlich → endgültig
unumstritten unbestritten, anerkannt, sicher, bewährt
unumwunden → aufrichtig
ununterbrochen → dauernd
unveränderlich dauerhaft, beständig, stabil, gleichbleibend, konstant
unverantwortlich → leichtsinnig
unveräußerlich
1. unersetzlich, unaufgebbar, unentbehrlich, unabdingbar, unverzichtbar, unbedingt notwendig/nötig
2. unverkäuflich, nicht mit Geld/Gold bezahlbar, nicht zum Verkauf bestimmt, privat
unverbesserlich unbelehrbar, uneinsichtig, unbeweglich, unbekehrbar, starr, radikal, eigensinnig, reuelos, unbußfertig, verstockt, störrisch, eingefleischt; *ugs.:* hoffnungslos, nicht zu retten
unverbildet → natürlich
unverbindlich ohne Verpflichtung/Gewähr/Verbindlichkeit, freibleibend, nicht bindend/fest, zwanglos, zu nichts verpflichtend
unverblümt → aufrichtig
unverbraucht → frisch
unverbrüchlich → beharrlich
unverbürgt → ungewiss
unverdaulich → unbekömmlich
unverdient unberechtigt, ohne eigenes Zutun, glücklich, nicht verdient, ungerechtfertigt (Sieg)
unverdorben → unschuldig
unverdrossen → beharrlich
unvereinbar gegensätzlich, entgegengesetzt, verschieden, inkompatibel, disparat
Unvereinbarkeit Gegensätzlichkeit, Ungleichartigkeit, Widersprüchlichkeit, Unstimmigkeit, Verschiedenheit
unverfälscht → natürlich
unverfänglich → harmlos
unverfroren → frech
unvergänglich → ewig
unvergesslich in der Erinnerung lebendig, unauslöschlich, unvergessen, denkwürdig, bleibend, anhaltend
unvergleichlich
1. unvergleichbar, konkurrenzlos; *geh.:* inkomparabel, inkommensurabel
2. → außergewöhnlich
unverhältnismäßig → übermäßig
unverheiratet → ledig
unverhofft → plötzlich
unverhohlen → aufrichtig
unverhüllt
1. → aufrichtig
2. → nackt

unverkäuflich → unveräußerlich
unverkennbar → charakteristisch
unverkrampft unbefangen, zwanglos, frei, locker, entspannt, ungehemmt, ungezwungen
unverletzlich unantastbar, heilig, tabu, unverletzbar
unverletzt → heil
unvermählt → ledig
unvermeidlich
1. → unabwendbar
2. → nötig
unvermindert gleichbleibend, unverändert, konstant, anhaltend, andauernd, weiterhin
unvermittelt → plötzlich
Unvermögen → Unfähigkeit
unvermögend → unfähig
unvermutet → plötzlich
Unvernunft → Torheit
unvernünftig unüberlegt, töricht, unsinnig, unbekümmert, unbedacht, leichtfertig
unverrichteter Dinge → erfolglos
unverschämt → frech
unverschlossen offenstehend, geöffnet, offen, nicht geschlossen
unverschuldet → unschuldig
unversehens → plötzlich
unversehrt → heil
unversöhnlich
1. → unüberbrückbar
2. todfeind, nicht zur Versöhnung bereit, wie Feuer und Wasser, unverträglich, feindselig, hasserfüllt
Unverstand → Torheit
unverständig → dumm
unverständlich
1. → unbegreiflich
2. undeutlich, unklar, schlecht verständlich
unverträglich
1. → unbekömmlich
2. → zänkisch
3. → gegensätzlich
unverwandt → dauernd
unverwechselbar → außergewöhnlich
unverwüstlich → haltbar
unverzagt → mutig
unverzeihlich unentschuldbar, unvertretbar, unverantwortlich, verantwortungslos, sträflich, nicht zu rechtfertigen
unverzichtbar → unabdingbar
unverzüglich → sofort
unvollendet → unvollständig
unvollkommen
1. → unvollständig
2. → mangelhaft
unvollständig unbeendet, unfertig, unvollendet, unvollkommen, nicht ganz fertig, unabgeschlossen, lückenhaft, torsohaft, bruchstückhaft, halbfertig, fragmentarisch, abgebrochen, halb, nichts Halbes und nichts Ganzes, minderwertig, mangelhaft, ungenügend, nicht ordentlich/richtig
unvorbereitet → improvisiert
unvoreingenommen → objektiv
unvorhergesehen → plötzlich
unvorsichtig sorglos, leichtsinnig, fahrlässig, unüberlegt, unbesonnen, unaufmerksam
unvorstellbar nicht auszudenken, unglaublich
unvorteilhaft → nachteilig
unwahr → falsch
unwahrscheinlich
1. zweifelhaft, kaum möglich, nicht anzunehmen, unsicher, fraglich
2. → unglaubwürdig
unwandelbar → ewig
unwegsam unpassierbar, unbegehbar, unbefahrbar, unzugänglich, undurchdringlich, ungangbar, unerschlossen, unbetretbar, wild, pfadlos, weglos, zugewachsen, dicht
unweigerlich
1. → unabwendbar
2. → bestimmt
unweit → nahe
unwesentlich → unbedeutend
Unwetter Gewitter, Blitz und Donner, Sturm (und Regen), Starkregen, Wetter, Aufruhr der Elemente; *ugs.:* Hundewetter; *derb:* Dreckwetter, Mistwetter, Sauwetter, Scheißwetter
unwichtig → unbedeutend
unwiderlegbar → sicher
unwiderruflich → endgültig
unwiderstehlich → attraktiv
unwiederbringlich → endgültig
Unwille → Missstimmung
unwillig → ärgerlich
unwillkommen nicht gerngesehen, → unangenehm
unwillkürlich
1. → unabsichtlich
2. → automatisch
unwirklich → fantastisch
unwirksam nutzlos, wirkungslos, unnütz, fruchtlos, erfolglos, ineffektiv, ungültig, unbrauchbar, ungeeignet
unwirsch
1. → mürrisch
2. → unfreundlich
unwirtlich → einsam
unwissend unbewandert, unkundig, nicht unterrichtet, unerfahren, ungebildet, uninformiert, unaufgeklärt, ungeschult, unbelesen, ungelehrt, uneingeweiht, ahnungslos, ohne Kenntnisse/Wissen/Erfahrung, unvertraut mit, nichts wissend; *abwertend:* primitiv; *ugs.:* keinen Dunst/blassen Schimmer habend, grün/feucht/

U

nicht trocken hinter den Ohren
unwohl schwach, schwindlig, schlecht, übel, elend, unpässlich, krank, unbehaglich, ungesund, angegriffen; *ugs.:* mulmig, lausig, blümerant
unwohnlich → unbehaglich
unwürdig ehrlos, charakterlos, würdelos, nicht würdig
Unzahl → Menge
unzählige → viele
unzeitgemäß → altmodisch
unzerbrechlich → fest
unzeremoniell → zwanglos
unzerstörbar → ewig
unzertrennlich untrennbar, fest, (sehr) eng miteinander verbunden, immer zusammen, verschworen, aneinanderhängend, ein Herz und eine Seele
unziemlich → ungebührlich
unzivilisiert
1. unkultiviert, ohne Stil
2. → wild
3. → grobschlächtig
unzüchtig → anstößig
unzufrieden
1. unbefriedigt, enttäuscht, frustriert, unglücklich, unausgefüllt; *ugs.:* sauer
2. → mürrisch
unzufrieden sein → hadern
unzugänglich
1. → unwegsam
2. unempfänglich, unnahbar, unaufgeschlossen, undurchschaubar, undurchdringlich, distanziert, ungesellig, menschenscheu, kontaktscheu, introvertiert, zurückhaltend, abweisend, schweigsam, verstockt, verschlossen, verhalten, verständnislos, kühl, spröde, herb; *ugs.:* zugeknöpft
unzulänglich → unzureichend
unzulässig → gesetzwidrig
unzurechnungsfähig → wahnsinnig
unzureichend mangelhaft, dürftig, (sehr) schlecht, unzulänglich, bescheiden, stümperhaft, kläglich
unzusammenhängend → konfus
unzutreffend → falsch
unzuverlässig pflichtvergessen, vergesslich, unsicher, unbeständig, unpünktlich, ungenau, ein unsicherer Kandidat
unzweckmäßig
1. → unhandlich
2. → nutzlos
unzweideutig → klar
unzweifelhaft → sicher
Update Aktualisierung, Neuversion, Upgrade, überarbeitete/aktualisierte Version, Überarbeitung
updaten aktualisieren, verbessern, aufrüsten, auf den aktuellen Stand bringen, upgraden
üppig
1. schwelgerisch, ausladend, verschwenderisch, luxuriös, prunkend, pompös, aufwändig, teuer, feudal, sehr komfortabel, maßlos; *ugs.:* protzig
2. opulent, überreichlich, lukullisch, kulinarisch
3. → dick
4. wuchernd, strotzend, fruchtbar
up to date
1. in, en vogue, gefragt
2. → modern
uralt → alt
Uraufführung Erstaufführung, Premiere
urbar anbaufähig, fruchtbar, nutzbar
urbar machen → kultivieren
Urbild → Inbegriff
Ureinwohner Urbewohner, Einheimischer, Eingesessener, Angestammter
Urfassung → Original
Urgeschichte Vorgeschichte, Frühgeschichte, Prähistorie
Urheber
1. → Autor
2. → Initiator
Urheberrecht Copyright
Urin Harn, Wasser; *Kinderspr.:* Pipi; *derb:* Pisse, Seiche
urinieren auf die Toilette gehen, die Toilette aufsuchen, austreten, harnen, Wasser/Urin/Harn lassen, das Wasser abschlagen, seine Notdurft/sein Bedürfnis verrichten, sich entleeren, sich ausleeren, sich erleichtern, ein kleines Geschäft verrichten/machen; *Kinderspr.:* ein Bächlein/Pipi machen, pillern; *landsch.:* lullern, strulle(r)n; *ugs.:* einen Bach/klein machen, pischen, pulle(r)n, puschen, auf den Topf/aufs Klo gehen, laufen/verschwinden/mal müssen; *derb:* pissen, schiffen, seichen, brunzen, pinkeln
Urkunde → Dokument
urkundlich → amtlich
URL Internetadresse, Webadresse
Urlaub Ferien, Pause, Arbeitspause, Erholung, Regeneration, Sommerfrische
Urlauber Tourist, Reisender, Urlaubsreisender, Ausflügler, Wanderer, Bergsteiger, Sommerfrischler, Feriengast, Vergnügungsreisender, Erholungsuchender, Kurgast, Fremder; *ugs.:* Ferienmachender, Touri
Urne Aschenkrug
Ursache Wurzel, Grund, das Warum, Hintergrund, Anlass, Anstoß, Antrieb, Mo-

tiv, Bedingung, Voraussetzung, Veranlassung, des Pudels Kern, Aufhänger, Triebfeder, Verursachung, Motor, Ausschlag, Boden, Nährboden

ursächlich kausal, begründend, bewirkend

Ursprung Beginn, Anfang, Ausgangspunkt, Wurzel, Grundlage, Wiege, Abkunft, Herkunft, Quelle, Herd, Provenienz, Schoß, Keim, Plattform, Fundament, Basis

ursprünglich
1. natürlich, unmittelbar, spontan, urtümlich, genuin, authentisch, nicht künstlich/imitiert, urwüchsig, unverbildet, naturhaft, naturgemäß, naturgetreu, ungekünstelt, organisch
2. → eigentlich

Urteil
1. Urteilsspruch, Rechtsspruch, Richterspruch, Entscheidung, Verdikt, Gerichtsentscheid
2. Stimme, Votum, Erkenntnis
3. Urteilsvermögen, Urteilskraft, Überblick, Kritik, Klarsicht
4. → Ansicht ⓘ

urteilen
1. sich ein Urteil bilden, richten, befinden, entscheiden, erkennen auf, Recht sprechen, bemessen, zu Gericht sitzen
2. → beurteilen

Urteilskraft → Urteil

Urteil: Zwischen Richterspruch und Standpunkt

Im juristischen Sinn ist ein *Urteil* die *Entscheidung* des Richters im Prozess. Gleichbedeutend sind *Richterspruch* und *Rechtsspruch*. Je nachdem wie ein solcher *Urteilsspruch* ausfällt, handelt es sich um ein *mildes, hartes, gerechtes* oder *ungerechtes Urteil*. Die schärfste Form ist das in manchen Ländern mögliche *Todesurteil*. Das Urteil eines Verwaltungsgerichts nennt man auch einfach *Entscheidung*. Der *Spruch* der letzten Instanz, gegen den es keine Berufung mehr gibt, ist das *Endurteil*. Ein veralteter Ausdruck für *Urteil* ist *Sentenz*. Das gehobene *Verdikt* wird sowohl für einen *Gerichtsentscheid* als auch allgemein für ein *Urteil* im Sinn von *Meinungsäußerung* gebraucht. Eine solche Aussage treffen, heißt *ein Urteil abgeben*. Dabei kann es etwa um ein *positives, fachmännisches, nüchternes, vernichtendes* oder *abfälliges Urteil* gehen. Unter einem *Werturteil* versteht man ein *Urteil* über eine Person, Sache oder Handlung. Ein *Fehlurteil* ist ein falsches Urteil, und zwar auch im juristischen Zusammenhang. *Gesamturteil* nennt man bei Gericht das *Urteil* über mehrere Straftaten eines Angeklagten. Allgemein wird das Wort im Sinn von abschließender *Würdigung* (unter Abwägung aller Umstände) gebraucht. Auf *Urteil* als *Meinungsäußerung* beziehungsweise *Standpunkt* oder *Überzeugung* zielt der Begriff *Vorurteil:* Er bezeichnet eine vorgefasste Meinung ohne Prüfung der Tatsachen.
Eine lebenskluge *Richterentscheidung*, die auch Weisheit und Güte erkennen lässt, ist ein *salomonisches Urteil*. Der Begriff geht auf das Beispiel des biblischen Königs Salomo zurück (»Buch der Könige«, 3,16-28). *Gottesurteil* (oder auch *Gottesgericht*) nannte man im Mittelalter die Verurteilung eines Angeklagten durch das scheinbare Eingreifen Gottes.

Urwald Busch, Dschungel, Wildnis

urwüchsig
1. natürlich, unmittelbar, spontan, urtümlich, genuin, authentisch, nicht künstlich/imitiert, urwüchsig, unverbildet, naturhaft, naturgemäß, naturgetreu, ungekünstelt, organisch
2. naturverbunden, erdhaft, grob, grobschlächtig, ungeschliffen, robust, kernig, stämmig, deftig

Usus → Brauch

Utensilien → Zubehör

Utopie Zukunftstraum, Wunschbild, Traum, Traumwelt, Idealbild

utopisch → undurchführbar

uzen → necken

V

Vabanquespiel → Wagnis
Vagabund → Landstreicher
vagabundieren → herumtreiben, sich
vage → unklar
Vagina Scheide; *ugs.:* Feige, Pflaume, Pussi, Dose; *derb:* Loch, Fotze, Fut
vakant frei, verfügbar, zur Verfügung, disponibel, unbesetzt, zu haben, leer, offen
Vakuum luftleerer Raum, Hohlraum, absolute Leere, Nichts
Valuta
1. (ausländische) Währung, Geldsorte
2. Wert
Vamp Verführerin, Femme fatale, Circe, Sirene
Vampir Blutsauger
variabel → veränderlich
Variable veränderliche Größe, Variante
Variante
1. → Variable
2. Abart, Spielart, Sonderart, abweichende Form
3. abweichende Lesart
Variation Abweichung, Abwandlung, Veränderung, Modifikation, Modulation
variieren
1. → abwandeln
2. → abweichen
Vasall
1. → Lehnsmann
2. → Anhänger
Vater Erzeuger, Familienoberhaupt; *ugs.:* Papa, Papi, Paps, alter Herr, Alter, Daddy
Vaterland Heimatland, Geburtsland, Herkunftsland, Ursprungsland, Heimat
vegetarisch fleischlos, pflanzlich

Date, Meeting und andere Verabredungen

Für das Wort *Verabredung* gibt es eine Vielzahl fremdsprachlicher Synonyme, die einen präzisen Ausdruck möglich machen.
Als *Rendezvous* wird die Art der Verabredung bezeichnet, bei der die Verabredeten aneinander als Liebespartner interessiert sind. Hat eine amouröse Annäherung bereits stattgefunden, trifft man sich zu einem *Tête-à-tête,* einem vertrauten Zusammensein. Diese beiden aus dem Französischen stammenden Begriffe werden heute oftmals nur noch scherzhaft verwendet. Statt ihrer haben zunehmend englische Begriffe Eingang in den Sprachgebrauch gefunden. Ein *Date* ist zumeist eine Verabredung im Kontext der Partnersuche, kann aber auch einen geschäftlichen Termin bezeichnen. Bei einem *Blinddate* treffen sich nach einem Partner suchende Personen, die sich bis dahin nicht persönlich kannten. Bei einem *Meeting* handelt es sich dagegen meistens um ein Treffen mit beruflichem Hintergrund.

Vegetation Pflanzenwelt, Pflanzenreich, Pflanzenwuchs, Flora
vegetieren
1. → entbehren
2. → dahinleben
vehement → heftig
Vehemenz Wucht, Stärke, Kraft, Gewalt, Heftigkeit, Schwung, Druck
Vehikel
1. → Fahrzeug
2. → Mittel
Veilchen
1. *landsch., österr.:* Veigerl
2. *ugs.:* blaues Auge
Ventilator Lüfter, Durchlüfter, Entlüfter
ventilieren
1. → überlegen
2. → lüften
verabfolgen → verabreichen
verabreden abmachen, beschließen, entscheiden, festlegen, festsetzen, festmachen, vereinbaren
verabredet → ausgemacht
Verabredung
1. Treffen, Zusammentreffen, Begegnung, Meeting
2. Rendezvous, Date, Blinddate, Tête-à-tête
3. → Vereinbarung ⓘ
verabreichen verabfolgen, austeilen, verteilen, zuteilen, → geben; *ugs.:* verpassen
verabscheuen Abscheu/Ekel/Widerwillen empfinden, von Abscheu ergriffen sein, verabscheuenswert/verabscheuenswürdig/abscheulich/unausstehlich finden, zuwider/unerträglich sein, missbilligen, zurückweisen, von sich weisen, nicht leiden/ausstehen können, verachten, hassen; *ugs.:* nicht sehen/riechen können
verabschieden
1. → entlassen
2. annehmen (Gesetz), für gültig erklären, in Kraft setzen
verabschieden, sich auf Wiedersehen/Lebewohl sagen, Abschied nehmen, sich empfehlen, scheiden, jmdn. verlassen, weggehen, sich trennen
verabsolutieren absolut setzen, als absolut gültig hinstellen, verallgemeinern, generalisieren

verachten geringachten, geringschätzen, nicht achten, verschmähen, missachten, verabscheuen, herabsehen/herabblicken/herabschauen auf, scheel/von oben herab ansehen, respektlos/schlecht behandeln, nichts halten von, nicht ernst/für voll nehmen, verpönen, die Nase rümpfen über, für wertlos halten
verächtlich → abfällig
Verachtung → Missachtung
veralbern
1. → narren
2. → aufziehen
verallgemeinern generalisieren, pauschalisieren, verabsolutieren, abstrahieren, objektivieren; *abwertend:* schablonisieren
veralten außer Gebrauch/aus der Mode kommen, unmodern/altmodisch/unüblich werden, sich überleben; *ugs.:* verstauben
veraltet altmodisch, unmodern, unzeitgemäß, ungebräuchlich, vergangen, passé, obsolet, antiquiert; *ugs.:* out, vorsintflutlich, von gestern
veränderlich veränderbar, wandelbar, variabel, mutabel, wechselhaft, wechselvoll, unbeständig, schwankend
verändern → ändern
verändern, sich
1. → ändern, sich
2. → kündigen
Veränderung → Wandel
verängstigen → ängstigen
verankern
1. befestigen, festmachen, sichern
2. → festigen
veranlagt beschaffen, geartet, geprägt, disponiert; *ugs.:* gebaut
Veranlagung
1. Anlage, Art, Artung, Beschaffenheit, Disposition, Gepräge, Wesen, Wesensart, Natur, Naturell, Charakter
2. → Fähigkeit
veranlassen
1. anregen, den Anstoß/Impuls/Ansporn geben zu, initiieren, bestimmen, bewegen, antreiben, ins Rollen bringen, ins Werk/in Gang setzen, bewerkstelligen, einfädeln, anzetteln, entfesseln, verursachen, herbeiführen, auslösen, dafür sorgen, dazu bringen, anstiften, ins Leben rufen; *ugs.:* anleiern, ankurbeln
2. → anordnen
Veranlassung → Anlass
veranschaulichen anschaulich/deutlich/verständlich/begreifbar/lebendig/plastisch machen, vergegenständlichen, verbildlichen, versinnbildlichen, verlebendigen, verdeutlichen, illustrieren, demonstrieren, konkretisieren, genauer bestimmen, eindeutiger beschreiben, ausführen, präzisieren, vor Augen führen, erläutern, erklären, bildlich/lebendig darstellen, beleuchten, zeigen, dokumentieren
veranschlagen → schätzen
veranstalten arrangieren, durchführen, organisieren, inszenieren, ins Werk/in Szene setzen, unternehmen, halten, abhalten, stattfinden lassen, ausrichten, zur Durchführung bringen, geben; *ugs.:* machen, aufziehen, auf die Beine stellen, über die Bühne gehen lassen
Veranstaltung
1. → Feier
2. → Aufführung
3. → Organisation
verantworten die Verantwortung tragen/übernehmen, verantwortlich sein, einstehen/geradestehen/haften für; *ugs.:* auf seine Kappe nehmen
verantworten, sich Rechenschaft ablegen, Rede und Antwort stehen, sich rechtfertigen, Gründe anführen
verantwortlich
1. haftbar, haftpflichtig, zuständig
2. verantwortungsvoll, verantwortungsreich, leitend (Stelle), führend, ernst, schwer, mit Verantwortung verbunden, ehrenvoll
3. → pflichtbewusst
verantwortlich machen
1. → belangen
2. → beschuldigen
verantwortlich sein → verantworten
Verantwortung
1. Haftung, Verantwortlichkeit
2. Pflichtbewusstsein, Verantwortungsbewusstsein, Pflichtgefühl, Verantwortungsgefühl, Gewissenhaftigkeit, Zuverlässigkeit
verantwortungsbewusst → pflichtbewusst
Verantwortungsgefühl Pflichtgefühl, Pflichtbewusstsein, Verantwortungsbewusstsein, Verantwortlichkeit, Gewissenhaftigkeit, Zuverlässigkeit
verantwortungslos → leichtsinnig
verantwortungsvoll → verantwortlich
veräppeln narren, irreführen, nasführen, täuschen, trügen, hereinlegen, zum Besten/Narren halten,

foppen, an der Nase herumführen, aufsitzen lassen; *ugs.:* anschmieren, verkohlen, verhohnepipeln, vergackeiern, veralbern, auf den Arm/die Schippe nehmen, einen Bären aufbinden, reinlegen, verschaukeln; *derb:* verarschen

verarbeiten
1. verwenden, verwerten, benutzen, weiterverarbeiten, verwandeln
2. (geistig) bewältigen, verkraften, sich zu Eigen machen, aufarbeiten
3. verdauen, aufnehmen, vertragen, aushalten

verargen → übelnehmen

verärgern → verstimmen

verärgert → ärgerlich

verarmen in Armut geraten, arm werden, verelenden, an den Bettelstab kommen

verarschen → narren

verarzten *ugs. für:* ärztlich behandeln/betreuen/versorgen, untersuchen, Erste Hilfe leisten

verästeln, sich
1. sich verzweigen, sich gabeln
2. sich gliedern, sich unterteilen, zerfallen in

verausgaben ausgeben, verbrauchen, aufwenden, bezahlen, aufzehren; *ugs.:* verbraten, springen lassen

verausgaben, sich → erschöpfen, sich

veräußern → verkaufen

verbalisieren → ausdrücken

verballhornen verschandeln, verhunzen, verschlimmbessern, → entstellen

Verband
1. Bandage, Binde, Wickel
2. → Bund
3. → Gruppe

verbannen ausweisen, des Landes verweisen, ausbürgern, aussiedeln, vertreiben, ausschließen, verstoßen, vergrängen, ausstoßen, verjagen, abschieben, ins Exil schicken

Verbannung → Exil

verbarrikadieren versperren, verbauen, verrammeln, verschanzen, vermauern, zubauen, zumauern, verstellen, unzugänglich machen, den Zugang behindern, besetzen, blockieren

verbarrikadieren, sich sich schützen, sich in Sicherheit bringen, sich einschließen, sich absperren

verbauen → verbarrikadieren

verbeißen
1. → unterdrücken
2. → verzichten

verbeißen, sich hartnäckig festhalten, nicht ablassen/abgehen von, sich festbeißen, in eine Sackgasse geraten, sich versteifen, sich verbohren, sich verrennen; *ugs.:* sich verbiestern

verbergen
1. verstecken, umhüllen, verhüllen, verdecken, zudecken, verborgen halten, vergraben, wegstecken, heimlich wegstecken/wegtun, verschließen; *Mil.:* camouflieren
2. kaschieren, überspielen (Fehler), verschleiern, verwischen, vernebeln, verdunkeln, tarnen, unkenntlich machen, maskieren
3. verschweigen, verheimlichen, verhehlen, geheim halten, für sich behalten, vorenthalten, vertuschen, nicht mehr sprechen/Gras wachsen lassen über, mit dem Schleier des Vergessens zudecken

verbergen, sich sich verstecken, sich verkriechen, sich verschanzen, sich abschließen, sich im Dunklen halten

verbessern
1. → berichtigen
2. → steigern
3. vervollkommnen, veredeln, verfeinern, verschönern, kultivieren, entwickeln, weiterentwickeln

verbessern, sich → bessern, sich

Verbesserung
1. → Korrektur
2. → Zunahme
3. → Fortschritt
4. Vervollkommnung, Veredelung, Verfeinerung, Verschönerung, Kultivierung

verbeugen, sich eine Verbeugung/Verneigung/einen Diener machen, sich verneigen, seine Reverenz erweisen, dienern, grüßen; *ugs.:* einen Bückling/Kratzfuß machen

verbeulen
1. einbeulen, eindrücken; *ugs.:* eindellen
2. ausweiten, ausdehnen; *ugs.:* ausleiern

verbiegen krummbiegen, krümmen, verformen, unbrauchbar machen

verbiestern, sich
1. → verbeißen, sich
2. → irren, sich

verbieten
1. versagen, untersagen, verwehren, sich verbitten, Einhalt gebieten, einen Riegel vorschieben, verweigern, nicht billigen/erlauben/gestatten/zulassen/genehmigen/gewähren, nein zu etwas sagen
2. **den Mund verbieten** das Wort entziehen/verbieten, zum Schweigen bringen, mundtot machen, den Mund stopfen

verbilligen → ermäßigen

Verbilligung → Preisnachlass

V

verbinden
1. bandagieren, einen Verband anlegen, umwickeln, einbinden
2. zusammenbringen, zusammenfügen, zusammenbauen, montieren, aneinanderfügen, in Kontakt bringen, vereinigen, verknüpfen, verketten, verflechten, verknoten, verschlingen, verquicken, verzahnen, verschmelzen, verschweißen, koppeln, verkoppeln, kombinieren, zusammensetzen, anschließen, anfügen, anhängen; *EDV:* verlinken; *ugs.:* anmachen, zusammenstückeln, zusammenflicken, zusammenschustern
3. anknüpfen/anschließen an, sich beziehen auf, Bezug nehmen, in Zusammenhang bringen, eine Verbindung herstellen
4. gleichzeitig/zugleich erledigen/tun
5. verschränken

verbinden, sich
1. sich verbünden, sich zusammenschließen, sich zusammenscharen, sich zusammentun, eine Koalition eingehen, koalieren, sich solidarisieren, sich vereinigen, sich anschließen; *ugs.:* gemeinsame Sache machen
2. → heiraten
3. sich vereinen, sich mischen, sich vermischen, sich vermengen, verschmelzen, eine Verbindung eingehen (Chemie)

verbindlich
1. bindend, verpflichtend, obligat, obligatorisch, fest, feststehend, endgültig, unwiderruflich, definitiv, gültig, geltend
2. → entgegenkommend

Über Ehen, Korps und andere Verbindungen

Eine *Verbindung* kann zwischen Menschen bestehen. Neutral ist dies der *Umgang* miteinander. Wenn Menschen eine *Verbindung* aufnehmen, treten sie miteinander in *Kontakt.* Je nach Intensität der *Beziehung* handelt es sich auch um eine *Bekanntschaft* oder *Freundschaft.* Eine *Lebenspartnerschaft* beziehungsweise *Lebensgemeinschaft* kann eine *Ehe* sein. Umgangssprachlich spricht man auch von einer *Beziehungskiste.* Der gehobene Ausdruck für eine nichteheliche Liebesverbindung ist *Liaison.* Eine *studentische Verbindung* nennt man auch *Burschenschaft* oder gehoben *Korporation* beziehungsweise *Korps.* Gehört dort auch das Fechten dazu, nennt man sie *schlagende Verbindung.* Wer *Verbindungen* hat, verfügt über *Protektion* oder *Beziehungen,* umgangssprachlich auch *Vitamin B* genannt. *Das richtige Parteibuch haben* ist eine ebenfalls umgangssprachliche Redensart für förderliche Verbindungen im politischen Leben. Eine *Verbindung* kann auch ein *Bündnis,* eine *Organisation* oder eine *Gemeinschaft* beziehungsweise *Gruppe* sein. In der Wirtschaft bezeichnet man die *Verbindung* mehrerer Unternehmen als *Konzern* oder als *Holding.* Wenn Parteien eine *Verbindung* eingehen, spricht man auch von *Koalition;* die politische *Verbindung* von Staaten kann ein *Pakt,* ein *Block,* eine *Union,* eine *Entente* oder eine *Konföderation* sein.

Verbindlichkeiten Schulden, Rückstände, Passiva, Verpflichtung(en)

Verbindung
1. Verkettung, Verknüpfung, Verflechtung, Verzahnung, Verschmelzung, Koppelung, Kombination, Zusammenfügung, Synthese; *EDV:* Link, Hyperlink, Verlinkung
2. Bund, Bündnis, Zusammenschluss, Genossenschaft, Gesellschaft, Partei, Gemeinschaft
3. → Kontakt
4. Gemeinsamkeit, Verwandtschaft, Geistesverwandtschaft, Ähnlichkeit, Affinität, Berührungspunkt, geistiges Band
5. → Ehe
6. → Korps
7. *Pl.:* Beziehungen, Connection, Protektion; *ugs.:* das richtige Parteibuch, Vitamin B ⓘ

Verbindungsmann → Vermittler

verbissen → beharrlich

verbitten, sich → verbieten

verbittern
1. → ärgern
2. → kränken

verbittert
1. → mürrisch
2. → vergrämt

Verbitterung → Groll

verblassen blass werden, bleichen, ausbleichen, verbleichen, Farbe verlieren, verschießen, sich verfärben, sich entfärben, vergilben, nachlassen; *ugs.:* ausgehen

verblasst → verschossen

verbleiben
1. zurückbleiben, übrig bleiben, erhalten bleiben, als Rest erhalten bleiben
2. → ausharren

verbleichen
1. → verblassen
2. → abflauen

verblenden verkleiden, verschalen
verblendet
1. nicht weitblickend, nicht vorausschauend, kurzsichtig, beschränkt, eng, engstirnig, borniert, unflexibel
2. → uneinsichtig
verblendet sein → irren, sich
verblichen → tot
verblöden → verdummen
verblödet
1. meschugge, bescheuert, nicht ganz klar im Kopf, leicht weggetreten; *ugs.:* gaga, plemplem
2. → wahnsinnig
verblüffen erstaunen, in Erstaunen setzen/versetzen, verwundern, Staunen erregen, verwirren, verdutzen, stutzig machen, befremden, bestürzen, überraschen
verblüffend → erstaunlich
verblüfft überascht, perplex, sprachlos, fassungslos, bewegungslos, verwirrt, verwundert, verstört, versteinert, verdutzt, entgeistert, erstaunt, konsterniert, wie vor den Kopf gestoßen/geschlagen, betreten; *ugs.:* verdattert, durcheinander, baff, platt, von den Socken, aus den Latschen gekippt
verblühen → welken
verbluten → sterben
verbocken
1. → verderben
2. → ausfressen
verbockt widerspenstig, widerborstig, störrisch, bockig, trotzig, trotzköpfig, starrköpfig, dickköpfig, verstockt, unzugänglich, eigensinnig, eigenwillig, starrsinnig, halsstarrig, verbohrt, stur, aufsässig, aufmüpfig, ungehorsam, unfolgsam, unwillig; *geh.:* renitent, obstinat; *ugs.:* querköpfig, dickschädelig, zickig
verbogen krumm, schief, verkrümmt, nicht gerade
verbohren, sich → verbeißen, sich
verbohrt fanatisch, besessen, stur, eigensinnig, engstirnig, eifernd, dogmatisch, starrsinnig, starrköpfig, dickköpfig, intolerant, unbeugsam, unbelehrbar, uneinsichtig, unnachgiebig, unzugänglich; *ugs.:* vernagelt
verborgen
1. → leihen
2. latent, versteckt, verhüllt, verkappt, verdeckt, verschleiert, unterschwellig, schlummernd, unmerklich, nicht offenkundig
3. → heimlich
verborgen halten → verbergen
Verbot Untersagung, Tabu, Sperre, Veto, Einspruch, Machtspruch, Machtwort, Nein, Befehl, Vorschrift; *geh.:* Interdikt, Prohibition
verboten gesetzwidrig, rechtswidrig, unrechtmäßig, gegen das Gesetz/die Vorschrift verstoßend, strafbar, kriminell, illegal, verpönt, unstatthaft, unerlaubt, unzulässig, tabu, untersagt
verbrämen
1. → verzieren
2. → beschönigen
verbraten
1. unter Wert verkaufen, verheizen
2. → ausgeben
3. → verbrauchen
Verbrauch
1. Konsum, Konsumierung, Konsumtion, Verzehr
2. Verschleiß, Abnutzung, Abnützung
verbrauchen
1. aufbrauchen, ausgeben (Geld), erschöpfen, verschwenden, verzehren, konsumieren, verwirtschaften, beanspruchen, verschlingen; *ugs.:* kleinkriegen, verbraten, verbuttern, verkonsumieren, durchbringen (Geld)
2. → abnutzen
Verbraucher Konsument, Abnehmer, Kunde, Käufer, Bedarfsträger, Klientel
verbraucht auf dem Abstellgleis, alt, abgearbeitet, abgekämpft, abgenutzt, erschöpft, ausgebrannt, entkräftet, ausgelaugt; *ugs.:* abgehärmt, abgenudelt, mitgenommen; *derb:* abgefuckt
verbrechen
1. → anrichten
2. → vergehen, sich
Verbrechen
1. Übeltat, Missetat, Schandtat, Straftat, Untat, (schweres) Vergehen, Delikt, Kapitalverbrechen, Gewalttat, Frevel, Freveltat, Gräuel, Gräueltat, Fehltritt, Sünde, Todsünde, Sakrileg, verwerfliche Tat/Handlung, Rechtsbruch
2. → Vergehen
Verbrecher Rechtsbrecher, Gesetzesbrecher, Täter, Straftäter, Straffälliger, Krimineller, Schuldiger, Sünder, Übeltäter, Missetäter, Schwerverbrecher, Gewaltverbrecher, Outlaw, Frevler, Unhold, Bösewicht, Unmensch, Delinquent, Einbrecher, Dieb, Räuber, Bandit, Gauner, Gangster, Spitzbube, Halunke, Schuft, Ganove, Mörder

verbrecherisch
1. kriminell, frevlerisch, frevelhaft, sträflich, asozial
2. → schändlich

verbreiten
1. in Umlauf/in die Welt setzen, ausstreuen, ausbreiten, aussprengen, aussenden, ausstrahlen, weiterverbreiten, weiterleiten, unter die Leute bringen, bekanntmachen, bekanntgeben, verkünden, kundtun, erzählen, in aller Munde bringen; *ugs.:* herumtragen, herumerzählen, ausposaunen, austrompeten, breittreten, an die große Glocke hängen
2. → publizieren
3. popularisieren, propagieren, populär machen

verbreiten, sich
1. sich ausbreiten, sich ausdehnen, sich mehren, übergreifen, sich zerstreuen, an Boden gewinnen, um sich greifen, grassieren, überhandnehmen
2. Verbreitung finden, Kreise ziehen, sich durchsetzen, üblich werden, durchdringen, sich einbürgern, zum Durchbruch kommen, sich Geltung verschaffen; *ugs.:* einreißen
3. → herumsprechen, sich

verbreitern dehnen, ausdehnen, bauen, ausbauen, weiten, ausweiten, erweitern, vergrößern, breiter machen

verbreitet → gängig

verbrennen
1. durch Feuer sterben, in den Flammen umkommen, den Flammentod sterben
2. den Flammen/dem Feuer übergeben, abbrennen, niederbrennen, einäschern, in Asche legen, in Flammen/Rauch aufgehen lassen, verlodern, verkohlen, zu Asche werden, in Schutt und Asche sinken; *ugs.:* abfackeln
3. → brennen

verbrennen, sich sich brennen, sich verbrühen, sich durch Feuer/Hitze verletzen

Verbrennung → Einäscherung

verbriefen, sich → bürgen

verbringen → aufhalten, sich

verbrüdern, sich Brüderschaft/Freundschaft schließen, fraternisieren, sich verschwistern, sich solidarisieren

verbrühen, sich sich brennen, sich verbrennen, sich durch Feuer/Hitze verletzen

verbuchen → buchen

verbummeln
1. *ugs. für:* nutzlos/ohne Ergebnis/Erfolg verbringen (Zeit)
2. → vergessen
3. → versäumen

verbünden, sich sich zusammenschließen, sich zusammenscharen, sich zusammentun, sich zusammenrotten, ein Bündnis eingehen, einen Pakt schließen, paktieren, konföderieren, sich alliieren, eine Koalition eingehen, koalieren, sich solidarisieren, sich verbinden, sich verbrüdern, sich vereinigen, sich anschließen; *ugs.:* gemeinsame Sache machen

Verbundenheit
1. → Solidarität
2. → Einheit
3. Dankbarkeit, Dankbarkeitsgefühl

Verbündeter → Genosse

verbürgen versichern, versprechen, garantieren

verbürgen, sich → bürgen

verbürgerlichen sich etablieren, sich anpassen, bürgerlich werden

verbürgt glaubwürdig, aus erster Hand/sicherer Quelle, authentisch, echt, gesichert, sicher, zuverlässig, verlässlich, unfehlbar, untrüglich, garantiert

verbüßen
1. büßen, abbüßen, sühnen, absühnen, geradestehen für, Buße tun
2. eine Strafe verbüßen → einsitzen

Verdacht Argwohn, Misstrauen, Zweifel, Vermutung, Bedenken, Befürchtung, Unterstellung, Mutmaßung

Verdacht hegen → argwöhnen

verdächtig suspekt, ominös, obskur, nicht geheuer/Vertrauen erweckend, unheimlich, bedenklich, fragwürdig, dubios, verfänglich, dunkel, finster, zweifelhaft, undurchsichtig, zwielichtig; *abwertend:* halbseiden; *ugs.:* nicht ganz astrein, faul

verdächtigen den Verdacht werfen/lenken/richten auf, beschuldigen, anschuldigen, bezichtigen, zeihen, jmdm. die Schuld geben, zur Last legen, unterstellen, unterschieben, anschwärzen, anhängen, verantwortlich machen für, nachsagen, andichten, denunzieren, diffamieren, diskreditieren, verleumden, böswillig behaupten, mit Schmutz/Dreck bewerfen; *ugs.:* die Schuld in die Schuhe schieben, jmdm. etwas unterjubeln/am Zeug flicken

verdammen
1. verurteilen, aburteilen, die Schuld geben, für schuldig/befinden, ächten, verfemen, ausschließen, verstoßen, brandmarken
2. verfluchen, verwünschen, verteufeln; *ugs.:* zum Teufel/Kuckuck/zur Hölle wünschen

verdammen zu → verurteilen

verdammt
1. → verflucht
2. → sehr

Verdammung → Bann

verdampfen
1. verdunsten, verfliegen, sich verflüchtigen, sich auflösen, gasförmig werden, schwinden
2. verkochen, eindicken, verdicken, eindampfen, eindicken, kondensieren; *fachsprachl.:* evaporieren
3. → weggehen

verdanken → danken

verdattert
1. → durcheinander
2. → bestürzt

verdauen
1. verarbeiten, verkraften, aufnehmen, vertragen, aushalten
2. *ugs. für:* (geistig) bewältigen, durchdenken, sich zu Eigen machen, aufarbeiten
3. → ertragen

verdaulich → bekömmlich

Verdeck
1. oberstes Deck (Schiff)
2. Autodach, Hardtop, Plane, Wagendecke, Wagenplane

verdecken
1. verbergen, verstecken, verhüllen, verhängen, überlagern, die Sicht nehmen, unsichtbar machen, abdecken, bedecken, überdecken, zudecken
2. bekleben, überkleben, zukleben, übermalen, überpinseln, übertünchen, beseitigen, zum Verschwinden bringen, dem Blick entziehen

verderben
1. ins Verderben bringen/führen/reißen/stürzen, schlechten Einfluss ausüben, negativ beeinflussen, auf die schiefe Bahn bringen, zugrunde richten, hinabziehen, herabziehen, hinunterziehen, zerstören
2. verschimmeln, ranzig/schimmelig werden, faulen
3. → schaden
4. die Freude/den Spaß verderben, die Lust nehmen, zunichtemachen, verleiden, vergällen, verekeln, verpfuschen, verpatzen; *ugs.:* vermasseln, verhageln, verkorksen, vermurksen, verbocken, versieben, verhunzen, vermiesen, versalzen, versauen, miesmachen, madigmachen, Wasser in den Wein gießen, die Karre in den Dreck fahren, die Suppe versalzen
5. verpesten, vergiften, verseuchen

Verderben Verderb, Unglück, Untergang, Ruin, Unheil, Verhängnis, Ende, Sturz, Abgrund, Katastrophe, Desaster, Elend, Verhängnis

verderblich
1. → schädlich
2. lebensgefährlich, todbringend, tödlich, unheildrohend
3. verweslich, leicht ungenießbar werdend

verderbt → lasterhaft

verdeutlichen → veranschaulichen

verdichten komprimieren, konzentrieren, dichter werden

verdichten, sich → zunehmen

verdicken dicker/zähflüssiger machen, verdampfen, verdunsten

verdicken, sich → anschwellen

verdienen
1. → einnehmen
2. gebühren, angemessen sein, zustehen, zukommen, wert sein

Verdienst
1. → Einkommen
2. → Leistung

verdienstvoll → lobenswert

Verdikt Urteil, Urteilsspruch, Richterspruch, Rechtsspruch, Entscheidung

verdonnern → verurteilen

verdoppeln
1. doppeln, doppelt machen, duplizieren, duplieren, dublieren, verzweifachen
2. → intensivieren

verdorben
1. ranzig, schimmelig, faul
2. lasterhaft, verkommen, verderbt, heruntergekommen, unsittlich, untugendhaft, tugendlos, sittenlos, unmoralisch, unkeusch, unzüchtig, liederlich, lotterhaft, einem Laster verfallen, unanständig, sündhaft, anstößig, verrucht, unsolide, hemmungslos

verdorren trocken/dürr werden, → welken

verdorrt → trocken

verdrängen
1. wegschieben, wegdrängen, abdrängen, zurückdrängen, in den Hintergrund drängen, beiseiteschieben, beiseitedrängen, beiseitestoßen, zur Seite schieben, ausstechen, aus-

booten, vertreiben, aus dem Sattel heben, an die Wand drücken, aus dem Feld schlagen; *ugs.:* kaltstellen
2. aus dem Bewusstsein ausscheiden, in das Unbewusste verlagern/verbannen, Unlust vermeiden, unterdrücken, abwehren, ersticken, abtöten, niederhalten, nicht wahrhaben wollen, rationalisieren; *ugs.:* wegrationalisieren, wegdrücken, wegschieben

verdrecken → beschmutzen

verdreckt → schmutzig

verdrehen
1. verrenken
2. → entstellen
3. jmdm. den Kopf verdrehen → irremachen
4. → verliebt machen

verdreht
1. verkehrt, seitenverkehrt, umgedreht, umgekehrt, verkehrt herum, spiegelbildlich
2. → überspannt
3. → verrückt

verdreschen → schlagen

verdrießen
1. → ärgern
2. → missfallen

verdrießlich
1. unerfreulich, unangenehm, misslich, ärgerlich, ungünstig, lästig
2. → verdrossen

verdrossen mürrisch, griesgrämig, verdrießlich, ärgerlich, ungehalten, missgestimmt, brummig, unzufrieden, voll Ärger/Verdruss
1. → ärgerlich
2. → mürrisch

Verdrossenheit → Ärger

verdrücken → essen

verdrücken, sich
1. → weggehen
2. → wegschleichen, sich

Verdruss → Ärger

Verdruss bereiten → ärgern

verduften
1. *ugs. für:* schleichen, abziehen, sich verziehen, einen Abgang machen, sich verflüchtigen
2. → weggehen
3. → wegschleichen, sich
4. → fliehen

verdummen
1. dumm/geistig anspruchslos machen, vernebeln
2. dumm werden, geistig abstumpfen/nachlassen/erlahmen/verarmen/abbauen/einrosten/stillstehen; *ugs.:* verblöden, vertrotteln

verdunkeln
1. abdunkeln, dunkel/finster machen, das Tageslicht/die Sonne abschirmen, verfinstern, verdüstern, abblenden
2. → verbergen

verdunkeln, sich sich bedecken, sich zuziehen, sich bewölken, wolkig/trübe/dunkel werden, sich verdüstern, sich verfinstern

verdünnen verwässern, verfälschen, versetzen; *ugs.:* strecken, pan(t)schen, verlängern

verdünnen, sich → verjüngen, sich

verdünnisieren, sich
1. → weggehen
2. → wegschleichen, sich
3. → fliehen

verdunsten → verdampfen

verdursten
1. verschmachten, vor Durst vergehen
2. → sterben

verdüstern → verdunkeln

verdüstern, sich → verdunkeln, sich

verdutzen → erstaunen

verdutzt → überrascht

verebben abflauen, abebben, sich verringern, sich vermindern, ermatten, abnehmen, nachlassen, abklingen, ausklingen, vergehen, zurückgehen, sinken, sich dem Ende zuneigen, ausgehen, versiegen, abschwellen, einschlafen, sich legen, schwinden, schrumpfen, auslaufen, zu Ende gehen, aufhören

veredeln
1. → verbessern
2. → verfeinern
3. → pfropfen

verehelichen, sich → heiraten

Verehelichung → Hochzeit

verehren
1. aufschauen/aufsehen/aufblicken zu, schätzen, hochschätzen, achten, hochachten, anbeten, anschwärmen, huldigen, vergöttern, zu Füßen liegen, bewundern, lieben, in Ehren halten, die Ehre/Achtung erweisen, in den Himmel heben; *ugs.:* anhimmeln
2. → schenken
3. → widmen

Verehrer
1. Anbeter, Bewunderer, Fan, Anhänger, Getreuer, Sympathisant
2. → Geliebter ⓘ

verehrt wert, teuer, geehrt, geschätzt, hochgeschätzt, hochverehrt, gnädig, lieb

Verehrung
1. Anbetung, Bewunderung, Vergötterung, Kult; *ugs.:* Anhimmelei
2. → Ehrfurcht

vereidigen unter Eid nehmen, durch Eid verpflichten; *österr.:* angeloben; *schweiz.:* in Pflicht nehmen

Verein
1. → Bund
2. → Gruppe

vereinbaren → abmachen

V

Fans, Lover und andere Verehrer

Ein *Verehrer* ist jemand, der einen anderen Menschen hochschätzt. Geht es dabei zum Beispiel um Leinwand-, Bühnen- oder Sportstars, spricht man von *Bewunderer* oder *Anhänger*. Bei dem Ausdruck *Fan* schwingt die Bedeutung von »Begeisterung« mit. *Anbeter* hingegen hat religiöse Konnotationen; in diesem Fall spricht man auch von einem *glühenden Verehrer*. Religiöse Anklänge werden auch in dem Ausdruck *Fangemeinde* für die Gesamtheit der *Verehrer* einer Person deutlich.
Umgangssprachlich wird *Verehrer* aber auch im Sinn von *Freund* beziehungsweise *Liebhaber* verwendet. Ein solcher *Lover* ist ein *ständiger Begleiter* oder schlicht ein *Bekannter*. Den *Freund* beziehungsweise *Verehrer* einer Frau während eines Kuraufenthalts nennt man scherzhaft *Kurschatten*. Ironisch ist auch die Bezeichnung *Kavalier* gemeint, wobei diese auch für den Kunden einer Prostituierten gebraucht werden kann. Der aus dem Spanischen stammende, veraltete Ausdruck *Galan* bezeichnet einen vornehm auftretenden Liebhaber. Der Begriff wird gelegentlich ebenso ironisch gebraucht wie das gleichfalls veraltete *Herrenbekanntschaft*. In der Umgangssprache wird ein solcher *Freund* auch derb *Kerl* genannt oder abwertend *Macker*. *Romeo* ist in Anspielung auf Shakespeares Liebesdrama »Romeo und Julia« die scherzhafte Bezeichnung für einen sentimentalen *Verehrer*.

vereinbart → ausgemacht
Vereinbarung Verabredung, Abmachung, Absprache, Abrede, Beschluss, Abschluss, Entscheidung, Entschluss, Einigung, Verständigung, Übereinkommen, Übereinkunft, Arrangement, Agreement, Vertrag, Kontrakt, Pakt
vereinen → vereinigen
vereinen, sich → vereinigen, sich
vereinfachen
1. Verständnis erleichtern, sich gemeinverständlich/genauer ausdrücken, volkstümlich/breit zugänglich/allgemeinverständlich machen, popularisieren
2. präzisieren, vereinheitlichen, klären, glätten, schematisieren, stilisieren, formalisieren, uniformieren
3. simplifizieren, verharmlosen, schablonisieren, verflachen, verwässern, vergröbern, banalisieren
vereinheitlichen → normieren
vereinigen
1. einen, vereinen, zu einer Einheit/Gesamtheit zusammenfassen, zusammenschließen, integrieren, sammeln, unieren
2. → verbinden
3. → harmonisieren
vereinigen, sich
1. sich vereinen, sich verbinden, verschmelzen, sich zusammenschließen, sich zusammentun, sich assoziieren, sich organisieren, sich sammeln, eine Partei bilden, sich verbünden
2. → koitieren
Vereinigung → Bund
vereinnahmen → kassieren
vereinsamen
1. einsam werden, verlassen/allein/isoliert/vereinsamt sein, ohne Freunde/Gesellschaft/Kontakt sein, alleingelassen/verlassen werden
2. → veröden
vereinsamt → einsam
Vereinsamung → Einsamkeit
vereint → gemeinsam
vereinzelt
1. singulär, mancherorts; *geh.:* passim
2. manchmal, gelegentlich, mitunter, zeitweise, ab und zu, nicht immer, hin und wieder, ab und an, sporadisch, dann und wann, stellenweise
3. → selten
4. → einsam
vereiteln hintertreiben, zunichtemachen, zuschanden machen, durchkreuzen, torpedieren, zu Fall bringen, untergraben, verhindern; *ugs.:* das Spiel verderben, einen Strich durch die Rechnung machen, jmdm. die Tour vermasseln, quertreiben
verekeln → verderben
verelenden verarmen, arm werden, in Armut geraten, an den Bettelstab kommen
verenden eingehen, → sterben; *abwertend:* verrecken, krepieren
verengen, sich → verjüngen, sich
vererben hinterlassen, zurücklassen, nachlassen, übermachen, vermachen, überschreiben, überlassen, überliefern, weiterreichen, weitergeben
vererbt → angeboren
verewigen, sich
1. sich unsterblich machen, in die Geschichte/

Unsterblichkeit eingehen, sich ein Denkmal setzen, sich ein bleibendes Andenken erwerben
2. → einkerben
verfahren
1. eine bestimmte Methode anwenden, einen bestimmten Weg einschlagen, → handeln
2. → aussichtslos
verfahren, sich → verirren, sich
Verfahren
1. → Methode
2. → Prozess
verfahren mit → handhaben
Verfall
1. Zersetzung, Auflösung, Fäulnis, Verwesung
2. → Niedergang
verfallen
1. zusammenfallen, zusammenbrechen, zusammenstürzen, verwittern, einstürzen, in Trümmer fallen, baufällig werden
2. → untergehen
3. → abmagern
4. → verjähren
5. → ungültig werden
6. hörig, süchtig, abhängig, gefügig, untertan
7. → dünn
verfallen lassen → vernachlässigen
verfallen sein
1. → frönen
2. süchtig/abhängig sein
verfälschen
1. → verdünnen
2. → entstellen
3. → fälschen
verfangen → wirken
verfangen, sich sich verstricken, sich verzetteln, sich verwickeln, sich verheddern, ungewollt hineingeraten, hängen bleiben, sich hineinmanövrieren, sich in eine unangenehme Lage/Situation bringen; *ugs.:* sich verfilzen
verfänglich prekär, heikel, diffizil, nicht geheuer, zweischneidig, problematisch, bedenklich
verfärben, sich
1. → verblassen
2. → erblassen
3. → erröten
verfassen abfassen, schreiben, aufschreiben, niederschreiben, anfertigen, formulieren, niederlegen, zu Papier bringen, festhalten, aufzeichnen, ausarbeiten
Verfasser
1. → Autor
2. → Schriftsteller
3. Urheber, Schöpfer
Verfassung
1. Staatsordnung, Staatsverfassung, Regierungsform, Grundgesetz, Konstitution
2. → Zustand
3. → Stimmung
verfassungswidrig → gesetzwidrig
verfaulen → faulen
verfault faul, verdorben, ungenießbar, verwest, verrottet, schlecht, verkommen, faulig, alt, nicht frisch/mehr gut; *ugs.:* gammelig, hinüber
verfechten → eintreten für
Verfechter → Kämpfer
verfehlen
1. vorbeischießen, danebenschießen, fehlschießen, nicht treffen, fehlen
2. verpassen (Zug), versäumen, nicht (mehr) erreichen
3. **den Ton verfehlen** → entgleisen
4. **den Weg verfehlen** → verirren, sich
verfehlt
1. fehlgeschlagen, missraten, misslungen; *schweiz.:* gefehlt
2. → falsch
3. → unangebracht
verfeinden, sich → entzweien, sich
verfeindet → entzweit
verfeinern
1. veredeln, erhöhen, sublimieren, vergeistigen, ins Geistige erheben, ins Erhabene steigern, läutern
2. → verbessern
Verfeinerung
1. → Verbesserung
2. Sublimation, Sublimierung, Erhöhung, Läuterung, Vergeistigung
verfertigen → anfertigen
verfilmen filmisch gestalten/darstellen/umsetzen, einen Film drehen, auf die Leinwand bringen
verfilzen → verwirren
verfilzen, sich → verfangen, sich
verfinstern → verdunkeln
verfinstern, sich → verdunkeln, sich
verflachen
1. → vereinfachen
2. seicht/oberflächlich werden
3. verwässern, gleichmachen, gleichschalten, nivellieren
verflacht oberflächlich, flach, seicht, ohne Tiefgang, nichtssagend, inhaltslos, gehaltlos, banal, trivial, vordergründig
verflechten → verbinden
Verflechtung → Verbindung
verfliegen
1. → verdampfen
2. → vergehen
verfließen → vergehen
verflixt
1. → verflucht
2. → sehr
verflossen → früher
Verflossener *ugs. für:* ehemaliger/früherer Freund/Bräutigam, geschiedener Ehemann; *ugs.:* Exfreund, Exverlobter, Exbräutigam, Ex

V

verfluchen verdammen, verwünschen, verteufeln, den Zorn Gottes herabwünschen, einen Fluch nachschicken; *ugs.:* zum Teufel/Kuckuck/zur Hölle wünschen, auf den Mond schießen; *veraltet:* vermaledeien

verflucht
1. verhext, verwunschen, verzaubert
2. *ugs.:* verdammt (und zugenäht), verflixt, verteufelt, zum Donnerwetter/Henker/Kuckuck/Teufel, Sakrament, sapperlot; *österr.:* Kruzitürken, Sakra; *derb:* Himmel, Arsch und Zwirn, verdammte Scheiße, Scheißdreck, Mist, Dreck, Shit, Fuck
3. → sehr

verflüchtigen, sich → verdampfen

verflüssigen → schmelzen

verfolgen
1. nachjagen, hinterherjagen, nachlaufen, nachrennen, nachstellen, nachsetzen, zu fangen suchen, treiben, sich an jmds. Sohlen heften, jmdm. auf den Fersen bleiben, hinter jmdm. her sein, fahnden nach, hetzen, jagen
2. → bedrängen
3. → beobachten
4. → folgen
5. → anstreben

Verfolger *poet.:* Häscher, Scherge

Verfolgung Jagd, Treibjagd, Hetzjagd, Verfolgungsjagd, Hetze, Hatz, Suche, Fahndung, Kesseltreiben, Nachstellung, Pogrom

verformen deformieren, aus der Form geraten, die Form verlieren

verfrachten
1. verladen
2. → befördern

verfressen → gefräßig

verfrüht vorzeitig, zu früh, vor der Zeit, voreilig, vorschnell, übereilt

verfügbar
1. → parat
2. unbesetzt (Stelle), vakant, offen, frei, zu haben

verfügbar sein → dasein

verfügen
1. → entscheiden
2. → anordnen

verfügen über → besitzen

Verfügung
1. Verfügungsgewalt, Disposition
2. → Befehl
3. **sich zur Verfügung stellen** → aushelfen
4. **zur Verfügung haben** besitzen, haben, innehaben, sein Eigen/Eigentum nennen, in Händen haben, gehören, verfügen über, aufzuweisen/in seinem Besitz haben, ausgestattet/versehen sein mit; *geh.:* eignen
5. **zur Verfügung stehen** → da sein
6. **zur Verfügung stellen** → leihen

verführen
1. verleiten, verlocken, versuchen, in Versuchung führen/bringen, reizen, vom rechten Weg abbringen, irreführen, abbringen von; *ugs.:* den Kopf verdrehen
2. → anstiften
3. → überreden
4. → bezaubern

Verführer → Frauenheld

Verführerin → Vamp

verführerisch
1. → attraktiv
2. → einladend
3. → appetitlich

Verführung → Reiz

Vergabe
1. Verteilung, Zuteilung, Übertragung, Übergabe, Überantwortung, Distribution
2. Austeilung, Ausgabe, Aushändigung

vergaffen, sich → verlieben, sich

vergällen
1. denaturieren, ungenießbar machen
2. → verderben

vergaloppieren, sich → irren, sich

vergammelt
1. *ugs. für:* ranzig, schimmelig, → faul
2. → altbacken
3. → verwahrlost

vergangen
1. gewesen, versunken, vergessen, verjährt, verweht, verschollen, entschwunden, tot, erledigt, abgetan, abgelebt, veraltet, gestrig, passee, dahin, vorbei, vorüber, lange her, früher; *geh.:* dahin, dahingegangen, tempi passati; *ugs.:* hinüber, um
2. → altmodisch

Vergangenheit
1. vergangene Zeit(en)/Tage, frühere Zeit(en)/Tage, gewesene Zeit(en)/Tage, das Gestern, Vorzeit, Vorwelt, Geschichte, Historie, Ferne, Vorleben, Biographie, Lebenslauf, Lebensführung, Vita, Werdegang
2. Imperfekt

vergänglich endlich, zeitlich, zeitgebunden, nicht ewig, irdisch, sterblich, flüchtig, vorübergehend, kurzlebig, von kurzer Dauer, begrenzt

vergasen → töten

vergasen, sich → umbringen, sich

vergeben
1. → verzeihen
2. → zuteilen
3. → freisprechen

vergebens → nutzlos
vergeblich → nutzlos
Vergebung
1. → Verzeihung
2. → Straferlass
vergegenständlichen → veranschaulichen
vergegenwärtigen, sich → vorstellen, sich
vergehen
1. entschwinden, verschwinden, verrinnen, zerrinnen, verfliegen, verfließen, verstreichen, vorbeigehen, vorübergehen, dahingehen, dahineilen, verrauchen, verrauschen, verlöschen, ins Land gehen/ziehen; *poet.:* rinnen, verwehen, verblühen, welken; *geh.:* hinschwinden, dahinschwinden, enteilen, entfliehen; *scherzh.:* entfleuchen; *abwertend:* schleichen, dahinschleichen
2. → abflauen
vergehen, sich
1. widerrechtlich handeln, mit dem Gesetz in Konflikt kommen, eine strafbare Handlung begehen, sich strafbar machen, straffällig werden, Befugnisse überschreiten, ein Gesetz übertreten/verletzen/brechen, sich etwas zuschulden kommen lassen, seine Pflicht verletzen, Unrecht tun, sündigen, etwas verbrechen, ein Verbrechen begehen
2. **sich vergehen an** → vergewaltigen
Vergehen Straftat, Verstoß, Unrecht, Zuwiderhandlung, Übertretung, Verfehlung, Fehler, Entgleisung, Verletzung, Pflichtverletzung, Unterlassung, Ausschreitung, → Verbrechen
vergeistigen → sublimieren
vergelten
1. → rächen
2. → belohnen
Vergeltung
1. Vergeltungsschlag, Vergeltungsmaßnahme, Sanktionen, Gegenstoß, Gegenmaßnahme, Gegenschlag, Gegenangriff, Rache, Revanche, Abrechnung, Heimzahlung, Bestrafung, Sühne, Repressalie, Ahndung, Reaktion
2. Dank, Erkenntlichkeit, Anerkennung, Lohn
vergesellschaften → kollektivieren
vergessen
1. aus dem Gedächtnis/den Augen verlieren, nicht behalten, nicht im Kopf/Gedächtnis behalten, nicht denken an, entfallen, entschwinden, entschlüpfen, sich nicht entsinnen/erinnern, keine Erinnerung (mehr) haben an, nicht mehr wissen, vergesslich sein, übersehen, versäumen, verlernen; *ugs.:* ein Gedächtnis wie ein Sieb haben, verbummeln, versieben, verdusseln, verschusseln, verschwitzen, verbaseln, einen Filmriss haben
2. → vergangen
vergessen, sich → aufbrausen
vergessen werden in Vergessenheit geraten, der Vergessenheit anheimfallen; *ugs.:* in der Versenkung verschwinden
vergessen wollen verdrängen, begraben, Gras wachsen lassen über, einen (dicken) Strich machen unter
vergesslich gedächtnisschwach, zerstreut, unzuverlässig, nachlässig, kopflos, gedankenlos; *ugs.:* schuss(e)lig
Vergesslichkeit → Gedächtnisschwäche
vergeuden → verschwenden
vergewaltigen
1. → zwingen
2. entstellen (Sprache), verfälschen, verzerren, verdrehen, verkehren, verunstalten, verunzieren, verstümmeln; *ugs.:* verballhornen, verschandeln
3. sich (sexuell) vergehen an, sich (sexuell) vergreifen an, (sexuell) missbrauchen, (sexuell) misshandeln, schänden; *poet., veraltet:* entehren
vergewissern, sich sich überzeugen, sich erkundigen, sichergehen, sich versichern, sich Gewissheit verschaffen, kontrollieren, sich rückversichern; *ugs.:* auf Nummer Sicher gehen
vergießen ausschütten, umschütten, verschütten; *ugs.:* verplempern
vergiften
1. giftig machen, mit Gift vermischen/versetzen
2. Gift geben, → töten
3. verderben, verpesten, verseuchen
vergiften, sich → umbringen, sich
vergiftet verschmutzt, verseucht, verpestet
vergilben
1. gelb werden, gilben, verblassen
2. → welken
Vergleich
1. Nebeneinanderstellung, Gegenüberstellung, Konfrontation, Konfrontierung, Abwägung, Entsprechung, Parallele, Analogie
2. → Kompromiss
vergleichbar
1. → analog
2. → ähnlich
vergleichen Vergleiche/Parallelen ziehen, einen Ver-

gleich anstellen, zum Vergleich heranziehen, abgleichen, vergleichsweise beurteilen, zusammenstellen, gegenüberstellen, nebeneinanderstellen, nebeneinanderhalten, konfrontieren, zusammenhalten, aneinanderhalten, den gleichen Maßstab anlegen, messen/prüfen an, gegeneinander abwägen

vergleichen, sich
1. sich messen mit, wettstreiten, einen Wettkampf miteinander austragen, kämpfen
2. → einigen, sich

vergleichsweise im Vergleich zu, verglichen mit, gegenüber, diesbezüglich, gemessen an, relativ, verhältnismäßig, ziemlich, zum Beispiel, beispielsweise

verglimmen → verglühen

verglühen verglimmen, verkohlen, auslöschen, verlöschen, erlöschen, ausgehen, zu brennen/leuchten aufhören, schwinden

vergnügen → belustigen

vergnügen, sich sich zerstreuen, sich auf andere Gedanken bringen, sich aufmuntern, sich aufheitern, sich ablenken, sich die Zeit vertreiben, sich unterhalten, sich amüsieren, sich belustigen, sich verlustieren, guter Dinge sein, das Leben genießen, sich freuen; *ugs.:* lumpen

Vergnügen
1. Unterhaltung, Pläsier, Amüsement, Erheiterung, Belustigung, Gaudium; *landsch.:* Gaudi
2. → Feier
3. → Freude

vergnüglich → lustig

vergnügt → lustig

Vergnügung → Feier

Vergnügungsindustrie Showbusiness, Showgeschäft, Unterhaltungsindustrie

vergolden
1. mit Gold überziehen
2. → idealisieren

vergöttern
1. → anbeten
2. → verherrlichen

Vergötterung Anbetung, Vergottung, Verehrung, Bewunderung, Kult; *ugs.:* Anhimmelei

vergraben
1. eingraben, versenken, stecken in, verscharren, einscharren; *ugs.:* einbuddeln, verbuddeln
2. verbergen, verstecken, verhüllen, verdecken, zudecken, verborgen halten

vergraben, sich
1. → abkapseln, sich
2. **sich vergraben in** → sich beschäftigen mit

vergrämen
1. → verstimmen
2. → vertreiben

vergrämt verhärmt, gramvoll, gramerfüllt, bedrückt, sorgenvoll, sorgenbeladen, verbittert, verhärtet, unzufrieden, unglücklich, (seelisch) leidend

vergraulen → vertreiben

vergreifen, sich
1. → entgleisen
2. **sich vergreifen an** → bemächtigen, sich
3. → vergewaltigen

vergreisen → altern

vergriffen verkauft, ausverkauft, nicht lieferbar/auf Lager

vergröbern → vereinfachen

vergrößern
1. ausdehnen, ausweiten, ausbreiten, dehnen, erweitern
2. steigern, verstärken, vermehren, erhöhen, potenzieren

vergrößern, sich
1. → ausdehnen, sich
2. → zunehmen

Vergrößerungsglas Lupe

vergucken, sich → verlieben, sich

Vergünstigung
1. → Vorrecht
2. Preisnachlass, Rabatt, Prozente, Skonto, Ermäßigung, Entgegenkommen; *schweiz.:* Abschlag

vergüten
1. → bezahlen
2. → entschädigen

Vergütung
1. Kostenerstattung, Kostenrückerstattung, Aufwandsentschädigung, Abfindung
2. → Lohn
3. → Provision

verhaften → festnehmen

Verhaftung Inhaftierung, Festnahme, Inhaftnahme, Gefangennahme, Arretierung, Ergreifung, Abführung

verhallen verklingen, ausklingen, abklingen, aushallen, austönen, absterben, kaum noch zu hören sein, ausschwingen, verstummen, aufhören; *geh.:* ersterben, verwehen, schwinden

verhalten
1. → leise
2. → reserviert

verhalten, sich
1. sich benehmen, sich gebärden, sich gebaren, sich geben, sich betragen, sich anstellen, sich bewegen, sich halten, auftreten, reagieren, handeln, verfahren, vorgehen; *ugs.:* sich aufführen
2. die Bewandtnis haben, bestellt sein, stehen mit

Verhalten
1. → Benehmen
2. → Reaktion

V

Verhältnis
1. → Relation
2. intime Beziehung, Liebesbeziehung, Liebesbündnis, Liaison, Affäre; *ugs.:* Techtelmechtel
3. *Pl.:* → Lage ⓘ
verhältnismäßig → vergleichsweise
verhandeln
1. → besprechen, sich
2. zu Gericht sitzen, in einem Gerichtsprozess behandeln, Gericht halten
verhangen → trüb
verhängen
1. → verdecken
2. eine Strafe verhängen → verurteilen
Verhängnis → Verderben
verhängnisvoll katastrophal, schrecklich, folgenschwer, tragisch, schicksalhaft, unglücklich, schlimm, erschütternd, erschreckend, Besorgnis erregend, sehr schlecht, übel, bedenklich
verharmlosen → bagatellisieren
verhärmt → vergrämt
verharren → bleiben
verhärten gefühllos/kalt/hart machen, hartherzig/abgestumpft machen
verhärten, sich
1. sich abweisend/hartherzig zeigen, sich verschließen, hart/unempfindlich/unzugänglich werden
2. hart/starr/unflexibel werden (Fronten), sich verschärfen, erstarren
verhärtet → gefühllos
verhaspeln, sich sich versprechen, sich verheddern, sich verreden, stottern, stammeln, stocken
verhasst
1. → unbeliebt
2. → ekelhaft
verhätscheln → verwöhnen
Verhau → Unordnung
verhauen → schlagen

Verhältnis: Von Proportionen, Affären und Lebenslagen

Unter einem *Verhältnis* versteht man zum einen eine messbare oder zählbare *Beziehung* oder *Proportion* (etwa *Größenverhältnis* oder *Zahlenverhältnis*). Von dieser Bedeutung hergeleitet ist der umgangssprachliche Gebrauch von *im Verhältnis zu …* für »im Vergleich zu…, verglichen mit«. Wenn etwa der Aufwand *in keinem Verhältnis zum Ertrag steht,* so ist der Einsatz bei weitem höher als das Ergebnis. *Verhältnis* ist gleichzeitig aber auch umgangssprachlich eine Kurzform für *Liebesverhältnis.* Eine *intime Beziehung* unterhalten heißt *ein Verhältnis (miteinander) haben.* Wer eine ständige Freundin oder einen ständigen Freund hat, hat ein *festes Verhältnis.* Der gehobene Ausdruck dafür lautet *Liaison. Affäre* hat die Konnotation von *Liebesabenteuer.* Umgangssprachlich spricht man von einem *Techtelmechtel. Dreiecksverhältnis* nennt man die Beziehung zwischen einem Mann und zwei Frauen oder einer Frau und zwei Männern. In allen Fällen geht es um nichteheliche *Liebesbeziehungen.* Schließlich bezeichnet *Verhältnis* auch allgemein die Art der *Beziehung* von Menschen zueinander, zum Beispiel ein *freundschaftliches, gutes, herzliches, gestörtes Verhältnis.* Durch Zusätze lässt sich diese *Beziehung* noch präzisieren, etwa *Arbeitsverhältnis* oder *Dienstverhältnis* als Ausdruck für die rechtliche Verbindung zwischen Arbeitnehmer und Arbeitgeber oder *Mietverhältnis* für die Rechtsbeziehung zwischen Mieter und Vermieter.
Die Pluralform *Verhältnisse* bezeichnet schließlich die *Lebensumstände,* die *allgemeine Lage. Sich den Verhältnissen anpassen* heißt, sein Leben den gegebenen/augenblicklichen *Umständen* entsprechend einzurichten. *Familienverhältnisse* sind die Lebensumstände in einer Familie. *Schneeverhältnisse* nennt man Höhe und Beschaffenheit der Schneedecke hinsichtlich der Wintersportmöglichkeiten.
Aus dem Marxismus stammt der Begriff *Produktionsverhältnisse,* der die Beziehungen der Menschen untereinander im Prozess von Produktion, Austausch und Verteilung materieller Güter bezeichnet.

verhauen, sich → irren
verheddern, sich
1. → verhaspeln, sich
2. → verfangen, sich
verheeren → zerstören
verheerend
1. → entsetzlich
2. gewaltig, stark, wild, vehement, heftig
verhehlen → verschweigen
verheilen heilen, abheilen, zuheilen, vernarben, verschorfen, heil werden, zuwachsen, verwachsen
verheimlichen → verschweigen
verheiraten zur Ehe/Frau geben, trauen, die Trauung vollziehen; *ugs.:* unter die Haube/an den Mann bringen; *abwertend:* verkuppeln
verheiraten, sich → heiraten
verheißen
1. → prophezeien
2. → versprechen
verheißungsvoll → Erfolg versprechend

verheizen
1. verbrauchen, aufbrauchen (Heizmaterial)
2. → ruinieren
3. → verraten

verhelfen zu
1. → beschaffen
2. → ermöglichen

verherrlichen glorifizieren, verklären, idealisieren, vergöttern, anbeten, besingen, feiern, rühmen, lobpreisen, ehren, erhöhen, aufsehen; *ugs.:* in den Himmel heben; *abwertend:* beweihräuchern, Kult treiben mit

verhetzen → aufhetzen

verhexen
1. verzaubern, verwünschen
2. → bezaubern

verhindern hindern an, abwehren, verwehren, abwenden, abstellen, verhüten, vereiteln, unterbinden, hintertreiben, einen Punkt/ein Ende machen, Einhalt gebieten, jmdm. in den Rücken fallen, etwas unmöglich machen, boykottieren, sabotieren, lahmlegen; *ugs.:* einen Riegel vorschieben, abbiegen

Verhinderung → Verhütung

verhöhnen → spotten

verhohnepipeln → spotten

verhökern → verkaufen

Verhör Vernehmung, Untersuchung, Kreuzverhör, Befragung, Inquisition, Ermittlung; *österr., schweiz.:* Einvernahme

verhören polizeilich/gerichtlich vernehmen, ins Verhör nehmen, einem Verhör unterziehen; *österr., schweiz.:* einvernehmen

verhören, sich → missverstehen

verhüllen → verbergen

verhungern Hungers/an Hunger sterben, den Hungertod erleiden, sterben

verhunzen
1. → entstellen
2. → verderben

verhüten → verhindern

Verhütung
1. Verhinderung, Abwehr, Vorbeugung, Prophylaxe, Schutz, Prävention
2. Empfängnisverhütung, Schwangerschaftsverhütung, Geburtenkontrolle, Familienplanung; *fachsprachl.:* Kontrazeption

verhutzelt → hutz(e)lig

verifizieren als richtig bestätigen/nachweisen/beglaubigen, auf die Richtigkeit hin überprüfen, die Richtigkeit beweisen

verinnerlichen internalisieren, in sich aufnehmen, sich zu Eigen machen, introjizieren

verirren, sich
1. vom Weg abkommen/abirren, den Weg verfehlen, die Richtung/Orientierung verlieren, in die Irre gehen, irregehen, fehlgehen, sich verfahren, sich verlaufen, einen falschen Weg einschlagen; *ugs.:* sich verfranzen
2. auf Abwege geraten, sich verlieren, sich versteigen, sich verrennen

verjagen → vertreiben

verjähren verfallen, gerichtlich nicht mehr zu belangen sein, sich der Gerichtsbarkeit/Strafverfolgung entziehen, außer Kraft treten, die Gültigkeit verlieren, ungültig werden, ablaufen, auslaufen

verjubeln → verschwenden

verjüngen, sich
1. eine Verjüngungskur machen, ein jüngeres Aussehen erhalten, sich liften lassen, jünger werden
2. sich verdünnen, sich verengen, spitz zulaufen/zugehen/auslaufen, sich zuspitzen, schmaler/dünner/enger werden, nach oben hin schmaler/dünner/enger werden

verkalkt → alt

verkalkulieren, sich
1. sich verrechnen, sich verschätzen, falsch rechnen, einen Rechenfehler machen
2. → irren, sich

Verkauf Vertrieb, Veräußerung, Handel, Abgabe, Absatz, Umschlag, Warenumschlag, Geschäft, Auslieferung, Umsatz

verkaufen handeln/hausieren mit, zum Verkauf bringen, Geschäfte/zu Geld machen, absetzen, abgeben, abstoßen, feilhalten, feilbieten, auf den Markt bringen/werfen, umsetzen, veräußern, vertreiben, anbringen, zur Verfügung stellen, ablassen, überlassen; *ugs.:* an den Mann/unter die Leute bringen, losschlagen, loswerden, verhökern, verschachern, versetzen, verscheuern, verscherbeln, versilbern, verklopfen, verschleudern, verramschen, verticken

verkaufen, sich → prostituieren, sich

verkäuflich → feil

Verkaufsschlager → Hit

Verkaufsstelle → Geschäft

Verkehr
1. → Betrieb
2. → Beziehung
3. → Geschlechtsverkehr

verkehren
1. (regelmäßig) fahren (Zug), eingesetzt sein
2. → entstellen

V

verkehren mit
1. Umgang/Kontakt pflegen/haben mit, zusammenkommen mit, sich (regelmäßig) treffen mit, ein- und ausgehen/regelmäßig besuchen/zu Gast sein bei
2. brieflich verkehren mit → korrespondieren
verkehrsreich → belebt
verkehrt
1. umgedreht, umgekehrt, seitenverkehrt, spiegelbildlich, verdreht, verkehrt herum; *ugs.:* verkehrtrum
2. → falsch
verkennen falsch beurteilen/verstehen/deuten/auffassen/auslegen/interpretieren, missdeuten, missverstehen, nicht richtig erkennen/erfassen/einschätzen, unterschätzen, unterbewerten, sich täuschen, sich irren
verketten → verbinden
verklagen → anklagen
verklären
1. schönmachen, strahlend/glücklich machen, erhellen, erheitern, aufheitern, leuchten lassen
2. → idealisieren
verklausulieren unklar/unverständlich/undeutlich machen, verschlüsseln, umständlich/schwierig/schwer verstehbar darstellen, sich nicht klar ausdrücken
verkleiden → verschalen
verkleiden, sich → maskieren, sich
verkleinern
1. kleiner/kürzer machen, kürzen, verkürzen, beschneiden, abschneiden, wegschneiden, abscheren, abtrennen, abzwicken, abhacken, abschlagen, kupieren, stutzen
2. → vermindern
verkleinern, sich
1. → verringern, sich
2. → schrumpfen
verklemmt → gehemmt
verklingen → verhallen
verklopfen
1. → schlagen
2. → verkaufen
verknacken → verurteilen
verknacksen, sich → verstauchen, sich
verknallen, sich → verlieben, sich
verkneifen, sich
1. → verzichten
2. unterdrücken, sich zusammennehmen, sich beherrschen, sich zurückhalten
verknöchern → altern
verknöchert → alt
verknüpfen → verbinden
Verknüpfung → Verbindung
verkohlen → narren
verkommen
1. → verwahrlosen
2. ranzig/schimmelig werden, verschimmeln, faulen
3. → lasterhaft
verkorksen → verderben
verkörpern
1. personifizieren
2. → spielen
Verkörperung Inbegriff, Urbild, Prototyp, Inkarnation, Musterfall, Archetyp, Personifikation
verköstigen → verpflegen
verkrachen, sich → streiten, sich
verkraften → ertragen
verkrampfen, sich
1. sich verspannen, sich zusammenziehen
2. unfrei/gehemmt werden
verkrampft
1. → gehemmt
2. → steif
verkriechen, sich sich verstecken, sich verbergen, sich verschanzen, sich abschließen, sich abkapseln
verkrümeln, sich weggehen, gehen, fortgehen, losgehen, sich entfernen, sich aufmachen
verkrümmt → krumm
verkrüppelt → missgestaltet
Verkrüppelter → Körperbehinderter
verkühlen, sich sich erkälten, sich eine Erkältung zuziehen, Schnupfen/Husten/Grippe bekommen
verkümmern
1. (allmählich) eingehen, absterben, dahinsiechen, schrumpfen, sich zurückbilden, zurückgehen
2. → welken
3. (in der Entwicklung) stehen bleiben, nicht entfaltet/entwickelt werden, stagnieren, geistig stagnieren
verkünd(ig)en → veröffentlichen
verkuppeln verheiraten, eine Heirat vermitteln/Ehe anstiften; *ugs.:* unter die Haube/an den Mann/an die Frau bringen, sich einen Kuppelplatz verdienen
verkürzen → kürzen
verkürzt → kurz
verlachen → spotten
verladen umladen, einladen, ausladen, verfrachten
verlagern auslagern, verlegen, räumen, umsiedeln, aussiedeln, ausquartieren, evakuieren; *Wirtsch.:* outsourcen
verlangen
1. sprechen wollen, zu sprechen wünschen
2. → fordern
3. → erfordern
verlangen nach → sehnen, sich
Verlangen
1. → Sehnsucht
2. Forderung, Anspruch, (nachdrückliche) Bitte

verlängern
1. länger machen, ansetzen, anstückeln; *ugs.:* herauslassen
2. → stunden
3. → verdünnen

verlangsamen bremsen, abbremsen, senken, heruntersetzen, heruntergehen mit, reduzieren, vermindern, abschwächen, verringern, drücken, herunterschrauben, einschränken, beschränken, nachlassen, drosseln; *geh.:* retardieren

verlassen
1. allein/im Stich lassen, nicht beistehen/helfen, jmdn. sich selbst/seinem Schicksal überlassen, jmdn. zurücklassen, sich trennen; *ugs.:* sitzen/stehen lassen
2. → weggehen
3. → einsam
4. **sich verlassen auf** → vertrauen

Verlassenheit → Einsamkeit

verlässlich → zuverlässig

Verlauf Lauf, Ablauf, Hergang, Entwicklung, Gang, Vorgang, Prozess, Abfolge

verlaufen
1. seinen Verlauf nehmen, ablaufen, vor sich gehen, vonstattengehen, sich abwickeln, sich abspielen, geschehen, erfolgen, sich ereignen, sich vollziehen, passieren, stattfinden, sich begeben, ausgehen; *ugs.:* über die Bühne gehen
2. → erstrecken, sich

verlaufen, sich
1. → verirren, sich
2. → auflösen, sich

verlautbaren → veröffentlichen

verleben
1. → aufhalten, sich
2. durchleben, erleben, erfahren

verlebendigen → veranschaulichen

verlebt verbraucht, verschlissen, abgelebt, abgezehrt, mitgenommen, ausgelaugt, abgewirtschaftet; *ugs.:* geschafft, angeschlagen, ausgepowert, abgeschlafft, ausgebufft; *derb:* verhurt

verlegen
1. verschieben, umbuchen, umdisponieren, umlegen, umstoßen, auf einen anderen Zeitpunkt legen, vertagen
2. verstellen, an den falschen Platz legen, nicht mehr finden; *ugs.:* verkramen, verschusseln, versieben, verschmeißen, verwursteln
3. → verlagern
4. → publizieren
5. peinlich berührt, verwirrt, befangen, betreten, betroffen, kleinlaut, beschämt, verschämt, in Verwirrung/Verlegenheit gebracht; *ugs.:* bedeppert, bedripst, wie ein begossener Pudel
6. **sich verlegen auf** → sich beschäftigen mit

Verlegenheit
1. Unsicherheit, Unschlüssigkeit, Unentschiedenheit, Ratlosigkeit, Verlegensein
2. → Not

verleiden → verderben

verleihen
1. überreichen, übergeben (Preis), auszeichnen, preiskrönen, würdigen, ehren, prämieren
2. → leihen
3. *geh.:* geben, verschaffen
4. **Ausdruck verleihen** → mitteilen

verleimen zukleben, verkleben, mit Leim zusammenfügen/verbinden

verleiten
1. → anstiften
2. → verführen
3. bezaubern, betören, hinreißen, bezwingen, berücken, blenden, bestechen, verlocken, bannen, zu gewinnen suchen

verlernen wieder vergessen, aus der Übung kommen, nicht mehr können/wissen/im Gedächtnis haben/beherrschen

verlesen
1. → aussondern
2. sich beim Lesen irren, falsch lesen
3. → vortragen

verletzen
1. verwunden, lädieren, stechen; *geh.:* jmdm. eine Wunde/Verletzung beibringen, Wunden schlagen; *veraltet:* blessieren; *ugs.:* zurichten
2. → kränken
3. nicht wahren/achten/respektieren
4. **ein Gesetz verletzen** → übertreten

verletzen, sich Schaden nehmen, zu Schaden kommen, sich verwunden, sich lädieren, sich eine Wunde/Verletzung zuziehen, sich schneiden, sich verstauchen, sich verrenken, sich quetschen, sich prellen, verzerren, sich den Fuß vertreten, umknicken, sich verbrennen, sich anstoßen; *ugs.:* sich anhauen

verletzlich empfindsam, verwundbar, verletzbar, sensibel, dünnhäutig, leicht zu kränken; *abwertend:* wehleidig, mimosenhaft, zimperlich, verweichlicht

Verletzung
1. Wunde, Verwundung, Versehrung, Läsion, Trauma, Körperbeschädigung
2. Stich, Schnitt, Riss,

Biss, Schramme, Kratzer, Abschürfung, Zerrung, Quetschung, Verrenkung, Verstauchung, Verbrennung, Bruch, Fraktur
3. → Beleidigung
4. → Missachtung, Vergehen
verleugnen → abstreiten
verleugnen, sich
1. gegen seine eigentlichen Vorstellungen/sein wahres Wesen/seine eigene Überzeugung handeln
2. sich verleugnen lassen seine Anwesenheit verheimlichen, Besuch nicht empfangen/abfertigen lassen
verleumden diffamieren, in einen schlechten Ruf bringen, schlechtmachen, schlecht/abfällig reden von, jmdm. etwas nachreden/nachsagen, in ein schlechtes Licht rücken/stellen/setzen, ins Gerede bringen, in Misskredit/Verruf bringen, diskreditieren, verunglimpfen, anschwärzen, verketzern, verlästern, die Ehre abschneiden, verschreien, verteufeln, Übles nachreden, mit Schmutz bewerfen, in den Schmutz ziehen, verdächtigen, unterstellen, unterschieben, denunzieren, schmähen, böswillig behaupten, herabsetzen, abqualifizieren, herabwürdigen, entwürdigen, jmdm. etwas andichten/anhängen, über jmdn. herfallen, verächtlich machen, mit dem Finger auf jmdn. zeigen; *ugs.:* in den Dreck ziehen/treten, mit Dreck besudeln, kein gutes Haar/keinen guten Faden lassen an, madigmachen, heruntermachen, miesmachen, durch den Dreck/Schmutz ziehen; *landsch.:* ausrichten, ausmachen; *schweiz.:* schnöden, vernütigen
Verleumdung Diffamierung, Diskreditierung, üble Nachrede, Hetze, Rufmord, Ehrverletzung, Denunziation, Verdächtigung, Unterstellung, Beleidigung, Verunglimpfung
verlieben, sich sein Herz verlieren/verschenken/hängen an, entflammen für, Neigung/Zuneigung fassen zu, in Liebe erglühen/entbrennen, jmdm. zu tief ins Auge/in die Augen sehen, sich stark interessieren/begeistern/erwärmen für; *ugs.:* sich vergucken/verknallen/vergaffen/verschießen/vernarren in, Feuer fangen, ein Auge werfen/fliegen auf
verliebt entbrannt, leidenschaftlich ergriffen, entflammt, entzückt, zugetan, begeistert, besessen, betört, liebestoll; *ugs.:* vernarrt, verknallt, verschossen, hingerissen, von Amors Pfeil getroffen
verliebt machen betören, ins Netz locken, Herzen brechen; *ugs.:* jmdn. verrückt machen, jmdm. den Kopf verdrehen
verliebt sein es jmdm. angetan haben, im siebenten Himmel schweben
verlieren
1. nicht mehr haben/finden, verlegen, verlustig gehen, verlorengehen, abhandenkommen; *ugs.:* verschustern, verbummeln, verschlampen, verbumfideln, versaubeuteln, verbaseln
2. einbüßen, verwirken, verscherzen, das Nachsehen haben, Verlust/Nachteile/Einbuße erleiden, abgenommen bekommen, kommen um, Schaden leiden/nehmen, zusetzen, zulegen, zuzahlen, ins Hintertreffen geraten, mit Verlust arbeiten; *ugs.:* draufzahlen, zubuttern, Haare lassen, loswerden, in den Kamin schreiben
3. verspielen, besiegt werden, unterliegen, nicht gewinnen/siegen, erfolglos sein, eine Niederlage erleiden/einstecken müssen, auf der Strecke bleiben; *ugs.:* eine Schlappe erleiden
verlieren, sich
1. verschwinden (Weg), aus den Augen kommen
2. sich verzetteln, → abschweifen; *ugs.:* sich verplempern, sich verkleckern
Verlies → Gefängnis
verlinken *EDV:* verbinden, verknüpfen, verweisen auf, verketten, verquicken (Internetseiten)
Verlinkung *EDV:* Verbindung, Verknüpfung, Verweisbildung, Verkettung, Verquickung, Querverweis
verloben, sich sich die Ehe/Heirat versprechen, zu heiraten beabsichtigen; *veraltet:* sich versprechen
Verlobte Braut, Zukünftige; *ugs.:* Gespons
Verlobter Bräutigam, Zukünftiger; *veraltet:* Freier; *ugs.:* Gespons
verlocken
1. → verführen
2. → anstiften
3. → bezaubern
verlockend
1. → appetitlich
2. → einladend
Verlockung → Reiz

V

verlogen unaufrichtig, unehrlich, unwahr, unlauter, unredlich, falsch, verstellt, hinterlistig, heuchlerisch, scheinheilig, tückisch; *ugs.:* hinterfotzig

verloren
1. weg, abhanden, abgängig, (spurlos) verschwunden, fort, von dannen/hinnen, nicht zu finden/mehr vorhanden; *ugs.:* futsch, dahin, flöten gegangen, perdu, hin, zum Teufel/Kuckuck, futschikato
2. vertan, vergeben, verspielt, unwiederbringlich, nicht zurückholbar, zerronnen
3. → erledigt

verlorengehen nicht mehr vorhanden sein, abhandenkommen, verschwinden, wegkommen, verlustig gehen; *ugs.:* verschüttgehen, sich selbständig machen, flöten gehen, Beine bekommen, in die Binsen/zum Kuckuck/Teufel gehen, hopsgehen, fortkommen

verlöschen
1. → erlöschen
2. → vergehen

verlosen durch Los bestimmen, das Los entscheiden lassen, auslosen

verlottern → verwahrlosen

Verlust Einbuße, Ausfall, Ausbleiben, Wegfall, Defizit, Verlustgeschäft, Aderlass, Fehlbetrag, Minus, Schaden, Nachteil, Schwund, Lücke

verlustieren, sich → vergnügen, sich

vermachen
1. → schenken
2. → vererben

Vermächtnis
1. → Erbe
2. letzter Wille/Wunsch

vermählen, sich → heiraten

Vermählung → Hochzeit

vermasseln → verderben

vermehren → steigern

vermehren, sich
1. → ausdehnen, sich
2. → zunehmen
3. sich fortpflanzen, Nachkommen hervorbringen, die Art erhalten

vermeiden meiden, zu umgehen/entgehen suchen, sich entziehen, ausweichen, aus dem Weg gehen, unterlassen

vermeintlich irrtümlich so angesehen/betrachtet, scheinbar, angeblich, vermutlich

vermengen → mischen

Vermerk Notiz, Anmerkung, Eintrag, Eintragung

vermerken
1. → aufschreiben
2. → registrieren
3. zur Kenntnis nehmen, wahrnehmen, beachten, bemerken

vermessen
1. → anmaßend
2. → mutig
3. → messen

vermessen, sich → anmaßen, sich

vermiefen → verpesten

vermiesen → verderben

vermieten untervermieten, verpachten, in Pacht geben, gegen Bezahlung überlassen/abgeben

Vermieter Hauswirt, Hauseigentümer, Hausbesitzer, Wohnungseigentümer, Hausherr; *veraltend:* Hauseigner, Wohnungseigner

vermindern verringern, verkleinern, schmälern, senken, niedriger machen, kürzen, verkürzen, dezimieren, minimieren, reduzieren, drosseln, herabsetzen, abgrenzen, eingrenzen, begrenzen, heruntergehen, herunterschrauben, herunterdrücken, verlangsamen, abstreichen, abziehen, abbauen, beschränken, einschränken, den Etat beschneiden/kürzen, Abstriche machen, streichen

vermindern, sich
1. → verringern, sich
2. → abflauen

Verminderung → Kürzung

vermischen → mischen

vermissen
1. → entbehren
2. → sehnen, sich

vermisst verschollen, unauffindbar; *österr.:* abgängig; *ugs.:* verschütt gegangen

vermitteln
1. eine Einigung erzielen, als Schiedsrichter tätig sein, → bereinigen
2. → intervenieren
3. → beschaffen
4. → ausdrücken

Vermittler Mittelsmann, Mittelsperson, Mittler, Verbindungsmann, Kontaktmann, Bindeglied, Makler, Agent

vermöge → mittels

vermögen → können

Vermögen
1. → Reichtum
2. → Fähigkeit

vermögend
1. → reich
2. → mächtig

vermummen maskieren, hüllen, umhüllen, einhüllen, einwickeln, einmummen, umgeben, verhüllen, bedecken, verbergen, verstecken; *geh.:* larvieren

vermummen, sich
1. sich verkleiden, ein Kostüm anziehen, sich kostümieren
2. sich maskieren, sich unkenntlich machen, sich tarnen, sich verhüllen

vermuten
1. die Vermutung haben, Vermutungen anstellen/aufstellen/hegen, für möglich/wahrscheinlich halten, annehmen, glauben, wähnen, schätzen, meinen, denken, so vorkommen/erscheinen/anmuten/wirken wie, spekulieren, unterstellen, sich einbilden, sich zusammenreimen; *ugs.:* tippen auf
2. → ahnen

vermutlich → wahrscheinlich

Vermutung
1. → Annahme
2. → Verdacht
3. → Ahnung

vernachlässigen
1. sich nicht genügend kümmern um, außer Acht/unberücksichtigt/unbeachtet lassen, beiseitelassen, nicht berücksichtigen, hintenanstellen, hintenansetzen, herunterkommen/verkommen/verfallen/verwahrlosen/verlottern lassen, nachlässig sein, seine Pflicht versäumen, unterlassen, schleifen lassen, missachten, auf sich beruhen lassen; *ugs.:* hängen lassen, auf die lange Bank schieben, verschlampen/verludern lassen
2. benachteiligen, → ignorieren

vernagelt
1. → beschränkt
2. → engstirnig

vernarben heilen, abheilen, zuheilen, verheilen, verschorfen, heil werden

vernarren, sich → verlieben, sich

vernaschen → koitieren

vernascht → naschhaft

vernebeln → verbergen

vernehmen
1. hören, akustisch aufnehmen
2. → verhören

vernehmlich → hörbar

Vernehmung → Verhör

verneigen, sich → verbeugen, sich

verneinen
1. mit Nein beantworten, Nein sagen
2. → abstreiten
3. → ablehnen

vernichten
1. ruinieren, zugrunde richten, ins Unglück stürzen/bringen, zunichtemachen, bankrott richten, das Wasser abgraben, ans Messer liefern, den Todesstoß versetzen; *ugs.:* fertigmachen, den Rest geben, auf den Hund bringen, abschießen, erledigen
2. → zerstören
3. → töten

Vernichtungslager → Konzentrationslager

verniedlichen verharmlosen, verkleinern, bagatellisieren, verlieblichen

Vernunft
1. Einsicht, Besinnung, Verstand, Ratio, Verständigkeit, geistige Reife, Verständnis, gesunder Menschenverstand, Wirklichkeitssinn, Klarsicht
2. → Verstand

vernünftig
1. → einsichtig
2. → klug
3. → sinnvoll
4. → rational

vernunftmäßig rational, vernunftgemäß, der Vernunft entsprechend, mit dem Verstand

vernunftwidrig → widersinnig

veröden
1. entfernen (Krampfadern), beseitigen
2. unfruchtbar werden, verkarsten, zugrunde gehen
3. menschenleer/öde/einsam werden, sich entleeren, vereinsamen, sich entvölkern

veröffentlichen
1. → publizieren
2. bekanntgeben, kundtun, bekanntmachen, kundmachen, kundgeben, publikmachen, verkünden, verlautbaren, verlauten lassen

Veröffentlichung → Publikation

verordnen
1. verschreiben, ärztlich anweisen, rezeptieren, ein Rezept ausstellen; *ugs.:* aufschreiben
2. → anordnen

verpachten → vermieten

verpacken → einpacken

verpassen
1. → versäumen
2. **eine verpassen** → ohrfeigen

verpatzen → verderben

verpesten
1. Gestank verbreiten; *geh.:* mit üblem Geruch erfüllen; *ugs.:* vermiefen, verräuchern, verstänkern, vollstänkern, verstinken, vollstinken
2. vergiften, verseuchen, verderben, verschmutzen

verpestet verschmutzt, vergiftet, verseucht

verpetzen → verraten

verpfänden als/zum Pfand geben, ins Pfandhaus/Leihhaus bringen, versetzen

verpfeifen → verraten

verpfeifen, sich *ugs. für:* sich absetzen, fliehen, fortlaufen, weglaufen, wegrennen, davonlaufen, die Flucht ergreifen, davonrennen, das Weite suchen,

Reißaus nehmen, entwischen, entrinnen; *ugs.:* abhauen, ausrücken, sich abseilen, durchbrennen, ausbüxen, sich aus dem Staub machen, türmen, ausreißen, verduften, sich verdünnisieren, stiften gehen, durchgehen, auskneifen, Fersengeld geben, verschwinden, sich davonmachen, die Mücke machen, sich vom Acker machen

verpflanzen
1. auspflanzen, umpflanzen, umtopfen, umsetzen
2. → transplantieren

verpflegen in Kost nehmen, bewirten, zu essen geben, ernähren, beköstigen, verköstigen, versorgen, abspeisen; *ugs.:* bekochen, herausfüttern, abfüttern

Verpflegung → Ernährung

verpflichten
1. vertraglich binden, einstellen, anstellen
2. bindend festlegen, als Pflicht/Verpflichtung auferlegen
3. → beauftragen

verpflichten, sich fest versprechen, ganz fest/verbindlich zusagen, sich festlegen, sich binden, eine Bindung eingehen, eine Verpflichtung auf sich nehmen, sein Wort geben

verpflichtend verbindlich, bindend, fest, obligatorisch, nicht freiwillig, definitiv, endgültig, unwiderruflich, feststehend

Verpflichtung → Pflicht

verpfuschen → verderben

verplappern → verreden

verplappern, sich → ausplaudern

verplaudern → verreden

verplempern
1. → vergießen
2. → verschwenden

verraten: Verborgenes bekanntgemacht

Verraten im Sinn von etwas *preisgeben* oder *unberechtigt mitteilen* heißt neutral *herumerzählen* oder *weitersagen.* Umgangssprachlich sind *austrompeten* und *ausposaunen.* Bei beiden Ausdrücken schwingt die Bedeutung von laut und prahlerisch *weitererzählen* mit. *Verraten* kann aber auch bedeuten *Verrat üben,* also jemandem die *Treue brechen. Anzeigen* ist ein neutrales Wort dafür. *Anschwärzen* oder gehoben *denunzieren* bedeuten »auf verleumderische Weise verraten«. Das Wort *ausliefern* enthält die Konnotation »an eine andere Partei/Instanz übergeben«. Umgangssprachlich sind die Ausdrücke *verpfeifen* und *hochgehen lassen. Verraten* im Sinn von »eine verabredete Position (plötzlich) aufgeben« heißt *abspringen* oder *umfallen.* Zur Gaunersprache gehört *singen.* Unter Kindern und Jugendlichen heißt es auch *(ver)petzen.*
Die umgangssprachliche Paarformel *verraten und verkauft sein* ist als Redewendung im Sinn von »hilflos ausgeliefert, ohne Beistand, völlig verloren sein« seit dem 1668 erschienenen »Simplicissimus« des Hans Jakob Christoffel von Grimmelshausen bezeugt. Bildlich gesprochen bedeutet *verraten* außerdem etwas *erkennen/merken lassen* oder *ausdrücken.* So kann beispielsweise das Verhalten eines Menschen viel über seinen Charakter *verraten,* sein Gesichtsausdruck Schrecken oder Freude *verraten* und seine Äußerungen können hervorragende Kenntnisse oder absolutes Unwissen *verraten.* Synonyme sind in diesem Zusammenhang auch *widerspiegeln, zeugen von* oder *beweisen.*

verplempern, sich → verlieren, sich

verplombt versiegelt, verschlossen, abgeschlossen

verpönt tabu, verboten, unstatthaft, unerlaubt, unzulässig

verprassen → verschwenden

verprügeln → schlagen

verpulvern → verschwenden

verpumpen → leihen

verpusten → ausruhen

verputzen
1. mit Putz versehen/bedecken, bewerfen
2. → essen

verquatschen, sich *ugs. für:* ausplaudern, verraten, weitersagen, weitergeben, weitertragen, wiedererzählen, weitererzählen, preisgeben, indiskret sein, herumerzählen; *ugs.:* sich verplappern, sich verquasseln, singen, ausplappern, ausschwatzen, ausposaunen, austrompeten, quatschen, ausquatschen, nicht dichthalten

verquicken → verbinden

verquirlen → mischen

verquollen → aufgedunsen

verrammeln → verbarrikadieren

verramschen → verkaufen

Verrat
1. Wortbruch, Vertrauensbruch, Treu(e)bruch, Untreue, Abfall, Treulosigkeit, Im-Stich-Lassen, Preisgabe (von Geheimnissen), Wortbrüchigkeit, Abtrünnigkeit
2. Staatsverrat, Landesverrat, Hochverrat, Spionage

verraten
1. preisgeben, anzeigen, denunzieren, anschwärzen, ausliefern; *österr.:* vernadern; *ugs.:* petzen, verpetzen, verpfeifen, verzinken, verklatschen, singen, hochgehen lassen
2. → ausplaudern
3. Verrat üben/begehen, ein Vertrauensverhältnis zerstören, abtrünnig werden, abfallen von, (die Treue) brechen, im Stich lassen, sich abwenden, sich abkehren, anderen Sinnes werden, die Hand abziehen von, jmdm. in den Rücken fallen; *ugs.:* abspringen, umfallen
4. → ausdrücken ⓘ

Verräter
1. Zuträger, Zwischenträger, Verleumder, Denunziant; *ugs.:* Petzer, Judas
2. Abtrünniger, Wortbrecher, Treuloser
3. Überläufer, Kollaborateur

verräterisch → abtrünnig
verräuchern → verpesten
verräuchert → rauchig
verrechnen aufrechnen, anrechnen, miteinander ausgleichen
verrechnen, sich
1. einen Rechenfehler machen, falsch rechnen, sich verzählen
2. → irren, sich

verrecken → sterben
verreden mit Reden zubringen/verbringen, verplaudern; *ugs.:* verquatschen, verschwätzen, verplappern, verplauschen
verreden, sich → verhaspeln, sich
verreisen
1. → reisen
2. → abreisen

verreißen *abwertend für:* kritisieren, beurteilen, werten, besprechen, rezensieren, abhandeln, Stellung nehmen; *ugs.:* sich auslassen über
verrenken, sich → verstauchen, sich
verrennen, sich → verbeißen, sich
verrichten → ausführen
verriegeln abriegeln, zuriegeln, den Riegel/das Schloss vorlegen, absperren, zusperren, abschließen, zuschließen, verschließen, zumachen
verringern → vermindern
verringern, sich
1. sich vermindern, sich verkleinern, sich verkürzen, sich dezimieren, sich reduzieren, schwächer/weniger/geringer werden, abnehmen, schrumpfen, schwinden, sich eingrenzen, sich begrenzen, sich einschränken, sich beschränken
2. → abflauen

Verringerung → Kürzung
verrinnen → vergehen
verrohen → verwahrlosen
verrosten Rost ansetzen/bilden, rosten, einrosten, durch Rost unbrauchbar werden; *ugs.:* kaputtgehen
verrostet → eingerostet
verrotten
1. → faulen
2. → untergehen
3. → verwahrlosen

verrucht
1. → gemein
2. → anstößig

verrücken verschieben, versetzen, umstellen, an eine andere Stelle rücken
verrückt
1. dumm, blöde, wirr, rappelig, toll, närrisch, hirnverbrannt, nicht ganz richtig (im Kopf), nicht ganz bei Trost, von allen guten Geistern verlassen, nicht ganz/recht gescheit, vergedreht, durchgedreht; *ugs.:* meschugge, behämmert, nicht von hier, zu heiß gebadet, durchgeknallt, plemplem, abgedreht, bescheuert, gaga, vor die Pumpe geflitzt; *derb:* hirnrissig, abgeknallt; *landsch.:* damisch, mall, jeck; *österr.:* dalkert
2. → überspannt
3. → wahnsinnig
4. *ugs. für:* ausgefallen, abwegig, abseitig, befremdlich, absonderlich, sonderbar, schockierend, verblüffend, weithergeholt, unmöglich
5. → widersinnig

verrückt sein spinnen, nicht bei Sinnen sein, seine fünf Sinne nicht beisammen haben; *ugs.:* einen Vogel/Knacks/Knall/Stich/Hau/Pieps/Rappel/Webfehler/Tick/Hasch-mich/Dachschaden/eine Meise/Macke haben, nicht alle Tassen im Schrank/nicht alle beisammen/einen kleinen Mann im Ohr haben, eine Schraube lockerhaben, von allen guten Geistern verlassen sein
Verrückter → Wahnsinniger
verrückt werden → durchdrehen
verrufen → anrüchig
verrühren → mischen
Vers
1. Strophenzeile; *fälschlich:* Strophe
2. *Pl.:* Gedicht; *geh.:* Poem

versacken
1. → sinken
2. → verwahrlosen
3. → hängen bleiben

versagen
1. → verbieten
2. nicht (mehr) funktionieren, nicht (mehr) gehen, nicht (mehr) laufen,

V

nicht (mehr) ordnungsgemäß ablaufen, nicht (mehr) richtig ablaufen, nicht (mehr) reibungslos ablaufen, stocken
3. ein Versager/unfähig/untauglich/ungeeignet sein, ausfallen, enttäuschen, sich nicht bewähren, unterliegen, auf der Strecke bleiben, nicht bewältigen/meistern/schaffen/erreichen/bezwingen, zurückfallen, zurückbleiben, nicht weiterkönnen/zurechtkommen/zustande bringen/in den Griff bekommen, nicht fertigwerden mit; *ugs.:* schlappmachen
4. → durchfallen
5. → vorenthalten

versagen, sich
1. → verzichten
2. sich nicht hingeben, sich verweigern, sich nicht verführen lassen

Versager Schwächling, Nichtsnutz, Taugenichts; *ugs.:* Blindgänger, Niete, Nulpe, Null, Niemand, Krücke, Flasche, Schlappschwanz, Waschlappen, Schwachmat(ikus), Pfeife, Hampelmann, taube Nuss

versalzen
1. → verderben
2. → vereiteln

versammeln → zusammenrufen

versammeln, sich sich sammeln, zusammenkommen, zusammentreffen, zusammentreten, zusammenströmen, zusammenlaufen, sich treffen, sich zusammenfinden, sich scharen

Versammlung → Zusammenkunft

Versand Versand, Auslieferung, Belieferung, Anlieferung, Ablieferung, Zustellung, Zuführung, Zuleitung, Zusendung, Zufuhr, Übergabe, Abgabe, Überstellung, Überweisung, Übermittlung, Weiterleitung, Verschickung

versanden → abflauen

versauen
1. → beschmutzen
2. → verderben

versauern *ugs. für:* eingehen, zugrunde gehen, abbauen, abstumpfen, abgeschnitten sein, keine Anregungen erhalten

versaufen
1. → ertrinken
2. → vertrinken

versäumen
1. verpassen, verfehlen, zu spät kommen, sich entgehen/durch die Finger gehen lassen, ungenutzt vorübergehen/verstreichen lassen, nicht nutzen, verschlafen, vergessen; *ugs.:* verbummeln, vertrödeln, versieben, durch die Lappen gehen lassen
2. seine Pflicht versäumen → vernachlässigen

Versäumnis
1. Unterlassung, Vernachlässigung, Verschulden
2. versäumte/verpasste Gelegenheit/Chance

verschachern → verkaufen

verschaffen → beschaffen

verschalen verkleiden, verblenden, auslegen, auskleiden, ausschlagen, bedecken, bespannen, beziehen, täfeln

verschämt
1. schamhaft, voll Scham, schüchtern, genant, zurückhaltend; *ugs.:* genierlich; *landsch.:* gschamig
2. → verlegen

verschandeln → entstellen

verschanzen, sich
1. sich verbarrikadieren, sich vermauern, sich einmauern, sich einschanzen, sich eingraben
2. sich verstecken, sich verkriechen, sich verbergen

Verschanzung → Bollwerk

verschärfen
1. verschlimmern, verschlechtern; *ugs.:* bergab/in den Keller gehen
2. → steigern

verschärfen, sich
1. sich zuspitzen, schlimmer/schlechter/gefährlicher/unerträglicher/ärger/ernst werden, auf einen Höhepunkt zulaufen, sich radikalisieren, eskalieren, einer Katastrophe entgegengehen, sich verschlimmern, sich verschlechtern
2. → zunehmen

verscharren → vergraben

verschätzen, sich falsch/zu hoch/zu niedrig schätzen, sich verkalkulieren, sich verrechnen

verschaukeln → betrügen

verscheiden → sterben

verschenken → schenken

verscherbeln → verkaufen

verscherzen durch Leichtsinn/Gedankenlosigkeit verlieren/einbüßen, verwirken

verscheuchen → vertreiben

verscheuern → verkaufen

verschicken
1. → abschicken
2. → ausweisen

verschieben
1. verrücken, versetzen, umstellen, an eine andere Stelle schieben
2. → aufschieben

verschieden
1. verschiedenartig, andersartig, unterschiedlich, ungleich, ungleichmäßig, ungleichartig, unähnlich, abweichend, different, divergent, heterogen, an-

V

ders, von anderer Art/ Weise, grundverschieden, zweierlei, wie Tag und Nacht, unähnlich, unvereinbar, wesensfremd, geteilt, → gegensätzlich
2. → mannigfaltig

verschiedenartig
1. → verschieden
2. → mannigfaltig

Verschiedenartigkeit
1. → Divergenz
2. → Vielfalt

verschiedene → manche

verschiedenerlei → allerlei

Verschiedenheit
1. Unterschied, Differenz, Divergenz, Kontrast, Abweichung, Ungleichheit, Unähnlichkeit, Diskrepanz, Andersartigkeit, Gegensatz, Gegensätzlichkeit, Unstimmigkeit
2. → Vielfalt
3. → Divergenz

verschiedentlich → manchmal

verschimmeln → schimmeln

verschlafen
1. → versäumen
2. → müde

Verschlag
1. → Hütte
2. Abstellverschlag, Wagenverschlag; *veraltet:* Remise

verschlagen
1. versperrt, vernagelt; *ugs.:* zu
2. → hinterhältig
3. → schlau

verschlampen → verwahrlosen

verschlechtern verschlimmern, verschärfen; *ugs.:* bergab/in den Keller gehen

verschlechtern, sich
1. → verschärfen, sich
2. → zunehmen

verschleiern → verbergen

Verschleiß Abnutzung, Abnützung, Verbrauch

verschleißen
1. → abnutzen
2. → erschöpfen

verschleppen
1. → entführen
2. → aufschieben
3. nicht rechtzeitig behandeln lassen, chronisch werden lassen, nicht ausheilen/auskurieren, unbehandelt lassen

verschleudern
1. → verkaufen
2. → verschwenden

verschließen
1. wegschließen, abschließen, zuschließen, absperren, versperren, zusperren, abriegeln, zuriegeln, verriegeln, zumachen, den Riegel/das Schloss vorlegen, sichern
2. **in sich verschließen** für sich behalten, nicht offenbaren/zeigen, nicht erkennen lassen/enthüllen, nicht kundgeben, sich nicht öffnen/anvertrauen

verschließen, sich
1. → abkapseln, sich
2. **sich verschließen vor** → ablehnen

verschlimmern → verschlechtern

verschlimmern, sich
1. → verschärfen, sich
2. → zunehmen

verschlingen
1. → aufessen
2. → verschlucken
3. → kosten
4. → lesen
5. **mit den Augen verschlingen** → anstarren

verschlissen → abgenutzt

verschlossen
1. → geschlossen
2. → unzugänglich
3. → einsilbig

verschlucken
1. hinunterschlucken, verschlingen
2. → kosten

verschlucken, sich *ugs. für:* in die falsche Kehle bekommen/kriegen

Verschluss Riegel, Schloss, Plombe, Propfen, Deckel, Klappe, Stöpsel, Stopfen, Korken, Pfropfen, Zapfen, Pflock, Kappe, Siegel

verschlüsseln in Geheimschrift abfassen, chiffrieren, kodieren

Verschlusssache Geheimdokument, Verschlussakte

verschmachten verdursten, vor Durst vergehen

verschmähen → ablehnen

verschmelzen
1. → verbinden
2. → vereinigen, sich
3. → koitieren

verschmelzen mit → aufgehen in

verschmerzen sich abfinden mit, sich trösten, ertragen, vergessen, hinnehmen, überstehen

verschmieren
1. füllen (Loch), ausfüllen (Loch), auffüllen (Loch), verstreichen, zumachen
2. → auftragen
3. → beschmutzen

verschmitzt → listig

verschmutzen → beschmutzen

verschmutzt
1. → schmutzig
2. verseucht, vergiftet, verpestet

verschnaufen → ausruhen

verschneit zugeschneit, eingeschneit, mit Schnee bedeckt, unter Schnee begraben, weiß, winterlich

verschnörkeln → verzieren

verschnupft → gekränkt

verschollen
1. für verloren gehalten, vermisst, für tot erklärt; *ugs.:* verschütt gegangen; *österr.:* abgängig
2. → verschwunden
3. → vergangen

V

verschonen
1. nichts zuleide tun/antun, nicht belästigen, behüten/bewahren vor, kein Haar krümmen
2. → schonen
verschöne(r)n
1. → schmücken
2. → erheitern
verschossen
1. verblichen, verblasst, verfärbt, vergilbt
2. → verliebt
verschrecken einschüchtern, ängstigen, beängstigen, verängstigen, in Angst versetzen, erschrecken, verunsichern, verschüchtern, verwirren, irritieren, beunruhigen; *ugs.:* Bange machen, schocken
verschreckt → ängstlich
verschreiben
1. → verordnen
2. verbrauchen, abnutzen, abnützen
verschreiben, sich
1. einen Fehler machen, falsch hinschreiben
2. → aufgehen in
3. → verschwören, sich
verschrien → anrüchig
verschroben → schrullig
verschrotten zu Schrott machen, als Schrott verwerten; *ugs.:* zum alten Eisen werfen
verschrumpelt → faltig
verschüchtern → einschüchtern
verschüchtert → schüchtern
verschulden
1. in schuldhafter Weise verursachen/bewirken, Schuld tragen/haben, schuld sein, schuldig/verantwortlich/haftbar sein, zu verantworten haben
2. → anrichten
Verschulden → Schuld
verschulden, sich einen Kredit/Geld aufnehmen, sich Geld leihen, Schulden machen, Minus auf dem Konto haben/machen, in die roten Zahlen kommen; *ugs.:* Miese machen/haben
verschusseln
1. → vergessen
2. → verlegen
verschütten
1. ausschütten, umschütten, vergießen; *ugs.:* verplempern
2. völlig bedecken/zudecken, begraben
verschweigen
1. verheimlichen, verbergen, verhehlen, vertuschen, geheim halten, für sich behalten, vorenthalten, unterschlagen, totschweigen, (mit Schweigen) zudecken, bewusst nicht erzählen, in sich verschließen/bewahren
2. → schweigen
verschweißen → löten
verschwenden
1. verschwenderisch umgehen mit, verschleudern, vergeuden, vertun, verwirtschaften, mit vollen Händen ausgeben, zum Fenster hinauswerfen, prassen, verprassen, auf großem Fuß/über seine Verhältnisse leben; *ugs.:* verjubeln, verjuxen, verpulvern, verplempern, verläppern, verbuttern, verlumpen, verludern, auf den Kopf hauen, durchbringen, aasen mit
2. Zeit verstreichen lassen, nicht ausnützen/sinnvoll gestalten
verschwenderisch
1. → üppig
2. allzu großzügig/freigebig/schenkfreudig/generös; *geh.:* splendid
verschwiegen
1. → schweigsam
2. vertrauenswürdig, verlässlich, zuverlässig
verschwimmen undeutlich/unscharf werden, sich verwischen, entgleiten, entrücken
verschwinden
1. → verlorengehen
2. untertauchen, entschwinden, entweichen, sich entziehen, sich trollen, aufbrechen, sich aufmachen; *ugs.:* abtauchen
3. → weggehen
4. → aussterben
verschwinden lassen → stehlen
verschwitzen → vergessen
verschwommen unklar, undeutlich, unscharf, trüb, unverständlich, unbestimmt, undefinierbar, unartikuliert, ungenau, unsicher, undurchschaubar, unpräzis, nicht zu definieren/eindeutig/verständlich/deutlich, vage, andeutungsweise, verworren, wirr, unübersichtlich, fraglich, schlecht zu verstehen/zu entziffern, zusammenhanglos, unausgegoren, missverständlich
verschwören, sich
1. eine Verschwörung beginnen, sich heimlich verbünden, ein Komplott schmieden, gemeinsame Sache machen, in ein Komplott verwickelt sein; *ugs.:* unter einer Decke stecken
2. sich verschreiben, sich hingeben, huldigen, sich engagieren, sich einsetzen für
verschwörerisch → konspirativ
Verschwörung → Komplott
verschwunden fort, weg, unauffindbar, nicht zu finden, verschollen, wie vom Erdboden verschluckt, abhanden gekommen, entflohen, flüchtig, ent-

V

wichen, wie weggeblasen, vom Winde verweht; *ugs.:* futsch, futschikato, hin, auf und davon, über alle Berge, verschütt (gegangen), ex-und-hopp
versehen → ausüben
versehen, sich → irren, sich
Versehen → Irrtum
versehen mit ausstatten, ausrüsten, ausstaffieren, versorgen mit, mitgeben
versehentlich → unabsichtlich
Versehrter → Körperbehinderter
versenden → abschicken
versengen leicht anbrennen/verbrennen, ankohlen, abflämmen
versenken
1. untergehen lassen, den Fluten übergeben, hinablassen, hinunterlassen, eintauchen
2. zum Sinken bringen, in den Grund bohren, rammen
versenken, sich → sich beschäftigen mit
Versenkung Versunkenheit, Vertiefung, Meditation, Nachdenken, Nachsinnen, Beschaulichkeit, Besinnlichkeit, Betrachtung; *geh.:* Kontemplation
versessen → gierig
versessen sein auf → begierig sein auf
versetzen
1. umsetzen, umstellen, verrücken, verschieben, an eine andere Stelle setzen, verpflanzen, verlegen
2. einen anderen Posten geben, die Stelle/den Ort wechseln
3. → verpfänden
4. → sitzen lassen
5. → verkaufen
6. sich versetzen in → nachvollziehen
versetzen mit → mischen
versetzt werden das Klassenziel erreichen, aufrücken, in die nächste Klasse kommen; *ugs.:* nicht sitzen bleiben/durchfallen
verseuchen
1. verpesten, vergiften, verschmutzen, verderben, verstrahlen
2. anstecken, übertragen, infizieren
versichern
1. beteuern, bekräftigen, beschwören, die Versicherung abgeben, Brief und Siegel geben, verbürgen
2. → behaupten
3. → versprechen
versichern, sich
1. eine Versicherung abschließen, in eine Versicherung eintreten
2. → vergewissern, sich
Versicherung → Versprechen
versickern einsickern, versiegen, verrinnen, austrocknen, eintrocknen, vertrocknen, sich verlaufen, versanden, verlanden
versieben
1. → vergessen
2. → verlegen
versiegeln plombieren, mit einer Plombe sichern/schließen
versiegelt verplombt, verschlossen, abgeschlossen
versiegen
1. → versickern
2. → enden
versiert → erfahren
versinken
1. → untergehen
2. → sinken
versinnbildlichen
1. in Bildern/Gleichnissen sprechen, durch ein Sinnbild darstellen, Metaphern verwenden/gebrauchen, allegorisieren, Zeichen sein für etwas
2. → veranschaulichen
Version Lesart, Deutung, Erklärung, Darstellung, Fassung, Auffassung, Interpretation, Variante
versippt → verwandt
versklaven → knechten
versklavt → unfrei
versnobt eingebildet, überheblich, stolz, arrogant, selbstherrlich, selbstgefällig, anmaßend, eitel, dünkelhaft, hochmütig, von sich eingenommen, snobistisch, blasiert, angeberisch, wichtigtuerisch, hochnäsig, aufgeblasen, affektiert, prahlerisch, süffisant, großspurig, herablassend; *geh.:* hybrid
versohlen → schlagen
versöhnen aussöhnen, bereinigen, Frieden stiften
versöhnen, sich → aussöhnen, sich
versöhnlich
1. → friedlich
2. → tolerant
Versöhnung Einigung, Schlichtung, Beilegung, Aussöhnung, Verständigung
versonnen → nachdenklich
versorgen
1. → verpflegen
2. → sich kümmern um
versorgen, sich → eindecken, sich
versorgen mit → geben
verspannt → steif
verspäten, sich zu spät/später als geplant kommen/eintreffen, unpünktlich sein, die Zeit überschreiten, aufgehalten werden, sich verzögern, (die Zeit) verschlafen
verspätet
1. → spät
2. unpünktlich, (zu) spät, säumig, im Verzug, nicht planmäßig/fahrplanmäßig, saumselig, mit Verspätung, nicht zur

V

rechten/vereinbarten Zeit, überfällig, längst fällig, noch nicht eingetroffen
verspeisen → aufessen
versperren
1. → verschließen
2. → verbarrikadieren
verspielen → verlieren
verspielen, sich falsch spielen, einen Schnitzer machen; *ugs.:* danebengreifen, patzen
verspielt → unaufmerksam
verspotten
1. → spotten
2. → karikieren
3. parodieren, spöttisch nachahmen/nachmachen/imitieren/wiedergeben; *ugs.:* nachäffen
Verspottung → Spott
versprechen
1. ein Versprechen geben/ablegen, Versprechungen/eine Zusage machen, sein Wort/Ehrenwort geben, versichern, geloben, beteuern, beschwören, beeidigen, an Eides statt erklären, auf seinen Eid nehmen, einen Eid leisten, sich verpflichten, sich verbürgen, in Aussicht stellen, zusichern, zusagen, garantieren, (eine Belohnung) verheißen
2. erwarten/erhoffen lassen ⓘ
versprechen, sich
1. → verhaspeln, sich
2. versehentlich sagen/ausplaudern/verraten; *ugs.:* sich verplappern, sich verplaudern, sich verquatschen
3. **sich versprechen von** erhoffen, bauen/setzen/vertrauen auf, rechnen mit
Versprechen Gelöbnis, Gelübde, Zusicherung, Versicherung, Zusage, Wort, Ehrenwort, Beteuerung, Eid, Schwur

versprechen: Zwischen Ankündigung und Eid

Die Synonyme für *versprechen* geben unterschiedliche Grade der Verbindlichkeit wieder. *Ankündigen* und *in Aussicht stellen* enthalten die geringste Verpflichtung. *Zusagen* und *zusichern* bedeuten *fest versprechen*. Nachdrückliches Erklären kommt in dem Wort *beteuern* zum Ausdruck, das sich noch steigern lässt durch die Formel *hoch und heilig beteuern*. Mit der Abgabe von Sicherheiten ist *garantieren* verbunden. Wer etwas *garantiert*, haftet oder verbürgt sich dafür. Eine solche Sicherheit kann die Verpfändung der Ehre für eine bestimmte Zusage sein. *Sein Ehrenwort geben* ist der Ausdruck für diese Form von *zusagen*. Ein Versprechen lässt sich auch durch Handschlag bekräftigen; dafür gebraucht man die Wendungen *die Hand darauf geben* oder *jemandem etwas in die Hand versprechen*.
Die Bedeutung einer verbindlichen Zusage hat auch die Redensart *jemandem Brief und Siegel geben*. *Geloben* heißt *feierlich versprechen;* in dem Verb steckt das Wort Gelübde, das ein feierliches Versprechen an Gott bedeutet. Rechtsverbindlich wird ein Versprechen, wenn es heißt *schwören, einen Eid leisten, beeidigen* oder gehoben *etwas auf seinen Eid nehmen*. Der Eid ist eine formale Versicherung, die Wahrheit zu sagen und nichts zu verschweigen. *Tausend (heilige) Eide schwören* wird dabei als Verstärkungsformel verwendet. Umgangssprachlich ist der Ausdruck *sich festlegen (auf etwas)*. Etwas, das vermutlich gelingt ist *erfolgversprechend*. Ein anderes Wort für *aussichtsreich* ist außerdem *vielversprechend*. Die Redensart *einander/miteinander versprochen sein* ist ein veralteter Ausdruck für »verlobt sein«.

Versprecher Lapsus, Sichversprechen, Fehlleistung, Lapsus Linguae, freudsche Fehlleistung, freudscher Versprecher
versprengen zerstreuen, sprengen, zersprengen, auseinandertreiben, auseinanderjagen, verjagen, vertreiben, zersplittern, auflösen, trennen; *geh.:* separieren
versprühen verspritzen, sprühen, sprayen, zerstäuben
verspüren fühlen, feststellen, merken, wahrnehmen, spüren, erleben, hegen, empfinden, tasten, bemerken, gewahr werden, gewahren, ergriffen/bewegt werden von
verstaatlichen in Kollektiveigentum/Volkseigentum überführen, vergesellschaften, vergemeinschaften, kollektivieren, sozialisieren, nationalisieren, enteignen, expropriieren
Verstand
1. Vernunft, Ratio, Denkvermögen, Begriffsvermögen, Denkfähigkeit, Urteilsfähigkeit, Urteilskraft, Auffassungsgabe, Erkenntnisvermögen
2. Geist, Intellekt, Intelligenz, Klugheit, Scharfsinn, Scharfblick, Scharfsichtigkeit, Geistesgaben, Beobachtungsgabe, Gescheitheit, Weitblick, Esprit, Witz; *ugs.:* Durchblick, Köpfchen, Grips

3. Einsicht, Besinnung, Vernunft, Ratio, Verständigkeit, geistige Reife, Verständnis, gesunder Menschenverstand, Wirklichkeitssinn, Klarsicht

verständig
1. → einsichtig
2. → klug ⓘ

verständigen → informieren

verständigen, sich
1. sich verständlich machen, sich ins Einvernehmen setzen mit, Brücken schlagen
2. → einigen, sich

verständlich
1. verstehbar, gut zu verstehen/hören, deutlich vernehmbar
2. → anschaulich
3. → einsichtig
4. → eingängig ⓘ

verständlicherweise aus verständlichen/einsichtigen Gründen, begreiflicherweise, logischerweise, natürlich

verständlich machen → erklären

Verständnis
1. → Einfühlungsvermögen
2. → Sinn

verständnislos ohne jedes Verständnis, unaufgeschlossen, unzugänglich, intolerant, stumpf, engstirnig, borniert

verständnisvoll
1. → einsichtig
2. → tolerant

verstänkern → verpesten

verstärken
1. deutlicher/stärker machen, hervorheben
2. → steigern

verstärken, sich → zunehmen

verstauben
1. staubig werden, einstauben
2. → veralten

verständig/verständlich: Besonnen und begreiflich

Von einem Substantiv abgeleitete Adjektive werden in den meisten Fällen entweder auf die Endung *-ig* oder auf die Endung *-lich* gebildet. Wie im Fall von *verständig* und *verständlich* gibt es jedoch auch Ausnahmen, bei denen beide Ableitungen von demselben Substantiv möglich sind. Die Bedeutungen der Adjektive unterscheiden sich dann für gewöhnlich, sie können nicht synonym verwendet werden.
Verständig wird im Sinn von *mit Verstand* gebraucht und bedeutet *besonnen, vernünftig*. *Verständlich* hingegen wird im Sinn von *das Verstehen betreffend* verwendet und bedeutet *begreiflich, einleuchtend*. Beispielsweise meint »verständig handeln« demnach verstandesbestimmt zu handeln, also der Situation oder dem Sachverhalt angemessen. »Verständlich handeln« besagt hingegen nur, dass das Verhalten begreiflich ist.

verstaubt
1. → staubig
2. → altmodisch

verstauchen, sich sich den Fuß vertreten, sich eine Verzerrung zuziehen, sich verrenken, sich verletzen; *ugs.:* sich verknacksen

verstauen unterbringen, einpacken, wegpacken; *ugs.:* unterkriegen, verfrachten

Versteck
1. Zuflucht, Zufluchtsort, Zufluchtsstätte, Unterschlupf, Schlupfloch, Schlupfwinkel; *ugs.:* Nest
2. Hinterhalt, Falle

verstecken → verbergen

verstecken, sich → verbergen, sich

verstehen
1. (deutlich) hören, (klar) vernehmen, akustisch wahrnehmen
2. erfassen, begreifen, folgen können, erkennen, richtig beurteilen/einschätzen können, deutlich/verständlich werden, bewusstwerden, klarwerden, zu Bewusstsein kommen, jmdm. gehen die Augen auf, sich erschließen, herausfinden, nachvollziehen, nachempfinden, ergründen, klug werden aus, klarsehen, durchblicken, durchschauen, geistig aufnehmen; *ugs.:* mitbekommen, mitkriegen, durchsteigen, kapieren, checken, schnallen, raffen, intus kriegen, schalten, löffeln, auf den Trichter kommen, dämmern, dahinterkommen, jmdm. geht ein Licht auf, aufgehen, funken, eingehen; *derb:* es fressen
3. → beherrschen
4. einsehen, sich gesagt sein lassen, eine Lehre ziehen aus, sich zu Herzen nehmen, beherzigen
5. **falsch verstehen** → missverstehen
6. **zu verstehen geben** → nahelegen
7. → andeuten

verstehen, sich → harmonieren

versteifen → stützen

versteifen, sich
1. → steif werden
2. **sich versteifen auf** → bestehen auf

versteigen, sich
1. → verirren, sich
2. **sich versteigen zu** in kühner Weise/übertrie-

V

benem Ausmaß tun, sich anmaßen
versteigern meistbietend verkaufen, auktionieren; *ugs.:* unter den Hammer bringen
versteinert fossil, urzeitlich, urweltlich
verstellen
1. → verbarrikadieren
2. → verlegen
verstellen, sich
1. → heucheln
2. → täuschen
versterben → sterben
verstiegen → überspannt
verstimmen ärgerlich/wütend machen, ärgern, Ärger/Verdruss bereiten, in Missmut versetzen, erzürnen, aufbringen, verdrießen, verärgern, vergrämen, verbittern, verletzen, kränken, vor den Kopf stoßen, wehtun, einen Stich versetzen, beleidigen, brüskieren; *ugs.:* einen Hieb versetzen, auf die Palme bringen
Verstimmung
1. → Ärger
2. → Auseinandersetzung
verstinken → verpesten
verstockt
1. → widerspenstig
2. → beschränkt
3. → unzugänglich
verstohlen → heimlich
verstopfen dichten, abdichten, schließen, ausfüllen, zustopfen, verfugen, isolieren, abdämmen
Verstopfung Stuhlverstopfung, Darmverstopfung, Darmträgheit, Verdauungsstörung, Darmverschluss, Konstipation; *Med.:* Obstipation
verstorben → tot
Verstorbener → Leichnam
verstört
1. → bestürzt
2. → konfus
Verstoß Fehler, Fehltritt, Fauxpas, Entgleisung, Verfehlung, Vergehen, Übeltat, Missetat, Schandtat, Straftat, Untat, Delikt, Übertretung, Verletzung, Pflichtverletzung, Zuwiderhandlung, Unrecht, Sünde, Sakrileg
verstoßen
1. → ächten
2. → ausschließen
3. → ausweisen
verstoßen gegen → zuwiderhandeln
verstreben → stützen
verstreichen
1. → vergehen
2. → verschmieren
3. gleichmäßig verteilen, aufstreichen, auftragen, schmieren, beschmieren
verstreuen
1. → ausbreiten
2. → zerstreuen
verstreuen, sich → zerstreuen, sich
verstricken, sich → verfangen, sich
verstümmeln → entstellen
verstummen
1. → schweigen
2. → verhallen
Versuch
1. Experiment, Test, Probe
2. Unternehmen, Unterfangen, Bemühung, Anstrengung, Vorstoß
versuchen
1. einen Versuch anstellen/machen, sich versuchen an, probieren, ausprobieren, durchprobieren, prüfen, durchprüfen, testen, experimentieren, untersuchen, erproben; *ugs.:* einen Versuchsballon steigen lassen
2. → anfangen
3. → kosten
4. → verführen
versuchsweise → probeweise
Versuchung → Reiz
versumpfen
1. → verwahrlosen
2. → hängen bleiben
versündigen, sich → sündigen
versunken
1. andächtig, aufmerksam, andachtsvoll, konzentriert, ergriffen
2. → nachdenklich
3. → vergangen
versus
1. gegen, gegenüber
2. im Gegensatz zu, verglichen mit, im Vergleich/Verhältnis zu
vertagen → aufschieben
vertauschen
1. → austauschen
2. → verwechseln
verteidigen
1. → schützen
2. → rechtfertigen
3. → eintreten für
verteidigen, sich Widerstand leisten, bis zum letzten Atemzug kämpfen, festbleiben, stark bleiben, sich entgegenstellen, nicht nachgeben/wanken, sich nicht zu Fall bringen lassen, sich wehren, sich zur Wehr setzen
Verteidiger → Anwalt
Verteidigung Abwehr, Gegenwehr, Defensive, Rechtfertigung; *geh.:* Apologetik
verteilen
1. austeilen, abgeben, übergeben, ausgeben, ausschütten, umlegen auf
2. → schenken
3. → zuteilen
verteilen, sich → zerstreuen, sich
verteuern anheben, heraufsetzen, hochtreiben, hochschrauben, hochjagen, draufschlagen, in die Höhe treiben, erhöhen, aufschlagen, steigern

verteuern, sich ansteigen, anziehen, in die Höhe klettern, sich erhöhen, hochklettern, hochgehen, teurer werden, sich steigern, zunehmen
Verteuerung → Preisanstieg
verteufeln
1. → verleumden
2. → verfluchen
verteufelt
1. → verflucht
2. → sehr
vertiefen
1. verstärken, vergrößern, verbessern, intensivieren, aktivieren, ausbauen, steigern, vorantreiben
2. → festigen
vertiefen, sich
1. → sich beschäftigen mit
2. → meditieren
vertikal lotrecht, senkrecht
vertilgen
1. → ausrotten
2. → aufessen
vertrackt → schwierig
Vertrag Abmachung, schriftliche Abmachung/Vereinbarung, Abkommen, Handelsabkommen, Kontrakt, Übereinkunft, Übereinkommen, Pakt, Absprache, Konvention, Agreement, Abschluss
vertragen → aushalten
vertragen, sich
1. sich nicht streiten/zanken, sich aussöhnen
2. → harmonieren
verträglich
1. → friedlich
2. → bekömmlich
vertrauen zu jmdm. Vertrauen haben, jmdm. Vertrauen schenken/entgegenbringen/erweisen, sich anvertrauen, seine Hoffnung setzen auf, glauben an, zählen auf, trauen, sich verlassen/stützen auf, rechnen mit, bauen/hoffen auf
Vertrauen Zuversicht, Zutrauen, Glaube(n), Hoffnung, Sicherheit, Gewissheit
vertrauensselig → arglos
vertrauenswürdig
1. → aufrichtig
2. → rechtschaffen
vertraulich
1. → geheim
2. → familiär
verträumt
1. → geistesabwesend
2. → schwärmerisch
3. → idyllisch
vertraut
1. → familiär
2. → bekannt
Vertrauter enger Freund, Getreuer, Gefährte, Weggefährte, Wegbegleiter; *geh., oft scherzh.:* Amigo, Intimus; *veraltet:* Herzensfreund; *ugs.:* Busenfreund
vertreiben
1. forttreiben, davontreiben, wegtreiben, verjagen, wegjagen, davonjagen, fortjagen, verscheuchen, wegscheuchen, fortscheuchen, vergrämen, hinausekeln, in die Flucht treiben/schlagen; *ugs.:* zum Teufel jagen, Beine machen, schassen, hinausbefördern, hinausschmeißen, vergraulen
2. → ausweisen
3. → verkaufen
vertretbar → annehmbar
vertreten
1. aushelfen, einspringen/eintreten für, die Vertretung übernehmen, in die Bresche springen, jmdn. ersetzen, für einen anderen arbeiten
2. jmds. Interessen wahrnehmen, sprechen für, verteidigen
3. → eintreten für
4. → repräsentieren
Vertreter
1. → Ersatzmann
2. → Bevollmächtigter
3. → Anwalt
4. → Handelsvertreter
Vertrieb → Verkauf
Vertriebener → Flüchtling
vertrinken verzechen, verschwenden; *ugs.:* durch die Gurgel jagen; *derb:* versaufen
vertrocknen
1. eintrocknen, austrocknen, ausdorren, verdorren, ausdörren, trocken/dürr werden
2. → welken
3. versiegen, versickern, versanden, verlanden
vertrocknet → trocken
vertrödeln → versäumen
vertrösten warten lassen, Zeit gewinnen wollen, hinhalten, etwas hinziehen; *ugs.:* zappeln lassen, abspeisen
vertrotteln → verdummen
vertun ungenutzt lassen, verschwenden
vertun, sich sich irren, sich im Irrtum befinden, sich täuschen, fehlschlagen, danebenliegen
vertuschen → verbergen
verübeln → übelnehmen
verüben → begehen
verulken → necken
verunglimpfen
1. → verleumden
2. → demütigen
Verunglimpfung
1. → Diskriminierung
2. → Nachrede
verunglücken
1. einen Unfall haben/erleiden, bei einem Unfall verletzt/getötet werden, umkommen, zu Schaden kommen, sich den Hals/das Genick brechen; *ugs.:* einen Unfall bauen; *schweiz.:* verunfallen
2. → scheitern

verunmöglichen → verhindern
verunreinigen → beschmutzen
verunsichern → irremachen
verunstalten → entstellen
veruntreuen unterschlagen, hinterziehen, in die eigene Tasche stecken, unrechtmäßig ausgeben/behalten, betrügen
verursachen
1. → bewirken
2. → anrichten
verurteilen
1. aburteilen, die Schuld geben, mit Strafe belegen, eine Strafe verhängen, verdammen zu, schuldigsprechen, für schuldig erklären, das Urteil sprechen, bestrafen; *ugs.:* verdonnern, verknacken
2. → brandmarken
3. → ablehnen
Verve → Schwung
vervielfachen
1. multiplizieren, malnehmen
2. → steigern
vervielfachen, sich → zunehmen
vervielfältigen → kopieren
vervollkommnen
1. ergänzen, vervollständigen, vollenden, hinzufügen, nachtragen, auffüllen, komplettieren, perfektionieren; *ugs.:* den letzten Schliff geben
2. → verbessern
vervollkommnen, sich
1. → bilden, sich
2. → runden, sich
vervollständigen → ergänzen
verwachsen
1. → verheilen
2. zusammenwachsen, zu einer Einheit werden, verschmelzen, eine Symbiose bilden
3. → missgestaltet
4. überwuchert, undurchdringlich, unzugänglich, unwegsam, undurchlässig, dicht
verwahren → aufbewahren
verwahren, sich
1. → protestieren
2. **sich verwahren gegen** → abstreiten
verwahrlosen
1. verkommen, herunterkommen, verderben, verrotten, verwildern, verlottern, verschlampen, verrohen, abrutschen, abgleiten, untergehen, zugrunde gehen, auf Abwege/die schiefe Bahn/die schiefe Ebene/unter die Räder geraten/kommen, in der Gosse enden/landen, vom rechten Weg abkommen, abwirtschaften; *ugs.:* versumpfen, versacken, verludern, verlumpen, vor die Hunde gehen
2. verfallen, einfallen, veröden
verwahrlosen lassen → vernachlässigen
verwahrlost
1. verkommen, verdorben, verlottert, verwildert, verschlampt, abgewirtschaftet, verlebt, ruiniert; *ugs.:* heruntergekommen, auf den Hund gekommen, zerlumpt, abgehalftert
2. ungepflegt, unordentlich, in Unordnung, vernachlässigt, chaotisch, wüst, liegt im Argen
verwaisen Waise werden, die Eltern verlieren
verwaist → einsam
verwalten
1. betreuen, besorgen, bewirtschaften
2. → führen
Verwalter
1. Administrator, Sachverwalter, Prokurator (Kloster), Kurator (Stiftung), Bevollmächtigter, Vertreter, Manager
2. Inspektor, Wirtschafter
Verwaltung
1. → Führung
2. → Amt
verwandeln → ändern
verwandeln, sich → ändern, sich
verwandt
1. stammverwandt, blutsverwandt, versippt, zur Familie gehörig, von gleicher Abstammung, verschwägert, verschwistert, angeheiratet
2. → ähnlich
3. → geistesverwandt
Verwandtschaft
1. → Familie
2. Ähnlichkeit, Übereinstimmung, Analogie, Gleichartigkeit, Wahlverwandtschaft
verwandt sein → ähneln
verwarnen → ermahnen
verwaschen → unklar
verwässern
1. → verdünnen
2. → vereinfachen
verwechseln vertauschen, durcheinanderbringen, durcheinanderwerfen, sich irren, sich täuschen, Fehler machen; *ugs.:* sich vertun, sich verhauen
verwegen → mutig
verwehen
1. → vergehen
2. → verhallen
verwehren
1. → verbieten
2. → verhindern
3. → vorenthalten
verweht → vergangen
verweichlichen → verwöhnen
verweigern
1. ablehnen, zurückweisen, ausschlagen, verneinen, von sich weisen
2. → verbieten
3. → vorenthalten

verweigern, sich
1. → verzichten
2. sich nicht hingeben, sich versagen, sich nicht verführen lassen
3. → aussteigen

verweilen
1. → aufhalten, sich
2. → zögern

Verweis
1. Tadel, Rüge, Zurechtweisung, Maßregelung, Ermahnung
2. Hinweis

verweisen
1. → tadeln
2. **des Landes verweisen** → ausweisen

verweisen an weisen/schicken/beordern zu, empfehlen an

verweisen auf → hinweisen

verwelken → welken

verwelkt → welk

verwendbar → brauchbar

verwenden
1. gebrauchen, nutzen, benutzen, nützen, benützen, anwenden, Verwendung haben für, in Anwendung/zum Einsatz bringen, einsetzen, verwerten, verarbeiten; *ugs.:* brauchen
2. **sich verwenden für** Fürsprache/Fürbitte einlegen für, bitten für, ein gutes Wort einlegen, eintreten für

verwerfen → ablehnen

verwerflich → schändlich

verwertbar brauchbar, nützlich, verwendbar, geeignet, zweckmäßig, sinnvoll, anwendbar, nutzbar, einsetzbar, tauglich, dienlich, gute Dienste leistend, praktikabel, praktisch, passend, zweckvoll, zweckdienlich

verwerten → gebrauchen

verwesen → faulen

Verwesung → Fäulnis

verwichsen → schlagen

Verwirrung: In Kuddelmuddel und Wirrwarr

Verwirrung bezeichnet den menschlichen Zustand der *Ratlosigkeit* oder *Hilflosigkeit*. Man kann *in Verwirrung geraten,* selbst *Verwirrung stiften* oder *jemanden in Verwirrung bringen/stürzen*. Solches *Durcheinander* wird in gehobener Sprache mit den lateinischen Fremdwörtern *Konfusion* oder *Konsternation* beschrieben. Umgangssprachlich redet man auch von *Kuddelmuddel. Bestürzung* ist ein Ausdruck für *Betroffenheit* angesichts einer schlechten Nachricht oder peinlichen Überraschung. Als stärkeres Wort dafür verwendet man *Fassungslosigkeit* oder *(tiefe/große) Erschütterung*. Solche *Verwirrung* zeigt sich manchmal auch in *Sprachlosigkeit*. Auch *Verblüffung* ist ein Synonym für sprachloses Erstaunen. Eine bestimmte Form der *Verwirrung* ist die *Desorientierung,* die dazu führt, dass man die Richtung verliert und nicht mehr weiß, wo man sich befindet.
Geistesverwirrung ist eine Störung im Geistesleben. Aus dem Buch Mose der Bibel stammt der Begriff *babylonische Sprachverwirrung,* der auch allgemein gebraucht wird, um ein *Durcheinander* – etwa fachsprachlicher Begriffe – zu bezeichnen. Wenn eine Angelegenheit in *Verwirrung* gerät, entsteht womöglich *Chaos. Tumult* bezeichnet das lärmende *Durcheinander* von Menschen. Das lautmalende Wort *Wirrwarr* bedeutet so viel wie *großes Durcheinander*. Hierfür gibt es die gehobenen Varianten *Wirrnis* und *Wirrsal.*

verwickeln
1. hineinziehen, absorbieren, verstricken
2. → verwirren

verwickeln, sich → verfangen, sich

verwickelt
1. → schwierig
2. → wirr

verwildern → verwahrlosen

verwinden → überstehen

verwirken sich um das Recht bringen, (zur Strafe) einbüßen, verlieren, verscherzen, verspielen

verwirklichen realisieren, in die Tat umsetzen, Ernst/wahr/wirklich machen, ausführen, durchführen, zur Durchführung bringen, (sich) erfüllen, Wirklichkeit/Realität werden lassen, ins Werk/in Szene setzen, vollstrecken, vollbringen, vollziehen, zustande/zuwege bringen, bewerkstelligen, in die Wege leiten, über die Bühne bringen, abwickeln, leisten, schaffen, meistern; *ugs.:* schmeißen, hinkriegen, durchziehen

verwirklichen, sich → eintreten

verwirren
1. verwickeln, verfilzen, verstricken, verheddern, verhaspeln, verschlingen, verflechten, verknäueln
2. → irremachen

verwirrt
1. → konfus
2. → verlegen
3. → bestürzt

Verwirrung Konfusion, Ratlosigkeit, Hilflosigkeit, Bestürzung, Betroffenheit, Entgeisterung, Fassungslosigkeit, Verblüffung, Sprachlosigkeit, Erschütterung, Kopflosigkeit, Desorientierung ⓘ

verwischen unkenntlich/undeutlich machen, vernebeln, verschleiern, verdunkeln, (Spuren) beseitigen, tilgen
verwischen, sich verschwimmen, undeutlich/unscharf werden, entgleiten, entrücken
verwittern → zerfallen
verwöhnen
1. auf Händen tragen, jeden Wunsch erfüllen/von den Augen ablesen, auf Rosen betten, reich beschenken, überschütten/überschwemmen mit
2. verziehen, verweichlichen, verzärteln, verhätscheln, verbilden, verderben; *ugs.:* verpimpeln, verpäppeln, verkorksen
verwöhnt
1. → wählerisch
2. → verzogen
verworfen → lasterhaft
verworren
1. → unklar
2. → konfus
verwundbar verletzlich, verletzbar, dünnhäutig, sensibel, leicht zu kränken, überempfindlich, empfindsam; *abwertend:* wehleidig, mimosenhaft, zimperlich, verweichlicht
verwunden
1. → verletzen
2. → kränken
verwunderlich → merkwürdig
verwundern erstaunen, in Erstaunen setzen/versetzen, Staunen erregen, eigenartig/seltsam/befremdend anmuten, zu denken geben, stutzig machen
verwundert → überrascht
verwünschen → verfluchen
verwüsten → zerstören
verzagen die Zuversicht/Hoffnung aufgeben, den Mut verlieren/sinken lassen, mutlos werden, alle Hoffnung fahren lassen, verzweifeln; *ugs.:* die Flinte ins Korn werfen
verzagt
1. → mutlos
2. → pessimistisch
verzählen, sich falsch zählen/rechnen, einen Rechenfehler machen, sich verrechnen
verzahnen → verbinden
verzanken, sich → entzweien, sich
verzaubern
1. verhexen, verwünschen
2. → bezaubern
Verzehr
1. Zeche; *schweiz.:* Konsumation
2. → Verbrauch
verzehren
1. → essen
2. → erschöpfen
verzehren, sich
1. → erschöpfen, sich
2. → sorgen, sich
verzeichnen
1. → entstellen
2. → aufschreiben
Verzeichnis Liste, Index, Aufstellung, Übersicht, Aufzählung
verzeihen vergeben, nachsehen, Nachsicht zeigen, entschuldigen, Verzeihung gewähren, von einer Schuld befreien/freisprechen, nicht nachtragen/übelnehmen; *geh.:* exkulpieren; *ugs.:* ein Auge zudrücken, durch die Finger sehen, fünf gerade sein lassen
verzeihlich verzeihbar, entschuldbar, zu rechtfertigen, verständlich
Verzeihung
1. Vergebung, Entschuldigung, Nachsicht, Verständnis, Milde, Erbarmen, Schonung, Barmherzigkeit
2. → Straferlass
3. verzeihen Sie (bitte)!, entschuldigen Sie (bitte)!, Pardon!, Entschuldigung!, es tut mir leid!
verzerren
1. → entstellen
2. → karikieren
3. → verletzen, sich
verzetteln, sich sich verfangen/verwickeln/verstricken/verlieren in, hängen bleiben; *ugs.:* sich verfilzen, sich verkleckern, sich verplempern
verzichten Verzicht leisten, absagen, entsagen, sich versagen, sich enthalten, Abstand nehmen von, ablassen/zurücktreten von, abgeben, hergeben, aufgeben, sich befreien/freimachen/trennen von, zurückstehen, sich etwas verweigern/nicht gönnen/sparen/ersparen, unterlassen, nicht tun, (bleiben) lassen; *ugs.:* sich verkneifen, pfeifen/husten/spucken auf, schießen lassen, sich verbeißen
verziehen
1. → verwöhnen
2. → umziehen
verziehen, sich
1. sich wellen, sich werfen, sich aufwerfen
2. → weggehen
verzieren verschnörkeln, verbrämen, ornamentieren, → schmücken
Verzierung Schmuck, Dekor, Dekoration, Ausschmückung, Schnörkel, Verschnörkelung, Rankenwerk, Zierrat, Zier, Putz, Zierde, Ornament, Muster
verzogen
1. verwöhnt, verweichlicht, verzärtelt, verhätschelt, verdorben; *ugs.:* verkorkst
2. → ungehorsam

verzögern → aufschieben
verzögern, sich → verspäten, sich
Verzögerung
1. Verschiebung, Verlangsamung, Verschleppung, Vertagung, Saumseligkeit
2. → Verzug
3. → Galgenfrist
verzückt → begeistert
Verzug
1. Verspätung, Rückstand, Aufschub, Ausstand, Frist
2. → Verzögerung
verzweifeln in Verzweiflung geraten/fallen, keinen Ausweg mehr sehen, die Fassung verlieren, jede Hoffnung aufgeben, hoffnungslos sein, schwarzsehen, nicht mehr weiter wissen, sich verlorengeben, verzagen, mutlos werden, alle Hoffnung fahren lassen, verzweifeln, die Zuversicht aufgeben
verzweifelt
1. → deprimiert
2. → aussichtslos
3. → sehr
verzweigen, sich → gabeln, sich
verzwickt → schwierig
Vesper
1. Zwischenmahlzeit, Imbiss, Nachmittagskaffee; *österr.:* Jause
2. Gottesdienst (gegen Abend)
Vestibül Vorhalle, Treppenhalle, Foyer
Veto → Einwand
Vettel → Schlampe
Vetter Cousin
Vetternwirtschaft Cliquenwirtschaft, Parteiwirtschaft, Günstlingswirtschaft, Begünstigung, Bevorzugung, Protektion, Patronage, Nepotismus; *landsch.:* Vetterleswirtschaft; *schweiz.:* Vetterliwirtschaft; *ugs.:* Klüngel
vibrieren → zittern
Vieh
1. *ugs. für:* Tier, Bestie; *ugs.:* Biest
2. → Scheusal
viehisch → brutal
viel
1. → reichlich
2. → sehr
vieldeutig → mehrdeutig
viele Zahllose, zahlreiche, Unzählige, ungezählte, unzählbare, unendliche, endlose, Dutzende, Hunderte, Tausende, Millionen, nicht wenige, eine große Zahl von, eine ganze Reihe, Heerscharen, Legionen, eine Menge/Anzahl/Unzahl/Vielzahl/Masse, eine breite Palette von, massenhaft, haufenweise, scharenweise; *ugs.:* massig, ein Berg/Haufen/Rattenschwanz von
vielerlei → allerlei
vielfach → wiederholt
Vielfalt Mannigfaltigkeit, Vielförmigkeit, Vielgestaltigkeit, Reichtum, Reichhaltigkeit, Bandbreite, Abwechslung, Buntheit, Farbigkeit, Fülle, großes Angebot, große Auswahl, Palette, Variationsbreite, Gemisch, Skala; *ugs.:* Menge, Masse
vielfältig → mannigfaltig
vielfarbig bunt, farbig, in Farbe, mehrfarbig, farbenfroh, farbenfreudig, farbenprächtig, farbenreich
vielförmig → mannigfaltig
vielgestaltig → mannigfaltig
vielleicht
1. → möglicherweise
2. → annähernd
vielmals
1. → wiederholt
2. → sehr
vielmehr
1. eher, lieber, leichter, mehr, im Gegenteil
2. → oder
3. → sondern
vielsagend
1. → informativ
2. → inhaltsreich
3. → mehrdeutig
vielseitig
1. → mannigfaltig
2. universal, universell, allseitig, an vielem interessiert, für vieles zugänglich/aufgeschlossen, in vielen Gebieten bewandert/beschlagen/begabt/routiniert
vielsprachig mehrsprachig, mehrere Sprachen sprechend/beherrschend, polyglott
vielversprechend → Erfolg versprechend
Vielzahl → Menge
vierschrötig → klobig
Viertel Stadtbezirk, Stadtteil, Gegend; *österr.:* Quartier, Gretzl
vif → lebhaft
vigilant aufmerksam, wach, schlau, wachsam, konzentriert, findig
Viola Bratsche
Violine Geige; *ugs.:* Fiedel
Viper Otter, Giftschlange
viril männlich, maskulin
virtuell unwirklich, möglich, nur gedacht, scheinbar, denkbar, möglicherweise, vorstellbar, künstlich, unnatürlich, auf künstlichem Weg, nachgemacht, imitiert; *geh.:* imaginabel, synthetisch, artifiziell
virtuos (technisch) vollkommen, meisterhaft, großartig
virulent
1. hochansteckend, krankheitserregend, infektiös, giftig, toxisch
2. dringend, akut, im Schwange, wichtig
Visage → Gesicht
vis-a-vis → gegenüber

visieren → zielen
Vision → Einbildung
Visite Besuch, Krankenbesuch, Arztvisite; *ugs.:* Stippvisite, kurzer Besuch
Vita → Biografie
vital
1. lebenswichtig, für die Existenz entscheidend/ausschlaggebend/grundlegend/bestimmend
2. lebenskräftig, lebensvoll, voller Lebenskraft, lebhaft
Vitalität
1. Lebenskraft, Lebenswille, Lebensfähigkeit
2. → Schwung
Vitrine Glasschrank, Schaukasten
Vogel
1. *Kinderspr.:* Piepmatz
2. **lockerer Vogel** (Bruder) Leichtfuß, Luftikus, windiger Bursche, Tunichtgut, Taugenichts
3. **lustiger Vogel** Spaßvogel, Spaßmacher, Possenreißer, dummer August, Clown, Schalk, Hanswurst
4. **seltsamer Vogel** Sonderling, Eigenbrötler, Einzelgänger, Außenseiter, Individualist, Nonkonformist, Original, besonderes Exemplar, komischer Heiliger; *ugs.:* Unikum, Kauz, (schräge) Type
vogelfrei → geächtet
Vogelscheuche
1. Strohmann, Strohpuppe, Scheuche, Getreidepuppe
2. *abwertend:* hässliche Frau; *ugs.:* Schreckschraube, Krauthexe
Vokabular → Wortschatz
Volant
1. Lenkrad, Steuer
2. → Besatz
Volk
1. Völkerschaft, Volksgemeinschaft, Nation
2. → Bevölkerung
3. → Menge
4. **das gemeine Volk** Pöbel, Gesindel, Mob, Lumpenpack, Abschaum
Volksbefragung → Meinungsforschung
Volksentscheid Volksabstimmung, Volksbefragung, Volksbegehren, Referendum, Plebiszit
Volksfest → Jahrmarkt
Volksherrschaft → Demokratie
volkstümlich → populär
Volksvertretung Parlament, Abgeordnetenhaus
voll
1. gefüllt, angefüllt, randvoll, zum Überlaufen, ein gerüttelt Maß
2. → belegt
3. ganz, total, gesamt, in vollem Umfang/Maße, in jeder Hinsicht/Beziehung, überhaupt, absolut, ohne Ausnahme, lückenlos, völlig, vollständig, komplett, erschöpfend
4. → betrunken
5. → satt
6. → dick
7. → high
8. **brechend voll** → überfüllt
vollauf → ganz
vollblütig
1. reinrassig, aus edler Zucht stammend
2. → lebhaft
vollbringen → bewältigen
vollenden → fertigmachen
vollendet
1. → vollkommen
2. → fertig
vollends → ganz
Vollendung Meisterschaft, Können, Perfektion, Vollkommenheit, Vollendetheit
Völlerei → Gelage
vollführen → ausführen
völlig → ganz
volljährig mündig, erwachsen, großjährig; *veraltet:* majorenn
vollkommen
1. → ganz
2. vollendet, fehlerlos, fehlerfrei, perfekt, tadellos, makellos, untadelig, vorbildlich, mustergültig, musterhaft, unübertroffen, unerreicht, unvergleichbar, ideal, vollwertig, beispiellos, abgerundet, einwandfrei
Vollkommenheit → Meisterschaft
vollladen vollpacken, beladen, bepacken, befrachten
vollleibig → dick
vollmachen *ugs. für:*
1. füllen, auffüllen, ausfüllen, schenken, einschenken, vollschenken, vollgießen, eingießen, vollschütten
2. beschmutzen, verunreinigen, beschmieren, anschmieren, verschmieren, vollschmieren, beflecken, bespritzen, beklecksen, einschmutzen, verschmutzen, schmutzig/dreckig machen; *ugs.:* verdrecken, eindrecken, besudeln, besabbern, bekleckern, sich einschmieren; *derb:* versauen, einsauen
Vollmacht → Recht
vollschlank → dick
vollständig
1. → komplett
2. → ganz
vollstrecken → ausführen
Volltreffer Hauptgewinn, das große Los, Glückslos, erster Preis
volltrunken → betrunken
vollwertig
1. → vollkommen
2. → gleich
vollzählig
1. → komplett
2. → alle

vollziehen → ausführen
vollziehen, sich → geschehen
Volumen
1. Rauminhalt, Fassungskraft, Fassungsvermögen, Füllmenge, räumliches Ausmaß
2. → Fülle
voluminös → dick
von vonseiten, seitens, durch, aus
voneinander einer vom andern, auseinander, gegenseitig
vonstattengehen ablaufen, vor sich gehen, sich abwickeln, sich abspielen, sich ereignen, sich zutragen, sich vollziehen, geschehen, erfolgen, stattfinden, verlaufen, hergehen; *ugs.:* über die Bühne gehen, abgehen
vor
1. hervor, heraus
2. nach vorn, voran
3. aus, bewirkt durch, wegen, aufgrund
4. gegen
vorab → zuerst
voran → vorwärts
vorangehen
1. vorne/an der Spitze gehen, anführen
2. vorwärtsgehen, von der Hand gehen, vorwärtskommen, vorankommen, sich gut entwickeln, Fortschritte machen; *ugs.:* flutschen, vom Fleck kommen
3. führen, bahnbrechen, vorstoßen, die Richtung angeben, den Weg weisen/zeigen, wegweisen, Neuland betreten, vorzeichnen, Pionierarbeit leisten
vorankommen
1. vorwärtskommen, vorrücken, sich vorwärts bewegen, einen Weg/eine Strecke zurücklegen
2. → fortschreiten
3. → vorangehen
voranstellen an den Anfang stellen, vorwegnehmen, vorwegsagen, vorausbemerken, einleitend sagen
vorantreiben → beschleunigen
vorarbeiten, sich sich durcharbeiten, sich durchkämpfen, sich durchsetzen, sich durchfechten, sich durchdrängen, sich durchzwängen, sich einen Weg bahnen, sich durchquälen, sich durchbringen, sich vorkämpfen; *ugs.:* sich durchboxen, sich durchbeißen, sich durchwursteln; *österr.:* sich durchfretten
voraus
1. vor, vorher, voran, vorne, vorneweg, an der Spitze
2. zuerst, in erster Linie, vorerst, vorab, vorweg
3. **im Voraus** schon jetzt/vorher, vorab, vorweg, zuerst, zunächst einmal; *schweiz.:* zum Voraus
vorausahnen → ahnen
vorausbemerken → voranstellen
voraushaben überlegen/im Vorteil sein, mehr wissen/kennen, größere Erfahrung haben, geschulter sein
voraussagbar → absehbar
Voraussage Vorhersage, Prophezeiung, Prognose, Vorausbestimmung, Weissagung, Orakel
voraussagen → prophezeien
vorausschicken → voranstellen
voraussehbar → absehbar
voraussehen
1. → absehen
2. → prophezeien
3. → ahnen
voraussetzen
1. als vorhanden/selbstverständlich/gegeben annehmen, zur Voraussetzung/Grundlage/Basis/Bedingung machen, zugrunde legen, ausgehen von, unterstellen, den Fall setzen
2. → erfordern
Voraussetzung
1. Bedingung, Vorbedingung, Annahme; *geh.:* Prämisse
2. Grundlage, Ausgangspunkt, Basis, Rahmenbedingung, Fundament
voraussichtlich → wahrscheinlich
vorauszahlen → vorstrecken
vorauszusehen → absehbar
vorbauen → vorsorgen
Vorbedingung → Voraussetzung
Vorbehalt
1. → Einschränkung
2. Skepsis, Misstrauen, Argwohn, Zweifel, Bedenken
vorbehalten, sich → offenlassen
vorbehaltlich → bedingt
vorbehaltlos → bedingungslos
vorbei → vergangen
vorbeibenehmen, sich → entgleisen
vorbeigehen
1. → vergehen
2. vorübergehen, entlanggehen, passieren
3. → besuchen
vorbeikommen → besuchen
vorbeimarschieren → paradieren
vorbeischießen → verfehlen
Vorbemerkung → Einleitung
vorbereiten
1. bereitlegen, bereitstellen, bereithalten, zurechtlegen, zurechtmachen, fertigmachen, herrichten
2. → anbahnen
3. → planen

V

vorbereiten, sich → sich einstellen auf
Vorbereiter → Pionier
vorbestimmt → schicksalhaft
vorbeugen
1. → vorsorgen
2. zu verhüten/verhindern suchen, sich immunisieren/schützen gegen
vorbeugen, sich sich nach vorn beugen, sich vorlegen
vorbeugend → prophylaktisch
Vorbild
1. → Ideal
2. → Idol
3. → Muster
vorbildlich → musterhaft
Vorbote → Anzeichen
vorbringen zur Sprache bringen, ins Feld/Treffen führen, in die Diskussion werfen, vortragen, → äußern; *ugs.:* aufs Tapet bringen, anbringen
vordem → früher
vordergründig
1. → oberflächlich
2. → durchsichtig
vorderhand → einstweilen
Vorderseite → Fassade
vordrängen, sich
1. sich drängeln, sich vordrängeln, sich nach vorne schieben, nicht warten können, sich nicht anstellen/einreihen, sich um jeden Preis einen Weg/Platz verschaffen
2. sich auffällig benehmen, sich selbst besonders hervorheben, sich aufdrängen, sich aufspielen, unangenehm auffallen; *ugs.:* sich produzieren
vordringen (gewaltsam) vorwärts dringen, vorstoßen, vorprellen, vorrücken, vorstürmen, vorpreschen
Vordruck Formular, Formblatt
voreilig → überstürzt
voreingenommen → parteiisch
vorenthalten
1. → verschweigen
2. verweigern, versagen, verwehren, nicht geben/gewähren/übereignen/überlassen/verabfolgen, nicht zuteilwerden/zukommen lassen
vorerst → zuerst
Vorfahr → Ahn
Vorfall → Ereignis
vorfallen → geschehen
vorfinden
1. → antreffen
2. → finden
Vorfreude → Spannung
vorfühlen seine Fühler ausstrecken, sich vortasten, sondieren, die Lage sondieren, vorsichtig erkunden/erforschen/in Erfahrung bringen/aufspüren, sich umsehen
vorführen
1. aufführen, zeigen, spielen, darstellen, veranstalten, in Szene setzen, performen
2. → zeigen
Vorführung Vorstellung, Darbietung, Aufführung, Auftritt, Auftreten, Performance, Veranstaltung, Act, Schau
Vorgang → Ablauf
vorgaukeln
1. → vortäuschen
2. → täuschen
3. → heucheln
vorgaukeln, sich → einbilden, sich
vorgeben
1. → vortäuschen
2. → täuschen
3. → heucheln
Vorgefühl → Ahnung
vorgehen
1. vorangehen, vorausgehen
2. → geschehen
3. bestimmte Maßnahmen ergreifen, etwas unternehmen, handeln
4. wichtiger/dringender sein, Vorrang haben, mehr bedeuten
5. eine zu frühe Zeit anzeigen (Uhr)
Vorgehen
1. Procedere
2. → Aktion
vorgehen gegen
1. → ankämpfen
2. → angreifen
Vorgeschichte
1. Frühgeschichte, Urgeschichte, Prähistorie
2. Vorleben, Lebensgeschichte, Werdegang, Biografie
Vorgesetzter → Chef
vorgreifen → antizipieren
vorhaben → beabsichtigen
Vorhaben
1. → Absicht
2. → Unternehmung
vorhalten vorwerfen, Vorwürfe/Vorhaltungen machen, tadeln, beschuldigen; *ugs.:* unter die Nase reiben, aufs Brot/Butterbrot schmieren
Vorhaltung → Vorwurf
vorhanden → lieferbar
Vorhang Gardine, Store, Portiere (Tür), Schal
vorher → früher
vorherrschen → überwiegen
Vorhersage → Voraussage
vorhersagen prophezeien, voraussagen, weissagen, hellsehen, in die Zukunft sehen, vorausahnen, ankündigen, verheißen
vorhersehbar → absehbar
vorhersehen
1. → absehen
2. → prophezeien
3. → ahnen
vorhin gerade, eben, vor wenigen Augenblicken, kürzlich, vor kurzer/nicht langer Zeit, vor kurzem
Vorhut Stoßtrupp, Vortrupp

vorig vergangen, letzt; *ugs.:* verflossen
Vorkämpfer → Pionier
vorknöpfen, sich → zurechtweisen
vorkommen
1. → geschehen
2. → auftreten
3. → scheinen
Vorkommnis → Ereignis
vorladen → laden
Vorlage
1. → Muster
2. → Antrag
Vorläufer → Pionier
vorläufig
1. → einstweilen
2. → notdürftig
vorlaut altklug, vorwitzig, naseweis, frech, keck, kess, dreist; *ugs.:* neunmalklug
vorlegen
1. unterbreiten, zur Einsichtnahme geben/hinlegen, präsentieren, offerieren, übergeben, überreichen, einreichen
2. → vorstrecken
3. → auftischen
vorlesen → vortragen
Vorlesung Kolleg (Hochschule)
Vorliebe Faible, spezielle Neigung, besonderes Interesse, Sympathie, Schwäche, Hang, Zug; *ugs.:* Tick
vorliebnehmen → begnügen, sich
vorliegen
1. sich in jmds. Händen befinden (Schriftstück), zur Verfügung stehen, vorhanden/im Besitz sein
2. bestehen, existieren, sich finden, anfallen
vormachen
1. → zeigen
2. → vortäuschen
3. → täuschen
4. → heucheln
5. **sich etwas vormachen** → einbilden, sich
vormals → früher
vormerken
1. → reservieren
2. auf die Warteliste setzen, aufschreiben, notieren
vorn
1. davor, voraus, voran, an der Spitze/ersten Stelle, vor den andern, vorneweg
2. im Vordergrund
vornehm
1. fein, feinsinnig, feinfühlend, edel, nobel, distinguiert, kultiviert, manierlich, honorig, gentlemanlike, würdevoll, adlig, herrschaftlich
2. → elegant
vornehmen, sich
1. → beabsichtigen
2. **sich jmdn. vornehmen** jmdn. zur Rede stellen, zur Verantwortung ziehen, zurechtweisen, maßregeln, eine Lektion/Lehre erteilen, die Meinung sagen, in die Schranken weisen; *ugs.:* sich jmdn. kaufen/vorknöpfen/greifen, jmdm. aufs Dach steigen, den Kopf waschen, die Leviten lesen, eins auf den Deckel geben, jmdn. ins Gebet nehmen
vornehmlich → besonders
Vorort Vorstadt, Vorstadtsiedlung, Trabantenstadt, Satellitenstadt, Stadtrand, Vorstadt, Außenbezirk; *geh.:* Peripherie
Vorrang
1. Priorität, Primat, Vormachtstellung, bevorzugte Stellung, Vorrangigkeit, Erstrangigkeit, Dominanz, Überlegenheit
2. → Vorrecht
Vorrat Reserve, Rücklage, Reservoir, Bestand, Stock, Lager, Potenzial; *ugs.:* Fettpolster, Hamsterkiste, Topf
vorrätig → lieferbar
Vorrecht Privileg, Privilegium, Erstrecht, Vorzugsrecht, Sonderrecht, Priorität, Vorrang, Vortritt, Vorzug, Vergünstigung, Bevorzugung; *geh.:* Juliusturm (Geld)
Vorreiter → Pionier
vorrücken
1. vormarschieren, vorpreschen, zum Angriff übergehen
2. → vorankommen
vorsagen einsagen, einflüstern, zuflüstern, vorreden, vorsprechen; *ugs.:* einhelfen
Vorsatz → Absicht
vorsätzlich → absichtlich
Vorschau Vorankündigung, Überblick, Programmüberblick
vorschieben → herausreden, sich
vorschießen → vorstrecken
Vorschlag Empfehlung, Anregung, Rat, Ratschlag, Tipp, → Angebot
vorschlagen einen Vorschlag machen/unterbreiten, anregen, eine Anregung geben, raten, anraten, zuraten, einen Rat geben/erteilen, empfehlen, nahelegen, zu bedenken/erwägen geben, zur Diskussion stellen/Sprache bringen, antragen, anbieten, ein Angebot machen
vorschnell → überstürzt
vorschreiben → befehlen
Vorschrift
1. → Anweisung
2. → Befehl
vorschriftsmäßig → ordnungsgemäß
Vorschuss Vorauszahlung, Abschlagszahlung
vorschützen
1. → vortäuschen
2. → täuschen
3. → heucheln

vorschweben sich vorstellen, sich ausdenken, im Sinn haben, sich ersinnen, träumen von
vorschwindeln → lügen
vorsehen
1. in Aussicht nehmen, ausersehen, bestimmen
2. → einplanen
vorsehen, sich → aufpassen
vorsetzen → auftischen
vorsichtig
1. mit Vorsicht, wachsam, ängstlich, misstrauisch, argwöhnisch, skeptisch, zweifelnd, unsicher, voller Argwohn, auf der Hut
2. → schonend
vorsichtshalber zur Vorsicht, sicherheitshalber, für alle Fälle, vorsorglich; *ugs.:* lieber
Vorsitz → Leitung
Vorsitzender Vorsteher, Vorstand, Direktor, Leiter, Präsident, Chef, Präses (Kirche), Haupt, Führer, oberster Repräsentant; *ugs.:* Boss, King; *iron., oft abwertend:* Obermacker, Häuptling
vorsorgen
1. Vorsorge/Vorkehrungen treffen, vorbeugen, vorbauen, im Voraus sorgen für/sich kümmern um, rechtzeitig etwas unternehmen, zuvorkommen
2. sich mit allem versehen/versorgen, einlagern, speichern, aufspeichern, einkellern, sammeln, horten, zurücklegen, weglegen, sparen
vorsorglich
1. weitblickend, umsichtig, überlegt, bedacht, vorausschauend, wohlerwogen, verantwortungsbewusst
2. → vorsichtshalber
Vorspeise Vorgericht, Appetithappen, Horsd'œuvre, Entree, Appetizer; *geh.:* Amusegueule; *ugs.:* Gruß aus der Küche
vorspiegeln
1. → vortäuschen
2. → täuschen
3. → heucheln
vorspiegeln, sich → einbilden, sich
Vorspiegelung
1. → Täuschung
2. → Blendwerk
3. → Einbildung
Vorspiel
1. → Prolog
2. Ouvertüre
vorsprechen
1. → vorsagen
2. → vortragen
3. → besuchen
vorsprechen bei → herantreten an
vorspringen überstehen, vorstehen, herausstehen, vorragen, hervorragen, überhängen, überragen
Vorsprung
1. → Vorteil
2. Ausläufer, Spitze, Zipfel, Zunge
Vorstand Leitung, Führungsgruppe, Führungsstab, Direktorat, Führerschaft, Verwaltung, Spitze, Präsidium
vorstehen → leiten
Vorsteher → Leiter
vorstellbar → möglich
vorstellen
1. bekanntmachen, jmdn. einführen, die Bekanntschaft herbeiführen, zusammenführen, zusammenbringen
2. → darstellen
3. → repräsentieren
vorstellen, sich
1. einen ersten Besuch machen (Bewerbung), sich bekanntmachen
2. sich ein Bild/eine Vorstellung/einen Begriff machen, sich ausmalen, sich denken, sich vor Augen führen, sich vergegenwärtigen, sich bewusstmachen, sich ins Bewusstsein rufen
Vorstellung
1. → Ansicht
2. → Gedanke
3. → Aufführung
4. Einführung, Bekanntmachung
5. → Einbildung ⓘ
Vorstoß → Angriff
vorstoßen → vordringen
vorstrecken leihen, ausleihen, borgen, vorlegen, auslegen, vorauszahlen, verauslagen, bevorschussen; *ugs.:* vorschießen
vortasten, sich → vorfühlen
vortäuschen
1. vorspiegeln, vorgaukeln, vorgeben, vorschützen, vormachen, ein falsches Bild geben, fälschlich behaupten, einen falschen Eindruck erwecken; *oft abwertend:* türken; *ugs:* faken
2. → täuschen
3. → heucheln
Vorteil
1. Vorsprung, Überlegenheit, Oberhand, Plus, Trumpf; *ugs.:* Oberwasser
2. → Nutzen
vorteilhaft
1. → günstig
2. → einträglich
Vortrag
1. → Rede
2. → Darbietung
vortragen
1. vorsprechen, vorsingen, vorlesen, verlesen, rezitieren, deklamieren, referieren, einen Vortrag/eine Ansprache/Rede/ein Referat halten, das Wort ergreifen, etwas zum Besten geben, zu Gehör bringen, aufsagen; *ugs.:* tönen
2. → äußern

V

Vorstellung: Zwischen Show und Fantasie

Eine *Vorstellung* ist eine *Darbietung* auf der Bühne beziehungsweise die *Vorführung* eines Films. Als *Show* bezeichnet man vor allem eine musikalische oder artistische *Vorstellung,* deren einzelne Teile *Nummer* genannt werden. Die *Aufführung* auf der Theaterbühne nennt man auch *Spiel.* Der Begriff *Vorstellung* lässt sich durch Zusätze näher bestimmen. Auf die Uhrzeit der *Präsentation* verweisen *Abendvorstellung* oder *Nachmittagsvorstellung.* Die *Nachtvorstellung* findet meist im Kino statt. Die *erste Vorstellung* einer *Inszenierung* wird *Premiere* genannt, die letzte *Dernière.* Eine *geschlossene Vorstellung* ist die für das allgemeine Publikum nicht zugängliche *Aufführung* für eine bestimmte Besuchergruppe. Auch zu einer *Festvorstellung* oder *Galavorstellung* sind oft nur geladene Gäste zugelassen. Eine *Benefizvorstellung* dient einem guten Zweck. Im Theater aufführen heißt *eine Vorstellung geben.*

Die Redewendung *jemandem Vorstellungen machen* bedeutet dagegen jemanden tadeln oder ermahnen. *Sich eine Vorstellung machen* heißt, sich ein (geistiges) *Bild* von einer Person oder Sache zu machen. In diesem Sinn steht *Vorstellung* für *Gedanke, Eindruck* oder *Meinung.* Der Begriff *Zielvorstellung* bezeichnet die *Vorstellung* von einem bestimmten Ziel. Der Satz *Du machst dir keine Vorstellung ...* besagt so viel wie »Du ahnst ja nicht ...«. Darüber hinaus bezeichnet *Vorstellung* auch das *Bewusstsein* selbst, also *Vorstellungskraft* und *Fantasie.* In gehobener Sprache verwendet man dafür die Ausdrücke *Imagination* oder *Fiktion.* Eine *Zwangsvorstellung* ist ein Bewusstseinsinhalt, der den Betroffenen gegen dessen Willen überwältigt.

Vortragender Redner, Referent, Sprecher, Erzähler, Rezitator, Dozent
vortrefflich → ausgezeichnet
Vortrupp Vorhut, Stoßtrupp
vorüber → vergangen
vorübergehen
1. → vergehen
2. → passieren
vorübergehend
1. zeitweilig, zeitweise, momentan, eine Zeitlang, nicht dauernd, temporär, für einen Augenblick, kurzfristig, für den Übergang, periodisch, sporadisch, von Zeit zu Zeit, stellenweise, stoßweise
2. → vergänglich
3. → notdürftig
Vorurteil Voreingenommenheit, Parteilichkeit, Befangenheit, Einseitigkeit, Engstirnigkeit, Unduldsamkeit, Intoleranz, Verblendung
vorurteilslos → sachlich
Vorwand → Ausflucht
vorwärts
1. nach vorn, voran
2. weiter, marsch, fort, los, avanti; *ugs.:* hopp hopp
3. aufwärts, bergauf, nach oben, hinauf, empor
vorwärtsgehen → vorangehen
vorwärtskommen
1. → vorankommen
2. → fortschreiten
3. → aufsteigen
vorwärtstreiben → beschleunigen
vorweg → zuerst
vorwegnehmen antizipieren, vorgreifen, in die Zukunft planen
vorweisen → zeigen
Vorwelt → Vergangenheit
vorwerfen → vorhalten
vorwiegend
1. → meist
2. → besonders
vorwitzig → vorlaut
Vorwort → Einleitung
Vorwurf Vorhaltung, Anschuldigung, Beschuldigung, Klage, Anklage, Tadel, Rüge, Verweis, Zurechtweisung, Maßregelung
Vorzeichen → Anzeichen
vorzeigen → zeigen
Vorzeit → Vergangenheit
vorzeitig zu früh, früher als erwartet, verfrüht, vor der Zeit
vorziehen → begünstigen
Vorzimmer Sekretariat, Anmelderaum, Anmeldung, Empfang, Empfangsraum, Rezeption
Vorzug
1. → Vorrecht
2. Qualität, gute Eigenschaft, schöner Zug, Vorteil
vorzüglich → ausgezeichnet
vorzugsweise → besonders
votieren → wählen
Votum
1. Gelübde, Gelöbnis
2. Meinungsäußerung, Stimme, Urteil
vulgär → anstößig
Vulva Scham, weibliches Genitale, Schoß; *ugs.:* Rose, Lotosblüte, Jadetor, Pforte, Mitte der Welt, Feige, Pflaume, Muschel, Muschi, Mimi, Katze, Schlitz, Ritze, Möse; *derb:* Loch, Fotze

waag(e)recht horizontal
wabbelig → schwabbelig
wach
1. munter, ausgeschlafen, hellwach; *ugs.:* auf, senkrecht im Bett, putzmunter
2. → klug
Wache
1. Posten, Wachposten, Wachhabender, Wachmann, Wachmannschaft, Bewachung, Aufseher; *poet.:* Wacht
2. Posten, Wachdienst, Aufsicht
3. Revier, Polizeiwache, Polizeidienststelle, Polizeistation, Polizeirevier, Polizeibüro
wachen
1. munter/wach sein, nicht schlafen, wachliegen, aufbleiben, aufsitzen, keinen Schlaf finden; *ugs.:* auf sein, kein Auge zutun können
2. Wache/Posten stehen, auf Posten stehen, Wache/die Wacht halten, aufpassen, beobachten; *ugs.:* Wache/Posten schieben, Schmiere stehen
Wache stehen → wachen
Wacholder Machandel; *landsch.:* Kranwitt, Krammet, Quackelbusch
wachrütteln
1. → aufwecken
2. → aufrütteln
wachsam
1. → aufmerksam
2. → vorsichtig
wach sein → wachen
wachsen
1. mit Wachs bestreichen/einreiben, einwachsen, einbohnern; *österr.:* einlassen, wachseln
2. → anwachsen
3. → aufblühen
4. → heranwachsen
5. → gedeihen
Wachstum
1. → Zunahme
2. → Entwicklung
3. → Reifezeit
Wächter Posten, Wachposten, Wachmann, → Aufseher
Wachtmeister → Polizist
wach werden aufwachen, erwachen, munter werden, die Augen aufmachen/aufschlagen, zu sich kommen
wack(e)lig
1. schwankend, kippelig, nicht feststehend, wankend, labil
2. locker, lose, gelockert
3. → gebrechlich
4. → unsicher
wackeln
1. locker/lose/nicht fest sein
2. schlackern, kippeln, zuckeln
3. → schwanken
4. → zappeln
wacker
1. → rechtschaffen
2. → gehörig
3. → mutig
Waffe
1. Kampfgerät, Kriegswerkzeug, Gewehr, Pistole
2. → Mittel
waffenlos unbewaffnet, ungeschützt, entwaffnet, abgerüstet, wehrlos, schutzlos, machtlos
Wagemut → Mut
wagemutig → kühn
wagen
1. → riskieren
2. → anmaßen, sich
Wagen
1. Gefährt, Fahrzeug, Fuhrwerk, Gespann, Karren; *ugs.:* Vehikel
2. → Auto
Waggon Eisenbahnwagen, Straßenbahnwagen
waghalsig → mutig
Wagnis gewagtes Unternehmen/Unterfangen, Risiko, Abenteuer, Wagestück, Vabanquespiel, gefährliches Vorhaben/Spiel, kühner Versuch, Experiment, Mutprobe
Wagon → Waggon
Wahl
1. Wahlgang, Urnengang, Abstimmung, Stimmabgabe; *geh.:* Votum, Option
2. Auswahl, Auslese, Entscheidung, Entschluss
3. Alternative, Wahlmöglichkeit, Entweder-oder
4. Wunsch, Ermessen, Belieben, Gutdünken, Wollen
5. Ernennung, Bestimmung
wahlberechtigt abstimmungsberechtigt, stimmberechtigt; *schweiz.:* stimmfähig
wählen
1. stimmen, abstimmen, seine Stimme abgeben, seine Wahl treffen, durch Wahl bestimmen, sich entscheiden/plädieren für, beschließen, an die Urne gehen; *geh.:* votieren, optieren
2. auswählen, aussuchen, auslesen, aussondern, selektieren, heraussuchen, sich entscheiden für
3. → entscheiden
4. → ernennen
Wähler Stimmberechtigter, Wahlberechtigter, Urnengänger, Wählerschaft, wahlberechtigte Person; *veraltet:* Elektor
wählerisch anspruchsvoll, schwer zu befriedigen, kritisch, eigen, extra, verfeinert; *ugs.:* mäklig; *landsch.:* schleckig

wahllos
1. willkürlich, beliebig, nach Belieben/Gutdünken
2. → kritiklos
3. → planlos

Wahlspruch → Losung
wahlweise → abwechselnd
Wahn → Einbildung
wähnen → vermuten
Wahnsinn
1. Geisteskrankheit, Geistesgestörtheit, (geistige) Umnachtung, Gemütskrankheit, Blödsinn, Irrsinn, Seelenstörung, Schwachsinn, Idiotie, Verblödung, Debilität, Imbezillität, Demenz; *Med.:* Phrenesie; *ugs.:* Verrücktheit
2. → Unsinn

wahnsinnig
1. geisteskrank, (geistig) umnachtet, schwachsinnig, irrsinnig, debil, irre, unzurechnungsfähig, idiotisch; *geh.:* imbezil; *Med.:* phrenetisch; *ugs.:* verrückt, verblödet, närrisch, meschugge, plemplem, damisch, mall, nicht dicht, gaga
2. → sehr

Wahnsinniger Geisteskranker, Psychopath, Debiler, Schwachsinniger, Idiot, Unzurechnungsfähiger, Verrückter, Kretin, Irrsinniger
wahr
1. wirklich, tatsächlich, real, echt, nicht erfunden, der Wahrheit entsprechend, wahrheitsgetreu, nicht zu bezweifeln, richtig, zutreffend, ungelogen, unwiderleglich, belegt, beglaubigt, glaubhaft, glauwürdig, gewiss, sicher
2. → aufrichtig

wahren
1. → aufrechterhalten
2. → schützen
3. **das Gesicht wahren** sich beherrschen, an sich halten, die Haltung wahren, sich zusammennehmen, keine Miene verziehen

währen → dauern
während als, da, solange, derweil, indem, indes, im Verlauf/Fortgang/Fortlauf von, in, inmitten, bei, unterdessen, inzwischen, einstweilen, währenddessen, in der Zwischenzeit, zwischenzeitlich
wahrhaftig
1. → aufrichtig
2. → fürwahr

Wahrheit Wirklichkeit, Tatsache, Tatsächlichkeit, Realität, Richtigkeit, Gewissheit
wahrlich → fürwahr
wahrmachen → verwirklichen
wahrnehmbar sichtbar, erkennbar, aufnehmbar, sehbar, zu sehen
wahrnehmen
1. → bemerken
2. → nutzen
3. → berücksichtigen

Wahrnehmung
1. Eindruck, Sinneseindruck, Erfassen, Aufnehmen; *geh.:* Perzeption
2. Entdeckung, Beobachtung, Empfinden

wahrsagen → hellsehen
Wahrsager Prophet, Seher, Hellseher, Zeichendeuter, Sterndeuter, Astrologe, Weissager, Künder, Gedankenleser; *geh.:* Haruspex, Augur
wahrscheinlich
1. aller Wahrscheinlichkeit/Voraussicht nach, höchstwahrscheinlich, voraussichtlich, vermutlich, mutmaßlich, angeblich, sicherlich, es ist möglich/denkbar, wenn nicht alle Zeichen trügen, anscheinend, möglicherweise, vielleicht, wohl
2. → möglich

wahr sein → stimmen
Währung
1. Valuta, Geld
2. **fremde Währung** Devisen, ausländische Zahlungsmittel

wahr werden → eintreten
Wahrzeichen Symbol, Erkennungssymbol, Zeichen, Sinnbild; *geh.:* Emblem
Waidmann → Weidmann
Wald Forst, Gehölz, Holz, Hain; *poet.:* Tann, Tannicht
walken → kneten
Walkman Pocketrecorder, Kassettenrekorder mit Ohrstöpsel
Wall
1. → Mauer
2. → Damm

wallen
1. → sprudeln
2. → pilgern
3. *veraltet für:* wandeln, gemächlich/gemessen gehen

wallfahrten → pilgern
walten → herrschen
Walze
1. Rolle, Zylinder, Trommel, Welle
2. Platte, Tour, Leier
3. **auf der Walze** unterwegs, auf/während der Reise, auf dem Weg; *ugs:* auf Achse/Tour
4. **auf die Walze gehen** → wandern

wälzen
1. → rollen
2. → durchsehen

wälzen, sich sich herumwerfen, sich rollen
Wampe
1. *ugs.:* Dunlopreifen, Rettungsringe, Schwimmgürtel
2. → Bauch

Wand
1. Mauer
2. → Kluft ⓘ

Wandel (allmähliche) Veränderung, Wechsel, Wandlung, Umwandlung, Änderung, Umänderung, Wende, Übergang, Umstellung, Umgestaltung, Umbruch, Umschwung, Umkehr, Umwälzung, Revolution, Erneuerung, Neuorientierung, Neuordnung, Neuregelung, Neubeginn, Neubelebung, Reform

wandelbar → veränderlich

wandeln
1. → gehen
2. → ändern

wandeln, sich
1. → ändern, sich
2. → schwanken

Wanderer Pilger, Wandersmann, Wanderbursche, Wandergeselle, Wandervogel, Ausflügler, Spaziergänger, Tourist

wandern eine Wanderung machen, einen Ausflug/Marsch/Spaziergang machen, Trekking machen, (zu Fuß) gehen, marschieren, sich bewegen, sich fortbewegen, pilgern, sich begeben nach, streifen, ziehen, herumziehen, umherstreifen, herumstreifen, spazieren (gehen), ins Grüne gehen, schreiten, stiefeln, stromern, auf die Wanderschaft/Walze gehen, walzen; *geh.:* schweifen; *ugs.:* tippeln, zotteln, zuckeln, zockeln; *abwertend:* hatschen, latschen

Wanderung → Ausflug

Wandlung → Wandel

Wange Backe; *landsch.:* Backen

Wankelmut schwankende Gesinnung/Stimmung/Haltung, Unbeständigkeit, Unentschlossenheit, Unschlüssigkeit, Unentschiedenheit, Zaghaftigkeit, Wankelmütigkeit, Unsicherheit, Unzuverlässigkeit, Unstetigkeit, Flatterhaftigkeit

wankelmütig
1. → flatterhaft
2. → schwankend

wanken → schwanken

wann zu welchem Zeitpunkt, um welche Zeit

Wanze Abhörgerät, Spion

wappnen, sich → sich einstellen auf

Ware
1. Handelsobjekt, Handelsgut, Handelsgegenstand, Artikel, Erzeugnis, Produkt, Konsumartikel, Konsumgut, Gebrauchsgut, Fabrikat
2. **heiße Ware** Raub, Raubgut, Beute, Diebesgut

Warenhaus → Geschäft

Warenzeichen Marke, Schutzmarke, Handelsmarke, Fabrikmarke, Herstellermarke, Gütezeichen, Handelszeichen

Wand: Von Wänden eingeengt

Eine *Wand* kann die seitliche Begrenzungsfläche eines Raums sein (*Gefäßwand, Hauswand, Zimmerwand*) oder die Trennungsfläche zwischen Räumen (*Zwischenwand, spanische Wand*). Wer sich *in den eigenen/seinen vier Wänden* befindet, ist zu Hause. Durch Zusätze lässt sich die Beschaffenheit einer *Wand* näher bestimmen (*Betonwand, Holzwand, Rigipswand*). Als Wand bezeichnet man auch einen steilen Abhang (*Bergwand, Felswand*) oder eine steil aufragende Fläche (*Feuerwand, Wolkenwand*). In Redewendungen wird *Wand* häufig bildlich für Trennendes gebraucht. *Zwischen den beiden steht eine Wand* bedeutet »sie verstehen sich nicht beziehungsweise sind einander fremd«. *Gegen die Wand/Wände reden/predigen* drückt aus, dass man vergeblich versucht, eine Person von etwas zu überzeugen.
Jemanden an die Wand drücken heißt, ihm keine Entfaltungsmöglichkeiten zu lassen, weil man sich selbst in den Mittelpunkt stellt. Aus dem Theater kommt ursprünglich der Ausdruck *jemanden an die Wand spielen,* also viel besser als die anderen Schauspieler in einem Stück spielen. Allgemein wird diese Wendung im Sinn von »jemandem die Schau stehlen« gebraucht. Die Formulierung *jemanden an die Wand stellen* steht für »(standrechtlich) erschießen«. Wer *mit dem Rücken zur Wand* steht oder kämpft, versucht, sich in einer schwierigen Lage zu behaupten.
Empörung oder Verzweiflung drückt die Redensart *die Wände hochgehen/hinaufklettern* aus. Dies kann allerdings auch durch Schmerzen bedingt sein. Wer *mit dem Kopf durch die Wand* will, möchte unbedingt etwas durchsetzen. Ein Ausdruck des Scheiterns ist dagegen die Wendung *gegen Wände rennen/anlaufen*. Der Satz *hier haben die Wände Ohren* heißt »hier wird man belauscht«. Eine umgangssprachliche Form der Verstärkung ist das Bild der wackelnden *Wände: (so laut) fluchen, schimpfen, schreien, singen, dass die Wände wackeln.*

warm
1. mild, lau, lind, sommerlich, nicht kalt
2. geheizt, durchwärmt, überschlagen, mollig, behaglich
3. → herzlich
4. → homosexuell
5. vor Kälte schützend, die Kälte abhaltend

Wärme
1. → Hitze
2. → Güte

wärmen
1. warmmachen, aufwärmen, erwärmen, erhitzen
2. → heizen

wärmen, sich ins Warme gehen, sich warm laufen

warmhalten *ugs. für:* hinhalten, geneigt/gewogen/wohlgesinnt/wohlwollend erhalten, dauerhaft für sich gewinnen/einnehmen/interessieren; *ugs.:* bei der Stange halten

warnen
1. → alarmieren
2. auf eine Gefahr/Schwierigkeit hinweisen/aufmerksam machen, einen Wink/ein Zeichen geben, abraten, drohen
3. → ermahnen

Warnruf → Alarm

Warnzeichen → Alarm

Warte
1. Aussichtsturm, Beobachtungsstand, Ausblick, Auslug, Ausguck
2. Standpunkt, Blickwinkel, Gesichtspunkt

warten
1. abwarten, zuwarten, die Dinge auf sich zukommen lassen, (sich) Zeit lassen, harren, ausharren, sich gedulden, Geduld haben, geduldig sein, die Hoffnung nicht aufgeben, ausschauen
2. aufbleiben, wachen, nicht schlafen gehen
3. anstehen, sich anstellen, Schlange stehen
4. → pflegen

warten auf → erwarten

Wärter → Aufseher

Wartung → Pflege

warum aus welchem Grunde, weshalb, wieso, wozu, weswegen, inwiefern, wofür

waschecht
1. kochfest
2. *ugs.:* ganz und gar, durch und durch, mit Haut und Haaren, → echt; *landsch.:* g(e)standen

waschen
1. Wäsche/Waschtag haben/halten, auswaschen, durchwaschen, durchziehen
2. → saubermachen
3. den Kopf waschen zurechtweisen, maßregeln, eine Lehre/Lektion erteilen, sich jmdn. vornehmen, seine/die Meinung sagen

waschen, sich baden, duschen, sich säubern, sich reinigen, sich einseifen, sich abseifen, sich brausen, sich abbrausen, sich abduschen, sich erfrischen

Waschweib → Schwätzerin

Wasser
1. Flüssigkeit, Feuchtigkeit, Nass, das feuchte/nasse Element; *scherzh.:* Gänsewein
2. → Gewässer
3. → Schweiß
4. → Träne
5. → Urin
6. → Mineralwasser

wasserdicht
1. wasserundurchlässig, isoliert; *fachsprachl.:* waterproof, impermeabel
2. überlegt, durchdacht, methodisch, fundiert, stichhaltig, gesichert, unangreifbar, unanfechtbar, hieb- und stichfest, verbürgt, untermauert, tatsachengestützt, überprüfbar

wasserdurchlässig leck, löcherig, undicht, porös; *fachsprachl.:* permeabel

Wasserfall Kaskade, Wassersturz, Katarakt

wässern
1. ins Wasser legen, einwässern
2. → sprengen

wässrig
1. dünn, dünnflüssig, wasserhaltig
2. fade, schal, geschmacklos, lau, gehaltlos, langweilig; *ugs.:* lau, flau, mau, labberig

waten trotten, stapfen, schlürfen; *ugs.:* staken, tigern, zockeln, zuckeln, watscheln

Watsche → Ohrfeige

watscheln → waten

wattieren → polstern

Web Internet, Netz, World Wide Web

Webseite Internetseite, Page, Seite

Website Homepage, Internetauftritt, Site, Webpräsenz, Internetsite, Onlineauftritt, Webadresse, Internetadresse

Wechsel
1. Turnus, regelmäßiger Ablauf, regelmäßige Reihenfolge
2. → Wandel
3. Austausch, Ablösung
4. → Vielfalt

Wechselbeziehung Aufeinanderbezogensein, Wechsel, Gegenseitigkeit, Verbindung, Wechselverhältnis, Wechselwirkung; *geh.:* Korrelation

wechselhaft → unbeständig

Wechseljahre Klimakterium, kritische Jahre, kritisches Alter

W

wechseln
1. umwechseln, einwechseln, tauschen, umtauschen, eintauschen, kleinmachen (Geld), konvertieren, transferieren
2. auswechseln, vertauschen, austauschen, ersetzen, erneuern
3. ablösen, sich jmdm. anders zuwenden, umbesetzen, umstellen; *geh.:* alternieren
4. ändern, modifizieren, korrigieren, variieren, schwanken (i)

wechselseitig wechselweise, abwechselnd, im Wechsel mit, umschichtig, gegenseitig; *geh.:* korrelat, mutual, mutuell, alternativ, alternierend, korrelativ, reziprok, interaktiv

Wechselwirkung → Wechselbeziehung

wecken
1. hervorlocken, → aufwecken; *geh.:* evozieren, provozieren
2. → hervorrufen

Wedel
1. → Schwanz
2. → Fächer

wedeln
1. fächeln, wehen
2. schwänzeln, mit dem Schwanz wackeln, schweifwedeln
3. schwenken, schwingen, schlenkern, schlackern, hin und her bewegen

Weekend Wochenende

weg
1. fort, nicht zu Hause/da, nicht daheim/anwesend/zugegen, anderswo, unterwegs, unerreichbar, fern
2. → verschwunden
3. → verloren
4. → ausverkauft

Weg
1. Gehweg, Fahrweg, Fußweg, Pfad, Steig, Straße
2. Route, Marschroute, Richtung, Kurs, Lauf
3. Gang, Besorgung, Verrichtung, Erledigung
4. → Reise
5. Möglichkeit, Mittel und Wege
6. aus dem Weg gehen meiden, fernbleiben, einen großen Bogen machen, scheuen
7. im Weg stehen stören, belästigen, behindern, hinderlich/lästig sein, aufhalten, lähmen, bremsen
8. seinen Weg machen avancieren, aufsteigen, weiterkommen, vorwärtskommen, erfolgreich sein, es zu etwas bringen
9. sich auf den Weg machen → weggehen

wegbereitend vorbereitend, vorreitend, wegweisend, richtungweisend, bahnbrechend

Wegbereiter → Pionier

wegbringen → wegräumen

Wegelagerer → Räuber

wegen aufgrund, infolge, aus (Anlass), angesichts, dank, kraft, um … zu/willen, von … her, zwecks, ob, hinsichtlich, anlässlich, weil, da

wegfahren → abreisen

wegfallen ausfallen, fortfallen, entfallen, sich erübrigen, unterbleiben; *ugs.:* unter den Tisch fallen, flachfallen

Weggefährte
1. Partner
2. → Begleiter
3. → Ehemann

weggehen
1. gehen, fortgehen, losgehen, sich auf den Weg machen/begeben, sich entfernen, aufbrechen, sich aufmachen, das Feld räumen, sich in Bewegung/Marsch setzen, (das Haus) verlassen, sich fortmachen, sich absetzen, verschwinden, davongehen, seiner Wege gehen, wegrennen, weglaufen, losmarschieren, abmarschieren, den Rücken kehren, sich abwenden, sich abkehren, sich umdrehen,

wechseln: Die vielen Formen der Veränderung

Für das Wort *wechseln* gibt es eine Vielzahl fremdsprachlicher Synonyme, die den deutschen Begriff in speziellen Bereichen und Zusammenhängen besonders treffend ersetzen können.
Im Allgemeinen zeigt das Wort *konvertieren* an, dass etwas umgestaltet oder umgewandelt wird. Im religiösen Kontext bedeutet *konvertieren,* dass man seine Religionszugehörigkeit wechselt. *Konvertiert* oder *transferiert* man Geld, so tauscht man es in eine andere Währung um. Zwei Personen *alternieren,* wenn sie im Wechsel dieselbe Aufgabe erledigen. Ähnlich können in einem Roman die erlebte Rede und der Dialog *alternieren,* um einen bestimmten Effekt zu erzielen. Einen schwankenden Charakter besitzen Dinge, die sich sehr häufig und oftmals wenig beeinflussbar verändern. Dies trifft z. B. auf Aktienkurse oder Preise zu. Sie *fluktuieren* besonders stark in Abhängigkeit von der wirtschaftlichen Entwicklung. Die Meinungen zu einem Thema können *variieren,* wenn mehrere Personen unterschiedliche Standpunkte vertreten.

weichen, zurückweichen, sich wegbegeben, sich fortbegeben, das Weite suchen; *geh.:* sich absentieren, enteilen; *veraltet:* von dannen/hinnen gehen; *Mil.:* wegtreten, kehrtmachen, abrücken; *ugs.:* sich davonmachen, sich trollen, sich auf die Socken/aus dem Staub machen, losziehen, abziehen, sich verziehen, sich scheren, sich schleichen, sich verdrücken, sich verkrümeln, sich schwingen, sich verdünnisieren, verduften, abstieben, abschwirren, abbrausen, abrauschen, abzittern, abzwitschern, abzischen, absegeln, abhauen, sich abseilen, verdampfen, abdampfen, sich verzupfen, Leine ziehen, abschieben, losschieben, abtanzen, es packen, sich verrollen, lostigern, abrücken, die Kurve kratzen, die Segel streichen; *derb:* sich verpissen; *landsch.:* sich verpieseln
2. → ausgehen
3. → kündigen
4. → auswandern
5. → ausziehen

wegkommen
1. → verlorengehen
2. **über etwas wegkommen** überstehen, überwinden, verkraften, verarbeiten, fertigwerden mit

weglassen
1. fortlassen, gehen lassen
2. → auslassen
3. → streichen

weglaufen → fliehen

weglegen
1. fortlegen, ablegen, beiseitelegen, zu den Akten/aus der Hand legen, als erledigt betrachten, sich nicht mehr kümmern um, fallen lassen, wegstellen; *geh.:* ad acta legen; *ugs.:* links liegen lassen
2. → sparen

wegnehmen
1. → nehmen
2. → stehlen

wegpacken → wegräumen

wegrationalisieren
1. → verdrängen
2. → entlassen

wegräumen
1. forträumen, fortbringen, fortschaffen, fortnehmen, wegschaffen, wegbringen, wegnehmen, wegtragen, beseitigen, entfernen, beiseiteschaffen, auf die Seite/aus den Augen schaffen, beiseiteräumen, aus dem Weg räumen, wegstellen, abtransportieren; *ugs.:* wegpacken, wegschleppen, wegtun
2. → aufräumen
3. → abräumen

wegrennen weglaufen, fortlaufen, davonrennen, davonstürmen, flüchten, das Weite suchen, die Flucht ergreifen, Reißaus nehmen, ausreißen; *ugs.:* sich aus dem Staub machen, abhauen, türmen, sich davonmachen, die Biege machen

wegschaffen → wegräumen

wegschicken
1. → fortschicken
2. → abschicken

wegschieben
1. abschieben, abrücken, wegrücken, zur Seite schieben, beiseiteschieben
2. → verdrängen

wegschleichen, sich sich (heimlich) wegbegeben, sich fortstehlen, fliehen, sich wegstehlen, sich davonstehlen, sich fortstehlen, sich fortschleichen, davonschleichen; *ugs.:* sich seitwärts in die Büsche schlagen, verdampfen, verduften, sich verziehen, sich dünn(e)machen, sich verdrücken, sich verdünnisieren, sich verkrümeln

wegschließen einschließen, abschließen, aufbewahren, einsperren, sichern, verwahren, versperren

wegschmeißen → wegwerfen

wegschnappen
1. → nehmen
2. → stehlen

wegstecken
1. einstecken, verbergen, verborgen halten, verstecken, verdecken, verhüllen; *ugs.:* wegpacken
2. verkraften, erdulden, ertragen, aushalten, akzeptieren; *ugs.:* mit etwas klarkommen/fertigwerden

wegstehlen → stehlen

wegstehlen, sich → wegschleichen

wegstellen → wegräumen

wegtreiben
1. → vertreiben
2. → abtreiben

wegtreten → weggehen

wegtun
1. → wegräumen
2. → wegwerfen
3. → verbergen
4. → sparen

wegweisend progressiv, fortschrittlich, richtungsweisend, zukunfstorientiert, programmatisch

Wegweiser
1. Richtungsanzeiger, Hinweistafel, Schild
2. → Ratgeber
3. → Anweisung

wegwerfen aussondern, ausrangieren, ausscheiden, ausstoßen, ausmustern, aussieben, aussortieren, entfernen, beseitigen, fortwerfen, wegschaffen; *geh.:* eliminieren; *ugs.:*

W

wegtun, wegschmeißen, fortschmeißen, weghauen, wegschleudern, zum alten Eisen werfen
wegwerfend → abfällig
wegziehen → fortziehen
weh → traurig
Weh → Leid
wehen
1. sich im Wind bewegen, flattern, fliegen, wedeln, baumeln
2. → blasen
wehklagen → jammern
wehleidig empfindlich, überempfindlich, zimperlich, weichlich, jammernd, klagend, lamentierend
wehleidig sein nichts aushalten/ertragen/vertragen, ewig klagen, weinerlich sein; *ugs.:* nichts abkönnen, ewig rumheulen
wehmütig → traurig
Wehr
1. → Bollwerk
2. **sich zur Wehr setzen** → wehren, sich
Wehrdienst → Kriegsdienst
wehren → bekämpfen
wehren, sich sich zur Wehr setzen, sich widersetzen, sich sträuben, sich nichts gefallen lassen, seine Unschuld beweisen, aufbegehren, sich rechtfertigen, sich reinwaschen wollen, sich verteidigen; *ugs.:* sich auf die Hinterbeine stellen, zum Gegenangriff übergehen/blasen
wehrlos
1. unbewaffnet, waffenlos, ohne Waffen
2. → schutzlos
wehtun
1. → schmerzen
2. → kränken
3. → quälen
Weib
1. → Frau
2. → Ehefrau
weiblich feminin, frauenhaft
weich
1. samtig, samtartig, seidig, flaumig, flauschig, soft, wollig, mollig, daunenweich, federweich, samtweich, zart
2. → elastisch
3. → schwabbelig
4. empfindsam, feinfühlend, zartfühlend, sensibel, zart, dünnhäutig
5. → nachgiebig
6. → weichlich
7. → mürbe
8. → gar
weichen → nachgeben
weichherzig → gütig
weichlich
1. verzärtelt, verweichlicht, weich, empfindlich, mimosenhaft, zimperlich, wehleidig, weinerlich, unmännlich, feminin; *ugs.:* weibisch, pimpelig
2. → nachgiebig
Weichling
1. → Schwächling
2. → Feigling
weichmachen
1. *ugs. für:* garkochen
2. → überreden
weichwerden → nachgeben
Weide Weideland, Weideplatz, Viehweide, Trift, Koppel, → Wiese; *österr.:* Senne
weiden
1. äsen, Gras fressen, grasen
2. grasen lassen, hüten, beaufsichtigen, zur Weide führen
3. **sich weiden an** sich freuen, Freude haben/empfinden, sich erfreuen, sich vergnügen, Gefallen/Wohlgefallen haben an
4. schadenfroh sein, sich die Hände reiben, verhöhnen; *ugs.:* sich ins Fäustchen lachen
Weidenkätzchen Palmkätzchen
Weidmann Jäger, Jägersmann, Waidmann
weigern, sich → ablehnen
Weigerung
1. → Ablehnung
2. → Widerstand
Weihe
1. → Festlichkeit
2. Einweihung, Enthüllung, Taufe
3. Weihung, Segen; *geh.:* Konsekration
weihen
1. heiligen, segnen, die Weihe erteilen; *geh.:* konsekrieren
2. → einweihen
3. → widmen
Weiher Teich, Tümpel, Pfuhl, (kleiner) See, Gewässer; *abwertend:* Pfütze
weihevoll → feierlich
Weihnachten
1. Heiliger Abend, Heiligabend, Christfest, Weihnachtsfest, Weihnachtsabend, Heilige Nacht; *poet.:* Weihnacht
2. Feiertage, Festtage
Weihnachtsbaum Christbaum, Tannenbaum, Lichterbaum
Weihnachtsrose Christrose; *volkst.:* Schneeblume, Schneerose
weil da, zumal, → wegen
Weile
1. Augenblick, Moment, Nu, Weilchen
2. **eine Weile** einige/kurze Zeit
weilen → aufhalten, sich
Wein Rebensaft, Traubensaft; *scherzh.:* Sorgenbrecher; *geh.:* edler Tropfen
Weinbauer Winzer; *landsch., österr.:* Hauer, Weinhauer; *landsch., schweiz.:* Rebbauer, Wingerter
Weinbeere
1. Traube, Weintraube
2. Rosine, Sultanine; *landsch.:* Zibebe

W

weinen Tränen vergießen, sich in Tränen auflösen, sich der Tränen nicht erwehren können, in Tränen zerfließen/schwimmen, feuchte Augen bekommen, schluchzen, wimmern; *ugs.:* heulen, flennen, greinen, plärren, Konzert machen, quarren, quäken, jaulen; *landsch.:* plinsen, piensen

Weinlese Lese, Traubenlese, Beerenlese, Ernte, Weinernte, Traubenernte

Weinrebe Weinstock, Rebstock, Rebe, Edelrebe, Kulturrebe; *ugs.:* Wein

Weintraube Weinbeere, Traube

weise welterfahren, weltklug, lebenserfahren, lebensklug, abgeklärt, überlegen, philosophisch, gereift, reif, wissend, → klug

Weise
1. → Art
2. → Melodie
3. **auf welche Weise** → wie
4. **in dieser Weise** → wie
5. **in gleicher Weise** ebenso, geradeso, ebenfalls, gleichermaßen, (auch) so

weisen
1. → zeigen
2. → schicken
3. **von sich weisen** abstreiten, leugnen, zurückweisen, nicht zugeben/wahrhaben wollen

weisen auf → hinweisen

Weisheit
1. → Erfahrung
2. → Klugheit

weismachen → einreden

weiß
1. → blass
2. → grau

weissagen → prophezeien

Weissager → Prophet

Weissagung → Voraussage

weißen weißmachen, weißstreichen, weißmalen, tünchen, kalken; *landsch.:* weißeln

Weißkäse → Quark

Weißkraut Weißkohl; *volkst.:* Kabbes; *schweiz.:* Kabis, Weißkabis

Weisung
1. Verhaltensmaßregel, Direktive, Instruktion, Reglement, Unterrichtung, Belehrung, Statut, Satzung, Regulativ
2. Auftrag, → Befehl

weit
1. → fern
2. → ausgedehnt
3. → sehr

weitaus bei weitem, ganz und gar, sehr viel, ungleich

Weitblick
1. Vorausschau, Scharfblick, Weitsicht
2. → Erfahrung

weitblickend
1. weitsichtig, weitschauend, voraussehend, vorausschauend, vorausblickend
2. → klug

Weite
1. → Ferne
2. → Ausmaß

weiten → ausdehnen

weiten, sich sich ausdehnen, sich ausbreiten, sich ausweiten, zunehmen

weiter
1. sonstig, übrig, zusätzlich, neu (Fragen)
2. → außerdem
3. → weiterhin
4. → vorwärts

weiterbestehen → fortbestehen

weiterbilden → fortbilden, sich

weiterentwickeln ausbauen, entwickeln, weiterbringen, vorwärtsbringen, vorwärtstreiben, vervollkommnen, verbessern, veredeln, intensivieren, vergrößern, verstärken, fördern, steigern, erweitern, optimieren

weiterentwickeln, sich → fortschreiten

weitererzählen → ausplaudern

weiterführen → fortfahren

Weiterführung Fortsetzung, Fortführung, Weiterverfolgung, Fortgang

weitergeben
1. → übergeben
2. weiterreichen, weiterleiten, durchgeben, durchsagen, durchfunken, übermitteln, senden, melden
3. → ausplaudern
4. → überliefern

weitergehen
1. weiterlaufen, weiterrennen; *ugs.:* zugehen
2. → fortfahren

weiterhelfen
1. vorwärtsbringen, begünstigen, unterstützen, helfen, fördern, unter die Arme greifen
2. Auskunft geben/erteilen, informieren, zur Lösung führen

weiterhin
1. weiter, nach wie vor, wie bisher, noch immer, auch jetzt noch
2. → künftig

weiterkommen
1. → Erfolg haben
2. vorankommen, vorschreiten, weitergehen, vom Fleck kommen; *ugs.:* voranmachen

weiterleiten → weitergeben

weitermachen
1. → fortfahren
2. → bleiben bei

weiterreichen → weitergeben

weitersagen → ausplaudern

weitgehend
1. vieles umfassend, fast vollständig, → beträchtlich

W

2. → überwiegend
3. → generell

weitherzig
1. tolerant, nachsichtig, verständnisvoll, großmütig, offenherzig
2. freigiebig, gebefreudig, schenkfreudig, nobel

weithin → generell

weitläufig
1. → ausführlich
2. → ausgedehnt
3. entfernt (Verwandter); *ugs.:* um die Ecke

weitreichend → folgenschwer

weitschweifig → ausführlich

weitsichtig → weitblickend

weittragend → folgenschwer

weit und breit → überall

welk
1. verwelkt, nicht mehr frisch, verblüht, verdorrt, vertrocknet, schlaff geworden
2. → faltig

welken
1. verwelken, welk/schlaff werden, verblühen, abblühen, verdorren, vertrocknen, vergilben, nicht mehr grünen, absterben, verkümmern, eingehen
2. → altern

Welle
1. Woge, Brecher; *Pl.:* Gischt, Brandung, Seegang, Wellenschlag, Dünung
2. Locke

wellen locken, kräuseln, ondolieren

wellen, sich sich verziehen, sich werfen, sich aufwerfen

wellig
1. → lockig
2. hügelig, gebirgig, bergig, uneben, holprig; *ugs.:* buckelig

Wellness Gesundheit, Fitness, Wohlergehen, Wohlbefinden, Behagen, Entspannung

Welt
1. Erde, Erdkreis, Erdball, Globus, Diesseits
2. **alle Welt** → alle
3. **aus der Welt scheiden** → sterben
4. **zur Welt bringen** gebären, ein Kind/Baby bekommen, entbinden, Mutter werden
5. **zur Welt kommen** geboren werden, das Licht der Welt erblicken, auf die Welt kommen ⓘ

Weltall → All

Weltanschauung Weltbild, Lebensansicht, Anschauungsweise, Denkweise, Denkart, Philosophie, Einstellung, Sinnesart, Ideologie, Meinung, Gesinnung

Weltbild → Weltanschauung

Weltbürger Kosmopolit

weltfremd weltabgewandt, weltentrückt, weltverloren, lebensfremd, lebensfern, wirklichkeitsfern, realitätsfern, realitätsfremd, unrealistisch,

Welt: Innen- und Außenwelten

Welt wird gleichermaßen für die *Erde,* die Gesamtheit der Menschen (*alle Welt*) und die Summe aller Erscheinungen (*Außenwelt*), Erlebnisse und Empfindungen (*Innenwelt*) verwendet. Außerdem steht *Welt* auch für einen Lebensbereich, wie etwa *Tierwelt, Pflanzenwelt, Welt des Films, »Bücher sind seine Welt«.* Was *nicht aus der Welt* ist, ist nicht weit entfernt. *Bis ans Ende der Welt laufen* bedeutet, scherzhaft gesprochen, sehr weit laufen. Von einem einsamen Ort sagt man auch *Hier ist die Welt mit Brettern vernagelt.* Ein weitgereister Mensch oder einer mit viel Lebenserfahrung hat *viel von der Welt gesehen* beziehungsweise *kennt die Welt.* Amerika wird auch als die *Neue Welt* bezeichnet, Europa analog als *Alte Welt.*
In der Umgangssprache nennt man die höheren Gesellschaftsschichten *die große/vornehme Welt. Ein Mann/eine Frau von Welt* ist ein Mensch mit überlegenen Umgangsformen. Was nicht sehr teuer ist, *kostet nicht die Welt.* Etwas *um alles in der Welt* wollen bedeutet, es unbedingt zu wollen. Das Gegenteil, also »auf gar keinen Fall«, drückt man mit der Formulierung *nicht um alles in der Welt* aus. Die Redewendung *Das ist der Lauf der Welt* besagt so viel wie »so ist es nun einmal«. Was *vor aller Welt* geschieht, passiert öffentlich. *In aller Welt* heißt so viel wie »überall« oder wird als Formel zur Intensivierung eingesetzt, so in Formulierungen wie *Wo in aller Welt warst du?* oder *Was in aller Welt willst du?.* Eine Verstärkung des Superlativs ist auch die Formel das *Schönste/Beste/Schrecklichste auf der Welt.*
Etwas *aus der Welt schaffen* heißt es bereinigen oder beseitigen. Die Feststellung *uns trennen Welten* bedeutet, dass grundverschiedene Anschauungen bestehen. *Zwischen ihnen/beiden liegen Welten* heißt, es gibt große Unterschiede. *In die Welt setzen* kann man Kinder oder auch Behauptungen. In beiden Fällen schwingt der Unterton mit, dass dies ohne Verantwortungsbewusstsein geschieht.

W

idealistisch, versponnen, verträumt, verstiegen, nicht von dieser Welt
weltläufig → gewandt
weltlich der Welt zugewandt, nicht geistlich/kirchlich/sakral, irdisch, diesseitig, profan, säkular
Weltmacht Großmacht, Supermacht
weltmännisch → gewandt
Weltraum → All
Weltraumfahrer Kosmonaut, Astronaut, Raumfahrer; *schweiz.:* Lunaut
Weltreisender Globetrotter, Weltenbummler
Weltruf → Ruhm
Weltruhm → Ruhm
Weltschmerz → Trauer
weltumfassend universal, universell, weltweit, global, weltumspannend, erdumfassend
weltumspannend → weltumfassend
Weltverbesserer Idealist, Utopist, Weltveränderer, Revolutionär, Anarchist, Illusionist
weltweit → global
Wende
1. Wendung, Umschwung, Veränderung, Wandel, Wechsel, Umbruch, Umkehr, Umstellung, Umsturz, Umwälzung, Neuordnung
2. → Wendepunkt
3. → Biegung
wenden
1. umkehren, umdrehen, umwenden, umschwenken, kehrtmachen, zurückgehen, zurückfahren
2. **den Rücken wenden** sich abwenden, sich wegwenden, sich umdrehen
wenden, sich
1. → ändern, sich
2. **sich wenden an** → bitten
3. → fragen
Wendepunkt Wende, Markstein, Meilenstein, Grenzpunkt, Ende, Höhepunkt, Tiefpunkt, Krise
wendig → gewandt
Wendung
1. → Wende
2. → Biegung
3. → Redewendung
wenig
1. nicht viel/genug/genügend, kaum etwas, zu wenig, bitterwenig, spottwenig; *ugs.:* lächerlich (wenig), ein Fingerhut voll, für den hohlen Zahn
2. → minimal
3. → kaum
4. **ein wenig** etwas, ein bisschen/Quäntchen/Hauch/Deut, eine Kleinigkeit/Prise/Spur/Winzigkeit/Idee
weniger
1. minder, nicht so sehr, geringer
2. → abzüglich
wenigstens
1. → mindestens
2. → jedenfalls
wenn
1. sofern, wofern, falls, für den Fall, gesetzt den Fall, im Falle, angenommen, vorausgesetzt, gegebenenfalls
2. sofort/sobald/direkt wenn, kaum dass, sowie
3. **jedesmal wenn** so oft, wann (auch) immer, immer wenn
wenn auch → obgleich
wenngleich → obgleich
werben
1. → inserieren
2. *veraltet:* dingen, mieten, heuern
werben für
1. für etwas zu gewinnen suchen/gewinnen wollen, überreden, überzeugen, interessieren für, anlocken, anwerben
2. propagieren, Propaganda treiben/machen, Werbemittel einsetzen, Reklamefeldzug starten, Reklame machen für, Kunden besuchen, agitieren; *ugs.:* Kunden fangen/einwickeln/aufreißen, die Trommel/Werbetrommel rühren
werben um umwerben, sich bewerben/anhalten/freien/bemühen um, den Hof/die Cour machen, die Ehe antragen, einen Antrag/Heiratsantrag machen, um jmds. Hand anhalten, Brautschau halten, auf Brautschau/Freiersfüßen gehen, heiraten wollen, sich eine Frau suchen, sich nach einer Frau umsehen, heiratslustig sein; *ugs.:* baggern, nachlaufen; *abwertend:* buhlen um
Werbung Reklame, Propaganda, Publicity, Werbefeldzug, Werbekampagne, Spot, Kundenwerbung, Akquisition, Bedarfslenkung, Marktbeeinflussung; *ugs.:* Kundenfang, Akquise
Werdegang
1. Laufbahn, Entwicklung, Karriere
2. → Biografie
werden
1. → entwickeln, sich
2. → entstehen
3. → gelingen
werfen
1. schleudern, (durch die Luft) fliegen lassen, schnellen, schmettern; *ugs.:* schmeißen, feuern, pfeffern
2. → hinwerfen
3. Junge bekommen (Tiere), gebären, hecken, jungen, frischen; *ugs.:* Junge kriegen

W

werfen, sich
1. sich wellen, sich verziehen, sich aufwerfen
2. **sich werfen auf** angreifen, jmdn. anfallen/angehen, vorgehen/auftreten/ankämpfen gegen
3. → anfangen

Werk
1. → Schöpfung
2. → Buch
3. → Fabrik
4. → Tat
5. **ins Werk setzen** → inszenieren
6. → veranlassen

werken → arbeiten

Werkstatt Werkstätte, Atelier, Studio, Arbeitsraum

Werkstoff Rohstoff, Grundstoff, Rohprodukt, Naturprodukt, Baumaterial, Baustoff, Material, Baustein, Element, Mittel

Werktag Wochentag, Arbeitstag, Alltag

werktags wochentags, in der Woche, alltags

werktätig einen Beruf ausübend, berufstätig, erwerbstätig, arbeitend, schaffend

Werkzeug
1. Gerät, Arbeitsgerät, Handwerkszeug, Gerätschaften, Instrumente, Tool, Rüstzeug, Hilfsmittel; *geh.:* Utensilien
2. → Marionette

wert
1. → lieb
2. → verehrt
3. **viel wert** kostbar, wertvoll, von guter Qualität, exquisit, erstklassig, unbezahlbar, selten

Wert
1. Bedeutung, Belang, Wichtigkeit, Relevanz, Tragweite, Stellenwert
2. → Preis
3. → Nutzen
4. → Qualität

wertbeständig → dauerhaft

werten → beurteilen

wertfrei → objektiv

Wertgegenstand → Kleinod

werthalten → achten

wertlos
1. nichts wert, ohne Wert, keinen Pfennig/Cent/Heller wert; *ugs.:* keinen Pfifferling/Schuss Pulver wert, nichts dran
2. → minderwertig
3. → nutzlos

Wertpapiere Effekten, Aktien, Pfandbriefe; *schweiz.:* Wertschriften

wertschätzen → achten

Wertschätzung Ansehen, Achtung, Meinung, (guter) Ruf, Bedeutung, Autorität

Wertstück → Kleinod

Wertung → Kritik

wertvoll
1. → kostbar
2. → nützlich
3. → gut

Wertzeichen Freimarke, Briefmarke, Postwertzeichen, Marke

Wesen
1. Kern (einer Sache), Kernstück, Substanz, das Wesentliche/Wichtigste, Gehalt, Hauptgehalt, Inhalt, Hauptinhalt, Gedanke, Hauptgedanke, das A und O, der springende/entscheidende Punkt, Sinn, worauf es ankommt, Essenz, Quintessenz, Extrakt, Hauptsache, Grundgedanke
2. → Wesensart
3. → Mensch

Wesensart Wesen, Natur, Naturell, Charakter, Typ, Art, Eigenart, Veranlagung, Beschaffenheit, Anlage, Gepräge, Gemütsart, Sinnesart, Disposition, Temperament, Struktur

Wesenszug → Merkmal

wesentlich
1. essenziell, substanziell, substanzhaft, signifikant, wichtig
2. → grundlegend

weshalb → warum

Westen → Abendland

Western Wildwestfilm

weswegen → warum

Wettbewerb → Wettkampf

wetteifern → konkurrieren

wetten eine Wette schließen/abschließen, tippen, setzen, losen, würfeln

Wetter
1. Wetterlage, Witterung, Klima
2. Gewitter, Unwetter

wettern
1. gewittern, wetterleuchten, blitzen, donnern, grollen, stürmen, toben; *ugs.:* donnerwettern
2. → schimpfen

wetterwendisch → launisch

Wettkampf
1. Wettstreit, Wettbewerb, Wettspiel, Match, Spiel, Turnier, Treffen, Kampf, Partie, Wettlauf, Wettrennen, Wettfahrt, Rennen; *ugs.:* Jagd, Hatz
2. → Konkurrenz

Wettlauf → Wettkampf

wettmachen ausgleichen, wiedergutmachen, begleichen, kompensieren, aufwiegen

Wettrennen → Wettkampf

Wettspiel → Wettkampf

Wettstreit
1. → Preisausschreiben
2. → Wettkampf

wettstreiten → konkurrieren

wetzen
1. → schärfen
2. → laufen

wichsen
1. → polieren
2. → schlagen
3. → masturbieren

Wicht → Zwerg

wichtig
1. ernst, dringend, brisant, gewichtig, akut, aktuell, brennend, belangvoll, ernsthaft, von Wichtigkeit/Belang/Gewicht, bedeutend, bedeutungsvoll, bedeutsam, drängend, entscheidend, lebenswichtig, unerlässlich, unumgänglich, erforderlich, einschneidend, unentbehrlich, triftig, ausschlaggebend, bestimmend, inhaltschwer, folgenschwer, schwerwiegend, dringlich, vordringlich, gravierend, weittragend, weitreichend, relevant, zentral, wesentlich
2. → beachtlich
3. grundlegend, elementar, fundamental, maßgebend, maßgeblich, beherrschend, einflussreich

Wichtigkeit → Bedeutung

wichtigmachen, sich → angeben

wichtig sein Bedeutung/Gewicht haben, von Bedeutung/Wichtigkeit sein, ins Gewicht fallen, eine Rolle spielen, etwas wiegen/zählen, großgeschrieben werden, nicht versäumen wollen, am Herzen liegen

wichtigtuerisch → prahlerisch

wichtigtun → aufspielen, sich

Wickel Umschlag, Packung, Einpackung, Kompresse, Verband

Wickelkind → Säugling

wickeln
1. rollen, aufrollen, spulen, aufspulen, winden, haspeln, abrollen, abspulen, entrollen
2. → einpacken

Widder → Schaf

wider gegen, kontra, im Widerspruch/Gegensatz zu

widerborstig → widerspenstig

widerfahren
1. zustoßen, geschehen, passieren, zuteilwerden, begegnen, betreffen, unterlaufen, hereinbrechen
2. erleben, (an sich) erfahren, erleiden, erdulden

Widerhall → Echo

widerlegen das Gegenteil beweisen/nachweisen, entkräften, Lügen strafen, entwaffnen, (einem Verdacht) den Boden entziehen; *geh.:* ad absurdum führen; *ugs.:* jmdm. den Wind aus den Segeln nehmen

Widerlegung Gegenbeweis, Entkräftung

widerlich → ekelhaft

Widerling → Scheusal

widernatürlich → abartig

Widerpart → Gegner

widerrechtlich → gesetzwidrig

Widerrede → Widerspruch

Widerruf
1. Zurücknahme, Zurückziehung, Absage, Dementi, Gegenerklärung, Rückzug; *geh.:* Revokation
2. → Echo

widerrufen zurückziehen, zurücknehmen, rückgängig machen, dementieren, abstreiten, verleugnen, ableugnen, abrücken von, aufheben, für ungültig erklären, revidieren; *geh.:* revozieren

Widersacher → Gegner

Widerschein Spiegelung, Reflex, Lichtreflex, Reflexion, Rückstrahlung, Abglanz; *poet.:* Abschein

widersetzen, sich aufbegehren, sich auflehnen, Widerstand leisten, entgegentreten, opponieren, sich wehren, sich zur Wehr setzen

Widersinn Unlogik, Absurdität, Unsinn, Ungereimtheit, Abwegigkeit, Paradoxie, Inkonsequenz, Sinnlosigkeit

widersinnig sinnwidrig, folgewidrig, vernunftwidrig, absurd, ohne Sinn und Verstand, unverständlich, unlogisch, unsinnig, paradox, abwegig, ungereimt, töricht, lächerlich, sinnlos, grotesk; *ugs.:* blödsinnig, hirnverbrannt, hirnrissig, stussig, verrückt, quatschig, gaga

widerspenstig widerborstig, störrisch, bockig, bockbeinig, trotzig, trotzköpfig, starrköpfig, dickköpfig, verstockt, unzugänglich, eigensinnig, eigenwillig, starrsinnig, halsstarrig, verbockt, verbohrt, stur, rechthaberisch, aufsässig, aufmüpfig, unnachgiebig, hartnäckig, obstinat, kompromisslos, ungehorsam, unfolgsam, unwillig; *geh.:* renitent; *ugs.:* querköpfig, dickschädelig, zickig, stachelig, igelig

Widerspenstigkeit → Trotz

widerspiegeln
1. reflektieren, zurückwerfen, zurückstrahlen
2. ausdrücken, zum Ausdruck bringen, zeigen

widerspiegeln, sich
1. sich spiegeln, sich reflektieren, sich projizieren, widerscheinen
2. sich zeigen, deutlich/erkennbar werden, sich ausdrücken, zum Ausdruck kommen

widersprechen
1. widerreden, für unrichtig/unzutreffend/falsch/unwahr erklären, bestreiten, in Abrede stellen, nicht gelten lassen, verneinen; *geh.:* negieren, an-

W

fechten, sich verwahren gegen; *ugs.:* Kontra geben
2. → protestieren
3. im Widerspruch sein/stehen zu, nicht übereinstimmen, unvereinbar sein, hohnsprechen, ins Gesicht schlagen

widersprechen, sich sich in Widersprüche verwickeln, das Gegenteil behaupten, unlogisch sein, unstimmig/unkonsequent argumentieren

Widerspruch
1. Einspruch, Einwand, Einwendung, Einwurf, Widerrede, Widerstand, Protest, Gegenargument, Gegenmeinung
2. Widersprüchlichkeit, Widerstreit, Unvereinbarkeit, Ungleichartigkeit, Gegensätzlichkeit, Gegenteiligkeit, Unstimmigkeit, Missverhältnis, Disparität, Polarität, Polarisierung; *geh.:* Antinomie, Kontradiktion

widersprüchlich → gegensätzlich

Widersprüchlichkeit Unvereinbarkeit, Ungleichartigkeit, Gegensätzlichkeit, Unstimmigkeit, Folgewidrigkeit, Inkonsequenz; *geh.:* Antinomie, Kontradiktion, Paradoxie, Inkonsistenz

widerspruchslos → anstandslos

Widerstand
1. → Widerspruch
2. Gegenwehr, Gegendruck, Resistenz, Verzögerungstaktik, Verschleppungstaktik
3. Widerspenstigkeit, Trotz, Eigensinn, Starrsinn, Halsstarrigkeit, Bockigkeit, Ungehorsam, Unfolgsamkeit, Widerborstigkeit, Widerstreben, Auflehnung, Protest, Weigerung; *geh.:* Obstruktion, Renitenz
4. Widerspruchsgeist, Opposition, Rebellion, Streik
5. Reibung, Reibungswiderstand, Gegendruck, Gegenkraft, Hemmung

widerstandsfähig
1. → kräftig
2. → fest

Widerstandskämpfer → Partisan

widerstandslos kampflos, ohne Widerstand/Gegenwehr/sich zu wehren

widerstehen
1. → aushalten
2. → anwidern

widerstreben
1. zuwider/widerlich sein, anwidern, anekeln; *ugs.:* über haben, zum Hals heraushängen
2. → missfallen

widerstrebend → widerwillig

Widerstreit
1. Gegensatz, Konflikt, Kontroverse, Widerspruch, Zwiespalt; *geh.:* Antagonismus
2. → Streit

widerwärtig → ekelhaft

Widerwille
1. → Abscheu
2. Abneigung, Unlust, Lustlosigkeit, Unwilligkeit

widerwillig
1. widerstrebend, ungern, unwillig, unlustig, lustlos, abgeneigt, mit Unlust, der Not gehorchend; *ugs.:* zähneknirschend
2. angewidert, angeekelt, abgestoßen

widmen
1. zueignen, zudenken, verehren, weihen, schenken; *geh.:* dedizieren
2. verwenden, gebrauchen für, einsetzen (Zeit)

widmen, sich
1. → annehmen, sich
2. → sich beschäftigen mit

Widmung (persönliche) Zueignung; *geh.:* Dedikation

widrig
1. → nachteilig
2. → unangenehm
3. → ekelhaft

wie
1. auf welche Art/Weise, wodurch, womit, auf welchem Weg
2. gleichwie, so wie, nach Art
3. → als

wieder
1. abermals, wiederum, noch einmal, nochmals, erneut, aufs Neue, neuerlich, von vorn/neuem, zum x-ten Mal, wiederholt, wieder einmal, zum zweiten Mal
2. hin und wieder manchmal, gelegentlich, bisweilen, zeitweilig, ab und zu, von Zeit zu Zeit
3. immer wieder wiederholt, wiederkehrend, mehrmalig, ein um das andere Mal

wieder aufarbeiten → recyceln

wiederaufnehmen fortsetzen, fortführen, fortschreiten, weitermachen, weiterführen, anknüpfen

wiederbeleben
1. wieder ins Leben rufen/zurückrufen
2. erneuern, neu gestalten/machen, auffrischen

Wiederbelebung
1. *Med.:* Reanimation
2. → Wiedergeburt

wiedererinnern, sich → erinnern, sich

wiedererkennen
1. → identifizieren
2. → erinnern, sich

wiedererstatten → zurückzahlen

W

wiedererzählen
1. nacherzählen, wiedergeben, wiederholen, referieren
2. → ausplaudern
wiedergeben
1. → reproduzieren
2. darlegen, darstellen, berichten, erzählen, erläutern, schildern
3. → referieren
4. zurückgeben, zurückzahlen, zurückbringen, wiederbringen
5. → spiegeln
Wiedergeburt
1. Neubelebung, Wiederbelebung, Aufleben, Wiedererstehen, Auferstehen, Erneuerung, Innovation, Renaissance, Comeback
2. Reinkarnation, Auferstehung, Wiederverkörperung, Palingenes(i)e
wiedergutmachen
1. → entschädigen
2. → bereinigen
wiederherstellen
1. rekonstruieren, wiederherrichten, wiederaufbauen, restaurieren, sanieren, → erneuern
2. → heilen
wiederholen
1. nochmals tun/machen/aufzählen/sagen, von neu/vorn/wieder anfangen/beginnen; *geh.:* repetieren, rekapitulieren, resümieren; *ugs.:* wiederkäuen
2. → üben
3. erneuern, aufnehmen, wiederaufnehmen, zurückkommen/zurückgreifen auf, bekräftigen
4. nacherzählen, nachsprechen, nachbeten; *ugs.:* nachplappern
5. wieder in seinen Besitz bringen, zurückholen
6. sitzen bleiben, nicht versetzt werden, das Klassenziel nicht erreichen; *ugs.:* hängen/kleben bleiben, eine Ehrenrunde drehen; *landsch.:* hocken bleiben; *österr.:* picken bleiben
wiederholen, sich immer wieder geschehen/eintreten, wieder(um) vorkommen, wiederkehren, wiederkommen
wiederholt mehrfach, mehrmals, mehrmalig, vielfach, vielmals, nicht nur einmal, abermalig, nochmalig, etlichemal, einige/viele Male, immer wieder, wiederkehrend, häufig, oft, ein paarmal, → wieder; *österr.:* mehrenteils; *ugs.:* x-mal, hundertmal, dutzendmal, dutzendfach, zigmal, ein ums andere Mal
Wiederkehr
1. Rückkehr, Heimkehr, Zurückkommen; *geh.:* Rückkunft
2. Wiederholung, wiederholtes Auftreten; *geh.:* Repetition
wiederkehren
1. → zurückkommen
2. → wiederholen, sich
wiederkommen
1. → zurückkommen
2. → wiederholen, sich
wiedersehen → begegnen
wiedersehen, sich → treffen, sich
Wiedersehen
1. (erneute) Begegnung, Treffen, Meeting, Beisammensein
2. **auf Wiedersehen** ade, adieu, leb(e) wohl, bis bald/gleich, bye-bye, arrivederci, mach's gut; *veraltet:* ich empfehle mich, gehaben Sie sich/gehab dich wohl; *ugs.:* ciao, tschau, adios; *landsch.:* tschüs, servus, habe die Ehre, behüt dich Gott, adda, adele, pfüeti; *österr.:* baba, auf Wiederschauen; *schweiz.:* grüezi (Gott), auf Wiederluege
3. **auf Wiedersehen sagen** → verabschieden, sich
wiederum
1. → wieder
2. → dagegen
wiederverwendbar erneut verwendbar/einsetzbar, wiederverwertbar
wiederverwertbar recycelfähig, recycelbar, umweltfreundlich, ökologisch, giftfrei, schadstoffarm
Wiege → Ursprung
wiegen
1. abwiegen, auswiegen, das Gewicht feststellen, auf die Waage legen
2. das Gewicht haben, schwer sein
3. → schwingen
wiegen, sich
1. sein Gewicht kontrollieren/prüfen/überprüfen
2. → schwingen
wiehern → lachen
Wiese Gras, Grasfläche, Wiesenfläche, Wiesenaue, Wiesenstück, Wiesenland, Rasen, Weide, Alm, Grasteppich, Wiesenteppich; *poet.:* Au(e)
wieso → warum
wie viel welche Anzahl/Menge, welches Maß
wie weit bis zu welchem Grad/Maß
wiewohl → obgleich
wild
1. wildwachsend, wildwüchsig, nicht angebaut/gezüchtet, in der freien Natur wachsend/lebend, primitiv, ungezähmt, ungebändigt, unzivilisiert
2. → aufbrausend
3. → leidenschaftlich
4. turbulent, tumultuarisch
5. → durcheinander
6. → unwegsam
7. → öde

Wilddieb → Wilderer
Wilder → Kannibale
Wilderer Wilddieb, Wildschütz, Jagdfrevler
wildern unberechtigt jagen, dem Wild nachstellen
Wildfang Frechdachs, Gör, Flegel; *ugs.:* Racker, Range, Lauser
Wildnis Urwald, Dschungel, Öde, Einöde, Ödland, Wüste, Wüstenei, unbewohnte Gegend
Wildschwein
1. *f.:* Bache
2. *m.:* Keiler
Wildwestfilm Western
Wille
1. Willen, Willensstärke, Willenskraft, Tatkraft, Entschlusskraft
2. Wollen, Entschluss, Vorsatz, Vorhaben, Absicht, Plan, Wunsch
3. Ausdauer, Beharrlichkeit, Beständigkeit, Unnachgiebigkeit, Zähigkeit
4. **letzter Wille** Testament, letztwillige Verfügung, Vermächtnis
willenlos nachgiebig, gefügig, kompromissbereit, willensschwach, ohne Widerstand
willens willig, gewillt, geneigt, gesonnen, entschlossen, bereit
willensschwach → willenlos
willensstark → entschlossen
willentlich → absichtlich
willfahren → nachgeben
willfährig → gefügig
willig
1. → willens
2. → folgsam
willkommen
1. → gelegen
2. → angenehm
willkommen heißen → begrüßen
Willkür
1. Belieben, Gutdünken, Ermessen, Laune
2. Rücksichtslosigkeit, Eigenmächtigkeit, Eigenwilligkeit, Herrschsucht, Selbstherrlichkeit, Selbstsucht, Bedenkenlosigkeit, Erbarmungslosigkeit, Unbarmherzigkeit, Schonungslosigkeit, Rigorosität, Brutalität, Macht
willkürlich
1. → beliebig
2. eigenmächtig, absichtlich, vorsätzlich
wimmeln
1. krabbeln, schwärmen, sich drängen; *landsch.:* wuseln
2. sich häufen, sich ansammeln, voll sein von, sich ballen
wimmern weinen, klagen, jammern, winseln; *ugs.:* heulen
Wimpel → Fahne
Wind
1. Hauch, Windhauch, Luftzug, Lüftchen
2. Brise, Bö, Windstoß, Sturm, Sturmwind, Wirbelwind, Orkan, Tornado
3. **wie der Wind** schnell, rasch, stürmisch, in Windeseile, im Flug, wie der Blitz ⓘ

Wo der Wind weht

Die Synonyme für *Wind* zeigen eine unterschiedliche Intensität der *Luftbewegung* an. Einen sehr schwachen *Luftzug* nennt man *Lufthauch* oder *(laues/mildes/kühles/angenehmes) Lüftchen*. Ein leichter, gleichmäßiger *Wind* ist eine *Brise*. Einen kurzen, aber heftigen *Windstoß* bezeichnet man als *Bö*. *Sturm* ist starker *Wind*, der mindestens Stärke 9 hat. In der höchsten Stufe (Stärke 12) spricht man von *Orkan*. Wenn ein solcher Sturm mit Luftwirbeln einhergeht, nennt man ihn *Wirbelsturm*. Dafür gibt es regional verschiedene Ausdrücke: *Tornado* in Nordamerika, *Hurrikan* in Mittelamerika, *Taifun* in Südostasien.
Die Paarformel *bei/in Wind und Wetter* heißt, »bei jedem Wetter/ohne Rücksicht auf die Witterung«. In vielen Redensarten wird das Bild des *Windes* gebraucht, um Unbeständigkeit, Veränderung oder Eile auszudrücken. *Wie der Wind* oder *in Windeseile* bedeutet »sehr schnell«. *Die Fahne nach dem Wind drehen* oder *den Mantel/das Mäntelchen nach dem Wind hängen* ist ein abwertender Ausdruck für Opportunismus.
Die umgangssprachliche Redensart *von etwas Wind bekommen/kriegen* stammt aus der Jägersprache und bedeutet so viel wie »etwas Geheimes erfahren«. Offensichtlich nicht in Ordnung ist dagegen etwas, das (meilenweit) *gegen den Wind stinkt*. *Frischer Wind* wiederum verheißt Veränderung oder Reform.
Wenn sich die Lage oder Stimmung ändert, sagt man auch *der Wind dreht sich/hat sich gedreht*. Die Redensart *mit dem Wind segeln* drückt Anpassung aus, *gegen den Wind segeln* dagegen Eigenständigkeit. *Jemandem den Wind aus den Segeln nehmen* heißt seine Absichten vereiteln. *Wissen/merken, woher der Wind weht,* bedeutet, den wahren Grund einer Sache zu sehen. Die Redensart *(viel) Wind um etwas machen* drückt aus, dass eine Sache aufgebauscht wird.

winden
1. → binden
2. → wickeln

winden, sich
1. ranken, aufranken, emporranken, sich ringeln, sich schlingen, sich schlängeln, klettern
2. sich (vor Schmerzen) krümmen, sich hin und her werfen
3. → ausweichen

windig → luftig

Windstille Flaute, Kalme

Windung → Biegung

Wink
1. Signal, Zeichen, Fingerzeig
2. Hinweis, Tipp, Rat, Ratschlag, Empfehlung, Vorschlag, Hilfe, Hilfestellung, Beistand

Winkel
1. Ecke, Nische
2. Gegend, Bereich, Ort, Region

Winkelzug
1. → Schachzug
2. → Ausflucht

winken
1. zuwinken, grüßen; *Kindersp r.:* winke-winke machen
2. → signalisieren
3. zu erwarten sein (Belohnung), bevorstehen; *ugs.:* lachen

winseln → wimmern

winterlich
1. → kalt
2. → verschneit

Winzer → Weinbauer

winzig → klein

Wipfel Krone, Baumkrone, Spitze, Gipfel

wippen → schaukeln

Wirbel
1. Strudel, Sog
2. → Betrieb

wirbeln
1. sich drehen, kreiseln, strudeln, quirlen, schwirren
2. stieben, wehen, fliegen
3. → trommeln

Wirbelsäule Rückgrat

Wirgefühl Gemeinschaftsgefühl, Gruppengefühl, Zusammengehörigkeitsgefühl

wirken
1. → arbeiten
2. sich auswirken, wirksam werden, bewirken, zur Wirkung/Auswirkung/Geltung/zum Tragen kommen, seine Wirkung tun, Wirkung zeigen/zeitigen, auf fruchtbaren Boden fallen, einschlagen, zünden, verfangen, hervorrufen, erzeugen; *ugs.:* hinhauen, ziehen, sitzen
3. Wirkung/Effekt erzielen, Aufsehen erregen, Eindruck/von sich reden machen, Bewunderung hervorrufen, Wirkung haben auf, imponieren, bestechen, glänzen, brillieren; *ugs.:* etwas hermachen, eine gute Figur machen, ankommen
4. → ausschauen
5. → nutzen

wirklich
1. existent, greifbar, fassbar, seiend, gegenständlich, stofflich, dinglich, körperlich, materiell, substanziell
2. → wahr
3. tatsächlich, fürwahr, in der Tat, ungelogen

Wirklichkeit
1. Wahrheit, Tatsächlichkeit, Richtigkeit, Gewissheit
2. Realität, tatsächliche Lage, Gegebenheit, Tatsache, Sachlage, Sachverhalt

wirklichkeitsfremd → weltfremd

wirklichkeitsnah → realistisch

wirksam
1. → nützlich
2. → drastisch
3. → zugkräftig

Wirksamkeit Stoßkraft, Schlagkraft, Zugkraft, Durchschlagskraft, Effekt, Effektivität, Wirkung

Wirkung
1. → Reiz
2. → Wirksamkeit
3. Einwirkung, Einfluss, Gewicht, Geltung
4. → Folge
5. → Reaktion

Wirkungsbereich
1. Aktionsradius, Aktionsbereich, Reichweite, Einflusssphäre, Einflussbereich
2. → Arbeitsgebiet

Wirkungskreis → Arbeitsgebiet

wirkungslos → nutzlos

wirkungsvoll
1. → zugkräftig
2. ausdrucksstark, repräsentativ, dekorativ, effektvoll, farbig, wirkungsreich, eindrucksvoll

wirr
1. verworren, verheddert, verwickelt, verschlungen, strubbelig, zerzaust; *ugs.:* kraus
2. → durcheinander

Wirren → Ausschreitung

Wirrkopf → Chaot

Wirrwarr → Unordnung

Wirsing Welschkohl, Blasenkohl, Savoyer

Wirt → Gastwirt

Wirtschaft
1. Handel, Handelswelt, Geschäftswelt, Industrie, Gewerbe, Ökonomie
2. → Gaststätte
3. → Haushalt

wirtschaften
1. → sparen
2. → arbeiten

Wirtschafterin → Hausangestellte

wirtschaftlich ökonomisch, Gewinn bringen, ertragreich, profitabel, lohnend, einträglich
Wirtshaus → Gaststätte
wischen
1. scheuern, reiben, abreiben, schrubben, waschen, aufwaschen, aufwischen, saubermachen, putzen, reinigen, den Schmutz entfernen
2. **eine wischen** → ohrfeigen
wispern flüstern, hauchen, fispern, tuscheln, säuseln, raunen, murmeln
wissbegierig lerneifrig, voll Wissbegier(de)/Lerneifer, lernbegierig, lernbeflissen, wissensdurstig, bildungshungrig, bildungsbeflissen, bildungseifrig, neugierig
wissen
1. → kennen
2. sich im Klaren/sicher sein, sichergehen, nicht verborgen sein
3. → erinnern, sich
Wissen
1. Kenntnis(se), Gelehrtheit, Gelehrsamkeit, Bildung, (geistiger) Überblick, Einsicht, Einblick, Beschlagenheit, Vertrautheit, Überlegenheit, Bewusstsein, Know-how, Erfahrung, Lebenserfahrung, Weitblick, Reife, Menschenkenntnis, Weltkenntnis, Klugheit, Weisheit, Routine, Praxis
2. Überzeugung, Sicherheit, Gewissheit
wissen lassen → informieren
Wissenschaft Forschung, Lehre
Wissenschaftler → Gelehrter
Wissensdurst Wissbegierde, Lerneifer, Bildungshunger, Interesse, Neugier

Nicht gerade witzig

Mit dem Adjektiv *witzig* verbinden sich in erster Linie angenehme Eigenschaften. Wenn z. B. eine Person als *witzig* bezeichnet wird, ist damit gemeint, dass man sie *geistreich* oder *lustig* und *unterhaltsam* findet.
Hält man jemanden für geistlos oder langweilig, möchte diese abschätzige Wertung aber nicht direkt äußern, kann man die rhetorische Stilfigur der »Litotes« verwenden. Bei der Litotes wird ein Begriff durch Verneinung seines Gegenteils besonders hervorgehoben. Ein langweiliger Mensch kann so als *nicht gerade witzig* beschrieben werden. Die Wirkung dieser Stilfigur ist vielschichtig. Durch die Vermeidung eines sehr negativen Begriffs wie *geistlos* kann die damit verbundene Abwertung heruntergespielt werden.

wissensdurstig wissbegierig, lerneifrig, bildungshungrig, interessiert, neugierig
Wissensgebiet → Fach
wissenswert → lehrreich
wissentlich → absichtlich
wittern
1. Geruch wahrnehmen, riechen (Tiere); *ugs.:* schnuppern
2. → ahnen
Witterung
1. Wetter, Wetterlage, Klima
2. Spürsinn, Geruchssinn, Geruchsvermögen
Witz
1. → Scherz
2. Schlagfertigkeit, Esprit, Scharfsinn, Humor, Mutterwitz
3. Geist, Würze, Pfeffer
Witzbold → Spaßvogel
witzeln
1. → scherzen
2. → spotten
witzig
1. lustig, fröhlich, heiter, vergnüglich, belustigend, erheiternd, witzreich, spaßig
2. geistreich, spritzig, unterhaltsam, anregend, ideenreich (i)
witzlos
1. → langweilig
2. → geistlos

wo an welchem Ort, an welcher Stelle
Wochenbett Kindbett
Wochenende *jugendsprachl.:* Weekend
Wochentag Werktag, Arbeitstag, Alltag
wochentags werktags, in der Woche, alltags
wodurch → wie
wofür → warum
Woge Welle, Brecher; *Pl.:* Wellenschlag, Seegang, Brandung, Dünung
wogen → fließen
woher von wo/welcher Stelle, aus welchem Ort
wohin in welche Richtung, an welchen Ort, an wen
wohl
1. wohlauf, gesund, auf der Höhe, frisch, gut, munter, auf dem Posten, blühend, strotzend; *ugs.:* auf dem Damm, pudelwohl, sauwohl
2. → freilich
3. → wahrscheinlich
Wohl
1. → Wohlbefinden
2. → Glück
Wohlbefinden Gesundheit, Wohlergehen, Wohlsein, Wohl, Wellness, Rüstigkeit
Wohlbehagen → Wohlgefallen

wohlbehalten heil, gesund, unverletzt, unversehrt, ohne Unfall/Verletzung, wohl, wohlauf
Wohlergehen → Wohlbefinden
wohlerzogen → anständig
wohlfeil → billig
wohlfühlen, sich sich heimisch/behaglich/wie zu Hause fühlen, in zufriedener Stimmung sein; *ugs.:* sich fühlen wie der Fisch im Wasser
Wohlgefallen Zufriedenheit, Gefallen, Freude, Befriedigung, Wohlbehagen, Wohlgefühl
wohlgefällig → freudig
wohlgemut → freudig
wohlgenährt → dick
wohlgesinnt
1. gutgesinnt, freundlich gesinnt, wohlmeinend, wohlwollend, zugetan, gewogen, geneigt, zugeneigt, huldreich, huldvoll, gnädig
2. → freundlich
wohlhabend → reich
wohlig
1. → wohltuend
2. → gemütlich
wohlklingend schön/angenehm klingend, klangschön, harmonisch, wohllautend; *geh.:* euphonisch
wohlmeinend
1. → wohlgesinnt
2. → freundlich
wohlriechend duftend, gut riechend, aromatisch, parfümiert
wohlschmeckend schmackhaft, köstlich, lecker
Wohlstand → Reichtum
Wohlstandsgesellschaft Konsumgesellschaft, Überflussgesellschaft, Wegwerfgesellschaft
Wohltat
1. → Labsal
2. → Trost
Wohltäter Gönner, Förderer, Geber, Geldgeber, Sponsor, (edler) Spender, Mäzen, Protektor
wohltätig
1. → gütig
2. → selbstlos
wohltönend → melodisch
wohltuend angenehm, annehmlich, willkommen, erfreulich, erquicklich, wohlig, erfrischend, gut, behaglich
wohlweislich → absichtlich
Wohlwollen
1. Geneigtheit, Gewogenheit, Jovialität, Gunst, Zuneigung, Zuwendung, Sympathie, Huld
2. → Güte
wohlwollend
1. → wohlgesinnt
2. → freundlich
Wohnblock Block, Gebäudekomplex, Häuserblock, Häuserviertel
wohnen wohnhaft/ansässig/beheimatet/daheim sein, seinen Wohnsitz/Wohnort/seine Wohnung haben, einwohnen, bewohnen, residieren, zu Hause sein, seine Behausung haben, leben, weilen, sich aufhalten, siedeln, verbringen, zubringen, sich befinden, gemeldet sein, verharren; *geh.:* domizilieren; *ugs.:* hausen, sitzen/stecken in, verschlagen worden sein, ein Dach über dem Kopf haben, eine Bleibe haben
Wohngemeinschaft Kommune, Wohngruppe, WG
wohnhaft → ansässig
wohnlich → behaglich
Wohnort → Wohnsitz
Wohnsitz Wohnort, Aufenthalt, Aufenthaltsort, Heimatort, Standort, Standquartier, Residenz, Sitz, Heimat; *geh.:* Domizil
Wohnung Wohnstätte, Heimstatt, Heimstätte, Behausung, Quartier, Heim, Unterkunft, Logis, Zuhause, Zuflucht, Suite, Appartement; *ugs.:* Dach überm Kopf, Bau, Höhle, Bunker, die (eigenen) vier Wände, Bleibe
Wohnungseinrichtung → Einrichtung
wohnungslos obdachlos, ohne Wohnung/Bleibe/Unterkunft
Wohnwagen Haus auf Rädern, Campingwagen, Wohnanhänger
Wohnzimmer Wohnraum, Wohnstube, gute Stube, Salon
wölben runden, ausbuchten, ausbauchen, beulen, wellen
wölben, sich
1. sich runden, sich bauchen, sich schwingen
2. → schwellen
Wölbung Rundung, Bauch, Buckel, Wulst, Kuppe, Gewölbe, Kuppel
Wolf *volkst.:* Isegrim
Wolkenbruch → Regenschauer
Wolkenkratzer Hochhaus, Skyscraper
Wolkenkuckucksheim Luftschloss, Fantasiereich, Traumreich, Traumgebilde, Traumschloss, Utopie
wolkenlos unbewölkt, aufgeklart, klar, sonnig, strahlend, heiter, ungetrübt, schön, hell
wolkig → trüb
wollen
1. beabsichtigen, vorhaben, bezwecken, die Absicht haben, sich vornehmen, gewillt sein, abzielen, hinzielen, sich zum Ziel setzen
2. erstreben, wünschen, anstreben, abzielen auf,

W

zum Ziel haben, trachten nach, hinsteuern
3. → fordern
wollig wollen, flauschig, weich
Wollust Lust, Sinneslust, Sinnenlust, Liebeslust, Sinnenrausch, Sinnenreiz, sinnlicher Genuss, Sinnestaumel, Sinnlichkeit, Erotik, Lüsternheit, Begierde, Gier, Trieb, Triebhaftigkeit, Fleischeslust; *ugs.:* Geilheit
wollüstig sinnlich, sinnenfreudig, begehrlich, leidenschaftlich, lüstern, triebhaft; *ugs.:* geil
Womanizer Frauenheld, Frauenliebling, Charmeur; *ugs.:* Weiberheld, Ladykiller; *abwertend:* Gigolo, Schürzenjäger, Casanova, Don Juan
womit → wie
womöglich → möglicherweise
Wonne → Freude
wonnig, wonniglich → ausgezeichnet
Wort
1. Vokabel, Bezeichnung, Benennung, Ausdruck, Begriff, Terminus; *ugs.:* Brocken
2. → Ehrenwort
3. **geflügeltes Wort** Ausspruch, Sprichwort, Zitat, Sinnspruch, Lebensweisheit; *geh.:* Aphorismus, Diktum ⓘ
wortbrüchig → untreu
Wörterbuch Lexikon, Nachschlagewerk, Wörterverzeichnis, Vokabular, Vokabularium; *geh.:* Diktionär
Wortfügung → Redewendung
Wortführer
1. Sprecher, Diskussionsleiter
2. → Anführer

Allerlei Worte und ihre Wirkung

Wort im sprachwissenschaftlichen Sinn ist die kleinste Sinneinheit einer Rede, also eine *Vokabel* oder umgangssprachlich ein *Brocken.* In diesen Zusammenhang gehört die Redensart *Wort für Wort,* die so viel heißt wie »ganz genau«. Darüber hinaus steht *Wort* auch für »zusammenhängenden Text« oder »Gesamtheit einer Rede«, so zum Beispiel *Wort Gottes* für die Bibel oder *Ehrenwort* als feierliche Bekräftigung einer Aussage. Dies spiegelt sich auch in Wendungen wie *sein Wort geben* (»versprechen«), *Wort halten* (»eine Zusage erfüllen«), *sein Wort brechen* (»ein Versprechen nicht einhalten«), *jemandem das Wort abnehmen* (»jmdn. verpflichten«) oder *jemanden beim Wort nehmen* (»auf der Erfüllung einer Zusage bestehen«).
Schließlich wird *Wort* im Sinn von *Ausdruck, Ausspruch* oder *Begriff* (fachsprachlich *Terminus*) verwendet. Hier drücken zahlreiche Redensarten eine Kommentierung/Organisation der Rede oder eine Bewertung von Sprachverhalten aus. So kann man jemandem *das Wort abschneiden* (»unhöflich unterbrechen«), *ins Wort fallen* (»unterbrechen«), *das Wort im Mund herumdrehen* (»die Aussage verfälschen«), *böse Worte geben* (»beschimpfen«), *das Wort entziehen* (»in einer Versammlung nicht weitersprechen lassen«), *das Wort erteilen* (»in einer Versammlung zu sprechen erlauben«), *aufs Wort glauben* (»ohne Einschränkung glauben«).
Das Wort ergreifen bedeutet »anfangen zu reden«; *zu Wort kommen lassen* heißt »reden lassen«. Das Gegenteil drückt die Formulierung aus *das Wort verbieten. Das Wort führen* heißt Hauptredner sein; umgangssprachlich bedeutet diese Redensart in der Variante *das große/ein großes Wort führen* »prahlerisch reden«. Wenn etwas noch nicht entschieden ist, dann ist *das letzte Wort noch nicht gefallen/gesprochen.* Wer in einer Sache *ein Wort mitzureden* hat, ohne den kann nicht entschieden werden. Über Selbstverständliches braucht man *kein Wort zu verlieren.* Noch nicht thematisiert wurde, worüber *noch kein Wort gesprochen* wurde.

Wortgefecht → Gespräch
wortgetreu → wörtlich
wortgewandt → redegewandt
wortkarg → einsilbig
Wortklauber Haarspalter, Silbenstecher, Pedant, Paragraphenreiter, Prinzipienreiter, Kritikaster, Nörgler, Besserwisser, Rechthaber, Tüftler, Wortverdreher; *geh.:* Rabulist, Kasuist, Sophist; *ugs.:* Krittler, Meckerer, Beckmesser
Wortklauberei → Haarspalterei
wortklauberisch → spitzfindig
Wortlaut Text, Formulierung, Fassung, Abfassung, Inhalt
wörtlich wortgetreu, Wort für Wort, im Wortlaut, wortwörtlich, buchstabengetreu, buchstäblich, verbaliter
wortlos → einsilbig
Wortschatz Wortbestand, Wortmaterial, Wortgut,

Vokabular, Vokabularium, Sprachschatz, Sprachgut, Lexik
Wortschwall Redeschwall, Redefluss, Tirade, Suade, Erguss, Beredsamkeit; *ugs.:* Gewäsch
Wortwechsel → Gespräch
wortwörtlich → wörtlich
wozu → warum
Wrack → Trümmer
wringen ausdrücken, auspressen, auswinden
Wucher Preistreiberei, Überteuerung, Geldschneiderei, Beutelschneiderei, Ausbeutung; *ugs.:* Nepp; *österr.:* Wurzerei
Wucherer → Halsabschneider
wuchern
1. Wucher treiben mit, überhöhen, überteuern (Preis), zu viel Geld verlangen; *österr.:* wurzen
2. üppig wachsen/gedeihen/werden, ins Kraut/aus der Saat schießen, überhandnehmen
Wucherung → Geschwulst
Wuchs → Gestalt
Wucht
1. Stärke, Kraft, Gewalt, Vehemenz, Heftigkeit, Schwung, Druck
2. → Menge
wuchten → stemmen
wuchtig
1. → gewaltig
2. → schwer
wühlen
1. graben, bohren, aushöhlen, schürfen, scharren, schaufeln
2. → suchen
Wulst → Wölbung
wund wund gescheuert, aufgescheuert, aufgeschürft, aufgerissen, entzündet, verletzt
Wunde Verletzung, Verwundung, Abschürfung, Hautabschürfung, Blessur, Schnitt, Riss, Kratzer, Schramme
Wunder Kuriosum, Spektakulum, Phänomen, Mysterium, Unerklärliches, Übersinnliches, Metaphysisches; *geh.:* Mirakel
wunderbar
1. märchenhaft, traumhaft, feenhaft, fabelhaft, sagenhaft, zauberhaft, fantastisch; *geh.:* mirakulös
2. → großartig
Wunderkind Genie, Hochbegabter, Schnellentwickler, Frühentwickler, Talent
wunderlich
1. → schrullig
2. → merkwürdig
wundern verwundern, erstaunen, in Verwunderung/Erstaunen setzen, eigenartig/seltsam/befremdend anmuten, befremden, verblüffen, verwirren, überraschen; *veraltet:* wundernehmen
wundern, sich → staunen
wunderschön → wundervoll
wundervoll
1. großartig, prachtvoll, wunderbar, ausgezeichnet, traumhaft, überwältigend, fabelhaft, exzellent, vorzüglich, vortrefflich, wunderschön
2. → schön

Wunderwaffen in Politik, Medizin und Sport

Gegen Ende des 2. Weltkrieges prägten die Nationalsozialisten angesichts der drohenden Niederlage den Begriff *Wunderwaffe* und propagierten damit vor allem die siegbringende Wirkung der sogenannten V-Waffen (= »Vergeltungswaffen«).
Der alltägliche Sprachgebrauch kennt *Wunderwaffen* im Sinn von besonders wirksamen Medikamenten, Maßnahmen usw. in nahezu allen Lebensbereichen. Diese *Wunderwaffen* richten sich z. B. gegen Krebs, Übergewicht oder Arbeitslosigkeit und versprechen in allen Fällen eine erstaunliche, an ein *Wunder* grenzende Wirkung.

Wunderwaffe
1. Geheimwaffe
2. Wundermittel, Zaubermittel, Wundermaßnahme ⓘ
wundliegen, sich sich wundreiben, sich aufliegen, sich aufscheuern, sich durchliegen
Wunsch
1. Traum, Wunschtraum, Herzenswunsch, Sehnsucht, Illusion, Begehren, Verlangen
2. Ziel, Wunschziel, Streben, Vorhaben, Vorsatz
3. Bitte, Anliegen, Ansinnen, Ansuchen, Ersuchen, Appell
4. Gratulation, Glückwunsch, Segenswunsch
wünschen
1. den Wunsch hegen/äußern, wollen, haben wollen, mögen, erträumen, erhoffen, ersehnen, begehren, sein Herz hängen an, erbitten
2. → fordern
wünschen, sich → sehnen, sich
wünschenswert erstrebenswert, begehrenswert, nachahmenswert
wunschlos ohne (weiteren) Wunsch, zufrieden, genügsam, selbstgenügsam, bescheiden, anspruchslos, bedürfnislos

wunschlos glücklich gut versorgt, (rundum) zufrieden/glücklich, überglücklich; *ugs.:* im siebten Himmel, auf Wolke sieben

Würde
1. Erhabenheit, Vornehmheit, Würdigkeit, Hoheit, Majestät; *geh.:* Gravität, Dignität, Grandezza
2. Ehre, Ehrgefühl, Wertgefühl, Selbstachtung, Wert, Stolz
3. → Ansehen

würdelos → ehrlos

würdevoll
1. → majestätisch
2. → feierlich

würdig
1. → repräsentativ
2. → majestätisch
3. → ehrenhaft

würdigen
1. anerkennen, loben, belobigen, einen Lob aussprechen, honorieren, achten
2. betonen, herausheben, herausstellen

Würdigung
1. → Lob
2. → Nachruf

würfeln Würfel spielen; *ugs.:* knobeln; *landsch.:* trudeln, knöcheln

würgen
1. die Kehle zusammendrücken/zuschnüren
2. → schlucken

wurmen → ärgern

wurmstichig → madig

Würze
1. Geschmack, Aroma
2. Witz, Geist, Pfeffer

Wurzel Ursprung, Ursache, Anlass, Auslöser, Basis, Grundlage, Wiege, Ausgangspunkt, Quelle

wurzellos → heimatlos

würzen schmackhaft machen, salzen, pfeffern, veredeln, verfeinern

würzig
1. gewürzt, herzhaft, kräftig, aromatisch, scharf
2. → schmackhaft

Wust
1. → Menge
2. → Unordnung

wüst
1. einsam, öde, verlassen, verödet, unbewohnt
2. → durcheinander
3. → ausschweifend
4. → brutal

Wüste Öde, Einöde, Ödland, Wüstenei

Wüstling
1. → Grobian
2. → Lüstling

Wut Zorn, Grimm, Entrüstung, Empörung, Erregung, Raserei, Rage, Aufgebrachtheit, Erbitterung, Ärger; *ugs.:* Stinkwut

Wutausbruch Anfall, Wutanfall, Tobsuchtsanfall, Zornausbruch, Aufwallung, Erregung, Anwandlung, Explosion, Entladung; *ugs.:* Koller, Rappel

wüten
1. → rasen
2. → stürmen

wütend wutentbrannt, wutschäumend, wutschnaubend, zornig, jähzornig, zürnend, erzürnt, zähneknirschend, erbost, erbittert, grimmig, gereizt, aufgebracht, aggressiv, heftig, ärgerlich, verärgert, böse, empört, entrüstet, ingrimmig, außer sich, rabiat, wild, giftig, blindwütig, tobsüchtig, rasend, furios, wie eine Furie/ein Berserker; *ugs.:* in Fahrt, geladen, fuchsteufelswild, fuchtig, kochend

wütend machen aufregen, aufbringen, verärgern

wütend sein → ärgern, sich

wütend werden → aufregen, sich

X

X-Achse Waagerechte, Abszisse, Abszissenachse, x-Koordinate

Xanthippe Drachen, Ehedrachen, Hausdrachen, Hausteufel, Hauskreuz, Hyäne, Furie, Megäre; *ugs.:* Hexe, Giftschlange, Giftspritze, Giftnudel, Kratzbürste, Zankteufel, Besen, Beißzange, Miststück, Weibsstück, Biest, Schreckschraube, Bestie, Luder, Kanaille, Dreckstück, Aas, Vogelscheuche; *landsch.:* Reff, Ripp, Bisgurn

x-beliebig ein beliebiges, irgendeine, irgendetwas, irgendjemand, jedes, gleichgültig wer; *ugs.:* egal was/wer

Xerokopie Kopie, Fotokopie, Vervielfältigung

x-fach vielfach, viele Male, häufig, oft, zahlreich, in vielen/unzähligen/zahllosen Fällen, ungezählt, etliche Mal, zahllos, mehrmalig, tausendfach, dutzendfach, oftmals, oftmalig; *ugs.:* zigfach, unsagbar oft

x-mal oft, viele Male, immer wieder, oftmals, oftmalig, andauernd, ständig, häufig, mehrmals, mehrfach, vielmals, vielfach, in vielen/unzähligen/zahllosen Fällen, wiederholt, ungezählt, etliche Mal, mehrmalig; *ugs.:* zigmal, elendig oft, bis zum Umfallen

Xylofon Vibrafon, Marimba (Jazz), Holzharmonika

Xylophon → Xylofon

Y

Y-Achse Senkrechte, Ordinate, Ordinatenachse, y-Koordinate

Yellow Press Boulevardpresse, Sensationspresse, Klatschpresse, Revolverpresse, die bunten Blätter

Youngster Kind, Kid, Kleiner, Jugendlicher, Junior, Anfänger, Neuling, Neuer, Newcomer, Kleinster; *veraltend:* Grünschnabel

Yuppie
1. Aufsteiger, Neureicher; *abwertend:* Emporkömmling, Karrierist, Karrieremacher, Raffke; *veraltet:* Parvenü
2. geschniegelter Typ, Angeber, Wichtigtuer, Prahler

Zz Z z Z

Zacke(n)
1. Spitze, Zinke(n), Zahn; *Jägerspr.:* Ende
2. → Nase

zackig
1. zackenförmig, gezackt, gezähnt, gezahnt, spitz
2. → forsch

zaghaft ängstlich, furchtsam, scheu, unsicher, bang, bänglich, schüchtern, unentschlossen, unentschieden, unschlüssig, zögerlich, entschlusslos, wankelmütig, zweifelnd, zögernd, zwiespältig

zäh
1. lederartig, ledrig, ledern, sehnig; *landsch.:* zach
2. widerstandsfähig, zählebig, unempfindlich, stabil, abgehärtet, resistent; *ugs.:* tough
3. → beharrlich
4. zähflüssig, dickflüssig, fest, stockig; *ugs.:* pampig

zähfließend langsam fließend, nur mühsam/langsam vorankommend, im Schritttempo (Verkehr), schleppend, stockend

Zähigkeit → Beständigkeit

Zahl
1. Ziffer, Nummer
2. → Anzahl

zahlbar fällig, zu zahlen/leisten, offenstehend, nicht beglichen

zahlen → bezahlen

zählen
1. abzählen, durchzählen, zusammenzählen, zuzählen, überzählen, die Anzahl von etwas feststellen
2. die Größe/den Umfang/das Alter haben, betragen, sich beziffern, sich belaufen, ausmachen, angegeben werden mit
3. gelten, von Bedeutung sein, ins Gewicht fallen, wert sein, schwer wiegen, Gewicht/etwas zu sagen haben, etwas bedeuten, wichtig sein, anerkannt werden

zählen auf sich verlassen/sich stützen/vertrauen/bauen auf, rechnen mit, Vertrauen haben zu, seine Hoffnung setzen auf/in, glauben an

zählen zu halten/ansehen/erachten für, verstehen/einschätzen/auffassen/betrachten/einschätzen/auffassen/bewerten/interpretieren/beurteilen als, denken/gehören zu, zugeordnet/zugerechnet werden, integriert/eingegliedert sein

zahllos zahlreich, unzählbar, unendlich, unermesslich, ungezählt, grenzenlos, endlos, unbegrenzt, sehr viele, Dutzende, Hunderte, Tausende, Millionen, Myriaden, mehr als genug, in Hülle und Fülle, eine Menge/Masse/Unzahl/Vielzahl, massenhaft, haufenweise, scharenweise, Heerscharen, Legionen, eine breite Palette von, wie Sand am Meer; *ugs.:* massig, ein Berg/Haufen/Rattenschwanz von

zahlreich
1. → zahllos
2. aus vielen Mitgliedern/Teilnehmern bestehend, groß (Familie), vielköpfig

zahlungsfähig liquid, solvent, flüssig

Zahlungsmittel → Geld

zahlungsunfähig illiquid, insolvent, bankrott, finanzschwach, finanziell ruiniert; *ugs.:* knapp bei Kasse, abgebrannt, pleite, blank, machulle, schwach auf der Brust, am Ende, fertig, erledigt, abgewirtschaftet

zahlungsunfähig sein nicht mehr zahlen können, den Konkurs anmelden, insolvent sein; *ugs.:* aus dem letzten Loch pfeifen

zahlungsunfähig werden bankrottieren, Bankrott machen, in Konkurs gehen, den Offenbarungseid leisten; *ugs.:* Pleite machen/gehen, jmdm. geht der Atem/die Luft aus, bei jmdm. sitzt der Pleitegeier auf dem Dach, baden gehen

zahm
1. gebändigt, nicht wild, zutraulich, an den Menschen gewöhnt, gezähmt, abgerichtet; *geh.:* domestiziert
2. willig, gefügig, gehorsam, folgsam, fügsam, brav, artig, manierlich
3. mild (Kritik), gemäßigt, sanft, sacht, behutsam, vorsichtig, schonungsvoll, rücksichtsvoll, gelinde, lind

zähmen
1. zahm machen, bändigen, abrichten (Tiere), domestizieren, an den Menschen gewöhnen, dressieren, drillen; *ugs.:* ducken
2. sich gefügig/willig/folgsam/fügsam machen

zähmen, sich → beherrschen, sich

Zahn
1. → Mädchen
2. Zacke, Spitze, Zinke(n)
3. → Geschwindigkeit
4. *Pl.:* Kauwerkzeuge, Gebiss; *ugs.:* Hauer; *Kindersp r.:* Beißerchen, Hauerchen, Hackerchen; *landsch.:* Hauerle

Zank → Streit
Zankapfel Streitobjekt, Streitgegenstand, Streitpunkt, Streitursache, Streitgrund; *ugs.:* Stein des Anstoßes
zanken
1. → schimpfen
2. → streiten, sich
zänkisch streitsüchtig, zanksüchtig, hadersüchtig, händelsüchtig, streitlustig, streitbar, rechthaberisch, reizbar, bissig, böse, aggressiv, angriffslustig, unverträglich, kampflustig, kampfbereit, kämpferisch, herausfordernd, militant, feindselig, provokatorisch, provokant, polemisch, zankhaft, unfriedlich
zapfen abzapfen, anzapfen, abfüllen, abziehen, (durch einen Spund) entnehmen, ablassen, schröpfen
Zapfen Stöpsel, Stopfen, Spund, Pfropfen, Verschluss
zapp(e)lig unruhig, nervös, lebhaft, ruhelos, rastlos, ungeduldig, fahrig, kribbelig, quirlig, flatterig, hektisch, aufgeregt, fiebrig, zerfahren, unstet; *ugs.:* fickrig, fipsig, kirre
zappeln schlenkern, hampeln, strampeln, nicht still sitzen, hin und her wippen, wackeln
zappen (häufig) das Programm/den Kanal wechseln, (schnell) umschalten, (mit der Fernbedienung) hin und her schalten, switchen ⓘ
zart
1. weich, fein, feingesponnen, locker, leicht, dünn, duftig, spinnwebfein
2. zierlich, zartgliedrig, feingliedrig, zerbrechlich, schlank, zart gebaut, gazellenhaft, durchsichtig, schmal, schmächtig, wie aus Porzellan; *geh.:* fragil, grazil
3. schwach, schwächlich, kraftlos, nicht widerstandsfähig, widerstandslos, gebrechlich, anfällig; *ugs.:* klapprig
4. sanft, sanftmütig, mild, sacht, schonend, schonungsvoll, behutsam
5. empfindsam, feinfühlig, feinsinnig, sensibel, zartbesaitet, einfühlsam, gefühlsbetont, empfindlich
6. → zärtlich
7. → schonend
zartbesaitet → empfindsam
Zartgefühl Feingefühl, Feinsinn, Spürsinn, (feines) Gespür, Empfindsamkeit, Feinfühligkeit, Einfühlungsvermögen, Sensibilität, Sensivität, Takt, Höflichkeit, Empfindungsfähigkeit, Diskretion, Taktgefühl, Mitgefühl, Fingerspitzengefühl, Rücksichtnahme; *ugs.:* richtige Antenne, feine Nase, gutes Organ
zärtlich zart, liebevoll, lieb, von Liebe erfüllt, rührend, hingebungsvoll, hingebend, mit/voller Hingebung/Liebe, liebend, innig, inniglich, weich, gefühlvoll, sanft, empfindsam, sensibel
Zäsur Einschnitt, Unterbrechung, Pause, Ruhepause, Ruhepunkt, Bruch
Zauber
1. → Reiz
2. → Zauberei
3. Zauberformel, Spruch, Zauberspruch, Bannspruch, Abrakadabra, Hexeneinmaleins
Zauberei Zauber, Zauberkunst, Hexerei, Hexenwerk, schwarze Kunst, Magie, Gaukelkunst, Gaukelei, Teufelswerk, Teufelskunst, Hokuspokus, Taschenspielerkunst, Eskamotage, Blendwerk, Täuschung
Zauberer Zauberkünstler, Hexenmeister, Hexer, Schwarzkünstler, Magier, Taschenspieler
zauberhaft
1. → reizend
2. → wunderbar
Zauberin
1. Hexe, böse Frau, Drude
2. → Xanthippe
zaubern hexen, Hokuspokus machen/treiben, Zauberei treiben/betreiben, den Zauberstab schwingen,

zappen: Umschalten per Knopfdruck

Der aus dem Amerikanischen stammende Neologismus *zappen* bedeutet, beim Fernsehen per Fernbedienung das Programm zu wechseln. Doch jemand der *zappt,* schaltet nicht bloß nach dem Ende eines Films oder einer Sendung einmal gezielt um. Ein *Zapper* wechselt, z. B. bei Werbepausen oder wenn ihm die gerade gezeigte Sendung nicht mehr gefällt, sofort den Kanal. Man kann auch ziellos »durch die Kanäle *zappen*«, etwa als Beschäftigung bei Langeweile oder bei Unentschlossenheit, welches Programm am interessantesten ist.
Das englische Verb *to zap* bedeutet neben *umschalten,* also den Fernsehsender wechseln, u. a. auch »düsen«, »sausen«. Diese Komponente findet sich in der Bedeutung von *zappen* wieder.

Z

beschwören, besprechen, verwünschen, Wunder tun
zaudern → zögern
Zaum
1. Zaumzeug, Riemenzeug
2. im Zaum halten sich beherrschen, sich bändigen, sich zügeln, sich zusammennehmen, sich mäßigen
Zaun Gitter, Gatter, Hecke, Einzäunung, Umzäunung, Einfriedung
Zebrastreifen → Fußgängerübergang
Zechbruder
1. Zechgenosse, Zechkumpan, Trinkgenosse, Trinkkumpan; *abwertend:* Saufbruder
2. → Zecher
Zeche
1. Bergwerk, Mine, Grube
2. Verzehr, Rechnung; *schweiz.:* Konsumation
zechen → trinken
Zecher Alkoholiker, Alkoholabhängiger, Trinker, Säufer, Trunkenbold, Zechbruder
Zechtour Kneipenbummel, Kneipentour; *ugs.:* Bierreise, Tournee, Sause, Sauftour
zehren → erschöpfen
zehren von → leben
Zeichen
1. Signal, Hinweis, Wink, Fingerzeig
2. Anzeichen, Vorzeichen, Bote, Vorbote, Omen, Erscheinung, Auspizien
3. Merkmal, Symptom, Anhaltspunkt, Beweis, Kriterium, Mahnung, Eigenschaft, Kennzeichen, Ausdruck, Charakteristikum, Wesenszug, Signum
4. Geheimzeichen, Chiffre, Code, Zinke, Gaunerzinken
5. Marke, Erkennungszeichen, Gütezeichen, Handelszeichen, Warenzeichen, Stempel
Zeichensetzung Interpunktion, Anwendung von Satzzeichen
Zeichensprache Verständigung durch Zeichen, Gebärdensprache, Klopfsprache, Fingersprache, Gestensprache, Mienensprache
zeichnen
1. abzeichnen, nachzeichnen, aufzeichnen, einzeichnen, abbilden, wiedergeben, darstellen, skizzieren, porträtieren, illustrieren, auf dem Papier festhalten
2. einzeichnen, bezeichnen, kennzeichnen, markieren, ankreuzen, kenntlich/ein Zeichen/erkennbar machen, mit einem Kennzeichen versehen
3. unterzeichnen, unterschreiben, signieren, abzeichnen, seine Unterschrift/seinen Namen setzen unter
zeigen
1. deuten, hindeuten, hinzeigen, weisen, hinweisen, aufmerksam machen auf, ins Blickfeld rücken, mit dem Finger zeigen auf
2. vorzeigen, herzeigen, vorweisen, vorführen, sichtbar machen, sehen lassen, Einblick geben, zugänglich machen, anbringen, demonstrieren
3. aufzeigen, aufweisen, demonstrieren, dokumentieren, darstellen, darlegen, dartun, darbieten, erklären, unterrichten, anleiten, anlernen, beibringen, einweihen, lehren, schulen; *ugs.:* vormachen
4. ausdrücken, offenbaren, besagen, bedeuten, verraten, manifestieren
5. anmerken/erkennen lassen, zur Schau tragen/stellen, nicht verbergen/verstecken
6. nachweisen, beweisen, den Beweis ablegen für, unter Beweis stellen, den Nachweis erbringen, bezeugen, belegen
7. bezeigen, erzeigen, bekunden, erweisen, entgegenbringen
zeigen, sich
1. sich darstellen, sich bieten, sich produzieren, sich präsentieren, sich sehen lassen, sich zur Schau stellen
2. → herausstellen, sich
3. → äußern, sich
zeihen → beschuldigen
Zeit
1. Ablauf allen Geschehens/der Stunden/Tage/Jahre
2. → Dauer
3. → Zeitraum
4. → Zeitpunkt
5. für alle Zeit ewig, unendlich, ohne Ende, unaufhörlich, unsterblich, unvergänglich, für immer
6. von Zeit zu Zeit manchmal, gelegentlich, zeitweise, mitunter, bisweilen, zeitweilig, ab und zu, hin und wieder, sporadisch
7. vor kurzer Zeit kürzlich, neulich, vorhin, just, vor kurzem, unlängst, letztens, eben, gerade
8. zu jeder Zeit immer, dauernd, jederzeit, allezeit, pausenlos, ununterbrochen, ständig, unentwegt, permanent, stets
9. zur rechten Zeit → pünktlich ⓘ
Zeitabschnitt Ära, Epoche, Zeitalter, Periode, Phase, Etappe, Zeitraum, Zeitspanne, Intervall, Zeitstrecke, Weile

Z

Zeit: Von Eile und Weile

Zeit ist der Ablauf eines Geschehens, ein bestimmter Augenblick in diesem Ablauf (*Zeitpunkt*) oder ein Abschnitt dieses Ablaufs (*Zeitraum*). *Von Zeit zu Zeit* bedeutet »manchmal«, *mit der Zeit* »allmählich«, *zurzeit* »jetzt«. *Auf Zeit* ist »für eine bestimmte Dauer«, *außer der Zeit* »zu einem unpassenden Zeitpunkt«, *vor der Zeit* »zu früh«. *Für alle Zeiten* bedeutet ebenso wie das veraltende *für Zeit und Ewigkeit* »für immer«.
Wer sich, umgangssprachlich ausgedrückt, *seit ewigen Zeiten* nicht mehr gesehen hat, hat sich schon sehr lange nicht mehr getroffen. *Sich Zeit lassen* heißt »sich nicht abhetzen«, *sich Zeit nehmen* bedeutet, sich auf etwas zu konzentrieren. Umgangssprachlich ist die Redewendung *die Zeit totschlagen,* also sich mit etwas beschäftigen, um Langeweile zu vertreiben. *Jemandem die Zeit stehlen/rauben* heißt, ihn von wichtigeren Dingen abzuhalten.
Dem lieben Gott die Zeit stehlen ist ein Ausdruck für Faulheit und Müßiggang. Ebenfalls zur Umgangssprache gehören Formulierungen wie *die längste Zeit (lange genug), es ist höchste Zeit* (wir müssen uns beeilen) oder die Trostformel *alles zu seiner Zeit.* Auf antike Personifizierungen der *Zeit* wie etwa den Zeitgott Kronos gehen Wendungen zurück wie *die Zeit arbeitet für jemanden* (es ergeben sich Vorteile ohne eigenes Zutun) oder *jemandem läuft die Zeit davon* (jemand ist zeitlich im Rückstand). *Mit der Zeit gehen* heißt »neue Entwicklungen akzeptieren/mitmachen«, analog besagt *hinter der Zeit zurückbleiben* »rückständig sein«. Die Redensart *jemandes Zeit ist gekommen* wird gebraucht im Sinn von »jemandes Chance ist gekommen«. Wer *die Zeit nicht erwarten kann,* ist ungeduldig. *Zeit gewinnen* heißt, einen Aufschub zu erlangen. *Ach du liebe Zeit* ist ein Ausruf des Erstaunens. Die Redewendung *es/das ist nur eine Frage der Zeit* besagt, etwas geschieht auf jeden Fall, man weiß nur nicht genau, wann.

Zeitalter → Zeitraum

zeitgemäß modern, neuzeitlich, mit der Zeit, gegenwartsnah, zeitnah, aktuell, en vogue, fortschrittlich, progressiv, aufgeschlossen, heutig,; *ugs.:* von heute, up to date, gang und gäbe, in, angesagt

Zeitgenosse Mitmensch, Mitbürger, Mitlebender

zeitgenössisch
1. der gleichen Zeit angehörend, gegenwärtig, heutig, jetzig
2. → modern

zeitig
1. → früh
2. → pünktlich

zeitigen bewirken, zur Konsequenz haben, mit sich bringen, auslösen

zeitlebens → dauernd

zeitlich
1. in der Zeit, der Zeit nach
2. vergänglich, endlich, zeitgebunden, flüchtig, irdisch, sterblich, vorübergehend, veränderlich, begrenzt, kurzlebig, von kurzer Dauer

zeitlos
1. in jede Zeit passend, nicht zeitgebunden, nicht der Mode unterworfen, klassisch
2. → ewig

zeitnah → zeitgemäß

Zeitpunkt
1. Zeit, Termin, Frist, Stichtag, Datum, Fälligkeitsdatum, der Tag X
2. Augenblick, Sekunde, Minute, Moment
3. günstiger Zeitpunkt Gelegenheit, Chance, Möglichkeit

zeitraubend viel Zeit in Anspruch nehmend/kostend, langwierig, langatmig, umständlich, lang, sich in die Länge ziehend

Zeitraum Zeitalter, Zeitabschnitt, Zeitspanne, Zeit, Epoche, Periode, Phase, Ära

Zeitschrift Wochenschrift, Monatsschrift, Vierteljahresschrift, Organ, Fachorgan, Periodikum, Journal, Magazin, Illustrierte

Zeitung
1. Tageszeitung, Blatt, Organ, Tag(e)blatt, Gazette; *abwertend:* Blättchen, Revolverblatt, Wurstblatt, Käseblatt; *iron.:* Intelligenzblatt
2. Zeitungswesen, Pressewesen, Presse

Zeitvertreib Unterhaltung, Ablenkung, Abwechslung, Zerstreuung, Kurzweil, erholsame Beschäftigung, Vergnügen, Amüsement, Belustigung, Lustbarkeit, Spaß, Freude, Geselligkeit; *ugs.:* Gaudi

zeitweilig
1. → vorübergehend
2. → manchmal

zeitweise
1. → vorübergehend
2. → manchmal

zelebrieren feiern, festlich/feierlich begehen
Zelle
1. → Zimmer
2. Gefängniszelle, Gefangenenzelle, Kerker, Verlies
zelten im Zelt wohnen, sein Zelt/Lager aufschlagen, campen, auf dem Campingplatz übernachten, biwakieren, lagern; *österr., schweiz.:* campieren; *ugs.:* Camping machen
Zeltlager
1. Zeltplatz, Camp, Campinglager, Ferienlager
2. Biwak
zementieren → festigen
Zenit
1. Scheitelpunkt
2. → Krönung
zensieren
1. eine Note/Zensur geben, benoten, bewerten, beurteilen, begutachten
2. der Zensur unterziehen (Film, Buch), staatlich kontrollieren/überwachen/überprüfen
Zensur
1. Note, Benotung, Bewertung, Beurteilung
2. staatliche Kontrolle/Aufsicht/Überwachung
zentral
1. im Zentrum/Mittelpunkt/Herzen/Kern, in der Mitte, innen, in günstiger Lage, günstig gelegen
2. → wichtig
zentralisieren von einem Zentrum aus organisieren/leiten, in einem Mittelpunkt vereinigen, zusammenziehen, zusammenfassen, konzentrieren, komprimieren
Zentrifugalkraft Fliehkraft
Zentrum
1. → Mittelpunkt
2. Innenstadt, Stadtmitte, Stadtkern, Stadtzentrum, City, das Stadtinnere; *schweiz.:* Innerstadt
Zeppelin Luftschiff, Luftfahrzeug
zerbrechen
1. (in Stücke) brechen, entzweibrechen, auseinanderbrechen, durchbrechen, zerstören, zerschlagen, zerhauen, zerklopfen, zerschmettern, zertrümmern; *ugs.:* zerschmeißen, zerteppern, kaputtmachen
2. in Stücke zerfallen, in die Brüche gehen, entzweigehen, platzen, zerplatzen, splittern, zersplittern, springen, zerspringen, bersten, zerbersten, zerschellen, zerspellen, in Scherben gehen; *ugs.:* zerkrachen, kaputtgehen
zerbrechen an zugrunde gehen an, (innerlich) nicht bewältigen können, scheitern
zerbrechlich
1. leicht brechend
2. → zart
zerdrücken
1. quetschen, zerquetschen, stampfen, zerstampfen, breitdrücken, zusammendrücken, zermalmen, zerkleinern, zerstoßen, zertreten, zu Brei/Mus machen; *ugs.:* zermatschen
2. → passieren
Zeremonie feierliche Handlung, Zeremoniell, festlicher Akt/Brauch, Ritus, Ritual
zeremoniell
1. → feierlich
2. → förmlich
zerfahren → fahrig
Zerfall → Niedergang
zerfallen
1. auseinanderfallen, auseinanderbrechen, sich in die einzelnen Teile auflösen, zerbröckeln, in Trümmer fallen, zusammenfallen, zusammenstürzen, zusammenbrechen, einstürzen, verkommen, verwittern
2. sich zersetzen, in Auflösung begriffen sein, zergehen, zerfließen, zerrinnen, zerlaufen; *geh.:* dissoziieren
3. → untergehen
4. entzweit, zerstritten, verfeindet, entfremdet, uneins, uneinig, gespalten, verzankt, getrennt
zerfallen in sich gliedern in, sich zusammensetzen aus, sich unterteilen, eingeteilt/eingeordnet sein
zerfetzen
1. → angreifen
2. → zerreißen
zerfleddert zerfetzt (Bücher), zerlesen, abgenutzt, abgegriffen, verschlissen, unansehnlich
zerfließen → schmelzen
zerfressen → zersetzen
zerfurcht → runzlig
zergehen → schmelzen
zergliedern zerlegen, zerpflücken, teilen, zerteilen, entwirren, entflechten, analysieren, auseinandernehmen, auf den Grund gehen, untersuchen, zerdenken
zerkauen zerbeißen, zermalmen, zerkleinern
zerkleinern kleine Stücke machen, in Stücke teilen, zerhacken, zerstückeln, zerhauen, zerschlagen, zerstoßen, zersplittern, zerspalten, zerlegen, zerbröckeln, zerbröseln, zerpflücken, zerstampfen, zermahlen, zermalmen, zerschneiden, zerklopfen, schnitzeln; *ugs.:* kleinmachen; *schweiz.:* schnetzeln
zerknirscht → reumütig

Z

zerknittern knüllen, zerknüllen, knittern, zusammenknüllen, zusammendrücken, zusammenballen; *ugs.:* knautschen, zerknautschen, verkrumpeln
zerknüllen → zerknittern
zerlassen → schmelzen
zerlaufen → schmelzen
zerlegen
1. zergliedern, entwirren, entflechten, analysieren, auseinandernehmen, auf den Grund gehen, untersuchen, zerdenken
2. auseinandernehmen, auseinanderlegen, demontieren, abbauen, auflösen
3. teilen, zerteilen, aufteilen, schneiden, zerschneiden, aufschneiden, in Stücke schneiden, zerstückeln, tranchieren
4. → sezieren ⓘ
zerlesen → zerfleddert
zerlumpt in Lumpen, → abgenutzt
zermahlen → mahlen
zermalmen
1. zerbeißen, zerkauen, zerkleinern
2. → zerdrücken
3. → zerstören
zermartern
1. angestrengt nachgrübeln, quälend nachdenken, krampfhaft überlegen
2. quälen, außerordentlichen Schmerz zufügen, große Qual/Pein bereiten, aufs Äußerste peinigen
zermürben mürbemachen, nachgiebig machen, jmds. Widerstandskraft brechen, aufreiben, aufzehren, zerrütten, aushöhlen, entnerven, enervieren, strapazieren, belasten; *ugs.:* kleinkriegen, weichmachen
zerpflücken
1. in Teile zerlegen, zerkleinern, zerrupfen; *ugs.:* zerzupfen

zerlegen: Zwischen Analyse und Demontage

Für den deutschen Begriff *zerlegen* gibt es eine Reihe verschiedener sinnverwandter Fremdwörter, die das Wort besonders treffend ersetzen können.
Von *demontieren* spricht man vor allem, wenn technische Geräte oder Möbel auseinandergenommen werden. Wird eine Leiche zu medizinischen Forschungszwecken *zerlegt,* so bezeichnet man das als *sezieren.* Einen Sachverhalt oder etwa einen Roman zu *analysieren,* bedeutet, ihn im übertragenen Sinn in seine einzelnen Bestandteile zu *zerlegen* und zu untersuchen. In der Küche verwendet man den Ausdruck *tranchieren,* wenn ein Braten aufgeschnitten oder Geflügel oder Wild zerteilt wird.

2. kritisch auseinandernehmen, widerlegen, kritisieren, unter Beschuss nehmen, (in der Luft) zerfetzen, scharfer Kritik aussetzen, aus den Angeln heben; *ugs.:* vernichten, verreißen
3. → beanstanden
zerquetschen → zerdrücken
Zerrbild entstellte/verzerrte Wiedergabe, Zerrspiegel, Verzerrung, Verfälschung, Verunstaltung, Verhöhnung, Entstellung, Karikatur, Spottbild, Fratze
zerreden weitschweifig/ausladend werden, ausführlich erzählen, auswalzen, alles besprechen/bereden müssen, durchdiskutieren, ausladend schildern; *ugs.:* totreden, breittreten
zerreiben → mahlen
zerreißen
1. in Stücke/Fetzen reißen, zerfetzen, durchreißen, auseinanderreißen, zerstückeln, entzweireißen, zerfleddern, zerrupfen, zerfleischen (Tier); *ugs.:* kaputtreißen
2. → angreifen
3. sich zerreißen für eintreten für, sich bekennen zu, sich einsetzen/engagieren für
zerren → ziehen
zerrinnen
1. → schmelzen
2. → dahinschwinden
zerrissen
1. → abgenutzt
2. → zwiespältig
zerrütten
1. → zermürben
2. in Unordnung bringen, → ruinieren
3. → zersetzen
zerrüttet (stark) gestört, in Unordnung geraten, defekt, brüchig, zerstört, fertig, am Ende, erledigt, ruiniert, gebrochen; *ugs.:* kaputt
zerschellen → zerbrechen
zerschlagen
1. → zerstören
2. → zerkleinern
3. → erschöpft
zerschlagen, sich → scheitern
zerschmeißen → zerstören
zerschmelzen → schmelzen
zerschmettern → zerstören
zerschneiden durchschneiden, auseinanderschneiden, entzweischneiden, in Stücke teilen, zerstückeln; *ugs.:* zerschnippeln, zerschnipseln
zersetzen
1. auflösen, zerfallen lassen, zerfressen, zerstören
2. untergraben, unterhöhlen, unterminieren, ins

Z

Wanken bringen, erschüttern, aufweichen, zerrütten, demoralisieren
zersetzen, sich → auflösen, sich
zersplittern
1. in Splitter zerfallen, zerbrechen
2. → zerstreuen
zersprengen → zerstreuen
zerspringen
1. → zerbrechen
2. → platzen
zerstampfen
1. → zerstören
2. → mahlen
zerstäuben → sprühen
zerstören
1. beschädigen, unbrauchbar machen, zerbrechen, zerschlagen, zerschmettern, zertrümmern, zerstampfen, einschlagen, eintreten, draufschlagen, zusammenschlagen, demolieren; *ugs.:* einschmeißen, zerschmeißen, zerteppern, zertrampeln, zerhauen, kaputtmachen, Kleinholz machen, kurz und klein schlagen
2. → ruinieren
3. zugrunde richten, der Vernichtung anheimgeben, vernichten, verwüsten, verheeren, zerrütten, zermalmen, dem Erdboden gleichmachen, in Schutt und Asche legen, keinen Stein auf dem anderen lassen, zerbomben, zerschießen, in die Luft sprengen/jagen, ausrotten, tilgen, vertilgen, niederwalzen, niedermähen, niedermetzeln, hinwegfegen; *geh.:* destruieren; *ugs.:* den Rest geben, hinmachen
zerstoßen → mahlen
zerstreiten, sich sich entzweien, sich verfeinden, sich überwerfen, sich verzanken, uneins werden, sich entfremden; *ugs.:* sich verkrachen
zerstreuen
1. streuen, ausstreuen, umherstreuen, auseinanderstreuen, verstreuen, zerwehen, verteilen
2. auseinandertreiben, verjagen, auseinanderjagen, vertreiben, sprengen, zersprengen, versprengen, zersplittern, auflösen, trennen, vereinzeln; *geh.:* separieren
3. ablenken, auf andere Gedanken bringen, aufmuntern, aufheitern
4. durch Argumente/Zureden beseitigen, ausräumen, ausmerzen, außer Kraft setzen, zum Verschwinden bringen, aufheben, beheben, auslöschen, eliminieren
zerstreuen, sich
1. auseinandergehen, auseinanderlaufen, auseinanderstieben, sich verlaufen, sich verstreuen, sich ausbreiten, sich verteilen, sich vereinzeln
2. → vergnügen, sich
zerstreut
1. → fahrig
2. → geistesabwesend
zerteilen
1. → zergliedern
2. → zerlegen
zerteilen, sich
1. sich in Teile/in seine Bestandteile auflösen, in Teile zerfallen/auseinanderfallen, sich in Teile/Einzelteile aufspalten
2. sich aufteilen, sich unterteilen, sich gliedern, sich aufgliedern
Zertifikat → Bescheinigung
zertrennen → trennen
zertreten zerstampfen, zerstören; *ugs.:* zertrampeln
zertrümmern → zerstören
Zerwürfnis
1. → Streit
2. Entzweiung, Bruch, Riss in der Beziehung, Distanzierung, Entfremdung, Verfeindung, Spaltung, Trennung
zerzaust → struppig
zetern → schimpfen
Zettel Stück Papier, Blatt
Zeug
1. → Ramsch
2. → Kleidung
3. → Fähigkeit
4. Stoff, Tuch, Gewebe, Material
5. **dummes Zeug** Unsinn, Blödsinn, Schwachsinn, Irrsinn, Albernheit, Nonsens, Stuss, Dummheit
6. **sich ins Zeug legen** sich anstrengen, sich abmühen, sich große Mühe geben, sich quälen, alle Kraft aufwenden/aufbieten, alle Kräfte mobilisieren, sein Bestes geben
Zeuge Augenzeuge, Ohrenzeuge, Tatzeuge, Kronzeuge, Zuschauer, Beobachter, Betrachter
zeugen
1. (ein Kind) in die Welt setzen, sich fortpflanzen; *ugs.:* (ein Kind) machen
2. → bezeugen
3. → beweisen
Zeugnis
1. Schulzeugnis, Prüfungszeugnis; *österr.:* Ausweis
2. → Bescheinigung
3. → Gutachten
4. Beispiel, Muster, Musterbeispiel, Vorbild, Beweis, Exempel, Beleg
5. Aussage, Zeugenaussage, Geständnis, Eingeständnis, Angabe, Versicherung, Bekundung, Bezeugung
Zeugnis ablegen für bezeugen, (als Zeuge) aussagen, bescheinigen

zeugungsfähig potent, geschlechtsreif, fortpflanzungsfähig, fruchtbar, fertil, mannbar
zeugungsunfähig impotent, unfruchtbar, infertil; *Med.:* steril, sterilisiert
zickig → widerspenstig
Ziege
1. Geiß; *ugs.:* Zicke, Hippe, Heppe; *m.:* Bock, Ziegenbock, Geißbock; *jung:* Zicklein, Zickel
2. **dumme Ziege** Dummkopf, Ignorant, Hohlkopf, Schwachkopf
Ziegel Ziegelstein, Klinker, Backstein, Klinkerstein, Mauerziegel, Lehmziegel
ziehen
1. → schleppen
2. zerren, reißen, zupfen, rupfen; *ugs.:* ziepen
3. (schnell) herausnehmen, herausziehen, zücken
4. blasen, wehen, von Wind/Luft durchströmt sein
5. marschieren, zugehen/sich zubewegen auf
6. → fliegen
7. → wandern
8. → züchten
9. → wirken
10. → aufschieben
11. **den Kürzeren ziehen** unterliegen, verlieren, eine Niederlage einstecken müssen/erleiden, den Vergleich nicht bestehen
12. **den Schluss ziehen** folgern, schlussfolgern, eine Folgerung ziehen, herleiten, ableiten
13. **in Erwägung ziehen** berücksichtigen, erwägen, prüfen, überprüfen, überdenken, in Betracht ziehen
14. **ins Vertrauen ziehen** einweihen, anvertrauen, informieren, aufklären
15. **in Zweifel ziehen** bezweifeln, anzweifeln, misstrauen, infrage stellen, argwöhnen
16. **nach sich ziehen** bewirken, auslösen, einleiten, herbeiführen, verursachen, als Resultat haben
17. **sich in die Länge ziehen** andauern, sich hinziehen, fortwähren, anhalten
18. **zur Verantwortung ziehen** belangen, verklagen, zur Rechenschaft ziehen, verantwortlich machen
ziehen, sich → dehnen, sich
Ziehharmonika → Akkordeon
Ziel
1. Bestimmungsort, Zielort, Reiseziel, Endstation
2. Zielpunkt, Visierpunkt
3. Endziel, Zweck, Endzweck, Zielsetzung, Zielvorstellung, Absicht, Plan, Bestreben, Wollen, Vorsatz, Vorhaben, Intention, Sinnen, Trachten, Wunsch
4. **ans Ziel kommen** sich durchsetzen, sich behaupten, sich bewähren, durchziehen, bewältigen, meistern, schaffen
zielbewusst
1. → beharrlich
2. → energisch
zielen auf ein Ziel richten, ein Ziel ins Auge fassen, die Waffe richten auf, visieren, anvisieren, anpeilen, anlegen auf, aufs Korn nehmen
zielen auf
1. → abzielen auf
2. → ansteuern
ziellos
1. ohne (festes) Ziel, kreuz und quer, richtungslos
2. ohne Plan/Überlegung/Sinn und Verstand, planlos, unüberlegt, unbesonnen, unbedacht, wahllos, gedankenlos, unorganisiert, unmethodisch, unsystematisch, impulsiv, chaotisch
zielstrebig
1. beharrlich, entschieden, willensstark, unentwegt, unverdrossen
2. → energisch
Zielstrebigkeit → Beständigkeit
ziemen, sich sich geziemen, sich gehören, sich gebühren, sich schicken, angebracht/angemessen sein, anstehen
ziemlich
1. → angemessen
2. → beträchtlich
3. → recht
Zierde Zier, Zierrat, Verzierung, Verschönerung, Verschnörkelung, Schmuck, Putz, Rankenwerk, Ornament, Dekor, schmückendes Beiwerk
zieren → schmücken
zieren, sich sich spreizen, sich genieren, gekünstelt/zimperlich/prüde/schüchtern sein, sich anstellen; *ugs.:* Theater/Geschichten/Sperenzchen/Fisimatenten machen, sich haben, zimperlich tun
Ziererei → Gehabe
zierlich
1. zart, zerbrechlich, fein, feingliedrig, gazellenhaft, durchsichtig, schmächtig, schlank, schmal, wie aus Porzellan; *geh.:* grazil, fragil; *ugs.:* schnuck(e)lig
2. klein, kleingewachsen, winzig, kurz, zwergenhaft; *ugs.:* fipsig; *landsch.:* lütt
Ziffer Zahl, Nummer
Zigarette *ugs.:* Glimmstängel, Stäbchen, Sargnagel, Lulle, Lunte, Zige, Docht; *österr.:* Tschik
Zigarre Stumpen; *ugs.:* Lötkolben, Giftnudel; *österr.:* Trabukko

Zigeuner *veraltet, fälschl. für:* Sinti und Roma ⓘ
zigeunern *abwertend für:* sich herumtreiben
Zimmer Raum, Stube, Kammer, Kabinett, Räumlichkeit, Innenraum; *geh.:* Gemach, Gelass; *ugs.:* Bude, Kabuff, Klause, Kemenate, Kontor; *abwertend:* Bruchbude, Loch, Zelle
zimmern
1. herstellen, fertigen, anfertigen, fabrizieren, schaffen, produzieren, bauen, basteln
2. tischlern, schreinern
zimperlich
1. empfindlich, überempfindlich, wehleidig, unleidlich, weichlich, heikel; *ugs.:* pimpelig
2. prüde, jüngferlich, altjüngferlich, verschämt, schamhaft, genierlich, zurückhaltend, züchtig, spröde, abweisend, tantenhaft
Zinke Zacke, Spitze
Zinken *abwertend für:* Nase
Zinnober
1. Nichtigkeit, Wichtigtuerei
2. Ramsch, Tand, Firlefanz, Flitter, Kitsch, Plunder, Schund, (wertloser) Kram, Schleuderware, Ramschware, Ausschuss, Schundware, Gerümpel, schlechte/minderwertige Ware
3. Unsinn, Dummheiten, Verrücktheit, Narrheit, Albernheit, Kinderei(en), törichte Einfälle, Torheiten, Späße, Possen; *ugs.:* Getue, Theater, Gehabe, Zirkus, Trara, Tamtam, Faxen, Mätzchen, Rabatz, Rummel
Zipfel
1. Ende, Ecke, Stück, Eckstück

Zigeuner: Ein belasteter Begriff

Im alltäglichen Sprachgebrauch wird der Begriff *Zigeuner* häufig verwendet, um Angehörige eines nicht sesshaften Volkes oder die Gesamtheit dieses Volkes zu bezeichnen. Da diese Titulierung besonders durch die Verfolgungen im Nationalsozialismus sehr negativ belastet ist und häufig als diskriminierend empfunden wird, hat sich in Deutschland das Begriffspaar *Sinti und Roma* für die gesamte Volksgruppe offiziell etabliert. Allerdings geht aus diesem Ausdruck nicht klar hervor, dass die Sinti und die Roma eigenständige Volksgruppen sind. Außerdem lässt er unberücksichtigt, dass nicht nur diese beiden Gruppen zu den *Zigeunervölkern* gezählt werden. Um jeder einzelnen Volksgruppe gerecht zu werden, sollte man die jeweiligen Eigenbezeichnungen wie z. B. *Sinti, Roma, Manusch* oder *Kalé* berücksichtigen.

2. Vorsprung, Ausläufer, Spitze, Zunge
zippen (Daten) komprimieren/verdichten
zirka annähernd, ungefähr, fast, rund, gegen, annäherungsweise, schätzungsweise, etwa, beinahe, um, vielleicht, überschlägig, pauschal, an die, nahezu, einigermaßen, bei, ziemlich
Zirkel
1. → Forum
2. → Gruppe
zirkulieren → kursieren
Zirkus *ugs. für:* Umstand, Umstände, Aufsehen, Aufruhr, Spektakel, Trubel, Lärm, Ziererei; *ugs.:* Getue, Theater, Gehabe, Spiel, Komödie, Trara, Tamtam, Faxen, Mätzchen, Zinnober, Rabatz, Rummel, Aufstand; *landsch.:* Gedöns
zirpen → singen
zischeln zischen, rascheln, flüstern, tuscheln
zischen
1. zischeln, fauchen, einen scharfen Laut hervorbringen
2. durch Zischen seinen Unmut/sein Missfallen zeigen, nicht einverstanden sein
Zitadelle → Festung
Zitat Stelle, Textstelle, Ausspruch, Ausschnitt, Äußerung, Spruch, Satz, Sentenz, Aphorismus, Diktum, Verweis, Beleg
zitieren
1. eine Quelle heranziehen, wörtlich wiedergeben, belegen, anführen
2. beordern, berufen, bestellen, bescheiden, rufen, heranrufen, herbeirufen, herbeizitieren, laden, vorladen, delegieren, zu sich bitten, herbestellen, herbitten, kommen lassen, zum Erscheinen auffordern/befehlen, einbestellen
Zitrone Limone, Zitrusfrucht
zittern
1. frieren, frösteln, schlottern, beben, schauern, mit den Zähnen klappern, durchgeschüttelt werden; *ugs.:* bibbern, schnattern, Gänsehaut bekommen
2. erzittern, erbeben, vibrieren, wackeln, zucken
3. flirren, flattern
4. → ängstigen, sich

zittrig
1. → aufgeregt
2. → gebrechlich
3. → ängstlich

zivil
1. bürgerlich, geordnet, ordentlich, solid, sicher
2. *ugs.:* mäßig (Preise), angemessen, preisgünstig, preiswert, erschwinglich, bezahlbar ⓘ

Zivilcourage → Mut

zögerlich
1. abwartend, zögernd, zaghaft, zaudernd, unentschlossen, unentschieden, unschlüssig, schüchtern, wankelmütig, zweifelnd, mutlos, uncouragiert
2. → allmählich

zögern zaudern, schwanken, Bedenken haben/tragen, sich bedenken, unsicher/unentschlossen/unentschieden/unschlüssig sein, wankend/schwankend werden, mit sich kämpfen/ringen, innehalten, verweilen, sich besinnen, warten, abwarten, sich Zeit lassen, sich zurückhalten, stocken, sich nicht entschließen können, auf der Stelle treten, keine Entscheidung treffen, offenlassen; *geh.:* säumen, zagen; *ugs.:* fackeln

Zögling → Schüler

Zoll
1. Douane
2. Abgaben/Steuer/Tribut/Gebühren an der Grenze

Zöllner Zollbeamter, Zollaufseher, Douanier; *österr.:* Zollwachbeamter; *ugs.:* Finanzer; *schweiz.:* Zoller

Zombie
1. Untoter, Seelenloser, Wiedergänger
2. willenloser/energieloser Mensch

zivil: Von Zivilist bis Zivilisation

Das aus dem Lateinischen stammende Adjektiv *zivil* bedeutet »bürgerlich« im Sinn von »nicht militärisch«. Es steht außerdem für »angemessen«. *Zivile Preise* beispielsweise sind mäßige Preise. Darüber hinaus ist *zivil* Bestandteil einer Reihe von Begriffsbildungen im Zusammenhang mit Zustand und Organisation der Gesellschaft. *Zivilcourage* ist der Mut, eigene Überzeugungen auch in unangenehmen oder kritischen Situationen zu vertreten, andere bei offensichtlichem Fehlverhalten gegen die Regeln der Gemeinschaft zurechtzuweisen und ohne Rücksicht auf eigene Gefährdungen für eine gute Sache einzutreten. *Zivilgesellschaft* bezeichnet die Gesamtheit aller nichtstaatlichen Organisationen, die auf die öffentliche Meinung Einfluss haben. *Zivilisation* steht für die Lebensbedingungen eines Volkes oder der Menschheit, die durch Faktoren wie Wirtschaft, Entwicklungsniveau, Verwaltung und Wohlstand gekennzeichnet sind. *Zivilisationskrankheiten* nennt man funktionelle und organische Gesundheitsstörungen, die durch materielle oder ideelle Einflüsse der *Zivilisation* auf den Menschen begründet oder befördert sind.
Eine *Zivilehe* ist eine auf dem Standesamt und nicht in der Kirche geschlossene Ehe. Als *Zivilist* bezeichnet man jemanden, der nicht Soldat ist. Das Substantiv *Zivil* ist eine Kurzform für *Zivilkleidung* im Gegensatz zur Uniform.

3. Drogenabhängiger, Drogensüchtiger, Freak

Zone → Gebiet

Zoo Zoologischer Garten, Tierpark, Tiergarten, Menagerie

Zorn → Wut

Zote unanständiger/anstößiger/schlüpfriger/frivoler/unflätiger/obszöner Witz, Unanständigkeit, Unflätigkeit; *ugs.:* Ferkelei, Schweinigelei, Schweinerei, Sauerei

zotig → anstößig

zu
1. → geschlossen
2. à, je, pro, per
3. bis zu, an, nach, gegen, heran, herbei, herzu

Zubehör
1. das Zugehörige, Requisit, Utensilien, Accessoires; *ugs.:* Drum und Dran, Klimbim, Kinkerlitzchen
2. Beiwerk, Beilage, Beigabe, Zutat
3. Bestandteil, Element; *geh.:* Ingrediens, Komponente

zubereiten anrichten, vorbereiten, zurichten, herrichten, anfertigen, bereitmachen, fertigmachen, präparieren; *ugs.:* machen, anmachen, zurechtmachen

zubilligen → erlauben

zubinden zuschnüren, verschnüren, mit einer Schnur verschließen

zubringen
1. → aufhalten, sich
2. → ausplaudern
3. *ugs.:* schließen können, zubekommen, zukriegen

Zucht
1. Züchtung, Aufzucht, Kultur
2. Erziehung, Kinderstube; *ugs.:* Schliff, Politur

Z

3. Ordnung, Drill, Dressur, Disziplin, Selbstbeherrschung

züchten ziehen, aufziehen, heranziehen, kreuzen, veredeln, verbessern, pfropfen, okulieren, kultivieren

Zuchthaus
1. → Gefängnis
2. → Freiheitsentzug

züchtig
1. → keusch
2. → sittlich

züchtigen
1. → schlagen
2. → bestrafen

zuchtlos
1. → hemmungslos
2. → anstößig

zucken
1. rucken, wackeln, zappeln (Fisch)
2. zittern, erzittern, beben, erbeben, vibrieren, zusammenfahren, zusammenzucken, erschrecken, schaudern, erschaudern
3. → flackern

zücken schnell herausnehmen/herausziehen

zuckern süßen, einzuckern, überzuckern, kandieren

Zuckerrübe Runkelrübe, Futterrübe

zudecken
1. abdecken, bedecken, überdecken, verdecken, verhüllen, verhängen, schützen
2. → verschweigen

zudem → außerdem

zudrehen
1. ausdrehen, abdrehen, abstellen, ausschalten, abschalten, schließen
2. **sich jmdm. zudrehen** sich zuwenden, sich hinwenden, sich von vorne zeigen

zudringlich → aufdringlich

zueignen widmen, zudenken, verehren, weihen, schenken; *geh.:* dedizieren

zuerkennen zusprechen, zuerteilen

zuerst in erster Linie, an erster Stelle, fürs Erste, als Erstes/Nächstes, vorerst, vorab, vorweg, vorläufig, vorderhand, zunächst, vor allem, zuvor, voraus, am Anfang, anfänglich

Zufahrt
1. Auffahrt, Aufgang, Zugang, Rampe
2. Einfahrt, Toreinfahrt, Hauseinfahrt, Torweg, Einfahrtsweg

Zufall
1. Zufälligkeit, Glück, Glückssache, Glücksfall, Gelegenheit
2. **durch Zufall** zufällig, unbewusst, unerwartet, unbeabsichtigt

zufallen
1. sich (schnell) schließen, ins Schloss fallen, zuschlagen, zuklappen, zuschnappen; *ugs.:* zufliegen
2. (unverdient) zuteilwerden, (unerwartet) erlangen/bekommen, anheimfallen, zufließen, zuströmen, zugesprochen/zugeteilt/zuerkannt werden, jmdm. in den Schoß fallen
3. jmdm. aufgetragen/auferlegt/aufgegeben werden, Auftrag/Anweisung/Order/Befehl erhalten

zufällig
1. durch Zufall, auf Zufall beruhend, absichtslos, unbeabsichtigt, unerwartet, unvorhergesehen, unwillkürlich, ungewollt, schicksalhaft, blind, blindlings, unbewusst, von selbst
2. wahllos, beliebig, willkürlich
3. **wie zufällig** nebenbei, nebenher, beiläufig

zufassen
1. → anfassen
2. → helfen

zufliegen
1. → zufallen
2. mühelos erlangen/erwerben/erreichen/bewältigen, sich nicht anstrengen müssen, in den Schoß fallen, keine Schwierigkeiten haben; *ugs.:* alles wie im Schlaf machen

Zuflucht
1. Zufluchtsort, Zufluchtsstätte, Freistätte, Unterschlupf, Schlupfloch, Schlupfwinkel, Refugium, ruhiger/sicherer Hafen, Schutz, Asyl, Versteck
2. → Unterkunft

Zufluss Zustrom, Zulauf, Zuwachs, Zunahme, Zugang, Eindringen, Einströmen, Vermehrung, Steigerung, Anstieg

zuflüstern
1. vorsagen, einflüstern, zuraunen
2. → ausplaudern

zufolge gemäß, laut, nach, entsprechend

zufrieden
1. zufrieden gestellt, befriedigt
2. → satt
3. → bescheiden
4. → ausgeglichen

zufriedengeben, sich → begnügen, sich

Zufriedenheit
1. Wohlbehagen, Wohlgefühl, Wohlgefallen, Genugtuung, Befriedigung, Behagen, Seelenfrieden
2. Genügsamkeit, Anspruchslosigkeit, Bedürfnislosigkeit, Bescheidenheit, Wunschlosigkeit

zufriedenlassen in Ruhe lassen, nicht behelligen/belästigen/lästig fallen/stören/genieren; *veraltet:* nicht inkommodieren; *ugs.:* nicht belämmern/auf den Wecker fallen/auf die Nerven gehen

zufriedenstellen
1. → befriedigen
2. → gefallen
zufriedenstellend → annehmbar
zufügen → antun
Zug
1. → Eisenbahn
2. → Gruppe
3. Ziehen, Wandern, Flug (Vögel)
4. → Luftzug
5. Prozession, Festzug, Aufzug, Umzug
6. Schluck
7. → Merkmal
8. → Neigung
Zugabe Beigabe, Beilage, Zulage, Zusatz, Zutat, Einlage; *ugs.:* Dreingabe, Extra; *österr.:* Draufgabe, Zuwaage
Zugang
1. → Eingang
2. → Einfahrt
3. → Zunahme
zugänglich
1. → offen
2. → aufgeschlossen
3. → gesellig
zugeben
1. frei/rundweg sagen, kein Hehl machen aus, gestehen, bekanntmachen, sich outen, eingestehen
2. → billigen
3. → beisteuern
zugegen → anwesend
zugehen
1. sich schließen lassen (Tür), verschließbar sein
2. gesandt/zugestellt/überreicht/überbracht/geschickt werden (Post)
3. → geschehen
zugehen auf sich nähern, herantreten, sich zubewegen auf
zugehen lassen → schicken
Zugehfrau → Putzfrau
zugehörig
1. dazugehörend, angeschlossen, integriert
2. jmdm. selbst gehörend, eigen, privat
zugeknöpft → unzugänglich
Zügel
1. Leine, Riemen, Zaum
2. **die Zügel in der Hand haben** herrschen, befehligen, kontrollieren, lenken, leiten
3. **die Zügel in die Hand nehmen** führen, eine Führungsposition einnehmen, sich an die Spitze stellen
Zügel anlegen → zügeln
zügellos hemmungslos, ohne Hemmung, enthemmt, ungehemmt, frei, zwanglos, ungeniert
zügeln Zügel/Zaum/die Kandare anlegen, im Zaum halten, an die Kandare nehmen, mäßigen, drosseln, bremsen, eindämmen, zurückhalten, nicht frei gehen/gewähren lassen
zügeln, sich
1. → beherrschen, sich
2. sparen
zugeneigt → wohlgesinnt
zugeneigt sein mögen, sympathisch finden, gefallen, bevorzugen
zugeschneit → verschneit
zugesellen, sich → anschließen, sich
zugestehen
1. Zugeständnisse/Konzessionen machen, zugeben
2. → erlauben
zugetan → wohlgesinnt
zugetan sein → mögen
zugig → luftig
zügig
1. → fließend
2. → reibungslos
zugkräftig wirksam, werbewirksam, wirkungsvoll, schlagkräftig, reißerisch, erfolgreich, attraktiv, (das Publikum) anziehend, magnetisch, effizient
zugleich
1. zur gleichen Zeit, im selben Augenblick, gleichzeitig, zusammen
2. in gleicher Weise, in einer Person, ebenso, auch
zugreifen
1. zupacken, anpacken, zufassen, anfassen, zulangen, Hand anlegen, → helfen
2. sich bedienen, sich nehmen, eine günstige Gelegenheit nutzen; *ugs.:* ein Schnäppchen machen
3. → essen
zugrunde gehen
1. → sterben
2. (seelisch) zerbrechen an, (innerlich) nicht bewältigen können, scheitern
3. → verwahrlosen
zugrunde legen → voraussetzen
zugrunde liegen → stammen von
zugrunde richten → ruinieren
zugunsten zum Vorteil von, für, zuliebe
zugutehalten → anrechnen
zugutekommen → nutzen
zuhalten (mit der Hand) verschließen, zumachen
zuhalten auf zufahren auf, ansteuern, anpeilen, zielen auf, Richtung/Kurs nehmen auf, anlaufen, ansegeln, zum Ziel nehmen
Zuhälter *ugs.:* Stenz, Strizzi, Schlepper, Louis, Loddel, Lude, Zubringer; *verhüllend:* Beschützer; *scherzh.:* Rennstallbesitzer; *schweiz.:* Mädchenhirt
Zuhause → Heim
zuhören
1. (sich) anhören, hinhören, horchen auf, jmdm. Gehör schenken/sein Ohr leihen, ganz Ohr sein, lauschen, an jmds. Lippen hängen; *ugs.:* die Ohren/

Z

Löffel spitzen/aufsperren, lange Ohren machen
2. → aufpassen
Zuhörer Hörer, Mithörer, Lauscher, Teilnehmer, Anwesender
Zuhörerschaft → Publikum
zujubeln → applaudieren
zuklappen → schließen
zuknallen → zuschlagen
zukommen
1. → zustehen
2. sich (für jmdn.) gehören, sich gebühren, sich schicken, sich ziemen, zu etwas berechtigt sein
3. angemessen/angebracht/angezeigt/zutreffend sein, als Eigenschaft/besonderes Merkmal besitzen
4. etwas auf sich zukommen lassen abwarten, gedulden, (der Dinge) harren, zögern
5. jmdm. etwas zukommen lassen schicken, zuschicken, zusenden, übermitteln, zuleiten, liefern, bringen
6. zugutekommen/zuteilwerden/angedeihen lassen, zuschieben, zustecken, zuspielen, geben, heimlich geben, als Vergünstigung gewähren
7. → schenken
zukommen auf → kommen
Zukunft
1. die kommende/spätere Zeit, das Kommende/Nachher, Folgezeit
2. Nachwelt, Nachkommen, nachfolgende Generation(en)/Geschlechter
3. Perspektive, Aussicht (auf Erfolg), Hoffnung, Chance, Möglichkeit
zukünftig → künftig
Zulage
1. zusätzliche Zahlung, finanzielle Mehrleistung, Zuschlag, Geldzulage, (freiwillige) Vergütung/Entschädigung, Zuwendung, Prämie; *geh.:* Gratifikation
2. → Zugabe
zulangen
1. → zugreifen
2. → essen
zulassen
1. dulden, zugeben, geschehen lassen, tolerieren, respektieren, schalten und walten lassen, → erlauben
2. → anerkennen
zulässig erlaubt, statthaft, gestattet, genehmigt, zugestanden, bejaht, bewilligt, rechtmäßig, berechtigt
Zulauf → Zustrom
zulaufen
1. zufließen, zuströmen, einströmen
2. sich anschließen (Tier), sich jmdm. anhängen, sich einfinden
zulegen
1. → beisteuern
2. *ugs.:* steigern (Tempo), erhöhen, verstärken, vergrößern, anheben
zulegen, sich
1. annehmen (neuen Namen), sich aneignen (Gewohnheit), sich zu Eigen machen
2. → kaufen
zuleide tun → antun
zuleiten → schicken
zuletzt
1. als Letzter, zuallerletzt, an letzter Stelle, ganz hinten, zuhinterst, am Ende/Schluss
2. zu guter Letzt, letztens, nach längerer Zeit/längerem Warten, im Lauf der Zeit, nach Jahr und Tag
3. endlich, schließlich, letztlich, eigentlich
zuliebe mit Rücksicht auf, um jmdm. einen Gefallen zu tun, zugunsten, für
zumachen → schließen
zumal
1. → besonders
2. vor allem/besonders da, weil
zumauern → verbarrikadieren
zumauern, sich → abkapseln, sich
zumessen → zuteilen
zumindest → mindestens
zumuten
1. → abverlangen
2. → aufbürden
3. sich zu viel zumuten sich überanstrengen, sich quälen, sich überstrapazieren, sich übernehmen
zunächst
1. → zuerst
2. → einstweilen
Zunahme
1. Zugang, Zuwachs, Zustrom, Steigerung, Anstieg, Vermehrung, Verstärkung, Verdichtung, Vergrößerung, Erhöhung, Hebung, Wachstum, Intensivierung, Verbesserung, Eskalierung, Eskalation, Progression
2. → Zustrom
3. → Fortschritt
Zuname Familienname, Nachname
zünden
1. → anzünden
2. Stimmung/Begeisterung hervorrufen, wirken
Zunder
1. → Geld
2. → Prügel
Zündholz Streichholz; *landsch.:* Reibholz; *ugs.:* Hölzchen; *österr.:* Zünder
Zündstoff
1. Dynamit, Sprengstoff
2. Explosivstoff, Konfliktstoff, Brisanz
zunehmen
1. → dick werden
2. sich vermehren, sich vergrößern, sich vervielfa-

Von feinen und spitzen Zungen

Die *Zunge* als Organ zum Sprechen erscheint in vielen Redensarten bildlich als die Schwelle, die das Wort überwinden muss. *Sich (fast) die Zunge abbrechen* kann man an einem nur schwer auszusprechenden Wort. *Sich auf die Zunge beißen* heißt, ein Geheimnis für sich zu behalten. Umgangssprachlich will jemand, der etwas Bestimmtes ganz sicher nicht sagen will, *sich lieber die Zunge abbeißen*. Die Redewendung *etwas liegt jemandem auf der Zunge* besagt, es fällt ihm nicht sofort ein, obwohl er es weiß.
Seiner Zunge freien Lauf lassen ist eine Umschreibung für frei und offen reden. *Angst bindet jemandem die Zunge,* der aus diesem Grund nicht sprechen kann. Ist Erschrecken die Ursache dafür, *lähmt es die Zunge. Die Zunge im Zaum halten* bedeutet, vorsichtig mit dem zu sein, was man sagt. *Sich die Zunge verbrennen* beschreibt hingegen das Gegenteil.
Zeichen von Erschöpfung oder Gehetztsein ist es, wenn *die Zunge zum Hals heraushängt*. Die Redensart *sich etwas auf der Zunge zergehen lassen* kann ausdrücken »etwas genießerisch aussprechen und wiederholen« oder »etwas genießerisch schmecken«. *Jemandem die Zunge lösen* heißt, ihn durch Alkohol oder Gewalt zum Sprechen zu bringen. Darüber hinaus gibt es eine Vielzahl von übertragenen Ausdrücken mit festen Adjektiven zu *Zunge*. Durch diese Zusätze werden unterschiedliche Arten des Sprechens charakterisiert. Eine *boshafte/böse/giftige Zunge* ist Ausdruck von Bosheit. Dementsprechend steht die Formel *böse Zungen (behaupten/sagen)* als Pars pro Toto »für boshafte Menschen (behaupten/sagen)«.
Eine *falsche/gespaltene Zunge* kennzeichnet den Lügner. Wer eine *freche/lose Zunge* hat, ist unverschämt; dem Schmeichler wird die *glatte Zunge* zugeschrieben. Eine *spitze/scharfe Zunge* hat jemand, der schlagfertig ist und dabei zugleich den anderen kränkt. Trunkenheit oder auch Krankheit verrät eine *belegte Zunge*. Von einem Feinschmecker heißt es, er hat eine *feine/gute/verwöhnte Zunge*. Dichterisch ist *Zunge* schließlich ein Synonym für Sprache (in deutscher *Zunge). Mit tausend Zungen reden* bedeutet, eindringlich zu reden oder zu predigen. Dafür gibt es auch den bildlichen Ausdruck *mit Engelszungen reden*.

chen, sich verstärken, sich potenzieren, sich verdichten, sich verschlimmern, sich verschlechtern, steigen, ansteigen, sich steigern, sich erhöhen, anwachsen, anschwellen, an Ausdehnung gewinnen, sich ausdehnen, sich ausweiten, sich erweitern, eskalieren

zunehmend ansteigend, anwachsend, ausweitend, vermehrt, sich vermehrend, erhöht

Zuneigung
1. → Neigung
2. → Liebe
3. → Wohlwollen
4. → Güte

Zunft Innung, Gilde, Handwerkerverein

zünftig
1. bodenständig, ursprünglich, urwüchsig, ungekünstelt, echt, unverfälscht, stramm; *ugs.:* waschecht, urig
2. → gehörig

Zunge Vorsprung, Ausläufer, Zipfel, Spitze ⓘ

züngeln unruhig brennen, flackern, lodern, zucken, flacken, wabern, lecken

zunichtemachen → vereiteln

zunutze machen, sich → ausnutzen

zuordnen → einordnen

zupacken → zugreifen

zupfen ziehen, rupfen, reißen, zerren

zuprosten → zutrinken

zurande kommen meistern, bewältigen, vollbringen, richtig umgehen können/fertigwerden mit, erledigen, beikommen, einer Sache gerecht/Herr werden, zurechtkommen mit, zustande/zuwege bringen, in den Griff bekommen, gewachsen sein, sich zu helfen wissen; *ugs.:* über die Runden/zu Potte kommen, managen, hinkriegen, klarkommen, auf die Reihe kriegen, packen, deichseln

zuraten
1. → raten
2. → überreden

zurechnungsfähig (geistig) gesund, mit gesundem/klarem Menschenverstand, normal, klar, fit, bewusst, urteilsfähig; *ugs.:* ganz/voll da

zurechtfinden, sich
1. den rechten Weg/die richtige Lösung finden, Zusammenhänge erkennen, sich durchfinden, sich orientieren können
2. **sich zurechtfinden mit** bewältigen, zurechtkom-

men mit, meistern, bewerkstelligen, fertigwerden mit

zurechtkommen
1. zur rechten Zeit kommen/eintreffen, pünktlich sein
2. → bewältigen

zurechtkommen mit → auskommen mit

zurechtlegen passend hinlegen, bereitlegen, bereitstellen, bereithalten, fertigmachen, zurechtmachen, richten, herrichten, vorbereiten

zurechtlegen, sich → ausdenken, sich

zurechtmachen → zurechtlegen

zurechtmachen, sich → herausputzen, sich

zurechtrücken
1. an die richtige Stelle rücken, zurechtstellen, geradestellen, geraderücken, ordnen, in Ordnung bringen, Ordnung machen/schaffen, aufräumen
2. → bereinigen

zurechtweisen maßregeln, in die Schranken weisen, (auf Pflicht und Ordnung) hinweisen, eine Lehre/Lektion erteilen, sich jmdn. vornehmen, seine/die Meinung sagen, Bescheid sagen, zur Vernunft/Räson bringen, tadeln, schimpfen; *ugs.:* eine Standpauke/Gardinenpredigt halten, aufs Dach steigen, eins aufs Dach geben, abkanzeln, herunterkanzeln, heimleuchten, heimgeigen, es jmdm. (gründlich) geben, Fraktur reden mit, den Kopf waschen/zurechtsetzen, auf die Finger klopfen, die Leviten lesen, den Marsch blasen, eins auf den Hut/Deckel/die Haube geben, zusammenstauchen, sich jmdn. vorknöpfen/kaufen/greifen, jmdm. eine Zigarre verpassen, jmdn. einnorden

Zurechtweisung Tadel, Verweis, Rüge, Abreibung

zureden
1. → raten
2. → überreden

zurichten
1. → zubereiten
2. → beschädigen
3. → verletzen

zürnen böse/zornig/wütend/gram/spinnefeind/aufgebracht/entrüstet/erbost sein, wüten, hadern, grollen, schmollen, sich ärgern, übelnehmen, verargen, verübeln; *ugs.:* ankreiden, krummnehmen

zurück
1. rückwärts, retour, rückläufig, nach hinten, in umgekehrter Richtung
2. heim, heimwärts, nach Hause, heimzu

zurückbegeben, sich → zurückgehen

zurückbilden, sich degenerieren, zurückgehen, regredieren, verkümmern

zurückbleiben
1. (sich) langsamer entwickeln, langsamer vorwärtskommen, in Rückstand geraten, zurückfallen, abfallen, abgehängt werden, hintanbleiben, nicht Schritt halten können, erlahmen, nachlassen, sich verschlechtern, nicht mitkommen; *ugs.:* nachhinken, hinterherhinken, hängen, schlappmachen
2. (als Folge) bleiben, übrig bleiben/sein, überflüssig/überzählig sein

zurückblicken
1. → erinnern, sich
2. → umsehen, sich

zurückdenken → erinnern, sich

zurückdrängen → unterdrücken

zurückerinnern, sich → erinnern, sich

zurückfahren → zurückschrecken

zurückfallen
1. → zurückbleiben
2. jmdm. als Schuld/Fehler angerechnet/angelastet werden, ein Licht werfen auf, sprechen für

zurückfallen in wieder verfallen in, rückfällig werden, noch einmal/wieder tun, nicht lassen können, wiederholen

zurückfinden → zurückkommen

zurückführen → ableiten

zurückgeben
1. wiedergeben, wiederbringen, zurückbringen, zurücksenden, zurückschicken; *österr.:* zurückstellen, retournieren
2. → zurückzahlen
3. → antworten

zurückgeblieben unentwickelt, unterentwickelt, infantil, (geistig) nicht vollentwickelt, kindisch, beschränkt, kindlich, unreif; *ugs.:* zurück, geistig minderbemittelt, einfach gestrickt

zurückgehen
1. sich zurückbegeben, zurücklaufen, sich auf den Rückweg/Nachhauseweg/Heimweg begeben, heimkehren, zurückkehren, heimgehen, sich heimbegeben, nach Hause gehen, umkehren
2. sich zurückbilden, regredieren, verkümmern, degenerieren
3. → abflauen

zurückgehen auf → stammen von

zurückgezogen → einsam
zurückgreifen, auf sich beziehen/berufen/stützen auf, anknüpfen an, zurückkommen/Bezug nehmen/verweisen auf
zurückhalten
1. bei sich behalten/belassen, halten, behalten, dabehalten, hierbehalten, einbehalten, nicht aus der Hand geben
2. → unterdrücken
3. → aufhalten
zurückhalten, sich
1. → sparen
2. sich abwartend verhalten, sich bedeckt halten, Abstand/Distanz wahren, sich Zurückhaltung auferlegen, im Hintergrund bleiben, sich in Grenzen halten; *ugs.:* sich vom Leibe halten
3. → beherrschen, sich
zurückhaltend
1. → bescheiden
2. → reserviert
3. dezent, taktvoll, höflich, unaufdringlich, unauffällig, vornehm
Zurückhaltung
1. → Reserve
2. → Scheu
zurückkehren → zurückkommen
zurückkommen wiederkommen, heimkommen, wiederkehren, heimkehren, umkehren, zurückkehren, zurückgehen, zurückfahren, zurückreisen, zurückfliegen, heimfinden, zurückfinden
zurückkommen auf zurückgreifen auf, wieder aufgreifen, wiederaufnehmen
zurücklassen
1. nachlassen, hinterlassen, dalassen, stehen lassen
2. → vererben
3. → überholen
4. übrig lassen, als/einen Rest lassen
zurücklegen
1. hinter sich bringen (Wegstrecke), bewältigen, schaffen
2. → reservieren
3. → sparen
zurückliegen in der Vergangenheit geschehen sein, vergangen/vorüber/vorbei/gewesen/lange her sein; *geh.:* passé sein
zurücknehmen → widerrufen
zurücknehmen, sich sich (vornehm) zurückhalten, sich beherrschen, sich bändigen, an sich halten, ruhig bleiben, die Ruhe bewahren
zurückprallen
1. zurückspringen, zurückschnellen, abprallen
2. → zurückschrecken
zurückrufen
1. (durch Rufen) zum Umkehren auffordern, noch einmal zu sich rufen, zurückholen; *ugs.:* zurückpfeifen
2. wieder anrufen/antelefonieren
3. → abberufen
zurückschauen
1. → erinnern, sich
2. → umsehen, sich
zurückschlagen → abwehren
zurückschrecken
1. (erschreckt) zurückweichen, sich plötzlich abwenden, zurückfahren, zurückprallen, zurückschaudern, zusammenfahren
2. → scheuen
zurücksehen → umsehen, sich
zurücksenden → zurückgeben
zurücksetzen
1. → benachteiligen
2. rückwärts fahren (Auto)
zurückstecken
1. → begnügen, sich
2. → nachgeben
zurückstehen → nachstehen
zurückstellen
1. hintenanstellen, hintenansetzen; *ugs.:* auf Eis legen
2. → aufschieben
3. → benachteiligen
4. → reservieren
5. → befreien
zurückstoßen
1. abstoßen, anwidern, ekeln, widerwärtig/unsympathisch sein, missfallen
2. wegstoßen, abwehren, abschütteln, von sich weisen, zurückweisen
zurücktreten → kündigen
zurücktreten von
1. → aufgeben
2. → abbestellen
zurückversetzen, sich → erinnern, sich
zurückweichen
1. (nach hinten) ausweichen, rückwärtsgehen, aus dem Weg gehen, beiseitegehen, Platz machen
2. → nachgeben
3. → zurückziehen, sich
zurückweisen
1. → ablehnen
2. → abwehren
zurückwerfen
1. spiegeln, widerspiegeln, reflektieren, zurückstrahlen, wiedergeben, projizieren
2. in der Entwicklung behindern/hemmen/bremsen/zurückhalten/abhalten/aufhalten/beschränken, zurückschlagen, in Verzug bringen, beeinträchtigen, benachteiligen; *ugs.:* ins Hintertreffen geraten
zurückzahlen
1. zurückgeben, wiedergeben, erstatten, zurück-

erstatten, wiedererstatten, vergüten, rückvergüten, Verbindlichkeiten erfüllen, vergelten, abgelten, entgelten, ausgleichen, entschädigen, Schulden tilgen, begleichen
2. vergelten

zurückziehen
1. → widerrufen
2. → abberufen

zurückziehen, sich
1. → kündigen
2. → abkapseln, sich
3. in den Ruhestand treten, sich zur Ruhe setzen, das Berufsleben aufgeben, in Pension gehen
4. → nachgeben

Zusage
1. → Erlaubnis
2. → Versprechen

zusagen
1. → versprechen
2. passen, passend erscheinen, recht sein, nicht unlieb sein, wie gerufen kommen, jmds. Vorstellung entsprechen
3. → gefallen
4. → schmecken

zusammen
1. → gemeinsam
2. → insgesamt
3. → zugleich

Zusammenarbeit gemeinsames Arbeiten/Wirken, Gemeinschaftsarbeit, Kollektivarbeit, Gruppenarbeit, Joint Venture, Teamwork, Kooperation

zusammenarbeiten zusammenwirken, im Team/in der Gruppe arbeiten, gemeinsam/an der gleichen Sache/auf demselben Gebiet arbeiten, kooperieren, Hand in Hand arbeiten

zusammenballen
1. zu einem Klumpen/einer Kugel ballen, zusammenknüllen
2. → konzentrieren

zusammenballen, sich
1. sich zusammenziehen (Unwetter), heranziehen, aufziehen, heraufziehen, herankommen, herannahen, sich nähern, aufkommen, im Anzug sein, sich zusammenbrauen, drohen, sich ankündigen, sich entwickeln, bevorstehen
2. sich anhäufen, sich ansammeln, immer mehr werden, sich stauen, sich aufstauen, sich anstauen, zusammenkommen, sich aufspeichern, sich stapeln

zusammenbrauen
1. → mischen
2. → kochen

zusammenbrauen, sich
1. → zusammenballen, sich
2. → ankündigen, sich

zusammenbrechen
1. zusammenstürzen, zusammenfallen, einstürzen, einfallen; *ugs.:* zusammensacken, zusammenklappen, zusammenkrachen, kaputtgehen
2. → ohnmächtig werden
3. → scheitern

zusammenbringen
1. → anhäufen
2. → bekanntmachen
3. → fertigbringen

Zusammenbruch
1. Einsturz, Einbruch, Zusammensturz, Crash, Kollaps
2. Ruin, Bankrott, Konkurs
3. → Unglück
4. → Niederlage

zusammendrängen
1. zusammenpferchen, zusammendrücken, zusammenzwängen, zusammenpressen, zusammenschieben; *ugs.:* zusammenquetschen
2. → konzentrieren

zusammendrängen, sich
1. sich zwängen, sich quetschen, sich drängen, sich bedrängen, sich aneinanderpressen
2. sich ballen, sich konzentrieren, sich sammeln

zusammenfahren
1. → erschrecken
2. → zusammenstoßen
3. *ugs. für:* beschädigen, verletzen, töten; *ugs.:* über den Haufen fahren

zusammenfallen
1. → zusammenbrechen
2. → übereinstimmen
3. → überschneiden, sich
4. → abmagern
5. → schrumpfen

zusammenfassen
1. → konzentrieren
2. zusammenfassend formulieren, das Fazit ziehen, einen Überblick geben, das Wichtigste noch einmal wiedergeben; *geh.:* resümieren

Zusammenfassung → Resümee

zusammenfinden
1. zusammenkommen, ein Paar werden, sich/einander finden
2. sich versammeln, sich treffen, zusammenströmen, zusammenkommen, sich scharen; *ugs.:* sich zusammentun

zusammenfügen zusammensetzen, zusammenbauen, koppeln, aneinanderfügen, verknüpfen, verbinden, verzahnen, vereinigen, verketten, montieren; *ugs.:* zusammenstückeln, zusammenflicken, zusammenschustern

zusammenfügen, sich sich (zu einem Ganzen) verbinden, sich zusammenschließen, sich vereinen, sich kombinieren, sich paaren

Z

zusammenführen → bekanntmachen
zusammengehören
1. eine Einheit bilden, in enger Beziehung zueinanderstehen, Beziehungen unterhalten, zusammenhalten, zusammenstehen, zusammenhängen, ein Herz und eine Seele sein, Freunde/einig/eins sein, übereinstimmen; *ugs.:* an einem Strang ziehen
2. zusammen wohnen, gemeinsam einen Haushalt führen
Zusammengehörigkeit
1. → Solidarität
2. → Einheit
Zusammenhalt → Solidarität
zusammenhalten
1. verbunden sein, einander beistehen, sich gegenseitig helfen, unzertrennlich sein, sich nicht trennen lassen, aneinanderhängen, zusammenbleiben, zusammengehören
2. aneinanderhalten, dagegenhalten, danebenhalten, nebeneinanderhalten
3. **Geld zusammenhalten** → sparen
Zusammenhang
1. Bezug, Bindung, Verbindung, Relation, Nexus, Kommunikation, Beziehung, Verhältnis; *geh.:* Konnex
2. Hinsicht, Punkt, Richtung, Hinblick, Aspekt, Blickwinkel, Perspektive, Hintergrund
3. → Kontext
zusammenhängen
1. → zusammengehören
2. in Zusammenhang/Beziehung/Verbindung stehen, sich beziehen/Bezug nehmen auf
3. zusammenkoppeln, zusammenkuppeln, aneinanderhängen, verbinden
zusammenhanglos
1. → konfus
2. → stotterig
zusammenklappen
1. → zusammenbrechen
2. → ohnmächtig werden
zusammenkommen
1. sich sammeln, sich versammeln, zusammentreffen, zusammentreten, sich treffen, sich sehen, sich wiedersehen, sich zusammenfinden, sich zusammensetzen, tagen, sich ein Stelldichein geben
2. → anhäufen, sich
zusammenkrachen
1. → zusammenbrechen
2. → zusammenstoßen
3. → ohnmächtig werden
zusammenkratzen (mit Mühe) zusammentragen/zusammenbringen/sammeln/ansammeln; *ugs.:* zusammenscharren
Zusammenkunft
1. Treff, Treffen, Zusammentreffen, Begegnung, Beisammensein, Wiedersehen
2. Verabredung, Rendezvous, Stelldichein, Date, Tete-a-tete, Termin, Meeting
3. Versammlung, Tagung, Kongress, Konferenz, Besprechung, Gespräch, Sitzung, Teach-in
zusammenlaufen
1. zusammenströmen, zusammenfließen, sich treffen, sich vereinigen, münden, einmünden
2. herbeieilen, sich scharen, sich zusammenscharen, sich sammeln, sich versammeln, zusammentreffen
3. → gerinnen
4. → einlaufen
zusammenleben in Gemeinschaft/gemeinsam leben, zusammenwohnen, zusammengehören, gemeinsam wirtschaften/einen Haushalt führen
zusammenlegen
1. → konzentrieren
2. sich finanziell beteiligen, gemeinsam Geld geben; *ugs.:* in einen Topf werfen, gemeinsame Sache machen
3. falten, zusammenschlagen
zusammennehmen → konzentrieren
zusammennehmen, sich
1. → beherrschen, sich
2. → anstrengen, sich
zusammenpassen → passen
Zusammenprall
1. Zusammenstoß, Aufprall, Kollision
2. → Streit
zusammenprallen → zusammenstoßen
zusammenpressen → zusammendrängen
zusammenraffen → raffen
zusammenraffen, sich
1. → beherrschen, sich
2. → überwinden, sich
zusammenrasseln → zusammenstoßen
zusammenreimen, sich → deuten
zusammenreißen, sich
1. → beherrschen, sich
2. → überwinden, sich
zusammenrotten, sich → verbünden, sich
zusammenrufen heranrufen, herbeirufen, zitieren, herbeizitieren, bestellen, beordern, kommandieren, zu sprechen wünschen, versammeln; *ugs.:* zusammentrommeln
zusammenrumpeln → zusammenstoßen
zusammensacken → ohnmächtig werden
zusammenscharen, sich
1. → verbünden, sich
2. → vereinigen, sich

zusammenscharren
1. → sammeln
2. → raffen
Zusammenschau → Überblick
zusammenschlagen
1. → zerstören
2. → schlagen
3. falten, zusammenlegen
zusammenschließen → konzentrieren
zusammenschließen, sich
1. → verbünden, sich
2. → vereinigen, sich
Zusammenschluss → Bund
zusammenschütten → mischen
zusammensetzen
1. → zusammenfügen
2. → anordnen
zusammensetzen, sich
1. sich konstituieren, sich bilden, zusammentreten, zusammenkommen
2. → besprechen, sich
3. **sich zusammensetzen aus** bestehen aus, gebildet/gemacht sein aus, enthalten, umfassen, einschließen
zusammenstauchen → schimpfen
zusammenstellen
1. ordnen, anordnen, sortieren, listen, auflisten, gruppieren, einteilen, aufteilen, arrangieren, rubrizieren, katalogisieren, systematisieren, in ein System bringen, strukturieren
2. rekrutieren, zusammenziehen, versammeln, kombinieren, komponieren
3. gestalten (Ausstellung), aufbauen, einrichten; *ugs.:* aufziehen
4. → vergleichen ⓘ
Zusammenstellung
1. → Aufstellung
2. → Auswahl
zusammenstimmen
1. → passen
2. → harmonieren

zusammenstellen: Rekrutieren und kombinieren

Für den Begriff *zusammenstellen* gibt es eine Reihe sinnverwandter Fremdwörter, die das deutsche Wort im jeweiligen Kontext passend ersetzen können.
Von *rekrutieren* spricht man vor allem dann, wenn eine Gruppe von Personen *zusammengestellt* wird. Wer Dinge oder Sachverhalte *kombiniert,* der stellt Verbindungen zwischen ihnen her und fügt sie auf diese Weise zu einer Einheit zusammen. Von *komponieren* wird insbesondere dann gesprochen, wenn etwas auf kunstvolle Weise zusammengefügt und arrangiert wird, wie z. B. musikalische Werke, Gemälde oder auch Speisen.

Zusammenstoß
1. Zusammenprall, Aufprall, Kollision, Karambolage, Massenkarambolage, Unfall, Auffahrunfall
2. → Streit
zusammenstoßen
1. zusammenfahren, auffahren auf, aneinanderprallen, zusammenprallen, kollidieren, sich ineinanderverkeilen, rammen; *ugs.:* zusammenrasseln, zusammenrumpeln, zusammenrumsen, zusammenrauschen, zusammenkrachen
2. zusammentreffen, sich berühren
3. → streiten, sich
zusammenströmen → zusammenlaufen
zusammenstürzen → einstürzen
zusammentragen
1. → anhäufen
2. → raffen
zusammentreffen
1. zusammenstoßen, sich berühren
2. → zusammenkommen
3. → überschneiden, sich
Zusammentreffen → Zusammenkunft
zusammentreten
1. → zusammenkommen
2. sich konstituieren, sich bilden, sich zusammensetzen

zusammentrommeln → zusammenrufen
zusammentun, sich
1. → verbünden, sich
2. → vereinigen, sich
zusammenwachsen → verwachsen
zusammenzählen addieren, dazuzählen, summieren, zusammenziehen, zusammenrechnen, hinzufügen
zusammenziehen
1. → konzentrieren
2. → zusammenzählen
zusammenziehen, sich
1. → zusammenballen, sich
2. → schrumpfen
zusammenzucken → erschrecken
Zusatz
1. → Zugabe
2. → Anhang
3. → Anmerkung
zusätzlich → außerdem
zuschanzen
1. → zustecken
2. → beschaffen
zuschauen → zusehen
Zuschauer
1. Besucher, Teilnehmer, Betrachter, Beobachter, Publikum, Schlachtenbummler, Schaulustige, Umstehende, Anwesende, Zaungast, Zuhörer, Auditorium; *ugs.:* Gaffer
2. Anhänger, Jünger, Getreue, Verehrer, Fans

zuschicken → schicken
zuschieben
1. → zustecken
2. → beschaffen
zuschießen finanziell unterstützen/helfen, Geld zuwenden, subventionieren, sponsern, beisteuern, zusetzen, zusteuern, zugeben, zulegen, dazuzahlen, dazutun, bezuschussen, beitragen, spenden; *ugs.:* zubuttern, zuschustern, drauflegen, draufzahlen, unter die Arme greifen
Zuschlag
1. → Zulage
2. Aufschlag, Erhöhung, Aufpreis, Aufgeld
zuschlagen
1. zustoßen, zuwerfen, zuschmettern, zuschleudern, mit einem Knall zumachen/schließen; *ugs.:* zuknallen, zuballern, zuschmeißen
2. → zufallen
3. → schlagen
4. → bedienen, sich
zuschließen abschließen, verschließen, absperren, zusperren, abriegeln, zuriegeln, verriegeln, zumachen, den Riegel/das Schloss vorlegen
zuschnappen
1. → zufallen
2. → beißen
Zuschnitt Schnitt, Form, Fasson, Art, Machart, Design, Styling, Stil
zuschnüren zubinden, verschnüren, verschließen, mit einer Schnur verschließen
zuschreiben
1. beimessen, beilegen, halten/erachten für, nachsagen, in den Mund legen
2. überschreiben, übertragen, zuweisen, überweisen, zuteilen
Zuschrift → Brief
Zuschuss Unterstützung, finanzielle Hilfe, Beitrag, Beihilfe, Zuwendung, Subvention, Förderung
zusehen
1. zuschauen, beobachten, betrachten, mit den Augen folgen, ins Auge fassen; *ugs.:* zugucken, glotzen, gaffen; *abwertend:* Maulaffen feilhalten
2. abwarten, zuwarten, sich gedulden, harren, zögern
3. sich bemühen um, sorgen für, sich anstrengen, sich Mühe geben
zusehends → merklich
zusetzen
1. → hinzufügen
2. → verlieren
3. → bedrängen
4. → erschöpfen
zusichern → versprechen
Zusicherung → Versprechen
zusperren → zuschließen
zuspielen
1. zuwerfen, zuschießen, anspielen, abspielen, bedienen
2. → zustecken
zuspitzen spitzen, anspitzen, spitz machen, schärfen
zuspitzen, sich
1. spitz zulaufen, sich verjüngen, schmaler werden, sich verengen
2. → verschärfen, sich
zusprechen
1. zuerkennen, zuerteilen
2. → einreden auf
3. → bedienen, sich
Zuspruch → Trost
Zustand
1. Kondition, Beschaffenheit, Verfassung, Befinden, Ergehen, Leistungsfähigkeit, Form
2. → Lage
3. → Stimmung
zustande bringen
1. → bewältigen
2. → fertigbringen
zustande kommen → gelingen
zuständig
1. kompetent, ausschlaggebend, maßgebend
2. befugt, verantwortlich, berechtigt, ermächtigt; *geh.:* autorisiert
zustattenkommen → nutzen
zustecken zukommen/zugutekommen/angedeihen lassen, heimlich geben/in die Hand drücken, zuschieben, schenken, zuspielen; *ugs.:* zuschanzen
zustehen ein Anrecht/einen Anspruch haben auf, mit Recht gehören, jmds. Recht sein, zukommen, jmdm. gebühren
zustellen
1. aushändigen, überreichen, übereignen
2. → liefern
Zusteller Briefträger, Briefzusteller, Postbote, Eilbote, Telegrammbote, Paketzusteller; *landsch.:* Briefbote, Zubringer
zusteuern → zuschießen
zusteuern auf
1. → zuhalten auf
2. → zielen auf
zustimmen
1. → billigen
2. → ermutigen
Zustimmung
1. → Lob
2. → Einigkeit
3. → Einverständnis
zustoßen
1. → zuschlagen
2. widerfahren, passieren, geschehen, zuteilwerden, begegnen, betreffen, unterlaufen, hereinbrechen
Zustrom
1. Zulauf, Zufluss, Zuwachs, Zunahme
2. Andrang, Sturm, Ansturm, Ansammlung, Getriebe, Gedränge
3. → Zunahme

zutage fördern → aufspüren
Zutat
1. → Zugabe
2. → Beiwerk
Zutaten Bestandteile, Beimengungen, Beimischungen, Beiwerk, Inhaltsstoffe, Elemente, Komponenten, Zubehör; *geh.:* Ingredienzen
zuteilen
1. vergeben (Arbeit), übertragen, aufteilen, verteilen, austeilen, verabfolgen, verabreichen, geben, überantworten
2. zumessen, zuweisen, zuerteilen, zuerkennen, zusprechen, dosieren, einteilen; *geh.:* kontingentieren, rationieren
zutiefst → sehr
zutragen → ausplaudern
zutragen, sich geschehen, sich ereignen, sich abspielen, eintreten, passieren, ablaufen, sich begeben, vonstattengehen, vor sich gehen, stattfinden; *ugs.:* über die Bühne gehen
Zuträger
1. → Denunziant
2. → Spion
zuträglich → bekömmlich
zutrauen jmdn. für fähig/imstande halten, glauben an, vertrauen auf, Vertrauen schenken
Zutrauen → Vertrauen
zutraulich
1. → zahm
2. vertrauensvoll, voll Vertrauen, ohne Ängstlichkeit/Scheu/Fremdheit, anschmiegsam
3. → arglos
zutreffen
1. sich als wahr/richtig/zutreffend erweisen/herausstellen, stimmen, sich bestätigen, sich bewahrheiten
2. → passen
zutreffend → richtig
zutrinken auf jmds. Wohl trinken/anstoßen, einen Trinkspruch/Toast/ein Hoch ausbringen, jmdn. hochleben lassen
Zutritt
1. Eingang, Einlass, Eintritt
2. Eintreten, Berechtigung zum Eintreten/Betreten/Hineingehen
Zutun → Hilfe
zuverlässig
1. glaubwürdig, vertrauenswürdig, Vertrauen erweckend, verlässlich, ehrlich, aufrichtig, wahr, wahrhaftig
2. → gewissenhaft
3. → rechtschaffen
4. sicher, gesichert, verbürgt, garantiert, authentisch, echt, unfehlbar, unzweifelhaft, stichhaltig
Zuversicht
1. → Vertrauen
2. → Optimismus
zuversichtlich voller Zuversicht, hoffnungsfroh, hoffnungsfreudig, hoffnungsvoll, optimistisch, lebensbejahend, guten Mutes, getrost, unverzagt, unverdrossen, sicher, siegessicher, siegesbewusst, siegesgewiss, positiv, vertrauensvoll, ohne Furcht, zukunftsgläubig
zu viel → übermäßig
zuvor
1. vorher, davor, vordem
2. → zuerst
zuvorkommen
1. vorwegnehmen, vorgreifen, vorbauen
2. schneller sein/handeln/agieren, vorangehen
zuvorkommend → entgegenkommend
Zuwachs
1. → Zunahme
2. → Zustrom
Zuwanderer
1. Immigrant, Einwanderer, Übersiedler, Umsiedler, Asylbewerber, Migrant, Flüchtling
2. Zugereister, Neuankömmling
zuwandern → immigrieren
zuwarten → gedulden, sich
zuwege bringen
1. → bewältigen
2. → fertigbringen
zuweilen → manchmal
zuweisen
1. überweisen, anweisen, überschreiben
2. → zuteilen
zuwenden
1. sich hinwenden, sich hindrehen, sich hinkehren, sich zukehren
2. → sich beschäftigen mit
Zuwendung
1. Anteilnahme, Entgegenkommen, Zuneigung
2. → Zuschuss
3. → Schenkung
4. → Güte
zuwerfen → zuschlagen
zuwiderhandeln verstoßen gegen, verletzen, übertreten, sündigen, freveln, abweichen, etwas unterlaufen/untergraben, entgegenhandeln, Befugnisse überschreiten, das Recht antasten, sich etwas zuschulden kommen lassen, Unrecht tun, widerrechtlich handeln, eine strafbare Handlung begehen, sich richten gegen
zuwider sein
1. → anwidern
2. → verabscheuen
zuzahlen → zuschießen
zuziehen
1. → immigrieren
2. → heranziehen
zuziehen, sich
1. auf sich ziehen, bekommen, davontragen, sich einhandeln, sich anste-

cken, befallen/krank werden, sich infizieren; *ugs.:* sich holen, etwas fangen/auffangen/aufschnappen/aufgabeln/ausbrüten
2. → eintrüben, sich
zuzüglich → einschließlich
Zwang
1. Druck, Nötigung, Gewalt, Vergewaltigung, Pression, Bedrängung, Muss, Fessel, Kette, Unterdrückung, Unfreiheit, Knechtschaft, Sklaverei
2. Erfordernis, Pflicht, Gebot, Unerlässlichkeit, Unabwendbarkeit, zwingende Notwendigkeit, Verpflichtung
3. seelische Belastung, Hemmung, Zwangsvorstellung, Obsession, fixe Idee
4. **sich Zwang antun** sich beherrschen, sich bändigen, sich zähmen, sich mäßigen, sich zsammennehmen, sich zügeln ⓘ
Zwang ausüben → zwingen
zwängen drücken, drängen, quetschen, pressen, klemmen
zwanglos ungezwungen, unbefangen, unzeremoniell, unverkrampft, unverbindlich, formlos, informell, familiär, locker, leger, aufgelockert, nonchalant, frei, offen, lässig, salopp, natürlich, gelockert, gelöst, ungehemmt, ungeniert; *ugs.:* hemdsärmelig
Zwangsarbeit *hist.:* Fron, Fronarbeit, Frondienst, Knechtschaft, Sklaverei
Zwangslage
1. Notfall, Notlage; *geh.:* Prokrustesbett; *ugs.:* Zwangsjacke
2. → Not
zwangsläufig → notgedrungen
zwar → freilich

Zwang: Was der Mensch tun muss

Die Synonyme für *Zwang* geben unterschiedliche Arten von äußerem *Druck* wieder. *Muss* ist ein neutrales Wort für ein *Erfordernis*. Das gehobene *Pression* hat die Konnotation *Erpressung* beziehungsweise *Nötigung*. *Vergewaltigung* bezeichnet sexuellen *Zwang*. *Unterdrückung* wird häufig in politischem Sinn von *Zwangsherrschaft* gebraucht. Das Gleiche gilt für *Unfreiheit*. Unter einem *Diktat* versteht man eine aufgezwungene *Verpflichtung*. *Joch*, das eigentlich einen Teil des Geschirrs für Ochsen bezeichnet, ist ein bildlicher und auch dichterisch gebrauchter Ausdruck für *Zwang*. Darüber hinaus kann *Zwang* eine innere, *seelische Belastung* sein bis hin zum klinischen Fall einer *Zwangsvorstellung*. Hier spricht man auch von einer *Zwangsidee* oder einer *fixen Idee*. Auch *Sucht, Trieb* oder das gehobene *Manie* gehören hierher.
Schließlich bezeichnet man mit *Zwang* auch die *Pflicht/Pflichten*, die ein Mensch hat. Synonym dafür werden *Gebot, Verpflichtung* und *Bedingung* gebraucht. Redensartlich spricht man vom *Zwang der Verhältnisse/der Konventionen*, in denen ein Mensch lebt.
Zugzwang nennt man ursprünglich im Schachspiel die Notwendigkeit, in einer bestimmten Situation des Spiels einen bestimmten Zug zu machen. Bildlich gesprochen wird das Wort auch allgemein für den Druck verwendet, auf eine bestimmte Situation (in bestimmter Weise) zu reagieren. Was man *nur aus Zwang* tut, geschieht nicht freiwillig. *Seinen Gefühlen/sich keinen Zwang antun* heißt umgangssprachlich tun, was man möchte. Die Aufforderung *Tun Sie sich/tu dir keinen Zwang an* ist an jemanden gerichtet, dem man ersparen will, etwas zu tun, was er augenscheinlich nicht möchte, aber glaubt, es aus Höflichkeit tun zu müssen.

Zweck
1. Sinn, Bedeutung
2. → Absicht
zweckdienlich → zweckmäßig
zweckentfremdet unsachgemäß, entfremdet, unzweckmäßig, zweckwidrig, unpassend, nicht zweckgemäß, fehl am Platz, verfehlt; *geh.:* deplatziert, inadäquat
zwecklos → nutzlos
zweckmäßig zweckdienlich, zweckgemäß, zweckentsprechend, zweckvoll, sinnvoll, sinnreich, vernünftig, nützlich, nütze, von Nutzen/Wert, wertvoll, behilflich, hilfreich, brauchbar, geeignet, verwendbar, anwendbar, verwertbar, tauglich, praktisch, praktikabel, gut zu gebrauchen/handhaben, passend, richtig, wie geschaffen für, rationell
zwecks zum Zwecke von, um … zu, wegen, weil
zweideutig
1. → doppeldeutig
2. → anstößig
zweierlei → verschieden
zweifach → doppelt
Zweifel
1. Bedenken, Skrupel, Unsicherheit, Ungewissheit, Unentschiedenheit, Un-

schlüssigkeit, Zwiespalt, Zwiespältigkeit, Zerrissenheit, Zaudern, Zögern, Schwanken, Wenn und Aber, Für und Wider, Hin und Her
2. Misstrauen, Skepsis, Befürchtung, Argwohn, Ungläubigkeit, Vorbehalt, Verdacht, Vermutung, Mutmaßung
zweifelhaft
1. fraglich, fragwürdig, ungewiss, unsicher, unbestimmt, unglaubwürdig, unglaubhaft, unwahrscheinlich, unbewiesen, dunkel, ungeklärt, ungesichert, problematisch, bedenklich, strittig, umstritten, nicht klar; *geh.:* dubios
2. rätselhaft, vielsagend, verdächtig, verfänglich, undurchschaubar, undurchsichtig
3. → anrüchig
zweifellos → gewiss
zweifeln
1. Zweifel hegen, in Zweifel ziehen, anzweifeln, bezweifeln, unsicher/zwiespältig/zerrissen sein, wanken, schwanken
2. → misstrauen
zweifelsohne → gewiss
Zweig
1. Ast; *poet.:* Arm; *Pl.:* Geäst, Astwerk
2. → Fach
zweigeschlechtig → zwitterhaft
Zweigstelle → Filiale
Zweikampf → Duell
zweischneidig → heikel
zweitrangig → unbedeutend
Zweitschrift → Abschrift
Zwerg
1. Wicht, Wichtel, Wichtelmännchen, Gnom, Kobold, Heinzelmännchen, Däumling, Liliputaner, Pygmäe
2. kleiner Mensch, kleines Wesen; *ugs.:* Knirps, halbe Portion, Stöpsel; *abwertend:* laufender Meter
Zwetschge *ugs. für:* Pflaume; *landsch.:* Zwetsche; *österr.:* Zwetschke
zwicken
1. kneifen, zwacken; *landsch.:* petzen
2. beengen, einengen, einschnüren, einschneiden, einzwängen
Zwickmühle → Not
zwiebeln
1. → quälen
2. → drillen
Zwiegespräch → Gespräch
Zwielicht → Dämmerung
zwielichtig → anrüchig
Zwiespalt
1. → Zweifel
2. → Konflikt
zwiespältig zerrissen, gespalten, zweifelnd, widerstrebend, widerstreitend, entscheidungsunfähig, unentschieden, unentschlossen, uneins, uneinig, unschlüssig, unausgeglichen, labil, disharmonisch, diskrepant
Zwietracht → Auseinandersetzung
zwingen
1. Druck/Zwang ausüben/anwenden, Gewalt antun/anwenden, vergewaltigen, mit Gewalt/Terror unterdrücken, gefügig machen, terrorisieren, tyrannisieren, erpressen, nötigen, unter Druck setzen, keine andere Wahl/nicht in Ruhe lassen, drängen, bedrängen, bedrohen, jmdm. zusetzen, das Messer an die Kehle setzen; *ugs.:* die Pistole auf die Brust setzen, Daumenschrauben ansetzen
2. sich zwingen zu sich überwinden, sich entschließen, sich aufraffen, sich durchringen zu
zwingend
1. → stichhaltig
2. → nötig
zwinkern blinzeln, blinkern; *landsch.:* plinke(r)n, zwinzeln
zwischen in, inmitten, innerhalb, mittendrin, unter, dazwischen, zwischendurch, zwischenhinein
Zwischenablage Clipboard, Zwischenspeicher
Zwischenfall → Ereignis
Zwischenraum Abstand, Distanz, Entfernung, Lücke
Zwischenruf Einwurf, Zwischenbemerkung, Zwischenfrage
Zwischenspiel Intermezzo, Interludium, Vorfall, Zwischenfall, Episode
Zwischenton
1. Unterton, Nebenton, Halbton, Nuancierung, Feinheit
2. Misston, Missklang
Zwist → Auseinandersetzung
zwitschern → singen
zwitterhaft doppelgeschlechtig, zweigeschlechtig, zwitt(e)rig, bisexuell, androgyn, hermaphroditisch
Zyklus
1. regelmäßiger Ablauf, Kreislauf, Folge, Reihenfolge
2. → Menstruation
Zylinder Chapeau claque; *scherzh.:* Angströhre
Zyniker Spötter, Sarkast, Ironiker, Verächter, Spottvogel
zynisch verletzend, spöttisch, sarkastisch, ironisch, bissig, höhnisch, voller Verachtung, Menschen verachtend, wegwerfend, beißend, scharf